# ALMANAC
## *of Business and Industrial*
# FINANCIAL
# RATIOS
—

## 25th ANNIVERSARY EDITION
## 1994

# ALMANAC
## *of Business and Industrial*
# FINANCIAL RATIOS

~~~~~~~~~~~~~~~~~~~~~~~~~~~~~~~~~~~~

## 25th ANNIVERSARY EDITION
## 1994

~~~~~~~~~~~~~~~~~~~~~~~~~~~~~~~~~~~~

### LEO TROY, Ph.D.

**PRENTICE HALL**
Englewood Cliffs, New Jersey 07632

~~~~~~~~~~~~~~~~~~~~~~~~~~~~~~~~~~~~

PRENTICE-HALL INTERNATIONAL, INC., *London*
PRENTICE-HALL OF AUSTRALIA PTY., LTD., *Sydney*
PRENTICE-HALL CANADA, INC., *Toronto*
PRENTICE-HALL HISPANOAMERICANA, S.A., *Mexico*
PRENTICE-HALL OF INDIA PRIVATE LTD., *New Delhi*
PRENTICE-HALL OF JAPAN, INC., *Tokyo*
PRENTICE-HALL OF SOUTHEAST ASIA PTE., LTD., *Singapore*
EDITORA PRENTICE-HALL DO BRASIL, LTDA., *Rio de Janeiro*

Library of Congress
Catalog Card Number: 72–181403

ISBN 0-13-302027-4

9 780133 020274

PRENTICE HALL
Career and Personal Development
Englewood Cliffs, NJ 07632

Simon & Schuster, A Paramount Communications Company

PRINTED IN THE UNITED STATES OF AMERICA

**DEDICATED**

*To Alexander, Suzannah, Dale, and Ariel Sarah Troy*

# *About the Author*

Dr. Leo Troy is Distinguished Professor of Economics at Rutgers University. He has been a faculty member of Rutgers for more than 35 years. In addition to authoring the widely praised *Almanac,* he has written many other books and articles published in leading journals.

Professor Troy has been the recipient of numerous awards including two from the National Science Foundation, and two Fulbright grants. In addition, he has received numerous awards from private foundations.

Dr. Troy received his Ph.D. from Columbia University and is a member of Phi Beta Kappa. He is a veteran of World War II with three battle stars and the combat infantry badge. He is the father of two children and is also a grandfather.

# Acknowledgements

I wish to acknowledge the contributions of four people in particular for the development of the 25th Anniversary issue of the *Almanac,* Phil Wilson, Alan Kovar, Marvin Sunshine, and Karen Kane.

Philip is responsible for the programming which dealt with a very large amount of data, covering both the current and trend information. Alan, drawing upon his knowledge and experience as a CPA and Partner of Wiss and Company of Livingston, N.J., contributed significantly to the new content of the book. To Marvin Sunshine, Esq, my appreciation for actions and support which helped make the *Almanac* a continuing publication. Karen Kane is acknowledged for her contributions to the graphics of the Anniversary issue.

Special acknowledgement is due my late friend and colleague, Stan Katz, CPA, and to Professor Emeritus of Accounting, Rutgers University, John Gilmour. I thank, too, Professor David Zaumeyer, Ph.D., CPA, and Director of Accounting at Rutgers, for recommending several ratios which continue to be included in the *Almanac.*

I wish to recognize, too, the cooperation of members of the Statistics of Income Division of the Internal Revenue Service, and its Director, Dr Fritz Scheuren. Without their data and its reliability, the *Almanac* would not be possible. Responsibility for the use of their facts and figures is, of course, solely my own. In this regard, I recall the valuable assistance I received from Barry Rosenstein, MBA, CPA, in checking procedures, in earlier editions, and which have continued into the current one. Finally, I wish to recognize the help of Suzannah B. Troy in bringing about the 25th Anniversary issue. I anticipate continuation of her valuable assistance in subsequent editions.

To Joe Tessitore, head of the Professional Books Division at Prentice-Hall, Simon and Schuster, Mary Morano, Drew Dreeland, Barbara Palumbo, Tom Curtin, and many others, I wish to express my appreciation for their continuing support and encouragement.

# INTRODUCTION[1]

The source of all data for the *Almanac* are the tax returns, C and S, filed with the U.S. Internal Revenue Service. The 25th Anniversary edition covers approximately 3.7 million active corporate federal income tax returns, some 2.4 percent more than in the previous year. These corporations reported $11.4 *trillion* in total receipts. Of this amount, $366.4 billion was income subject to tax; after tax credits, these corporations' income tax was $96 billion, an increase over the prior year.

The IRS data are the only publicly available source of financial information on *all* active corporations. In contrast, other sources of financial information cover only large, or publicly held corporations, limited in industrial coverage, and usually are not obtained from a stratified probability sample. Because substantial penalties apply to misreporting, the detailed income and expenditure data on tax returns, the IRS data bank is more reliable than similar survey results. Furthermore, its economists and statisticians go to great lengths to protect against non-sampling errors, and have developed extensive tests for consistency and reliability, based on the tax laws and the improbability of various data combinations.

The IRS data, it should be noted, also provide the basic source of information for estimating corporate profits for the U.S. Government's National Income Accounts. Its data are part of the foundation of the entire U.S. statistical system, and central to an understanding of the economy as a whole.

Reporting corporations do not use either uniform accounting methods, or accounting periods. Most corporations report on a Calendar Year basis, although, as shown in the *Almanac,* the IRS classifies all returns on an accounting period from July to June.

The IRS data span a very wide array of financial information—covering income statements, balance sheet, and tax computation information. Including the totals, there are 19 asset categories, and 14 liability items. There are a dozen receipt items, and 17 separate items of deductions, plus three statutory special deductions: net income and income subject to tax, tax liability, and tax credit items. In some years, the IRS has reported distributions to stockholders, and other financial data as well.

All data are grouped into 13 categories by size of assets for each industry. These range from zero assets to assets of $250,000,000,000 or more, as well as the total for each industry.

The *Almanac of Business and Industrial Financial Ratios* profiles corporate performance in two analytical tables for each industry. Table I reports operating and financial information for *all* corporations; that is, those with and without net income. Table II provides the same information as Table I, but only for corporations with net income.

---

[1] The author wishes to acknowledge his indebtedness to staff members of the IRS, in particular essays written by members of the IRS branch, the Statistics of Income, Corporation Statistics, who are responsible for producing the corporate statistical data which underlies the *Almanac.*

The Internal Revenue Service determines which corporate return falls into each category. The IRS calculation of net income takes into account all receipts and deductions.

The *Almanac* calculates all operating factors (numbers 7 - 16) employing *only* receipts from the principal activity of the corporation, its *net sales*. All other receipts are excluded, except for industries in Finance, Insurance, and Real Estate. In these industries, total receipts are used. Thus, Tables I and II are consistent with respect to all factors.

Because of the difference in treatment of receipts between the *Almanac* and the IRS, a corporation showing net income (and reported in Table II) may have an operating deficit. Likewise, it is possible that a corporation included in Table I by the IRS, could show an operating profit in Factor 14. In all cases of an operating deficit, the sum of the operating factors exceeds 100.0 percent.

For the first time ever, the *Almanac* shows corporate performance historically. Factors number 38 through 50 (inclusive), found at the end of Tables I and II for each industry, span nearly ten years. Thus, the user can compare the current results in Tables I and II with trends for the same (selected) ratio. In Table II, the *Almanac* reports three leverage ratios (48–50) which are understood as the number of times to one.

The *Almanac* provides an updated table showing the comparison of the Standard Industrial Classification (SIC) of industries into the IRS equivalent. The table of correspondence is reported in the Appendix. The *Almanac* includes all detailed IRS industry classifications except those that are not allocable.

The IRS industry groupings, although based on the Enterprise Standard Industrial Classification (ESIC), which classifies companies and not individual establishments, closely follow the Standard Industry Classification (SIC). The SIC is designed to classify establishments. The IRS departs from the enterprise classification system in the Finance industries to reflect particular provisions of the Internal Revenue Code. All returns are classified by industry based on the business activity responsible for the largest percentage of total receipts. This implies that large corporations with diverse industrial or business operations are included in only one industry. Aggregations of minor industries, introduced this year, mitigate the effects of this system of classification.

# Uses and Meaning of the Almanac's Measures of Business and Industrial Financial Ratios

Financial information is intended to serve in making financial and business decisions critical to a company's competitive position. Management decisions affect the durability of the enterprise, the interests of owners, creditors, and consumers. These demands on those responsible for the survival and success of the company have become even more intense as markets become increasingly competitive, domestically and in the world. With those challenges in mind, the *Almanac* reports a large number of factors and ratios essential to successful financial management.

Since, as financial analysts have noted, "the company's financial position is the final outcome of management's past actions and decisions, related to the *industry's* economic conditions," [2] the *Almanac of Business and Industrial Financial Ratios* provides management with the outcome of those economic conditions by industry. The *Almanac* offers the user the most comprehensive, and most recently available corporate performance facts and figures by industry, based on tax returns. The *Almanac* gives its users—management, accountants, lawyers, banking executives, business managers, business planners, investment and management consultants, credit executives, financial analysts, trade associations, librarians, and academic specialists—the tools essential for a wide range of financial analysis.

The *Almanac* multiplies many-fold the power of financial analysis to evaluate an individual company's financial performance by giving management and analysts outside the company fundamental elements of comparable companies in the *same industry and in the same asset size.* Since planning for the future rests, to a large extent, on a company's own record, how much more effective will planning become given the experience of hundreds, at times thousands, of comparable companies? Likewise, the *Almanac* can enhance a company's annual report by providing a general reference for that report. Fifty different items are presented, from the number of enterprises in any asset-size category, to total leverage.

To assist the user, the *Almanac* provides measures of operating performance, of liquidity, debt servicing ability, profitability, and measures for investor analysis, across all industries.

*Measures of operating performance are:* Cost of operations; rent; taxes (exclusive of income) paid; interest paid; depreciation/depletion/amortization; pensions and other benefits; officers' compensation; and operating margins, after and before officers' compensation.

*Liquidity measures include:* the Current Ratio (number 24); Quick Ratio, or Acid Test Ratio (number 25); Net Sales to Working Capital (number 26); Inventory Turnover (ratio 29); and Receivables Turnover (ratio 30).

---

[2] L. Shashua and Y. Goldschmidt, *Tools for Financial Management,* Lexington: 1983, p. 311. (Emphasis added.)

*Debt servicing measures include:* the Coverage Ratio, or Times Interest Earned (number 27); Total Liabilities to Net Worth (number 31); and the Debt Ratio (number 32).

*Profitability ratios include:* Operating Margin (number 15); Operating Margin Before Officers' Compensation (number 16); Return on Assets (number 33); Return on Equity (number 34); Return on Equity Before Interest (number 35); Profit Margin Before Income Tax (number 36); and Profit Margin After Income Tax (number 37).

*For investor analysis:* (Table II): Operating Leverage (number 48); Financial Leverage (number 49); and Total Leverage (number 50).

In addition, the *Almanac* reports the number of corporations (item number 1) in each category of asset size, the average balance sheet items, such as net receivables, inventories, net property, plant and equipment, total assets, notes and loans payable, and net worth. The *Almanac* reports the sources of revenues (factors number 2 - 5), and the average total revenue.

Other new and significant features for financial analysis are data on *trends,* 1986 - 1994, for selected ratios and factors (numbers 38 - 50). These are Cost of Operations, Operating Margins After and Before Officers' Compensation, Average Net Receivables, Average Inventories, Net Worth, the Current Ratio, the Quick Ratio, the Coverage Ratio, Asset Turnover, and for Table I, Total Liabilities to Net Worth, the Return on Assets, and the Return on Equity. In Table II, the Operating Leverage, Financial Leverage, and Total Leverage are substituted for the last three ratios shown in Table I.

Answers to questions which an analyst may ask can be found in the *Almanac:* How does a particular company's financial performance compare to companies of similar size (measured by asset size), in the same or similar industry during the most recent time period, and over the last decade?

In that size class and within that industry, how does the particular company match up with companies, with and without net income, and with companies which show a net income, for the most recent year, and for the last decade?

Inter-industry comparisons are available for the hundreds of industries reported. Trends in inter-industrial performance add new indications of financial and industrial change, giving business managers a powerful tool for peering into the future.

## SIZE OF ASSETS IN EACH INDUSTRY

Each industrial group for both Table I and Table II is classified into 13 asset sizes. These are:

**SIZE OF ASSETS IN
THOUSANDS OF DOLLARS
(000 OMITTED)**

| | |
|---|---|
| Total | Column 1 in each Table. |
| Zero | Column 2 in each Table. |
| Under $100,000 | Column 3 in each Table. |
| $100,000 to $250,000 | Column 4 in each Table. |
| $250,001 to $500,000 | Column 5 in each Table. |
| $500,001 to $1,000,000 | Column 6 in each Table. |
| $1,000,001 to $5,000,000 | Column 7 in each Table. |
| $5,000,001 to $10,000,000 | Column 8 in each Table. |
| $10,000,001 to $25,000,000 | Column 9 in each Table. |
| $25,000,001 to $50,000,000 | Column 10 in each Table. |
| $50,000,001 to $100,000,000 | Column 11 in each Table. |
| $100,000,001 to $250,000,000 | Column 12 in each Table. |
| $250,000,001 and over | Column 13 in each Table. |

## *LIST OF ITEMS AND RATIOS, WITH AN EXPLANATION OF EACH*

All items and ratios are listed in both Table I and Table II. No figures are reported in the *Almanac* when the IRS has either suppressed the underlying data, or the sample size, or other reasons affected a calculated result, and where the ratio/factor was not applicable to an industry.

*1.   NUMBER OF CORPORATE ENTERPRISES.*

These are the number of active corporations filing returns. Thus, the *Almanac* is based only on data from active corporations. Active corporations are defined by the IRS as corporations reporting any income or deduction items, including tax-exempt interest. Inactive corporations are defined as those with returns showing no item of income or deduction.

**REVENUES, IN THOUSANDS OF DOLLARS (Factors 2 - 5):**

*2.   NET SALES.*

Net Sales, the equivalent of the IRS' term Business Receipts, are, in general, the gross operating receipts of the corporation, net of the cost of returned goods and allowances, as reported by taxpayers. The *Almanac* therefore computes operating cost ratios (numbers 7 - 16) using Net Sales for all industrial sectors, except *Finance, Insurance, and Real Estate.*

For industries in this sector, total receipts are used to compute the operating cost ratios because the principal source of income is not uniformly included in Net Sales. Thus, interest received is the principal source of operating income in banking and savings institutions, and is not included in Net Sales. On the other hand, rents are included in net sales of real estate operators, but some companies reported these and other sources of receipts as other income. Regulated Investment Companies and Real Estate Investment Trusts do not report business receipts. Most insurance companies include premium income as Net Sales, but certain non-life insurance companies could elect to be taxed on their investment income only, provided it met other IRS standards.

3.  *PORTFOLIO INCOME.*

This factor is the sum of: (1) Taxable Interest Received from obligations of the U.S. government and its agencies, interest from loans, notes, mortgages, arbitrage bonds, non-exempt private activity bonds, corporate bonds, bank deposits, and tax refunds. Interest received is reduced by the amortizable bond premium, as defined by the Code. (2) Interest on State and Local governmental obligations. Although not subject to taxation, the amounts are included in total receipts. (3) Net Short Term Capital Gains, less Net Long Term Capital Loss. (4) Net Long Term Gains, less Net Short Term Loss. (5) Dividends from Domestic Corporations represent distributions from current as well as accumulated earnings and profits of companies incorporated in the U.S. (6) Dividends Received from Foreign Corporations are dividends paid from current and accumulated earnings and profits of companies incorporated in foreign countries.

4.  *OTHER REVENUES.*

These are receipts from heterogeneous sources, as, for example, income from the sale of commodities other than the principal commodity; income from minor operations; cash discounts; income from claims; license rights; judgements; and joint ventures.

5.  *TOTAL REVENUES.*

Items included are gross taxable receipts, and tax-exempt interest from State and Local Government obligations.

6.  *AVERAGE OF TOTAL REVENUES.*

This is computed by dividing Total Revenues by the Number of Corporate Enterprises in each asset size category.

## OPERATING COSTS/PERCENT OF NET SALES (TOTAL RECEIPTS IN FINANCE, INSURANCE, AND REAL ESTATE) (Ratios 7 - 16):

7.  *COST OF SALES AND OPERATIONS.*

These consist of the direct costs incurred in producing goods or services. Included are the costs of materials used in manufacturing; costs of goods purchased for resale; direct labor costs; and certain overhead costs, such as rent, utilities, supplies, maintenance, and repairs.

8.  *RENT.*

This is rent paid on the business property. It consists of rents paid for the use of structures, leased roads, rolling stock, and work equipment for railway companies.

9.  *TAXES PAID.*

Included among the deductible taxes are ordinary State and Local taxes paid or accrued during the year; social security and payroll taxes; unemployment insurance taxes; excise taxes; import and tariff duties; business license, and privilege taxes; and the environmental tax. Income and profit taxes paid to foreign countries or U.S. possessions were also deductible unless claimed as a credit against income tax.

10.  *INTEREST PAID.*

These amounts include interest paid on business indebtedness, including amounts paid on installment purchases, if they were stated in the contract. For banking and savings institutions, the amounts include interest paid on deposits and withdrawable shares. For mutual savings banks, building and loan associations, and cooperative banks, interest paid included amount paid or credited to depositors as dividends, interest, or earnings under the Code.

### 11. DEPRECIATION/DEPLETION/AMORTIZATION.

Depreciation is determined by applying the statutory percentage for the appropriate class of property. Depletion is the deduction allowed for the exhaustion of mines, oil, and gas wells, and other natural resources, and timber. Amortization is the deduction for the recovery of certain expenditures over a certain period of time in a manner similar to straight-line depreciation.

### 12. PENSIONS AND OTHER BENEFITS.

These consist of employer contributions to pension, profit-sharing, or other funded deferred compensation plans; to death benefit plans, insurance plans, health, accident, and sickness; and other welfare plans.

### 13. OTHER.

This includes cost of repairs, bad debts, contributions, advertising, net loss non-capital assets, and the general category of other costs.

### 14. COMPENSATION OF OFFICERS.

Salaries, wages, stock bonuses, bonds, and other forms of compensation are included if they are identified as having been paid to officers for personal service rendered.

### 15. OPERATING MARGIN.

This is the net income after all operating costs have been deducted. The percentage measures the margin of operating income.

### 16. OPERATING MARGIN BEFORE COMPENSATION OF OFFICERS.

This measure takes into account the effect of large or small proportions of officers' compensation on the operating margin.

## SELECTED AVERAGE BALANCE SHEET ITEMS, IN THOUSANDS OF DOLLARS (Ratios 17 - 23):

### 17. AVERAGE NET RECEIVABLES.

This consists of Notes and Accounts Receivable, less Allowance for Bad Debts, divided by the Number of Corporate Enterprises in each asset size category. Notes and accounts receivable are the amounts arising from business sales or services to customers or credit during the ordinary course of trade or business. These current assets would normally be converted to cash within one year. Included are certificates of deposit, commercial paper, charge accounts, current intercompany receivables, property improvement loans, and trade acceptances. Current non-trade receivables are included in Other Current Assets. Allowance for bad debts are reserves set aside to cover uncollectible or doubtful notes, accounts, and loans.

### 18. INVENTORIES.

Included are such items as raw materials, finished and partially finished goods, merchandise in hand, or in transit, and growing crops reported as assets by agricultural concerns. Inventories are generally valued at cost, or at the lower of cost or market price.

### 19.  NET PROPERTY, PLANT, AND EQUIPMENT.

This item includes depreciable assets, less accumulated depreciation, depletable assets, less accumulated depletion, and land. Depreciable assets consist of end-of-year balance sheet tangible property such as buildings and equipment, used in the trade or business, or held for the production of income, and which had a useful life of one year or more. The amount of accumulated depreciation represents the portion written off in the current year, as well as in prior years. Depletable assets represent the end-of-year value of mineral property, oil and gas wells and other natural resources, standing timber, intangible development and drilling costs capitalized, and leases and leaseholds, subject to depletion. Accumulated depletion represents the cumulative adjustment to these assets.

### 20.  TOTAL ASSETS.

Total assets are those reported in the end-of-year balance sheets in the books of account of filing corporations. Total assets are net after reduction by accumulated depreciation, amortization, depletion, and reserve for bad debts.

### 21.  NOTES AND LOANS PAYABLE, MORTGAGES.

These liabilities were separated on the balance sheet according to the length of time to maturity of the obligations payable in less than one year, or payable in more than one year. The length of time to maturity was based on the date of the balance sheet rather than on the date of issue of the obligations.

### 22.  ALL OTHER LIABILITIES.

Includes accounts payable, and other liabilities including other current liabilities.

### 23.  NET WORTH.

Net worth represents the stockholders' equity in the corporation (total assets minus the claims of creditors). It consists of IRS items capital stock, paid-in capital surplus, retained earnings appropriated, retained earnings unappropriated, retained earnings (S corporations), less cost of treasury stock.

## SELECTED FINANCIAL RATIOS, NUMBER OF TIMES TO ONE (Ratios 24 - 31):

### 24.  CURRENT RATIO.

This ratio, rated highest by CPAs as a measure of liquidity, gauges the ability of a company to meet its short-term financial obligations should it be compelled to liquidate its assets. However, it is not an absolute measure of the ability of the firm to meet its obligations. It may, for example, be able to convert its accounts receivable into cash or to borrow to repay its current creditors. It is calculated by dividing current assets by current liabilities. Typically, the standard guideline has been a ratio of 2 to 1. However, some companies have found that a ratio of less than 2 to 1 is adequate in their experience, while others consider a higher one as necessary. A more suitable standard for any company is a comparison to its industry average in its asset size class, such as that provided by the *Almanac*. The ratio is affected by the method of inventory valuation (LIFO or FIFO), and by inflation.

The IRS' items used for current assets are the sum of cash, notes, and accounts receivable, less allowance for bad debts, inventories, investment in government obligations, tax-exempt securities, and other current assets. For current liabilities, the IRS' items used are the sum of accounts payable, mortgages, and bonds payable in less than one year. Maturity is dated from the balance sheet, rather than the date of issue of the obligation.

25.   *QUICK RATIO.*

Also known as the "Acid Test Ratio," it is often used to estimate the company's general liquidity. There is some disagreement on the inclusion of inventory in the numerator because it may be slow-moving, obsolete, or pledged to specific creditors, and may not, therefore, be readily convertible into cash. The value of inventory is affected by the duration of the production process, and the value of the finished product. For these reasons, a conservative approach eliminates inventory in the computation, and that is the method adopted in this year's (1994) *Almanac.* The numerator is the sum of cash, notes, and accounts receivable, less allowance for bad debts, government obligations, and tax-exempt securities. The denominator is current liabilities, the same as that used in ratio 23. The traditional ratio of 1 to 1 has been considered a reasonable standard, but it is jeopardized by the prospect that accounts and notes receivable cannot be converted into cash at face value and at short notice. It is more reasonable to evaluate the ratio from industry experience, such as provided by the *Almanac* for each asset size.

26.   *NET SALES TO WORKING CAPITAL.*

This is an efficiency, or turnover, ratio which measures the rate at which current assets less current liabilities are used in making sales. A low ratio indicates a less profitable use of working capital in making sales. On the other hand, a very high ratio may indicate the company is wasting current assets more efficiently deployed in production and in increasing sales and profits; or that the company may be undercapitalized, and thus vulnerable to liquidity problems in a period of weak business conditions. The most appropriate standard is the industry average, values reported by the *Almanac for each asset size.*

Working capital is the difference between current assets and current liabilities. Some analyses rely on an average of beginning and end-of-year values of current assets and liabilities because the ratio relates an income value (net sales) to a balance sheet value (working capital). The *Almanac* uses the annual value reported by the IRS in the current year.

27.   *COVERAGE RATIO.*

This ratio, also known as the times interest earned ratio, measures the number of times all interest paid by the company is covered by earnings before interest charges and taxes (EBIT). This widely used ratio uses earnings before interest paid and taxes in the numerator because interest charges are tax deductible.

The ratio indicates the company's ability to service its debt based on its income. If the ratio is appropriate, then the company is not in danger of meeting those charges, and it enhances the company's ability to roll over debt at favorable rates.

28.   *TOTAL ASSET TURNOVER.*

This is an efficiency or profitability ratio, indicating the effectiveness of the company in the use of total assets in generating sales. Because it includes both current and fixed assets, the ratio combines the ability of the company to convert its assets into other assets (inventory, receivables, working capital), and the ability of the company to sustain its sales. It is measured by dividing sales by total assets. Some analyses use average total assets; the *Almanac* uses the annual figure reported by the IRS.

29.   *INVENTORY TURNOVER.*

Inventory turnover measures the liquidity of the inventory and is measured by dividing the cost of goods sold by the average inventory. It shows the number of times that average inventory is converted into receivables or cash. The ratio reflects both on the quality of the inventory and the efficiency of management. Typically, the higher the turnover rate, the greater the likelihood that profits would be larger, and less working capital bound up in inventory.

Inventory turnover is not calculated for industries in Finance, Insurance, and Real Estate. It is calculated for all other industries, even though conventional analyses typically omit it for many of the industries covered here.

Cost of goods sold is the IRS' term, cost of sales and operations; it is discussed under item 7. Inventories include raw materials, finished and partially finished goods (work in progress), merchandise on hand or in transit, and growing crops reported as assets by agricultural concerns. Inventories are valued, generally, at cost or at the lower of cost or market price.

## 30.  RECEIVABLES TURNOVER.

This ratio, also known as the sales to receivables ratio, measures the liquidity of accounts receivable. It shows the average collection experience throughout the year. It is obtained by dividing sales by average net receivables. Receivables turnover is not calculated for industries in Finance, Insurance, and Real Estate. It is calculated for all other industries, even though conventional analyses typically omit it for many of the industries covered here.

## 31.  TOTAL LIABILITIES TO NET WORTH.

This ratio is one of the most important on capital structure. This ratio indicates the extent to which the company's funds are supplied by short- and long-term creditors compared to its owners. It is an indicator of the company's long-term debt paying ability. Net worth is defined in item 23. Total liabilities consist of current liabilities, loans from stockholders, mortgages, notes, and bonds payable over one year, and other liabilities.

## SELECTED FINANCIAL FACTORS, IN PERCENTAGES (Ratios 32 - 37):

## 32.  DEBT RATIO.

This ratio, total liabilities to total assets, indicates the company's ability to pay all its debts. It measures the creditors and owners of the company's ability to withstand losses. It is an indicator of the long-run solvency of the firm.

## 33.  RETURN ON TOTAL ASSETS.

This ratio combines the turnover and profit ratios (Sales/Total Assets x Profit/Sales), and yields the return on investment (total assets). The result is the end product of the Dupont system of financial analysis. That system takes into account both operating income and operating assets. In Table I of each industry of the *Almanac,* the Return on Investment (ROI) is net income less deficit and before income taxes, divided by total assets. In Table II of each industry, the ROI is net income before income taxes divided by total assets. Total assets are used because the management of the firm has full discretion in the investment of the resources provided by both the creditors and owners.

## 34.  RETURN ON EQUITY.

This ratio shows the profitability of the company's operations to owners, after income taxes. CPAs ranked this profitability measure highest. Tax laws and tax loss carryovers affect the net income and therefore this profitability ratio. For Table I, this is net income, less deficit, and minus the IRS' income tax before credits in the Statistics of Income. For Table II, this is net income, minus the IRS' income tax before credits in the Statistics of Income. The IRS defines the income tax before credits as the amount of tax before reduction of tax credits for foreign taxes, possessions tax, orphan drug research, the production of sales of fuels from non-conventional sources, general business incentives, and the prior-year minimum tax.

35.  *RETURN BEFORE INTEREST ON EQUITY.*

This ratio measures net income, plus interest paid, as a percentage of equity. For Table I, this is net income after deficit, plus interest paid, divided by net worth; for Table II, it is net income, plus interest paid, divided by net worth.

36.  *PROFIT MARGIN, BEFORE INCOME TAX.*

This ratio, net income before income tax, divided by net sales, indicates the contribution of sales to the profitability of the company. Put another way, it indicates the amount of net income generated by a dollar of sales. Competition, capital structure, and operating characteristics cause the margin to vary within and among industries. For Table I, net income, less deficit and before income tax, is the numerator; for Table II, it is net income before tax.

37.  *PROFIT MARGIN, AFTER INCOME TAX.*

This ratio is the same as number 36, except that income taxes are taken into account.

## TRENDS IN SELECTED RATIOS AND FACTORS, 1986-1994 (Ratios 38 - 50):

38.  *COST OF OPERATIONS. (In %. See ratio number 7 for an explanation of the ratio.)*

39.  *OPERATING MARGIN. (In %. See ratio number 15 for an explanation of the ratio.)*

40.  *OPERATING MARGIN BEFORE OFFICERS' COMPENSATION. (In %. See ratio 16 for an explanation of the ratio.)*

41.  *AVERAGE NET RECEIVABLES. (In $. See factor 17 for an explanation.)*

42.  *AVERAGE INVENTORIES. (In $. See factor 18 for an explanation.)*

43.  *AVERAGE NET WORTH. (In $. See factor 23 for an explanation.)*

44.  *CURRENT RATIO. (Number of times to 1. See factor 24 for an explanation.)*

45.  *QUICK RATIO. (Number of times to 1. See factor 25 for an explanation.)*

46.  *COVERAGE RATIO. (Number of times to 1. See factor 27 for an explanation.)*

47.  *ASSET TURNOVER. (Number of times to 1. See factor 28 for an explanation.)*

### For Table I the Following Ratios:

48.  *TOTAL LIABILITIES TO NET WORTH. (Number of times to 1. See factor 31 for an explanation.)*

49.  *RETURN ON ASSETS. (In %. See factor 33 for an explanation.)*

50.  *RETURN ON EQUITY. (In %. See factor 34 for an explanation.)*

**For Table II the Following Factors:**

48.    *OPERATING LEVERAGE. Percent Change in Operating Income/Percent Change in Sales.*

 (Understood as the number of times to 1.) This is the change from year-to-year in the operating income divided by the change from year-to-year in net sales. (Compensation of officers is included.) This ratio provides another insight into the company's efficiency in earning profits.

49.    *FINANCIAL LEVERAGE.*

Percent change in Net Income, less Income Tax/ Percent Change in Net Income, plus Interest Paid.

(Understood as the number of times to 1.) This is the percentage change in net income, minus regular income taxes, divided by the change in net income, plus interest paid. This ratio shows the contribution of an incremental change in earnings before taxes and interest, to a change in earnings available for stockholders.

50.    *TOTAL LEVERAGE.*

(Understood as the number of times to 1.) This ratio combines ratio numbers 48 and 49 in order to obtain the combined effects of operating and financial leverage.

# Table of Contents

*Page references to tables for industries with net income are in italic*

MANUFACTURING
(2010–3998)

## TRANSPORTATION
### (4000–4700)

## COMMUNICATION
(4825–4830)

## ELECTRIC, GAS, AND SANITARY SERVICES
(4910–4990)

## WHOLESALE TRADE
(5004–5190)

## CREDIT AGENCIES OTHER THAN BANKS
### (6120–6199)

## SECURITY, COMMODITY BROKERS AND SERVICES
### (6210–6299)

## INSURANCE
### (6355–6411)

## REAL ESTATE
### (6511–6599)

## HOLDING AND OTHER INVESTMENT COMPANIES
### (6742–6749)

## SERVICES
### (7000–8980)

## Table I

Corporations with and without Net Income

# AGRICULTURAL PRODUCTION

**MONEY AMOUNTS AND SIZE OF ASSETS IN THOUSANDS OF DOLLARS**

| Item Description for Accounting Period 7/90 Through 6/91 | Total | Zero Assets | Under 100 | 100 to 250 | 251 to 500 | 501 to 1,000 | 1,001 to 5,000 | 5,001 to 10,000 | 10,001 to 25,000 | 25,001 to 50,000 | 50,001 to 100,000 | 100,001 to 250,000 | 250,001 and over |
|---|---|---|---|---|---|---|---|---|---|---|---|---|---|
| Number of Enterprises **1** | 79374 | 3055 | 22956 | 16620 | 15160 | 12857 | 7833 | 525 | 212 | 86 | 37 | 22 | 10 |
| **Revenues ($ in Thousands)** | | | | | | | | | | | | | |
| Net Sales **2** | 52306 | 395 | 1738 | 2814 | 4061 | 8264 | 11511 | 3339 | 4296 | 4108 | 3289 | 3470 | 5020 |
| Portfolio Income **3** | 1296 | 38 | 79 | 63 | 131 | 196 | 308 | 94 | 88 | 61 | 48 | 76 | 114 |
| Other Revenues **4** | 3476 | 70 | 207 | 301 | 537 | 636 | 985 | 205 | 115 | 53 | 138 | 61 | 167 |
| Total Revenues **5** | 57078 | 503 | 2024 | 3178 | 4729 | 9096 | 12804 | 3639 | 4500 | 4222 | 3474 | 3607 | 5302 |
| Average Total Revenues **6** | 719 | 165 | 88 | 191 | 312 | 708 | 1635 | 6931 | 21224 | 49093 | 93895 | 163970 | 530197 |
| **Operating Costs/Operating Income (%)** | | | | | | | | | | | | | |
| Cost of Operations **7** | 61.7 | 43.3 | 46.3 | 30.0 | 45.3 | 57.5 | 55.5 | 68.1 | 76.3 | 73.6 | 84.8 | 84.3 | 63.4 |
| Rent **8** | 3.7 | 2.7 | 16.6 | 10.5 | 8.7 | 4.8 | 3.2 | 1.2 | 1.4 | 0.9 | 0.3 | 0.6 | 0.9 |
| Taxes Paid **9** | 2.4 | 5.7 | 3.3 | 4.3 | 4.0 | 2.6 | 2.8 | 1.8 | 1.4 | 1.5 | 1.3 | 1.2 | 1.6 |
| Interest Paid **10** | 4.2 | 7.0 | 4.5 | 4.6 | 5.7 | 4.6 | 5.5 | 5.1 | 3.3 | 2.2 | 2.5 | 3.4 | 2.2 |
| Depreciation, Depletion, Amortization **11** | 5.0 | 17.2 | 5.4 | 8.7 | 8.3 | 5.2 | 5.6 | 4.4 | 3.6 | 3.1 | 3.7 | 2.5 | 3.4 |
| Pensions and Other Benefits **12** | 0.9 | 0.4 | 0.1 | 1.0 | 0.8 | 0.6 | 0.8 | 0.6 | 0.6 | 1.0 | 0.8 | 1.1 | 2.0 |
| Other **13** | 27.1 | 33.1 | 41.4 | 47.3 | 37.6 | 28.9 | 33.6 | 26.9 | 15.5 | 16.9 | 11.5 | 9.1 | 25.4 |
| Officers Compensation **14** | 2.5 | 2.4 | 4.0 | 5.5 | 5.0 | 4.0 | 2.7 | 1.9 | 1.1 | 0.9 | 0.7 | 0.8 | 0.4 |
| Operating Margin **15** | • | • | • | • | • | • | • | • | • | • | • | • | 0.9 |
| Oper. Margin Before Officers Compensation **16** | • | • | • | • | • | • | • | • | • | 0.9 | • | • | 1.3 |
| **Selected Average Balance Sheet ($ in Thousands)** | | | | | | | | | | | | | |
| Net Receivables **17** | 51 | • | 2 | 7 | 18 | 30 | 107 | 608 | 1632 | 4982 | 8136 | 21165 | 53346 |
| Inventories **18** | 80 | • | 2 | 5 | 20 | 51 | 199 | 1068 | 1838 | 7254 | 13008 | 33071 | 87752 |
| Net Property, Plant and Equipment **19** | 348 | • | 22 | 103 | 211 | 433 | 1077 | 3734 | 7396 | 13757 | 28612 | 51139 | 130934 |
| Total Assets **20** | 663 | • | 40 | 167 | 367 | 708 | 1834 | 6975 | 14497 | 34223 | 68932 | 148756 | 437768 |

Notes and Loans Payable 21: 336, •, 39, 103, 207, 347, 997, 4048, 8691, 11704, 28703, 66774, 112038
All Other Liabilities 22: 93, •, 7, 13, 20, 53, 201, 1204, 1774, 9458, 22278, 36848, 100116
Net Worth 23: 234, •, -7, 51, 140, 308, 635, 1723, 4032, 13061, 17951, 45135, 225614

## Selected Financial Ratios (Times to 1)

| | | | | | | | | | | | | | |
|---|---|---|---|---|---|---|---|---|---|---|---|---|
| Current Ratio 24 | 1.2 | • | 0.6 | 1.3 | 1.5 | 1.3 | 1.1 | 1.1 | 1.1 | 1.6 | 1.1 | 1.2 | 1.8 |
| Quick Ratio 25 | 0.6 | • | 0.5 | 0.9 | 1.1 | 0.7 | 0.5 | 0.5 | 0.6 | 0.7 | 0.4 | 0.5 | 0.8 |
| Net Sales to Working Capital 26 | 19.3 | • | • | 19.0 | 9.5 | 21.4 | • | 39.4 | • | 7.5 | • | 14.1 | 6.6 |
| Coverage Ratio 27 | 1.4 | 3.2 | • | 1.2 | 1.2 | 1.4 | 1.3 | 0.8 | 1.5 | 2.3 | 1.0 | 1.3 | 4.1 |
| Total Asset Turnover 28 | 1.0 | • | 1.9 | 1.0 | 0.7 | 0.9 | 0.8 | 0.9 | 1.4 | 1.4 | 1.3 | 1.1 | 1.2 |
| Inventory Turnover 29 | 5.4 | • | • | 8.6 | 6.7 | 7.2 | 4.5 | 3.7 | 9.6 | 5.0 | 5.7 | 4.4 | 4.0 |
| Receivables Turnover 30 | • | • | • | • | • | • | • | • | • | 9.7 | 9.4 | 7.9 | • |
| Total Liabilities to Net Worth 31 | 1.8 | • | • | 2.3 | 1.6 | 1.3 | 1.9 | 3.1 | 2.6 | 1.6 | 2.8 | 2.3 | 1.0 |

## Selected Financial Factors (in Percentages)

| | | | | | | | | | | | | | |
|---|---|---|---|---|---|---|---|---|---|---|---|---|
| Debt Ratio 32 | 64.8 | • | • | 69.6 | 61.9 | 56.5 | 65.4 | 75.3 | 72.2 | 61.8 | 74.0 | 69.7 | 48.5 |
| Return on Assets 33 | 5.8 | • | • | 5.7 | 4.9 | 5.8 | 5.7 | 3.8 | 6.9 | 7.0 | 3.3 | 4.7 | 10.0 |
| Return on Equity 34 | 2.2 | • | • | 1.6 | 0.5 | 2.5 | 2.0 | • | 5.5 | 6.8 | • | 1.0 | 9.9 |
| Return Before Interest on Equity 35 | 16.4 | • | 27.1 | 18.8 | 12.7 | 13.2 | 16.5 | 15.2 | 24.6 | 18.3 | 12.5 | 15.6 | 19.4 |
| Profit Margin, Before Income Tax 36 | 1.6 | 15.4 | • | 1.0 | 0.9 | 1.8 | 1.7 | • | 1.6 | 2.8 | • | 1.0 | 6.6 |
| Profit Margin, After Income Tax 37 | 0.8 | 12.6 | • | 0.5 | 0.3 | 1.2 | 0.9 | • | 1.1 | 1.9 | • | 0.3 | 4.5 |

## Trends in Selected Ratios and Factors, 1986-1994

| | 1986 | 1987 | 1988 | 1989 | 1990 | 1991 | 1992 | 1993 | 1994 |
|---|---|---|---|---|---|---|---|---|---|
| Cost of Operations (%) 38 | 69.3 | 69.5 | 68.7 | 67.7 | 68.3 | 69.6 | 69.1 | 71.6 | 61.7 |
| Operating Margin (%) 39 | • | • | • | • | • | • | • | • | • |
| Oper. Margin Before Officers Comp. (%) 40 | • | • | • | • | • | • | • | • | • |
| Average Net Receivables ($) 41 | 45 | 43 | 45 | 47 | 46 | 40 | 48 | 51 | 51 |
| Average Inventories ($) 42 | 63 | 57 | 56 | 53 | 55 | 67 | 73 | 75 | 80 |
| Average Net Worth ($) 43 | 177 | 171 | 178 | 176 | 190 | 193 | 209 | 226 | 234 |
| Current Ratio (x1) 44 | 1.0 | 1.0 | 1.0 | 1.0 | 1.1 | 1.1 | 1.2 | 1.3 | 1.2 |
| Quick Ratio (x1) 45 | 0.5 | 0.5 | 0.5 | 0.6 | 0.6 | 0.6 | 0.6 | 0.7 | 0.6 |
| Coverage Ratio (x1) 46 | 1.0 | 1.0 | 1.1 | 1.0 | 1.5 | 1.5 | 1.5 | 1.6 | 1.4 |
| Asset Turnover (x1) 47 | 1.0 | 1.0 | 1.1 | 1.1 | 1.1 | 1.0 | 1.0 | 1.1 | 1.0 |
| Total Liabilities/Net Worth (x1) 48 | 2.6 | 2.7 | 2.5 | 2.5 | 2.2 | 2.0 | 2.0 | 1.9 | 1.8 |
| Return on Assets (%) 49 | 6.1 | 5.6 | 6.2 | 5.3 | 7.5 | 6.5 | 6.3 | 7.1 | 5.8 |
| Return on Equity (%) 50 | • | • | • | • | 4.5 | 4.1 | 3.6 | 4.9 | 2.2 |

## Table II

Corporations with Net Income

# AGRICULTURAL PRODUCTION

**MONEY AMOUNTS AND SIZE OF ASSETS IN THOUSANDS OF DOLLARS**

| Item Description for Accounting Period 7/90 Through 6/91 | Total | Zero Assets | Under 100 | 100 to 250 | 251 to 500 | 501 to 1,000 | 1,001 to 5,000 | 5,001 to 10,000 | 10,001 to 25,000 | 25,001 to 50,000 | 50,001 to 100,000 | 100,001 to 250,000 | 250,001 and over |
|---|---|---|---|---|---|---|---|---|---|---|---|---|---|
| Number of Enterprises **1** | 45243 | 1620 | 11418 | 9097 | 9202 | 8069 | 5294 | 312 | 127 | 58 | 21 | 13 | 10 |
| **Revenues ($ in Thousands)** | | | | | | | | | | | | | |
| Net Sales **2** | 37486 | 232 | 963 | 1714 | 2650 | 5580 | 8286 | 2431 | 2640 | 3684 | 2543 | 1741 | 5020 |
| Portfolio Income **3** | 1001 | 32 | 73 | 45 | 97 | 137 | 242 | 75 | 70 | 34 | 39 | 44 | 114 |
| Other Revenues **4** | 2585 | 67 | 146 | 197 | 361 | 465 | 814 | 153 | 85 | 40 | 51 | 39 | 167 |
| Total Revenues **5** | 41072 | 331 | 1182 | 1956 | 3109 | 6182 | 9342 | 2658 | 2796 | 3758 | 2632 | 1824 | 5302 |
| Average Total Revenues **6** | 908 | 204 | 104 | 215 | 338 | 766 | 1765 | 8521 | 22015 | 64792 | 125351 | 140273 | 530197 |
| **Operating Costs/Operating Income (%)** | | | | | | | | | | | | | |
| Cost of Operations **7** | 60.5 | 35.7 | 39.7 | 28.5 | 38.3 | 56.4 | 54.2 | 66.6 | 72.5 | 75.2 | 85.1 | 82.3 | 63.4 |
| Rent **8** | 3.3 | 4.3 | 10.2 | 10.9 | 9.7 | 4.7 | 3.2 | 0.6 | 1.5 | 0.8 | 0.3 | 0.4 | 0.9 |
| Taxes Paid **9** | 2.3 | 7.2 | 3.0 | 4.5 | 3.9 | 2.4 | 2.7 | 1.8 | 1.6 | 1.4 | 1.2 | 1.1 | 1.6 |
| Interest Paid **10** | 3.3 | 7.3 | 3.3 | 3.1 | 4.4 | 3.6 | 4.7 | 3.7 | 3.3 | 1.3 | 1.7 | 3.6 | 2.2 |
| Depreciation, Depletion, Amortization **11** | 4.3 | 8.7 | 5.7 | 6.8 | 7.5 | 4.6 | 5.0 | 3.6 | 3.3 | 2.3 | 2.7 | 2.9 | 3.4 |
| Pensions and Other Benefits **12** | 0.9 | 0.6 | 0.2 | 1.3 | 1.0 | 0.6 | 0.8 | 0.4 | 0.3 | 0.9 | 0.7 | 0.9 | 2.0 |
| Other **13** | 24.3 | 35.0 | 33.2 | 41.5 | 36.6 | 25.4 | 31.1 | 22.9 | 14.7 | 14.3 | 6.4 | 7.4 | 25.4 |
| Officers Compensation **14** | 2.4 | 2.9 | 4.7 | 4.8 | 4.7 | 4.3 | 2.8 | 2.2 | 1.4 | 0.9 | 0.7 | 1.0 | 0.4 |
| Operating Margin **15** | • | • | • | • | • | • | • | • | 1.6 | 3.1 | 1.2 | 0.5 | 0.9 |
| Oper. Margin Before Officers Compensation **16** | 1.2 | 1.3 | 4.7 | 3.4 | • | 2.4 | • | 0.4 | 3.0 | 4.0 | 1.9 | 1.5 | 1.3 |
| **Selected Average Balance Sheet ($ in Thousands)** | | | | | | | | | | | | | |
| Net Receivables **17** | 60 | • | 1 | 8 | 12 | 35 | 100 | 573 | 1690 | 5104 | 10656 | 21397 | 53346 |
| Inventories **18** | 106 | • | 2 | 8 | 21 | 57 | 204 | 1272 | 2536 | 9412 | 19160 | 31962 | 87752 |
| Net Property, Plant and Equipment **19** | 375 | • | 23 | 94 | 208 | 416 | 1049 | 3534 | 6009 | 11817 | 27057 | 44840 | 130934 |
| Total Assets **20** | 763 | • | 41 | 173 | 370 | 710 | 1794 | 7023 | 14122 | 35331 | 73747 | 146096 | 437768 |

| | | | | | | | | | | | | |
|---|---|---|---|---|---|---|---|---|---|---|---|---|
| Notes and Loans Payable 21 | 298 | • | 24 | 68 | 138 | 250 | 806 | 3396 | 7467 | 9417 | 26834 | 59928 | 112038 |
| All Other Liabilities 22 | 102 | • | 6 | 7 | 17 | 44 | 179 | 954 | 2084 | 10894 | 21232 | 29362 | 100116 |
| Net Worth 23 | 364 | • | 11 | 98 | 214 | 417 | 809 | 2673 | 4571 | 15020 | 25681 | 56807 | 225614 |

## Selected Financial Ratios (Times to 1)

| | | | | | | | | | | | | |
|---|---|---|---|---|---|---|---|---|---|---|---|---|
| Current Ratio 24 | 1.5 | • | 0.6 | 1.9 | 2.1 | 1.8 | 1.3 | 1.3 | 1.2 | 1.8 | 1.4 | 1.4 | 1.8 |
| Quick Ratio 25 | 0.7 | • | 0.4 | 1.3 | 1.5 | 1.0 | 0.6 | 0.6 | 0.6 | 0.7 | 0.5 | 0.6 | 0.8 |
| Net Sales to Working Capital 26 | 10.2 | • | • | 8.8 | 6.0 | 9.4 | 14.4 | 14.0 | 25.5 | 7.7 | 12.7 | 6.9 | 6.6 |
| Coverage Ratio 27 | 3.5 | 6.7 | 6.8 | 5.1 | 3.6 | 3.5 | 2.8 | 3.0 | 3.3 | 4.9 | 3.7 | 2.4 | 4.1 |
| Total Asset Turnover 28 | 1.1 | • | 2.1 | 1.1 | 0.8 | 1.0 | 0.9 | 1.1 | 1.5 | 1.8 | 1.7 | 0.9 | 1.2 |
| Inventory Turnover 29 | 5.1 | • | • | 6.4 | 5.9 | 7.6 | 4.6 | 4.4 | 7.6 | 5.3 | 5.1 | 6.9 | 7.3 |
| Receivables Turnover 30 | • | • | • | • | • | • | • | • | • | • | 8.8 | • | • |
| Total Liabilities to Net Worth 31 | 1.1 | • | 2.7 | 0.8 | 0.7 | 0.7 | 1.2 | 1.6 | 2.1 | 1.4 | 1.9 | 1.6 | 1.0 |

## Selected Financial Factors (in Percentages)

| | | | | | | | | | | | | |
|---|---|---|---|---|---|---|---|---|---|---|---|---|
| Debt Ratio 32 | 52.4 | • | 73.0 | 43.3 | 42.1 | 41.3 | 54.9 | 61.9 | 67.6 | 57.5 | 65.2 | 61.1 | 48.5 |
| Return on Assets 33 | 12.6 | • | 17.3 | 12.1 | 12.1 | 12.1 | 11.4 | 12.4 | 15.8 | 11.7 | 10.5 | 8.1 | 10.0 |
| Return on Equity 34 | 16.2 | • | 22.8 | 13.7 | 13.5 | 14.2 | 19.2 | 19.2 | 30.4 | 17.4 | 15.8 | 8.9 | 9.9 |
| Return Before Interest on Equity 35 | 26.4 | • | • | 30.5 | 20.9 | 20.7 | 20.7 | 25.3 | 32.6 | 27.5 | 30.1 | 20.8 | 19.4 |
| Profit Margin, Before Income Tax 36 | 8.3 | • | 19.4 | 12.7 | 11.2 | 8.9 | 8.4 | 7.5 | 7.5 | 5.2 | 4.7 | 5.2 | 6.6 |
| Profit Margin, After Income Tax 37 | 7.1 | • | 18.8 | 11.9 | 10.2 | 8.2 | 7.3 | 6.6 | 6.7 | 4.1 | 3.4 | 3.8 | 4.5 |

## Trends in Selected Ratios and Factors, 1986-1994

| | 1986 | 1987 | 1988 | 1989 | 1990 | 1991 | 1992 | 1993 | 1994 |
|---|---|---|---|---|---|---|---|---|---|
| Cost of Operations (%) 38 | 65.8 | 66.3 | 68.2 | 65.2 | 68.1 | 69.3 | 67.5 | 70.2 | 60.5 |
| Operating Margin (%) 39 | • | • | • | • | • | • | • | • | • |
| Oper. Margin Before Officers Comp. (%) 40 | 0.9 | 0.7 | 1.3 | • | • | 0.7 | 0.7 | 1.9 | 1.2 |
| Average Net Receivables ($) 41 | 42 | 49 | 60 | 53 | 59 | 45 | 55 | 61 | 60 |
| Average Inventories ($) 42 | 68 | 62 | 76 | 62 | 70 | 82 | 97 | 94 | 106 |
| Average Net Worth ($) 43 | 310 | 284 | 312 | 311 | 308 | 307 | 340 | 334 | 364 |
| Current Ratio (x1) 44 | 1.3 | 1.3 | 1.4 | 1.5 | 1.3 | 1.4 | 1.5 | 1.5 | 1.5 |
| Quick Ratio (x1) 45 | 0.7 | 0.7 | 0.8 | 0.9 | 0.7 | 0.7 | 0.7 | 0.8 | 0.7 |
| Coverage Ratio (x1) 46 | 3.0 | 2.8 | 3.1 | 3.3 | 3.5 | 3.8 | 3.6 | 3.6 | 3.5 |
| Asset Turnover (x1) 47 | 1.0 | 1.0 | 1.3 | 1.2 | 1.2 | 1.1 | 1.1 | 1.3 | 1.1 |
| Operating Leverage 48 | • | 1.1 | 0.4 | 3.6 | 0.7 | 0.8 | 1.1 | 0.2 | 4.6 |
| Financial Leverage 49 | • | 1.0 | 1.0 | 1.0 | 1.1 | 1.1 | 1.0 | 1.0 | 1.0 |
| Total Leverage 50 | • | 1.1 | 0.4 | 3.7 | 0.7 | 0.8 | 1.1 | 0.2 | 4.6 |

## Table I

Corporations with and without Net Income

# AGRICULTURAL SERVICES, FORESTRY, AND FISHING

MONEY AMOUNTS AND SIZE OF ASSETS IN THOUSANDS OF DOLLARS

| Item Description for Accounting Period 7/90 Through 6/91 | | Total | Zero Assets | Under 100 | 100 to 250 | 251 to 500 | 501 to 1,000 | 1,001 to 5,000 | 5,001 to 10,000 | 10,001 to 25,000 | 25,001 to 50,000 | 50,001 to 100,000 | 100,001 to 250,000 | 250,001 and over |
|---|---|---|---|---|---|---|---|---|---|---|---|---|---|---|
| Number of Enterprises | 1 | 47049 | 3270 | 28207 | 6922 | 4786 | 1732 | 1792 | 191 | 97 | 21 | 12 | 12 | 5 |
| **Revenues ($ in Thousands)** | | | | | | | | | | | | | | |
| Net Sales | 2 | 29809 | 521 | 4021 | 2738 | 5195 | 2587 | 7542 | 1184 | 1947 | 740 | 648 | 1324 | 1362 |
| Portfolio Income | 3 | 482 | 35 | 9 | 16 | 32 | 18 | 56 | 45 | 34 | 17 | 25 | 152 | 45 |
| Other Revenues | 4 | 732 | 11 | 28 | 41 | 54 | 56 | 87 | 58 | 69 | 84 | 12 | 211 | 20 |
| Total Revenues | 5 | 31023 | 567 | 4058 | 2795 | 5281 | 2661 | 7685 | 1286 | 2049 | 841 | 685 | 1687 | 1427 |
| Average Total Revenues | 6 | 659 | 173 | 144 | 404 | 1103 | 1536 | 4289 | 6735 | 21127 | 40051 | 57104 | 140588 | 285451 |
| **Operating Costs/Operating Income (%)** | | | | | | | | | | | | | | |
| Cost of Operations | 7 | 68.7 | 80.2 | 53.3 | 58.8 | 63.4 | 72.9 | 74.7 | 51.9 | 82.9 | 84.9 | 75.8 | 88.5 | 72.4 |
| Rent | 8 | 1.4 | 0.4 | 3.5 | 2.1 | 1.6 | 0.9 | 0.8 | 1.1 | 0.2 | 0.4 | 0.9 | 1.6 | 0.9 |
| Taxes Paid | 9 | 2.2 | 1.9 | 2.6 | 2.8 | 2.5 | 1.9 | 1.9 | 3.5 | 1.4 | 3.4 | 2.3 | 1.4 | 2.1 |
| Interest Paid | 10 | 2.2 | 2.3 | 1.4 | 1.8 | 1.3 | 1.7 | 1.5 | 3.6 | 2.8 | 6.3 | 5.0 | 7.0 | 3.7 |
| Depreciation, Depletion, Amortization | 11 | 3.8 | 1.6 | 3.9 | 4.2 | 3.9 | 3.6 | 2.8 | 5.4 | 3.9 | 6.0 | 8.3 | 3.8 | 4.2 |
| Pensions and Other Benefits | 12 | 0.8 | 0.9 | 0.5 | 0.6 | 0.7 | 0.8 | 0.7 | 2.8 | 0.6 | 0.7 | 0.8 | 0.3 | 1.9 |
| Other | 13 | 20.5 | 13.1 | 28.0 | 23.5 | 22.5 | 18.3 | 17.2 | 34.0 | 11.9 | 12.3 | 18.0 | 20.4 | 15.6 |
| Officers Compensation | 14 | 3.4 | 2.7 | 7.2 | 4.6 | 4.7 | 2.3 | 2.4 | 3.3 | 1.5 | 1.2 | 1.1 | 1.0 | 0.7 |
| Operating Margin | 15 | • | • | • | 1.6 | • | • | • | • | • | • | • | • | • |
| Oper. Margin Before Officers Compensation | 16 | 0.4 | • | 6.9 | 6.3 | 4.2 | • | 0.4 | • | • | • | • | • | • |
| **Selected Average Balance Sheet ($ in Thousands)** | | | | | | | | | | | | | | |
| Net Receivables | 17 | 50 | • | 2 | 14 | 44 | 80 | 338 | 1279 | 2744 | 6259 | 9385 | 30108 | 29507 |
| Inventories | 18 | 33 | • | 1 | 10 | 27 | 59 | 211 | 450 | 2115 | 4279 | 9161 | 16276 | 31807 |
| Net Property, Plant and Equipment | 19 | 149 | • | 15 | 80 | 165 | 368 | 898 | 2822 | 6288 | 16138 | 27474 | 58594 | 100319 |
| Total Assets | 20 | 335 | • | 27 | 162 | 344 | 700 | 1950 | 6974 | 14099 | 36154 | 72679 | 145614 | 285778 |

| | | | | | | | | | | | | |
|---|---|---|---|---|---|---|---|---|---|---|---|---|
| **Notes and Loans Payable 21** | 167 | • | 35 | 104 | 172 | 317 | 832 | 2252 | 6925 | 21954 | 27328 | 71868 | 101338 |
| **All Other Liabilities 22** | 66 | • | 7 | 12 | 49 | 83 | 514 | 1431 | 3171 | 7630 | 20073 | 22587 | 51165 |
| **Net Worth 23** | 103 | • | -15 | 46 | 124 | 301 | 604 | 3291 | 4003 | 6569 | 25278 | 51159 | 133275 |

### Selected Financial Ratios (Times to 1)

| | | | | | | | | | | | | |
|---|---|---|---|---|---|---|---|---|---|---|---|---|
| **Current Ratio 24** | 1.3 | • | 0.8 | 1.8 | 1.8 | 1.6 | 1.2 | 1.7 | 1.1 | 0.8 | 1.4 | 1.4 | 1.3 |
| **Quick Ratio 25** | 0.8 | • | 0.6 | 1.4 | 1.3 | 1.1 | 0.8 | 1.2 | 0.6 | 0.5 | 0.7 | 0.9 | 0.6 |
| **Net Sales to Working Capital 26** | 20.6 | • | • | 15.1 | 16.4 | 17.1 | 27.9 | 5.3 | 41.1 | • | 5.5 | 6.7 | 13.2 |
| **Coverage Ratio 27** | 1.5 | 3.5 | 1.5 | 3.1 | 1.9 | 1.3 | 1.0 | 1.9 | 1.1 | 0.8 | • | 1.5 | 1.9 |
| **Total Asset Turnover 28** | 1.9 | • | 5.2 | 2.4 | 3.2 | 2.1 | 2.2 | 0.9 | 1.4 | 1.0 | 0.8 | 0.8 | 1.0 |
| **Inventory Turnover 29** | • | • | • | • | • | • | • | 10.0 | 8.7 | 7.1 | 5.0 | 3.5 | • |
| **Receivables Turnover 30** | • | • | • | • | • | • | • | 4.6 | 10.0 | 6.5 | 6.7 | 3.6 | • |
| **Total Liabilities to Net Worth 31** | 2.3 | 5.5 | 2.5 | 2.5 | 1.8 | 1.3 | 2.2 | 1.1 | 2.5 | 4.5 | 1.9 | 1.9 | 1.2 |

### Selected Financial Factors (in Percentages)

| | | | | | | | | | | | | |
|---|---|---|---|---|---|---|---|---|---|---|---|---|
| **Debt Ratio 32** | 69.4 | • | • | 71.5 | 64.1 | 57.0 | 69.0 | 52.8 | 71.6 | 81.8 | 65.2 | 64.9 | 53.4 |
| **Return on Assets 33** | 6.1 | • | 10.9 | 13.3 | 7.6 | 4.9 | 3.1 | 5.9 | 4.5 | 4.7 | • | 7.7 | 6.6 |
| **Return on Equity 34** | 3.2 | • | 28.1 | • | 8.0 | 1.4 | • | 2.7 | • | • | • | 2.7 | 4.1 |
| **Return Before Interest on Equity 35** | 19.9 | • | • | • | 21.2 | 11.4 | 10.1 | 12.6 | 15.7 | 25.6 | • | 21.8 | 14.1 |
| **Profit Margin, Before Income Tax 36** | 1.0 | 5.8 | 3.7 | 3.7 | 1.2 | 0.6 | • | 3.1 | 0.4 | • | • | 3.2 | 3.3 |
| **Profit Margin, After Income Tax 37** | 0.5 | 5.5 | 0.6 | 3.3 | 0.9 | 0.3 | • | 1.4 | • | • | • | 1.3 | 2.0 |

### Trends in Selected Ratios and Factors, 1986–1994

| | 1986 | 1987 | 1988 | 1989 | 1990 | 1991 | 1992 | 1993 | 1994 |
|---|---|---|---|---|---|---|---|---|---|
| **Cost of Operations (%) 38** | 75.6 | 69.6 | 70.5 | 71.5 | 75.6 | 71.7 | 74.0 | 68.8 | 68.7 |
| **Operating Margin (%) 39** | • | • | • | • | • | • | • | • | • |
| **Oper. Margin Before Officers Comp. (%) 40** | • | • | • | • | • | 2.0 | 1.2 | 0.6 | 0.4 |
| **Average Net Receivables ($) 41** | 49 | 61 | 43 | 50 | 44 | 48 | 48 | 49 | 50 |
| **Average Inventories ($) 42** | 32 | 37 | 28 | 29 | 28 | 29 | 31 | 31 | 33 |
| **Average Net Worth ($) 43** | 96 | 85 | 73 | 91 | 98 | 91 | 97 | 85 | 103 |
| **Current Ratio (x1) 44** | 1.2 | 1.2 | 1.2 | 1.2 | 1.4 | 1.4 | 1.5 | 1.4 | 1.3 |
| **Quick Ratio (x1) 45** | 0.7 | 0.8 | 0.7 | 0.8 | 0.9 | 0.9 | 1.0 | 0.9 | 0.8 |
| **Coverage Ratio (x1) 46** | 0.9 | 0.8 | 1.2 | 1.0 | 1.2 | 2.5 | 2.4 | 1.4 | 1.5 |
| **Asset Turnover (x1) 47** | 2.2 | 1.8 | 2.1 | 2.1 | 2.7 | 2.3 | 2.5 | 2.0 | 1.9 |
| **Total Liabilities/Net Worth (x1) 48** | 2.4 | 3.0 | 2.9 | 2.3 | 1.9 | 2.2 | 2.1 | 2.7 | 2.3 |
| **Return on Assets (x1) 49** | 4.7 | 4.1 | 6.2 | 4.4 | 4.5 | 9.2 | 8.6 | 5.9 | 6.1 |
| **Return on Equity (%) 50** | • | • | • | • | • | 13.9 | 11.4 | 2.9 | 3.2 |

# Table II

Corporations with Net Income

## AGRICULTURAL SERVICES, FORESTRY, AND FISHING

MONEY AMOUNTS AND SIZE OF ASSETS IN THOUSANDS OF DOLLARS

| Item Description for Accounting Period 7/90 Through 6/91 | Total | Zero Assets | Under 100 | 100 to 250 | 251 to 500 | 501 to 1,000 | 1,001 to 5,000 | 5,001 to 10,000 | 10,001 to 25,000 | 25,001 to 50,000 | 50,001 to 100,000 | 100,001 to 250,000 | 250,001 and over |
|---|---|---|---|---|---|---|---|---|---|---|---|---|---|
| Number of Enterprises 1 | 25722 | 1581 | 13938 | 4623 | 3321 | 1023 | 1047 | 116 | 53 | 8 | 5 | 7 | • |
| **Revenues ($ in Thousands)** | | | | | | | | | | | | | |
| Net Sales 2 | 20887 | 481 | 2122 | 2408 | 3455 | 2142 | 6337 | 881 | 1230 | 330 | 417 | 1085 | • |
| Portfolio Income 3 | 365 | 35 | 5 | 14 | 26 | 10 | 37 | 39 | 27 | 8 | 18 | 145 | • |
| Other Revenues 4 | 498 | 10 | 22 | 22 | 33 | 35 | 49 | 48 | 20 | 68 | 4 | 186 | • |
| Total Revenues 5 | 21750 | 526 | 2149 | 2445 | 3514 | 2186 | 6423 | 969 | 1277 | 406 | 439 | 1417 | • |
| Average Total Revenues 6 | 846 | 332 | 154 | 529 | 1058 | 2137 | 6135 | 8352 | 24090 | 50778 | 87811 | 202390 | • |
| **Operating Costs/Operating Income (%)** | | | | | | | | | | | | | |
| Cost of Operations 7 | 67.1 | 81.2 | 49.6 | 58.1 | 56.7 | 74.0 | 74.9 | 46.5 | 80.7 | 87.1 | 75.7 | 80.4 | • |
| Rent 8 | 1.3 | 0.3 | 3.3 | 1.9 | 1.8 | 0.7 | 0.7 | 0.9 | 0.2 | 0.3 | 0.6 | 1.0 | • |
| Taxes Paid 9 | 2.1 | 1.6 | 2.3 | 2.6 | 3.0 | 1.8 | 1.7 | 3.5 | 1.4 | 1.7 | 2.5 | 1.2 | • |
| Interest Paid 10 | 1.4 | 2.1 | 1.1 | 1.3 | 1.1 | 1.3 | 0.8 | 2.3 | 1.7 | 2.5 | 3.1 | 5.2 | • |
| Depreciation, Depletion, Amortization 11 | 2.9 | 1.2 | 3.3 | 3.8 | 3.9 | 2.8 | 1.6 | 4.7 | 2.0 | 4.0 | 4.6 | 5.0 | • |
| Pensions and Other Benefits 12 | 0.8 | 1.0 | 0.5 | 0.5 | 0.6 | 0.7 | 0.7 | 3.6 | 0.6 | 0.4 | 0.5 | 0.9 | • |
| Other 13 | 19.0 | 7.7 | 24.7 | 23.0 | 23.9 | 15.6 | 14.9 | 35.4 | 9.7 | 16.4 | 12.1 | 20.7 | • |
| Officers Compensation 14 | 3.6 | 2.9 | 7.9 | 4.4 | 5.7 | 1.9 | 2.4 | 4.2 | 1.7 | 1.6 | 1.1 | 1.3 | • |
| Operating Margin 15 | 1.8 | 2.2 | 7.4 | 4.5 | 3.4 | 1.3 | 2.3 | • | 2.1 | • | • | • | • |
| Oper. Margin Before Officers Compensation 16 | 5.4 | 5.1 | 15.2 | 8.9 | 9.1 | 3.1 | 4.7 | 3.3 | 3.8 | • | 1.0 | • | • |
| **Selected Average Balance Sheet ($ in Thousands)** | | | | | | | | | | | | | |
| Net Receivables 17 | 61 | • | 3 | 16 | 37 | 115 | 466 | 1380 | 3269 | 6981 | 10765 | 38251 | • |
| Inventories 18 | 31 | • | 0 | 14 | 26 | 61 | 224 | 309 | 2944 | 3984 | 6720 | 12328 | • |
| Net Property, Plant and Equipment 19 | 125 | • | 12 | 69 | 152 | 308 | 652 | 2851 | 5364 | 12697 | 17584 | 58996 | • |
| Total Assets 20 | 332 | • | 28 | 163 | 342 | 711 | 1825 | 6874 | 14381 | 34904 | 75480 | 200353 | • |

| | | | | | | | | | | | |
|---|---|---|---|---|---|---|---|---|---|---|---|
| Notes and Loans Payable 21 | 114 | • | 17 | 85 | 120 | 289 | 551 | 1567 | 4888 | 7036 | 17901 | 61818 |
| All Other Liabilities 22 | 67 | • | 6 | 14 | 43 | 98 | 545 | 1625 | 3827 | 8027 | 9773 | 36910 |
| Net Worth 23 | 151 | • | 5 | 64 | 179 | 324 | 729 | 3683 | 5667 | 19840 | 47807 | 101624 |

**Selected Financial Ratios (Times to 1)**

| | | | | | | | | | | | |
|---|---|---|---|---|---|---|---|---|---|---|---|
| Current Ratio 24 | 1.7 | • | 1.0 | 2.0 | 2.3 | 1.8 | 1.5 | 1.5 | 1.2 | 1.4 | 2.9 | 2.0 |
| Quick Ratio 25 | 1.2 | • | 1.0 | 1.5 | 1.7 | 1.3 | 1.1 | 1.2 | 0.6 | 1.0 | 1.9 | 1.4 |
| Net Sales to Working Capital 26 | 13.4 | • | • | 14.9 | 11.8 | 15.8 | 17.5 | 8.2 | 24.3 | 10.2 | 3.3 | 3.8 |
| Coverage Ratio 27 | 5.1 | 6.6 | 8.8 | 5.8 | 5.6 | 3.7 | 5.4 | 5.0 | 4.7 | 4.7 | 2.6 | 3.8 |
| Total Asset Turnover 28 | 2.5 | • | 5.4 | 3.2 | 3.1 | 3.0 | 3.3 | 1.1 | 1.6 | 1.2 | 1.1 | 0.8 |
| Inventory Turnover 29 | • | • | • | • | • | • | • | • | 9.0 | 6.0 | • | 4.7 |
| Receivables Turnover 30 | • | • | • | • | • | • | • | 4.8 | • | 5.5 | 7.0 | 4.3 |
| Total Liabilities to Net Worth 31 | 1.2 | 4.3 | 1.6 | 0.9 | 1.2 | 1.5 | 0.9 | 1.5 | 0.8 | 0.6 | 1.0 | |

**Selected Financial Factors (in Percentages)**

| | | | | | | | | | | | |
|---|---|---|---|---|---|---|---|---|---|---|---|
| Debt Ratio 32 | 54.4 | • | 81.1 | 60.7 | 47.7 | 54.5 | 60.1 | 46.4 | 60.6 | 43.2 | 36.7 | 49.3 |
| Return on Assets 33 | 17.9 | • | • | 23.3 | 18.9 | 13.7 | 14.9 | 12.6 | 12.9 | 13.7 | 8.9 | 15.1 |
| Return on Equity 34 | 27.8 | • | • | • | 27.7 | 19.7 | 26.2 | 14.0 | 21.8 | 18.3 | 6.4 | 16.2 |
| Return Before Interest on Equity 35 | • | • | • | • | • | 30.1 | • | 23.5 | 32.8 | 24.1 | 14.0 | 29.8 |
| Profit Margin, Before Income Tax 36 | 5.9 | 11.5 | 8.6 | 6.0 | 5.1 | 3.4 | 3.7 | 9.1 | 6.3 | 9.2 | 5.0 | 14.4 |
| Profit Margin, After Income Tax 37 | 5.2 | 11.2 | 8.5 | 5.6 | 4.8 | 3.1 | 3.2 | 6.8 | 5.3 | 8.8 | 3.7 | 10.6 |

**Trends in Selected Ratios and Factors, 1986–1994**

| | 1986 | 1987 | 1988 | 1989 | 1990 | 1991 | 1992 | 1993 | 1994 |
|---|---|---|---|---|---|---|---|---|---|
| Cost of Operations (%) 38 | 75.3 | 67.5 | 71.1 | 72.1 | 77.5 | 72.2 | 73.6 | 66.9 | 67.1 |
| Operating Margin (%) 39 | • | 1.2 | • | 1.3 | 0.7 | 2.7 | 1.9 | 1.7 | 1.8 |
| Oper. Margin Before Officers Comp. (%) 40 | 2.0 | 5.1 | 2.4 | 3.8 | 2.7 | 5.3 | 4.6 | 5.0 | 5.4 |
| Average Net Receivables ($) 41 | 61 | 78 | 53 | 63 | 61 | 69 | 66 | 56 | 61 |
| Average Inventories ($) 42 | 40 | 51 | 29 | 36 | 34 | 43 | 42 | 34 | 31 |
| Average Net Worth ($) 43 | 153 | 156 | 124 | 149 | 139 | 150 | 164 | 135 | 151 |
| Current Ratio (x1) 44 | 1.5 | 1.5 | 1.3 | 1.5 | 1.6 | 1.6 | 1.6 | 1.6 | 1.7 |
| Quick Ratio (x1) 45 | 1.0 | 1.0 | 0.9 | 1.1 | 1.1 | 1.0 | 1.1 | 1.0 | 1.2 |
| Coverage Ratio (x1) 46 | 3.4 | 4.2 | 4.1 | 4.1 | 4.5 | 5.6 | 5.5 | 4.8 | 5.1 |
| Asset Turnover (x1) 47 | 2.8 | 2.3 | 2.6 | 2.7 | 3.4 | 2.6 | 2.9 | 2.3 | 2.5 |
| Operating Leverage 48 | • | • | • | • | 0.6 | 3.7 | 0.7 | 0.9 | 1.1 |
| Financial Leverage 49 | • | 1.1 | 1.0 | 1.0 | 1.1 | 1.1 | 1.0 | 1.0 | 1.0 |
| Total Leverage 50 | • | • | • | • | 0.6 | 4.1 | 0.7 | 0.9 | 1.1 |

# Table I

Corporations with and without Net Income

## IRON ORES

### MONEY AMOUNTS AND SIZE OF ASSETS IN THOUSANDS OF DOLLARS

| Item Description for Accounting Period 7/90 Through 6/91 | Total | Zero Assets | Under 100 | 100 to 250 | 251 to 500 | 501 to 1,000 | 1,001 to 5,000 | 5,001 to 10,000 | 10,001 to 25,000 | 25,001 to 50,000 | 50,001 to 100,000 | 100,001 to 250,000 | 250,001 and over |
|---|---|---|---|---|---|---|---|---|---|---|---|---|---|
| Number of Enterprises **1** | 63 | • | 57 | • | • | • | 3 | • | • | • | 3 | • | • |
| **Revenues ($ in Thousands)** | | | | | | | | | | | | | |
| Net Sales **2** | 1091 | • | • | • | • | • | 51 | • | • | • | 1040 | • | • |
| Portfolio Income **3** | 62 | • | • | 2 | • | • | 3 | • | • | • | 57 | • | • |
| Other Revenues **4** | 75 | • | • | 4 | • | • | 12 | • | • | • | 60 | • | • |
| Total Revenues **5** | 1228 | • | • | 5 | • | • | 66 | • | • | • | 1157 | • | • |
| Average Total Revenues **6** | 19494 | • | • | 95 | • | • | 22018 | • | • | • | 385549 | • | • |
| **Operating Costs/Operating Income (%)** | | | | | | | | | | | | | |
| Cost of Operations **7** | 85.0 | • | • | • | • | • | 99.2 | • | • | • | 84.3 | • | • |
| Rent **8** | 0.5 | • | • | • | • | • | 1.9 | • | • | • | 0.4 | • | • |
| Taxes Paid **9** | 2.2 | • | • | • | • | • | • | • | • | • | 2.2 | • | • |
| Interest Paid **10** | 1.5 | • | • | • | • | • | • | • | • | • | 1.6 | • | • |
| Depreciation, Depletion, Amortization **11** | 5.8 | • | • | • | • | • | 19.6 | • | • | • | 5.1 | • | • |
| Pensions and Other Benefits **12** | 0.7 | • | • | • | • | • | • | • | • | • | 0.8 | • | • |
| Other **13** | 9.3 | • | • | • | • | • | 37.2 | • | • | • | 7.7 | • | • |
| Officers Compensation **14** | 0.6 | • | • | • | • | • | • | • | • | • | 0.6 | • | • |
| Operating Margin **15** | • | • | • | • | • | • | • | • | • | • | • | • | • |
| Oper. Margin Before Officers Compensation **16** | • | • | • | • | • | • | • | • | • | • | • | • | • |
| **Selected Average Balance Sheet ($ in Thousands)** | | | | | | | | | | | | | |
| Net Receivables **17** | 5282 | • | • | 14 | • | • | 99 | • | • | • | 110560 | • | • |
| Inventories **18** | 1768 | • | • | • | • | • | • | • | • | • | 37138 | • | • |
| Net Property, Plant and Equipment **19** | 6978 | • | • | 91 | • | • | • | • | • | • | 144811 | • | • |
| Total Assets **20** | 29538 | • | • | 178 | • | • | 7108 | • | • | • | 609800 | • | • |

| | | | | |
|---|---|---|---|---|
| Notes and Loans Payable **21** | 3204 | | 120 | 67167 |
| All Other Liabilities **22** | 8729 | 71 | 42 | 181922 |
| Net Worth **23** | 17604 | 6946 | 107 | 360711 |

**Selected Financial Ratios (Times to 1)**

| | | | | |
|---|---|---|---|---|
| Current Ratio **24** | 1.5 | 5.9 | 8.4 | 1.4 |
| Quick Ratio **25** | 0.9 | 5.9 | | 0.9 |
| Net Sales to Working Capital **26** | 6.1 | | 2.8 | 6.6 |
| Coverage Ratio **27** | 5.8 | | | 6.5 |
| Total Asset Turnover **28** | 0.6 | | 2.4 | 0.6 |
| Inventory Turnover **29** | 7.2 | | | 8.3 |
| Receivables Turnover **30** | 3.9 | | | 3.8 |
| Total Liabilities to Net Worth **31** | 0.7 | | 0.0 | 0.7 |

**Selected Financial Factors (in Percentages)**

| | | | | |
|---|---|---|---|---|
| Debt Ratio **32** | 40.4 | 40.0 | 2.3 | 40.9 |
| Return on Assets **33** | 5.2 | 26.6 | | 5.9 |
| Return on Equity **34** | 4.2 | 37.7 | | 5.5 |
| Return Before Interest on Equity **35** | 8.7 | | | 10.0 |
| Profit Margin, Before Income Tax **36** | 7.3 | | | 8.8 |
| Profit Margin, After Income Tax **37** | 4.3 | | | 5.7 |

**Trends in Selected Ratios and Factors, 1986-1994**

| | 1986 | 1987 | 1988 | 1989 | 1990 | 1991 | 1992 | 1993 | 1994 |
|---|---|---|---|---|---|---|---|---|---|
| Cost of Operations (%) **38** | 76.1 | 73.8 | 76.5 | 77.4 | 79.5 | 82.0 | 85.5 | 83.0 | 85.0 |
| Operating Margin (%) **39** | | | | | | | | 1.0 | |
| Oper. Margin Before Officers Comp. (%) **40** | | | | | | | | 1.5 | |
| Average Net Receivables ($) **41** | 1275 | 25785 | 13258 | 13074 | 12369 | 12669 | 11454 | 9042 | 5282 |
| Average Inventories ($) **42** | 2146 | 18836 | 9649 | 7608 | 5016 | 3538 | 4364 | 5873 | 1768 |
| Average Net Worth ($) **43** | 10664 | 135672 | 76808 | 67705 | 58272 | 46022 | 50890 | 38425 | 17604 |
| Current Ratio (x1) **44** | 1.3 | 1.4 | 1.3 | 1.2 | 1.2 | 1.6 | 1.2 | 1.3 | 1.5 |
| Quick Ratio (x1) **45** | 0.4 | 0.6 | 0.6 | 0.6 | 0.7 | 1.1 | 0.8 | 0.6 | 0.9 |
| Coverage Ratio (x1) **46** | | 0.8 | 3.7 | 3.4 | 2.0 | 4.1 | 6.2 | 10.2 | 5.8 |
| Asset Turnover (x1) **47** | 0.4 | 0.4 | 0.5 | 0.5 | 0.4 | 0.5 | 0.6 | 0.7 | 0.6 |
| Total Liabilities/Net Worth (x1) **48** | 1.1 | 1.1 | 0.9 | 0.8 | 1.0 | 0.9 | 0.7 | 0.8 | 0.7 |
| Return on Assets (x1) **49** | | 2.0 | 8.4 | 5.2 | 2.7 | 7.2 | 7.3 | 12.7 | 5.2 |
| Return on Equity (%) **50** | | | 9.1 | 3.4 | 0.5 | 7.0 | 6.9 | 13.5 | 4.2 |

## 5

## Table II

Corporations with Net Income

# IRON ORES

### MONEY AMOUNTS AND SIZE OF ASSETS IN THOUSANDS OF DOLLARS

| Item Description for Accounting Period 7/90 Through 6/91 | Total | Zero Assets | Under 100 | 100 to 250 | 251 to 500 | 501 to 1,000 | 1,001 to 5,000 | 5,001 to 10,000 | 10,001 to 25,000 | 25,001 to 50,000 | 50,001 to 100,000 | 100,001 to 250,000 | 250,001 and over |
|---|---|---|---|---|---|---|---|---|---|---|---|---|---|
| Number of Enterprises **1** | 60 | • | • | 57 | • | • | • | • | • | • | 3 | • | • |
| **Revenues ($ in Thousands)** | | | | | | | | | | | | | |
| Net Sales **2** | 1040 | • | • | • | • | • | • | • | • | • | 1040 | • | • |
| Portfolio Income **3** | 59 | • | • | 2 | • | • | • | • | • | • | 57 | • | • |
| Other Revenues **4** | 64 | • | • | 4 | • | • | • | • | • | • | 60 | • | • |
| Total Revenues **5** | 1162 | • | • | 5 | • | • | • | • | • | • | 1157 | • | • |
| Average Total Revenues **6** | 19368 | • | • | 95 | • | • | • | • | • | • | 385549 | • | • |
| **Operating Costs/Operating Income (%)** | | | | | | | | | | | | | |
| Cost of Operations **7** | 84.3 | • | • | • | • | • | • | • | • | • | 84.3 | • | • |
| Rent **8** | 0.4 | • | • | • | • | • | • | • | • | • | 0.4 | • | • |
| Taxes Paid **9** | 2.3 | • | • | • | • | • | • | • | • | • | 2.2 | • | • |
| Interest Paid **10** | 1.6 | • | • | • | • | • | • | • | • | • | 1.6 | • | • |
| Depreciation, Depletion, Amortization **11** | 5.1 | • | • | • | • | • | • | • | • | • | 5.1 | • | • |
| Pensions and Other Benefits **12** | 0.8 | • | • | • | • | • | • | • | • | • | 0.8 | • | • |
| Other **13** | 7.9 | • | • | • | • | • | • | • | • | • | 7.7 | • | • |
| Officers Compensation **14** | 0.6 | • | • | • | • | • | • | • | • | • | 0.6 | • | • |
| Operating Margin **15** | • | • | • | • | • | • | • | • | • | • | • | • | • |
| Oper. Margin Before Officers Compensation **16** | • | • | • | • | • | • | • | • | • | • | • | • | • |
| **Selected Average Balance Sheet ($ in Thousands)** | | | | | | | | | | | | | |
| Net Receivables **17** | 5541 | • | • | 14 | • | • | • | • | • | • | 110560 | • | • |
| Inventories **18** | 1857 | • | • | • | • | • | • | • | • | • | 37138 | • | • |
| Net Property, Plant and Equipment **19** | 7327 | • | • | 91 | • | • | • | • | • | • | 144811 | • | • |
| Total Assets **20** | 30659 | • | • | 178 | • | • | • | • | • | • | 609800 | • | • |

| | | | | |
|---|---|---|---|---|
| Notes and Loans Payable 21 | 3358 | • | • | 67167 |
| All Other Liabilities 22 | 9164 | • | 71 | 181922 |
| Net Worth 23 | 18137 | • | 107 | 360711 |

**Selected Financial Ratios (Times to 1)**

| | | | | |
|---|---|---|---|---|
| Current Ratio 24 | 1.4 | • | 5.9 | 1.4 |
| Quick Ratio 25 | 0.9 | • | 5.9 | 0.9 |
| Net Sales to Working Capital 26 | 6.4 | • | • | 6.6 |
| Coverage Ratio 27 | 6.7 | • | • | 6.5 |
| Total Asset Turnover 28 | 0.6 | • | • | 0.6 |
| Inventory Turnover 29 | • | • | • | • |
| Receivables Turnover 30 | 6.3 | • | • | 6.3 |
| Total Liabilities to Net Worth 31 | 0.7 | • | 0.7 | 0.7 |

**Selected Financial Factors (in Percentages)**

| | | | | |
|---|---|---|---|---|
| Debt Ratio 32 | 40.9 | • | 40.0 | 40.9 |
| Return on Assets 33 | 6.1 | • | 26.6 | 5.9 |
| Return on Equity 34 | 5.7 | • | 37.7 | 5.5 |
| Return Before Interest on Equity 35 | 10.2 | • | • | 10.0 |
| Profit Margin, Before Income Tax 36 | 9.1 | • | • | 8.8 |
| Profit Margin, After Income Tax 37 | 5.9 | • | • | 5.7 |

**Trends in Selected Ratios and Factors, 1986-1994**

| | 1986 | 1987 | 1988 | 1989 | 1990 | 1991 | 1992 | 1993 | 1994 |
|---|---|---|---|---|---|---|---|---|---|
| Cost of Operations (%) 38 | 75.9 | • | • | 75.1 | 71.3 | 80.5 | 84.5 | • | 84.3 |
| Operating Margin (%) 39 | 6.8 | • | • | 2.5 | 2.2 | • | • | • | • |
| Oper. Margin Before Officers Comp. (%) 40 | 6.8 | • | • | 2.6 | 2.7 | • | • | • | • |
| Average Net Receivables ($) 41 | 263 | • | • | 73544 | 4014 | 15271 | 14420 | • | 5541 |
| Average Inventories ($) 42 | 681 | • | • | 39722 | 3253 | 4109 | 5438 | • | 1857 |
| Average Net Worth ($) 43 | 9442 | • | • | 336072 | 41769 | 56962 | 61433 | • | 18137 |
| Current Ratio (x1) 44 | 0.3 | • | • | 1.3 | 1.2 | 1.7 | 1.3 | • | 1.4 |
| Quick Ratio (x1) 45 | 0.1 | • | • | 0.7 | 0.6 | 1.2 | 0.8 | • | 0.9 |
| Coverage Ratio (x1) 46 | 2.6 | • | • | 4.0 | 8.7 | 4.7 | 7.1 | • | 6.7 |
| Asset Turnover (x1) 47 | 0.7 | • | • | 0.6 | 0.4 | 0.5 | 0.6 | • | 0.6 |
| Operating Leverage 48 | • | • | • | • | 0.9 | • | 0.9 | • | • |
| Financial Leverage 49 | • | • | • | • | 1.3 | 1.1 | 1.0 | • | • |
| Total Leverage 50 | • | • | • | • | 1.1 | • | 0.9 | • | • |

## Table I

Corporations with and without Net Income

# COPPER, LEAD AND ZINC, GOLD AND SILVER ORES

**MONEY AMOUNTS AND SIZE OF ASSETS IN THOUSANDS OF DOLLARS**

| Item Description for Accounting Period 7/90 Through 6/91 | Total | Zero Assets | Under 100 | 100 to 250 | 251 to 500 | 501 to 1,000 | 1,001 to 5,000 | 5,001 to 10,000 | 10,001 to 25,000 | 25,001 to 50,000 | 50,001 to 100,000 | 100,001 to 250,000 | 250,001 and over |
|---|---|---|---|---|---|---|---|---|---|---|---|---|---|
| Number of Enterprises **1** | 903 | • | 315 | • | 207 | • | 85 | 27 | 30 | 19 | 6 | 10 | 13 |
| **Revenues ($ in Thousands)** | | | | | | | | | | | | | |
| Net Sales **2** | 8704 | | 1 | • | 161 | • | 3 | • | 165 | 356 | 192 | 904 | 6864 |
| Portfolio Income **3** | 947 | • | • | • | 1 | • | 14 | 2 | 7 | 33 | 8 | 70 | 808 |
| Other Revenues **4** | 411 | • | • | • | 0 | • | 17 | 0 | 5 | 37 | 13 | 15 | 318 |
| Total Revenues **5** | 10062 | • | 1 | • | 162 | • | 34 | 2 | 178 | 426 | 213 | 989 | 7989 |
| Average Total Revenues **6** | 11143 | • | 3 | • | 782 | • | 402 | 72 | 5926 | 22427 | 35466 | 98888 | 614565 |
| **Operating Costs/Operating Income (%)** | | | | | | | | | | | | | |
| Cost of Operations **7** | 60.0 | • | 85.7 | • | 87.2 | • | 24.2 | • | 67.6 | 70.3 | 73.8 | 67.3 | 57.3 |
| Rent **8** | 0.5 | • | • | • | 0.7 | • | 18.9 | • | 0.4 | 0.2 | 0.3 | 0.6 | 0.5 |
| Taxes Paid **9** | 3.1 | • | 8.5 | • | 0.6 | • | 8.2 | • | 1.0 | 1.6 | 1.2 | 1.7 | 3.6 |
| Interest Paid **10** | 6.8 | • | • | • | 0.6 | • | • | • | 5.0 | 6.1 | 3.0 | 7.3 | 6.9 |
| Depreciation, Depletion, Amortization **11** | 20.4 | • | 25.2 | • | 4.9 | • | • | • | 16.3 | 19.9 | 22.2 | 17.3 | 21.1 |
| Pensions and Other Benefits **12** | 1.9 | • | 19.3 | • | • | • | 8.5 | • | • | • | 0.2 | 0.8 | 2.2 |
| Other **13** | 16.6 | • | 76.3 | • | 16.1 | • | • | • | 57.5 | 33.2 | 19.5 | 17.7 | 13.4 |
| Officers Compensation **14** | 0.7 | • | • | • | 2.1 | • | 94.1 | • | 1.8 | 1.6 | 1.0 | 0.6 | 0.5 |
| Operating Margin **15** | • | • | • | • | • | • | • | • | • | • | • | • | • |
| Oper. Margin Before Officers Compensation **16** | • | • | • | • | • | • | • | • | • | • | • | • | • |
| **Selected Average Balance Sheet ($ in Thousands)** | | | | | | | | | | | | | |
| Net Receivables **17** | 1059 | • | • | • | 2 | • | 29 | 1 | 320 | 2235 | 2706 | 16941 | 54933 |
| Inventories **18** | 1107 | • | • | • | 1 | • | 127 | • | 363 | 2181 | 4013 | 12101 | 60836 |
| Net Property, Plant and Equipment **19** | 10228 | • | 1 | • | 215 | • | 559 | 3652 | 5102 | 24111 | 37507 | 96595 | 554122 |
| Total Assets **20** | 20734 | • | 75 | • | 397 | • | 1954 | 7453 | 15293 | 39507 | 67317 | 192273 | 1121768 |

| | | | | | | | | | | | | |
|---|---|---|---|---|---|---|---|---|---|---|---|---|
| Notes and Loans Payable 21 | 7892 | • | • | • | 446 | 2193 | 2052 | 9714 | 12823 | 24893 | 82872 | 401795 |
| All Other Liabilities 22 | 3822 | • | 0 | • | 20 | 426 | 187 | 4060 | 12598 | 8062 | 28429 | 203916 |
| Net Worth 23 | 9020 | • | 75 | • | -69 | -664 | 5214 | 1519 | 14086 | 34362 | 80973 | 516058 |

**Selected Financial Ratios (Times to 1)**

| | | | | | | | | | | | | |
|---|---|---|---|---|---|---|---|---|---|---|---|---|
| Current Ratio 24 | 1.1 | • | • | • | 1.9 | 5.1 | 0.3 | 0.9 | 0.6 | 1.5 | 2.9 | 1.0 |
| Quick Ratio 25 | 0.5 | • | 17.7 | • | 1.9 | 1.3 | 0.3 | 0.3 | 0.3 | 1.0 | 1.3 | 0.5 |
| Net Sales to Working Capital 26 | 22.4 | • | 0.3 | • | 42.0 | 0.1 | • | • | • | 6.6 | 2.5 | • |
| Coverage Ratio 27 | 1.8 | • | • | • | • | • | • | • | • | • | 0.5 | 2.6 |
| Total Asset Turnover 28 | 0.5 | • | 0.1 | • | 2.0 | 0.0 | • | 0.4 | 0.5 | 0.5 | 0.5 | 0.5 |
| Inventory Turnover 29 | 5.4 | • | • | • | • | 0.1 | • | • | 9.2 | 5.2 | 5.8 | 5.0 |
| Receivables Turnover 30 | • | • | • | • | • | • | • | • | • | 10.0 | 7.6 | • |
| Total Liabilities to Net Worth 31 | 1.3 | • | 0.0 | • | • | 1.4 | 0.4 | 9.1 | 1.8 | 1.0 | 1.4 | 1.2 |

**Selected Financial Factors (in Percentages)**

| | | | | | | | | | | | | |
|---|---|---|---|---|---|---|---|---|---|---|---|---|
| Debt Ratio 32 | 56.5 | • | 0.2 | • | • | • | 30.1 | 90.1 | 64.4 | 49.0 | 57.9 | 54.0 |
| Return on Assets 33 | 5.8 | • | • | • | • | • | • | • | • | • | 1.6 | 8.4 |
| Return on Equity 34 | 1.4 | • | • | • | • | • | • | • | • | • | • | 5.9 |
| Return Before Interest on Equity 35 | 13.2 | • | • | • | 22.7 | • | • | • | • | • | 3.8 | 18.2 |
| Profit Margin, Before Income Tax 36 | 5.6 | • | • | • | • | • | • | • | • | • | • | 10.9 |
| Profit Margin, After Income Tax 37 | 1.4 | • | • | • | • | • | • | • | • | • | • | 5.8 |

**Trends in Selected Ratios and Factors, 1986-1994**

| | 1986 | 1987 | 1988 | 1989 | 1990 | 1991 | 1992 | 1993 | 1994 |
|---|---|---|---|---|---|---|---|---|---|
| Cost of Operations (%) 38 | 73.1 | 70.4 | 74.7 | 79.8 | 70.9 | 62.0 | 54.1 | 56.8 | 60.0 |
| Operating Margin (%) 39 | • | • | • | • | • | • | • | • | • |
| Oper. Margin Before Officers Comp. (%) 40 | | | | | | | | | |
| Average Net Receivables ($) 41 | 250 | 352 | 425 | 463 | 660 | 540 | 680 | 1337 | 1059 |
| Average Inventories ($) 42 | 360 | 557 | 628 | 614 | 784 | 479 | 587 | 1659 | 1107 |
| Average Net Worth ($) 43 | 2186 | 4179 | 5463 | 4839 | 8197 | 4115 | 4225 | 11254 | 9020 |
| Current Ratio (x1) 44 | 2.2 | 2.2 | 1.8 | 1.5 | 1.8 | 1.6 | 1.1 | 1.2 | 1.1 |
| Quick Ratio (x1) 45 | 0.7 | 0.8 | 0.7 | 0.8 | 0.9 | 0.9 | 0.6 | 0.6 | 0.5 |
| Coverage Ratio (x1) 46 | • | • | • | • | • | 3.1 | 3.0 | 1.3 | 1.8 |
| Asset Turnover (x1) 47 | 0.3 | 0.3 | 0.3 | 0.3 | 0.3 | 0.3 | 0.3 | 0.3 | 0.5 |
| Total Liabilities/Net Worth (x1) 48 | 1.1 | 0.7 | 0.7 | 0.9 | 0.7 | 1.4 | 1.7 | 2.2 | 1.3 |
| Return on Assets (x1) 49 | • | • | • | • | • | 5.1 | 8.5 | 3.6 | 5.8 |
| Return on Equity (%) 50 | • | • | • | • | • | 4.9 | 9.2 | • | 1.4 |

# Table II

Corporations with Net Income

# COPPER, LEAD AND ZINC, GOLD AND SILVER ORES

## MONEY AMOUNTS AND SIZE OF ASSETS IN THOUSANDS OF DOLLARS

| Item Description for Accounting Period 7/90 Through 6/91 | Total | Zero Assets | Under 100 | 100 to 250 | 251 to 500 | 501 to 1,000 | 1,001 to 5,000 | 5,001 to 10,000 | 10,001 to 25,000 | 25,001 to 50,000 | 50,001 to 100,000 | 100,001 to 250,000 | 250,001 and over |
|---|---|---|---|---|---|---|---|---|---|---|---|---|---|
| Number of Enterprises 1 | 119 | · | · | · | · | 76 | · | 9 | 7 | 10 | · | 3 | 8 |
| **Revenues ($ in Thousands)** | | | | | | | | | | | | | |
| Net Sales 2 | 6778 | · | · | · | · | 28 | · | · | 54 | 288 | · | 315 | 6069 |
| Portfolio Income 3 | 827 | · | · | · | · | 2 | · | 0 | 4 | 7 | · | 14 | 787 |
| Other Revenues 4 | 338 | · | · | · | · | 5 | · | 0 | 0 | 30 | · | 0 | 291 |
| Total Revenues 5 | 7943 | · | · | · | · | 35 | · | 0 | 58 | 325 | · | 330 | 7147 |
| Average Total Revenues 6 | 66751 | · | · | · | · | 466 | · | 17 | 8335 | 32494 | · | 109897 | 893433 |
| **Operating Costs/Operating Income (%)** | | | | | | | | | | | | | |
| Cost of Operations 7 | 56.7 | · | · | · | · | 70.2 | · | · | 43.9 | 52.5 | · | 59.2 | 56.8 |
| Rent 8 | 0.5 | · | · | · | · | 0.7 | · | · | 0.5 | 0.1 | · | 0.2 | 0.6 |
| Taxes Paid 9 | 3.4 | · | · | · | · | 3.0 | · | · | 1.8 | 1.7 | · | 1.3 | 3.7 |
| Interest Paid 10 | 6.3 | · | · | · | · | · | · | · | 1.9 | 3.2 | · | 2.9 | 6.6 |
| Depreciation, Depletion, Amortization 11 | 19.9 | · | · | · | · | 0.1 | · | · | 22.9 | 22.3 | · | 19.0 | 19.9 |
| Pensions and Other Benefits 12 | 2.3 | · | · | · | · | · | · | · | · | 2.1 | · | · | 2.4 |
| Other 13 | 13.0 | · | · | · | · | 13.1 | · | · | 24.0 | 22.8 | · | 5.2 | 12.8 |
| Officers Compensation 14 | 0.6 | · | · | · | · | 5.8 | · | · | · | 0.4 | · | 0.1 | 0.6 |
| Operating Margin 15 | · | · | · | · | · | 7.2 | · | · | 5.1 | · | · | 12.1 | · |
| Oper. Margin Before Officers Compensation 16 | · | · | · | · | · | 13.0 | · | · | 5.1 | · | · | 12.2 | · |
| **Selected Average Balance Sheet ($ in Thousands)** | | | | | | | | | | | | | |
| Net Receivables 17 | 6556 | · | · | · | · | 4 | · | · | 360 | 2078 | · | 38283 | 80152 |
| Inventories 18 | 6401 | · | · | · | · | · | · | · | 562 | 2505 | · | 11835 | 87151 |
| Net Property, Plant and Equipment 19 | 52919 | · | · | · | · | 57 | · | 8040 | 6554 | 23090 | · | 54298 | 722605 |
| Total Assets 20 | 105492 | · | · | · | · | 831 | · | 8173 | 16049 | 44088 | · | 153054 | 1424593 |

|  | | | | | | | | |
|---|---|---|---|---|---|---|---|---|
| Notes and Loans Payable **21** | 35464 | · | · | · | 5001 | 19689 | 48891 | 480205 |
| All Other Liabilities **22** | 18067 | · | 464 | 105 | 2624 | 5340 | 11920 | 250756 |
| Net Worth **23** | 51961 | · | 367 | 8068 | 8424 | 19059 | 92243 | 693632 |

## Selected Financial Ratios (Times to 1)

|  | | | | | | | | |
|---|---|---|---|---|---|---|---|---|
| Current Ratio **24** | 1.1 | · | 1.7 | 1.3 | 4.7 | 1.1 | 6.1 | 1.0 |
| Quick Ratio **25** | 0.5 | · | 1.4 | 1.3 | 1.2 | 0.7 | 4.9 | 0.5 |
| Net Sales to Working Capital **26** | 39.3 | · | 1.2 | · | 1.1 | 41.4 | 1.9 | · |
| Coverage Ratio **27** | 3.3 | · | · | · | 8.2 | 3.4 | 6.7 | 3.2 |
| Total Asset Turnover **28** | 0.5 | · | 0.5 | · | 0.5 | 0.7 | 0.7 | 0.5 |
| Inventory Turnover **29** | · | · | · | · | 4.4 | · | 4.0 | 6.2 |
| Receivables Turnover **30** | · | · | · | · | · | · | 4.0 | · |
| Total Liabilities to Net Worth **31** | 1.0 | · | 1.3 | 0.0 | 0.9 | 1.3 | 0.7 | 1.1 |

## Selected Financial Factors (in Percentages)

|  | | | | | | | | |
|---|---|---|---|---|---|---|---|---|
| Debt Ratio **32** | 50.8 | · | 55.8 | 1.3 | 47.5 | 56.8 | 39.7 | 51.3 |
| Return on Assets **33** | 11.2 | · | 13.1 | · | 7.2 | 7.1 | 13.4 | 11.2 |
| Return on Equity **34** | 10.1 | · | 29.6 | · | 11.7 | 7.8 | 15.4 | 9.6 |
| Return Before Interest on Equity **35** | 22.8 | · | 29.6 | · | 13.8 | 16.4 | 22.2 | 23.0 |
| Profit Margin, Before Income Tax **36** | 14.5 | · | 29.6 | · | 13.2 | 7.6 | 16.6 | 14.4 |
| Profit Margin, After Income Tax **37** | 9.2 | · | 29.6 | · | 12.8 | 5.2 | 13.5 | 8.8 |

## Trends in Selected Ratios and Factors, 1986-1994

|  | 1986 | 1987 | 1988 | 1989 | 1990 | 1991 | 1992 | 1993 | 1994 |
|---|---|---|---|---|---|---|---|---|---|
| Cost of Operations (%) **38** | 42.6 | · | · | 78.1 | 70.8 | 53.0 | 42.8 | · | 56.7 |
| Operating Margin (%) **39** | · | · | · | · | · | · | · | · | · |
| Oper. Margin Before Officers Comp. (%) **40** | · | · | · | · | · | · | · | · | · |
| Average Net Receivables ($) **41** | 237 | · | · | 3467 | 2412 | 4817 | 10510 | · | 6556 |
| Average Inventories ($) **42** | 17 | · | · | 554 | 2321 | 3223 | 7193 | · | 6401 |
| Average Net Worth ($) **43** | -308 | · | · | 11201 | 36336 | 31964 | 68483 | · | 51961 |
| Current Ratio (×1) **44** | 2.6 | · | · | 0.9 | 3.0 | 1.9 | 1.2 | · | 1.1 |
| Quick Ratio (×1) **45** | 2.0 | · | · | 0.8 | 1.5 | 1.2 | 0.6 | · | 0.5 |
| Coverage Ratio (×1) **46** | 51.8 | · | · | 324.6 | 3.9 | 7.6 | 4.6 | · | 3.3 |
| Asset Turnover (×1) **47** | 0.2 | · | · | 0.3 | 0.3 | 0.3 | 0.2 | · | 0.5 |
| Operating Leverage **48** | · | · | · | · | 0.7 | 0.8 | 1.5 | · | · |
| Financial Leverage **49** | · | · | · | · | 0.6 | 1.2 | 0.8 | · | · |
| Total Leverage **50** | · | · | · | · | 0.4 | 0.9 | 1.2 | · | · |

8

## Table I

Corporations with and without Net Income

# OTHER METAL MINING

**MONEY AMOUNTS AND SIZE OF ASSETS IN THOUSANDS OF DOLLARS**

| Item Description for Accounting Period 7/90 Through 6/91 | Total | Zero Assets | Under 100 | 100 to 250 | 251 to 500 | 501 to 1,000 | 1,001 to 5,000 | 5,001 to 10,000 | 10,001 to 25,000 | 25,001 to 50,000 | 50,001 to 100,000 | 100,001 to 250,000 | 250,001 and over |
|---|---|---|---|---|---|---|---|---|---|---|---|---|---|
| Number of Enterprises **1** | 425 | • | • | 287 | • | • | 3 | 7 | 13 | 5 | 7 | • | • |
| **Revenues ($ in Thousands)** | | | | | | | | | | | | | |
| Net Sales **2** | 819 | • | • | • | • | • | 21 | 0 | 85 | 45 | 599 | • | • |
| Portfolio Income **3** | 38 | • | • | • | • | • | 8 | • | 3 | 1 | 25 | • | • |
| Other Revenues **4** | 25 | • | • | • | • | • | 0 | 0 | 6 | 3 | 15 | • | • |
| Total Revenues **5** | 882 | • | • | • | • | • | 30 | 1 | 95 | 49 | 639 | • | • |
| Average Total Revenues **6** | 2076 | • | • | • | • | • | 9939 | 76 | 7282 | 9860 | 91316 | • | • |
| **Operating Costs/Operating Income (%)** | | | | | | | | | | | | | |
| Cost of Operations **7** | 50.8 | • | • | • | • | • | 37.7 | • | 64.9 | 50.1 | 49.1 | • | • |
| Rent **8** | 0.6 | • | • | • | • | • | 0.2 | 22.8 | 0.8 | 0.7 | 0.1 | • | • |
| Taxes Paid **9** | 20.9 | • | • | • | • | • | 0.6 | 55.6 | 0.6 | 1.3 | 27.4 | • | • |
| Interest Paid **10** | 4.9 | • | • | • | • | • | 4.0 | 0.6 | 10.1 | 13.2 | 3.9 | • | • |
| Depreciation, Depletion, Amortization **11** | 14.9 | • | • | • | • | • | 16.1 | 28.4 | 11.5 | 17.8 | 14.6 | • | • |
| Pensions and Other Benefits **12** | 0.5 | • | • | • | • | • | 0.6 | • | 0.3 | 1.6 | 0.2 | • | • |
| Other **13** | 15.2 | • | • | • | • | • | 41.7 | • | 23.5 | 62.6 | 7.0 | • | • |
| Officers Compensation **14** | 0.8 | • | • | • | • | • | 0.6 | • | 2.9 | 3.4 | 0.3 | • | • |
| Operating Margin **15** | • | • | • | • | • | • | • | • | • | • | • | • | • |
| Oper. Margin Before Officers Compensation **16** | • | • | • | • | • | • | • | • | • | • | • | • | • |
| **Selected Average Balance Sheet ($ in Thousands)** | | | | | | | | | | | | | |
| Net Receivables **17** | 365 | • | • | • | • | • | 77 | • | 4231 | 3213 | 11378 | • | • |
| Inventories **18** | 235 | • | • | • | • | • | 2429 | • | 2203 | 1628 | 7960 | • | • |
| Net Property, Plant and Equipment **19** | 1280 | • | • | 111 | • | • | 1961 | 2483 | 6822 | 18051 | 36399 | • | • |
| Total Assets **20** | 2817 | • | • | 113 | • | • | 4816 | 6179 | 18399 | 34061 | 90930 | • | • |

| | | | | | | | | | |
|---|---|---|---|---|---|---|---|---|---|
| Notes and Loans Payable 21 | 2738 | · | · | 92 | · | 1662 | 14423 | 6482 | 18811 | 117843 |
| All Other Liabilities 22 | 597 | · | · | 1 | · | 143 | 2747 | 3505 | 4490 | 21898 |
| Net Worth 23 | -518 | · | · | 21 | · | 3011 | -10991 | 8412 | 10761 | -48812 |

**Selected Financial Ratios (Times to 1)**

| | | | | | | | | | |
|---|---|---|---|---|---|---|---|---|---|
| Current Ratio 24 | 1.0 | · | · | 0.0 | · | 1.6 | · | 1.2 | 0.9 | 1.1 |
| Quick Ratio 25 | 0.6 | · | · | 0.0 | · | 0.2 | · | 0.8 | 0.5 | 0.7 |
| Net Sales to Working Capital 26 | · | · | · | · | · | 6.8 | 0.0 | 5.8 | · | 25.2 |
| Coverage Ratio 27 | 1.0 | · | · | · | · | 10.5 | 0.7 | 0.7 | · | 2.2 |
| Total Asset Turnover 28 | 0.7 | · | · | · | · | 1.5 | 0.0 | 0.4 | 0.3 | 1.0 |
| Inventory Turnover 29 | 5.1 | · | · | · | · | 2.2 | · | 2.6 | 3.8 | 6.5 |
| Receivables Turnover 30 | 6.2 | · | · | · | · | · | 4.1 | 2.2 | 4.1 | 8.0 |
| Total Liabilities to Net Worth 31 | · | · | 4.5 | · | · | 0.6 | · | 1.2 | 2.2 |

**Selected Financial Factors (in Percentages)**

| | | | | | | | | | |
|---|---|---|---|---|---|---|---|---|---|
| Debt Ratio 32 | · | · | 81.9 | · | · | 37.5 | 54.3 | · | 68.4 | · |
| Return on Assets 33 | 3.2 | · | · | · | · | · | 2.3 | · | 8.1 | · |
| Return on Equity 34 | 11.8 | · | · | · | · | · | 5.9 | · | · | · |
| Return Before Interest on Equity 35 | · | · | · | · | · | · | 5.9 | 5.1 | · | · |
| Profit Margin, Before Income Tax 36 | · | · | · | · | · | · | · | · | 4.8 | · |
| Profit Margin, After Income Tax 37 | · | · | · | · | · | · | · | · | · | 1.1 |

**Trends in Selected Ratios and Factors, 1986–1994**

| | 1986 | 1987 | 1988 | 1989 | 1990 | 1991 | 1992 | 1993 | 1994 |
|---|---|---|---|---|---|---|---|---|---|
| Cost of Operations (%) 38 | 65.5 | 63.8 | 62.4 | 80.1 | 73.2 | 70.3 | 61.5 | 48.9 | 50.8 |
| Operating Margin (%) 39 | · | · | · | · | · | · | 4.6 | · | · |
| Oper. Margin Before Officers Comp. (%) 40 | · | · | · | · | · | · | 4.7 | · | · |
| Average Net Receivables ($) 41 | 525 | 266 | 620 | 2319 | 942 | 917 | 3668 | 202 | 365 |
| Average Inventories ($) 42 | 623 | 365 | 608 | 2385 | 1401 | 737 | 1954 | 113 | 235 |
| Average Net Worth ($) 43 | 2407 | 1093 | 1239 | 8706 | 4624 | 1915 | 5392 | -256 | -518 |
| Current Ratio (×1) 44 | 1.0 | 0.9 | 1.3 | 1.2 | 1.4 | 1.5 | 1.2 | 1.6 | 1.0 |
| Quick Ratio (×1) 45 | 0.4 | 0.4 | 0.7 | 0.5 | 0.5 | 0.7 | 0.7 | 0.9 | 0.6 |
| Coverage Ratio (×1) 46 | · | · | 1.0 | · | 0.3 | 0.9 | 3.4 | 1.5 | 1.0 |
| Asset Turnover (×1) 47 | 0.7 | 0.9 | 0.7 | 0.5 | 0.4 | 0.4 | 0.5 | 0.8 | 0.7 |
| Total Liabilities/Net Worth (×1) 48 | 2.2 | 2.1 | 3.0 | 2.4 | 2.4 | 4.8 | 4.8 | · | · |
| Return on Assets (×1) 49 | · | · | 6.1 | · | 0.9 | 2.5 | 9.2 | 6.2 | 3.2 |
| Return on Equity (%) 50 | · | · | · | · | · | · | 36.0 | · | 11.8 |

## Table II

Corporations with Net Income

# OTHER METAL MINING

MONEY AMOUNTS AND SIZE OF ASSETS IN THOUSANDS OF DOLLARS

| Item Description for Accounting Period 7/90 Through 6/91 | Total | Zero Assets | Under 100 | 100 to 250 | 251 to 500 | 501 to 1,000 | 1,001 to 5,000 | 5,001 to 10,000 | 10,001 to 25,000 | 25,001 to 50,000 | 50,001 to 100,000 | 100,001 to 250,000 | 250,001 and over |
|---|---|---|---|---|---|---|---|---|---|---|---|---|---|
| Number of Enterprises **1** | 10 | | | | | | | | 5 | | | | |
| **Revenues ($ in Thousands)** | | | | | | | | | | | | | |
| Net Sales **2** | 449 | | | | | | | | 420 | | | | |
| Portfolio Income **3** | 27 | | | | | | | | 18 | | | | |
| Other Revenues **4** | 7 | | | | | | | | 7 | | | | |
| Total Revenues **5** | 483 | | | | | | | | 445 | | | | |
| Average Total Revenues **6** | 48288 | | | | | | | | 89014 | | | | |
| **Operating Costs/Operating Income (%)** | | | | | | | | | | | | | |
| Cost of Operations **7** | 32.0 | | | | | | | | 31.6 | | | | |
| Rent **8** | | | | | | | | | | | | | |
| Taxes Paid **9** | 35.6 | | | | | | | | 38.0 | | | | |
| Interest Paid **10** | 4.1 | | | | | | | | 4.1 | | | | |
| Depreciation, Depletion, Amortization **11** | 14.9 | | | | | | | | 15.1 | | | | |
| Pensions and Other Benefits **12** | | | | | | | | | | | | | |
| Other **13** | 5.9 | | | | | | | | 3.8 | | | | |
| Officers Compensation **14** | 0.2 | | | | | | | | 0.1 | | | | |
| Operating Margin **15** | 7.3 | | | | | | | | 7.2 | | | | |
| Oper. Margin Before Officers Compensation **16** | 7.4 | | | | | | | | 7.3 | | | | |
| **Selected Average Balance Sheet ($ in Thousands)** | | | | | | | | | | | | | |
| Net Receivables **17** | 9252 | | | | | | | | 18459 | | | | |
| Inventories **18** | 2419 | | | | | | | | 3381 | | | | |
| Net Property, Plant and Equipment **19** | 10879 | | | | | | | | 20581 | | | | |
| Total Assets **20** | 29837 | | | | | | | | 56785 | | | | |

| | | |
|---|---|---|
| Notes and Loans Payable 21 | 10599 | 20200 |
| All Other Liabilities 22 | 10560 | 21034 |
| Net Worth 23 | 8678 | 15550 |

## Selected Financial Ratios (Times to 1)

| | | |
|---|---|---|
| Current Ratio 24 | 1.5 | 1.5 |
| Quick Ratio 25 | 1.0 | 1.0 |
| Net Sales to Working Capital 26 | 9.3 | 9.3 |
| Coverage Ratio 27 | 4.7 | 4.2 |
| Total Asset Turnover 28 | 1.5 | 1.5 |
| Inventory Turnover 29 | 3.8 | 7.8 |
| Receivables Turnover 30 | 4.5 | 7.1 |
| Total Liabilities to Net Worth 31 | 2.4 | 2.7 |

## Selected Financial Factors (in Percentages)

| | | |
|---|---|---|
| Debt Ratio 32 | 70.9 | 72.6 |
| Return on Assets 33 | 28.5 | 25.5 |
| Return on Equity 34 | • | |
| Return Before Interest on Equity 35 | • | |
| Profit Margin, Before Income Tax 36 | 14.9 | 13.1 |
| Profit Margin, After Income Tax 37 | 10.3 | 8.2 |

## Trends in Selected Ratios and Factors, 1986-1994

| | 1986 | 1987 | 1988 | 1989 | 1990 | 1991 | 1992 | 1993 | 1994 |
|---|---|---|---|---|---|---|---|---|---|
| Cost of Operations (%) 38 | 51.6 | 57.8 | 56.5 | 63.9 | 51.0 | 26.7 | 60.7 | 48.0 | 32.0 |
| Operating Margin (%) 39 | 0.5 | 1.0 | • | • | • | 12.2 | 6.5 | 3.8 | 7.3 |
| Oper. Margin Before Officers Comp. (%) 40 | 1.1 | 2.0 | • | • | 0.1 | 12.2 | 6.6 | 4.4 | 7.4 |
| Average Net Receivables  ($) 41 | 552 | 167 | 5634 | 1245 | 1062 | 219 | 11968 | 991 | 9252 |
| Average Inventories  ($) 42 | 1404 | 360 | 9319 | 1542 | 1272 | 75 | 6036 | 475 | 2419 |
| Average Net Worth  ($) 43 | 4084 | 1056 | 21777 | 2990 | 1499 | 404 | 18497 | 1301 | 8678 |
| Current Ratio (x1) 44 | 2.3 | 1.4 | 1.6 | 1.8 | 1.8 | 1.3 | 1.2 | 2.0 | 1.5 |
| Quick Ratio (x1) 45 | 0.8 | 0.7 | 0.8 | 1.0 | 0.8 | 0.7 | 0.7 | 1.1 | 1.0 |
| Coverage Ratio (x1) 46 | 2.4 | 2.1 | 2.3 | 2.0 | 2.6 | 7.0 | 3.6 | 3.0 | 4.7 |
| Asset Turnover (x1) 47 | 1.1 | 1.6 | 0.8 | 0.7 | 1.5 | 1.2 | 0.5 | 1.2 | 1.5 |
| Operating Leverage 48 | • | 2.2 | • | 0.3 | 0.0 | • | 0.5 | 0.6 | 1.9 |
| Financial Leverage 49 | • | 0.7 | 1.7 | 0.8 | 1.0 | 1.9 | 1.0 | 0.7 | 1.2 |
| Total Leverage 50 | • | 1.6 | • | 0.2 | 0.0 | • | 0.5 | 0.4 | 2.3 |

## Table I

Corporations with and without Net Income

# COAL MINING

### MONEY AMOUNTS AND SIZE OF ASSETS IN THOUSANDS OF DOLLARS

| Item Description for Accounting Period 7/90 Through 6/91 | Total | Zero Assets | Under 100 | 100 to 250 | 251 to 500 | 501 to 1,000 | 1,001 to 5,000 | 5,001 to 10,000 | 10,001 to 25,000 | 25,001 to 50,000 | 50,001 to 100,000 | 100,001 to 250,000 | 250,001 and over |
|---|---|---|---|---|---|---|---|---|---|---|---|---|---|
| Number of Enterprises 1 | 2814 | 26 | 1154 | 296 | 426 | 266 | 429 | 79 | 67 | 32 | 15 | 11 | 14 |
| **Revenues ($ in Thousands)** | | | | | | | | | | | | | |
| Net Sales 2 | 19405 | 29 | 73 | 154 | 416 | 1285 | 1440 | 855 | 1548 | 815 | 1293 | 1125 | 10374 |
| Portfolio Income 3 | 749 | 0 | 12 | 0 | 14 | 2 | 18 | 13 | 32 | 98 | 21 | 62 | 478 |
| Other Revenues 4 | 545 | 7 | 3 | 1 | 4 | 36 | 20 | 1 | 49 | 31 | 34 | 73 | 286 |
| Total Revenues 5 | 20699 | 36 | 87 | 155 | 433 | 1322 | 1478 | 869 | 1629 | 944 | 1348 | 1260 | 11138 |
| Average Total Revenues 6 | 7356 | 1399 | 75 | 523 | 1016 | 4971 | 3446 | 10999 | 24312 | 29488 | 89851 | 114552 | 795537 |
| **Operating Costs/Operating Income (%)** | | | | | | | | | | | | | |
| Cost of Operations 7 | 76.8 | 90.9 | 85.6 | 58.0 | 56.2 | 63.0 | 65.5 | 44.8 | 77.3 | 74.6 | 77.7 | 82.4 | 83.0 |
| Rent 8 | 0.9 | • | • | 12.0 | 0.9 | 1.4 | 1.9 | • | 0.4 | 0.4 | 1.1 | 0.8 | 0.6 |
| Taxes Paid 9 | 4.1 | 7.2 | 3.8 | 9.8 | 5.2 | 3.4 | 2.9 | 5.1 | 5.2 | 4.2 | 5.3 | 6.3 | 3.6 |
| Interest Paid 10 | 3.3 | 4.2 | 0.8 | 0.2 | 2.7 | 2.3 | 2.9 | 1.1 | 2.5 | 4.5 | 2.5 | 4.4 | 3.8 |
| Depreciation, Depletion, Amortization 11 | 6.1 | 3.1 | • | 5.7 | 5.3 | 6.4 | 5.0 | 7.3 | 7.3 | 7.7 | 6.7 | 7.9 | 5.7 |
| Pensions and Other Benefits 12 | 1.2 | • | 4.0 | • | 0.5 | 1.3 | 1.7 | 2.3 | 1.4 | 1.3 | 1.6 | 1.2 | 1.1 |
| Other 13 | 11.9 | 56.4 | 35.8 | 24.9 | 35.1 | 20.7 | 24.2 | 39.1 | 9.9 | 18.1 | 8.4 | 5.6 | 6.4 |
| Officers Compensation 14 | 0.8 | • | • | 1.8 | 4.9 | 1.2 | 2.1 | 0.7 | 0.5 | 2.2 | 0.7 | 0.6 | 0.4 |
| Operating Margin 15 | • | • | • | • | 0.5 | • | • | • | • | • | • | • | • |
| Oper. Margin Before Officers Compensation 16 | • | • | • | • | 1.7 | • | • | 0.3 | • | • | • | • | • |
| **Selected Average Balance Sheet ($ in Thousands)** | | | | | | | | | | | | | |
| Net Receivables 17 | 1443 | • | 14 | 16 | 69 | 128 | 219 | 1211 | 2120 | 8246 | 8638 | 22495 | 214640 |
| Inventories 18 | 317 | • | 5 | • | 0 | 19 | 7 | 118 | 882 | 1417 | 4441 | 7017 | 44341 |
| Net Property, Plant and Equipment 19 | 2826 | • | 7 | 28 | 165 | 362 | 1096 | 1996 | 7348 | 11378 | 32253 | 51959 | 373580 |
| Total Assets 20 | 8432 | • | 34 | 135 | 359 | 792 | 1988 | 7953 | 16102 | 34795 | 69954 | 151404 | 1206894 |

| | | | | | | | | | | | | |
|---|---|---|---|---|---|---|---|---|---|---|---|---|
| Notes and Loans Payable 21 | • | 2312 | 97 | 55 | 451 | 457 | 1344 | 1150 | 5977 | 7844 | 23666 | 25398 | 293544 |
| All Other Liabilities 22 | • | 2443 | 48 | 149 | 170 | 306 | 566 | 1624 | 5562 | 11037 | 18005 | 33971 | 348650 |
| Net Worth 23 | • | 3677 | -110 | -70 | -262 | 29 | 78 | 5179 | 4563 | 15915 | 28283 | 92036 | 564699 |

**Selected Financial Ratios (Times to 1)**

| | | | | | | | | | | | | |
|---|---|---|---|---|---|---|---|---|---|---|---|---|
| Current Ratio 24 | • | 1.3 | 0.3 | 0.3 | 0.9 | 0.7 | 0.6 | 1.9 | 1.0 | 1.8 | 1.3 | 2.7 | 1.3 |
| Quick Ratio 25 | • | 0.9 | 0.2 | 0.3 | 0.9 | 0.4 | 0.5 | 1.8 | 0.7 | 1.4 | 0.9 | 1.8 | 0.9 |
| Net Sales to Working Capital 26 | • | 11.0 | • | • | • | • | 5.9 | • | 4.1 | 18.8 | 2.6 | 8.6 |
| Coverage Ratio 27 | • | 1.5 | • | • | • | 2.5 | • | 2.0 | 1.3 | 2.6 | 1.1 | 1.7 | 1.8 |
| Total Asset Turnover 28 | • | 0.8 | 1.9 | 3.9 | 2.7 | 6.1 | 1.7 | 1.4 | 1.4 | 0.7 | 1.2 | 0.7 | 0.6 |
| Inventory Turnover 29 | • | • | • | • | • | • | • | • | • | • | • | • | • |
| Receivables Turnover 30 | • | 4.9 | 3.2 | • | • | • | 9.1 | 9.8 | 3.7 | 8.1 | 5.5 | 3.5 |
| Total Liabilities to Net Worth 31 | • | 1.3 | • | • | 26.6 | 24.5 | 0.5 | 2.5 | 1.2 | 1.5 | 0.7 | 1.1 |

**Selected Financial Factors (in Percentages)**

| | | | | | | | | | | | | |
|---|---|---|---|---|---|---|---|---|---|---|---|---|
| Debt Ratio 32 | • | 56.4 | • | • | • | 96.4 | 96.1 | 71.7 | 34.9 | 54.3 | 59.6 | 39.2 | 53.2 |
| Return on Assets 33 | • | 4.1 | • | • | • | 34.5 | • | 4.7 | 2.9 | 8.5 | 3.3 | 4.9 | 4.1 |
| Return on Equity 34 | • | 1.7 | 6.2 | 27.6 | • | • | • | 1.3 | 1.6 | 7.6 | 2.1 | 2.5 |
| Return Before Interest on Equity 35 | • | 9.5 | 5.6 | 14.5 | • | • | 16.6 | 4.4 | 18.6 | 8.2 | 8.0 | 8.7 |
| Profit Margin, Before Income Tax 36 | • | 1.8 | • | • | 3.4 | • | 0.8 | 1.0 | 7.1 | 0.3 | 2.9 | 2.9 |
| Profit Margin, After Income Tax 37 | • | 0.9 | • | • | 3.4 | • | 0.3 | 0.8 | 4.8 | • | • | 1.9 |

**Trends in Selected Ratios and Factors, 1986-1994**

| | 1986 | 1987 | 1988 | 1989 | 1990 | 1991 | 1992 | 1993 | 1994 |
|---|---|---|---|---|---|---|---|---|---|
| Cost of Operations (%) 38 | 72.7 | 71.0 | 71.1 | 73.2 | 68.9 | 70.3 | 68.5 | 75.1 | 76.8 |
| Operating Margin (%) 39 | • | • | • | • | • | • | • | • | • |
| Oper. Margin Before Officers Comp. (%) 40 | • | • | • | • | • | • | • | • | • |
| Average Net Receivables ($) 41 | 526 | 682 | 717 | 1343 | 972 | 769 | 644 | 964 | 1443 |
| Average Inventories ($) 42 | 268 | 221 | 187 | 293 | 289 | 229 | 273 | 300 | 317 |
| Average Net Worth ($) 43 | 2004 | 1865 | 1882 | 3106 | 2681 | 2264 | 2554 | 2594 | 3677 |
| Current Ratio (x1) 44 | 1.3 | 1.4 | 1.2 | 1.3 | 1.3 | 1.9 | 1.3 | 1.3 | 1.3 |
| Quick Ratio (x1) 45 | 0.8 | 1.0 | 0.9 | 1.0 | 0.9 | 1.3 | 0.8 | 0.9 | 0.9 |
| Coverage Ratio (x1) 46 | 1.0 | 0.9 | 1.0 | 0.5 | 1.4 | 1.6 | 2.1 | 1.5 | 1.5 |
| Asset Turnover (x1) 47 | 1.0 | 0.9 | 0.9 | 0.7 | 0.8 | 0.8 | 0.8 | 0.9 | 0.8 |
| Total Liabilities/Net Worth (x1) 48 | 1.4 | 1.6 | 1.3 | 1.3 | 1.3 | 1.2 | 1.2 | 1.3 | 1.3 |
| Return on Assets (x1) 49 | 3.8 | 2.9 | 3.3 | 1.2 | 3.8 | 3.9 | 6.1 | 4.4 | 4.1 |
| Return on Equity (%) 50 | • | • | • | • | 1.4 | 1.8 | 5.0 | 0.9 | 1.7 |

# Table II

Corporations with Net Income

## COAL MINING

### MONEY AMOUNTS AND SIZE OF ASSETS IN THOUSANDS OF DOLLARS

| Item Description for Accounting Period 7/90 Through 6/91 | Total | Zero Assets | Under 100 | 100 to 250 | 251 to 500 | 501 to 1,000 | 1,001 to 5,000 | 5,001 to 10,000 | 10,001 to 25,000 | 25,001 to 50,000 | 50,001 to 100,000 | 100,001 to 250,000 | 250,001 and over |
|---|---|---|---|---|---|---|---|---|---|---|---|---|---|
| Number of Enterprises 1 | 962 | • | • | • | 108 | 102 | • | 51 | 35 | • | • | • | • |
| **Revenues ($ in Thousands)** | | | | | | | | | | | | | |
| Net Sales 2 | 14697 | • | • | • | 187 | 883 | • | 662 | 786 | • | • | • | • |
| Portfolio Income 3 | 620 | • | • | • | 12 | 0 | • | 12 | 25 | • | • | • | • |
| Other Revenues 4 | 414 | • | • | • | 2 | 33 | • | 1 | 29 | • | • | • | • |
| Total Revenues 5 | 15731 | • | • | • | 201 | 916 | • | 674 | 841 | • | • | • | • |
| Average Total Revenues 6 | 16352 | • | • | • | 1865 | 8980 | • | 13220 | 24019 | • | • | • | • |
| **Operating Costs/Operating Income (%)** | | | | | | | | | | | | | |
| Cost of Operations 7 | 75.2 | • | • | • | 17.3 | 64.6 | • | 35.5 | 67.8 | • | • | • | • |
| Rent 8 | 0.7 | • | • | • | 0.7 | 1.9 | • | • | 0.6 | • | • | • | • |
| Taxes Paid 9 | 4.2 | • | • | • | 7.3 | 2.4 | • | 5.2 | 6.8 | • | • | • | • |
| Interest Paid 10 | 3.1 | • | • | • | 2.2 | 2.2 | • | 0.3 | 2.7 | • | • | • | • |
| Depreciation, Depletion, Amortization 11 | 6.1 | • | • | • | 3.2 | 5.8 | • | 7.6 | 9.1 | • | • | • | • |
| Pensions and Other Benefits 12 | 1.3 | • | • | • | 1.0 | 0.9 | • | 2.7 | 1.9 | • | • | • | • |
| Other 13 | 11.3 | • | • | • | 61.0 | 17.5 | • | 45.2 | 10.8 | • | • | • | • |
| Officers Compensation 14 | 0.6 | • | • | • | 9.1 | 1.4 | • | 0.5 | 0.5 | • | • | • | • |
| Operating Margin 15 | • | • | • | • | • | 3.5 | • | 3.0 | • | • | • | • | • |
| Oper. Margin Before Officers Compensation 16 | • | • | • | • | 7.4 | 4.9 | • | 3.5 | 0.4 | • | • | • | • |
| **Selected Average Balance Sheet ($ in Thousands)** | | | | | | | | | | | | | |
| Net Receivables 17 | 3509 | • | • | • | 104 | 97 | • | 1619 | 1435 | • | • | • | • |
| Inventories 18 | 707 | • | • | • | • | 1 | • | 43 | 949 | • | • | • | • |
| Net Property, Plant and Equipment 19 | 6463 | • | • | • | 158 | 265 | • | 1634 | 8394 | • | • | • | • |
| Total Assets 20 | 20007 | • | • | • | 295 | 642 | • | 8394 | 16819 | • | • | • | • |

| | | | | | | | |
|---|---|---|---|---|---|---|---|
| Notes and Loans Payable **21** | 4526 | · | · | 133 | 464 | · | 613 | 6188 |
| All Other Liabilities **22** | 5739 | · | · | 78 | 353 | · | 1760 | 3903 |
| Net Worth **23** | 9742 | · | · | 84 | -175 | · | 6021 | 6729 |

## Selected Financial Ratios (Times to 1)

| | | | | | | | | |
|---|---|---|---|---|---|---|---|---|
| Current Ratio **24** | 1.4 | · | · | 1.4 | 0.7 | · | 2.7 | 1.4 |
| Quick Ratio **25** | 1.0 | · | · | 1.2 | 0.3 | · | 2.6 | 1.0 |
| Net Sales to Working Capital **26** | 8.3 | · | · | | | · | 4.1 | 11.3 |
| Coverage Ratio **27** | 2.6 | · | · | 3.8 | 4.3 | · | | 3.5 |
| Total Asset Turnover **28** | 0.8 | · | · | 5.9 | 13.5 | · | 1.6 | 1.3 |
| Inventory Turnover **29** | · | · | · | · | · | · | · | · |
| Receivables Turnover **30** | 5.6 | · | · | · | · | · | 7.6 | 9.6 |
| Total Liabilities to Net Worth **31** | 1.1 | · | · | 2.5 | · | · | 0.4 | 1.5 |

## Selected Financial Factors (in Percentages)

| | | | | | | | | |
|---|---|---|---|---|---|---|---|---|
| Debt Ratio **32** | 51.3 | · | · | 71.5 | · | · | 28.3 | 60.0 |
| Return on Assets **33** | 6.1 | · | · | · | · | · | 7.6 | 12.6 |
| Return on Equity **34** | 5.9 | · | · | · | · | · | 9.1 | 19.1 |
| Return Before Interest on Equity **35** | 12.5 | · | · | · | · | · | 10.6 | 31.4 |
| Profit Margin, Before Income Tax **36** | 4.9 | · | · | 6.1 | 7.2 | · | 4.6 | 6.7 |
| Profit Margin, After Income Tax **37** | 3.8 | · | · | 4.3 | 7.2 | · | 4.2 | 5.7 |

## Trends in Selected Ratios and Factors, 1986-1994

| | 1986 | 1987 | 1988 | 1989 | 1990 | 1991 | 1992 | 1993 | 1994 |
|---|---|---|---|---|---|---|---|---|---|
| Cost of Operations (%) **38** | 69.3 | 67.1 | 68.6 | 69.9 | 69.3 | 68.7 | 67.3 | 69.7 | 75.2 |
| Operating Margin (%) **39** | · | · | · | · | · | · | · | · | · |
| Oper. Margin Before Officers Comp. (%) **40** | · | · | · | 0.4 | · | · | · | 0.7 | · |
| Average Net Receivables ($) **41** | 787 | 1123 | 1545 | 1765 | 1251 | 1671 | 940 | 1246 | 3509 |
| Average Inventories ($) **42** | 404 | 370 | 306 | 157 | 299 | 430 | 529 | 525 | 707 |
| Average Net Worth ($) **43** | 2917 | 2996 | 3893 | 2152 | 2300 | 5240 | 5271 | 3779 | 9742 |
| Current Ratio (x1) **44** | 1.7 | 1.5 | 1.3 | 1.6 | 1.4 | 2.2 | 1.3 | 1.8 | 1.4 |
| Quick Ratio (x1) **45** | 1.1 | 1.1 | 1.1 | 1.4 | 1.0 | 1.5 | 0.7 | 1.2 | 1.0 |
| Coverage Ratio (x1) **46** | 2.4 | 2.5 | 2.5 | 4.0 | 3.1 | 2.9 | 3.1 | 4.1 | 2.6 |
| Asset Turnover (x1) **47** | 1.1 | 0.9 | 0.8 | 0.8 | 0.9 | 0.7 | 0.8 | 1.0 | 0.8 |
| Operating Leverage **48** | · | 0.7 | 1.3 | 0.4 | 3.2 | 1.1 | 0.3 | 0.1 | 31.0 |
| Financial Leverage **49** | · | 1.1 | 1.0 | 1.3 | 1.0 | 1.0 | 1.0 | 1.0 | 0.9 |
| Total Leverage **50** | · | 0.8 | 1.3 | 0.5 | 3.1 | 1.1 | 0.3 | 0.1 | 26.2 |

## Table I

Corporations with and without Net Income

# CRUDE PETROLEUM, NATURAL GAS, AND NATURAL GAS LIQUIDS

MONEY AMOUNTS AND SIZE OF ASSETS IN THOUSANDS OF DOLLARS

| Item Description for Accounting Period 7/90 Through 6/91 | Total | Zero Assets | Under 100 | 100 to 250 | 251 to 500 | 501 to 1,000 | 1,001 to 5,000 | 5,001 to 10,000 | 10,001 to 25,000 | 25,001 to 50,000 | 50,001 to 100,000 | 100,001 to 250,000 | 250,001 and over |
|---|---|---|---|---|---|---|---|---|---|---|---|---|---|
| Number of Enterprises **1** | 17781 | 326 | 8727 | 3536 | 1814 | 1345 | 1233 | 336 | 223 | 105 | 68 | 33 | 35 |
| **Revenues ($ in Thousands)** | | | | | | | | | | | | | |
| Net Sales **2** | 38690 | 363 | 389 | 537 | 232 | 676 | 1177 | 986 | 1709 | 1828 | 2093 | 1591 | 27109 |
| Portfolio Income **3** | 4488 | 48 | 3 | 10 | 34 | 55 | 176 | 98 | 206 | 120 | 186 | 325 | 3228 |
| Other Revenues **4** | 4190 | 9 | 63 | 76 | 53 | 94 | 218 | 262 | 276 | 203 | 238 | 175 | 2525 |
| Total Revenues **5** | 47368 | 420 | 455 | 623 | 319 | 825 | 1571 | 1346 | 2190 | 2151 | 2516 | 2090 | 32862 |
| Average Total Revenues **6** | 2664 | 1288 | 52 | 176 | 176 | 613 | 1274 | 4007 | 9822 | 20483 | 37004 | 63337 | 938905 |
| **Operating Costs/Operating Income (%)** | | | | | | | | | | | | | |
| Cost of Operations **7** | 63.5 | 15.5 | 44.6 | 24.2 | 17.9 | 38.7 | 38.1 | 45.3 | 61.4 | 72.1 | 59.8 | 47.1 | 68.7 |
| Rent **8** | 1.4 | 0.5 | 1.0 | 2.7 | 3.1 | 1.5 | 1.5 | 1.4 | 1.6 | 1.0 | 1.3 | 0.9 | 1.4 |
| Taxes Paid **9** | 2.9 | 5.4 | 2.5 | 5.1 | 6.3 | 5.4 | 5.8 | 5.6 | 3.3 | 2.4 | 2.8 | 4.4 | 2.4 |
| Interest Paid **10** | 10.7 | 1.3 | 4.6 | 3.3 | 9.0 | 3.3 | 6.0 | 6.3 | 5.4 | 4.2 | 8.3 | 11.7 | 12.5 |
| Depreciation, Depletion, Amortization **11** | 9.1 | 19.7 | 12.0 | 6.7 | 28.0 | 9.2 | 14.7 | 12.2 | 11.8 | 10.1 | 10.2 | 15.9 | 7.7 |
| Pensions and Other Benefits **12** | 0.9 | • | 1.4 | 0.2 | 0.4 | 1.1 | 0.8 | 1.3 | 1.1 | 0.7 | 0.8 | 0.9 | 1.0 |
| Other **13** | 23.7 | 46.7 | 35.1 | 61.4 | 63.4 | 44.6 | 53.1 | 42.8 | 31.2 | 24.3 | 34.4 | 32.7 | 17.7 |
| Officers Compensation **14** | 1.4 | 0.9 | 6.3 | 7.6 | 3.5 | 5.8 | 7.0 | 6.7 | 3.5 | 2.8 | 1.9 | 1.8 | 0.4 |
| Operating Margin **15** | • | 9.9 | • | • | • | • | • | • | • | • | • | • | • |
| Oper. Margin Before Officers Compensation **16** | • | 10.8 | • | • | • | • | • | • | • | • | • | • | • |
| **Selected Average Balance Sheet ($ in Thousands)** | | | | | | | | | | | | | |
| Net Receivables **17** | 597 | • | 1 | 11 | 42 | 100 | 251 | 1158 | 2632 | 4675 | 10212 | 17983 | 208513 |
| Inventories **18** | 124 | • | 1 | 1 | 4 | 10 | 42 | 93 | 252 | 595 | 1452 | 4305 | 49296 |
| Net Property, Plant and Equipment **19** | 2306 | • | 8 | 61 | 141 | 259 | 845 | 2980 | 6154 | 17971 | 33557 | 82120 | 851856 |
| Total Assets **20** | 7177 | • | 21 | 158 | 366 | 717 | 2194 | 6981 | 15157 | 36193 | 73004 | 153963 | 2941706 |

| | | | | | | | | | | | | | |
|---|---|---|---|---|---|---|---|---|---|---|---|---|---|
| Notes and Loans Payable 21 | 2157 | • | 48 | 70 | 1139 | 294 | 1003 | 2501 | 4086 | 8770 | 26221 | 52730 | 794175 |
| All Other Liabilities 22 | 1218 | • | 2 | 34 | 73 | 151 | 868 | 1820 | 3979 | 6232 | 17505 | 29072 | 451579 |
| Net Worth 23 | 3802 | • | -28 | 54 | -847 | 272 | 323 | 2660 | 7091 | 21191 | 29278 | 72161 | 1695951 |

## Selected Financial Ratios (Times to 1)

| | | | | | | | | | | | | | |
|---|---|---|---|---|---|---|---|---|---|---|---|---|---|
| Current Ratio 24 | 1.1 | • | 0.2 | 1.0 | 0.1 | 1.8 | 0.9 | 1.3 | 1.3 | 1.5 | 1.4 | 1.3 | 1.3 |
| Quick Ratio 25 | 0.8 | • | 0.2 | 1.0 | 0.1 | 1.5 | 0.7 | 1.2 | 1.1 | 1.2 | 1.1 | 0.9 | 0.9 |
| Net Sales to Working Capital 26 | 17.7 | • | • | • | • | 4.2 | • | 4.8 | 5.3 | 5.2 | 5.1 | 5.4 | 10.8 |
| Coverage Ratio 27 | 1.9 | • | 3.1 | 2.4 | 1.6 | 4.8 | 2.1 | 3.3 | 2.6 | 0.9 | 1.1 | 2.4 | 1.9 |
| Total Asset Turnover 28 | 0.3 | • | 2.1 | 1.0 | 0.4 | 0.7 | 0.4 | 0.4 | 0.5 | 0.5 | 0.4 | 0.3 | 0.3 |
| Inventory Turnover 29 | • | • | • | • | 5.6 | • | • | • | • | • | • | 4.8 | • |
| Receivables Turnover 30 | 4.0 | • | • | • | 2.6 | 6.0 | 4.1 | 2.7 | 3.6 | 4.0 | 3.3 | 2.4 | 4.1 |
| Total Liabilities to Net Worth 31 | 0.9 | • | 1.9 | • | • | 1.6 | 5.8 | 1.6 | 1.1 | 0.7 | 1.5 | 1.1 | 0.7 |

## Selected Financial Factors (in Percentages)

| | | | | | | | | | | | | | |
|---|---|---|---|---|---|---|---|---|---|---|---|---|---|
| Debt Ratio 32 | 47.0 | • | • | 65.9 | • | 62.1 | 85.3 | 53.2 | 41.5 | 59.9 | 53.1 | 42.4 | |
| Return on Assets 33 | 6.2 | • | 30.3 | 7.7 | 5.1 | 11.1 | 5.5 | 7.1 | 1.8 | 3.9 | 8.7 | 6.1 | |
| Return on Equity 34 | 3.7 | • | • | 11.6 | • | 21.1 | 11.4 | 6.6 | • | • | 7.0 | 3.2 | |
| Return Before Interest on Equity 35 | 11.7 | • | • | 22.6 | • | 29.3 | 23.0 | 15.2 | 3.1 | 9.7 | 18.5 | 10.6 | |
| Profit Margin, Before Income Tax 36 | 9.8 | 25.5 | 9.7 | 4.7 | 5.6 | 12.6 | 6.7 | 8.6 | • | 0.9 | 16.0 | 10.7 | |
| Profit Margin, After Income Tax 37 | 6.5 | 13.8 | 9.1 | 4.1 | 4.7 | 11.4 | 3.9 | 6.1 | • | • | 10.4 | 7.0 | |

## Trends in Selected Ratios and Factors, 1986-1994

| | 1986 | 1987 | 1988 | 1989 | 1990 | 1991 | 1992 | 1993 | 1994 |
|---|---|---|---|---|---|---|---|---|---|
| Cost of Operations (%) 38 | 87.2 | 75.7 | 70.2 | 71.5 | 67.3 | 67.5 | 62.4 | 63.4 | 63.5 |
| Operating Margin (%) 39 | • | • | • | • | • | • | • | • | • |
| Oper. Margin Before Officers Comp. (%) 40 | • | • | • | • | • | • | • | • | • |
| Average Net Receivables ($) 41 | 1357 | 844 | 671 | 807 | 498 | 562 | 544 | 482 | 597 |
| Average Inventories ($) 42 | 283 | 183 | 137 | 217 | 156 | 142 | 128 | 114 | 124 |
| Average Net Worth ($) 43 | 3302 | 3631 | 3614 | 3802 | 3586 | 4229 | 3950 | 4614 | 3802 |
| Current Ratio (x1) 44 | 1.1 | 1.0 | 1.9 | 1.0 | 1.1 | 1.0 | 1.1 | 1.1 | 1.1 |
| Quick Ratio (x1) 45 | 0.9 | 0.8 | 0.9 | 0.8 | 0.8 | 0.8 | 0.8 | 0.8 | 0.8 |
| Coverage Ratio (x1) 46 | 1.3 | 1.1 | 1.3 | 1.3 | 0.8 | 1.1 | 1.3 | 1.6 | 1.9 |
| Asset Turnover (x1) 47 | 1.2 | 0.6 | 0.5 | 0.5 | 0.3 | 0.3 | 0.2 | 0.2 | 0.3 |
| Total Liabilities/Net Worth (x1) 48 | 1.4 | 1.2 | 1.1 | 1.2 | 0.9 | 0.8 | 0.8 | 0.7 | 0.9 |
| Return on Assets (x1) 49 | 4.1 | 3.4 | 4.0 | 4.1 | 2.5 | 2.5 | 3.4 | 4.5 | 6.2 |
| Return on Equity (%) 50 | • | • | • | • | • | • | 0.5 | 1.8 | 3.7 |

## Table II

Corporations with Net Income

# CRUDE PETROLEUM, NATURAL GAS, AND NATURAL GAS LIQUIDS

### MONEY AMOUNTS AND SIZE OF ASSETS IN THOUSANDS OF DOLLARS

| Item Description for Accounting Period 7/90 Through 6/91 | | Total | Zero Assets | Under 100 | 100 to 250 | 251 to 500 | 501 to 1,000 | 1,001 to 5,000 | 5,001 to 10,000 | 10,001 to 25,000 | 25,001 to 50,000 | 50,001 to 100,000 | 100,001 to 250,000 | 250,001 and over |
|---|---|---|---|---|---|---|---|---|---|---|---|---|---|---|
| Number of Enterprises | 1 | 9530 | 103 | 3943 | 2066 | 1161 | 980 | 788 | 194 | 161 | 50 | 38 | 22 | 24 |
| **Revenues ($ in Thousands)** | | | | | | | | | | | | | | |
| Net Sales | 2 | 33588 | 260 | 280 | 484 | 189 | 474 | 827 | 586 | 1478 | 1276 | 1262 | 1105 | 25367 |
| Portfolio Income | 3 | 3911 | 39 | 2 | 8 | 29 | 51 | 123 | 88 | 168 | 77 | 109 | 283 | 2934 |
| Other Revenues | 4 | 3437 | 3 | 63 | 47 | 44 | 52 | 145 | 214 | 232 | 140 | 144 | 119 | 2235 |
| Total Revenues | 5 | 40936 | 302 | 345 | 539 | 262 | 577 | 1095 | 888 | 1878 | 1493 | 1516 | 1506 | 30535 |
| Average Total Revenues | 6 | 4296 | 2927 | 88 | 261 | 226 | 589 | 1389 | 4579 | 11664 | 29863 | 39888 | 68467 | 1272308 |
| **Operating Costs/Operating Income (%)** | | | | | | | | | | | | | | |
| Cost of Operations | 7 | 65.1 | 11.7 | 18.1 | 19.1 | 9.8 | 34.6 | 32.1 | 42.2 | 63.5 | 77.8 | 59.7 | 44.9 | 70.2 |
| Rent | 8 | 1.3 | 0.7 | 1.3 | 2.3 | 2.5 | 1.8 | 0.9 | 1.3 | 1.5 | 0.9 | 1.1 | 0.8 | 1.3 |
| Taxes Paid | 9 | 2.6 | 7.2 | 3.2 | 4.8 | 6.6 | 6.2 | 6.1 | 5.3 | 3.1 | 1.7 | 3.0 | 4.0 | 2.2 |
| Interest Paid | 10 | 9.8 | 1.0 | 1.0 | 1.7 | 2.4 | 3.3 | 4.6 | 2.9 | 3.9 | 2.1 | 5.3 | 11.1 | 11.6 |
| Depreciation, Depletion, Amortization | 11 | 7.8 | 15.1 | 12.5 | 4.3 | 27.1 | 8.4 | 14.2 | 12.0 | 9.5 | 7.3 | 8.1 | 15.2 | 6.8 |
| Pensions and Other Benefits | 12 | 0.9 | • | 2.0 | 0.2 | 0.5 | 1.0 | 0.6 | 0.9 | 1.1 | 0.7 | 0.7 | 0.7 | 1.0 |
| Other | 13 | 18.9 | 27.3 | 38.0 | 51.7 | 30.7 | 34.0 | 36.0 | 38.7 | 23.6 | 15.4 | 24.0 | 26.4 | 16.0 |
| Officers Compensation | 14 | 1.1 | 0.8 | 8.7 | 7.1 | 4.3 | 6.0 | 4.0 | 7.3 | 3.2 | 2.3 | 2.3 | 2.0 | 0.3 |
| Operating Margin | 15 | • | 36.1 | 15.4 | 8.9 | 16.2 | 4.8 | 1.6 | • | • | • | • | • | • |
| Oper. Margin Before Officers Compensation | 16 | • | 36.9 | 24.1 | 15.9 | 20.5 | 10.7 | 5.6 | • | • | • | • | • | • |
| **Selected Average Balance Sheet ($ in Thousands)** | | | | | | | | | | | | | | |
| Net Receivables | 17 | 935 | • | 1 | 10 | 61 | 96 | 218 | 1232 | 2933 | 4735 | 11934 | 19637 | 279960 |
| Inventories | 18 | 209 | • | • | 2 | 6 | 9 | 41 | 76 | 284 | 1087 | 1576 | 5460 | 68555 |
| Net Property, Plant and Equipment | 19 | 3373 | • | 16 | 55 | 136 | 204 | 913 | 2136 | 5460 | 16912 | 27916 | 74104 | 1085991 |
| Total Assets | 20 | 11751 | • | 36 | 158 | 370 | 707 | 2125 | 6715 | 14952 | 36335 | 72726 | 158078 | 4039907 |

| | | | | | | | | | | | |
|---|---|---|---|---|---|---|---|---|---|---|---|
| Notes and Loans Payable **21** | 3025 | 14 | 62 | 70 | 193 | 559 | 1456 | 3934 | 7778 | 17187 | 45628 | 1040608 |
| All Other Liabilities **22** | 1882 | 2 | 33 | 45 | 133 | 386 | 1807 | 4039 | 6002 | 21305 | 33334 | 605104 |
| Net Worth **23** | 6845 | 19 | 64 | 254 | 381 | 1181 | 3452 | 6980 | 22556 | 34234 | 79116 | 2394195 |

**Selected Financial Ratios (Times to 1)**

| | | | | | | | | | | | | |
|---|---|---|---|---|---|---|---|---|---|---|---|---|
| Current Ratio **24** | 1.4 | 1.9 | 1.2 | 1.5 | 1.9 | 1.5 | 1.6 | 1.5 | 1.5 | 1.9 | 1.5 | 1.3 |
| Quick Ratio **25** | 1.0 | 1.9 | 1.1 | 1.4 | 1.6 | 1.2 | 1.4 | 1.2 | 1.5 | 1.2 | 0.9 | 0.9 |
| Net Sales to Working Capital **26** | 7.6 | 15.7 | 30.7 | 3.4 | 3.4 | 4.2 | 2.9 | 4.2 | 4.2 | 3.4 | 4.7 | 10.1 |
| Coverage Ratio **27** | 2.6 | • | 12.9 | • | 8.9 | 8.5 | 14.9 | 5.4 | 5.1 | 4.0 | 3.8 | 2.1 |
| Total Asset Turnover **28** | 0.3 | 2.0 | 1.5 | 0.5 | 0.7 | 0.5 | 0.5 | 0.6 | 0.7 | 0.5 | 0.3 | 0.3 |
| Inventory Turnover **29** | • | • | 5.2 | 5.2 | • | • | • | • | • | • | 3.5 | • |
| Receivables Turnover **30** | 4.2 | • | • | 2.7 | 7.9 | 5.5 | 2.7 | 4.6 | 5.9 | 2.9 | 2.4 | 4.2 |
| Total Liabilities to Net Worth **31** | 0.7 | 0.9 | 1.5 | 0.5 | 0.9 | 0.8 | 1.0 | 1.2 | 0.6 | 1.1 | 1.0 | 0.7 |

**Selected Financial Factors (in Percentages)**

| | | | | | | | | | | | | |
|---|---|---|---|---|---|---|---|---|---|---|---|---|
| Debt Ratio **32** | 41.8 | 46.5 | 59.7 | 31.2 | 46.1 | 44.5 | 48.6 | 53.3 | 37.9 | 52.9 | 50.0 | 40.7 |
| Return on Assets **33** | 7.5 | • | 32.6 | 25.2 | 20.4 | 19.0 | 19.5 | 13.1 | 7.5 | 9.8 | 13.5 | 6.2 |
| Return on Equity **34** | 5.9 | • | 34.4 | 34.4 | 31.6 | 26.6 | 32.9 | 19.1 | 7.4 | 12.8 | 14.9 | 3.7 |
| Return Before Interest on Equity **35** | 12.9 | • | • | • | • | 34.2 | • | 28.0 | 12.1 | 20.7 | 26.9 | 10.5 |
| Profit Margin, Before Income Tax **36** | 15.2 | • | 20.3 | • | 26.4 | 33.9 | • | 17.4 | 8.6 | 16.1 | 31.3 | 12.2 |
| Profit Margin, After Income Tax **37** | 11.4 | • | 19.6 | • | 24.8 | 30.0 | • | 14.5 | 6.6 | 13.2 | 23.4 | 8.4 |

**Trends in Selected Ratios and Factors, 1986-1994**

| | 1986 | 1987 | 1988 | 1989 | 1990 | 1991 | 1992 | 1993 | 1994 |
|---|---|---|---|---|---|---|---|---|---|
| Cost of Operations (%) **38** | 90.6 | 68.9 | 71.9 | 63.5 | 40.5 | 52.1 | 64.0 | 64.9 | 65.1 |
| Operating Margin (%) **39** | • | • | • | • | • | • | • | • | • |
| Oper. Margin Before Officers Comp. (%) **40** | • | 0.1 | • | • | • | • | • | • | • |
| Average Net Receivables ($) **41** | 3010 | 1075 | 1182 | 627 | 443 | 583 | 1229 | 899 | 935 |
| Average Inventories ($) **42** | 482 | 374 | 241 | 127 | 83 | 179 | 315 | 243 | 209 |
| Average Net Worth ($) **43** | 7621 | 8378 | 8094 | 6739 | 2245 | 2260 | 9982 | 10233 | 6845 |
| Current Ratio (x1) **44** | 1.2 | 1.3 | 2.7 | 1.4 | 1.7 | 1.2 | 1.2 | 1.3 | 1.4 |
| Quick Ratio (x1) **45** | 1.0 | 0.9 | 1.1 | 1.0 | 1.3 | 0.9 | 0.9 | 0.9 | 1.0 |
| Coverage Ratio (x1) **46** | 4.3 | 2.8 | 3.0 | 3.4 | 5.7 | 4.3 | 2.2 | 2.2 | 2.6 |
| Asset Turnover (x1) **47** | 1.6 | 0.5 | 0.5 | 0.3 | 0.3 | 0.4 | 0.2 | 0.2 | 0.3 |
| Operating Leverage **48** | • | 2.2 | 6.6 | 1.2 | 1.1 | 1.3 | 1.5 | 1.3 | 0.6 |
| Financial Leverage **49** | • | 0.9 | 1.0 | 1.2 | 1.2 | 1.1 | 0.7 | 1.0 | 1.1 |
| Total Leverage **50** | • | 2.0 | 6.8 | 1.4 | 1.2 | 1.4 | 1.0 | 1.2 | 0.7 |

## Table I

Corporations with and without Net Income

# OIL AND GAS FIELD SERVICES

### MONEY AMOUNTS AND SIZE OF ASSETS IN THOUSANDS OF DOLLARS

| Item Description for Accounting Period 7/90 Through 6/91 | | Total | Zero Assets | Under 100 | 100 to 250 | 251 to 500 | 501 to 1,000 | 1,001 to 5,000 | 5,001 to 10,000 | 10,001 to 25,000 | 25,001 to 50,000 | 50,001 to 100,000 | 100,001 to 250,000 | 250,001 and over |
|---|---|---|---|---|---|---|---|---|---|---|---|---|---|---|
| Number of Enterprises | 1 | 13635 | 569 | 6763 | 2371 | 1539 | 1134 | 952 | 134 | 86 | 33 | 16 | 19 | 18 |
| **Revenues ($ in Thousands)** | | | | | | | | | | | | | | |
| Net Sales | 2 | 16678 | 828 | 338 | 773 | 1336 | 1048 | 1933 | 895 | 1125 | 814 | 722 | 1708 | 5155 |
| Portfolio Income | 3 | 986 | 9 | 34 | 26 | 19 | 18 | 53 | 45 | 44 | 75 | 11 | 117 | 534 |
| Other Revenues | 4 | 846 | 21 | 32 | 22 | 17 | 58 | 80 | 75 | 73 | 40 | 34 | 98 | 295 |
| Total Revenues | 5 | 18509 | 859 | 404 | 821 | 1372 | 1124 | 2067 | 1016 | 1242 | 930 | 767 | 1924 | 5984 |
| Average Total Revenues | 6 | 1357 | 1509 | 60 | 346 | 891 | 991 | 2171 | 7580 | 14438 | 28172 | 47934 | 101271 | 332467 |
| **Operating Costs/Operating Income (%)** | | | | | | | | | | | | | | |
| Cost of Operations | 7 | 51.8 | 50.8 | 53.0 | 35.9 | 23.6 | 45.3 | 50.4 | 65.7 | 69.2 | 48.2 | 54.4 | 70.9 | 51.0 |
| Rent | 8 | 1.8 | 1.2 | 1.5 | 0.5 | 1.4 | 2.5 | 1.3 | 1.7 | 0.6 | 0.9 | 1.2 | 2.4 | 2.6 |
| Taxes Paid | 9 | 3.4 | 4.3 | 3.8 | 4.4 | 4.0 | 5.0 | 4.2 | 2.3 | 2.7 | 2.2 | 3.1 | 1.8 | 3.3 |
| Interest Paid | 10 | 4.8 | 0.3 | 2.2 | 1.8 | 0.7 | 2.4 | 2.9 | 2.4 | 3.7 | 7.8 | 3.1 | 4.2 | 9.0 |
| Depreciation, Depletion, Amortization | 11 | 8.8 | 7.5 | 4.6 | 5.6 | 4.1 | 6.3 | 5.9 | 5.0 | 6.6 | 10.8 | 14.2 | 6.7 | 13.3 |
| Pensions and Other Benefits | 12 | 1.9 | 3.3 | 0.5 | 0.4 | 0.5 | 1.1 | 0.7 | 1.1 | 1.3 | 1.6 | 1.1 | 1.2 | 3.6 |
| Other | 13 | 35.0 | 21.5 | 60.1 | 41.3 | 62.8 | 32.8 | 33.2 | 23.0 | 21.0 | 30.8 | 27.2 | 23.1 | 39.5 |
| Officers Compensation | 14 | 3.0 | 2.5 | 8.9 | 7.0 | 4.0 | 6.7 | 6.3 | 4.1 | 2.0 | 2.9 | 1.2 | 1.1 | 0.7 |
| Operating Margin | 15 | * | 8.7 | * | 3.4 | * | * | * | * | * | * | * | * | * |
| Oper. Margin Before Officers Compensation | 16 | * | 11.3 | * | 10.4 | 2.9 | 4.7 | 1.5 | * | * | * | * | * | * |
| **Selected Average Balance Sheet ($ in Thousands)** | | | | | | | | | | | | | | |
| Net Receivables | 17 | 311 | * | 2 | 25 | 77 | 136 | 493 | 1670 | 3758 | 5121 | 10980 | 30635 | 108557 |
| Inventories | 18 | 64 | * | 1 | 0 | 26 | 35 | 61 | 113 | 308 | 2605 | 3340 | 4568 | 25956 |
| Net Property, Plant and Equipment | 19 | 750 | * | 10 | 72 | 124 | 231 | 620 | 1952 | 5367 | 15868 | 42696 | 78511 | 307179 |
| Total Assets | 20 | 2247 | * | 24 | 157 | 359 | 690 | 1980 | 6745 | 15000 | 36044 | 80463 | 172714 | 1051561 |

| | | | | | | | | | | | | |
|---|---|---|---|---|---|---|---|---|---|---|---|---|
| Notes and Loans Payable **21** | 637 | · | 33 | 62 | 161 | 381 | 1076 | 1382 | 7258 | 24740 | 13636 | 45238 | 216988 |
| All Other Liabilities **22** | 464 | · | 4 | 30 | 102 | 108 | 554 | 3074 | 4449 | 15322 | 16882 | 42046 | 169456 |
| Net Worth **23** | 1146 | · | -13 | 64 | 95 | 200 | 351 | 2288 | 3293 | -4019 | 49945 | 85430 | 665117 |

## Selected Financial Ratios (Times to 1)

| | | | | | | | | | | | | |
|---|---|---|---|---|---|---|---|---|---|---|---|---|
| Current Ratio **24** | 1.2 | · | 0.9 | 1.4 | 1.8 | 1.8 | 1.2 | 1.0 | 1.1 | 0.8 | 1.7 | 1.5 | 1.2 |
| Quick Ratio **25** | 1.0 | · | 0.8 | 1.1 | 1.4 | 1.5 | 1.1 | 0.8 | 0.9 | 0.5 | 1.2 | 1.2 | 0.9 |
| Net Sales to Working Capital **26** | 12.1 | · | · | 17.4 | 9.2 | 6.5 | 11.0 | · | 16.6 | · | 4.4 | 4.4 | 12.6 |
| Coverage Ratio **27** | 1.2 | · | · | 6.5 | 3.3 | 3.2 | 1.7 | 4.4 | 1.9 | 2.2 | 1.3 | 1.3 | 0.3 |
| Total Asset Turnover **28** | 0.6 | · | 2.1 | 2.1 | 2.4 | 1.4 | 1.0 | 1.0 | 0.9 | 0.7 | 0.6 | 0.5 | 0.3 |
| Inventory Turnover **29** | 9.0 | · | · | · | 8.7 | · | · | · | · | 4.9 | 8.3 | 7.1 | 5.7 |
| Receivables Turnover **30** | 4.2 | · | · | 7.3 | · | 5.8 | 4.5 | · | 3.8 | 4.7 | 3.1 | 3.0 | 3.1 |
| Total Liabilities to Net Worth **31** | 1.0 | · | · | · | 2.8 | 2.5 | 4.7 | · | 3.6 | · | 0.6 | 1.0 | 0.6 |

## Selected Financial Factors (in Percentages)

| | | | | | | | | | | | | |
|---|---|---|---|---|---|---|---|---|---|---|---|---|
| Debt Ratio **32** | 49.0 | · | · | 59.0 | 73.4 | 71.0 | 82.3 | 66.1 | 78.1 | · | 37.9 | 50.5 | 36.8 |
| Return on Assets **33** | 3.0 | · | · | 23.6 | 5.7 | 10.3 | 5.1 | 10.5 | 6.2 | 11.6 | 2.2 | 2.9 | 0.7 |
| Return on Equity **34** | · | · | · | · | 13.3 | 23.9 | 8.5 | 17.1 | 10.9 | · | · | · | · |
| Return Before Interest on Equity **35** | 5.9 | · | · | · | 21.5 | · | 28.6 | 31.0 | 28.2 | · | 3.6 | 5.8 | 1.0 |
| Profit Margin, Before Income Tax **36** | 0.7 | 12.5 | 9.6 | 1.6 | 5.3 | 2.1 | 8.2 | 3.4 | 9.2 | 0.9 | 1.3 | · |
| Profit Margin, After Income Tax **37** | · | 9.4 | 9.0 | · | 2.8 | 1.5 | 5.9 | 2.8 | 6.9 | · | · | · | · |

## Trends in Selected Ratios and Factors, 1986-1994

| | 1986 | 1987 | 1988 | 1989 | 1990 | 1991 | 1992 | 1993 | 1994 |
|---|---|---|---|---|---|---|---|---|---|
| Cost of Operations (%) **38** | 57.9 | 55.9 | 57.2 | 60.3 | 64.8 | 61.0 | 59.7 | 56.3 | 51.8 |
| Operating Margin (%) **39** | · | · | · | · | · | · | · | · | · |
| Oper. Margin Before Officers Comp. (%) **40** | · | · | · | · | · | · | · | · | · |
| Average Net Receivables ($) **41** | 499 | 435 | 502 | 391 | 309 | 294 | 357 | 271 | 311 |
| Average Inventories ($) **42** | 171 | 123 | 121 | 97 | 86 | 81 | 114 | 77 | 64 |
| Average Net Worth ($) **43** | 1392 | 1230 | 1222 | 1028 | 1016 | 952 | 1202 | 1209 | 1146 |
| Current Ratio (x1) **44** | 1.2 | 1.2 | 1.1 | 0.9 | 0.9 | 0.9 | 1.0 | 1.2 | 1.2 |
| Quick Ratio (x1) **45** | 0.8 | 0.8 | 0.8 | 0.6 | 0.7 | 0.7 | 0.8 | 1.0 | 1.0 |
| Coverage Ratio (x1) **46** | 1.2 | 0.6 | 0.3 | 0.6 | 0.5 | 0.5 | 0.9 | 0.1 | 1.2 |
| Asset Turnover (x1) **47** | 0.7 | 0.6 | 0.5 | 0.6 | 0.5 | 0.5 | 0.5 | 0.5 | 0.6 |
| Total Liabilities/Net Worth (x1) **48** | 1.6 | 1.6 | 1.6 | 1.7 | 1.6 | 1.5 | 1.2 | 0.9 | 1.0 |
| Return on Assets (x1) **49** | 6.2 | 1.1 | 1.0 | · | · | · | 2.1 | 0.3 | 3.0 |
| Return on Equity (%) **50** | · | · | · | · | · | · | · | · | · |

## Table II

Corporations with Net Income

# OIL AND GAS FIELD SERVICES

### MONEY AMOUNTS AND SIZE OF ASSETS IN THOUSANDS OF DOLLARS

| Item Description for Accounting Period 7/90 Through 6/91 | Total | Zero Assets | Under 100 | 100 to 250 | 251 to 500 | 501 to 1,000 | 1,001 to 5,000 | 5,001 to 10,000 | 10,001 to 25,000 | 25,001 to 50,000 | 50,001 to 100,000 | 100,001 to 250,000 | 250,001 and over |
|---|---|---|---|---|---|---|---|---|---|---|---|---|---|
| Number of Enterprises 1 | 6083 | 48 | 1820 | 1845 | 986 | 601 | 582 | 102 | 50 | 23 | 8 | 9 | 10 |
| **Revenues ($ in Thousands)** | | | | | | | | | | | | | |
| Net Sales 2 | 11779 | 788 | 134 | 432 | 1053 | 737 | 1445 | 562 | 892 | 676 | 398 | 811 | 3850 |
| Portfolio Income 3 | 696 | 9 | 30 | 26 | 9 | 12 | 37 | 44 | 35 | 66 | 5 | 61 | 363 |
| Other Revenues 4 | 526 | 19 | 1 | 17 | 9 | 35 | 68 | 74 | 54 | 32 | 5 | 83 | 130 |
| Total Revenues 5 | 13001 | 816 | 164 | 476 | 1071 | 785 | 1550 | 680 | 980 | 774 | 408 | 954 | 4342 |
| Average Total Revenues 6 | 2137 | 17009 | 90 | 258 | 1086 | 1305 | 2663 | 6671 | 19608 | 33642 | 50953 | 106014 | 434232 |
| **Operating Costs/Operating Income (%)** | | | | | | | | | | | | | |
| Cost of Operations 7 | 50.9 | 51.5 | 64.6 | 21.0 | 18.0 | 54.0 | 51.5 | 49.7 | 71.1 | 52.1 | 53.2 | 62.3 | 54.5 |
| Rent 8 | 1.0 | 1.3 | 0.7 | 0.7 | 0.9 | 1.2 | 1.0 | 1.6 | 0.6 | 0.9 | 1.0 | 1.3 | 0.8 |
| Taxes Paid 9 | 3.5 | 4.2 | 2.3 | 6.0 | 4.2 | 5.4 | 3.8 | 3.3 | 2.1 | 2.2 | 3.5 | 3.0 | 3.2 |
| Interest Paid 10 | 3.3 | 0.3 | 1.4 | 1.5 | 0.3 | 2.2 | 2.1 | 2.5 | 2.1 | 3.1 | 2.3 | 6.6 | 5.4 |
| Depreciation, Depletion, Amortization 11 | 7.7 | 7.5 | 2.0 | 5.5 | 3.2 | 4.6 | 6.3 | 6.6 | 4.9 | 9.4 | 9.8 | 6.4 | 11.3 |
| Pensions and Other Benefits 12 | 2.1 | 3.2 | * | 0.6 | 0.5 | 0.2 | 0.8 | 1.6 | 1.3 | 1.7 | 0.9 | 1.4 | 3.9 |
| Other 13 | 28.0 | 20.3 | 22.1 | 43.2 | 66.4 | 23.9 | 25.7 | 29.9 | 18.3 | 22.2 | 17.5 | 23.4 | 24.2 |
| Officers Compensation 14 | 2.6 | 2.2 | 0.9 | 10.5 | 2.4 | 4.3 | 5.7 | 6.0 | 1.4 | 2.5 | 1.3 | 1.5 | 0.6 |
| Operating Margin 15 | 1.1 | 9.8 | 6.2 | 11.1 | 4.3 | 4.4 | 3.1 | * | * | 6.0 | 10.6 | * | * |
| Oper. Margin Before Officers Compensation 16 | 3.7 | 11.9 | 7.1 | 21.6 | 6.7 | 8.7 | 8.9 | 4.9 | * | 8.5 | 11.9 | * | * |
| **Selected Average Balance Sheet ($ in Thousands)** | | | | | | | | | | | | | |
| Net Receivables 17 | 421 | * | 0 | 28 | 53 | 124 | 489 | 1666 | 3948 | 5545 | 11614 | 19193 | 134021 |
| Inventories 18 | 108 | * | * | 0 | 20 | 51 | 97 | 70 | 481 | 1445 | 4310 | 8057 | 38111 |
| Net Property, Plant and Equipment 19 | 890 | * | 3 | 66 | 138 | 280 | 702 | 1973 | 4879 | 15757 | 43839 | 68342 | 280234 |
| Total Assets 20 | 2312 | * | 11 | 168 | 350 | 681 | 2025 | 6814 | 15519 | 37792 | 78463 | 164045 | 735867 |

| | | | | | | | | | | | | |
|---|---|---|---|---|---|---|---|---|---|---|---|---|
| Notes and Loans Payable **21** | 564 | • | 2 | 41 | 189 | 258 | 674 | 1101 | 4522 | 22105 | 6866 | 44691 | 131531 |
| All Other Liabilities **22** | 654 | • | 2 | 33 | 86 | 151 | 501 | 1519 | 5128 | 9390 | 21057 | 42822 | 225185 |
| Net Worth **23** | 1094 | • | 7 | 93 | 75 | 271 | 850 | 4194 | 5869 | 6297 | 50540 | 76531 | 378151 |

## Selected Financial Ratios (Times to 1)

| | | | | | | | | | | | | | |
|---|---|---|---|---|---|---|---|---|---|---|---|---|---|
| Current Ratio **24** | 1.3 | | 0.8 | 1.8 | 1.6 | 1.9 | 1.9 | 1.9 | 1.7 | 0.6 | 1.5 | 1.4 | 1.2 |
| Quick Ratio **25** | 1.0 | | 0.7 | 1.4 | 1.3 | 1.5 | 1.6 | 1.8 | 1.4 | 0.5 | 1.2 | 1.0 | 0.9 |
| Net Sales to Working Capital **26** | 10.0 | • | 6.5 | 14.3 | 7.4 | 5.1 | 3.0 | 5.2 | • | 6.7 | 6.7 | 6.4 | 13.0 |
| Coverage Ratio **27** | 4.6 | • | • | • | 6.0 | 5.9 | 9.1 | 4.9 | 7.6 | 6.7 | 7.6 | 2.8 | 2.7 |
| Total Asset Turnover **28** | 0.8 | 6.6 | 1.4 | 3.1 | 1.8 | 1.2 | 0.8 | 1.2 | 0.8 | 0.6 | 0.6 | 0.6 | 0.5 |
| Inventory Turnover **29** | 8.9 | • | • | • | • | • | • | • | 7.2 | 6.5 | 7.2 | 4.1 | 6.1 |
| Receivables Turnover **30** | 5.5 | 8.7 | 6.4 | • | 9.0 | 5.6 | 4.5 | 4.8 | 5.1 | 3.9 | 5.1 | 5.7 | 3.9 |
| Total Liabilities to Net Worth **31** | 1.1 | 0.6 | 0.8 | 3.7 | 1.5 | 1.4 | 0.6 | 1.7 | 5.0 | 0.6 | 1.7 | 1.2 | 1.0 |

## Selected Financial Factors (in Percentages)

| | | | | | | | | | | | | | |
|---|---|---|---|---|---|---|---|---|---|---|---|---|---|
| Debt Ratio **32** | 52.7 | • | 35.7 | 44.3 | 78.5 | 60.2 | 58.0 | 62.2 | 83.3 | 35.6 | 62.2 | 53.4 | 48.6 |
| Return on Assets **33** | 12.4 | • | • | 31.8 | 18.9 | 23.3 | 15.3 | 11.9 | 18.2 | 9.7 | 11.9 | 10.2 | 7.7 |
| Return on Equity **34** | 17.7 | • | • | • | • | 27.9 | 27.9 | 22.7 | • | 9.8 | 22.7 | 10.7 | 8.1 |
| Return Before Interest on Equity **35** | 26.2 | • | • | • | • | • | • | 31.4 | 31.4 | 15.1 | 31.4 | 21.8 | 15.0 |
| Profit Margin, Before Income Tax **36** | 11.5 | 13.4 | 28.8 | 21.3 | 6.0 | 10.8 | 10.4 | 19.9 | 8.2 | 20.3 | 8.2 | 12.0 | 9.3 |
| Profit Margin, After Income Tax **37** | 10.0 | 10.2 | 27.6 | 20.1 | 5.8 | 10.7 | 9.6 | 16.1 | 7.5 | 17.6 | 7.5 | 9.9 | 8.0 |

## Trends in Selected Ratios and Factors, 1986–1994

| | 1986 | 1987 | 1988 | 1989 | 1990 | 1991 | 1992 | 1993 | 1994 |
|---|---|---|---|---|---|---|---|---|---|
| Cost of Operations (%) **38** | 57.4 | 55.2 | 56.6 | 45.1 | 46.1 | 48.8 | 62.1 | 56.5 | 50.9 |
| Operating Margin (%) **39** | • | • | • | • | • | • | • | • | 1.1 |
| Oper. Margin Before Officers Comp. (%) **40** | • | • | • | • | 1.7 | • | • | • | 3.7 |
| Average Net Receivables ($) **41** | 661 | 475 | 427 | 196 | 116 | 230 | 394 | 275 | 421 |
| Average Inventories ($) **42** | 228 | 117 | 159 | 35 | 15 | 55 | 146 | 109 | 108 |
| Average Net Worth ($) **43** | 2334 | 1449 | 1178 | 576 | 287 | 633 | 1018 | 2289 | 1094 |
| Current Ratio (x1) **44** | 1.4 | 1.8 | 1.5 | 1.2 | 1.4 | 1.2 | 1.4 | 1.6 | 1.3 |
| Quick Ratio (x1) **45** | 0.9 | 1.2 | 1.0 | 1.0 | 1.2 | 0.9 | 1.0 | 1.2 | 1.0 |
| Coverage Ratio (x1) **46** | 3.0 | 3.2 | 3.4 | 3.9 | 5.1 | 2.8 | 6.2 | 7.3 | 4.6 |
| Asset Turnover (x1) **47** | 0.7 | 0.7 | 0.8 | 0.8 | 1.1 | 0.7 | 0.9 | 0.5 | 0.8 |
| Operating Leverage **48** | • | 1.2 | 1.1 | 1.7 | 0.7 | 1.4 | 1.1 | 0.9 | • |
| Financial Leverage **49** | • | 1.1 | 1.1 | 1.2 | 1.2 | 0.8 | 1.2 | 1.2 | 0.9 |
| Total Leverage **50** | • | 1.3 | 1.1 | 2.1 | 0.8 | 1.1 | 1.3 | 1.1 | • |

## Table I

Corporations with and without Net Income

# DIMENSION, CRUSHED, AND BROKEN STONE, SAND AND GRAVEL

### MONEY AMOUNTS AND SIZE OF ASSETS IN THOUSANDS OF DOLLARS

| Item Description for Accounting Period 7/90 Through 6/91 | Total | Zero Assets | Under 100 | 100 to 250 | 251 to 500 | 501 to 1,000 | 1,001 to 5,000 | 5,001 to 10,000 | 10,001 to 25,000 | 25,001 to 50,000 | 50,001 to 100,000 | 100,001 to 250,000 | 250,001 and over |
|---|---|---|---|---|---|---|---|---|---|---|---|---|---|
| Number of Enterprises **1** | 3486 | 144 | 950 | 622 | 760 | 305 | 509 | 98 | 56 | 24 | 8 | 5 | 6 |
| **Revenues ($ in Thousands)** | | | | | | | | | | | | | |
| Net Sales **2** | 8726 | 22 | • | 30 | 437 | 397 | 1064 | 954 | 910 | 903 | 432 | 637 | 2939 |
| Portfolio Income **3** | 345 | 24 | • | 1 | 20 | 15 | 41 | 9 | 21 | 18 | 5 | 30 | 162 |
| Other Revenues **4** | 276 | 4 | • | 7 | 9 | 3 | 29 | 23 | 48 | 38 | 10 | 11 | 94 |
| Total Revenues **5** | 9346 | 50 | • | 39 | 465 | 415 | 1134 | 986 | 979 | 959 | 447 | 678 | 3194 |
| Average Total Revenues **6** | 2681 | 345 | • | 62 | 612 | 1360 | 2228 | 10065 | 17486 | 39949 | 55881 | 135613 | 532379 |
| **Operating Costs/Operating Income (%)** | | | | | | | | | | | | | |
| Cost of Operations **7** | 62.8 | 78.0 | • | 45.2 | 58.6 | 61.1 | 55.9 | 63.3 | 68.3 | 71.6 | 64.1 | 71.5 | 59.5 |
| Rent **8** | 1.3 | • | • | 2.9 | 2.0 | 0.8 | 0.4 | 0.3 | 0.4 | 0.2 | 0.6 | 0.8 | 2.7 |
| Taxes Paid **9** | 3.2 | 10.2 | • | 4.4 | 3.3 | 4.6 | 3.8 | 3.5 | 3.2 | 3.2 | 2.6 | 2.3 | 2.8 |
| Interest Paid **10** | 4.2 | 1.5 | • | 14.4 | 2.2 | 2.4 | 1.9 | 1.8 | 2.4 | 2.2 | 3.3 | 7.6 | 6.8 |
| Depreciation, Depletion, Amortization **11** | 9.6 | 3.4 | • | 20.5 | 7.7 | 7.6 | 10.6 | 8.7 | 9.6 | 8.3 | 12.9 | 9.4 | 10.0 |
| Pensions and Other Benefits **12** | 1.4 | 3.6 | • | • | 1.5 | 2.0 | 1.9 | 0.7 | 1.2 | 1.1 | 2.7 | 2.2 | 1.1 |
| Other **13** | 17.0 | 5.4 | • | 39.5 | 19.8 | 20.9 | 20.9 | 13.5 | 15.5 | 13.2 | 10.4 | 11.3 | 19.4 |
| Officers Compensation **14** | 2.8 | 4.9 | • | • | 7.8 | 4.2 | 5.4 | 5.9 | 2.4 | 1.9 | 1.9 | 1.0 | 0.7 |
| Operating Margin **15** | • | • | • | • | • | • | • | 2.3 | • | • | 1.6 | • | • |
| Oper. Margin Before Officers Compensation **16** | 0.7 | • | • | • | 5.0 | 0.7 | 4.7 | 8.2 | • | 0.3 | 3.5 | • | • |
| **Selected Average Balance Sheet ($ in Thousands)** | | | | | | | | | | | | | |
| Net Receivables **17** | 544 | • | • | 45 | 51 | 170 | 454 | 1339 | 2201 | 6550 | 8965 | 22046 | 158623 |
| Inventories **18** | 196 | • | • | • | 11 | 36 | 172 | 663 | 1034 | 1886 | 6151 | 14165 | 47864 |
| Net Property, Plant and Equipment **19** | 1379 | • | • | 54 | 110 | 367 | 1042 | 3433 | 7533 | 20167 | 47317 | 76322 | 340901 |
| Total Assets **20** | 3342 | 20 | • | 139 | 344 | 662 | 2184 | 7547 | 15427 | 37954 | 79198 | 144863 | 1016021 |

| | | | | | | | | | | | | | |
|---|---|---|---|---|---|---|---|---|---|---|---|---|---|
| Notes and Loans Payable 21 | 1138 | • | 0 | 59 | 148 | 379 | 847 | 1496 | 4870 | 10269 | 23891 | 74221 | 340354 |
| All Other Liabilities 22 | 534 | • | 15 | 0 | 55 | 103 | 282 | 1509 | 2288 | 5312 | 8564 | 26604 | 171151 |
| Net Worth 23 | 1670 | • | 5 | 80 | 142 | 181 | 1056 | 4542 | 8269 | 22373 | 46743 | 44037 | 504516 |

**Selected Financial Ratios (Times to 1)**

| | | | | | | | | | | | | | |
|---|---|---|---|---|---|---|---|---|---|---|---|---|---|
| Current Ratio 24 | 1.3 | • | 0.1 | • | 2.1 | 1.6 | 2.0 | 2.6 | 2.1 | 2.4 | 1.8 | 1.4 | 0.9 |
| Quick Ratio 25 | 1.0 | • | 0.1 | • | 1.9 | 1.3 | 1.5 | 1.9 | 1.3 | 2.0 | 1.1 | 0.9 | 0.6 |
| Net Sales to Working Capital 26 | 10.2 | • | • | 0.6 | 7.2 | 12.5 | 4.5 | 4.3 | 5.6 | 4.4 | 6.1 | 10.0 | • |
| Coverage Ratio 27 | 2.2 | • | • | 1.0 | 2.7 | 1.4 | 4.0 | 4.0 | 3.0 | 3.1 | 2.6 | 1.1 | 1.9 |
| Total Asset Turnover 28 | 0.8 | • | • | 0.4 | 1.7 | 2.0 | 1.0 | 1.3 | 1.1 | 0.7 | 0.7 | 0.9 | 0.5 |
| Inventory Turnover 29 | 8.5 | • | • | • | • | • | 6.4 | • | • | • | 4.5 | 7.2 | 6.9 |
| Receivables Turnover 30 | 4.6 | • | • | 1.0 | 9.5 | 9.2 | 4.8 | 7.7 | 7.1 | 6.8 | 4.8 | 6.2 | 3.1 |
| Total Liabilities to Net Worth 31 | 1.0 | • | 2.8 | 0.8 | 2.7 | 1.1 | 0.7 | 0.9 | 0.7 | 0.7 | 0.7 | 2.3 | 1.0 |

**Selected Financial Factors (in Percentages)**

| | | | | | | | | | | | | | |
|---|---|---|---|---|---|---|---|---|---|---|---|---|---|
| Debt Ratio 32 | 50.0 | • | 73.5 | 42.7 | 72.7 | 58.8 | 51.7 | 39.8 | 46.4 | 41.1 | 41.0 | 69.6 | 50.4 |
| Return on Assets 33 | 6.9 | • | • | 5.0 | 6.8 | 9.8 | 7.4 | 9.5 | 7.4 | 6.5 | 5.7 | 7.0 | 6.1 |
| Return on Equity 34 | 5.4 | • | • | • | 2.1 | 13.5 | 8.8 | 10.8 | 7.5 | 4.9 | 4.8 | • | 3.2 |
| Return Before Interest on Equity 35 | 13.8 | • | • | 8.8 | 24.7 | 23.8 | 15.3 | 15.8 | 13.9 | 11.1 | 9.6 | 23.0 | 12.2 |
| Profit Margin, Before Income Tax 36 | 5.0 | • | • | • | 1.1 | 3.7 | 5.8 | 5.5 | 4.7 | 4.4 | 5.1 | 0.4 | 5.8 |
| Profit Margin, After Income Tax 37 | 3.6 | • | • | • | 0.3 | 3.3 | 4.4 | 5.0 | 3.8 | 2.9 | 4.1 | • | 3.3 |

**Trends in Selected Ratios and Factors, 1986-1994**

| | 1986 | 1987 | 1988 | 1989 | 1990 | 1991 | 1992 | 1993 | 1994 |
|---|---|---|---|---|---|---|---|---|---|
| Cost of Operations (%) 38 | 67.1 | 65.2 | 65.1 | 64.2 | 60.6 | 60.6 | 60.2 | 62.3 | 62.8 |
| Operating Margin (%) 39 | • | • | • | • | 2.7 | 2.5 | 2.8 | 0.5 | • |
| Oper. Margin Before Officers Comp. (%) 40 | • | • | 1.6 | 2.2 | 5.6 | 5.5 | 5.4 | 4.3 | 0.7 |
| Average Net Receivables ($) 41 | 222 | 352 | 299 | 384 | 353 | 488 | 556 | 480 | 544 |
| Average Inventories ($) 42 | 126 | 220 | 162 | 206 | 155 | 179 | 189 | 155 | 196 |
| Average Net Worth ($) 43 | 721 | 1187 | 877 | 1207 | 1070 | 1775 | 1782 | 1574 | 1670 |
| Current Ratio (x1) 44 | 1.9 | 1.9 | 1.6 | 1.9 | 1.9 | 1.7 | 1.5 | 1.6 | 1.3 |
| Quick Ratio (x1) 45 | 1.3 | 1.2 | 1.1 | 1.3 | 1.4 | 1.3 | 1.1 | 1.2 | 1.0 |
| Coverage Ratio (x1) 46 | 1.2 | 1.9 | 2.6 | 2.7 | 4.3 | 3.5 | 3.7 | 3.1 | 2.2 |
| Asset Turnover (x1) 47 | 1.0 | 1.0 | 1.1 | 1.2 | 1.1 | 0.8 | 0.8 | 0.8 | 0.8 |
| Total Liabilities/Net Worth (x1) 48 | 0.9 | 0.9 | 1.0 | 1.0 | 0.9 | 0.8 | 0.9 | 0.9 | 1.0 |
| Return on Assets (x1) 49 | 4.7 | 5.8 | 8.2 | 8.7 | 11.6 | 8.8 | 9.0 | 8.3 | 6.9 |
| Return on Equity (%) 50 | • | 2.2 | 5.8 | 6.1 | 11.3 | 7.7 | 9.1 | 7.4 | 5.4 |

## 17

# Table II

Corporations with Net Income

# DIMENSION, CRUSHED, AND BROKEN STONE, SAND AND GRAVEL

## MONEY AMOUNTS AND SIZE OF ASSETS IN THOUSANDS OF DOLLARS

| Item Description for Accounting Period 7/90 Through 6/91 | Total | Zero Assets | Under 100 | 100 to 250 | 251 to 500 | 501 to 1,000 | 1,001 to 5,000 | 5,001 to 10,000 | 10,001 to 25,000 | 25,001 to 50,000 | 50,001 to 100,000 | 100,001 to 250,000 | 250,001 and over |
|---|---|---|---|---|---|---|---|---|---|---|---|---|---|
| Number of Enterprises **1** | 1504 | 144 | • | 168 | 546 | 171 | • | 78 | 40 | • | • | • | • |

### Revenues ($ in Thousands)

| Item Description for Accounting Period 7/90 Through 6/91 | Total | Zero Assets | Under 100 | 100 to 250 | 251 to 500 | 501 to 1,000 | 1,001 to 5,000 | 5,001 to 10,000 | 10,001 to 25,000 | 25,001 to 50,000 | 50,001 to 100,000 | 100,001 to 250,000 | 250,001 and over |
|---|---|---|---|---|---|---|---|---|---|---|---|---|---|
| Net Sales **2** | 7049 | 22 | • | 30 | 397 | 305 | • | 705 | 612 | • | • | • | • |
| Portfolio Income **3** | 275 | 24 | • | • | 17 | 14 | • | 5 | 16 | • | • | • | • |
| Other Revenues **4** | 226 | 4 | • | 6 | 7 | 2 | • | 20 | 18 | • | • | • | • |
| Total Revenues **5** | 7550 | 50 | • | 37 | 421 | 320 | • | 730 | 646 | • | • | • | • |
| Average Total Revenues **6** | 5020 | 345 | • | 218 | 772 | 1874 | • | 9359 | 16148 | • | • | • | • |

### Operating Costs/Operating Income (%)

| Item Description for Accounting Period 7/90 Through 6/91 | Total | Zero Assets | Under 100 | 100 to 250 | 251 to 500 | 501 to 1,000 | 1,001 to 5,000 | 5,001 to 10,000 | 10,001 to 25,000 | 25,001 to 50,000 | 50,001 to 100,000 | 100,001 to 250,000 | 250,001 and over |
|---|---|---|---|---|---|---|---|---|---|---|---|---|---|
| Cost of Operations **7** | 60.9 | 78.0 | • | 45.2 | 57.5 | 53.3 | • | 58.0 | 66.5 | • | • | • | • |
| Rent **8** | 1.0 | • | • | 2.9 | 2.0 | 1.1 | • | 0.3 | 0.3 | • | • | • | • |
| Taxes Paid **9** | 3.2 | 10.2 | • | 2.7 | 3.2 | 4.5 | • | 3.3 | 3.2 | • | • | • | • |
| Interest Paid **10** | 3.8 | 1.5 | • | 13.3 | 0.7 | 2.1 | • | 1.2 | 1.6 | • | • | • | • |
| Depreciation, Depletion, Amortization **11** | 9.2 | 3.4 | • | 19.1 | 5.8 | 6.2 | • | 8.5 | 8.6 | • | • | • | • |
| Pensions and Other Benefits **12** | 1.4 | 3.6 | • | • | 1.7 | 1.4 | • | 0.4 | 1.4 | • | • | • | • |
| Other **13** | 16.3 | 5.4 | • | 30.7 | 19.9 | 22.8 | • | 14.7 | 12.2 | • | • | • | • |
| Officers Compensation **14** | 2.9 | 4.9 | • | • | 7.0 | 5.0 | • | 7.2 | 2.9 | • | • | • | • |
| Operating Margin **15** | 1.5 | • | • | • | 2.1 | 3.7 | • | 6.4 | 3.3 | • | • | • | • |
| Oper. Margin Before Officers Compensation **16** | 4.4 | • | • | • | 9.1 | 8.6 | • | 13.6 | 6.2 | • | • | • | • |

### Selected Average Balance Sheet ($ in Thousands)

| Item Description for Accounting Period 7/90 Through 6/91 | Total | Zero Assets | Under 100 | 100 to 250 | 251 to 500 | 501 to 1,000 | 1,001 to 5,000 | 5,001 to 10,000 | 10,001 to 25,000 | 25,001 to 50,000 | 50,001 to 100,000 | 100,001 to 250,000 | 250,001 and over |
|---|---|---|---|---|---|---|---|---|---|---|---|---|---|
| Net Receivables **17** | 1069 | • | • | • | 56 | 154 | • | 1240 | 2066 | • | • | • | • |
| Inventories **18** | 334 | • | • | • | 15 | 13 | • | 420 | 852 | • | • | • | • |
| Net Property, Plant and Equipment **19** | 2486 | • | • | 108 | 115 | 405 | • | 3170 | 6645 | • | • | • | • |
| Total Assets **20** | 6389 | • | • | 113 | 333 | 691 | • | 7212 | 14039 | • | • | • | • |

| | | | | | | | | |
|---|---|---|---|---|---|---|---|---|
| Notes and Loans Payable 21 | 1916 | • | • | 117 | 90 | 298 | • | 808 | 3777 |
| All Other Liabilities 22 | 982 | • | • | 1 | 52 | 86 | • | 1546 | 1785 |
| Net Worth 23 | 3491 | • | • | -6 | 191 | 307 | • | 4858 | 8476 |

**Selected Financial Ratios (Times to 1)**

| | | | | | | | | |
|---|---|---|---|---|---|---|---|---|
| Current Ratio 24 | 1.3 | • | • | 5.6 | 2.2 | 1.4 | • | 4.4 | 2.8 |
| Quick Ratio 25 | 1.0 | • | • | 5.6 | 1.9 | 1.2 | • | 3.5 | 1.7 |
| Net Sales to Working Capital 26 | 9.8 | • | • | 41.1 | 9.2 | 25.6 | • | 3.2 | 4.2 |
| Coverage Ratio 27 | 3.3 | • | • | 1.5 | 12.9 | 5.2 | • | 9.2 | 6.6 |
| Total Asset Turnover 28 | 0.7 | • | • | 1.6 | 2.2 | 2.6 | • | 1.3 | 1.1 |
| Inventory Turnover 29 | 8.7 | • | • | • | • | • | • | • | • |
| Receivables Turnover 30 | 4.3 | • | • | • | 9.4 | • | • | 8.2 | 5.8 |
| Total Liabilities to Net Worth 31 | 0.8 | • | • | • | 0.8 | 1.3 | • | 0.5 | 0.7 |

**Selected Financial Factors (in Percentages)**

| | | | | | | | | |
|---|---|---|---|---|---|---|---|---|
| Debt Ratio 32 | 45.4 | • | • | • | 42.5 | 55.6 | • | 32.6 | 39.6 |
| Return on Assets 33 | 9.0 | • | • | 31.9 | 19.6 | 28.3 | • | 13.8 | 11.4 |
| Return on Equity 34 | 9.2 | • | • | • | 30.1 | • | • | 17.4 | 14.1 |
| Return Before Interest on Equity 35 | 16.5 | • | • | • | 34.2 | • | • | 20.5 | 18.9 |
| Profit Margin, Before Income Tax 36 | 8.6 | • | • | 6.6 | 8.3 | 8.9 | • | 9.8 | 8.9 |
| Profit Margin, After Income Tax 37 | 6.8 | • | • | 6.6 | 7.9 | 7.9 | • | 9.3 | 7.8 |

**Trends in Selected Ratios and Factors, 1986-1994**

| | 1986 | 1987 | 1988 | 1989 | 1990 | 1991 | 1992 | 1993 | 1994 |
|---|---|---|---|---|---|---|---|---|---|
| Cost of Operations (%) 38 | 65.5 | 64.6 | 64.3 | 62.7 | 60.4 | 60.0 | 59.9 | 60.8 | 60.9 |
| Operating Margin (%) 39 | 1.4 | 1.2 | 1.9 | 2.6 | 4.9 | 4.4 | 4.4 | 4.1 | 1.5 |
| Oper. Margin Before Officers Comp. (%) 40 | 5.0 | 3.3 | 4.0 | 4.9 | 7.6 | 7.4 | 7.0 | 8.2 | 4.4 |
| Average Net Receivables ($) 41 | 258 | 414 | 331 | 415 | 368 | 658 | 1054 | 817 | 1069 |
| Average Inventories ($) 42 | 136 | 232 | 170 | 216 | 161 | 228 | 346 | 237 | 334 |
| Average Net Worth ($) 43 | 917 | 1403 | 1037 | 1464 | 1215 | 2443 | 3512 | 2862 | 3491 |
| Current Ratio (x1) 44 | 2.3 | 2.0 | 1.8 | 2.2 | 2.0 | 1.8 | 1.5 | 1.7 | 1.3 |
| Quick Ratio (x1) 45 | 1.6 | 1.3 | 1.2 | 1.6 | 1.5 | 1.3 | 1.2 | 1.3 | 1.0 |
| Coverage Ratio (x1) 46 | 4.6 | 3.8 | 4.1 | 4.8 | 6.7 | 4.4 | 4.6 | 4.9 | 3.3 |
| Asset Turnover (x1) 47 | 1.1 | 1.1 | 1.2 | 1.2 | 1.2 | 0.9 | 0.8 | 0.8 | 0.7 |
| Operating Leverage 48 | • | 0.9 | 1.5 | 1.4 | 1.9 | 0.9 | 1.0 | 0.9 | 0.4 |
| Financial Leverage 49 | • | 0.9 | 1.1 | 1.0 | 1.1 | 1.0 | 1.1 | 1.0 | 0.9 |
| Total Leverage 50 | • | 0.8 | 1.6 | 1.4 | 2.1 | 0.9 | 1.1 | 1.0 | 0.3 |

## Table I

Corporations with and without Net Income

# OTHER NONMETALLIC MINERALS, EXCEPT FUELS

MONEY AMOUNTS AND SIZE OF ASSETS IN THOUSANDS OF DOLLARS

| Item Description for Accounting Period 7/90 Through 6/91 | Total | Zero Assets | Under 100 | 100 to 250 | 251 to 500 | 501 to 1,000 | 1,001 to 5,000 | 5,001 to 10,000 | 10,001 to 25,000 | 25,001 to 50,000 | 50,001 to 100,000 | 100,001 to 250,000 | 250,001 and over |
|---|---|---|---|---|---|---|---|---|---|---|---|---|---|
| Number of Enterprises **1** | 567 | 8 | 310 | • | 83 | 16 | 84 | 25 | 21 | 10 | 3 | 5 | 3 |
| **Revenues ($ in Thousands)** | | | | | | | | | | | | | |
| Net Sales **2** | 3209 | 336 | 15 | • | 38 | 0 | 233 | 134 | 283 | 345 | 84 | 583 | 1160 |
| Portfolio Income **3** | 51 | 1 | • | • | 0 | 14 | 1 | 1 | 1 | 3 | 9 | 10 | 12 |
| Other Revenues **4** | 89 | 3 | 0 | • | 31 | 0 | 0 | 4 | 4 | 3 | 3 | 7 | 32 |
| Total Revenues **5** | 3349 | 339 | 15 | • | 69 | 14 | 234 | 138 | 288 | 351 | 96 | 600 | 1204 |
| Average Total Revenues **6** | 5907 | 42371 | 49 | • | 836 | 884 | 2789 | 5539 | 13691 | 35068 | 32089 | 120021 | 401378 |
| **Operating Costs/Operating Income (%)** | | | | | | | | | | | | | |
| Cost of Operations **7** | 60.8 | 68.1 | 9.7 | • | 49.7 | • | 66.0 | 70.8 | 67.7 | 69.5 | 65.6 | 70.4 | 48.0 |
| Rent **8** | 1.2 | 0.8 | 16.8 | • | 2.0 | • | 1.2 | 0.9 | • | 0.1 | 0.3 | 0.4 | 2.0 |
| Taxes Paid **9** | 2.4 | 0.3 | 4.8 | • | 11.1 | • | 4.3 | 2.4 | 2.8 | 2.6 | 3.4 | 1.6 | 2.5 |
| Interest Paid **10** | 3.1 | 2.0 | • | • | 6.3 | 3.1 | 5.1 | 2.7 | 2.2 | 2.6 | 9.3 | 4.5 | 2.2 |
| Depreciation, Depletion, Amortization **11** | 9.1 | 5.6 | 1.3 | • | 19.2 | • | 4.5 | 5.8 | 11.7 | 7.5 | 14.3 | 9.3 | 10.4 |
| Pensions and Other Benefits **12** | 2.3 | • | • | • | 0.9 | • | 3.0 | 2.3 | 1.1 | 0.6 | 1.7 | 2.3 | 3.8 |
| Other **13** | 22.5 | 16.2 | 6.0 | • | • | • | 23.7 | 20.6 | 8.6 | 16.9 | 14.9 | 11.7 | 32.5 |
| Officers Compensation **14** | 1.4 | • | • | • | • | • | 4.8 | 4.8 | 2.1 | 1.0 | 1.1 | 1.5 | 0.6 |
| Operating Margin **15** | • | 7.1 | 61.4 | • | • | • | • | • | 3.8 | • | • | • | • |
| Oper. Margin Before Officers Compensation **16** | • | 7.1 | 61.4 | • | • | • | • | • | 5.9 | • | • | • | 0.2 |
| **Selected Average Balance Sheet ($ in Thousands)** | | | | | | | | | | | | | |
| Net Receivables **17** | 1127 | • | • | • | 111 | 118 | 767 | 694 | 1932 | 10117 | 4583 | 19672 | 97482 |
| Inventories **18** | 591 | • | • | • | • | • | 51 | 668 | 1440 | 3283 | 4872 | 15022 | 53772 |
| Net Property, Plant and Equipment **19** | 3790 | • | 3 | • | 233 | 38 | 842 | 2794 | 9486 | 13938 | 34066 | 57722 | 419438 |
| Total Assets **20** | 6701 | • | 40 | • | 365 | 563 | 2194 | 6943 | 15667 | 38728 | 68242 | 117003 | 627970 |

| Notes and Loans Payable 21 | 182692 | 42042 | 18316 | 6732 | 4231 | 3194 | 1167 | 200 | • | • | 2053 |
|---|---|---|---|---|---|---|---|---|---|---|---|
| All Other Liabilities 22 | 92899 | 20051 | 11138 | 14199 | 1616 | 735 | 1369 | 70 | 2 | • | 1283 |
| Net Worth 23 | 352379 | 54911 | 38788 | 17797 | 9819 | 3014 | -342 | 96 | 561 | 40 | 3365 |

## Selected Financial Ratios (Times to 1)

| | | | | | | | | | | | |
|---|---|---|---|---|---|---|---|---|---|---|---|
| Current Ratio 24 | 1.1 | 2.4 | 2.9 | 1.3 | 2.9 | 1.0 | 0.9 | 0.8 | • | • | 1.4 |
| Quick Ratio 25 | 0.7 | 1.3 | 2.3 | 1.0 | 1.7 | 0.4 | 0.7 | 0.7 | • | • | 0.9 |
| Net Sales to Working Capital 26 | 24.3 | 4.9 | 1.4 | 6.6 | 3.7 | • | • | • | 0.0 | 3.9 | 9.3 |
| Coverage Ratio 27 | 1.9 | 1.6 | 1.5 | 1.4 | 3.5 | • | • | • | • | 5.0 | 1.7 |
| Total Asset Turnover 28 | 0.6 | 1.0 | 0.4 | 0.9 | 0.9 | 0.8 | 1.3 | 1.3 | 0.0 | 1.2 | 0.9 |
| Inventory Turnover 29 | 6.9 | 4.1 | 2.1 | 6.9 | 6.7 | 5.7 | • | • | • | • | 6.7 |
| Receivables Turnover 30 | 7.9 | 3.8 | 3.1 | 5.1 | 7.6 | 8.1 | 3.5 | 2.6 | 0.1 | • | 6.0 |
| Total Liabilities to Net Worth 31 | 0.8 | 1.1 | 0.8 | 1.2 | 0.6 | 1.3 | • | 2.8 | 0.0 | • | 1.0 |

## Selected Financial Factors (in Percentages)

| | | | | | | | | | | | |
|---|---|---|---|---|---|---|---|---|---|---|---|
| Debt Ratio 32 | 43.9 | 53.1 | 43.2 | 54.1 | 37.3 | 56.6 | • | 73.9 | 0.3 | • | 49.8 |
| Return on Assets 33 | 2.6 | 7.2 | 5.6 | 3.2 | 6.6 | • | • | • | • | • | 4.3 |
| Return on Equity 34 | 0.2 | 2.5 | 0.8 | 5.3 | • | • | • | • | • | • | 1.1 |
| Return Before Interest on Equity 35 | 4.5 | 15.4 | 9.8 | 6.9 | 10.5 | • | • | • | • | • | 8.6 |
| Profit Margin, Before Income Tax 36 | 1.9 | 2.7 | 4.3 | 1.0 | 5.5 | • | • | • | • | 8.1 | 2.0 |
| Profit Margin, After Income Tax 37 | 0.2 | 1.2 | 1.1 | 1.2 | 3.9 | • | • | • | • | 7.9 | 0.6 |

## Trends in Selected Ratios and Factors, 1986-1994

| | 1986 | 1987 | 1988 | 1989 | 1990 | 1991 | 1992 | 1993 | 1994 |
|---|---|---|---|---|---|---|---|---|---|
| Cost of Operations (%) 38 | 59.4 | 59.8 | 62.2 | 66.0 | 62.7 | 49.8 | 51.0 | 57.7 | 60.8 |
| Operating Margin (%) 39 | • | • | • | • | • | • | 2.4 | • | • |
| Oper. Margin Before Officers Comp. (%) 40 | • | • | • | • | • | • | 3.8 | • | • |
| Average Net Receivables ($) 41 | 730 | 404 | 508 | 711 | 539 | 738 | 478 | 624 | 1127 |
| Average Inventories ($) 42 | 608 | 336 | 354 | 431 | 390 | 453 | 276 | 360 | 591 |
| Average Net Worth ($) 43 | 2723 | 1598 | 2012 | 2510 | 1980 | 2803 | 1562 | 2213 | 3365 |
| Current Ratio (x1) 44 | 2.1 | 1.9 | 1.8 | 2.0 | 1.1 | 1.6 | 1.5 | 1.4 | 1.4 |
| Quick Ratio (x1) 45 | 1.3 | 1.1 | 1.1 | 1.3 | 0.7 | 0.9 | 0.9 | 0.9 | 0.9 |
| Coverage Ratio (x1) 46 | 0.6 | 0.7 | 2.0 | 1.2 | 2.2 | 3.2 | 3.8 | 1.8 | 1.7 |
| Asset Turnover (x1) 47 | 0.7 | 0.7 | 0.7 | 0.8 | 0.6 | 0.6 | 1.0 | 1.1 | 0.9 |
| Total Liabilities/Net Worth (x1) 48 | 1.3 | 1.5 | 1.5 | 0.9 | 1.6 | 1.5 | 1.1 | 0.7 | 1.0 |
| Return on Assets (x1) 49 | 4.3 | 4.8 | 5.1 | 3.1 | 8.2 | 8.8 | 11.2 | 5.5 | 4.3 |
| Return on Equity (%) 50 | • | • | 2.2 | • | 5.9 | 9.1 | 10.1 | 1.9 | 1.1 |

## Table II

Corporations with Net Income

# OTHER NONMETALLIC MINERALS, EXCEPT FUELS

### MONEY AMOUNTS AND SIZE OF ASSETS IN THOUSANDS OF DOLLARS

| Item Description for Accounting Period 7/90 Through 6/91 | Total | Zero Assets | Under 100 | 100 to 250 | 251 to 500 | 501 to 1,000 | 1,001 to 5,000 | 5,001 to 10,000 | 10,001 to 25,000 | 25,001 to 50,000 | 50,001 to 100,000 | 100,001 to 250,000 | 250,001 and over |
|---|---|---|---|---|---|---|---|---|---|---|---|---|---|
| Number of Enterprises **1** | 169 | • | • | • | • | 16 | • | • | 13 | 10 | • | 5 | • |
| **Revenues ($ in Thousands)** | | | | | | | | | | | | | |
| Net Sales **2** | 2421 | • | • | • | • | 0 | • | • | 207 | 301 | • | 1399 | • |
| Portfolio Income **3** | 38 | • | • | • | • | 14 | • | • | 0 | 7 | • | 16 | • |
| Other Revenues **4** | 39 | • | • | • | • | 0 | • | • | 2 | 2 | • | 32 | • |
| Total Revenues **5** | 2498 | • | • | • | • | 14 | • | • | 209 | 310 | • | 1447 | • |
| Average Total Revenues **6** | 14782 | • | • | • | • | 884 | • | • | 16091 | 31012 | • | 289362 | • |
| **Operating Costs/Operating Income (%)** | | | | | | | | | | | | | |
| Cost of Operations **7** | 57.8 | • | • | • | • | • | • | • | 67.6 | 68.6 | • | 51.0 | • |
| Rent **8** | 1.2 | • | • | • | • | • | • | • | • | 0.2 | • | 1.7 | • |
| Taxes Paid **9** | 2.1 | • | • | • | • | • | • | • | 3.1 | 1.2 | • | 2.3 | • |
| Interest Paid **10** | 1.8 | • | • | • | • | 3.1 | • | • | 0.2 | 2.9 | • | 1.9 | • |
| Depreciation, Depletion, Amortization **11** | 8.7 | • | • | • | • | • | • | • | 10.5 | 10.4 | • | 9.5 | • |
| Pensions and Other Benefits **12** | 2.6 | • | • | • | • | • | • | • | 1.0 | 0.9 | • | 3.6 | • |
| Other **13** | 21.7 | • | • | • | • | • | • | • | 7.3 | 10.8 | • | 29.0 | • |
| Officers Compensation **14** | 1.2 | • | • | • | • | • | • | • | 1.4 | 1.2 | • | 0.7 | • |
| Operating Margin **15** | 3.0 | • | • | • | • | • | • | • | 8.9 | 3.9 | • | 0.3 | • |
| Oper. Margin Before Officers Compensation **16** | 4.2 | • | • | • | • | • | • | • | 10.3 | 5.1 | • | 1.0 | • |
| **Selected Average Balance Sheet ($ in Thousands)** | | | | | | | | | | | | | |
| Net Receivables **17** | 2767 | • | • | • | • | 118 | • | • | 2280 | 10898 | • | 61766 | • |
| Inventories **18** | 1361 | • | • | • | • | • | • | • | 1285 | 4112 | • | 34172 | • |
| Net Property, Plant and Equipment **19** | 9145 | • | • | • | • | 38 | • | • | 9422 | 18317 | • | 239242 | • |
| Total Assets **20** | 15765 | • | • | • | • | 563 | • | • | 16623 | 45823 | • | 377751 | • |

| | | | | | | | | | | | | | |
|---|---|---|---|---|---|---|---|---|---|---|---|---|---|
| Notes and Loans Payable **21** | 3304 | • | • | • | • | • | • | • | 1766 | 8627 | 87040 |
| All Other Liabilities **22** | 2672 | • | • | • | • | • | • | • | 1767 | 15438 | 50518 |
| Net Worth **23** | 9788 | • | • | • | 561 | • | • | • | 13090 | 21758 | 240193 |

**Selected Financial Ratios (Times to 1)**

| | | | | | | | | | | | |
|---|---|---|---|---|---|---|---|---|---|---|---|
| Current Ratio **24** | 1.4 | • | • | • | • | • | • | 4.7 | • | 1.4 | 1.2 |
| Quick Ratio **25** | 0.9 | • | • | • | • | • | • | 2.9 | • | 1.1 | 0.7 |
| Net Sales to Working Capital **26** | 9.6 | • | • | 0.0 | • | • | • | 3.0 | • | 4.2 | 13.7 |
| Coverage Ratio **27** | 4.4 | • | • | • | • | • | • | • | • | 3.4 | 2.9 |
| Total Asset Turnover **28** | 0.9 | • | • | 0.0 | • | • | • | 1.0 | • | 0.7 | 0.8 |
| Inventory Turnover **29** | 6.8 | • | • | • | • | • | • | 8.8 | • | 8.1 | 4.8 |
| Receivables Turnover **30** | 5.8 | • | • | 0.1 | • | • | • | 7.8 | • | 4.9 | 5.4 |
| Total Liabilities to Net Worth **31** | 0.6 | • | • | 0.0 | • | • | • | 0.3 | • | 1.1 | 0.6 |

**Selected Financial Factors (in Percentages)**

| | | | | | | | | | | | |
|---|---|---|---|---|---|---|---|---|---|---|---|
| Debt Ratio **32** | 37.9 | • | • | 0.3 | • | • | • | 21.3 | • | 52.5 | 36.4 |
| Return on Assets **33** | 7.3 | • | • | • | • | • | • | 9.8 | • | 6.5 | 4.2 |
| Return on Equity **34** | 6.6 | • | • | • | • | • | • | 9.8 | • | 6.1 | 2.0 |
| Return Before Interest on Equity **35** | 11.8 | • | • | • | • | • | • | 12.5 | • | 13.7 | 6.6 |
| Profit Margin, Before Income Tax **36** | 6.2 | • | • | • | • | • | • | 10.1 | • | 7.0 | 3.7 |
| Profit Margin, After Income Tax **37** | 4.5 | • | • | • | • | • | • | 8.1 | • | 4.5 | 1.7 |

**Trends in Selected Ratios and Factors, 1986-1994**

| | 1986 | 1987 | 1988 | 1989 | 1990 | 1991 | 1992 | 1993 | 1994 |
|---|---|---|---|---|---|---|---|---|---|
| Cost of Operations (%) **38** | 60.2 | 59.0 | 59.7 | 61.3 | 58.7 | 46.5 | 46.4 | 51.0 | 57.8 |
| Operating Margin (%) **39** | 1.8 | 3.3 | • | 5.0 | • | 0.6 | 9.1 | 1.4 | 3.0 |
| Oper. Margin Before Officers Comp. (%) **40** | 3.5 | 5.0 | • | 6.5 | • | 2.1 | 10.5 | 2.5 | 4.2 |
| Average Net Receivables ($) **41** | 441 | 254 | 776 | 457 | 483 | 1154 | 844 | 654 | 2767 |
| Average Inventories ($) **42** | 277 | 166 | 562 | 263 | 333 | 670 | 477 | 330 | 1361 |
| Average Net Worth ($) **43** | 1746 | 1155 | 3297 | 1693 | 1945 | 4694 | 2942 | 2520 | 9788 |
| Current Ratio (x1) **44** | 2.8 | 2.8 | 2.0 | 2.3 | 1.0 | 1.7 | 1.7 | 1.5 | 1.4 |
| Quick Ratio (x1) **45** | 2.0 | 2.0 | 1.3 | 1.8 | 0.7 | 1.0 | 1.1 | 1.0 | 0.9 |
| Coverage Ratio (x1) **46** | 3.4 | 5.3 | 3.1 | 5.0 | 3.2 | 4.6 | 9.7 | 4.7 | 4.4 |
| Asset Turnover (x1) **47** | 0.9 | 1.1 | 0.7 | 1.1 | 0.6 | 0.5 | 1.0 | 0.9 | 0.9 |
| Operating Leverage **48** | • | 1.8 | • | • | • | • | 15.1 | 0.2 | 2.2 |
| Financial Leverage **49** | • | 1.1 | 0.9 | 1.2 | 0.9 | 1.2 | 1.2 | 1.1 | 0.9 |
| Total Leverage **50** | • | 2.0 | • | • | • | • | 17.3 | 0.2 | 2.0 |

# Table I

Corporations with and without Net Income

## GENERAL BUILDING CONTRACTORS

### MONEY AMOUNTS AND SIZE OF ASSETS IN THOUSANDS OF DOLLARS

| Item Description for Accounting Period 7/90 Through 6/91 | Total | Zero Assets | Under 100 | 100 to 250 | 251 to 500 | 501 to 1,000 | 1,001 to 5,000 | 5,001 to 10,000 | 10,001 to 25,000 | 25,001 to 50,000 | 50,001 to 100,000 | 100,001 to 250,000 | 250,001 and over |
|---|---|---|---|---|---|---|---|---|---|---|---|---|---|
| Number of Enterprises **1** | 156543 | 7648 | 79899 | 21710 | 17964 | 12676 | 13807 | 1803 | 711 | 173 | 76 | 51 | 24 |
| **Revenues ($ in Thousands)** | | | | | | | | | | | | | |
| Net Sales **2** | 221169 | 1095 | 17071 | 14655 | 16553 | 18889 | 56589 | 24517 | 18654 | 11317 | 8024 | 11888 | 21917 |
| Portfolio Income **3** | 2373 | 22 | 38 | 62 | 88 | 126 | 304 | 155 | 136 | 89 | 82 | 178 | 1091 |
| Other Revenues **4** | 2989 | 21 | 76 | 78 | 122 | 157 | 736 | 326 | 256 | 179 | 171 | 200 | 669 |
| Total Revenues **5** | 226532 | 1138 | 17185 | 14795 | 16764 | 19172 | 57629 | 24997 | 19046 | 11585 | 8278 | 12266 | 23678 |
| Average Total Revenues **6** | 1447 | 149 | 215 | 681 | 933 | 1512 | 4174 | 13864 | 26787 | 66964 | 108915 | 240508 | 986588 |
| **Operating Costs/Operating Income (%)** | | | | | | | | | | | | | |
| Cost of Operations **7** | 85.4 | 81.0 | 71.3 | 77.1 | 82.7 | 81.9 | 86.0 | 88.8 | 88.6 | 91.2 | 90.9 | 91.5 | 90.6 |
| Rent **8** | 0.6 | 1.5 | 1.0 | 0.9 | 0.7 | 0.7 | 0.4 | 0.4 | 0.4 | 0.3 | 0.5 | 0.4 | 0.8 |
| Taxes Paid **9** | 1.3 | 2.0 | 2.2 | 2.1 | 1.8 | 1.9 | 1.3 | 1.0 | 1.0 | 0.7 | 0.7 | 0.8 | 0.9 |
| Interest Paid **10** | 1.6 | 3.4 | 1.0 | 1.0 | 1.1 | 1.3 | 1.2 | 0.9 | 1.1 | 1.0 | 1.4 | 1.7 | 5.3 |
| Depreciation, Depletion, Amortization **11** | 1.0 | 1.6 | 1.2 | 1.7 | 1.1 | 1.3 | 0.9 | 0.7 | 0.8 | 0.8 | 0.8 | 0.9 | 0.9 |
| Pensions and Other Benefits **12** | 0.6 | 0.6 | 0.4 | 0.5 | 0.5 | 0.7 | 0.6 | 0.7 | 0.5 | 0.6 | 0.3 | 0.4 | 1.0 |
| Other **13** | 8.7 | 16.4 | 17.5 | 12.1 | 9.4 | 9.3 | 7.6 | 5.9 | 6.2 | 5.3 | 6.1 | 5.5 | 10.4 |
| Officers Compensation **14** | 2.8 | 3.5 | 5.7 | 4.9 | 3.7 | 4.0 | 3.0 | 2.2 | 1.9 | 1.3 | 1.0 | 1.0 | 0.4 |
| Operating Margin **15** | • | | | | | | | | | | | | |
| Oper. Margin Before Officers Compensation **16** | 1.0 | • | 5.4 | 4.8 | 2.9 | 3.0 | 2.2 | 1.7 | 1.4 | 0.2 | • | • | • |
| **Selected Average Balance Sheet ($ in Thousands)** | | | | | | | | | | | | | |
| Net Receivables **17** | 171 | • | 4 | 30 | 54 | 126 | 476 | 2174 | 4042 | 12044 | 20723 | 41767 | 168846 |
| Inventories **18** | 137 | • | 2 | 32 | 94 | 187 | 540 | 1254 | 3137 | 5222 | 9395 | 20609 | 80925 |
| Net Property, Plant and Equipment **19** | 107 | • | 9 | 40 | 64 | 135 | 321 | 843 | 1996 | 4527 | 11177 | 28441 | 76694 |
| Total Assets **20** | 720 | • | 28 | 166 | 357 | 710 | 2103 | 6957 | 14627 | 33984 | 68419 | 152100 | 857466 |

| | | | | | | | | | | | | |
|---|---|---|---|---|---|---|---|---|---|---|---|---|
| Notes and Loans Payable 21 | 315 | • | 25 | 83 | 173 | 325 | 883 | 2243 | 5291 | 10595 | 25258 | 54249 | 492453 |
| All Other Liabilities 22 | 273 | • | 14 | 48 | 89 | 210 | 779 | 3311 | 6193 | 17003 | 32689 | 71914 | 257878 |
| Net Worth 23 | 131 | • | -11 | 36 | 95 | 176 | 441 | 1404 | 3144 | 6386 | 10472 | 25936 | 107135 |

**Selected Financial Ratios (Times to 1)**

| | | | | | | | | | | | | | |
|---|---|---|---|---|---|---|---|---|---|---|---|---|---|
| Current Ratio 24 | 1.3 | • | 0.8 | 1.4 | 1.5 | 1.6 | 1.4 | 1.4 | 1.3 | 1.2 | 1.4 | 1.3 | 1.1 |
| Quick Ratio 25 | 0.7 | • | 0.6 | 0.8 | 0.6 | 0.7 | 0.6 | 0.6 | 0.7 | 0.8 | 0.8 | 0.8 | 0.6 |
| Net Sales to Working Capital 26 | 12.5 | • | • | 22.7 | 11.1 | 8.5 | 9.6 | 9.8 | 9.7 | 14.1 | 8.9 | 10.6 | • |
| Coverage Ratio 27 | 1.4 | • | 1.3 | 1.9 | 2.6 | 1.4 | 1.9 | 2.6 | 2.4 | 2.3 | 2.0 | 1.6 | 0.6 |
| Total Asset Turnover 28 | 2.0 | • | 7.6 | 4.1 | 2.6 | 2.1 | 2.0 | 2.0 | 1.8 | 1.9 | 1.6 | 1.5 | 1.1 |
| Inventory Turnover 29 | 8.5 | • | • | • | 9.1 | 6.4 | 6.4 | 9.2 | 7.0 | 9.5 | 8.7 | 9.2 | • |
| Receivables Turnover 30 | 8.5 | • | • | • | • | • | 8.8 | 7.2 | 6.3 | 5.6 | 5.2 | 5.4 | 5.6 |
| Total Liabilities to Net Worth 31 | 4.5 | • | • | 3.6 | 2.8 | 3.0 | 3.8 | 4.0 | 3.7 | 4.3 | 5.5 | 4.9 | 7.0 |

**Selected Financial Factors (in Percentages)**

| | | | | | | | | | | | | | |
|---|---|---|---|---|---|---|---|---|---|---|---|---|---|
| Debt Ratio 32 | 81.8 | • | • | 78.5 | 73.4 | 75.2 | 79.0 | 79.8 | 78.5 | 81.2 | 84.7 | 83.0 | 87.5 |
| Return on Assets 33 | 4.3 | • | 9.9 | 7.3 | 3.9 | 3.7 | 4.2 | 4.7 | 4.8 | 4.3 | 4.3 | 4.3 | 3.4 |
| Return on Equity 34 | 3.6 | • | • | 11.8 | 2.0 | 2.1 | 6.6 | 10.6 | 9.4 | 9.7 | 10.1 | 5.6 | • |
| Return Before Interest on Equity 35 | 23.7 | • | • | 34.0 | 14.8 | 15.0 | 19.9 | 23.0 | 22.5 | 22.6 | 28.1 | 25.0 | 27.0 |
| Profit Margin, Before Income Tax 36 | 0.6 | • | 0.3 | 0.9 | 0.4 | 0.5 | 1.0 | 1.5 | 1.6 | 1.3 | 1.4 | 1.1 | • |
| Profit Margin, After Income Tax 37 | 0.3 | • | 0.2 | 0.6 | 0.2 | 0.3 | 0.7 | 1.1 | 1.1 | 1.0 | 1.0 | 0.6 | • |

**Trends in Selected Ratios and Factors, 1986–1994**

| | 1986 | 1987 | 1988 | 1989 | 1990 | 1991 | 1992 | 1993 | 1994 |
|---|---|---|---|---|---|---|---|---|---|
| Cost of Operations (%) 38 | 85.0 | 85.4 | 85.6 | 85.6 | 85.1 | 84.4 | 84.6 | 84.3 | 85.4 |
| Operating Margin (%) 39 | • | • | • | • | • | • | • | • | • |
| Oper. Margin Before Officers Comp. (%) 40 | • | • | • | • | • | 0.9 | 1.6 | 1.3 | 1.0 |
| Average Net Receivables ($) 41 | 155 | 158 | 161 | 178 | 175 | 161 | 182 | 165 | 171 |
| Average Inventories ($) 42 | 130 | 141 | 149 | 162 | 160 | 150 | 149 | 147 | 137 |
| Average Net Worth ($) 43 | 122 | 149 | 128 | 125 | 134 | 133 | 147 | 145 | 131 |
| Current Ratio (x1) 44 | 1.2 | 1.3 | 1.3 | 1.1 | 1.3 | 1.3 | 1.3 | 1.3 | 1.3 |
| Quick Ratio (x1) 45 | 0.6 | 0.7 | 0.6 | 0.6 | 0.6 | 0.6 | 0.7 | 0.7 | 0.7 |
| Coverage Ratio (x1) 46 | 1.2 | 1.4 | 1.2 | 1.4 | 1.5 | 1.7 | 2.1 | 1.7 | 1.4 |
| Asset Turnover (x1) 47 | 1.5 | 1.5 | 1.6 | 1.6 | 1.7 | 1.7 | 1.8 | 1.8 | 2.0 |
| Total Liabilities/Net Worth (x1) 48 | 4.5 | 4.0 | 4.9 | 5.5 | 4.8 | 4.7 | 4.5 | 4.2 | 4.5 |
| Return on Assets (x1) 49 | 4.3 | 3.9 | 3.8 | 4.3 | 4.8 | 5.2 | 6.0 | 5.3 | 4.3 |
| Return on Equity (%) 50 | • | 1.0 | • | 3.1 | 4.1 | 8.4 | 12.8 | 8.0 | 3.6 |

## Table II
Corporations with Net Income

# GENERAL BUILDING CONTRACTORS

### MONEY AMOUNTS AND SIZE OF ASSETS IN THOUSANDS OF DOLLARS

| Item Description for Accounting Period 7/90 Through 6/91 | Total | Zero Assets | Under 100 | 100 to 250 | 251 to 500 | 501 to 1,000 | 1,001 to 5,000 | 5,001 to 10,000 | 10,001 to 25,000 | 25,001 to 50,000 | 50,001 to 100,000 | 100,001 to 250,000 | 250,001 and over |
|---|---|---|---|---|---|---|---|---|---|---|---|---|---|
| Number of Enterprises **1** | 80492 | 2239 | 38342 | 12421 | 10010 | 7282 | 8315 | 1187 | 488 | 118 | 46 | 30 | 15 |
| **Revenues ($ in Thousands)** | | | | | | | | | | | | | |
| Net Sales **2** | 162286 | 580 | 10733 | 9035 | 10956 | 13092 | 41118 | 18620 | 14983 | 9452 | 6056 | 9174 | 18489 |
| Portfolio Income **3** | 1685 | 20 | 29 | 34 | 63 | 98 | 223 | 122 | 111 | 60 | 42 | 130 | 755 |
| Other Revenues **4** | 2087 | 13 | 39 | 56 | 79 | 105 | 471 | 183 | 181 | 132 | 134 | 99 | 595 |
| Total Revenues **5** | 166059 | 613 | 10800 | 9125 | 11098 | 13295 | 41812 | 18925 | 15275 | 9644 | 6232 | 9402 | 19839 |
| Average Total Revenues **6** | 2063 | 274 | 282 | 735 | 1109 | 1826 | 5029 | 15944 | 31301 | 81728 | 135483 | 313397 | 1322592 |
| **Operating Costs/Operating Income (%)** | | | | | | | | | | | | | |
| Cost of Operations **7** | 85.0 | 69.4 | 68.3 | 73.2 | 80.6 | 80.7 | 85.1 | 88.3 | 88.0 | 90.9 | 91.0 | 91.8 | 91.9 |
| Rent **8** | 0.5 | 1.7 | 1.1 | 0.9 | 0.6 | 0.5 | 0.4 | 0.3 | 0.3 | 0.3 | 0.3 | 0.3 | 0.8 |
| Taxes Paid **9** | 1.3 | 1.6 | 2.2 | 2.2 | 1.8 | 1.8 | 1.2 | 1.0 | 0.9 | 0.7 | 0.6 | 0.7 | 0.9 |
| Interest Paid **10** | 1.1 | 3.2 | 0.9 | 0.8 | 0.8 | 1.0 | 0.7 | 0.6 | 0.7 | 0.4 | 0.6 | 1.1 | 3.9 |
| Depreciation, Depletion, Amortization **11** | 0.8 | 0.4 | 1.0 | 1.6 | 1.0 | 1.1 | 0.8 | 0.7 | 0.7 | 0.6 | 0.7 | 0.6 | 0.8 |
| Pensions and Other Benefits **12** | 0.6 | 0.7 | 0.3 | 0.6 | 0.5 | 0.6 | 0.6 | 0.7 | 0.5 | 0.7 | 0.3 | 0.5 | 0.9 |
| Other **13** | 7.2 | 14.7 | 15.9 | 12.2 | 8.7 | 8.2 | 6.6 | 4.9 | 5.4 | 4.4 | 4.6 | 4.3 | 6.3 |
| Officers Compensation **14** | 2.6 | 2.5 | 5.5 | 4.8 | 3.7 | 4.2 | 2.9 | 2.1 | 1.9 | 1.1 | 0.9 | 0.9 | 0.3 |
| Operating Margin **15** | 1.1 | 5.9 | 5.1 | 3.9 | 2.3 | 1.9 | 1.7 | 1.5 | 1.9 | 1.1 | 1.0 | • | • |
| Oper. Margin Before Officers Compensation **16** | 3.7 | 8.4 | 10.5 | 8.8 | 6.0 | 6.1 | 4.6 | 3.5 | 3.5 | 2.2 | 1.9 | 0.9 | • |
| **Selected Average Balance Sheet ($ in Thousands)** | | | | | | | | | | | | | |
| Net Receivables **17** | 242 | • | 5 | 35 | 62 | 137 | 555 | 2453 | 4625 | 14234 | 24006 | 50002 | 208477 |
| Inventories **18** | 146 | • | 2 | 30 | 92 | 161 | 469 | 864 | 3033 | 3611 | 9717 | 14948 | 96631 |
| Net Property, Plant and Equipment **19** | 109 | • | 8 | 39 | 63 | 116 | 283 | 791 | 1649 | 4023 | 6907 | 20670 | 66172 |
| Total Assets **20** | 882 | • | 31 | 168 | 362 | 723 | 2117 | 6928 | 14741 | 33947 | 67026 | 151754 | 944638 |

| | | | | | | | | | | | | | |
|---|---|---|---|---|---|---|---|---|---|---|---|---|---|
| Notes and Loans Payable 21 | 298 | • | 16 | 60 | 139 | 285 | 662 | 1568 | 3835 | 6100 | 14746 | 35038 | 498433 |
| All Other Liabilities 22 | 355 | • | 13 | 46 | 91 | 187 | 852 | 3519 | 6946 | 18748 | 37441 | 83007 | 279129 |
| Net Worth 23 | 228 | • | 1 | 61 | 133 | 251 | 603 | 1840 | 3960 | 9100 | 14840 | 33709 | 167077 |

## Selected Financial Ratios (Times to 1)

| | | | | | | | | | | | | | |
|---|---|---|---|---|---|---|---|---|---|---|---|---|---|
| Current Ratio 24 | 1.4 | • | 1.0 | 1.8 | 1.6 | 1.7 | 1.4 | 1.4 | 1.4 | 1.4 | 1.4 | 1.3 | 1.3 |
| Quick Ratio 25 | 0.8 | • | 0.8 | 1.1 | 0.8 | 0.9 | 0.8 | 0.9 | 0.8 | 1.0 | 0.9 | 0.9 | 0.7 |
| Net Sales to Working Capital 26 | 11.2 | • | • | 15.8 | 11.8 | 8.6 | 10.1 | 9.7 | 9.9 | 11.3 | 9.6 | 11.4 | 10.5 |
| Coverage Ratio 27 | 4.1 | 4.6 | 7.6 | 7.5 | 5.4 | 4.6 | 5.7 | 6.2 | 6.1 | 8.1 | 8.0 | 3.3 | 1.4 |
| Total Asset Turnover 28 | 2.3 | • | 9.2 | 4.4 | 3.0 | 2.5 | 2.3 | 2.3 | 2.1 | 2.4 | 2.0 | 2.0 | 1.3 |
| Inventory Turnover 29 | • | • | • | • | • | 8.6 | 8.8 | • | 8.5 | • | • | • | • |
| Receivables Turnover 30 | 8.9 | • | • | • | • | • | 8.8 | 7.4 | 6.3 | 5.8 | 5.6 | 5.9 | 8.7 |
| Total Liabilities to Net Worth 31 | 2.9 | • | 34.3 | 1.8 | 1.7 | 1.9 | 2.5 | 2.8 | 2.7 | 2.7 | 3.5 | 3.5 | 4.7 |

## Selected Financial Factors (in Percentages)

| | | | | | | | | | | | | | |
|---|---|---|---|---|---|---|---|---|---|---|---|---|---|
| Debt Ratio 32 | 74.2 | • | 97.2 | 63.5 | 63.4 | 65.3 | 71.5 | 73.4 | 73.1 | 73.2 | 77.9 | 77.8 | 82.3 |
| Return on Assets 33 | 10.3 | • | 24.7 | 13.3 | 11.0 | 9.6 | 9.6 | 8.4 | 8.9 | 8.3 | 8.7 | 7.0 | 7.2 |
| Return on Equity 34 | 26.6 | • | • | • | 27.1 | 22.6 | 24.8 | 22.6 | 23.4 | 23.8 | 29.7 | 16.5 | 9.1 |
| Return Before Interest on Equity 35 | • | • | • | • | • | • | 31.8 | 33.7 | 31.6 | 33.1 | • | 30.8 | 31.5 |
| Profit Margin, Before Income Tax 36 | 3.4 | 11.6 | 5.7 | 4.9 | 3.6 | 3.5 | 3.4 | 3.1 | 3.6 | 3.1 | 3.9 | 2.4 | 1.7 |
| Profit Margin, After Income Tax 37 | 3.0 | 11.1 | 5.6 | 4.6 | 3.3 | 3.2 | 3.0 | 3.0 | 3.0 | 3.0 | 3.4 | 1.8 | 1.2 |

## Trends in Selected Ratios and Factors, 1986-1994

| | 1986 | 1987 | 1988 | 1989 | 1990 | 1991 | 1992 | 1993 | 1994 |
|---|---|---|---|---|---|---|---|---|---|
| Cost of Operations (%) 38 | 85.0 | 85.1 | 84.1 | 84.5 | 83.7 | 83.3 | 84.1 | 83.6 | 85.0 |
| Operating Margin (%) 39 | • | 0.1 | 0.2 | • | 0.2 | 0.9 | 1.3 | 1.2 | 1.1 |
| Oper. Margin Before Officers Comp. (%) 40 | 2.6 | 2.7 | 3.0 | 2.6 | 3.0 | 3.8 | 4.1 | 4.0 | 3.7 |
| Average Net Receivables ($) 41 | 233 | 213 | 193 | 224 | 208 | 200 | 249 | 217 | 242 |
| Average Inventories ($) 42 | 150 | 161 | 135 | 166 | 190 | 178 | 188 | 162 | 146 |
| Average Net Worth ($) 43 | 226 | 227 | 185 | 204 | 213 | 224 | 256 | 262 | 228 |
| Current Ratio (x1) 44 | 1.2 | 1.4 | 1.4 | 1.1 | 1.4 | 1.3 | 1.4 | 1.4 | 1.4 |
| Quick Ratio (x1) 45 | 0.7 | 0.8 | 0.8 | 0.6 | 0.7 | 0.7 | 0.7 | 0.8 | 0.8 |
| Coverage Ratio (x1) 46 | 3.2 | 3.6 | 3.9 | 3.3 | 3.3 | 3.6 | 4.5 | 4.4 | 4.1 |
| Asset Turnover (x1) 47 | 1.8 | 1.8 | 2.0 | 1.9 | 1.9 | 1.9 | 2.1 | 2.1 | 2.3 |
| Operating Leverage 48 | • | • | 1.9 | 0.3 | 3.3 | 4.4 | 1.4 | 1.0 | 0.9 |
| Financial Leverage 49 | • | 1.1 | 1.1 | 0.9 | 1.0 | 1.1 | 1.1 | 1.0 | 1.0 |
| Total Leverage 50 | • | • | 2.0 | 0.3 | 3.3 | 4.9 | 1.5 | 1.0 | 0.9 |

# Table I

Corporations with and without Net Income

## OPERATIVE BUILDERS

### MONEY AMOUNTS AND SIZE OF ASSETS IN THOUSANDS OF DOLLARS

| Item Description for Accounting Period 7/90 Through 6/91 | | Total | Zero Assets | Under 100 | 100 to 250 | 251 to 500 | 501 to 1,000 | 1,001 to 5,000 | 5,001 to 10,000 | 10,001 to 25,000 | 25,001 to 50,000 | 50,001 to 100,000 | 100,001 to 250,000 | 250,001 and over |
|---|---|---|---|---|---|---|---|---|---|---|---|---|---|---|
| Number of Enterprises | 1 | 4267 | 100 | 2405 | 341 | 325 | 397 | 576 | 59 | 33 | 8 | 10 | • | 12 |
| **Revenues ($ in Thousands)** | | | | | | | | | | | | | | |
| Net Sales | 2 | 10176 | 127 | 341 | 331 | 216 | 502 | 1342 | 463 | 713 | 82 | 798 | • | 5262 |
| Portfolio Income | 3 | 613 | 10 | 2 | • | 0 | 2 | 8 | 2 | 4 | 14 | 38 | • | 534 |
| Other Revenues | 4 | 426 | 27 | 1 | 0 | 4 | 13 | 20 | 2 | 14 | 29 | 32 | • | 284 |
| Total Revenues | 5 | 11214 | 164 | 344 | 331 | 220 | 517 | 1369 | 467 | 730 | 124 | 868 | • | 6080 |
| Average Total Revenues | 6 | 2628 | 1635 | 143 | 972 | 677 | 1303 | 2377 | 7916 | 22116 | 15530 | 86780 | • | 506656 |
| **Operating Costs/Operating Income (%)** | | | | | | | | | | | | | | |
| Cost of Operations | 7 | 62.8 | 87.7 | 55.3 | 90.9 | 94.1 | 75.1 | 80.2 | 84.3 | 79.3 | 64.1 | 93.5 | • | 45.2 |
| Rent | 8 | 0.8 | 0.2 | 2.8 | 0.2 | 0.4 | 1.1 | 0.8 | 0.4 | 0.3 | 1.5 | 1.2 | • | 0.7 |
| Taxes Paid | 9 | 1.9 | 5.2 | 3.8 | 1.6 | 0.6 | 3.2 | 1.6 | 1.7 | 2.8 | 1.8 | 0.7 | • | 1.7 |
| Interest Paid | 10 | 8.7 | 0.3 | 0.5 | 0.2 | 3.3 | 0.9 | 2.1 | 4.6 | 1.9 | 23.3 | 6.2 | • | 14.0 |
| Depreciation, Depletion, Amortization | 11 | 1.4 | 2.6 | 1.2 | 3.1 | 1.0 | 0.5 | 1.2 | 1.1 | 0.5 | 11.0 | 0.9 | • | 1.5 |
| Pensions and Other Benefits | 12 | 0.7 | • | • | 0.3 | • | 1.4 | 1.0 | 1.3 | 0.4 | 0.3 | 0.6 | • | 0.7 |
| Other | 13 | 33.2 | 43.2 | 28.6 | 4.9 | 8.6 | 18.5 | 11.0 | 10.5 | 7.4 | 38.7 | 13.3 | • | 51.5 |
| Officers Compensation | 14 | 1.7 | 2.7 | 9.5 | 2.3 | 1.0 | 4.0 | 3.8 | 1.4 | 1.5 | 9.0 | 0.9 | • | 0.4 |
| Operating Margin | 15 | • | • | • | • | • | • | • | • | 6.1 | • | • | • | • |
| Oper. Margin Before Officers Compensation | 16 | • | 7.9 | • | • | • | 2.1 | • | • | 7.6 | • | • | • | • |
| **Selected Average Balance Sheet ($ in Thousands)** | | | | | | | | | | | | | | |
| Net Receivables | 17 | 360 | • | 1 | • | 70 | 107 | 332 | 969 | 2569 | 10306 | 20228 | • | 71087 |
| Inventories | 18 | 581 | • | 1 | 36 | 81 | 439 | 828 | 1752 | 5406 | 6998 | 23511 | • | 101355 |
| Net Property, Plant and Equipment | 19 | 533 | • | 3 | 106 | 118 | 29 | 310 | 2217 | 4355 | 9499 | 10649 | • | 128952 |
| Total Assets | 20 | 3644 | • | 14 | 185 | 391 | 815 | 1991 | 6779 | 14497 | 35022 | 90803 | • | 982330 |

| | | | | | | | | | | | | |
|---|---|---|---|---|---|---|---|---|---|---|---|---|
| Notes and Loans Payable **21** | 2214 | • | 13 | 172 | 358 | 363 | 1086 | 5705 | 8771 | 23614 | 50163 | • | 596440 |
| All Other Liabilities **22** | 942 | • | 4 | 13 | 25 | 176 | 465 | 2525 | 2740 | 8255 | 32470 | • | 252601 |
| Net Worth **23** | 487 | • | -3 | 1 | 8 | 275 | 440 | -1450 | 2986 | 3154 | 8170 | • | 133289 |

### Selected Financial Ratios (Times to 1)

| | | | | | | | | | | | | | |
|---|---|---|---|---|---|---|---|---|---|---|---|---|---|
| Current Ratio **24** | 1.5 | • | 1.0 | 0.6 | 2.1 | 1.8 | 1.9 | 1.3 | 1.5 | 1.4 | 2.1 | • | 1.5 |
| Quick Ratio **25** | 0.5 | • | 0.9 | 0.1 | 1.1 | 0.4 | 0.6 | 0.4 | 0.6 | 0.7 | 0.8 | • | 0.5 |
| Net Sales to Working Capital **26** | 3.6 | • | • | • | 5.4 | 4.2 | 3.3 | 9.7 | 6.8 | 1.4 | 2.5 | • | 3.1 |
| Coverage Ratio **27** | 0.9 | • | • | • | • | • | 1.2 | 0.0 | 5.6 | 1.1 | • | • | 1.0 |
| Total Asset Turnover **28** | 0.7 | • | 10.4 | 5.2 | 1.7 | 1.6 | 1.2 | 1.2 | 1.5 | 0.3 | 0.9 | • | 0.5 |
| Inventory Turnover **29** | 2.6 | • | • | • | 6.8 | 3.7 | 2.4 | 2.4 | 4.6 | 0.9 | 6.3 | • | 2.1 |
| Receivables Turnover **30** | 4.9 | • | • | • | 9.7 | 8.3 | 8.3 | 6.1 | 5.6 | • | 5.6 | • | 3.6 |
| Total Liabilities to Net Worth **31** | 6.5 | • | • | • | 46.4 | 2.0 | 3.5 | • | 3.9 | 10.1 | 10.1 | • | 6.4 |

### Selected Financial Factors (in Percentages)

| | | | | | | | | | | | | | |
|---|---|---|---|---|---|---|---|---|---|---|---|---|---|
| Debt Ratio **32** | 86.6 | • | 99.4 | 99.4 | 97.9 | 66.3 | 77.9 | • | 79.4 | 91.0 | 91.0 | • | 86.4 |
| Return on Assets **33** | 5.3 | • | • | • | • | 2.8 | • | 0.2 | 15.4 | 7.5 | 7.5 | • | 6.4 |
| Return on Equity **34** | • | • | • | • | • | • | 0.9 | 25.0 | • | • | 7.5 | • | • |
| Return Before Interest on Equity **35** | • | • | 16.1 | • | • | • | 12.7 | • | • | • | • | • | • |
| Profit Margin, Before Income Tax **36** | 0.3 | • | • | • | • | • | 0.3 | • | 8.5 | 2.4 | 8.5 | • | 0.3 |
| Profit Margin, After Income Tax **37** | • | • | • | • | • | • | 0.2 | • | 7.7 | 2.3 | • | • | • |

### Trends in Selected Ratios and Factors, 1986-1994

| | 1986 | 1987 | 1988 | 1989 | 1990 | 1991 | 1992 | 1993 | 1994 |
|---|---|---|---|---|---|---|---|---|---|
| Cost of Operations (%) **38** | 52.8 | 52.3 | 47.6 | 56.4 | 59.4 | 65.0 | 43.1 | 62.5 | 62.8 |
| Operating Margin (%) **39** | • | • | • | • | • | • | • | • | • |
| Oper. Margin Before Officers Comp. (%) **40** | • | • | • | • | • | • | • | • | • |
| Average Net Receivables ($) **41** | 299 | 379 | 358 | 410 | 1019 | 430 | 527 | 717 | 360 |
| Average Inventories ($) **42** | 370 | 495 | 537 | 580 | 608 | 575 | 383 | 644 | 581 |
| Average Net Worth ($) **43** | 314 | 403 | 444 | 388 | 443 | 584 | 379 | 596 | 487 |
| Current Ratio (x1) **44** | 1.5 | 1.5 | 1.4 | 1.8 | 1.5 | 2.3 | 1.3 | 1.5 | 1.5 |
| Quick Ratio (x1) **45** | 0.6 | 0.6 | 0.5 | 0.9 | 1.0 | 1.3 | 0.6 | 0.6 | 0.5 |
| Coverage Ratio (x1) **46** | 0.7 | 1.0 | 1.0 | 1.1 | 1.3 | 2.1 | 2.0 | 1.7 | 0.9 |
| Asset Turnover (x1) **47** | 0.4 | 0.3 | 0.4 | 0.3 | 0.3 | 0.8 | 0.9 | 0.7 | 0.7 |
| Total Liabilities/Net Worth (x1) **48** | 4.5 | 4.5 | 4.9 | 6.7 | 8.5 | 5.1 | 7.1 | 5.1 | 6.5 |
| Return on Assets (x1) **49** | 5.4 | 6.1 | 5.7 | 5.3 | 5.8 | 10.8 | 10.6 | 8.5 | 5.3 |
| Return on Equity (%) **50** | • | • | • | • | 7.1 | 27.6 | 36.7 | 17.6 | • |

## Table II

Corporations with Net Income

# OPERATIVE BUILDERS

MONEY AMOUNTS AND SIZE OF ASSETS IN THOUSANDS OF DOLLARS

| Item Description for Accounting Period 7/90 Through 6/91 | Total | Zero Assets | Under 100 | 100 to 250 | 251 to 500 | 501 to 1,000 | 1,001 to 5,000 | 5,001 to 10,000 | 10,001 to 25,000 | 25,001 to 50,000 | 50,001 to 100,000 | 100,001 to 250,000 | 250,001 and over |
|---|---|---|---|---|---|---|---|---|---|---|---|---|---|
| Number of Enterprises **1** | 2887 | 93 | 2075 | • | 93 | 218 | 331 | 35 | • | • | 5 | • | • |
| **Revenues ($ in Thousands)** | | | | | | | | | | | | | |
| Net Sales **2** | 6913 | 79 | 333 | • | 36 | 362 | 1151 | 432 | • | • | 545 | • | • |
| Portfolio Income **3** | 310 | 1 | 2 | • | • | 2 | 6 | 1 | • | • | 33 | • | • |
| Other Revenues **4** | 270 | 0 | 1 | • | • | 12 | 12 | 2 | • | • | 17 | • | • |
| Total Revenues **5** | 7494 | 81 | 336 | • | 36 | 376 | 1168 | 434 | • | • | 596 | • | • |
| Average Total Revenues **6** | 2596 | 871 | 162 | • | 389 | 1723 | 3529 | 12414 | • | • | 119263 | • | • |
| **Operating Costs/Operating Income (%)** | | | | | | | | | | | | | |
| Cost of Operations **7** | 52.3 | 53.4 | 50.2 | • | 35.3 | 73.5 | 79.6 | 84.9 | • | • | 91.0 | • | • |
| Rent **8** | 0.7 | 0.4 | 2.8 | • | 1.6 | 1.3 | 0.8 | 0.2 | • | • | 1.5 | • | • |
| Taxes Paid **9** | 1.7 | 4.3 | 3.8 | • | 3.0 | 3.7 | 1.7 | 1.7 | • | • | 0.6 | • | • |
| Interest Paid **10** | 4.6 | 0.4 | 0.4 | • | • | 0.5 | 1.1 | 2.5 | • | • | 4.0 | • | • |
| Depreciation, Depletion, Amortization **11** | 1.2 | 2.9 | 1.2 | • | 1.7 | 0.2 | 1.3 | 0.8 | • | • | 0.5 | • | • |
| Pensions and Other Benefits **12** | 0.6 | • | • | • | • | 1.9 | 1.0 | 1.1 | • | • | 0.8 | • | • |
| Other **13** | 40.0 | 29.3 | 26.0 | • | 45.5 | 16.3 | 9.4 | 7.2 | • | • | 8.3 | • | • |
| Officers Compensation **14** | 1.7 | 4.3 | 9.8 | • | 5.7 | 1.0 | 4.0 | 1.1 | • | • | 0.8 | • | • |
| Operating Margin **15** | • | 5.1 | 6.0 | • | 7.3 | 1.7 | 1.4 | 0.6 | • | • | • | • | • |
| Oper. Margin Before Officers Compensation **16** | • | 9.4 | 15.7 | • | 12.9 | 2.7 | 5.3 | 1.7 | • | • | • | • | • |
| **Selected Average Balance Sheet ($ in Thousands)** | | | | | | | | | | | | | |
| Net Receivables **17** | 309 | • | 0 | • | • | 192 | 412 | 1349 | • | • | 36247 | • | • |
| Inventories **18** | 410 | • | 1 | • | • | 411 | 895 | 2678 | • | • | 3189 | • | • |
| Net Property, Plant and Equipment **19** | 311 | • | 3 | • | 33 | 35 | 224 | 965 | • | • | 6840 | • | • |
| Total Assets **20** | 2609 | • | 15 | • | 328 | 854 | 1944 | 6698 | • | • | 97568 | • | • |

| | | | | | | | | | |
|---|---|---|---|---|---|---|---|---|---|
| Notes and Loans Payable **21** | 1339 | · | 10 | 5 | 331 | 761 | 3514 | · | 53498 |
| All Other Liabilities **22** | 612 | · | 1 | 4 | 94 | 501 | 1226 | · | 30299 |
| Net Worth **23** | 657 | · | 4 | 318 | 429 | 682 | 1958 | · | 13771 |

## Selected Financial Ratios (Times to 1)

| | | | | | | | | | |
|---|---|---|---|---|---|---|---|---|---|
| Current Ratio **24** | 1.7 | 1.5 | · | 2.0 | 1.8 | 2.4 | | · | 2.1 |
| Quick Ratio **25** | 0.5 | 1.3 | 19.2 | 0.6 | 0.7 | 0.9 | | · | 1.5 |
| Net Sales to Working Capital **26** | 4.4 | · | 2.4 | 4.3 | 4.6 | 3.9 | | · | 3.5 |
| Coverage Ratio **27** | 2.3 | · | 12.5 | 3.7 | 1.5 | 1.5 | | · | |
| Total Asset Turnover **28** | 0.9 | 10.8 | 1.2 | 2.0 | 1.8 | 1.9 | | · | 1.1 |
| Inventory Turnover **29** | 2.4 | · | 0.9 | 4.4 | 3.2 | 2.4 | | · | 3.2 |
| Receivables Turnover **30** | 9.3 | · | 4.4 | 8.6 | · | | | · | 4.1 |
| Total Liabilities to Net Worth **31** | 3.0 | 3.0 | 0.0 | 1.0 | 1.9 | 2.4 | | · | 6.1 |

## Selected Financial Factors (in Percentages)

| | | | | | | | | | |
|---|---|---|---|---|---|---|---|---|---|
| Debt Ratio **32** | 74.8 | 74.9 | 2.9 | 49.7 | 64.9 | 70.8 | | · | 85.9 |
| Return on Assets **33** | 9.6 | · | 8.6 | 11.6 | 7.1 | 6.9 | | · | 6.7 |
| Return on Equity **34** | 19.1 | · | 8.9 | 19.5 | 13.9 | 6.4 | | · | 14.7 |
| Return Before Interest on Equity **35** | · | · | 8.9 | 23.0 | 20.3 | 23.5 | | · | |
| Profit Margin, Before Income Tax **36** | 5.9 | 7.1 | 7.3 | 5.5 | 2.9 | 1.3 | | · | 2.0 |
| Profit Margin, After Income Tax **37** | 5.3 | 5.9 | 6.9 | 7.3 | 5.1 | 2.7 | 1.0 | · | 1.9 |

## Trends in Selected Ratios and Factors, 1986-1994

| | 1986 | 1987 | 1988 | 1989 | 1990 | 1991 | 1992 | 1993 | 1994 |
|---|---|---|---|---|---|---|---|---|---|
| Cost of Operations (%) **38** | 68.0 | 63.8 | 38.7 | 66.3 | 53.5 | 62.3 | 38.1 | 77.8 | 52.3 |
| Operating Margin (%) **39** | · | · | · | · | · | · | 1.9 | 3.0 | · |
| Oper. Margin Before Officers Comp. (%) **40** | · | · | · | · | · | 1.8 | 3.3 | 5.1 | · |
| Average Net Receivables ($) **41** | 188 | 342 | 330 | 243 | 1767 | 754 | 410 | 235 | 309 |
| Average Inventories ($) **42** | 195 | 444 | 274 | 378 | 609 | 821 | 540 | 734 | 410 |
| Average Net Worth ($) **43** | 259 | 452 | 590 | 442 | 783 | 1126 | 679 | 576 | 657 |
| Current Ratio (x1) **44** | 1.6 | 1.6 | 1.2 | 1.2 | 1.6 | 2.8 | 1.6 | 1.8 | 1.7 |
| Quick Ratio (x1) **45** | 0.8 | 0.7 | 0.6 | 0.5 | 1.1 | 1.6 | 0.7 | 0.5 | 0.5 |
| Coverage Ratio (x1) **46** | 3.1 | 2.2 | 1.7 | 3.3 | 1.8 | 2.6 | 3.3 | 3.5 | 2.3 |
| Asset Turnover (x1) **47** | 0.4 | 0.3 | 0.5 | 0.2 | 0.3 | 0.9 | 1.2 | 1.1 | 0.9 |
| Operating Leverage **48** | · | 1.3 | 0.4 | 3.1 | 0.3 | 0.0 | · | 1.6 | · |
| Financial Leverage **49** | · | 0.9 | 0.7 | 1.7 | 0.6 | 1.5 | 1.3 | 1.0 | 0.8 |
| Total Leverage **50** | · | 1.1 | 0.3 | 5.2 | 0.2 | 0.0 | 1.6 | 1.6 | · |

## Table I

Corporations with and without Net Income

# HEAVY CONSTRUCTION CONTRACTORS

### MONEY AMOUNTS AND SIZE OF ASSETS IN THOUSANDS OF DOLLARS

| Item Description for Accounting Period 7/90 Through 6/91 | Total | Zero Assets | Under 100 | 100 to 250 | 251 to 500 | 501 to 1,000 | 1,001 to 5,000 | 5,001 to 10,000 | 10,001 to 25,000 | 25,001 to 50,000 | 50,001 to 100,000 | 100,001 to 250,000 | 250,001 and over |
|---|---|---|---|---|---|---|---|---|---|---|---|---|---|
| Number of Enterprises **1** | 24610 | 545 | 8803 | 4811 | 2551 | 3175 | 3501 | 640 | 415 | 91 | 53 | 17 | 9 |
| **Revenues ($ in Thousands)** | | | | | | | | | | | | | |
| Net Sales **2** | 78774 | 231 | 1645 | 1855 | 1902 | 5092 | 16083 | 8131 | 11974 | 5346 | 6168 | 4306 | 16041 |
| Portfolio Income **3** | 1317 | 81 | 9 | 11 | 10 | 67 | 203 | 90 | 111 | 76 | 90 | 80 | 491 |
| Other Revenues **4** | 1616 | 25 | 24 | 13 | 8 | 27 | 241 | 153 | 239 | 91 | 122 | 94 | 580 |
| Total Revenues **5** | 81708 | 338 | 1678 | 1879 | 1920 | 5185 | 16526 | 8373 | 12324 | 5513 | 6380 | 4480 | 17112 |
| Average Total Revenues **6** | 3320 | 620 | 191 | 391 | 753 | 1633 | 4721 | 13084 | 29696 | 60579 | 120377 | 263511 | 1901290 |
| **Operating Costs/Operating Income (%)** | | | | | | | | | | | | | |
| Cost of Operations **7** | 79.1 | 77.4 | 55.6 | 46.0 | 52.8 | 70.2 | 77.3 | 82.3 | 83.1 | 87.7 | 87.7 | 89.3 | 79.3 |
| Rent **8** | 1.0 | 1.2 | 0.4 | 2.2 | 4.2 | 0.9 | 0.7 | 0.3 | 0.5 | 0.3 | 0.3 | 0.5 | 2.3 |
| Taxes Paid **9** | 1.9 | 3.4 | 4.8 | 3.9 | 3.8 | 3.0 | 2.4 | 2.1 | 1.9 | 1.4 | 1.5 | 0.5 | 0.9 |
| Interest Paid **10** | 1.4 | 1.0 | 1.4 | 1.9 | 1.9 | 1.3 | 1.4 | 1.2 | 1.2 | 1.3 | 1.3 | 1.5 | 1.6 |
| Depreciation, Depletion, Amortization **11** | 3.3 | 5.7 | 2.9 | 5.8 | 6.7 | 5.2 | 4.2 | 3.3 | 3.4 | 3.2 | 3.3 | 2.3 | 1.4 |
| Pensions and Other Benefits **12** | 1.1 | 0.6 | 1.6 | 1.0 | 0.9 | 0.8 | 1.0 | 1.2 | 0.7 | 0.8 | 0.8 | 0.4 | 1.8 |
| Other **13** | 11.5 | 36.7 | 30.0 | 28.1 | 25.2 | 14.8 | 10.7 | 6.7 | 7.6 | 4.8 | 5.8 | 11.2 | 15.4 |
| Officers Compensation **14** | 2.5 | 24.5 | 6.3 | 10.1 | 4.2 | 5.0 | 3.3 | 3.1 | 1.6 | 1.5 | 1.3 | 0.7 | 0.6 |
| Operating Margin **15** | • | • | • | 1.0 | 0.4 | • | • | • | • | • | • | • | • |
| Oper. Margin Before Officers Compensation **16** | 0.8 | • | 3.2 | 11.2 | 4.6 | 4.0 | 2.4 | 3.0 | 1.5 | 0.5 | • | • | • |
| **Selected Average Balance Sheet ($ in Thousands)** | | | | | | | | | | | | | |
| Net Receivables **17** | 490 | • | 5 | 22 | 52 | 182 | 670 | 2051 | 4695 | 9953 | 21549 | 45720 | 306053 |
| Inventories **18** | 83 | • | 0 | 2 | 5 | 23 | 104 | 294 | 507 | 2142 | 3230 | 9940 | 72177 |
| Net Property, Plant and Equipment **19** | 499 | • | 13 | 83 | 171 | 230 | 664 | 1867 | 4357 | 9860 | 21029 | 39099 | 290021 |
| Total Assets **20** | 1824 | • | 34 | 166 | 357 | 696 | 2219 | 6755 | 14891 | 33776 | 67677 | 153099 | 1459625 |

| | | | | | | | | | | | | |
|---|---|---|---|---|---|---|---|---|---|---|---|---|
| Notes and Loans Payable 21 | 491 | 142 | 73 | 145 | 236 | 639 | 1492 | 3528 | 8408 | 16754 | 39558 | 264531 |
| All Other Liabilities 22 | 635 | 79 | 30 | 57 | 140 | 682 | 2130 | 5128 | 11322 | 25372 | 60326 | 548175 |
| Net Worth 23 | 698 | -186 | 62 | 155 | 320 | 898 | 3133 | 6235 | 14046 | 25551 | 53215 | 646919 |

## Selected Financial Ratios (Times to 1)

| | | | | | | | | | | | | |
|---|---|---|---|---|---|---|---|---|---|---|---|---|
| Current Ratio 24 | 1.4 | 0.1 | 1.4 | 1.4 | 1.8 | 1.6 | 1.8 | 1.7 | 1.6 | 1.5 | 1.3 | 1.6 |
| Quick Ratio 25 | 1.1 | 0.1 | 1.0 | 1.2 | 1.5 | 1.2 | 1.4 | 1.3 | 1.1 | 1.1 | 0.9 | 1.2 |
| Net Sales to Working Capital 26 | 11.4 | • | 19.0 | 19.5 | 9.7 | 9.2 | 7.0 | 8.2 | 8.8 | 8.7 | 12.9 | 8.6 |
| Coverage Ratio 27 | 2.5 | 0.2 | 2.2 | 1.7 | 1.7 | 2.4 | 3.4 | 3.3 | 2.5 | 2.1 | • | 3.4 |
| Total Asset Turnover 28 | 1.8 | 5.5 | 2.3 | 2.1 | 2.3 | 2.1 | 1.9 | 1.9 | 1.7 | 1.7 | 1.7 | 1.2 |
| Inventory Turnover 29 | • | • | • | • | • | • | • | • | • | • | • | • |
| Receivables Turnover 30 | 6.5 | • | • | • | • | 6.8 | 5.9 | 7.0 | 6.0 | 6.5 | 5.8 | 5.1 |
| Total Liabilities to Net Worth 31 | 1.6 | • | 1.7 | 1.3 | 1.2 | 1.5 | 1.2 | 1.4 | 1.4 | 1.7 | 1.9 | 1.3 |

## Selected Financial Factors (in Percentages)

| | | | | | | | | | | | | |
|---|---|---|---|---|---|---|---|---|---|---|---|---|
| Debt Ratio 32 | 61.8 | • | 62.6 | 56.5 | 54.0 | 59.5 | 53.6 | 58.1 | 58.4 | 62.3 | 65.3 | 55.7 |
| Return on Assets 33 | 6.1 | 1.7 | 9.9 | 6.8 | 4.8 | 6.7 | 7.7 | 7.7 | 5.7 | 4.6 | • | 6.5 |
| Return on Equity 34 | 5.9 | 1.3 | 11.9 | 5.3 | 2.1 | 6.8 | 8.7 | 9.6 | 5.2 | 2.0 | • | 6.3 |
| Return Before Interest on Equity 35 | 15.9 | • | 26.5 | 15.6 | 10.5 | 16.6 | 16.5 | 18.3 | 13.8 | 12.2 | • | 14.7 |
| Profit Margin, Before Income Tax 36 | 2.1 | • | 2.3 | 1.3 | 0.9 | 1.9 | 2.9 | 2.8 | 2.0 | 1.4 | • | 3.8 |
| Profit Margin, After Income Tax 37 | 1.3 | • | 1.9 | 1.1 | 0.4 | 1.3 | 2.2 | 2.1 | 1.3 | 0.4 | • | 2.3 |

## Trends in Selected Ratios and Factors, 1986-1994

| | 1986 | 1987 | 1988 | 1989 | 1990 | 1991 | 1992 | 1993 | 1994 |
|---|---|---|---|---|---|---|---|---|---|
| Cost of Operations (%) 38 | 78.4 | 78.6 | 78.4 | 79.8 | 78.8 | 77.9 | 78.2 | 79.8 | 79.1 |
| Operating Margin (%) 39 | • | • | • | • | • | • | • | • | • |
| Oper. Margin Before Officers Comp. (%) 40 | • | • | • | • | • | 1.3 | 1.0 | 0.8 | 0.8 |
| Average Net Receivables ($) 41 | 408 | 371 | 443 | 511 | 500 | 449 | 454 | 565 | 490 |
| Average Inventories ($) 42 | 103 | 75 | 97 | 103 | 105 | 85 | 81 | 94 | 83 |
| Average Net Worth ($) 43 | 626 | 597 | 1000 | 1170 | 865 | 599 | 719 | 844 | 698 |
| Current Ratio (x1) 44 | 1.3 | 1.3 | 1.3 | 1.2 | 1.2 | 1.5 | 1.4 | 1.4 | 1.4 |
| Quick Ratio (x1) 45 | 0.9 | 0.9 | 0.9 | 0.8 | 0.9 | 1.1 | 1.1 | 1.0 | 1.1 |
| Coverage Ratio (x1) 46 | 2.0 | 1.7 | 1.4 | 1.7 | 2.2 | 3.2 | 3.4 | 2.6 | 2.5 |
| Asset Turnover (x1) 47 | 1.8 | 1.7 | 1.2 | 1.3 | 1.5 | 1.8 | 1.6 | 1.6 | 1.8 |
| Total Liabilities/Net Worth (x1) 48 | 1.7 | 1.6 | 1.4 | 1.2 | 1.6 | 1.7 | 1.6 | 1.7 | 1.6 |
| Return on Assets (x1) 49 | 7.1 | 5.2 | 3.6 | 4.9 | 6.2 | 7.7 | 9.0 | 6.3 | 6.1 |
| Return on Equity (%) 50 | 3.5 | 0.3 | 0.5 | 1.6 | 4.7 | 10.0 | 12.8 | 6.9 | 5.9 |

## 25

## Table II

Corporations with Net Income

# HEAVY CONSTRUCTION CONTRACTORS

**MONEY AMOUNTS AND SIZE OF ASSETS IN THOUSANDS OF DOLLARS**

| Item Description for Accounting Period 7/90 Through 6/91 | Total | Zero Assets | Under 100 | 100 to 250 | 251 to 500 | 501 to 1,000 | 1,001 to 5,000 | 5,001 to 10,000 | 10,001 to 25,000 | 25,001 to 50,000 | 50,001 to 100,000 | 100,001 to 250,000 | 250,001 and over |
|---|---|---|---|---|---|---|---|---|---|---|---|---|---|
| Number of Enterprises **1** | 15814 | 182 | 5552 | 3339 | 1411 | 1961 | 2494 | 449 | • | 64 | 33 | 12 | • |
| **Revenues ($ in Thousands)** | | | | | | | | | | | | | |
| Net Sales **2** | 60663 | 101 | 1188 | 1497 | 1382 | 3404 | 12198 | 6064 | • | 3839 | 3706 | 2908 | • |
| Portfolio Income **3** | 1028 | 59 | 3 | 9 | 7 | 51 | 153 | 60 | • | 55 | 54 | 53 | • |
| Other Revenues **4** | 1349 | 19 | 18 | 12 | 7 | 12 | 194 | 129 | • | 69 | 86 | 66 | • |
| Total Revenues **5** | 63039 | 179 | 1208 | 1519 | 1396 | 3467 | 12546 | 6253 | • | 3963 | 3847 | 3027 | • |
| Average Total Revenues **6** | 3986 | 984 | 218 | 455 | 989 | 1768 | 5030 | 13926 | • | 61928 | 116567 | 252242 | • |
| **Operating Costs/Operating Income (%)** | | | | | | | | | | | | | |
| Cost of Operations **7** | 78.7 | 48.5 | 53.8 | 48.8 | 54.3 | 67.7 | 75.0 | 80.4 | • | 85.8 | 85.3 | 86.4 | • |
| Rent **8** | 1.0 | 2.3 | 0.3 | 2.4 | 3.8 | 0.7 | 0.6 | 0.3 | • | 0.3 | 0.2 | 0.5 | • |
| Taxes Paid **9** | 1.8 | 5.0 | 3.8 | 3.6 | 3.4 | 3.1 | 2.3 | 2.2 | • | 1.5 | 1.4 | 0.6 | • |
| Interest Paid **10** | 1.1 | 1.0 | 1.3 | 1.9 | 1.6 | 0.9 | 1.2 | 1.0 | • | 1.1 | 0.8 | 1.0 | • |
| Depreciation, Depletion, Amortization **11** | 3.0 | 8.7 | 2.4 | 5.0 | 6.1 | 4.5 | 3.9 | 3.0 | • | 3.2 | 3.2 | 2.2 | • |
| Pensions and Other Benefits **12** | 1.1 | 0.4 | 2.2 | 1.1 | 0.9 | 0.8 | 1.0 | 1.4 | • | 0.9 | 1.0 | 0.5 | • |
| Other **13** | 10.0 | 40.7 | 28.0 | 22.9 | 21.4 | 14.5 | 10.5 | 6.2 | • | 4.4 | 5.1 | 8.3 | • |
| Officers Compensation **14** | 2.4 | 20.8 | 4.3 | 9.3 | 4.0 | 5.2 | 3.5 | 3.5 | • | 1.4 | 1.4 | 0.7 | • |
| Operating Margin **15** | 0.9 | • | 3.9 | 5.1 | 4.7 | 2.6 | 2.1 | 2.2 | • | 1.4 | 1.8 | • | • |
| Oper. Margin Before Officers Compensation **16** | 3.3 | • | 8.2 | 14.4 | 8.7 | 7.9 | 5.6 | 5.7 | • | 2.8 | 3.1 | 0.5 | • |
| **Selected Average Balance Sheet ($ in Thousands)** | | | | | | | | | | | | | |
| Net Receivables **17** | 575 | • | 4 | 26 | 55 | 193 | 682 | 2018 | • | 10034 | 20943 | 44032 | • |
| Inventories **18** | 94 | • | 0 | 3 | 8 | 9 | 93 | 301 | • | 993 | 3458 | 6369 | • |
| Net Property, Plant and Equipment **19** | 550 | • | 14 | 85 | 173 | 216 | 680 | 1881 | • | 9717 | 19218 | 33690 | • |
| Total Assets **20** | 2141 | • | 34 | 168 | 359 | 705 | 2285 | 6758 | • | 32220 | 66557 | 141882 | • |

| | 1 | 2 | 3 | 4 | 5 | 6 | 7 | 8 | 9 | 10 | 11 |
|---|---|---|---|---|---|---|---|---|---|---|---|
| Notes and Loans Payable 21 | • | 411 | 18 | 66 | 129 | 199 | 567 | 1343 | 7297 | 8594 | 30331 |
| All Other Liabilities 22 | • | 723 | 4 | 35 | 37 | 128 | 649 | 2037 | 11005 | 25644 | 57101 |
| Net Worth 23 | • | 1006 | 12 | 67 | 193 | 378 | 1069 | 3377 | 13918 | 32319 | 54450 |

**Selected Financial Ratios (Times to 1)**

| | 1 | 2 | 3 | 4 | 5 | 6 | 7 | 8 | 9 | 10 | 11 |
|---|---|---|---|---|---|---|---|---|---|---|---|
| Current Ratio 24 | • | 1.7 | 2.0 | 1.3 | 1.9 | 1.8 | 1.8 | 2.0 | 1.6 | 1.7 | 1.3 |
| Quick Ratio 25 | • | 1.3 | 1.8 | 1.1 | 1.7 | 1.6 | 1.4 | 1.6 | 1.2 | 1.3 | 0.9 |
| Net Sales to Working Capital 26 | • | 8.3 | 28.1 | 32.9 | 13.3 | 9.9 | 7.9 | 6.7 | 8.8 | 6.4 | 14.1 |
| Coverage Ratio 27 | • | 5.4 | 5.4 | 4.4 | 4.6 | 5.8 | 5.2 | 6.4 | 5.1 | 7.9 | 4.7 |
| Total Asset Turnover 28 | • | 1.8 | 6.3 | 2.7 | 2.7 | 2.5 | 2.2 | 2.0 | 1.9 | 1.7 | 1.7 |
| Inventory Turnover 29 | • | • | • | • | • | • | • | • | • | • | • |
| Receivables Turnover 30 | • | 6.8 | • | • | • | 7.4 | 6.3 | 6.1 | • | • | • |
| Total Liabilities to Net Worth 31 | • | 1.1 | 1.9 | 1.5 | 0.9 | 0.9 | 1.1 | 1.0 | 1.3 | 1.1 | 1.6 |

**Selected Financial Factors (in Percentages)**

| | 1 | 2 | 3 | 4 | 5 | 6 | 7 | 8 | 9 | 10 | 11 |
|---|---|---|---|---|---|---|---|---|---|---|---|
| Debt Ratio 32 | • | 53.0 | 65.9 | 60.0 | 46.4 | 46.4 | 53.2 | 50.0 | 56.8 | 51.5 | 61.6 |
| Return on Assets 33 | • | 10.7 | • | 22.6 | 19.8 | 13.3 | 13.1 | 12.6 | 10.6 | 10.4 | 8.1 |
| Return on Equity 34 | • | 14.7 | • | • | 27.4 | 17.6 | 19.4 | 17.3 | 15.4 | 13.5 | 13.4 |
| Return Before Interest on Equity 35 | • | 22.8 | • | • | • | 24.8 | 28.0 | 25.1 | 24.6 | 21.5 | 21.0 |
| Profit Margin, Before Income Tax 36 | • | 4.9 | 5.6 | 6.5 | 5.7 | 4.5 | 5.0 | 5.3 | 4.6 | 5.4 | 3.7 |
| Profit Margin, After Income Tax 37 | 33.7 | 3.9 | 5.3 | 6.1 | 5.4 | 3.8 | 4.2 | 4.3 | 3.6 | 3.9 | 3.0 |

**Trends in Selected Ratios and Factors, 1986-1994**

| | 1986 | 1987 | 1988 | 1989 | 1990 | 1991 | 1992 | 1993 | 1994 |
|---|---|---|---|---|---|---|---|---|---|
| Cost of Operations (%) 38 | 78.2 | 77.4 | 76.9 | 78.3 | 77.2 | 76.0 | 78.1 | 79.7 | 78.7 |
| Operating Margin (%) 39 | 0.5 | 0.4 | • | • | 0.8 | 1.2 | 0.7 | 0.6 | 0.9 |
| Oper. Margin Before Officers Comp. (%) 40 | 2.4 | 2.7 | 1.9 | 1.1 | 3.1 | 3.7 | 3.3 | 3.0 | 3.3 |
| Average Net Receivables ($) 41 | 538 | 391 | 505 | 601 | 590 | 548 | 541 | 721 | 575 |
| Average Inventories ($) 42 | 133 | 68 | 103 | 110 | 140 | 100 | 87 | 111 | 94 |
| Average Net Worth ($) 43 | 977 | 802 | 1534 | 1801 | 1261 | 876 | 1019 | 1216 | 1006 |
| Current Ratio (x1) 44 | 1.4 | 1.4 | 1.3 | 1.2 | 1.2 | 1.6 | 1.6 | 1.5 | 1.7 |
| Quick Ratio (x1) 45 | 1.0 | 1.0 | 0.9 | 0.9 | 0.9 | 1.2 | 1.2 | 1.1 | 1.3 |
| Coverage Ratio (x1) 46 | 5.0 | 5.2 | 3.4 | 3.6 | 4.3 | 5.9 | 5.6 | 5.2 | 5.4 |
| Asset Turnover (x1) 47 | 1.8 | 1.8 | 1.1 | 1.2 | 1.4 | 1.9 | 1.6 | 1.6 | 1.8 |
| Operating Leverage 48 | • | 1.0 | • | 1.7 | • | 1.6 | 0.6 | 0.9 | 1.5 |
| Financial Leverage 49 | • | 1.0 | 1.0 | 1.0 | 1.1 | 1.2 | 1.1 | 0.9 | 1.0 |
| Total Leverage 50 | • | 1.0 | • | 1.6 | • | 1.9 | 0.7 | 0.8 | 1.5 |

## Table I
Corporations with and without Net Income

# PLUMBING, HEATING, AND AIR CONDITIONING

### MONEY AMOUNTS AND SIZE OF ASSETS IN THOUSANDS OF DOLLARS

| Item Description for Accounting Period 7/90 Through 6/91 | Total | Zero Assets | Under 100 | 100 to 250 | 251 to 500 | 501 to 1,000 | 1,001 to 5,000 | 5,001 to 10,000 | 10,001 to 25,000 | 25,001 to 50,000 | 50,001 to 100,000 | 100,001 to 250,000 | 250,001 and over |
|---|---|---|---|---|---|---|---|---|---|---|---|---|---|
| Number of Enterprises **1** | 42917 | 1440 | 22665 | 8317 | 5521 | 2082 | 2508 | 270 | 99 | 10 | 4 | • | • |
| **Revenues ($ in Thousands)** | | | | | | | | | | | | | |
| Net Sales **2** | 44911 | 452 | 4613 | 5462 | 6748 | 4534 | 13575 | 5050 | 3695 | 587 | 195 | • | • |
| Portfolio Income **3** | 174 | 22 | 10 | 18 | 27 | 17 | 58 | 15 | 6 | 1 | 1 | • | • |
| Other Revenues **4** | 294 | 0 | 19 | 28 | 19 | 13 | 119 | 42 | 36 | 14 | 3 | • | • |
| Total Revenues **5** | 45379 | 474 | 4642 | 5507 | 6794 | 4564 | 13752 | 5107 | 3737 | 602 | 199 | • | • |
| Average Total Revenues **6** | 1057 | 329 | 205 | 662 | 1231 | 2192 | 5483 | 18914 | 37745 | 60250 | 49715 | • | • |
| **Operating Costs/Operating Income (%)** | | | | | | | | | | | | | |
| Cost of Operations **7** | 72.2 | 67.0 | 55.0 | 61.3 | 69.2 | 71.8 | 76.4 | 80.6 | 87.0 | 87.2 | 80.5 | • | • |
| Rent **8** | 1.2 | 1.9 | 2.2 | 2.2 | 1.3 | 1.0 | 0.9 | 0.6 | 0.6 | 0.3 | 1.4 | • | • |
| Taxes Paid **9** | 2.7 | 2.0 | 3.6 | 3.2 | 3.5 | 2.9 | 2.5 | 2.1 | 1.3 | 1.1 | 1.3 | • | • |
| Interest Paid **10** | 0.7 | 2.6 | 1.0 | 0.9 | 0.7 | 0.8 | 0.7 | 0.5 | 0.2 | 0.4 | 0.8 | • | • |
| Depreciation, Depletion, Amortization **11** | 1.3 | 1.1 | 1.9 | 1.5 | 1.4 | 1.6 | 1.2 | 0.9 | 0.5 | 0.9 | 0.5 | • | • |
| Pensions and Other Benefits **12** | 1.3 | 2.3 | 0.9 | 1.0 | 1.4 | 1.9 | 1.5 | 1.3 | 0.7 | 0.4 | 1.0 | • | • |
| Other **13** | 15.1 | 21.8 | 23.6 | 23.9 | 16.5 | 16.2 | 12.3 | 9.4 | 5.8 | 6.1 | 16.0 | • | • |
| Officers Compensation **14** | 5.1 | 1.6 | 11.1 | 6.7 | 5.9 | 3.7 | 4.5 | 3.1 | 2.1 | 1.5 | 1.9 | • | • |
| Operating Margin **15** | 0.4 | • | 0.7 | • | 0.2 | 0.2 | • | 1.6 | 2.0 | 2.1 | • | • | • |
| Oper. Margin Before Officers Compensation **16** | 5.6 | 1.5 | 11.8 | 6.0 | 6.2 | 3.9 | 4.6 | 4.7 | 4.1 | 3.7 | • | • | • |
| **Selected Average Balance Sheet ($ in Thousands)** | | | | | | | | | | | | | |
| Net Receivables **17** | 144 | • | 7 | 50 | 132 | 264 | 973 | 3530 | 6955 | 18525 | 9462 | • | • |
| Inventories **18** | 39 | • | 4 | 25 | 42 | 67 | 205 | 600 | 1761 | 5038 | 21023 | • | • |
| Net Property, Plant and Equipment **19** | 49 | • | 11 | 36 | 61 | 162 | 246 | 666 | 820 | 1856 | 878 | • | • |
| Total Assets **20** | 335 | • | 32 | 169 | 367 | 708 | 1990 | 6890 | 14011 | 31287 | 51821 | • | • |

| | | | | | | | | | | |
|---|---|---|---|---|---|---|---|---|---|---|
| Notes and Loans Payable 21 | 3418 | 3107 | 1402 | 1037 | 389 | 178 | 81 | 61 | 20 | 75 |
| All Other Liabilities 22 | 45270 | 25185 | 10138 | 3426 | 982 | 259 | 122 | 54 | 11 | 157 |
| Net Worth 23 | 3133 | 2996 | 2470 | 2428 | 619 | 272 | 165 | 54 | 1 | 104 |

### Selected Financial Ratios (Times to 1)

| | | | | | | | | | | |
|---|---|---|---|---|---|---|---|---|---|---|
| Current Ratio 24 | 1.0 | 1.5 | 1.2 | 1.5 | 1.5 | 1.6 | 1.8 | 1.7 | 1.3 | 1.5 |
| Quick Ratio 25 | 0.2 | 1.2 | 0.8 | 1.2 | 1.2 | 1.2 | 1.4 | 1.3 | 1.0 | 1.1 |
| Net Sales to Working Capital 26 | • | 6.3 | 18.5 | 9.6 | 9.8 | 12.0 | 10.4 | 13.6 | 45.7 | 12.0 |
| Coverage Ratio 27 | • | 12.5 | • | 6.2 | 2.9 | 2.1 | 2.4 | 1.1 | 2.4 | 3.0 |
| Total Asset Turnover 28 | 0.9 | 1.9 | 2.7 | 2.7 | 2.7 | 3.1 | 3.3 | 3.9 | 6.4 | 3.1 |
| Inventory Turnover 29 | 2.5 | 8.4 | • | • | • | • | • | • | • | • |
| Receivables Turnover 30 | 3.3 | 3.1 | 5.4 | 5.0 | 5.9 | 7.4 | • | • | • | 7.4 |
| Total Liabilities to Net Worth 31 | 15.6 | 9.5 | 4.7 | 1.8 | 2.2 | 1.6 | 1.2 | 2.2 | 21.4 | 2.2 |

### Selected Financial Factors (in Percentages)

| | | | | | | | | | | |
|---|---|---|---|---|---|---|---|---|---|---|
| Debt Ratio 32 | 94.0 | 90.4 | 82.4 | 64.8 | 68.9 | 61.6 | 55.1 | 68.2 | 95.5 | 69.1 |
| Return on Assets 33 | • | 9.7 | 8.9 | 8.9 | 5.6 | 4.9 | 5.3 | 4.0 | 14.8 | 6.8 |
| Return on Equity 34 | • | • | • | 17.2 | 9.0 | 4.8 | 5.4 | • | • | 11.6 |
| Return Before Interest on Equity 35 | • | • | • | 25.3 | 18.1 | 12.8 | 11.7 | 12.5 | • | 21.9 |
| Profit Margin, Before Income Tax 36 | • | 4.8 | 3.1 | 2.8 | 1.4 | 0.8 | 0.9 | 0.1 | 1.4 | 1.5 |
| Profit Margin, After Income Tax 37 | • | 3.5 | 2.7 | 2.2 | 1.0 | 0.6 | 0.7 | • | 1.2 | 1.2 |

### Trends in Selected Ratios and Factors, 1986-1994

| | 1986 | 1987 | 1988 | 1989 | 1990 | 1991 | 1992 | 1993 | 1994 |
|---|---|---|---|---|---|---|---|---|---|
| Cost of Operations (%) 38 | 74.5 | 74.3 | 74.2 | 74.2 | 73.6 | 72.8 | 73.5 | 73.4 | 72.2 |
| Operating Margin (%) 39 | • | • | • | • | 0.5 | 0.7 | 0.7 | 0.6 | 0.4 |
| Oper. Margin Before Officers Comp. (%) 40 | 3.9 | 4.5 | 4.4 | 4.9 | 5.4 | 5.9 | 5.9 | 5.5 | 5.6 |
| Average Net Receivables ($) 41 | 119 | 119 | 136 | 139 | 127 | 126 | 147 | 153 | 144 |
| Average Inventories ($) 42 | 52 | 52 | 57 | 59 | 51 | 48 | 44 | 45 | 39 |
| Average Net Worth ($) 43 | 91 | 88 | 82 | 84 | 76 | 91 | 105 | 111 | 104 |
| Current Ratio (x1) 44 | 1.4 | 1.4 | 1.4 | 1.4 | 1.3 | 1.4 | 1.4 | 1.5 | 1.5 |
| Quick Ratio (x1) 45 | 0.9 | 0.9 | 0.9 | 0.9 | 0.9 | 1.0 | 1.0 | 1.1 | 1.1 |
| Coverage Ratio (x1) 46 | 1.7 | 2.4 | 2.1 | 2.4 | 2.9 | 4.1 | 3.7 | 3.5 | 3.0 |
| Asset Turnover (x1) 47 | 2.5 | 2.6 | 2.6 | 2.6 | 2.7 | 2.8 | 3.0 | 3.1 | 3.1 |
| Total Liabilities/Net Worth (x1) 48 | 2.6 | 2.7 | 3.3 | 3.3 | 3.4 | 2.6 | 2.4 | 2.3 | 2.2 |
| Return on Assets (x1) 49 | 3.9 | 4.4 | 4.7 | 5.1 | 6.6 | 7.3 | 7.3 | 7.2 | 6.8 |
| Return on Equity (%) 50 | 1.1 | 5.0 | 5.3 | 7.6 | 12.5 | 14.4 | 13.7 | 13.2 | 11.6 |

## Table II

Corporations with Net Income

# PLUMBING, HEATING, AND AIR CONDITIONING

### MONEY AMOUNTS AND SIZE OF ASSETS IN THOUSANDS OF DOLLARS

| Item Description for Accounting Period 7/90 Through 6/91 | | Total | Zero Assets | Under 100 | 100 to 250 | 251 to 500 | 501 to 1,000 | 1,001 to 5,000 | 5,001 to 10,000 | 10,001 to 25,000 | 25,001 to 50,000 | 50,001 to 100,000 | 100,001 to 250,000 | 250,001 and over |
|---|---|---|---|---|---|---|---|---|---|---|---|---|---|---|
| Number of Enterprises | 1 | 23834 | 754 | 11231 | 5243 | 3240 | 1293 | 1745 | 229 | 89 | • | • | • | • |
| **Revenues ($ in Thousands)** | | | | | | | | | | | | | | |
| Net Sales | 2 | 33441 | 394 | 3063 | 3635 | 4258 | 3036 | 10317 | 4558 | 3485 | • | • | • | • |
| Portfolio Income | 3 | 143 | 22 | 6 | 14 | 17 | 12 | 51 | 14 | 6 | • | • | • | • |
| Other Revenues | 4 | 231 | 0 | 12 | 18 | 10 | 5 | 99 | 39 | 36 | • | • | • | • |
| Total Revenues | 5 | 33815 | 415 | 3081 | 3667 | 4285 | 3052 | 10467 | 4611 | 3526 | • | • | • | • |
| Average Total Revenues | 6 | 1419 | 551 | 274 | 699 | 1323 | 2360 | 5998 | 20134 | 39618 | • | • | • | • |
| **Operating Costs/Operating Income (%)** | | | | | | | | | | | | | | |
| Cost of Operations | 7 | 72.4 | 72.4 | 56.7 | 61.8 | 67.1 | 68.7 | 75.1 | 79.8 | 86.3 | • | • | • | • |
| Rent | 8 | 1.1 | 0.6 | 1.8 | 2.4 | 1.1 | 0.9 | 0.8 | 0.5 | 0.6 | • | • | • | • |
| Taxes Paid | 9 | 2.5 | 1.7 | 3.1 | 2.9 | 3.4 | 3.1 | 2.5 | 2.0 | 1.2 | • | • | • | • |
| Interest Paid | 10 | 0.6 | 2.8 | 0.9 | 0.5 | 0.5 | 0.6 | 0.6 | 0.5 | 0.2 | • | • | • | • |
| Depreciation, Depletion, Amortization | 11 | 1.2 | 1.2 | 1.6 | 1.6 | 1.4 | 1.7 | 1.1 | 0.9 | 0.5 | • | • | • | • |
| Pensions and Other Benefits | 12 | 1.2 | • | 0.9 | 0.9 | 1.2 | 2.1 | 1.6 | 1.1 | 0.7 | • | • | • | • |
| Other | 13 | 13.6 | 17.9 | 20.9 | 20.9 | 15.8 | 16.2 | 12.0 | 9.4 | 5.7 | • | • | • | • |
| Officers Compensation | 14 | 4.8 | 1.9 | 9.5 | 6.3 | 5.9 | 3.9 | 4.6 | 3.3 | 2.1 | • | • | • | • |
| Operating Margin | 15 | 2.7 | 1.5 | 4.7 | 2.8 | 3.5 | 3.0 | 1.8 | 2.4 | 2.8 | • | • | • | • |
| Oper. Margin Before Officers Compensation | 16 | 7.5 | 3.3 | 14.2 | 9.1 | 9.4 | 6.9 | 6.3 | 5.7 | 4.9 | • | • | • | • |
| **Selected Average Balance Sheet ($ in Thousands)** | | | | | | | | | | | | | | |
| Net Receivables | 17 | 193 | • | 8 | 55 | 134 | 270 | 1024 | 3644 | 7223 | • | • | • | • |
| Inventories | 18 | 46 | • | 5 | 19 | 38 | 53 | 214 | 554 | 1180 | • | • | • | • |
| Net Property, Plant and Equipment | 19 | 60 | • | 10 | 31 | 63 | 188 | 260 | 720 | 857 | • | • | • | • |
| Total Assets | 20 | 436 | • | 35 | 172 | 373 | 731 | 2130 | 7079 | 13509 | • | • | • | • |

| | | | | | | | | | |
|---|---|---|---|---|---|---|---|---|---|
| Notes and Loans Payable **21** | 75 | • | 17 | 40 | 81 | 143 | 328 | 1036 | 1142 |
| All Other Liabilities **22** | 195 | • | 13 | 46 | 107 | 248 | 1018 | 3334 | 8392 |
| Net Worth **23** | 166 | • | 5 | 86 | 185 | 339 | 784 | 2709 | 3975 |

**Selected Financial Ratios (Times to 1)**

| | | | | | | | | | |
|---|---|---|---|---|---|---|---|---|---|
| Current Ratio **24** | 1.6 | • | 1.2 | 2.0 | 2.1 | 1.7 | 1.6 | 1.6 | 1.4 |
| Quick Ratio **25** | 1.2 | • | 0.8 | 1.6 | 1.6 | 1.4 | 1.3 | 1.2 | 1.1 |
| Net Sales to Working Capital **26** | 10.6 | • | • | 11.2 | 9.6 | 12.8 | 8.8 | 9.2 | 11.2 |
| Coverage Ratio **27** | 7.6 | 3.5 | 7.2 | 7.9 | 9.0 | 7.1 | 6.0 | 8.1 | • |
| Total Asset Turnover **28** | 3.2 | • | 7.8 | 4.1 | 3.5 | 3.2 | 2.8 | 2.8 | 2.9 |
| Inventory Turnover **29** | • | • | • | • | • | • | • | • | • |
| Receivables Turnover **30** | 7.3 | • | • | 9.8 | 7.5 | 6.2 | 5.0 | 5.6 | |
| Total Liabilities to Net Worth **31** | 1.6 | 5.5 | 1.0 | 1.0 | 1.2 | 1.7 | 1.6 | 2.4 | |

**Selected Financial Factors (in Percentages)**

| | | | | | | | | | |
|---|---|---|---|---|---|---|---|---|---|
| Debt Ratio **32** | 62.0 | 84.7 | 50.1 | 50.4 | 53.6 | 63.2 | 61.7 | 70.6 | |
| Return on Assets **33** | 14.1 | • | 17.0 | 16.4 | 13.1 | 10.6 | 11.5 | 12.1 | |
| Return on Equity **34** | 28.6 | • | 27.2 | 27.3 | 21.7 | 20.9 | 22.3 | 34.8 | |
| Return Before Interest on Equity **35** | • | • | • | 34.1 | 33.1 | 28.1 | 28.9 | 30.1 | • |
| Profit Margin, Before Income Tax **36** | 3.8 | 7.0 | 3.7 | 3.7 | 4.2 | 3.5 | 3.2 | 3.6 | 4.0 |
| Profit Margin, After Income Tax **37** | 3.4 | 6.4 | 3.4 | 3.9 | 3.1 | 2.8 | 3.0 | 3.5 | |

**Trends in Selected Ratios and Factors, 1986-1994**

| | 1986 | 1987 | 1988 | 1989 | 1990 | 1991 | 1992 | 1993 | 1994 |
|---|---|---|---|---|---|---|---|---|---|
| Cost of Operations (%) **38** | 73.8 | 73.0 | 72.1 | 72.7 | 72.3 | 71.8 | 74.1 | 73.8 | 72.4 |
| Operating Margin (%) **39** | 1.6 | 2.0 | 2.3 | 2.3 | 2.5 | 2.7 | 2.7 | 2.8 | 2.7 |
| Oper. Margin Before Officers Comp. (%) **40** | 6.3 | 7.0 | 7.2 | 7.5 | 7.6 | 7.9 | 7.1 | 7.3 | 7.5 |
| Average Net Receivables ($) **41** | 158 | 136 | 147 | 141 | 139 | 139 | 192 | 217 | 193 |
| Average Inventories ($) **42** | 67 | 56 | 56 | 53 | 53 | 54 | 52 | 52 | 46 |
| Average Net Worth ($) **43** | 139 | 120 | 123 | 108 | 110 | 118 | 156 | 186 | 166 |
| Current Ratio (x1) **44** | 1.5 | 1.5 | 1.6 | 1.5 | 1.5 | 1.6 | 1.6 | 1.7 | 1.6 |
| Quick Ratio (x1) **45** | 1.0 | 1.0 | 1.1 | 1.0 | 1.0 | 1.1 | 1.1 | 1.3 | 1.2 |
| Coverage Ratio (x1) **46** | 5.7 | 7.7 | 6.4 | 6.6 | 6.3 | 8.5 | 8.3 | 8.5 | 7.6 |
| Asset Turnover (x1) **47** | 2.6 | 2.6 | 2.8 | 2.8 | 3.0 | 3.0 | 3.1 | 3.2 | 3.2 |
| Operating Leverage **48** | • | 1.3 | 1.1 | 1.0 | 1.1 | 1.1 | 1.0 | 1.1 | 1.0 |
| Financial Leverage **49** | • | 1.1 | 1.0 | 1.0 | 1.0 | 1.1 | 1.0 | 1.0 | 1.0 |
| Total Leverage **50** | • | 1.3 | 1.1 | 1.0 | 1.1 | 1.2 | 1.0 | 1.1 | 1.0 |

## Table I

Corporations with and without Net Income

# ELECTRICAL WORK

**MONEY AMOUNTS AND SIZE OF ASSETS IN THOUSANDS OF DOLLARS**

| Item Description for Accounting Period 7/90 Through 6/91 | | Total | Zero Assets | Under 100 | 100 to 250 | 251 to 500 | 501 to 1,000 | 1,001 to 5,000 | 5,001 to 10,000 | 10,001 to 25,000 | 25,001 to 50,000 | 50,001 to 100,000 | 100,001 to 250,000 | 250,001 and over |
|---|---|---|---|---|---|---|---|---|---|---|---|---|---|---|
| Number of Enterprises | 1 | 30816 | 517 | 18642 | 4026 | 3612 | 1765 | 1939 | 180 | 117 | 13 | 6 | • | • |
| **Revenues ($ in Thousands)** | | | | | | | | | | | | | | |
| Net Sales | 2 | 34357 | 846 | 3656 | 2658 | 4047 | 3402 | 10178 | 2769 | 3157 | 832 | 2812 | • | • |
| Portfolio Income | 3 | 259 | 60 | 48 | 7 | 18 | 22 | 52 | 4 | 19 | 3 | 27 | • | • |
| Other Revenues | 4 | 359 | 5 | 25 | 39 | 30 | 74 | 84 | 25 | 39 | 4 | 33 | • | • |
| Total Revenues | 5 | 34975 | 911 | 3729 | 2704 | 4095 | 3498 | 10314 | 2798 | 3215 | 839 | 2872 | • | • |
| Average Total Revenues | 6 | 1135 | 1761 | 200 | 672 | 1134 | 1982 | 5319 | 15546 | 27482 | 64562 | 478613 | • | • |
| **Operating Costs/Operating Income (%)** | | | | | | | | | | | | | | |
| Cost of Operations | 7 | 73.1 | 84.9 | 54.9 | 61.9 | 69.9 | 73.6 | 75.7 | 78.2 | 82.4 | 82.3 | 80.2 | • | • |
| Rent | 8 | 1.0 | 0.9 | 2.0 | 1.7 | 1.5 | 1.1 | 0.7 | 0.6 | 0.7 | 1.2 | 0.7 | • | • |
| Taxes Paid | 9 | 3.0 | 1.6 | 4.4 | 3.5 | 3.5 | 3.4 | 2.8 | 2.3 | 2.4 | 3.1 | 2.1 | • | • |
| Interest Paid | 10 | 1.1 | 3.9 | 0.7 | 0.7 | 0.7 | 1.0 | 0.9 | 1.0 | 1.1 | 0.8 | 2.4 | • | • |
| Depreciation, Depletion, Amortization | 11 | 1.5 | 0.8 | 1.8 | 1.8 | 1.4 | 1.6 | 1.2 | 1.2 | 1.7 | 1.0 | 2.3 | • | • |
| Pensions and Other Benefits | 12 | 1.7 | 1.4 | 1.1 | 4.8 | 0.9 | 1.5 | 2.2 | 1.9 | 0.8 | 1.5 | 0.6 | • | • |
| Other | 13 | 13.5 | 9.8 | 26.8 | 19.1 | 13.4 | 13.9 | 11.3 | 9.7 | 8.7 | 8.4 | 10.6 | • | • |
| Officers Compensation | 14 | 5.0 | 2.3 | 9.9 | 7.9 | 7.4 | 5.5 | 4.1 | 2.9 | 2.3 | 1.3 | 1.8 | • | • |
| Operating Margin | 15 | • | • | • | • | 1.3 | • | 1.1 | 2.3 | • | 0.4 | • | • | • |
| Oper. Margin Before Officers Compensation | 16 | 5.1 | • | 8.4 | 6.7 | 8.7 | 3.9 | 5.3 | 5.2 | 2.2 | 1.7 | 1.2 | • | • |
| **Selected Average Balance Sheet ($ in Thousands)** | | | | | | | | | | | | | | |
| Net Receivables | 17 | 169 | • | 5 | 56 | 104 | 292 | 881 | 3357 | 5977 | 16088 | 130728 | • | • |
| Inventories | 18 | 39 | • | 3 | 15 | 25 | 46 | 223 | 583 | 803 | 5615 | 35522 | • | • |
| Net Property, Plant and Equipment | 19 | 63 | • | 9 | 30 | 65 | 118 | 241 | 812 | 1783 | 3301 | 58371 | • | • |
| Total Assets | 20 | 401 | • | 31 | 160 | 354 | 686 | 1909 | 6453 | 13000 | 32891 | 309260 | • | • |

| Notes and Loans Payable 21 | 104 | • | 16 | 41 | 77 | 171 | 412 | 1475 | 3599 | 7472 | 99383 |
|---|---|---|---|---|---|---|---|---|---|---|---|
| All Other Liabilities 22 | 166 | • | 8 | 58 | 119 | 231 | 810 | 3097 | 6940 | 16139 | 127920 |
| Net Worth 23 | 131 | • | 7 | 61 | 158 | 285 | 687 | 1881 | 2461 | 9280 | 81957 |

## Selected Financial Ratios (Times to 1)

| | | | | | | | | | | | |
|---|---|---|---|---|---|---|---|---|---|---|---|
| Current Ratio 24 | 1.6 | • | 1.7 | 1.8 | 1.8 | 1.6 | 1.6 | 1.4 | 1.3 | 1.5 | 1.7 |
| Quick Ratio 25 | 1.2 | • | 1.3 | 1.4 | 1.3 | 1.3 | 1.2 | 1.1 | 1.0 | 1.1 | 1.2 |
| Net Sales to Working Capital 26 | 10.4 | • | 28.1 | 13.9 | 10.7 | 10.6 | 9.4 | 9.5 | 10.9 | 8.1 | 5.6 |
| Coverage Ratio 27 | 2.7 | 1.6 | 0.4 | 1.8 | 4.5 | 2.1 | 3.9 | 4.3 | 2.6 | 2.5 | 1.7 |
| Total Asset Turnover 28 | 2.8 | • | 6.4 | 4.1 | 3.2 | 2.8 | 2.8 | 2.4 | 2.1 | 2.0 | 1.5 |
| Inventory Turnover 29 | • | • | • | • | • | • | • | • | • | 6.4 | • |
| Receivables Turnover 30 | 6.3 | • | • | • | • | 7.5 | 5.6 | 4.4 | 5.2 | 3.0 | 6.0 |
| Total Liabilities to Net Worth 31 | 2.1 | • | 3.2 | 1.6 | 1.3 | 1.4 | 1.8 | 2.4 | 4.3 | 2.6 | 2.8 |

## Selected Financial Factors (in Percentages)

| | | | | | | | | | | | |
|---|---|---|---|---|---|---|---|---|---|---|---|
| Debt Ratio 32 | 67.5 | • | 76.3 | 61.5 | 55.4 | 58.5 | 64.0 | 70.9 | 81.1 | 71.8 | 73.5 |
| Return on Assets 33 | 7.9 | • | 1.6 | 4.8 | 10.2 | 6.1 | 9.1 | 10.4 | 6.0 | 3.9 | 6.0 |
| Return on Equity 34 | 11.8 | • | • | 3.2 | 16.6 | 5.7 | 14.8 | 23.0 | 11.9 | 5.8 | 7.3 |
| Return Before Interest on Equity 35 | 24.1 | • | 6.9 | 12.5 | 22.9 | 14.6 | 25.2 | • | 31.6 | 13.9 | 22.6 |
| Profit Margin, Before Income Tax 36 | 1.8 | 2.2 | 0.5 | • | 2.5 | 1.2 | 2.5 | 3.4 | 1.8 | 1.2 | 1.6 |
| Profit Margin, After Income Tax 37 | 1.4 | 1.8 | 0.3 | 1.6 | 2.3 | 0.8 | 2.0 | 2.8 | 1.1 | 0.9 | 1.3 |

## Trends in Selected Ratios and Factors, 1986–1994

| | 1986 | 1987 | 1988 | 1989 | 1990 | 1991 | 1992 | 1993 | 1994 |
|---|---|---|---|---|---|---|---|---|---|
| Cost of Operations (%) 38 | 73.1 | 73.2 | 73.9 | 73.7 | 74.1 | 73.2 | 73.6 | 73.7 | 73.1 |
| Operating Margin (%) 39 | • | • | • | • | • | 0.8 | 0.4 | 0.5 | • |
| Oper. Margin Before Officers Comp. (%) 40 | 4.6 | 4.3 | 4.3 | 4.6 | 4.5 | 5.9 | 5.6 | 5.7 | 5.1 |
| Average Net Receivables  ($) 41 | 122 | 119 | 143 | 159 | 146 | 153 | 151 | 194 | 169 |
| Average Inventories  ($) 42 | 46 | 39 | 41 | 47 | 36 | 36 | 38 | 46 | 39 |
| Average Net Worth ($) 43 | 116 | 115 | 115 | 120 | 119 | 129 | 132 | 156 | 131 |
| Current Ratio (x1) 44 | 1.5 | 1.5 | 1.5 | 1.5 | 1.6 | 1.6 | 1.6 | 1.6 | 1.6 |
| Quick Ratio (x1) 45 | 1.0 | 1.1 | 1.1 | 1.1 | 1.2 | 1.2 | 1.2 | 1.2 | 1.2 |
| Coverage Ratio (x1) 46 | 2.0 | 1.7 | 2.3 | 2.0 | 1.8 | 3.7 | 3.2 | 2.6 | 2.7 |
| Asset Turnover (x1) 47 | 2.4 | 2.4 | 2.5 | 2.4 | 2.7 | 2.7 | 2.8 | 2.5 | 2.8 |
| Total Liabilities/Net Worth (x1) 48 | 2.1 | 1.9 | 2.2 | 2.4 | 2.0 | 1.9 | 1.8 | 1.9 | 2.1 |
| Return on Assets (x1) 49 | 5.3 | 4.2 | 6.1 | 5.1 | 5.4 | 8.7 | 8.0 | 7.4 | 7.9 |
| Return on Equity (%) 50 | 3.2 | 0.3 | 7.1 | 4.1 | 3.1 | 14.5 | 11.5 | 10.2 | 11.8 |

## Table II

Corporations with Net Income

# ELECTRICAL WORK

### MONEY AMOUNTS AND SIZE OF ASSETS IN THOUSANDS OF DOLLARS

| Item Description for Accounting Period 7/90 Through 6/91 | Total | Zero Assets | Under 100 | 100 to 250 | 251 to 500 | 501 to 1,000 | 1,001 to 5,000 | 5,001 to 10,000 | 10,001 to 25,000 | 25,001 to 50,000 | 50,001 to 100,000 | 100,001 to 250,000 | 250,001 and over |
|---|---|---|---|---|---|---|---|---|---|---|---|---|---|
| Number of Enterprises **1** | 16449 | 114 | 8094 | 2658 | 2612 | 1244 | 1486 | 148 | 78 | • | • | • | • |
| **Revenues ($ in Thousands)** | | | | | | | | | | | | | |
| Net Sales **2** | 27343 | 789 | 2294 | 2091 | 3130 | 2495 | 8388 | 2279 | 2281 | • | • | • | • |
| Portfolio Income **3** | 183 | 60 | 7 | 3 | 14 | 15 | 41 | 4 | 11 | • | • | • | • |
| Other Revenues **4** | 284 | 5 | 15 | 39 | 9 | 68 | 65 | 21 | 35 | • | • | • | • |
| Total Revenues **5** | 27811 | 854 | 2317 | 2133 | 3153 | 2578 | 8495 | 2304 | 2328 | • | • | • | • |
| Average Total Revenues **6** | 1691 | 7492 | 286 | 802 | 1207 | 2072 | 5717 | 15565 | 29840 | • | • | • | • |
| **Operating Costs/Operating Income (%)** | | | | | | | | | | | | | |
| Cost of Operations **7** | 72.8 | 85.7 | 52.8 | 63.0 | 68.2 | 71.2 | 75.0 | 76.6 | 80.8 | • | • | • | • |
| Rent **8** | 0.9 | 0.8 | 1.7 | 1.3 | 1.2 | 0.9 | 0.7 | 0.6 | 0.7 | • | • | • | • |
| Taxes Paid **9** | 2.8 | 1.3 | 3.6 | 3.4 | 3.5 | 3.5 | 2.6 | 2.4 | 2.7 | • | • | • | • |
| Interest Paid **10** | 1.0 | 4.1 | 0.7 | 0.5 | 0.7 | 0.7 | 0.7 | 0.8 | 0.7 | • | • | • | • |
| Depreciation, Depletion, Amortization **11** | 1.4 | 0.8 | 1.7 | 1.5 | 1.4 | 1.6 | 1.2 | 1.2 | 1.2 | • | • | • | • |
| Pensions and Other Benefits **12** | 1.8 | 1.3 | 0.9 | 5.7 | 0.6 | 1.7 | 2.1 | 2.2 | 1.0 | • | • | • | • |
| Other **13** | 12.5 | 8.4 | 24.8 | 16.8 | 13.4 | 13.9 | 11.0 | 9.3 | 7.5 | • | • | • | • |
| Officers Compensation **14** | 4.7 | 2.4 | 9.8 | 6.2 | 6.9 | 6.2 | 4.1 | 3.2 | 2.4 | • | • | • | • |
| Operating Margin **15** | 2.3 | • | 4.0 | 1.6 | 4.2 | 0.4 | 2.7 | 3.7 | 3.1 | • | • | • | • |
| Oper. Margin Before Officers Compensation **16** | 6.9 | • | 13.9 | 7.8 | 11.1 | 6.7 | 6.8 | 6.9 | 5.5 | • | • | • | • |
| **Selected Average Balance Sheet ($ in Thousands)** | | | | | | | | | | | | | |
| Net Receivables **17** | 250 | • | 6 | 63 | 96 | 299 | 877 | 3231 | 6373 | • | • | • | • |
| Inventories **18** | 57 | • | 1 | 18 | 21 | 45 | 217 | 653 | 921 | • | • | • | • |
| Net Property, Plant and Equipment **19** | 87 | • | 10 | 30 | 66 | 117 | 260 | 722 | 1531 | • | • | • | • |
| Total Assets **20** | 575 | • | 36 | 159 | 351 | 677 | 1934 | 6316 | 12886 | • | • | • | • |

| | | | | | | | | | |
|---|---|---|---|---|---|---|---|---|---|
| Notes and Loans Payable 21 | 127 | • | 13 | 31 | 84 | 134 | 383 | 1193 | 1863 |
| All Other Liabilities 22 | 230 | • | 8 | 66 | 92 | 192 | 768 | 3218 | 6418 |
| Net Worth 23 | 218 | • | 15 | 62 | 176 | 351 | 784 | 1905 | 4605 |

## Selected Financial Ratios (Times to 1)

| | | | | | | | | | |
|---|---|---|---|---|---|---|---|---|---|
| Current Ratio 24 | 1.7 | • | 1.6 | 1.7 | 2.0 | 2.1 | 1.7 | 1.5 | 1.6 |
| Quick Ratio 25 | 1.3 | • | 1.4 | 1.4 | 1.6 | 1.8 | 1.3 | 1.1 | 1.2 |
| Net Sales to Working Capital 26 | 9.3 | • | 41.5 | 16.7 | 10.2 | 7.6 | 8.7 | 9.2 | 7.9 |
| Coverage Ratio 27 | 5.2 | 1.9 | 8.1 | 8.2 | 8.4 | 6.4 | 6.6 | 6.7 | 8.8 |
| Total Asset Turnover 28 | 2.9 | • | 7.9 | 4.9 | 3.4 | 3.0 | 2.9 | 2.4 | 2.3 |
| Inventory Turnover 29 | • | • | • | • | • | • | • | • | • |
| Receivables Turnover 30 | 6.6 | • | • | • | • | 7.3 | 6.1 | 4.4 | 5.4 |
| Total Liabilities to Net Worth 31 | 1.6 | • | 1.3 | 1.6 | 1.0 | 0.9 | 1.5 | 2.3 | 1.8 |

## Selected Financial Factors (in Percentages)

| | | | | | | | | | |
|---|---|---|---|---|---|---|---|---|---|
| Debt Ratio 32 | 62.0 | • | 57.2 | 60.9 | 50.0 | 48.2 | 59.5 | 69.8 | 64.3 |
| Return on Assets 33 | 14.2 | • | • | 20.1 | 19.0 | 13.1 | 13.7 | 13.7 | 13.1 |
| Return on Equity 34 | 26.6 | • | • | • | 32.0 | 18.9 | 24.3 | 33.3 | 26.8 |
| Return Before Interest on Equity 35 | • | • | • | • | • | 25.3 | 33.7 | • | • |
| Profit Margin, Before Income Tax 36 | 4.0 | 3.5 | 5.0 | 3.6 | 4.9 | 3.7 | 4.0 | 4.8 | 5.1 |
| Profit Margin, After Income Tax 37 | 3.5 | 3.1 | 4.7 | 3.3 | 4.7 | 3.3 | 3.4 | 4.1 | 4.2 |

## Trends in Selected Ratios and Factors, 1986-1994

| | 1986 | 1987 | 1988 | 1989 | 1990 | 1991 | 1992 | 1993 | 1994 |
|---|---|---|---|---|---|---|---|---|---|
| Cost of Operations (%) 38 | 70.8 | 71.9 | 71.1 | 71.8 | 73.0 | 71.3 | 72.7 | 71.6 | 72.8 |
| Operating Margin (%) 39 | 2.4 | 1.9 | 2.5 | 2.6 | 2.1 | 2.8 | 3.0 | 3.0 | 2.3 |
| Oper. Margin Before Officers Comp. (%) 40 | 7.5 | 7.2 | 7.7 | 8.0 | 7.0 | 8.1 | 8.3 | 8.3 | 6.9 |
| Average Net Receivables ($) 41 | 152 | 149 | 146 | 159 | 190 | 182 | 197 | 252 | 250 |
| Average Inventories ($) 42 | 56 | 48 | 51 | 54 | 50 | 45 | 45 | 61 | 57 |
| Average Net Worth ($) 43 | 174 | 178 | 152 | 140 | 187 | 155 | 193 | 214 | 218 |
| Current Ratio (x1) 44 | 1.6 | 1.7 | 1.7 | 1.6 | 1.7 | 1.7 | 1.8 | 1.7 | 1.7 |
| Quick Ratio (x1) 45 | 1.1 | 1.2 | 1.2 | 1.2 | 1.3 | 1.3 | 1.4 | 1.3 | 1.3 |
| Coverage Ratio (x1) 46 | 6.4 | 5.7 | 6.1 | 6.5 | 4.6 | 6.7 | 9.1 | 5.4 | 5.2 |
| Asset Turnover (x1) 47 | 2.7 | 2.3 | 2.8 | 2.7 | 2.6 | 2.9 | 3.0 | 2.6 | 2.9 |
| Operating Leverage 48 | • | 0.8 | 1.3 | 1.1 | 0.8 | 1.4 | 1.1 | 1.0 | 0.8 |
| Financial Leverage 49 | • | 1.0 | 1.1 | 1.0 | 0.9 | 1.2 | 1.1 | 0.9 | 1.0 |
| Total Leverage 50 | • | 0.8 | 1.4 | 1.1 | 0.7 | 1.6 | 1.1 | 1.0 | 0.8 |

## Table I

Corporations with and without Net Income

# OTHER SPECIAL TRADE CONTRACTORS

MONEY AMOUNTS AND SIZE OF ASSETS IN THOUSANDS OF DOLLARS

| Item Description for Accounting Period 7/90 Through 6/91 | | Total | Zero Assets | Under 100 | 100 to 250 | 251 to 500 | 501 to 1,000 | 1,001 to 5,000 | 5,001 to 10,000 | 10,001 to 25,000 | 25,001 to 50,000 | 50,001 to 100,000 | 100,001 to 250,000 | 250,001 and over |
|---|---|---|---|---|---|---|---|---|---|---|---|---|---|---|
| Number of Enterprises | 1 | 147720 | 5419 | 87115 | 24862 | 13287 | 9073 | 7012 | 624 | 261 | 36 | 26 | 6 | • |
| **Revenues ($ in Thousands)** | | | | | | | | | | | | | | |
| Net Sales | 2 | 133199 | 872 | 20529 | 19310 | 15671 | 20635 | 33731 | 8537 | 7442 | 2381 | 3016 | 1075 | • |
| Portfolio Income | 3 | 659 | 8 | 72 | 64 | 77 | 119 | 144 | 40 | 43 | 50 | 18 | 26 | • |
| Other Revenues | 4 | 988 | 4 | 27 | 77 | 58 | 187 | 344 | 82 | 106 | 45 | 34 | 25 | • |
| Total Revenues | 5 | 134846 | 884 | 20627 | 19451 | 15806 | 20940 | 34219 | 8659 | 7590 | 2475 | 3067 | 1127 | • |
| Average Total Revenues | 6 | 913 | 163 | 237 | 782 | 1190 | 2308 | 4880 | 13876 | 29082 | 68761 | 117978 | 187845 | • |
| **Operating Costs/Operating Income (%)** | | | | | | | | | | | | | | |
| Cost of Operations | 7 | 69.4 | 75.4 | 55.9 | 64.2 | 66.0 | 72.5 | 73.6 | 79.0 | 82.0 | 78.0 | 75.9 | 77.0 | • |
| Rent | 8 | 1.3 | 0.7 | 2.0 | 1.5 | 1.5 | 1.4 | 1.0 | 0.6 | 0.5 | 0.6 | 0.6 | 0.7 | • |
| Taxes Paid | 9 | 3.1 | 2.6 | 3.3 | 3.6 | 3.2 | 3.0 | 3.0 | 2.6 | 2.1 | 3.3 | 3.4 | 1.5 | • |
| Interest Paid | 10 | 1.0 | 1.2 | 0.8 | 0.9 | 0.9 | 0.9 | 1.0 | 0.9 | 1.1 | 1.6 | 1.1 | 2.7 | • |
| Depreciation, Depletion, Amortization | 11 | 2.2 | 1.3 | 1.9 | 2.3 | 2.9 | 2.2 | 2.3 | 2.0 | 1.8 | 2.9 | 1.4 | 3.3 | • |
| Pensions and Other Benefits | 12 | 1.3 | 0.5 | 0.8 | 0.9 | 1.5 | 1.6 | 1.6 | 1.6 | 1.1 | 1.2 | 1.0 | 1.4 | • |
| Other | 13 | 15.8 | 13.1 | 25.3 | 20.1 | 16.8 | 13.7 | 12.4 | 9.2 | 8.0 | 10.5 | 13.2 | 12.5 | • |
| Officers Compensation | 14 | 5.3 | 6.3 | 9.0 | 6.0 | 6.7 | 4.7 | 4.5 | 2.8 | 2.0 | 1.5 | 1.2 | 0.6 | • |
| Operating Margin | 15 | 0.7 | • | 1.0 | 0.6 | 0.6 | • | 0.8 | 1.3 | 1.5 | 0.6 | 2.2 | 0.3 | • |
| Oper. Margin Before Officers Compensation | 16 | 6.0 | 5.3 | 10.0 | 6.6 | 7.3 | 4.8 | 5.2 | 4.1 | 3.5 | 2.1 | 3.5 | 0.9 | • |
| **Selected Average Balance Sheet ($ in Thousands)** | | | | | | | | | | | | | | |
| Net Receivables | 17 | 104 | • | 4 | 42 | 103 | 259 | 813 | 2629 | 5825 | 11396 | 21288 | 67471 | • |
| Inventories | 18 | 23 | • | 2 | 12 | 24 | 46 | 147 | 894 | 869 | 962 | 10142 | 12690 | • |
| Net Property, Plant and Equipment | 19 | 72 | • | 12 | 57 | 106 | 194 | 411 | 1272 | 2711 | 8044 | 9176 | 30749 | • |
| Total Assets | 20 | 298 | • | 30 | 166 | 349 | 715 | 1984 | 6780 | 14889 | 34800 | 67415 | 174257 | • |

| | | | | | | | | | | | | |
|---|---|---|---|---|---|---|---|---|---|---|---|---|
| Notes and Loans Payable 21 | 87 | • | 19 | 69 | 113 | 214 | 499 | 1166 | 3428 | 9134 | 17052 | 40380 |
| All Other Liabilities 22 | 104 | • | 8 | 40 | 90 | 241 | 721 | 3092 | 6693 | 9757 | 30907 | 60092 |
| Net Worth 23 | 106 | • | 3 | 57 | 147 | 259 | 764 | 2522 | 4768 | 15909 | 19456 | 73786 |

## Selected Financial Ratios (Times to 1)

| | | | | | | | | | | | | |
|---|---|---|---|---|---|---|---|---|---|---|---|---|
| Current Ratio 24 | 1.5 | • | 1.1 | 1.5 | 1.7 | 1.5 | 1.6 | 1.5 | 1.5 | 1.7 | 1.5 | 1.3 |
| Quick Ratio 25 | 1.1 | • | 0.9 | 1.2 | 1.4 | 1.2 | 1.2 | 1.0 | 1.1 | 1.2 | 0.9 | 0.9 |
| Net Sales to Working Capital 26 | 13.6 | • | • | 26.6 | 13.5 | 15.0 | 9.3 | 8.9 | 7.8 | 7.8 | 7.1 | 7.0 |
| Coverage Ratio 27 | 3.1 | 1.3 | 2.8 | 2.5 | 2.6 | 2.7 | 3.3 | 4.2 | 4.3 | 3.8 | 4.5 | 2.9 |
| Total Asset Turnover 28 | 3.0 | • | 7.8 | 4.7 | 3.4 | 3.2 | 2.4 | 2.0 | 1.9 | 1.9 | 1.7 | 1.0 |
| Inventory Turnover 29 | • | • | • | • | • | • | • | • | • | • | • | 8.8 |
| Receivables Turnover 30 | 8.8 | • | • | • | • | 8.8 | 6.1 | 5.2 | 5.3 | 5.8 | 6.0 | 2.4 |
| Total Liabilities to Net Worth 31 | 1.8 | • | 9.3 | 1.9 | 1.4 | 1.8 | 1.6 | 1.7 | 2.1 | 1.2 | 2.5 | 1.4 |

## Selected Financial Factors (in Percentages)

| | | | | | | | | | | | | |
|---|---|---|---|---|---|---|---|---|---|---|---|---|
| Debt Ratio 32 | 64.4 | • | 90.3 | 65.9 | 57.9 | 63.8 | 61.5 | 62.8 | 68.0 | 54.3 | 71.1 | 57.7 |
| Return on Assets 33 | 8.8 | • | 18.0 | 10.1 | 8.0 | 7.9 | 7.6 | 7.1 | 8.6 | 11.5 | 8.6 | 8.0 |
| Return on Equity 34 | 13.4 | • | 15.7 | • | 9.7 | 10.2 | 10.7 | 11.4 | 16.1 | 15.8 | 17.1 | 9.0 |
| Return Before Interest on Equity 35 | 24.6 | • | 29.6 | 18.9 | 21.8 | 19.8 | 19.1 | 26.9 | 25.2 | 29.7 | 19.0 | |
| Profit Margin, Before Income Tax 36 | 2.0 | 0.3 | 1.5 | 1.3 | 1.5 | 1.6 | 2.2 | 2.7 | 3.4 | 4.5 | 3.9 | 5.1 |
| Profit Margin, After Income Tax 37 | 1.6 | • | 1.4 | 1.2 | 1.2 | 1.2 | 1.7 | 2.1 | 2.7 | 3.8 | 2.9 | 3.7 |

## Trends in Selected Ratios and Factors, 1986-1994

| | 1986 | 1987 | 1988 | 1989 | 1990 | 1991 | 1992 | 1993 | 1994 |
|---|---|---|---|---|---|---|---|---|---|
| Cost of Operations (%) 38 | 69.9 | 70.2 | 70.2 | 70.2 | 69.9 | 69.5 | 69.1 | 69.4 | 69.4 |
| Operating Margin (%) 39 | • | • | • | 0.2 | 0.4 | 0.9 | 1.1 | 0.6 | 0.7 |
| Oper. Margin Before Officers Comp. (%) 40 | 4.3 | 4.0 | 4.7 | 4.9 | 5.3 | 6.0 | 6.5 | 5.9 | 6.0 |
| Average Net Receivables ($) 41 | 75 | 83 | 90 | 100 | 96 | 99 | 101 | 105 | 104 |
| Average Inventories ($) 42 | 28 | 29 | 32 | 32 | 27 | 30 | 28 | 27 | 23 |
| Average Net Worth ($) 43 | 76 | 80 | 81 | 92 | 87 | 93 | 101 | 104 | 106 |
| Current Ratio (x1) 44 | 1.4 | 1.4 | 1.4 | 1.4 | 1.4 | 1.5 | 1.5 | 1.5 | 1.5 |
| Quick Ratio (x1) 45 | 1.0 | 1.0 | 1.0 | 1.0 | 1.0 | 1.1 | 1.1 | 1.1 | 1.1 |
| Coverage Ratio (x1) 46 | 1.6 | 1.6 | 2.5 | 2.5 | 2.8 | 3.5 | 3.6 | 3.0 | 3.1 |
| Asset Turnover (x1) 47 | 2.5 | 2.5 | 2.7 | 2.7 | 2.8 | 2.9 | 2.9 | 3.0 | 3.0 |
| Total Liabilities/Net Worth (x1) 48 | 2.2 | 2.2 | 2.3 | 2.2 | 2.3 | 2.1 | 1.9 | 1.9 | 1.8 |
| Return on Assets (x1) 49 | 5.4 | 4.7 | 7.9 | 7.3 | 8.2 | 8.9 | 9.7 | 8.8 | 8.8 |
| Return on Equity (%) 50 | 0.7 | 1.3 | 10.5 | 8.6 | 11.6 | 14.4 | 16.5 | 12.9 | 13.4 |

## Table II

Corporations with Net Income

# OTHER SPECIAL TRADE CONTRACTORS

MONEY AMOUNTS AND SIZE OF ASSETS IN THOUSANDS OF DOLLARS

| Item Description for Accounting Period 7/90 Through 6/91 | | Total | Zero Assets | Under 100 | 100 to 250 | 251 to 500 | 501 to 1,000 | 1,001 to 5,000 | 5,001 to 10,000 | 10,001 to 25,000 | 25,001 to 50,000 | 50,001 to 100,000 | 100,001 to 250,000 | 250,001 and over |
|---|---|---|---|---|---|---|---|---|---|---|---|---|---|---|
| Number of Enterprises | 1 | 83958 | 2489 | 45391 | 15218 | 8311 | 6754 | 5073 | 463 | 200 | 30 | 22 | 6 | • |
| **Revenues ($ in Thousands)** | | | | | | | | | | | | | | |
| Net Sales | 2 | 95333 | 619 | 11641 | 12149 | 9421 | 16441 | 26030 | 6818 | 6320 | 2026 | 2794 | 1075 | • |
| Portfolio Income | 3 | 506 | 7 | 30 | 50 | 66 | 85 | 115 | 30 | 34 | 48 | 14 | 26 | • |
| Other Revenues | 4 | 713 | 3 | 15 | 26 | 50 | 96 | 260 | 68 | 95 | 43 | 31 | 25 | • |
| Total Revenues | 5 | 96552 | 630 | 11685 | 12226 | 9537 | 16623 | 26404 | 6916 | 6449 | 2117 | 2840 | 1127 | • |
| Average Total Revenues | 6 | 1150 | 253 | 257 | 803 | 1147 | 2461 | 5205 | 14936 | 32243 | 70581 | 129070 | 187845 | • |
| **Operating Costs/Operating Income (%)** | | | | | | | | | | | | | | |
| Cost of Operations | 7 | 69.1 | 73.9 | 53.8 | 62.0 | 63.8 | 72.1 | 72.2 | 77.7 | 81.2 | 77.5 | 76.6 | 77.0 | • |
| Rent | 8 | 1.1 | 0.6 | 1.9 | 1.4 | 1.6 | 1.0 | 1.0 | 0.6 | 0.5 | 0.4 | 0.6 | 0.7 | • |
| Taxes Paid | 9 | 2.9 | 2.4 | 3.0 | 2.9 | 3.1 | 2.9 | 3.0 | 2.4 | 2.2 | 3.7 | 3.6 | 1.5 | • |
| Interest Paid | 10 | 0.8 | 1.0 | 0.8 | 0.7 | 0.7 | 0.8 | 0.8 | 0.7 | 0.9 | 1.3 | 0.9 | 2.7 | • |
| Depreciation, Depletion, Amortization | 11 | 2.0 | 1.4 | 1.9 | 2.1 | 2.7 | 2.1 | 1.9 | 1.7 | 1.4 | 2.7 | 1.3 | 3.3 | • |
| Pensions and Other Benefits | 12 | 1.3 | 0.6 | 0.8 | 0.9 | 1.4 | 1.4 | 1.6 | 1.7 | 1.2 | 1.3 | 0.9 | 1.4 | • |
| Other | 13 | 14.4 | 9.2 | 23.2 | 20.5 | 16.4 | 12.4 | 12.0 | 9.0 | 7.7 | 10.5 | 11.6 | 12.5 | • |
| Officers Compensation | 14 | 4.9 | 5.4 | 7.8 | 5.8 | 6.7 | 4.8 | 4.6 | 2.9 | 2.0 | 1.5 | 1.2 | 0.6 | • |
| Operating Margin | 15 | 3.6 | 5.6 | 7.1 | 3.8 | 3.8 | 2.6 | 2.9 | 3.4 | 3.0 | 1.1 | 3.4 | 0.3 | • |
| Oper. Margin Before Officers Compensation | 16 | 8.4 | 11.0 | 14.8 | 9.6 | 10.5 | 7.4 | 7.5 | 6.3 | 5.0 | 2.6 | 4.6 | 0.9 | • |
| **Selected Average Balance Sheet ($ in Thousands)** | | | | | | | | | | | | | | |
| Net Receivables | 17 | 137 | • | 4 | 39 | 102 | 260 | 855 | 2677 | 6339 | 12262 | 22456 | 67471 | • |
| Inventories | 18 | 28 | • | 2 | 10 | 23 | 44 | 147 | 952 | 598 | 790 | 10508 | 12690 | • |
| Net Property, Plant and Equipment | 19 | 84 | • | 12 | 53 | 93 | 193 | 377 | 1236 | 2579 | 7917 | 9180 | 30749 | • |
| Total Assets | 20 | 379 | • | 33 | 168 | 352 | 721 | 2005 | 6737 | 15434 | 34711 | 66426 | 174257 | • |

| | | | | | | | | | | | | |
|---|---|---|---|---|---|---|---|---|---|---|---|---|
| Notes and Loans Payable 21 | 87 | • | 15 | 54 | 87 | 182 | 399 | 1062 | 3129 | 5984 | 12701 | 40380 |
| All Other Liabilities 22 | 130 | • | 7 | 38 | 89 | 225 | 730 | 2750 | 6938 | 9728 | 32169 | 60092 |
| Net Worth 23 | 162 | • | 11 | 77 | 176 | 314 | 876 | 2925 | 5367 | 18999 | 21556 | 73786 |

## Selected Financial Ratios (Times to 1)

| | | | | | | | | | | | | |
|---|---|---|---|---|---|---|---|---|---|---|---|---|
| Current Ratio 24 | 1.7 | • | 1.4 | 1.7 | 2.0 | 1.7 | 1.7 | 1.7 | 1.6 | 2.0 | 1.6 | 1.3 |
| Quick Ratio 25 | 1.3 | • | 1.1 | 1.4 | 1.6 | 1.4 | 1.3 | 1.1 | 1.3 | 1.5 | 1.0 | 0.9 |
| Net Sales to Working Capital 26 | 10.8 | • | • | 20.5 | 10.1 | 12.4 | 8.5 | 7.4 | 7.2 | 6.3 | 6.6 | 7.0 |
| Coverage Ratio 27 | 7.1 | 8.2 | 10.7 | 7.9 | 8.0 | 5.9 | 6.4 | 8.2 | 6.8 | 5.1 | 6.4 | 2.9 |
| Total Asset Turnover 28 | 3.0 | • | 7.7 | 4.8 | 3.2 | 3.4 | 2.6 | 2.2 | 2.1 | 2.0 | 1.9 | 1.0 |
| Inventory Turnover 29 | • | • | • | • | • | • | • | • | • | • | • | • |
| Receivables Turnover 30 | 8.4 | • | • | • | • | 9.2 | 6.1 | 5.2 | 5.5 | • | • | 5.3 |
| Total Liabilities to Net Worth 31 | 1.3 | • | 2.1 | 1.2 | 1.0 | 1.3 | 1.3 | 1.3 | 1.9 | 0.8 | 2.1 | 1.4 |

## Selected Financial Factors (in Percentages)

| | | | | | | | | | | | | |
|---|---|---|---|---|---|---|---|---|---|---|---|---|
| Debt Ratio 32 | 57.2 | 67.3 | • | 54.4 | 49.9 | 56.5 | 56.6 | 65.2 | 56.6 | 45.3 | 67.6 | 57.7 |
| Return on Assets 33 | 16.9 | • | • | 24.1 | 18.6 | 15.2 | 13.2 | 12.0 | 12.0 | 13.3 | 11.2 | 8.0 |
| Return on Equity 34 | 30.3 | • | • | • | 29.8 | 25.2 | 21.7 | 24.1 | 20.8 | 16.8 | 22.6 | 9.0 |
| Return Before Interest on Equity 35 | • | • | • | • | • | 34.8 | 30.1 | 34.4 | 27.7 | 24.3 | 34.4 | 19.0 |
| Profit Margin, Before Income Tax 36 | 4.8 | 7.3 | 7.5 | 4.4 | 5.0 | 3.7 | 4.3 | 4.8 | 5.0 | 5.5 | 4.9 | 5.1 |
| Profit Margin, After Income Tax 37 | 4.3 | 6.6 | 7.3 | 4.2 | 4.6 | 3.3 | 3.7 | 4.1 | 4.1 | 4.7 | 3.8 | 3.7 |

## Trends in Selected Ratios and Factors, 1986-1994

| | 1986 | 1987 | 1988 | 1989 | 1990 | 1991 | 1992 | 1993 | 1994 |
|---|---|---|---|---|---|---|---|---|---|
| Cost of Operations (%) 38 | 68.9 | 68.1 | 68.7 | 68.8 | 68.8 | 68.5 | 68.2 | 68.4 | 69.1 |
| Operating Margin (%) 39 | 3.0 | 2.7 | 3.2 | 3.2 | 3.0 | 3.4 | 3.6 | 3.5 | 3.6 |
| Oper. Margin Before Officers Comp. (%) 40 | 8.0 | 7.7 | 8.0 | 8.0 | 8.0 | 8.5 | 8.8 | 8.7 | 8.4 |
| Average Net Receivables ($) 41 | 98 | 102 | 102 | 120 | 124 | 123 | 116 | 124 | 137 |
| Average Inventories ($) 42 | 35 | 37 | 35 | 36 | 36 | 36 | 30 | 31 | 28 |
| Average Net Worth ($) 43 | 128 | 124 | 119 | 133 | 136 | 134 | 139 | 148 | 162 |
| Current Ratio (x1) 44 | 1.6 | 1.7 | 1.6 | 1.6 | 1.6 | 1.6 | 1.7 | 1.7 | 1.7 |
| Quick Ratio (x1) 45 | 1.2 | 1.2 | 1.2 | 1.2 | 1.1 | 1.2 | 1.2 | 1.3 | 1.3 |
| Coverage Ratio (x1) 46 | 5.8 | 5.8 | 6.3 | 6.0 | 6.1 | 7.4 | 7.4 | 7.0 | 7.1 |
| Asset Turnover (x1) 47 | 2.6 | 2.6 | 2.8 | 2.8 | 2.8 | 3.0 | 3.0 | 3.0 | 3.0 |
| Operating Leverage 48 | • | 0.9 | 1.2 | 1.0 | 1.0 | 1.1 | 1.1 | 1.0 | 1.0 |
| Financial Leverage 49 | • | 1.1 | 1.0 | 1.0 | 1.0 | 1.1 | 1.0 | 1.0 | 1.0 |
| Total Leverage 50 | • | 0.9 | 1.3 | 1.0 | 1.0 | 1.2 | 1.1 | 1.0 | 1.1 |

## Table I

Corporations with and without Net Income

# MEAT PRODUCTS

### MONEY AMOUNTS AND SIZE OF ASSETS IN THOUSANDS OF DOLLARS

| Item Description for Accounting Period 7/90 Through 6/91 | Total | Zero Assets | Under 100 | 100 to 250 | 251 to 500 | 501 to 1,000 | 1,001 to 5,000 | 5,001 to 10,000 | 10,001 to 25,000 | 25,001 to 50,000 | 50,001 to 100,000 | 100,001 to 250,000 | 250,001 and over |
|---|---|---|---|---|---|---|---|---|---|---|---|---|---|
| Number of Enterprises **1** | 2327 | 29 | 406 | 353 | 328 | 450 | 507 | 93 | 93 | 25 | 19 | 12 | 13 |
| **Revenues ($ in Thousands)** | | | | | | | | | | | | | |
| Net Sales **2** | 62863 | 741 | 633 | 294 | 485 | 1555 | 3597 | 4197 | 8592 | 3472 | 5884 | 6665 | 26748 |
| Portfolio Income **3** | 306 | 2 | 0 | 0 | 2 | 1 | 39 | 3 | 7 | 6 | 6 | 22 | 217 |
| Other Revenues **4** | 623 | 2 | • | 1 | 6 | 3 | 22 | 19 | 30 | 19 | 77 | 29 | 415 |
| Total Revenues **5** | 63792 | 744 | 633 | 295 | 493 | 1559 | 3659 | 4218 | 8629 | 3497 | 5967 | 6716 | 27381 |
| Average Total Revenues **6** | 27414 | 25663 | 1559 | 835 | 1504 | 3465 | 7216 | 45360 | 92786 | 139871 | 314066 | 559669 | 2106217 |
| **Operating Costs/Operating Income (%)** | | | | | | | | | | | | | |
| Cost of Operations **7** | 88.3 | 94.5 | 90.4 | 68.1 | 79.0 | 83.2 | 81.6 | 88.9 | 90.5 | 89.5 | 91.3 | 86.4 | 88.5 |
| Rent **8** | 0.4 | 0.2 | 2.4 | 3.5 | 1.0 | 0.4 | 0.6 | 0.4 | 0.2 | 0.2 | 0.2 | 0.3 | 0.4 |
| Taxes Paid **9** | 0.9 | 0.7 | 1.1 | 2.4 | 1.7 | 1.3 | 1.3 | 0.7 | 0.6 | 0.8 | 0.6 | 0.9 | 1.1 |
| Interest Paid **10** | 1.2 | 1.7 | • | • | 0.5 | 0.5 | 1.3 | 0.5 | 0.5 | 0.9 | 0.8 | 0.9 | 1.7 |
| Depreciation, Depletion, Amortization **11** | 1.4 | 0.7 | 0.3 | 2.7 | 2.4 | 1.3 | 2.0 | 0.8 | 0.9 | 1.7 | 1.3 | 1.6 | 1.5 |
| Pensions and Other Benefits **12** | 0.7 | 0.8 | • | 3.1 | 1.1 | 0.7 | 0.6 | 0.3 | 0.5 | 0.5 | 0.7 | 0.7 | 0.9 |
| Other **13** | 7.1 | 5.5 | 3.5 | 13.8 | 14.6 | 9.1 | 13.3 | 8.8 | 5.5 | 6.1 | 5.8 | 7.5 | 6.7 |
| Officers Compensation **14** | 0.6 | 0.1 | • | 7.2 | 2.1 | 4.6 | 1.9 | 0.4 | 0.4 | 0.5 | 0.2 | 0.4 | 0.3 |
| Operating Margin **15** | • | • | 2.3 | • | • | • | • | • | 0.9 | • | • | 1.4 | • |
| Oper. Margin Before Officers Compensation **16** | • | • | 2.3 | 6.3 | • | 3.6 | • | • | 1.3 | 0.5 | • | 1.8 | • |
| **Selected Average Balance Sheet ($ in Thousands)** | | | | | | | | | | | | | |
| Net Receivables **17** | 1317 | • | 13 | 14 | 19 | 181 | 443 | 2324 | 4709 | 6411 | 13680 | 24886 | 105310 |
| Inventories **18** | 1248 | • | 3 | 13 | 33 | 115 | 404 | 1509 | 3479 | 5274 | 12109 | 29135 | 111870 |
| Net Property, Plant and Equipment **19** | 2639 | • | 3 | 63 | 146 | 222 | 845 | 1738 | 5408 | 13978 | 24264 | 66915 | 251008 |
| Total Assets **20** | 7844 | • | 49 | 120 | 394 | 657 | 1981 | 6716 | 15412 | 36154 | 65742 | 145439 | 831172 |

| | | | | | | | | | | | | |
|---|---|---|---|---|---|---|---|---|---|---|---|---|
| Notes and Loans Payable 21 | 2938 | • | 37 | 10 | 194 | 168 | 1060 | 2565 | 5003 | 11339 | 23069 | 37290 | 328319 |
| All Other Liabilities 22 | 2352 | • | 27 | 28 | 134 | 192 | 399 | 2463 | 3913 | 13940 | 15654 | 49127 | 253173 |
| Net Worth 23 | 2554 | • | -15 | 82 | 66 | 297 | 522 | 1688 | 6496 | 10875 | 27019 | 59023 | 249680 |

**Selected Financial Ratios (Times to 1)**

| | | | | | | | | | | | | | |
|---|---|---|---|---|---|---|---|---|---|---|---|---|---|
| Current Ratio 24 | 1.3 | • | 0.7 | 1.2 | 0.9 | 1.8 | 1.3 | 1.3 | 1.7 | 1.2 | 1.6 | 1.5 | 1.2 |
| Quick Ratio 25 | 0.7 | • | 0.5 | 0.6 | 0.6 | 1.3 | 0.7 | 0.7 | 1.0 | 0.6 | 0.8 | 0.7 | 0.6 |
| Net Sales to Working Capital 26 | 36.0 | • | • | • | • | 18.9 | 32.0 | 48.5 | 24.8 | 43.4 | 28.1 | 25.9 | 46.3 |
| Coverage Ratio 27 | 1.9 | • | • | • | • | 0.4 | 0.2 | 3.7 | 1.8 | 1.7 | 3.5 | • | 1.9 |
| Total Asset Turnover 28 | 3.5 | • | 6.9 | 3.8 | 5.3 | 3.6 | 6.7 | 6.0 | 3.9 | 4.7 | 3.8 | • | 2.5 |
| Inventory Turnover 29 | • | • | • | • | • | • | • | • | • | • | • | • | • |
| Receivables Turnover 30 | • | • | • | • | • | • | • | • | • | • | • | • | • |
| Total Liabilities to Net Worth 31 | 2.1 | • | 0.5 | 5.0 | 1.2 | 2.8 | 3.0 | 1.4 | 2.3 | 1.4 | 1.5 | • | 2.3 |

**Selected Financial Factors (in Percentages)**

| | | | | | | | | | | | | | |
|---|---|---|---|---|---|---|---|---|---|---|---|---|---|
| Debt Ratio 32 | 67.4 | • | • | 31.5 | 83.2 | 54.8 | 73.7 | 74.9 | 57.9 | 69.9 | 58.9 | 59.4 | 70.0 |
| Return on Assets 33 | 7.5 | • | • | • | • | • | 2.0 | 0.7 | 11.0 | 6.2 | 6.4 | 11.7 | 7.9 |
| Return on Equity 34 | 5.7 | • | • | • | • | • | • | • | 15.7 | 5.8 | 4.5 | 13.2 | 6.0 |
| Return Before Interest on Equity 35 | 23.1 | • | • | • | • | • | 7.7 | 2.8 | 26.1 | 20.5 | 15.5 | 28.7 | 26.4 |
| Profit Margin, Before Income Tax 36 | 1.0 | 2.4 | • | • | • | • | • | • | 1.4 | 0.7 | 0.6 | 2.2 | 1.5 |
| Profit Margin, After Income Tax 37 | 0.6 | 2.1 | • | • | • | • | • | • | 1.1 | 0.5 | 0.4 | 1.4 | 0.7 |

**Trends in Selected Ratios and Factors, 1986-1994**

| | 1986 | 1987 | 1988 | 1989 | 1990 | 1991 | 1992 | 1993 | 1994 |
|---|---|---|---|---|---|---|---|---|---|
| Cost of Operations (%) 38 | 84.6 | 83.8 | 84.7 | 86.7 | 86.2 | 86.6 | 88.4 | 89.1 | 88.3 |
| Operating Margin (%) 39 | • | • | • | 0.3 | 0.4 | • | • | • | • |
| Oper. Margin Before Officers Comp. (%) 40 | • | • | 0.4 | 0.8 | 1.0 | 0.3 | 0.6 | 0.1 | • |
| Average Net Receivables ($) 41 | 1603 | 1711 | 1097 | 1409 | 1292 | 928 | 1391 | 1458 | 1317 |
| Average Inventories ($) 42 | 978 | 1028 | 743 | 925 | 820 | 622 | 1138 | 1260 | 1248 |
| Average Net Worth ($) 43 | 1866 | 2110 | 1648 | 2263 | 2206 | 1543 | 2648 | 2345 | 2554 |
| Current Ratio (x1) 44 | 1.5 | 1.3 | 1.5 | 1.5 | 1.5 | 1.5 | 1.6 | 1.4 | 1.3 |
| Quick Ratio (x1) 45 | 0.9 | 0.8 | 0.9 | 0.9 | 0.9 | 0.9 | 0.9 | 0.7 | 0.7 |
| Coverage Ratio (x1) 46 | 1.6 | 1.8 | 2.5 | 2.4 | 2.6 | 2.1 | 2.4 | 1.7 | 1.9 |
| Asset Turnover (x1) 47 | 3.8 | 3.0 | 5.6 | 4.4 | 4.5 | 4.3 | 4.1 | 3.6 | 3.5 |
| Total Liabilities/Net Worth (x1) 48 | 2.2 | 2.6 | 1.7 | 1.6 | 1.5 | 1.8 | 1.6 | 2.3 | 2.1 |
| Return on Assets (x1) 49 | 8.2 | 7.2 | 15.4 | 8.6 | 9.3 | 7.1 | 9.4 | 7.2 | 7.5 |
| Return on Equity (%) 50 | 5.2 | 6.2 | 13.7 | 6.9 | 8.1 | 5.5 | 9.3 | 4.6 | 5.7 |

## Table II

Corporations with Net Income

# MEAT PRODUCTS

### MONEY AMOUNTS AND SIZE OF ASSETS IN THOUSANDS OF DOLLARS

| Item Description for Accounting Period 7/90 Through 6/91 | Total | Zero Assets | Under 100 | 100 to 250 | 251 to 500 | 501 to 1,000 | 1,001 to 5,000 | 5,001 to 10,000 | 10,001 to 25,000 | 25,001 to 50,000 | 50,001 to 100,000 | 100,001 to 250,000 | 250,001 and over |
|---|---|---|---|---|---|---|---|---|---|---|---|---|---|
| Number of Enterprises **1** | 1333 | • | 406 | • | 232 | 207 | 316 | 53 | 71 | 16 | 12 | • | 8 |

**Revenues ($ in Thousands)**

| | | | | | | | | | | | | | |
|---|---|---|---|---|---|---|---|---|---|---|---|---|---|
| Net Sales **2** | 48175 | • | 633 | • | 485 | 861 | 2420 | 2865 | 7571 | 2384 | 2797 | • | 22185 |
| Portfolio Income **3** | 258 | • | 0 | • | 2 | 1 | 36 | 2 | 5 | 5 | 5 | • | 180 |
| Other Revenues **4** | 470 | • | • | • | 6 | 2 | 21 | 8 | 11 | 12 | 45 | • | 338 |
| Total Revenues **5** | 48903 | • | 633 | • | 493 | 864 | 2477 | 2875 | 7588 | 2401 | 2847 | • | 22703 |
| Average Total Revenues **6** | 36686 | • | 1559 | • | 2126 | 4172 | 7838 | 54253 | 106868 | 150041 | 237249 | • | 2837898 |

**Operating Costs/Operating Income (%)**

| | | | | | | | | | | | | | |
|---|---|---|---|---|---|---|---|---|---|---|---|---|---|
| Cost of Operations **7** | 88.0 | • | 90.4 | • | 79.0 | 87.5 | 80.0 | 88.1 | 90.5 | 87.7 | 87.2 | • | 88.7 |
| Rent **8** | 0.4 | • | 2.4 | • | 1.0 | 0.1 | 0.6 | 0.4 | 0.2 | 0.2 | 0.2 | • | 0.4 |
| Taxes Paid **9** | 1.0 | • | 1.1 | • | 1.7 | 1.0 | 1.4 | 0.6 | 0.6 | 0.9 | 0.7 | • | 1.1 |
| Interest Paid **10** | 0.9 | • | • | • | 0.5 | 0.2 | 0.8 | 0.3 | 0.4 | 0.5 | 0.7 | • | 1.2 |
| Depreciation, Depletion, Amortization **11** | 1.2 | • | 0.3 | • | 2.4 | 0.9 | 1.5 | 0.6 | 0.8 | 1.6 | 1.7 | • | 1.3 |
| Pensions and Other Benefits **12** | 0.7 | • | • | • | 0.6 | 1.0 | 0.7 | 0.4 | 0.5 | 0.6 | 0.8 | • | 0.9 |
| Other **13** | 6.7 | • | 3.5 | • | 13.3 | 7.0 | 12.8 | 8.4 | 5.2 | 6.2 | 8.0 | • | 6.1 |
| Officers Compensation **14** | 0.5 | • | • | • | 2.1 | 1.6 | 2.1 | 0.5 | 0.4 | 0.5 | 0.4 | • | 0.3 |
| Operating Margin **15** | 0.8 | • | 2.3 | • | • | 0.8 | 0.3 | 0.8 | 1.6 | 1.9 | 0.3 | • | 0.1 |
| Oper. Margin Before Officers Compensation **16** | 1.2 | • | 2.3 | • | 1.5 | 2.4 | 2.4 | 1.3 | 2.0 | 2.3 | 0.7 | • | 0.4 |

**Selected Average Balance Sheet ($ in Thousands)**

| | | | | | | | | | | | | | |
|---|---|---|---|---|---|---|---|---|---|---|---|---|---|
| Net Receivables **17** | 1714 | • | 13 | • | 27 | 181 | 448 | 2781 | 5360 | 6766 | 12934 | • | 130850 |
| Inventories **18** | 1696 | • | 3 | • | 46 | 133 | 298 | 1868 | 3649 | 4565 | 11577 | • | 156427 |
| Net Property, Plant and Equipment **19** | 3520 | • | 3 | • | 207 | 169 | 689 | 1564 | 4718 | 11047 | 24491 | • | 351485 |
| Total Assets **20** | 10360 | • | 49 | • | 447 | 626 | 1814 | 6850 | 15588 | 35065 | 65321 | • | 1082031 |

| | | | | | | | | | | | | |
|---|---|---|---|---|---|---|---|---|---|---|---|---|
| Notes and Loans Payable 21 | 2943 | • | 37 | • | 124 | 55 | 667 | 1966 | 4007 | 5493 | 16719 | • | 329677 |
| All Other Liabilities 22 | 3047 | • | 27 | • | 110 | 174 | 335 | 2443 | 4026 | 11738 | 14981 | • | 321991 |
| Net Worth 23 | 4369 | • | -15 | • | 213 | 397 | 813 | 2441 | 7554 | 17834 | 33621 | • | 430363 |

## Selected Financial Ratios (Times to 1)

| | | | | | | | | | | | | |
|---|---|---|---|---|---|---|---|---|---|---|---|---|
| Current Ratio 24 | 1.6 | • | 0.7 | • | 1.4 | 2.2 | 1.6 | 1.6 | 1.8 | 1.9 | 1.8 | • | 1.5 |
| Quick Ratio 25 | 0.8 | • | 0.5 | • | 0.9 | 1.4 | 1.0 | 1.0 | 1.1 | 1.0 | 1.0 | • | 0.7 |
| Net Sales to Working Capital 26 | 23.6 | • | • | • | 42.9 | 19.0 | 22.4 | 28.8 | 23.5 | 14.1 | 17.3 | • | 24.8 |
| Coverage Ratio 27 | 3.8 | • | • | • | 3.0 | 8.8 | 4.1 | 4.9 | 5.8 | 5.9 | 4.0 | • | 3.3 |
| Total Asset Turnover 28 | 3.5 | • | • | • | 4.7 | 6.6 | 4.2 | 7.9 | 6.9 | 4.3 | 3.6 | • | 2.6 |
| Inventory Turnover 29 | • | • | • | • | • | • | • | • | • | • | • | • | • |
| Receivables Turnover 30 | • | • | • | • | • | • | • | • | • | • | • | • | • |
| Total Liabilities to Net Worth 31 | 1.4 | • | • | • | 1.1 | 0.6 | 1.2 | 1.8 | 1.1 | 1.0 | 1.0 | • | 1.5 |

## Selected Financial Factors (in Percentages)

| | | | | | | | | | | | | |
|---|---|---|---|---|---|---|---|---|---|---|---|---|
| Debt Ratio 32 | 57.8 | • | • | • | 52.4 | 36.6 | 55.2 | 64.4 | 51.5 | 49.1 | 48.5 | • | 60.2 |
| Return on Assets 33 | 11.3 | • | • | • | 7.0 | 8.7 | 14.5 | 11.8 | 15.0 | 13.2 | 9.8 | • | 10.1 |
| Return on Equity 34 | 14.4 | • | • | • | 8.8 | 9.5 | 22.6 | 22.9 | 21.8 | 18.5 | 11.7 | • | 11.6 |
| Return Before Interest on Equity 35 | 26.8 | • | • | • | 14.8 | 13.6 | 32.3 | 32.9 | 31.0 | 26.0 | 19.0 | • | 25.5 |
| Profit Margin, Before Income Tax 36 | 2.4 | • | 2.4 | • | 1.0 | 1.2 | 2.6 | 1.2 | 1.8 | 2.6 | 2.1 | • | 2.7 |
| Profit Margin, After Income Tax 37 | 1.7 | • | 2.1 | • | 0.9 | 0.9 | 2.4 | 1.0 | 1.6 | 2.2 | 1.7 | • | 1.8 |

## Trends in Selected Ratios and Factors, 1986–1994

| | 1986 | 1987 | 1988 | 1989 | 1990 | 1991 | 1992 | 1993 | 1994 |
|---|---|---|---|---|---|---|---|---|---|
| Cost of Operations (%) 38 | 84.2 | 82.8 | 83.0 | 85.5 | 85.7 | 86.5 | 88.1 | 88.3 | 88.0 |
| Operating Margin (%) 39 | 0.3 | • | 0.6 | 1.3 | 1.3 | 1.0 | 1.2 | 0.9 | 0.8 |
| Oper. Margin Before Officers Comp. (%) 40 | 0.3 | 0.4 | 1.2 | 1.9 | 1.9 | 1.6 | 1.8 | 1.4 | 1.2 |
| Average Net Receivables ($) 41 | 1825 | 2055 | 1028 | 1675 | 1329 | 1280 | 2009 | 2185 | 1714 |
| Average Inventories ($) 42 | 1089 | 1259 | 776 | 1079 | 917 | 876 | 1636 | 2077 | 1696 |
| Average Net Worth ($) 43 | 2356 | 2700 | 1928 | 3029 | 2624 | 2722 | 4484 | 4485 | 4369 |
| Current Ratio (x1) 44 | 1.6 | 1.3 | 1.6 | 1.6 | 1.4 | 1.7 | 1.7 | 1.6 | 1.6 |
| Quick Ratio (x1) 45 | 1.0 | 0.8 | 1.0 | 1.0 | 0.9 | 1.0 | 1.0 | 0.8 | 0.8 |
| Coverage Ratio (x1) 46 | 2.2 | 2.3 | 3.6 | 4.3 | 4.3 | 4.5 | 4.9 | 3.3 | 3.8 |
| Asset Turnover (x1) 47 | 3.5 | 2.7 | 5.8 | 4.5 | 4.6 | 4.2 | 4.0 | 3.4 | 3.5 |
| Operating Leverage 48 | • | 0.8 | • | 2.0 | 1.0 | 0.8 | 1.2 | 0.7 | 0.9 |
| Financial Leverage 49 | • | 1.0 | 1.3 | 1.1 | 1.0 | 1.1 | 1.1 | 0.9 | 1.1 |
| Total Leverage 50 | • | 0.8 | • | 2.2 | 1.0 | 0.8 | 1.3 | 0.6 | 0.9 |

# Table I

Corporations with and without Net Income

## DAIRY PRODUCTS

### MONEY AMOUNTS AND SIZE OF ASSETS IN THOUSANDS OF DOLLARS

| Item Description for Accounting Period 7/90 Through 6/91 | Total | Zero Assets | Under 100 | 100 to 250 | 251 to 500 | 501 to 1,000 | 1,001 to 5,000 | 5,001 to 10,000 | 10,001 to 25,000 | 25,001 to 50,000 | 50,001 to 100,000 | 100,001 to 250,000 | 250,001 and over |
|---|---|---|---|---|---|---|---|---|---|---|---|---|---|
| 1 Number of Enterprises | 1989 | • | • | 149 | 68 | 122 | 435 | 82 | 74 | 34 | 12 | 11 | 3 |
| **Revenues ($ in Thousands)** | | | | | | | | | | | | | |
| 2 Net Sales | 29562 | • | • | 92 | 95 | 399 | 3678 | 1722 | 4274 | 3289 | 2215 | 4942 | 8729 |
| 3 Portfolio Income | 189 | • | • | • | • | 5 | 26 | 1 | 10 | 9 | 9 | 17 | 112 |
| 4 Other Revenues | 295 | • | • | 5 | 2 | 2 | 23 | 21 | 25 | 26 | 10 | 69 | 114 |
| 5 Total Revenues | 30046 | • | • | 97 | 95 | 405 | 3728 | 1744 | 4309 | 3325 | 2234 | 5028 | 8955 |
| 6 Average Total Revenues | 15106 | • | • | 652 | 1403 | 3319 | 8570 | 21266 | 58223 | 97782 | 186172 | 457111 | 2985000 |
| **Operating Costs/Operating Income (%)** | | | | | | | | | | | | | |
| 7 Cost of Operations | 75.4 | • | • | 71.7 | 73.8 | 79.2 | 83.5 | 80.0 | 81.9 | 83.9 | 79.2 | 77.6 | 62.1 |
| 8 Rent | 0.7 | • | • | 1.0 | 4.1 | 0.5 | 0.4 | 0.5 | 0.5 | 0.4 | 0.4 | 0.9 | 1.0 |
| 9 Taxes Paid | 1.4 | • | • | 3.7 | 1.1 | 2.7 | 1.7 | 1.2 | 1.0 | 1.1 | 1.1 | 1.2 | 1.7 |
| 10 Interest Paid | 1.7 | • | • | 3.7 | 0.1 | 1.3 | 0.8 | 1.4 | 0.7 | 1.0 | 1.5 | 2.1 | 2.6 |
| 11 Depreciation, Depletion, Amortization | 2.2 | • | • | 4.5 | 5.7 | 1.9 | 1.9 | 2.3 | 1.6 | 2.0 | 2.4 | 2.4 | 2.3 |
| 12 Pensions and Other Benefits | 1.3 | • | • | • | • | 2.2 | 0.7 | 0.7 | 1.1 | 1.1 | 1.0 | 1.0 | 2.0 |
| 13 Other | 16.8 | • | • | 15.1 | 6.7 | 13.9 | 9.2 | 14.4 | 10.9 | 9.6 | 12.3 | 14.8 | 27.8 |
| 14 Officers Compensation | 0.7 | • | • | 4.3 | 2.4 | 3.8 | 1.6 | 1.1 | 1.0 | 0.7 | 0.6 | 0.4 | 0.3 |
| 15 Operating Margin | • | • | • | • | 6.2 | • | 0.4 | • | 1.4 | 0.2 | 1.6 | • | 0.3 |
| 16 Oper. Margin Before Officers Compensation | 0.7 | • | • | 0.4 | 8.5 | • | 1.9 | • | 2.3 | 0.9 | 2.1 | 0.1 | 0.5 |
| **Selected Average Balance Sheet ($ in Thousands)** | | | | | | | | | | | | | |
| 17 Net Receivables | 1144 | • | • | 30 | 33 | 278 | 601 | 1919 | 3814 | 7484 | 14200 | 31940 | 249582 |
| 18 Inventories | 871 | • | • | 30 | 15 | 74 | 431 | 1179 | 2315 | 6413 | 7463 | 26482 | 219610 |
| 19 Net Property, Plant and Equipment | 2089 | • | • | 74 | 244 | 427 | 800 | 3177 | 5196 | 11930 | 24566 | 64270 | 554156 |
| 20 Total Assets | 6841 | • | • | 175 | 397 | 919 | 2328 | 7033 | 14716 | 32890 | 67872 | 178213 | 2276685 |

| | | | | | | | | | | | |
|---|---|---|---|---|---|---|---|---|---|---|---|
| Notes and Loans Payable 21 | 2370 | 173 | • | 18 | 504 | 626 | 3399 | 4466 | 12181 | 26810 | 88657 | 654041 |
| All Other Liabilities 22 | 2413 | 55 | • | 99 | 294 | 664 | 1888 | 3946 | 10950 | 17416 | 45310 | 970639 |
| Net Worth 23 | 2058 | -53 | • | 280 | 121 | 1038 | 1747 | 6305 | 9758 | 23647 | 44247 | 652005 |

**Selected Financial Ratios (Times to 1)**

| | | | | | | | | | | | |
|---|---|---|---|---|---|---|---|---|---|---|---|
| Current Ratio 24 | 1.4 | 0.9 | 1.4 | 1.2 | 1.5 | 1.3 | 1.7 | 1.4 | 1.6 | 1.4 | 1.2 |
| Quick Ratio 25 | 0.8 | 0.4 | 1.2 | 1.0 | 1.0 | 0.8 | 1.1 | 0.8 | 1.1 | 0.8 | 0.6 |
| Net Sales to Working Capital 26 | 22.4 | • | 36.9 | 40.5 | 18.4 | 26.0 | 17.0 | 19.9 | 15.3 | 21.4 | 30.2 |
| Coverage Ratio 27 | 2.0 | 1.4 | • | • | 3.2 | 0.8 | 4.0 | 2.2 | 2.7 | 1.7 | 2.2 |
| Total Asset Turnover 28 | 2.2 | 3.5 | 3.5 | 3.6 | 3.6 | 3.0 | 3.9 | 3.0 | 2.7 | 2.5 | 1.3 |
| Inventory Turnover 29 | • | • | • | • | • | • | • | • | • | • | 7.6 |
| Receivables Turnover 30 | • | • | • | • | • | • | • | • | • | • | • |
| Total Liabilities to Net Worth 31 | 2.3 | • | 0.4 | 6.6 | 1.3 | 3.0 | 1.3 | 2.4 | 1.9 | 3.0 | 2.5 |

**Selected Financial Factors (in Percentages)**

| | | | | | | | | | | | |
|---|---|---|---|---|---|---|---|---|---|---|---|
| Debt Ratio 32 | 69.9 | • | 29.4 | 86.9 | 55.4 | 75.2 | 57.2 | 65.2 | 75.2 | 71.4 |
| Return on Assets 33 | 7.2 | 18.5 | 22.2 | • | 9.0 | 3.5 | 11.3 | 6.7 | 10.5 | 8.7 | 7.2 |
| Return on Equity 34 | 7.2 | • | 26.5 | • | 10.5 | • | 16.4 | 8.3 | 13.4 | 5.2 | 8.9 |
| Return Before Interest on Equity 35 | 24.0 | • | 31.5 | • | 20.3 | 14.2 | 26.3 | 22.7 | 30.0 | 25.0 |
| Profit Margin, Before Income Tax 36 | 1.7 | 1.6 | 6.2 | • | 1.7 | • | 2.2 | 1.3 | 2.4 | 1.4 | 3.0 |
| Profit Margin, After Income Tax 37 | 1.0 | 1.6 | 5.3 | • | 1.3 | • | 1.8 | 0.8 | 1.7 | 0.5 | 2.0 |

**Trends in Selected Ratios and Factors, 1986-1994**

| | 1986 | 1987 | 1988 | 1989 | 1990 | 1991 | 1992 | 1993 | 1994 |
|---|---|---|---|---|---|---|---|---|---|
| Cost of Operations (%) 38 | 77.7 | 75.9 | 73.8 | 72.1 | 73.8 | 74.4 | 73.7 | 76.5 | 75.4 |
| Operating Margin (%) 39 | 0.9 | 0.6 | • | • | • | 0.2 | 0.4 | 0.5 | 0.7 |
| Oper. Margin Before Officers Comp. (%) 40 | 1.4 | 1.1 | • | • | • | • | • | • | • |
| Average Net Receivables ($) 41 | 1731 | 2207 | 2075 | 2282 | 1552 | 1220 | 1097 | 1779 | 1144 |
| Average Inventories ($) 42 | 1560 | 1566 | 1735 | 1604 | 1042 | 1099 | 797 | 1217 | 871 |
| Average Net Worth ($) 43 | 6212 | 6261 | 5333 | 11604 | 2179 | 2288 | 2590 | 3489 | 2058 |
| Current Ratio (x1) 44 | 1.7 | 1.9 | 2.1 | 1.5 | 1.2 | 1.2 | 1.6 | 1.3 | 1.4 |
| Quick Ratio (x1) 45 | 0.9 | 1.0 | 1.1 | 0.8 | 0.7 | 0.7 | 0.9 | 0.8 | 0.8 |
| Coverage Ratio (x1) 46 | 4.2 | 4.2 | 1.9 | 2.1 | 2.6 | 2.8 | 4.6 | 1.9 | 2.0 |
| Asset Turnover (x1) 47 | 1.9 | 1.9 | 1.7 | 1.0 | 1.9 | 2.0 | 2.7 | 2.1 | 2.2 |
| Total Liabilities/Net Worth (x1) 48 | 0.8 | 0.8 | 1.0 | 0.6 | 2.6 | 2.3 | 1.4 | 1.8 | 2.3 |
| Return on Assets (x1) 49 | 9.4 | 8.9 | 7.3 | 6.4 | 9.1 | 10.1 | 20.6 | 6.1 | 7.2 |
| Return on Equity (%) 50 | 6.7 | 6.3 | 2.8 | 2.8 | 10.9 | 11.8 | 25.6 | 4.8 | 7.2 |

## Table II

Corporations with Net Income

# DAIRY PRODUCTS

**MONEY AMOUNTS AND SIZE OF ASSETS IN THOUSANDS OF DOLLARS**

| Item Description for Accounting Period 7/90 Through 6/91 | Total | Zero Assets | Under 100 | 100 to 250 | 251 to 500 | 501 to 1,000 | 1,001 to 5,000 | 5,001 to 10,000 | 10,001 to 25,000 | 25,001 to 50,000 | 50,001 to 100,000 | 100,001 to 250,000 | 250,001 and over |
|---|---|---|---|---|---|---|---|---|---|---|---|---|---|
| Number of Enterprises **1** | 1034 | • | 289 | 149 | 68 | 41 | 341 | 39 | 69 | 21 | 8 | 6 | 3 |
| **Revenues ($ in Thousands)** | | | | | | | | | | | | | |
| Net Sales **2** | 23973 | • | 79 | 92 | 95 | 244 | 2406 | 1115 | 4059 | 2359 | 1726 | 3070 | 8729 |
| Portfolio Income **3** | 167 | • | • | • | • | • | 24 | 0 | 10 | 7 | 7 | 8 | 112 |
| Other Revenues **4** | 218 | • | 0 | 5 | • | • | 21 | 6 | 19 | 12 | 9 | 33 | 114 |
| Total Revenues **5** | 24359 | • | 79 | 97 | 95 | 244 | 2450 | 1121 | 4088 | 2378 | 1742 | 3110 | 8955 |
| Average Total Revenues **6** | 23558 | • | 272 | 652 | 1403 | 5954 | 7185 | 28734 | 59241 | 113216 | 217801 | 518394 | 2985000 |
| **Operating Costs/Operating Income (%)** | | | | | | | | | | | | | |
| Cost of Operations **7** | 72.8 | • | 73.8 | 71.7 | 73.8 | 71.0 | 78.8 | 76.9 | 82.0 | 80.3 | 76.2 | 77.0 | 62.1 |
| Rent **8** | 0.7 | • | 0.3 | 1.0 | 4.1 | 0.8 | 0.4 | 0.4 | 0.5 | 0.5 | 0.5 | 0.7 | 1.0 |
| Taxes Paid **9** | 1.5 | • | 0.6 | 3.7 | 1.1 | 2.6 | 2.1 | 1.2 | 1.0 | 1.2 | 1.3 | 1.1 | 1.7 |
| Interest Paid **10** | 1.4 | • | 3.2 | 3.7 | 0.1 | 0.8 | 0.7 | 0.8 | 0.6 | 0.6 | 0.8 | 1.1 | 2.6 |
| Depreciation, Depletion, Amortization **11** | 2.0 | • | 1.7 | 4.5 | 5.7 | 1.7 | 1.8 | 1.5 | 1.6 | 2.0 | 2.2 | 1.8 | 2.3 |
| Pensions and Other Benefits **12** | 1.4 | • | • | • | • | 3.4 | 0.8 | 0.9 | 1.0 | 1.3 | 1.0 | 1.0 | 2.0 |
| Other **13** | 17.9 | • | 9.3 | 15.1 | 6.7 | 15.1 | 11.5 | 14.9 | 10.3 | 11.3 | 14.2 | 13.9 | 27.8 |
| Officers Compensation **14** | 0.8 | • | • | 4.3 | 2.4 | 4.7 | 2.0 | 1.0 | 1.0 | 0.7 | 0.7 | 0.6 | 0.3 |
| Operating Margin **15** | 1.6 | • | 11.1 | • | 6.2 | • | 1.8 | 2.5 | 2.1 | 2.1 | 3.2 | 3.0 | 0.3 |
| Oper. Margin Before Officers Compensation **16** | 2.4 | • | 11.1 | 0.4 | 8.5 | 4.8 | 3.8 | 3.5 | 3.0 | 2.8 | 3.9 | 3.6 | 0.5 |
| **Selected Average Balance Sheet ($ in Thousands)** | | | | | | | | | | | | | |
| Net Receivables **17** | 1813 | • | 28 | 30 | 33 | 336 | 564 | 2894 | 3986 | 8775 | 16184 | 33908 | 249582 |
| Inventories **18** | 1371 | • | 17 | 30 | 15 | 55 | 403 | 1487 | 2483 | 5451 | 7900 | 33603 | 219610 |
| Net Property, Plant and Equipment **19** | 3167 | • | 29 | 74 | 244 | 405 | 718 | 2180 | 4934 | 11815 | 26475 | 71504 | 554156 |
| Total Assets **20** | 10955 | • | 98 | 175 | 397 | 910 | 2204 | 7417 | 14443 | 33367 | 69715 | 180431 | 2276685 |

| | | | | | | | | | | | | |
|---|---|---|---|---|---|---|---|---|---|---|---|---|
| Notes and Loans Payable 21 | 3115 | • | 117 | 18 | 503 | 510 | 2239 | 3550 | 7804 | 13475 | 66547 | 654041 |
| All Other Liabilities 22 | 4060 | • | 19 | 99 | 140 | 518 | 2902 | 4085 | 11030 | 20455 | 48827 | 970639 |
| Net Worth 23 | 3780 | -38 | -53 | 280 | 266 | 1177 | 2275 | 6808 | 14532 | 35785 | 65057 | 652005 |

## Selected Financial Ratios (Times to 1)

| | | | | | | | | | | | | |
|---|---|---|---|---|---|---|---|---|---|---|---|---|
| Current Ratio 24 | 1.4 | • | 3.5 | 0.9 | 1.4 | 1.9 | 2.0 | 1.3 | 1.7 | 1.7 | 1.8 | 1.2 |
| Quick Ratio 25 | 0.8 | • | 2.3 | 0.4 | 1.2 | 1.7 | 1.3 | 0.9 | 1.1 | 1.1 | 1.3 | 0.6 |
| Net Sales to Working Capital 26 | 19.1 | • | 5.8 | • | 36.9 | 25.1 | 10.5 | 23.0 | 16.5 | 14.2 | 13.3 | 25.4 | 30.2 |
| Coverage Ratio 27 | 3.3 | • | 4.5 | 1.4 | • | 1.1 | 6.0 | 4.9 | 5.8 | 5.8 | 6.3 | 5.0 | 2.2 |
| Total Asset Turnover 28 | 2.1 | • | 2.8 | 3.5 | 3.5 | 6.6 | 3.2 | 3.9 | 4.1 | 3.4 | 3.1 | 2.8 | 1.3 |
| Inventory Turnover 29 | • | • | • | • | • | • | • | • | • | • | • | 8.2 |
| Receivables Turnover 30 | • | • | • | • | • | • | • | • | • | • | • | • |
| Total Liabilities to Net Worth 31 | 1.9 | • | • | • | 0.4 | 2.4 | 0.9 | 2.3 | 1.1 | 1.3 | 1.0 | 1.8 | 2.5 |

## Selected Financial Factors (in Percentages)

| | | | | | | | | | | | | |
|---|---|---|---|---|---|---|---|---|---|---|---|---|
| Debt Ratio 32 | 65.5 | • | • | 29.4 | 70.8 | 46.6 | 69.3 | 52.9 | 56.5 | 48.7 | 64.0 | 71.4 |
| Return on Assets 33 | 9.9 | • | 18.5 | 22.2 | 5.6 | 13.9 | 14.5 | 13.6 | 11.8 | 15.3 | 15.1 | 7.2 |
| Return on Equity 34 | 15.0 | • | • | 26.5 | 1.5 | 17.8 | 33.5 | 20.5 | 17.9 | 19.8 | 22.9 | 8.9 |
| Return Before Interest on Equity 35 | 28.8 | • | • | 31.5 | 19.3 | 26.0 | • | 28.8 | 27.0 | 29.7 | 29.7 | 25.0 |
| Profit Margin, Before Income Tax 36 | 3.3 | 11.3 | 1.6 | 6.2 | • | 3.6 | 3.0 | 2.8 | 2.9 | 4.2 | 4.3 | 3.0 |
| Profit Margin, After Income Tax 37 | 2.5 | 11.3 | 1.6 | 5.3 | • | 3.0 | 2.7 | 2.4 | 2.3 | 3.3 | 2.9 | 2.0 |

## Trends in Selected Ratios and Factors, 1986-1994

| | 1986 | 1987 | 1988 | 1989 | 1990 | 1991 | 1992 | 1993 | 1994 |
|---|---|---|---|---|---|---|---|---|---|
| Cost of Operations (%) 38 | 76.8 | 74.7 | 74.0 | 71.5 | 72.8 | 73.8 | 71.6 | 73.9 | 72.8 |
| Operating Margin (%) 39 | 1.2 | 1.1 | 1.3 | • | • | 0.6 | 0.3 | 1.0 | 1.6 |
| Oper. Margin Before Officers Comp. (%) 40 | 1.7 | 1.6 | 2.0 | • | 0.3 | 1.2 | 1.1 | 1.8 | 2.4 |
| Average Net Receivables ($) 41 | 2322 | 3092 | 2210 | 3556 | 2756 | 2296 | 2908 | 2340 | 1813 |
| Average Inventories ($) 42 | 2149 | 2289 | 1603 | 2523 | 1872 | 2182 | 2141 | 1706 | 1371 |
| Average Net Worth ($) 43 | 8816 | 9623 | 5099 | 19068 | 3998 | 4861 | 8009 | 5712 | 3780 |
| Current Ratio (x1) 44 | 1.7 | 2.0 | 2.2 | 1.5 | 1.3 | 1.3 | 1.7 | 1.5 | 1.4 |
| Quick Ratio (x1) 45 | 0.9 | 1.1 | 1.1 | 0.8 | 0.8 | 0.7 | 1.0 | 0.8 | 0.8 |
| Coverage Ratio (x1) 46 | 4.5 | 5.0 | 4.7 | 2.3 | 3.2 | 3.6 | 5.7 | 3.0 | 3.3 |
| Asset Turnover (x1) 47 | 1.8 | 1.8 | 2.0 | 0.9 | 2.0 | 2.0 | 2.7 | 2.0 | 2.1 |
| Operating Leverage 48 | • | 0.9 | 1.2 | • | 0.2 | • | 0.5 | 3.8 | 1.7 |
| Financial Leverage 49 | • | 1.0 | 1.0 | 0.7 | 1.3 | 1.1 | 1.2 | 0.9 | 1.1 |
| Total Leverage 50 | • | 1.0 | 1.1 | • | 0.3 | • | 0.6 | 3.4 | 1.7 |

## Table I

Corporations with and without Net Income

# PRESERVED FRUITS AND VEGETABLES

### MONEY AMOUNTS AND SIZE OF ASSETS IN THOUSANDS OF DOLLARS

| Item Description for Accounting Period 7/90 Through 6/91 | Total | Zero Assets | Under 100 | 100 to 250 | 251 to 500 | 501 to 1,000 | 1,001 to 5,000 | 5,001 to 10,000 | 10,001 to 25,000 | 25,001 to 50,000 | 50,001 to 100,000 | 100,001 to 250,000 | 250,001 and over |
|---|---|---|---|---|---|---|---|---|---|---|---|---|---|
| Number of Enterprises **1** | 638 | 5 | • | 149 | 96 | 41 | 195 | 52 | 48 | 19 | 14 | 9 | 9 |
| **Revenues ($ in Thousands)** | | | | | | | | | | | | | |
| Net Sales **2** | 26421 | 98 | • | 109 | 54 | 94 | 1430 | 763 | 1838 | 765 | 1240 | 2005 | 18024 |
| Portfolio Income **3** | 483 | 0 | • | • | • | 0 | 8 | 11 | 11 | 2 | 11 | 13 | 428 |
| Other Revenues **4** | 547 | 0 | • | 0 | 0 | 0 | 8 | 5 | 16 | 74 | 9 | 69 | 367 |
| Total Revenues **5** | 27451 | 98 | • | 109 | 54 | 95 | 1446 | 779 | 1865 | 840 | 1260 | 2087 | 18818 |
| Average Total Revenues **6** | 43027 | 19631 | • | 730 | 566 | 2314 | 7413 | 14980 | 38857 | 44215 | 90009 | 231900 | 2090918 |
| **Operating Costs/Operating Income (%)** | | | | | | | | | | | | | |
| Cost of Operations **7** | 66.0 | 68.6 | • | 80.3 | 68.4 | 87.2 | 79.3 | 69.3 | 75.3 | 81.9 | 72.0 | 73.1 | 61.7 |
| Rent **8** | 0.9 | • | • | 0.7 | 0.7 | 2.1 | 1.0 | 0.9 | 0.1 | 0.5 | 0.6 | 0.3 | 1.1 |
| Taxes Paid **9** | 1.8 | 2.0 | • | 1.0 | 2.0 | 2.5 | 1.4 | 2.5 | 1.0 | 1.9 | 1.8 | 1.7 | 1.8 |
| Interest Paid **10** | 3.0 | 0.9 | • | 0.1 | • | 1.5 | 1.5 | 2.5 | 2.0 | 4.1 | 2.0 | 1.9 | 3.4 |
| Depreciation, Depletion, Amortization **11** | 3.1 | 4.6 | • | 1.5 | 0.2 | 1.3 | 1.8 | 2.5 | 2.6 | 4.4 | 3.0 | 3.5 | 3.2 |
| Pensions and Other Benefits **12** | 1.5 | • | • | • | • | 1.3 | 0.3 | 1.3 | 0.6 | 0.8 | 1.6 | 1.2 | 1.7 |
| Other **13** | 21.4 | 7.0 | • | 18.8 | 10.4 | 6.0 | 12.9 | 19.8 | 15.6 | 16.0 | 13.6 | 15.6 | 24.4 |
| Officers Compensation **14** | 1.2 | 12.2 | • | • | 10.1 | • | 2.1 | 2.0 | 1.4 | 1.0 | 0.8 | 0.9 | 1.1 |
| Operating Margin **15** | 1.2 | 4.7 | • | • | 8.2 | • | • | • | 1.5 | • | 4.8 | 1.9 | 1.6 |
| Oper. Margin Before Officers Compensation **16** | 2.5 | 16.9 | • | • | 18.3 | • | 1.9 | 1.3 | 2.9 | • | 5.6 | 2.8 | 2.7 |
| **Selected Average Balance Sheet ($ in Thousands)** | | | | | | | | | | | | | |
| Net Receivables **17** | 7280 | • | • | 75 | 18 | 151 | 461 | 1048 | 2986 | 6909 | 9346 | 18616 | 434250 |
| Inventories **18** | 7158 | • | • | 98 | 33 | 465 | 575 | 3240 | 6496 | 11788 | 28508 | 50471 | 317806 |
| Net Property, Plant and Equipment **19** | 9236 | • | • | 40 | 54 | 151 | 738 | 2650 | 5210 | 10233 | 20490 | 66946 | 473262 |
| Total Assets **20** | 38735 | • | • | 223 | 306 | 870 | 2223 | 8041 | 18164 | 35079 | 66751 | 177627 | 2187986 |

**Selected Financial Ratios (Times to 1)** and related data

| | | | | | | | | | | | | | |
|---|---|---|---|---|---|---|---|---|---|---|---|---|---|
| Notes and Loans Payable 21 | 14339 | • | • | • | 81 | 244 | 967 | 3511 | 6669 | 18969 | 22508 | 42593 | 819562 |
| All Other Liabilities 22 | 7456 | • | • | • | 64 | 139 | 508 | 1846 | 3984 | 5564 | 12165 | 36504 | 416709 |
| Net Worth 23 | 16941 | • | • | 78 | 303 | 487 | 748 | 2683 | 7511 | 10546 | 32078 | 98530 | 951716 |

**Selected Financial Ratios (Times to 1)**

| | | | | | | | | | | | | |
|---|---|---|---|---|---|---|---|---|---|---|---|---|
| Current Ratio 24 | 1.2 | • | • | 1.7 | 1.9 | 1.4 | 1.3 | 1.5 | 1.5 | 2.0 | 2.1 | 1.1 |
| Quick Ratio 25 | 0.6 | • | 19.7 | 0.7 | 0.6 | 0.7 | 0.4 | 0.5 | 0.6 | 0.6 | 0.8 | 0.6 |
| Net Sales to Working Capital 26 | 13.0 | • | 7.0 | 10.2 | 7.0 | 18.7 | 13.2 | 9.8 | 5.4 | 4.3 | 4.8 | 21.8 |
| Coverage Ratio 27 | 2.9 | 6.4 | • | • | 0.1 | 1.6 | 1.5 | 2.5 | 0.8 | 4.2 | 4.0 | 3.0 |
| Total Asset Turnover 28 | 1.1 | • | 1.9 | 3.3 | 2.7 | 3.3 | 1.8 | 2.1 | 1.2 | 1.3 | 1.3 | 0.9 |
| Inventory Turnover 29 | 4.1 | • | • | 5.8 | 4.4 | • | 2.9 | 3.9 | 2.4 | 3.0 | 3.1 | 4.3 |
| Receivables Turnover 30 | 6.4 | • | • | 9.9 | • | • | • | • | 5.2 | • | • | 5.3 |
| Total Liabilities to Net Worth 31 | 1.3 | • | 0.0 | 1.9 | 0.8 | 2.0 | 2.0 | 1.4 | 2.3 | 1.1 | 0.8 | 1.3 |

**Selected Financial Factors (in Percentages)**

| | | | | | | | | | | | | |
|---|---|---|---|---|---|---|---|---|---|---|---|---|
| Debt Ratio 32 | 56.3 | • | 65.1 | • | 44.0 | 66.4 | 66.6 | 58.7 | 69.9 | 52.0 | 44.5 | 56.5 |
| Return on Assets 33 | 9.3 | • | 15.3 | • | 0.2 | 8.1 | 6.8 | 10.5 | 3.9 | 11.1 | 9.8 | 9.4 |
| Return on Equity 34 | 9.2 | • | 15.5 | • | • | 6.3 | 2.2 | 10.8 | 12.2 | 9.3 | 9.4 | |
| Return Before Interest on Equity 35 | 21.4 | • | 15.5 | • | 0.4 | 24.2 | 20.2 | 25.4 | 12.8 | 23.1 | 17.6 | 21.7 |
| Profit Margin, Before Income Tax 36 | 5.8 | 5.0 | 8.3 | • | • | 0.9 | 1.3 | 3.0 | 6.4 | 5.9 | 6.9 | |
| Profit Margin, After Income Tax 37 | 3.8 | 4.6 | 8.3 | • | • | 0.6 | 0.4 | 2.1 | 4.4 | 4.1 | 4.5 | |

**Trends in Selected Ratios and Factors, 1986-1994**

| | 1986 | 1987 | 1988 | 1989 | 1990 | 1991 | 1992 | 1993 | 1994 |
|---|---|---|---|---|---|---|---|---|---|
| Cost of Operations (%) 38 | 70.6 | 71.5 | 71.5 | 71.2 | 69.0 | 67.9 | 67.2 | 66.8 | 66.0 |
| Operating Margin (%) 39 | • | 0.5 | • | • | • | • | 1.6 | 2.6 | 1.2 |
| Oper. Margin Before Officers Comp. (%) 40 | • | 1.1 | 0.8 | • | • | 0.5 | 2.3 | 3.3 | 2.5 |
| Average Net Receivables ($) 41 | 4797 | 1893 | 3428 | 3747 | 4057 | 6379 | 2813 | 5680 | 7280 |
| Average Inventories ($) 42 | 7045 | 3114 | 5827 | 5429 | 5121 | 7031 | 3387 | 6195 | 7158 |
| Average Net Worth ($) 43 | 14819 | 5643 | 10854 | 11771 | 13107 | 19991 | 9057 | 15393 | 16941 |
| Current Ratio (x1) 44 | 1.6 | 1.4 | 1.4 | 1.3 | 1.3 | 1.2 | 1.3 | 1.2 | 1.2 |
| Quick Ratio (x1) 45 | 0.6 | 0.5 | 0.5 | 0.5 | 0.6 | 0.6 | 0.6 | 0.5 | 0.6 |
| Coverage Ratio (x1) 46 | 2.0 | 2.5 | 2.2 | 2.1 | 2.2 | 3.6 | 3.7 | 4.0 | 2.9 |
| Asset Turnover (x1) 47 | 1.2 | 1.5 | 1.5 | 1.4 | 1.2 | 1.2 | 1.2 | 1.2 | 1.1 |
| Total Liabilities/Net Worth (x1) 48 | 1.2 | 1.3 | 1.2 | 1.2 | 1.1 | 1.0 | 1.0 | 1.1 | 1.3 |
| Return on Assets (x1) 49 | 7.9 | 10.3 | 8.5 | 8.0 | 7.6 | 10.5 | 11.1 | 11.6 | 9.3 |
| Return on Equity (%) 50 | 3.7 | 7.6 | 4.2 | 4.3 | 4.9 | 10.8 | 11.3 | 12.8 | 9.2 |

## Table II

Corporations with Net Income

# PRESERVED FRUITS AND VEGETABLES

**MONEY AMOUNTS AND SIZE OF ASSETS IN THOUSANDS OF DOLLARS**

| Item Description for Accounting Period 7/90 Through 6/91 | Total | Zero Assets | Under 100 | 100 to 250 | 251 to 500 | 501 to 1,000 | 1,001 to 5,000 | 5,001 to 10,000 | 10,001 to 25,000 | 25,001 to 50,000 | 50,001 to 100,000 | 100,001 to 250,000 | 250,001 and over |
|---|---|---|---|---|---|---|---|---|---|---|---|---|---|
| Number of Enterprises **1** | 325 | • | • | • | 96 | • | 131 | 29 | 30 | 8 | • | • | 6 |
| **Revenues ($ in Thousands)** | | | | | | | | | | | | | |
| Net Sales **2** | 21738 | | | | 54 | • | 980 | 297 | 1114 | 377 | • | • | 15779 |
| Portfolio Income **3** | 404 | | | | • | | 4 | 10 | 11 | 0 | • | • | 356 |
| Other Revenues **4** | 478 | | | | 0 | | 3 | 2 | 14 | 68 | • | • | 314 |
| Total Revenues **5** | 22620 | | | | 54 | • | 987 | 310 | 1139 | 445 | • | • | 16449 |
| Average Total Revenues **6** | 69599 | | | | 566 | • | 7536 | 10679 | 37952 | 55565 | • | • | 2741439 |
| **Operating Costs/Operating Income (%)** | | | | | | | | | | | | | |
| Cost of Operations **7** | 64.1 | | | | 68.4 | • | 75.7 | 68.0 | 71.0 | 80.5 | • | • | 60.8 |
| Rent **8** | 0.8 | | | | 0.7 | | 0.8 | 0.3 | • | 0.7 | • | • | 1.0 |
| Taxes Paid **9** | 1.7 | | | | 2.0 | | 1.1 | 2.2 | 1.3 | 1.7 | • | • | 1.8 |
| Interest Paid **10** | 2.8 | | | | • | | 0.7 | 3.4 | 1.7 | 4.3 | • | • | 3.2 |
| Depreciation, Depletion, Amortization **11** | 2.8 | | | | 0.2 | | 1.5 | 3.3 | 2.5 | 4.4 | • | • | 2.9 |
| Pensions and Other Benefits **12** | 1.6 | | | | • | | 0.3 | 1.0 | 0.5 | 0.5 | • | • | 1.8 |
| Other **13** | 22.2 | | | | 10.4 | | 14.4 | 16.4 | 17.0 | 20.2 | • | • | 24.6 |
| Officers Compensation **14** | 1.3 | | | | 10.1 | | 2.2 | 2.6 | 1.5 | 1.4 | • | • | 1.2 |
| Operating Margin **15** | 2.8 | | | | 8.2 | | 3.4 | 2.9 | 4.5 | 2.8 | • | • | 2.8 |
| Oper. Margin Before Officers Compensation **16** | 4.1 | | | | 18.3 | | 5.6 | 5.5 | 5.9 | • | • | • | 4.1 |
| **Selected Average Balance Sheet ($ in Thousands)** | | | | | | | | | | | | | |
| Net Receivables **17** | 12793 | | | | 18 | • | 356 | 826 | 2943 | 11209 | • | • | 609131 |
| Inventories **18** | 9868 | | | | 33 | • | 651 | 3429 | 5369 | 12104 | • | • | 331521 |
| Net Property, Plant and Equipment **19** | 14287 | | | | 54 | • | 583 | 2902 | 5153 | 10943 | • | • | 584809 |
| Total Assets **20** | 64589 | | | | 306 | • | 2138 | 8471 | 17305 | 41253 | • | • | 2892317 |

| | | | | | | | |
|---|---|---|---|---|---|---|---|
| Notes and Loans Payable 21 | 22022 | • | 496 | 3143 | 4841 | 24661 | 1014451 |
| All Other Liabilities 22 | 11335 | 3 | 556 | 1325 | 3435 | 5306 | 493651 |
| Net Worth 23 | 31231 | 303 | 1086 | 4004 | 9030 | 11286 | 1384214 |

**Selected Financial Ratios (Times to 1)**

| | | | | | | | |
|---|---|---|---|---|---|---|---|
| Current Ratio 24 | 1.2 | • | 1.9 | 1.8 | 1.9 | 1.9 | 1.1 |
| Quick Ratio 25 | 0.6 | 19.7 | 0.8 | 0.4 | 0.9 | 1.0 | 0.6 |
| Net Sales to Working Capital 26 | 14.7 | 7.0 | 11.7 | 4.7 | 7.5 | 3.7 | 39.2 |
| Coverage Ratio 27 | 3.7 | • | 6.6 | 3.0 | 5.1 | 2.0 | 3.6 |
| Total Asset Turnover 28 | 1.0 | 1.9 | 3.5 | 1.2 | 2.2 | 1.2 | 0.9 |
| Inventory Turnover 29 | 4.1 | • | • | 1.9 | 3.5 | 2.0 | 4.5 |
| Receivables Turnover 30 | 5.7 | • | • | 6.8 | • | 3.3 | 4.8 |
| Total Liabilities to Net Worth 31 | 1.1 | 0.0 | 1.0 | 1.1 | 0.9 | 2.7 | 1.1 |

**Selected Financial Factors (in Percentages)**

| | | | | | | | |
|---|---|---|---|---|---|---|---|
| Debt Ratio 32 | 51.7 | 0.8 | 49.2 | 52.7 | 47.8 | 72.7 | 52.2 |
| Return on Assets 33 | 10.7 | 15.3 | 16.8 | 12.3 | 17.8 | 9.7 | 10.2 |
| Return on Equity 34 | 11.1 | 15.5 | 25.3 | 11.7 | 21.5 | 17.4 | 10.1 |
| Return Before Interest on Equity 35 | 22.2 | 15.5 | 33.1 | 26.0 | 34.1 | • | 21.3 |
| Profit Margin, Before Income Tax 36 | 7.6 | 8.3 | 4.1 | 6.8 | 6.7 | 4.2 | 8.1 |
| Profit Margin, After Income Tax 37 | 5.2 | 8.3 | 3.7 | 4.6 | 5.2 | 4.2 | 5.3 |

**Trends in Selected Ratios and Factors, 1986-1994**

| | 1986 | 1987 | 1988 | 1989 | 1990 | 1991 | 1992 | 1993 | 1994 |
|---|---|---|---|---|---|---|---|---|---|
| Cost of Operations (%) 38 | 66.9 | 68.7 | 68.9 | 66.1 | 66.7 | 66.4 | 65.9 | 65.5 | 64.1 |
| Operating Margin (%) 39 | 1.3 | 2.8 | 2.4 | 2.0 | • | 0.3 | 2.1 | 3.2 | 2.8 |
| Oper. Margin Before Officers Comp. (%) 40 | 1.9 | 3.5 | 3.2 | 2.7 | • | 0.9 | 2.8 | 3.9 | 4.1 |
| Average Net Receivables ($) 41 | 5942 | 2073 | 3341 | 4942 | 8758 | 11676 | 8570 | 8976 | 12793 |
| Average Inventories ($) 42 | 7418 | 2972 | 5454 | 6854 | 9846 | 12334 | 9924 | 9368 | 9868 |
| Average Net Worth ($) 43 | 19158 | 6654 | 11400 | 16182 | 30360 | 38197 | 28284 | 24861 | 31231 |
| Current Ratio (x1) 44 | 1.7 | 1.4 | 1.5 | 1.5 | 1.3 | 1.3 | 1.3 | 1.3 | 1.2 |
| Quick Ratio (x1) 45 | 0.7 | 0.5 | 0.6 | 0.6 | 0.6 | 0.6 | 0.6 | 0.5 | 0.6 |
| Coverage Ratio (x1) 46 | 2.7 | 3.5 | 3.1 | 3.0 | 2.8 | 4.0 | 4.0 | 4.3 | 3.7 |
| Asset Turnover (x1) 47 | 1.1 | 1.5 | 1.5 | 1.4 | 1.2 | 1.2 | 1.2 | 1.2 | 1.0 |
| Operating Leverage 48 | • | 2.2 | 0.9 | 0.8 | • | • | 7.4 | 1.5 | 0.9 |
| Financial Leverage 49 | • | 1.2 | 0.9 | 1.0 | 1.0 | 1.4 | 1.0 | 1.0 | 0.9 |
| Total Leverage 50 | • | 2.7 | 0.8 | 0.8 | • | • | 7.0 | 1.5 | 0.8 |

## Table I

Corporations with and without Net Income

# GRAIN MILL PRODUCTS

### MONEY AMOUNTS AND SIZE OF ASSETS IN THOUSANDS OF DOLLARS

| Item Description for Accounting Period 7/90 Through 6/91 | | Total | Zero Assets | Under 100 | 100 to 250 | 251 to 500 | 501 to 1,000 | 1,001 to 5,000 | 5,001 to 10,000 | 10,001 to 25,000 | 25,001 to 50,000 | 50,001 to 100,000 | 100,001 to 250,000 | 250,001 and over |
|---|---|---|---|---|---|---|---|---|---|---|---|---|---|---|
| Number of Enterprises | 1 | 1725 | · | · | 183 | 360 | 346 | 278 | 39 | 35 | 19 | 8 | 7 | 11 |
| **Revenues ($ in Thousands)** | | | | | | | | | | | | | | |
| Net Sales | 2 | 71943 | · | · | 3 | 511 | 852 | 2355 | 1076 | 1293 | 1924 | 1717 | 1391 | 60561 |
| Portfolio Income | 3 | 1978 | · | · | · | 2 | 2 | 8 | 4 | 5 | 5 | 6 | 23 | 1917 |
| Other Revenues | 4 | 1080 | · | · | · | 1 | 4 | 30 | 5 | 5 | 8 | 7 | 29 | 991 |
| Total Revenues | 5 | 75002 | · | · | 3 | 514 | 858 | 2393 | 1085 | 1303 | 1937 | 1730 | 1443 | 63469 |
| Average Total Revenues | 6 | 43479 | · | · | 15 | 1427 | 2481 | 8607 | 27809 | 37220 | 101925 | 216282 | 206122 | 5769917 |
| **Operating Costs/Operating Income (%)** | | | | | | | | | | | | | | |
| Cost of Operations | 7 | 67.9 | · | · | · | 77.6 | 85.2 | 83.6 | 76.3 | 83.1 | 83.7 | 76.2 | 78.0 | 65.6 |
| Rent | 8 | 0.7 | · | · | · | 0.2 | 0.4 | 0.2 | 0.5 | 0.1 | 0.2 | 0.1 | 0.3 | 0.8 |
| Taxes Paid | 9 | 1.2 | · | · | 3.1 | 1.8 | 1.2 | 0.8 | 0.8 | 1.0 | 1.0 | 1.1 | 0.8 | 1.3 |
| Interest Paid | 10 | 4.4 | · | · | · | 0.7 | 0.9 | 0.6 | 0.2 | 1.2 | 0.9 | 0.4 | 3.2 | 5.0 |
| Depreciation, Depletion, Amortization | 11 | 2.5 | · | · | · | 1.8 | 2.4 | 1.5 | 1.1 | 2.0 | 1.7 | 1.8 | 3.0 | 2.6 |
| Pensions and Other Benefits | 12 | 1.5 | · | · | · | 2.5 | 0.3 | 0.4 | 0.9 | 0.9 | 1.3 | 1.1 | 1.5 | 1.6 |
| Other | 13 | 22.0 | · | · | 4.0 | 15.8 | 8.7 | 10.5 | 11.1 | 9.9 | 8.2 | 11.2 | 13.6 | 24.0 |
| Officers Compensation | 14 | 0.4 | · | · | · | 3.1 | 0.9 | 2.1 | 2.0 | 0.8 | 1.0 | 0.6 | 0.5 | 0.2 |
| Operating Margin | 15 | · | · | · | 92.9 | · | · | 0.5 | 7.2 | 0.9 | 2.2 | 7.5 | · | · |
| Oper. Margin Before Officers Compensation | 16 | · | · | · | 92.9 | · | · | 1.0 | 2.6 | 9.2 | 1.8 | 3.1 | 8.1 | · | · |
| **Selected Average Balance Sheet ($ in Thousands)** | | | | | | | | | | | | | | |
| Net Receivables | 17 | 7285 | · | · | · | 91 | 217 | 411 | 1489 | 2322 | 8766 | 11967 | 21189 | 1072172 |
| Inventories | 18 | 3212 | · | · | · | 46 | 104 | 467 | 1185 | 3085 | 5489 | 15922 | 25016 | 435549 |
| Net Property, Plant and Equipment | 19 | 6875 | · | · | · | 114 | 332 | 712 | 2110 | 6229 | 12032 | 29879 | 46773 | 945442 |
| Total Assets | 20 | 40332 | · | · | 118 | 329 | 732 | 2044 | 7674 | 14933 | 36356 | 78521 | 131810 | 5957326 |

| | | | | | | | | | | | |
|---|---|---|---|---|---|---|---|---|---|---|---|
| Notes and Loans Payable 21 | 14938 | • | 208 | 253 | 240 | 464 | 875 | 3642 | 11006 | 9420 | 64957 | 2228397 |
| All Other Liabilities 22 | 9047 | • | 0 | 54 | 240 | 956 | 1553 | 3341 | 6672 | 21924 | 27457 | 1323871 |
| Net Worth 23 | 16347 | • | -91 | 23 | 252 | 623 | 5246 | 7950 | 18678 | 47177 | 39396 | 2405058 |

### Selected Financial Ratios (Times to 1)

| | | | | | | | | | | | | |
|---|---|---|---|---|---|---|---|---|---|---|---|---|
| Current Ratio 24 | 1.3 | • | 2.4 | 3.1 | 1.2 | 2.0 | 2.7 | 1.5 | 1.6 | 2.2 | 1.2 | 1.3 |
| Quick Ratio 25 | 0.8 | • | 2.4 | 2.2 | 0.9 | 1.1 | 1.9 | 0.7 | 1.0 | 1.1 | 0.5 | 0.7 |
| Net Sales to Working Capital 26 | 13.3 | • | 25.5 | 11.0 | 39.0 | 14.2 | 10.0 | 17.2 | 16.0 | 9.6 | 20.2 | 13.1 |
| Coverage Ratio 27 | 1.9 | • | • | • | 1.9 | 4.8 | • | 2.4 | 4.2 | • | 1.9 | 1.9 |
| Total Asset Turnover 28 | 1.0 | • | 0.1 | 4.3 | 3.4 | 4.2 | 3.6 | 2.5 | 2.8 | 2.7 | 1.5 | 0.9 |
| Inventory Turnover 29 | 9.0 | • | • | • | • | • | • | 8.2 | • | • | 5.4 | 8.6 |
| Receivables Turnover 30 | 5.3 | • | • | • | • | • | • | • | • | • | 9.0 | 4.7 |
| Total Liabilities to Net Worth 31 | 1.5 | • | • | 13.6 | 1.9 | 2.3 | 0.5 | 0.9 | 1.0 | 0.7 | 2.4 | 1.5 |

### Selected Financial Factors (in Percentages)

| | | | | | | | | | | | | |
|---|---|---|---|---|---|---|---|---|---|---|---|---|
| Debt Ratio 32 | 59.5 | • | • | 93.2 | 65.6 | 69.5 | 31.6 | 46.8 | 48.6 | 39.9 | 70.1 | 59.6 |
| Return on Assets 33 | 8.8 | • | • | 12.2 | 5.6 | 10.8 | 29.6 | 7.2 | 10.3 | 23.5 | 9.1 | 8.5 |
| Return on Equity 34 | 6.9 | • | • | • | 5.4 | 24.3 | 39.4 | 5.1 | 13.3 | 32.0 | 10.5 | 6.2 |
| Return Before Interest on Equity 35 | 21.6 | • | • | • | 16.1 | • | • | 13.5 | 20.1 | • | 30.6 | 21.1 |
| Profit Margin, Before Income Tax 36 | 4.1 | • | • | • | 0.8 | 2.1 | 8.0 | 1.7 | 2.8 | 8.2 | 2.9 | 4.2 |
| Profit Margin, After Income Tax 37 | 2.7 | • | • | • | 0.6 | 1.8 | 7.5 | 1.1 | 2.5 | 7.0 | 2.1 | 2.7 |

### Trends in Selected Ratios and Factors, 1986-1994

| | 1986 | 1987 | 1988 | 1989 | 1990 | 1991 | 1992 | 1993 | 1994 |
|---|---|---|---|---|---|---|---|---|---|
| Cost of Operations (%) 38 | 75.6 | 77.5 | 77.6 | 69.8 | 67.0 | 68.4 | 69.9 | 69.9 | 67.9 |
| Operating Margin (%) 39 | • | • | • | • | • | 0.3 | 1.4 | • | • |
| Oper. Margin Before Officers Comp. (%) 40 | • | • | • | • | • | 0.7 | 1.9 | • | • |
| Average Net Receivables ($) 41 | 2604 | 2871 | 2767 | 2487 | 3192 | 2911 | 2151 | 8408 | 7285 |
| Average Inventories ($) 42 | 2674 | 2875 | 2422 | 2067 | 2439 | 2533 | 2095 | 3004 | 3212 |
| Average Net Worth ($) 43 | 7383 | 7147 | 5903 | 5860 | 9661 | 7660 | 6323 | 12348 | 16347 |
| Current Ratio (x1) 44 | 1.4 | 1.4 | 1.5 | 1.4 | 1.3 | 1.1 | 1.1 | 1.2 | 1.3 |
| Quick Ratio (x1) 45 | 0.7 | 0.7 | 0.8 | 0.7 | 0.6 | 0.5 | 0.5 | 0.8 | 0.8 |
| Coverage Ratio (x1) 46 | 2.6 | 2.7 | 2.3 | 2.7 | 2.8 | 3.6 | 3.8 | 2.3 | 1.9 |
| Asset Turnover (x1) 47 | 2.2 | 2.4 | 2.4 | 1.9 | 1.5 | 1.6 | 1.6 | 1.2 | 1.0 |
| Total Liabilities/Net Worth (x1) 48 | 1.3 | 1.4 | 1.6 | 1.6 | 1.4 | 1.7 | 1.6 | 1.9 | 1.5 |
| Return on Assets (x1) 49 | 11.0 | 11.4 | 10.3 | 11.1 | 9.4 | 13.2 | 13.8 | 10.2 | 8.8 |
| Return on Equity (%) 50 | 8.0 | 9.2 | 7.4 | 9.3 | 8.7 | 16.1 | 17.6 | 11.0 | 6.9 |

# Table II

Corporations with Net Income

## GRAIN MILL PRODUCTS

### MONEY AMOUNTS AND SIZE OF ASSETS IN THOUSANDS OF DOLLARS

| Item Description for Accounting Period 7/90 Through 6/91 | Total | Zero Assets | Under 100 | 100 to 250 | 251 to 500 | 501 to 1,000 | 1,001 to 5,000 | 5,001 to 10,000 | 10,001 to 25,000 | 25,001 to 50,000 | 50,001 to 100,000 | 100,001 to 250,000 | 250,001 and over |
|---|---|---|---|---|---|---|---|---|---|---|---|---|---|
| Number of Enterprises **1** | 1340 | • | 418 | 183 | 183 | 220 | 232 | 39 | 25 | 16 | 8 | • | • |
| **Revenues ($ in Thousands)** | | | | | | | | | | | | | |
| Net Sales **2** | 62541 | • | 108 | 3 | 412 | 677 | 2165 | 1076 | 1128 | 1725 | 1717 | • | • |
| Portfolio Income **3** | 994 | • | • | • | 1 | 1 | 5 | 4 | 5 | 2 | 6 | • | • |
| Other Revenues **4** | 646 | • | • | • | 0 | 3 | 28 | 5 | 4 | 7 | 7 | • | • |
| Total Revenues **5** | 64181 | • | 108 | 3 | 413 | 681 | 2198 | 1085 | 1138 | 1734 | 1730 | • | • |
| Average Total Revenues **6** | 47896 | • | 257 | 15 | 2255 | 3094 | 9475 | 27809 | 45503 | 108382 | 216282 | • | • |
| **Operating Costs/Operating Income (%)** | | | | | | | | | | | | | |
| Cost of Operations **7** | 69.0 | • | 79.8 | • | 78.8 | 86.5 | 85.3 | 76.3 | 85.2 | 82.8 | 76.2 | • | • |
| Rent **8** | 0.6 | • | 1.7 | • | • | 0.2 | 0.2 | 0.5 | 0.1 | 0.2 | 0.1 | | |
| Taxes Paid **9** | 1.1 | • | 1.3 | 3.1 | 1.7 | 0.9 | 0.8 | 0.8 | 0.9 | 1.0 | 1.1 | | |
| Interest Paid **10** | 2.6 | • | 0.4 | • | 0.7 | 0.8 | 0.6 | 0.2 | 1.0 | 0.8 | 0.4 | | |
| Depreciation, Depletion, Amortization **11** | 2.1 | • | 2.3 | • | 1.2 | 1.6 | 1.2 | 1.1 | 1.9 | 1.6 | 1.8 | | |
| Pensions and Other Benefits **12** | 1.6 | • | • | • | 1.8 | 0.3 | 0.4 | 0.9 | 0.7 | 1.4 | 1.1 | | |
| Other **13** | 20.6 | • | 8.1 | 4.0 | 12.1 | 7.7 | 8.7 | 11.1 | 7.6 | 8.7 | 11.2 | | |
| Officers Compensation **14** | 0.4 | • | 4.7 | • | 2.8 | 1.1 | 2.1 | 2.0 | 0.6 | 0.9 | 0.6 | | |
| Operating Margin **15** | 2.1 | • | 1.8 | 92.9 | 1.0 | 1.1 | 0.9 | 7.2 | 1.9 | 2.7 | 7.5 | | |
| Oper. Margin Before Officers Compensation **16** | 2.5 | • | 6.4 | 92.9 | 3.8 | 2.1 | 3.0 | 9.2 | 2.6 | 3.6 | 8.1 | | |
| **Selected Average Balance Sheet ($ in Thousands)** | | | | | | | | | | | | | |
| Net Receivables **17** | 3258 | • | • | • | 121 | 281 | 445 | 1489 | 2579 | 9177 | 11967 | • | • |
| Inventories **18** | 3286 | • | 16 | • | 57 | 158 | 541 | 1185 | 3814 | 5974 | 15922 | • | • |
| Net Property, Plant and Equipment **19** | 7216 | • | 22 | • | 115 | 254 | 743 | 2110 | 6723 | 11814 | 29879 | • | • |
| Total Assets **20** | 26491 | • | 38 | 118 | 338 | 780 | 2155 | 7674 | 16197 | 36339 | 78521 | • | • |

| | | | | | | | | | | | |
|---|---|---|---|---|---|---|---|---|---|---|---|
| Notes and Loans Payable 21 | 11757 | • | 14 | 208 | 105 | 320 | 431 | 875 | 3352 | 11085 | 9420 |
| All Other Liabilities 22 | 6643 | • | 1 | 0 | 55 | 198 | 580 | 1553 | 3891 | 6559 | 21924 |
| Net Worth 23 | 8091 | • | 23 | -91 | 179 | 262 | 1144 | 5246 | 8954 | 18695 | 47177 |

**Selected Financial Ratios (Times to 1)**

| | | | | | | | | | | | |
|---|---|---|---|---|---|---|---|---|---|---|---|
| Current Ratio 24 | 1.1 | • | 15.3 | 2.4 | 4.1 | 1.5 | 2.2 | 2.7 | 1.6 | 1.7 | 2.2 |
| Quick Ratio 25 | 0.5 | • | • | 2.4 | 2.8 | 1.0 | 1.2 | 1.9 | 0.7 | 1.1 | 1.1 |
| Net Sales to Working Capital 26 | • | • | 17.6 | 25.5 | 13.3 | 18.4 | 13.3 | 10.0 | 16.2 | 14.0 | 9.6 |
| Coverage Ratio 27 | 3.0 | • | 5.4 | • | 2.8 | 2.9 | 5.3 | • | 3.7 | 5.0 | • |
| Total Asset Turnover 28 | 1.8 | • | 6.9 | 0.1 | 6.7 | 4.0 | 4.3 | 3.6 | 2.8 | 3.0 | 2.7 |
| Inventory Turnover 29 | 9.1 | • | • | • | • | • | • | • | 8.6 | • | • |
| Receivables Turnover 30 | 6.6 | • | • | • | • | • | • | • | • | • | • |
| Total Liabilities to Net Worth 31 | 2.3 | • | 0.7 | • | 0.9 | 2.0 | 0.9 | 0.5 | 0.8 | 1.0 | 0.7 |

**Selected Financial Factors (in Percentages)**

| | | | | | | | | | | | |
|---|---|---|---|---|---|---|---|---|---|---|---|
| Debt Ratio 32 | 69.5 | • | 39.2 | • | 47.1 | 66.4 | 46.9 | 31.6 | 44.7 | 48.6 | 39.9 |
| Return on Assets 33 | 13.6 | • | 14.7 | 12.2 | 13.0 | 9.5 | 13.0 | 29.6 | 10.5 | 12.0 | 23.5 |
| Return on Equity 34 | 20.5 | • | 19.7 | • | 13.3 | 15.5 | 17.3 | 39.4 | 10.4 | 16.3 | 32.0 |
| Return Before Interest on Equity 35 | • | • | 24.2 | • | 24.6 | 28.3 | 24.4 | • | 19.1 | 23.3 | • |
| Profit Margin, Before Income Tax 36 | 5.1 | • | 1.8 | • | 1.3 | 1.6 | 2.4 | 8.0 | 2.8 | 3.2 | 8.2 |
| Profit Margin, After Income Tax 37 | 3.6 | • | 1.8 | • | 1.1 | 1.3 | 2.1 | 7.5 | 2.1 | 2.8 | 7.0 |

**Trends in Selected Ratios and Factors, 1986-1994**

| | 1986 | 1987 | 1988 | 1989 | 1990 | 1991 | 1992 | 1993 | 1994 |
|---|---|---|---|---|---|---|---|---|---|
| Cost of Operations (%) 38 | 72.9 | 76.8 | 79.9 | 72.2 | 66.3 | 67.0 | 68.7 | 69.8 | 69.0 |
| Operating Margin (%) 39 | 0.5 | 0.2 | 1.1 | 1.0 | 0.1 | 1.1 | 1.9 | • | 2.1 |
| Oper. Margin Before Officers Comp. (%) 40 | 0.9 | 0.6 | 1.4 | 1.4 | 0.5 | 1.5 | 2.3 | • | 2.5 |
| Average Net Receivables ($) 41 | 3146 | 3061 | 3740 | 3862 | 3529 | 4771 | 2482 | 12343 | 3258 |
| Average Inventories ($) 42 | 3439 | 3212 | 3142 | 3156 | 2758 | 4205 | 2270 | 4297 | 3286 |
| Average Net Worth ($) 43 | 10197 | 8508 | 8915 | 9820 | 11602 | 13875 | 7600 | 18190 | 8091 |
| Current Ratio (x1) 44 | 1.4 | 1.4 | 1.4 | 1.4 | 1.2 | 1.0 | 1.1 | 1.2 | 1.1 |
| Quick Ratio (x1) 45 | 0.7 | 0.7 | 0.8 | 0.8 | 0.6 | 0.5 | 0.5 | 0.8 | 0.5 |
| Coverage Ratio (x1) 46 | 3.0 | 3.1 | 4.5 | 4.1 | 3.1 | 4.0 | 4.2 | 2.3 | 3.0 |
| Asset Turnover (x1) 47 | 2.0 | 2.4 | 2.8 | 2.0 | 1.4 | 1.6 | 1.6 | 1.2 | 1.8 |
| Operating Leverage 48 | • | 0.4 | 5.5 | 0.9 | 0.1 | 10.0 | 1.7 | • | • |
| Financial Leverage 49 | • | 1.0 | 1.2 | 1.0 | 1.0 | 1.1 | 1.1 | 0.8 | 1.2 |
| Total Leverage 50 | • | 0.4 | 6.4 | 0.9 | 0.1 | 11.4 | 1.8 | • | • |

## Table I

Corporations with and without Net Income

# BAKERY PRODUCTS

### MONEY AMOUNTS AND SIZE OF ASSETS IN THOUSANDS OF DOLLARS

| Item Description for Accounting Period 7/90 Through 6/91 | Total | Zero Assets | Under 100 | 100 to 250 | 251 to 500 | 501 to 1,000 | 1,001 to 5,000 | 5,001 to 10,000 | 10,001 to 25,000 | 25,001 to 50,000 | 50,001 to 100,000 | 100,001 to 250,000 | 250,001 and over |
|---|---|---|---|---|---|---|---|---|---|---|---|---|---|
| Number of Enterprises **1** | 2661 | • | • | 444 | 555 | 171 | 397 | 65 | 51 | 25 | 11 | • | 9 |
| **Revenues ($ in Thousands)** | | | | | | | | | | | | | |
| Net Sales **2** | 17189 | • | • | 275 | 847 | 256 | 2025 | 908 | 2055 | 2180 | 1484 | • | 7046 |
| Portfolio Income **3** | 105 | • | • | • | 5 | 4 | 2 | 2 | 8 | 25 | 9 | • | 29 |
| Other Revenues **4** | 149 | • | • | 0 | 1 | 9 | 9 | 4 | 17 | 28 | 11 | • | 63 |
| Total Revenues **5** | 17443 | • | • | 275 | 854 | 269 | 2036 | 913 | 2080 | 2232 | 1503 | • | 7138 |
| Average Total Revenues **6** | 6555 | • | • | 620 | 1539 | 1573 | 5129 | 14054 | 40785 | 89289 | 136666 | • | 793140 |
| **Operating Costs/Operating Income (%)** | | | | | | | | | | | | | |
| Cost of Operations **7** | 56.1 | • | • | 36.0 | 64.2 | 36.4 | 63.1 | 59.1 | 56.0 | 57.4 | 64.7 | • | 52.2 |
| Rent **8** | 1.7 | • | • | 6.3 | 2.6 | 3.8 | 1.0 | 1.1 | 1.0 | 1.1 | 0.9 | • | 2.0 |
| Taxes Paid **9** | 2.8 | • | • | 3.0 | 4.1 | 3.7 | 2.7 | 3.0 | 3.0 | 3.0 | 2.5 | • | 2.5 |
| Interest Paid **10** | 1.9 | • | • | 3.0 | 1.8 | 0.8 | 2.1 | 2.2 | 1.2 | 0.9 | 2.4 | • | 2.1 |
| Depreciation, Depletion, Amortization **11** | 3.2 | • | • | 4.6 | 2.9 | 2.6 | 3.1 | 4.0 | 3.0 | 3.0 | 3.5 | • | 3.1 |
| Pensions and Other Benefits **12** | 2.9 | • | • | 2.9 | 0.9 | 0.5 | 1.4 | 2.4 | 3.2 | 3.3 | 2.5 | • | 3.6 |
| Other **13** | 27.9 | • | • | 36.8 | 22.6 | 47.2 | 23.8 | 20.1 | 27.7 | 26.9 | 23.1 | • | 31.2 |
| Officers Compensation **14** | 1.6 | • | • | 10.8 | 3.0 | 4.0 | 3.0 | 3.2 | 1.6 | 1.7 | 0.9 | • | 0.4 |
| Operating Margin **15** | 2.0 | • | • | • | • | 1.0 | • | 5.0 | 3.4 | 2.8 | • | • | 3.0 |
| Oper. Margin Before Officers Compensation **16** | 3.6 | • | • | 7.5 | 1.1 | 5.0 | 2.8 | 8.2 | 5.0 | 4.5 | 0.5 | • | 3.4 |
| **Selected Average Balance Sheet ($ in Thousands)** | | | | | | | | | | | | | |
| Net Receivables **17** | 487 | • | • | 12 | 54 | 135 | 467 | 1459 | 2792 | 6971 | 13380 | • | 54768 |
| Inventories **18** | 296 | • | • | 34 | 35 | 41 | 316 | 603 | 1291 | 3244 | 7627 | • | 38390 |
| Net Property, Plant and Equipment **19** | 1415 | • | • | 61 | 205 | 224 | 1070 | 4134 | 7736 | 17299 | 33981 | • | 186456 |
| Total Assets **20** | 3384 | • | • | 167 | 376 | 856 | 2335 | 6990 | 16304 | 35229 | 78296 | • | 510484 |

| | | | | | | | | | | |
|---|---|---|---|---|---|---|---|---|---|---|
| Notes and Loans Payable 21 | 1155 | 141 | 269 | 219 | 1182 | 3154 | 6124 | 8213 | 28085 | 145627 |
| All Other Liabilities 22 | 864 | 48 | 125 | 242 | 468 | 1547 | 3831 | 8211 | 33269 | 123845 |
| Net Worth 23 | 1365 | -23 | -18 | 395 | 685 | 2289 | 6350 | 18805 | 16942 | 241013 |

**Selected Financial Ratios (Times to 1)**

| | | | | | | | | | | |
|---|---|---|---|---|---|---|---|---|---|---|
| Current Ratio 24 | 1.3 | 1.0 | 0.7 | 3.7 | 1.7 | 1.1 | 1.5 | 1.8 | 0.9 | 1.2 |
| Quick Ratio 25 | 0.8 | 0.5 | 0.5 | 3.0 | 1.1 | 0.7 | 1.1 | 1.3 | 0.5 | 0.7 |
| Net Sales to Working Capital 26 | 27.0 | · | · | 4.7 | 11.1 | · | 17.3 | 13.0 | · | 42.4 |
| Coverage Ratio 27 | 2.9 | · | 0.4 | 8.2 | 1.2 | 3.6 | 4.7 | 6.8 | 1.4 | 3.0 |
| Total Asset Turnover 28 | 1.9 | 3.7 | 4.1 | 1.8 | 2.2 | 2.0 | 2.5 | 2.5 | 1.7 | 1.5 |
| Inventory Turnover 29 | · | 7.7 | · | 3.3 | · | 9.8 | · | · | · | · |
| Receivables Turnover 30 | · | · | · | 6.7 | · | · | · | · | · | · |
| Total Liabilities to Net Worth 31 | 1.5 | · | · | 1.2 | 2.4 | 2.1 | 1.6 | 0.9 | 3.6 | 1.1 |

**Selected Financial Factors (in Percentages)**

| | | | | | | | | | | |
|---|---|---|---|---|---|---|---|---|---|---|
| Debt Ratio 32 | 59.7 | · | · | 53.8 | 70.7 | 67.3 | 61.1 | 46.6 | 78.4 | 52.8 |
| Return on Assets 33 | 10.2 | · | 2.5 | 11.9 | 5.5 | 15.5 | 14.3 | 15.0 | 5.6 | 9.8 |
| Return on Equity 34 | 11.9 | · | · | 22.3 | 1.6 | 28.6 | 25.2 | 17.1 | 0.7 | 9.5 |
| Return Before Interest on Equity 35 | 25.2 | 7.0 | · | 25.7 | 18.6 | · | · | 28.1 | 25.9 | 20.8 |
| Profit Margin, Before Income Tax 36 | 3.5 | · | · | 6.0 | 0.4 | 5.6 | 4.6 | 5.2 | 0.9 | 4.3 |
| Profit Margin, After Income Tax 37 | 2.5 | · | · | 5.9 | 0.2 | 4.7 | 4.0 | 3.7 | 0.1 | 2.9 |

**Trends in Selected Ratios and Factors, 1986-1994**

| | 1986 | 1987 | 1988 | 1989 | 1990 | 1991 | 1992 | 1993 | 1994 |
|---|---|---|---|---|---|---|---|---|---|
| Cost of Operations (%) 38 | 57.6 | 57.0 | 57.6 | 55.5 | 54.8 | 57.2 | 56.5 | 57.8 | 56.1 |
| Operating Margin (%) 39 | 1.3 | 0.9 | 0.9 | 2.2 | 1.3 | 1.4 | · | 1.3 | 2.0 |
| Oper. Margin Before Officers Comp. (%) 40 | 2.8 | 2.5 | 2.4 | 3.6 | 3.4 | 3.4 | 2.2 | 2.9 | 3.6 |
| Average Net Receivables ($) 41 | 400 | 264 | 363 | 380 | 340 | 354 | 355 | 308 | 487 |
| Average Inventories ($) 42 | 282 | 247 | 324 | 217 | 197 | 168 | 221 | 191 | 296 |
| Average Net Worth ($) 43 | 2035 | 1949 | 2535 | 1098 | 982 | 967 | 1091 | 931 | 1365 |
| Current Ratio (x1) 44 | 1.6 | 1.2 | 1.3 | 1.5 | 1.6 | 1.9 | 1.4 | 1.4 | 1.3 |
| Quick Ratio (x1) 45 | 1.0 | 0.6 | 0.7 | 1.0 | 1.1 | 1.1 | 0.9 | 0.9 | 0.8 |
| Coverage Ratio (x1) 46 | 3.7 | 3.9 | 4.0 | 6.2 | 3.3 | 3.5 | 2.8 | 2.5 | 2.9 |
| Asset Turnover (x1) 47 | 1.6 | 1.4 | 1.4 | 2.5 | 2.1 | 1.7 | 1.6 | 1.9 | 1.9 |
| Total Liabilities/Net Worth (x1) 48 | 0.7 | 0.6 | 0.6 | 1.0 | 1.2 | 1.3 | 1.6 | 1.4 | 1.5 |
| Return on Assets (x1) 49 | 8.7 | 8.1 | 8.3 | 22.4 | 9.0 | 8.2 | 8.3 | 8.9 | 10.2 |
| Return on Equity (%) 50 | 5.5 | 5.2 | 5.7 | 19.8 | 7.9 | 9.0 | 9.1 | 9.2 | 11.9 |

# Table II

Corporations with Net Income

## BAKERY PRODUCTS

### Money Amounts and Size of Assets in Thousands of Dollars

| Item Description for Accounting Period 7/90 Through 6/91 | Total | Zero Assets | Under 100 | 100 to 250 | 251 to 500 | 501 to 1,000 | 1,001 to 5,000 | 5,001 to 10,000 | 10,001 to 25,000 | 25,001 to 50,000 | 50,001 to 100,000 | 100,001 to 250,000 | 250,001 and over |
|---|---|---|---|---|---|---|---|---|---|---|---|---|---|
| Number of Enterprises **1** | 1455 | • | 513 | 208 | 314 | 78 | 202 | 58 | 41 | • | 7 | • | 9 |
| **Revenues ($ in Thousands)** | | | | | | | | | | | | | |
| Net Sales **2** | 14685 | • | 81 | 187 | 529 | 75 | 1181 | 853 | 1555 | • | 987 | • | 7046 |
| Portfolio Income **3** | 97 | • | • | • | 5 | 1 | 1 | 1 | 7 | • | 6 | • | 29 |
| Other Revenues **4** | 133 | • | 7 | • | 0 | 5 | 5 | 3 | 16 | • | 6 | • | 63 |
| Total Revenues **5** | 14915 | • | 88 | 187 | 535 | 82 | 1186 | 858 | 1578 | • | 1000 | • | 7138 |
| Average Total Revenues **6** | 10251 | • | 172 | 899 | 1703 | 1047 | 5872 | 14790 | 38494 | • | 142853 | • | 793140 |
| **Operating Costs/Operating Income (%)** | | | | | | | | | | | | | |
| Cost of Operations **7** | 55.2 | • | 56.7 | 29.6 | 62.4 | 32.8 | 61.3 | 59.1 | 54.4 | • | 66.2 | • | 52.2 |
| Rent **8** | 1.7 | • | 8.1 | 7.8 | 3.3 | 1.1 | 0.9 | 1.2 | 1.0 | • | 0.9 | • | 2.0 |
| Taxes Paid **9** | 2.7 | • | 2.5 | 3.7 | 5.0 | 3.2 | 2.4 | 3.2 | 2.8 | • | 2.3 | • | 2.5 |
| Interest Paid **10** | 1.6 | • | • | 2.3 | 0.7 | 1.9 | 0.8 | 2.2 | 1.0 | • | 1.6 | • | 2.1 |
| Depreciation, Depletion, Amortization **11** | 3.0 | • | 1.4 | 3.8 | 2.2 | 3.8 | 2.2 | 4.1 | 3.0 | • | 2.9 | • | 3.1 |
| Pensions and Other Benefits **12** | 3.1 | • | • | 3.8 | 0.7 | 1.3 | 1.5 | 2.4 | 3.2 | • | 2.1 | • | 3.6 |
| Other **13** | 27.9 | • | 18.6 | 33.6 | 20.1 | 37.0 | 24.3 | 19.5 | 28.1 | • | 20.0 | • | 31.2 |
| Officers Compensation **14** | 1.5 | • | 14.8 | 9.4 | 3.1 | 2.9 | 2.9 | 3.1 | 1.9 | • | 1.1 | • | 0.4 |
| Operating Margin **15** | 3.4 | • | • | 6.0 | 2.7 | 16.2 | 3.8 | 5.5 | 4.8 | • | 3.0 | • | 3.0 |
| Oper. Margin Before Officers Compensation **16** | 4.9 | • | 12.8 | 15.4 | 5.8 | 19.1 | 6.7 | 8.5 | 6.6 | • | 4.1 | • | 3.4 |
| **Selected Average Balance Sheet ($ in Thousands)** | | | | | | | | | | | | | |
| Net Receivables **17** | 749 | • | • | 2 | 50 | 119 | 575 | 1060 | 2885 | • | 14761 | • | 54768 |
| Inventories **18** | 460 | • | 9 | 10 | 35 | 18 | 374 | 643 | 1418 | • | 8000 | • | 38390 |
| Net Property, Plant and Equipment **19** | 2139 | • | 25 | 109 | 170 | 261 | 842 | 4469 | 7074 | • | 31207 | • | 186456 |
| Total Assets **20** | 5324 | • | 50 | 188 | 341 | 789 | 2222 | 6972 | 16786 | • | 78787 | • | 510484 |

| Notes and Loans Payable 21 | 1608 | 23 | 168 | 113 | 96 | 691 | 3391 | 5826 | • | 27276 | • | 145627 |
| All Other Liabilities 22 | 1240 | 1 | 34 | 88 | 396 | 341 | 1139 | 3576 | • | 20080 | • | 123845 |
| Net Worth 23 | 2476 | 26 | -15 | 140 | 298 | 1190 | 2442 | 7384 | • | 31432 | • | 241013 |

## Selected Financial Ratios (Times to 1)

| | | | | | | | | | | | | |
|---|---|---|---|---|---|---|---|---|---|---|---|---|
| Current Ratio 24 | 1.5 | 15.9 | 0.8 | 1.1 | 2.4 | 3.0 | 1.1 | 1.7 | • | 1.5 | • | 1.2 |
| Quick Ratio 25 | 0.9 | 7.6 | 0.7 | 0.7 | 2.0 | 1.9 | 0.6 | 1.2 | • | 0.9 | • | 0.7 |
| Net Sales to Working Capital 26 | 19.4 | 9.9 | • | 8.1 | 6.9 | • | 12.1 | • | 14.5 | • | 42.4 | |
| Coverage Ratio 27 | 4.1 | • | 3.6 | 6.2 | 13.9 | 6.4 | 3.7 | 7.1 | • | 3.7 | • | 3.0 |
| Total Asset Turnover 28 | 1.9 | 3.2 | 4.8 | 5.0 | 1.2 | 2.6 | 2.1 | 2.3 | • | 1.8 | • | 1.5 |
| Inventory Turnover 29 | • | 9.1 | 9.9 | • | 1.9 | • | • | • | • | • | | |
| Receivables Turnover 30 | • | • | • | • | 3.1 | • | • | • | • | | | |
| Total Liabilities to Net Worth 31 | 1.2 | 0.9 | • | 1.4 | 1.7 | 0.9 | 1.9 | 1.3 | • | 1.5 | • | 1.1 |

## Selected Financial Factors (in Percentages)

| | | | | | | | | | | | | |
|---|---|---|---|---|---|---|---|---|---|---|---|---|
| Debt Ratio 32 | 53.5 | 48.1 | • | 59.0 | 62.3 | 46.4 | 65.0 | 56.0 | • | 60.1 | • | 52.8 |
| Return on Assets 33 | 12.5 | 22.4 | 39.6 | 22.0 | 32.6 | 13.2 | 17.4 | 16.3 | • | 10.5 | • | 9.8 |
| Return on Equity 34 | 15.8 | • | • | • | 19.9 | 30.4 | 27.8 | • | 13.9 | • | 9.5 | |
| Return Before Interest on Equity 35 | 26.8 | • | • | • | • | 24.7 | • | 26.2 | • | 20.8 | | |
| Profit Margin, Before Income Tax 36 | 5.0 | 7.1 | 6.0 | 3.7 | 24.7 | 4.3 | 6.0 | 6.2 | • | 4.3 | • | 4.3 |
| Profit Margin, After Income Tax 37 | 3.9 | 7.1 | 6.0 | 3.4 | 24.5 | 4.1 | 5.1 | 5.4 | • | 3.1 | • | 2.9 |

## Trends in Selected Ratios and Factors, 1986-1994

| | 1986 | 1987 | 1988 | 1989 | 1990 | 1991 | 1992 | 1993 | 1994 |
|---|---|---|---|---|---|---|---|---|---|
| Cost of Operations (%) 38 | 57.1 | 56.2 | 57.1 | 54.8 | 54.6 | 55.2 | 55.6 | 57.5 | 55.2 |
| Operating Margin (%) 39 | 2.6 | 1.9 | 1.5 | 3.1 | 2.5 | 3.0 | 2.3 | 2.8 | 3.4 |
| Oper. Margin Before Officers Comp. (%) 40 | 4.1 | 3.2 | 2.9 | 4.4 | 4.2 | 4.9 | 4.5 | 4.4 | 4.9 |
| Average Net Receivables ($) 41 | 656 | 467 | 458 | 567 | 745 | 440 | 808 | 690 | 749 |
| Average Inventories ($) 42 | 494 | 450 | 425 | 305 | 428 | 269 | 490 | 412 | 460 |
| Average Net Worth ($) 43 | 3757 | 3812 | 3515 | 1776 | 2333 | 1619 | 3106 | 2261 | 2476 |
| Current Ratio (x1) 44 | 1.7 | 1.2 | 1.3 | 1.6 | 1.8 | 1.6 | 1.6 | 1.6 | 1.5 |
| Quick Ratio (x1) 45 | 1.0 | 0.6 | 0.7 | 1.1 | 1.3 | 1.0 | 1.1 | 1.0 | 0.9 |
| Coverage Ratio (x1) 46 | 4.8 | 4.9 | 4.7 | 7.7 | 4.7 | 6.1 | 6.7 | 3.9 | 4.1 |
| Asset Turnover (x1) 47 | 1.5 | 1.3 | 1.3 | 2.5 | 2.0 | 2.0 | 1.6 | 2.0 | 1.9 |
| Operating Leverage 48 | • | 0.7 | 0.8 | 2.1 | 0.8 | 1.2 | 0.8 | 1.2 | 1.2 |
| Financial Leverage 49 | • | 1.0 | 1.0 | 1.0 | 1.1 | 1.2 | 1.1 | 0.9 | 1.0 |
| Total Leverage 50 | • | 0.8 | 0.8 | 2.1 | 0.9 | 1.4 | 0.8 | 1.1 | 1.2 |

## Table I

Corporations with and without Net Income

# SUGAR AND CONFECTIONERY PRODUCTS

### MONEY AMOUNTS AND SIZE OF ASSETS IN THOUSANDS OF DOLLARS

| Item Description for Accounting Period 7/90 Through 6/91 | Total | Zero Assets | Under 100 | 100 to 250 | 251 to 500 | 501 to 1,000 | 1,001 to 5,000 | 5,001 to 10,000 | 10,001 to 25,000 | 25,001 to 50,000 | 50,001 to 100,000 | 100,001 to 250,000 | 250,001 and over |
|---|---|---|---|---|---|---|---|---|---|---|---|---|---|
| Number of Enterprises 1 | 902 | 345 | • | 68 | 120 | 133 | 134 | 32 | 27 | 15 | 7 | 5 | 15 |
| **Revenues ($ in Thousands)** | | | | | | | | | | | | | |
| Net Sales 2 | 16997 | 13 | • | 28 | 138 | 128 | 651 | 656 | 601 | 807 | 639 | 1008 | 12328 |
| Portfolio Income 3 | 480 | 1 | • | 0 | 0 | 1 | 1 | 1 | 7 | 2 | 1 | 13 | 452 |
| Other Revenues 4 | 161 | 0 | • | • | 0 | 0 | 13 | 3 | 4 | 15 | 4 | 11 | 110 |
| Total Revenues 5 | 17637 | 14 | • | 28 | 138 | 130 | 665 | 660 | 611 | 824 | 644 | 1032 | 12890 |
| Average Total Revenues 6 | 19553 | 40 | • | 416 | 1150 | 977 | 4964 | 20629 | 22641 | 54952 | 91970 | 206396 | 859342 |
| **Operating Costs/Operating Income (%)** | | | | | | | | | | | | | |
| Cost of Operations 7 | 61.2 | 30.2 | • | 39.7 | 72.5 | 45.9 | 64.1 | 81.8 | 68.6 | 69.5 | 62.5 | 65.6 | 58.7 |
| Rent 8 | 0.8 | 0.2 | • | 1.5 | 1.6 | 2.3 | 1.3 | • | 0.4 | 1.0 | 1.3 | 0.4 | 0.8 |
| Taxes Paid 9 | 1.8 | 10.7 | • | 5.4 | 2.0 | 2.9 | 2.9 | 1.3 | 2.5 | 1.5 | 2.0 | 1.9 | 1.7 |
| Interest Paid 10 | 2.8 | 13.9 | • | 0.3 | 1.2 | 0.9 | 2.7 | 1.8 | 2.6 | 1.8 | 2.1 | 3.4 | 2.9 |
| Depreciation, Depletion, Amortization 11 | 3.0 | 0.2 | • | 2.2 | 5.9 | 2.8 | 3.4 | 1.4 | 3.4 | 3.3 | 2.8 | 3.6 | 3.0 |
| Pensions and Other Benefits 12 | 1.7 | • | • | • | • | 0.3 | 0.7 | 1.1 | 1.2 | 1.5 | 1.9 | 1.3 | 1.8 |
| Other 13 | 25.3 | 14.6 | • | 45.6 | 17.6 | 11.5 | 27.0 | 14.0 | 21.4 | 17.4 | 17.5 | 15.4 | 28.0 |
| Officers Compensation 14 | 1.0 | 19.8 | • | 11.5 | 1.7 | 15.5 | 2.3 | 0.7 | 1.5 | 2.0 | 1.1 | 0.9 | 0.6 |
| Operating Margin 15 | 2.5 | 10.3 | • | • | • | 17.9 | • | • | • | 2.1 | 8.9 | 7.6 | 2.5 |
| Oper. Margin Before Officers Compensation 16 | 3.5 | 30.1 | • | 5.4 | • | 33.5 | • | • | • | 4.1 | 10.0 | 8.5 | 3.1 |
| **Selected Average Balance Sheet ($ in Thousands)** | | | | | | | | | | | | | |
| Net Receivables 17 | 1907 | • | • | 21 | 65 | 44 | 253 | 1373 | 2285 | 6031 | 8811 | 20852 | 87298 |
| Inventories 18 | 2678 | • | • | 68 | 34 | 49 | 615 | 1742 | 4151 | 7864 | 17415 | 21446 | 120175 |
| Net Property, Plant and Equipment 19 | 4600 | • | • | 25 | 216 | 130 | 920 | 2679 | 5604 | 10805 | 25023 | 52484 | 209645 |
| Total Assets 20 | 16484 | • | • | 241 | 352 | 566 | 2131 | 5970 | 14513 | 31490 | 70874 | 140481 | 813001 |

| | | | | | | | | | | | | |
|---|---|---|---|---|---|---|---|---|---|---|---|---|
| Notes and Loans Payable 21 | 4771 | • | • | 5 | 155 | 131 | 2014 | 4366 | 6534 | 10638 | 21591 | 34388 | 213239 |
| All Other Liabilities 22 | 4114 | • | • | 1 | 30 | 94 | 456 | 1301 | 3139 | 5945 | 12260 | 29335 | 212360 |
| Net Worth 23 | 7599 | • | • | 235 | 168 | 341 | -339 | 303 | 4840 | 14907 | 37023 | 76758 | 387402 |

**Selected Financial Ratios (Times to 1)**

| | | | | | | | | | | | | |
|---|---|---|---|---|---|---|---|---|---|---|---|---|
| Current Ratio 24 | 1.4 | • | • | 3.8 | 2.5 | 0.8 | 1.3 | 1.3 | 1.3 | 1.2 | 2.5 | 1.4 |
| Quick Ratio 25 | 0.6 | • | • | 2.8 | 2.0 | 0.3 | 0.6 | 0.6 | 0.6 | 0.4 | 1.4 | 0.6 |
| Net Sales to Working Capital 26 | 11.1 | • | 2.1 | 11.5 | 4.7 | • | 24.9 | 10.9 | 16.4 | 18.9 | 6.4 | 10.4 |
| Coverage Ratio 27 | 3.5 | 2.3 | • | • | • | 0.2 | 0.2 | 1.1 | 3.3 | 5.7 | 3.9 | 3.8 |
| Total Asset Turnover 28 | 1.2 | • | 1.7 | 3.3 | 1.7 | 2.3 | 3.4 | 1.5 | 1.7 | 1.3 | 1.4 | 1.0 |
| Inventory Turnover 29 | 4.6 | • | 4.8 | 5.1 | 8.4 | 4.3 | • | 3.3 | 5.7 | 4.8 | 7.1 | 4.2 |
| Receivables Turnover 30 | 10.0 | • | • | 8.4 | • | • | 7.7 | • | • | • | 9.3 |
| Total Liabilities to Net Worth 31 | 1.2 | • | 0.0 | 1.1 | 0.7 | • | 18.7 | 2.0 | 1.1 | 0.9 | 0.8 | 1.1 |

**Selected Financial Factors (in Percentages)**

| | | | | | | | | | | | | |
|---|---|---|---|---|---|---|---|---|---|---|---|---|
| Debt Ratio 32 | 53.9 | • | • | 2.8 | 52.4 | 39.8 | • | 94.9 | 52.7 | 47.8 | 45.4 | 52.4 |
| Return on Assets 33 | 11.3 | • | • | • | 34.2 | 1.3 | 1.0 | 4.2 | 10.3 | 15.1 | 19.3 | 11.2 |
| Return on Equity 34 | 11.7 | • | • | • | • | 31.6 | • | 12.8 | 16.7 | 22.0 | 11.3 |
| Return Before Interest on Equity 35 | 24.4 | • | • | • | • | • | 19.7 | 12.7 | 21.8 | 29.0 | 23.5 |
| Profit Margin, Before Income Tax 36 | 7.1 | 17.9 | • | 19.2 | • | • | 0.2 | 4.2 | 9.7 | 10.0 | 8.2 |
| Profit Margin, After Income Tax 37 | 4.7 | 8.7 | • | 16.1 | • | • | • | 3.6 | 6.8 | 10.0 | 8.4 | 5.3 |

**Trends in Selected Ratios and Factors, 1986–1994**

| | 1986 | 1987 | 1988 | 1989 | 1990 | 1991 | 1992 | 1993 | 1994 |
|---|---|---|---|---|---|---|---|---|---|
| Cost of Operations (%) 38 | 65.4 | 66.5 | 65.5 | 65.9 | 62.9 | 62.9 | 65.2 | 63.2 | 61.2 |
| Operating Margin (%) 39 | 2.0 | 2.9 | 2.0 | 0.6 | 0.1 | 0.2 | • | 2.5 | 2.5 |
| Oper. Margin Before Officers Comp. (%) 40 | 2.9 | 3.8 | 2.9 | 1.4 | 0.9 | 1.2 | • | 3.4 | 3.5 |
| Average Net Receivables ($) 41 | 1467 | 1150 | 969 | 1912 | 1704 | 1402 | 2848 | 1922 | 1907 |
| Average Inventories ($) 42 | 1771 | 1541 | 1368 | 2023 | 1734 | 1763 | 3405 | 2415 | 2678 |
| Average Net Worth ($) 43 | 5067 | 4427 | 2959 | 4249 | 3511 | 3408 | 8235 | 6981 | 7599 |
| Current Ratio (×1) 44 | 1.4 | 1.6 | 1.5 | 1.4 | 1.5 | 1.6 | 1.4 | 1.6 | 1.4 |
| Quick Ratio (×1) 45 | 0.7 | 0.8 | 0.7 | 0.7 | 0.7 | 0.7 | 0.7 | 0.7 | 0.6 |
| Coverage Ratio (×1) 46 | 3.7 | 4.3 | 3.7 | 2.0 | 2.3 | 2.2 | 2.4 | 4.0 | 3.5 |
| Asset Turnover (×1) 47 | 1.5 | 1.7 | 1.6 | 1.3 | 1.0 | 1.3 | 1.0 | 1.3 | 1.2 |
| Total Liabilities/Net Worth (×1) 48 | 0.9 | 0.9 | 1.3 | 1.9 | 2.2 | 1.9 | 1.9 | 1.2 | 1.2 |
| Return on Assets (×1) 49 | 10.4 | 11.6 | 11.1 | 7.7 | 7.7 | 10.1 | 11.1 | 15.3 | 11.3 |
| Return on Equity (%) 50 | 7.9 | 9.4 | 10.1 | 5.9 | 8.1 | 10.6 | 13.1 | 16.6 | 11.7 |

## Table II

Corporations with Net Income

# SUGAR AND CONFECTIONERY PRODUCTS

### MONEY AMOUNTS AND SIZE OF ASSETS IN THOUSANDS OF DOLLARS

| Item Description for Accounting Period 7/90 Through 6/91 | Total | Zero Assets | Under 100 | 100 to 250 | 251 to 500 | 501 to 1,000 | 1,001 to 5,000 | 5,001 to 10,000 | 10,001 to 25,000 | 25,001 to 50,000 | 50,001 to 100,000 | 100,001 to 250,000 | 250,001 and over |
|---|---|---|---|---|---|---|---|---|---|---|---|---|---|
| Number of Enterprises **1** | 364 | 48 | · | · | 68 | 133 | 39 | 23 | 18 | · | · | · | 12 |
| **Revenues ($ in Thousands)** | | | | | | | | | | | | | |
| Net Sales **2** | 15009 | 13 | · | · | 136 | 128 | 233 | 598 | 390 | · | · | · | 11472 |
| Portfolio Income **3** | 455 | 1 | · | · | · | 1 | 0 | 0 | 7 | · | · | · | 431 |
| Other Revenues **4** | 143 | 0 | · | · | 0 | 0 | 9 | 3 | 3 | · | · | · | 102 |
| Total Revenues **5** | 15607 | 14 | · | · | 136 | 130 | 242 | 601 | 399 | · | · | · | 12006 |
| Average Total Revenues **6** | 42877 | 284 | · | · | 2003 | 977 | 6208 | 26135 | 22166 | · | · | · | 1000498 |
| **Operating Costs/Operating Income (%)** | | | | | | | | | | | | | |
| Cost of Operations **7** | 60.0 | 30.2 | · | · | 72.3 | 45.9 | 53.2 | 82.9 | 70.4 | · | · | · | 58.2 |
| Rent **8** | 0.7 | 0.2 | · | · | 1.6 | 2.3 | 3.0 | · | 0.6 | · | · | · | 0.7 |
| Taxes Paid **9** | 1.8 | 7.5 | · | · | 2.0 | 2.9 | 2.3 | 1.1 | 2.6 | · | · | · | 1.7 |
| Interest Paid **10** | 2.3 | 1.1 | · | · | · | 0.9 | 1.3 | 1.0 | 1.9 | · | · | · | 2.5 |
| Depreciation, Depletion, Amortization **11** | 2.9 | 0.2 | · | · | 3.2 | 2.8 | 2.1 | 1.3 | 3.3 | · | · | · | 3.0 |
| Pensions and Other Benefits **12** | 1.7 | · | · | · | · | 0.3 | · | 0.9 | 1.2 | · | · | · | 1.8 |
| Other **13** | 25.7 | 8.7 | · | · | 17.5 | 11.5 | 31.7 | 11.0 | 18.2 | · | · | · | 28.2 |
| Officers Compensation **14** | 0.9 | 19.8 | · | · | 1.5 | 15.5 | 0.7 | 0.6 | 1.5 | · | · | · | 0.6 |
| Operating Margin **15** | 4.1 | 32.3 | · | · | 1.9 | 17.9 | 5.7 | 1.3 | 0.5 | · | · | · | 3.5 |
| Oper. Margin Before Officers Compensation **16** | 5.0 | 52.1 | · | · | 3.4 | 33.5 | 6.4 | 1.9 | 2.0 | · | · | · | 4.0 |
| **Selected Average Balance Sheet ($ in Thousands)** | | | | | | | | | | | | | |
| Net Receivables **17** | 4067 | · | · | · | 96 | 44 | 318 | 1806 | 2252 | · | · | · | 96184 |
| Inventories **18** | 5738 | · | · | · | 61 | 49 | 452 | 1852 | 3772 | · | · | · | 137932 |
| Net Property, Plant and Equipment **19** | 9965 | · | · | · | 77 | 130 | 1224 | 2282 | 4947 | · | · | · | 244667 |
| Total Assets **20** | 34918 | · | · | · | 282 | 566 | 2425 | 6104 | 13544 | · | · | · | 893019 |

| | | | | | | | | | |
|---|---|---|---|---|---|---|---|---|---|
| Notes and Loans Payable **21** | 7823 | • | • | 131 | 1126 | 2381 | 3894 | • | 195023 |
| All Other Liabilities **22** | 9015 | • | 52 | 94 | 446 | 1679 | 2838 | • | 240167 |
| Net Worth **23** | 18080 | • | 229 | 341 | 853 | 2044 | 6813 | • | 457829 |

### Selected Financial Ratios (Times to 1)

| | | | | | | | | | |
|---|---|---|---|---|---|---|---|---|---|
| Current Ratio **24** | 1.5 | • | 3.9 | 2.5 | 1.2 | 1.2 | 1.8 | • | 1.4 |
| Quick Ratio **25** | 0.7 | • | 2.8 | 2.0 | 0.7 | 0.6 | 0.9 | • | 0.6 |
| Net Sales to Working Capital **26** | 10.0 | • | 13.2 | 4.7 | 35.0 | 37.9 | 5.9 | • | 10.7 |
| Coverage Ratio **27** | 4.9 | • | 4.9 | • | 8.3 | 2.8 | 2.5 | • | 4.8 |
| Total Asset Turnover **28** | 1.2 | • | 7.1 | 1.7 | 2.5 | 4.3 | 1.6 | • | 1.1 |
| Inventory Turnover **29** | 4.5 | • | 5.9 | • | 2.4 | • | 3.2 | • | 4.2 |
| Receivables Turnover **30** | • | • | 8.9 | • | • | • | 6.3 | • | 9.8 |
| Total Liabilities to Net Worth **31** | 0.9 | • | 0.2 | 0.7 | 1.9 | 2.0 | 1.0 | • | 1.0 |

### Selected Financial Factors (in Percentages)

| | | | | | | | | | |
|---|---|---|---|---|---|---|---|---|---|
| Debt Ratio **32** | 48.2 | • | 18.6 | 39.8 | 64.8 | 66.5 | 49.7 | • | 48.7 |
| Return on Assets **33** | 13.4 | • | 14.3 | 34.2 | 27.1 | 11.6 | 7.6 | • | 12.6 |
| Return on Equity **34** | 14.5 | • | 17.6 | • | 19.6 | 7.5 | • | • | 13.1 |
| Return Before Interest on Equity **35** | 25.8 | • | 17.6 | • | 34.5 | • | 15.1 | • | 24.5 |
| Profit Margin, Before Income Tax **36** | 9.0 | • | 2.0 | 19.2 | 9.7 | 1.8 | 2.9 | • | 9.3 |
| Profit Margin, After Income Tax **37** | 6.4 | 28.4 | 2.0 | 16.1 | 9.5 | 1.5 | 2.4 | • | 6.3 |

### Trends in Selected Ratios and Factors, 1986-1994

| | 1986 | 1987 | 1988 | 1989 | 1990 | 1991 | 1992 | 1993 | 1994 |
|---|---|---|---|---|---|---|---|---|---|
| Cost of Operations (%) **38** | 64.4 | 65.4 | 64.4 | 65.2 | 61.9 | 62.2 | 66.3 | 62.5 | 60.0 |
| Operating Margin (%) **39** | 3.1 | 3.8 | 3.4 | 3.2 | 1.0 | 1.1 | • | 4.1 | 4.1 |
| Oper. Margin Before Officers Comp. (%) **40** | 4.0 | 4.7 | 4.3 | 4.1 | 1.8 | 2.0 | 0.8 | 4.9 | 5.0 |
| Average Net Receivables ($) **41** | 1621 | 1169 | 1566 | 1869 | 4789 | 2644 | 2912 | 2643 | 4067 |
| Average Inventories ($) **42** | 1944 | 1590 | 2195 | 2782 | 4659 | 3335 | 3919 | 3384 | 5738 |
| Average Net Worth ($) **43** | 5823 | 4773 | 5270 | 8498 | 10021 | 6910 | 13376 | 9792 | 18080 |
| Current Ratio (×1) **44** | 1.5 | 1.7 | 1.6 | 1.8 | 1.5 | 1.7 | 1.6 | 1.6 | 1.5 |
| Quick Ratio (×1) **45** | 0.7 | 0.9 | 0.7 | 0.8 | 0.8 | 0.7 | 0.7 | 0.7 | 0.7 |
| Coverage Ratio (×1) **46** | 4.7 | 5.4 | 4.9 | 4.5 | 2.6 | 2.5 | 4.4 | 5.6 | 4.9 |
| Asset Turnover (×1) **47** | 1.5 | 1.7 | 1.6 | 1.4 | 1.0 | 1.2 | 0.9 | 1.4 | 1.2 |
| Operating Leverage **48** | • | 1.2 | 0.9 | 0.9 | 0.3 | 1.1 | 0.1 | 72.4 | 1.0 |
| Financial Leverage **49** | • | 1.0 | 1.0 | 1.0 | 0.8 | 1.1 | 1.3 | 1.0 | 1.0 |
| Total Leverage **50** | • | 1.3 | 0.9 | 0.9 | 0.3 | 1.1 | 0.1 | 74.4 | 1.0 |

# Table I

Corporations with and without Net Income

## MALT LIQUORS AND MALT

### MONEY AMOUNTS AND SIZE OF ASSETS IN THOUSANDS OF DOLLARS

| Item Description for Accounting Period 7/90 Through 6/91 | Total | Zero Assets | Under 100 | 100 to 250 | 251 to 500 | 501 to 1,000 | 1,001 to 5,000 | 5,001 to 10,000 | 10,001 to 25,000 | 25,001 to 50,000 | 50,001 to 100,000 | 100,001 to 250,000 | 250,001 and over |
|---|---|---|---|---|---|---|---|---|---|---|---|---|---|
| Number of Enterprises **1** | 120 | • | • | • | 96 | • | 18 | • | • | • | • | 3 | 4 |
| **Revenues ($ in Thousands)** | | | | | | | | | | | | | |
| Net Sales **2** | 17060 | • | • | • | 52 | • | 387 | • | • | • | • | 834 | 15787 |
| Portfolio Income **3** | 243 | • | • | • | • | • | 2 | • | • | • | • | 2 | 238 |
| Other Revenues **4** | 293 | • | • | • | 0 | • | 1 | • | • | • | • | 16 | 277 |
| Total Revenues **5** | 17596 | • | • | • | 52 | • | 390 | • | • | • | • | 852 | 16302 |
| Average Total Revenues **6** | 146630 | • | • | • | 544 | • | 21646 | • | • | • | • | 283912 | 4075498 |
| **Operating Costs/Operating Income (%)** | | | | | | | | | | | | | |
| Cost of Operations **7** | 56.4 | • | • | • | 32.1 | • | 74.4 | • | • | • | • | 70.9 | 55.2 |
| Rent **8** | 0.7 | • | • | • | 8.9 | • | 1.0 | • | • | • | • | • | 0.7 |
| Taxes Paid **9** | 9.6 | • | • | • | 5.9 | • | 6.7 | • | • | • | • | 14.3 | 9.5 |
| Interest Paid **10** | 3.2 | • | • | • | 3.6 | • | 0.8 | • | • | • | • | 1.9 | 3.3 |
| Depreciation, Depletion, Amortization **11** | 5.1 | • | • | • | 3.3 | • | 0.6 | • | • | • | • | 4.2 | 5.3 |
| Pensions and Other Benefits **12** | 1.9 | • | • | • | • | • | 0.7 | • | • | • | • | 3.1 | 1.9 |
| Other **13** | 18.9 | • | • | • | 56.3 | • | 13.7 | • | • | • | • | 6.4 | 19.6 |
| Officers Compensation **14** | 0.4 | • | • | • | 4.2 | • | 0.6 | • | • | • | • | 0.8 | 0.4 |
| Operating Margin **15** | 3.8 | • | • | • | • | • | 1.7 | • | • | • | • | • | 4.2 |
| Oper. Margin Before Officers Compensation **16** | 4.2 | • | • | • | • | • | 2.3 | • | • | • | • | • | 4.6 |
| **Selected Average Balance Sheet ($ in Thousands)** | | | | | | | | | | | | | |
| Net Receivables **17** | 14738 | • | • | • | • | • | 847 | • | • | • | • | 21897 | 421915 |
| Inventories **18** | 9488 | • | • | • | 5 | • | 1149 | • | • | • | • | 27932 | 258390 |
| Net Property, Plant and Equipment **19** | 71488 | • | • | • | 238 | • | 1217 | • | • | • | • | 80793 | 2072869 |
| Total Assets **20** | 175476 | • | • | • | 263 | • | 5468 | • | • | • | • | 153363 | 5118339 |

| | | | | | | | | | |
|---|---|---|---|---|---|---|---|---|---|
| Notes and Loans Payable 21 | 53979 | • | • | • | 230 | 1484 | • | • | 44760 | 1573622 |
| All Other Liabilities 22 | 59185 | • | • | • | 120 | 1741 | • | • | 57632 | 1721618 |
| Net Worth 23 | 62311 | • | • | • | -87 | 2242 | • | • | 50971 | 1823099 |

## Selected Financial Ratios (Times to 1)

| | | | | | | | | | |
|---|---|---|---|---|---|---|---|---|---|
| Current Ratio 24 | 1.1 | • | • | • | 0.1 | 1.2 | • | • | 1.3 | 1.0 |
| Quick Ratio 25 | 0.6 | • | • | • | 0.0 | 0.6 | • | • | 0.6 | 0.6 |
| Net Sales to Working Capital 26 | • | • | • | • | | • | 22.7 | • | |
| Coverage Ratio 27 | 3.2 | • | • | • | • | 3.9 | • | • | 1.3 | 3.3 |
| Total Asset Turnover 28 | 0.8 | • | • | • | 2.1 | 3.9 | • | • | 1.8 | 0.8 |
| Inventory Turnover 29 | 9.1 | • | • | • | | • | • | 6.3 | 9.2 |
| Receivables Turnover 30 | • | • | • | • | | | • | |
| Total Liabilities to Net Worth 31 | 1.8 | • | • | • | | 1.4 | • | • | 2.0 | 1.8 |

## Selected Financial Factors (in Percentages)

| | | | | | | | | | |
|---|---|---|---|---|---|---|---|---|---|
| Debt Ratio 32 | 64.5 | • | • | • | • | 59.0 | • | 66.8 | 64.4 |
| Return on Assets 33 | 8.2 | • | • | • | • | 12.6 | • | 4.5 | 8.3 |
| Return on Equity 34 | 10.4 | • | • | • | • | 14.1 | • | • | 10.7 |
| Return Before Interest on Equity 35 | 23.2 | • | • | • | • | 30.6 | • | 13.5 | 23.4 |
| Profit Margin, Before Income Tax 36 | 7.0 | • | • | • | • | 2.4 | • | 0.6 | 7.5 |
| Profit Margin, After Income Tax 37 | 4.6 | • | • | • | • | 1.5 | • | • | 5.0 |

## Trends in Selected Ratios and Factors, 1986-1994

| | 1986 | 1987 | 1988 | 1989 | 1990 | 1991 | 1992 | 1993 | 1994 |
|---|---|---|---|---|---|---|---|---|---|
| Cost of Operations (%) 38 | 60.0 | 56.8 | 57.3 | 57.5 | 57.2 | 56.0 | 55.6 | 55.9 | 56.4 |
| Operating Margin (%) 39 | 0.1 | 1.2 | 0.2 | 0.9 | 2.5 | 2.0 | 1.7 | 1.8 | 3.8 |
| Oper. Margin Before Officers Comp. (%) 40 | 0.4 | 1.6 | 0.6 | 1.2 | 2.9 | 2.5 | 2.3 | 2.3 | 4.2 |
| Average Net Receivables ($) 41 | 18130 | 19756 | 44641 | 12792 | 12956 | 62605 | 93254 | 11739 | 14738 |
| Average Inventories ($) 42 | 27356 | 28246 | 43144 | 10680 | 14699 | 59530 | 84534 | 9016 | 9488 |
| Average Net Worth ($) 43 | 116844 | 121571 | 222613 | 59655 | 76020 | 304255 | 447075 | 50928 | 62311 |
| Current Ratio (x1) 44 | 1.2 | 1.0 | 0.9 | 1.2 | 1.1 | 1.0 | 1.0 | 0.8 | 1.1 |
| Quick Ratio (x1) 45 | 0.5 | 0.5 | 0.4 | 0.7 | 0.6 | 0.5 | 0.5 | 0.4 | 0.6 |
| Coverage Ratio (x1) 46 | 2.1 | 3.1 | 2.3 | 2.9 | 4.4 | 3.0 | 2.6 | 2.5 | 3.2 |
| Asset Turnover (x1) 47 | 1.5 | 1.6 | 1.5 | 1.4 | 1.4 | 1.0 | 1.0 | 0.8 | 0.8 |
| Total Liabilities/Net Worth (x1) 48 | 1.2 | 1.3 | 1.2 | 1.2 | 1.3 | 1.9 | 1.9 | 2.6 | 1.8 |
| Return on Assets (x1) 49 | 6.3 | 10.8 | 6.3 | 6.9 | 9.2 | 7.2 | 7.7 | 7.3 | 8.2 |
| Return on Equity (%) 50 | 3.1 | 9.9 | 3.5 | 5.5 | 8.7 | 7.3 | 7.3 | 10.3 | 10.4 |

## Table II

Corporations with Net Income

# MALT LIQUORS AND MALT

MONEY AMOUNTS AND SIZE OF ASSETS IN THOUSANDS OF DOLLARS

| Item Description for Accounting Period 7/90 Through 6/91 | Total | Zero Assets | Under 100 | 100 to 250 | 251 to 500 | 501 to 1,000 | 1,001 to 5,000 | 5,001 to 10,000 | 10,001 to 25,000 | 25,001 to 50,000 | 50,001 to 100,000 | 100,001 to 250,000 | 250,001 and over |
|---|---|---|---|---|---|---|---|---|---|---|---|---|---|
| Number of Enterprises **1** | 7 | • | • | • | • | • | • | • | • | • | 3 | • | 4 |
| **Revenues ($ in Thousands)** | | | | | | | | | | | | | |
| Net Sales **2** | 16579 | • | • | • | • | • | • | • | • | • | 792 | • | 15787 |
| Portfolio Income **3** | 242 | • | • | • | • | • | • | • | • | • | 4 | • | 238 |
| Other Revenues **4** | 291 | • | • | • | • | • | • | • | • | • | 15 | • | 277 |
| Total Revenues **5** | 17113 | • | • | • | • | • | • | • | • | • | 811 | • | 16302 |
| Average Total Revenues **6** | 2444680 | • | • | • | • | • | • | • | • | • | 270257 | • | 4075498 |
| **Operating Costs/Operating Income (%)** | | | | | | | | | | | | | |
| Cost of Operations **7** | 55.9 | • | • | • | • | • | • | • | • | • | 69.8 | • | 55.2 |
| Rent **8** | 0.7 | • | • | • | • | • | • | • | • | • | • | • | 0.7 |
| Taxes Paid **9** | 9.7 | • | • | • | • | • | • | • | • | • | 14.9 | • | 9.5 |
| Interest Paid **10** | 3.2 | • | • | • | • | • | • | • | • | • | 1.1 | • | 3.3 |
| Depreciation, Depletion, Amortization **11** | 5.1 | • | • | • | • | • | • | • | • | • | 2.1 | • | 5.3 |
| Pensions and Other Benefits **12** | 2.0 | • | • | • | • | • | • | • | • | • | 3.2 | • | 1.9 |
| Other **13** | 19.0 | • | • | • | • | • | • | • | • | • | 6.9 | • | 19.6 |
| Officers Compensation **14** | 0.4 | • | • | • | • | • | • | • | • | • | 0.9 | • | 0.4 |
| Operating Margin **15** | 4.1 | • | • | • | • | • | • | • | • | • | 1.0 | • | 4.2 |
| Oper. Margin Before Officers Compensation **16** | 4.5 | • | • | • | • | • | • | • | • | • | 1.9 | • | 4.6 |
| **Selected Average Balance Sheet ($ in Thousands)** | | | | | | | | | | | | | |
| Net Receivables **17** | 250290 | • | • | • | • | • | • | • | • | • | 21456 | • | 421915 |
| Inventories **18** | 156176 | • | • | • | • | • | • | • | • | • | 19890 | • | 258390 |
| Net Property, Plant and Equipment **19** | 1210987 | • | • | • | • | • | • | • | • | • | 61810 | • | 2072869 |
| Total Assets **20** | 2982186 | • | • | • | • | • | • | • | • | • | 133983 | • | 5118339 |

| | | | |
|---|---|---|---|
| Notes and Loans Payable 21 | 908106 | • 20751 | • 1573622 |
| All Other Liabilities 22 | 1009734 | • 60555 | • 1721618 |
| Net Worth 23 | 1064347 | • 52677 | • 1823099 |

## Selected Financial Ratios (Times to 1)

| | | | |
|---|---|---|---|
| Current Ratio 24 | 1.1 | 1.3 | 1.0 |
| Quick Ratio 25 | 0.6 | 0.7 | 0.6 |
| Net Sales to Working Capital 26 | • | 22.5 | • |
| Coverage Ratio 27 | 3.3 | 4.1 | 3.3 |
| Total Asset Turnover 28 | 0.8 | 2.0 | 0.8 |
| Inventory Turnover 29 | 9.3 | • | • |
| Receivables Turnover 30 | • | • | • |
| Total Liabilities to Net Worth 31 | 1.8 | 1.6 | 1.8 |

## Selected Financial Factors (in Percentages)

| | | | |
|---|---|---|---|
| Debt Ratio 32 | 64.3 | 60.7 | 64.4 |
| Return on Assets 33 | 8.3 | 8.8 | 8.3 |
| Return on Equity 34 | 10.7 | 11.3 | 10.7 |
| Return Before Interest on Equity 35 | 23.4 | 22.5 | 23.4 |
| Profit Margin, Before Income Tax 36 | 7.3 | 3.4 | 7.5 |
| Profit Margin, After Income Tax 37 | 4.8 | 2.3 | 5.0 |

## Trends in Selected Ratios and Factors, 1986–1994

| | 1986 | 1987 | 1988 | 1989 | 1990 | 1991 | 1992 | 1993 | 1994 |
|---|---|---|---|---|---|---|---|---|---|
| Cost of Operations (%) 38 | 61.0 | 56.6 | 57.5 | 57.0 | 56.0 | 56.4 | 56.2 | 55.7 | 55.9 |
| Operating Margin (%) 39 | 1.4 | 1.4 | 1.3 | 1.2 | 3.2 | 5.2 | 5.3 | 3.8 | 4.1 |
| Oper. Margin Before Officers Comp. (%) 40 | 1.6 | 1.8 | 1.6 | 1.5 | 3.6 | 5.7 | 6.0 | 4.4 | 4.5 |
| Average Net Receivables ($) 41 | 27546 | 23020 | 62785 | 68393 | 26987 | 118385 | 186945 | 82185 | 250290 |
| Average Inventories ($) 42 | 36558 | 32286 | 53751 | 55659 | 30655 | 105780 | 156466 | 60451 | 156176 |
| Average Net Worth ($) 43 | 193493 | 143930 | 328915 | 321765 | 159006 | 684976 | 1024352 | 375454 | 1064347 |
| Current Ratio (x1) 44 | 1.3 | 1.0 | 0.9 | 1.3 | 1.1 | 1.0 | 1.1 | 0.8 | 1.1 |
| Quick Ratio (x1) 45 | 0.5 | 0.5 | 0.5 | 0.7 | 0.6 | 0.5 | 0.6 | 0.4 | 0.6 |
| Coverage Ratio (x1) 46 | 2.8 | 3.2 | 2.9 | 3.2 | 4.8 | 5.6 | 5.8 | 4.1 | 3.3 |
| Asset Turnover (x1) 47 | 1.4 | 1.6 | 1.4 | 1.4 | 1.3 | 1.0 | 0.9 | 0.8 | 0.8 |
| Operating Leverage 48 | • | 1.0 | 0.9 | 1.0 | 2.6 | 1.7 | 1.0 | 0.7 | 1.1 |
| Financial Leverage 49 | • | 1.1 | 0.9 | 1.1 | 1.1 | 1.2 | 1.1 | 0.9 | 0.9 |
| Total Leverage 50 | • | 1.2 | 0.8 | 1.0 | 2.9 | 1.9 | 1.1 | 0.7 | 1.0 |

## Table I

Corporations with and without Net Income

# ALCOHOLIC BEVERAGES, EXCEPT MALT LIQUORS AND MALT

### MONEY AMOUNTS AND SIZE OF ASSETS IN THOUSANDS OF DOLLARS

| Item Description for Accounting Period 7/90 Through 6/91 | Total | Zero Assets | Under 100 | 100 to 250 | 251 to 500 | 501 to 1,000 | 1,001 to 5,000 | 5,001 to 10,000 | 10,001 to 25,000 | 25,001 to 50,000 | 50,001 to 100,000 | 100,001 to 250,000 | 250,001 and over |
|---|---|---|---|---|---|---|---|---|---|---|---|---|---|
| Number of Enterprises **1** | 702 | 7 | • | • | 424 | 41 | 140 | 36 | 25 | 4 | 9 | 10 | 5 |
| **Revenues ($ in Thousands)** | | | | | | | | | | | | | |
| Net Sales **2** | 8443 | • | • | • | 120 | 40 | 118 | 99 | 628 | 80 | 728 | 1916 | 4715 |
| Portfolio Income **3** | 729 | • | • | • | 0 | 0 | 1 | 0 | 1 | 1 | 8 | 34 | 684 |
| Other Revenues **4** | 209 | • | • | • | 1 | 0 | 2 | 5 | 10 | 3 | 16 | 22 | 151 |
| Total Revenues **5** | 9381 | • | • | • | 122 | 40 | 120 | 103 | 639 | 83 | 752 | 1971 | 5550 |
| Average Total Revenues **6** | 13364 | • | • | • | 287 | 981 | 860 | 2874 | 25563 | 20828 | 83583 | 197132 | 1109904 |
| **Operating Costs/Operating Income (%)** | | | | | | | | | | | | | |
| Cost of Operations **7** | 60.5 | • | • | • | 50.8 | 63.0 | 54.5 | 46.6 | 36.7 | 42.3 | 66.1 | 66.7 | 61.3 |
| Rent **8** | 0.7 | • | • | • | 0.9 | 0.4 | 3.6 | 0.8 | 0.4 | 0.7 | 0.2 | 0.5 | 0.8 |
| Taxes Paid **9** | 10.4 | • | • | • | 5.5 | 7.3 | 5.9 | 3.8 | 43.5 | 2.3 | 13.3 | 7.8 | 7.2 |
| Interest Paid **10** | 5.2 | • | • | • | 9.9 | 5.7 | 6.3 | 8.3 | 1.7 | 3.0 | 3.2 | 3.4 | 6.6 |
| Depreciation, Depletion, Amortization **11** | 2.4 | • | • | • | 12.3 | 9.1 | 6.9 | 5.7 | 2.2 | 2.6 | 3.7 | 2.0 | 1.9 |
| Pensions and Other Benefits **12** | 1.2 | • | • | • | 0.2 | 0.6 | 1.1 | 2.0 | 0.4 | 0.8 | 0.8 | 1.3 | 1.4 |
| Other **13** | 20.1 | • | • | • | 31.9 | 13.8 | 24.9 | 20.0 | 9.8 | 13.3 | 10.6 | 15.6 | 24.5 |
| Officers Compensation **14** | 1.0 | • | • | • | • | 5.7 | 3.6 | 6.6 | 1.3 | 1.4 | 1.2 | 0.9 | 0.7 |
| Operating Margin **15** | • | • | • | • | • | • | • | 6.2 | 4.1 | 33.8 | 1.0 | 1.9 | • |
| Oper. Margin Before Officers Compensation **16** | • | • | • | • | • | 0.1 | • | 12.8 | 5.4 | 35.2 | 2.2 | 2.9 | • |
| **Selected Average Balance Sheet ($ in Thousands)** | | | | | | | | | | | | | |
| Net Receivables **17** | 9845 | • | • | • | 10 | 66 | 81 | 255 | 2979 | 3345 | 17586 | 28394 | 1270788 |
| Inventories **18** | 3222 | • | • | • | 253 | 149 | 950 | 2416 | 4668 | 14722 | 24119 | 51204 | 204770 |
| Net Property, Plant and Equipment **19** | 2428 | • | • | • | 135 | 416 | 615 | 2333 | 6151 | 5236 | 22612 | 40134 | 136063 |
| Total Assets **20** | 34052 | • | • | • | 412 | 808 | 1861 | 5572 | 15344 | 38188 | 72105 | 161253 | 4087585 |

| | | | | | | | | | | |
|---|---|---|---|---|---|---|---|---|---|---|
| Notes and Loans Payable 21 | 11321 | • | 280 | 551 | 973 | 3441 | 4674 | 11101 | 27868 | 73481 | 1279884 |
| All Other Liabilities 22 | 6356 | • | 61 | 170 | 283 | 693 | 2527 | 2316 | 14711 | 27137 | 777658 |
| Net Worth 23 | 16375 | • | 71 | 86 | 605 | 1438 | 8143 | 24770 | 29526 | 60635 | 2030043 |

## Selected Financial Ratios (Times to 1)

| | | | | | | | | | | |
|---|---|---|---|---|---|---|---|---|---|---|
| Current Ratio 24 | 1.8 | • | 3.8 | 1.6 | 1.6 | 1.8 | 1.7 | 2.5 | 1.7 | 1.8 | 1.8 |
| Quick Ratio 25 | 1.3 | • | 0.2 | 0.8 | 0.2 | 0.2 | 0.7 | 0.5 | 0.8 | 0.8 | 1.4 |
| Net Sales to Working Capital 26 | 1.9 | • | 1.4 | 7.0 | 1.9 | 2.2 | 7.6 | 1.5 | 4.3 | 4.3 | 1.4 |
| Coverage Ratio 27 | 3.0 | • | • | 0.1 | 0.3 | 2.3 | 4.5 | 13.8 | 2.4 | 2.4 | 3.2 |
| Total Asset Turnover 28 | 0.4 | • | 0.7 | 1.2 | 0.5 | 0.5 | 1.6 | 0.5 | 1.1 | 1.2 | 0.2 |
| Inventory Turnover 29 | 2.3 | • | 0.7 | 2.2 | 0.5 | 0.9 | 2.3 | 0.7 | 2.1 | 2.9 | 2.6 |
| Receivables Turnover 30 | 1.4 | • | • | • | 8.0 | • | 8.9 | 3.1 | 4.5 | 8.0 | 0.8 |
| Total Liabilities to Net Worth 31 | 1.1 | • | 4.8 | 8.4 | 2.1 | 2.9 | 0.9 | 0.6 | 1.5 | 1.7 | 1.0 |

## Selected Financial Factors (in Percentages)

| | | | | | | | | | | |
|---|---|---|---|---|---|---|---|---|---|---|
| Debt Ratio 32 | 51.9 | • | 82.7 | 89.4 | • | 67.5 | 74.2 | 46.9 | 35.1 | 59.1 | 62.4 | 50.3 |
| Return on Assets 33 | 5.5 | • | • | 0.4 | • | 0.9 | 12.2 | 21.4 | 8.5 | 9.7 | 4.9 |
| Return on Equity 34 | 5.8 | • | 1.4 | 7.0 | • | 20.9 | 17.0 | 25.9 | 7.6 | 9.5 | 5.3 |
| Return Before Interest on Equity 35 | 11.4 | • | • | • | 4.0 | • | 2.6 | • | 22.9 | 33.0 | 20.8 | 25.7 | 9.8 |
| Profit Margin, Before Income Tax 36 | 10.3 | • | • | • | • | • | • | 10.9 | 5.8 | 4.4 | 4.8 | 14.6 |
| Profit Margin, After Income Tax 37 | 7.8 | • | 4.8 | 8.4 | 2.1 | 2.9 | 5.5 | • | 10.9 | 2.8 | 3.0 | 11.4 |

## Trends in Selected Ratios and Factors, 1986-1994

| | 1986 | 1987 | 1988 | 1989 | 1990 | 1991 | 1992 | 1993 | 1994 |
|---|---|---|---|---|---|---|---|---|---|
| Cost of Operations (%) 38 | 64.5 | 66.1 | 62.2 | 64.6 | 61.9 | 64.9 | 64.4 | 63.3 | 60.5 |
| Operating Margin (%) 39 | • | • | • | • | • | • | • | • | • |
| Oper. Margin Before Officers Comp. (%) 40 | • | • | • | • | • | • | • | • | • |
| Average Net Receivables ($) 41 | 7107 | 6463 | 4250 | 7814 | 6448 | 5210 | 7829 | 9385 | 9845 |
| Average Inventories ($) 42 | 3621 | 3073 | 1494 | 1649 | 1546 | 2014 | 2875 | 3809 | 3222 |
| Average Net Worth ($) 43 | 17193 | 16361 | 7783 | 9492 | 9691 | 10178 | 14946 | 19884 | 16375 |
| Current Ratio (x1) 44 | 1.7 | 1.5 | 1.8 | 1.6 | 1.7 | 1.6 | 1.6 | 2.6 | 1.8 |
| Quick Ratio (x1) 45 | 1.0 | 0.8 | 1.1 | 1.1 | 1.1 | 1.0 | 1.0 | 1.7 | 1.3 |
| Coverage Ratio (x1) 46 | 2.3 | 1.8 | 1.2 | 1.8 | 2.0 | 3.3 | 3.1 | 2.5 | 3.0 |
| Asset Turnover (x1) 47 | 0.5 | 0.5 | 0.4 | 0.4 | 0.4 | 0.4 | 0.4 | 0.5 | 0.4 |
| Total Liabilities/Net Worth (x1) 48 | 1.0 | 1.0 | 1.2 | 1.4 | 1.3 | 1.2 | 1.1 | 1.0 | 1.1 |
| Return on Assets (x1) 49 | 8.4 | 4.3 | 3.3 | 4.3 | 4.4 | 5.6 | 6.5 | 7.2 | 5.5 |
| Return on Equity (%) 50 | 6.2 | 2.3 | • | 3.1 | 3.1 | 6.1 | 6.6 | 6.3 | 5.8 |

# ALCOHOLIC BEVERAGES, EXCEPT MALT LIQUORS AND MALT

**Table II**

Corporations with Net Income

MONEY AMOUNTS AND SIZE OF ASSETS IN THOUSANDS OF DOLLARS

| Item Description for Accounting Period 7/90 Through 6/91 | Total | Zero Assets | Under 100 | 100 to 250 | 251 to 500 | 501 to 1,000 | 1,001 to 5,000 | 5,001 to 10,000 | 10,001 to 25,000 | 25,001 to 50,000 | 50,001 to 100,000 | 100,001 to 250,000 | 250,001 and over |
|---|---|---|---|---|---|---|---|---|---|---|---|---|---|
| Number of Enterprises **1** | 296 | • | 164 | • | • | • | 72 | 16 | 19 | 4 | • | • | 5 |
| **Revenues ($ in Thousands)** | | | | | | | | | | | | | |
| Net Sales **2** | 7879 | • | 46 | • | • | • | 67 | 61 | 80 | • | • | • | 4715 |
| Portfolio Income **3** | 727 | • | 0 | • | • | • | 0 | 0 | 1 | 1 | • | • | 684 |
| Other Revenues **4** | 198 | • | 1 | • | • | • | 2 | 1 | 3 | • | • | • | 151 |
| Total Revenues **5** | 8804 | • | 47 | • | • | • | 69 | 62 | 83 | • | • | • | 5550 |
| Average Total Revenues **6** | 29744 | • | 289 | • | • | • | 957 | 3891 | 33013 | 20828 | • | • | 1109904 |
| **Operating Costs/Operating Income (%)** | | | | | | | | | | | | | |
| Cost of Operations **7** | 59.9 | • | 51.2 | • | • | • | 46.9 | 32.7 | 36.7 | 42.3 | • | • | 61.3 |
| Rent **8** | 0.7 | • | 0.1 | • | • | • | 5.1 | 0.7 | 0.4 | 0.7 | • | • | 0.8 |
| Taxes Paid **9** | 10.9 | • | 4.2 | • | • | • | 5.1 | 2.0 | 44.3 | 2.3 | • | • | 7.2 |
| Interest Paid **10** | 4.8 | • | 3.3 | • | • | • | 1.7 | 5.8 | 1.6 | 3.0 | • | • | 6.6 |
| Depreciation, Depletion, Amortization **11** | 2.0 | • | 5.1 | • | • | • | 5.4 | 5.9 | 1.6 | 2.6 | • | • | 1.9 |
| Pensions and Other Benefits **12** | 1.2 | • | 0.4 | • | • | • | 1.0 | 2.9 | 0.4 | 0.8 | • | • | 1.4 |
| Other **13** | 19.6 | • | 17.4 | • | • | • | 17.4 | 17.0 | 9.3 | 13.3 | • | • | 24.5 |
| Officers Compensation **14** | 1.0 | • | • | • | • | • | 5.3 | 9.5 | 1.3 | 1.4 | • | • | 0.7 |
| Operating Margin **15** | 0.8 | • | 18.2 | • | • | • | 12.1 | 23.7 | 4.5 | 33.8 | • | • | • |
| Oper. Margin Before Officers Compensation **16** | 1.8 | • | 18.2 | • | • | • | 17.4 | 33.2 | 5.8 | 35.2 | • | • | • |
| **Selected Average Balance Sheet ($ in Thousands)** | | | | | | | | | | | | | |
| Net Receivables **17** | 23142 | • | 14 | • | • | • | 100 | 295 | 3815 | 3345 | • | • | 1270788 |
| Inventories **18** | 6563 | • | 361 | • | • | • | 1084 | 2741 | 5175 | 14722 | • | • | 204770 |
| Net Property, Plant and Equipment **19** | 4327 | • | 27 | • | • | • | 583 | 1740 | 4117 | 5236 | • | • | 136063 |
| Total Assets **20** | 77866 | • | 424 | • | • | • | 2095 | 5060 | 14973 | 38188 | • | • | 4087585 |

| | C1 | C2 | C3 | C4 | C5 | C6 | C7 | C8 | C9 | C10 |
|---|---|---|---|---|---|---|---|---|---|---|
| Notes and Loans Payable **21** | 24768 | • | 126 | • | 1069 | 2155 | 5054 | 11101 | • | 1279884 |
| All Other Liabilities **22** | 14677 | • | 133 | • | 85 | 657 | 3052 | 2316 | • | 777658 |
| Net Worth **23** | 38421 | • | 165 | • | 941 | 2248 | 6867 | 24770 | • | 2030043 |

## Selected Financial Ratios (Times to 1)

| | C1 | C2 | C3 | C4 | C5 | C6 | C7 | C8 | C9 | C10 |
|---|---|---|---|---|---|---|---|---|---|---|
| Current Ratio **24** | 1.8 | • | 3.0 | • | 3.6 | 2.2 | 1.5 | 2.5 | • | 1.8 |
| Quick Ratio **25** | 1.3 | • | 0.2 | • | 0.6 | 0.2 | 0.7 | 0.5 | • | 1.4 |
| Net Sales to Working Capital **26** | 1.8 | • | 1.1 | • | 1.0 | 2.3 | 9.5 | 1.5 | • | 1.4 |
| Coverage Ratio **27** | 3.6 | • | 7.3 | • | 10.0 | 5.5 | 5.0 | 13.8 | • | 3.2 |
| Total Asset Turnover **28** | 0.4 | • | 0.7 | • | 0.5 | 0.8 | 2.2 | 0.5 | • | 0.2 |
| Inventory Turnover **29** | 2.6 | • | 0.4 | • | 0.4 | 0.6 | 3.1 | 0.7 | • | 3.0 |
| Receivables Turnover **30** | 1.3 | • | • | • | 7.6 | • | 9.3 | 3.1 | • | 0.9 |
| Total Liabilities to Net Worth **31** | 1.0 | • | 1.6 | • | 1.2 | 1.3 | 1.2 | 0.6 | • | 1.0 |

## Selected Financial Factors (in Percentages)

| | C1 | C2 | C3 | C4 | C5 | C6 | C7 | C8 | C9 | C10 |
|---|---|---|---|---|---|---|---|---|---|---|
| Debt Ratio **32** | 50.7 | • | 61.1 | • | 55.1 | 55.6 | 54.1 | 35.1 | • | 50.3 |
| Return on Assets **33** | 5.9 | • | 16.0 | • | 7.6 | 23.9 | 16.9 | 21.4 | • | 4.9 |
| Return on Equity **34** | 6.7 | • | 29.0 | • | 11.1 | • | 28.1 | 25.9 | • | 5.3 |
| Return Before Interest on Equity **35** | 11.9 | • | • | • | 16.8 | • | • | 33.0 | • | 9.8 |
| Profit Margin, Before Income Tax **36** | 12.3 | • | 20.7 | • | 15.4 | 26.1 | 6.2 | • | • | 14.6 |
| Profit Margin, After Income Tax **37** | 9.7 | • | 17.0 | • | 11.3 | 26.1 | 5.9 | 32.1 | • | 11.4 |

## Trends in Selected Ratios and Factors, 1986–1994

| | 1986 | 1987 | 1988 | 1989 | 1990 | 1991 | 1992 | 1993 | 1994 |
|---|---|---|---|---|---|---|---|---|---|
| Cost of Operations (%) **38** | 64.2 | 66.3 | 55.2 | 67.3 | 64.8 | 63.0 | 63.0 | 62.2 | 59.9 |
| Operating Margin (%) **39** | • | • | 4.1 | • | • | • | • | • | • |
| Oper. Margin Before Officers Comp. (%) **40** | • | • | 4.9 | 0.5 | • | • | • | 0.7 | 0.8 |
| Average Net Receivables ($) **41** | 27494 | 17309 | 1491 | 74305 | 11493 | 6189 | 12440 | 17211 | 23142 |
| Average Inventories ($) **42** | 12804 | 7222 | 2129 | 10952 | 2003 | 1599 | 3383 | 5651 | 6563 |
| Average Net Worth ($) **43** | 66648 | 44003 | 4995 | 87417 | 16685 | 11770 | 24017 | 36298 | 38421 |
| Current Ratio (x1) **44** | 1.8 | 1.5 | 2.3 | 1.7 | 1.9 | 1.8 | 1.6 | 2.7 | 1.8 |
| Quick Ratio (x1) **45** | 1.1 | 0.9 | 0.9 | 1.3 | 1.3 | 1.2 | 1.1 | 2.0 | 1.3 |
| Coverage Ratio (x1) **46** | 2.4 | 2.0 | 3.9 | 2.3 | 2.6 | 4.5 | 4.2 | 3.1 | 3.6 |
| Asset Turnover (x1) **47** | 0.5 | 0.5 | 1.3 | 0.3 | 0.3 | 0.4 | 0.3 | 0.5 | 0.4 |
| Operating Leverage **48** | • | 0.5 | • | • | 7.1 | 0.5 | 2.4 | 0.1 | 0.3 |
| Financial Leverage **49** | • | 0.8 | 1.3 | 1.0 | 1.0 | 1.4 | 1.0 | 0.9 | 1.1 |
| Total Leverage **50** | • | 0.4 | • | • | 7.2 | 0.7 | 2.3 | 0.1 | 0.4 |

48

## Table I

Corporations with and without Net Income

# BOTTLED SOFT DRINKS AND FLAVORINGS

MONEY AMOUNTS AND SIZE OF ASSETS IN THOUSANDS OF DOLLARS

| Item Description for Accounting Period 7/90 Through 6/91 | | Total | Zero Assets | Under 100 | 100 to 250 | 251 to 500 | 501 to 1,000 | 1,001 to 5,000 | 5,001 to 10,000 | 10,001 to 25,000 | 25,001 to 50,000 | 50,001 to 100,000 | 100,001 to 250,000 | 250,001 and over |
|---|---|---|---|---|---|---|---|---|---|---|---|---|---|---|
| Number of Enterprises | 1 | 786 | 54 | • | 9 | • | 132 | 335 | 85 | 90 | 29 | 15 | 21 | 16 |
| **Revenues ($ in Thousands)** | | | | | | | | | | | | | | |
| Net Sales | 2 | 51160 | 120 | • | 7 | • | 206 | 1927 | 1187 | 3894 | 2130 | 1867 | 3739 | 36084 |
| Portfolio Income | 3 | 1775 | 23 | • | 1 | • | 1 | 12 | 20 | 10 | 8 | 9 | 39 | 1654 |
| Other Revenues | 4 | 2542 | 2 | • | 0 | • | 1 | 26 | 11 | 33 | 15 | 50 | 80 | 2324 |
| Total Revenues | 5 | 55478 | 144 | • | 9 | • | 207 | 1965 | 1218 | 3936 | 2153 | 1927 | 3858 | 40061 |
| Average Total Revenues | 6 | 70582 | 2665 | • | 948 | • | 1569 | 5865 | 14331 | 43738 | 74246 | 128451 | 183706 | 2503820 |
| **Operating Costs/Operating Income (%)** | | | | | | | | | | | | | | |
| Cost of Operations | 7 | 57.2 | 62.2 | • | 99.5 | • | 73.7 | 61.8 | 69.9 | 77.9 | 68.3 | 67.1 | 63.4 | 52.3 |
| Rent | 8 | 1.2 | 0.8 | • | 8.2 | • | 0.6 | 1.2 | 0.7 | 0.4 | 0.3 | 1.2 | 1.0 | 1.4 |
| Taxes Paid | 9 | 2.1 | 10.0 | • | 10.0 | • | 2.4 | 2.3 | 2.0 | 1.3 | 1.3 | 2.0 | 1.7 | 2.2 |
| Interest Paid | 10 | 5.4 | 3.9 | • | 21.0 | • | 0.8 | 0.9 | 1.1 | 1.1 | 1.2 | 2.7 | 6.9 | 6.5 |
| Depreciation, Depletion, Amortization | 11 | 4.5 | 5.4 | • | 1.4 | • | 2.1 | 3.5 | 3.3 | 2.6 | 3.2 | 4.1 | 6.0 | 4.8 |
| Pensions and Other Benefits | 12 | 1.7 | 3.4 | • | • | • | 1.1 | 1.0 | 0.9 | 0.7 | 0.7 | 2.1 | 1.9 | 2.0 |
| Other | 13 | 30.6 | 48.2 | • | • | • | 15.7 | 23.7 | 20.5 | 13.4 | 21.3 | 20.1 | 22.1 | 35.2 |
| Officers Compensation | 14 | 0.6 | 3.2 | • | 1.6 | • | 4.9 | 4.4 | 2.1 | 0.7 | 1.0 | 0.8 | 0.6 | 0.3 |
| Operating Margin | 15 | • | • | • | • | • | • | 1.2 | • | 1.9 | 2.8 | • | • | • |
| Oper. Margin Before Officers Compensation | 16 | • | • | • | • | • | 3.8 | 5.6 | 1.5 | 2.6 | 3.7 | 0.8 | • | • |
| **Selected Average Balance Sheet ($ in Thousands)** | | | | | | | | | | | | | | |
| Net Receivables | 17 | 30239 | • | • | 151 | • | 158 | 398 | 1834 | 2890 | 6586 | 13913 | 25427 | 1391441 |
| Inventories | 18 | 3057 | • | • | • | • | 186 | 268 | 1107 | 2265 | 4456 | 4687 | 9575 | 99365 |
| Net Property, Plant and Equipment | 19 | 14976 | • | • | • | • | 141 | 916 | 2035 | 5040 | 10260 | 22253 | 38576 | 586107 |
| Total Assets | 20 | 90070 | • | • | 152 | • | 637 | 2328 | 7137 | 15125 | 32379 | 76074 | 173130 | 3890376 |

## Selected Financial Ratios (Times to 1)

| | | | | | | | | | | | | | | | | | |
|---|---|---|---|---|---|---|---|---|---|---|---|---|---|---|---|---|---|
| Notes and Loans Payable 21 | 32607 | • | • | • | • | • | • | • | 94 | 446 | 1361 | 5305 | 10371 | 36038 | 117685 | 1347582 |
| All Other Liabilities 22 | 36649 | • | • | • | • | • | • | • | 106 | 344 | 1402 | 3278 | 8292 | 13757 | 33672 | 1694291 |
| Net Worth 23 | 20814 | • | • | • | 152 | • | • | • | 436 | 1538 | 4373 | 6542 | 13717 | 26279 | 21774 | 848503 |

| | | | | | | | | | | | | | | | |
|---|---|---|---|---|---|---|---|---|---|---|---|---|---|---|---|
| Current Ratio 24 | 0.9 | • | • | • | • | • | • | 2.4 | 2.4 | 2.1 | 1.7 | 1.6 | 1.2 | 0.8 |
| Quick Ratio 25 | 0.8 | • | • | • | • | • | • | 1.3 | 1.6 | 1.5 | 1.3 | 1.1 | 0.8 | 0.8 |
| Net Sales to Working Capital 26 | • | • | • | 5.1 | • | 6.6 | 10.4 | 6.3 | 11.2 | 11.9 | 13.0 | 32.8 | • |
| Coverage Ratio 27 | 2.2 | • | • | • | • | 0.5 | 4.5 | 3.0 | 3.7 | 4.3 | 2.2 | 0.9 | 2.3 |
| Total Asset Turnover 28 | 0.7 | • | • | 5.1 | • | 2.5 | 2.5 | 2.0 | 2.9 | 2.3 | 1.6 | 1.0 | 0.6 |
| Inventory Turnover 29 | • | • | • | • | • | 6.1 | • | • | • | • | • | • |
| Receivables Turnover 30 | 2.5 | • | • | • | • | 9.7 | • | 9.5 | • | • | 9.4 | 8.9 | 1.9 |
| Total Liabilities to Net Worth 31 | 3.3 | • | • | • | • | 0.5 | 0.5 | 1.3 | 1.3 | 1.4 | 1.9 | 7.0 | 3.6 |

## Selected Financial Factors (in Percentages)

| | | | | | | | | | | | | | | | |
|---|---|---|---|---|---|---|---|---|---|---|---|---|---|---|---|
| Debt Ratio 32 | 76.9 | • | • | • | • | • | 31.5 | 34.0 | 38.7 | 56.8 | 57.6 | 65.5 | 78.2 |
| Return on Assets 33 | 8.4 | • | • | • | • | • | 1.0 | 9.9 | 6.3 | 11.6 | 11.4 | 9.6 | 8.4 |
| Return on Equity 34 | 12.5 | • | • | • | • | • | 8.7 | 4.5 | 16.3 | 16.3 | 12.6 | 13.6 |
| Return Before Interest on Equity 35 | • | • | • | • | • | 1.5 | 15.1 | 10.2 | 27.0 | 27.8 | • | • |
| Profit Margin, Before Income Tax 36 | 6.3 | • | • | • | • | • | 3.1 | 2.1 | 3.9 | 3.2 | 8.9 | 8.1 |
| Profit Margin, After Income Tax 37 | 4.0 | • | • | • | • | • | 2.3 | 1.4 | 3.1 | 2.7 | • | 5.1 |

## Trends in Selected Ratios and Factors, 1986-1994

| | 1986 | 1987 | 1988 | 1989 | 1990 | 1991 | 1992 | 1993 | 1994 |
|---|---|---|---|---|---|---|---|---|---|
| Cost of Operations (%) 38 | 56.3 | 56.2 | 58.6 | 58.0 | 56.4 | 55.6 | 57.3 | 56.5 | 57.2 |
| Operating Margin (%) 39 | • | • | • | • | • | • | • | • | • |
| Oper. Margin Before Officers Comp. (%) 40 | 0.4 | 0.3 | • | • | • | • | • | • | • |
| Average Net Receivables ($) 41 | 3920 | 4032 | 4381 | 6161 | 11521 | 8620 | 17051 | 21653 | 30239 |
| Average Inventories ($) 42 | 1676 | 1454 | 1233 | 1749 | 2714 | 1953 | 2332 | 2563 | 3057 |
| Average Net Worth ($) 43 | 7474 | 6125 | 5536 | 7279 | 14998 | 11014 | 17293 | 21235 | 20814 |
| Current Ratio (x1) 44 | 1.4 | 1.3 | 1.1 | 1.1 | 1.0 | 1.0 | 1.0 | 0.9 | 0.9 |
| Quick Ratio (x1) 45 | 0.9 | 0.9 | 0.8 | 0.8 | 0.7 | 0.8 | 0.8 | 0.7 | 0.8 |
| Coverage Ratio (x1) 46 | 2.6 | 2.5 | 2.2 | 2.2 | 2.6 | 2.1 | 2.4 | 3.0 | 2.2 |
| Asset Turnover (x1) 47 | 1.4 | 1.2 | 1.2 | 1.1 | 0.7 | 0.8 | 0.8 | 0.7 | 0.7 |
| Total Liabilities/Net Worth (x1) 48 | 1.2 | 1.4 | 1.8 | 1.9 | 2.2 | 2.1 | 2.4 | 2.5 | 3.3 |
| Return on Assets (x1) 49 | 11.6 | 10.2 | 9.5 | 9.1 | 7.5 | 7.5 | 9.0 | 12.2 | 8.4 |
| Return on Equity (%) 50 | 8.2 | 7.5 | 8.0 | 8.2 | 8.1 | 7.5 | 12.1 | 18.5 | 12.5 |

# Table II

Corporations with Net Income

# BOTTLED SOFT DRINKS AND FLAVORINGS

## MONEY AMOUNTS AND SIZE OF ASSETS IN THOUSANDS OF DOLLARS

| Item Description for Accounting Period 7/90 Through 6/91 | | Total | Zero Assets | Under 100 | 100 to 250 | 251 to 500 | 501 to 1,000 | 1,001 to 5,000 | 5,001 to 10,000 | 10,001 to 25,000 | 25,001 to 50,000 | 50,001 to 100,000 | 100,001 to 250,000 | 250,001 and over |
|---|---|---|---|---|---|---|---|---|---|---|---|---|---|---|
| Number of Enterprises | 1 | 526 | • | • | • | • | 52 | 271 | 71 | 78 | 24 | 11 | 9 | • |
| **Revenues ($ in Thousands)** | | | | | | | | | | | | | | |
| Net Sales | 2 | 40783 | • | • | • | • | 120 | 1638 | 962 | 3573 | 1908 | 1601 | 1643 | • |
| Portfolio Income | 3 | 1681 | • | • | • | • | 0 | 12 | 18 | 9 | 8 | 7 | 29 | • |
| Other Revenues | 4 | 2405 | • | • | • | • | 0 | 25 | 11 | 32 | 13 | 44 | 37 | • |
| Total Revenues | 5 | 44869 | • | • | • | • | 120 | 1674 | 991 | 3615 | 1929 | 1651 | 1709 | • |
| Average Total Revenues | 6 | 85302 | • | • | • | • | 2309 | 6179 | 13959 | 46346 | 80380 | 150119 | 189849 | • |
| **Operating Costs/Operating Income (%)** | | | | | | | | | | | | | | |
| Cost of Operations | 7 | 56.6 | • | • | • | • | 76.8 | 61.6 | 67.9 | 78.5 | 68.3 | 68.5 | 60.1 | • |
| Rent | 8 | 1.2 | • | • | • | • | 0.1 | 0.9 | 0.7 | 0.4 | 0.3 | 1.4 | 0.8 | • |
| Taxes Paid | 9 | 2.1 | • | • | • | • | 1.8 | 2.3 | 2.0 | 1.3 | 1.3 | 1.9 | 1.7 | • |
| Interest Paid | 10 | 4.8 | • | • | • | • | 1.3 | 0.6 | 0.4 | 0.8 | 1.0 | 1.9 | 5.2 | • |
| Depreciation, Depletion, Amortization | 11 | 4.0 | • | • | • | • | 2.2 | 3.4 | 2.7 | 2.3 | 3.3 | 3.4 | 5.3 | • |
| Pensions and Other Benefits | 12 | 1.8 | • | • | • | • | 1.8 | 1.0 | 0.7 | 0.7 | 0.5 | 2.2 | 1.9 | • |
| Other | 13 | 31.3 | • | • | • | • | 9.5 | 22.2 | 20.4 | 13.1 | 21.0 | 19.0 | 23.6 | • |
| Officers Compensation | 14 | 0.6 | • | • | • | • | 4.2 | 4.7 | 2.0 | 0.7 | 1.0 | 0.7 | 0.7 | • |
| Operating Margin | 15 | • | • | • | • | • | 2.2 | 3.4 | 3.4 | 2.3 | 3.5 | 1.1 | 0.8 | • |
| Oper. Margin Before Officers Compensation | 16 | • | • | • | • | • | 6.5 | 8.1 | 5.3 | 3.0 | 4.5 | 1.8 | 1.5 | • |
| **Selected Average Balance Sheet ($ in Thousands)** | | | | | | | | | | | | | | |
| Net Receivables | 17 | 43095 | • | • | • | • | 210 | 402 | 1973 | 2995 | 7099 | 15315 | 17753 | • |
| Inventories | 18 | 3682 | • | • | • | • | 278 | 303 | 1201 | 2328 | 4879 | 5575 | 10030 | • |
| Net Property, Plant and Equipment | 19 | 16649 | • | • | • | • | 185 | 793 | 1739 | 5068 | 10687 | 19197 | 37010 | • |
| Total Assets | 20 | 112695 | • | • | • | • | 717 | 2234 | 6974 | 15037 | 33684 | 76263 | 161129 | • |

| | | | | | | | | | |
|---|---|---|---|---|---|---|---|---|---|
| Notes and Loans Payable 21 | 33896 | • | • | 227 | 314 | 532 | 4050 | 10180 | 31878 | 83178 |
| All Other Liabilities 22 | 50917 | • | • | 219 | 252 | 1419 | 3426 | 8311 | 12899 | 29218 |
| Net Worth 23 | 27881 | • | • | 271 | 1668 | 5024 | 7561 | 15193 | 31486 | 48733 |

## Selected Financial Ratios (Times to 1)

| | | | | | | | | | |
|---|---|---|---|---|---|---|---|---|---|
| Current Ratio 24 | 0.9 | • | 1.4 | 2.7 | 2.6 | 2.1 | 2.0 | 1.8 | 1.2 |
| Quick Ratio 25 | 0.8 | • | 0.6 | 1.7 | 1.8 | 1.3 | 1.3 | 1.2 | 0.8 |
| Net Sales to Working Capital 26 | • | • | 16.5 | 9.7 | 5.5 | 11.2 | 10.0 | 10.8 | 29.7 |
| Coverage Ratio 27 | 2.9 | • | 2.9 | 10.5 | 5.4 | 5.5 | 5.5 | 3.3 | 1.9 |
| Total Asset Turnover 28 | 0.7 | • | 3.2 | 2.7 | 2.0 | 3.1 | 2.4 | 1.9 | 1.1 |
| Inventory Turnover 29 | • | • | 4.6 | • | • | • | • | • | • |
| Receivables Turnover 30 | 2.1 | • | 7.4 | 9.5 | • | • | • | • | • |
| Total Liabilities to Net Worth 31 | 3.1 | • | 1.7 | 0.3 | 0.4 | 1.0 | 1.2 | 1.4 | 2.3 |

## Selected Financial Factors (in Percentages)

| | | | | | | | | | |
|---|---|---|---|---|---|---|---|---|---|
| Debt Ratio 32 | 75.3 | • | 62.2 | 25.3 | 28.0 | 49.7 | 54.9 | 58.7 | 69.8 |
| Return on Assets 33 | 9.5 | • | 12.0 | 16.9 | 13.2 | 12.8 | 13.2 | 11.8 | 11.3 |
| Return on Equity 34 | 17.1 | • | 18.3 | 17.0 | 15.0 | 17.5 | 19.3 | 16.9 | 12.5 |
| Return Before Interest on Equity 35 | • | • | 31.6 | 22.6 | 18.3 | 25.5 | 29.3 | 28.5 | • |
| Profit Margin, Before Income Tax 36 | 9.0 | • | 2.4 | 5.6 | 6.4 | 3.4 | 4.6 | 4.3 | 4.8 |
| Profit Margin, After Income Tax 37 | 6.2 | • | 2.2 | 4.7 | 5.6 | 2.9 | 3.7 | 3.7 | 3.4 |

## Trends in Selected Ratios and Factors, 1986-1994

| | 1986 | 1987 | 1988 | 1989 | 1990 | 1991 | 1992 | 1993 | 1994 |
|---|---|---|---|---|---|---|---|---|---|
| Cost of Operations (%) 38 | 57.3 | 57.2 | 58.2 | 59.8 | 55.9 | 55.1 | 55.5 | 54.9 | 56.6 |
| Operating Margin (%) 39 | 3.5 | 4.2 | • | 1.5 | • | • | • | • | • |
| Oper. Margin Before Officers Comp. (%) 40 | 4.6 | 5.3 | • | 2.3 | • | • | • | • | • |
| Average Net Receivables ($) 41 | 1670 | 1671 | 6885 | 2529 | 13129 | 14141 | 26276 | 23158 | 43095 |
| Average Inventories ($) 42 | 1441 | 1492 | 1783 | 2200 | 2828 | 2905 | 3028 | 2142 | 3682 |
| Average Net Worth ($) 43 | 6255 | 5949 | 8659 | 9061 | 14947 | 13657 | 26531 | 20819 | 27881 |
| Current Ratio (x1) 44 | 1.8 | 1.8 | 1.1 | 1.5 | 1.0 | 1.0 | 1.0 | 0.9 | 0.9 |
| Quick Ratio (x1) 45 | 1.0 | 1.0 | 0.9 | 0.9 | 0.7 | 0.8 | 0.8 | 0.8 | 0.8 |
| Coverage Ratio (x1) 46 | 5.3 | 5.4 | 2.7 | 3.8 | 3.4 | 3.0 | 3.1 | 4.3 | 2.9 |
| Asset Turnover (x1) 47 | 1.5 | 1.4 | 1.2 | 1.3 | 0.8 | 0.8 | 0.8 | 0.7 | 0.7 |
| Operating Leverage 48 | • | 1.2 | • | • | • | 1.2 | 1.3 | 1.7 | 0.7 |
| Financial Leverage 49 | • | 1.1 | 0.8 | 1.2 | 1.0 | 1.0 | 1.1 | 1.1 | 0.9 |
| Total Leverage 50 | • | 1.3 | • | • | • | 1.2 | 1.4 | 1.9 | 0.6 |

## Table I

Corporations with and without Net Income

# OTHER FOOD AND KINDRED PRODUCTS

MONEY AMOUNTS AND SIZE OF ASSETS IN THOUSANDS OF DOLLARS

| Item Description for Accounting Period 7/90 Through 6/91 | | Total | Zero Assets | Under 100 | 100 to 250 | 251 to 500 | 501 to 1,000 | 1,001 to 5,000 | 5,001 to 10,000 | 10,001 to 25,000 | 25,001 to 50,000 | 50,001 to 100,000 | 100,001 to 250,000 | 250,001 and over |
|---|---|---|---|---|---|---|---|---|---|---|---|---|---|---|
| Number of Enterprises | 1 | 5283 | 12 | 2523 | 584 | 490 | 769 | 438 | 210 | 145 | 52 | 31 | 14 | 14 |
| **Revenues ($ in Thousands)** | | | | | | | | | | | | | | |
| Net Sales | 2 | 61123 | 1609 | 106 | 196 | 649 | 1483 | 2344 | 3340 | 4526 | 2554 | 3497 | 2826 | 37992 |
| Portfolio Income | 3 | 1089 | 71 | 0 | • | 5 | 5 | 9 | 12 | 17 | 35 | 31 | 50 | 853 |
| Other Revenues | 4 | 989 | 4 | • | • | 5 | 5 | 20 | 68 | 67 | 59 | 52 | 58 | 652 |
| Total Revenues | 5 | 63200 | 1684 | 106 | 196 | 660 | 1492 | 2373 | 3420 | 4610 | 2648 | 3580 | 2933 | 39497 |
| Average Total Revenues | 6 | 11963 | 140369 | 42 | 336 | 1346 | 1940 | 5418 | 16287 | 31794 | 50926 | 115474 | 209534 | 2821246 |
| **Operating Costs/Operating Income (%)** | | | | | | | | | | | | | | |
| Cost of Operations | 7 | 72.1 | 67.2 | 35.8 | 14.4 | 67.4 | 65.4 | 74.4 | 77.1 | 71.9 | 70.6 | 74.6 | 68.8 | 72.7 |
| Rent | 8 | 1.0 | 0.8 | 8.8 | 5.8 | 3.1 | 1.5 | 0.6 | 0.2 | 0.6 | 1.6 | 0.4 | 0.8 | 1.1 |
| Taxes Paid | 9 | 1.4 | 0.8 | 4.6 | 3.4 | 3.0 | 2.1 | 1.8 | 1.5 | 1.7 | 1.7 | 1.5 | 2.4 | 1.3 |
| Interest Paid | 10 | 2.9 | 5.2 | 0.7 | 3.0 | 0.5 | 1.1 | 1.6 | 1.6 | 1.7 | 3.3 | 2.4 | 2.6 | 3.4 |
| Depreciation, Depletion, Amortization | 11 | 3.3 | 1.7 | 2.9 | 12.8 | 1.7 | 2.3 | 2.5 | 2.5 | 3.0 | 3.9 | 3.1 | 3.4 | 3.5 |
| Pensions and Other Benefits | 12 | 1.1 | 2.9 | 0.5 | 1.9 | 1.8 | 0.7 | 1.1 | 1.1 | 0.9 | 0.9 | 1.1 | 1.1 | 1.1 |
| Other | 13 | 18.5 | 26.6 | 66.4 | 45.4 | 20.7 | 26.2 | 16.9 | 15.8 | 17.2 | 19.0 | 14.9 | 19.6 | 18.3 |
| Officers Compensation | 14 | 0.8 | 0.2 | 12.9 | 8.4 | 5.2 | 2.8 | 2.1 | 2.0 | 1.5 | 1.3 | 0.9 | 0.7 | 0.4 |
| Operating Margin | 15 | • | • | • | 4.9 | • | • | • | • | 1.7 | • | 1.3 | 0.7 | • |
| Oper. Margin Before Officers Compensation | 16 | • | • | • | 13.3 | 1.8 | 0.8 | 1.0 | 0.3 | 3.2 | • | 2.2 | 1.4 | • |
| **Selected Average Balance Sheet ($ in Thousands)** | | | | | | | | | | | | | | |
| Net Receivables | 17 | 1208 | • | 3 | 5 | 93 | 139 | 528 | 1308 | 2817 | 4675 | 11717 | 20999 | 314793 |
| Inventories | 18 | 1182 | • | 10 | • | 64 | 192 | 615 | 1283 | 3681 | 7307 | 13793 | 29705 | 267411 |
| Net Property, Plant and Equipment | 19 | 2404 | • | 6 | 103 | 93 | 191 | 757 | 2886 | 6211 | 13043 | 28803 | 45888 | 598768 |
| Total Assets | 20 | 8133 | • | 22 | 167 | 393 | 682 | 2138 | 7247 | 15474 | 35406 | 69801 | 158291 | 2226549 |

| | | | | | | | | | | | | |
|---|---|---|---|---|---|---|---|---|---|---|---|---|
| Notes and Loans Payable 21 | 3083 | • | 13 | 96 | 46 | 260 | 1082 | 2886 | 6768 | 13781 | 26419 | 58427 | 825665 |
| All Other Liabilities 22 | 2235 | • | 4 | 17 | 154 | 197 | 629 | 1825 | 3192 | 8119 | 13214 | 22907 | 663422 |
| Net Worth 23 | 2815 | • | 5 | 54 | 193 | 225 | 428 | 2536 | 5514 | 13506 | 30168 | 76957 | 737462 |

## Selected Financial Ratios (Times to 1)

| | | | | | | | | | | | | |
|---|---|---|---|---|---|---|---|---|---|---|---|---|
| Current Ratio 24 | 1.5 | • | 3.5 | 2.3 | 2.2 | 1.6 | 1.2 | 1.4 | 1.4 | 1.4 | 1.4 | 2.0 | 1.5 |
| Quick Ratio 25 | 0.7 | • | 1.0 | 2.2 | 1.4 | 0.7 | 0.6 | 0.8 | 0.7 | 0.6 | 0.6 | 0.9 | 0.8 |
| Net Sales to Working Capital 26 | 11.5 | • | 3.9 | 18.1 | 10.8 | 13.1 | 24.9 | 18.2 | 13.1 | 11.5 | 14.1 | 5.3 | 10.9 |
| Coverage Ratio 27 | 1.9 | 0.9 | • | 2.7 | • | • | 1.1 | 1.4 | 3.1 | 1.4 | 2.5 | 2.7 | 1.9 |
| Total Asset Turnover 28 | 1.4 | • | 1.9 | 2.0 | 3.4 | 2.8 | 2.5 | 2.2 | 2.0 | 1.4 | 1.6 | 1.3 | 1.2 |
| Inventory Turnover 29 | 7.1 | • | 2.4 | • | • | 8.4 | 6.8 | • | 6.3 | 5.9 | 6.4 | 5.1 | 7.0 |
| Receivables Turnover 30 | 9.6 | • | • | • | • | • | 9.5 | • | • | • | • | • | 8.3 |
| Total Liabilities to Net Worth 31 | 1.9 | • | 3.9 | 2.1 | 1.0 | 2.0 | 4.0 | 1.9 | 1.8 | 1.6 | 1.3 | 1.1 | 2.0 |

## Selected Financial Factors (in Percentages)

| | | | | | | | | | | | | |
|---|---|---|---|---|---|---|---|---|---|---|---|---|
| Debt Ratio 32 | 65.4 | • | • | 67.8 | 50.8 | 67.1 | 80.0 | 65.0 | 64.4 | 61.9 | 56.8 | 51.4 | 66.9 |
| Return on Assets 33 | 7.7 | • | • | 15.8 | • | • | 4.3 | 5.0 | 10.4 | 6.3 | 9.7 | 9.0 | 7.7 |
| Return on Equity 34 | 6.3 | • | • | 30.5 | • | • | • | 2.0 | 15.1 | 1.0 | 10.6 | 7.2 | 6.7 |
| Return Before Interest on Equity 35 | 22.3 | • | • | • | • | • | 21.6 | 14.2 | 29.3 | 16.6 | 22.3 | 18.5 | 23.2 |
| Profit Margin, Before Income Tax 36 | 2.5 | • | • | 4.9 | • | • | 0.1 | 0.7 | 3.5 | 1.3 | 3.6 | 4.4 | 2.9 |
| Profit Margin, After Income Tax 37 | 1.5 | • | • | 4.9 | • | • | • | 0.3 | 2.7 | 0.3 | 2.9 | 2.8 | 1.8 |

## Trends in Selected Ratios and Factors, 1986-1994

| | 1986 | 1987 | 1988 | 1989 | 1990 | 1991 | 1992 | 1993 | 1994 |
|---|---|---|---|---|---|---|---|---|---|
| Cost of Operations (%) 38 | 77.3 | 77.0 | 74.5 | 74.4 | 73.2 | 76.3 | 77.3 | 74.1 | 72.1 |
| Operating Margin (%) 39 | • | • | • | • | • | • | • | • | • |
| Oper. Margin Before Officers Comp. (%) 40 | • | • | • | 0.3 | • | • | • | • | • |
| Average Net Receivables ($) 41 | 979 | 1478 | 1508 | 1205 | 1272 | 1262 | 1029 | 1448 | 1208 |
| Average Inventories ($) 42 | 1186 | 1647 | 1546 | 1258 | 1114 | 1662 | 1133 | 1420 | 1182 |
| Average Net Worth ($) 43 | 3173 | 4409 | 4630 | 3888 | 6188 | 8495 | 3717 | 3616 | 2815 |
| Current Ratio (x1) 44 | 1.6 | 1.5 | 1.6 | 1.6 | 1.5 | 1.6 | 1.6 | 1.6 | 1.5 |
| Quick Ratio (x1) 45 | 0.7 | 0.7 | 0.8 | 0.9 | 0.8 | 0.9 | 0.8 | 0.9 | 0.7 |
| Coverage Ratio (x1) 46 | 2.0 | 2.1 | 2.3 | 3.4 | 1.3 | 2.2 | 1.7 | 1.9 | 1.9 |
| Asset Turnover (x1) 47 | 2.1 | 2.0 | 1.7 | 1.8 | 0.9 | 1.0 | 1.4 | 1.4 | 1.4 |
| Total Liabilities/Net Worth (x1) 48 | 1.1 | 1.1 | 1.2 | 1.2 | 1.0 | 0.9 | 1.3 | 1.9 | 1.9 |
| Return on Assets (x1) 49 | 7.1 | 6.9 | 7.1 | 13.2 | 7.9 | 6.9 | 6.7 | 10.6 | 7.7 |
| Return on Equity (%) 50 | 3.1 | 3.4 | 4.4 | 10.1 | 1.3 | 4.6 | 3.5 | 9.1 | 6.3 |

## Table II

Corporations with Net Income

# OTHER FOOD AND KINDRED PRODUCTS

### MONEY AMOUNTS AND SIZE OF ASSETS IN THOUSANDS OF DOLLARS

| Item Description for Accounting Period 7/90 Through 6/91 | Total | Zero Assets | Under 100 | 100 to 250 | 251 to 500 | 501 to 1,000 | 1,001 to 5,000 | 5,001 to 10,000 | 10,001 to 25,000 | 25,001 to 50,000 | 50,001 to 100,000 | 100,001 to 250,000 | 250,001 and over |
|---|---|---|---|---|---|---|---|---|---|---|---|---|---|
| Number of Enterprises 1 | 2249 | • | 418 | 380 | 375 | 453 | 299 | 129 | 112 | 31 | 23 | 11 | • |
| **Revenues ($ in Thousands)** | | | | | | | | | | | | | |
| Net Sales 2 | 44231 | • | 50 | 143 | 415 | 904 | 1649 | 1874 | 4017 | 1657 | 2819 | 2317 | • |
| Portfolio Income 3 | 739 | • | • | • | 5 | 3 | 7 | 5 | 14 | 15 | 30 | 38 | • |
| Other Revenues 4 | 726 | • | • | • | 5 | 1 | 15 | 61 | 55 | 34 | 45 | 55 | • |
| Total Revenues 5 | 45695 | • | 50 | 143 | 425 | 909 | 1671 | 1940 | 4085 | 1706 | 2894 | 2410 | • |
| Average Total Revenues 6 | 20318 | • | 121 | 376 | 1133 | 2006 | 5588 | 15037 | 36472 | 55034 | 125829 | 219097 | • |
| **Operating Costs/Operating Income (%)** | | | | | | | | | | | | | |
| Cost of Operations 7 | 75.2 | • | 12.1 | 10.2 | 62.6 | 64.7 | 71.8 | 73.8 | 72.2 | 65.9 | 74.7 | 69.5 | • |
| Rent 8 | 0.8 | • | 1.0 | 1.6 | 4.5 | 1.4 | 0.6 | 0.2 | 0.5 | 0.6 | 0.4 | 0.7 | • |
| Taxes Paid 9 | 1.4 | • | 4.3 | 3.6 | 3.1 | 2.3 | 1.9 | 1.8 | 1.4 | 1.9 | 1.4 | 2.1 | • |
| Interest Paid 10 | 2.2 | • | • | 2.6 | 0.6 | 0.6 | 1.3 | 1.8 | 1.4 | 2.0 | 1.9 | 1.6 | • |
| Depreciation, Depletion, Amortization 11 | 2.8 | • | • | 9.2 | 2.3 | 2.1 | 2.6 | 3.1 | 2.7 | 3.2 | 2.8 | 2.8 | • |
| Pensions and Other Benefits 12 | 1.0 | • | 1.1 | 2.7 | 1.3 | 1.1 | 1.4 | 1.4 | 0.8 | 1.2 | 1.0 | 0.9 | • |
| Other 13 | 14.7 | • | 55.8 | 45.6 | 20.1 | 23.3 | 16.0 | 13.4 | 15.8 | 19.9 | 14.5 | 19.8 | • |
| Officers Compensation 14 | 0.9 | • | 18.8 | 9.5 | 6.4 | 2.4 | 2.2 | 3.0 | 1.6 | 1.5 | 0.9 | 0.7 | • |
| Operating Margin 15 | 1.1 | • | 6.9 | 15.1 | • | 2.2 | 2.4 | 1.7 | 3.7 | 3.8 | 2.6 | 2.1 | • |
| Oper. Margin Before Officers Compensation 16 | 2.0 | • | 25.7 | 24.6 | 5.6 | 4.6 | 4.6 | 4.7 | 5.3 | 5.3 | 3.5 | 2.8 | • |
| **Selected Average Balance Sheet ($ in Thousands)** | | | | | | | | | | | | | |
| Net Receivables 17 | 1546 | • | 13 | • | 81 | 166 | 503 | 1243 | 3229 | 5178 | 13070 | 22530 | • |
| Inventories 18 | 1924 | • | 3 | • | 37 | 172 | 498 | 1383 | 3734 | 8250 | 15200 | 35058 | • |
| Net Property, Plant and Equipment 19 | 3778 | • | 11 | 117 | 105 | 144 | 590 | 3245 | 5171 | 13108 | 26565 | 41220 | • |
| Total Assets 20 | 12746 | • | 31 | 188 | 367 | 637 | 1814 | 6972 | 14866 | 36907 | 70057 | 158863 | • |

|  |  |  |  |  |  |  |  |  |  |  |  |  |
|---|---|---|---|---|---|---|---|---|---|---|---|---|
| Notes and Loans Payable **21** | 3723 | • | 13 | 94 | 138 |  | 683 | 2393 | 5107 | 11212 | 21202 | 42987 |
| All Other Liabilities **22** | 3865 | • | 17 | 22 | 163 | 182 | 563 | 1455 | 3276 | 6985 | 13993 | 24613 |
| Net Worth **23** | 5158 | • | 1 | 72 | 204 | 317 | 567 | 3123 | 6483 | 18710 | 34863 | 91262 |

**Selected Financial Ratios (Times to 1)**

|  |  |  |  |  |  |  |  |  |  |  |  |
|---|---|---|---|---|---|---|---|---|---|---|---|
| Current Ratio **24** | 1.9 | 1.1 | 15.6 | 1.7 | 2.1 | 1.3 | 1.7 | 1.6 | 1.6 | 1.4 | 2.1 |
| Quick Ratio **25** | 0.9 | 0.9 | 15.6 | 1.3 | 1.0 | 0.7 | 0.9 | 0.8 | 0.7 | 0.7 | 0.9 |
| Net Sales to Working Capital **26** | 9.0 | • | 10.2 | 15.3 | 8.9 | 21.1 | 11.0 | 11.1 | 8.4 | 12.3 | 4.7 |
| Coverage Ratio **27** | 3.1 | • | 6.9 | 3.6 | 5.5 | 3.9 | 3.9 | 4.8 | 4.4 | 3.7 | 4.9 |
| Total Asset Turnover **28** | 1.6 | 4.0 | 2.0 | 3.0 | 3.1 | 3.1 | 2.1 | 2.4 | 1.5 | 1.8 | 1.3 |
| Inventory Turnover **29** | 7.6 | 8.9 | • | • | 8.5 | 7.0 | 8.2 | 7.3 | 6.4 | 6.9 | 4.6 |
| Receivables Turnover **30** | • | • | • | • | • | 8.8 | • | • | • | • | • |
| Total Liabilities to Net Worth **31** | 1.5 | 1.6 | • | 0.8 | 1.0 | 2.2 | 1.2 | 1.3 | 1.0 | 1.0 | 0.8 |

**Selected Financial Factors (in Percentages)**

|  |  |  |  |  |  |  |  |  |  |  |  |  |
|---|---|---|---|---|---|---|---|---|---|---|---|---|
| Debt Ratio **32** | 59.5 | • | 98.2 | 61.8 | 44.5 | 50.3 | 68.7 | 55.2 | 56.4 | 49.3 | 50.2 | 42.6 |
| Return on Assets **33** | 10.8 | • | 27.4 | 35.4 | 6.5 | 10.3 | 15.1 | 14.4 | 16.4 | 12.6 | 12.3 | 10.0 |
| Return on Equity **34** | 13.3 | • | • | • | 7.7 | 15.3 | 33.0 | 21.3 | 24.6 | 14.9 | 14.9 | 9.2 |
| Return Before Interest on Equity **35** | 26.7 | • | • | • | 11.7 | 20.7 | • | 32.1 | 24.9 | 24.8 | 24.8 | 17.4 |
| Profit Margin, Before Income Tax **36** | 4.8 | • | 6.9 | 15.1 | 1.6 | 2.7 | 3.7 | 5.2 | 6.7 | 5.2 | 5.2 | 6.0 |
| Profit Margin, After Income Tax **37** | 3.5 | • | 6.9 | 15.1 | 1.4 | 2.4 | 3.4 | 4.6 | 5.2 | 5.2 | 4.2 | 4.0 |

**Trends in Selected Ratios and Factors, 1986-1994**

|  | 1986 | 1987 | 1988 | 1989 | 1990 | 1991 | 1992 | 1993 | 1994 |
|---|---|---|---|---|---|---|---|---|---|
| Cost of Operations (%) **38** | 74.9 | 75.8 | 73.3 | 73.7 | 75.4 | 76.4 | 78.1 | 76.3 | 75.2 |
| Operating Margin (%) **39** | 0.4 | 0.2 | 0.3 | 0.8 | 1.0 | • | 0.4 | • | 1.1 |
| Oper. Margin Before Officers Comp. (%) **40** | 1.0 | 0.9 | 1.1 | 1.6 | 1.9 | • | 1.2 | • | 2.0 |
| Average Net Receivables ($) **41** | 1724 | 1814 | 1845 | 1720 | 1026 | 1846 | 1591 | 1599 | 1546 |
| Average Inventories ($) **42** | 2029 | 2014 | 1867 | 1811 | 1216 | 2563 | 1690 | 2120 | 1924 |
| Average Net Worth ($) **43** | 5826 | 5829 | 6100 | 5633 | 4188 | 14233 | 4478 | 6065 | 5158 |
| Current Ratio (x1) **44** | 1.7 | 1.6 | 1.7 | 1.8 | 1.8 | 1.7 | 1.7 | 1.9 | 1.9 |
| Quick Ratio (x1) **45** | 0.8 | 0.8 | 0.9 | 1.0 | 1.0 | 0.9 | 0.9 | 1.1 | 0.9 |
| Coverage Ratio (x1) **46** | 3.0 | 2.9 | 3.2 | 4.8 | 3.8 | 2.6 | 3.0 | 2.7 | 3.1 |
| Asset Turnover (x1) **47** | 2.0 | 2.0 | 1.7 | 1.9 | 1.6 | 1.0 | 1.7 | 1.5 | 1.6 |
| Operating Leverage **48** | • | 0.4 | 1.9 | 2.6 | 1.3 | • | • | • | • |
| Financial Leverage **49** | • | 1.0 | 1.1 | 1.1 | 1.0 | 0.9 | 1.2 | 0.9 | 1.1 |
| Total Leverage **50** | • | 0.4 | 2.0 | 2.8 | 1.3 | • | • | • | • |

## Table I

Corporations with and without Net Income

# TOBACCO MANUFACTURES

### MONEY AMOUNTS AND SIZE OF ASSETS IN THOUSANDS OF DOLLARS

| Item Description for Accounting Period 7/90 Through 6/91 | Total | Zero Assets | Under 100 | 100 to 250 | 251 to 500 | 501 to 1,000 | 1,001 to 5,000 | 5,001 to 10,000 | 10,001 to 25,000 | 25,001 to 50,000 | 50,001 to 100,000 | 100,001 to 250,000 | 250,001 and over |
|---|---|---|---|---|---|---|---|---|---|---|---|---|---|
| Number of Enterprises **1** | 58 | • | • | • | • | 41 | • | • | 7 | • | • | 3 | 7 |
| **Revenues ($ in Thousands)** | | | | | | | | | | | | | |
| Net Sales **2** | 64518 | • | • | • | • | 88 | • | • | 258 | • | • | 595 | 63577 |
| Portfolio Income **3** | 7668 | • | • | • | • | • | • | • | 2 | • | • | 13 | 7653 |
| Other Revenues **4** | 2183 | • | • | • | • | 1 | • | • | 2 | • | • | 7 | 2172 |
| Total Revenues **5** | 74368 | • | • | • | • | 89 | • | • | 262 | • | • | 615 | 73402 |
| Average Total Revenues **6** | 1282209 | • | • | • | • | 2159 | • | • | 37423 | • | • | 205119 | 10486041 |
| **Operating Costs/Operating Income (%)** | | | | | | | | | | | | | |
| Cost of Operations **7** | 49.2 | • | • | • | • | 67.4 | • | • | 61.8 | • | • | 49.7 | 49.1 |
| Rent **8** | 0.7 | • | • | • | • | 1.8 | • | • | 0.1 | • | • | 0.2 | 0.7 |
| Taxes Paid **9** | 6.1 | • | • | • | • | 27.0 | • | • | 6.6 | • | • | 14.2 | 6.0 |
| Interest Paid **10** | 14.3 | • | • | • | • | • | • | • | 3.6 | • | • | 4.8 | 14.4 |
| Depreciation, Depletion, Amortization **11** | 5.0 | • | • | • | • | • | • | • | 2.6 | • | • | 1.4 | 5.0 |
| Pensions and Other Benefits **12** | 1.9 | • | • | • | • | • | • | • | 0.5 | • | • | 1.4 | 1.9 |
| Other **13** | 26.8 | • | • | • | • | • | • | • | 16.5 | • | • | 21.5 | 26.9 |
| Officers Compensation **14** | 0.4 | • | • | • | • | • | • | • | 10.6 | • | • | 0.8 | 0.3 |
| Operating Margin **15** | • | • | • | • | • | 3.9 | • | • | • | • | • | 6.0 | • |
| Oper. Margin Before Officers Compensation **16** | • | • | • | • | • | 3.9 | • | • | 8.5 | • | • | 6.8 | • |
| **Selected Average Balance Sheet ($ in Thousands)** | | | | | | | | | | | | | |
| Net Receivables **17** | 905524 | • | • | • | • | • | • | • | 1935 | • | • | 22914 | 7491161 |
| Inventories **18** | 141470 | • | • | • | • | 434 | • | • | 5754 | • | • | 26322 | 1152601 |
| Net Property, Plant and Equipment **19** | 223215 | • | • | • | • | • | • | • | 6768 | • | • | 30728 | 1829559 |
| Total Assets **20** | 3603641 | • | • | • | • | 549 | • | • | 21099 | • | • | 141370 | 29773834 |

| | | | | | | | | |
|---|---|---|---|---|---|---|---|---|
| Notes and Loans Payable 21 | 1730252 | • | • | • | • | 17127 | • | 93934 14278986 |
| All Other Liabilities 22 | 515856 | • | 76 | • | 3908 | • | 23412 | 4259850 |
| Net Worth 23 | 1357533 | • | 473 | • | 64 | • | 24024 | 11234998 |

## Selected Financial Ratios (Times to 1)

| | | | | | | | | |
|---|---|---|---|---|---|---|---|---|
| Current Ratio 24 | 0.9 | • | • | 7.2 | • | 1.7 | • | 0.9 |
| Quick Ratio 25 | 0.7 | • | • | 0.4 | • | 0.8 | • | 0.7 |
| Net Sales to Working Capital 26 | • | • | • | 4.5 | • | 8.9 | 7.1 | • |
| Coverage Ratio 27 | 2.0 | • | • | 0.8 | • | 3.0 | • | 2.0 |
| Total Asset Turnover 28 | 0.3 | • | • | 3.9 | • | 1.8 | 1.4 | 0.3 |
| Inventory Turnover 29 | 3.7 | • | • | 2.6 | • | 7.9 | 7.5 | 3.7 |
| Receivables Turnover 30 | 1.7 | • | • | • | • | • | • | 1.7 |
| Total Liabilities to Net Worth 31 | 1.7 | • | • | 0.2 | • | • | 4.9 | 1.7 |

## Selected Financial Factors (in Percentages)

| | | | | | | | | |
|---|---|---|---|---|---|---|---|---|
| Debt Ratio 32 | 62.3 | • | • | 13.9 | • | 99.7 | 83.0 | 62.3 |
| Return on Assets 33 | 8.6 | • | • | 18.4 | • | 5.1 | 20.2 | 8.5 |
| Return on Equity 34 | 7.6 | • | • | 15.9 | • | • | 7.6 | 7.6 |
| Return Before Interest on Equity 35 | 22.7 | • | • | 21.4 | • | • | 22.6 | 22.6 |
| Profit Margin, Before Income Tax 36 | 13.5 | • | • | 4.7 | • | • | 9.5 | 13.6 |
| Profit Margin, After Income Tax 37 | 9.3 | • | • | 3.5 | • | • | 6.2 | 9.4 |

## Trends in Selected Ratios and Factors, 1986-1994

| | 1986 | 1987 | 1988 | 1989 | 1990 | 1991 | 1992 | 1993 | 1994 |
|---|---|---|---|---|---|---|---|---|---|
| Cost of Operations (%) 38 | 57.6 | 57.8 | 52.1 | 51.7 | 52.5 | 51.7 | 51.1 | 50.5 | 49.2 |
| Operating Margin (%) 39 | 2.3 | 2.8 | 4.9 | 2.1 | • | 0.9 | 2.4 | • | • |
| Oper. Margin Before Officers Comp. (%) 40 | 2.6 | 3.1 | 5.2 | 2.4 | • | 1.1 | 2.8 | • | • |
| Average Net Receivables ($) 41 | 102266 | 113799 | 46090 | 85629 | 56663 | 84505 | 76998 | 369851 | 905524 |
| Average Inventories ($) 42 | 72662 | 54419 | 71774 | 81710 | 37365 | 98319 | 112988 | 139300 | 141470 |
| Average Net Worth ($) 43 | 209875 | 206963 | 284407 | 521052 | 231705 | 576793 | 788902 | 1510424 | 1357533 |
| Current Ratio (x1) 44 | 1.4 | 1.2 | 1.2 | 1.3 | 1.3 | 1.2 | 0.7 | 0.9 | 0.9 |
| Quick Ratio (x1) 45 | 0.8 | 0.7 | 0.4 | 0.6 | 0.7 | 0.4 | 0.3 | 0.6 | 0.7 |
| Coverage Ratio (x1) 46 | 2.7 | 2.8 | 3.7 | 3.1 | 2.0 | 3.1 | 4.9 | 1.8 | 2.0 |
| Asset Turnover (x1) 47 | 0.7 | 0.7 | 0.8 | 0.6 | 0.8 | 0.7 | 0.5 | 0.3 | 0.3 |
| Total Liabilities/Net Worth (x1) 48 | 1.2 | 1.3 | 0.9 | 0.8 | 0.9 | 0.9 | 1.1 | 1.0 | 1.7 |
| Return on Assets (x1) 49 | 9.6 | 8.4 | 12.2 | 9.2 | 9.0 | 9.0 | 11.1 | 7.8 | 8.6 |
| Return on Equity (%) 50 | 7.6 | 6.8 | 9.6 | 7.3 | 4.7 | 7.2 | 12.3 | 3.9 | 7.6 |

## Table II

Corporations with Net Income

# TOBACCO MANUFACTURES

### MONEY AMOUNTS AND SIZE OF ASSETS IN THOUSANDS OF DOLLARS

| Item Description for Accounting Period 7/90 Through 6/91 | Total | Zero Assets | Under 100 | 100 to 250 | 251 to 500 | 501 to 1,000 | 1,001 to 5,000 | 5,001 to 10,000 | 10,001 to 25,000 | 25,001 to 50,000 | 50,001 to 100,000 | 100,001 to 250,000 | 250,001 and over |
|---|---|---|---|---|---|---|---|---|---|---|---|---|---|
| Number of Enterprises **1** | 51 | • | • | • | • | 41 | • | • | • | • | 3 | • | 7 |
| **Revenues ($ in Thousands)** | | | | | | | | | | | | | |
| Net Sales **2** | 64188 | • | • | • | • | 88 | • | • | • | • | 524 | • | 63577 |
| Portfolio Income **3** | 7666 | • | • | • | • | | • | • | • | • | 13 | • | 7653 |
| Other Revenues **4** | 2181 | • | • | • | • | 1 | • | • | • | • | 7 | • | 2172 |
| Total Revenues **5** | 74034 | • | • | • | • | 89 | • | • | • | • | 544 | • | 73402 |
| Average Total Revenues **6** | 1451655 | • | • | • | • | 2159 | • | • | • | • | 181192 | • | 10486041 |
| **Operating Costs/Operating Income (%)** | | | | | | | | | | | | | |
| Cost of Operations **7** | 49.1 | • | • | • | • | 67.4 | • | • | • | • | 47.4 | • | 49.1 |
| Rent **8** | 0.7 | • | • | • | • | 1.8 | • | • | • | • | 0.2 | • | 0.7 |
| Taxes Paid **9** | 6.1 | • | • | • | • | 27.0 | • | • | • | • | 16.2 | • | 6.0 |
| Interest Paid **10** | 14.3 | • | • | • | • | • | • | • | • | • | 4.0 | • | 14.4 |
| Depreciation, Depletion, Amortization **11** | 5.0 | • | • | • | • | • | • | • | • | • | 1.2 | • | 5.0 |
| Pensions and Other Benefits **12** | 1.9 | • | • | • | • | • | • | • | • | • | 1.6 | • | 1.9 |
| Other **13** | 26.8 | • | • | • | • | • | • | • | • | • | 20.8 | • | 26.9 |
| Officers Compensation **14** | 0.3 | • | • | • | • | • | • | • | • | • | 0.6 | • | 0.3 |
| Operating Margin **15** | • | • | • | • | • | 3.9 | • | • | • | • | 8.1 | • | |
| Oper. Margin Before Officers Compensation **16** | • | • | • | • | • | 3.9 | • | • | • | • | 8.7 | • | |
| **Selected Average Balance Sheet ($ in Thousands)** | | | | | | | | | | | | | |
| Net Receivables **17** | 1029341 | • | • | • | • | • | • | • | • | • | 19426 | • | 7491161 |
| Inventories **18** | 159986 | • | • | • | • | 434 | • | • | • | • | 24429 | • | 1152601 |
| Net Property, Plant and Equipment **19** | 253032 | • | • | • | • | • | • | • | • | • | 32580 | • | 1829559 |
| Total Assets **20** | 4094368 | • | • | • | • | 549 | • | • | • | • | 124471 | • | 29773834 |

| | | | | |
|---|---|---|---|---|
| Notes and Loans Payable 21 | 1964434 | • | 77746 | 14278986 |
| All Other Liabilities 22 | 585854 | 76 | 18830 | 4259850 |
| Net Worth 23 | 1544080 | 473 | 27895 | 11234998 |

## Selected Financial Ratios (Times to 1)

| | | | | |
|---|---|---|---|---|
| Current Ratio 24 | 0.9 | 7.2 | 2.0 | 0.9 |
| Quick Ratio 25 | 0.7 | 0.4 | 1.0 | 0.7 |
| Net Sales to Working Capital 26 | • | 4.5 | 5.6 | • |
| Coverage Ratio 27 | 2.0 | 3.9 | 3.9 | 2.0 |
| Total Asset Turnover 28 | 0.3 | 3.9 | 1.4 | 0.3 |
| Inventory Turnover 29 | 4.4 | 2.6 | 6.8 | 7.7 |
| Receivables Turnover 30 | 2.2 | • | • | 2.4 |
| Total Liabilities to Net Worth 31 | 1.7 | 0.2 | 3.5 | 1.7 |

## Selected Financial Factors (in Percentages)

| | | | | |
|---|---|---|---|---|
| Debt Ratio 32 | 62.3 | 13.9 | 77.6 | 62.3 |
| Return on Assets 33 | 8.6 | 18.4 | 22.3 | 8.5 |
| Return on Equity 34 | 7.6 | 15.9 | 7.6 | 7.6 |
| Return Before Interest on Equity 35 | 22.7 | 21.4 | 22.6 | 22.6 |
| Profit Margin, Before Income Tax 36 | 13.6 | 4.7 | 11.9 | 13.6 |
| Profit Margin, After Income Tax 37 | 9.4 | 3.5 | 7.8 | 9.4 |

## Trends in Selected Ratios and Factors, 1986-1994

| | 1986 | 1987 | 1988 | 1989 | 1990 | 1991 | 1992 | 1993 | 1994 |
|---|---|---|---|---|---|---|---|---|---|
| Cost of Operations (%) 38 | 57.4 | 57.4 | 52.0 | 51.6 | 52.5 | 51.7 | 51.1 | 51.7 | 49.1 |
| Operating Margin (%) 39 | 2.4 | 2.9 | 4.9 | 2.2 | • | 1.8 | 2.4 | 1.6 | • |
| Oper. Margin Before Officers Comp. (%) 40 | 2.6 | 3.2 | 5.2 | 2.5 | • | 2.0 | 2.8 | 2.2 | • |
| Average Net Receivables ($) 41 | 144255 | 249151 | 150131 | 332415 | 104930 | 75519 | 81555 | 93799 | 1029341 |
| Average Inventories ($) 42 | 102151 | 118144 | 233388 | 316924 | 69169 | 94836 | 119215 | 100483 | 159986 |
| Average Net Worth ($) 43 | 296197 | 453217 | 927363 | 2024005 | 429703 | 482490 | 836092 | 720237 | 1544080 |
| Current Ratio (x1) 44 | 1.4 | 1.2 | 1.2 | 1.3 | 1.3 | 1.2 | 0.7 | 0.7 | 0.9 |
| Quick Ratio (x1) 45 | 0.8 | 0.7 | 0.4 | 0.6 | 0.7 | 0.4 | 0.3 | 0.3 | 0.7 |
| Coverage Ratio (x1) 46 | 2.7 | 2.8 | 3.7 | 3.1 | 2.0 | 3.5 | 4.9 | 3.1 | 2.0 |
| Asset Turnover (x1) 47 | 0.7 | 0.7 | 0.8 | 0.6 | 0.8 | 0.9 | 0.5 | 0.6 | 0.3 |
| Operating Leverage 48 | • | 1.2 | 1.7 | 0.5 | • | • | 1.4 | 0.7 | • |
| Financial Leverage 49 | • | 1.0 | 1.2 | 1.1 | 0.6 | 1.6 | 1.2 | 0.9 | 0.8 |
| Total Leverage 50 | • | 1.2 | 2.0 | 0.5 | • | • | 1.6 | 0.6 | • |

## Table I

Corporations with and without Net Income

# WEAVING MILLS AND TEXTILE FINISHING

MONEY AMOUNTS AND SIZE OF ASSETS IN THOUSANDS OF DOLLARS

| Item Description for Accounting Period 7/90 Through 6/91 | Total | Zero Assets | Under 100 | 100 to 250 | 251 to 500 | 501 to 1,000 | 1,001 to 5,000 | 5,001 to 10,000 | 10,001 to 25,000 | 25,001 to 50,000 | 50,001 to 100,000 | 100,001 to 250,000 | 250,001 and over |
|---|---|---|---|---|---|---|---|---|---|---|---|---|---|
| Number of Enterprises **1** | 591 | 22 | • | • | 201 | • | 187 | 59 | 57 | 27 | 11 | 17 | 10 |
| **Revenues ($ in Thousands)** | | | | | | | | | | | | | |
| Net Sales **2** | 18991 | 338 | • | • | 218 | • | 739 | 907 | 1971 | 1470 | 1178 | 3675 | 8495 |
| Portfolio Income **3** | 450 | 2 | • | • | • | • | 4 | 40 | 9 | 12 | 5 | 56 | 322 |
| Other Revenues **4** | 226 | 2 | • | • | • | • | 2 | 13 | 14 | 8 | 7 | 37 | 143 |
| Total Revenues **5** | 19667 | 341 | • | • | 218 | • | 745 | 961 | 1994 | 1489 | 1190 | 3769 | 8959 |
| Average Total Revenues **6** | 33278 | 15522 | • | • | 1086 | • | 3985 | 16282 | 34985 | 55151 | 108202 | 221716 | 895922 |
| **Operating Costs/Operating Income (%)** | | | | | | | | | | | | | |
| Cost of Operations **7** | 75.9 | 79.2 | • | • | 87.3 | • | 74.6 | 75.8 | 80.1 | 77.2 | 78.8 | 77.8 | 73.1 |
| Rent **8** | 0.7 | 0.7 | • | • | 0.2 | • | 0.6 | 0.8 | 0.2 | 0.3 | 0.5 | 0.8 | 0.8 |
| Taxes Paid **9** | 2.0 | 2.0 | • | • | 1.2 | • | 1.8 | 2.0 | 1.7 | 2.1 | 2.1 | 1.9 | 2.2 |
| Interest Paid **10** | 4.7 | 1.9 | • | • | 0.2 | • | 1.1 | 2.8 | 2.3 | 2.1 | 2.8 | 4.0 | 6.9 |
| Depreciation, Depletion, Amortization **11** | 3.6 | 2.5 | • | • | 1.0 | • | 1.4 | 2.8 | 2.7 | 3.9 | 4.7 | 4.5 | 3.5 |
| Pensions and Other Benefits **12** | 1.9 | 0.8 | • | • | • | • | 2.6 | 1.6 | 0.9 | 1.9 | 1.0 | 2.6 | 2.0 |
| Other **13** | 11.6 | 9.3 | • | • | 5.8 | • | 8.9 | 12.0 | 7.6 | 6.8 | 8.4 | 9.4 | 15.3 |
| Officers Compensation **14** | 1.3 | 2.7 | • | • | 0.4 | • | 6.2 | 3.2 | 3.7 | 1.7 | 0.8 | 0.9 | 0.4 |
| Operating Margin **15** | • | 1.0 | • | • | 3.9 | • | 2.9 | • | 0.8 | 4.1 | 1.0 | • | • |
| Oper. Margin Before Officers Compensation **16** | • | 3.7 | • | • | 4.3 | • | 9.1 | 2.4 | 4.5 | 5.8 | 1.7 | • | • |
| **Selected Average Balance Sheet ($ in Thousands)** | | | | | | | | | | | | | |
| Net Receivables **17** | 4488 | • | • | • | 182 | • | 522 | 1432 | 3645 | 9567 | 14883 | 31335 | 127161 |
| Inventories **18** | 4684 | • | • | • | 138 | • | 375 | 1846 | 5541 | 11367 | 15266 | 34526 | 118354 |
| Net Property, Plant and Equipment **19** | 7663 | • | • | • | 55 | • | 496 | 2171 | 5028 | 9762 | 29980 | 63612 | 233584 |
| Total Assets **20** | 26883 | • | • | • | 395 | • | 1808 | 7377 | 16574 | 37942 | 71592 | 162683 | 951288 |

# Table I

Corporations with and without Net Income

## WEAVING MILLS AND TEXTILE FINISHING

MONEY AMOUNTS AND SIZE OF ASSETS IN THOUSANDS OF DOLLARS

| Item Description for Accounting Period 7/90 Through 6/91 | Total | Zero Assets | Under 100 | 100 to 250 | 251 to 500 | 501 to 1,000 | 1,001 to 5,000 | 5,001 to 10,000 | 10,001 to 25,000 | 25,001 to 50,000 | 50,001 to 100,000 | 100,001 to 250,000 | 250,001 and over |
|---|---|---|---|---|---|---|---|---|---|---|---|---|---|
| Number of Enterprises 1 | 591 | 22 | • | 201 | 218 | 187 | 59 | 57 | 27 | 11 | 17 | 10 | • |
| **Revenues ($ in Thousands)** | | | | | | | | | | | | | |
| Net Sales 2 | 18991 | 338 | • | • | 218 | • | 739 | 907 | 1971 | 1470 | 1178 | 3675 | 8495 |
| Portfolio Income 3 | 450 | 2 | • | • | • | • | 2 | 4 | 9 | 12 | 5 | 56 | 322 |
| Other Revenues 4 | 226 | 2 | • | • | • | • | 2 | 13 | 14 | 8 | 7 | 37 | 143 |
| Total Revenues 5 | 19667 | 341 | • | • | 218 | • | 745 | 961 | 1994 | 1489 | 1190 | 3769 | 8959 |
| Average Total Revenues 6 | 33278 | 15522 | • | • | 1086 | • | 3985 | 16282 | 34985 | 55151 | 108202 | 221716 | 895922 |
| **Operating Costs/Operating Income (%)** | | | | | | | | | | | | | |
| Cost of Operations 7 | 75.9 | 79.2 | • | • | 87.3 | • | 74.6 | 75.8 | 80.1 | 77.2 | 78.8 | 77.8 | 73.1 |
| Rent 8 | 0.7 | 0.7 | • | • | 0.2 | • | 0.6 | 0.8 | 0.2 | 0.3 | 0.5 | 0.5 | 0.8 |
| Taxes Paid 9 | 2.0 | 2.0 | • | • | 1.2 | • | 1.8 | 2.0 | 1.7 | 2.1 | 2.1 | 2.1 | 2.2 |
| Interest Paid 10 | 4.7 | 1.9 | • | • | 0.2 | • | 1.1 | 2.8 | 2.3 | 2.8 | 2.8 | 2.8 | 6.9 |
| Depreciation, Depletion, Amortization 11 | 3.6 | 2.5 | • | • | 1.0 | • | 1.4 | 2.8 | 2.7 | 3.9 | 4.7 | 4.7 | 3.5 |
| Pensions and Other Benefits 12 | 1.9 | 0.8 | • | • | 1.0 | • | 2.6 | 1.6 | 0.9 | 1.9 | 1.0 | 1.0 | 2.0 |
| Other 13 | 11.6 | 1.9 | • | • | 5.8 | • | 8.9 | 12.0 | 7.6 | 6.8 | 8.4 | 2.6 | 2.0 |
| Officers Compensation 14 | 1.3 | 2.7 | • | • | 0.4 | • | 6.2 | 3.2 | 3.7 | 1.7 | 0.8 | 0.8 | 0.4 |
| Operating Margin 15 | • | 1.0 | • | • | 3.9 | • | 2.9 | • | 0.8 | 4.1 | 1.0 | 0.9 | • |
| Oper. Margin Before Officers Compensation 16 | 3.7 | 3.7 | • | • | 4.3 | • | 9.1 | 2.4 | 4.5 | 5.8 | 1.0 | • | • |
| **Selected Average Balance Sheet ($ in Thousands)** | | | | | | | | | | | | | |
| Net Receivables 17 | 4488 | • | • | • | 182 | • | 522 | 1432 | 3645 | 9567 | 14883 | 31335 | 127161 |
| Inventories 18 | 4684 | • | • | • | 138 | • | 375 | 1846 | 5541 | 11367 | 15266 | 34526 | 118354 |
| Net Property, Plant and Equipment 19 | 7663 | • | • | • | 55 | • | 496 | 2171 | 5028 | 9762 | 29980 | 63612 | 233584 |
| Total Assets 20 | 26883 | • | • | • | 395 | • | 1808 | 7377 | 16574 | 37942 | 71592 | 162683 | 951288 |

| | Col 1 | Col 2 | Col 3 | Col 4 | Col 5 |
|---|---|---|---|---|---|
| Notes and Loans Payable 21 | 1964434 | • | • | • | 77746 | 14278986 |
| All Other Liabilities 22 | 585854 | • | • | 76 | 18830 | 4259850 |
| Net Worth 23 | 1544080 | • | • | 473 | 27895 | 11234998 |

## Selected Financial Ratios (Times to 1)

| | | | | |
|---|---|---|---|---|
| Current Ratio 24 | 0.9 | 7.2 | 2.0 | 0.9 |
| Quick Ratio 25 | 0.7 | 0.4 | 1.0 | 0.7 |
| Net Sales to Working Capital 26 | • | 4.5 | 5.6 | • |
| Coverage Ratio 27 | 2.0 | 3.9 | 3.9 | 2.0 |
| Total Asset Turnover 28 | 0.3 | 1.4 | 1.4 | 0.3 |
| Inventory Turnover 29 | 4.4 | 2.6 | 6.8 | 7.7 |
| Receivables Turnover 30 | 2.2 | • | 2.4 | 2.4 |
| Total Liabilities to Net Worth 31 | 1.7 | 0.2 | 3.5 | 1.7 |

## Selected Financial Factors (in Percentages)

| | | | | |
|---|---|---|---|---|
| Debt Ratio 32 | 62.3 | 13.9 | 77.6 | 62.3 |
| Return on Assets 33 | 8.6 | 18.4 | 22.3 | 8.5 |
| Return on Equity 34 | 7.6 | 15.9 | • | 7.6 |
| Return Before Interest on Equity 35 | 22.7 | 21.4 | 22.6 | 22.6 |
| Profit Margin, Before Income Tax 36 | 13.6 | 4.7 | 11.9 | 13.6 |
| Profit Margin, After Income Tax 37 | 9.4 | 3.5 | 7.8 | 9.4 |

## Trends in Selected Ratios and Factors, 1986–1994

| | 1986 | 1987 | 1988 | 1989 | 1990 | 1991 | 1992 | 1993 | 1994 |
|---|---|---|---|---|---|---|---|---|---|
| Cost of Operations (%) 38 | 57.4 | 57.4 | 52.0 | 51.6 | 52.5 | 51.7 | 51.1 | 51.7 | 49.1 |
| Operating Margin (%) 39 | 2.4 | 2.9 | 4.9 | 2.2 | 1.8 | 1.8 | 2.4 | 1.6 | • |
| Oper. Margin Before Officers Comp. (%) 40 | 2.6 | 3.2 | 5.2 | 2.5 | • | 2.0 | 2.8 | 2.2 | • |
| Average Net Receivables ($) 41 | 144255 | 150131 | 249151 | 332415 | 104930 | 75519 | 81555 | 93799 | 1029341 |
| Average Inventories ($) 42 | 102151 | 118144 | 233388 | 316924 | 69169 | 94836 | 119215 | 100483 | 159986 |
| Average Net Worth ($) 43 | 296197 | 453217 | 927363 | 2024005 | 429703 | 482490 | 836092 | 720237 | 1544080 |
| Current Ratio (x1) 44 | 1.4 | 1.2 | 1.2 | 1.3 | 1.3 | 1.2 | 0.7 | 0.7 | 0.9 |
| Quick Ratio (x1) 45 | 0.8 | 0.7 | 0.4 | 0.6 | 0.7 | 0.4 | 0.3 | 0.3 | 0.7 |
| Coverage Ratio (x1) 46 | 2.7 | 2.8 | 3.7 | 3.1 | 2.0 | 3.5 | 4.9 | 3.1 | 2.0 |
| Asset Turnover (x1) 47 | 0.7 | 0.7 | 0.8 | 0.6 | 0.8 | 0.9 | 0.5 | 0.6 | 0.3 |
| Operating Leverage 48 | • | 1.2 | 1.7 | 0.5 | • | • | 1.4 | 0.7 | • |
| Financial Leverage 49 | • | 1.0 | 1.2 | 1.1 | 0.6 | 1.6 | 1.2 | 0.9 | 0.8 |
| Total Leverage 50 | 1.2 | 1.2 | 2.0 | 0.5 | 0.5 | 1.6 | 1.6 | 0.6 | • |

| | | | | | | | | | | | |
|---|---|---|---|---|---|---|---|---|---|---|---|
| Notes and Loans Payable 21 | 11757 | • | 14 | 208 | 105 | 320 | 431 | 875 | 3352 | 11085 | 9420 | • |
| All Other Liabilities 22 | 6643 | • | 1 | 0 | 55 | 198 | 580 | 1553 | 3891 | 6559 | 21924 | • |
| Net Worth 23 | 8091 | • | 23 | -91 | 179 | 262 | 1144 | 5246 | 8954 | 18695 | 47177 | • |

## Selected Financial Ratios (Times to 1)

| | | | | | | | | | | | |
|---|---|---|---|---|---|---|---|---|---|---|---|
| Current Ratio 24 | 1.1 | • | 15.3 | 2.4 | 4.1 | 1.5 | 2.2 | 2.7 | 1.6 | 1.7 | 2.2 | • |
| Quick Ratio 25 | 0.5 | • | • | 2.4 | 2.8 | 1.0 | 1.2 | 1.9 | 0.7 | 1.1 | 1.1 | • |
| Net Sales to Working Capital 26 | • | • | 17.6 | 25.5 | 13.3 | 18.4 | 13.3 | 10.0 | 16.2 | 14.0 | 9.6 | • |
| Coverage Ratio 27 | 3.0 | • | 5.4 | • | 2.8 | 2.9 | 5.3 | • | 3.7 | 5.0 | • | • |
| Total Asset Turnover 28 | 1.8 | • | 6.9 | 0.1 | 6.7 | 4.0 | 4.3 | 3.6 | 2.8 | 3.0 | 2.7 | • |
| Inventory Turnover 29 | 9.1 | • | • | • | • | • | • | • | 8.6 | • | • | • |
| Receivables Turnover 30 | 6.6 | • | • | • | • | • | • | • | • | • | • | • |
| Total Liabilities to Net Worth 31 | 2.3 | • | 0.7 | • | 0.9 | 2.0 | 0.9 | 0.5 | 0.8 | 1.0 | 0.7 | • |

## Selected Financial Factors (in Percentages)

| | | | | | | | | | | | |
|---|---|---|---|---|---|---|---|---|---|---|---|
| Debt Ratio 32 | 69.5 | • | 39.2 | • | 47.1 | 66.4 | 46.9 | 31.6 | 44.7 | 48.6 | 39.9 | • |
| Return on Assets 33 | 13.6 | • | 14.7 | 12.2 | 13.0 | 9.5 | 13.0 | 29.6 | 10.5 | 12.0 | 23.5 | • |
| Return on Equity 34 | 20.5 | • | 19.7 | • | 13.3 | 15.5 | 17.3 | 39.4 | 10.4 | 16.3 | 32.0 | • |
| Return Before Interest on Equity 35 | • | • | 24.2 | • | 24.6 | 28.3 | 24.4 | • | 19.1 | 23.3 | • | • |
| Profit Margin, Before Income Tax 36 | 5.1 | • | 1.8 | • | 1.3 | 1.6 | 2.4 | 8.0 | 2.8 | 3.2 | 8.2 | • |
| Profit Margin, After Income Tax 37 | 3.6 | • | 1.8 | • | 1.1 | 1.3 | 2.1 | 7.5 | 2.1 | 2.8 | 7.0 | • |

## Trends in Selected Ratios and Factors, 1986-1994

| | 1986 | 1987 | 1988 | 1989 | 1990 | 1991 | 1992 | 1993 | 1994 |
|---|---|---|---|---|---|---|---|---|---|
| Cost of Operations (%) 38 | 72.9 | 76.8 | 79.9 | 72.2 | 66.3 | 67.0 | 68.7 | 69.8 | 69.0 |
| Operating Margin (%) 39 | 0.5 | 0.2 | 1.1 | 1.0 | 0.1 | 1.1 | 1.9 | • | 2.1 |
| Oper. Margin Before Officers Comp. (%) 40 | 0.9 | 0.6 | 1.4 | 1.4 | 0.5 | 1.5 | 2.3 | • | 2.5 |
| Average Net Receivables ($) 41 | 3146 | 3061 | 3740 | 3862 | 3529 | 4771 | 2482 | 12343 | 3258 |
| Average Inventories ($) 42 | 3439 | 3212 | 3142 | 3156 | 2758 | 4205 | 2270 | 4297 | 3286 |
| Average Net Worth ($) 43 | 10197 | 8508 | 8915 | 9820 | 11602 | 13875 | 7600 | 18190 | 8091 |
| Current Ratio (x1) 44 | 1.4 | 1.4 | 1.4 | 1.4 | 1.2 | 1.0 | 1.1 | 1.2 | 1.1 |
| Quick Ratio (x1) 45 | 0.7 | 0.7 | 0.8 | 0.8 | 0.6 | 0.5 | 0.5 | 0.8 | 0.5 |
| Coverage Ratio (x1) 46 | 3.0 | 3.1 | 4.5 | 4.1 | 3.1 | 4.0 | 4.2 | 2.3 | 3.0 |
| Asset Turnover (x1) 47 | 2.0 | 2.4 | 2.8 | 2.0 | 1.4 | 1.6 | 1.6 | 1.2 | 1.8 |
| Operating Leverage 48 | • | 0.4 | 5.5 | 0.9 | 0.1 | 10.0 | 1.7 | • | • |
| Financial Leverage 49 | • | 1.0 | 1.2 | 1.0 | 1.0 | 1.1 | 1.1 | 0.8 | 1.2 |
| Total Leverage 50 | • | 0.4 | 6.4 | 0.9 | 0.1 | 11.4 | 1.8 | • | • |

## Table I

Corporations with and without Net Income

# BAKERY PRODUCTS

**MONEY AMOUNTS AND SIZE OF ASSETS IN THOUSANDS OF DOLLARS**

| Item Description for Accounting Period 7/90 Through 6/91 | Total | Zero Assets | Under 100 | 100 to 250 | 251 to 500 | 501 to 1,000 | 1,001 to 5,000 | 5,001 to 10,000 | 10,001 to 25,000 | 25,001 to 50,000 | 50,001 to 100,000 | 100,001 to 250,000 | 250,001 and over |
|---|---|---|---|---|---|---|---|---|---|---|---|---|---|
| Number of Enterprises **1** | 2661 | • | • | 444 | 555 | 171 | 397 | 65 | 51 | 25 | 11 | • | 9 |
| **Revenues ($ in Thousands)** | | | | | | | | | | | | | |
| Net Sales **2** | 17189 | • | • | 275 | 847 | 256 | 2025 | 908 | 2055 | 2180 | 1484 | • | 7046 |
| Portfolio Income **3** | 105 | • | • | • | 5 | 4 | 2 | 2 | 8 | 25 | 9 | • | 29 |
| Other Revenues **4** | 149 | • | • | 0 | 1 | 9 | 9 | 4 | 17 | 28 | 11 | • | 63 |
| Total Revenues **5** | 17443 | • | • | 275 | 854 | 269 | 2036 | 913 | 2080 | 2232 | 1503 | • | 7138 |
| Average Total Revenues **6** | 6555 | • | • | 620 | 1539 | 1573 | 5129 | 14054 | 40785 | 89289 | 136666 | • | 793140 |
| **Operating Costs/Operating Income (%)** | | | | | | | | | | | | | |
| Cost of Operations **7** | 56.1 | • | • | 36.0 | 64.2 | 36.4 | 63.1 | 59.1 | 56.0 | 57.4 | 64.7 | • | 52.2 |
| Rent **8** | 1.7 | • | • | 6.3 | 2.6 | 3.8 | 1.0 | 1.1 | 1.0 | 1.1 | 0.9 | • | 2.0 |
| Taxes Paid **9** | 2.8 | • | • | 3.0 | 4.1 | 3.7 | 2.7 | 3.0 | 3.0 | 3.0 | 2.5 | • | 2.5 |
| Interest Paid **10** | 1.9 | • | • | 3.0 | 1.8 | 0.8 | 2.1 | 2.2 | 1.2 | 0.9 | 2.4 | • | 2.1 |
| Depreciation, Depletion, Amortization **11** | 3.2 | • | • | 4.6 | 2.9 | 2.6 | 3.1 | 4.0 | 3.0 | 3.0 | 3.5 | • | 3.1 |
| Pensions and Other Benefits **12** | 2.9 | • | • | 2.9 | 0.9 | 0.5 | 1.4 | 2.4 | 3.2 | 3.3 | 2.5 | • | 3.6 |
| Other **13** | 27.9 | • | • | 36.8 | 22.6 | 47.2 | 23.8 | 20.1 | 27.7 | 26.9 | 23.1 | • | 31.2 |
| Officers Compensation **14** | 1.6 | • | • | 10.8 | 3.0 | 4.0 | 3.0 | 3.2 | 1.6 | 1.7 | 0.9 | • | 0.4 |
| Operating Margin **15** | 2.0 | • | • | • | • | 1.0 | 3.0 | 5.0 | 3.4 | 2.8 | • | • | 3.0 |
| Oper. Margin Before Officers Compensation **16** | 3.6 | • | • | 7.5 | 1.1 | 5.0 | 2.8 | 8.2 | 5.0 | 4.5 | 0.5 | • | 3.4 |
| **Selected Average Balance Sheet ($ in Thousands)** | | | | | | | | | | | | | |
| Net Receivables **17** | 487 | • | • | 12 | 54 | 135 | 467 | 1459 | 2792 | 6971 | 13380 | • | 54768 |
| Inventories **18** | 296 | • | • | 34 | 35 | 41 | 316 | 603 | 1291 | 3244 | 7627 | • | 38390 |
| Net Property, Plant and Equipment **19** | 1415 | • | • | 61 | 205 | 224 | 1070 | 4134 | 7736 | 17299 | 33981 | • | 186456 |
| Total Assets **20** | 3384 | • | • | 167 | 376 | 856 | 2335 | 6990 | 16304 | 35229 | 78296 | • | 510484 |

| | | | | | | | | | | | |
|---|--:|--:|--:|--:|--:|--:|--:|--:|--:|--:|--:|
| Notes and Loans Payable 21 | 1155 | • | 141 | 269 | 219 | 1182 | 3154 | 6124 | 8213 | 28085 | 145627 |
| All Other Liabilities 22 | 864 | • | 48 | 125 | 242 | 468 | 1547 | 3831 | 8211 | 33269 | 123845 |
| Net Worth 23 | 1365 | • | -23 | -18 | 395 | 685 | 2289 | 6350 | 18805 | 16942 | 241013 |

## Selected Financial Ratios (Times to 1)

| | | | | | | | | | | | |
|---|--:|--:|--:|--:|--:|--:|--:|--:|--:|--:|--:|
| Current Ratio 24 | 1.3 | • | 1.0 | 0.7 | 3.7 | 1.7 | 1.1 | 1.5 | 1.8 | 0.9 | 1.2 |
| Quick Ratio 25 | 0.8 | • | 0.5 | 0.5 | 3.0 | 1.1 | 0.7 | 1.1 | 1.3 | 0.5 | 0.7 |
| Net Sales to Working Capital 26 | 27.0 | • | • | • | 4.7 | 11.1 | • | 17.3 | 13.0 | • | 42.4 |
| Coverage Ratio 27 | 2.9 | • | • | 0.4 | 8.2 | 1.2 | 3.6 | 4.7 | 6.8 | 1.4 | 3.0 |
| Total Asset Turnover 28 | 1.9 | • | 3.7 | 4.1 | 1.8 | 2.2 | 2.0 | 2.5 | 2.5 | 1.7 | 1.5 |
| Inventory Turnover 29 | • | • | 7.7 | • | 3.3 | • | 9.8 | • | • | • | • |
| Receivables Turnover 30 | • | • | • | • | 6.7 | • | • | • | • | • | • |
| Total Liabilities to Net Worth 31 | 1.5 | • | • | • | 1.2 | 2.4 | 2.1 | 1.6 | 0.9 | 3.6 | 1.1 |

## Selected Financial Factors (in Percentages)

| | | | | | | | | | | | |
|---|--:|--:|--:|--:|--:|--:|--:|--:|--:|--:|--:|
| Debt Ratio 32 | 59.7 | • | • | • | 53.8 | 70.7 | 67.3 | 61.1 | 46.6 | 78.4 | 52.8 |
| Return on Assets 33 | 10.2 | • | • | 2.5 | 11.9 | 5.5 | 15.5 | 14.3 | 15.0 | 5.6 | 9.8 |
| Return on Equity 34 | 11.9 | • | • | • | 22.3 | 1.6 | 28.6 | 25.2 | 17.1 | 0.7 | 9.5 |
| Return Before Interest on Equity 35 | 25.2 | • | 7.0 | • | 25.7 | 18.6 | • | • | 28.1 | 25.9 | 20.8 |
| Profit Margin, Before Income Tax 36 | 3.5 | • | • | • | 6.0 | 0.4 | 5.6 | 4.6 | 5.2 | 0.9 | 4.3 |
| Profit Margin, After Income Tax 37 | 2.5 | • | • | • | 5.9 | 0.2 | 4.7 | 4.0 | 3.7 | 0.1 | 2.9 |

## Trends in Selected Ratios and Factors, 1986-1994

| | 1986 | 1987 | 1988 | 1989 | 1990 | 1991 | 1992 | 1993 | 1994 |
|---|--:|--:|--:|--:|--:|--:|--:|--:|--:|
| Cost of Operations (%) 38 | 57.6 | 57.0 | 57.6 | 55.5 | 54.8 | 57.2 | 56.5 | 57.8 | 56.1 |
| Operating Margin (%) 39 | 1.3 | 0.9 | 0.9 | 2.2 | 1.3 | 1.4 | • | 1.3 | 2.0 |
| Oper. Margin Before Officers Comp. (%) 40 | 2.8 | 2.5 | 2.4 | 3.6 | 3.4 | 3.4 | 2.2 | 2.9 | 3.6 |
| Average Net Receivables ($) 41 | 400 | 264 | 363 | 380 | 340 | 354 | 355 | 308 | 487 |
| Average Inventories ($) 42 | 282 | 247 | 324 | 217 | 197 | 168 | 221 | 191 | 296 |
| Average Net Worth ($) 43 | 2035 | 1949 | 2535 | 1098 | 982 | 967 | 1091 | 931 | 1365 |
| Current Ratio (x1) 44 | 1.6 | 1.2 | 1.3 | 1.5 | 1.6 | 1.9 | 1.4 | 1.4 | 1.3 |
| Quick Ratio (x1) 45 | 1.0 | 0.6 | 0.7 | 1.0 | 1.1 | 1.1 | 0.9 | 0.9 | 0.8 |
| Coverage Ratio (x1) 46 | 3.7 | 3.9 | 4.0 | 6.2 | 3.3 | 3.5 | 2.8 | 2.5 | 2.9 |
| Asset Turnover (x1) 47 | 1.6 | 1.4 | 1.4 | 2.5 | 2.1 | 1.7 | 1.6 | 1.9 | 1.9 |
| Total Liabilities/Net Worth (x1) 48 | 0.7 | 0.6 | 0.6 | 1.0 | 1.2 | 1.3 | 1.6 | 1.4 | 1.5 |
| Return on Assets (x1) 49 | 8.7 | 8.1 | 8.3 | 22.4 | 9.0 | 8.2 | 8.3 | 8.9 | 10.2 |
| Return on Equity (%) 50 | 5.5 | 5.2 | 5.7 | 19.8 | 7.9 | 9.0 | 9.1 | 9.2 | 11.9 |

## Table II
### Corporations with Net Income

# BAKERY PRODUCTS

**MONEY AMOUNTS AND SIZE OF ASSETS IN THOUSANDS OF DOLLARS**

| Item Description for Accounting Period 7/90 Through 6/91 | Total | Zero Assets | Under 100 | 100 to 250 | 251 to 500 | 501 to 1,000 | 1,001 to 5,000 | 5,001 to 10,000 | 10,001 to 25,000 | 25,001 to 50,000 | 50,001 to 100,000 | 100,001 to 250,000 | 250,001 and over |
|---|---|---|---|---|---|---|---|---|---|---|---|---|---|
| Number of Enterprises **1** | 1455 | • | 513 | 208 | 314 | 78 | 202 | 58 | 41 | • | 7 | • | 9 |
| **Revenues ($ in Thousands)** | | | | | | | | | | | | | |
| Net Sales **2** | 14685 | • | 81 | 187 | 529 | 75 | 1181 | 853 | 1555 | • | 987 | • | 7046 |
| Portfolio Income **3** | 97 | • | • | • | 5 | 1 | 1 | 1 | 7 | • | 6 | • | 29 |
| Other Revenues **4** | 133 | • | 7 | • | 0 | 5 | 5 | 3 | 16 | • | 6 | • | 63 |
| Total Revenues **5** | 14915 | • | 88 | 187 | 535 | 82 | 1186 | 858 | 1578 | • | 1000 | • | 7138 |
| Average Total Revenues **6** | 10251 | • | 172 | 899 | 1703 | 1047 | 5872 | 14790 | 38494 | • | 142853 | • | 793140 |
| **Operating Costs/Operating Income (%)** | | | | | | | | | | | | | |
| Cost of Operations **7** | 55.2 | • | 56.7 | 29.6 | 62.4 | 32.8 | 61.3 | 59.1 | 54.4 | • | 66.2 | • | 52.2 |
| Rent **8** | 1.7 | • | 8.1 | 7.8 | 3.3 | 1.1 | 0.9 | 1.2 | 1.0 | • | 0.9 | • | 2.0 |
| Taxes Paid **9** | 2.7 | • | 2.5 | 3.7 | 5.0 | 3.2 | 2.4 | 3.2 | 2.8 | • | 2.3 | • | 2.5 |
| Interest Paid **10** | 1.6 | • | • | 2.3 | 0.7 | 1.9 | 0.8 | 2.2 | 1.0 | • | 1.6 | • | 2.1 |
| Depreciation, Depletion, Amortization **11** | 3.0 | • | 1.4 | 3.8 | 2.2 | 3.8 | 2.2 | 4.1 | 3.0 | • | 2.9 | • | 3.1 |
| Pensions and Other Benefits **12** | 3.1 | • | • | 3.8 | 0.7 | 1.3 | 1.5 | 2.4 | 3.2 | • | 2.1 | • | 3.6 |
| Other **13** | 27.9 | • | 18.6 | 33.6 | 20.1 | 37.0 | 24.3 | 19.5 | 28.1 | • | 20.0 | • | 31.2 |
| Officers Compensation **14** | 1.5 | • | 14.8 | 9.4 | 3.1 | 2.9 | 2.9 | 3.1 | 1.9 | • | 1.1 | • | 0.4 |
| Operating Margin **15** | 3.4 | • | • | 6.0 | 2.7 | 16.2 | 3.8 | 5.5 | 4.8 | • | 3.0 | • | 3.0 |
| Oper. Margin Before Officers Compensation **16** | 4.9 | • | 12.8 | 15.4 | 5.8 | 19.1 | 6.7 | 8.5 | 6.6 | • | 4.1 | • | 3.4 |
| **Selected Average Balance Sheet ($ in Thousands)** | | | | | | | | | | | | | |
| Net Receivables **17** | 749 | • | • | 2 | 50 | 119 | 575 | 1060 | 2885 | • | 14761 | • | 54768 |
| Inventories **18** | 460 | • | 9 | 10 | 35 | 18 | 374 | 643 | 1418 | • | 8000 | • | 38390 |
| Net Property, Plant and Equipment **19** | 2139 | • | 25 | 109 | 170 | 261 | 842 | 4469 | 7074 | • | 31207 | • | 186456 |
| Total Assets **20** | 5324 | • | 50 | 188 | 341 | 789 | 2222 | 6972 | 16786 | • | 78787 | • | 510484 |

| | | | | | | | | | | |
|---|---|---|---|---|---|---|---|---|---|---|
| Notes and Loans Payable **21** | 1608 | 23 | 168 | 113 | 96 | 691 | 3391 | 5826 | 27276 | 145627 |
| All Other Liabilities **22** | 1240 | 1 | 34 | 88 | 396 | 341 | 1139 | 3576 | 20080 | 123845 |
| Net Worth **23** | 2476 | 26 | -15 | 140 | 298 | 1190 | 2442 | 7384 | 31432 | 241013 |

**Selected Financial Ratios (Times to 1)**

| | | | | | | | | | | |
|---|---|---|---|---|---|---|---|---|---|---|
| Current Ratio **24** | 1.5 | 15.9 | 0.8 | 1.1 | 2.4 | 3.0 | 1.1 | 1.7 | 1.5 | 1.2 |
| Quick Ratio **25** | 0.9 | 7.6 | 0.7 | 0.7 | 2.0 | 1.9 | 0.6 | 1.2 | 0.9 | 0.7 |
| Net Sales to Working Capital **26** | 19.4 | 9.9 | • | • | 8.1 | 6.9 | • | 12.1 | 14.5 | 42.4 |
| Coverage Ratio **27** | 4.1 | • | 3.6 | 6.2 | 13.9 | 6.4 | 3.7 | 7.1 | 3.7 | 3.0 |
| Total Asset Turnover **28** | 1.9 | 3.2 | 4.8 | 5.0 | 1.2 | 2.6 | 2.1 | 2.3 | 1.8 | 1.5 |
| Inventory Turnover **29** | • | 9.1 | 9.9 | • | 1.9 | • | • | • | • | • |
| Receivables Turnover **30** | • | • | • | • | 3.1 | • | • | • | • | • |
| Total Liabilities to Net Worth **31** | 1.2 | 0.9 | • | 1.4 | 1.7 | 0.9 | 1.9 | 1.3 | 1.5 | 1.1 |

**Selected Financial Factors (in Percentages)**

| | | | | | | | | | | |
|---|---|---|---|---|---|---|---|---|---|---|
| Debt Ratio **32** | 53.5 | 48.1 | • | 59.0 | 62.3 | 46.4 | 65.0 | 56.0 | 60.1 | 52.8 |
| Return on Assets **33** | 12.5 | 22.4 | 39.6 | 22.0 | 32.6 | 13.2 | 17.4 | 16.3 | 10.5 | 9.8 |
| Return on Equity **34** | 15.8 | • | • | • | • | 19.9 | 30.4 | 27.8 | 13.9 | 9.5 |
| Return Before Interest on Equity **35** | 26.8 | • | • | • | 24.7 | • | 24.7 | • | 26.2 | 20.8 |
| Profit Margin, Before Income Tax **36** | 5.0 | 7.1 | 6.0 | 6.0 | 3.7 | • | 4.3 | 6.0 | 6.2 | 4.3 |
| Profit Margin, After Income Tax **37** | 3.9 | 7.1 | 6.0 | 3.4 | 24.5 | 4.1 | 5.1 | 5.4 | 4.3 | 2.9 |

**Trends in Selected Ratios and Factors, 1986-1994**

| | 1986 | 1987 | 1988 | 1989 | 1990 | 1991 | 1992 | 1993 | 1994 |
|---|---|---|---|---|---|---|---|---|---|
| Cost of Operations (%) **38** | 57.1 | 56.2 | 57.1 | 54.8 | 54.6 | 55.2 | 55.6 | 57.5 | 55.2 |
| Operating Margin (%) **39** | 2.6 | 1.9 | 1.5 | 3.1 | 2.5 | 3.0 | 2.3 | 2.8 | 3.4 |
| Oper. Margin Before Officers Comp. (%) **40** | 4.1 | 3.2 | 2.9 | 4.4 | 4.2 | 4.9 | 4.5 | 4.4 | 4.9 |
| Average Net Receivables ($) **41** | 656 | 467 | 458 | 567 | 745 | 440 | 808 | 690 | 749 |
| Average Inventories ($) **42** | 494 | 450 | 425 | 305 | 428 | 269 | 490 | 412 | 460 |
| Average Net Worth ($) **43** | 3757 | 3812 | 3515 | 1776 | 2333 | 1619 | 3106 | 2261 | 2476 |
| Current Ratio (x1) **44** | 1.7 | 1.2 | 1.3 | 1.6 | 1.8 | 1.6 | 1.6 | 1.6 | 1.5 |
| Quick Ratio (x1) **45** | 1.0 | 0.6 | 0.7 | 1.1 | 1.3 | 1.0 | 1.1 | 1.0 | 0.9 |
| Coverage Ratio (x1) **46** | 4.8 | 4.9 | 4.7 | 7.7 | 4.7 | 6.1 | 6.7 | 3.9 | 4.1 |
| Asset Turnover (x1) **47** | 1.5 | 1.3 | 1.3 | 2.5 | 2.0 | 2.0 | 1.6 | 2.0 | 1.9 |
| Operating Leverage **48** | • | 0.7 | 0.8 | 2.1 | 0.8 | 1.2 | 0.8 | 1.2 | 1.2 |
| Financial Leverage **49** | • | 1.0 | 1.0 | 1.0 | 1.1 | 1.2 | 1.1 | 0.9 | 1.0 |
| Total Leverage **50** | • | 0.8 | 0.8 | 2.1 | 0.9 | 1.4 | 0.8 | 1.1 | 1.2 |

## Table I

Corporations with and without Net Income

# SUGAR AND CONFECTIONERY PRODUCTS

### MONEY AMOUNTS AND SIZE OF ASSETS IN THOUSANDS OF DOLLARS

| Item Description for Accounting Period 7/90 Through 6/91 | Total | Zero Assets | Under 100 | 100 to 250 | 251 to 500 | 501 to 1,000 | 1,001 to 5,000 | 5,001 to 10,000 | 10,001 to 25,000 | 25,001 to 50,000 | 50,001 to 100,000 | 100,001 to 250,000 | 250,001 and over |
|---|---|---|---|---|---|---|---|---|---|---|---|---|---|
| Number of Enterprises **1** | 902 | 345 | • | 68 | 120 | 133 | 134 | 32 | 27 | 15 | 7 | 5 | 15 |
| **Revenues ($ in Thousands)** | | | | | | | | | | | | | |
| Net Sales **2** | 16997 | 13 | • | 28 | 138 | 128 | 651 | 656 | 601 | 807 | 639 | 1008 | 12328 |
| Portfolio Income **3** | 480 | 1 | • | 0 | 0 | 1 | 1 | 1 | 7 | 2 | 1 | 13 | 452 |
| Other Revenues **4** | 161 | 0 | • | • | 0 | 0 | 13 | 3 | 4 | 15 | 4 | 11 | 110 |
| Total Revenues **5** | 17637 | 14 | • | 28 | 138 | 130 | 665 | 660 | 611 | 824 | 644 | 1032 | 12890 |
| Average Total Revenues **6** | 19553 | 40 | • | 416 | 1150 | 977 | 4964 | 20629 | 22641 | 54952 | 91970 | 206396 | 859342 |
| **Operating Costs/Operating Income (%)** | | | | | | | | | | | | | |
| Cost of Operations **7** | 61.2 | 30.2 | • | 39.7 | 72.5 | 45.9 | 64.1 | 81.8 | 68.6 | 69.5 | 62.5 | 65.6 | 58.7 |
| Rent **8** | 0.8 | 0.2 | • | 1.5 | 1.6 | 2.3 | 1.3 | • | 0.4 | 1.0 | 1.3 | 0.4 | 0.8 |
| Taxes Paid **9** | 1.8 | 10.7 | • | 5.4 | 2.0 | 2.9 | 2.9 | 1.3 | 2.5 | 1.5 | 2.0 | 1.9 | 1.7 |
| Interest Paid **10** | 2.8 | 13.9 | • | 0.3 | 1.2 | 0.9 | 2.7 | 1.8 | 2.6 | 1.8 | 2.1 | 3.4 | 2.9 |
| Depreciation, Depletion, Amortization **11** | 3.0 | 0.2 | • | 2.2 | 5.9 | 2.8 | 3.4 | 1.4 | 3.4 | 3.3 | 2.8 | 3.6 | 3.0 |
| Pensions and Other Benefits **12** | 1.7 | • | • | • | • | 0.3 | 0.7 | 1.1 | 1.2 | 1.5 | 1.9 | 1.3 | 1.8 |
| Other **13** | 25.3 | 14.6 | • | 45.6 | 17.6 | 11.5 | 27.0 | 14.0 | 21.4 | 17.4 | 17.5 | 15.4 | 28.0 |
| Officers Compensation **14** | 1.0 | 19.8 | • | 11.5 | 1.7 | 15.5 | 2.3 | 0.7 | 1.5 | 2.0 | 1.1 | 0.9 | 0.6 |
| Operating Margin **15** | 2.5 | 10.3 | • | • | • | 17.9 | • | • | • | 2.1 | 8.9 | 7.6 | 2.5 |
| Oper. Margin Before Officers Compensation **16** | 3.5 | 30.1 | • | 5.4 | • | 33.5 | • | • | • | 4.1 | 10.0 | 8.5 | 3.1 |
| **Selected Average Balance Sheet ($ in Thousands)** | | | | | | | | | | | | | |
| Net Receivables **17** | 1907 | • | • | 21 | 65 | 44 | 253 | 1373 | 2285 | 6031 | 8811 | 20852 | 87298 |
| Inventories **18** | 2678 | • | • | 68 | 34 | 49 | 615 | 1742 | 4151 | 7864 | 17415 | 21446 | 120175 |
| Net Property, Plant and Equipment **19** | 4600 | • | • | 25 | 216 | 130 | 920 | 2679 | 5604 | 10805 | 25023 | 52484 | 209645 |
| Total Assets **20** | 16484 | • | • | 241 | 352 | 566 | 2131 | 5970 | 14513 | 31490 | 70874 | 140481 | 813001 |

| | | | | | | | | | | | | |
|---|---|---|---|---|---|---|---|---|---|---|---|---|
| Notes and Loans Payable 21 | 4771 | • | 5 | 155 | 131 | 2014 | 4366 | 6534 | 10638 | 21591 | 34388 | 213239 |
| All Other Liabilities 22 | 4114 | • | 1 | 30 | 94 | 456 | 1301 | 3139 | 5945 | 12260 | 29335 | 212360 |
| Net Worth 23 | 7599 | • | 235 | 168 | 341 | -339 | 303 | 4840 | 14907 | 37023 | 76758 | 387402 |

## Selected Financial Ratios (Times to 1)

| | | | | | | | | | | | | |
|---|---|---|---|---|---|---|---|---|---|---|---|---|
| Current Ratio 24 | 1.4 | • | • | 3.8 | 2.5 | 0.8 | 1.3 | 1.3 | 1.3 | 1.2 | 2.5 | 1.4 |
| Quick Ratio 25 | 0.6 | • | • | 2.8 | 2.0 | 0.3 | 0.6 | 0.6 | 0.6 | 0.4 | 1.4 | 0.6 |
| Net Sales to Working Capital 26 | 11.1 | • | 2.1 | 11.5 | 4.7 | • | 24.9 | 10.9 | 16.4 | 18.9 | 6.4 | 10.4 |
| Coverage Ratio 27 | 3.5 | 2.3 | • | • | • | 0.2 | 0.2 | 1.1 | 3.3 | 5.7 | 3.9 | 3.8 |
| Total Asset Turnover 28 | 1.2 | • | 1.7 | 3.3 | 1.7 | 2.3 | 3.4 | 1.5 | 1.7 | 1.3 | 1.4 | 1.0 |
| Inventory Turnover 29 | 4.6 | • | 4.8 | 5.1 | 8.4 | 4.3 | • | 3.3 | 5.7 | 4.8 | 7.1 | 4.2 |
| Receivables Turnover 30 | 10.0 | • | 8.4 | • | • | • | 7.7 | • | • | • | • | 9.3 |
| Total Liabilities to Net Worth 31 | 1.2 | • | 0.0 | 1.1 | 0.7 | • | 18.7 | 2.0 | 1.1 | 0.9 | 0.8 | 1.1 |

## Selected Financial Factors (in Percentages)

| | | | | | | | | | | | | |
|---|---|---|---|---|---|---|---|---|---|---|---|---|
| Debt Ratio 32 | 53.9 | • | • | 52.4 | 39.8 | • | 94.9 | 66.7 | 52.7 | 47.8 | 45.4 | 52.4 |
| Return on Assets 33 | 11.3 | • | • | • | 34.2 | 1.3 | 1.0 | 4.2 | 10.3 | 15.1 | 19.3 | 11.2 |
| Return on Equity 34 | 11.7 | • | • | • | • | 31.6 | • | • | 12.8 | 16.7 | 22.0 | 11.3 |
| Return Before Interest on Equity 35 | 24.4 | • | • | • | • | • | 19.7 | 12.7 | 21.8 | 29.0 | 23.5 | |
| Profit Margin, Before Income Tax 36 | 7.1 | 17.9 | • | 19.2 | • | 0.2 | 0.2 | 4.2 | 9.7 | 10.0 | 8.2 | |
| Profit Margin, After Income Tax 37 | 4.7 | 8.7 | • | 16.1 | • | • | • | 3.6 | 6.8 | 8.4 | 5.3 | |

## Trends in Selected Ratios and Factors, 1986-1994

| | 1986 | 1987 | 1988 | 1989 | 1990 | 1991 | 1992 | 1993 | 1994 |
|---|---|---|---|---|---|---|---|---|---|
| Cost of Operations (%) 38 | 65.4 | 66.5 | 65.5 | 65.9 | 62.9 | 62.9 | 65.2 | 63.2 | 61.2 |
| Operating Margin (%) 39 | 2.0 | 2.9 | 2.0 | 0.6 | 0.1 | 0.2 | • | 2.5 | 2.5 |
| Oper. Margin Before Officers Comp. (%) 40 | 2.9 | 3.8 | 2.9 | 1.4 | 0.9 | 1.2 | • | 3.4 | 3.5 |
| Average Net Receivables ($) 41 | 1467 | 1150 | 969 | 1912 | 1704 | 1402 | 2848 | 1922 | 1907 |
| Average Inventories ($) 42 | 1771 | 1541 | 1368 | 2023 | 1734 | 1763 | 3405 | 2415 | 2678 |
| Average Net Worth ($) 43 | 5067 | 4427 | 2959 | 4249 | 3511 | 3408 | 8235 | 6981 | 7599 |
| Current Ratio (x1) 44 | 1.4 | 1.6 | 1.5 | 1.4 | 1.5 | 1.6 | 1.4 | 1.6 | 1.4 |
| Quick Ratio (x1) 45 | 0.7 | 0.8 | 0.7 | 0.7 | 0.7 | 0.7 | 0.7 | 0.7 | 0.6 |
| Coverage Ratio (x1) 46 | 3.7 | 4.3 | 3.7 | 2.0 | 2.3 | 2.2 | 2.4 | 4.0 | 3.5 |
| Asset Turnover (x1) 47 | 1.5 | 1.7 | 1.6 | 1.3 | 1.0 | 1.3 | 1.0 | 1.3 | 1.2 |
| Total Liabilities/Net Worth (x1) 48 | 0.9 | 0.9 | 1.3 | 1.9 | 2.2 | 1.9 | 1.9 | 1.2 | 1.2 |
| Return on Assets (x1) 49 | 10.4 | 11.6 | 11.1 | 7.7 | 7.7 | 10.1 | 11.1 | 15.3 | 11.3 |
| Return on Equity (%) 50 | 7.9 | 9.4 | 10.1 | 5.9 | 8.1 | 10.6 | 13.1 | 16.6 | 11.7 |

## Table II

Corporations with Net Income

# SUGAR AND CONFECTIONERY PRODUCTS

### MONEY AMOUNTS AND SIZE OF ASSETS IN THOUSANDS OF DOLLARS

| Item Description for Accounting Period 7/90 Through 6/91 | Total | Zero Assets | Under 100 | 100 to 250 | 251 to 500 | 501 to 1,000 | 1,001 to 5,000 | 5,001 to 10,000 | 10,001 to 25,000 | 25,001 to 50,000 | 50,001 to 100,000 | 100,001 to 250,000 | 250,001 and over |
|---|---|---|---|---|---|---|---|---|---|---|---|---|---|
| Number of Enterprises **1** | 364 | 48 | • | • | 68 | 133 | 39 | 23 | 18 | • | • | • | 12 |
| **Revenues ($ in Thousands)** | | | | | | | | | | | | | |
| Net Sales **2** | 15009 | 13 | • | • | 136 | 128 | 233 | 598 | 390 | • | • | • | 11472 |
| Portfolio Income **3** | 455 | 1 | • | • | • | 1 | 0 | 0 | 7 | • | • | • | 431 |
| Other Revenues **4** | 143 | 0 | • | • | 0 | 0 | 9 | 3 | 3 | • | • | • | 102 |
| Total Revenues **5** | 15607 | 14 | • | • | 136 | 130 | 242 | 601 | 399 | • | • | • | 12006 |
| Average Total Revenues **6** | 42877 | 284 | • | • | 2003 | 977 | 6208 | 26135 | 22166 | • | • | • | 1000498 |
| **Operating Costs/Operating Income (%)** | | | | | | | | | | | | | |
| Cost of Operations **7** | 60.0 | 30.2 | • | • | 72.3 | 45.9 | 53.2 | 82.9 | 70.4 | • | • | • | 58.2 |
| Rent **8** | 0.7 | 0.2 | • | • | 1.6 | 2.3 | 3.0 | • | 0.6 | • | • | • | 0.7 |
| Taxes Paid **9** | 1.8 | 7.5 | • | • | 2.0 | 2.9 | 2.3 | 1.1 | 2.6 | • | • | • | 1.7 |
| Interest Paid **10** | 2.3 | 1.1 | • | • | 0.9 | 0.9 | 1.3 | 1.0 | 1.9 | • | • | • | 2.5 |
| Depreciation, Depletion, Amortization **11** | 2.9 | 0.2 | • | • | 3.2 | 2.8 | 2.1 | 1.3 | 3.3 | • | • | • | 3.0 |
| Pensions and Other Benefits **12** | 1.7 | • | • | • | • | 0.3 | • | 0.9 | 1.2 | • | • | • | 1.8 |
| Other **13** | 25.7 | 8.7 | • | • | 17.5 | 11.5 | 31.7 | 11.0 | 18.2 | • | • | • | 28.2 |
| Officers Compensation **14** | 0.9 | 19.8 | • | • | 1.5 | 15.5 | 0.7 | 0.6 | 1.5 | • | • | • | 0.6 |
| Operating Margin **15** | 4.1 | 32.3 | • | • | 1.9 | 17.9 | 5.7 | 1.3 | 0.5 | • | • | • | 3.5 |
| Oper. Margin Before Officers Compensation **16** | 5.0 | 52.1 | • | • | 3.4 | 33.5 | 6.4 | 1.9 | 2.0 | • | • | • | 4.0 |
| **Selected Average Balance Sheet ($ in Thousands)** | | | | | | | | | | | | | |
| Net Receivables **17** | 4067 | • | • | • | 96 | 44 | 318 | 1806 | 2252 | • | • | • | 96184 |
| Inventories **18** | 5738 | • | • | • | 61 | 49 | 452 | 1852 | 3772 | • | • | • | 137932 |
| Net Property, Plant and Equipment **19** | 9965 | • | • | • | 77 | 130 | 1224 | 2282 | 4947 | • | • | • | 244667 |
| Total Assets **20** | 34918 | • | • | • | 282 | 566 | 2425 | 6104 | 13544 | • | • | • | 893019 |

| | | | | | | | | | |
|---|---|---|---|---|---|---|---|---|---|
| Notes and Loans Payable **21** | 7823 | • | • | 131 | 1126 | 2381 | 3894 | • | 195023 |
| All Other Liabilities **22** | 9015 | • | 52 | 94 | 446 | 1679 | 2838 | • | 240167 |
| Net Worth **23** | 18080 | • | 229 | 341 | 853 | 2044 | 6813 | • | 457829 |

## Selected Financial Ratios (Times to 1)

| | | | | | | | | | |
|---|---|---|---|---|---|---|---|---|---|
| Current Ratio **24** | 1.5 | • | 3.9 | 2.5 | 1.2 | 1.2 | 1.8 | • | 1.4 |
| Quick Ratio **25** | 0.7 | • | 2.8 | 2.0 | 0.7 | 0.6 | 0.9 | • | 0.6 |
| Net Sales to Working Capital **26** | 10.0 | • | 13.2 | 4.7 | 35.0 | 37.9 | 5.9 | • | 10.7 |
| Coverage Ratio **27** | 4.9 | • | • | • | 8.3 | 2.8 | 2.5 | • | 4.8 |
| Total Asset Turnover **28** | 1.2 | • | 7.1 | 1.7 | 2.5 | 4.3 | 1.6 | • | 1.1 |
| Inventory Turnover **29** | 4.5 | • | 5.9 | 2.4 | 2.4 | • | 3.2 | • | 4.2 |
| Receivables Turnover **30** | • | • | 8.9 | • | • | • | 6.3 | • | 9.8 |
| Total Liabilities to Net Worth **31** | 0.9 | • | 0.2 | 0.7 | 1.9 | 2.0 | 1.0 | • | 1.0 |

## Selected Financial Factors (in Percentages)

| | | | | | | | | | |
|---|---|---|---|---|---|---|---|---|---|
| Debt Ratio **32** | 48.2 | • | 18.6 | 39.8 | 64.8 | 66.5 | 49.7 | • | 48.7 |
| Return on Assets **33** | 13.4 | • | 14.3 | 34.2 | 27.1 | 11.6 | 7.6 | • | 12.6 |
| Return on Equity **34** | 14.5 | • | 17.6 | • | • | 19.6 | 7.5 | • | 13.1 |
| Return Before Interest on Equity **35** | 25.8 | • | 17.6 | • | • | 34.5 | 15.1 | • | 24.5 |
| Profit Margin, Before Income Tax **36** | 9.0 | • | 2.0 | 19.2 | 9.7 | 1.8 | 2.9 | • | 9.3 |
| Profit Margin, After Income Tax **37** | 6.4 | 28.4 | 2.0 | 16.1 | 9.5 | 1.5 | 2.4 | • | 6.3 |

## Trends in Selected Ratios and Factors, 1986–1994

| | 1986 | 1987 | 1988 | 1989 | 1990 | 1991 | 1992 | 1993 | 1994 |
|---|---|---|---|---|---|---|---|---|---|
| Cost of Operations (%) **38** | 64.4 | 65.4 | 64.4 | 65.2 | 61.9 | 62.2 | 66.3 | 62.5 | 60.0 |
| Operating Margin (%) **39** | 3.1 | 3.8 | 3.4 | 3.2 | 1.0 | 1.1 | 4.1 | 4.1 | 4.1 |
| Oper. Margin Before Officers Comp. (%) **40** | 4.0 | 4.7 | 4.3 | 4.1 | 1.8 | 2.0 | 0.8 | 4.9 | 5.0 |
| Average Net Receivables ($) **41** | 1621 | 1169 | 1566 | 1869 | 4789 | 2644 | 2912 | 2643 | 4067 |
| Average Inventories ($) **42** | 1944 | 1590 | 2195 | 2782 | 4659 | 3335 | 3919 | 3384 | 5738 |
| Average Net Worth ($) **43** | 5823 | 4773 | 5270 | 8498 | 10021 | 6910 | 13376 | 9792 | 18080 |
| Current Ratio (x1) **44** | 1.5 | 1.7 | 1.6 | 1.8 | 1.5 | 1.7 | 1.6 | 1.6 | 1.5 |
| Quick Ratio (x1) **45** | 0.7 | 0.9 | 0.7 | 0.8 | 0.8 | 0.7 | 0.7 | 0.7 | 0.7 |
| Coverage Ratio (x1) **46** | 4.7 | 5.4 | 4.9 | 4.5 | 2.6 | 2.5 | 4.4 | 5.6 | 4.9 |
| Asset Turnover (x1) **47** | 1.5 | 1.7 | 1.6 | 1.4 | 1.0 | 1.2 | 0.9 | 1.4 | 1.2 |
| Operating Leverage **48** | • | 1.2 | 0.9 | 0.9 | 0.3 | 1.1 | 0.1 | 72.4 | 1.0 |
| Financial Leverage **49** | • | 1.0 | 1.0 | 1.0 | 0.8 | 1.1 | 1.3 | 1.0 | 1.0 |
| Total Leverage **50** | • | 1.3 | 0.9 | 0.9 | 0.3 | 1.1 | 0.1 | 74.4 | 1.0 |

## Table I

Corporations with and without Net Income

# MALT LIQUORS AND MALT

### MONEY AMOUNTS AND SIZE OF ASSETS IN THOUSANDS OF DOLLARS

| Item Description for Accounting Period 7/90 Through 6/91 | Total | Zero Assets | Under 100 | 100 to 250 | 251 to 500 | 501 to 1,000 | 1,001 to 5,000 | 5,001 to 10,000 | 10,001 to 25,000 | 25,001 to 50,000 | 50,001 to 100,000 | 100,001 to 250,000 | 250,001 and over |
|---|---|---|---|---|---|---|---|---|---|---|---|---|---|
| Number of Enterprises **1** | 120 | • | • | • | 96 | • | 18 | • | • | • | • | 3 | 4 |
| **Revenues ($ in Thousands)** | | | | | | | | | | | | | |
| Net Sales **2** | 17060 | • | • | • | 52 | • | 387 | • | • | • | • | 834 | 15787 |
| Portfolio Income **3** | 243 | • | • | • | • | • | 2 | • | • | • | • | 2 | 238 |
| Other Revenues **4** | 293 | • | • | • | 0 | • | 1 | • | • | • | • | 16 | 277 |
| Total Revenues **5** | 17596 | • | • | • | 52 | • | 390 | • | • | • | • | 852 | 16302 |
| Average Total Revenues **6** | 146630 | • | • | • | 544 | • | 21646 | • | • | • | • | 283912 | 4075498 |
| **Operating Costs/Operating Income (%)** | | | | | | | | | | | | | |
| Cost of Operations **7** | 56.4 | • | • | • | 32.1 | • | 74.4 | • | • | • | • | 70.9 | 55.2 |
| Rent **8** | 0.7 | • | • | • | 8.9 | • | 1.0 | • | • | • | • | • | 0.7 |
| Taxes Paid **9** | 9.6 | • | • | • | 5.9 | • | 6.7 | • | • | • | • | 14.3 | 9.5 |
| Interest Paid **10** | 3.2 | • | • | • | 3.6 | • | 0.8 | • | • | • | • | 1.9 | 3.3 |
| Depreciation, Depletion, Amortization **11** | 5.1 | • | • | • | 3.3 | • | 0.6 | • | • | • | • | 4.2 | 5.3 |
| Pensions and Other Benefits **12** | 1.9 | • | • | • | • | • | 0.7 | • | • | • | • | 3.1 | 1.9 |
| Other **13** | 18.9 | • | • | • | 56.3 | • | 13.7 | • | • | • | • | 6.4 | 19.6 |
| Officers Compensation **14** | 0.4 | • | • | • | 4.2 | • | 0.6 | • | • | • | • | 0.8 | 0.4 |
| Operating Margin **15** | 3.8 | • | • | • | • | • | 1.7 | • | • | • | • | 4.2 |  |
| Oper. Margin Before Officers Compensation **16** | 4.2 | • | • | • | • | • | 2.3 | • | • | • | • | • | 4.6 |
| **Selected Average Balance Sheet ($ in Thousands)** | | | | | | | | | | | | | |
| Net Receivables **17** | 14738 | • | • | • | • | • | 847 | • | • | • | • | 21897 | 421915 |
| Inventories **18** | 9488 | • | • | • | 5 | • | 1149 | • | • | • | • | 27932 | 258390 |
| Net Property, Plant and Equipment **19** | 71488 | • | • | • | 238 | • | 1217 | • | • | • | • | 80793 | 2072869 |
| Total Assets **20** | 175476 | • | • | • | 263 | • | 5468 | • | • | • | • | 153363 | 5118339 |

| | | | | | | | | | |
|---|---|---|---|---|---|---|---|---|---|
| Notes and Loans Payable 21 | 53979 | • | • | 230 | • | 1484 | • | 44760 | 1573622 |
| All Other Liabilities 22 | 59185 | • | • | 120 | • | 1741 | • | 57632 | 1721618 |
| Net Worth 23 | 62311 | • | • | -87 | • | 2242 | • | 50971 | 1823099 |

## Selected Financial Ratios (Times to 1)

| | | | | | | | | | |
|---|---|---|---|---|---|---|---|---|---|
| Current Ratio 24 | 1.1 | • | • | 0.1 | • | 1.2 | • | 1.3 | 1.0 |
| Quick Ratio 25 | 0.6 | • | • | 0.0 | • | 0.6 | • | 0.6 | 0.6 |
| Net Sales to Working Capital 26 | • | • | • | • | • | • | • | 22.7 | • |
| Coverage Ratio 27 | 3.2 | • | • | • | • | 3.9 | • | 1.3 | 3.3 |
| Total Asset Turnover 28 | 0.8 | • | • | 2.1 | • | 3.9 | • | 1.8 | 0.8 |
| Inventory Turnover 29 | 9.1 | • | • | • | • | • | • | 6.3 | 9.2 |
| Receivables Turnover 30 | • | • | • | • | • | • | • | • | • |
| Total Liabilities to Net Worth 31 | 1.8 | • | • | 1.4 | • | • | • | 2.0 | 1.8 |

## Selected Financial Factors (in Percentages)

| | | | | | | | | | |
|---|---|---|---|---|---|---|---|---|---|
| Debt Ratio 32 | 64.5 | • | • | 59.0 | • | • | • | 66.8 | 64.4 |
| Return on Assets 33 | 8.2 | • | • | 12.6 | • | • | • | 4.5 | 8.3 |
| Return on Equity 34 | 10.4 | • | • | 14.1 | • | • | • | • | 10.7 |
| Return Before Interest on Equity 35 | 23.2 | • | • | 30.6 | • | • | • | 13.5 | 23.4 |
| Profit Margin, Before Income Tax 36 | 7.0 | • | • | 2.4 | • | • | • | 0.6 | 7.5 |
| Profit Margin, After Income Tax 37 | 4.6 | • | • | 1.5 | • | • | • | • | 5.0 |

## Trends in Selected Ratios and Factors, 1986-1994

| | 1986 | 1987 | 1988 | 1989 | 1990 | 1991 | 1992 | 1993 | 1994 |
|---|---|---|---|---|---|---|---|---|---|
| Cost of Operations (%) 38 | 60.0 | 56.8 | 57.3 | 57.5 | 57.2 | 56.0 | 55.6 | 55.9 | 56.4 |
| Operating Margin (%) 39 | 0.1 | 1.2 | 0.2 | 0.9 | 2.5 | 2.0 | 1.7 | 1.8 | 3.8 |
| Oper. Margin Before Officers Comp. (%) 40 | 0.4 | 1.6 | 0.6 | 1.2 | 2.9 | 2.5 | 2.3 | 2.3 | 4.2 |
| Average Net Receivables ($) 41 | 18130 | 19756 | 44641 | 12792 | 12956 | 62605 | 93254 | 11739 | 14738 |
| Average Inventories ($) 42 | 27356 | 28246 | 43144 | 10680 | 14699 | 59530 | 84534 | 9016 | 9488 |
| Average Net Worth ($) 43 | 116844 | 121571 | 222613 | 59655 | 76020 | 304255 | 447075 | 50928 | 62311 |
| Current Ratio (x1) 44 | 1.2 | 1.0 | 0.9 | 1.2 | 1.1 | 1.0 | 1.0 | 0.8 | 1.1 |
| Quick Ratio (x1) 45 | 0.5 | 0.5 | 0.4 | 0.7 | 0.6 | 0.5 | 0.5 | 0.4 | 0.6 |
| Coverage Ratio (x1) 46 | 2.1 | 3.1 | 2.3 | 2.9 | 4.4 | 3.0 | 2.6 | 2.5 | 3.2 |
| Asset Turnover (x1) 47 | 1.5 | 1.6 | 1.5 | 1.4 | 1.4 | 1.0 | 1.0 | 0.8 | 0.8 |
| Total Liabilities/Net Worth (x1) 48 | 1.2 | 1.3 | 1.2 | 1.2 | 1.3 | 1.9 | 1.9 | 2.6 | 1.8 |
| Return on Assets (x1) 49 | 6.3 | 10.8 | 6.3 | 6.9 | 9.2 | 7.2 | 7.7 | 7.3 | 8.2 |
| Return on Equity (%) 50 | 3.1 | 9.9 | 3.5 | 5.5 | 8.7 | 7.3 | 7.3 | 10.3 | 10.4 |

## Table II

Corporations with Net Income

# MALT LIQUORS AND MALT

**MONEY AMOUNTS AND SIZE OF ASSETS IN THOUSANDS OF DOLLARS**

| Item Description for Accounting Period 7/90 Through 6/91 | Total | Zero Assets | Under 100 | 100 to 250 | 251 to 500 | 501 to 1,000 | 1,001 to 5,000 | 5,001 to 10,000 | 10,001 to 25,000 | 25,001 to 50,000 | 50,001 to 100,000 | 100,001 to 250,000 | 250,001 and over |
|---|---|---|---|---|---|---|---|---|---|---|---|---|---|
| Number of Enterprises 1 | 7 | • | • | • | • | • | • | • | • | • | 3 | • | 4 |
| **Revenues ($ in Thousands)** | | | | | | | | | | | | | |
| Net Sales 2 | 16579 | • | • | • | • | • | • | • | • | • | 792 | • | 15787 |
| Portfolio Income 3 | 242 | • | • | • | • | • | • | • | • | • | 4 | • | 238 |
| Other Revenues 4 | 291 | • | • | • | • | • | • | • | • | • | 15 | • | 277 |
| Total Revenues 5 | 17113 | • | • | • | • | • | • | • | • | • | 811 | • | 16302 |
| Average Total Revenues 6 | 2444680 | • | • | • | • | • | • | • | • | • | 270257 | • | 4075498 |
| **Operating Costs/Operating Income (%)** | | | | | | | | | | | | | |
| Cost of Operations 7 | 55.9 | • | • | • | • | • | • | • | • | • | 69.8 | • | 55.2 |
| Rent 8 | 0.7 | • | • | • | • | • | • | • | • | • | • | • | 0.7 |
| Taxes Paid 9 | 9.7 | • | • | • | • | • | • | • | • | • | 14.9 | • | 9.5 |
| Interest Paid 10 | 3.2 | • | • | • | • | • | • | • | • | • | 1.1 | • | 3.3 |
| Depreciation, Depletion, Amortization 11 | 5.1 | • | • | • | • | • | • | • | • | • | 2.1 | • | 5.3 |
| Pensions and Other Benefits 12 | 2.0 | • | • | • | • | • | • | • | • | • | 3.2 | • | 1.9 |
| Other 13 | 19.0 | • | • | • | • | • | • | • | • | • | 6.9 | • | 19.6 |
| Officers Compensation 14 | 0.4 | • | • | • | • | • | • | • | • | • | 0.9 | • | 0.4 |
| Operating Margin 15 | 4.1 | • | • | • | • | • | • | • | • | • | 1.0 | • | 4.2 |
| Oper. Margin Before Officers Compensation 16 | 4.5 | • | • | • | • | • | • | • | • | • | 1.9 | • | 4.6 |
| **Selected Average Balance Sheet ($ in Thousands)** | | | | | | | | | | | | | |
| Net Receivables 17 | 250290 | • | • | • | • | • | • | • | • | • | 21456 | • | 421915 |
| Inventories 18 | 156176 | • | • | • | • | • | • | • | • | • | 19890 | • | 258390 |
| Net Property, Plant and Equipment 19 | 1210987 | • | • | • | • | • | • | • | • | • | 61810 | • | 2072869 |
| Total Assets 20 | 2982186 | • | • | • | • | • | • | • | • | • | 133983 | • | 5118339 |

| | | | |
|---|---|---|---|
| Notes and Loans Payable 21 | 908106 | 20751 | 1573622 |
| All Other Liabilities 22 | 1009734 | 60555 | 1721618 |
| Net Worth 23 | 1064347 | 52677 | 1823099 |

## Selected Financial Ratios (Times to 1)

| | | | |
|---|---|---|---|
| Current Ratio 24 | 1.1 | 1.3 | 1.0 |
| Quick Ratio 25 | 0.6 | 0.7 | 0.6 |
| Net Sales to Working Capital 26 | • | 22.5 | • |
| Coverage Ratio 27 | 3.3 | 4.1 | 3.3 |
| Total Asset Turnover 28 | 0.8 | 2.0 | 0.8 |
| Inventory Turnover 29 | 9.3 | • | • |
| Receivables Turnover 30 | • | • | • |
| Total Liabilities to Net Worth 31 | 1.8 | 1.6 | 1.8 |

## Selected Financial Factors (in Percentages)

| | | | |
|---|---|---|---|
| Debt Ratio 32 | 64.3 | 60.7 | 64.4 |
| Return on Assets 33 | 8.3 | 8.8 | 8.3 |
| Return on Equity 34 | 10.7 | 11.3 | 10.7 |
| Return Before Interest on Equity 35 | 23.4 | 22.5 | 23.4 |
| Profit Margin, Before Income Tax 36 | 7.3 | 3.4 | 7.5 |
| Profit Margin, After Income Tax 37 | 4.8 | 2.3 | 5.0 |

## Trends in Selected Ratios and Factors, 1986-1994

| | 1986 | 1987 | 1988 | 1989 | 1990 | 1991 | 1992 | 1993 | 1994 |
|---|---|---|---|---|---|---|---|---|---|
| Cost of Operations (%) 38 | 61.0 | 56.6 | 57.5 | 57.0 | 56.0 | 56.4 | 56.2 | 55.7 | 55.9 |
| Operating Margin (%) 39 | 1.4 | 1.4 | 1.3 | 1.2 | 3.2 | 5.2 | 5.3 | 3.8 | 4.1 |
| Oper. Margin Before Officers Comp. (%) 40 | 1.6 | 1.8 | 1.6 | 1.5 | 3.6 | 5.7 | 6.0 | 4.4 | 4.5 |
| Average Net Receivables ($) 41 | 27546 | 23020 | 62785 | 68393 | 26987 | 118385 | 186945 | 82185 | 250290 |
| Average Inventories ($) 42 | 36558 | 32286 | 53751 | 55659 | 30655 | 105780 | 156466 | 60451 | 156176 |
| Average Net Worth ($) 43 | 193493 | 143930 | 328915 | 321765 | 159006 | 684976 | 1024352 | 375454 | 1064347 |
| Current Ratio (x1) 44 | 1.3 | 1.0 | 0.9 | 1.3 | 1.1 | 1.0 | 1.1 | 0.8 | 1.1 |
| Quick Ratio (x1) 45 | 0.5 | 0.5 | 0.5 | 0.7 | 0.6 | 0.5 | 0.6 | 0.4 | 0.6 |
| Coverage Ratio (x1) 46 | 2.8 | 3.2 | 2.9 | 3.2 | 4.8 | 5.6 | 5.8 | 4.1 | 3.3 |
| Asset Turnover (x1) 47 | 1.4 | 1.6 | 1.4 | 1.4 | 1.3 | 1.0 | 0.9 | 0.8 | 0.8 |
| Operating Leverage 48 | • | 1.0 | 0.9 | 1.0 | 2.6 | 1.7 | 1.0 | 0.7 | 1.1 |
| Financial Leverage 49 | • | 1.1 | 0.9 | 1.1 | 1.1 | 1.2 | 1.1 | 0.9 | 0.9 |
| Total Leverage 50 | • | 1.2 | 0.8 | 1.0 | 2.9 | 1.9 | 1.1 | 0.7 | 1.0 |

## Table I

Corporations with and without Net Income

# ALCOHOLIC BEVERAGES, EXCEPT MALT LIQUORS AND MALT

### MONEY AMOUNTS AND SIZE OF ASSETS IN THOUSANDS OF DOLLARS

| Item Description for Accounting Period 7/90 Through 6/91 | Total | Zero Assets | Under 100 | 100 to 250 | 251 to 500 | 501 to 1,000 | 1,001 to 5,000 | 5,001 to 10,000 | 10,001 to 25,000 | 25,001 to 50,000 | 50,001 to 100,000 | 100,001 to 250,000 | 250,001 and over |
|---|---|---|---|---|---|---|---|---|---|---|---|---|---|
| Number of Enterprises **1** | 702 | 7 | • | • | 424 | 41 | 140 | 36 | 25 | 4 | 9 | 10 | 5 |
| **Revenues ($ in Thousands)** | | | | | | | | | | | | | |
| Net Sales **2** | 8443 | • | • | • | 120 | 40 | 118 | 99 | 628 | 80 | 728 | 1916 | 4715 |
| Portfolio Income **3** | 729 | • | • | • | 0 | 0 | 1 | 0 | 1 | 1 | 8 | 34 | 684 |
| Other Revenues **4** | 209 | • | • | • | 1 | 0 | 2 | 5 | 10 | 3 | 16 | 22 | 151 |
| Total Revenues **5** | 9381 | • | • | • | 122 | 40 | 120 | 103 | 639 | 83 | 752 | 1971 | 5550 |
| Average Total Revenues **6** | 13364 | • | • | • | 287 | 981 | 860 | 2874 | 25563 | 20828 | 83583 | 197132 | 1109904 |
| **Operating Costs/Operating Income (%)** | | | | | | | | | | | | | |
| Cost of Operations **7** | 60.5 | • | • | • | 50.8 | 63.0 | 54.5 | 46.6 | 36.7 | 42.3 | 66.1 | 66.7 | 61.3 |
| Rent **8** | 0.7 | • | • | • | 0.9 | 0.4 | 3.6 | 0.8 | 0.4 | 0.7 | 0.2 | 0.5 | 0.8 |
| Taxes Paid **9** | 10.4 | • | • | • | 5.5 | 7.3 | 5.9 | 3.8 | 43.5 | 2.3 | 13.3 | 7.8 | 7.2 |
| Interest Paid **10** | 5.2 | • | • | • | 9.9 | 5.7 | 6.3 | 8.3 | 1.7 | 3.0 | 3.2 | 3.4 | 6.6 |
| Depreciation, Depletion, Amortization **11** | 2.4 | • | • | • | 12.3 | 9.1 | 6.9 | 5.7 | 2.2 | 2.6 | 3.7 | 2.0 | 1.9 |
| Pensions and Other Benefits **12** | 1.2 | • | • | • | 0.2 | 0.6 | 1.1 | 2.0 | 0.4 | 0.8 | 0.8 | 1.3 | 1.4 |
| Other **13** | 20.1 | • | • | • | 31.9 | 13.8 | 24.9 | 20.0 | 9.8 | 13.3 | 10.6 | 15.6 | 24.5 |
| Officers Compensation **14** | 1.0 | • | • | • | • | 5.7 | 3.6 | 6.6 | 1.3 | 1.4 | 1.2 | 0.9 | 0.7 |
| Operating Margin **15** | • | • | • | • | • | • | • | 6.2 | 4.1 | 33.8 | 1.0 | 1.9 | • |
| Oper. Margin Before Officers Compensation **16** | • | • | • | • | 0.1 | • | • | 12.8 | 5.4 | 35.2 | 2.2 | 2.9 | • |
| **Selected Average Balance Sheet ($ in Thousands)** | | | | | | | | | | | | | |
| Net Receivables **17** | 9845 | • | • | • | 10 | 66 | 81 | 255 | 2979 | 3345 | 17586 | 28394 | 1270788 |
| Inventories **18** | 3222 | • | • | • | 253 | 149 | 950 | 2416 | 4668 | 14722 | 24119 | 51204 | 204770 |
| Net Property, Plant and Equipment **19** | 2428 | • | • | • | 135 | 416 | 615 | 2333 | 6151 | 5236 | 22612 | 40134 | 136063 |
| Total Assets **20** | 34052 | • | • | • | 412 | 808 | 1861 | 5572 | 15344 | 38188 | 72105 | 161253 | 4087585 |

| | | | | | | | | | | | | |
|---|---|---|---|---|---|---|---|---|---|---|---|---|
| Notes and Loans Payable 21 | 11321 | • | • | 280 | 551 | 973 | 3441 | 4674 | 11101 | 27868 | 73481 | 1279884 |
| All Other Liabilities 22 | 6356 | • | • | 61 | 170 | 283 | 693 | 2527 | 2316 | 14711 | 27137 | 777658 |
| Net Worth 23 | 16375 | • | • | 71 | 86 | 605 | 1438 | 8143 | 24770 | 29526 | 60635 | 2030043 |

## Selected Financial Ratios (Times to 1)

| | | | | | | | | | | | | |
|---|---|---|---|---|---|---|---|---|---|---|---|---|
| Current Ratio 24 | 1.8 | • | • | 3.8 | 1.6 | 1.6 | 1.8 | 1.7 | 2.5 | 1.7 | 1.8 | 1.8 |
| Quick Ratio 25 | 1.3 | • | • | 0.2 | 0.8 | 0.2 | 0.2 | 0.7 | 0.5 | 0.8 | 0.8 | 1.4 |
| Net Sales to Working Capital 26 | 1.9 | • | • | 1.4 | 7.0 | 1.9 | 2.2 | 7.6 | 1.5 | 4.3 | 4.3 | 1.4 |
| Coverage Ratio 27 | 3.0 | • | • | • | 0.1 | 0.3 | 2.3 | 4.5 | 13.8 | 2.4 | 2.4 | 3.2 |
| Total Asset Turnover 28 | 0.4 | • | • | 0.7 | 1.2 | 0.5 | 0.5 | 1.6 | 0.5 | 1.1 | 1.2 | 0.2 |
| Inventory Turnover 29 | 2.3 | • | • | 0.7 | 2.2 | 0.5 | 0.9 | 2.3 | 0.7 | 2.1 | 2.9 | 2.6 |
| Receivables Turnover 30 | 1.4 | • | • | • | 8.0 | 8.0 | • | 8.9 | 3.1 | 4.5 | 8.0 | 0.8 |
| Total Liabilities to Net Worth 31 | 1.1 | • | • | 4.8 | 8.4 | 2.1 | 2.9 | 0.9 | 0.6 | 1.5 | 1.7 | 1.0 |

## Selected Financial Factors (in Percentages)

| | | | | | | | | | | | | |
|---|---|---|---|---|---|---|---|---|---|---|---|---|
| Debt Ratio 32 | 51.9 | • | • | 82.7 | 89.4 | 67.5 | 74.2 | 46.9 | 35.1 | 59.1 | 62.4 | 50.3 |
| Return on Assets 33 | 5.5 | • | • | • | 0.4 | 0.9 | 9.5 | 12.2 | 21.4 | 8.5 | 9.7 | 4.9 |
| Return on Equity 34 | 5.8 | • | • | • | • | • | 20.9 | 17.0 | 25.9 | 7.6 | 9.5 | 5.3 |
| Return Before Interest on Equity 35 | 11.4 | • | • | • | • | 4.0 | 22.9 | 33.0 | 20.8 | 25.7 | 9.8 | |
| Profit Margin, Before Income Tax 36 | 10.3 | • | • | • | • | • | 10.9 | 5.8 | • | 10.9 | 4.4 | 14.6 |
| Profit Margin, After Income Tax 37 | 7.8 | • | • | • | • | • | 10.9 | 5.5 | 32.1 | 2.8 | 3.0 | 11.4 |

## Trends in Selected Ratios and Factors, 1986-1994

| | 1986 | 1987 | 1988 | 1989 | 1990 | 1991 | 1992 | 1993 | 1994 |
|---|---|---|---|---|---|---|---|---|---|
| Cost of Operations (%) 38 | 64.5 | 66.1 | 62.2 | 64.6 | 61.9 | 64.9 | 64.4 | 63.3 | 60.5 |
| Operating Margin (%) 39 | • | • | • | • | • | • | • | • | • |
| Oper. Margin Before Officers Comp. (%) 40 | • | • | • | • | • | • | • | • | • |
| Average Net Receivables ($) 41 | 7107 | 6463 | 4250 | 7814 | 6448 | 5210 | 7829 | 9385 | 9845 |
| Average Inventories ($) 42 | 3621 | 3073 | 1494 | 1649 | 1546 | 2014 | 2875 | 3809 | 3222 |
| Average Net Worth ($) 43 | 17193 | 16361 | 7783 | 9492 | 9691 | 10178 | 14946 | 19884 | 16375 |
| Current Ratio (x1) 44 | 1.7 | 1.5 | 1.8 | 1.6 | 1.7 | 1.6 | 1.6 | 2.6 | 1.8 |
| Quick Ratio (x1) 45 | 1.0 | 0.8 | 1.1 | 1.1 | 1.1 | 1.0 | 1.0 | 1.7 | 1.3 |
| Coverage Ratio (x1) 46 | 2.3 | 1.8 | 1.2 | 1.8 | 2.0 | 3.3 | 3.1 | 2.5 | 3.0 |
| Asset Turnover (x1) 47 | 0.5 | 0.5 | 0.4 | 0.4 | 0.4 | 0.4 | 0.4 | 0.5 | 0.4 |
| Total Liabilities/Net Worth (x1) 48 | 1.0 | 1.0 | 1.2 | 1.4 | 1.3 | 1.2 | 1.1 | 1.0 | 1.1 |
| Return on Assets (x1) 49 | 8.4 | 4.3 | 3.3 | 4.3 | 4.4 | 5.6 | 6.5 | 7.2 | 5.5 |
| Return on Equity (%) 50 | 6.2 | 2.3 | • | 3.1 | 3.1 | 6.1 | 6.6 | 6.3 | 5.8 |

## Table II
Corporations with Net Income

# ALCOHOLIC BEVERAGES, EXCEPT MALT LIQUORS AND MALT

### MONEY AMOUNTS AND SIZE OF ASSETS IN THOUSANDS OF DOLLARS

| Item Description for Accounting Period 7/90 Through 6/91 | Total | Zero Assets | Under 100 | 100 to 250 | 251 to 500 | 501 to 1,000 | 1,001 to 5,000 | 5,001 to 10,000 | 10,001 to 25,000 | 25,001 to 50,000 | 50,001 to 100,000 | 100,001 to 250,000 | 250,001 and over |
|---|---|---|---|---|---|---|---|---|---|---|---|---|---|
| Number of Enterprises 1 | 296 | • | • | • | 164 | • | 72 | 16 | 19 | 4 | • | • | 5 |
| **Revenues ($ in Thousands)** | | | | | | | | | | | | | |
| Net Sales 2 | 7879 | • | • | • | 46 | • | 67 | 61 | 617 | 80 | • | • | 4715 |
| Portfolio Income 3 | 727 | • | • | • | 0 | • | 0 | 0 | 1 | 1 | • | • | 684 |
| Other Revenues 4 | 198 | • | • | • | 1 | • | 2 | 1 | 10 | 3 | • | • | 151 |
| Total Revenues 5 | 8804 | • | • | • | 47 | • | 69 | 62 | 627 | 83 | • | • | 5550 |
| Average Total Revenues 6 | 29744 | • | • | • | 289 | • | 957 | 3891 | 33013 | 20828 | • | • | 1109904 |
| **Operating Costs/Operating Income (%)** | | | | | | | | | | | | | |
| Cost of Operations 7 | 59.9 | • | • | • | 51.2 | • | 46.9 | 32.7 | 36.7 | 42.3 | • | • | 61.3 |
| Rent 8 | 0.7 | • | • | • | 0.1 | • | 5.1 | 0.7 | 0.4 | 0.7 | • | • | 0.8 |
| Taxes Paid 9 | 10.9 | • | • | • | 4.2 | • | 5.1 | 2.0 | 44.3 | 2.3 | • | • | 7.2 |
| Interest Paid 10 | 4.8 | • | • | • | 3.3 | • | 1.7 | 5.8 | 1.6 | 3.0 | • | • | 6.6 |
| Depreciation, Depletion, Amortization 11 | 2.0 | • | • | • | 5.1 | • | 5.4 | 5.9 | 1.6 | 2.6 | • | • | 1.9 |
| Pensions and Other Benefits 12 | 1.2 | • | • | • | 0.4 | • | 1.0 | 2.9 | 0.4 | 0.8 | • | • | 1.4 |
| Other 13 | 19.6 | • | • | • | 17.4 | • | 17.4 | 17.0 | 9.3 | 13.3 | • | • | 24.5 |
| Officers Compensation 14 | 1.0 | • | • | • | • | • | 5.3 | 9.5 | 1.3 | 1.4 | • | • | 0.7 |
| Operating Margin 15 | • | • | • | • | 18.2 | • | 12.1 | 23.7 | 4.5 | 33.8 | • | • | • |
| Oper. Margin Before Officers Compensation 16 | 0.8 | • | • | • | 18.2 | • | 17.4 | 33.2 | 5.8 | 35.2 | • | • | • |
| **Selected Average Balance Sheet ($ in Thousands)** | | | | | | | | | | | | | |
| Net Receivables 17 | 23142 | • | • | • | 14 | • | 100 | 295 | 3815 | 3345 | • | • | 1270788 |
| Inventories 18 | 6563 | • | • | • | 361 | • | 1084 | 2741 | 5175 | 14722 | • | • | 204770 |
| Net Property, Plant and Equipment 19 | 4327 | • | • | • | 27 | • | 583 | 1740 | 4117 | 5236 | • | • | 136063 |
| Total Assets 20 | 77866 | • | • | • | 424 | • | 2095 | 5060 | 14973 | 38188 | • | • | 4087585 |

**Selected Financial Ratios (Times to 1)**

| | | | | | | | | | |
|---|---|---|---|---|---|---|---|---|---|
| Notes and Loans Payable 21 | 24768 | | • | • | 126 | 1069 | 2155 | 5054 | 11101 | • | 1279884 |
| All Other Liabilities 22 | 14677 | | • | • | 133 | 85 | 657 | 3052 | 2316 | • | 777658 |
| Net Worth 23 | 38421 | | • | • | 165 | 941 | 2248 | 24770 | • | 2030043 |
| Current Ratio 24 | 1.8 | | • | • | 3.0 | 3.6 | 2.2 | 1.5 | 2.5 | 1.8 |
| Quick Ratio 25 | 1.3 | | • | • | 0.2 | 0.6 | 0.2 | 0.7 | 0.5 | 1.4 |
| Net Sales to Working Capital 26 | 1.8 | | • | • | 1.1 | 1.0 | 2.3 | 9.5 | 1.5 | 1.4 |
| Coverage Ratio 27 | 3.6 | | • | • | 7.3 | 10.0 | 5.5 | 5.0 | 13.8 | 3.2 |
| Total Asset Turnover 28 | 0.4 | | • | • | 0.7 | 0.5 | 0.8 | 2.2 | 1.5 | 0.2 |
| Inventory Turnover 29 | 2.6 | | • | • | 0.4 | 0.4 | 0.6 | 0.5 | 0.5 | 3.0 |
| Receivables Turnover 30 | 1.3 | | • | • | • | 7.6 | • | 3.1 | 0.7 | 0.9 |
| Total Liabilities to Net Worth 31 | 1.0 | | • | • | 1.6 | 1.2 | 1.3 | 1.2 | 0.6 | 1.0 |

**Selected Financial Factors (in Percentages)**

| | | | | | | | | | |
|---|---|---|---|---|---|---|---|---|---|
| Debt Ratio 32 | 50.7 | • | • | 61.1 | 55.1 | 55.6 | 54.1 | 35.1 | 50.3 |
| Return on Assets 33 | 5.9 | • | • | 16.0 | 7.6 | 23.9 | 16.9 | 21.4 | 4.9 |
| Return on Equity 34 | 6.7 | • | • | 29.0 | 11.1 | • | 28.1 | 25.9 | 5.3 |
| Return Before Interest on Equity 35 | 11.9 | • | • | • | 16.8 | 16.8 | • | 33.0 | 9.8 |
| Profit Margin, Before Income Tax 36 | 12.3 | • | • | 20.7 | 15.4 | 26.1 | 6.2 | • | 14.6 |
| Profit Margin, After Income Tax 37 | 9.7 | • | • | 17.0 | 11.3 | 26.1 | 5.9 | 32.1 | 11.4 |

**Trends in Selected Ratios and Factors, 1986–1994**

| | 1986 | 1987 | 1988 | 1989 | 1990 | 1991 | 1992 | 1993 | 1994 |
|---|---|---|---|---|---|---|---|---|---|
| Cost of Operations (%) 38 | 64.2 | 66.3 | 55.2 | 67.3 | 64.8 | 63.0 | 63.0 | 62.2 | 59.9 |
| Operating Margin (%) 39 | • | • | 4.1 | • | • | • | • | • | • |
| Oper. Margin Before Officers Comp. (%) 40 | • | • | 4.9 | 0.5 | • | 0.7 | • | 0.7 | 0.8 |
| Average Net Worth ($) 41 | 27494 | 17309 | 1491 | 74305 | 11493 | 6189 | 12440 | 17211 | 23142 |
| Average Inventories ($) 42 | 12804 | 7222 | 2129 | 10952 | 2003 | 1599 | 3383 | 5651 | 6563 |
| Average Net Receivables ($) 43 | 66648 | 44003 | 4995 | 87417 | 16685 | 11770 | 24017 | 36298 | 38421 |
| Current Ratio (x1) 44 | 1.8 | 1.5 | 2.3 | 1.7 | 1.9 | 1.8 | 1.6 | 2.7 | 1.8 |
| Quick Ratio (x1) 45 | 1.1 | 0.9 | 0.9 | 1.3 | 1.3 | 1.2 | 1.1 | 2.0 | 1.3 |
| Coverage Ratio (x1) 46 | 2.4 | 2.0 | 3.9 | 2.3 | 2.6 | 4.5 | 4.2 | 3.1 | 3.6 |
| Asset Turnover (x1) 47 | 0.5 | 0.5 | 1.3 | 0.3 | 0.3 | 0.4 | 0.3 | 0.5 | 0.4 |
| Operating Leverage 48 | • | 0.5 | • | • | 7.1 | 0.5 | 2.4 | 0.1 | 0.3 |
| Financial Leverage 49 | • | 0.8 | 1.3 | 1.0 | 1.0 | 1.4 | 1.0 | 0.9 | 1.1 |
| Total Leverage 50 | • | 0.4 | • | • | 7.2 | 0.7 | 2.3 | 0.1 | 0.4 |

## Table I

Corporations with and without Net Income

# BOTTLED SOFT DRINKS AND FLAVORINGS

**MONEY AMOUNTS AND SIZE OF ASSETS IN THOUSANDS OF DOLLARS**

| Item Description for Accounting Period 7/90 Through 6/91 | Total | Zero Assets | Under 100 | 100 to 250 | 251 to 500 | 501 to 1,000 | 1,001 to 5,000 | 5,001 to 10,000 | 10,001 to 25,000 | 25,001 to 50,000 | 50,001 to 100,000 | 100,001 to 250,000 | 250,001 and over |
|---|---|---|---|---|---|---|---|---|---|---|---|---|---|
| Number of Enterprises 1 | 786 | 54 | • | 9 | • | 132 | 335 | 85 | 90 | 29 | 15 | 21 | 16 |
| **Revenues ($ in Thousands)** | | | | | | | | | | | | | |
| Net Sales 2 | 51160 | 120 | • | 7 | • | 206 | 1927 | 1187 | 3894 | 2130 | 1867 | 3739 | 36084 |
| Portfolio Income 3 | 1775 | 23 | • | 1 | • | 1 | 12 | 20 | 10 | 8 | 9 | 39 | 1654 |
| Other Revenues 4 | 2542 | 2 | • | 0 | • | 1 | 26 | 11 | 33 | 15 | 50 | 80 | 2324 |
| Total Revenues 5 | 55478 | 144 | • | 9 | • | 207 | 1965 | 1218 | 3936 | 2153 | 1927 | 3858 | 40061 |
| Average Total Revenues 6 | 70582 | 2665 | • | 948 | • | 1569 | 5865 | 14331 | 43738 | 74246 | 128451 | 183706 | 2503820 |
| **Operating Costs/Operating Income (%)** | | | | | | | | | | | | | |
| Cost of Operations 7 | 57.2 | 62.2 | • | 99.5 | • | 73.7 | 61.8 | 69.9 | 77.9 | 68.3 | 67.1 | 63.4 | 52.3 |
| Rent 8 | 1.2 | 0.8 | • | 8.2 | • | 0.6 | 1.2 | 0.7 | 0.4 | 0.3 | 1.2 | 1.0 | 1.4 |
| Taxes Paid 9 | 2.1 | 2.1 | • | 10.0 | • | 2.4 | 2.3 | 2.0 | 1.3 | 1.3 | 2.0 | 1.7 | 2.2 |
| Interest Paid 10 | 5.4 | 3.9 | • | 21.0 | • | 0.8 | 0.9 | 1.1 | 1.1 | 1.2 | 2.7 | 6.9 | 6.5 |
| Depreciation, Depletion, Amortization 11 | 4.5 | 5.4 | • | 1.4 | • | 2.1 | 3.5 | 3.3 | 2.6 | 3.2 | 4.1 | 6.0 | 4.8 |
| Pensions and Other Benefits 12 | 1.7 | 3.4 | • | • | • | 1.1 | 1.0 | 0.9 | 0.7 | 0.7 | 2.1 | 1.9 | 2.0 |
| Other 13 | 30.6 | 48.2 | • | • | • | 15.7 | 23.7 | 20.5 | 13.4 | 21.3 | 20.1 | 22.1 | 35.2 |
| Officers Compensation 14 | 0.6 | 3.2 | • | 1.6 | • | 4.9 | 4.4 | 2.1 | 0.7 | 1.0 | 0.8 | 0.6 | 0.3 |
| Operating Margin 15 | • | • | • | • | • | • | 1.2 | • | 1.9 | 2.8 | • | • | • |
| Oper. Margin Before Officers Compensation 16 | • | • | • | • | • | 3.8 | 5.6 | 1.5 | 2.6 | 3.7 | • | 0.8 | • |
| **Selected Average Balance Sheet ($ in Thousands)** | | | | | | | | | | | | | |
| Net Receivables 17 | 30239 | • | • | 151 | • | 158 | 398 | 1834 | 2890 | 6586 | 13913 | 25427 | 1391441 |
| Inventories 18 | 3057 | • | • | • | • | 186 | 268 | 1107 | 2265 | 4456 | 4687 | 9575 | 99365 |
| Net Property, Plant and Equipment 19 | 14976 | • | • | • | • | 141 | 916 | 2035 | 5040 | 10260 | 22253 | 38576 | 586107 |
| Total Assets 20 | 9070 | • | • | 152 | • | 637 | 2328 | 7137 | 15125 | 32379 | 76074 | 173130 | 3890376 |

## Selected Financial Ratios (Times to 1)

| Item | Values (left → right) |
|---|---|
| Notes and Loans Payable 21 | 32607 • • 94 446 1361 5305 10371 36038 117685 1347582 |
| All Other Liabilities 22 | 36649 • • 106 344 1402 3278 8292 13757 33672 1694291 |
| Net Worth 23 | 20814 • • 152 436 1538 4373 6542 13717 26279 848503 |
| Current Ratio 24 | 0.9 • • 2.4 • 2.4 • 2.4 2.1 1.7 1.6 1.2 0.8 |
| Quick Ratio 25 | 0.8 • • 1.3 • 1.6 • 1.5 1.3 1.1 1.1 0.8 |
| Net Sales to Working Capital 26 | • • • 5.1 • 6.6 10.4 6.3 11.2 11.9 13.0 32.8 |
| Coverage Ratio 27 | 2.2 • • • 0.5 4.5 3.0 3.7 2.2 0.9 2.3 |
| Total Asset Turnover 28 | 0.7 • • 5.1 • 2.5 2.5 2.0 2.9 2.3 1.6 0.6 |
| Inventory Turnover 29 | 2.5 • • • 6.1 • • • • • • • |
| Receivables Turnover 30 | • • • 9.7 • 9.5 9.4 • 8.9 1.9 • |
| Total Liabilities to Net Worth 31 | 3.3 • • 0.5 • 0.5 0.6 1.3 1.4 1.9 3.6 |

## Selected Financial Factors (in Percentages)

| Item | Values (left → right) |
|---|---|
| Debt Ratio 32 | 76.9 • • • 31.5 34.0 38.7 56.8 57.6 65.5 87.4 78.2 |
| Return on Assets 33 | 8.4 • • • 1.0 9.9 6.3 11.6 11.4 9.6 6.7 8.4 |
| Return on Equity 34 | 12.5 • • • 8.7 4.5 16.3 16.3 12.6 13.6 |
| Return Before Interest on Equity 35 | 6.3 • • • 1.5 15.1 10.2 26.8 27.0 27.8 • |
| Profit Margin, Before Income Tax 36 | • • • • 3.1 2.1 3.0 3.9 3.2 • |
| Profit Margin, After Income Tax 37 | 4.0 • • • 2.3 • 1.4 2.5 3.1 2.7 • |

## Trends in Selected Ratios and Factors, 1986–1994

| Item | 1986 | 1987 | 1988 | 1989 | 1990 | 1991 | 1992 | 1993 | 1994 |
|---|---|---|---|---|---|---|---|---|---|
| Cost of Operations (%) 38 | 56.3 | 56.2 | 58.6 | 58.0 | 56.4 | 55.6 | 57.3 | 56.5 | 57.2 |
| Operating Margin (%) 39 | 0.4 | 0.3 | • | • | • | • | • | • | • |
| Oper. Margin Before Officers Comp. (%) 40 | • | • | • | • | • | • | • | • | • |
| Average Net Receivables ($) 41 | 3920 | 4032 | 4381 | 6161 | 11521 | 8620 | 17051 | 21653 | 30239 |
| Average Inventories ($) 42 | 1676 | 1454 | 1233 | 1749 | 2714 | 1953 | 2332 | 2563 | 3057 |
| Average Net Worth ($) 43 | 7474 | 6125 | 5536 | 7279 | 14998 | 11014 | 17293 | 21235 | 20814 |
| Current Ratio (x1) 44 | 1.4 | 1.3 | 1.1 | 1.1 | 1.0 | 1.0 | 1.0 | 0.9 | 0.9 |
| Quick Ratio (x1) 45 | 0.9 | 0.9 | 0.8 | 0.8 | 0.7 | 0.8 | 0.8 | 0.7 | 0.8 |
| Coverage Ratio (x1) 46 | 2.6 | 2.5 | 2.2 | 2.2 | 2.6 | 2.1 | 2.4 | 3.0 | 2.2 |
| Asset Turnover (x1) 47 | 1.4 | 1.2 | 1.2 | 1.1 | 0.7 | 0.8 | 0.8 | 0.7 | 0.7 |
| Total Liabilities/Net Worth (x1) 48 | 1.2 | 1.4 | 1.8 | 1.9 | 2.2 | 2.1 | 2.4 | 2.5 | 2.2 |
| Return on Assets (x1) 49 | 11.6 | 10.2 | 9.5 | 9.1 | 7.5 | 7.5 | 9.0 | 12.2 | 8.4 |
| Return on Equity (%) 50 | 8.2 | 7.5 | 8.0 | 8.2 | 8.1 | 7.5 | 12.1 | 18.5 | 12.5 |

## Table II

Corporations with Net Income

# BOTTLED SOFT DRINKS AND FLAVORINGS

MONEY AMOUNTS AND SIZE OF ASSETS IN THOUSANDS OF DOLLARS

| Item Description for Accounting Period 7/90 Through 6/91 | Total Assets | Zero Assets | Under 100 | 100 to 250 | 251 to 500 | 501 to 1,000 | 1,001 to 5,000 | 5,001 to 10,000 | 10,001 to 25,000 | 25,001 to 50,000 | 50,001 to 100,000 | 100,001 to 250,000 | 250,001 and over |
|---|---|---|---|---|---|---|---|---|---|---|---|---|---|
| **1** Number of Enterprises | 526 | • | • | • | • | 52 | 271 | 71 | 78 | 24 | 11 | 9 | • |
| **Revenues ($ in Thousands)** | | | | | | | | | | | | | |
| **2** Net Sales | 40783 | • | • | • | • | 120 | 1638 | 962 | 3573 | 1908 | 1601 | 1643 | • |
| **3** Portfolio Income | 1681 | • | • | • | • | 0 | 12 | 18 | 9 | 8 | 7 | 29 | • |
| **4** Other Revenues | 2405 | • | • | • | • | 0 | 25 | 11 | 32 | 13 | 44 | 37 | • |
| **5** Total Revenues | 44869 | • | • | • | • | 120 | 1674 | 991 | 3615 | 1929 | 1651 | 1709 | • |
| **6** Average Total Revenues | 85302 | • | • | • | • | 2309 | 6179 | 13959 | 46346 | 80380 | 150119 | 189849 | • |
| **Operating Costs/Operating Income (%)** | | | | | | | | | | | | | |
| **7** Cost of Operations | 56.6 | • | • | • | • | 76.8 | 61.6 | 67.9 | 78.5 | 68.3 | 68.5 | 60.1 | • |
| **8** Rent | 1.2 | • | • | • | • | 0.1 | 0.9 | 0.7 | 0.4 | 0.3 | 1.4 | 0.8 | • |
| **9** Taxes Paid | 2.1 | • | • | • | • | 1.8 | 2.3 | 2.0 | 1.3 | 1.3 | 1.9 | 1.7 | • |
| **10** Interest Paid | 4.8 | • | • | • | • | 1.3 | 0.6 | 0.4 | 0.8 | 1.0 | 1.9 | 5.2 | • |
| **11** Depreciation, Depletion, Amortization | 4.0 | • | • | • | • | 2.2 | 3.4 | 2.7 | 2.3 | 3.3 | 3.4 | 5.3 | • |
| **12** Pensions and Other Benefits | 1.8 | • | • | • | • | 1.8 | 1.0 | 0.7 | 0.7 | 0.5 | 2.2 | 1.9 | • |
| **13** Other | 31.3 | • | • | • | • | 9.5 | 22.2 | 20.4 | 13.1 | 21.0 | 19.0 | 23.6 | • |
| **14** Officers Compensation | 0.6 | • | • | • | • | 4.2 | 4.7 | 2.0 | 0.7 | 1.0 | 0.7 | 0.7 | • |
| **15** Operating Margin | • | • | • | • | • | 2.2 | 3.4 | 3.4 | 2.3 | 3.5 | 1.1 | 0.8 | • |
| **16** Oper. Margin Before Officers Compensation | 6.5 | • | • | • | • | 6.5 | 8.1 | 5.3 | 3.0 | 4.5 | 1.8 | 1.5 | • |
| **Selected Average Balance Sheet ($ in Thousands)** | | | | | | | | | | | | | |
| **17** Net Receivables | 43095 | • | • | • | • | 210 | 402 | 1973 | 2995 | 7099 | 15315 | 17753 | • |
| **18** Inventories | 3682 | • | • | • | • | 278 | 303 | 1201 | 2328 | 4879 | 5575 | 10030 | • |
| **19** Net Property, Plant and Equipment | 16649 | • | • | • | • | 185 | 793 | 1739 | 5068 | 10687 | 19197 | 37010 | • |
| **20** Total Assets | 112695 | • | • | • | • | 717 | 2234 | 6974 | 15037 | 33684 | 76263 | 161129 | • |

## Selected Financial Ratios (Times to 1)

| | | | | | | | | |
|---|---|---|---|---|---|---|---|---|
| Notes and Loans Payable 21 | 33896 | | 227 | 314 | 4050 | 10180 | 31878 | 83178 |
| All Other Liabilities 22 | 50917 | | 219 | 252 | 1419 | 8311 | 12899 | 29218 |
| Net Worth 23 | 27881 | 271 | 1668 | 5024 | 7561 | 15193 | 31486 | 48733 |
| Current Ratio 24 | 0.9 | 1.4 | 2.7 | 2.6 | 2.1 | 2.0 | 1.8 | 1.2 |
| Quick Ratio 25 | 0.8 | 0.6 | 1.7 | 1.8 | 1.3 | 1.3 | 1.2 | 0.8 |
| Net Sales to Working Capital 26 | · | 16.5 | 9.7 | 5.5 | 11.2 | 10.0 | 10.8 | 29.7 |
| Coverage Ratio 27 | 2.9 | 2.9 | 10.5 | · | 5.4 | 5.5 | 3.3 | 1.9 |
| Total Asset Turnover 28 | 0.7 | 3.2 | 2.7 | 2.0 | 3.1 | 2.4 | 1.9 | 1.1 |
| Inventory Turnover 29 | 2.1 | 4.6 | · | · | · | · | · | · |
| Receivables Turnover 30 | 2.1 | 7.4 | 9.5 | · | · | · | · | · |
| Total Liabilities to Net Worth 31 | 3.1 | 1.7 | 0.3 | 0.4 | 1.0 | 1.2 | 1.4 | 2.3 |

## Selected Financial Factors (in Percentages)

| | | | | | | | | |
|---|---|---|---|---|---|---|---|---|
| Debt Ratio 32 | 75.3 | · | 62.2 | 25.3 | 28.0 | 49.7 | 54.9 | 69.8 |
| Return on Assets 33 | 9.5 | 12.0 | 16.9 | 13.2 | 13.2 | 12.8 | 11.8 | 11.3 |
| Return on Equity 34 | 17.1 | 18.3 | 17.0 | 15.0 | 17.5 | 19.3 | 16.9 | 12.5 |
| Return Before Interest on Equity 35 | · | 31.6 | 22.6 | 18.3 | 25.5 | 29.3 | 28.5 | · |
| Profit Margin, Before Income Tax 36 | 9.0 | 2.4 | 5.6 | 6.4 | 3.4 | 4.6 | 4.3 | 4.8 |
| Profit Margin, After Income Tax 37 | 6.2 | 2.2 | 4.7 | 5.6 | 2.9 | 3.4 | 3.7 | 3.4 |

## Trends in Selected Ratios and Factors, 1986–1994

| | 1986 | 1987 | 1988 | 1989 | 1990 | 1991 | 1992 | 1993 | 1994 |
|---|---|---|---|---|---|---|---|---|---|
| Cost of Operations (%) 38 | 57.3 | 57.2 | 58.2 | 59.8 | 55.9 | 55.1 | 55.5 | 54.9 | 56.6 |
| Operating Margin (%) 39 | 3.5 | 4.2 | · | 1.5 | · | · | · | · | · |
| Oper. Margin Before Officers Comp. (%) 40 | 4.6 | 5.3 | · | 2.3 | · | · | · | · | · |
| Average Net Receivables ($) 41 | 1670 | 1671 | 6885 | 2529 | 13129 | 14141 | 26276 | 23158 | 43095 |
| Average Inventories ($) 42 | 1441 | 1492 | 1783 | 2200 | 2828 | 2905 | 3028 | 2142 | 3682 |
| Average Net Worth ($) 43 | 6255 | 5949 | 8659 | 9061 | 14947 | 13657 | 26531 | 20819 | 27881 |
| Current Ratio (×1) 44 | 1.8 | 1.8 | 1.1 | 1.5 | 1.0 | 1.0 | 1.0 | 0.9 | 0.9 |
| Quick Ratio (×1) 45 | 1.0 | 1.0 | 0.9 | 0.9 | 0.7 | 0.8 | 0.8 | 0.8 | 0.8 |
| Coverage Ratio (×1) 46 | 5.3 | 5.4 | 2.7 | 3.8 | 3.4 | 3.0 | 3.1 | 4.3 | 2.9 |
| Asset Turnover (×1) 47 | 1.5 | 1.4 | 1.2 | 1.3 | 0.8 | 0.8 | 0.8 | 0.7 | 0.7 |
| Operating Leverage 48 | · | · | · | · | · | 1.2 | 1.3 | 1.7 | 0.7 |
| Financial Leverage 49 | · | 1.1 | 0.8 | 1.2 | 1.0 | 1.0 | 1.1 | 1.1 | 0.9 |
| Total Leverage 50 | · | 1.3 | · | · | · | 1.2 | 1.4 | 1.9 | 0.6 |

## Table I

Corporations with and without Net Income

# OTHER FOOD AND KINDRED PRODUCTS

MONEY AMOUNTS AND SIZE OF ASSETS IN THOUSANDS OF DOLLARS

| Item Description for Accounting Period 7/90 Through 6/91 | Total Assets | Zero Assets | Under 100 | 100 to 250 | 251 to 500 | 501 to 1,000 | 1,001 to 5,000 | 5,001 to 10,000 | 10,001 to 25,000 | 25,001 to 50,000 | 50,001 to 100,000 | 100,001 to 250,000 | 250,001 and over |
|---|---|---|---|---|---|---|---|---|---|---|---|---|---|
| Number of Enterprises  1 | 5283 | 12 | 2523 | 584 | 490 | 769 | 438 | 210 | 145 | 52 | 31 | 14 | 14 |
| **Revenues ($ in Thousands)** | | | | | | | | | | | | | |
| Net Sales  2 | 61123 | 1609 | 106 | 196 | 649 | 1483 | 2344 | 3340 | 4526 | 2554 | 3497 | 2826 | 37992 |
| Portfolio Income  3 | 1089 | 106 | 71 | 0 | · | 5 | 9 | 12 | 17 | 35 | 31 | 50 | 853 |
| Other Revenues  4 | 989 | 4 | · | · | 5 | 5 | 20 | 68 | 67 | 59 | 58 | 52 | 652 |
| Total Revenues  5 | 63200 | 1684 | 106 | 196 | 660 | 1492 | 2373 | 3420 | 4610 | 2648 | 3580 | 2933 | 39497 |
| Average Total Revenues  6 | 11963 | 140369 | 42 | 336 | 1346 | 1940 | 5418 | 16287 | 31794 | 50926 | 115474 | 209534 | 282246 |
| **Operating Costs/Operating Income (%)** | | | | | | | | | | | | | |
| Cost of Operations  7 | 72.1 | 67.2 | 35.8 | 14.4 | 67.4 | 65.4 | 74.4 | 77.1 | 71.9 | 70.6 | 74.6 | 68.8 | 72.7 |
| Rent  8 | 1.0 | 0.8 | 8.8 | · | 3.1 | 1.5 | 0.6 | 0.2 | 0.6 | 1.6 | 0.4 | 0.8 | 1.1 |
| Taxes Paid  9 | 1.4 | 0.8 | 4.6 | 3.4 | 3.0 | 2.1 | 1.8 | 1.5 | 1.7 | 1.7 | 1.7 | 2.4 | 1.3 |
| Interest Paid  10 | 2.9 | 5.2 | 0.7 | 3.0 | 0.5 | 1.1 | 1.6 | 1.6 | 1.7 | 3.3 | 2.4 | 2.6 | 3.4 |
| Depreciation, Depletion, Amortization  11 | 3.3 | 1.7 | 2.9 | 12.8 | 2.3 | 2.5 | 1.6 | 2.5 | 3.0 | 3.9 | 3.1 | 3.4 | 3.5 |
| Pensions and Other Benefits  12 | 1.1 | 2.9 | 0.5 | 2.9 | 1.9 | 0.7 | 1.1 | 1.1 | 0.9 | 0.9 | 1.1 | 1.1 | 1.1 |
| Other  13 | 18.5 | 26.6 | 66.4 | 45.4 | 20.7 | 26.2 | 16.9 | 15.8 | 17.2 | 19.0 | 14.9 | 19.6 | 18.3 |
| Officers Compensation  14 | 0.8 | 0.2 | 12.9 | 8.4 | 5.2 | 2.8 | 2.1 | 2.0 | 1.5 | 1.3 | 0.9 | 0.7 | 0.4 |
| Operating Margin  15 | · | · | · | 4.9 | · | · | · | · | 1.7 | · | 1.3 | 0.7 | 0.7 |
| Oper. Margin Before Officers Compensation  16 | · | · | 13.3 | · | 1.8 | 0.8 | 1.0 | 0.3 | 3.2 | 3.2 | 2.2 | 1.4 | 1.4 |
| **Selected Average Balance Sheet ($ in Thousands)** | | | | | | | | | | | | | |
| Net Receivables  17 | 1208 | 3 | · | 5 | 93 | 139 | 528 | 1308 | 2817 | 4675 | 11717 | 20999 | 314793 |
| Inventories  18 | 1182 | · | 10 | · | 64 | 192 | 615 | 1283 | 3681 | 7307 | 13793 | 29705 | 267411 |
| Net Property, Plant and Equipment  19 | 2404 | · | 6 | 103 | 93 | 191 | 757 | 2886 | 6211 | 13043 | 28803 | 45888 | 598768 |
| Total Assets  20 | 8133 | · | 22 | 167 | 393 | 682 | 2138 | 7247 | 15474 | 35406 | 69801 | 158291 | 2226549 |

| | | | | | | | | | | | | |
|---|---|---|---|---|---|---|---|---|---|---|---|---|
| Notes and Loans Payable 21 | 3083 | • | 13 | 96 | 46 | 260 | 1082 | 2886 | 6768 | 13781 | 26419 | 58427 | 825665 |
| All Other Liabilities 22 | 2235 | • | 4 | 17 | 154 | 197 | 629 | 1825 | 3192 | 8119 | 13214 | 22907 | 663422 |
| Net Worth 23 | 2815 | • | 5 | 54 | 193 | 225 | 428 | 2536 | 5514 | 13506 | 30168 | 76957 | 737462 |

**Selected Financial Ratios (Times to 1)**

| | | | | | | | | | | | | | |
|---|---|---|---|---|---|---|---|---|---|---|---|---|---|
| Current Ratio 24 | 1.5 | • | 3.5 | 2.3 | 2.2 | 1.6 | 1.2 | 1.4 | 1.4 | 1.4 | 1.4 | 2.0 | 1.5 |
| Quick Ratio 25 | 0.7 | • | 1.0 | 2.2 | 1.4 | 0.7 | 0.6 | 0.8 | 0.7 | 0.6 | 0.6 | 0.9 | 0.8 |
| Net Sales to Working Capital 26 | 11.5 | • | 3.9 | 18.1 | 10.8 | 13.1 | 24.9 | 18.2 | 13.1 | 11.5 | 14.1 | 5.3 | 10.9 |
| Coverage Ratio 27 | 1.9 | 0.9 | • | 2.7 | • | • | 1.1 | 1.4 | 3.1 | 1.4 | 2.5 | 2.7 | 1.9 |
| Total Asset Turnover 28 | 1.4 | • | 1.9 | 2.0 | 3.4 | 2.8 | 2.5 | 2.2 | 2.0 | 1.4 | 1.6 | 1.3 | 1.2 |
| Inventory Turnover 29 | 7.1 | • | 2.4 | • | • | 8.4 | 6.8 | • | 6.3 | 5.9 | 6.4 | 5.1 | 7.0 |
| Receivables Turnover 30 | 9.6 | • | • | • | • | • | 9.5 | • | • | • | • | • | 8.3 |
| Total Liabilities to Net Worth 31 | 1.9 | • | 3.9 | 2.1 | 1.0 | 2.0 | 4.0 | 1.9 | 1.8 | 1.6 | 1.3 | 1.1 | 2.0 |

**Selected Financial Factors (in Percentages)**

| | | | | | | | | | | | | | |
|---|---|---|---|---|---|---|---|---|---|---|---|---|---|
| Debt Ratio 32 | 65.4 | • | 79.5 | 67.8 | 50.8 | 67.1 | 80.0 | 65.0 | 64.4 | 61.9 | 56.8 | 51.4 | 66.9 |
| Return on Assets 33 | 7.7 | • | • | 15.8 | • | • | 4.3 | 5.0 | 10.4 | 6.3 | 9.7 | 9.0 | 7.7 |
| Return on Equity 34 | 6.3 | • | • | 30.5 | • | • | 2.0 | 2.0 | 15.1 | 1.0 | 10.6 | 7.2 | 6.7 |
| Return Before Interest on Equity 35 | 22.3 | • | • | • | • | • | 21.6 | 14.2 | 29.3 | 16.6 | 22.3 | 18.5 | 23.2 |
| Profit Margin, Before Income Tax 36 | 2.5 | • | • | 4.9 | • | • | 0.1 | 0.7 | 3.5 | 1.3 | 3.6 | 4.4 | 2.9 |
| Profit Margin, After Income Tax 37 | 1.5 | • | • | 4.9 | • | • | • | 0.3 | 2.7 | 1.6 | 2.9 | 2.8 | 1.8 |

**Trends in Selected Ratios and Factors, 1986–1994**

| | 1986 | 1987 | 1988 | 1989 | 1990 | 1991 | 1992 | 1993 | 1994 |
|---|---|---|---|---|---|---|---|---|---|
| Cost of Operations (%) 38 | 77.3 | 77.0 | 74.5 | 74.4 | 73.2 | 76.3 | 77.3 | 74.1 | 72.1 |
| Operating Margin (%) 39 | • | • | • | • | • | • | • | • | • |
| Oper. Margin Before Officers Comp. (%) 40 | • | • | • | 0.3 | • | • | • | • | • |
| Average Net Receivables ($) 41 | 979 | 1478 | 1508 | 1205 | 1272 | 1262 | 1029 | 1448 | 1208 |
| Average Inventories ($) 42 | 1186 | 1647 | 1546 | 1258 | 1114 | 1662 | 1133 | 1420 | 1182 |
| Average Net Worth ($) 43 | 3173 | 4409 | 4630 | 3888 | 6188 | 8495 | 3717 | 3616 | 2815 |
| Current Ratio (x1) 44 | 1.6 | 1.5 | 1.6 | 1.6 | 1.5 | 1.6 | 1.6 | 1.6 | 1.5 |
| Quick Ratio (x1) 45 | 0.7 | 0.7 | 0.8 | 0.9 | 0.8 | 0.9 | 0.8 | 0.9 | 0.7 |
| Coverage Ratio (x1) 46 | 2.0 | 2.1 | 2.3 | 3.4 | 1.3 | 2.2 | 1.7 | 1.9 | 1.9 |
| Asset Turnover (x1) 47 | 2.1 | 2.0 | 1.7 | 1.8 | 0.9 | 1.0 | 1.4 | 1.4 | 1.4 |
| Total Liabilities/Net Worth (x1) 48 | 1.1 | 1.1 | 1.2 | 1.2 | 1.0 | 0.9 | 1.3 | 1.9 | 1.9 |
| Return on Assets (x1) 49 | 7.1 | 6.9 | 7.1 | 13.2 | 7.9 | 6.9 | 6.7 | 10.6 | 7.7 |
| Return on Equity (%) 50 | 3.1 | 3.4 | 4.4 | 10.1 | 1.3 | 4.6 | 3.5 | 9.1 | 6.3 |

## Table II

Corporations with Net Income

# OTHER FOOD AND KINDRED PRODUCTS

### Money Amounts and Size of Assets in Thousands of Dollars

| Item Description for Accounting Period 7/90 Through 6/91 | Total | Zero Assets | Under 100 | 100 to 250 | 251 to 500 | 501 to 1,000 | 1,001 to 5,000 | 5,001 to 10,000 | 10,001 to 25,000 | 25,001 to 50,000 | 50,001 to 100,000 | 100,001 to 250,000 | 250,001 and over |
|---|---|---|---|---|---|---|---|---|---|---|---|---|---|
| Number of Enterprises **1** | 2249 | • | 418 | 380 | 375 | 453 | 299 | 129 | 112 | 31 | 23 | 11 | • |
| **Revenues ($ in Thousands)** | | | | | | | | | | | | | |
| Net Sales **2** | 44231 | • | 50 | 143 | 415 | 904 | 1649 | 1874 | 4017 | 1657 | 2819 | 2317 | • |
| Portfolio Income **3** | 739 | • | • | • | 5 | 3 | 7 | 5 | 14 | 15 | 30 | 38 | • |
| Other Revenues **4** | 726 | • | • | • | 5 | 1 | 15 | 61 | 55 | 34 | 45 | 55 | • |
| Total Revenues **5** | 45695 | • | 50 | 143 | 425 | 909 | 1671 | 1940 | 4085 | 1706 | 2894 | 2410 | • |
| Average Total Revenues **6** | 20318 | • | 121 | 376 | 1133 | 2006 | 5588 | 15037 | 36472 | 55034 | 125829 | 219097 | • |
| **Operating Costs/Operating Income (%)** | | | | | | | | | | | | | |
| Cost of Operations **7** | 75.2 | • | 12.1 | 10.2 | 62.6 | 64.7 | 71.8 | 73.8 | 72.2 | 65.9 | 74.7 | 69.5 | • |
| Rent **8** | 0.8 | • | 1.0 | 1.6 | 4.5 | 1.4 | 0.6 | 0.2 | 0.5 | 0.6 | 0.4 | 0.7 | • |
| Taxes Paid **9** | 1.4 | • | 4.3 | 3.6 | 3.1 | 2.3 | 1.9 | 1.8 | 1.4 | 1.9 | 1.4 | 2.1 | • |
| Interest Paid **10** | 2.2 | • | • | 2.6 | 0.6 | 0.6 | 1.3 | 1.8 | 1.4 | 2.0 | 1.9 | 1.6 | • |
| Depreciation, Depletion, Amortization **11** | 2.8 | • | • | 9.2 | 2.3 | 2.1 | 2.6 | 3.1 | 2.7 | 3.2 | 2.8 | 2.8 | • |
| Pensions and Other Benefits **12** | 1.0 | • | 1.1 | 2.7 | 1.3 | 1.1 | 1.4 | 1.4 | 0.8 | 1.2 | 1.0 | 0.9 | • |
| Other **13** | 14.7 | • | 55.8 | 45.6 | 20.1 | 23.3 | 16.0 | 13.4 | 15.8 | 19.9 | 14.5 | 19.8 | • |
| Officers Compensation **14** | 0.9 | • | 18.8 | 9.5 | 6.4 | 2.4 | 2.2 | 3.0 | 1.6 | 1.5 | 0.9 | 0.7 | • |
| Operating Margin **15** | 1.1 | • | 6.9 | 15.1 | • | 2.2 | 2.4 | 1.7 | 3.7 | 3.8 | 2.6 | 2.1 | • |
| Oper. Margin Before Officers Compensation **16** | 2.0 | • | 25.7 | 24.6 | 5.6 | 4.6 | 4.6 | 4.7 | 5.3 | 5.3 | 3.5 | 2.8 | • |
| **Selected Average Balance Sheet ($ in Thousands)** | | | | | | | | | | | | | |
| Net Receivables **17** | 1546 | • | 13 | • | 81 | 166 | 503 | 1243 | 3229 | 5178 | 13070 | 22530 | • |
| Inventories **18** | 1924 | • | 3 | • | 37 | 172 | 498 | 1383 | 3734 | 8250 | 15200 | 35058 | • |
| Net Property, Plant and Equipment **19** | 3778 | • | 11 | 117 | 105 | 144 | 590 | 3245 | 5171 | 13108 | 26565 | 41220 | • |
| Total Assets **20** | 12746 | • | 31 | 188 | 367 | 637 | 1814 | 6972 | 14866 | 36907 | 70057 | 158863 | • |

**Selected Financial Ratios and Factors (continuation)**

| | | | | | | | | | | | | |
|---|---|---|---|---|---|---|---|---|---|---|---|---|
| Notes and Loans Payable **21** | 3723 | • | 13 | 94 | 138 | 683 | 2393 | 5107 | 11212 | 21202 | 42987 | • |
| All Other Liabilities **22** | 3865 | • | 17 | 22 | 182 | 563 | 1455 | 3276 | 6985 | 13993 | 24613 | • |
| Net Worth **23** | 5158 | • | 1 | 72 | 163 | 204 | 317 | 567 | 6483 | 18710 | 34863 | 91262 |

**Selected Financial Ratios (Times to 1)**

| | | | | | | | | | | | | |
|---|---|---|---|---|---|---|---|---|---|---|---|---|
| Current Ratio **24** | 1.9 | • | 1.1 | 15.6 | 2.1 | 1.7 | 1.3 | 1.6 | 1.6 | 1.4 | 2.1 | |
| Quick Ratio **25** | 0.9 | • | 0.9 | 15.6 | 1.0 | 1.3 | 0.7 | 0.8 | 0.7 | 0.7 | 0.9 | |
| Net Sales to Working Capital **26** | 9.0 | • | • | 10.2 | 8.9 | 15.3 | 21.1 | 11.0 | 11.1 | 8.4 | 12.3 | 4.7 |
| Coverage Ratio **27** | 3.1 | • | • | 6.9 | 5.5 | 3.6 | 3.9 | 3.9 | 4.8 | 4.4 | 3.7 | 4.9 |
| Total Asset Turnover **28** | 1.6 | • | 4.0 | 2.0 | 3.1 | 3.0 | 3.1 | 2.1 | 2.4 | 1.5 | 1.8 | 1.3 |
| Inventory Turnover **29** | 7.6 | • | 8.9 | | 8.5 | 7.0 | 8.2 | 7.3 | 6.4 | 6.9 | | 4.6 |
| Receivables Turnover **30** | • | • | • | • | 8.8 | • | • | | | | | |
| Total Liabilities to Net Worth **31** | 1.5 | • | • | 1.6 | 1.0 | 0.8 | 2.2 | 1.2 | 1.3 | 1.0 | 1.0 | 0.8 |

**Selected Financial Factors (in Percentages)**

| | | | | | | | | | | | | |
|---|---|---|---|---|---|---|---|---|---|---|---|---|
| Debt Ratio **32** | 59.5 | • | 98.2 | 61.8 | 44.5 | 50.3 | 68.7 | 55.2 | 56.4 | 49.3 | 50.2 | 42.6 |
| Return on Assets **33** | 10.8 | • | 27.4 | 35.4 | 6.5 | 10.3 | 15.1 | 14.4 | 16.4 | 12.6 | 12.3 | 10.0 |
| Return on Equity **34** | 13.3 | • | • | 7.7 | 15.3 | 21.3 | 33.0 | 24.6 | 14.9 | 14.9 | | 9.2 |
| Return Before Interest on Equity **35** | 26.7 | • | • | 11.7 | 20.7 | 32.1 | | 24.9 | 24.8 | | | 17.4 |
| Profit Margin, Before Income Tax **36** | 4.8 | • | 6.9 | 15.1 | 1.6 | 2.7 | 3.7 | 5.2 | 5.4 | 6.7 | 5.2 | 6.0 |
| Profit Margin, After Income Tax **37** | 3.5 | • | 6.9 | 15.1 | 1.4 | 2.4 | 3.4 | 4.6 | 4.5 | 5.2 | 4.2 | 4.0 |

**Trends in Selected Ratios and Factors, 1986–1994**

| | 1986 | 1987 | 1988 | 1989 | 1990 | 1991 | 1992 | 1993 | 1994 |
|---|---|---|---|---|---|---|---|---|---|
| Cost of Operations (%) **38** | 74.9 | 75.8 | 73.3 | 73.7 | 75.4 | 76.4 | 78.1 | 76.3 | 75.2 |
| Operating Margin (%) **39** | 0.4 | 0.2 | 0.3 | 0.8 | 1.0 | • | 0.4 | • | 1.1 |
| Oper. Margin Before Officers Comp. (%) **40** | 1.0 | 0.9 | 1.1 | 1.6 | 1.9 | • | 1.2 | • | 2.0 |
| Average Net Receivables ($) **41** | 1724 | 1814 | 1845 | 1720 | 1026 | 1846 | 1591 | 1599 | 1546 |
| Average Inventories ($) **42** | 2029 | 2014 | 1867 | 1811 | 1216 | 2563 | 1690 | 2120 | 1924 |
| Average Net Worth ($) **43** | 5826 | 5829 | 6100 | 5633 | 4188 | 14233 | 4478 | 6065 | 5158 |
| Current Ratio (x1) **44** | 1.7 | 1.6 | 1.7 | 1.8 | 1.8 | 1.7 | 1.7 | 1.9 | 1.9 |
| Quick Ratio (x1) **45** | 0.8 | 0.8 | 0.9 | 1.0 | 1.0 | 0.9 | 0.9 | 1.1 | 0.9 |
| Coverage Ratio (x1) **46** | 3.0 | 2.9 | 3.2 | 4.8 | 3.8 | 2.6 | 3.0 | 2.7 | 3.1 |
| Asset Turnover (x1) **47** | 2.0 | 2.0 | 1.7 | 1.9 | 1.6 | 1.0 | 1.7 | 1.5 | 1.6 |
| Operating Leverage **48** | • | 0.4 | 1.9 | 2.6 | 1.3 | • | • | • | • |
| Financial Leverage **49** | • | 1.0 | 1.1 | 1.1 | 1.0 | 0.9 | 1.2 | 0.9 | 1.1 |
| Total Leverage **50** | • | 0.4 | 2.0 | 2.8 | 1.3 | • | • | • | • |

# Table I

Corporations with and without Net Income

## TOBACCO MANUFACTURES

### MONEY AMOUNTS AND SIZE OF ASSETS IN THOUSANDS OF DOLLARS

| Item Description for Accounting Period 7/90 Through 6/91 | Total | Zero Assets | Under 100 | 100 to 250 | 251 to 500 | 501 to 1,000 | 1,001 to 5,000 | 5,001 to 10,000 | 10,001 to 25,000 | 25,001 to 50,000 | 50,001 to 100,000 | 100,001 to 250,000 | 250,001 and over |
|---|---|---|---|---|---|---|---|---|---|---|---|---|---|
| Number of Enterprises **1** | 58 | • | • | • | • | 41 | • | • | 7 | • | • | 3 | 7 |
| **Revenues ($ in Thousands)** | | | | | | | | | | | | | |
| Net Sales **2** | 64518 | • | • | • | • | 88 | • | • | 258 | • | • | 595 | 63577 |
| Portfolio Income **3** | 7668 | • | • | • | • | • | • | • | 2 | • | • | 13 | 7653 |
| Other Revenues **4** | 2183 | • | • | • | • | 1 | • | • | 2 | • | • | 7 | 2172 |
| Total Revenues **5** | 74368 | • | • | • | • | 89 | • | • | 262 | • | • | 615 | 73402 |
| Average Total Revenues **6** | 1282209 | • | • | • | • | 2159 | • | • | 37423 | • | • | 205119 | 10486041 |
| **Operating Costs/Operating Income (%)** | | | | | | | | | | | | | |
| Cost of Operations **7** | 49.2 | • | • | • | • | 67.4 | • | • | 61.8 | • | • | 49.7 | 49.1 |
| Rent **8** | 0.7 | • | • | • | • | 1.8 | • | • | 0.1 | • | • | 0.2 | 0.7 |
| Taxes Paid **9** | 6.1 | • | • | • | • | 27.0 | • | • | 6.6 | • | • | 14.2 | 6.0 |
| Interest Paid **10** | 14.3 | • | • | • | • | • | • | • | 3.6 | • | • | 4.8 | 14.4 |
| Depreciation, Depletion, Amortization **11** | 5.0 | • | • | • | • | • | • | • | 2.6 | • | • | 1.4 | 5.0 |
| Pensions and Other Benefits **12** | 1.9 | • | • | • | • | • | • | • | 0.5 | • | • | 1.4 | 1.9 |
| Other **13** | 26.8 | • | • | • | • | • | • | • | 16.5 | • | • | 21.5 | 26.9 |
| Officers Compensation **14** | 0.4 | • | • | • | • | • | • | • | 10.6 | • | • | 0.8 | 0.3 |
| Operating Margin **15** | • | • | • | • | • | 3.9 | • | • | • | • | • | 6.0 | • |
| Oper. Margin Before Officers Compensation **16** | • | • | • | • | • | 3.9 | • | • | 8.5 | • | • | 6.8 | • |
| **Selected Average Balance Sheet ($ in Thousands)** | | | | | | | | | | | | | |
| Net Receivables **17** | 905524 | • | • | • | • | • | • | • | 1935 | • | • | 22914 | 7491161 |
| Inventories **18** | 141470 | • | • | • | • | 434 | • | • | 5754 | • | • | 26322 | 1152601 |
| Net Property, Plant and Equipment **19** | 223215 | • | • | • | • | • | • | • | 6768 | • | • | 30728 | 1829559 |
| Total Assets **20** | 3603641 | • | • | • | • | 549 | • | • | 21099 | • | • | 141370 | 29773834 |

## Notes and Loans Payable / Liabilities

| | C1 | C2 | C3 | C4 | C5 |
|---|---|---|---|---|---|
| Notes and Loans Payable 21 | 1730252 | • | 17127 | 93934 | 14278986 |
| All Other Liabilities 22 | 515856 | 76 | 3908 | 23412 | 4259850 |
| Net Worth 23 | 1357533 | 473 | 64 | 24024 | 11234998 |

## Selected Financial Ratios (Times to 1)

| | C2 | C3 | C4 | C5 |
|---|---|---|---|---|
| Current Ratio 24 | 7.2 | • | 1.7 | 0.9 |
| Quick Ratio 25 | 0.4 | • | 0.8 | 0.7 |
| Net Sales to Working Capital 26 | 4.5 | 8.9 | 7.1 | • |
| Coverage Ratio 27 | 0.8 | • | 3.0 | 2.0 |
| Total Asset Turnover 28 | 3.9 | 1.8 | 1.4 | 0.3 |
| Inventory Turnover 29 | 2.6 | 7.9 | 7.5 | 3.7 |
| Receivables Turnover 30 | • | • | 1.7 | 1.7 |
| Total Liabilities to Net Worth 31 | 0.2 | • | 4.9 | 1.7 |

## Selected Financial Factors (in Percentages)

| | C1 | C2 | C3 | C4 | C5 |
|---|---|---|---|---|---|
| Debt Ratio 32 | 62.3 | 13.9 | 99.7 | 83.0 | 62.3 |
| Return on Assets 33 | 8.6 | 18.4 | 5.1 | 20.2 | 8.5 |
| Return on Equity 34 | 7.6 | 15.9 | • | 7.6 | • |
| Return Before Interest on Equity 35 | 22.7 | 21.4 | • | 22.6 | • |
| Profit Margin, Before Income Tax 36 | 13.5 | 4.7 | 9.5 | 13.6 | • |
| Profit Margin, After Income Tax 37 | 9.3 | 3.5 | 6.2 | 9.4 | • |

## Trends in Selected Ratios and Factors, 1986-1994

| | 1986 | 1987 | 1988 | 1989 | 1990 | 1991 | 1992 | 1993 | 1994 |
|---|---|---|---|---|---|---|---|---|---|
| Cost of Operations (%) 38 | 57.6 | 57.8 | 52.1 | 51.7 | 52.5 | 51.7 | 51.1 | 50.5 | 49.2 |
| Operating Margin (%) 39 | 2.3 | 2.8 | 4.9 | 2.1 | • | 0.9 | 2.4 | • | • |
| Oper. Margin Before Officers Comp. (%) 40 | 2.6 | 3.1 | 5.2 | 2.4 | • | 1.1 | 2.8 | • | • |
| Average Net Receivables ($) 41 | 102266 | 113799 | 46090 | 85629 | 56663 | 84505 | 76998 | 369851 | 905524 |
| Average Inventories ($) 42 | 72662 | 54419 | 71774 | 81710 | 37365 | 98319 | 112988 | 139300 | 141470 |
| Average Net Worth ($) 43 | 209875 | 206963 | 284407 | 521052 | 231705 | 576793 | 788902 | 1510424 | 1357533 |
| Current Ratio (x1) 44 | 1.4 | 1.2 | 1.2 | 1.3 | 1.3 | 1.2 | 0.7 | 0.9 | 0.9 |
| Quick Ratio (x1) 45 | 0.8 | 0.7 | 0.4 | 0.6 | 0.7 | 0.4 | 0.3 | 0.6 | 0.7 |
| Coverage Ratio (x1) 46 | 2.7 | 2.8 | 3.7 | 3.1 | 2.0 | 3.1 | 4.9 | 1.8 | 2.0 |
| Asset Turnover (x1) 47 | 0.7 | 0.7 | 0.8 | 0.6 | 0.8 | 0.7 | 0.5 | 0.3 | 0.3 |
| Total Liabilities/Net Worth (x1) 48 | 1.2 | 1.3 | 0.9 | 0.8 | 0.9 | 0.9 | 1.1 | 1.0 | 1.7 |
| Return on Assets (%) 49 | 9.6 | 8.4 | 12.2 | 9.2 | 9.0 | 9.0 | 11.1 | 7.8 | 8.6 |
| Return on Equity (%) 50 | 7.6 | 6.8 | 9.6 | 7.3 | 4.7 | 7.2 | 12.3 | 3.9 | 7.6 |

## Table II

Corporations with Net Income

# TOBACCO MANUFACTURES

**MONEY AMOUNTS AND SIZE OF ASSETS IN THOUSANDS OF DOLLARS**

| Item Description for Accounting Period 7/90 Through 6/91 | | Total | Zero Assets | Under 100 | 100 to 250 | 251 to 500 | 501 to 1,000 | 1,001 to 5,000 | 5,001 to 10,000 | 10,001 to 25,000 | 25,001 to 50,000 | 50,001 to 100,000 | 100,001 to 250,000 | 250,001 and over |
|---|---|---|---|---|---|---|---|---|---|---|---|---|---|---|
| Number of Enterprises | 1 | 51 | • | • | • | • | 41 | • | • | • | • | 3 | • | 7 |
| **Revenues ($ in Thousands)** | | | | | | | | | | | | | | |
| Net Sales | 2 | 64188 | • | • | • | • | 88 | • | • | • | • | 524 | • | 63577 |
| Portfolio Income | 3 | 7666 | • | • | • | • | • | • | • | • | • | 13 | • | 7653 |
| Other Revenues | 4 | 2181 | • | • | • | • | 1 | • | • | • | • | 7 | • | 2172 |
| Total Revenues | 5 | 74034 | • | • | • | • | 89 | • | • | • | • | 544 | • | 73402 |
| Average Total Revenues | 6 | 1451655 | • | • | • | • | 2159 | • | • | • | • | 181192 | • | 10486041 |
| **Operating Costs/Operating Income (%)** | | | | | | | | | | | | | | |
| Cost of Operations | 7 | 49.1 | • | • | • | • | 67.4 | • | • | • | • | 47.4 | • | 49.1 |
| Rent | 8 | 0.7 | • | • | • | • | 1.8 | • | • | • | • | 0.2 | • | 0.7 |
| Taxes Paid | 9 | 6.1 | • | • | • | • | 27.0 | • | • | • | • | 16.2 | • | 6.0 |
| Interest Paid | 10 | 14.3 | • | • | • | • | • | • | • | • | • | 4.0 | • | 14.4 |
| Depreciation, Depletion, Amortization | 11 | 5.0 | • | • | • | • | • | • | • | • | • | 1.2 | • | 5.0 |
| Pensions and Other Benefits | 12 | 1.9 | • | • | • | • | • | • | • | • | • | 1.6 | • | 1.9 |
| Other | 13 | 26.8 | • | • | • | • | • | • | • | • | • | 20.8 | • | 26.9 |
| Officers Compensation | 14 | 0.3 | • | • | • | • | • | • | • | • | • | 0.6 | • | 0.3 |
| Operating Margin | 15 | • | • | • | • | • | 3.9 | • | • | • | • | 8.1 | • | • |
| Oper. Margin Before Officers Compensation | 16 | • | • | • | • | • | 3.9 | • | • | • | • | 8.7 | • | • |
| **Selected Average Balance Sheet ($ in Thousands)** | | | | | | | | | | | | | | |
| Net Receivables | 17 | 1029341 | • | • | • | • | • | • | • | • | • | 19426 | • | 7491161 |
| Inventories | 18 | 159986 | • | • | • | • | 434 | • | • | • | • | 24429 | • | 1152601 |
| Net Property, Plant and Equipment | 19 | 253032 | • | • | • | • | • | • | • | • | • | 32580 | • | 1829559 |
| Total Assets | 20 | 4094368 | • | • | • | • | 549 | • | • | • | • | 124471 | • | 29773834 |

## Table I

Corporations with and without Net Income

# WEAVING MILLS AND TEXTILE FINISHING

Item Description for Accounting
Period 7/90 Through 6/91

MONEY AMOUNTS AND SIZE OF ASSETS IN THOUSANDS OF DOLLARS

### Revenues ($ in Thousands)

| Item Description | Total | Zero Assets | Under 100 | 100 to 250 | 251 to 500 | 501 to 1,000 | 1,001 to 5,000 | 5,001 to 10,000 | 10,001 to 25,000 | 25,001 to 50,000 | 50,001 to 100,000 | 100,001 to 250,000 | 250,001 and over |
|---|---|---|---|---|---|---|---|---|---|---|---|---|---|
| Number of Enterprises **1** | 591 | 22 | • | • | • | 201 | 187 | 59 | 57 | 27 | 11 | 17 | 10 |
| Net Sales **2** | 18891 | 338 | • | • | • | 218 | 739 | 907 | 1971 | 1470 | 1178 | 3675 | 8495 |
| Portfolio Income **3** | 450 | 2 | • | • | • | • | 4 | 9 | 13 | 14 | 8 | 56 | 322 |
| Other Revenues **4** | 226 | 2 | • | • | • | • | 2 | 40 | 14 | 8 | 5 | 37 | 143 |
| Total Revenues **5** | 19667 | 341 | • | • | • | 218 | 745 | 961 | 1994 | 1489 | 1190 | 3769 | 8959 |
| Average Total Revenues **6** | 33278 | 15522 | • | • | • | 1086 | 3985 | 16282 | 34985 | 55151 | 108202 | 221716 | 895922 |

### Operating Costs/Operating Income (%)

| Item Description | Total | Zero Assets | Under 100 | 100 to 250 | 251 to 500 | 501 to 1,000 | 1,001 to 5,000 | 5,001 to 10,000 | 10,001 to 25,000 | 25,001 to 50,000 | 50,001 to 100,000 | 100,001 to 250,000 | 250,001 and over |
|---|---|---|---|---|---|---|---|---|---|---|---|---|---|
| Cost of Operations **7** | 75.9 | 79.2 | • | • | • | 87.3 | 74.6 | 75.8 | 80.1 | 77.2 | 78.8 | 77.8 | 73.1 |
| Rent **8** | 0.7 | 0.7 | • | • | • | 0.2 | 0.6 | 0.8 | 0.2 | 0.3 | 0.5 | 0.8 | 0.8 |
| Taxes Paid **9** | 2.0 | 2.0 | • | • | • | 1.2 | 1.8 | 2.0 | 1.7 | 2.1 | 2.1 | 1.9 | 2.2 |
| Interest Paid **10** | 4.7 | 1.9 | • | • | • | 0.2 | 1.1 | 2.8 | 2.8 | 2.3 | 2.1 | 4.0 | 6.9 |
| Depreciation, Depletion, Amortization **11** | 3.6 | 2.5 | • | • | • | 1.0 | 1.4 | 2.8 | 2.7 | 3.9 | 2.8 | 4.5 | 3.5 |
| Pensions and Other Benefits **12** | 1.9 | 0.8 | • | • | • | 1.0 | 2.6 | 1.6 | 0.9 | 1.9 | 1.0 | 2.6 | 2.0 |
| Other **13** | 11.6 | 9.3 | • | • | • | 5.8 | 8.9 | 12.0 | 7.6 | 6.8 | 8.4 | 9.4 | 15.3 |
| Officers Compensation **14** | 1.3 | 2.7 | • | • | • | 0.4 | 6.2 | 3.2 | 3.7 | 1.7 | 0.8 | 0.8 | 0.4 |
| Operating Margin **15** | • | 1.0 | • | • | • | 3.9 | 2.9 | • | 0.8 | 4.1 | 1.0 | 1.0 | • |
| Oper. Margin Before Officers Compensation **16** | 3.7 | • | • | • | • | 4.3 | 9.1 | 2.4 | 4.5 | 5.8 | 1.8 | 1.7 | • |

### Selected Average Balance Sheet ($ in Thousands)

| Item Description | Total | Zero Assets | Under 100 | 100 to 250 | 251 to 500 | 501 to 1,000 | 1,001 to 5,000 | 5,001 to 10,000 | 10,001 to 25,000 | 25,001 to 50,000 | 50,001 to 100,000 | 100,001 to 250,000 | 250,001 and over |
|---|---|---|---|---|---|---|---|---|---|---|---|---|---|
| Net Receivables **17** | 4488 | • | • | • | • | 182 | 522 | 1432 | 3645 | 9567 | 14883 | 31335 | 127161 |
| Inventories **18** | 4684 | • | • | • | • | 138 | 375 | 1846 | 5541 | 11367 | 15266 | 34526 | 118354 |
| Net Property, Plant and Equipment **19** | 7663 | • | • | • | • | 55 | 496 | 2171 | 5028 | 9762 | 29980 | 63612 | 233584 |
| Total Assets **20** | 26883 | • | • | • | • | 395 | 1808 | 7377 | 16574 | 37942 | 71592 | 162683 | 951288 |

| | | Left | ... | 1991 | ... | Right A | Right B |
|---|---|---|---|---|---|---|---|
| Notes and Loans Payable | 21 | 1964434 | • | • | • | 77746 | 14278986 |
| All Other Liabilities | 22 | 585854 | • | 76 | • | 18830 | 4259850 |
| Net Worth | 23 | 1544080 | • | 473 | • | 27895 | 11234998 |

## Selected Financial Ratios (Times to 1)

| | | Left | 1991 | Right A | Right B |
|---|---|---|---|---|---|
| Current Ratio | 24 | 0.9 | 7.2 | 2.0 | 0.9 |
| Quick Ratio | 25 | 0.7 | 0.4 | 1.0 | 0.7 |
| Net Sales to Working Capital | 26 | • | 4.5 | 5.6 | • |
| Coverage Ratio | 27 | 2.0 | • | 3.9 | 2.0 |
| Total Asset Turnover | 28 | 0.3 | 3.9 | 1.4 | 0.3 |
| Inventory Turnover | 29 | 4.4 | 2.6 | 6.8 | 7.7 |
| Receivables Turnover | 30 | 2.2 | • | 2.4 | 2.4 |
| Total Liabilities to Net Worth | 31 | 1.7 | 0.2 | 3.5 | 1.7 |

## Selected Financial Factors (in Percentages)

| | | Left | 1991 | Right A | Right B |
|---|---|---|---|---|---|
| Debt Ratio | 32 | 62.3 | 13.9 | 77.6 | 62.3 |
| Return on Assets | 33 | 8.6 | 18.4 | 22.3 | 8.5 |
| Return on Equity | 34 | 7.6 | 15.9 | • | 7.6 |
| Return Before Interest on Equity | 35 | 22.7 | 21.4 | 22.6 | 22.6 |
| Profit Margin, Before Income Tax | 36 | 13.6 | 4.7 | 11.9 | 13.6 |
| Profit Margin, After Income Tax | 37 | 9.4 | 3.5 | 7.8 | 9.4 |

## Trends in Selected Ratios and Factors, 1986–1994

| | | 1986 | 1987 | 1988 | 1989 | 1990 | 1991 | 1992 | 1993 | 1994 |
|---|---|---|---|---|---|---|---|---|---|---|
| Cost of Operations (%) | 38 | 57.4 | 57.4 | 52.0 | 51.6 | 52.5 | 51.7 | 51.1 | 51.7 | 49.1 |
| Operating Margin (%) | 39 | 2.4 | 2.9 | 4.9 | 2.2 | • | 1.8 | 2.4 | 1.6 | • |
| Oper. Margin Before Officers Comp. (%) | 40 | 2.6 | 3.2 | 5.2 | 2.5 | • | 2.0 | 2.8 | 2.2 | • |
| Average Net Receivables ($) | 41 | 144255 | 249151 | 150131 | 332415 | 104930 | 75519 | 81555 | 93799 | 1029341 |
| Average Inventories ($) | 42 | 102151 | 118144 | 233388 | 316924 | 69169 | 94836 | 119215 | 100483 | 159986 |
| Average Net Worth ($) | 43 | 296197 | 453217 | 927363 | 2024005 | 429703 | 482490 | 836092 | 720237 | 1544080 |
| Current Ratio (x1) | 44 | 1.4 | 1.2 | 1.2 | 1.3 | 1.3 | 1.2 | 0.7 | 0.7 | 0.9 |
| Quick Ratio (x1) | 45 | 0.8 | 0.7 | 0.4 | 0.6 | 0.7 | 0.4 | 0.3 | 0.3 | 0.7 |
| Coverage Ratio (x1) | 46 | 2.7 | 2.8 | 3.7 | 3.1 | 2.0 | 3.5 | 4.9 | 3.1 | 2.0 |
| Asset Turnover (x1) | 47 | 0.7 | 0.7 | 0.8 | 0.6 | 0.8 | 0.9 | 0.5 | 0.6 | 0.3 |
| Operating Leverage | 48 | • | 1.2 | 1.7 | 0.5 | • | • | 1.4 | 0.7 | • |
| Financial Leverage | 49 | • | 1.0 | 1.2 | 1.1 | 0.6 | 1.6 | 1.2 | 0.9 | • |
| Total Leverage | 50 | 1.2 | 1.2 | 2.0 | 0.5 | • | • | 1.6 | 0.6 | • |

| | | | | | | | | | |
|---|---|---|---|---|---|---|---|---|---|
| Notes and Loans Payable 21 | 10184 | • | 147 | 329 | 3104 | 5577 | 12432 | 28110 | 64999 | 367663 |
| All Other Liabilities 22 | 7348 | • | 180 | 696 | 1383 | 4031 | 8316 | 11096 | 47163 | 271647 |
| Net Worth 23 | 9351 | • | 67 | 783 | 2891 | 6966 | 17194 | 32385 | 50521 | 311977 |

## Selected Financial Ratios (Times to 1)

| | | | | | | | | | | |
|---|---|---|---|---|---|---|---|---|---|---|
| Current Ratio 24 | 1.1 | • | 1.2 | 1.8 | 1.8 | 1.7 | 2.0 | 1.9 | 2.1 | 0.7 |
| Quick Ratio 25 | 0.6 | • | 0.7 | 1.2 | 0.9 | 0.7 | 1.0 | 1.0 | 1.0 | 0.4 |
| Net Sales to Working Capital 26 | • | • | 19.2 | 7.8 | 7.9 | 7.6 | 4.3 | 6.6 | 5.5 | • |
| Coverage Ratio 27 | 1.5 | • | 2.1 | 4.2 | 2.8 | 1.9 | 3.7 | 1.7 | 1.3 | 1.2 |
| Total Asset Turnover 28 | 1.2 | • | 2.8 | 2.2 | 2.1 | 2.1 | 1.4 | 1.5 | 1.3 | 0.9 |
| Inventory Turnover 29 | 5.6 | • | • | 8.4 | • | 5.1 | 5.1 | 6.8 | 5.1 | 5.2 |
| Receivables Turnover 30 | 7.6 | • | • | 7.3 | • | 6.7 | 6.7 | 9.1 | 7.0 | 6.9 |
| Total Liabilities to Net Worth 31 | 1.9 | • | 4.9 | 1.3 | 1.6 | 1.4 | 1.2 | 1.2 | 2.2 | 2.1 |

## Selected Financial Factors (in Percentages)

| | | | | | | | | | | |
|---|---|---|---|---|---|---|---|---|---|---|
| Debt Ratio 32 | 65.2 | • | 83.1 | 56.7 | 60.8 | 58.0 | 54.7 | 54.8 | 69.0 | 67.2 |
| Return on Assets 33 | 8.1 | • | 11.2 | 10.5 | 16.3 | 8.9 | 10.7 | 7.0 | 6.7 | 7.6 |
| Return on Equity 34 | 4.0 | • | • | 18.2 | 25.6 | 7.8 | 13.0 | 4.1 | • | 1.4 |
| Return Before Interest on Equity 35 | 23.2 | • | • | 24.2 | • | 21.2 | 23.7 | 15.5 | 21.4 | 23.0 |
| Profit Margin, Before Income Tax 36 | 2.1 | 2.2 | 3.9 | 3.7 | 5.0 | 3.7 | 5.4 | 1.9 | 1.0 | 1.5 |
| Profit Margin, After Income Tax 37 | 1.2 | 1.5 | 3.1 | 3.6 | 4.8 | 1.6 | 4.1 | 1.2 | • | 0.5 |

## Trends in Selected Ratios and Factors, 1986-1994

| | 1986 | 1987 | 1988 | 1989 | 1990 | 1991 | 1992 | 1993 | 1994 |
|---|---|---|---|---|---|---|---|---|---|
| Cost of Operations (%) 38 | 75.0 | 75.1 | 74.6 | 75.9 | 72.9 | 73.4 | 75.2 | 75.9 | 75.9 |
| Operating Margin (%) 39 | • | 0.4 | • | • | 1.3 | 2.4 | 0.8 | 0.5 | • |
| Oper. Margin Before Officers Comp. (%) 40 | • | 1.4 | 0.8 | 0.5 | 2.5 | 3.4 | 0.8 | 0.5 | • |
| Average Net Receivables ($) 41 | 2091 | 2530 | 2684 | 2212 | 2536 | 3889 | 5353 | 5550 | 4488 |
| Average Inventories ($) 42 | 2016 | 2172 | 2694 | 2003 | 2349 | 3528 | 5088 | 5711 | 4684 |
| Average Net Worth ($) 43 | 5018 | 5462 | 6052 | 4828 | 5612 | 8368 | 12378 | 12282 | 9351 |
| Current Ratio (x1) 44 | 2.5 | 2.4 | 2.2 | 2.3 | 2.1 | 2.2 | 1.7 | 1.2 | 1.1 |
| Quick Ratio (x1) 45 | 1.3 | 1.4 | 1.1 | 1.2 | 1.1 | 1.2 | 1.0 | 0.7 | 0.6 |
| Coverage Ratio (x1) 46 | 1.5 | 2.6 | 2.0 | 2.4 | 3.0 | 3.1 | 2.8 | 1.9 | 1.5 |
| Asset Turnover (x1) 47 | 1.6 | 1.6 | 1.6 | 1.5 | 1.4 | 1.5 | 1.3 | 1.1 | 1.2 |
| Total Liabilities/Net Worth (x1) 48 | 0.8 | 0.9 | 1.1 | 1.0 | 1.1 | 1.1 | 1.2 | 1.8 | 1.9 |
| Return on Assets (x1) 49 | 4.5 | 6.6 | 7.0 | 7.5 | 9.1 | 9.2 | 11.7 | 7.6 | 8.1 |
| Return on Equity (%) 50 | • | 3.3 | 2.6 | 3.0 | 7.4 | 7.7 | 10.6 | 5.5 | 4.0 |

## Table II

Corporations with Net Income

# WEAVING MILLS AND TEXTILE FINISHING

### MONEY AMOUNTS AND SIZE OF ASSETS IN THOUSANDS OF DOLLARS

| Item Description for Accounting Period 7/90 Through 6/91 | Total | Zero Assets | Under 100 | 100 to 250 | 251 to 500 | 501 to 1,000 | 1,001 to 5,000 | 5,001 to 10,000 | 10,001 to 25,000 | 25,001 to 50,000 | 50,001 to 100,000 | 100,001 to 250,000 | 250,001 and over |
|---|---|---|---|---|---|---|---|---|---|---|---|---|---|
| Number of Enterprises **1** | 483 | 22 | • | • | 201 | • | 136 | 45 | 39 | 19 | 6 | 9 | 6 |
| **Revenues ($ in Thousands)** | | | | | | | | | | | | | |
| Net Sales **2** | 12261 | 338 | • | • | 218 | • | 710 | 712 | 1496 | 1104 | 654 | 2056 | 4972 |
| Portfolio Income **3** | 183 | 2 | • | • | • | • | 3 | 40 | 8 | 10 | 3 | 46 | 71 |
| Other Revenues **4** | 93 | 2 | • | • | • | • | 1 | 12 | 12 | 6 | 6 | 15 | 39 |
| Total Revenues **5** | 12537 | 341 | • | • | 218 | • | 715 | 763 | 1516 | 1121 | 663 | 2116 | 5082 |
| Average Total Revenues **6** | 25956 | 15522 | • | • | 1086 | • | 5257 | 16966 | 38863 | 58984 | 110569 | 235167 | 847012 |
| **Operating Costs/Operating Income (%)** | | | | | | | | | | | | | |
| Cost of Operations **7** | 76.1 | 79.2 | • | • | 87.3 | • | 74.1 | 71.4 | 78.1 | 73.6 | 77.1 | 74.5 | 76.9 |
| Rent **8** | 0.5 | 0.7 | • | • | 0.2 | • | 0.6 | 0.4 | 0.2 | 0.3 | 0.3 | 0.8 | 0.6 |
| Taxes Paid **9** | 2.1 | 2.0 | • | • | 1.2 | • | 1.6 | 2.3 | 1.7 | 2.6 | 1.9 | 1.8 | 2.4 |
| Interest Paid **10** | 2.0 | 1.9 | • | • | 0.2 | • | 0.8 | 3.2 | 1.7 | 1.4 | 0.7 | 3.4 | 1.9 |
| Depreciation, Depletion, Amortization **11** | 3.1 | 2.5 | • | • | 1.0 | • | 1.0 | 3.5 | 2.9 | 2.9 | 2.9 | 3.9 | 3.3 |
| Pensions and Other Benefits **12** | 1.9 | 0.8 | • | • | • | • | 2.6 | 1.6 | 1.0 | 2.3 | 0.7 | 2.4 | 2.1 |
| Other **13** | 9.4 | 9.3 | • | • | 5.8 | • | 8.3 | 14.5 | 7.6 | 8.3 | 8.2 | 9.3 | 9.9 |
| Officers Compensation **14** | 1.7 | 2.7 | • | • | 0.4 | • | 6.1 | 3.6 | 4.2 | 1.9 | 1.1 | 0.8 | 0.4 |
| Operating Margin **15** | 3.3 | 1.0 | • | • | 3.9 | • | 5.0 | • | 2.8 | 6.8 | 7.1 | 3.3 | 2.6 |
| Oper. Margin Before Officers Compensation **16** | 5.0 | 3.7 | • | • | 4.3 | • | 11.0 | 3.2 | 7.0 | 8.7 | 8.2 | 4.0 | 3.0 |
| **Selected Average Balance Sheet ($ in Thousands)** | | | | | | | | | | | | | |
| Net Receivables **17** | 3597 | • | • | • | 182 | • | 705 | 1328 | 4563 | 8992 | 17262 | 32887 | 132794 |
| Inventories **18** | 3405 | • | • | • | 138 | • | 503 | 1672 | 5242 | 9822 | 16776 | 36573 | 108736 |
| Net Property, Plant and Equipment **19** | 5115 | • | • | • | 55 | • | 275 | 2113 | 5441 | 8430 | 19871 | 58572 | 218073 |
| Total Assets **20** | 17899 | • | • | • | 395 | • | 1957 | 7530 | 18141 | 36214 | 69632 | 167916 | 772727 |

| | | | | | | | | | |
|---|---|---|---|---|---|---|---|---|---|
| Notes and Loans Payable 21 | 4524 | 147 | 243 | 3163 | 4851 | 9508 | 9465 | 64716 | 161888 |
| All Other Liabilities 22 | 3874 | 180 | 868 | 1599 | 4296 | 5424 | 10017 | 33708 | 168468 |
| Net Worth 23 | 9501 | 67 | 846 | 2768 | 8995 | 21282 | 50150 | 69491 | 442370 |

**Selected Financial Ratios (Times to 1)**

| | | | | | | | | | |
|---|---|---|---|---|---|---|---|---|---|
| Current Ratio 24 | 2.2 | 1.2 | 1.9 | 1.6 | 1.8 | 2.4 | 2.7 | 2.6 | 2.2 |
| Quick Ratio 25 | 1.2 | 0.7 | 1.3 | 0.9 | 0.8 | 1.2 | 1.6 | 1.3 | 1.4 |
| Net Sales to Working Capital 26 | 5.3 | 19.2 | 7.1 | 9.3 | 7.1 | 3.9 | 4.2 | 4.6 | 4.8 |
| Coverage Ratio 27 | 3.9 | • | 7.8 | 3.1 | 3.5 | 6.9 | 12.7 | 3.0 | 3.8 |
| Total Asset Turnover 28 | 1.4 | 2.8 | 2.7 | 2.1 | 2.1 | 1.6 | 1.6 | 1.4 | 1.1 |
| Inventory Turnover 29 | 5.8 | • | 8.3 | • | 5.8 | 5.4 | • | 4.6 | • |
| Receivables Turnover 30 | 7.2 | • | 7.7 | • | 6.8 | • | • | 6.2 | • |
| Total Liabilities to Net Worth 31 | 0.9 | 4.9 | 1.3 | 1.7 | 1.0 | 0.7 | 0.4 | 1.4 | 0.8 |

**Selected Financial Factors (in Percentages)**

| | | | | | | | | | |
|---|---|---|---|---|---|---|---|---|---|
| Debt Ratio 32 | 46.9 | 83.1 | 56.8 | 63.3 | 50.4 | 41.2 | 28.0 | 58.6 | 42.8 |
| Return on Assets 33 | 11.0 | 11.2 | 17.3 | 21.1 | 12.1 | 15.6 | 14.2 | 14.0 | 7.6 |
| Return on Equity 34 | 11.8 | • | 34.5 | 37.5 | 15.0 | 17.8 | 15.5 | 15.5 | 6.6 |
| Return Before Interest on Equity 35 | 20.8 | • | • | • | 24.5 | 26.5 | 19.6 | 33.8 | 13.2 |
| Profit Margin, Before Income Tax 36 | 5.8 | 3.9 | 5.7 | 6.8 | 4.1 | 8.3 | 8.3 | 6.9 | 5.2 |
| Profit Margin, After Income Tax 37 | 4.4 | 3.1 | 5.6 | 6.6 | 3.5 | 6.5 | 7.1 | 4.7 | 3.5 |

**Trends in Selected Ratios and Factors, 1986-1994**

| | 1986 | 1987 | 1988 | 1989 | 1990 | 1991 | 1992 | 1993 | 1994 |
|---|---|---|---|---|---|---|---|---|---|
| Cost of Operations (%) 38 | 72.7 | 71.8 | 72.0 | 73.6 | 72.7 | 72.7 | 75.1 | 76.3 | 76.1 |
| Operating Margin (%) 39 | 2.2 | 3.1 | 2.8 | 2.2 | 2.1 | 4.2 | 2.1 | 2.8 | 3.3 |
| Oper. Margin Before Officers Comp. (%) 40 | 3.3 | 4.3 | 3.9 | 3.3 | 3.3 | 5.1 | 3.0 | 3.8 | 5.0 |
| Average Net Receivables ($) 41 | 3340 | 2501 | 2157 | 2449 | 2755 | 4587 | 8114 | 4848 | 3597 |
| Average Inventories ($) 42 | 2874 | 2109 | 2042 | 2192 | 2524 | 4092 | 7142 | 4551 | 3405 |
| Average Net Worth ($) 43 | 8562 | 6002 | 5626 | 5362 | 6205 | 10700 | 20557 | 12714 | 9501 |
| Current Ratio (x1) 44 | 2.7 | 2.5 | 2.3 | 2.5 | 2.1 | 2.4 | 1.8 | 2.2 | 2.2 |
| Quick Ratio (x1) 45 | 1.5 | 1.5 | 1.3 | 1.3 | 1.2 | 1.3 | 1.0 | 1.3 | 1.2 |
| Coverage Ratio (x1) 46 | 4.8 | 4.9 | 4.7 | 4.7 | 3.5 | 4.2 | 4.5 | 4.4 | 3.9 |
| Asset Turnover (x1) 47 | 1.6 | 1.6 | 1.6 | 1.5 | 1.4 | 1.5 | 1.2 | 1.4 | 1.4 |
| Operating Leverage 48 | • | 1.4 | 0.9 | 0.8 | 1.0 | 2.0 | 0.5 | 1.3 | 1.2 |
| Financial Leverage 49 | • | 1.0 | 1.0 | 1.0 | 1.0 | 1.2 | 1.1 | 1.0 | 1.0 |
| Total Leverage 50 | • | 1.4 | 0.9 | 0.8 | 0.9 | 2.3 | 0.5 | 1.4 | 1.2 |

## Table I

Corporations with and without Net Income

# KNITTING MILLS

### MONEY AMOUNTS AND SIZE OF ASSETS IN THOUSANDS OF DOLLARS

| Item Description for Accounting Period 7/90 Through 6/91 | Total | Zero Assets | Under 100 | 100 to 250 | 251 to 500 | 501 to 1,000 | 1,001 to 5,000 | 5,001 to 10,000 | 10,001 to 25,000 | 25,001 to 50,000 | 50,001 to 100,000 | 100,001 to 250,000 | 250,001 and over |
|---|---|---|---|---|---|---|---|---|---|---|---|---|---|
| Number of Enterprises **1** | 898 | 9 | • | • | 322 | 152 | 283 | 80 | 39 | 9 | • | 4 | • |
| **Revenues ($ in Thousands)** | | | | | | | | | | | | | |
| Net Sales **2** | 6527 | 202 | • | • | 240 | 212 | 1513 | 1320 | 1198 | 405 | • | 1436 | • |
| Portfolio Income **3** | 39 | 1 | • | • | • | • | 12 | 5 | 6 | 7 | • | 8 | • |
| Other Revenues **4** | 66 | 0 | • | • | 0 | 0 | 25 | 5 | 14 | 13 | • | 9 | • |
| Total Revenues **5** | 6632 | 204 | • | • | 240 | 213 | 1551 | 1330 | 1217 | 426 | • | 1452 | • |
| Average Total Revenues **6** | 7385 | 22612 | • | • | 746 | 1398 | 5479 | 16619 | 31203 | 47324 | • | 363091 | • |
| **Operating Costs/Operating Income (%)** | | | | | | | | | | | | | |
| Cost of Operations **7** | 73.8 | 76.2 | • | • | 77.0 | 68.4 | 75.1 | 85.7 | 74.8 | 69.2 | • | 61.7 | • |
| Rent **8** | 0.7 | • | • | • | 2.2 | 0.4 | 0.7 | 0.3 | 0.8 | 0.6 | • | 0.6 | • |
| Taxes Paid **9** | 2.2 | 2.1 | • | • | 3.7 | 2.8 | 1.6 | 2.1 | 2.2 | 2.0 | • | 2.8 | • |
| Interest Paid **10** | 1.7 | 1.8 | • | • | 1.4 | 0.8 | 1.3 | 1.0 | 2.1 | 2.9 | • | 2.3 | • |
| Depreciation, Depletion, Amortization **11** | 3.7 | 1.1 | • | • | 3.6 | 4.9 | 2.3 | 2.4 | 3.6 | 1.9 | • | 7.0 | • |
| Pensions and Other Benefits **12** | 1.4 | 0.5 | • | • | 0.9 | 1.5 | 0.9 | 0.8 | 2.0 | 0.6 | • | 2.2 | • |
| Other **13** | 10.9 | 8.0 | • | • | 3.7 | 6.3 | 10.6 | 5.2 | 10.1 | 22.5 | • | 16.2 | • |
| Officers Compensation **14** | 2.8 | 1.7 | • | • | 12.4 | 6.8 | 4.7 | 1.4 | 3.0 | 1.6 | • | 0.4 | • |
| Operating Margin **15** | 3.0 | 8.6 | • | • | • | 8.3 | 2.9 | 1.1 | 1.6 | • | • | 6.9 | • |
| Oper. Margin Before Officers Compensation **16** | 5.8 | 10.3 | • | • | 7.5 | 15.0 | 7.6 | 2.5 | 4.6 | 0.5 | • | 7.4 | • |
| **Selected Average Balance Sheet ($ in Thousands)** | | | | | | | | | | | | | |
| Net Receivables **17** | 1063 | • | • | • | 45 | 73 | 677 | 2587 | 4524 | 7650 | • | 71338 | • |
| Inventories **18** | 862 | • | • | • | 99 | 120 | 360 | 1428 | 4116 | 7245 | • | 70583 | • |
| Net Property, Plant and Equipment **19** | 1452 | • | • | • | 57 | 326 | 615 | 2350 | 5256 | 9124 | • | 146758 | • |
| Total Assets **20** | 4241 | • | • | • | 397 | 661 | 2069 | 7495 | 16738 | 41466 | • | 342242 | • |

| | | | | | | | | | |
|---|---|---|---|---|---|---|---|---|---|
| Notes and Loans Payable **21** | 1247 | • | 197 | 281 | 470 | 1636 | 5892 | 12107 | 102737 |
| All Other Liabilities **22** | 926 | • | 55 | 120 | 684 | 2357 | 3453 | 6035 | 56155 |
| Net Worth **23** | 2068 | • | 146 | 260 | 915 | 3502 | 7393 | 23324 | 183350 |

**Selected Financial Ratios (Times to 1)**

| | | | | | | | | | |
|---|---|---|---|---|---|---|---|---|---|
| Current Ratio **24** | 2.3 | • | 2.7 | 1.9 | 1.9 | 1.7 | 2.3 | 2.3 | 3.8 |
| Quick Ratio **25** | 1.4 | • | 1.8 | 1.2 | 1.3 | 1.1 | 1.2 | 1.4 | 2.0 |
| Net Sales to Working Capital **26** | 5.5 | • | 3.9 | 9.0 | 8.6 | 9.5 | 5.5 | 3.2 | 3.2 |
| Coverage Ratio **27** | 3.7 | 6.2 | • | 11.4 | 5.0 | 2.8 | 2.5 | 2.3 | 4.6 |
| Total Asset Turnover **28** | 1.7 | • | 1.9 | 2.1 | 2.6 | 2.2 | 1.8 | 1.1 | 1.1 |
| Inventory Turnover **29** | 6.5 | • | 9.7 | • | 9.9 | 8.8 | 5.2 | 4.9 | 3.7 |
| Receivables Turnover **30** | 7.3 | • | • | 9.4 | • | 6.8 | 6.9 | 6.6 | 5.0 |
| Total Liabilities to Net Worth **31** | 1.1 | • | 1.7 | 1.6 | 1.3 | 1.2 | 1.3 | 0.8 | 0.9 |

**Selected Financial Factors (in Percentages)**

| | | | | | | | | | |
|---|---|---|---|---|---|---|---|---|---|
| Debt Ratio **32** | 51.2 | • | 63.3 | 60.7 | 55.8 | 53.3 | 55.8 | 43.8 | 46.4 |
| Return on Assets **33** | 10.7 | • | • | 19.4 | 17.2 | 6.1 | 9.7 | 7.0 | 10.8 |
| Return on Equity **34** | 12.0 | • | • | 27.7 | | 6.5 | 9.9 | 5.0 | 10.1 |
| Return Before Interest on Equity **35** | 22.0 | • | • | • | • | 12.9 | 22.0 | 12.5 | 20.1 |
| Profit Margin, Before Income Tax **36** | 4.6 | 9.2 | 8.4 | 8.4 | 5.3 | 1.8 | 3.2 | 3.6 | 8.0 |
| Profit Margin, After Income Tax **37** | 3.4 | 6.6 | 6.6 | 8.4 | 4.7 | 1.4 | 2.4 | 2.6 | 5.2 |

**Trends in Selected Ratios and Factors, 1986-1994**

| | 1986 | 1987 | 1988 | 1989 | 1990 | 1991 | 1992 | 1993 | 1994 |
|---|---|---|---|---|---|---|---|---|---|
| Cost of Operations (%) **38** | 74.4 | 72.9 | 74.0 | 72.9 | 72.3 | 74.1 | 77.1 | 76.0 | 73.8 |
| Operating Margin (%) **39** | 3.3 | 5.0 | 3.0 | 2.5 | 4.5 | 3.4 | 1.9 | 1.6 | 3.0 |
| Oper. Margin Before Officers Comp. (%) **40** | 5.4 | 6.9 | 5.4 | 4.7 | 6.8 | 5.9 | 4.3 | 3.6 | 5.8 |
| Average Net Receivables ($) **41** | 740 | 638 | 779 | 650 | 1154 | 812 | 712 | 1397 | 1063 |
| Average Inventories ($) **42** | 745 | 640 | 741 | 610 | 1052 | 715 | 661 | 1189 | 862 |
| Average Net Worth ($) **43** | 1268 | 1143 | 1328 | 1093 | 1832 | 1351 | 1403 | 2489 | 2068 |
| Current Ratio (×1) **44** | 2.2 | 2.0 | 2.1 | 2.3 | 2.4 | 2.3 | 2.3 | 2.2 | 2.3 |
| Quick Ratio (×1) **45** | 1.1 | 1.1 | 1.2 | 1.2 | 1.3 | 1.3 | 1.3 | 1.3 | 1.4 |
| Coverage Ratio (×1) **46** | 3.3 | 5.3 | 3.1 | 2.9 | 4.2 | 3.3 | 2.7 | 2.2 | 3.7 |
| Asset Turnover (×1) **47** | 2.0 | 2.1 | 2.0 | 1.9 | 1.8 | 1.8 | 2.0 | 1.8 | 1.7 |
| Total Liabilities/Net Worth (×1) **48** | 1.0 | 1.0 | 1.2 | 1.2 | 1.3 | 1.3 | 1.1 | 1.4 | 1.1 |
| Return on Assets (%) **49** | 12.9 | 16.5 | 11.7 | 10.9 | 13.2 | 10.9 | 8.9 | 8.8 | 10.7 |
| Return on Equity (%) **50** | 9.0 | 15.9 | 10.4 | 9.4 | 14.8 | 12.4 | 7.8 | 7.6 | 12.0 |

## Table II

Corporations with Net Income

# KNITTING MILLS

### MONEY AMOUNTS AND SIZE OF ASSETS IN THOUSANDS OF DOLLARS

| Item Description for Accounting Period 7/90 Through 6/91 | | Total | Zero Assets | Under 100 | 100 to 250 | 251 to 500 | 501 to 1,000 | 1,001 to 5,000 | 5,001 to 10,000 | 10,001 to 25,000 | 25,001 to 50,000 | 50,001 to 100,000 | 100,001 to 250,000 | 250,001 and over |
|---|---|---|---|---|---|---|---|---|---|---|---|---|---|---|
| Number of Enterprises | 1 | 590 | 9 | • | • | 94 | 101 | 283 | 61 | 30 | • | • | • | • |
| **Revenues ($ in Thousands)** | | | | | | | | | | | | | | |
| Net Sales | 2 | 5730 | 202 | • | • | 58 | 185 | 1513 | 1180 | 958 | • | • | • | • |
| Portfolio Income | 3 | 37 | 1 | • | • | • | • | 12 | 5 | 4 | • | • | • | • |
| Other Revenues | 4 | 64 | 0 | • | • | 0 | 0 | 25 | 4 | 13 | • | • | • | • |
| Total Revenues | 5 | 5831 | 204 | • | • | 58 | 186 | 1551 | 1188 | 975 | • | • | • | • |
| Average Total Revenues | 6 | 9883 | 22612 | • | • | 621 | 1838 | 5479 | 19477 | 32514 | • | • | • | • |
| **Operating Costs/Operating Income (%)** | | | | | | | | | | | | | | |
| Cost of Operations | 7 | 72.9 | 76.2 | • | • | 40.2 | 67.3 | 75.1 | 84.9 | 75.6 | • | • | • | • |
| Rent | 8 | 0.6 | • | • | • | 3.9 | 0.4 | 0.7 | 0.4 | 0.5 | • | • | • | • |
| Taxes Paid | 9 | 2.2 | 2.1 | • | • | 5.2 | 2.4 | 1.6 | 2.2 | 2.2 | • | • | • | • |
| Interest Paid | 10 | 1.3 | 1.8 | • | • | • | 0.6 | 1.3 | 0.3 | 1.4 | • | • | • | • |
| Depreciation, Depletion, Amortization | 11 | 3.6 | 1.1 | • | • | 8.8 | 4.9 | 2.3 | 1.8 | 3.0 | • | • | • | • |
| Pensions and Other Benefits | 12 | 1.4 | 0.5 | • | • | 0.2 | 0.9 | 0.9 | 0.9 | 2.1 | • | • | • | • |
| Other | 13 | 11.0 | 8.0 | • | • | 3.2 | 6.5 | 10.6 | 5.2 | 9.3 | • | • | • | • |
| Officers Compensation | 14 | 2.9 | 1.7 | • | • | 27.2 | 6.9 | 4.7 | 1.5 | 3.3 | • | • | • | • |
| Operating Margin | 15 | 4.3 | 8.6 | • | • | 11.3 | 10.2 | 2.9 | 2.9 | 2.8 | • | • | • | • |
| Oper. Margin Before Officers Compensation | 16 | 7.2 | 10.3 | • | • | 38.5 | 17.1 | 7.6 | 4.4 | 6.1 | • | • | • | • |
| **Selected Average Balance Sheet ($ in Thousands)** | | | | | | | | | | | | | | |
| Net Receivables | 17 | 1394 | • | • | • | • | 28 | 677 | 2692 | 5573 | • | • | • | • |
| Inventories | 18 | 1106 | • | • | • | • | 180 | 360 | 1725 | 4441 | • | • | • | • |
| Net Property, Plant and Equipment | 19 | 1834 | • | • | • | 120 | 291 | 615 | 1574 | 4918 | • | • | • | • |
| Total Assets | 20 | 5433 | • | • | • | 408 | 699 | 2069 | 7417 | 17191 | • | • | • | • |

| | | | | | | | |
|---|---|---|---|---|---|---|---|
| Notes and Loans Payable 21 | 1206 | • | • | 208 | 470 | 498 | 4647 |
| All Other Liabilities 22 | 1175 | • | • | 141 | 684 | 2279 | 3390 |
| Net Worth 23 | 3052 | • | 408 | 349 | 915 | 4639 | 9154 |

### Selected Financial Ratios (Times to 1)

| | | | | | | | |
|---|---|---|---|---|---|---|---|
| Current Ratio 24 | 2.6 | • | 2.2 | 1.9 | 2.1 | 2.7 | |
| Quick Ratio 25 | 1.6 | • | 1.1 | 1.3 | 1.3 | 1.5 | |
| Net Sales to Working Capital 26 | 5.2 | 2.3 | 8.5 | 8.6 | 7.7 | 4.5 | |
| Coverage Ratio 27 | 5.7 | 6.2 | • | 5.0 | • | 4.5 | |
| Total Asset Turnover 28 | 1.8 | 1.5 | 2.6 | 2.6 | 2.6 | 1.9 | |
| Inventory Turnover 29 | 7.3 | • | • | • | 8.2 | 5.8 | |
| Receivables Turnover 30 | 8.0 | • | 10.0 | • | 7.0 | 7.2 | |
| Total Liabilities to Net Worth 31 | 0.8 | 1.3 | 1.0 | 1.3 | 0.6 | 0.9 | |

### Selected Financial Factors (in Percentages)

| | | | | | | | |
|---|---|---|---|---|---|---|---|
| Debt Ratio 32 | 43.8 | • | 50.0 | 55.8 | 37.5 | 46.8 | |
| Return on Assets 33 | 13.1 | 17.6 | 28.7 | 17.2 | 10.0 | 11.2 | |
| Return on Equity 34 | 15.1 | 17.6 | • | 27.7 | 13.2 | 12.7 | |
| Return Before Interest on Equity 35 | 23.3 | 17.6 | • | • | 16.0 | 20.9 | |
| Profit Margin, Before Income Tax 36 | 6.0 | 9.2 | 11.6 | 10.3 | 5.3 | 3.6 | 4.7 |
| Profit Margin, After Income Tax 37 | 4.7 | 6.6 | 11.6 | 10.3 | 4.7 | 3.2 | 3.6 |

### Trends in Selected Ratios and Factors, 1986-1994

| | 1986 | 1987 | 1988 | 1989 | 1990 | 1991 | 1992 | 1993 | 1994 |
|---|---|---|---|---|---|---|---|---|---|
| Cost of Operations (%) 38 | 72.4 | 71.9 | 73.0 | 71.8 | 71.7 | 73.1 | 76.5 | 75.2 | 72.9 |
| Operating Margin (%) 39 | 6.1 | 6.2 | 5.0 | 5.0 | 6.5 | 5.9 | 5.1 | 5.8 | 4.3 |
| Oper. Margin Before Officers Comp. (%) 40 | 8.4 | 8.1 | 7.5 | 7.0 | 8.8 | 8.4 | 7.6 | 7.9 | 7.2 |
| Average Net Receivables ($) 41 | 901 | 941 | 685 | 893 | 1474 | 1092 | 863 | 1396 | 1394 |
| Average Inventories ($) 42 | 867 | 905 | 613 | 745 | 1212 | 837 | 708 | 1126 | 1106 |
| Average Net Worth ($) 43 | 1716 | 1730 | 1233 | 1484 | 2405 | 1914 | 1852 | 2895 | 3052 |
| Current Ratio (x1) 44 | 2.4 | 2.2 | 2.2 | 2.5 | 2.6 | 2.5 | 2.6 | 2.9 | 2.6 |
| Quick Ratio (x1) 45 | 1.3 | 1.2 | 1.3 | 1.4 | 1.5 | 1.6 | 1.6 | 1.8 | 1.6 |
| Coverage Ratio (x1) 46 | 5.6 | 6.7 | 5.1 | 4.2 | 5.5 | 5.0 | 5.5 | 5.5 | 5.7 |
| Asset Turnover (x1) 47 | 2.0 | 2.1 | 2.1 | 2.0 | 1.8 | 1.7 | 1.8 | 1.9 | 1.8 |
| Operating Leverage 48 | • | 1.0 | 0.8 | 1.0 | 1.3 | 0.9 | 0.9 | 1.1 | 0.7 |
| Financial Leverage 49 | • | 1.1 | 1.1 | 1.0 | 1.1 | 1.1 | 1.1 | 1.0 | 1.0 |
| Total Leverage 50 | • | 1.1 | 0.9 | 1.0 | 1.4 | 1.0 | 0.9 | 1.2 | 0.7 |

## Table I

Corporations with and without Net Income

# OTHER TEXTILE MILL PRODUCTS

**MONEY AMOUNTS AND SIZE OF ASSETS IN THOUSANDS OF DOLLARS**

| Item Description for Accounting Period 7/90 Through 6/91 | Total | Zero Assets | Under 100 | 100 to 250 | 251 to 500 | 501 to 1,000 | 1,001 to 5,000 | 5,001 to 10,000 | 10,001 to 25,000 | 25,001 to 50,000 | 50,001 to 100,000 | 100,001 to 250,000 | 250,001 and over |
|---|---|---|---|---|---|---|---|---|---|---|---|---|---|
| Number of Enterprises **1** | 3047 | 8 | 844 | 689 | 429 | 208 | 573 | 98 | 97 | 35 | 26 | 25 | 14 |
| **Revenues ($ in Thousands)** | | | | | | | | | | | | | |
| Net Sales **2** | 31835 | 87 | 160 | 379 | 534 | 349 | 3203 | 1410 | 3132 | 2025 | 3372 | 5509 | 11674 |
| Portfolio Income **3** | 362 | 0 | 2 | • | 2 | 3 | 32 | 1 | 11 | 29 | 7 | 20 | 256 |
| Other Revenues **4** | 472 | 1 | 0 | 0 | 3 | 1 | 49 | 5 | 19 | 19 | 17 | 78 | 280 |
| Total Revenues **5** | 32669 | 88 | 162 | 379 | 538 | 353 | 3284 | 1416 | 3161 | 2073 | 3397 | 5608 | 12210 |
| Average Total Revenues **6** | 10722 | 10967 | 192 | 550 | 1255 | 1696 | 5731 | 14453 | 32590 | 59218 | 130643 | 224301 | 872136 |
| **Operating Costs/Operating Income (%)** | | | | | | | | | | | | | |
| Cost of Operations **7** | 76.6 | 80.4 | 68.0 | 73.2 | 75.8 | 77.9 | 74.6 | 75.8 | 80.6 | 76.2 | 78.5 | 77.8 | 75.4 |
| Rent **8** | 0.9 | 1.4 | 5.9 | 3.3 | 1.8 | 1.4 | 1.1 | 0.5 | 0.5 | 0.4 | 0.5 | 0.7 | 1.1 |
| Taxes Paid **9** | 2.0 | 1.9 | 3.5 | 2.7 | 2.7 | 2.1 | 2.0 | 1.8 | 1.6 | 2.5 | 1.4 | 1.6 | 2.2 |
| Interest Paid **10** | 4.2 | 3.2 | • | 1.3 | 0.3 | 2.1 | 1.5 | 2.2 | 1.8 | 4.2 | 2.4 | 2.6 | 7.5 |
| Depreciation, Depletion, Amortization **11** | 3.5 | 2.5 | 0.7 | 3.7 | 1.3 | 3.6 | 2.7 | 1.9 | 2.4 | 3.1 | 2.2 | 4.3 | 4.5 |
| Pensions and Other Benefits **12** | 1.4 | • | 3.1 | 1.3 | 0.8 | 1.2 | 1.5 | 1.3 | 0.9 | 1.9 | 0.9 | 1.4 | 1.6 |
| Other **13** | 11.5 | 12.6 | 11.4 | 6.4 | 10.8 | 17.8 | 12.3 | 11.2 | 9.1 | 10.0 | 11.9 | 9.5 | 13.0 |
| Officers Compensation **14** | 1.5 | 0.2 | 7.4 | 6.8 | 6.7 | 5.4 | 3.5 | 3.7 | 1.8 | 1.7 | 0.9 | 0.7 | 0.5 |
| Operating Margin **15** | • | • | • | 1.5 | • | • | 0.9 | 1.8 | 1.4 | 1.7 | 1.3 | 1.4 | • |
| Oper. Margin Before Officers Compensation **16** | • | • | 7.5 | 8.3 | 6.6 | • | 4.3 | 5.5 | 3.3 | 1.7 | 2.2 | 2.1 | • |
| **Selected Average Balance Sheet ($ in Thousands)** | | | | | | | | | | | | | |
| Net Receivables **17** | 1812 | • | 7 | 83 | 139 | 163 | 642 | 2003 | 3588 | 8584 | 15894 | 26888 | 218942 |
| Inventories **18** | 1507 | • | 0 | 5 | 81 | 262 | 618 | 2009 | 4991 | 9366 | 22340 | 33204 | 123241 |
| Net Property, Plant and Equipment **19** | 2316 | • | 8 | 57 | 62 | 271 | 870 | 1894 | 4672 | 11045 | 22392 | 53597 | 248782 |
| Total Assets **20** | 7536 | • | 20 | 171 | 328 | 832 | 2705 | 6983 | 16837 | 35526 | 71205 | 147652 | 847178 |

| | | | | | | | | | | | | |
|---|---|---|---|---|---|---|---|---|---|---|---|---|
| Notes and Loans Payable 21 | 3731 | • | 5 | 62 | 37 | 364 | 766 | 1980 | 4689 | 20300 | 26171 | 49949 | 535836 |
| All Other Liabilities 22 | 1693 | 9 | 31 | 148 | 199 | 649 | 1814 | 3633 | 7721 | 18931 | 34272 | 178828 |
| Net Worth 23 | 2112 | 6 | 79 | 143 | 268 | 1290 | 3189 | 8515 | 7505 | 26103 | 63430 | 132514 |

**Selected Financial Ratios (Times to 1)**

| | | | | | | | | | | | | |
|---|---|---|---|---|---|---|---|---|---|---|---|---|
| Current Ratio 24 | 1.9 | • | 1.1 | 1.8 | 1.7 | 1.8 | 1.6 | 1.6 | 2.3 | 1.6 | 2.1 | 1.9 |
| Quick Ratio 25 | 1.0 | • | 0.9 | 1.7 | 1.1 | 0.8 | 1.0 | 0.9 | 1.1 | 0.8 | 0.9 | 1.2 |
| Net Sales to Working Capital 26 | 6.0 | • | • | 12.5 | 12.2 | 8.1 | 8.0 | 8.3 | 7.9 | 5.7 | 6.9 | 4.9 |
| Coverage Ratio 27 | 1.3 | 0.6 | • | 2.1 | 3.2 | • | 3.3 | 2.0 | 2.3 | 1.9 | 2.2 | 0.9 |
| Total Asset Turnover 28 | 1.4 | • | 9.6 | 3.2 | 3.8 | 2.0 | 2.1 | 2.1 | 1.9 | 1.8 | 1.5 | 1.0 |
| Inventory Turnover 29 | 5.5 | • | • | • | • | 6.0 | 6.9 | 5.2 | 5.0 | 4.8 | 5.1 | 5.7 |
| Receivables Turnover 30 | 6.0 | • | 6.3 | • | • | • | 9.0 | 8.0 | 8.6 | 8.0 | 7.4 | 4.2 |
| Total Liabilities to Net Worth 31 | 2.6 | 2.5 | 1.2 | 1.3 | 2.1 | 1.1 | 1.2 | 1.0 | 3.7 | 1.7 | 1.3 | 5.4 |

**Selected Financial Factors (in Percentages)**

| | | | | | | | | | | | | |
|---|---|---|---|---|---|---|---|---|---|---|---|---|
| Debt Ratio 32 | 72.0 | • | 54.0 | 56.5 | 67.8 | 52.3 | 54.3 | 49.4 | 78.9 | 63.4 | 57.1 | 84.4 |
| Return on Assets 33 | 7.5 | • | 9.1 | 3.7 | • | 10.1 | 9.2 | 7.8 | 10.9 | 8.0 | 8.5 | 6.5 |
| Return on Equity 34 | 3.2 | • | 9.9 | 5.8 | • | 13.2 | 8.9 | 7.8 | 13.3 | 7.8 | 7.7 | • |
| Return Before Interest on Equity 35 | 26.6 | • | 19.8 | 8.6 | 21.1 | 20.1 | 15.4 | 21.8 | 19.8 | • | • |
| Profit Margin, Before Income Tax 36 | 1.2 | 1.4 | 1.5 | 0.7 | 3.4 | 2.3 | 2.3 | 2.3 | 2.5 | 2.0 | 3.1 |
| Profit Margin, After Income Tax 37 | 0.7 | 1.4 | 1.4 | 0.7 | 3.1 | 2.0 | 2.1 | 2.1 | 1.7 | 1.6 | • |

**Trends in Selected Ratios and Factors, 1986-1994**

| | 1986 | 1987 | 1988 | 1989 | 1990 | 1991 | 1992 | 1993 | 1994 |
|---|---|---|---|---|---|---|---|---|---|
| Cost of Operations (%) 38 | 77.6 | 76.5 | 76.4 | 76.6 | 75.5 | 76.7 | 77.1 | 77.0 | 76.6 |
| Operating Margin (%) 39 | • | 1.3 | 0.5 | 0.4 | 1.2 | 1.5 | 0.6 | 1.1 | • |
| Oper. Margin Before Officers Comp. (%) 40 | 0.7 | 2.7 | 2.0 | 1.8 | 2.6 | 2.8 | | | |
| Average Net Receivables ($) 41 | 912 | 1301 | 1312 | 1250 | 1185 | 2223 | 1777 | 1777 | 1812 |
| Average Inventories ($) 42 | 877 | 1229 | 1191 | 1270 | 1167 | 1451 | 1399 | 1517 | 1507 |
| Average Net Worth ($) 43 | 1787 | 2812 | 2571 | 2660 | 2342 | 2541 | 2213 | 2270 | 2112 |
| Current Ratio (x1) 44 | 1.8 | 1.7 | 1.8 | 2.0 | 2.0 | 2.2 | 2.0 | 2.0 | 1.9 |
| Quick Ratio (x1) 45 | 0.9 | 0.9 | 1.0 | 0.9 | 0.9 | 1.3 | 1.1 | 1.1 | 1.0 |
| Coverage Ratio (x1) 46 | 1.7 | 2.5 | 2.2 | 2.2 | 2.7 | 2.4 | 1.7 | 1.5 | 1.3 |
| Asset Turnover (x1) 47 | 1.7 | 1.6 | 1.5 | 1.5 | 1.5 | 1.2 | 1.4 | 1.5 | 1.4 |
| Total Liabilities/Net Worth (x1) 48 | 1.2 | 1.1 | 1.3 | 1.3 | 1.3 | 1.9 | 2.1 | 2.2 | 2.6 |
| Return on Assets (x1) 49 | 6.8 | 8.5 | 8.5 | 7.9 | 9.5 | 7.0 | 10.1 | 8.3 | 7.5 |
| Return on Equity (%) 50 | 1.6 | 5.8 | 6.0 | 5.0 | 8.1 | 7.4 | 8.9 | 5.6 | 3.2 |

## Table II

Corporations with Net Income

# OTHER TEXTILE MILL PRODUCTS

### MONEY AMOUNTS AND SIZE OF ASSETS IN THOUSANDS OF DOLLARS

| Item Description for Accounting Period 7/90 Through 6/91 | Total | Zero Assets | Under 100 | 100 to 250 | 251 to 500 | 501 to 1,000 | 1,001 to 5,000 | 5,001 to 10,000 | 10,001 to 25,000 | 25,001 to 50,000 | 50,001 to 100,000 | 100,001 to 250,000 | 250,001 and over |
|---|---|---|---|---|---|---|---|---|---|---|---|---|---|
| Number of Enterprises **1** | 1970 | • | 552 | 345 | 322 | 76 | 465 | 72 | 71 | • | • | • | 8 |

**Revenues ($ in Thousands)**

| | | | | | | | | | | | | | |
|---|---|---|---|---|---|---|---|---|---|---|---|---|---|
| Net Sales **2** | 21489 | • | 112 | 277 | 353 | 150 | 2613 | 1076 | 2416 | • | • | • | 6601 |
| Portfolio Income **3** | 167 | • | 2 | • | 0 | 0 | 30 | 1 | 8 | • | • | • | 76 |
| Other Revenues **4** | 351 | • | 0 | 0 | 3 | 0 | 15 | 3 | 14 | • | • | • | 220 |
| Total Revenues **5** | 22007 | • | 113 | 278 | 356 | 151 | 2659 | 1080 | 2438 | • | • | • | 6897 |
| Average Total Revenues **6** | 11171 | • | 205 | 804 | 1106 | 1987 | 5718 | 15001 | 34345 | • | • | • | 862183 |

**Operating Costs/Operating Income (%)**

| | | | | | | | | | | | | | |
|---|---|---|---|---|---|---|---|---|---|---|---|---|---|
| Cost of Operations **7** | 74.7 | • | 58.7 | 74.3 | 68.0 | 71.3 | 73.7 | 73.7 | 79.7 | • | • | • | 72.9 |
| Rent **8** | 0.9 | • | 6.4 | 2.2 | 1.9 | • | 1.2 | 0.5 | 0.4 | • | • | • | 1.1 |
| Taxes Paid **9** | 2.0 | • | 1.6 | 1.5 | 3.6 | 1.6 | 1.9 | 1.8 | 1.8 | • | • | • | 2.4 |
| Interest Paid **10** | 2.5 | • | • | 1.2 | 0.3 | 0.5 | 1.2 | 1.6 | 1.5 | • | • | • | 4.0 |
| Depreciation, Depletion, Amortization **11** | 3.0 | • | 0.6 | 0.6 | 1.5 | 2.0 | 2.3 | 1.6 | 2.0 | • | • | • | 4.0 |
| Pensions and Other Benefits **12** | 1.4 | • | 2.8 | 1.0 | 1.1 | 1.5 | 1.5 | 0.9 | 1.0 | • | • | • | 1.4 |
| Other **13** | 12.3 | • | 12.8 | 6.2 | 13.2 | 14.7 | 11.2 | 10.6 | 8.7 | • | • | • | 16.1 |
| Officers Compensation **14** | 1.8 | • | 10.7 | 8.3 | 9.9 | 4.1 | 3.7 | 4.1 | 2.0 | • | • | • | 0.4 |
| Operating Margin **15** | 1.6 | • | 6.5 | 4.7 | 0.6 | 4.3 | 3.3 | 5.1 | 3.0 | • | • | • | • |
| Oper. Margin Before Officers Compensation **16** | 3.4 | • | 17.2 | 13.0 | 10.4 | 8.4 | 7.0 | 9.2 | 5.0 | • | • | • | • |

**Selected Average Balance Sheet ($ in Thousands)**

| | | | | | | | | | | | | | |
|---|---|---|---|---|---|---|---|---|---|---|---|---|---|
| Net Receivables **17** | 1384 | • | • | 152 | 122 | 164 | 678 | 2203 | 3819 | • | • | • | 107250 |
| Inventories **18** | 1587 | • | • | 4 | 76 | 247 | 588 | 2031 | 5348 | • | • | • | 125213 |
| Net Property, Plant and Equipment **19** | 1947 | • | 10 | 3 | 71 | 136 | 720 | 1370 | 4322 | • | • | • | 190742 |
| Total Assets **20** | 6751 | • | 17 | 184 | 326 | 745 | 2583 | 6696 | 17392 | • | • | • | 650333 |

## Selected Financial Ratios (Times to 1)

| Item | | | | | | | | | | | |
|---|---|---|---|---|---|---|---|---|---|---|---|
| Notes and Loans Payable 21 | 2477 | • | 8 | 81 | 48 | 48 | • | 630 | 1177 | 3629 | 330950 |
| All Other Liabilities 22 | 1589 | • | 6 | 52 | 124 | 194 | • | 660 | 1868 | 3732 | 148252 |
| Net Worth 23 | 2685 | • | 2 | 51 | 154 | 502 | 1292 | 3650 | 10030 | • | 171131 |
| Current Ratio 24 | 2.0 | • | 0.3 | 1.8 | 1.8 | 1.8 | 2.1 | 2.0 | 2.3 | 2.5 | 1.9 |
| Quick Ratio 25 | 1.0 | • | 0.3 | 1.7 | 1.2 | 1.2 | 1.0 | 1.2 | 1.3 | 1.3 | 0.8 |
| Net Sales to Working Capital 26 | 6.2 | • | • | 10.3 | 9.8 | 9.8 | 7.7 | 7.0 | 5.2 | 4.8 | 6.9 |
| Coverage Ratio 27 | 2.7 | • | • | 4.8 | 5.6 | 5.6 | 9.8 | 5.2 | 4.4 | 3.5 | 1.6 |
| Total Asset Turnover 28 | 1.6 | • | • | 12.2 | 4.4 | 3.4 | 2.7 | 2.2 | 2.2 | 2.0 | 1.3 |
| Inventory Turnover 29 | 4.9 | • | • | • | • | 9.7 | 5.6 | 7.5 | 6.4 | 4.7 | 4.4 |
| Receivables Turnover 30 | 6.1 | • | • | • | 5.2 | • | 9.6 | 9.1 | 8.2 | 8.6 | 4.2 |
| Total Liabilities to Net Worth 31 | 1.5 | • | • | 6.2 | 2.6 | 1.1 | 0.5 | 1.0 | 0.8 | 0.7 | 2.8 |

## Selected Financial Factors (in Percentages)

| Item | | | | | | | | | | | |
|---|---|---|---|---|---|---|---|---|---|---|---|
| Debt Ratio 32 | 60.2 | • | • | 86.2 | 72.3 | 52.8 | 32.5 | 50.0 | 45.5 | 42.3 | 73.7 |
| Return on Assets 33 | 10.7 | • | • | • | 26.0 | 5.8 | 13.8 | 13.6 | 15.8 | 10.5 | 8.3 |
| Return on Equity 34 | 13.6 | • | • | • | • | 9.9 | 14.4 | 20.2 | 20.8 | 12.0 | 7.5 |
| Return Before Interest on Equity 35 | 26.9 | • | • | • | • | 12.2 | 20.4 | 27.2 | 28.9 | 18.3 | 31.4 |
| Profit Margin, Before Income Tax 36 | 4.1 | • | • | 8.2 | 4.7 | 1.4 | 4.7 | 5.1 | 5.5 | 3.8 | 2.5 |
| Profit Margin, After Income Tax 37 | 3.4 | • | • | 8.2 | 4.6 | 1.4 | 3.7 | 4.7 | 5.1 | 3.5 | 1.6 |

## Trends in Selected Ratios and Factors, 1986–1994

| Item | 1986 | 1987 | 1988 | 1989 | 1990 | 1991 | 1992 | 1993 | 1994 |
|---|---|---|---|---|---|---|---|---|---|
| Cost of Operations (%) 38 | 76.2 | 75.8 | 76.1 | 75.9 | 75.0 | 76.8 | 76.2 | 76.3 | 74.7 |
| Operating Margin (%) 39 | 1.7 | 3.2 | 1.7 | 2.8 | 3.1 | 3.8 | 0.9 | 1.9 | 1.6 |
| Oper. Margin Before Officers Comp. (%) 40 | 3.2 | 4.6 | 3.2 | 4.3 | 4.5 | 5.2 | 2.3 | 3.3 | 3.4 |
| Average Net Receivables ($) 41 | 911 | 1804 | 1850 | 1417 | 1850 | 1021 | 2345 | 2893 | 1384 |
| Average Inventories ($) 42 | 863 | 1710 | 1587 | 1395 | 1734 | 1099 | 1737 | 2312 | 1587 |
| Average Net Worth ($) 43 | 1870 | 3635 | 3825 | 3019 | 3560 | 1989 | 3025 | 3752 | 2685 |
| Current Ratio (x1) 44 | 2.1 | 1.8 | 1.9 | 2.1 | 2.1 | 2.0 | 2.2 | 2.2 | 2.0 |
| Quick Ratio (x1) 45 | 1.1 | 0.9 | 1.0 | 1.1 | 1.1 | 1.0 | 1.3 | 1.3 | 1.0 |
| Coverage Ratio (x1) 46 | 3.2 | 3.7 | 3.0 | 3.6 | 4.0 | 4.5 | 2.2 | 2.3 | 2.7 |
| Asset Turnover (x1) 47 | 1.7 | 1.7 | 1.4 | 1.6 | 1.7 | 2.0 | 1.5 | 1.5 | 1.6 |
| Operating Leverage (x1) 48 | • | 1.9 | 0.5 | 1.7 | 1.1 | 1.2 | 0.3 | 2.1 | 0.9 |
| Financial Leverage (x1) 49 | • | 1.1 | 1.0 | 1.1 | 1.1 | 1.2 | 0.8 | 1.0 | 1.1 |
| Total Leverage (x1) 50 | 2.0 | 2.0 | 0.5 | 1.8 | 1.2 | 1.5 | 0.2 | 2.1 | 1.0 |

**Table I**

Corporations with and without Net Income

# MEN'S AND BOY'S CLOTHING

## MONEY AMOUNTS AND SIZE OF ASSETS IN THOUSANDS OF DOLLARS

| Item Description for Accounting Period 7/90 Through 6/91 | Total | Zero Assets | Under 100 | 100 to 250 | 251 to 500 | 501 to 1,000 | 1,001 to 5,000 | 5,001 to 10,000 | 10,001 to 25,000 | 25,001 to 50,000 | 50,001 to 100,000 | 100,001 to 250,000 | 250,001 and over |
|---|---|---|---|---|---|---|---|---|---|---|---|---|---|
| 1 Number of Enterprises | 1141 | • | 147 | 94 | 166 | 139 | 49 | 25 | 14 | 9 | 10 | • | • |
| **Revenues ($ in Thousands)** | | | | | | | | | | | | | |
| 2 Net Sales | 20186 | • | 124 | 82 | 634 | 578 | 794 | 2478 | 1343 | 1747 | 2488 | 9817 | • |
| 3 Portfolio Income | 573 | • | 0 | 0 | 1 | 0 | 2 | 7 | 11 | 17 | 70 | 464 | • |
| 4 Other Revenues | 469 | • | • | 0 | 0 | 2 | 1 | 12 | 35 | 36 | 72 | 303 | • |
| 5 Total Revenues | 21228 | • | 124 | 82 | 635 | 581 | 798 | 2497 | 1389 | 1800 | 2629 | 10584 | • |
| 6 Average Total Revenues | 18605 | • | 847 | 872 | 3826 | 4177 | 16279 | 36193 | 55567 | 128548 | 292154 | 1058394 | • |
| **Operating Costs/Operating Income (%)** | | | | | | | | | | | | | |
| 7 Cost of Operations | 71.7 | • | 64.9 | 52.1 | 84.8 | 78.2 | 71.2 | 79.9 | 77.3 | 76.6 | 73.1 | 66.6 | • |
| 8 Rent | 1.2 | • | 3.9 | 1.6 | 1.4 | 1.3 | 0.6 | 1.2 | 0.8 | 0.9 | 1.4 | • | • |
| 9 Taxes Paid | 2.2 | • | 0.9 | 1.8 | 2.2 | 2.6 | 1.8 | 2.1 | 2.1 | 1.8 | 2.6 | 2.3 | • |
| 10 Interest Paid | 5.0 | • | 1.4 | 0.1 | 2.1 | 4.1 | 1.7 | 1.6 | 3.9 | 3.1 | 3.1 | 7.6 | • |
| 11 Depreciation, Depletion, Amortization | 2.3 | • | 1.8 | 1.2 | 2.1 | 1.3 | 1.4 | 1.5 | 1.7 | 2.5 | 3.2 | • | • |
| 12 Pensions and Other Benefits | 1.6 | • | 0.7 | 2.4 | 1.2 | 2.0 | 1.4 | 1.8 | 1.8 | 1.6 | 1.7 | • | • |
| 13 Other | 16.1 | • | 23.2 | 35.8 | 7.9 | 15.0 | 13.2 | 9.3 | 19.3 | 14.8 | 15.4 | 1.7 | • |
| 14 Officers Compensation | 1.1 | • | 5.5 | 9.8 | 1.8 | 2.8 | 4.2 | 2.4 | 1.4 | 1.2 | 0.4 | • | • |
| 15 Operating Margin | 0.2 | • | • | • | • | 0.2 | 2.7 | 1.6 | • | • | 1.5 | 0.7 | • |
| 16 Oper. Margin Before Officers Compensation | 5.7 | • | • | • | 8.6 | • | 6.8 | • | 4.0 | • | • | 2.2 | • |
| **Selected Average Balance Sheet ($ in Thousands)** | | | | | | | | | | | | | |
| 17 Net Receivables | 2379 | • | 22 | 7 | 31 | 580 | 2186 | 4830 | 9251 | 20657 | 50223 | 121203 | • |
| 18 Inventories | 3428 | • | 91 | 428 | 253 | 818 | 2115 | 5972 | 14726 | 29787 | 57094 | 188695 | • |
| 19 Net Property, Plant and Equipment | 2514 | • | 1 | 0 | 370 | 434 | 1631 | 2382 | 3348 | 12045 | 32019 | 196187 | • |
| 20 Total Assets | 16834 | • | 185 | 468 | 763 | 2344 | 7789 | 16962 | 32858 | 78390 | 169142 | 1368983 | • |

## Selected Financial Ratios (Times to 1)

| | | | | | | | | | | | | | |
|---|---|---|---|---|---|---|---|---|---|---|---|---|---|
| Notes and Loans Payable **21** | 5294 | • | • | 553 | 1322 | 1198 | 4251 | 13782 | 31690 | 40808 | | | 425471 |
| All Other Liabilities **22** | 4899 | • | • | 384 | 386 | 1442 | 4094 | 11056 | 13927 | 48108 | | | 413518 |
| Net Worth **23** | 6641 | • | • | 124 | 85 | -177 | 444 | 5149 | 8618 | 8020 | 32773 | 80226 | 529994 |
| Current Ratio **24** | 1.3 | • | • | 2.7 | 1.1 | 0.7 | 1.7 | 3.5 | 2.1 | 1.8 | 3.3 | 2.1 | 0.9 |
| Quick Ratio **25** | 0.5 | • | • | 0.5 | 0.0 | 0.1 | 0.7 | 2.0 | 1.0 | 0.7 | 1.5 | 1.0 | 0.3 |
| Net Sales to Working Capital **26** | 12.4 | • | • | 8.0 | 16.8 | • | 5.8 | 4.1 | 5.3 | 4.8 | 3.2 | • | • |
| Coverage Ratio **27** | 2.0 | • | • | 1.4 | • | • | 2.8 | • | 1.6 | 3.9 | 1.6 | 2.1 | • |
| Total Asset Turnover **28** | 1.1 | • | • | 4.6 | 1.9 | 5.0 | 1.8 | 2.1 | 1.6 | 1.6 | 1.6 | 0.7 | • |
| Inventory Turnover **29** | 3.8 | • | • | 5.5 | 1.0 | • | 3.0 | 4.8 | 4.4 | 2.7 | 3.6 | 3.4 | 3.9 |
| Receivables Turnover **30** | 8.2 | • | • | • | • | • | 7.9 | • | 7.0 | 6.6 | 6.4 | 5.9 | • |
| Total Liabilities to Net Worth **31** | 1.5 | • | • | 0.5 | 4.5 | • | 4.7 | 0.5 | 1.0 | 3.1 | 1.1 | 1.4 | 1.6 |

## Selected Financial Factors (in Percentages)

| | | | | | | | | | | | | | |
|---|---|---|---|---|---|---|---|---|---|---|---|---|---|
| Debt Ratio **32** | 60.6 | • | • | 33.1 | 81.9 | • | 81.1 | 33.9 | 49.2 | 75.6 | 52.6 | 58.2 | 61.3 |
| Return on Assets **33** | 10.2 | • | • | 8.8 | • | • | • | 10.1 | 8.2 | 7.5 | 15.8 | 11.2 | |
| Return on Equity **34** | 7.9 | • | • | 3.1 | • | • | • | 8.7 | 8.0 | 2.9 | 18.7 | 9.7 | |
| Return Before Interest on Equity **35** | 25.8 | • | • | 13.2 | • | 6.4 | • | 15.2 | 16.2 | 17.9 | 33.4 | 28.9 | |
| Profit Margin, Before Income Tax **36** | 4.7 | • | • | 0.6 | • | • | • | 3.1 | 2.3 | 1.7 | 7.2 | 8.0 | |
| Profit Margin, After Income Tax **37** | 3.0 | • | • | 0.5 | 0.5 | • | • | 2.8 | 1.9 | 0.8 | 5.4 | 5.2 | |

## Trends in Selected Ratios and Factors, 1986-1994

| | 1986 | 1987 | 1988 | 1989 | 1990 | 1991 | 1992 | 1993 | 1994 |
|---|---|---|---|---|---|---|---|---|---|
| Cost of Operations (%) **38** | 71.2 | 70.0 | 71.3 | 71.4 | 69.7 | 71.7 | 72.4 | 71.5 | 71.7 |
| Operating Margin (%) **39** | 1.0 | 3.3 | 0.2 | • | 0.5 | • | • | 0.7 | • |
| Oper. Margin Before Officers Comp. (%) **40** | 2.5 | 4.8 | 1.8 | 0.7 | 1.9 | 0.9 | 1.1 | 1.9 | • |
| Average Net Receivables ($) **41** | 1219 | 1316 | 1134 | 1363 | 1477 | 773 | 1269 | 1577 | 2379 |
| Average Inventories ($) **42** | 1471 | 1722 | 1554 | 1732 | 1921 | 1280 | 1903 | 2606 | 3428 |
| Average Net Worth ($) **43** | 2239 | 2663 | 2072 | 2684 | 2795 | 1739 | 2356 | 3372 | 6641 |
| Current Ratio (x1) **44** | 2.2 | 2.1 | 2.0 | 1.9 | 1.7 | 1.6 | 1.5 | 1.6 | 1.3 |
| Quick Ratio (x1) **45** | 1.1 | 1.0 | 0.9 | 0.9 | 0.7 | 0.6 | 0.6 | 0.6 | 0.5 |
| Coverage Ratio (x1) **46** | 2.9 | 4.7 | 2.1 | 1.9 | 1.9 | 1.5 | 2.4 | 2.3 | 2.0 |
| Asset Turnover (x1) **47** | 1.8 | 1.8 | 1.8 | 1.4 | 1.3 | 1.4 | 1.4 | 1.4 | 1.1 |
| Total Liabilities/Net Worth (x1) **48** | 1.0 | 1.0 | 1.2 | 1.5 | 1.9 | 1.8 | 2.0 | 1.8 | 1.5 |
| Return on Assets (%) **49** | 12.0 | 13.3 | 7.7 | 6.8 | 9.5 | 9.1 | 13.6 | 12.9 | 10.2 |
| Return on Equity (%) **50** | 7.9 | 11.6 | 3.1 | 1.7 | 8.5 | 6.3 | 17.0 | 13.8 | 7.9 |

## Table II

# MEN'S AND BOY'S CLOTHING

Corporations with Net Income

**MONEY AMOUNTS AND SIZE OF ASSETS IN THOUSANDS OF DOLLARS**

| Item Description for Accounting Period 7/90 Through 6/91 | Total | Zero Assets | Under 100 | 100 to 250 | 251 to 500 | 501 to 1,000 | 1,001 to 5,000 | 5,001 to 10,000 | 10,001 to 25,000 | 25,001 to 50,000 | 50,001 to 100,000 | 100,001 to 250,000 | 250,001 and over |
|---|---|---|---|---|---|---|---|---|---|---|---|---|---|
| Number of Enterprises **1** | 435 | • | 147 | 102 | 65 | 40 | 46 | 7 | 8 | • | • | • | • |
| **Revenues ($ in Thousands)** | | | | | | | | | | | | | |
| Net Sales **2** | 15936 | • | 124 | 454 | 248 | 628 | 1625 | 366 | 970 | • | • | • | • |
| Portfolio Income **3** | 542 | • | • | 0 | 0 | 2 | 5 | 2 | 4 | • | • | • | • |
| Other Revenues **4** | 390 | • | • | 0 | 1 | 1 | 8 | 5 | 9 | • | • | • | • |
| Total Revenues **5** | 16868 | • | 124 | 454 | 249 | 632 | 1639 | 372 | 983 | • | • | • | • |
| Average Total Revenues **6** | 38777 | • | 847 | 4455 | 3830 | 15788 | 35620 | 53135 | 122830 | • | • | • | • |
| **Operating Costs/Operating Income (%)** | | | | | | | | | | | | | |
| Cost of Operations **7** | 69.4 | • | 64.9 | 83.4 | 73.6 | 68.5 | 76.4 | 82.5 | 72.0 | • | • | • | • |
| Rent **8** | 1.2 | • | 3.9 | 1.5 | 0.6 | 1.2 | 0.6 | 0.6 | 0.9 | • | • | • | • |
| Taxes Paid **9** | 2.2 | • | 0.9 | 1.2 | 1.3 | 1.2 | 2.3 | 1.5 | 1.7 | • | • | • | • |
| Interest Paid **10** | 5.2 | • | 1.4 | 1.1 | 1.1 | 0.8 | 1.3 | 1.7 | 2.3 | • | • | • | • |
| Depreciation, Depletion, Amortization **11** | 2.5 | • | • | 1.1 | 0.5 | 0.8 | 1.4 | 1.0 | 1.5 | • | • | • | • |
| Pensions and Other Benefits **12** | 1.6 | • | • | 0.2 | 0.9 | 2.3 | 1.3 | 0.6 | 1.5 | • | • | • | • |
| Other **13** | 15.9 | • | 23.2 | 6.9 | 13.3 | 15.1 | 9.4 | 8.2 | 13.8 | • | • | • | • |
| Officers Compensation **14** | 1.1 | • | 5.5 | 1.9 | 4.9 | 4.9 | 2.7 | 1.1 | 1.3 | • | • | • | • |
| Operating Margin **15** | 1.0 | • | 0.2 | 2.7 | 3.8 | 5.2 | 4.8 | 2.9 | 5.1 | • | • | • | • |
| Oper. Margin Before Officers Compensation **16** | 2.0 | • | 5.7 | 4.6 | 8.8 | 10.1 | 7.5 | 4.0 | 6.5 | • | • | • | • |
| **Selected Average Balance Sheet ($ in Thousands)** | | | | | | | | | | | | | |
| Net Receivables **17** | 4947 | • | 22 | 21 | 584 | 2513 | 5373 | 7728 | 19006 | • | • | • | • |
| Inventories **18** | 7045 | • | 91 | 320 | 573 | 2163 | 5780 | 24383 | 26907 | • | • | • | • |
| Net Property, Plant and Equipment **19** | 5686 | • | 1 | 288 | 84 | 763 | 2315 | 1944 | 11386 | • | • | • | • |
| Total Assets **20** | 38864 | • | 185 | 786 | 1778 | 7404 | 17182 | 37882 | 77140 | • | • | • | • |

| | Current | 1986 | 1987 | 1988 | 1989 | 1990 | 1991 | 1992 | 1993 | 1994 |
|---|---|---|---|---|---|---|---|---|---|---|
| Notes and Loans Payable 21 | 11014 | • | • | • | 214 | 411 | 796 | 3296 | 6793 | 23752 |
| All Other Liabilities 22 | 11250 | • | • | 61 | 148 | 484 | 902 | 4068 | 17362 | 10192 |
| Net Worth 23 | 16600 | • | • | 124 | 424 | 883 | 5706 | 9818 | 13727 | 43196 |

## Selected Financial Ratios (Times to 1)

| | Current | 1986 | 1987 | 1988 | 1989 | 1990 | 1991 | 1992 | 1993 | 1994 |
|---|---|---|---|---|---|---|---|---|---|---|
| Current Ratio 24 | 1.2 | 2.7 | • | • | • | 2.4 | 2.1 | 6.5 | 2.5 | 1.7 |
| Quick Ratio 25 | 0.5 | 0.5 | • | • | • | • | 0.2 | 0.8 | 4.0 | 1.3 |
| Net Sales to Working Capital 26 | 16.4 | 8.0 | • | • | • | 16.5 | 4.4 | 3.1 | 4.3 | 3.8 |
| Coverage Ratio 27 | 2.5 | 1.4 | • | • | • | 3.4 | 4.6 | 8.6 | 5.5 | 3.5 |
| Total Asset Turnover 28 | 1.0 | 4.6 | • | • | • | 5.7 | 2.2 | 2.1 | 2.1 | 1.4 |
| Inventory Turnover 29 | 3.6 | 5.5 | • | • | • | • | 2.0 | 4.0 | 4.0 | 3.5 |
| Receivables Turnover 30 | 8.1 | • | • | • | • | 2.6 | 2.6 | 6.5 | 5.6 | 5.2 |
| Total Liabilities to Net Worth 31 | 1.4 | 0.5 | • | • | • | 0.9 | 1.0 | 0.3 | 0.8 | 1.8 |

## Selected Financial Factors (in Percentages)

| | Current | 1986 | 1987 | 1988 | 1989 | 1990 | 1991 | 1992 | 1993 | 1994 |
|---|---|---|---|---|---|---|---|---|---|---|
| Debt Ratio 32 | 57.3 | • | • | 33.1 | 46.0 | 50.3 | 22.9 | 42.9 | 63.8 | 44.0 |
| Return on Assets 33 | 12.3 | • | • | 8.8 | 21.8 | 11.3 | 13.6 | 14.0 | 8.2 | 13.7 |
| Return on Equity 34 | 12.3 | • | • | 3.1 | 27.3 | 14.8 | 14.5 | 17.7 | 11.1 | 13.6 |
| Return Before Interest on Equity 35 | 28.7 | • | • | • | 13.2 | 22.8 | 17.7 | 24.5 | 22.6 | 24.4 |
| Profit Margin, Before Income Tax 36 | 7.8 | • | • | 0.6 | 2.7 | 4.1 | 5.7 | 5.6 | 4.2 | 6.4 |
| Profit Margin, After Income Tax 37 | 5.6 | • | • | 0.5 | 0.5 | 2.6 | 3.4 | 5.3 | 4.9 | 4.9 |

## Trends in Selected Ratios and Factors, 1986–1994

| | 1986 | 1987 | 1988 | 1989 | 1990 | 1991 | 1992 | 1993 | 1994 |
|---|---|---|---|---|---|---|---|---|---|
| Cost of Operations (%) 38 | 70.5 | 69.6 | 70.6 | 69.7 | 68.9 | 71.5 | 70.7 | 70.0 | 69.4 |
| Operating Margin (%) 39 | 2.1 | 4.3 | 3.2 | 3.9 | 1.6 | 1.1 | 1.1 | 2.4 | 1.0 |
| Oper. Margin Before Officers Comp. (%) 40 | 3.6 | 5.7 | 4.9 | 5.6 | 3.0 | 3.1 | 2.5 | 3.6 | 2.0 |
| Average Net Receivables ($) 41 | 1733 | 1999 | 1514 | 1253 | 1631 | 649 | 1738 | 1636 | 4947 |
| Average Inventories ($) 42 | 2062 | 2597 | 2059 | 1671 | 2010 | 1115 | 2625 | 2767 | 7045 |
| Average Net Worth ($) 43 | 3404 | 4259 | 3196 | 2262 | 3193 | 1571 | 3717 | 4069 | 16600 |
| Current Ratio (x1) 44 | 2.3 | 2.2 | 2.2 | 2.3 | 1.7 | 1.6 | 1.5 | 1.6 | 1.2 |
| Quick Ratio (x1) 45 | 1.1 | 1.1 | 1.0 | 1.0 | 0.8 | 0.6 | 0.6 | 0.6 | 0.5 |
| Coverage Ratio (x1) 46 | 3.8 | 5.7 | 4.0 | 5.2 | 2.2 | 2.2 | 2.9 | 2.8 | 2.5 |
| Asset Turnover (x1) 47 | 1.8 | 1.7 | 1.8 | 2.2 | 1.2 | 1.5 | 1.3 | 1.3 | 1.0 |
| Operating Leverage (x1) 48 | • | 2.0 | 0.8 | 1.2 | 0.4 | 0.7 | 1.0 | 2.1 | 0.4 |
| Financial Leverage (x1) 49 | • | 1.2 | 0.9 | 1.1 | 0.8 | 1.2 | 1.2 | 0.9 | 0.9 |
| Total Leverage (x1) 50 | • | 2.4 | 0.7 | 1.3 | 0.3 | 0.8 | 1.2 | 2.0 | 0.4 |

## Table I

Corporations with and without Net Income

# WOMEN'S AND CHILDREN'S CLOTHING

**MONEY AMOUNTS AND SIZE OF ASSETS IN THOUSANDS OF DOLLARS**

| Item Description for Accounting Period 7/90 Through 6/91 | Total | Zero Assets | Under 100 | 100 to 250 | 251 to 500 | 501 to 1,000 | 1,001 to 5,000 | 5,001 to 10,000 | 10,001 to 25,000 | 25,001 to 50,000 | 50,001 to 100,000 | 100,001 to 250,000 | 250,001 and over |
|---|---|---|---|---|---|---|---|---|---|---|---|---|---|
| Number of Enterprises 1 | 5533 | 819 | 1830 | 670 | 549 | 423 | 879 | 174 | 130 | 39 | 7 | 9 | 3 |
| **Revenues ($ in Thousands)** | | | | | | | | | | | | | |
| Net Sales 2 | 27227 | 308 | 648 | 550 | 1008 | 1159 | 7206 | 3421 | 4649 | 2636 | 776 | 2160 | 2703 |
| Portfolio Income 3 | 68 | 6 | • | 0 | 0 | 2 | 4 | 3 | 8 | 13 | 0 | 5 | 28 |
| Other Revenues 4 | 369 | 4 | 0 | 7 | 14 | 5 | 55 | 85 | 50 | 26 | 39 | 43 | 40 |
| Total Revenues 5 | 27664 | 318 | 649 | 558 | 1023 | 1166 | 7265 | 3509 | 4706 | 2675 | 816 | 2209 | 2771 |
| Average Total Revenues 6 | 5000 | 389 | 354 | 833 | 1863 | 2756 | 8265 | 20169 | 36204 | 68595 | 116546 | 245419 | 923607 |
| **Operating Costs/Operating Income (%)** | | | | | | | | | | | | | |
| Cost of Operations 7 | 73.1 | 74.9 | 60.0 | 73.7 | 75.0 | 73.0 | 76.9 | 77.3 | 72.5 | 72.2 | 68.1 | 68.1 | 67.2 |
| Rent 8 | 1.8 | 4.0 | 12.5 | 1.8 | 3.7 | 1.6 | 1.5 | 1.2 | 1.5 | 1.1 | 1.6 | 1.3 | 1.4 |
| Taxes Paid 9 | 2.1 | 3.1 | 5.9 | 5.1 | 3.3 | 1.8 | 2.0 | 1.3 | 2.1 | 1.9 | 2.2 | 1.8 | 1.7 |
| Interest Paid 10 | 2.2 | 2.8 | • | 1.0 | 1.8 | 1.4 | 1.9 | 1.5 | 1.8 | 3.4 | 2.0 | 5.4 | 2.0 |
| Depreciation, Depletion, Amortization 11 | 0.9 | 2.7 | 1.3 | 1.1 | 1.1 | 0.6 | 0.5 | 0.9 | 0.9 | 1.3 | 1.3 | 2.0 | 0.8 |
| Pensions and Other Benefits 12 | 1.1 | 0.9 | • | 0.4 | 1.3 | 0.4 | 0.7 | 1.0 | 1.0 | 1.1 | 1.1 | 2.5 | 1.2 |
| Other 13 | 14.8 | 24.2 | 17.7 | 12.6 | 18.3 | 13.0 | 13.7 | 13.4 | 15.3 | 15.7 | 14.6 | 16.1 | 15.5 |
| Officers Compensation 14 | 3.5 | 2.8 | 6.1 | 5.2 | 2.2 | 6.0 | 3.5 | 4.7 | 3.9 | 3.6 | 3.5 | 2.1 | 0.8 |
| Operating Margin 15 | 0.7 | • | • | • | 2.3 | • | • | 1.2 | • | • | 5.7 | 0.9 | 9.5 |
| Oper. Margin Before Officers Compensation 16 | 4.1 | 2.5 | • | • | 4.5 | 8.3 | 2.9 | 3.5 | 5.0 | 3.4 | 9.2 | 2.9 | 10.2 |
| **Selected Average Balance Sheet ($ in Thousands)** | | | | | | | | | | | | | |
| Net Receivables 17 | 514 | 7 | • | 43 | 80 | 193 | 612 | 2294 | 4219 | 9024 | 12119 | 27307 | 170484 |
| Inventories 18 | 661 | • | 2 | 24 | 118 | 271 | 910 | 2347 | 6108 | 12410 | 22580 | 43615 | 141270 |
| Net Property, Plant and Equipment 19 | 220 | • | 10 | 30 | 51 | 79 | 172 | 405 | 1390 | 5616 | 8301 | 28776 | 60331 |
| Total Assets 20 | 1974 | • | 37 | 170 | 353 | 706 | 2242 | 6890 | 15006 | 34527 | 62695 | 159154 | 635973 |

## Selected Financial Ratios (Times to 1)

| | | | | | | | | | | | |
|---|---|---|---|---|---|---|---|---|---|---|---|
| Notes and Loans Payable 21 | 755 | | 32 | 84 | 152 | 166 | 758 | 2443 | 17508 | 22556 | 102345 | 159854 |
| All Other Liabilities 22 | 634 | 70 | 195 | 239 | 884 | 2125 | 4672 | 7483 | 9653 | 40185 | 217136 |
| Net Worth 23 | 584 | -64 | 6 | 301 | 600 | 2323 | 5898 | 9536 | 30486 | 258983 |
| Current Ratio 24 | • | 0.3 | 1.2 | 1.2 | 2.2 | 1.5 | 1.7 | 1.6 | 1.7 | 3.4 | 2.3 | 1.4 |
| Quick Ratio 25 | • | 0.2 | 0.9 | 0.5 | 1.1 | 0.6 | 0.8 | 0.7 | 0.7 | 1.2 | 0.9 | 0.7 |
| Net Sales to Working Capital 26 | 9.0 | • | 48.8 | • | 8.1 | 12.5 | 8.3 | 7.7 | 6.4 | 3.2 | 5.0 | 9.3 |
| Coverage Ratio 27 | 2.1 | • | 1.6 | 1.6 | 3.2 | 1.1 | 1.9 | 2.4 | 1.4 | 6.5 | 1.6 | 7.1 |
| Total Asset Turnover 28 | 2.5 | 9.5 | 4.8 | 5.2 | 3.9 | 3.7 | 2.9 | 2.0 | 1.8 | 1.5 | 1.4 |
| Inventory Turnover 29 | 5.0 | • | • | • | 6.7 | 7.5 | 6.0 | 4.2 | 4.1 | 2.6 | 3.5 | 2.5 |
| Receivables Turnover 30 | 9.0 | • | • | • | • | 8.9 | 8.4 | 8.6 | 9.5 | 4.0 |
| Total Liabilities to Net Worth 31 | 2.4 | • | 11.5 | • | 1.4 | 2.7 | 2.0 | 1.6 | 2.6 | 1.1 | 8.6 | 1.5 |

## Selected Financial Factors (in Percentages)

| | | | | | | | | | | | |
|---|---|---|---|---|---|---|---|---|---|---|---|
| Debt Ratio 32 | 70.4 | • | 92.0 | 98.2 | 57.4 | 73.2 | 66.3 | 60.7 | 72.4 | 51.4 | 89.6 | 59.3 |
| Return on Assets 33 | 11.1 | • | 7.7 | • | 16.6 | 7.6 | 8.0 | 10.0 | 9.2 | 22.5 | 12.9 | 20.2 |
| Return on Equity 34 | 13.5 | • | 20.1 | 35.3 | 23.4 | 0.5 | 7.0 | 13.9 | 7.0 | 39.1 | • | 27.4 |
| Return Before Interest on Equity 35 | 2.3 | 19.2 | • | • | • | 28.5 | 23.9 | 25.5 | 33.4 | 10.8 | • |
| Profit Margin, Before Income Tax 36 | • | • | 0.6 | 0.6 | 2.9 | 0.3 | 1.4 | 2.4 | 1.4 | 3.2 | 12.2 |
| Profit Margin, After Income Tax 37 | 1.6 | • | 0.6 | • | 2.6 | • | 0.8 | 2.3 | 1.0 | 8.6 | • |

## Trends in Selected Ratios and Factors, 1986–1994

| | 1986 | 1987 | 1988 | 1989 | 1990 | 1991 | 1992 | 1993 | 1994 |
|---|---|---|---|---|---|---|---|---|---|
| Cost of Operations (%) 38 | 70.0 | 69.4 | 70.3 | 69.5 | 70.3 | 73.0 | 72.2 | 72.5 | 73.1 |
| Operating Margin (%) 39 | 1.0 | 2.7 | 0.6 | 1.1 | 1.2 | 0.4 | • | • | 0.7 |
| Oper. Margin Before Officers Comp. (%) 40 | 4.0 | 5.7 | 3.3 | 3.8 | 3.6 | 2.9 | 1.9 | 2.6 | 4.1 |
| Average Net Receivables ($) 41 | 317 | 376 | 510 | 489 | 548 | 621 | 543 | 529 | 514 |
| Average Inventories ($) 42 | 349 | 416 | 583 | 558 | 749 | 756 | 645 | 715 | 661 |
| Average Net Worth ($) 43 | 486 | 548 | 805 | 707 | 1168 | 1097 | 909 | 949 | 584 |
| Current Ratio (x1) 44 | 1.8 | 1.8 | 1.7 | 1.7 | 1.4 | 1.7 | 1.9 | 1.7 | 1.6 |
| Quick Ratio (x1) 45 | 0.9 | 0.9 | 0.9 | 0.8 | 0.6 | 0.7 | 0.8 | 0.7 | 0.7 |
| Coverage Ratio (x1) 46 | 2.9 | 4.4 | 2.6 | 2.8 | 2.8 | 2.3 | 2.1 | 2.2 | 2.1 |
| Asset Turnover (x1) 47 | 2.4 | 2.4 | 2.2 | 2.3 | 1.6 | 1.7 | 1.7 | 1.7 | 2.5 |
| Total Liabilities/Net Worth (x1) 48 | 1.3 | 1.3 | 1.3 | 1.5 | 1.5 | 1.7 | 1.9 | 1.9 | 2.4 |
| Return on Assets (%) 49 | 10.9 | 13.0 | 8.9 | 10.6 | 7.7 | 8.6 | 10.6 | 11.0 | 11.1 |
| Return on Equity (%) 50 | 7.4 | 13.2 | 6.3 | 8.5 | 6.6 | 7.7 | 10.2 | 12.1 | 13.5 |

# WOMEN'S AND CHILDREN'S CLOTHING

**Table II**

Corporations with Net Income

**MONEY AMOUNTS AND SIZE OF ASSETS IN THOUSANDS OF DOLLARS**

| Item Description for Accounting Period 7/90 Through 6/91 | Total | Zero Assets | Under 100 | 100 to 250 | 251 to 500 | 501 to 1,000 | 1,001 to 5,000 | 5,001 to 10,000 | 10,001 to 25,000 | 25,001 to 50,000 | 50,001 to 100,000 | 100,001 to 250,000 | 250,001 and over |
|---|---|---|---|---|---|---|---|---|---|---|---|---|---|
| Number of Enterprises **1** | 2300 | 4 | 219 | 431 | 394 | 333 | 642 | 138 | 98 | 28 | • | • | • |
| **Revenues ($ in Thousands)** | | | | | | | | | | | | | |
| Net Sales **2** | 21257 | 284 | 171 | 444 | 664 | 946 | 5945 | 2755 | 3576 | 1932 | | | |
| Portfolio Income **3** | 51 | 0 | 0 | • | 1 | 3 | 3 | 7 | 8 | • | | | |
| Other Revenues **4** | 302 | 1 | 0 | 7 | 5 | 5 | 46 | 82 | 36 | 22 | | | |
| Total Revenues **5** | 21609 | 285 | 171 | 451 | 669 | 953 | 5993 | 2840 | 3618 | 1962 | | | |
| Average Total Revenues **6** | 9395 | 71288 | 782 | 1047 | 1697 | 2861 | 9335 | 20577 | 36917 | 70070 | | | |
| **Operating Costs/Operating Income (%)** | | | | | | | | | | | | | |
| Cost of Operations **7** | 72.1 | 71.9 | 65.8 | 70.0 | 73.2 | 71.0 | 76.6 | 75.8 | 71.3 | 69.9 | | | |
| Rent **8** | 1.3 | 0.8 | 3.4 | 1.0 | 3.4 | 1.8 | 1.3 | 1.0 | 1.4 | 0.9 | | | |
| Taxes Paid **9** | 1.8 | 2.7 | 2.5 | 3.8 | 3.8 | 1.9 | 1.7 | 1.2 | 1.5 | 2.2 | | | |
| Interest Paid **10** | 1.7 | 1.6 | 0.3 | 0.9 | 1.5 | 1.2 | 1.8 | 1.2 | 1.5 | 3.0 | | | |
| Depreciation, Depletion, Amortization **11** | 0.8 | 1.2 | 0.9 | 1.2 | 1.5 | 0.6 | 0.5 | 0.4 | 0.8 | 1.1 | | | |
| Pensions and Other Benefits **12** | 1.0 | • | 0.9 | 0.3 | 0.6 | 0.4 | 0.7 | 1.6 | 0.8 | 0.8 | | | |
| Other **13** | 13.6 | 14.6 | 14.6 | 10.5 | 12.7 | 12.9 | 12.4 | 12.9 | 14.8 | 15.2 | | | |
| Officers Compensation **14** | 3.9 | 2.9 | 9.1 | 6.3 | 1.4 | 6.3 | 3.6 | 5.7 | 4.6 | 4.5 | | | |
| Operating Margin **15** | 3.8 | 3.5 | 3.6 | 3.8 | 2.0 | 4.0 | 1.6 | 0.4 | 3.3 | 2.5 | | | |
| Oper. Margin Before Officers Compensation **16** | 7.7 | 6.3 | 12.7 | 10.1 | 3.4 | 10.3 | 5.2 | 6.0 | 7.9 | 7.0 | | | |
| **Selected Average Balance Sheet ($ in Thousands)** | | | | | | | | | | | | | |
| Net Receivables **17** | 955 | • | 0 | 17 | 76 | 190 | 612 | 2316 | 4230 | 8533 | • | • | • |
| Inventories **18** | 1175 | • | • | 3 | 92 | 282 | 960 | 2423 | 5611 | 12417 | • | • | • |
| Net Property, Plant and Equipment **19** | 366 | • | 6 | 45 | 62 | 71 | 165 | 343 | 1284 | 4964 | • | • | • |
| Total Assets **20** | 3543 | • | 37 | 157 | 353 | 718 | 2219 | 7059 | 14558 | 34162 | • | • | • |

| | | | | | | | | | |
|---|---|---|---|---|---|---|---|---|---|
| Notes and Loans Payable 21 | 1065 | 1093 | 54 | 75 | 92 | 177 | 730 | 1945 | 3688 | 16458 |
| All Other Liabilities 22 | • | • | 187 | 52 | 185 | 204 | 905 | 2076 | 4215 | 7102 |
| Net Worth 23 | 1385 | • | -204 | 30 | 77 | 338 | 584 | 3038 | 6655 | 10602 |

## Selected Financial Ratios (Times to 1)

| | | | | | | | | | | |
|---|---|---|---|---|---|---|---|---|---|---|
| Current Ratio 24 | 1.8 | • | 0.2 | 1.0 | 1.3 | 2.6 | 1.6 | 1.8 | 1.8 | 1.9 |
| Quick Ratio 25 | 0.8 | • | 0.2 | 0.9 | 0.6 | 1.3 | 0.6 | 0.8 | 0.8 | 0.7 |
| Net Sales to Working Capital 26 | 8.1 | • | • | • | 31.3 | 7.4 | 12.8 | 7.3 | 7.1 | 5.8 |
| Coverage Ratio 27 | 4.2 | 3.4 | • | 7.2 | 2.8 | 5.0 | 2.4 | 3.9 | 4.0 | 2.4 |
| Total Asset Turnover 28 | 2.6 | • | • | 6.6 | 4.8 | 4.0 | 4.2 | 2.8 | 2.5 | 2.0 |
| Inventory Turnover 29 | 5.0 | • | • | • | • | 7.8 | 7.4 | 5.8 | 4.6 | 4.7 |
| Receivables Turnover 30 | 9.0 | • | • | • | • | • | • | 8.8 | 8.6 | • |
| Total Liabilities to Net Worth 31 | 1.6 | • | 4.2 | 3.6 | 1.1 | 2.8 | 1.3 | 1.2 | 2.2 | • |

## Selected Financial Factors (in Percentages)

| | | | | | | | | | | |
|---|---|---|---|---|---|---|---|---|---|---|
| Debt Ratio 32 | 60.9 | • | • | 80.6 | 78.3 | 53.0 | 73.7 | 57.0 | 54.3 | 69.0 |
| Return on Assets 33 | 18.8 | • | • | • | 19.7 | 23.3 | 17.4 | 12.9 | 15.0 | 14.4 |
| Return on Equity 34 | 31.0 | • | • | • | • | 36.0 | 34.2 | 18.1 | 23.6 | 23.6 |
| Return Before Interest on Equity 35 | • | • | • | • | • | • | • | • | 30.0 | 32.9 |
| Profit Margin, Before Income Tax 36 | 5.5 | 3.8 | 3.7 | 5.4 | 2.7 | 4.7 | 2.4 | 3.4 | 4.5 | 4.1 |
| Profit Margin, After Income Tax 37 | 4.7 | 2.5 | 3.4 | 5.4 | 2.6 | 4.3 | 2.2 | 2.8 | 4.3 | 3.6 |

## Trends in Selected Ratios and Factors, 1986-1994

| | 1986 | 1987 | 1988 | 1989 | 1990 | 1991 | 1992 | 1993 | 1994 |
|---|---|---|---|---|---|---|---|---|---|
| Cost of Operations (%) 38 | 69.3 | 68.7 | 69.0 | 69.0 | 69.4 | 71.2 | 71.2 | 71.8 | 72.1 |
| Operating Margin (%) 39 | 4.0 | 4.5 | 3.5 | 4.3 | 4.3 | 3.6 | 2.3 | 2.9 | 3.8 |
| Oper. Margin Before Officers Comp. (%) 40 | 7.0 | 7.4 | 6.4 | 7.0 | 6.8 | 6.2 | 4.8 | 5.5 | 7.7 |
| Average Net Receivables ($) 41 | 510 | 619 | 688 | 827 | 910 | 1032 | 1191 | 946 | 955 |
| Average Inventories ($) 42 | 530 | 652 | 757 | 895 | 1196 | 1150 | 1351 | 1272 | 1175 |
| Average Net Worth ($) 43 | 841 | 975 | 1210 | 1331 | 2321 | 2259 | 2467 | 2136 | 1385 |
| Current Ratio (x1) 44 | 1.9 | 1.9 | 1.9 | 1.8 | 1.5 | 1.8 | 2.0 | 2.0 | 1.8 |
| Quick Ratio (x1) 45 | 1.0 | 1.0 | 1.0 | 0.9 | 0.6 | 0.8 | 0.9 | 0.8 | 0.8 |
| Coverage Ratio (x1) 46 | 5.2 | 6.5 | 5.2 | 5.6 | 5.2 | 4.2 | 3.2 | 3.5 | 4.2 |
| Asset Turnover (x1) 47 | 2.4 | 2.5 | 2.2 | 2.3 | 1.7 | 1.7 | 1.6 | 1.6 | 2.6 |
| Operating Leverage 48 | • | 1.1 | 0.8 | 1.3 | 1.0 | 0.8 | 0.7 | 1.2 | 1.4 |
| Financial Leverage 49 | • | 1.1 | 1.0 | 1.0 | 1.0 | 1.0 | 0.9 | 1.1 | 1.1 |
| Total Leverage 50 | • | 1.2 | 0.8 | 1.3 | 1.0 | 0.8 | 0.6 | 1.3 | 1.5 |

# Other Apparel and Accessories

**Table I**

Corporations with and without Net Income

**Money Amounts and Size of Assets in Thousands of Dollars**

| Item Description for Accounting Period 7/90 Through 6/91 | Total Assets | Zero Assets | Under 100 | 100 to 250 | 251 to 500 | 501 to 1,000 | 1,001 to 5,000 | 5,001 to 10,000 | 10,001 to 25,000 | 25,001 to 50,000 | 50,001 to 100,000 | 100,001 to 250,000 | 250,001 and over |
|---|---|---|---|---|---|---|---|---|---|---|---|---|---|
| Number of Enterprises 1 | 5043 | 470 | 2238 | 842 | 553 | 398 | 391 | 74 | 50 | 10 | 9 | 4 | 4 |
| **Revenues ($ in Thousands)** | | | | | | | | | | | | | |
| Net Sales 2 | 11709 | 46 | 704 | 412 | 584 | 544 | 1832 | 980 | 1724 | 749 | 718 | 1260 | 2158 |
| Portfolio Income 3 | 99 | 25 | 0 | 0 | 1 | 1 | 11 | 1 | 3 | 33 | 4 | 8 | 13 |
| Other Revenues 4 | 171 | 0 | 6 | 0 | 1 | 3 | 33 | 16 | 30 | 5 | 8 | 26 | 43 |
| Total Revenues 5 | 11979 | 71 | 710 | 412 | 586 | 549 | 1875 | 996 | 1757 | 786 | 752 | 1271 | 2214 |
| Average Total Revenues 6 | 2375 | 151 | 317 | 489 | 1060 | 1379 | 4796 | 13460 | 35138 | 78629 | 141276 | 187939 | 553501 |
| **Operating Costs/Operating Income (%)** | | | | | | | | | | | | | |
| Cost of Operations 7 | 69.6 | 83.5 | 79.2 | 57.0 | 68.9 | 74.5 | 66.7 | 73.4 | 72.9 | 74.6 | 68.0 | 70.2 | 64.7 |
| Rent 8 | 1.9 | 1.9 | 2.7 | 5.5 | 3.8 | 3.3 | 1.3 | 1.2 | 1.3 | 0.6 | 1.6 | 1.6 | 2.0 |
| Taxes Paid 9 | 2.6 | 1.9 | 2.9 | 2.4 | 2.5 | 2.7 | 2.5 | 1.3 | 3.0 | 2.4 | 3.4 | 2.0 | 2.8 |
| Interest Paid 10 | 3.7 | 2.0 | 0.2 | 1.4 | 0.8 | 2.7 | 2.3 | 2.1 | 2.9 | 4.3 | 4.1 | 9.5 | 6.8 |
| Depreciation, Depletion, Amortization 11 | 1.7 | 2.0 | 2.0 | 2.0 | 2.2 | 1.5 | 1.4 | 1.0 | 1.8 | 1.6 | 1.1 | 2.9 | 2.1 |
| Pensions and Other Benefits 12 | 1.2 | 1.4 | 1.4 | • | 1.1 | 0.8 | 1.2 | 1.3 | 0.9 | 0.6 | 1.4 | 3.4 | 0.8 |
| Other 13 | 17.6 | 26.2 | 10.2 | 25.4 | 13.6 | 16.4 | 20.4 | 15.4 | 15.0 | 12.5 | 19.2 | 17.8 | 21.3 |
| Officers Compensation 14 | 3.2 | 4.3 | 6.9 | 2.1 | 4.2 | 7.2 | 5.5 | 3.4 | 3.0 | 4.1 | 1.1 | 1.4 | 0.7 |
| Operating Margin 15 | 1.7 | • | • | 4.2 | 3.1 | • | 4.1 | 1.0 | • | • | 0.2 | • | • |
| Oper. Margin Before Officers Compensation 16 | 1.7 | 1.7 | 6.3 | 7.2 | • | 4.1 | 4.4 | 2.4 | 3.5 | • | 1.3 | • | • |
| **Selected Average Balance Sheet ($ in Thousands)** | | | | | | | | | | | | | |
| Net Receivables 17 | 300 | 7 | • | 15 | 150 | 193 | 665 | 1303 | 4914 | 10183 | 21478 | 27899 | 78167 |
| Inventories 18 | 409 | 7 | • | 49 | 84 | 242 | 806 | 3072 | 5383 | 12390 | 30009 | 40006 | 123509 |
| Net Property, Plant and Equipment 19 | 184 | • | 11 | 46 | 72 | 64 | 339 | 407 | 3100 | 3983 | 8821 | 22626 | 68269 |
| Total Assets 20 | 1303 | | 40 | 172 | 397 | 697 | 2197 | 6236 | 16052 | 44855 | 80057 | 156366 | 479727 |

## Selected Financial Ratios (Times to 1)

| | | | | | | | | | | | | |
|---|---|---|---|---|---|---|---|---|---|---|---|---|
| Notes and Loans Payable 21 | 696 | 29 | 55 | 363 | 352 | 1096 | 2162 | 6536 | 24847 | 41130 | 126543 | 253946 |
| All Other Liabilities 22 | 313 | 20 | 77 | 127 | 211 | 592 | 1600 | 4650 | 7513 | 24104 | 24432 | 85333 |
| Net Worth 23 | 294 | -9 | 40 | -92 | 134 | 510 | 2473 | 4865 | 12495 | 14823 | 5391 | 140449 |
| Current Ratio 24 | • | 1.7 | 1.1 | 1.8 | 1.5 | 1.5 | 1.6 | 1.5 | 2.1 | 1.9 | 2.0 | |
| Quick Ratio 25 | 0.8 | • | 1.0 | 0.6 | 1.3 | 0.7 | 0.7 | 0.7 | 0.6 | 0.8 | 0.7 | 0.8 |
| Net Sales to Working Capital 26 | 6.7 | • | 37.8 | 38.4 | 8.2 | 6.4 | 7.8 | 6.6 | 9.4 | 5.1 | 5.2 | 4.9 |
| Coverage Ratio 27 | 1.2 | • | • | 4.1 | 5.4 | • | 1.4 | 2.2 | 1.5 | 2.0 | 1.3 | 0.6 |
| Total Asset Turnover 28 | 1.8 | • | 7.8 | 2.9 | 2.7 | 2.0 | 2.1 | 2.1 | 2.2 | 1.7 | 1.8 | 1.2 |
| Inventory Turnover 29 | 4.1 | • | 8.9 | 9.9 | 4.8 | 3.5 | 3.5 | 5.1 | 4.9 | 3.5 | 3.1 | 1.1 |
| Receivables Turnover 30 | 8.3 | • | • | 8.8 | 8.2 | 6.4 | • | 8.0 | 7.5 | 7.5 | 6.1 | 7.6 |
| Total Liabilities to Net Worth 31 | 3.4 | 3.3 | 3.3 | 4.2 | 3.3 | 4.2 | 3.3 | 1.5 | 2.3 | 2.6 | 4.4 | 2.4 |

## Selected Financial Factors (in Percentages)

| | | | | | | | | | | | | |
|---|---|---|---|---|---|---|---|---|---|---|---|---|
| Debt Ratio 32 | 77.4 | 76.7 | • | • | • | 80.8 | 76.8 | 60.3 | 69.7 | 72.2 | 81.5 | 96.6 |
| Return on Assets 33 | 8.2 | • | 15.7 | 11.0 | • | 7.1 | 10.1 | 9.0 | 14.7 | 9.2 | 9.5 | 6.2 |
| Return on Equity 34 | 3.5 | • | • | • | • | 6.4 | 14.0 | 6.0 | 17.7 | 5.9 | 5.9 | |
| Return Before Interest on Equity 35 | • | • | • | • | • | 30.4 | 25.5 | 29.8 | • | • | 32.4 | |
| Profit Margin, Before Income Tax 36 | 0.9 | 32.4 | 4.2 | 3.4 | • | 1.0 | 2.6 | 1.3 | 4.5 | 1.2 | 1.7 | |
| Profit Margin, After Income Tax 37 | 0.5 | 32.4 | 4.2 | 3.1 | • | 0.7 | 2.6 | 0.8 | 3.0 | 0.6 | 1.1 | |

## Trends in Selected Ratios and Factors, 1986-1994

| | 1986 | 1987 | 1988 | 1989 | 1990 | 1991 | 1992 | 1993 | 1994 |
|---|---|---|---|---|---|---|---|---|---|
| Cost of Operations (%) 38 | 71.8 | 71.2 | 72.8 | 71.9 | 72.7 | 70.9 | 68.2 | 68.5 | 69.6 |
| Operating Margin (%) 39 | 1.8 | 2.4 | 0.2 | 0.2 | • | • | • | • | • |
| Oper. Margin Before Officers Comp. (%) 40 | 4.9 | 5.4 | 3.3 | 3.2 | 2.3 | 2.8 | 3.3 | 2.7 | 1.7 |
| Average Net Receivables ($) 41 | 293 | 208 | 234 | 177 | 224 | 247 | 458 | 324 | 300 |
| Average Inventories ($) 42 | 415 | 305 | 344 | 278 | 349 | 378 | 640 | 482 | 409 |
| Average Net Worth ($) 43 | 492 | 348 | 338 | 273 | 276 | 288 | 441 | 303 | 294 |
| Current Ratio (x1) 44 | 1.8 | 1.7 | 1.7 | 1.7 | 1.7 | 1.6 | 1.8 | 1.7 | 1.7 |
| Quick Ratio (x1) 45 | 0.8 | 0.8 | 0.7 | 0.8 | 0.7 | 0.7 | 0.7 | 0.7 | 0.8 |
| Coverage Ratio (x1) 46 | 2.5 | 3.3 | 1.8 | 1.7 | 1.2 | 1.6 | 1.4 | 1.1 | 1.2 |
| Total Liabilities/Net Worth (x1) 47 | 2.1 | 2.0 | 2.0 | 2.0 | 1.9 | 1.9 | 1.5 | 1.6 | 1.8 |
| Asset Turnover (x1) 48 | 1.3 | 1.4 | 1.8 | 1.8 | 2.5 | 2.7 | 3.5 | 3.8 | 3.4 |
| Return on Assets (%) 49 | 11.1 | 10.3 | 7.8 | 6.8 | 5.2 | 6.6 | 5.9 | 6.5 | 8.2 |
| Return on Equity (%) 50 | 8.3 | 10.5 | 2.7 | 1.3 | • | 5.5 | 4.6 | • | 3.5 |

# OTHER APPAREL AND ACCESSORIES

## Table II

Corporations with Net Income

MONEY AMOUNTS AND SIZE OF ASSETS IN THOUSANDS OF DOLLARS

| Item Description for Accounting Period 7/90 Through 6/91 | Total | Zero Assets | Under 100 | 100 to 250 | 251 to 500 | 501 to 1,000 | 1,001 to 5,000 | 5,001 to 10,000 | 10,001 to 25,000 | 25,001 to 50,000 | 50,001 to 100,000 | 100,001 to 250,000 | 250,001 and over |
|---|---|---|---|---|---|---|---|---|---|---|---|---|---|
| Number of Enterprises 1 | 2054 | 625 | 545 | 418 | 95 | 222 | 61 | 33 | 6 | • | • | • | • |
| **Revenues ($ in Thousands)** | | | | | | | | | | | | | |
| Net Sales 2 | 7130 | 339 | 295 | 431 | 168 | 1201 | 818 | 1368 | 296 | • | • | • | • |
| Portfolio Income 3 | 81 | • | • | 0 | 1 | 11 | 0 | 3 | 31 | • | • | • | • |
| Other Revenues 4 | 76 | • | • | 0 | 0 | 25 | 15 | 5 | 3 | • | • | • | • |
| Total Revenues 5 | 7287 | 339 | 295 | 432 | 169 | 1237 | 833 | 1376 | 330 | • | • | • | • |
| Average Total Revenues 6 | 3548 | 542 | 542 | 1033 | 1780 | 5570 | 13664 | 41688 | 55046 | • | • | • | • |
| **Operating Costs/Operating Income (%)** | | | | | | | | | | | | | |
| Cost of Operations 7 | 68.8 | 80.7 | 65.8 | 66.6 | 68.8 | 67.5 | 73.7 | 72.6 | 66.1 | • | • | • | • |
| Rent 8 | 1.6 | 2.6 | 4.8 | 4.0 | 1.1 | 0.7 | 1.0 | 1.0 | 0.5 | • | • | • | • |
| Taxes Paid 9 | 2.8 | 3.3 | 2.0 | 2.5 | 2.4 | 2.5 | 1.3 | 3.2 | 4.6 | • | • | • | • |
| Interest Paid 10 | 2.3 | • | 1.0 | 0.9 | 2.0 | 1.4 | 1.9 | 2.1 | 5.7 | • | • | • | • |
| Depreciation, Depletion, Amortization 11 | 1.6 | 2.8 | 2.0 | 2.4 | 0.4 | 1.6 | 1.1 | 1.3 | 1.3 | • | • | • | • |
| Pensions and Other Benefits 12 | 1.0 | • | • | 1.2 | 1.9 | 1.5 | 1.3 | 0.9 | 0.6 | • | • | • | • |
| Other 13 | 15.7 | • | 14.9 | 10.8 | 10.7 | 14.9 | 14.3 | 11.7 | 14.9 | • | • | • | • |
| Officers Compensation 14 | 3.0 | 1.0 | 1.8 | 5.3 | 11.5 | 6.5 | 3.6 | 3.1 | 1.6 | • | • | • | • |
| Operating Margin 15 | 3.3 | 2.9 | 7.7 | 6.3 | 1.2 | 3.5 | 1.9 | 4.2 | 4.8 | • | • | • | • |
| Oper. Margin Before Officers Compensation 16 | 6.3 | 3.9 | 9.5 | 11.6 | 12.7 | 9.9 | 5.5 | 7.3 | 6.4 | • | • | • | • |
| **Selected Average Balance Sheet ($ in Thousands)** | | | | | | | | | | | | | |
| Net Receivables 17 | 427 | • | 7 | 127 | 322 | 665 | 1153 | 5747 | 8957 | • | • | • | • |
| Inventories 18 | 574 | • | 43 | 67 | 342 | 695 | 2872 | 5672 | 9597 | • | • | • | • |
| Net Property, Plant and Equipment 19 | 255 | • | 18 | 33 | 76 | 24 | 444 | 2473 | 2899 | • | • | • | • |
| Total Assets 20 | 1761 | 28 | 168 | 375 | 902 | 2352 | 6102 | 16623 | 40587 | • | • | • | • |

| | | | | | | | | | |
|---|---|---|---|---|---|---|---|---|---|
| Notes and Loans Payable 21 | 637 | 3 | 39 | 99 | 354 | 786 | 2003 | 6147 | 20232 |
| All Other Liabilities 22 | 391 | 36 | 48 | 88 | 144 | 571 | 1420 | 3902 | 6149 |
| Net Worth 23 | 733 | -11 | 81 | 188 | 403 | 995 | 2679 | 6573 | 14205 |

**Selected Financial Ratios (Times to 1)**

| | | | | | | | | | |
|---|---|---|---|---|---|---|---|---|---|
| Current Ratio 24 | 2.1 | 6.5 | 1.5 | 1.9 | 2.1 | 2.0 | 1.8 | 2.1 | 2.8 |
| Quick Ratio 25 | 1.0 | 6.5 | 0.9 | 1.4 | 1.2 | 1.1 | 0.6 | 1.0 | 1.6 |
| Net Sales to Working Capital 26 | 5.7 | • | 13.1 | 8.4 | 4.0 | 6.3 | 6.2 | 6.1 | 3.2 |
| Coverage Ratio 27 | 3.4 | • | 8.5 | 8.2 | 1.9 | 5.6 | 3.0 | 3.3 | 3.9 |
| Total Asset Turnover 28 | 2.0 | • | 3.2 | 2.8 | 2.0 | 2.3 | 2.2 | 2.5 | 1.2 |
| Inventory Turnover 29 | 4.3 | • | • | • | 4.6 | 3.5 | 3.9 | 6.0 | 6.8 |
| Receivables Turnover 30 | 8.3 | • | • | 9.0 | 6.1 | 6.1 | 6.1 | • | 8.5 |
| Total Liabilities to Net Worth 31 | 1.4 | • | 1.1 | 1.0 | 1.2 | 1.4 | 1.3 | 1.5 | 1.9 |
| Debt Ratio 32 | 58.4 | • | 51.8 | 49.9 | 55.3 | 57.7 | 56.1 | 60.5 | 65.0 |
| Return on Assets 33 | 15.3 | • | 28.3 | 20.2 | 7.7 | 18.0 | 12.5 | 17.0 | 26.7 |

**Selected Financial Factors (in Percentages)**

| | | | | | | | | | |
|---|---|---|---|---|---|---|---|---|---|
| Return on Equity 34 | 22.9 | • | • | 33.6 | 6.8 | 32.6 | 18.8 | 26.1 | • |
| Return Before Interest on Equity 35 | • | • | • | • | 17.1 | • | 28.4 | • | • |
| Profit Margin, Before Income Tax 36 | 5.5 | 2.9 | 7.7 | 6.5 | 1.9 | 6.4 | 3.8 | 4.8 | 16.3 |
| Profit Margin, After Income Tax 37 | 4.8 | 2.7 | 7.7 | 6.1 | 1.6 | 6.0 | 3.8 | 4.1 | 12.5 |

**Trends in Selected Ratios and Factors, 1986–1994**

| | 1986 | 1987 | 1988 | 1989 | 1990 | 1991 | 1992 | 1993 | 1994 |
|---|---|---|---|---|---|---|---|---|---|
| Cost of Operations (%) 38 | 70.6 | 70.8 | 71.3 | 70.8 | 71.0 | 70.8 | 67.3 | 68.2 | 68.8 |
| Operating Margin (%) 39 | 3.2 | 4.0 | 3.6 | 3.9 | 2.8 | 2.8 | 3.1 | 4.3 | 3.3 |
| Oper. Margin Before Officers' Comp. (%) 40 | 6.4 | 6.9 | 6.8 | 7.1 | 6.6 | 5.7 | 7.9 | 8.1 | 6.3 |
| Average Net Receivables ($) 41 | 328 | 425 | 405 | 316 | 251 | 335 | 518 | 461 | 427 |
| Average Inventories ($) 42 | 443 | 624 | 521 | 423 | 339 | 559 | 728 | 623 | 574 |
| Average Net Worth ($) 43 | 578 | 708 | 637 | 560 | 338 | 543 | 633 | 613 | 733 |
| Current Ratio (x1) 44 | 2.0 | 1.7 | 1.7 | 1.8 | 1.7 | 1.7 | 1.8 | 1.9 | 2.1 |
| Quick Ratio (x1) 45 | 0.9 | 0.8 | 0.8 | 0.9 | 0.8 | 0.7 | 0.8 | 0.8 | 1.0 |
| Coverage Ratio (x1) 46 | 3.5 | 4.4 | 3.7 | 4.2 | 3.8 | 3.3 | 3.3 | 3.4 | 3.4 |
| Asset Turnover (x1) 47 | 2.2 | 2.1 | 2.1 | 2.1 | 2.4 | 2.0 | 1.9 | 1.9 | 2.0 |
| Operating Leverage 48 | • | 1.3 | 0.9 | 1.1 | 0.7 | 1.0 | 1.1 | 1.4 | 0.8 |
| Financial Leverage 49 | • | 1.1 | 1.0 | 1.1 | 1.0 | 1.1 | 1.1 | 1.0 | 1.1 |
| Total Leverage 50 | • | 1.4 | 0.9 | 1.1 | 0.7 | 1.1 | 1.2 | 1.4 | 0.8 |

# MISCELLANEOUS FABRICATED TEXTILE PRODUCTS

## Table I

Corporations with and without Net Income

MONEY AMOUNTS AND SIZE OF ASSETS IN THOUSANDS OF DOLLARS

| Item Description for Accounting Period 7/90 Through 6/91 | Total | Zero Assets | Under 100 | 100 to 250 | 251 to 500 | 501 to 1,000 | 1,001 to 5,000 | 5,001 to 10,000 | 10,001 to 25,000 | 25,001 to 50,000 | 50,001 to 100,000 | 100,001 to 250,000 | 250,001 and over |
|---|---|---|---|---|---|---|---|---|---|---|---|---|---|
| Number of Enterprises 1 | 5750 | • | • | 1687 | 530 | 351 | 480 | 106 | 62 | 27 | 8 | 4 | • |
| **Revenues ($ in Thousands)** | | | | | | | | | | | | | |
| Net Sales 2 | 12062 | • | • | 1231 | 773 | 843 | 2347 | 1739 | 1966 | 1286 | 696 | 670 | • |
| Portfolio Income 3 | 50 | • | • | 6 | 1 | 0 | 4 | 4 | 11 | 11 | 1 | 3 | • |
| Other Revenues 4 | 80 | • | • | 1 | 1 | 8 | 20 | 16 | 18 | 5 | 3 | 2 | • |
| Total Revenues 5 | 12192 | • | • | 1238 | 774 | 851 | 2372 | 1759 | 1995 | 1302 | 700 | 675 | • |
| Average Total Revenues 6 | 2120 | • | • | 734 | 1461 | 2426 | 4942 | 16593 | 32177 | 48211 | 87520 | 168858 | • |
| **Operating Costs/Operating Income (%)** | | | | | | | | | | | | | |
| Cost of Operations 7 | 73.0 | • | • | 57.1 | 64.3 | 79.9 | 79.9 | 74.3 | 76.0 | 73.2 | 74.3 | 69.2 | • |
| Rent 8 | 1.6 | • | • | 3.6 | 4.5 | 1.2 | 1.2 | 0.8 | 0.7 | 1.4 | 0.9 | 1.6 | • |
| Taxes Paid 9 | 2.3 | • | • | 4.6 | 4.8 | 1.7 | 1.6 | 1.6 | 1.8 | 2.4 | 1.1 | 1.8 | • |
| Interest Paid 10 | 1.9 | • | • | 0.5 | 0.8 | 1.1 | 1.9 | 1.9 | 2.1 | 1.9 | 3.4 | 3.9 | • |
| Depreciation, Depletion, Amortization 11 | 1.7 | • | • | 1.4 | 2.0 | 1.2 | 1.5 | 1.6 | 1.5 | 2.6 | 1.7 | 1.7 | • |
| Pensions and Other Benefits 12 | 1.0 | • | • | 0.4 | 0.3 | 0.5 | 1.2 | 0.8 | 1.1 | 2.7 | 1.1 | 1.1 | • |
| Other 13 | 15.1 | • | • | 24.1 | 13.2 | 13.7 | 12.4 | 12.4 | 14.5 | 12.6 | 13.6 | 21.0 | • |
| Officers Compensation 14 | 3.5 | • | • | 7.7 | 10.2 | 3.2 | 2.9 | 3.2 | 2.3 | 2.0 | 1.0 | 0.9 | • |
| Operating Margin 15 | • | • | • | 0.7 | • | • | • | 3.4 | 3.4 | 1.4 | 3.1 | • | • |
| Oper. Margin Before Officers Compensation 16 | 3.4 | • | • | 8.4 | 10.3 | 0.7 | 0.7 | 6.6 | 6.6 | 2.4 | 3.4 | 4.1 | • |
| **Selected Average Balance Sheet ($ in Thousands)** | | | | | | | | | | | | | |
| Net Receivables 17 | 254 | • | • | 31 | 101 | 272 | 721 | 1473 | 3988 | 7127 | 19209 | 37245 | • |
| Inventories 18 | 317 | • | • | 37 | 67 | 290 | 780 | 2895 | 6025 | 8684 | 24154 | 31792 | • |
| Net Property, Plant and Equipment 19 | 191 | • | • | 40 | 81 | 118 | 408 | 1374 | 2312 | 9494 | 14267 | 16953 | • |
| Total Assets 20 | 941 | • | • | 158 | 317 | 772 | 2275 | 6804 | 15186 | 32091 | 68216 | 118643 | • |

## Selected Financial Ratios (Times to 1)

| | Value | | |
|---|---|---|---|
| Current Ratio 24 | 1.9 | · | · |
| Quick Ratio 25 | 0.9 | · | · |
| Net Sales to Working Capital 26 | 6.6 | · | · |
| Coverage Ratio 27 | 1.5 | · | · |
| Total Asset Turnover 28 | 2.2 | · | · |
| Inventory Turnover 29 | 4.9 | · | · |
| Receivables Turnover 30 | 8.3 | · | · |
| Total Liabilities to Net Worth 31 | 1.7 | · | · |

## Selected Financial Factors (in Percentages)

| | Value | | |
|---|---|---|---|
| Debt Ratio 32 | 63.4 | · | · |
| Return on Assets 33 | 6.4 | · | · |
| Return on Equity 34 | 3.9 | · | · |
| Return Before Interest on Equity 35 | 17.4 | · | · |
| Profit Margin, Before Income Tax 36 | 1.0 | · | · |
| Profit Margin, After Income Tax 37 | 0.6 | · | · |

## Trends in Selected Ratios and Factors, 1986–1994

| | 1986 | 1987 | 1988 | 1989 | 1990 | 1991 | 1992 | 1993 | 1994 |
|---|---|---|---|---|---|---|---|---|---|
| Notes and Loans Payable 21 | 65 | 138 | 390 | 821 | 1435 | 5030 | 9853 | 31308 | 64242 |
| All Other Liabilities 22 | 26 | 127 | 377 | 861 | 1447 | 3519 | 5684 | 15495 | 25068 |
| Net Worth 23 | 67 | 52 | 5 | 593 | 3922 | 6637 | 16554 | 21413 | 29334 |
| Current Ratio 24 | 1.6 | 1.5 | 1.6 | 1.5 | 1.4 | 2.0 | 2.2 | 2.5 | 2.3 |
| Quick Ratio 25 | 0.9 | 0.9 | 1.1 | 0.7 | 0.7 | 1.0 | 1.0 | 1.1 | 1.0 |
| Net Sales to Working Capital 26 | 21.7 | 17.7 | 12.7 | 10.6 | 6.6 | 5.1 | 3.8 | 3.3 | · |
| Coverage Ratio 27 | 3.8 | · | 1.4 | · | 3.1 | 0.4 | 3.5 | · | 2.3 |
| Total Asset Turnover 28 | · | 4.6 | 4.6 | 3.1 | · | 2.2 | 2.4 | 2.1 | 1.5 |
| Inventory Turnover 29 | · | 7.9 | · | 7.0 | · | 4.9 | 4.9 | 4.8 | 3.6 |
| Receivables Turnover 30 | · | · | 8.3 | · | · | 6.5 | 6.2 | 6.5 | 4.9 |
| Total Liabilities to Net Worth 31 | 1.4 | 5.1 | · | 2.8 | 0.7 | 1.3 | 2.2 | 0.9 | 3.1 |
| Debt Ratio 32 | 57.8 | 83.6 | 99.4 | 73.9 | 42.4 | 56.3 | 48.4 | 68.6 | 75.3 |
| Return on Assets 33 | · | 8.0 | 4.9 | · | 1.7 | 15.5 | 7.5 | 9.0 | 5.2 |
| Return on Equity 34 | · | · | 11.5 | 8.4 | · | 17.7 | 4.9 | 4.8 | 12.9 |
| Return Before Interest on Equity 35 | 17.4 | · | 18.9 | 29.6 | · | 6.4 | 26.9 | 12.5 | 20.9 |
| Profit Margin, Before Income Tax 36 | 1.0 | 1.3 | · | 0.3 | 0.3 | · | 4.6 | 1.5 | 2.5 |
| Profit Margin, After Income Tax 37 | 0.6 | 1.1 | · | 0.3 | 0.3 | · | 4.2 | 1.0 | 1.7 |
| Cost of Operations (%) 38 | 72.4 | 72.6 | 73.0 | 69.1 | 71.1 | 71.9 | 72.7 | 72.7 | 73.0 |
| Operating Margin (%) 39 | 1.1 | 2.0 | 1.2 | 0.9 | 1.1 | 1.1 | 0.4 | · | · |
| Oper. Margin Before Officers Comp. (%) 40 | 4.8 | 5.1 | 3.7 | 3.9 | 4.1 | 4.4 | 4.3 | 2.6 | 3.4 |
| Average Net Receivables ($) 41 | 249 | 258 | 301 | 323 | 309 | 253 | 257 | 211 | 254 |
| Average Inventories ($) 42 | 301 | 294 | 363 | 380 | 390 | 341 | 357 | 260 | 317 |
| Average Net Worth ($) 43 | 399 | 374 | 421 | 482 | 470 | 341 | 313 | 234 | 344 |
| Current Ratio (x1) 44 | 1.8 | 1.9 | 1.8 | 1.9 | 2.0 | 1.8 | 1.8 | 1.7 | 1.9 |
| Quick Ratio (x1) 45 | 0.9 | 1.0 | 0.9 | 0.9 | 0.9 | 0.8 | 0.8 | 0.8 | 0.9 |
| Coverage Ratio (x1) 46 | 2.4 | 3.3 | 2.6 | 2.4 | 2.5 | 2.8 | 1.9 | 1.0 | 1.5 |
| Asset Turnover (x1) 47 | 2.1 | 2.3 | 2.4 | 2.3 | 2.1 | 2.2 | 2.2 | 2.2 | 2.2 |
| Total Liabilities/Net Worth (x1) 48 | 1.3 | 1.4 | 1.6 | 1.5 | 1.6 | 1.9 | 2.2 | 2.2 | 1.7 |
| Return on Assets (x1) 49 | 10.0 | 11.7 | 10.5 | 8.1 | 8.9 | 9.8 | 8.3 | 2.3 | 6.4 |
| Return on Equity (%) 50 | 7.6 | 11.8 | 8.7 | 5.4 | 6.8 | 14.3 | 9.1 | 4.5 | 3.9 |

# Table II

Corporations with Net Income

## MISCELLANEOUS FABRICATED TEXTILE PRODUCTS

MONEY AMOUNTS AND SIZE OF ASSETS IN THOUSANDS OF DOLLARS

| Item Description for Accounting Period 7/90 Through 6/91 | Total | Zero Assets | Under 100 | 100 to 250 | 251 to 500 | 501 to 1,000 | 1,001 to 5,000 | 5,001 to 10,000 | 10,001 to 25,000 | 25,001 to 50,000 | 50,001 to 100,000 | 100,001 to 250,000 | 250,001 and over |
|---|---|---|---|---|---|---|---|---|---|---|---|---|---|
| Number of Enterprises 1 | 3179 | • | 796 | 1039 | 445 | 279 | 262 | 82 | 46 | 19 | • | • | • |
| **Revenues ($ in Thousands)** | | | | | | | | | | | | | |
| Net Sales 2 | 8692 | • | 296 | 747 | 686 | 624 | 1329 | 1546 | 1620 | 1058 | • | • | • |
| Portfolio Income 3 | 31 | • | 0 | 5 | 1 | 0 | 2 | 4 | 9 | | • | • | • |
| Other Revenues 4 | 48 | • | 1 | 0 | 0 | 2 | 11 | 14 | 12 | 3 | • | • | • |
| Total Revenues 5 | 8771 | • | 297 | 752 | 687 | 626 | 1342 | 1563 | 1637 | 1069 | • | • | • |
| Average Total Revenues 6 | 2759 | • | 373 | 724 | 1543 | 2245 | 5123 | 19067 | 35592 | 56285 | • | • | • |
| **Operating Costs/Operating Income (%)** | | | | | | | | | | | | | |
| Cost of Operations 7 | 72.2 | • | 60.8 | 59.1 | 63.2 | 73.5 | 77.4 | 73.9 | 76.1 | 73.7 | • | • | • |
| Rent 8 | 1.4 | • | 4.7 | 3.2 | 4.4 | 1.6 | 0.5 | 0.9 | 0.5 | 0.5 | • | • | • |
| Taxes Paid 9 | 2.3 | • | 1.4 | 4.9 | 5.1 | 2.1 | 1.7 | 1.4 | 1.7 | 2.2 | • | • | • |
| Interest Paid 10 | 1.5 | • | 2.5 | 0.5 | 0.6 | 1.3 | 1.4 | 1.9 | 1.9 | 1.6 | • | • | • |
| Depreciation, Depletion, Amortization 11 | 1.5 | • | 2.1 | 1.1 | 2.2 | 1.3 | 1.4 | 1.4 | 1.0 | 2.2 | • | • | • |
| Pensions and Other Benefits 12 | 1.0 | • | • | 0.3 | • | 0.6 | 1.1 | 0.6 | 1.0 | 2.5 | • | • | • |
| Other 13 | 12.8 | • | 20.7 | 16.3 | 11.4 | 15.2 | 11.0 | 12.0 | 12.5 | 10.7 | • | • | • |
| Officers Compensation 14 | 4.0 | • | 4.4 | 10.7 | 9.7 | 4.3 | 3.2 | 3.2 | 2.2 | 2.0 | • | • | • |
| Operating Margin 15 | 3.5 | • | 3.5 | 4.1 | 3.5 | 0.2 | 2.4 | 4.8 | 3.1 | 4.8 | • | • | • |
| Oper. Margin Before Officers Compensation 16 | 7.5 | • | 7.8 | 14.7 | 13.2 | 4.5 | 5.6 | 7.9 | 5.3 | 6.8 | • | • | • |
| **Selected Average Balance Sheet ($ in Thousands)** | | | | | | | | | | | | | |
| Net Receivables 17 | 332 | • | 15 | 31 | 90 | 291 | 782 | 1634 | 4342 | 8316 | • | • | • |
| Inventories 18 | 376 | • | 6 | 38 | 64 | 299 | 608 | 3344 | 5975 | 7930 | • | • | • |
| Net Property, Plant and Equipment 19 | 205 | • | 25 | 35 | 92 | 85 | 421 | 974 | 2138 | 8559 | • | • | • |
| Total Assets 20 | 1114 | • | 59 | 172 | 309 | 746 | 2137 | 7094 | 15294 | 32063 | • | • | • |

| | 1986 | 1987 | 1988 | 1989 | 1990 | 1991 | 1992 | 1993 | 1994 |
|---|---|---|---|---|---|---|---|---|---|
| Notes and Loans Payable 21 | 307 | 12 | 38 | 86 | 431 | 520 | 1381 | 4218 | 7795 |
| All Other Liabilities 22 | 290 | 10 | 30 | 122 | 282 | 752 | 1699 | 4145 | 5512 |
| Net Worth 23 | 517 | 37 | 104 | 100 | 33 | 866 | 4014 | 6931 | 18756 |

**Selected Financial Ratios (Times to 1)**

| | 1986 | 1987 | 1988 | 1989 | 1990 | 1991 | 1992 | 1993 | 1994 |
|---|---|---|---|---|---|---|---|---|---|
| Current Ratio 24 | 2.2 | 2.0 | 2.0 | 2.9 | 2.1 | 1.9 | 1.7 | 2.1 | 2.2 |
| Quick Ratio 25 | 1.1 | 1.7 | 1.7 | 1.7 | 1.1 | 1.0 | 1.0 | 0.7 | 1.0 |
| Net Sales to Working Capital 26 | 6.1 | 23.5 | 23.5 | 11.5 | 19.2 | 7.8 | 7.6 | 6.3 | 5.7 |
| Coverage Ratio 27 | 3.9 | • | • | 11.5 | 7.1 | 1.5 | 3.4 | 4.2 | 4.6 |
| Total Asset Turnover 28 | 2.5 | 6.3 | 6.3 | 4.2 | 5.0 | 3.0 | 2.4 | 2.7 | 2.3 |
| Inventory Turnover 29 | 5.2 | • | • | 9.2 | • | 6.0 | 5.2 | 5.3 | 3.6 |
| Receivables Turnover 30 | 8.3 | • | • | • | • | 8.3 | 5.4 | • | 7.0 |
| Total Liabilities to Net Worth 31 | 1.2 | 0.6 | 0.6 | 0.7 | 2.1 | 21.4 | 1.5 | 0.8 | 1.2 |

**Selected Financial Factors (in Percentages)**

| | 1986 | 1987 | 1988 | 1989 | 1990 | 1991 | 1992 | 1993 | 1994 |
|---|---|---|---|---|---|---|---|---|---|
| Debt Ratio 32 | 53.6 | 37.0 | 39.6 | 67.5 | 95.5 | 59.5 | 43.4 | 54.7 | 41.5 |
| Return on Assets 33 | 14.6 | • | 22.0 | 21.1 | 5.4 | 11.4 | 20.6 | 14.0 | 12.6 |
| Return on Equity 34 | 21.0 | • | • | 30.7 | • | 31.8 | 18.2 | 26.0 | 18.2 |
| Return Before Interest on Equity 35 | 31.4 | • | • | • | • | • | 28.1 | • | 30.9 |
| Profit Margin, Before Income Tax 36 | 4.4 | • | • | 4.8 | 3.6 | 0.6 | 3.4 | 5.9 | 4.2 |
| Profit Margin, After Income Tax 37 | 4.0 | • | • | 4.4 | 3.6 | 0.5 | 3.1 | 5.5 | 3.6 |

**Trends in Selected Ratios and Factors, 1986–1994**

| | 1986 | 1987 | 1988 | 1989 | 1990 | 1991 | 1992 | 1993 | 1994 |
|---|---|---|---|---|---|---|---|---|---|
| Cost of Operations (%) 38 | 72.2 | 72.7 | 71.9 | 67.9 | 70.0 | 72.0 | 71.3 | 71.0 | 72.2 |
| Operating Margin (%) 39 | 3.1 | 3.7 | 2.9 | 3.3 | 3.4 | 2.9 | 3.3 | 3.4 | 3.5 |
| Oper. Margin Before Officers Comp. (%) 40 | 6.7 | 6.8 | 5.2 | 6.0 | 6.4 | 6.3 | 7.5 | 7.3 | 7.5 |
| Average Net Receivables ($) 41 | 405 | 394 | 381 | 428 | 346 | 376 | 349 | 361 | 332 |
| Average Inventories ($) 42 | 485 | 430 | 461 | 483 | 444 | 484 | 451 | 417 | 376 |
| Average Net Worth ($) 43 | 678 | 623 | 602 | 683 | 599 | 577 | 561 | 554 | 517 |
| Current Ratio (x1) 44 | 1.9 | 2.0 | 2.0 | 2.1 | 2.1 | 2.0 | 1.9 | 2.1 | 2.2 |
| Quick Ratio (x1) 45 | 0.9 | 1.0 | 1.0 | 1.0 | 0.9 | 0.9 | 0.9 | 1.0 | 1.1 |
| Coverage Ratio (x1) 46 | 3.8 | 5.2 | 4.1 | 4.8 | 4.0 | 4.2 | 4.2 | 3.9 | 3.9 |
| Asset Turnover (x1) 47 | 2.2 | 2.3 | 2.5 | 2.5 | 2.2 | 2.3 | 2.3 | 2.3 | 2.5 |
| Operating Leverage 48 | • | 1.2 | 0.8 | 1.1 | 1.1 | 0.9 | 1.1 | 1.0 | 1.0 |
| Financial Leverage 49 | • | 1.1 | 0.9 | 1.1 | 0.9 | 1.3 | 1.0 | 1.0 | 1.1 |
| Total Leverage 50 | • | 1.3 | 0.7 | 1.2 | 1.0 | 1.1 | 1.1 | 1.0 | 1.1 |

**Table I**

Corporations with and without Net Income

# LOGGING, SAWMILLS, AND PLANING MILLS

MONEY AMOUNTS AND SIZE OF ASSETS IN THOUSANDS OF DOLLARS

| Item Description for Accounting Period 7/90 Through 6/91 | Total | Zero Assets | Under 100 | 100 to 250 | 251 to 500 | 501 to 1,000 | 1,001 to 5,000 | 5,001 to 10,000 | 10,001 to 25,000 | 25,001 to 50,000 | 50,001 to 100,000 | 100,001 to 250,000 | 250,001 and over |
|---|---|---|---|---|---|---|---|---|---|---|---|---|---|
| Number of Enterprises **1** | 7419 | 3719 | 1445 | 971 | 462 | 589 |  | 79 | 105 | 23 | 12 | 8 | 6 |
| **Revenues ($ in Thousands)** | | | | | | | | | | | | | |
| Net Sales **2** | 25487 | 833 | 1608 | 1093 | 637 | 2707 |  | 1054 | 2660 | 821 | 733 | 1316 | 12025 |
| Portfolio Income **3** | 806 | 0 | 0 | 6 | 6 | 13 | 25 | 17 | 15 | 17 | 23 | 43 | 641 |
| Other Revenues **4** | 551 | 0 | 1 | 4 | 1 | 56 |  | 25 | 32 | 29 | 5 | 28 | 369 |
| Total Revenues **5** | 26843 | 833 | 1614 | 1103 | 651 | 2789 |  | 1096 | 2707 | 867 | 762 | 1387 | 13035 |
| Average Total Revenues **6** | 3618 | 224 | 833 | 1117 | 1136 | 1409 | 4734 | 13877 | 25783 | 37679 | 63473 | 173331 | 2172516 |
| **Operating Costs/Operating Income (%)** | | | | | | | | | | | | | |
| Cost of Operations **7** | 74.0 | • | 36.5 | 65.8 | 55.6 | 63.8 | 76.1 | 86.4 | 86.3 | 85.1 | 85.8 | 87.9 | 72.7 |
| Rent **8** | 1.2 | • | 4.1 | 1.3 | 0.6 | 0.8 | 0.3 | 0.1 | 0.1 | 0.2 | 0.2 | • | 1.8 |
| Taxes Paid **9** | 2.5 | • | 2.2 | 1.5 | 3.1 | 3.3 | 2.4 | 1.4 | 1.7 | 1.9 | 1.9 | 1.9 | 2.9 |
| Interest Paid **10** | 3.4 | • | 0.9 | 0.7 | 1.8 | 2.0 | 2.0 | 1.9 | 1.7 | 2.6 | 3.3 | 4.1 | 4.9 |
| Depreciation, Depletion, Amortization **11** | 4.6 | • | 2.3 | 2.3 | 6.9 | 6.8 | 4.2 | 2.0 | 3.3 | 5.2 | 4.1 | 7.0 | 5.0 |
| Pensions and Other Benefits **12** | 1.2 | • | 0.2 | 0.2 | 0.2 | 1.3 | 0.6 | 0.3 | 1.1 | 1.4 | 0.8 | 0.2 | 1.9 |
| Other **13** | 14.3 | • | 46.6 | 20.8 | 25.4 | 18.9 | 12.4 | 6.1 | 6.6 | 6.2 | 6.7 | 8.4 | 14.4 |
| Officers Compensation **14** | 1.6 | • | 5.0 | 6.2 | 3.1 | 5.9 | 3.4 | 1.8 | 1.4 | 1.1 | 0.9 | 0.5 | 0.2 |
| Operating Margin **15** | • | • | 2.3 | 1.4 | 3.4 | 3.1 | • | 0.1 | 1.9 | • | • | • | • |
| Oper. Margin Before Officers Compensation **16** | • | • | 7.4 | 7.5 | 6.5 | 3.1 | 2.1 | 1.9 | • | • | • | • | • |
| **Selected Average Balance Sheet ($ in Thousands)** | | | | | | | | | | | | | |
| Net Receivables **17** | 318 | 0 | 20 | 27 | 47 | 297 |  | 988 | 1551 | 2390 | 7036 | 9602 | 275390 |
| Inventories **18** | 311 | 0 | 0 | 32 | 23 | 71 | 498 | 2703 | 4495 | 5055 | 9388 | 19340 | 140907 |
| Net Property, Plant and Equipment **19** | 1465 | 0 | 14 | 87 | 225 | 289 | 893 | 2588 | 4820 | 16676 | 30725 | 71822 | 1295954 |
| Total Assets **20** | 3673 | 0 | 19 | 181 | 337 | 642 | 2142 | 7351 | 14423 | 34408 | 67960 | 148351 | 3357012 |

| | | | | | | | | | | | | |
|---|---|---|---|---|---|---|---|---|---|---|---|---|
| Notes and Loans Payable **21** | 1238 | • | 8 | 82 | 204 | 287 | 835 | 2884 | 4901 | 10165 | 18756 | 39387 | 1116254 |
| All Other Liabilities **22** | 463 | • | 2 | 27 | 22 | 64 | 250 | 1087 | 2331 | 4621 | 10129 | 27760 | 401585 |
| Net Worth **23** | 1972 | • | 9 | 71 | 111 | 291 | 1057 | 3380 | 7191 | 19622 | 39076 | 81205 | 1839173 |

**Selected Financial Ratios (Times to 1)**

| | | | | | | | | | | | | |
|---|---|---|---|---|---|---|---|---|---|---|---|---|
| Current Ratio **24** | 2.3 | 1.9 | 2.0 | 0.9 | 1.4 | 2.2 | 1.6 | 2.0 | 2.0 | 1.9 | 1.6 | 2.6 |
| Quick Ratio **25** | 0.9 | 1.5 | 1.2 | 0.6 | 0.8 | 1.1 | 0.5 | 0.7 | 0.7 | 1.0 | 0.5 | 1.0 |
| Net Sales to Working Capital **26** | 5.3 | • | 26.2 | • | 20.2 | 7.8 | 8.3 | 6.2 | 6.1 | 5.0 | 10.1 | 3.6 |
| Coverage Ratio **27** | 1.8 | 3.6 | 3.5 | 3.3 | 0.7 | 1.9 | 3.2 | 0.6 | 1.8 | 1.1 | • | 2.0 |
| Total Asset Turnover **28** | 0.9 | 11.6 | 6.2 | 3.4 | 2.2 | 2.2 | 1.8 | 1.8 | 1.0 | 0.9 | 1.1 | 0.6 |
| Inventory Turnover **29** | 7.8 | • | • | • | 8.3 | 5.5 | 4.9 | 5.4 | 5.0 | 4.0 | 8.2 | 9.9 |
| Receivables Turnover **30** | 10.0 | • | • | • | • | • | • | • | • | 7.2 | • | 7.0 |
| Total Liabilities to Net Worth **31** | 0.9 | 1.1 | 1.5 | 2.1 | 1.2 | 1.0 | 1.2 | 1.0 | 0.8 | 0.7 | 0.8 | 0.8 |

**Selected Financial Factors (in Percentages)**

| | | | | | | | | | | | | |
|---|---|---|---|---|---|---|---|---|---|---|---|---|
| Debt Ratio **32** | 46.3 | 52.2 | 60.5 | 67.1 | 54.7 | 50.7 | 54.0 | 50.1 | 43.0 | 42.5 | 45.3 | 45.2 |
| Return on Assets **33** | 5.7 | 37.7 | 15.0 | 19.8 | 3.1 | 7.9 | 10.8 | 1.8 | 4.6 | 3.3 | • | 5.8 |
| Return on Equity **34** | 3.1 | • | 26.2 | • | 26.2 | 6.2 | 13.1 | 6.2 | 2.2 | 0.2 | • | 3.5 |
| Return Before Interest on Equity **35** | 10.6 | • | • | • | 6.9 | 15.9 | 23.5 | 3.7 | 8.1 | 5.8 | 10.6 | |
| Profit Margin, Before Income Tax **36** | 2.7 | 2.4 | 1.8 | 4.1 | • | 1.7 | 4.1 | • | 1.9 | 0.4 | 4.8 | |
| Profit Margin, After Income Tax **37** | 1.8 | 2.3 | 1.7 | 4.0 | • | 1.4 | 3.3 | • | 1.2 | 0.1 | 3.2 | |

**Trends in Selected Ratios and Factors, 1986–1994**

| | 1986 | 1987 | 1988 | 1989 | 1990 | 1991 | 1992 | 1993 | 1994 |
|---|---|---|---|---|---|---|---|---|---|
| Cost of Operations (%) **38** | 76.5 | 74.1 | 76.3 | 75.5 | 74.0 | 73.2 | 72.7 | 73.0 | 74.0 |
| Operating Margin (%) **39** | • | • | • | • | • | • | • | • | • |
| Oper. Margin Before Officers Comp. (%) **40** | • | • | • | • | • | 1.2 | 1.5 | 1.8 | • |
| Average Net Receivables ($) **41** | 419 | 515 | 581 | 471 | 459 | 436 | 452 | 415 | 318 |
| Average Inventories ($) **42** | 353 | 449 | 469 | 369 | 409 | 370 | 399 | 379 | 311 |
| Average Net Worth ($) **43** | 1782 | 2008 | 2277 | 1709 | 2123 | 1803 | 2044 | 1883 | 1972 |
| Current Ratio (x1) **44** | 1.5 | 1.4 | 1.4 | 1.8 | 1.7 | 1.9 | 1.7 | 1.8 | 2.3 |
| Quick Ratio (x1) **45** | 0.8 | 0.7 | 0.7 | 0.8 | 0.7 | 0.8 | 0.6 | 0.7 | 0.9 |
| Coverage Ratio (x1) **46** | 0.7 | 2.3 | 2.2 | 1.6 | 2.2 | 3.3 | 3.2 | 2.7 | 1.8 |
| Asset Turnover (x1) **47** | 0.9 | 1.1 | 1.1 | 1.1 | 1.0 | 1.1 | 1.1 | 1.1 | 0.9 |
| Total Liabilities/Net Worth (x1) **48** | 1.0 | 1.0 | 1.0 | 1.2 | 1.1 | 1.1 | 1.1 | 1.1 | 0.9 |
| Return on Assets (x1) **49** | 2.4 | 7.1 | 6.6 | 5.5 | 7.4 | 10.6 | 10.7 | 10.4 | 5.7 |
| Return on Equity (%) **50** | • | 5.3 | 4.7 | 2.4 | 5.5 | 11.1 | 10.7 | 9.9 | 3.1 |

# Table II

Corporations with Net Income

## LOGGING, SAWMILLS, AND PLANING MILLS

### MONEY AMOUNTS AND SIZE OF ASSETS IN THOUSANDS OF DOLLARS

| Item Description for Accounting Period 7/90 Through 6/91 | Total | Zero Assets | Under 100 | 100 to 250 | 251 to 500 | 501 to 1,000 | 1,001 to 5,000 | 5,001 to 10,000 | 10,001 to 25,000 | 25,001 to 50,000 | 50,001 to 100,000 | 100,001 to 250,000 | 250,001 and over |
|---|---|---|---|---|---|---|---|---|---|---|---|---|---|
| Number of Enterprises **1** | 4890 | • | 2286 | 1124 | 683 | 219 | 431 | 59 | 58 | 13 | 7 | • | • |

**Revenues ($ in Thousands)**

| | | | | | | | | | | | | | |
|---|---|---|---|---|---|---|---|---|---|---|---|---|---|
| Net Sales **2** | 20015 | • | 579 | 1084 | 879 | 305 | 2061 | 567 | 1467 | 447 | 485 | • | • |
| Portfolio Income **3** | 745 | • | 0 | 5 | 5 | 9 | 19 | 15 | 7 | 15 | 12 | • | • |
| Other Revenues **4** | 452 | • | 0 | 1 | 2 | 0 | 44 | 23 | 23 | 23 | 2 | • | • |
| Total Revenues **5** | 21212 | • | 579 | 1090 | 886 | 315 | 2125 | 605 | 1498 | 485 | 498 | • | • |
| Average Total Revenues **6** | 4338 | • | 253 | 970 | 1297 | 1437 | 4929 | 10263 | 25821 | 37318 | 71204 | • | • |

**Operating Costs/Operating Income (%)**

| | | | | | | | | | | | | | |
|---|---|---|---|---|---|---|---|---|---|---|---|---|---|
| Cost of Operations **7** | 71.4 | • | 23.1 | 58.7 | 60.8 | 64.5 | 77.3 | 77.0 | 80.0 | 79.9 | 78.1 | • | • |
| Rent **8** | 1.4 | • | 5.1 | 1.2 | 0.7 | 1.7 | 0.3 | 0.2 | 0.2 | 0.1 | • | • | • |
| Taxes Paid **9** | 2.6 | • | 1.9 | 2.0 | 3.1 | 3.5 | 2.6 | 2.4 | 1.5 | 2.2 | 2.4 | • | • |
| Interest Paid **10** | 3.6 | • | 1.1 | 0.8 | 1.1 | 1.5 | 1.9 | 2.8 | 1.2 | 1.4 | 2.8 | • | • |
| Depreciation, Depletion, Amortization **11** | 4.4 | • | 2.2 | 3.3 | 5.4 | 5.9 | 3.9 | 2.9 | 3.4 | 5.3 | 3.8 | • | • |
| Pensions and Other Benefits **12** | 1.4 | • | • | • | 0.2 | 0.6 | 0.6 | 0.5 | 1.5 | 1.7 | 0.3 | • | • |
| Other **13** | 14.8 | • | 60.6 | 23.5 | 20.1 | 16.3 | 10.1 | 9.3 | 7.2 | 7.9 | 8.2 | • | • |
| Officers Compensation **14** | 1.4 | • | 2.5 | 8.1 | 2.9 | 6.6 | 2.7 | 2.6 | 1.7 | 1.0 | 1.2 | • | • |
| Operating Margin **15** | • | • | 3.6 | 2.5 | 5.9 | • | 0.7 | 2.5 | 3.4 | 0.7 | 3.3 | • | • |
| Oper. Margin Before Officers Compensation **16** | 0.5 | • | 6.0 | 10.6 | 8.7 | 6.1 | 3.4 | 5.1 | 5.1 | 1.7 | 4.4 | • | • |

**Selected Average Balance Sheet ($ in Thousands)**

| | | | | | | | | | | | | | |
|---|---|---|---|---|---|---|---|---|---|---|---|---|---|
| Net Receivables **17** | 422 | • | • | 17 | 19 | 62 | 330 | 595 | 1792 | 2227 | 10149 | • | • |
| Inventories **18** | 339 | • | • | 12 | 15 | 77 | 551 | 2799 | 4124 | 4424 | 9904 | • | • |
| Net Property, Plant and Equipment **19** | 1937 | • | 14 | 107 | 222 | 292 | 930 | 2969 | 4451 | 16179 | 26182 | • | • |
| Total Assets **20** | 4913 | • | 21 | 170 | 321 | 628 | 2228 | 7651 | 14328 | 34639 | 64029 | • | • |

| Notes and Loans Payable 21 | 1613 | • | 6 | 94 | 162 | 271 | 788 | 2331 | 3081 | 5820 | 16364 |
| All Other Liabilities 22 | 575 | • | 1 | 5 | 20 | 87 | 277 | 1059 | 2323 | 4971 | 10151 |
| Net Worth 23 | 2725 | • | 14 | 71 | 139 | 270 | 1163 | 4261 | 8924 | 23848 | 37514 |

### Selected Financial Ratios (Times to 1)

| Current Ratio 24 | 2.6 | • | 2.7 | 4.6 | 1.0 | 2.2 | 2.3 | 2.2 | 2.9 | 2.5 | 2.5 |
| Quick Ratio 25 | 1.0 | • | 2.1 | 3.7 | 0.9 | 1.5 | 1.1 | 0.6 | 1.1 | 1.0 | 1.5 |
| Net Sales to Working Capital 26 | 4.4 | • | • | 19.8 | • | 8.2 | 7.3 | 4.5 | 4.8 | 4.8 | 3.5 |
| Coverage Ratio 27 | 2.5 | • | 4.2 | 4.9 | 6.8 | 2.9 | 3.0 | 4.3 | 5.5 | 7.7 | 3.2 |
| Total Asset Turnover 28 | 0.8 | • | 12.3 | 5.7 | 4.0 | 2.2 | 2.2 | 1.3 | 1.8 | 1.0 | 1.1 |
| Inventory Turnover 29 | 7.7 | • | • | • | • | • | 5.5 | 3.1 | 4.3 | 3.7 | 3.4 |
| Receivables Turnover 30 | 8.8 | • | • | • | • | • | • | • | • | 8.8 | 5.7 |
| Total Liabilities to Net Worth 31 | 0.8 | • | 0.5 | 1.4 | 1.3 | 1.3 | 0.9 | 0.8 | 0.6 | 0.5 | 0.7 |

### Selected Financial Factors (in Percentages)

| Debt Ratio 32 | 44.5 | • | 33.8 | 58.3 | 56.7 | 57.1 | 47.8 | 44.3 | 37.7 | 31.2 | 41.4 |
| Return on Assets 33 | 7.3 | • | • | 21.6 | 30.0 | 9.3 | 12.0 | 15.2 | 11.5 | 10.4 | 9.5 |
| Return on Equity 34 | 6.0 | • | • | 39.9 | • | 11.6 | 14.0 | 17.8 | 13.1 | 11.2 | 10.3 |
| Return Before Interest on Equity 35 | 13.1 | • | • | • | • | 21.6 | 23.1 | 27.2 | 18.4 | 15.0 | 16.3 |
| Profit Margin, Before Income Tax 36 | 5.2 | • | 3.6 | 3.0 | 6.4 | 2.7 | 3.8 | 9.3 | 5.3 | 9.1 | 6.0 |
| Profit Margin, After Income Tax 37 | 4.0 | • | 3.5 | 2.9 | 6.2 | 2.3 | 3.4 | 7.9 | 4.6 | 7.8 | 5.6 |

### Trends in Selected Ratios and Factors, 1986-1994

| | 1986 | 1987 | 1988 | 1989 | 1990 | 1991 | 1992 | 1993 | 1994 |
|---|---|---|---|---|---|---|---|---|---|
| Cost of Operations (%) 38 | 73.4 | 73.1 | 75.1 | 76.3 | 73.7 | 73.4 | 72.4 | 72.0 | 71.4 |
| Operating Margin (%) 39 | • | • | • | • | • | 0.4 | 1.2 | 1.3 | • |
| Oper. Margin Before Officers Comp. (%) 40 | • | • | • | • | • | 1.6 | 2.3 | 2.8 | 0.5 |
| Average Net Receivables ($) 41 | 475 | 649 | 874 | 700 | 674 | 531 | 812 | 666 | 422 |
| Average Inventories ($) 42 | 289 | 541 | 666 | 487 | 568 | 433 | 673 | 555 | 339 |
| Average Net Worth ($) 43 | 2048 | 2706 | 3518 | 2549 | 3025 | 2225 | 3720 | 3149 | 2725 |
| Current Ratio (x1) 44 | 2.0 | 1.6 | 1.5 | 2.2 | 1.8 | 2.0 | 1.8 | 1.9 | 2.6 |
| Quick Ratio (x1) 45 | 1.1 | 0.8 | 0.8 | 0.9 | 0.7 | 0.8 | 0.6 | 0.8 | 1.0 |
| Coverage Ratio (x1) 46 | 2.0 | 3.1 | 2.8 | 2.4 | 2.6 | 3.6 | 3.8 | 3.2 | 2.5 |
| Asset Turnover (x1) 47 | 0.9 | 1.1 | 1.0 | 1.0 | 1.0 | 1.1 | 1.0 | 1.1 | 0.8 |
| Operating Leverage 48 | • | 0.2 | 1.4 | 1.1 | 0.6 | • | 3.0 | 1.1 | • |
| Financial Leverage 49 | • | 1.4 | 1.0 | 0.9 | 1.0 | 1.2 | 1.0 | 1.0 | 0.9 |
| Total Leverage 50 | • | 0.3 | 1.3 | 0.9 | 0.6 | • | 3.0 | 1.1 | • |

## Table I

Corporations with and without Net Income

# MILLWORK, PLYWOOD, AND RELATED PRODUCTS

**MONEY AMOUNTS AND SIZE OF ASSETS IN THOUSANDS OF DOLLARS**

| Item Description for Accounting Period 7/90 Through 6/91 | | Total | Zero Assets | Under 100 | 100 to 250 | 251 to 500 | 501 to 1,000 | 1,001 to 5,000 | 5,001 to 10,000 | 10,001 to 25,000 | 25,001 to 50,000 | 50,001 to 100,000 | 100,001 to 250,000 | 250,001 and over |
|---|---|---|---|---|---|---|---|---|---|---|---|---|---|---|
| Number of Enterprises | 1 | 4956 | 378 | 1806 | 723 | 632 | 425 | 828 | 77 | 52 | 12 | 6 | 8 | 8 |
| **Revenues ($ in Thousands)** | | | | | | | | | | | | | | |
| Net Sales | 2 | 35061 | 15 | 330 | 288 | 579 | 874 | 5011 | 1100 | 1675 | 906 | 675 | 1760 | 21848 |
| Portfolio Income | 3 | 711 | 0 | • | 0 | 1 | 0 | 12 | 8 | 26 | 2 | 3 | 38 | 621 |
| Other Revenues | 4 | 349 | 0 | 6 | 0 | 3 | 3 | 44 | 22 | 25 | 9 | 8 | 22 | 206 |
| Total Revenues | 5 | 36121 | 15 | 337 | 288 | 583 | 878 | 5067 | 1129 | 1725 | 917 | 686 | 1820 | 22675 |
| Average Total Revenues | 6 | 7288 | 40 | 187 | 399 | 923 | 2066 | 6120 | 14667 | 33178 | 76392 | 114356 | 227499 | 2834344 |
| **Operating Costs/Operating Income (%)** | | | | | | | | | | | | | | |
| Cost of Operations | 7 | 75.7 | 60.8 | 48.1 | 64.6 | 68.9 | 77.9 | 78.2 | 81.6 | 79.5 | 86.6 | 77.4 | 74.1 | 74.7 |
| Rent | 8 | 0.8 | 9.1 | 7.9 | 1.3 | 1.7 | 1.1 | 1.2 | 0.2 | 0.2 | 0.2 | 0.4 | 0.9 | 0.7 |
| Taxes Paid | 9 | 2.3 | 4.9 | 4.2 | 3.3 | 3.0 | 2.4 | 2.2 | 3.2 | 2.1 | 1.9 | 1.5 | 2.4 | 2.2 |
| Interest Paid | 10 | 3.2 | • | 1.1 | 1.1 | 1.3 | 1.7 | 1.3 | 1.6 | 1.6 | 1.9 | 2.2 | 2.9 | 4.2 |
| Depreciation, Depletion, Amortization | 11 | 4.9 | 0.9 | 2.3 | 3.6 | 3.2 | 1.3 | 1.7 | 1.7 | 2.0 | 2.1 | 2.7 | 2.2 | 6.7 |
| Pensions and Other Benefits | 12 | 1.4 | 14.1 | 0.9 | 0.7 | 0.6 | 0.7 | 1.8 | 2.4 | 1.3 | 1.0 | 0.8 | 2.0 | 1.3 |
| Other | 13 | 11.3 | 41.6 | 38.6 | 25.9 | 21.8 | 10.1 | 10.9 | 11.9 | 10.5 | 5.9 | 12.5 | 16.3 | 10.4 |
| Officers Compensation | 14 | 1.2 | 11.2 | 9.5 | 4.6 | 5.5 | 3.9 | 2.9 | 1.5 | 1.6 | 0.6 | 0.9 | 0.6 | 0.4 |
| Operating Margin | 15 | • | • | • | • | • | 0.9 | • | • | 1.4 | • | 1.5 | • | • |
| Oper. Margin Before Officers Compensation | 16 | 0.4 | • | • | • | • | 4.8 | 2.7 | • | 2.9 | 0.5 | 2.5 | • | • |
| **Selected Average Balance Sheet ($ in Thousands)** | | | | | | | | | | | | | | |
| Net Receivables | 17 | 478 | • | 7 | 33 | 87 | 212 | 591 | 1349 | 3679 | 3315 | 12511 | 21774 | 138930 |
| Inventories | 18 | 719 | • | 6 | 10 | 77 | 195 | 627 | 2051 | 3093 | 10034 | 17053 | 31516 | 262532 |
| Net Property, Plant and Equipment | 19 | 3373 | • | 23 | 95 | 145 | 126 | 559 | 2080 | 4492 | 9384 | 24380 | 47816 | 1870220 |
| Total Assets | 20 | 6563 | • | 43 | 153 | 350 | 731 | 2249 | 6818 | 15432 | 30868 | 68588 | 148110 | 3330869 |

| | | | | | | | | | | | | |
|---|---|---|---|---|---|---|---|---|---|---|---|---|
| Notes and Loans Payable **21** | 2385 | • | 39 | 127 | 171 | 203 | 906 | 2084 | 4824 | 14464 | 23715 | 51544 | 1197100 |
| All Other Liabilities **22** | 1469 | • | 25 | 33 | 91 | 184 | 470 | 1374 | 3558 | 4628 | 13789 | 34167 | 747550 |
| Net Worth **23** | 2708 | • | -21 | -8 | 88 | 343 | 873 | 3360 | 7050 | 11776 | 31083 | 62399 | 1386220 |

### Selected Financial Ratios (Times to 1)

| | | | | | | | | | | | | |
|---|---|---|---|---|---|---|---|---|---|---|---|---|
| Current Ratio **24** | 1.2 | 0.5 | 1.3 | 1.2 | 2.3 | 1.9 | 1.8 | 1.8 | 1.8 | 2.2 | 1.8 | 0.9 |
| Quick Ratio **25** | 0.5 | 0.3 | 1.1 | 0.7 | 1.3 | 1.0 | 0.8 | 1.0 | 0.6 | 0.9 | 0.9 | 0.3 |
| Net Sales to Working Capital **26** | 34.8 | • | 32.5 | 32.0 | 7.4 | 8.8 | 7.6 | 7.5 | 10.3 | 6.3 | 7.2 | • |
| Coverage Ratio **27** | 1.7 | • | • | • | 1.8 | 1.6 | 0.1 | 3.8 | 1.6 | 2.5 | 1.7 | 1.8 |
| Total Asset Turnover **28** | 1.1 | 4.2 | 2.6 | 2.6 | 2.8 | 2.7 | 2.1 | 2.1 | 2.5 | 1.7 | 1.5 | 0.8 |
| Inventory Turnover **29** | 7.5 | • | • | 6.1 | 7.8 | 7.2 | 4.0 | 6.2 | 5.8 | 4.8 | 5.7 | 8.6 |
| Receivables Turnover **30** | • | • | • | 9.3 | • | 9.6 | 8.4 | 8.5 | • | 9.0 | • | • |
| Total Liabilities to Net Worth **31** | 1.4 | • | • | 3.0 | 1.1 | 1.6 | 1.0 | 1.2 | 1.6 | 1.2 | 1.4 | 1.4 |

### Selected Financial Factors (in Percentages)

| | | | | | | | | | | | | |
|---|---|---|---|---|---|---|---|---|---|---|---|---|
| Debt Ratio **32** | 58.7 | • | • | 74.9 | 53.1 | 61.2 | 50.7 | 54.3 | 61.9 | 54.7 | 57.9 | 58.4 |
| Return on Assets **33** | 6.0 | • | • | • | 8.6 | 5.8 | 0.3 | 12.4 | 7.0 | 8.8 | 7.4 | 6.1 |
| Return on Equity **34** | 3.3 | • | • | • | 7.3 | 4.0 | • | 15.1 | 5.2 | 6.9 | 5.6 | 3.6 |
| Return Before Interest on Equity **35** | 14.4 | • | • | • | 18.4 | 14.9 | 0.6 | 27.1 | 18.4 | 19.5 | 17.5 | 14.6 |
| Profit Margin, Before Income Tax **36** | 2.3 | • | • | • | 1.3 | 0.8 | • | 4.4 | 1.0 | 3.2 | 2.1 | 3.2 |
| Profit Margin, After Income Tax **37** | 1.3 | • | • | • | 1.2 | 0.6 | • | 3.3 | 0.8 | 1.9 | 1.6 | 1.8 |

### Trends in Selected Ratios and Factors, 1986-1994

| | 1986 | 1987 | 1988 | 1989 | 1990 | 1991 | 1992 | 1993 | 1994 |
|---|---|---|---|---|---|---|---|---|---|
| Cost of Operations (%) **38** | 74.4 | 75.2 | 74.3 | 75.6 | 76.6 | 74.3 | 75.9 | 74.9 | 75.7 |
| Operating Margin (%) **39** | • | • | • | • | • | 0.7 | 2.3 | 2.4 | • |
| Oper. Margin Before Officers Comp. (%) **40** | • | • | 1.0 | • | • | 2.3 | 3.6 | 3.6 | 0.4 |
| Average Net Receivables ($) **41** | 539 | 516 | 527 | 432 | 440 | 508 | 543 | 552 | 478 |
| Average Inventories ($) **42** | 648 | 606 | 651 | 567 | 519 | 572 | 610 | 638 | 719 |
| Average Net Worth ($) **43** | 1848 | 1489 | 1771 | 1558 | 1420 | 1642 | 1863 | 1893 | 2708 |
| Current Ratio (x1) **44** | 1.3 | 1.4 | 1.1 | 1.2 | 1.3 | 1.3 | 1.5 | 1.7 | 1.2 |
| Quick Ratio (x1) **45** | 0.6 | 0.7 | 0.5 | 0.6 | 0.7 | 0.7 | 0.7 | 0.8 | 0.5 |
| Coverage Ratio (x1) **46** | 0.7 | 1.6 | 2.2 | 1.6 | 1.9 | 3.1 | 3.5 | 3.2 | 1.7 |
| Asset Turnover (x1) **47** | 1.1 | 1.3 | 1.2 | 1.4 | 1.6 | 1.4 | 1.5 | 1.5 | 1.1 |
| Total Liabilities/Net Worth (x1) **48** | 1.4 | 1.4 | 1.5 | 1.4 | 1.3 | 1.3 | 1.2 | 1.2 | 1.4 |
| Return on Assets (x1) **49** | 2.8 | 6.2 | 7.4 | 5.4 | 6.6 | 10.0 | 9.9 | 10.2 | 6.0 |
| Return on Equity (%) **50** | • | 2.8 | 6.1 | 1.0 | 3.3 | 10.5 | 11.8 | 10.5 | 3.3 |

## Table II

Corporations with Net Income

# MILLWORK, PLYWOOD, AND RELATED PRODUCTS

MONEY AMOUNTS AND SIZE OF ASSETS IN THOUSANDS OF DOLLARS

| Item Description for Accounting Period 7/90 Through 6/91 | Total | Zero Assets | Under 100 | 100 to 250 | 251 to 500 | 501 to 1,000 | 1,001 to 5,000 | 5,001 to 10,000 | 10,001 to 25,000 | 25,001 to 50,000 | 50,001 to 100,000 | 100,001 to 250,000 | 250,001 and over |
|---|---|---|---|---|---|---|---|---|---|---|---|---|---|
| Number of Enterprises 1 | 1843 | • | 367 | 355 | 184 | 283 | 575 | 23 | 35 | 8 | 3 | • | • |
| **Revenues ($ in Thousands)** | | | | | | | | | | | | | |
| Net Sales 2 | 27380 | • | 79 | 127 | 235 | 484 | 3758 | 430 | 1327 | 475 | 339 | • | • |
| Portfolio Income 3 | 569 | • | • | 0 | 1 | 0 | 8 | 1 | 19 | 1 | 2 | • | • |
| Other Revenues 4 | 265 | • | • | 0 | 1 | 3 | 36 | 10 | 21 | 2 | 3 | • | • |
| Total Revenues 5 | 28214 | • | 79 | 128 | 237 | 487 | 3802 | 441 | 1367 | 477 | 345 | • | • |
| Average Total Revenues 6 | 15309 | • | 215 | 359 | 1287 | 1722 | 6612 | 19175 | 39052 | 59653 | 115104 | • | • |
| **Operating Costs/Operating Income (%)** | | | | | | | | | | | | | |
| Cost of Operations 7 | 72.9 | • | 0.2 | 67.3 | 54.3 | 74.0 | 77.2 | 80.6 | 76.5 | 81.2 | 75.2 | • | • |
| Rent 8 | 0.8 | • | 2.8 | 1.7 | 1.3 | 1.5 | 1.3 | • | 0.2 | 0.3 | 0.3 | • | • |
| Taxes Paid 9 | 2.4 | • | 5.2 | 3.7 | 3.7 | 2.5 | 2.0 | 2.7 | 2.1 | 2.7 | 1.7 | • | • |
| Interest Paid 10 | 3.2 | • | 2.0 | 2.5 | 0.4 | 1.0 | 1.0 | 1.2 | 1.1 | 1.2 | 0.8 | • | • |
| Depreciation, Depletion, Amortization 11 | 5.6 | • | 2.8 | 1.4 | 2.2 | 1.9 | 1.6 | 1.0 | 1.5 | 1.6 | 2.9 | • | • |
| Pensions and Other Benefits 12 | 1.5 | • | • | 0.2 | 0.9 | 0.9 | 2.0 | 2.7 | 1.4 | 1.1 | 0.8 | • | • |
| Other 13 | 11.2 | • | 57.5 | 15.2 | 25.7 | 7.5 | 9.9 | 7.8 | 10.3 | 7.4 | 11.6 | • | • |
| Officers Compensation 14 | 1.1 | • | 21.7 | 4.8 | 8.3 | 5.2 | 2.8 | 1.5 | 1.7 | 1.0 | 0.9 | • | • |
| Operating Margin 15 | 1.4 | • | 7.8 | 3.2 | 3.2 | 5.6 | 2.3 | 2.5 | 5.3 | 3.7 | 5.8 | • | • |
| Oper. Margin Before Officers Compensation 16 | 2.4 | • | 29.5 | 8.0 | 11.5 | 10.8 | 5.1 | 4.0 | 7.0 | 4.7 | 6.7 | • | • |
| **Selected Average Balance Sheet ($ in Thousands)** | | | | | | | | | | | | | |
| Net Receivables 17 | 950 | • | • | 26 | 139 | 183 | 639 | 1825 | 4049 | 2302 | 17212 | • | • |
| Inventories 18 | 1538 | • | • | 4 | 118 | 223 | 594 | 3144 | 3591 | 6622 | 18078 | • | • |
| Net Property, Plant and Equipment 19 | 8273 | • | 33 | 83 | 119 | 122 | 554 | 1667 | 3800 | 6814 | 23410 | • | • |
| Total Assets 20 | 15411 | • | 38 | 128 | 447 | 745 | 2222 | 7684 | 16095 | 26389 | 70653 | • | • |

| | | | | | | | | | | |
|---|---|---|---|---|---|---|---|---|---|---|
| Notes and Loans Payable 21 | 5178 | 37 | 99 | 74 | 147 | 658 | 2017 | 2832 | 7157 | 15864 |
| All Other Liabilities 22 | 3425 | 2 | 21 | 110 | 119 | 489 | 1425 | 4095 | 4475 | 14980 |
| Net Worth 23 | 6808 | -1 | 8 | 264 | 478 | 1076 | 4242 | 9168 | 14757 | 39809 |

## Selected Financial Ratios (Times to 1)

| | | | | | | | | | | |
|---|---|---|---|---|---|---|---|---|---|---|
| Current Ratio 24 | 1.1 | 0.6 | 1.0 | 3.5 | 3.8 | 2.1 | 2.2 | 2.2 | 2.6 | 2.4 |
| Quick Ratio 25 | 0.5 | 0.6 | 0.9 | 2.2 | 2.1 | 1.1 | 1.0 | 1.2 | 0.9 | 1.2 |
| Net Sales to Working Capital 26 | 45.2 | • | • | 5.5 | 4.4 | 8.2 | 5.9 | 6.1 | 7.9 | 4.9 |
| Coverage Ratio 27 | 2.4 | 4.9 | 2.4 | 10.8 | 7.4 | 4.4 | 5.2 | 8.6 | 4.5 | 10.7 |
| Total Asset Turnover 28 | 1.0 | 5.6 | 2.8 | 2.9 | 2.3 | 3.0 | 2.4 | 2.4 | 2.3 | 1.6 |
| Inventory Turnover 29 | 6.9 | 0.3 | • | 3.1 | 4.9 | 7.3 | 2.4 | 5.5 | 4.4 | 9.4 |
| Receivables Turnover 30 | • | • | • | 6.1 | 9.4 | 9.1 | 5.9 | 8.2 | • | • |
| Total Liabilities to Net Worth 31 | 1.3 | • | 14.8 | 0.7 | 0.6 | 1.1 | 0.8 | 0.8 | 0.8 | 0.8 |

## Selected Financial Factors (in Percentages)

| | | | | | | | | | | |
|---|---|---|---|---|---|---|---|---|---|---|
| Debt Ratio 32 | 55.8 | • | 93.7 | 41.0 | 35.8 | 51.6 | 43.0 | 44.8 | 44.1 | 43.7 |
| Return on Assets 33 | 7.4 | • | 16.5 | 13.0 | 16.5 | 12.9 | 22.1 | 15.0 | 12.2 | 13.3 |
| Return on Equity 34 | 6.8 | • | • | 16.1 | 21.4 | 18.5 | 28.7 | 18.4 | 15.4 | 14.1 |
| Return Before Interest on Equity 35 | 16.8 | • | • | 22.1 | 25.7 | 26.6 | • | 27.2 | 21.9 | 23.5 |
| Profit Margin, Before Income Tax 36 | 4.5 | 7.8 | 3.4 | 4.1 | 6.2 | 3.4 | 8.3 | 5.0 | 4.2 | 7.5 |
| Profit Margin, After Income Tax 37 | 3.1 | 7.8 | 3.1 | 3.3 | 6.0 | 3.1 | 6.9 | 4.2 | 3.8 | 5.0 |

## Trends in Selected Ratios and Factors, 1986-1994

| | 1986 | 1987 | 1988 | 1989 | 1990 | 1991 | 1992 | 1993 | 1994 |
|---|---|---|---|---|---|---|---|---|---|
| Cost of Operations (%) 38 | 73.0 | 74.9 | 74.1 | 74.2 | 75.2 | 74.2 | 75.4 | 73.9 | 72.9 |
| Operating Margin (%) 39 | 3.0 | • | 1.1 | 1.9 | 2.6 | 2.3 | 3.3 | 3.8 | 1.4 |
| Oper. Margin Before Officers Comp. (%) 40 | 6.1 | 1.2 | 2.3 | 3.4 | 4.1 | 3.6 | 4.4 | 4.8 | 2.4 |
| Average Net Receivables ($) 41 | 370 | 963 | 717 | 570 | 462 | 572 | 675 | 842 | 950 |
| Average Inventories ($) 42 | 416 | 1091 | 864 | 662 | 537 | 655 | 758 | 940 | 1538 |
| Average Net Worth ($) 43 | 824 | 3163 | 2623 | 1970 | 1506 | 2062 | 2509 | 3060 | 6808 |
| Current Ratio (×1) 44 | 2.2 | 1.4 | 1.1 | 1.4 | 1.4 | 1.4 | 1.5 | 1.8 | 1.1 |
| Quick Ratio (×1) 45 | 1.2 | 0.7 | 0.6 | 0.7 | 0.7 | 0.7 | 0.8 | 0.9 | 0.5 |
| Coverage Ratio (×1) 46 | 4.3 | 2.4 | 2.9 | 3.9 | 4.2 | 4.8 | 4.1 | 4.0 | 2.4 |
| Asset Turnover (×1) 47 | 2.0 | 1.3 | 1.2 | 1.6 | 1.8 | 1.4 | 1.4 | 1.5 | 1.0 |
| Operating Leverage 48 | • | • | • | 1.7 | 1.4 | 0.9 | 1.4 | 1.2 | 0.4 |
| Financial Leverage 49 | • | 0.8 | 1.1 | 1.1 | 1.1 | 1.1 | 1.0 | 0.9 | 0.8 |
| Total Leverage 50 | • | • | • | 1.8 | 1.5 | 1.0 | 1.5 | 1.1 | 0.3 |

## Table I

Corporations with and without Net Income

# OTHER WOOD PRODUCTS, INCLUDING WOOD BUILDINGS AND MOBILE HOMES

### MONEY AMOUNTS AND SIZE OF ASSETS IN THOUSANDS OF DOLLARS

| Item Description for Accounting Period 7/90 Through 6/91 | Total | Zero Assets | Under 100 | 100 to 250 | 251 to 500 | 501 to 1,000 | 1,001 to 5,000 | 5,001 to 10,000 | 10,001 to 25,000 | 25,001 to 50,000 | 50,001 to 100,000 | 100,001 to 250,000 | 250,001 and over |
|---|---|---|---|---|---|---|---|---|---|---|---|---|---|
| Number of Enterprises **1** | 5954 | 101 | 2110 | 1162 | 786 | 830 | 750 | 133 | 55 | 15 | 4 | 5 | 3 |
| **Revenues ($ in Thousands)** | | | | | | | | | | | | | |
| Net Sales **2** | 15741 | 53 | 410 | 528 | 859 | 1700 | 4187 | 2353 | 1691 | 711 | 510 | 1054 | 1684 |
| Portfolio Income **3** | 404 | 47 | 0 | 8 | 4 | 5 | 18 | 7 | 16 | 18 | 4 | 40 | 235 |
| Other Revenues **4** | 437 | 1 | 68 | 0 | 3 | 12 | 65 | 35 | 25 | 21 | 5 | 27 | 174 |
| Total Revenues **5** | 16581 | 102 | 479 | 536 | 866 | 1717 | 4270 | 2395 | 1732 | 751 | 519 | 1120 | 2094 |
| Average Total Revenues **6** | 2785 | 1007 | 227 | 461 | 1102 | 2069 | 5694 | 18010 | 31496 | 50079 | 129636 | 224096 | 697850 |
| **Operating Costs/Operating Income (%)** | | | | | | | | | | | | | |
| Cost of Operations **7** | 75.5 | 66.6 | 56.1 | 62.5 | 65.9 | 76.3 | 77.0 | 84.0 | 75.9 | 79.9 | 79.7 | 81.0 | 65.7 |
| Rent **8** | 0.9 | 0.5 | 2.9 | 3.8 | 0.8 | 1.3 | 0.9 | 0.3 | 0.5 | 0.9 | 0.5 | 0.3 | 0.8 |
| Taxes Paid **9** | 2.5 | 1.9 | 2.2 | 3.0 | 3.1 | 2.3 | 2.7 | 1.9 | 2.1 | 1.9 | 2.4 | 2.4 | 3.1 |
| Interest Paid **10** | 3.3 | 5.0 | 1.3 | 1.5 | 0.8 | 1.1 | 1.6 | 1.6 | 2.3 | 2.6 | 2.2 | 4.8 | 15.4 |
| Depreciation, Depletion, Amortization **11** | 2.8 | 2.9 | 1.7 | 1.9 | 2.7 | 2.1 | 2.7 | 1.8 | 2.3 | 1.6 | 2.5 | 2.6 | 6.7 |
| Pensions and Other Benefits **12** | 1.4 | 3.0 | 0.8 | • | 2.0 | 1.2 | 0.9 | 1.0 | 0.9 | 1.0 | 1.4 | 1.2 | 3.9 |
| Other **13** | 15.2 | 28.9 | 40.5 | 22.7 | 19.2 | 11.5 | 12.5 | 8.5 | 13.9 | 14.9 | 16.8 | 14.6 | 25.5 |
| Officers Compensation **14** | 2.6 | 17.3 | 10.1 | 2.3 | 4.1 | 3.8 | 3.3 | 2.5 | 1.5 | 1.5 | 0.5 | 0.4 | 0.4 |
| Operating Margin **15** | • | • | • | 2.2 | 1.6 | 0.5 | 1.6 | • | 0.7 | • | • | • | • |
| Oper. Margin Before Officers Compensation **16** | • | • | • | 4.5 | 5.6 | 4.3 | 1.7 | 1.0 | 2.2 | • | • | • | • |
| **Selected Average Balance Sheet ($ in Thousands)** | | | | | | | | | | | | | |
| Net Receivables **17** | 263 | • | 7 | 28 | 93 | 157 | 514 | 1380 | 2853 | 6116 | 10487 | 30412 | 102174 |
| Inventories **18** | 276 | • | 4 | 35 | 59 | 178 | 591 | 1872 | 3912 | 5464 | 13934 | 18168 | 87025 |
| Net Property, Plant and Equipment **19** | 465 | • | 12 | 45 | 111 | 228 | 718 | 2417 | 5488 | 10559 | 19543 | 51989 | 253086 |
| Total Assets **20** | 1819 | • | 32 | 149 | 351 | 732 | 2230 | 6691 | 15613 | 32339 | 77135 | 169863 | 1548506 |

| | | | | | | | | | | | | |
|---|---|---|---|---|---|---|---|---|---|---|---|---|
| Notes and Loans Payable 21 | 913 | • | 22 | 91 | 80 | 191 | 832 | 2850 | 5960 | 8856 | 10910 | 40617 | 1116782 |
| All Other Liabilities 22 | 541 | • | 18 | 36 | 96 | 147 | 576 | 2009 | 4598 | 8041 | 19551 | 71527 | 478317 |
| Net Worth 23 | 366 | • | -8 | 22 | 175 | 394 | 822 | 1831 | 5055 | 15442 | 46675 | 57719 | -46593 |

**Selected Financial Ratios (Times to 1)**

| | | | | | | | | | | | | | |
|---|---|---|---|---|---|---|---|---|---|---|---|---|---|
| Current Ratio 24 | 1.3 | • | 1.0 | 1.8 | 2.0 | 2.4 | 1.7 | 1.4 | 1.3 | 1.9 | 1.4 | 1.5 | 0.8 |
| Quick Ratio 25 | 0.8 | • | 0.7 | 1.0 | 1.3 | 1.4 | 0.8 | 0.6 | 0.6 | 1.2 | 0.7 | 1.1 | 0.6 |
| Net Sales to Working Capital 26 | 14.7 | • | • | 11.7 | 10.6 | 8.0 | 10.4 | 16.0 | 17.9 | 5.7 | 15.2 | 8.7 | • |
| Coverage Ratio 27 | 1.4 | 14.0 | 2.0 | 3.6 | 4.3 | 2.3 | 1.3 | 1.2 | 2.4 | 1.5 | • | 0.8 | 1.2 |
| Total Asset Turnover 28 | 1.5 | • | 6.1 | 3.1 | 3.1 | 2.8 | 2.5 | 2.7 | 2.0 | 1.5 | 1.7 | 1.3 | 0.4 |
| Inventory Turnover 29 | 7.0 | • | • | 7.6 | 7.9 | 9.3 | 6.7 | • | 4.6 | 8.3 | 6.5 | 9.2 | 4.2 |
| Receivables Turnover 30 | 9.2 | • | • | • | • | • | 9.6 | • | 8.0 | • | 4.7 | 7.9 | 4.9 |
| Total Liabilities to Net Worth 31 | 4.0 | • | • | 5.9 | 1.0 | 0.9 | 1.7 | 2.7 | 2.1 | 1.1 | 0.7 | 2.0 | • |

**Selected Financial Factors (in Percentages)**

| | | | | | | | | | | | | | |
|---|---|---|---|---|---|---|---|---|---|---|---|---|---|
| Debt Ratio 32 | 79.9 | • | • | 85.6 | 50.1 | 46.2 | 63.1 | 72.6 | 67.6 | 52.3 | 39.5 | 66.0 | • |
| Return on Assets 33 | 6.9 | • | 15.4 | 16.2 | 10.0 | 7.0 | 5.2 | 5.1 | 10.6 | 5.7 | • | 4.9 | 6.9 |
| Return on Equity 34 | 6.3 | • | • | • | 12.9 | 5.6 | 1.2 | • | 14.5 | 2.5 | • | • | • |
| Return Before Interest on Equity 35 | 34.3 | • | • | • | 19.9 | 13.0 | 14.0 | 18.4 | 32.7 | 11.9 | 14.4 | • | • |
| Profit Margin, Before Income Tax 36 | 1.4 | • | 1.3 | 3.8 | 2.5 | 1.4 | 0.5 | 0.3 | 3.1 | 1.3 | • | • | 3.6 |
| Profit Margin, After Income Tax 37 | 0.9 | • | 1.3 | 3.5 | 2.1 | 1.1 | 0.2 | • | 2.4 | 0.8 | • | • | 1.8 |

**Trends in Selected Ratios and Factors, 1986-1994**

| | 1986 | 1987 | 1988 | 1989 | 1990 | 1991 | 1992 | 1993 | 1994 |
|---|---|---|---|---|---|---|---|---|---|
| Cost of Operations (%) 38 | 76.1 | 75.3 | 75.7 | 75.1 | 75.1 | 72.8 | 73.9 | 74.4 | 75.5 |
| Operating Margin (%) 39 | • | • | • | • | • | • | • | • | • |
| Oper. Margin Before Officers Comp. (%) 40 | • | 0.7 | • | • | • | 0.8 | • | • | • |
| Average Net Receivables ($) 41 | 302 | 332 | 295 | 453 | 455 | 470 | 348 | 310 | 263 |
| Average Inventories ($) 42 | 273 | 283 | 235 | 307 | 342 | 309 | 342 | 294 | 276 |
| Average Net Worth ($) 43 | 495 | 523 | 361 | 548 | 582 | 550 | 249 | 246 | 366 |
| Current Ratio (x1) 44 | 1.0 | 1.3 | 1.4 | 1.5 | 1.4 | 1.2 | 1.3 | 1.5 | 1.3 |
| Quick Ratio (x1) 45 | 0.6 | 0.7 | 0.7 | 0.8 | 0.9 | 0.8 | 0.7 | 0.8 | 0.8 |
| Coverage Ratio (x1) 46 | 0.9 | 1.7 | 1.5 | 1.6 | 1.5 | 1.8 | 1.1 | 1.4 | 1.4 |
| Asset Turnover (x1) 47 | 1.3 | 1.5 | 1.6 | 1.5 | 1.5 | 1.6 | 1.3 | 1.4 | 1.5 |
| Total Liabilities/Net Worth (x1) 48 | 2.5 | 2.4 | 2.9 | 2.6 | 2.6 | 2.9 | 8.6 | 7.2 | 4.0 |
| Return on Assets (x1) 49 | 5.2 | 6.0 | 6.1 | 5.7 | 5.9 | 11.5 | 7.2 | 7.8 | 6.9 |
| Return on Equity (%) 50 | • | 3.9 | 1.8 | 2.2 | 0.9 | 12.3 | 2.1 | 10.6 | 6.3 |

## Table II

Corporations with Net Income

# OTHER WOOD PRODUCTS, INCLUDING WOOD BUILDINGS AND MOBILE HOMES

### MONEY AMOUNTS AND SIZE OF ASSETS IN THOUSANDS OF DOLLARS

| Item Description for Accounting Period 7/90 Through 6/91 | Total | Zero Assets | Under 100 | 100 to 250 | 251 to 500 | 501 to 1,000 | 1,001 to 5,000 | 5,001 to 10,000 | 10,001 to 25,000 | 25,001 to 50,000 | 50,001 to 100,000 | 100,001 to 250,000 | 250,001 and over |
|---|---|---|---|---|---|---|---|---|---|---|---|---|---|
| Number of Enterprises **1** | 3216 | • | • | 794 | 726 | 515 | 433 | 75 | 42 | 10 | • | 5 | • |
| **Revenues ($ in Thousands)** | | | | | | | | | | | | | |
| Net Sales **2** | 11219 | • | • | 458 | 813 | 1339 | 2860 | 1585 | 1268 | 617 | • | 2050 | • |
| Portfolio Income **3** | 344 | • | • | • | 4 | 4 | 17 | 5 | 12 | 4 | • | 250 | • |
| Other Revenues **4** | 291 | • | • | 0 | 3 | 11 | 52 | 21 | 13 | 9 | • | 114 | • |
| Total Revenues **5** | 11854 | • | • | 458 | 820 | 1353 | 2929 | 1611 | 1293 | 630 | • | 2414 | • |
| Average Total Revenues **6** | 3686 | • | • | 577 | 1130 | 2628 | 6765 | 21481 | 30780 | 63002 | • | 482803 | • |
| **Operating Costs/Operating Income (%)** | | | | | | | | | | | | | |
| Cost of Operations **7** | 74.5 | • | • | 62.6 | 65.8 | 75.3 | 76.3 | 84.8 | 74.9 | 76.4 | • | 69.8 | • |
| Rent **8** | 0.8 | • | • | 4.0 | 0.8 | 0.9 | 0.9 | 0.1 | 0.3 | 0.6 | • | 0.6 | • |
| Taxes Paid **9** | 2.3 | • | • | 3.0 | 3.1 | 1.9 | 2.5 | 1.6 | 1.9 | 1.7 | • | 3.0 | • |
| Interest Paid **10** | 3.2 | • | • | 1.2 | 0.8 | 1.2 | 1.3 | 1.0 | 1.8 | 1.6 | • | 12.0 | • |
| Depreciation, Depletion, Amortization **11** | 2.7 | • | • | 1.8 | 2.8 | 1.8 | 2.5 | 1.7 | 2.3 | 1.5 | • | 5.2 | • |
| Pensions and Other Benefits **12** | 1.4 | • | • | • | 2.1 | 0.9 | 0.9 | 0.7 | 1.0 | 1.4 | • | 3.4 | • |
| Other **13** | 12.9 | • | • | 20.1 | 18.8 | 9.6 | 11.4 | 6.4 | 12.1 | 13.2 | • | 15.9 | • |
| Officers Compensation **14** | 2.6 | • | • | 1.7 | 3.9 | 3.6 | 3.5 | 2.5 | 1.6 | 1.1 | • | 0.5 | • |
| Operating Margin **15** | | • | • | 5.4 | 2.1 | 4.8 | 0.8 | 1.4 | 4.2 | 2.5 | • | • | • |
| Oper. Margin Before Officers Compensation **16** | 2.3 | • | • | 7.2 | 6.0 | 8.4 | 4.3 | 3.9 | 5.8 | 3.6 | • | • | • |
| **Selected Average Balance Sheet ($ in Thousands)** | | | | | | | | | | | | | |
| Net Receivables **17** | 332 | • | • | 38 | 91 | 181 | 494 | 1780 | 2958 | 7845 | • | 62835 | • |
| Inventories **18** | 334 | • | • | 42 | 62 | 211 | 571 | 1362 | 4102 | 7424 | • | 56282 | • |
| Net Property, Plant and Equipment **19** | 557 | • | • | 34 | 114 | 216 | 737 | 2358 | 5166 | 10484 | • | 149932 | • |
| Total Assets **20** | 2321 | • | • | 152 | 357 | 772 | 2353 | 6756 | 15797 | 34936 | • | 821871 | • |

| | 21 | 22 | 23 | ... | ... |
|---|---|---|---|---|---|

| | | | | | | | | | | | |
|---|---|---|---|---|---|---|---|---|---|---|---|
| Notes and Loans Payable **21** | 1075 | • | • | 57 | 83 | 213 | 756 | 2105 | 5460 | 7928 | • | 488013 |
| All Other Liabilities **22** | 706 | • | • | 46 | 73 | 136 | 508 | 2146 | 4946 | 8573 | • | 285973 |
| Net Worth **23** | 540 | • | • | 50 | 202 | 422 | 1089 | 2505 | 5391 | 18434 | • | 47885 |

## Selected Financial Ratios (Times to 1)

| | | | | | | | | | | | |
|---|---|---|---|---|---|---|---|---|---|---|---|
| Current Ratio **24** | 1.5 | • | 1.5 | 2.3 | 2.8 | 2.2 | 1.6 | 1.5 | 1.8 | • | 1.0 |
| Quick Ratio **25** | 0.9 | • | 0.8 | 1.5 | 1.5 | 1.2 | 0.9 | 0.7 | 1.0 | • | 0.7 |
| Net Sales to Working Capital **26** | 11.8 | • | 16.1 | 9.2 | 8.2 | 8.4 | 15.5 | 11.5 | 7.4 | • | • |
| Coverage Ratio **27** | 2.7 | • | 5.6 | 5.0 | 6.0 | 3.6 | 4.2 | 4.6 | 3.9 | • | 1.7 |
| Total Asset Turnover **28** | 1.5 | • | 3.8 | 3.1 | 3.4 | 2.8 | 3.1 | 1.9 | 1.8 | • | 0.5 |
| Inventory Turnover **29** | 7.7 | • | • | • | 9.1 | 7.0 | • | 4.7 | • | • | • |
| Receivables Turnover **30** | 9.8 | • | • | • | • | 9.5 | • | 8.0 | • | • | • |
| Total Liabilities to Net Worth **31** | 3.3 | • | 2.1 | 0.8 | 0.8 | 1.2 | 1.7 | 1.9 | 0.9 | • | 16.2 |

## Selected Financial Factors (in Percentages)

| | | | | | | | | | | | |
|---|---|---|---|---|---|---|---|---|---|---|---|
| Debt Ratio **32** | 76.8 | • | 67.4 | 43.6 | 45.3 | 53.7 | 62.9 | 65.9 | 47.2 | • | 94.2 |
| Return on Assets **33** | 13.0 | • | 25.1 | 11.7 | 23.5 | 12.7 | 12.4 | 15.2 | 11.1 | • | 10.1 |
| Return on Equity **34** | 30.2 | • | • | 14.4 | 33.2 | 17.1 | 21.5 | 29.3 | 12.9 | • | • |
| Return Before Interest on Equity **35** | • | • | • | 20.8 | • | 27.3 | 33.3 | • | 21.0 | • | • |
| Profit Margin, Before Income Tax **36** | 5.4 | • | 5.5 | 3.0 | 5.8 | 3.2 | 3.0 | 6.2 | 4.7 | • | 8.1 |
| Profit Margin, After Income Tax **37** | 4.7 | • | 5.0 | 2.6 | 5.4 | 2.8 | 2.6 | 5.2 | 3.9 | • | 6.3 |

## Trends in Selected Ratios and Factors, 1986-1994

| | 1986 | 1987 | 1988 | 1989 | 1990 | 1991 | 1992 | 1993 | 1994 |
|---|---|---|---|---|---|---|---|---|---|
| Cost of Operations (%) **38** | 76.6 | 74.4 | 74.3 | 73.3 | 72.6 | 71.6 | 74.0 | 75.3 | 74.5 |
| Operating Margin (%) **39** | 0.7 | 0.3 | 0.9 | 0.6 | 0.7 | 3.7 | 2.2 | 2.1 | • |
| Oper. Margin Before Officers Comp. (%) **40** | 3.2 | 2.5 | 3.0 | 3.0 | 3.3 | 6.1 | 5.2 | 4.4 | 2.3 |
| Average Net Receivables ($) **41** | 278 | 418 | 444 | 457 | 501 | 610 | 403 | 428 | 332 |
| Average Inventories ($) **42** | 272 | 411 | 410 | 365 | 425 | 411 | 391 | 383 | 334 |
| Average Net Worth ($) **43** | 611 | 881 | 801 | 864 | 1043 | 923 | 810 | 829 | 540 |
| Current Ratio (x1) **44** | 2.0 | 1.2 | 1.5 | 1.6 | 1.5 | 1.1 | 1.8 | 1.9 | 1.5 |
| Quick Ratio (x1) **45** | 1.2 | 0.6 | 0.7 | 0.8 | 0.9 | 0.7 | 1.0 | 1.0 | 0.9 |
| Coverage Ratio (x1) **46** | 3.8 | 2.6 | 2.9 | 3.3 | 3.4 | 4.5 | 4.5 | 3.5 | 2.7 |
| Asset Turnover (x1) **47** | 2.3 | 1.5 | 1.6 | 1.5 | 1.6 | 1.4 | 2.1 | 2.1 | 1.5 |
| Operating Leverage **48** | • | 0.4 | 3.5 | 0.6 | 1.3 | 5.2 | 0.6 | 1.0 | • |
| Financial Leverage **49** | • | 0.8 | 1.0 | 1.1 | 1.0 | 1.3 | 1.1 | 1.0 | 0.9 |
| Total Leverage **50** | • | 0.3 | 3.5 | 0.7 | 1.2 | 6.6 | 0.6 | 0.9 | • |

## Table I

Corporations with and without Net Income

# FURNITURE AND FIXTURES

### MONEY AMOUNTS AND SIZE OF ASSETS IN THOUSANDS OF DOLLARS

| Item Description for Accounting Period 7/90 Through 6/91 | Total | Zero Assets | Under 100 | 100 to 250 | 251 to 500 | 501 to 1,000 | 1,001 to 5,000 | 5,001 to 10,000 | 10,001 to 25,000 | 25,001 to 50,000 | 50,001 to 100,000 | 100,001 to 250,000 | 250,001 and over |
|---|---|---|---|---|---|---|---|---|---|---|---|---|---|
| Number of Enterprises **1** | 10032 | 768 | 3149 | 2697 | 1138 | 887 | 1013 | 148 | 148 | 43 | 18 | 10 | 14 |
| **Revenues ($ in Thousands)** | | | | | | | | | | | | | |
| Net Sales **2** | 36660 | 639 | 989 | 1636 | 1191 | 1964 | 6117 | 1857 | 4740 | 2501 | 2348 | 2232 | 10445 |
| Portfolio Income **3** | 310 | 7 | 1 | 3 | 3 | 0 | 13 | 19 | 23 | 10 | 5 | 15 | 211 |
| Other Revenues **4** | 580 | 12 | 3 | 6 | 11 | 33 | 34 | 15 | 56 | 25 | 37 | 46 | 302 |
| Total Revenues **5** | 37550 | 659 | 994 | 1644 | 1204 | 1998 | 6164 | 1891 | 4819 | 2535 | 2390 | 2294 | 10958 |
| Average Total Revenues **6** | 3743 | 858 | 316 | 610 | 1058 | 2252 | 6085 | 12776 | 32561 | 58962 | 132788 | 229374 | 782711 |
| **Operating Costs/Operating Income (%)** | | | | | | | | | | | | | |
| Cost of Operations **7** | 70.9 | 90.5 | 59.2 | 62.4 | 74.5 | 76.4 | 72.2 | 76.2 | 76.0 | 74.8 | 72.0 | 76.0 | 64.3 |
| Rent **8** | 1.5 | 0.5 | 4.1 | 3.8 | 1.7 | 2.0 | 1.1 | 0.7 | 0.9 | 0.8 | 1.4 | 0.6 | 1.7 |
| Taxes Paid **9** | 2.5 | 2.4 | 2.1 | 3.4 | 3.2 | 2.9 | 2.5 | 2.1 | 2.1 | 2.3 | 1.9 | 1.6 | 2.8 |
| Interest Paid **10** | 2.8 | 0.7 | 1.0 | 1.2 | 1.5 | 1.0 | 1.4 | 2.3 | 1.9 | 1.8 | 1.9 | 3.1 | 5.5 |
| Depreciation, Depletion, Amortization **11** | 2.3 | 1.2 | 1.7 | 1.7 | 1.7 | 1.2 | 1.5 | 2.2 | 1.8 | 2.4 | 2.3 | 2.0 | 3.5 |
| Pensions and Other Benefits **12** | 1.8 | 0.4 | 0.6 | 0.7 | 1.1 | 0.7 | 1.1 | 1.4 | 1.7 | 1.8 | 1.9 | 1.5 | 3.1 |
| Other **13** | 17.1 | 10.8 | 19.7 | 21.6 | 15.0 | 14.2 | 15.7 | 15.3 | 14.9 | 14.1 | 16.8 | 14.2 | 20.8 |
| Officers Compensation **14** | 2.1 | 0.4 | 8.9 | 6.5 | 5.2 | 3.7 | 3.2 | 2.7 | 1.5 | 1.3 | 1.0 | 1.0 | 0.6 |
| Operating Margin **15** | • | • | 2.7 | • | • | • | 1.4 | • | • | 0.6 | 0.8 | • | • |
| Oper. Margin Before Officers Compensation **16** | 1.3 | • | 11.6 | 5.4 | 1.5 | 1.6 | 4.6 | • | 0.8 | 2.0 | 1.8 | 1.1 | • |
| **Selected Average Balance Sheet ($ in Thousands)** | | | | | | | | | | | | | |
| Net Receivables **17** | 454 | • | 9 | 51 | 119 | 210 | 654 | 1565 | 3965 | 8987 | 19390 | 30433 | 110434 |
| Inventories **18** | 439 | • | 12 | 38 | 117 | 247 | 720 | 1884 | 5197 | 9677 | 23291 | 24695 | 75390 |
| Net Property, Plant and Equipment **19** | 508 | • | 18 | 34 | 83 | 110 | 468 | 2018 | 3823 | 8667 | 21511 | 32275 | 166616 |
| Total Assets **20** | 2221 | • | 49 | 162 | 351 | 699 | 2281 | 6627 | 15585 | 34463 | 76175 | 152786 | 763667 |

| | | | | | | | | | | | | | |
|---|---|---|---|---|---|---|---|---|---|---|---|---|---|
| Notes and Loans Payable 21 | 927 | • | 27 | 81 | 164 | 243 | 691 | 3046 | 6191 | 11523 | 27558 | 63279 | 350547 |
| All Other Liabilities 22 | 497 | • | 18 | 86 | 136 | 242 | 627 | 1625 | 4171 | 6162 | 15982 | 30617 | 141221 |
| Net Worth 23 | 796 | • | 5 | -6 | 51 | 214 | 963 | 1956 | 5223 | 16779 | 32635 | 58890 | 271900 |

**Selected Financial Ratios (Times to 1)**

| | | | | | | | | | | | | | |
|---|---|---|---|---|---|---|---|---|---|---|---|---|---|
| Current Ratio 24 | 1.7 | • | 1.1 | 1.0 | 1.5 | 1.7 | 1.8 | 1.7 | 1.6 | 2.3 | 2.6 | 2.0 | 1.4 |
| Quick Ratio 25 | 0.9 | • | 0.6 | 0.7 | 0.8 | 0.8 | 1.0 | 0.8 | 0.7 | 1.1 | 1.2 | 1.1 | 0.9 |
| Net Sales to Working Capital 26 | 8.5 | • | • | • | 12.0 | 11.1 | 7.9 | 7.6 | 8.1 | 4.7 | 4.4 | 7.5 | 10.1 |
| Coverage Ratio 27 | 1.6 | • | 4.3 | 0.5 | • | 0.7 | 2.6 | 0.6 | 1.5 | 2.1 | 2.4 | 1.9 | 1.5 |
| Total Asset Turnover 28 | 1.7 | • | 6.4 | 3.8 | 3.0 | 3.2 | 2.7 | 1.9 | 2.1 | 1.7 | 1.7 | 1.5 | 1.0 |
| Inventory Turnover 29 | 5.4 | • | • | • | 6.3 | 7.2 | 5.4 | 4.4 | 4.4 | 4.2 | 3.9 | 5.4 | 5.9 |
| Receivables Turnover 30 | 7.4 | • | • | • | 9.8 | • | 8.5 | 7.0 | 8.0 | 5.8 | 6.3 | 6.3 | 6.0 |
| Total Liabilities to Net Worth 31 | 1.8 | • | 9.8 | • | 5.9 | 2.3 | 1.4 | 2.4 | 2.0 | 1.1 | 1.3 | 1.6 | 1.8 |

**Selected Financial Factors (in Percentages)**

| | | | | | | | | | | | | | |
|---|---|---|---|---|---|---|---|---|---|---|---|---|---|
| Debt Ratio 32 | 64.2 | • | 90.7 | • | 85.5 | 69.4 | 57.8 | 70.5 | 66.5 | 51.3 | 57.2 | 61.5 | 64.4 |
| Return on Assets 33 | 7.2 | • | 26.3 | 2.2 | • | 2.2 | 9.4 | 2.4 | 5.9 | 6.2 | 7.7 | 8.4 | 8.2 |
| Return on Equity 34 | 3.4 | • | • | • | • | • | 12.6 | • | 2.9 | 4.4 | 7.6 | 5.9 | 2.4 |
| Return Before Interest on Equity 35 | 20.1 | • | • | • | • | 7.0 | 22.2 | 8.0 | 17.6 | 12.8 | 18.0 | 21.7 | 23.0 |
| Profit Margin, Before Income Tax 36 | 1.6 | • | 3.2 | • | • | • | 2.2 | • | 1.0 | 2.0 | 2.6 | 2.7 | 2.9 |
| Profit Margin, After Income Tax 37 | 0.8 | • | 3.0 | • | • | • | 2.0 | • | 0.5 | 1.1 | 1.9 | 1.6 | 0.9 |

**Trends in Selected Ratios and Factors, 1986–1994**

| | 1986 | 1987 | 1988 | 1989 | 1990 | 1991 | 1992 | 1993 | 1994 |
|---|---|---|---|---|---|---|---|---|---|
| Cost of Operations (%) 38 | 69.3 | 68.6 | 69.1 | 68.5 | 68.0 | 69.8 | 71.0 | 70.5 | 70.9 |
| Operating Margin (%) 39 | 1.1 | 2.4 | 2.5 | 2.1 | 2.4 | 2.1 | 0.9 | • | • |
| Oper. Margin Before Officers Comp. (%) 40 | 3.7 | 4.9 | 4.7 | 4.5 | 4.6 | 4.2 | 3.0 | 1.7 | 1.3 |
| Average Net Receivables ($) 41 | 311 | 401 | 401 | 448 | 522 | 515 | 558 | 525 | 454 |
| Average Inventories ($) 42 | 337 | 428 | 421 | 459 | 516 | 505 | 574 | 505 | 439 |
| Average Net Worth ($) 43 | 652 | 743 | 757 | 913 | 1003 | 962 | 989 | 855 | 796 |
| Current Ratio (x1) 44 | 2.1 | 2.0 | 2.0 | 2.1 | 1.9 | 2.0 | 1.9 | 1.6 | 1.7 |
| Quick Ratio (x1) 45 | 1.1 | 1.0 | 1.0 | 1.1 | 1.0 | 1.1 | 1.0 | 0.8 | 0.9 |
| Coverage Ratio (x1) 46 | 2.9 | 4.1 | 4.2 | 4.1 | 4.0 | 3.9 | 2.8 | 1.9 | 1.6 |
| Asset Turnover (x1) 47 | 1.8 | 1.9 | 1.9 | 1.9 | 1.9 | 1.9 | 1.7 | 1.6 | 1.7 |
| Total Liabilities/Net Worth (x1) 48 | 1.0 | 1.1 | 1.1 | 1.0 | 1.1 | 1.2 | 1.6 | 1.9 | 1.8 |
| Return on Assets (x1) 49 | 9.5 | 11.3 | 12.1 | 11.6 | 12.4 | 10.9 | 8.5 | 9.4 | 7.2 |
| Return on Equity (%) 50 | 5.7 | 9.5 | 10.0 | 8.8 | 10.1 | 10.8 | 9.0 | 8.2 | 3.4 |

## Table II

Corporations with Net Income

# FURNITURE AND FIXTURES

### MONEY AMOUNTS AND SIZE OF ASSETS IN THOUSANDS OF DOLLARS

| Item Description for Accounting Period 7/90 Through 6/91 | Total | Zero Assets | Under 100 | 100 to 250 | 251 to 500 | 501 to 1,000 | 1,001 to 5,000 | 5,001 to 10,000 | 10,001 to 25,000 | 25,001 to 50,000 | 50,001 to 100,000 | 100,001 to 250,000 | 250,001 and over |
|---|---|---|---|---|---|---|---|---|---|---|---|---|---|
| Number of Enterprises **1** | 5292 | 21 | • | 1390 | 489 | 504 | 761 | 98 | 99 | • | • | • | 10 |
| **Revenues ($ in Thousands)** | | | | | | | | | | | | | |
| Net Sales **2** | 24387 | 38 | • | 723 | 520 | 1260 | 4792 | 1222 | 3259 | • | • | • | 7007 |
| Portfolio Income **3** | 248 | 7 | • | 1 | 3 | 0 | 8 | 17 | 20 | • | • | • | 172 |
| Other Revenues **4** | 311 | 6 | • | 5 | 9 | 29 | 23 | 13 | 32 | • | • | • | 99 |
| Total Revenues **5** | 24947 | 51 | • | 729 | 532 | 1289 | 4823 | 1252 | 3310 | • | • | • | 7277 |
| Average Total Revenues **6** | 4714 | 2443 | • | 525 | 1087 | 2557 | 6338 | 12775 | 33438 | • | • | • | 727750 |
| **Operating Costs/Operating Income (%)** | | | | | | | | | | | | | |
| Cost of Operations **7** | 68.5 | 78.1 | • | 60.3 | 64.8 | 74.4 | 71.1 | 73.5 | 75.3 | • | • | • | 61.0 |
| Rent **8** | 1.3 | • | • | 2.6 | 2.1 | 1.9 | 1.1 | 0.4 | 0.5 | • | • | • | 1.6 |
| Taxes Paid **9** | 2.6 | 2.7 | • | 3.9 | 3.2 | 2.9 | 2.5 | 2.1 | 2.0 | • | • | • | 3.2 |
| Interest Paid **10** | 1.2 | 2.0 | • | 1.1 | 1.2 | 0.6 | 0.9 | 1.6 | 1.4 | • | • | • | 1.3 |
| Depreciation, Depletion, Amortization **11** | 2.3 | 2.8 | • | 1.8 | 1.9 | 1.1 | 1.2 | 2.2 | 1.6 | • | • | • | 4.0 |
| Pensions and Other Benefits **12** | 1.9 | 0.9 | • | 0.5 | 1.2 | 0.5 | 1.0 | 1.4 | 2.0 | • | • | • | 3.5 |
| Other **13** | 16.2 | 22.7 | • | 19.0 | 18.8 | 13.5 | 14.8 | 13.7 | 12.8 | • | • | • | 19.7 |
| Officers Compensation **14** | 2.3 | 2.8 | • | 6.6 | 6.6 | 4.4 | 3.2 | 3.2 | 1.5 | • | • | • | 0.7 |
| Operating Margin **15** | 3.7 | • | • | 4.3 | 0.3 | 0.7 | 4.3 | 2.0 | 3.0 | • | • | • | 5.1 |
| Oper. Margin Before Officers Compensation **16** | 6.0 | • | • | 10.9 | 6.9 | 5.1 | 7.5 | 5.1 | 4.4 | • | • | • | 5.8 |
| **Selected Average Balance Sheet ($ in Thousands)** | | | | | | | | | | | | | |
| Net Receivables **17** | 593 | • | • | 65 | 142 | 235 | 678 | 1611 | 4297 | • | • | • | 100525 |
| Inventories **18** | 503 | • | • | 27 | 89 | 237 | 688 | 1574 | 5005 | • | • | • | 56002 |
| Net Property, Plant and Equipment **19** | 677 | • | • | 23 | 92 | 85 | 424 | 1708 | 3603 | • | • | • | 181834 |
| Total Assets **20** | 2437 | • | • | 153 | 377 | 719 | 2179 | 6360 | 15750 | • | • | • | 514171 |

| | | | | | | | | | | |
|---|---|---|---|---|---|---|---|---|---|---|
| Notes and Loans Payable 21 | 595 | • | 62 | 136 | 153 | 491 | 1972 | 4904 | • | 101284 |
| All Other Liabilities 22 | 542 | • | 36 | 90 | 247 | 600 | 1069 | 3396 | • | 117655 |
| Net Worth 23 | 1300 | • | 54 | 152 | 319 | 1088 | 3319 | 7450 | • | 295231 |

## Selected Financial Ratios (Times to 1)

| | | | | | | | | | | |
|---|---|---|---|---|---|---|---|---|---|---|
| Current Ratio 24 | 2.2 | • | 2.9 | 2.1 | 1.8 | 2.2 | 2.7 | 2.2 | • | 1.9 |
| Quick Ratio 25 | 1.2 | • | 2.2 | 1.3 | 0.9 | 1.2 | 1.5 | 1.1 | • | 1.2 |
| Net Sales to Working Capital 26 | 6.5 | • | 6.5 | 7.7 | 10.8 | 7.1 | 4.9 | 5.6 | • | 7.7 |
| Coverage Ratio 27 | 5.8 | 11.9 | 6.0 | 3.0 | 5.8 | 6.5 | 3.7 | 4.3 | • | 7.7 |
| Total Asset Turnover 28 | 1.9 | • | 3.4 | 2.8 | 3.5 | 2.9 | 2.0 | 2.1 | • | 1.4 |
| Inventory Turnover 29 | 5.3 | • | • | 6.5 | 7.2 | 5.8 | 4.8 | 4.3 | • | • |
| Receivables Turnover 30 | 6.7 | • | 9.8 | 8.2 | • | 8.6 | 6.9 | 7.3 | • | • |
| Total Liabilities to Net Worth 31 | 0.9 | • | 1.8 | 1.5 | 1.3 | 1.0 | 0.9 | 1.1 | • | 0.8 |

## Selected Financial Factors (in Percentages)

| | | | | | | | | | | |
|---|---|---|---|---|---|---|---|---|---|---|
| Debt Ratio 32 | 46.7 | • | 64.3 | 59.7 | 55.6 | 50.1 | 47.8 | 52.7 | • | 42.6 |
| Return on Assets 33 | 13.7 | • | 21.3 | 10.4 | 12.8 | 17.0 | 11.7 | 12.3 | • | 14.0 |
| Return on Equity 34 | 16.6 | • | • | 15.5 | 23.0 | 27.7 | 13.7 | 16.7 | • | 14.0 |
| Return Before Interest on Equity 35 | 25.6 | • | • | 25.9 | 28.7 | 34.0 | 22.4 | 26.1 | • | 24.4 |
| Profit Margin, Before Income Tax 36 | 6.0 | 21.4 | 5.2 | 2.5 | 3.0 | 5.0 | 4.4 | 4.5 | • | 8.9 |
| Profit Margin, After Income Tax 37 | 4.7 | 21.1 | 5.0 | 2.2 | 2.9 | 4.8 | 3.6 | 3.8 | • | 5.9 |

## Trends in Selected Ratios and Factors, 1986-1994

| | 1986 | 1987 | 1988 | 1989 | 1990 | 1991 | 1992 | 1993 | 1994 |
|---|---|---|---|---|---|---|---|---|---|
| Cost of Operations (%) 38 | 67.8 | 68.0 | 67.7 | 67.7 | 66.9 | 69.1 | 70.0 | 69.2 | 68.5 |
| Operating Margin (%) 39 | 3.5 | 4.6 | 5.1 | 4.8 | 4.8 | 4.8 | 3.3 | 3.0 | 3.7 |
| Oper. Margin Before Officers Comp. (%) 40 | 5.8 | 6.9 | 7.2 | 7.1 | 7.1 | 6.8 | 5.3 | 4.8 | 6.0 |
| Average Net Receivables ($) 41 | 478 | 625 | 630 | 577 | 731 | 772 | 739 | 806 | 593 |
| Average Inventories ($) 42 | 510 | 640 | 636 | 553 | 649 | 726 | 705 | 723 | 503 |
| Average Net Worth ($) 43 | 1123 | 1264 | 1352 | 1313 | 1579 | 1688 | 1522 | 1583 | 1300 |
| Current Ratio (x1) 44 | 2.4 | 2.2 | 2.2 | 2.3 | 2.3 | 2.3 | 2.1 | 1.8 | 2.2 |
| Quick Ratio (x1) 45 | 1.2 | 1.2 | 1.2 | 1.3 | 1.2 | 1.2 | 1.1 | 1.0 | 1.2 |
| Coverage Ratio (x1) 46 | 5.0 | 6.5 | 7.6 | 8.2 | 8.0 | 7.3 | 4.7 | 3.3 | 5.8 |
| Asset Turnover (x1) 47 | 1.8 | 1.9 | 2.0 | 2.0 | 2.0 | 1.9 | 1.7 | 1.6 | 1.9 |
| Operating Leverage 48 | • | 1.3 | 1.1 | 1.0 | 1.0 | 1.0 | 0.7 | 0.9 | 1.3 |
| Financial Leverage 49 | • | 1.1 | 1.0 | 1.0 | 1.0 | 1.1 | 1.0 | 0.9 | 1.2 |
| Total Leverage 50 | • | 1.4 | 1.1 | 1.0 | 1.0 | 1.1 | 0.7 | 0.8 | 1.5 |

## Table I

Corporations with and without Net Income

# PULP, PAPER, AND BOARD MILLS

### MONEY AMOUNTS AND SIZE OF ASSETS IN THOUSANDS OF DOLLARS

| Item Description for Accounting Period 7/90 Through 6/91 | Total | Zero Assets | Under 100 | 100 to 250 | 251 to 500 | 501 to 1,000 | 1,001 to 5,000 | 5,001 to 10,000 | 10,001 to 25,000 | 25,001 to 50,000 | 50,001 to 100,000 | 100,001 to 250,000 | 250,001 and over |
|---|---|---|---|---|---|---|---|---|---|---|---|---|---|
| Number of Enterprises **1** | 344 | 10 | • | • | 80 | 35 | 112 | 20 | 26 | 14 | 9 | 6 | 32 |
| **Revenues ($ in Thousands)** | | | | | | | | | | | | | |
| Net Sales **2** | 61669 | 55 | • | • | 87 | 45 | 666 | 284 | 409 | 850 | 822 | 1136 | 57315 |
| Portfolio Income **3** | 1365 | 1 | • | • | 0 | 0 | 1 | 1 | 7 | 2 | 9 | 27 | 1317 |
| Other Revenues **4** | 720 | 1 | • | • | 0 | 2 | 2 | 1 | 11 | 6 | 12 | 12 | 675 |
| Total Revenues **5** | 63754 | 57 | • | • | 87 | 47 | 668 | 285 | 427 | 858 | 843 | 1175 | 59307 |
| Average Total Revenues **6** | 185332 | 5726 | • | • | 1093 | 1336 | 5969 | 14261 | 16407 | 61285 | 93624 | 195836 | 1853334 |
| **Operating Costs/Operating Income (%)** | | | | | | | | | | | | | |
| Cost of Operations **7** | 65.7 | 75.4 | • | • | 38.1 | 77.5 | 71.4 | 77.4 | 71.8 | 82.2 | 73.5 | 65.0 | 65.2 |
| Rent **8** | 1.0 | 0.4 | • | • | 1.1 | • | 1.1 | 1.2 | • | 0.1 | 0.9 | 0.7 | 1.0 |
| Taxes Paid **9** | 2.1 | 1.8 | • | • | 6.2 | 6.8 | 1.7 | 2.4 | 2.2 | 1.0 | 1.6 | 2.6 | 2.1 |
| Interest Paid **10** | 3.2 | 6.6 | • | • | 0.8 | 0.5 | 0.9 | 2.0 | 2.4 | 1.9 | 2.6 | 2.5 | 3.3 |
| Depreciation, Depletion, Amortization **11** | 6.9 | 2.3 | • | • | 2.7 | 3.3 | 1.8 | 4.1 | 5.5 | 2.6 | 5.0 | 6.5 | 7.1 |
| Pensions and Other Benefits **12** | 2.0 | 0.1 | • | • | 0.3 | 5.6 | 1.8 | 0.5 | 0.9 | 0.9 | 1.6 | 2.3 | 2.0 |
| Other **13** | 17.6 | • | • | • | 22.3 | 9.6 | 12.9 | 10.1 | 10.9 | 8.3 | 11.1 | 15.0 | 17.9 |
| Officers Compensation **14** | 0.4 | • | • | • | 8.9 | 6.1 | 5.3 | 1.9 | 1.9 | 1.3 | 0.9 | 0.5 | 0.3 |
| Operating Margin **15** | 1.2 | • | • | • | 19.7 | • | 3.1 | 0.6 | 4.5 | 1.7 | 3.0 | 5.0 | 1.1 |
| Oper. Margin Before Officers Compensation **16** | 1.6 | • | • | • | 28.5 | • | 8.5 | 2.5 | 6.4 | 3.0 | 3.9 | 5.4 | 1.4 |
| **Selected Average Balance Sheet ($ in Thousands)** | | | | | | | | | | | | | |
| Net Receivables **17** | 23281 | • | • | • | 63 | 199 | 881 | 1307 | 1714 | 5222 | 10105 | 26263 | 234553 |
| Inventories **18** | 18003 | • | • | • | 157 | 191 | 585 | 1351 | 1741 | 7567 | 9668 | 18088 | 179204 |
| Net Property, Plant and Equipment **19** | 116616 | • | • | • | 213 | 474 | 734 | 4027 | 6698 | 18475 | 36299 | 109331 | 1203247 |
| Total Assets **20** | 250114 | • | • | • | 460 | 891 | 2961 | 7762 | 16979 | 38714 | 73796 | 163856 | 2589176 |

## Selected Financial Ratios (Times to 1)

| | | | | | | | | | | | | |
|---|---|---|---|---|---|---|---|---|---|---|---|---|
| Notes and Loans Payable 21 | 79337 | • | • | 147 | 53 | 897 | 3648 | 3649 | 11225 | 27323 | 106236 | 811551 |
| All Other Liabilities 22 | 69125 | • | • | 36 | 167 | 420 | 1718 | 2522 | 12559 | 14877 | 95925 | 710559 |
| Net Worth 23 | 101652 | • | • | 276 | 671 | 1644 | 2396 | 10808 | 14930 | 31597 | -38305 | 1067065 |
| Current Ratio 24 | 0.9 | • | • | 3.4 | 2.2 | 3.1 | 1.4 | 2.9 | 2.4 | 1.7 | 0.9 | 0.9 |
| Quick Ratio 25 | 0.5 | • | • | 1.2 | 1.1 | 2.0 | 0.8 | 2.0 | 0.8 | 1.0 | 0.5 | 0.5 |
| Net Sales to Working Capital 26 | • | • | • | 6.3 | 5.7 | 4.9 | 16.7 | 3.2 | 5.7 | 8.2 | • | • |
| Coverage Ratio 27 | 2.5 | • | • | • | • | 5.0 | 1.5 | 4.7 | 2.4 | 3.1 | 4.4 | 2.5 |
| Total Asset Turnover 28 | 0.7 | • | • | 2.4 | 1.5 | 2.0 | 1.8 | 0.9 | 1.6 | 1.2 | 1.2 | 0.7 |
| Inventory Turnover 29 | 6.7 | • | • | 5.3 | 4.3 | 5.3 | 8.3 | 6.3 | 6.9 | 5.4 | 6.3 | 6.7 |
| Receivables Turnover 30 | 7.8 | • | • | • | 6.0 | 7.7 | 9.1 | 7.8 | 7.4 | 7.4 | 6.6 | 7.8 |
| Total Liabilities to Net Worth 31 | 1.5 | • | • | 0.7 | 0.3 | 0.8 | 2.2 | 0.6 | 1.6 | 1.3 | 1.3 | 1.4 |

## Selected Financial Factors (in Percentages)

| | | | | | | | | | | | | |
|---|---|---|---|---|---|---|---|---|---|---|---|---|
| Debt Ratio 32 | 59.4 | • | • | 39.9 | 24.7 | 44.5 | 69.1 | 36.4 | 61.4 | 57.2 | • | 58.8 |
| Return on Assets 33 | 5.7 | • | • | • | • | 8.9 | 5.5 | 10.2 | 7.1 | 9.8 | 12.6 | 5.6 |
| Return on Equity 34 | 5.2 | • | • | • | • | 12.4 | 3.5 | 10.4 | 8.2 | 9.8 | • | 4.9 |
| Return Before Interest on Equity 35 | 14.1 | • | • | • | • | 16.1 | 17.9 | 16.1 | 18.4 | 22.9 | • | 13.6 |
| Profit Margin, Before Income Tax 36 | 4.8 | • | • | 20.2 | • | 3.6 | 1.0 | 8.7 | 2.6 | 5.4 | 8.4 | 4.8 |
| Profit Margin, After Income Tax 37 | 2.9 | • | • | 20.2 | • | 3.4 | 0.6 | 7.2 | 2.0 | 3.4 | 5.8 | 2.9 |

## Trends in Selected Ratios and Factors, 1986-1994

| | 1986 | 1987 | 1988 | 1989 | 1990 | 1991 | 1992 | 1993 | 1994 |
|---|---|---|---|---|---|---|---|---|---|
| Cost of Operations (%) 38 | 70.9 | 70.4 | 70.0 | 67.0 | 66.2 | 66.0 | 64.9 | 65.0 | 65.7 |
| Operating Margin (%) 39 | • | • | • | • | • | 0.9 | 4.7 | 3.5 | 1.2 |
| Oper. Margin Before Officers Comp. (%) 40 | • | • | • | • | • | 1.3 | 5.1 | 4.2 | 1.6 |
| Average Net Receivables ($) 41 | 7318 | 10807 | 5939 | 6784 | 10631 | 12847 | 42310 | 25490 | 23281 |
| Average Inventories ($) 42 | 6588 | 8413 | 5357 | 6035 | 9477 | 10511 | 23701 | 19533 | 18003 |
| Average Net Worth ($) 43 | 34018 | 45361 | 27954 | 35477 | 59841 | 63793 | 155379 | 118875 | 101652 |
| Current Ratio (x1) 44 | 1.6 | 1.5 | 1.5 | 1.4 | 1.3 | 1.3 | 1.5 | 1.2 | 0.9 |
| Quick Ratio (x1) 45 | 0.8 | 0.8 | 0.8 | 0.7 | 0.7 | 0.7 | 0.9 | 0.7 | 0.5 |
| Coverage Ratio (x1) 46 | 1.8 | 2.1 | 2.6 | 1.5 | 2.1 | 2.9 | 4.4 | 3.8 | 2.5 |
| Asset Turnover (x1) 47 | 1.0 | 1.0 | 1.1 | 0.9 | 0.9 | 0.9 | 0.9 | 0.9 | 0.7 |
| Total Liabilities/Net Worth (x1) 48 | 1.0 | 1.0 | 1.0 | 1.0 | 1.0 | 1.1 | 1.0 | 1.2 | 1.5 |
| Return on Assets (x1) 49 | 5.1 | 5.4 | 6.8 | 3.6 | 5.6 | 7.2 | 9.8 | 8.7 | 5.7 |
| Return on Equity (%) 50 | 1.8 | 3.1 | 4.8 | 0.3 | 3.9 | 6.2 | 10.2 | 9.3 | 5.2 |

## Table II

Corporations with Net Income

# PULP, PAPER, AND BOARD MILLS

### MONEY AMOUNTS AND SIZE OF ASSETS IN THOUSANDS OF DOLLARS

| Item Description for Accounting Period 7/90 Through 6/91 | | Total | Zero Assets | Under 100 | 100 to 250 | 251 to 500 | 501 to 1,000 | 1,001 to 5,000 | 5,001 to 10,000 | 10,001 to 25,000 | 25,001 to 50,000 | 50,001 to 100,000 | 100,001 to 250,000 | 250,001 and over |
|---|---|---|---|---|---|---|---|---|---|---|---|---|---|---|
| Number of Enterprises | 1 | 193 | • | • | • | 21 | • | 84 | 13 | 18 | 11 | • | 6 | 25 |
| **Revenues ($ in Thousands)** | | | | | | | | | | | | | | |
| Net Sales | 2 | 54678 | • | • | • | 41 | • | 586 | 215 | 337 | 785 | • | 1136 | 50904 |
| Portfolio Income | 3 | 1207 | • | • | • | 0 | • | 1 | 0 | 3 | 2 | • | 27 | 1164 |
| Other Revenues | 4 | 667 | • | • | • | • | • | 1 | 1 | 9 | 4 | • | 12 | 628 |
| Total Revenues | 5 | 56552 | • | • | • | 41 | • | 588 | 216 | 350 | 790 | • | 1175 | 52697 |
| Average Total Revenues | 6 | 293015 | • | • | • | 1951 | • | 7000 | 16625 | 19444 | 71856 | • | 195636 | 2107874 |
| **Operating Costs/Operating Income (%)** | | | | | | | | | | | | | | |
| Cost of Operations | 7 | 63.9 | • | • | • | 14.4 | • | 68.5 | 79.7 | 70.4 | 81.0 | • | 65.0 | 63.4 |
| Rent | 8 | 0.9 | • | • | • | 2.4 | • | 0.7 | 1.6 | • | 0.1 | • | 0.7 | 1.0 |
| Taxes Paid | 9 | 2.2 | • | • | • | 4.7 | • | 1.6 | 2.3 | 2.0 | 1.0 | • | 2.6 | 2.2 |
| Interest Paid | 10 | 3.2 | • | • | • | 0.3 | • | 0.9 | 1.7 | 1.9 | 1.8 | • | 2.5 | 3.3 |
| Depreciation, Depletion, Amortization | 11 | 6.7 | • | • | • | 3.8 | • | 1.4 | 2.7 | 4.7 | 2.6 | • | 6.5 | 6.9 |
| Pensions and Other Benefits | 12 | 1.9 | • | • | • | 0.7 | • | 2.0 | 0.6 | 1.1 | 0.9 | • | 2.3 | 1.9 |
| Other | 13 | 18.4 | • | • | • | 27.4 | • | 13.6 | 9.3 | 10.0 | 7.8 | • | 15.0 | 18.9 |
| Officers Compensation | 14 | 0.4 | • | • | • | 4.0 | • | 6.0 | 1.0 | 1.9 | 1.4 | • | 0.5 | 0.3 |
| Operating Margin | 15 | 2.4 | • | • | • | 42.4 | • | 5.4 | 1.2 | 8.2 | 3.6 | • | 5.0 | 2.2 |
| Oper. Margin Before Officers Compensation | 16 | 2.8 | • | • | • | 46.4 | • | 11.3 | 2.2 | 10.0 | 4.9 | • | 5.4 | 2.5 |
| **Selected Average Balance Sheet ($ in Thousands)** | | | | | | | | | | | | | | |
| Net Receivables | 17 | 37135 | • | • | • | • | • | 937 | 1315 | 1830 | 6213 | • | 26263 | 269521 |
| Inventories | 18 | 28256 | • | • | • | • | • | 519 | 1482 | 1441 | 8375 | • | 18088 | 204217 |
| Net Property, Plant and Equipment | 19 | 179957 | • | • | • | 287 | • | 600 | 3538 | 6383 | 21077 | • | 109331 | 1335710 |
| Total Assets | 20 | 401296 | • | • | • | 348 | • | 2644 | 7603 | 15922 | 38976 | • | 163856 | 2995955 |

| | | | | | | | | | | | |
|---|---|---|---|---|---|---|---|---|---|---|---|
| Notes and Loans Payable 21 | 123441 | • | • | 140 | • | 596 | 4420 | 3039 | 13394 | 106236 | 907411 |
| All Other Liabilities 22 | 113777 | • | • | 5 | • | 492 | 1617 | 2564 | 8827 | 95925 | 842856 |
| Net Worth 23 | 164078 | • | • | 203 | • | 1556 | 10319 | 16755 | -38305 | • | 1245688 |

## Selected Financial Ratios (Times to 1)

| | | | | | | | | | | | |
|---|---|---|---|---|---|---|---|---|---|---|---|
| Current Ratio 24 | 0.9 | • | • | 12.5 | • | 2.6 | 1.6 | 2.3 | 1.8 | 0.9 | 0.9 |
| Quick Ratio 25 | 0.5 | • | • | 12.5 | • | 1.8 | 0.9 | 1.4 | 0.8 | 0.5 | 0.5 |
| Net Sales to Working Capital 26 | • | • | • | 34.9 | • | 6.3 | 12.5 | 5.6 | 10.1 | • | • |
| Coverage Ratio 27 | 2.9 | • | • | • | • | 7.8 | 2.0 | 7.3 | 3.3 | 4.4 | 2.8 |
| Total Asset Turnover 28 | 0.7 | • | • | 5.6 | • | 2.6 | 2.2 | 1.2 | 1.8 | 1.2 | 0.7 |
| Inventory Turnover 29 | 6.3 | • | • | • | • | 7.0 | 7.6 | 6.9 | 8.0 | • | • |
| Receivables Turnover 30 | 7.6 | • | • | • | • | 8.8 | 8.0 | 8.1 | • | • | • |
| Total Liabilities to Net Worth 31 | 1.5 | • | • | 0.7 | • | 0.7 | 3.9 | 0.6 | 1.3 | • | 1.4 |

## Selected Financial Factors (in Percentages)

| | | | | | | | | | | | |
|---|---|---|---|---|---|---|---|---|---|---|---|
| Debt Ratio 32 | 59.1 | • | • | 41.7 | • | 41.2 | 79.4 | 35.2 | 57.0 | • | 58.4 |
| Return on Assets 33 | 6.6 | • | • | • | • | 17.5 | 7.2 | 16.1 | 11.1 | • | 6.3 |
| Return on Equity 34 | 6.9 | • | • | • | • | 25.3 | 12.3 | 18.3 | 15.7 | • | 6.3 |
| Return Before Interest on Equity 35 | 16.0 | • | • | • | • | 29.7 | 34.8 | 24.8 | 25.9 | • | 15.2 |
| Profit Margin, Before Income Tax 36 | 6.1 | • | • | • | • | 5.8 | 1.6 | 11.8 | 4.3 | 8.4 | 6.0 |
| Profit Margin, After Income Tax 37 | 4.0 | • | • | • | • | 5.6 | 1.2 | 10.1 | 3.7 | 5.8 | 3.9 |

## Trends in Selected Ratios and Factors, 1986-1994

| | 1986 | 1987 | 1988 | 1989 | 1990 | 1991 | 1992 | 1993 | 1994 |
|---|---|---|---|---|---|---|---|---|---|
| Cost of Operations (%) 38 | 67.9 | 67.9 | 67.8 | 64.3 | 65.3 | 65.6 | 64.7 | 64.2 | 63.9 |
| Operating Margin (%) 39 | • | • | • | 0.9 | • | 1.1 | 4.9 | 4.4 | 2.4 |
| Oper. Margin Before Officers Comp. (%) 40 | • | • | • | 1.5 | • | 1.5 | 5.3 | 4.8 | 2.8 |
| Average Net Receivables ($) 41 | 9075 | 8568 | 11486 | 6725 | 26117 | 18279 | 59484 | 38728 | 37135 |
| Average Inventories ($) 42 | 8365 | 7325 | 10136 | 5635 | 23173 | 14968 | 32756 | 29502 | 28256 |
| Average Net Worth ($) 43 | 50074 | 34857 | 55199 | 36551 | 155680 | 92198 | 220821 | 193682 | 164078 |
| Current Ratio (x1) 44 | 1.8 | 1.6 | 1.5 | 1.5 | 1.3 | 1.3 | 1.5 | 1.2 | 0.9 |
| Quick Ratio (x1) 45 | 0.9 | 0.8 | 0.8 | 0.8 | 0.7 | 0.7 | 0.9 | 0.7 | 0.5 |
| Coverage Ratio (x1) 46 | 3.5 | 3.0 | 3.1 | 3.0 | 2.6 | 3.0 | 4.6 | 4.2 | 2.9 |
| Asset Turnover (x1) 47 | 0.9 | 1.1 | 1.1 | 0.9 | 0.8 | 0.9 | 0.9 | 0.8 | 0.7 |
| Operating Leverage 48 | • | 0.4 | 0.6 | • | • | • | 4.6 | 0.9 | 0.6 |
| Financial Leverage 49 | • | 0.9 | 1.0 | 1.0 | 1.1 | 1.0 | 1.3 | 1.0 | 0.8 |
| Total Leverage 50 | • | 0.3 | 0.6 | • | • | • | 5.8 | 0.9 | 0.5 |

# Table I

Corporations with and without Net Income

# OTHER PAPER PRODUCTS

### MONEY AMOUNTS AND SIZE OF ASSETS IN THOUSANDS OF DOLLARS

| Item Description for Accounting Period 7/90 Through 6/91 | Total | Zero Assets | Under 100 | 100 to 250 | 251 to 500 | 501 to 1,000 | 1,001 to 5,000 | 5,001 to 10,000 | 10,001 to 25,000 | 25,001 to 50,000 | 50,001 to 100,000 | 100,001 to 250,000 | 250,001 and over |
|---|---|---|---|---|---|---|---|---|---|---|---|---|---|
| Number of Enterprises **1** | 3283 | 9 | 1304 | 131 | 183 | 452 | 746 | 192 | 154 | 46 | 25 | 19 | 20 |
| **Revenues ($ in Thousands)** | | | | | | | | | | | | | |
| Net Sales **2** | 54162 | 597 | 135 | 78 | 123 | 994 | 4122 | 3107 | 4274 | 2693 | 3148 | 4220 | 30671 |
| Portfolio Income **3** | 1191 | 5 | 1 | • | 1 | 5 | 11 | 21 | 19 | 19 | 25 | 98 | 987 |
| Other Revenues **4** | 1082 | 14 | • | 0 | 1 | 7 | 46 | 21 | 37 | 31 | 45 | 128 | 750 |
| Total Revenues **5** | 56435 | 616 | 135 | 78 | 126 | 1006 | 4179 | 3149 | 4330 | 2743 | 3218 | 4446 | 32408 |
| Average Total Revenues **6** | 17190 | 68463 | 104 | 598 | 687 | 2225 | 5602 | 16401 | 28120 | 59639 | 128727 | 233976 | 1620384 |
| **Operating Costs/Operating Income (%)** | | | | | | | | | | | | | |
| Cost of Operations **7** | 69.1 | 55.0 | 65.1 | 53.5 | 58.1 | 70.1 | 72.4 | 75.2 | 75.2 | 75.1 | 74.5 | 69.4 | 66.4 |
| Rent **8** | 0.9 | 1.8 | 6.6 | 5.8 | 3.6 | 2.0 | 1.2 | 0.7 | 0.7 | 0.6 | 0.5 | 0.7 | 0.9 |
| Taxes Paid **9** | 2.0 | 2.0 | 1.3 | 4.9 | 3.5 | 2.2 | 2.4 | 1.9 | 2.1 | 1.4 | 1.5 | 2.6 | 2.0 |
| Interest Paid **10** | 4.1 | 2.4 | 0.4 | 1.1 | 1.5 | 1.1 | 1.4 | 1.3 | 2.1 | 2.3 | 4.5 | 3.2 | 5.4 |
| Depreciation, Depletion, Amortization **11** | 4.5 | 4.9 | 0.5 | 3.5 | 3.0 | 2.4 | 2.6 | 2.3 | 3.3 | 3.5 | 2.8 | 3.7 | 5.5 |
| Pensions and Other Benefits **12** | 1.9 | 5.2 | 0.9 | 0.1 | 1.5 | 0.9 | 1.7 | 1.4 | 1.5 | 2.1 | 1.2 | 2.3 | 2.0 |
| Other **13** | 15.7 | 34.3 | 19.3 | 24.4 | 22.2 | 15.2 | 13.5 | 12.0 | 12.9 | 12.5 | 14.6 | 15.8 | 16.7 |
| Officers Compensation **14** | 1.2 | • | 3.5 | 10.3 | 3.5 | 4.4 | 3.9 | 3.3 | 2.1 | 1.6 | 0.9 | 0.9 | 0.4 |
| Operating Margin **15** | 0.8 | • | 2.5 | • | 3.2 | 1.7 | 1.1 | 2.0 | 0.3 | 1.1 | • | 1.5 | 0.9 |
| Oper. Margin Before Officers Compensation **16** | 2.0 | • | 6.0 | 6.7 | 6.7 | 6.1 | 5.0 | 5.3 | 2.5 | 2.7 | 0.4 | 2.3 | 1.3 |
| **Selected Average Balance Sheet ($ in Thousands)** | | | | | | | | | | | | | |
| Net Receivables **17** | 2340 | • | 11 | • | 87 | 200 | 604 | 1914 | 3695 | 6931 | 14329 | 33150 | 243354 |
| Inventories **18** | 1694 | • | 4 | 47 | 74 | 202 | 522 | 1538 | 2984 | 6121 | 17366 | 22590 | 157774 |
| Net Property, Plant and Equipment **19** | 5304 | • | 2 | 35 | 90 | 187 | 841 | 2147 | 5400 | 12560 | 25557 | 61733 | 652199 |
| Total Assets **20** | 15011 | • | 31 | 197 | 444 | 756 | 2387 | 7240 | 14753 | 34214 | 76603 | 154797 | 1845978 |

| | | | | | | | | | | | |
|---|---|---|---|---|---|---|---|---|---|---|---|
| Notes and Loans Payable **21** | 5025 | 5 | 85 | 146 | 239 | 852 | 2114 | 6017 | 12293 | 39367 | 55156 | 589056 |
| All Other Liabilities **22** | 5026 | 16 | 1 | 67 | 194 | 515 | 1756 | 3405 | 8483 | 21214 | 37374 | 675103 |
| Net Worth **23** | 4960 | 10 | 111 | 232 | 324 | 1020 | 3370 | 5331 | 13439 | 16022 | 62267 | 581819 |

**Selected Financial Ratios (Times to 1)**

| | | | | | | | | | | | | |
|---|---|---|---|---|---|---|---|---|---|---|---|---|
| Current Ratio **24** | 1.0 | 1.4 | 1.3 | 3.3 | 2.0 | 1.8 | 1.8 | 1.5 | 1.6 | 1.3 | 2.1 | 0.8 |
| Quick Ratio **25** | 0.6 | 1.2 | 0.3 | 2.0 | 1.2 | 1.1 | 1.1 | 0.9 | 0.9 | 0.6 | 1.2 | 0.4 |
| Net Sales to Working Capital **26** | • | 12.8 | 37.1 | 4.4 | 8.2 | 8.9 | 8.0 | 10.2 | 9.5 | 13.5 | 6.5 | • |
| Coverage Ratio **27** | 2.4 | 9.1 | • | 4.4 | 3.6 | 2.8 | 3.6 | 1.8 | 2.3 | 1.4 | 3.3 | 2.5 |
| Total Asset Turnover **28** | 1.1 | 3.4 | 3.0 | 1.5 | 2.9 | 2.3 | 2.2 | 1.9 | 1.7 | 1.7 | 1.4 | 0.8 |
| Inventory Turnover **29** | 6.9 | • | • | 6.9 | 6.8 | 7.5 | 7.6 | 6.5 | 7.8 | 5.8 | 6.5 | 6.8 |
| Receivables Turnover **30** | 7.3 | • | • | 8.8 | 8.0 | 8.8 | 9.2 | 7.0 | 8.7 | 9.3 | 7.3 | 6.6 |
| Total Liabilities to Net Worth **31** | 2.0 | 0.8 | 2.0 | 0.9 | 1.3 | 1.3 | 1.2 | 1.8 | 1.6 | 3.8 | 1.5 | 2.2 |

**Selected Financial Factors (in Percentages)**

| | | | | | | | | | | | | |
|---|---|---|---|---|---|---|---|---|---|---|---|---|
| Debt Ratio **32** | 67.0 | • | 66.0 | 43.4 | 47.9 | 57.2 | 57.3 | 63.9 | 60.7 | 79.1 | 59.8 | 68.5 |
| Return on Assets **33** | 10.9 | • | 11.5 | 10.0 | 11.5 | 9.0 | 7.0 | 8.7 | 10.0 | 14.7 | 11.0 | |
| Return on Equity **34** | 11.7 | • | 30.1 | 9.3 | 16.7 | 12.1 | 4.9 | 8.9 | 8.9 | 17.7 | 11.8 | |
| Return Before Interest on Equity **35** | 32.9 | • | 33.8 | 19.2 | 26.9 | 21.0 | 19.4 | 22.2 | • | | | |
| Profit Margin, Before Income Tax **36** | 5.8 | • | 3.1 | 5.1 | 2.9 | 2.5 | 1.6 | 2.8 | 1.7 | 7.9 | | |
| Profit Margin, After Income Tax **37** | 3.5 | • | 3.1 | 3.2 | 2.5 | 2.2 | 1.0 | 2.0 | 1.1 | 5.0 | | |

**Trends in Selected Ratios and Factors, 1986–1994**

| | 1986 | 1987 | 1988 | 1989 | 1990 | 1991 | 1992 | 1993 | 1994 |
|---|---|---|---|---|---|---|---|---|---|
| Cost of Operations (%) **38** | 68.0 | 66.3 | 68.1 | 67.6 | 66.8 | 67.5 | 68.9 | 68.6 | 69.1 |
| Operating Margin (%) **39** | 2.0 | 2.5 | 3.4 | 3.0 | 2.8 | 3.8 | 3.1 | 1.4 | 0.8 |
| Oper. Margin Before Officers Comp. (%) **40** | 3.7 | 3.9 | 4.9 | 4.5 | 4.3 | 5.1 | 4.4 | 2.8 | 2.0 |
| Average Net Receivables ($) **41** | 747 | 1361 | 1402 | 1620 | 1331 | 2348 | 2392 | 2429 | 2340 |
| Average Inventories ($) **42** | 903 | 1324 | 1322 | 1424 | 1184 | 2100 | 1651 | 1775 | 1694 |
| Average Net Worth ($) **43** | 2532 | 3473 | 3433 | 4092 | 3453 | 6123 | 4803 | 5240 | 4960 |
| Current Ratio (x1) **44** | 1.9 | 1.8 | 1.9 | 1.8 | 1.8 | 1.7 | 1.1 | 1.2 | 1.0 |
| Quick Ratio (x1) **45** | 0.9 | 0.9 | 1.0 | 1.0 | 0.9 | 0.9 | 0.6 | 0.6 | 0.6 |
| Coverage Ratio (x1) **46** | 3.8 | 3.7 | 4.5 | 4.3 | 4.2 | 5.0 | 3.7 | 2.4 | 2.4 |
| Asset Turnover (x1) **47** | 1.6 | 1.4 | 1.7 | 1.5 | 1.5 | 1.5 | 1.2 | 1.2 | 1.1 |
| Total Liabilities/Net Worth (x1) **48** | 0.9 | 1.1 | 1.0 | 1.0 | 1.1 | 1.1 | 1.9 | 1.9 | 2.0 |
| Return on Assets (x1) **49** | 12.1 | 12.6 | 14.3 | 11.8 | 12.2 | 13.9 | 12.5 | 11.5 | 10.9 |
| Return on Equity (%) **50** | 8.9 | 10.4 | 12.4 | 10.1 | 10.8 | 15.0 | 17.6 | 12.6 | 11.7 |

## 79

## Table II

Corporations with Net Income

# OTHER PAPER PRODUCTS

MONEY AMOUNTS AND SIZE OF ASSETS IN THOUSANDS OF DOLLARS

| Item Description for Accounting Period 7/90 Through 6/91 | Total | Zero Assets | Under 100 | 100 to 250 | 251 to 500 | 501 to 1,000 | 1,001 to 5,000 | 5,001 to 10,000 | 10,001 to 25,000 | 25,001 to 50,000 | 50,001 to 100,000 | 100,001 to 250,000 | 250,001 and over |
|---|---|---|---|---|---|---|---|---|---|---|---|---|---|
| Number of Enterprises **1** | 1954 | · | 582 | · | 124 | 318 | 580 | 155 | 110 | 34 | · | 15 | 13 |
| **Revenues ($ in Thousands)** | | | | | | | | | | | | | |
| Net Sales **2** | 42032 | · | 122 | · | 91 | 698 | 3197 | 2674 | 3102 | 1808 | · | 3520 | 24020 |
| Portfolio Income **3** | 757 | · | 1 | · | 1 | 4 | 9 | 14 | 14 | 15 | · | 78 | 606 |
| Other Revenues **4** | 849 | · | · | · | 1 | 6 | 39 | 11 | 30 | 22 | · | 125 | 571 |
| Total Revenues **5** | 43638 | · | 123 | · | 93 | 709 | 3245 | 2699 | 3146 | 1846 | · | 3723 | 25197 |
| Average Total Revenues **6** | 22333 | · | 211 | · | 751 | 2230 | 5595 | 17414 | 28598 | 54281 | · | 248196 | 1938193 |
| **Operating Costs/Operating Income (%)** | | | | | | | | | | | | | |
| Cost of Operations **7** | 68.2 | · | 62.6 | · | 52.5 | 74.4 | 71.2 | 75.7 | 73.7 | 74.0 | · | 68.3 | 65.2 |
| Rent **8** | 0.9 | · | 6.5 | · | 4.9 | 1.3 | 1.2 | 0.8 | 0.6 | 0.6 | · | 0.8 | 0.9 |
| Taxes Paid **9** | 2.0 | · | 1.4 | · | 2.9 | 2.0 | 2.3 | 1.7 | 2.0 | 1.5 | · | 2.8 | 1.9 |
| Interest Paid **10** | 2.0 | · | 0.4 | · | 1.8 | 1.0 | 1.2 | 1.0 | 2.2 | 1.7 | · | 1.8 | 2.1 |
| Depreciation, Depletion, Amortization **11** | 4.0 | · | 0.6 | · | 3.7 | 2.2 | 2.4 | 2.0 | 3.1 | 2.7 | · | 3.7 | 5.0 |
| Pensions and Other Benefits **12** | 1.7 | · | 1.0 | · | 0.6 | 0.7 | 1.3 | 1.3 | 1.4 | 2.0 | · | 2.5 | 1.8 |
| Other **13** | 15.3 | · | 16.2 | · | 21.4 | 10.7 | 13.5 | 11.0 | 11.5 | 12.0 | · | 16.7 | 16.6 |
| Officers Compensation **14** | 1.2 | · | 3.9 | · | 4.7 | 4.7 | 4.1 | 2.8 | 2.4 | 1.8 | · | 0.9 | 0.4 |
| Operating Margin **15** | 4.9 | · | 7.5 | · | 7.7 | 3.2 | 2.9 | 3.6 | 3.2 | 3.7 | · | 2.7 | 6.2 |
| Oper. Margin Before Officers Compensation **16** | 6.1 | · | 11.4 | · | 12.3 | 7.8 | 7.1 | 6.4 | 5.5 | 5.5 | · | 3.6 | 6.6 |
| **Selected Average Balance Sheet ($ in Thousands)** | | | | | | | | | | | | | |
| Net Receivables **17** | 2996 | · | 16 | · | 95 | 193 | 560 | 2037 | 3651 | 6308 | · | 29108 | 292722 |
| Inventories **18** | 2249 | · | 6 | · | 57 | 190 | 479 | 1628 | 3119 | 6154 | · | 22980 | 194647 |
| Net Property, Plant and Equipment **19** | 5693 | · | 5 | · | 102 | 155 | 733 | 2018 | 5264 | 12025 | · | 61960 | 609782 |
| Total Assets **20** | 14919 | · | 55 | · | 426 | 723 | 2192 | 7204 | 14866 | 32540 | · | 149221 | 1536319 |

| | | | | | | | | | | | |
|---|---|---|---|---|---|---|---|---|---|---|---|
| Notes and Loans Payable 21 | 3740 | 10 | • | 107 | 221 | 656 | 1904 | 5499 | 9378 | 36461 | 342545 |
| All Other Liabilities 22 | 3938 | 24 | • | 59 | 167 | 438 | 1826 | 3310 | 6662 | 37517 | 430224 |
| Net Worth 23 | 7241 | 21 | • | 261 | 335 | 1099 | 3474 | 6056 | 16500 | 75244 | 763551 |

## Selected Financial Ratios (Times to 1)

| | | | | | | | | | | | |
|---|---|---|---|---|---|---|---|---|---|---|---|
| Current Ratio 24 | 1.6 | 1.5 | • | 3.5 | 2.6 | 2.1 | 1.9 | 1.8 | 1.9 | 2.0 | 1.4 |
| Quick Ratio 25 | 0.9 | 1.3 | • | 2.4 | 1.6 | 1.3 | 1.1 | 1.0 | 1.2 | 1.1 | 0.8 |
| Net Sales to Working Capital 26 | 9.5 | 13.0 | • | 4.7 | 6.5 | 7.9 | 7.8 | 7.8 | 6.5 | 7.2 | 11.6 |
| Coverage Ratio 27 | 6.0 | • | • | 6.5 | 5.5 | 4.9 | 5.4 | 3.1 | 4.3 | 5.9 | • |
| Total Asset Turnover 28 | 1.5 | 3.8 | • | 1.7 | 3.0 | 2.5 | 2.4 | 1.9 | 1.6 | 1.6 | 1.2 |
| Inventory Turnover 29 | 6.8 | • | • | 6.7 | 6.5 | 7.4 | 8.3 | 6.3 | 8.3 | • | • |
| Receivables Turnover 30 | 7.3 | • | • | 7.6 | 6.9 | 9.4 | 9.9 | 6.9 | • | • | • |
| Total Liabilities to Net Worth 31 | 1.1 | 1.7 | • | 0.6 | 1.2 | 1.0 | 1.1 | 1.5 | 1.0 | 1.0 | 1.0 |

## Selected Financial Factors (in Percentages)

| | | | | | | | | | | | |
|---|---|---|---|---|---|---|---|---|---|---|---|
| Debt Ratio 32 | 51.5 | 62.6 | • | 38.9 | 53.6 | 49.9 | 51.8 | 59.3 | 49.3 | 49.6 | 50.3 |
| Return on Assets 33 | 16.8 | 32.3 | • | 19.9 | 17.4 | 14.0 | 13.3 | 12.8 | 11.7 | 16.7 | • |
| Return on Equity 34 | 20.3 | • | • | 20.4 | 26.9 | 20.7 | 19.7 | 16.9 | 14.0 | 19.6 | • |
| Return Before Interest on Equity 35 | 34.7 | • | • | 32.6 | • | 27.9 | 27.5 | 31.3 | 23.1 | 33.1 | • |
| Profit Margin, Before Income Tax 36 | 9.7 | 8.1 | • | 9.8 | 4.7 | 4.4 | 4.5 | 4.6 | 5.5 | 8.8 | • |
| Profit Margin, After Income Tax 37 | 6.8 | 8.1 | • | 7.2 | 4.1 | 4.1 | 4.0 | 3.6 | 4.3 | 6.3 | • |

## Trends in Selected Ratios and Factors, 1986–1994

| | 1986 | 1987 | 1988 | 1989 | 1990 | 1991 | 1992 | 1993 | 1994 |
|---|---|---|---|---|---|---|---|---|---|
| Cost of Operations (%) 38 | 65.7 | 63.9 | 66.9 | 65.2 | 65.5 | 66.2 | 67.6 | 67.3 | 68.2 |
| Operating Margin (%) 39 | 4.0 | 4.1 | 4.6 | 4.6 | 4.1 | 4.8 | 4.6 | 4.8 | 4.9 |
| Oper. Margin Before Officers Comp. (%) 40 | 5.6 | 5.5 | 6.0 | 6.1 | 5.4 | 6.2 | 6.0 | 6.2 | 6.1 |
| Average Net Receivables ($) 41 | 955 | 1549 | 1685 | 1831 | 2271 | 2351 | 3436 | 2599 | 2996 |
| Average Inventories ($) 42 | 1189 | 1517 | 1523 | 1553 | 2005 | 2093 | 2304 | 1844 | 2249 |
| Average Net Worth ($) 43 | 3636 | 4318 | 4314 | 4898 | 6521 | 6771 | 7657 | 6049 | 7241 |
| Current Ratio (x1) 44 | 2.1 | 1.9 | 1.9 | 1.9 | 1.8 | 1.8 | 1.1 | 1.9 | 1.6 |
| Quick Ratio (x1) 45 | 1.0 | 1.0 | 1.0 | 1.0 | 1.0 | 1.0 | 0.6 | 1.1 | 0.9 |
| Coverage Ratio (x1) 46 | 5.7 | 4.9 | 5.4 | 6.3 | 5.8 | 6.3 | 4.8 | 5.2 | 6.0 |
| Asset Turnover (x1) 47 | 1.5 | 1.4 | 1.7 | 1.5 | 1.5 | 1.5 | 1.2 | 1.5 | 1.5 |
| Operating Leverage 48 | • | 1.0 | 1.2 | 1.0 | 0.9 | 1.2 | 1.0 | 1.0 | 1.0 |
| Financial Leverage 49 | • | 1.0 | 1.1 | 1.1 | 1.0 | 1.1 | 1.0 | 1.1 | 1.0 |
| Total Leverage 50 | • | 1.0 | 1.2 | 1.1 | 0.9 | 1.3 | 1.0 | 1.1 | 1.0 |

## Table I

Corporations with and without Net Income

# NEWSPAPERS

MONEY AMOUNTS AND SIZE OF ASSETS IN THOUSANDS OF DOLLARS

| Item Description for Accounting Period 7/90 Through 6/91 | Total | Zero Assets | Under 100 | 100 to 250 | 251 to 500 | 501 to 1,000 | 1,001 to 5,000 | 5,001 to 10,000 | 10,001 to 25,000 | 25,001 to 50,000 | 50,001 to 100,000 | 100,001 to 250,000 | 250,001 and over |
|---|---|---|---|---|---|---|---|---|---|---|---|---|---|
| Number of Enterprises 1 | 5008 | 15 | 2223 | 1439 | 266 | 313 | 365 | 162 | 92 | 56 | 17 | 25 | 35 |
| **Revenues ($ in Thousands)** | | | | | | | | | | | | | |
| Net Sales 2 | 46585 | 184 | 461 | 625 | 138 | 349 | 1141 | 1554 | 1581 | 1832 | 998 | 3262 | 34458 |
| Portfolio Income 3 | 3140 | 3 | 20 | 4 | 3 | 2 | 12 | 13 | 56 | 59 | 44 | 221 | 2704 |
| Other Revenues 4 | 1433 | 30 | 0 | 36 | 1 | 12 | 9 | 58 | 30 | 61 | 29 | 66 | 1102 |
| Total Revenues 5 | 51158 | 216 | 481 | 665 | 142 | 363 | 1162 | 1626 | 1667 | 1952 | 1071 | 3549 | 38264 |
| Average Total Revenues 6 | 10215 | 14411 | 216 | 462 | 533 | 1160 | 3184 | 10034 | 18123 | 34855 | 62976 | 141973 | 1093259 |
| **Operating Costs/Operating Income (%)** | | | | | | | | | | | | | |
| Cost of Operations 7 | 38.0 | 59.9 | 43.6 | 50.2 | 38.9 | 54.6 | 43.6 | 44.3 | 44.9 | 35.9 | 35.2 | 39.8 | 36.7 |
| Rent 8 | 1.7 | 0.4 | 3.1 | 2.6 | 4.4 | 1.5 | 1.0 | 1.4 | 0.8 | 0.8 | 1.5 | 0.8 | 1.8 |
| Taxes Paid 9 | 3.4 | 3.4 | 3.3 | 4.0 | 4.9 | 3.9 | 3.4 | 4.0 | 4.4 | 3.5 | 4.2 | 4.0 | 3.2 |
| Interest Paid 10 | 6.9 | 13.5 | 2.5 | 0.6 | 2.2 | 0.8 | 3.6 | 2.1 | 2.5 | 3.4 | 4.6 | 8.4 | 7.8 |
| Depreciation, Depletion, Amortization 11 | 6.9 | 4.0 | 1.9 | 2.4 | 1.9 | 3.9 | 4.8 | 4.9 | 5.5 | 5.3 | 8.7 | 7.7 | 7.3 |
| Pensions and Other Benefits 12 | 3.1 | 2.0 | 0.2 | 0.3 | 3.3 | 3.8 | 2.3 | 2.3 | 3.7 | 4.2 | 2.7 | 3.0 | 3.2 |
| Other 13 | 40.1 | 19.0 | 47.0 | 32.4 | 34.0 | 34.0 | 33.2 | 36.5 | 34.6 | 47.2 | 42.4 | 41.2 | 40.5 |
| Officers Compensation 14 | 1.7 | 0.1 | 10.4 | 14.0 | 11.2 | 8.6 | 3.3 | 5.2 | 1.9 | 2.3 | 2.2 | 1.2 | 1.0 |
| Operating Margin 15 | 1.7 | • | • | • | • | • | 4.9 | • | 1.7 | • | • | • | • |
| Oper. Margin Before Officers Compensation 16 | • | • | • | 7.4 | 10.5 | • | 8.2 | 4.6 | 3.6 | • | 0.9 | • | • |
| **Selected Average Balance Sheet ($ in Thousands)** | | | | | | | | | | | | | |
| Net Receivables 17 | 1158 | • | 16 | 31 | 133 | 173 | 230 | 938 | 2098 | 4286 | 7813 | 15998 | 126478 |
| Inventories 18 | 470 | • | • | 3 | 1 | 8 | 57 | 192 | 584 | 986 | 996 | 3773 | 59293 |
| Net Property, Plant and Equipment 19 | 3079 | • | 23 | 33 | 38 | 202 | 685 | 2195 | 5603 | 11852 | 28701 | 63819 | 325202 |
| Total Assets 20 | 16267 | • | 46 | 145 | 364 | 724 | 2073 | 7231 | 16458 | 34528 | 72277 | 163411 | 2004081 |

| | | | | | | | | | | | | |
|---|---|---|---|---|---|---|---|---|---|---|---|---|
| Notes and Loans Payable **21** | 699532 | 83763 | 27519 | 12305 | 5550 | 2222 | 1154 | 195 | 73 | 38 | 89 | 5863 |
| All Other Liabilities **22** | 374362 | 34598 | 12346 | 6662 | 3119 | 1791 | 458 | 181 | 54 | 50 | 14 | 3089 |
| Net Worth **23** | 930186 | 45050 | 32411 | 15561 | 7789 | 3218 | 461 | 349 | 238 | 57 | -57 | 7316 |

## Selected Financial Ratios (Times to 1)

| | | | | | | | | | | | | |
|---|---|---|---|---|---|---|---|---|---|---|---|---|
| Current Ratio **24** | 1.1 | 0.9 | 1.1 | 1.7 | 1.5 | 2.2 | 1.8 | 2.3 | 3.2 | 1.4 | 1.1 | 1.2 |
| Quick Ratio **25** | 0.7 | 0.6 | 0.8 | 1.4 | 1.2 | 1.7 | 1.4 | 1.7 | 3.1 | 1.3 | 1.1 | 0.7 |
| Net Sales to Working Capital **26** | 31.1 | • | 31.4 | 7.2 | 8.9 | 6.3 | 14.3 | 6.1 | 2.9 | 22.0 | • | 25.0 |
| Coverage Ratio **27** | 2.3 | 1.4 | 2.3 | 2.2 | 3.8 | 2.9 | 2.9 | • | 2.0 | 0.8 | 2.2 | 2.2 |
| Total Asset Turnover **28** | 0.5 | 0.8 | 0.8 | 1.0 | 1.1 | 1.3 | 1.5 | 1.6 | 1.4 | 3.0 | 4.5 | 0.6 |
| Inventory Turnover **29** | 7.2 | • | • | • | • | • | • | • | • | • | • | 8.8 |
| Receivables Turnover **30** | 6.9 | 8.9 | 5.0 | 8.0 | 7.9 | 9.6 | • | 7.5 | 3.8 | • | • | 7.3 |
| Total Liabilities to Net Worth **31** | 1.2 | 2.6 | 1.2 | 1.2 | 1.1 | 1.3 | 3.5 | 1.1 | 0.5 | 1.5 | • | 1.2 |

## Selected Financial Factors (in Percentages)

| | | | | | | | | | | | | |
|---|---|---|---|---|---|---|---|---|---|---|---|---|
| Debt Ratio **32** | 53.6 | 72.4 | 55.2 | 54.9 | 52.7 | 55.5 | 77.8 | 51.9 | 34.8 | 60.6 | • | 55.0 |
| Return on Assets **33** | 8.6 | 9.0 | 8.5 | 7.1 | 10.0 | 8.0 | 15.5 | • | 6.3 | 1.4 | • | 8.6 |
| Return on Equity **34** | 6.7 | 3.1 | 7.0 | 3.5 | 11.4 | 8.0 | 37.1 | • | 3.9 | • | 27.7 | 6.6 |
| Return Before Interest on Equity **35** | 18.5 | 32.6 | 18.9 | 15.8 | 21.2 | 18.0 | • | • | 9.6 | 3.6 | 18.4 | 19.2 |
| Profit Margin, Before Income Tax **36** | 9.7 | 2.9 | 5.9 | 4.1 | 7.1 | 3.9 | 6.7 | • | 2.2 | • | 15.5 | 8.1 |
| Profit Margin, After Income Tax **37** | 6.3 | 1.1 | 1.2 | 1.7 | 5.2 | 2.7 | 5.5 | • | 1.8 | • | 13.8 | 5.2 |

## Trends in Selected Ratios and Factors, 1986–1994

| | 1986 | 1987 | 1988 | 1989 | 1990 | 1991 | 1992 | 1993 | 1994 |
|---|---|---|---|---|---|---|---|---|---|
| Cost of Operations (%) **38** | 44.0 | 43.1 | 42.8 | 39.9 | 40.4 | 41.2 | 41.4 | 37.2 | 38.0 |
| Operating Margin (%) **39** | 3.5 | 4.4 | 5.5 | 4.0 | 2.6 | 3.1 | 1.2 | 0.5 | • |
| Oper. Margin Before Officers Comp. (%) **40** | 5.1 | 6.1 | 7.0 | 5.4 | 4.1 | 4.7 | 1.2 | 2.0 | • |
| Average Net Receivables ($) **41** | 681 | 839 | 874 | 1043 | 1065 | 1190 | 1050 | 1087 | 1158 |
| Average Inventories ($) **42** | 179 | 180 | 201 | 247 | 228 | 314 | 310 | 262 | 470 |
| Average Net Worth ($) **43** | 2307 | 2879 | 3020 | 3538 | 4062 | 4310 | 4059 | 5410 | 7316 |
| Current Ratio (x1) **44** | 1.5 | 1.5 | 1.5 | 1.5 | 1.3 | 1.3 | 1.5 | 1.4 | 1.2 |
| Quick Ratio (x1) **45** | 1.0 | 1.1 | 1.1 | 1.0 | 0.9 | 0.9 | 1.1 | 1.0 | 0.7 |
| Coverage Ratio (x1) **46** | 3.7 | 4.5 | 4.6 | 3.6 | 3.2 | 3.0 | 2.7 | 2.5 | 2.2 |
| Asset Turnover (x1) **47** | 1.1 | 1.1 | 1.0 | 0.9 | 0.8 | 0.8 | 0.7 | 0.6 | 0.6 |
| Total Liabilities/Net Worth (x1) **48** | 1.1 | 1.0 | 1.1 | 1.2 | 1.3 | 1.5 | 1.6 | 1.2 | 1.2 |
| Return on Assets (x1) **49** | 11.6 | 12.5 | 13.1 | 11.2 | 12.1 | 11.0 | 12.7 | 9.6 | 8.6 |
| Return on Equity (%) **50** | 9.6 | 10.6 | 11.9 | 9.7 | 10.9 | 11.0 | 13.8 | 7.9 | 6.6 |

## Table II

Corporations with Net Income

# NEWSPAPERS

MANUFACTURING 2710

### Money Amounts and Size of Assets in Thousands of Dollars

| Item Description for Accounting Period 7/90 Through 6/91 | | Total | Zero Assets | Under 100 | 100 to 250 | 251 to 500 | 501 to 1,000 | 1,001 to 5,000 | 5,001 to 10,000 | 10,001 to 25,000 | 25,001 to 50,000 | 50,001 to 100,000 | 100,001 to 250,000 | 250,001 and over |
|---|---|---|---|---|---|---|---|---|---|---|---|---|---|---|
| Number of Enterprises | 1 | 2798 | • | 1151 | 780 | 196 | 94 | 293 | 111 | 63 | 40 | 12 | 15 | • |
| **Revenues ($ in Thousands)** | | | | | | | | | | | | | | |
| Net Sales | 2 | 41636 | • | 224 | 372 | 136 | 131 | 909 | 1146 | 1257 | 1343 | 739 | 1978 | • |
| Portfolio Income | 3 | 2911 | • | 0 | 3 | 3 | 1 | 11 | 11 | 49 | 57 | 36 | 106 | • |
| Other Revenues | 4 | 1303 | • | 0 | 32 | 1 | 0 | 8 | 28 | 23 | 53 | 25 | 52 | • |
| Total Revenues | 5 | 45851 | • | 224 | 406 | 140 | 132 | 929 | 1185 | 1330 | 1453 | 801 | 2136 | • |
| Average Total Revenues | 6 | 16387 | • | 195 | 520 | 713 | 1409 | 3169 | 10680 | 21112 | 36325 | 66740 | 142381 | • |
| **Operating Costs/Operating Income (%)** | | | | | | | | | | | | | | |
| Cost of Operations | 7 | 36.9 | • | 32.2 | 42.1 | 39.1 | 51.4 | 44.4 | 48.7 | 42.1 | 34.2 | 26.1 | 32.0 | • |
| Rent | 8 | 1.7 | • | 3.2 | 2.2 | 4.5 | • | 0.9 | 1.1 | 0.6 | 0.7 | 1.4 | 0.8 | • |
| Taxes Paid | 9 | 3.3 | • | 3.8 | 3.8 | 4.9 | 2.9 | 3.5 | 4.0 | 4.6 | 3.7 | 4.0 | 4.2 | • |
| Interest Paid | 10 | 6.6 | • | 0.7 | • | 1.5 | 0.2 | 2.9 | 1.0 | 1.8 | 2.3 | 4.9 | 4.1 | • |
| Depreciation, Depletion, Amortization | 11 | 6.8 | • | 0.4 | 1.5 | 1.9 | 2.5 | 3.5 | 4.1 | 5.3 | 4.5 | 9.0 | 6.5 | • |
| Pensions and Other Benefits | 12 | 3.2 | • | 0.4 | 0.6 | 3.3 | 5.3 | 2.1 | 2.5 | 4.2 | 4.6 | 2.4 | 3.1 | • |
| Other | 13 | 39.7 | • | 52.4 | 29.4 | 34.0 | 18.6 | 32.0 | 26.6 | 34.6 | 45.4 | 48.7 | 45.2 | • |
| Officers Compensation | 14 | 1.5 | • | 6.2 | 17.2 | 11.4 | 14.0 | 2.8 | 4.9 | 1.9 | 2.3 | 2.2 | 1.2 | • |
| Operating Margin | 15 | 0.4 | • | 0.8 | 3.2 | • | 5.2 | 7.9 | 7.2 | 5.0 | 2.3 | 1.4 | 3.0 | • |
| Oper. Margin Before Officers Compensation | 16 | 1.8 | • | 7.0 | 20.4 | 11.0 | 19.2 | 10.6 | 12.0 | 6.9 | 4.6 | 3.6 | 4.2 | • |
| **Selected Average Balance Sheet ($ in Thousands)** | | | | | | | | | | | | | | |
| Net Receivables | 17 | 1869 | • | 15 | 22 | 181 | 176 | 276 | 986 | 2456 | 4314 | 7931 | 17005 | • |
| Inventories | 18 | 800 | • | • | 3 | 1 | 12 | 69 | 248 | 656 | 777 | 1053 | 4092 | • |
| Net Property, Plant and Equipment | 19 | 4834 | • | 11 | 16 | 52 | 223 | 668 | 2415 | 6567 | 10619 | 31372 | 64185 | • |
| Total Assets | 20 | 26061 | • | 29 | 140 | 369 | 723 | 1881 | 7545 | 17703 | 34900 | 72189 | 154128 | • |

| | 21–37 | | | | | | | | | | | |
|---|---|---|---|---|---|---|---|---|---|---|---|---|
| Notes and Loans Payable 21 | 9020 | · | 32 | 28 | 36 | 31 | 927 | 1096 | 4247 | 9525 | 28630 | 56071 |
| All Other Liabilities 22 | 4570 | · | 8 | 12 | 73 | 102 | 238 | 1606 | 3692 | 6369 | 12749 | 36382 |
| Net Worth 23 | 12471 | · | -10 | 100 | 260 | 590 | 716 | 4843 | 9764 | 19006 | 30810 | 61675 |

**Selected Financial Ratios (Times to 1)**

| | | | | | | | | | | | | |
|---|---|---|---|---|---|---|---|---|---|---|---|---|
| Current Ratio 24 | 1.3 | · | 1.2 | 7.1 | 3.6 | 4.2 | 2.3 | 2.9 | 1.5 | 2.1 | 1.3 | 1.3 |
| Quick Ratio 25 | 0.8 | · | 1.2 | 6.8 | 3.5 | 4.0 | 1.8 | 2.2 | 1.1 | 1.8 | 0.8 | 0.8 |
| Net Sales to Working Capital 26 | 18.2 | · | · | 7.8 | 4.3 | 5.2 | 8.9 | 4.9 | 8.6 | 5.0 | 14.9 | 14.0 |
| Coverage Ratio 27 | 2.6 | · | 2.2 | · | 2.8 | · | 4.5 | 11.9 | 6.9 | 5.6 | 3.0 | 3.7 |
| Total Asset Turnover 28 | 0.6 | · | 6.6 | 3.4 | 1.9 | 1.9 | 1.7 | 1.4 | 1.1 | 1.0 | 0.9 | 0.9 |
| Inventory Turnover 29 | 8.1 | · | · | · | · | · | · | · | · | · | · | · |
| Receivables Turnover 30 | 7.2 | · | · | · | 3.9 | 7.1 | · | 9.0 | 7.5 | 8.3 | 4.6 | 8.0 |
| Total Liabilities to Net Worth 31 | 1.1 | · | · | 0.4 | 0.4 | 0.2 | 1.6 | 0.6 | 0.8 | 0.8 | 1.4 | 1.5 |

**Selected Financial Factors (in Percentages)**

| | | | | | | | | | | | | |
|---|---|---|---|---|---|---|---|---|---|---|---|---|
| Debt Ratio 32 | 52.2 | · | · | 28.8 | 29.6 | 18.4 | 62.0 | 35.8 | 44.9 | 45.6 | 57.3 | 60.0 |
| Return on Assets 33 | 9.8 | · | 9.9 | · | 7.6 | 12.1 | 21.1 | 15.8 | 14.1 | 12.3 | 12.4 | 12.8 |
| Return on Equity 34 | 8.6 | · | · | · | 6.0 | 13.2 | 36.5 | 18.9 | 17.1 | 13.3 | 14.0 | 16.9 |
| Return Before Interest on Equity 35 | 20.4 | · | · | · | 10.9 | 14.8 | · | 24.6 | 25.6 | 22.5 | 29.1 | 32.0 |
| Profit Margin, Before Income Tax 36 | 10.5 | · | 0.8 | 12.4 | 2.6 | 6.0 | 10.0 | 10.6 | 10.7 | 10.5 | 9.7 | 10.9 |
| Profit Margin, After Income Tax 37 | 7.2 | · | 0.8 | 11.5 | 2.2 | 5.6 | 8.4 | 8.9 | 8.3 | 7.5 | 7.0 | 7.9 |

**Trends in Selected Ratios and Factors, 1986–1994**

| | 1986 | 1987 | 1988 | 1989 | 1990 | 1991 | 1992 | 1993 | 1994 |
|---|---|---|---|---|---|---|---|---|---|
| Cost of Operations (%) 38 | 42.0 | 42.6 | 42.3 | 39.5 | 40.5 | 39.1 | 40.9 | 36.3 | 36.9 |
| Operating Margin (%) 39 | 5.9 | 6.7 | 7.0 | 5.6 | 5.4 | 6.6 | 1.5 | 2.7 | 0.4 |
| Oper. Margin Before Officers Comp. (%) 40 | 7.4 | 8.2 | 8.4 | 7.0 | 6.8 | 8.1 | 3.2 | 4.2 | 1.8 |
| Average Net Receivables ($) 41 | 957 | 1285 | 1287 | 1303 | 1357 | 1420 | 1248 | 1651 | 1869 |
| Average Inventories ($) 42 | 269 | 287 | 296 | 305 | 274 | 295 | 374 | 411 | 800 |
| Average Net Worth ($) 43 | 3454 | 4688 | 4544 | 4628 | 5422 | 5663 | 5091 | 8842 | 12471 |
| Current Ratio (x1) 44 | 1.6 | 1.5 | 1.6 | 1.5 | 1.3 | 1.3 | 1.6 | 1.4 | 1.3 |
| Quick Ratio (x1) 45 | 1.1 | 1.1 | 1.2 | 1.0 | 1.0 | 1.0 | 1.1 | 1.0 | 0.8 |
| Coverage Ratio (x1) 46 | 5.0 | 5.5 | 5.4 | 4.6 | 4.2 | 4.4 | 3.4 | 3.2 | 2.6 |
| Asset Turnover (x1) 47 | 1.1 | 1.1 | 1.0 | 0.9 | 0.9 | 0.9 | 0.8 | 0.6 | 0.6 |
| Operating Leverage 48 | · | 1.1 | 1.1 | 0.8 | 1.0 | 1.2 | 0.2 | 1.8 | 0.1 |
| Financial Leverage 49 | · | 1.0 | 1.0 | 1.0 | 1.0 | 1.1 | 1.0 | 1.0 | 0.9 |
| Total Leverage 50 | · | 1.2 | 1.0 | 0.8 | 1.0 | 1.3 | 0.2 | 1.7 | 0.1 |

# Table I

Corporations with and without Net Income

## PERIODICALS

### Money Amounts and Size of Assets in Thousands of Dollars

| Item Description for Accounting Period 7/90 Through 6/91 | Total | Zero Assets | Under 100 | 100 to 250 | 251 to 500 | 501 to 1,000 | 1,001 to 5,000 | 5,001 to 10,000 | 10,001 to 25,000 | 25,001 to 50,000 | 50,001 to 100,000 | 100,001 to 250,000 | 250,001 and over |
|---|---|---|---|---|---|---|---|---|---|---|---|---|---|
| Number of Enterprises 1 | 4942 | 321 | 3006 | • | 706 | 345 | 370 | 92 | 51 | 19 | 8 | 16 | 9 |
| **Revenues ($ in Thousands)** | | | | | | | | | | | | | |
| Net Sales 2 | 27758 | 109 | 1667 | • | 771 | 907 | 2084 | 1222 | 1540 | 845 | 755 | 2487 | 15370 |
| Portfolio Income 3 | 722 | 1 | 0 | • | 2 | 3 | 36 | 13 | 5 | 33 | 62 | 66 | 502 |
| Other Revenues 4 | 1974 | 11 | 1 | • | 5 | 3 | 24 | 31 | 13 | 30 | 42 | 96 | 1719 |
| Total Revenues 5 | 30455 | 120 | 1669 | • | 778 | 913 | 2144 | 1266 | 1559 | 908 | 859 | 2650 | 17590 |
| Average Total Revenues 6 | 6162 | 373 | 555 | • | 1102 | 2646 | 5794 | 13759 | 30561 | 47806 | 107314 | 165633 | 1954441 |
| **Operating Costs/Operating Income (%)** | | | | | | | | | | | | | |
| Cost of Operations 7 | 54.4 | 27.0 | 42.3 | • | 47.5 | 68.4 | 56.3 | 65.2 | 51.8 | 47.4 | 39.7 | 56.5 | 55.3 |
| Rent 8 | 2.0 | 1.7 | 4.2 | • | 4.1 | 1.9 | 2.3 | 1.7 | 1.1 | 2.6 | 1.7 | 1.6 | 1.9 |
| Taxes Paid 9 | 2.1 | 1.1 | 2.5 | • | 2.2 | 1.8 | 1.9 | 4.7 | 2.1 | 1.6 | 1.6 | 2.6 | 1.9 |
| Interest Paid 10 | 5.1 | 0.8 | 0.4 | • | 0.2 | 0.7 | 1.7 | 2.4 | 1.1 | 3.6 | 3.0 | 4.6 | 7.4 |
| Depreciation, Depletion, Amortization 11 | 7.1 | 10.8 | 1.0 | • | 1.6 | 0.8 | 1.7 | 3.0 | 4.5 | 3.7 | 1.6 | 4.6 | 10.5 |
| Pensions and Other Benefits 12 | 1.5 | 0.9 | 0.9 | • | 1.7 | 1.0 | 1.5 | 0.8 | 2.0 | 1.0 | 1.8 | 2.2 | 1.5 |
| Other 13 | 35.8 | 81.0 | 36.4 | • | 38.2 | 31.4 | 32.5 | 27.8 | 33.7 | 43.9 | 50.9 | 30.2 | 36.5 |
| Officers Compensation 14 | 2.4 | 1.9 | 15.8 | • | 8.4 | 2.2 | 4.1 | 2.5 | 2.5 | 3.6 | 1.7 | 2.9 | 0.4 |
| Operating Margin 15 | • | • | • | • | • | • | • | • | 1.2 | • | • | • | • |
| Oper. Margin Before Officers Compensation 16 | • | • | 12.3 | • | 4.6 | • | 2.1 | • | 3.7 | • | • | • | • |
| **Selected Average Balance Sheet ($ in Thousands)** | | | | | | | | | | | | | |
| Net Receivables 17 | 869 | • | 12 | • | 50 | 293 | 618 | 1493 | 3788 | 4173 | 23288 | 26626 | 318835 |
| Inventories 18 | 380 | • | 1 | • | 13 | 11 | 128 | 497 | 1001 | 2371 | 5127 | 12213 | 159301 |
| Net Property, Plant and Equipment 19 | 1029 | • | 14 | • | 60 | 55 | 352 | 1597 | 5087 | 7515 | 11843 | 24877 | 423113 |
| Total Assets 20 | 7921 | • | 43 | • | 348 | 710 | 2073 | 6970 | 17880 | 34579 | 72409 | 153668 | 3611981 |

| | | | | | | | | | | | |
|---|---|---|---|---|---|---|---|---|---|---|---|
| Notes and Loans Payable **21** | 3399 | 44 | 76 | 230 | 971 | 3178 | 4526 | 16989 | 23579 | 57505 | 1580211 |
| All Other Liabilities **22** | 2605 | 45 | 314 | 483 | 1537 | 2807 | 8319 | 23582 | 26162 | 63210 | 1047666 |
| Net Worth **23** | 1917 | -46 | -41 | -3 | -434 | 985 | 5035 | -5992 | 22669 | 32953 | 984104 |

**Selected Financial Ratios (Times to 1)**

| | | | | | | | | | | | |
|---|---|---|---|---|---|---|---|---|---|---|---|
| Current Ratio **24** | 1.0 | 0.5 | 0.9 | 1.7 | 1.0 | 1.4 | 1.1 | 0.6 | 1.7 | 1.7 | 0.9 |
| Quick Ratio **25** | 0.7 | 0.5 | 0.7 | 1.3 | 0.7 | 1.1 | 0.8 | 0.3 | 1.3 | 1.1 | 0.6 |
| Net Sales to Working Capital **26** | • | • | • | 11.8 | • | 12.4 | • | • | 6.1 | 5.5 | • |
| Coverage Ratio **27** | 0.9 | • | • | • | 1.5 | • | 3.1 | 1.0 | 4.9 | 1.3 | 1.0 |
| Total Asset Turnover **28** | 0.7 | 12.8 | 3.1 | 3.7 | 2.7 | 1.9 | 1.7 | 1.3 | 1.3 | 1.0 | 0.5 |
| Inventory Turnover **29** | • | • | • | • | • | • | • | 7.4 | 8.0 | 7.9 | 9.7 |
| Receivables Turnover **30** | 7.3 | • | • | 7.4 | 7.7 | 8.7 | 8.5 | 5.4 | 4.2 | 7.9 | 6.5 |
| Total Liabilities to Net Worth **31** | 3.1 | • | • | • | 6.1 | 6.1 | 2.6 | • | 2.2 | 3.7 | 2.7 |

**Selected Financial Factors (in Percentages)**

| | | | | | | | | | | | |
|---|---|---|---|---|---|---|---|---|---|---|---|
| Debt Ratio **32** | 75.8 | • | • | • | • | 85.9 | 71.9 | • | 68.7 | 78.6 | 72.8 |
| Return on Assets **33** | 3.3 | • | • | • | 7.2 | • | 6.0 | 4.7 | 19.1 | 6.2 | 3.3 |
| Return on Equity **34** | • | • | • | • | • | • | 10.3 | 1.3 | • | • | • |
| Return Before Interest on Equity **35** | 13.7 | • | • | • | • | • | 21.3 | • | 28.8 | 28.8 | 12.1 |
| Profit Margin, Before Income Tax **36** | • | • | • | • | 0.9 | • | 2.4 | 0.1 | 11.6 | 1.5 | • |
| Profit Margin, After Income Tax **37** | • | • | • | • | 0.6 | • | 1.7 | • | 10.9 | • | • |

**Trends in Selected Ratios and Factors, 1986–1994**

| | 1986 | 1987 | 1988 | 1989 | 1990 | 1991 | 1992 | 1993 | 1994 |
|---|---|---|---|---|---|---|---|---|---|
| Cost of Operations (%) **38** | 48.9 | 48.3 | 44.3 | 46.1 | 45.6 | 48.1 | 48.7 | 49.2 | 54.4 |
| Operating Margin (%) **39** | • | • | • | • | • | • | • | • | • |
| Oper. Margin Before Officers Comp. (%) **40** | 1.3 | 1.1 | 1.5 | • | 0.7 | 1.6 | • | • | • |
| Average Net Receivables ($) **41** | 420 | 477 | 399 | 385 | 386 | 337 | 332 | 823 | 869 |
| Average Inventories ($) **42** | 204 | 194 | 155 | 128 | 128 | 136 | 137 | 183 | 380 |
| Average Net Worth ($) **43** | 928 | 778 | 630 | 900 | 905 | 621 | 578 | 2000 | 1917 |
| Current Ratio (x1) **44** | 1.4 | 1.4 | 1.5 | 1.8 | 1.5 | 1.0 | 1.3 | 1.1 | 1.0 |
| Quick Ratio (x1) **45** | 0.7 | 0.8 | 0.8 | 1.1 | 1.0 | 0.6 | 0.8 | 0.7 | 0.7 |
| Coverage Ratio (x1) **46** | 2.6 | 3.1 | 2.8 | 3.1 | 3.5 | 3.0 | 2.0 | 1.0 | 0.9 |
| Asset Turnover (x1) **47** | 1.4 | 1.5 | 1.4 | 1.3 | 1.3 | 1.3 | 1.3 | 0.7 | 0.7 |
| Total Liabilities/Net Worth (x1) **48** | 1.8 | 2.5 | 2.7 | 1.9 | 1.8 | 2.6 | 2.7 | 2.6 | 3.1 |
| Return on Assets (x1) **49** | 7.7 | 7.9 | 8.6 | 7.3 | 9.4 | 8.4 | 6.5 | 4.5 | 3.3 |
| Return on Equity (%) **50** | 6.4 | 10.5 | 10.4 | 7.4 | 11.0 | 11.7 | 4.5 | • | • |

## Table II

Corporations with Net Income

## PERIODICALS

### MONEY AMOUNTS AND SIZE OF ASSETS IN THOUSANDS OF DOLLARS

| Item Description for Accounting Period 7/90 Through 6/91 | Total | Zero Assets | Under 100 | 100 to 250 | 251 to 500 | 501 to 1,000 | 1,001 to 5,000 | 5,001 to 10,000 | 10,001 to 25,000 | 25,001 to 50,000 | 50,001 to 100,000 | 100,001 to 250,000 | 250,001 and over |
|---|---|---|---|---|---|---|---|---|---|---|---|---|---|
| Number of Enterprises **1** | 2473 | • | 1473 | • | 416 | 200 | 273 | 47 | 29 | 7 | 5 | 8 | • |
| **Revenues ($ in Thousands)** | | | | | | | | | | | | | |
| Net Sales **2** | 10468 | • | 685 | • | 318 | 568 | 1369 | 379 | 996 | 397 | 602 | 1568 | • |
| Portfolio Income **3** | 545 | • | 0 | • | 2 | 2 | 35 | 5 | 4 | 26 | 61 | 45 | • |
| Other Revenues **4** | 204 | • | 1 | • | 2 | 1 | 18 | 3 | 10 | 13 | 38 | 72 | • |
| Total Revenues **5** | 11216 | • | 686 | • | 322 | 571 | 1422 | 387 | 1010 | 436 | 702 | 1685 | • |
| Average Total Revenues **6** | 4536 | • | 466 | • | 774 | 2854 | 5210 | 8236 | 34819 | 62238 | 140395 | 210663 | • |
| **Operating Costs/Operating Income (%)** | | | | | | | | | | | | | |
| Cost of Operations **7** | 49.6 | • | 45.6 | • | 38.2 | 63.9 | 56.6 | 64.4 | 40.9 | 52.7 | 35.7 | 61.5 | • |
| Rent **8** | 2.2 | • | 8.1 | • | 2.8 | 1.8 | 2.2 | 0.4 | 1.4 | 2.6 | 1.6 | 1.7 | • |
| Taxes Paid **9** | 2.2 | • | 3.4 | • | 2.0 | 1.8 | 2.1 | 2.6 | 2.2 | 1.8 | 1.6 | 2.1 | • |
| Interest Paid **10** | 1.3 | • | 0.4 | • | • | 0.1 | 1.5 | 2.9 | 0.6 | 1.1 | 0.5 | 1.2 | • |
| Depreciation, Depletion, Amortization **11** | 3.3 | • | 1.7 | • | 1.3 | 0.8 | 1.9 | 5.5 | 3.7 | 1.9 | 1.1 | 2.3 | • |
| Pensions and Other Benefits **12** | 2.0 | • | 2.0 | • | 3.1 | 0.7 | 1.6 | 1.0 | 2.1 | 1.0 | 1.7 | 2.4 | • |
| Other **13** | 33.7 | • | 34.9 | • | 26.5 | 25.9 | 24.4 | 17.7 | 40.9 | 34.0 | 55.6 | 25.5 | • |
| Officers Compensation **14** | 2.6 | • | 1.2 | • | 16.5 | 2.5 | 5.1 | 2.2 | 3.1 | 3.5 | 1.8 | 1.9 | • |
| Operating Margin **15** | 3.2 | • | 2.8 | • | 9.8 | 2.5 | 4.6 | 3.3 | 5.2 | 1.4 | 0.4 | 1.6 | • |
| Oper. Margin Before Officers Compensation **16** | 5.7 | • | 4.0 | • | 26.2 | 5.0 | 9.7 | 5.6 | 8.4 | 4.9 | 2.2 | 3.5 | • |
| **Selected Average Balance Sheet ($ in Thousands)** | | | | | | | | | | | | | |
| Net Receivables **17** | 558 | • | 10 | • | 44 | 338 | 540 | 1023 | 4676 | 4666 | 18286 | 25157 | • |
| Inventories **18** | 187 | • | • | • | 12 | 7 | 144 | 848 | 1083 | 3090 | 6742 | 14987 | • |
| Net Property, Plant and Equipment **19** | 518 | • | 15 | • | 39 | 75 | 401 | 1730 | 4198 | 11220 | 10585 | 25576 | • |
| Total Assets **20** | 3116 | • | 47 | • | 330 | 669 | 2091 | 7076 | 17196 | 28359 | 68665 | 163897 | • |

| | | | | | | | | | | | |
|---|---|---|---|---|---|---|---|---|---|---|---|
| Notes and Loans Payable **21** | 530 | 30 | • | • | 26 | 758 | 2110 | 2327 | 5728 | 4434 | 18155 |
| All Other Liabilities **22** | 1277 | 46 | • | 262 | 314 | 1264 | 1991 | 7694 | 24477 | 30600 | 78927 |
| Net Worth **23** | 1309 | -29 | • | 69 | 328 | 69 | 2975 | 7174 | -1846 | 33631 | 66815 |

### Selected Financial Ratios (Times to 1)

| | | | | | | | | | | | |
|---|---|---|---|---|---|---|---|---|---|---|---|
| Current Ratio **24** | 1.3 | 0.5 | • | 1.3 | 1.6 | 1.2 | 2.2 | 1.5 | 0.8 | 1.7 | 1.6 |
| Quick Ratio **25** | 0.9 | 0.4 | • | 1.2 | 1.4 | 0.8 | 1.6 | 1.2 | 0.5 | 1.2 | 1.0 |
| Net Sales to Working Capital **26** | 15.2 | • | • | 12.0 | 14.5 | 28.3 | 4.0 | 9.8 | • | 8.0 | 5.6 |
| Coverage Ratio **27** | 9.1 | 8.0 | • | • | • | 6.8 | 2.6 | 12.8 | 11.3 | • | 9.0 |
| Total Asset Turnover **28** | 1.4 | 10.0 | • | 2.3 | 4.3 | 2.4 | 1.1 | 2.0 | 2.0 | 1.8 | 1.2 |
| Inventory Turnover **29** | • | • | • | • | • | • | 6.9 | • | 5.6 | 9.2 | 7.3 |
| Receivables Turnover **30** | 8.4 | • | • | • | 8.9 | • | 5.5 | 7.5 | 3.3 | 7.9 | 8.5 |
| Total Liabilities to Net Worth **31** | 1.4 | • | • | 3.8 | 1.0 | 29.3 | 1.4 | 1.4 | • | 1.1 | 1.5 |

### Selected Financial Factors (in Percentages)

| | | | | | | | | | | | |
|---|---|---|---|---|---|---|---|---|---|---|---|
| Debt Ratio **32** | 58.0 | • | • | 79.2 | 50.9 | 96.7 | 58.0 | 58.3 | • | 51.0 | 59.2 |
| Return on Assets **33** | 16.4 | 33.8 | • | 25.3 | 13.3 | 24.1 | 8.5 | 14.2 | 24.5 | 30.2 | 12.4 |
| Return on Equity **34** | 27.3 | • | • | • | 22.3 | • | 11.1 | 26.3 | • | • | 20.1 |
| Return Before Interest on Equity **35** | • | • | • | • | 27.1 | • | 20.3 | 34.0 | • | • | 30.4 |
| Profit Margin, Before Income Tax **36** | 10.8 | 3.0 | • | 10.9 | 3.0 | 8.6 | 4.6 | 6.5 | 11.2 | 16.7 | 9.2 |
| Profit Margin, After Income Tax **37** | 8.5 | 3.0 | • | 10.3 | 2.6 | 8.0 | 4.1 | 5.5 | 10.6 | 15.8 | 6.8 |

### Trends in Selected Ratios and Factors, 1986-1994

| | 1986 | 1987 | 1988 | 1989 | 1990 | 1991 | 1992 | 1993 | 1994 |
|---|---|---|---|---|---|---|---|---|---|
| Cost of Operations (%) **38** | 47.3 | 46.0 | 41.4 | 44.5 | 44.6 | 45.3 | 47.4 | 52.3 | 49.6 |
| Operating Margin (%) **39** | 1.7 | 1.1 | 1.6 | 2.1 | 0.2 | 1.9 | 1.7 | 1.3 | 3.2 |
| Oper. Margin Before Officers Comp. (%) **40** | 3.9 | 3.4 | 4.8 | 4.7 | 3.0 | 4.5 | 5.1 | 4.5 | 5.7 |
| Average Net Receivables ($) **41** | 561 | 882 | 583 | 569 | 638 | 711 | 643 | 1066 | 558 |
| Average Inventories ($) **42** | 305 | 363 | 239 | 194 | 231 | 317 | 289 | 412 | 187 |
| Average Net Worth ($) **43** | 1569 | 1738 | 1129 | 1325 | 1587 | 1663 | 1527 | 2169 | 1309 |
| Current Ratio (x1) **44** | 1.5 | 1.5 | 1.7 | 1.8 | 1.3 | 1.0 | 1.5 | 1.3 | 1.3 |
| Quick Ratio (x1) **45** | 0.7 | 0.9 | 0.8 | 0.9 | 0.7 | 0.6 | 0.9 | 0.9 | 0.9 |
| Coverage Ratio (x1) **46** | 3.8 | 4.4 | 4.0 | 5.2 | 5.7 | 5.2 | 5.9 | 7.8 | 9.1 |
| Asset Turnover (x1) **47** | 1.3 | 1.4 | 1.4 | 1.3 | 1.4 | 1.3 | 1.3 | 1.5 | 1.4 |
| Operating Leverage **48** | • | 0.7 | 1.4 | 1.3 | 0.1 | 8.1 | 0.9 | 0.8 | 2.4 |
| Financial Leverage **49** | • | 1.1 | 0.9 | 1.1 | 1.0 | 1.0 | 1.1 | 1.1 | 1.0 |
| Total Leverage **50** | • | 0.7 | 1.3 | 1.5 | 0.1 | 8.3 | 1.0 | 0.9 | 2.5 |

## Table I

Corporations with and without Net Income

# BOOKS, GREETING CARDS, AND MISCELLANEOUS PUBLISHING

MONEY AMOUNTS AND SIZE OF ASSETS IN THOUSANDS OF DOLLARS

| Item Description for Accounting Period 7/90 Through 6/91 | Total | Zero Assets | Under 100 | 100 to 250 | 251 to 500 | 501 to 1,000 | 1,001 to 5,000 | 5,001 to 10,000 | 10,001 to 25,000 | 25,001 to 50,000 | 50,001 to 100,000 | 100,001 to 250,000 | 250,001 and over |
|---|---|---|---|---|---|---|---|---|---|---|---|---|---|
| Number of Enterprises **1** | 8173 | 1158 | 4068 | 1304 | 666 | 313 | 456 | 79 | 72 | 21 | 10 | 9 | 17 |
| **Revenues ($ in Thousands)** | | | | | | | | | | | | | |
| Net Sales **2** | 28155 | 3 | 548 | 704 | 835 | 720 | 1945 | 1116 | 2081 | 1209 | 717 | 1840 | 16438 |
| Portfolio Income **3** | 883 | • | 0 | 2 | 2 | 5 | 30 | 2 | 16 | 11 | 15 | 75 | 725 |
| Other Revenues **4** | 1257 | 6 | 1 | 3 | 12 | 1 | 74 | 22 | 38 | 16 | 19 | 44 | 1021 |
| Total Revenues **5** | 30296 | 10 | 550 | 709 | 848 | 726 | 2049 | 1139 | 2135 | 1236 | 751 | 1959 | 18184 |
| Average Total Revenues **6** | 3707 | 8 | 135 | 544 | 1273 | 2320 | 4494 | 14422 | 29647 | 58853 | 75094 | 217683 | 1069637 |
| **Operating Costs/Operating Income (%)** | | | | | | | | | | | | | |
| Cost of Operations **7** | 39.3 | • | 19.4 | 41.5 | 58.4 | 37.2 | 56.4 | 45.0 | 57.6 | 51.3 | 51.0 | 42.9 | 32.5 |
| Rent **8** | 2.6 | • | 3.1 | 2.7 | 1.9 | 3.4 | 2.0 | 1.8 | 1.3 | 1.5 | 1.1 | 2.0 | 3.1 |
| Taxes Paid **9** | 3.1 | 1.9 | 1.2 | 1.7 | 2.9 | 3.1 | 2.1 | 2.4 | 2.4 | 2.3 | 2.1 | 3.4 | 3.5 |
| Interest Paid **10** | 5.5 | • | 0.4 | 1.4 | 0.8 | 1.2 | 1.6 | 1.8 | 1.7 | 3.2 | 4.4 | 2.7 | 8.0 |
| Depreciation, Depletion, Amortization **11** | 4.2 | • | 1.0 | 2.7 | 1.1 | 1.7 | 1.6 | 3.2 | 3.1 | 3.3 | 5.6 | 3.4 | 5.3 |
| Pensions and Other Benefits **12** | 2.5 | • | 0.4 | 0.4 | 0.7 | 2.6 | 1.5 | 1.4 | 1.7 | 1.5 | 2.0 | 2.3 | 3.1 |
| Other **13** | 42.4 | • | 62.7 | 42.3 | 29.2 | 36.9 | 34.6 | 38.8 | 28.7 | 32.4 | 31.8 | 35.2 | 47.4 |
| Officers Compensation **14** | 2.5 | • | 5.3 | 6.7 | 8.1 | 12.5 | 5.4 | 4.2 | 2.1 | 1.6 | 3.1 | 1.6 | 1.2 |
| Operating Margin **15** | • | • | 6.5 | 0.6 | • | 1.6 | • | 1.4 | 1.5 | 3.1 | • | 6.6 | • |
| Oper. Margin Before Officers Compensation **16** | 0.5 | • | 11.8 | 7.3 | 5.0 | 14.1 | 0.4 | 5.6 | 3.6 | 4.7 | 2.2 | 8.2 | • |
| **Selected Average Balance Sheet ($ in Thousands)** | | | | | | | | | | | | | |
| Net Receivables **17** | 1072 | • | 5 | 13 | 90 | 173 | 608 | 2501 | 3956 | 8490 | 16001 | 36300 | 422490 |
| Inventories **18** | 373 | • | 4 | 38 | 67 | 119 | 680 | 1793 | 3249 | 8976 | 12397 | 20594 | 101291 |
| Net Property, Plant and Equipment **19** | 540 | • | 4 | 47 | 48 | 134 | 250 | 1630 | 4127 | 9406 | 11847 | 24866 | 187411 |
| Total Assets **20** | 4822 | • | 21 | 166 | 376 | 751 | 2229 | 7679 | 16042 | 38259 | 78031 | 166511 | 1927436 |

| | 1 | 2 | 3 | 4 | 5 | 6 | 7 | 8 | 9 | 10 | 11 | 12 |
|---|---|---|---|---|---|---|---|---|---|---|---|---|
| Notes and Loans Payable 21 | 2064 | 20 | 81 | 172 | 333 | 724 | 2483 | 4652 | 15029 | 30493 | 51908 | 853904 |
| All Other Liabilities 22 | 1383 | 8 | 89 | 127 | 232 | 926 | 2653 | 5403 | 11608 | 26924 | 46625 | 531840 |
| Net Worth 23 | 1376 | -7 | -4 | 76 | 186 | 580 | 2543 | 5988 | 11621 | 20614 | 67978 | 541692 |

## Selected Financial Ratios (Times to 1)

| | 1 | 2 | 3 | 4 | 5 | 6 | 7 | 8 | 9 | 10 | 11 | 12 |
|---|---|---|---|---|---|---|---|---|---|---|---|---|
| Current Ratio 24 | 1.1 | • | 1.5 | 0.8 | 1.6 | 1.7 | 1.5 | 1.8 | 1.9 | 1.6 | 2.1 | 1.0 |
| Quick Ratio 25 | 0.7 | • | 1.1 | 0.4 | 1.0 | 1.2 | 0.8 | 0.9 | 0.9 | 1.0 | 1.3 | 0.6 |
| Net Sales to Working Capital 26 | 25.1 | • | 25.6 | • | 11.3 | 9.7 | 8.7 | 6.8 | 5.7 | 4.5 | 4.6 | • |
| Coverage Ratio 27 | 2.1 | • | • | 1.9 | • | 3.1 | 3.0 | 3.3 | 2.7 | 1.9 | 6.1 | 1.9 |
| Total Asset Turnover 28 | 0.7 | • | 6.4 | 3.3 | 3.3 | 3.1 | 1.8 | 1.8 | 1.5 | 0.9 | 1.2 | 0.5 |
| Inventory Turnover 29 | 3.6 | • | 5.7 | 7.2 | • | 4.7 | 4.3 | 5.5 | 3.2 | 3.6 | 4.5 | 2.9 |
| Receivables Turnover 30 | 3.4 | • | • | • | • | • | 6.3 | 7.1 | 5.7 | 4.9 | 5.0 | 2.5 |
| Total Liabilities to Net Worth 31 | 2.5 | • | • | • | 3.9 | 3.0 | 2.0 | 1.7 | 2.3 | 2.8 | 1.5 | 2.6 |

## Selected Financial Factors (in Percentages)

| | 1 | 2 | 3 | 4 | 5 | 6 | 7 | 8 | 9 | 10 | 11 | 12 |
|---|---|---|---|---|---|---|---|---|---|---|---|---|
| Debt Ratio 32 | 71.5 | • | 79.7 | • | 75.2 | 74.0 | 66.9 | 62.7 | 69.6 | 73.6 | 59.2 | 71.9 |
| Return on Assets 33 | 8.1 | • | • | • | 10.8 | 3.8 | 9.7 | 10.4 | 12.8 | 7.5 | 19.8 | 7.4 |
| Return on Equity 34 | 9.0 | • | 9.0 | • | 18.6 | • | 16.5 | 15.9 | 18.7 | 6.3 | 28.8 | 7.0 |
| Return Before Interest on Equity 35 | 28.2 | • | • | • | • | • | 14.4 | 29.4 | 27.8 | • | 28.5 | 26.4 |
| Profit Margin, Before Income Tax 36 | 5.8 | • | 6.7 | 1.3 | 2.4 | 0.4 | 3.5 | 4.0 | 5.3 | 3.8 | 13.4 | 6.8 |
| Profit Margin, After Income Tax 37 | 3.6 | • | 6.7 | 0.8 | 1.5 | • | 3.0 | 3.3 | 3.8 | 1.8 | 9.6 | 4.0 |

## Trends in Selected Ratios and Factors, 1986-1994

| | 1986 | 1987 | 1988 | 1989 | 1990 | 1991 | 1992 | 1993 | 1994 |
|---|---|---|---|---|---|---|---|---|---|
| Cost of Operations (%) 38 | 42.1 | 39.4 | 41.4 | 37.9 | 38.3 | 39.2 | 42.0 | 38.9 | 39.3 |
| Operating Margin (%) 39 | • | 0.3 | 0.7 | 0.3 | 0.5 | 0.7 | • | • | • |
| Oper. Margin Before Officers Comp. (%) 40 | 1.0 | 2.7 | 3.1 | 2.5 | 3.0 | 3.3 | 0.3 | • | 0.5 |
| Average Net Receivables ($) 41 | 603 | 807 | 742 | 769 | 786 | 740 | 803 | 871 | 1072 |
| Average Inventories ($) 42 | 363 | 471 | 388 | 423 | 340 | 341 | 341 | 343 | 373 |
| Average Net Worth ($) 43 | 947 | 1447 | 1266 | 1552 | 1272 | 1043 | 938 | 1523 | 1376 |
| Current Ratio (x1) 44 | 1.8 | 1.9 | 1.7 | 1.6 | 1.6 | 1.5 | 1.5 | 1.0 | 1.1 |
| Quick Ratio (x1) 45 | 1.0 | 1.1 | 1.1 | 1.0 | 1.1 | 0.9 | 0.9 | 0.5 | 0.7 |
| Coverage Ratio (x1) 46 | 2.9 | 3.1 | 4.3 | 3.1 | 3.8 | 3.3 | 3.3 | 2.0 | 2.1 |
| Asset Turnover (x1) 47 | 1.2 | 1.2 | 1.1 | 1.0 | 1.0 | 0.9 | 0.8 | 0.6 | 0.7 |
| Total Liabilities/Net Worth (x1) 48 | 1.5 | 1.3 | 1.4 | 1.2 | 1.3 | 2.1 | 2.8 | 2.6 | 2.5 |
| Return on Assets (x1) 49 | 10.7 | 11.1 | 13.9 | 10.5 | 12.3 | 9.9 | 11.3 | 8.4 | 8.1 |
| Return on Equity (%) 50 | 7.9 | 8.3 | 14.9 | 8.9 | 12.4 | 12.9 | 17.9 | 9.1 | 9.0 |

## Table II

Corporations with Net Income

# BOOKS, GREETING CARDS, AND MISCELLANEOUS PUBLISHING

MONEY AMOUNTS AND SIZE OF ASSETS IN THOUSANDS OF DOLLARS

| Item Description for Accounting Period 7/90 Through 6/91 | Total | Zero Assets | Under 100 | 100 to 250 | 251 to 500 | 501 to 1,000 | 1,001 to 5,000 | 5,001 to 10,000 | 10,001 to 25,000 | 25,001 to 50,000 | 50,001 to 100,000 | 100,001 to 250,000 | 250,001 and over |
|---|---|---|---|---|---|---|---|---|---|---|---|---|---|
| Number of Enterprises **1** | 3963 | • | 1589 | 1098 | 543 | 254 | 326 | 52 | 59 | 16 | 7 | 9 | 10 |
| **Revenues ($ in Thousands)** | | | | | | | | | | | | | |
| Net Sales **2** | 22308 | • | 469 | 561 | 479 | 600 | 1529 | 697 | 1867 | 969 | 595 | 1840 | 12704 |
| Portfolio Income **3** | 425 | • | 0 | 2 | 2 | 3 | 28 | 0 | 15 | 11 | 12 | 75 | 278 |
| Other Revenues **4** | 918 | • | 1 | 0 | 12 | 0 | 60 | 10 | 31 | 13 | 16 | 44 | 732 |
| Total Revenues **5** | 23651 | • | 470 | 563 | 492 | 602 | 1617 | 707 | 1912 | 993 | 623 | 1959 | 13713 |
| Average Total Revenues **6** | 5968 | | 296 | 513 | 906 | 2372 | 4959 | 13590 | 32413 | 62056 | 89043 | 217683 | 1371302 |
| **Operating Costs/Operating Income (%)** | | | | | | | | | | | | | |
| Cost of Operations **7** | 36.7 | • | 16.2 | 38.3 | 47.3 | 26.4 | 55.5 | 45.6 | 58.2 | 53.9 | 47.3 | 42.9 | 28.9 |
| Rent **8** | 2.6 | • | 1.1 | 2.2 | 1.9 | 3.9 | 1.4 | 1.5 | 1.1 | 1.3 | 0.9 | 2.0 | 3.2 |
| Taxes Paid **9** | 3.1 | • | 0.5 | 1.7 | 2.1 | 3.0 | 1.9 | 2.2 | 2.3 | 2.3 | 2.1 | 3.4 | 3.8 |
| Interest Paid **10** | 2.7 | • | 0.3 | 1.1 | 1.2 | 0.7 | 0.8 | 1.0 | 1.5 | 2.3 | 1.7 | 2.7 | 3.6 |
| Depreciation, Depletion, Amortization **11** | 3.8 | • | 0.3 | 2.7 | 1.7 | 1.4 | 1.4 | 2.6 | 2.8 | 2.5 | 2.8 | 3.4 | 4.9 |
| Pensions and Other Benefits **12** | 2.5 | • | 0.3 | 0.5 | 0.9 | 2.7 | 1.8 | 0.9 | 1.5 | 1.4 | 1.9 | 2.3 | 3.1 |
| Other **13** | 42.4 | • | 65.1 | 39.7 | 28.2 | 41.8 | 30.1 | 35.9 | 27.9 | 29.3 | 35.0 | 35.2 | 48.6 |
| Officers Compensation **14** | 2.6 | • | 4.2 | 8.4 | 14.0 | 13.5 | 5.8 | 4.4 | 1.9 | 1.6 | 3.6 | 1.6 | 1.2 |
| Operating Margin **15** | 3.6 | • | 12.1 | 5.4 | 2.9 | 6.6 | 1.5 | 5.9 | 2.8 | 5.5 | 4.9 | 6.6 | 2.7 |
| Oper. Margin Before Officers Compensation **16** | 6.2 | • | 16.3 | 13.8 | 16.8 | 20.1 | 7.2 | 10.3 | 4.7 | 7.0 | 8.5 | 8.2 | 3.9 |
| **Selected Average Balance Sheet ($ in Thousands)** | | | | | | | | | | | | | |
| Net Receivables **17** | 1716 | • | 12 | 12 | 110 | 174 | 640 | 3059 | 3955 | 8391 | 20446 | 36300 | 545877 |
| Inventories **18** | 588 | • | 3 | 33 | 83 | 78 | 599 | 2265 | 3370 | 10551 | 15528 | 20594 | 124741 |
| Net Property, Plant and Equipment **19** | 830 | • | 5 | 49 | 31 | 114 | 210 | 846 | 4404 | 8324 | 10867 | 24866 | 237618 |
| Total Assets **20** | 6323 | • | 38 | 168 | 392 | 746 | 2171 | 7439 | 16765 | 37273 | 74565 | 166511 | 1971219 |

| | 21 Notes and Loans Payable | 22 All Other Liabilities | 23 Net Worth | | | | | | | | | | |
|---|---|---|---|---|---|---|---|---|---|---|---|---|---|
| Notes and Loans Payable 21 | 1373 | • | 12 | 42 | 82 | 228 | 387 | 2099 | 4296 | 10660 | 15192 | 51908 | 404309 |
| All Other Liabilities 22 | 2200 | • | 10 | 59 | 109 | 251 | 937 | 1499 | 5516 | 13313 | 23830 | 46625 | 700490 |
| Net Worth 23 | 2750 | • | 16 | 67 | 200 | 267 | 847 | 3841 | 6952 | 13299 | 35543 | 67978 | 866420 |

## Selected Financial Ratios (Times to 1)

| | | | | | | | | | | | | | |
|---|---|---|---|---|---|---|---|---|---|---|---|---|---|
| Current Ratio 24 | 1.4 | • | 1.9 | 1.3 | 2.1 | 1.8 | 1.5 | 1.9 | 2.0 | 1.8 | 2.4 | 2.1 | 1.3 |
| Quick Ratio 25 | 0.9 | • | 1.6 | 0.7 | 1.2 | 1.4 | 0.9 | 1.1 | 1.0 | 0.9 | 1.4 | 1.3 | 0.9 |
| Net Sales to Working Capital 26 | 6.3 | • | 20.4 | 30.8 | 5.3 | 9.3 | 7.8 | 4.7 | 6.5 | 5.8 | 2.7 | 4.6 | 6.7 |
| Coverage Ratio 27 | 4.7 | • | • | 6.1 | 5.9 | 11.8 | 9.8 | 8.3 | 4.4 | 4.4 | 6.8 | 6.1 | 4.1 |
| Total Asset Turnover 28 | 0.9 | • | 7.7 | 3.1 | 2.3 | 3.2 | 2.2 | 1.8 | 1.9 | 1.6 | 1.1 | 1.2 | 0.7 |
| Inventory Turnover 29 | 3.7 | • | 6.9 | 6.7 | 7.1 | 3.6 | 4.7 | 3.1 | 6.0 | 3.1 | 5.2 | 8.5 | 3.0 |
| Receivables Turnover 30 | 3.5 | • | • | • | • | • | 6.5 | 3.8 | 8.5 | 6.0 | 8.3 | • | 2.5 |
| Total Liabilities to Net Worth 31 | 1.3 | • | 1.4 | 1.5 | 1.0 | 1.8 | 1.6 | 0.9 | 1.4 | 1.8 | 1.1 | 1.5 | 1.3 |

## Selected Financial Factors (in Percentages)

| | | | | | | | | | | | | | |
|---|---|---|---|---|---|---|---|---|---|---|---|---|---|
| Debt Ratio 32 | 56.5 | • | 58.1 | 59.8 | 48.9 | 64.2 | 61.0 | 48.4 | 58.5 | 64.3 | 52.3 | 59.2 | 56.1 |
| Return on Assets 33 | 11.1 | • | • | 21.0 | 15.2 | 24.5 | 17.1 | 15.0 | 12.6 | 16.6 | 12.9 | 19.8 | 9.4 |
| Return on Equity 34 | 14.5 | • | • | 38.4 | 23.5 | • | 36.7 | 22.6 | 19.7 | 27.5 | 17.3 | 28.8 | 10.7 |
| Return Before Interest on Equity 35 | 25.6 | • | • | • | 29.8 | • | • | 29.0 | 30.5 | • | 27.1 | • | 21.3 |
| Profit Margin, Before Income Tax 36 | 9.8 | • | 12.2 | 5.8 | 5.6 | 7.1 | 7.3 | 5.2 | 7.9 | 5.2 | 9.7 | 13.4 | 11.0 |
| Profit Margin, After Income Tax 37 | 7.1 | • | 12.2 | 5.1 | 5.4 | 6.1 | 6.5 | 4.3 | 6.1 | 7.2 | 9.6 | 7.3 | |

## Trends in Selected Ratios and Factors, 1986-1994

| | 1986 | 1987 | 1988 | 1989 | 1990 | 1991 | 1992 | 1993 | 1994 |
|---|---|---|---|---|---|---|---|---|---|
| Cost of Operations (%) 38 | 38.8 | 37.6 | 38.5 | 36.6 | 35.8 | 37.1 | 41.6 | 37.0 | 36.7 |
| Operating Margin (%) 39 | 1.3 | 2.9 | 2.9 | 1.3 | 3.0 | 2.6 | 3.1 | 1.7 | 3.6 |
| Oper. Margin Before Officers Comp. (%) 40 | 3.7 | 5.2 | 5.1 | 3.5 | 5.5 | 5.0 | 5.6 | 4.2 | 6.2 |
| Average Net Receivables ($) 41 | 867 | 893 | 1379 | 2294 | 1622 | 1495 | 1359 | 1417 | 1716 |
| Average Inventories ($) 42 | 566 | 566 | 705 | 1252 | 644 | 634 | 653 | 508 | 588 |
| Average Net Worth ($) 43 | 1705 | 1981 | 2774 | 5040 | 2724 | 2232 | 2586 | 2197 | 2750 |
| Current Ratio (x1) 44 | 1.8 | 1.9 | 1.8 | 1.6 | 1.6 | 1.5 | 1.6 | 1.3 | 1.4 |
| Quick Ratio (x1) 45 | 1.1 | 1.1 | 1.1 | 1.0 | 1.1 | 1.0 | 1.0 | 0.9 | 0.9 |
| Coverage Ratio (x1) 46 | 4.2 | 4.7 | 5.8 | 3.6 | 5.5 | 4.1 | 7.6 | 3.7 | 4.7 |
| Asset Turnover (x1) 47 | 1.3 | 1.2 | 1.1 | 1.0 | 1.0 | 0.9 | 0.9 | 0.9 | 0.9 |
| Operating Leverage 48 | • | 2.2 | 1.0 | 0.5 | 2.2 | 0.9 | 1.2 | 0.6 | 2.1 |
| Financial Leverage 49 | • | 1.0 | 1.2 | 0.8 | 1.2 | 1.0 | 1.2 | 0.9 | 1.1 |
| Total Leverage 50 | • | 2.3 | 1.1 | 0.4 | 2.7 | 0.8 | 1.5 | 0.5 | 2.3 |

## Table I

Corporations with and without Net Income

# COMMERCIAL AND OTHER PRINTING AND PRINTING TRADE SERVICES

### MONEY AMOUNTS AND SIZE OF ASSETS IN THOUSANDS OF DOLLARS

| Item Description for Accounting Period 7/90 Through 6/91 | Total | Zero Assets | Under 100 | 100 to 250 | 251 to 500 | 501 to 1,000 | 1,001 to 5,000 | 5,001 to 10,000 | 10,001 to 25,000 | 25,001 to 50,000 | 50,001 to 100,000 | 100,001 to 250,000 | 250,001 and over |
|---|---|---|---|---|---|---|---|---|---|---|---|---|---|
| Number of Enterprises 1 | 31243 | 1154 | 13519 | 6009 | 4307 | 2448 | 2985 | 466 | 251 | 41 | 22 | 21 | 20 |
| **Revenues ($ in Thousands)** | | | | | | | | | | | | | |
| Net Sales 2 | 62778 | 367 | 2142 | 2772 | 3967 | 4068 | 12776 | 5691 | 6600 | 2092 | 1901 | 4933 | 15468 |
| Portfolio Income 3 | 663 | 35 | 14 | 19 | 25 | 13 | 67 | 47 | 43 | 28 | 35 | 50 | 287 |
| Other Revenues 4 | 828 | 2 | 14 | 15 | 20 | 12 | 119 | 73 | 65 | 35 | 40 | 64 | 370 |
| Total Revenues 5 | 64269 | 405 | 2169 | 2806 | 4012 | 4092 | 12962 | 5811 | 6708 | 2155 | 1976 | 5047 | 16125 |
| Average Total Revenues 6 | 2057 | 351 | 160 | 467 | 932 | 1672 | 4343 | 12470 | 26726 | 52565 | 89807 | 240350 | 806227 |
| **Operating Costs/Operating Income (%)** | | | | | | | | | | | | | |
| Cost of Operations 7 | 61.9 | 70.4 | 44.9 | 51.3 | 54.8 | 58.2 | 62.6 | 69.1 | 67.7 | 72.6 | 70.7 | 64.8 | 59.7 |
| Rent 8 | 1.7 | 1.7 | 6.1 | 4.8 | 3.5 | 2.1 | 1.1 | 0.8 | 0.8 | 1.3 | 0.5 | 0.9 | 1.5 |
| Taxes Paid 9 | 2.9 | 2.6 | 4.1 | 4.0 | 3.5 | 3.1 | 3.0 | 2.5 | 2.5 | 2.1 | 2.4 | 2.4 | 2.8 |
| Interest Paid 10 | 3.1 | 1.2 | 1.8 | 1.4 | 1.8 | 1.7 | 2.0 | 2.4 | 2.4 | 3.0 | 3.7 | 4.6 | 5.4 |
| Depreciation, Depletion, Amortization 11 | 4.7 | 8.5 | 3.5 | 4.0 | 3.8 | 3.9 | 4.3 | 4.2 | 4.0 | 3.9 | 5.1 | 4.2 | 6.4 |
| Pensions and Other Benefits 12 | 2.2 | 1.7 | 0.3 | 1.5 | 1.6 | 1.7 | 2.1 | 1.8 | 1.9 | 1.6 | 2.2 | 2.4 | 3.1 |
| Other 13 | 19.1 | 19.7 | 33.4 | 26.0 | 22.4 | 22.2 | 17.5 | 15.8 | 16.9 | 14.5 | 15.0 | 19.3 | 18.6 |
| Officers Compensation 14 | 4.1 | 2.2 | 9.1 | 10.2 | 9.0 | 7.1 | 6.8 | 3.1 | 2.1 | 1.3 | 1.6 | 1.1 | 0.9 |
| Operating Margin 15 | 0.4 | • | • | • | • | • | 0.7 | 0.3 | 1.9 | • | • | 0.5 | 1.6 |
| Oper. Margin Before Officers Compensation 16 | 4.5 | • | 6.2 | 7.2 | 8.7 | 7.1 | 7.5 | 3.4 | 4.0 | 1.2 | 0.3 | 1.6 | 2.4 |
| **Selected Average Balance Sheet ($ in Thousands)** | | | | | | | | | | | | | |
| Net Receivables 17 | 306 | • | 11 | 49 | 128 | 218 | 586 | 1858 | 3982 | 8202 | 15008 | 36691 | 148806 |
| Inventories 18 | 121 | • | 4 | 16 | 31 | 68 | 222 | 999 | 1941 | 3853 | 7525 | 15818 | 53620 |
| Net Property, Plant and Equipment 19 | 469 | • | 14 | 47 | 126 | 235 | 873 | 2747 | 5550 | 10616 | 25136 | 57459 | 279828 |
| Total Assets 20 | 1431 | • | 39 | 162 | 376 | 707 | 2117 | 6837 | 14929 | 32663 | 71761 | 164715 | 1011295 |

## Selected Financial Ratios and Factors

| | | | | | | | | | | | | |
|---|---|---|---|---|---|---|---|---|---|---|---|---|
| Notes and Loans Payable **21** | 578 | 71 | 31 | 158 | 291 | 899 | 2764 | 6290 | 13189 | 31044 | 84096 | 363371 |
| All Other Liabilities **22** | 383 | 39 | 11 | 98 | 174 | 510 | 1796 | 3341 | 8416 | 16720 | 39890 | 299993 |
| Net Worth **23** | 470 | 51 | -3 | 120 | 242 | 708 | 2276 | 5298 | 11058 | 23998 | 40728 | 347930 |

### Selected Financial Ratios (Times to 1)

| | | | | | | | | | | | | |
|---|---|---|---|---|---|---|---|---|---|---|---|---|
| Current Ratio **24** | 1.5 | 1.5 | 1.4 | 1.5 | 1.6 | 1.5 | 1.4 | 1.6 | 1.3 | 1.5 | 1.5 | 1.6 |
| Quick Ratio **25** | 1.1 | 1.1 | 1.1 | 1.3 | 1.2 | 1.1 | 0.9 | 1.1 | 0.9 | 1.0 | 1.0 | 1.1 |
| Net Sales to Working Capital **26** | 10.1 | 16.6 | 27.6 | 12.4 | 11.4 | 11.8 | 12.2 | 9.0 | 14.9 | 8.0 | 10.7 | 7.1 |
| Coverage Ratio **27** | 1.9 | 2.8 | 0.1 | 1.5 | 1.3 | 2.1 | 2.0 | 2.5 | 1.9 | 1.7 | 1.6 | 2.1 |
| Total Asset Turnover **28** | 1.4 | 2.9 | 4.0 | 2.5 | 2.4 | 2.0 | 1.8 | 1.8 | 1.6 | 1.2 | 1.4 | 0.8 |
| Inventory Turnover **29** | • | • | • | • | • | • | 7.8 | 9.8 | 8.5 | 7.8 | 9.1 | 9.4 |
| Receivables Turnover **30** | 6.9 | 9.1 | • | 8.4 | 7.4 | 7.3 | 6.1 | 7.1 | 5.5 | 5.4 | 6.5 | 6.0 |
| Total Liabilities to Net Worth **31** | 2.1 | 2.2 | • | 2.1 | 1.9 | 2.0 | 2.0 | 1.8 | 2.0 | 2.0 | 3.1 | 1.9 |

### Selected Financial Factors (in Percentages)

| | | | | | | | | | | | | |
|---|---|---|---|---|---|---|---|---|---|---|---|---|
| Debt Ratio **32** | 67.2 | 68.3 | • | 68.1 | 65.8 | 66.6 | 66.7 | 64.5 | 66.2 | 66.6 | 75.3 | 65.6 |
| Return on Assets **33** | 8.3 | • | 0.6 | 6.3 | 5.2 | 8.3 | 8.7 | 10.3 | 9.0 | 7.5 | 10.5 | 8.5 |
| Return on Equity **34** | 8.1 | • | • | 5.2 | 1.9 | 9.7 | 9.8 | 14.9 | 9.1 | 3.8 | 10.3 | 8.3 |
| Return Before Interest on Equity **35** | 25.3 | • | • | 19.8 | 15.3 | 24.9 | 26.1 | 29.1 | 26.7 | 22.4 | • | 24.8 |
| Profit Margin, Before Income Tax **36** | 2.8 | 2.2 | • | 0.9 | 0.5 | 2.1 | 2.5 | 3.5 | 2.8 | 2.5 | 2.8 | 5.8 |
| Profit Margin, After Income Tax **37** | 1.9 | 1.7 | • | 0.7 | 0.3 | 1.6 | 1.8 | 3.0 | 2.0 | 1.1 | 1.8 | 3.7 |

## Trends in Selected Ratios and Factors, 1986-1994

| | 1986 | 1987 | 1988 | 1989 | 1990 | 1991 | 1992 | 1993 | 1994 |
|---|---|---|---|---|---|---|---|---|---|
| Cost of Operations (%) **38** | 63.2 | 63.2 | 63.4 | 62.6 | 62.2 | 64.1 | 64.6 | 63.9 | 61.9 |
| Operating Margin (%) **39** | 1.3 | 1.5 | 1.1 | 1.2 | 0.8 | 0.5 | 1.1 | 0.6 | 0.4 |
| Oper. Margin Before Officers Comp. (%) **40** | 5.6 | 5.7 | 5.1 | 5.2 | 5.1 | 4.4 | 4.9 | 4.6 | 4.5 |
| Average Net Receivables ($) **41** | 173 | 190 | 207 | 228 | 242 | 254 | 313 | 295 | 306 |
| Average Inventories ($) **42** | 79 | 85 | 96 | 100 | 108 | 119 | 132 | 123 | 121 |
| Average Net Worth ($) **43** | 263 | 272 | 293 | 331 | 357 | 363 | 551 | 435 | 470 |
| Current Ratio (×1) **44** | 1.7 | 1.7 | 1.7 | 1.7 | 1.6 | 1.5 | 1.5 | 1.7 | 1.5 |
| Quick Ratio (×1) **45** | 1.2 | 1.2 | 1.2 | 1.2 | 1.1 | 1.0 | 1.0 | 1.2 | 1.1 |
| Coverage Ratio (×1) **46** | 2.6 | 2.8 | 2.4 | 2.5 | 2.3 | 2.1 | 2.5 | 2.2 | 1.9 |
| Asset Turnover (×1) **47** | 2.0 | 1.9 | 1.9 | 1.8 | 1.7 | 1.7 | 1.5 | 1.7 | 1.4 |
| Total Liabilities/Net Worth (×1) **48** | 1.5 | 1.5 | 1.7 | 1.7 | 1.7 | 1.9 | 1.5 | 1.8 | 2.1 |
| Return on Assets (×1) **49** | 10.4 | 9.8 | 10.1 | 9.7 | 9.5 | 8.3 | 9.1 | 9.9 | 8.3 |
| Return on Equity (%) **50** | 8.2 | 9.1 | 8.8 | 8.4 | 7.5 | 7.7 | 9.4 | 10.4 | 8.1 |

## Table II

Corporations with Net Income

# COMMERCIAL AND OTHER PRINTING AND PRINTING TRADE SERVICES

### MONEY AMOUNTS AND SIZE OF ASSETS IN THOUSANDS OF DOLLARS

| Item Description for Accounting Period 7/90 Through 6/91 | Total | Zero Assets | Under 100 | 100 to 250 | 251 to 500 | 501 to 1,000 | 1,001 to 5,000 | 5,001 to 10,000 | 10,001 to 25,000 | 25,001 to 50,000 | 50,001 to 100,000 | 100,001 to 250,000 | 250,001 and over |
|---|---|---|---|---|---|---|---|---|---|---|---|---|---|
| Number of Enterprises 1 | 15470 | 156 | 5278 | 2671 | 2816 | 1785 | 2168 | 344 | 179 | 34 | 12 | 15 | 13 |
| **Revenues ($ in Thousands)** | | | | | | | | | | | | | |
| Net Sales 2 | 43942 | 236 | 1053 | 1094 | 2563 | 3102 | 9858 | 4149 | 4750 | 1620 | 1117 | 3731 | 10669 |
| Portfolio Income 3 | 366 | 28 | 9 | 3 | 16 | 10 | 53 | 28 | 34 | 24 | 23 | 40 | 97 |
| Other Revenues 4 | 522 | 2 | 1 | 4 | 12 | 8 | 87 | 49 | 43 | 16 | 32 | 50 | 218 |
| Total Revenues 5 | 44829 | 266 | 1064 | 1101 | 2591 | 3120 | 9998 | 4227 | 4827 | 1659 | 1172 | 3820 | 10984 |
| Average Total Revenues 6 | 2898 | 1706 | 202 | 412 | 920 | 1748 | 4612 | 12287 | 26968 | 48799 | 97663 | 254681 | 844911 |
| **Operating Costs/Operating Income (%)** | | | | | | | | | | | | | |
| Cost of Operations 7 | 61.1 | 70.8 | 37.7 | 45.4 | 50.9 | 57.0 | 60.4 | 68.5 | 64.6 | 69.4 | 68.7 | 65.8 | 61.0 |
| Rent 8 | 1.4 | 0.9 | 4.6 | 4.1 | 3.1 | 1.5 | 1.1 | 0.7 | 0.6 | 1.5 | 0.3 | 0.8 | 1.6 |
| Taxes Paid 9 | 2.9 | 2.2 | 4.0 | 3.3 | 3.7 | 2.6 | 3.0 | 2.6 | 2.5 | 2.1 | 2.7 | 2.4 | 3.0 |
| Interest Paid 10 | 2.1 | 0.7 | 1.2 | 1.4 | 1.4 | 1.3 | 1.7 | 2.0 | 2.0 | 3.0 | 3.0 | 2.8 | 2.5 |
| Depreciation, Depletion, Amortization 11 | 4.3 | 4.6 | 3.1 | 4.6 | 4.1 | 3.7 | 4.0 | 4.2 | 3.6 | 3.3 | 4.3 | 3.6 | 5.8 |
| Pensions and Other Benefits 12 | 2.3 | 1.5 | 0.4 | 1.1 | 1.8 | 1.8 | 2.1 | 2.0 | 1.8 | 1.6 | 2.6 | 2.2 | 3.5 |
| Other 13 | 17.8 | 14.7 | 35.2 | 24.2 | 23.0 | 22.2 | 17.3 | 13.6 | 17.6 | 15.0 | 13.6 | 18.5 | 15.7 |
| Officers Compensation 14 | 4.2 | 2.4 | 8.3 | 10.6 | 9.5 | 7.0 | 7.5 | 3.5 | 2.3 | 1.4 | 1.9 | 1.1 | 0.7 |
| Operating Margin 15 | 4.1 | 2.2 | 5.5 | 5.3 | 2.6 | 2.9 | 3.1 | 3.1 | 5.2 | 2.9 | 3.0 | 2.9 | 6.3 |
| Oper. Margin Before Officers Compensation 16 | 8.3 | 4.6 | 13.8 | 15.9 | 12.1 | 9.9 | 10.5 | 6.6 | 7.5 | 4.2 | 4.9 | 4.0 | 7.0 |
| **Selected Average Balance Sheet ($ in Thousands)** | | | | | | | | | | | | | |
| Net Receivables 17 | 417 | • | 12 | 43 | 127 | 219 | 615 | 1738 | 4007 | 8330 | 15516 | 36525 | 143547 |
| Inventories 18 | 174 | • | 4 | 24 | 32 | 66 | 235 | 1018 | 1991 | 3192 | 7959 | 17300 | 55259 |
| Net Property, Plant and Equipment 19 | 628 | • | 18 | 40 | 123 | 234 | 864 | 2771 | 5175 | 8968 | 26416 | 61963 | 264877 |
| Total Assets 20 | 1692 | • | 47 | 170 | 384 | 717 | 2159 | 6750 | 14655 | 31542 | 68475 | 158688 | 708510 |

| Line | | | | | | | | | | | | |
|---|---|---|---|---|---|---|---|---|---|---|---|---|
| Notes and Loans Payable 21 | 583 | 27 | 58 | 138 | 232 | 812 | 2518 | 5198 | 11672 | 25964 | 55643 | 217050 |
| All Other Liabilities 22 | 374 | 8 | 25 | 68 | 167 | 510 | 1600 | 3063 | 7866 | 17960 | 37616 | 149000 |
| Net Worth 23 | 735 | 12 | 87 | 178 | 318 | 837 | 2631 | 6395 | 12005 | 24551 | 65428 | 342460 |

## Selected Financial Ratios (Times to 1)

| | | | | | | | | | | | | |
|---|---|---|---|---|---|---|---|---|---|---|---|---|
| Current Ratio 24 | 1.8 | 2.0 | 1.9 | 2.2 | 1.7 | 1.6 | 1.6 | 1.9 | 1.3 | 1.4 | 2.0 | 2.2 |
| Quick Ratio 25 | 1.3 | 1.5 | 1.3 | 1.8 | 1.4 | 1.2 | 1.1 | 1.4 | 0.9 | 0.9 | 1.3 | 1.3 |
| Net Sales to Working Capital 26 | 7.9 | 19.4 | 9.3 | 7.7 | 10.3 | 10.5 | 9.2 | 6.7 | 14.5 | 11.0 | 7.0 | 5.7 |
| Coverage Ratio 27 | 4.0 | 6.5 | 5.4 | 3.6 | 3.7 | 3.6 | 3.5 | 4.5 | 2.7 | 3.7 | 2.9 | 4.7 |
| Total Asset Turnover 28 | 1.7 | 4.3 | 2.4 | 2.4 | 2.4 | 2.1 | 1.8 | 1.8 | 1.5 | 1.4 | 1.6 | 1.2 |
| Inventory Turnover 29 | 9.9 | • | 8.7 | • | • | • | 7.7 | 9.1 | 8.5 | • | • | 9.0 |
| Receivables Turnover 30 | 6.8 | • | 6.2 | 9.1 | 7.3 | 7.3 | 7.2 | 6.9 | 5.4 | • | • | 5.8 |
| Total Liabilities to Net Worth 31 | 1.3 | 2.9 | 1.0 | 1.2 | 1.3 | 1.6 | 1.6 | 1.3 | 1.6 | 1.8 | 1.4 | 1.1 |

## Selected Financial Factors (in Percentages)

| | | | | | | | | | | | | |
|---|---|---|---|---|---|---|---|---|---|---|---|---|
| Debt Ratio 32 | 56.6 | 74.3 | 48.9 | 53.7 | 55.7 | 61.2 | 61.0 | 56.4 | 62.0 | 64.2 | 58.8 | 51.7 |
| Return on Assets 33 | 13.7 | 32.5 | 17.5 | 12.1 | 11.4 | 13.1 | 12.6 | 15.8 | 12.3 | 14.9 | 12.6 | 13.5 |
| Return on Equity 34 | 18.8 | 26.0 | 26.0 | 17.5 | 17.0 | 20.7 | 19.1 | 25.5 | 16.1 | 21.3 | 15.0 | 15.1 |
| Return Before Interest on Equity 35 | 31.6 | • | 34.3 | 26.0 | 25.8 | 33.7 | 32.3 | • | 32.4 | • | 30.7 | 27.9 |
| Profit Margin, Before Income Tax 36 | 6.1 | 15.2 | 6.5 | 5.9 | 3.7 | 4.5 | 5.0 | 6.8 | 5.2 | 7.9 | 5.3 | 9.2 |
| Profit Margin, After Income Tax 37 | 4.9 | 14.4 | 6.2 | 5.5 | 3.4 | 3.8 | 4.2 | 6.2 | 4.1 | 5.6 | 4.0 | 6.3 |

## Trends in Selected Ratios and Factors, 1986-1994

| | 1986 | 1987 | 1988 | 1989 | 1990 | 1991 | 1992 | 1993 | 1994 |
|---|---|---|---|---|---|---|---|---|---|
| Cost of Operations (%) 38 | 62.1 | 61.9 | 61.9 | 61.3 | 60.8 | 62.9 | 63.2 | 63.1 | 61.1 |
| Operating Margin (%) 39 | 3.8 | 3.5 | 3.5 | 3.8 | 3.7 | 3.6 | 3.9 | 3.5 | 4.1 |
| Oper. Margin Before Officers Comp. (%) 40 | 8.1 | 7.6 | 7.7 | 7.8 | 7.8 | 7.6 | 7.7 | 7.2 | 8.3 |
| Average Net Receivables ($) 41 | 221 | 238 | 264 | 263 | 334 | 297 | 363 | 351 | 417 |
| Average Inventories ($) 42 | 98 | 106 | 118 | 112 | 145 | 143 | 150 | 148 | 174 |
| Average Net Worth ($) 43 | 393 | 395 | 439 | 441 | 574 | 521 | 633 | 618 | 735 |
| Current Ratio (x1) 44 | 1.9 | 1.9 | 1.9 | 2.0 | 1.8 | 1.7 | 1.8 | 1.9 | 1.8 |
| Quick Ratio (x1) 45 | 1.3 | 1.3 | 1.3 | 1.4 | 1.3 | 1.2 | 1.2 | 1.3 | 1.3 |
| Coverage Ratio (x1) 46 | 4.6 | 4.6 | 4.2 | 4.4 | 3.9 | 4.3 | 4.5 | 3.7 | 4.0 |
| Asset Turnover (x1) 47 | 2.0 | 2.0 | 2.0 | 1.9 | 1.8 | 1.7 | 1.8 | 1.8 | 1.7 |
| Operating Leverage 48 | • | 0.9 | 1.0 | 1.1 | 1.0 | 1.0 | 1.1 | 0.9 | 1.2 |
| Financial Leverage 49 | • | 1.0 | 1.0 | 1.0 | 1.0 | 1.2 | 1.1 | 1.0 | 1.0 |
| Total Leverage 50 | • | 1.0 | 1.0 | 1.1 | 0.9 | 1.1 | 1.2 | 0.8 | 1.2 |

## Table I

Corporations with and without Net Income

# INDUSTRIAL CHEMICALS, PLASTICS MATERIALS AND SYNTHETICS

### MONEY AMOUNTS AND SIZE OF ASSETS IN THOUSANDS OF DOLLARS

| Item Description for Accounting Period 7/90 Through 6/91 | Total | Zero Assets | Under 100 | 100 to 250 | 251 to 500 | 501 to 1,000 | 1,001 to 5,000 | 5,001 to 10,000 | 10,001 to 25,000 | 25,001 to 50,000 | 50,001 to 100,000 | 100,001 to 250,000 | 250,001 and over |
|---|---|---|---|---|---|---|---|---|---|---|---|---|---|
| Number of Enterprises **1** | 5206 | 671 | 1267 | 827 | 552 | 474 | 940 | 170 | 110 | 55 | 41 | 36 | 63 |
| **Revenues ($ in Thousands)** | | | | | | | | | | | | | |
| Net Sales **2** | 170276 | 425 | 64 | 485 | 407 | 583 | 4291 | 1999 | 2312 | 2501 | 3128 | 5617 | 148464 |
| Portfolio Income **3** | 7610 | 25 | 0 | 12 | 2 | 21 | 16 | 26 | 28 | 20 | 71 | 173 | 7217 |
| Other Revenues **4** | 6156 | 3 | 0 | 18 | 6 | 2 | 71 | 11 | 18 | 39 | 84 | 100 | 5805 |
| Total Revenues **5** | 184042 | 453 | 64 | 515 | 415 | 606 | 4378 | 2036 | 2358 | 2560 | 3282 | 5890 | 161485 |
| Average Total Revenues **6** | 35352 | 675 | 51 | 622 | 751 | 1278 | 4657 | 11977 | 21439 | 46548 | 80060 | 163603 | 2563255 |
| **Operating Costs/Operating Income (%)** | | | | | | | | | | | | | |
| Cost of Operations **7** | 67.3 | 77.6 | 22.8 | 66.0 | 62.3 | 59.7 | 69.2 | 71.3 | 70.6 | 70.5 | 69.9 | 66.4 | 67.1 |
| Rent **8** | 1.1 | 0.4 | 15.0 | 0.9 | 2.7 | 1.6 | 1.2 | 0.4 | 0.8 | 0.5 | 0.7 | 1.1 | 1.1 |
| Taxes Paid **9** | 2.1 | 1.6 | 1.7 | 2.5 | 2.8 | 3.3 | 2.5 | 2.3 | 1.8 | 1.6 | 2.0 | 2.0 | 2.1 |
| Interest Paid **10** | 4.6 | 2.1 | 0.4 | 2.8 | 3.4 | 1.8 | 2.0 | 2.0 | 2.8 | 2.1 | 3.2 | 3.7 | 4.9 |
| Depreciation, Depletion, Amortization **11** | 5.5 | 9.8 | 3.2 | 2.9 | 6.2 | 4.0 | 3.2 | 2.8 | 3.6 | 4.0 | 5.2 | 6.1 | 5.6 |
| Pensions and Other Benefits **12** | 2.2 | 1.1 | 0.3 | 0.3 | 0.7 | 1.8 | 1.2 | 1.1 | 1.6 | 1.2 | 2.2 | 2.3 | 2.3 |
| Other **13** | 20.0 | 15.0 | 28.2 | 21.6 | 22.5 | 25.0 | 17.6 | 16.9 | 15.0 | 13.7 | 16.1 | 16.8 | 20.5 |
| Officers Compensation **14** | 0.6 | 0.3 | 13.0 | 2.9 | 7.2 | 8.0 | 3.7 | 2.3 | 2.3 | 2.2 | 1.3 | 0.9 | 0.3 |
| Operating Margin **15** | • | • | 15.7 | 0.3 | • | • | • | 0.9 | 1.7 | 4.3 | • | 1.0 | • |
| Oper. Margin Before Officers Compensation **16** | • | • | 28.7 | 3.2 | • | • | 3.2 | 3.2 | 3.9 | 6.5 | 0.8 | 1.8 | • |
| **Selected Average Balance Sheet ($ in Thousands)** | | | | | | | | | | | | | |
| Net Receivables **17** | 7050 | • | 7 | 30 | 100 | 188 | 636 | 1595 | 3017 | 6855 | 12317 | 28360 | 530449 |
| Inventories **18** | 3771 | • | 10 | 48 | 38 | 58 | 467 | 1357 | 2526 | 6108 | 10183 | 20374 | 271396 |
| Net Property, Plant and Equipment **19** | 12681 | • | 12 | 60 | 141 | 277 | 728 | 2251 | 5177 | 12926 | 28889 | 64662 | 950508 |
| Total Assets **20** | 45826 | • | 33 | 176 | 335 | 727 | 2337 | 6706 | 14868 | 33442 | 73337 | 164191 | 3525784 |

| | | | | | | | | | | | | |
|---|---|---|---|---|---|---|---|---|---|---|---|---|
| Notes and Loans Payable **21** | 15155 | • | 22 | 134 | 279 | 206 | 992 | 1908 | 6169 | 10066 | 24917 | 61117 | 1155524 |
| All Other Liabilities **22** | 12387 | • | 11 | 51 | 109 | 215 | 661 | 2379 | 3977 | 7166 | 15962 | 35841 | 959789 |
| Net Worth **23** | 18284 | • | 0 | -9 | -53 | 305 | 684 | 2419 | 4722 | 16210 | 32459 | 67233 | 1410471 |

## Selected Financial Ratios (Times to 1)

| | | | | | | | | | | | | | |
|---|---|---|---|---|---|---|---|---|---|---|---|---|---|
| Current Ratio **24** | 1.4 | • | 1.8 | 1.2 | 1.2 | 1.7 | 1.4 | 1.4 | 1.2 | 2.0 | 1.7 | 1.8 | 1.4 |
| Quick Ratio **25** | 0.8 | • | 0.9 | 0.5 | 0.7 | 1.4 | 0.8 | 0.8 | 0.7 | 1.1 | 1.0 | 1.0 | 0.8 |
| Net Sales to Working Capital **26** | 7.5 | • | 6.0 | 36.4 | 24.6 | 8.0 | 11.3 | 12.8 | 17.8 | 5.6 | 6.1 | 6.1 | 7.4 |
| Coverage Ratio **27** | 2.4 | 0.4 | • | 3.4 | • | 0.3 | 1.7 | 2.4 | 2.3 | 4.3 | 2.7 | 2.8 | 2.3 |
| Total Asset Turnover **28** | 0.7 | • | 1.5 | 3.3 | 2.2 | 1.7 | 2.0 | 1.8 | 1.4 | 1.4 | 1.1 | 1.0 | 0.7 |
| Inventory Turnover **29** | 5.8 | • | 1.9 | • | • | 9.6 | 6.9 | 7.4 | 5.4 | 5.9 | 5.3 | 4.8 | 5.8 |
| Receivables Turnover **30** | 4.9 | • | 5.8 | • | • | 5.9 | 7.0 | 8.6 | 6.6 | 6.7 | 6.3 | 5.2 | 4.7 |
| Total Liabilities to Net Worth **31** | 1.5 | • | • | • | • | 1.4 | 2.4 | 1.8 | 2.2 | 1.1 | 1.3 | 1.5 | 1.5 |

## Selected Financial Factors (in Percentages)

| | | | | | | | | | | | | | |
|---|---|---|---|---|---|---|---|---|---|---|---|---|---|
| Debt Ratio **32** | 60.1 | • | • | • | • | 58.0 | 70.7 | 63.9 | 68.2 | 51.5 | 55.8 | 59.1 | 60.0 |
| Return on Assets **33** | 7.7 | • | 24.5 | 31.1 | • | 1.1 | 6.8 | 8.3 | 9.2 | 12.3 | 8.7 | 9.7 | 7.6 |
| Return on Equity **34** | 7.0 | • | • | • | • | • | 6.7 | 10.0 | 10.9 | 15.7 | 7.0 | 8.8 | 6.8 |
| Return Before Interest on Equity **35** | 19.3 | • | • | • | 33.6 | 2.5 | 23.1 | 23.0 | 28.9 | 25.4 | 19.6 | 23.6 | 19.0 |
| Profit Margin, Before Income Tax **36** | 6.2 | • | 15.8 | 6.6 | • | • | 1.5 | 2.7 | 3.7 | 7.0 | 5.2 | 6.5 | 6.5 |
| Profit Margin, After Income Tax **37** | 3.9 | • | 15.8 | 6.6 | • | • | 1.0 | 2.1 | 2.5 | 5.6 | 3.0 | 3.8 | 4.1 |

## Trends in Selected Ratios and Factors, 1986–1994

| | 1986 | 1987 | 1988 | 1989 | 1990 | 1991 | 1992 | 1993 | 1994 |
|---|---|---|---|---|---|---|---|---|---|
| Cost of Operations (%) **38** | 66.9 | 67.1 | 65.8 | 64.9 | 63.8 | 64.8 | 65.0 | 65.2 | 67.3 |
| Operating Margin (%) **39** | • | • | • | • | • | • | 1.1 | • | • |
| Oper. Margin Before Officers Comp. (%) **40** | • | • | • | • | • | • | 1.8 | • | • |
| Average Net Receivables ($) **41** | 4402 | 5222 | 3777 | 4999 | 4610 | 5452 | 6275 | 7649 | 7050 |
| Average Inventories ($) **42** | 3512 | 3400 | 2571 | 3228 | 2954 | 3349 | 3879 | 4598 | 3771 |
| Average Net Worth ($) **43** | 17075 | 18661 | 12452 | 14969 | 11717 | 16820 | 18417 | 21833 | 18284 |
| Current Ratio (x1) **44** | 1.5 | 1.4 | 1.4 | 1.3 | 1.3 | 1.6 | 1.5 | 1.4 | 1.4 |
| Quick Ratio (x1) **45** | 0.8 | 0.8 | 0.8 | 0.8 | 0.8 | 0.8 | 0.8 | 0.8 | 0.8 |
| Coverage Ratio (x1) **46** | 1.6 | 2.2 | 2.5 | 2.6 | 2.6 | 3.8 | 4.0 | 3.0 | 2.4 |
| Asset Turnover (x1) **47** | 0.9 | 0.9 | 0.9 | 0.9 | 1.0 | 0.8 | 0.8 | 0.8 | 0.7 |
| Total Liabilities/Net Worth (x1) **48** | 1.0 | 0.9 | 1.0 | 1.2 | 1.5 | 1.2 | 1.3 | 1.4 | 1.5 |
| Return on Assets (%) **49** | 5.2 | 6.3 | 7.7 | 7.9 | 9.3 | 9.8 | 10.4 | 9.3 | 7.7 |
| Return on Equity (%) **50** | 1.6 | 3.4 | 5.1 | 5.8 | 8.5 | 9.9 | 11.9 | 9.9 | 7.0 |

## Table II

Corporations with Net Income

# INDUSTRIAL CHEMICALS, PLASTICS MATERIALS AND SYNTHETICS

### MONEY AMOUNTS AND SIZE OF ASSETS IN THOUSANDS OF DOLLARS

| Item Description for Accounting Period 7/90 Through 6/91 | Total | Zero Assets | Under 100 | 100 to 250 | 251 to 500 | 501 to 1,000 | 1,001 to 5,000 | 5,001 to 10,000 | 10,001 to 25,000 | 25,001 to 50,000 | 50,001 to 100,000 | 100,001 to 250,000 | 250,001 and over |
|---|---|---|---|---|---|---|---|---|---|---|---|---|---|
| Number of Enterprises **1** | 2707 | 391 | 338 | 531 | 283 | 252 | 596 | 96 | 71 | 42 | 30 | 27 | 49 |
| **Revenues ($ in Thousands)** | | | | | | | | | | | | | |
| Net Sales **2** | 144451 | 387 | 48 | 372 | 301 | 314 | 3059 | 1147 | 1678 | 2182 | 2573 | 4852 | 127538 |
| Portfolio Income **3** | 7097 | 25 | 0 | 12 | 1 | 16 | 10 | 22 | 26 | 19 | 65 | 161 | 6742 |
| Other Revenues **4** | 4890 | 3 | 0 | 18 | 2 | 2 | 67 | 6 | 15 | 31 | 75 | 56 | 4615 |
| Total Revenues **5** | 156439 | 415 | 49 | 403 | 303 | 332 | 3136 | 1176 | 1718 | 2232 | 2713 | 5068 | 138896 |
| Average Total Revenues **6** | 57790 | 1061 | 144 | 758 | 1072 | 1316 | 5261 | 12245 | 24197 | 53132 | 90432 | 187699 | 2834615 |
| **Operating Costs/Operating Income (%)** | | | | | | | | | | | | | |
| Cost of Operations **7** | 66.5 | 77.2 | 19.5 | 66.5 | 68.5 | 56.4 | 67.6 | 68.6 | 67.2 | 71.1 | 68.4 | 66.8 | 66.3 |
| Rent **8** | 1.0 | 0.4 | 8.7 | 0.6 | 1.2 | 1.5 | 0.9 | 0.4 | 0.6 | 0.4 | 0.7 | 1.0 | 1.1 |
| Taxes Paid **9** | 2.2 | 1.6 | 2.0 | 1.9 | 2.4 | 2.9 | 2.5 | 2.0 | 1.8 | 1.6 | 2.1 | 1.9 | 2.2 |
| Interest Paid **10** | 4.2 | 1.6 | 0.3 | 2.9 | 2.8 | 1.1 | 1.3 | 1.8 | 1.5 | 1.8 | 1.9 | 2.8 | 4.5 |
| Depreciation, Depletion, Amortization **11** | 5.1 | 10.4 | 1.9 | 2.2 | 4.0 | 2.7 | 2.7 | 2.6 | 3.0 | 3.4 | 4.8 | 4.8 | 5.3 |
| Pensions and Other Benefits **12** | 2.1 | 1.0 | 0.4 | 0.3 | 0.5 | 1.7 | 1.2 | 1.0 | 1.6 | 1.1 | 2.3 | 2.2 | 2.2 |
| Other **13** | 20.2 | 13.5 | 24.2 | 17.8 | 11.6 | 21.6 | 17.4 | 14.7 | 15.6 | 12.4 | 16.4 | 15.7 | 20.7 |
| Officers Compensation **14** | 0.5 | • | 17.2 | 2.9 | 5.8 | 7.8 | 3.6 | 2.7 | 2.5 | 2.3 | 1.4 | 0.7 | 0.3 |
| Operating Margin **15** | • | • | 26.0 | 5.1 | 3.2 | 4.4 | 3.0 | 6.3 | 6.4 | 6.0 | 2.0 | 4.2 | • |
| Oper. Margin Before Officers Compensation **16** | • | • | 43.2 | 8.0 | 9.1 | 12.1 | 6.6 | 9.0 | 8.9 | 8.4 | 3.4 | 4.9 | • |
| **Selected Average Balance Sheet ($ in Thousands)** | | | | | | | | | | | | | |
| Net Receivables **17** | 11904 | • | 20 | 25 | 127 | 201 | 712 | 1724 | 3417 | 7728 | 13416 | 33009 | 605423 |
| Inventories **18** | 6090 | • | 4 | 64 | 59 | 61 | 459 | 1121 | 2951 | 6568 | 10916 | 22219 | 298464 |
| Net Property, Plant and Equipment **19** | 20064 | • | 6 | 60 | 156 | 143 | 680 | 2201 | 4620 | 11768 | 25362 | 59899 | 1028201 |
| Total Assets **20** | 75919 | • | 35 | 185 | 380 | 723 | 2324 | 6506 | 14979 | 33450 | 71845 | 159684 | 3962630 |

| | | | | | | | | | | | | |
|---|---|---|---|---|---|---|---|---|---|---|---|---|
| Notes and Loans Payable 21 | 22950 | • | 37 | 131 | 325 | 88 | 688 | 1648 | 3433 | 8556 | 15494 | 51283 | 1202206 |
| All Other Liabilities 22 | 20757 | • | 23 | 22 | 109 | 269 | 767 | 1628 | 3776 | 6579 | 16578 | 36172 | 1090611 |
| Net Worth 23 | 32212 | • | -24 | 32 | -54 | 366 | 869 | 3229 | 7770 | 18315 | 39773 | 72229 | 1669813 |

## Selected Financial Ratios (Times to 1)

| | | | | | | | | | | | | |
|---|---|---|---|---|---|---|---|---|---|---|---|---|
| Current Ratio 24 | 1.5 | • | 1.3 | 2.4 | 1.2 | 1.9 | 1.4 | 2.0 | 2.0 | 2.1 | 2.1 | 1.9 | 1.5 |
| Quick Ratio 25 | 0.8 | • | 1.1 | 0.9 | 0.7 | 1.6 | 0.9 | 1.3 | 1.2 | 1.2 | 1.3 | 1.0 | 0.8 |
| Net Sales to Working Capital 26 | 6.8 | • | 24.0 | 11.7 | 31.9 | 5.3 | 11.7 | 6.7 | 5.8 | 5.7 | 4.8 | 5.8 | 6.9 |
| Coverage Ratio 27 | 3.0 | 1.9 | • | • | 2.4 | 9.9 | 5.4 | 6.0 | 7.0 | 6.0 | 5.4 | 4.5 | 2.8 |
| Total Asset Turnover 28 | 0.7 | 4.1 | 3.8 | 2.8 | 1.7 | 2.2 | 1.8 | 1.6 | 1.6 | 1.6 | 1.2 | 1.1 | 0.7 |
| Inventory Turnover 29 | 5.7 | • | • | • | 6.3 | 7.5 | 7.4 | 5.5 | 6.2 | 5.2 | 5.2 | 5.2 | 5.6 |
| Receivables Turnover 30 | 4.7 | 6.8 | • | • | 4.1 | 7.1 | 7.5 | 6.8 | 6.9 | 6.2 | 5.4 | 4.5 |
| Total Liabilities to Net Worth 31 | 1.4 | • | 4.8 | • | 1.0 | 1.7 | 1.0 | 0.9 | 0.8 | 0.8 | 1.2 | 1.4 |

## Selected Financial Factors (in Percentages)

| | | | | | | | | | | | | |
|---|---|---|---|---|---|---|---|---|---|---|---|---|
| Debt Ratio 32 | 57.6 | • | 82.8 | • | 49.4 | 62.6 | 50.4 | 48.1 | 45.3 | 44.7 | 54.8 | 57.9 |
| Return on Assets 33 | 8.7 | • | • | 19.2 | 19.1 | 14.9 | 19.3 | 16.2 | 16.1 | 12.2 | 13.7 | 8.4 |
| Return on Equity 34 | 9.1 | • | • | • | 30.0 | 28.7 | 28.0 | 21.6 | 20.3 | 12.2 | 15.7 | 8.4 |
| Return Before Interest on Equity 35 | 20.6 | • | • | • | • | • | • | 31.3 | 29.4 | 22.0 | 30.4 | 19.8 |
| Profit Margin, Before Income Tax 36 | 8.2 | 1.3 | 13.2 | 4.1 | 10.0 | 5.5 | 8.7 | 8.8 | 8.6 | 8.3 | 9.5 | 8.2 |
| Profit Margin, After Income Tax 37 | 5.5 | 0.6 | 13.2 | 4.0 | 8.8 | 4.9 | 7.6 | 7.1 | 7.2 | 5.7 | 6.3 | 5.4 |

## Trends in Selected Ratios and Factors, 1986-1994

| | 1986 | 1987 | 1988 | 1989 | 1990 | 1991 | 1992 | 1993 | 1994 |
|---|---|---|---|---|---|---|---|---|---|
| Cost of Operations (%) 38 | 65.1 | 65.8 | 65.3 | 63.8 | 63.4 | 64.2 | 64.5 | 64.3 | 66.5 |
| Operating Margin (%) 39 | • | • | • | • | • | 0.3 | 1.8 | • | • |
| Oper. Margin Before Officers Comp. (%) 40 | • | • | • | • | • | 0.8 | 2.4 | 0.2 | • |
| Average Net Receivables ($) 41 | 5371 | 7294 | 4843 | 6806 | 6950 | 9826 | 8736 | 15196 | 11904 |
| Average Inventories ($) 42 | 4094 | 4538 | 3280 | 4515 | 4617 | 5915 | 5275 | 8991 | 6090 |
| Average Net Worth ($) 43 | 22321 | 28063 | 16894 | 22307 | 19649 | 31667 | 26527 | 44876 | 32212 |
| Current Ratio (x1) 44 | 1.5 | 1.4 | 1.4 | 1.3 | 1.3 | 1.6 | 1.5 | 1.5 | 1.5 |
| Quick Ratio (x1) 45 | 0.8 | 0.8 | 0.9 | 0.8 | 0.8 | 0.9 | 0.8 | 0.8 | 0.8 |
| Coverage Ratio (x1) 46 | 2.2 | 2.9 | 2.9 | 3.2 | 3.1 | 4.2 | 4.5 | 3.6 | 3.0 |
| Asset Turnover (x1) 47 | 0.9 | 0.9 | 0.9 | 1.0 | 1.0 | 0.8 | 0.8 | 0.8 | 0.7 |
| Operating Leverage 48 | • | 0.7 | 0.5 | 3.3 | 1.2 | • | 6.3 | • | 5.9 |
| Financial Leverage 49 | • | 1.2 | 1.0 | 1.1 | 1.1 | 1.2 | 1.1 | 0.9 | 0.9 |
| Total Leverage 50 | • | 0.8 | 0.5 | 3.5 | 1.3 | 6.8 | 6.8 | • | 5.3 |

# Table I

Corporations with and without Net Income

## DRUGS

### MONEY AMOUNTS AND SIZE OF ASSETS IN THOUSANDS OF DOLLARS

| Item Description for Accounting Period 7/90 Through 6/91 | Total | Zero Assets | Under 100 | 100 to 250 | 251 to 500 | 501 to 1,000 | 1,001 to 5,000 | 5,001 to 10,000 | 10,001 to 25,000 | 25,001 to 50,000 | 50,001 to 100,000 | 100,001 to 250,000 | 250,001 and over |
|---|---|---|---|---|---|---|---|---|---|---|---|---|---|
| **1** Number of Enterprises | 1497 | 23 | 773 | 63 | 63 | 75 | 244 | 72 | 55 | 34 | 20 | 26 | 49 |

**Revenues ($ in Thousands)**

| | Total | Zero Assets | Under 100 | 100 to 250 | 251 to 500 | 501 to 1,000 | 1,001 to 5,000 | 5,001 to 10,000 | 10,001 to 25,000 | 25,001 to 50,000 | 50,001 to 100,000 | 100,001 to 250,000 | 250,001 and over |
|---|---|---|---|---|---|---|---|---|---|---|---|---|---|
| **2** Net Sales | 86632 | 66 | 3 | 67 | 51 | 116 | 561 | 549 | 1081 | 1103 | 1239 | 3184 | 78612 |
| **3** Portfolio Income | 4918 | 0 | • | • | 0 | 16 | 33 | 10 | 17 | 27 | 48 | 161 | 4606 |
| **4** Other Revenues | 4859 | 1 | • | • | 0 | 15 | 41 | 59 | 19 | 26 | 77 | 80 | 4542 |
| **5** Total Revenues | 96410 | 67 | 3 | 67 | 51 | 147 | 635 | 618 | 1117 | 1155 | 1364 | 3425 | 87760 |
| **6** Average Total Revenues | 64402 | 2896 | 4 | 1058 | 813 | 1960 | 2603 | 8577 | 20311 | 33983 | 68209 | 131735 | 1791019 |

**Operating Costs/Operating Income (%)**

| | Total | Zero Assets | Under 100 | 100 to 250 | 251 to 500 | 501 to 1,000 | 1,001 to 5,000 | 5,001 to 10,000 | 10,001 to 25,000 | 25,001 to 50,000 | 50,001 to 100,000 | 100,001 to 250,000 | 250,001 and over |
|---|---|---|---|---|---|---|---|---|---|---|---|---|---|
| **7** Cost of Operations | 44.5 | 51.7 | 28.0 | 53.3 | 22.4 | 75.3 | 57.1 | 46.1 | 52.8 | 56.1 | 45.5 | 38.3 | 44.4 |
| **8** Rent | 1.0 | 1.1 | • | 8.7 | 5.3 | 0.5 | 2.5 | 2.6 | 0.5 | 0.9 | 1.1 | 0.5 | 1.0 |
| **9** Taxes Paid | 2.3 | 1.5 | 7.1 | 2.0 | 3.8 | 1.9 | 3.3 | 3.0 | 1.8 | 2.1 | 1.7 | 1.0 | 2.3 |
| **10** Interest Paid | 3.3 | 0.6 | • | 3.7 | 6.5 | 6.8 | 1.8 | 1.8 | 1.8 | 2.7 | 2.4 | 1.2 | 3.5 |
| **11** Depreciation, Depletion, Amortization | 3.6 | 2.0 | 18.9 | 1.6 | 8.0 | 3.7 | 3.0 | 3.6 | 3.6 | 2.9 | 2.8 | 2.7 | 3.6 |
| **12** Pensions and Other Benefits | 2.3 | 1.8 | • | • | 1.5 | 0.6 | 1.8 | 1.5 | 0.9 | 1.5 | 1.9 | 0.8 | 2.4 |
| **13** Other | 37.1 | 27.1 | 32.6 | 22.9 | 52.8 | 41.4 | 38.2 | 49.5 | 31.4 | 32.7 | 41.4 | 32.4 | 37.3 |
| **14** Officers Compensation | 0.8 | 2.6 | • | • | • | 6.4 | 5.7 | 5.9 | 2.1 | 2.2 | 1.2 | 0.7 | 0.6 |
| **15** Operating Margin | 5.2 | 11.8 | 13.4 | 7.9 | • | • | • | • | 5.2 | • | 1.9 | 22.5 | 5.0 |
| **16** Oper. Margin Before Officers Compensation | 6.0 | 14.3 | 13.4 | 7.9 | • | • | • | • | 7.3 | 1.2 | 3.1 | 23.2 | 5.6 |

**Selected Average Balance Sheet ($ in Thousands)**

| | Total | Zero Assets | Under 100 | 100 to 250 | 251 to 500 | 501 to 1,000 | 1,001 to 5,000 | 5,001 to 10,000 | 10,001 to 25,000 | 25,001 to 50,000 | 50,001 to 100,000 | 100,001 to 250,000 | 250,001 and over |
|---|---|---|---|---|---|---|---|---|---|---|---|---|---|
| **17** Net Receivables | 15928 | • | 3 | 76 | 79 | 112 | 461 | 1515 | 3229 | 5960 | 14465 | 18132 | 458399 |
| **18** Inventories | 7125 | • | 2 | 54 | 72 | 239 | 316 | 965 | 3219 | 6849 | 9882 | 18340 | 192002 |
| **19** Net Property, Plant and Equipment | 16388 | • | 2 | 46 | 287 | 297 | 525 | 1285 | 5877 | 8051 | 17130 | 41076 | 454276 |
| **20** Total Assets | 84708 | • | 19 | 194 | 469 | 717 | 1965 | 6696 | 17569 | 36479 | 73136 | 153431 | 2409762 |

| | | | | | | | | | | | |
|---|---|---|---|---|---|---|---|---|---|---|---|
| Notes and Loans Payable 21 | 21355 | 6 | 270 | 522 | 662 | 584 | 1360 | 3987 | 8201 | 15980 | 20982 | 617570 |
| All Other Liabilities 22 | 23229 | • | 137 | 86 | 307 | 402 | 1686 | 2935 | 7237 | 15327 | 25579 | 676277 |
| Net Worth 23 | 40125 | 13 | -213 | -140 | -252 | 980 | 3650 | 10647 | 21041 | 41828 | 106870 | 1115915 |

## Selected Financial Ratios (Times to 1)

| | | | | | | | | | | | | |
|---|---|---|---|---|---|---|---|---|---|---|---|---|
| Current Ratio 24 | 1.2 | • | 1.1 | 1.4 | 1.0 | 2.1 | 2.3 | 2.4 | 2.1 | 2.0 | 2.2 | 1.1 |
| Quick Ratio 25 | 0.7 | • | 0.7 | 0.7 | 0.4 | 1.5 | 1.6 | 1.4 | 1.3 | 1.3 | 1.3 | 0.7 |
| Net Sales to Working Capital 26 | 13.9 | 0.4 | • | 18.1 | 3.2 | 3.2 | 3.0 | 3.8 | 3.0 | 3.2 | 3.2 | 20.7 |
| Coverage Ratio 27 | 6.6 | • | 3.2 | 1.0 | • | 0.9 | 0.3 | 5.6 | 2.3 | 5.8 | • | 6.5 |
| Total Asset Turnover 28 | 0.7 | 0.2 | 5.5 | 1.7 | 2.2 | 1.2 | 1.1 | 1.1 | 0.9 | 0.9 | 0.8 | 0.7 |
| Inventory Turnover 29 | 3.9 | 0.8 | • | 2.5 | 6.9 | 3.4 | 4.7 | 3.5 | 2.8 | 2.7 | 2.5 | 4.0 |
| Receivables Turnover 30 | 4.0 | 1.5 | • | 9.4 | • | 5.6 | 7.1 | 7.0 | 5.6 | 4.4 | 5.9 | 3.8 |
| Total Liabilities to Net Worth 31 | 1.1 | 0.5 | • | • | • | 1.0 | 0.8 | 0.7 | 0.7 | 0.8 | 0.4 | 1.2 |

## Selected Financial Factors (in Percentages)

| | | | | | | | | | | | | |
|---|---|---|---|---|---|---|---|---|---|---|---|---|
| Debt Ratio 32 | 52.6 | 31.9 | • | • | • | 50.1 | 45.5 | 39.4 | 42.3 | 42.8 | 30.4 | 53.7 |
| Return on Assets 33 | 14.9 | 3.2 | • | 11.6 | • | 1.8 | 0.6 | 11.3 | 5.7 | 11.9 | 24.9 | 14.9 |
| Return on Equity 34 | 17.6 | 4.7 | • | • | • | • | • | 9.6 | 1.3 | 9.0 | 23.9 | 18.0 |
| Return Before Interest on Equity 35 | 31.5 | 4.7 | • | • | 17.5 | 3.6 | 1.0 | 18.6 | 9.8 | 20.9 | • | 32.1 |
| Profit Margin, Before Income Tax 36 | 18.6 | 13.4 | 7.9 | 0.3 | • | • | • | 8.3 | 3.6 | 11.7 | 29.9 | 18.9 |
| Profit Margin, After Income Tax 37 | 12.2 | 13.4 | 7.9 | 0.3 | • | • | • | 5.2 | 0.8 | 6.1 | 20.9 | 12.5 |

## Trends in Selected Ratios and Factors, 1986-1994

| | 1986 | 1987 | 1988 | 1989 | 1990 | 1991 | 1992 | 1993 | 1994 |
|---|---|---|---|---|---|---|---|---|---|
| Cost of Operations (%) 38 | 47.0 | 45.8 | 44.8 | 44.3 | 45.3 | 44.2 | 43.8 | 44.9 | 44.5 |
| Operating Margin (%) 39 | 2.8 | 2.2 | 0.8 | 2.4 | 2.4 | 4.5 | 5.2 | 6.0 | 5.2 |
| Oper. Margin Before Officers Comp. (%) 40 | 3.5 | 2.9 | 1.5 | 3.3 | 3.1 | 5.2 | 6.1 | 6.7 | 6.0 |
| Average Net Receivables ($) 41 | 7245 | 7335 | 6753 | 10157 | 12625 | 14015 | 18851 | 18707 | 15928 |
| Average Inventories ($) 42 | 5811 | 5689 | 4992 | 6481 | 8222 | 8029 | 8920 | 8711 | 7125 |
| Average Net Worth ($) 43 | 24222 | 25053 | 24979 | 32494 | 46630 | 38204 | 47270 | 50778 | 40125 |
| Current Ratio (x1) 44 | 1.6 | 1.5 | 1.5 | 1.5 | 1.4 | 1.4 | 1.3 | 1.1 | 1.2 |
| Quick Ratio (x1) 45 | 0.9 | 0.8 | 0.9 | 0.9 | 0.8 | 0.8 | 0.9 | 0.7 | 0.7 |
| Coverage Ratio (x1) 46 | 5.1 | 5.1 | 5.4 | 5.2 | 6.7 | 7.2 | 6.5 | 6.8 | 6.6 |
| Asset Turnover (x1) 47 | 0.9 | 0.8 | 0.8 | 0.7 | 0.7 | 0.7 | 0.7 | 0.7 | 0.7 |
| Total Liabilities/Net Worth (x1) 48 | 0.7 | 0.8 | 0.7 | 0.9 | 0.9 | 1.1 | 1.0 | 1.0 | 1.1 |
| Return on Assets (x1) 49 | 14.5 | 13.6 | 14.1 | 11.9 | 14.0 | 14.2 | 14.3 | 13.4 | 14.9 |
| Return on Equity (%) 50 | 10.4 | 10.0 | 9.9 | 9.3 | 12.7 | 15.1 | 15.9 | 14.7 | 17.6 |

## Table II

Corporations with Net Income

# DRUGS

### MONEY AMOUNTS AND SIZE OF ASSETS IN THOUSANDS OF DOLLARS

| Item Description for Accounting Period 7/90 Through 6/91 | Total | Zero Assets | Under 100 | 100 to 250 | 251 to 500 | 501 to 1,000 | 1,001 to 5,000 | 5,001 to 10,000 | 10,001 to 25,000 | 25,001 to 50,000 | 50,001 to 100,000 | 100,001 to 250,000 | 250,001 and over |
|---|---|---|---|---|---|---|---|---|---|---|---|---|---|
| Number of Enterprises **1** | 874 | 19 | 387 | 63 | 63 | 17 | 140 | 44 | 44 | 25 | 12 | 22 | 39 |
| **Revenues ($ in Thousands)** | | | | | | | | | | | | | |
| Net Sales **2** | 79985 | 37 | 3 | 67 | 51 | 61 | 350 | 434 | 905 | 962 | 854 | 3014 | 73247 |
| Portfolio Income **3** | 4551 | 0 | • | • | 0 | 16 | 24 | 3 | 13 | 16 | 30 | 135 | 4315 |
| Other Revenues **4** | 4104 | 0 | • | • | 0 | 0 | 35 | 11 | 16 | 15 | 47 | 59 | 3920 |
| Total Revenues **5** | 88640 | 37 | 3 | 67 | 51 | 77 | 409 | 448 | 933 | 992 | 931 | 3208 | 81482 |
| Average Total Revenues **6** | 101419 | 1961 | 9 | 1058 | 813 | 4532 | 2922 | 10186 | 21209 | 39689 | 77575 | 145837 | 2089292 |
| **Operating Costs/Operating Income (%)** | | | | | | | | | | | | | |
| Cost of Operations **7** | 43.9 | 38.9 | 28.0 | 53.3 | 22.4 | 72.7 | 50.9 | 46.4 | 44.4 | 57.4 | 34.6 | 34.9 | 44.2 |
| Rent **8** | 1.0 | 0.6 | • | 8.7 | 5.3 | 0.2 | 2.3 | 2.4 | 0.5 | 0.5 | 0.6 | 0.5 | 1.0 |
| Taxes Paid **9** | 2.1 | 1.6 | 7.1 | 2.0 | 3.8 | 0.5 | 3.5 | 2.3 | 1.9 | 2.0 | 1.3 | 0.9 | 2.2 |
| Interest Paid **10** | 3.0 | • | • | 3.7 | 6.5 | 4.4 | 1.8 | 0.8 | 1.8 | 2.5 | 1.4 | 0.9 | 3.1 |
| Depreciation, Depletion, Amortization **11** | −3.4 | 0.9 | 17.6 | 1.6 | 8.0 | 0.8 | 3.3 | 1.6 | 3.2 | 2.9 | 1.7 | 2.1 | 3.5 |
| Pensions and Other Benefits **12** | 2.2 | 0.5 | • | • | 1.5 | 0.1 | 1.4 | 0.8 | 0.8 | 1.4 | 1.2 | 0.8 | 2.3 |
| Other **13** | 35.7 | 21.7 | 27.5 | 22.9 | 52.8 | 32.7 | 34.4 | 28.3 | 33.8 | 25.0 | 41.0 | 31.7 | 36.0 |
| Officers Compensation **14** | 0.6 | 2.8 | • | • | • | 2.7 | 5.3 | 4.1 | 2.1 | 1.6 | 0.8 | 0.6 | 0.6 |
| Operating Margin **15** | 8.1 | 33.0 | 20.0 | 7.9 | • | • | • | 13.4 | 11.8 | 6.9 | 17.6 | 27.8 | 7.2 |
| Oper. Margin Before Officers Compensation **16** | 8.7 | 35.8 | 20.0 | 7.9 | • | • | 2.5 | 17.5 | 13.9 | 8.4 | 18.3 | 28.4 | 7.8 |
| **Selected Average Balance Sheet ($ in Thousands)** | | | | | | | | | | | | | |
| Net Receivables **17** | 25473 | • | 6 | 76 | 79 | 250 | 535 | 1834 | 3286 | 6777 | 17772 | 18866 | 542286 |
| Inventories **18** | 11249 | • | 4 | 54 | 72 | 473 | 290 | 1331 | 3483 | 7958 | 9944 | 20259 | 225582 |
| Net Property, Plant and Equipment **19** | 24794 | • | 5 | 46 | 297 | 47 | 523 | 1243 | 5880 | 8988 | 14924 | 41750 | 511190 |
| Total Assets **20** | 132156 | • | 28 | 194 | 469 | 829 | 1781 | 6259 | 18237 | 34327 | 71174 | 156952 | 2793470 |

| | | | | | | | | | | | |
|---|---|---|---|---|---|---|---|---|---|---|---|
| Notes and Loans Payable **21** | 29949 | 12 | 270 | 522 | 382 | 532 | 765 | 4318 | 8504 | 9555 | 17695 | 643586 |
| All Other Liabilities **22** | 36774 | • | 137 | 86 | 518 | 313 | 1163 | 3107 | 7165 | 14866 | 26252 | 793612 |
| Net Worth **23** | 65433 | 16 | -213 | -140 | -71 | 936 | 4331 | 10813 | 18658 | 46753 | 113005 | 1356272 |

**Selected Financial Ratios (Times to 1)**

| | | | | | | | | | | | | |
|---|---|---|---|---|---|---|---|---|---|---|---|---|
| Current Ratio **24** | 1.2 | • | 1.1 | 1.4 | 1.5 | 2.2 | 3.2 | 2.4 | 2.1 | 2.9 | 2.3 | 1.1 |
| Quick Ratio **25** | 0.7 | • | 0.7 | 0.7 | 0.6 | 1.6 | 2.1 | 1.3 | 1.3 | 2.0 | 1.4 | 0.7 |
| Net Sales to Working Capital **26** | 12.0 | 0.4 | • | 18.1 | 14.1 | 3.8 | 3.3 | 3.9 | 3.5 | 2.5 | 3.3 | 15.6 |
| Coverage Ratio **27** | 8.1 | • | 3.2 | 1.0 | 3.9 | 8.6 | • | 9.3 | 5.0 | • | • | • |
| Total Asset Turnover **28** | 0.7 | 0.3 | 5.5 | 1.7 | 4.3 | 1.4 | 1.6 | 1.1 | 1.1 | 1.0 | 0.9 | 0.7 |
| Inventory Turnover **29** | 3.9 | 1.3 | • | 5.0 | • | 2.8 | 5.4 | 3.3 | 3.2 | 2.2 | 2.6 | 4.1 |
| Receivables Turnover **30** | 3.9 | 3.0 | • | • | • | 4.9 | 7.2 | 7.8 | 6.6 | 4.5 | 6.8 | 3.8 |
| Total Liabilities to Net Worth **31** | 1.0 | 0.8 | • | • | • | 0.9 | 0.5 | 0.7 | 0.8 | 0.5 | 0.4 | 1.1 |

**Selected Financial Factors (in Percentages)**

| | | | | | | | | | | | | |
|---|---|---|---|---|---|---|---|---|---|---|---|---|
| Debt Ratio **32** | 50.5 | 42.6 | • | • | • | 47.5 | 30.8 | 40.7 | 45.7 | 34.3 | 28.0 | 51.5 |
| Return on Assets **33** | 16.7 | 6.3 | • | 11.6 | • | 22.1 | 27.4 | 18.7 | 13.8 | • | 30.6 | • |
| Return on Equity **34** | 19.9 | 11.0 | • | • | • | 32.9 | 29.3 | 21.2 | 13.7 | • | 29.8 | • |
| Return Before Interest on Equity **35** | 33.6 | 11.0 | • | • | • | • | • | 31.6 | 25.5 | • | • | • |
| Profit Margin, Before Income Tax **36** | 21.1 | 20.0 | 7.9 | 12.7 | 0.3 | 13.9 | 16.6 | 14.8 | 9.9 | • | 34.2 | • |
| Profit Margin, After Income Tax **37** | 14.2 | 20.0 | 7.9 | 12.7 | 0.3 | 12.3 | 12.9 | 11.2 | 6.7 | • | 24.6 | • |

**Trends in Selected Ratios and Factors, 1986-1994**

| | 1986 | 1987 | 1988 | 1989 | 1990 | 1991 | 1992 | 1993 | 1994 |
|---|---|---|---|---|---|---|---|---|---|
| Cost of Operations (%) **38** | 45.4 | 45.2 | 44.0 | 42.7 | 44.6 | 40.6 | 43.0 | 44.0 | 43.9 |
| Operating Margin (%) **39** | 5.8 | 4.6 | 3.6 | 5.0 | 3.5 | 7.6 | 8.0 | 8.8 | 8.1 |
| Oper. Margin Before Officers Comp. (%) **40** | 6.4 | 5.2 | 4.3 | 5.8 | 4.2 | 8.3 | 8.8 | 9.3 | 8.7 |
| Average Net Receivables ($) **41** | 11741 | 12889 | 20287 | 25216 | 36642 | 16192 | 24326 | 44206 | 25473 |
| Average Inventories ($) **42** | 9292 | 9435 | 14560 | 16257 | 23389 | 9657 | 11178 | 19289 | 11249 |
| Average Net Worth ($) **43** | 40647 | 42820 | 76208 | 87124 | 136506 | 47853 | 58152 | 117790 | 65433 |
| Current Ratio (x1) **44** | 1.6 | 1.5 | 1.6 | 1.4 | 1.4 | 1.5 | 1.3 | 1.1 | 1.2 |
| Quick Ratio (x1) **45** | 0.9 | 0.8 | 0.9 | 0.9 | 0.8 | 0.8 | 0.9 | 0.7 | 0.7 |
| Coverage Ratio (x1) **46** | 6.5 | 6.3 | 6.9 | 6.6 | 7.2 | 10.7 | 8.2 | 8.5 | 8.1 |
| Asset Turnover (x1) **47** | 0.9 | 0.9 | 0.8 | 0.8 | 0.7 | 0.8 | 0.8 | 0.7 | 0.7 |
| Operating Leverage **48** | • | 0.8 | 0.8 | 1.4 | 0.7 | 2.2 | 1.1 | 1.1 | 0.9 |
| Financial Leverage **49** | • | 1.0 | 1.0 | 1.0 | 1.1 | 1.1 | 1.1 | 1.0 | 1.0 |
| Total Leverage **50** | • | 0.8 | 0.8 | 1.4 | 0.8 | 2.4 | 1.1 | 1.1 | 0.9 |

## Table I

Corporations with and without Net Income

# SOAP, CLEANERS, AND TOILET GOODS

MONEY AMOUNTS AND SIZE OF ASSETS IN THOUSANDS OF DOLLARS

| Item Description for Accounting Period 7/90 Through 6/91 | | Total | Zero Assets | Under 100 | 100 to 250 | 251 to 500 | 501 to 1,000 | 1,001 to 5,000 | 5,001 to 10,000 | 10,001 to 25,000 | 25,001 to 50,000 | 50,001 to 100,000 | 100,001 to 250,000 | 250,001 and over |
|---|---|---|---|---|---|---|---|---|---|---|---|---|---|---|
| Number of Enterprises | 1 | 1536 | 4 | 542 | 326 | • | 260 | 282 | 29 | 34 | 23 | 10 | 7 | 19 |
| **Revenues ($ in Thousands)** | | | | | | | | | | | | | | |
| Net Sales | 2 | 68681 | 173 | 93 | 157 | • | 366 | 1214 | 492 | 1068 | 1266 | 798 | 1768 | 61285 |
| Portfolio Income | 3 | 2324 | 2 | • | 1 | • | 2 | 26 | 1 | 9 | 11 | 13 | 17 | 2241 |
| Other Revenues | 4 | 2207 | 4 | • | 1 | • | 1 | 23 | 7 | 20 | 8 | 21 | 42 | 2080 |
| Total Revenues | 5 | 73212 | 179 | 93 | 159 | • | 370 | 1263 | 500 | 1097 | 1285 | 832 | 1828 | 65605 |
| Average Total Revenues | 6 | 47664 | 44709 | 172 | 487 | • | 1422 | 4480 | 17250 | 32278 | 55861 | 83215 | 261075 | 3452918 |
| **Operating Costs/Operating Income (%)** | | | | | | | | | | | | | | |
| Cost of Operations | 7 | 65.3 | 45.1 | 58.5 | 49.7 | • | 64.7 | 65.5 | 62.9 | 56.8 | 53.7 | 46.9 | 43.1 | 66.7 |
| Rent | 8 | 1.0 | 1.4 | 9.1 | 5.7 | • | 1.9 | 1.8 | 0.5 | 0.8 | 0.5 | 1.8 | 2.1 | 0.9 |
| Taxes Paid | 9 | 1.1 | 1.3 | 3.4 | 1.9 | • | 2.0 | 1.9 | 1.4 | 1.2 | 1.5 | 1.9 | 2.1 | 1.0 |
| Interest Paid | 10 | 4.0 | 9.9 | • | 0.2 | • | • | 1.4 | 1.1 | 1.2 | 0.8 | 4.4 | 1.7 | 4.3 |
| Depreciation, Depletion, Amortization | 11 | 2.1 | 7.9 | 0.4 | 2.2 | • | 0.7 | 1.9 | 2.4 | 1.6 | 2.1 | 1.9 | 2.5 | 2.1 |
| Pensions and Other Benefits | 12 | 1.4 | 1.6 | • | 0.5 | • | 2.4 | 1.7 | 0.7 | 1.0 | 1.5 | 1.7 | 1.2 | 1.4 |
| Other | 13 | 27.8 | 41.0 | 16.6 | 26.8 | • | 13.3 | 24.2 | 22.7 | 31.1 | 29.8 | 37.7 | 43.0 | 27.4 |
| Officers Compensation | 14 | 0.8 | 0.3 | 10.0 | 5.9 | • | 12.6 | 5.4 | 4.1 | 4.6 | 1.8 | 2.1 | 1.3 | 0.5 |
| Operating Margin | 15 | • | • | 2.0 | 7.2 | • | 2.4 | • | 4.2 | 1.8 | 8.3 | 1.8 | 3.0 | • |
| Oper. Margin Before Officers Compensation | 16 | • | • | 12.0 | 13.1 | • | 15.0 | 1.6 | 8.3 | 6.4 | 10.1 | 3.9 | 4.4 | • |
| **Selected Average Balance Sheet ($ in Thousands)** | | | | | | | | | | | | | | |
| Net Receivables | 17 | 11231 | • | 12 | 58 | • | 164 | 658 | 2232 | 3327 | 7873 | 12693 | 33075 | 856812 |
| Inventories | 18 | 3800 | • | 7 | 32 | • | 129 | 534 | 2163 | 4916 | 5602 | 12661 | 41400 | 255930 |
| Net Property, Plant and Equipment | 19 | 8364 | • | 2 | 19 | • | 55 | 374 | 1983 | 4529 | 9391 | 11838 | 43662 | 624693 |
| Total Assets | 20 | 60432 | • | 33 | 192 | • | 664 | 2203 | 7495 | 16712 | 34012 | 71380 | 168532 | 4657229 |

| | | | | | | | | | | | |
|---|---|---|---|---|---|---|---|---|---|---|---|
| Notes and Loans Payable **21** | 19490 | 19 | 42 | 9 | 826 | 2411 | 5066 | 6773 | 34487 | 43108 | 1507026 |
| All Other Liabilities **22** | 20414 | 1 | 15 | 104 | 479 | 1692 | 4995 | 8633 | 20096 | 41514 | 1593621 |
| Net Worth **23** | 20527 | 12 | 134 | 551 | 899 | 3392 | 6651 | 18605 | 16797 | 83910 | 1556582 |

### Selected Financial Ratios (Times to 1)

| | | | | | | | | | | | |
|---|---|---|---|---|---|---|---|---|---|---|---|
| Current Ratio **24** | 0.9 | • | 10.7 | 3.7 | 2.2 | 2.2 | 2.1 | 2.3 | 1.0 | 1.9 | 0.9 |
| Quick Ratio **25** | 0.6 | 18.1 | 8.6 | 2.3 | 1.2 | 1.2 | 0.8 | 1.6 | 0.5 | 1.0 | 0.6 |
| Net Sales to Working Capital **26** | • | 5.7 | 3.2 | 5.0 | 5.3 | 6.4 | 5.5 | 5.1 | • | 5.3 | • |
| Coverage Ratio **27** | 2.0 | 0.5 | • | • | 1.2 | 6.3 | 4.7 | 13.4 | 2.3 | 4.7 | 1.9 |
| Total Asset Turnover **28** | 0.7 | 5.2 | 2.5 | 2.1 | 2.0 | 2.3 | 1.9 | 1.6 | 1.1 | 1.5 | 0.7 |
| Inventory Turnover **29** | 7.9 | • | 6.9 | 5.6 | 5.7 | 4.6 | 4.4 | 6.5 | 3.2 | 2.9 | 8.6 |
| Receivables Turnover **30** | 5.3 | • | • | 6.9 | 6.6 | 5.9 | 9.4 | 8.3 | 7.1 | 9.0 | 5.1 |
| Total Liabilities to Net Worth **31** | 2.0 | 1.7 | 0.4 | 0.2 | 1.5 | 1.2 | 1.5 | 0.8 | 3.3 | 1.0 | 2.0 |

### Selected Financial Factors (in Percentages)

| | | | | | | | | | | | |
|---|---|---|---|---|---|---|---|---|---|---|---|
| Debt Ratio **32** | 66.0 | 62.9 | 30.0 | 17.0 | 59.2 | 54.8 | 60.2 | 45.3 | 76.5 | 50.2 | 66.6 |
| Return on Assets **33** | 6.0 | 10.4 | 22.0 | 7.3 | 3.4 | 15.7 | 10.6 | 17.2 | 11.5 | 12.1 | 5.8 |
| Return on Equity **34** | 4.2 | 28.0 | 26.0 | 8.5 | • | 21.8 | 15.3 | 23.0 | 13.1 | 12.6 | 3.5 |
| Return Before Interest on Equity **35** | 17.7 | 28.0 | 31.4 | 8.8 | 8.2 | 34.7 | 26.6 | 31.4 | • | 24.3 | 17.2 |
| Profit Margin, Before Income Tax **36** | 4.1 | 2.0 | 8.6 | 3.4 | 0.3 | 5.8 | 4.4 | 9.8 | 5.9 | 6.4 | 4.0 |
| Profit Margin, After Income Tax **37** | 1.9 | 2.0 | 7.3 | 3.3 | • | 4.4 | 3.2 | 7.8 | 2.8 | 4.2 | 1.7 |

### Trends in Selected Ratios and Factors, 1986–1994

| | 1986 | 1987 | 1988 | 1989 | 1990 | 1991 | 1992 | 1993 | 1994 |
|---|---|---|---|---|---|---|---|---|---|
| Cost of Operations (%) **38** | 64.2 | 63.7 | 64.3 | 64.2 | 63.0 | 64.7 | 65.7 | 65.3 | 65.3 |
| Operating Margin (%) **39** | 2.9 | 1.3 | • | • | • | • | • | • | • |
| Oper. Margin Before Officers Comp. (%) **40** | 3.5 | 1.8 | 0.6 | • | • | • | • | • | • |
| Average Net Receivables ($) **41** | 2699 | 4393 | 3664 | 5539 | 5300 | 5106 | 3787 | 4481 | 11231 |
| Average Inventories ($) **42** | 1947 | 2951 | 2341 | 3282 | 2958 | 2910 | 2339 | 2913 | 3800 |
| Average Net Worth ($) **43** | 6540 | 9465 | 7268 | 11266 | 12029 | 13721 | 11719 | 16038 | 20527 |
| Current Ratio (x1) **44** | 1.6 | 1.4 | 1.2 | 1.2 | 1.3 | 1.1 | 0.9 | 0.9 | 0.9 |
| Quick Ratio (x1) **45** | 0.8 | 0.8 | 0.7 | 0.7 | 0.7 | 0.6 | 0.4 | 0.3 | 0.6 |
| Coverage Ratio (x1) **46** | 5.5 | 4.4 | 3.0 | 2.3 | 2.4 | 2.6 | 3.1 | 2.2 | 2.0 |
| Asset Turnover (x1) **47** | 1.7 | 1.7 | 1.6 | 1.2 | 1.0 | 1.1 | 0.8 | 0.8 | 0.7 |
| Total Liabilities/Net Worth (x1) **48** | 1.0 | 1.1 | 1.2 | 1.4 | 1.6 | 1.5 | 2.1 | 1.9 | 2.0 |
| Return on Assets (x1) **49** | 15.3 | 12.1 | 10.4 | 7.6 | 8.2 | 10.5 | 7.0 | 6.9 | 6.0 |
| Return on Equity (%) **50** | 13.0 | 10.5 | 8.1 | 5.8 | 7.4 | 10.5 | 9.8 | 5.8 | 4.2 |

## Table II

Corporations with Net Income

# SOAP, CLEANERS, AND TOILET GOODS

### MONEY AMOUNTS AND SIZE OF ASSETS IN THOUSANDS OF DOLLARS

| Item Description for Accounting Period 7/90 Through 6/91 | Total | Zero Assets | Under 100 | 100 to 250 | 251 to 500 | 501 to 1,000 | 1,001 to 5,000 | 5,001 to 10,000 | 10,001 to 25,000 | 25,001 to 50,000 | 50,001 to 100,000 | 100,001 to 250,000 | 250,001 and over |
|---|---|---|---|---|---|---|---|---|---|---|---|---|---|
| Number of Enterprises **1** | 992 | • | 267 | 326 | • | 97 | 205 | • | 22 | • | • | • | • |
| **Revenues ($ in Thousands)** | | | | | | | | | | | | | |
| Net Sales **2** | 63264 | • | 59 | 157 | • | 133 | 1072 | • | 701 | • | • | • | • |
| Portfolio Income **3** | 1441 | • | • | 1 | • | 2 | 2 | • | 3 | • | • | • | • |
| Other Revenues **4** | 1845 | • | • | 1 | • | 0 | 8 | • | 18 | • | • | • | • |
| Total Revenues **5** | 66550 | • | 59 | 159 | • | 135 | 1082 | • | 723 | • | • | • | • |
| Average Total Revenues **6** | 67087 | • | 221 | 487 | • | 1389 | 5277 | • | 32844 | • | • | • | • |
| **Operating Costs/Operating Income (%)** | | | | | | | | | | | | | |
| Cost of Operations **7** | 66.7 | • | 69.9 | 49.7 | • | 54.1 | 62.2 | • | 62.8 | • | • | • | • |
| Rent **8** | 0.8 | • | 10.7 | 5.7 | • | 1.5 | 1.3 | • | 0.4 | • | • | • | • |
| Taxes Paid **9** | 1.0 | • | 2.1 | 1.9 | • | 2.6 | 1.7 | • | 1.4 | • | • | • | • |
| Interest Paid **10** | 1.8 | • | • | 0.2 | • | • | 1.3 | • | 1.5 | • | • | • | • |
| Depreciation, Depletion, Amortization **11** | 2.0 | • | 0.5 | 2.2 | • | 0.6 | 1.3 | • | 1.9 | • | • | • | • |
| Pensions and Other Benefits **12** | 1.3 | • | • | 0.5 | • | 0.9 | 1.4 | • | 1.1 | • | • | • | • |
| Other **13** | 24.8 | • | 12.2 | 26.8 | • | 14.5 | 24.3 | • | 22.6 | • | • | • | • |
| Officers Compensation **14** | 0.6 | • | • | 5.9 | • | 13.7 | 4.8 | • | 2.1 | • | • | • | • |
| Operating Margin **15** | 1.1 | • | 4.6 | 7.2 | • | 12.1 | 1.6 | • | 6.2 | • | • | • | • |
| Oper. Margin Before Officers Compensation **16** | 1.6 | • | 4.6 | 13.1 | • | 25.8 | 6.4 | • | 8.4 | • | • | • | • |
| **Selected Average Balance Sheet ($ in Thousands)** | | | | | | | | | | | | | |
| Net Receivables **17** | 12619 | • | 17 | 58 | • | 172 | 723 | • | 3807 | • | • | • | • |
| Inventories **18** | 5041 | • | 11 | 32 | • | 92 | 678 | • | 4978 | • | • | • | • |
| Net Property, Plant and Equipment **19** | 11683 | • | 2 | 19 | • | 100 | 359 | • | 5059 | • | • | • | • |
| Total Assets **20** | 65469 | • | 52 | 192 | • | 604 | 2364 | • | 16605 | • | • | • | • |

| | | | | | | | | |
|---|---|---|---|---|---|---|---|---|
| Notes and Loans Payable 21 | 20152 | • | 36 | 42 | • | 19 | 623 | • | 4591 |
| All Other Liabilities 22 | 19245 | • | 1 | 15 | • | 92 | 510 | • | 3944 |
| Net Worth 23 | 26073 | • | 15 | 134 | • | 492 | 1231 | • | 8070 |

## Selected Financial Ratios (Times to 1)

| | | | | | | | | |
|---|---|---|---|---|---|---|---|---|
| Current Ratio 24 | 1.2 | • | 10.7 | • | 3.7 | 2.2 | • | 1.8 |
| Quick Ratio 25 | 0.8 | • | 8.6 | • | 2.6 | 1.2 | • | 0.8 |
| Net Sales to Working Capital 26 | 18.2 | 4.6 | 3.2 | • | 5.5 | 5.8 | • | 6.8 |
| Coverage Ratio 27 | 5.1 | • | • | • | 2.9 | • | • | 7.1 |
| Total Asset Turnover 28 | 1.0 | 4.3 | 2.5 | • | 2.3 | 2.2 | • | 1.9 |
| Inventory Turnover 29 | 8.7 | • | 6.9 | • | 3.0 | 5.6 | • | 4.8 |
| Receivables Turnover 30 | 6.3 | • | • | • | 3.9 | 7.5 | • | 8.9 |
| Total Liabilities to Net Worth 31 | 1.5 | 2.5 | 0.4 | • | 0.2 | 0.9 | • | 1.1 |

## Selected Financial Factors (in Percentages)

| | | | | | | | | |
|---|---|---|---|---|---|---|---|---|
| Debt Ratio 32 | 60.2 | 71.5 | 30.0 | • | 18.5 | 47.9 | • | 51.4 |
| Return on Assets 33 | 8.6 | 19.5 | 22.0 | • | 30.4 | 8.5 | • | 20.4 |
| Return on Equity 34 | 11.5 | • | 26.0 | • | 36.5 | 9.0 | • | 28.9 |
| Return Before Interest on Equity 35 | 21.6 | • | 31.4 | • | • | 16.3 | • | • |
| Profit Margin, Before Income Tax 36 | 7.1 | 4.6 | 8.6 | • | 13.4 | 2.5 | • | 9.1 |
| Profit Margin, After Income Tax 37 | 4.7 | 4.6 | 7.3 | • | 13.1 | 2.1 | • | 7.3 |

## Trends in Selected Ratios and Factors, 1986-1994

| | 1986 | 1987 | 1988 | 1989 | 1990 | 1991 | 1992 | 1993 | 1994 |
|---|---|---|---|---|---|---|---|---|---|
| Cost of Operations (%) 38 | 64.6 | 64.0 | 64.7 | 64.4 | 64.6 | 65.5 | 65.7 | 66.6 | 66.7 |
| Operating Margin (%) 39 | 3.3 | 1.6 | 0.3 | • | • | • | • | 1.7 | 1.1 |
| Oper. Margin Before Officers Comp. (%) 40 | 3.8 | 2.1 | 0.8 | • | • | • | 0.3 | 2.3 | 1.6 |
| Average Net Receivables ($) 41 | 4850 | 5878 | 4423 | 7856 | 6749 | 11457 | 4715 | 4314 | 12619 |
| Average Inventories ($) 42 | 3466 | 3919 | 2795 | 4601 | 3687 | 6498 | 2881 | 2694 | 5041 |
| Average Net Worth ($) 43 | 11859 | 12952 | 9008 | 16001 | 16454 | 28855 | 14773 | 13176 | 26073 |
| Current Ratio (x1) 44 | 1.6 | 1.4 | 1.2 | 1.1 | 1.3 | 1.0 | 0.9 | 1.0 | 1.2 |
| Quick Ratio (x1) 45 | 0.8 | 0.8 | 0.7 | 0.7 | 0.7 | 0.5 | 0.4 | 0.5 | 0.8 |
| Coverage Ratio (x1) 46 | 5.9 | 4.6 | 3.2 | 2.4 | 2.9 | 3.2 | 3.2 | 4.4 | 5.1 |
| Asset Turnover (x1) 47 | 1.7 | 1.7 | 1.6 | 1.2 | 1.1 | 1.3 | 0.8 | 1.0 | 1.0 |
| Operating Leverage 48 | • | 0.5 | 0.2 | • | 2.0 | 0.6 | 0.4 | • | 0.6 |
| Financial Leverage 49 | • | 1.0 | 0.9 | 0.9 | 1.3 | 1.1 | 1.0 | 1.1 | 1.0 |
| Total Leverage 50 | • | 0.5 | 0.2 | • | 2.5 | 0.7 | 0.4 | • | 0.6 |

# Table I

Corporations with and without Net Income

## PAINTS AND ALLIED PRODUCTS

### MONEY AMOUNTS AND SIZE OF ASSETS IN THOUSANDS OF DOLLARS

| Item Description for Accounting Period 7/90 Through 6/91 | Total | Zero Assets | Under 100 | 100 to 250 | 251 to 500 | 501 to 1,000 | 1,001 to 5,000 | 5,001 to 10,000 | 10,001 to 25,000 | 25,001 to 50,000 | 50,001 to 100,000 | 100,001 to 250,000 | 250,001 and over |
|---|---|---|---|---|---|---|---|---|---|---|---|---|---|
| Number of Enterprises **1** | 1080 | • | 387 | • | 65 | 133 | 393 | 42 | 38 | 6 | 7 | 4 | 5 |
| **Revenues ($ in Thousands)** | | | | | | | | | | | | | |
| Net Sales **2** | 10762 | • | 30 | • | 92 | 267 | 1960 | 523 | 1248 | 465 | 915 | 1192 | 4069 |
| Portfolio Income **3** | 208 | • | 0 | • | 0 | 0 | 12 | 2 | 4 | 5 | 5 | 137 | 43 |
| Other Revenues **4** | 110 | • | 0 | • | • | 2 | 13 | 5 | 9 | 1 | 14 | 24 | 42 |
| Total Revenues **5** | 11080 | • | 30 | • | 92 | 270 | 1985 | 530 | 1262 | 471 | 933 | 1353 | 4154 |
| Average Total Revenues **6** | 10259 | • | 77 | • | 1416 | 2027 | 5050 | 12630 | 33198 | 78508 | 133341 | 338302 | 830839 |
| **Operating Costs/Operating Income (%)** | | | | | | | | | | | | | |
| Cost of Operations **7** | 60.6 | • | 68.1 | • | 70.3 | 56.6 | 67.9 | 60.2 | 69.7 | 62.1 | 59.6 | 62.6 | 53.8 |
| Rent **8** | 1.6 | • | • | • | 0.6 | 2.3 | 1.1 | 1.4 | 0.8 | 0.4 | 2.1 | 0.9 | 2.4 |
| Taxes Paid **9** | 2.1 | • | 1.1 | • | 1.9 | 3.0 | 2.0 | 2.4 | 1.5 | 1.3 | 2.0 | 2.5 | 2.3 |
| Interest Paid **10** | 1.1 | • | • | • | • | 1.1 | 0.8 | 1.5 | 1.4 | 1.6 | 1.5 | 1.2 | 0.9 |
| Depreciation, Depletion, Amortization **11** | 2.0 | • | 0.4 | • | 0.4 | 2.5 | 1.4 | 1.6 | 2.0 | 1.2 | 2.4 | 1.7 | 2.4 |
| Pensions and Other Benefits **12** | 1.8 | • | • | • | 1.7 | 1.5 | 1.3 | 1.8 | 0.8 | 1.0 | 2.2 | 1.7 | 2.5 |
| Other **13** | 25.5 | • | 21.4 | • | 9.3 | 27.3 | 20.5 | 22.6 | 19.3 | 26.6 | 29.0 | 24.0 | 30.0 |
| Officers Compensation **14** | 1.8 | • | 10.4 | • | 16.1 | 4.7 | 3.5 | 4.0 | 2.4 | 1.3 | 1.0 | 0.9 | 0.4 |
| Operating Margin **15** | 3.5 | • | • | • | • | 1.0 | 1.6 | 4.5 | 2.2 | 4.7 | 0.3 | 4.5 | 5.4 |
| Oper. Margin Before Officers Compensation **16** | 5.3 | • | 9.1 | • | 15.9 | 5.8 | 5.0 | 8.5 | 4.6 | 6.0 | 1.3 | 5.4 | 5.8 |
| **Selected Average Balance Sheet ($ in Thousands)** | | | | | | | | | | | | | |
| Net Receivables **17** | 1233 | • | 6 | • | 248 | 252 | 601 | 1676 | 4529 | 10066 | 16992 | 35035 | 96269 |
| Inventories **18** | 1240 | • | 2 | • | 88 | 201 | 597 | 1509 | 3830 | 8095 | 16153 | 24678 | 120320 |
| Net Property, Plant and Equipment **19** | 1306 | • | • | • | 40 | 147 | 397 | 1543 | 4446 | 5360 | 29853 | 26204 | 130607 |
| Total Assets **20** | 5400 | • | 34 | • | 427 | 708 | 2005 | 6004 | 15767 | 31601 | 76401 | 140673 | 554070 |

| | | | | | | | | | | |
|---|---|---|---|---|---|---|---|---|---|---|
| Notes and Loans Payable 21 | 1186 | • | 34 | 195 | 546 | 1632 | 5266 | 10253 | 17347 | 18778 | 102397 |
| All Other Liabilities 22 | 1682 | 31 | 250 | 205 | 547 | 1715 | 3650 | 10631 | 20170 | 42585 | 192051 |
| Net Worth 23 | 2531 | 3 | 142 | 307 | 913 | 2656 | 6851 | 10717 | 38884 | 79310 | 259622 |

## Selected Financial Ratios (Times to 1)

| | | | | | | | | | | | |
|---|---|---|---|---|---|---|---|---|---|---|---|
| Current Ratio 24 | 2.0 | 0.5 | 1.6 | 2.2 | 1.9 | 2.1 | 1.8 | 1.8 | 2.5 | 2.2 | 1.9 |
| Quick Ratio 25 | 1.0 | 0.2 | 1.2 | 1.4 | 1.0 | 1.3 | 1.1 | 1.1 | 1.3 | 1.3 | 0.9 |
| Net Sales to Working Capital 26 | 6.2 | • | 10.3 | 6.7 | 7.1 | 5.6 | 7.1 | 7.8 | 5.5 | 5.7 | 5.7 |
| Coverage Ratio 27 | 7.1 | • | • | 2.8 | 4.4 | 4.9 | 3.4 | 4.8 | 2.6 | • | 9.4 |
| Total Asset Turnover 28 | 1.9 | 2.3 | 3.3 | 2.8 | 2.5 | 2.1 | 2.1 | 2.5 | 1.7 | 2.1 | 1.5 |
| Inventory Turnover 29 | 5.0 | • | 7.2 | 6.6 | 5.9 | 5.8 | 7.0 | 7.3 | 4.7 | 4.6 | 4.0 |
| Receivables Turnover 30 | 8.2 | • | 4.0 | 10.0 | 8.6 | 8.2 | 7.7 | 9.2 | 7.1 | 6.1 | 9.5 |
| Total Liabilities to Net Worth 31 | 1.1 | 9.2 | 2.0 | 1.3 | 1.2 | 1.3 | 1.3 | 2.0 | 1.0 | 0.8 | 1.1 |

## Selected Financial Factors (in Percentages)

| | | | | | | | | | | | |
|---|---|---|---|---|---|---|---|---|---|---|---|
| Debt Ratio 32 | 53.1 | 90.2 | 66.7 | 56.6 | 54.5 | 55.8 | 56.6 | 66.1 | 49.1 | 43.6 | 53.2 |
| Return on Assets 33 | 14.0 | • | • | 8.8 | 9.1 | 15.4 | 9.6 | 18.6 | 6.5 | • | 12.1 |
| Return on Equity 34 | 17.6 | • | • | 9.1 | 12.4 | 23.0 | 11.5 | 36.1 | 4.8 | • | 15.0 |
| Return Before Interest on Equity 35 | 29.9 | • | • | 20.1 | 20.1 | 34.8 | 22.1 | • | 12.8 | • | 25.8 |
| Profit Margin, Before Income Tax 36 | 6.5 | • | • | 2.0 | 2.9 | 5.9 | 3.2 | 6.0 | 2.3 | • | 7.4 |
| Profit Margin, After Income Tax 37 | 4.5 | • | • | 1.4 | 2.3 | 4.9 | 2.4 | 5.0 | 1.4 | • | 4.8 |

## Trends in Selected Ratios and Factors, 1986-1994

| | 1986 | 1987 | 1988 | 1989 | 1990 | 1991 | 1992 | 1993 | 1994 |
|---|---|---|---|---|---|---|---|---|---|
| Cost of Operations (%) 38 | 61.6 | 62.3 | 62.8 | 62.5 | 61.1 | 59.9 | 61.0 | 61.3 | 60.6 |
| Operating Margin (%) 39 | 1.8 | 3.0 | 2.7 | 2.1 | 3.0 | 3.3 | 2.4 | 3.1 | 3.5 |
| Oper. Margin Before Officers Comp. (%) 40 | 3.2 | 4.5 | 4.3 | 3.8 | 4.6 | 5.2 | 4.2 | 4.8 | 5.3 |
| Average Net Receivables ($) 41 | 753 | 749 | 1197 | 1154 | 1555 | 1395 | 1676 | 1193 | 1233 |
| Average Inventories ($) 42 | 996 | 965 | 1476 | 1299 | 1824 | 1421 | 1715 | 1160 | 1240 |
| Average Net Worth ($) 43 | 1745 | 1679 | 2663 | 2328 | 3133 | 2938 | 3341 | 2352 | 2531 |
| Current Ratio (x1) 44 | 2.1 | 2.2 | 2.1 | 2.1 | 1.8 | 2.0 | 2.0 | 1.9 | 2.0 |
| Quick Ratio (x1) 45 | 0.9 | 1.0 | 0.9 | 1.0 | 0.9 | 1.0 | 1.0 | 1.0 | 1.0 |
| Coverage Ratio (x1) 46 | 3.8 | 5.1 | 4.5 | 5.6 | 6.0 | 6.2 | 5.3 | 5.0 | 7.1 |
| Asset Turnover (x1) 47 | 2.0 | 2.0 | 1.9 | 1.8 | 1.9 | 2.0 | 1.9 | 1.9 | 1.9 |
| Total Liabilities/Net Worth (x1) 48 | 1.1 | 1.0 | 1.1 | 1.1 | 1.2 | 1.1 | 1.1 | 1.2 | 1.1 |
| Return on Assets (x1) 49 | 10.1 | 11.6 | 10.6 | 13.1 | 12.5 | 12.8 | 10.2 | 11.0 | 14.0 |
| Return on Equity (%) 50 | 8.0 | 10.6 | 9.8 | 12.7 | 12.9 | 14.9 | 11.5 | 12.6 | 17.6 |

## Table II

Corporations with Net Income

# PAINTS AND ALLIED PRODUCTS

### MONEY AMOUNTS AND SIZE OF ASSETS IN THOUSANDS OF DOLLARS

| Item Description for Accounting Period 7/90 Through 6/91 | Total | Zero Assets | Under 100 | 100 to 250 | 251 to 500 | 501 to 1,000 | 1,001 to 5,000 | 5,001 to 10,000 | 10,001 to 25,000 | 25,001 to 50,000 | 50,001 to 100,000 | 100,001 to 250,000 | 250,001 and over |
|---|---|---|---|---|---|---|---|---|---|---|---|---|---|
| Number of Enterprises **1** | 438 | • | • | • | • | 85 | 265 | • | 27 | • | • | • | • |
| **Revenues ($ in Thousands)** | | | | | | | | | | | | | |
| Net Sales **2** | 9103 | • | • | • | • | 166 | 1451 | • | 911 | • | • | • | • |
| Portfolio Income **3** | 195 | • | • | • | • | 0 | 4 | • | 4 | • | • | • | • |
| Other Revenues **4** | 94 | • | • | • | • | 2 | 10 | • | 7 | • | • | • | • |
| Total Revenues **5** | 9393 | • | • | • | • | 168 | 1464 | • | 922 | • | • | • | • |
| Average Total Revenues **6** | 21445 | • | • | • | • | 1978 | 5526 | • | 34149 | • | • | • | • |
| **Operating Costs/Operating Income (%)** | | | | | | | | | | | | | |
| Cost of Operations **7** | 59.1 | • | • | • | • | 50.6 | 66.5 | • | 69.0 | • | • | • | • |
| Rent **8** | 1.6 | • | • | • | • | 0.9 | 0.8 | • | 0.7 | • | • | • | • |
| Taxes Paid **9** | 2.2 | • | • | • | • | 3.3 | 1.9 | • | 1.1 | • | • | • | • |
| Interest Paid **10** | 0.9 | • | • | • | • | 1.5 | 0.8 | • | 0.8 | • | • | • | • |
| Depreciation, Depletion, Amortization **11** | 2.0 | • | • | • | • | 2.4 | 1.5 | • | 1.6 | • | • | • | • |
| Pensions and Other Benefits **12** | 1.8 | • | • | • | • | 2.1 | 1.2 | • | 0.8 | • | • | • | • |
| Other **13** | 25.9 | • | • | • | • | 31.8 | 19.9 | • | 18.4 | • | • | • | • |
| Officers Compensation **14** | 1.5 | • | • | • | • | 4.3 | 3.4 | • | 2.7 | • | • | • | • |
| Operating Margin **15** | 5.1 | • | • | • | • | 3.3 | 4.2 | • | 4.9 | • | • | • | • |
| Oper. Margin Before Officers Compensation **16** | 6.6 | • | • | • | • | 7.6 | 7.6 | • | 7.6 | • | • | • | • |
| **Selected Average Balance Sheet ($ in Thousands)** | | | | | | | | | | | | | |
| Net Receivables **17** | 2511 | • | • | • | • | 298 | 665 | • | 4686 | • | • | • | • |
| Inventories **18** | 2550 | • | • | • | • | 227 | 573 | • | 3810 | • | • | • | • |
| Net Property, Plant and Equipment **19** | 2820 | • | • | • | • | 171 | 481 | • | 4287 | • | • | • | • |
| Total Assets **20** | 11266 | • | • | • | • | 762 | 2165 | • | 16406 | • | • | • | • |

| | | | | |
|---|---|---|---|---|
| Notes and Loans Payable 21 | 1981 | 232 | 482 | 3797 |
| All Other Liabilities 22 | 3458 | 209 | 560 | 3763 |
| Net Worth 23 | 5827 | 321 | 1124 | 8845 |

## Selected Financial Ratios (Times to 1)

| | | | | |
|---|---|---|---|---|
| Current Ratio 24 | 2.1 | 2.4 | 2.1 | 2.4 |
| Quick Ratio 25 | 1.1 | 1.4 | 1.2 | 1.4 |
| Net Sales to Working Capital 26 | 5.8 | 5.8 | 6.7 | 5.5 |
| Coverage Ratio 27 | 9.9 | 4.0 | 7.5 | 8.4 |
| Total Asset Turnover 28 | 1.9 | 2.6 | 2.5 | 2.1 |
| Inventory Turnover 29 | 4.9 | 4.4 | 6.4 | 6.9 |
| Receivables Turnover 30 | 8.2 | 7.5 | 8.3 | 7.4 |
| Total Liabilities to Net Worth 31 | 0.9 | 1.4 | 0.9 | 0.9 |

## Selected Financial Factors (in Percentages)

| | | | | |
|---|---|---|---|---|
| Debt Ratio 32 | 48.3 | 57.9 | 48.1 | 46.1 |
| Return on Assets 33 | 17.1 | 15.3 | 14.9 | 14.1 |
| Return on Equity 34 | 21.0 | 21.7 | 21.0 | 18.7 |
| Return Before Interest on Equity 35 | 33.0 | | 28.6 | 26.1 |
| Profit Margin, Before Income Tax 36 | 8.3 | 4.5 | 5.1 | 6.0 |
| Profit Margin, After Income Tax 37 | 5.9 | 3.6 | 4.3 | 4.9 |

## Trends in Selected Ratios and Factors, 1986-1994

| | 1986 | 1987 | 1988 | 1989 | 1990 | 1991 | 1992 | 1993 | 1994 |
|---|---|---|---|---|---|---|---|---|---|
| Cost of Operations (%) 38 | 61.0 | 62.2 | 62.9 | 62.0 | 61.0 | 59.5 | 59.7 | 59.5 | 59.1 |
| Operating Margin (%) 39 | 2.5 | 3.6 | 3.3 | 2.8 | 3.8 | 4.0 | 3.9 | 4.8 | 5.1 |
| Oper. Margin Before Officers Comp. (%) 40 | 3.9 | 5.1 | 4.8 | 4.5 | 5.5 | 5.8 | 5.6 | 6.4 | 6.6 |
| Average Net Receivables ($) 41 | 894 | 988 | 1443 | 1184 | 1818 | 1875 | 1825 | 2277 | 2511 |
| Average Inventories ($) 42 | 1193 | 1265 | 1798 | 1397 | 2172 | 1870 | 1875 | 2186 | 2550 |
| Average Net Worth ($) 43 | 2202 | 2279 | 3298 | 2601 | 3854 | 4066 | 3966 | 4647 | 5827 |
| Current Ratio (x1) 44 | 2.3 | 2.3 | 2.2 | 2.2 | 1.9 | 2.1 | 2.0 | 2.0 | 2.1 |
| Quick Ratio (x1) 45 | 1.0 | 1.0 | 1.0 | 1.1 | 0.9 | 1.0 | 1.0 | 1.0 | 1.1 |
| Coverage Ratio (x1) 46 | 4.5 | 6.1 | 5.3 | 6.5 | 7.1 | 7.0 | 7.8 | 7.7 | 9.9 |
| Asset Turnover (x1) 47 | 2.0 | 2.0 | 2.0 | 1.8 | 1.9 | 1.9 | 1.9 | 1.8 | 1.9 |
| Operating Leverage 48 | • | 1.5 | 0.9 | 0.8 | 1.4 | 1.1 | 1.0 | 1.3 | 1.1 |
| Financial Leverage 49 | • | 1.1 | 1.0 | 1.0 | 1.1 | 1.1 | 1.0 | 1.0 | 1.1 |
| Total Leverage 50 | • | 1.7 | 0.9 | 0.9 | 1.4 | 1.2 | 1.0 | 1.3 | 1.1 |

## Table I

Corporations with and without Net Income

# AGRICULTURAL AND OTHER CHEMICAL PRODUCTS

### MONEY AMOUNTS AND SIZE OF ASSETS IN THOUSANDS OF DOLLARS

| Item Description for Accounting Period 7/90 Through 6/91 | Total | Zero Assets | Under 100 | 100 to 250 | 251 to 500 | 501 to 1,000 | 1,001 to 5,000 | 5,001 to 10,000 | 10,001 to 25,000 | 25,001 to 50,000 | 50,001 to 100,000 | 100,001 to 250,000 | 250,001 and over |
|---|---|---|---|---|---|---|---|---|---|---|---|---|---|
| Number of Enterprises **1** | 1786 | 4 | 275 | 415 | 89 | 420 | 379 | 44 | 71 | 31 | 15 | 17 | 26 |

**Revenues ($ in Thousands)**

| | | | | | | | | | | | | | |
|---|---|---|---|---|---|---|---|---|---|---|---|---|---|
| Net Sales **2** | 26788 | 92 | 6 | 113 | 70 | 793 | 2147 | 578 | 1931 | 1715 | 1150 | 3037 | 15156 |
| Portfolio Income **3** | 2334 | 15 | • | 13 | 0 | 1 | 8 | 10 | 11 | 16 | 26 | 113 | 2122 |
| Other Revenues **4** | 937 | 5 | • | 1 | 7 | 2 | 54 | 4 | 22 | 27 | 38 | 35 | 742 |
| Total Revenues **5** | 30059 | 111 | 6 | 127 | 77 | 796 | 2209 | 592 | 1964 | 1758 | 1214 | 3185 | 18020 |
| Average Total Revenues **6** | 16830 | 27792 | 22 | 306 | 866 | 1896 | 5829 | 13446 | 27657 | 56700 | 80906 | 187362 | 693090 |

**Operating Costs/Operating Income (%)**

| | | | | | | | | | | | | | |
|---|---|---|---|---|---|---|---|---|---|---|---|---|---|
| Cost of Operations **7** | 66.3 | 79.5 | 2.1 | 44.1 | 76.4 | 67.6 | 68.7 | 64.2 | 71.9 | 70.0 | 72.1 | 73.5 | 63.0 |
| Rent **8** | 1.4 | 1.2 | 17.2 | 4.7 | 1.5 | 1.0 | 1.3 | 1.7 | 0.6 | 0.6 | 0.9 | 0.8 | 1.8 |
| Taxes Paid **9** | 2.0 | 1.3 | 1.4 | 3.6 | 2.3 | 1.9 | 1.8 | 1.9 | 1.3 | 1.5 | 1.7 | 1.6 | 2.4 |
| Interest Paid **10** | 4.2 | 2.5 | 1.2 | • | 1.5 | 1.5 | 1.7 | 3.1 | 2.4 | 2.7 | 3.1 | 3.6 | 5.5 |
| Depreciation, Depletion, Amortization **11** | 5.1 | 3.4 | • | 2.9 | 3.5 | 2.9 | 2.4 | 2.3 | 2.4 | 3.2 | 4.2 | 4.3 | 6.5 |
| Pensions and Other Benefits **12** | 2.3 | 0.6 | • | 1.3 | • | 1.3 | 0.9 | 2.0 | 1.2 | 1.5 | 1.5 | 1.6 | 3.0 |
| Other **13** | 21.7 | 9.7 | 59.3 | 38.2 | 30.6 | 15.5 | 18.2 | 25.5 | 17.7 | 17.8 | 16.7 | 15.7 | 24.8 |
| Officers Compensation **14** | 1.4 | 0.2 | 18.1 | 5.7 | 5.3 | 6.9 | 3.7 | 3.1 | 2.9 | 1.7 | 0.9 | 1.0 | 0.6 |
| Operating Margin **15** | • | 1.6 | 0.8 | • | • | 1.4 | 1.5 | • | • | 1.1 | • | • | • |
| Oper. Margin Before Officers Compensation **16** | • | 1.8 | 18.9 | 5.2 | • | 8.3 | 5.1 | • | 2.6 | 2.8 | • | • | • |

**Selected Average Balance Sheet ($ in Thousands)**

| | | | | | | | | | | | | | |
|---|---|---|---|---|---|---|---|---|---|---|---|---|---|
| Net Receivables **17** | 3360 | • | • | 30 | 194 | 182 | 620 | 2201 | 3525 | 7525 | 13174 | 38983 | 162242 |
| Inventories **18** | 2162 | • | 0 | 14 | 131 | 191 | 650 | 1551 | 3050 | 7737 | 14775 | 21316 | 92677 |
| Net Property, Plant and Equipment **19** | 6209 | • | • | 52 | 63 | 185 | 590 | 1866 | 4383 | 9883 | 21460 | 54926 | 338665 |
| Total Assets **20** | 18541 | • | 0 | 159 | 395 | 769 | 2567 | 7243 | 15078 | 34419 | 68904 | 169069 | 975139 |

| | | | | | | | | | | | | |
|---|---|---|---|---|---|---|---|---|---|---|---|---|
| Notes and Loans Payable 21 | 6509 | • | 1 | 44 | 100 | 208 | 954 | 3601 | 6070 | 12027 | 17392 | 68626 | 336902 |
| All Other Liabilities 22 | 5309 | • | • | 17 | 148 | 153 | 663 | 3213 | 4279 | 9384 | 13884 | 44306 | 286444 |
| Net Worth 23 | 6723 | • | -1 | 97 | 147 | 409 | 950 | 429 | 4729 | 13008 | 37629 | 56138 | 351793 |

**Selected Financial Ratios (Times to 1)**

| | | | | | | | | | | | | | |
|---|---|---|---|---|---|---|---|---|---|---|---|---|---|
| Current Ratio 24 | 1.3 | • | 0.2 | 2.1 | 1.3 | 2.0 | 1.8 | 1.0 | 1.4 | 1.5 | 2.2 | 1.0 | 1.3 |
| Quick Ratio 25 | 0.7 | • | 0.1 | 1.7 | 0.8 | 1.1 | 1.0 | 0.6 | 0.7 | 0.9 | 1.2 | 0.6 | 0.7 |
| Net Sales to Working Capital 26 | 8.7 | • | • | 6.7 | 9.3 | 7.7 | 7.8 | • | 11.3 | 8.2 | 3.8 | • | 7.4 |
| Coverage Ratio 27 | 3.1 | 10.2 | 1.7 | • | • | 2.2 | 3.5 | 0.5 | 1.6 | 2.4 | 2.5 | 1.8 | 3.5 |
| Total Asset Turnover 28 | 0.8 | • | • | 1.7 | 2.0 | 2.5 | 2.2 | 1.8 | 1.8 | 1.6 | 1.1 | 1.1 | 0.6 |
| Inventory Turnover 29 | 4.5 | • | 1.5 | 3.5 | 9.1 | 7.9 | 6.8 | 5.1 | 8.5 | 4.8 | 3.8 | 6.1 | 3.7 |
| Receivables Turnover 30 | 4.7 | • | • | 9.4 | 8.1 | • | 5.9 | 9.5 | 7.4 | 7.4 | 5.1 | • | 3.6 |
| Total Liabilities to Net Worth 31 | 1.8 | • | • | 0.6 | 1.7 | 0.9 | 1.7 | 15.9 | 2.2 | 1.7 | 0.8 | 2.0 | 1.8 |

**Selected Financial Factors (in Percentages)**

| | | | | | | | | | | | | | |
|---|---|---|---|---|---|---|---|---|---|---|---|---|---|
| Debt Ratio 32 | 63.7 | • | • | 38.8 | 62.7 | 46.9 | 63.0 | 94.1 | 68.6 | 62.2 | 45.4 | 66.8 | 63.9 |
| Return on Assets 33 | 10.7 | • | • | 22.3 | 8.0 | 13.3 | 2.9 | • | 6.8 | 10.6 | 8.5 | 6.9 | 11.3 |
| Return on Equity 34 | 13.4 | • | • | 32.9 | • | 7.6 | 22.0 | • | 6.0 | 10.9 | 5.0 | • | 15.1 |
| Return Before Interest on Equity 35 | 29.4 | • | • | • | 15.1 | • | • | • | 21.7 | 28.0 | 15.6 | 20.9 | 31.3 |
| Profit Margin, Before Income Tax 36 | 9.0 | 22.6 | 0.8 | 13.0 | 1.8 | 4.3 | • | • | 1.4 | 3.9 | 4.6 | 3.0 | 13.4 |
| Profit Margin, After Income Tax 37 | 6.0 | 19.2 | 0.8 | 11.7 | 1.7 | 3.7 | • | • | 1.1 | 2.6 | 2.5 | 1.2 | 9.1 |

**Trends in Selected Ratios and Factors, 1986-1994**

| | 1986 | 1987 | 1988 | 1989 | 1990 | 1991 | 1992 | 1993 | 1994 |
|---|---|---|---|---|---|---|---|---|---|
| Cost of Operations (%) 38 | 68.0 | 66.3 | 64.8 | 67.9 | 66.7 | 65.2 | 65.4 | 64.7 | 66.3 |
| Operating Margin (%) 39 | • | • | • | • | • | • | • | • | • |
| Oper. Margin Before Officers Comp. (%) 40 | • | 0.2 | 0.7 | • | • | 0.2 | • | • | • |
| Average Net Receivables ($) 41 | 1817 | 1545 | 1712 | 1417 | 1166 | 2013 | 3477 | 3182 | 3360 |
| Average Inventories ($) 42 | 1599 | 1216 | 1493 | 1199 | 1002 | 1315 | 2608 | 2367 | 2162 |
| Average Net Worth ($) 43 | 4335 | 3388 | 3599 | 2846 | 2725 | 3579 | 7083 | 5807 | 6723 |
| Current Ratio (x1) 44 | 1.4 | 1.4 | 1.5 | 1.4 | 1.3 | 1.5 | 1.5 | 1.2 | 1.3 |
| Quick Ratio (x1) 45 | 0.7 | 0.8 | 0.8 | 0.7 | 0.7 | 0.9 | 0.8 | 0.7 | 0.7 |
| Coverage Ratio (x1) 46 | 1.4 | 2.0 | 2.9 | 1.5 | 2.2 | 2.9 | 2.7 | 2.4 | 3.1 |
| Asset Turnover (x1) 47 | 1.1 | 1.1 | 1.2 | 1.1 | 1.1 | 1.1 | 0.9 | 0.9 | 0.8 |
| Total Liabilities/Net Worth (x1) 48 | 1.3 | 1.3 | 1.4 | 1.6 | 1.4 | 1.5 | 1.5 | 1.7 | 1.8 |
| Return on Assets (x1) 49 | 5.6 | 5.7 | 9.7 | 4.4 | 6.8 | 8.5 | 7.5 | 8.4 | 10.7 |
| Return on Equity (%) 50 | • | 1.9 | 7.2 | • | 4.4 | 9.0 | 8.2 | 8.1 | 13.4 |

## Table II

Corporations with Net Income

# AGRICULTURAL AND OTHER CHEMICAL PRODUCTS

### MONEY AMOUNTS AND SIZE OF ASSETS IN THOUSANDS OF DOLLARS

| Item Description for Accounting Period 7/90 Through 6/91 | Total | Zero Assets | Under 100 | 100 to 250 | 251 to 500 | 501 to 1,000 | 1,001 to 5,000 | 5,001 to 10,000 | 10,001 to 25,000 | 25,001 to 50,000 | 50,001 to 100,000 | 100,001 to 250,000 | 250,001 and over |
|---|---|---|---|---|---|---|---|---|---|---|---|---|---|
| Number of Enterprises **1** | 1432 | 4 | 275 | 415 | • | 310 | 293 | 35 | 48 | 18 | 9 | 9 | 16 |
| **Revenues ($ in Thousands)** | | | | | | | | | | | | | |
| Net Sales **2** | 18662 | 92 | 6 | 113 | • | 679 | 1932 | 488 | 1479 | 1138 | 749 | 1528 | 10457 |
| Portfolio Income **3** | 2086 | 15 | • | 13 | • | 1 | 6 | 9 | 3 | 11 | 14 | 94 | 1921 |
| Other Revenues **4** | 654 | 5 | • | 1 | • | 2 | 30 | 1 | 16 | 12 | 8 | 26 | 554 |
| Total Revenues **5** | 21402 | 111 | 6 | 127 | • | 682 | 1968 | 498 | 1498 | 1160 | 771 | 1648 | 12932 |
| Average Total Revenues **6** | 14945 | 27792 | 22 | 306 | • | 2200 | 6718 | 14218 | 31208 | 64461 | 85659 | 183078 | 808272 |
| **Operating Costs/Operating Income (%)** | | | | | | | | | | | | | |
| Cost of Operations **7** | 62.3 | 79.5 | 2.1 | 44.1 | • | 67.6 | 67.9 | 61.9 | 72.3 | 70.3 | 70.1 | 63.4 | 58.0 |
| Rent **8** | 1.6 | 1.2 | 17.2 | 4.7 | • | 0.8 | 1.3 | 1.6 | 0.4 | 0.4 | 0.3 | 1.2 | 2.1 |
| Taxes Paid **9** | 2.4 | 1.3 | 1.4 | 3.6 | • | 1.7 | 1.7 | 1.7 | 1.4 | 1.3 | 1.8 | 1.9 | 2.9 |
| Interest Paid **10** | 3.1 | 2.5 | 1.2 | • | • | 1.3 | 1.5 | 2.0 | 1.4 | 1.9 | 1.4 | 1.9 | 4.2 |
| Depreciation, Depletion, Amortization **11** | 4.6 | 3.4 | • | 2.9 | • | 2.6 | 1.6 | 1.5 | 2.1 | 1.7 | 3.7 | 3.7 | 6.3 |
| Pensions and Other Benefits **12** | 2.5 | 0.6 | • | 1.3 | • | 1.4 | 0.9 | 2.0 | 1.4 | 1.5 | 1.5 | 2.3 | 3.3 |
| Other **13** | 23.1 | 9.7 | 59.3 | 38.2 | • | 14.5 | 16.9 | 21.8 | 15.2 | 16.2 | 12.3 | 22.1 | 27.5 |
| Officers Compensation **14** | 1.6 | 0.2 | 18.1 | 5.7 | • | 7.0 | 3.6 | 3.2 | 3.3 | 1.6 | 0.7 | 1.4 | 0.7 |
| Operating Margin **15** | • | 1.6 | 0.8 | • | • | 3.1 | 4.6 | 4.3 | 2.6 | 5.2 | 8.3 | 2.2 | • |
| Oper. Margin Before Officers Compensation **16** | 0.6 | 1.8 | 18.9 | 5.2 | • | 10.1 | 8.2 | 7.5 | 5.9 | 6.7 | 9.0 | 3.5 | • |
| **Selected Average Balance Sheet ($ in Thousands)** | | | | | | | | | | | | | |
| Net Receivables **17** | 2775 | • | • | 30 | • | 177 | 690 | 2471 | 3723 | 7958 | 15538 | 55887 | 165805 |
| Inventories **18** | 1806 | • | 0 | 14 | • | 179 | 706 | 1527 | 3572 | 8942 | 15924 | 21694 | 99601 |
| Net Property, Plant and Equipment **19** | 5505 | • | • | 52 | • | 199 | 570 | 1292 | 4539 | 6850 | 23864 | 49728 | 411531 |
| Total Assets **20** | 15225 | 0 | • | 159 | • | 813 | 2588 | 6801 | 14913 | 34223 | 64264 | 179763 | 1059992 |

| | | | | | | | | | | | | |
|---|---|---|---|---|---|---|---|---|---|---|---|---|
| Notes and Loans Payable 21 | 4080 | • | 1 | 44 | 183 | 764 | 2845 | 5124 | 10914 | 11229 | 42279 | 282499 |
| All Other Liabilities 22 | 4767 | • | • | 17 | 142 | 696 | 2895 | 3807 | 8513 | 11670 | 45351 | 351291 |
| Net Worth 23 | 6378 | • | -1 | 97 | 488 | 1128 | 1061 | 5982 | 14796 | 41365 | 92133 | 426202 |

**Selected Financial Ratios (Times to 1)**

| | | | | | | | | | | | | |
|---|---|---|---|---|---|---|---|---|---|---|---|---|
| Current Ratio 24 | 1.4 | • | 0.2 | 2.1 | 2.0 | 1.8 | 1.3 | 1.8 | 2.0 | 2.3 | 1.5 | 1.3 |
| Quick Ratio 25 | 0.8 | • | 0.1 | 1.7 | 1.2 | 1.0 | 0.8 | 0.9 | 1.2 | 1.2 | 1.1 | 0.7 |
| Net Sales to Working Capital 26 | 8.0 | • | • | 6.7 | 8.9 | 8.2 | 11.2 | 7.2 | 5.3 | 4.1 | 5.5 | 9.6 |
| Coverage Ratio 27 | 6.0 | 10.2 | 1.7 | • | 3.7 | 5.2 | 4.1 | 3.7 | 4.9 | 9.2 | 6.5 | 6.1 |
| Total Asset Turnover 28 | 0.9 | • | • | 1.7 | 2.7 | 2.6 | 2.1 | 2.1 | 1.9 | 1.3 | 1.0 | 0.6 |
| Inventory Turnover 29 | 3.8 | • | 5.8 | 4.9 | • | 6.9 | 4.8 | 8.9 | 10.0 | 3.3 | 4.5 | 2.9 |
| Receivables Turnover 30 | 4.3 | • | • | 9.5 | • | • | 5.4 | 9.8 | • | 6.7 | 3.6 | 3.3 |
| Total Liabilities to Net Worth 31 | 1.4 | • | • | 0.6 | 0.7 | 1.3 | 5.4 | 1.5 | 1.3 | 0.6 | 1.0 | 1.5 |

**Selected Financial Factors (in Percentages)**

| | | | | | | | | | | | | |
|---|---|---|---|---|---|---|---|---|---|---|---|---|
| Debt Ratio 32 | 58.1 | • | • | 38.8 | 40.0 | 56.4 | 84.4 | 59.9 | 56.8 | 35.6 | 48.8 | 59.8 |
| Return on Assets 33 | 15.7 | • | • | 22.3 | 13.1 | 20.1 | 16.9 | 11.1 | 17.6 | 16.3 | 11.5 | 15.8 |
| Return on Equity 34 | 22.6 | • | • | 32.9 | 15.2 | 33.3 | • | 17.9 | 24.0 | 15.9 | 12.5 | 23.5 |
| Return Before Interest on Equity 35 | • | • | • | • | 21.8 | • | • | 27.6 | • | 25.3 | 22.5 | • |
| Profit Margin, Before Income Tax 36 | 15.2 | 22.6 | 0.8 | 13.0 | 3.5 | 6.4 | 6.2 | 3.9 | 7.6 | 11.2 | 10.3 | 21.5 |
| Profit Margin, After Income Tax 37 | 11.1 | 19.2 | 0.8 | 11.7 | 3.4 | 5.7 | 5.3 | 3.5 | 7.9 | 7.9 | 6.8 | 15.3 |

**Trends in Selected Ratios and Factors, 1986–1994**

| | 1986 | 1987 | 1988 | 1989 | 1990 | 1991 | 1992 | 1993 | 1994 |
|---|---|---|---|---|---|---|---|---|---|
| Cost of Operations (%) 38 | 63.1 | 62.8 | 63.1 | 63.3 | 64.1 | 62.2 | 64.4 | 63.1 | 62.3 |
| Operating Margin (%) 39 | 1.3 | 1.3 | 1.7 | 0.7 | • | 1.3 | 0.7 | • | • |
| Oper. Margin Before Officers Comp. (%) 40 | 2.4 | 2.5 | 2.9 | 2.0 | • | 2.7 | 1.8 | 0.3 | 0.6 |
| Average Net Receivables ($) 41 | 2405 | 2752 | 2377 | 1940 | 1702 | 2744 | 4360 | 5014 | 2775 |
| Average Inventories ($) 42 | 1703 | 1908 | 1982 | 1473 | 1360 | 1649 | 3202 | 3792 | 1806 |
| Average Net Worth ($) 43 | 5250 | 6113 | 5097 | 3849 | 3926 | 5033 | 9248 | 9904 | 6378 |
| Current Ratio (x1) 44 | 1.5 | 1.4 | 1.6 | 1.5 | 1.3 | 1.5 | 1.6 | 1.3 | 1.4 |
| Quick Ratio (x1) 45 | 0.9 | 0.8 | 0.9 | 0.8 | 0.7 | 1.0 | 0.9 | 0.7 | 0.8 |
| Coverage Ratio (x1) 46 | 3.7 | 3.3 | 4.3 | 4.1 | 4.2 | 4.4 | 3.8 | 3.1 | 6.0 |
| Asset Turnover (x1) 47 | 1.2 | 1.1 | 1.3 | 1.2 | 1.1 | 1.2 | 1.0 | 1.0 | 0.9 |
| Operating Leverage 48 | • | 1.0 | 1.3 | 0.4 | 1.1 | • | 0.5 | • | 1.1 |
| Financial Leverage 49 | • | 0.9 | 1.2 | 1.1 | 1.1 | 1.1 | 1.0 | 0.9 | 1.3 |
| Total Leverage 50 | • | 1.0 | 1.6 | 0.4 | • | • | 0.5 | • | 1.3 |

# Table I

Corporations with and without Net Income

# PETROLEUM REFINING (INCLUDING INTEGRATED)

**MONEY AMOUNTS AND SIZE OF ASSETS IN THOUSANDS OF DOLLARS**

| Item Description for Accounting Period 7/90 Through 6/91 | Total | Zero Assets | Under 100 | 100 to 250 | 251 to 500 | 501 to 1,000 | 1,001 to 5,000 | 5,001 to 10,000 | 10,001 to 25,000 | 25,001 to 50,000 | 50,001 to 100,000 | 100,001 to 250,000 | 250,001 and over |
|---|---|---|---|---|---|---|---|---|---|---|---|---|---|
| Number of Enterprises **1** | 488 | 4 | • | 188 | 126 | 54 | 20 | 19 | 11 | 6 | 4 | 9 | 46 |
| **Revenues ($ in Thousands)** | | | | | | | | | | | | | |
| Net Sales **2** | 506577 | 8 | • | 27 | 130 | 180 | • | 524 | 508 | 491 | 834 | 3487 | 500387 |
| Portfolio Income **3** | 16919 | 0 | • | 2 | • | 0 | • | 1 | 16 | 2 | 6 | 57 | 16836 |
| Other Revenues **4** | 14156 | • | • | 0 | 8 | 2 | 5 | 1 | 34 | 10 | 6 | 32 | 14057 |
| Total Revenues **5** | 537652 | 8 | • | 29 | 138 | 182 | 5 | 526 | 559 | 503 | 846 | 3576 | 531280 |
| Average Total Revenues **6** | 1101747 | 2034 | • | 153 | 1097 | 3366 | 268 | 27689 | 50815 | 83767 | 211493 | 397346 | 11549573 |
| **Operating Costs/Operating Income (%)** | | | | | | | | | | | | | |
| Cost of Operations **7** | 78.1 | 85.6 | • | 26.4 | 69.8 | 64.4 | • | 83.9 | 91.3 | 93.1 | 91.5 | 90.4 | 78.0 |
| Rent **8** | 0.8 | • | • | 7.8 | 3.3 | 1.2 | • | 0.7 | 0.4 | 0.4 | 0.3 | 0.5 | 0.8 |
| Taxes Paid **9** | 3.7 | 8.4 | • | 5.5 | 8.0 | 3.6 | • | 1.0 | 0.6 | 0.4 | 1.3 | 1.1 | 3.8 |
| Interest Paid **10** | 3.7 | 4.2 | • | • | 1.1 | 2.5 | • | 1.1 | 1.6 | 2.9 | 1.2 | 0.9 | 3.7 |
| Depreciation, Depletion, Amortization **11** | 3.3 | 1.7 | • | 2.5 | 2.6 | 1.5 | • | 1.7 | 1.1 | 0.5 | 1.7 | 1.0 | 3.3 |
| Pensions and Other Benefits **12** | 0.7 | 1.2 | • | • | 1.0 | • | • | 0.2 | • | 0.6 | 0.2 | 0.6 | 0.7 |
| Other **13** | 10.3 | • | • | 26.8 | 18.2 | 23.6 | • | 11.2 | 5.3 | 2.5 | 2.6 | 4.9 | 10.3 |
| Officers Compensation **14** | 0.1 | 2.5 | • | 31.7 | 4.1 | 0.5 | • | 0.7 | 0.4 | 0.9 | 0.3 | 0.2 | • |
| Operating Margin **15** | • | • | • | • | • | 2.9 | • | • | • | • | 1.1 | 0.5 | • |
| Oper. Margin Before Officers Compensation **16** | • | • | • | 31.0 | • | 3.3 | • | 0.2 | • | • | 1.3 | 0.6 | • |
| **Selected Average Balance Sheet ($ in Thousands)** | | | | | | | | | | | | | |
| Net Receivables **17** | 170149 | • | • | 21 | 160 | 132 | • | 1802 | 3918 | 6030 | 10416 | 22570 | 1796596 |
| Inventories **18** | 42963 | • | • | 9 | 94 | 81 | • | 1056 | 3061 | 7136 | 11651 | 27697 | 446861 |
| Net Property, Plant and Equipment **19** | 374140 | • | • | 3 | 61 | 339 | • | 3707 | 5552 | 2818 | 35391 | 43092 | 3953828 |
| Total Assets **20** | 1133851 | • | • | 220 | 337 | 619 | 1644 | 7712 | 17804 | 34272 | 68010 | 150934 | 11978057 |

| | | | | | | | | | | | |
|---|---|---|---|---|---|---|---|---|---|---|---|
| Notes and Loans Payable **21** | 253907 | • | 630 | 616 | 2707 | 3301 | 3912 | 20397 | 22632 | 32042 | 2676803 |
| All Other Liabilities **22** | 376875 | 14 | 323 | 106 | 697 | 1996 | 4183 | 12496 | 35104 | 57099 | 3979110 |
| Net Worth **23** | 503068 | 206 | -616 | -102 | -1761 | 2415 | 9709 | 1378 | 10274 | 61793 | 5322144 |

## Selected Financial Ratios (Times to 1)

| | | | | | | | | | | | |
|---|---|---|---|---|---|---|---|---|---|---|---|
| Current Ratio **24** | 1.1 | 15.7 | 0.3 | 1.2 | 8.4 | 1.2 | 1.7 | 1.1 | 0.8 | 1.7 | 1.1 |
| Quick Ratio **25** | 0.7 | 3.8 | 0.2 | 0.8 | 8.4 | 0.8 | 1.0 | 0.6 | 0.4 | 1.0 | 0.7 |
| Net Sales to Working Capital **26** | • | 0.7 | • | 2.6 | • | • | 13.6 | 48.2 | • | 12.3 | • |
| Coverage Ratio **27** | 2.8 | • | 2.6 | • | 0.8 | 0.9 | 7.0 | 1.4 | 3.2 | 4.4 | 2.8 |
| Total Asset Turnover **28** | 0.9 | 0.7 | 3.1 | 5.4 | • | 3.6 | 2.6 | 2.4 | 3.1 | 2.6 | 0.9 |
| Inventory Turnover **29** | • | 8.4 | 9.2 | • | • | • | • | • | • | • | • |
| Receivables Turnover **30** | 6.7 | • | 8.5 | • | • | • | 0.8 | • | 5.6 | • | 6.6 |
| Total Liabilities to Net Worth **31** | 1.3 | 0.1 | • | • | • | 2.2 | 0.8 | 23.9 | 5.6 | 1.5 | 1.3 |

## Selected Financial Factors (in Percentages)

| | | | | | | | | | | | |
|---|---|---|---|---|---|---|---|---|---|---|---|
| Debt Ratio **32** | 55.6 | • | 6.3 | • | • | 68.7 | 45.5 | 96.0 | 84.9 | 59.1 | 55.6 |
| Return on Assets **33** | 9.4 | • | 1.8 | • | 16.1 | 3.5 | 28.2 | 9.3 | 11.1 | 9.9 | 9.4 |
| Return on Equity **34** | 9.0 | 1.9 | 3.0 | • | 3.8 | • | • | 38.2 | 29.5 | 13.2 | 8.9 |
| Return Before Interest on Equity **35** | 21.2 | 1.9 | 1.0 | • | • | 11.2 | • | • | • | 24.2 | 21.1 |
| Profit Margin, Before Income Tax **36** | 6.6 | 2.7 | • | 3.9 | • | • | 9.3 | 1.0 | 2.5 | 3.0 | 6.6 |
| Profit Margin, After Income Tax **37** | 4.4 | 2.7 | • | 3.8 | • | • | 9.0 | 0.7 | 1.5 | 2.1 | 4.4 |

## Trends in Selected Ratios and Factors, 1986-1994

| | 1986 | 1987 | 1988 | 1989 | 1990 | 1991 | 1992 | 1993 | 1994 |
|---|---|---|---|---|---|---|---|---|---|
| Cost of Operations (%) **38** | 77.4 | 75.2 | 74.2 | 71.1 | 69.9 | 74.0 | 72.4 | 75.8 | 78.1 |
| Operating Margin (%) **39** | • | 0.3 | • | • | • | • | • | • | • |
| Oper. Margin Before Officers Comp. (%) **40** | • | 0.4 | • | • | • | • | • | • | • |
| Average Net Receivables ($) **41** | 145732 | 85818 | 48098 | 110722 | 108281 | 88467 | 202895 | 106277 | 170149 |
| Average Inventories ($) **42** | 37194 | 24123 | 15149 | 27762 | 24800 | 23263 | 43541 | 30306 | 42963 |
| Average Net Worth ($) **43** | 391363 | 304415 | 223314 | 365800 | 320867 | 293074 | 538041 | 370024 | 503068 |
| Current Ratio (x1) **44** | 1.1 | 1.1 | 1.1 | 1.0 | 1.3 | 1.1 | 1.2 | 1.1 | 1.1 |
| Quick Ratio (x1) **45** | 0.8 | 0.8 | 0.7 | 0.8 | 0.9 | 0.7 | 0.9 | 0.7 | 0.7 |
| Coverage Ratio (x1) **46** | 3.1 | 3.4 | 2.8 | 2.7 | 1.7 | 2.1 | 2.5 | 2.6 | 2.8 |
| Asset Turnover (x1) **47** | 1.3 | 1.0 | 0.8 | 0.8 | 0.6 | 0.6 | 0.7 | 0.8 | 0.9 |
| Total Liabilities/Net Worth (x1) **48** | 1.1 | 1.2 | 1.1 | 1.2 | 1.3 | 1.3 | 1.3 | 1.2 | 1.3 |
| Return on Assets (x1) **49** | 9.1 | 8.6 | 7.9 | 8.6 | 5.6 | 6.7 | 8.3 | 9.1 | 9.4 |
| Return on Equity (%) **50** | 6.8 | 7.1 | 5.8 | 6.5 | 1.8 | 4.7 | 7.6 | 8.2 | 9.0 |

# Table II

Corporations with Net Income

## PETROLEUM REFINING (INCLUDING INTEGRATED)

### MONEY AMOUNTS AND SIZE OF ASSETS IN THOUSANDS OF DOLLARS

| Item Description for Accounting Period 7/90 Through 6/91 | Total | Zero Assets | Under 100 | 100 to 250 | 251 to 500 | 501 to 1,000 | 1,001 to 5,000 | 5,001 to 10,000 | 10,001 to 25,000 | 25,001 to 50,000 | 50,001 to 100,000 | 100,001 to 250,000 | 250,001 and over |
|---|---|---|---|---|---|---|---|---|---|---|---|---|---|
| Number of Enterprises 1 | 324 | • | • | 188 | 63 | 6 | • | 6 | • | • | • | 6 | 41 |
| **Revenues ($ in Thousands)** | | | | | | | | | | | | | |
| Net Sales 2 | 495662 | • | • | 27 | 87 | 56 | • | 68 | • | • | • | 2338 | 492133 |
| Portfolio Income 3 | 16637 | • | • | 2 | • | • | • | 0 | • | • | • | 53 | 16563 |
| Other Revenues 4 | 13898 | • | • | 0 | 2 | 2 | • | 0 | • | • | • | 31 | 13828 |
| Total Revenues 5 | 526198 | • | • | 29 | 89 | 58 | • | 68 | • | • | • | 2422 | 522524 |
| Average Total Revenues 6 | 1624068 | • | • | 153 | 1411 | 9610 | • | 11324 | • | • | • | 403597 | 12744489 |
| **Operating Costs/Operating Income (%)** | | | | | | | | | | | | | |
| Cost of Operations 7 | 77.9 | • | • | 26.4 | 65.9 | 3.3 | • | 23.8 | • | • | • | 88.6 | 77.9 |
| Rent 8 | 0.8 | • | • | 7.8 | 5.0 | 3.8 | • | 5.2 | • | • | • | 0.7 | 0.8 |
| Taxes Paid 9 | 3.8 | • | • | 5.5 | 8.0 | 10.4 | • | 0.6 | • | • | • | 1.2 | 3.8 |
| Interest Paid 10 | 3.7 | • | • | • | 0.9 | 2.3 | • | 3.2 | • | • | • | 1.1 | 3.7 |
| Depreciation, Depletion, Amortization 11 | 3.3 | • | • | 2.5 | 3.7 | 1.2 | • | 5.6 | • | • | • | 1.1 | 3.3 |
| Pensions and Other Benefits 12 | 0.7 | • | • | • | • | • | • | 1.8 | • | • | • | 0.8 | 0.7 |
| Other 13 | 10.3 | • | • | 26.8 | 15.2 | 59.4 | • | 55.6 | • | • | • | 5.4 | 10.3 |
| Officers Compensation 14 | 0.1 | • | • | 31.7 | 2.3 | • | • | 3.5 | • | • | • | 0.2 | • |
| Operating Margin 15 | • | • | • | • | • | 19.7 | • | 0.9 | • | • | • | 1.1 | • |
| Oper. Margin Before Officers Compensation 16 | • | • | • | 31.0 | 1.3 | 19.7 | • | 4.3 | • | • | • | 1.2 | • |
| **Selected Average Balance Sheet ($ in Thousands)** | | | | | | | | | | | | | |
| Net Receivables 17 | 251404 | • | • | 21 | 149 | 1 | • | 1694 | • | • | • | 27688 | 1980577 |
| Inventories 18 | 62105 | • | • | 9 | 123 | • | • | 43 | • | • | • | 23905 | 485264 |
| Net Property, Plant and Equipment 19 | 554871 | • | • | 3 | 68 | 833 | • | 3924 | • | • | • | 45289 | 4374714 |
| Total Assets 20 | 1657919 | • | • | 220 | 339 | 889 | • | 7662 | • | • | • | 158687 | 13067173 |

| | | | | | | | | |
|---|---|---|---|---|---|---|---|---|
| Notes and Loans Payable 21 | 364016 | • | 171 | • | 3492 | • | 36162 | 2868960 |
| All Other Liabilities 22 | 554171 | 14 | 149 | 811 | 1847 | • | 56689 | 4368216 |
| Net Worth 23 | 739732 | 206 | 20 | 77 | 2322 | • | 65837 | 5822997 |

## Selected Financial Ratios (Times to 1)

| | | | | | | | | |
|---|---|---|---|---|---|---|---|---|
| Current Ratio 24 | 1.1 | 15.7 | 1.5 | 0.0 | 1.4 | • | 1.4 | 1.1 |
| Quick Ratio 25 | 0.7 | 3.8 | 0.8 | 0.0 | 1.2 | • | 1.0 | 0.7 |
| Net Sales to Working Capital 26 | • | 0.7 | 15.2 | • | 19.3 | • | 16.7 | • |
| Coverage Ratio 27 | 2.8 | • | 2.5 | 11.2 | 1.3 | • | 5.2 | 2.8 |
| Total Asset Turnover 28 | 0.9 | 0.7 | 4.1 | 10.5 | 1.5 | • | 2.5 | 0.9 |
| Inventory Turnover 29 | • | 2.3 | • | • | • | • | • | • |
| Receivables Turnover 30 | 7.1 | 3.4 | • | • | • | • | • | 7.1 |
| Total Liabilities to Net Worth 31 | 1.3 | 0.1 | 16.4 | 10.5 | 2.3 | • | 1.4 | 1.3 |

## Selected Financial Factors (in Percentages)

| | | | | | | | | |
|---|---|---|---|---|---|---|---|---|
| Debt Ratio 32 | 55.4 | • | 6.3 | 94.3 | 91.3 | 69.7 | 58.5 | 55.4 |
| Return on Assets 33 | 9.6 | 1.8 | 9.1 | 0.0 | 6.1 | • | 14.0 | 9.6 |
| Return on Equity 34 | 9.3 | 1.9 | • | • | 3.5 | • | 19.5 | 9.3 |
| Return Before Interest on Equity 35 | 21.6 | 1.9 | • | • | 20.3 | • | 33.7 | 21.5 |
| Profit Margin, Before Income Tax 36 | 6.7 | 2.7 | 1.3 | 23.1 | 1.0 | • | 4.6 | 6.8 |
| Profit Margin, After Income Tax 37 | 4.5 | 2.7 | 1.1 | 22.7 | 0.7 | • | 3.3 | 4.5 |

## Trends in Selected Ratios and Factors, 1986-1994

| | 1986 | 1987 | 1988 | 1989 | 1990 | 1991 | 1992 | 1993 | 1994 |
|---|---|---|---|---|---|---|---|---|---|
| Cost of Operations (%) 38 | 76.8 | 73.9 | 73.0 | 70.6 | 69.3 | 72.3 | 72.0 | 74.8 | 77.9 |
| Operating Margin (%) 39 | 0.4 | 0.7 | • | • | • | • | • | • | • |
| Oper. Margin Before Officers Comp. (%) 40 | 0.5 | 0.8 | • | • | • | • | • | • | • |
| Average Net Receivables ($) 41 | 481194 | 295234 | 114117 | 143234 | 147881 | 223553 | 298681 | 129513 | 251404 |
| Average Inventories ($) 42 | 117830 | 78164 | 34950 | 35718 | 44877 | 55819 | 60920 | 39391 | 62105 |
| Average Net Worth ($) 43 | 1311639 | 1060571 | 529333 | 497673 | 685231 | 755825 | 786858 | 503764 | 739732 |
| Current Ratio (×1) 44 | 1.1 | 1.2 | 1.1 | 1.1 | 1.1 | 1.1 | 1.2 | 1.1 | 1.1 |
| Quick Ratio (×1) 45 | 0.8 | 0.8 | 0.8 | 0.8 | 0.7 | 0.7 | 0.9 | 0.7 | 0.7 |
| Coverage Ratio (×1) 46 | 3.4 | 3.7 | 3.1 | 3.0 | 2.8 | 2.8 | 2.5 | 2.8 | 2.8 |
| Asset Turnover (×1) 47 | 1.2 | 0.9 | 0.8 | 0.8 | 0.6 | 0.7 | 0.7 | 0.8 | 0.9 |
| Operating Leverage 48 | • | 1.9 | • | 2.0 | 4.2 | 0.4 | 0.8 | 0.9 | 0.3 |
| Financial Leverage 49 | • | 1.0 | 1.0 | 1.0 | 1.0 | 1.0 | 1.1 | 1.1 | 1.0 |
| Total Leverage 50 | • | 1.9 | • | 2.0 | 4.2 | 0.4 | 0.9 | 1.0 | 0.3 |

## Table I

Corporations with and without Net Income

# PETROLEUM AND COAL PRODUCTS, NOT ELSEWHERE CLASSIFIED

MONEY AMOUNTS AND SIZE OF ASSETS IN THOUSANDS OF DOLLARS

| Item Description for Accounting Period 7/90 Through 6/91 | Total | Zero Assets | Under 100 | 100 to 250 | 251 to 500 | 501 to 1,000 | 1,001 to 5,000 | 5,001 to 10,000 | 10,001 to 25,000 | 25,001 to 50,000 | 50,001 to 100,000 | 100,001 to 250,000 | 250,001 and over |
|---|---|---|---|---|---|---|---|---|---|---|---|---|---|
| Number of Enterprises **1** | 954 | 7 | 267 | 138 | 75 | 184 | 166 | 62 | 30 | 14 | 7 | 3 | • |
| **Revenues ($ in Thousands)** | | | | | | | | | | | | | |
| Net Sales **2** | 5362 | 32 | 142 | 1 | 1 | 274 | 914 | 828 | 1443 | 474 | 627 | 625 | • |
| Portfolio Income **3** | 39 | 0 | 1 | 1 | • | 3 | 4 | 1 | 11 | 9 | 5 | 3 | • |
| Other Revenues **4** | 57 | 0 | • | 4 | 0 | 1 | 6 | 12 | 4 | 3 | 19 | 7 | • |
| Total Revenues **5** | 5458 | 33 | 143 | 7 | 1 | 278 | 924 | 841 | 1459 | 487 | 651 | 635 | • |
| Average Total Revenues **6** | 5722 | 4643 | 536 | 48 | 14 | 1510 | 5566 | 13571 | 48618 | 34759 | 93069 | 211739 | • |
| **Operating Costs/Operating Income (%)** | | | | | | | | | | | | | |
| Cost of Operations **7** | 78.2 | 88.6 | 79.1 | 5.4 | 10.8 | 72.9 | 71.6 | 73.8 | 85.0 | 69.5 | 81.8 | 82.3 | • |
| Rent **8** | 0.6 | 1.3 | 1.2 | • | • | 1.2 | 0.8 | 0.7 | 0.3 | 1.2 | 0.4 | 0.3 | • |
| Taxes Paid **9** | 1.6 | 0.4 | 1.2 | 9.6 | 13.7 | 2.6 | 1.8 | 2.0 | 1.2 | 2.6 | 1.1 | 1.3 | • |
| Interest Paid **10** | 1.9 | 1.2 | • | • | • | 0.4 | 2.3 | 2.1 | 1.0 | 2.6 | 4.2 | 1.1 | • |
| Depreciation, Depletion, Amortization **11** | 3.1 | 0.5 | • | • | 3.0 | 3.3 | 3.0 | 3.5 | 2.0 | 6.3 | 4.9 | 1.8 | • |
| Pensions and Other Benefits **12** | 0.9 | 1.8 | 1.1 | • | • | 1.0 | 1.2 | 0.2 | 0.6 | 1.2 | 0.3 | 1.9 | • |
| Other **13** | 11.2 | 24.4 | 4.1 | 34.0 | 34.0 | 11.5 | 14.5 | 14.9 | 7.6 | 15.2 | 10.3 | 8.3 | • |
| Officers Compensation **14** | 2.6 | • | 13.8 | • | 67.9 | 7.3 | 3.7 | 3.9 | 1.3 | 1.8 | 0.3 | 0.7 | • |
| Operating Margin **15** | • | • | • | • | • | • | 1.2 | • | 1.1 | • | • | 2.4 | • |
| Oper. Margin Before Officers Compensation **16** | 2.6 | • | 13.4 | • | 38.7 | 7.1 | 4.9 | 2.9 | 2.4 | 1.4 | • | 3.1 | • |
| **Selected Average Balance Sheet ($ in Thousands)** | | | | | | | | | | | | | |
| Net Receivables **17** | 673 | • | 2 | 0 | • | 105 | 714 | 1550 | 4318 | 3377 | 14738 | 42429 | • |
| Inventories **18** | 460 | • | • | • | 9 | 76 | 625 | 1133 | 2829 | 3997 | 10286 | 12487 | • |
| Net Property, Plant and Equipment **19** | 1055 | • | • | • | 1 | 152 | 924 | 2791 | 5089 | 12053 | 35197 | 28202 | • |
| Total Assets **20** | 3139 | • | 67 | 242 | 287 | 696 | 2767 | 7196 | 15737 | 29342 | 82145 | 143562 | • |

| | | | | | | | | | | | | |
|---|---|---|---|---|---|---|---|---|---|---|---|---|
| Notes and Loans Payable 21 | 1258 | • | • | 270 | 284 | 56 | 1285 | 3124 | 3414 | 14290 | 41854 | 42864 |
| All Other Liabilities 22 | 723 | • | 32 | 9 | 2 | 78 | 838 | 1623 | 4206 | 4402 | 18600 | 35915 |
| Net Worth 23 | 1159 | • | 35 | -36 | 1 | 561 | 645 | 2450 | 8117 | 10649 | 21691 | 64783 |

## Selected Financial Ratios (Times to 1)

| | | | | | | | | | | | |
|---|---|---|---|---|---|---|---|---|---|---|---|
| Current Ratio 24 | • | 2.1 | 0.2 | 0.2 | 4.2 | 1.3 | 1.4 | 1.9 | 1.2 | 1.5 | 1.6 |
| Quick Ratio 25 | • | 0.4 | 0.0 | 0.1 | 2.9 | 0.7 | 0.8 | 1.2 | 0.6 | 0.9 | 1.0 |
| Net Sales to Working Capital 26 | • | 14.9 | • | • | 4.1 | 12.6 | 12.6 | 10.7 | 18.6 | 9.4 | 7.4 |
| Coverage Ratio 27 | • | • | 1.4 | • | 4.2 | 2.0 | 1.3 | 3.3 | 1.8 | 1.2 | 4.6 |
| Total Asset Turnover 28 | • | 8.0 | 0.0 | 0.0 | 2.1 | 2.0 | 1.9 | 3.1 | 1.2 | 1.1 | 1.5 |
| Inventory Turnover 29 | • | • | 0.0 | 0.1 | • | 9.1 | • | • | 6.2 | 9.0 | • |
| Receivables Turnover 30 | 9.2 | • | • | 0.2 | • | 9.2 | • | • | • | 8.4 | 5.3 |
| Total Liabilities to Net Worth 31 | 1.7 | 0.9 | 0.1 | • | 0.2 | 3.3 | 1.9 | 0.9 | 1.8 | 2.8 | 1.2 |

## Selected Financial Factors (in Percentages)

| | | | | | | | | | | | |
|---|---|---|---|---|---|---|---|---|---|---|---|
| Debt Ratio 32 | 63.1 | 47.1 | • | 99.7 | 19.3 | 76.7 | 66.0 | 48.4 | 63.7 | 73.6 | 54.9 |
| Return on Assets 33 | 6.7 | 2.1 | 18.6 | 0.2 | 3.7 | 9.1 | 5.0 | 9.6 | 5.5 | 5.2 | 7.5 |
| Return on Equity 34 | 6.1 | 3.4 | • | 35.1 | 3.0 | 13.6 | 1.4 | 10.3 | 2.9 | 13.0 | |
| Return Before Interest on Equity 35 | 18.1 | 4.0 | • | • | 4.6 | • | 14.8 | 18.6 | 15.0 | 19.8 | 16.7 |
| Profit Margin, Before Income Tax 36 | 1.8 | 0.3 | • | 4.2 | 1.3 | 2.3 | 0.7 | 2.2 | 2.1 | 0.6 | 4.1 |
| Profit Margin, After Income Tax 37 | 1.3 | 0.2 | • | 3.6 | 1.1 | 1.6 | 0.3 | 1.8 | 0.9 | • | 4.1 |

## Trends in Selected Ratios and Factors, 1986–1994

| | 1986 | 1987 | 1988 | 1989 | 1990 | 1991 | 1992 | 1993 | 1994 |
|---|---|---|---|---|---|---|---|---|---|
| Cost of Operations (%) 38 | 76.8 | 82.8 | 82.5 | 79.9 | 73.8 | 71.8 | 73.5 | 79.1 | 78.2 |
| Operating Margin (%) 39 | 2.0 | • | • | • | • | • | • | • | • |
| Oper. Margin Before Officers Comp. (%) 40 | 3.0 | • | • | 0.2 | • | • | 0.5 | 2.3 | 2.6 |
| Average Net Receivables ($) 41 | 823 | 694 | 947 | 892 | 1177 | 1375 | 1336 | 494 | 673 |
| Average Inventories ($) 42 | 497 | 307 | 375 | 402 | 283 | 380 | 479 | 280 | 460 |
| Average Net Worth ($) 43 | 1596 | 1323 | 1515 | 1720 | 1732 | 1717 | 1597 | 923 | 1159 |
| Current Ratio (x1) 44 | 1.3 | 1.3 | 1.2 | 1.3 | 1.5 | 1.4 | 1.4 | 1.6 | 1.5 |
| Quick Ratio (x1) 45 | 0.7 | 0.7 | 0.7 | 0.7 | 1.1 | 1.0 | 0.9 | 1.0 | 0.8 |
| Coverage Ratio (x1) 46 | 4.0 | • | 1.0 | 6.4 | 2.9 | 1.4 | 3.1 | 2.1 | 1.9 |
| Asset Turnover (x1) 47 | 1.5 | 1.3 | 1.7 | 1.5 | 1.1 | 1.2 | 1.2 | 2.0 | 1.8 |
| Total Liabilities/Net Worth (x1) 48 | 1.3 | 1.6 | 1.5 | 1.3 | 1.2 | 1.5 | 2.0 | 1.4 | 1.7 |
| Return on Assets (x1) 49 | 10.4 | • | 2.9 | 13.8 | 7.4 | 3.7 | 8.6 | 8.2 | 6.7 |
| Return on Equity (%) 50 | 9.9 | • | • | 14.2 | 7.1 | 2.0 | 12.7 | 9.0 | 6.1 |

## Table II

Corporations with Net Income

# PETROLEUM AND COAL PRODUCTS, NOT ELSEWHERE CLASSIFIED

### MONEY AMOUNTS AND SIZE OF ASSETS IN THOUSANDS OF DOLLARS

| Item Description for Accounting Period 7/90 Through 6/91 | Total | Zero Assets | Under 100 | 100 to 250 | 251 to 500 | 501 to 1,000 | 1,001 to 5,000 | 5,001 to 10,000 | 10,001 to 25,000 | 25,001 to 50,000 | 50,001 to 100,000 | 100,001 to 250,000 | 250,001 and over |
|---|---|---|---|---|---|---|---|---|---|---|---|---|---|
| Number of Enterprises **1** | 836 | • | 267 | 138 | 75 | 168 | 100 | 47 | • | • | 4 | • | • |
| **Revenues ($ in Thousands)** | | | | | | | | | | | | | |
| Net Sales **2** | 4023 | • | 142 | 1 | 1 | 274 | 517 | 740 | • | • | 694 | • | • |
| Portfolio Income **3** | 32 | • | 1 | 1 | • | 3 | 3 | 1 | • | • | 5 | • | • |
| Other Revenues **4** | 43 | • | • | 4 | 0 | 1 | 6 | 10 | • | • | 15 | • | • |
| Total Revenues **5** | 4097 | • | 143 | 7 | 1 | 278 | 525 | 751 | • | • | 714 | • | • |
| Average Total Revenues **6** | 4901 | • | 536 | 48 | 14 | 1654 | 5253 | 15982 | • | • | 178461 | • | • |
| **Operating Costs/Operating Income (%)** | | | | | | | | | | | | | |
| Cost of Operations **7** | 77.0 | • | 79.1 | 5.4 | 10.8 | 72.9 | 67.5 | 72.9 | • | • | 81.4 | • | • |
| Rent **8** | 0.5 | • | 1.2 | • | • | 0.9 | 0.4 | 0.7 | • | • | 0.2 | • | • |
| Taxes Paid **9** | 1.6 | • | 1.2 | 9.6 | 13.7 | 2.5 | 2.1 | 1.4 | • | • | 1.1 | • | • |
| Interest Paid **10** | 1.3 | • | • | • | • | 0.4 | 1.8 | 1.6 | • | • | 1.3 | • | • |
| Depreciation, Depletion, Amortization **11** | 2.6 | • | • | • | 3.0 | 2.6 | 3.0 | 2.2 | • | • | 3.1 | • | • |
| Pensions and Other Benefits **12** | 0.8 | • | 1.1 | • | • | 1.0 | 1.7 | 0.2 | • | • | 0.7 | • | • |
| Other **13** | 10.7 | • | 4.1 | 34.0 | 34.0 | 8.6 | 15.4 | 15.9 | • | • | 7.0 | • | • |
| Officers Compensation **14** | 2.9 | • | 13.8 | • | 67.9 | 7.3 | 3.5 | 4.1 | • | • | 0.2 | • | • |
| Operating Margin **15** | 2.8 | • | • | • | • | 3.9 | 4.8 | 1.2 | • | • | 5.1 | • | • |
| Oper. Margin Before Officers Compensation **16** | 5.6 | • | 13.4 | • | 38.7 | 11.1 | 8.2 | 5.3 | • | • | 5.3 | • | • |
| **Selected Average Balance Sheet ($ in Thousands)** | | | | | | | | | | | | | |
| Net Receivables **17** | 491 | • | 2 | 0 | • | 115 | 667 | 2014 | • | • | 26260 | • | • |
| Inventories **18** | 371 | • | • | • | 9 | 83 | 603 | 1267 | • | • | 16066 | • | • |
| Net Property, Plant and Equipment **19** | 711 | • | • | • | 1 | 127 | 1015 | 2377 | • | • | 27887 | • | • |
| Total Assets **20** | 2351 | • | 67 | 242 | 287 | 689 | 2978 | 7475 | • | • | 106846 | • | • |

| | 1 | 2 | 3 | 4 | 5 | 6 | 7 | 8 | 9 | 10 | 11 |
|---|---|---|---|---|---|---|---|---|---|---|---|
| Notes and Loans Payable 21 | 619 | • | • | 270 | 284 | 44 | 994 | 2736 | • | • | 17766 |
| All Other Liabilities 22 | 458 | • | 32 | 9 | 2 | 75 | 502 | 1948 | • | • | 21453 |
| Net Worth 23 | 1274 | • | 35 | -36 | 1 | 570 | 1483 | 2790 | • | • | 67628 |

## Selected Financial Ratios (Times to 1)

| | 1 | 2 | 3 | 4 | 5 | 6 | 7 | 8 | 9 | 10 | 11 |
|---|---|---|---|---|---|---|---|---|---|---|---|
| Current Ratio 24 | 1.9 | • | 2.1 | 0.2 | 4.6 | 2.5 | 1.4 | • | • | • | 2.3 |
| Quick Ratio 25 | 1.1 | • | 0.4 | 0.0 | 3.2 | 1.2 | 0.8 | • | • | • | 1.4 |
| Net Sales to Working Capital 26 | 8.6 | • | 14.9 | • | 4.0 | 4.7 | 15.4 | • | • | • | 7.0 |
| Coverage Ratio 27 | 4.5 | • | • | 1.4 | 14.5 | 4.6 | 2.7 | • | • | • | 7.0 |
| Total Asset Turnover 28 | 2.1 | • | 8.0 | 0.0 | 2.4 | 1.7 | 2.1 | • | • | • | 1.6 |
| Inventory Turnover 29 | • | • | • | 0.0 | • | 7.2 | • | • | • | • | 8.6 |
| Receivables Turnover 30 | • | • | • | 0.1 | • | 8.2 | 9.8 | • | • | • | 7.3 |
| Total Liabilities to Net Worth 31 | 0.9 | • | 0.9 | • | 0.2 | 1.0 | 1.7 | • | • | • | 0.6 |

## Selected Financial Factors (in Percentages)

| | 1 | 2 | 3 | 4 | 5 | 6 | 7 | 8 | 9 | 10 | 11 |
|---|---|---|---|---|---|---|---|---|---|---|---|
| Debt Ratio 32 | 45.8 | • | 47.1 | • | 99.7 | 50.2 | 62.7 | • | • | • | 36.7 |
| Return on Assets 33 | 12.2 | • | 2.1 | 18.6 | 0.2 | 14.2 | 9.1 | • | • | • | 15.2 |
| Return on Equity 34 | 14.7 | • | 3.4 | 35.1 | 14.6 | 18.2 | 12.7 | • | • | • | 17.9 |
| Return Before Interest on Equity 35 | 22.5 | • | 4.0 | • | 16.3 | 28.5 | 24.3 | • | • | • | 24.0 |
| Profit Margin, Before Income Tax 36 | 4.6 | • | 0.3 | 4.2 | 5.3 | 6.4 | 2.7 | • | • | • | 8.0 |
| Profit Margin, After Income Tax 37 | 3.9 | • | 0.2 | 3.6 | 5.1 | 5.2 | 2.3 | • | • | • | 7.0 |

## Trends in Selected Ratios and Factors, 1986-1994

| | 1986 | 1987 | 1988 | 1989 | 1990 | 1991 | 1992 | 1993 | 1994 |
|---|---|---|---|---|---|---|---|---|---|
| Cost of Operations (%) 38 | 65.1 | 84.2 | 76.9 | 82.2 | 70.3 | 74.2 | 72.4 | 79.4 | 77.0 |
| Operating Margin (%) 39 | 7.6 | 0.3 | 1.6 | 0.7 | 3.2 | 2.5 | 0.6 | 1.9 | 2.8 |
| Oper. Margin Before Officers Comp. (%) 40 | 9.2 | 1.7 | 3.9 | 2.4 | 5.8 | 6.0 | 3.2 | 4.6 | 5.6 |
| Average Net Receivables ($) 41 | 623 | 936 | 711 | 635 | 938 | 427 | 708 | 402 | 491 |
| Average Inventories ($) 42 | 436 | 290 | 280 | 371 | 308 | 277 | 380 | 255 | 371 |
| Average Net Worth ($) 43 | 1954 | 1164 | 1109 | 1786 | 1573 | 1242 | 1251 | 905 | 1274 |
| Current Ratio (x1) 44 | 1.5 | 1.5 | 1.5 | 1.3 | 1.6 | 1.5 | 1.8 | 1.8 | 1.9 |
| Quick Ratio (x1) 45 | 0.6 | 1.1 | 1.1 | 0.6 | 1.1 | 0.9 | 1.1 | 1.1 | 1.1 |
| Coverage Ratio (x1) 46 | 6.5 | 2.9 | 3.9 | 11.4 | 6.9 | 4.1 | 4.7 | 3.9 | 4.5 |
| Asset Turnover (x1) 47 | 1.1 | 2.4 | 1.8 | 1.6 | 1.6 | 1.9 | 1.6 | 2.4 | 2.1 |
| Operating Leverage 48 | • | 0.0 | 6.7 | 0.5 | 4.4 | 0.8 | 0.2 | 3.5 | 1.5 |
| Financial Leverage 49 | • | 0.8 | 1.1 | 1.2 | 1.1 | 1.1 | 0.9 | 1.1 | 1.0 |
| Total Leverage 50 | • | 0.0 | 7.6 | 0.5 | 4.8 | 0.9 | 0.2 | 3.8 | 1.4 |

# Table I

Corporations with and without Net Income

# RUBBER PRODUCTS; PLASTIC FOOTWEAR, HOSE AND BELTING

## MONEY AMOUNTS AND SIZE OF ASSETS IN THOUSANDS OF DOLLARS

| Item Description for Accounting Period 7/90 Through 6/91 | Total | Zero Assets | Under 100 | 100 to 250 | 251 to 500 | 501 to 1,000 | 1,001 to 5,000 | 5,001 to 10,000 | 10,001 to 25,000 | 25,001 to 50,000 | 50,001 to 100,000 | 100,001 to 250,000 | 250,001 and over |
|---|---|---|---|---|---|---|---|---|---|---|---|---|---|
| Number of Enterprises **1** | 1642 | 27 | 542 | 188 | 63 | 267 | 352 | 85 | 64 | 25 | 9 | 8 | 12 |
| **Revenues ($ in Thousands)** | | | | | | | | | | | | | |
| Net Sales **2** | 28140 | 174 | 86 | 93 | 50 | 518 | 1620 | 1085 | 1389 | 1610 | 936 | 1018 | 19559 |
| Portfolio Income **3** | 727 | 1 | 0 | • | 0 | 1 | 5 | 2 | 9 | 6 | 3 | 201 | 498 |
| Other Revenues **4** | 520 | 1 | 0 | 0 | • | 13 | 11 | 2 | 22 | 9 | 10 | 43 | 409 |
| Total Revenues **5** | 29387 | 176 | 87 | 94 | 50 | 532 | 1636 | 1090 | 1420 | 1625 | 949 | 1262 | 20466 |
| Average Total Revenues **6** | 17897 | 6514 | 160 | 499 | 794 | 1994 | 4647 | 12826 | 22189 | 65003 | 105444 | 157746 | 1705508 |
| **Operating Costs/Operating Income (%)** | | | | | | | | | | | | | |
| Cost of Operations **7** | 68.1 | 79.5 | 59.9 | 61.0 | 78.4 | 58.2 | 67.5 | 70.5 | 71.7 | 73.0 | 70.5 | 62.4 | 67.8 |
| Rent **8** | 1.7 | 1.3 | 6.6 | • | • | 0.9 | 0.8 | 0.3 | 0.3 | 0.8 | 0.9 | 0.6 | 2.1 |
| Taxes Paid **9** | 1.9 | 1.1 | 2.6 | 3.5 | 5.0 | 3.0 | 2.0 | 2.3 | 2.5 | 2.6 | 2.3 | 2.9 | 1.7 |
| Interest Paid **10** | 3.5 | 1.1 | • | • | 0.3 | 0.4 | 1.3 | 2.3 | 1.9 | 2.5 | 3.3 | 5.4 | 4.0 |
| Depreciation, Depletion, Amortization **11** | 3.9 | 1.1 | 1.8 | 3.1 | • | 1.7 | 3.0 | 3.3 | 3.5 | 3.5 | 3.6 | 4.3 | 4.1 |
| Pensions and Other Benefits **12** | 3.5 | 2.0 | 1.4 | 2.1 | • | 1.7 | 1.6 | 1.9 | 1.8 | 3.1 | 1.7 | 9.6 | 3.8 |
| Other **13** | 19.6 | 10.6 | 14.0 | 5.3 | 4.6 | 16.0 | 16.8 | 17.9 | 14.9 | 12.1 | 16.0 | 26.7 | 20.9 |
| Officers Compensation **14** | 1.2 | 2.3 | 10.1 | 16.0 | 18.0 | 16.0 | 5.1 | 2.6 | 2.5 | 1.4 | 0.4 | 1.3 | 0.2 |
| Operating Margin **15** | • | 1.1 | 3.7 | 9.2 | • | 1.6 | 2.0 | • | 1.0 | 1.1 | 1.4 | • | • |
| Oper. Margin Before Officers Compensation **16** | • | 3.4 | 13.8 | 25.1 | 11.8 | 17.6 | 7.1 | 1.7 | 3.5 | 2.5 | 1.9 | • | • |
| **Selected Average Balance Sheet ($ in Thousands)** | | | | | | | | | | | | | |
| Net Receivables **17** | 2363 | • | 11 | 82 | 130 | 253 | 650 | 1852 | 3877 | 7561 | 14040 | 30883 | 215506 |
| Inventories **18** | 2298 | • | 6 | 57 | 86 | 131 | 615 | 1577 | 2907 | 7658 | 17973 | 19911 | 222442 |
| Net Property, Plant and Equipment **19** | 6099 | • | 0 | 24 | 14 | 125 | 634 | 2068 | 5115 | 14332 | 23340 | 60954 | 682774 |
| Total Assets **20** | 15349 | • | 49 | 176 | 312 | 706 | 2199 | 6862 | 16239 | 36541 | 72260 | 202096 | 1613087 |

| | | | | | | | | | | | | |
|---|---|---|---|---|---|---|---|---|---|---|---|---|
| Notes and Loans Payable 21 | 6259 | • | 71 | 86 | 157 | 609 | 2509 | 7206 | 14494 | 28709 | 71029 | 676111 |
| All Other Liabilities 22 | 3936 | • | 5 | 56 | 144 | 503 | 2176 | 3751 | 10253 | 15454 | 42593 | 422534 |
| Net Worth 23 | 5154 | • | -27 | 170 | 405 | 1086 | 2177 | 5281 | 11794 | 28098 | 88474 | 514442 |

## Selected Financial Ratios (Times to 1)

| | | | | | | | | | | | | |
|---|---|---|---|---|---|---|---|---|---|---|---|---|
| Current Ratio 24 | 1.2 | • | 2.8 | 2.7 | 3.3 | 1.9 | 1.4 | 1.4 | 1.8 | 1.4 | 2.0 | 1.0 |
| Quick Ratio 25 | 0.6 | • | 1.6 | 1.6 | 2.3 | 1.0 | 0.8 | 0.8 | 0.8 | 0.6 | 1.4 | 0.5 |
| Net Sales to Working Capital 26 | 23.2 | • | 5.4 | 5.7 | 5.2 | 6.8 | 12.5 | 10.0 | 8.1 | 10.5 | 2.9 | • |
| Coverage Ratio 27 | 1.4 | 2.9 | • | • | 12.1 | 3.3 | 0.8 | 2.7 | 1.8 | 1.9 | 3.1 | 1.1 |
| Total Asset Turnover 28 | 1.1 | • | 2.8 | 2.6 | 2.8 | 2.1 | 1.9 | 1.3 | 1.8 | 1.4 | 0.6 | 1.0 |
| Inventory Turnover 29 | 4.9 | • | 5.6 | 4.9 | 7.2 | 5.0 | 5.7 | 6.2 | 5.6 | 4.3 | 3.9 | 4.7 |
| Receivables Turnover 30 | 7.1 | • | 5.9 | 3.7 | 6.3 | 6.5 | 7.8 | 6.2 | 7.9 | 6.9 | 4.3 | 7.4 |
| Total Liabilities to Net Worth 31 | 2.0 | • | 0.4 | 0.8 | 0.8 | 1.0 | 2.2 | 2.1 | 2.1 | 1.6 | 1.3 | 2.1 |

## Selected Financial Factors (in Percentages)

| | | | | | | | | | | | | |
|---|---|---|---|---|---|---|---|---|---|---|---|---|
| Debt Ratio 32 | 66.4 | • | 28.9 | 45.5 | 42.7 | 50.6 | 68.3 | 67.5 | 67.7 | 61.1 | 56.2 | 68.1 |
| Return on Assets 33 | 5.3 | 13.5 | 26.8 | • | 13.0 | 9.0 | 3.3 | 6.8 | 7.9 | 8.7 | 10.5 | 4.3 |
| Return on Equity 34 | 1.0 | • | 37.6 | • | 19.7 | 8.7 | • | 8.0 | 9.1 | 8.9 | 11.7 | • |
| Return Before Interest on Equity 35 | 15.7 | • | • | • | 22.6 | 18.1 | 10.4 | 20.8 | 24.5 | 22.3 | 23.9 | 13.4 |
| Profit Margin, Before Income Tax 36 | 1.2 | 4.2 | 9.5 | • | 4.3 | 3.0 | • | 3.2 | 2.0 | 2.8 | 11.2 | 0.3 |
| Profit Margin, After Income Tax 37 | 0.3 | 4.1 | 9.5 | • | 4.1 | 2.1 | • | 2.0 | 1.7 | 2.4 | 8.2 | • |

## Trends in Selected Ratios and Factors, 1986-1994

| | 1986 | 1987 | 1988 | 1989 | 1990 | 1991 | 1992 | 1993 | 1994 |
|---|---|---|---|---|---|---|---|---|---|
| Cost of Operations (%) 38 | 68.0 | 67.9 | 68.6 | 67.9 | 66.6 | 68.0 | 70.5 | 68.7 | 68.1 |
| Operating Margin (%) 39 | • | 0.6 | 1.2 | • | • | • | • | • | • |
| Oper. Margin Before Officers Comp. (%) 40 | • | 1.4 | 2.1 | • | • | 0.3 | • | • | • |
| Average Net Receivables ($) 41 | 2931 | 3015 | 2700 | 3415 | 2481 | 2226 | 2492 | 1751 | 2363 |
| Average Inventories ($) 42 | 2119 | 1960 | 2003 | 2452 | 1902 | 1773 | 2027 | 1794 | 2298 |
| Average Net Worth ($) 43 | 6230 | 6861 | 6388 | 7573 | 6266 | 3723 | 4512 | 4080 | 5154 |
| Current Ratio (x1) 44 | 1.5 | 1.6 | 1.5 | 1.4 | 1.4 | 1.2 | 1.0 | 1.2 | 1.2 |
| Quick Ratio (x1) 45 | 0.9 | 1.0 | 0.9 | 0.8 | 0.8 | 0.7 | 0.5 | 0.6 | 0.6 |
| Coverage Ratio (x1) 46 | 2.5 | 3.3 | 3.9 | 2.9 | 2.1 | 3.3 | 2.2 | 1.8 | 1.4 |
| Asset Turnover (x1) 47 | 1.4 | 1.4 | 1.4 | 1.2 | 1.2 | 1.3 | 1.1 | 1.2 | 1.1 |
| Total Liabilities/Net Worth (x1) 48 | 1.1 | 0.9 | 1.0 | 1.3 | 1.2 | 2.3 | 2.3 | 1.8 | 2.0 |
| Return on Assets (x1) 49 | 8.3 | 7.5 | 9.3 | 7.7 | 8.1 | 13.6 | 9.3 | 8.7 | 5.3 |
| Return on Equity (%) 50 | 5.2 | 5.3 | 7.7 | 6.3 | 5.6 | 19.8 | 10.8 | 6.4 | 1.0 |

## Table II

Corporations with Net Income

# RUBBER PRODUCTS; PLASTIC FOOTWEAR, HOSE AND BELTING

MONEY AMOUNTS AND SIZE OF ASSETS IN THOUSANDS OF DOLLARS

| Item Description for Accounting Period 7/90 Through 6/91 | | Total | Zero Assets | Under 100 | 100 to 250 | 251 to 500 | 501 to 1,000 | 1,001 to 5,000 | 5,001 to 10,000 | 10,001 to 25,000 | 25,001 to 50,000 | 50,001 to 100,000 | 100,001 to 250,000 | 250,001 and over |
|---|---|---|---|---|---|---|---|---|---|---|---|---|---|---|
| Number of Enterprises | 1 | 1425 | • | 542 | 188 | • | 267 | 296 | 40 | 38 | 12 | 5 | 5 | • |
| **Revenues ($ in Thousands)** | | | | | | | | | | | | | | |
| Net Sales | 2 | 11200 | • | 86 | 93 | • | 518 | 1418 | 535 | 998 | 887 | 551 | 804 | • |
| Portfolio Income | 3 | 297 | • | 0 | • | • | 1 | 4 | 2 | 7 | 2 | 2 | 177 | • |
| Other Revenues | 4 | 178 | • | 0 | 0 | • | 13 | 10 | 1 | 17 | 2 | 3 | 30 | • |
| Total Revenues | 5 | 11675 | • | 87 | 94 | • | 532 | 1432 | 537 | 1022 | 890 | 557 | 1011 | • |
| Average Total Revenues | 6 | 8193 | • | 160 | 499 | • | 1994 | 4838 | 13436 | 26884 | 74198 | 111319 | 202172 | • |
| **Operating Costs/Operating Income (%)** | | | | | | | | | | | | | | |
| Cost of Operations | 7 | 65.5 | • | 59.9 | 61.0 | • | 58.2 | 65.5 | 64.6 | 69.4 | 73.0 | 67.5 | 62.4 | • |
| Rent | 8 | 0.8 | • | 6.6 | • | • | 0.9 | 0.8 | 0.5 | 0.2 | 0.9 | 1.3 | 0.6 | • |
| Taxes Paid | 9 | 2.2 | • | 2.6 | 3.5 | • | 3.0 | 2.0 | 2.6 | 2.7 | 2.1 | 1.8 | 3.1 | • |
| Interest Paid | 10 | 1.8 | • | • | • | • | 0.4 | 1.1 | 1.1 | 1.0 | 2.2 | 2.8 | 4.5 | • |
| Depreciation, Depletion, Amortization | 11 | 3.1 | • | 1.8 | 3.1 | • | 1.7 | 2.1 | 2.8 | 2.9 | 3.4 | 1.9 | 4.4 | • |
| Pensions and Other Benefits | 12 | 3.0 | • | 1.4 | 2.1 | • | 1.7 | 1.8 | 1.6 | 1.7 | 2.2 | 1.1 | 11.2 | • |
| Other | 13 | 16.9 | • | 14.0 | 5.3 | • | 16.6 | 16.5 | 20.6 | 14.3 | 10.1 | 16.6 | 22.8 | • |
| Officers Compensation | 14 | 2.4 | • | 10.1 | 16.0 | • | 16.0 | 5.5 | 2.8 | 2.4 | 1.2 | 0.6 | 1.4 | • |
| Operating Margin | 15 | 4.2 | • | 3.7 | 9.2 | • | 1.6 | 4.8 | 3.5 | 5.4 | 5.0 | 6.6 | • | • |
| Oper. Margin Before Officers Compensation | 16 | 6.6 | • | 13.8 | 25.1 | • | 17.6 | 10.3 | 6.3 | 7.8 | 6.3 | 7.1 | • | • |
| **Selected Average Balance Sheet ($ in Thousands)** | | | | | | | | | | | | | | |
| Net Receivables | 17 | 1204 | • | 11 | 82 | • | 253 | 663 | 2261 | 4133 | 7945 | 14878 | 31956 | • |
| Inventories | 18 | 954 | • | 6 | 57 | • | 131 | 587 | 1524 | 3029 | 9956 | 21624 | 16269 | • |
| Net Property, Plant and Equipment | 19 | 1534 | • | 0 | 24 | • | 125 | 564 | 1855 | 4407 | 11749 | 13400 | 54144 | • |
| Total Assets | 20 | 5641 | • | 49 | 176 | • | 706 | 2138 | 6681 | 16233 | 34496 | 70280 | 211640 | • |

| | | | | | | | | | | |
|---|---|---|---|---|---|---|---|---|---|---|
| Notes and Loans Payable 21 | 1257 | • | 71 | • | 157 | 510 | 1265 | 6339 | 11298 | 25913 | 47747 |
| All Other Liabilities 22 | 1099 | • | 5 | 51 | 144 | 413 | 2774 | 3933 | 11414 | 14420 | 39152 |
| Net Worth 23 | 3285 | • | -27 | 125 | 405 | 1215 | 2642 | 5961 | 11784 | 29948 | 124741 |

## Selected Financial Ratios (Times to 1)

| | | | | | | | | | | | |
|---|---|---|---|---|---|---|---|---|---|---|---|
| Current Ratio 24 | 2.3 | 2.8 | • | 3.3 | 2.3 | 1.4 | 1.5 | 2.2 | 2.2 | 3.3 |
| Quick Ratio 25 | 1.4 | 1.6 | • | 2.3 | 1.2 | 0.8 | 1.0 | 1.0 | 0.9 | 2.6 |
| Net Sales to Working Capital 26 | 5.2 | 5.4 | • | 5.2 | 5.9 | 11.9 | 8.4 | 6.8 | 5.1 | 2.2 |
| Coverage Ratio 27 | 5.9 | • | • | 12.1 | 6.2 | 4.7 | 9.0 | 3.5 | 3.7 | 4.6 |
| Total Asset Turnover 28 | 1.4 | 3.2 | • | 2.8 | 2.3 | 2.0 | 1.6 | 2.2 | 1.6 | 0.8 |
| Inventory Turnover 29 | 3.7 | • | • | 7.8 | 5.4 | 4.5 | 6.5 | 4.4 | 4.1 | • |
| Receivables Turnover 30 | 5.3 | • | • | 7.1 | 6.8 | 6.5 | 6.5 | 7.3 | 8.6 | • |
| Total Liabilities to Net Worth 31 | 0.7 | 0.4 | • | 0.8 | 0.8 | 1.5 | 1.7 | 1.9 | 1.4 | 0.7 |

## Selected Financial Factors (in Percentages)

| | | | | | | | | | | | |
|---|---|---|---|---|---|---|---|---|---|---|---|
| Debt Ratio 32 | 41.8 | 28.9 | • | 42.7 | 43.2 | 60.5 | 63.3 | 65.8 | 57.4 | 41.1 |
| Return on Assets 33 | 14.5 | 13.5 | 26.8 | 13.0 | 15.4 | 9.9 | 14.1 | 16.3 | 16.2 | 15.5 |
| Return on Equity 34 | 15.0 | 37.6 | • | 19.7 | 18.5 | 14.1 | 26.5 | 30.5 | 25.4 | 15.5 |
| Return Before Interest on Equity 35 | 24.8 | • | • | 22.6 | 27.1 | 25.0 | • | • | • | 26.3 |
| Profit Margin, Before Income Tax 36 | 8.6 | 4.2 | 9.5 | 4.3 | 5.8 | 3.9 | 7.8 | 5.4 | 7.6 | 16.0 |
| Profit Margin, After Income Tax 37 | 6.3 | 4.1 | 9.5 | 4.1 | 4.7 | 2.8 | 6.0 | 4.9 | 6.9 | 12.1 |

## Trends in Selected Ratios and Factors, 1986-1994

| | 1986 | 1987 | 1988 | 1989 | 1990 | 1991 | 1992 | 1993 | 1994 |
|---|---|---|---|---|---|---|---|---|---|
| Cost of Operations (%) 38 | 69.8 | 69.0 | 67.9 | 68.9 | 66.0 | 67.5 | 69.3 | 66.1 | 65.5 |
| Operating Margin (%) 39 | 0.3 | 1.6 | 1.7 | • | • | • | • | 0.5 | 4.2 |
| Oper. Margin Before Officers Comp. (%) 40 | 1.0 | 2.4 | 2.5 | 0.5 | • | 0.7 | • | 1.7 | 6.6 |
| Average Net Receivables ($) 41 | 3269 | 4526 | 4272 | 3344 | 3598 | 3045 | 3429 | 1932 | 1204 |
| Average Inventories ($) 42 | 2233 | 2745 | 3110 | 2159 | 2649 | 2450 | 2936 | 2036 | 954 |
| Average Net Worth ($) 43 | 6752 | 10052 | 10325 | 8017 | 9711 | 5219 | 6428 | 4761 | 3285 |
| Current Ratio (x1) 44 | 1.6 | 1.6 | 1.5 | 1.5 | 1.4 | 1.2 | 1.3 | 1.6 | 2.3 |
| Quick Ratio (x1) 45 | 1.0 | 1.0 | 0.9 | 0.9 | 0.8 | 0.7 | 0.7 | 0.8 | 1.4 |
| Coverage Ratio (x1) 46 | 3.4 | 4.2 | 4.3 | 5.2 | 2.4 | 3.5 | 2.9 | 3.1 | 5.9 |
| Asset Turnover (x1) 47 | 1.4 | 1.4 | 1.4 | 1.2 | 1.2 | 1.3 | 1.2 | 1.4 | 1.4 |
| Operating Leverage 48 | • | 6.0 | 1.1 | • | 3.9 | 0.3 | 2.6 | • | 9.2 |
| Financial Leverage 49 | • | 1.1 | 1.0 | 1.2 | 0.7 | 1.3 | 1.0 | 1.0 | 1.3 |
| Total Leverage 50 | • | 6.7 | 1.1 | • | 2.7 | 0.3 | 2.5 | • | 11.7 |

## Table I

Corporations with and without Net Income

# MISCELLANEOUS PLASTICS PRODUCTS

### MONEY AMOUNTS AND SIZE OF ASSETS IN THOUSANDS OF DOLLARS

| Item Description for Accounting Period 7/90 Through 6/91 | Total | Zero Assets | Under 100 | 100 to 250 | 251 to 500 | 501 to 1,000 | 1,001 to 5,000 | 5,001 to 10,000 | 10,001 to 25,000 | 25,001 to 50,000 | 50,001 to 100,000 | 100,001 to 250,000 | 250,001 and over |
|---|---|---|---|---|---|---|---|---|---|---|---|---|---|
| Number of Enterprises **1** | 10418 | 778 | 2578 | 1971 | 1452 | 1167 | 1654 | 397 | 256 | 90 | 41 | 20 | 13 |

**Revenues ($ in Thousands)**

| | | | | | | | | | | | | | |
|---|---|---|---|---|---|---|---|---|---|---|---|---|---|
| Net Sales **2** | 43428 | 294 | 497 | 601 | 1551 | 1873 | 7557 | 4916 | 6127 | 4532 | 3607 | 3849 | 8023 |
| Portfolio Income **3** | 469 | 9 | 0 | 8 | 13 | 7 | 52 | 26 | 26 | 24 | 35 | 44 | 227 |
| Other Revenues **4** | 665 | 4 | 10 | 1 | 22 | 5 | 64 | 80 | 57 | 47 | 62 | 34 | 279 |
| Total Revenues **5** | 44563 | 306 | 508 | 610 | 1587 | 1884 | 7674 | 5023 | 6210 | 4602 | 3704 | 3926 | 8529 |
| Average Total Revenues **6** | 4278 | 394 | 197 | 309 | 1093 | 1615 | 4639 | 12652 | 24259 | 51134 | 90353 | 196321 | 656055 |

**Operating Costs/Operating Income (%)**

| | | | | | | | | | | | | | |
|---|---|---|---|---|---|---|---|---|---|---|---|---|---|
| Cost of Operations **7** | 70.5 | 87.3 | 58.8 | 58.3 | 69.2 | 68.0 | 68.8 | 72.9 | 71.6 | 71.3 | 74.6 | 70.2 | 69.4 |
| Rent **8** | 0.9 | 0.1 | 5.8 | 2.9 | 1.5 | 2.0 | 0.9 | 0.6 | 0.6 | 0.5 | 0.7 | 0.7 | 1.1 |
| Taxes Paid **9** | 2.2 | 1.9 | 4.1 | 2.8 | 3.8 | 2.9 | 2.6 | 2.4 | 2.2 | 2.1 | 1.6 | 1.7 | 1.7 |
| Interest Paid **10** | 3.0 | 2.6 | 1.6 | 1.5 | 1.6 | 1.5 | 1.8 | 2.3 | 2.2 | 2.5 | 3.4 | 4.2 | 5.6 |
| Depreciation, Depletion, Amortization **11** | 3.8 | 4.2 | 2.1 | 2.6 | 2.1 | 2.4 | 2.9 | 3.8 | 4.3 | 4.7 | 4.4 | 3.7 | 4.0 |
| Pensions and Other Benefits **12** | 1.6 | 0.3 | 0.3 | 1.4 | 1.1 | 1.2 | 1.5 | 1.4 | 1.5 | 2.2 | 1.4 | 1.1 | 2.2 |
| Other **13** | 15.2 | 11.2 | 27.9 | 28.2 | 17.5 | 15.5 | 14.6 | 12.5 | 12.9 | 11.6 | 11.9 | 15.2 | 20.5 |
| Officers Compensation **14** | 2.6 | 1.3 | 9.4 | 8.0 | 8.0 | 5.9 | 4.5 | 3.2 | 2.4 | 1.6 | 1.3 | 0.5 | 0.4 |
| Operating Margin **15** | 0.3 | 1.3 | • | • | • | 0.6 | 2.4 | 1.0 | 2.4 | 3.6 | 0.8 | 2.7 | • |
| Oper. Margin Before Officers Compensation **16** | 2.9 | • | • | 2.3 | 3.2 | 6.5 | 6.9 | 4.1 | 4.8 | 5.1 | 2.1 | 3.3 | • |

**Selected Average Balance Sheet ($ in Thousands)**

| | | | | | | | | | | | | | |
|---|---|---|---|---|---|---|---|---|---|---|---|---|---|
| Net Receivables **17** | 616 | • | 16 | 36 | 122 | 220 | 567 | 1696 | 3319 | 7024 | 11924 | 27904 | 133190 |
| Inventories **18** | 485 | • | 6 | 25 | 76 | 133 | 465 | 1409 | 3096 | 5648 | 11215 | 26168 | 85645 |
| Net Property, Plant and Equipment **19** | 940 | • | 14 | 44 | 92 | 179 | 722 | 2682 | 5913 | 12808 | 27406 | 51438 | 173316 |
| Total Assets **20** | 2801 | | 48 | 161 | 367 | 704 | 2291 | 7343 | 15335 | 33771 | 64027 | 161030 | 605724 |

| | | | | | | | | | | | | |
|---|---|---|---|---|---|---|---|---|---|---|---|---|
| Notes and Loans Payable **21** | 1192 | • | 32 | 58 | 144 | 413 | 823 | 3248 | 5652 | 11161 | 28002 | 74197 | 291774 |
| All Other Liabilities **22** | 735 | • | 20 | 44 | 99 | 244 | 621 | 1789 | 3625 | 7837 | 15374 | 40200 | 175658 |
| Net Worth **23** | 875 | • | -4 | 59 | 124 | 47 | 847 | 2306 | 6057 | 14774 | 20651 | 46633 | 138291 |

**Selected Financial Ratios (Times to 1)**

| | | | | | | | | | | | | |
|---|---|---|---|---|---|---|---|---|---|---|---|---|
| Current Ratio **24** | 1.5 | • | 1.3 | 1.5 | 2.0 | 1.6 | 1.7 | 1.2 | 1.7 | 1.6 | 2.0 | 1.6 | 1.4 |
| Quick Ratio **25** | 0.9 | • | 1.0 | 0.8 | 1.3 | 1.0 | 1.0 | 0.7 | 0.9 | 0.9 | 1.0 | 0.9 | 0.8 |
| Net Sales to Working Capital **26** | 9.0 | • | 25.7 | 9.5 | 8.6 | 9.8 | 8.4 | 17.0 | 7.7 | 9.1 | 6.6 | 7.6 | 9.5 |
| Coverage Ratio **27** | 2.0 | • | • | • | • | 1.8 | 3.2 | 2.3 | 2.7 | 3.0 | 2.0 | 2.2 | 1.5 |
| Total Asset Turnover **28** | 1.5 | • | 4.0 | 1.9 | 2.9 | 2.3 | 2.0 | 1.7 | 1.6 | 1.5 | 1.4 | 1.2 | 1.0 |
| Inventory Turnover **29** | 6.2 | • | • | 9.7 | 8.6 | 7.2 | 7.0 | 6.4 | 5.6 | 6.7 | 6.1 | 4.7 | 5.5 |
| Receivables Turnover **30** | 6.9 | • | • | • | 7.6 | 7.0 | 8.2 | 7.1 | 6.9 | 7.1 | 7.5 | 6.0 | 5.5 |
| Total Liabilities to Net Worth **31** | 2.2 | • | 1.8 | • | 2.0 | 14.1 | 1.7 | 2.2 | 1.5 | 1.3 | 2.1 | 2.5 | 3.4 |

**Selected Financial Factors (in Percentages)**

| | | | | | | | | | | | | |
|---|---|---|---|---|---|---|---|---|---|---|---|---|
| Debt Ratio **32** | 68.8 | • | • | 63.6 | 66.2 | 93.4 | 63.1 | 68.6 | 60.5 | 56.3 | 67.8 | 71.1 | 77.2 |
| Return on Assets **33** | 9.0 | • | • | • | • | 6.2 | 11.2 | 9.1 | 9.2 | 11.3 | 9.4 | 10.7 | 8.3 |
| Return on Equity **34** | 10.3 | • | • | • | • | 25.4 | 16.5 | 13.8 | 10.8 | 13.0 | 9.9 | 17.1 | 5.7 |
| Return Before Interest on Equity **35** | 28.8 | • | • | • | • | • | 30.3 | 29.0 | 23.4 | 25.8 | 29.0 | • | • |
| Profit Margin, Before Income Tax **36** | 3.1 | • | • | • | • | 1.2 | 3.9 | 3.1 | 3.8 | 5.1 | 3.5 | 4.8 | 2.6 |
| Profit Margin, After Income Tax **37** | 2.2 | • | • | • | • | 0.7 | 3.1 | 2.6 | 2.7 | 3.8 | 2.3 | 4.1 | 1.3 |

**Trends in Selected Ratios and Factors, 1986-1994**

| | 1986 | 1987 | 1988 | 1989 | 1990 | 1991 | 1992 | 1993 | 1994 |
|---|---|---|---|---|---|---|---|---|---|
| Cost of Operations (%) **38** | 68.9 | 69.0 | 69.0 | 68.9 | 68.4 | 70.4 | 71.3 | 71.1 | 70.5 |
| Operating Margin (%) **39** | 0.2 | 1.6 | 2.2 | 1.7 | 0.9 | 1.1 | 1.0 | 0.9 | 0.3 |
| Oper. Margin Before Officers Comp. (%) **40** | 3.7 | 4.9 | 5.4 | 4.9 | 3.9 | 3.7 | 3.8 | 3.4 | 2.9 |
| Average Net Receivables ($) **41** | 239 | 332 | 352 | 389 | 430 | 487 | 497 | 531 | 616 |
| Average Inventories ($) **42** | 199 | 255 | 265 | 315 | 314 | 381 | 419 | 421 | 485 |
| Average Net Worth ($) **43** | 395 | 475 | 503 | 682 | 599 | 769 | 799 | 896 | 875 |
| Current Ratio (x1) **44** | 1.7 | 1.6 | 1.6 | 1.6 | 1.6 | 1.7 | 1.6 | 1.6 | 1.5 |
| Quick Ratio (x1) **45** | 0.9 | 1.0 | 0.9 | 0.9 | 0.9 | 0.9 | 0.8 | 0.9 | 0.9 |
| Coverage Ratio (x1) **46** | 1.9 | 2.8 | 3.0 | 3.0 | 2.3 | 2.7 | 2.9 | 2.5 | 2.0 |
| Asset Turnover (x1) **47** | 1.8 | 1.9 | 1.8 | 1.7 | 1.6 | 1.7 | 1.7 | 1.5 | 1.5 |
| Total Liabilities/Net Worth (x1) **48** | 1.5 | 1.7 | 1.7 | 1.5 | 2.0 | 1.7 | 1.7 | 1.7 | 2.2 |
| Return on Assets (x1) **49** | 7.8 | 9.5 | 10.6 | 9.7 | 8.7 | 9.0 | 9.8 | 9.7 | 9.0 |
| Return on Equity (%) **50** | 3.1 | 8.7 | 11.3 | 8.5 | 7.7 | 10.2 | 13.1 | 11.5 | 10.3 |

## Table II

Corporations with Net Income

# MISCELLANEOUS PLASTICS PRODUCTS

### MONEY AMOUNTS AND SIZE OF ASSETS IN THOUSANDS OF DOLLARS

| Item Description for Accounting Period 7/90 Through 6/91 | Total | Zero Assets | Under 100 | 100 to 250 | 251 to 500 | 501 to 1,000 | 1,001 to 5,000 | 5,001 to 10,000 | 10,001 to 25,000 | 25,001 to 50,000 | 50,001 to 100,000 | 100,001 to 250,000 | 250,001 and over |
|---|---|---|---|---|---|---|---|---|---|---|---|---|---|
| Number of Enterprises 1 | 5181 | • | 1504 | 653 | 600 | 696 | 1149 | 275 | 174 | 71 | 26 | 14 | • |

**Revenues ($ in Thousands)**

| | | | | | | | | | | | | | |
|---|---|---|---|---|---|---|---|---|---|---|---|---|---|
| Net Sales 2 | 31681 | • | 349 | 233 | 705 | 1182 | 5837 | 3786 | 4478 | 3676 | 2564 | 2968 | • |
| Portfolio Income 3 | 305 | • | 0 | 8 | 1 | 5 | 47 | 20 | 17 | 17 | 25 | 13 | • |
| Other Revenues 4 | 497 | • | 2 | 0 | 2 | 3 | 44 | 37 | 46 | 36 | 48 | 26 | • |
| Total Revenues 5 | 32483 | • | 351 | 241 | 708 | 1190 | 5928 | 3843 | 4542 | 3729 | 2637 | 3007 | • |
| Average Total Revenues 6 | 6270 | • | 233 | 369 | 1179 | 1709 | 5160 | 13976 | 26103 | 52515 | 101413 | 214787 | • |

**Operating Costs/Operating Income (%)**

| | | | | | | | | | | | | | |
|---|---|---|---|---|---|---|---|---|---|---|---|---|---|
| Cost of Operations 7 | 68.0 | • | 56.3 | 43.6 | 58.3 | 66.1 | 66.0 | 70.0 | 69.5 | 69.7 | 73.0 | 69.4 | • |
| Rent 8 | 0.9 | • | 5.5 | 3.5 | 1.0 | 1.7 | 0.9 | 0.6 | 0.6 | 0.4 | 0.6 | 0.7 | • |
| Taxes Paid 9 | 2.2 | • | 3.6 | 3.9 | 3.3 | 2.6 | 2.7 | 2.5 | 2.2 | 2.2 | 1.8 | 1.6 | • |
| Interest Paid 10 | 1.9 | • | 0.9 | 0.3 | 1.3 | 1.1 | 1.4 | 2.0 | 1.5 | 1.9 | 1.6 | 2.9 | • |
| Depreciation, Depletion, Amortization 11 | 3.5 | • | 0.9 | 1.8 | 2.2 | 1.9 | 2.8 | 3.6 | 3.9 | 4.7 | 3.8 | 3.3 | • |
| Pensions and Other Benefits 12 | 1.6 | • | 0.2 | 1.5 | 0.7 | 1.4 | 1.7 | 1.5 | 1.4 | 2.0 | 1.6 | 0.9 | • |
| Other 13 | 15.4 | • | 26.3 | 36.4 | 23.3 | 14.3 | 14.0 | 11.5 | 13.0 | 11.5 | 12.0 | 14.6 | • |
| Officers Compensation 14 | 2.6 | • | 5.0 | 6.6 | 7.1 | 6.1 | 5.0 | 3.6 | 2.4 | 1.7 | 1.5 | 0.5 | • |
| Operating Margin 15 | 3.9 | • | 1.4 | 2.4 | 3.0 | 4.8 | 5.6 | 4.8 | 5.5 | 6.0 | 4.2 | 6.2 | • |
| Oper. Margin Before Officers Compensation 16 | 6.5 | • | 6.4 | 9.0 | 10.0 | 10.9 | 10.6 | 8.4 | 7.9 | 7.7 | 5.7 | 6.7 | • |

**Selected Average Balance Sheet ($ in Thousands)**

| | | | | | | | | | | | | | |
|---|---|---|---|---|---|---|---|---|---|---|---|---|---|
| Net Receivables 17 | 891 | • | 23 | 33 | 161 | 195 | 628 | 1820 | 3532 | 7194 | 12817 | 30965 | • |
| Inventories 18 | 703 | • | 4 | 27 | 109 | 135 | 508 | 1543 | 3042 | 5678 | 11571 | 27550 | • |
| Net Property, Plant and Equipment 19 | 1214 | • | 7 | 19 | 68 | 155 | 738 | 2759 | 5388 | 12966 | 26317 | 44474 | • |
| Total Assets 20 | 3731 | • | 45 | 180 | 389 | 637 | 2414 | 7370 | 15174 | 33530 | 64032 | 156959 | • |

| | | | | | | | | | | | |
|---|---|---|---|---|---|---|---|---|---|---|---|
| Notes and Loans Payable 21 | 1251 | • | 15 | 11 | 121 | 221 | 695 | 2790 | 4131 | 8746 | 17281 | 75148 | • |
| All Other Liabilities 22 | 883 | • | 13 | 26 | 106 | 134 | 608 | 1750 | 3569 | 6966 | 15397 | 31308 | • |
| Net Worth 23 | 1598 | • | 17 | 144 | 162 | 282 | 1111 | 2830 | 7473 | 17818 | 31355 | 50503 | • |

## Selected Financial Ratios (Times to 1)

| | | | | | | | | | | | | |
|---|---|---|---|---|---|---|---|---|---|---|---|---|
| Current Ratio 24 | 1.8 | • | 1.8 | 4.5 | 2.7 | 2.2 | 1.9 | 1.5 | 2.0 | 1.9 | 2.1 | 1.8 |
| Quick Ratio 25 | 1.0 | • | 1.5 | 1.9 | 1.7 | 1.4 | 1.2 | 0.9 | 1.1 | 1.1 | 1.1 | 1.0 |
| Net Sales to Working Capital 26 | 7.4 | • | 15.6 | 3.6 | 6.0 | 6.9 | 7.1 | 9.8 | 6.5 | 6.8 | 6.3 | 6.8 |
| Coverage Ratio 27 | 4.4 | • | 3.1 | • | 3.6 | 5.9 | 6.1 | 4.2 | 5.5 | 4.9 | 5.3 | 3.6 |
| Total Asset Turnover 28 | 1.6 | • | 5.2 | 2.0 | 3.0 | 2.7 | 2.1 | 1.9 | 1.7 | 1.6 | 1.6 | 1.4 |
| Inventory Turnover 29 | 5.9 | • | • | 5.9 | 5.0 | 6.3 | 6.8 | 6.5 | 5.8 | 6.9 | 6.7 | • |
| Receivables Turnover 30 | 6.8 | • | • | • | 5.5 | 6.9 | 8.2 | 7.4 | 7.0 | 7.4 | 8.2 | • |
| Total Liabilities to Net Worth 31 | 1.3 | • | 1.7 | 0.3 | 1.4 | 1.3 | 1.2 | 1.6 | 1.0 | 0.9 | 1.1 | 2.1 |

## Selected Financial Factors (in Percentages)

| | | | | | | | | | | | | |
|---|---|---|---|---|---|---|---|---|---|---|---|---|
| Debt Ratio 32 | 57.2 | • | 62.3 | 20.2 | 58.4 | 55.8 | 54.0 | 61.6 | 50.8 | 46.9 | 51.0 | 67.8 |
| Return on Assets 33 | 14.0 | • | 14.8 | 12.0 | 14.3 | 17.7 | 17.8 | 15.4 | 14.2 | 14.4 | 13.4 | 14.2 |
| Return on Equity 34 | 20.6 | • | 25.9 | 14.3 | 21.9 | 28.6 | 27.8 | 27.1 | 18.8 | 17.1 | 17.2 | 28.5 |
| Return Before Interest on Equity 35 | 32.7 | • | • | 15.0 | 34.3 | • | • | • | 28.9 | 27.1 | 27.3 | • |
| Profit Margin, Before Income Tax 36 | 6.6 | • | 1.9 | 5.8 | 3.4 | 5.5 | 7.1 | 6.2 | 6.9 | 7.4 | 7.0 | 7.6 |
| Profit Margin, After Income Tax 37 | 5.4 | • | 1.9 | 5.8 | 3.0 | 4.7 | 6.1 | 5.6 | 5.5 | 5.9 | 5.5 | 6.8 |

## Trends in Selected Ratios and Factors, 1986-1994

| | 1986 | 1987 | 1988 | 1989 | 1990 | 1991 | 1992 | 1993 | 1994 |
|---|---|---|---|---|---|---|---|---|---|
| Cost of Operations (%) 38 | 67.8 | 67.6 | 67.6 | 67.5 | 67.4 | 68.7 | 69.9 | 69.4 | 68.0 |
| Operating Margin (%) 39 | 3.8 | 4.5 | 4.3 | 4.6 | 4.1 | 3.6 | 3.4 | 3.4 | 3.9 |
| Oper. Margin Before Officers Comp. (%) 40 | 7.3 | 7.8 | 7.7 | 8.0 | 7.0 | 6.2 | 6.4 | 6.0 | 6.5 |
| Average Net Receivables ($) 41 | 377 | 409 | 481 | 480 | 450 | 584 | 601 | 667 | 891 |
| Average Inventories ($) 42 | 314 | 300 | 346 | 386 | 330 | 463 | 522 | 513 | 703 |
| Average Net Worth ($) 43 | 700 | 641 | 756 | 942 | 706 | 1088 | 1098 | 1293 | 1598 |
| Current Ratio (x1) 44 | 1.8 | 1.8 | 1.7 | 1.8 | 1.7 | 1.9 | 1.7 | 1.8 | 1.8 |
| Quick Ratio (x1) 45 | 1.0 | 1.1 | 1.0 | 1.0 | 1.0 | 1.0 | 0.9 | 1.0 | 1.0 |
| Coverage Ratio (x1) 46 | 4.2 | 5.1 | 4.8 | 5.3 | 4.3 | 4.6 | 4.8 | 4.3 | 4.4 |
| Asset Turnover (x1) 47 | 1.9 | 2.0 | 1.9 | 1.8 | 1.8 | 1.7 | 1.8 | 1.6 | 1.6 |
| Operating Leverage 48 | • | 1.2 | 1.0 | 1.1 | 0.9 | 0.9 | 1.0 | 1.0 | 1.2 |
| Financial Leverage 49 | • | 1.1 | 1.0 | 1.0 | 1.0 | 1.2 | 1.1 | 1.0 | 1.0 |
| Total Leverage 50 | • | 1.2 | 1.0 | 1.1 | 0.9 | 1.0 | 1.0 | 1.0 | 1.2 |

## Table I

Corporations with and without Net Income

# FOOTWEAR, EXCEPT RUBBER

MONEY AMOUNTS AND SIZE OF ASSETS IN THOUSANDS OF DOLLARS

| Item Description for Accounting Period 7/90 Through 6/91 | Total | Zero Assets | Under 100 | 100 to 250 | 251 to 500 | 501 to 1,000 | 1,001 to 5,000 | 5,001 to 10,000 | 10,001 to 25,000 | 25,001 to 50,000 | 50,001 to 100,000 | 100,001 to 250,000 | 250,001 and over |
|---|---|---|---|---|---|---|---|---|---|---|---|---|---|
| Number of Enterprises **1** | 212 | 9 | • | • | • | 61 | 65 | 10 | 36 | 12 | 8 | 7 | 3 |
| **Revenues ($ in Thousands)** | | | | | | | | | | | | | |
| Net Sales **2** | 12994 | 229 | • | • | • | 143 | 255 | 153 | 1116 | 749 | 817 | 1960 | 7573 |
| Portfolio Income **3** | 331 | 0 | • | • | • | 0 | 0 | 0 | 15 | 9 | 1 | 18 | 287 |
| Other Revenues **4** | 242 | 0 | • | • | • | 0 | 1 | 9 | 8 | 5 | 6 | 47 | 165 |
| Total Revenues **5** | 13566 | 229 | • | • | • | 143 | 256 | 162 | 1139 | 762 | 823 | 2026 | 8025 |
| Average Total Revenues **6** | 63993 | 25465 | • | • | • | 2348 | 3942 | 16216 | 31646 | 63528 | 102870 | 289458 | 2674978 |
| **Operating Costs/Operating Income (%)** | | | | | | | | | | | | | |
| Cost of Operations **7** | 68.7 | 90.6 | • | • | • | 76.7 | 74.5 | 71.3 | 76.4 | 75.7 | 68.5 | 68.3 | 65.9 |
| Rent **8** | 2.0 | 0.3 | • | • | • | 2.0 | 1.3 | 0.1 | 0.7 | 0.2 | 2.1 | 1.6 | 2.6 |
| Taxes Paid **9** | 2.9 | 1.1 | • | • | • | 2.2 | 4.5 | 2.2 | 1.8 | 1.8 | 1.8 | 1.7 | 3.6 |
| Interest Paid **10** | 4.3 | 1.4 | • | • | • | 0.8 | 3.3 | 2.5 | 1.8 | 1.1 | 3.6 | 1.4 | 6.1 |
| Depreciation, Depletion, Amortization **11** | 1.9 | 0.5 | • | • | • | 0.6 | 1.4 | 0.9 | 1.2 | 0.8 | 1.4 | 1.1 | 2.4 |
| Pensions and Other Benefits **12** | 1.5 | 0.8 | • | • | • | 0.5 | 1.0 | • | 1.6 | 1.6 | 1.1 | 1.4 | 1.6 |
| Other **13** | 18.5 | 3.8 | • | • | • | 12.1 | 13.2 | 25.5 | 11.1 | 15.5 | 18.4 | 20.2 | 20.1 |
| Officers Compensation **14** | 0.9 | 0.1 | • | • | • | 5.0 | 4.0 | 4.6 | 1.5 | 1.2 | 0.9 | 1.1 | 0.4 |
| Operating Margin **15** | • | 1.5 | • | • | • | 0.3 | • | • | 4.0 | 2.3 | 2.3 | 3.3 | • |
| Oper. Margin Before Officers Compensation **16** | 0.3 | 1.6 | • | • | • | 5.3 | 0.9 | • | 5.5 | 3.5 | 3.2 | 4.4 | • |
| **Selected Average Balance Sheet ($ in Thousands)** | | | | | | | | | | | | | |
| Net Receivables **17** | 19598 | • | • | • | • | 211 | 880 | 1580 | 5994 | 12872 | 18791 | 54049 | 1056643 |
| Inventories **18** | 11126 | • | • | • | • | 234 | 870 | 3227 | 5185 | 9196 | 25525 | 58629 | 447991 |
| Net Property, Plant and Equipment **19** | 31491 | • | • | • | • | 25 | 196 | 271 | 1769 | 2914 | 7303 | 15886 | 2130333 |
| Total Assets **20** | 71084 | • | • | • | • | 695 | 2110 | 6990 | 17696 | 35580 | 67025 | 174040 | 4000606 |

| | | | | | | | | | |
|---|---|---|---|---|---|---|---|---|---|
| Notes and Loans Payable **21** | 26594 | • | 82 | 955 | 1128 | 5813 | 5484 | 24320 | 33043 | 1619546 |
| All Other Liabilities **22** | 33334 | • | 316 | 498 | 2453 | 3624 | 6636 | 17242 | 34577 | 2133527 |
| Net Worth **23** | 11156 | • | 297 | 657 | 3409 | 8259 | 23460 | 25463 | 106419 | 247534 |

## Selected Financial Ratios (Times to 1)

| | | | | | | | | | | |
|---|---|---|---|---|---|---|---|---|---|---|
| Current Ratio **24** | 2.4 | • | 1.9 | 1.6 | 2.3 | 1.9 | 2.9 | 2.3 | 3.2 | 2.3 |
| Quick Ratio **25** | 1.4 | • | 1.2 | 0.8 | 1.1 | 0.9 | 1.6 | 1.0 | 1.4 | 1.6 |
| Net Sales to Working Capital **26** | 3.2 | • | 7.8 | 6.0 | 4.1 | 4.8 | 3.7 | 3.6 | 3.1 | 2.8 |
| Coverage Ratio **27** | 1.9 | 2.2 | 2.0 | 0.2 | 0.6 | 4.5 | 4.9 | 1.9 | 5.9 | 1.6 |
| Total Asset Turnover **28** | 0.9 | • | 3.4 | 1.9 | 2.2 | 1.8 | 1.8 | 1.5 | 1.6 | 0.6 |
| Inventory Turnover **29** | 3.8 | • | 9.9 | 2.4 | 3.2 | 4.3 | 4.4 | 2.9 | 3.2 | 3.9 |
| Receivables Turnover **30** | 3.2 | • | • | 4.0 | 7.4 | 5.4 | 5.7 | 5.8 | 5.6 | 2.4 |
| Total Liabilities to Net Worth **31** | 5.4 | • | 1.3 | 2.2 | 1.1 | 1.2 | 0.5 | 1.6 | 0.6 | 15.2 |

## Selected Financial Factors (in Percentages)

| | | | | | | | | | | |
|---|---|---|---|---|---|---|---|---|---|---|
| Debt Ratio **32** | 84.3 | • | 57.2 | 68.9 | 51.2 | 53.3 | 34.1 | 62.0 | 38.9 | 93.8 |
| Return on Assets **33** | 7.0 | • | 5.3 | 1.1 | 3.2 | 13.8 | 9.1 | 10.1 | 12.8 | 5.9 |
| Return on Equity **34** | 15.8 | • | 5.3 | • | • | 19.7 | 8.1 | 7.7 | 11.5 | 26.6 |
| Return Before Interest on Equity **35** | • | • | 12.3 | 3.4 | 6.5 | 29.5 | 13.8 | 26.7 | 20.9 | • |
| Profit Margin, Before Income Tax **36** | 3.9 | 1.6 | 0.8 | • | • | 6.1 | 4.1 | 3.1 | 6.6 | 3.3 |
| Profit Margin, After Income Tax **37** | 2.9 | 0.4 | 0.7 | • | • | 5.3 | 3.1 | 1.9 | 4.4 | 2.6 |

## Trends in Selected Ratios and Factors, 1986–1994

| | 1986 | 1987 | 1988 | 1989 | 1990 | 1991 | 1992 | 1993 | 1994 |
|---|---|---|---|---|---|---|---|---|---|
| Cost of Operations (%) **38** | 66.6 | 65.2 | 66.5 | 66.9 | 68.2 | 68.2 | 68.5 | 68.4 | 68.7 |
| Operating Margin (%) **39** | 3.4 | 3.5 | 1.8 | 0.3 | • | • | | • | |
| Oper. Margin Before Officers Comp. (%) **40** | 4.4 | 4.5 | 2.7 | 1.2 | • | • | 1.0 | • | 0.3 |
| Average Net Receivables ($) **41** | 4038 | 2455 | 3336 | 3312 | 3724 | 3989 | 5964 | 4484 | 19598 |
| Average Inventories ($) **42** | 4343 | 2675 | 3926 | 3834 | 4615 | 5412 | 8528 | 2694 | 11126 |
| Average Net Worth ($) **43** | 7290 | 4486 | 5615 | 6221 | 6354 | 7287 | 9545 | 2330 | 11156 |
| Current Ratio (x1) **44** | 2.0 | 1.9 | 1.7 | 2.0 | 2.5 | 2.4 | 2.2 | 2.8 | 2.4 |
| Quick Ratio (x1) **45** | 1.0 | 1.0 | 0.8 | 1.0 | 1.3 | 1.3 | 1.0 | 1.7 | 1.4 |
| Coverage Ratio (x1) **46** | 3.3 | 3.5 | 2.9 | 2.1 | 2.6 | 1.9 | 2.1 | 1.8 | 1.9 |
| Asset Turnover (x1) **47** | 1.6 | 1.6 | 1.7 | 1.5 | 1.2 | 1.4 | 1.6 | 1.4 | 0.9 |
| Total Liabilities/Net Worth (x1) **48** | 1.1 | 1.0 | 1.1 | 1.2 | 1.9 | 1.8 | 1.8 | 3.5 | 5.4 |
| Return on Assets (x1) **49** | 12.2 | 12.5 | 10.2 | 8.3 | 9.7 | 10.7 | 13.1 | 10.7 | 7.0 |
| Return on Equity (%) **50** | 10.2 | 10.2 | 7.7 | 5.5 | 11.4 | 9.8 | 13.6 | 16.3 | 15.8 |

## Table II

Corporations with Net Income

# FOOTWEAR, EXCEPT RUBBER

### MONEY AMOUNTS AND SIZE OF ASSETS IN THOUSANDS OF DOLLARS

| Item Description for Accounting Period 7/90 Through 6/91 | Total | Zero Assets | Under 100 | 100 to 250 | 251 to 500 | 501 to 1,000 | 1,001 to 5,000 | 5,001 to 10,000 | 10,001 to 25,000 | 25,001 to 50,000 | 50,001 to 100,000 | 100,001 to 250,000 | 250,001 and over |
|---|---|---|---|---|---|---|---|---|---|---|---|---|---|
| Number of Enterprises 1 | 147 | • | • | • | • | 61 | 26 | 7 | • | • | • | • | 3 |
| **Revenues ($ in Thousands)** | | | | | | | | | | | | | |
| Net Sales 2 | 11807 | • | • | • | • | 143 | 132 | 94 | • | • | • | • | 7573 |
| Portfolio Income 3 | 319 | • | • | • | • | 0 | 0 | • | • | • | • | • | 287 |
| Other Revenues 4 | 220 | • | • | • | • | 0 | 0 | 1 | • | • | • | • | 165 |
| Total Revenues 5 | 12346 | • | • | • | • | 143 | 132 | 95 | • | • | • | • | 8025 |
| Average Total Revenues 6 | 83988 | • | • | • | • | 2348 | 5094 | 13509 | • | • | • | • | 2674978 |
| **Operating Costs/Operating Income (%)** | | | | | | | | | | | | | |
| Cost of Operations 7 | 67.8 | • | • | • | • | 76.7 | 63.6 | 62.7 | • | • | • | • | 65.9 |
| Rent 8 | 2.1 | • | • | • | • | 2.0 | 1.9 | • | • | • | • | • | 2.6 |
| Taxes Paid 9 | 3.0 | • | • | • | • | 2.2 | 4.3 | 2.7 | • | • | • | • | 3.6 |
| Interest Paid 10 | 4.3 | • | • | • | • | 0.8 | 4.7 | • | • | • | • | • | 6.1 |
| Depreciation, Depletion, Amortization 11 | 1.9 | • | • | • | • | 0.6 | 1.7 | 1.0 | • | • | • | • | 2.4 |
| Pensions and Other Benefits 12 | 1.5 | • | • | • | • | 0.5 | 1.1 | • | • | • | • | • | 1.6 |
| Other 13 | 18.4 | • | • | • | • | 12.1 | 16.2 | 22.4 | • | • | • | • | 20.1 |
| Officers Compensation 14 | 0.8 | • | • | • | • | 5.0 | 3.7 | 5.8 | • | • | • | • | 0.4 |
| Operating Margin 15 | 0.2 | • | • | • | • | 0.3 | 2.8 | 5.5 | • | • | • | • | • |
| Oper. Margin Before Officers Compensation 16 | 1.0 | • | • | • | • | 5.3 | 6.5 | 11.3 | • | • | • | • | • |
| **Selected Average Balance Sheet ($ in Thousands)** | | | | | | | | | | | | | |
| Net Receivables 17 | 26467 | • | • | • | • | 211 | 790 | 1749 | • | • | • | • | 1056643 |
| Inventories 18 | 14185 | • | • | • | • | 234 | 1469 | 3195 | • | • | • | • | 447991 |
| Net Property, Plant and Equipment 19 | 44956 | • | • | • | • | 25 | 289 | 275 | • | • | • | • | 2130333 |
| Total Assets 20 | 97028 | • | • | • | • | 695 | 2847 | 7376 | • | • | • | • | 4000606 |

| | | | | | | | |
|---|---|---|---|---|---|---|---|
| Notes and Loans Payable 21 | 35803 | • | 82 | 1826 | • | • | 1619546 |
| All Other Liabilities 22 | 46934 | • | 316 | 776 | 1969 | • | 2133527 |
| Net Worth 23 | 14292 | • | 297 | 245 | 5407 | • | 247534 |

## Selected Financial Ratios (Times to 1)

| | | | | | | | |
|---|---|---|---|---|---|---|---|
| Current Ratio 24 | 2.4 | • | 1.9 | 1.2 | 3.5 | • | 2.3 |
| Quick Ratio 25 | 1.5 | • | 1.2 | 0.4 | 1.8 | • | 1.6 |
| Net Sales to Working Capital 26 | 3.1 | • | 7.8 | 11.3 | 2.8 | • | 2.8 |
| Coverage Ratio 27 | 2.1 | • | 2.0 | 1.7 | • | • | 1.6 |
| Total Asset Turnover 28 | 0.8 | • | 3.4 | 1.8 | 1.8 | • | 0.6 |
| Inventory Turnover 29 | 3.9 | • | 9.9 | 1.3 | 2.0 | • | 3.9 |
| Receivables Turnover 30 | 3.1 | • | • | 3.5 | 5.0 | • | 2.4 |
| Total Liabilities to Net Worth 31 | 5.8 | • | 1.3 | 10.6 | 0.4 | • | 15.2 |

## Selected Financial Factors (in Percentages)

| | | | | | | | |
|---|---|---|---|---|---|---|---|
| Debt Ratio 32 | 85.3 | • | 57.2 | 91.4 | 26.7 | • | 93.8 |
| Return on Assets 33 | 7.5 | • | 5.3 | 14.0 | 11.0 | • | 5.9 |
| Return on Equity 34 | 20.8 | • | 5.3 | 14.9 | • | • | 26.6 |
| Return Before Interest on Equity 35 | • | • | 12.3 | • | 14.9 | • | • |
| Profit Margin, Before Income Tax 36 | 4.8 | • | 0.8 | 3.2 | 6.0 | • | 3.3 |
| Profit Margin, After Income Tax 37 | 3.7 | • | 0.7 | 2.2 | 6.0 | • | 2.6 |

## Trends in Selected Ratios and Factors, 1986-1994

| | 1986 | 1987 | 1988 | 1989 | 1990 | 1991 | 1992 | 1993 | 1994 |
|---|---|---|---|---|---|---|---|---|---|
| Cost of Operations (%) 38 | 66.0 | 64.6 | 65.5 | 65.6 | 67.1 | 67.2 | 67.5 | 67.3 | 67.8 |
| Operating Margin (%) 39 | 4.2 | 5.2 | 3.0 | 2.1 | 0.8 | • | 0.8 | • | 0.2 |
| Oper. Margin Before Officers Comp. (%) 40 | 5.2 | 6.0 | 3.9 | 3.0 | 1.8 | 0.3 | 1.7 | 0.2 | 1.0 |
| Average Net Receivables ($) 41 | 4062 | 4202 | 9074 | 7050 | 4427 | 6998 | 6483 | 22591 | 26467 |
| Average Inventories ($) 42 | 4289 | 4611 | 10329 | 8100 | 5556 | 9410 | 9575 | 12592 | 14185 |
| Average Net Worth ($) 43 | 7508 | 7841 | 16504 | 14996 | 8260 | 13625 | 11026 | 12169 | 14292 |
| Current Ratio (x1) 44 | 2.0 | 2.0 | 1.8 | 2.0 | 2.8 | 2.5 | 2.3 | 3.0 | 2.4 |
| Quick Ratio (x1) 45 | 1.0 | 1.0 | 0.9 | 1.0 | 1.5 | 1.3 | 1.0 | 1.9 | 1.5 |
| Coverage Ratio (x1) 46 | 3.8 | 4.8 | 3.8 | 2.9 | 3.7 | 2.2 | 2.4 | 2.1 | 2.1 |
| Asset Turnover (x1) 47 | 1.6 | 1.7 | 1.7 | 1.4 | 1.2 | 1.4 | 1.6 | 1.4 | 0.8 |
| Operating Leverage 48 | • | 1.2 | 0.6 | 0.7 | 0.4 | • | • | • | • |
| Financial Leverage 49 | • | 1.1 | 1.0 | 1.0 | 1.2 | 0.8 | 1.1 | 1.0 | 1.0 |
| Total Leverage 50 | • | 1.3 | 0.6 | 0.7 | 0.5 | • | • | • | • |

## Table I

Corporations with and without Net Income

# LEATHER AND LEATHER PRODUCTS, NOT ELSEWHERE CLASSIFIED

MONEY AMOUNTS AND SIZE OF ASSETS IN THOUSANDS OF DOLLARS

| Item Description for Accounting Period 7/90 Through 6/91 | Total | Zero Assets | Under 100 | 100 to 250 | 251 to 500 | 501 to 1,000 | 1,001 to 5,000 | 5,001 to 10,000 | 10,001 to 25,000 | 25,001 to 50,000 | 50,001 to 100,000 | 100,001 to 250,000 | 250,001 and over |
|---|---|---|---|---|---|---|---|---|---|---|---|---|---|
| Number of Enterprises 1 | 1360 | 7 | 660 | 296 | 67 | 12 | 263 | 27 | 17 | 4 | 6 | • | • |
| **Revenues ($ in Thousands)** | | | | | | | | | | | | | |
| Net Sales 2 | 4281 | 0 | 189 | 164 | 41 | 68 | 1686 | 414 | 583 | 161 | 973 | • | • |
| Portfolio Income 3 | 27 | • | 3 | • | 0 | 1 | 2 | 1 | 3 | 0 | 18 | • | • |
| Other Revenues 4 | 70 | • | 0 | 4 | 33 | 0 | 17 | 4 | 0 | 2 | 10 | • | • |
| Total Revenues 5 | 4379 | 0 | 192 | 168 | 74 | 69 | 1705 | 419 | 586 | 163 | 1001 | • | • |
| Average Total Revenues 6 | 3220 | 17 | 291 | 567 | 1110 | 5746 | 6484 | 15525 | 34486 | 40797 | 166862 | • | • |
| **Operating Costs/Operating Income (%)** | | | | | | | | | | | | | |
| Cost of Operations 7 | 76.6 | • | 79.7 | 51.6 | 56.5 | 88.4 | 82.2 | 64.1 | 70.9 | 88.3 | 77.2 | • | • |
| Rent 8 | 1.1 | • | • | 11.4 | 1.9 | 0.2 | 0.6 | 2.2 | 0.2 | 0.1 | 0.6 | • | • |
| Taxes Paid 9 | 1.8 | • | 2.3 | 3.4 | 4.9 | 0.4 | 1.5 | 3.2 | 1.3 | 2.5 | 1.5 | • | • |
| Interest Paid 10 | 1.6 | 0.9 | 1.6 | 0.4 | • | 0.3 | 1.7 | 1.4 | 1.2 | 1.0 | 2.4 | • | • |
| Depreciation, Depletion, Amortization 11 | 1.2 | 6.9 | 1.0 | 2.5 | 2.5 | • | 1.0 | 1.2 | 0.5 | 2.5 | 1.7 | • | • |
| Pensions and Other Benefits 12 | 2.2 | • | • | • | 94.9 | • | 0.8 | 3.3 | 0.8 | 2.5 | 1.8 | • | • |
| Other 13 | 12.4 | 12.9 | 21.7 | 20.2 | 4.4 | 4.6 | 10.0 | 21.8 | 11.7 | 4.4 | 11.8 | • | • |
| Officers Compensation 14 | 3.5 | • | 6.0 | 9.0 | 5.1 | 4.6 | 2.8 | 2.0 | 9.1 | 0.4 | 1.1 | • | • |
| Operating Margin 15 | • | • | • | 1.4 | • | 1.6 | • | 1.0 | 4.3 | • | 2.0 | • | • |
| Oper. Margin Before Officers Compensation 16 | 3.3 | • | 10.3 | • | • | 6.1 | 2.3 | 3.0 | 13.3 | • | 3.1 | • | • |
| **Selected Average Balance Sheet ($ in Thousands)** | | | | | | | | | | | | | |
| Net Receivables 17 | 379 | • | 23 | 19 | 65 | 155 | 725 | 2479 | 4670 | 6865 | 20668 | • | • |
| Inventories 18 | 469 | • | 12 | 99 | 119 | 171 | 964 | 2510 | 6448 | 17602 | 14934 | • | • |
| Net Property, Plant and Equipment 19 | 257 | • | 4 | 66 | 9 | • | 296 | 957 | 1884 | 10835 | 24660 | • | • |
| Total Assets 20 | 1564 | • | 52 | 226 | 255 | 563 | 2374 | 7219 | 18925 | 37037 | 118706 | • | • |

## Selected Financial Ratios (Times to 1)

| | | | | | | | | | | |
|---|---|---|---|---|---|---|---|---|---|---|
| Notes and Loans Payable 21 | 511 | · | 31 | 29 | 28 | · | 1075 | 1671 | 4479 | 7494 | 38357 |
| All Other Liabilities 22 | 420 | · | 40 | 54 | 67 | 452 | 632 | 3734 | 3821 | 15454 | 20773 |
| Net Worth 23 | 633 | · | -19 | 143 | 161 | 112 | 668 | 1814 | 10624 | 14089 | 59576 |
| Current Ratio 24 | 1.8 | · | 1.2 | 1.9 | 3.7 | 0.9 | 1.7 | 1.1 | 2.5 | 1.9 | 2.2 |
| Quick Ratio 25 | 0.9 | · | 0.9 | 0.6 | 1.9 | 0.5 | 0.8 | 0.6 | 1.4 | 0.6 | 1.4 |
| Net Sales to Working Capital 26 | 6.9 | · | 35.1 | 8.0 | 3.4 | · | 8.4 | 23.7 | 3.8 | 3.4 | 5.9 |
| Coverage Ratio 27 | 2.2 | · | · | 9.4 | · | 7.3 | 1.4 | 2.6 | 4.8 | 0.5 | 3.0 |
| Total Asset Turnover 28 | 2.0 | · | 5.5 | 2.5 | 2.4 | 10.1 | 2.7 | 2.1 | 1.8 | 1.1 | 1.4 |
| Inventory Turnover 29 | 4.9 | · | · | 2.0 | 4.6 | 7.5 | 5.4 | 4.0 | 4.5 | 2.0 | 6.6 |
| Receivables Turnover 30 | 7.6 | · | · | · | 2.1 | 6.2 | 8.1 | 6.6 | 8.5 | 5.0 | 6.8 |
| Total Liabilities to Net Worth 31 | 1.5 | · | · | 0.6 | 0.6 | 4.0 | 2.6 | 3.0 | 0.8 | 1.6 | 1.0 |

## Selected Financial Factors (in Percentages)

| | | | | | | | | | | |
|---|---|---|---|---|---|---|---|---|---|---|
| Debt Ratio 32 | 59.5 | · | · | 36.9 | 37.1 | 80.1 | 71.9 | 74.9 | 43.9 | 62.0 | 49.8 |
| Return on Assets 33 | 7.3 | · | · | 9.6 | 25.0 | 21.3 | 6.2 | 7.5 | 10.6 | 0.5 | 10.0 |
| Return on Equity 34 | 6.3 | · | · | 13.2 | 32.9 | · | 5.0 | 7.9 | 12.6 | · | 9.0 |
| Return Before Interest on Equity 35 | 17.9 | · | · | 15.2 | · | · | 22.2 | 30.0 | 18.8 | 1.3 | 20.0 |
| Profit Margin, Before Income Tax 36 | 2.0 | · | · | 3.5 | 10.4 | 1.8 | 0.7 | 2.2 | 4.6 | · | 4.9 |
| Profit Margin, After Income Tax 37 | 1.3 | · | · | 3.4 | 8.6 | 1.8 | 0.5 | 0.9 | 3.9 | · | 3.3 |

## Trends in Selected Ratios and Factors, 1986-1994

| | 1986 | 1987 | 1988 | 1989 | 1990 | 1991 | 1992 | 1993 | 1994 |
|---|---|---|---|---|---|---|---|---|---|
| Cost of Operations (%) 38 | 73.3 | 74.8 | 76.4 | 76.3 | 76.0 | 74.8 | 76.3 | 75.6 | 76.6 |
| Operating Margin (%) 39 | 1.4 | 0.1 | · | · | 0.3 | 1.8 | 2.0 | 1.0 | · |
| Oper. Margin Before Officers Comp. (%) 40 | 4.7 | 3.2 | 2.3 | 2.7 | 3.3 | 4.8 | 4.9 | 4.4 | 3.3 |
| Average Net Receivables ($) 41 | 231 | 304 | 333 | 348 | 259 | 437 | 449 | 502 | 379 |
| Average Inventories ($) 42 | 291 | 364 | 450 | 467 | 282 | 462 | 478 | 569 | 469 |
| Average Net Worth ($) 43 | 427 | 456 | 586 | 605 | 382 | 571 | 587 | 702 | 633 |
| Current Ratio (x1) 44 | 1.9 | 1.8 | 1.8 | 1.7 | 1.8 | 1.8 | 1.8 | 1.8 | 1.8 |
| Quick Ratio (x1) 45 | 1.0 | 0.9 | 0.8 | 0.8 | 0.9 | 1.0 | 0.9 | 0.9 | 0.9 |
| Coverage Ratio (x1) 46 | 2.5 | 1.8 | 1.7 | 1.7 | 2.3 | 3.8 | 3.6 | 2.3 | 2.2 |
| Asset Turnover (x1) 47 | 2.1 | 2.1 | 2.2 | 2.1 | 2.2 | 2.1 | 1.9 | 2.0 | 2.0 |
| Total Liabilities/Net Worth (x1) 48 | 1.2 | 1.5 | 1.3 | 1.4 | 1.5 | 1.6 | 1.6 | 1.6 | 1.5 |
| Return on Assets (x1) 49 | 9.2 | 6.3 | 6.6 | 5.3 | 6.2 | 9.5 | 10.4 | 8.3 | 7.3 |
| Return on Equity (%) 50 | 5.9 | 2.3 | 2.7 | 0.9 | 4.4 | 13.2 | 15.6 | 7.7 | 6.3 |

## Table II
Corporations with Net Income

# LEATHER AND LEATHER PRODUCTS, NOT ELSEWHERE CLASSIFIED

MONEY AMOUNTS AND SIZE OF ASSETS IN THOUSANDS OF DOLLARS

| Item Description for Accounting Period 7/90 Through 6/91 | Total | Zero Assets | Under 100 | 100 to 250 | 251 to 500 | 501 to 1,000 | 1,001 to 5,000 | 5,001 to 10,000 | 10,001 to 25,000 | 25,001 to 50,000 | 50,001 to 100,000 | 100,001 to 250,000 | 250,001 and over |
|---|---|---|---|---|---|---|---|---|---|---|---|---|---|
| Number of Enterprises **1** | 785 | • | 199 | 296 | 67 | 12 | 178 | 15 | | | | | • |

**Revenues ($ in Thousands)**

| | Total | Zero Assets | Under 100 | 100 to 250 | 251 to 500 | 501 to 1,000 | 1,001 to 5,000 | 5,001 to 10,000 | 10,001 to 25,000 | 25,001 to 50,000 | 50,001 to 100,000 | 100,001 to 250,000 | 250,001 and over |
|---|---|---|---|---|---|---|---|---|---|---|---|---|---|
| Net Sales **2** | 3237 | • | • | 164 | 41 | 68 | 1369 | 325 | • | • | • | • | • |
| Portfolio Income **3** | 19 | • | 3 | • | 0 | 1 | 1 | 0 | • | • | • | • | • |
| Other Revenues **4** | 59 | • | 0 | 4 | 33 | 0 | 17 | 2 | • | • | • | • | • |
| Total Revenues **5** | 3314 | • | 3 | 168 | 74 | 69 | 1387 | 328 | • | • | • | • | • |
| Average Total Revenues **6** | 4222 | • | 14 | 567 | 1110 | 5746 | 7793 | 21839 | • | • | • | • | • |

**Operating Costs/Operating Income (%)**

| | Total | Zero Assets | Under 100 | 100 to 250 | 251 to 500 | 501 to 1,000 | 1,001 to 5,000 | 5,001 to 10,000 | 10,001 to 25,000 | 25,001 to 50,000 | 50,001 to 100,000 | 100,001 to 250,000 | 250,001 and over |
|---|---|---|---|---|---|---|---|---|---|---|---|---|---|
| Cost of Operations **7** | 73.7 | • | • | 51.6 | 56.5 | 88.4 | 80.9 | 57.7 | • | • | • | • | • |
| Rent **8** | 1.2 | • | • | 11.4 | 1.9 | 0.2 | 0.5 | 2.3 | • | • | • | • | • |
| Taxes Paid **9** | 1.8 | • | • | 3.4 | 4.9 | 0.4 | 1.4 | 3.7 | • | • | • | • | • |
| Interest Paid **10** | 1.0 | • | • | 0.4 | • | 0.3 | 0.9 | 1.8 | • | • | • | • | • |
| Depreciation, Depletion, Amortization **11** | 1.2 | • | • | 2.5 | 2.5 | • | 1.0 | 1.1 | • | • | • | • | • |
| Pensions and Other Benefits **12** | 2.3 | • | • | • | 94.9 | • | 0.7 | 3.3 | • | • | • | • | • |
| Other **13** | 12.4 | • | • | 20.2 | 4.4 | 4.6 | 9.8 | 24.2 | • | • | • | • | • |
| Officers Compensation **14** | 4.0 | • | • | 9.0 | 5.1 | 4.6 | 3.1 | 2.2 | • | • | • | • | • |
| Operating Margin **15** | 2.3 | • | • | 1.4 | • | 1.6 | 1.7 | 3.9 | • | • | • | • | • |
| Oper. Margin Before Officers Compensation **16** | 6.4 | • | • | 10.3 | • | 6.1 | 4.8 | 6.1 | • | • | • | • | • |

**Selected Average Balance Sheet ($ in Thousands)**

| | Total | Zero Assets | Under 100 | 100 to 250 | 251 to 500 | 501 to 1,000 | 1,001 to 5,000 | 5,001 to 10,000 | 10,001 to 25,000 | 25,001 to 50,000 | 50,001 to 100,000 | 100,001 to 250,000 | 250,001 and over |
|---|---|---|---|---|---|---|---|---|---|---|---|---|---|
| Net Receivables **17** | 498 | | 78 | 19 | 65 | 155 | 741 | 2814 | • | • | • | • | • |
| Inventories **18** | 599 | | • | 99 | 119 | 171 | 1160 | 2568 | • | • | • | • | • |
| Net Property, Plant and Equipment **19** | 282 | | • | 66 | 9 | • | 264 | 955 | • | • | • | • | • |
| Total Assets **20** | 1890 | | 78 | 226 | 255 | 563 | 2700 | 8146 | • | • | • | • | • |

| | | | | | | | | |
|---|---|---|---|---|---|---|---|---|
| Notes and Loans Payable 21 | 424 | • | 40 | 29 | 28 | • | 728 | 3007 |
| All Other Liabilities 22 | 382 | • | 0 | 54 | 67 | 452 | 569 | 2315 |
| Net Worth 23 | 1084 | • | 38 | 143 | 161 | 112 | 1403 | 2824 |

## Selected Financial Ratios (Times to 1)

| | | | | | | | | |
|---|---|---|---|---|---|---|---|---|
| Current Ratio 24 | 2.5 | • | • | 1.9 | 3.7 | 0.9 | 2.2 | 1.4 |
| Quick Ratio 25 | 1.3 | • | • | 0.6 | 1.9 | 0.5 | 0.9 | 0.7 |
| Net Sales to Working Capital 26 | 5.2 | • | • | 8.0 | 3.4 | • | 6.9 | 14.0 |
| Coverage Ratio 27 | 5.7 | • | 1.1 | 9.4 | • | 7.3 | 4.3 | 3.6 |
| Total Asset Turnover 28 | 2.2 | • | • | 2.5 | 2.4 | 10.1 | 2.9 | 2.7 |
| Inventory Turnover 29 | 4.8 | • | • | 2.0 | 4.6 | • | 5.8 | 3.6 |
| Receivables Turnover 30 | 7.9 | • | • | • | 9.4 | • | • | 6.5 |
| Total Liabilities to Net Worth 31 | 0.8 | • | 1.1 | 0.6 | 0.6 | 4.0 | 0.9 | 1.9 |

## Selected Financial Factors (in Percentages)

| | | | | | | | | |
|---|---|---|---|---|---|---|---|---|
| Debt Ratio 32 | 42.6 | • | 51.7 | 36.9 | 37.1 | 80.1 | 48.0 | 65.3 |
| Return on Assets 33 | 12.4 | • | 13.9 | 9.6 | 25.0 | 21.3 | 11.1 | 16.9 |
| Return on Equity 34 | 14.3 | • | 1.2 | 13.2 | 32.9 | • | 15.5 | 23.4 |
| Return Before Interest on Equity 35 | 21.6 | • | 28.8 | 15.2 | • | 21.3 | • | |
| Profit Margin, Before Income Tax 36 | 4.7 | • | • | 3.5 | 10.4 | 1.8 | 3.0 | 4.6 |
| Profit Margin, After Income Tax 37 | 3.8 | • | • | 3.4 | 8.6 | 1.8 | 2.8 | 3.1 |

## Trends in Selected Ratios and Factors, 1986-1994

| | 1986 | 1987 | 1988 | 1989 | 1990 | 1991 | 1992 | 1993 | 1994 |
|---|---|---|---|---|---|---|---|---|---|
| Cost of Operations (%) 38 | 73.4 | 72.6 | 77.1 | 75.6 | 74.1 | 72.3 | 75.6 | 73.7 | 73.7 |
| Operating Margin (%) 39 | 3.8 | 2.6 | 1.3 | 2.6 | 3.2 | 3.3 | 3.4 | 3.2 | 2.3 |
| Oper. Margin Before Officers Comp. (%) 40 | 6.9 | 6.1 | 4.0 | 5.4 | 6.2 | 6.7 | 6.4 | 6.9 | 6.4 |
| Average Net Receivables ($) 41 | 272 | 366 | 454 | 443 | 296 | 414 | 650 | 465 | 498 |
| Average Inventories ($) 42 | 357 | 412 | 574 | 558 | 277 | 452 | 727 | 576 | 599 |
| Average Net Worth ($) 43 | 609 | 615 | 1012 | 1043 | 547 | 686 | 1069 | 883 | 1084 |
| Current Ratio (x1) 44 | 2.0 | 2.0 | 2.1 | 2.1 | 2.0 | 2.2 | 2.1 | 2.2 | 2.5 |
| Quick Ratio (x1) 45 | 1.0 | 1.1 | 1.1 | 1.0 | 1.1 | 1.2 | 1.1 | 1.1 | 1.3 |
| Coverage Ratio (x1) 46 | 5.3 | 4.3 | 3.6 | 5.5 | 5.6 | 5.9 | 5.1 | 4.3 | 5.7 |
| Asset Turnover (x1) 47 | 2.1 | 2.2 | 2.2 | 2.1 | 2.1 | 2.0 | 2.0 | 2.2 | 2.2 |
| Operating Leverage 48 | • | 0.7 | 0.5 | 2.1 | 1.2 | 1.0 | 1.0 | 1.0 | 0.7 |
| Financial Leverage 49 | • | 1.0 | 1.0 | 1.1 | 1.1 | 1.1 | 1.0 | 0.9 | 1.1 |
| Total Leverage 50 | • | 0.7 | 0.5 | 2.3 | 1.3 | 1.1 | 1.1 | 0.8 | 0.8 |

# Table I

Corporations with and without Net Income

## GLASS PRODUCTS

### MONEY AMOUNTS AND SIZE OF ASSETS IN THOUSANDS OF DOLLARS

| Item Description for Accounting Period 7/90 Through 6/91 | Total | Zero Assets | Under 100 | 100 to 250 | 251 to 500 | 501 to 1,000 | 1,001 to 5,000 | 5,001 to 10,000 | 10,001 to 25,000 | 25,001 to 50,000 | 50,001 to 100,000 | 100,001 to 250,000 | 250,001 and over |
|---|---|---|---|---|---|---|---|---|---|---|---|---|---|
| Number of Enterprises **1** | 1803 | • | 690 | 321 | • | 142 | 223 | 22 | 24 | 9 | 6 | 5 | 13 |

**Revenues ($ in Thousands)**

| | | | | | | | | | | | | | |
|---|---|---|---|---|---|---|---|---|---|---|---|---|---|
| Net Sales **2** | 22036 | • | 159 | 248 | • | 319 | 1016 | 230 | 430 | 414 | 580 | 867 | 17493 |
| Portfolio Income **3** | 1582 | • | • | • | • | 1 | 10 | 0 | 5 | 3 | 2 | 18 | 1535 |
| Other Revenues **4** | 482 | • | 0 | • | • | 3 | 5 | 2 | 8 | 5 | 8 | 11 | 438 |
| Total Revenues **5** | 24100 | • | 160 | 248 | • | 323 | 1031 | 232 | 443 | 422 | 591 | 896 | 19466 |
| Average Total Revenues **6** | 13367 | • | 231 | 774 | • | 2274 | 4623 | 10566 | 18457 | 46850 | 98456 | 179106 | 1497413 |

**Operating Costs/Operating Income (%)**

| | | | | | | | | | | | | | |
|---|---|---|---|---|---|---|---|---|---|---|---|---|---|
| Cost of Operations **7** | 62.3 | • | 37.0 | 56.2 | • | 73.4 | 70.6 | 60.4 | 78.6 | 70.0 | 70.1 | 69.7 | 60.9 |
| Rent **8** | 1.5 | • | 9.4 | 4.0 | • | 0.8 | 1.6 | 1.9 | 0.3 | • | 0.2 | 0.9 | 1.4 |
| Taxes Paid **9** | 2.7 | • | 5.9 | 3.2 | • | 1.6 | 2.2 | 2.0 | 1.7 | 2.8 | 1.8 | 1.7 | 2.8 |
| Interest Paid **10** | 8.4 | • | 0.5 | 1.7 | • | 1.1 | 1.6 | 3.8 | 3.7 | 4.2 | 2.0 | 4.9 | 9.9 |
| Depreciation, Depletion, Amortization **11** | 4.7 | • | 2.6 | 3.5 | • | 0.9 | 2.8 | 3.8 | 5.3 | 6.0 | 5.7 | 5.5 | 4.8 |
| Pensions and Other Benefits **12** | 2.9 | • | 1.8 | 0.2 | • | 1.0 | 1.6 | 2.1 | 1.2 | 2.5 | 2.1 | 0.9 | 3.2 |
| Other **13** | 20.3 | • | 30.6 | 28.7 | • | 15.3 | 14.1 | 24.0 | 13.3 | 12.1 | 7.2 | 18.5 | 21.4 |
| Officers Compensation **14** | 1.0 | • | 7.6 | 5.0 | • | 5.0 | 4.1 | 2.8 | 1.4 | 1.6 | 0.5 | 1.1 | 0.5 |
| Operating Margin **15** | • | • | 4.6 | • | • | 1.0 | 1.6 | • | • | 0.8 | 10.4 | • | • |
| Oper. Margin Before Officers Compensation **16** | • | • | 12.3 | 2.6 | • | 5.9 | 5.7 | 2.0 | • | 2.4 | 10.9 | • | • |

**Selected Average Balance Sheet ($ in Thousands)**

| | | | | | | | | | | | | | |
|---|---|---|---|---|---|---|---|---|---|---|---|---|---|
| Net Receivables **17** | 2105 | • | 0 | 38 | • | 390 | 571 | 2073 | 3362 | 5293 | 8229 | 23875 | 249039 |
| Inventories **18** | 1648 | • | 1 | 59 | • | 115 | 546 | 1323 | 3079 | 5205 | 10726 | 33391 | 186330 |
| Net Property, Plant and Equipment **19** | 5180 | • | 15 | 26 | • | 75 | 631 | 2518 | 6694 | 15350 | 42579 | 45199 | 638304 |
| Total Assets **20** | 24709 | • | 36 | 218 | • | 681 | 2109 | 7503 | 16386 | 37144 | 74185 | 156106 | 3204451 |

| Notes and Loans Payable 21 | 11945 | • | 7 | 277 | • | 213 | 933 | 3081 | 7489 | 19525 | 16244 | 86596 | 1557025 |
|---|---|---|---|---|---|---|---|---|---|---|---|---|---|
| All Other Liabilities 22 | 3621 | • | 2 | 94 | • | 244 | 459 | 1847 | 3036 | 7632 | 12706 | 37092 | 451284 |
| Net Worth 23 | 9143 | • | 27 | -152 | • | 224 | 717 | 2575 | 5860 | 9987 | 45235 | 32419 | 1196143 |

## Selected Financial Ratios (Times to 1)

| | | | | | | | | | | | | | |
|---|---|---|---|---|---|---|---|---|---|---|---|---|---|
| Current Ratio 24 | 1.3 | • | 6.7 | 1.2 | • | 1.5 | 1.9 | 1.1 | 1.8 | 1.4 | 1.4 | 1.8 | 1.2 |
| Quick Ratio 25 | 0.7 | • | 5.7 | 0.7 | • | 1.1 | 1.1 | 0.8 | 1.0 | 0.6 | 0.7 | 0.7 | 0.7 |
| Net Sales to Working Capital 26 | 14.3 | • | 17.6 | 31.3 | • | 12.2 | 7.0 | 20.1 | 5.3 | 12.3 | 15.0 | 6.2 | 16.9 |
| Coverage Ratio 27 | 1.8 | • | 10.8 | • | • | 2.9 | 2.8 | 1.1 | 0.3 | 1.7 | 7.0 | 1.1 | 1.8 |
| Total Asset Turnover 28 | 0.5 | • | 6.4 | 3.6 | • | 3.3 | 2.2 | 1.4 | 1.1 | 1.2 | 1.3 | 1.1 | 0.4 |
| Inventory Turnover 29 | 4.7 | • | • | • | • | • | 5.5 | 2.4 | 3.0 | 6.0 | 7.8 | 3.2 | 4.6 |
| Receivables Turnover 30 | 5.9 | • | • | • | • | 7.1 | 7.2 | 2.6 | 4.1 | 7.5 | • | 5.8 | 5.6 |
| Total Liabilities to Net Worth 31 | 1.7 | • | 0.4 | • | • | 2.0 | 2.0 | 1.9 | 1.8 | 2.7 | 0.6 | 3.8 | 1.7 |

## Selected Financial Factors (in Percentages)

| | | | | | | | | | | | | | |
|---|---|---|---|---|---|---|---|---|---|---|---|---|---|
| Debt Ratio 32 | 63.0 | • | 26.9 | • | • | 67.1 | 66.0 | 65.7 | 64.2 | 73.1 | 39.0 | 79.2 | 62.7 |
| Return on Assets 33 | 7.6 | • | 32.7 | • | • | 10.5 | 9.8 | 5.8 | 1.3 | 8.5 | 18.5 | 5.8 | 7.6 |
| Return on Equity 34 | 6.0 | • | • | 16.2 | • | 19.2 | 16.6 | • | • | 2.9 | 23.4 | • | 5.8 |
| Return Before Interest on Equity 35 | 20.6 | • | • | 3.7 | • | 31.8 | 28.8 | 16.8 | 3.7 | 31.7 | 30.3 | 27.8 | 20.3 |
| Profit Margin, Before Income Tax 36 | 7.0 | • | 4.7 | • | • | 2.1 | 2.9 | 0.4 | • | 2.7 | 12.2 | 0.3 | 8.2 |
| Profit Margin, After Income Tax 37 | 4.5 | • | 4.7 | • | • | 1.9 | 2.6 | • | • | 0.6 | 11.0 | • | 5.2 |

## Trends in Selected Ratios and Factors, 1986-1994

| | 1986 | 1987 | 1988 | 1989 | 1990 | 1991 | 1992 | 1993 | 1994 |
|---|---|---|---|---|---|---|---|---|---|
| Cost of Operations (%) 38 | 66.7 | 65.2 | 66.1 | 65.0 | 62.8 | 64.7 | 63.0 | 63.6 | 62.3 |
| Operating Margin (%) 39 | • | • | • | • | 0.6 | • | • | • | • |
| Oper. Margin Before Officers Comp. (%) 40 | • | • | • | 0.3 | 1.6 | • | • | • | • |
| Average Net Receivables ($) 41 | 1616 | 2571 | 1442 | 3343 | 8761 | 5880 | 4775 | 3404 | 2105 |
| Average Inventories ($) 42 | 1027 | 1785 | 1154 | 2447 | 1803 | 2769 | 2155 | 2675 | 1648 |
| Average Net Worth ($) 43 | 4351 | 7717 | 4623 | 10562 | 8811 | 12640 | 10991 | 14390 | 9143 |
| Current Ratio (x1) 44 | 1.6 | 1.5 | 1.5 | 1.5 | 2.7 | 1.2 | 1.3 | 1.2 | 1.3 |
| Quick Ratio (x1) 45 | 0.9 | 0.9 | 0.8 | 0.8 | 2.1 | 0.8 | 0.8 | 0.7 | 0.7 |
| Coverage Ratio (x1) 46 | 1.7 | 2.6 | 2.5 | 2.5 | 3.4 | 2.2 | 1.4 | 1.5 | 1.8 |
| Asset Turnover (x1) 47 | 1.0 | 1.0 | 1.1 | 0.9 | 0.5 | 0.5 | 0.5 | 0.5 | 0.5 |
| Total Liabilities/Net Worth (x1) 48 | 1.0 | 1.0 | 1.0 | 1.0 | 2.4 | 2.6 | 1.9 | 1.8 | 1.7 |
| Return on Assets (x1) 49 | 4.3 | 5.6 | 6.4 | 6.6 | 5.2 | 7.1 | 5.6 | 8.4 | 7.6 |
| Return on Equity (%) 50 | 1.1 | 3.5 | 4.3 | 4.2 | 7.9 | 8.5 | 2.0 | 4.6 | 6.0 |

## Table II

Corporations with Net Income

# GLASS PRODUCTS

### MONEY AMOUNTS AND SIZE OF ASSETS IN THOUSANDS OF DOLLARS

| Item Description for Accounting Period 7/90 Through 6/91 | Total | Zero Assets | Under 100 | 100 to 250 | 251 to 500 | 501 to 1,000 | 1,001 to 5,000 | 5,001 to 10,000 | 10,001 to 25,000 | 25,001 to 50,000 | 50,001 to 100,000 | 100,001 to 250,000 | 250,001 and over |
|---|---|---|---|---|---|---|---|---|---|---|---|---|---|
| Number of Enterprises **1** | 1472 | • | 690 | 265 | 253 | 102 | 119 | 8 | 13 | • | • | • | 9 |

#### Revenues ($ in Thousands)

| | Total | Zero Assets | Under 100 | 100 to 250 | 251 to 500 | 501 to 1,000 | 1,001 to 5,000 | 5,001 to 10,000 | 10,001 to 25,000 | 25,001 to 50,000 | 50,001 to 100,000 | 100,001 to 250,000 | 250,001 and over |
|---|---|---|---|---|---|---|---|---|---|---|---|---|---|
| Net Sales **2** | 15141 | • | 159 | 175 | 208 | 175 | 652 | 89 | 258 | • | • | • | 12214 |
| Portfolio Income **3** | 641 | • | • | • | 1 | 1 | 9 | 0 | 1 | • | • | • | 618 |
| Other Revenues **4** | 360 | • | 0 | • | 1 | 2 | 4 | 0 | 7 | • | • | • | 337 |
| Total Revenues **5** | 16142 | • | 160 | 175 | 209 | 178 | 665 | 90 | 266 | • | • | • | 13168 |
| Average Total Revenues **6** | 10966 | • | 231 | 659 | 828 | 1742 | 5590 | 11202 | 20490 | • | • | • | 1463151 |

#### Operating Costs/Operating Income (%)

| | Total | Zero Assets | Under 100 | 100 to 250 | 251 to 500 | 501 to 1,000 | 1,001 to 5,000 | 5,001 to 10,000 | 10,001 to 25,000 | 25,001 to 50,000 | 50,001 to 100,000 | 100,001 to 250,000 | 250,001 and over |
|---|---|---|---|---|---|---|---|---|---|---|---|---|---|
| Cost of Operations **7** | 58.3 | • | 37.0 | 44.9 | 62.9 | 62.8 | 67.3 | 37.8 | 74.4 | • | • | • | 57.1 |
| Rent **8** | 1.3 | • | 9.4 | 3.3 | 1.7 | 1.4 | 0.7 | 0.4 | 0.3 | • | • | • | 1.2 |
| Taxes Paid **9** | 2.8 | • | 5.9 | 3.1 | 3.2 | 2.3 | 1.9 | 2.5 | 2.1 | • | • | • | 2.9 |
| Interest Paid **10** | 2.3 | • | 0.5 | 1.8 | 0.6 | 0.7 | 0.8 | 1.5 | 2.4 | • | • | • | 2.4 |
| Depreciation, Depletion, Amortization **11** | 4.5 | • | 2.6 | 4.3 | 2.9 | 1.0 | 1.7 | 1.9 | 4.5 | • | • | • | 4.7 |
| Pensions and Other Benefits **12** | 2.5 | • | 1.8 | • | 3.1 | 1.8 | 1.7 | 1.9 | 1.6 | • | • | • | 2.7 |
| Other **13** | 23.4 | • | 30.6 | 30.4 | 10.1 | 19.8 | 14.8 | 31.9 | 9.1 | • | • | • | 25.4 |
| Officers Compensation **14** | 1.1 | • | 7.6 | 7.1 | 9.5 | 7.0 | 4.5 | 5.4 | 1.6 | • | • | • | 0.5 |
| Operating Margin **15** | 3.9 | • | 4.6 | 5.2 | 6.0 | 3.3 | 6.7 | 16.7 | 4.1 | • | • | • | 3.1 |
| Oper. Margin Before Officers Compensation **16** | 4.9 | • | 12.3 | 12.3 | 15.6 | 10.3 | 11.2 | 22.1 | 5.7 | • | • | • | 3.5 |

#### Selected Average Balance Sheet ($ in Thousands)

| | Total | Zero Assets | Under 100 | 100 to 250 | 251 to 500 | 501 to 1,000 | 1,001 to 5,000 | 5,001 to 10,000 | 10,001 to 25,000 | 25,001 to 50,000 | 50,001 to 100,000 | 100,001 to 250,000 | 250,001 and over |
|---|---|---|---|---|---|---|---|---|---|---|---|---|---|
| Net Receivables **17** | 1920 | • | 0 | 41 | 57 | 316 | 747 | 2557 | 4132 | • | • | • | 273858 |
| Inventories **18** | 1145 | • | 1 | 38 | 34 | 82 | 563 | 1090 | 3142 | • | • | • | 151815 |
| Net Property, Plant and Equipment **19** | 4141 | • | 15 | 22 | 92 | 52 | 495 | 2378 | 5239 | • | • | • | 613104 |
| Total Assets **20** | 13238 | • | 36 | 214 | 284 | 574 | 2335 | 8050 | 15763 | • | • | • | 1987957 |

| | | | | | | | | | | | | |
|---|---|---|---|---|---|---|---|---|---|---|---|---|
| Notes and Loans Payable **21** | 2937 | • | • | 7 | 168 | 39 | 142 | 482 | 580 | 5481 | • | • | 431497 |
| All Other Liabilities **22** | 2556 | • | • | 2 | 28 | 35 | 195 | 471 | 2252 | 1935 | • | • | 380150 |
| Net Worth **23** | 7745 | • | • | 27 | 18 | 210 | 237 | 1381 | 5219 | 8347 | • | • | 1176310 |

## Selected Financial Ratios (Times to 1)

| | | | | | | | | | | | | |
|---|---|---|---|---|---|---|---|---|---|---|---|---|
| Current Ratio **24** | 1.6 | • | • | 6.7 | 2.9 | 2.6 | 1.8 | 2.5 | 2.3 | 2.4 | • | • | 1.5 |
| Quick Ratio **25** | 0.9 | • | • | 5.7 | 2.0 | 2.0 | 1.4 | 1.5 | 1.8 | 1.4 | • | • | 0.9 |
| Net Sales to Working Capital **26** | 8.2 | • | • | 17.6 | 7.9 | 7.8 | 8.2 | 5.3 | 3.7 | 4.0 | • | • | 9.0 |
| Coverage Ratio **27** | 6.4 | • | • | 10.8 | 3.9 | 12.4 | 8.0 | 11.4 | 12.1 | 4.1 | • | • | 6.4 |
| Total Asset Turnover **28** | 0.8 | • | • | 6.4 | 3.1 | 2.9 | 3.0 | 2.4 | 1.4 | 1.3 | • | • | 0.7 |
| Inventory Turnover **29** | 5.1 | • | • | • | 8.3 | • | 5.9 | 4.9 | 1.7 | 2.8 | • | • | 5.3 |
| Receivables Turnover **30** | 5.5 | • | • | • | • | • | 5.3 | 6.6 | 2.9 | 3.8 | • | • | 5.2 |
| Total Liabilities to Net Worth **31** | 0.7 | • | • | 0.4 | 11.0 | 0.4 | 1.4 | 0.7 | 0.6 | 0.9 | • | • | 0.7 |

## Selected Financial Factors (in Percentages)

| | | | | | | | | | | | | |
|---|---|---|---|---|---|---|---|---|---|---|---|---|
| Debt Ratio **32** | 41.5 | • | • | 26.9 | 91.7 | 26.1 | 58.8 | 40.8 | 35.2 | 47.1 | • | • | 40.8 |
| Return on Assets **33** | 11.2 | • | • | 32.7 | 21.6 | 21.0 | 16.8 | 22.4 | 25.8 | 12.2 | • | • | 10.6 |
| Return on Equity **34** | 11.3 | • | • | • | • | 24.5 | 33.5 | 32.6 | 24.1 | 12.4 | • | • | 10.1 |
| Return Before Interest on Equity **35** | 19.2 | • | • | • | • | 28.5 | • | • | • | 23.0 | • | • | 17.8 |
| Profit Margin, Before Income Tax **36** | 12.2 | • | • | 4.7 | 5.2 | 6.7 | 4.9 | 8.7 | 17.1 | 7.3 | • | • | 13.0 |
| Profit Margin, After Income Tax **37** | 8.5 | • | • | 4.7 | 4.1 | 6.2 | 4.6 | 8.2 | 11.3 | 5.2 | • | • | 8.7 |

## Trends in Selected Ratios and Factors, 1986–1994

| | 1986 | 1987 | 1988 | 1989 | 1990 | 1991 | 1992 | 1993 | 1994 |
|---|---|---|---|---|---|---|---|---|---|
| Cost of Operations (%) **38** | 66.8 | 62.3 | 64.2 | 65.1 | 61.6 | 63.2 | 59.0 | 60.1 | 58.3 |
| Operating Margin (%) **39** | • | • | • | 1.4 | 1.6 | • | 4.5 | 2.2 | 3.9 |
| Oper. Margin Before Officers Comp. (%) **40** | • | 0.4 | • | 2.3 | 2.5 | • | 5.9 | 3.3 | 4.9 |
| Average Net Receivables ($) **41** | 2142 | 2212 | 1302 | 3485 | 11104 | 8238 | 2288 | 3869 | 1920 |
| Average Inventories ($) **42** | 1182 | 1525 | 926 | 2415 | 2058 | 3803 | 1487 | 2537 | 1145 |
| Average Net Worth ($) **43** | 5432 | 7898 | 4678 | 10679 | 10964 | 15726 | 7036 | 15265 | 7745 |
| Current Ratio (×1) **44** | 1.6 | 1.6 | 1.5 | 1.5 | 2.8 | 1.2 | 1.6 | 1.5 | 1.6 |
| Quick Ratio (×1) **45** | 1.0 | 0.9 | 0.9 | 0.8 | 2.2 | 0.8 | 0.9 | 0.9 | 0.9 |
| Coverage Ratio (×1) **46** | 2.6 | 4.3 | 3.4 | 4.1 | 3.9 | 2.4 | 5.1 | 4.3 | 6.4 |
| Asset Turnover (×1) **47** | 1.1 | 1.0 | 1.0 | 1.0 | 0.5 | 0.5 | 0.9 | 0.8 | 0.8 |
| Operating Leverage **48** | • | 0.4 | 2.0 | • | 1.1 | • | • | 0.5 | 1.8 |
| Financial Leverage **49** | • | 1.3 | 0.9 | 1.0 | 1.1 | 0.8 | 1.5 | 1.0 | 1.1 |
| Total Leverage **50** | • | 0.5 | 1.8 | • | 1.1 | • | • | 0.5 | 1.9 |

## Table I

Corporations with and without Net Income

# CEMENT, HYDRAULIC

**MONEY AMOUNTS AND SIZE OF ASSETS IN THOUSANDS OF DOLLARS**

| Item Description for Accounting Period 7/90 Through 6/91 | | Total | Zero Assets | Under 100 | 100 to 250 | 251 to 500 | 501 to 1,000 | 1,001 to 5,000 | 5,001 to 10,000 | 10,001 to 25,000 | 25,001 to 50,000 | 50,001 to 100,000 | 100,001 to 250,000 | 250,001 and over |
|---|---|---|---|---|---|---|---|---|---|---|---|---|---|---|
| Number of Enterprises | 1 | 224 | • | • | • | • | 57 | 49 | • | • | 3 | 4 | 8 | 9 |
| **Revenues ($ in Thousands)** | | | | | | | | | | | | | | |
| Net Sales | 2 | 5026 | • | • | • | • | 62 | 230 | • | • | 83 | 161 | 856 | 3529 |
| Portfolio Income | 3 | 352 | • | • | • | • | 0 | 0 | • | • | 4 | 8 | 45 | 290 |
| Other Revenues | 4 | 104 | • | • | • | • | 1 | 3 | • | • | 8 | 9 | 8 | 74 |
| Total Revenues | 5 | 5481 | • | • | • | • | 64 | 233 | • | • | 95 | 178 | 908 | 3893 |
| Average Total Revenues | 6 | 24471 | • | • | • | • | 1125 | 4763 | • | • | 31747 | 44616 | 113555 | 432525 |
| **Operating Costs/Operating Income (%)** | | | | | | | | | | | | | | |
| Cost of Operations | 7 | 70.2 | • | • | • | • | 43.5 | 74.4 | • | • | 75.1 | 81.6 | 71.3 | 69.3 |
| Rent | 8 | 2.4 | • | • | • | • | • | 0.9 | • | • | 0.2 | 0.2 | 0.5 | 3.2 |
| Taxes Paid | 9 | 2.5 | • | • | • | • | 7.4 | 1.7 | • | • | 3.5 | 1.1 | 2.6 | 2.2 |
| Interest Paid | 10 | 6.7 | • | • | • | • | 1.3 | 0.5 | • | • | 6.3 | 8.8 | 5.3 | 7.5 |
| Depreciation, Depletion, Amortization | 11 | 7.2 | • | • | • | • | 2.6 | 2.6 | • | • | 19.0 | 4.8 | 8.5 | 6.9 |
| Pensions and Other Benefits | 12 | 3.1 | • | • | • | • | 6.5 | 2.0 | • | • | 5.5 | 1.0 | 2.5 | 3.4 |
| Other | 13 | 15.8 | • | • | • | • | 44.5 | 8.3 | • | • | 10.7 | 12.5 | 9.4 | 17.6 |
| Officers Compensation | 14 | 1.1 | • | • | • | • | 4.9 | 4.4 | • | • | 2.6 | 0.5 | 1.1 | 0.8 |
| Operating Margin | 15 | • | • | • | • | • | • | 5.1 | • | • | • | • | • | • |
| Oper. Margin Before Officers Compensation | 16 | • | • | • | • | • | • | 9.5 | • | • | • | • | • | • |
| **Selected Average Balance Sheet ($ in Thousands)** | | | | | | | | | | | | | | |
| Net Receivables | 17 | 3632 | • | • | • | • | 117 | 769 | • | • | 2391 | 7159 | 16401 | 66304 |
| Inventories | 18 | 3630 | • | • | • | • | 115 | 1039 | • | • | 628 | 6901 | 16433 | 64900 |
| Net Property, Plant and Equipment | 19 | 19600 | • | • | • | • | 367 | 454 | • | • | 11513 | 40102 | 79402 | 390488 |
| Total Assets | 20 | 44810 | • | • | • | • | 718 | 2933 | • | • | 44401 | 69040 | 155239 | 908572 |

| | | | | | | | | | | | |
|---|---|---|---|---|---|---|---|---|---|---|---|
| Notes and Loans Payable 21 | 14704 | • | • | • | • | 58 | 435 | • | 4291 | 27037 | 56823 | 298058 |
| All Other Liabilities 22 | 9800 | • | • | • | • | 232 | 1168 | • | 10598 | 21279 | 24118 | 201348 |
| Net Worth 23 | 20307 | • | • | • | • | 428 | 1329 | • | 29512 | 20725 | 74299 | 409166 |

## Selected Financial Ratios (Times to 1)

| | | | | | | | | | | | |
|---|---|---|---|---|---|---|---|---|---|---|---|
| Current Ratio 24 | 1.9 | • | • | • | • | 1.5 | 1.8 | • | 3.2 | 1.6 | 1.8 | 1.9 |
| Quick Ratio 25 | 0.8 | • | • | • | • | 0.6 | 1.0 | • | 1.5 | 0.9 | 0.8 | 0.7 |
| Net Sales to Working Capital 26 | 4.5 | • | • | • | • | 9.6 | 4.5 | • | 3.1 | 6.1 | 5.8 | 4.2 |
| Coverage Ratio 27 | 1.0 | • | • | • | • | • | 13.8 | • | • | 1.1 | 2.0 | 0.9 |
| Total Asset Turnover 28 | 0.5 | • | • | • | • | 1.5 | 1.6 | • | 0.6 | 0.6 | 0.7 | 0.4 |
| Inventory Turnover 29 | 4.7 | • | • | • | • | 8.3 | 4.8 | • | 6.8 | 3.9 | 4.9 | 4.8 |
| Receivables Turnover 30 | 6.3 | • | • | • | • | • | 6.3 | • | • | 5.5 | 6.1 | 6.2 |
| Total Liabilities to Net Worth 31 | 1.2 | • | • | • | • | 0.7 | 1.2 | • | 0.5 | 2.3 | 1.1 | 1.2 |

## Selected Financial Factors (in Percentages)

| | | | | | | | | | | | |
|---|---|---|---|---|---|---|---|---|---|---|---|
| Debt Ratio 32 | 54.7 | • | • | • | • | 40.4 | 54.7 | • | 33.5 | 70.0 | 52.1 | 55.0 |
| Return on Assets 33 | 3.4 | • | • | • | • | • | 11.2 | • | • | 5.5 | 7.2 | 3.0 |
| Return on Equity 34 | • | • | • | • | • | • | 22.5 | • | • | 0.1 | 3.8 | • |
| Return Before Interest on Equity 35 | 7.5 | • | • | • | • | • | 24.7 | • | • | 18.1 | 15.0 | 6.7 |
| Profit Margin, Before Income Tax 36 | 0.1 | • | • | • | • | • | 6.5 | • | • | 0.6 | 5.1 | • |
| Profit Margin, After Income Tax 37 | • | • | • | • | • | • | 6.4 | • | • | • | 2.7 | • |

## Trends in Selected Ratios and Factors, 1986-1994

| | 1986 | 1987 | 1988 | 1989 | 1990 | 1991 | 1992 | 1993 | 1994 |
|---|---|---|---|---|---|---|---|---|---|
| Cost of Operations (%) 38 | 68.0 | 67.4 | 66.2 | 65.8 | 62.9 | 66.8 | 68.4 | 69.3 | 70.2 |
| Operating Margin (%) 39 | • | • | • | • | • | • | • | • | |
| Oper. Margin Before Officers Comp. (%) 40 | • | • | • | • | • | • | • | • | |
| Average Net Receivables ($) 41 | 3451 | 1366 | 1423 | 2333 | 4165 | 1366 | 4392 | 3972 | 3632 |
| Average Inventories ($) 42 | 4260 | 1457 | 1290 | 2122 | 3950 | 1082 | 4026 | 3402 | 3630 |
| Average Net Worth ($) 43 | 26928 | 10101 | 7790 | 9620 | 20890 | 6221 | 25162 | 22145 | 20307 |
| Current Ratio (x1) 44 | 1.3 | 1.4 | 1.6 | 1.4 | 1.7 | 1.4 | 1.5 | 1.6 | 1.9 |
| Quick Ratio (x1) 45 | 0.6 | 0.7 | 0.8 | 0.8 | 0.8 | 0.8 | 0.8 | 0.8 | 0.8 |
| Coverage Ratio (x1) 46 | • | 0.7 | 1.1 | 1.1 | 1.2 | 1.8 | 1.3 | 1.3 | 1.0 |
| Asset Turnover (x1) 47 | 0.5 | 0.5 | 0.7 | 0.7 | 0.7 | 0.7 | 0.6 | 0.6 | 0.5 |
| Total Liabilities/Net Worth (x1) 48 | 1.0 | 1.0 | 1.0 | 1.3 | 1.1 | 1.1 | 1.2 | 1.1 | 1.2 |
| Return on Assets (x1) 49 | • | 2.3 | 4.7 | 4.3 | 4.9 | 6.4 | 5.1 | 5.2 | 3.4 |
| Return on Equity (%) 50 | • | • | • | • | • | 4.0 | 1.7 | • | • |

## Table II

Corporations with Net Income

# CEMENT, HYDRAULIC

### MONEY AMOUNTS AND SIZE OF ASSETS IN THOUSANDS OF DOLLARS

| Item Description for Accounting Period 7/90 Through 6/91 | | Total | Zero Assets | Under 100 | 100 to 250 | 251 to 500 | 501 to 1,000 | 1,001 to 5,000 | 5,001 to 10,000 | 10,001 to 25,000 | 25,001 to 50,000 | 50,001 to 100,000 | 100,001 to 250,000 | 250,001 and over |
|---|---|---|---|---|---|---|---|---|---|---|---|---|---|---|
| Number of Enterprises | 1 | 61 | • | • | • | • | • | 49 | • | • | • | • | 4 | • |
| **Revenues ($ in Thousands)** | | | | | | | | | | | | | | |
| Net Sales | 2 | 2155 | • | • | • | • | • | 230 | • | • | • | • | 541 | • |
| Portfolio Income | 3 | 264 | • | • | • | • | • | 0 | • | • | • | • | 37 | • |
| Other Revenues | 4 | 35 | • | • | • | • | • | 3 | • | • | • | • | 1 | • |
| Total Revenues | 5 | 2454 | • | • | • | • | • | 233 | • | • | • | • | 579 | • |
| Average Total Revenues | 6 | 40230 | • | • | • | • | • | 4763 | • | • | • | • | 144715 | • |
| **Operating Costs/Operating Income (%)** | | | | | | | | | | | | | | |
| Cost of Operations | 7 | 64.6 | • | • | • | • | • | 74.4 | • | • | • | • | 64.6 | • |
| Rent | 8 | 2.1 | • | • | • | • | • | 0.9 | • | • | • | • | 0.5 | • |
| Taxes Paid | 9 | 2.8 | • | • | • | • | • | 1.7 | • | • | • | • | 3.4 | • |
| Interest Paid | 10 | 4.7 | • | • | • | • | • | 0.5 | • | • | • | • | 4.3 | • |
| Depreciation, Depletion, Amortization | 11 | 7.4 | • | • | • | • | • | 2.6 | • | • | • | • | 7.9 | • |
| Pensions and Other Benefits | 12 | 4.4 | • | • | • | • | • | 2.0 | • | • | • | • | 3.1 | • |
| Other | 13 | 18.4 | • | • | • | • | • | 8.3 | • | • | • | • | 10.0 | • |
| Officers Compensation | 14 | 1.3 | • | • | • | • | • | 4.4 | • | • | • | • | 1.2 | • |
| Operating Margin | 15 | • | • | • | • | • | • | 5.1 | • | • | • | • | 5.1 | • |
| Oper. Margin Before Officers Compensation | 16 | • | • | • | • | • | • | 9.5 | • | • | • | • | 6.3 | • |
| **Selected Average Balance Sheet ($ in Thousands)** | | | | | | | | | | | | | | |
| Net Receivables | 17 | 4569 | • | • | • | • | • | 769 | • | • | • | • | 14062 | • |
| Inventories | 18 | 6278 | • | • | • | • | • | 1039 | • | • | • | • | 18544 | • |
| Net Property, Plant and Equipment | 19 | 25810 | • | • | • | • | • | 454 | • | • | • | • | 87079 | • |
| Total Assets | 20 | 61065 | • | • | • | • | • | 2933 | • | • | • | • | 153474 | • |

| | | | |
|---|---|---|---|
| Notes and Loans Payable 21 | 11256 | 435 | 44778 |
| All Other Liabilities 22 | 20505 | 1168 | 26653 |
| Net Worth 23 | 29304 | 1329 | 82044 |

## Selected Financial Ratios (Times to 1)

| | | | |
|---|---|---|---|
| Current Ratio 24 | 2.1 | 1.8 | 1.8 |
| Quick Ratio 25 | 0.6 | 1.0 | 0.6 |
| Net Sales to Working Capital 26 | 3.4 | 4.5 | 7.2 |
| Coverage Ratio 27 | 2.8 | 13.8 | 3.9 |
| Total Asset Turnover 28 | 0.6 | 1.6 | 0.9 |
| Inventory Turnover 29 | 3.4 | 6.1 | 9.4 |
| Receivables Turnover 30 | 4.9 | 7.1 | • |
| Total Liabilities to Net Worth 31 | 1.1 | 1.2 | 0.9 |

## Selected Financial Factors (in Percentages)

| | | | |
|---|---|---|---|
| Debt Ratio 32 | 52.0 | 54.7 | 46.6 |
| Return on Assets 33 | 7.7 | 11.2 | 14.4 |
| Return on Equity 34 | 8.0 | 22.5 | 13.8 |
| Return Before Interest on Equity 35 | 16.0 | 24.7 | 27.0 |
| Profit Margin, Before Income Tax 36 | 8.6 | 6.5 | 12.1 |
| Profit Margin, After Income Tax 37 | 6.6 | 6.4 | 8.4 |

## Trends in Selected Ratios and Factors, 1986-1994

| | 1986 | 1987 | 1988 | 1989 | 1990 | 1991 | 1992 | 1993 | 1994 |
|---|---|---|---|---|---|---|---|---|---|
| Cost of Operations (%) 38 | 61.7 | 61.3 | 61.3 | 61.8 | 60.6 | 64.0 | 67.6 | 66.5 | 64.6 |
| Operating Margin (%) 39 | • | 2.9 | • | • | • | 1.7 | • | • | • |
| Oper. Margin Before Officers' Comp. (%) 40 | 0.9 | 4.8 | • | • | • | 2.9 | • | • | • |
| Average Net Receivables ($) 41 | 2795 | 1414 | 5070 | 2160 | 5103 | 1078 | 6163 | 10727 | 4569 |
| Average Inventories ($) 42 | 1841 | 1217 | 4548 | 1939 | 4581 | 925 | 5051 | 7602 | 6278 |
| Average Net Worth ($) 43 | 12849 | 6689 | 21090 | 7776 | 20872 | 6335 | 34577 | 63196 | 29304 |
| Current Ratio (×1) 44 | 1.7 | 1.4 | 1.6 | 2.0 | 1.7 | 1.6 | 1.4 | 1.7 | 2.1 |
| Quick Ratio (×1) 45 | 1.1 | 0.7 | 0.8 | 1.1 | 0.8 | 0.9 | 0.8 | 1.0 | 0.6 |
| Coverage Ratio (×1) 46 | 2.1 | 3.8 | 2.0 | 2.4 | 3.2 | 2.9 | 1.9 | 2.3 | 2.8 |
| Asset Turnover (×1) 47 | 0.8 | 0.9 | 0.9 | 0.9 | 0.9 | 0.7 | 0.6 | 0.6 | 0.6 |
| Operating Leverage 48 | • | • | • | 0.6 | 1.0 | • | • | 1.1 | 1.9 |
| Financial Leverage 49 | • | 1.8 | 0.8 | 1.0 | 1.3 | 1.0 | 0.8 | 1.0 | 1.3 |
| Total Leverage 50 | • | • | • | 0.6 | 1.2 | • | • | 1.1 | 2.5 |

## Table I

Corporations with and without Net Income

# CONCRETE, GYPSUM, AND PLASTER PRODUCTS

MONEY AMOUNTS AND SIZE OF ASSETS IN THOUSANDS OF DOLLARS

| Item Description for Accounting Period 7/90 Through 6/91 | Total | Zero Assets | Under 100 | 100 to 250 | 251 to 500 | 501 to 1,000 | 1,001 to 5,000 | 5,001 to 10,000 | 10,001 to 25,000 | 25,001 to 50,000 | 50,001 to 100,000 | 100,001 to 250,000 | 250,001 and over |
|---|---|---|---|---|---|---|---|---|---|---|---|---|---|
| Number of Enterprises 1 | 3829 | • | 676 | 633 | • | 617 | 1010 | 117 | 67 | 25 | 13 | 9 | 11 |
| **Revenues ($ in Thousands)** | | | | | | | | | | | | | |
| Net Sales 2 | 20017 | • | 123 | 430 | • | 1011 | 4067 | 1401 | 1357 | 1292 | 1141 | 1393 | 7042 |
| Portfolio Income 3 | 669 | • | 3 | 2 | • | 7 | 38 | 15 | 50 | 17 | 17 | 29 | 472 |
| Other Revenues 4 | 282 | • | 2 | 27 | • | 6 | 53 | 9 | 40 | 23 | 14 | 19 | 88 |
| Total Revenues 5 | 20968 | • | 128 | 459 | • | 1024 | 4159 | 1425 | 1447 | 1332 | 1172 | 1440 | 7602 |
| Average Total Revenues 6 | 5476 | • | 189 | 724 | • | 1660 | 4117 | 12176 | 21591 | 53290 | 90123 | 160000 | 691105 |
| **Operating Costs/Operating Income (%)** | | | | | | | | | | | | | |
| Cost of Operations 7 | 71.3 | • | 45.7 | 48.5 | • | 63.7 | 68.3 | 73.4 | 71.5 | 72.6 | 72.3 | 73.2 | 75.2 |
| Rent 8 | 1.0 | • | 2.5 | 1.1 | • | 1.2 | 0.7 | 0.4 | 1.2 | 0.3 | 0.9 | 0.3 | 1.2 |
| Taxes Paid 9 | 2.6 | • | 5.9 | 4.6 | • | 3.7 | 2.9 | 2.9 | 2.9 | 2.2 | 2.5 | 2.6 | 1.9 |
| Interest Paid 10 | 5.1 | • | 2.2 | 0.9 | • | 1.4 | 1.7 | 1.9 | 2.1 | 2.3 | 2.1 | 5.1 | 10.4 |
| Depreciation, Depletion, Amortization 11 | 5.3 | • | 1.2 | 2.9 | • | 4.7 | 4.3 | 4.7 | 4.4 | 5.8 | 3.9 | 7.6 | 6.5 |
| Pensions and Other Benefits 12 | 1.7 | • | 2.6 | 0.9 | • | 1.2 | 1.6 | 1.2 | 1.4 | 1.6 | 2.5 | 1.4 | 2.2 |
| Other 13 | 15.1 | • | 44.6 | 44.5 | • | 20.4 | 18.3 | 12.7 | 15.1 | 9.9 | 13.7 | 11.8 | 12.2 |
| Officers Compensation 14 | 2.0 | • | 18.2 | 5.4 | • | 4.6 | 3.5 | 2.3 | 2.0 | 2.5 | 1.4 | 1.1 | 0.5 |
| Operating Margin 15 | • | • | • | • | • | • | • | 0.5 | • | 2.9 | 0.8 | • | • |
| Oper. Margin Before Officers Compensation 16 | • | • | • | • | • | 3.8 | 2.3 | 2.8 | 1.5 | 5.4 | 2.2 | • | • |
| **Selected Average Balance Sheet ($ in Thousands)** | | | | | | | | | | | | | |
| Net Receivables 17 | 895 | • | 10 | 0 | • | 166 | 550 | 1926 | 3290 | 6400 | 12778 | 20425 | 157588 |
| Inventories 18 | 434 | • | 13 | 22 | • | 120 | 270 | 686 | 1364 | 4077 | 10854 | 13277 | 65493 |
| Net Property, Plant and Equipment 19 | 1999 | • | 4 | 66 | • | 259 | 880 | 3156 | 6147 | 17123 | 25396 | 85222 | 381068 |
| Total Assets 20 | 5114 | • | 37 | 136 | • | 690 | 2137 | 7297 | 16423 | 38875 | 66880 | 157813 | 1040415 |

| | | | | | | | | | | | |
|---|---|---|---|---|---|---|---|---|---|---|---|
| Notes and Loans Payable **21** | 2396 | 14 | 107 | • | 277 | 606 | 2210 | 5268 | 11958 | 20441 | 69475 | 580818 |
| All Other Liabilities **22** | 1286 | 6 | 3 | • | 191 | 477 | 1411 | 2908 | 5891 | 10855 | 26147 | 305003 |
| Net Worth **23** | 1432 | 17 | 26 | • | 222 | 1053 | 3675 | 8247 | 21026 | 35583 | 62191 | 154594 |

**Selected Financial Ratios (Times to 1)**

| | | | | | | | | | | | | |
|---|---|---|---|---|---|---|---|---|---|---|---|---|
| Current Ratio **24** | 1.1 | 1.8 | 3.3 | • | 1.4 | 1.8 | 1.8 | 1.7 | 1.8 | 2.5 | 1.1 | 0.8 |
| Quick Ratio **25** | 0.7 | 1.1 | 1.4 | • | 0.9 | 1.3 | 1.3 | 1.1 | 1.1 | 1.4 | 0.6 | 0.5 |
| Net Sales to Working Capital **26** | 48.7 | 12.8 | 14.6 | • | 17.2 | 7.9 | 7.4 | 6.5 | 7.6 | 4.5 | 41.9 | • |
| Coverage Ratio **27** | 1.1 | • | • | • | 1.4 | 1.6 | 2.2 | 3.9 | 3.6 | 2.7 | 1.1 | 0.8 |
| Total Asset Turnover **28** | 1.0 | 4.9 | 5.0 | • | 2.4 | 1.9 | 1.7 | 1.2 | 1.3 | 1.3 | 1.0 | 0.6 |
| Inventory Turnover **29** | 8.1 | 5.2 | • | • | 5.7 | 8.9 | • | 8.2 | 7.0 | 6.1 | • | 7.5 |
| Receivables Turnover **30** | 6.0 | • | • | • | 9.3 | 6.3 | 6.3 | 5.0 | 6.8 | 7.3 | 8.1 | 4.7 |
| Total Liabilities to Net Worth **31** | 2.6 | 1.2 | 4.2 | • | 2.1 | 1.0 | 1.0 | 1.0 | 0.9 | 0.9 | 1.5 | 5.7 |

**Selected Financial Factors (in Percentages)**

| | | | | | | | | | | | | |
|---|---|---|---|---|---|---|---|---|---|---|---|---|
| Debt Ratio **32** | 72.0 | 54.9 | 80.9 | • | 67.8 | 50.7 | 49.6 | 49.8 | 45.9 | 46.8 | 60.6 | 85.2 |
| Return on Assets **33** | 5.8 | • | • | • | 4.4 | 5.2 | 6.6 | 10.1 | 11.0 | 7.2 | 5.4 | 5.0 |
| Return on Equity **34** | • | • | • | • | 1.2 | 1.7 | 3.9 | 10.8 | 10.4 | 6.0 | • | • |
| Return Before Interest on Equity **35** | 20.7 | • | • | • | 13.7 | 10.6 | 13.2 | 20.2 | 20.2 | 13.6 | 13.7 | 33.9 |
| Profit Margin, Before Income Tax **36** | 0.6 | • | • | • | 0.5 | 1.1 | 2.2 | 6.1 | 5.9 | 3.5 | 0.4 | • |
| Profit Margin, After Income Tax **37** | • | • | • | • | 0.2 | 0.5 | 1.2 | 4.4 | 4.2 | 2.4 | • | • |

**Trends in Selected Ratios and Factors, 1986-1994**

| | 1986 | 1987 | 1988 | 1989 | 1990 | 1991 | 1992 | 1993 | 1994 |
|---|---|---|---|---|---|---|---|---|---|
| Cost of Operations (%) **38** | 71.4 | 69.5 | 69.0 | 68.9 | 67.5 | 68.7 | 70.4 | 71.5 | 71.3 |
| Operating Margin (%) **39** | • | • | 1.4 | 0.7 | 1.9 | 0.1 | • | • | • |
| Oper. Margin Before Officers Comp. (%) **40** | • | 0.9 | 3.3 | 2.5 | 3.9 | 2.0 | 0.8 | • | • |
| Average Net Receivables ($) **41** | 400 | 440 | 631 | 605 | 595 | 647 | 614 | 759 | 895 |
| Average Inventories ($) **42** | 321 | 272 | 341 | 309 | 298 | 329 | 322 | 433 | 434 |
| Average Net Worth ($) **43** | 948 | 892 | 1335 | 1414 | 1329 | 1468 | 836 | 1229 | 1432 |
| Current Ratio (x1) **44** | 1.8 | 1.9 | 1.7 | 1.8 | 1.5 | 1.6 | 1.6 | 1.4 | 1.1 |
| Quick Ratio (x1) **45** | 1.0 | 1.2 | 1.1 | 1.2 | 1.0 | 1.0 | 1.1 | 0.9 | 0.7 |
| Coverage Ratio (x1) **46** | 0.9 | 1.8 | 2.8 | 2.8 | 3.3 | 3.2 | 2.2 | 1.2 | 1.1 |
| Asset Turnover (x1) **47** | 1.3 | 1.4 | 1.4 | 1.5 | 1.2 | 1.3 | 1.3 | 1.1 | 1.0 |
| Total Liabilities/Net Worth (x1) **48** | 1.4 | 1.4 | 1.2 | 1.1 | 1.6 | 1.5 | 3.1 | 3.1 | 2.6 |
| Return on Assets (x1) **49** | 5.3 | 7.6 | 11.0 | 12.4 | 10.8 | 10.2 | 9.5 | 6.3 | 5.8 |
| Return on Equity (%) **50** | • | 2.6 | 8.3 | 9.4 | 11.8 | 11.2 | 13.7 | 1.2 | • |

## 115

## Table II

Corporations with Net Income

# CONCRETE, GYPSUM, AND PLASTER PRODUCTS

### MONEY AMOUNTS AND SIZE OF ASSETS IN THOUSANDS OF DOLLARS

| Item Description for Accounting Period 7/90 Through 6/91 | Total | Zero Assets | Under 100 | 100 to 250 | 251 to 500 | 501 to 1,000 | 1,001 to 5,000 | 5,001 to 10,000 | 10,001 to 25,000 | 25,001 to 50,000 | 50,001 to 100,000 | 100,001 to 250,000 | 250,001 and over |
|---|---|---|---|---|---|---|---|---|---|---|---|---|---|
| Number of Enterprises **1** | 2595 | 3 | 619 | 343 | 413 | 410 | 644 | 72 | 55 | 19 | 7 | 5 | 5 |
| **Revenues ($ in Thousands)** | | | | | | | | | | | | | |
| Net Sales **2** | 10851 | 9 | 98 | 123 | 433 | 720 | 2668 | 912 | 1111 | 1068 | 678 | 1020 | 2012 |
| Portfolio Income **3** | 277 | 17 | 0 | 1 | 3 | 5 | 29 | 10 | 49 | 17 | 12 | 24 | 111 |
| Other Revenues **4** | 141 | • | 2 | 0 | 1 | 5 | 30 | 6 | 38 | 17 | 9 | 10 | 23 |
| Total Revenues **5** | 11269 | 26 | 100 | 124 | 437 | 730 | 2727 | 928 | 1198 | 1102 | 699 | 1054 | 2145 |
| Average Total Revenues **6** | 4343 | 8728 | 162 | 362 | 1057 | 1780 | 4235 | 12884 | 21783 | 57995 | 99804 | 210735 | 428978 |
| **Operating Costs/Operating Income (%)** | | | | | | | | | | | | | |
| Cost of Operations **7** | 67.2 | 66.4 | 27.9 | 53.5 | 55.2 | 59.0 | 64.9 | 73.0 | 69.4 | 71.1 | 70.6 | 71.6 | 69.1 |
| Rent **8** | 0.9 | • | 3.1 | 0.4 | 5.5 | 0.6 | 0.8 | 0.5 | 0.6 | 0.3 | 1.2 | 0.3 | 0.8 |
| Taxes Paid **9** | 2.9 | • | 6.3 | 6.7 | 4.0 | 4.0 | 2.8 | 2.8 | 3.2 | 2.3 | 2.4 | 2.7 | 2.6 |
| Interest Paid **10** | 3.1 | 3.1 | 1.1 | 1.5 | 1.3 | 1.1 | 1.5 | 1.3 | 2.1 | 1.5 | 1.2 | 4.0 | 9.2 |
| Depreciation, Depletion, Amortization **11** | 4.7 | 5.2 | 0.8 | 3.3 | 3.4 | 4.0 | 3.8 | 3.6 | 4.6 | 5.2 | 3.7 | 6.6 | 6.1 |
| Pensions and Other Benefits **12** | 1.5 | 0.3 | 3.2 | 1.6 | 0.6 | 0.9 | 1.6 | 1.1 | 1.3 | 1.6 | 3.1 | 1.7 | 1.5 |
| Other **13** | 15.1 | 3.1 | 33.8 | 17.0 | 20.7 | 23.4 | 18.1 | 9.9 | 16.4 | 9.5 | 11.7 | 12.0 | 13.4 |
| Officers Compensation **14** | 2.7 | 0.8 | 22.5 | 11.6 | 3.2 | 5.2 | 3.7 | 2.5 | 2.0 | 2.7 | 1.3 | 1.1 | 0.7 |
| Operating Margin **15** | 2.0 | 21.1 | 1.4 | 4.4 | 6.1 | 1.8 | 2.9 | 5.3 | 0.5 | 5.8 | 5.0 | 0.2 | • |
| Oper. Margin Before Officers Compensation **16** | 4.7 | 21.9 | 23.8 | 16.0 | 9.2 | 7.0 | 6.6 | 7.8 | 2.5 | 8.5 | 6.2 | 1.3 | • |
| **Selected Average Balance Sheet ($ in Thousands)** | | | | | | | | | | | | | |
| Net Receivables **17** | 548 | • | 11 | • | 116 | 189 | 557 | 2255 | 3188 | 6485 | 14620 | 24351 | 49350 |
| Inventories **18** | 321 | • | 14 | 10 | 36 | 89 | 270 | 544 | 1217 | 4131 | 13521 | 17462 | 45795 |
| Net Property, Plant and Equipment **19** | 1336 | • | 5 | 83 | 117 | 240 | 843 | 2540 | 5546 | 15475 | 21178 | 91644 | 271651 |
| Total Assets **20** | 3065 | • | 38 | 122 | 328 | 667 | 2147 | 7141 | 16482 | 39410 | 69787 | 170388 | 517197 |

| | 1 | 2 | 3 | 4 | 5 | 6 | 7 | 8 | 9 | 10 | 11 | 12 | 13 |
|---|---|---|---|---|---|---|---|---|---|---|---|---|---|
| Notes and Loans Payable **21** | 981 | • | 15 | 51 | 67 | 189 | 497 | 1614 | 4275 | 9060 | 5584 | 55201 | 250975 |
| All Other Liabilities **22** | 550 | • | 6 | 0 | 83 | 161 | 431 | 1381 | 2914 | 5777 | 11691 | 35073 | 83884 |
| Net Worth **23** | 1533 | • | 16 | 71 | 178 | 317 | 1219 | 4146 | 9294 | 24574 | 52512 | 80114 | 182339 |

## Selected Financial Ratios (Times to 1)

| | 1 | 2 | 3 | 4 | 5 | 6 | 7 | 8 | 9 | 10 | 11 | 12 | 13 |
|---|---|---|---|---|---|---|---|---|---|---|---|---|---|
| Current Ratio **24** | 2.1 | 1.7 | • | 1.7 | 2.0 | 2.3 | 2.4 | 1.8 | 2.3 | 1.8 | 3.9 | 2.3 | 1.5 |
| Quick Ratio **25** | 1.3 | 0.9 | • | 1.3 | 1.4 | 1.6 | 1.8 | 1.2 | 1.4 | 1.2 | 2.3 | 1.3 | 0.7 |
| Net Sales to Working Capital **26** | 6.3 | 12.6 | • | 9.3 | 12.9 | 9.8 | 6.0 | 5.2 | 5.8 | 5.9 | 3.0 | 6.3 | 9.7 |
| Coverage Ratio **27** | 2.9 | 4.2 | • | 4.7 | 4.0 | 4.5 | 6.3 | 5.1 | 6.4 | 6.8 | 7.8 | 1.9 | 1.4 |
| Total Asset Turnover **28** | 1.4 | 4.2 | • | 2.9 | 2.6 | 1.9 | 1.8 | 1.2 | 1.4 | 1.4 | 1.4 | 1.2 | 0.8 |
| Inventory Turnover **29** | 8.3 | 6.3 | • | 9.1 | 8.4 | 8.0 | • | 7.0 | 6.3 | • | • | 8.7 | 6.6 |
| Receivables Turnover **30** | 7.1 | • | • | • | • | 9.3 | 5.8 | 5.4 | • | 7.9 | 7.6 | 8.7 | 7.9 |
| Total Liabilities to Net Worth **31** | 1.0 | 1.3 | • | 0.7 | 0.9 | 1.1 | 0.8 | 0.7 | 0.8 | 0.6 | 0.3 | 1.1 | 1.8 |

## Selected Financial Factors (in Percentages)

| | 1 | 2 | 3 | 4 | 5 | 6 | 7 | 8 | 9 | 10 | 11 | 12 | 13 |
|---|---|---|---|---|---|---|---|---|---|---|---|---|---|
| Debt Ratio **32** | 50.0 | 57.0 | • | 42.1 | 52.5 | 45.7 | 43.2 | 43.6 | 37.7 | 24.8 | — | 53.0 | 64.8 |
| Return on Assets **33** | 12.2 | 19.2 | • | 20.0 | 26.5 | 11.3 | 12.6 | 12.8 | 14.9 | 14.9 | — | 12.6 | 9.8 |
| Return on Equity **34** | 12.6 | 31.8 | • | 27.0 | 39.8 | 15.2 | 16.9 | 13.8 | 15.7 | 11.5 | — | 7.2 | 5.2 |
| Return Before Interest on Equity **35** | 24.4 | • | • | 34.6 | • | 23.8 | 25.7 | 22.7 | 23.9 | 16.7 | — | 19.2 | 27.9 |
| Profit Margin, Before Income Tax **36** | 5.8 | 3.5 | • | 5.4 | 7.0 | 3.2 | 5.1 | 8.4 | 7.1 | 8.9 | — | 7.9 | 3.5 |
| Profit Margin, After Income Tax **37** | 4.6 | 3.2 | • | 5.3 | 6.8 | 2.8 | 4.2 | 6.4 | 5.5 | 6.9 | — | 6.2 | 2.3 |

## Trends in Selected Ratios and Factors, 1986–1994

| | 1986 | 1987 | 1988 | 1989 | 1990 | 1991 | 1992 | 1993 | 1994 |
|---|---|---|---|---|---|---|---|---|---|
| Cost of Operations (%) **38** | 69.4 | 67.8 | 67.2 | 66.9 | 66.2 | 67.9 | 68.5 | 68.2 | 67.2 |
| Operating Margin (%) **39** | 1.6 | 3.5 | 5.1 | 3.4 | 4.4 | 2.1 | 1.8 | 2.3 | 2.0 |
| Oper. Margin Before Officers Comp. (%) **40** | 3.7 | 5.4 | 7.1 | 5.2 | 6.3 | 3.8 | 4.1 | 4.5 | 4.7 |
| Average Net Receivables ($) **41** | 407 | 590 | 593 | 640 | 765 | 778 | 555 | 625 | 548 |
| Average Inventories ($) **42** | 224 | 286 | 278 | 340 | 364 | 378 | 278 | 355 | 321 |
| Average Net Worth ($) **43** | 1072 | 1329 | 1358 | 1614 | 1931 | 1763 | 682 | 1403 | 1533 |
| Current Ratio (x1) **44** | 1.9 | 2.1 | 1.9 | 2.0 | 1.6 | 1.8 | 1.8 | 1.8 | 2.1 |
| Quick Ratio (x1) **45** | 1.3 | 1.4 | 1.3 | 1.3 | 1.0 | 1.2 | 1.2 | 1.2 | 1.3 |
| Coverage Ratio (x1) **46** | 3.7 | 5.0 | 6.5 | 3.9 | 4.9 | 4.4 | 3.5 | 3.9 | 2.9 |
| Asset Turnover (x1) **47** | 1.5 | 1.6 | 1.7 | 1.6 | 1.3 | 1.4 | 1.5 | 1.5 | 1.4 |
| Operating Leverage **48** | • | 2.2 | 1.5 | 0.7 | 1.3 | 0.5 | 0.8 | 1.3 | 0.9 |
| Financial Leverage **49** | • | 1.1 | 1.0 | 1.0 | 1.1 | 1.1 | 1.0 | 1.1 | 0.9 |
| Total Leverage **50** | • | 2.4 | 1.5 | 0.6 | 1.4 | 0.5 | 0.8 | 1.5 | 0.8 |

## Table I

Corporations with and without Net Income

# OTHER NONMETALLIC MINERAL PRODUCTS

### MONEY AMOUNTS AND SIZE OF ASSETS IN THOUSANDS OF DOLLARS

| Item Description for Accounting Period 7/90 Through 6/91 | Total | Zero Assets | Under 100 | 100 to 250 | 251 to 500 | 501 to 1,000 | 1,001 to 5,000 | 5,001 to 10,000 | 10,001 to 25,000 | 25,001 to 50,000 | 50,001 to 100,000 | 100,001 to 250,000 | 250,001 and over |
|---|---|---|---|---|---|---|---|---|---|---|---|---|---|
| Number of Enterprises **1** | 3509 | 100 | 1203 | 489 | 651 | 310 | 535 | 114 | 52 | 25 | 13 | 11 | 6 |
| **Revenues ($ in Thousands)** | | | | | | | | | | | | | |
| Net Sales **2** | 13927 | 868 | 135 | 75 | 329 | 402 | 2550 | 1077 | 929 | 1025 | 939 | 1353 | 4245 |
| Portfolio Income **3** | 476 | 284 | 1 | 4 | 0 | 1 | 15 | 9 | 4 | 9 | 15 | 13 | 121 |
| Other Revenues **4** | 452 | 165 | • | 3 | 0 | 14 | 22 | 15 | 37 | 18 | 12 | 14 | 152 |
| Total Revenues **5** | 14854 | 1317 | 136 | 82 | 330 | 416 | 2587 | 1100 | 970 | 1052 | 967 | 1379 | 4518 |
| Average Total Revenues **6** | 4233 | 13166 | 113 | 168 | 507 | 1343 | 4835 | 9652 | 18659 | 42086 | 74371 | 125367 | 752966 |
| **Operating Costs/Operating Income (%)** | | | | | | | | | | | | | |
| Cost of Operations **7** | 67.6 | 70.1 | 14.6 | 57.5 | 67.4 | 67.4 | 65.8 | 75.3 | 66.1 | 74.1 | 70.8 | 69.4 | 65.5 |
| Rent **8** | 1.1 | 0.7 | 9.9 | 6.0 | 0.3 | 1.1 | 1.3 | 0.5 | 0.5 | 0.6 | 0.7 | 0.8 | 1.3 |
| Taxes Paid **9** | 2.5 | 3.8 | 6.2 | 4.0 | 3.9 | 3.0 | 2.7 | 2.4 | 2.4 | 2.0 | 2.3 | 2.5 | 2.0 |
| Interest Paid **10** | 4.0 | 3.6 | 0.5 | 1.6 | 5.1 | 2.7 | 1.7 | 2.8 | 3.1 | 3.4 | 3.9 | 4.6 | 6.2 |
| Depreciation, Depletion, Amortization **11** | 4.1 | 3.6 | 2.1 | 2.6 | 3.9 | 5.6 | 2.9 | 3.2 | 6.5 | 4.9 | 4.6 | 5.3 | 3.8 |
| Pensions and Other Benefits **12** | 2.3 | 3.0 | • | 5.2 | 1.1 | 1.6 | 2.1 | 1.5 | 1.9 | 1.9 | 2.5 | 2.9 | 2.6 |
| Other **13** | 17.6 | 21.8 | 60.3 | 20.8 | 20.9 | 11.8 | 18.2 | 13.6 | 19.4 | 14.3 | 14.4 | 15.0 | 18.4 |
| Officers Compensation **14** | 2.4 | 2.7 | 9.1 | 11.1 | 4.3 | 5.0 | 5.1 | 1.9 | 2.9 | 1.7 | 1.0 | 1.4 | 0.9 |
| Operating Margin **15** | • | • | • | • | • | 1.9 | 0.4 | • | • | • | • | • | • |
| Oper. Margin Before Officers Compensation **16** | 0.9 | • | 6.6 | 2.4 | • | 6.9 | 5.5 | 0.8 | 0.3 | • | 0.8 | • | 0.2 |
| **Selected Average Balance Sheet ($ in Thousands)** | | | | | | | | | | | | | |
| Net Receivables **17** | 578 | • | • | 30 | 57 | 147 | 584 | 1427 | 3002 | 6364 | 12147 | 29445 | 109833 |
| Inventories **18** | 599 | • | • | 43 | 62 | 133 | 502 | 2189 | 3646 | 6726 | 12461 | 24377 | 115425 |
| Net Property, Plant and Equipment **19** | 1224 | • | 8 | 39 | 106 | 300 | 704 | 1742 | 5933 | 15969 | 22494 | 62875 | 306305 |
| Total Assets **20** | 4995 | • | 28 | 162 | 320 | 667 | 2255 | 7171 | 16464 | 37158 | 67837 | 161291 | 1755398 |

| | | | | | | | | | | | | |
|---|---|---|---|---|---|---|---|---|---|---|---|---|
| Notes and Loans Payable **21** | 1664 | 15 | 43 | 249 | 351 | 834 | 3419 | 5883 | 15315 | 22418 | 64990 | 499697 |
| All Other Liabilities **22** | 855 | 0 | 62 | 51 | 97 | 545 | 1837 | 2784 | 6019 | 13585 | 41412 | 246484 |
| Net Worth **23** | 2475 | 13 | 57 | 20 | 219 | 876 | 1915 | 7796 | 15823 | 31834 | 54889 | 1009216 |

**Selected Financial Ratios (Times to 1)**

| | | | | | | | | | | | | |
|---|---|---|---|---|---|---|---|---|---|---|---|---|
| Current Ratio **24** | 1.6 | • | 1.3 | 2.2 | 1.9 | 1.5 | 1.6 | 1.8 | 1.6 | 2.1 | 1.5 | 1.4 |
| Quick Ratio **25** | 0.8 | • | 0.6 | 1.0 | 1.1 | 0.8 | 0.8 | 0.9 | 0.8 | 1.1 | 0.8 | 0.7 |
| Net Sales to Working Capital **26** | 7.6 | 5.7 | 8.0 | 4.9 | 8.2 | 11.4 | 6.0 | 5.0 | 6.4 | 4.9 | 6.2 | 8.3 |
| Coverage Ratio **27** | 2.5 | 15.0 | 1.5 | • | 3.1 | 2.1 | 1.4 | 1.6 | 1.0 | 1.7 | 1.1 | 2.1 |
| Total Asset Turnover **28** | 0.8 | 4.0 | 1.0 | 1.6 | 2.0 | 2.1 | 1.3 | 1.1 | 1.1 | 1.1 | 0.8 | 0.4 |
| Inventory Turnover **29** | 4.7 | • | 4.1 | 5.8 | 6.3 | 6.4 | 3.6 | 2.7 | 5.5 | 3.9 | 2.4 | 5.5 |
| Receivables Turnover **30** | 6.4 | • | • | • | 7.4 | 9.1 | 7.2 | 5.2 | 7.4 | 5.7 | 3.2 | 5.9 |
| Total Liabilities to Net Worth **31** | 1.0 | • | 1.9 | 15.1 | 2.1 | 1.6 | 2.8 | 1.1 | 1.4 | 1.1 | 1.9 | 0.7 |

**Selected Financial Factors (in Percentages)**

| | | | | | | | | | | | | |
|---|---|---|---|---|---|---|---|---|---|---|---|---|
| Debt Ratio **32** | 50.5 | 53.5 | 64.9 | 93.8 | 67.1 | 61.2 | 73.3 | 52.7 | 57.4 | 53.1 | 66.0 | 42.5 |
| Return on Assets **33** | 7.9 | • | 2.1 | • | 16.0 | 7.5 | 4.9 | 5.2 | 3.8 | 7.1 | 3.7 | 5.2 |
| Return on Equity **34** | 5.8 | • | 1.0 | • | 26.9 | 7.1 | 0.1 | 0.5 | 4.0 | 4.0 | • | 3.1 |
| Return Before Interest on Equity **35** | 15.9 | • | 6.1 | • | • | 19.2 | 18.5 | 10.9 | 15.1 | 8.9 | 10.9 | 9.1 |
| Profit Margin, Before Income Tax **36** | 5.9 | • | 0.7 | • | • | 5.6 | 1.9 | 1.0 | 1.7 | 2.7 | 0.3 | 6.8 |
| Profit Margin, After Income Tax **37** | 3.6 | 32.6 | 0.4 | • | • | 4.6 | 1.3 | • | 0.2 | 1.7 | • | 4.4 |

**Trends in Selected Ratios and Factors, 1986-1994**

| | 1986 | 1987 | 1988 | 1989 | 1990 | 1991 | 1992 | 1993 | 1994 |
|---|---|---|---|---|---|---|---|---|---|
| Cost of Operations (%) **38** | 68.0 | 68.4 | 66.8 | 68.7 | 66.0 | 66.8 | 67.0 | 67.2 | 67.6 |
| Operating Margin (%) **39** | • | • | 1.4 | 0.1 | 0.9 | • | 1.6 | • | • |
| Oper. Margin Before Officers Comp. (%) **40** | • | 1.3 | 3.5 | 2.0 | 2.9 | 1.8 | 4.4 | 2.5 | 0.9 |
| Average Net Receivables ($) **41** | 491 | 767 | 669 | 838 | 522 | 707 | 532 | 938 | 578 |
| Average Inventories ($) **42** | 438 | 578 | 538 | 690 | 476 | 557 | 496 | 782 | 599 |
| Average Net Worth ($) **43** | 1231 | 1677 | 1576 | 2106 | 778 | 1237 | 893 | 1565 | 2475 |
| Current Ratio (x1) **44** | 1.7 | 1.9 | 1.8 | 2.0 | 1.5 | 1.9 | 1.8 | 1.6 | 1.6 |
| Quick Ratio (x1) **45** | 0.9 | 1.1 | 1.0 | 1.1 | 0.8 | 1.0 | 0.9 | 0.9 | 0.8 |
| Coverage Ratio (x1) **46** | 1.5 | 2.5 | 3.7 | 3.2 | 2.8 | 2.5 | 3.1 | 2.1 | 2.5 |
| Asset Turnover (x1) **47** | 1.3 | 1.4 | 1.4 | 1.3 | 1.4 | 1.3 | 1.4 | 1.2 | 0.8 |
| Total Liabilities/Net Worth (x1) **48** | 1.0 | 1.0 | 1.0 | 1.0 | 2.4 | 1.9 | 2.1 | 2.1 | 1.0 |
| Return on Assets (x1) **49** | 5.1 | 6.9 | 9.4 | 7.5 | 8.8 | 11.6 | 13.4 | 9.4 | 7.9 |
| Return on Equity (%) **50** | 0.1 | 3.4 | 6.6 | 5.1 | 9.9 | 12.1 | 18.4 | 10.0 | 5.8 |

# Table II

Corporations with Net Income

# OTHER NONMETALLIC MINERAL PRODUCTS

## MONEY AMOUNTS AND SIZE OF ASSETS IN THOUSANDS OF DOLLARS

| Item Description for Accounting Period 7/90 Through 6/91 | Total | Zero Assets | Under 100 | 100 to 250 | 251 to 500 | 501 to 1,000 | 1,001 to 5,000 | 5,001 to 10,000 | 10,001 to 25,000 | 25,001 to 50,000 | 50,001 to 100,000 | 100,001 to 250,000 | 250,001 and over |
|---|---|---|---|---|---|---|---|---|---|---|---|---|---|
| Number of Enterprises **1** | 1801 | 5 | 631 | 146 | 209 | 259 | 418 | 69 | 29 | 16 | • | 6 | • |
| **Revenues ($ in Thousands)** | | | | | | | | | | | | | |
| Net Sales **2** | 11308 | 802 | 134 | • | 123 | 324 | 2367 | 768 | 609 | 738 | • | 946 | • |
| Portfolio Income **3** | 433 | 283 | 1 | 4 | 0 | 1 | 7 | 7 | 3 | 3 | • | 7 | • |
| Other Revenues **4** | 383 | 160 | • | 1 | 0 | 14 | 21 | 3 | 7 | 11 | • | 10 | • |
| Total Revenues **5** | 12124 | 1246 | 136 | 5 | 123 | 339 | 2395 | 778 | 618 | 752 | • | 962 | • |
| Average Total Revenues **6** | 6732 | 249130 | 215 | 32 | 591 | 1308 | 5730 | 11281 | 21316 | 47009 | • | 160358 | • |
| **Operating Costs/Operating Income (%)** | | | | | | | | | | | | | |
| Cost of Operations **7** | 66.3 | 68.8 | 13.3 | • | 43.9 | 63.9 | 65.8 | 74.8 | 59.3 | 69.0 | • | 71.3 | • |
| Rent **8** | 1.1 | 0.8 | 8.7 | • | 0.1 | 1.4 | 1.2 | 0.3 | 0.4 | 0.7 | • | 0.9 | • |
| Taxes Paid **9** | 2.5 | 3.9 | 6.2 | • | 4.4 | 3.1 | 2.6 | 2.3 | 2.2 | 2.3 | • | 2.9 | • |
| Interest Paid **10** | 3.5 | 3.2 | • | • | 5.2 | 2.7 | 1.4 | 1.8 | 2.1 | 2.6 | • | 2.8 | • |
| Depreciation, Depletion, Amortization **11** | 3.6 | 3.7 | 1.4 | • | 2.7 | 6.4 | 2.5 | 2.4 | 4.9 | 4.6 | • | 4.1 | • |
| Pensions and Other Benefits **12** | 2.4 | 3.2 | • | • | 1.4 | 1.9 | 2.1 | 1.8 | 1.2 | 2.1 | • | 3.3 | • |
| Other **13** | 17.2 | 20.2 | 58.2 | • | 35.7 | 12.1 | 17.3 | 11.5 | 18.9 | 12.9 | • | 12.9 | • |
| Officers Compensation **14** | 2.2 | 2.9 | 9.1 | • | 3.0 | 6.0 | 4.4 | 1.6 | 3.3 | 1.5 | • | 0.8 | • |
| Operating Margin **15** | 1.3 | • | 3.3 | • | 3.7 | 2.5 | 2.7 | 3.6 | 7.7 | 4.3 | • | 1.2 | • |
| Oper. Margin Before Officers Compensation **16** | 3.5 | • | 12.4 | • | 6.7 | 8.6 | 7.1 | 5.2 | 11.1 | 5.7 | • | 1.9 | • |
| **Selected Average Balance Sheet ($ in Thousands)** | | | | | | | | | | | | | |
| Net Receivables **17** | 868 | • | • | 71 | 48 | 147 | 678 | 1565 | 3317 | 6730 | • | 41088 | • |
| Inventories **18** | 847 | • | • | 2 | 85 | 155 | 538 | 2481 | 2909 | 7232 | • | 26600 | • |
| Net Property, Plant and Equipment **19** | 1678 | • | 3 | • | 142 | 296 | 732 | 1766 | 4792 | 13059 | • | 50562 | • |
| Total Assets **20** | 7971 | • | 41 | 205 | 341 | 691 | 2426 | 7359 | 15324 | 36458 | • | 159474 | • |

| | | | | | | | | | |
|---|---|---|---|---|---|---|---|---|---|
| Notes and Loans Payable 21 | 2210 | 4 | • | 218 | 360 | 847 | 2044 | 3909 | 12533 | 47981 |
| All Other Liabilities 22 | 1350 | 0 | 33 | 29 | 91 | 627 | 2067 | 2596 | 6087 | 52151 |
| Net Worth 23 | 4411 | 37 | 172 | 94 | 241 | 953 | 3247 | 8819 | 17839 | 59343 |

## Selected Financial Ratios (Times to 1)

| | | | | | | | | | | |
|---|---|---|---|---|---|---|---|---|---|---|
| Current Ratio 24 | 1.6 | • | • | 2.1 | 2.1 | 1.5 | 1.8 | 3.0 | 1.8 | 1.6 |
| Quick Ratio 25 | 0.8 | • | • | 0.8 | 1.2 | 0.9 | 0.9 | 1.7 | 0.8 | 0.9 |
| Net Sales to Working Capital 26 | 7.8 | 5.6 | • | 6.0 | 6.6 | 11.9 | 5.0 | 3.6 | 5.7 | 5.4 |
| Coverage Ratio 27 | 3.8 | • | 3.2 | 1.8 | 3.6 | 3.8 | 3.7 | 5.4 | 3.3 | 2.1 |
| Total Asset Turnover 28 | 0.8 | 5.2 | • | 1.7 | 1.8 | 2.3 | 1.5 | 1.4 | 1.3 | 1.0 |
| Inventory Turnover 29 | 4.8 | • | • | 4.5 | 5.7 | 8.0 | 3.3 | 2.7 | 8.8 | 8.5 |
| Receivables Turnover 30 | 6.9 | • | • | • | 8.1 | • | 6.5 | 5.0 | • | 7.7 |
| Total Liabilities to Net Worth 31 | 0.8 | 0.1 | 0.2 | 2.6 | 1.9 | 1.6 | 1.3 | 0.7 | 1.1 | 1.7 |

## Selected Financial Factors (in Percentages)

| | | | | | | | | | | |
|---|---|---|---|---|---|---|---|---|---|---|
| Debt Ratio 32 | 44.7 | • | • | 72.5 | 65.2 | 60.7 | 55.9 | 42.5 | 51.1 | 62.8 |
| Return on Assets 33 | 10.2 | 17.2 | 8.0 | 15.9 | 17.6 | 12.5 | 9.9 | 15.5 | 11.1 | 5.7 |
| Return on Equity 34 | 9.5 | 19.1 | 5.6 | 23.2 | 30.0 | 19.7 | 11.8 | 16.5 | 12.6 | 5.5 |
| Return Before Interest on Equity 35 | 18.5 | 19.1 | 9.5 | • | • | 31.7 | 22.4 | 27.0 | 22.7 | 15.2 |
| Profit Margin, Before Income Tax 36 | 9.5 | 3.4 | • | 4.0 | 7.0 | 3.9 | 4.8 | 9.2 | 6.1 | 3.0 |
| Profit Margin, After Income Tax 37 | 6.7 | 3.4 | • | 3.7 | 5.8 | 3.3 | 3.5 | 7.0 | 4.9 | 2.1 |

## Trends in Selected Ratios and Factors, 1986-1994

| | 1986 | 1987 | 1988 | 1989 | 1990 | 1991 | 1992 | 1993 | 1994 |
|---|---|---|---|---|---|---|---|---|---|
| Cost of Operations (%) 38 | 65.7 | 67.0 | 65.9 | 67.3 | 65.2 | 67.0 | 65.7 | 65.5 | 66.3 |
| Operating Margin (%) 39 | 0.6 | 2.2 | 3.4 | 2.1 | 3.2 | 2.9 | 4.3 | 2.3 | 1.3 |
| Oper. Margin Before Officers Comp. (%) 40 | 2.7 | 3.8 | 5.2 | 4.0 | 4.9 | 4.7 | 6.6 | 4.5 | 3.5 |
| Average Net Receivables ($) 41 | 771 | 1128 | 1028 | 1010 | 651 | 940 | 782 | 1147 | 868 |
| Average Inventories ($) 42 | 536 | 786 | 760 | 809 | 557 | 663 | 647 | 1055 | 847 |
| Average Net Worth ($) 43 | 1982 | 2641 | 2503 | 2811 | 750 | 1447 | 1431 | 2291 | 4411 |
| Current Ratio (x1) 44 | 1.9 | 2.0 | 2.0 | 2.2 | 1.5 | 1.8 | 1.8 | 1.7 | 1.6 |
| Quick Ratio (x1) 45 | 1.2 | 1.2 | 1.1 | 1.2 | 0.8 | 1.0 | 1.0 | 0.9 | 0.8 |
| Coverage Ratio (x1) 46 | 3.5 | 4.3 | 5.5 | 4.9 | 4.1 | 3.6 | 4.5 | 3.1 | 3.8 |
| Asset Turnover (x1) 47 | 1.4 | 1.4 | 1.5 | 1.3 | 1.4 | 1.4 | 1.4 | 1.3 | 0.8 |
| Operating Leverage 48 | • | 4.0 | 1.5 | 0.6 | 1.5 | 0.9 | 1.5 | 0.5 | 0.6 |
| Financial Leverage 49 | • | 1.1 | 1.0 | 1.0 | 1.0 | 1.1 | 1.1 | 0.9 | 1.1 |
| Total Leverage 50 | • | 4.2 | 1.6 | 0.6 | 1.5 | 1.0 | 1.7 | 0.5 | 0.6 |

## Table I

Corporations with and without Net Income

# FERROUS METAL INDUSTRIES; MISCELLANEOUS PRIMARY METAL PRODUCTS

MONEY AMOUNTS AND SIZE OF ASSETS IN THOUSANDS OF DOLLARS

| Item Description for Accounting Period 7/90 Through 6/91 | | Total | Zero Assets | Under 100 | 100 to 250 | 251 to 500 | 501 to 1,000 | 1,001 to 5,000 | 5,001 to 10,000 | 10,001 to 25,000 | 25,001 to 50,000 | 50,001 to 100,000 | 100,001 to 250,000 | 250,001 and over |
|---|---|---|---|---|---|---|---|---|---|---|---|---|---|---|
| Number of Enterprises | 1 | 2268 | 36 | • | 680 | 408 | 398 | 409 | 87 | 105 | 43 | 27 | 34 | 41 |
| **Revenues ($ in Thousands)** | | | | | | | | | | | | | | |
| Net Sales | 2 | 68622 | 662 | • | 415 | 300 | 702 | 1985 | 1019 | 2489 | 2235 | 2642 | 7297 | 48876 |
| Portfolio Income | 3 | 1534 | 9 | • | 2 | 4 | 0 | 11 | 4 | 17 | 12 | 16 | 117 | 1341 |
| Other Revenues | 4 | 769 | 7 | • | 8 | 6 | 2 | 21 | 9 | 27 | 19 | 19 | 94 | 558 |
| Total Revenues | 5 | 70924 | 678 | • | 425 | 311 | 705 | 2016 | 1032 | 2533 | 2266 | 2677 | 7508 | 50775 |
| Average Total Revenues | 6 | 31272 | 18837 | • | 624 | 761 | 1771 | 4930 | 11861 | 24121 | 52689 | 99131 | 220818 | 1238420 |
| **Operating Costs/Operating Income (%)** | | | | | | | | | | | | | | |
| Cost of Operations | 7 | 77.9 | 89.2 | • | 60.8 | 50.7 | 72.4 | 76.7 | 74.4 | 78.4 | 78.5 | 79.2 | 80.9 | 77.6 |
| Rent | 8 | 1.1 | 0.4 | • | 6.0 | 3.0 | 1.5 | 1.2 | 0.6 | 0.6 | 0.3 | 0.5 | 0.4 | 1.3 |
| Taxes Paid | 9 | 1.9 | 0.8 | • | 3.5 | 4.8 | 2.5 | 2.3 | 2.7 | 2.0 | 1.9 | 1.5 | 1.7 | 1.8 |
| Interest Paid | 10 | 2.8 | 1.8 | • | 2.2 | 2.0 | 2.4 | 1.7 | 1.7 | 2.3 | 2.3 | 2.6 | 2.4 | 3.0 |
| Depreciation, Depletion, Amortization | 11 | 3.9 | 1.3 | • | 0.9 | 3.9 | 2.7 | 2.6 | 3.1 | 4.8 | 3.6 | 4.2 | 3.2 | 4.1 |
| Pensions and Other Benefits | 12 | 3.8 | 0.9 | • | 1.4 | 2.7 | 2.1 | 1.6 | 2.9 | 2.2 | 1.9 | 1.8 | 2.5 | 4.4 |
| Other | 13 | 11.7 | 8.3 | • | 15.2 | 33.9 | 15.8 | 10.3 | 11.7 | 8.1 | 9.8 | 9.1 | 10.1 | 12.2 |
| Officers Compensation | 14 | 0.7 | 1.2 | • | 8.2 | 10.9 | 4.3 | 4.0 | 2.1 | 2.0 | 1.5 | 0.9 | 0.6 | 0.3 |
| Operating Margin | 15 | • | • | • | 2.0 | • | • | • | 0.9 | • | 0.3 | 0.4 | • | • |
| Oper. Margin Before Officers Compensation | 16 | • | • | • | 10.1 | • | 0.8 | 3.8 | 3.0 | 1.7 | 1.8 | 1.3 | • | • |
| **Selected Average Balance Sheet ($ in Thousands)** | | | | | | | | | | | | | | |
| Net Receivables | 17 | 4226 | • | • | 39 | 86 | 163 | 637 | 1342 | 3063 | 7977 | 12385 | 33033 | 169722 |
| Inventories | 18 | 4089 | • | • | 35 | 10 | 189 | 415 | 1105 | 2944 | 6747 | 17006 | 36302 | 161257 |
| Net Property, Plant and Equipment | 19 | 9656 | • | • | 14 | 155 | 282 | 744 | 2803 | 7102 | 12203 | 27671 | 57851 | 419055 |
| Total Assets | 20 | 26422 | • | • | 150 | 370 | 726 | 2273 | 6966 | 15859 | 31812 | 70397 | 164625 | 1154068 |

| | C1 | C2 | C3 | C4 | C5 | C6 | C7 | C8 | C9 | C10 | C11 | C12 |
|---|---|---|---|---|---|---|---|---|---|---|---|---|
| Notes and Loans Payable **21** | 8132 | • | 62 | 200 | 534 | 1057 | 2107 | 5553 | 12594 | 27009 | 55056 | 335743 |
| All Other Liabilities **22** | 14039 | • | 65 | 46 | 365 | 930 | 1699 | 4178 | 8572 | 16523 | 44252 | 691366 |
| Net Worth **23** | 4251 | • | 23 | 124 | -173 | 286 | 3160 | 6128 | 10647 | 26865 | 65318 | 126959 |

### Selected Financial Ratios (Times to 1)

| | C1 | C2 | C3 | C4 | C5 | C6 | C7 | C8 | C9 | C10 | C11 | C12 |
|---|---|---|---|---|---|---|---|---|---|---|---|---|
| Current Ratio **24** | 1.3 | • | 1.3 | 1.1 | 0.9 | 1.6 | 1.6 | 1.5 | 1.7 | 1.8 | 1.8 | 1.2 |
| Quick Ratio **25** | 0.7 | • | 0.8 | 0.9 | 0.4 | 0.9 | 0.9 | 0.9 | 0.8 | 0.8 | 0.9 | 0.6 |
| Net Sales to Working Capital **26** | 14.5 | • | 22.6 | • | • | 10.0 | 9.4 | 9.2 | 7.7 | 6.4 | 6.1 | 21.7 |
| Coverage Ratio **27** | 0.9 | 0.2 | 3.0 | • | • | 1.8 | 2.2 | 1.6 | 2.0 | 1.7 | 1.5 | 0.8 |
| Total Asset Turnover **28** | 1.2 | • | 4.1 | 2.0 | 2.4 | 2.1 | 1.7 | 1.5 | 1.6 | 1.4 | 1.3 | 1.0 |
| Inventory Turnover **29** | 5.6 | • | • | 5.7 | 7.2 | 9.1 | 5.1 | 5.2 | 4.7 | 4.8 | 5.4 | 5.6 |
| Receivables Turnover **30** | 7.1 | • | • | 9.3 | 9.1 | 7.8 | 4.8 | 6.3 | 6.2 | 8.7 | 7.1 | 7.0 |
| Total Liabilities to Net Worth **31** | 5.2 | • | 5.5 | 2.0 | • | 7.0 | 1.2 | 1.6 | 2.0 | 1.6 | 1.5 | 8.1 |

### Selected Financial Factors (in Percentages)

| | C1 | C2 | C3 | C4 | C5 | C6 | C7 | C8 | C9 | C10 | C11 | C12 |
|---|---|---|---|---|---|---|---|---|---|---|---|---|
| Debt Ratio **32** | 83.9 | • | 84.5 | 66.4 | • | 87.4 | 54.6 | 61.4 | 66.5 | 61.8 | 60.3 | 89.0 |
| Return on Assets **33** | 3.0 | • | 26.5 | • | • | 6.5 | 6.5 | 5.5 | 7.7 | 5.9 | 4.8 | 2.4 |
| Return on Equity **34** | • | • | • | • | 33.4 | 13.0 | 4.5 | 3.8 | 5.9 | 0.9 | 0.6 | • |
| Return Before Interest on Equity **35** | 18.5 | • | • | • | 8.2 | • | 14.3 | 14.2 | 23.0 | 15.5 | 12.0 | 21.3 |
| Profit Margin, Before Income Tax **36** | • | • | 4.3 | • | • | 1.3 | 2.1 | 1.4 | 2.4 | 1.7 | 1.2 | 1.2 |
| Profit Margin, After Income Tax **37** | • | • | 4.1 | • | • | 0.8 | • | 1.0 | 1.2 | 1.7 | 0.2 | • |

### Trends in Selected Ratios and Factors, 1986–1994

| | 1986 | 1987 | 1988 | 1989 | 1990 | 1991 | 1992 | 1993 | 1994 |
|---|---|---|---|---|---|---|---|---|---|
| Cost of Operations (%) **38** | 77.5 | 76.1 | 74.6 | 76.5 | 74.8 | 74.7 | 74.5 | 75.9 | 77.9 |
| Operating Margin (%) **39** | • | • | • | • | • | • | 1.9 | • | • |
| Oper. Margin Before Officers Comp. (%) **40** | • | • | • | • | • | • | 2.7 | • | • |
| Average Net Receivables ($) **41** | 3239 | 3664 | 5258 | 2657 | 3876 | 3520 | 3388 | 3519 | 4226 |
| Average Inventories ($) **42** | 4371 | 3385 | 4531 | 2751 | 3817 | 3041 | 3291 | 3504 | 4089 |
| Average Net Worth ($) **43** | 10960 | 8770 | 10330 | 4758 | 4693 | 3955 | 3491 | 4795 | 4251 |
| Current Ratio (x1) **44** | 1.1 | 1.0 | 1.0 | 1.4 | 1.5 | 1.5 | 1.8 | 1.5 | 1.3 |
| Quick Ratio (x1) **45** | 0.5 | 0.5 | 0.5 | 0.7 | 0.8 | 0.8 | 0.9 | 0.8 | 0.7 |
| Coverage Ratio (x1) **46** | • | • | 0.9 | 0.7 | 1.0 | 2.1 | 3.7 | 2.2 | 0.9 |
| Asset Turnover (x1) **47** | 1.0 | 0.9 | 1.0 | 1.2 | 1.2 | 1.3 | 1.3 | 1.2 | 1.2 |
| Total Liabilities/Net Worth (x1) **48** | 1.9 | 2.3 | 2.5 | 2.3 | 4.0 | 3.7 | 4.5 | 3.6 | 5.2 |
| Return on Assets (x1) **49** | • | • | 4.2 | 4.0 | 3.6 | 7.0 | 10.1 | 7.0 | 3.0 |
| Return on Equity (%) **50** | • | • | • | • | 12.3 | 12.3 | 31.9 | 12.3 | • |

# Table II

Corporations with Net Income

## FERROUS METAL INDUSTRIES; MISCELLANEOUS PRIMARY METAL PRODUCTS

### MONEY AMOUNTS AND SIZE OF ASSETS IN THOUSANDS OF DOLLARS

| Item Description for Accounting Period 7/90 Through 6/91 | Total | Zero Assets | Under 100 | 100 to 250 | 251 to 500 | 501 to 1,000 | 1,001 to 5,000 | 5,001 to 10,000 | 10,001 to 25,000 | 25,001 to 50,000 | 50,001 to 100,000 | 100,001 to 250,000 | 250,001 and over |
|---|---|---|---|---|---|---|---|---|---|---|---|---|---|
| Number of Enterprises 1 | 1525 | 4 | • | 620 | 236 | 171 | 288 | 55 | 58 | 28 | 18 | 24 | 22 |
| **Revenues ($ in Thousands)** | | | | | | | | | | | | | |
| Net Sales 2 | 37112 | 432 | • | 353 | 186 | 360 | 1607 | 671 | 1726 | 1628 | 1892 | 5183 | 23074 |
| Portfolio Income 3 | 806 | 8 | • | 2 | 3 | 0 | 7 | 3 | 5 | 11 | 14 | 85 | 668 |
| Other Revenues 4 | 305 | 0 | • | 8 | 0 | 2 | 18 | 3 | 17 | 14 | 14 | 76 | 153 |
| Total Revenues 5 | 38223 | 440 | • | 363 | 189 | 362 | 1631 | 678 | 1748 | 1653 | 1920 | 5344 | 23896 |
| Average Total Revenues 6 | 25064 | 109882 | • | 585 | 801 | 2117 | 5663 | 12319 | 30138 | 59027 | 106687 | 222653 | 1086177 |
| **Operating Costs/Operating Income (%)** | | | | | | | | | | | | | |
| Cost of Operations 7 | 77.6 | 94.5 | • | 56.5 | 28.2 | 70.1 | 76.5 | 73.9 | 76.2 | 77.1 | 77.3 | 76.7 | 78.6 |
| Rent 8 | 0.9 | 0.1 | • | 6.5 | 3.7 | 1.1 | 1.0 | 0.2 | 0.4 | 0.2 | 0.3 | 0.4 | 1.0 |
| Taxes Paid 9 | 1.9 | 0.3 | • | 4.0 | 5.7 | 1.6 | 2.1 | 1.8 | 2.0 | 2.1 | 1.5 | 1.7 | 1.9 |
| Interest Paid 10 | 2.0 | 1.1 | • | 2.4 | 1.1 | 1.7 | 1.3 | 1.3 | 1.1 | 1.2 | 1.9 | 2.2 | 2.2 |
| Depreciation, Depletion, Amortization 11 | 3.4 | 0.7 | • | 1.1 | 2.9 | 1.6 | 1.7 | 2.4 | 4.0 | 3.1 | 3.9 | 3.4 | 3.6 |
| Pensions and Other Benefits 12 | 3.0 | • | • | 1.6 | 2.5 | 1.8 | 1.2 | 1.6 | 2.1 | 2.2 | 1.4 | 2.6 | 3.6 |
| Other 13 | 7.9 | 1.7 | • | 16.3 | 41.5 | 14.3 | 9.2 | 11.7 | 7.1 | 8.0 | 7.6 | 10.1 | 7.0 |
| Officers Compensation 14 | 1.0 | 0.7 | • | 8.9 | 11.8 | 4.5 | 3.9 | 1.9 | 2.1 | 1.7 | 1.0 | 0.7 | 0.4 |
| Operating Margin 15 | 2.5 | 1.0 | • | 2.9 | 2.8 | 3.3 | 3.2 | 5.3 | 5.2 | 4.6 | 5.2 | 2.2 | 1.9 |
| Oper. Margin Before Officers Compensation 16 | 3.4 | 1.7 | • | 11.7 | 14.5 | 7.8 | 7.1 | 7.2 | 7.3 | 6.3 | 6.2 | 2.9 | 2.2 |
| **Selected Average Balance Sheet ($ in Thousands)** | | | | | | | | | | | | | |
| Net Receivables 17 | 3802 | • | • | 40 | 114 | 212 | 655 | 1376 | 3314 | 8889 | 12818 | 28289 | 186122 |
| Inventories 18 | 3304 | • | • | 22 | 5 | 169 | 474 | 1361 | 3679 | 6619 | 16988 | 38482 | 143422 |
| Net Property, Plant and Equipment 19 | 7171 | • | • | 13 | 143 | 212 | 600 | 2421 | 6257 | 12521 | 27830 | 63988 | 354626 |
| Total Assets 20 | 18147 | • | • | 142 | 409 | 717 | 2166 | 7320 | 16139 | 32366 | 73540 | 167313 | 870887 |

| | | | | | | | | | | | |
|---|---|---|---|---|---|---|---|---|---|---|---|
| Notes and Loans Payable 21 | 6175 | • | 47 | 92 | 365 | 741 | 2022 | 3577 | 8570 | 19722 | 48965 | 318257 |
| All Other Liabilities 22 | 11613 | • | 68 | 33 | 219 | 414 | 1686 | 3643 | 8008 | 16885 | 44704 | 708995 |
| Net Worth 23 | 359 | • | 27 | 284 | 133 | 1011 | 3612 | 8919 | 15789 | 36934 | 73644 | -156366 |

## Selected Financial Ratios (Times to 1)

| | | | | | | | | | | | | |
|---|---|---|---|---|---|---|---|---|---|---|---|---|
| Current Ratio 24 | 1.6 | • | 1.4 | 2.2 | 1.2 | 2.0 | 2.3 | 2.3 | 1.9 | 2.3 | 1.9 | 1.5 |
| Quick Ratio 25 | 0.9 | • | 0.9 | 2.1 | 0.6 | 1.1 | 1.3 | 1.3 | 1.1 | 1.2 | 0.9 | 0.8 |
| Net Sales to Working Capital 26 | 7.9 | • | 21.5 | 9.3 | 33.3 | 7.9 | 5.8 | 6.0 | 7.0 | 4.8 | 5.8 | 9.0 |
| Coverage Ratio 27 | 3.8 | 3.7 | 3.4 | 5.1 | 3.3 | 4.6 | 5.8 | 7.0 | 6.9 | 4.5 | 3.4 | 3.6 |
| Total Asset Turnover 28 | 1.4 | • | 4.0 | 1.9 | 2.9 | 2.6 | 1.7 | 1.9 | 1.8 | 1.4 | 1.3 | 1.2 |
| Inventory Turnover 29 | 4.4 | • | • | 2.1 | 6.8 | 9.0 | 3.8 | 4.7 | 4.6 | 4.9 | 8.6 | • |
| Receivables Turnover 30 | 5.8 | • | • | 7.5 | 7.2 | 7.8 | 4.0 | 6.2 | 6.0 | 8.9 | • | • |
| Total Liabilities to Net Worth 31 | 49.5 | • | 4.2 | 0.5 | 4.4 | 1.2 | 1.0 | 0.8 | 1.1 | 1.0 | 1.3 | • |

## Selected Financial Factors (in Percentages)

| | | | | | | | | | | | | |
|---|---|---|---|---|---|---|---|---|---|---|---|---|
| Debt Ratio 32 | 98.0 | • | 80.8 | 30.7 | 81.4 | 53.3 | 50.7 | 44.7 | 51.2 | 49.8 | 56.0 | • |
| Return on Assets 33 | 10.1 | • | 32.1 | 10.8 | 16.4 | 15.4 | 12.6 | 13.8 | 14.9 | 12.2 | 9.7 | 9.2 |
| Return on Equity 34 | • | • | • | 10.2 | • | 22.0 | 16.3 | 19.7 | 20.2 | 13.2 | 11.3 | • |
| Return Before Interest on Equity 35 | • | • | • | 15.5 | • | 32.9 | 25.4 | 25.0 | 30.5 | 24.3 | 22.1 | • |
| Profit Margin, Before Income Tax 36 | 5.6 | 2.8 | 5.6 | 4.5 | 3.9 | 4.7 | 6.2 | 6.4 | 7.1 | 6.6 | 5.3 | 5.5 |
| Profit Margin, After Income Tax 37 | 4.4 | 2.7 | 5.4 | 3.7 | 3.6 | 4.0 | 4.8 | 5.9 | 5.5 | 4.6 | 3.8 | 4.4 |

## Trends in Selected Ratios and Factors, 1986–1994

| | 1986 | 1987 | 1988 | 1989 | 1990 | 1991 | 1992 | 1993 | 1994 |
|---|---|---|---|---|---|---|---|---|---|
| Cost of Operations (%) 38 | 70.9 | 69.6 | 70.4 | 70.9 | 71.0 | 74.0 | 73.7 | 74.9 | 77.6 |
| Operating Margin (%) 39 | 0.3 | 2.5 | 2.9 | • | • | 1.4 | 3.0 | 1.5 | 2.5 |
| Oper. Margin Before Officers Comp. (%) 40 | 1.7 | 4.0 | 4.0 | • | 0.9 | 2.0 | 3.7 | 2.4 | 3.4 |
| Average Net Receivables ($) 41 | 1562 | 1220 | 1795 | 2131 | 2703 | 4233 | 3774 | 3638 | 3802 |
| Average Inventories ($) 42 | 1986 | 1312 | 2126 | 1640 | 3080 | 3479 | 3656 | 4196 | 3304 |
| Average Net Worth ($) 43 | 4183 | 2834 | 4258 | 4127 | 4535 | 4462 | 4154 | 5371 | 359 |
| Current Ratio (x1) 44 | 2.0 | 2.1 | 2.0 | 1.6 | 1.7 | 1.7 | 1.8 | 1.9 | 1.6 |
| Quick Ratio (x1) 45 | 0.9 | 1.0 | 0.9 | 0.9 | 0.8 | 0.9 | 0.9 | 0.9 | 0.9 |
| Coverage Ratio (x1) 46 | 2.5 | 4.0 | 4.0 | 1.7 | 2.7 | 3.3 | 4.2 | 4.2 | 3.8 |
| Asset Turnover (x1) 47 | 1.4 | 1.5 | 1.6 | 1.2 | 1.2 | 1.3 | 1.3 | 1.3 | 1.4 |
| Operating Leverage 48 | • | 10.1 | 1.2 | • | 0.0 | • | 2.2 | 0.5 | 1.7 |
| Financial Leverage 49 | • | 1.2 | 1.0 | 0.6 | 1.5 | 1.3 | 1.1 | 1.0 | 1.0 |
| Total Leverage 50 | • | 11.8 | 1.2 | • | 0.0 | • | 2.5 | 0.5 | 1.6 |

## Table I

Corporations with and without Net Income

# NONFERROUS METAL INDUSTRIES

### MONEY AMOUNTS AND SIZE OF ASSETS IN THOUSANDS OF DOLLARS

| Item Description for Accounting Period 7/90 Through 6/91 | Total | Zero Assets | Under 100 | 100 to 250 | 251 to 500 | 501 to 1,000 | 1,001 to 5,000 | 5,001 to 10,000 | 10,001 to 25,000 | 25,001 to 50,000 | 50,001 to 100,000 | 100,001 to 250,000 | 250,001 and over |
|---|---|---|---|---|---|---|---|---|---|---|---|---|---|
| Number of Enterprises **1** | 2398 | 345 | 852 | 38 | 168 | 206 | 489 | 102 | 95 | 37 | 18 | 15 | 31 |

**Revenues ($ in Thousands)**

| | | | | | | | | | | | | | |
|---|---|---|---|---|---|---|---|---|---|---|---|---|---|
| Net Sales **2** | 73773 | 1587 | 495 | 14 | 167 | 300 | 3264 | 2362 | 2922 | 1848 | 3356 | 3397 | 54062 |
| Portfolio Income **3** | 1846 | 2 | 2 | • | 0 | 3 | 7 | 5 | 21 | 17 | 20 | 66 | 1702 |
| Other Revenues **4** | 1463 | 68 | 5 | • | 1 | 0 | 10 | 5 | 35 | 20 | 36 | 46 | 1237 |
| Total Revenues **5** | 77082 | 1657 | 502 | 14 | 168 | 303 | 3281 | 2372 | 2977 | 1885 | 3412 | 3508 | 57001 |
| Average Total Revenues **6** | 32144 | 4804 | 589 | 378 | 1002 | 1471 | 6709 | 23259 | 31340 | 50953 | 189579 | 233865 | 1838744 |

**Operating Costs/Operating Income (%)**

| | | | | | | | | | | | | | |
|---|---|---|---|---|---|---|---|---|---|---|---|---|---|
| Cost of Operations **7** | 80.8 | 95.9 | 75.7 | 98.7 | 67.2 | 76.1 | 81.3 | 85.5 | 82.5 | 76.3 | 84.8 | 82.4 | 79.9 |
| Rent **8** | 0.6 | 0.1 | 3.9 | 11.8 | 3.3 | 1.1 | 0.4 | 0.3 | 0.2 | 0.4 | 0.1 | 0.3 | 0.7 |
| Taxes Paid **9** | 1.7 | 0.3 | 1.7 | 0.6 | 4.3 | 2.4 | 1.7 | 0.9 | 1.4 | 1.5 | 1.0 | 1.3 | 1.8 |
| Interest Paid **10** | 2.7 | 0.4 | 2.4 | 10.4 | 2.9 | 1.8 | 1.1 | 0.6 | 1.7 | 2.5 | 1.4 | 3.7 | 3.0 |
| Depreciation, Depletion, Amortization **11** | 4.0 | 0.3 | 2.2 | 2.9 | 2.8 | 3.8 | 1.7 | 1.1 | 2.6 | 2.7 | 1.9 | 2.9 | 4.7 |
| Pensions and Other Benefits **12** | 1.7 | 0.4 | 0.6 | • | 4.8 | 0.2 | 1.2 | 0.9 | 1.3 | 1.2 | 0.6 | 2.4 | 1.9 |
| Other **13** | 8.7 | 2.3 | 12.6 | 68.2 | 8.5 | 12.2 | 7.7 | 7.1 | 8.7 | 10.8 | 5.5 | 9.4 | 9.0 |
| Officers Compensation **14** | 0.8 | 0.2 | 1.8 | • | 5.4 | 8.4 | 2.7 | 4.4 | 1.8 | 1.5 | 0.7 | 0.5 | 0.4 |
| Operating Margin **15** | • | 0.3 | • | • | 0.8 | • | 2.2 | • | • | 3.1 | 4.1 | • | • |
| Oper. Margin Before Officers Compensation **16** | • | 0.4 | 1.0 | • | 6.2 | 2.6 | 4.9 | 3.8 | 1.7 | 4.6 | 4.8 | • | • |

**Selected Average Balance Sheet ($ in Thousands)**

| | | | | | | | | | | | | | |
|---|---|---|---|---|---|---|---|---|---|---|---|---|---|
| Net Receivables **17** | 4700 | • | 12 | 29 | 109 | 149 | 595 | 2159 | 4019 | 7881 | 21388 | 36174 | 293477 |
| Inventories **18** | 3307 | • | 17 | 38 | 28 | 78 | 375 | 2092 | 3362 | 7133 | 15236 | 30670 | 199298 |
| Net Property, Plant and Equipment **19** | 9451 | • | 23 | 31 | 152 | 235 | 680 | 1577 | 5224 | 11228 | 25738 | 51336 | 642895 |
| Total Assets **20** | 28927 | • | 61 | 223 | 337 | 757 | 2012 | 7517 | 15698 | 35652 | 77604 | 147525 | 1965214 |

| | | | | | | | | | | | | |
|---|---|---|---|---|---|---|---|---|---|---|---|---|
| Notes and Loans Payable 21 | 8485 | • | 33 | 471 | 187 | 318 | 700 | 2461 | 5177 | 12987 | 28093 | 61244 | 555302 |
| All Other Liabilities 22 | 7865 | • | 8 | 190 | 139 | 194 | 492 | 1993 | 4306 | 10273 | 21213 | 110900 | 500144 |
| Net Worth 23 | 12576 | • | 20 | -438 | 11 | 245 | 820 | 3063 | 6215 | 12392 | 28298 | -24619 | 909768 |

## Selected Financial Ratios (Times to 1)

| | | | | | | | | | | | | |
|---|---|---|---|---|---|---|---|---|---|---|---|---|
| Current Ratio 24 | 1.5 | 2.7 | 0.5 | 1.2 | 2.5 | 1.9 | 1.9 | 1.4 | 1.5 | 1.6 | 1.3 | 1.5 |
| Quick Ratio 25 | 0.8 | 1.4 | 0.3 | 1.0 | 1.1 | 1.2 | 1.0 | 0.8 | 0.8 | 0.9 | 0.7 | 0.8 |
| Net Sales to Working Capital 26 | 9.4 | 25.5 | • | 39.3 | 5.2 | 11.8 | 9.3 | 12.2 | 7.7 | 11.3 | 12.4 | 8.7 |
| Coverage Ratio 27 | 2.5 | 1.3 | 13.5 | 1.6 | • | 3.5 | 0.7 | 2.0 | 3.0 | 5.2 | 1.1 | 2.6 |
| Total Asset Turnover 28 | 1.1 | 9.5 | 1.7 | 3.0 | 1.9 | 3.3 | 3.1 | 2.0 | 1.4 | 2.4 | 1.5 | 0.9 |
| Inventory Turnover 29 | 7.5 | • | • | 5.2 | • | • | • | 6.8 | 5.8 | • | 6.9 | 6.9 |
| Receivables Turnover 30 | 6.7 | • | • | 5.3 | 10.0 | • | • | 7.5 | 5.5 | 8.8 | 7.2 | 6.2 |
| Total Liabilities to Net Worth 31 | 1.3 | 2.0 | • | 30.4 | 2.1 | 1.5 | 1.5 | 1.5 | 1.9 | 1.8 | • | 1.2 |

## Selected Financial Factors (in Percentages)

| | | | | | | | | | | | | |
|---|---|---|---|---|---|---|---|---|---|---|---|---|
| Debt Ratio 32 | 56.5 | 66.8 | • | 96.8 | 67.6 | 59.3 | 59.3 | 60.4 | 65.3 | 63.5 | • | 53.7 |
| Return on Assets 33 | 7.2 | 28.5 | • | 13.6 | • | 12.6 | 1.2 | 6.8 | 10.7 | 17.2 | 6.3 | 6.8 |
| Return on Equity 34 | 6.5 | 16.5 | • | • | • | 18.4 | • | 4.7 | 14.1 | 33.8 | 7.2 | 5.8 |
| Return Before Interest on Equity 35 | 16.5 | • | • | • | • | 31.0 | 2.9 | 17.1 | 30.7 | 14.7 | • | 14.7 |
| Profit Margin, Before Income Tax 36 | 4.1 | 0.7 | 4.6 | 1.8 | • | 2.7 | • | 1.7 | 5.1 | 5.8 | 0.4 | 4.7 |
| Profit Margin, After Income Tax 37 | 2.7 | 0.6 | 4.1 | 1.6 | • | 2.3 | • | 1.0 | 3.5 | 5.1 | • | 3.0 |

## Trends in Selected Ratios and Factors, 1986-1994

| | 1986 | 1987 | 1988 | 1989 | 1990 | 1991 | 1992 | 1993 | 1994 |
|---|---|---|---|---|---|---|---|---|---|
| Cost of Operations (%) 38 | 79.7 | 82.0 | 80.2 | 82.3 | 81.7 | 83.4 | 80.8 | 79.6 | 80.8 |
| Operating Margin (%) 39 | • | • | • | • | • | • | 0.9 | 0.4 | • |
| Oper. Margin Before Officers Comp. (%) 40 | • | • | • | • | • | • | 1.8 | 1.2 | • |
| Average Net Receivables ($) 41 | 6954 | 8094 | 11672 | 7035 | 7715 | 4411 | 6186 | 3323 | 4700 |
| Average Inventories ($) 42 | 4020 | 3646 | 3573 | 2991 | 2743 | 3135 | 4306 | 2478 | 3307 |
| Average Net Worth ($) 43 | 14184 | 14742 | 13419 | 11872 | 11863 | 10947 | 13582 | 9241 | 12576 |
| Current Ratio (x1) 44 | 1.4 | 1.2 | 1.6 | 1.2 | 1.1 | 1.7 | 1.7 | 1.6 | 1.5 |
| Quick Ratio (x1) 45 | 0.8 | 0.8 | 1.1 | 0.7 | 0.8 | 0.9 | 1.0 | 0.8 | 0.8 |
| Coverage Ratio (x1) 46 | 0.7 | 0.8 | 1.1 | 0.8 | 1.2 | 2.1 | 3.1 | 3.2 | 2.5 |
| Asset Turnover (x1) 47 | 0.6 | 0.7 | 0.7 | 0.7 | 0.7 | 1.1 | 1.3 | 1.1 | 1.1 |
| Total Liabilities/Net Worth (x1) 48 | 1.6 | 1.6 | 1.9 | 1.9 | 1.9 | 1.3 | 1.5 | 1.4 | 1.3 |
| Return on Assets (x1) 49 | 3.3 | 3.1 | 4.9 | 4.1 | 5.0 | 5.7 | 9.4 | 9.7 | 7.2 |
| Return on Equity (%) 50 | • | • | • | • | 0.9 | 4.8 | 12.0 | 12.2 | 6.5 |

# Table II

Corporations with Net Income

# NONFERROUS METAL INDUSTRIES

### MONEY AMOUNTS AND SIZE OF ASSETS IN THOUSANDS OF DOLLARS

| Item Description for Accounting Period 7/90 Through 6/91 | Total | Zero Assets | Under 100 | 100 to 250 | 251 to 500 | 501 to 1,000 | 1,001 to 5,000 | 5,001 to 10,000 | 10,001 to 25,000 | 25,001 to 50,000 | 50,001 to 100,000 | 100,001 to 250,000 | 250,001 and over |
|---|---|---|---|---|---|---|---|---|---|---|---|---|---|
| Number of Enterprises **1** | 993 | 9 | 222 | · | 168 | · | 392 | 59 | 71 | 29 | 13 | 10 | 21 |

**Revenues ($ in Thousands)**

| | Total | Zero Assets | Under 100 | 100 to 250 | 251 to 500 | 501 to 1,000 | 1,001 to 5,000 | 5,001 to 10,000 | 10,001 to 25,000 | 25,001 to 50,000 | 50,001 to 100,000 | 100,001 to 250,000 | 250,001 and over |
|---|---|---|---|---|---|---|---|---|---|---|---|---|---|
| Net Sales **2** | 62708 | 1575 | 237 | · | 167 | · | 2771 | 1528 | 2199 | 1441 | 2853 | 2356 | 47583 |
| Portfolio Income **3** | 1497 | 2 | 1 | · | 0 | · | 5 | 3 | 12 | 13 | 18 | 12 | 1430 |
| Other Revenues **4** | 932 | 68 | 5 | · | 1 | · | 6 | 2 | 30 | 16 | 35 | 33 | 735 |
| Total Revenues **5** | 65137 | 1644 | 243 | · | 168 | · | 2781 | 1533 | 2241 | 1470 | 2907 | 2401 | 49748 |
| Average Total Revenues **6** | 65596 | 182708 | 1093 | · | 1002 | · | 7095 | 25988 | 31566 | 50696 | 223602 | 240134 | 2368943 |

**Operating Costs/Operating Income (%)**

| | Total | Zero Assets | Under 100 | 100 to 250 | 251 to 500 | 501 to 1,000 | 1,001 to 5,000 | 5,001 to 10,000 | 10,001 to 25,000 | 25,001 to 50,000 | 50,001 to 100,000 | 100,001 to 250,000 | 250,001 and over |
|---|---|---|---|---|---|---|---|---|---|---|---|---|---|
| Cost of Operations **7** | 80.6 | 96.1 | 65.7 | · | 67.2 | · | 81.8 | 81.5 | 79.8 | 74.6 | 84.4 | 79.7 | 80.2 |
| Rent **8** | 0.6 | 0.3 | 3.1 | · | 3.3 | · | 0.4 | 0.3 | 0.2 | 0.5 | 0.1 | 0.3 | 0.6 |
| Taxes Paid **9** | 1.7 | 0.3 | 2.0 | · | 4.3 | · | 1.6 | 1.0 | 1.6 | 1.6 | 1.1 | 1.3 | 1.8 |
| Interest Paid **10** | 2.1 | 0.4 | 4.5 | · | 2.9 | · | 0.9 | 0.4 | 1.4 | 2.4 | 0.8 | 1.4 | 2.4 |
| Depreciation, Depletion, Amortization **11** | 3.6 | 0.3 | 3.2 | · | 2.8 | · | 1.6 | 1.2 | 2.4 | 2.7 | 1.4 | 2.8 | 4.2 |
| Pensions and Other Benefits **12** | 1.7 | 0.3 | 1.2 | · | 4.8 | · | 1.2 | 0.9 | 1.6 | 1.1 | 0.6 | 2.5 | 1.9 |
| Other **13** | 7.8 | 1.1 | 17.5 | · | 8.5 | · | 6.9 | 6.8 | 8.0 | 10.7 | 5.6 | 8.1 | 8.1 |
| Officers Compensation **14** | 0.7 | 0.2 | 3.0 | · | 5.4 | · | 2.6 | 6.1 | 2.2 | 1.6 | 0.8 | 0.6 | 0.4 |
| Operating Margin **15** | 1.2 | 1.4 | · | · | 0.8 | · | 3.1 | 1.9 | 2.9 | 5.0 | 5.4 | 3.4 | 0.6 |
| Oper. Margin Before Officers Compensation **16** | 2.0 | 1.5 | 2.8 | · | 6.2 | · | 5.7 | 8.0 | 5.1 | 6.6 | 6.2 | 4.0 | 0.9 |

**Selected Average Balance Sheet ($ in Thousands)**

| | Total | Zero Assets | Under 100 | 100 to 250 | 251 to 500 | 501 to 1,000 | 1,001 to 5,000 | 5,001 to 10,000 | 10,001 to 25,000 | 25,001 to 50,000 | 50,001 to 100,000 | 100,001 to 250,000 | 250,001 and over |
|---|---|---|---|---|---|---|---|---|---|---|---|---|---|
| Net Receivables **17** | 9130 | · | · | · | 109 | · | 590 | 2306 | 4244 | 7871 | 22557 | 40052 | 355105 |
| Inventories **18** | 6434 | · | · | · | 28 | · | 374 | 2378 | 3739 | 7403 | 16043 | 33436 | 241626 |
| Net Property, Plant and Equipment **19** | 17592 | · | 46 | · | 152 | · | 681 | 1466 | 4521 | 9604 | 23082 | 48694 | 747297 |
| Total Assets **20** | 57020 | · | 70 | · | 337 | · | 2027 | 7465 | 15851 | 35114 | 74769 | 146708 | 2415741 |

| | | | | | | | | | | |
|---|---|---|---|---|---|---|---|---|---|---|
| Notes and Loans Payable 21 | 14348 | • | 1 | 187 | 657 | 1419 | 3897 | 12310 | 16143 | 36052 | 603368 |
| All Other Liabilities 22 | 14694 | • | 2 | 139 | 479 | 1691 | 3800 | 9420 | 25977 | 47153 | 615604 |
| Net Worth 23 | 27977 | • | 67 | 11 | 891 | 4354 | 8154 | 13384 | 32649 | 63502 | 1196769 |

## Selected Financial Ratios (Times to 1)

| | | | | | | | | | | |
|---|---|---|---|---|---|---|---|---|---|---|
| Current Ratio 24 | 1.5 | 8.9 | 1.2 | 2.0 | 2.6 | 1.8 | 1.7 | 1.7 | 1.8 | 1.5 |
| Quick Ratio 25 | 0.8 | 8.9 | 1.0 | 1.3 | 1.4 | 1.0 | 1.0 | 1.0 | 1.0 | 0.8 |
| Net Sales to Working Capital 26 | 9.3 | • | 39.3 | 11.3 | 7.5 | 7.5 | 6.2 | 10.9 | 6.3 | 9.3 |
| Coverage Ratio 27 | 3.6 | 1.5 | 1.6 | 4.8 | 6.0 | 4.4 | 4.0 | 10.6 | 4.9 | 3.4 |
| Total Asset Turnover 28 | 1.1 | • | 3.0 | 3.5 | 3.5 | 2.0 | 1.4 | 2.9 | 1.6 | 0.9 |
| Inventory Turnover 29 | 7.6 | • | • | • | • | 6.1 | 5.5 | • | • | • |
| Receivables Turnover 30 | 6.7 | • | 8.8 | • | • | 7.2 | 5.1 | 9.4 | • | • |
| Total Liabilities to Net Worth 31 | 1.0 | 0.1 | 30.4 | 1.3 | 0.7 | 1.0 | 1.6 | 1.3 | 1.3 | 1.0 |

## Selected Financial Factors (in Percentages)

| | | | | | | | | | | |
|---|---|---|---|---|---|---|---|---|---|---|
| Debt Ratio 32 | 50.9 | 4.3 | 96.8 | 56.1 | 41.7 | 48.6 | 61.9 | 56.3 | 56.7 | 50.5 |
| Return on Assets 33 | 8.5 | • | 13.6 | 15.2 | 9.1 | 12.1 | 13.3 | 23.5 | 10.8 | 7.6 |
| Return on Equity 34 | 8.9 | 33.5 | • | 23.2 | 11.2 | 14.5 | 18.5 | • | 13.3 | 7.3 |
| Return Before Interest on Equity 35 | 17.3 | • | • | 34.6 | 15.6 | 23.4 | 34.8 | • | 24.9 | 15.4 |
| Profit Margin, Before Income Tax 36 | 5.6 | 2.3 | 1.8 | 3.5 | 2.2 | 4.8 | 7.0 | 7.3 | 5.3 | 5.7 |
| Profit Margin, After Income Tax 37 | 3.9 | 2.1 | 1.6 | 2.9 | 1.9 | 3.8 | 5.0 | 6.5 | 3.6 | 3.9 |

## Trends in Selected Ratios and Factors, 1986-1994

| | 1986 | 1987 | 1988 | 1989 | 1990 | 1991 | 1992 | 1993 | 1994 |
|---|---|---|---|---|---|---|---|---|---|
| Cost of Operations (%) 38 | 76.8 | 82.7 | 80.0 | 84.3 | 80.5 | 81.7 | 77.4 | 79.2 | 80.6 |
| Operating Margin (%) 39 | • | • | • | • | • | • | 2.2 | 1.3 | 1.2 |
| Oper. Margin Before Officers Comp. (%) 40 | • | • | • | 0.5 | • | • | 3.2 | 2.1 | 2.0 |
| Average Net Receivables ($) 41 | 7618 | 8282 | 11726 | 1840 | 6788 | 3346 | 7596 | 6204 | 9130 |
| Average Inventories ($) 42 | 2530 | 2672 | 2412 | 1653 | 1640 | 2447 | 5047 | 4480 | 6434 |
| Average Net Worth ($) 43 | 12332 | 13994 | 11133 | 6263 | 11409 | 11074 | 17598 | 18044 | 27977 |
| Current Ratio (x1) 44 | 1.2 | 1.2 | 1.7 | 1.8 | 1.1 | 1.8 | 1.7 | 1.6 | 1.5 |
| Quick Ratio (x1) 45 | 0.9 | 0.9 | 1.3 | 1.0 | 0.8 | 1.0 | 1.0 | 0.8 | 0.8 |
| Coverage Ratio (x1) 46 | 1.4 | 1.3 | 1.5 | 2.3 | 1.4 | 2.9 | 3.7 | 3.8 | 3.6 |
| Asset Turnover (x1) 47 | 0.5 | 0.7 | 0.7 | 1.6 | 0.5 | 1.0 | 1.1 | 1.0 | 1.1 |
| Operating Leverage 48 | • | 0.6 | 0.9 | 0.1 | 34.3 | 0.1 | • | 0.6 | 1.0 |
| Financial Leverage 49 | • | 0.7 | 1.6 | 1.9 | 0.6 | 2.3 | 1.2 | 1.0 | 0.9 |
| Total Leverage 50 | • | 0.5 | 1.5 | 0.1 | 19.2 | 0.2 | • | 0.6 | 0.9 |

## Table I

Corporations with and without Net Income

# METAL CANS AND SHIPPING CONTAINERS

### MONEY AMOUNTS AND SIZE OF ASSETS IN THOUSANDS OF DOLLARS

| Item Description for Accounting Period 7/90 Through 6/91 | Total | Zero Assets | Under 100 | 100 to 250 | 251 to 500 | 501 to 1,000 | 1,001 to 5,000 | 5,001 to 10,000 | 10,001 to 25,000 | 25,001 to 50,000 | 50,001 to 100,000 | 100,001 to 250,000 | 250,001 and over |
|---|---|---|---|---|---|---|---|---|---|---|---|---|---|
| Number of Enterprises **1** | 153 | • | • | • | • | 81 | 38 | • | 19 | 6 | 3 | 3 | 4 |

**Revenues ($ in Thousands)**

| Item Description for Accounting Period 7/90 Through 6/91 | Total | Zero Assets | Under 100 | 100 to 250 | 251 to 500 | 501 to 1,000 | 1,001 to 5,000 | 5,001 to 10,000 | 10,001 to 25,000 | 25,001 to 50,000 | 50,001 to 100,000 | 100,001 to 250,000 | 250,001 and over |
|---|---|---|---|---|---|---|---|---|---|---|---|---|---|
| Net Sales **2** | 9003 | • | • | • | • | 136 | 186 | • | 705 | 426 | 297 | 842 | 6410 |
| Portfolio Income **3** | 660 | • | • | • | • | 1 | 0 | • | 2 | 0 | 1 | 4 | 651 |
| Other Revenues **4** | 310 | • | • | • | • | • | 1 | • | 4 | 1 | 1 | 2 | 301 |
| Total Revenues **5** | 9972 | • | • | • | • | 137 | 187 | • | 711 | 428 | 299 | 848 | 7362 |
| Average Total Revenues **6** | 65177 | • | • | • | • | 1690 | 4909 | • | 37438 | 71285 | 99592 | 282787 | 1840599 |

**Operating Costs/Operating Income (%)**

| Item Description for Accounting Period 7/90 Through 6/91 | Total | Zero Assets | Under 100 | 100 to 250 | 251 to 500 | 501 to 1,000 | 1,001 to 5,000 | 5,001 to 10,000 | 10,001 to 25,000 | 25,001 to 50,000 | 50,001 to 100,000 | 100,001 to 250,000 | 250,001 and over |
|---|---|---|---|---|---|---|---|---|---|---|---|---|---|
| Cost of Operations **7** | 81.0 | • | • | • | • | 71.6 | 48.7 | • | 82.9 | 83.7 | 82.8 | 71.2 | 83.0 |
| Rent **8** | 0.8 | • | • | • | • | 1.4 | 0.2 | • | 0.4 | 0.3 | 0.1 | 0.7 | 1.0 |
| Taxes Paid **9** | 2.0 | • | • | • | • | 4.2 | 2.7 | • | 1.5 | 1.2 | 0.9 | 2.2 | 2.1 |
| Interest Paid **10** | 5.9 | • | • | • | • | 1.0 | 0.7 | • | 1.8 | 3.2 | 5.5 | 2.8 | 7.2 |
| Depreciation, Depletion, Amortization **11** | 3.4 | • | • | • | • | 2.3 | 2.5 | • | 2.3 | 2.6 | 4.4 | 3.1 | 3.7 |
| Pensions and Other Benefits **12** | 1.3 | • | • | • | • | 4.0 | 0.8 | • | 1.3 | 1.1 | 1.1 | 2.1 | 1.2 |
| Other **13** | 9.2 | • | • | • | • | 8.1 | 22.3 | • | 10.7 | 4.3 | 5.8 | 13.9 | 8.6 |
| Officers Compensation **14** | 1.0 | • | • | • | • | 8.2 | 11.9 | • | 0.9 | 0.8 | 0.8 | 0.8 | 0.6 |
| Operating Margin **15** | • | • | • | • | • | • | 10.2 | • | • | 2.8 | • | 3.1 | • |
| Oper. Margin Before Officers Compensation **16** | • | • | • | • | • | 7.6 | 22.1 | • | • | 3.7 | • | 3.9 | • |

**Selected Average Balance Sheet ($ in Thousands)**

| Item Description for Accounting Period 7/90 Through 6/91 | Total | Zero Assets | Under 100 | 100 to 250 | 251 to 500 | 501 to 1,000 | 1,001 to 5,000 | 5,001 to 10,000 | 10,001 to 25,000 | 25,001 to 50,000 | 50,001 to 100,000 | 100,001 to 250,000 | 250,001 and over |
|---|---|---|---|---|---|---|---|---|---|---|---|---|---|
| Net Receivables **17** | 19061 | • | • | • | • | 177 | 236 | • | 3931 | 8540 | 10081 | 30108 | 661654 |
| Inventories **18** | 6999 | • | • | • | • | 25 | 137 | • | 3928 | 7529 | 10926 | 38401 | 198952 |
| Net Property, Plant and Equipment **19** | 17643 | • | • | • | • | 216 | 918 | • | 5653 | 9822 | 34368 | 82780 | 532281 |
| Total Assets **20** | 105067 | • | • | • | • | 600 | 1711 | • | 15141 | 32119 | 71745 | 195518 | 3669864 |

## Selected Financial Ratios and Factors

| | | | | | | | | | | |
|---|---|---|---|---|---|---|---|---|---|---|
| Notes and Loans Payable 21 | 19713 | • | 323 | 352 | • | 5402 | 15909 | 50605 | 90121 | 589056 |
| All Other Liabilities 22 | 41345 | • | 162 | 468 | • | 5081 | 9005 | 21216 | 47820 | 1484292 |
| Net Worth 23 | 44009 | • | 114 | 890 | • | 4658 | 7204 | -76 | 57578 | 1596515 |

### Selected Financial Ratios (Times to 1)

| | | | | | | | | | | |
|---|---|---|---|---|---|---|---|---|---|---|
| Current Ratio 24 | 1.0 | • | 1.1 | 1.6 | • | 1.2 | 1.6 | 0.6 | 1.9 | 1.0 |
| Quick Ratio 25 | 0.7 | • | 0.9 | 1.2 | • | 0.7 | 0.8 | 0.4 | 0.9 | 0.7 |
| Net Sales to Working Capital 26 | • | • | • | 19.2 | • | 22.6 | 12.0 | • | 7.1 | • |
| Coverage Ratio 27 | 2.2 | • | 1.2 | • | • | 0.6 | 2.0 | 0.9 | 2.4 | 2.2 |
| Total Asset Turnover 28 | 0.6 | • | 2.8 | 2.9 | • | 2.5 | 2.2 | 1.4 | 1.4 | 0.4 |
| Inventory Turnover 29 | 8.0 | • | • | • | • | 8.8 | 6.6 | • | 5.2 | 8.2 |
| Receivables Turnover 30 | 3.8 | • | • | • | • | 10.0 | 6.5 | • | 9.4 | 3.0 |
| Total Liabilities to Net Worth 31 | 1.4 | • | 4.2 | 0.9 | • | 2.3 | 3.5 | • | 2.4 | 1.3 |

### Selected Financial Factors (in Percentages)

| | | | | | | | | | | |
|---|---|---|---|---|---|---|---|---|---|---|
| Debt Ratio 32 | 58.1 | • | 80.9 | 48.0 | • | 69.2 | 77.6 | • | 70.6 | 56.5 |
| Return on Assets 33 | 7.2 | • | 3.4 | 32.5 | • | 2.4 | 14.0 | 6.4 | 9.5 | 7.0 |
| Return on Equity 34 | 6.7 | • | 0.1 | • | • | 25.7 | • | • | 11.9 | 6.5 |
| Return Before Interest on Equity 35 | 17.1 | • | 17.5 | • | • | 7.6 | • | • | 32.2 | 16.1 |
| Profit Margin, Before Income Tax 36 | 6.9 | • | 0.2 | 10.7 | • | • | 3.1 | • | 3.8 | 8.9 |
| Profit Margin, After Income Tax 37 | 5.0 | • | • | 8.9 | • | • | 2.6 | • | 2.4 | 6.5 |

### Trends in Selected Ratios and Factors, 1986-1994

| | 1986 | 1987 | 1988 | 1989 | 1990 | 1991 | 1992 | 1993 | 1994 |
|---|---|---|---|---|---|---|---|---|---|
| Cost of Operations (%) 38 | 74.9 | 73.2 | 72.8 | 71.1 | 70.7 | 76.8 | 78.8 | 80.6 | 81.0 |
| Operating Margin (%) 39 | • | • | • | • | • | • | • | • | • |
| Oper. Margin Before Officers Comp. (%) 40 | • | • | • | 0.1 | • | • | • | • | • |
| Average Net Receivables ($) 41 | 11271 | 4186 | 6616 | 3362 | 5523 | 11450 | 5353 | 18571 | 19061 |
| Average Inventories ($) 42 | 7002 | 2587 | 3088 | 1791 | 4862 | 9914 | 5464 | 7641 | 6999 |
| Average Net Worth ($) 43 | 57099 | 18434 | 27029 | 8708 | 19148 | 49108 | 37137 | 62493 | 44009 |
| Current Ratio (x1) 44 | 1.7 | 1.2 | 1.4 | 1.4 | 0.9 | 0.9 | 0.8 | 0.9 | 1.0 |
| Quick Ratio (x1) 45 | 0.8 | 0.7 | 0.9 | 0.7 | 0.4 | 0.4 | 0.3 | 0.6 | 0.7 |
| Coverage Ratio (x1) 46 | 1.7 | 1.7 | 2.4 | 2.4 | 2.2 | 2.2 | 2.2 | 1.8 | 2.2 |
| Asset Turnover (x1) 47 | 0.8 | 0.7 | 0.7 | 0.9 | 0.7 | 0.8 | 0.7 | 0.7 | 0.6 |
| Total Liabilities/Net Worth (x1) 48 | 0.8 | 1.3 | 0.8 | 1.2 | 1.7 | 1.3 | 1.0 | 1.1 | 1.4 |
| Return on Assets (x1) 49 | 6.3 | 4.5 | 6.3 | 7.7 | 6.7 | 7.1 | 7.7 | 6.8 | 7.2 |
| Return on Equity (%) 50 | 2.6 | 1.7 | 4.1 | 6.0 | 6.2 | 5.7 | 5.4 | 4.2 | 6.7 |

## Table II

Corporations with Net Income

# METAL CANS AND SHIPPING CONTAINERS

MONEY AMOUNTS AND SIZE OF ASSETS IN THOUSANDS OF DOLLARS

| Item Description for Accounting Period 7/90 Through 6/91 | Total | Zero Assets | Under 100 | 100 to 250 | 251 to 500 | 501 to 1,000 | 1,001 to 5,000 | 5,001 to 10,000 | 10,001 to 25,000 | 25,001 to 50,000 | 50,001 to 100,000 | 100,001 to 250,000 | 250,001 and over |
|---|---|---|---|---|---|---|---|---|---|---|---|---|---|
| Number of Enterprises 1 | 103 | • | • | • | • | 45 | 38 | • | 6 | 6 | • | • | • |
| **Revenues ($ in Thousands)** | | | | | | | | | | | | | |
| Net Sales 2 | 7954 | • | • | • | • | 42 | 186 | • | 164 | 426 | • | • | • |
| Portfolio Income 3 | 658 | • | • | • | • | 1 | 0 | • | 1 | 0 | • | • | • |
| Other Revenues 4 | 306 | • | • | • | • | 0 | 1 | • | 1 | 1 | • | • | • |
| Total Revenues 5 | 8919 | • | • | • | • | 43 | 187 | • | 166 | 428 | • | • | • |
| Average Total Revenues 6 | 86588 | • | • | • | • | 951 | 4909 | • | 27723 | 71285 | • | • | • |
| **Operating Costs/Operating Income (%)** | | | | | | | | | | | | | |
| Cost of Operations 7 | 81.3 | • | • | • | • | 47.3 | 48.7 | • | 86.8 | 83.7 | • | • | • |
| Rent 8 | 0.9 | • | • | • | • | 4.5 | 0.2 | • | 0.7 | 0.3 | • | • | • |
| Taxes Paid 9 | 2.0 | • | • | • | • | 3.3 | 2.7 | • | 0.6 | 1.2 | • | • | • |
| Interest Paid 10 | 6.2 | • | • | • | • | 3.2 | 0.7 | • | 0.6 | 3.2 | • | • | • |
| Depreciation, Depletion, Amortization 11 | 3.5 | • | • | • | • | 6.8 | 2.5 | • | 3.6 | 2.6 | • | • | • |
| Pensions and Other Benefits 12 | 1.1 | • | • | • | • | • | 0.8 | • | 0.3 | 1.1 | • | • | • |
| Other 13 | 9.0 | • | • | • | • | 6.4 | 22.3 | • | 4.7 | 4.3 | • | • | • |
| Officers Compensation 14 | 1.1 | • | • | • | • | 26.7 | 11.9 | • | 0.8 | 0.8 | • | • | • |
| Operating Margin 15 | • | • | • | • | • | 1.8 | 10.2 | • | 2.0 | 2.8 | • | • | • |
| Oper. Margin Before Officers Compensation 16 | • | • | • | • | • | 28.6 | 22.1 | • | 2.8 | 3.7 | • | • | • |
| **Selected Average Balance Sheet ($ in Thousands)** | | | | | | | | | | | | | |
| Net Receivables 17 | 27409 | • | • | • | • | 110 | 236 | • | 3674 | 8540 | • | • | • |
| Inventories 18 | 9328 | • | • | • | • | 2 | 137 | • | 3519 | 7529 | • | • | • |
| Net Property, Plant and Equipment 19 | 23355 | • | • | • | • | 131 | 918 | • | 4878 | 9822 | • | • | • |
| Total Assets 20 | 150570 | • | • | • | • | 564 | 1711 | • | 15420 | 32119 | • | • | • |

| | | | | | | |
|---|---|---|---|---|---|---|
| Notes and Loans Payable 21 | 25695 | • | 258 | 352 | • | 1337 | 15909 |
| All Other Liabilities 22 | 59611 | • | 98 | 468 | • | 3605 | 9005 |
| Net Worth 23 | 65263 | • | 208 | 890 | • | 10478 | 7204 |

**Selected Financial Ratios (Times to 1)**

| | | | | | | |
|---|---|---|---|---|---|---|
| Current Ratio 24 | 1.0 | • | 0.8 | 1.6 | • | 2.4 | 1.6 |
| Quick Ratio 25 | 0.7 | • | 0.7 | 1.2 | • | 1.5 | 0.8 |
| Net Sales to Working Capital 26 | • | • | • | 19.2 | • | 4.6 | 12.0 |
| Coverage Ratio 27 | 2.3 | • | 2.5 | • | • | 6.8 | 2.0 |
| Total Asset Turnover 28 | 0.5 | • | 1.6 | 2.9 | • | 1.8 | 2.2 |
| Inventory Turnover 29 | 8.0 | • | • | • | • | 5.0 | • |
| Receivables Turnover 30 | 3.5 | • | 4.9 | • | • | 5.6 | 9.9 |
| Total Liabilities to Net Worth 31 | 1.3 | • | 1.7 | 0.9 | • | 0.5 | 3.5 |

**Selected Financial Factors (in Percentages)**

| | | | | | | |
|---|---|---|---|---|---|---|
| Debt Ratio 32 | 56.7 | • | 63.1 | 48.0 | • | 32.1 | 77.6 |
| Return on Assets 33 | 7.3 | • | 12.9 | 32.5 | • | 6.7 | 14.0 |
| Return on Equity 34 | 7.0 | • | 17.6 | • | • | 5.5 | 25.7 |
| Return Before Interest on Equity 35 | 16.9 | • | 34.9 | • | • | 9.8 | • |
| Profit Margin, Before Income Tax 36 | 8.1 | • | 4.7 | 10.7 | • | 3.2 | 3.1 |
| Profit Margin, After Income Tax 37 | 5.9 | • | 4.0 | 8.9 | • | 2.1 | 2.6 |

**Trends in Selected Ratios and Factors, 1986-1994**

| | 1986 | 1987 | 1988 | 1989 | 1990 | 1991 | 1992 | 1993 | 1994 |
|---|---|---|---|---|---|---|---|---|---|
| Cost of Operations (%) 38 | 74.8 | 71.8 | 72.8 | 70.4 | 69.9 | 76.6 | 78.7 | 80.9 | 81.3 |
| Operating Margin (%) 39 | • | • | • | 0.4 | • | • | • | • | • |
| Oper. Margin Before Officers Comp. (%) 40 | | | | | | | | | |
| Average Net Receivables ($) 41 | 22242 | 6091 | 20651 | 4858 | 18747 | 11731 | 5584 | 19909 | 27409 |
| Average Inventories ($) 42 | 13670 | 4104 | 9384 | 2474 | 16583 | 9754 | 5352 | 7532 | 9328 |
| Average Net Worth ($) 43 | 114293 | 42812 | 85576 | 12926 | 68449 | 52043 | 44915 | 70530 | 65263 |
| Current Ratio (x1) 44 | 1.8 | 1.2 | 1.4 | 1.4 | 0.9 | 0.9 | 0.7 | 0.9 | 1.0 |
| Quick Ratio (x1) 45 | 0.8 | 0.7 | 0.9 | 0.7 | 0.4 | 0.4 | 0.3 | 0.6 | 0.7 |
| Coverage Ratio (x1) 46 | 1.8 | 2.5 | 2.5 | 2.6 | 2.4 | 2.3 | 2.6 | 2.0 | 2.3 |
| Asset Turnover (x1) 47 | 0.8 | 0.5 | 0.7 | 0.9 | 0.7 | 0.8 | 0.7 | 0.6 | 0.5 |
| Operating Leverage 48 | • | 1.0 | 0.7 | 0.1 | 17.3 | 0.9 | 1.4 | 1.9 | 1.0 |
| Financial Leverage 49 | • | 1.3 | 1.2 | 1.0 | 1.0 | 1.0 | 1.2 | 0.8 | 1.2 |
| Total Leverage 50 | • | 1.2 | 0.8 | 0.1 | 16.9 | 0.9 | 1.6 | 1.5 | 1.2 |

# Table I

Corporations with and without Net Income

## CUTLERY, HAND TOOLS, AND HARDWARE

### MONEY AMOUNTS AND SIZE OF ASSETS IN THOUSANDS OF DOLLARS

| Item Description for Accounting Period 7/90 Through 6/91 | Total | Zero Assets | Under 100 | 100 to 250 | 251 to 500 | 501 to 1,000 | 1,001 to 5,000 | 5,001 to 10,000 | 10,001 to 25,000 | 25,001 to 50,000 | 50,001 to 100,000 | 100,001 to 250,000 | 250,001 and over |
|---|---|---|---|---|---|---|---|---|---|---|---|---|---|
| Number of Enterprises **1** | 4717 | 3 | 1110 | 1379 | 974 | 519 | 506 | 98 | 74 | 21 | 19 | 6 | 8 |
| **Revenues ($ in Thousands)** | | | | | | | | | | | | | |
| Net Sales **2** | 17541 | 23 | 67 | 366 | 951 | 729 | 2273 | 917 | 1776 | 1102 | 1745 | 730 | 6861 |
| Portfolio Income **3** | 729 | 0 | 1 | 1 | 2 | 3 | 17 | 24 | 13 | 1 | 16 | 9 | 642 |
| Other Revenues **4** | 352 | 1 | • | 1 | 20 | 4 | 11 | 11 | 16 | 8 | 14 | 17 | 250 |
| Total Revenues **5** | 18622 | 23 | 68 | 368 | 973 | 735 | 2301 | 952 | 1805 | 1112 | 1774 | 757 | 7753 |
| Average Total Revenues **6** | 3948 | 7767 | 62 | 267 | 999 | 1416 | 4548 | 9717 | 24397 | 52929 | 93381 | 126124 | 969115 |
| **Operating Costs/Operating Income (%)** | | | | | | | | | | | | | |
| Cost of Operations **7** | 64.1 | 67.7 | 48.7 | 52.8 | 64.7 | 66.0 | 69.2 | 71.6 | 70.8 | 71.3 | 65.9 | 64.5 | 58.4 |
| Rent **8** | 1.0 | 0.5 | 11.1 | 1.9 | 1.7 | 1.7 | 0.6 | 0.6 | 0.7 | 0.4 | 0.7 | 0.6 | 1.1 |
| Taxes Paid **9** | 2.7 | 2.1 | 3.6 | 3.7 | 3.3 | 3.4 | 4.0 | 2.7 | 2.3 | 2.6 | 2.0 | 2.1 | 2.4 |
| Interest Paid **10** | 3.7 | 5.0 | 2.5 | 2.0 | 2.6 | 1.8 | 2.3 | 3.0 | 2.5 | 3.0 | 2.3 | 8.7 | 5.0 |
| Depreciation, Depletion, Amortization **11** | 3.5 | 2.0 | 9.2 | 5.6 | 3.0 | 4.1 | 2.9 | 3.3 | 3.3 | 3.0 | 3.4 | 4.4 | 3.6 |
| Pensions and Other Benefits **12** | 3.0 | 0.2 | • | 1.2 | 2.4 | 1.2 | 3.6 | 2.7 | 2.9 | 1.8 | 3.6 | 1.9 | 3.5 |
| Other **13** | 19.1 | 18.2 | 18.6 | 19.0 | 13.9 | 13.1 | 11.7 | 14.9 | 15.3 | 14.3 | 17.4 | 23.6 | 25.3 |
| Officers Compensation **14** | 2.6 | 9.2 | 7.0 | 9.1 | 8.7 | 6.5 | 4.9 | 4.0 | 2.3 | 1.8 | 1.2 | 1.2 | 0.6 |
| Operating Margin **15** | 0.5 | • | • | 4.8 | • | 2.4 | 0.9 | • | • | 1.9 | 3.6 | • | 0.4 |
| Oper. Margin Before Officers Compensation **16** | 3.1 | 4.3 | 6.4 | 13.9 | 8.4 | 8.8 | 5.8 | 1.3 | 2.3 | 3.7 | 4.9 | • | 1.0 |
| **Selected Average Balance Sheet ($ in Thousands)** | | | | | | | | | | | | | |
| Net Receivables **17** | 613 | • | 4 | 28 | 97 | 159 | 548 | 1171 | 3117 | 8803 | 12368 | 22097 | 187281 |
| Inventories **18** | 591 | • | 3 | 12 | 73 | 216 | 561 | 1495 | 4178 | 11771 | 17395 | 33769 | 133099 |
| Net Property, Plant and Equipment **19** | 759 | • | 11 | 83 | 136 | 241 | 728 | 2013 | 4456 | 11456 | 20787 | 29046 | 186223 |
| Total Assets **20** | 4132 | • | 42 | 158 | 363 | 730 | 2277 | 6112 | 15121 | 37284 | 67898 | 142944 | 1586396 |

| | | | | | | | | | | | | |
|---|---|---|---|---|---|---|---|---|---|---|---|---|
| Notes and Loans Payable 21 | 1267 | • | 13 | 81 | 232 | 254 | 898 | 2575 | 5034 | 13556 | 19059 | 81656 | 409275 |
| All Other Liabilities 22 | 729 | • | 7 | 22 | 60 | 140 | 540 | 1166 | 3684 | 7769 | 14522 | 33851 | 245905 |
| Net Worth 23 | 2136 | • | 21 | 55 | 71 | 336 | 839 | 2371 | 6403 | 15959 | 34316 | 27437 | 931215 |

**Selected Financial Ratios (Times to 1)**

| | | | | | | | | | | | | | |
|---|---|---|---|---|---|---|---|---|---|---|---|---|---|
| Current Ratio 24 | 1.7 | • | 2.1 | 1.9 | 1.8 | 2.0 | 1.6 | 2.2 | 1.7 | 2.4 | 2.3 | 1.1 | 1.7 |
| Quick Ratio 25 | 0.9 | • | 1.9 | 1.5 | 1.1 | 1.0 | 0.9 | 1.3 | 0.8 | 1.0 | 1.1 | 0.5 | 1.0 |
| Net Sales to Working Capital 26 | 6.3 | • | 4.5 | 8.3 | 10.4 | 6.3 | 9.0 | 4.8 | 6.6 | 4.0 | 4.2 | 20.3 | 6.3 |
| Coverage Ratio 27 | 3.1 | 0.7 | 1.3 | 3.8 | 1.8 | 2.8 | 1.9 | 1.7 | 1.7 | 1.9 | 3.3 | 0.6 | 4.2 |
| Total Asset Turnover 28 | 0.9 | • | 1.5 | 1.7 | 2.7 | 1.9 | 2.0 | 1.5 | 1.6 | 1.4 | 1.4 | 0.9 | 0.6 |
| Inventory Turnover 29 | 4.2 | • | • | 7.4 | • | 4.3 | 5.2 | 4.1 | 4.1 | 3.5 | 3.8 | 3.1 | 3.9 |
| Receivables Turnover 30 | 6.3 | • | • | 9.9 | • | 8.1 | 8.2 | 7.1 | 7.4 | 6.7 | 7.3 | 7.2 | 4.7 |
| Total Liabilities to Net Worth 31 | 0.9 | • | 1.0 | 1.9 | 4.1 | 1.2 | 1.7 | 1.6 | 1.4 | 1.3 | 1.0 | 4.2 | 0.7 |

**Selected Financial Factors (in Percentages)**

| | | | | | | | | | | | | | |
|---|---|---|---|---|---|---|---|---|---|---|---|---|---|
| Debt Ratio 32 | 48.3 | • | 49.1 | 65.4 | 80.4 | 54.0 | 63.2 | 61.2 | 57.7 | 57.2 | 49.5 | 80.8 | 41.3 |
| Return on Assets 33 | 10.2 | • | 4.6 | 12.6 | 12.4 | 9.3 | 8.6 | 6.3 | 6.4 | 8.1 | 10.1 | 4.5 | 11.4 |
| Return on Equity 34 | 8.8 | • | 1.6 | 20.1 | 20.7 | 10.1 | 7.7 | 4.2 | 3.4 | 5.4 | 10.8 | • | 9.7 |
| Return Before Interest on Equity 35 | 19.8 | • | 8.9 | • | • | 20.2 | 23.3 | 16.2 | 15.2 | 18.8 | 20.0 | 23.6 | 19.4 |
| Profit Margin, Before Income Tax 36 | 7.7 | • | 0.7 | 5.5 | 2.0 | 3.1 | 2.1 | 1.2 | 1.6 | 2.7 | 5.2 | • | 16.1 |
| Profit Margin, After Income Tax 37 | 5.0 | • | 0.6 | 4.2 | 1.5 | 2.4 | 1.5 | 1.1 | 0.9 | 1.7 | 4.0 | • | 10.5 |

**Trends in Selected Ratios and Factors, 1986-1994**

| | 1986 | 1987 | 1988 | 1989 | 1990 | 1991 | 1992 | 1993 | 1994 |
|---|---|---|---|---|---|---|---|---|---|
| Cost of Operations (%) 38 | 63.2 | 62.1 | 62.4 | 62.8 | 62.7 | 63.0 | 64.5 | 64.1 | 64.1 |
| Operating Margin (%) 39 | 0.4 | 1.1 | 2.5 | 1.0 | • | 1.6 | 2.1 | • | 0.5 |
| Oper. Margin Before Officers Comp. (%) 40 | 2.9 | 3.9 | 4.8 | 3.5 | 2.3 | 4.1 | 4.4 | 2.1 | 3.1 |
| Average Net Receivables ($) 41 | 504 | 484 | 548 | 720 | 493 | 821 | 647 | 677 | 613 |
| Average Inventories ($) 42 | 627 | 475 | 649 | 648 | 702 | 650 | 650 | 634 | 591 |
| Average Net Worth ($) 43 | 1430 | 1149 | 1506 | 1480 | 1690 | 1577 | 1891 | 2314 | 2136 |
| Current Ratio (x1) 44 | 2.0 | 2.0 | 2.1 | 1.6 | 1.3 | 1.5 | 2.2 | 1.8 | 1.7 |
| Quick Ratio (x1) 45 | 0.9 | 1.1 | 1.0 | 0.8 | 0.5 | 0.8 | 0.9 | 1.0 | 0.9 |
| Coverage Ratio (x1) 46 | 3.2 | 3.4 | 4.5 | 3.1 | 2.9 | 4.3 | 3.7 | 2.6 | 3.1 |
| Asset Turnover (x1) 47 | 1.2 | 1.2 | 1.3 | 1.0 | 1.1 | 1.0 | 0.9 | 0.9 | 0.9 |
| Total Liabilities/Net Worth (x1) 48 | 0.9 | 1.0 | 0.9 | 1.3 | 1.3 | 1.4 | 1.4 | 0.9 | 0.9 |
| Return on Assets (x1) 49 | 9.5 | 8.7 | 12.9 | 7.7 | 9.3 | 11.8 | 10.8 | 9.6 | 10.2 |
| Return on Equity (%) 50 | 5.8 | 6.2 | 10.6 | 7.0 | 8.5 | 13.5 | 14.1 | 7.9 | 8.8 |

## Table II

Corporations with Net Income

# CUTLERY, HAND TOOLS, AND HARDWARE

### MONEY AMOUNTS AND SIZE OF ASSETS IN THOUSANDS OF DOLLARS

| Item Description for Accounting Period 7/90 Through 6/91 | Total | Zero Assets | Under 100 | 100 to 250 | 251 to 500 | 501 to 1,000 | 1,001 to 5,000 | 5,001 to 10,000 | 10,001 to 25,000 | 25,001 to 50,000 | 50,001 to 100,000 | 100,001 to 250,000 | 250,001 and over |
|---|---|---|---|---|---|---|---|---|---|---|---|---|---|
| Number of Enterprises **1** | 3217 | • | 743 | 941 | 740 | 384 | 287 | 48 | 40 | 11 | • | • | • |
| **Revenues ($ in Thousands)** | | | | | | | | | | | | | |
| Net Sales **2** | 12899 | • | 67 | 252 | 783 | 573 | 1431 | 525 | 995 | 666 | • | • | • |
| Portfolio Income **3** | 688 | • | • | 1 | 2 | 2 | 3 | 22 | 7 | 1 | • | • | • |
| Other Revenues **4** | 294 | • | • | 1 | 19 | 4 | 4 | 1 | 9 | 6 | • | • | • |
| Total Revenues **5** | 13881 | • | 67 | 254 | 804 | 579 | 1438 | 549 | 1010 | 673 | • | • | • |
| Average Total Revenues **6** | 4315 | • | 91 | 270 | 1086 | 1507 | 5010 | 11429 | 25259 | 61183 | • | • | • |
| **Operating Costs/Operating Income (%)** | | | | | | | | | | | | | |
| Cost of Operations **7** | 61.1 | • | 48.7 | 45.9 | 62.7 | 60.8 | 64.8 | 68.6 | 67.2 | 68.0 | • | • | • |
| Rent **8** | 1.0 | • | 10.2 | 1.4 | 2.1 | 2.0 | 0.7 | 0.6 | 0.6 | 0.3 | • | • | • |
| Taxes Paid **9** | 2.7 | • | 2.3 | 4.1 | 3.4 | 3.7 | 3.6 | 2.4 | 2.6 | 2.8 | • | • | • |
| Interest Paid **10** | 2.9 | • | 2.5 | 1.9 | 2.4 | 1.6 | 1.0 | 1.3 | 1.7 | 1.8 | • | • | • |
| Depreciation, Depletion, Amortization **11** | 3.4 | • | 9.2 | 6.1 | 2.8 | 3.3 | 2.1 | 3.1 | 3.8 | 2.6 | • | • | • |
| Pensions and Other Benefits **12** | 3.1 | • | • | 0.5 | 2.3 | 1.3 | 3.6 | 3.3 | 2.5 | 1.6 | • | • | • |
| Other **13** | 19.9 | • | 16.4 | 19.2 | 14.5 | 12.6 | 13.3 | 14.3 | 13.1 | 13.9 | • | • | • |
| Officers Compensation **14** | 2.5 | • | 7.0 | 9.8 | 8.9 | 7.8 | 4.6 | 4.4 | 2.4 | 2.3 | • | • | • |
| Operating Margin **15** | 3.5 | • | 3.8 | 11.3 | 1.1 | 7.0 | 6.4 | 2.1 | 6.1 | 6.9 | • | • | • |
| Oper. Margin Before Officers Compensation **16** | 6.0 | • | 10.8 | 21.0 | 10.0 | 14.8 | 11.0 | 6.5 | 8.5 | 9.1 | • | • | • |
| **Selected Average Balance Sheet ($ in Thousands)** | | | | | | | | | | | | | |
| Net Receivables **17** | 693 | • | 6 | 24 | 99 | 167 | 643 | 1372 | 2642 | 7097 | • | • | • |
| Inventories **18** | 574 | • | 4 | 5 | 70 | 216 | 595 | 1838 | 4036 | 12284 | • | • | • |
| Net Property, Plant and Equipment **19** | 790 | • | 16 | 91 | 136 | 229 | 620 | 1575 | 5005 | 11204 | • | • | • |
| Total Assets **20** | 4805 | • | 46 | 165 | 360 | 744 | 2346 | 6357 | 15306 | 36889 | • | • | • |

| | | | | | | | | | | |
|---|---|---|---|---|---|---|---|---|---|---|
| Notes and Loans Payable 21 | 1130 | • | 20 | 83 | 215 | 199 | 515 | 1301 | 3593 | 9106 |
| All Other Liabilities 22 | 773 | • | 11 | 21 | 60 | 100 | 535 | 1410 | 2679 | 8434 |
| Net Worth 23 | 2903 | • | 16 | 61 | 85 | 444 | 1297 | 3646 | 9034 | 19349 |

## Selected Financial Ratios (Times to 1)

| | | | | | | | | | | |
|---|---|---|---|---|---|---|---|---|---|---|
| Current Ratio 24 | 2.0 | • | 1.2 | 1.7 | 1.5 | 2.6 | 2.1 | 2.7 | 2.4 | 2.0 |
| Quick Ratio 25 | 1.1 | • | 1.0 | 1.5 | 0.9 | 1.3 | 1.2 | 1.6 | 1.1 | 0.8 |
| Net Sales to Working Capital 26 | 5.5 | • | 23.9 | 10.0 | 15.6 | 5.4 | 6.5 | 3.9 | 4.8 | 5.4 |
| Coverage Ratio 27 | 5.3 | • | 2.5 | 7.5 | 2.6 | 6.1 | 8.2 | 6.0 | 5.4 | 5.4 |
| Total Asset Turnover 28 | 0.8 | • | 2.0 | 1.6 | 2.9 | 2.0 | 2.1 | 1.7 | 1.6 | 1.7 |
| Inventory Turnover 29 | 4.3 | • | • | 9.7 | • | 4.5 | 5.0 | 3.2 | 4.0 | 3.5 |
| Receivables Turnover 30 | 5.8 | • | • | • | • | 9.1 | 7.6 | 5.6 | 8.0 | 7.6 |
| Total Liabilities to Net Worth 31 | 0.7 | • | 2.0 | 1.7 | 3.3 | 0.7 | 0.8 | 0.8 | 0.7 | 0.9 |

## Selected Financial Factors (in Percentages)

| | | | | | | | | | | |
|---|---|---|---|---|---|---|---|---|---|---|
| Debt Ratio 32 | 39.6 | • | 66.4 | 63.2 | 76.5 | 40.3 | 44.8 | 42.7 | 41.0 | 47.6 |
| Return on Assets 33 | 12.9 | • | 12.3 | 22.5 | 18.0 | 19.1 | 16.7 | 13.4 | 15.2 | 16.0 |
| Return on Equity 34 | 12.3 | • | 21.6 | • | 39.0 | 23.9 | 22.5 | 19.0 | 17.6 | 19.5 |
| Return Before Interest on Equity 35 | 21.3 | • | • | • | • | 32.0 | 30.2 | 23.3 | 25.8 | 30.4 |
| Profit Margin, Before Income Tax 36 | 12.5 | • | 3.8 | 12.0 | 3.8 | 8.0 | 6.9 | 6.5 | 7.6 | 7.9 |
| Profit Margin, After Income Tax 37 | 8.9 | • | 3.7 | 10.1 | 3.1 | 7.1 | 5.9 | 6.3 | 6.4 | 6.2 |

## Trends in Selected Ratios and Factors, 1986-1994

| | 1986 | 1987 | 1988 | 1989 | 1990 | 1991 | 1992 | 1993 | 1994 |
|---|---|---|---|---|---|---|---|---|---|
| Cost of Operations (%) 38 | 61.0 | 61.1 | 59.4 | 60.6 | 61.8 | 61.3 | 62.7 | 61.7 | 61.1 |
| Operating Margin (%) 39 | 2.9 | 3.2 | 4.5 | 2.4 | 0.9 | 3.4 | 3.5 | 1.9 | 3.5 |
| Oper. Margin Before Officers Comp. (%) 40 | 4.9 | 5.4 | 6.9 | 4.6 | 2.8 | 5.3 | 5.9 | 4.1 | 6.0 |
| Average Net Receivables ($) 41 | 762 | 855 | 615 | 1079 | 718 | 1114 | 740 | 1071 | 693 |
| Average Inventories ($) 42 | 890 | 799 | 723 | 910 | 1022 | 810 | 703 | 885 | 574 |
| Average Net Worth ($) 43 | 2255 | 2204 | 1891 | 2304 | 2709 | 2226 | 2382 | 4267 | 2903 |
| Current Ratio (x1) 44 | 2.1 | 2.1 | 2.3 | 1.6 | 1.2 | 1.5 | 2.4 | 1.9 | 2.0 |
| Quick Ratio (x1) 45 | 1.0 | 1.1 | 1.1 | 0.8 | 0.5 | 0.8 | 1.0 | 1.0 | 1.1 |
| Coverage Ratio (x1) 46 | 4.8 | 5.1 | 6.5 | 3.9 | 3.4 | 5.5 | 4.9 | 3.9 | 5.3 |
| Asset Turnover (x1) 47 | 1.2 | 1.2 | 1.3 | 0.9 | 1.0 | 1.0 | 0.9 | 0.9 | 0.8 |
| Operating Leverage 48 | • | 1.1 | 1.4 | 0.5 | 0.4 | 3.9 | 1.1 | 0.5 | 1.8 |
| Financial Leverage 49 | • | 1.1 | 1.0 | 1.0 | 1.0 | 1.2 | 1.1 | 0.9 | 1.1 |
| Total Leverage 50 | • | 1.2 | 1.4 | 0.5 | 0.4 | 4.7 | 1.2 | 0.5 | 2.0 |

## Table I

Corporations with and without Net Income

# PLUMBING AND HEATING, EXCEPT ELECTRIC AND WARM AIR

MONEY AMOUNTS AND SIZE OF ASSETS IN THOUSANDS OF DOLLARS

| Item Description for Accounting Period 7/90 Through 6/91 | Total | Zero Assets | Under 100 | 100 to 250 | 251 to 500 | 501 to 1,000 | 1,001 to 5,000 | 5,001 to 10,000 | 10,001 to 25,000 | 25,001 to 50,000 | 50,001 to 100,000 | 100,001 to 250,000 | 250,001 and over |
|---|---|---|---|---|---|---|---|---|---|---|---|---|---|
| Number of Enterprises **1** | 1385 | • | 745 | 177 | 105 | 75 | 169 | 51 | 39 | 9 | 6 | 3 | 6 |

**Revenues ($ in Thousands)**

| Item | Total | Zero Assets | Under 100 | 100 to 250 | 251 to 500 | 501 to 1,000 | 1,001 to 5,000 | 5,001 to 10,000 | 10,001 to 25,000 | 25,001 to 50,000 | 50,001 to 100,000 | 100,001 to 250,000 | 250,001 and over |
|---|---|---|---|---|---|---|---|---|---|---|---|---|---|
| Net Sales **2** | 11853 | • | 224 | 83 | 32 | 75 | 810 | 652 | 1118 | 525 | 621 | 735 | 6977 |
| Portfolio Income **3** | 296 | • | 1 | • | 3 | 0 | 3 | 1 | 11 | 3 | 8 | 6 | 259 |
| Other Revenues **4** | 116 | • | 12 | 0 | 1 | 0 | 24 | 4 | 12 | 3 | 5 | 3 | 51 |
| Total Revenues **5** | 12264 | • | 237 | 83 | 36 | 76 | 838 | 657 | 1141 | 532 | 634 | 744 | 7287 |
| Average Total Revenues **6** | 8855 | • | 318 | 466 | 347 | 1013 | 4956 | 12880 | 29251 | 59121 | 105632 | 248105 | 1214533 |

**Operating Costs/Operating Income (%)**

| Item | Total | Zero Assets | Under 100 | 100 to 250 | 251 to 500 | 501 to 1,000 | 1,001 to 5,000 | 5,001 to 10,000 | 10,001 to 25,000 | 25,001 to 50,000 | 50,001 to 100,000 | 100,001 to 250,000 | 250,001 and over |
|---|---|---|---|---|---|---|---|---|---|---|---|---|---|
| Cost of Operations **7** | 67.7 | • | 52.2 | 63.0 | 62.9 | 60.5 | 72.7 | 68.5 | 71.4 | 62.9 | 65.5 | 70.8 | 67.4 |
| Rent **8** | 0.8 | • | 2.7 | • | 15.3 | 1.4 | 1.0 | • | 0.6 | 0.3 | 0.5 | 0.4 | 0.9 |
| Taxes Paid **9** | 2.2 | • | 4.8 | 3.4 | 3.7 | 1.8 | 2.3 | 2.6 | 2.0 | 1.5 | 1.9 | 2.3 | 2.1 |
| Interest Paid **10** | 4.4 | • | 0.9 | 2.8 | • | • | 2.4 | 2.1 | 2.3 | 1.4 | 5.6 | 2.6 | 5.8 |
| Depreciation, Depletion, Amortization **11** | 3.0 | • | 3.7 | 1.8 | 6.7 | 0.7 | 2.4 | 2.2 | 2.0 | 1.7 | 4.7 | 2.2 | 3.3 |
| Pensions and Other Benefits **12** | 2.0 | • | 0.2 | 1.7 | 1.1 | 1.8 | 0.8 | 2.5 | 2.2 | 2.8 | 2.1 | 1.5 | 2.1 |
| Other **13** | 18.7 | • | 28.2 | 4.1 | 32.5 | 20.0 | 19.7 | 14.5 | 16.2 | 23.2 | 18.8 | 19.9 | 18.7 |
| Officers Compensation **14** | 1.7 | • | 9.2 | 19.7 | 37.9 | 8.2 | 4.0 | 6.6 | 2.2 | 1.3 | 1.3 | • | 0.5 |
| Operating Margin **15** | • | • | • | 5.4 | • | 5.6 | • | 0.9 | 1.3 | 5.0 | • | 0.4 | • |
| Oper. Margin Before Officers Compensation **16** | 1.3 | • | 8.3 | 25.1 | • | 13.8 | • | 7.5 | 3.4 | 6.2 | 0.8 | 0.4 | • |

**Selected Average Balance Sheet ($ in Thousands)**

| Item | Total | Zero Assets | Under 100 | 100 to 250 | 251 to 500 | 501 to 1,000 | 1,001 to 5,000 | 5,001 to 10,000 | 10,001 to 25,000 | 25,001 to 50,000 | 50,001 to 100,000 | 100,001 to 250,000 | 250,001 and over |
|---|---|---|---|---|---|---|---|---|---|---|---|---|---|
| Net Receivables **17** | 1428 | • | 0 | 10 | 28 | 186 | 645 | 1825 | 4723 | 8473 | 13105 | 34207 | 219306 |
| Inventories **18** | 1416 | • | • | 52 | 61 | 272 | 1098 | 2235 | 4783 | 9056 | 16093 | 35141 | 192561 |
| Net Property, Plant and Equipment **19** | 1715 | • | 17 | 42 | 58 | 24 | 492 | 2645 | 3953 | 7280 | 20239 | 37636 | 279326 |
| Total Assets **20** | 8580 | • | 46 | 109 | 322 | 653 | 2584 | 7685 | 16442 | 31799 | 78563 | 152726 | 1510267 |

| | | | | | | | | | | | | |
|---|---|---|---|---|---|---|---|---|---|---|---|---|
| Notes and Loans Payable **21** | 2341 | • | 73 | 274 | 372 | 1265 | 3429 | 4855 | 6989 | 44022 | 40599 | 357606 |
| All Other Liabilities **22** | 2411 | 2 | 32 | 81 | 56 | 636 | 1507 | 4126 | 6517 | 17540 | 34429 | 451172 |
| Net Worth **23** | 3828 | 44 | 4 | -32 | 224 | 682 | 2748 | 7461 | 18293 | 17001 | 77697 | 701489 |

**Selected Financial Ratios (Times to 1)**

| | | | | | | | | | | | | |
|---|---|---|---|---|---|---|---|---|---|---|---|---|
| Current Ratio **24** | 2.2 | 7.7 | 2.1 | 1.1 | 11.1 | 1.6 | 1.9 | 1.7 | 2.3 | 2.2 | 2.0 | 2.4 |
| Quick Ratio **25** | 1.1 | 7.7 | 0.5 | 0.6 | 6.1 | 0.7 | 1.0 | 0.9 | 1.1 | 0.8 | 1.0 | 1.2 |
| Net Sales to Working Capital **26** | 4.9 | 21.4 | 13.4 | 37.4 | 1.8 | 6.5 | 5.6 | 6.8 | 5.2 | 5.2 | 6.3 | 4.3 |
| Coverage Ratio **27** | 1.8 | • | 7.4 | • | • | 0.2 | 1.8 | 2.6 | 5.5 | 1.3 | 1.6 | 1.8 |
| Total Asset Turnover **28** | 1.0 | 6.5 | 4.3 | 1.0 | 1.6 | 1.9 | 1.7 | 1.8 | 1.8 | 1.3 | 1.6 | 0.8 |
| Inventory Turnover **29** | 4.0 | • | 5.3 | 3.4 | 2.0 | 3.8 | 4.1 | 4.3 | 4.2 | 3.2 | 9.9 | 3.7 |
| Receivables Turnover **30** | 5.5 | • | • | • | 4.5 | 6.5 | 8.6 | 5.7 | 7.8 | 4.8 | • | 4.7 |
| Total Liabilities to Net Worth **31** | 1.3 | 0.1 | 29.1 | • | 1.9 | 2.8 | 1.8 | 1.2 | 0.7 | 3.6 | 1.0 | 1.2 |

**Selected Financial Factors (in Percentages)**

| | | | | | | | | | | | | |
|---|---|---|---|---|---|---|---|---|---|---|---|---|
| Debt Ratio **32** | 55.4 | 4.6 | 96.7 | • | 65.7 | 73.6 | 64.3 | 54.6 | 42.5 | 78.4 | 49.1 | 53.6 |
| Return on Assets **33** | 7.8 | 32.3 | 26.8 | • | 9.7 | 0.8 | 6.3 | 10.0 | 14.0 | 9.5 | 6.7 | 7.9 |
| Return on Equity **34** | 4.6 | 32.5 | 32.5 | • | 28.4 | • | 6.5 | 9.1 | 15.0 | • | 3.5 | 4.6 |
| Return Before Interest on Equity **35** | 17.5 | 33.8 | • | • | 28.4 | 3.2 | 17.5 | 22.0 | 24.4 | • | 13.1 | 17.0 |
| Profit Margin, Before Income Tax **36** | 3.4 | 4.9 | 5.4 | • | 6.3 | • | 1.7 | 3.5 | 6.3 | 1.7 | 1.5 | 4.5 |
| Profit Margin, After Income Tax **37** | 2.1 | 4.8 | 5.4 | • | 6.3 | • | 1.4 | 2.4 | 4.7 | • | 1.1 | 2.8 |

**Trends in Selected Ratios and Factors, 1986-1994**

| | 1986 | 1987 | 1988 | 1989 | 1990 | 1991 | 1992 | 1993 | 1994 |
|---|---|---|---|---|---|---|---|---|---|
| Cost of Operations (%) **38** | 67.4 | 65.0 | 65.6 | 65.6 | 63.8 | 65.8 | 67.0 | 68.3 | 67.7 |
| Operating Margin (%) **39** | 1.2 | 3.3 | 2.4 | 2.0 | 2.4 | 3.1 | 1.1 | 1.6 | • |
| Oper. Margin Before Officers Comp. (%) **40** | 3.0 | 5.2 | 4.2 | 4.0 | 4.2 | 4.2 | 2.9 | 2.9 | 1.3 |
| Average Net Receivables  ($) **41** | 1010 | 1686 | 1322 | 1458 | 1368 | 1697 | 2323 | 2014 | 1428 |
| Average Inventories  ($) **42** | 1251 | 1896 | 1642 | 1630 | 1533 | 2011 | 2466 | 1805 | 1416 |
| Average Net Worth  ($) **43** | 3452 | 5396 | 4228 | 4885 | 5575 | 5993 | 6077 | 5070 | 3828 |
| Current Ratio (x1) **44** | 2.3 | 2.6 | 2.4 | 2.2 | 2.2 | 2.2 | 2.6 | 2.5 | 2.2 |
| Quick Ratio (x1) **45** | 1.1 | 1.3 | 1.1 | 1.1 | 1.1 | 1.0 | 1.2 | 1.3 | 1.1 |
| Coverage Ratio (x1) **46** | 2.6 | 3.5 | 2.7 | 2.6 | 2.9 | 2.5 | 2.2 | 2.2 | 1.8 |
| Asset Turnover (x1) **47** | 1.2 | 1.2 | 1.2 | 1.1 | 0.9 | 0.9 | 1.0 | 1.0 | 1.0 |
| Total Liabilities/Net Worth (x1) **48** | 0.7 | 0.7 | 0.9 | 0.9 | 0.8 | 1.1 | 1.4 | 1.2 | 1.3 |
| Return on Assets (x1) **49** | 11.3 | 12.1 | 12.9 | 11.7 | 10.0 | 10.7 | 10.4 | 9.4 | 7.8 |
| Return on Equity (%) **50** | 6.4 | 8.0 | 8.6 | 7.6 | 6.8 | 8.5 | 8.9 | 7.2 | 4.6 |

# Table II

Corporations with Net Income

# PLUMBING AND HEATING, EXCEPT ELECTRIC AND WARM AIR

## MONEY AMOUNTS AND SIZE OF ASSETS IN THOUSANDS OF DOLLARS

| Item Description for Accounting Period 7/90 Through 6/91 | Total | Zero Assets | Under 100 | 100 to 250 | 251 to 500 | 501 to 1,000 | 1,001 to 5,000 | 5,001 to 10,000 | 10,001 to 25,000 | 25,001 to 50,000 | 50,001 to 100,000 | 100,001 to 250,000 | 250,001 and over |
|---|---|---|---|---|---|---|---|---|---|---|---|---|---|
| Number of Enterprises **1** | 1152 | • | 745 | 177 | • | 39 | 101 | 41 | 31 | 9 | • | • | • |
| **Revenues ($ in Thousands)** | | | | | | | | | | | | | |
| Net Sales **2** | 8577 | • | 224 | 83 | • | 46 | 489 | 603 | 893 | 525 | • | • | • |
| Portfolio Income **3** | 265 | • | 1 | • | • | • | 1 | 1 | 11 | 3 | • | • | • |
| Other Revenues **4** | 67 | • | 12 | 0 | • | 0 | 19 | 3 | 11 | 3 | • | • | • |
| Total Revenues **5** | 8910 | • | 237 | 83 | • | 46 | 510 | 607 | 915 | 532 | • | • | • |
| Average Total Revenues **6** | 7734 | • | 318 | 466 | • | 1180 | 5047 | 14793 | 29511 | 59121 | • | • | • |
| **Operating Costs/Operating Income (%)** | | | | | | | | | | | | | |
| Cost of Operations **7** | 65.6 | • | 52.2 | 63.0 | • | 64.4 | 70.5 | 68.3 | 69.7 | 62.9 | • | • | • |
| Rent **8** | 0.7 | • | 2.7 | • | • | • | 0.7 | • | 0.4 | 0.3 | • | • | • |
| Taxes Paid **9** | 2.4 | • | 4.8 | 3.4 | • | 0.4 | 1.9 | 2.6 | 1.7 | 1.5 | • | • | • |
| Interest Paid **10** | 3.7 | • | • | 0.9 | • | • | 2.1 | 1.9 | 2.0 | 1.4 | • | • | • |
| Depreciation, Depletion, Amortization **11** | 3.0 | • | 3.7 | 1.8 | • | • | 2.5 | 1.7 | 2.2 | 1.7 | • | • | • |
| Pensions and Other Benefits **12** | 2.3 | • | 0.2 | 1.7 | • | • | 0.5 | 2.1 | 2.1 | 2.8 | • | • | • |
| Other **13** | 18.9 | • | 28.2 | 4.1 | • | 20.6 | 19.6 | 15.3 | 16.1 | 23.2 | • | • | • |
| Officers Compensation **14** | 1.6 | • | 9.2 | 19.7 | • | 2.8 | 4.1 | 5.3 | 2.3 | 1.3 | • | • | • |
| Operating Margin **15** | 2.0 | • | • | 5.4 | • | 11.7 | • | 2.8 | 3.5 | 5.0 | • | • | • |
| Oper. Margin Before Officers Compensation **16** | 3.5 | • | 8.3 | 25.1 | • | 14.5 | 2.1 | 8.1 | 5.8 | 6.2 | • | • | • |
| **Selected Average Balance Sheet ($ in Thousands)** | | | | | | | | | | | | | |
| Net Receivables **17** | 1362 | • | 0 | 10 | • | 171 | 584 | 2219 | 5149 | 8473 | • | • | • |
| Inventories **18** | 1268 | • | • | 52 | • | 403 | 1050 | 2109 | 4410 | 9056 | • | • | • |
| Net Property, Plant and Equipment **19** | 1551 | • | 17 | 42 | • | 3 | 616 | 2263 | 3810 | 7280 | • | • | • |
| Total Assets **20** | 7490 | • | 46 | 109 | • | 576 | 2724 | 7668 | 16857 | 31799 | • | • | • |

| | | | | | | | | | | | |
|---|---|---|---|---|---|---|---|---|---|---|---|
| Notes and Loans Payable **21** | 1060 | • | • | 73 | • | • | 716 | 765 | 3394 | 4112 | 6989 |
| All Other Liabilities **22** | 2270 | • | 2 | 32 | • | • | 83 | 582 | 1461 | 3791 | 6517 |
| Net Worth **23** | 4160 | • | 44 | 4 | • | • | -223 | 1377 | 2812 | 8954 | 18293 |

### Selected Financial Ratios (Times to 1)

| | | | | | | | | | | | |
|---|---|---|---|---|---|---|---|---|---|---|---|
| Current Ratio **24** | 2.7 | • | 7.7 | 2.1 | • | 1.9 | 2.0 | 6.9 | 1.9 | 2.3 | 2.3 |
| Quick Ratio **25** | 1.4 | • | 7.7 | 0.5 | • | • | 2.1 | 0.9 | 1.1 | 1.2 | 1.1 |
| Net Sales to Working Capital **26** | 4.0 | • | 21.4 | 13.4 | • | • | 2.4 | 4.9 | 6.0 | 4.9 | 5.2 |
| Coverage Ratio **27** | 2.8 | • | • | 7.4 | • | • | • | 2.0 | 2.9 | 4.1 | 5.5 |
| Total Asset Turnover **28** | 1.0 | • | 6.5 | 4.3 | • | • | 2.1 | 1.8 | 1.9 | 1.7 | 1.8 |
| Inventory Turnover **29** | 3.5 | • | • | 6.3 | • | • | 2.9 | 4.8 | 4.3 | 4.6 | 8.1 |
| Receivables Turnover **30** | 4.7 | • | • | • | • | • | 5.8 | 6.7 | 8.1 | 5.6 | • |
| Total Liabilities to Net Worth **31** | 0.8 | • | 0.1 | 29.1 | • | • | • | 1.0 | 1.7 | 0.9 | 0.7 |

### Selected Financial Factors (in Percentages)

| | | | | | | | | | | | |
|---|---|---|---|---|---|---|---|---|---|---|---|
| Debt Ratio **32** | 44.5 | • | 4.6 | 96.7 | • | • | 49.5 | 63.3 | 46.9 | 42.5 | |
| Return on Assets **33** | 10.0 | • | 32.3 | 26.8 | • | 24.1 | 7.7 | 10.2 | 14.2 | 14.0 | |
| Return on Equity **34** | 8.2 | • | 32.5 | • | • | • | 7.1 | 16.5 | 15.6 | 15.0 | |
| Return Before Interest on Equity **35** | 18.0 | • | 33.8 | • | • | • | 15.3 | 27.8 | 26.7 | 24.4 | |
| Profit Margin, Before Income Tax **36** | 6.4 | • | 4.9 | 5.4 | • | 11.8 | 2.2 | 3.5 | 6.3 | 6.3 | |
| Profit Margin, After Income Tax **37** | 4.6 | • | 4.8 | 5.4 | • | 11.8 | 2.0 | 3.2 | 4.9 | 4.7 | |

### Trends in Selected Ratios and Factors, 1986–1994

| | 1986 | 1987 | 1988 | 1989 | 1990 | 1991 | 1992 | 1993 | 1994 |
|---|---|---|---|---|---|---|---|---|---|
| Cost of Operations (%) **38** | 66.8 | 64.5 | 65.0 | 63.6 | 63.1 | 65.3 | 66.0 | 67.2 | 65.6 |
| Operating Margin (%) **39** | 2.0 | 4.4 | 3.5 | 3.8 | 4.7 | 3.9 | 2.5 | 3.1 | 2.0 |
| Oper. Margin Before Officers Comp. (%) **40** | 3.8 | 6.1 | 5.3 | 5.7 | 6.5 | 4.8 | 4.2 | 4.3 | 3.5 |
| Average Net Receivables ($) **41** | 1634 | 1888 | 1588 | 1860 | 1533 | 2061 | 3560 | 2541 | 1362 |
| Average Inventories ($) **42** | 1970 | 2191 | 1922 | 2041 | 1646 | 2411 | 3681 | 2211 | 1268 |
| Average Net Worth ($) **43** | 5707 | 6358 | 5419 | 7019 | 6177 | 7505 | 10253 | 6929 | 4160 |
| Current Ratio (x1) **44** | 2.4 | 2.7 | 2.4 | 2.4 | 2.2 | 2.3 | 2.6 | 2.7 | 2.7 |
| Quick Ratio (x1) **45** | 1.2 | 1.3 | 1.2 | 1.2 | 1.1 | 1.0 | 1.2 | 1.4 | 1.4 |
| Coverage Ratio (x1) **46** | 2.8 | 3.8 | 3.1 | 3.2 | 4.7 | 2.7 | 2.7 | 2.9 | 2.8 |
| Asset Turnover (x1) **47** | 1.2 | 1.2 | 1.1 | 1.1 | 1.0 | 0.9 | 1.0 | 1.0 | 1.0 |
| Operating Leverage **48** | • | 2.2 | 0.8 | 1.1 | 1.2 | 0.8 | 0.7 | 1.2 | 0.7 |
| Financial Leverage **49** | • | 1.2 | 0.9 | 1.0 | 1.2 | 0.9 | 1.1 | 1.0 | 1.0 |
| Total Leverage **50** | • | 2.5 | 0.7 | 1.1 | 1.4 | 0.7 | 0.7 | 1.3 | 0.7 |

## Table I

Corporations with and without Net Income

# FABRICATED STRUCTURAL METAL PRODUCTS

MONEY AMOUNTS AND SIZE OF ASSETS IN THOUSANDS OF DOLLARS

| Item Description for Accounting Period 7/90 Through 6/91 | | Total | Zero Assets | Under 100 | 100 to 250 | 251 to 500 | 501 to 1,000 | 1,001 to 5,000 | 5,001 to 10,000 | 10,001 to 25,000 | 25,001 to 50,000 | 50,001 to 100,000 | 100,001 to 250,000 | 250,001 and over |
|---|---|---|---|---|---|---|---|---|---|---|---|---|---|---|
| Number of Enterprises | 1 | 7823 | 19 | 1804 | 1349 | 1226 | 1335 | 1602 | 237 | 144 | 61 | 21 | 18 | 8 |
| **Revenues ($ in Thousands)** | | | | | | | | | | | | | | |
| Net Sales | 2 | 35171 | 293 | 332 | 1120 | 1398 | 2317 | 7287 | 3542 | 4290 | 3472 | 1771 | 4613 | 4736 |
| Portfolio Income | 3 | 374 | 12 | 0 | 15 | 16 | 11 | 30 | 9 | 28 | 45 | 29 | 35 | 146 |
| Other Revenues | 4 | 499 | 4 | 0 | 1 | 5 | 24 | 112 | 16 | 46 | 40 | 19 | 135 | 98 |
| Total Revenues | 5 | 36045 | 309 | 332 | 1137 | 1418 | 2352 | 7429 | 3567 | 4364 | 3556 | 1818 | 4783 | 4979 |
| Average Total Revenues | 6 | 4608 | 16255 | 184 | 843 | 1157 | 1762 | 4637 | 15049 | 30305 | 58298 | 86591 | 265718 | 622427 |
| **Operating Costs/Operating Income (%)** | | | | | | | | | | | | | | |
| Cost of Operations | 7 | 73.5 | 82.4 | 45.3 | 48.7 | 69.2 | 69.0 | 74.3 | 76.1 | 78.5 | 77.5 | 75.7 | 74.6 | 71.7 |
| Rent | 8 | 0.8 | 1.2 | 3.2 | 1.0 | 1.6 | 1.4 | 0.7 | 0.5 | 0.6 | 0.6 | 0.4 | 0.7 | 1.0 |
| Taxes Paid | 9 | 2.3 | 1.9 | 4.3 | 2.9 | 3.3 | 3.3 | 2.4 | 2.0 | 2.1 | 2.0 | 1.7 | 1.9 | 2.1 |
| Interest Paid | 10 | 2.0 | 4.1 | 1.9 | 0.5 | 1.4 | 1.3 | 1.3 | 1.4 | 1.9 | 2.3 | 5.4 | 2.2 | 2.8 |
| Depreciation, Depletion, Amortization | 11 | 2.6 | 1.6 | 2.3 | 1.3 | 2.5 | 2.3 | 1.8 | 1.6 | 1.8 | 3.2 | 5.6 | 2.2 | 4.9 |
| Pensions and Other Benefits | 12 | 1.9 | 2.8 | 0.4 | 1.3 | 2.5 | 1.7 | 1.5 | 1.7 | 1.2 | 1.4 | 1.8 | 2.2 | 3.1 |
| Other | 13 | 13.0 | 14.4 | 27.6 | 31.5 | 14.6 | 14.6 | 11.6 | 11.0 | 10.8 | 10.1 | 11.1 | 14.3 | 13.9 |
| Officers Compensation | 14 | 3.1 | 0.7 | 14.3 | 14.9 | 5.7 | 6.0 | 4.9 | 2.7 | 2.0 | 1.3 | 1.1 | 0.6 | 0.8 |
| Operating Margin | 15 | 0.8 | • | 0.8 | • | • | 0.3 | 1.6 | 3.1 | 1.2 | 1.7 | • | 1.4 | • |
| Oper. Margin Before Officers Compensation | 16 | 4.0 | • | 15.1 | 12.9 | 5.0 | 6.4 | 6.4 | 5.8 | 3.2 | 3.0 | • | 2.0 | 0.5 |
| **Selected Average Balance Sheet ($ in Thousands)** | | | | | | | | | | | | | | |
| Net Receivables | 17 | 678 | • | 4 | 49 | 153 | 233 | 641 | 2691 | 4252 | 8290 | 11909 | 49896 | 99999 |
| Inventories | 18 | 472 | • | 1 | 21 | 58 | 124 | 486 | 1639 | 3511 | 7153 | 13182 | 28428 | 66003 |
| Net Property, Plant and Equipment | 19 | 711 | • | 23 | 42 | 86 | 197 | 499 | 1621 | 3944 | 8938 | 22515 | 38316 | 204162 |
| Total Assets | 20 | 2603 | | 39 | 164 | 382 | 733 | 2122 | 7283 | 15565 | 35550 | 70037 | 159400 | 593739 |

| | | | | | | | | | | | | |
|---|---|---|---|---|---|---|---|---|---|---|---|---|
| Notes and Loans Payable 21 | 896 | 37 | 57 | 134 | 225 | 639 | 2057 | 5141 | 12746 | 33339 | 52494 | 216136 |
| All Other Liabilities 22 | 694 | 8 | 65 | 127 | 180 | 584 | 2668 | 4303 | 8631 | 16566 | 37639 | 149206 |
| Net Worth 23 | 1013 | -6 | 42 | 121 | 329 | 899 | 2559 | 6120 | 14173 | 20132 | 69268 | 228397 |

**Selected Financial Ratios (Times to 1)**

| | | | | | | | | | | | | |
|---|---|---|---|---|---|---|---|---|---|---|---|---|
| Current Ratio 24 | 1.7 | • | 0.5 | 1.8 | 2.0 | 1.9 | 1.6 | 1.6 | 1.8 | 1.3 | 2.1 | 1.5 |
| Quick Ratio 25 | 1.0 | • | 0.4 | 1.3 | 1.4 | 1.2 | 1.0 | 0.9 | 1.0 | 0.7 | 1.2 | 0.8 |
| Net Sales to Working Capital 26 | 7.5 | • | 32.7 | 10.0 | 7.2 | 6.7 | 7.9 | 7.7 | 6.2 | 11.0 | 5.1 | 9.4 |
| Coverage Ratio 27 | 2.7 | 1.5 | • | 1.6 | 2.5 | 3.8 | 3.8 | 2.6 | 2.8 | 0.9 | 3.3 | 3.1 |
| Total Asset Turnover 28 | 1.7 | 4.7 | 5.1 | 3.0 | 2.4 | 2.1 | 2.2 | 1.9 | 1.6 | 1.2 | 1.6 | 1.0 |
| Inventory Turnover 29 | 6.6 | • | • | • | 9.5 | 6.7 | 6.7 | 6.3 | 6.7 | 4.1 | 6.0 | 5.7 |
| Receivables Turnover 30 | 6.5 | • | • | • | 8.0 | 6.9 | 5.5 | 6.5 | 6.8 | 6.3 | 4.9 | 5.4 |
| Total Liabilities to Net Worth 31 | 1.6 | • | 2.9 | 2.2 | 1.2 | 1.4 | 1.9 | 1.6 | 1.5 | 2.5 | 1.3 | 1.6 |

**Selected Financial Factors (in Percentages)**

| | | | | | | | | | | | | |
|---|---|---|---|---|---|---|---|---|---|---|---|---|
| Debt Ratio 32 | 61.1 | • | • | 74.4 | 68.2 | 55.2 | 64.9 | 57.6 | 60.1 | 71.3 | 56.6 | 61.5 |
| Return on Assets 33 | 9.4 | 12.8 | • | 6.3 | 7.4 | 10.4 | 10.6 | 9.1 | 10.3 | 6.0 | 11.5 | 8.8 |
| Return on Equity 34 | 10.6 | • | • | 6.1 | 6.9 | 14.5 | 18.4 | 10.5 | 11.5 | • | 13.3 | 8.7 |
| Return Before Interest on Equity 35 | 24.1 | • | • | 19.7 | 16.5 | 24.5 | 30.1 | 23.2 | 25.9 | 20.8 | 26.4 | 22.8 |
| Profit Margin, Before Income Tax 36 | 3.4 | 0.9 | • | 0.8 | 1.9 | 3.6 | 3.8 | 2.9 | 4.2 | • | 5.0 | 6.0 |
| Profit Margin, After Income Tax 37 | 2.4 | 0.9 | • | 0.7 | 1.3 | 2.9 | 3.2 | 2.2 | 2.9 | • | 3.6 | 3.4 |

**Trends in Selected Ratios and Factors, 1986-1994**

| | 1986 | 1987 | 1988 | 1989 | 1990 | 1991 | 1992 | 1993 | 1994 |
|---|---|---|---|---|---|---|---|---|---|
| Cost of Operations (%) 38 | 73.7 | 74.1 | 74.7 | 74.0 | 73.1 | 73.0 | 74.3 | 74.2 | 73.5 |
| Operating Margin (%) 39 | • | • | • | • | • | • | 0.3 | 0.5 | 0.8 |
| Oper. Margin Before Officers Comp. (%) 40 | 2.0 | 0.2 | 0.7 | 1.0 | 1.8 | 2.0 | 2.7 | 3.3 | 4.0 |
| Average Net Receivables ($) 41 | 527 | 575 | 632 | 618 | 576 | 586 | 865 | 763 | 678 |
| Average Inventories ($) 42 | 405 | 462 | 462 | 466 | 439 | 442 | 526 | 560 | 472 |
| Average Net Worth ($) 43 | 978 | 1091 | 1122 | 1213 | 927 | 886 | 1158 | 1084 | 1013 |
| Current Ratio (x1) 44 | 1.7 | 1.6 | 1.6 | 1.6 | 1.6 | 1.5 | 1.3 | 1.7 | 1.7 |
| Quick Ratio (x1) 45 | 1.0 | 0.9 | 0.9 | 0.9 | 0.9 | 0.9 | 0.8 | 1.0 | 1.0 |
| Coverage Ratio (x1) 46 | 2.1 | 1.6 | 1.9 | 1.9 | 2.2 | 2.2 | 2.4 | 2.4 | 2.7 |
| Asset Turnover (x1) 47 | 1.4 | 1.4 | 1.4 | 1.4 | 1.5 | 1.5 | 1.4 | 1.8 | 1.7 |
| Total Liabilities/Net Worth (x1) 48 | 1.3 | 1.3 | 1.4 | 1.3 | 1.7 | 1.8 | 2.1 | 1.7 | 1.6 |
| Return on Assets (x1) 49 | 7.0 | 4.8 | 5.9 | 6.0 | 7.0 | 6.9 | 8.4 | 9.1 | 9.4 |
| Return on Equity (%) 50 | 3.2 | • | 2.0 | 2.3 | 5.3 | 6.4 | 10.7 | 9.9 | 10.6 |

# Table II

Corporations with Net Income

# FABRICATED STRUCTURAL METAL PRODUCTS

## MONEY AMOUNTS AND SIZE OF ASSETS IN THOUSANDS OF DOLLARS

| Item Description for Accounting Period 7/90 Through 6/91 | | Total | Zero Assets | Under 100 | 100 to 250 | 251 to 500 | 501 to 1,000 | 1,001 to 5,000 | 5,001 to 10,000 | 10,001 to 25,000 | 25,001 to 50,000 | 50,001 to 100,000 | 100,001 to 250,000 | 250,001 and over |
|---|---|---|---|---|---|---|---|---|---|---|---|---|---|---|
| Number of Enterprises | 1 | 4956 | • | 696 | 794 | 773 | 1049 | 1229 | 217 | 100 | 46 | 12 | • | 5 |
| **Revenues ($ in Thousands)** | | | | | | | | | | | | | | |
| Net Sales | 2 | 27593 | • | 221 | 789 | 931 | 1928 | 6083 | 3309 | 3075 | 2677 | 1093 | • | 3320 |
| Portfolio Income | 3 | 323 | • | 0 | 8 | 15 | 10 | 25 | 9 | 25 | 38 | 22 | • | 139 |
| Other Revenues | 4 | 385 | • | • | • | 4 | 13 | 103 | 15 | 35 | 30 | 14 | • | 84 |
| Total Revenues | 5 | 28302 | • | 221 | 797 | 950 | 1950 | 6211 | 3333 | 3135 | 2745 | 1129 | • | 3544 |
| Average Total Revenues | 6 | 5711 | • | 317 | 1004 | 1229 | 1859 | 5053 | 15358 | 31354 | 59664 | 94116 | • | 708712 |
| **Operating Costs/Operating Income (%)** | | | | | | | | | | | | | | |
| Cost of Operations | 7 | 72.5 | • | 47.7 | 46.0 | 63.4 | 67.3 | 72.6 | 76.4 | 77.2 | 76.4 | 73.0 | • | 70.6 |
| Rent | 8 | 0.8 | • | 2.3 | 1.3 | 1.8 | 1.6 | 0.7 | 0.6 | 0.4 | 0.5 | 0.5 | • | 0.9 |
| Taxes Paid | 9 | 2.2 | • | 3.4 | 2.1 | 3.8 | 3.3 | 2.4 | 2.0 | 2.2 | 2.0 | 1.9 | • | 2.0 |
| Interest Paid | 10 | 1.6 | • | 2.1 | • | 1.5 | 1.1 | 1.1 | 1.3 | 1.6 | 1.3 | 2.0 | • | 3.0 |
| Depreciation, Depletion, Amortization | 11 | 2.4 | • | 1.1 | 0.7 | 2.9 | 2.1 | 1.8 | 1.6 | 1.8 | 2.4 | 3.1 | • | 5.8 |
| Pensions and Other Benefits | 12 | 1.8 | • | • | 1.0 | 3.5 | 1.9 | 1.6 | 1.6 | 1.3 | 1.6 | 2.2 | • | 2.9 |
| Other | 13 | 12.1 | • | 23.6 | 28.2 | 14.1 | 13.7 | 11.1 | 10.5 | 9.8 | 9.4 | 12.4 | • | 11.9 |
| Officers Compensation | 14 | 3.4 | • | 14.2 | 19.6 | 7.0 | 6.3 | 5.0 | 2.6 | 2.0 | 1.4 | 1.2 | • | 0.8 |
| Operating Margin | 15 | 3.4 | • | 5.6 | 1.1 | 2.2 | 2.7 | 3.8 | 3.5 | 3.7 | 5.2 | 3.6 | • | 2.1 |
| Oper. Margin Before Officers Compensation | 16 | 6.7 | • | 19.8 | 20.7 | 9.1 | 9.0 | 8.8 | 6.1 | 5.7 | 6.6 | 4.8 | • | 2.9 |
| **Selected Average Balance Sheet ($ in Thousands)** | | | | | | | | | | | | | | |
| Net Receivables | 17 | 821 | • | 1 | 59 | 178 | 254 | 668 | 2715 | 4198 | 8703 | 12119 | • | 89808 |
| Inventories | 18 | 554 | • | 2 | 20 | 52 | 123 | 509 | 1433 | 3419 | 7112 | 14193 | • | 66933 |
| Net Property, Plant and Equipment | 19 | 823 | • | 23 | 21 | 87 | 166 | 491 | 1703 | 3766 | 8295 | 19425 | • | 257445 |
| Total Assets | 20 | 3105 | • | 40 | 162 | 419 | 740 | 2166 | 7251 | 15815 | 34454 | 70006 | • | 685004 |

| | | | | | | | | | | | | |
|---|---|---|---|---|---|---|---|---|---|---|---|---|
| Notes and Loans Payable 21 | 881 | • | 51 | 7 | 127 | 163 | 541 | 1981 | 4543 | 7519 | 16700 | • | 252505 |
| All Other Liabilities 22 | 776 | • | 3 | 18 | 115 | 171 | 537 | 2555 | 4487 | 9043 | 13674 | • | 147458 |
| Net Worth 23 | 1448 | • | -14 | 137 | 176 | 406 | 1087 | 2715 | 6785 | 17892 | 39633 | • | 285041 |

**Selected Financial Ratios (Times to 1)**

| | | | | | | | | | | | | | |
|---|---|---|---|---|---|---|---|---|---|---|---|---|---|
| Current Ratio 24 | 2.0 | • | 0.4 | 7.0 | 2.2 | 2.4 | 2.2 | 1.6 | 1.8 | 2.1 | 2.5 | • | 1.5 |
| Quick Ratio 25 | 1.2 | • | 0.3 | 5.8 | 1.6 | 1.7 | 1.4 | 1.1 | 0.9 | 1.2 | 1.4 | • | 0.8 |
| Net Sales to Working Capital 26 | 6.4 | • | • | 8.9 | 7.5 | 6.0 | 6.0 | 7.9 | 6.9 | 5.2 | 4.2 | • | 10.1 |
| Coverage Ratio 27 | 5.0 | • | 3.6 | • | 3.9 | 4.6 | 6.6 | 4.1 | 4.5 | 7.1 | 4.3 | • | 4.4 |
| Total Asset Turnover 28 | 1.8 | • | 7.9 | 6.2 | 2.9 | 2.5 | 2.3 | 2.1 | 2.0 | 1.7 | 1.3 | • | 1.0 |
| Inventory Turnover 29 | 6.9 | • | • | • | • | • | 7.0 | 8.3 | 6.2 | 7.2 | 3.5 | • | • |
| Receivables Turnover 30 | 6.5 | • | • | • | • | 8.3 | 6.9 | 6.1 | 6.6 | 6.7 | 5.7 | • | • |
| Total Liabilities to Net Worth 31 | 1.2 | • | • | 0.2 | 1.4 | 0.8 | 1.0 | 1.7 | 1.3 | 0.9 | 0.8 | • | 1.4 |

**Selected Financial Factors (in Percentages)**

| | | | | | | | | | | | | | |
|---|---|---|---|---|---|---|---|---|---|---|---|---|---|
| Debt Ratio 32 | 53.4 | • | • | 15.5 | 57.9 | 45.2 | 49.8 | 62.6 | 57.1 | 48.1 | 43.4 | • | 58.4 |
| Return on Assets 33 | 13.7 | • | • | 13.2 | 16.4 | 12.3 | 15.9 | 11.6 | 14.1 | 15.2 | 11.0 | • | 12.9 |
| Return on Equity 34 | 18.3 | • | • | 13.5 | 28.0 | 14.7 | 23.1 | 19.6 | 21.0 | 19.7 | 11.5 | • | 15.4 |
| Return Before Interest on Equity 35 | 29.3 | • | • | 15.6 | • | 22.5 | 31.7 | 31.0 | 32.9 | 29.3 | 19.4 | • | 31.1 |
| Profit Margin, Before Income Tax 36 | 6.1 | • | • | 5.6 | 2.1 | 4.2 | 3.9 | 5.9 | 4.2 | 5.7 | 6.5 | • | 10.3 |
| Profit Margin, After Income Tax 37 | 4.8 | • | • | 5.6 | 1.9 | 4.1 | 3.2 | 5.1 | 3.5 | 4.7 | 5.0 | • | 6.6 |

**Trends in Selected Ratios and Factors, 1986-1994**

| | 1986 | 1987 | 1988 | 1989 | 1990 | 1991 | 1992 | 1993 | 1994 |
|---|---|---|---|---|---|---|---|---|---|
| Cost of Operations (%) 38 | 72.0 | 71.0 | 71.9 | 71.7 | 71.3 | 70.9 | 72.7 | 72.6 | 72.5 |
| Operating Margin (%) 39 | 2.5 | 1.7 | 1.6 | 2.0 | 2.1 | 2.1 | 2.5 | 2.9 | 3.4 |
| Oper. Margin Before Officers Comp. (%) 40 | 5.3 | 4.5 | 4.5 | 4.8 | 4.9 | 4.8 | 4.8 | 5.8 | 6.7 |
| Average Net Receivables  ($) 41 | 785 | 527 | 636 | 676 | 636 | 730 | 1080 | 778 | 821 |
| Average Inventories  ($) 42 | 567 | 450 | 515 | 506 | 517 | 605 | 600 | 549 | 554 |
| Average Net Worth  ($) 43 | 1512 | 1065 | 1373 | 1441 | 1202 | 1248 | 1512 | 1222 | 1448 |
| Current Ratio (x1) 44 | 1.9 | 1.8 | 1.8 | 1.8 | 1.9 | 1.9 | 1.7 | 1.8 | 2.0 |
| Quick Ratio (x1) 45 | 1.1 | 1.0 | 1.0 | 1.0 | 1.1 | 1.0 | 1.0 | 1.0 | 1.2 |
| Coverage Ratio (x1) 46 | 4.7 | 4.5 | 4.3 | 4.4 | 4.1 | 3.8 | 3.7 | 3.9 | 5.0 |
| Asset Turnover (x1) 47 | 1.5 | 1.6 | 1.6 | 1.5 | 1.7 | 1.6 | 1.6 | 1.8 | 1.8 |
| Operating Leverage 48 | • | 0.7 | 0.9 | 1.3 | 1.0 | 1.0 | 1.2 | 1.2 | 1.2 |
| Financial Leverage 49 | • | 1.0 | 1.0 | 1.0 | 1.0 | 1.1 | 1.1 | 1.0 | 1.1 |
| Total Leverage 50 | • | 0.7 | 0.9 | 1.3 | 1.1 | 1.1 | 1.2 | 1.2 | 1.2 |

## Table I

Corporations with and without Net Income

# METAL FORGINGS AND STAMPINGS

### MONEY AMOUNTS AND SIZE OF ASSETS IN THOUSANDS OF DOLLARS

| Item Description for Accounting Period 7/90 Through 6/91 | Total | Zero Assets | Under 100 | 100 to 250 | 251 to 500 | 501 to 1,000 | 1,001 to 5,000 | 5,001 to 10,000 | 10,001 to 25,000 | 25,001 to 50,000 | 50,001 to 100,000 | 100,001 to 250,000 | 250,001 and over |
|---|---|---|---|---|---|---|---|---|---|---|---|---|---|
| Number of Enterprises **1** | 4231 | 10 | 1437 | 392 | 504 | 683 | 847 | 157 | 125 | 42 | 21 | 7 | 5 |
| **Revenues ($ in Thousands)** | | | | | | | | | | | | | |
| Net Sales **2** | 21967 | 79 | 193 | 205 | 534 | 1036 | 4214 | 2173 | 3289 | 1959 | 1871 | 1318 | 5098 |
| Portfolio Income **3** | 320 | 0 | • | 1 | 3 | 39 | 17 | 25 | 9 | 12 | 15 | 7 | 192 |
| Other Revenues **4** | 327 | 0 | 2 | 0 | 3 | 4 | 57 | 30 | 31 | 43 | 34 | 29 | 93 |
| Total Revenues **5** | 22614 | 79 | 195 | 206 | 540 | 1079 | 4288 | 2228 | 3329 | 2013 | 1920 | 1353 | 5383 |
| Average Total Revenues **6** | 5345 | 7938 | 136 | 525 | 1071 | 1580 | 5063 | 14194 | 26630 | 47935 | 91430 | 193354 | 1076507 |
| **Operating Costs/Operating Income (%)** | | | | | | | | | | | | | |
| Cost of Operations **7** | 73.2 | 86.9 | 50.7 | 51.9 | 61.4 | 66.3 | 71.5 | 74.0 | 76.0 | 76.9 | 76.9 | 77.4 | 72.8 |
| Rent **8** | 0.7 | 0.6 | 3.2 | 4.2 | 1.9 | 2.2 | 0.8 | 0.5 | 0.6 | 0.3 | 0.4 | 0.6 | 0.4 |
| Taxes Paid **9** | 2.5 | 0.9 | 3.5 | 2.7 | 3.4 | 3.4 | 2.9 | 2.6 | 2.5 | 2.0 | 2.2 | 2.3 | 2.2 |
| Interest Paid **10** | 3.4 | 1.5 | 0.5 | • | 1.1 | 1.4 | 1.8 | 2.0 | 2.3 | 2.7 | 2.5 | 2.1 | 8.1 |
| Depreciation, Depletion, Amortization **11** | 3.4 | 1.7 | 3.3 | 0.8 | 3.7 | 2.7 | 3.3 | 2.9 | 4.2 | 3.9 | 4.6 | 2.9 | 3.2 |
| Pensions and Other Benefits **12** | 2.7 | 0.3 | • | 3.9 | 2.3 | 2.3 | 2.4 | 2.5 | 2.2 | 1.6 | 2.2 | 2.9 | 4.3 |
| Other **13** | 12.2 | 10.0 | 27.7 | 18.2 | 12.4 | 11.9 | 12.4 | 9.2 | 8.4 | 9.8 | 9.5 | 13.6 | 16.5 |
| Officers Compensation **14** | 3.1 | 0.9 | 12.7 | 13.8 | 16.8 | 8.5 | 4.7 | 4.6 | 2.4 | 1.5 | 1.3 | 0.7 | 0.4 |
| Operating Margin **15** | • | • | • | 4.6 | • | 1.4 | 0.3 | 1.7 | 1.7 | 1.5 | 0.5 | • | • |
| Oper. Margin Before Officers Compensation **16** | 1.8 | • | 11.2 | 18.4 | 13.9 | 9.9 | 4.9 | 6.3 | 4.1 | 3.0 | 1.8 | • | • |
| **Selected Average Balance Sheet ($ in Thousands)** | | | | | | | | | | | | | |
| Net Receivables **17** | 695 | • | 9 | 68 | 90 | 216 | 581 | 1802 | 3694 | 6073 | 11836 | 37569 | 140572 |
| Inventories **18** | 611 | • | 4 | 22 | 56 | 110 | 494 | 1807 | 3381 | 6391 | 9286 | 21270 | 145966 |
| Net Property, Plant and Equipment **19** | 1109 | • | 12 | 13 | 147 | 198 | 782 | 2358 | 5957 | 11988 | 28830 | 29881 | 273532 |
| Total Assets **20** | 3739 | 28 | 193 | 193 | 369 | 695 | 2206 | 7498 | 15786 | 32511 | 67508 | 135773 | 1258431 |

| | | | | | | | | | | | | |
|---|---|---|---|---|---|---|---|---|---|---|---|---|
| Notes and Loans Payable **21** | 1180 | • | 23 | 3 | 100 | 224 | 864 | 2600 | 6125 | 12582 | 24815 | 37891 | 306668 |
| All Other Liabilities **22** | 1188 | • | 5 | 31 | 75 | 169 | 543 | 1704 | 4111 | 6917 | 13001 | 40194 | 553132 |
| Net Worth **23** | 1372 | • | 1 | 159 | 195 | 302 | 799 | 3194 | 5550 | 13012 | 29692 | 57688 | 398630 |

**Selected Financial Ratios (Times to 1)**

| | | | | | | | | | | | | |
|---|---|---|---|---|---|---|---|---|---|---|---|---|
| Current Ratio **24** | 1.6 | • | 1.1 | 5.6 | 2.2 | 2.0 | 1.7 | 1.8 | 1.4 | 1.6 | 1.7 | 1.5 | 1.5 |
| Quick Ratio **25** | 0.9 | • | 0.8 | 4.8 | 1.4 | 1.4 | 1.0 | 1.0 | 0.8 | 0.8 | 0.9 | 0.9 | 0.7 |
| Net Sales to Working Capital **26** | 8.6 | • | • | 3.8 | 9.4 | 6.7 | 9.6 | 6.8 | 10.2 | 8.1 | 8.2 | 7.9 | 9.0 |
| Coverage Ratio **27** | 1.5 | • | 0.6 | • | • | 5.1 | 2.2 | 3.1 | 2.3 | 2.5 | 2.3 | 1.2 | 0.7 |
| Total Asset Turnover **28** | 1.4 | • | 4.7 | 2.7 | 2.9 | 2.2 | 2.3 | 1.9 | 1.7 | 1.4 | 1.3 | 1.4 | 0.8 |
| Inventory Turnover **29** | 6.3 | • | • | • | • | 9.2 | 7.4 | 5.7 | 6.6 | 5.5 | 8.2 | 5.2 | 5.2 |
| Receivables Turnover **30** | 7.5 | • | 9.9 | 8.2 | 9.5 | 7.8 | 8.6 | 7.2 | 7.7 | 6.4 | 8.0 | 5.0 | 7.7 |
| Total Liabilities to Net Worth **31** | 1.7 | 32.5 | 0.2 | 0.9 | 1.3 | 1.8 | 1.4 | 1.9 | 1.5 | 1.3 | 1.4 | 2.2 | |

**Selected Financial Factors (in Percentages)**

| | | | | | | | | | | | | |
|---|---|---|---|---|---|---|---|---|---|---|---|---|
| Debt Ratio **32** | 63.3 | • | 97.0 | 17.8 | 47.3 | 56.5 | 63.8 | 57.4 | 64.9 | 60.0 | 56.0 | 57.5 | 68.3 |
| Return on Assets **33** | 7.1 | • | 1.4 | 14.2 | • | 15.0 | 8.6 | 11.5 | 8.6 | 9.9 | 7.3 | 3.5 | 4.8 |
| Return on Equity **34** | 3.9 | • | • | 12.8 | • | 24.1 | 10.3 | 15.2 | 9.3 | 11.1 | 5.4 | • | • |
| Return Before Interest on Equity **35** | 19.2 | • | • | 17.2 | • | 34.5 | 23.7 | 26.9 | 24.4 | 24.7 | 16.6 | 8.3 | 15.1 |
| Profit Margin, Before Income Tax **36** | 1.7 | • | • | 5.2 | • | 5.5 | 2.0 | 4.2 | 2.9 | 4.2 | 3.1 | 0.4 | • |
| Profit Margin, After Income Tax **37** | 1.0 | • | • | 3.9 | • | 4.8 | 1.7 | 3.5 | 2.0 | 3.1 | 1.8 | • | • |

**Trends in Selected Ratios and Factors, 1986-1994**

| | 1986 | 1987 | 1988 | 1989 | 1990 | 1991 | 1992 | 1993 | 1994 |
|---|---|---|---|---|---|---|---|---|---|
| Cost of Operations (%) **38** | 71.6 | 70.8 | 71.7 | 71.6 | 70.3 | 71.7 | 73.1 | 74.3 | 73.2 |
| Operating Margin (%) **39** | • | • | 1.0 | 0.2 | • | 1.1 | 1.2 | • | • |
| Oper. Margin Before Officers Comp. (%) **40** | 1.4 | 2.8 | 3.9 | 3.3 | 2.8 | 4.3 | 4.1 | 2.7 | 1.8 |
| Average Net Receivables ($) **41** | 458 | 572 | 635 | 555 | 623 | 776 | 760 | 817 | 695 |
| Average Inventories ($) **42** | 372 | 363 | 540 | 439 | 516 | 611 | 709 | 701 | 611 |
| Average Net Worth ($) **43** | 826 | 901 | 1090 | 1069 | 1104 | 1508 | 1647 | 1676 | 1372 |
| Current Ratio (x1) **44** | 1.7 | 1.7 | 1.7 | 1.6 | 1.6 | 1.7 | 1.6 | 1.6 | 1.6 |
| Quick Ratio (x1) **45** | 1.0 | 1.0 | 0.9 | 0.9 | 0.9 | 0.9 | 0.8 | 0.8 | 0.9 |
| Coverage Ratio (x1) **46** | 1.1 | 1.7 | 2.4 | 2.2 | 2.0 | 3.1 | 2.5 | 2.1 | 1.5 |
| Asset Turnover (x1) **47** | 1.6 | 1.5 | 1.7 | 1.6 | 1.6 | 1.5 | 1.4 | 1.4 | 1.4 |
| Total Liabilities/Net Worth (x1) **48** | 1.4 | 1.3 | 1.4 | 1.4 | 1.5 | 1.2 | 1.4 | 1.5 | 1.7 |
| Return on Assets (x1) **49** | 4.9 | 5.3 | 8.5 | 7.4 | 6.9 | 8.1 | 8.5 | 8.8 | 7.1 |
| Return on Equity (%) **50** | • | • | 5.8 | 4.2 | 3.0 | 8.7 | 8.9 | 8.5 | 3.9 |

## Table II

Corporations with Net Income

# METAL FORGINGS AND STAMPINGS

MONEY AMOUNTS AND SIZE OF ASSETS IN THOUSANDS OF DOLLARS

| Item Description for Accounting Period 7/90 Through 6/91 | Total | Zero Assets | Under 100 | 100 to 250 | 251 to 500 | 501 to 1,000 | 1,001 to 5,000 | 5,001 to 10,000 | 10,001 to 25,000 | 25,001 to 50,000 | 50,001 to 100,000 | 100,001 to 250,000 | 250,001 and over |
|---|---|---|---|---|---|---|---|---|---|---|---|---|---|
| Number of Enterprises 1 | 2805 | • | 809 | 308 | 252 | 586 | 583 | 134 | 83 | 26 | 16 | • | • |
| **Revenues ($ in Thousands)** | | | | | | | | | | | | | |
| Net Sales 2 | 12816 | • | 136 | 179 | 277 | 965 | 3121 | 1882 | 2259 | 1247 | 1374 | • | • |
| Portfolio Income 3 | 121 | • | • | 1 | 2 | 39 | 15 | 25 | 8 | 7 | 13 | • | • |
| Other Revenues 4 | 158 | • | • | 0 | 2 | 3 | 43 | 15 | 18 | 21 | 31 | • | • |
| Total Revenues 5 | 13094 | • | 136 | 180 | 282 | 1007 | 3180 | 1922 | 2285 | 1275 | 1418 | • | • |
| Average Total Revenues 6 | 4668 | • | 169 | 584 | 1118 | 1719 | 5454 | 14346 | 27530 | 49036 | 88607 | • | • |
| **Operating Costs/Operating Income (%)** | | | | | | | | | | | | | |
| Cost of Operations 7 | 71.0 | • | 47.0 | 48.2 | 67.5 | 65.2 | 69.6 | 73.1 | 72.6 | 73.7 | 75.0 | • | • |
| Rent 8 | 0.7 | • | 2.3 | 4.3 | • | 2.3 | 0.6 | 0.5 | 0.4 | 0.3 | 0.5 | • | • |
| Taxes Paid 9 | 2.7 | • | 3.9 | 2.9 | 3.1 | 3.2 | 2.9 | 2.5 | 2.6 | 2.3 | 2.4 | • | • |
| Interest Paid 10 | 1.8 | • | 0.7 | • | 0.5 | 1.2 | 1.5 | 1.9 | 1.9 | 2.1 | 2.2 | • | • |
| Depreciation, Depletion, Amortization 11 | 3.3 | • | 2.9 | 0.8 | 3.0 | 2.4 | 3.0 | 2.8 | 3.6 | 3.6 | 4.0 | • | • |
| Pensions and Other Benefits 12 | 2.5 | • | • | 4.4 | 3.2 | 2.3 | 2.2 | 2.5 | 2.4 | 1.3 | 2.5 | • | • |
| Other 13 | 10.1 | • | 33.3 | 14.5 | 7.6 | 11.4 | 12.2 | 8.6 | 7.7 | 9.2 | 8.9 | • | • |
| Officers Compensation 14 | 4.1 | • | 7.5 | 15.8 | 13.8 | 8.9 | 5.2 | 4.6 | 2.6 | 1.6 | 1.2 | • | • |
| Operating Margin 15 | 3.9 | • | 2.5 | 9.2 | 1.2 | 3.1 | 2.8 | 3.3 | 6.3 | 6.0 | 3.4 | • | • |
| Oper. Margin Before Officers Compensation 16 | 8.0 | • | 10.0 | 25.0 | 15.0 | 12.0 | 8.0 | 8.0 | 8.9 | 7.7 | 4.6 | • | • |
| **Selected Average Balance Sheet ($ in Thousands)** | | | | | | | | | | | | | |
| Net Receivables 17 | 594 | • | 14 | 57 | 59 | 234 | 608 | 1802 | 3425 | 6865 | 11656 | • | • |
| Inventories 18 | 507 | • | 6 | 7 | 51 | 87 | 476 | 1737 | 3362 | 6324 | 9932 | • | • |
| Net Property, Plant and Equipment 19 | 915 | • | 8 | 17 | 130 | 201 | 784 | 2420 | 5559 | 13054 | 27792 | • | • |
| Total Assets 20 | 2551 | • | 31 | 182 | 325 | 709 | 2239 | 7524 | 15211 | 34285 | 66002 | • | • |

| | | | | | | | | | | | |
|---|---|---|---|---|---|---|---|---|---|---|---|
| Notes and Loans Payable 21 | 751 | • | 8 | 3 | 36 | 201 | 736 | 2670 | 4484 | 10886 | 22583 | • |
| All Other Liabilities 22 | 627 | • | 6 | 40 | 85 | 165 | 524 | 1628 | 3148 | 7406 | 13708 | • |
| Net Worth 23 | 1173 | • | 17 | 140 | 204 | 342 | 980 | 3226 | 7579 | 15993 | 29711 | • |

## Selected Financial Ratios (Times to 1)

| | | | | | | | | | | | |
|---|---|---|---|---|---|---|---|---|---|---|---|
| Current Ratio 24 | 1.8 | • | 3.7 | 4.1 | 1.6 | 2.2 | 1.9 | 1.9 | 2.0 | 1.9 | 1.9 | • |
| Quick Ratio 25 | 1.0 | • | 2.7 | 3.9 | 1.1 | 1.7 | 1.1 | 1.1 | 1.1 | 0.9 | 1.0 | • |
| Net Sales to Working Capital 26 | 7.4 | • | 9.8 | 4.8 | 15.0 | 6.6 | 8.5 | 6.4 | 6.4 | 6.0 | 6.3 | • |
| Coverage Ratio 27 | 4.3 | • | 4.7 | • | 6.5 | 7.5 | 4.2 | 3.8 | 4.9 | 4.9 | 4.0 | • |
| Total Asset Turnover 28 | 1.8 | • | 5.4 | 3.2 | 3.4 | 2.3 | 2.4 | 1.9 | 1.8 | 1.4 | 1.3 | • |
| Inventory Turnover 29 | 5.6 | • | • | • | • | • | 7.3 | 6.0 | 6.5 | 5.0 | • | • |
| Receivables Turnover 30 | 6.7 | • | • | 8.7 | 8.1 | 9.8 | 8.8 | 8.0 | 8.5 | 5.1 | • | • |
| Total Liabilities to Net Worth 31 | 1.2 | • | 0.9 | 0.3 | 0.6 | 1.1 | 1.3 | 1.3 | 1.0 | 1.2 | 1.2 | • |

## Selected Financial Factors (in Percentages)

| | | | | | | | | | | | |
|---|---|---|---|---|---|---|---|---|---|---|---|
| Debt Ratio 32 | 54.0 | • | 47.3 | 23.3 | 37.3 | 51.7 | 56.3 | 57.1 | 50.2 | 53.4 | 55.0 | • |
| Return on Assets 33 | 14.2 | • | 16.9 | 31.6 | 11.4 | 20.1 | 14.7 | 13.7 | 16.7 | 14.3 | 11.5 | • |
| Return on Equity 34 | 19.5 | • | 22.8 | 34.8 | 13.7 | 32.3 | 22.8 | 20.0 | 21.8 | 19.4 | 14.1 | • |
| Return Before Interest on Equity 35 | 30.8 | • | 32.0 | • | 18.1 | • | 33.5 | 32.0 | 33.5 | 30.6 | 25.6 | • |
| Profit Margin, Before Income Tax 36 | 6.1 | • | 2.5 | 9.9 | 2.8 | 7.5 | 4.7 | 5.4 | 7.4 | 8.1 | 6.6 | • |
| Profit Margin, After Income Tax 37 | 5.0 | • | 2.2 | 8.4 | 2.5 | 6.7 | 4.2 | 4.6 | 6.1 | 6.5 | 4.9 | • |

## Trends in Selected Ratios and Factors, 1986-1994

| | 1986 | 1987 | 1988 | 1989 | 1990 | 1991 | 1992 | 1993 | 1994 |
|---|---|---|---|---|---|---|---|---|---|
| Cost of Operations (%) 38 | 68.0 | 68.1 | 70.3 | 70.7 | 69.1 | 70.4 | 71.8 | 72.8 | 71.0 |
| Operating Margin (%) 39 | 4.5 | 4.9 | 4.5 | 3.9 | 4.2 | 3.7 | 3.4 | 2.1 | 3.9 |
| Oper. Margin Before Officers Comp. (%) 40 | 8.4 | 9.0 | 8.0 | 7.6 | 8.1 | 6.8 | 6.2 | 4.7 | 8.0 |
| Average Net Receivables ($) 41 | 322 | 420 | 535 | 523 | 521 | 848 | 879 | 856 | 594 |
| Average Inventories ($) 42 | 292 | 339 | 440 | 396 | 422 | 647 | 798 | 725 | 507 |
| Average Net Worth ($) 43 | 788 | 904 | 1099 | 1031 | 990 | 1949 | 2140 | 2082 | 1173 |
| Current Ratio (x1) 44 | 2.1 | 2.1 | 2.0 | 1.7 | 1.9 | 2.0 | 1.9 | 1.9 | 1.8 |
| Quick Ratio (x1) 45 | 1.2 | 1.2 | 1.2 | 1.0 | 1.1 | 1.1 | 1.0 | 1.0 | 1.0 |
| Coverage Ratio (x1) 46 | 4.6 | 6.3 | 5.6 | 4.7 | 4.5 | 5.5 | 3.5 | 2.9 | 4.3 |
| Asset Turnover (x1) 47 | 1.7 | 1.8 | 2.0 | 1.8 | 2.1 | 1.6 | 1.4 | 1.4 | 1.8 |
| Operating Leverage 48 | • | 1.1 | 0.9 | 0.9 | 1.1 | 0.9 | 0.9 | 0.6 | 1.9 |
| Financial Leverage 49 | • | 1.1 | 1.0 | 1.0 | 1.0 | 1.2 | 0.9 | 1.0 | 1.2 |
| Total Leverage 50 | • | 1.2 | 0.9 | 0.9 | 1.1 | 1.1 | 0.8 | 0.6 | 2.2 |

## Table I

Corporations with and without Net Income

# COATING, ENGRAVING, AND ALLIED SERVICES

**MONEY AMOUNTS AND SIZE OF ASSETS IN THOUSANDS OF DOLLARS**

| Item Description for Accounting Period 7/90 Through 6/91 | Total | Zero Assets | Under 100 | 100 to 250 | 251 to 500 | 501 to 1,000 | 1,001 to 5,000 | 5,001 to 10,000 | 10,001 to 25,000 | 25,001 to 50,000 | 50,001 to 100,000 | 100,001 to 250,000 | 250,001 and over |
|---|---|---|---|---|---|---|---|---|---|---|---|---|---|
| Number of Enterprises 1 | 2333 | 22 | 454 | 428 | 436 | 526 | 365 | 70 | 19 | 8 | 3 | 3 | • |
| **Revenues ($ in Thousands)** | | | | | | | | | | | | | |
| Net Sales 2 | 5821 | 126 | 42 | 281 | 484 | 816 | 1239 | 998 | 442 | 567 | 261 | 566 | • |
| Portfolio Income 3 | 34 | • | • | 0 | 1 | 4 | 1 | 3 | 4 | 1 | 7 | 12 | • |
| Other Revenues 4 | 63 | 8 | 0 | 0 | 1 | 3 | 24 | 3 | 14 | 2 | 2 | 4 | • |
| Total Revenues 5 | 5917 | 134 | 42 | 281 | 486 | 823 | 1265 | 1004 | 459 | 570 | 271 | 582 | • |
| Average Total Revenues 6 | 2536 | 6071 | 93 | 657 | 1114 | 1565 | 3466 | 14349 | 24142 | 71310 | 90181 | 194053 | • |
| **Operating Costs/Operating Income (%)** | | | | | | | | | | | | | |
| Cost of Operations 7 | 64.9 | 90.9 | 38.6 | 55.4 | 56.1 | 48.8 | 66.6 | 72.2 | 62.1 | 81.7 | 77.3 | 59.5 | • |
| Rent 8 | 1.5 | 1.5 | 14.5 | 3.9 | 4.0 | 2.9 | 1.0 | 0.7 | 0.3 | 0.1 | 0.5 | 0.7 | • |
| Taxes Paid 9 | 3.5 | 6.1 | 8.6 | 10.3 | 3.4 | 4.1 | 3.4 | 3.2 | 2.6 | 2.0 | 1.6 | 2.2 | • |
| Interest Paid 10 | 1.6 | 1.8 | 1.9 | 0.6 | 0.5 | 1.7 | 2.3 | 1.7 | 4.2 | 0.3 | 1.9 | 0.5 | • |
| Depreciation, Depletion, Amortization 11 | 3.4 | 3.3 | 4.8 | 3.8 | 2.4 | 3.2 | 3.6 | 3.0 | 5.5 | 2.5 | 2.3 | 4.0 | • |
| Pensions and Other Benefits 12 | 2.3 | 0.4 | • | 0.3 | 3.5 | 2.3 | 2.5 | 2.7 | 4.5 | 2.3 | 0.9 | 0.4 | • |
| Other 13 | 16.8 | 9.2 | 29.6 | 22.0 | 17.6 | 27.9 | 18.9 | 10.1 | 17.4 | 8.8 | 12.6 | 15.0 | • |
| Officers Compensation 14 | 4.6 | 0.5 | • | 9.5 | 9.3 | 8.7 | 4.0 | 4.7 | 2.5 | 1.0 | 1.2 | 1.1 | • |
| Operating Margin 15 | 1.5 | • | 2.1 | • | 3.3 | 0.4 | • | 1.7 | 1.1 | 1.4 | 1.7 | 16.8 | • |
| Oper. Margin Before Officers Compensation 16 | 6.1 | • | 2.1 | 3.6 | 12.5 | 9.1 | 1.7 | 6.4 | 3.5 | 2.4 | 2.9 | 17.9 | • |
| **Selected Average Balance Sheet ($ in Thousands)** | | | | | | | | | | | | | |
| Net Receivables 17 | 304 | • | 41 | 61 | 134 | 213 | 452 | 1547 | 2828 | 7526 | 9334 | 26279 | • |
| Inventories 18 | 169 | • | • | 17 | 30 | 32 | 270 | 799 | 1072 | 9425 | 10555 | 24849 | • |
| Net Property, Plant and Equipment 19 | 461 | • | 10 | 37 | 100 | 215 | 784 | 2979 | 8801 | 9331 | 11638 | 42101 | • |
| Total Assets 20 | 1291 | • | 80 | 155 | 340 | 648 | 1915 | 7336 | 14369 | 33690 | 57516 | 164020 | • |

| | | | | | | | | | | | | |
|---|---|---|---|---|---|---|---|---|---|---|---|---|
| Notes and Loans Payable **21** | 410 | • | 12 | 57 | 64 | 282 | 859 | 2865 | 6905 | 2765 | 15080 | 12804 |
| All Other Liabilities **22** | 253 | • | 0 | 87 | 83 | 108 | 330 | 1785 | 3105 | 4934 | 9360 | 28790 |
| Net Worth **23** | 628 | • | 67 | 11 | 193 | 257 | 726 | 2686 | 4359 | 25991 | 33075 | 122426 |

## Selected Financial Ratios (Times to 1)

| | | | | | | | | | | | | |
|---|---|---|---|---|---|---|---|---|---|---|---|---|
| Current Ratio **24** | 2.0 | • | 5.6 | 0.9 | 2.0 | 2.6 | 1.5 | 1.4 | 1.3 | 4.3 | 1.6 | 5.0 |
| Quick Ratio **25** | 1.4 | • | 5.6 | 0.7 | 1.5 | 2.3 | 1.0 | 0.9 | 0.9 | 2.1 | 0.8 | 3.5 |
| Net Sales to Working Capital **26** | 7.2 | • | 2.6 | • | 10.0 | 6.3 | 11.0 | 16.3 | 22.5 | 4.4 | 9.7 | 2.1 |
| Coverage Ratio **27** | 2.9 | • | 2.5 | • | 8.6 | 1.7 | 0.9 | 2.3 | 2.2 | 7.5 | 3.7 | • |
| Total Asset Turnover **28** | 1.9 | • | 1.2 | 4.2 | 3.3 | 2.4 | 1.8 | 2.0 | 1.6 | 2.1 | 1.5 | 1.2 |
| Inventory Turnover **29** | • | • | • | • | • | • | 9.8 | • | • | 7.8 | 3.9 | 9.0 |
| Receivables Turnover **30** | 8.5 | • | 4.5 | 8.0 | 6.8 | 7.7 | 7.7 | 7.3 | • | • | 4.8 | • |
| Total Liabilities to Net Worth **31** | 1.1 | • | 0.2 | 12.9 | 0.8 | 1.5 | 1.6 | 2.3 | 0.3 | 0.7 | • | 0.3 |

## Selected Financial Factors (in Percentages)

| | | | | | | | | | | | | |
|---|---|---|---|---|---|---|---|---|---|---|---|---|
| Debt Ratio **32** | 51.4 | • | 15.8 | 92.8 | 43.4 | 60.3 | 62.1 | 63.4 | 69.7 | 22.9 | 42.5 | 25.4 |
| Return on Assets **33** | 9.1 | • | 5.5 | • | 13.8 | 6.9 | 3.7 | 7.7 | 14.6 | 4.7 | 10.6 | 23.1 |
| Return on Equity **34** | 8.6 | • | 3.9 | • | 19.9 | 6.3 | • | 11.4 | 19.8 | 4.4 | 9.8 | 20.1 |
| Return Before Interest on Equity **35** | 18.8 | • | 6.6 | • | 24.3 | 17.4 | 9.7 | 21.1 | • | 6.1 | 18.5 | 31.0 |
| Profit Margin, Before Income Tax **36** | 3.1 | • | 2.9 | • | 3.7 | 1.2 | • | 2.3 | 4.9 | 1.9 | 5.1 | 19.6 |
| Profit Margin, After Income Tax **37** | 2.2 | • | 2.9 | • | 3.5 | 1.0 | • | 2.2 | 3.7 | 1.6 | 3.7 | 13.1 |

## Trends in Selected Ratios and Factors, 1986–1994

| | 1986 | 1987 | 1988 | 1989 | 1990 | 1991 | 1992 | 1993 | 1994 |
|---|---|---|---|---|---|---|---|---|---|
| Cost of Operations (%) **38** | 66.5 | 66.0 | 67.9 | 64.7 | 63.0 | 59.4 | 64.7 | 62.8 | 64.9 |
| Operating Margin (%) **39** | • | • | • | • | 1.4 | 2.8 | 4.7 | 3.8 | 1.5 |
| Oper. Margin Before Officers Comp. (%) **40** | • | 1.8 | 4.1 | 4.2 | 6.3 | 9.7 | 9.7 | 8.5 | 6.1 |
| Average Net Receivables ($) **41** | 251 | 333 | 378 | 406 | 256 | 219 | 329 | 245 | 304 |
| Average Inventories ($) **42** | 111 | 134 | 180 | 187 | 139 | 105 | 193 | 115 | 169 |
| Average Net Worth ($) **43** | 408 | 471 | 565 | 704 | 432 | 358 | 608 | 410 | 628 |
| Current Ratio (x1) **44** | 1.6 | 1.6 | 1.6 | 1.7 | 1.5 | 1.9 | 2.2 | 1.6 | 2.0 |
| Quick Ratio (x1) **45** | 1.1 | 1.1 | 1.1 | 1.2 | 1.0 | 1.3 | 1.5 | 1.1 | 1.4 |
| Coverage Ratio (x1) **46** | 1.1 | 1.6 | 2.6 | 2.3 | 3.0 | 3.6 | 5.3 | 4.1 | 2.9 |
| Asset Turnover (x1) **47** | 1.3 | 1.4 | 1.6 | 1.5 | 1.8 | 2.1 | 2.0 | 2.0 | 1.9 |
| Total Liabilities/Net Worth (x1) **48** | 1.6 | 1.6 | 1.6 | 1.4 | 1.6 | 1.4 | 1.1 | 1.3 | 1.1 |
| Return on Assets (x1) **49** | 4.5 | 5.6 | 8.8 | 7.6 | 9.2 | 11.8 | 15.9 | 13.9 | 9.1 |
| Return on Equity (%) **50** | • | 0.5 | 7.6 | 4.7 | 7.8 | 14.9 | 22.3 | 19.1 | 8.6 |

## Table II

Corporations with Net Income

# COATING, ENGRAVING, AND ALLIED SERVICES

**MONEY AMOUNTS AND SIZE OF ASSETS IN THOUSANDS OF DOLLARS**

| Item Description for Accounting Period 7/90 Through 6/91 | Total | Zero Assets | Under 100 | 100 to 250 | 251 to 500 | 501 to 1,000 | 1,001 to 5,000 | 5,001 to 10,000 | 10,001 to 25,000 | 25,001 to 50,000 | 50,001 to 100,000 | 100,001 to 250,000 | 250,001 and over |
|---|---|---|---|---|---|---|---|---|---|---|---|---|---|
| Number of Enterprises **1** | 1399 | • | 200 | 191 | 292 | 386 | 260 | 44 | 16 | 8 | • | 3 | • |
| **Revenues ($ in Thousands)** | | | | | | | | | | | | | |
| Net Sales **2** | 4258 | • | 22 | 106 | 355 | 729 | 838 | 676 | 425 | 542 | • | 566 | • |
| Portfolio Income **3** | 30 | • | • | 0 | 1 | 4 | 0 | 2 | 4 | 7 | • | 12 | • |
| Other Revenues **4** | 43 | • | • | • | 1 | 2 | 19 | 1 | 13 | 2 | • | 4 | • |
| Total Revenues **5** | 4331 | • | 22 | 106 | 357 | 734 | 858 | 679 | 442 | 551 | • | 582 | • |
| Average Total Revenues **6** | 3096 | • | 110 | 555 | 1223 | 1903 | 3299 | 15436 | 27629 | 68816 | • | 194053 | • |
| **Operating Costs/Operating Income (%)** | | | | | | | | | | | | | |
| Cost of Operations **7** | 62.5 | • | 64.4 | 55.0 | 57.4 | 47.1 | 64.8 | 71.3 | 64.2 | 75.5 | • | 59.5 | • |
| Rent **8** | 1.3 | • | • | 6.0 | 2.2 | 2.9 | 1.3 | 0.6 | 0.2 | 0.1 | • | 0.7 | • |
| Taxes Paid **9** | 3.1 | • | 5.9 | 3.5 | 3.0 | 4.0 | 3.7 | 2.8 | 2.5 | 2.3 | • | 2.2 | • |
| Interest Paid **10** | 1.2 | • | • | 1.0 | 0.1 | 1.1 | 2.0 | 0.9 | 3.6 | 0.4 | • | 0.5 | • |
| Depreciation, Depletion, Amortization **11** | 3.4 | • | 1.4 | 5.9 | 2.3 | 2.8 | 3.5 | 2.5 | 5.4 | 3.2 | • | 4.0 | • |
| Pensions and Other Benefits **12** | 2.3 | • | • | 0.6 | 3.8 | 2.3 | 1.8 | 2.4 | 4.5 | 2.5 | • | 0.4 | • |
| Other **13** | 16.6 | • | 20.4 | 19.0 | 17.1 | 27.9 | 16.4 | 9.9 | 16.1 | 10.9 | • | 15.0 | • |
| Officers Compensation **14** | 4.9 | • | • | 9.2 | 9.3 | 9.8 | 4.1 | 5.6 | 2.3 | 1.1 | • | 1.1 | • |
| Operating Margin **15** | 4.8 | • | 7.9 | • | 5.0 | 2.1 | 2.5 | 4.0 | 1.2 | 4.1 | • | 16.8 | • |
| Oper. Margin Before Officers Compensation **16** | 9.7 | • | 7.9 | 9.0 | 14.3 | 11.9 | 6.6 | 9.6 | 3.5 | 5.2 | • | 17.9 | • |
| **Selected Average Balance Sheet ($ in Thousands)** | | | | | | | | | | | | | |
| Net Receivables **17** | 353 | • | 15 | 39 | 155 | 205 | 418 | 1439 | 3127 | 7223 | • | 26279 | • |
| Inventories **18** | 212 | • | • | 28 | 42 | 35 | 240 | 799 | 1272 | 9101 | • | 24849 | • |
| Net Property, Plant and Equipment **19** | 543 | • | 0 | 42 | 94 | 221 | 692 | 2396 | 8375 | 11614 | • | 42101 | • |
| Total Assets **20** | 1581 | • | 78 | 169 | 364 | 699 | 1793 | 6361 | 14637 | 39538 | • | 164020 | • |

| | | | | | | | | | | | |
|---|---|---|---|---|---|---|---|---|---|---|---|
| Notes and Loans Payable 21 | 357 | • | • | 53 | 19 | 208 | 651 | 1437 | 6250 | 4079 | 12804 |
| All Other Liabilities 22 | 282 | • | • | 47 | 95 | 124 | 246 | 1438 | 3412 | 5249 | 28790 |
| Net Worth 23 | 942 | • | 78 | 69 | 251 | 366 | 896 | 3486 | 4976 | 30210 | 122426 |

**Selected Financial Ratios (Times to 1)**

| | | | | | | | | | | | |
|---|---|---|---|---|---|---|---|---|---|---|---|
| Current Ratio 24 | 2.8 | • | • | 1.6 | 2.8 | 2.3 | 1.9 | 1.3 | 1.3 | 4.3 | 5.0 |
| Quick Ratio 25 | 2.0 | • | • | 1.1 | 2.1 | 1.6 | 1.3 | 0.9 | 0.9 | 2.1 | 3.5 |
| Net Sales to Working Capital 26 | 5.4 | • | 5.4 | 16.4 | 7.1 | 6.8 | 6.4 | 10.1 | 20.6 | 4.2 | 2.1 |
| Coverage Ratio 27 | 6.3 | • | • | 1.3 | 3.6 | 3.5 | 6.0 | 2.4 | 14.5 | • | |
| Total Asset Turnover 28 | 1.9 | • | 1.4 | 3.3 | 2.7 | 1.8 | 2.4 | 1.8 | 1.7 | 1.2 | |
| Inventory Turnover 29 | 9.9 | • | • | 5.6 | • | 9.2 | • | • | 7.0 | 9.0 | |
| Receivables Turnover 30 | 8.4 | • | 6.5 | 4.1 | 9.1 | 7.1 | • | 7.3 | • | | |
| Total Liabilities to Net Worth 31 | 0.7 | • | • | 1.5 | 0.5 | 0.9 | 1.0 | 0.8 | 2.0 | 0.3 | 0.3 |

**Selected Financial Factors (in Percentages)**

| | | | | | | | | | | | |
|---|---|---|---|---|---|---|---|---|---|---|---|
| Debt Ratio 32 | 40.4 | • | 59.4 | 31.2 | 47.6 | 50.0 | 45.2 | 66.0 | 23.6 | 25.4 | |
| Return on Assets 33 | 14.9 | • | 11.2 | 4.2 | 18.9 | 10.8 | 12.2 | 13.1 | 15.8 | 10.3 | 23.1 |
| Return on Equity 34 | 16.9 | 11.2 | 2.2 | 25.0 | 13.9 | 16.4 | 19.2 | 20.6 | 10.3 | 20.1 | |
| Return Before Interest on Equity 35 | 25.0 | 11.2 | 10.3 | 27.4 | 20.7 | 24.3 | 23.9 | • | 13.5 | 31.0 | |
| Profit Margin, Before Income Tax 36 | 6.5 | 7.9 | 0.3 | 5.5 | 2.9 | 4.8 | 4.5 | 5.1 | 5.6 | 19.6 | |
| Profit Margin, After Income Tax 37 | 5.2 | 7.9 | 0.3 | 5.1 | 2.7 | 4.6 | 4.4 | 3.9 | 4.6 | 13.1 | |

**Trends in Selected Ratios and Factors, 1986-1994**

| | 1986 | 1987 | 1988 | 1989 | 1990 | 1991 | 1992 | 1993 | 1994 |
|---|---|---|---|---|---|---|---|---|---|
| Cost of Operations (%) 38 | 61.2 | 64.0 | 66.3 | 63.1 | 60.7 | 59.9 | 64.9 | 62.5 | 62.5 |
| Operating Margin (%) 39 | 4.0 | 5.6 | 4.7 | 5.4 | 4.8 | 5.2 | 6.2 | 6.0 | 4.8 |
| Oper. Margin Before Officers Comp. (%) 40 | 9.6 | 11.3 | 9.6 | 11.3 | 9.8 | 11.6 | 11.2 | 11.1 | 9.7 |
| Average Net Receivables ($) 41 | 130 | 217 | 270 | 316 | 334 | 223 | 360 | 238 | 353 |
| Average Inventories ($) 42 | 68 | 104 | 143 | 160 | 194 | 115 | 214 | 110 | 212 |
| Average Net Worth ($) 43 | 293 | 430 | 475 | 738 | 734 | 386 | 727 | 482 | 942 |
| Current Ratio (x1) 44 | 1.8 | 1.8 | 1.8 | 2.1 | 1.8 | 2.0 | 2.3 | 2.1 | 2.8 |
| Quick Ratio (x1) 45 | 1.2 | 1.3 | 1.3 | 1.5 | 1.2 | 1.4 | 1.6 | 1.5 | 2.0 |
| Coverage Ratio (x1) 46 | 4.4 | 6.3 | 5.5 | 6.9 | 6.2 | 5.7 | 7.2 | 6.5 | 6.3 |
| Asset Turnover (x1) 47 | 2.0 | 2.0 | 2.1 | 1.9 | 1.8 | 2.2 | 2.1 | 2.0 | 1.9 |
| Operating Leverage 48 | • | 1.4 | 0.9 | 1.2 | 0.9 | 1.1 | 1.2 | 1.0 | 0.8 |
| Financial Leverage 49 | • | 1.1 | 1.0 | 1.0 | 1.0 | 1.2 | 1.1 | 1.0 | 1.0 |
| Total Leverage 50 | • | 1.5 | 0.8 | 1.2 | 0.9 | 1.3 | 1.3 | 0.9 | 0.8 |

## Table I

Corporations with and without Net Income

# ORDNANCE AND ACCESSORIES, EXCEPT VEHICLES AND GUIDED MISSILES

### MONEY AMOUNTS AND SIZE OF ASSETS IN THOUSANDS OF DOLLARS

| Item Description for Accounting Period 7/90 Through 6/91 | Total | Zero Assets | Under 100 | 100 to 250 | 251 to 500 | 501 to 1,000 | 1,001 to 5,000 | 5,001 to 10,000 | 10,001 to 25,000 | 25,001 to 50,000 | 50,001 to 100,000 | 100,001 to 250,000 | 250,001 and over |
|---|---|---|---|---|---|---|---|---|---|---|---|---|---|
| Number of Enterprises **1** | 247 | • | • | • | • | 107 | 30 | • | 15 | 5 | • | 4 | • |
| **Revenues ($ in Thousands)** | | | | | | | | | | | | | |
| Net Sales **2** | 2022 | • | • | • | • | 405 | 122 | • | 524 | 236 | • | 695 | • |
| Portfolio Income **3** | 22 | • | • | • | • | 0 | 0 | • | 2 | 2 | • | 18 | • |
| Other Revenues **4** | 48 | • | • | • | • | 1 | 0 | • | 18 | 12 | • | 16 | • |
| Total Revenues **5** | 2092 | • | • | • | • | 407 | 123 | • | 544 | 250 | • | 730 | • |
| Average Total Revenues **6** | 8468 | • | • | • | • | 3799 | 4083 | • | 36252 | 50021 | • | 182413 | • |
| **Operating Costs/Operating Income (%)** | | | | | | | | | | | | | |
| Cost of Operations **7** | 74.9 | • | • | • | • | 76.5 | 52.6 | • | 83.0 | 80.0 | • | 70.7 | • |
| Rent **8** | 0.7 | • | • | • | • | 0.6 | 2.8 | • | 0.8 | 0.8 | • | 0.8 | • |
| Taxes Paid **9** | 4.1 | • | • | • | • | 2.9 | 4.1 | • | 3.1 | 4.0 | • | 5.7 | • |
| Interest Paid **10** | 5.4 | • | • | • | • | 0.7 | 3.7 | • | 2.9 | 7.4 | • | 9.2 | • |
| Depreciation, Depletion, Amortization **11** | 3.2 | • | • | • | • | 1.7 | 4.5 | • | 1.6 | 4.3 | • | 4.5 | • |
| Pensions and Other Benefits **12** | 1.6 | • | • | • | • | 0.9 | | • | 1.3 | 1.7 | • | 2.5 | • |
| Other **13** | 10.9 | • | • | • | • | 9.2 | 30.8 | • | 5.8 | 10.0 | • | 11.5 | • |
| Officers Compensation **14** | 2.6 | • | • | • | • | 6.4 | 2.3 | • | 1.4 | 0.9 | • | 1.5 | • |
| Operating Margin **15** | • | • | • | • | • | 1.2 | • | • | 0.9 | • | • | • | • |
| Oper. Margin Before Officers Compensation **16** | • | • | • | • | • | 7.6 | 1.5 | • | 2.3 | • | • | • | • |
| **Selected Average Balance Sheet ($ in Thousands)** | | | | | | | | | | | | | |
| Net Receivables **17** | 1677 | • | • | • | • | 134 | 188 | • | 4108 | 8683 | • | 71754 | • |
| Inventories **18** | 1432 | • | • | • | • | 140 | 1095 | • | 4249 | 19141 | • | 34552 | • |
| Net Property, Plant and Equipment **19** | 1398 | • | • | • | • | 195 | 1052 | • | 3639 | 14735 | • | 39766 | • |
| Total Assets **20** | 7182 | • | • | • | • | 688 | 2580 | • | 16693 | 61326 | • | 262059 | • |

| | | | | | | |
|---|---|---|---|---|---|---|
| Notes and Loans Payable 21 | 4039 | 145 | 1713 | 7981 | 22440 | 169350 |
| All Other Liabilities 22 | 1735 | 185 | 826 | 4327 | 24992 | 48419 |
| Net Worth 23 | 1408 | 357 | 40 | 4384 | 13894 | 44290 |

**Selected Financial Ratios (Times to 1)**

| | | | | | | |
|---|---|---|---|---|---|---|
| Current Ratio 24 | 1.5 | 1.3 | 1.5 | 1.3 | 1.7 | 1.5 |
| Quick Ratio 25 | 0.8 | 0.8 | 0.4 | 0.6 | 0.6 | 1.0 |
| Net Sales to Working Capital 26 | 7.0 | 36.2 | 8.4 | 13.1 | 3.7 | 4.7 |
| Coverage Ratio 27 | 1.0 | 3.3 | 0.9 | 2.6 | 0.6 | 0.9 |
| Total Asset Turnover 28 | 1.1 | 5.5 | 1.6 | 2.1 | 0.8 | 0.7 |
| Inventory Turnover 29 | 4.3 | • | 1.5 | 9.3 | 2.5 | 3.1 |
| Receivables Turnover 30 | 5.5 | • | • | 6.0 | • | 2.7 |
| Total Liabilities to Net Worth 31 | 4.1 | 0.9 | • | 2.8 | 3.4 | 4.9 |

**Selected Financial Factors (in Percentages)**

| | | | | | | |
|---|---|---|---|---|---|---|
| Debt Ratio 32 | 80.4 | 48.1 | 98.4 | 73.7 | 77.4 | 83.1 |
| Return on Assets 33 | 6.2 | 12.3 | 5.0 | 15.9 | 3.5 | 5.2 |
| Return on Equity 34 | • | 13.0 | • | 25.6 | • | • |
| Return Before Interest on Equity 35 | 31.8 | 23.6 | • | • | 15.4 | 30.8 |
| Profit Margin, Before Income Tax 36 | 0.1 | 1.6 | • | 4.6 | • | • |
| Profit Margin, After Income Tax 37 | • | 1.2 | • | 3.2 | • | • |

**Trends in Selected Ratios and Factors, 1986–1994**

| | 1986 | 1987 | 1988 | 1989 | 1990 | 1991 | 1992 | 1993 | 1994 |
|---|---|---|---|---|---|---|---|---|---|
| Cost of Operations (%) 38 | 70.9 | 69.5 | 69.6 | 68.1 | 67.7 | 75.5 | 74.6 | 70.3 | 74.9 |
| Operating Margin (%) 39 | 1.6 | 2.3 | 2.1 | 3.2 | 3.2 | 1.7 | • | • | • |
| Oper. Margin Before Officers Comp. (%) 40 | 5.4 | 4.7 | 4.1 | 6.0 | 6.1 | 3.8 | 0.6 | • | • |
| Average Net Receivables ($) 41 | 260 | 417 | 319 | 505 | 950 | 613 | 1315 | 1601 | 1677 |
| Average Inventories ($) 42 | 354 | 610 | 368 | 608 | 1110 | 720 | 1759 | 1752 | 1432 |
| Average Net Worth ($) 43 | 574 | 1060 | 707 | 879 | 1444 | 833 | 1923 | 2250 | 1408 |
| Current Ratio (x1) 44 | 2.1 | 2.6 | 1.8 | 2.1 | 1.8 | 1.8 | 1.7 | 2.1 | 1.5 |
| Quick Ratio (x1) 45 | 1.1 | 1.2 | 1.0 | 0.9 | 0.9 | 0.8 | 0.7 | 0.9 | 0.8 |
| Coverage Ratio (x1) 46 | 2.9 | 3.6 | 4.7 | 2.6 | 2.9 | 2.5 | 1.2 | 1.1 | 1.0 |
| Asset Turnover (x1) 47 | 1.5 | 1.4 | 1.3 | 1.2 | 1.7 | 1.4 | 1.1 | 1.0 | 1.1 |
| Total Liabilities/Net Worth (x1) 48 | 1.2 | 0.9 | 1.5 | 1.9 | 1.6 | 2.1 | 2.7 | 2.7 | 4.1 |
| Return on Assets (x1) 49 | 8.6 | 8.2 | 12.3 | 10.8 | 13.6 | 9.5 | 5.0 | 6.3 | 6.2 |
| Return on Equity (%) 50 | 4.9 | 4.0 | 14.5 | 9.8 | 11.8 | 10.8 | • | • | • |

# Table II

Corporations with Net Income

# ORDNANCE AND ACCESSORIES, EXCEPT VEHICLES AND GUIDED MISSILES

**MONEY AMOUNTS AND SIZE OF ASSETS IN THOUSANDS OF DOLLARS**

| Item Description for Accounting Period 7/90 Through 6/91 | Total | Zero Assets | Under 100 | 100 to 250 | 251 to 500 | 501 to 1,000 | 1,001 to 5,000 | 5,001 to 10,000 | 10,001 to 25,000 | 25,001 to 50,000 | 50,001 to 100,000 | 100,001 to 250,000 | 250,001 and over |
|---|---|---|---|---|---|---|---|---|---|---|---|---|---|
| Number of Enterprises **1** | 141 | • | • | • | • | 107 | 19 | • | 15 | • | • | • | • |
| **Revenues ($ in Thousands)** | | | | | | | | | | | | | |
| Net Sales **2** | 1202 | • | • | • | • | 405 | 63 | • | 734 | • | • | • | • |
| Portfolio Income **3** | 3 | • | • | • | • | 0 | 0 | • | 3 | • | • | • | • |
| Other Revenues **4** | 24 | • | • | • | • | 1 | 0 | • | 23 | • | • | • | • |
| Total Revenues **5** | 1230 | • | • | • | • | 407 | 63 | • | 760 | • | • | • | • |
| Average Total Revenues **6** | 8720 | • | • | • | • | 3799 | 3311 | • | 50672 | • | • | • | • |
| **Operating Costs/Operating Income (%)** | | | | | | | | | | | | | |
| Cost of Operations **7** | 75.4 | • | • | • | • | 76.5 | 61.3 | • | 75.9 | • | • | • | • |
| Rent **8** | 0.2 | • | • | • | • | 0.6 | • | • | • | • | • | • | • |
| Taxes Paid **9** | 3.9 | • | • | • | • | 2.9 | 3.1 | • | 4.6 | • | • | • | • |
| Interest Paid **10** | 1.6 | • | • | • | • | 0.7 | 2.9 | • | 2.0 | • | • | • | • |
| Depreciation, Depletion, Amortization **11** | 2.0 | • | • | • | • | 1.7 | 3.7 | • | 2.0 | • | • | • | • |
| Pensions and Other Benefits **12** | 1.6 | • | • | • | • | 0.9 | 0.2 | • | 2.1 | • | • | • | • |
| Other **13** | 8.2 | • | • | • | • | 9.2 | 26.5 | • | 6.1 | • | • | • | • |
| Officers Compensation **14** | 3.1 | • | • | • | • | 6.4 | 2.1 | • | 1.4 | • | • | • | • |
| Operating Margin **15** | 4.1 | • | • | • | • | 1.2 | 0.2 | • | 6.1 | • | • | • | • |
| Oper. Margin Before Officers Compensation **16** | 7.2 | • | • | • | • | 7.6 | 2.3 | • | 7.4 | • | • | • | • |
| **Selected Average Balance Sheet ($ in Thousands)** | | | | | | | | | | | | | |
| Net Receivables **17** | 770 | • | • | • | • | 134 | 136 | • | 6109 | • | • | • | • |
| Inventories **18** | 989 | • | • | • | • | 140 | 70 | • | 8209 | • | • | • | • |
| Net Property, Plant and Equipment **19** | 890 | • | • | • | • | 195 | 712 | • | 6078 | • | • | • | • |
| Total Assets **20** | 3621 | • | • | • | • | 688 | 1263 | • | 27530 | • | • | • | • |

| | | | | |
|---|---|---|---|---|
| Notes and Loans Payable 21 | 962 | 145 | 575 | 7278 |
| All Other Liabilities 22 | 751 | 185 | 152 | 5548 |
| Net Worth 23 | 1908 | 357 | 536 | 14704 |

## Selected Financial Ratios (Times to 1)

| | | | | |
|---|---|---|---|---|
| Current Ratio 24 | 2.1 | 1.3 | 2.3 | 2.3 |
| Quick Ratio 25 | 1.0 | 0.8 | 2.0 | 1.0 |
| Net Sales to Working Capital 26 | 7.0 | 36.2 | 12.9 | 4.7 |
| Coverage Ratio 27 | 5.1 | 3.3 | 1.2 | 5.9 |
| Total Asset Turnover 28 | 2.4 | 5.5 | 2.6 | 1.8 |
| Inventory Turnover 29 | 7.2 | | | 8.2 |
| Receivables Turnover 30 | | | | |
| Total Liabilities to Net Worth 31 | 0.9 | 0.9 | 1.4 | 0.9 |

## Selected Financial Factors (in Percentages)

| | | | | |
|---|---|---|---|---|
| Debt Ratio 32 | 47.3 | 48.1 | 57.6 | 46.6 |
| Return on Assets 33 | 18.8 | 12.3 | 9.5 | 20.5 |
| Return on Equity 34 | 20.7 | 13.0 | 3.7 | 22.8 |
| Return Before Interest on Equity 35 | | 23.6 | 22.3 | |
| Profit Margin, Before Income Tax 36 | 6.4 | 1.6 | 0.7 | 9.6 |
| Profit Margin, After Income Tax 37 | 4.6 | 1.2 | 0.6 | 6.9 |

## Trends in Selected Ratios and Factors, 1986-1994

| | 1986 | 1987 | 1988 | 1989 | 1990 | 1991 | 1992 | 1993 | 1994 |
|---|---|---|---|---|---|---|---|---|---|
| Cost of Operations (%) 38 | 69.9 | 69.2 | 68.8 | 67.6 | 67.4 | 72.1 | 71.9 | 69.7 | 75.4 |
| Operating Margin (%) 39 | 4.7 | 5.5 | 5.3 | 4.8 | 5.1 | 3.9 | 2.8 | 8.1 | 4.1 |
| Oper. Margin Before Officers Comp. (%) 40 | 8.4 | 7.6 | 7.3 | 7.8 | 8.2 | 6.2 | 4.2 | 10.8 | 7.2 |
| Average Net Receivables ($) 41 | 268 | 1642 | 543 | 527 | 1211 | 603 | 2260 | 526 | 770 |
| Average Inventories ($) 42 | 392 | 2163 | 560 | 608 | 1458 | 707 | 2885 | 852 | 989 |
| Average Net Worth ($) 43 | 712 | 4706 | 1200 | 988 | 1879 | 881 | 3182 | 1410 | 1908 |
| Current Ratio (x1) 44 | 2.4 | 3.0 | 2.0 | 2.2 | 1.9 | 2.1 | 2.3 | 2.3 | 2.1 |
| Quick Ratio (x1) 45 | 1.2 | 1.4 | 1.2 | 1.0 | 0.9 | 1.0 | 1.0 | 1.0 | 1.0 |
| Coverage Ratio (x1) 46 | 4.9 | 6.4 | 6.8 | 3.0 | 4.6 | 3.5 | 2.4 | 5.6 | 5.1 |
| Asset Turnover (x1) 47 | 1.6 | 1.5 | 1.3 | 1.2 | 1.6 | 1.4 | 1.4 | 1.6 | 2.4 |
| Operating Leverage 48 | | 1.2 | 1.0 | 0.9 | 1.1 | 0.8 | 0.7 | 2.9 | 0.5 |
| Financial Leverage 49 | | 1.0 | 1.1 | 0.7 | 1.2 | 1.1 | 0.8 | 1.5 | 1.0 |
| Total Leverage 50 | | 1.2 | 1.1 | 0.7 | 1.3 | 0.8 | 0.6 | 4.3 | 0.5 |

## Table I

Corporations with and without Net Income

# MISCELLANEOUS FABRICATED METAL PRODUCTS

**MONEY AMOUNTS AND SIZE OF ASSETS IN THOUSANDS OF DOLLARS**

| Item Description for Accounting Period 7/90 Through 6/91 | Total | Zero Assets | Under 100 | 100 to 250 | 251 to 500 | 501 to 1,000 | 1,001 to 5,000 | 5,001 to 10,000 | 10,001 to 25,000 | 25,001 to 50,000 | 50,001 to 100,000 | 100,001 to 250,000 | 250,001 and over |
|---|---|---|---|---|---|---|---|---|---|---|---|---|---|
| Number of Enterprises **1** | 28807 | • | 9239 | • | 3965 | 3377 | 3090 | 585 | 286 | 118 | 58 | 34 | 18 |
| **Revenues ($ in Thousands)** | | | | | | | | | | | | | |
| Net Sales **2** | 68241 | • | 1428 | • | 3900 | 5415 | 11810 | 6980 | 7023 | 6166 | 5763 | 6267 | 9717 |
| Portfolio Income **3** | 719 | • | 1 | • | 15 | 28 | 64 | 43 | 37 | 37 | 37 | 129 | 301 |
| Other Revenues **4** | 984 | • | 6 | • | 52 | 29 | 127 | 87 | 72 | 72 | 95 | 80 | 326 |
| Total Revenues **5** | 69944 | • | 1436 | • | 3967 | 5472 | 12001 | 7111 | 7132 | 6275 | 5896 | 6476 | 10344 |
| Average Total Revenues **6** | 2428 | • | 155 | • | 1001 | 1620 | 3884 | 12156 | 24937 | 53181 | 101650 | 190470 | 574685 |
| **Operating Costs/Operating Income (%)** | | | | | | | | | | | | | |
| Cost of Operations **7** | 70.1 | • | 54.8 | • | 61.2 | 65.9 | 69.2 | 71.8 | 73.7 | 75.5 | 74.8 | 75.6 | 70.2 |
| Rent **8** | 1.1 | • | 5.2 | • | 2.6 | 1.6 | 0.8 | 0.7 | 0.4 | 0.6 | 0.6 | 0.9 | 1.0 |
| Taxes Paid **9** | 2.6 | • | 3.5 | • | 3.8 | 3.2 | 2.9 | 2.4 | 2.3 | 2.1 | 1.6 | 2.1 | 2.3 |
| Interest Paid **10** | 2.3 | • | 1.1 | • | 1.9 | 1.5 | 1.8 | 1.8 | 2.4 | 3.2 | 2.8 | 3.1 | 2.8 |
| Depreciation, Depletion, Amortization **11** | 3.2 | • | 2.8 | • | 3.2 | 2.9 | 3.2 | 2.7 | 3.1 | 3.7 | 3.1 | 3.1 | 3.5 |
| Pensions and Other Benefits **12** | 2.2 | • | 1.5 | • | 1.8 | 2.0 | 2.0 | 2.1 | 1.9 | 1.9 | 1.7 | 2.6 | 3.7 |
| Other **13** | 14.7 | • | 19.9 | • | 19.7 | 15.0 | 13.9 | 13.3 | 13.1 | 12.0 | 12.7 | 13.1 | 17.1 |
| Officers Compensation **14** | 3.4 | • | 11.2 | • | 7.2 | 6.5 | 4.8 | 3.1 | 2.0 | 1.4 | 0.8 | 0.9 | 0.7 |
| Operating Margin **15** | 0.6 | • | 0.2 | • | • | 1.4 | 1.3 | 2.2 | 1.2 | • | 1.9 | • | • |
| Oper. Margin Before Officers Compensation **16** | 3.9 | • | 11.4 | • | 5.9 | 7.9 | 6.1 | 5.3 | 3.1 | 1.0 | 2.8 | • | • |
| **Selected Average Balance Sheet ($ in Thousands)** | | | | | | | | | | | | | |
| Net Receivables **17** | 338 | • | 9 | • | 104 | 199 | 553 | 1600 | 3408 | 6850 | 14903 | 29797 | 109204 |
| Inventories **18** | 324 | • | 4 | • | 58 | 144 | 511 | 1532 | 4055 | 7416 | 17277 | 29858 | 103415 |
| Net Property, Plant and Equipment **19** | 430 | • | 12 | • | 110 | 206 | 643 | 2082 | 4646 | 11684 | 19261 | 40915 | 134176 |
| Total Assets **20** | 1475 | • | 37 | • | 360 | 714 | 2162 | 6899 | 15011 | 33031 | 67479 | 139847 | 537167 |

| | | | | | | | | | | |
|---|---|---|---|---|---|---|---|---|---|---|
| Notes and Loans Payable **21** | 547 | 37 | 179 | 245 | 804 | 2053 | 5806 | 14905 | 26184 | 47338 | 176520 |
| All Other Liabilities **22** | 362 | 12 | 83 | 160 | 532 | 1603 | 3446 | 8073 | 16920 | 46942 | 114766 |
| Net Worth **23** | 567 | -12 | 98 | 310 | 826 | 3243 | 5760 | 10053 | 24375 | 45567 | 245881 |

**Selected Financial Ratios (Times to 1)**

| | | | | | | | | | | | |
|---|---|---|---|---|---|---|---|---|---|---|---|
| Current Ratio **24** | 1.8 | 1.5 | 2.0 | 2.1 | 1.7 | 1.9 | 1.7 | 1.5 | 1.7 | 1.6 | 1.9 |
| Quick Ratio **25** | 1.0 | 1.1 | 1.4 | 1.4 | 1.0 | 1.1 | 0.8 | 0.7 | 0.8 | 0.8 | 1.0 |
| Net Sales to Working Capital **26** | 6.7 | 22.2 | 8.9 | 6.6 | 6.8 | 6.0 | 6.7 | 10.2 | 6.4 | 7.2 | 4.3 |
| Coverage Ratio **27** | 2.4 | 1.6 | 1.3 | 2.6 | 2.6 | 3.3 | 2.1 | 1.4 | 2.5 | 1.7 | 3.1 |
| Total Asset Turnover **28** | 1.6 | 4.2 | 2.7 | 2.3 | 1.8 | 1.7 | 1.6 | 1.6 | 1.5 | 1.3 | 1.0 |
| Inventory Turnover **29** | 5.0 | · | · | 7.4 | 5.2 | 5.1 | 4.3 | 4.9 | 4.3 | 4.2 | 3.8 |
| Receivables Turnover **30** | 6.9 | · | 9.3 | 8.3 | 6.8 | 7.2 | 7.0 | 7.6 | 6.8 | 5.8 | 4.7 |
| Total Liabilities to Net Worth **31** | 1.6 | · | 2.7 | 1.3 | 1.6 | 1.1 | 1.6 | 2.3 | 1.8 | 2.1 | 1.2 |

**Selected Financial Factors (in Percentages)**

| | | | | | | | | | | | |
|---|---|---|---|---|---|---|---|---|---|---|---|
| Debt Ratio **32** | 61.6 | · | · | 56.6 | 53.0 | 61.8 | 61.6 | 69.6 | 63.9 | 67.4 | 54.2 |
| Return on Assets **33** | 8.6 | 7.5 | · | 9.0 | 10.0 | 8.3 | 8.3 | 7.2 | 10.3 | 7.0 | 8.5 |
| Return on Equity **34** | 9.3 | · | · | 10.0 | 12.2 | 10.2 | 8.3 | 2.9 | 12.6 | 5.7 | 8.1 |
| Return Before Interest on Equity **35** | 22.5 | · | · | 20.7 | 21.3 | 21.6 | 21.6 | 23.5 | 28.6 | 21.3 | 18.7 |
| Profit Margin, Before Income Tax **36** | 3.1 | 0.7 | 0.5 | 2.5 | 4.0 | 2.9 | 2.7 | 1.4 | 4.2 | 2.2 | 5.7 |
| Profit Margin, After Income Tax **37** | 2.2 | 0.6 | 0.3 | 1.9 | 3.3 | 2.2 | 1.9 | 0.6 | 3.1 | 1.4 | 3.7 |

**Trends in Selected Ratios and Factors, 1986-1994**

| | 1986 | 1987 | 1988 | 1989 | 1990 | 1991 | 1992 | 1993 | 1994 |
|---|---|---|---|---|---|---|---|---|---|
| Cost of Operations (%) **38** | 68.0 | 67.7 | 68.9 | 68.1 | 68.4 | 69.5 | 71.1 | 70.1 | 70.1 |
| Operating Margin (%) **39** | · | · | · | · | · | · | 0.3 | 0.6 | 0.6 |
| Oper. Margin Before Officers Comp. (%) **40** | 2.3 | 2.2 | 2.5 | 2.1 | 1.3 | 2.6 | 3.4 | 4.1 | 3.9 |
| Average Net Receivables ($) **41** | 247 | 298 | 379 | 365 | 481 | 469 | 335 | 334 | 338 |
| Average Inventories ($) **42** | 309 | 328 | 389 | 394 | 414 | 413 | 319 | 322 | 324 |
| Average Net Worth ($) **43** | 522 | 539 | 579 | 622 | 557 | 605 | 552 | 547 | 567 |
| Current Ratio (x1) **44** | 1.8 | 1.8 | 1.6 | 1.7 | 1.5 | 1.6 | 1.7 | 1.7 | 1.8 |
| Quick Ratio (x1) **45** | 0.9 | 0.9 | 0.8 | 0.8 | 0.8 | 0.9 | 0.9 | 0.9 | 1.0 |
| Coverage Ratio (x1) **46** | 1.8 | 2.0 | 2.2 | 1.9 | 1.7 | 2.1 | 2.2 | 2.4 | 2.4 |
| Asset Turnover (x1) **47** | 1.4 | 1.3 | 1.3 | 1.3 | 1.2 | 1.3 | 1.5 | 1.6 | 1.6 |
| Total Liabilities/Net Worth (x1) **48** | 1.4 | 1.7 | 2.0 | 1.8 | 2.2 | 2.0 | 1.7 | 1.7 | 1.6 |
| Return on Assets (x1) **49** | 7.2 | 7.2 | 8.4 | 7.7 | 6.5 | 8.7 | 10.4 | 9.4 | 8.6 |
| Return on Equity (%) **50** | 1.7 | 3.8 | 6.1 | 5.0 | 3.9 | 9.2 | 11.1 | 10.6 | 9.3 |

## Table II

Corporations with Net Income

# MISCELLANEOUS FABRICATED METAL PRODUCTS

MONEY AMOUNTS AND SIZE OF ASSETS IN THOUSANDS OF DOLLARS

| Item Description for Accounting Period 7/90 Through 6/91 | Total | Zero Assets | Under 100 | 100 to 250 | 251 to 500 | 501 to 1,000 | 1,001 to 5,000 | 5,001 to 10,000 | 10,001 to 25,000 | 25,001 to 50,000 | 50,001 to 100,000 | 100,001 to 250,000 | 250,001 and over |
|---|---|---|---|---|---|---|---|---|---|---|---|---|---|
| Number of Enterprises **1** | 17167 | 469 | 4340 | 4436 | 2502 | 2398 | 2261 | 431 | 182 | 71 | 40 | 24 | 13 |
| **Revenues ($ in Thousands)** | | | | | | | | | | | | | |
| Net Sales **2** | 49657 | 314 | 852 | 2560 | 2428 | 4184 | 8896 | 5254 | 4656 | 3805 | 4495 | 4947 | 7266 |
| Portfolio Income **3** | 476 | 3 | 0 | 13 | 7 | 22 | 49 | 34 | 26 | 26 | 26 | 92 | 178 |
| Other Revenues **4** | 680 | 7 | 0 | 17 | 28 | 16 | 98 | 74 | 52 | 29 | 82 | 67 | 210 |
| Total Revenues **5** | 50813 | 323 | 852 | 2589 | 2463 | 4222 | 9042 | 5361 | 4734 | 3859 | 4604 | 5107 | 7655 |
| Average Total Revenues **6** | 2960 | 689 | 196 | 584 | 984 | 1761 | 3999 | 12440 | 26013 | 54359 | 115101 | 212776 | 588839 |
| **Operating Costs/Operating Income (%)** | | | | | | | | | | | | | |
| Cost of Operations **7** | 68.0 | 62.5 | 48.8 | 58.0 | 57.2 | 64.7 | 67.2 | 70.3 | 71.2 | 71.9 | 73.6 | 74.1 | 67.2 |
| Rent **8** | 1.0 | 3.2 | 4.2 | 2.9 | 2.2 | 1.4 | 0.7 | 0.6 | 0.4 | 0.6 | 0.6 | 1.0 | 1.0 |
| Taxes Paid **9** | 2.6 | 3.8 | 3.1 | 3.1 | 3.8 | 2.9 | 2.9 | 2.5 | 2.4 | 2.3 | 1.6 | 2.1 | 2.4 |
| Interest Paid **10** | 1.7 | 0.6 | 0.5 | 1.1 | 1.2 | 1.3 | 1.5 | 1.2 | 1.9 | 2.2 | 2.1 | 2.6 | 2.0 |
| Depreciation, Depletion, Amortization **11** | 2.8 | 1.1 | 2.3 | 3.5 | 3.1 | 2.6 | 2.9 | 2.6 | 2.4 | 3.3 | 2.4 | 2.5 | 3.3 |
| Pensions and Other Benefits **12** | 2.2 | 2.1 | 0.5 | 1.6 | 1.6 | 1.5 | 2.0 | 2.2 | 1.8 | 1.9 | 1.7 | 2.2 | 3.9 |
| Other **13** | 14.1 | 8.9 | 16.3 | 16.0 | 18.6 | 14.4 | 13.4 | 12.4 | 12.5 | 12.0 | 12.5 | 13.7 | 17.2 |
| Officers Compensation **14** | 3.5 | 3.0 | 13.0 | 8.7 | 8.6 | 6.9 | 5.0 | 3.1 | 2.1 | 1.4 | 0.9 | 0.9 | 0.6 |
| Operating Margin **15** | 4.2 | 14.9 | 11.4 | 5.2 | 3.7 | 4.3 | 4.5 | 5.2 | 5.4 | 4.4 | 4.6 | 1.2 | 2.5 |
| Oper. Margin Before Officers Compensation **16** | 7.7 | 17.9 | 24.4 | 13.8 | 12.3 | 11.3 | 9.5 | 8.3 | 7.5 | 5.9 | 5.5 | 2.0 | 3.1 |
| **Selected Average Balance Sheet ($ in Thousands)** | | | | | | | | | | | | | |
| Net Receivables **17** | 388 | • | 15 | 45 | 107 | 215 | 559 | 1570 | 3724 | 7489 | 15869 | 32036 | 81495 |
| Inventories **18** | 383 | • | 2 | 25 | 49 | 128 | 491 | 1626 | 4332 | 8091 | 17274 | 31024 | 109083 |
| Net Property, Plant and Equipment **19** | 469 | • | 13 | 48 | 107 | 195 | 621 | 2087 | 3999 | 10889 | 18118 | 36098 | 126260 |
| Total Assets **20** | 1696 | • | 44 | 169 | 355 | 730 | 2147 | 7031 | 15061 | 32712 | 67233 | 145141 | 493335 |

| | | | | | | | | | | | | |
|---|---|---|---|---|---|---|---|---|---|---|---|---|
| Notes and Loans Payable **21** | 481 | • | 24 | 52 | 107 | 203 | 581 | 1572 | 4294 | 10656 | 20027 | 44298 | 136097 |
| All Other Liabilities **22** | 406 | • | 10 | 38 | 74 | 144 | 465 | 1535 | 3260 | 7854 | 14711 | 52625 | 116784 |
| Net Worth **23** | 809 | • | 10 | 79 | 174 | 383 | 1101 | 3924 | 7508 | 14202 | 32495 | 48218 | 240454 |

## Selected Financial Ratios (Times to 1)

| | | | | | | | | | | | | | |
|---|---|---|---|---|---|---|---|---|---|---|---|---|---|
| Current Ratio **24** | 2.1 | • | 1.9 | 2.2 | 2.4 | 2.5 | 2.2 | 2.2 | 2.2 | 1.8 | 2.2 | 1.7 | 2.1 |
| Quick Ratio **25** | 1.1 | • | 1.7 | 1.6 | 1.9 | 1.7 | 1.3 | 1.2 | 1.1 | 0.9 | 1.1 | 0.9 | 0.9 |
| Net Sales to Working Capital **26** | 5.7 | • | 14.3 | 10.1 | 7.2 | 6.1 | 5.5 | 5.2 | 4.8 | 6.3 | 5.4 | 7.2 | 4.5 |
| Coverage Ratio **27** | 4.9 | • | • | 7.0 | 5.4 | 5.2 | 5.0 | 6.9 | 4.7 | 3.6 | 4.4 | 2.7 | 5.3 |
| Total Asset Turnover **28** | 1.7 | • | 4.5 | 3.4 | 2.7 | 2.4 | 1.8 | 1.7 | 1.7 | 1.6 | 1.7 | 1.4 | 1.1 |
| Inventory Turnover **29** | 4.9 | • | • | • | 9.2 | 8.1 | 5.1 | 4.6 | 4.1 | 4.3 | 5.0 | 4.6 | 3.4 |
| Receivables Turnover **30** | 6.9 | • | • | • | 7.8 | 8.1 | 6.8 | 7.2 | 6.7 | 6.8 | 7.6 | 6.3 | 5.0 |
| Total Liabilities to Net Worth **31** | 1.1 | • | 3.2 | 1.2 | 1.1 | 0.9 | 1.0 | 0.8 | 1.0 | 1.3 | 1.1 | 2.0 | 1.1 |

## Selected Financial Factors (in Percentages)

| | | | | | | | | | | | | | |
|---|---|---|---|---|---|---|---|---|---|---|---|---|---|
| Debt Ratio **32** | 52.3 | • | 76.3 | 53.4 | 51.0 | 47.6 | 48.7 | 44.2 | 50.2 | 56.6 | 51.7 | 66.8 | 51.3 |
| Return on Assets **33** | 14.1 | • | • | 25.2 | 17.2 | 15.5 | 13.9 | 14.7 | 15.1 | 13.2 | 15.2 | 10.0 | 11.7 |
| Return on Equity **34** | 19.2 | • | • | 40.0 | 26.7 | 20.7 | 18.5 | 19.6 | 20.2 | 17.3 | 19.2 | 14.9 | 13.3 |
| Return Before Interest on Equity **35** | 29.6 | • | • | • | • | 29.5 | 27.1 | 26.3 | 30.3 | 30.5 | 31.4 | 29.9 | 24.0 |
| Profit Margin, Before Income Tax **36** | 6.6 | 17.7 | 11.4 | 6.3 | 5.1 | 5.2 | 6.1 | 7.3 | 7.0 | 5.9 | 7.0 | 4.4 | 8.4 |
| Profit Margin, After Income Tax **37** | 5.4 | 15.1 | 11.2 | 5.4 | 4.8 | 4.6 | 5.2 | 6.3 | 5.9 | 4.6 | 5.6 | 3.5 | 5.7 |

## Trends in Selected Ratios and Factors, 1986-1994

| | 1986 | 1987 | 1988 | 1989 | 1990 | 1991 | 1992 | 1993 | 1994 |
|---|---|---|---|---|---|---|---|---|---|
| Cost of Operations (%) **38** | 65.4 | 65.2 | 65.9 | 65.1 | 65.4 | 67.9 | 69.7 | 68.4 | 68.0 |
| Operating Margin (%) **39** | 3.0 | 2.7 | 3.1 | 2.3 | 2.9 | 2.4 | 2.9 | 3.5 | 4.2 |
| Oper. Margin Before Officers Comp. (%) **40** | 6.4 | 6.2 | 6.2 | 5.8 | 6.5 | 5.8 | 5.9 | 7.0 | 7.7 |
| Average Net Receivables ($) **41** | 329 | 374 | 463 | 450 | 380 | 706 | 448 | 382 | 388 |
| Average Inventories ($) **42** | 413 | 404 | 470 | 497 | 357 | 607 | 421 | 357 | 383 |
| Average Net Worth ($) **43** | 820 | 779 | 824 | 910 | 774 | 993 | 858 | 770 | 809 |
| Current Ratio (x1) **44** | 2.0 | 1.9 | 1.8 | 1.8 | 2.1 | 1.6 | 2.0 | 2.0 | 2.1 |
| Quick Ratio (x1) **45** | 1.0 | 1.0 | 0.9 | 0.9 | 1.2 | 0.9 | 1.1 | 1.1 | 1.1 |
| Coverage Ratio (x1) **46** | 4.7 | 4.5 | 4.0 | 3.6 | 4.3 | 3.5 | 3.4 | 4.3 | 4.9 |
| Asset Turnover (x1) **47** | 1.4 | 1.4 | 1.4 | 1.3 | 1.5 | 1.3 | 1.6 | 1.7 | 1.7 |
| Operating Leverage **48** | • | 0.9 | 1.1 | 0.8 | 1.3 | 0.9 | 1.2 | 1.2 | 1.2 |
| Financial Leverage **49** | • | 1.1 | 0.9 | 1.0 | 1.1 | 1.0 | 1.0 | 1.1 | 1.1 |
| Total Leverage **50** | • | 1.0 | 1.1 | 0.8 | 1.4 | 0.9 | 1.2 | 1.1 | 1.3 |

## Table I

Corporations with and without Net Income

# FARM MACHINERY

**MONEY AMOUNTS AND SIZE OF ASSETS IN THOUSANDS OF DOLLARS**

| Item Description for Accounting Period 7/90 Through 6/91 | Total | Zero Assets | Under 100 | 100 to 250 | 251 to 500 | 501 to 1,000 | 1,001 to 5,000 | 5,001 to 10,000 | 10,001 to 25,000 | 25,001 to 50,000 | 50,001 to 100,000 | 100,001 to 250,000 | 250,001 and over |
|---|---|---|---|---|---|---|---|---|---|---|---|---|---|
| Number of Enterprises **1** | 1757 | 92 | 752 | • | 102 | 342 | 352 | 60 | 30 | 11 | 4 | 5 | 6 |
| **Revenues ($ in Thousands)** | | | | | | | | | | | | | |
| Net Sales **2** | 14640 | 9 | 81 | • | 141 | 489 | 1588 | 595 | 649 | 611 | 693 | 744 | 9041 |
| Portfolio Income **3** | 767 | 8 | 5 | • | • | 7 | 7 | 3 | 7 | 8 | 7 | 67 | 647 |
| Other Revenues **4** | 468 | 2 | 11 | • | • | 1 | 13 | 19 | 9 | 10 | 8 | 25 | 370 |
| Total Revenues **5** | 15876 | 19 | 97 | • | 141 | 498 | 1608 | 617 | 664 | 629 | 708 | 837 | 10058 |
| Average Total Revenues **6** | 9036 | 211 | 129 | • | 1380 | 1456 | 4567 | 10283 | 22136 | 57142 | 177117 | 167426 | 1676336 |
| **Operating Costs/Operating Income (%)** | | | | | | | | | | | | | |
| Cost of Operations **7** | 67.7 | • | 78.4 | • | 85.3 | 62.9 | 72.1 | 74.7 | 68.9 | 67.6 | 65.4 | 74.0 | 65.7 |
| Rent **8** | 1.0 | 0.4 | 4.0 | • | 0.4 | 0.9 | 0.3 | 0.8 | 0.7 | 0.2 | 0.2 | 0.6 | 1.3 |
| Taxes Paid **9** | 2.0 | 2.1 | 10.7 | • | 1.8 | 2.2 | 1.8 | 1.7 | 2.0 | 2.3 | 1.0 | 1.1 | 2.0 |
| Interest Paid **10** | 5.0 | 40.3 | 3.0 | • | 0.4 | 1.3 | 1.9 | 2.6 | 3.0 | 1.8 | 4.6 | 9.7 | 5.9 |
| Depreciation, Depletion, Amortization **11** | 2.5 | 10.2 | 5.2 | • | • | 1.2 | 1.7 | 1.8 | 2.2 | 1.4 | 1.7 | 4.3 | 2.7 |
| Pensions and Other Benefits **12** | 4.2 | 1.5 | 2.8 | • | 3.8 | 1.3 | 1.8 | 1.4 | 1.4 | 1.4 | 2.4 | 1.6 | 5.8 |
| Other **13** | 20.8 | 40.4 | 17.8 | • | 5.5 | 21.5 | 13.7 | 11.0 | 17.2 | 15.8 | 24.7 | 23.2 | 22.9 |
| Officers Compensation **14** | 1.1 | 1.0 | • | • | • | 6.7 | 3.0 | 2.7 | 2.9 | 1.3 | 0.6 | 0.9 | 0.2 |
| Operating Margin **15** | • | • | • | • | 2.8 | 2.1 | 3.7 | 3.4 | 1.8 | 8.2 | • | • | • |
| Oper. Margin Before Officers Compensation **16** | • | • | • | • | 2.8 | 8.8 | 6.7 | 6.1 | 4.7 | 9.5 | • | • | • |
| **Selected Average Balance Sheet ($ in Thousands)** | | | | | | | | | | | | | |
| Net Receivables **17** | 4512 | • | 26 | • | 43 | 97 | 471 | 1208 | 5060 | 10134 | 25509 | 66629 | 1155734 |
| Inventories **18** | 1245 | • | 0 | • | 377 | 332 | 1340 | 2951 | 4729 | 14702 | 35000 | 32190 | 130207 |
| Net Property, Plant and Equipment **19** | 1208 | • | 8 | • | 0 | 75 | 459 | 1393 | 2223 | 4850 | 16645 | 13649 | 265236 |
| Total Assets **20** | 8309 | • | 37 | • | 438 | 703 | 2606 | 6371 | 15088 | 38088 | 93732 | 169897 | 1814981 |

| | | | | | | | | | | | |
|---|---|---|---|---|---|---|---|---|---|---|---|
| **Notes and Loans Payable 21** | 3646 | 43 | • | 74 | 223 | 840 | 3567 | 6231 | 8839 | 60037 | 49223 | 834780 |
| **All Other Liabilities 22** | 2288 | 4 | • | 98 | 125 | 575 | 1266 | 2846 | 9488 | 21077 | 93445 | 490836 |
| **Net Worth 23** | 2375 | -10 | • | 266 | 355 | 1191 | 1537 | 6011 | 19761 | 12618 | 27229 | 489364 |

## Selected Financial Ratios (Times to 1)

| | | | | | | | | | | | | |
|---|---|---|---|---|---|---|---|---|---|---|---|---|
| **Current Ratio 24** | 1.7 | 2.3 | • | 3.9 | 2.4 | 2.3 | 1.6 | 1.5 | 1.9 | 1.1 | 2.0 | 1.7 |
| **Quick Ratio 25** | 1.3 | 2.2 | • | 0.5 | 1.0 | 0.7 | 0.6 | 0.8 | 0.9 | 0.4 | 1.2 | 1.5 |
| **Net Sales to Working Capital 26** | 3.1 | 6.5 | • | 4.2 | 4.3 | 3.9 | 5.8 | 5.5 | 3.9 | 32.1 | 2.2 | 2.7 |
| **Coverage Ratio 27** | 1.9 | 0.4 | • | 7.6 | 3.9 | 3.6 | 3.8 | 2.4 | 7.3 | 1.4 | 0.7 | 1.9 |
| **Total Asset Turnover 28** | 1.0 | 2.9 | • | 3.2 | 2.0 | 1.7 | 1.6 | 1.4 | 1.5 | 1.9 | 0.9 | 0.8 |
| **Inventory Turnover 29** | 4.3 | • | • | 3.0 | 3.1 | 2.5 | 2.2 | 2.3 | 2.6 | 3.6 | 4.4 | 6.5 |
| **Receivables Turnover 30** | 1.9 | 7.8 | • | 6.9 | • | 9.2 | 7.1 | 4.2 | 6.1 | 8.8 | 2.4 | 1.4 |
| **Total Liabilities to Net Worth 31** | 2.5 | • | • | 0.7 | 1.0 | 1.2 | 3.2 | 1.5 | 0.9 | 6.4 | 5.2 | 2.7 |

## Selected Financial Factors (in Percentages)

| | | | | | | | | | | | | |
|---|---|---|---|---|---|---|---|---|---|---|---|---|
| **Debt Ratio 32** | 71.4 | • | • | 39.3 | 49.5 | 54.3 | 75.9 | 60.2 | 48.1 | 86.5 | 84.0 | 73.0 |
| **Return on Assets 33** | 9.6 | 3.1 | • | 10.0 | 10.4 | 11.9 | 15.2 | 10.3 | 18.6 | 11.5 | 5.8 | 9.2 |
| **Return on Equity 34** | 10.9 | 23.8 | • | 12.2 | 13.5 | 16.6 | 36.0 | 11.5 | 22.2 | 2.2 | • | 10.4 |
| **Return Before Interest on Equity 35** | 33.7 | • | • | 16.5 | 20.6 | 26.0 | 25.8 | • | • | • | • | 34.0 |
| **Profit Margin, Before Income Tax 36** | 4.6 | • | • | 2.8 | 3.8 | 5.0 | 7.2 | 4.1 | 11.0 | 1.6 | • | 5.2 |
| **Profit Margin, After Income Tax 37** | 3.1 | • | • | 2.4 | 3.4 | 4.4 | 5.6 | 3.2 | 7.9 | 0.2 | • | 3.4 |

## Trends in Selected Ratios and Factors, 1986-1994

| | 1986 | 1987 | 1988 | 1989 | 1990 | 1991 | 1992 | 1993 | 1994 |
|---|---|---|---|---|---|---|---|---|---|
| **Cost of Operations (%) 38** | 67.4 | 68.1 | 68.9 | 69.7 | 72.0 | 70.9 | 59.6 | 69.3 | 67.7 |
| **Operating Margin (%) 39** | • | • | • | • | • | • | • | • | • |
| **Oper. Margin Before Officers Comp. (%) 40** | • | • | • | • | • | • | • | • | • |
| **Average Net Receivables ($) 41** | 4519 | 4340 | 3794 | 3420 | 2920 | 2975 | 2936 | 3903 | 4512 |
| **Average Inventories ($) 42** | 1404 | 1201 | 1101 | 969 | 843 | 987 | 1077 | 1300 | 1245 |
| **Average Net Worth ($) 43** | 2642 | 2369 | 2040 | 1854 | 1782 | 1948 | 1949 | 2631 | 2375 |
| **Current Ratio (x1) 44** | 1.6 | 1.8 | 1.7 | 1.8 | 1.9 | 1.6 | 1.7 | 1.8 | 1.7 |
| **Quick Ratio (x1) 45** | 1.2 | 1.4 | 1.3 | 1.3 | 1.4 | 1.2 | 1.2 | 1.3 | 1.3 |
| **Coverage Ratio (x1) 46** | 0.8 | 0.7 | 0.8 | 0.7 | 0.6 | 1.4 | 2.1 | 1.8 | 1.9 |
| **Asset Turnover (x1) 47** | 0.7 | 0.7 | 0.8 | 0.8 | 0.8 | 1.0 | 0.8 | 1.0 | 1.0 |
| **Total Liabilities/Net Worth (x1) 48** | 2.5 | 2.5 | 2.5 | 2.5 | 2.4 | 2.4 | 2.3 | 2.1 | 2.5 |
| **Return on Assets (x1) 49** | 4.9 | 3.2 | 4.8 | 3.5 | 2.4 | 8.5 | 13.3 | 10.1 | 9.6 |
| **Return on Equity (%) 50** | • | • | • | • | • | 4.5 | 19.5 | 9.9 | 10.9 |

## Table II

Corporations with Net Income

# FARM MACHINERY

**MONEY AMOUNTS AND SIZE OF ASSETS IN THOUSANDS OF DOLLARS**

| Item Description for Accounting Period 7/90 Through 6/91 | Total | Zero Assets | Under 100 | 100 to 250 | 251 to 500 | 501 to 1,000 | 1,001 to 5,000 | 5,001 to 10,000 | 10,001 to 25,000 | 25,001 to 50,000 | 50,001 to 100,000 | 100,001 to 250,000 | 250,001 and over |
|---|---|---|---|---|---|---|---|---|---|---|---|---|---|
| Number of Enterprises **1** | 1093 | · | 325 | · | 102 | 305 | 263 | 60 | 18 | 11 | 4 | · | · |
| **Revenues ($ in Thousands)** | | | | | | | | | | | | | |
| Net Sales **2** | 12670 | · | 34 | · | 141 | 466 | 1319 | 595 | 474 | 611 | 650 | · | · |
| Portfolio Income **3** | 680 | · | 1 | · | · | 4 | 5 | 3 | 4 | 8 | 34 | · | · |
| Other Revenues **4** | 413 | · | 11 | · | · | 1 | 8 | 19 | 7 | 10 | 4 | · | · |
| Total Revenues **5** | 13763 | · | 45 | · | 141 | 471 | 1333 | 617 | 485 | 629 | 688 | · | · |
| Average Total Revenues **6** | 12592 | · | 139 | · | 1380 | 1543 | 5067 | 10283 | 26924 | 57142 | 171954 | · | · |
| **Operating Costs/Operating Income (%)** | | | | | | | | | | | | | |
| Cost of Operations **7** | 66.4 | · | 65.9 | · | 85.3 | 62.8 | 69.6 | 74.7 | 68.9 | 67.6 | 66.3 | · | · |
| Rent **8** | 1.0 | · | · | · | 0.4 | 0.8 | 0.3 | 0.8 | 0.5 | 0.2 | 0.2 | · | · |
| Taxes Paid **9** | 1.9 | · | 11.2 | · | 1.8 | 2.1 | 1.8 | 1.7 | 1.9 | 2.3 | 1.1 | · | · |
| Interest Paid **10** | 4.6 | · | 1.1 | · | 0.4 | 1.3 | 2.1 | 2.6 | 1.7 | 1.8 | 4.3 | · | · |
| Depreciation, Depletion, Amortization **11** | 2.3 | · | · | · | · | 1.2 | 1.9 | 1.8 | 2.2 | 1.4 | 1.6 | · | · |
| Pensions and Other Benefits **12** | 4.6 | · | 6.7 | · | 3.8 | 1.4 | 1.9 | 1.4 | 1.4 | 1.4 | 2.3 | · | · |
| Other **13** | 20.8 | · | 10.1 | · | 5.5 | 21.3 | 13.7 | 11.0 | 14.7 | 15.8 | 21.9 | · | · |
| Officers Compensation **14** | 1.0 | · | · | · | · | 6.0 | 3.3 | 2.7 | 2.9 | 1.3 | 0.7 | · | · |
| Operating Margin **15** | · | · | 5.1 | · | 2.8 | 3.3 | 5.6 | 3.4 | 5.9 | 8.2 | 1.7 | · | · |
| Oper. Margin Before Officers Compensation **16** | · | · | 5.1 | · | 2.8 | 9.2 | 8.9 | 6.1 | 8.9 | 9.5 | 2.4 | · | · |
| **Selected Average Balance Sheet ($ in Thousands)** | | | | | | | | | | | | | |
| Net Receivables **17** | 6783 | · | 14 | · | 43 | 93 | 529 | 1208 | 4727 | 10134 | 63918 | · | · |
| Inventories **18** | 1497 | · | 1 | · | 377 | 343 | 1317 | 2951 | 4787 | 14702 | 27326 | · | · |
| Net Property, Plant and Equipment **19** | 1673 | · | · | · | 0 | 77 | 534 | 1393 | 2456 | 4850 | 16898 | · | · |
| Total Assets **20** | 11723 | · | 18 | · | 438 | 715 | 2720 | 6371 | 15107 | 38088 | 152382 | · | · |

| | | | | | | | | | | |
|---|---|---|---|---|---|---|---|---|---|---|
| Notes and Loans Payable 21 | 5091 | • | 2 | • | 74 | 250 | 940 | 3567 | 4364 | 8839 | 28337 |
| All Other Liabilities 22 | 3167 | • | 10 | • | 98 | 135 | 545 | 1266 | 3526 | 9488 | 73780 |
| Net Worth 23 | 3465 | • | 6 | • | 266 | 330 | 1234 | 1537 | 7217 | 19761 | 50266 |

**Selected Financial Ratios (Times to 1)**

| | | | | | | | | | | |
|---|---|---|---|---|---|---|---|---|---|---|
| Current Ratio 24 | 1.8 | • | 1.5 | • | 3.9 | 2.2 | 2.3 | 1.6 | 2.1 | 1.9 | 1.7 |
| Quick Ratio 25 | 1.4 | • | 1.2 | • | 0.5 | 0.9 | 0.8 | 0.6 | 1.0 | 0.9 | 1.1 |
| Net Sales to Working Capital 26 | 2.9 | • | 18.7 | • | 4.2 | 4.9 | 4.3 | 5.8 | 4.6 | 3.9 | 3.0 |
| Coverage Ratio 27 | 2.4 | • | • | • | 7.6 | 4.4 | 4.2 | 3.8 | 5.8 | 7.3 | 2.7 |
| Total Asset Turnover 28 | 1.0 | • | 5.9 | • | 3.2 | 2.1 | 1.9 | 1.6 | 1.8 | 1.5 | 1.1 |
| Inventory Turnover 29 | 5.2 | • | • | • | 4.1 | 3.3 | 2.5 | 2.7 | 4.1 | 2.6 | 7.9 |
| Receivables Turnover 30 | 1.8 | • | • | • | 7.0 | • | 8.9 | 8.6 | 6.4 | 6.1 | 5.1 |
| Total Liabilities to Net Worth 31 | 2.4 | • | 2.2 | • | 0.7 | 1.2 | 1.2 | 3.2 | 1.1 | 0.9 | 2.0 |

**Selected Financial Factors (in Percentages)**

| | | | | | | | | | | |
|---|---|---|---|---|---|---|---|---|---|---|
| Debt Ratio 32 | 70.5 | • | 68.7 | • | 39.3 | 53.8 | 54.6 | 75.9 | 52.2 | 48.1 | 67.0 |
| Return on Assets 33 | 10.8 | • | • | • | 10.0 | 12.1 | 16.0 | 15.2 | 17.1 | 18.6 | 12.4 |
| Return on Equity 34 | 15.3 | • | • | • | 12.2 | 18.0 | 24.1 | 36.0 | 24.9 | 22.2 | 15.6 |
| Return Before Interest on Equity 35 | • | • | • | • | 16.5 | 26.1 | • | • | • | • | • |
| Profit Margin, Before Income Tax 36 | 6.3 | • | • | • | 2.8 | 4.4 | 6.6 | 7.2 | 8.1 | 11.0 | 7.3 |
| Profit Margin, After Income Tax 37 | 4.6 | • | • | • | 2.4 | 3.9 | 5.9 | 5.6 | 6.8 | 7.9 | 4.8 |

**Trends in Selected Ratios and Factors, 1986-1994**

| | 1986 | 1987 | 1988 | 1989 | 1990 | 1991 | 1992 | 1993 | 1994 |
|---|---|---|---|---|---|---|---|---|---|
| Cost of Operations (%) 38 | 69.1 | 68.4 | 69.4 | 71.0 | 71.8 | 69.7 | 56.4 | 68.9 | 66.4 |
| Operating Margin (%) 39 | • | 1.1 | 1.2 | • | 1.7 | • | • | • | • |
| Oper. Margin Before Officers Comp. (%) 40 | • | 2.7 | 2.9 | 1.9 | 3.3 | • | • | • | • |
| Average Net Receivables ($) 41 | 1644 | 701 | 986 | 915 | 693 | 8235 | 5764 | 3979 | 6783 |
| Average Inventories ($) 42 | 863 | 850 | 1242 | 1180 | 737 | 2173 | 1706 | 991 | 1497 |
| Average Net Worth ($) 43 | 1668 | 1186 | 1589 | 1741 | 1006 | 5463 | 4011 | 2656 | 3465 |
| Current Ratio (x1) 44 | 1.8 | 2.0 | 2.0 | 1.9 | 1.8 | 1.7 | 1.8 | 1.8 | 1.8 |
| Quick Ratio (x1) 45 | 1.2 | 0.9 | 0.9 | 0.9 | 0.9 | 1.3 | 1.4 | 1.4 | 1.4 |
| Coverage Ratio (x1) 46 | 1.7 | 2.3 | 2.6 | 2.7 | 3.1 | 1.7 | 2.3 | 2.7 | 2.4 |
| Asset Turnover (x1) 47 | 0.9 | 1.5 | 1.5 | 1.5 | 1.6 | 1.0 | 0.7 | 1.0 | 1.0 |
| Operating Leverage 48 | • | • | 1.1 | 0.1 | 25.3 | • | 1.0 | 0.4 | 0.9 |
| Financial Leverage 49 | • | 1.4 | 1.2 | 1.0 | 1.1 | 0.6 | 1.8 | 1.0 | 0.9 |
| Total Leverage 50 | • | • | 1.3 | 0.1 | 27.9 | • | 1.8 | 0.4 | 0.8 |

# Table I

Corporations with and without Net Income

## CONSTRUCTION AND RELATED MACHINERY

### MONEY AMOUNTS AND SIZE OF ASSETS IN THOUSANDS OF DOLLARS

| Item Description for Accounting Period 7/90 Through 6/91 | | Total | Zero Assets | Under 100 | 100 to 250 | 251 to 500 | 501 to 1,000 | 1,001 to 5,000 | 5,001 to 10,000 | 10,001 to 25,000 | 25,001 to 50,000 | 50,001 to 100,000 | 100,001 to 250,000 | 250,001 and over |
|---|---|---|---|---|---|---|---|---|---|---|---|---|---|---|
| Number of Enterprises | 1 | 1506 | 18 | • | 478 | 270 | 165 | 380 | 78 | 51 | 26 | 12 | 13 | 15 |
| **Revenues ($ in Thousands)** | | | | | | | | | | | | | | |
| Net Sales | 2 | 32161 | 88 | • | 97 | 264 | 337 | 1743 | 867 | 1074 | 1149 | 1000 | 2321 | 23222 |
| Portfolio Income | 3 | 795 | 1 | • | 0 | 1 | 1 | 6 | 7 | 11 | 7 | 20 | 56 | 685 |
| Other Revenues | 4 | 674 | 2 | • | 3 | 43 | 0 | 15 | 9 | 15 | 45 | 9 | 37 | 496 |
| Total Revenues | 5 | 33629 | 90 | • | 99 | 308 | 338 | 1764 | 883 | 1099 | 1201 | 1029 | 2414 | 24403 |
| Average Total Revenues | 6 | 22330 | 4994 | • | 208 | 1140 | 2049 | 4643 | 11323 | 21559 | 46206 | 85727 | 185683 | 1626878 |
| **Operating Costs/Operating Income (%)** | | | | | | | | | | | | | | |
| Cost of Operations | 7 | 72.5 | 74.9 | • | 45.3 | 77.0 | 61.7 | 70.3 | 72.6 | 72.6 | 77.3 | 71.3 | 76.0 | 72.3 |
| Rent | 8 | 1.1 | 0.6 | • | 2.8 | 1.0 | 2.2 | 0.5 | 1.1 | 0.3 | 0.5 | 0.8 | 0.8 | 1.3 |
| Taxes Paid | 9 | 2.0 | 1.5 | • | 2.9 | 2.1 | 1.8 | 2.4 | 2.0 | 2.1 | 1.2 | 1.8 | 1.8 | 2.0 |
| Interest Paid | 10 | 3.7 | 3.6 | • | 0.2 | 1.5 | 1.3 | 1.5 | 2.0 | 2.2 | 2.7 | 4.1 | 1.9 | 4.2 |
| Depreciation, Depletion, Amortization | 11 | 3.4 | 2.2 | • | 1.2 | 1.4 | 2.0 | 2.8 | 2.5 | 2.1 | 2.5 | 3.6 | 2.3 | 3.7 |
| Pensions and Other Benefits | 12 | 2.7 | 1.0 | • | • | 2.7 | 0.3 | 1.2 | 1.9 | 1.4 | 1.3 | 1.8 | 2.5 | 3.1 |
| Other | 13 | 15.6 | 16.4 | • | 37.6 | 26.5 | 22.8 | 11.8 | 16.9 | 15.5 | 16.0 | 16.0 | 14.2 | 15.7 |
| Officers Compensation | 14 | 1.0 | 4.9 | • | 15.0 | 9.5 | 2.9 | 5.2 | 2.3 | 1.9 | 1.2 | 1.2 | 1.1 | 0.4 |
| Operating Margin | 15 | • | • | • | • | • | 5.1 | 4.4 | • | 1.8 | • | • | • | • |
| Oper. Margin Before Officers Compensation | 16 | • | • | • | 10.1 | • | 8.0 | 9.6 | 1.1 | 3.8 | • | 0.7 | 0.5 | • |
| **Selected Average Balance Sheet ($ in Thousands)** | | | | | | | | | | | | | | |
| Net Receivables | 17 | 6281 | • | • | 54 | 132 | 220 | 604 | 1676 | 3487 | 9072 | 12454 | 44721 | 523789 |
| Inventories | 18 | 3323 | • | • | 21 | 79 | 262 | 808 | 1784 | 5409 | 10318 | 25301 | 42624 | 205455 |
| Net Property, Plant and Equipment | 19 | 4486 | • | • | 9 | 59 | 120 | 508 | 1318 | 3568 | 6747 | 19036 | 35447 | 358216 |
| Total Assets | 20 | 22988 | • | • | 134 | 357 | 702 | 2386 | 6491 | 14806 | 33663 | 77620 | 162787 | 1883518 |

| | | | | | | | | | | | | |
|---|---|---|---|---|---|---|---|---|---|---|---|---|
| Notes and Loans Payable 21 | 7496 | • | 6 | 138 | 206 | 818 | 2735 | 5151 | 13518 | 25437 | 38663 | 617925 |
| All Other Liabilities 22 | 5473 | • | 12 | 193 | 173 | 545 | 2023 | 4407 | 11192 | 18488 | 41893 | 433908 |
| Net Worth 23 | 10019 | • | 117 | 26 | 322 | 1023 | 1733 | 5248 | 8953 | 33695 | 82232 | 831686 |

## Selected Financial Ratios (Times to 1)

| | | | | | | | | | | | | |
|---|---|---|---|---|---|---|---|---|---|---|---|---|
| Current Ratio 24 | 1.7 | • | 8.6 | 1.0 | 1.4 | 1.8 | 1.5 | 1.6 | 1.8 | 2.1 | 1.9 | 1.7 |
| Quick Ratio 25 | 1.1 | • | 5.0 | 0.7 | 0.7 | 0.9 | 0.8 | 0.6 | 0.8 | 0.8 | 1.0 | 1.1 |
| Net Sales to Working Capital 26 | 4.5 | • | 2.2 | • | 14.0 | 5.9 | 8.5 | 5.7 | 4.6 | 3.3 | 3.7 | 4.4 |
| Coverage Ratio 27 | 1.9 | 0.4 | • | • | 5.2 | 4.8 | 1.3 | 2.9 | 1.7 | 1.6 | 2.9 | 1.8 |
| Total Asset Turnover 28 | 0.9 | • | 1.5 | 2.8 | 2.9 | 1.9 | 1.7 | 1.4 | 1.3 | 1.1 | 1.1 | 0.8 |
| Inventory Turnover 29 | 4.9 | • | 4.4 | 5.8 | 4.6 | 4.3 | 6.1 | 2.9 | 3.8 | 1.9 | 3.1 | 5.9 |
| Receivables Turnover 30 | 3.5 | • | 6.7 | 6.1 | 9.3 | 8.2 | 7.9 | 5.3 | 6.0 | 4.8 | 3.8 | 3.1 |
| Total Liabilities to Net Worth 31 | 1.3 | • | 0.2 | 12.9 | 1.2 | 1.3 | 2.8 | 1.8 | 2.8 | 1.3 | 1.0 | 1.3 |

## Selected Financial Factors (in Percentages)

| | | | | | | | | | | | | |
|---|---|---|---|---|---|---|---|---|---|---|---|---|
| Debt Ratio 32 | 56.4 | • | 13.1 | 92.8 | 54.1 | 57.1 | 73.3 | 64.6 | 73.4 | 56.6 | 49.5 | 55.9 |
| Return on Assets 33 | 6.5 | • | • | • | 19.6 | 13.5 | 4.5 | 9.1 | 6.1 | 7.0 | 6.3 | 6.2 |
| Return on Equity 34 | 5.0 | • | • | • | 32.3 | 20.8 | 1.3 | 13.8 | 6.6 | 2.1 | 5.3 | 4.4 |
| Return Before Interest on Equity 35 | 14.8 | • | • | • | • | 31.5 | 16.9 | 25.8 | 23.0 | 16.2 | 12.4 | 14.1 |
| Profit Margin, Before Income Tax 36 | 3.3 | • | • | • | 5.4 | 5.6 | 0.6 | 4.2 | 2.0 | 2.5 | 3.8 | 3.4 |
| Profit Margin, After Income Tax 37 | 2.3 | • | • | • | 5.1 | 4.7 | 0.2 | 3.4 | 1.3 | 0.9 | 2.4 | 2.4 |

## Trends in Selected Ratios and Factors, 1986-1994

| | 1986 | 1987 | 1988 | 1989 | 1990 | 1991 | 1992 | 1993 | 1994 |
|---|---|---|---|---|---|---|---|---|---|
| Cost of Operations (%) 38 | 68.2 | 71.4 | 69.6 | 68.9 | 70.8 | 71.7 | 73.0 | 72.6 | 72.5 |
| Operating Margin (%) 39 | • | • | • | • | • | • | • | • | • |
| Oper. Margin Before Officers Comp. (%) 40 | • | • | • | • | • | • | 0.1 | • | • |
| Average Net Receivables ($) 41 | 4272 | 4752 | 4648 | 4896 | 4805 | 3907 | 3972 | 5624 | 6281 |
| Average Inventories ($) 42 | 4915 | 4034 | 3723 | 3194 | 2594 | 2299 | 2388 | 2915 | 3323 |
| Average Net Worth ($) 43 | 7864 | 7624 | 6991 | 7375 | 7154 | 7016 | 6673 | 9056 | 10019 |
| Current Ratio (x1) 44 | 1.9 | 2.0 | 1.7 | 1.7 | 1.5 | 1.7 | 1.7 | 1.7 | 1.7 |
| Quick Ratio (x1) 45 | 0.9 | 1.0 | 0.9 | 0.9 | 0.9 | 1.0 | 1.0 | 1.0 | 1.1 |
| Coverage Ratio (x1) 46 | 1.1 | • | 0.5 | 1.0 | 0.8 | 1.5 | 3.0 | 2.2 | 1.9 |
| Asset Turnover (x1) 47 | 0.9 | 0.8 | 0.9 | 0.9 | 0.9 | 0.9 | 0.9 | 0.9 | 0.9 |
| Total Liabilities/Net Worth (x1) 48 | 1.6 | 1.6 | 1.8 | 1.6 | 1.5 | 1.2 | 1.3 | 1.4 | 1.3 |
| Return on Assets (x1) 49 | 5.0 | • | 2.4 | 3.7 | 2.9 | 4.4 | 8.6 | 7.1 | 6.5 |
| Return on Equity (%) 50 | • | • | • | • | • | 0.7 | 9.8 | 6.3 | 5.0 |

## Table II

Corporations with Net Income

# CONSTRUCTION AND RELATED MACHINERY

### MONEY AMOUNTS AND SIZE OF ASSETS IN THOUSANDS OF DOLLARS

| Item Description for Accounting Period 7/90 Through 6/91 | Total | Zero Assets | Under 100 | 100 to 250 | 251 to 500 | 501 to 1,000 | 1,001 to 5,000 | 5,001 to 10,000 | 10,001 to 25,000 | 25,001 to 50,000 | 50,001 to 100,000 | 100,001 to 250,000 | 250,001 and over |
|---|---|---|---|---|---|---|---|---|---|---|---|---|---|
| Number of Enterprises **1** | 763 | • | • | • | 156 | 165 | 305 | 45 | 31 | 18 | 7 | 9 | • |
| **Revenues ($ in Thousands)** | | | | | | | | | | | | | |
| Net Sales **2** | 28245 | • | • | • | 128 | 337 | 1459 | 641 | 762 | 892 | 709 | 1636 | • |
| Portfolio Income **3** | 714 | • | • | • | 1 | 1 | 5 | 5 | 10 | 4 | 11 | 47 | • |
| Other Revenues **4** | 593 | • | • | • | 33 | 0 | 13 | 4 | 9 | 35 | 7 | 18 | • |
| Total Revenues **5** | 29553 | • | • | • | 161 | 338 | 1477 | 650 | 781 | 930 | 727 | 1702 | • |
| Average Total Revenues **6** | 38732 | • | • | • | 1031 | 2049 | 4844 | 14454 | 25193 | 51691 | 103860 | 189105 | • |
| **Operating Costs/Operating Income (%)** | | | | | | | | | | | | | |
| Cost of Operations **7** | 71.9 | • | • | • | 67.4 | 61.7 | 69.9 | 73.4 | 71.3 | 77.1 | 68.8 | 72.2 | • |
| Rent **8** | 1.1 | • | • | • | 1.7 | 2.2 | 0.5 | 0.5 | 0.3 | 0.5 | 0.4 | 0.8 | • |
| Taxes Paid **9** | 2.0 | • | • | • | 2.8 | 1.8 | 2.4 | 1.9 | 2.1 | 1.2 | 2.1 | 1.8 | • |
| Interest Paid **10** | 3.4 | • | • | • | 0.8 | 1.3 | 0.9 | 1.2 | 2.2 | 2.4 | 2.0 | 1.5 | • |
| Depreciation, Depletion, Amortization **11** | 3.4 | • | • | • | 1.1 | 2.0 | 2.8 | 2.3 | 1.8 | 2.6 | 3.5 | 2.2 | • |
| Pensions and Other Benefits **12** | 2.8 | • | • | • | 2.4 | 0.3 | 1.1 | 1.2 | 1.5 | 1.4 | 1.6 | 2.4 | • |
| Other **13** | 15.3 | • | • | • | 32.2 | 22.8 | 10.0 | 13.5 | 14.1 | 14.4 | 15.5 | 15.6 | • |
| Officers Compensation **14** | 0.9 | • | • | • | 15.3 | 2.9 | 5.2 | 1.9 | 2.1 | 1.1 | 1.2 | 1.1 | • |
| Operating Margin **15** | • | • | • | • | • | 5.1 | 7.3 | 4.2 | 4.5 | • | 5.1 | 2.5 | • |
| Oper. Margin Before Officers Compensation **16** | 0.2 | • | • | • | • | 8.0 | 12.5 | 6.0 | 6.6 | 0.5 | 6.3 | 3.6 | • |
| **Selected Average Balance Sheet ($ in Thousands)** | | | | | | | | | | | | | |
| Net Receivables **17** | 11310 | • | • | • | 124 | 220 | 638 | 2095 | 3748 | 10289 | 14377 | 42351 | • |
| Inventories **18** | 5280 | • | • | • | 54 | 262 | 746 | 1716 | 5140 | 8513 | 18752 | 39128 | • |
| Net Property, Plant and Equipment **19** | 8031 | • | • | • | 20 | 120 | 484 | 1772 | 3641 | 7566 | 19616 | 37720 | • |
| Total Assets **20** | 40236 | • | • | • | 325 | 702 | 2385 | 6715 | 15159 | 33383 | 77471 | 160388 | • |

| | | | | | | | | | | | |
|---|---|---|---|---|---|---|---|---|---|---|---|
| Notes and Loans Payable **21** | 12649 | • | • | • | 56 | 206 | 640 | 1517 | 5377 | 11462 | 13625 | 31237 |
| All Other Liabilities **22** | 8878 | • | • | • | 134 | 173 | 518 | 2227 | 3969 | 11918 | 16443 | 40480 |
| Net Worth **23** | 18710 | • | • | • | 135 | 322 | 1227 | 2972 | 5813 | 10003 | 47403 | 88671 |

**Selected Financial Ratios (Times to 1)**

| | | | | | | | | | | | |
|---|---|---|---|---|---|---|---|---|---|---|---|
| Current Ratio **24** | 1.8 | • | • | • | 2.3 | 1.4 | 2.2 | 1.8 | 1.7 | 1.6 | 3.3 | 2.0 |
| Quick Ratio **25** | 1.2 | • | • | • | 1.7 | 0.7 | 1.2 | 1.1 | 0.8 | 0.9 | 1.5 | 1.1 |
| Net Sales to Working Capital **26** | 4.4 | • | • | • | 4.8 | 14.0 | 5.2 | 6.9 | 5.8 | 5.7 | 3.1 | 3.6 |
| Coverage Ratio **27** | 2.4 | • | • | • | 4.2 | 5.2 | 10.5 | 5.9 | 4.2 | 2.6 | 4.8 | 5.6 |
| Total Asset Turnover **28** | 0.9 | • | • | • | 2.5 | 2.9 | 2.0 | 2.1 | 1.6 | 1.5 | 1.3 | 1.1 |
| Inventory Turnover **29** | 5.5 | • | • | • | 3.1 | 6.5 | 5.0 | 7.7 | 3.0 | 4.6 | 2.9 | 3.3 |
| Receivables Turnover **30** | 3.5 | • | • | • | 4.5 | • | 8.4 | 9.3 | 6.0 | 5.8 | 4.9 | 4.4 |
| Total Liabilities to Net Worth **31** | 1.2 | • | • | • | 1.4 | 1.2 | 1.0 | 1.3 | 1.6 | 2.3 | 0.6 | 0.8 |

**Selected Financial Factors (in Percentages)**

| | | | | | | | | | | | |
|---|---|---|---|---|---|---|---|---|---|---|---|
| Debt Ratio **32** | 53.5 | • | • | • | 58.5 | 54.1 | 48.6 | 55.8 | 61.7 | 70.0 | 38.8 | 44.7 |
| Return on Assets **33** | 7.4 | • | • | • | 7.8 | 19.6 | 18.8 | 14.3 | 15.0 | 9.0 | 12.6 | 9.8 |
| Return on Equity **34** | 7.0 | • | • | • | 14.3 | 32.3 | 28.8 | 24.1 | 25.1 | 14.3 | 11.5 | 10.6 |
| Return Before Interest on Equity **35** | 15.9 | • | • | • | 18.8 | • | • | 32.4 | • | 30.1 | 20.6 | 17.6 |
| Profit Margin, Before Income Tax **36** | 4.7 | • | • | • | 2.4 | 5.4 | 8.5 | 5.6 | 7.0 | 3.7 | 7.7 | 7.1 |
| Profit Margin, After Income Tax **37** | 3.6 | • | • | • | 2.4 | 5.1 | 7.4 | 5.0 | 5.9 | 2.9 | 5.4 | 5.2 |

**Trends in Selected Ratios and Factors, 1986-1994**

| | 1986 | 1987 | 1988 | 1989 | 1990 | 1991 | 1992 | 1993 | 1994 |
|---|---|---|---|---|---|---|---|---|---|
| Cost of Operations (%) **38** | 58.8 | 65.1 | 64.1 | 68.9 | 70.3 | 71.1 | 72.3 | 73.4 | 71.9 |
| Operating Margin (%) **39** | 2.1 | 1.0 | • | • | • | 0.2 | 0.7 | 0.1 | • |
| Oper. Margin Before Officers Comp. (%) **40** | 3.0 | 3.2 | 1.5 | • | • | 1.3 | 1.5 | 1.1 | 0.2 |
| Average Net Receivables ($) **41** | 3727 | 1205 | 3072 | 4642 | 7265 | 4586 | 5794 | 6479 | 11310 |
| Average Inventories ($) **42** | 4960 | 1261 | 2267 | 2376 | 3848 | 2138 | 3228 | 2835 | 5280 |
| Average Net Worth ($) **43** | 9935 | 3151 | 4877 | 7103 | 11044 | 6585 | 10084 | 9339 | 18710 |
| Current Ratio (x1) **44** | 2.0 | 2.4 | 2.2 | 1.9 | 1.7 | 1.7 | 1.7 | 1.7 | 1.8 |
| Quick Ratio (x1) **45** | 0.9 | 1.2 | 1.2 | 1.2 | 1.1 | 1.1 | 1.1 | 1.1 | 1.2 |
| Coverage Ratio (x1) **46** | 3.6 | 5.6 | 2.3 | 2.2 | 2.5 | 2.9 | 3.8 | 2.9 | 2.4 |
| Asset Turnover (x1) **47** | 1.0 | 1.2 | 1.0 | 1.0 | 1.0 | 1.1 | 0.9 | 1.0 | 0.9 |
| Operating Leverage **48** | • | 0.5 | • | 0.5 | 2.1 | • | 3.2 | 0.2 | • |
| Financial Leverage **49** | • | 1.3 | 0.7 | 1.0 | 1.2 | 1.1 | 1.2 | 0.9 | 0.9 |
| Total Leverage **50** | • | 0.6 | • | 0.5 | 2.4 | • | 3.8 | 0.2 | • |

## Table I

Corporations with and without Net Income

# METALWORKING MACHINERY

### MONEY AMOUNTS AND SIZE OF ASSETS IN THOUSANDS OF DOLLARS

| Item Description for Accounting Period 7/90 Through 6/91 | Total | Zero Assets | Under 100 | 100 to 250 | 251 to 500 | 501 to 1,000 | 1,001 to 5,000 | 5,001 to 10,000 | 10,001 to 25,000 | 25,001 to 50,000 | 50,001 to 100,000 | 100,001 to 250,000 | 250,001 and over |
|---|---|---|---|---|---|---|---|---|---|---|---|---|---|
| Number of Enterprises **1** | 6631 | 161 | 2065 | 1027 | 1056 | 1056 | 968 | 165 | 76 | 19 | 20 | 9 | 9 |
| **Revenues ($ in Thousands)** | | | | | | | | | | | | | |
| Net Sales **2** | 20843 | 338 | 249 | 310 | 1019 | 1514 | 3288 | 1529 | 1494 | 814 | 1678 | 1620 | 6991 |
| Portfolio Income **3** | 963 | 9 | 1 | 1 | 4 | 19 | 19 | 7 | 15 | 9 | 20 | 31 | 828 |
| Other Revenues **4** | 561 | 10 | 14 | 2 | 5 | 18 | 29 | 12 | 15 | 23 | 32 | 20 | 380 |
| Total Revenues **5** | 22367 | 357 | 265 | 313 | 1027 | 1552 | 3336 | 1548 | 1524 | 845 | 1730 | 1671 | 8199 |
| Average Total Revenues **6** | 3373 | 2220 | 128 | 305 | 973 | 1469 | 3447 | 9382 | 20054 | 44490 | 86487 | 185681 | 910971 |
| **Operating Costs/Operating Income (%)** | | | | | | | | | | | | | |
| Cost of Operations **7** | 62.3 | 75.7 | 31.4 | 47.8 | 62.3 | 63.7 | 63.7 | 67.4 | 67.1 | 71.5 | 72.6 | 65.2 | 56.0 |
| Rent **8** | 1.3 | 0.6 | 3.5 | 4.2 | 0.8 | 1.7 | 0.9 | 0.7 | 0.6 | 0.5 | 0.5 | 1.3 | 1.7 |
| Taxes Paid **9** | 3.8 | 1.9 | 3.9 | 6.6 | 4.4 | 4.6 | 3.6 | 3.4 | 3.1 | 3.1 | 2.4 | 2.2 | 4.6 |
| Interest Paid **10** | 7.3 | 1.9 | 0.4 | 3.8 | 1.4 | 1.8 | 1.9 | 1.8 | 2.4 | 2.2 | 2.5 | 2.5 | 17.6 |
| Depreciation, Depletion, Amortization **11** | 4.1 | 2.8 | 3.1 | 7.0 | 4.1 | 3.6 | 3.8 | 4.3 | 3.8 | 2.6 | 3.5 | 4.2 | 4.5 |
| Pensions and Other Benefits **12** | 2.9 | 2.4 | 0.2 | 1.5 | 2.9 | 3.5 | 2.9 | 2.8 | 2.3 | 2.6 | 1.9 | 3.1 | 3.2 |
| Other **13** | 20.8 | 17.7 | 39.9 | 17.5 | 13.7 | 12.8 | 13.8 | 14.8 | 17.6 | 13.7 | 15.4 | 21.4 | 30.5 |
| Officers Compensation **14** | 3.6 | 1.9 | 18.3 | 7.1 | 8.0 | 9.3 | 7.7 | 4.1 | 2.9 | 1.8 | 1.6 | 0.8 | 0.7 |
| Operating Margin **15** | • | • | • | 4.5 | 2.5 | • | 1.8 | 0.8 | 0.2 | 2.1 | • | • | • |
| Oper. Margin Before Officers Compensation **16** | • | • | 17.7 | 11.6 | 10.5 | 8.4 | 9.5 | 4.9 | 3.1 | 3.8 | 1.3 | 0.2 | • |
| **Selected Average Balance Sheet ($ in Thousands)** | | | | | | | | | | | | | |
| Net Receivables **17** | 790 | • | 9 | 61 | 93 | 193 | 447 | 1786 | 3833 | 11425 | 17823 | 46579 | 315564 |
| Inventories **18** | 494 | • | 7 | 16 | 49 | 140 | 487 | 1750 | 4137 | 10225 | 18213 | 28007 | 129046 |
| Net Property, Plant and Equipment **19** | 658 | • | 17 | 62 | 137 | 214 | 657 | 2064 | 4920 | 8675 | 18570 | 45296 | 177485 |
| Total Assets **20** | 3116 | • | 40 | 154 | 346 | 722 | 2067 | 6603 | 15537 | 38651 | 72827 | 152939 | 1272968 |

| | | | | | | | | | | | | |
|---|---|---|---|---|---|---|---|---|---|---|---|---|
| Notes and Loans Payable 21 | 1632 | 59 | 86 | 154 | 234 | 599 | 1769 | 4747 | 9564 | 19245 | 49422 | 883870 |
| All Other Liabilities 22 | 573 | 16 | 28 | 63 | 129 | 477 | 1624 | 4455 | 13596 | 19522 | 36487 | 165519 |
| Net Worth 23 | 912 | -35 | 41 | 128 | 359 | 991 | 3210 | 6335 | 15491 | 34061 | 67030 | 223579 |

**Selected Financial Ratios (Times to 1)**

| | | | | | | | | | | | | |
|---|---|---|---|---|---|---|---|---|---|---|---|---|
| Current Ratio 24 | 1.3 | 1.6 | 2.0 | 2.0 | 2.2 | 1.8 | 1.7 | 1.6 | 1.5 | 1.8 | 1.4 | 1.0 |
| Quick Ratio 25 | 0.8 | 1.0 | 1.6 | 1.4 | 1.4 | 1.0 | 0.9 | 0.8 | 0.8 | 0.9 | 0.9 | 0.7 |
| Net Sales to Working Capital 26 | 9.9 | 16.2 | 6.6 | 10.2 | 5.6 | 6.3 | 5.3 | 6.0 | 5.4 | 4.4 | 7.0 | • |
| Coverage Ratio 27 | 1.2 | • | 2.4 | 3.5 | 1.9 | 2.8 | 2.2 | 1.9 | 3.7 | 2.2 | 2.2 | 1.0 |
| Total Asset Turnover 28 | 1.0 | 3.0 | 2.0 | 2.8 | 2.0 | 1.7 | 1.4 | 1.3 | 1.1 | 1.2 | 1.2 | 0.6 |
| Inventory Turnover 29 | 3.8 | 7.5 | • | • | 6.9 | 4.4 | 3.3 | 3.1 | 2.7 | 3.2 | 3.3 | 3.4 |
| Receivables Turnover 30 | 4.3 | • | 5.4 | • | 7.4 | 7.1 | 4.4 | 5.5 | 3.7 | 4.7 | 3.4 | 2.9 |
| Total Liabilities to Net Worth 31 | 2.4 | • | 2.8 | 1.7 | 1.0 | 1.1 | 1.1 | 1.5 | 1.5 | 1.1 | 1.3 | 4.7 |

**Selected Financial Factors (in Percentages)**

| | | | | | | | | | | | | |
|---|---|---|---|---|---|---|---|---|---|---|---|---|
| Debt Ratio 32 | 70.8 | • | 73.5 | 62.9 | 50.3 | 52.0 | 51.4 | 59.2 | 59.9 | 53.2 | 56.2 | 82.4 |
| Return on Assets 33 | 9.0 | 18.2 | 17.9 | 13.2 | 6.6 | 8.5 | 5.4 | 5.8 | 9.0 | 6.2 | 6.4 | 10.2 |
| Return on Equity 34 | 3.1 | • | 36.7 | 21.5 | 4.5 | 9.2 | 3.5 | 4.9 | 11.9 | 4.5 | 3.6 | • |
| Return Before Interest on Equity 35 | 30.8 | • | • | 13.3 | 13.3 | 17.6 | 11.0 | 14.3 | 22.5 | 13.3 | 14.5 | • |
| Profit Margin, Before Income Tax 36 | 1.7 | 5.7 | 5.3 | 3.4 | 1.6 | 3.3 | 2.1 | 2.2 | 5.9 | 3.0 | 2.9 | • |
| Profit Margin, After Income Tax 37 | 0.9 | 5.6 | 5.0 | 2.9 | 1.1 | 2.7 | 1.2 | 1.6 | 4.3 | 1.8 | 2.9 | • |

**Trends in Selected Ratios and Factors, 1986-1994**

| | 1986 | 1987 | 1988 | 1989 | 1990 | 1991 | 1992 | 1993 | 1994 |
|---|---|---|---|---|---|---|---|---|---|
| Cost of Operations (%) 38 | 65.6 | 64.7 | 64.0 | 65.1 | 65.3 | 66.3 | 65.3 | 64.4 | 62.3 |
| Operating Margin (%) 39 | • | • | • | • | • | • | • | • | • |
| Oper. Margin Before Officers Comp. (%) 40 | 1.5 | 0.8 | 3.0 | 2.1 | 2.1 | 2.1 | 4.7 | 1.7 | • |
| Average Net Receivables ($) 41 | 318 | 391 | 388 | 448 | 598 | 456 | 479 | 768 | 790 |
| Average Inventories ($) 42 | 347 | 348 | 394 | 417 | 497 | 388 | 352 | 585 | 494 |
| Average Net Worth ($) 43 | 745 | 745 | 783 | 832 | 963 | 775 | 664 | 1108 | 912 |
| Current Ratio (x1) 44 | 1.9 | 1.7 | 1.8 | 1.9 | 1.8 | 1.8 | 1.6 | 1.2 | 1.3 |
| Quick Ratio (x1) 45 | 1.0 | 1.0 | 0.9 | 1.0 | 1.0 | 1.0 | 0.9 | 0.7 | 0.8 |
| Coverage Ratio (x1) 46 | 1.4 | 1.2 | 2.0 | 1.9 | 1.7 | 1.8 | 2.7 | 1.7 | 1.2 |
| Asset Turnover (x1) 47 | 1.2 | 1.1 | 1.3 | 1.3 | 1.2 | 1.3 | 1.3 | 1.0 | 1.0 |
| Total Liabilities/Net Worth (x1) 48 | 1.1 | 1.3 | 1.2 | 1.2 | 1.3 | 1.4 | 1.5 | 2.2 | 2.4 |
| Return on Assets (x1) 49 | 4.8 | 3.7 | 7.3 | 6.4 | 5.9 | 6.4 | 8.7 | 6.8 | 9.0 |
| Return on Equity (%) 50 | • | • | 4.0 | 3.2 | 1.7 | 3.8 | 10.3 | 5.7 | 3.1 |

## Table II

Corporations with Net Income

# METALWORKING MACHINERY

### Money Amounts and Size of Assets in Thousands of Dollars

| Item Description for Accounting Period 7/90 Through 6/91 | Total | Zero Assets | Under 100 | 100 to 250 | 251 to 500 | 501 to 1,000 | 1,001 to 5,000 | 5,001 to 10,000 | 10,001 to 25,000 | 25,001 to 50,000 | 50,001 to 100,000 | 100,001 to 250,000 | 250,001 and over |
|---|---|---|---|---|---|---|---|---|---|---|---|---|---|
| Number of Enterprises  **1** | 4148 | • | 883 | 753 | 841 | 797 | 662 | 110 | 47 | 14 | 16 | • | 6 |
| **Revenues ($ in Thousands)** | | | | | | | | | | | | | |
| Net Sales  **2** | 12875 | • | 126 | 276 | 769 | 1193 | 2298 | 1047 | 931 | 672 | 1373 | • | 2720 |
| Portfolio Income  **3** | 140 | • | • | 0 | 3 | 10 | 13 | 4 | 13 | 8 | 15 | • | 42 |
| Other Revenues  **4** | 234 | • | 14 | 1 | 5 | 17 | 24 | 5 | 12 | 21 | 27 | • | 80 |
| Total Revenues  **5** | 13250 | • | 140 | 277 | 776 | 1220 | 2336 | 1056 | 955 | 701 | 1415 | • | 2842 |
| Average Total Revenues  **6** | 3194 | • | 158 | 368 | 923 | 1531 | 3528 | 9601 | 20326 | 50096 | 88423 | • | 473720 |
| **Operating Costs/Operating Income (%)** | | | | | | | | | | | | | |
| Cost of Operations  **7** | 64.3 | • | 26.4 | 51.1 | 60.0 | 62.2 | 61.0 | 66.4 | 62.1 | 69.2 | 71.4 | • | 65.8 |
| Rent  **8** | 1.0 | • | 3.3 | 4.3 | 1.0 | 1.6 | 1.0 | 0.8 | 0.7 | 0.4 | 0.5 | • | 1.1 |
| Taxes Paid  **9** | 3.3 | • | 5.3 | 7.1 | 4.4 | 4.1 | 3.5 | 3.4 | 3.3 | 3.4 | 2.4 | • | 2.9 |
| Interest Paid  **10** | 1.8 | • | 0.5 | 3.9 | 1.1 | 1.4 | 1.5 | 1.2 | 2.5 | 0.7 | 2.2 | • | 2.5 |
| Depreciation, Depletion, Amortization  **11** | 3.9 | • | 2.7 | 7.1 | 3.9 | 3.3 | 3.7 | 4.6 | 4.4 | 2.3 | 3.2 | • | 4.6 |
| Pensions and Other Benefits  **12** | 3.1 | • | • | 1.7 | 2.8 | 3.3 | 2.6 | 3.0 | 2.5 | 2.5 | 2.0 | • | 4.4 |
| Other  **13** | 15.2 | • | 40.8 | 12.7 | 13.3 | 12.6 | 13.1 | 11.7 | 17.1 | 13.5 | 15.0 | • | 17.5 |
| Officers Compensation  **14** | 4.2 | • | 16.7 | 6.4 | 8.3 | 9.9 | 8.1 | 4.1 | 3.4 | 2.0 | 1.6 | • | 0.6 |
| Operating Margin  **15** | 3.3 | • | 4.4 | 5.7 | 5.3 | 1.7 | 5.5 | 4.8 | 4.3 | 6.2 | 2.0 | • | 0.7 |
| Oper. Margin Before Officers Compensation  **16** | 7.5 | • | 21.1 | 12.2 | 13.6 | 11.6 | 13.6 | 8.9 | 7.6 | 8.1 | 3.6 | • | 1.3 |
| **Selected Average Balance Sheet ($ in Thousands)** | | | | | | | | | | | | | |
| Net Receivables  **17** | 573 | • | 20 | 68 | 106 | 206 | 453 | 1768 | 3872 | 13185 | 17133 | • | 98659 |
| Inventories  **18** | 463 | • | 1 | 20 | 44 | 120 | 523 | 1223 | 3741 | 9142 | 17603 | • | 85298 |
| Net Property, Plant and Equipment  **19** | 670 | • | 15 | 63 | 136 | 190 | 619 | 2411 | 5766 | 8159 | 16647 | • | 143341 |
| Total Assets  **20** | 2200 | • | 40 | 167 | 345 | 706 | 2101 | 6413 | 15827 | 40878 | 70610 | • | 416258 |

| | | | | | | | | | | | |
|---|---|---|---|---|---|---|---|---|---|---|---|
| Notes and Loans Payable 21 | 539 | • | 10 | 91 | 126 | 203 | 434 | 1482 | 4654 | 3001 | 15844 | • | 105943 |
| All Other Liabilities 22 | 530 | • | 7 | 35 | 63 | 105 | 449 | 1351 | 2828 | 11845 | 18744 | • | 128742 |
| Net Worth 23 | 1130 | • | 23 | 41 | 156 | 398 | 1218 | 3581 | 8346 | 26031 | 36022 | • | 181573 |

**Selected Financial Ratios (Times to 1)**

| | | | | | | | | | | | | |
|---|---|---|---|---|---|---|---|---|---|---|---|---|
| Current Ratio 24 | 2.0 | • | 3.2 | 1.7 | 2.1 | 2.8 | 2.3 | 1.9 | 2.0 | 2.0 | 2.2 | 1.7 |
| Quick Ratio 25 | 1.2 | • | 2.7 | 1.3 | 1.5 | 1.9 | 1.3 | 1.2 | 1.1 | 1.3 | 1.1 | 0.9 |
| Net Sales to Working Capital 26 | 5.0 | • | 8.4 | 8.9 | 9.0 | 4.8 | 4.6 | 5.6 | 4.4 | 3.4 | 4.0 | 5.6 |
| Coverage Ratio 27 | 4.5 | • | • | 2.6 | 6.8 | 3.9 | 5.9 | 5.6 | 3.8 | • | 3.4 | 3.2 |
| Total Asset Turnover 28 | 1.4 | • | 3.5 | 2.2 | 2.7 | 2.1 | 1.7 | 1.5 | 1.3 | 1.2 | 1.2 | 1.1 |
| Inventory Turnover 29 | 4.0 | • | • | • | • | 6.9 | 4.0 | 4.2 | 2.6 | 3.0 | 3.2 | 4.0 |
| Receivables Turnover 30 | 5.6 | • | • | 5.9 | 9.3 | 7.0 | 6.4 | 4.5 | 4.8 | 3.7 | 5.1 | 6.6 |
| Total Liabilities to Net Worth 31 | 1.0 | • | 0.7 | 3.1 | 1.2 | 0.8 | 0.7 | 0.8 | 0.9 | 0.6 | 1.0 | 1.3 |

**Selected Financial Factors (in Percentages)**

| | | | | | | | | | | | | |
|---|---|---|---|---|---|---|---|---|---|---|---|---|
| Debt Ratio 32 | 48.7 | • | 42.4 | 75.4 | 54.8 | 43.7 | 42.0 | 44.2 | 47.3 | 36.3 | 49.0 | 56.4 |
| Return on Assets 33 | 11.4 | • | • | 22.4 | 19.4 | 11.2 | 14.2 | 10.1 | 11.7 | 13.1 | 8.9 | 8.5 |
| Return on Equity 34 | 13.8 | • | • | • | 32.5 | 12.8 | 17.9 | 11.6 | 14.0 | 15.7 | 9.0 | 9.4 |
| Return Before Interest on Equity 35 | 22.1 | • | • | • | • | 19.9 | 24.6 | 18.1 | 22.2 | 20.6 | 17.3 | 19.5 |
| Profit Margin, Before Income Tax 36 | 6.3 | • | 15.1 | 6.3 | 6.3 | 3.9 | 7.2 | 5.6 | 6.9 | 10.5 | 5.1 | 5.4 |
| Profit Margin, After Income Tax 37 | 5.0 | • | 14.9 | 5.9 | 5.6 | 3.4 | 6.3 | 4.4 | 5.9 | 8.5 | 3.8 | 3.8 |

**Trends in Selected Ratios and Factors, 1986–1994**

| | 1986 | 1987 | 1988 | 1989 | 1990 | 1991 | 1992 | 1993 | 1994 |
|---|---|---|---|---|---|---|---|---|---|
| Cost of Operations (%) 38 | 63.5 | 62.2 | 61.4 | 63.6 | 63.6 | 64.0 | 64.0 | 64.8 | 64.3 |
| Operating Margin (%) 39 | 2.5 | 3.6 | 3.2 | 3.3 | 3.5 | 4.5 | 3.2 | 3.9 | 3.3 |
| Oper. Margin Before Officers Comp. (%) 40 | 6.7 | 8.4 | 7.3 | 7.3 | 8.3 | 8.9 | 7.4 | 8.3 | 7.5 |
| Average Net Receivables ($) 41 | 316 | 254 | 368 | 432 | 475 | 368 | 631 | 545 | 573 |
| Average Inventories ($) 42 | 339 | 271 | 360 | 406 | 441 | 364 | 477 | 545 | 463 |
| Average Net Worth ($) 43 | 856 | 636 | 899 | 936 | 983 | 839 | 986 | 1131 | 1130 |
| Current Ratio (x1) 44 | 2.0 | 1.9 | 2.1 | 2.1 | 1.9 | 2.0 | 1.8 | 2.0 | 2.0 |
| Quick Ratio (x1) 45 | 1.1 | 1.1 | 1.1 | 1.1 | 1.1 | 1.1 | 1.1 | 1.0 | 1.2 |
| Coverage Ratio (x1) 46 | 4.0 | 4.9 | 4.0 | 4.7 | 4.5 | 5.5 | 4.4 | 5.1 | 4.5 |
| Asset Turnover (x1) 47 | 1.3 | 1.3 | 1.3 | 1.4 | 1.4 | 1.5 | 1.3 | 1.5 | 1.4 |
| Operating Leverage 48 | • | 1.5 | 0.9 | 1.0 | 1.1 | 1.3 | 0.7 | 1.2 | 0.8 |
| Financial Leverage 49 | • | 1.2 | 1.0 | 1.1 | 1.0 | 1.2 | 1.0 | 1.0 | 1.0 |
| Total Leverage 50 | • | 1.7 | 0.9 | 1.1 | 1.1 | 1.5 | 0.7 | 1.3 | 0.8 |

# Table I

Corporations with and without Net Income

## SPECIAL INDUSTRY MACHINERY

### MONEY AMOUNTS AND SIZE OF ASSETS IN THOUSANDS OF DOLLARS

| Item Description for Accounting Period 7/90 Through 6/91 | | Total | Zero Assets | Under 100 | 100 to 250 | 251 to 500 | 501 to 1,000 | 1,001 to 5,000 | 5,001 to 10,000 | 10,001 to 25,000 | 25,001 to 50,000 | 50,001 to 100,000 | 100,001 to 250,000 | 250,001 and over |
|---|---|---|---|---|---|---|---|---|---|---|---|---|---|---|
| Number of Enterprises | 1 | 4185 | 39 | 1057 | 480 | 746 | 505 | 927 | 182 | 135 | 52 | 36 | 16 | 10 |
| **Revenues ($ in Thousands)** | | | | | | | | | | | | | | |
| Net Sales | 2 | 23867 | 195 | 301 | 262 | 520 | 769 | 3790 | 2255 | 3239 | 2021 | 2782 | 2204 | 5528 |
| Portfolio Income | 3 | 424 | 23 | • | 0 | 1 | 8 | 36 | 21 | 19 | 38 | 49 | 66 | 163 |
| Other Revenues | 4 | 448 | 5 | 3 | 0 | 0 | 8 | 61 | 24 | 73 | 55 | 64 | 55 | 100 |
| Total Revenues | 5 | 24740 | 223 | 304 | 263 | 521 | 785 | 3887 | 2300 | 3331 | 2114 | 2895 | 2324 | 5791 |
| Average Total Revenues | 6 | 5911 | 5728 | 287 | 548 | 699 | 1554 | 4193 | 12639 | 24677 | 40660 | 80430 | 145269 | 579067 |
| **Operating Costs/Operating Income (%)** | | | | | | | | | | | | | | |
| Cost of Operations | 7 | 68.8 | 73.4 | 72.0 | 66.6 | 63.3 | 70.5 | 62.8 | 66.8 | 69.8 | 72.1 | 69.1 | 72.6 | 70.4 |
| Rent | 8 | 0.9 | 1.0 | 2.8 | 1.7 | 3.2 | 1.4 | 0.8 | 0.7 | 1.1 | 0.6 | 0.5 | 1.0 | 1.0 |
| Taxes Paid | 9 | 2.3 | 2.3 | 4.2 | 2.9 | 3.7 | 2.4 | 3.0 | 2.4 | 2.3 | 2.4 | 2.5 | 2.2 | 1.5 |
| Interest Paid | 10 | 2.7 | 1.7 | 0.6 | 1.0 | 1.8 | 1.8 | 1.6 | 1.5 | 2.6 | 1.8 | 2.5 | 4.5 | 4.0 |
| Depreciation, Depletion, Amortization | 11 | 2.6 | 3.8 | 0.5 | 2.2 | 3.9 | 1.9 | 2.4 | 1.7 | 2.6 | 2.6 | 2.7 | 3.4 | 2.7 |
| Pensions and Other Benefits | 12 | 2.3 | 2.5 | 2.2 | 0.6 | 1.0 | 1.7 | 2.3 | 2.4 | 1.8 | 2.3 | 2.5 | 1.8 | 3.1 |
| Other | 13 | 18.7 | 19.5 | 23.5 | 16.1 | 18.6 | 16.7 | 22.3 | 17.6 | 17.3 | 16.5 | 16.9 | 19.8 | 18.9 |
| Officers Compensation | 14 | 2.6 | 0.7 | 4.5 | 6.7 | 7.7 | 3.8 | 5.2 | 3.7 | 2.5 | 1.8 | 1.3 | 1.3 | 0.9 |
| Operating Margin | 15 | • | • | • | 2.2 | • | • | • | 3.2 | 0.2 | • | 2.0 | • | • |
| Oper. Margin Before Officers Compensation | 16 | 1.7 | • | • | 8.8 | 4.7 | 3.7 | 5.1 | 6.9 | 2.7 | 1.7 | 3.3 | • | • |
| **Selected Average Balance Sheet ($ in Thousands)** | | | | | | | | | | | | | | |
| Net Receivables | 17 | 1060 | • | 27 | 55 | 63 | 141 | 624 | 2062 | 3984 | 6936 | 15056 | 30148 | 138529 |
| Inventories | 18 | 1066 | • | 7 | 60 | 95 | 168 | 593 | 2282 | 4340 | 8927 | 14643 | 27183 | 129076 |
| Net Property, Plant and Equipment | 19 | 914 | • | 4 | 46 | 145 | 207 | 499 | 1339 | 3493 | 6909 | 16075 | 26165 | 105182 |
| Total Assets | 20 | 4634 | • | 45 | 193 | 353 | 733 | 2174 | 7417 | 15332 | 34090 | 67424 | 144889 | 666738 |

| | 21–37 | | | | | | | | | | | |
|---|---|---|---|---|---|---|---|---|---|---|---|---|
| Notes and Loans Payable **21** | 1560 | 36 | 71 | 171 | 297 | 686 | 1670 | 5791 | 7113 | 18087 | 56804 | 252590 |
| All Other Liabilities **22** | 1339 | 58 | 97 | 78 | 155 | 730 | 2489 | 4813 | 11139 | 20871 | 38279 | 163821 |
| Net Worth **23** | 1735 | -49 | 25 | 103 | 280 | 758 | 3258 | 4727 | 15838 | 28467 | 49806 | 250326 |

## Selected Financial Ratios (Times to 1)

| | | | | | | | | | | | | |
|---|---|---|---|---|---|---|---|---|---|---|---|---|
| Current Ratio **24** | 1.6 | 0.7 | 1.3 | 1.6 | 2.3 | 1.9 | 1.9 | 1.5 | 1.8 | 2.0 | 1.5 | 1.4 |
| Quick Ratio **25** | 0.8 | 0.6 | 0.7 | 0.7 | 1.4 | 1.1 | 1.0 | 0.7 | 1.0 | 1.1 | 0.8 | 0.6 |
| Net Sales to Working Capital **26** | 5.6 | • | 17.4 | 10.0 | 5.9 | 5.7 | 5.0 | 7.6 | 3.8 | 3.9 | 6.0 | 5.8 |
| Coverage Ratio **27** | 2.1 | 6.8 | 3.5 | • | 2.1 | 2.6 | 4.5 | 2.2 | 3.4 | 3.4 | 0.9 | 1.7 |
| Total Asset Turnover **28** | 1.2 | 6.3 | 2.8 | 2.0 | 2.1 | 1.9 | 1.7 | 1.6 | 1.2 | 1.2 | 1.0 | 0.8 |
| Inventory Turnover **29** | 3.9 | • | 4.0 | 4.2 | 7.8 | 4.0 | 3.7 | 4.3 | 3.1 | 3.7 | 3.3 | 3.9 |
| Receivables Turnover **30** | 5.3 | • | 9.6 | • | • | 5.9 | 5.8 | 6.6 | 4.9 | 5.2 | 4.4 | 4.0 |
| Total Liabilities to Net Worth **31** | 1.7 | • | 6.6 | 2.4 | 1.6 | 1.9 | 1.3 | 2.3 | 1.2 | 1.4 | 1.9 | 1.7 |

## Selected Financial Factors (in Percentages)

| | | | | | | | | | | | | |
|---|---|---|---|---|---|---|---|---|---|---|---|---|
| Debt Ratio **32** | 62.6 | • | 86.9 | 70.7 | 61.8 | 65.1 | 56.1 | 69.2 | 53.5 | 57.8 | 65.6 | 62.5 |
| Return on Assets **33** | 6.9 | • | 9.8 | • | 7.8 | 7.5 | 11.2 | 8.9 | 7.1 | 9.8 | 3.9 | 5.6 |
| Return on Equity **34** | 6.2 | • | • | • | 7.4 | 8.5 | 16.2 | 10.6 | 7.5 | 11.9 | • | 4.0 |
| Return Before Interest on Equity **35** | 18.5 | • | • | • | 20.5 | 21.5 | 25.4 | 28.8 | 15.3 | 23.2 | 11.5 | 14.9 |
| Profit Margin, Before Income Tax **36** | 3.0 | 9.7 | 2.5 | • | 2.0 | 2.4 | 5.2 | 4.4 | 4.4 | 6.0 | 2.8 | • |
| Profit Margin, After Income Tax **37** | 1.9 | 8.4 | 2.0 | • | 1.4 | 1.6 | 4.3 | 2.1 | 3.1 | 4.4 | • | 1.8 |

## Trends in Selected Ratios and Factors, 1986-1994

| | 1986 | 1987 | 1988 | 1989 | 1990 | 1991 | 1992 | 1993 | 1994 |
|---|---|---|---|---|---|---|---|---|---|
| Cost of Operations (%) **38** | 68.6 | 67.8 | 67.5 | 68.1 | 65.7 | 68.1 | 70.3 | 69.9 | 68.8 |
| Operating Margin (%) **39** | • | • | • | • | • | • | 1.4 | 0.2 | • |
| Oper. Margin Before Officers Comp. (%) **40** | • | • | • | • | • | 2.2 | 1.4 | 2.6 | 1.7 |
| Average Net Receivables ($) **41** | 742 | 1090 | 1064 | 909 | 763 | 934 | 908 | 961 | 1060 |
| Average Inventories ($) **42** | 743 | 828 | 718 | 774 | 699 | 756 | 791 | 819 | 1066 |
| Average Net Worth ($) **43** | 1307 | 1641 | 1260 | 1183 | 1194 | 1308 | 1386 | 1387 | 1735 |
| Current Ratio (x1) **44** | 1.7 | 1.5 | 1.5 | 1.6 | 1.7 | 1.6 | 1.7 | 1.7 | 1.6 |
| Quick Ratio (x1) **45** | 0.9 | 0.8 | 0.9 | 0.9 | 0.9 | 0.9 | 0.9 | 1.0 | 0.8 |
| Coverage Ratio (x1) **46** | 1.6 | 1.3 | 1.6 | 1.5 | 1.8 | 2.8 | 2.7 | 2.5 | 2.1 |
| Asset Turnover (x1) **47** | 1.4 | 1.0 | 1.1 | 1.3 | 1.3 | 1.3 | 1.4 | 1.3 | 1.2 |
| Total Liabilities/Net Worth (x1) **48** | 1.5 | 1.7 | 1.8 | 1.9 | 1.6 | 1.6 | 1.6 | 1.6 | 1.7 |
| Return on Assets (x1) **49** | 6.0 | 4.3 | 5.9 | 4.6 | 5.8 | 7.2 | 7.3 | 8.1 | 6.9 |
| Return on Equity (%) **50** | 0.3 | • | 1.5 | • | 1.7 | 7.7 | 8.0 | 8.7 | 6.2 |

## Table II

Corporations with Net Income

# SPECIAL INDUSTRY MACHINERY

### MONEY AMOUNTS AND SIZE OF ASSETS IN THOUSANDS OF DOLLARS

| Item Description for Accounting Period 7/90 Through 6/91 | Total | Zero Assets | Under 100 | 100 to 250 | 251 to 500 | 501 to 1,000 | 1,001 to 5,000 | 5,001 to 10,000 | 10,001 to 25,000 | 25,001 to 50,000 | 50,001 to 100,000 | 100,001 to 250,000 | 250,001 and over |
|---|---|---|---|---|---|---|---|---|---|---|---|---|---|
| Number of Enterprises **1** | 2872 | 12 | 684 | 415 | 365 | 393 | 664 | 154 | 100 | 43 | 30 | 8 | 6 |
| **Revenues ($ in Thousands)** | | | | | | | | | | | | | |
| Net Sales **2** | 18781 | 77 | 161 | 254 | 303 | 565 | 3089 | 2060 | 2509 | 1791 | 2273 | 1291 | 4408 |
| Portfolio Income **3** | 309 | 23 | • | 0 | 1 | 8 | 27 | 20 | 16 | 31 | 41 | 36 | 107 |
| Other Revenues **4** | 347 | 1 | 1 | 0 | 0 | 3 | 53 | 21 | 58 | 49 | 55 | 23 | 83 |
| Total Revenues **5** | 19437 | 100 | 162 | 254 | 304 | 576 | 3169 | 2101 | 2583 | 1871 | 2369 | 1349 | 4598 |
| Average Total Revenues **6** | 6768 | 8372 | 237 | 613 | 834 | 1466 | 4772 | 13641 | 25832 | 43512 | 78972 | 168658 | 766307 |
| **Operating Costs/Operating Income (%)** | | | | | | | | | | | | | |
| Cost of Operations **7** | 67.2 | 68.7 | 59.5 | 64.0 | 60.6 | 69.1 | 61.6 | 65.2 | 67.7 | 73.2 | 67.1 | 72.7 | 68.6 |
| Rent **8** | 0.9 | 1.5 | 1.5 | 1.8 | 3.3 | 1.9 | 0.6 | 0.7 | 1.2 | 0.6 | 0.5 | 0.6 | 1.0 |
| Taxes Paid **9** | 2.3 | 1.9 | 4.5 | 2.8 | 3.3 | 2.6 | 2.8 | 2.4 | 2.3 | 2.2 | 2.7 | 1.9 | 1.5 |
| Interest Paid **10** | 1.9 | 0.9 | 1.0 | 1.0 | 1.4 | 2.2 | 1.3 | 1.4 | 2.0 | 1.5 | 2.6 | 2.0 | 2.5 |
| Depreciation, Depletion, Amortization **11** | 2.2 | 0.5 | 0.3 | 2.2 | 3.3 | 2.1 | 2.2 | 1.6 | 2.0 | 2.1 | 2.7 | 2.5 | 2.3 |
| Pensions and Other Benefits **12** | 2.4 | 1.8 | 4.1 | 0.5 | 0.9 | 1.5 | 2.1 | 2.5 | 2.0 | 2.3 | 2.5 | 1.6 | 3.5 |
| Other **13** | 17.7 | 17.9 | 24.5 | 16.2 | 16.2 | 12.7 | 20.8 | 17.3 | 17.5 | 14.0 | 16.4 | 15.8 | 19.0 |
| Officers Compensation **14** | 2.5 | 0.6 | • | 4.9 | 6.3 | 5.0 | 5.3 | 3.8 | 2.3 | 1.7 | 1.3 | 1.1 | 0.9 |
| Operating Margin **15** | 2.9 | 6.3 | 4.7 | 6.6 | 4.8 | 3.0 | 3.5 | 5.2 | 3.1 | 2.5 | 4.3 | 1.7 | 0.7 |
| Oper. Margin Before Officers Compensation **16** | 5.5 | 7.0 | 4.7 | 11.5 | 11.1 | 7.9 | 8.8 | 9.0 | 5.4 | 4.3 | 5.6 | 2.8 | 1.6 |
| **Selected Average Balance Sheet ($ in Thousands)** | | | | | | | | | | | | | |
| Net Receivables **17** | 1217 | • | 26 | 58 | 58 | 149 | 696 | 2197 | 4112 | 7417 | 15215 | 28682 | 192894 |
| Inventories **18** | 1026 | • | 9 | 61 | 141 | 204 | 583 | 2354 | 4010 | 9020 | 13552 | 22903 | 108967 |
| Net Property, Plant and Equipment **19** | 948 | • | 1 | 50 | 108 | 192 | 512 | 1306 | 3271 | 5888 | 14651 | 23873 | 139216 |
| Total Assets **20** | 4915 | • | 43 | 204 | 368 | 761 | 2301 | 7464 | 15344 | 34502 | 66616 | 131176 | 804366 |

**Selected Financial Ratios (Times to 1)** and related data

| | 1 | 2 | 3 | 4 | 5 | 6 | 7 | 8 | 9 | 10 | 11 | 12 | 13 |
|---|---|---|---|---|---|---|---|---|---|---|---|---|---|
| Notes and Loans Payable 21 | 1241 | • | 56 | 82 | 111 | 250 | 606 | 1559 | 4504 | 5656 | 18395 | 27838 | 207287 |
| All Other Liabilities 22 | 1439 | • | 15 | 111 | 56 | 181 | 820 | 2384 | 5018 | 11715 | 17582 | 37239 | 206882 |
| Net Worth 23 | 2235 | • | -28 | 10 | 201 | 330 | 875 | 3521 | 5823 | 17131 | 30639 | 66100 | 390198 |

**Selected Financial Ratios (Times to 1)**

| | 1 | 2 | 3 | 4 | 5 | 6 | 7 | 8 | 9 | 10 | 11 | 12 | 13 |
|---|---|---|---|---|---|---|---|---|---|---|---|---|---|
| Current Ratio 24 | 1.9 | • | 3.3 | 1.2 | 4.3 | 2.3 | 2.0 | 2.1 | 1.7 | 2.0 | 2.2 | 1.6 | 1.7 |
| Quick Ratio 25 | 1.1 | • | 2.6 | 0.7 | 1.4 | 1.3 | 1.2 | 1.1 | 0.9 | 1.1 | 1.2 | 0.9 | 1.0 |
| Net Sales to Working Capital 26 | 4.8 | • | 8.2 | 29.7 | 4.2 | 5.0 | 5.6 | 4.6 | 6.1 | 3.4 | 3.5 | 7.3 | 4.5 |
| Coverage Ratio 27 | 4.4 | • | 6.4 | 7.6 | 4.4 | 3.2 | 5.6 | 6.1 | 4.0 | 5.7 | 4.3 | 4.6 | 3.2 |
| Total Asset Turnover 28 | 1.3 | • | 5.5 | 3.0 | 2.3 | 1.9 | 2.0 | 1.8 | 1.6 | 1.2 | 1.1 | 1.2 | 0.9 |
| Inventory Turnover 29 | 4.2 | • | • | 3.9 | 3.4 | 5.8 | 4.1 | 4.1 | 4.2 | 3.7 | 3.6 | • | 9.3 |
| Receivables Turnover 30 | 5.2 | • | • | • | 9.7 | 9.0 | 6.1 | 6.7 | 6.4 | 5.7 | 5.1 | • | 7.6 |
| Total Liabilities to Net Worth 31 | 1.2 | • | • | 19.5 | 0.8 | 1.3 | 1.6 | 1.1 | 1.6 | 1.0 | 1.2 | 1.0 | 1.1 |

**Selected Financial Factors (in Percentages)**

| | 1 | 2 | 3 | 4 | 5 | 6 | 7 | 8 | 9 | 10 | 11 | 12 | 13 |
|---|---|---|---|---|---|---|---|---|---|---|---|---|---|
| Debt Ratio 32 | 54.5 | • | • | 95.1 | 45.3 | 56.7 | 62.0 | 52.8 | 62.1 | 50.4 | 54.0 | 49.6 | 51.5 |
| Return on Assets 33 | 11.3 | • | 34.1 | 23.6 | 14.1 | 13.5 | 15.0 | 15.3 | 13.2 | 9.9 | 12.6 | 11.5 | 7.4 |
| Return on Equity 34 | 15.3 | • | • | • | 17.7 | 17.8 | 27.1 | 23.4 | 20.7 | 12.7 | 16.0 | 11.8 | 8.2 |
| Return Before Interest on Equity 35 | 24.9 | • | • | • | 25.8 | 31.1 | • | 32.5 | 34.7 | 20.0 | 27.3 | 22.8 | 15.1 |
| Profit Margin, Before Income Tax 36 | 6.6 | • | 5.3 | 6.8 | 4.8 | 4.9 | 6.1 | 7.2 | 6.1 | 6.8 | 8.5 | 7.3 | 5.5 |
| Profit Margin, After Income Tax 37 | 5.3 | 33.7 | 5.3 | 6.4 | 4.3 | 4.1 | 5.1 | 6.2 | 4.8 | 5.2 | 6.5 | 4.8 | 4.3 |

**Trends in Selected Ratios and Factors, 1986–1994**

| | 1986 | 1987 | 1988 | 1989 | 1990 | 1991 | 1992 | 1993 | 1994 |
|---|---|---|---|---|---|---|---|---|---|
| Cost of Operations (%) 38 | 67.3 | 66.0 | 65.8 | 65.4 | 63.3 | 65.4 | 69.0 | 69.2 | 67.2 |
| Operating Margin (%) 39 | • | 0.8 | 1.3 | 2.3 | 1.1 | 3.1 | 2.6 | 2.7 | 2.9 |
| Oper. Margin Before Officers Comp. (%) 40 | 2.1 | 3.7 | 4.2 | 5.4 | 4.1 | 6.0 | 5.4 | 5.2 | 5.5 |
| Average Net Receivables ($) 41 | 779 | 951 | 846 | 806 | 1055 | 772 | 821 | 1217 | 1217 |
| Average Inventories ($) 42 | 693 | 849 | 693 | 773 | 834 | 702 | 727 | 993 | 1026 |
| Average Net Worth ($) 43 | 1570 | 1702 | 1340 | 1416 | 2110 | 1295 | 1461 | 1934 | 2235 |
| Current Ratio (x1) 44 | 1.8 | 1.8 | 1.8 | 2.0 | 2.0 | 1.9 | 1.9 | 1.9 | 1.9 |
| Quick Ratio (x1) 45 | 1.0 | 1.0 | 1.0 | 1.1 | 1.1 | 1.0 | 1.0 | 1.1 | 1.1 |
| Coverage Ratio (x1) 46 | 3.2 | 4.0 | 3.9 | 4.3 | 4.4 | 4.7 | 5.1 | 4.3 | 4.4 |
| Asset Turnover (x1) 47 | 1.5 | 1.4 | 1.4 | 1.4 | 1.3 | 1.5 | 1.5 | 1.4 | 1.3 |
| Operating Leverage 48 | • | • | 1.6 | 1.9 | 0.5 | 2.9 | 0.9 | 1.1 | 1.1 |
| Financial Leverage 49 | • | 1.2 | 1.0 | 1.0 | 1.1 | 1.1 | 1.1 | 0.9 | 1.0 |
| Total Leverage 50 | • | • | 1.6 | 1.9 | 0.5 | 3.2 | 0.9 | 1.0 | 1.1 |

## Table I

Corporations with and without Net Income

# GENERAL INDUSTRY MACHINERY

### MONEY AMOUNTS AND SIZE OF ASSETS IN THOUSANDS OF DOLLARS

| Item Description for Accounting Period 7/90 Through 6/91 | | Total | Zero Assets | Under 100 | 100 to 250 | 251 to 500 | 501 to 1,000 | 1,001 to 5,000 | 5,001 to 10,000 | 10,001 to 25,000 | 25,001 to 50,000 | 50,001 to 100,000 | 100,001 to 250,000 | 250,001 and over |
|---|---|---|---|---|---|---|---|---|---|---|---|---|---|---|
| Number of Enterprises | 1 | 3781 | 205 | 1040 | 787 | 449 | 341 | 662 | 125 | 82 | 35 | 19 | 20 | 17 |
| **Revenues ($ in Thousands)** | | | | | | | | | | | | | | |
| Net Sales | 2 | 31232 | 311 | 84 | 397 | 301 | 554 | 2586 | 1460 | 2131 | 1414 | 1471 | 3291 | 17232 |
| Portfolio Income | 3 | 554 | 4 | • | 1 | 0 | 1 | 23 | 4 | 27 | 20 | 15 | 40 | 417 |
| Other Revenues | 4 | 519 | 31 | 0 | 0 | 2 | 2 | 30 | 13 | 26 | 47 | 18 | 85 | 265 |
| Total Revenues | 5 | 32304 | 346 | 84 | 398 | 304 | 558 | 2638 | 1477 | 2183 | 1481 | 1504 | 3416 | 17914 |
| Average Total Revenues | 6 | 8544 | 1690 | 81 | 506 | 677 | 1636 | 3985 | 11816 | 26626 | 42318 | 79160 | 170811 | 1053780 |
| **Operating Costs/Operating Income (%)** | | | | | | | | | | | | | | |
| Cost of Operations | 7 | 67.3 | 75.7 | 69.6 | 41.2 | 45.4 | 68.5 | 65.6 | 68.6 | 66.8 | 73.4 | 69.5 | 64.3 | 68.2 |
| Rent | 8 | 0.9 | 0.8 | 3.6 | 3.7 | 3.0 | 1.7 | 1.0 | 0.7 | 0.6 | 0.5 | 0.6 | 0.6 | 0.9 |
| Taxes Paid | 9 | 2.6 | 1.7 | 1.8 | 4.4 | 4.2 | 3.3 | 2.7 | 2.1 | 2.1 | 1.9 | 2.4 | 2.5 | 2.7 |
| Interest Paid | 10 | 2.8 | 1.3 | 1.0 | 1.8 | 1.7 | 2.3 | 1.9 | 1.8 | 2.0 | 3.1 | 2.1 | 2.9 | 3.3 |
| Depreciation, Depletion, Amortization | 11 | 3.4 | 1.9 | 1.9 | 2.4 | 5.6 | 6.0 | 2.4 | 2.0 | 2.3 | 2.2 | 3.4 | 4.6 | 3.5 |
| Pensions and Other Benefits | 12 | 2.6 | 1.6 | 0.9 | 0.9 | 4.6 | 2.0 | 2.2 | 1.0 | 2.3 | 1.7 | 2.6 | 3.7 | 2.7 |
| Other | 13 | 17.3 | 16.8 | 38.4 | 36.3 | 13.7 | 11.2 | 15.5 | 17.0 | 19.1 | 15.6 | 18.1 | 18.0 | 17.0 |
| Officers Compensation | 14 | 1.8 | 7.8 | 0.8 | 10.1 | 19.4 | 5.1 | 5.6 | 4.0 | 1.8 | 1.5 | 1.1 | 1.6 | 0.4 |
| Operating Margin | 15 | 1.5 | • | • | • | 2.3 | • | 3.2 | 2.9 | 3.1 | 0.1 | 0.4 | 1.9 | 1.5 |
| Oper. Margin Before Officers Compensation | 16 | 3.3 | 0.4 | • | 9.3 | 21.8 | 5.1 | 8.8 | 6.8 | 4.9 | 1.6 | 1.5 | 3.4 | 1.8 |
| **Selected Average Balance Sheet ($ in Thousands)** | | | | | | | | | | | | | | |
| Net Receivables | 17 | 1770 | • | 8 | 55 | 82 | 192 | 576 | 1831 | 3822 | 7036 | 15887 | 30112 | 262691 |
| Inventories | 18 | 1614 | • | 5 | 19 | 8 | 217 | 513 | 2424 | 4573 | 10074 | 17114 | 37067 | 209882 |
| Net Property, Plant and Equipment | 19 | 1873 | • | 5 | 50 | 132 | 283 | 473 | 1244 | 3713 | 5782 | 18686 | 47296 | 270846 |
| Total Assets | 20 | 8936 | • | 44 | 173 | 302 | 837 | 1958 | 6813 | 15396 | 32910 | 71460 | 159761 | 1415909 |

| | | | | | | | | | | | | |
|---|---|---|---|---|---|---|---|---|---|---|---|---|
| Notes and Loans Payable **21** | 2317 | • | 14 | 73 | 100 | 416 | 705 | 2075 | 5624 | 10781 | 19701 | 56974 | 319033 |
| All Other Liabilities **22** | 3428 | • | 7 | 33 | 41 | 120 | 498 | 2296 | 4973 | 7948 | 16341 | 39661 | 615427 |
| Net Worth **23** | 3191 | | 23 | 67 | 161 | 300 | 755 | 2443 | 4799 | 14181 | 35419 | 63126 | 481449 |

**Selected Financial Ratios (Times to 1)**

| | | | | | | | | | | | | | |
|---|---|---|---|---|---|---|---|---|---|---|---|---|---|
| Current Ratio **24** | 1.1 | • | 3.3 | 2.6 | 2.3 | 2.7 | 1.8 | 1.6 | 1.3 | 1.9 | 1.6 | 1.7 | 0.9 |
| Quick Ratio **25** | 0.6 | • | 2.6 | 2.0 | 2.1 | 1.3 | 1.0 | 0.7 | 0.6 | 0.8 | 0.8 | 0.8 | 0.5 |
| Net Sales to Working Capital **26** | 20.8 | 3.9 | • | 8.3 | 8.2 | 5.2 | 6.5 | 6.0 | 13.0 | 4.0 | 5.4 | 4.8 | • |
| Coverage Ratio **27** | 3.0 | 4.3 | • | 0.7 | 3.0 | 1.3 | 3.8 | 3.3 | 3.8 | 2.7 | 2.3 | 3.1 | 2.9 |
| Total Asset Turnover **28** | 0.9 | • | 1.9 | 2.9 | 2.2 | 2.0 | 2.0 | 1.7 | 1.7 | 1.2 | 1.1 | 1.0 | 0.7 |
| Inventory Turnover **29** | 3.4 | • | • | 4.2 | 4.3 | 5.7 | 3.1 | 3.5 | 2.9 | 3.8 | 3.8 | 3.3 |
| Receivables Turnover **30** | 4.4 | • | 10.0 | 6.7 | 6.9 | 7.5 | 5.3 | 6.4 | 5.3 | 5.0 | 5.4 | 3.6 |
| Total Liabilities to Net Worth **31** | 1.8 | 0.9 | 1.6 | 0.9 | 1.8 | 1.6 | 1.8 | 2.2 | 1.3 | 1.0 | 1.5 | 2.0 |

**Selected Financial Factors (in Percentages)**

| | | | | | | | | | | | | | |
|---|---|---|---|---|---|---|---|---|---|---|---|---|---|
| Debt Ratio **32** | 64.3 | • | 47.5 | 61.1 | 46.8 | 64.1 | 61.4 | 64.2 | 68.8 | 56.9 | 50.4 | 60.5 | 66.0 |
| Return on Assets **33** | 7.7 | • | • | 3.5 | 11.0 | 5.8 | 14.0 | 9.9 | 12.6 | 10.0 | 5.3 | 9.1 | 6.8 |
| Return on Equity **34** | 9.4 | • | • | • | 11.2 | 1.6 | 21.0 | 15.6 | 22.9 | 9.0 | 3.1 | 8.7 | 8.7 |
| Return Before Interest on Equity **35** | 21.4 | • | • | 9.1 | 20.6 | 16.1 | 27.6 | • | 23.2 | 10.6 | 23.1 | 20.1 |
| Profit Margin, Before Income Tax **36** | 5.5 | 4.1 | • | • | 3.3 | 0.7 | 5.2 | 4.0 | 5.5 | 5.1 | 2.8 | 6.0 | 6.3 |
| Profit Margin, After Income Tax **37** | 3.6 | 4.1 | • | • | 2.7 | 0.3 | 4.1 | 3.3 | 4.2 | 3.2 | 1.4 | 3.3 | 4.1 |

**Trends in Selected Ratios and Factors, 1986–1994**

| | 1986 | 1987 | 1988 | 1989 | 1990 | 1991 | 1992 | 1993 | 1994 |
|---|---|---|---|---|---|---|---|---|---|
| Cost of Operations (%) **38** | 67.0 | 65.3 | 64.0 | 65.5 | 65.7 | 68.7 | 68.1 | 68.6 | 67.3 |
| Operating Margin (%) **39** | • | • | • | • | • | • | 0.9 | • | 1.5 |
| Oper. Margin Before Officers Comp. (%) **40** | • | • | 0.9 | • | • | 1.4 | 2.5 | 1.4 | 3.3 |
| Average Net Receivables ($) **41** | 1020 | 858 | 707 | 843 | 872 | 1072 | 1582 | 1997 | 1770 |
| Average Inventories ($) **42** | 912 | 716 | 818 | 816 | 913 | 1065 | 1328 | 1614 | 1614 |
| Average Net Worth ($) **43** | 2062 | 1755 | 1835 | 1642 | 1983 | 2381 | 2593 | 3539 | 3191 |
| Current Ratio (×1) **44** | 1.8 | 1.6 | 1.7 | 1.9 | 1.4 | 1.5 | 1.3 | 1.3 | 1.1 |
| Quick Ratio (×1) **45** | 1.0 | 0.9 | 0.7 | 0.9 | 0.7 | 0.7 | 0.7 | 0.7 | 0.6 |
| Coverage Ratio (×1) **46** | 2.0 | 1.6 | 2.6 | 1.7 | 1.8 | 2.5 | 2.9 | 2.5 | 3.0 |
| Asset Turnover (×1) **47** | 1.1 | 1.0 | 1.1 | 1.2 | 1.1 | 1.2 | 1.1 | 1.0 | 0.9 |
| Total Liabilities/Net Worth (×1) **48** | 1.2 | 1.2 | 1.2 | 1.5 | 1.2 | 1.2 | 1.6 | 1.7 | 1.8 |
| Return on Assets (×1) **49** | 5.4 | 3.8 | 6.1 | 4.3 | 4.8 | 6.0 | 7.6 | 7.8 | 7.7 |
| Return on Equity (%) **50** | 1.7 | 0.3 | 4.4 | 0.5 | 0.8 | 5.0 | 9.0 | 8.6 | 9.4 |

## Table II

Corporations with Net Income

# GENERAL INDUSTRY MACHINERY

### MONEY AMOUNTS AND SIZE OF ASSETS IN THOUSANDS OF DOLLARS

| Item Description for Accounting Period 7/90 Through 6/91 | Total | Zero Assets | Under 100 | 100 to 250 | 251 to 500 | 501 to 1,000 | 1,001 to 5,000 | 5,001 to 10,000 | 10,001 to 25,000 | 25,001 to 50,000 | 50,001 to 100,000 | 100,001 to 250,000 | 250,001 and over |
|---|---|---|---|---|---|---|---|---|---|---|---|---|---|
| Number of Enterprises 1 | 2248 | 196 | 193 | 529 | 293 | 253 | 536 | 111 | 68 | 27 | 15 | • | • |
| **Revenues ($ in Thousands)** | | | | | | | | | | | | | |
| Net Sales 2 | 26854 | 160 | 57 | 288 | 243 | 368 | 2277 | 1335 | 1863 | 1041 | 1156 | • | • |
| Portfolio Income 3 | 486 | 1 | • | 0 | 0 | 1 | 17 | 4 | 25 | 16 | 9 | • | • |
| Other Revenues 4 | 423 | 2 | 0 | 0 | 2 | 0 | 28 | 12 | 15 | 34 | 15 | • | • |
| Total Revenues 5 | 27763 | 164 | 57 | 288 | 246 | 369 | 2321 | 1351 | 1902 | 1090 | 1179 | • | • |
| Average Total Revenues 6 | 12350 | 835 | 296 | 545 | 839 | 1459 | 4331 | 12174 | 27973 | 40388 | 78632 | • | • |
| **Operating Costs/Operating Income (%)** | | | | | | | | | | | | | |
| Cost of Operations 7 | 65.2 | 73.0 | 57.8 | 33.1 | 46.5 | 62.3 | 64.9 | 67.9 | 64.0 | 69.8 | 68.3 | • | • |
| Rent 8 | 0.9 | 0.1 | 2.4 | 4.1 | 3.3 | 2.4 | 0.8 | 0.6 | 0.5 | 0.5 | 0.6 | • | • |
| Taxes Paid 9 | 2.7 | 0.6 | 0.6 | 4.4 | 4.0 | 3.5 | 2.7 | 2.0 | 2.3 | 2.2 | 2.4 | • | • |
| Interest Paid 10 | 2.6 | 0.8 | 0.2 | 1.4 | 0.5 | 1.9 | 1.8 | 1.7 | 1.1 | 2.4 | 1.3 | • | • |
| Depreciation, Depletion, Amortization 11 | 3.3 | 2.3 | 1.2 | 2.9 | 2.9 | 5.6 | 2.4 | 2.1 | 2.3 | 1.5 | 3.3 | • | • |
| Pensions and Other Benefits 12 | 2.8 | 0.2 | 0.9 | 1.0 | 5.4 | 2.0 | 2.3 | 1.1 | 2.4 | 2.3 | 2.5 | • | • |
| Other 13 | 17.4 | 7.5 | 14.8 | 42.6 | 12.4 | 11.9 | 15.9 | 16.2 | 19.4 | 16.1 | 17.3 | • | • |
| Officers Compensation 14 | 1.6 | 0.6 | • | 8.5 | 19.8 | 7.7 | 4.3 | 4.2 | 1.7 | 1.4 | 1.1 | • | • |
| Operating Margin 15 | 3.5 | 15.1 | 22.1 | 2.1 | 5.3 | 2.7 | 5.1 | 4.3 | 6.4 | 4.0 | 3.2 | • | • |
| Oper. Margin Before Officers Compensation 16 | 5.1 | 15.7 | 22.1 | 10.6 | 25.1 | 10.4 | 9.3 | 8.5 | 8.2 | 5.3 | 4.3 | • | • |
| **Selected Average Balance Sheet ($ in Thousands)** | | | | | | | | | | | | | |
| Net Receivables 17 | 2662 | • | 40 | 66 | 98 | 175 | 626 | 1815 | 4077 | 7168 | 16437 | • | • |
| Inventories 18 | 2278 | • | 25 | 15 | 7 | 233 | 559 | 2264 | 4652 | 9214 | 16690 | • | • |
| Net Property, Plant and Equipment 19 | 2758 | • | 8 | 64 | 115 | 250 | 467 | 1220 | 3533 | 4817 | 20701 | • | • |
| Total Assets 20 | 13420 | • | 93 | 168 | 323 | 817 | 2014 | 6686 | 15627 | 33143 | 71054 | • | • |

| Line item | | | | | | | | | | |
|---|---|---|---|---|---|---|---|---|---|---|
| Notes and Loans Payable **21** | 2998 | • | 7 | 67 | 32 | 264 | 687 | 1752 | 3665 | 8251 | 13637 |
| All Other Liabilities **22** | 5247 | • | 14 | 34 | 52 | 103 | 536 | 2271 | 4016 | 7613 | 16735 |
| Net Worth **23** | 5175 | • | 72 | 67 | 240 | 449 | 791 | 2663 | 7946 | 17279 | 40683 |

**Selected Financial Ratios (Times to 1)**

| Ratio | | | | | | | | | | |
|---|---|---|---|---|---|---|---|---|---|---|
| Current Ratio **24** | 1.1 | | 4.7 | 2.2 | 3.1 | 2.9 | 1.9 | 1.7 | 1.9 | 2.1 | 1.7 |
| Quick Ratio **25** | 0.6 | | 3.3 | 1.8 | 2.9 | 1.4 | 1.0 | 0.8 | 0.9 | 1.0 | 0.9 |
| Net Sales to Working Capital **26** | 20.5 | | 4.4 | 9.8 | 6.9 | 4.2 | 6.4 | 5.8 | 5.5 | 3.3 | 5.0 |
| Coverage Ratio **27** | 3.9 | | • | 2.7 | 14.8 | 2.6 | 5.0 | 4.4 | 9.1 | 4.8 | 5.1 |
| Total Asset Turnover **28** | 0.9 | | 3.2 | 3.3 | 2.6 | 1.8 | 2.1 | 1.8 | 1.8 | 1.2 | 1.1 |
| Inventory Turnover **29** | 3.4 | | 9.0 | • | • | 3.0 | 5.6 | 3.3 | 3.9 | 3.6 | 3.6 |
| Receivables Turnover **30** | 4.2 | | • | • | 8.7 | 6.4 | 7.8 | 5.9 | 6.8 | 5.7 | 4.8 |
| Total Liabilities to Net Worth **31** | 1.6 | | 0.3 | 1.5 | 0.4 | 0.8 | 1.6 | 1.5 | 1.0 | 0.9 | 0.8 |

**Selected Financial Factors (in Percentages)**

| Factor | | | | | | | | | | |
|---|---|---|---|---|---|---|---|---|---|---|
| Debt Ratio **32** | 61.5 | | 22.6 | 60.3 | 26.0 | 45.0 | 60.7 | 60.2 | 49.2 | 47.9 | 42.8 |
| Return on Assets **33** | 9.0 | | • | 11.9 | 17.3 | 8.8 | 18.5 | 12.9 | 16.8 | 13.3 | 7.2 |
| Return on Equity **34** | 12.3 | | • | 18.6 | 19.4 | 8.2 | 30.9 | 21.3 | 24.5 | 14.3 | 6.8 |
| Return Before Interest on Equity **35** | 23.3 | | • | 29.9 | 23.4 | 16.0 | | 32.4 | 33.1 | 25.5 | 12.6 |
| Profit Margin, Before Income Tax **36** | 7.5 | 17.0 | 22.2 | 2.3 | 6.3 | 3.1 | 7.0 | 8.5 | 9.0 | | 5.4 |
| Profit Margin, After Income Tax **37** | 5.3 | 16.9 | 22.2 | 2.3 | 5.6 | 2.5 | 5.8 | 4.7 | 6.4 | | 3.6 |

**Trends in Selected Ratios and Factors, 1986-1994**

| | 1986 | 1987 | 1988 | 1989 | 1990 | 1991 | 1992 | 1993 | 1994 |
|---|---|---|---|---|---|---|---|---|---|
| Cost of Operations (%) **38** | 67.6 | 64.3 | 62.7 | 63.4 | 62.7 | 66.9 | 65.4 | 67.9 | 65.2 |
| Operating Margin (%) **39** | 0.5 | | 0.2 | 0.3 | 2.6 | 2.9 | 3.7 | 1.0 | 3.5 |
| Oper. Margin Before Officers Comp. (%) **40** | 2.2 | 1.7 | 1.9 | 2.1 | 4.7 | 5.1 | 5.3 | 2.5 | 5.1 |
| Average Net Receivables ($) **41** | 1200 | 1208 | 1008 | 1314 | 877 | 1226 | 2366 | 3205 | 2662 |
| Average Inventories ($) **42** | 920 | 877 | 1152 | 1212 | 833 | 1267 | 1918 | 2477 | 2278 |
| Average Net Worth ($) **43** | 2155 | 2243 | 2753 | 2734 | 1941 | 2834 | 3979 | 5905 | 5175 |
| Current Ratio (x1) **44** | 1.9 | 1.6 | 1.7 | 2.1 | 1.9 | 1.9 | 1.4 | 1.3 | 1.1 |
| Quick Ratio (x1) **45** | 1.1 | 0.9 | 0.7 | 1.0 | 1.0 | 1.0 | 0.8 | 0.7 | 0.6 |
| Coverage Ratio (x1) **46** | 3.6 | 3.5 | 3.4 | 3.5 | 5.0 | 4.8 | 4.2 | 3.1 | 3.9 |
| Asset Turnover (x1) **47** | 1.1 | 1.0 | 1.1 | 1.1 | 1.3 | 1.3 | 1.0 | 1.0 | 0.9 |
| Operating Leverage **48** | • | • | • | 1.5 | 10.0 | 1.1 | 1.3 | 0.3 | 3.4 |
| Financial Leverage **49** | • | 1.1 | 1.0 | 1.0 | 1.2 | 1.1 | 1.0 | 0.9 | 1.1 |
| Total Leverage **50** | • | • | • | 1.5 | 11.4 | 1.2 | 1.3 | 0.2 | 3.7 |

## Table I

Corporations with and without Net Income

# OFFICE, COMPUTING, AND ACCOUNTING MACHINES

MONEY AMOUNTS AND SIZE OF ASSETS IN THOUSANDS OF DOLLARS

| Item Description for Accounting Period 7/90 Through 6/91 | Total | Zero Assets | Under 100 | 100 to 250 | 251 to 500 | 501 to 1,000 | 1,001 to 5,000 | 5,001 to 10,000 | 10,001 to 25,000 | 25,001 to 50,000 | 50,001 to 100,000 | 100,001 to 250,000 | 250,001 and over |
|---|---|---|---|---|---|---|---|---|---|---|---|---|---|
| Number of Enterprises **1** | 1698 | 288 | 560 | 193 | 129 | 53 | 242 | 81 | 57 | 19 | 19 | 23 | 34 |
| **Revenues ($ in Thousands)** | | | | | | | | | | | | | |
| Net Sales **2** | 97530 | 590 | 286 | 53 | 16 | 62 | 1044 | 1105 | 1469 | 1056 | 1944 | 3682 | 86223 |
| Portfolio Income **3** | 9982 | 32 | • | • | 1 | 0 | 12 | 4 | 16 | 18 | 18 | 158 | 9720 |
| Other Revenues **4** | 23606 | 2 | 0 | • | 0 | 0 | 70 | 15 | 33 | 5 | 61 | 205 | 23213 |
| Total Revenues **5** | 131118 | 625 | 286 | 53 | 17 | 62 | 1126 | 1124 | 1518 | 1080 | 2023 | 4046 | 119157 |
| Average Total Revenues **6** | 77219 | 2169 | 511 | 277 | 132 | 1171 | 4655 | 13873 | 26634 | 56828 | 106496 | 175906 | 3504607 |
| **Operating Costs/Operating Income (%)** | | | | | | | | | | | | | |
| Cost of Operations **7** | 59.2 | 68.2 | 24.5 | 36.0 | 10.6 | 88.6 | 49.7 | 66.3 | 74.5 | 65.4 | 62.0 | 62.3 | 58.7 |
| Rent **8** | 2.4 | 0.9 | 1.7 | • | 11.4 | 2.5 | 2.6 | 0.8 | 1.4 | 0.8 | 2.6 | 2.2 | 2.4 |
| Taxes Paid **9** | 3.1 | 0.7 | 1.6 | 4.0 | 11.1 | 1.5 | 3.1 | 2.2 | 1.6 | 1.2 | 1.5 | 2.8 | 3.2 |
| Interest Paid **10** | 4.6 | 1.5 | • | 0.3 | 19.5 | 1.7 | 3.3 | 1.8 | 1.5 | 1.6 | 1.8 | 4.3 | 4.8 |
| Depreciation, Depletion, Amortization **11** | 6.1 | 1.6 | 1.2 | 4.4 | 79.8 | 2.0 | 4.7 | 2.6 | 2.4 | 2.4 | 4.2 | 5.4 | 6.3 |
| Pensions and Other Benefits **12** | 3.8 | 0.8 | • | • | • | 1.4 | 2.1 | 1.7 | 1.7 | 1.4 | 2.2 | 2.5 | 4.0 |
| Other **13** | 48.0 | 18.6 | 57.8 | 68.9 | 17.4 | 25.9 | 36.8 | 26.0 | 23.4 | 21.9 | 33.8 | 31.4 | 50.4 |
| Officers Compensation **14** | 0.7 | 0.4 | 11.8 | • | 5.5 | 6.3 | 9.7 | 3.1 | 2.8 | 1.5 | 1.2 | 1.2 | 0.5 |
| Operating Margin **15** | • | 7.4 | 1.4 | • | • | • | • | • | • | 3.9 | • | • | • |
| Oper. Margin Before Officers Compensation **16** | • | 7.7 | 13.3 | • | • | • | • | • | • | 5.4 | • | • | • |
| **Selected Average Balance Sheet ($ in Thousands)** | | | | | | | | | | | | | |
| Net Receivables **17** | 19779 | • | 17 | 86 | 2 | 43 | 717 | 2427 | 4821 | 9009 | 23739 | 33598 | 926972 |
| Inventories **18** | 9054 | • | 5 | 83 | 1 | 406 | 685 | 2215 | 3708 | 10409 | 13843 | 25628 | 403721 |
| Net Property, Plant and Equipment **19** | 19542 | • | 7 | 27 | 244 | 79 | 473 | 1147 | 2108 | 5755 | 15788 | 31999 | 931312 |
| Total Assets **20** | 81428 | • | 40 | 198 | 384 | 807 | 2826 | 7228 | 16660 | 33983 | 73779 | 168421 | 3822707 |

Notes and Loans Payable **21**   24178 • 10 1127 251 148 1074 1899 4781 7758 19658 64428 1120642

All Other Liabilities **22**   23760 • 17 57 23 788 743 2559 7268 11126 23538 38480 1115722

Net Worth **23**   33490 • 12 -985 110 -130 1010 2770 4610 15098 30584 65512 1586343

## Selected Financial Ratios (Times to 1)

| | | | | | | | | | | | | | |
|---|---|---|---|---|---|---|---|---|---|---|---|---|---|
| Current Ratio **24** | 1.4 | • | 1.8 | 3.0 | 6.1 | 0.8 | 2.1 | 1.5 | 1.4 | 1.7 | 1.7 | 1.5 | 1.4 |
| Quick Ratio **25** | 0.9 | • | 1.5 | 1.5 | 0.9 | 0.1 | 1.3 | 0.8 | 0.8 | 0.8 | 1.1 | 0.9 | 1.0 |
| Net Sales to Working Capital **26** | 4.7 | • | 37.7 | 2.5 | 1.1 | • | 4.0 | 7.1 | 8.5 | 5.7 | 5.7 | 5.5 | 4.6 |
| Coverage Ratio **27** | 3.5 | 9.6 | • | • | • | • | • | • | 5.0 | • | • | 0.6 | 3.7 |
| Total Asset Turnover **28** | 0.7 | • | 12.9 | 1.4 | 0.3 | 1.5 | 1.9 | 1.6 | 1.6 | 1.6 | 1.4 | 1.0 | 0.7 |
| Inventory Turnover **29** | 3.5 | • | 8.7 | 1.8 | • | 3.0 | 4.6 | 5.4 | 4.3 | 5.6 | 4.0 | 3.4 |
| Receivables Turnover **30** | 2.8 | • | • | 5.7 | 7.4 | 6.6 | 6.2 | 8.7 | 5.7 | 4.6 | 2.6 |
| Total Liabilities to Net Worth **31** | 1.4 | • | 2.2 | • | 2.5 | • | 1.8 | 1.6 | 1.3 | 1.4 | 1.6 | 1.4 |

## Selected Financial Factors (in Percentages)

| | | | | | | | | | | | | | |
|---|---|---|---|---|---|---|---|---|---|---|---|---|---|
| Debt Ratio **32** | 58.9 | • | 69.0 | • | 71.4 | • | 64.3 | 61.7 | 72.3 | 55.6 | 58.6 | 61.1 | 58.5 |
| Return on Assets **33** | 11.1 | • | 18.8 | • | • | • | • | • | 12.7 | • | 2.3 | 11.8 |
| Return on Equity **34** | 11.2 | • | • | 3.8 | • | • | • | • | 14.0 | • | 12.5 |
| Return Before Interest on Equity **35** | 27.1 | • | • | 3.8 | • | • | • | • | 28.6 | • | 5.9 | 28.4 |
| Profit Margin, Before Income Tax **36** | 11.2 | 13.2 | 1.5 | • | • | • | • | • | 6.2 | • | 12.9 |
| Profit Margin, After Income Tax **37** | 6.5 | 6.4 | 1.5 | 2.5 | • | • | • | • | 3.8 | • | 7.8 |

## Trends in Selected Ratios and Factors, 1986-1994

| | 1986 | 1987 | 1988 | 1989 | 1990 | 1991 | 1992 | 1993 | 1994 |
|---|---|---|---|---|---|---|---|---|---|
| Cost of Operations (%) **38** | 53.6 | 54.4 | 54.6 | 53.3 | 54.7 | 57.2 | 60.2 | 59.7 | 59.2 |
| Operating Margin (%) **39** | • | • | • | • | • | • | • | • | • |
| Oper. Margin Before Officers Comp. (%) **40** | • | • | • | • | • | • | • | • | • |
| Average Net Receivables ($) **41** | 23010 | 18768 | 21459 | 22632 | 26625 | 46914 | 52666 | 27132 | 19779 |
| Average Inventories ($) **42** | 17484 | 11808 | 13755 | 14530 | 16748 | 26418 | 31564 | 13395 | 9054 |
| Average Net Worth ($) **43** | 43337 | 33957 | 33110 | 36551 | 45770 | 81232 | 102704 | 42835 | 33490 |
| Current Ratio (x1) **44** | 2.1 | 1.9 | 1.7 | 1.8 | 1.6 | 1.7 | 1.6 | 1.5 | 1.4 |
| Quick Ratio (x1) **45** | 1.1 | 1.1 | 1.0 | 1.1 | 1.0 | 1.0 | 0.9 | 1.0 | 0.9 |
| Coverage Ratio (x1) **46** | 3.0 | 3.4 | 3.3 | 3.0 | 2.6 | 4.0 | 4.8 | 3.5 | 3.5 |
| Asset Turnover (x1) **47** | 0.6 | 0.6 | 0.6 | 0.6 | 0.6 | 0.7 | 0.8 | 0.7 | 0.7 |
| Total Liabilities/Net Worth (x1) **48** | 1.2 | 1.2 | 1.5 | 1.5 | 1.5 | 1.5 | 1.3 | 1.5 | 1.4 |
| Return on Assets (%) **49** | 12.6 | 12.6 | 12.6 | 10.7 | 8.5 | 10.3 | 13.8 | 10.4 | 11.1 |
| Return on Equity (%) **50** | 9.3 | 9.8 | 10.7 | 8.6 | 5.8 | 10.7 | 16.4 | 10.8 | 11.2 |

## Table II

Corporations with Net Income

# OFFICE, COMPUTING, AND ACCOUNTING MACHINES

### MONEY AMOUNTS AND SIZE OF ASSETS IN THOUSANDS OF DOLLARS

| Item Description for Accounting Period 7/90 Through 6/91 | | Total | Zero Assets | Under 100 | 100 to 250 | 251 to 500 | 501 to 1,000 | 1,001 to 5,000 | 5,001 to 10,000 | 10,001 to 25,000 | 25,001 to 50,000 | 50,001 to 100,000 | 100,001 to 250,000 | 250,001 and over |
|---|---|---|---|---|---|---|---|---|---|---|---|---|---|---|
| Number of Enterprises | 1 | 821 | 285 | 278 | • | • | • | 136 | 47 | 25 | 13 | 8 | 10 | 19 |
| **Revenues ($ in Thousands)** | | | | | | | | | | | | | | |
| Net Sales | 2 | 65326 | 512 | 288 | • | • | • | 496 | 747 | 772 | 578 | 838 | 1762 | 59332 |
| Portfolio Income | 3 | 9264 | 31 | • | • | • | • | 7 | 1 | 3 | 17 | 7 | 127 | 9070 |
| Other Revenues | 4 | 21404 | 0 | 0 | • | • | • | 53 | 1 | 7 | 4 | 37 | 39 | 21264 |
| Total Revenues | 5 | 95994 | 543 | 288 | • | • | • | 556 | 749 | 782 | 599 | 882 | 1928 | 89666 |
| Average Total Revenues | 6 | 116923 | 1904 | 1036 | • | • | • | 4086 | 15944 | 31298 | 46104 | 110226 | 192787 | 4719275 |
| **Operating Costs/Operating Income (%)** | | | | | | | | | | | | | | |
| Cost of Operations | 7 | 57.2 | 66.9 | 24.8 | • | • | • | 42.3 | 61.6 | 72.1 | 54.9 | 60.2 | 62.5 | 56.9 |
| Rent | 8 | 2.5 | 0.2 | 1.7 | • | • | • | 2.4 | 0.3 | 0.7 | 0.5 | 1.6 | 1.6 | 2.6 |
| Taxes Paid | 9 | 3.3 | 0.1 | 1.6 | • | • | • | 2.9 | 1.9 | 1.8 | 1.4 | 1.7 | 2.6 | 3.5 |
| Interest Paid | 10 | 5.1 | • | • | • | • | • | 2.9 | 1.3 | 0.7 | 1.1 | 1.6 | 2.1 | 5.5 |
| Depreciation, Depletion, Amortization | 11 | 6.2 | • | 1.2 | • | • | • | 5.5 | 2.0 | 1.4 | 2.5 | 3.4 | 4.3 | 6.5 |
| Pensions and Other Benefits | 12 | 3.4 | • | • | • | • | • | 2.6 | 1.3 | 1.1 | 1.3 | 2.1 | 1.4 | 3.6 |
| Other | 13 | 54.6 | 15.2 | 57.5 | • | • | • | 35.4 | 24.6 | 12.1 | 25.2 | 24.1 | 24.8 | 57.6 |
| Officers Compensation | 14 | 0.8 | • | 11.7 | • | • | • | 13.4 | 2.9 | 2.7 | 1.4 | 1.2 | 1.4 | 0.5 |
| Operating Margin | 15 | • | 17.5 | 1.5 | • | • | • | • | 4.2 | 7.6 | 11.7 | 4.1 | • | • |
| Oper. Margin Before Officers Compensation | 16 | • | 17.5 | 13.2 | • | • | • | 6.1 | 7.1 | 10.2 | 13.1 | 5.3 | 0.8 | • |
| **Selected Average Balance Sheet ($ in Thousands)** | | | | | | | | | | | | | | |
| Net Receivables | 17 | 31835 | • | 34 | • | • | • | 586 | 2260 | 4880 | 8907 | 23660 | 39195 | 1322210 |
| Inventories | 18 | 12886 | • | 12 | • | • | • | 504 | 2744 | 3482 | 10167 | 13018 | 30157 | 513339 |
| Net Property, Plant and Equipment | 19 | 32659 | • | 14 | • | • | • | 410 | 918 | 2202 | 6772 | 15544 | 37411 | 1372014 |
| Total Assets | 20 | 132275 | • | 82 | • | • | • | 2505 | 6946 | 15991 | 33869 | 72741 | 175015 | 5512414 |

| | | | | | | | | | | |
|---|---|---|---|---|---|---|---|---|---|---|
| Notes and Loans Payable 21 | 37502 | • | 13 | 771 | 1270 | 4664 | 6646 | 17856 | 33576 | 1575744 |
| All Other Liabilities 22 | 37759 | • | 35 | 541 | 2447 | 6299 | 9944 | 24128 | 32579 | 1578748 |
| Net Worth 23 | 57015 | • | 34 | 1192 | 3229 | 5028 | 17279 | 30757 | 108860 | 2357923 |

**Selected Financial Ratios (Times to 1)**

| | | | | | | | | | | |
|---|---|---|---|---|---|---|---|---|---|---|
| Current Ratio 24 | 1.5 | • | 1.8 | • | 1.9 | 1.6 | 1.8 | 2.2 | 3.0 | 1.5 |
| Quick Ratio 25 | 1.0 | • | 1.5 | • | 0.9 | 1.0 | 1.0 | 1.4 | 1.8 | 1.0 |
| Net Sales to Working Capital 26 | 3.7 | • | 36.4 | • | 5.7 | 7.7 | 4.1 | 4.5 | 2.8 | 3.7 |
| Coverage Ratio 27 | 4.9 | • | • | • | 4.5 | 13.9 | 14.5 | 6.8 | 5.7 | 4.9 |
| Total Asset Turnover 28 | 0.6 | • | 12.6 | • | 2.3 | 1.9 | 1.3 | 1.5 | 1.0 | 0.6 |
| Inventory Turnover 29 | 3.1 | • | 8.8 | • | 4.7 | 6.8 | 3.2 | 9.7 | 3.7 | 3.0 |
| Receivables Turnover 30 | 2.4 | • | • | • | 8.2 | 7.4 | 7.8 | 8.9 | 3.9 | 2.2 |
| Total Liabilities to Net Worth 31 | 1.3 | • | 1.4 | • | 1.2 | 2.2 | 1.0 | 1.4 | 0.6 | 1.3 |

**Selected Financial Factors (in Percentages)**

| | | | | | | | | | | |
|---|---|---|---|---|---|---|---|---|---|---|
| Debt Ratio 32 | 56.9 | • | 58.2 | • | 53.5 | 68.6 | 49.0 | 57.7 | 37.8 | 57.2 |
| Return on Assets 33 | 15.1 | • | 18.7 | • | 13.3 | 18.5 | 21.5 | 15.7 | 11.6 | 15.1 |
| Return on Equity 34 | 18.2 | • | • | • | 17.1 | 38.1 | 27.9 | 26.5 | 10.7 | 18.1 |
| Return Before Interest on Equity 35 | | • | • | • | 23.4 | 28.6 | • | • | 18.7 | • |
| Profit Margin, Before Income Tax 36 | 20.1 | 23.5 | 1.5 | • | 4.8 | 8.9 | 15.3 | 9.3 | 9.5 | 21.1 |
| Profit Margin, After Income Tax 37 | 13.1 | 15.7 | 1.5 | • | 3.8 | 6.2 | 10.8 | 7.8 | 6.6 | 13.7 |

**Trends in Selected Ratios and Factors, 1986-1994**

| | 1986 | 1987 | 1988 | 1989 | 1990 | 1991 | 1992 | 1993 | 1994 |
|---|---|---|---|---|---|---|---|---|---|
| Cost of Operations (%) 38 | 53.2 | 55.5 | 54.2 | 52.3 | 52.8 | 56.3 | 59.0 | 58.1 | 57.2 |
| Operating Margin (%) 39 | • | • | • | • | • | • | • | • | • |
| Oper. Margin Before Officers Comp. (%) 40 | • | • | • | • | • | • | • | • | • |
| Average Net Receivables ($) 41 | 42594 | 28364 | 44566 | 56419 | 73167 | 75261 | 80866 | 26751 | 31835 |
| Average Inventories ($) 42 | 32218 | 18901 | 28114 | 42712 | 53568 | 41779 | 49973 | 12247 | 12886 |
| Average Net Worth ($) 43 | 79536 | 52486 | 70608 | 104822 | 155195 | 132124 | 171049 | 40940 | 57015 |
| Current Ratio (x1) 44 | 2.1 | 2.1 | 1.7 | 1.8 | 1.6 | 1.7 | 1.7 | 1.5 | 1.5 |
| Quick Ratio (x1) 45 | 1.1 | 1.2 | 1.0 | 1.1 | 1.0 | 1.0 | 1.0 | 1.0 | 1.0 |
| Coverage Ratio (x1) 46 | 3.5 | 4.0 | 3.8 | 4.4 | 4.2 | 4.7 | 5.5 | 5.0 | 4.9 |
| Asset Turnover (x1) 47 | 0.6 | 0.7 | 0.6 | 0.7 | 0.6 | 0.7 | 0.7 | 0.6 | 0.6 |
| Operating Leverage 48 | • | 0.6 | 1.2 | 1.1 | 1.5 | 0.6 | 0.9 | 1.2 | 1.3 |
| Financial Leverage 49 | • | 1.1 | 1.0 | 1.1 | 1.0 | 1.2 | 1.1 | 1.0 | 1.0 |
| Total Leverage 50 | • | 0.7 | 1.2 | 1.2 | 1.4 | 0.6 | 1.0 | 1.2 | 1.3 |

# Table I

Corporations with and without Net Income

# OTHER MACHINERY, EXCEPT ELECTRICAL

## MONEY AMOUNTS AND SIZE OF ASSETS IN THOUSANDS OF DOLLARS

| Item Description for Accounting Period 7/90 Through 6/91 | Total | Zero Assets | Under 100 | 100 to 250 | 251 to 500 | 501 to 1,000 | 1,001 to 5,000 | 5,001 to 10,000 | 10,001 to 25,000 | 25,001 to 50,000 | 50,001 to 100,000 | 100,001 to 250,000 | 250,001 and over |
|---|---|---|---|---|---|---|---|---|---|---|---|---|---|
| Number of Enterprises 1 | 6170 | 17 | 2089 | 1255 | 1105 | 737 | 633 | 185 | 65 | 37 | 19 | 14 | 12 |
| **Revenues ($ in Thousands)** | | | | | | | | | | | | | |
| Net Sales 2 | 38763 | 50 | 365 | 513 | 930 | 1455 | 2720 | 2048 | 1364 | 1583 | 1677 | 3066 | 22992 |
| Portfolio Income 3 | 1361 | 0 | 1 | 2 | 9 | 3 | 14 | 16 | 5 | 4 | 10 | 76 | 1219 |
| Other Revenues 4 | 1087 | 2 | 0 | 1 | 29 | 22 | 25 | 66 | 13 | 21 | 27 | 117 | 763 |
| Total Revenues 5 | 41212 | 52 | 367 | 516 | 968 | 1480 | 2760 | 2130 | 1382 | 1608 | 1714 | 3260 | 24975 |
| Average Total Revenues 6 | 6679 | 3042 | 176 | 411 | 876 | 2009 | 4360 | 11515 | 21263 | 43468 | 90203 | 232822 | 2081217 |
| **Operating Costs/Operating Income (%)** | | | | | | | | | | | | | |
| Cost of Operations 7 | 70.6 | 60.9 | 57.1 | 47.4 | 66.5 | 64.5 | 67.8 | 67.5 | 66.4 | 71.5 | 68.6 | 75.9 | 72.1 |
| Rent 8 | 1.0 | 1.8 | 2.5 | 3.8 | 1.5 | 1.4 | 1.4 | 0.9 | 0.8 | 0.8 | 0.7 | 0.9 | 0.9 |
| Taxes Paid 9 | 2.2 | 1.4 | 1.3 | 3.9 | 4.3 | 3.3 | 2.9 | 2.5 | 2.4 | 1.8 | 1.9 | 1.9 | 2.1 |
| Interest Paid 10 | 4.5 | 3.0 | 1.3 | 1.7 | 1.1 | 1.7 | 1.5 | 2.5 | 1.6 | 4.8 | 3.4 | 4.7 | 5.6 |
| Depreciation, Depletion, Amortization 11 | 3.0 | 2.2 | 3.2 | 3.3 | 2.9 | 2.8 | 2.7 | 3.2 | 2.5 | 3.8 | 3.4 | 3.4 | 2.8 |
| Pensions and Other Benefits 12 | 2.9 | 2.9 | 0.7 | 7.8 | 3.2 | 1.4 | 1.4 | 1.9 | 1.8 | 2.2 | 2.1 | 2.4 | 3.4 |
| Other 13 | 19.0 | 22.4 | 17.7 | 23.0 | 17.6 | 20.1 | 17.3 | 16.7 | 16.6 | 15.6 | 16.8 | 14.0 | 20.4 |
| Officers Compensation 14 | 1.7 | 2.6 | 17.3 | 10.1 | 7.9 | 5.0 | 4.5 | 3.5 | 2.3 | 1.5 | 1.2 | 1.3 | 0.4 |
| Operating Margin 15 | • | 2.9 | • | • | • | 0.5 | • | 1.4 | 5.7 | • | 1.7 | • | • |
| Oper. Margin Before Officers Compensation 16 | • | 5.5 | 16.3 | 9.3 | 3.1 | 4.9 | 5.0 | 4.9 | 8.0 | • | 2.9 | • | • |
| **Selected Average Balance Sheet ($ in Thousands)** | | | | | | | | | | | | | |
| Net Receivables 17 | 1102 | • | 3 | 38 | 102 | 255 | 516 | 1420 | 3443 | 7102 | 13630 | 42206 | 376756 |
| Inventories 18 | 838 | • | 0 | 21 | 73 | 177 | 622 | 2090 | 4833 | 9247 | 19004 | 32348 | 223613 |
| Net Property, Plant and Equipment 19 | 1158 | • | 8 | 54 | 122 | 191 | 573 | 2144 | 3046 | 10642 | 22705 | 51444 | 356689 |
| Total Assets 20 | 6815 | • | 23 | 170 | 402 | 768 | 2246 | 7116 | 14402 | 36553 | 73202 | 176496 | 2657605 |

| | | | | | | | | | | | | |
|---|---|---|---|---|---|---|---|---|---|---|---|---|
| Notes and Loans Payable **21** | 2638 | • | 12 | 57 | 113 | 276 | 620 | 2117 | 4034 | 19153 | 29480 | 73696 · 1041999 |
| All Other Liabilities **22** | 2139 | • | 3 | 37 | 121 | 220 | 574 | 1811 | 3839 | 9523 | 18311 | 55124 · 869256 |
| Net Worth **23** | 2038 | • | 8 | 76 | 167 | 272 | 1053 | 3188 | 6529 | 7878 | 25411 | 47676 · 746350 |

## Selected Financial Ratios (Times to 1)

| | | | | | | | | | | | | | |
|---|---|---|---|---|---|---|---|---|---|---|---|---|---|
| Current Ratio **24** | 1.0 | • | 2.6 | 2.3 | 2.2 | 1.8 | 1.8 | 2.0 | 2.3 | 1.3 | 1.8 | 1.6 | 0.8 |
| Quick Ratio **25** | 0.6 | • | 2.5 | 1.8 | 1.4 | 1.1 | 0.9 | 0.9 | 1.1 | 0.6 | 0.8 | 0.8 | 0.5 |
| Net Sales to Working Capital **26** | • | • | 22.9 | 6.7 | 6.5 | 8.3 | 6.7 | 5.0 | 3.7 | 9.8 | 5.2 | 7.0 | • |
| Coverage Ratio **27** | 1.6 | 3.2 | 0.6 | 0.9 | 0.4 | 2.0 | 2.3 | 3.1 | 5.5 | 1.0 | 2.2 | 1.4 | 1.5 |
| Total Asset Turnover **28** | 0.9 | • | 7.7 | 2.4 | 2.1 | 2.6 | 1.9 | 1.6 | 1.5 | 1.2 | 1.2 | 1.3 | 0.7 |
| Inventory Turnover **29** | 5.3 | • | • | 8.0 | 9.8 | 9.7 | 4.5 | 3.8 | 2.7 | 3.6 | 3.4 | 6.5 | 5.8 |
| Receivables Turnover **30** | 5.6 | • | • | 8.5 | • | • | 7.6 | 7.4 | 5.6 | 6.3 | 6.4 | 6.1 | 4.9 |
| Total Liabilities to Net Worth **31** | 2.4 | • | 1.9 | 1.2 | 1.4 | 1.8 | 1.1 | 1.2 | 1.2 | 3.6 | 1.9 | 2.7 | 2.6 |

## Selected Financial Factors (in Percentages)

| | | | | | | | | | | | | | |
|---|---|---|---|---|---|---|---|---|---|---|---|---|---|
| Debt Ratio **32** | 70.1 | • | 65.4 | 55.0 | 58.3 | 64.6 | 53.1 | 54.7 | 65.3 | 78.5 | 65.3 | 73.0 | 71.9 |
| Return on Assets **33** | 6.5 | • | 5.5 | 3.8 | 0.8 | 8.3 | 6.6 | 12.6 | 12.2 | 5.3 | 8.8 | 8.4 | 5.9 |
| Return on Equity **34** | 4.6 | • | • | • | 9.8 | 8.3 | 9.3 | 4.4 | 13.9 | 18.7 | 8.5 | 4.7 | 3.5 |
| Return Before Interest on Equity **35** | 21.7 | • | 16.0 | 8.4 | 2.0 | 23.4 | 14.0 | 27.3 | 27.7 | 24.6 | 25.4 | 30.9 | 21.1 |
| Profit Margin, Before Income Tax **36** | 2.6 | 6.6 | • | • | • | 1.6 | 2.0 | 5.4 | 7.0 | • | 3.9 | 2.0 | 2.6 |
| Profit Margin, After Income Tax **37** | 1.5 | 6.6 | 1.2 | • | 1.3 | 1.3 | 1.1 | 4.0 | 5.8 | 3.6 | 2.5 | 1.0 | 1.4 |

## Trends in Selected Ratios and Factors, 1986-1994

| | 1986 | 1987 | 1988 | 1989 | 1990 | 1991 | 1992 | 1993 | 1994 |
|---|---|---|---|---|---|---|---|---|---|
| Cost of Operations (%) **38** | 68.7 | 67.1 | 66.1 | 66.9 | 69.0 | 68.6 | 71.9 | 72.2 | 70.6 |
| Operating Margin (%) **39** | • | • | 0.9 | 0.2 | • | • | • | • | • |
| Oper. Margin Before Officers Comp. (%) **40** | • | 1.4 | 3.3 | 2.5 | 0.9 | 1.4 | • | • | • |
| Average Net Receivables ($) **41** | 366 | 353 | 399 | 625 | 815 | 607 | 868 | 1080 | 1102 |
| Average Inventories ($) **42** | 413 | 426 | 399 | 490 | 631 | 567 | 810 | 800 | 838 |
| Average Net Worth ($) **43** | 812 | 913 | 865 | 1199 | 1609 | 1389 | 1586 | 1710 | 2038 |
| Current Ratio (x1) **44** | 1.7 | 1.8 | 1.8 | 1.7 | 1.6 | 1.8 | 1.5 | 1.3 | 1.0 |
| Quick Ratio (x1) **45** | 0.8 | 0.9 | 1.0 | 0.9 | 0.9 | 0.9 | 0.8 | 0.7 | 0.6 |
| Coverage Ratio (x1) **46** | 1.1 | 2.1 | 3.1 | 3.0 | 2.5 | 2.7 | 2.2 | 1.7 | 1.6 |
| Asset Turnover (x1) **47** | 1.3 | 1.2 | 1.3 | 1.2 | 1.1 | 1.1 | 1.0 | 1.0 | 0.9 |
| Total Liabilities/Net Worth (x1) **48** | 1.4 | 1.4 | 1.5 | 1.4 | 1.4 | 1.5 | 2.4 | 2.3 | 2.4 |
| Return on Assets (x1) **49** | 3.8 | 6.3 | 8.4 | 7.2 | 5.5 | 7.2 | 8.5 | 7.2 | 6.5 |
| Return on Equity (%) **50** | • | 2.6 | 7.9 | 5.7 | 3.7 | 7.1 | 9.8 | 6.4 | 4.6 |

## Table II

Corporations with Net Income

# OTHER MACHINERY, EXCEPT ELECTRICAL

### MONEY AMOUNTS AND SIZE OF ASSETS IN THOUSANDS OF DOLLARS

| Item Description for Accounting Period 7/90 Through 6/91 | Total | Zero Assets | Under 100 | 100 to 250 | 251 to 500 | 501 to 1,000 | 1,001 to 5,000 | 5,001 to 10,000 | 10,001 to 25,000 | 25,001 to 50,000 | 50,001 to 100,000 | 100,001 to 250,000 | 250,001 and over |
|---|---|---|---|---|---|---|---|---|---|---|---|---|---|
| Number of Enterprises **1** | 3510 | 3 | 1116 | 529 | 579 | 618 | 432 | 124 | 54 | 23 | 12 | • | • |
| **Revenues ($ in Thousands)** | | | | | | | | | | | | | |
| Net Sales **2** | 29771 | 13 | 246 | 277 | 518 | 1293 | 1866 | 1591 | 1189 | 1000 | 1062 | • | • |
| Portfolio Income **3** | 1248 | • | 0 | 2 | 2 | 2 | 11 | 12 | 5 | 3 | 7 | • | • |
| Other Revenues **4** | 934 | 1 | • | 1 | 27 | 5 | 17 | 60 | 11 | 12 | 22 | • | • |
| Total Revenues **5** | 31952 | 14 | 246 | 279 | 546 | 1300 | 1894 | 1663 | 1205 | 1015 | 1091 | • | • |
| Average Total Revenues **6** | 9103 | 4732 | 220 | 528 | 943 | 2103 | 4384 | 13412 | 22310 | 44112 | 90891 | • | • |
| **Operating Costs/Operating Income (%)** | | | | | | | | | | | | | |
| Cost of Operations **7** | 69.3 | 33.0 | 58.8 | 42.3 | 58.1 | 64.2 | 63.9 | 64.8 | 65.7 | 66.3 | 65.9 | • | • |
| Rent **8** | 1.0 | 4.2 | 2.5 | 1.7 | 1.6 | 1.2 | 1.6 | 1.0 | 0.7 | 0.7 | 0.6 | • | • |
| Taxes Paid **9** | 2.3 | 2.5 | 0.7 | 3.6 | 5.3 | 3.1 | 3.0 | 2.7 | 2.3 | 2.1 | 1.9 | • | • |
| Interest Paid **10** | 4.9 | 3.6 | 0.8 | 1.0 | 1.3 | 1.5 | 1.3 | 2.0 | 1.3 | 3.6 | 3.0 | • | • |
| Depreciation, Depletion, Amortization **11** | 2.8 | 2.3 | 2.4 | 2.1 | 3.7 | 2.6 | 2.8 | 3.0 | 2.4 | 3.9 | 3.5 | • | • |
| Pensions and Other Benefits **12** | 2.9 | 2.1 | • | 10.8 | 4.1 | 1.4 | 1.5 | 1.9 | 1.6 | 2.5 | 1.9 | • | • |
| Other **13** | 18.5 | 25.1 | 12.1 | 24.1 | 18.4 | 18.4 | 17.0 | 16.7 | 15.8 | 15.2 | 15.6 | • | • |
| Officers Compensation **14** | 1.7 | 1.7 | 18.5 | 10.4 | 9.7 | 4.8 | 4.9 | 3.6 | 2.3 | 1.7 | 1.2 | • | • |
| Operating Margin **15** | • | 25.5 | 4.3 | 4.2 | • | 2.7 | 4.2 | 4.3 | 8.0 | 4.0 | 6.4 | • | • |
| Oper. Margin Before Officers Compensation **16** | • | 27.2 | 22.7 | 14.5 | 7.4 | 7.6 | 9.1 | 7.9 | 10.3 | 5.7 | 7.6 | • | • |
| **Selected Average Balance Sheet ($ in Thousands)** | | | | | | | | | | | | | |
| Net Receivables **17** | 1592 | • | 2 | 43 | 106 | 278 | 509 | 1562 | 3686 | 6451 | 12279 | • | • |
| Inventories **18** | 1111 | • | 0 | 30 | 53 | 172 | 534 | 1811 | 4841 | 10271 | 21546 | • | • |
| Net Property, Plant and Equipment **19** | 1496 | • | 12 | 27 | 165 | 164 | 622 | 2201 | 2958 | 11378 | 18575 | • | • |
| Total Assets **20** | 9296 | • | 21 | 170 | 409 | 766 | 2208 | 7217 | 14757 | 38168 | 72611 | • | • |

| | | | | | | | | | | |
|---|---|---|---|---|---|---|---|---|---|---|
| Notes and Loans Payable 21 | 3245 | 4 | 30 | 126 | 249 | 509 | 1676 | 3365 | 14129 | 24813 |
| All Other Liabilities 22 | 3126 | 1 | 35 | 83 | 217 | 478 | 1639 | 4249 | 8719 | 14855 |
| Net Worth 23 | 2925 | 16 | 105 | 201 | 300 | 1221 | 3902 | 7144 | 15321 | 32943 |

**Selected Financial Ratios (Times to 1)**

| | | | | | | | | | | | |
|---|---|---|---|---|---|---|---|---|---|---|---|
| Current Ratio 24 | 0.9 | • | 1.3 | 3.1 | 1.8 | 2.0 | 2.1 | 2.3 | 2.4 | 1.9 | 2.3 |
| Quick Ratio 25 | 0.5 | • | 1.3 | 2.3 | 1.3 | 1.3 | 1.2 | 1.2 | 1.2 | 0.8 | 1.0 |
| Net Sales to Working Capital 26 | • | • | • | 5.8 | 8.8 | 7.6 | 5.9 | 5.1 | 3.6 | 4.3 | 3.7 |
| Coverage Ratio 27 | 2.1 | 10.6 | 6.4 | 6.3 | 3.4 | 3.2 | 5.6 | 5.4 | 8.1 | 2.5 | 4.1 |
| Total Asset Turnover 28 | 0.9 | • | 10.4 | 3.1 | 2.2 | 2.7 | 2.0 | 1.8 | 1.5 | 1.1 | 1.2 |
| Inventory Turnover 29 | 5.3 | • | • | 8.8 | • | • | 4.2 | 4.6 | 2.8 | 3.6 | 2.8 |
| Receivables Turnover 30 | 6.4 | • | • | • | • | • | 7.0 | 7.3 | 6.3 | 7.1 | 6.0 |
| Total Liabilities to Net Worth 31 | 2.2 | • | 0.3 | 0.6 | 1.0 | 1.6 | 0.8 | 0.9 | 1.1 | 1.5 | 1.2 |

**Selected Financial Factors (in Percentages)**

| | | | | | | | | | | | |
|---|---|---|---|---|---|---|---|---|---|---|---|
| Debt Ratio 32 | 68.5 | • | 25.3 | 38.1 | 50.9 | 60.8 | 44.7 | 45.9 | 51.6 | 59.9 | 54.6 |
| Return on Assets 33 | 9.2 | • | • | 18.6 | 9.9 | 13.1 | 13.5 | 19.0 | 15.8 | 10.3 | 14.8 |
| Return on Equity 34 | 11.0 | • | • | 24.1 | 12.0 | 20.4 | 15.5 | 23.0 | 24.3 | 13.4 | 18.4 |
| Return Before Interest on Equity 35 | 29.4 | • | • | 30.0 | 20.2 | 33.3 | 24.4 | • | 32.6 | 25.7 | 32.6 |
| Profit Margin, Before Income Tax 36 | 5.2 | 34.8 | 4.4 | 5.1 | 3.2 | 3.3 | 5.7 | 8.7 | 9.3 | 5.4 | 9.1 |
| Profit Margin, After Income Tax 37 | 3.8 | 34.8 | 4.3 | 4.9 | 2.7 | 2.9 | 4.4 | 7.0 | 7.9 | 4.7 | 6.9 |

**Trends in Selected Ratios and Factors, 1986-1994**

| | 1986 | 1987 | 1988 | 1989 | 1990 | 1991 | 1992 | 1993 | 1994 |
|---|---|---|---|---|---|---|---|---|---|
| Cost of Operations (%) 38 | 66.0 | 65.7 | 65.9 | 66.1 | 68.3 | 67.7 | 69.8 | 70.7 | 69.3 |
| Operating Margin (%) 39 | 1.8 | 3.0 | 2.8 | 2.2 | 2.7 | 3.7 | 0.9 | 0.2 | • |
| Oper. Margin Before Officers Comp. (%) 40 | 4.7 | 5.4 | 4.9 | 4.3 | 4.7 | 5.8 | 2.8 | 1.7 | • |
| Average Net Receivables ($) 41 | 486 | 370 | 623 | 947 | 719 | 949 | 907 | 1063 | 1592 |
| Average Inventories ($) 42 | 520 | 437 | 624 | 748 | 802 | 892 | 915 | 1082 | 1111 |
| Average Net Worth ($) 43 | 1146 | 1042 | 1499 | 2086 | 2191 | 2042 | 2165 | 2283 | 2925 |
| Current Ratio (x1) 44 | 2.0 | 2.0 | 1.9 | 1.9 | 2.0 | 1.9 | 1.6 | 1.6 | 0.9 |
| Quick Ratio (x1) 45 | 1.0 | 1.0 | 1.0 | 1.1 | 1.0 | 1.0 | 0.8 | 0.7 | 0.5 |
| Coverage Ratio (x1) 46 | 3.6 | 4.2 | 4.4 | 5.1 | 5.6 | 5.1 | 3.6 | 2.5 | 2.1 |
| Asset Turnover (x1) 47 | 1.4 | 1.4 | 1.2 | 1.2 | 1.3 | 1.4 | 1.0 | 1.2 | 0.9 |
| Operating Leverage 48 | • | 1.7 | 1.0 | 0.8 | 1.2 | 1.4 | 0.2 | 0.2 | • |
| Financial Leverage 49 | • | 1.0 | 1.1 | 1.0 | 1.1 | 1.0 | 0.9 | 0.9 | 0.9 |
| Total Leverage 50 | • | 1.7 | 1.0 | 0.8 | 1.3 | 1.4 | 0.2 | 0.2 | • |

## Table I

Corporations with and without Net Income

# HOUSEHOLD APPLIANCES

### MONEY AMOUNTS AND SIZE OF ASSETS IN THOUSANDS OF DOLLARS

| Item Description for Accounting Period 7/90 Through 6/91 | Total | Zero Assets | Under 100 | 100 to 250 | 251 to 500 | 501 to 1,000 | 1,001 to 5,000 | 5,001 to 10,000 | 10,001 to 25,000 | 25,001 to 50,000 | 50,001 to 100,000 | 100,001 to 250,000 | 250,001 and over |
|---|---|---|---|---|---|---|---|---|---|---|---|---|---|
| Number of Enterprises **1** | 416 | 3 | • | 262 | • | 18 | 61 | 24 | 15 | 11 | 11 | 6 | 5 |
| **Revenues ($ in Thousands)** | | | | | | | | | | | | | |
| Net Sales **2** | 15612 | 832 | • | 113 | • | • | 274 | 343 | 424 | 656 | 1225 | 943 | 10800 |
| Portfolio Income **3** | 440 | 59 | • | • | • | • | 0 | 2 | 4 | 6 | 10 | 30 | 329 |
| Other Revenues **4** | 534 | 145 | • | 0 | • | • | 1 | 6 | 2 | 11 | 17 | 9 | 342 |
| Total Revenues **5** | 16586 | 1037 | • | 113 | • | • | 275 | 351 | 430 | 674 | 1252 | 982 | 11472 |
| Average Total Revenues **6** | 39870 | 345565 | • | 433 | • | • | 4515 | 14641 | 28643 | 61232 | 113856 | 163685 | 2294305 |
| **Operating Costs/Operating Income (%)** | | | | | | | | | | | | | |
| Cost of Operations **7** | 72.4 | 79.4 | • | 32.5 | • | • | 66.2 | 73.8 | 64.8 | 75.1 | 68.8 | 59.0 | 74.2 |
| Rent **8** | 0.9 | 1.0 | • | 8.0 | • | • | 0.5 | • | 0.2 | 0.6 | 0.5 | 1.1 | 0.8 |
| Taxes Paid **9** | 1.4 | 0.1 | • | 3.1 | • | • | 1.5 | 1.0 | 2.7 | 2.0 | 1.6 | 1.9 | 1.4 |
| Interest Paid **10** | 4.5 | 4.4 | • | 2.5 | • | • | 2.2 | 2.2 | 0.4 | 1.3 | 4.5 | 7.0 | 4.8 |
| Depreciation, Depletion, Amortization **11** | 3.8 | 1.3 | • | 0.8 | • | • | 2.0 | 1.8 | 1.5 | 2.0 | 2.6 | 4.7 | 4.3 |
| Pensions and Other Benefits **12** | 2.0 | 2.7 | • | 12.2 | • | • | 0.9 | 0.2 | 2.8 | 0.9 | 1.5 | 1.3 | 2.1 |
| Other **13** | 18.1 | 40.4 | • | 43.1 | • | • | 19.6 | 13.9 | 19.3 | 17.1 | 19.5 | 31.2 | 14.9 |
| Officers Compensation **14** | 0.5 | • | • | 6.2 | • | • | 3.2 | 1.1 | 1.6 | 0.7 | 0.7 | 0.9 | 0.3 |
| Operating Margin **15** | • | • | • | • | • | • | 3.9 | 6.0 | 6.8 | 0.4 | 0.4 | • | • |
| Oper. Margin Before Officers Compensation **16** | • | • | • | • | • | • | 7.1 | 7.1 | 8.4 | 1.1 | 1.2 | • | • |
| **Selected Average Balance Sheet ($ in Thousands)** | | | | | | | | | | | | | |
| Net Receivables **17** | 8852 | • | • | 76 | • | • | 584 | 2898 | 3756 | 8998 | 19243 | 29908 | 602128 |
| Inventories **18** | 5588 | • | • | 29 | • | • | 839 | 2527 | 4473 | 8440 | 20076 | 29662 | 329260 |
| Net Property, Plant and Equipment **19** | 7060 | • | • | 5 | • | 611 | 573 | 1242 | 3156 | 7349 | 17494 | 28847 | 473195 |
| Total Assets **20** | 35901 | • | • | 179 | • | 769 | 2389 | 7834 | 15670 | 40775 | 76410 | 179883 | 2387437 |

| | | | | | | | | | | | | |
|---|---|---|---|---|---|---|---|---|---|---|---|---|
| Notes and Loans Payable 21 | 14529 | • | • | 78 | • | 876 | 8918 | 914 | 11681 | 36008 | 100739 | 922688 |
| All Other Liabilities 22 | 9198 | • | • | 145 | 81 | 679 | 8349 | 3358 | 17014 | 15604 | 33203 | 587381 |
| Net Worth 23 | 12175 | • | • | -43 | 688 | 834 | -9434 | 11398 | 12079 | 24799 | 45941 | 877369 |

## Selected Financial Ratios (Times to 1)

| | | | | | | | | | | | | |
|---|---|---|---|---|---|---|---|---|---|---|---|---|
| Current Ratio 24 | 1.2 | • | • | 0.6 | 2.0 | 1.7 | 0.7 | 3.6 | 1.5 | 1.3 | 2.9 | 1.1 |
| Quick Ratio 25 | 0.7 | • | • | 0.5 | 2.0 | 0.8 | 0.4 | 2.0 | 0.7 | 0.7 | 1.2 | 0.7 |
| Net Sales to Working Capital 26 | 12.4 | • | • | • | • | 6.4 | • | 3.3 | 7.3 | 10.0 | 2.7 | 17.4 |
| Coverage Ratio 27 | 1.7 | • | • | • | • | 3.1 | 4.7 | • | 3.4 | 1.6 | 0.4 | 1.8 |
| Total Asset Turnover 28 | 1.1 | • | • | 2.4 | • | 1.9 | 1.8 | 1.8 | 1.5 | 1.5 | 0.9 | 0.9 |
| Inventory Turnover 29 | 4.6 | • | • | 9.6 | • | 5.6 | 3.2 | 4.9 | 5.2 | 3.9 | 2.2 | 4.7 |
| Receivables Turnover 30 | 4.0 | • | • | • | • | 9.4 | 4.2 | 8.6 | 5.5 | 6.3 | 3.2 | 3.5 |
| Total Liabilities to Net Worth 31 | 2.0 | • | • | • | 0.1 | 1.9 | • | 0.4 | 2.4 | 2.1 | 2.9 | 1.7 |

## Selected Financial Factors (in Percentages)

| | | | | | | | | | | | | |
|---|---|---|---|---|---|---|---|---|---|---|---|---|
| Debt Ratio 32 | 66.1 | • | • | • | 10.5 | 65.1 | • | 27.3 | 70.4 | 67.6 | 74.5 | 63.3 |
| Return on Assets 33 | 7.8 | • | • | • | • | 12.7 | 19.1 | 15.3 | 6.4 | 10.4 | 2.6 | 8.0 |
| Return on Equity 34 | 4.9 | • | • | • | • | 22.8 | • | 13.5 | 7.1 | 7.0 | • | 6.3 |
| Return Before Interest on Equity 35 | 23.0 | • | • | • | • | • | • | 21.0 | 21.6 | 32.0 | 10.2 | 21.7 |
| Profit Margin, Before Income Tax 36 | 3.0 | • | • | • | • | 4.5 | 8.3 | 8.1 | 3.1 | 2.7 | • | 4.0 |
| Profit Margin, After Income Tax 37 | 1.6 | • | • | • | • | 4.3 | 8.0 | 5.5 | 1.4 | 1.6 | • | 2.5 |

## Trends in Selected Ratios and Factors, 1986-1994

| | 1986 | 1987 | 1988 | 1989 | 1990 | 1991 | 1992 | 1993 | 1994 |
|---|---|---|---|---|---|---|---|---|---|
| Cost of Operations (%) 38 | 68.4 | 71.1 | 71.1 | 71.9 | 71.2 | 71.4 | 71.1 | 73.2 | 72.4 |
| Operating Margin (%) 39 | • | • | 0.7 | • | • | 0.7 | • | • | • |
| Oper. Margin Before Officers Comp. (%) 40 | • | 0.6 | 1.2 | • | • | 1.3 | • | • | • |
| Average Net Receivables ($) 41 | 5353 | 5202 | 13096 | 6499 | 15488 | 14771 | 11840 | 23556 | 8852 |
| Average Inventories ($) 42 | 4911 | 4178 | 10002 | 4497 | 9498 | 9617 | 7605 | 14667 | 5588 |
| Average Net Worth ($) 43 | 10455 | 9850 | 22918 | 11592 | 29563 | 23406 | 18480 | 29302 | 12175 |
| Current Ratio (x1) 44 | 1.8 | 1.6 | 1.5 | 1.7 | 1.7 | 2.0 | 2.0 | 1.4 | 1.2 |
| Quick Ratio (x1) 45 | 0.9 | 0.9 | 0.9 | 1.0 | 1.0 | 1.1 | 1.2 | 0.8 | 0.7 |
| Coverage Ratio (x1) 46 | 2.0 | 3.1 | 3.3 | 3.0 | 2.5 | 3.0 | 2.4 | 1.9 | 1.7 |
| Asset Turnover (x1) 47 | 1.3 | 1.3 | 1.3 | 1.2 | 1.0 | 1.2 | 1.0 | 1.1 | 1.1 |
| Total Liabilities/Net Worth (x1) 48 | 1.2 | 1.2 | 1.2 | 1.1 | 1.0 | 1.3 | 1.5 | 2.0 | 2.0 |
| Return on Assets (x1) 49 | 8.3 | 10.7 | 11.3 | 9.6 | 6.6 | 8.5 | 6.9 | 7.2 | 7.8 |
| Return on Equity (%) 50 | 3.6 | 8.5 | 9.5 | 7.3 | 4.1 | 8.1 | 6.1 | 5.8 | 4.9 |

## Table II

Corporations with Net Income

# HOUSEHOLD APPLIANCES

### MONEY AMOUNTS AND SIZE OF ASSETS IN THOUSANDS OF DOLLARS

| Item Description for Accounting Period 7/90 Through 6/91 | Total | Zero Assets | Under 100 | 100 to 250 | 251 to 500 | 501 to 1,000 | 1,001 to 5,000 | 5,001 to 10,000 | 10,001 to 25,000 | 25,001 to 50,000 | 50,001 to 100,000 | 100,001 to 250,000 | 250,001 and over |
|---|---|---|---|---|---|---|---|---|---|---|---|---|---|
| Number of Enterprises **1** | 310 | • | • | 194 | • | • | 61 | 17 | 15 | 7 | 7 | 3 | • |
| **Revenues ($ in Thousands)** | | | | | | | | | | | | | |
| Net Sales **2** | 13097 | • | • | 94 | • | • | 274 | 343 | 424 | 498 | 908 | 308 | • |
| Portfolio Income **3** | 369 | • | • | • | • | • | 0 | 0 | 4 | 2 | 4 | 27 | • |
| Other Revenues **4** | 375 | • | • | 0 | • | • | 1 | 6 | 2 | 9 | 13 | 6 | • |
| Total Revenues **5** | 13841 | • | • | 94 | • | • | 275 | 350 | 430 | 509 | 925 | 341 | • |
| Average Total Revenues **6** | 44650 | • | • | 486 | • | • | 4515 | 20572 | 28643 | 72785 | 132175 | 113575 | • |
| **Operating Costs/Operating Income (%)** | | | | | | | | | | | | | |
| Cost of Operations **7** | 72.0 | • | • | 24.8 | • | • | 66.2 | 73.8 | 64.8 | 74.0 | 66.4 | 57.3 | • |
| Rent **8** | 0.8 | • | • | 9.4 | • | • | 0.5 | • | 0.2 | 0.4 | 0.4 | 0.2 | • |
| Taxes Paid **9** | 1.5 | • | • | 3.2 | • | • | 1.5 | 1.0 | 2.7 | 1.9 | 1.6 | 1.9 | • |
| Interest Paid **10** | 4.2 | • | • | 0.9 | • | • | 2.2 | 2.2 | 0.4 | 1.5 | 2.9 | 5.1 | • |
| Depreciation, Depletion, Amortization **11** | 3.6 | • | • | 0.6 | • | • | 2.0 | 1.8 | 1.5 | 1.7 | 1.6 | 1.8 | • |
| Pensions and Other Benefits **12** | 2.1 | • | • | 14.1 | • | • | 0.9 | 0.2 | 2.8 | 1.1 | 1.5 | 0.3 | • |
| Other **13** | 16.0 | • | • | 38.7 | • | • | 19.6 | 12.1 | 19.3 | 14.7 | 19.9 | 27.2 | • |
| Officers Compensation **14** | 0.4 | • | • | 7.4 | • | • | 3.2 | 1.0 | 1.6 | 0.6 | 0.8 | 0.4 | • |
| Operating Margin **15** | 0.9 | • | • | 0.9 | • | • | 3.9 | 7.9 | 6.8 | 4.1 | 5.0 | 5.8 | • |
| Oper. Margin Before Officers Compensation **16** | • | • | • | 8.3 | • | • | 7.1 | 8.9 | 8.4 | 4.7 | 5.8 | 6.2 | • |
| **Selected Average Balance Sheet ($ in Thousands)** | | | | | | | | | | | | | |
| Net Receivables **17** | 10093 | • | • | 88 | • | • | 584 | 3253 | 3756 | 9257 | 23374 | 45723 | • |
| Inventories **18** | 6275 | • | • | 15 | • | • | 839 | 3568 | 4473 | 8103 | 21128 | 16434 | • |
| Net Property, Plant and Equipment **19** | 8216 | • | • | 4 | • | • | 573 | 1753 | 3156 | 7826 | 15648 | 15908 | • |
| Total Assets **20** | 41986 | • | • | 187 | • | • | 2389 | 8909 | 15670 | 42802 | 79759 | 205680 | • |

| | | | | | | | | | | |
|---|---|---|---|---|---|---|---|---|---|---|
| Notes and Loans Payable 21 | 15672 | · | · | 15 | 876 | 3018 | 914 | 8805 | 31790 | 66462 |
| All Other Liabilities 22 | 9567 | · | · | 163 | 679 | 2567 | 3358 | 16472 | 18416 | 29550 |
| Net Worth 23 | 16747 | · | · | 8 | 834 | 3324 | 11398 | 17525 | 29553 | 109667 |

**Selected Financial Ratios (Times to 1)**

| | | | | | | | | | | |
|---|---|---|---|---|---|---|---|---|---|---|
| Current Ratio 24 | 1.3 | · | · | 0.6 | 1.7 | 1.6 | 3.6 | 2.7 | 1.7 | 4.7 |
| Quick Ratio 25 | 0.8 | · | · | 0.5 | 0.8 | 0.8 | 2.0 | 1.1 | 0.9 | 2.3 |
| Net Sales to Working Capital 26 | 9.6 | · | · | · | 6.4 | 7.6 | 3.3 | 4.3 | 6.1 | 1.1 |
| Coverage Ratio 27 | 2.3 | · | · | 2.0 | 3.1 | 5.4 | · | 5.3 | 3.4 | 3.5 |
| Total Asset Turnover 28 | 1.0 | · | · | 2.6 | 1.9 | 2.3 | 1.8 | 1.7 | 1.6 | 0.5 |
| Inventory Turnover 29 | 4.7 | · | · | · | 5.6 | 8.4 | 4.9 | 6.4 | 4.2 | 1.6 |
| Receivables Turnover 30 | 4.1 | · | · | · | 9.4 | · | 8.6 | 7.1 | 6.0 | 1.7 |
| Total Liabilities to Net Worth 31 | 1.5 | · | · | 21.3 | 1.9 | 1.7 | 0.4 | 1.5 | 1.7 | 0.9 |

**Selected Financial Factors (in Percentages)**

| | | | | | | | | | | |
|---|---|---|---|---|---|---|---|---|---|---|
| Debt Ratio 32 | 60.1 | · | · | 95.5 | 65.1 | 62.7 | 27.3 | 59.1 | 63.0 | 46.7 |
| Return on Assets 33 | 9.7 | · | · | 5.0 | 12.7 | 27.0 | 15.3 | 13.0 | 15.9 | 8.8 |
| Return on Equity 34 | 9.5 | · | · | · | 22.8 | 13.5 | 17.0 | 23.9 | 8.0 | |
| Return Before Interest on Equity 35 | 24.3 | · | · | · | · | 21.0 | 31.7 | · | 16.5 | |
| Profit Margin, Before Income Tax 36 | 5.4 | · | · | 1.0 | 4.5 | 9.7 | 8.1 | 6.3 | 6.9 | 12.6 |
| Profit Margin, After Income Tax 37 | 3.8 | · | · | 1.0 | 4.3 | 9.5 | 5.5 | 4.2 | 5.4 | 8.5 |

**Trends in Selected Ratios and Factors, 1986-1994**

| | 1986 | 1987 | 1988 | 1989 | 1990 | 1991 | 1992 | 1993 | 1994 |
|---|---|---|---|---|---|---|---|---|---|
| Cost of Operations (%) 38 | 66.5 | 71.5 | 70.9 | 70.3 | 68.9 | 70.9 | 69.9 | 73.0 | 72.0 |
| Operating Margin (%) 39 | 1.2 | 2.4 | 1.2 | · | 2.6 | 2.9 | 1.4 | · | · |
| Oper. Margin Before Officers Comp. (%) 40 | 1.8 | 2.9 | 1.7 | 0.8 | 3.1 | 3.5 | 1.9 | 0.3 | · |
| Average Net Receivables ($) 41 | 4137 | 5628 | 17724 | 6055 | 11426 | 13335 | 10142 | 29321 | 10093 |
| Average Inventories ($) 42 | 3262 | 4392 | 13198 | 3770 | 7063 | 9705 | 6911 | 18526 | 6275 |
| Average Net Worth ($) 43 | 7934 | 11266 | 30677 | 10809 | 25220 | 24591 | 18939 | 41613 | 16747 |
| Current Ratio (x1) 44 | 2.0 | 1.8 | 1.5 | 1.7 | 1.9 | 2.1 | 1.9 | 1.3 | 1.3 |
| Quick Ratio (x1) 45 | 1.1 | 1.0 | 0.9 | 1.0 | 1.0 | 1.1 | 1.1 | 0.7 | 0.8 |
| Coverage Ratio (x1) 46 | 3.8 | 4.8 | 3.5 | 3.5 | 4.4 | 4.2 | 3.9 | 2.4 | 2.3 |
| Asset Turnover (x1) 47 | 1.5 | 1.4 | 1.3 | 1.2 | 1.0 | 1.3 | 1.1 | 1.2 | 1.0 |
| Operating Leverage 48 | · | 2.0 | 0.5 | · | · | 1.2 | 0.5 | · | 4.0 |
| Financial Leverage 49 | · | 1.1 | 0.9 | 1.1 | 1.1 | 1.1 | 1.0 | 0.8 | 1.0 |
| Total Leverage 50 | · | 2.1 | 0.4 | · | · | 1.3 | 0.5 | · | 3.9 |

## Table I

Corporations with and without Net Income

# RADIO, TELEVISION, AND COMMUNICATION EQUIPMENT

### MONEY AMOUNTS AND SIZE OF ASSETS IN THOUSANDS OF DOLLARS

| Item Description for Accounting Period 7/90 Through 6/91 | Total | Zero Assets | Under 100 | 100 to 250 | 251 to 500 | 501 to 1,000 | 1,001 to 5,000 | 5,001 to 10,000 | 10,001 to 25,000 | 25,001 to 50,000 | 50,001 to 100,000 | 100,001 to 250,000 | 250,001 and over |
|---|---|---|---|---|---|---|---|---|---|---|---|---|---|
| Number of Enterprises **1** | 940 | 39 | 4 | 102 | 40 | 147 | 318 | 96 | 97 | 33 | 23 | 21 | 20 |
| **Revenues ($ in Thousands)** | | | | | | | | | | | | | |
| Net Sales **2** | 38717 | 64 | 132 | 11 | 35 | 345 | 1718 | 976 | 1815 | 2003 | 1743 | 2880 | 26994 |
| Portfolio Income **3** | 718 | 35 | 1 | 1 | 0 | 0 | 6 | 6 | 19 | 16 | 46 | 82 | 505 |
| Other Revenues **4** | 1829 | 3 | • | 0 | 0 | 1 | 31 | 8 | 51 | 25 | 18 | 62 | 1631 |
| Total Revenues **5** | 41264 | 102 | 133 | 12 | 35 | 346 | 1755 | 991 | 1885 | 2043 | 1807 | 3024 | 29129 |
| Average Total Revenues **6** | 43897 | 2625 | 33254 | 118 | 882 | 2355 | 5518 | 10320 | 19435 | 61919 | 78561 | 144019 | 1456472 |
| **Operating Costs/Operating Income (%)** | | | | | | | | | | | | | |
| Cost of Operations **7** | 66.4 | 64.7 | 56.8 | 27.7 | • | 58.8 | 70.1 | 51.9 | 61.5 | 64.9 | 68.5 | 59.1 | 67.9 |
| Rent **8** | 1.2 | 1.0 | 1.1 | 23.3 | 3.2 | 1.1 | 1.2 | 1.9 | 1.5 | 1.4 | 1.1 | 1.7 | 1.1 |
| Taxes Paid **9** | 2.0 | 2.2 | 2.2 | • | 2.1 | 2.3 | 2.1 | 2.4 | 2.0 | 1.1 | 1.7 | 1.3 | 2.1 |
| Interest Paid **10** | 2.4 | 0.9 | 2.8 | 7.6 | 2.4 | 1.3 | 0.9 | 1.5 | 1.9 | 1.7 | 3.3 | 3.0 | 2.5 |
| Depreciation, Depletion, Amortization **11** | 4.8 | 1.3 | 2.2 | 9.7 | 3.0 | 1.9 | 1.5 | 2.5 | 3.1 | 3.1 | 3.9 | 4.2 | 5.5 |
| Pensions and Other Benefits **12** | 2.1 | 3.0 | 3.6 | • | 0.1 | 0.4 | 0.7 | 2.0 | 1.9 | 2.0 | 1.9 | 2.4 | 2.2 |
| Other **13** | 23.6 | 23.9 | 24.5 | • | 13.3 | 30.5 | 23.1 | 31.0 | 29.8 | 27.6 | 16.9 | 28.1 | 22.5 |
| Officers Compensation **14** | 1.1 | 13.7 | 3.1 | • | 9.1 | 6.0 | 4.9 | 4.0 | 3.3 | 1.6 | 1.4 | 0.9 | 0.5 |
| Operating Margin **15** | • | • | 3.7 | • | • | • | • | 2.8 | • | • | 1.3 | • | • |
| Oper. Margin Before Officers Compensation **16** | • | 3.1 | 6.8 | • | • | 3.7 | 0.3 | 6.9 | • | • | 2.7 | 0.3 | • |
| **Selected Average Balance Sheet ($ in Thousands)** | | | | | | | | | | | | | |
| Net Receivables **17** | 8470 | • | 5 | 58 | 64 | 215 | 577 | 1674 | 3385 | 9599 | 18486 | 31156 | 292643 |
| Inventories **18** | 5478 | • | 3 | • | 167 | 155 | 901 | 2171 | 3981 | 9536 | 13785 | 21090 | 158220 |
| Net Property, Plant and Equipment **19** | 7930 | • | 5 | 74 | 79 | 161 | 400 | 1153 | 2698 | 7850 | 9914 | 22833 | 297669 |
| Total Assets **20** | 36343 | • | 51 | 207 | 312 | 732 | 2568 | 7080 | 15155 | 36868 | 70917 | 142118 | 1261151 |

| | | | | | | | | | | | | |
|---|---|---|---|---|---|---|---|---|---|---|---|---|
| Notes and Loans Payable **21** | 11956 | • | 3321 | 142 | 399 | 381 | 703 | 1596 | 4333 | 11103 | 21147 | 39441 | 433055 |
| All Other Liabilities **22** | 10145 | • | 1214 | 221 | 261 | 430 | 1139 | 1648 | 4415 | 10443 | 15634 | 24723 | 363167 |
| Net Worth **23** | 14242 | • | -4485 | -156 | -348 | -78 | 726 | 3835 | 6408 | 15322 | 34136 | 77953 | 464930 |

## Selected Financial Ratios (Times to 1)

| | | | | | | | | | | | | | |
|---|---|---|---|---|---|---|---|---|---|---|---|---|---|
| Current Ratio **24** | 1.5 | • | 0.0 | 0.6 | 0.6 | 0.9 | 1.7 | 2.5 | 2.0 | 1.9 | 2.1 | 2.3 | 1.3 |
| Quick Ratio **25** | 0.9 | • | 0.0 | 0.6 | 0.2 | 0.6 | 0.8 | 1.4 | 1.1 | 1.0 | 1.3 | 1.5 | 0.8 |
| Net Sales to Working Capital **26** | 7.6 | • | • | • | • | • | 7.3 | 3.1 | 3.5 | 5.0 | 3.3 | 3.1 | 12.1 |
| Coverage Ratio **27** | 2.3 | 2.6 | 2.6 | • | • | • | • | 4.0 | 0.4 | 0.2 | 2.5 | 2.5 | 2.6 |
| Total Asset Turnover **28** | 1.1 | • | • | 0.5 | 2.8 | 3.2 | 2.1 | 1.4 | 1.2 | 1.7 | 1.1 | 1.0 | 1.1 |
| Inventory Turnover **29** | 4.6 | • | • | • | 2.1 | 6.2 | 4.1 | 1.8 | 2.9 | 4.3 | 3.5 | 3.4 | 5.3 |
| Receivables Turnover **30** | 4.7 | • | • | 3.9 | 3.0 | 9.5 | 7.8 | 4.8 | 5.5 | 5.7 | 4.1 | 4.6 | 4.5 |
| Total Liabilities to Net Worth **31** | 1.6 | • | • | • | • | • | 2.5 | 0.9 | 1.4 | 1.4 | 1.1 | 0.8 | 1.7 |

## Selected Financial Factors (in Percentages)

| | | | | | | | | | | | | | |
|---|---|---|---|---|---|---|---|---|---|---|---|---|---|
| Debt Ratio **32** | 60.8 | • | • | • | • | • | 71.7 | 45.8 | 57.7 | 58.5 | 51.9 | 45.2 | 63.1 |
| Return on Assets **33** | 6.3 | • | • | • | • | • | • | 8.3 | 1.0 | 0.5 | 8.8 | 7.2 | 6.8 |
| Return on Equity **34** | 4.7 | • | • | • | • | • | • | 8.6 | • | • | 6.8 | 2.4 | 7.0 |
| Return Before Interest on Equity **35** | 16.0 | • | • | • | • | 17.1 | • | 15.4 | • | 1.1 | 18.3 | 13.1 | 18.6 |
| Profit Margin, Before Income Tax **36** | 3.1 | • | 4.4 | • | • | • | • | 4.3 | • | • | 4.9 | 4.4 | 3.9 |
| Profit Margin, After Income Tax **37** | 1.6 | • | 0.8 | • | • | • | • | 3.3 | • | • | 3.1 | 1.4 | 2.4 |

## Trends in Selected Ratios and Factors, 1986-1994

| | 1986 | 1987 | 1988 | 1989 | 1990 | 1991 | 1992 | 1993 | 1994 |
|---|---|---|---|---|---|---|---|---|---|
| Cost of Operations (%) **38** | 65.7 | 66.5 | 66.2 | 63.5 | 63.0 | 62.4 | 68.6 | 68.3 | 66.4 |
| Operating Margin (%) **39** | • | • | • | • | • | • | • | • | • |
| Oper. Margin Before Officers Comp. (%) **40** | • | • | • | • | • | • | • | • | • |
| Average Net Receivables ($) **41** | 8979 | 12998 | 9959 | 8283 | 6528 | 3028 | 3919 | 4304 | 8470 |
| Average Inventories ($) **42** | 2838 | 4227 | 4615 | 3311 | 2494 | 2163 | 2398 | 3062 | 5478 |
| Average Net Worth ($) **43** | 10375 | 14073 | 10585 | 8526 | 6696 | 5830 | 5721 | 7296 | 14242 |
| Current Ratio (x1) **44** | 1.7 | 1.6 | 1.6 | 1.8 | 1.8 | 1.8 | 1.5 | 1.5 | 1.5 |
| Quick Ratio (x1) **45** | 0.9 | 0.9 | 0.8 | 0.9 | 0.9 | 1.0 | 0.9 | 0.9 | 0.9 |
| Coverage Ratio (x1) **46** | 1.4 | 1.3 | 1.4 | 1.1 | 1.4 | 2.7 | 2.3 | 2.1 | 2.3 |
| Asset Turnover (x1) **47** | 0.7 | 0.7 | 0.9 | 0.8 | 0.7 | 1.1 | 1.2 | 1.2 | 1.1 |
| Total Liabilities/Net Worth (x1) **48** | 2.1 | 2.3 | 2.4 | 2.4 | 2.3 | 1.2 | 1.4 | 1.4 | 1.6 |
| Return on Assets (x1) **49** | 7.6 | 5.9 | 7.2 | 4.9 | 6.0 | 5.9 | 5.8 | 5.9 | 6.3 |
| Return on Equity (%) **50** | 3.7 | 2.7 | 3.7 | • | 2.2 | 4.1 | 4.1 | 3.2 | 4.7 |

## Table II

Corporations with Net Income

# RADIO, TELEVISION, AND COMMUNICATION EQUIPMENT

### MONEY AMOUNTS AND SIZE OF ASSETS IN THOUSANDS OF DOLLARS

| Item Description for Accounting Period 7/90 Through 6/91 | Total | Zero Assets | Under 100 | 100 to 250 | 251 to 500 | 501 to 1,000 | 1,001 to 5,000 | 5,001 to 10,000 | 10,001 to 25,000 | 25,001 to 50,000 | 50,001 to 100,000 | 100,001 to 250,000 | 250,001 and over |
|---|---|---|---|---|---|---|---|---|---|---|---|---|---|
| Number of Enterprises **1** | 467 | • | • | • | • | 79 | 200 | 70 | 45 | 17 | 15 | 12 | • |
| **Revenues ($ in Thousands)** | | | | | | | | | | | | | |
| Net Sales **2** | 26057 | • | • | • | • | 192 | 1194 | 721 | 1012 | 1072 | 997 | 1745 | • |
| Portfolio Income **3** | 522 | • | • | • | • | • | 3 | 3 | 7 | 8 | 41 | 55 | • |
| Other Revenues **4** | 1676 | • | • | • | • | 0 | 21 | 6 | 38 | 13 | 13 | 29 | • |
| Total Revenues **5** | 28254 | • | • | • | • | 193 | 1217 | 730 | 1057 | 1094 | 1051 | 1830 | • |
| Average Total Revenues **6** | 60502 | • | • | • | • | 2439 | 6086 | 10431 | 23481 | 64344 | 70053 | 152459 | • |
| **Operating Costs/Operating Income (%)** | | | | | | | | | | | | | |
| Cost of Operations **7** | 62.2 | • | • | • | • | 58.2 | 70.4 | 52.2 | 59.1 | 63.7 | 60.9 | 57.3 | • |
| Rent **8** | 1.1 | • | • | • | • | 1.9 | 0.7 | 1.4 | 1.1 | 0.7 | 1.4 | 0.9 | • |
| Taxes Paid **9** | 2.2 | • | • | • | • | 1.8 | 2.0 | 2.3 | 1.8 | 0.9 | 2.1 | 1.2 | • |
| Interest Paid **10** | 2.0 | • | • | • | • | 0.5 | 0.9 | 1.3 | 1.0 | 1.6 | 2.9 | 1.8 | • |
| Depreciation, Depletion, Amortization **11** | 5.4 | • | • | • | • | 1.7 | 1.2 | 2.0 | 2.1 | 2.9 | 4.6 | 1.9 | • |
| Pensions and Other Benefits **12** | 2.2 | • | • | • | • | • | 0.8 | 1.4 | 1.8 | 1.2 | 2.4 | 1.5 | • |
| Other **13** | 24.5 | • | • | • | • | 24.7 | 16.3 | 27.1 | 24.9 | 23.6 | 18.2 | 24.9 | • |
| Officers Compensation **14** | 1.1 | • | • | • | • | 5.7 | 4.7 | 3.1 | 3.7 | 1.3 | 1.7 | 0.7 | • |
| Operating Margin **15** | • | • | • | • | • | 5.5 | 3.1 | 9.3 | 4.5 | 4.1 | 6.1 | 9.9 | • |
| Oper. Margin Before Officers Compensation **16** | 0.4 | • | • | • | • | 11.2 | 7.8 | 12.4 | 8.2 | 5.4 | 7.8 | 10.6 | • |
| **Selected Average Balance Sheet ($ in Thousands)** | | | | | | | | | | | | | |
| Net Receivables **17** | 12027 | • | • | • | • | 161 | 670 | 1661 | 3981 | 8966 | 19970 | 39280 | • |
| Inventories **18** | 6679 | • | • | • | • | 55 | 1038 | 2381 | 4276 | 9721 | 10088 | 18466 | • |
| Net Property, Plant and Equipment **19** | 11438 | • | • | • | • | 167 | 470 | 1136 | 2039 | 7824 | 6230 | 18005 | • |
| Total Assets **20** | 52924 | • | • | • | • | 683 | 2712 | 7350 | 15671 | 35689 | 67581 | 150089 | • |

| | | | | | | | | | |
|---|---|---|---|---|---|---|---|---|---|
| Notes and Loans Payable 21 | 15379 | • | • | 98 | 689 | 1473 | 3514 | 10191 | 13344 | 25157 |
| All Other Liabilities 22 | 14634 | • | • | 291 | 918 | 1578 | 5789 | 8782 | 16061 | 19311 |
| Net Worth 23 | 22911 | • | • | 293 | 1105 | 4298 | 6369 | 16716 | 38177 | 105621 |

## Selected Financial Ratios (Times to 1)

| | | | | | | | | | | |
|---|---|---|---|---|---|---|---|---|---|---|
| Current Ratio 24 | 1.5 | • | • | 1.2 | 1.9 | 2.7 | 2.1 | 1.9 | 2.8 | 3.1 |
| Quick Ratio 25 | 0.9 | • | • | 1.0 | 1.0 | 1.5 | 1.2 | 1.0 | 2.0 | 2.3 |
| Net Sales to Working Capital 26 | 6.7 | • | • | 39.7 | 5.9 | 2.8 | 3.5 | 5.1 | 2.4 | 2.3 |
| Coverage Ratio 27 | 4.9 | • | • | 11.8 | 6.7 | 9.0 | 9.5 | 4.8 | 4.9 | 9.4 |
| Total Asset Turnover 28 | 1.1 | • | • | 3.6 | 2.2 | 1.4 | 1.4 | 1.8 | 1.0 | 1.0 |
| Inventory Turnover 29 | 4.7 | • | • | 6.1 | 4.3 | 4.5 | 2.9 | 3.5 | 3.7 | 4.2 |
| Receivables Turnover 30 | 4.5 | • | • | 8.3 | 8.8 | • | 5.1 | 4.4 | 3.4 | 3.8 |
| Total Liabilities to Net Worth 31 | 1.3 | • | • | 1.3 | 1.5 | 0.7 | 1.5 | 1.1 | 0.8 | 0.4 |

## Selected Financial Factors (in Percentages)

| | | | | | | | | | | |
|---|---|---|---|---|---|---|---|---|---|---|
| Debt Ratio 32 | 56.7 | • | • | 57.1 | 59.3 | 41.5 | 59.4 | 53.2 | 43.5 | 29.6 |
| Return on Assets 33 | 10.4 | • | • | 22.0 | 13.1 | 16.6 | 14.1 | 13.6 | 14.1 | 16.0 |
| Return on Equity 34 | 13.7 | • | • | 37.6 | 23.4 | 21.7 | 26.1 | 16.3 | 14.2 | 13.5 |
| Return Before Interest on Equity 35 | 24.0 | • | • | • | 32.1 | 28.4 | 34.6 | 29.1 | 25.0 | 22.8 |
| Profit Margin, Before Income Tax 36 | 7.9 | • | • | 5.6 | 5.1 | 10.5 | 8.8 | 6.1 | 11.4 | 14.8 |
| Profit Margin, After Income Tax 37 | 5.6 | • | • | 4.5 | 4.3 | 9.1 | 7.4 | 4.3 | 8.2 | 9.8 |

## Trends in Selected Ratios and Factors, 1986-1994

| | 1986 | 1987 | 1988 | 1989 | 1990 | 1991 | 1992 | 1993 | 1994 |
|---|---|---|---|---|---|---|---|---|---|
| Cost of Operations (%) 38 | 64.3 | 66.7 | 65.6 | 59.3 | 59.6 | 60.6 | 69.1 | 63.0 | 62.2 |
| Operating Margin (%) 39 | • | • | • | • | • | 0.8 | 0.6 | 1.5 | • |
| Oper. Margin Before Officers Comp. (%) 40 | • | • | • | • | 1.9 | 1.9 | 1.7 | 2.7 | 0.4 |
| Average Net Receivables ($) 41 | 14740 | 27018 | 14934 | 11460 | 10709 | 3306 | 9905 | 4351 | 12027 |
| Average Inventories ($) 42 | 4111 | 8159 | 6423 | 3500 | 3666 | 2314 | 5606 | 2680 | 6679 |
| Average Net Worth ($) 43 | 16770 | 29134 | 15304 | 9900 | 10800 | 6573 | 13880 | 7560 | 22911 |
| Current Ratio (×1) 44 | 1.7 | 1.6 | 1.7 | 1.9 | 1.8 | 1.9 | 1.5 | 1.7 | 1.5 |
| Quick Ratio (×1) 45 | 0.9 | 0.9 | 0.8 | 1.0 | 0.9 | 1.0 | 0.9 | 1.0 | 0.9 |
| Coverage Ratio (×1) 46 | 1.5 | 1.5 | 1.7 | 1.5 | 1.8 | 5.1 | 4.3 | 4.7 | 4.9 |
| Asset Turnover (×1) 47 | 0.7 | 0.7 | 0.9 | 0.7 | 0.7 | 1.2 | 1.4 | 1.2 | 1.1 |
| Operating Leverage 48 | • | 0.8 | 0.9 | 1.4 | 0.9 | • | 0.8 | 2.3 | • |
| Financial Leverage 49 | • | 0.9 | 1.3 | 0.8 | 1.4 | 2.0 | 1.0 | 1.0 | 1.0 |
| Total Leverage 50 | • | 0.7 | 1.1 | 1.1 | 1.2 | • | 0.7 | 2.4 | • |

## Table I

Corporations with and without Net Income

# ELECTRONIC COMPONENTS AND ACCESSORIES

### MONEY AMOUNTS AND SIZE OF ASSETS IN THOUSANDS OF DOLLARS

| Item Description for Accounting Period 7/90 Through 6/91 | Total | Zero Assets | Under 100 | 100 to 250 | 251 to 500 | 501 to 1,000 | 1,001 to 5,000 | 5,001 to 10,000 | 10,001 to 25,000 | 25,001 to 50,000 | 50,001 to 100,000 | 100,001 to 250,000 | 250,001 and over |
|---|---|---|---|---|---|---|---|---|---|---|---|---|---|
| Number of Enterprises **1** | 13582 | 768 | 5746 | 1419 | 1635 | 1118 | 1946 | 360 | 289 | 115 | 76 | 58 | 52 |
| **Revenues ($ in Thousands)** | | | | | | | | | | | | | |
| Net Sales **2** | 112093 | 1331 | 466 | 762 | 1386 | 1559 | 8604 | 4059 | 6284 | 5286 | 6571 | 9303 | 66482 |
| Portfolio Income **3** | 3413 | 29 | 15 | 1 | 6 | 10 | 52 | 39 | 81 | 87 | 141 | 395 | 2558 |
| Other Revenues **4** | 2845 | 72 | 1 | 2 | 15 | 10 | 78 | 74 | 76 | 101 | 181 | 313 | 1922 |
| Total Revenues **5** | 118351 | 1432 | 482 | 765 | 1407 | 1580 | 8733 | 4172 | 6440 | 5473 | 6893 | 10011 | 70962 |
| Average Total Revenues **6** | 8714 | 1864 | 84 | 539 | 861 | 1413 | 4488 | 11589 | 22285 | 47592 | 90699 | 172601 | 1364659 |
| **Operating Costs/Operating Income (%)** | | | | | | | | | | | | | |
| Cost of Operations **7** | 66.6 | 60.7 | 52.1 | 47.9 | 58.3 | 59.7 | 68.2 | 67.1 | 63.9 | 64.9 | 66.7 | 64.8 | 67.7 |
| Rent **8** | 1.3 | 2.4 | 6.1 | 2.6 | 2.0 | 1.4 | 1.4 | 1.2 | 1.5 | 1.4 | 0.9 | 1.1 | 1.3 |
| Taxes Paid **9** | 2.4 | 1.6 | 4.2 | 4.0 | 2.6 | 3.1 | 2.6 | 2.5 | 2.2 | 2.0 | 2.1 | 2.1 | 2.4 |
| Interest Paid **10** | 3.0 | 5.7 | 3.2 | 2.2 | 1.5 | 1.7 | 2.0 | 1.9 | 2.1 | 2.6 | 2.4 | 2.7 | 3.5 |
| Depreciation, Depletion, Amortization **11** | 4.1 | 5.0 | 4.5 | 1.9 | 1.4 | 2.1 | 2.9 | 2.8 | 3.6 | 4.0 | 4.0 | 4.5 | 4.5 |
| Pensions and Other Benefits **12** | 2.6 | 1.9 | 0.6 | 0.4 | 1.8 | 2.1 | 1.5 | 1.7 | 1.8 | 2.3 | 2.3 | 2.4 | 3.0 |
| Other **13** | 20.9 | 31.8 | 31.4 | 35.0 | 21.0 | 20.3 | 19.6 | 20.8 | 21.5 | 24.6 | 23.6 | 23.4 | 19.7 |
| Officers Compensation **14** | 1.6 | 2.6 | 12.1 | 10.3 | 8.5 | 9.8 | 5.6 | 3.8 | 2.9 | 1.7 | 1.3 | 1.0 | 0.4 |
| Operating Margin **15** | • | • | • | • | 3.0 | • | • | • | 0.4 | • | • | • | • |
| Oper. Margin Before Officers Compensation **16** | • | • | 5.9 | • | 11.5 | 9.7 | 1.9 | 2.0 | 3.3 | • | • | • | • |
| **Selected Average Balance Sheet ($ in Thousands)** | | | | | | | | | | | | | |
| Net Receivables **17** | 1738 | • | 7 | 51 | 130 | 174 | 586 | 1718 | 4194 | 8491 | 16177 | 35988 | 304375 |
| Inventories **18** | 1412 | • | 10 | 28 | 91 | 163 | 575 | 2017 | 3605 | 7962 | 14578 | 25757 | 237557 |
| Net Property, Plant and Equipment **19** | 1622 | • | 9 | 34 | 41 | 109 | 591 | 1582 | 3814 | 8340 | 17721 | 37415 | 277910 |
| Total Assets **20** | 7714 | • | 32 | 141 | 380 | 706 | 2280 | 7069 | 15516 | 34805 | 73461 | 149707 | 1408689 |

| Notes and Loans Payable 21 | 2492 | • | 35 | 136 | 131 | 206 | 865 | 2196 | 4367 | 10962 | 23167 | 34099 | 466795 |
| All Other Liabilities 22 | 2217 | • | 17 | 85 | 95 | 160 | 765 | 1822 | 4052 | 11685 | 17614 | 47362 | 400202 |
| Net Worth 23 | 3006 | • | -20 | -80 | 154 | 339 | 650 | 3051 | 7097 | 12158 | 32680 | 68246 | 541691 |

### Selected Financial Ratios (Times to 1)

| | | | | | | | | | | | | | |
|---|---|---|---|---|---|---|---|---|---|---|---|---|---|
| Current Ratio 24 | 1.5 | • | 1.2 | 0.8 | 2.4 | 2.2 | 1.6 | 1.9 | 1.8 | 1.8 | 1.8 | 1.8 | 1.4 |
| Quick Ratio 25 | 0.9 | • | 0.6 | 0.5 | 1.6 | 1.4 | 0.9 | 1.0 | 1.0 | 1.0 | 1.0 | 1.1 | 0.9 |
| Net Sales to Working Capital 26 | 5.8 | • | 24.4 | • | 5.0 | 4.9 | 8.4 | 4.9 | 4.8 | 4.9 | 4.4 | 4.3 | 6.1 |
| Coverage Ratio 27 | 2.3 | 1.1 | • | • | 4.1 | 1.7 | • | 1.5 | 2.3 | 1.2 | 1.8 | 3.3 | 2.5 |
| Total Asset Turnover 28 | 1.1 | • | 2.6 | 3.8 | 2.2 | 2.0 | 1.9 | 1.6 | 1.4 | 1.3 | 1.2 | 1.1 | 0.9 |
| Inventory Turnover 29 | 4.0 | • | 3.4 | 5.7 | 5.5 | 5.5 | 4.9 | 3.9 | 3.9 | 3.6 | 4.2 | 4.0 | 3.8 |
| Receivables Turnover 30 | 4.8 | • | • | • | 7.3 | 7.6 | 7.3 | 5.9 | 5.5 | 5.0 | 5.2 | 4.1 | 4.4 |
| Total Liabilities to Net Worth 31 | 1.6 | • | • | • | 1.5 | 1.1 | 2.5 | 1.3 | 1.2 | 1.9 | 1.3 | 1.2 | 1.6 |

### Selected Financial Factors (in Percentages)

| | | | | | | | | | | | | | |
|---|---|---|---|---|---|---|---|---|---|---|---|---|---|
| Debt Ratio 32 | 61.0 | • | • | • | 59.4 | 51.9 | 71.5 | 56.8 | 54.3 | 65.1 | 55.5 | 54.4 | 61.6 |
| Return on Assets 33 | 7.3 | • | • | • | 13.3 | 5.8 | • | 4.7 | 7.0 | 3.9 | 5.0 | 9.6 | 8.0 |
| Return on Equity 34 | 5.6 | • | • | 27.0 | 22.5 | 3.1 | • | • | 4.5 | • | 1.2 | 9.6 | 7.5 |
| Return Before Interest on Equity 35 | 18.8 | • | 30.8 | 11.7 | 32.7 | 12.0 | • | 10.8 | 15.2 | 11.2 | 11.3 | 21.0 | 20.7 |
| Profit Margin, Before Income Tax 36 | 3.8 | 0.5 | • | • | 4.5 | 1.2 | • | 1.0 | 2.8 | 0.4 | 1.9 | 6.2 | 5.3 |
| Profit Margin, After Income Tax 37 | 2.0 | • | • | • | 4.1 | 0.8 | • | 1.5 | • | • | • | 4.1 | 3.2 |

### Trends in Selected Ratios and Factors, 1986-1994

| | 1986 | 1987 | 1988 | 1989 | 1990 | 1991 | 1992 | 1993 | 1994 |
|---|---|---|---|---|---|---|---|---|---|
| Cost of Operations (%) 38 | 68.0 | 66.8 | 65.2 | 66.2 | 64.8 | 66.8 | 67.6 | 66.5 | 66.6 |
| Operating Margin (%) 39 | • | • | • | • | • | • | • | • | • |
| Oper. Margin Before Officers Comp. (%) 40 | 0.2 | 0.8 | • | • | • | • | 0.2 | • | • |
| Average Net Receivables ($) 41 | 1292 | 1510 | 1623 | 1832 | 1489 | 1530 | 1893 | 1658 | 1738 |
| Average Inventories ($) 42 | 1461 | 1526 | 1637 | 1281 | 1373 | 1341 | 1514 | 1330 | 1412 |
| Average Net Worth ($) 43 | 2814 | 3102 | 3145 | 3238 | 3256 | 2891 | 3368 | 2928 | 3006 |
| Current Ratio (x1) 44 | 1.9 | 1.9 | 1.9 | 2.0 | 1.9 | 1.8 | 1.7 | 1.6 | 1.5 |
| Quick Ratio (x1) 45 | 0.9 | 1.0 | 1.0 | 1.2 | 1.0 | 0.9 | 0.9 | 0.9 | 0.9 |
| Coverage Ratio (x1) 46 | 2.8 | 3.6 | 3.0 | 1.9 | 1.6 | 2.7 | 3.6 | 2.3 | 2.3 |
| Asset Turnover (x1) 47 | 1.1 | 1.1 | 1.2 | 1.1 | 1.1 | 1.2 | 1.1 | 1.1 | 1.1 |
| Total Liabilities/Net Worth (x1) 48 | 1.1 | 1.1 | 1.1 | 1.1 | 1.1 | 1.3 | 1.3 | 1.4 | 1.6 |
| Return on Assets (x1) 49 | 6.7 | 6.6 | 5.9 | 4.0 | 3.4 | 6.2 | 9.5 | 6.6 | 7.3 |
| Return on Equity (%) 50 | 3.3 | 4.3 | 2.8 | • | • | 4.3 | 9.6 | 4.5 | 5.6 |

## Table II

Corporations with Net Income

# ELECTRONIC COMPONENTS AND ACCESSORIES

### MONEY AMOUNTS AND SIZE OF ASSETS IN THOUSANDS OF DOLLARS

| Item Description for Accounting Period 7/90 Through 6/91 | Total | Zero Assets | Under 100 | 100 to 250 | 251 to 500 | 501 to 1,000 | 1,001 to 5,000 | 5,001 to 10,000 | 10,001 to 25,000 | 25,001 to 50,000 | 50,001 to 100,000 | 100,001 to 250,000 | 250,001 and over |
|---|---|---|---|---|---|---|---|---|---|---|---|---|---|
| Number of Enterprises **1** | 7058 | 286 | 1676 | 990 | 1378 | 864 | 1276 | 202 | 195 | 70 | 51 | 38 | 32 |
| **Revenues ($ in Thousands)** | | | | | | | | | | | | | |
| Net Sales **2** | 85752 | 828 | 276 | 530 | 1235 | 1197 | 5956 | 2557 | 4480 | 3423 | 4868 | 6645 | 53755 |
| Portfolio Income **3** | 2752 | 12 | 15 | 1 | 6 | 7 | 30 | 22 | 62 | 43 | 106 | 342 | 2106 |
| Other Revenues **4** | 1706 | 65 | 1 | 0 | 10 | 4 | 47 | 57 | 35 | 80 | 143 | 107 | 1156 |
| Total Revenues **5** | 90210 | 905 | 292 | 532 | 1251 | 1208 | 6034 | 2636 | 4578 | 3546 | 5117 | 7094 | 57017 |
| Average Total Revenues **6** | 12781 | 3165 | 174 | 537 | 908 | 1399 | 4729 | 13052 | 23474 | 50658 | 100336 | 186677 | 1781796 |
| **Operating Costs/Operating Income (%)** | | | | | | | | | | | | | |
| Cost of Operations **7** | 64.8 | 56.5 | 45.1 | 35.5 | 57.9 | 60.1 | 64.7 | 63.2 | 60.0 | 64.6 | 65.5 | 59.8 | 66.7 |
| Rent **8** | 1.2 | 1.7 | 3.0 | 2.4 | 1.9 | 1.1 | 1.1 | 1.1 | 1.2 | 1.1 | 0.8 | 1.1 | 1.2 |
| Taxes Paid **9** | 2.4 | 1.9 | 3.8 | 4.1 | 2.4 | 3.1 | 2.6 | 2.7 | 2.2 | 1.8 | 1.8 | 2.2 | 2.5 |
| Interest Paid **10** | 2.4 | 0.9 | 2.3 | 2.4 | 0.8 | 1.3 | 1.5 | 1.6 | 1.4 | 1.4 | 1.9 | 2.3 | 2.8 |
| Depreciation, Depletion, Amortization **11** | 3.7 | 4.7 | 3.3 | 2.1 | 1.3 | 1.8 | 2.3 | 2.3 | 2.8 | 3.0 | 3.7 | 3.9 | 4.2 |
| Pensions and Other Benefits **12** | 2.6 | 1.8 | 0.1 | 0.3 | 1.7 | 1.9 | 1.4 | 1.8 | 1.9 | 1.9 | 2.1 | 2.3 | 3.1 |
| Other **13** | 19.0 | 23.1 | 23.2 | 36.9 | 20.7 | 17.0 | 16.6 | 17.4 | 20.5 | 19.4 | 20.3 | 23.4 | 18.3 |
| Officers Compensation **14** | 1.5 | 3.6 | 13.6 | 11.5 | 8.2 | 8.9 | 5.6 | 4.0 | 3.2 | 1.5 | 1.3 | 1.0 | 0.4 |
| Operating Margin **15** | 2.4 | 5.8 | 5.8 | 5.1 | 5.1 | 4.9 | 4.2 | 5.9 | 6.9 | 5.3 | 2.7 | 4.1 | 1.0 |
| Oper. Margin Before Officers Compensation **16** | 3.9 | 9.4 | 19.4 | 16.5 | 13.3 | 13.8 | 9.8 | 10.0 | 10.1 | 6.8 | 4.0 | 5.1 | 1.3 |
| **Selected Average Balance Sheet ($ in Thousands)** | | | | | | | | | | | | | |
| Net Receivables **17** | 2507 | • | 13 | 59 | 143 | 164 | 637 | 1997 | 4200 | 8552 | 15380 | 37338 | 388749 |
| Inventories **18** | 2151 | • | 10 | 15 | 100 | 132 | 601 | 2098 | 3631 | 8532 | 15715 | 27084 | 330329 |
| Net Property, Plant and Equipment **19** | 2184 | • | 17 | 39 | 39 | 117 | 549 | 1435 | 2985 | 7648 | 17354 | 34093 | 340834 |
| Total Assets **20** | 10935 | • | 45 | 140 | 377 | 692 | 2224 | 7087 | 15457 | 35004 | 71794 | 152351 | 1770675 |

| | | | | | | | | | | | | |
|---|---|---|---|---|---|---|---|---|---|---|---|---|
| Notes and Loans Payable 21 | 2977 | • | 41 | 90 | 65 | 138 | 661 | 1790 | 2741 | 6755 | 18977 | 32770 | 506918 |
| All Other Liabilities 22 | 3043 | • | 15 | 84 | 86 | 102 | 547 | 1666 | 3730 | 9016 | 17103 | 40447 | 511208 |
| Net Worth 23 | 4915 | • | -10 | -35 | 226 | 451 | 1016 | 3632 | 8987 | 19232 | 35713 | 79134 | 752550 |

## Selected Financial Ratios (Times to 1)

| | | | | | | | | | | | | | |
|---|---|---|---|---|---|---|---|---|---|---|---|---|---|
| Current Ratio 24 | 1.6 | • | 1.7 | 0.8 | 2.7 | 3.7 | 2.0 | 2.2 | 2.3 | 2.3 | 2.2 | 2.2 | 1.5 |
| Quick Ratio 25 | 1.0 | • | 1.0 | 0.6 | 1.8 | 2.6 | 1.1 | 1.2 | 1.3 | 1.3 | 1.2 | 1.3 | 0.9 |
| Net Sales to Working Capital 26 | 4.9 | • | 15.5 | • | 4.5 | 3.9 | 6.0 | 4.5 | 3.9 | 3.6 | 3.8 | 3.5 | 5.3 |
| Coverage Ratio 27 | 4.5 | • | 6.0 | 3.3 | 9.0 | 5.7 | 4.7 | 6.7 | 7.7 | 7.4 | 5.2 | 5.9 | 3.9 |
| Total Asset Turnover 28 | 1.1 | • | 3.7 | 3.8 | 2.4 | 2.0 | 2.1 | 1.8 | 1.5 | 1.4 | 1.3 | 1.2 | 1.0 |
| Inventory Turnover 29 | 3.8 | • | 4.2 | 4.7 | 6.1 | 7.1 | 4.8 | 3.5 | 3.6 | 3.6 | 4.6 | 3.8 | 3.6 |
| Receivables Turnover 30 | 5.0 | • | • | 8.7 | 8.1 | 8.9 | 7.2 | 5.7 | 5.6 | 5.3 | 6.2 | 4.3 | 4.5 |
| Total Liabilities to Net Worth 31 | 1.2 | • | • | • | 0.7 | 0.5 | 1.2 | 1.0 | 0.7 | 0.8 | 1.0 | 0.9 | 1.4 |

## Selected Financial Factors (in Percentages)

| | | | | | | | | | | | | | |
|---|---|---|---|---|---|---|---|---|---|---|---|---|---|
| Debt Ratio 32 | 55.1 | • | • | • | 40.2 | 34.8 | 54.3 | 48.8 | 41.9 | 45.1 | 50.3 | 48.1 | 57.5 |
| Return on Assets 33 | 11.9 | • | 29.7 | • | 17.0 | 14.2 | 14.6 | 18.9 | 15.4 | 14.6 | 12.8 | 15.8 | 10.3 |
| Return on Equity 34 | 14.8 | • | • | • | 23.4 | 16.2 | 21.7 | 24.4 | 18.1 | 17.8 | 15.7 | 18.6 | 12.2 |
| Return Before Interest on Equity 35 | 26.5 | • | • | • | 28.3 | 21.8 | 32.0 | • | 26.5 | 26.5 | 25.8 | 30.4 | 24.3 |
| Profit Margin, Before Income Tax 36 | 8.3 | 22.5 | 11.5 | 5.4 | 6.3 | 5.9 | 5.5 | 9.0 | 9.0 | 9.0 | 7.8 | 11.5 | 8.1 |
| Profit Margin, After Income Tax 37 | 6.0 | 16.3 | 10.7 | 5.3 | 5.9 | 5.3 | 4.7 | 7.0 | 7.1 | 7.0 | 5.9 | 8.4 | 5.5 |

## Trends in Selected Ratios and Factors, 1986-1994

| | 1986 | 1987 | 1988 | 1989 | 1990 | 1991 | 1992 | 1993 | 1994 |
|---|---|---|---|---|---|---|---|---|---|
| Cost of Operations (%) 38 | 66.3 | 66.5 | 65.5 | 64.8 | 64.0 | 65.9 | 66.6 | 65.0 | 64.8 |
| Operating Margin (%) 39 | 2.3 | 2.0 | 2.8 | 2.3 | 0.2 | 0.5 | 2.4 | 2.5 | 2.4 |
| Oper. Margin Before Officers Comp. (%) 40 | 3.7 | 3.1 | 4.0 | 3.4 | 1.5 | 1.8 | 3.7 | 4.0 | 3.9 |
| Average Net Receivables ($) 41 | 1605 | 2631 | 2181 | 2829 | 2298 | 2627 | 2944 | 2202 | 2507 |
| Average Inventories ($) 42 | 1792 | 2749 | 2172 | 1963 | 2126 | 2327 | 2337 | 1849 | 2151 |
| Average Net Worth ($) 43 | 4124 | 5566 | 4058 | 4935 | 4916 | 5195 | 5730 | 4202 | 4915 |
| Current Ratio (x1) 44 | 2.0 | 2.0 | 1.8 | 2.2 | 1.9 | 1.8 | 1.7 | 1.7 | 1.6 |
| Quick Ratio (x1) 45 | 1.0 | 1.0 | 0.9 | 1.3 | 1.0 | 1.0 | 1.0 | 0.9 | 1.0 |
| Coverage Ratio (x1) 46 | 6.1 | 5.8 | 6.1 | 5.0 | 4.5 | 5.1 | 6.8 | 5.0 | 4.5 |
| Asset Turnover (x1) 47 | 1.2 | 1.2 | 1.2 | 1.2 | 1.2 | 1.2 | 1.2 | 1.2 | 1.1 |
| Operating Leverage 48 | • | 0.9 | 1.5 | 0.8 | 0.1 | 2.4 | 4.6 | 1.1 | 1.0 |
| Financial Leverage 49 | • | 1.1 | 1.0 | 1.0 | 1.0 | 1.1 | 1.1 | 1.0 | 1.0 |
| Total Leverage 50 | • | 0.9 | 1.4 | 0.8 | 0.1 | 2.8 | 5.1 | 1.0 | 0.9 |

## Table I

Corporations with and without Net Income

# OTHER ELECTRICAL EQUIPMENT

MONEY AMOUNTS AND SIZE OF ASSETS IN THOUSANDS OF DOLLARS

| Item Description for Accounting Period 7/90 Through 6/91 | Total | Zero Assets | Under 100 | 100 to 250 | 251 to 500 | 501 to 1,000 | 1,001 to 5,000 | 5,001 to 10,000 | 10,001 to 25,000 | 25,001 to 50,000 | 50,001 to 100,000 | 100,001 to 250,000 | 250,001 and over |
|---|---|---|---|---|---|---|---|---|---|---|---|---|---|
| Number of Enterprises **1** | 8015 | 40 | 3176 | 1232 | 870 | 644 | 1306 | 314 | 228 | 83 | 57 | 37 | 27 |
| **Revenues ($ in Thousands)** | | | | | | | | | | | | | |
| Net Sales **2** | 122417 | 323 | 1010 | 481 | 761 | 947 | 5865 | 3887 | 5152 | 3734 | 5181 | 6171 | 88905 |
| Portfolio Income **3** | 8928 | 9 | 1 | 0 | 1 | 16 | 64 | 44 | 66 | 61 | 98 | 151 | 8416 |
| Other Revenues **4** | 7518 | 9 | 0 | 0 | 1 | 14 | 100 | 95 | 72 | 61 | 82 | 92 | 6992 |
| Total Revenues **5** | 138863 | 341 | 1011 | 482 | 764 | 976 | 6029 | 4025 | 5290 | 3857 | 5361 | 6415 | 104313 |
| Average Total Revenues **6** | 17325 | 8517 | 318 | 391 | 878 | 1516 | 4616 | 12818 | 23200 | 46469 | 94060 | 173373 | 3863448 |
| **Operating Costs/Operating Income (%)** | | | | | | | | | | | | | |
| Cost of Operations **7** | 60.9 | 46.6 | 75.0 | 39.7 | 61.6 | 70.5 | 67.9 | 69.9 | 68.1 | 65.3 | 66.7 | 62.7 | 58.9 |
| Rent **8** | 1.5 | 2.2 | 0.3 | 3.1 | 2.3 | 1.9 | 1.2 | 1.0 | 0.9 | 0.9 | 0.9 | 1.4 | 1.6 |
| Taxes Paid **9** | 2.6 | 2.4 | 1.6 | 3.4 | 4.1 | 3.3 | 2.3 | 2.3 | 2.1 | 2.2 | 2.2 | 2.2 | 2.7 |
| Interest Paid **10** | 10.6 | 2.1 | 0.4 | 1.5 | 2.4 | 1.5 | 1.7 | 1.4 | 1.9 | 1.8 | 2.3 | 2.5 | 13.8 |
| Depreciation, Depletion, Amortization **11** | 6.8 | 3.1 | 0.5 | 2.4 | 2.0 | 2.1 | 1.9 | 2.8 | 2.4 | 3.4 | 3.6 | 3.0 | 8.3 |
| Pensions and Other Benefits **12** | 3.1 | 2.7 | 0.4 | 1.3 | 0.7 | 2.0 | 1.5 | 1.4 | 2.7 | 2.0 | 1.9 | 2.5 | 3.5 |
| Other **13** | 21.8 | 35.5 | 22.6 | 26.8 | 30.5 | 20.1 | 19.9 | 20.3 | 20.4 | 21.9 | 21.1 | 23.4 | 21.9 |
| Officers Compensation **14** | 1.0 | 0.8 | 6.3 | 10.9 | 5.2 | 6.1 | 4.5 | 3.1 | 2.2 | 1.8 | 1.2 | 1.5 | 0.3 |
| Operating Margin **15** | • | 4.8 | • | 10.9 | • | • | • | • | • | 0.7 | • | 0.9 | • |
| Oper. Margin Before Officers Compensation **16** | • | 5.7 | • | 21.7 | • | • | 3.7 | 0.9 | 1.6 | 2.6 | 1.2 | 2.3 | • |
| **Selected Average Balance Sheet ($ in Thousands)** | | | | | | | | | | | | | |
| Net Receivables **17** | 5203 | • | 4 | 49 | 116 | 202 | 684 | 1775 | 3894 | 9122 | 15969 | 32218 | 1340775 |
| Inventories **18** | 2081 | • | 3 | 33 | 99 | 200 | 684 | 2111 | 4180 | 8185 | 13776 | 28393 | 421961 |
| Net Property, Plant and Equipment **19** | 4341 | • | 4 | 29 | 60 | 137 | 411 | 1516 | 3258 | 6522 | 17601 | 31421 | 1116450 |
| Total Assets **20** | 28625 | • | 22 | 158 | 361 | 694 | 2280 | 7251 | 15051 | 34930 | 70493 | 142957 | 7685513 |

| | | | | | | | | | | | | |
|---|---|---|---|---|---|---|---|---|---|---|---|---|
| Notes and Loans Payable **21** | 11531 | 27 | 73 | 189 | 196 | 745 | 1879 | 4347 | 9232 | 19185 | 38715 | 3189099 |
| All Other Liabilities **22** | 11643 | 26 | 31 | 126 | 242 | 824 | 1979 | 3961 | 7629 | 17832 | 36363 | 3234661 |
| Net Worth **23** | 5451 | -31 | 54 | 46 | 257 | 712 | 3393 | 6744 | 18069 | 33476 | 67879 | 1261753 |

**Selected Financial Ratios (Times to 1)**

| | | | | | | | | | | | | |
|---|---|---|---|---|---|---|---|---|---|---|---|---|
| Current Ratio **24** | 1.4 | 0.6 | 1.8 | 1.6 | 1.7 | 1.5 | 2.0 | 2.0 | 2.3 | 2.0 | 2.2 | 1.4 |
| Quick Ratio **25** | 0.6 | 0.4 | 1.2 | 1.0 | 1.0 | 0.8 | 1.1 | 1.1 | 1.4 | 1.1 | 1.2 | 0.6 |
| Net Sales to Working Capital **26** | 3.0 | • | 7.6 | 8.8 | 7.1 | 8.5 | 4.9 | 4.6 | 3.5 | 4.8 | 3.8 | 2.6 |
| Coverage Ratio **27** | 1.6 | • | 8.4 | • | • | 2.3 | 2.0 | 2.1 | 3.2 | 2.5 | 3.0 | 1.5 |
| Total Asset Turnover **28** | 0.5 | 14.6 | 2.5 | 2.4 | 2.1 | 2.0 | 1.7 | 1.5 | 1.3 | 1.3 | 1.2 | 0.4 |
| Inventory Turnover **29** | 4.4 | • | 3.4 | 7.7 | 4.2 | 4.5 | 4.2 | 3.2 | 3.7 | 4.2 | 3.6 | 4.6 |
| Receivables Turnover **30** | 2.9 | • | 7.9 | • | 5.2 | 6.7 | 6.8 | 5.5 | 5.1 | 5.5 | 5.2 | 2.5 |
| Total Liabilities to Net Worth **31** | 4.3 | • | 1.9 | 6.9 | 1.7 | 2.2 | 1.1 | 1.2 | 0.9 | 1.1 | 1.1 | 5.1 |

**Selected Financial Factors (in Percentages)**

| | | | | | | | | | | | | |
|---|---|---|---|---|---|---|---|---|---|---|---|---|
| Debt Ratio **32** | 81.0 | • | 66.0 | 87.3 | 63.0 | 68.8 | 53.2 | 55.2 | 48.3 | 52.5 | 52.5 | 83.6 |
| Return on Assets **33** | 8.7 | • | 30.8 | • | • | 7.4 | 4.7 | 6.0 | 7.4 | 7.6 | 8.5 | 9.0 |
| Return on Equity **34** | 10.1 | • | • | • | • | 9.4 | 1.3 | 3.5 | 6.7 | 5.7 | 7.6 | 11.7 |
| Return Before Interest on Equity **35** | • | • | • | • | • | 23.7 | 10.1 | 13.5 | 14.3 | 15.9 | 17.8 | • |
| Profit Margin, Before Income Tax **36** | 5.8 | 10.3 | 11.0 | • | • | 2.1 | 1.4 | 2.1 | 3.9 | 3.5 | 4.8 | 7.0 |
| Profit Margin, After Income Tax **37** | 3.6 | 7.1 | 11.0 | • | • | 1.5 | 0.4 | 1.1 | 2.7 | 2.1 | 3.1 | 4.5 |

**Trends in Selected Ratios and Factors, 1986-1994**

| | 1986 | 1987 | 1988 | 1989 | 1990 | 1991 | 1992 | 1993 | 1994 |
|---|---|---|---|---|---|---|---|---|---|
| Cost of Operations (%) **38** | 61.7 | 61.9 | 62.0 | 61.4 | 63.3 | 63.7 | 60.5 | 61.4 | 60.9 |
| Operating Margin (%) **39** | • | • | • | • | • | • | • | • | • |
| Oper. Margin Before Officers Comp. (%) **40** | • | • | • | • | • | • | • | • | • |
| Average Net Receivables ($) **41** | 2966 | 4169 | 3392 | 3446 | 4590 | 5934 | 5489 | 4977 | 5203 |
| Average Inventories ($) **42** | 1504 | 1326 | 1669 | 1449 | 1823 | 2281 | 1975 | 2045 | 2081 |
| Average Net Worth ($) **43** | 3691 | 3548 | 4494 | 4016 | 4892 | 7959 | 5648 | 6009 | 5451 |
| Current Ratio (x1) **44** | 1.5 | 1.6 | 1.4 | 1.4 | 1.7 | 1.5 | 1.5 | 1.1 | 1.4 |
| Quick Ratio (x1) **45** | 0.9 | 1.2 | 1.0 | 1.0 | 1.0 | 0.8 | 0.9 | 0.5 | 0.6 |
| Coverage Ratio (x1) **46** | 1.7 | 1.9 | 2.2 | 1.6 | 1.8 | 1.7 | 1.8 | 1.7 | 1.6 |
| Asset Turnover (x1) **47** | 0.9 | 0.9 | 0.8 | 0.8 | 0.6 | 0.6 | 0.6 | 0.6 | 0.5 |
| Total Liabilities/Net Worth (x1) **48** | 2.0 | 2.2 | 1.9 | 2.0 | 2.8 | 2.2 | 2.8 | 3.2 | 4.3 |
| Return on Assets (x1) **49** | 8.8 | 8.1 | 9.6 | 7.0 | 6.1 | 5.2 | 8.9 | 9.2 | 8.7 |
| Return on Equity (%) **50** | 5.1 | 6.9 | 8.7 | 4.1 | 5.5 | 3.8 | 9.9 | 9.8 | 10.1 |

## Table II

Corporations with Net Income

# OTHER ELECTRICAL EQUIPMENT

MONEY AMOUNTS AND SIZE OF ASSETS IN THOUSANDS OF DOLLARS

| Item Description for Accounting Period 7/90 Through 6/91 | Total | Zero Assets | Under 100 | 100 to 250 | 251 to 500 | 501 to 1,000 | 1,001 to 5,000 | 5,001 to 10,000 | 10,001 to 25,000 | 25,001 to 50,000 | 50,001 to 100,000 | 100,001 to 250,000 | 250,001 and over |
|---|---|---|---|---|---|---|---|---|---|---|---|---|---|
| Number of Enterprises **1** | 3228 | • | • | 737 | 467 | 352 | 961 | 205 | 153 | 57 | 35 | 26 | 20 |
| **Revenues ($ in Thousands)** | | | | | | | | | | | | | |
| Net Sales **2** | 102015 | • | • | 294 | 500 | 662 | 4330 | 2901 | 3563 | 2754 | 3379 | 4434 | 78995 |
| Portfolio Income **3** | 8531 | • | • | 0 | 0 | 2 | 56 | 33 | 52 | 49 | 85 | 112 | 8133 |
| Other Revenues **4** | 7203 | • | • | 0 | 1 | 4 | 72 | 46 | 37 | 42 | 37 | 81 | 6874 |
| Total Revenues **5** | 117749 | • | • | 294 | 501 | 667 | 4458 | 2980 | 3652 | 2846 | 3501 | 4628 | 94002 |
| Average Total Revenues **6** | 36477 | • | • | 399 | 1074 | 1896 | 4639 | 14538 | 23868 | 49927 | 100042 | 177997 | 4700101 |
| **Operating Costs/Operating Income (%)** | | | | | | | | | | | | | |
| Cost of Operations **7** | 58.0 | • | • | 23.1 | 57.8 | 66.1 | 65.6 | 70.8 | 64.9 | 60.2 | 62.3 | 57.4 | 56.7 |
| Rent **8** | 1.5 | • | • | 3.8 | 2.8 | 1.4 | 1.1 | 0.7 | 0.7 | 0.8 | 0.9 | 1.5 | 1.6 |
| Taxes Paid **9** | 2.7 | • | • | 3.3 | 4.2 | 3.0 | 2.2 | 1.7 | 2.2 | 2.4 | 2.2 | 2.5 | 2.8 |
| Interest Paid **10** | 11.8 | • | • | 0.9 | 1.5 | 1.1 | 1.2 | 1.0 | 1.7 | 1.4 | 1.6 | 1.7 | 14.8 |
| Depreciation, Depletion, Amortization **11** | 7.4 | • | • | 3.0 | 1.8 | 1.6 | 1.8 | 1.9 | 2.1 | 3.5 | 3.0 | 3.1 | 8.8 |
| Pensions and Other Benefits **12** | 3.4 | • | • | 2.2 | 0.5 | 2.0 | 1.5 | 1.3 | 2.5 | 2.1 | 1.9 | 2.6 | 3.8 |
| Other **13** | 22.0 | • | • | 33.6 | 21.3 | 14.6 | 18.0 | 16.0 | 20.0 | 21.3 | 22.1 | 24.5 | 22.4 |
| Officers Compensation **14** | 0.8 | • | • | 10.4 | 4.8 | 5.3 | 4.7 | 2.8 | 2.2 | 1.9 | 1.1 | 1.8 | 0.3 |
| Operating Margin **15** | • | • | • | 19.8 | 5.3 | 5.0 | 4.0 | 3.8 | 3.9 | 6.4 | 4.8 | 5.1 | • |
| Oper. Margin Before Officers Compensation **16** | • | • | • | 30.2 | 10.2 | 10.3 | 8.6 | 6.7 | 6.1 | 8.3 | 5.9 | 6.8 | • |
| **Selected Average Balance Sheet ($ in Thousands)** | | | | | | | | | | | | | |
| Net Receivables **17** | 11699 | • | • | 42 | 130 | 274 | 685 | 1848 | 4040 | 9335 | 16728 | 35426 | 1694012 |
| Inventories **18** | 4169 | • | • | 26 | 113 | 206 | 615 | 2257 | 4157 | 8585 | 12589 | 24749 | 502537 |
| Net Property, Plant and Equipment **19** | 9635 | • | • | 40 | 48 | 113 | 382 | 1389 | 3031 | 6417 | 16218 | 30283 | 1408607 |
| Total Assets **20** | 65403 | • | • | 153 | 356 | 768 | 2194 | 7433 | 15041 | 35175 | 71312 | 142272 | 9821062 |

| 21 Notes and Loans Payable | 26463 | • | 70 | 113 | 162 | 546 | 1474 | 3523 | 5842 | 12757 | 25429 | 4122643 |
|---|---|---|---|---|---|---|---|---|---|---|---|---|
| 22 All Other Liabilities | 26999 | • | 10 | 88 | 258 | 742 | 1821 | 3773 | 7061 | 15874 | 36005 | 4172775 |
| 23 Net Worth | 11941 | • | 72 | 155 | 349 | 906 | 4138 | 7745 | 22272 | 42681 | 80839 | 1525645 |

## Selected Financial Ratios (Times to 1)

| | | | | | | | | | | | | |
|---|---|---|---|---|---|---|---|---|---|---|---|---|
| 24 Current Ratio | 1.4 | • | 1.5 | 2.2 | 1.8 | 1.6 | 2.5 | 2.2 | 3.0 | 2.4 | 2.8 | 1.4 |
| 25 Quick Ratio | 0.6 | • | 1.0 | 1.3 | 1.1 | 0.9 | 1.3 | 1.2 | 1.8 | 1.5 | 1.7 | 0.5 |
| 26 Net Sales to Working Capital | 2.7 | • | 13.4 | 6.7 | 7.2 | 7.5 | 4.3 | 4.1 | 3.0 | 4.2 | 3.1 | 2.4 |
| 27 Coverage Ratio | 1.7 | • | • | 4.8 | 6.4 | 6.7 | 7.8 | 4.9 | 7.7 | 6.1 | 6.5 | 1.6 |
| 28 Total Asset Turnover | 0.5 | • | 2.6 | 3.0 | 2.5 | 2.1 | 1.9 | 1.6 | 1.4 | 1.4 | 1.2 | 0.4 |
| 29 Inventory Turnover | 4.3 | • | 1.7 | 7.4 | 3.9 | 4.4 | 4.4 | 3.1 | 3.2 | 3.8 | 3.6 | 4.5 |
| 30 Receivables Turnover | 2.7 | • | 7.4 | • | 4.3 | 6.3 | 6.7 | 5.3 | 4.9 | 5.3 | 4.9 | 2.3 |
| 31 Total Liabilities to Net Worth | 4.5 | • | 1.1 | 1.3 | 1.2 | 1.4 | 0.8 | 1.0 | 0.6 | 0.7 | 0.8 | 5.4 |

## Selected Financial Factors (in Percentages)

| | | | | | | | | | | | | |
|---|---|---|---|---|---|---|---|---|---|---|---|---|
| 32 Debt Ratio | 81.8 | • | 52.6 | 56.6 | 54.7 | 58.7 | 44.3 | 48.5 | 36.7 | 40.2 | 43.2 | 84.5 |
| 33 Return on Assets | 9.8 | • | • | 21.2 | 16.6 | 16.9 | 14.5 | 12.5 | 15.3 | 13.6 | 13.3 | 9.4 |
| 34 Return on Equity | 15.7 | • | • | 33.7 | 27.3 | 30.7 | 17.9 | 14.8 | 17.3 | 14.1 | 14.8 | 14.9 |
| 35 Return Before Interest on Equity | • | • | • | • | • | • | 26.0 | 24.2 | 24.1 | 22.7 | 23.4 | • |
| 36 Profit Margin, Before Income Tax | 8.5 | • | 20.0 | 5.6 | 5.7 | 6.3 | 7.0 | 6.6 | 6.4 | 9.7 | 8.4 | 8.7 |
| 37 Profit Margin, After Income Tax | 5.9 | • | 20.0 | 4.9 | 5.1 | 6.2 | 4.9 | 5.2 | 8.0 | 6.2 | 7.0 | 5.8 |

## Trends in Selected Ratios and Factors, 1986–1994

| | 1986 | 1987 | 1988 | 1989 | 1990 | 1991 | 1992 | 1993 | 1994 |
|---|---|---|---|---|---|---|---|---|---|
| 38 Cost of Operations (%) | 61.0 | 61.0 | 60.9 | 60.4 | 62.5 | 61.2 | 59.2 | 59.3 | 58.0 |
| 39 Operating Margin (%) | • | • | • | • | • | • | • | • | • |
| 40 Oper. Margin Before Officers Comp. (%) | | | | | | | | | |
| 41 Average Net Receivables ($) | 5769 | 6919 | 4746 | 6007 | 6333 | 12359 | 9232 | 8892 | 11699 |
| 42 Average Inventories ($) | 2716 | 2012 | 2153 | 2327 | 2232 | 4236 | 3040 | 3225 | 4169 |
| 43 Average Net Worth ($) | 6955 | 5591 | 6308 | 6949 | 6523 | 16393 | 9597 | 10523 | 11941 |
| 44 Current Ratio (x1) | 1.4 | 1.6 | 1.4 | 1.4 | 1.7 | 1.5 | 1.5 | 1.1 | 1.4 |
| 45 Quick Ratio (x1) | 0.9 | 1.2 | 1.0 | 1.0 | 1.0 | 0.8 | 0.9 | 0.5 | 0.6 |
| 46 Coverage Ratio (x1) | 2.0 | 2.2 | 2.5 | 1.9 | 2.0 | 1.9 | 2.0 | 1.8 | 1.7 |
| 47 Asset Turnover (x1) | 0.9 | 0.9 | 0.8 | 0.8 | 0.6 | 0.5 | 0.6 | 0.5 | 0.5 |
| 48 Operating Leverage | • | 1.7 | 1.1 | 1.0 | 1.3 | 0.8 | 1.5 | 1.1 | 1.4 |
| 49 Financial Leverage | • | 1.3 | 1.1 | 0.8 | 1.1 | 0.9 | 1.2 | 0.9 | 0.9 |
| 50 Total Leverage | • | 2.2 | 1.2 | 0.8 | 1.5 | 0.7 | 1.8 | 1.0 | 1.3 |

## Table I

Corporations with and without Net Income

# MOTOR VEHICLES AND EQUIPMENT

### MONEY AMOUNTS AND SIZE OF ASSETS IN THOUSANDS OF DOLLARS

| Item Description for Accounting Period 7/90 Through 6/91 | Total | Zero Assets | Under 100 | 100 to 250 | 251 to 500 | 501 to 1,000 | 1,001 to 5,000 | 5,001 to 10,000 | 10,001 to 25,000 | 25,001 to 50,000 | 50,001 to 100,000 | 100,001 to 250,000 | 250,001 and over |
|---|---|---|---|---|---|---|---|---|---|---|---|---|---|
| Number of Enterprises **1** | 2342 | 3 | 573 | 376 | 249 | 122 | 562 | 150 | 142 | 58 | 42 | 28 | 37 |
| **Revenues ($ in Thousands)** | | | | | | | | | | | | | |
| Net Sales **2** | 254908 | 73 | 146 | 44 | 117 | 134 | 3456 | 1877 | 3998 | 3182 | 4469 | 5953 | 231458 |
| Portfolio Income **3** | 27103 | 0 | 2 | 0 | 0 | 1 | 21 | 17 | 21 | 28 | 40 | 64 | 26911 |
| Other Revenues **4** | 8940 | 0 | • | 0 | 3 | 1 | 44 | 25 | 96 | 29 | 49 | 53 | 8640 |
| Total Revenues **5** | 290951 | 73 | 147 | 44 | 120 | 135 | 3521 | 1918 | 4115 | 3239 | 4558 | 6070 | 267009 |
| Average Total Revenues **6** | 124232 | 24467 | 257 | 118 | 484 | 1110 | 6265 | 12789 | 28980 | 55841 | 108516 | 216777 | 7216467 |
| **Operating Costs/Operating Income (%)** | | | | | | | | | | | | | |
| Cost of Operations **7** | 80.3 | 58.2 | 98.2 | 65.4 | 73.1 | 74.5 | 78.0 | 79.4 | 76.5 | 80.4 | 81.7 | 79.7 | 80.4 |
| Rent **8** | 0.8 | 0.2 | 0.6 | 11.8 | 4.2 | 0.7 | 0.7 | 0.5 | 0.5 | 0.5 | 0.4 | 0.6 | 0.8 |
| Taxes Paid **9** | 2.1 | 1.3 | • | 2.8 | 3.1 | 2.8 | 2.0 | 2.4 | 2.0 | 1.5 | 1.6 | 2.1 | 2.1 |
| Interest Paid **10** | 8.4 | 3.9 | 0.8 | 0.8 | 1.0 | 2.7 | 1.3 | 2.8 | 1.9 | 2.2 | 2.9 | 3.3 | 9.0 |
| Depreciation, Depletion, Amortization **11** | 6.3 | 1.0 | 2.5 | 4.0 | 0.9 | 1.7 | 1.5 | 2.6 | 3.4 | 4.0 | 3.7 | 4.3 | 6.6 |
| Pensions and Other Benefits **12** | 2.2 | 1.5 | • | • | 1.1 | 1.6 | 1.1 | 0.7 | 1.0 | 1.6 | 1.8 | 2.6 | 2.3 |
| Other **13** | 14.0 | 35.9 | 4.6 | 31.6 | 14.8 | 23.3 | 13.0 | 10.8 | 13.5 | 10.3 | 9.7 | 8.9 | 14.3 |
| Officers Compensation **14** | 0.3 | • | • | • | 6.0 | 7.6 | 2.9 | 2.7 | 1.8 | 0.9 | 0.8 | 0.7 | 0.1 |
| Operating Margin **15** | • | • | • | • | • | • | • | 0.8 | • | • | • | • | • |
| Oper. Margin Before Officers Compensation **16** | • | • | • | • | 1.9 | • | 2.5 | 0.8 | 1.2 | • | • | • | • |
| **Selected Average Balance Sheet ($ in Thousands)** | | | | | | | | | | | | | |
| Net Receivables **17** | 73473 | • | • | 10 | 34 | 84 | 504 | 1574 | 3098 | 7136 | 12057 | 27354 | 4578519 |
| Inventories **18** | 8187 | • | 3 | 60 | 44 | 518 | 803 | 2078 | 4676 | 6719 | 16422 | 25450 | 428554 |
| Net Property, Plant and Equipment **19** | 26842 | • | 47 | 1 | 133 | 86 | 517 | 1985 | 4930 | 12287 | 23696 | 51382 | 1577239 |
| Total Assets **20** | 173104 | • | 64 | 140 | 360 | 812 | 2465 | 6739 | 15265 | 36323 | 68054 | 148501 | 10579562 |

| | | | | | | | | | | | | | |
|---|---|---|---|---|---|---|---|---|---|---|---|---|---|
| Notes and Loans Payable **21** | 83414 | • | 130 | 6 | 299 | 203 | 769 | 3245 | 6134 | 12635 | 27665 | 58740 | 5131075 |
| All Other Liabilities **22** | 51136 | • | 3 | 85 | 290 | 395 | 660 | 2006 | 3797 | 9978 | 22395 | 37050 | 3130786 |
| Net Worth **23** | 38554 | • | -68 | 50 | -229 | 214 | 1036 | 1489 | 5333 | 13710 | 17995 | 52710 | 2317701 |

**Selected Financial Ratios (Times to 1)**

| | | | | | | | | | | | | | |
|---|---|---|---|---|---|---|---|---|---|---|---|---|---|
| Current Ratio **24** | 1.3 | • | 0.9 | 1.6 | 0.4 | 1.4 | 2.1 | 1.6 | 1.5 | 1.6 | 1.2 | 1.4 | 1.2 |
| Quick Ratio **25** | 1.1 | • | 0.4 | 0.3 | 0.3 | 0.3 | 1.1 | 0.7 | 0.7 | 0.9 | 0.5 | 0.7 | 1.1 |
| Net Sales to Working Capital **26** | 6.0 | • | • | 3.2 | • | 5.4 | 6.6 | 8.1 | 8.7 | 8.5 | 16.1 | 10.9 | 5.8 |
| Coverage Ratio **27** | 1.2 | 0.5 | • | • | • | • | 2.1 | 1.1 | 2.2 | 1.2 | 0.8 | 1.0 | 1.2 |
| Total Asset Turnover **28** | 0.6 | • | 4.0 | 0.9 | 1.3 | 1.4 | 2.5 | 1.9 | 1.9 | 1.5 | 1.6 | 1.4 | 0.6 |
| Inventory Turnover **29** | • | • | • | 1.0 | 7.0 | 2.1 | 6.7 | 4.6 | 4.9 | 6.0 | 6.6 | 6.5 | • |
| Receivables Turnover **30** | 1.3 | • | • | 7.5 | • | 8.5 | • | 8.1 | 9.9 | 7.2 | 9.7 | 7.9 | 1.2 |
| Total Liabilities to Net Worth **31** | 3.5 | • | • | 1.8 | • | 2.8 | 1.4 | 3.5 | 1.9 | 1.7 | 2.8 | 1.8 | 3.6 |

**Selected Financial Factors (in Percentages)**

| | | | | | | | | | | | | | |
|---|---|---|---|---|---|---|---|---|---|---|---|---|---|
| Debt Ratio **32** | 77.7 | • | • | 64.5 | 73.6 | • | 58.0 | 77.9 | 65.1 | 62.3 | 73.6 | 64.5 | 78.1 |
| Return on Assets **33** | 6.3 | • | • | • | • | • | 6.7 | 6.0 | 7.9 | 4.1 | 3.8 | 4.6 | 6.3 |
| Return on Equity **34** | 1.0 | 20.6 | • | • | 2.7 | • | 5.5 | 0.4 | 9.2 | • | • | • | 1.1 |
| Return Before Interest on Equity **35** | 28.2 | 17.6 | • | • | 0.7 | • | 16.0 | 26.9 | 22.5 | 10.8 | 14.2 | 13.0 | 28.9 |
| Profit Margin, Before Income Tax **36** | 1.6 | • | • | • | • | • | 1.4 | 0.4 | 2.3 | 0.5 | • | • | 1.7 |
| Profit Margin, After Income Tax **37** | 0.4 | • | • | • | • | • | 0.9 | • | 1.7 | • | • | • | 0.4 |

**Trends in Selected Ratios and Factors, 1986-1994**

| | 1986 | 1987 | 1988 | 1989 | 1990 | 1991 | 1992 | 1993 | 1994 |
|---|---|---|---|---|---|---|---|---|---|
| Cost of Operations (%) **38** | 71.6 | 70.6 | 71.6 | 72.2 | 72.4 | 80.0 | 71.0 | 78.8 | 80.3 |
| Operating Margin (%) **39** | • | • | • | • | • | • | • | • | • |
| Oper. Margin Before Officers Comp. (%) **40** | • | • | • | • | • | • | • | • | • |
| Average Net Receivables ($) **41** | 25615 | 29616 | 28204 | 41131 | 64091 | 80883 | 75523 | 63188 | 73473 |
| Average Inventories ($) **42** | 4785 | 4612 | 4565 | 5126 | 6358 | 7304 | 7080 | 5730 | 8187 |
| Average Net Worth ($) **43** | 15383 | 15403 | 15422 | 22312 | 30778 | 34533 | 34733 | 29823 | 38554 |
| Current Ratio (x1) **44** | 1.5 | 1.5 | 1.4 | 1.3 | 1.4 | 1.5 | 1.5 | 1.4 | 1.3 |
| Quick Ratio (x1) **45** | 1.2 | 1.3 | 1.2 | 1.1 | 1.2 | 1.3 | 1.3 | 1.2 | 1.1 |
| Coverage Ratio (x1) **46** | 1.2 | 1.6 | 2.1 | 1.7 | 1.4 | 1.3 | 2.0 | 1.5 | 1.2 |
| Asset Turnover (x1) **47** | 0.9 | 1.0 | 1.0 | 0.8 | 0.7 | 0.9 | 0.7 | 0.6 | 0.6 |
| Total Liabilities/Net Worth (x1) **48** | 2.6 | 2.7 | 2.7 | 2.9 | 3.2 | 3.4 | 3.4 | 3.5 | 3.5 |
| Return on Assets (x1) **49** | 7.1 | 8.5 | 11.1 | 7.5 | 6.0 | 5.7 | 6.6 | 7.7 | 6.3 |
| Return on Equity (%) **50** | 0.4 | 5.7 | 12.6 | 6.5 | 3.5 | 3.0 | 9.0 | 6.6 | 1.0 |

## Table II
Corporations with Net Income

# MOTOR VEHICLES AND EQUIPMENT

MONEY AMOUNTS AND SIZE OF ASSETS IN THOUSANDS OF DOLLARS

| Item Description for Accounting Period 7/90 Through 6/91 | Total | Zero Assets | Under 100 | 100 to 250 | 251 to 500 | 501 to 1,000 | 1,001 to 5,000 | 5,001 to 10,000 | 10,001 to 25,000 | 25,001 to 50,000 | 50,001 to 100,000 | 100,001 to 250,000 | 250,001 and over |
|---|---|---|---|---|---|---|---|---|---|---|---|---|---|
| Number of Enterprises **1** | 1138 | • | 221 | 153 | 98 | 98 | 389 | 94 | 98 | 24 | 23 | 15 | 21 |
| **Revenues ($ in Thousands)** | | | | | | | | | | | | | |
| Net Sales **2** | 201598 | • | 5 | 25 | 59 | • | 2633 | 1610 | 2936 | 1600 | 2747 | 3472 | 186512 |
| Portfolio Income **3** | 22663 | • | 2 | • | • | • | 18 | 4 | 13 | 9 | 21 | 35 | 22562 |
| Other Revenues **4** | 6511 | • | • | 0 | • | • | 21 | 8 | 41 | 6 | 28 | 36 | 6370 |
| Total Revenues **5** | 230771 | • | 6 | 25 | 59 | • | 2672 | 1622 | 2991 | 1615 | 2795 | 3543 | 215443 |
| Average Total Revenues **6** | 202787 | • | 28 | 161 | 601 | • | 6869 | 17250 | 30516 | 67306 | 121541 | 236187 | 10259210 |
| **Operating Costs/Operating Income (%)** | | | | | | | | | | | | | |
| Cost of Operations **7** | 79.2 | • | • | 57.3 | 56.0 | • | 75.5 | 79.7 | 73.6 | 76.1 | 78.6 | 76.0 | 79.5 |
| Rent **8** | 0.7 | • | • | 12.4 | 3.0 | • | 0.4 | 0.2 | 0.6 | 0.2 | 0.5 | 0.5 | 0.7 |
| Taxes Paid **9** | 2.3 | • | • | 3.9 | 2.2 | • | 1.9 | 2.4 | 1.9 | 1.4 | 1.4 | 2.3 | 2.3 |
| Interest Paid **10** | 8.3 | • | 17.6 | 1.4 | • | • | 1.0 | 2.0 | 1.7 | 1.0 | 2.5 | 2.6 | 8.9 |
| Depreciation, Depletion, Amortization **11** | 6.3 | • | 75.5 | 7.1 | • | • | 1.6 | 2.5 | 2.8 | 2.6 | 2.9 | 4.0 | 6.6 |
| Pensions and Other Benefits **12** | 1.8 | • | • | • | • | • | 1.1 | 0.6 | 1.1 | 1.3 | 1.5 | 2.7 | 1.8 |
| Other **13** | 14.3 | • | 31.6 | 18.0 | 10.6 | • | 12.3 | 7.0 | 12.1 | 9.0 | 10.0 | 9.2 | 14.7 |
| Officers Compensation **14** | 0.3 | • | • | • | 9.9 | • | 3.2 | 2.8 | 1.9 | 0.9 | 0.9 | 0.9 | 0.1 |
| Operating Margin **15** | • | • | • | • | 18.3 | • | 3.1 | 2.9 | 4.3 | 7.5 | 1.9 | 1.9 | • |
| Oper. Margin Before Officers Compensation **16** | • | • | • | • | 28.2 | • | 6.3 | 5.7 | 6.2 | 8.4 | 2.8 | 2.7 | • |
| **Selected Average Balance Sheet ($ in Thousands)** | | | | | | | | | | | | | |
| Net Receivables **17** | 117863 | • | • | • | 8 | • | 576 | 1926 | 3479 | 8727 | 13913 | 30945 | 6304198 |
| Inventories **18** | 12247 | • | • | 99 | 9 | • | 771 | 2296 | 4991 | 7985 | 19339 | 29095 | 563999 |
| Net Property, Plant and Equipment **19** | 42266 | • | 78 | 2 | • | • | 546 | 2074 | 3920 | 9355 | 20577 | 51596 | 2181801 |
| Total Assets **20** | 277269 | • | 78 | 102 | 300 | • | 2571 | 6968 | 14864 | 38662 | 71252 | 159448 | 14638081 |

| | | | | | | | | | | |
|---|---|---|---|---|---|---|---|---|---|---|
| Notes and Loans Payable **21** | 131617 | 75 | 13 | • | 618 | 2897 | 5151 | 8822 | 22165 | 58507 | 7006896 |
| All Other Liabilities **22** | 83538 | • | 50 | 9 | 556 | 1979 | 3407 | 7534 | 23713 | 39219 | 4428918 |
| Net Worth **23** | 62114 | 3 | 39 | 291 | 1397 | 2092 | 6306 | 22306 | 25375 | 61722 | 3202267 |

### Selected Financial Ratios (Times to 1)

| | | | | | | | | | | |
|---|---|---|---|---|---|---|---|---|---|---|
| Current Ratio **24** | 1.2 | • | • | • | 2.8 | 1.5 | 1.9 | 2.5 | 1.7 | 1.8 | 1.2 |
| Quick Ratio **25** | 1.0 | • | 0.0 | • | 1.6 | 0.7 | 0.9 | 1.5 | 0.7 | 0.9 | 1.0 |
| Net Sales to Working Capital **26** | 6.7 | 29.8 | 1.7 | 2.3 | 5.7 | 10.5 | 6.5 | 5.0 | 6.8 | 6.9 | 6.7 |
| Coverage Ratio **27** | 1.4 | 1.6 | 1.1 | • | 5.7 | 2.9 | 4.7 | 9.3 | 2.5 | 2.5 | 1.4 |
| Total Asset Turnover **28** | 0.6 | 0.3 | 1.6 | 2.0 | 2.6 | 2.5 | 2.0 | 1.7 | 1.7 | 1.5 | 0.6 |
| Inventory Turnover **29** | • | • | • | 8.7 | 7.5 | 6.7 | 5.0 | 4.5 | 5.9 | 5.7 | • |
| Receivables Turnover **30** | 1.2 | • | • | 8.6 | • | • | • | 6.0 | 9.1 | 7.5 | 1.1 |
| Total Liabilities to Net Worth **31** | 3.5 | 23.1 | 1.6 | 0.0 | 0.9 | 2.3 | 1.4 | 0.7 | 1.8 | 1.6 | 3.6 |

### Selected Financial Factors (in Percentages)

| | | | | | | | | | | |
|---|---|---|---|---|---|---|---|---|---|---|
| Debt Ratio **32** | 77.6 | 95.9 | 62.0 | • | 45.7 | 70.0 | 57.6 | 42.3 | 64.4 | 61.3 | 78.1 |
| Return on Assets **33** | 7.5 | 7.5 | 2.3 | 36.7 | 14.6 | 13.7 | 15.8 | 16.2 | 10.4 | 9.5 | 7.4 |
| Return on Equity **34** | 5.4 | • | 0.4 | 37.8 | 19.1 | 26.4 | 25.5 | 19.5 | 13.0 | 9.7 | 4.8 |
| Return Before Interest on Equity **35** | 33.5 | • | 6.0 | • | 26.9 | • | • | 28.0 | 29.1 | 24.6 | 33.7 |
| Profit Margin, Before Income Tax **36** | 3.4 | 11.0 | 0.1 | 18.3 | 4.6 | 3.6 | 6.2 | 8.4 | 3.7 | 3.9 | 3.3 |
| Profit Margin, After Income Tax **37** | 1.9 | 9.4 | 0.1 | 18.3 | 3.9 | 3.2 | 5.4 | 6.5 | 2.8 | 2.6 | 1.7 |

### Trends in Selected Ratios and Factors, 1986-1994

| | 1986 | 1987 | 1988 | 1989 | 1990 | 1991 | 1992 | 1993 | 1994 |
|---|---|---|---|---|---|---|---|---|---|
| Cost of Operations (%) **38** | 69.9 | 69.1 | 70.5 | 70.9 | 71.2 | 74.8 | 70.0 | 78.1 | 79.2 |
| Operating Margin (%) **39** | • | • | 0.3 | • | • | • | • | • | • |
| Oper. Margin Before Officers Comp. (%) **40** | • | • | 0.5 | • | • | • | • | • | • |
| Average Net Receivables ($) **41** | 34817 | 52185 | 40447 | 78231 | 121794 | 91025 | 140500 | 198250 | 117863 |
| Average Inventories ($) **42** | 4972 | 6836 | 5920 | 8856 | 10238 | 10687 | 11559 | 14994 | 12247 |
| Average Net Worth ($) **43** | 19896 | 26873 | 22467 | 42703 | 57322 | 48718 | 63252 | 91426 | 62114 |
| Current Ratio (×1) **44** | 1.4 | 1.5 | 1.4 | 1.3 | 1.4 | 1.4 | 1.5 | 1.4 | 1.2 |
| Quick Ratio (×1) **45** | 1.3 | 1.3 | 1.2 | 1.1 | 1.2 | 1.2 | 1.3 | 1.2 | 1.0 |
| Coverage Ratio (×1) **46** | 1.4 | 1.8 | 2.3 | 1.8 | 1.4 | 1.8 | 2.1 | 1.5 | 1.4 |
| Asset Turnover (×1) **47** | 0.8 | 1.0 | 1.0 | 0.8 | 0.7 | 0.6 | 0.7 | 0.6 | 0.6 |
| Operating Leverage **48** | • | 0.2 | • | • | 2.0 | 1.2 | 0.8 | 2.3 | 0.9 |
| Financial Leverage **49** | • | 1.7 | 1.3 | 0.8 | 0.7 | 1.7 | 1.2 | 0.7 | 0.7 |
| Total Leverage **50** | • | 0.3 | • | • | 1.4 | 2.0 | 1.0 | 1.6 | 0.6 |

## Table I

Corporations with and without Net Income

# AIRCRAFT, GUIDED MISSILES, AND PARTS

### MONEY AMOUNTS AND SIZE OF ASSETS IN THOUSANDS OF DOLLARS

| Item Description for Accounting Period 7/90 Through 6/91 | Total | Zero Assets | Under 100 | 100 to 250 | 251 to 500 | 501 to 1,000 | 1,001 to 5,000 | 5,001 to 10,000 | 10,001 to 25,000 | 25,001 to 50,000 | 50,001 to 100,000 | 100,001 to 250,000 | 250,001 and over |
|---|---|---|---|---|---|---|---|---|---|---|---|---|---|
| Number of Enterprises **1** | 1402 | 235 | 160 | 427 | 210 | • | 187 | 84 | 47 | 4 | 10 | 15 | 23 |
| **Revenues ($ in Thousands)** | | | | | | | | | | | | | |
| Net Sales **2** | 144175 | 8 | • | 104 | 223 | • | 606 | 837 | 854 | 109 | 799 | 1992 | 138644 |
| Portfolio Income **3** | 4512 | • | • | 0 | 0 | • | 3 | 4 | 32 | 1 | 12 | 52 | 4407 |
| Other Revenues **4** | 5499 | 14 | 12 | 0 | • | • | 13 | 37 | 9 | 0 | 12 | 72 | 5331 |
| Total Revenues **5** | 154186 | 22 | 12 | 104 | 223 | • | 621 | 877 | 894 | 110 | 823 | 2116 | 148382 |
| Average Total Revenues **6** | 109976 | 93 | 78 | 244 | 1063 | • | 3323 | 10444 | 19026 | 27526 | 82309 | 141086 | 6451395 |
| **Operating Costs/Operating Income (%)** | | | | | | | | | | | | | |
| Cost of Operations **7** | 75.6 | 56.9 | • | 68.6 | 71.0 | • | 63.0 | 71.0 | 72.3 | 67.0 | 74.1 | 65.3 | 75.9 |
| Rent **8** | 0.9 | 10.7 | • | 2.7 | 1.2 | • | 2.6 | 0.3 | 0.5 | 0.9 | 1.3 | 0.8 | 0.9 |
| Taxes Paid **9** | 2.0 | 4.7 | • | 1.0 | 4.4 | • | 3.6 | 2.3 | 2.2 | 1.8 | 2.4 | 3.4 | 2.0 |
| Interest Paid **10** | 2.4 | 2.2 | • | 0.2 | 2.0 | • | 2.2 | 2.0 | 2.6 | 6.1 | 4.7 | 4.2 | 2.4 |
| Depreciation, Depletion, Amortization **11** | 2.6 | 9.3 | • | 4.0 | 2.1 | • | 3.4 | 3.3 | 4.0 | 8.3 | 2.4 | 4.9 | 2.6 |
| Pensions and Other Benefits **12** | 2.9 | • | • | • | 5.5 | • | 1.8 | 4.0 | 1.7 | 0.5 | 1.6 | 4.4 | 2.9 |
| Other **13** | 14.7 | 65.6 | • | 25.4 | 13.5 | • | 24.8 | 9.6 | 13.0 | 18.1 | 14.1 | 16.2 | 14.7 |
| Officers Compensation **14** | 0.3 | 20.2 | • | 4.8 | 6.5 | • | 5.3 | 4.4 | 4.3 | • | 1.8 | 1.6 | 0.2 |
| Operating Margin **15** | • | • | • | • | 0.4 | • | • | 3.2 | • | • | • | • | • |
| Oper. Margin Before Officers Compensation **16** | • | • | • | • | • | • | • | 7.6 | 3.8 | • | • | 0.9 | • |
| **Selected Average Balance Sheet ($ in Thousands)** | | | | | | | | | | | | | |
| Net Receivables **17** | 18188 | • | • | 3 | 120 | • | 674 | 1404 | 2758 | 3121 | 12780 | 35060 | 1062301 |
| Inventories **18** | 23945 | • | • | 33 | 60 | • | 880 | 2307 | 4818 | 15230 | 17842 | 36400 | 1398879 |
| Net Property, Plant and Equipment **19** | 19740 | • | • | 20 | 70 | • | 885 | 1469 | 4507 | 1844 | 17560 | 42459 | 1144876 |
| Total Assets **20** | 87412 | 25 | • | 169 | 372 | • | 3012 | 6752 | 15542 | 29470 | 71417 | 171834 | 5092498 |

## Selected Financial Ratios (Times to 1)

| | | | | | | | | | | | |
|---|---|---|---|---|---|---|---|---|---|---|---|
| Notes and Loans Payable 21 | 24047 | 81 | 83 | 216 | 2202 | 1880 | 4695 | 12206 | 29124 | 56025 | 1376030 |
| All Other Liabilities 22 | 36906 | 5 | 34 | 297 | 1364 | 2333 | 3396 | 14551 | 30602 | 49448 | 2171663 |
| Net Worth 23 | 26460 | -61 | 52 | -140 | -554 | 2539 | 7450 | 2713 | 11692 | 66362 | 1544804 |
| Current Ratio 24 | 1.3 | 0.6 | 1.6 | 1.2 | 1.6 | 1.5 | 1.8 | 3.6 | 1.2 | 1.6 | 1.3 |
| Quick Ratio 25 | 0.5 | 0.6 | 0.7 | 0.8 | 0.8 | 0.6 | 0.8 | 0.6 | 0.6 | 0.8 | 0.5 |
| Net Sales to Working Capital 26 | 9.2 | • | 7.9 | 26.4 | 4.8 | 6.2 | 4.4 | 2.0 | 14.5 | 4.0 | 9.5 |
| Coverage Ratio 27 | 3.5 | • | • | • | • | 5.1 | 2.0 | 0.7 | 1.1 | 2.4 | 3.6 |
| Total Asset Turnover 28 | 1.2 | • | 1.4 | 2.9 | 1.1 | 1.5 | 1.2 | 0.9 | 1.1 | 0.8 | 1.2 |
| Inventory Turnover 29 | 3.3 | • | 8.2 | • | 2.5 | 3.5 | 2.8 | 1.1 | 4.2 | 2.4 | 3.3 |
| Receivables Turnover 30 | 5.8 | • | • | • | 4.7 | 7.3 | 7.2 | 6.0 | 5.5 | 4.6 | 5.8 |
| Total Liabilities to Net Worth 31 | 2.3 | • | 2.2 | • | 1.7 | • | 1.1 | 9.9 | 5.1 | 1.6 | 2.3 |

## Selected Financial Factors (in Percentages)

| | | | | | | | | | | | |
|---|---|---|---|---|---|---|---|---|---|---|---|
| Debt Ratio 32 | 69.7 | • | 69.0 | • | • | 62.4 | 52.1 | 90.8 | 83.6 | 61.4 | 69.7 |
| Return on Assets 33 | 9.8 | • | • | • | • | 14.8 | 6.0 | 4.2 | 5.7 | 7.5 | 10.0 |
| Return on Equity 34 | 16.0 | • | • | • | 30.8 | 28.4 | 0.9 | • | 5.8 | 5.8 | 16.5 |
| Return Before Interest on Equity 35 | 32.4 | • | • | 30.2 | 11.8 | 12.6 | • | • | 34.7 | 19.4 | 32.8 |
| Profit Margin, Before Income Tax 36 | 5.9 | • | • | • | • | 8.1 | 2.6 | • | 0.4 | 5.6 | 6.1 |
| Profit Margin, After Income Tax 37 | 4.1 | • | • | • | • | 7.3 | 0.4 | • | • | 2.9 | 4.2 |

## Trends in Selected Ratios and Factors, 1986-1994

| | 1986 | 1987 | 1988 | 1989 | 1990 | 1991 | 1992 | 1993 | 1994 |
|---|---|---|---|---|---|---|---|---|---|
| Cost of Operations (%) 38 | 74.1 | 72.2 | 74.5 | 75.0 | 72.8 | 74.9 | 72.0 | 75.5 | 75.6 |
| Operating Margin (%) 39 | • | • | • | • | • | • | 0.4 | • | • |
| Oper. Margin Before Officers Comp. (%) 40 | • | • | • | • | • | • | 0.8 | • | • |
| Average Net Receivables ($) 41 | 6657 | 9614 | 7286 | 21662 | 12263 | 13726 | 16784 | 23188 | 18188 |
| Average Inventories ($) 42 | 13229 | 15084 | 12674 | 21988 | 14119 | 18997 | 20207 | 31658 | 23945 |
| Average Net Worth ($) 43 | 11585 | 18266 | 14095 | 37168 | 19788 | 23549 | 27343 | 33886 | 26460 |
| Current Ratio (x1) 44 | 1.2 | 1.3 | 1.1 | 1.3 | 1.4 | 1.3 | 1.3 | 1.3 | 1.3 |
| Quick Ratio (x1) 45 | 0.4 | 0.6 | 0.5 | 0.6 | 0.5 | 0.6 | 0.6 | 0.6 | 0.5 |
| Coverage Ratio (x1) 46 | 0.2 | 2.4 | 2.7 | 2.6 | 2.3 | 3.4 | 4.7 | 2.8 | 3.5 |
| Asset Turnover (x1) 47 | 1.1 | 1.3 | 1.3 | 1.0 | 1.0 | 1.1 | 1.1 | 1.1 | 1.2 |
| Total Liabilities/Net Worth (x1) 48 | 2.4 | 2.0 | 2.1 | 1.9 | 2.2 | 2.2 | 2.2 | 2.2 | 2.3 |
| Return on Assets (x1) 49 | 0.6 | 7.5 | 7.6 | 6.6 | 6.1 | 9.6 | 12.3 | 8.6 | 9.8 |
| Return on Equity (%) 50 | • | 8.3 | 10.2 | 7.9 | 8.5 | 13.7 | 21.0 | 11.4 | 16.0 |

## Table II

Corporations with Net Income

# AIRCRAFT, GUIDED MISSILES, AND PARTS

### MONEY AMOUNTS AND SIZE OF ASSETS IN THOUSANDS OF DOLLARS

| Item Description for Accounting Period 7/90 Through 6/91 | Total | Zero Assets | Under 100 | 100 to 250 | 251 to 500 | 501 to 1,000 | 1,001 to 5,000 | 5,001 to 10,000 | 10,001 to 25,000 | 25,001 to 50,000 | 50,001 to 100,000 | 100,001 to 250,000 | 250,001 and over |
|---|---|---|---|---|---|---|---|---|---|---|---|---|---|
| Number of Enterprises **1** | 486 | 7 | 7 | 143 | 137 | • | 81 | 51 | 30 | • | • | 9 | • |
| **Revenues ($ in Thousands)** | | | | | | | | | | | | | |
| Net Sales **2** | 137600 | • | • | 99 | 155 | • | 535 | 628 | 617 | • | • | 1532 | • |
| Portfolio Income **3** | 4405 | • | • | • | 0 | • | 2 | 3 | 31 | • | • | 46 | • |
| Other Revenues **4** | 5400 | 14 | 12 | • | • | • | 6 | 34 | 4 | • | • | 48 | • |
| Total Revenues **5** | 147406 | 14 | 12 | 99 | 155 | • | 544 | 665 | 652 | • | • | 1626 | • |
| Average Total Revenues **6** | 303304 | 2005 | 1779 | 694 | 1131 | • | 6714 | 13031 | 21743 | • | • | 180706 | • |
| **Operating Costs/Operating Income (%)** | | | | | | | | | | | | | |
| Cost of Operations **7** | 75.7 | • | • | 68.1 | 70.4 | • | 57.5 | 70.6 | 70.5 | • | • | 62.5 | • |
| Rent **8** | 0.9 | • | • | 1.4 | 1.7 | • | 2.5 | 0.3 | 0.3 | • | • | 0.7 | • |
| Taxes Paid **9** | 2.0 | • | • | 0.7 | 3.0 | • | 3.5 | 2.4 | 2.4 | • | • | 3.3 | • |
| Interest Paid **10** | 2.1 | • | • | • | 1.3 | • | 1.3 | 0.9 | 1.7 | • | • | 3.7 | • |
| Depreciation, Depletion, Amortization **11** | 2.4 | • | • | 2.5 | 3.1 | • | 2.5 | 1.2 | 2.3 | • | • | 4.2 | • |
| Pensions and Other Benefits **12** | 2.9 | • | • | • | 3.5 | • | 1.4 | 3.6 | 1.6 | • | • | 4.3 | • |
| Other **13** | 14.8 | • | • | 21.5 | 13.0 | • | 19.8 | 9.1 | 10.5 | • | • | 16.0 | • |
| Officers Compensation **14** | 0.3 | • | • | 5.1 | 2.8 | • | 4.5 | 5.2 | 4.7 | • | • | 1.5 | • |
| Operating Margin **15** | • | • | • | 0.7 | 1.2 | • | 6.9 | 7.0 | 6.1 | • | • | 3.7 | • |
| Oper. Margin Before Officers Compensation **16** | • | • | • | 5.8 | 4.0 | • | 11.4 | 12.1 | 10.8 | • | • | 5.2 | • |
| **Selected Average Balance Sheet ($ in Thousands)** | | | | | | | | | | | | | |
| Net Receivables **17** | 49633 | • | • | 8 | 144 | • | 988 | 1805 | 3134 | • | • | 32564 | • |
| Inventories **18** | 64106 | • | • | 77 | 39 | • | 1134 | 2303 | 6013 | • | • | 39298 | • |
| Net Property, Plant and Equipment **19** | 53012 | • | • | 40 | 78 | • | 695 | 854 | 4275 | • | • | 48207 | • |
| Total Assets **20** | 232945 | • | 53 | 154 | 415 | • | 3533 | 6245 | 17816 | • | • | 187360 | • |

| | | | | | | | |
|---|---|---|---|---|---|---|---|
| Notes and Loans Payable 21 | 59071 | 55 | 156 | 809 | 903 | 3931 | 49604 |
| All Other Liabilities 22 | 100623 | 37 | 77 | 591 | 1730 | 4322 | 49882 |
| Net Worth 23 | 73252 | 53 | 62 | 182 | 2133 | 3612 | 9563 | 87875 |

## Selected Financial Ratios (Times to 1)

| | | | | | | | |
|---|---|---|---|---|---|---|---|
| Current Ratio 24 | 1.3 | 1.2 | 1.7 | 2.2 | 2.5 | 3.0 | 1.8 |
| Quick Ratio 25 | 0.5 | 0.4 | 1.3 | 1.2 | 1.3 | 1.3 | 0.8 |
| Net Sales to Working Capital 26 | 9.6 | 37.7 | 10.6 | 4.7 | 4.2 | 2.5 | 4.5 |
| Coverage Ratio 27 | 4.1 | 2.1 | 7.3 | • | • | 6.6 | 3.8 |
| Total Asset Turnover 28 | 1.2 | 4.5 | 2.1 | 1.9 | 2.0 | 1.2 | 0.9 |
| Inventory Turnover 29 | 3.4 | • | 2.7 | 2.9 | 3.8 | 2.5 | 2.5 |
| Receivables Turnover 30 | 5.9 | • | • | 5.6 | 8.4 | 7.3 | 5.9 |
| Total Liabilities to Net Worth 31 | 2.2 | 1.5 | 1.3 | 0.7 | 0.7 | 0.9 | 1.1 |

## Selected Financial Factors (in Percentages)

| | | | | | | | |
|---|---|---|---|---|---|---|---|
| Debt Ratio 32 | 68.6 | 59.9 | 56.2 | 39.6 | 42.2 | 46.3 | 53.1 |
| Return on Assets 33 | 10.5 | 3.3 | 7.3 | 18.1 | 27.0 | 12.9 | 12.7 |
| Return on Equity 34 | 17.9 | 6.9 | 7.3 | 22.0 | • | 13.8 | 13.3 |
| Return Before Interest on Equity 35 | 33.4 | 8.1 | 16.6 | 29.9 | • | 24.1 | 27.1 |
| Profit Margin, Before Income Tax 36 | 6.5 | 0.7 | 1.4 | 8.3 | 12.8 | 9.5 | 10.3 |
| Profit Margin, After Income Tax 37 | 4.6 | 0.6 | 1.2 | 7.1 | 11.8 | 6.4 | 6.9 |

## Trends in Selected Ratios and Factors, 1986-1994

| | 1986 | 1987 | 1988 | 1989 | 1990 | 1991 | 1992 | 1993 | 1994 |
|---|---|---|---|---|---|---|---|---|---|
| Cost of Operations (%) 38 | 71.9 | 71.8 | 71.5 | 74.7 | 72.6 | 74.7 | 71.9 | 75.1 | 75.7 |
| Operating Margin (%) 39 | • | 0.4 | 3.5 | • | • | • | 0.9 | • | • |
| Oper. Margin Before Officers Comp. (%) 40 | • | 0.8 | 3.9 | • | • | 1.3 | 1.3 | • | • |
| Average Net Receivables ($) 41 | 7489 | 16349 | 13565 | 28112 | 16288 | 17854 | 50225 | 84172 | 49633 |
| Average Inventories ($) 42 | 21896 | 27085 | 21764 | 28424 | 18557 | 25075 | 60169 | 117095 | 64106 |
| Average Net Worth ($) 43 | 15813 | 32660 | 31195 | 48979 | 28224 | 31007 | 84030 | 127105 | 73252 |
| Current Ratio (x1) 44 | 1.3 | 1.2 | 1.4 | 1.3 | 1.4 | 1.3 | 1.3 | 1.4 | 1.3 |
| Quick Ratio (x1) 45 | 0.4 | 0.6 | 0.6 | 0.6 | 0.6 | 0.6 | 0.6 | 0.6 | 0.5 |
| Coverage Ratio (x1) 46 | 2.1 | 3.6 | 5.4 | 3.0 | 3.3 | 3.9 | 5.2 | 3.3 | 4.1 |
| Asset Turnover (x1) 47 | 1.1 | 1.4 | 1.6 | 1.0 | 1.0 | 1.1 | 1.1 | 1.1 | 1.2 |
| Operating Leverage 48 | • | • | 8.9 | • | 0.4 | 0.1 | • | • | 0.4 |
| Financial Leverage 49 | • | 1.7 | 1.2 | 0.7 | 1.2 | 0.9 | 1.1 | 0.9 | 1.2 |
| Total Leverage 50 | • | • | 10.6 | • | 0.5 | 0.1 | • | • | 0.5 |

## Table I

Corporations with and without Net Income

# SHIP AND BOAT BUILDING AND REPAIRING

### MONEY AMOUNTS AND SIZE OF ASSETS IN THOUSANDS OF DOLLARS

| Item Description for Accounting Period 7/90 Through 6/91 | Total | Zero Assets | Under 100 | 100 to 250 | 251 to 500 | 501 to 1,000 | 1,001 to 5,000 | 5,001 to 10,000 | 10,001 to 25,000 | 25,001 to 50,000 | 50,001 to 100,000 | 100,001 to 250,000 | 250,001 and over |
|---|---|---|---|---|---|---|---|---|---|---|---|---|---|
| Number of Enterprises **1** | 2801 | 70 | 1605 | 306 | 326 | 82 | 293 | 42 | 46 | 18 | 5 | 5 | 3 |
| **Revenues ($ in Thousands)** | | | | | | | | | | | | | |
| Net Sales **2** | 9121 | 192 | 177 | 131 | 182 | 188 | 1424 | 537 | 1143 | 1003 | 479 | 1196 | 2469 |
| Portfolio Income **3** | 127 | 0 | • | 1 | 1 | 0 | 2 | 2 | 5 | 36 | 5 | 41 | 34 |
| Other Revenues **4** | 87 | 3 | 0 | 0 | 0 | 0 | 11 | 9 | 17 | 15 | 4 | 9 | 18 |
| Total Revenues **5** | 9334 | 195 | 178 | 132 | 183 | 188 | 1437 | 548 | 1165 | 1054 | 488 | 1246 | 2521 |
| Average Total Revenues **6** | 3333 | 2789 | 111 | 431 | 562 | 2292 | 4905 | 13036 | 25332 | 58558 | 97611 | 249114 | 840295 |
| **Operating Costs/Operating Income (%)** | | | | | | | | | | | | | |
| Cost of Operations **7** | 80.5 | 97.1 | 40.4 | 76.0 | 74.2 | 78.8 | 81.0 | 79.4 | 76.7 | 79.5 | 80.2 | 76.6 | 86.9 |
| Rent **8** | 0.9 | 1.3 | 7.6 | 7.0 | 1.5 | 0.3 | 1.2 | 0.9 | 0.8 | 0.8 | 0.5 | 1.1 | 0.1 |
| Taxes Paid **9** | 2.5 | 3.4 | 3.9 | 2.1 | 5.4 | 3.1 | 2.0 | 2.0 | 3.1 | 2.3 | 1.2 | 2.4 | 2.6 |
| Interest Paid **10** | 2.6 | 1.3 | 1.6 | 0.4 | 4.1 | 2.9 | 1.9 | 1.3 | 3.1 | 2.2 | 3.7 | 3.5 | 2.7 |
| Depreciation, Depletion, Amortization **11** | 2.0 | 1.4 | 1.7 | 0.4 | 3.2 | 4.6 | 2.2 | 1.4 | 3.1 | 2.8 | 3.2 | 1.2 | 1.3 |
| Pensions and Other Benefits **12** | 2.7 | • | 1.3 | • | 1.0 | 1.7 | 0.4 | 1.0 | 1.7 | 2.3 | 1.9 | 5.1 | 4.6 |
| Other **13** | 10.9 | 10.1 | 27.7 | 21.6 | 15.1 | 8.6 | 10.6 | 12.2 | 11.4 | 14.8 | 9.8 | 17.1 | 4.3 |
| Officers Compensation **14** | 1.6 | 1.7 | 13.7 | 4.9 | • | 3.7 | 2.7 | 2.0 | 1.7 | 1.4 | 1.2 | 0.5 | 0.2 |
| Operating Margin **15** | • | • | 2.1 | • | • | • | • | • | • | • | • | • | • |
| Oper. Margin Before Officers Compensation **16** | • | • | 15.9 | • | • | 0.7 | • | 1.8 | 0.1 | • | • | • | • |
| **Selected Average Balance Sheet ($ in Thousands)** | | | | | | | | | | | | | |
| Net Receivables **17** | 363 | • | 7 | 30 | 22 | 115 | 472 | 1484 | 3242 | 8537 | 10857 | 34587 | 82770 |
| Inventories **18** | 326 | • | 3 | 56 | 175 | 212 | 921 | 1955 | 2479 | 2177 | 10721 | 4983 | 77912 |
| Net Property, Plant and Equipment **19** | 580 | • | 11 | 8 | 97 | 581 | 652 | 2366 | 5859 | 15440 | 25941 | 32031 | 132755 |
| Total Assets **20** | 2041 | 27 | 139 | 392 | 969 | 2407 | 7760 | 14845 | 38311 | 71611 | 144269 | 647059 | |

| | | | | | | | | | | | | |
|---|---|---|---|---|---|---|---|---|---|---|---|---|
| Notes and Loans Payable 21 | 759 | 18 | 151 | 289 | 657 | 1022 | 1597 | 6911 | 9631 | 36374 | 68018 | 174006 |
| All Other Liabilities 22 | 648 | 5 | 98 | 123 | 193 | 1195 | 1744 | 3854 | 14970 | 18733 | 49592 | 169985 |
| Net Worth 23 | 634 | 4 | -110 | -19 | 119 | 190 | 4418 | 4080 | 13710 | 16504 | 26659 | 303068 |

## Selected Financial Ratios (Times to 1)

| | | | | | | | | | | | | |
|---|---|---|---|---|---|---|---|---|---|---|---|---|
| Current Ratio 24 | 1.3 | 2.4 | 2.3 | 1.7 | 2.0 | 1.0 | 2.0 | 1.4 | 1.1 | 0.7 | 1.7 | 1.5 |
| Quick Ratio 25 | 0.6 | 1.9 | 0.6 | 0.4 | 0.8 | 0.4 | 1.0 | 0.8 | 0.6 | 0.4 | 0.9 | 0.8 |
| Net Sales to Working Capital 26 | 16.2 | 12.1 | 5.8 | 6.0 | 12.1 | • | 6.0 | 11.4 | 49.3 | • | 6.5 | 13.9 |
| Coverage Ratio 27 | 0.5 | 2.3 | • | 0.1 | • | 0.5 | 2.3 | 1.2 | 0.4 | 1.1 | 0.0 | 0.8 |
| Total Asset Turnover 28 | 1.6 | 4.2 | 3.1 | 1.4 | 2.4 | 2.0 | 1.7 | 1.7 | 1.5 | 1.3 | 1.7 | 1.3 |
| Inventory Turnover 29 | 8.1 | • | 7.1 | 3.2 | 3.8 | 4.8 | 6.0 | 7.5 | • | 8.3 | • | 9.3 |
| Receivables Turnover 30 | 9.0 | • | • | • | • | • | • | 7.3 | 6.0 | • | 7.4 | 9.1 |
| Total Liabilities to Net Worth 31 | 2.2 | 5.6 | • | • | 7.2 | 11.7 | 0.8 | 2.6 | 1.8 | 3.3 | 4.4 | 1.1 |

## Selected Financial Factors (in Percentages)

| | | | | | | | | | | | | |
|---|---|---|---|---|---|---|---|---|---|---|---|---|
| Debt Ratio 32 | 68.9 | 84.9 | • | • | 87.7 | 92.1 | 43.1 | 72.5 | 64.2 | 77.0 | 81.5 | 53.2 |
| Return on Assets 33 | 2.1 | 15.7 | • | 0.6 | • | 1.8 | 4.9 | 6.1 | 1.4 | 5.1 | 0.2 | 2.7 |
| Return on Equity 34 | • | • | • | • | • | • | 4.6 | 1.0 | • | • | • | • |
| Return Before Interest on Equity 35 | 6.6 | • | • | • | • | 23.1 | 8.5 | 22.2 | 4.0 | 22.3 | 1.0 | 5.7 |
| Profit Margin, Before Income Tax 36 | • | 2.2 | • | • | • | • | 1.7 | 0.6 | • | 0.2 | • | • |
| Profit Margin, After Income Tax 37 | • | 2.2 | • | • | • | • | 1.6 | 0.2 | • | • | • | • |

## Trends in Selected Ratios and Factors, 1986-1994

| | 1986 | 1987 | 1988 | 1989 | 1990 | 1991 | 1992 | 1993 | 1994 |
|---|---|---|---|---|---|---|---|---|---|
| Cost of Operations (%) 38 | 77.5 | 75.8 | 74.7 | 76.6 | 77.8 | 79.5 | 76.3 | 78.5 | 80.5 |
| Operating Margin (%) 39 | • | • | • | • | • | • | • | • | • |
| Oper. Margin Before Officers Comp. (%) 40 | • | • | 1.0 | • | • | 0.3 | • | • | • |
| Average Net Receivables ($) 41 | 558 | 624 | 1167 | 731 | 458 | 473 | 524 | 607 | 363 |
| Average Inventories ($) 42 | 436 | 356 | 706 | 481 | 399 | 368 | 510 | 539 | 326 |
| Average Net Worth ($) 43 | 1497 | 1677 | 2850 | 1269 | 365 | 439 | 533 | 1019 | 634 |
| Current Ratio (x1) 44 | 1.7 | 1.9 | 1.8 | 1.6 | 0.9 | 1.0 | 1.0 | 1.4 | 1.3 |
| Quick Ratio (x1) 45 | 0.8 | 1.0 | 0.9 | 0.7 | 0.5 | 0.5 | 0.5 | 0.8 | 0.6 |
| Coverage Ratio (x1) 46 | 0.9 | 1.3 | 1.9 | 0.2 | 1.0 | 1.7 | 1.6 | 1.5 | 0.5 |
| Asset Turnover (x1) 47 | 1.0 | 1.0 | 1.0 | 1.0 | 1.4 | 1.5 | 1.5 | 1.6 | 1.6 |
| Total Liabilities/Net Worth (x1) 48 | 1.3 | 1.2 | 1.3 | 2.3 | 6.8 | 5.8 | 4.8 | 2.4 | 2.2 |
| Return on Assets (x1) 49 | 2.7 | 3.9 | 4.5 | 0.5 | 3.4 | 7.0 | 6.4 | 6.8 | 2.1 |
| Return on Equity (%) 50 | • | • | 1.9 | • | • | 12.4 | 7.5 | 2.1 | • |

## Table II

Corporations with Net Income

# SHIP AND BOAT BUILDING AND REPAIRING

### MONEY AMOUNTS AND SIZE OF ASSETS IN THOUSANDS OF DOLLARS

| Item Description for Accounting Period 7/90 Through 6/91 | Total | Zero Assets | Under 100 | 100 to 250 | 251 to 500 | 501 to 1,000 | 1,001 to 5,000 | 5,001 to 10,000 | 10,001 to 25,000 | 25,001 to 50,000 | 50,001 to 100,000 | 100,001 to 250,000 | 250,001 and over |
|---|---|---|---|---|---|---|---|---|---|---|---|---|---|
| Number of Enterprises 1 | 1044 | 16 | 607 | • | 158 | 53 | 145 | 24 | 28 | 7 | 5 | • | • |
| **Revenues ($ in Thousands)** | | | | | | | | | | | | | |
| Net Sales 2 | 4215 | 175 | 73 | • | 84 | 70 | 825 | 419 | 789 | 352 | 1428 | • | • |
| Portfolio Income 3 | 47 | 0 | • | • | 1 | 0 | 2 | 0 | 3 | 29 | 11 | • | • |
| Other Revenues 4 | 40 | 3 | • | • | 0 | • | 3 | 7 | 14 | 12 | 2 | • | • |
| Total Revenues 5 | 4303 | 179 | 73 | • | 85 | 70 | 830 | 425 | 807 | 393 | 1441 | • | • |
| Average Total Revenues 6 | 4121 | 11169 | 121 | • | 538 | 1319 | 5723 | 17711 | 28804 | 56130 | 288265 | • | • |
| **Operating Costs/Operating Income (%)** | | | | | | | | | | | | | |
| Cost of Operations 7 | 75.2 | 89.1 | 33.4 | • | 77.9 | 56.9 | 79.4 | 79.8 | 72.9 | 75.7 | 73.8 | • | • |
| Rent 8 | 0.9 | • | 8.9 | • | • | 0.4 | 1.6 | 1.0 | 0.8 | 0.3 | 0.5 | • | • |
| Taxes Paid 9 | 2.8 | 3.3 | 3.4 | • | 3.7 | 5.2 | 2.1 | 1.9 | 3.1 | 2.3 | 3.2 | • | • |
| Interest Paid 10 | 2.0 | 1.4 | 1.1 | • | 1.9 | 2.6 | 1.1 | 0.6 | 2.8 | 1.4 | 2.8 | • | • |
| Depreciation, Depletion, Amortization 11 | 2.1 | 1.5 | 1.5 | • | 1.9 | 8.7 | 1.3 | 1.1 | 3.4 | 3.0 | 1.6 | • | • |
| Pensions and Other Benefits 12 | 2.8 | 2.1 | • | • | • | 3.6 | 0.3 | 1.3 | 2.2 | 1.8 | 5.8 | • | • |
| Other 13 | 9.3 | 4.6 | 33.9 | • | 6.0 | 7.3 | 9.7 | 10.1 | 11.8 | 15.0 | 5.7 | • | • |
| Officers Compensation 14 | 1.8 | 1.9 | 10.4 | • | • | 9.0 | 1.9 | 2.2 | 1.8 | 2.9 | 0.6 | • | • |
| Operating Margin 15 | 3.2 | • | 5.6 | • | 8.6 | 6.5 | 2.6 | 2.1 | 1.5 | • | 6.1 | • | • |
| Oper. Margin Before Officers Compensation 16 | 5.0 | • | 15.9 | • | 8.6 | 15.5 | 4.5 | 4.3 | 3.3 | 0.7 | 6.7 | • | • |
| **Selected Average Balance Sheet ($ in Thousands)** | | | | | | | | | | | | | |
| Net Receivables 17 | 458 | • | 6 | • | 34 | 166 | 785 | 2139 | 3569 | 9799 | 25325 | • | • |
| Inventories 18 | 494 | • | 2 | • | 155 | 114 | 1192 | 1849 | 3126 | 2793 | 31938 | • | • |
| Net Property, Plant and Equipment 19 | 671 | • | 10 | • | 52 | 662 | 543 | 2108 | 5471 | 14168 | 54009 | • | • |
| Total Assets 20 | 2404 | • | 27 | • | 388 | 986 | 2919 | 8201 | 14247 | 40152 | 215972 | • | • |

| | | | | | | | | | | |
|---|---|---|---|---|---|---|---|---|---|---|
| Notes and Loans Payable 21 | 735 | 24 | • | 138 | 302 | 1064 | 1297 | 6547 | 2578 | 65653 |
| All Other Liabilities 22 | 692 | 11 | • | 55 | 76 | 1187 | 1925 | 3363 | 12714 | 60465 |
| Net Worth 23 | 977 | -8 | • | 196 | 608 | 668 | 4978 | 4338 | 24859 | 89854 |

**Selected Financial Ratios (Times to 1)**

| | | | | | | | | | | |
|---|---|---|---|---|---|---|---|---|---|---|
| Current Ratio 24 | 1.6 | 1.5 | • | 2.4 | 2.6 | 1.2 | 2.9 | 1.5 | 1.9 | 1.6 |
| Quick Ratio 25 | 0.8 | 1.4 | • | 0.6 | 1.4 | 0.5 | 1.9 | 0.9 | 1.1 | 0.7 |
| Net Sales to Working Capital 26 | 9.4 | 20.9 | • | 4.3 | 6.7 | 16.2 | 5.0 | 10.5 | 4.6 | 11.2 |
| Coverage Ratio 27 | 3.6 | 6.3 | 1.1 | 6.5 | 3.6 | 3.9 | 7.5 | 2.3 | 7.7 | 3.5 |
| Total Asset Turnover 28 | 1.7 | 4.4 | • | 1.4 | 1.3 | 2.0 | 2.1 | 2.0 | 1.3 | 1.3 |
| Inventory Turnover 29 | 5.8 | • | • | 2.5 | • | 3.9 | 8.0 | 7.1 | 7.7 | • |
| Receivables Turnover 30 | 7.9 | • | • | • | 8.6 | 7.2 | • | 9.5 | 3.7 | • |
| Total Liabilities to Net Worth 31 | 1.5 | • | • | 1.0 | 0.6 | 3.4 | 0.7 | 2.3 | 0.6 | 1.4 |

**Selected Financial Factors (in Percentages)**

| | | | | | | | | | | |
|---|---|---|---|---|---|---|---|---|---|---|
| Debt Ratio 32 | 59.4 | • | • | 49.5 | 38.3 | 77.1 | 39.3 | 69.6 | 38.1 | 58.4 |
| Return on Assets 33 | 12.2 | 29.2 | • | 16.6 | 12.5 | 8.5 | 9.1 | 12.6 | 13.1 | 13.0 |
| Return on Equity 34 | 18.7 | • | • | 22.9 | 14.6 | 19.7 | 12.6 | 19.9 | 13.8 | 20.5 |
| Return Before Interest on Equity 35 | 30.0 | • | • | 33.0 | 20.2 | • | 15.0 | • | 21.2 | 31.3 |
| Profit Margin, Before Income Tax 36 | 5.3 | 0.2 | • | 10.3 | 6.7 | 3.3 | 3.7 | 3.6 | 9.1 | 7.0 |
| Profit Margin, After Income Tax 37 | 4.5 | 0.2 | • | 8.5 | 6.7 | 2.3 | 3.6 | 3.1 | 6.8 | 6.4 |

**Trends in Selected Ratios and Factors, 1986-1994**

| | 1986 | 1987 | 1988 | 1989 | 1990 | 1991 | 1992 | 1993 | 1994 |
|---|---|---|---|---|---|---|---|---|---|
| Cost of Operations (%) 38 | 73.5 | 73.4 | 73.0 | 71.9 | 75.3 | 72.0 | 75.6 | 74.9 | 75.2 |
| Operating Margin (%) 39 | 2.1 | 0.4 | 3.7 | 4.1 | 2.6 | 4.1 | 0.5 | 2.2 | 3.2 |
| Oper. Margin Before Officers Comp. (%) 40 | 4.3 | 2.0 | 5.4 | 6.6 | 5.1 | 6.1 | 2.3 | 4.1 | 5.0 |
| Average Net Receivables ($) 41 | 313 | 855 | 1651 | 285 | 453 | 484 | 985 | 503 | 458 |
| Average Inventories ($) 42 | 333 | 444 | 783 | 283 | 490 | 452 | 941 | 493 | 494 |
| Average Net Worth ($) 43 | 633 | 2677 | 4591 | 557 | 437 | 104 | 1609 | 1143 | 977 |
| Current Ratio (x1) 44 | 1.7 | 2.4 | 2.3 | 1.7 | 0.9 | 0.9 | 1.5 | 1.6 | 1.6 |
| Quick Ratio (x1) 45 | 0.9 | 1.1 | 1.2 | 0.9 | 0.4 | 0.5 | 0.8 | 0.9 | 0.8 |
| Coverage Ratio (x1) 46 | 4.5 | 2.7 | 4.4 | 5.8 | 5.2 | 5.3 | 3.4 | 3.6 | 3.6 |
| Asset Turnover (x1) 47 | 1.6 | 1.0 | 1.0 | 2.3 | 2.1 | 1.8 | 1.8 | 1.6 | 1.7 |
| Operating Leverage 48 | • | 0.2 | 9.9 | 1.1 | 0.6 | 1.6 | 0.1 | 4.5 | 1.5 |
| Financial Leverage 49 | • | 0.8 | 1.4 | 1.1 | 1.0 | 1.1 | 0.9 | 1.0 | 1.1 |
| Total Leverage 50 | • | 0.2 | 13.6 | 1.2 | 0.7 | 1.7 | 0.1 | 4.5 | 1.7 |

## Table I

Corporations with and without Net Income

# OTHER TRANSPORTATION EQUIPMENT, EXCEPT MOTOR VEHICLES

**MONEY AMOUNTS AND SIZE OF ASSETS IN THOUSANDS OF DOLLARS**

| Item Description for Accounting Period 7/90 Through 6/91 | Total | Zero Assets | Under 100 | 100 to 250 | 251 to 500 | 501 to 1,000 | 1,001 to 5,000 | 5,001 to 10,000 | 10,001 to 25,000 | 25,001 to 50,000 | 50,001 to 100,000 | 100,001 to 250,000 | 250,001 and over |
|---|---|---|---|---|---|---|---|---|---|---|---|---|---|
| **1** Number of Enterprises | 1446 | 14 | 206 | 554 | 330 | 62 | 186 | 12 | 44 | 14 | 9 | 4 | 9 |
| **Revenues ($ in Thousands)** | | | | | | | | | | | | | |
| **2** Net Sales | 13046 | 4 | 140 | 343 | 613 | 63 | 977 | 162 | 1174 | 473 | 1392 | 740 | 6964 |
| **3** Portfolio Income | 218 | 0 | • | 1 | 0 | 13 | 3 | 1 | 3 | 9 | 5 | 6 | 177 |
| **4** Other Revenues | 233 | 0 | • | 2 | 0 | 2 | 3 | 5 | 14 | 18 | 27 | 18 | 144 |
| **5** Total Revenues | 13497 | 5 | 140 | 345 | 613 | 78 | 982 | 169 | 1191 | 500 | 1424 | 763 | 7286 |
| **6** Average Total Revenues | 9334 | 326 | 679 | 624 | 1859 | 1253 | 5282 | 14070 | 27067 | 35721 | 158211 | 190825 | 809572 |
| **Operating Costs/Operating Income (%)** | | | | | | | | | | | | | |
| **7** Cost of Operations | 76.1 | 49.5 | 67.7 | 79.0 | 80.3 | 68.7 | 73.5 | 65.9 | 74.7 | 76.7 | 81.9 | 81.3 | 74.9 |
| **8** Rent | 0.5 | 26.9 | • | 0.7 | 0.3 | 0.4 | 0.8 | 0.7 | 0.5 | 0.8 | 0.3 | 1.0 | 0.5 |
| **9** Taxes Paid | 2.2 | 1.2 | 4.2 | 4.0 | 1.4 | 2.2 | 2.3 | 1.9 | 2.8 | 1.5 | 1.4 | 1.9 | 2.2 |
| **10** Interest Paid | 2.8 | 1.6 | 2.2 | 1.1 | 0.4 | 3.1 | 2.3 | 1.3 | 2.0 | 3.7 | 1.6 | 3.5 | 3.5 |
| **11** Depreciation, Depletion, Amortization | 2.4 | 2.2 | • | 1.3 | 0.5 | 8.5 | 1.3 | 9.4 | 1.8 | 3.5 | 3.1 | 1.5 | 2.6 |
| **12** Pensions and Other Benefits | 1.6 | 0.7 | 0.6 | 0.2 | 0.4 | 0.6 | 0.9 | 0.4 | 1.2 | 3.1 | 1.2 | 1.3 | 1.9 |
| **13** Other | 14.8 | 25.6 | • | 15.7 | 10.4 | 50.9 | 18.2 | 19.6 | 13.9 | 13.7 | 8.5 | 14.7 | 15.5 |
| **14** Officers Compensation | 0.8 | • | • | 3.0 | 3.7 | 0.8 | 1.3 | 1.3 | 1.6 | 1.2 | 0.8 | 0.5 | 0.3 |
| **15** Operating Margin | • | • | • | • | 2.6 | • | • | • | 1.6 | • | 1.1 | • | • |
| **16** Oper. Margin Before Officers Compensation | • | • | • | • | 6.3 | • | 0.8 | 0.8 | 3.2 | • | 2.0 | • | • |
| **Selected Average Balance Sheet ($ in Thousands)** | | | | | | | | | | | | | |
| **17** Net Receivables | 1266 | • | • | 42 | 154 | 56 | 455 | 1043 | 3908 | 8414 | 14501 | 37109 | 120895 |
| **18** Inventories | 1182 | • | 29 | 55 | 102 | 153 | 952 | 332 | 4654 | 10823 | 21446 | 35529 | 84095 |
| **19** Net Property, Plant and Equipment | 1573 | • | 1 | 33 | 67 | 178 | 579 | 5106 | 4389 | 6227 | 19964 | 18778 | 168739 |
| **20** Total Assets | 6808 | • | 63 | 139 | 381 | 662 | 2162 | 8074 | 14625 | 33333 | 76171 | 112270 | 760363 |

| Notes and Loans Payable 21 | • | 2574 | 35 | 65 | 69 | 430 | 1007 | 1603 | 4635 | 15298 | 20838 | 58227 | 287175 |
| All Other Liabilities 22 | • | 1909 | 19 | 110 | 226 | 85 | 895 | 1767 | 3885 | 9938 | 23735 | 21028 | 202239 |
| Net Worth 23 | • | 2324 | 8 | -36 | 86 | 147 | 259 | 4704 | 6105 | 8096 | 31597 | 33015 | 270950 |

**Selected Financial Ratios (Times to 1)**

| | | | | | | | | | | | | | |
|---|---|---|---|---|---|---|---|---|---|---|---|---|---|
| Current Ratio 24 | 1.5 | • | 0.8 | 0.7 | 1.2 | 1.6 | 1.2 | 0.8 | 1.6 | 1.5 | 1.6 | 2.1 | 1.6 |
| Quick Ratio 25 | 0.8 | • | 0.3 | 0.3 | 0.8 | 0.5 | 0.4 | 0.6 | 0.7 | 0.7 | 0.7 | 1.1 | 0.9 |
| Net Sales to Working Capital 26 | 8.9 | • | • | • | 40.7 | 11.7 | 19.8 | • | 7.6 | 4.4 | 10.1 | 4.6 | 8.0 |
| Coverage Ratio 27 | 1.8 | • | 0.9 | • | 7.2 | • | 1.0 | 3.7 | 2.5 | 1.5 | 3.1 | 0.3 | 1.9 |
| Total Asset Turnover 28 | 1.3 | • | 10.9 | 4.5 | 4.9 | 1.6 | 2.4 | 1.7 | 1.8 | 1.0 | 2.0 | 1.7 | 1.0 |
| Inventory Turnover 29 | 6.1 | • | 8.9 | • | • | 8.0 | 4.1 | 3.3 | 3.6 | 2.8 | 5.8 | 4.0 | 8.3 |
| Receivables Turnover 30 | 7.0 | • | • | • | • | • | 9.8 | 5.6 | 6.6 | 3.5 | 9.1 | 4.3 | 6.6 |
| Total Liabilities to Net Worth 31 | 1.9 | • | 7.1 | • | 3.4 | 3.5 | 7.3 | 0.7 | 1.4 | 3.1 | 1.4 | 2.4 | 1.8 |

**Selected Financial Factors (in Percentages)**

| | | | | | | | | | | | | | |
|---|---|---|---|---|---|---|---|---|---|---|---|---|---|
| Debt Ratio 32 | 65.9 | • | 87.7 | • | 77.4 | 77.8 | 88.0 | 41.8 | 58.3 | 75.7 | 58.5 | 70.6 | 64.4 |
| Return on Assets 33 | 6.7 | • | 20.5 | • | 14.9 | • | 5.6 | 8.3 | 9.1 | 5.5 | 10.0 | 1.9 | 6.8 |
| Return on Equity 34 | 5.1 | • | • | • | • | • | • | 7.1 | 7.5 | 1.3 | 12.0 | • | 6.0 |
| Return Before Interest on Equity 35 | 19.6 | • | • | • | • | • | • | 14.2 | 21.9 | 22.5 | 24.1 | 6.3 | 19.1 |
| Profit Margin, Before Income Tax 36 | 2.2 | • | • | • | 2.6 | • | • | 3.6 | 3.0 | 1.7 | 3.3 | • | 3.2 |
| Profit Margin, After Income Tax 37 | 1.3 | • | • | • | 2.5 | • | • | 2.5 | 1.7 | 0.3 | 2.5 | • | 2.1 |

**Trends in Selected Ratios and Factors, 1986-1994**

| | 1986 | 1987 | 1988 | 1989 | 1990 | 1991 | 1992 | 1993 | 1994 |
|---|---|---|---|---|---|---|---|---|---|
| Cost of Operations (%) 38 | 72.9 | 73.4 | 76.3 | 75.3 | 77.4 | 79.3 | 79.5 | 79.0 | 76.1 |
| Operating Margin (%) 39 | • | 0.8 | • | • | • | • | • | • | • |
| Oper. Margin Before Officers Comp. (%) 40 | • | 2.6 | 1.2 | 0.7 | • | • | • | • | • |
| Average Net Receivables ($) 41 | 596 | 509 | 1312 | 622 | 974 | 1233 | 2118 | 1498 | 1266 |
| Average Inventories ($) 42 | 1005 | 649 | 934 | 702 | 911 | 975 | 1580 | 1206 | 1182 |
| Average Net Worth ($) 43 | 1473 | 1028 | 1802 | 1087 | 1689 | 1703 | 2310 | 1989 | 2324 |
| Current Ratio (x1) 44 | 1.5 | 1.6 | 1.6 | 1.6 | 1.5 | 1.4 | 1.5 | 1.4 | 1.5 |
| Quick Ratio (x1) 45 | 0.6 | 0.8 | 1.0 | 0.9 | 0.8 | 0.8 | 0.9 | 0.8 | 0.8 |
| Coverage Ratio (x1) 46 | 0.8 | 2.4 | 3.0 | 2.4 | 2.1 | 2.2 | 2.2 | 1.8 | 1.8 |
| Asset Turnover (x1) 47 | 1.1 | 1.4 | 1.4 | 1.8 | 1.5 | 1.6 | 1.4 | 1.5 | 1.3 |
| Total Liabilities/Net Worth (x1) 48 | 2.2 | 2.0 | 1.9 | 1.7 | 1.7 | 2.0 | 2.4 | 2.2 | 1.9 |
| Return on Assets (x1) 49 | 3.2 | 8.1 | 10.3 | 8.6 | 7.6 | 7.8 | 8.7 | 7.1 | 6.7 |
| Return on Equity (%) 50 | • | 4.0 | 9.7 | 5.8 | 5.8 | 7.9 | 9.8 | 5.1 | 5.1 |

## 167

## Table II

Corporations with Net Income

# OTHER TRANSPORTATION EQUIPMENT, EXCEPT MOTOR VEHICLES

MONEY AMOUNTS AND SIZE OF ASSETS IN THOUSANDS OF DOLLARS

| Item Description for Accounting Period 7/90 Through 6/91 | Total | Zero Assets | Under 100 | 100 to 250 | 251 to 500 | 501 to 1,000 | 1,001 to 5,000 | 5,001 to 10,000 | 10,001 to 25,000 | 25,001 to 50,000 | 50,001 to 100,000 | 100,001 to 250,000 | 250,001 and over |
|---|---|---|---|---|---|---|---|---|---|---|---|---|---|
| Number of Enterprises 1 | 697 | 7 | • | 207 | 330 | 18 | 79 | 5 | 30 | 5 | • | • | • |
| **Revenues ($ in Thousands)** | | | | | | | | | | | | | |
| Net Sales 2 | 10018 | 4 | • | 103 | 613 | 46 | 540 | 152 | 821 | 321 | • | • | • |
| Portfolio Income 3 | 100 | 0 | • | 1 | 0 | 0 | 0 | 1 | 2 | 1 | • | • | • |
| Other Revenues 4 | 138 | 0 | • | • | 0 | 2 | 1 | 5 | 4 | 3 | • | • | • |
| Total Revenues 5 | 10256 | 5 | • | 103 | 613 | 48 | 542 | 158 | 828 | 325 | • | • | • |
| Average Total Revenues 6 | 14714 | 650 | • | 498 | 1859 | 2680 | 6855 | 31639 | 27588 | 65040 | • | • | • |
| **Operating Costs/Operating Income (%)** | | | | | | | | | | | | | |
| Cost of Operations 7 | 75.3 | 49.5 | • | 74.2 | 80.3 | 65.0 | 69.0 | 67.2 | 70.6 | 77.4 | • | • | • |
| Rent 8 | 0.4 | 2.2 | • | • | 0.3 | • | 0.5 | 0.8 | 0.6 | 1.0 | • | • | • |
| Taxes Paid 9 | 2.1 | 1.1 | • | 4.3 | 1.4 | 2.1 | 2.5 | 1.9 | 2.8 | 1.4 | • | • | • |
| Interest Paid 10 | 2.1 | • | • | 1.4 | 0.4 | 1.6 | 1.7 | 0.5 | 1.3 | 1.7 | • | • | • |
| Depreciation, Depletion, Amortization 11 | 2.0 | 0.9 | • | 0.5 | 0.5 | 1.9 | 1.3 | 1.4 | 1.8 | 2.3 | • | • | • |
| Pensions and Other Benefits 12 | 1.6 | 0.7 | • | 0.1 | 0.4 | 0.8 | 1.0 | 0.4 | 1.4 | 0.8 | • | • | • |
| Other 13 | 13.6 | 35.7 | • | 16.9 | 10.4 | 28.0 | 16.7 | 19.1 | 13.8 | 9.7 | • | • | • |
| Officers Compensation 14 | 0.9 | • | • | • | 3.7 | 1.1 | 1.6 | 1.4 | 1.9 | 1.3 | • | • | • |
| Operating Margin 15 | 2.1 | 10.1 | • | 2.7 | 2.6 | • | 5.7 | 7.4 | 5.9 | 4.5 | • | • | • |
| Oper. Margin Before Officers Compensation 16 | 2.9 | 10.1 | • | 2.7 | 6.3 | 0.6 | 7.4 | 8.8 | 7.8 | 5.8 | • | • | • |
| **Selected Average Balance Sheet ($ in Thousands)** | | | | | | | | | | | | | |
| Net Receivables 17 | 2018 | • | • | 3 | 154 | 166 | 503 | 2036 | 3957 | 15901 | • | • | • |
| Inventories 18 | 1696 | • | • | 63 | 102 | 375 | 1063 | 601 | 4135 | 8612 | • | • | • |
| Net Property, Plant and Equipment 19 | 2256 | • | • | 40 | 67 | 277 | 594 | 2008 | 4129 | 5896 | • | • | • |
| Total Assets 20 | 10019 | • | • | 106 | 381 | 881 | 2412 | 8145 | 13918 | 35975 | • | • | • |

| | | | | | | | | |
|---|---|---|---|---|---|---|---|---|
| Notes and Loans Payable 21 | 3026 | • | 58 | 69 | 384 | 1018 | 1030 | 3414 | 10960 |
| All Other Liabilities 22 | 2942 | • | 27 | 226 | 212 | 863 | 1346 | 3095 | 11699 |
| Net Worth 23 | 4051 | • | 22 | 86 | 285 | 531 | 5770 | 7409 | 13315 |

## Selected Financial Ratios (Times to 1)

| | | | | | | | | | |
|---|---|---|---|---|---|---|---|---|---|
| Current Ratio 24 | 1.7 | • | 1.4 | 1.2 | 1.8 | 1.5 | 2.9 | 2.0 | 1.5 |
| Quick Ratio 25 | 0.9 | • | 0.1 | 0.8 | 0.7 | 0.6 | 2.5 | 1.0 | 1.0 |
| Net Sales to Working Capital 26 | 7.5 | • | 25.4 | 40.7 | 9.9 | 11.5 | 10.6 | 6.2 | 7.7 |
| Coverage Ratio 27 | 3.1 | • | 3.3 | 7.2 | 3.2 | 4.5 | • | 6.0 | 4.4 |
| Total Asset Turnover 28 | 1.4 | • | 4.7 | 4.9 | 2.9 | 2.8 | 3.7 | 2.0 | 1.8 |
| Inventory Turnover 29 | 6.8 | • | 6.6 | • | 8.9 | 4.0 | • | 3.9 | • |
| Receivables Turnover 30 | 6.7 | • | • | • | • | 8.2 | • | 6.3 | 8.1 |
| Total Liabilities to Net Worth 31 | 1.5 | • | 3.9 | 3.4 | 2.1 | 3.6 | 0.4 | 0.9 | 1.7 |

## Selected Financial Factors (in Percentages)

| | | | | | | | | | |
|---|---|---|---|---|---|---|---|---|---|
| Debt Ratio 32 | 59.6 | • | 79.7 | 77.4 | 67.7 | 78.0 | 29.2 | 46.8 | 63.0 |
| Return on Assets 33 | 9.4 | • | 21.2 | 14.9 | 15.1 | 22.0 | • | 15.6 | 13.2 |
| Return on Equity 34 | 11.6 | • | • | • | 25.2 | • | • | 17.6 | 18.1 |
| Return Before Interest on Equity 35 | 23.2 | • | • | • | • | • | • | 29.3 | • |
| Profit Margin, Before Income Tax 36 | 4.5 | 11.8 | 3.2 | 2.6 | 3.6 | 6.0 | 11.8 | 6.6 | 5.7 |
| Profit Margin, After Income Tax 37 | 3.3 | 11.8 | 3.2 | 2.5 | 2.8 | 5.6 | 10.5 | 4.8 | 3.8 |

## Trends in Selected Ratios and Factors, 1986-1994

| | 1986 | 1987 | 1988 | 1989 | 1990 | 1991 | 1992 | 1993 | 1994 |
|---|---|---|---|---|---|---|---|---|---|
| Cost of Operations (%) 38 | 71.3 | 74.5 | 76.7 | 74.4 | 75.7 | 78.8 | 77.0 | 77.4 | 75.3 |
| Operating Margin (%) 39 | 1.3 | 6.3 | 2.0 | 1.9 | 1.3 | 1.0 | 0.5 | 0.2 | 2.1 |
| Oper. Margin Before Officers Comp. (%) 40 | 3.0 | 8.1 | 3.0 | 3.4 | 2.6 | 1.9 | 1.4 | 1.1 | 2.9 |
| Average Net Receivables ($) 41 | 635 | 746 | 3140 | 1499 | 1277 | 2382 | 5043 | 3300 | 2018 |
| Average Inventories ($) 42 | 1205 | 920 | 1957 | 1592 | 1609 | 1671 | 2919 | 2170 | 1696 |
| Average Net Worth ($) 43 | 2031 | 1773 | 4457 | 2915 | 2410 | 3783 | 6024 | 4090 | 4051 |
| Current Ratio (x1) 44 | 2.1 | 2.1 | 1.7 | 1.8 | 1.6 | 1.6 | 1.7 | 1.5 | 1.7 |
| Quick Ratio (x1) 45 | 0.9 | 1.1 | 1.1 | 1.0 | 0.9 | 1.0 | 1.1 | 0.9 | 0.9 |
| Coverage Ratio (x1) 46 | 2.9 | 12.0 | 4.5 | 5.0 | 4.6 | 3.1 | 3.4 | 3.0 | 3.1 |
| Asset Turnover (x1) 47 | 1.2 | 2.3 | 1.5 | 2.0 | 1.8 | 1.6 | 1.4 | 1.6 | 1.4 |
| Operating Leverage 48 | • | 4.9 | 0.3 | 1.0 | 0.7 | 0.7 | 0.5 | 0.3 | 14.1 |
| Financial Leverage 49 | • | 1.3 | 0.9 | 1.1 | 1.1 | 0.9 | 1.0 | 1.0 | 1.0 |
| Total Leverage 50 | • | 6.2 | 0.3 | 1.1 | 0.7 | 0.7 | 0.5 | 0.3 | 14.0 |

## Table I

Corporations with and without Net Income

# SCIENTIFIC INSTRUMENTS AND MEASURING DEVICES; WATCHES AND CLOCKS

### MONEY AMOUNTS AND SIZE OF ASSETS IN THOUSANDS OF DOLLARS

| Item Description for Accounting Period 7/90 Through 6/91 | Total | Zero Assets | Under 100 | 100 to 250 | 251 to 500 | 501 to 1,000 | 1,001 to 5,000 | 5,001 to 10,000 | 10,001 to 25,000 | 25,001 to 50,000 | 50,001 to 100,000 | 100,001 to 250,000 | 250,001 and over |
|---|---|---|---|---|---|---|---|---|---|---|---|---|---|
| Number of Enterprises **1** | 3403 | 18 | 1498 | 219 | 166 | 519 | 589 | 157 | 117 | 60 | 21 | 22 | 16 |
| **Revenues ($ in Thousands)** | | | | | | | | | | | | | |
| Net Sales **2** | 37130 | 93 | 132 | 39 | 134 | 902 | 2442 | 2130 | 2306 | 2647 | 1689 | 3293 | 21322 |
| Portfolio Income **3** | 988 | 4 | 0 | 0 | 0 | 3 | 5 | 19 | 23 | 37 | 22 | 72 | 803 |
| Other Revenues **4** | 1255 | 3 | 0 | • | 0 | 7 | 23 | 45 | 40 | 50 | 27 | 95 | 964 |
| Total Revenues **5** | 39374 | 99 | 133 | 39 | 134 | 912 | 2471 | 2194 | 2369 | 2734 | 1739 | 3461 | 23089 |
| Average Total Revenues **6** | 11570 | 5511 | 89 | 179 | 807 | 1758 | 4195 | 13973 | 20249 | 45564 | 82813 | 157315 | 1443074 |
| **Operating Costs/Operating Income (%)** | | | | | | | | | | | | | |
| Cost of Operations **7** | 60.9 | 58.2 | 69.2 | 84.0 | 58.4 | 58.7 | 59.8 | 69.7 | 50.9 | 65.2 | 55.3 | 58.4 | 61.6 |
| Rent **8** | 1.0 | 0.9 | 5.6 | 5.1 | 6.1 | 1.8 | 1.4 | 0.4 | 1.1 | 0.7 | 1.3 | 1.4 | 0.9 |
| Taxes Paid **9** | 2.4 | 2.3 | 1.7 | 1.1 | 2.0 | 2.9 | 2.3 | 2.4 | 2.2 | 2.1 | 2.7 | 2.2 | 2.6 |
| Interest Paid **10** | 2.6 | 1.8 | • | • | 2.2 | 0.9 | 1.7 | 2.0 | 2.0 | 2.1 | 1.8 | 2.9 | 3.1 |
| Depreciation, Depletion, Amortization **11** | 3.7 | 3.6 | 1.9 | 0.3 | 4.4 | 1.9 | 2.4 | 2.1 | 3.0 | 2.9 | 3.1 | 3.1 | 4.4 |
| Pensions and Other Benefits **12** | 3.2 | 3.2 | 0.5 | • | • | 2.8 | 1.7 | 2.0 | 2.7 | 2.1 | 2.6 | 4.0 | 3.6 |
| Other **13** | 26.9 | 27.1 | 21.5 | 6.5 | 17.4 | 25.7 | 24.8 | 20.0 | 30.7 | 24.4 | 28.1 | 27.0 | 27.8 |
| Officers Compensation **14** | 1.6 | 1.3 | 8.2 | 2.8 | 3.0 | 7.9 | 4.7 | 5.2 | 3.0 | 1.6 | 2.2 | 1.2 | 0.4 |
| Operating Margin **15** | • | 1.7 | • | 0.4 | 6.6 | • | 1.5 | • | 4.4 | • | 3.1 | • | • |
| Oper. Margin Before Officers Compensation **16** | • | 3.0 | • | 3.2 | 9.6 | 5.5 | 6.2 | 1.6 | 7.4 | 0.6 | 5.2 | 1.1 | • |
| **Selected Average Balance Sheet ($ in Thousands)** | | | | | | | | | | | | | |
| Net Receivables **17** | 2813 | • | 7 | 11 | 147 | 219 | 610 | 1685 | 4114 | 7918 | 14944 | 28037 | 431819 |
| Inventories **18** | 1828 | • | 7 | 109 | 24 | 247 | 831 | 1953 | 4156 | 8566 | 15667 | 30232 | 203923 |
| Net Property, Plant and Equipment **19** | 2067 | • | 3 | 2 | 81 | 84 | 465 | 1721 | 3001 | 6190 | 13779 | 29813 | 297491 |
| Total Assets **20** | 10073 | • | 34 | 127 | 358 | 771 | 2275 | 6776 | 15221 | 33879 | 68599 | 149490 | 1424532 |

| | 1 | 2 | 3 | 4 | 5 | 6 | 7 | 8 | 9 | 10 | 11 | 12 | 13 |
|---|---|---|---|---|---|---|---|---|---|---|---|---|---|
| Notes and Loans Payable 21 | 2717 | • | 27 | 14 | 142 | 211 | 748 | 2805 | 4352 | 9816 | 18205 | 35804 | 370041 |
| All Other Liabilities 22 | 3017 | • | 4 | 5 | 84 | 203 | 706 | 1975 | 3415 | 8976 | 17335 | 40661 | 451097 |
| Net Worth 23 | 4339 | • | 3 | 109 | 133 | 357 | 821 | 1996 | 7454 | 15088 | 33059 | 73025 | 603394 |

## Selected Financial Ratios (Times to 1)

| | 1 | 2 | 3 | 4 | 5 | 6 | 7 | 8 | 9 | 10 | 11 | 12 | 13 |
|---|---|---|---|---|---|---|---|---|---|---|---|---|---|
| Current Ratio 24 | 1.7 | • | 7.9 | 7.7 | 1.7 | 2.4 | 1.9 | 1.7 | 2.1 | 1.8 | 2.3 | 2.1 | 1.6 |
| Quick Ratio 25 | 1.0 | • | 6.2 | 0.9 | 1.4 | 1.2 | 0.9 | 0.9 | 1.1 | 0.9 | 1.2 | 1.1 | 1.0 |
| Net Sales to Working Capital 26 | 4.7 | • | 3.4 | 1.7 | 10.5 | 4.5 | 5.3 | 7.9 | 3.9 | 4.7 | 3.7 | 3.6 | 4.9 |
| Coverage Ratio 27 | 2.7 | 5.8 | • | • | 4.1 | • | 2.6 | 0.7 | 4.5 | 2.0 | 4.5 | 3.0 | 2.7 |
| Total Asset Turnover 28 | 1.1 | • | 2.6 | 1.4 | 2.3 | 2.3 | 1.8 | 2.0 | 1.3 | 1.3 | 1.2 | 1.0 | 0.9 |
| Inventory Turnover 29 | 3.7 | • | • | 0.9 | 6.1 | 4.7 | 3.3 | 4.6 | 2.3 | 3.5 | 2.8 | 3.1 | 4.1 |
| Receivables Turnover 30 | 4.2 | • | • | 2.5 | 6.0 | 9.9 | 7.1 | 7.0 | 4.6 | 5.4 | 5.5 | 5.1 | 3.5 |
| Total Liabilities to Net Worth 31 | 1.3 | • | 9.1 | 0.2 | 1.7 | 1.2 | 1.8 | 2.4 | 1.1 | 1.3 | 1.1 | 1.1 | 1.4 |

## Selected Financial Factors (in Percentages)

| | 1 | 2 | 3 | 4 | 5 | 6 | 7 | 8 | 9 | 10 | 11 | 12 | 13 |
|---|---|---|---|---|---|---|---|---|---|---|---|---|---|
| Debt Ratio 32 | 56.9 | • | 90.1 | 14.3 | 63.0 | 53.7 | 63.9 | 70.6 | 51.0 | 55.5 | 51.8 | 51.2 | 57.7 |
| Return on Assets 33 | 7.8 | • | • | 0.5 | 20.2 | • | 7.8 | 2.7 | 11.6 | 5.6 | 9.3 | 8.6 | 7.8 |
| Return on Equity 34 | 7.5 | • | • | 0.5 | 34.7 | • | 9.4 | • | 15.1 | 2.0 | 12.3 | 8.1 | 7.7 |
| Return Before Interest on Equity 35 | 18.0 | • | • | 0.6 | • | • | 21.6 | 9.2 | 23.8 | 12.5 | 19.4 | 17.6 | 18.4 |
| Profit Margin, Before Income Tax 36 | 4.5 | 8.6 | • | 0.4 | 6.8 | • | 2.6 | • | 7.0 | 2.2 | 6.2 | 5.7 | 5.3 |
| Profit Margin, After Income Tax 37 | 3.0 | 7.3 | 0.3 | • | 5.7 | • | 1.9 | • | 5.7 | 0.7 | 5.1 | 4.0 | 3.5 |

## Trends in Selected Ratios and Factors, 1986-1994

| | 1986 | 1987 | 1988 | 1989 | 1990 | 1991 | 1992 | 1993 | 1994 |
|---|---|---|---|---|---|---|---|---|---|
| Cost of Operations (%) 38 | 60.0 | 59.3 | 57.2 | 57.8 | 58.9 | 60.0 | 60.1 | 60.8 | 60.9 |
| Operating Margin (%) 39 | • | • | • | • | • | • | 1.0 | • | • |
| Oper. Margin Before Officers Comp. (%) 40 | 0.6 | • | • | • | • | • | • | • | • |
| Average Net Receivables ($) 41 | 1184 | 1232 | 1229 | 2006 | 2006 | 2513 | 2705 | 2146 | 2813 |
| Average Inventories ($) 42 | 1323 | 1230 | 1175 | 1584 | 1636 | 1691 | 2052 | 1607 | 1828 |
| Average Net Worth ($) 43 | 2622 | 2879 | 2797 | 4361 | 4400 | 4389 | 4648 | 3572 | 4339 |
| Current Ratio (x1) 44 | 2.1 | 2.1 | 2.0 | 2.0 | 2.2 | 1.9 | 1.8 | 1.7 | 1.7 |
| Quick Ratio (x1) 45 | 1.0 | 1.1 | 1.1 | 1.2 | 1.3 | 1.2 | 1.0 | 1.0 | 1.0 |
| Coverage Ratio (x1) 46 | 3.4 | 3.5 | 3.8 | 3.3 | 2.7 | 3.1 | 6.0 | 3.5 | 2.7 |
| Asset Turnover (x1) 47 | 1.3 | 1.2 | 1.2 | 1.1 | 1.1 | 1.1 | 1.2 | 1.1 | 1.1 |
| Total Liabilities/Net Worth (x1) 48 | 1.0 | 0.9 | 1.0 | 0.9 | 0.9 | 1.1 | 1.2 | 1.3 | 1.3 |
| Return on Assets (x1) 49 | 9.7 | 8.3 | 9.5 | 6.9 | 5.3 | 6.1 | 17.5 | 9.2 | 7.8 |
| Return on Equity (%) 50 | 5.4 | 4.6 | 6.0 | 3.6 | 2.5 | 4.6 | 21.1 | 10.1 | 7.5 |

## Table II

Corporations with Net Income

# SCIENTIFIC INSTRUMENTS AND MEASURING DEVICES; WATCHES AND CLOCKS

**MONEY AMOUNTS AND SIZE OF ASSETS IN THOUSANDS OF DOLLARS**

| Item Description for Accounting Period 7/90 Through 6/91 | Total | Zero Assets | Under 100 | 100 to 250 | 251 to 500 | 501 to 1,000 | 1,001 to 5,000 | 5,001 to 10,000 | 10,001 to 25,000 | 25,001 to 50,000 | 50,001 to 100,000 | 100,001 to 250,000 | 250,001 and over |
|---|---|---|---|---|---|---|---|---|---|---|---|---|---|
| Number of Enterprises **1** | 2283 | 18 | 765 | 219 | 166 | 421 | 410 | 94 | 97 | 46 | 16 | 19 | 10 |
| **Revenues ($ in Thousands)** | | | | | | | | | | | | | |
| Net Sales **2** | 30615 | 93 | 103 | 39 | 134 | 834 | 1644 | 970 | 2011 | 2288 | 1433 | 3036 | 18030 |
| Portfolio Income **3** | 757 | 4 | • | 0 | 0 | 3 | 4 | 13 | 20 | 17 | 19 | 70 | 608 |
| Other Revenues **4** | 1104 | 3 | • | • | 0 | 7 | 21 | 12 | 39 | 47 | 23 | 88 | 865 |
| Total Revenues **5** | 32476 | 99 | 103 | 39 | 134 | 844 | 1669 | 995 | 2070 | 2352 | 1474 | 3193 | 19504 |
| Average Total Revenues **6** | 14225 | 5511 | 134 | 179 | 807 | 2004 | 4071 | 10582 | 21337 | 51140 | 92153 | 168078 | 1950356 |
| **Operating Costs/Operating Income (%)** | | | | | | | | | | | | | |
| Cost of Operations **7** | 60.4 | 58.2 | 74.6 | 84.0 | 58.4 | 60.8 | 57.2 | 54.7 | 50.9 | 65.7 | 55.0 | 58.5 | 62.0 |
| Rent **8** | 1.0 | 0.9 | 3.6 | 5.1 | 6.1 | 1.5 | 1.3 | 0.3 | 1.0 | 0.7 | 1.2 | 1.4 | 0.8 |
| Taxes Paid **9** | 2.5 | 2.3 | 0.6 | 1.1 | 2.0 | 2.6 | 2.5 | 3.5 | 2.1 | 2.0 | 2.7 | 2.2 | 2.5 |
| Interest Paid **10** | 1.9 | 1.8 | • | • | 2.2 | 0.6 | 1.1 | 1.8 | 2.0 | 1.5 | 1.4 | 2.5 | 2.1 |
| Depreciation, Depletion, Amortization **11** | 3.8 | 3.6 | 0.4 | 0.3 | 4.4 | 1.2 | 2.0 | 2.3 | 2.8 | 2.5 | 2.5 | 3.0 | 4.7 |
| Pensions and Other Benefits **12** | 3.2 | 3.2 | • | • | • | 2.5 | 1.7 | 3.2 | 2.5 | 1.8 | 2.7 | 3.6 | 3.6 |
| Other **13** | 26.1 | 27.1 | 13.5 | 6.5 | 17.4 | 19.4 | 22.9 | 24.8 | 29.1 | 21.1 | 27.7 | 26.6 | 27.1 |
| Officers Compensation **14** | 1.4 | 1.3 | 2.0 | 2.8 | 3.0 | 5.0 | 5.0 | 6.0 | 3.1 | 1.5 | 1.9 | 1.1 | 0.4 |
| Operating Margin **15** | | 1.7 | 5.5 | 0.4 | 6.6 | 3.7 | 6.5 | 3.5 | 6.6 | 3.1 | 5.0 | 1.1 | • |
| Oper. Margin Before Officers Compensation **16** | 1.2 | 3.0 | 7.5 | 3.2 | 9.6 | 11.4 | 11.4 | 9.5 | 9.7 | 4.6 | 6.9 | 2.2 | • |
| **Selected Average Balance Sheet ($ in Thousands)** | | | | | | | | | | | | | |
| Net Receivables **17** | 3236 | • | 9 | 11 | 147 | 246 | 584 | 1601 | 4326 | 8128 | 17089 | 29144 | 524028 |
| Inventories **18** | 2105 | • | 3 | 109 | 24 | 261 | 824 | 2017 | 4009 | 9202 | 17015 | 31339 | 245766 |
| Net Property, Plant and Equipment **19** | 2384 | • | 1 | 2 | 81 | 48 | 402 | 1646 | 2898 | 6579 | 12963 | 30865 | 370969 |
| Total Assets **20** | 11336 | • | 42 | 127 | 358 | 775 | 2171 | 6452 | 15357 | 33477 | 67014 | 153387 | 1692125 |

## Selected Financial Ratios (Times to 1)

| | | | | | | | | | | | | | | |
|---|---|---|---|---|---|---|---|---|---|---|---|---|---|---|
| Notes and Loans Payable **21** | 2476 | • | • | 1 | 14 | 142 | 158 | 519 | 1997 | 3762 | 7582 | 17913 | 28577 | 361421 |
| All Other Liabilities **22** | 3358 | • | • | 7 | 5 | 84 | 216 | 520 | 1440 | 3478 | 10303 | 13294 | 44587 | 533484 |
| Net Worth **23** | 5503 | • | • | 34 | 109 | 133 | 402 | 1132 | 3015 | 8117 | 15593 | 35807 | 80223 | 797220 |

| | | | | | | | | | | | | | |
|---|---|---|---|---|---|---|---|---|---|---|---|---|---|
| Current Ratio **24** | 1.6 | • | 5.7 | 7.7 | 1.7 | 2.6 | 2.8 | 2.5 | 2.2 | 1.8 | 2.6 | 2.1 | 1.4 |
| Quick Ratio **25** | 1.0 | • | 5.4 | 0.9 | 1.4 | 1.2 | 1.3 | 1.3 | 1.2 | 0.9 | 1.3 | 1.1 | 1.0 |
| Net Sales to Working Capital **26** | 5.3 | • | 4.0 | 1.7 | 10.5 | 4.6 | 3.8 | 4.1 | 3.8 | 5.1 | 3.4 | 3.7 | 6.8 |
| Coverage Ratio **27** | 4.6 | 5.8 | • | • | 4.1 | 8.9 | 8.1 | 4.3 | 5.8 | 4.8 | 7.0 | 3.8 | 4.2 |
| Total Asset Turnover **28** | 1.2 | • | 3.2 | 1.4 | 2.3 | 2.6 | 1.9 | 1.6 | 1.4 | 1.5 | 1.3 | 1.1 | 1.1 |
| Inventory Turnover **29** | 3.8 | • | • | 1.6 | 6.1 | 5.5 | 2.8 | 2.5 | 2.6 | 3.7 | 3.5 | 3.4 | 4.1 |
| Receivables Turnover **30** | 4.3 | • | • | 3.0 | 6.0 | • | 6.7 | 5.0 | 5.1 | 5.9 | 6.4 | 5.2 | 3.6 |
| Total Liabilities to Net Worth **31** | 1.1 | • | 0.2 | 0.2 | 1.7 | 0.9 | 0.9 | 1.1 | 0.9 | 1.2 | 0.9 | 0.9 | 1.1 |

## Selected Financial Factors (in Percentages)

| | | | | | | | | | | | | | |
|---|---|---|---|---|---|---|---|---|---|---|---|---|---|
| Debt Ratio **32** | 51.5 | • | 19.1 | 14.3 | 63.0 | 48.2 | 47.9 | 53.3 | 47.2 | 53.4 | 46.6 | 47.7 | 52.9 |
| Return on Assets **33** | 10.4 | • | 17.2 | 0.5 | 20.2 | 13.9 | 16.8 | 12.6 | 15.2 | 10.9 | 12.7 | 10.0 | 9.3 |
| Return on Equity **34** | 12.2 | • | 19.0 | 0.5 | 34.7 | 17.6 | 24.2 | 15.4 | 20.1 | 13.1 | 17.0 | 10.2 | 10.3 |
| Return Before Interest on Equity **35** | 21.5 | • | 21.3 | 0.6 | • | 26.8 | 32.2 | 26.9 | 28.8 | 23.5 | 23.7 | 19.1 | 19.8 |
| Profit Margin, Before Income Tax **36** | 6.9 | 8.6 | 5.5 | 0.4 | 6.8 | 4.8 | 8.0 | 6.1 | 9.3 | 5.8 | 8.1 | 7.0 | 6.7 |
| Profit Margin, After Income Tax **37** | 5.0 | 7.3 | 4.9 | 0.3 | 5.7 | 3.6 | 6.8 | 4.5 | 7.9 | 4.1 | 6.8 | 5.1 | 4.5 |

## Trends in Selected Ratios and Factors, 1986-1994

| | 1986 | 1987 | 1988 | 1989 | 1990 | 1991 | 1992 | 1993 | 1994 |
|---|---|---|---|---|---|---|---|---|---|
| Cost of Operations (%) **38** | 58.4 | 57.9 | 56.8 | 57.4 | 58.5 | 59.9 | 59.4 | 60.3 | 60.4 |
| Operating Margin (%) **39** | 2.5 | 0.5 | • | 1.5 | 0.2 | • | 1.2 | • | • |
| Oper. Margin Before Officers Comp. (%) **40** | 4.0 | 2.1 | • | 3.2 | 1.6 | 1.0 | 2.8 | 0.6 | 1.2 |
| Average Net Receivables ($) **41** | 2093 | 2106 | 1631 | 4055 | 2049 | 3476 | 4705 | 2703 | 3236 |
| Average Inventories ($) **42** | 2452 | 2112 | 1577 | 3289 | 1457 | 2164 | 3352 | 1971 | 2105 |
| Average Net Worth ($) **43** | 5609 | 5480 | 4150 | 10061 | 4604 | 6635 | 8585 | 4841 | 5503 |
| Current Ratio (x1) **44** | 2.2 | 2.2 | 2.2 | 2.2 | 2.3 | 2.1 | 1.9 | 1.8 | 1.6 |
| Quick Ratio (x1) **45** | 1.1 | 1.2 | 1.2 | 1.3 | 1.4 | 1.3 | 1.1 | 1.0 | 1.0 |
| Coverage Ratio (x1) **46** | 6.6 | 6.2 | 6.5 | 6.1 | 4.9 | 5.5 | 7.7 | 4.9 | 4.6 |
| Asset Turnover (x1) **47** | 1.3 | 1.2 | 1.3 | 1.1 | 1.2 | 1.1 | 1.3 | 1.1 | 1.2 |
| Operating Leverage **48** | • | 0.2 | • | • | 0.1 | • | • | • | 0.2 |
| Financial Leverage **49** | • | 1.0 | 1.0 | 1.0 | 1.0 | 1.2 | 1.1 | 1.0 | 1.0 |
| Total Leverage **50** | • | 0.2 | • | • | 0.1 | • | • | • | 0.2 |

## Table I

Corporations with and without Net Income

# OPTICAL, MEDICAL, AND OPTHALMIC GOODS

**MONEY AMOUNTS AND SIZE OF ASSETS IN THOUSANDS OF DOLLARS**

| Item Description for Accounting Period 7/90 Through 6/91 | Total | Zero Assets | Under 100 | 100 to 250 | 251 to 500 | 501 to 1,000 | 1,001 to 5,000 | 5,001 to 10,000 | 10,001 to 25,000 | 25,001 to 50,000 | 50,001 to 100,000 | 100,001 to 250,000 | 250,001 and over |
|---|---|---|---|---|---|---|---|---|---|---|---|---|---|
| Number of Enterprises **1** | 4545 | 73 | 2047 | 333 | 449 | 535 | 748 | 119 | 110 | 50 | 33 | 25 | 24 |
| **Revenues ($ in Thousands)** | | | | | | | | | | | | | |
| Net Sales **2** | 37278 | 227 | 272 | 130 | 362 | 812 | 2802 | 1300 | 2269 | 1629 | 2200 | 3357 | 21919 |
| Portfolio Income **3** | 1374 | 4 | 1 | 1 | 1 | 1 | 25 | 5 | 36 | 32 | 30 | 153 | 1085 |
| Other Revenues **4** | 1366 | 2 | 1 | 0 | 0 | 1 | 31 | 7 | 44 | 18 | 52 | 90 | 1120 |
| Total Revenues **5** | 40018 | 233 | 274 | 131 | 363 | 814 | 2858 | 1312 | 2348 | 1679 | 2282 | 3599 | 24124 |
| Average Total Revenues **6** | 8805 | 3187 | 134 | 394 | 809 | 1521 | 3820 | 11027 | 21350 | 33586 | 69147 | 143976 | 1005164 |
| **Operating Costs/Operating Income (%)** | | | | | | | | | | | | | |
| Cost of Operations **7** | 53.4 | 59.0 | 33.0 | 23.9 | 37.7 | 55.8 | 51.2 | 55.0 | 56.0 | 48.9 | 50.9 | 51.1 | 54.8 |
| Rent **8** | 1.7 | 0.8 | 8.7 | • | 4.9 | 4.6 | 2.5 | 1.1 | 0.8 | 1.1 | 0.9 | 1.3 | 1.6 |
| Taxes Paid **9** | 2.2 | 1.3 | 2.8 | 5.3 | 2.2 | 2.1 | 2.4 | 2.4 | 2.0 | 2.5 | 1.6 | 2.1 | 2.2 |
| Interest Paid **10** | 3.3 | 3.4 | 0.2 | 0.7 | 0.6 | 1.5 | 1.8 | 2.8 | 1.8 | 2.2 | 2.3 | 2.6 | 4.2 |
| Depreciation, Depletion, Amortization **11** | 3.7 | 6.0 | 1.2 | 2.8 | 1.4 | 2.0 | 1.8 | 3.0 | 2.9 | 3.1 | 3.2 | 4.1 | 4.1 |
| Pensions and Other Benefits **12** | 2.6 | 2.4 | 6.6 | 1.3 | 2.4 | 1.8 | 1.6 | 2.1 | 2.2 | 2.6 | 2.2 | 2.7 | 2.8 |
| Other **13** | 33.4 | 27.2 | 40.8 | 59.6 | 21.0 | 32.8 | 34.5 | 31.9 | 29.4 | 30.0 | 29.6 | 33.3 | 34.4 |
| Officers Compensation **14** | 2.1 | 4.8 | 19.4 | 7.4 | 25.6 | 5.7 | 6.4 | 2.6 | 4.2 | 2.5 | 1.4 | 1.4 | 0.7 |
| Operating Margin **15** | • | • | • | • | 4.2 | • | • | • | 0.7 | 7.2 | 8.1 | 1.4 | • |
| Oper. Margin Before Officers Compensation **16** | • | • | 6.7 | 6.5 | 29.8 | • | 3.0 | 1.8 | 4.9 | 9.7 | 9.5 | 2.8 | • |
| **Selected Average Balance Sheet ($ in Thousands)** | | | | | | | | | | | | | |
| Net Receivables **17** | 1953 | • | 15 | • | 37 | 219 | 636 | 1893 | 3886 | 7203 | 13204 | 32820 | 248729 |
| Inventories **18** | 1262 | • | 9 | 8 | 76 | 146 | 425 | 2244 | 3541 | 6133 | 12290 | 22384 | 139712 |
| Net Property, Plant and Equipment **19** | 1619 | • | 5 | 56 | 36 | 195 | 406 | 1504 | 3351 | 6656 | 17230 | 28706 | 197344 |
| Total Assets **20** | 8465 | • | 48 | 145 | 335 | 763 | 2235 | 6997 | 16021 | 32271 | 69672 | 153826 | 1072663 |

| Notes and Loans Payable 21 | 2500 | • | 16 | 27 | 124 | 312 | 568 | 2397 | 3847 | 7112 | 17613 | 27800 | 347183 |
|---|---|---|---|---|---|---|---|---|---|---|---|---|---|
| All Other Liabilities 22 | 2313 | | 11 | 8 | 110 | 214 | 561 | 1624 | 3942 | 7017 | 12958 | 30271 | 322594 |
| Net Worth 23 | 3652 | | 21 | 110 | 101 | 237 | 1107 | 2976 | 8232 | 18141 | 39101 | 95755 | 402885 |

## Selected Financial Ratios (Times to 1)

| | | | | | | | | | | | | | |
|---|---|---|---|---|---|---|---|---|---|---|---|---|---|
| Current Ratio 24 | 1.7 | | 1.9 | 10.7 | 2.2 | 1.9 | 2.1 | 2.1 | 2.2 | 2.5 | 1.8 | 2.6 | 1.4 |
| Quick Ratio 25 | 1.0 | | 1.3 | 9.6 | 1.3 | 1.3 | 1.4 | 1.1 | 1.1 | 1.5 | 0.8 | 1.7 | 0.9 |
| Net Sales to Working Capital 26 | 5.1 | | 7.6 | 5.3 | 7.7 | 6.7 | 4.5 | 4.1 | 3.8 | 2.9 | 4.6 | 2.5 | 7.0 |
| Coverage Ratio 27 | 2.8 | 0.3 | • | 0.9 | 8.8 | • | 0.3 | 1.0 | 3.4 | 5.7 | 6.3 | 4.6 | 2.6 |
| Total Asset Turnover 28 | 1.0 | | 2.8 | 2.7 | 2.4 | 2.0 | 1.7 | 1.6 | 1.3 | 1.0 | 1.0 | 0.9 | 0.9 |
| Inventory Turnover 29 | 3.9 | | 5.3 | 4.1 | 4.5 | 7.2 | 5.1 | 2.9 | 3.6 | 2.6 | 3.3 | 3.1 | 4.1 |
| Receivables Turnover 30 | 4.5 | | • | • | • | 8.9 | 7.1 | 6.0 | 5.9 | 4.8 | 6.1 | 4.0 | 4.0 |
| Total Liabilities to Net Worth 31 | 1.3 | | 1.3 | 0.3 | 2.3 | 2.2 | 1.0 | 1.4 | 1.0 | 0.8 | 0.8 | 0.6 | 1.7 |

## Selected Financial Factors (in Percentages)

| | | | | | | | | | | | | | |
|---|---|---|---|---|---|---|---|---|---|---|---|---|---|
| Debt Ratio 32 | 56.9 | | 56.5 | 24.1 | 69.7 | 69.0 | 50.5 | 57.5 | 48.6 | 43.8 | 43.9 | 37.8 | 62.5 |
| Return on Assets 33 | 8.9 | | • | 1.6 | 12.4 | • | 0.8 | 4.5 | 7.6 | 12.5 | 13.5 | 10.6 | 9.3 |
| Return on Equity 34 | 7.0 | | • | • | 36.2 | • | • | 4.8 | 4.8 | 12.9 | 12.6 | 8.1 | 8.1 |
| Return Before Interest on Equity 35 | 20.7 | | • | • | • | 2.1 | • | 1.6 | 14.8 | 22.2 | 24.0 | 24.6 | |
| Profit Margin, Before Income Tax 36 | 5.9 | | • | • | 4.6 | • | 4.6 | 0.1 | 4.2 | 10.2 | 11.8 | 9.5 | 6.7 |
| Profit Margin, After Income Tax 37 | 3.1 | | • | • | 4.6 | • | 4.6 | 1.9 | • | 7.2 | 7.4 | 5.7 | 3.6 |

## Trends in Selected Ratios and Factors, 1986-1994

| | 1986 | 1987 | 1988 | 1989 | 1990 | 1991 | 1992 | 1993 | 1994 |
|---|---|---|---|---|---|---|---|---|---|
| Cost of Operations (%) 38 | 56.7 | 54.5 | 54.7 | 55.4 | 53.1 | 53.3 | 54.3 | 53.6 | 53.4 |
| Operating Margin (%) 39 | • | • | • | • | 0.2 | 0.5 | 0.6 | • | • |
| Oper. Margin Before Officers Comp. (%) 40 | 1.1 | 1.0 | 1.0 | • | • | • | • | • | • |
| Average Net Receivables ($) 41 | 1338 | 1429 | 1260 | 1446 | 1027 | 1059 | 1529 | 1511 | 1953 |
| Average Inventories ($) 42 | 1002 | 919 | 899 | 840 | 706 | 723 | 895 | 914 | 1262 |
| Average Net Worth ($) 43 | 2521 | 2503 | 2266 | 2244 | 1875 | 2320 | 2689 | 2703 | 3652 |
| Current Ratio (x1) 44 | 1.6 | 1.7 | 1.6 | 1.8 | 1.3 | 1.5 | 1.5 | 1.7 | 1.7 |
| Quick Ratio (x1) 45 | 0.9 | 1.0 | 0.9 | 1.0 | 0.8 | 0.9 | 0.9 | 1.0 | 1.0 |
| Coverage Ratio (x1) 46 | 3.7 | 3.4 | 3.4 | 3.2 | 2.7 | 3.6 | 3.6 | 2.8 | 2.8 |
| Asset Turnover (x1) 47 | 1.2 | 1.1 | 1.1 | 1.0 | 1.0 | 0.9 | 0.9 | 1.0 | 1.0 |
| Total Liabilities/Net Worth (x1) 48 | 1.0 | 1.0 | 1.1 | 1.2 | 1.3 | 1.1 | 1.2 | 1.3 | 1.3 |
| Return on Assets (x1) 49 | 9.6 | 8.6 | 9.0 | 7.5 | 6.1 | 9.0 | 7.9 | 9.7 | 8.9 |
| Return on Equity (%) 50 | 6.9 | 5.8 | 6.3 | 4.7 | 3.4 | 7.0 | 6.8 | 8.2 | 7.0 |

## Table II

Corporations with Net Income

# OPTICAL, MEDICAL, AND OPTHALMIC GOODS

### MONEY AMOUNTS AND SIZE OF ASSETS IN THOUSANDS OF DOLLARS

| Item Description for Accounting Period 7/90 Through 6/91 | Total | Zero Assets | Under 100 | 100 to 250 | 251 to 500 | 501 to 1,000 | 1,001 to 5,000 | 5,001 to 10,000 | 10,001 to 25,000 | 25,001 to 50,000 | 50,001 to 100,000 | 100,001 to 250,000 | 250,001 and over |
|---|---|---|---|---|---|---|---|---|---|---|---|---|---|
| Number of Enterprises **1** | 3030 | 68 | 1623 | 177 | 268 | 143 | 491 | 85 | 70 | 43 | 24 | 18 | 19 |
| **Revenues ($ in Thousands)** | | | | | | | | | | | | | |
| Net Sales **2** | 27257 | 79 | 170 | 55 | 299 | 251 | 2254 | 1017 | 1757 | 1505 | 1850 | 2708 | 15311 |
| Portfolio Income **3** | 1124 | 1 | 1 | • | 0 | 1 | 7 | 1 | 21 | 32 | 25 | 95 | 941 |
| Other Revenues **4** | 1187 | 2 | 1 | • | • | 0 | 15 | 5 | 31 | 18 | 41 | 79 | 996 |
| Total Revenues **5** | 29568 | 81 | 172 | 55 | 299 | 252 | 2276 | 1023 | 1809 | 1554 | 1916 | 2882 | 17248 |
| Average Total Revenues **6** | 9758 | 1194 | 106 | 312 | 1116 | 1763 | 4635 | 12038 | 25847 | 36151 | 79825 | 160111 | 907803 |
| **Operating Costs/Operating Income (%)** | | | | | | | | | | | | | |
| Cost of Operations **7** | 49.1 | 48.4 | 37.9 | 41.4 | 39.8 | 36.0 | 51.8 | 49.4 | 54.0 | 47.9 | 49.9 | 49.9 | 48.5 |
| Rent **8** | 1.5 | 1.3 | 12.6 | • | 4.5 | 3.9 | 1.6 | 0.9 | 0.6 | 1.0 | 0.8 | 1.2 | 1.6 |
| Taxes Paid **9** | 2.2 | 2.5 | 3.3 | 3.6 | 1.6 | 1.3 | 2.0 | 2.4 | 1.8 | 2.6 | 1.7 | 2.4 | 2.3 |
| Interest Paid **10** | 2.6 | 1.1 | • | 1.6 | 0.4 | 1.7 | 1.3 | 2.5 | 1.7 | 1.7 | 1.7 | 1.5 | 3.5 |
| Depreciation, Depletion, Amortization **11** | 3.6 | 3.2 | 0.5 | 5.4 | 1.2 | 0.7 | 2.4 | 3.0 | 2.5 | 2.9 | 2.8 | 2.9 | 4.4 |
| Pensions and Other Benefits **12** | 2.7 | 1.1 | 0.9 | 3.0 | 1.8 | 1.3 | 1.5 | 1.8 | 2.3 | 2.7 | 2.1 | 2.7 | 3.1 |
| Other **13** | 33.8 | 32.3 | 24.0 | 35.7 | 18.1 | 36.9 | 28.1 | 30.6 | 25.7 | 30.5 | 27.4 | 29.5 | 38.0 |
| Officers Compensation **14** | 1.9 | 4.0 | 18.9 | 7.3 | 22.2 | 10.4 | 5.7 | 2.6 | 4.4 | 2.5 | 1.1 | 1.3 | 0.5 |
| Operating Margin **15** | 2.6 | 6.2 | 1.9 | 2.0 | 10.3 | 8.0 | 5.7 | 6.8 | 7.1 | 8.3 | 12.7 | 8.7 | • |
| Oper. Margin Before Officers Compensation **16** | 4.6 | 10.2 | 20.8 | 9.3 | 32.5 | 18.3 | 11.3 | 9.4 | 11.5 | 10.8 | 13.8 | 10.0 | • |
| **Selected Average Balance Sheet ($ in Thousands)** | | | | | | | | | | | | | |
| Net Receivables **17** | 2315 | • | 5 | • | 62 | 251 | 771 | 2154 | 4703 | 7561 | 15241 | 35275 | 249350 |
| Inventories **18** | 1255 | • | 12 | 15 | 118 | 167 | 361 | 2419 | 3689 | 6357 | 14467 | 23881 | 107087 |
| Net Property, Plant and Equipment **19** | 1718 | • | 1 | 86 | 27 | 31 | 470 | 1631 | 2901 | 6199 | 18421 | 25851 | 180479 |
| Total Assets **20** | 8848 | • | 40 | 115 | 371 | 648 | 2215 | 7081 | 16489 | 32840 | 72159 | 152812 | 936534 |

| | | | | | | | | | | | | |
|---|---|---|---|---|---|---|---|---|---|---|---|---|
| Notes and Loans Payable 21 | 2418 | • | 4 | 51 | 101 | 203 | 353 | 2182 | 4257 | 5618 | 14995 | 16322 | 300139 |
| All Other Liabilities 22 | 2269 | • | 9 | 14 | 60 | 135 | 606 | 1329 | 4020 | 7137 | 13726 | 29873 | 260927 |
| Net Worth 23 | 4161 | • | 27 | 50 | 210 | 309 | 1256 | 3571 | 8213 | 20086 | 43438 | 106617 | 375467 |

## Selected Financial Ratios (Times to 1)

| | | | | | | | | | | | | |
|---|---|---|---|---|---|---|---|---|---|---|---|---|
| Current Ratio 24 | 1.8 | 3.3 | 1.1 | 4.4 | 2.1 | 2.1 | 2.5 | 2.3 | 2.5 | 2.0 | 3.1 | 1.5 |
| Quick Ratio 25 | 1.1 | 1.9 | • | 2.4 | 1.4 | 1.6 | 1.2 | 1.2 | 1.6 | 0.9 | 2.0 | 1.0 |
| Net Sales to Working Capital 26 | 4.8 | 4.6 | • | 5.2 | 6.2 | 5.5 | 4.0 | 3.9 | 2.8 | 4.4 | 2.6 | 6.2 |
| Coverage Ratio 27 | 5.7 | 9.7 | • | 2.3 | • | 5.8 | 6.3 | 4.0 | 7.0 | 7.9 | 10.8 | 12.1 | 4.7 |
| Total Asset Turnover 28 | 1.0 | 2.6 | 2.7 | 3.0 | 2.7 | 2.1 | 1.7 | 1.5 | 1.1 | 1.1 | 1.0 | 0.9 |
| Inventory Turnover 29 | 4.0 | 5.9 | 3.0 | 4.1 | 2.7 | 6.7 | 2.8 | 3.7 | 3.0 | 3.4 | 3.1 | 4.3 |
| Receivables Turnover 30 | 4.4 | • | • | 8.6 | 5.3 | 7.4 | 6.3 | 5.6 | 5.4 | 6.3 | 4.2 | 3.7 |
| Total Liabilities to Net Worth 31 | 1.1 | 0.5 | 1.3 | 0.8 | 1.1 | 0.8 | 1.0 | 1.0 | 0.6 | 0.7 | 0.4 | 1.5 |

## Selected Financial Factors (in Percentages)

| | | | | | | | | | | | | |
|---|---|---|---|---|---|---|---|---|---|---|---|---|
| Debt Ratio 32 | 53.0 | • | 31.9 | 56.6 | 43.5 | 52.3 | 43.3 | 49.6 | 50.2 | 38.8 | 39.8 | 30.2 | 59.9 |
| Return on Assets 33 | 15.1 | • | 7.7 | 9.9 | 32.1 | 27.2 | 16.4 | 16.7 | 17.8 | 14.0 | 19.1 | 17.3 | 14.0 |
| Return on Equity 34 | 18.3 | • | 10.2 | 10.8 | • | 21.5 | 20.4 | 21.9 | 14.4 | 19.5 | 16.1 | 18.0 |
| Return Before Interest on Equity 35 | 32.2 | • | 11.2 | 22.9 | • | 28.9 | 33.2 | • | 22.8 | 31.8 | 35.0 |
| Profit Margin, Before Income Tax 36 | 12.3 | 9.2 | 2.9 | 2.0 | 10.3 | 8.3 | 6.7 | 7.4 | 10.1 | 11.5 | 16.3 | 16.1 | 12.8 |
| Profit Margin, After Income Tax 37 | 8.4 | 7.7 | 2.7 | 1.7 | 10.3 | 7.9 | 5.9 | 6.1 | 7.2 | 8.3 | 11.0 | 11.4 | 8.4 |

## Trends in Selected Ratios and Factors, 1986-1994

| | 1986 | 1987 | 1988 | 1989 | 1990 | 1991 | 1992 | 1993 | 1994 |
|---|---|---|---|---|---|---|---|---|---|
| Cost of Operations (%) 38 | 56.3 | 54.0 | 54.3 | 52.1 | 49.1 | 50.1 | 49.1 | 48.5 | 49.1 |
| Operating Margin (%) 39 | 1.6 | 1.4 | 2.0 | 2.4 | 2.4 | 2.0 | 3.5 | 2.2 | 2.6 |
| Oper. Margin Before Officers Comp. (%) 40 | 2.8 | 2.8 | 3.3 | 4.1 | 4.3 | 4.2 | 5.9 | 4.6 | 4.6 |
| Average Net Receivables ($) 41 | 1587 | 1913 | 2026 | 1661 | 1679 | 1179 | 1489 | 2257 | 2315 |
| Average Inventories ($) 42 | 1120 | 1125 | 1332 | 1032 | 1042 | 713 | 701 | 1247 | 1255 |
| Average Net Worth ($) 43 | 2963 | 3257 | 3639 | 3127 | 3080 | 2532 | 2461 | 4242 | 4161 |
| Current Ratio (x1) 44 | 1.6 | 1.7 | 1.6 | 1.7 | 1.4 | 1.6 | 1.7 | 2.0 | 1.8 |
| Quick Ratio (x1) 45 | 0.8 | 1.0 | 0.9 | 1.0 | 0.8 | 0.9 | 1.1 | 1.3 | 1.1 |
| Coverage Ratio (x1) 46 | 4.7 | 4.4 | 4.9 | 6.2 | 5.9 | 6.1 | 7.4 | 6.0 | 5.7 |
| Asset Turnover (x1) 47 | 1.2 | 1.1 | 1.1 | 1.1 | 1.0 | 0.9 | 1.0 | 1.1 | 1.0 |
| Operating Leverage 48 | • | 0.8 | 1.5 | 1.2 | 1.0 | 0.8 | 1.7 | 0.7 | 1.2 |
| Financial Leverage 49 | • | 1.0 | 1.0 | 1.1 | 1.0 | 1.0 | 1.1 | 1.0 | 1.0 |
| Total Leverage 50 | • | 0.8 | 1.5 | 1.3 | 1.0 | 0.9 | 2.0 | 0.7 | 1.1 |

## Table I

Corporations with and without Net Income

# PHOTOGRAPHIC EQUIPMENT AND SUPPLIES

### MONEY AMOUNTS AND SIZE OF ASSETS IN THOUSANDS OF DOLLARS

| Item Description for Accounting Period 7/90 Through 6/91 | Total | Zero Assets | Under 100 | 100 to 250 | 251 to 500 | 501 to 1,000 | 1,001 to 5,000 | 5,001 to 10,000 | 10,001 to 25,000 | 25,001 to 50,000 | 50,001 to 100,000 | 100,001 to 250,000 | 250,001 and over |
|---|---|---|---|---|---|---|---|---|---|---|---|---|---|
| Number of Enterprises 1 | 528 | • | • | 311 | • | 119 | 80 | • | 6 | 4 | • | 7 | • |
| **Revenues ($ in Thousands)** | | | | | | | | | | | | | |
| Net Sales 2 | 19246 | • | • | 73 | • | 146 | 408 | • | 164 | 200 | • | 18254 | • |
| Portfolio Income 3 | 777 | • | • | 0 | • | 0 | 2 | • | 0 | 5 | • | 770 | • |
| Other Revenues 4 | 896 | • | • | • | • | 1 | 4 | • | 1 | 3 | • | 887 | • |
| Total Revenues 5 | 20918 | • | • | 73 | • | 147 | 414 | • | 165 | 207 | • | 19912 | • |
| Average Total Revenues 6 | 39617 | • | • | 235 | • | 1232 | 5179 | • | 27474 | 51850 | • | 2844533 | • |
| **Operating Costs/Operating Income (%)** | | | | | | | | | | | | | |
| Cost of Operations 7 | 61.7 | • | • | 54.4 | • | 65.1 | 69.6 | • | 58.4 | 64.0 | • | 61.5 | • |
| Rent 8 | 0.5 | • | • | 3.7 | • | 1.5 | 0.9 | • | 0.3 | 1.4 | • | 0.4 | • |
| Taxes Paid 9 | 0.6 | • | • | 4.8 | • | 2.4 | 1.2 | • | 1.3 | 2.8 | • | 0.5 | • |
| Interest Paid 10 | 6.1 | • | • | 3.5 | • | 0.9 | 0.8 | • | 1.1 | 3.5 | • | 6.4 | • |
| Depreciation, Depletion, Amortization 11 | 1.7 | • | • | 1.0 | • | 1.9 | 1.1 | • | 3.5 | 3.9 | • | 1.7 | • |
| Pensions and Other Benefits 12 | 1.1 | • | • | 0.9 | • | 1.1 | 1.3 | • | 2.7 | 2.3 | • | 1.1 | • |
| Other 13 | 28.5 | • | • | 24.6 | • | 23.0 | 22.8 | • | 18.7 | 26.6 | • | 28.8 | • |
| Officers Compensation 14 | 0.4 | • | • | 4.3 | • | 5.4 | 5.7 | • | 2.7 | 1.4 | • | 0.2 | • |
| Operating Margin 15 | • | • | • | 2.8 | • | • | • | • | 11.4 | • | • | • | • |
| Oper. Margin Before Officers Compensation 16 | • | • | • | 7.1 | • | 4.1 | 2.4 | • | 14.1 | • | • | • | • |
| **Selected Average Balance Sheet ($ in Thousands)** | | | | | | | | | | | | | |
| Net Receivables 17 | 10684 | • | • | 7 | • | 133 | 667 | • | 5307 | 8447 | • | 786359 | • |
| Inventories 18 | 3814 | • | • | 96 | • | 191 | 912 | • | 2482 | 11510 | • | 261066 | • |
| Net Property, Plant and Equipment 19 | 15904 | • | • | 6 | • | 114 | 374 | • | 4240 | 13043 | • | 1182068 | • |
| Total Assets 20 | 49004 | • | • | 171 | • | 662 | 2718 | • | 12826 | 51181 | • | 3606193 | • |

| | | | | | | | |
|---|---|---|---|---|---|---|---|
| Notes and Loans Payable 21 | 21446 | 104 | 100 | 539 | 2485 | 37989 | 1581325 |
| All Other Liabilities 22 | 15400 | 19 | 154 | 742 | 2257 | 8776 | 1142675 |
| Net Worth 23 | 12159 | 48 | 408 | 1437 | 8084 | 4415 | 882193 |

**Selected Financial Ratios (Times to 1)**

| | | | | | | | |
|---|---|---|---|---|---|---|---|
| Current Ratio 24 | 1.2 | 1.7 | 2.2 | 2.2 | 3.4 | 0.7 | 1.2 |
| Quick Ratio 25 | 0.8 | 0.7 | 1.0 | 1.2 | 2.3 | 0.4 | 0.8 |
| Net Sales to Working Capital 26 | 14.3 | 3.6 | 5.9 | 4.4 | 4.6 | • | 14.9 |
| Coverage Ratio 27 | 2.6 | 1.8 | 0.2 | • | 12.2 | 0.4 | 2.6 |
| Total Asset Turnover 28 | 0.8 | 1.4 | 1.9 | 1.9 | 2.1 | 1.0 | 0.7 |
| Inventory Turnover 29 | 5.7 | 2.6 | 8.4 | 3.0 | 3.3 | 5.6 | • |
| Receivables Turnover 30 | 3.4 | • | • | 6.4 | 5.7 | • | 6.6 |
| Total Liabilities to Net Worth 31 | 3.0 | 2.6 | 0.6 | 0.9 | 0.6 | 10.6 | 3.1 |

**Selected Financial Factors (in Percentages)**

| | | | | | | | |
|---|---|---|---|---|---|---|---|
| Debt Ratio 32 | 75.2 | 71.9 | 38.4 | 47.1 | 37.0 | 91.4 | 75.5 |
| Return on Assets 33 | 11.8 | 8.7 | 0.3 | • | 27.4 | 1.2 | 12.0 |
| Return on Equity 34 | 19.6 | 13.7 | • | • | 39.9 | • | 20.3 |
| Return Before Interest on Equity 35 | • | 30.9 | 0.5 | • | • | 14.3 | • |
| Profit Margin, Before Income Tax 36 | 9.8 | 2.8 | • | • | 11.8 | • | 10.3 |
| Profit Margin, After Income Tax 37 | 6.5 | 2.8 | • | • | 11.8 | • | 6.9 |

**Trends in Selected Ratios and Factors, 1986–1994**

| | 1986 | 1987 | 1988 | 1989 | 1990 | 1991 | 1992 | 1993 | 1994 |
|---|---|---|---|---|---|---|---|---|---|
| Cost of Operations (%) 38 | 59.7 | 60.3 | 58.5 | 60.3 | 59.9 | 64.7 | 60.9 | 65.0 | 61.7 |
| Operating Margin (%) 39 | 3.1 | • | 1.3 | • | • | • | • | • | • |
| Oper. Margin Before Officers Comp. (%) 40 | 3.6 | 0.2 | 1.8 | • | • | • | • | • | • |
| Average Net Receivables ($) 41 | 3212 | 2585 | 2861 | 2689 | 3331 | 2896 | 5155 | 15777 | 10684 |
| Average Inventories ($) 42 | 3085 | 1651 | 2174 | 1659 | 1846 | 1424 | 2628 | 6136 | 3814 |
| Average Net Worth ($) 43 | 9430 | 6628 | 8096 | 6667 | 7386 | 4867 | 7449 | 15686 | 12159 |
| Current Ratio (x1) 44 | 2.4 | 2.4 | 2.1 | 1.8 | 1.7 | 1.6 | 1.1 | 1.0 | 1.2 |
| Quick Ratio (x1) 45 | 1.2 | 1.4 | 1.1 | 1.1 | 0.9 | 0.9 | 0.6 | 0.7 | 0.8 |
| Coverage Ratio (x1) 46 | 5.1 | 3.1 | 3.8 | 2.4 | 1.0 | 3.4 | 2.2 | 1.1 | 2.6 |
| Asset Turnover (x1) 47 | 1.2 | 1.1 | 1.2 | 1.0 | 1.0 | 1.0 | 0.7 | 0.8 | 0.8 |
| Total Liabilities/Net Worth (x1) 48 | 0.7 | 0.7 | 0.8 | 0.7 | 0.8 | 1.3 | 2.4 | 3.5 | 3.0 |
| Return on Assets (x1) 49 | 13.2 | 9.3 | 12.4 | 6.2 | 4.0 | 7.2 | 8.6 | 5.5 | 11.8 |
| Return on Equity (%) 50 | 9.6 | 5.3 | 9.2 | 3.5 | • | 6.9 | 9.9 | 0.4 | 19.6 |

## Table II

Corporations with Net Income

# PHOTOGRAPHIC EQUIPMENT AND SUPPLIES

### MONEY AMOUNTS AND SIZE OF ASSETS IN THOUSANDS OF DOLLARS

| Item Description for Accounting Period 7/90 Through 6/91 | Total | Zero Assets | Under 100 | 100 to 250 | 251 to 500 | 501 to 1,000 | 1,001 to 5,000 | 5,001 to 10,000 | 10,001 to 25,000 | 25,001 to 50,000 | 50,001 to 100,000 | 100,001 to 250,000 | 250,001 and over |
|---|---|---|---|---|---|---|---|---|---|---|---|---|---|
| Number of Enterprises 1 | 254 | • | • | 156 | • | 79 | 15 | • | • | 4 | • | • | • |
| **Revenues ($ in Thousands)** | | | | | | | | | | | | | |
| Net Sales 2 | 18374 | • | • | 36 | • | 146 | 286 | • | • | 17905 | • | • | • |
| Portfolio Income 3 | 763 | • | • | • | • | 0 | 1 | • | • | 761 | • | • | • |
| Other Revenues 4 | 886 | • | • | • | • | 1 | 3 | • | • | 882 | • | • | • |
| Total Revenues 5 | 20022 | • | • | 36 | • | 147 | 291 | • | • | 19549 | • | • | • |
| Average Total Revenues 6 | 78826 | • | • | 231 | • | 1856 | 19378 | • | • | 4887132 | • | • | • |
| **Operating Costs/Operating Income (%)** | | | | | | | | | | | | | |
| Cost of Operations 7 | 61.1 | • | • | 49.2 | • | 65.1 | 73.0 | • | • | 60.9 | • | • | • |
| Rent 8 | 0.4 | • | • | 3.0 | • | 1.4 | 0.2 | • | • | 0.4 | • | • | • |
| Taxes Paid 9 | 0.6 | • | • | 6.4 | • | 2.4 | 0.6 | • | • | 0.5 | • | • | • |
| Interest Paid 10 | 6.2 | • | • | • | • | 0.9 | • | • | • | 6.4 | • | • | • |
| Depreciation, Depletion, Amortization 11 | 1.6 | • | • | 1.6 | • | 1.9 | 0.8 | • | • | 1.6 | • | • | • |
| Pensions and Other Benefits 12 | 1.1 | • | • | 1.7 | • | 1.1 | 1.4 | • | • | 1.1 | • | • | • |
| Other 13 | 28.7 | • | • | 15.7 | • | 21.6 | 12.2 | • | • | 29.1 | • | • | • |
| Officers Compensation 14 | 0.3 | • | • | 8.6 | • | 5.4 | 3.4 | • | • | 0.2 | • | • | • |
| Operating Margin 15 | • | • | • | 13.9 | • | 0.3 | 8.5 | • | • | • | • | • | • |
| Oper. Margin Before Officers Compensation 16 | 0.3 | • | • | 22.5 | • | 5.7 | 11.9 | • | • | • | • | • | • |
| **Selected Average Balance Sheet ($ in Thousands)** | | | | | | | | | | | | | |
| Net Receivables 17 | 21601 | • | • | • | • | 200 | 2252 | • | • | 1359252 | • | • | • |
| Inventories 18 | 7161 | • | • | 5 | • | 286 | 2549 | • | • | 439300 | • | • | • |
| Net Property, Plant and Equipment 19 | 32184 | • | • | 10 | • | 169 | 489 | • | • | 2038086 | • | • | • |
| Total Assets 20 | 97367 | • | • | 136 | • | 743 | 6682 | • | • | 6137746 | • | • | • |

| | | | | | | | |
|---|---|---|---|---|---|---|---|
| Notes and Loans Payable 21 | 41651 | | | | 151 | | | 2641845 |
| All Other Liabilities 22 | 31246 | | | | 229 | 1917 | | 1972381 |
| Net Worth 23 | 24470 | | | 136 | 364 | 4765 | | 1523520 |

### Selected Financial Ratios (Times to 1)

| | | | | | | | |
|---|---|---|---|---|---|---|---|
| Current Ratio 24 | 1.2 | | | | 2.2 | 3.2 | | 1.2 |
| Quick Ratio 25 | 0.8 | | | | 1.0 | 1.9 | | 0.8 |
| Net Sales to Working Capital 26 | 13.0 | | 1.9 | | 6.0 | 4.5 | | 13.7 |
| Coverage Ratio 27 | 2.7 | | | | 1.9 | | | 2.7 |
| Total Asset Turnover 28 | 0.8 | | 1.7 | | 2.5 | 2.9 | | 0.7 |
| Inventory Turnover 29 | 5.9 | | | | 8.4 | 3.3 | | |
| Receivables Turnover 30 | 3.4 | | | | | 6.3 | | 6.6 |
| Total Liabilities to Net Worth 31 | 3.0 | | | | 1.1 | 0.4 | | 3.0 |

### Selected Financial Factors (in Percentages)

| | | | | | | | |
|---|---|---|---|---|---|---|---|
| Debt Ratio 32 | 74.9 | | | | 51.1 | 28.7 | | 75.2 |
| Return on Assets 33 | 12.5 | | | 23.7 | 4.2 | 28.5 | | 12.5 |
| Return on Equity 34 | 21.5 | | | 23.7 | 3.6 | 36.1 | | 21.4 |
| Return Before Interest on Equity 35 | | | | 23.7 | 8.7 | | | |
| Profit Margin, Before Income Tax 36 | 10.7 | | | 13.9 | 0.8 | 10.0 | | 10.7 |
| Profit Margin, After Income Tax 37 | 7.3 | | | 13.9 | 0.7 | 9.0 | | 7.3 |

### Trends in Selected Ratios and Factors, 1986-1994

| | 1986 | 1987 | 1988 | 1989 | 1990 | 1991 | 1992 | 1993 | 1994 |
|---|---|---|---|---|---|---|---|---|---|
| Cost of Operations (%) 38 | 59.5 | 60.1 | 58.3 | 60.1 | 60.1 | 64.6 | 60.6 | 64.5 | 61.1 |
| Operating Margin (%) 39 | 3.8 | 0.3 | 1.7 | | 0.3 | | | | |
| Oper. Margin Before Officers Comp. (%) 40 | 4.2 | 0.7 | 2.2 | | 1.6 | | | | 0.3 |
| Average Net Receivables ($) 41 | 8473 | 7107 | 4150 | 3516 | 1012 | 5225 | 16045 | 18144 | 21601 |
| Average Inventories ($) 42 | 7978 | 4331 | 3080 | 2108 | 806 | 2509 | 7602 | 6678 | 7161 |
| Average Net Worth ($) 43 | 25704 | 18638 | 11959 | 8898 | 1769 | 8926 | 21718 | 18112 | 24470 |
| Current Ratio (x1) 44 | 2.5 | 2.4 | 2.1 | 1.9 | 2.0 | 1.6 | 1.2 | 1.0 | 1.2 |
| Quick Ratio (x1) 45 | 1.3 | 1.5 | 1.1 | 1.1 | 1.1 | 1.0 | 0.6 | 0.7 | 0.8 |
| Coverage Ratio (x1) 46 | 5.8 | 3.5 | 4.0 | 2.6 | 3.5 | 3.8 | 2.5 | 1.2 | 2.7 |
| Asset Turnover (x1) 47 | 1.2 | 1.1 | 1.2 | 1.0 | 1.3 | 1.0 | 0.7 | 0.8 | 0.8 |
| Operating Leverage 48 | | 0.1 | 5.8 | | | | 0.7 | 7.8 | 0.0 |
| Financial Leverage 49 | | 0.9 | 1.1 | 0.9 | 1.3 | 0.9 | 0.9 | 0.3 | 4.3 |
| Total Leverage 50 | | 0.1 | 6.5 | | | | 0.6 | 2.0 | 0.0 |

## Table I

Corporations with and without Net Income

# RAILROAD TRANSPORTATION

### MONEY AMOUNTS AND SIZE OF ASSETS IN THOUSANDS OF DOLLARS

| Item Description for Accounting Period 7/90 Through 6/91 | Total | Zero Assets | Under 100 | 100 to 250 | 251 to 500 | 501 to 1,000 | 1,001 to 5,000 | 5,001 to 10,000 | 10,001 to 25,000 | 25,001 to 50,000 | 50,001 to 100,000 | 100,001 to 250,000 | 250,001 and over |
|---|---|---|---|---|---|---|---|---|---|---|---|---|---|
| Number of Enterprises **1** | 523 | 7 | • | 207 | 69 | 52 | 84 | 41 | 18 | 14 | 10 | 5 | 17 |
| **Revenues ($ in Thousands)** | | | | | | | | | | | | | |
| Net Sales **2** | 41599 | 29 | • | 3 | 45 | • | 18 | 88 | 180 | 258 | 289 | 437 | 40252 |
| Portfolio Income **3** | 2709 | • | • | • | 0 | 0 | 1 | 4 | 4 | 12 | 28 | 14 | 2646 |
| Other Revenues **4** | 2672 | 3 | • | 14 | 1 | 7 | 9 | 1 | 26 | 32 | 39 | 29 | 2510 |
| Total Revenues **5** | 46980 | 33 | • | 17 | 46 | 8 | 28 | 92 | 211 | 302 | 356 | 480 | 45408 |
| Average Total Revenues **6** | 89828 | 4672 | • | 82 | 664 | 145 | 329 | 2243 | 11722 | 21604 | 35626 | 95988 | 2671059 |
| **Operating Costs/Operating Income (%)** | | | | | | | | | | | | | |
| Cost of Operations **7** | 38.8 | • | • | 75.8 | 42.3 | • | 49.1 | 22.2 | 30.0 | 70.7 | 52.7 | 56.1 | 38.3 |
| Rent **8** | 7.7 | 14.1 | • | 27.4 | • | • | 3.9 | 1.0 | 6.7 | 4.0 | 3.3 | 3.3 | 7.8 |
| Taxes Paid **9** | 7.1 | 13.5 | • | 10.3 | 6.3 | • | 11.7 | 6.2 | 7.1 | 6.3 | 5.3 | 3.0 | 7.1 |
| Interest Paid **10** | 7.7 | 7.7 | • | 1.1 | 6.3 | • | 32.6 | 7.3 | 3.8 | 4.9 | 10.5 | 8.0 | 7.7 |
| Depreciation, Depletion, Amortization **11** | 9.1 | • | • | 0.9 | 16.0 | • | 65.0 | 14.3 | 10.6 | 8.9 | 15.0 | 18.5 | 9.0 |
| Pensions and Other Benefits **12** | 4.5 | • | • | • | • | • | 2.2 | 0.4 | 2.8 | 2.0 | 1.3 | 2.7 | 4.5 |
| Other **13** | 36.0 | • | • | 5.8 | 31.0 | • | 55.4 | 53.9 | 44.1 | 13.7 | 34.8 | 16.3 | 36.3 |
| Officers Compensation **14** | 0.3 | • | • | • | 2.2 | • | • | • | 1.9 | 0.6 | 1.5 | 0.8 | 0.3 |
| Operating Margin **15** | • | • | • | • | • | • | • | • | • | • | • | • | • |
| Oper. Margin Before Officers Compensation **16** | • | • | • | • | • | • | • | • | • | • | • | • | • |
| **Selected Average Balance Sheet ($ in Thousands)** | | | | | | | | | | | | | |
| Net Receivables **17** | 9423 | • | • | 118 | • | • | 430 | 713 | 2195 | 3783 | 8876 | 15657 | 269341 |
| Inventories **18** | 1572 | • | • | • | • | • | 0 | 56 | 353 | 1278 | 907 | 4528 | 44922 |
| Net Property, Plant and Equipment **19** | 109229 | • | • | 100 | 339 | 602 | 1304 | 2325 | 13214 | 26875 | 45540 | 136699 | 3240801 |
| Total Assets **20** | 157109 | • | • | 223 | 399 | 716 | 1919 | 6769 | 17655 | 37242 | 66409 | 188953 | 4657076 |

| | | | | | | | | | | |
|---|---|---|---|---|---|---|---|---|---|---|
| Notes and Loans Payable **21** | 42600 | • | 3 | 341 | 1056 | 2642 | 6953 | 10545 | 27864 | 89275 | 1238862 |
| All Other Liabilities **22** | 55890 | • | 25 | 2 | 1405 | 2119 | 3856 | 12977 | 24205 | 47038 | 1664247 |
| Net Worth **23** | 58619 | • | 195 | 56 | -541 | 2009 | 6846 | 13719 | 14339 | 52639 | 1753966 |

**Selected Financial Ratios (Times to 1)**

| | | | | | | | | | | | |
|---|---|---|---|---|---|---|---|---|---|---|---|
| Current Ratio **24** | 0.7 | • | 4.4 | 0.1 | 0.4 | 3.2 | 1.6 | 0.9 | 0.6 | 1.0 | 0.7 |
| Quick Ratio **25** | 0.5 | • | 4.4 | 0.1 | 0.4 | 2.0 | 1.3 | 0.7 | 0.6 | 0.7 | 0.5 |
| Net Sales to Working Capital **26** | • | • | 0.2 | • | • | 1.1 | 8.1 | • | • | • | • |
| Coverage Ratio **27** | 1.2 | • | • | 0.8 | • | 1.0 | 3.7 | 2.3 | 0.9 | 1.2 | 1.2 |
| Total Asset Turnover **28** | 0.5 | • | 0.1 | 1.6 | 0.1 | 0.3 | 0.6 | 0.5 | 0.4 | 0.5 | 0.5 |
| Inventory Turnover **29** | • | • | • | • | • | 7.5 | 7.9 | • | • | • | • |
| Receivables Turnover **30** | 8.0 | • | 0.3 | • | 0.6 | 2.7 | 4.3 | 4.0 | 3.9 | 3.7 | 8.3 |
| Total Liabilities to Net Worth **31** | 1.7 | • | 0.2 | 6.1 | • | 2.4 | 1.6 | 1.7 | 3.6 | 2.6 | 1.7 |

**Selected Financial Factors (in Percentages)**

| | | | | | | | | | | | |
|---|---|---|---|---|---|---|---|---|---|---|---|
| Debt Ratio **32** | 62.7 | • | 12.5 | 85.9 | • | 70.3 | 61.2 | 63.2 | 78.4 | 72.2 | 62.3 |
| Return on Assets **33** | 4.8 | • | 28.6 | 8.1 | 19.1 | 2.2 | 8.0 | 5.5 | 4.2 | 4.3 | 4.9 |
| Return on Equity **34** | 32.4 | • | • | 14.0 | 25.5 | • | 10.9 | 4.9 | • | 1.7 | • |
| Return Before Interest on Equity **35** | 12.9 | • | 32.6 | 19.1 | 12.6 | 7.5 | 20.5 | 14.9 | 19.2 | 15.2 | 12.9 |
| Profit Margin, Before Income Tax **36** | 1.8 | • | • | • | • | 10.2 | 6.2 | • | • | 1.2 | 1.8 |
| Profit Margin, After Income Tax **37** | • | • | • | • | • | 7.4 | 3.7 | • | • | • | • |

**Trends in Selected Ratios and Factors, 1986-1994**

| | 1986 | 1987 | 1988 | 1989 | 1990 | 1991 | 1992 | 1993 | 1994 |
|---|---|---|---|---|---|---|---|---|---|
| Cost of Operations (%) **38** | 57.2 | 55.0 | 55.5 | 58.4 | 51.7 | 46.2 | 46.5 | 43.1 | 38.8 |
| Operating Margin (%) **39** | • | • | • | • | • | • | • | • | • |
| Oper. Margin Before Officers Comp. (%) **40** | • | • | • | • | • | • | • | • | • |
| Average Net Receivables ($) **41** | 18168 | 34244 | 11805 | 13187 | 19039 | 12057 | 10406 | 8412 | 9423 |
| Average Inventories ($) **42** | 7920 | 10406 | 3330 | 3822 | 4571 | 3121 | 2151 | 2025 | 1572 |
| Average Net Worth ($) **43** | 107391 | 187068 | 63706 | 72567 | 104809 | 72953 | 73164 | 48634 | 58619 |
| Current Ratio (x1) **44** | 1.0 | 1.2 | 1.3 | 1.1 | 0.9 | 1.2 | 0.8 | 0.9 | 0.7 |
| Quick Ratio (x1) **45** | 0.6 | 0.8 | 0.9 | 0.7 | 0.6 | 0.8 | 0.6 | 0.4 | 0.5 |
| Coverage Ratio (x1) **46** | 0.8 | 1.3 | 1.7 | 1.3 | • | 1.7 | 1.9 | 1.2 | 1.2 |
| Asset Turnover (x1) **47** | 0.6 | 0.4 | 0.6 | 0.5 | 0.5 | 0.5 | 0.5 | 0.5 | 0.5 |
| Total Liabilities/Net Worth (x1) **48** | 1.3 | 1.1 | 1.1 | 1.3 | 1.3 | 1.2 | 1.1 | 2.0 | 1.7 |
| Return on Assets (x1) **49** | 2.3 | 2.6 | 3.9 | 3.0 | • | 4.3 | 5.7 | 4.3 | 4.8 |
| Return on Equity (%) **50** | • | 0.2 | 1.7 | 0.2 | • | 2.3 | 3.2 | • | • |

## Table II

Corporations with Net Income

# RAILROAD TRANSPORTATION

### MONEY AMOUNTS AND SIZE OF ASSETS IN THOUSANDS OF DOLLARS

| Item Description for Accounting Period 7/90 Through 6/91 | | Total | Zero Assets | Under 100 | 100 to 250 | 251 to 500 | 501 to 1,000 | 1,001 to 5,000 | 5,001 to 10,000 | 10,001 to 25,000 | 25,001 to 50,000 | 50,001 to 100,000 | 100,001 to 250,000 | 250,001 and over |
|---|---|---|---|---|---|---|---|---|---|---|---|---|---|---|
| Number of Enterprises | 1 | 379 | • | • | 207 | • | 52 | 47 | 31 | 15 | • | • | • | 11 |
| **Revenues ($ in Thousands)** | | | | | | | | | | | | | | |
| Net Sales | 2 | 30532 | • | • | 3 | • | • | 5 | 78 | 165 | • | • | • | 29710 |
| Portfolio Income | 3 | 1427 | • | • | • | • | 0 | 1 | 4 | 2 | • | • | • | 1393 |
| Other Revenues | 4 | 1428 | • | • | 14 | • | 7 | 9 | 1 | 8 | • | • | • | 1323 |
| Total Revenues | 5 | 33386 | • | • | 17 | • | 8 | 14 | 83 | 175 | • | • | • | 32426 |
| Average Total Revenues | 6 | 88090 | • | • | 82 | • | 145 | 302 | 2667 | 11662 | • | • | • | 2947861 |
| **Operating Costs/Operating Income (%)** | | | | | | | | | | | | | | |
| Cost of Operations | 7 | 40.8 | • | • | 75.8 | • | • | 17.2 | 20.9 | 28.2 | • | • | • | 40.4 |
| Rent | 8 | 5.5 | • | • | 27.4 | • | • | 0.3 | 0.4 | 1.5 | • | • | • | 5.6 |
| Taxes Paid | 9 | 7.0 | • | • | 10.3 | • | • | 1.2 | 6.4 | 6.4 | • | • | • | 7.1 |
| Interest Paid | 10 | 6.5 | • | • | 1.1 | • | • | 21.1 | 5.3 | 3.2 | • | • | • | 6.5 |
| Depreciation, Depletion, Amortization | 11 | 8.0 | • | • | 0.9 | • | • | • | 11.6 | 10.3 | • | • | • | 7.9 |
| Pensions and Other Benefits | 12 | 3.5 | • | • | • | • | • | • | 0.4 | 2.5 | • | • | • | 3.5 |
| Other | 13 | 31.5 | • | • | 5.8 | • | • | 94.8 | 40.0 | 41.0 | • | • | • | 31.8 |
| Officers Compensation | 14 | 0.3 | • | • | • | • | • | • | • | 1.5 | • | • | • | 0.3 |
| Operating Margin | 15 | • | • | • | • | • | • | • | 15.2 | 5.5 | • | • | • | • |
| Oper. Margin Before Officers Compensation | 16 | • | • | • | • | • | • | • | 15.2 | 7.0 | • | • | • | • |
| **Selected Average Balance Sheet ($ in Thousands)** | | | | | | | | | | | | | | |
| Net Receivables | 17 | 9840 | • | • | 118 | • | • | 577 | 933 | 1528 | • | • | • | 317446 |
| Inventories | 18 | 953 | • | • | • | • | • | 0 | 61 | 391 | • | • | • | 28874 |
| Net Property, Plant and Equipment | 19 | 102834 | • | • | 100 | • | 602 | 1428 | 989 | 14551 | • | • | • | 3439227 |
| Total Assets | 20 | 157377 | • | • | 223 | • | 716 | 2291 | 6804 | 18499 | • | • | • | 5256469 |

| | | | | | | | | | | | |
|---|---|---|---|---|---|---|---|---|---|---|---|
| Notes and Loans Payable **21** | 40354 | • | • | 3 | • | 717 | • | 2780 | 6914 | • | 1331347 |
| All Other Liabilities **22** | 57201 | • | • | 25 | • | 2034 | • | 2172 | 4417 | • | 1922832 |
| Net Worth **23** | 59822 | • | • | 195 | 716 | -460 | • | 1852 | 7169 | • | 2002290 |

**Selected Financial Ratios (Times to 1)**

| | | | | | | | | | | | |
|---|---|---|---|---|---|---|---|---|---|---|---|
| Current Ratio **24** | 0.8 | • | • | 4.4 | • | 0.4 | • | 4.0 | 1.2 | • | 0.8 |
| Quick Ratio **25** | 0.6 | • | • | 4.4 | • | 0.4 | • | 2.5 | 0.9 | • | 0.5 |
| Net Sales to Working Capital **26** | • | • | • | 0.2 | • | • | • | 0.9 | 26.2 | • | • |
| Coverage Ratio **27** | 2.0 | • | • | • | 3.0 | • | 4.9 | 4.6 | • | 2.0 | |
| Total Asset Turnover **28** | 0.5 | • | • | 0.1 | • | 0.1 | • | 0.4 | 0.6 | • | 0.5 |
| Inventory Turnover **29** | • | • | • | • | • | 7.1 | • | • | • | | |
| Receivables Turnover **30** | 7.2 | • | • | 0.3 | • | 0.2 | • | 2.4 | 5.3 | • | • |
| Total Liabilities to Net Worth **31** | 1.6 | • | • | 0.2 | • | • | • | 2.7 | 1.6 | • | 1.6 |

**Selected Financial Factors (in Percentages)**

| | | | | | | | | | | | |
|---|---|---|---|---|---|---|---|---|---|---|---|
| Debt Ratio **32** | 62.0 | • | • | 12.5 | • | • | • | 72.8 | 61.3 | • | 61.9 |
| Return on Assets **33** | 6.6 | • | • | 28.6 | 19.1 | 2.7 | • | 9.7 | 8.8 | • | 6.6 |
| Return on Equity **34** | 5.6 | • | • | 32.4 | 14.0 | • | • | 22.2 | 13.3 | • | 5.4 |
| Return Before Interest on Equity **35** | 17.4 | • | • | 32.6 | 19.1 | • | • | 22.8 | • | 17.2 | |
| Profit Margin, Before Income Tax **36** | 6.5 | • | • | • | • | • | 20.7 | 11.7 | • | 6.2 | |
| Profit Margin, After Income Tax **37** | 4.2 | • | • | • | • | • | 16.3 | 8.7 | • | 4.0 | |

**Trends in Selected Ratios and Factors, 1986–1994**

| | 1986 | 1987 | 1988 | 1989 | 1990 | 1991 | 1992 | 1993 | 1994 |
|---|---|---|---|---|---|---|---|---|---|
| Cost of Operations (%) **38** | 66.7 | 56.4 | 55.9 | 57.7 | 53.6 | 45.7 | 48.2 | 44.7 | 40.8 |
| Operating Margin (%) **39** | • | • | • | • | • | • | • | • | • |
| Oper. Margin Before Officers Comp. (%) **40** | • | • | • | • | • | • | • | • | • |
| Average Net Receivables ($) **41** | 29613 | 33988 | 37601 | 22530 | 31585 | 22161 | 15021 | 10131 | 9840 |
| Average Inventories ($) **42** | 8768 | 9087 | 10164 | 5972 | 8619 | 5589 | 2998 | 2245 | 953 |
| Average Net Worth ($) **43** | 186984 | 193540 | 208981 | 128404 | 193379 | 138957 | 112404 | 58071 | 59822 |
| Current Ratio (x1) **44** | 1.5 | 1.2 | 1.3 | 1.1 | 0.9 | 1.2 | 0.8 | 0.9 | 0.8 |
| Quick Ratio (x1) **45** | 0.9 | 0.8 | 0.9 | 0.7 | 0.6 | 0.8 | 0.6 | 0.3 | 0.6 |
| Coverage Ratio (x1) **46** | 2.3 | 2.2 | 2.3 | 1.9 | 1.7 | 2.1 | 2.7 | 2.0 | 2.0 |
| Asset Turnover (x1) **47** | 0.6 | 0.4 | 0.6 | 0.5 | 0.5 | 0.5 | 0.5 | 0.5 | 0.5 |
| Operating Leverage **48** | • | 2.1 | 0.2 | 1.6 | 1.3 | 0.8 | 0.8 | 1.6 | 0.4 |
| Financial Leverage **49** | • | 1.0 | 1.0 | 0.8 | 0.9 | 1.2 | 1.2 | 0.8 | 1.0 |
| Total Leverage **50** | • | 2.0 | 0.2 | 1.2 | 1.2 | 1.0 | 0.9 | 1.2 | 0.4 |

# Table I

Corporations with and without Net Income

# LOCAL AND INTERURBAN PASSENGER TRANSIT

MONEY AMOUNTS AND SIZE OF ASSETS IN THOUSANDS OF DOLLARS

| Item Description for Accounting Period 7/90 Through 6/91 | Total | Zero Assets | Under 100 | 100 to 250 | 251 to 500 | 501 to 1,000 | 1,001 to 5,000 | 5,001 to 10,000 | 10,001 to 25,000 | 25,001 to 50,000 | 50,001 to 100,000 | 100,001 to 250,000 | 250,001 and over |
|---|---|---|---|---|---|---|---|---|---|---|---|---|---|
| Number of Enterprises **1** | 12200 | 315 | 7251 | 2584 | 811 | 443 | 694 | 45 | 43 | 11 | 3 | • | • |
| **Revenues ($ in Thousands)** | | | | | | | | | | | | | |
| Net Sales **2** | 9006 | • | 1012 | 502 | 681 | 727 | 2802 | 406 | 1240 | 528 | 1108 | • | • |
| Portfolio Income **3** | 122 | • | 26 | 1 | 7 | 3 | 41 | 6 | 13 | 7 | 17 | • | • |
| Other Revenues **4** | 227 | • | 25 | 19 | 4 | 0 | 136 | 7 | 17 | 16 | 4 | • | • |
| Total Revenues **5** | 9355 | • | 1062 | 522 | 692 | 730 | 2979 | 419 | 1270 | 552 | 1129 | • | • |
| Average Total Revenues **6** | 767 | • | 147 | 202 | 853 | 1649 | 4293 | 9312 | 29537 | 50137 | 376253 | • | • |
| **Operating Costs/Operating Income (%)** | | | | | | | | | | | | | |
| Cost of Operations **7** | 41.4 | • | 50.2 | 21.1 | 21.9 | 40.5 | 44.3 | 40.7 | 53.4 | 52.1 | 29.2 | • | • |
| Rent **8** | 3.7 | • | 2.8 | 3.4 | 1.7 | 4.7 | 3.4 | 3.4 | 1.9 | 1.6 | 9.3 | • | • |
| Taxes Paid **9** | 4.2 | • | 2.5 | 5.0 | 5.2 | 3.9 | 4.6 | 3.7 | 4.4 | 2.6 | 4.9 | • | • |
| Interest Paid **10** | 2.6 | • | 1.3 | 6.1 | 1.5 | 3.0 | 2.6 | 3.7 | 1.7 | 3.4 | 2.7 | • | • |
| Depreciation, Depletion, Amortization **11** | 6.1 | • | 3.6 | 11.1 | 4.8 | 9.9 | 7.4 | 10.2 | 3.2 | 3.6 | 3.8 | • | • |
| Pensions and Other Benefits **12** | 2.0 | • | 0.2 | 0.3 | 1.5 | 0.4 | 2.3 | 1.8 | 4.1 | 3.4 | 2.5 | • | • |
| Other **13** | 42.3 | • | 42.4 | 55.7 | 60.2 | 35.0 | 36.4 | 35.6 | 30.0 | 39.3 | 62.5 | • | • |
| Officers Compensation **14** | 2.7 | • | 1.4 | 6.0 | 4.7 | 3.9 | 3.2 | 2.7 | 1.6 | 1.5 | 0.7 | • | • |
| Operating Margin **15** | • | • | • | • | • | • | • | • | • | • | • | • | • |
| Oper. Margin Before Officers Compensation **16** | • | • | • | • | 3.3 | 2.7 | • | 1.0 | 1.5 | • | • | • | • |
| **Selected Average Balance Sheet ($ in Thousands)** | | | | | | | | | | | | | |
| Net Receivables **17** | 61 | • | 1 | 16 | 54 | 48 | 375 | 1078 | 3679 | 4066 | 40103 | • | • |
| Inventories **18** | 12 | • | • | • | 6 | 7 | 28 | 259 | 584 | 301 | 27162 | • | • |
| Net Property, Plant and Equipment **19** | 174 | • | 11 | 41 | 106 | 517 | 1121 | 3729 | 4249 | 11909 | 121295 | • | • |
| Total Assets **20** | 394 | • | 27 | 176 | 312 | 717 | 2130 | 6659 | 14101 | 33577 | 276178 | • | • |

| | | | | | | | | | | | |
|---|---|---|---|---|---|---|---|---|---|---|---|
| Notes and Loans Payable 21 | 227 | • | 35 | 137 | 164 | 470 | 1105 | 3129 | 5298 | 21878 | 147761 |
| All Other Liabilities 22 | 109 | • | 4 | 22 | 78 | 69 | 460 | 1135 | 4394 | 11863 | 155219 |
| Net Worth 23 | 58 | • | -11 | 17 | 70 | 178 | 565 | 2395 | 4409 | -164 | -26802 |

## Selected Financial Ratios (Times to 1)

| | | | | | | | | | | | |
|---|---|---|---|---|---|---|---|---|---|---|---|
| Current Ratio 24 | 1.0 | • | 2.1 | 1.1 | 1.0 | 0.8 | 1.0 | 1.3 | 1.5 | 0.5 | 0.8 |
| Quick Ratio 25 | 0.7 | • | 1.6 | 0.7 | 0.8 | 0.6 | 0.7 | 1.0 | 1.1 | 0.3 | 0.4 |
| Net Sales to Working Capital 26 | • | • | 25.4 | • | • | • | • | 14.5 | 12.2 | • | • |
| Coverage Ratio 27 | 0.6 | • | 1.5 | 0.3 | 1.1 | 0.8 | 1.8 | 1.4 | 2.4 | 0.1 | • |
| Total Asset Turnover 28 | 1.9 | • | 5.2 | 1.1 | 2.7 | 2.3 | 1.9 | 1.4 | 2.1 | 1.4 | 1.3 |
| Inventory Turnover 29 | • | • | • | • | • | • | • | • | • | • | 5.0 |
| Receivables Turnover 30 | • | • | • | 9.2 | • | • | • | 6.5 | 9.2 | • | 9.4 |
| Total Liabilities to Net Worth 31 | 5.8 | • | • | 9.2 | 3.4 | 3.0 | 2.8 | 1.8 | 2.2 | • | • |

## Selected Financial Factors (in Percentages)

| | | | | | | | | | | | |
|---|---|---|---|---|---|---|---|---|---|---|---|
| Debt Ratio 32 | 85.3 | • | • | 90.2 | 77.4 | 75.2 | 73.5 | 64.0 | 68.7 | • | • |
| Return on Assets 33 | 2.9 | • | 10.0 | 1.7 | 4.4 | 5.3 | 8.9 | 6.9 | 8.1 | 0.6 | • |
| Return on Equity 34 | • | • | • | • | • | • | 8.4 | 3.4 | 11.4 | • | • |
| Return Before Interest on Equity 35 | 19.5 | • | • | 17.1 | 19.3 | 21.3 | 33.7 | 19.1 | 25.9 | • | • |
| Profit Margin, Before Income Tax 36 | • | • | 0.6 | • | 0.2 | • | 2.1 | 1.4 | 2.3 | • | • |
| Profit Margin, After Income Tax 37 | • | • | 0.6 | • | • | • | 1.2 | 0.9 | 1.8 | • | • |

## Trends in Selected Ratios and Factors, 1986-1994

| | 1986 | 1987 | 1988 | 1989 | 1990 | 1991 | 1992 | 1993 | 1994 |
|---|---|---|---|---|---|---|---|---|---|
| Cost of Operations (%) 38 | 45.6 | 43.2 | 44.9 | 42.6 | 42.2 | 39.9 | 41.5 | 36.7 | 41.4 |
| Operating Margin (%) 39 | • | • | • | • | • | • | • | • | • |
| Oper. Margin Before Officers Comp. (%) 40 | 1.7 | 1.9 | • | • | • | • | • | 2.6 | • |
| Average Net Receivables ($) 41 | 35 | 37 | 181 | 264 | 358 | 204 | 257 | 56 | 61 |
| Average Inventories ($) 42 | 8 | 8 | 25 | 29 | 35 | 27 | 38 | 8 | 12 |
| Average Net Worth ($) 43 | 104 | 112 | 180 | 175 | 196 | 167 | 204 | 101 | 58 |
| Current Ratio (x1) 44 | 1.0 | 1.1 | 1.4 | 1.5 | 1.6 | 1.2 | 1.4 | 1.1 | 1.0 |
| Quick Ratio (x1) 45 | 0.8 | 0.8 | 1.2 | 1.2 | 1.3 | 1.0 | 1.1 | 0.8 | 0.7 |
| Coverage Ratio (x1) 46 | 1.6 | 2.1 | 1.5 | 1.3 | 1.4 | 1.3 | 1.1 | 1.8 | 0.6 |
| Asset Turnover (x1) 47 | 1.5 | 1.6 | 0.9 | 0.9 | 0.9 | 0.9 | 1.1 | 1.9 | 1.9 |
| Total Liabilities/Net Worth (x1) 48 | 2.3 | 2.0 | 4.0 | 4.5 | 5.0 | 4.4 | 4.1 | 2.6 | 5.8 |
| Return on Assets (x1) 49 | 8.1 | 9.7 | 9.9 | 8.4 | 8.6 | 6.9 | 6.6 | 8.2 | 2.9 |
| Return on Equity (%) 50 | 4.0 | 9.9 | 9.3 | 6.5 | 8.3 | 5.0 | 0.7 | 8.8 | • |

## Table II

Corporations with Net Income

# LOCAL AND INTERURBAN PASSENGER TRANSIT

MONEY AMOUNTS AND SIZE OF ASSETS IN THOUSANDS OF DOLLARS

| Item Description for Accounting Period 7/90 Through 6/91 | Total | Zero Assets | Under 100 | 100 to 250 | 251 to 500 | 501 to 1,000 | 1,001 to 5,000 | 5,001 to 10,000 | 10,001 to 25,000 | 25,001 to 50,000 | 50,001 to 100,000 | 100,001 to 250,000 | 250,001 and over |
|---|---|---|---|---|---|---|---|---|---|---|---|---|---|
| Number of Enterprises **1** | 5850 | • | 3087 | 1469 | 559 | 218 | 457 | 18 | 37 | 5 | • | • | • |
| **Revenues ($ in Thousands)** | | | | | | | | | | | | | |
| Net Sales **2** | 5470 | • | 745 | 356 | 554 | 397 | 1666 | 187 | 1155 | 410 | • | • | • |
| Portfolio Income **3** | 104 | • | 26 | 1 | 6 | 2 | 37 | 3 | 12 | 18 | • | • | • |
| Other Revenues **4** | 166 | • | 25 | 12 | 2 | 0 | 105 | 1 | 13 | 9 | • | • | • |
| Total Revenues **5** | 5740 | • | 796 | 368 | 562 | 399 | 1808 | 190 | 1180 | 436 | • | • | • |
| Average Total Revenues **6** | 981 | • | 258 | 251 | 1006 | 1832 | 3956 | 10575 | 31883 | 87243 | • | • | • |
| **Operating Costs/Operating Income (%)** | | | | | | | | | | | | | |
| Cost of Operations **7** | 42.2 | • | 61.9 | 15.8 | 13.1 | 27.9 | 38.7 | 54.6 | 55.0 | 55.2 | • | • | • |
| Rent **8** | 2.3 | • | 1.1 | 3.2 | 1.5 | 6.6 | 2.5 | 1.2 | 1.6 | 1.6 | • | • | • |
| Taxes Paid **9** | 4.2 | • | 1.7 | 5.0 | 4.8 | 5.1 | 5.1 | 3.9 | 4.2 | 3.4 | • | • | • |
| Interest Paid **10** | 2.1 | • | 0.6 | 5.3 | 1.5 | 2.5 | 2.3 | 3.6 | 1.6 | 1.9 | • | • | • |
| Depreciation, Depletion, Amortization **11** | 5.6 | • | 2.8 | 10.1 | 4.7 | 7.3 | 8.2 | 6.4 | 2.8 | 3.5 | • | • | • |
| Pensions and Other Benefits **12** | 2.5 | • | 0.2 | • | 1.8 | 0.1 | 3.2 | 1.6 | 4.2 | 4.3 | • | • | • |
| Other **13** | 37.9 | • | 30.5 | 51.6 | 67.6 | 42.7 | 38.3 | 18.1 | 28.6 | 28.4 | • | • | • |
| Officers Compensation **14** | 3.5 | • | 1.8 | 8.0 | 5.2 | 6.2 | 4.3 | 2.3 | 1.4 | 1.1 | • | • | • |
| Operating Margin **15** | • | • | • | 1.0 | • | 1.7 | • | 8.2 | 0.5 | 0.7 | • | • | • |
| Oper. Margin Before Officers Compensation **16** | 3.3 | • | 1.3 | 9.0 | 5.1 | 7.8 | 1.9 | 10.5 | 1.9 | 1.8 | • | • | • |
| **Selected Average Balance Sheet ($ in Thousands)** | | | | | | | | | | | | | |
| Net Receivables **17** | 76 | • | 1 | 19 | 56 | 39 | 351 | 1610 | 3686 | 9553 | • | • | • |
| Inventories **18** | 16 | • | • | • | 5 | 8 | 27 | 359 | 677 | 9187 | • | • | • |
| Net Property, Plant and Equipment **19** | 188 | • | 7 | 38 | 109 | 466 | 1164 | 4223 | 4260 | 18685 | • | • | • |
| Total Assets **20** | 450 | • | 31 | 166 | 311 | 674 | 2220 | 7645 | 13787 | 61953 | • | • | • |

|  |  |  |  |  |  |  |  |  |  |  |  |
|---|---|---|---|---|---|---|---|---|---|---|---|
| Notes and Loans Payable 21 | 194 | · | 10 | · | 91 | 153 | 415 | 953 | 3468 | 4801 | 23356 |
| All Other Liabilities 22 | 103 | · | 5 | · | 30 | 72 | 47 | 449 | 1175 | 4526 | 19075 |
| Net Worth 23 | 153 | · | 15 | · | 44 | 85 | 212 | 817 | 3002 | 4461 | 19522 |

**Selected Financial Ratios (Times to 1)**

|  |  |  |  |  |  |  |  |  |  |  |  |
|---|---|---|---|---|---|---|---|---|---|---|---|
| Current Ratio 24 | 1.2 | · | 2.8 | 1.1 | 1.0 | 1.0 | 1.1 | 1.0 | 1.1 | 1.4 | 1.4 |
| Quick Ratio 25 | 0.9 | · | 2.0 | 0.8 | 0.8 | 0.8 | 0.9 | 0.8 | 0.7 | 1.0 | 0.7 |
| Net Sales to Working Capital 26 | 35.1 | · | 18.2 | · | · | · | · | · | · | 15.8 | 13.1 |
| Coverage Ratio 27 | 3.3 | · | 12.0 | 1.8 | 2.0 | 2.0 | 1.9 | 3.6 | 3.7 | 2.6 | 4.8 |
| Total Asset Turnover 28 | 2.1 | · | 7.8 | 1.5 | 3.2 | 3.2 | 2.7 | 1.7 | 1.4 | 2.3 | 1.3 |
| Inventory Turnover 29 | · | · | · | · | · | · | · | · | · | · | 9.9 |
| Receivables Turnover 30 | · | · | · | · | · | · | · | · | 3.9 | · | · |
| Total Liabilities to Net Worth 31 | 1.9 | · | 1.0 | 2.8 | 2.6 | 2.2 | 2.2 | 1.7 | 1.6 | 2.1 | 2.2 |

**Selected Financial Factors (in Percentages)**

|  |  |  |  |  |  |  |  |  |  |  |  |
|---|---|---|---|---|---|---|---|---|---|---|---|
| Debt Ratio 32 | 65.9 | · | 50.0 | 73.4 | 72.5 | 68.5 | 68.5 | 63.2 | 60.7 | 67.7 | 68.5 |
| Return on Assets 33 | 14.0 | · | · | 14.2 | 9.2 | 13.1 | 13.7 | 13.7 | 18.4 | 9.3 | 11.7 |
| Return on Equity 34 | 23.4 | · | · | 23.0 | 14.5 | 14.8 | 20.0 | 20.0 | 32.2 | 13.7 | 19.8 |
| Return Before Interest on Equity 35 | · | · | · | · | 33.5 | · | · | · | · | 28.8 | · |
| Profit Margin, Before Income Tax 36 | 4.7 | · | 6.3 | 4.4 | 1.4 | 2.3 | 2.3 | 6.0 | 9.9 | 2.5 | 7.0 |
| Profit Margin, After Income Tax 37 | 3.8 | · | 6.3 | 4.2 | 1.3 | 1.7 | 1.7 | 4.5 | 9.3 | 2.0 | 4.7 |

**Trends in Selected Ratios and Factors, 1986–1994**

|  | 1986 | 1987 | 1988 | 1989 | 1990 | 1991 | 1992 | 1993 | 1994 |
|---|---|---|---|---|---|---|---|---|---|
| Cost of Operations (%) 38 | 42.6 | 41.7 | 43.7 | 45.6 | 44.4 | 42.2 | 36.1 | 38.7 | 42.2 |
| Operating Margin (%) 39 | 1.6 | 0.8 | · | · | · | · | 1.6 | 3.6 | · |
| Oper. Margin Before Officers Comp. (%) 40 | 4.9 | 4.1 | · | · | · | · | 5.9 | 7.5 | 3.3 |
| Average Net Receivables ($) 41 | 49 | 51 | 298 | 549 | 616 | 332 | 65 | 46 | 76 |
| Average Inventories ($) 42 | 13 | 12 | 32 | 57 | 58 | 45 | 8 | 4 | 16 |
| Average Net Worth ($) 43 | 167 | 198 | 267 | 346 | 339 | 269 | 205 | 116 | 153 |
| Current Ratio (x1) 44 | 1.2 | 1.2 | 1.4 | 1.6 | 1.8 | 1.2 | 1.2 | 1.2 | 1.2 |
| Quick Ratio (x1) 45 | 0.9 | 1.0 | 1.3 | 1.3 | 1.5 | 1.1 | 0.9 | 1.0 | 0.9 |
| Coverage Ratio (x1) 46 | 2.7 | 3.2 | 1.8 | 1.6 | 1.7 | 1.6 | 4.9 | 4.5 | 3.3 |
| Asset Turnover (x1) 47 | 1.6 | 1.5 | 0.8 | 0.8 | 0.8 | 0.8 | 1.9 | 2.0 | 2.1 |
| Operating Leverage 48 | · | 0.5 | · | 1.1 | 1.0 | 0.7 | · | 2.2 | · |
| Financial Leverage 49 | · | 1.2 | 0.6 | 0.9 | 1.1 | 1.1 | 2.2 | 1.0 | 0.9 |
| Total Leverage 50 | · | 0.6 | · | 1.0 | 1.1 | 0.8 | · | 2.1 | · |

# Table I

Corporations with and without Net Income

## TRUCKING AND WAREHOUSING

MONEY AMOUNTS AND SIZE OF ASSETS IN THOUSANDS OF DOLLARS

| Item Description for Accounting Period 7/90 Through 6/91 | Total | Zero Assets | Under 100 | 100 to 250 | 251 to 500 | 501 to 1,000 | 1,001 to 5,000 | 5,001 to 10,000 | 10,001 to 25,000 | 25,001 to 50,000 | 50,001 to 100,000 | 100,001 to 250,000 | 250,001 and over |
|---|---|---|---|---|---|---|---|---|---|---|---|---|---|
| Number of Enterprises **1** | 62298 | 3052 | 30041 | 12549 | 6644 | 5115 | 3917 | 522 | 300 | 80 | 39 | 22 | 17 |
| **Revenues ($ in Thousands)** | | | | | | | | | | | | | |
| Net Sales **2** | 114250 | 685 | 6463 | 8542 | 7589 | 10590 | 18783 | 7115 | 8154 | 4666 | 4037 | 4970 | 32657 |
| Portfolio Income **3** | 1263 | 56 | 40 | 61 | 63 | 60 | 178 | 79 | 93 | 68 | 54 | 95 | 414 |
| Other Revenues **4** | 1921 | 8 | 14 | 67 | 71 | 66 | 340 | 204 | 153 | 218 | 104 | 116 | 559 |
| Total Revenues **5** | 117434 | 748 | 6518 | 8671 | 7723 | 10716 | 19301 | 7398 | 8401 | 4952 | 4195 | 5182 | 33630 |
| Average Total Revenues **6** | 1885 | 245 | 217 | 691 | 1162 | 2095 | 4928 | 14172 | 28003 | 61897 | 107561 | 235544 | 1978215 |
| **Operating Costs/Operating Income (%)** | | | | | | | | | | | | | |
| Cost of Operations **7** | 37.8 | 38.7 | 38.4 | 44.8 | 48.6 | 44.1 | 48.9 | 50.7 | 40.8 | 48.3 | 31.3 | 50.0 | 18.9 |
| Rent **8** | 4.4 | 9.8 | 5.1 | 2.4 | 2.8 | 5.1 | 3.7 | 3.6 | 4.8 | 9.9 | 9.3 | 3.4 | 3.9 |
| Taxes Paid **9** | 4.6 | 5.7 | 4.0 | 4.4 | 4.3 | 4.0 | 4.4 | 4.7 | 4.7 | 5.0 | 5.6 | 4.8 | 5.0 |
| Interest Paid **10** | 2.1 | 1.4 | 1.7 | 1.5 | 1.4 | 1.6 | 1.9 | 3.2 | 2.6 | 2.3 | 3.4 | 3.1 | 1.9 |
| Depreciation, Depletion, Amortization **11** | 5.5 | 2.2 | 4.6 | 5.3 | 5.3 | 5.5 | 5.5 | 5.8 | 5.9 | 5.6 | 7.5 | 6.0 | 5.5 |
| Pensions and Other Benefits **12** | 3.0 | 1.9 | 0.4 | 1.0 | 1.0 | 1.3 | 1.4 | 1.3 | 2.3 | 2.7 | 3.0 | 4.4 | 6.6 |
| Other **13** | 42.0 | 48.8 | 42.2 | 38.7 | 34.1 | 35.7 | 33.3 | 31.3 | 39.5 | 29.3 | 40.9 | 29.9 | 58.2 |
| Officers Compensation **14** | 2.0 | 2.3 | 4.1 | 3.6 | 4.0 | 3.3 | 2.9 | 2.1 | 1.2 | 1.0 | 1.2 | 1.0 | 0.3 |
| Operating Margin **15** | • | • | • | • | • | • | • | • | • | • | • | • | • |
| Oper. Margin Before Officers Compensation **16** | 0.7 | • | 3.6 | 2.0 | 2.6 | 3.0 | 1.1 | • | • | • | • | • | 0.3 |
| **Selected Average Balance Sheet ($ in Thousands)** | | | | | | | | | | | | | |
| Net Receivables **17** | 169 | • | 4 | 24 | 84 | 181 | 512 | 1696 | 2976 | 7677 | 12985 | 34971 | 172471 |
| Inventories **18** | 11 | • | 1 | 2 | 1 | 5 | 35 | 150 | 220 | 977 | 1009 | 3482 | 6344 |
| Net Property, Plant and Equipment **19** | 447 | • | 19 | 84 | 174 | 352 | 1000 | 3592 | 8399 | 19076 | 41982 | 69870 | 602359 |
| Total Assets **20** | 895 | • | 36 | 160 | 355 | 706 | 2054 | 7021 | 14939 | 35278 | 74752 | 161175 | 1247407 |

| | | | | | | | | | | | | |
|---|---|---|---|---|---|---|---|---|---|---|---|---|
| Notes and Loans Payable **21** | 361 | • | 28 | 98 | 168 | 364 | 960 | 3437 | 6876 | 14673 | 35401 | 60470 | 347173 |
| All Other Liabilities **22** | 264 | • | 9 | 33 | 85 | 173 | 485 | 1767 | 3226 | 8175 | 16478 | 53780 | 471662 |
| Net Worth **23** | 271 | • | -2 | 29 | 102 | 170 | 608 | 1817 | 4837 | 12430 | 22873 | 46925 | 428572 |

**Selected Financial Ratios (Times to 1)**

| | | | | | | | | | | | | |
|---|---|---|---|---|---|---|---|---|---|---|---|---|
| Current Ratio **24** | 1.0 | 0.8 | 0.9 | 1.1 | 1.1 | 1.2 | 1.0 | 1.0 | 1.0 | 1.0 | 1.0 | 1.2 | 0.9 |
| Quick Ratio **25** | 0.8 | 0.7 | 0.7 | 0.9 | 1.0 | 1.0 | 0.9 | 0.8 | 0.8 | 0.7 | 0.7 | 1.0 | 0.7 |
| Net Sales to Working Capital **26** | • | • | • | • | • | 38.0 | • | • | • | • | • | 24.7 | • |
| Coverage Ratio **27** | 1.7 | 1.2 | 1.0 | 1.2 | 1.5 | 1.5 | 1.4 | 1.5 | 1.9 | 1.5 | 1.5 | 1.5 | 2.6 |
| Total Asset Turnover **28** | 2.1 | 6.0 | 4.3 | 3.2 | 2.9 | 2.3 | 2.0 | 1.8 | 1.7 | 1.4 | 1.4 | 1.4 | 1.5 |
| Inventory Turnover **29** | • | • | • | • | • | • | • | • | • | • | • | • | • |
| Receivables Turnover **30** | • | • | • | • | • | 9.3 | 7.6 | 9.1 | 8.2 | 8.3 | 9.1 | 5.6 | • |
| Total Liabilities to Net Worth **31** | 2.3 | 4.5 | 2.5 | 3.2 | 2.4 | 2.9 | 2.1 | 1.8 | 2.1 | 2.3 | 2.4 | 1.9 | |

**Selected Financial Factors (in Percentages)**

| | | | | | | | | | | | | |
|---|---|---|---|---|---|---|---|---|---|---|---|---|
| Debt Ratio **32** | 69.8 | • | 81.8 | 71.2 | 76.0 | 70.4 | 74.1 | 67.6 | 64.8 | 69.4 | 70.9 | 65.7 | |
| Return on Assets **33** | 7.3 | 12.2 | 5.9 | 5.5 | 7.3 | 6.7 | 8.9 | 7.1 | 7.2 | 7.0 | 6.6 | 7.5 | |
| Return on Equity **34** | 6.3 | • | • | 1.5 | 8.0 | 4.9 | 7.4 | 4.8 | 7.5 | 4.3 | 2.3 | 8.3 | |
| Return Before Interest on Equity **35** | 24.0 | 32.5 | 32.5 | 19.1 | 30.2 | 22.5 | 34.4 | 21.9 | 20.3 | 23.0 | 22.7 | 21.8 | |
| Profit Margin, Before Income Tax **36** | 1.5 | 0.4 | • | 0.3 | 0.9 | 0.9 | 1.4 | 1.3 | 2.0 | 1.7 | 1.6 | 3.0 | |
| Profit Margin, After Income Tax **37** | 0.9 | 0.2 | • | 0.1 | 0.7 | 0.6 | 1.0 | 0.9 | 1.6 | 1.0 | 0.5 | 1.9 | |

**Trends in Selected Ratios and Factors, 1986-1994**

| | 1986 | 1987 | 1988 | 1989 | 1990 | 1991 | 1992 | 1993 | 1994 |
|---|---|---|---|---|---|---|---|---|---|
| Cost of Operations (%) **38** | 45.2 | 44.0 | 44.2 | 42.2 | 41.0 | 39.4 | 36.2 | 38.5 | 37.8 |
| Operating Margin (%) **39** | • | • | • | • | • | • | • | • | • |
| Oper. Margin Before Officers Comp. (%) **40** | 0.2 | 1.8 | 1.5 | 0.7 | 1.5 | 0.4 | 1.0 | 0.4 | 0.7 |
| Average Net Receivables ($) **41** | 147 | 156 | 171 | 169 | 153 | 148 | 150 | 179 | 169 |
| Average Inventories ($) **42** | 14 | 15 | 14 | 15 | 12 | 14 | 11 | 13 | 11 |
| Average Net Worth ($) **43** | 295 | 304 | 338 | 315 | 342 | 317 | 298 | 298 | 271 |
| Current Ratio (x1) **44** | 1.2 | 1.2 | 1.2 | 1.1 | 1.0 | 1.1 | 1.0 | 1.1 | 1.0 |
| Quick Ratio (x1) **45** | 0.9 | 1.0 | 0.9 | 0.9 | 0.8 | 0.8 | 0.8 | 0.9 | 0.8 |
| Coverage Ratio (x1) **46** | 1.7 | 2.4 | 2.3 | 2.0 | 2.4 | 1.7 | 1.8 | 1.7 | 1.7 |
| Asset Turnover (x1) **47** | 1.8 | 1.9 | 1.8 | 1.9 | 1.9 | 1.8 | 1.9 | 2.0 | 2.1 |
| Total Liabilities/Net Worth (x1) **48** | 1.6 | 1.6 | 1.5 | 1.7 | 1.7 | 1.8 | 1.9 | 2.2 | 2.3 |
| Return on Assets (x1) **49** | 7.5 | 9.0 | 7.9 | 7.1 | 8.0 | 5.9 | 6.7 | 6.7 | 7.3 |
| Return on Equity (%) **50** | 2.0 | 6.6 | 6.1 | 4.6 | 6.9 | 3.9 | 5.4 | 4.9 | 6.3 |

## Table II

Corporations with Net Income

# TRUCKING AND WAREHOUSING

### MONEY AMOUNTS AND SIZE OF ASSETS IN THOUSANDS OF DOLLARS

| Item Description for Accounting Period 7/90 Through 6/91 | Total | Zero Assets | Under 100 | 100 to 250 | 251 to 500 | 501 to 1,000 | 1,001 to 5,000 | 5,001 to 10,000 | 10,001 to 25,000 | 25,001 to 50,000 | 50,001 to 100,000 | 100,001 to 250,000 | 250,001 and over |
|---|---|---|---|---|---|---|---|---|---|---|---|---|---|
| Number of Enterprises 1 | 34420 | 1751 | 15813 | 7441 | 3491 | 2938 | 2347 | 347 | 191 | 52 | 21 | 13 | 14 |
| **Revenues ($ in Thousands)** | | | | | | | | | | | | | |
| Net Sales 2 | 77864 | 360 | 3962 | 4847 | 4193 | 6500 | 11901 | 5020 | 5185 | 2831 | 2464 | 3216 | 27385 |
| Portfolio Income 3 | 831 | 39 | 26 | 31 | 36 | 34 | 111 | 60 | 49 | 43 | 20 | 55 | 328 |
| Other Revenues 4 | 1482 | 1 | 12 | 55 | 47 | 45 | 285 | 134 | 128 | 180 | 52 | 88 | 454 |
| Total Revenues 5 | 80177 | 400 | 4000 | 4933 | 4276 | 6579 | 12297 | 5213 | 5361 | 3053 | 2536 | 3360 | 28167 |
| Average Total Revenues 6 | 2329 | 228 | 253 | 663 | 1225 | 2239 | 5240 | 15022 | 28070 | 58720 | 120766 | 258450 | 2011949 |
| **Operating Costs/Operating Income (%)** | | | | | | | | | | | | | |
| Cost of Operations 7 | 34.0 | 58.5 | 33.0 | 44.8 | 44.8 | 41.7 | 49.8 | 50.3 | 34.1 | 46.2 | 28.1 | 51.6 | 15.8 |
| Rent 8 | 4.0 | 0.5 | 5.2 | 3.1 | 3.1 | 5.8 | 2.9 | 3.9 | 4.4 | 9.5 | 10.0 | 2.1 | 3.1 |
| Taxes Paid 9 | 4.6 | 3.1 | 3.4 | 4.4 | 4.2 | 3.6 | 4.0 | 4.3 | 4.6 | 5.4 | 5.2 | 4.8 | 5.2 |
| Interest Paid 10 | 1.7 | 1.6 | 1.3 | 1.5 | 1.2 | 1.2 | 1.4 | 3.0 | 2.1 | 2.2 | 2.2 | 2.4 | 1.6 |
| Depreciation, Depletion, Amortization 11 | 5.1 | 2.6 | 3.8 | 5.0 | 4.9 | 3.9 | 4.4 | 4.5 | 6.2 | 5.4 | 7.7 | 6.2 | 5.6 |
| Pensions and Other Benefits 12 | 3.3 | 0.2 | 0.5 | 1.4 | 0.9 | 1.3 | 1.4 | 0.9 | 2.4 | 3.2 | 3.1 | 2.4 | 6.6 |
| Other 13 | 44.3 | 31.9 | 44.9 | 33.6 | 35.6 | 36.7 | 32.0 | 30.8 | 44.6 | 30.7 | 40.3 | 28.8 | 60.9 |
| Officers Compensation 14 | 1.9 | 0.7 | 3.7 | 4.4 | 3.7 | 3.7 | 3.3 | 2.3 | 1.4 | 1.1 | 1.4 | 1.1 | 0.2 |
| Operating Margin 15 | 1.1 | 1.0 | 4.3 | 1.9 | 1.6 | 2.2 | 0.6 | • | 0.2 | • | 2.2 | 0.6 | 1.1 |
| Oper. Margin Before Officers Compensation 16 | 3.0 | 1.7 | 8.0 | 6.3 | 5.3 | 5.9 | 3.9 | 2.3 | 1.6 | • | 3.6 | 1.7 | 1.3 |
| **Selected Average Balance Sheet ($ in Thousands)** | | | | | | | | | | | | | |
| Net Receivables 17 | 210 | • | 3 | 28 | 76 | 199 | 537 | 1694 | 3052 | 6232 | 13344 | 37970 | 183718 |
| Inventories 18 | 12 | • | 1 | 1 | 2 | 6 | 36 | 199 | 130 | 834 | 1135 | 4597 | 4690 |
| Net Property, Plant and Equipment 19 | 557 | • | 21 | 74 | 171 | 300 | 896 | 3190 | 8201 | 19185 | 48011 | 79088 | 643758 |
| Total Assets 20 | 1060 | • | 40 | 162 | 347 | 702 | 2017 | 6876 | 15194 | 33943 | 77393 | 162475 | 1131607 |

|  |  |  |  |  |  |  |  |  |  |  |  |  |
|---|---|---|---|---|---|---|---|---|---|---|---|---|
| Notes and Loans Payable 21 | 327 | 28 | 75 | 148 | 293 | 721 | 2890 | 5635 | 12739 | 28013 | 43826 | 236339 |
| All Other Liabilities 22 | 316 | 8 | 36 | 72 | 169 | 408 | 1781 | 3235 | 7488 | 15794 | 51203 | 439765 |
| Net Worth 23 | 416 | 4 | 51 | 127 | 240 | 887 | 2206 | 6324 | 13716 | 33586 | 67445 | 455504 |

**Selected Financial Ratios (Times to 1)**

|  |  |  |  |  |  |  |  |  |  |  |  |  |
|---|---|---|---|---|---|---|---|---|---|---|---|---|
| Current Ratio 24 | 1.2 | 1.1 | 1.1 | 1.3 | 1.4 | 1.5 | 1.1 | 1.2 | 1.2 | 1.1 | 1.5 | 1.0 |
| Quick Ratio 25 | 0.9 | 0.9 | 0.9 | 1.1 | 1.2 | 1.3 | 0.9 | 0.9 | 1.0 | 0.9 | 1.2 | 0.7 |
| Net Sales to Working Capital 26 | 47.0 | • | • | 44.5 | 23.6 | 15.9 | 43.7 | 26.3 | 29.0 | • | 13.1 | • |
| Coverage Ratio 27 | 3.4 | 8.4 | 3.6 | 3.9 | 3.8 | 3.8 | 2.3 | 2.7 | 2.9 | 3.3 | 3.1 | 3.5 |
| Total Asset Turnover 28 | 2.1 | 6.3 | 4.0 | 3.5 | 3.2 | 2.5 | 2.1 | 1.8 | 1.6 | 1.5 | 1.5 | 1.7 |
| Inventory Turnover 29 | • | • | • | • | • | • | • | • | • | • | • | • |
| Receivables Turnover 30 | • | • | • | • | • | 9.6 | 8.1 | 9.3 | 8.7 | 9.0 | 6.0 | • |
| Total Liabilities to Net Worth 31 | 1.6 | 8.9 | 2.2 | 1.7 | 1.9 | 1.3 | 2.1 | 1.4 | 1.5 | 1.3 | 1.4 | 1.5 |

**Selected Financial Factors (in Percentages)**

|  |  |  |  |  |  |  |  |  |  |  |  |  |
|---|---|---|---|---|---|---|---|---|---|---|---|---|
| Debt Ratio 32 | 60.7 | 89.9 | 68.3 | 63.4 | 65.8 | 56.0 | 67.9 | 58.4 | 59.6 | 56.6 | 58.5 | 59.8 |
| Return on Assets 33 | 12.2 | • | 20.8 | 16.6 | 14.6 | 13.5 | 14.5 | 10.0 | 10.2 | 11.1 | 11.3 | 9.5 |
| Return on Equity 34 | 17.4 | • | • | 31.3 | 28.5 | 19.9 | 21.9 | 12.1 | 13.7 | 13.9 | 12.3 | 11.1 |
| Return Before Interest on Equity 35 | 31.1 | • | • | • | • | 30.7 | • | 24.1 | 25.3 | 25.6 | 27.2 | 23.7 |
| Profit Margin, Before Income Tax 36 | 4.0 | 12.0 | 5.3 | 3.7 | 3.4 | 3.6 | 3.9 | 3.5 | 3.5 | 4.2 | 5.0 | 3.9 |
| Profit Margin, After Income Tax 37 | 3.2 | 11.3 | 5.0 | 3.4 | 3.1 | 3.3 | 3.5 | 2.8 | 3.5 | 4.0 | 3.4 | 2.6 |

**Trends in Selected Ratios and Factors, 1986–1994**

|  | 1986 | 1987 | 1988 | 1989 | 1990 | 1991 | 1992 | 1993 | 1994 |
|---|---|---|---|---|---|---|---|---|---|
| Cost of Operations (%) 38 | 43.3 | 42.0 | 40.6 | 39.5 | 37.7 | 38.2 | 33.7 | 37.3 | 34.0 |
| Operating Margin (%) 39 | 0.6 | 2.3 | 1.3 | 1.5 | 1.5 | 0.7 | 1.7 | 1.1 | 1.1 |
| Oper. Margin Before Officers Comp. (%) 40 | 2.9 | 4.5 | 3.6 | 3.4 | 3.3 | 2.8 | 3.9 | 2.9 | 3.0 |
| Average Net Receivables ($) 41 | 202 | 221 | 195 | 189 | 211 | 185 | 179 | 237 | 210 |
| Average Inventories ($) 42 | 19 | 21 | 19 | 16 | 17 | 13 | 10 | 14 | 12 |
| Average Net Worth ($) 43 | 504 | 514 | 539 | 434 | 558 | 498 | 415 | 487 | 416 |
| Current Ratio (x1) 44 | 1.3 | 1.4 | 1.3 | 1.2 | 1.2 | 1.2 | 1.2 | 1.2 | 1.2 |
| Quick Ratio (x1) 45 | 1.0 | 1.1 | 1.0 | 1.0 | 0.9 | 0.9 | 0.9 | 1.0 | 0.9 |
| Coverage Ratio (x1) 46 | 3.3 | 4.6 | 4.2 | 4.7 | 4.1 | 3.6 | 4.2 | 3.7 | 3.4 |
| Asset Turnover (x1) 47 | 1.8 | 1.8 | 1.8 | 2.0 | 1.9 | 1.8 | 2.1 | 2.0 | 2.1 |
| Operating Leverage 48 | • | 3.8 | 0.6 | 1.2 | 1.0 | 0.5 | 2.4 | 0.6 | 1.0 |
| Financial Leverage 49 | • | 1.1 | 1.0 | 1.0 | 1.0 | 1.1 | 1.1 | 1.0 | 1.0 |
| Total Leverage 50 | • | 4.3 | 0.6 | 1.2 | 0.9 | 0.5 | 2.5 | 0.6 | 1.0 |

# Table I

Corporations with and without Net Income

## WATER TRANSPORTATION

### MONEY AMOUNTS AND SIZE OF ASSETS IN THOUSANDS OF DOLLARS

| Item Description for Accounting Period 7/90 Through 6/91 | Total | Zero Assets | Under 100 | 100 to 250 | 251 to 500 | 501 to 1,000 | 1,001 to 5,000 | 5,001 to 10,000 | 10,001 to 25,000 | 25,001 to 50,000 | 50,001 to 100,000 | 100,001 to 250,000 | 250,001 and over |
|---|---|---|---|---|---|---|---|---|---|---|---|---|---|
| Number of Enterprises **1** | 8065 | 463 | 3170 | 1349 | 1485 | 667 | 665 | 82 | 102 | 31 | 20 | 14 | 17 |
| **Revenues ($ in Thousands)** | | | | | | | | | | | | | |
| Net Sales **2** | 20660 | 202 | 67 | 346 | 1375 | 957 | 1758 | 734 | 1188 | 1305 | 1125 | 1598 | 10005 |
| Portfolio Income **3** | 646 | 8 | 9 | 0 | 3 | 15 | 27 | 16 | 47 | 27 | 52 | 67 | 375 |
| Other Revenues **4** | 978 | 13 | 26 | 1 | 11 | 4 | 59 | 28 | 48 | 27 | 50 | 159 | 550 |
| Total Revenues **5** | 22284 | 224 | 102 | 347 | 1389 | 976 | 1845 | 778 | 1283 | 1359 | 1227 | 1824 | 10930 |
| Average Total Revenues **6** | 2763 | 483 | 32 | 257 | 935 | 1463 | 2774 | 9489 | 12580 | 43841 | 61349 | 130314 | 642962 |
| **Operating Costs/Operating Income (%)** | | | | | | | | | | | | | |
| Cost of Operations **7** | 60.8 | 82.7 | 34.6 | 65.5 | 37.9 | 42.1 | 48.2 | 51.9 | 60.4 | 72.4 | 53.1 | 55.7 | 68.4 |
| Rent **8** | 4.0 | • | 17.4 | 5.3 | 1.7 | 4.7 | 4.0 | 0.3 | 2.3 | 1.5 | 2.3 | 4.2 | 5.2 |
| Taxes Paid **9** | 2.0 | • | 2.2 | 2.6 | 4.3 | 1.8 | 3.9 | 2.4 | 2.7 | 1.7 | 2.9 | 1.7 | 1.3 |
| Interest Paid **10** | 4.5 | 2.9 | 7.0 | 3.9 | 1.2 | 1.7 | 2.8 | 2.7 | 7.7 | 3.0 | 4.9 | 6.0 | 5.2 |
| Depreciation, Depletion, Amortization **11** | 5.0 | 10.2 | 11.0 | 6.5 | 1.7 | 2.5 | 4.0 | 5.3 | 8.2 | 5.0 | 9.2 | 6.7 | 4.5 |
| Pensions and Other Benefits **12** | 1.8 | 0.3 | 1.0 | • | 1.1 | 0.4 | 2.2 | 0.7 | 1.1 | 1.1 | 2.6 | 1.9 | 2.2 |
| Other **13** | 26.2 | 42.5 | 25.5 | 18.2 | 47.1 | 40.1 | 35.3 | 43.7 | 22.0 | 21.3 | 26.8 | 30.7 | 19.4 |
| Officers Compensation **14** | 1.8 | • | 7.0 | 7.4 | 5.3 | 3.1 | 4.7 | 1.7 | 2.1 | 1.7 | 2.0 | 1.5 | 0.5 |
| Operating Margin **15** | • | • | • | • | • | 3.7 | • | • | • | • | • | • | • |
| Oper. Margin Before Officers Compensation **16** | • | • | 1.5 | • | 5.1 | 6.8 | • | • | • | • | • | • | • |
| **Selected Average Balance Sheet ($ in Thousands)** | | | | | | | | | | | | | |
| Net Receivables **17** | 433 | • | 11 | 27 | 48 | 71 | 498 | 1389 | 1762 | 7169 | 11455 | 22144 | 112796 |
| Inventories **18** | 91 | • | • | 17 | 7 | 50 | 62 | 156 | 705 | 136 | 603 | 4808 | 26715 |
| Net Property, Plant and Equipment **19** | 1200 | • | 11 | 80 | 160 | 241 | 939 | 3582 | 9112 | 15265 | 37965 | 65168 | 302619 |
| Total Assets **20** | 2746 | • | 27 | 149 | 342 | 684 | 2132 | 7388 | 16106 | 34659 | 72331 | 140039 | 749803 |

| Item | | | | | | | | | | | | | |
|---|---|---|---|---|---|---|---|---|---|---|---|---|---|
| Notes and Loans Payable 21 | 1164 | • | 17 | 140 | 202 | 295 | 964 | 3490 | 9540 | 18770 | 27052 | 56836 | 284112 |
| All Other Liabilities 22 | 797 | • | 0 | 28 | 160 | 164 | 821 | 2062 | 4968 | 12197 | 14997 | 48989 | 203218 |
| Net Worth 23 | 785 | • | 10 | -20 | -20 | 225 | 347 | 1837 | 1597 | 3691 | 30282 | 34214 | 262474 |

## Selected Financial Ratios (Times to 1)

| Ratio | | | | | | | | | | | | | |
|---|---|---|---|---|---|---|---|---|---|---|---|---|---|
| Current Ratio 24 | 1.1 | • | 1.0 | 1.0 | 1.2 | 1.5 | 1.0 | 1.4 | 1.0 | 1.0 | 1.3 | 0.8 | 1.1 |
| Quick Ratio 25 | 0.8 | • | 0.7 | 0.7 | 0.8 | 1.1 | 0.8 | 1.0 | 0.7 | 0.7 | 1.0 | 0.6 | 0.8 |
| Net Sales to Working Capital 26 | 41.3 | • | 1.7 | • | 45.9 | 11.9 | • | 10.8 | • | • | 11.4 | • | 31.6 |
| Coverage Ratio 27 | 1.5 | • | 7.7 | • | 1.7 | 4.3 | 1.0 | 0.1 | 1.2 | • | 2.1 | • | 1.7 |
| Total Asset Turnover 28 | 0.9 | • | 0.8 | 1.7 | 2.7 | 2.1 | 1.3 | 1.2 | 0.7 | 1.2 | 0.8 | 0.8 | 0.8 |
| Inventory Turnover 29 | • | • | 4.7 | 7.4 | • | • | • | • | • | • | • | • | • |
| Receivables Turnover 30 | 6.1 | • | 2.5 | 7.5 | • | • | 6.0 | 5.9 | 5.9 | 6.1 | 4.4 | 5.1 | 5.6 |
| Total Liabilities to Net Worth 31 | 2.5 | • | 1.7 | • | 2.1 | 5.2 | 3.0 | 9.1 | 8.4 | 1.4 | 3.1 | • | 1.9 |

## Selected Financial Factors (in Percentages)

| Factor | | | | | | | | | | | | | |
|---|---|---|---|---|---|---|---|---|---|---|---|---|---|
| Debt Ratio 32 | 71.4 | 63.3 | • | • | 67.2 | • | 83.8 | 75.2 | 90.1 | 89.4 | 58.1 | 75.6 | 65.0 |
| Return on Assets 33 | 6.4 | • | • | 5.5 | 15.5 | 3.3 | 0.1 | 6.6 | • | 7.8 | • | 10.8 | 6.8 |
| Return on Equity 34 | 4.2 | • | 1.7 | • | 28.6 | • | • | 0.7 | • | • | 4.5 | 17.5 | 5.4 |
| Return Before Interest on Equity 35 | 22.3 | • | • | • | • | • | 20.5 | 0.6 | • | • | • | 18.6 | 19.5 |
| Profit Margin, Before Income Tax 36 | 2.3 | • | • | • | • | 5.7 | • | 0.9 | • | 1.5 | 5.2 | 7.3 | 3.5 |
| Profit Margin, After Income Tax 37 | 1.3 | • | • | • | • | 4.5 | • | 0.6 | • | 0.1 | • | 5.2 | 2.4 |

## Trends in Selected Ratios and Factors, 1986-1994

| | 1986 | 1987 | 1988 | 1989 | 1990 | 1991 | 1992 | 1993 | 1994 |
|---|---|---|---|---|---|---|---|---|---|
| Cost of Operations (%) 38 | 62.8 | 60.8 | 62.3 | 63.6 | 64.5 | 60.4 | 58.5 | 58.3 | 60.8 |
| Operating Margin (%) 39 | • | • | • | • | • | • | • | • | • |
| Oper. Margin Before Officers Comp. (%) 40 | • | • | • | • | • | • | • | • | • |
| Average Net Receivables ($) 41 | 275 | 324 | 435 | 458 | 388 | 390 | 445 | 515 | 433 |
| Average Inventories ($) 42 | 50 | 62 | 62 | 75 | 79 | 66 | 84 | 89 | 91 |
| Average Net Worth ($) 43 | 429 | 537 | 976 | 1047 | 1145 | 670 | 670 | 834 | 785 |
| Current Ratio (x1) 44 | 1.2 | 1.0 | 1.1 | 0.9 | 1.1 | 1.1 | 1.1 | 1.1 | 1.1 |
| Quick Ratio (x1) 45 | 0.8 | 0.8 | 0.8 | 0.7 | 0.7 | 0.7 | 0.8 | 0.8 | 0.8 |
| Coverage Ratio (x1) 46 | 0.5 | 0.6 | 0.7 | 0.3 | 0.3 | 0.7 | 1.8 | 1.7 | 1.5 |
| Asset Turnover (x1) 47 | 0.8 | 0.8 | 0.6 | 0.7 | 0.7 | 0.9 | 0.9 | 0.9 | 0.9 |
| Total Liabilities/Net Worth (x1) 48 | 3.2 | 3.4 | 2.3 | 2.5 | 2.0 | 3.2 | 3.2 | 3.0 | 2.5 |
| Return on Assets (x1) 49 | 2.7 | 3.1 | 2.9 | 1.1 | 1.1 | 2.4 | 6.9 | 7.6 | 6.4 |
| Return on Equity (%) 50 | • | • | • | • | • | • | 8.8 | 7.9 | 4.2 |

## Table II

Corporations with Net Income

# WATER TRANSPORTATION

### MONEY AMOUNTS AND SIZE OF ASSETS IN THOUSANDS OF DOLLARS

| Item Description for Accounting Period 7/90 Through 6/91 | Total | Zero Assets | Under 100 | 100 to 250 | 251 to 500 | 501 to 1,000 | 1,001 to 5,000 | 5,001 to 10,000 | 10,001 to 25,000 | 25,001 to 50,000 | 50,001 to 100,000 | 100,001 to 250,000 | 250,001 and over |
|---|---|---|---|---|---|---|---|---|---|---|---|---|---|
| Number of Enterprises **1** | 3467 | 15 | 1490 | 546 | 589 | 390 | 300 | 40 | 49 | 8 | 14 | 11 | 14 |
| **Revenues ($ in Thousands)** | | | | | | | | | | | | | |
| Net Sales **2** | 12747 | 74 | 53 | 236 | 730 | 471 | 873 | 290 | 725 | 228 | 910 | 1185 | 6971 |
| Portfolio Income **3** | 430 | 8 | 9 | 0 | 1 | 14 | 15 | 3 | 33 | 5 | 48 | 57 | 236 |
| Other Revenues **4** | 619 | 0 | 26 | 0 | 11 | 0 | 29 | 19 | 11 | 7 | 39 | 153 | 325 |
| Total Revenues **5** | 13796 | 83 | 87 | 236 | 742 | 486 | 918 | 312 | 769 | 240 | 996 | 1395 | 7532 |
| Average Total Revenues **6** | 3979 | 5502 | 59 | 433 | 1260 | 1245 | 3061 | 7794 | 15689 | 29961 | 71164 | 126775 | 538004 |
| **Operating Costs/Operating Income (%)** | | | | | | | | | | | | | |
| Cost of Operations **7** | 56.8 | 63.3 | 32.7 | 61.5 | 52.6 | 44.6 | 38.9 | 43.9 | 56.6 | 46.7 | 52.4 | 51.9 | 62.5 |
| Rent **8** | 4.3 | • | 13.7 | 5.0 | 2.5 | 2.0 | 5.0 | 0.2 | 1.2 | 0.6 | 1.9 | 3.8 | 5.6 |
| Taxes Paid **9** | 2.0 | • | 1.5 | 2.1 | 3.0 | 2.0 | 3.8 | 1.5 | 3.2 | 2.0 | 2.9 | 1.9 | 1.5 |
| Interest Paid **10** | 4.4 | 5.8 | 2.9 | 1.7 | 2.0 | 0.8 | 1.9 | 2.6 | 4.3 | 6.1 | 3.9 | 6.2 | 5.1 |
| Depreciation, Depletion, Amortization **11** | 4.8 | 15.6 | 7.3 | 1.8 | 2.3 | 3.4 | 3.0 | 3.2 | 5.9 | 8.5 | 7.9 | 7.3 | 4.3 |
| Pensions and Other Benefits **12** | 2.2 | • | 1.3 | • | 1.6 | 0.5 | 3.6 | 0.9 | 1.5 | 0.5 | 2.2 | 2.0 | 2.4 |
| Other **13** | 25.1 | 11.1 | 22.5 | 16.1 | 26.7 | 29.0 | 33.5 | 43.0 | 18.0 | 35.6 | 26.0 | 34.7 | 22.0 |
| Officers Compensation **14** | 1.8 | • | 8.9 | 8.6 | 4.9 | 4.7 | 5.2 | 3.2 | 2.6 | 1.9 | 1.9 | 1.2 | 0.5 |
| Operating Margin **15** | • | 4.1 | 9.3 | 3.4 | 4.4 | 13.1 | 5.2 | 1.6 | 7.0 | • | 0.9 | • | • |
| Oper. Margin Before Officers Compensation **16** | 0.5 | 4.1 | 18.2 | 12.0 | 9.3 | 17.7 | 10.4 | 4.8 | 9.5 | • | 2.8 | • | • |
| **Selected Average Balance Sheet ($ in Thousands)** | | | | | | | | | | | | | |
| Net Receivables **17** | 703 | • | 14 | 61 | 68 | 97 | 394 | 1506 | 1728 | 3870 | 9925 | 23335 | 115363 |
| Inventories **18** | 149 | • | • | 11 | 16 | 4 | 18 | 175 | 98 | 1 | 769 | 5054 | 29699 |
| Net Property, Plant and Equipment **19** | 1641 | • | 10 | 69 | 192 | 188 | 804 | 3146 | 7779 | 14802 | 39347 | 65311 | 236666 |
| Total Assets **20** | 4055 | • | 34 | 160 | 384 | 692 | 1991 | 7104 | 15358 | 32796 | 72640 | 140696 | 640209 |

| Notes and Loans Payable 21 | 1510 | 6 | 72 | 279 | 113 | 634 | 2464 | 5477 | 21492 | 24660 | 57612 | 233594 |
|---|---|---|---|---|---|---|---|---|---|---|---|---|
| All Other Liabilities 22 | 1085 | 1 | 50 | 133 | 176 | 786 | 1591 | 3166 | 3411 | 13049 | 45842 | 172584 |
| Net Worth 23 | 1460 | 28 | 38 | -28 | 403 | 570 | 3049 | 6716 | 7893 | 34932 | 37241 | 234031 |

## Selected Financial Ratios (Times to 1)

| | | | | | | | | | | | | |
|---|---|---|---|---|---|---|---|---|---|---|---|---|
| Current Ratio 24 | 1.2 | • | 1.1 | 2.2 | 2.2 | 1.1 | 1.5 | 1.3 | 1.5 | 1.5 | 0.9 | 1.2 |
| Quick Ratio 25 | 0.9 | • | 0.9 | 1.7 | 1.9 | 0.9 | 1.3 | 1.1 | 0.8 | 1.1 | 0.7 | 0.9 |
| Net Sales to Working Capital 26 | 16.1 | 2.3 | • | 13.3 | 5.5 | 45.8 | 7.1 | 9.9 | 5.4 | 9.8 | • | 17.0 |
| Coverage Ratio 27 | 2.8 | 3.6 | | 3.2 | 4.1 | 6.5 | 4.6 | 4.1 | 1.6 | 3.7 | 2.7 | 2.1 |
| Total Asset Turnover 28 | 0.9 | 1.1 | 2.7 | 3.2 | 1.8 | 1.5 | 1.0 | 1.0 | 0.9 | 0.9 | 0.8 | 0.8 |
| Inventory Turnover 29 | • | 3.5 | | | | | | | | | | |
| Receivables Turnover 30 | 5.2 | 3.9 | 6.0 | • | • | 7.2 | 3.4 | 7.6 | 2.0 | • | 4.9 | 8.6 |
| Total Liabilities to Net Worth 31 | 1.8 | 0.2 | 3.2 | • | 0.7 | 2.5 | 1.3 | 1.3 | 3.2 | 1.1 | 2.8 | 1.7 |

## Selected Financial Factors (in Percentages)

| | | | | | | | | | | | | |
|---|---|---|---|---|---|---|---|---|---|---|---|---|
| Debt Ratio 32 | 64.0 | 18.3 | 76.4 | • | 41.7 | 71.4 | 57.1 | 56.3 | 75.9 | 51.9 | 73.5 | 63.5 |
| Return on Assets 33 | 11.1 | • | 14.1 | 25.8 | 29.5 | 17.8 | 12.1 | 16.6 | 8.3 | 12.6 | 12.8 | 8.3 |
| Return on Equity 34 | 15.6 | • | 36.8 | • | • | 23.7 | 21.2 | 23.7 | 7.6 | 12.8 | 22.6 | 8.6 |
| Return Before Interest on Equity 35 | 30.9 | • | • | • | • | • | 28.1 | • | 34.3 | 26.2 | • | 22.7 |
| Profit Margin, Before Income Tax 36 | 7.9 | 15.3 | 3.6 | 3.6 | 16.1 | 10.3 | 9.3 | 13.0 | 3.4 | 10.2 | 10.6 | 5.6 |
| Profit Margin, After Income Tax 37 | 6.2 | 13.1 | 3.2 | 5.6 | 13.7 | 9.5 | 8.9 | 10.8 | 2.1 | 6.9 | 7.8 | 4.1 |

## Trends in Selected Ratios and Factors, 1986-1994

| | 1986 | 1987 | 1988 | 1989 | 1990 | 1991 | 1992 | 1993 | 1994 |
|---|---|---|---|---|---|---|---|---|---|
| Cost of Operations (%) 38 | 54.4 | 54.4 | 56.1 | 59.0 | 59.1 | 56.3 | 57.5 | 52.8 | 56.8 |
| Operating Margin (%) 39 | • | • | • | • | • | • | • | • | 0.5 |
| Oper. Margin Before Officers Comp. (%) 40 | 0.4 | • | • | • | • | • | • | • | 0.5 |
| Average Net Receivables ($) 41 | 541 | 444 | 780 | 526 | 547 | 593 | 894 | 1213 | 703 |
| Average Inventories ($) 42 | 89 | 114 | 74 | 91 | 114 | 111 | 126 | 183 | 149 |
| Average Net Worth ($) 43 | 1058 | 1019 | 1992 | 1177 | 1605 | 1724 | 1916 | 2123 | 1460 |
| Current Ratio (x1) 44 | 1.4 | 1.3 | 1.3 | 1.4 | 1.3 | 1.5 | 1.3 | 1.3 | 1.2 |
| Quick Ratio (x1) 45 | 1.0 | 1.0 | 0.9 | 1.0 | 0.8 | 1.0 | 1.0 | 1.0 | 0.9 |
| Coverage Ratio (x1) 46 | 2.2 | 2.3 | 2.7 | 2.1 | 2.6 | 3.1 | 3.0 | 2.8 | 2.8 |
| Asset Turnover (x1) 47 | 0.8 | 0.8 | 0.6 | 1.0 | 0.9 | 1.0 | 0.9 | 0.9 | 0.9 |
| Operating Leverage 48 | • | 2.3 | 0.9 | 1.3 | 0.7 | 0.6 | 1.3 | 0.9 | 0.5 |
| Financial Leverage 49 | • | 1.2 | 1.1 | 0.9 | 1.3 | 1.0 | 1.1 | 0.9 | 1.0 |
| Total Leverage 50 | • | 2.7 | 0.9 | 1.1 | 0.9 | 0.6 | 1.4 | 0.9 | 0.5 |

## Table I

Corporations with and without Net Income

# TRANSPORTATION BY AIR

### MONEY AMOUNTS AND SIZE OF ASSETS IN THOUSANDS OF DOLLARS

| Item Description for Accounting Period 7/90 Through 6/91 | Total | Zero Assets | Under 100 | 100 to 250 | 251 to 500 | 501 to 1,000 | 1,001 to 5,000 | 5,001 to 10,000 | 10,001 to 25,000 | 25,001 to 50,000 | 50,001 to 100,000 | 100,001 to 250,000 | 250,001 and over |
|---|---|---|---|---|---|---|---|---|---|---|---|---|---|
| Number of Enterprises 1 | 6908 | 865 | 3284 | 559 | 561 | 806 | 560 | 125 | 77 | 17 | 17 | 13 | 24 |
| **Revenues ($ in Thousands)** | | | | | | | | | | | | | |
| Net Sales 2 | 90198 | 448 | 83 | 164 | 422 | 541 | 1373 | 1636 | 1060 | 1124 | 1292 | 2425 | 79631 |
| Portfolio Income 3 | 4372 | 18 | 10 | 16 | 2 | 12 | 62 | 42 | 5 | 26 | 28 | 78 | 4074 |
| Other Revenues 4 | 2472 | 8 | 3 | 1 | 0 | 8 | 12 | 21 | 64 | 14 | 27 | 109 | 2203 |
| Total Revenues 5 | 97042 | 474 | 96 | 181 | 424 | 561 | 1447 | 1699 | 1129 | 1163 | 1347 | 2612 | 85908 |
| Average Total Revenues 6 | 14048 | 548 | 29 | 323 | 756 | 696 | 2584 | 13596 | 14659 | 68439 | 79253 | 200897 | 3579503 |
| **Operating Costs/Operating Income (%)** | | | | | | | | | | | | | |
| Cost of Operations 7 | 42.3 | 44.3 | 55.2 | 70.9 | 68.9 | 54.2 | 51.8 | 65.4 | 56.0 | 49.6 | 35.2 | 48.9 | 41.0 |
| Rent 8 | 8.4 | 0.3 | 14.3 | 8.3 | 2.2 | 1.5 | 1.8 | 3.1 | 7.4 | 11.6 | 6.9 | 6.5 | 8.8 |
| Taxes Paid 9 | 2.4 | 0.3 | 2.9 | 1.7 | 2.9 | 3.5 | 2.3 | 1.5 | 2.7 | 2.4 | 2.1 | 3.1 | 2.4 |
| Interest Paid 10 | 3.2 | 3.3 | 22.6 | 1.9 | 2.1 | 2.4 | 4.0 | 2.9 | 3.5 | 1.9 | 4.0 | 5.4 | 3.1 |
| Depreciation, Depletion, Amortization 11 | 6.9 | 11.7 | 38.9 | 2.9 | 5.9 | 10.4 | 6.2 | 3.7 | 8.5 | 3.7 | 7.8 | 6.2 | 7.0 |
| Pensions and Other Benefits 12 | 3.9 | 0.9 | 0.9 | • | 0.7 | 0.9 | 1.0 | 1.0 | 1.5 | 1.5 | 1.1 | 1.9 | 4.3 |
| Other 13 | 42.2 | 45.4 | 94.7 | 26.7 | 16.0 | 32.5 | 41.1 | 24.4 | 35.1 | 30.4 | 47.6 | 38.7 | 43.0 |
| Officers Compensation 14 | 0.4 | 0.2 | • | 5.3 | 4.7 | 5.3 | 2.7 | 2.4 | 1.1 | 1.1 | 1.3 | 1.0 | 0.2 |
| Operating Margin 15 | | | | | | | | | | | | | |
| Oper. Margin Before Officers Compensation 16 | | | | | 1.5 | | | | | | | | |
| **Selected Average Balance Sheet ($ in Thousands)** | | | | | | | | | | | | | |
| Net Receivables 17 | 1812 | • | 7 | 81 | 12 | 81 | 347 | 1679 | 1263 | 5812 | 12346 | 29574 | 466005 |
| Inventories 18 | 384 | • | 0 | 13 | 31 | 11 | 122 | 540 | 860 | 8288 | 5294 | 6727 | 87314 |
| Net Property, Plant and Equipment 19 | 6839 | • | 29 | 21 | 219 | 356 | 1309 | 2006 | 8896 | 10777 | 38171 | 69328 | 1805189 |
| Total Assets 20 | 12444 | • | 45 | 156 | 343 | 666 | 2118 | 7419 | 15833 | 33083 | 68730 | 164317 | 3241718 |

| Line Item | 1 | 2 | 3 | 4 | 5 | 6 | 7 | 8 | 9 | 10 | 11 | 12 | 13 |
|---|---|---|---|---|---|---|---|---|---|---|---|---|---|
| Notes and Loans Payable 21 | 5552 | • | 109 | 86 | 228 | 338 | 1536 | 3107 | 7937 | 15513 | 33477 | 90672 | 1403150 |
| All Other Liabilities 22 | 5995 | • | 11 | 25 | 23 | 400 | 315 | 2543 | 4687 | 13060 | 21707 | 64575 | 1614209 |
| Net Worth 23 | 898 | • | -74 | 46 | 93 | -73 | 267 | 1769 | 3209 | 4510 | 13545 | 9071 | 224359 |

### Selected Financial Ratios (Times to 1)

| Line Item | 1 | 2 | 3 | 4 | 5 | 6 | 7 | 8 | 9 | 10 | 11 | 12 | 13 |
|---|---|---|---|---|---|---|---|---|---|---|---|---|---|
| Current Ratio 24 | 0.7 | • | 1.5 | 3.8 | 1.7 | 0.6 | 1.4 | 1.4 | 0.6 | 1.1 | 1.4 | 0.7 | 0.7 |
| Quick Ratio 25 | 0.5 | • | 1.4 | 3.2 | 1.1 | 0.4 | 1.1 | 0.9 | 0.4 | 0.5 | 1.0 | 0.5 | 0.5 |
| Net Sales to Working Capital 26 | • | • | 6.8 | 4.1 | 20.6 | • | 13.3 | 12.2 | • | 41.1 | 11.2 | • | • |
| Coverage Ratio 27 | 0.4 | 1.1 | • | • | • | • | 0.8 | 0.8 | 0.9 | 1.8 | 0.6 | 0.3 | 0.4 |
| Total Asset Turnover 28 | 1.1 | • | 0.6 | 1.9 | 2.2 | 1.0 | 1.2 | 1.8 | 0.9 | 2.0 | 1.1 | 1.1 | 1.0 |
| Inventory Turnover 29 | • | • | • | 5.3 | • | • | 8.7 | 8.2 | • | 6.7 | 6.0 | 6.0 | • |
| Receivables Turnover 30 | 8.5 | 3.6 | • | 4.3 | • | 8.2 | 8.1 | 7.0 | 6.7 | • | 7.0 | 6.5 | 8.6 |
| Total Liabilities to Net Worth 31 | 12.9 | • | • | 2.4 | 2.7 | • | 6.9 | 3.2 | 3.9 | 6.3 | 4.1 | 17.1 | 13.5 |

### Selected Financial Factors (in Percentages)

| Line Item | 1 | 2 | 3 | 4 | 5 | 6 | 7 | 8 | 9 | 10 | 11 | 12 | 13 |
|---|---|---|---|---|---|---|---|---|---|---|---|---|---|
| Debt Ratio 32 | 92.8 | • | • | 70.8 | 72.9 | • | 87.4 | 76.2 | 79.7 | 86.4 | 80.3 | 94.5 | 93.1 |
| Return on Assets 33 | 1.2 | • | • | • | • | • | • | 4.2 | • | 6.8 | 2.6 | 1.7 | 1.3 |
| Return on Equity 34 | 16.0 | • | 38.6 | • | • | • | • | • | 12.4 | • | • | • | 19.0 |
| Return Before Interest on Equity 35 | • | 30.8 | • | • | • | • | 17.5 | • | • | 13.2 | 29.7 | • | • |
| Profit Margin, Before Income Tax 36 | 0.4 | • | • | • | • | • | • | • | 1.5 | • | • | • | • |
| Profit Margin, After Income Tax 37 | 0.4 | • | • | • | • | • | • | • | 0.9 | • | • | • | • |

### Trends in Selected Ratios and Factors, 1986-1994

| | 1986 | 1987 | 1988 | 1989 | 1990 | 1991 | 1992 | 1993 | 1994 |
|---|---|---|---|---|---|---|---|---|---|
| Cost of Operations (%) 38 | 47.0 | 48.1 | 47.7 | 43.5 | 41.6 | 38.2 | 38.8 | 40.4 | 42.3 |
| Operating Margin (%) 39 | • | • | • | • | • | • | • | • | • |
| Oper. Margin Before Officers Comp. (%) 40 | • | • | • | • | • | • | • | • | • |
| Average Net Receivables ($) 41 | 740 | 698 | 820 | 756 | 800 | 953 | 1210 | 908 | 1812 |
| Average Inventories ($) 42 | 167 | 135 | 165 | 149 | 156 | 250 | 319 | 247 | 384 |
| Average Net Worth ($) 43 | 1654 | 1656 | 1945 | 1961 | 2035 | 2512 | 2447 | 1476 | 898 |
| Current Ratio (x1) 44 | 0.9 | 0.8 | 0.9 | 1.0 | 0.9 | 1.0 | 0.9 | 0.8 | 0.7 |
| Quick Ratio (x1) 45 | 0.5 | 0.5 | 0.5 | 0.6 | 0.5 | 0.5 | 0.6 | 0.5 | 0.5 |
| Coverage Ratio (x1) 46 | 0.5 | 0.5 | 1.5 | 0.8 | 0.7 | 1.9 | 2.6 | 1.6 | 0.4 |
| Asset Turnover (x1) 47 | 1.0 | 1.0 | 1.1 | 1.0 | 0.8 | 0.9 | 1.1 | 1.1 | 1.1 |
| Total Liabilities/Net Worth (x1) 48 | 2.9 | 2.6 | 2.5 | 2.6 | 2.8 | 2.5 | 3.2 | 4.4 | 12.9 |
| Return on Assets (x1) 49 | • | 1.8 | 5.6 | 2.7 | 2.3 | 6.3 | 8.5 | 5.5 | 1.2 |
| Return on Equity (%) 50 | • | • | 1.0 | • | • | 5.7 | 12.7 | 5.4 | • |

## Table II

Corporations with Net Income

# TRANSPORTATION BY AIR

### MONEY AMOUNTS AND SIZE OF ASSETS IN THOUSANDS OF DOLLARS

| Item Description for Accounting Period 7/90 Through 6/91 | Total | Zero Assets | Under 100 | 100 to 250 | 251 to 500 | 501 to 1,000 | 1,001 to 5,000 | 5,001 to 10,000 | 10,001 to 25,000 | 25,001 to 50,000 | 50,001 to 100,000 | 100,001 to 250,000 | 250,001 and over |
|---|---|---|---|---|---|---|---|---|---|---|---|---|---|
| Number of Enterprises 1 | 1698 | 10 | 635 | 248 | 138 | 370 | 185 | 63 | 17 | 7 | 8 | 6 | 10 |
| **Revenues ($ in Thousands)** | | | | | | | | | | | | | |
| Net Sales 2 | 42926 | 28 | 49 | 132 | 195 | 378 | 871 | 1428 | 405 | 558 | 633 | 1324 | 36925 |
| Portfolio Income 3 | 1539 | 16 | 9 | 16 | 0 | 12 | 46 | 11 | 1 | 24 | 13 | 20 | 1369 |
| Other Revenues 4 | 346 | 3 | 3 | 1 | • | 7 | 3 | 19 | 1 | 6 | 13 | 27 | 263 |
| Total Revenues 5 | 44811 | 47 | 62 | 149 | 195 | 397 | 920 | 1458 | 407 | 588 | 659 | 1371 | 38557 |
| Average Total Revenues 6 | 26390 | 4669 | 97 | 602 | 1413 | 1073 | 4974 | 23141 | 23962 | 84007 | 82403 | 228518 | 3855745 |
| **Operating Costs/Operating Income (%)** | | | | | | | | | | | | | |
| Cost of Operations 7 | 48.4 | 1.8 | 47.9 | 66.7 | 71.3 | 41.2 | 44.2 | 65.5 | 67.9 | 47.9 | 40.2 | 31.9 | 48.3 |
| Rent 8 | 7.1 | • | 19.0 | 4.5 | 2.7 | 1.7 | 1.3 | 2.8 | 1.4 | 8.5 | 3.5 | 4.1 | 7.7 |
| Taxes Paid 9 | 2.9 | 1.0 | 1.0 | 1.7 | 3.9 | 3.2 | 1.9 | 1.2 | 2.8 | 2.4 | 2.4 | 4.0 | 3.0 |
| Interest Paid 10 | 2.0 | 43.1 | 2.8 | 1.0 | 0.4 | 2.2 | 2.1 | 0.9 | 0.9 | 1.6 | 4.1 | 3.0 | 1.9 |
| Depreciation, Depletion, Amortization 11 | 6.9 | 45.8 | 12.0 | 0.9 | 1.2 | 5.4 | 3.9 | 2.2 | 2.1 | 3.6 | 6.1 | 5.9 | 7.3 |
| Pensions and Other Benefits 12 | 3.8 | • | • | • | 1.3 | 1.2 | 1.4 | 1.0 | 1.4 | 1.8 | 1.7 | 1.8 | 4.2 |
| Other 13 | 30.2 | 19.5 | 37.1 | 19.4 | 11.0 | 37.5 | 43.0 | 22.3 | 15.9 | 30.6 | 41.2 | 44.4 | 29.7 |
| Officers Compensation 14 | 0.5 | • | • | 6.5 | 5.7 | 6.7 | 2.2 | 2.5 | 1.3 | 1.3 | 2.1 | 1.1 | 0.2 |
| Operating Margin 15 | • | • | • | • | 2.6 | 1.0 | 0.1 | 1.6 | 6.3 | 2.5 | • | 4.0 | • |
| Oper. Margin Before Officers Compensation 16 | • | • | 5.9 | 5.9 | 8.3 | 7.7 | 2.3 | 4.1 | 7.6 | 3.7 | 0.9 | 5.1 | • |
| **Selected Average Balance Sheet ($ in Thousands)** | | | | | | | | | | | | | |
| Net Receivables 17 | 2438 | • | 12 | 123 | 6 | 118 | 672 | 2956 | 2358 | 5957 | 19166 | 24779 | 336356 |
| Inventories 18 | 870 | • | 2 | 30 | 82 | 23 | 238 | 295 | 356 | 13765 | 7792 | 11200 | 115536 |
| Net Property, Plant and Equipment 19 | 12899 | • | 22 | 2 | 82 | 254 | 731 | 1498 | 4875 | 12799 | 32198 | 77358 | 2065959 |
| Total Assets 20 | 21502 | • | 50 | 160 | 289 | 638 | 1917 | 7907 | 19271 | 41768 | 72505 | 156724 | 3317081 |

| | | | | | | | | | | | | |
|---|---|---|---|---|---|---|---|---|---|---|---|---|
| Notes and Loans Payable 21 | 6965 | • | 28 | 4 | 82 | 187 | 781 | 1951 | 6688 | 14127 | 29493 | 56015 | 1067461 |
| All Other Liabilities 22 | 8617 | • | 26 | 33 | 34 | 677 | 535 | 2486 | 4466 | 15910 | 22499 | 35651 | 1351510 |
| Net Worth 23 | 5921 | • | -4 | 123 | 172 | -227 | 601 | 3470 | 8118 | 11732 | 20513 | 65058 | 898110 |

**Selected Financial Ratios (Times to 1)**

| | | | | | | | | | | | | | |
|---|---|---|---|---|---|---|---|---|---|---|---|---|---|
| Current Ratio 24 | 0.8 | • | 8.1 | 4.4 | 2.0 | 0.5 | 1.8 | 1.4 | 1.0 | 1.3 | 1.5 | 1.4 | 0.7 |
| Quick Ratio 25 | 0.6 | • | 7.1 | 3.6 | 1.2 | 0.4 | 1.4 | 1.1 | 0.8 | 0.6 | 1.1 | 0.9 | 0.5 |
| Net Sales to Working Capital 26 | • | • | 3.2 | 4.3 | 14.4 | • | 9.5 | 14.3 | • | 12.9 | 6.9 | 15.3 | • |
| Coverage Ratio 27 | 2.4 | 2.3 | 2.9 | 13.7 | 8.2 | 3.8 | 3.7 | 5.4 | 8.3 | 5.8 | 1.7 | 3.6 | 2.1 |
| Total Asset Turnover 28 | 1.2 | • | 1.6 | 3.3 | 4.9 | 1.6 | 2.5 | 2.9 | 1.2 | 1.9 | 1.1 | 1.4 | 1.1 |
| Inventory Turnover 29 | • | • | • | • | • | 6.3 | 5.9 | • | • | 4.7 | 5.4 | 6.8 | • |
| Receivables Turnover 30 | 8.5 | • | 3.2 | 6.9 | • | 8.1 | 7.2 | 6.8 | 4.1 | • | 5.3 | 6.1 | 8.9 |
| Total Liabilities to Net Worth 31 | 2.6 | • | 2.6 | 0.3 | 0.7 | • | 2.2 | 1.3 | 1.4 | 2.6 | 2.5 | 1.4 | 2.7 |

**Selected Financial Factors (in Percentages)**

| | | | | | | | | | | | | | |
|---|---|---|---|---|---|---|---|---|---|---|---|---|---|
| Debt Ratio 32 | 72.5 | • | • | 23.1 | 40.4 | • | 68.6 | 56.1 | 57.9 | 71.9 | 71.7 | 58.5 | 72.9 |
| Return on Assets 33 | 5.4 | 12.6 | • | • | 15.5 | 13.0 | 19.2 | 13.2 | 9.6 | 18.0 | 7.5 | 14.8 | 4.5 |
| Return on Equity 34 | 6.9 | • | • | • | 18.9 | • | • | 21.9 | 13.6 | • | 9.0 | 20.4 | 4.4 |
| Return Before Interest on Equity 35 | 19.7 | • | • | • | 26.0 | • | • | 30.2 | 22.8 | • | 26.5 | • | 16.6 |
| Profit Margin, Before Income Tax 36 | 2.7 | 5.2 | • | 12.2 | 2.8 | 5.9 | 5.7 | 3.8 | 6.8 | 7.8 | 2.8 | 7.6 | 2.1 |
| Profit Margin, After Income Tax 37 | 1.6 | 4.9 | • | 9.7 | 2.3 | 5.4 | 5.3 | 3.4 | 4.6 | 6.5 | 2.4 | 6.0 | 1.1 |

**Trends in Selected Ratios and Factors, 1986–1994**

| | 1986 | 1987 | 1988 | 1989 | 1990 | 1991 | 1992 | 1993 | 1994 |
|---|---|---|---|---|---|---|---|---|---|
| Cost of Operations (%) 38 | 51.3 | 43.1 | 48.7 | 42.8 | 30.5 | 35.0 | 35.7 | 34.5 | 48.4 |
| Operating Margin (%) 39 | • | • | • | • | • | • | 1.0 | • | • |
| Oper. Margin Before Officers Comp. (%) 40 | • | • | 0.3 | • | • | • | 1.5 | • | • |
| Average Net Receivables ($) 41 | 497 | 1249 | 2221 | 1363 | 2443 | 1875 | 2715 | 1910 | 2438 |
| Average Inventories ($) 42 | 166 | 202 | 381 | 216 | 514 | 470 | 740 | 480 | 870 |
| Average Net Worth ($) 43 | 1548 | 4027 | 6252 | 3391 | 6723 | 6052 | 7589 | 3995 | 5921 |
| Current Ratio (x1) 44 | 1.1 | 1.0 | 1.0 | 1.1 | 1.0 | 1.1 | 0.8 | 0.8 | 0.8 |
| Quick Ratio (x1) 45 | 0.7 | 0.6 | 0.6 | 0.7 | 0.6 | 0.6 | 0.6 | 0.5 | 0.6 |
| Coverage Ratio (x1) 46 | 2.2 | 2.5 | 3.1 | 2.8 | 2.3 | 3.1 | 4.8 | 3.4 | 2.4 |
| Asset Turnover (x1) 47 | 1.4 | 1.0 | 1.1 | 1.1 | 0.9 | 0.9 | 1.1 | 1.1 | 1.2 |
| Operating Leverage 48 | • | 0.7 | 0.1 | 20.2 | 2.9 | 0.7 | • | • | 0.7 |
| Financial Leverage 49 | • | 1.3 | 1.0 | 1.1 | 0.9 | 1.1 | 1.1 | 1.0 | 0.7 |
| Total Leverage 50 | • | 0.8 | 0.1 | 22.8 | 2.8 | 0.8 | • | • | 0.4 |

## Table I

Corporations with and without Net Income

# PIPE LINES, EXCEPT NATURAL GAS

MONEY AMOUNTS AND SIZE OF ASSETS IN THOUSANDS OF DOLLARS

| Item Description for Accounting Period 7/90 Through 6/91 | Total | Zero Assets | Under 100 | 100 to 250 | 251 to 500 | 501 to 1,000 | 1,001 to 5,000 | 5,001 to 10,000 | 10,001 to 25,000 | 25,001 to 50,000 | 50,001 to 100,000 | 100,001 to 250,000 | 250,001 and over |
|---|---|---|---|---|---|---|---|---|---|---|---|---|---|
| Number of Enterprises **1** | 112 | • | 3 | • | • | 41 | 33 | 4 | 13 | 13 | • | 3 | 3 |
| **Revenues ($ in Thousands)** | | | | | | | | | | | | | |
| Net Sales **2** | 1741 | | • | | | 173 | 94 | 50 | 168 | 278 | • | 239 | 739 |
| Portfolio Income **3** | 40 | | 19 | | | • | 0 | 0 | 4 | 16 | • | 1 | 18 |
| Other Revenues **4** | 57 | | 19 | | | • | 0 | 0 | 15 | 2 | • | 1 | 20 |
| Total Revenues **5** | 1837 | | 19 | | | 173 | 94 | 51 | 187 | 296 | • | 240 | 777 |
| Average Total Revenues **6** | 16405 | | 6463 | | | 4221 | 2858 | 12701 | 14379 | 22751 | • | 80095 | 258931 |
| **Operating Costs/Operating Income (%)** | | | | | | | | | | | | | |
| Cost of Operations **7** | 31.8 | | • | | | 98.5 | 12.8 | 27.2 | 17.1 | 27.3 | • | 23.3 | 26.7 |
| Rent **8** | 1.5 | | • | | | • | 1.7 | 1.4 | 3.0 | 4.8 | • | 0.5 | 0.5 |
| Taxes Paid **9** | 6.3 | | • | | | • | 7.0 | 5.3 | 6.8 | 7.8 | • | 5.6 | 7.2 |
| Interest Paid **10** | 7.1 | | • | | | • | 0.4 | • | 7.7 | 6.9 | • | 7.2 | 8.9 |
| Depreciation, Depletion, Amortization **11** | 5.6 | | • | | | • | 2.0 | 2.6 | 4.2 | 5.2 | • | 7.4 | 7.5 |
| Pensions and Other Benefits **12** | 0.8 | | • | | | • | • | • | 1.0 | 0.6 | • | 1.2 | 1.0 |
| Other **13** | 14.3 | | • | | | 1.2 | 42.5 | 16.7 | 17.6 | 15.8 | • | 15.3 | 11.9 |
| Officers Compensation **14** | 0.2 | | • | | | • | • | • | 0.3 | • | • | 0.5 | 0.1 |
| Operating Margin **15** | 32.6 | | • | | | 0.2 | 33.7 | 46.9 | 42.4 | 31.7 | • | 39.0 | 36.3 |
| Oper. Margin Before Officers Compensation **16** | 32.8 | | • | | | 0.2 | 33.7 | 46.9 | 42.8 | 31.7 | • | 39.5 | 36.4 |
| **Selected Average Balance Sheet ($ in Thousands)** | | | | | | | | | | | | | |
| Net Receivables **17** | 2381 | | • | | | 519 | 306 | 1448 | 1269 | 3699 | • | 8678 | 46291 |
| Inventories **18** | 210 | | • | | | • | 167 | 766 | 95 | 336 | • | 1161 | 1961 |
| Net Property, Plant and Equipment **19** | 19935 | | • | | | 1 | 2887 | 3402 | 12889 | 32286 | • | 147194 | 364978 |
| Total Assets **20** | 25836 | | 62 | | | 541 | 3416 | 6555 | 17673 | 43210 | • | 160297 | 486628 |

| | | | | | | | | | | |
|---|---|---|---|---|---|---|---|---|---|---|
| Notes and Loans Payable 21 | 14157 | 21281 | • | • | 0 | 1758 | 10003 | 15753 | 73144 | 322487 |
| All Other Liabilities 22 | 8141 | 3351 | • | 150 | 2483 | • | 4083 | 13321 | 42322 | 151140 |
| Net Worth 23 | 3538 | -24570 | • | 392 | 933 | 4797 | 3587 | 14136 | 44831 | 13001 |

## Selected Financial Ratios (Times to 1)

| | | | | | | | | | | |
|---|---|---|---|---|---|---|---|---|---|---|
| Current Ratio 24 | 0.7 | 0.0 | • | 3.9 | 0.2 | 2.9 | 1.8 | 0.5 | 0.8 | 0.8 |
| Quick Ratio 25 | 0.6 | 0.0 | • | 3.9 | 0.2 | 1.8 | 1.6 | 0.5 | 0.6 | 0.7 |
| Net Sales to Working Capital 26 | • | • | • | 10.5 | • | 6.1 | 7.3 | • | • | • |
| Coverage Ratio 27 | 6.4 | 2.4 | • | • | • | • | 8.0 | 6.5 | 6.5 | 5.7 |
| Total Asset Turnover 28 | 0.6 | • | • | 7.8 | 0.8 | 1.9 | 0.7 | 0.5 | 0.5 | 0.5 |
| Inventory Turnover 29 | • | • | • | • | 4.4 | 7.0 | • | • | • | • |
| Receivables Turnover 30 | 6.5 | • | • | • | • | 6.8 | 5.2 | 3.8 | 3.8 | • |
| Total Liabilities to Net Worth 31 | 6.3 | • | • | 0.4 | 2.7 | 0.4 | 3.9 | 2.1 | 2.6 | 36.4 |

## Selected Financial Factors (in Percentages)

| | | | | | | | | | | |
|---|---|---|---|---|---|---|---|---|---|---|
| Debt Ratio 32 | 86.3 | • | • | 27.7 | 72.7 | 26.8 | 79.7 | 67.3 | 72.0 | 97.3 |
| Return on Assets 33 | 27.3 | • | • | 1.4 | 28.8 | • | • | 22.2 | 23.2 | 25.6 |
| Return on Equity 34 | • | • | • | 1.7 | • | • | • | 37.7 | • | • |
| Return Before Interest on Equity 35 | • | • | • | 2.0 | • | • | • | • | • | • |
| Profit Margin, Before Income Tax 36 | • | • | • | 0.2 | 34.2 | • | • | • | • | • |
| Profit Margin, After Income Tax 37 | 25.5 | • | • | 0.2 | 22.2 | 31.8 | • | 24.9 | 28.8 | 26.7 |

## Trends in Selected Ratios and Factors, 1986-1994

| | 1986 | 1987 | 1988 | 1989 | 1990 | 1991 | 1992 | 1993 | 1994 |
|---|---|---|---|---|---|---|---|---|---|
| Cost of Operations (%) 38 | 87.9 | 87.9 | 88.3 | 68.9 | 68.3 | 55.1 | 41.5 | 40.8 | 31.8 |
| Operating Margin (%) 39 | 2.9 | 2.8 | 1.1 | 6.3 | 4.0 | 13.7 | 27.9 | 29.5 | 32.6 |
| Oper. Margin Before Officers Comp. (%) 40 | 3.0 | 2.8 | 1.1 | 6.6 | 4.3 | 13.9 | 28.1 | 29.8 | 32.8 |
| Average Net Receivables ($) 41 | 14842 | 22204 | 19922 | 2725 | 5421 | 2494 | 3996 | 4258 | 2381 |
| Average Inventories ($) 42 | 3236 | 3298 | 5057 | 1326 | 2229 | 462 | 591 | 248 | 210 |
| Average Net Worth ($) 43 | 21051 | 16580 | 19492 | 9000 | 15670 | 9134 | 9499 | 12139 | 3538 |
| Current Ratio (x1) 44 | 1.1 | 1.2 | 1.1 | 1.3 | 0.7 | 0.8 | 0.8 | 0.7 | 0.7 |
| Quick Ratio (x1) 45 | 0.9 | 0.9 | 0.8 | 0.7 | 0.5 | 0.6 | 0.6 | 0.6 | 0.6 |
| Coverage Ratio (x1) 46 | 4.2 | 3.9 | 3.1 | 3.1 | 2.5 | 3.6 | 7.6 | 7.6 | 6.4 |
| Asset Turnover (x1) 47 | 2.2 | 2.0 | 2.3 | 1.2 | 1.0 | 1.5 | 0.8 | 0.8 | 0.6 |
| Total Liabilities/Net Worth (x1) 48 | 2.0 | 3.5 | 2.6 | 1.9 | 2.5 | 2.9 | 3.2 | 2.6 | 6.3 |
| Return on Assets (x1) 49 | 13.5 | 10.7 | 10.9 | 18.9 | 12.7 | 37.3 | 28.2 | 28.7 | 27.3 |
| Return on Equity (%) 50 | 16.6 | 18.6 | 14.1 | 19.8 | 12.2 | 62.9 | 67.8 | 59.4 | 112.2 |

## Table II

Corporations with Net Income

# PIPE LINES, EXCEPT NATURAL GAS

### MONEY AMOUNTS AND SIZE OF ASSETS IN THOUSANDS OF DOLLARS

| Item Description for Accounting Period 7/90 Through 6/91 | | Total | Zero Assets | Under 100 | 100 to 250 | 251 to 500 | 501 to 1,000 | 1,001 to 5,000 | 5,001 to 10,000 | 10,001 to 25,000 | 25,001 to 50,000 | 50,001 to 100,000 | 100,001 to 250,000 | 250,001 and over |
|---|---|---|---|---|---|---|---|---|---|---|---|---|---|---|
| Number of Enterprises | 1 | 96 | • | 3 | • | • | 41 | 19 | 4 | 13 | • | • | • | • |
| **Revenues ($ in Thousands)** | | | | | | | | | | | | | | |
| Net Sales | 2 | 1712 | • | • | • | • | 173 | 94 | 50 | 168 | • | • | • | • |
| Portfolio Income | 3 | 24 | • | • | • | • | • | 0 | 0 | 4 | • | • | • | • |
| Other Revenues | 4 | 46 | • | 19 | • | • | • | 0 | 0 | 15 | • | • | • | • |
| Total Revenues | 5 | 1782 | • | 19 | • | • | 173 | 94 | 51 | 187 | • | • | • | • |
| Average Total Revenues | 6 | 18565 | • | 6463 | • | • | 4221 | 4964 | 12701 | 14379 | • | • | • | • |
| **Operating Costs/Operating Income (%)** | | | | | | | | | | | | | | |
| Cost of Operations | 7 | 31.8 | • | • | • | • | 98.5 | 12.8 | 27.2 | 17.1 | • | • | • | • |
| Rent | 8 | 1.4 | • | • | • | • | • | 1.7 | 1.4 | 3.0 | • | • | • | • |
| Taxes Paid | 9 | 6.2 | • | • | • | • | • | 7.0 | 5.3 | 6.8 | • | • | • | • |
| Interest Paid | 10 | 6.3 | • | • | • | • | • | 0.4 | • | 7.7 | • | • | • | • |
| Depreciation, Depletion, Amortization | 11 | 5.4 | • | • | • | • | • | 2.0 | 2.6 | 4.2 | • | • | • | • |
| Pensions and Other Benefits | 12 | 0.7 | • | • | • | • | • | • | • | 1.0 | • | • | • | • |
| Other | 13 | 12.2 | • | • | • | • | 1.2 | 42.4 | 16.7 | 17.6 | • | • | • | • |
| Officers Compensation | 14 | 0.2 | • | • | • | • | • | • | • | 0.3 | • | • | • | • |
| Operating Margin | 15 | 36.0 | • | • | • | • | 0.2 | 33.8 | 46.9 | 42.4 | • | • | • | • |
| Oper. Margin Before Officers Compensation | 16 | 36.1 | • | • | • | • | 0.2 | 33.8 | 46.9 | 42.8 | • | • | • | • |
| **Selected Average Balance Sheet ($ in Thousands)** | | | | | | | | | | | | | | |
| Net Receivables | 17 | 1847 | • | • | • | • | 519 | 532 | 1448 | 1269 | • | • | • | • |
| Inventories | 18 | 221 | • | • | • | • | • | 290 | 766 | 95 | • | • | • | • |
| Net Property, Plant and Equipment | 19 | 21759 | • | • | • | • | 1 | 1898 | 3402 | 12889 | • | • | • | • |
| Total Assets | 20 | 25478 | • | 62 | • | • | 541 | 2817 | 6555 | 17673 | • | • | • | • |

|  |  |  |  |  |  |  |  |  |  |
|---|---|---|---|---|---|---|---|---|---|
| Notes and Loans Payable 21 | 12367 | 21281 | • | • | 150 | 1191 | 1758 | • | 10003 |
| All Other Liabilities 22 | 7547 | 3351 | • | • | • | • | • | • | 4083 |
| Net Worth 23 | 5564 | -24570 | • | 392 | 1626 | 4797 | • | • | 3587 |

**Selected Financial Ratios (Times to 1)**

|  |  |  |  |  |  |  |  |  |  |
|---|---|---|---|---|---|---|---|---|---|
| Current Ratio 24 | 0.5 | 0.5 | 0.0 | • | 3.9 | 3.9 | 0.9 | 2.9 | 1.8 |
| Quick Ratio 25 | 0.5 | 0.5 | 0.0 | • | 3.9 | 3.9 | 0.6 | 1.8 | 1.6 |
| Net Sales to Working Capital 26 | • | • | • | • | 10.5 | • | • | 6.1 | 7.3 |
| Coverage Ratio 27 | 7.4 | • | 2.4 | • | 7.8 | • | • | • | 8.0 |
| Total Asset Turnover 28 | 0.7 | • | • | • | • | • | 1.8 | 1.9 | 0.7 |
| Inventory Turnover 29 | • | • | • | • | • | • | 2.4 | 7.0 | 7.0 |
| Receivables Turnover 30 | 8.2 | • | • | • | • | • | 8.4 | 6.8 | 9.1 |
| Total Liabilities to Net Worth 31 | 3.6 | • | • | • | 0.4 | • | 0.7 | 0.4 | 3.9 |

**Selected Financial Factors (in Percentages)**

|  |  |  |  |  |  |  |  |  |
|---|---|---|---|---|---|---|---|---|
| Debt Ratio 32 | 78.2 | • | • | 27.7 | 42.3 | 26.8 | 79.7 |
| Return on Assets 33 | 32.4 | • | • | 1.4 | • | • | • |
| Return on Equity 34 | • | • | • | 1.7 | • | • | • |
| Return Before Interest on Equity 35 | • | • | • | 2.0 | • | • | • |
| Profit Margin, Before Income Tax 36 | • | • | • | 0.2 | 34.3 | • | • |
| Profit Margin, After Income Tax 37 | 27.1 | • | • | 0.2 | 22.3 | 31.8 | • |

**Trends in Selected Ratios and Factors, 1986-1994**

|  | 1986 | 1987 | 1988 | 1989 | 1990 | 1991 | 1992 | 1993 | 1994 |
|---|---|---|---|---|---|---|---|---|---|
| Cost of Operations (%) 38 | 88.0 | 88.0 | 88.3 | 69.0 | 47.1 | 54.7 | 41.5 | 39.3 | 31.8 |
| Operating Margin (%) 39 | 3.2 | 3.1 | 1.3 | 7.0 | 25.7 | 14.1 | 27.9 | 30.9 | 36.0 |
| Oper. Margin Before Officers Comp. (%) 40 | 3.3 | 3.2 | 1.3 | 7.2 | 25.9 | 14.3 | 28.1 | 31.1 | 36.1 |
| Average Net Receivables ($) 41 | 24082 | 27748 | 24157 | 4850 | 3104 | 3203 | 3996 | 4146 | 1847 |
| Average Inventories ($) 42 | 5234 | 4106 | 6222 | 2493 | 498 | 527 | 591 | 269 | 221 |
| Average Net Worth ($) 43 | 33634 | 20296 | 22610 | 15290 | 10687 | 11423 | 9499 | 11945 | 5564 |
| Current Ratio (x1) 44 | 1.1 | 1.2 | 1.1 | 1.3 | 0.9 | 0.8 | 0.8 | 0.6 | 0.5 |
| Quick Ratio (x1) 45 | 0.9 | 0.9 | 0.8 | 0.7 | 0.7 | 0.6 | 0.6 | 0.6 | 0.5 |
| Coverage Ratio (x1) 46 | 4.6 | 4.2 | 3.2 | 3.2 | 7.3 | 3.6 | 7.6 | 8.3 | 7.4 |
| Asset Turnover (x1) 47 | 2.3 | 2.1 | 2.3 | 1.3 | 0.8 | 1.6 | 0.8 | 0.8 | 0.7 |
| Operating Leverage 48 | • | 1.0 | 0.4 | 5.6 | 3.7 | 0.6 | 2.0 | 1.1 | 1.2 |
| Financial Leverage 49 | • | 1.0 | 0.9 | 1.0 | 1.3 | 0.9 | 1.3 | 1.0 | 1.0 |
| Total Leverage 50 | • | 1.0 | 0.4 | 5.5 | 4.7 | 0.5 | 2.6 | 1.1 | 1.2 |

## Table I

Corporations with and without Net Income

# TRANSPORTATION SERVICES, NOT ELSEWHERE CLASSIFIED

### MONEY AMOUNTS AND SIZE OF ASSETS IN THOUSANDS OF DOLLARS

| Item Description for Accounting Period 7/90 Through 6/91 | Total | Zero Assets | Under 100 | 100 to 250 | 251 to 500 | 501 to 1,000 | 1,001 to 5,000 | 5,001 to 10,000 | 10,001 to 25,000 | 25,001 to 50,000 | 50,001 to 100,000 | 100,001 to 250,000 | 250,001 and over |
|---|---|---|---|---|---|---|---|---|---|---|---|---|---|
| Number of Enterprises 1 | 38047 | 3086 | 23380 | 5034 | 2418 | 1741 | 1926 | 229 | 147 | 40 | 24 | 11 | 9 |
| **Revenues ($ in Thousands)** | | | | | | | | | | | | | |
| Net Sales 2 | 54747 | 933 | 6589 | 5795 | 3034 | 4768 | 11009 | 4709 | 5011 | 2984 | 1672 | 1763 | 6482 |
| Portfolio Income 3 | 1402 | 15 | 26 | 18 | 16 | 44 | 79 | 23 | 50 | 18 | 41 | 35 | 1038 |
| Other Revenues 4 | 1725 | 15 | 93 | 54 | 89 | 33 | 234 | 41 | 149 | 34 | 123 | 261 | 598 |
| Total Revenues 5 | 57874 | 962 | 6708 | 5867 | 3139 | 4845 | 11321 | 4772 | 5210 | 3036 | 1837 | 2059 | 8117 |
| Average Total Revenues 6 | 1521 | 312 | 287 | 1166 | 1298 | 2783 | 5878 | 20838 | 35445 | 75893 | 76527 | 187164 | 901913 |
| **Operating Costs/Operating Income (%)** | | | | | | | | | | | | | |
| Cost of Operations 7 | 65.9 | 69.1 | 70.9 | 67.8 | 66.1 | 67.8 | 69.4 | 75.0 | 73.2 | 71.5 | 53.5 | 57.4 | 42.0 |
| Rent 8 | 2.5 | 3.6 | 2.3 | 1.4 | 2.1 | 1.8 | 2.1 | 0.9 | 1.7 | 1.4 | 3.4 | 3.4 | 7.0 |
| Taxes Paid 9 | 2.3 | 1.4 | 1.8 | 1.2 | 2.1 | 2.3 | 2.9 | 1.2 | 1.8 | 1.9 | 2.9 | 3.5 | 3.5 |
| Interest Paid 10 | 3.2 | 0.9 | 0.6 | 0.5 | 1.0 | 1.0 | 1.1 | 0.7 | 1.4 | 1.5 | 3.9 | 3.2 | 18.3 |
| Depreciation, Depletion, Amortization 11 | 3.5 | 1.3 | 1.5 | 1.0 | 2.4 | 2.8 | 2.6 | 2.0 | 2.6 | 1.7 | 8.0 | 3.7 | 11.9 |
| Pensions and Other Benefits 12 | 1.2 | 0.3 | 0.5 | 0.6 | 0.6 | 0.7 | 0.8 | 1.0 | 1.1 | 0.7 | 1.9 | 2.3 | 3.4 |
| Other 13 | 24.1 | 26.5 | 20.8 | 24.7 | 21.6 | 21.8 | 21.1 | 18.5 | 20.4 | 21.0 | 32.0 | 40.7 | 36.4 |
| Officers Compensation 14 | 2.6 | 0.3 | 4.7 | 3.4 | 4.7 | 3.3 | 3.0 | 1.8 | 1.1 | 1.3 | 2.2 | 1.0 | 1.1 |
| Operating Margin 15 | • | • | • | • | • | • | • | • | • | • | • | • | • |
| Oper. Margin Before Officers Compensation 16 | • | • | 1.7 | 2.8 | 4.2 | 1.9 | • | 0.8 | • | 0.3 | • | • | • |
| **Selected Average Balance Sheet ($ in Thousands)** | | | | | | | | | | | | | |
| Net Receivables 17 | 205 | • | 4 | 22 | 72 | 211 | 569 | 2051 | 4393 | 11405 | 19379 | 60527 | 362241 |
| Inventories 18 | 23 | • | 0 | 0 | 1 | 2 | 43 | 56 | 826 | 2565 | 1937 | 662 | 52321 |
| Net Property, Plant and Equipment 19 | 299 | • | 10 | 49 | 90 | 194 | 706 | 2538 | 5039 | 9726 | 29668 | 45319 | 673101 |
| Total Assets 20 | 927 | • | 32 | 146 | 355 | 677 | 1981 | 6743 | 14933 | 33314 | 69884 | 142484 | 2181852 |

| | | | | | | | | | | | | |
|---|---|---|---|---|---|---|---|---|---|---|---|---|
| Notes and Loans Payable 21 | 388 | 24 | 93 | 117 | 287 | 901 | 2860 | 6380 | 12007 | 30984 | 57220 | 862185 |
| All Other Liabilities 22 | 373 | 11 | 38 | 100 | 293 | 942 | 3027 | 7782 | 14099 | 25585 | 55458 | 838722 |
| Net Worth 23 | 167 | -3 | 15 | 137 | 97 | 138 | 856 | 771 | 7208 | 13315 | 29806 | 480945 |

## Selected Financial Ratios (Times to 1)

| | | | | | | | | | | | | |
|---|---|---|---|---|---|---|---|---|---|---|---|---|
| Current Ratio 24 | 1.1 | • | 1.3 | 1.5 | 1.8 | 0.9 | 1.0 | 1.1 | 1.2 | 1.0 | 1.1 | 1.2 |
| Quick Ratio 25 | 0.9 | • | 1.1 | 1.3 | 1.5 | 0.8 | 0.9 | 0.8 | 0.9 | 0.8 | 0.9 | 0.9 |
| Net Sales to Working Capital 26 | 44.5 | • | • | 48.6 | 13.2 | • | • | 35.5 | 28.8 | • | 37.2 | 7.9 |
| Coverage Ratio 27 | 1.2 | 1.0 | • | 2.2 | 4.0 | 1.2 | 0.9 | 1.5 | 1.5 | 1.6 | 1.7 | 1.1 |
| Total Asset Turnover 28 | 1.6 | 8.8 | 7.9 | 3.5 | 4.1 | 2.9 | 3.1 | 2.3 | 2.2 | 1.0 | 1.1 | 0.3 |
| Inventory Turnover 29 | • | • | • | • | • | • | • | • | • | • | • | 6.4 |
| Receivables Turnover 30 | 7.0 | • | • | • | • | 8.5 | • | 8.2 | 6.1 | 3.6 | 3.4 | 2.1 |
| Total Liabilities to Net Worth 31 | 4.6 | • | 9.0 | 1.6 | 6.0 | 13.4 | 6.9 | 18.4 | 3.6 | 4.3 | 3.8 | 3.5 |

## Selected Financial Factors (in Percentages)

| | | | | | | | | | | | | |
|---|---|---|---|---|---|---|---|---|---|---|---|---|
| Debt Ratio 32 | 82.0 | • | 90.0 | 61.3 | 85.7 | 93.0 | 87.3 | 94.8 | 78.4 | 81.0 | 79.1 | 78.0 |
| Return on Assets 33 | 5.8 | • | 9.4 | 14.0 | 4.7 | 2.8 | 3.1 | 5.0 | 5.0 | 6.0 | 6.0 | 6.6 |
| Return on Equity 34 | 1.2 | • | • | 22.0 | • | • | 5.0 | 19.5 | 5.9 | 5.8 | 6.9 | 0.3 |
| Return Before Interest on Equity 35 | 32.0 | • | • | • | 32.8 | • | 24.6 | 22.9 | 31.6 | 28.7 | 29.9 | |
| Profit Margin, Before Income Tax 36 | 0.6 | • | 0.7 | 3.0 | 0.2 | • | 0.4 | 0.8 | 0.7 | 2.2 | 2.1 | 1.7 |
| Profit Margin, After Income Tax 37 | 0.2 | • | 0.6 | 2.4 | • | • | 0.2 | 0.5 | 0.6 | 1.1 | 1.3 | 0.2 |

## Trends in Selected Ratios and Factors, 1986-1994

| | 1986 | 1987 | 1988 | 1989 | 1990 | 1991 | 1992 | 1993 | 1994 |
|---|---|---|---|---|---|---|---|---|---|
| Cost of Operations (%) 38 | 67.8 | 65.3 | 67.3 | 65.1 | 66.2 | 66.2 | 67.3 | 65.5 | 65.9 |
| Operating Margin (%) 39 | • | • | • | • | • | • | • | • | • |
| Oper. Margin Before Officers Comp. (%) 40 | • | 0.1 | • | • | • | • | • | • | • |
| Average Net Receivables ($) 41 | 133 | 120 | 124 | 147 | 166 | 139 | 137 | 205 | 205 |
| Average Inventories ($) 42 | 15 | 13 | 14 | 20 | 20 | 14 | 8 | 18 | 23 |
| Average Net Worth ($) 43 | 163 | 135 | 136 | 173 | 165 | 154 | 125 | 166 | 167 |
| Current Ratio (x1) 44 | 1.3 | 1.1 | 1.2 | 1.2 | 1.1 | 1.0 | 0.9 | 1.2 | 1.1 |
| Quick Ratio (x1) 45 | 1.0 | 0.9 | 0.9 | 0.9 | 0.9 | 0.8 | 0.8 | 0.9 | 0.9 |
| Coverage Ratio (x1) 46 | 1.1 | 1.0 | 1.3 | 1.1 | 0.9 | 1.6 | 1.2 | 1.4 | 1.2 |
| Asset Turnover (x1) 47 | 1.6 | 1.9 | 2.0 | 1.8 | 1.5 | 1.7 | 1.8 | 1.6 | 1.6 |
| Total Liabilities/Net Worth (x1) 48 | 2.5 | 2.8 | 3.0 | 3.0 | 3.6 | 3.7 | 4.7 | 4.4 | 4.6 |
| Return on Assets (x1) 49 | 5.2 | 4.8 | 6.3 | 5.4 | 4.1 | 6.6 | 5.8 | 7.6 | 5.8 |
| Return on Equity (%) 50 | • | • | 2.4 | • | • | 6.2 | 1.9 | 8.5 | 1.2 |

## Table II

Corporations with Net Income

# TRANSPORTATION SERVICES, NOT ELSEWHERE CLASSIFIED

**MONEY AMOUNTS AND SIZE OF ASSETS IN THOUSANDS OF DOLLARS**

| Item Description for Accounting Period 7/90 Through 6/91 | Total | Zero Assets | Under 100 | 100 to 250 | 251 to 500 | 501 to 1,000 | 1,001 to 5,000 | 5,001 to 10,000 | 10,001 to 25,000 | 25,001 to 50,000 | 50,001 to 100,000 | 100,001 to 250,000 | 250,001 and over |
|---|---|---|---|---|---|---|---|---|---|---|---|---|---|
| Number of Enterprises **1** | 18548 | 1921 | 9764 | 2714 | 1658 | 1054 | 1137 | 150 | 101 | 22 | • | • | 4 |
| **Revenues ($ in Thousands)** | | | | | | | | | | | | | |
| Net Sales **2** | 35566 | 709 | 3481 | 2233 | 2144 | 3534 | 7861 | 3677 | 3259 | 1317 | • | • | 4970 |
| Portfolio Income **3** | 1048 | 10 | 14 | 15 | 13 | 37 | 52 | 20 | 39 | 16 | • | • | 767 |
| Other Revenues **4** | 957 | 3 | 64 | 1 | 85 | 28 | 181 | 24 | 138 | 29 | • | • | 255 |
| Total Revenues **5** | 37571 | 723 | 3560 | 2249 | 2242 | 3599 | 8094 | 3721 | 3436 | 1362 | • | • | 5992 |
| Average Total Revenues **6** | 2026 | 376 | 365 | 829 | 1352 | 3414 | 7119 | 24809 | 34016 | 61901 | • | • | 1497950 |
| **Operating Costs/Operating Income (%)** | | | | | | | | | | | | | |
| Cost of Operations **7** | 64.4 | 63.8 | 72.3 | 64.4 | 64.9 | 70.3 | 71.1 | 72.4 | 68.6 | 63.1 | • | • | 42.6 |
| Rent **8** | 2.4 | 3.2 | 2.2 | 2.0 | 2.4 | 1.3 | 1.2 | 0.9 | 1.9 | 1.3 | • | • | 6.3 |
| Taxes Paid **9** | 2.1 | 1.5 | 1.3 | 1.6 | 2.1 | 2.0 | 2.1 | 1.1 | 2.2 | 1.5 | • | • | 3.6 |
| Interest Paid **10** | 3.1 | 0.8 | 0.5 | 1.0 | 0.9 | 0.5 | 0.8 | 0.5 | 1.2 | 2.0 | • | • | 16.3 |
| Depreciation, Depletion, Amortization **11** | 3.2 | 0.9 | 1.3 | 1.9 | 2.1 | 1.5 | 2.0 | 1.3 | 2.8 | 2.6 | • | • | 9.7 |
| Pensions and Other Benefits **12** | 1.2 | 0.2 | 0.4 | 0.4 | 0.5 | 0.7 | 0.8 | 0.8 | 1.4 | 1.2 | • | • | 3.6 |
| Other **13** | 22.9 | 28.3 | 15.4 | 19.0 | 21.2 | 19.3 | 19.4 | 20.4 | 23.0 | 26.0 | • | • | 32.7 |
| Officers Compensation **14** | 2.9 | 0.2 | 5.0 | 5.9 | 5.1 | 3.4 | 3.1 | 1.9 | 1.3 | 2.3 | • | • | 1.0 |
| Operating Margin **15** | • | 1.2 | 1.6 | 3.8 | 0.9 | 1.1 | • | 0.8 | • | 0.2 | • | • | • |
| Oper. Margin Before Officers Compensation **16** | 0.7 | 1.4 | 6.6 | 9.6 | 6.0 | 4.4 | 2.7 | 2.7 | • | 2.5 | • | • | • |
| **Selected Average Balance Sheet ($ in Thousands)** | | | | | | | | | | | | | |
| Net Receivables **17** | 340 | 5 | 21 | 81 | 287 | 627 | 2571 | 5027 | 12254 | • | • | • | 754504 |
| Inventories **18** | 29 | • | 0 | • | 1 | 2 | 43 | 79 | 196 | 758 | • | • | 98405 |
| Net Property, Plant and Equipment **19** | 357 | • | 10 | 40 | 84 | 170 | 580 | 1701 | 4701 | 10021 | • | • | 949322 |
| Total Assets **20** | 1286 | • | 36 | 138 | 363 | 684 | 1896 | 6896 | 14766 | 33249 | • | • | 3549065 |

| | | | | | | | | | |
|---|---|---|---|---|---|---|---|---|---|
| Notes and Loans Payable 21 | 476 | 15 | 67 | 101 | 169 | 470 | 2275 | 4776 | 11789 · 1462152 |
| All Other Liabilities 22 | 486 | 10 | 27 | 115 | 334 | 878 | 3618 | 7800 | 14735 · 1177497 |
| Net Worth 23 | 324 | 11 | 44 | 146 | 180 | 548 | 1003 | 2190 | 6725 · 909417 |

## Selected Financial Ratios (Times to 1)

| | | | | | | | | | | |
|---|---|---|---|---|---|---|---|---|---|---|
| Current Ratio 24 | 1.3 | 1.8 | 2.0 | 1.8 | 1.2 | 1.1 | 1.1 | 1.4 | 1.2 | 1.3 |
| Quick Ratio 25 | 1.1 | 1.6 | 1.9 | 1.5 | 1.2 | 1.0 | 1.0 | 1.1 | 1.0 | 1.1 |
| Net Sales to Working Capital 26 | 16.9 | 46.5 | 23.1 | 12.0 | 45.1 | • | • | 12.7 | 22.5 | 4.4 |
| Coverage Ratio 27 | 2.1 | 9.4 | 5.4 | 7.4 | 6.4 | 4.2 | 4.7 | 3.7 | 2.8 | 1.3 |
| Total Asset Turnover 28 | 1.5 | 10.0 | 6.0 | 3.6 | 4.9 | 3.7 | 3.6 | 2.2 | 1.8 | 0.4 |
| Inventory Turnover 29 | • | • | • | • | • | • | • | • | • | 5.7 |
| Receivables Turnover 30 | 5.8 | • | • | • | • | 8.9 | • | 6.8 | 4.6 | 1.7 |
| Total Liabilities to Net Worth 31 | 3.0 | 2.2 | 2.2 | 1.5 | 2.8 | 2.5 | 5.9 | 5.8 | 4.0 | 2.9 |

## Selected Financial Factors (in Percentages)

| | | | | | | | | | | |
|---|---|---|---|---|---|---|---|---|---|---|
| Debt Ratio 32 | 74.8 | 68.4 | 68.2 | 59.7 | 73.6 | 71.1 | 85.5 | 85.2 | 79.8 | 74.4 |
| Return on Assets 33 | 9.9 | • | 32.7 | 22.5 | 16.5 | 11.9 | 8.9 | 9.7 | 10.1 | 7.4 |
| Return on Equity 34 | 17.3 | • | • | • | • | 26.6 | • | • | 28.9 | 4.4 |
| Return Before Interest on Equity 35 | • | • | • | • | • | • | • | • | • | 29.0 |
| Profit Margin, Before Income Tax 36 | 3.5 | 3.9 | 4.5 | 5.5 | 2.8 | 2.5 | 2.0 | 3.2 | 3.6 | 4.9 |
| Profit Margin, After Income Tax 37 | 2.9 | 3.8 | 4.2 | 4.7 | 2.5 | 2.1 | 1.8 | 2.7 | 3.3 | 3.2 |

## Trends in Selected Ratios and Factors, 1986-1994

| | 1986 | 1987 | 1988 | 1989 | 1990 | 1991 | 1992 | 1993 | 1994 |
|---|---|---|---|---|---|---|---|---|---|
| Cost of Operations (%) 38 | 69.7 | 63.2 | 66.3 | 65.6 | 61.4 | 64.8 | 68.8 | 64.0 | 64.4 |
| Operating Margin (%) 39 | • | 0.5 | • | • | • | • | • | • | • |
| Oper. Margin Before Officers Comp. (%) 40 | 3.1 | 4.5 | 2.5 | 1.5 | 3.6 | 2.0 | 1.0 | • | 0.7 |
| Average Net Receivables ($) 41 | 127 | 153 | 163 | 172 | 212 | 184 | 207 | 314 | 340 |
| Average Inventories ($) 42 | 10 | 9 | 17 | 23 | 7 | 22 | 8 | 26 | 29 |
| Average Net Worth ($) 43 | 136 | 142 | 184 | 196 | 160 | 271 | 246 | 318 | 324 |
| Current Ratio (x1) 44 | 1.3 | 1.4 | 1.3 | 1.3 | 1.1 | 1.2 | 1.2 | 1.3 | 1.3 |
| Quick Ratio (x1) 45 | 1.1 | 1.2 | 1.1 | 1.1 | 1.0 | 0.9 | 1.0 | 1.1 | 1.1 |
| Coverage Ratio (x1) 46 | 3.7 | 4.2 | 3.2 | 2.5 | 2.8 | 3.4 | 2.9 | 2.2 | 2.1 |
| Asset Turnover (x1) 47 | 2.6 | 2.6 | 2.4 | 1.9 | 2.0 | 1.8 | 2.0 | 1.5 | 1.5 |
| Operating Leverage 48 | • | • | • | 3.1 | • | • | 2.1 | 1.6 | 0.6 |
| Financial Leverage 49 | • | 1.1 | 0.9 | 0.9 | 1.1 | 1.2 | 1.0 | 0.9 | 0.9 |
| Total Leverage 50 | • | • | • | 2.6 | • | • | 2.0 | 1.4 | 0.6 |

# Table I

Corporations with and without Net Income

## TELEPHONE, TELEGRAPH, AND OTHER COMMUNICATION SERVICES

MONEY AMOUNTS AND SIZE OF ASSETS IN THOUSANDS OF DOLLARS

| Item Description for Accounting Period 7/90 Through 6/91 | Total | Zero Assets | Under 100 | 100 to 250 | 251 to 500 | 501 to 1,000 | 1,001 to 5,000 | 5,001 to 10,000 | 10,001 to 25,000 | 25,001 to 50,000 | 50,001 to 100,000 | 100,001 to 250,000 | 250,001 and over |
|---|---|---|---|---|---|---|---|---|---|---|---|---|---|
| Number of Enterprises 1 | 10379 | 823 | 4836 | 1493 | 798 | 647 | 1070 | 290 | 237 | 74 | 39 | 32 | 40 |
| **Revenues ($ in Thousands)** | | | | | | | | | | | | | |
| Net Sales 2 | 201803 | 197 | 700 | 872 | 1204 | 970 | 2078 | 1191 | 1350 | 1342 | 1478 | 3204 | 187216 |
| Portfolio Income 3 | 6271 | 43 | 0 | 3 | 15 | 3 | 187 | 34 | 127 | 69 | 72 | 229 | 5489 |
| Other Revenues 4 | 10497 | 24 | 5 | 7 | 18 | 12 | 47 | 26 | 52 | 44 | 105 | 174 | 9981 |
| Total Revenues 5 | 218571 | 264 | 706 | 882 | 1237 | 985 | 2313 | 1252 | 1530 | 1454 | 1654 | 3607 | 202687 |
| Average Total Revenues 6 | 21059 | 321 | 146 | 591 | 1550 | 1523 | 2161 | 4317 | 6454 | 19650 | 42420 | 112705 | 5067167 |
| **Operating Costs/Operating Income (%)** | | | | | | | | | | | | | |
| Cost of Operations 7 | 41.5 | 40.0 | 43.0 | 56.6 | 68.8 | 58.8 | 49.1 | 37.7 | 29.7 | 41.3 | 33.0 | 49.2 | 41.1 |
| Rent 8 | 2.3 | 3.3 | 4.6 | 2.7 | 1.6 | 2.1 | 1.6 | 0.9 | 1.9 | 1.9 | 3.2 | 4.9 | 2.3 |
| Taxes Paid 9 | 4.7 | 2.9 | 3.1 | 3.4 | 2.7 | 2.0 | 3.8 | 3.4 | 3.7 | 3.1 | 2.9 | 3.2 | 4.8 |
| Interest Paid 10 | 6.0 | 3.0 | 1.3 | 1.6 | 0.8 | 3.0 | 3.8 | 4.9 | 8.7 | 8.0 | 9.9 | 11.5 | 6.0 |
| Depreciation, Depletion, Amortization 11 | 14.4 | 9.2 | 4.2 | 5.4 | 1.5 | 4.6 | 9.1 | 12.4 | 20.2 | 13.4 | 18.7 | 12.0 | 14.7 |
| Pensions and Other Benefits 12 | 3.5 | 2.0 | 0.1 | 0.6 | 0.5 | 1.3 | 1.4 | 0.9 | 1.5 | 0.8 | 1.3 | 1.7 | 3.6 |
| Other 13 | 27.9 | 60.7 | 35.3 | 28.1 | 23.6 | 25.2 | 42.8 | 34.6 | 44.5 | 37.8 | 41.6 | 30.3 | 27.3 |
| Officers Compensation 14 | 0.4 | 0.3 | 11.7 | 2.6 | 6.4 | 6.9 | 3.8 | 2.9 | 2.5 | 1.6 | 2.2 | 2.4 | 0.2 |
| Operating Margin 15 | • | • | • | • | • | • | • | 2.4 | • | • | • | • | • |
| Oper. Margin Before Officers Compensation 16 | • | • | 8.4 | 1.5 | 0.5 | 3.0 | • | 5.3 | • | • | • | • | 0.3 |
| **Selected Average Balance Sheet ($ in Thousands)** | | | | | | | | | | | | | |
| Net Receivables 17 | 6602 | • | 6 | 34 | 102 | 198 | 252 | 846 | 1278 | 4596 | 9087 | 22002 | 1650504 |
| Inventories 18 | 525 | • | 2 | 17 | 15 | 51 | 79 | 208 | 274 | 562 | 721 | 3263 | 124771 |
| Net Property, Plant and Equipment 19 | 19994 | • | 11 | 80 | 91 | 248 | 996 | 3552 | 8416 | 17115 | 31106 | 55415 | 4969409 |
| Total Assets 20 | 41820 | 32 | 32 | 184 | 359 | 728 | 2097 | 6972 | 15651 | 34568 | 67456 | 167583 | 10358419 |

**Selected Financial Ratios (Times to 1)** and related data

| | | | | | | | | | | | | | |
|---|---|---|---|---|---|---|---|---|---|---|---|---|
| Notes and Loans Payable 21 | 13844 | | 24 | 68 | 113 | 452 | 1071 | 2755 | 8006 | 18610 | 33799 | 93202 | 3339244 |
| All Other Liabilities 22 | 10736 | | 24 | 59 | 134 | 240 | 493 | 1262 | 2732 | 7987 | 21855 | 36771 | 2670006 |
| Net Worth 23 | 17240 | | -16 | 58 | 112 | 36 | 533 | 2955 | 4913 | 7971 | 11803 | 37609 | 4349169 |

**Selected Financial Ratios (Times to 1)**

| | | | | | | | | | | | | | |
|---|---|---|---|---|---|---|---|---|---|---|---|---|---|
| Current Ratio 24 | 1.0 | | 0.4 | 1.0 | 1.1 | 1.2 | 1.7 | 2.0 | 2.3 | 1.0 | 1.0 | 0.8 | 1.0 |
| Quick Ratio 25 | 0.8 | | 0.3 | 0.7 | 0.9 | 1.0 | 1.3 | 1.4 | 1.8 | 0.8 | 0.8 | 0.6 | 0.8 |
| Net Sales to Working Capital 26 | | | | | | 22.1 | 6.0 | 3.2 | 2.2 | | | | |
| Coverage Ratio 27 | 2.3 | 5.3 | | 1.1 | | 0.2 | | 2.5 | 1.1 | | 0.9 | 0.9 | 2.4 |
| Total Asset Turnover 28 | 0.5 | | 4.5 | 3.2 | 4.2 | 2.1 | 0.9 | 0.6 | 0.4 | 0.5 | 0.6 | 0.6 | 0.5 |
| Inventory Turnover 29 | | | | | | | 6.8 | 7.7 | 7.7 | | | | |
| Receivables Turnover 30 | 3.3 | | | | 7.0 | 7.0 | 7.7 | 4.8 | 5.1 | 4.5 | 4.2 | 4.9 | 3.2 |
| Total Liabilities to Net Worth 31 | 1.4 | | | 2.2 | 2.2 | 19.3 | 2.9 | 1.4 | 2.2 | 3.3 | 4.7 | 3.5 | 1.4 |

**Selected Financial Factors (in Percentages)**

| | | | | | | | | | | | | | |
|---|---|---|---|---|---|---|---|---|---|---|---|---|---|
| Debt Ratio 32 | 58.8 | | | 68.8 | 68.8 | 95.1 | 74.6 | 57.6 | 68.6 | 77.0 | 82.5 | 77.6 | 58.0 |
| Return on Assets 33 | 6.4 | | 5.3 | 5.3 | | 1.5 | | 7.2 | 3.4 | 4.5 | 5.1 | 6.0 | 6.5 |
| Return on Equity 34 | 5.3 | 24.5 | | | | | 6.1 | 6.1 | | | | | 5.7 |
| Return Before Interest on Equity 35 | 15.5 | 10.4 | 10.4 | 17.1 | 30.0 | 30.0 | 17.0 | 10.8 | 19.4 | 28.9 | 26.9 | 15.5 |
| Profit Margin, Before Income Tax 36 | 7.7 | 12.8 | | | 0.1 | | | 7.3 | 0.7 | 0.6 | | | 8.4 |
| Profit Margin, After Income Tax 37 | 4.7 | 9.9 | | | | | | 4.4 | | | | | 5.3 |

**Trends in Selected Ratios and Factors, 1986–1994**

| | 1986 | 1987 | 1988 | 1989 | 1990 | 1991 | 1992 | 1993 | 1994 |
|---|---|---|---|---|---|---|---|---|---|
| Cost of Operations (%) 38 | 33.4 | 32.0 | 33.8 | 33.8 | 33.3 | 34.9 | 38.7 | 46.0 | 41.5 |
| Operating Margin (%) 39 | 3.7 | 1.6 | 0.7 | 1.1 | 1.6 | 1.4 | 1.1 | • | • |
| Oper. Margin Before Officers Comp. (%) 40 | 3.9 | 1.8 | 0.9 | 1.3 | 2.0 | 1.7 | 1.5 | 0.4 | • |
| Average Net Receivables ($) 41 | 2170 | 2993 | 3757 | 3598 | 3909 | 4246 | 6565 | 5190 | 6602 |
| Average Inventories ($) 42 | 867 | 1031 | 1052 | 782 | 701 | 702 | 813 | 641 | 525 |
| Average Net Worth ($) 43 | 14451 | 17460 | 16210 | 17037 | 17917 | 17926 | 21247 | 17528 | 17240 |
| Current Ratio (x1) 44 | 0.7 | 0.7 | 1.2 | 1.1 | 1.0 | 1.1 | 1.0 | 1.0 | 1.0 |
| Quick Ratio (x1) 45 | 0.5 | 0.5 | 0.9 | 0.8 | 0.8 | 0.8 | 0.8 | 0.8 | 0.8 |
| Coverage Ratio (x1) 46 | 1.9 | 1.8 | 2.0 | 2.2 | 2.3 | 2.4 | 2.4 | 2.4 | 2.3 |
| Asset Turnover (x1) 47 | 0.5 | 0.5 | 0.5 | 0.4 | 0.5 | 0.5 | 0.4 | 0.5 | 0.5 |
| Total Liabilities/Net Worth (x1) 48 | 1.3 | 1.3 | 1.2 | 1.1 | 1.2 | 1.3 | 1.3 | 1.3 | 1.4 |
| Return on Assets (x1) 49 | 6.1 | 5.2 | 5.4 | 5.3 | 5.7 | 6.0 | 6.2 | 6.3 | 6.4 |
| Return on Equity (%) 50 | 3.3 | 2.3 | 2.6 | 2.9 | 3.4 | 4.3 | 5.3 | 5.0 | 5.3 |

## Table II

Corporations with Net Income

# TELEPHONE, TELEGRAPH, AND OTHER COMMUNICATION SERVICES

### Money Amounts and Size of Assets in Thousands of Dollars

| Item Description for Accounting Period 7/90 Through 6/91 | Total | Zero Assets | Under 100 | 100 to 250 | 251 to 500 | 501 to 1,000 | 1,001 to 5,000 | 5,001 to 10,000 | 10,001 to 25,000 | 25,001 to 50,000 | 50,001 to 100,000 | 100,001 to 250,000 | 250,001 and over |
|---|---|---|---|---|---|---|---|---|---|---|---|---|---|
| Number of Enterprises 1 | 6038 | 337 | 2618 | 1108 | 338 | 346 | 767 | 245 | 168 | 46 | 22 | 15 | 28 |
| **Revenues ($ in Thousands)** | | | | | | | | | | | | | |
| Net Sales 2 | 186968 | 120 | 455 | 760 | 399 | 596 | 1506 | 882 | 874 | 583 | 820 | 1433 | 178541 |
| Portfolio Income 3 | 5613 | 43 | 0 | 3 | 9 | 3 | 98 | 32 | 115 | 58 | 46 | 68 | 5138 |
| Other Revenues 4 | 9975 | 24 | 1 | 5 | 18 | 4 | 42 | 26 | 35 | 41 | 38 | 132 | 9610 |
| Total Revenues 5 | 202556 | 187 | 457 | 767 | 426 | 602 | 1646 | 940 | 1024 | 681 | 904 | 1632 | 193289 |
| Average Total Revenues 6 | 33547 | 556 | 174 | 692 | 1261 | 1740 | 2147 | 3835 | 6094 | 14814 | 41094 | 108808 | 6903195 |
| **Operating Costs/Operating Income (%)** | | | | | | | | | | | | | |
| Cost of Operations 7 | 42.1 | 54.2 | 40.2 | 54.8 | 55.8 | 58.7 | 48.5 | 29.5 | 16.4 | 19.7 | 26.1 | 51.0 | 42.1 |
| Rent 8 | 2.2 | 3.6 | 4.4 | 2.8 | 2.8 | 2.0 | 1.4 | 0.6 | 0.8 | 1.8 | 2.6 | 1.3 | 2.2 |
| Taxes Paid 9 | 4.9 | 3.1 | 2.8 | 3.0 | 2.9 | 2.3 | 3.6 | 4.1 | 4.6 | 4.9 | 3.1 | 4.5 | 4.9 |
| Interest Paid 10 | 5.7 | 4.0 | 1.0 | 0.8 | 0.6 | 2.0 | 1.7 | 3.3 | 5.9 | 6.5 | 6.8 | 4.6 | 5.8 |
| Depreciation, Depletion, Amortization 11 | 14.5 | 4.6 | 3.5 | 4.2 | 2.4 | 4.0 | 7.5 | 12.6 | 20.3 | 18.5 | 15.1 | 11.4 | 14.7 |
| Pensions and Other Benefits 12 | 3.6 | 0.2 | • | 0.7 | 0.5 | 1.7 | 1.6 | 1.1 | 1.7 | 1.4 | 1.3 | 2.0 | 3.7 |
| Other 13 | 26.0 | 53.7 | 25.5 | 27.1 | 32.2 | 15.8 | 28.1 | 35.1 | 39.2 | 43.2 | 36.4 | 21.3 | 25.8 |
| Officers Compensation 14 | 0.3 | 0.5 | 11.2 | 2.9 | 5.4 | 6.7 | 3.8 | 2.6 | 2.3 | 2.0 | 2.0 | 2.1 | 0.2 |
| Operating Margin 15 | 0.9 | • | 11.4 | 3.8 | • | 6.9 | 3.8 | 11.3 | 8.9 | 2.0 | 6.6 | 2.0 | 0.7 |
| Oper. Margin Before Officers Compensation 16 | 1.2 | • | 22.6 | 6.7 | 2.9 | 13.6 | 7.7 | 13.9 | 11.2 | 4.0 | 8.6 | 4.0 | 0.8 |
| **Selected Average Balance Sheet ($ in Thousands)** | | | | | | | | | | | | | |
| Net Receivables 17 | 10932 | • | 10 | 37 | 130 | 138 | 218 | 696 | 854 | 2280 | 7582 | 18692 | 2314837 |
| Inventories 18 | 845 | • | 3 | 23 | 33 | 75 | 71 | 212 | 256 | 656 | 989 | 2243 | 171422 |
| Net Property, Plant and Equipment 19 | 32775 | • | 12 | 69 | 113 | 341 | 1037 | 3668 | 9077 | 20975 | 39011 | 57628 | 6847306 |
| Total Assets 20 | 67088 | | 38 | 179 | 337 | 731 | 2095 | 6955 | 15402 | 35074 | 68490 | 154308 | 14038626 |

| Notes and Loans Payable 21 | 21592 | • | 20 | 40 | 57 | 344 | 607 | 2076 | 6178 | 14210 | 17991 | 44775 | 4514324 |
| All Other Liabilities 22 | 17160 | • | 13 | 60 | 134 | 196 | 304 | 1198 | 2173 | 5896 | 23321 | 30792 | 3616355 |
| Net Worth 23 | 28337 | • | 4 | 78 | 146 | 191 | 1184 | 3681 | 7051 | 14968 | 27178 | 78741 | 5907946 |

## Selected Financial Ratios (Times to 1)

| Current Ratio 24 | 1.1 | • | 1.1 | 1.2 | 1.3 | 1.6 | 2.7 | 2.9 | 3.4 | 2.0 | 1.9 | 1.5 | 1.0 |
| Quick Ratio 25 | 0.9 | • | 0.9 | 0.8 | 1.1 | 1.1 | 2.1 | 2.1 | 2.7 | 1.6 | 1.5 | 1.0 | 0.8 |
| Net Sales to Working Capital 26 | 42.7 | • | • | 39.6 | 23.0 | 12.4 | 3.8 | 2.1 | 1.6 | 2.8 | 4.5 | 8.9 | • |
| Coverage Ratio 27 | 2.6 | 9.0 | 12.6 | 7.0 | 8.2 | 4.9 | 8.9 | 6.4 | 5.4 | 3.9 | 3.5 | 4.5 | 2.6 |
| Total Asset Turnover 28 | 0.5 | • | 4.6 | 3.8 | 3.5 | 2.4 | 0.9 | 0.5 | 0.3 | 0.4 | 0.6 | 0.6 | 0.5 |
| Inventory Turnover 29 | • | • | • | • | • | • | • | 4.8 | 4.6 | 5.4 | 9.2 | • | • |
| Receivables Turnover 30 | 3.2 | • | • | • | • | 7.9 | 8.7 | 5.3 | 6.0 | 5.2 | 5.4 | 5.3 | 3.1 |
| Total Liabilities to Net Worth 31 | 1.4 | • | 7.9 | 1.3 | 1.3 | 2.8 | 0.8 | 0.9 | 1.2 | 1.4 | 1.5 | 1.0 | 1.4 |

## Selected Financial Factors (in Percentages)

| Debt Ratio 32 | 57.8 | • | 88.7 | 56.5 | 56.7 | 73.9 | 43.5 | 47.1 | 54.2 | 57.3 | 60.3 | 49.0 | 57.9 |
| Return on Assets 33 | 6.9 | • | • | 21.4 | 16.7 | 23.6 | 13.8 | 10.8 | 10.7 | 9.2 | 12.8 | 12.6 | 6.7 |
| Return on Equity 34 | 6.6 | • | • | 37.4 | 29.3 | • | 17.0 | 13.4 | 10.5 | 10.8 | 16.6 | 12.6 | 6.3 |
| Return Before Interest on Equity 35 | 16.3 | • | • | • | • | • | 24.5 | 20.5 | 23.5 | 21.5 | 32.2 | 24.8 | 15.9 |
| Profit Margin, Before Income Tax 36 | 9.2 | 31.9 | 11.7 | 4.8 | 4.2 | 8.0 | 13.1 | 17.6 | 25.9 | 18.9 | 16.7 | 15.8 | 9.0 |
| Profit Margin, After Income Tax 37 | 6.1 | 27.2 | 11.3 | 4.3 | 3.6 | 7.6 | 10.3 | 13.7 | 14.2 | 12.8 | 12.1 | 10.4 | 5.8 |

## Trends in Selected Ratios and Factors, 1986-1994

| | 1986 | 1987 | 1988 | 1989 | 1990 | 1991 | 1992 | 1993 | 1994 |
|---|---|---|---|---|---|---|---|---|---|
| Cost of Operations (%) 38 | 33.2 | 31.9 | 28.9 | 34.0 | 34.6 | 36.3 | 39.3 | 46.8 | 42.1 |
| Operating Margin (%) 39 | 4.5 | 2.5 | 5.9 | 2.4 | 3.8 | 3.9 | 2.9 | 2.0 | 0.9 |
| Oper. Margin Before Officers Comp. (%) 40 | 4.7 | 2.7 | 6.2 | 2.6 | 4.1 | 4.1 | 3.2 | 2.3 | 1.2 |
| Average Net Receivables ($) 41 | 3814 | 4510 | 4599 | 6029 | 7612 | 7829 | 11120 | 10158 | 10932 |
| Average Inventories ($) 42 | 1564 | 1629 | 709 | 1296 | 1399 | 1308 | 1367 | 1234 | 845 |
| Average Net Worth ($) 43 | 26234 | 27663 | 27777 | 28958 | 35458 | 33429 | 36023 | 33769 | 28337 |
| Current Ratio (x1) 44 | 0.7 | 0.7 | 1.0 | 1.1 | 1.0 | 1.1 | 1.0 | 1.0 | 1.1 |
| Quick Ratio (x1) 45 | 0.5 | 0.5 | 0.8 | 0.8 | 0.8 | 0.8 | 0.8 | 0.9 | 0.9 |
| Coverage Ratio (x1) 46 | 2.1 | 1.9 | 2.6 | 2.5 | 2.8 | 3.0 | 2.9 | 2.9 | 2.6 |
| Asset Turnover (x1) 47 | 0.5 | 0.5 | 0.4 | 0.4 | 0.5 | 0.5 | 0.5 | 0.5 | 0.5 |
| Operating Leverage 48 | • | 0.6 | 2.3 | 0.4 | 1.6 | 1.0 | 0.8 | 0.7 | 0.4 |
| Financial Leverage 49 | • | 0.9 | 1.4 | 1.0 | 1.1 | 1.1 | 1.1 | 1.0 | 0.9 |
| Total Leverage 50 | • | 0.5 | 3.2 | 0.4 | 1.8 | 1.1 | 0.8 | 0.7 | 0.4 |

## Table I

Corporations with and without Net Income

# Radio and Television Broadcasting

### Money Amounts and Size of Assets in Thousands of Dollars

| Item Description for Accounting Period 7/90 Through 6/91 | Total | Zero Assets | Under 100 | 100 to 250 | 251 to 500 | 501 to 1,000 | 1,001 to 5,000 | 5,001 to 10,000 | 10,001 to 25,000 | 25,001 to 50,000 | 50,001 to 100,000 | 100,001 to 250,000 | 250,001 and over |
|---|---|---|---|---|---|---|---|---|---|---|---|---|---|
| Number of Enterprises 1 | 7136 | 1070 | 2428 | 458 | 856 | 733 | 1032 | 219 | 150 | 71 | 34 | 45 | 39 |
| **Revenues ($ in Thousands)** | | | | | | | | | | | | | |
| Net Sales 2 | 35863 | 49 | 187 | 195 | 383 | 486 | 1733 | 819 | 1067 | 1333 | 955 | 3191 | 25465 |
| Portfolio Income 3 | 3604 | 59 | 8 | 19 | 32 | 10 | 74 | 47 | 35 | 33 | 44 | 275 | 2968 |
| Other Revenues 4 | 1622 | 8 | 15 | 6 | 17 | 16 | 36 | 129 | 57 | 47 | 35 | 109 | 1146 |
| Total Revenues 5 | 41089 | 116 | 211 | 220 | 433 | 512 | 1844 | 995 | 1159 | 1413 | 1034 | 3574 | 29579 |
| Average Total Revenues 6 | 5758 | 108 | 87 | 479 | 505 | 698 | 1787 | 4545 | 7726 | 19904 | 30407 | 79427 | 758448 |
| **Operating Costs/Operating Income (%)** | | | | | | | | | | | | | |
| Cost of Operations 7 | 36.3 | 13.7 | 27.6 | 27.8 | 18.2 | 17.6 | 18.6 | 30.1 | 18.2 | 20.3 | 20.8 | 22.2 | 42.5 |
| Rent 8 | 1.6 | 0.9 | 3.0 | 2.9 | 2.8 | 2.6 | 2.6 | 2.7 | 2.2 | 1.7 | 1.9 | 1.6 | 1.4 |
| Taxes Paid 9 | 2.9 | 4.3 | 3.2 | 3.2 | 4.7 | 5.0 | 4.6 | 4.5 | 3.9 | 3.9 | 3.4 | 3.5 | 2.5 |
| Interest Paid 10 | 19.4 | 35.7 | 7.5 | 5.8 | 9.0 | 5.2 | 10.8 | 22.7 | 16.4 | 14.4 | 24.8 | 24.9 | 19.9 |
| Depreciation, Depletion, Amortization 11 | 13.6 | 46.1 | 6.6 | 5.9 | 9.9 | 8.0 | 10.2 | 15.0 | 22.7 | 18.2 | 19.3 | 23.0 | 12.0 |
| Pensions and Other Benefits 12 | 1.7 | 0.5 | 0.1 | 0.9 | 0.8 | 0.6 | 1.7 | 1.0 | 1.3 | 1.3 | 1.3 | 1.9 | 1.8 |
| Other 13 | 38.9 | • | 72.4 | 61.3 | 70.3 | 60.3 | 65.0 | 68.0 | 53.4 | 56.3 | 46.5 | 45.1 | 32.1 |
| Officers Compensation 14 | 2.4 | 21.3 | 7.6 | 4.9 | 7.0 | 11.5 | 6.5 | 3.1 | 3.5 | 2.4 | 1.5 | 2.1 | 1.9 |
| Operating Margin 15 | • | • | • | • | • | • | • | • | • | • | • | • | • |
| Oper. Margin Before Officers Compensation 16 | • | • | • | • | • | 1.0 | • | • | • | • | • | • | • |
| **Selected Average Balance Sheet ($ in Thousands)** | | | | | | | | | | | | | |
| Net Receivables 17 | 922 | • | 3 | 39 | 66 | 149 | 368 | 624 | 2023 | 3660 | 8275 | 12613 | 114464 |
| Inventories 18 | 66 | • | • | • | 4 | 27 | 8 | 23 | 53 | 59 | 73 | 258 | 10559 |
| Net Property, Plant and Equipment 19 | 2638 | • | 9 | 49 | 159 | 192 | 578 | 1558 | 3301 | 11321 | 19844 | 37853 | 356074 |
| Total Assets 20 | 12313 | • | 25 | 184 | 379 | 737 | 1977 | 6377 | 14698 | 34236 | 70478 | 157049 | 1777499 |

| | | | | | | | | | | | | |
|---|---|---|---|---|---|---|---|---|---|---|---|---|
| Notes and Loans Payable **21** | 8024 | 26 | 105 | 485 | 460 | 2125 | 7360 | 11430 | 25074 | 64198 | 124912 | 1058820 |
| All Other Liabilities **22** | 2454 | 27 | 95 | 82 | 172 | 563 | 1679 | 3442 | 6662 | 12262 | 42861 | 331419 |
| Net Worth **23** | 1835 | -27 | -16 | -188 | 105 | -710 | -2662 | -174 | 2500 | -5982 | -10724 | 387260 |

**Selected Financial Ratios (Times to 1)**

| | | | | | | | | | | | | |
|---|---|---|---|---|---|---|---|---|---|---|---|---|
| Current Ratio **24** | 1.1 | • | 0.6 | 1.1 | 1.8 | 1.1 | 0.8 | 0.9 | 0.6 | 0.8 | 0.6 | 1.3 |
| Quick Ratio **25** | 0.7 | • | 0.6 | 0.9 | 1.5 | 0.9 | 0.7 | 0.7 | 0.4 | 0.7 | 0.4 | 0.8 |
| Net Sales to Working Capital **26** | 34.9 | • | • | 34.2 | 5.1 | 28.2 | • | • | • | • | • | 11.1 |
| Coverage Ratio **27** | 0.9 | • | 1.0 | • | • | • | • | 0.2 | 0.1 | 0.5 | 0.5 | 1.1 |
| Total Asset Turnover **28** | 0.4 | 3.1 | 2.3 | 1.2 | 0.9 | 0.9 | 0.6 | 0.5 | 0.6 | 0.4 | 0.5 | 0.4 |
| Inventory Turnover **29** | • | • | 7.2 | 8.3 | • | • | • | • | • | • | • | • |
| Receivables Turnover **30** | 5.5 | • | 7.8 | 7.0 | 4.0 | 4.6 | 6.8 | 4.0 | 4.7 | 3.4 | 5.9 | 5.7 |
| Total Liabilities to Net Worth **31** | 5.7 | • | • | • | 6.0 | • | • | 12.7 | • | • | • | 3.6 |

**Selected Financial Factors (in Percentages)**

| | | | | | | | | | | | | |
|---|---|---|---|---|---|---|---|---|---|---|---|---|
| Debt Ratio **32** | 85.1 | • | • | • | 85.7 | • | • | • | 92.7 | • | • | 78.2 |
| Return on Assets **33** | 7.0 | • | 13.6 | • | • | • | • | 1.7 | 1.1 | • | • | 8.1 |
| Return on Equity **34** | 29.6 | • | • | 25.0 | • | 32.9 | 37.0 | • | • | • | • | • |
| Return Before Interest on Equity **35** | • | 22.4 | • | • | 1.8 | 6.6 | 3.8 | 14.4 | • | • | • | 2.2 |
| Profit Margin, Before Income Tax **36** | • | • | • | • | • | • | • | • | • | • | • | • |
| Profit Margin, After Income Tax **37** | • | • | • | • | • | • | • | • | • | • | • | • |

### Trends in Selected Ratios and Factors, 1986-1994

| | 1986 | 1987 | 1988 | 1989 | 1990 | 1991 | 1992 | 1993 | 1994 |
|---|---|---|---|---|---|---|---|---|---|
| Cost of Operations (%) **38** | 42.2 | 41.7 | 42.8 | 42.8 | 42.8 | 39.7 | 37.2 | 34.3 | 36.3 |
| Operating Margin (%) **39** | • | • | • | • | • | • | • | • | • |
| Oper. Margin Before Officers Comp. (%) **40** | • | • | • | • | • | • | • | • | • |
| Average Net Receivables ($) **41** | 473 | 416 | 531 | 582 | 626 | 628 | 574 | 848 | 922 |
| Average Inventories ($) **42** | 70 | 53 | 83 | 106 | 291 | 270 | 243 | 63 | 66 |
| Average Net Worth ($) **43** | 1381 | 1141 | 1912 | 1401 | 1225 | 1225 | 1445 | 1425 | 1835 |
| Current Ratio (×1) **44** | 1.4 | 1.3 | 1.3 | 1.2 | 1.2 | 1.4 | 1.2 | 1.1 | 1.1 |
| Quick Ratio (×1) **45** | 0.9 | 0.8 | 0.8 | 0.8 | 0.7 | 0.8 | 0.6 | 0.7 | 0.7 |
| Coverage Ratio (×1) **46** | 2.0 | 1.8 | 1.9 | 1.1 | 1.3 | 1.2 | 1.4 | 1.0 | 0.9 |
| Asset Turnover (×1) **47** | 0.8 | 0.7 | 0.7 | 0.7 | 0.6 | 0.5 | 0.5 | 0.4 | 0.4 |
| Total Liabilities/Net Worth (×1) **48** | 1.8 | 2.1 | 1.6 | 2.8 | 4.2 | 4.2 | 4.3 | 6.4 | 5.7 |
| Return on Assets (×1) **49** | 9.6 | 7.9 | 8.2 | 6.1 | 8.6 | 7.9 | 10.3 | 8.1 | 7.0 |
| Return on Equity (%) **50** | 5.9 | 4.0 | 3.2 | • | 1.5 | • | 4.1 | • | • |

## Table II

Corporations with Net Income

# RADIO AND TELEVISION BROADCASTING

**MONEY AMOUNTS AND SIZE OF ASSETS IN THOUSANDS OF DOLLARS**

| Item Description for Accounting Period 7/90 Through 6/91 | | Total | Zero Assets | Under 100 | 100 to 250 | 251 to 500 | 501 to 1,000 | 1,001 to 5,000 | 5,001 to 10,000 | 10,001 to 25,000 | 25,001 to 50,000 | 50,001 to 100,000 | 100,001 to 250,000 | 250,001 and over |
|---|---|---|---|---|---|---|---|---|---|---|---|---|---|---|
| Number of Enterprises | 1 | 2807 | 20 | 1083 | 449 | 337 | 379 | 410 | 33 | 43 | 23 | 7 | 10 | 13 |
| **Revenues ($ in Thousands)** | | | | | | | | | | | | | | |
| Net Sales | 2 | 19310 | 32 | 89 | 195 | 167 | 381 | 952 | 308 | 468 | 688 | 315 | 966 | 14750 |
| Portfolio Income | 3 | 2103 | 58 | 8 | 19 | 30 | 4 | 71 | 26 | 29 | 21 | 16 | 117 | 1703 |
| Other Revenues | 4 | 611 | 0 | 15 | 6 | 1 | 7 | 19 | 20 | 31 | 16 | 14 | 34 | 449 |
| Total Revenues | 5 | 22024 | 90 | 112 | 220 | 198 | 392 | 1042 | 354 | 528 | 725 | 345 | 1117 | 16902 |
| Average Total Revenues | 6 | 7846 | 4523 | 103 | 489 | 587 | 1035 | 2541 | 10722 | 12279 | 31527 | 49341 | 111691 | 1300137 |
| **Operating Costs/Operating Income (%)** | | | | | | | | | | | | | | |
| Cost of Operations | 7 | 47.1 | 19.8 | 12.7 | 27.8 | 15.6 | 20.1 | 22.4 | 50.3 | 19.7 | 20.6 | 13.0 | 35.0 | 53.8 |
| Rent | 8 | 1.3 | 0.6 | 3.5 | 2.9 | 2.1 | 2.5 | 1.7 | 1.1 | 2.4 | 1.3 | 3.2 | 1.5 | 1.1 |
| Taxes Paid | 9 | 2.7 | 4.5 | 3.6 | 3.2 | 4.3 | 4.2 | 3.7 | 4.2 | 3.9 | 4.2 | 2.8 | 4.4 | 2.3 |
| Interest Paid | 10 | 7.9 | 49.8 | 10.4 | 5.8 | 5.0 | 3.1 | 4.8 | 4.3 | 7.6 | 2.7 | 9.9 | 8.4 | 8.4 |
| Depreciation, Depletion, Amortization | 11 | 8.7 | 57.6 | 9.4 | 5.9 | 8.3 | 2.4 | 5.6 | 4.9 | 14.9 | 9.8 | 13.5 | 10.8 | 8.6 |
| Pensions and Other Benefits | 12 | 2.0 | 0.3 | 0.1 | 0.9 | 0.2 | 0.6 | 1.9 | 1.4 | 1.6 | 1.3 | 1.4 | 3.2 | 2.1 |
| Other | 13 | 27.4 | 78.4 | 47.5 | 46.5 | 53.6 | 50.3 | 49.9 | 27.7 | 45.6 | 48.5 | 53.7 | 36.9 | 21.8 |
| Officers Compensation | 14 | 1.5 | 0.2 | 12.7 | 4.9 | 9.7 | 10.5 | 3.8 | 2.3 | 2.9 | 2.5 | 1.9 | 2.2 | 0.8 |
| Operating Margin | 15 | 1.5 | • | 0.2 | 2.2 | 1.3 | 6.4 | 6.2 | 3.8 | 1.5 | 9.2 | 0.8 | • | 1.1 |
| Oper. Margin Before Officers Compensation | 16 | 3.0 | • | 12.9 | 7.2 | 11.0 | 16.9 | 10.0 | 6.1 | 4.4 | 11.6 | 2.6 | • | 1.9 |
| **Selected Average Balance Sheet ($ in Thousands)** | | | | | | | | | | | | | | |
| Net Receivables | 17 | 1020 | • | 4 | 38 | 65 | 167 | 509 | 1255 | 3233 | 5511 | 6455 | 16444 | 156227 |
| Inventories | 18 | 130 | • | • | • | • | 44 | 4 | 91 | 49 | 178 | 320 | 373 | 25394 |
| Net Property, Plant and Equipment | 19 | 1950 | • | 11 | 50 | 128 | 170 | 546 | 1201 | 3879 | 11811 | 20459 | 50553 | 306128 |
| Total Assets | 20 | 11322 | • | 29 | 185 | 378 | 753 | 1869 | 6325 | 14959 | 35306 | 69633 | 166436 | 2051767 |

| Notes and Loans Payable 21 | 3394 | 13 | 106 | 127 | 451 | 1052 | 940 | 7926 | 9770 | 41779 | 90297 | 540536 |
| All Other Liabilities 22 | 2229 | 11 | 10 | 49 | 162 | 421 | 1517 | 2298 | 6839 | 15332 | 33372 | 403267 |
| Net Worth 23 | 5700 | 5 | 68 | 202 | 140 | 396 | 3868 | 4735 | 18697 | 12521 | 42766 | 1107964 |

## Selected Financial Ratios (Times to 1)

| | | | | | | | | | | | | |
|---|---|---|---|---|---|---|---|---|---|---|---|---|
| Current Ratio 24 | 1.9 | 1.7 | 1.2 | 2.9 | 1.9 | 2.0 | 1.8 | 1.5 | 2.2 | 1.4 | 1.4 | 2.0 |
| Quick Ratio 25 | 1.4 | 1.7 | 1.1 | 2.3 | 1.6 | 1.7 | 1.6 | 1.4 | 1.9 | 1.0 | 1.0 | 1.5 |
| Net Sales to Working Capital 26 | 5.2 | 24.4 | 41.7 | 4.5 | 5.5 | 5.1 | 8.2 | 6.0 | 4.7 | 9.2 | 7.7 | 4.9 |
| Coverage Ratio 27 | 3.0 | 3.5 | 3.6 | 5.0 | 4.0 | 4.2 | 5.4 | 2.9 | 6.4 | 2.0 | 2.5 | 2.9 |
| Total Asset Turnover 28 | 0.6 | 2.9 | 2.4 | 1.3 | 1.3 | 1.3 | 1.5 | 0.7 | 0.9 | 0.7 | 0.6 | 0.6 |
| Inventory Turnover 29 | • | • | • | 3.8 | 9.0 | • | • | • | • | • | • | • |
| Receivables Turnover 30 | 6.2 | • | • | 8.5 | 5.7 | 4.9 | 9.2 | 4.5 | 5.8 | 7.1 | 6.1 | 6.3 |
| Total Liabilities to Net Worth 31 | 1.0 | 4.6 | 1.7 | 0.9 | 4.4 | 3.7 | 0.6 | 2.2 | 0.9 | 4.6 | 2.9 | 0.9 |

## Selected Financial Factors (in Percentages)

| | | | | | | | | | | | | |
|---|---|---|---|---|---|---|---|---|---|---|---|---|
| Debt Ratio 32 | 49.7 | 82.1 | 63.1 | 46.6 | 81.4 | 78.8 | 38.9 | 68.4 | 47.1 | 82.0 | 74.3 | 46.0 |
| Return on Assets 33 | 14.2 | • | • | 32.7 | 16.5 | 25.2 | 33.7 | 16.0 | 14.5 | 12.8 | 12.2 | 13.3 |
| Return on Equity 34 | 13.5 | • | • | • | • | • | 38.8 | 31.1 | 18.9 | 30.7 | 18.9 | 10.9 |
| Return Before Interest on Equity 35 | 28.2 | • | • | • | • | • | • | • | 27.3 | • | • | 24.7 |
| Profit Margin, Before Income Tax 36 | 15.5 | 26.0 | 15.0 | 20.0 | 9.3 | 15.5 | 18.6 | 14.3 | 14.4 | 9.9 | 12.6 | 15.7 |
| Profit Margin, After Income Tax 37 | 11.2 | 25.8 | 13.8 | 18.3 | 8.8 | 14.8 | 16.1 | 13.5 | 11.8 | 8.5 | 8.4 | 10.7 |

## Trends in Selected Ratios and Factors, 1986-1994

| | 1986 | 1987 | 1988 | 1989 | 1990 | 1991 | 1992 | 1993 | 1994 |
|---|---|---|---|---|---|---|---|---|---|
| Cost of Operations (%) 38 | 45.0 | 44.2 | 45.6 | 49.6 | 47.4 | 45.9 | 44.9 | 43.2 | 47.1 |
| Operating Margin (%) 39 | 2.3 | 1.8 | 4.6 | 0.9 | • | • | • | 1.7 | 1.5 |
| Oper. Margin Before Officers Comp. (%) 40 | 4.2 | 3.8 | 6.4 | 3.3 | • | • | 1.1 | 3.4 | 3.0 |
| Average Net Receivables ($) 41 | 701 | 717 | 841 | 957 | 1103 | 762 | 705 | 1044 | 1020 |
| Average Inventories ($) 42 | 118 | 99 | 113 | 93 | 91 | 55 | 53 | 57 | 130 |
| Average Net Worth ($) 43 | 2289 | 2244 | 3378 | 2468 | 2747 | 1949 | 3224 | 3703 | 5700 |
| Current Ratio (x1) 44 | 1.6 | 1.4 | 1.6 | 1.7 | 1.2 | 1.7 | 1.7 | 1.7 | 1.9 |
| Quick Ratio (x1) 45 | 0.9 | 0.9 | 1.0 | 1.1 | 0.8 | 1.2 | 1.0 | 1.2 | 1.4 |
| Coverage Ratio (x1) 46 | 3.5 | 3.2 | 4.2 | 3.4 | 2.5 | 2.6 | 3.8 | 3.1 | 3.0 |
| Asset Turnover (x1) 47 | 0.9 | 0.9 | 0.8 | 1.0 | 0.8 | 0.7 | 0.7 | 0.6 | 0.6 |
| Operating Leverage 48 | • | 0.8 | 2.6 | 0.2 | • | 0.3 | 0.4 | • | 0.9 |
| Financial Leverage 49 | • | 1.0 | 1.1 | 1.0 | 1.0 | 1.0 | 1.2 | 0.9 | 1.0 |
| Total Leverage 50 | • | 0.8 | 2.8 | 0.2 | • | 0.3 | 0.5 | • | 0.9 |

## Table I

Corporations with and without Net Income

## ELECTRIC SERVICES

MONEY AMOUNTS AND SIZE OF ASSETS IN THOUSANDS OF DOLLARS

| Item Description for Accounting Period 7/90 Through 6/91 | Total | Zero Assets | Under 100 | 100 to 250 | 251 to 500 | 501 to 1,000 | 1,001 to 5,000 | 5,001 to 10,000 | 10,001 to 25,000 | 25,001 to 50,000 | 50,001 to 100,000 | 100,001 to 250,000 | 250,001 and over |
|---|---|---|---|---|---|---|---|---|---|---|---|---|---|
| Number of Enterprises  1 | 330 | • | • | • | 69 | 96 | 27 | 13 | 19 | • | 9 | 19 | 78 |

**Revenues ($ in Thousands)**

| Item Description for Accounting Period 7/90 Through 6/91 | Total | Zero Assets | Under 100 | 100 to 250 | 251 to 500 | 501 to 1,000 | 1,001 to 5,000 | 5,001 to 10,000 | 10,001 to 25,000 | 25,001 to 50,000 | 50,001 to 100,000 | 100,001 to 250,000 | 250,001 and over |
|---|---|---|---|---|---|---|---|---|---|---|---|---|---|
| Net Sales  2 | 113366 | • | • | • | 41 | 15 | 20 | 100 | 251 | • | 618 | 1247 | 111075 |
| Portfolio Income  3 | 3773 | • | • | • | • | 0 | 7 | • | 6 | • | 21 | 49 | 3689 |
| Other Revenues  4 | 6326 | • | • | • | 1 | • | 5 | 1 | 12 | • | 9 | 26 | 6272 |
| Total Revenues  5 | 123465 | • | • | • | 42 | 15 | 33 | 101 | 268 | • | 649 | 1322 | 121036 |
| Average Total Revenues  6 | 374136 | • | • | • | 612 | 154 | 1205 | 7740 | 14093 | • | 72139 | 69582 | 1551738 |

**Operating Costs/Operating Income (%)**

| Item Description for Accounting Period 7/90 Through 6/91 | Total | Zero Assets | Under 100 | 100 to 250 | 251 to 500 | 501 to 1,000 | 1,001 to 5,000 | 5,001 to 10,000 | 10,001 to 25,000 | 25,001 to 50,000 | 50,001 to 100,000 | 100,001 to 250,000 | 250,001 and over |
|---|---|---|---|---|---|---|---|---|---|---|---|---|---|
| Cost of Operations  7 | 43.3 | • | • | • | 56.0 | • | 58.7 | 96.3 | 64.7 | • | 73.4 | 63.0 | 42.9 |
| Rent  8 | 1.8 | • | • | • | • | 0.8 | 2.5 | • | 1.9 | • | 0.3 | 2.0 | 1.8 |
| Taxes Paid  9 | 6.7 | • | • | • | 1.9 | 3.9 | 12.6 | 0.4 | 2.4 | • | 2.2 | 4.3 | 6.7 |
| Interest Paid  10 | 12.1 | • | • | • | 3.4 | 27.7 | 14.3 | 0.1 | 7.8 | • | 4.3 | 11.0 | 12.2 |
| Depreciation, Depletion, Amortization  11 | 15.6 | • | • | • | 11.5 | 26.4 | 20.9 | 3.2 | 12.7 | • | 4.0 | 9.4 | 15.8 |
| Pensions and Other Benefits  12 | 1.5 | • | • | • | • | • | 5.1 | • | 1.5 | • | 0.9 | 2.0 | 1.5 |
| Other  13 | 19.8 | • | • | • | 35.9 | 41.4 | 69.6 | • | 24.5 | • | 11.6 | 11.0 | 20.0 |
| Officers Compensation  14 | 0.3 | • | • | • | • | 40.3 | 2.6 | • | 1.4 | • | 2.4 | 0.9 | 0.3 |
| Operating Margin  15 | • | • | • | • | • | • | • | • | • | • | 1.1 | • | • |
| Oper. Margin Before Officers Compensation  16 | • | • | • | • | • | • | • | • | • | • | 3.4 | • | • |

**Selected Average Balance Sheet ($ in Thousands)**

| Item Description for Accounting Period 7/90 Through 6/91 | Total | Zero Assets | Under 100 | 100 to 250 | 251 to 500 | 501 to 1,000 | 1,001 to 5,000 | 5,001 to 10,000 | 10,001 to 25,000 | 25,001 to 50,000 | 50,001 to 100,000 | 100,001 to 250,000 | 250,001 and over |
|---|---|---|---|---|---|---|---|---|---|---|---|---|---|
| Net Receivables  17 | 40239 | • | • | • | • | • | 234 | • | 1826 | • | 8396 | 7527 | 166916 |
| Inventories  18 | 22131 | • | • | • | • | 2 | 71 | • | 1189 | • | 2593 | 5425 | 91695 |
| Net Property, Plant and Equipment  19 | 745433 | • | • | • | 92 | 488 | 2026 | 7113 | 8758 | • | 41438 | 100817 | 3119713 |
| Total Assets  20 | 1059984 | • | • | • | 287 | 630 | 3718 | 8362 | 19313 | • | 82460 | 168100 | 4425670 |

**Notes and Loans Payable 21** • 423686 • • 244 591 5222 12694 44267 103511 1757089

**All Other Liabilities 22** • 270845 • • 313 23 1901 2895 3780 24527 30868 1133169

**Net Worth 23** • 365452 • • -269 16 1229 245 2839 13666 33721 1535413

## Selected Financial Ratios (Times to 1)

| | | | | | | | | | | | |
|---|---|---|---|---|---|---|---|---|---|---|---|
| Current Ratio 24 | • | 0.9 | • | • | 0.9 | 5.3 | 0.2 | 0.1 | 0.8 | 1.3 | 1.0 | 0.9 |
| Quick Ratio 25 | • | 0.4 | • | • | 0.4 | 5.0 | 0.1 | 0.1 | 0.4 | 0.6 | 0.6 | 0.4 |
| Net Sales to Working Capital 26 | • | • | • | • | 3.5 | • | | 10.8 | • | • | | |
| Coverage Ratio 27 | • | 1.7 | • | • | 2.1 | • | 5.7 | • | 2.4 | 1.2 | 1.7 |
| Total Asset Turnover 28 | • | 0.3 | • | • | 2.1 | 0.3 | 0.2 | 0.9 | 0.8 | 0.7 | 0.4 | 0.3 |
| Inventory Turnover 29 | • | 6.9 | • | • | • | • | • | • | 9.2 | 6.8 |
| Receivables Turnover 30 | • | 8.1 | • | • | • | 6.4 | • | • | • | 8.1 |
| Total Liabilities to Net Worth 31 | • | 1.9 | • | • | 37.5 | 2.0 | 33.1 | 5.8 | 5.0 | 4.0 | 1.9 |

## Selected Financial Factors (in Percentages)

| | | | | | | | | | | | |
|---|---|---|---|---|---|---|---|---|---|---|---|
| Debt Ratio 32 | • | 65.5 | • | • | 97.4 | 66.9 | 97.1 | 85.3 | 83.4 | 79.9 | 65.3 |
| Return on Assets 33 | • | 6.4 | • | • | • | 0.7 | • | 8.6 | 5.3 | 6.5 |
| Return on Equity 34 | • | 4.3 | • | • | 12.0 | • | 18.2 | • | 20.6 | 0.6 | 4.3 |
| Return Before Interest on Equity 35 | • | 18.6 | • | • | 4.5 | • | 22.0 | • | • | 26.3 | 18.6 |
| Profit Margin, Before Income Tax 36 | • | 7.8 | • | • | • | 0.6 | • | 6.0 | 2.5 | 7.9 |
| Profit Margin, After Income Tax 37 | • | 4.5 | • | • | • | 0.6 | • | 4.1 | 0.3 | 4.6 |

## Trends in Selected Ratios and Factors, 1986-1994

| | 1986 | 1987 | 1988 | 1989 | 1990 | 1991 | 1992 | 1993 | 1994 |
|---|---|---|---|---|---|---|---|---|---|
| Cost of Operations (%) 38 | 53.4 | 52.5 | 48.3 | 48.8 | 43.8 | 44.8 | 43.7 | 42.4 | 43.3 |
| Operating Margin (%) 39 | 1.7 | 2.0 | 3.7 | 2.4 | 2.1 | 1.8 | 2.0 | 1.0 | • |
| Oper. Margin Before Officers Comp. (%) 40 | 1.9 | 2.2 | 3.9 | 2.5 | 2.3 | 2.0 | 2.3 | 1.2 | • |
| Average Net Receivables ($) 41 | 30727 | 11226 | 9673 | 18523 | 21284 | 12568 | 30117 | 43139 | 40239 |
| Average Inventories ($) 42 | 25688 | 9016 | 7564 | 15461 | 11379 | 8501 | 14242 | 20600 | 22131 |
| Average Net Worth ($) 43 | 323594 | 112756 | 106046 | 202501 | 231615 | 124964 | 274483 | 346940 | 365452 |
| Current Ratio (×1) 44 | 1.0 | 0.9 | 0.9 | 1.0 | 1.0 | 0.9 | 0.8 | 0.9 | 0.9 |
| Quick Ratio (×1) 45 | 0.5 | 0.5 | 0.5 | 0.5 | 0.5 | 0.5 | 0.5 | 0.5 | 0.4 |
| Coverage Ratio (×1) 46 | 1.5 | 1.4 | 1.6 | 1.5 | 1.5 | 1.7 | 1.7 | 1.7 | 1.7 |
| Asset Turnover (×1) 47 | 0.4 | 0.4 | 0.4 | 0.3 | 0.3 | 0.3 | 0.3 | 0.3 | 0.3 |
| Total Liabilities/Net Worth (×1) 48 | 1.6 | 1.6 | 1.8 | 1.7 | 1.7 | 1.8 | 1.8 | 1.9 | 1.9 |
| Return on Assets (×1) 49 | 6.1 | 5.9 | 6.8 | 6.4 | 6.1 | 6.5 | 6.1 | 6.6 | 6.4 |
| Return on Equity (%) 50 | 2.5 | 2.0 | 3.3 | 2.8 | 2.3 | 4.0 | 4.1 | 4.5 | 4.3 |

## Table II

Corporations with Net Income

# ELECTRIC SERVICES

MONEY AMOUNTS AND SIZE OF ASSETS IN THOUSANDS OF DOLLARS

| Item Description for Accounting Period 7/90 Through 6/91 | Total | Zero Assets | Under 100 | 100 to 250 | 251 to 500 | 501 to 1,000 | 1,001 to 5,000 | 5,001 to 10,000 | 10,001 to 25,000 | 25,001 to 50,000 | 50,001 to 100,000 | 100,001 to 250,000 | 250,001 and over |
|---|---|---|---|---|---|---|---|---|---|---|---|---|---|
| Number of Enterprises **1** | 143 | • | • | • | • | 52 | 3 | 7 | 7 | • | 9 | 11 | 54 |
| **Revenues ($ in Thousands)** | | | | | | | | | | | | | |
| Net Sales **2** | 101677 | • | • | • | • | 15 | 0 | • | 116 | • | 618 | 1026 | 99902 |
| Portfolio Income **3** | 2825 | • | • | • | • | • | 7 | • | 4 | • | 21 | 26 | 2766 |
| Other Revenues **4** | 2548 | • | • | • | • | • | 0 | 1 | 5 | • | 9 | 19 | 2513 |
| Total Revenues **5** | 107051 | • | • | • | • | 15 | 8 | 1 | 126 | • | 649 | 1072 | 105180 |
| Average Total Revenues **6** | 748605 | • | • | • | • | 284 | 2651 | 85 | 17955 | • | 72139 | 97460 | 1947783 |
| **Operating Costs/Operating Income (%)** | | | | | | | | | | | | | |
| Cost of Operations **7** | 42.8 | • | • | • | • | • | 0.6 | • | 75.2 | • | 73.4 | 66.5 | 42.3 |
| Rent **8** | 1.3 | • | • | • | • | • | 7.0 | • | 1.1 | • | 0.3 | 0.5 | 1.3 |
| Taxes Paid **9** | 6.7 | • | • | • | • | 3.6 | 4.8 | • | 3.5 | • | 2.2 | 4.6 | 6.7 |
| Interest Paid **10** | 10.5 | • | • | • | • | 27.6 | 3.5 | • | 2.4 | • | 4.3 | 5.5 | 10.6 |
| Depreciation, Depletion, Amortization **11** | 15.1 | • | • | • | • | 24.9 | 16.0 | • | 4.0 | • | 4.0 | 8.2 | 15.2 |
| Pensions and Other Benefits **12** | 1.5 | • | • | • | • | • | 6.7 | • | 2.7 | • | 0.9 | 2.1 | 1.5 |
| Other **13** | 16.9 | • | • | • | • | 21.0 | • | • | 13.4 | • | 11.6 | 8.8 | 17.0 |
| Officers Compensation **14** | 0.3 | • | • | • | • | 17.7 | 42.8 | • | 2.3 | • | 2.4 | 0.4 | 0.3 |
| Operating Margin **15** | 5.0 | • | • | • | • | 5.2 | • | • | • | • | 1.1 | 3.5 | 5.1 |
| Oper. Margin Before Officers Compensation **16** | 5.3 | • | • | • | • | 22.9 | • | • | • | • | 3.4 | 3.9 | 5.3 |
| **Selected Average Balance Sheet ($ in Thousands)** | | | | | | | | | | | | | |
| Net Receivables **17** | 83292 | • | • | • | • | • | 12 | • | 2219 | • | 8396 | 10017 | 216840 |
| Inventories **18** | 47335 | • | • | • | • | • | • | • | 1482 | • | 2593 | 8854 | 122923 |
| Net Property, Plant and Equipment **19** | 1471450 | • | • | • | • | 716 | 15 | 9334 | 7035 | • | 41438 | 103831 | 3865749 |
| Total Assets **20** | 2092839 | • | • | • | • | 741 | 3866 | 9705 | 20939 | • | 82460 | 169183 | 5489041 |

| | | | | | | | | |
|---|---|---|---|---|---|---|---|---|
| Notes and Loans Payable **21** | 772273 | 644 | • | 9698 | 4840 | • | 44267 | 74963 | 2019942 |
| All Other Liabilities **22** | 540911 | • | 67 | 8 | 4375 | • | 24527 | 41056 | 1419391 |
| Net Worth **23** | 779654 | 97 | 3799 | • | 11725 | • | 13666 | 53164 | 2049709 |

### Selected Financial Ratios (Times to 1)

| | | | | | | | | |
|---|---|---|---|---|---|---|---|---|
| Current Ratio **24** | 0.9 | • | 1.0 | • | 1.5 | • | 1.3 | 1.0 | 0.9 |
| Quick Ratio **25** | 0.4 | • | 1.0 | • | 0.7 | • | 0.6 | 0.5 | 0.4 |
| Net Sales to Working Capital **26** | • | • | • | • | 9.1 | 10.8 | • | • | • |
| Coverage Ratio **27** | 2.0 | • | 1.2 | • | 2.5 | 2.4 | • | 2.5 | 2.0 |
| Total Asset Turnover **28** | 0.3 | • | 0.4 | • | 0.8 | 0.8 | • | 0.6 | 0.3 |
| Inventory Turnover **29** | 6.8 | • | • | • | 7.8 | • | • | • | 6.7 |
| Receivables Turnover **30** | 8.4 | • | • | • | 6.4 | • | • | • | 8.3 |
| Total Liabilities to Net Worth **31** | 1.7 | 6.6 | 0.0 | • | 0.8 | 5.0 | • | 2.2 | 1.7 |

### Selected Financial Factors (in Percentages)

| | | | | | | | | |
|---|---|---|---|---|---|---|---|---|
| Debt Ratio **32** | 62.8 | • | 86.9 | 1.8 | • | 44.0 | 83.4 | 68.6 | 62.7 |
| Return on Assets **33** | 7.0 | • | 12.6 | 34.4 | 0.9 | 4.8 | 8.6 | 7.5 | 7.0 |
| Return on Equity **34** | 6.0 | • | 15.2 | 34.4 | • | 3.5 | 20.6 | 9.4 | 6.0 |
| Return Before Interest on Equity **35** | 18.9 | • | • | 35.0 | • | 8.5 | 23.7 | • | 18.8 |
| Profit Margin, Before Income Tax **36** | 10.2 | • | 5.2 | • | • | 3.6 | 6.0 | 8.0 | 10.2 |
| Profit Margin, After Income Tax **37** | 6.6 | • | 5.2 | • | • | 2.5 | 4.1 | 5.3 | 6.6 |

### Trends in Selected Ratios and Factors, 1986-1994

| | 1986 | 1987 | 1988 | 1989 | 1990 | 1991 | 1992 | 1993 | 1994 |
|---|---|---|---|---|---|---|---|---|---|
| Cost of Operations (%) **38** | 52.5 | 52.3 | 47.4 | 47.2 | 42.4 | 43.2 | 43.1 | 40.2 | 42.8 |
| Operating Margin (%) **39** | 5.2 | 5.3 | 7.0 | 5.6 | 7.2 | 5.0 | 6.2 | 5.9 | 5.0 |
| Oper. Margin Before Officers Comp. (%) **40** | 5.4 | 5.5 | 7.2 | 5.8 | 7.3 | 5.2 | 6.5 | 6.1 | 5.3 |
| Average Net Receivables ($) **41** | 35980 | 16164 | 34170 | 35837 | 31111 | 36652 | 32596 | 160826 | 83292 |
| Average Inventories ($) **42** | 32195 | 12903 | 27659 | 31583 | 20186 | 25787 | 15620 | 79666 | 47335 |
| Average Net Worth ($) **43** | 394188 | 170627 | 381009 | 379294 | 378624 | 385466 | 322723 | 1303793 | 779654 |
| Current Ratio (x1) **44** | 1.0 | 0.9 | 0.9 | 1.0 | 0.9 | 0.9 | 1.0 | 0.9 | 0.9 |
| Quick Ratio (x1) **45** | 0.5 | 0.5 | 0.5 | 0.5 | 0.5 | 0.5 | 0.5 | 0.5 | 0.4 |
| Coverage Ratio (x1) **46** | 1.7 | 1.8 | 1.9 | 1.8 | 2.0 | 2.0 | 2.1 | 2.2 | 2.0 |
| Asset Turnover (x1) **47** | 0.4 | 0.4 | 0.4 | 0.4 | 0.4 | 0.3 | 0.3 | 0.3 | 0.3 |
| Operating Leverage **48** | • | 1.0 | 1.3 | 0.8 | 1.3 | 0.7 | 1.3 | 1.0 | 0.9 |
| Financial Leverage **49** | • | 1.1 | 1.1 | 1.0 | 1.1 | 1.1 | 1.2 | 1.0 | 0.9 |
| Total Leverage **50** | • | 1.1 | 1.4 | 0.8 | 1.4 | 0.7 | 1.5 | 1.0 | 0.8 |

## Table I

Corporations with and without Net Income

# GAS PRODUCTION AND DISTRIBUTION

**MONEY AMOUNTS AND SIZE OF ASSETS IN THOUSANDS OF DOLLARS**

| Item Description for Accounting Period 7/90 Through 6/91 | Total | Zero Assets | Under 100 | 100 to 250 | 251 to 500 | 501 to 1,000 | 1,001 to 5,000 | 5,001 to 10,000 | 10,001 to 25,000 | 25,001 to 50,000 | 50,001 to 100,000 | 100,001 to 250,000 | 250,001 and over |
|---|---|---|---|---|---|---|---|---|---|---|---|---|---|
| **1** Number of Enterprises | 1683 | 18 | 292 | 421 | 304 | 322 | 166 | 38 | 34 | 11 | 13 | 12 | 50 |
| **Revenues ($ in Thousands)** | | | | | | | | | | | | | |
| **2** Net Sales | 84495 | 1015 | 94 | 175 | 232 | 486 | 903 | 558 | 1060 | 582 | 846 | 2010 | 76536 |
| **3** Portfolio Income | 3281 | 33 | • | 3 | 0 | 1 | 2 | 1 | 2 | 6 | 32 | 21 | 3178 |
| **4** Other Revenues | 1652 | 86 | 0 | 0 | 10 | 2 | 5 | 8 | 7 | 5 | 10 | 82 | 1437 |
| **5** Total Revenues | 89428 | 1134 | 94 | 178 | 243 | 489 | 910 | 567 | 1069 | 593 | 888 | 2112 | 81150 |
| **6** Average Total Revenues | 53136 | 63010 | 321 | 423 | 798 | 1520 | 5484 | 14929 | 31441 | 53873 | 68310 | 176022 | 1623001 |
| **Operating Costs/Operating Income (%)** | | | | | | | | | | | | | |
| **7** Cost of Operations | 72.9 | 71.8 | 63.4 | 82.1 | 51.6 | 55.1 | 85.8 | 82.7 | 91.3 | 77.1 | 80.1 | 71.5 | 72.5 |
| **8** Rent | 0.9 | 0.7 | 1.3 | • | 4.9 | 0.9 | 0.2 | 0.6 | 0.3 | • | 0.2 | 0.6 | 1.0 |
| **9** Taxes Paid | 3.1 | 3.1 | 3.2 | 2.1 | 2.1 | 2.5 | 0.9 | 1.3 | 0.5 | 1.9 | 1.9 | 2.9 | 3.2 |
| **10** Interest Paid | 7.0 | 4.6 | 2.7 | 1.3 | 1.4 | 0.9 | 0.8 | 2.4 | 1.3 | 2.9 | 2.6 | 5.7 | 7.4 |
| **11** Depreciation, Depletion, Amortization | 5.1 | 6.9 | 2.3 | 3.3 | 3.2 | 2.9 | 2.5 | 1.6 | 1.9 | 3.8 | 5.7 | 7.5 | 5.2 |
| **12** Pensions and Other Benefits | 1.5 | 1.6 | • | • | 0.6 | 2.4 | 0.6 | 0.9 | 0.3 | 0.9 | 0.7 | 1.4 | 1.5 |
| **13** Other | 12.5 | 19.4 | 25.2 | 9.7 | 36.6 | 27.0 | 8.6 | 9.9 | 3.9 | 10.1 | 6.0 | 12.6 | 12.5 |
| **14** Officers Compensation | 0.5 | 0.9 | 1.8 | 6.2 | 6.5 | 6.0 | 1.8 | 1.4 | 1.4 | 1.0 | 0.5 | 0.5 | 0.4 |
| **15** Operating Margin | • | • | • | • | • | 2.3 | • | • | • | 2.4 | 2.2 | • | • |
| **16** Oper. Margin Before Officers Compensation | • | 1.9 | 1.5 | • | • | 8.3 | 0.7 | 0.6 | • | 3.4 | 2.7 | • | • |
| **Selected Average Balance Sheet ($ in Thousands)** | | | | | | | | | | | | | |
| **17** Net Receivables | 9727 | • | 52 | 70 | 91 | 136 | 626 | 1974 | 6657 | 4825 | 12503 | 17096 | 308567 |
| **18** Inventories | 3209 | • | • | 0 | 55 | 42 | 106 | 115 | 61 | 1429 | 1831 | 6011 | 104687 |
| **19** Net Property, Plant and Equipment | 34609 | • | 20 | 30 | 142 | 200 | 1025 | 2417 | 5409 | 25545 | 41814 | 109233 | 1110789 |
| **20** Total Assets | 70407 | • | 98 | 180 | 375 | 647 | 2270 | 7067 | 14897 | 38710 | 73482 | 165244 | 2271047 |

| | | | | | | | | | | | |
|---|---|---|---|---|---|---|---|---|---|---|---|
| Notes and Loans Payable 21 | 26388 | • | 304 | 82 | 119 | 413 | 1846 | 4797 | 13132 | 25749 | 67298 | 853411 |
| All Other Liabilities 22 | 20646 | • | 212 | 128 | 149 | 880 | 2780 | 8537 | 13932 | 21435 | 44600 | 660328 |
| Net Worth 23 | 23373 | -418 | 7 | 165 | 378 | 976 | 2440 | 1562 | 11645 | 26297 | 53346 | 757308 |

## Selected Financial Ratios (Times to 1)

| | | | | | | | | | | | | |
|---|---|---|---|---|---|---|---|---|---|---|---|---|
| Current Ratio 24 | 0.9 | • | 0.3 | 1.2 | 1.9 | 1.3 | 1.0 | 0.9 | 0.7 | 1.0 | 1.0 | 0.9 |
| Quick Ratio 25 | 0.6 | • | 0.2 | 0.8 | 1.4 | 1.1 | 0.8 | 0.9 | 0.5 | 0.7 | 0.7 | 0.6 |
| Net Sales to Working Capital 26 | • | • | • | 25.5 | 9.3 | 25.0 | • | • | • | • | • | • |
| Coverage Ratio 27 | 1.4 | 1.6 | 1.0 | • | 4.4 | 0.6 | 1.4 | 1.1 | 2.5 | 3.7 | 1.4 | 1.3 |
| Total Asset Turnover 28 | 0.7 | • | 3.3 | 2.0 | 2.3 | 2.4 | 2.1 | 2.1 | 1.4 | 0.9 | 1.0 | 0.7 |
| Inventory Turnover 29 | • | • | • | 5.9 | • | • | • | • | • | • | • | • |
| Receivables Turnover 30 | 4.8 | • | • | • | • | 7.8 | 6.6 | 8.9 | 7.5 | 6.6 | 9.6 | 4.5 |
| Total Liabilities to Net Worth 31 | 2.0 | • | 26.0 | 1.3 | 0.7 | 1.3 | 1.9 | 8.5 | 2.3 | 1.8 | 2.1 | 2.0 |

## Selected Financial Factors (in Percentages)

| | | | | | | | | | | | | |
|---|---|---|---|---|---|---|---|---|---|---|---|---|
| Debt Ratio 32 | 66.8 | • | • | 56.1 | 41.5 | 57.0 | 65.5 | 89.5 | 69.9 | 64.2 | 67.7 | 66.7 |
| Return on Assets 33 | 6.8 | • | 9.0 | • | 8.8 | 1.1 | 6.9 | 3.0 | 9.7 | 8.5 | 8.3 | 6.7 |
| Return on Equity 34 | 3.1 | • | • | • | 11.1 | • | 3.6 | • | 12.0 | 12.5 | 3.4 | 3.0 |
| Return Before Interest on Equity 35 | 20.4 | • | • | • | 15.1 | 2.5 | 20.1 | 28.4 | 32.3 | 23.8 | 25.8 | 20.1 |
| Profit Margin, Before Income Tax 36 | 2.5 | 2.8 | 0.1 | • | 2.9 | 1.0 | 1.0 | 0.1 | 4.2 | 7.0 | 2.5 | 2.5 |
| Profit Margin, After Income Tax 37 | 1.5 | 2.6 | 0.1 | • | 2.8 | 0.6 | 0.6 | • | 2.7 | 5.1 | 1.1 | 1.5 |

## Trends in Selected Ratios and Factors, 1986-1994

| | 1986 | 1987 | 1988 | 1989 | 1990 | 1991 | 1992 | 1993 | 1994 |
|---|---|---|---|---|---|---|---|---|---|
| Cost of Operations (%) 38 | 78.9 | 75.8 | 76.7 | 78.7 | 73.7 | 73.6 | 71.0 | 73.0 | 72.9 |
| Operating Margin (%) 39 | • | • | • | • | • | • | • | • | • |
| Oper. Margin Before Officers Comp. (%) 40 | • | • | • | • | • | • | • | • | • |
| Average Net Receivables ($) 41 | 22668 | 16738 | 16995 | 16564 | 10284 | 11557 | 7743 | 13440 | 9727 |
| Average Inventories ($) 42 | 6811 | 4723 | 4661 | 3860 | 3376 | 3399 | 2460 | 3730 | 3209 |
| Average Net Worth ($) 43 | 36799 | 31925 | 31392 | 26942 | 20098 | 25432 | 18823 | 29625 | 23373 |
| Current Ratio (×1) 44 | 1.0 | 1.0 | 0.9 | 0.9 | 0.9 | 0.9 | 0.9 | 0.9 | 0.9 |
| Quick Ratio (×1) 45 | 0.7 | 0.7 | 0.6 | 0.7 | 0.6 | 0.6 | 0.6 | 0.6 | 0.6 |
| Coverage Ratio (×1) 46 | 1.3 | 1.5 | 1.5 | 1.0 | 0.8 | 1.3 | 2.0 | 1.6 | 1.4 |
| Asset Turnover (×1) 47 | 1.0 | 1.0 | 0.9 | 0.9 | 0.8 | 0.7 | 0.7 | 0.7 | 0.7 |
| Total Liabilities/Net Worth (×1) 48 | 2.2 | 1.9 | 2.0 | 2.2 | 2.4 | 2.0 | 2.0 | 2.0 | 2.0 |
| Return on Assets (×1) 49 | 6.7 | 7.5 | 7.0 | 5.0 | 4.2 | 6.3 | 10.5 | 7.8 | 6.8 |
| Return on Equity (%) 50 | 1.4 | 3.4 | 2.7 | • | • | 1.5 | 11.6 | 6.0 | 3.1 |

## Table II

Corporations with Net Income

# GAS PRODUCTION AND DISTRIBUTION

MONEY AMOUNTS AND SIZE OF ASSETS IN THOUSANDS OF DOLLARS

| Item Description for Accounting Period 7/90 Through 6/91 | Total | Zero Assets | Under 100 | 100 to 250 | 251 to 500 | 501 to 1,000 | 1,001 to 5,000 | 5,001 to 10,000 | 10,001 to 25,000 | 25,001 to 50,000 | 50,001 to 100,000 | 100,001 to 250,000 | 250,001 and over |
|---|---|---|---|---|---|---|---|---|---|---|---|---|---|
| Number of Enterprises **1** | 970 | • | 292 | • | 138 | 270 | 134 | 31 | 22 | • | 10 | 9 | 41 |
| **Revenues ($ in Thousands)** | | | | | | | | | | | | | |
| Net Sales **2** | 65729 | • | 94 | • | 63 | 373 | 390 | 430 | 923 | • | 665 | 1565 | 60311 |
| Portfolio Income **3** | 2752 | • | • | • | 0 | 1 | 1 | 1 | 2 | • | 32 | 13 | 2677 |
| Other Revenues **4** | 1466 | • | 0 | • | 0 | 1 | 4 | 7 | 5 | • | 8 | 60 | 1338 |
| Total Revenues **5** | 69946 | • | 94 | • | 64 | 376 | 395 | 438 | 930 | • | 705 | 1638 | 64326 |
| Average Total Revenues **6** | 72110 | • | 321 | • | 463 | 1392 | 2948 | 14133 | 42281 | • | 70453 | 181964 | 1568927 |
| **Operating Costs/Operating Income (%)** | | | | | | | | | | | | | |
| Cost of Operations **7** | 73.1 | • | 63.4 | • | 46.8 | 49.4 | 74.5 | 82.5 | 92.4 | • | 78.3 | 70.5 | 72.9 |
| Rent **8** | 0.8 | • | 1.3 | • | 3.0 | 1.2 | 0.5 | 0.5 | 0.3 | • | 0.2 | 0.5 | 0.9 |
| Taxes Paid **9** | 3.3 | • | 3.2 | • | 2.6 | 2.6 | 1.3 | 1.5 | 0.4 | • | 2.3 | 3.3 | 3.4 |
| Interest Paid **10** | 7.2 | • | 2.7 | • | 1.3 | 0.8 | 1.2 | 1.2 | 0.6 | • | 2.4 | 4.8 | 7.6 |
| Depreciation, Depletion, Amortization **11** | 4.9 | • | 2.3 | • | 7.6 | 2.9 | 3.6 | 2.0 | 1.2 | • | 6.0 | 5.7 | 5.0 |
| Pensions and Other Benefits **12** | 1.5 | • | • | • | • | 3.2 | 1.2 | 1.1 | 0.2 | • | 0.9 | 1.5 | 1.5 |
| Other **13** | 11.5 | • | 25.2 | • | 24.4 | 30.7 | 12.5 | 10.1 | 2.6 | • | 5.5 | 12.5 | 11.5 |
| Officers Compensation **14** | 0.5 | • | 1.8 | • | 14.1 | 5.9 | 3.5 | 0.8 | 1.4 | • | 0.5 | 0.5 | 0.4 |
| Operating Margin **15** | • | • | • | • | 0.3 | 3.5 | 1.8 | 0.4 | 1.1 | • | 4.0 | 0.8 | • |
| Oper. Margin Before Officers Compensation **16** | • | • | 1.9 | • | 14.4 | 9.4 | 5.3 | 1.2 | 2.4 | • | 4.5 | 1.3 | • |
| **Selected Average Balance Sheet ($ in Thousands)** | | | | | | | | | | | | | |
| Net Receivables **17** | 13645 | • | 52 | • | 48 | 135 | 303 | 1823 | 8151 | • | 13143 | 17071 | 306491 |
| Inventories **18** | 4076 | • | • | • | 16 | 39 | 59 | 141 | 49 | • | 2041 | 6554 | 93513 |
| Net Property, Plant and Equipment **19** | 46768 | • | 20 | • | 221 | 195 | 942 | 2801 | 3314 | • | 43850 | 111178 | 1057582 |
| Total Assets **20** | 95774 | • | 98 | • | 313 | 655 | 1791 | 6683 | 14782 | • | 73086 | 168344 | 2178257 |

| Row | | | | | | | | | | | |
|---|---|---|---|---|---|---|---|---|---|---|---|
| Notes and Loans Payable 21 | 36660 | 304 | • | 163 | 77 | 429 | 1111 | 2034 | 22578 | 58868 | 840055 |
| All Other Liabilities 22 | 28849 | 212 | • | 86 | 143 | 512 | 2645 | 10063 | 19791 | 49323 | 651744 |
| Net Worth 23 | 30265 | -418 | • | 64 | 435 | 850 | 2928 | 2685 | 30717 | 60153 | 686458 |

**Selected Financial Ratios (Times to 1)**

| | | | | | | | | | | | |
|---|---|---|---|---|---|---|---|---|---|---|---|
| Current Ratio 24 | 0.9 | 0.3 | • | 0.9 | 2.1 | 1.2 | 1.1 | 1.0 | 1.2 | 1.1 | 0.9 |
| Quick Ratio 25 | 0.6 | 0.2 | • | 0.7 | 1.6 | 1.1 | 0.8 | 1.0 | 0.8 | 0.7 | 0.6 |
| Net Sales to Working Capital 26 | • | • | • | 6.9 | 23.2 | • | • | 18.6 | • | • | • |
| Coverage Ratio 27 | 1.5 | 1.0 | • | 1.9 | 6.3 | 3.5 | 3.0 | 4.2 | 5.1 | 2.1 | 1.5 |
| Total Asset Turnover 28 | 0.7 | 3.3 | • | 1.5 | 2.1 | 1.6 | 2.1 | 2.8 | 0.9 | 1.0 | 0.7 |
| Inventory Turnover 29 | • | • | • | • | • | • | • | • | • | • | • |
| Receivables Turnover 30 | 5.1 | • | • | • | • | 6.5 | 6.7 | 9.9 | • | 9.6 | 4.9 |
| Total Liabilities to Net Worth 31 | 2.2 | • | • | 3.9 | 0.5 | 1.1 | 1.3 | 4.5 | 1.4 | 1.8 | 2.2 |

**Selected Financial Factors (in Percentages)**

| | | | | | | | | | | | |
|---|---|---|---|---|---|---|---|---|---|---|---|
| Debt Ratio 32 | 68.4 | • | • | 79.5 | 33.6 | 52.6 | 56.2 | 81.8 | 58.0 | 64.3 | 68.5 |
| Return on Assets 33 | 7.8 | 9.0 | • | 3.7 | 10.2 | 7.1 | 7.6 | 6.9 | 11.1 | 10.6 | 7.6 |
| Return on Equity 34 | 5.8 | • | • | 7.4 | 12.4 | 8.1 | 9.0 | 21.4 | 15.8 | 10.4 | 5.3 |
| Return Before Interest on Equity 35 | 24.5 | • | • | 18.1 | 15.4 | 14.9 | 17.3 | • | 26.3 | 29.6 | 24.1 |
| Profit Margin, Before Income Tax 36 | 3.7 | 0.1 | • | 1.2 | 4.1 | 3.1 | 2.4 | 1.9 | 9.8 | 5.4 | 3.6 |
| Profit Margin, After Income Tax 37 | 2.6 | 0.1 | • | 1.0 | 3.9 | 2.4 | 1.9 | 1.4 | 7.3 | 3.6 | 2.5 |

**Trends in Selected Ratios and Factors, 1986-1994**

| | 1986 | 1987 | 1988 | 1989 | 1990 | 1991 | 1992 | 1993 | 1994 |
|---|---|---|---|---|---|---|---|---|---|
| Cost of Operations (%) 38 | 77.1 | 75.4 | 76.2 | 78.7 | 71.8 | 70.3 | 66.9 | 69.5 | 73.1 |
| Operating Margin (%) 39 | • | 0.3 | 0.8 | 0.3 | • | • | • | • | • |
| Oper. Margin Before Officers Comp. (%) 40 | • | 0.6 | 1.1 | 0.7 | • | • | • | • | • |
| Average Net Receivables ($) 41 | 29442 | 17187 | 16387 | 25590 | 3718 | 6945 | 15435 | 14851 | 13645 |
| Average Inventories ($) 42 | 10171 | 4581 | 4477 | 5005 | 1629 | 2614 | 5344 | 5236 | 4076 |
| Average Net Worth ($) 43 | 50450 | 32603 | 30396 | 39252 | 11184 | 22373 | 39090 | 40029 | 30265 |
| Current Ratio (x1) 44 | 1.0 | 1.0 | 0.9 | 1.0 | 0.8 | 1.0 | 0.9 | 0.9 | 0.9 |
| Quick Ratio (x1) 45 | 0.6 | 0.7 | 0.6 | 0.7 | 0.5 | 0.6 | 0.6 | 0.6 | 0.6 |
| Coverage Ratio (x1) 46 | 1.6 | 1.8 | 2.1 | 2.0 | 1.7 | 2.1 | 2.4 | 1.9 | 1.5 |
| Asset Turnover (x1) 47 | 1.0 | 1.0 | 1.0 | 0.9 | 0.8 | 0.7 | 0.7 | 0.6 | 0.7 |
| Operating Leverage 48 | • | • | 2.3 | 0.4 | • | 2.1 | 4.0 | 0.6 | 0.9 |
| Financial Leverage 49 | • | 1.3 | 1.2 | 1.0 | 0.8 | 1.4 | 1.4 | 0.8 | 0.7 |
| Total Leverage 50 | • | • | 2.7 | 0.4 | • | 2.9 | 5.5 | 0.5 | 0.6 |

## Table I

Corporations with and without Net Income

# COMBINATION UTILITY SERVICES

### MONEY AMOUNTS AND SIZE OF ASSETS IN THOUSANDS OF DOLLARS

| Item Description for Accounting Period 7/90 Through 6/91 | | Total | Zero Assets | Under 100 | 100 to 250 | 251 to 500 | 501 to 1,000 | 1,001 to 5,000 | 5,001 to 10,000 | 10,001 to 25,000 | 25,001 to 50,000 | 50,001 to 100,000 | 100,001 to 250,000 | 250,001 and over |
|---|---|---|---|---|---|---|---|---|---|---|---|---|---|---|
| Number of Enterprises | 1 | 112 | 9 | • | • | • | • | 22 | 16 | 8 | • | • | 4 | 53 |
| **Revenues ($ in Thousands)** | | | | | | | | | | | | | | |
| Net Sales | 2 | 81380 | 540 | • | • | • | • | 74 | 120 | 167 | • | • | 141 | 80338 |
| Portfolio Income | 3 | 1494 | 18 | • | • | • | • | • | 8 | 2 | • | • | 8 | 1458 |
| Other Revenues | 4 | 1580 | 28 | • | • | • | • | 6 | 2 | 17 | • | • | 0 | 1528 |
| Total Revenues | 5 | 84455 | 586 | • | • | • | • | 79 | 129 | 187 | • | • | 149 | 83323 |
| Average Total Revenues | 6 | 754059 | 65136 | • | • | • | • | 3612 | 8083 | 23384 | • | • | 37372 | 1572132 |
| **Operating Costs/Operating Income (%)** | | | | | | | | | | | | | | |
| Cost of Operations | 7 | 45.0 | 55.1 | • | • | • | • | 70.5 | 78.5 | 59.8 | • | • | 48.0 | 44.8 |
| Rent | 8 | 0.9 | 0.9 | • | • | • | • | 1.1 | • | 1.4 | • | • | 9.0 | 0.9 |
| Taxes Paid | 9 | 8.6 | 6.7 | • | • | • | • | 0.1 | 6.0 | 4.3 | • | • | 5.7 | 8.7 |
| Interest Paid | 10 | 9.3 | 10.5 | • | • | • | • | 0.5 | 1.0 | 5.0 | • | • | 5.6 | 9.3 |
| Depreciation, Depletion, Amortization | 11 | 12.7 | 13.7 | • | • | • | • | 0.1 | 6.6 | 7.5 | • | • | 8.1 | 12.7 |
| Pensions and Other Benefits | 12 | 1.7 | 1.4 | • | • | • | • | • | 2.2 | 1.9 | • | • | 1.7 | 1.7 |
| Other | 13 | 17.7 | 14.4 | • | • | • | • | 16.2 | 6.5 | 18.0 | • | • | 17.0 | 17.7 |
| Officers Compensation | 14 | 0.2 | 0.4 | • | • | • | • | • | 1.5 | 1.5 | • | • | 1.5 | 0.2 |
| Operating Margin | 15 | 4.0 | • | • | • | • | • | 11.4 | • | 0.7 | • | • | 3.6 | 4.0 |
| Oper. Margin Before Officers Compensation | 16 | 4.2 | • | • | • | • | • | 11.4 | • | 2.2 | • | • | 5.1 | 4.2 |
| **Selected Average Balance Sheet ($ in Thousands)** | | | | | | | | | | | | | | |
| Net Receivables | 17 | 80233 | • | • | • | • | • | 1574 | 547 | 1397 | • | • | 5889 | 168075 |
| Inventories | 18 | 40320 | • | • | • | • | • | 94 | 156 | 793 | • | • | 2549 | 84805 |
| Net Property, Plant and Equipment | 19 | 1399221 | • | • | • | • | • | 32 | 4046 | 27853 | • | • | 121264 | 2935915 |
| Total Assets | 20 | 1870621 | • | • | • | • | • | 1992 | 6812 | 36708 | • | • | 150721 | 3933211 |

| | | | | | | | | | | | |
|---|---|---|---|---|---|---|---|---|---|---|---|
| Notes and Loans Payable **21** | 686435 | · | · | · | · | · | 652 | 844 | 12803 | · | · | 59023 | 1443666 |
| All Other Liabilities **22** | 491480 | · | · | · | · | · | 1126 | 1395 | 9240 | · | · | 67482 | 1031223 |
| Net Worth **23** | 692707 | · | · | · | · | · | 214 | 4572 | 14664 | · | · | 24217 | 1458322 |

### Selected Financial Ratios (Times to 1)

| | | | | | | | | | | | |
|---|---|---|---|---|---|---|---|---|---|---|---|
| Current Ratio **24** | 0.8 | · | · | · | · | 1.1 | 0.8 | 0.6 | · | · | 1.0 | 0.8 |
| Quick Ratio **25** | 0.4 | · | · | · | · | 1.1 | 0.6 | 0.3 | · | · | 0.6 | 0.4 |
| Net Sales to Working Capital **26** | · | · | · | · | 15.0 | · | · | · | · | · | · |
| Coverage Ratio **27** | 1.8 | · | · | 1.5 | · | · | 6.4 | 3.5 | · | 2.8 | 1.8 |
| Total Asset Turnover **28** | 0.4 | · | · | · | 1.7 | 1.1 | 0.6 | · | 0.2 | 0.4 |
| Inventory Turnover **29** | 8.7 | · | · | · | · | · | · | · | 8.6 |
| Receivables Turnover **30** | 9.3 | · | · | · | · | 4.3 | 6.6 | · | · | 9.2 |
| Total Liabilities to Net Worth **31** | 1.7 | · | · | · | 8.3 | 0.5 | 1.5 | · | 5.2 | 1.7 |

### Selected Financial Factors (in Percentages)

| | | | | | | | | | | | |
|---|---|---|---|---|---|---|---|---|---|---|---|
| Debt Ratio **32** | 63.0 | · | · | · | · | 89.3 | 32.9 | 60.1 | · | 83.9 | 62.9 |
| Return on Assets **33** | 6.6 | · | · | · | 32.8 | 7.3 | 9.9 | · | 3.6 | 6.6 |
| Return on Equity **34** | 4.8 | · | · | · | · | 6.7 | 11.6 | · | 8.9 | 4.7 |
| Return Before Interest on Equity **35** | 17.8 | · | · | · | · | 10.9 | 24.9 | · | 22.2 | 17.7 |
| Profit Margin, Before Income Tax **36** | 7.7 | 5.5 | · | · | 19.0 | 5.6 | 12.4 | · | 9.7 | 7.7 |
| Profit Margin, After Income Tax **37** | 4.5 | 3.3 | · | · | 18.8 | 4.1 | 8.1 | · | 6.1 | 4.5 |

### Trends in Selected Ratios and Factors, 1986-1994

| | 1986 | 1987 | 1988 | 1989 | 1990 | 1991 | 1992 | 1993 | 1994 |
|---|---|---|---|---|---|---|---|---|---|
| Cost of Operations (%) **38** | 54.4 | 54.2 | 54.1 | 54.2 | 46.7 | 47.9 | 44.7 | 47.1 | 45.0 |
| Operating Margin (%) **39** | 6.0 | 3.2 | 5.6 | 5.7 | 2.9 | 5.2 | 4.4 | 1.7 | 4.0 |
| Oper. Margin Before Officers Comp. (%) **40** | 6.1 | 3.3 | 5.7 | 5.9 | 3.1 | 5.4 | 4.6 | 1.9 | 4.2 |
| Average Net Receivables ($) **41** | 31905 | 10394 | 12292 | 16664 | 23727 | 34572 | 25468 | 57261 | 80233 |
| Average Inventories ($) **42** | 23384 | 5872 | 8054 | 9429 | 13147 | 12470 | 11863 | 25805 | 40320 |
| Average Net Worth ($) **43** | 277882 | 91235 | 101967 | 138480 | 217869 | 295605 | 226977 | 501250 | 692707 |
| Current Ratio (x1) **44** | 1.0 | 1.0 | 1.0 | 1.0 | 0.9 | 1.1 | 1.0 | 1.0 | 0.8 |
| Quick Ratio (x1) **45** | 0.4 | 0.5 | 0.5 | 0.5 | 0.5 | 0.6 | 0.5 | 0.5 | 0.4 |
| Coverage Ratio (x1) **46** | 2.0 | 1.7 | 2.0 | 2.0 | 1.7 | 2.0 | 1.8 | 1.5 | 1.8 |
| Asset Turnover (x1) **47** | 0.5 | 0.5 | 0.5 | 0.4 | 0.4 | 0.4 | 0.4 | 0.4 | 0.4 |
| Total Liabilities/Net Worth (x1) **48** | 1.4 | 1.4 | 1.4 | 1.4 | 1.4 | 1.5 | 1.7 | 1.7 | 1.7 |
| Return on Assets (x1) **49** | 8.0 | 6.3 | 7.5 | 7.4 | 6.2 | 6.7 | 6.5 | 5.7 | 6.6 |
| Return on Equity (%) **50** | 5.2 | 2.9 | 4.9 | 4.8 | 2.7 | 4.5 | 4.7 | 2.4 | 4.8 |

## Table II

Corporations with Net Income

# COMBINATION UTILITY SERVICES

### MONEY AMOUNTS AND SIZE OF ASSETS IN THOUSANDS OF DOLLARS

| Item Description for Accounting Period 7/90 Through 6/91 | Total | Zero Assets | Under 100 | 100 to 250 | 251 to 500 | 501 to 1,000 | 1,001 to 5,000 | 5,001 to 10,000 | 10,001 to 25,000 | 25,001 to 50,000 | 50,001 to 100,000 | 100,001 to 250,000 | 250,001 and over |
|---|---|---|---|---|---|---|---|---|---|---|---|---|---|
| Number of Enterprises **1** | 95 | • | • | • | • | • | 22 | 16 | 8 | • | • | • | 44 |

**Revenues ($ in Thousands)**

| | | | | | | | | | | | | | |
|---|---|---|---|---|---|---|---|---|---|---|---|---|---|
| Net Sales **2** | 66568 | • | • | • | • | • | 74 | 120 | 167 | • | • | • | 65543 |
| Portfolio Income **3** | 1279 | • | • | • | • | • | • | 8 | 2 | • | • | • | 1246 |
| Other Revenues **4** | 1433 | • | • | • | • | • | 6 | 2 | 17 | • | • | • | 1380 |
| Total Revenues **5** | 69280 | • | • | • | • | • | 79 | 129 | 187 | • | • | • | 68169 |
| Average Total Revenues **6** | 729268 | • | • | • | • | • | 3612 | 8083 | 23384 | • | • | • | 1549304 |

**Operating Costs/Operating Income (%)**

| | | | | | | | | | | | | | |
|---|---|---|---|---|---|---|---|---|---|---|---|---|---|
| Cost of Operations **7** | 42.7 | • | • | • | • | • | 70.5 | 78.5 | 59.8 | • | • | • | 42.5 |
| Rent **8** | 0.7 | • | • | • | • | • | 1.1 | • | 1.4 | • | • | • | 0.7 |
| Taxes Paid **9** | 8.6 | • | • | • | • | • | 0.1 | 6.0 | 4.3 | • | • | • | 8.7 |
| Interest Paid **10** | 8.6 | • | • | • | • | • | 0.5 | 1.0 | 5.0 | • | • | • | 8.6 |
| Depreciation, Depletion, Amortization **11** | 12.6 | • | • | • | • | • | 0.1 | 6.6 | 7.5 | • | • | • | 12.6 |
| Pensions and Other Benefits **12** | 1.8 | • | • | • | • | • | • | 2.2 | 1.9 | • | • | • | 1.8 |
| Other **13** | 18.1 | • | • | • | • | • | 16.2 | 6.5 | 18.0 | • | • | • | 18.2 |
| Officers Compensation **14** | 0.2 | • | • | • | • | • | • | 1.5 | 1.5 | • | • | • | 0.2 |
| Operating Margin **15** | 6.6 | • | • | • | • | • | 11.4 | • | 0.7 | • | • | • | 6.7 |
| Oper. Margin Before Officers Compensation **16** | 6.9 | • | • | • | • | • | 11.4 | • | 2.2 | • | • | • | 7.0 |

**Selected Average Balance Sheet ($ in Thousands)**

| | | | | | | | | | | | | | |
|---|---|---|---|---|---|---|---|---|---|---|---|---|---|
| Net Receivables **17** | 79817 | • | • | • | • | • | 1574 | 547 | 1397 | • | • | • | 170663 |
| Inventories **18** | 40807 | • | • | • | • | • | 94 | 156 | 793 | • | • | • | 87658 |
| Net Property, Plant and Equipment **19** | 1291130 | • | • | • | • | • | 32 | 4046 | 27853 | • | • | • | 2772481 |
| Total Assets **20** | 1712266 | • | • | • | • | • | 1992 | 6812 | 36708 | • | • | • | 3676149 |

| | | | | | | | | |
|---|---|---|---|---|---|---|---|---|
| Notes and Loans Payable **21** | 617589 | • | • | 652 | 844 | 12803 | • | • | 1327253 |
| All Other Liabilities **22** | 464864 | • | • | 1126 | 1395 | 9240 | • | • | 995063 |
| Net Worth **23** | 629813 | • | • | 214 | 4572 | 14664 | • | • | 1353833 |

## Selected Financial Ratios (Times to 1)

| | | | | | | | | |
|---|---|---|---|---|---|---|---|---|
| Current Ratio **24** | 1.0 | • | • | 1.1 | 0.8 | 0.6 | • | • | 1.0 |
| Quick Ratio **25** | 0.5 | • | • | 1.1 | 0.6 | 0.3 | • | • | 0.5 |
| Net Sales to Working Capital **26** | • | • | • | 15.0 | • | • | • | • | • |
| Coverage Ratio **27** | 2.2 | • | • | • | 6.4 | 3.5 | • | • | 2.2 |
| Total Asset Turnover **28** | 0.4 | • | • | 1.7 | 1.1 | 0.6 | • | • | 0.4 |
| Inventory Turnover **29** | 7.8 | • | • | • | • | • | • | • | • |
| Receivables Turnover **30** | 8.9 | • | • | 4.3 | • | • | • | • | • |
| Total Liabilities to Net Worth **31** | 1.7 | • | • | 8.3 | 0.5 | 1.5 | • | • | 1.7 |

## Selected Financial Factors (in Percentages)

| | | | | | | | | |
|---|---|---|---|---|---|---|---|---|
| Debt Ratio **32** | 63.2 | • | • | 89.3 | 32.9 | 60.1 | • | • | 63.2 |
| Return on Assets **33** | 7.9 | • | • | 32.8 | 7.3 | 9.9 | • | • | 7.8 |
| Return on Equity **34** | 7.6 | • | • | • | 6.7 | 11.6 | • | • | 7.5 |
| Return Before Interest on Equity **35** | 21.5 | • | • | • | 10.9 | 24.9 | • | • | 21.3 |
| Profit Margin, Before Income Tax **36** | 10.7 | • | • | 19.0 | 5.6 | 12.4 | • | • | 10.7 |
| Profit Margin, After Income Tax **37** | 6.8 | • | • | 18.8 | 4.1 | 8.1 | • | • | 6.8 |

## Trends in Selected Ratios and Factors, 1986-1994

| | 1986 | 1987 | 1988 | 1989 | 1990 | 1991 | 1992 | 1993 | 1994 |
|---|---|---|---|---|---|---|---|---|---|
| Cost of Operations (%) **38** | 53.2 | 52.1 | 54.1 | 53.7 | 45.9 | 48.0 | 44.2 | 47.1 | 42.7 |
| Operating Margin (%) **39** | 7.8 | 5.3 | 5.7 | 6.3 | 5.5 | 6.8 | 6.4 | 5.5 | 6.6 |
| Oper. Margin Before Officers Comp. (%) **40** | 8.0 | 5.5 | 5.9 | 6.5 | 5.7 | 7.0 | 6.6 | 5.7 | 6.9 |
| Average Net Receivables ($) **41** | 31513 | 29376 | 20019 | 38605 | 22876 | 34131 | 26815 | 68625 | 79817 |
| Average Inventories ($) **42** | 20742 | 14696 | 13082 | 21534 | 12076 | 11658 | 12715 | 31377 | 40807 |
| Average Net Worth ($) **43** | 255643 | 240690 | 165514 | 320410 | 203767 | 266846 | 231079 | 594171 | 629813 |
| Current Ratio (x1) **44** | 1.0 | 0.9 | 1.0 | 1.0 | 0.9 | 1.0 | 1.0 | 0.9 | 1.0 |
| Quick Ratio (x1) **45** | 0.4 | 0.5 | 0.5 | 0.6 | 0.6 | 0.6 | 0.5 | 0.5 | 0.5 |
| Coverage Ratio (x1) **46** | 2.3 | 2.0 | 2.0 | 2.1 | 2.1 | 2.3 | 2.2 | 2.0 | 2.2 |
| Asset Turnover (x1) **47** | 0.5 | 0.5 | 0.5 | 0.4 | 0.4 | 0.4 | 0.4 | 0.4 | 0.4 |
| Operating Leverage **48** | • | 0.7 | 1.1 | 1.1 | 0.9 | 1.2 | 0.9 | 0.9 | 1.2 |
| Financial Leverage **49** | • | 0.9 | 1.0 | 1.1 | 1.0 | 1.2 | 1.0 | 0.9 | 1.1 |
| Total Leverage **50** | • | 0.6 | 1.1 | 1.2 | 0.9 | 1.4 | 1.0 | 0.8 | 1.3 |

## Table I

Corporations with and without Net Income

ELECTRIC, GAS, AND SANITARY SERVICES

**4990**

# WATER SUPPLY AND OTHER SANITARY SERVICES

### MONEY AMOUNTS AND SIZE OF ASSETS IN THOUSANDS OF DOLLARS

| Item Description for Accounting Period 7/90 Through 6/91 | Total | Zero Assets | Under 100 | 100 to 250 | 251 to 500 | 501 to 1,000 | 1,001 to 5,000 | 5,001 to 10,000 | 10,001 to 25,000 | 25,001 to 50,000 | 50,001 to 100,000 | 100,001 to 250,000 | 250,001 and over |
|---|---|---|---|---|---|---|---|---|---|---|---|---|---|
| Number of Enterprises **1** | 12560 | 1189 | 5854 | 1656 | 1168 | 1091 | 1089 | 350 | 88 | 27 | 17 | 10 | 21 |
| **Revenues ($ in Thousands)** | | | | | | | | | | | | | |
| Net Sales **2** | 25004 | 142 | 1792 | 361 | 449 | 1115 | 3920 | 1642 | 938 | 480 | 806 | 803 | 12557 |
| Portfolio Income **3** | 965 | 15 | 44 | 10 | 9 | 15 | 29 | 14 | 9 | 24 | 16 | 15 | 765 |
| Other Revenues **4** | 495 | 6 | 21 | • | 9 | 13 | 47 | 26 | 41 | 34 | 25 | 21 | 252 |
| Total Revenues **5** | 26464 | 163 | 1856 | 371 | 466 | 1143 | 3996 | 1683 | 988 | 538 | 847 | 839 | 13573 |
| Average Total Revenues **6** | 2107 | 137 | 317 | 224 | 399 | 1048 | 3670 | 4809 | 11223 | 19930 | 49820 | 83877 | 646356 |
| **Operating Costs/Operating Income (%)** | | | | | | | | | | | | | |
| Cost of Operations **7** | 45.8 | 27.0 | 88.7 | 18.0 | 32.2 | 51.1 | 46.3 | 69.5 | 46.0 | 40.9 | 46.2 | 34.4 | 38.4 |
| Rent **8** | 1.7 | 1.3 | 1.9 | 1.6 | 2.6 | 3.8 | 1.7 | 0.9 | 1.2 | 2.4 | 2.1 | 1.2 | 1.6 |
| Taxes Paid **9** | 4.2 | 3.3 | 0.5 | 5.6 | 5.6 | 3.8 | 3.1 | 3.3 | 3.7 | 5.0 | 4.7 | 5.9 | 4.9 |
| Interest Paid **10** | 5.9 | 3.5 | 0.1 | 2.0 | 3.5 | 2.5 | 2.4 | 2.4 | 5.1 | 6.1 | 5.9 | 6.5 | 8.8 |
| Depreciation, Depletion, Amortization **11** | 9.0 | 8.4 | 0.4 | 6.4 | 8.5 | 5.6 | 6.8 | 5.9 | 9.2 | 11.3 | 7.9 | 11.2 | 11.6 |
| Pensions and Other Benefits **12** | 2.0 | 1.2 | • | 1.5 | 1.2 | 1.1 | 1.8 | 1.5 | 1.4 | 2.3 | 2.8 | 3.5 | 2.5 |
| Other **13** | 28.4 | 29.8 | 10.2 | 51.7 | 40.7 | 23.3 | 32.1 | 13.7 | 27.6 | 32.5 | 29.5 | 30.8 | 30.8 |
| Officers Compensation **14** | 2.6 | 13.0 | 0.4 | 6.1 | 7.5 | 9.2 | 4.9 | 6.7 | 2.9 | 2.0 | 1.4 | 2.0 | 0.7 |
| Operating Margin **15** | 0.4 | 12.5 | • | 7.2 | • | • | 0.8 | • | 3.0 | • | • | 4.5 | 0.7 |
| Oper. Margin Before Officers Compensation **16** | 2.9 | 25.6 | • | 13.3 | 5.7 | 8.9 | 5.7 | 2.9 | 5.9 | • | 1.0 | 6.5 | 1.4 |
| **Selected Average Balance Sheet ($ in Thousands)** | | | | | | | | | | | | | |
| Net Receivables **17** | 253 | • | 2 | 13 | 21 | 121 | 341 | 701 | 2240 | 2288 | 9051 | 20488 | 83492 |
| Inventories **18** | 20 | • | 0 | • | 12 | 11 | 24 | 103 | 83 | 21 | 635 | 1833 | 6001 |
| Net Property, Plant and Equipment **19** | 1557 | • | 9 | 82 | 210 | 374 | 1124 | 3995 | 7729 | 18589 | 46072 | 123667 | 613980 |
| Total Assets **20** | 2652 | • | 20 | 170 | 366 | 686 | 2291 | 6666 | 15383 | 31058 | 76819 | 176811 | 1030751 |

**Selected Financial Ratios (Times to 1)** *(continued, top section)*

| | 1070 | 7 | 67 | 180 | 315 | 1059 | 2822 | 5478 | 12751 | 28451 | 56880 | 414954 |
|---|---|---|---|---|---|---|---|---|---|---|---|---|
| Notes and Loans Payable **21** | 1070 | 7 | 67 | 180 | 315 | 1059 | 2822 | 5478 | 12751 | 28451 | 56880 | 414954 |
| All Other Liabilities **22** | 656 | 4 | 7 | 24 | 167 | 515 | 1832 | 5887 | 5441 | 26337 | 50084 | 246625 |
| Net Worth **23** | 927 | 9 | 96 | 162 | 203 | 718 | 2012 | 4017 | 12865 | 22031 | 69847 | 369173 |

**Selected Financial Ratios (Times to 1)**

| | | | | | | | | | | | | |
|---|---|---|---|---|---|---|---|---|---|---|---|---|
| Current Ratio **24** | 0.8 | 1.7 | 2.5 | 2.7 | 1.4 | 1.2 | 1.1 | 1.3 | 1.6 | 1.1 | 1.3 | 0.6 |
| Quick Ratio **25** | 0.6 | 1.6 | 1.6 | 2.1 | 1.1 | 0.9 | 0.7 | 1.0 | 1.3 | 0.9 | 1.1 | 0.4 |
| Net Sales to Working Capital **26** | • | • | 5.5 | 6.9 | 15.2 | 40.8 | 25.2 | 12.2 | 8.4 | 35.6 | 11.5 | • |
| Coverage Ratio **27** | 2.1 | 14.2 | 5.8 | 1.6 | 1.8 | 2.1 | 0.5 | 2.6 | 2.6 | 1.8 | 2.4 | 2.0 |
| Total Asset Turnover **28** | 0.8 | • | 1.3 | 1.1 | 1.5 | 1.6 | 0.7 | 0.7 | 0.6 | 0.6 | 0.5 | 0.6 |
| Inventory Turnover **29** | • | • | • | • | • | • | • | • | • | • | • | • |
| Receivables Turnover **30** | 8.3 | • | • | • | 8.1 | • | 7.6 | 4.6 | 8.1 | 5.1 | 4.6 | 7.7 |
| Total Liabilities to Net Worth **31** | 1.9 | 1.1 | 0.8 | 1.3 | 2.4 | 2.2 | 2.3 | 2.8 | 1.4 | 2.5 | 1.5 | 1.8 |

**Selected Financial Factors (in Percentages)**

| | | | | | | | | | | | | |
|---|---|---|---|---|---|---|---|---|---|---|---|---|
| Debt Ratio **32** | 65.1 | 52.8 | 43.4 | 55.7 | 70.4 | 68.7 | 69.8 | 73.9 | 58.6 | 71.3 | 60.5 | 64.2 |
| Return on Assets **33** | 9.1 | 23.7 | 15.1 | 5.9 | 6.7 | 8.1 | 0.8 | 9.2 | 8.9 | 6.6 | 7.0 | 10.3 |
| Return on Equity **34** | 9.0 | 39.4 | 21.3 | 4.9 | 8.5 | 10.8 | 18.5 | • | 9.5 | 6.0 | 6.6 | 9.3 |
| Return Before Interest on Equity **35** | 26.1 | • | 26.7 | 13.4 | 22.7 | 25.7 | 2.5 | • | 21.6 | 22.9 | 17.7 | 28.6 |
| Profit Margin, Before Income Tax **36** | 6.2 | 27.4 | 9.8 | 2.1 | 2.1 | 2.7 | • | 8.2 | 9.5 | 4.8 | 8.9 | 8.8 |
| Profit Margin, After Income Tax **37** | 4.2 | 22.0 | 9.4 | 2.1 | 1.7 | 2.2 | • | 7.0 | 6.9 | 2.8 | 5.7 | 5.8 |

**Trends in Selected Ratios and Factors, 1986-1994**

| | 1986 | 1987 | 1988 | 1989 | 1990 | 1991 | 1992 | 1993 | 1994 |
|---|---|---|---|---|---|---|---|---|---|
| Cost of Operations (%) **38** | 39.5 | 44.2 | 37.1 | 37.8 | 40.7 | 45.9 | 46.4 | 48.5 | 45.8 |
| Operating Margin (%) **39** | 2.7 | 4.0 | 3.7 | 3.8 | 4.7 | 2.6 | 2.0 | 0.9 | 0.4 |
| Oper. Margin Before Officers Comp. (%) **40** | 6.1 | 7.1 | 6.7 | 6.7 | 7.6 | 5.8 | 4.6 | 3.3 | 2.9 |
| Average Net Receivables ($) **41** | 79 | 84 | 113 | 126 | 152 | 166 | 239 | 272 | 253 |
| Average Inventories ($) **42** | 13 | 17 | 16 | 19 | 20 | 16 | 22 | 23 | 20 |
| Average Net Worth ($) **43** | 382 | 392 | 520 | 495 | 597 | 624 | 801 | 816 | 927 |
| Current Ratio (x1) **44** | 1.0 | 1.2 | 1.1 | 1.3 | 1.1 | 1.0 | 1.1 | 1.0 | 0.8 |
| Quick Ratio (x1) **45** | 0.7 | 0.8 | 0.8 | 0.9 | 0.8 | 0.8 | 0.8 | 0.8 | 0.6 |
| Coverage Ratio (x1) **46** | 2.2 | 2.6 | 2.6 | 2.6 | 2.9 | 3.0 | 2.8 | 2.6 | 2.1 |
| Asset Turnover (x1) **47** | 0.7 | 0.8 | 0.7 | 0.8 | 0.8 | 0.8 | 0.9 | 0.9 | 0.8 |
| Total Liabilities/Net Worth (x1) **48** | 1.6 | 1.5 | 1.5 | 1.6 | 1.5 | 1.7 | 1.8 | 2.1 | 1.9 |
| Return on Assets (x1) **49** | 8.6 | 9.5 | 8.7 | 9.5 | 10.0 | 8.7 | 10.6 | 10.4 | 9.1 |
| Return on Equity (%) **50** | 6.4 | 8.7 | 7.4 | 8.5 | 9.6 | 9.0 | 12.8 | 13.6 | 9.0 |

## Table II

Corporations with Net Income

# WATER SUPPLY AND OTHER SANITARY SERVICES

### MONEY AMOUNTS AND SIZE OF ASSETS IN THOUSANDS OF DOLLARS

| Item Description for Accounting Period 7/90 Through 6/91 | Total | Zero Assets | Under 100 | 100 to 250 | 251 to 500 | 501 to 1,000 | 1,001 to 5,000 | 5,001 to 10,000 | 10,001 to 25,000 | 25,001 to 50,000 | 50,001 to 100,000 | 100,001 to 250,000 | 250,001 and over |
|---|---|---|---|---|---|---|---|---|---|---|---|---|---|
| Number of Enterprises 1 | 6907 | 343 | 3297 | 929 | 601 | 805 | 727 | 92 | 55 | • | 13 | • | 18 |
| **Revenues ($ in Thousands)** | | | | | | | | | | | | | |
| Net Sales 2 | 20800 | 142 | 1763 | 240 | 291 | 910 | 3182 | 906 | 750 | • | 536 | • | 11078 |
| Portfolio Income 3 | 694 | 15 | 44 | 8 | 1 | 14 | 17 | 11 | 6 | • | 15 | • | 530 |
| Other Revenues 4 | 409 | 6 | 21 | • | 0 | 11 | 36 | 24 | 32 | • | 23 | • | 212 |
| Total Revenues 5 | 21903 | 163 | 1828 | 248 | 292 | 934 | 3235 | 941 | 788 | • | 574 | • | 11820 |
| Average Total Revenues 6 | 3171 | 476 | 554 | 267 | 486 | 1161 | 4449 | 10226 | 14329 | • | 44129 | • | 656679 |
| **Operating Costs/Operating Income (%)** | | | | | | | | | | | | | |
| Cost of Operations 7 | 47.7 | 27.0 | 88.9 | 13.3 | 31.8 | 47.2 | 43.0 | 68.0 | 43.5 | • | 50.1 | • | 43.4 |
| Rent 8 | 1.7 | 1.3 | 1.8 | 0.3 | 2.5 | 4.3 | 1.5 | 0.8 | 1.4 | • | 1.0 | • | 1.6 |
| Taxes Paid 9 | 4.1 | 3.3 | 0.4 | 2.9 | 5.6 | 3.4 | 3.1 | 3.6 | 4.0 | • | 5.1 | • | 4.9 |
| Interest Paid 10 | 4.6 | 3.5 | • | 1.8 | 2.8 | 2.1 | 1.7 | 2.1 | 3.1 | • | 6.0 | • | 6.6 |
| Depreciation, Depletion, Amortization 11 | 8.8 | 8.4 | 0.4 | 4.7 | 5.8 | 4.7 | 6.3 | 7.2 | 7.7 | • | 7.7 | • | 11.5 |
| Pensions and Other Benefits 12 | 2.1 | 1.2 | • | 1.2 | 0.3 | 1.3 | 1.9 | 1.2 | 1.4 | • | 3.0 | • | 2.6 |
| Other 13 | 24.8 | 29.7 | 8.7 | 50.3 | 38.3 | 21.8 | 32.6 | 9.4 | 27.8 | • | 21.5 | • | 25.3 |
| Officers Compensation 14 | 2.3 | 13.0 | 0.4 | 4.0 | 4.6 | 10.8 | 5.2 | 3.9 | 2.4 | • | 1.8 | • | 0.8 |
| Operating Margin 15 | 3.9 | 12.6 | • | 21.7 | 8.4 | 4.5 | 4.8 | 3.9 | 8.8 | • | 3.9 | • | 3.4 |
| Oper. Margin Before Officers Compensation 16 | 6.2 | 25.6 | • | 25.7 | 12.9 | 15.3 | 9.9 | 7.8 | 11.1 | • | 5.6 | • | 4.2 |
| **Selected Average Balance Sheet ($ in Thousands)** | | | | | | | | | | | | | |
| Net Receivables 17 | 346 | • | 4 | 9 | 8 | 138 | 377 | 1360 | 1976 | • | 8403 | • | 78915 |
| Inventories 18 | 23 | • | • | • | 4 | 14 | 18 | 34 | 105 | • | 353 | • | 6074 |
| Net Property, Plant and Equipment 19 | 2199 | • | 13 | 53 | 201 | 342 | 1021 | 4416 | 8095 | • | 47801 | • | 612310 |
| Total Assets 20 | 3760 | • | 24 | 167 | 358 | 702 | 2177 | 7478 | 15019 | • | 76783 | • | 1038727 |

| | | | | | | | | | | | |
|---|---|---|---|---|---|---|---|---|---|---|---|
| Notes and Loans Payable **21** | 1322 | • | 5 | 42 | 166 | 277 | 746 | 3076 | 4988 | 25646 | • | 370368 |
| All Other Liabilities **22** | 945 | • | 3 | 3 | 27 | 170 | 425 | 2123 | 4763 | 26194 | • | 260725 |
| Net Worth **23** | 1493 | • | 16 | 122 | 165 | 255 | 1006 | 2280 | 5268 | 24943 | • | 407634 |

## Selected Financial Ratios (Times to 1)

| | | | | | | | | | | | | |
|---|---|---|---|---|---|---|---|---|---|---|---|---|
| Current Ratio **24** | 0.7 | • | 3.1 | 9.8 | 1.9 | 1.6 | 1.3 | 0.9 | 1.3 | 1.1 | • | 0.6 |
| Quick Ratio **25** | 0.6 | • | 2.9 | 5.1 | 1.8 | 1.3 | 1.1 | 0.7 | 1.0 | 0.9 | • | 0.4 |
| Net Sales to Working Capital **26** | • | • | 3.4 | 16.4 | 10.0 | 23.6 | 17.5 | 43.6 | • | • | • | • |
| Coverage Ratio **27** | 3.0 | 8.9 | • | • | 4.1 | 4.9 | 4.7 | 5.4 | • | 2.8 | • | 2.5 |
| Total Asset Turnover **28** | 0.8 | • | 1.6 | 1.6 | 1.4 | 2.0 | 0.9 | 1.3 | 0.9 | 0.5 | • | 0.6 |
| Inventory Turnover **29** | • | • | • | • | • | • | • | • | • | • | • | • |
| Receivables Turnover **30** | 9.0 | • | • | • | • | • | 7.3 | 6.9 | 9.8 | • | • | • |
| Total Liabilities to Net Worth **31** | 1.5 | • | 0.5 | 0.4 | 1.2 | 1.8 | 1.2 | 2.3 | 1.9 | 2.1 | • | 1.6 |

## Selected Financial Factors (in Percentages)

| | | | | | | | | | | | | |
|---|---|---|---|---|---|---|---|---|---|---|---|---|
| Debt Ratio **32** | 60.3 | • | 34.9 | 27.0 | 54.0 | 63.7 | 53.8 | 69.5 | 64.9 | 67.5 | • | 60.8 |
| Return on Assets **33** | 11.1 | • | • | • | 15.8 | 14.9 | 16.2 | 13.0 | 15.3 | 9.0 | • | 10.0 |
| Return on Equity **34** | 13.8 | • | • | • | 25.8 | 29.5 | 24.9 | 23.1 | 31.7 | 13.1 | • | 10.2 |
| Return Before Interest on Equity **35** | 28.0 | • | • | • | 34.3 | • | • | • | • | 27.7 | • | 25.4 |
| Profit Margin, Before Income Tax **36** | 9.3 | 27.4 | 2.9 | 24.8 | 8.8 | 7.1 | 6.4 | 7.8 | 13.7 | 10.8 | • | 10.2 |
| Profit Margin, After Income Tax **37** | 6.8 | 22.0 | 2.7 | 24.3 | 8.8 | 6.7 | 5.7 | 5.3 | 12.3 | 7.9 | • | 6.7 |

## Trends in Selected Ratios and Factors, 1986–1994

| | 1986 | 1987 | 1988 | 1989 | 1990 | 1991 | 1992 | 1993 | 1994 |
|---|---|---|---|---|---|---|---|---|---|
| Cost of Operations (%) **38** | 39.7 | 40.1 | 37.9 | 37.3 | 38.7 | 44.9 | 46.7 | 50.6 | 47.7 |
| Operating Margin (%) **39** | 6.9 | 6.1 | 6.2 | 5.5 | 6.6 | 6.0 | 5.6 | 3.9 | 3.9 |
| Oper. Margin Before Officers Comp. (%) **40** | 10.2 | 9.2 | 9.1 | 8.2 | 9.4 | 9.0 | 7.9 | 6.2 | 6.2 |
| Average Net Receivables ($) **41** | 101 | 155 | 194 | 175 | 206 | 229 | 292 | 393 | 346 |
| Average Inventories ($) **42** | 14 | 31 | 28 | 25 | 26 | 22 | 26 | 33 | 23 |
| Average Net Worth ($) **43** | 568 | 759 | 960 | 751 | 875 | 954 | 1140 | 1391 | 1493 |
| Current Ratio (x1) **44** | 1.1 | 1.3 | 1.1 | 1.3 | 1.1 | 1.0 | 1.0 | 1.0 | 0.7 |
| Quick Ratio (x1) **45** | 0.8 | 0.9 | 0.8 | 1.0 | 0.9 | 0.8 | 0.8 | 0.7 | 0.6 |
| Coverage Ratio (x1) **46** | 3.0 | 3.0 | 3.1 | 3.2 | 3.5 | 4.1 | 4.3 | 4.0 | 3.0 |
| Asset Turnover (x1) **47** | 0.6 | 0.7 | 0.6 | 0.8 | 0.8 | 0.8 | 0.9 | 0.9 | 0.8 |
| Operating Leverage **48** | • | 0.9 | 1.0 | 0.9 | 1.2 | 0.9 | 0.9 | 0.7 | 1.0 |
| Financial Leverage **49** | • | 1.0 | 1.0 | 1.0 | 1.1 | 1.1 | 1.1 | 1.0 | 0.9 |
| Total Leverage **50** | • | 0.9 | 1.0 | 0.9 | 1.3 | 1.0 | 1.0 | 0.7 | 0.9 |

## Table I

Corporations with and without Net Income

# GROCERIES AND RELATED PRODUCTS

**MONEY AMOUNTS AND SIZE OF ASSETS IN THOUSANDS OF DOLLARS**

| Item Description for Accounting Period 7/90 Through 6/91 | Total | Zero Assets | Under 100 | 100 to 250 | 251 to 500 | 501 to 1,000 | 1,001 to 5,000 | 5,001 to 10,000 | 10,001 to 25,000 | 25,001 to 50,000 | 50,001 to 100,000 | 100,001 to 250,000 | 250,001 and over |
|---|---|---|---|---|---|---|---|---|---|---|---|---|---|
| Number of Enterprises 1 | 27429 | 1070 | 11844 | 3134 | 4289 | 2903 | 3133 | 537 | 348 | 83 | 32 | 28 | 28 |
| **Revenues ($ in Thousands)** | | | | | | | | | | | | | |
| Net Sales 2 | 234402 | 3518 | 4091 | 6123 | 8439 | 12699 | 36186 | 19235 | 21408 | 14331 | 9714 | 20761 | 77897 |
| Portfolio Income 3 | 708 | 37 | 14 | 6 | 29 | 11 | 63 | 20 | 52 | 24 | 30 | 99 | 324 |
| Other Revenues 4 | 2879 | 14 | 32 | 7 | 77 | 87 | 205 | 149 | 198 | 295 | 124 | 259 | 1433 |
| Total Revenues 5 | 237989 | 3570 | 4136 | 6136 | 8545 | 12797 | 36454 | 19403 | 21657 | 14650 | 9868 | 21119 | 79654 |
| Average Total Revenues 6 | 8677 | 3336 | 349 | 1958 | 1992 | 4408 | 11636 | 36133 | 62233 | 176508 | 308380 | 754236 | 2844776 |
| **Operating Costs/Operating Income (%)** | | | | | | | | | | | | | |
| Cost of Operations 7 | 87.1 | 90.0 | 74.4 | 88.7 | 78.3 | 85.2 | 86.6 | 87.2 | 86.4 | 89.4 | 91.5 | 89.8 | 87.4 |
| Rent 8 | 0.7 | 0.6 | 2.2 | 0.7 | 1.2 | 1.0 | 0.8 | 0.5 | 0.6 | 0.3 | 0.5 | 0.6 | 0.7 |
| Taxes Paid 9 | 0.9 | 0.6 | 1.3 | 0.6 | 1.2 | 0.8 | 0.8 | 0.8 | 1.3 | 0.6 | 0.5 | 0.9 | 0.9 |
| Interest Paid 10 | 0.8 | 0.8 | 0.4 | 0.5 | 0.5 | 1.1 | 0.6 | 0.7 | 0.8 | 0.7 | 1.1 | 1.0 | 1.0 |
| Depreciation, Depletion, Amortization 11 | 0.8 | 0.6 | 0.7 | 0.6 | 1.0 | 0.5 | 0.7 | 0.7 | 0.7 | 0.7 | 0.6 | 0.7 | 1.1 |
| Pensions and Other Benefits 12 | 0.6 | 0.8 | 1.0 | 0.2 | 0.8 | 0.5 | 0.4 | 0.5 | 0.6 | 0.5 | 0.4 | 0.6 | 0.8 |
| Other 13 | 8.9 | 6.2 | 15.4 | 6.2 | 14.0 | 9.8 | 8.5 | 8.7 | 8.9 | 8.5 | 6.4 | 7.8 | 9.2 |
| Officers Compensation 14 | 1.0 | 1.0 | 6.8 | 1.8 | 3.8 | 1.7 | 1.9 | 1.0 | 1.0 | 0.7 | 0.3 | 0.3 | 0.1 |
| Operating Margin 15 | • | • | • | 0.8 | • | • | • | 0.1 | • | • | • | • | • |
| Oper. Margin Before Officers Compensation 16 | 0.2 | 0.5 | 4.6 | 2.5 | 3.1 | 1.2 | 1.8 | 1.1 | 0.8 | • | • | • | • |
| **Selected Average Balance Sheet ($ in Thousands)** | | | | | | | | | | | | | |
| Net Receivables 17 | 519 | • | 3 | 35 | 105 | 268 | 823 | 2575 | 4772 | 11258 | 19592 | 39145 | 164021 |
| Inventories 18 | 449 | • | 4 | 29 | 52 | 155 | 547 | 1882 | 3820 | 8944 | 23989 | 37746 | 174692 |
| Net Property, Plant and Equipment 19 | 397 | • | 13 | 38 | 81 | 86 | 335 | 1300 | 3144 | 7611 | 12616 | 34751 | 184665 |
| Total Assets 20 | 1869 | • | 34 | 169 | 364 | 721 | 2128 | 6979 | 14908 | 33992 | 69241 | 159110 | 770622 |

| | | | | | | | | | | | | | |
|---|---|---|---|---|---|---|---|---|---|---|---|---|---|
| Notes and Loans Payable 21 | 658 | • | 29 | 81 | 111 | 214 | 666 | 2285 | 5319 | 11866 | 34636 | 68146 | 256776 |
| All Other Liabilities 22 | 663 | • | 10 | 82 | 128 | 250 | 778 | 2337 | 5062 | 11920 | 19787 | 61292 | 276252 |
| Net Worth 23 | 548 | • | -5 | 6 | 125 | 257 | 684 | 2358 | 4527 | 10206 | 14817 | 29672 | 237595 |

**Selected Financial Ratios (Times to 1)**

| | | | | | | | | | | | | | |
|---|---|---|---|---|---|---|---|---|---|---|---|---|---|
| Current Ratio 24 | 1.5 | • | 1.5 | 1.2 | 1.6 | 1.9 | 1.6 | 1.5 | 1.4 | 1.4 | 1.3 | 1.3 | 1.5 |
| Quick Ratio 25 | 0.8 | • | • | 0.8 | 1.2 | 1.3 | 1.0 | 0.9 | 0.8 | 0.8 | 0.6 | 0.7 | 0.7 |
| Net Sales to Working Capital 26 | 23.3 | • | • | • | 23.2 | 16.7 | 19.3 | 22.1 | 22.1 | 25.1 | 28.1 | 37.0 | 21.5 |
| Coverage Ratio 27 | 1.9 | 2.1 | • | 2.9 | 2.3 | 1.3 | 2.2 | 2.5 | 2.3 | 2.3 | 1.4 | 1.1 | 2.0 |
| Total Asset Turnover 28 | 4.6 | • | 10.3 | 11.5 | 5.4 | 6.1 | 5.4 | 5.1 | 4.1 | 5.1 | 4.4 | 4.7 | 3.6 |
| Inventory Turnover 29 | • | • | • | • | • | • | • | • | • | • | • | • | • |
| Receivables Turnover 30 | • | • | • | • | • | • | • | • | • | • | • | • | • |
| Total Liabilities to Net Worth 31 | 2.4 | • | • | 25.7 | 1.9 | 1.8 | 2.1 | 2.0 | 2.3 | 2.3 | 3.7 | 4.4 | 2.3 |

**Selected Financial Factors (in Percentages)**

| | | | | | | | | | | | | | |
|---|---|---|---|---|---|---|---|---|---|---|---|---|---|
| Debt Ratio 32 | 70.7 | • | • | 96.3 | 65.6 | 64.3 | 67.9 | 66.2 | 69.6 | 70.0 | 78.6 | 81.4 | 69.2 |
| Return on Assets 33 | 7.3 | • | • | 16.8 | 5.6 | 8.1 | 6.6 | 8.6 | 7.6 | 8.1 | 6.6 | 4.9 | 7.6 |
| Return on Equity 34 | 8.1 | • | • | • | 7.6 | 3.9 | 8.5 | 12.4 | 11.3 | 12.6 | 5.4 | 7.5 | 7.5 |
| Return Before Interest on Equity 35 | 25.0 | • | • | • | 16.3 | 22.7 | 20.4 | 25.4 | 25.1 | 27.1 | 31.0 | 26.1 | 24.5 |
| Profit Margin, Before Income Tax 36 | 0.8 | 1.0 | • | 1.0 | 0.6 | 0.3 | 0.7 | 1.0 | 1.0 | 0.9 | 0.5 | • | 1.1 |
| Profit Margin, After Income Tax 37 | 0.5 | 0.8 | • | 0.9 | 0.5 | 0.2 | 0.5 | 0.8 | 0.8 | 0.5 | 0.3 | • | 0.7 |

**Trends in Selected Ratios and Factors, 1986–1994**

| | 1986 | 1987 | 1988 | 1989 | 1990 | 1991 | 1992 | 1993 | 1994 |
|---|---|---|---|---|---|---|---|---|---|
| Cost of Operations (%) 38 | 87.4 | 87.1 | 87.3 | 86.8 | 86.2 | 86.8 | 87.1 | 86.8 | 87.1 |
| Operating Margin (%) 39 | • | • | • | • | • | • | • | • | • |
| Oper. Margin Before Officers Comp. (%) 40 | 0.8 | 0.7 | 0.5 | 0.3 | | 0.3 | 0.1 | 0.2 | 0.2 |
| Average Net Receivables ($) 41 | 331 | 374 | 350 | 392 | 393 | 429 | 483 | 529 | 519 |
| Average Inventories ($) 42 | 309 | 331 | 324 | 372 | 373 | 382 | 434 | 459 | 449 |
| Average Net Worth ($) 43 | 411 | 430 | 409 | 426 | 413 | 441 | 507 | 551 | 548 |
| Current Ratio (x1) 44 | 1.5 | 1.5 | 1.5 | 1.5 | 1.5 | 1.5 | 1.5 | 1.4 | 1.5 |
| Quick Ratio (x1) 45 | 0.8 | 0.8 | 0.8 | 0.8 | 0.8 | 0.8 | 0.8 | 0.8 | 0.8 |
| Coverage Ratio (x1) 46 | 2.8 | 2.6 | 2.5 | 2.1 | 2.4 | 2.5 | 2.3 | 2.1 | 1.9 |
| Asset Turnover (x1) 47 | 5.5 | 5.2 | 5.0 | 5.0 | 4.9 | 4.9 | 4.7 | 4.7 | 4.6 |
| Total Liabilities/Net Worth (x1) 48 | 1.9 | 2.0 | 2.1 | 2.3 | 2.4 | 2.4 | 2.4 | 2.4 | 2.4 |
| Return on Assets (x1) 49 | 9.0 | 7.8 | 7.9 | 6.8 | 7.1 | 7.5 | 7.7 | 7.8 | 7.3 |
| Return on Equity (%) 50 | 10.8 | 8.8 | 9.0 | 5.9 | 8.1 | 9.9 | 10.2 | 9.7 | 8.1 |

## 201

## Table II

Corporations with Net Income

# GROCERIES AND RELATED PRODUCTS

### MONEY AMOUNTS AND SIZE OF ASSETS IN THOUSANDS OF DOLLARS

| Item Description for Accounting Period 7/90 Through 6/91 | Total | Zero Assets | Under 100 | 100 to 250 | 251 to 500 | 501 to 1,000 | 1,001 to 5,000 | 5,001 to 10,000 | 10,001 to 25,000 | 25,001 to 50,000 | 50,001 to 100,000 | 100,001 to 250,000 | 250,001 and over |
|---|---|---|---|---|---|---|---|---|---|---|---|---|---|
| Number of Enterprises **1** | 15464 | 461 | 4735 | 2133 | 2818 | 2035 | 2432 | 459 | 261 | 71 | 22 | 19 | 17 |
| **Revenues ($ in Thousands)** | | | | | | | | | | | | | |
| Net Sales **2** | 184417 | 3080 | 1665 | 4136 | 5643 | 9622 | 29554 | 17534 | 17391 | 12510 | 7670 | 12836 | 62775 |
| Portfolio Income **3** | 537 | 32 | 9 | 1 | 25 | 7 | 39 | 18 | 37 | 20 | 15 | 57 | 277 |
| Other Revenues **4** | 2458 | 14 | 29 | 2 | 64 | 82 | 142 | 122 | 160 | 287 | 114 | 219 | 1224 |
| Total Revenues **5** | 187412 | 3126 | 1703 | 4139 | 5732 | 9711 | 29735 | 17674 | 17588 | 12817 | 7798 | 13111 | 64276 |
| Average Total Revenues **6** | 12119 | 6781 | 360 | 1941 | 2034 | 4772 | 12227 | 38505 | 67388 | 180527 | 354474 | 690076 | 3780963 |
| **Operating Costs/Operating Income (%)** | | | | | | | | | | | | | |
| Cost of Operations **7** | 86.9 | 89.7 | 70.2 | 86.6 | 75.9 | 86.7 | 86.4 | 87.5 | 86.9 | 89.2 | 91.0 | 88.5 | 86.9 |
| Rent **8** | 0.7 | 0.6 | 2.0 | 0.7 | 1.2 | 0.8 | 0.7 | 0.4 | 0.5 | 0.3 | 0.5 | 0.7 | 0.7 |
| Taxes Paid **9** | 0.9 | 0.6 | 1.2 | 0.8 | 1.3 | 0.7 | 0.8 | 0.8 | 1.0 | 0.6 | 0.5 | 1.1 | 1.0 |
| Interest Paid **10** | 0.7 | 0.7 | 0.5 | 0.5 | 0.4 | 0.3 | 0.5 | 0.6 | 0.7 | 0.7 | 0.8 | 0.9 | 0.9 |
| Depreciation, Depletion, Amortization **11** | 0.8 | 0.5 | 0.6 | 0.7 | 1.0 | 0.4 | 0.7 | 0.6 | 0.7 | 0.7 | 0.6 | 0.8 | 1.1 |
| Pensions and Other Benefits **12** | 0.6 | 0.8 | 0.9 | 0.2 | 0.7 | 0.5 | 0.4 | 0.5 | 0.6 | 0.5 | 0.4 | 0.6 | 0.9 |
| Other **13** | 8.7 | 5.3 | 14.4 | 6.2 | 14.8 | 8.8 | 8.2 | 8.2 | 8.1 | 8.5 | 6.7 | 8.2 | 9.3 |
| Officers Compensation **14** | 1.0 | 1.0 | 8.5 | 2.3 | 4.1 | 1.6 | 1.9 | 1.0 | 1.0 | 0.8 | 0.3 | 0.2 | 0.1 |
| Operating Margin **15** | • | 0.9 | 1.7 | 2.2 | 0.7 | 0.1 | 0.5 | 0.5 | 0.6 | • | • | • | • |
| Oper. Margin Before Officers Compensation **16** | 0.8 | 1.8 | 10.2 | 4.4 | 4.8 | 1.7 | 2.4 | 1.5 | 1.6 | • | • | • | • |
| **Selected Average Balance Sheet ($ in Thousands)** | | | | | | | | | | | | | |
| Net Receivables **17** | 735 | • | 4 | 38 | 111 | 284 | 817 | 2696 | 5059 | 11271 | 19495 | 35381 | 231436 |
| Inventories **18** | 639 | • | 4 | 31 | 44 | 165 | 562 | 1988 | 3852 | 9735 | 28230 | 41359 | 232686 |
| Net Property, Plant and Equipment **19** | 553 | • | 11 | 41 | 67 | 84 | 359 | 1287 | 3012 | 7789 | 15113 | 36317 | 248912 |
| Total Assets **20** | 2547 | • | 32 | 170 | 357 | 706 | 2153 | 7086 | 14872 | 34226 | 72511 | 152516 | 1007818 |

## Selected Financial Ratios and Factors

| | | | | | | | | | | | | |
|---|---|---|---|---|---|---|---|---|---|---|---|---|
| Notes and Loans Payable 21 | 790 | • | 23 | 50 | 87 | 194 | 612 | 1952 | 4677 | 11426 | 31112 | 54623 | 307203 |
| All Other Liabilities 22 | 884 | • | 6 | 53 | 110 | 205 | 721 | 2372 | 5380 | 11733 | 22969 | 54186 | 364147 |
| Net Worth 23 | 873 | • | 3 | 67 | 160 | 307 | 820 | 2761 | 4815 | 11067 | 18430 | 43708 | 336468 |

### Selected Financial Ratios (Times to 1)

| | | | | | | | | | | | | | |
|---|---|---|---|---|---|---|---|---|---|---|---|---|---|
| Current Ratio 24 | 1.6 | • | 1.8 | 1.9 | 2.1 | 2.2 | 1.7 | 1.5 | 1.5 | 1.5 | 1.3 | 1.6 | 1.6 |
| Quick Ratio 25 | 0.9 | • | 1.4 | 1.3 | 1.7 | 1.5 | 1.0 | 0.9 | 0.9 | 0.8 | 0.6 | 0.8 | 0.8 |
| Net Sales to Working Capital 26 | 19.5 | • | 45.0 | 38.4 | 16.1 | 15.2 | 17.8 | 20.5 | 19.1 | 21.7 | 26.9 | 20.3 | 18.4 |
| Coverage Ratio 27 | 3.0 | 4.3 | 9.1 | 5.8 | 7.1 | 4.1 | 3.2 | 3.3 | 3.3 | 2.9 | 2.2 | 2.3 | 2.6 |
| Total Asset Turnover 28 | 4.7 | • | 10.9 | 11.4 | 5.6 | 6.7 | 5.7 | 5.4 | 4.5 | 5.2 | 4.8 | 4.4 | 3.7 |
| Inventory Turnover 29 | • | • | • | • | • | • | • | • | • | 9.4 | • | • | |
| Receivables Turnover 30 | • | • | • | • | • | • | • | • | • | • | • | • | |
| Total Liabilities to Net Worth 31 | 1.9 | • | 8.8 | 1.5 | 1.2 | 1.3 | 1.6 | 1.6 | 2.1 | 2.1 | 2.9 | 2.5 | 2.0 |

### Selected Financial Factors (in Percentages)

| | | | | | | | | | | | | | |
|---|---|---|---|---|---|---|---|---|---|---|---|---|---|
| Debt Ratio 32 | 65.7 | • | 89.8 | 60.6 | 55.1 | 56.5 | 61.9 | 61.0 | 67.6 | 67.7 | 74.6 | 71.4 | 66.6 |
| Return on Assets 33 | 10.1 | • | 31.0 | 14.8 | | 9.0 | 9.0 | 10.3 | 10.9 | 9.4 | 8.4 | 9.2 | 9.0 |
| Return on Equity 34 | 15.3 | • | • | 26.5 | 14.5 | 13.6 | 15.5 | 20.0 | 15.8 | 13.2 | 12.4 | 11.1 | |
| Return Before Interest on Equity 35 | 29.3 | • | • | 33.0 | 20.6 | 23.7 | 26.4 | 33.5 | 29.2 | 33.0 | 31.9 | 27.0 | |
| Profit Margin, Before Income Tax 36 | 1.4 | 2.3 | 4.0 | 2.3 | 1.0 | 1.1 | 1.3 | 1.7 | 1.2 | 1.0 | 1.2 | 1.5 | |
| Profit Margin, After Income Tax 37 | 1.1 | 2.1 | 3.9 | 2.1 | 1.0 | 0.9 | 1.1 | 1.5 | 1.0 | 0.7 | 0.8 | 1.0 | |

### Trends in Selected Ratios and Factors, 1986-1994

| | 1986 | 1987 | 1988 | 1989 | 1990 | 1991 | 1992 | 1993 | 1994 |
|---|---|---|---|---|---|---|---|---|---|
| Cost of Operations (%) 38 | 87.4 | 87.2 | 87.6 | 86.8 | 86.3 | 86.9 | 87.1 | 87.0 | 86.9 |
| Operating Margin (%) 39 | 0.3 | 0.1 | • | • | • | • | • | • | • |
| Oper. Margin Before Officers Comp. (%) 40 | 1.2 | 1.0 | 0.9 | 0.7 | 0.2 | 0.7 | 0.5 | 0.7 | 0.8 |
| Average Net Receivables ($) 41 | 450 | 503 | 473 | 537 | 562 | 515 | 625 | 661 | 735 |
| Average Inventories ($) 42 | 421 | 463 | 424 | 511 | 540 | 478 | 578 | 584 | 639 |
| Average Net Worth ($) 43 | 620 | 647 | 614 | 670 | 672 | 587 | 722 | 752 | 873 |
| Current Ratio (x1) 44 | 1.6 | 1.5 | 1.5 | 1.5 | 1.5 | 1.5 | 1.6 | 1.5 | 1.6 |
| Quick Ratio (x1) 45 | 0.9 | 0.9 | 0.9 | 0.8 | 0.8 | 0.8 | 0.8 | 0.8 | 0.9 |
| Coverage Ratio (x1) 46 | 4.0 | 3.7 | 3.8 | 3.2 | 3.5 | 3.5 | 3.4 | 3.1 | 3.0 |
| Asset Turnover (x1) 47 | 5.7 | 5.4 | 5.3 | 5.1 | 4.9 | 5.0 | 4.8 | 4.9 | 4.7 |
| Operating Leverage 48 | • | 0.4 | • | 71.1 | 3.5 | 0.4 | 1.4 | 0.8 | 0.7 |
| Financial Leverage 49 | • | 1.0 | 1.0 | 0.9 | 1.1 | 1.1 | 1.0 | 1.0 | 1.0 |
| Total Leverage 50 | • | 0.4 | • | 64.7 | 3.7 | 1.0 | 1.5 | 0.8 | 0.7 |

## Table I

Corporations with and without Net Income

# MACHINERY, EQUIPMENT, AND SUPPLIES

### MONEY AMOUNTS AND SIZE OF ASSETS IN THOUSANDS OF DOLLARS

| Item Description for Accounting Period 7/90 Through 6/91 | Total | Zero Assets | Under 100 | 100 to 250 | 251 to 500 | 501 to 1,000 | 1,001 to 5,000 | 5,001 to 10,000 | 10,001 to 25,000 | 25,001 to 50,000 | 50,001 to 100,000 | 100,001 to 250,000 | 250,001 and over |
|---|---|---|---|---|---|---|---|---|---|---|---|---|---|
| Number of Enterprises **1** | 52482 | 1936 | 19279 | 8132 | 7250 | 6490 | 7659 | 984 | 436 | 164 | 83 | 51 | 18 |
| **Revenues ($ in Thousands)** | | | | | | | | | | | | | |
| Net Sales **2** | 136001 | 2114 | 2918 | 5602 | 7759 | 12920 | 37020 | 13033 | 11055 | 8565 | 7871 | 8730 | 18413 |
| Portfolio Income **3** | 1483 | 67 | 7 | 9 | 45 | 58 | 196 | 76 | 91 | 85 | 131 | 190 | 527 |
| Other Revenues **4** | 2927 | 28 | 49 | 35 | 88 | 132 | 650 | 185 | 256 | 217 | 190 | 535 | 561 |
| Total Revenues **5** | 140412 | 2209 | 2975 | 5647 | 7891 | 13110 | 37867 | 13294 | 11403 | 8868 | 8192 | 9455 | 19501 |
| Average Total Revenues **6** | 2675 | 1141 | 154 | 694 | 1088 | 2020 | 4944 | 13510 | 26154 | 54073 | 98702 | 185392 | 1083377 |
| **Operating Costs/Operating Income (%)** | | | | | | | | | | | | | |
| Cost of Operations **7** | 75.2 | 73.2 | 60.8 | 72.2 | 72.1 | 72.0 | 75.2 | 77.0 | 73.4 | 77.1 | 75.8 | 74.1 | 81.5 |
| Rent **8** | 1.1 | 1.6 | 3.5 | 1.7 | 1.8 | 1.3 | 1.1 | 1.0 | 1.1 | 0.8 | 1.0 | 1.1 | 0.7 |
| Taxes Paid **9** | 1.4 | 1.2 | 2.3 | 2.1 | 1.7 | 1.7 | 1.4 | 1.3 | 1.5 | 1.2 | 1.2 | 1.3 | 1.1 |
| Interest Paid **10** | 1.8 | 2.3 | 1.1 | 0.7 | 0.9 | 0.9 | 1.2 | 1.7 | 1.9 | 2.2 | 2.7 | 3.6 | 3.2 |
| Depreciation, Depletion, Amortization **11** | 1.9 | 0.7 | 1.5 | 0.7 | 1.1 | 1.1 | 1.3 | 1.6 | 2.5 | 2.2 | 2.7 | 4.5 | 2.5 |
| Pensions and Other Benefits **12** | 1.0 | 0.9 | 0.7 | 0.9 | 0.7 | 1.0 | 0.9 | 0.9 | 1.1 | 1.3 | 1.4 | 2.1 | 0.9 |
| Other **13** | 16.3 | 20.1 | 24.1 | 14.9 | 16.1 | 18.0 | 15.7 | 15.0 | 17.1 | 16.4 | 15.0 | 19.3 | 14.4 |
| Officers Compensation **14** | 3.0 | 1.7 | 7.1 | 7.1 | 5.6 | 5.1 | 3.8 | 2.5 | 2.5 | 1.3 | 1.1 | 0.8 | 0.4 |
| Operating Margin **15** | • | | | | | • | | | | | | • | • |
| Oper. Margin Before Officers Compensation **16** | 1.3 | • | 6.0 | 6.9 | 5.6 | 4.2 | 3.3 | 1.6 | 1.5 | • | 0.3 | • | • |
| **Selected Average Balance Sheet ($ in Thousands)** | | | | | | | | | | | | | |
| Net Receivables **17** | 372 | • | 10 | 51 | 103 | 231 | 559 | 1962 | 4083 | 8856 | 16580 | 37229 | 219654 |
| Inventories **18** | 452 | • | 10 | 46 | 120 | 231 | 899 | 2920 | 5529 | 12672 | 22447 | 49330 | 119144 |
| Net Property, Plant and Equipment **19** | 211 | • | 5 | 25 | 44 | 86 | 276 | 876 | 2874 | 6746 | 12125 | 27375 | 119540 |
| Total Assets **20** | 1425 | • | 40 | 169 | 376 | 685 | 2089 | 7056 | 15156 | 33901 | 67082 | 154788 | 939578 |

| | | | | | | | | | | | |
|---|---|---|---|---|---|---|---|---|---|---|---|
| Notes and Loans Payable **21** | 528 | 33 | 80 | 121 | 197 | 669 | 2692 | 6094 | 14561 | 28281 | 66716 | 317265 |
| All Other Liabilities **22** | 450 | 10 | 78 | 122 | 237 | 680 | 2507 | 4791 | 9947 | 19122 | 42140 | 290406 |
| Net Worth **23** | 447 | -3 | 11 | 133 | 251 | 741 | 1858 | 4271 | 9394 | 19679 | 45932 | 331907 |

## Selected Financial Ratios (Times to 1)

| | | | | | | | | | | | |
|---|---|---|---|---|---|---|---|---|---|---|---|
| Current Ratio **24** | 1.6 | 2.2 | 1.2 | 1.8 | 1.8 | 1.7 | 1.4 | 1.5 | 1.4 | 1.5 | 1.5 | 1.7 |
| Quick Ratio **25** | 0.8 | 1.4 | 0.7 | 1.0 | 1.0 | 0.8 | 0.6 | 0.7 | 0.6 | 0.7 | 0.6 | 1.0 |
| Net Sales to Working Capital **26** | 7.2 | 9.1 | 33.8 | 8.1 | 7.8 | 7.0 | 7.9 | 7.4 | 7.8 | 6.0 | 5.7 | 5.5 |
| Coverage Ratio **27** | 1.9 | 1.7 | 1.9 | 2.8 | 1.7 | 2.6 | 1.6 | 2.1 | 1.6 | 2.2 | 1.5 | 1.4 |
| Total Asset Turnover **28** | 1.8 | 3.8 | 4.1 | 2.9 | 2.9 | 2.3 | 1.9 | 1.7 | 1.6 | 1.4 | 1.1 | 1.1 |
| Inventory Turnover **29** | 4.4 | 10.0 | • | 7.2 | 6.1 | 4.2 | 3.6 | 3.0 | 3.5 | 3.3 | 2.7 | 7.6 |
| Receivables Turnover **30** | 6.9 | • | • | • | 8.3 | 8.3 | 6.7 | 5.6 | 6.1 | 5.7 | 4.5 | 5.0 |
| Total Liabilities to Net Worth **31** | 2.2 | • | 14.9 | 1.8 | 1.7 | 1.8 | 2.8 | 1.8 | 2.6 | 2.4 | 2.4 | 1.8 |

## Selected Financial Factors (in Percentages)

| | | | | | | | | | | | |
|---|---|---|---|---|---|---|---|---|---|---|---|
| Debt Ratio **32** | 68.6 | • | 93.7 | 64.6 | 63.4 | 64.6 | 73.7 | 71.8 | 72.3 | 70.7 | 70.3 | 64.7 |
| Return on Assets **33** | 6.1 | 7.2 | 5.5 | 7.5 | 4.4 | 6.8 | 5.2 | 6.8 | 5.2 | 8.5 | 5.9 | 4.9 |
| Return on Equity **34** | 6.0 | • | 27.8 | 11.3 | 2.5 | 9.3 | 4.2 | 8.6 | 3.6 | 10.6 | 3.6 | 1.7 |
| Return Before Interest on Equity **35** | 19.5 | • | • | 21.1 | 11.9 | 19.2 | 19.6 | 24.1 | 18.6 | 29.0 | 20.0 | 13.8 |
| Profit Margin, Before Income Tax **36** | 1.6 | 2.7 | 0.7 | 1.7 | 0.6 | 1.8 | 1.1 | 2.1 | 1.2 | 3.3 | 1.8 | 1.3 |
| Profit Margin, After Income Tax **37** | 1.0 | 1.9 | 0.4 | 1.4 | 0.3 | 1.4 | 0.6 | 1.5 | 0.7 | 2.2 | 1.0 | 0.6 |

## Trends in Selected Ratios and Factors, 1986-1994

| | 1986 | 1987 | 1988 | 1989 | 1990 | 1991 | 1992 | 1993 | 1994 |
|---|---|---|---|---|---|---|---|---|---|
| Cost of Operations (%) **38** | 74.4 | 74.2 | 74.1 | 74.7 | 74.9 | 75.6 | 75.5 | 75.4 | 75.2 |
| Operating Margin (%) **39** | • | • | • | • | • | • | • | • | • |
| Oper. Margin Before Officers Comp. (%) **40** | 2.4 | 1.6 | 2.0 | 0.1 | 0.2 | 0.7 | 1.1 | 1.0 | 1.3 |
| Average Net Receivables ($) **41** | 355 | 355 | 381 | 342 | 383 | 400 | 375 | 378 | 372 |
| Average Inventories ($) **42** | 381 | 366 | 358 | 369 | 387 | 397 | 418 | 430 | 452 |
| Average Net Worth ($) **43** | 509 | 504 | 506 | 348 | 379 | 388 | 399 | 398 | 447 |
| Current Ratio (x1) **44** | 1.7 | 1.7 | 1.7 | 1.5 | 1.5 | 1.4 | 1.5 | 1.5 | 1.6 |
| Quick Ratio (x1) **45** | 0.8 | 0.8 | 0.9 | 0.8 | 0.8 | 0.8 | 0.7 | 0.8 | 0.8 |
| Coverage Ratio (x1) **46** | 2.5 | 2.6 | 2.7 | 1.7 | 1.8 | 2.1 | 2.2 | 2.0 | 1.9 |
| Asset Turnover (x1) **47** | 1.6 | 1.6 | 1.6 | 1.9 | 1.8 | 1.9 | 1.9 | 1.9 | 1.8 |
| Total Liabilities/Net Worth (x1) **48** | 1.5 | 1.5 | 1.5 | 2.4 | 2.5 | 2.5 | 2.4 | 2.4 | 2.2 |
| Return on Assets (x1) **49** | 10.3 | 8.5 | 9.8 | 6.6 | 5.9 | 6.4 | 7.1 | 7.0 | 6.1 |
| Return on Equity (%) **50** | 12.2 | 10.2 | 12.4 | 3.7 | 3.7 | 7.1 | 9.4 | 8.3 | 6.0 |

## Table II

Corporations with Net Income

# MACHINERY, EQUIPMENT, AND SUPPLIES

**MONEY AMOUNTS AND SIZE OF ASSETS IN THOUSANDS OF DOLLARS**

| Item Description for Accounting Period 7/90 Through 6/91 | Total | Zero Assets | Under 100 | 100 to 250 | 251 to 500 | 501 to 1,000 | 1,001 to 5,000 | 5,001 to 10,000 | 10,001 to 25,000 | 25,001 to 50,000 | 50,001 to 100,000 | 100,001 to 250,000 | 250,001 and over |
|---|---|---|---|---|---|---|---|---|---|---|---|---|---|
| Number of Enterprises **1** | 32788 | 1067 | 9625 | 4758 | 5362 | 4608 | 6115 | 728 | 306 | 108 | 61 | 38 | 10 |
| **Revenues ($ in Thousands)** | | | | | | | | | | | | | |
| Net Sales **2** | 106960 | 1492 | 1905 | 3796 | 6294 | 9869 | 29987 | 9993 | 8600 | 6730 | 6584 | 6865 | 14845 |
| Portfolio Income **3** | 1069 | 51 | 4 | 6 | 41 | 38 | 159 | 55 | 71 | 58 | 106 | 160 | 319 |
| Other Revenues **4** | 1896 | 17 | 14 | 23 | 72 | 99 | 495 | 134 | 149 | 191 | 155 | 353 | 193 |
| Total Revenues **5** | 109925 | 1559 | 1924 | 3826 | 6407 | 10005 | 30642 | 10182 | 8820 | 6979 | 6846 | 7378 | 15358 |
| Average Total Revenues **6** | 3353 | 1461 | 200 | 804 | 1195 | 2171 | 5011 | 13986 | 28825 | 64616 | 112224 | 194156 | 1535778 |
| **Operating Costs/Operating Income (%)** | | | | | | | | | | | | | |
| Cost of Operations **7** | 74.8 | 72.7 | 56.8 | 69.9 | 71.6 | 71.6 | 74.5 | 75.7 | 73.2 | 76.9 | 75.6 | 75.3 | 81.2 |
| Rent **8** | 1.0 | 0.7 | 3.2 | 1.4 | 1.7 | 1.2 | 1.0 | 0.9 | 1.0 | 0.8 | 0.8 | 0.8 | 0.5 |
| Taxes Paid **9** | 1.4 | 1.1 | 1.9 | 2.4 | 1.6 | 1.6 | 1.3 | 1.3 | 1.5 | 1.2 | 1.2 | 1.2 | 1.1 |
| Interest Paid **10** | 1.4 | 1.9 | 0.4 | 0.4 | 0.8 | 0.8 | 1.0 | 1.4 | 1.5 | 1.8 | 2.2 | 2.8 | 1.8 |
| Depreciation, Depletion, Amortization **11** | 1.6 | 0.5 | 1.6 | 0.6 | 1.1 | 1.0 | 1.2 | 1.5 | 2.0 | 1.8 | 2.4 | 4.1 | 1.6 |
| Pensions and Other Benefits **12** | 1.0 | 0.5 | 0.9 | 0.8 | 0.7 | 0.9 | 0.9 | 1.0 | 1.1 | 1.3 | 1.4 | 1.8 | 0.9 |
| Other **13** | 15.1 | 17.0 | 20.4 | 14.8 | 15.0 | 16.9 | 15.0 | 14.3 | 16.2 | 15.4 | 14.6 | 16.3 | 13.1 |
| Officers Compensation **14** | 3.0 | 1.9 | 7.8 | 5.7 | 5.7 | 4.8 | 4.1 | 2.8 | 2.0 | 1.3 | 1.1 | 0.8 | 0.3 |
| Operating Margin **15** | 0.8 | 3.8 | 7.0 | 4.1 | 1.7 | 1.2 | 1.0 | 1.2 | 1.5 | • | 0.9 | • | • |
| Oper. Margin Before Officers Compensation **16** | 3.8 | 5.7 | 14.8 | 9.8 | 7.5 | 6.1 | 5.1 | 4.0 | 3.5 | 0.9 | 1.9 | • | • |
| **Selected Average Balance Sheet ($ in Thousands)** | | | | | | | | | | | | | |
| Net Receivables **17** | 433 | • | 8 | 42 | 103 | 240 | 544 | 1969 | 4175 | 9306 | 17135 | 39207 | 268543 |
| Inventories **18** | 536 | • | 8 | 47 | 115 | 238 | 877 | 3046 | 5632 | 13216 | 24128 | 53517 | 132479 |
| Net Property, Plant and Equipment **19** | 232 | • | 6 | 21 | 48 | 83 | 254 | 838 | 2743 | 5710 | 11619 | 24592 | 154510 |
| Total Assets **20** | 1649 | • | 41 | 166 | 382 | 697 | 2024 | 6945 | 15260 | 34084 | 68521 | 153795 | 1180982 |

| | | | | | | | | | | | | | |
|---|--:|--:|--:|--:|--:|--:|--:|--:|--:|--:|--:|--:|--:|
| Notes and Loans Payable 21 | 495 | • | 16 | 44 | 106 | 163 | 577 | 2275 | 4979 | 12982 | 24630 | 58930 | 269227 |
| All Other Liabilities 22 | 532 | • | 8 | 62 | 119 | 221 | 638 | 2349 | 4899 | 10565 | 21088 | 42828 | 425283 |
| Net Worth 23 | 622 | • | 17 | 60 | 158 | 314 | 809 | 2320 | 5381 | 10537 | 22802 | 52037 | 486472 |

**Selected Financial Ratios (Times to 1)**

| | | | | | | | | | | | | | |
|---|--:|--:|--:|--:|--:|--:|--:|--:|--:|--:|--:|--:|--:|
| Current Ratio 24 | 1.7 | • | 2.4 | 1.7 | 2.0 | 2.1 | 1.8 | 1.6 | 1.6 | 1.5 | 1.5 | 1.5 | 2.1 |
| Quick Ratio 25 | 0.8 | • | 1.6 | 1.0 | 1.2 | 1.2 | 0.8 | 0.7 | 0.7 | 0.6 | 0.6 | 0.6 | 1.3 |
| Net Sales to Working Capital 26 | 6.8 | • | 11.5 | 15.0 | 7.9 | 6.9 | 6.8 | 6.7 | 6.8 | 7.7 | 7.2 | 5.5 | 5.3 |
| Coverage Ratio 27 | 3.6 | 5.4 | • | 12.5 | 5.7 | 4.4 | 4.2 | 3.3 | 3.8 | 2.9 | 3.2 | 2.7 | 2.6 |
| Total Asset Turnover 28 | 2.0 | • | 4.8 | 4.8 | 3.1 | 3.1 | 2.4 | 2.0 | 1.9 | 1.8 | 1.6 | 1.2 | 1.3 |
| Inventory Turnover 29 | 4.7 | • | • | • | 8.9 | 6.5 | 4.2 | 3.4 | 3.3 | 3.9 | 3.4 | 2.9 | • |
| Receivables Turnover 30 | 7.4 | • | • | • | • | 8.5 | 8.4 | 6.4 | 5.7 | 6.9 | 6.5 | 4.8 | 6.2 |
| Total Liabilities to Net Worth 31 | 1.7 | • | 1.4 | 1.8 | 1.4 | 1.2 | 1.5 | 2.0 | 1.8 | 2.2 | 2.0 | 2.0 | 1.4 |

**Selected Financial Factors (in Percentages)**

| | | | | | | | | | | | | | |
|---|--:|--:|--:|--:|--:|--:|--:|--:|--:|--:|--:|--:|--:|
| Debt Ratio 32 | 62.3 | • | 57.9 | 63.9 | 58.7 | 55.0 | 60.1 | 66.6 | 64.7 | 69.1 | 66.7 | 66.2 | 58.8 |
| Return on Assets 33 | 9.8 | • | 40.0 | 25.4 | 13.1 | 10.3 | 10.1 | 8.9 | 10.2 | 9.3 | 11.1 | 8.7 | 6.0 |
| Return on Equity 34 | 15.3 | • | • | • | 23.4 | 15.0 | 16.5 | 14.7 | 16.8 | 15.6 | 16.8 | 12.1 | 6.1 |
| Return Before Interest on Equity 35 | 26.0 | • | • | • | 31.8 | 22.9 | 25.2 | 26.5 | 28.9 | 30.1 | 33.2 | 25.6 | 14.5 |
| Profit Margin, Before Income Tax 36 | 3.6 | 8.4 | 4.9 | 3.5 | 2.6 | 3.2 | 3.1 | 4.1 | 3.3 | 4.8 | 4.6 | 2.9 | |
| Profit Margin, After Income Tax 37 | 2.9 | 7.6 | 4.5 | 3.2 | 2.2 | 2.7 | 2.5 | 3.2 | 2.6 | 3.6 | 3.5 | 2.0 | |

**Trends in Selected Ratios and Factors, 1986–1994**

| | 1986 | 1987 | 1988 | 1989 | 1990 | 1991 | 1992 | 1993 | 1994 |
|---|--:|--:|--:|--:|--:|--:|--:|--:|--:|
| Cost of Operations (%) 38 | 73.3 | 73.1 | 73.0 | 74.3 | 74.8 | 75.7 | 75.4 | 75.2 | 74.8 |
| Operating Margin (%) 39 | 4.0 | 3.0 | 2.9 | • | 0.4 | 0.2 | 0.4 | 0.5 | 0.8 |
| Oper. Margin Before Officers Comp. (%) 40 | 6.6 | 5.7 | 5.5 | 2.7 | 2.9 | 2.8 | 3.2 | 3.3 | 3.8 |
| Average Net Receivables ($) 41 | 428 | 451 | 509 | 417 | 443 | 545 | 436 | 477 | 433 |
| Average Inventories ($) 42 | 387 | 406 | 421 | 422 | 427 | 529 | 474 | 540 | 536 |
| Average Net Worth ($) 43 | 714 | 714 | 777 | 502 | 497 | 581 | 507 | 588 | 622 |
| Current Ratio (x1) 44 | 2.0 | 1.8 | 1.8 | 1.7 | 1.6 | 1.5 | 1.6 | 1.7 | 1.7 |
| Quick Ratio (x1) 45 | 1.1 | 1.0 | 1.1 | 0.9 | 0.8 | 0.8 | 0.8 | 0.8 | 0.8 |
| Coverage Ratio (x1) 46 | 5.8 | 6.0 | 5.4 | 3.3 | 3.6 | 3.6 | 3.7 | 3.7 | 3.6 |
| Asset Turnover (x1) 47 | 1.8 | 1.7 | 1.7 | 2.1 | 2.1 | 2.1 | 2.0 | 2.1 | 2.0 |
| Operating Leverage 48 | • | 0.8 | 1.0 | 0.0 | 5.8 | 0.7 | 1.5 | 1.4 | 1.7 |
| Financial Leverage 49 | • | 1.0 | 1.0 | 0.7 | 1.1 | 1.1 | 1.1 | 1.0 | 1.0 |
| Total Leverage 50 | • | 0.8 | 0.9 | 0.0 | 6.1 | 0.8 | 1.6 | 1.4 | 1.6 |

## Table I

Corporations with and without Net Income

# MOTOR VEHICLES AND AUTOMOTIVE EQUIPMENT

MONEY AMOUNTS AND SIZE OF ASSETS IN THOUSANDS OF DOLLARS

| Item Description for Accounting Period 7/90 Through 6/91 | Total | Zero Assets | Under 100 | 100 to 250 | 251 to 500 | 501 to 1,000 | 1,001 to 5,000 | 5,001 to 10,000 | 10,001 to 25,000 | 25,001 to 50,000 | 50,001 to 100,000 | 100,001 to 250,000 | 250,001 and over |
|---|---|---|---|---|---|---|---|---|---|---|---|---|---|
| Number of Enterprises **1** | 22557 | 1051 | 6650 | 4944 | 4545 | 2456 | 2335 | 299 | 168 | 53 | 17 | 15 | 23 |
| **Revenues ($ in Thousands)** | | | | | | | | | | | | | |
| Net Sales **2** | 135113 | 593 | 1808 | 3689 | 4561 | 4323 | 12247 | 4712 | 6077 | 4036 | 3195 | 7249 | 82423 |
| Portfolio Income **3** | 2147 | 6 | 1 | 3 | 7 | 23 | 48 | 31 | 35 | 32 | 19 | 43 | 1901 |
| Other Revenues **4** | 1843 | 36 | 2 | 9 | 96 | 29 | 138 | 70 | 98 | 50 | 47 | 72 | 1196 |
| Total Revenues **5** | 139103 | 635 | 1811 | 3702 | 4663 | 4375 | 12633 | 4813 | 6210 | 4118 | 3260 | 7364 | 85519 |
| Average Total Revenues **6** | 6167 | 604 | 272 | 749 | 1026 | 1781 | 5410 | 16097 | 36964 | 77700 | 191791 | 490966 | 3718229 |
| **Operating Costs/Operating Income (%)** | | | | | | | | | | | | | |
| Cost of Operations **7** | 81.5 | 83.8 | 69.1 | 75.2 | 71.6 | 71.4 | 75.4 | 77.7 | 79.9 | 77.9 | 83.7 | 86.1 | 84.0 |
| Rent **8** | 0.8 | 1.0 | 3.1 | 2.4 | 2.0 | 2.0 | 1.5 | 1.1 | 1.3 | 1.2 | 0.8 | 0.5 | 0.4 |
| Taxes Paid **9** | 0.9 | 1.3 | 1.8 | 1.5 | 1.9 | 1.8 | 1.6 | 1.3 | 1.2 | 1.3 | 1.1 | 0.5 | 0.6 |
| Interest Paid **10** | 2.1 | 2.2 | 0.7 | 0.8 | 1.6 | 1.2 | 1.0 | 1.3 | 1.5 | 1.7 | 1.2 | 0.7 | 2.6 |
| Depreciation, Depletion, Amortization **11** | 2.8 | 2.4 | 1.3 | 0.7 | 1.0 | 1.0 | 1.0 | 0.8 | 1.3 | 1.7 | 1.1 | 0.9 | 4.0 |
| Pensions and Other Benefits **12** | 0.5 | 0.5 | 0.3 | 0.5 | 0.6 | 0.8 | 0.7 | 0.7 | 1.1 | 0.8 | 0.6 | 0.3 | 0.4 |
| Other **13** | 12.5 | 16.1 | 19.7 | 15.7 | 19.1 | 18.2 | 15.9 | 13.9 | 13.4 | 15.5 | 10.8 | 10.3 | 11.0 |
| Officers Compensation **14** | 1.0 | 0.4 | 4.8 | 4.1 | 4.7 | 4.6 | 2.7 | 2.4 | 1.3 | 0.8 | 1.0 | 0.2 | 0.1 |
| Operating Margin **15** | • | • | • | • | • | • | 0.2 | 0.9 | • | • | • | 0.5 | • |
| Oper. Margin Before Officers Compensation **16** | • | 4.1 | • | 3.2 | 2.4 | 3.7 | 3.0 | 3.3 | 0.3 | • | • | 0.7 | • |
| **Selected Average Balance Sheet ($ in Thousands)** | | | | | | | | | | | | | |
| Net Receivables **17** | 1164 | • | 9 | 38 | 69 | 145 | 490 | 1854 | 4466 | 8866 | 15167 | 27294 | 945648 |
| Inventories **18** | 706 | • | 17 | 81 | 180 | 322 | 851 | 2784 | 5730 | 13086 | 29319 | 35409 | 360687 |
| Net Property, Plant and Equipment **19** | 604 | • | 9 | 16 | 55 | 112 | 256 | 586 | 2293 | 8055 | 10219 | 38454 | 461890 |
| Total Assets **20** | 3330 | • | 47 | 162 | 358 | 717 | 1972 | 6644 | 15113 | 35126 | 78472 | 142643 | 2440955 |

| | | | | | | | | | | | | |
|---|---|---|---|---|---|---|---|---|---|---|---|---|
| Notes and Loans Payable 21 | 1363 | • | 25 | 99 | 168 | 291 | 539 | 1981 | 6269 | 15590 | 31001 | 35448 | 1035546 |
| All Other Liabilities 22 | 935 | • | 9 | 58 | 88 | 168 | 599 | 1851 | 4969 | 10788 | 22174 | 45280 | 674785 |
| Net Worth 23 | 1032 | • | 13 | 5 | 102 | 258 | 834 | 2813 | 3874 | 8748 | 25298 | 61914 | 730625 |

## Selected Financial Ratios (Times to 1)

| | | | | | | | | | | | | | |
|---|---|---|---|---|---|---|---|---|---|---|---|---|---|
| Current Ratio 24 | 1.4 | • | 1.8 | 1.9 | 2.3 | 2.5 | 1.9 | 1.9 | 1.4 | 1.4 | 1.5 | 1.5 | 1.3 |
| Quick Ratio 25 | 0.8 | • | 0.9 | 0.7 | 0.8 | 0.9 | 0.8 | 0.9 | 0.7 | 0.6 | 0.6 | 0.7 | 0.8 |
| Net Sales to Working Capital 26 | 9.5 | • | 16.4 | 11.8 | 6.3 | 5.6 | 7.1 | 6.0 | 11.8 | 11.0 | 10.2 | 16.9 | 10.1 |
| Coverage Ratio 27 | 1.4 | 0.8 | 0.2 | 0.4 | 1.0 | 1.2 | 2.8 | 3.4 | 1.8 | 1.8 | 2.4 | 3.9 | 1.2 |
| Total Asset Turnover 28 | 1.8 | • | 5.7 | 4.6 | 2.8 | 2.5 | 2.7 | 2.4 | 2.4 | 2.2 | 2.4 | 3.4 | 1.5 |
| Inventory Turnover 29 | 7.0 | • | • | 6.8 | 4.2 | 3.7 | 4.6 | 4.1 | 5.1 | 5.1 | 6.1 | 9.7 | 8.7 |
| Receivables Turnover 30 | 5.6 | • | • | • | • | • | • | 7.9 | 8.6 | 9.8 | • | • | 4.2 |
| Total Liabilities to Net Worth 31 | 2.2 | • | 2.6 | 30.0 | 2.5 | 1.8 | 1.4 | 1.4 | 2.9 | 3.0 | 2.1 | 1.3 | 2.4 |

## Selected Financial Factors (in Percentages)

| | | | | | | | | | | | | | |
|---|---|---|---|---|---|---|---|---|---|---|---|---|---|
| Debt Ratio 32 | 69.0 | • | 72.0 | 96.8 | 71.7 | 64.1 | 57.7 | 57.7 | 74.4 | 75.1 | 67.8 | 56.6 | 70.1 |
| Return on Assets 33 | 5.2 | • | 0.6 | 1.3 | 4.2 | 3.3 | 7.3 | 10.0 | 6.6 | 6.5 | 7.2 | 9.5 | 4.7 |
| Return on Equity 34 | 1.9 | • | • | • | • | • | 8.9 | 15.1 | 9.0 | 4.7 | 9.8 | 10.9 | • |
| Return Before Interest on Equity 35 | 16.8 | • | 2.1 | • | 14.9 | 9.2 | 17.1 | 23.7 | 25.6 | 26.3 | 22.3 | 21.8 | 15.7 |
| Profit Margin, Before Income Tax 36 | 0.8 | • | • | • | • | 0.2 | 1.7 | 3.0 | 1.2 | 1.3 | 1.8 | 2.1 | 0.6 |
| Profit Margin, After Income Tax 37 | 0.3 | • | • | • | • | • | 1.4 | 2.7 | 1.0 | • | 1.3 | 1.4 | • |

## Trends in Selected Ratios and Factors, 1986-1994

| | 1986 | 1987 | 1988 | 1989 | 1990 | 1991 | 1992 | 1993 | 1994 |
|---|---|---|---|---|---|---|---|---|---|
| Cost of Operations (%) 38 | 79.1 | 78.1 | 80.2 | 79.9 | 82.9 | 84.2 | 83.5 | 82.2 | 81.5 |
| Operating Margin (%) 39 | 2.5 | 3.0 | 3.7 | 2.7 | 0.8 | 0.2 | • | • | • |
| Oper. Margin Before Officers Comp. (%) 40 | 3.8 | 4.5 | 4.7 | 3.8 | 1.6 | 1.6 | • | • | • |
| Average Net Receivables ($) 41 | 334 | 366 | 463 | 430 | 545 | 742 | 782 | 1021 | 1164 |
| Average Inventories ($) 42 | 469 | 439 | 518 | 522 | 628 | 681 | 698 | 707 | 706 |
| Average Net Worth ($) 43 | 593 | 639 | 830 | 706 | 849 | 920 | 999 | 1041 | 1032 |
| Current Ratio (x1) 44 | 1.7 | 1.8 | 1.8 | 1.8 | 1.8 | 1.6 | 1.5 | 1.5 | 1.4 |
| Quick Ratio (x1) 45 | 0.7 | 0.9 | 0.9 | 0.8 | 0.8 | 0.8 | 0.8 | 0.8 | 0.8 |
| Coverage Ratio (x1) 46 | 3.5 | 4.9 | 5.4 | 4.8 | 3.6 | 1.8 | 1.8 | 1.6 | 1.4 |
| Asset Turnover (x1) 47 | 2.2 | 2.3 | 2.3 | 2.6 | 2.6 | 2.5 | 2.1 | 1.9 | 1.8 |
| Total Liabilities/Net Worth (x1) 48 | 1.2 | 1.1 | 1.1 | 1.3 | 1.4 | 1.6 | 1.7 | 1.9 | 2.2 |
| Return on Assets (x1) 49 | 13.4 | 14.5 | 16.2 | 14.8 | 10.3 | 6.9 | 6.1 | 6.1 | 5.2 |
| Return on Equity (%) 50 | 12.9 | 16.3 | 18.0 | 14.8 | 9.9 | 2.8 | 3.9 | 3.7 | 1.9 |

## Table II

Corporations with Net Income

# MOTOR VEHICLES AND AUTOMOTIVE EQUIPMENT

**MONEY AMOUNTS AND SIZE OF ASSETS IN THOUSANDS OF DOLLARS**

| Item Description for Accounting Period 7/90 Through 6/91 | Total | Zero Assets | Under 100 | 100 to 250 | 251 to 500 | 501 to 1,000 | 1,001 to 5,000 | 5,001 to 10,000 | 10,001 to 25,000 | 25,001 to 50,000 | 50,001 to 100,000 | 100,001 to 250,000 | 250,001 and over |
|---|---|---|---|---|---|---|---|---|---|---|---|---|---|
| Number of Enterprises **1** | 14473 | 90 | 4800 | 3142 | 2457 | 1706 | 1815 | 258 | 131 | 37 | 13 | 12 | 10 |
| **Revenues ($ in Thousands)** | | | | | | | | | | | | | |
| Net Sales **2** | 93408 | 335 | 1334 | 2860 | 3034 | 3366 | 9808 | 4057 | 4552 | 3090 | 2290 | 5867 | 52814 |
| Portfolio Income **3** | 963 | 4 | 0 | 3 | 5 | 15 | 37 | 27 | 29 | 22 | 13 | 36 | 771 |
| Other Revenues **4** | 1225 | 22 | 2 | 8 | 20 | 18 | 87 | 68 | 76 | 42 | 32 | 70 | 781 |
| Total Revenues **5** | 95595 | 361 | 1336 | 2871 | 3059 | 3398 | 9932 | 4152 | 4658 | 3153 | 2335 | 5973 | 54366 |
| Average Total Revenues **6** | 6605 | 4009 | 278 | 914 | 1245 | 1992 | 5472 | 16091 | 35557 | 85227 | 179635 | 497758 | 5436594 |
| **Operating Costs/Operating Income (%)** | | | | | | | | | | | | | |
| Cost of Operations **7** | 81.8 | 80.4 | 62.4 | 78.4 | 72.3 | 72.1 | 74.8 | 78.1 | 77.9 | 77.9 | 83.0 | 86.0 | 85.2 |
| Rent **8** | 0.8 | 0.5 | 3.5 | 1.6 | 1.8 | 1.5 | 1.5 | 1.1 | 1.4 | 1.3 | 0.8 | 0.5 | 0.3 |
| Taxes Paid **9** | 0.9 | 1.1 | 1.8 | 1.2 | 1.7 | 1.8 | 1.7 | 1.3 | 1.3 | 1.2 | 0.8 | 0.5 | 0.5 |
| Interest Paid **10** | 1.4 | 0.3 | 0.7 | 0.5 | 1.0 | 0.9 | 0.8 | 1.1 | 1.5 | 1.2 | 1.1 | 0.7 | 1.8 |
| Depreciation, Depletion, Amortization **11** | 1.9 | 0.9 | 1.4 | 0.4 | 0.9 | 0.9 | 0.8 | 0.8 | 1.2 | 1.0 | 1.2 | 0.7 | 2.8 |
| Pensions and Other Benefits **12** | 0.5 | 0.6 | 0.4 | 0.5 | 0.7 | 0.8 | 0.8 | 0.7 | 1.2 | 0.7 | 0.7 | 0.2 | 0.3 |
| Other **13** | 11.3 | 13.3 | 21.1 | 12.8 | 16.3 | 16.7 | 15.2 | 13.1 | 14.1 | 14.6 | 10.2 | 10.2 | 9.2 |
| Officers Compensation **14** | 1.1 | 0.5 | 6.0 | 3.1 | 4.2 | 4.4 | 3.0 | 2.4 | 1.4 | 0.8 | 1.3 | 0.2 | • |
| Operating Margin **15** | 0.4 | 2.5 | 2.8 | 1.5 | 1.1 | 1.0 | 1.4 | 1.5 | 0.2 | 1.4 | 1.1 | 1.1 | • |
| Oper. Margin Before Officers Compensation **16** | 1.5 | 2.9 | 8.9 | 4.6 | 5.3 | 5.4 | 4.5 | 3.8 | 1.5 | 2.2 | 2.3 | 1.3 | • |
| **Selected Average Balance Sheet ($ in Thousands)** | | | | | | | | | | | | | |
| Net Receivables **17** | 1194 | • | 9 | 40 | 72 | 163 | 486 | 1893 | 4742 | 9894 | 17358 | 29444 | 1372062 |
| Inventories **18** | 738 | • | 20 | 85 | 169 | 324 | 856 | 2821 | 5531 | 14652 | 23789 | 34559 | 507672 |
| Net Property, Plant and Equipment **19** | 477 | • | 10 | 11 | 45 | 112 | 227 | 548 | 2425 | 5739 | 10514 | 34067 | 489160 |
| Total Assets **20** | 3101 | • | 52 | 169 | 362 | 705 | 1952 | 6699 | 15352 | 35032 | 76654 | 142359 | 3072020 |

| | | | | | | | | | | | | |
|---|---|---|---|---|---|---|---|---|---|---|---|---|
| Notes and Loans Payable **21** | 1036 | • | 19 | 87 | 125 | 252 | 441 | 1962 | 5583 | 11217 | 24675 | 35514 | 1069708 |
| All Other Liabilities **22** | 905 | • | 11 | 52 | 97 | 163 | 569 | 1670 | 5154 | 12447 | 19825 | 43340 | 898686 |
| Net Worth **23** | 1160 | • | 22 | 30 | 140 | 290 | 942 | 3067 | 4616 | 11368 | 32154 | 63504 | 1103627 |

**Selected Financial Ratios (Times to 1)**

| | | | | | | | | | | | | | |
|---|---|---|---|---|---|---|---|---|---|---|---|---|---|
| Current Ratio **24** | 1.6 | • | 2.3 | 2.1 | 2.1 | 2.7 | 2.1 | 2.0 | 1.5 | 1.5 | 1.7 | 1.6 | 1.4 |
| Quick Ratio **25** | 0.9 | • | 1.1 | 0.9 | 0.8 | 1.1 | 0.9 | 0.9 | 0.7 | 0.7 | 0.8 | 0.8 | 0.9 |
| Net Sales to Working Capital **26** | 8.0 | • | 11.7 | 11.7 | 8.1 | 5.5 | 6.4 | 5.4 | 8.9 | 8.9 | 8.1 | 14.1 | 8.1 |
| Coverage Ratio **27** | 2.9 | • | 5.4 | 5.0 | 2.9 | 3.2 | 4.5 | 4.3 | 2.7 | 4.0 | 3.8 | 5.1 | 2.5 |
| Total Asset Turnover **28** | 2.1 | • | 5.3 | 5.4 | 3.4 | 2.8 | 2.8 | 2.4 | 2.3 | 2.4 | 2.3 | 3.4 | 1.7 |
| Inventory Turnover **29** | 7.3 | • | • | 8.2 | 4.7 | 4.1 | 4.5 | 4.2 | 5.3 | 5.3 | 6.4 | • | 9.3 |
| Receivables Turnover **30** | 5.6 | • | • | • | • | • | • | 8.0 | 8.1 | • | • | • | 4.0 |
| Total Liabilities to Net Worth **31** | 1.7 | • | 1.4 | 4.7 | 1.6 | 1.4 | 1.1 | 1.2 | 2.3 | 2.1 | 1.4 | 1.3 | 1.8 |

**Selected Financial Factors (in Percentages)**

| | | | | | | | | | | | | | |
|---|---|---|---|---|---|---|---|---|---|---|---|---|---|
| Debt Ratio **32** | 62.6 | • | 57.5 | 82.5 | 61.3 | 58.9 | 51.7 | 54.2 | 69.9 | 67.6 | 58.1 | 55.4 | 64.1 |
| Return on Assets **33** | 8.6 | • | 19.5 | 12.8 | 9.9 | 8.1 | 9.6 | 11.5 | 8.9 | 10.9 | 9.5 | 12.1 | 7.7 |
| Return on Equity **34** | 11.1 | • | 36.5 | • | 15.5 | 11.4 | 13.0 | 17.6 | 15.9 | 17.8 | 13.3 | 15.6 | 8.3 |
| Return Before Interest on Equity **35** | 23.0 | • | • | • | 25.5 | 19.7 | 19.9 | 25.2 | 29.6 | 33.6 | 22.7 | 27.2 | 21.4 |
| Profit Margin, Before Income Tax **36** | 2.7 | 10.0 | 3.0 | 1.9 | 1.9 | 2.0 | 2.7 | 3.8 | 2.5 | 3.4 | 3.1 | 2.8 | 2.7 |
| Profit Margin, After Income Tax **37** | 2.0 | 9.8 | 2.9 | 1.8 | 1.8 | 1.7 | 2.3 | 3.4 | 2.1 | 2.4 | 2.4 | 2.0 | 1.7 |

**Trends in Selected Ratios and Factors, 1986-1994**

| | 1986 | 1987 | 1988 | 1989 | 1990 | 1991 | 1992 | 1993 | 1994 |
|---|---|---|---|---|---|---|---|---|---|
| Cost of Operations (%) **38** | 79.0 | 78.4 | 80.4 | 80.0 | 83.3 | 82.5 | 82.7 | 82.1 | 81.8 |
| Operating Margin (%) **39** | 4.8 | 4.8 | 4.6 | 3.8 | 1.5 | 1.5 | 1.7 | • | 0.4 |
| Oper. Margin Before Officers Comp. (%) **40** | 6.1 | 6.3 | 5.6 | 4.8 | 2.4 | 2.5 | 2.9 | 1.3 | 1.5 |
| Average Net Receivables ($) **41** | 374 | 419 | 629 | 532 | 701 | 708 | 772 | 1103 | 1194 |
| Average Inventories ($) **42** | 468 | 472 | 642 | 604 | 736 | 616 | 669 | 716 | 738 |
| Average Net Worth ($) **43** | 784 | 838 | 1181 | 956 | 1164 | 918 | 983 | 1154 | 1160 |
| Current Ratio (x1) **44** | 2.0 | 2.2 | 2.0 | 1.9 | 1.9 | 1.7 | 1.6 | 1.7 | 1.6 |
| Quick Ratio (x1) **45** | 0.9 | 1.1 | 1.0 | 0.9 | 0.9 | 0.9 | 0.9 | 1.0 | 0.9 |
| Coverage Ratio (x1) **46** | 6.5 | 8.5 | 6.9 | 6.4 | 4.6 | 4.0 | 4.1 | 3.0 | 2.9 |
| Asset Turnover (x1) **47** | 2.5 | 2.5 | 2.4 | 2.6 | 2.6 | 2.7 | 2.4 | 2.1 | 2.1 |
| Operating Leverage **48** | • | 1.0 | 1.0 | 0.8 | 0.4 | 1.0 | 1.1 | 0.0 | 10.1 |
| Financial Leverage **49** | • | 1.1 | 0.9 | 0.9 | 1.0 | 1.1 | 1.1 | 0.9 | 1.0 |
| Total Leverage **50** | • | 1.1 | 0.9 | 0.7 | 0.4 | 1.0 | 1.3 | 0.0 | 9.6 |

## Table I

Corporations with and without Net Income

# FURNITURE AND HOME FURNISHINGS

### MONEY AMOUNTS AND SIZE OF ASSETS IN THOUSANDS OF DOLLARS

| Item Description for Accounting Period 7/90 Through 6/91 | Total | Zero Assets | Under 100 | 100 to 250 | 251 to 500 | 501 to 1,000 | 1,001 to 5,000 | 5,001 to 10,000 | 10,001 to 25,000 | 25,001 to 50,000 | 50,001 to 100,000 | 100,001 to 250,000 | 250,001 and over |
|---|---|---|---|---|---|---|---|---|---|---|---|---|---|
| Number of Enterprises **1** | 8315 | 317 | 3913 | 1344 | 915 | 794 | 845 | 129 | 40 | 17 | 3 | • | • |
| **Revenues ($ in Thousands)** | | | | | | | | | | | | | |
| Net Sales **2** | 13452 | 52 | 915 | 763 | 702 | 1696 | 4453 | 2002 | 1317 | 949 | 603 | • | • |
| Portfolio Income **3** | 78 | 1 | 0 | 5 | 3 | 2 | 22 | 5 | 8 | 3 | 29 | • | • |
| Other Revenues **4** | 212 | 1 | 8 | 5 | 12 | 68 | 29 | 17 | 11 | 51 | 10 | • | • |
| Total Revenues **5** | 13743 | 53 | 923 | 773 | 718 | 1765 | 4505 | 2024 | 1336 | 1004 | 642 | • | • |
| Average Total Revenues **6** | 1653 | 168 | 236 | 575 | 784 | 2223 | 5331 | 15690 | 33401 | 59032 | 214091 | • | • |
| **Operating Costs/Operating Income (%)** | | | | | | | | | | | | | |
| Cost of Operations **7** | 69.2 | 71.0 | 59.2 | 45.1 | 61.6 | 76.4 | 69.0 | 77.0 | 72.4 | 78.5 | 57.1 | • | • |
| Rent **8** | 2.9 | 10.9 | 2.4 | 5.0 | 5.2 | 3.7 | 3.3 | 1.8 | 2.2 | 1.2 | 0.6 | • | • |
| Taxes Paid **9** | 1.6 | 2.8 | 1.5 | 1.9 | 2.7 | 1.5 | 1.7 | 1.3 | 1.9 | 1.1 | 2.2 | • | • |
| Interest Paid **10** | 1.4 | 7.3 | 1.2 | 0.7 | 0.9 | 0.9 | 1.1 | 2.0 | 2.7 | 1.9 | 1.2 | • | • |
| Depreciation, Depletion, Amortization **11** | 1.0 | 10.5 | 0.7 | 1.0 | 1.2 | 0.9 | 0.8 | 0.6 | 1.0 | 1.1 | 1.9 | • | • |
| Pensions and Other Benefits **12** | 0.9 | 0.7 | 1.4 | 1.1 | 0.9 | 0.5 | 0.9 | 0.8 | 0.7 | 1.0 | 1.7 | • | • |
| Other **13** | 20.7 | 49.3 | 21.9 | 31.0 | 25.1 | 16.2 | 18.9 | 16.7 | 23.9 | 23.1 | 26.4 | • | • |
| Officers Compensation **14** | 4.8 | 1.5 | 10.2 | 17.9 | 6.7 | 4.5 | 4.5 | 2.5 | 2.1 | 1.1 | 1.0 | • | • |
| Operating Margin **15** | • | • | 1.8 | • | • | • | • | • | • | • | 8.0 | • | • |
| Oper. Margin Before Officers Compensation **16** | 2.4 | • | 12.0 | 14.3 | 2.5 | • | 4.4 | • | • | • | 9.0 | • | • |
| **Selected Average Balance Sheet ($ in Thousands)** | | | | | | | | | | | | | |
| Net Receivables **17** | 176 | • | 4 | 43 | 41 | 183 | 547 | 2259 | 5268 | 11551 | 14666 | • | • |
| Inventories **18** | 232 | • | 7 | 60 | 109 | 280 | 879 | 2892 | 4782 | 7382 | 23499 | • | • |
| Net Property, Plant and Equipment **19** | 74 | • | 6 | 20 | 57 | 83 | 187 | 501 | 1879 | 3951 | 26923 | • | • |
| Total Assets **20** | 664 | • | 23 | 162 | 358 | 674 | 2066 | 7117 | 14344 | 33715 | 180629 | • | • |

| | | | | | | | | | | | |
|---|---|---|---|---|---|---|---|---|---|---|---|
| Notes and Loans Payable 21 | 227 | • | 24 | 45 | 73 | 204 | 554 | 3328 | 8603 | 11762 | 21788 |
| All Other Liabilities 22 | 232 | • | 35 | 93 | 93 | 207 | 844 | 2377 | 4076 | 10005 | 23125 |
| Net Worth 23 | 204 | • | -36 | 24 | 192 | 263 | 667 | 1412 | 1665 | 11948 | 135716 |

**Selected Financial Ratios (Times to 1)**

| | | | | | | | | | | | |
|---|---|---|---|---|---|---|---|---|---|---|---|
| Current Ratio 24 | 1.6 | • | 0.5 | 1.9 | 2.5 | 1.9 | 1.6 | 1.6 | 1.3 | 1.6 | 4.7 |
| Quick Ratio 25 | 0.7 | • | 0.2 | 1.0 | 0.7 | 0.9 | 0.7 | 0.7 | 0.6 | 1.1 | 1.1 |
| Net Sales to Working Capital 26 | 7.8 | • | • | 8.8 | 4.6 | 8.2 | 8.4 | 7.4 | 13.1 | 5.7 | 2.1 |
| Coverage Ratio 27 | 0.8 | • | 3.2 | • | • | 0.5 | 1.9 | 0.2 | • | • | 13.1 |
| Total Asset Turnover 28 | 2.4 | • | 10.2 | 3.5 | 2.2 | 3.2 | 2.6 | 2.2 | 2.3 | 1.7 | 1.1 |
| Inventory Turnover 29 | 4.6 | • | • | 3.6 | 6.9 | 5.7 | 3.8 | 4.3 | 5.6 | 5.0 | 3.6 |
| Receivables Turnover 30 | 8.8 | • | • | • | • | • | 9.3 | 6.0 | 7.0 | 5.6 | 7.4 |
| Total Liabilities to Net Worth 31 | 2.3 | • | 5.8 | 0.9 | 1.6 | 2.1 | 4.1 | 7.6 | 1.8 | 0.3 | |

**Selected Financial Factors (in Percentages)**

| | | | | | | | | | | | |
|---|---|---|---|---|---|---|---|---|---|---|---|
| Debt Ratio 32 | 69.2 | • | 85.2 | 46.4 | 60.9 | 67.7 | 80.2 | 88.4 | 64.6 | 24.9 | |
| Return on Assets 33 | 2.6 | • | 38.7 | • | • | 1.3 | 5.2 | 0.9 | • | • | 17.4 |
| Return on Equity 34 | • | • | • | • | • | • | 6.0 | • | • | 13.9 | |
| Return Before Interest on Equity 35 | 8.6 | • | • | • | • | 3.3 | 16.0 | 4.4 | • | • | 23.2 |
| Profit Margin, Before Income Tax 36 | • | • | 2.6 | • | • | • | 1.0 | • | • | 14.5 | |
| Profit Margin, After Income Tax 37 | • | • | 2.6 | • | • | • | 0.8 | • | • | 9.4 | |

**Trends in Selected Ratios and Factors, 1986-1994**

| | 1986 | 1987 | 1988 | 1989 | 1990 | 1991 | 1992 | 1993 | 1994 |
|---|---|---|---|---|---|---|---|---|---|
| Cost of Operations (%) 38 | 71.5 | 71.6 | 73.0 | 71.5 | 70.4 | 69.8 | 70.6 | 70.9 | 69.2 |
| Operating Margin (%) 39 | • | • | • | • | • | • | • | • | 2.4 |
| Oper. Margin Before Officers Comp. (%) 40 | 1.4 | 2.5 | 1.6 | 1.7 | 2.7 | 3.3 | 2.5 | 2.5 | • |
| Average Net Receivables ($) 41 | 124 | 168 | 187 | 178 | 140 | 204 | 163 | 183 | 176 |
| Average Inventories ($) 42 | 159 | 197 | 204 | 198 | 197 | 244 | 219 | 238 | 232 |
| Average Net Worth ($) 43 | 122 | 158 | 193 | 181 | 144 | 207 | 161 | 182 | 204 |
| Current Ratio (x1) 44 | 1.6 | 1.5 | 1.6 | 1.6 | 1.6 | 1.6 | 1.7 | 1.6 | 1.6 |
| Quick Ratio (x1) 45 | 0.8 | 0.8 | 0.8 | 0.8 | 0.7 | 0.8 | 0.8 | 0.8 | 0.7 |
| Coverage Ratio (x1) 46 | 1.3 | 2.6 | 2.1 | 2.2 | 2.0 | 2.5 | 1.6 | 1.5 | 0.8 |
| Asset Turnover (x1) 47 | 2.3 | 2.5 | 2.7 | 2.6 | 2.6 | 2.4 | 2.5 | 2.6 | 2.4 |
| Total Liabilities/Net Worth (x1) 48 | 2.4 | 2.4 | 2.1 | 2.3 | 2.6 | 2.4 | 2.6 | 2.5 | 2.3 |
| Return on Assets (x1) 49 | 5.2 | 8.0 | 6.6 | 7.1 | 6.1 | 6.7 | 5.3 | 5.2 | 2.6 |
| Return on Equity (%) 50 | • | 10.2 | 4.3 | 6.1 | 5.2 | 8.6 | 3.2 | 3.0 | • |

## Table II

Corporations with Net Income

# FURNITURE AND HOME FURNISHINGS

**MONEY AMOUNTS AND SIZE OF ASSETS IN THOUSANDS OF DOLLARS**

| Item Description for Accounting Period 7/90 Through 6/91 | Total | Zero Assets | Under 100 | 100 to 250 | 251 to 500 | 501 to 1,000 | 1,001 to 5,000 | 5,001 to 10,000 | 10,001 to 25,000 | 25,001 to 50,000 | 50,001 to 100,000 | 100,001 to 250,000 | 250,001 and over |
|---|---|---|---|---|---|---|---|---|---|---|---|---|---|
| Number of Enterprises **1** | 4177 | • | 1758 | 856 | 367 | 515 | 574 | 75 | • | • | • | • | • |
| **Revenues ($ in Thousands)** | | | | | | | | | | | | | |
| Net Sales **2** | 9762 | • | 614 | 594 | 525 | 1220 | 3500 | 1302 | • | • | • | • | • |
| Portfolio Income **3** | 64 | • | 0 | 4 | 2 | 1 | 22 | 1 | • | • | • | • | • |
| Other Revenues **4** | 166 | • | 4 | 3 | 11 | 64 | 19 | 9 | • | • | • | • | • |
| Total Revenues **5** | 9992 | • | 617 | 601 | 539 | 1285 | 3541 | 1312 | • | • | • | • | • |
| Average Total Revenues **6** | 2392 | • | 351 | 702 | 1468 | 2495 | 6168 | 17498 | | | | | |
| **Operating Costs/Operating Income (%)** | | | | | | | | | | | | | |
| Cost of Operations **7** | 68.6 | • | 60.1 | 38.6 | 62.3 | 74.8 | 68.8 | 77.1 | • | • | • | • | • |
| Rent **8** | 2.4 | • | 1.9 | 2.1 | 4.9 | 3.6 | 3.0 | 1.3 | • | • | • | • | • |
| Taxes Paid **9** | 1.6 | • | 1.0 | 1.9 | 1.6 | 1.6 | 1.7 | 1.2 | • | • | • | • | • |
| Interest Paid **10** | 0.9 | • | 1.5 | 0.7 | 0.7 | 0.9 | 0.7 | 1.3 | • | • | • | • | • |
| Depreciation, Depletion, Amortization **11** | 0.9 | • | 0.6 | 1.2 | 1.2 | 1.0 | 0.8 | 0.5 | • | • | • | • | • |
| Pensions and Other Benefits **12** | 0.9 | • | 0.6 | 1.4 | 1.1 | 0.7 | 0.9 | 0.6 | • | • | • | • | • |
| Other **13** | 18.2 | • | 20.4 | 32.5 | 19.9 | 15.6 | 17.5 | 14.1 | • | • | • | • | • |
| Officers Compensation **14** | 5.4 | • | 8.6 | 22.0 | 7.9 | 5.3 | 4.8 | 2.7 | • | • | • | • | • |
| Operating Margin **15** | 1.3 | • | 5.4 | • | 0.5 | • | 1.8 | 1.4 | • | • | • | • | • |
| Oper. Margin Before Officers Compensation **16** | 6.6 | • | 14.0 | 21.8 | 8.3 | 1.9 | 6.6 | 4.1 | • | • | • | • | • |
| **Selected Average Balance Sheet ($ in Thousands)** | | | | | | | | | | | | | |
| Net Receivables **17** | 227 | • | • | 37 | 83 | 168 | 579 | 2533 | • | • | • | • | • |
| Inventories **18** | 288 | • | 12 | 44 | 75 | 265 | 880 | 3154 | • | • | • | • | • |
| Net Property, Plant and Equipment **19** | 99 | • | 7 | 28 | 85 | 80 | 199 | 618 | • | • | • | • | • |
| Total Assets **20** | 853 | • | 28 | 154 | 349 | 669 | 2090 | 7413 | • | • | • | • | • |

| | | | | | | | | | |
|---|---|---|---|---|---|---|---|---|---|
| Notes and Loans Payable 21 | 185 | • | 17 | • | 29 | 73 | 171 | 420 | 2362 |
| All Other Liabilities 22 | 297 | • | 68 | 64 | • | 72 | 188 | 892 | 2265 |
| Net Worth 23 | 370 | • | -57 | 61 | 204 | 310 | • | 779 | 2786 |

**Selected Financial Ratios (Times to 1)**

| | | | | | | | | | |
|---|---|---|---|---|---|---|---|---|---|
| Current Ratio 24 | 1.8 | • | 0.3 | 3.2 | 2.6 | 2.4 | 1.7 | 1.7 | 1.5 |
| Quick Ratio 25 | 0.8 | • | 0.1 | 2.1 | 1.7 | 1.2 | 0.7 | 0.7 | |
| Net Sales to Working Capital 26 | 7.7 | • | • | 8.1 | 11.0 | 7.4 | 8.5 | 8.1 | |
| Coverage Ratio 27 | 4.9 | • | 5.0 | 2.4 | 5.2 | 3.3 | 5.0 | 2.6 | |
| Total Asset Turnover 28 | 2.8 | • | 12.5 | 4.5 | 4.1 | 3.5 | 2.9 | 2.4 | |
| Inventory Turnover 29 | 5.0 | • | • | 3.6 | • | 6.6 | 4.1 | 4.4 | |
| Receivables Turnover 30 | 9.1 | • | • | • | • | • | • | 5.3 | |
| Total Liabilities to Net Worth 31 | 1.3 | • | • | 1.5 | 0.7 | 1.2 | 1.7 | 1.7 | |

**Selected Financial Factors (in Percentages)**

| | | | | | | | | |
|---|---|---|---|---|---|---|---|---|
| Debt Ratio 32 | 56.6 | • | • | 60.3 | 41.5 | 53.7 | 62.7 | 62.4 |
| Return on Assets 33 | 12.3 | • | 7.8 | 15.6 | 9.7 | 10.6 | 8.2 | |
| Return on Equity 34 | 18.4 | • | 10.4 | 19.8 | 12.5 | 20.5 | 12.0 | |
| Return Before Interest on Equity 35 | 28.4 | • | 19.7 | 26.6 | 21.0 | 28.3 | 21.8 | |
| Profit Margin, Before Income Tax 36 | 3.6 | • | 6.0 | 1.0 | 3.1 | 1.9 | 2.9 | 2.2 |
| Profit Margin, After Income Tax 37 | 2.9 | • | 6.0 | 0.9 | 2.8 | 1.6 | 2.6 | 1.9 |

**Trends in Selected Ratios and Factors, 1986–1994**

| | 1986 | 1987 | 1988 | 1989 | 1990 | 1991 | 1992 | 1993 | 1994 |
|---|---|---|---|---|---|---|---|---|---|
| Cost of Operations (%) 38 | 71.1 | 71.5 | 72.5 | 72.8 | 72.0 | 70.4 | 71.0 | 71.8 | 68.6 |
| Operating Margin (%) 39 | 1.4 | 1.5 | 1.0 | 1.4 | 0.8 | 1.8 | 1.0 | 1.4 | 1.3 |
| Oper. Margin Before Officers Comp. (%) 40 | 4.6 | 4.4 | 3.6 | 3.8 | 4.3 | 4.8 | 4.8 | 4.8 | 6.6 |
| Average Net Receivables ($) 41 | 183 | 239 | 246 | 281 | 213 | 355 | 280 | 254 | 227 |
| Average Inventories ($) 42 | 216 | 262 | 248 | 297 | 281 | 395 | 360 | 314 | 288 |
| Average Net Worth ($) 43 | 236 | 280 | 294 | 291 | 234 | 408 | 352 | 280 | 370 |
| Current Ratio (x1) 44 | 1.7 | 1.7 | 1.8 | 1.6 | 1.8 | 1.7 | 1.8 | 1.7 | 1.8 |
| Quick Ratio (x1) 45 | 0.9 | 0.9 | 1.0 | 0.9 | 0.8 | 0.9 | 0.9 | 0.9 | 0.8 |
| Coverage Ratio (x1) 46 | 4.1 | 4.6 | 5.3 | 4.0 | 4.7 | 4.8 | 4.1 | 3.6 | 4.9 |
| Asset Turnover (x1) 47 | 2.4 | 2.5 | 2.6 | 2.7 | 2.6 | 2.4 | 2.7 | 2.9 | 2.8 |
| Operating Leverage 48 | • | 1.1 | 0.6 | 1.5 | 0.5 | 2.4 | 0.6 | 1.4 | 0.9 |
| Financial Leverage 49 | • | 1.0 | 1.0 | 0.9 | 1.1 | 1.1 | 1.0 | 1.0 | 1.0 |
| Total Leverage 50 | • | 1.1 | 0.6 | 1.4 | 0.6 | 2.5 | 0.6 | 1.4 | 0.9 |

# Table I

Corporations with and without Net Income

# LUMBER AND CONSTRUCTION MATERIALS

MONEY AMOUNTS AND SIZE OF ASSETS IN THOUSANDS OF DOLLARS

| Item Description for Accounting Period 7/90 Through 6/91 | Total | Zero Assets | Under 100 | 100 to 250 | 251 to 500 | 501 to 1,000 | 1,001 to 5,000 | 5,001 to 10,000 | 10,001 to 25,000 | 25,001 to 50,000 | 50,001 to 100,000 | 100,001 to 250,000 | 250,001 and over |
|---|---|---|---|---|---|---|---|---|---|---|---|---|---|
| Number of Enterprises **1** | 11613 | 266 | 3959 | 1506 | 1121 | 1750 | 2446 | 353 | 176 | 18 | 9 | 6 | 3 |
| **Revenues ($ in Thousands)** | | | | | | | | | | | | | |
| Net Sales **2** | 48748 | 323 | 1533 | 1336 | 1266 | 4124 | 17835 | 8278 | 7719 | 1435 | 1514 | 1704 | 1680 |
| Portfolio Income **3** | 309 | 31 | 11 | 6 | 7 | 11 | 70 | 15 | 36 | 8 | 7 | 8 | 98 |
| Other Revenues **4** | 584 | 5 | 3 | 27 | 10 | 40 | 174 | 75 | 85 | 12 | 12 | 15 | 127 |
| Total Revenues **5** | 49641 | 359 | 1548 | 1369 | 1283 | 4174 | 18079 | 8368 | 7839 | 1455 | 1533 | 1727 | 1905 |
| Average Total Revenues **6** | 4275 | 1351 | 391 | 909 | 1145 | 2385 | 7391 | 23705 | 44543 | 80826 | 170365 | 287881 | 634942 |
| **Operating Costs/Operating Income (%)** | | | | | | | | | | | | | |
| Cost of Operations **7** | 83.2 | 80.8 | 80.7 | 78.6 | 71.3 | 82.6 | 83.4 | 84.4 | 83.9 | 77.9 | 86.6 | 83.4 | 89.5 |
| Rent **8** | 0.9 | 0.5 | 1.0 | 1.4 | 3.0 | 0.9 | 0.8 | 0.8 | 0.8 | 0.7 | 0.4 | 0.7 | 0.9 |
| Taxes Paid **9** | 1.2 | 1.9 | 1.4 | 1.8 | 2.1 | 1.2 | 1.1 | 1.0 | 1.0 | 1.3 | 0.8 | 1.2 | 2.0 |
| Interest Paid **10** | 1.6 | 1.6 | 0.7 | 1.5 | 1.0 | 1.0 | 1.1 | 1.2 | 1.5 | 2.3 | 1.7 | 2.8 | 9.1 |
| Depreciation, Depletion, Amortization **11** | 1.0 | 0.9 | 0.6 | 1.2 | 1.6 | 0.9 | 0.8 | 0.8 | 1.1 | 1.6 | 1.0 | 1.3 | 4.2 |
| Pensions and Other Benefits **12** | 0.6 | 0.3 | 0.4 | 0.9 | 0.6 | 0.5 | 0.6 | 0.6 | 0.6 | 0.6 | 0.7 | 0.7 | 0.5 |
| Other **13** | 10.8 | 14.5 | 14.5 | 11.0 | 15.8 | 10.6 | 10.3 | 9.9 | 10.6 | 14.7 | 9.8 | 11.9 | 9.8 |
| Officers Compensation **14** | 2.0 | 1.6 | 2.4 | 4.0 | 2.9 | 3.1 | 2.4 | 1.8 | 1.1 | 0.8 | 0.5 | 0.5 | 0.3 |
| Operating Margin **15** | • | • | • | • | 1.8 | • | • | • | • | • | • | • | • |
| Oper. Margin Before Officers Compensation **16** | 0.8 | • | 0.8 | 3.8 | 4.8 | 2.4 | 1.9 | 1.3 | 0.6 | 0.9 | • | • | • |
| **Selected Average Balance Sheet ($ in Thousands)** | | | | | | | | | | | | | |
| Net Receivables **17** | 451 | • | 12 | 29 | 97 | 248 | 764 | 2319 | 4905 | 10877 | 26580 | 47413 | 110535 |
| Inventories **18** | 392 | • | 9 | 39 | 130 | 186 | 788 | 2320 | 4098 | 9140 | 12213 | 33612 | 15470 |
| Net Property, Plant and Equipment **19** | 314 | • | 7 | 34 | 50 | 122 | 311 | 1215 | 2955 | 13591 | 13591 | 24979 | 370067 |
| Total Assets **20** | 1414 | • | 41 | 163 | 358 | 697 | 2226 | 6960 | 15062 | 36796 | 66489 | 125961 | 607130 |

| | | | | | | | | | | | | |
|---|---|---|---|---|---|---|---|---|---|---|---|---|
| Notes and Loans Payable 21 | 602 | • | 53 | 144 | 108 | 281 | 761 | 2602 | 6298 | 14757 | 27857 | 60142 | 396931 |
| All Other Liabilities 22 | 393 | • | 14 | 52 | 76 | 214 | 627 | 1864 | 3743 | 8924 | 19309 | 45987 | 170855 |
| Net Worth 23 | 418 | • | -26 | -33 | 174 | 202 | 838 | 2494 | 5021 | 13114 | 19324 | 19833 | 39345 |

## Selected Financial Ratios (Times to 1)

| | | | | | | | | | | | | |
|---|---|---|---|---|---|---|---|---|---|---|---|---|
| Current Ratio 24 | 1.6 | • | 1.1 | 1.6 | 2.2 | 1.8 | 1.6 | 1.4 | 2.2 | 1.5 | 1.3 | 1.0 |
| Quick Ratio 25 | 0.9 | • | 0.7 | 1.0 | 1.1 | 1.0 | 0.8 | 0.7 | 1.2 | 1.0 | 0.7 | 0.8 |
| Net Sales to Working Capital 26 | 11.6 | • | • | 22.4 | 7.8 | 10.2 | 12.9 | 14.7 | 6.7 | 11.3 | 16.9 | • |
| Coverage Ratio 27 | 1.5 | 6.9 | • | 2.5 | 4.3 | 1.5 | 1.8 | 1.7 | 1.7 | 0.9 | 0.7 | 0.7 |
| Total Asset Turnover 28 | 3.0 | • | 9.5 | 5.4 | 3.2 | 3.4 | 3.3 | 2.9 | 2.2 | 2.5 | 2.3 | 0.9 |
| Inventory Turnover 29 | 8.6 | • | • | • | 6.2 | • | 8.1 | 9.0 | 4.7 | 8.0 | 6.9 | • |
| Receivables Turnover 30 | 9.0 | • | • | • | • | 9.3 | 9.7 | 8.1 | 5.5 | 5.1 | 4.2 | • |
| Total Liabilities to Net Worth 31 | 2.4 | • | • | 1.1 | 2.5 | 1.7 | 1.8 | 2.0 | 1.8 | 2.5 | 5.4 | 14.4 |

## Selected Financial Factors (in Percentages)

| | | | | | | | | | | | | |
|---|---|---|---|---|---|---|---|---|---|---|---|---|
| Debt Ratio 32 | 70.4 | • | • | 51.5 | 71.1 | 62.4 | 64.2 | 66.7 | 64.4 | 70.9 | 84.3 | 93.5 |
| Return on Assets 33 | 6.7 | • | • | 13.2 | 5.0 | 6.4 | 6.2 | 7.5 | 8.0 | 3.7 | 4.1 | 5.7 |
| Return on Equity 34 | 4.9 | 11.4 | 20.4 | 19.0 | 3.7 | 5.1 | 3.7 | 7.4 | 6.3 | • | • | • |
| Return Before Interest on Equity 35 | 22.8 | 0.6 | • | 27.1 | 17.1 | 17.0 | 17.2 | 22.3 | 22.4 | 12.8 | 26.0 | • |
| Profit Margin, Before Income Tax 36 | 0.7 | 9.3 | 2.2 | 3.2 | 0.5 | 0.9 | 0.6 | 1.0 | 1.4 | • | • | • |
| Profit Margin, After Income Tax 37 | 0.5 | 7.7 | 2.0 | 2.9 | 0.3 | 0.6 | 0.4 | 0.9 | • | • | • | • |

## Trends in Selected Ratios and Factors, 1986–1994

| | 1986 | 1987 | 1988 | 1989 | 1990 | 1991 | 1992 | 1993 | 1994 |
|---|---|---|---|---|---|---|---|---|---|
| Cost of Operations (%) 38 | 81.4 | 83.0 | 83.1 | 82.4 | 82.4 | 82.4 | 83.2 | 82.7 | 83.2 |
| Operating Margin (%) 39 | • | 0.5 | 0.3 | 0.2 | 0.4 | 0.2 | • | • | • |
| Oper. Margin Before Officers Comp. (%) 40 | 1.0 | 2.5 | 2.3 | 2.2 | 2.4 | 2.2 | 1.7 | 1.7 | 0.8 |
| Average Net Receivables ($) 41 | 299 | 361 | 388 | 408 | 428 | 449 | 504 | 479 | 451 |
| Average Inventories ($) 42 | 234 | 284 | 287 | 313 | 331 | 380 | 406 | 413 | 392 |
| Average Net Worth ($) 43 | 335 | 365 | 372 | 412 | 408 | 467 | 454 | 481 | 418 |
| Current Ratio (×1) 44 | 1.6 | 1.6 | 1.6 | 1.7 | 1.6 | 1.7 | 1.6 | 1.6 | 1.6 |
| Quick Ratio (×1) 45 | 1.0 | 1.0 | 0.9 | 1.0 | 1.0 | 1.0 | 0.9 | 0.9 | 0.9 |
| Coverage Ratio (×1) 46 | 1.3 | 2.7 | 2.5 | 2.4 | 3.0 | 2.9 | 2.0 | 1.9 | 1.5 |
| Asset Turnover (×1) 47 | 2.7 | 3.1 | 3.2 | 3.1 | 3.2 | 3.1 | 3.1 | 3.0 | 3.0 |
| Total Liabilities/Net Worth (×1) 48 | 1.7 | 1.8 | 1.9 | 1.8 | 2.0 | 1.9 | 2.2 | 2.1 | 2.4 |
| Return on Assets (×1) 49 | 5.4 | 9.2 | 9.9 | 8.3 | 9.2 | 9.3 | 7.8 | 8.0 | 6.7 |
| Return on Equity (%) 50 | • | 10.4 | 11.3 | 8.1 | 12.1 | 12.6 | 8.7 | 9.4 | 4.9 |

## Table II

Corporations with Net Income

# LUMBER AND CONSTRUCTION MATERIALS

**MONEY AMOUNTS AND SIZE OF ASSETS IN THOUSANDS OF DOLLARS**

| Item Description for Accounting Period 7/90 Through 6/91 | Total | Zero Assets | Under 100 | 100 to 250 | 251 to 500 | 501 to 1,000 | 1,001 to 5,000 | 5,001 to 10,000 | 10,001 to 25,000 | 25,001 to 50,000 | 50,001 to 100,000 | 100,001 to 250,000 | 250,001 and over |
|---|---|---|---|---|---|---|---|---|---|---|---|---|---|
| Number of Enterprises **1** | 6842 | 247 | 1142 | 1161 | 899 | 1221 | 1797 | 232 | 128 | • | • | • | • |
| **Revenues ($ in Thousands)** | | | | | | | | | | | | | |
| Net Sales **2** | 34536 | 270 | 1101 | 863 | 1054 | 3316 | 14036 | 5607 | 6054 | | | | |
| Portfolio Income **3** | 159 | 31 | 11 | 2 | 7 | 10 | 49 | 13 | 26 | | | | • |
| Other Revenues **4** | 341 | 5 | 3 | 16 | 4 | 35 | 138 | 56 | 62 | | | | • |
| Total Revenues **5** | 35035 | 306 | 1115 | 880 | 1065 | 3361 | 14223 | 5676 | 6142 | | | | • |
| Average Total Revenues **6** | 5121 | 1238 | 976 | 758 | 1185 | 2752 | 7915 | 24467 | 47985 | | | | • |
| **Operating Costs/Operating Income (%)** | | | | | | | | | | | | | |
| Cost of Operations **7** | 82.3 | 79.7 | 84.8 | 68.6 | 71.8 | 82.9 | 83.2 | 83.1 | 83.8 | | | | • |
| Rent **8** | 0.8 | 0.4 | 0.4 | 1.5 | 3.0 | 0.9 | 0.6 | 0.8 | 0.7 | | | | • |
| Taxes Paid **9** | 1.1 | 2.1 | 0.4 | 2.4 | 2.1 | 1.1 | 1.0 | 1.0 | 0.9 | | | | • |
| Interest Paid **10** | 1.0 | 1.6 | 0.4 | 1.2 | 0.7 | 0.7 | 0.9 | 1.0 | 1.3 | | | | • |
| Depreciation, Depletion, Amortization **11** | 0.8 | 1.1 | 0.3 | 1.7 | 1.2 | 0.7 | 0.7 | 0.8 | 0.9 | | | | • |
| Pensions and Other Benefits **12** | 0.6 | 0.3 | • | 0.9 | 0.4 | 0.6 | 0.6 | 0.6 | 0.6 | | | | • |
| Other **13** | 10.4 | 12.6 | 9.9 | 14.2 | 13.0 | 8.8 | 9.9 | 10.2 | 10.2 | | | | • |
| Officers Compensation **14** | 2.0 | 1.6 | 1.7 | 5.0 | 3.4 | 3.0 | 2.2 | 1.8 | 1.1 | | | | • |
| Operating Margin **15** | 1.1 | 0.9 | 2.1 | 4.6 | 4.4 | 1.4 | 0.9 | 0.8 | 0.5 | | | | • |
| Oper. Margin Before Officers Compensation **16** | 3.1 | 2.4 | 3.7 | 9.6 | 7.9 | 4.4 | 3.2 | 2.6 | 1.6 | | | | • |
| **Selected Average Balance Sheet ($ in Thousands)** | | | | | | | | | | | | | |
| Net Receivables **17** | 501 | • | 1 | 22 | 100 | 290 | 761 | 2382 | 5360 | | | | • |
| Inventories **18** | 454 | • | • | 42 | 137 | 211 | 783 | 2217 | 4164 | | | | • |
| Net Property, Plant and Equipment **19** | 229 | • | 4 | 41 | 33 | 83 | 307 | 1141 | 2945 | | | | • |
| Total Assets **20** | 1434 | • | 37 | 164 | 359 | 704 | 2216 | 6712 | 15113 | | | | • |

| | | | | | | | | | |
|---|---|---|---|---|---|---|---|---|---|
| Notes and Loans Payable **21** | 457 | • | 90 | 93 | 77 | 156 | 632 | 1955 | 5890 |
| All Other Liabilities **22** | 382 | • | 2 | 24 | 69 | 206 | 575 | 1905 | 4023 |
| Net Worth **23** | 595 | • | -55 | 46 | 213 | 341 | 1010 | 2852 | 5201 |

**Selected Financial Ratios (Times to 1)**

| | | | | | | | | | |
|---|---|---|---|---|---|---|---|---|---|
| Current Ratio **24** | 1.8 | • | 0.9 | 3.1 | 2.7 | 2.2 | 2.0 | 1.7 | 1.5 |
| Quick Ratio **25** | 1.0 | • | 0.9 | 1.9 | 1.3 | 1.4 | 1.1 | 0.9 | 0.8 |
| Net Sales to Working Capital **26** | 10.1 | • | • | 10.3 | 6.7 | 8.2 | 9.1 | 11.5 | 13.6 |
| Coverage Ratio **27** | 3.6 | 9.8 | 8.8 | 6.8 | 8.7 | 5.2 | 3.6 | 3.0 | 2.5 |
| Total Asset Turnover **28** | 3.5 | • | • | 4.5 | 3.3 | 3.9 | 3.5 | 3.6 | 3.1 |
| Inventory Turnover **29** | 8.4 | • | • | • | 6.6 | • | 7.8 | 7.9 | 8.8 |
| Receivables Turnover **30** | 9.3 | • | • | • | • | • | 9.3 | 9.3 | 7.8 |
| Total Liabilities to Net Worth **31** | 1.4 | • | • | 2.5 | 0.7 | 1.1 | 1.2 | 1.4 | 1.9 |

**Selected Financial Factors (in Percentages)**

| | | | | | | | | | |
|---|---|---|---|---|---|---|---|---|---|
| Debt Ratio **32** | 58.5 | • | • | 71.7 | 40.7 | 51.5 | 54.4 | 57.5 | 65.6 |
| Return on Assets **33** | 12.5 | • | • | 35.6 | 20.3 | 13.1 | 11.0 | 10.8 | 9.9 |
| Return on Equity **34** | 19.0 | • | • | • | 28.4 | 20.1 | 15.0 | 14.5 | 15.3 |
| Return Before Interest on Equity **35** | 30.0 | • | • | • | 34.1 | 27.1 | 24.2 | 25.4 | 28.8 |
| Profit Margin, Before Income Tax **36** | 2.6 | 14.0 | 3.3 | 6.7 | 5.5 | 2.8 | 2.3 | 2.0 | 1.9 |
| Profit Margin, After Income Tax **37** | 2.3 | 12.1 | 3.3 | 6.3 | 5.2 | 2.5 | 2.0 | 1.7 | 1.7 |

**Trends in Selected Ratios and Factors, 1986-1994**

| | 1986 | 1987 | 1988 | 1989 | 1990 | 1991 | 1992 | 1993 | 1994 |
|---|---|---|---|---|---|---|---|---|---|
| Cost of Operations (%) **38** | 80.6 | 82.7 | 82.4 | 81.5 | 82.1 | 81.9 | 82.6 | 82.8 | 82.3 |
| Operating Margin (%) **39** | 1.1 | 1.6 | 1.6 | 1.5 | 1.3 | 1.4 | 1.3 | 1.1 | 1.1 |
| Oper. Margin Before Officers Comp. (%) **40** | 3.4 | 3.5 | 3.6 | 3.6 | 3.3 | 3.4 | 3.4 | 3.2 | 3.1 |
| Average Net Receivables ($) **41** | 392 | 436 | 478 | 455 | 519 | 528 | 572 | 527 | 501 |
| Average Inventories ($) **42** | 293 | 338 | 347 | 360 | 392 | 473 | 501 | 485 | 454 |
| Average Net Worth ($) **43** | 520 | 485 | 531 | 536 | 518 | 645 | 643 | 651 | 595 |
| Current Ratio (x1) **44** | 1.9 | 1.7 | 1.7 | 1.8 | 1.7 | 1.8 | 1.7 | 1.8 | 1.8 |
| Quick Ratio (x1) **45** | 1.1 | 1.0 | 1.0 | 1.1 | 1.0 | 1.0 | 1.0 | 1.0 | 1.0 |
| Coverage Ratio (x1) **46** | 3.8 | 4.2 | 3.9 | 3.9 | 4.1 | 4.3 | 3.4 | 3.6 | 3.6 |
| Asset Turnover (x1) **47** | 2.8 | 3.2 | 3.4 | 3.3 | 3.3 | 3.2 | 3.3 | 3.4 | 3.5 |
| Operating Leverage **48** | • | 1.5 | 1.0 | 1.0 | 0.9 | 1.1 | 0.9 | 0.9 | 1.0 |
| Financial Leverage **49** | • | 1.0 | 1.0 | 1.0 | 1.0 | 1.1 | 1.0 | 1.1 | 1.0 |
| Total Leverage **50** | • | 1.5 | 1.0 | 0.9 | 0.9 | 1.2 | 0.9 | 1.0 | 1.0 |

## Table I

Corporations with and without Net Income

# TOYS, SPORTING, RECREATIONAL, PHOTOGRAPHIC, AND HOBBY GOODS

### MONEY AMOUNTS AND SIZE OF ASSETS IN THOUSANDS OF DOLLARS

| Item Description for Accounting Period 7/90 Through 6/91 | Total | Zero Assets | Under 100 | 100 to 250 | 251 to 500 | 501 to 1,000 | 1,001 to 5,000 | 5,001 to 10,000 | 10,001 to 25,000 | 25,001 to 50,000 | 50,001 to 100,000 | 100,001 to 250,000 | 250,001 and over |
|---|---|---|---|---|---|---|---|---|---|---|---|---|---|
| Number of Enterprises **1** | 9265 | 496 | 4703 | 675 | 1462 | 809 | 817 | 148 | 92 | 32 | 23 | 5 | 5 |
| **Revenues ($ in Thousands)** | | | | | | | | | | | | | |
| Net Sales **2** | 26545 | 186 | 746 | 221 | 1149 | 1978 | 4380 | 2612 | 2452 | 1883 | 2625 | 1403 | 6910 |
| Portfolio Income **3** | 127 | 4 | 0 | 0 | 3 | 3 | 10 | 9 | 5 | 9 | 12 | 8 | 64 |
| Other Revenues **4** | 293 | 1 | 0 | • | 3 | 41 | 60 | 50 | 10 | 30 | 47 | 21 | 31 |
| Total Revenues **5** | 26966 | 191 | 747 | 221 | 1154 | 2021 | 4450 | 2671 | 2467 | 1921 | 2684 | 1433 | 7006 |
| Average Total Revenues **6** | 2911 | 386 | 159 | 328 | 789 | 2499 | 5447 | 18046 | 26819 | 60021 | 116687 | 286576 | 1401114 |
| **Operating Costs/Operating Income (%)** | | | | | | | | | | | | | |
| Cost of Operations **7** | 74.6 | 65.7 | 74.5 | 64.3 | 77.0 | 69.7 | 71.2 | 77.9 | 76.0 | 76.0 | 71.6 | 82.6 | 75.6 |
| Rent **8** | 1.2 | 1.4 | 4.5 | 2.5 | 1.8 | 2.1 | 1.4 | 1.0 | 0.7 | 0.6 | 1.6 | 0.4 | 0.6 |
| Taxes Paid **9** | 1.2 | 0.6 | 1.5 | 2.6 | 1.0 | 1.0 | 1.3 | 1.0 | 1.4 | 1.0 | 1.2 | 0.6 | 1.4 |
| Interest Paid **10** | 1.7 | 5.3 | 1.5 | 2.1 | 1.6 | 1.4 | 1.3 | 1.7 | 2.3 | 2.4 | 2.7 | 2.1 | 1.1 |
| Depreciation, Depletion, Amortization **11** | 1.1 | 1.2 | 1.4 | 3.2 | 1.4 | 0.8 | 1.0 | 0.7 | 0.9 | 1.4 | 1.7 | 0.4 | 1.2 |
| Pensions and Other Benefits **12** | 0.6 | 0.4 | 0.3 | • | 0.1 | 0.4 | 0.9 | 0.5 | 0.5 | 0.7 | 0.6 | 0.4 | 0.5 |
| Other **13** | 18.6 | 38.5 | 25.2 | 25.8 | 18.2 | 23.6 | 18.7 | 17.0 | 14.6 | 16.7 | 22.8 | 9.8 | 18.2 |
| Officers Compensation **14** | 1.7 | 0.4 | 3.3 | • | 2.8 | 4.0 | 3.5 | 1.6 | 2.2 | 2.1 | 0.8 | 0.4 | 0.1 |
| Operating Margin **15** | 1.7 | • | • | • | • | • | 0.8 | • | 1.5 | • | • | 3.4 | 1.3 |
| Oper. Margin Before Officers Compensation **16** | 1.2 | • | • | • | 1.1 | 1.1 | 4.3 | 0.4 | 3.6 | 1.3 | • | 3.8 | 1.4 |
| **Selected Average Balance Sheet ($ in Thousands)** | | | | | | | | | | | | | |
| Net Receivables **17** | 391 | • | 3 | 19 | 66 | 188 | 713 | 2193 | 4263 | 11663 | 19156 | 68152 | 177695 |
| Inventories **18** | 485 | • | 13 | 90 | 164 | 261 | 951 | 2814 | 5586 | 10426 | 23259 | 48080 | 221485 |
| Net Property, Plant and Equipment **19** | 151 | • | 7 | 22 | 42 | 50 | 234 | 624 | 1767 | 3459 | 9844 | 6427 | 87322 |
| Total Assets **20** | 1334 | • | 32 | 161 | 375 | 688 | 2275 | 7190 | 14277 | 34712 | 69943 | 134042 | 674415 |

| | | | | | | | | | | | | |
|---|---|---|---|---|---|---|---|---|---|---|---|---|
| Notes and Loans Payable 21 | 645 | • | 40 | 159 | 190 | 295 | 694 | 2462 | 6318 | 17945 | 34068 | 84089 | 374249 |
| All Other Liabilities 22 | 416 | • | 20 | 67 | 92 | 357 | 805 | 2973 | 4718 | 11953 | 17284 | 31177 | 164330 |
| Net Worth 23 | 273 | • | -29 | -65 | 94 | 36 | 776 | 1755 | 3241 | 4814 | 18590 | 18777 | 135836 |

## Selected Financial Ratios (Times to 1)

| | | | | | | | | | | | | | |
|---|---|---|---|---|---|---|---|---|---|---|---|---|---|
| Current Ratio 24 | 1.3 | • | 0.9 | 0.8 | 2.3 | 1.0 | 1.8 | 1.4 | 1.3 | 1.1 | 1.4 | 1.4 | 1.1 |
| Quick Ratio 25 | 0.6 | • | 0.3 | 0.2 | 1.0 | 0.5 | 0.9 | 0.7 | 0.6 | 0.6 | 0.6 | 0.8 | 0.5 |
| Net Sales to Working Capital 26 | 11.6 | • | • | • | 4.9 | • | 6.3 | 11.3 | 9.5 | 35.7 | 7.2 | 7.7 | 23.4 |
| Coverage Ratio 27 | 1.6 | • | • | 0.8 | • | 0.5 | 2.9 | 1.7 | 1.9 | 1.6 | 0.7 | 3.7 | 3.3 |
| Total Asset Turnover 28 | 2.2 | • | 5.0 | 2.0 | 2.1 | 3.6 | 2.4 | 2.5 | 1.9 | 1.7 | 1.6 | 2.1 | 2.1 |
| Inventory Turnover 29 | 4.7 | • | 7.6 | 3.4 | 4.6 | 6.2 | 4.0 | 5.6 | 3.4 | 4.4 | 3.9 | 4.7 | 5.7 |
| Receivables Turnover 30 | 7.8 | • | • | • | • | • | 7.8 | 9.9 | 6.3 | 5.8 | 5.4 | 4.8 | 8.2 |
| Total Liabilities to Net Worth 31 | 3.9 | • | • | 3.0 | 17.9 | 3.1 | 1.9 | 3.4 | 6.2 | 6.2 | 2.8 | 6.1 | 4.0 |

## Selected Financial Factors (in Percentages)

| | | | | | | | | | | | | | |
|---|---|---|---|---|---|---|---|---|---|---|---|---|---|
| Debt Ratio 32 | 79.5 | • | • | • | 75.1 | 94.7 | 65.9 | 75.6 | 77.3 | 86.1 | 73.4 | 86.0 | 79.9 |
| Return on Assets 33 | 6.0 | • | • | 3.2 | • | 2.4 | 8.9 | 6.7 | 8.2 | 6.3 | 3.2 | 15.9 | 7.7 |
| Return on Equity 34 | 4.3 | • | • | 2.8 | • | • | 12.1 | 6.5 | 12.9 | 11.2 | • | • | 17.2 |
| Return Before Interest on Equity 35 | 29.1 | • | • | • | • | • | 26.0 | 27.6 | • | • | 11.9 | • | • |
| Profit Margin, Before Income Tax 36 | 1.1 | • | • | • | • | • | 2.5 | 1.1 | 2.1 | 1.3 | • | • | 2.6 |
| Profit Margin, After Income Tax 37 | 0.4 | • | • | • | • | • | 1.8 | 0.7 | 1.6 | 0.9 | • | • | 1.7 |

## Trends in Selected Ratios and Factors, 1986-1994

| | 1986 | 1987 | 1988 | 1989 | 1990 | 1991 | 1992 | 1993 | 1994 |
|---|---|---|---|---|---|---|---|---|---|
| Cost of Operations (%) 38 | 74.9 | 73.1 | 73.4 | 72.2 | 73.1 | 75.4 | 74.9 | 74.8 | 74.6 |
| Operating Margin (%) 39 | 1.2 | 2.0 | 0.9 | 0.5 | • | • | • | 0.7 | • |
| Oper. Margin Before Officers Comp. (%) 40 | 2.9 | 3.6 | 2.7 | 2.3 | 1.7 | 0.6 | 1.7 | 2.5 | 1.2 |
| Average Net Receivables  ($) 41 | 369 | 337 | 341 | 347 | 313 | 321 | 347 | 393 | 391 |
| Average Inventories  ($) 42 | 344 | 308 | 322 | 406 | 344 | 398 | 372 | 482 | 485 |
| Average Net Worth  ($) 43 | 425 | 401 | 397 | 247 | 199 | 208 | 187 | 280 | 273 |
| Current Ratio (x1) 44 | 1.6 | 1.6 | 1.5 | 1.4 | 1.3 | 1.3 | 1.2 | 1.4 | 1.3 |
| Quick Ratio (x1) 45 | 0.8 | 0.9 | 0.8 | 0.7 | 0.7 | 0.6 | 0.6 | 0.6 | 0.6 |
| Coverage Ratio (x1) 46 | 2.7 | 3.6 | 3.3 | 2.3 | 2.1 | 1.3 | 2.1 | 2.2 | 1.6 |
| Asset Turnover (x1) 47 | 2.1 | 2.0 | 2.0 | 2.2 | 2.2 | 2.2 | 2.1 | 2.3 | 2.2 |
| Total Liabilities/Net Worth (x1) 48 | 1.6 | 1.5 | 1.7 | 3.2 | 3.7 | 4.0 | 4.6 | 3.7 | 3.9 |
| Return on Assets (x1) 49 | 10.8 | 11.6 | 10.7 | 8.6 | 7.1 | 4.2 | 7.4 | 8.5 | 6.0 |
| Return on Equity (%) 50 | 13.3 | 16.2 | 15.7 | 10.3 | 9.0 | • | 13.6 | 12.8 | 4.3 |

## Table II

Corporations with Net Income

# TOYS, SPORTING, RECREATIONAL, PHOTOGRAPHIC, AND HOBBY GOODS

MONEY AMOUNTS AND SIZE OF ASSETS IN THOUSANDS OF DOLLARS

| Item Description for Accounting Period 7/90 Through 6/91 | Total | Zero Assets | Under 100 | 100 to 250 | 251 to 500 | 501 to 1,000 | 1,001 to 5,000 | 5,001 to 10,000 | 10,001 to 25,000 | 25,001 to 50,000 | 50,001 to 100,000 | 100,001 to 250,000 | 250,001 and over |
|---|---|---|---|---|---|---|---|---|---|---|---|---|---|
| Number of Enterprises **1** | 3321 | 20 | 1125 | 270 | 531 | 535 | 612 | 118 | 70 | 19 | 13 | • | • |
| **Revenues ($ in Thousands)** | | | | | | | | | | | | | |
| Net Sales **2** | 20512 | 41 | 417 | 95 | 605 | 1323 | 3660 | 2077 | 2033 | 1296 | 1638 | • | • |
| Portfolio Income **3** | 111 | 4 | • | 0 | 1 | 2 | 7 | 6 | 5 | 8 | 7 | • | • |
| Other Revenues **4** | 197 | 0 | • | • | 3 | 38 | 56 | 13 | 6 | 24 | 13 | • | • |
| Total Revenues **5** | 20820 | 45 | 417 | 95 | 608 | 1362 | 3724 | 2097 | 2044 | 1328 | 1658 | • | • |
| Average Total Revenues **6** | 6269 | 2274 | 370 | 352 | 1145 | 2546 | 6084 | 17769 | 29196 | 69877 | 127513 | • | • |
| **Operating Costs/Operating Income (%)** | | | | | | | | | | | | | |
| Cost of Operations **7** | 74.0 | 72.0 | 68.9 | 52.2 | 78.3 | 67.2 | 70.5 | 76.5 | 73.8 | 73.2 | 68.7 | • | • |
| Rent **8** | 1.0 | 1.4 | 2.5 | 2.3 | 1.1 | 2.7 | 1.3 | 0.7 | 0.6 | 0.5 | 1.1 | • | • |
| Taxes Paid **9** | 1.2 | 0.8 | 0.9 | 4.8 | 0.9 | 1.2 | 1.3 | 0.9 | 1.4 | 0.8 | 1.1 | • | • |
| Interest Paid **10** | 1.3 | 9.7 | • | • | 0.8 | 1.0 | 1.1 | 1.4 | 1.9 | 1.9 | 2.7 | • | • |
| Depreciation, Depletion, Amortization **11** | 1.0 | 3.9 | 0.6 | 3.4 | 0.8 | 0.9 | 0.9 | 0.4 | 0.9 | 1.6 | 1.3 | • | • |
| Pensions and Other Benefits **12** | 0.6 | 0.5 | • | 0.2 | 0.1 | 0.5 | 1.0 | 0.4 | 0.5 | 0.7 | 0.7 | • | • |
| Other **13** | 16.4 | 12.1 | 20.7 | 25.4 | 11.9 | 20.6 | 17.2 | 15.3 | 14.2 | 13.9 | 21.3 | • | • |
| Officers Compensation **14** | 1.8 | 0.8 | 3.4 | • | 2.5 | 5.1 | 3.7 | 1.3 | 2.2 | 2.5 | 0.9 | • | • |
| Operating Margin **15** | 2.9 | • | 3.2 | 11.7 | 3.7 | 0.9 | 3.0 | 3.0 | 4.5 | 5.0 | 2.4 | • | • |
| Oper. Margin Before Officers Compensation **16** | 4.6 | • | 6.5 | 11.7 | 6.2 | 6.0 | 6.7 | 4.3 | 6.6 | 7.5 | 3.3 | • | • |
| **Selected Average Balance Sheet ($ in Thousands)** | | | | | | | | | | | | | |
| Net Receivables **17** | 774 | • | • | 37 | 98 | 197 | 658 | 2200 | 4172 | 10413 | 19385 | • | • |
| Inventories **18** | 953 | • | 1 | 30 | 100 | 308 | 961 | 2918 | 5517 | 9776 | 24852 | • | • |
| Net Property, Plant and Equipment **19** | 323 | • | 15 | 19 | 57 | 53 | 221 | 635 | 2046 | 4408 | 12125 | • | • |
| Total Assets **20** | 2694 | • | 24 | 136 | 369 | 712 | 2235 | 6957 | 14576 | 37601 | 75009 | • | • |

## Selected Financial Ratios (Times to 1)

| | | | | | | | | | | | |
|---|---|---|---|---|---|---|---|---|---|---|---|
| Notes and Loans Payable 21 | 1097 | • | 3 | 84 | 71 | 156 | 515 | 2574 | 5491 | 14019 | 31776 |
| All Other Liabilities 22 | 773 | • | 0 | 159 | 135 | 215 | 717 | 2614 | 4550 | 11936 | 17417 |
| Net Worth 23 | 824 | • | 21 | -106 | 163 | 342 | 1003 | 1769 | 4535 | 11645 | 25815 |
| **Selected Financial Ratios (Times to 1)** | | | | | | | | | | | |
| Current Ratio 24 | 1.5 | 0.6 | • | 2.0 | 2.0 | 2.1 | 1.4 | 1.5 | 1.2 | 1.7 | |
| Quick Ratio 25 | 0.7 | 0.3 | • | 1.3 | 0.8 | 1.0 | 0.6 | 0.7 | 0.6 | 0.7 | |
| Net Sales to Working Capital 26 | 9.8 | • | 45.5 | • | 8.2 | 9.1 | 6.1 | 11.2 | 8.2 | 18.0 | 5.8 |
| Coverage Ratio 27 | 4.4 | 2.0 | • | • | 6.5 | 5.2 | 5.3 | 3.9 | 3.6 | 5.0 | 2.4 |
| Total Asset Turnover 28 | 2.3 | • | 2.6 | • | 3.1 | 3.5 | 2.7 | 2.5 | 2.0 | 1.8 | 1.7 |
| Inventory Turnover 29 | 5.2 | • | 4.7 | • | 5.8 | 5.3 | 4.8 | 5.0 | 3.6 | 5.8 | 3.9 |
| Receivables Turnover 30 | 8.5 | • | • | • | 9.9 | 9.7 | 9.1 | 6.9 | 8.3 | 5.7 | |
| Total Liabilities to Net Worth 31 | 2.3 | 0.2 | • | • | 1.3 | 1.1 | 1.2 | 2.9 | 2.2 | 2.2 | 1.9 |

## Selected Financial Factors (in Percentages)

| | | | | | | | | | | | |
|---|---|---|---|---|---|---|---|---|---|---|---|
| Debt Ratio 32 | 69.4 | 13.0 | • | 55.8 | 52.0 | 55.1 | 74.6 | 68.9 | 69.0 | 65.6 | |
| Return on Assets 33 | 13.0 | • | 30.3 | 15.7 | 16.8 | 15.7 | 13.5 | 13.8 | 17.1 | 10.5 | |
| Return on Equity 34 | 26.4 | • | • | 28.0 | 24.5 | 23.4 | 33.8 | 28.1 | 14.1 | | |
| Return Before Interest on Equity 35 | • | • | • | • | • | 35.0 | • | • | 30.5 | | |
| Profit Margin, Before Income Tax 36 | 4.4 | 9.6 | 3.2 | 11.7 | 4.3 | 3.9 | 4.8 | 4.0 | 5.0 | 7.5 | 3.6 |
| Profit Margin, After Income Tax 37 | 3.5 | 9.6 | 3.1 | 11.7 | 4.0 | 3.4 | 3.9 | 3.4 | 4.4 | 6.9 | 2.9 |

## Trends in Selected Ratios and Factors, 1986-1994

| | 1986 | 1987 | 1988 | 1989 | 1990 | 1991 | 1992 | 1993 | 1994 |
|---|---|---|---|---|---|---|---|---|---|
| Cost of Operations (%) 38 | 76.1 | 72.7 | 74.1 | 70.1 | 71.6 | 74.0 | 74.8 | 74.9 | 74.0 |
| Operating Margin (%) 39 | 4.7 | 4.7 | 3.8 | 2.9 | 2.0 | 2.6 | 2.6 | 3.1 | 2.9 |
| Oper. Margin Before Officers Comp. (%) 40 | 6.4 | 6.3 | 5.3 | 4.8 | 4.0 | 4.1 | 4.4 | 4.8 | 4.6 |
| Average Net Receivables ($) 41 | 494 | 437 | 408 | 426 | 361 | 429 | 519 | 691 | 774 |
| Average Inventories ($) 42 | 373 | 356 | 357 | 480 | 398 | 532 | 531 | 831 | 953 |
| Average Net Worth ($) 43 | 789 | 639 | 591 | 364 | 299 | 416 | 392 | 682 | 824 |
| Current Ratio (x1) 44 | 1.9 | 1.7 | 1.6 | 1.4 | 1.4 | 1.4 | 1.4 | 1.5 | 1.5 |
| Quick Ratio (x1) 45 | 1.1 | 1.0 | 0.9 | 0.7 | 0.7 | 0.7 | 0.7 | 0.7 | 0.7 |
| Coverage Ratio (x1) 46 | 7.8 | 7.0 | 6.5 | 4.4 | 3.9 | 4.2 | 4.3 | 4.9 | 4.4 |
| Asset Turnover (x1) 47 | 2.2 | 2.1 | 2.0 | 2.2 | 2.3 | 2.4 | 2.2 | 2.5 | 2.3 |
| Operating Leverage 48 | • | 1.0 | 0.8 | 0.8 | 0.7 | 1.3 | 1.0 | 1.2 | 1.0 |
| Financial Leverage 49 | • | 1.0 | 1.0 | 0.7 | 1.0 | 1.1 | 1.0 | 1.0 | 1.0 |
| Total Leverage 50 | • | 1.0 | 0.8 | 0.6 | 0.7 | 1.4 | 1.1 | 1.1 | 1.0 |

# Table I

Corporations with and without Net Income

# METALS AND MINERALS, EXCEPT PETROLEUM AND SCRAP

MONEY AMOUNTS AND SIZE OF ASSETS IN THOUSANDS OF DOLLARS

| Item Description for Accounting Period 7/90 Through 6/91 | Total | Zero Assets | Under 100 | 100 to 250 | 251 to 500 | 501 to 1,000 | 1,001 to 5,000 | 5,001 to 10,000 | 10,001 to 25,000 | 25,001 to 50,000 | 50,001 to 100,000 | 100,001 to 250,000 | 250,001 and over |
|---|---|---|---|---|---|---|---|---|---|---|---|---|---|
| Number of Enterprises **1** | 8212 | 253 | 3847 | 973 | 454 | 726 | 1384 | 273 | 180 | 65 | 22 | 20 | 14 |
| **Revenues ($ in Thousands)** | | | | | | | | | | | | | |
| Net Sales **2** | 107337 | 160 | 1245 | 780 | 551 | 1895 | 10203 | 6140 | 7262 | 4924 | 3727 | 5958 | 64491 |
| Portfolio Income **3** | 8237 | 4 | 2 | 1 | 3 | 4 | 20 | 15 | 49 | 20 | 25 | 61 | 8033 |
| Other Revenues **4** | 1459 | 21 | 11 | 14 | 5 | 14 | 101 | 89 | 47 | 47 | 159 | 133 | 821 |
| Total Revenues **5** | 117033 | 184 | 1258 | 795 | 559 | 1913 | 10324 | 6243 | 7358 | 4991 | 3911 | 6152 | 73345 |
| Average Total Revenues **6** | 14251 | 728 | 327 | 817 | 1231 | 2635 | 7460 | 22869 | 40880 | 76781 | 177784 | 307604 | 5238931 |
| **Operating Costs/Operating Income (%)** | | | | | | | | | | | | | |
| Cost of Operations **7** | 92.1 | • | 59.9 | 79.7 | 69.9 | 81.8 | 82.6 | 87.7 | 87.6 | 87.4 | 92.1 | 87.0 | 96.5 |
| Rent **8** | 0.5 | 0.2 | 2.2 | 1.6 | 1.3 | 1.1 | 1.1 | 0.5 | 0.4 | 0.4 | 0.5 | 0.5 | 0.3 |
| Taxes Paid **9** | 0.5 | 0.2 | 1.6 | 2.3 | 2.2 | 1.0 | 0.9 | 0.9 | 0.7 | 0.7 | 0.7 | 1.4 | 0.2 |
| Interest Paid **10** | 6.6 | 0.6 | 0.8 | 0.5 | 1.0 | 0.5 | 1.0 | 1.1 | 1.4 | 1.5 | 1.7 | 1.8 | 10.2 |
| Depreciation, Depletion, Amortization **11** | 0.5 | • | 0.9 | 1.1 | 2.2 | 0.7 | 0.8 | 0.5 | 0.8 | 1.1 | 0.9 | 1.1 | 0.3 |
| Pensions and Other Benefits **12** | 0.4 | 13.0 | 0.2 | 0.3 | 0.9 | 0.6 | 0.6 | 0.5 | 0.5 | 0.7 | 0.7 | 1.0 | 0.3 |
| Other **13** | 7.9 | 8.6 | 21.5 | 11.9 | 20.5 | 10.9 | 9.5 | 8.4 | 7.5 | 7.3 | 7.2 | 8.7 | 7.1 |
| Officers Compensation **14** | 0.9 | 0.5 | 11.7 | 1.6 | 5.7 | 4.8 | 2.9 | 1.8 | 1.4 | 1.0 | 0.6 | 0.5 | 0.2 |
| Operating Margin **15** | • | • | 1.2 | 1.1 | • | • | 0.6 | • | • | • | • | • | • |
| Oper. Margin Before Officers Compensation **16** | • | • | 12.9 | 2.7 | 2.1 | 3.6 | 3.5 | 0.5 | 1.2 | 0.9 | • | • | • |
| **Selected Average Balance Sheet ($ in Thousands)** | | | | | | | | | | | | | |
| Net Receivables **17** | 2609 | • | 2 | 70 | 72 | 244 | 834 | 2902 | 5538 | 10906 | 23172 | 42176 | 1152335 |
| Inventories **18** | 4871 | • | 3 | 28 | 51 | 154 | 889 | 2376 | 5758 | 13706 | 20609 | 46239 | 2474677 |
| Net Property, Plant and Equipment **19** | 475 | • | 11 | 30 | 149 | 114 | 310 | 629 | 1955 | 6655 | 14529 | 35227 | 91046 |
| Total Assets **20** | 16258 | • | 39 | 171 | 320 | 676 | 2402 | 7518 | 16316 | 37338 | 74154 | 161336 | 8354495 |

| | | | | | | | | | | | | | |
|---|---|---|---|---|---|---|---|---|---|---|---|---|---|
| Notes and Loans Payable **21** | 5801 | • | 35 | 60 | 165 | 244 | 811 | 2150 | 5904 | 14335 | 32194 | 53503 | 2979338 |
| All Other Liabilities **22** | 9450 | • | 17 | 65 | 96 | 195 | 856 | 2981 | 5247 | 10761 | 28812 | 53560 | 5138761 |
| Net Worth **23** | 1007 | • | -13 | 45 | 59 | 237 | 735 | 2387 | 5164 | 12242 | 13149 | 54273 | 236396 |

### Selected Financial Ratios (Times to 1)

| | | | | | | | | | | | | | |
|---|---|---|---|---|---|---|---|---|---|---|---|---|---|
| Current Ratio **24** | 0.9 | • | 0.9 | 1.3 | 1.1 | 1.5 | 1.6 | 1.5 | 1.5 | 1.4 | 1.3 | 1.6 | 0.9 |
| Quick Ratio **25** | 0.4 | • | 0.8 | 1.0 | 0.7 | 1.0 | 0.8 | 0.9 | 0.7 | 0.7 | 0.7 | 0.8 | 0.4 |
| Net Sales to Working Capital **26** | • | • | • | 31.3 | • | 17.7 | 10.0 | 10.5 | 9.8 | 9.5 | 16.0 | 7.9 | • |
| Coverage Ratio **27** | 1.0 | • | 3.8 | 6.5 | • | 0.4 | 2.7 | 1.4 | 1.8 | 1.9 | 1.3 | 1.9 | 0.9 |
| Total Asset Turnover **28** | 0.8 | • | 8.3 | 4.7 | 3.8 | 3.9 | 3.1 | 3.0 | 2.5 | 2.0 | 2.3 | 1.9 | 0.6 |
| Inventory Turnover **29** | 2.7 | • | • | • | • | • | 7.7 | 9.4 | 6.2 | 5.3 | 6.4 | 5.7 | 2.0 |
| Receivables Turnover **30** | 5.2 | • | • | • | • | • | 9.7 | 9.4 | 7.5 | 8.1 | 6.2 | 6.3 | 4.2 |
| Total Liabilities to Net Worth **31** | 15.2 | • | • | 2.8 | 4.4 | 1.9 | 2.3 | 2.2 | 2.2 | 2.1 | 4.6 | 2.0 | 34.4 |

### Selected Financial Factors (in Percentages)

| | | | | | | | | | | | | | |
|---|---|---|---|---|---|---|---|---|---|---|---|---|---|
| Debt Ratio **32** | 93.8 | • | • | 73.6 | 81.5 | 65.0 | 69.4 | 68.3 | 68.4 | 67.2 | 82.3 | 66.4 | 97.2 |
| Return on Assets **33** | 5.2 | • | 24.7 | 16.4 | • | 0.8 | 8.5 | 4.6 | 6.1 | 5.7 | 5.0 | 6.2 | 5.1 |
| Return on Equity **34** | • | • | • | • | • | 14.0 | 2.0 | 6.3 | 6.0 | 1.1 | 5.6 | • | |
| Return Before Interest on Equity **35** | • | • | • | • | 2.3 | 27.8 | 14.4 | 19.2 | 17.5 | 28.0 | 18.4 | • | |
| Profit Margin, Before Income Tax **36** | • | • | 2.2 | 3.0 | • | 1.8 | 0.4 | 1.1 | 1.3 | 0.5 | 1.5 | • | |
| Profit Margin, After Income Tax **37** | • | • | 2.2 | 3.0 | • | 1.4 | 0.2 | 0.8 | 1.0 | • | 1.0 | • | |

### Trends in Selected Ratios and Factors, 1986-1994

| | 1986 | 1987 | 1988 | 1989 | 1990 | 1991 | 1992 | 1993 | 1994 |
|---|---|---|---|---|---|---|---|---|---|
| Cost of Operations (%) **38** | 93.7 | 93.2 | 92.0 | 93.4 | 92.1 | 93.5 | 92.7 | 93.0 | 92.1 |
| Operating Margin (%) **39** | • | • | • | • | • | • | • | • | • |
| Oper. Margin Before Officers Comp. (%) **40** | • | • | • | • | • | • | • | • | • |
| Average Net Receivables ($) **41** | 1317 | 2012 | 2373 | 2640 | 2364 | 2654 | 2286 | 2455 | 2609 |
| Average Inventories ($) **42** | 2921 | 4511 | 5497 | 6330 | 4820 | 6445 | 6541 | 4224 | 4871 |
| Average Net Worth ($) **43** | 1123 | 1259 | 1246 | 1073 | 931 | 1069 | 1318 | 1006 | 1007 |
| Current Ratio (x1) **44** | 1.1 | 1.1 | 1.0 | 1.0 | 1.0 | 1.0 | 1.0 | 1.0 | 0.9 |
| Quick Ratio (x1) **45** | 0.3 | 0.5 | 0.5 | 0.5 | 0.5 | 0.4 | 0.3 | 0.5 | 0.4 |
| Coverage Ratio (x1) **46** | 0.7 | 1.2 | 1.2 | 1.0 | 1.1 | 1.1 | 1.5 | 1.1 | 1.0 |
| Asset Turnover (x1) **47** | 1.3 | 1.3 | 1.0 | 0.7 | 0.8 | 1.1 | 1.1 | 0.9 | 0.8 |
| Total Liabilities/Net Worth (x1) **48** | 7.4 | 7.2 | 10.4 | 15.5 | 14.5 | 13.5 | 11.5 | 15.6 | 15.2 |
| Return on Assets (x1) **49** | 2.0 | 4.4 | 5.6 | 5.8 | 7.1 | 6.9 | 8.7 | 5.8 | 5.2 |
| Return on Equity (%) **50** | • | 3.0 | 4.2 | • | 3.1 | 4.8 | 23.7 | 5.9 | • |

## Table II

Corporations with Net Income

# METALS AND MINERALS, EXCEPT PETROLEUM AND SCRAP

### MONEY AMOUNTS AND SIZE OF ASSETS IN THOUSANDS OF DOLLARS

| Item Description for Accounting Period 7/90 Through 6/91 | Total | Zero Assets | Under 100 | 100 to 250 | 251 to 500 | 501 to 1,000 | 1,001 to 5,000 | 5,001 to 10,000 | 10,001 to 25,000 | 25,001 to 50,000 | 50,001 to 100,000 | 100,001 to 250,000 | 250,001 and over |
|---|---|---|---|---|---|---|---|---|---|---|---|---|---|
| Number of Enterprises **1** | 5739 | 8 | 3011 | 756 | 219 | 268 | 1066 | 193 | 133 | 46 | 17 | 15 | 6 |
| **Revenues ($ in Thousands)** | | | | | | | | | | | | | |
| Net Sales **2** | 65588 | 14 | 935 | 696 | 289 | 835 | 8070 | 4656 | 5844 | 3150 | 2568 | 4696 | 33835 |
| Portfolio Income **3** | 787 | 0 | 1 | 1 | 0 | 2 | 18 | 9 | 40 | 13 | 17 | 49 | 636 |
| Other Revenues **4** | 584 | 6 | 11 | 13 | 2 | 12 | 64 | 68 | 39 | 28 | 132 | 97 | 113 |
| Total Revenues **5** | 66959 | 20 | 947 | 710 | 291 | 849 | 8152 | 4733 | 5923 | 3192 | 2717 | 4841 | 34584 |
| Average Total Revenues **6** | 11667 | 2487 | 314 | 939 | 1330 | 3168 | 7647 | 24524 | 44533 | 69384 | 159838 | 322730 | 5764054 |
| **Operating Costs/Operating Income (%)** | | | | | | | | | | | | | |
| Cost of Operations **7** | 91.6 | 65.0 | 56.2 | 80.9 | 76.4 | 79.6 | 81.6 | 89.0 | 88.5 | 83.3 | 91.5 | 86.6 | 98.0 |
| Rent **8** | 0.4 | 0.5 | 1.2 | 1.2 | 0.9 | 0.9 | 1.0 | 0.3 | 0.5 | 0.3 | 0.3 | 0.4 | 0.1 |
| Taxes Paid **9** | 0.5 | 0.3 | 1.7 | 2.3 | 1.4 | 1.0 | 0.9 | 0.7 | 0.7 | 1.0 | 0.7 | 1.6 | 0.1 |
| Interest Paid **10** | 1.5 | 1.5 | 0.1 | 0.2 | 1.2 | 0.5 | 0.9 | 0.8 | 1.2 | 1.3 | 1.3 | 1.8 | 1.8 |
| Depreciation, Depletion, Amortization **11** | 0.5 | 0.5 | 1.0 | 0.9 | 0.8 | 0.4 | 0.9 | 0.5 | 0.6 | 1.1 | 0.9 | 1.2 | 0.2 |
| Pensions and Other Benefits **12** | 0.4 | • | 0.2 | 0.3 | 0.5 | 0.5 | 0.7 | 0.4 | 0.5 | 0.9 | 0.8 | 1.0 | 0.1 |
| Other **13** | 4.7 | 24.7 | 21.4 | 10.8 | 15.4 | 11.0 | 8.9 | 6.2 | 6.3 | 8.6 | 7.6 | 7.9 | 1.4 |
| Officers Compensation **14** | 1.1 | • | 14.3 | 1.6 | 3.5 | 5.9 | 3.0 | 2.0 | 1.3 | 1.3 | 0.6 | 0.5 | 0.1 |
| Operating Margin **15** | • | 7.8 | 3.9 | 1.8 | • | 0.3 | 2.1 | • | 0.7 | 2.3 | • | • | |
| Oper. Margin Before Officers Compensation **16** | 0.5 | 7.8 | 18.3 | 3.4 | 3.5 | 6.2 | 5.1 | 2.0 | 2.0 | 3.5 | • | • | |
| **Selected Average Balance Sheet ($ in Thousands)** | | | | | | | | | | | | | |
| Net Receivables **17** | 1259 | • | 3 | 89 | 105 | 188 | 831 | 3124 | 6127 | 9782 | 21715 | 46003 | 543740 |
| Inventories **18** | 884 | • | 0 | 11 | 43 | 272 | 920 | 2369 | 5726 | 14673 | 21349 | 48322 | 169918 |
| Net Property, Plant and Equipment **19** | 380 | • | 10 | 22 | 85 | 352 | 544 | 1564 | 6727 | 13451 | 31796 | 63995 | |
| Total Assets **20** | 3853 | • | 40 | 157 | 319 | 693 | 2504 | 7503 | 16715 | 37624 | 71751 | 162332 | 1648681 |

| | | | | | | | | | | | | |
|---|---|---|---|---|---|---|---|---|---|---|---|---|
| **Notes and Loans Payable 21** | 1529 | • | 7 | 41 | 187 | 203 | 802 | 1666 | 5473 | 11115 | 22735 | 49688 | 846898 |
| **All Other Liabilities 22** | 1306 | • | 14 | 72 | 122 | 229 | 794 | 2971 | 5740 | 10408 | 29625 | 54317 | 554964 |
| **Net Worth 23** | 1018 | • | 19 | 44 | 10 | 261 | 908 | 2866 | 5502 | 16101 | 19391 | 58326 | 246818 |

## Selected Financial Ratios (Times to 1)

| | | | | | | | | | | | | | |
|---|---|---|---|---|---|---|---|---|---|---|---|---|---|
| Current Ratio 24 | 1.4 | • | 1.4 | 1.2 | 1.1 | 1.9 | 1.9 | 1.7 | 1.4 | 1.8 | 1.4 | 1.6 | 1.1 |
| Quick Ratio 25 | 0.7 | • | 1.3 | 1.1 | 0.8 | 0.9 | 1.0 | 1.0 | 0.8 | 0.8 | 0.7 | 0.8 | 0.6 |
| Net Sales to Working Capital 26 | 15.6 | • | • | • | • | 13.0 | 8.1 | 9.6 | 10.7 | 5.7 | 10.0 | 7.9 | 49.5 |
| Coverage Ratio 27 | 2.0 | • | • | • | 1.8 | 4.8 | 4.6 | 3.2 | 3.7 | 2.8 | 2.7 | 2.5 | 1.2 |
| Total Asset Turnover 28 | 3.0 | • | 7.9 | 5.9 | 4.1 | 4.5 | 3.0 | 3.2 | 2.6 | 1.8 | 2.1 | 1.9 | 3.4 |
| Inventory Turnover 29 | • | • | • | • | • | 8.8 | 7.3 | 9.9 | 6.7 | 4.2 | 6.2 | 6.2 | 6.2 |
| Receivables Turnover 30 | 8.5 | • | • | • | • | • | 9.7 | 9.6 | 7.4 | 7.3 | 7.6 | 6.8 | 8.5 |
| Total Liabilities to Net Worth 31 | 2.8 | • | 1.1 | 2.6 | 30.9 | 1.7 | 1.8 | 1.6 | 2.0 | 1.3 | 2.7 | 1.8 | 5.7 |

## Selected Financial Factors (in Percentages)

| | | | | | | | | | | | | | |
|---|---|---|---|---|---|---|---|---|---|---|---|---|---|
| Debt Ratio 32 | 73.6 | • | 51.5 | 72.1 | 96.9 | 62.3 | 63.8 | 61.8 | 67.1 | 57.2 | 73.0 | 64.1 | 85.0 |
| Return on Assets 33 | 8.6 | • | • | 23.3 | 8.6 | 11.5 | 12.2 | 8.1 | 8.3 | 8.9 | 7.3 | 8.3 | 7.3 |
| Return on Equity 34 | 13.5 | • | • | • | • | 22.0 | 22.5 | 12.4 | 13.1 | 13.5 | 12.0 | 10.3 | 5.2 |
| Return Before Interest on Equity 35 | 32.7 | • | • | • | • | 30.5 | 33.6 | 21.3 | 25.3 | 20.8 | 27.0 | 23.1 | • |
| Profit Margin, Before Income Tax 36 | 1.5 | • | 5.2 | 3.8 | 0.9 | 2.0 | 3.2 | 1.7 | 2.0 | 3.6 | 2.2 | 2.6 | 0.3 |
| Profit Margin, After Income Tax 37 | 1.2 | • | 5.2 | 3.8 | 0.9 | 1.9 | 2.7 | 1.5 | 1.7 | 3.1 | 1.5 | 1.9 | 0.2 |

## Trends in Selected Ratios and Factors, 1986-1994

| | 1986 | 1987 | 1988 | 1989 | 1990 | 1991 | 1992 | 1993 | 1994 |
|---|---|---|---|---|---|---|---|---|---|
| Cost of Operations (%) 38 | 88.7 | 93.1 | 89.4 | 93.7 | 92.9 | 93.0 | 92.7 | 93.2 | 91.6 |
| Operating Margin (%) 39 | 0.2 | • | • | 0.2 | • | 0.8 | • | 0.2 | 0.5 |
| Oper. Margin Before Officers Comp. (%) 40 | 1.5 | • | • | 0.2 | • | 0.8 | • | 0.2 | 0.5 |
| Average Net Receivables ($) 41 | 1034 | 3233 | 2559 | 1479 | 3255 | 1666 | 3211 | 1507 | 1259 |
| Average Inventories ($) 42 | 679 | 7911 | 7670 | 885 | 6997 | 1097 | 9650 | 966 | 884 |
| Average Net Worth ($) 43 | 1317 | 1828 | 1383 | 1021 | 1053 | 1189 | 1857 | 1125 | 1018 |
| Current Ratio (×1) 44 | 1.7 | 1.1 | 1.0 | 1.4 | 1.0 | 1.3 | 1.0 | 1.4 | 1.4 |
| Quick Ratio (×1) 45 | 1.0 | 0.5 | 0.5 | 0.8 | 0.5 | 0.7 | 0.3 | 0.8 | 0.7 |
| Coverage Ratio (×1) 46 | 2.4 | 1.5 | 1.3 | 2.1 | 1.2 | 2.6 | 1.5 | 2.1 | 2.0 |
| Asset Turnover (×1) 47 | 2.8 | 1.2 | 0.6 | 4.0 | 0.7 | 3.7 | 1.0 | 3.8 | 3.0 |
| Operating Leverage 48 | • | • | 2.1 | 0.1 | 22.0 | • | • | 0.1 | 1.1 |
| Financial Leverage 49 | • | 0.5 | 0.7 | 2.1 | 0.3 | 5.3 | 0.5 | 1.8 | 1.0 |
| Total Leverage 50 | • | • | 1.6 | 0.2 | 5.8 | • | • | 0.2 | 1.0 |

## Table I

Corporations with and without Net Income

# ELECTRICAL GOODS

### MONEY AMOUNTS AND SIZE OF ASSETS IN THOUSANDS OF DOLLARS

| Item Description for Accounting Period 7/90 Through 6/91 | Total | Zero Assets | Under 100 | 100 to 250 | 251 to 500 | 501 to 1,000 | 1,001 to 5,000 | 5,001 to 10,000 | 10,001 to 25,000 | 25,001 to 50,000 | 50,001 to 100,000 | 100,001 to 250,000 | 250,001 and over |
|---|---|---|---|---|---|---|---|---|---|---|---|---|---|
| Number of Enterprises **1** | 22551 | 1326 | 8046 | 3953 | 2019 | 2900 | 3437 | 429 | 277 | 78 | 28 | 35 | 23 |
| **Revenues ($ in Thousands)** | | | | | | | | | | | | | |
| Net Sales **2** | 107193 | 593 | 1349 | 1978 | 2292 | 6228 | 20447 | 7904 | 10885 | 5623 | 3892 | 12204 | 33799 |
| Portfolio Income **3** | 1428 | 2 | 16 | 6 | 10 | 13 | 59 | 33 | 16 | 40 | 22 | 87 | 1124 |
| Other Revenues **4** | 1693 | 16 | 20 | 95 | 126 | 70 | 197 | 82 | 117 | 103 | 104 | 159 | 604 |
| Total Revenues **5** | 110314 | 611 | 1385 | 2079 | 2428 | 6311 | 20703 | 8020 | 11017 | 5766 | 4018 | 12450 | 35527 |
| Average Total Revenues **6** | 4892 | 460 | 172 | 526 | 1203 | 2176 | 6024 | 18694 | 39774 | 73917 | 143507 | 355705 | 1544674 |
| **Operating Costs/Operating Income (%)** | | | | | | | | | | | | | |
| Cost of Operations **7** | 76.9 | 87.6 | 62.9 | 62.4 | 65.1 | 68.5 | 75.8 | 77.9 | 81.5 | 80.5 | 84.8 | 82.3 | 76.0 |
| Rent **8** | 1.2 | 0.6 | 2.8 | 4.2 | 2.3 | 1.8 | 1.3 | 1.1 | 0.9 | 0.8 | 0.6 | 0.6 | 1.2 |
| Taxes Paid **9** | 1.2 | 1.6 | 1.8 | 2.3 | 1.9 | 2.1 | 1.2 | 1.2 | 1.0 | 1.3 | 0.8 | 0.8 | 1.0 |
| Interest Paid **10** | 2.7 | 1.2 | 0.6 | 1.3 | 1.2 | 1.1 | 0.9 | 1.0 | 1.3 | 1.4 | 2.3 | 1.4 | 6.0 |
| Depreciation, Depletion, Amortization **11** | 1.5 | 0.5 | 2.0 | 1.6 | 1.2 | 0.9 | 0.7 | 0.9 | 0.7 | 1.0 | 1.4 | 1.0 | 2.9 |
| Pensions and Other Benefits **12** | 0.8 | 0.3 | 0.9 | 1.3 | 1.8 | 0.9 | 0.8 | 0.9 | 0.7 | 0.9 | 0.7 | 0.8 | 0.8 |
| Other **13** | 16.9 | 13.3 | 27.8 | 27.2 | 24.7 | 19.2 | 16.0 | 15.1 | 13.2 | 15.0 | 13.8 | 13.2 | 19.1 |
| Officers Compensation **14** | 1.9 | 0.7 | 8.8 | 7.1 | 8.4 | 6.0 | 3.2 | 2.4 | 1.1 | 1.1 | 0.5 | 0.4 | 0.4 |
| Operating Margin **15** | • | • | • | • | • | • | • | • | • | • | • | • | • |
| Oper. Margin Before Officers Compensation **16** | • | • | 1.3 | • | 2.1 | 5.5 | 3.3 | 2.1 | 0.6 | • | • | • | • |
| **Selected Average Balance Sheet ($ in Thousands)** | | | | | | | | | | | | | |
| Net Receivables **17** | 752 | • | 8 | 49 | 102 | 208 | 751 | 2676 | 5387 | 11319 | 22282 | 56013 | 313173 |
| Inventories **18** | 658 | • | 8 | 34 | 113 | 276 | 744 | 2500 | 5975 | 11424 | 23185 | 52502 | 214923 |
| Net Property, Plant and Equipment **19** | 380 | • | 10 | 19 | 52 | 89 | 188 | 805 | 1549 | 3306 | 7777 | 20401 | 236338 |
| Total Assets **20** | 2598 | • | 37 | 155 | 359 | 724 | 2065 | 7014 | 15106 | 33366 | 68003 | 158416 | 1327025 |

| | | | | | | | | | | | | | |
|---|---|---|---|---|---|---|---|---|---|---|---|---|---|
| Notes and Loans Payable 21 | 1123 | · | 33 | 72 | 156 | 231 | 550 | 2407 | 5685 | 11996 | 29159 | 53388 | 680958 |
| All Other Liabilities 22 | 775 | · | 34 | 83 | 159 | 253 | 825 | 2639 | 6305 | 12531 | 26694 | 52998 | 283428 |
| Net Worth 23 | 701 | · | -30 | 0 | 44 | 240 | 690 | 1968 | 3116 | 8838 | 12149 | 52029 | 362639 |

**Selected Financial Ratios (Times to 1)**

| | | | | | | | | | | | | | |
|---|---|---|---|---|---|---|---|---|---|---|---|---|---|
| Current Ratio 24 | 1.3 | · | 1.6 | 1.3 | 1.4 | 1.8 | 1.7 | 1.6 | 1.3 | 1.5 | 1.3 | 1.7 | 1.0 |
| Quick Ratio 25 | 0.7 | · | 1.0 | 0.9 | 0.8 | 0.9 | 0.9 | 0.9 | 0.6 | 0.7 | 0.7 | 0.9 | 0.6 |
| Net Sales to Working Capital 26 | 13.3 | · | 18.6 | 20.2 | 13.4 | 8.0 | 8.6 | 8.9 | 13.4 | 8.7 | 11.3 | 7.1 | 0.7 |
| Coverage Ratio 27 | 1.0 | · | · | · | 0.7 | 1.8 | 2.5 | 2.2 | 1.6 | 1.6 | 0.3 | 2.1 | 0.7 |
| Total Asset Turnover 28 | 1.8 | · | 4.5 | 3.2 | 3.2 | 3.0 | 2.9 | 2.6 | 2.6 | 2.2 | 2.1 | 2.2 | 1.1 |
| Inventory Turnover 29 | 5.6 | · | · | 8.7 | 5.4 | 5.9 | 6.4 | 5.6 | 5.5 | 5.0 | 4.6 | 5.6 | 5.2 |
| Receivables Turnover 30 | 6.6 | · | · | · | 8.9 | · | 8.3 | 6.4 | 7.3 | 6.7 | 5.6 | 6.6 | 5.2 |
| Total Liabilities to Net Worth 31 | 2.7 | · | · | · | 7.1 | 2.0 | 2.0 | 2.6 | 3.9 | 2.8 | 4.6 | 2.1 | 2.7 |

**Selected Financial Factors (in Percentages)**

| | | | | | | | | | | | | | |
|---|---|---|---|---|---|---|---|---|---|---|---|---|---|
| Debt Ratio 32 | 73.0 | · | · | · | 87.7 | 66.9 | 66.6 | 71.9 | 79.4 | 73.5 | 82.1 | 67.2 | 72.7 |
| Return on Assets 33 | 4.7 | · | · | · | 2.5 | 5.7 | 6.3 | 5.7 | 5.5 | 4.8 | 1.3 | 6.6 | 4.5 |
| Return on Equity 34 | · | 27.7 | · | · | · | 4.8 | 8.7 | 5.3 | 4.9 | 1.9 | · | 5.4 | · |
| Return Before Interest on Equity 35 | 17.5 | 23.8 | · | · | 20.2 | 17.2 | 18.7 | 20.1 | 26.7 | 18.2 | 7.4 | 20.2 | 16.3 |
| Profit Margin, Before Income Tax 36 | · | · | · | · | · | 0.9 | 1.3 | 1.2 | 0.8 | 0.8 | · | 1.6 | · |
| Profit Margin, After Income Tax 37 | · | · | · | · | · | 0.5 | 1.0 | 0.6 | 0.4 | 0.2 | · | 0.8 | · |

**Trends in Selected Ratios and Factors, 1986-1994**

| | 1986 | 1987 | 1988 | 1989 | 1990 | 1991 | 1992 | 1993 | 1994 |
|---|---|---|---|---|---|---|---|---|---|
| Cost of Operations (%) 38 | 73.9 | 73.8 | 75.0 | 74.7 | 75.6 | 75.4 | 76.8 | 77.1 | 76.9 |
| Operating Margin (%) 39 | 2.3 | 2.9 | 2.7 | 2.0 | 1.5 | 1.6 | 1.8 | 0.4 | · |
| Oper. Margin Before Officers Comp. (%) 40 | 4.7 | 5.1 | 4.6 | 2.0 | 1.5 | 1.6 | 1.8 | 0.4 | · |
| Average Net Receivables ($) 41 | 527 | 573 | 643 | 522 | 568 | 577 | 594 | 731 | 752 |
| Average Inventories ($) 42 | 335 | 373 | 442 | 461 | 537 | 505 | 540 | 687 | 658 |
| Average Net Worth ($) 43 | 611 | 614 | 695 | 451 | 484 | 476 | 498 | 615 | 701 |
| Current Ratio (x1) 44 | 1.9 | 1.8 | 1.7 | 1.5 | 1.4 | 1.4 | 1.4 | 1.4 | 1.3 |
| Quick Ratio (x1) 45 | 1.2 | 1.1 | 1.0 | 0.8 | 0.8 | 0.8 | 0.8 | 0.7 | 0.7 |
| Coverage Ratio (x1) 46 | 4.5 | 5.8 | 5.4 | 2.2 | 2.0 | 2.3 | 2.1 | 1.6 | 1.0 |
| Asset Turnover (x1) 47 | 2.0 | 2.1 | 2.1 | 2.3 | 2.3 | 2.1 | 2.1 | 2.0 | 1.8 |
| Total Liabilities/Net Worth (x1) 48 | 1.2 | 1.3 | 1.3 | 2.3 | 2.5 | 2.7 | 2.9 | 2.8 | 2.7 |
| Return on Assets (x1) 49 | 13.0 | 13.0 | 13.7 | 6.4 | 5.6 | 7.1 | 7.1 | 6.6 | 4.7 |
| Return on Equity (%) 50 | 18.5 | 20.8 | 21.4 | 4.7 | 2.9 | 8.3 | 9.9 | 5.8 | · |

## Table II

Corporations with Net Income

# ELECTRICAL GOODS

### MONEY AMOUNTS AND SIZE OF ASSETS IN THOUSANDS OF DOLLARS

| Item Description for Accounting Period 7/90 Through 6/91 | Total | Zero Assets | Under 100 | 100 to 250 | 251 to 500 | 501 to 1,000 | 1,001 to 5,000 | 5,001 to 10,000 | 10,001 to 25,000 | 25,001 to 50,000 | 50,001 to 100,000 | 100,001 to 250,000 | 250,001 and over |
|---|---|---|---|---|---|---|---|---|---|---|---|---|---|
| Number of Enterprises **1** | 12714 | 389 | 3782 | 2171 | 1314 | 1826 | 2614 | 328 | 191 | 53 | 13 | 24 | 9 |
| **Revenues ($ in Thousands)** | | | | | | | | | | | | | |
| Net Sales **2** | 65049 | 355 | 797 | 1115 | 1620 | 4185 | 15765 | 6340 | 8218 | 4026 | 2136 | 9282 | 11209 |
| Portfolio Income **3** | 306 | 1 | 1 | 3 | 8 | 9 | 45 | 22 | 11 | 26 | 10 | 57 | 111 |
| Other Revenues **4** | 847 | 15 | 18 | 10 | 119 | 66 | 149 | 50 | 84 | 75 | 22 | 121 | 120 |
| Total Revenues **5** | 66202 | 371 | 816 | 1128 | 1747 | 4259 | 15959 | 6412 | 8314 | 4127 | 2168 | 9460 | 11441 |
| Average Total Revenues **6** | 5207 | 953 | 216 | 520 | 1329 | 2333 | 6105 | 19548 | 43528 | 77861 | 166784 | 394173 | 1271210 |
| **Operating Costs/Operating Income (%)** | | | | | | | | | | | | | |
| Cost of Operations **7** | 77.1 | 84.9 | 61.0 | 67.2 | 69.1 | 66.7 | 74.3 | 76.5 | 81.2 | 79.3 | 85.5 | 82.3 | 78.8 |
| Rent **8** | 1.0 | 0.8 | 3.1 | 2.4 | 2.3 | 1.7 | 1.3 | 0.9 | 0.7 | 0.7 | 0.6 | 0.6 | 0.6 |
| Taxes Paid **9** | 1.1 | 0.7 | 2.0 | 1.8 | 1.7 | 2.0 | 1.2 | 1.2 | 0.9 | 1.2 | 0.6 | 0.8 | 1.0 |
| Interest Paid **10** | 1.1 | 1.2 | 0.5 | 0.7 | 0.8 | 0.9 | 0.8 | 0.8 | 0.9 | 1.0 | 1.0 | 1.0 | 1.9 |
| Depreciation, Depletion, Amortization **11** | 0.9 | 0.3 | 2.0 | 1.2 | 1.0 | 0.9 | 0.7 | 0.8 | 0.6 | 0.9 | 0.4 | 0.8 | 1.4 |
| Pensions and Other Benefits **12** | 0.8 | 0.3 | 1.3 | 0.7 | 1.6 | 0.8 | 0.8 | 0.9 | 0.7 | 1.1 | 0.5 | 0.7 | 0.7 |
| Other **13** | 14.4 | 10.5 | 19.7 | 16.0 | 20.2 | 18.9 | 15.7 | 13.9 | 11.9 | 14.2 | 10.8 | 12.1 | 14.6 |
| Officers Compensation **14** | 2.2 | 0.8 | 8.8 | 7.7 | 6.9 | 6.3 | 3.4 | 2.5 | 1.0 | 1.1 | 0.4 | 0.4 | 0.2 |
| Operating Margin **15** | 1.5 | 0.6 | 1.7 | 2.3 | · | 1.9 | 1.8 | 2.5 | 2.1 | 0.6 | 0.3 | 1.4 | 0.9 |
| Oper. Margin Before Officers Compensation **16** | 3.7 | 1.4 | 10.5 | 10.0 | 3.4 | 8.2 | 5.2 | 5.1 | 3.2 | 1.7 | 0.7 | 1.8 | 1.1 |
| **Selected Average Balance Sheet ($ in Thousands)** | | | | | | | | | | | | | |
| Net Receivables **17** | 705 | · | 12 | 58 | 118 | 225 | 785 | 2848 | 5539 | 11241 | 26942 | 53881 | 215459 |
| Inventories **18** | 628 | · | 7 | 34 | 115 | 251 | 721 | 2372 | 5580 | 10586 | 22262 | 53195 | 157882 |
| Net Property, Plant and Equipment **19** | 225 | · | 13 | 12 | 36 | 82 | 195 | 746 | 1543 | 3247 | 3624 | 17970 | 99238 |
| Total Assets **20** | 2012 | · | 44 | 141 | 361 | 719 | 2090 | 7035 | 15124 | 33173 | 63754 | 156834 | 700769 |

| | | | | | | | | | | | | |
|---|---|---|---|---|---|---|---|---|---|---|---|---|
| Notes and Loans Payable 21 | 602 | • | 33 | 31 | 78 | 200 | 538 | 2036 | 3932 | 9427 | 15650 | 43696 | 268247 |
| All Other Liabilities 22 | 685 | • | 14 | 54 | 164 | 225 | 773 | 2346 | 5992 | 10137 | 28997 | 50489 | 206537 |
| Net Worth 23 | 724 | • | -3 | 56 | 119 | 294 | 779 | 2653 | 5200 | 13609 | 19108 | 62649 | 225985 |

## Selected Financial Ratios (Times to 1)

| | | | | | | | | | | | | | |
|---|---|---|---|---|---|---|---|---|---|---|---|---|---|
| Current Ratio 24 | 1.7 | • | 1.6 | 1.9 | 1.6 | 2.1 | 1.8 | 1.6 | 1.8 | 1.7 | 1.6 | 1.8 | 1.4 |
| Quick Ratio 25 | 0.9 | • | 1.1 | 1.3 | 1.0 | 1.2 | 1.0 | 0.8 | 1.0 | 0.9 | 0.9 | 1.0 | 0.8 |
| Net Sales to Working Capital 26 | 8.1 | • | 20.0 | 9.1 | 10.4 | 7.3 | 7.8 | 9.4 | 7.6 | 6.8 | 8.1 | 6.9 | 9.7 |
| Coverage Ratio 27 | 4.1 | 5.2 | 10.0 | 5.9 | 6.6 | 5.1 | 4.8 | 4.7 | 5.5 | 4.1 | 2.7 | 4.5 | 2.6 |
| Total Asset Turnover 28 | 2.6 | • | 4.8 | 3.6 | 3.4 | 3.2 | 2.9 | 2.9 | 2.8 | 2.3 | 2.6 | 2.5 | 1.8 |
| Inventory Turnover 29 | 5.6 | • | • | 8.5 | 6.1 | 5.9 | 6.5 | 6.3 | 6.3 | 5.0 | 5.0 | 6.1 | 3.9 |
| Receivables Turnover 30 | 6.7 | • | • | • | 8.4 | 9.5 | 8.1 | 7.6 | 6.6 | 6.6 | 5.0 | 7.6 | 4.0 |
| Total Liabilities to Net Worth 31 | 1.8 | • | 1.5 | 1.5 | 2.0 | 1.5 | 1.7 | 1.9 | 1.7 | 1.4 | 2.3 | 1.5 | 2.1 |

## Selected Financial Factors (in Percentages)

| | | | | | | | | | | | | | |
|---|---|---|---|---|---|---|---|---|---|---|---|---|---|
| Debt Ratio 32 | 64.0 | • | • | 60.1 | 67.0 | 59.1 | 62.8 | 62.3 | 65.6 | 59.0 | 70.0 | 60.1 | 67.8 |
| Return on Assets 33 | 10.9 | • | 21.6 | 15.3 | 17.3 | 14.5 | 11.1 | 12.3 | 11.9 | 9.4 | 7.2 | 10.6 | 8.6 |
| Return on Equity 34 | 18.1 | • | • | 26.1 | 37.1 | 24.9 | 20.7 | 21.0 | 22.7 | 12.7 | 11.1 | 14.3 | 11.5 |
| Return Before Interest on Equity 35 | 30.1 | • | • | • | • | • | 29.8 | 32.6 | 34.5 | 22.9 | 24.1 | 26.4 | 26.7 |
| Profit Margin, Before Income Tax 36 | 3.2 | 5.0 | 4.0 | 3.5 | 4.3 | 3.7 | 3.0 | 3.7 | 3.3 | 3.1 | 1.8 | 3.3 | 3.0 |
| Profit Margin, After Income Tax 37 | 2.6 | 4.2 | 3.9 | 2.9 | 3.6 | 3.2 | 2.7 | 2.9 | 2.8 | 2.3 | 1.3 | 2.3 | 2.1 |

## Trends in Selected Ratios and Factors, 1986-1994

| | 1986 | 1987 | 1988 | 1989 | 1990 | 1991 | 1992 | 1993 | 1994 |
|---|---|---|---|---|---|---|---|---|---|
| Cost of Operations (%) 38 | 73.5 | 73.3 | 74.5 | 73.3 | 74.4 | 74.3 | 76.9 | 76.7 | 77.1 |
| Operating Margin (%) 39 | 5.0 | 5.0 | 4.6 | 2.0 | 2.0 | 1.6 | 2.2 | 0.5 | 1.5 |
| Oper. Margin Before Officers Comp. (%) 40 | 7.3 | 7.3 | 6.5 | 4.3 | 4.1 | 3.5 | 4.3 | 2.4 | 3.7 |
| Average Net Receivables ($) 41 | 739 | 780 | 828 | 561 | 620 | 730 | 615 | 821 | 705 |
| Average Inventories ($) 42 | 408 | 463 | 538 | 458 | 545 | 610 | 562 | 764 | 628 |
| Average Net Worth ($) 43 | 958 | 936 | 974 | 593 | 669 | 735 | 575 | 838 | 724 |
| Current Ratio (x1) 44 | 2.1 | 2.0 | 1.8 | 1.6 | 1.6 | 1.6 | 1.5 | 1.5 | 1.7 |
| Quick Ratio (x1) 45 | 1.4 | 1.3 | 1.1 | 0.9 | 0.9 | 0.9 | 0.8 | 0.8 | 0.9 |
| Coverage Ratio (x1) 46 | 7.9 | 9.3 | 7.4 | 4.6 | 4.7 | 3.8 | 4.7 | 2.8 | 4.1 |
| Asset Turnover (x1) 47 | 1.9 | 2.1 | 2.1 | 2.4 | 2.4 | 2.1 | 2.6 | 2.2 | 2.6 |
| Operating Leverage (x1) 48 | • | 1.0 | 0.9 | 0.4 | 1.0 | 0.8 | 1.4 | 0.2 | 3.3 |
| Financial Leverage (x1) 49 | • | 1.0 | 1.0 | 0.7 | 1.0 | 1.0 | 1.2 | 0.8 | 1.2 |
| Total Leverage 50 | • | 1.0 | 0.9 | 0.3 | 1.0 | 0.8 | 1.6 | 0.2 | 3.9 |

## Table I

Corporations with and without Net Income

# HARDWARE, PLUMBING, AND HEATING EQUIPMENT AND SUPPLIES

MONEY AMOUNTS AND SIZE OF ASSETS IN THOUSANDS OF DOLLARS

| Item Description for Accounting Period 7/90 Through 6/91 | Total | Zero Assets | Under 100 | 100 to 250 | 251 to 500 | 501 to 1,000 | 1,001 to 5,000 | 5,001 to 10,000 | 10,001 to 25,000 | 25,001 to 50,000 | 50,001 to 100,000 | 100,001 to 250,000 | 250,001 and over |
|---|---|---|---|---|---|---|---|---|---|---|---|---|---|
| **1** Number of Enterprises | 13778 | 585 | 3918 | 1790 | 2296 | 1893 | 2731 | 347 | 152 | 45 | 14 | • | 7 |
| **Revenues ($ in Thousands)** | | | | | | | | | | | | | |
| **2** Net Sales | 51213 | 437 | 683 | 1607 | 1844 | 3607 | 15210 | 7507 | 5205 | 3350 | 2615 | • | 9149 |
| **3** Portfolio Income | 234 | 3 | 8 | 4 | 9 | 9 | 41 | 30 | 25 | 9 | 11 | • | 87 |
| **4** Other Revenues | 619 | 6 | 12 | 10 | 7 | 26 | 246 | 74 | 69 | 39 | 24 | • | 107 |
| **5** Total Revenues | 52066 | 446 | 702 | 1621 | 1859 | 3642 | 15497 | 7611 | 5298 | 3397 | 2650 | • | 9342 |
| **6** Average Total Revenues | 3779 | 762 | 179 | 905 | 810 | 1924 | 5674 | 21935 | 34858 | 75493 | 189311 | • | 1334628 |
| **Operating Costs/Operating Income (%)** | | | | | | | | | | | | | |
| **7** Cost of Operations | 76.1 | 66.7 | 40.6 | 66.1 | 57.6 | 71.8 | 72.9 | 79.8 | 77.1 | 82.1 | 73.9 | • | 86.6 |
| **8** Rent | 1.3 | 1.2 | 4.4 | 1.7 | 2.6 | 1.6 | 1.4 | 1.0 | 1.4 | 0.7 | 1.2 | • | 0.9 |
| **9** Taxes Paid | 1.4 | 1.6 | 2.6 | 1.2 | 2.3 | 1.8 | 1.7 | 1.6 | 1.4 | 1.1 | 1.1 | • | 0.8 |
| **10** Interest Paid | 1.3 | 1.7 | 1.3 | 0.5 | 1.8 | 1.3 | 1.1 | 0.9 | 1.4 | 1.2 | 2.1 | • | 1.4 |
| **11** Depreciation, Depletion, Amortization | 0.9 | 1.0 | 1.1 | 0.8 | 2.1 | 1.0 | 0.8 | 0.7 | 1.0 | 0.7 | 1.1 | • | 0.7 |
| **12** Pensions and Other Benefits | 0.9 | 1.3 | 1.1 | 1.3 | 1.6 | 0.8 | 1.1 | 0.7 | 1.0 | 0.6 | 1.1 | • | 0.8 |
| **13** Other | 15.2 | 27.2 | 37.1 | 18.0 | 24.2 | 17.9 | 17.0 | 12.4 | 14.1 | 11.3 | 18.1 | • | 10.0 |
| **14** Officers Compensation | 3.0 | 2.7 | 15.6 | 10.5 | 8.2 | 5.0 | 4.1 | 1.7 | 1.7 | 1.0 | 1.4 | • | 0.3 |
| **15** Operating Margin | • | • | • | • | • | • | • | 1.3 | 0.9 | 1.3 | 0.2 | • | • |
| **16** Oper. Margin Before Officers Compensation | 3.0 | • | 11.9 | 10.4 | 7.8 | 4.0 | 4.1 | 3.0 | 2.6 | 2.2 | 1.6 | • | • |
| **Selected Average Balance Sheet ($ in Thousands)** | | | | | | | | | | | | | |
| **17** Net Receivables | 443 | • | 9 | 51 | 90 | 231 | 666 | 2559 | 4761 | 11072 | 23450 | • | 154229 |
| **18** Inventories | 522 | • | 6 | 41 | 124 | 285 | 906 | 2439 | 5601 | 11619 | 26967 | • | 170889 |
| **19** Net Property, Plant and Equipment | 177 | • | 13 | 31 | 46 | 82 | 230 | 585 | 1866 | 3346 | 14001 | • | 87456 |
| **20** Total Assets | 1435 | • | 40 | 186 | 350 | 709 | 2162 | 6883 | 14828 | 32246 | 89136 | • | 555315 |

**Selected Financial Ratios and Factors**

| Item | | | | | | | | | | | | | |
|---|---|---|---|---|---|---|---|---|---|---|---|---|---|
| Notes and Loans Payable 21 | 474 | • | 18 | 54 | 166 | 222 | 585 | 1798 | 4802 | 11506 | 32903 | • | 232321 |
| All Other Liabilities 22 | 434 | • | 12 | 48 | 83 | 209 | 619 | 1989 | 3700 | 9635 | 20923 | • | 227697 |
| Net Worth 23 | 527 | • | 10 | 83 | 101 | 277 | 958 | 3095 | 6326 | 11105 | 35309 | • | 95297 |

### Selected Financial Ratios (Times to 1)

| Ratio | | | | | | | | | | | | | |
|---|---|---|---|---|---|---|---|---|---|---|---|---|---|
| Current Ratio 24 | 1.9 | • | 0.9 | 2.4 | 2.6 | 1.9 | 2.0 | 1.8 | 2.0 | 1.7 | 2.1 | • | 1.5 |
| Quick Ratio 25 | 0.9 | • | 0.6 | 1.7 | 1.3 | 0.9 | 1.0 | 1.0 | 1.0 | 0.8 | 1.0 | • | 0.7 |
| Net Sales to Working Capital 26 | 7.2 | • | • | 11.0 | 4.9 | 7.0 | 6.0 | 8.3 | 5.8 | 7.0 | 6.0 | • | 11.7 |
| Coverage Ratio 27 | 2.3 | 0.2 | 0.4 | 2.4 | 1.2 | 1.1 | 2.7 | 3.9 | 2.9 | 3.2 | 1.8 | • | 1.4 |
| Total Asset Turnover 28 | 2.6 | • | 4.4 | 4.8 | 2.3 | 2.7 | 2.6 | 3.2 | 2.3 | 2.3 | 2.1 | • | 2.4 |
| Inventory Turnover 29 | 5.6 | • | • | • | 4.1 | 4.7 | 4.9 | 6.8 | 4.5 | 5.3 | 5.8 | • | 7.1 |
| Receivables Turnover 30 | 8.7 | • | • | • | • | 7.9 | 9.0 | 8.8 | 7.3 | 6.3 | 9.1 | • | 9.0 |
| Total Liabilities to Net Worth 31 | 1.7 | • | 3.2 | 1.2 | 2.5 | 1.6 | 1.3 | 1.2 | 1.4 | 1.9 | 1.5 | • | 4.8 |

### Selected Financial Factors (in Percentages)

| Factor | | | | | | | | | | | | | |
|---|---|---|---|---|---|---|---|---|---|---|---|---|---|
| Debt Ratio 32 | 63.3 | • | 75.9 | 55.3 | 71.0 | 60.9 | 55.7 | 55.0 | 57.3 | 65.6 | 60.4 | • | 82.8 |
| Return on Assets 33 | 7.3 | • | 1.9 | 6.1 | 4.8 | 3.5 | 7.7 | 11.3 | 9.3 | 9.0 | 7.5 | • | 4.5 |
| Return on Equity 34 | 8.5 | • | 6.7 | • | • | 8.5 | 16.7 | 10.9 | 13.9 | 7.1 | • | • | 3.0 |
| Return Before Interest on Equity 35 | 19.9 | • | 7.9 | 13.6 | 16.6 | 9.0 | 17.4 | 25.1 | 21.9 | 26.1 | 18.9 | • | 26.5 |
| Profit Margin, Before Income Tax 36 | 1.6 | • | 0.7 | • | 0.3 | • | 1.9 | 2.7 | 2.7 | 2.7 | 1.5 | • | 0.5 |
| Profit Margin, After Income Tax 37 | 1.2 | • | 0.6 | • | • | 1.5 | 2.4 | 2.0 | 2.1 | 1.4 | • | 0.2 |

### Trends in Selected Ratios and Factors, 1986-1994

| | 1986 | 1987 | 1988 | 1989 | 1990 | 1991 | 1992 | 1993 | 1994 |
|---|---|---|---|---|---|---|---|---|---|
| Cost of Operations (%) 38 | 74.6 | 75.5 | 75.3 | 75.1 | 75.2 | 75.9 | 76.1 | 76.3 | 76.1 |
| Operating Margin (%) 39 | • | • | • | • | • | 0.5 | 0.6 | 0.4 | • |
| Oper. Margin Before Officers Comp. (%) 40 | 2.5 | 3.0 | 3.3 | 3.3 | 3.1 | 3.4 | 3.8 | 3.4 | 3.0 |
| Average Net Receivables ($) 41 | 308 | 327 | 356 | 331 | 402 | 375 | 481 | 437 | 443 |
| Average Inventories ($) 42 | 356 | 372 | 415 | 406 | 461 | 448 | 540 | 527 | 522 |
| Average Net Worth ($) 43 | 444 | 452 | 435 | 411 | 458 | 434 | 546 | 526 | 527 |
| Current Ratio (x1) 44 | 1.9 | 1.9 | 1.8 | 1.8 | 1.7 | 1.8 | 1.8 | 1.9 | 1.9 |
| Quick Ratio (x1) 45 | 0.9 | 1.0 | 0.9 | 0.8 | 0.9 | 0.9 | 0.9 | 0.9 | 0.9 |
| Coverage Ratio (x1) 46 | 2.0 | 2.8 | 2.7 | 2.5 | 2.7 | 3.4 | 3.1 | 2.6 | 2.3 |
| Asset Turnover (x1) 47 | 2.2 | 2.4 | 2.5 | 2.5 | 2.6 | 2.6 | 2.6 | 2.5 | 2.6 |
| Total Liabilities/Net Worth (x1) 48 | 1.4 | 1.3 | 1.5 | 1.6 | 1.7 | 1.7 | 1.7 | 1.6 | 1.7 |
| Return on Assets (x1) 49 | 7.3 | 7.5 | 8.4 | 7.4 | 8.0 | 8.8 | 9.1 | 8.4 | 7.3 |
| Return on Equity (%) 50 | 5.2 | 7.3 | 8.4 | 6.6 | 8.5 | 12.3 | 12.7 | 10.9 | 8.5 |

## Table II

Corporations with Net Income

# HARDWARE, PLUMBING, AND HEATING EQUIPMENT AND SUPPLIES

MONEY AMOUNTS AND SIZE OF ASSETS IN THOUSANDS OF DOLLARS

| Item Description for Accounting Period 7/90 Through 6/91 | Total | Zero Assets | Under 100 | 100 to 250 | 251 to 500 | 501 to 1,000 | 1,001 to 5,000 | 5,001 to 10,000 | 10,001 to 25,000 | 25,001 to 50,000 | 50,001 to 100,000 | 100,001 to 250,000 | 250,001 and over |
|---|---|---|---|---|---|---|---|---|---|---|---|---|---|
| Number of Enterprises **1** | 9488 | 530 | 2458 | 1123 | 1554 | 1200 | 2129 | 305 | • | 40 | 11 | • | • |
| **Revenues ($ in Thousands)** | | | | | | | | | | | | | |
| Net Sales **2** | 41975 | 378 | 227 | 730 | 1400 | 2337 | 12238 | 6673 | • | 3176 | 2274 | • | • |
| Portfolio Income **3** | 147 | 1 | 7 | 1 | 7 | 5 | 31 | 29 | • | 6 | 10 | • | • |
| Other Revenues **4** | 498 | 4 | 0 | 4 | 4 | 13 | 222 | 43 | • | 33 | 15 | • | • |
| Total Revenues **5** | 42619 | 384 | 233 | 736 | 1412 | 2355 | 12491 | 6745 | • | 3215 | 2299 | • | • |
| Average Total Revenues **6** | 4492 | 724 | 95 | 655 | 909 | 1962 | 5867 | 22115 | • | 80373 | 208968 | • | • |
| **Operating Costs/Operating Income (%)** | | | | | | | | | | | | | |
| Cost of Operations **7** | 76.4 | 64.6 | 29.1 | 51.3 | 54.9 | 70.3 | 73.0 | 79.9 | • | 82.3 | 72.6 | • | • |
| Rent **8** | 1.2 | 1.0 | 3.7 | 2.5 | 2.1 | 1.4 | 1.4 | 0.9 | • | 0.7 | 1.1 | • | • |
| Taxes Paid **9** | 1.4 | 1.4 | 2.3 | 2.1 | 2.4 | 1.9 | 1.6 | 1.6 | • | 1.1 | 1.1 | • | • |
| Interest Paid **10** | 1.0 | 0.6 | 2.6 | 1.1 | 1.1 | 1.0 | 0.9 | 0.8 | • | 1.0 | 2.3 | • | • |
| Depreciation, Depletion, Amortization **11** | 0.8 | 0.8 | 1.5 | 1.2 | 1.5 | 1.0 | 0.8 | 0.6 | • | 0.6 | 1.2 | • | • |
| Pensions and Other Benefits **12** | 0.9 | 1.1 | 0.5 | 1.4 | 1.9 | 0.9 | 1.1 | 0.6 | • | 0.6 | 1.1 | • | • |
| Other **13** | 14.1 | 23.1 | 28.8 | 20.6 | 23.2 | 16.6 | 16.2 | 11.9 | • | 10.9 | 18.3 | • | • |
| Officers Compensation **14** | 2.9 | 2.9 | 19.1 | 17.3 | 9.3 | 4.8 | 4.3 | 1.6 | • | 0.9 | 1.5 | • | • |
| Operating Margin **15** | 1.3 | 4.6 | 12.6 | 2.5 | 3.8 | 2.2 | 0.8 | 2.2 | • | 1.9 | 1.1 | • | • |
| Oper. Margin Before Officers Compensation **16** | 4.2 | 7.5 | 31.7 | 19.8 | 13.1 | 7.0 | 5.1 | 3.9 | • | 2.9 | 2.6 | • | • |
| **Selected Average Balance Sheet ($ in Thousands)** | | | | | | | | | | | | | |
| Net Receivables **17** | 530 | • | 5 | 68 | 93 | 229 | 692 | 2598 | • | 10096 | 25153 | • | • |
| Inventories **18** | 610 | • | 5 | 43 | 110 | 294 | 906 | 2415 | • | 12388 | 28703 | • | • |
| Net Property, Plant and Equipment **19** | 203 | • | 8 | 28 | 58 | 91 | 213 | 504 | • | 3231 | 16121 | • | • |
| Total Assets **20** | 1630 | • | 30 | 203 | 339 | 719 | 2190 | 6900 | • | 31976 | 93022 | • | • |

| | | | | | | | | | |
|---|---|---|---|---|---|---|---|---|---|
| Notes and Loans Payable 21 | 474 | • | 18 | 75 | 114 | 175 | 528 | 1612 | 10137 | 36892 |
| All Other Liabilities 22 | 474 | • | 5 | 58 | 68 | 182 | 607 | 1982 | 9654 | 20363 |
| Net Worth 23 | 682 | • | 7 | 71 | 158 | 363 | 1055 | 3307 | 12186 | 35767 |

**Selected Financial Ratios (Times to 1)**

| | | | | | | | | | | |
|---|---|---|---|---|---|---|---|---|---|---|
| Current Ratio 24 | 2.0 | • | 1.1 | 2.5 | 3.2 | 2.4 | 2.2 | 2.0 | 1.7 | 2.0 |
| Quick Ratio 25 | 1.0 | • | 0.7 | 1.8 | 1.8 | 1.1 | 1.1 | 1.1 | 0.8 | 1.0 |
| Net Sales to Working Capital 26 | 6.8 | • | • | 6.8 | 5.0 | 5.6 | 5.7 | 7.7 | 7.5 | 6.7 |
| Coverage Ratio 27 | 3.7 | 11.8 | 6.9 | 3.9 | 5.2 | 3.9 | 4.1 | 5.1 | 4.3 | 2.0 |
| Total Asset Turnover 28 | 2.7 | • | 3.1 | 3.2 | 2.7 | 2.6 | 3.2 | 2.5 | 2.2 | |
| Inventory Turnover 29 | 5.8 | • | 5.4 | 9.0 | 5.0 | 4.2 | 4.8 | 7.0 | 5.7 | 6.1 |
| Receivables Turnover 30 | 8.9 | • | • | 9.8 | • | 7.1 | 8.7 | 9.0 | 7.5 | 9.6 |
| Total Liabilities to Net Worth 31 | 1.4 | • | 3.6 | 1.9 | 1.2 | 1.0 | 1.1 | 1.1 | 1.6 | 1.6 |

**Selected Financial Factors (in Percentages)**

| | | | | | | | | | | |
|---|---|---|---|---|---|---|---|---|---|---|
| Debt Ratio 32 | 58.2 | • | 78.2 | 65.2 | 53.6 | 49.6 | 51.8 | 52.1 | 61.9 | 61.6 |
| Return on Assets 33 | 10.3 | • | • | 13.9 | 14.8 | 10.7 | 9.9 | 13.0 | 10.2 | 9.7 |
| Return on Equity 34 | 15.1 | • | • | 27.4 | 23.1 | 13.7 | 12.9 | 19.7 | 16.2 | 11.0 |
| Return Before Interest on Equity 35 | 24.7 | • | • | • | 31.9 | 21.1 | 20.6 | 27.2 | 26.8 | 25.2 |
| Profit Margin, Before Income Tax 36 | 2.8 | 5.9 | 3.2 | 3.2 | 4.5 | 2.9 | 2.9 | 3.3 | 3.2 | 2.1 |
| Profit Margin, After Income Tax 37 | 2.3 | 5.8 | 3.0 | 3.0 | 4.0 | 2.6 | 2.4 | 3.0 | 2.5 | 1.9 |

**Trends in Selected Ratios and Factors, 1986-1994**

| | 1986 | 1987 | 1988 | 1989 | 1990 | 1991 | 1992 | 1993 | 1994 |
|---|---|---|---|---|---|---|---|---|---|
| Cost of Operations (%) 38 | 73.8 | 75.8 | 74.5 | 74.3 | 74.2 | 74.8 | 75.5 | 74.9 | 76.4 |
| Operating Margin (%) 39 | 1.6 | 1.2 | 1.3 | 1.5 | 1.5 | 1.6 | 1.9 | 1.9 | 1.3 |
| Oper. Margin Before Officers Comp. (%) 40 | 5.1 | 4.1 | 4.8 | 4.8 | 4.7 | 4.6 | 5.0 | 5.3 | 4.2 |
| Average Net Receivables ($) 41 | 328 | 403 | 373 | 375 | 512 | 440 | 552 | 463 | 530 |
| Average Inventories ($) 42 | 379 | 449 | 442 | 446 | 569 | 512 | 612 | 549 | 610 |
| Average Net Worth ($) 43 | 525 | 571 | 504 | 503 | 658 | 552 | 668 | 627 | 682 |
| Current Ratio (x1) 44 | 2.1 | 1.9 | 1.9 | 1.9 | 1.8 | 1.8 | 1.9 | 2.0 | 2.0 |
| Quick Ratio (x1) 45 | 1.1 | 1.0 | 0.9 | 0.9 | 0.9 | 0.9 | 1.0 | 1.0 | 1.0 |
| Coverage Ratio (x1) 46 | 4.6 | 4.2 | 4.2 | 4.2 | 4.2 | 4.9 | 4.4 | 4.3 | 3.7 |
| Asset Turnover (x1) 47 | 2.4 | 2.5 | 2.6 | 2.6 | 2.7 | 2.6 | 2.7 | 2.5 | 2.7 |
| Operating Leverage 48 | • | 0.7 | 1.2 | 1.1 | 1.0 | 1.1 | 1.2 | 1.0 | 0.7 |
| Financial Leverage 49 | • | 1.0 | 1.0 | 1.0 | 1.0 | 1.2 | 1.0 | 1.0 | 1.0 |
| Total Leverage 50 | • | 0.7 | 1.1 | 1.1 | 1.0 | 1.2 | 1.2 | 1.0 | 0.7 |

## Table I

Corporations with and without Net Income

# OTHER DURABLE GOODS

**MONEY AMOUNTS AND SIZE OF ASSETS IN THOUSANDS OF DOLLARS**

| Item Description for Accounting Period 7/90 Through 6/91 | Total | Zero Assets | Under 100 | 100 to 250 | 251 to 500 | 501 to 1,000 | 1,001 to 5,000 | 5,001 to 10,000 | 10,001 to 25,000 | 25,001 to 50,000 | 50,001 to 100,000 | 100,001 to 250,000 | 250,001 and over |
|---|---|---|---|---|---|---|---|---|---|---|---|---|---|
| Number of Enterprises **1** | 53079 | 2726 | 24321 | 9206 | 5640 | 4389 | 5417 | 736 | 419 | 134 | 52 | 22 | 16 |
| **Revenues ($ in Thousands)** | | | | | | | | | | | | | |
| Net Sales **2** | 155996 | 24372 | 3099 | 4871 | 5293 | 9703 | 29067 | 11609 | 13662 | 11289 | 6829 | 6546 | 29657 |
| Portfolio Income **3** | 1066 | 8 | 27 | 15 | 24 | 40 | 81 | 59 | 53 | 97 | 109 | 82 | 472 |
| Other Revenues **4** | 1339 | 28 | 21 | 39 | 28 | 75 | 253 | 145 | 163 | 177 | 88 | 81 | 241 |
| Total Revenues **5** | 158402 | 24408 | 3146 | 4926 | 5344 | 9818 | 29401 | 11812 | 13878 | 11563 | 7026 | 6709 | 30370 |
| Average Total Revenues **6** | 2984 | 8954 | 129 | 535 | 948 | 2237 | 5428 | 16049 | 33121 | 86294 | 135119 | 304933 | 1898139 |
| **Operating Costs/Operating Income (%)** | | | | | | | | | | | | | |
| Cost of Operations **7** | 84.5 | 99.5 | 59.7 | 72.9 | 67.9 | 76.5 | 77.5 | 79.5 | 80.7 | 84.3 | 78.4 | 84.8 | 94.5 |
| Rent **8** | 0.9 | • | 4.2 | 2.3 | 2.2 | 1.4 | 1.1 | 1.0 | 0.8 | 0.7 | 1.0 | 0.8 | 0.3 |
| Taxes Paid **9** | 0.8 | • | 1.9 | 1.8 | 1.7 | 1.2 | 1.1 | 1.0 | 1.0 | 0.9 | 1.2 | 0.9 | 0.3 |
| Interest Paid **10** | 1.3 | 0.1 | 0.9 | 1.0 | 0.9 | 0.9 | 1.1 | 1.3 | 1.5 | 1.9 | 2.7 | 1.8 | 1.8 |
| Depreciation, Depletion, Amortization **11** | 0.8 | • | 1.5 | 1.2 | 1.5 | 0.8 | 0.9 | 0.9 | 1.0 | 1.1 | 1.6 | 1.2 | 0.4 |
| Pensions and Other Benefits **12** | 0.5 | • | 0.5 | 0.8 | 0.5 | 0.9 | 0.7 | 0.6 | 0.6 | 0.5 | 0.7 | 0.6 | 0.2 |
| Other **13** | 10.1 | 0.5 | 30.0 | 18.1 | 18.4 | 13.1 | 14.1 | 12.9 | 12.1 | 11.6 | 15.0 | 10.1 | 4.4 |
| Officers Compensation **14** | 2.0 | • | 7.7 | 5.6 | 7.3 | 4.8 | 3.4 | 1.9 | 1.6 | 0.8 | 1.1 | 0.7 | 0.1 |
| Operating Margin **15** | • | • | • | • | • | 0.4 | 0.2 | 0.8 | 0.8 | • | • | • | • |
| Oper. Margin Before Officers Compensation **16** | 1.3 | • | 1.5 | 2.0 | 7.0 | 5.3 | 3.6 | 2.8 | 2.4 | • | • | • | • |
| **Selected Average Balance Sheet ($ in Thousands)** | | | | | | | | | | | | | |
| Net Receivables **17** | 296 | • | 5 | 36 | 88 | 228 | 711 | 2158 | 4855 | 9047 | 18206 | 48290 | 190536 |
| Inventories **18** | 281 | | 7 | 50 | 94 | 242 | 713 | 2336 | 5335 | 10662 | 20568 | 34129 | 101365 |
| Net Property, Plant and Equipment **19** | 114 | • | 6 | 21 | 44 | 67 | 255 | 664 | 1816 | 5556 | 10774 | 21031 | 47858 |
| Total Assets **20** | 980 | | 29 | 157 | 341 | 740 | 2072 | 6808 | 15056 | 34651 | 68537 | 160438 | 652355 |

| | | | | | | | | | | | |
|---|---|---|---|---|---|---|---|---|---|---|---|
| Notes and Loans Payable 21 | 394 | 21 | 74 | 94 | 218 | 665 | 2027 | 4868 | 14742 | 31973 | 65603 | 376456 |
| All Other Liabilities 22 | 321 | 11 | 59 | 114 | 276 | 808 | 2445 | 4931 | 12083 | 19566 | 37838 | 166621 |
| Net Worth 23 | 265 | -3 | 24 | 133 | 246 | 598 | 2336 | 5257 | 7827 | 16998 | 56998 | 109278 |

### Selected Financial Ratios (Times to 1)

| | | | | | | | | | | | | |
|---|---|---|---|---|---|---|---|---|---|---|---|---|
| Current Ratio 24 | 1.4 | 1.6 | 1.7 | 2.0 | 1.8 | 1.5 | 1.5 | 1.6 | 1.4 | 1.4 | 1.4 | 0.9 |
| Quick Ratio 25 | 0.8 | 0.9 | 0.9 | 1.1 | 1.0 | 0.7 | 0.7 | 0.8 | 0.7 | 0.7 | 0.8 | 0.6 |
| Net Sales to Working Capital 26 | 15.4 | 17.7 | 11.0 | 7.6 | 8.6 | 9.4 | 9.3 | 7.9 | 12.9 | 9.7 | 8.9 | • |
| Coverage Ratio 27 | 1.7 | 0.4 | • | 1.8 | 2.7 | 3.0 | 2.2 | 2.7 | 1.4 | 1.5 | 1.9 | 1.2 |
| Total Asset Turnover 28 | 3.0 | 4.4 | 3.4 | 2.8 | 3.0 | 2.3 | 2.6 | 2.2 | 2.4 | 1.9 | 1.9 | 2.9 |
| Inventory Turnover 29 | 8.8 | • | 8.0 | 6.1 | 6.8 | 5.0 | 5.8 | 5.0 | 7.4 | 4.9 | 7.5 | • |
| Receivables Turnover 30 | 10.0 | • | • | • | 9.8 | 7.3 | 7.8 | 6.4 | 9.6 | 6.8 | 6.3 | • |
| Total Liabilities to Net Worth 31 | 2.7 | 5.6 | • | 1.6 | 2.0 | 1.9 | 2.5 | 1.9 | 3.4 | 3.0 | 1.8 | 5.0 |

### Selected Financial Factors (in Percentages)

| | | | | | | | | | | | | |
|---|---|---|---|---|---|---|---|---|---|---|---|---|
| Debt Ratio 32 | 73.0 | 84.7 | • | 61.0 | 66.8 | 71.1 | 65.7 | 65.1 | 77.4 | 75.2 | 64.5 | 83.3 |
| Return on Assets 33 | 6.3 | • | • | 4.2 | 7.5 | 6.2 | 9.0 | 8.4 | 6.7 | 7.7 | 6.4 | 6.3 |
| Return on Equity 34 | 6.0 | • | • | 3.2 | 12.8 | 9.0 | 14.3 | 11.7 | 4.0 | 5.1 | 4.8 | 2.6 |
| Return Before Interest on Equity 35 | 23.2 | • | • | 10.7 | 22.6 | 21.4 | 26.1 | 24.0 | 29.4 | 31.0 | 17.9 | • |
| Profit Margin, Before Income Tax 36 | 0.8 | • | • | 0.7 | 1.6 | 1.3 | 2.6 | 2.4 | 0.8 | 1.3 | 1.7 | 0.4 |
| Profit Margin, After Income Tax 37 | 0.6 | • | • | 0.5 | 1.4 | 1.0 | 2.1 | 1.9 | 0.4 | 0.7 | 0.9 | 0.2 |

### Trends in Selected Ratios and Factors, 1986-1994

| | 1986 | 1987 | 1988 | 1989 | 1990 | 1991 | 1992 | 1993 | 1994 |
|---|---|---|---|---|---|---|---|---|---|
| Cost of Operations (%) 38 | 79.1 | 79.0 | 78.9 | 79.3 | 78.0 | 79.1 | 79.3 | 79.2 | 84.5 |
| Operating Margin (%) 39 | • | • | • | • | • | • | 0.4 | • | • |
| Oper. Margin Before Officers Comp. (%) 40 | 1.6 | 2.6 | 2.4 | 1.8 | 2.0 | 2.3 | 3.2 | 2.5 | 1.3 |
| Average Net Receivables ($) 41 | 229 | 250 | 275 | 244 | 252 | 291 | 307 | 294 | 296 |
| Average Inventories ($) 42 | 213 | 202 | 228 | 232 | 224 | 257 | 287 | 284 | 281 |
| Average Net Worth ($) 43 | 247 | 258 | 240 | 184 | 171 | 200 | 224 | 258 | 265 |
| Current Ratio (x1) 44 | 1.5 | 1.6 | 1.5 | 1.4 | 1.4 | 1.5 | 1.4 | 1.4 | 1.4 |
| Quick Ratio (x1) 45 | 0.8 | 0.9 | 0.8 | 0.8 | 0.8 | 0.8 | 0.8 | 0.8 | 0.8 |
| Coverage Ratio (x1) 46 | 1.7 | 2.3 | 2.3 | 1.7 | 1.8 | 2.4 | 2.8 | 2.1 | 1.7 |
| Asset Turnover (x1) 47 | 2.2 | 2.2 | 2.2 | 2.5 | 2.3 | 2.5 | 2.5 | 2.5 | 3.0 |
| Total Liabilities/Net Worth (x1) 48 | 2.0 | 1.9 | 2.5 | 3.2 | 3.3 | 3.3 | 3.2 | 2.7 | 2.7 |
| Return on Assets (x1) 49 | 7.7 | 8.0 | 8.2 | 6.5 | 5.9 | 7.8 | 9.7 | 7.9 | 6.3 |
| Return on Equity (%) 50 | 5.8 | 9.3 | 11.0 | 5.1 | 5.6 | 14.1 | 20.9 | 11.3 | 6.0 |

## Table II

Corporations with Net Income

# OTHER DURABLE GOODS

**MONEY AMOUNTS AND SIZE OF ASSETS IN THOUSANDS OF DOLLARS**

| Item Description for Accounting Period 7/90 Through 6/91 | Total | Zero Assets | Under 100 | 100 to 250 | 251 to 500 | 501 to 1,000 | 1,001 to 5,000 | 5,001 to 10,000 | 10,001 to 25,000 | 25,001 to 50,000 | 50,001 to 100,000 | 100,001 to 250,000 | 250,001 and over |
|---|---|---|---|---|---|---|---|---|---|---|---|---|---|
| Number of Enterprises **1** | 25093 | 649 | 8716 | 4450 | 3298 | 2900 | 4025 | 586 | 315 | 91 | 35 | 17 | 11 |
| **Revenues ($ in Thousands)** | | | | | | | | | | | | | |
| Net Sales **2** | 102586 | 409 | 1320 | 2792 | 3383 | 7155 | 23443 | 9721 | 10807 | 5994 | 4510 | 5164 | 27890 |
| Portfolio Income **3** | 840 | 7 | 23 | 10 | 15 | 32 | 65 | 46 | 46 | 56 | 45 | 56 | 439 |
| Other Revenues **4** | 855 | 16 | 12 | 27 | 12 | 43 | 205 | 123 | 132 | 76 | 41 | 66 | 101 |
| Total Revenues **5** | 104281 | 432 | 1354 | 2829 | 3410 | 7230 | 23713 | 9890 | 10984 | 6126 | 4595 | 5287 | 28430 |
| Average Total Revenues **6** | 4156 | 665 | 155 | 636 | 1034 | 2493 | 5891 | 16877 | 34871 | 67321 | 131289 | 310982 | 2584571 |
| **Operating Costs/Operating Income (%)** | | | | | | | | | | | | | |
| Cost of Operations **7** | 82.4 | 83.2 | 47.2 | 72.8 | 65.5 | 77.7 | 77.5 | 79.0 | 80.2 | 78.1 | 78.5 | 83.8 | 95.9 |
| Rent **8** | 0.8 | 0.9 | 4.0 | 1.8 | 2.1 | 1.2 | 0.9 | 1.0 | 0.8 | 0.7 | 0.9 | 0.8 | 0.2 |
| Taxes Paid **9** | 0.9 | 0.7 | 1.7 | 1.2 | 1.7 | 1.1 | 1.1 | 1.0 | 1.0 | 1.1 | 1.0 | 0.9 | 0.2 |
| Interest Paid **10** | 1.2 | 2.7 | 0.8 | 0.6 | 0.7 | 0.7 | 0.9 | 1.1 | 1.3 | 1.7 | 1.7 | 1.8 | 1.6 |
| Depreciation, Depletion, Amortization **11** | 0.8 | 0.3 | 1.5 | 0.9 | 1.4 | 0.7 | 1.0 | 0.7 | 1.0 | 1.3 | 1.1 | 1.0 | 0.3 |
| Pensions and Other Benefits **12** | 0.5 | • | 0.7 | 0.6 | 0.4 | 0.9 | 0.7 | 0.7 | 0.6 | 0.7 | 0.5 | 0.6 | 0.1 |
| Other **13** | 10.3 | 12.2 | 35.4 | 16.2 | 18.2 | 10.7 | 12.9 | 12.8 | 11.5 | 13.0 | 13.2 | 9.6 | 2.9 |
| Officers Compensation **14** | 2.0 | 0.4 | 6.4 | 3.9 | 7.2 | 4.5 | 3.3 | 2.1 | 1.6 | 1.2 | 1.1 | 0.7 | • |
| Operating Margin **15** | 1.1 | • | 2.4 | 2.1 | 3.0 | 2.6 | 1.8 | 1.8 | 2.1 | 2.3 | 2.0 | 0.9 | • |
| Oper. Margin Before Officers Compensation **16** | 3.1 | • | 8.7 | 6.0 | 10.1 | 7.0 | 5.0 | 3.9 | 3.7 | 3.5 | 3.1 | 1.6 | • |
| **Selected Average Balance Sheet ($ in Thousands)** | | | | | | | | | | | | | |
| Net Receivables **17** | 474 | • | 8 | 38 | 92 | 236 | 739 | 2302 | 4993 | 9477 | 16665 | 47204 | 229906 |
| Inventories **18** | 430 | • | 10 | 56 | 98 | 225 | 689 | 2471 | 5563 | 10864 | 20728 | 38290 | 104299 |
| Net Property, Plant and Equipment **19** | 169 | • | 6 | 23 | 41 | 58 | 273 | 591 | 1831 | 5488 | 9596 | 21362 | 50555 |
| Total Assets **20** | 1540 | • | 37 | 180 | 345 | 746 | 2074 | 6754 | 15052 | 34500 | 65171 | 165084 | 812578 |

| Notes and Loans Payable 21 | 555 | • | 22 | 36 | 63 | 180 | 555 | 1726 | 4418 | 11760 | 23799 | 65740 | 472691 |
| All Other Liabilities 22 | 475 | • | 11 | 61 | 102 | 273 | 763 | 2493 | 5038 | 10234 | 20028 | 38665 | 183863 |
| Net Worth 23 | 509 | • | 3 | 83 | 180 | 293 | 756 | 2536 | 5596 | 12506 | 21343 | 60679 | 156024 |

## Selected Financial Ratios (Times to 1)

| | | | | | | | | | | | | | |
|---|---|---|---|---|---|---|---|---|---|---|---|---|---|
| Current Ratio 24 | 1.4 | • | 2.0 | 2.3 | 2.1 | 1.9 | 1.7 | 1.6 | 1.6 | 1.6 | 1.5 | 1.5 | 0.9 |
| Quick Ratio 25 | 0.8 | • | 1.2 | 1.3 | 1.2 | 1.1 | 0.9 | 0.8 | 0.8 | 0.8 | 0.7 | 0.8 | 0.6 |
| Net Sales to Working Capital 26 | 12.1 | • | 10.8 | 8.1 | 7.4 | 8.7 | 8.6 | 8.2 | 7.6 | 7.0 | 8.3 | 8.3 | • |
| Coverage Ratio 27 | 3.2 | 3.0 | 7.0 | 7.1 | 6.9 | 5.9 | 4.2 | 4.4 | 3.9 | 3.7 | 3.3 | 2.8 | 1.5 |
| Total Asset Turnover 28 | 2.7 | • | 4.2 | 3.5 | 3.0 | 3.3 | 2.8 | 2.5 | 2.3 | 1.9 | 2.0 | 1.9 | 3.1 |
| Inventory Turnover 29 | 7.8 | • | 8.5 | 8.7 | 5.8 | 7.7 | 6.1 | 5.0 | 5.3 | 5.4 | 4.7 | 7.5 | • |
| Receivables Turnover 30 | 8.5 | • | • | • | • | • | 7.6 | 7.4 | 6.6 | 7.5 | 6.4 | 7.5 | • |
| Total Liabilities to Net Worth 31 | 2.0 | • | 9.6 | 1.2 | 0.9 | 1.6 | 1.8 | 1.7 | 1.7 | 1.8 | 2.1 | 1.7 | 4.2 |

## Selected Financial Factors (in Percentages)

| | | | | | | | | | | | | | |
|---|---|---|---|---|---|---|---|---|---|---|---|---|---|
| Debt Ratio 32 | 67.0 | • | 90.6 | 54.1 | 47.9 | 60.8 | 63.6 | 62.5 | 62.8 | 63.8 | 67.3 | 63.3 | 80.8 |
| Return on Assets 33 | 10.5 | • | 24.1 | 14.0 | 13.2 | 14.3 | 10.6 | 11.3 | 11.4 | 12.2 | 11.0 | 9.1 | 7.1 |
| Return on Equity 34 | 18.4 | • | • | 23.7 | 19.7 | 28.3 | 19.3 | 19.8 | 18.7 | 19.9 | 18.0 | 11.4 | 7.7 |
| Return Before Interest on Equity 35 | 31.9 | • | • | 30.4 | 25.2 | • | 29.1 | 30.2 | 30.6 | 33.5 | 33.6 | 24.9 | • |
| Profit Margin, Before Income Tax 36 | 2.7 | 5.3 | 5.0 | 3.5 | 3.8 | 3.6 | 2.9 | 3.6 | 3.7 | 4.7 | 3.9 | 3.2 | 0.7 |
| Profit Margin, After Income Tax 37 | 2.3 | 5.1 | 4.7 | 3.1 | 3.5 | 3.4 | 2.5 | 3.0 | 3.1 | 3.8 | 3.0 | 2.3 | 0.5 |

## Trends in Selected Ratios and Factors, 1986-1994

| | 1986 | 1987 | 1988 | 1989 | 1990 | 1991 | 1992 | 1993 | 1994 |
|---|---|---|---|---|---|---|---|---|---|
| Cost of Operations (%) 38 | 75.4 | 75.9 | 75.8 | 76.0 | 78.8 | 79.5 | 79.6 | 79.8 | 82.4 |
| Operating Margin (%) 39 | 2.6 | 2.4 | 2.7 | 1.3 | 1.0 | 1.2 | 1.6 | 1.5 | 1.1 |
| Oper. Margin Before Officers Comp. (%) 40 | 5.7 | 5.5 | 5.7 | 4.4 | 3.7 | 3.6 | 4.3 | 4.2 | 3.1 |
| Average Net Receivables ($) 41 | 283 | 299 | 318 | 289 | 349 | 423 | 442 | 429 | 474 |
| Average Inventories ($) 42 | 244 | 244 | 274 | 273 | 280 | 350 | 389 | 386 | 430 |
| Average Net Worth ($) 43 | 381 | 375 | 410 | 307 | 321 | 389 | 428 | 437 | 509 |
| Current Ratio (x1) 44 | 1.8 | 1.8 | 1.7 | 1.6 | 1.5 | 1.6 | 1.5 | 1.5 | 1.4 |
| Quick Ratio (x1) 45 | 1.1 | 1.0 | 1.0 | 0.9 | 0.9 | 0.9 | 0.8 | 0.8 | 0.8 |
| Coverage Ratio (x1) 46 | 5.0 | 4.7 | 5.0 | 3.8 | 3.6 | 3.9 | 4.0 | 3.7 | 3.2 |
| Asset Turnover (x1) 47 | 2.2 | 2.2 | 2.3 | 2.5 | 2.4 | 2.6 | 2.6 | 2.6 | 2.7 |
| Operating Leverage 48 | • | 0.9 | 1.1 | 0.5 | 0.7 | 1.2 | 1.4 | 1.0 | 0.7 |
| Financial Leverage 49 | • | 1.0 | 1.0 | 0.9 | 1.0 | 1.1 | 1.0 | 1.0 | 0.9 |
| Total Leverage 50 | • | 0.9 | 1.2 | 0.4 | 0.7 | 1.4 | 1.4 | 1.0 | 0.7 |

## Table I

Corporations with and without Net Income

# PAPER AND PAPER PRODUCTS

### MONEY AMOUNTS AND SIZE OF ASSETS IN THOUSANDS OF DOLLARS

| Item Description for Accounting Period 7/90 Through 6/91 | Total | Zero Assets | Under 100 | 100 to 250 | 251 to 500 | 501 to 1,000 | 1,001 to 5,000 | 5,001 to 10,000 | 10,001 to 25,000 | 25,001 to 50,000 | 50,001 to 100,000 | 100,001 to 250,000 | 250,001 and over |
|---|---|---|---|---|---|---|---|---|---|---|---|---|---|
| Number of Enterprises **1** | 7822 | 86 | 3113 | 1439 | 698 | 1115 | 1123 | 119 | 72 | 29 | 13 | 8 | 4 |
| **Revenues ($ in Thousands)** | | | | | | | | | | | | | |
| Net Sales **2** | 34964 | 493 | 802 | 1253 | 603 | 2590 | 9311 | 2965 | 3655 | 3609 | 3206 | 3114 | 3362 |
| Portfolio Income **3** | 147 | 12 | 5 | 7 | 4 | 11 | 16 | 21 | 8 | 4 | 7 | 5 | 48 |
| Other Revenues **4** | 274 | 9 | 3 | 3 | 2 | 17 | 70 | 30 | 39 | 28 | 21 | 31 | 21 |
| Total Revenues **5** | 35385 | 515 | 810 | 1263 | 608 | 2618 | 9397 | 3016 | 3702 | 3641 | 3234 | 3150 | 3431 |
| Average Total Revenues **6** | 4524 | 5984 | 260 | 878 | 871 | 2348 | 8368 | 25344 | 51413 | 125553 | 248766 | 393803 | 857806 |
| **Operating Costs/Operating Income (%)** | | | | | | | | | | | | | |
| Cost of Operations **7** | 79.9 | 85.8 | 80.3 | 62.0 | 69.7 | 70.4 | 78.4 | 81.8 | 82.6 | 87.5 | 83.2 | 79.1 | 84.0 |
| Rent **8** | 1.2 | 0.9 | 2.0 | 1.9 | 2.3 | 2.0 | 1.1 | 0.7 | 1.1 | 0.6 | 0.8 | 2.6 | 0.7 |
| Taxes Paid **9** | 1.1 | 0.7 | 1.5 | 2.0 | 1.2 | 1.8 | 1.3 | 1.0 | 1.3 | 0.6 | 0.6 | 0.8 | 0.9 |
| Interest Paid **10** | 1.2 | 3.4 | 0.2 | 0.5 | 0.8 | 0.7 | 0.9 | 1.1 | 0.7 | 1.0 | 1.1 | 1.6 | 2.9 |
| Depreciation, Depletion, Amortization **11** | 0.8 | 0.5 | 0.4 | 0.6 | 1.3 | 1.4 | 0.8 | 1.0 | 0.6 | 0.6 | 0.5 | 1.4 | 0.8 |
| Pensions and Other Benefits **12** | 0.8 | 0.9 | 1.8 | 0.3 | 0.6 | 0.8 | 0.7 | 0.8 | 0.7 | 0.5 | 0.7 | 0.8 | 1.1 |
| Other **13** | 13.1 | 12.3 | 11.9 | 24.8 | 14.2 | 19.3 | 13.9 | 12.0 | 10.9 | 8.7 | 11.8 | 13.8 | 10.7 |
| Officers Compensation **14** | 2.0 | 0.5 | 3.0 | 5.9 | 6.7 | 4.1 | 2.8 | 1.9 | 1.3 | 1.0 | 0.8 | 0.7 | 0.3 |
| Operating Margin **15** | • | • | • | 2.0 | 3.1 | • | • | • | 0.8 | • | 0.5 | • | • |
| Oper. Margin Before Officers Compensation **16** | 1.9 | • | 2.0 | 7.9 | 9.9 | 3.7 | 2.8 | 1.7 | 2.1 | 0.4 | 1.2 | • | • |
| **Selected Average Balance Sheet ($ in Thousands)** | | | | | | | | | | | | | |
| Net Receivables **17** | 511 | • | 8 | 72 | 93 | 272 | 961 | 2982 | 6627 | 15215 | 29063 | 45624 | 100900 |
| Inventories **18** | 279 | • | 1 | 31 | 72 | 138 | 566 | 1578 | 3434 | 6432 | 15930 | 30232 | 56814 |
| Net Property, Plant and Equipment **19** | 196 | • | 6 | 18 | 46 | 106 | 303 | 1214 | 1702 | 2831 | 8622 | 26252 | 81721 |
| Total Assets **20** | 1532 | • | 31 | 170 | 372 | 733 | 2183 | 7045 | 15496 | 33949 | 72692 | 143228 | 771226 |

| | | | | | | | | | | | | |
|---|---|---|---|---|---|---|---|---|---|---|---|---|
| Notes and Loans Payable 21 | 456 | • | 12 | 41 | 78 | 186 | 691 | 2097 | 4150 | 9895 | 24463 | 53303 | 213092 |
| All Other Liabilities 22 | 492 | • | 19 | 61 | 82 | 229 | 850 | 2947 | 5090 | 16091 | 25554 | 43442 | 143213 |
| Net Worth 23 | 584 | • | -1 | 68 | 213 | 317 | 642 | 2002 | 6257 | 7963 | 22675 | 46484 | 414921 |

## Selected Financial Ratios (Times to 1)

| | | | | | | | | | | | | | |
|---|---|---|---|---|---|---|---|---|---|---|---|---|---|
| Current Ratio 24 | 1.5 | • | 1.2 | 2.0 | 2.6 | 1.8 | 1.6 | 1.4 | 1.6 | 1.3 | 1.5 | 1.9 | 1.0 |
| Quick Ratio 25 | 1.0 | • | 1.1 | 1.5 | 1.8 | 1.2 | 1.0 | 0.9 | 1.1 | 0.9 | 0.9 | 1.1 | 0.6 |
| Net Sales to Working Capital 26 | 15.1 | • | • | 13.5 | 5.6 | 9.7 | 13.5 | 18.2 | 11.3 | 22.7 | 13.7 | 10.1 | • |
| Coverage Ratio 27 | 1.9 | 0.8 | 0.4 | 6.4 | 5.9 | 1.8 | 2.1 | 2.5 | 3.9 | 1.2 | 2.2 | 1.3 | 1.3 |
| Total Asset Turnover 28 | 2.9 | • | 8.4 | 5.1 | 2.3 | 3.2 | 3.8 | 3.5 | 3.3 | 3.7 | 3.4 | 2.7 | 1.1 |
| Inventory Turnover 29 | • | • | • | • | 8.3 | • | • | • | • | • | • | • | • |
| Receivables Turnover 30 | 8.5 | • | • | • | 9.4 | 8.9 | 8.8 | 8.2 | 7.1 | 8.1 | 8.0 | 8.7 | 6.7 |
| Total Liabilities to Net Worth 31 | 1.6 | • | 1.5 | 1.5 | 0.8 | 1.3 | 2.4 | 2.5 | 1.5 | 3.3 | 2.2 | 2.1 | 0.9 |

## Selected Financial Factors (in Percentages)

| | | | | | | | | | | | | | |
|---|---|---|---|---|---|---|---|---|---|---|---|---|---|
| Debt Ratio 32 | 61.9 | • | • | 60.2 | 42.8 | 56.7 | 70.6 | 71.6 | 59.6 | 76.6 | 68.8 | 67.6 | 46.2 |
| Return on Assets 33 | 6.6 | • | 0.5 | 17.2 | 11.3 | 4.0 | 7.4 | 9.0 | 9.0 | 4.5 | 8.4 | 5.9 | 4.1 |
| Return on Equity 34 | 6.1 | • | • | 34.3 | 14.5 | 1.9 | 8.8 | 14.2 | 13.8 | 0.6 | 11.8 | 1.1 | 1.5 |
| Return Before Interest on Equity 35 | 17.4 | • | • | • | 19.7 | 9.3 | 25.1 | 31.8 | 22.3 | 19.3 | 27.0 | 18.3 | 7.7 |
| Profit Margin, Before Income Tax 36 | 1.1 | • | • | 2.8 | 4.0 | 0.6 | 1.0 | 1.5 | 2.1 | 0.2 | 1.4 | 0.6 | 0.9 |
| Profit Margin, After Income Tax 37 | 0.8 | • | • | 2.7 | 3.6 | 0.3 | 0.7 | 1.1 | 1.7 | • | 1.1 | 0.1 | 0.7 |

## Trends in Selected Ratios and Factors, 1986–1994

| | 1986 | 1987 | 1988 | 1989 | 1990 | 1991 | 1992 | 1993 | 1994 |
|---|---|---|---|---|---|---|---|---|---|
| Cost of Operations (%) 38 | 77.6 | 78.3 | 79.0 | 77.3 | 77.3 | 78.7 | 82.3 | 81.3 | 79.9 |
| Operating Margin (%) 39 | • | 0.8 | 0.7 | • | • | 0.2 | • | • | • |
| Oper. Margin Before Officers Comp. (%) 40 | 2.5 | 3.3 | 3.3 | 2.6 | 2.8 | 2.4 | 2.0 | 1.8 | 1.9 |
| Average Net Receivables ($) 41 | 310 | 341 | 332 | 399 | 341 | 362 | 478 | 612 | 511 |
| Average Inventories ($) 42 | 179 | 187 | 172 | 239 | 178 | 202 | 255 | 332 | 279 |
| Average Net Worth ($) 43 | 312 | 312 | 275 | 346 | 296 | 314 | 377 | 507 | 584 |
| Current Ratio (x1) 44 | 1.8 | 1.7 | 1.7 | 1.6 | 1.5 | 1.4 | 1.5 | 1.5 | 1.5 |
| Quick Ratio (x1) 45 | 1.2 | 1.2 | 1.1 | 1.1 | 1.0 | 0.9 | 1.0 | 0.9 | 1.0 |
| Coverage Ratio (x1) 46 | 2.4 | 3.8 | 3.4 | 2.6 | 2.5 | 2.6 | 2.6 | 1.8 | 1.9 |
| Asset Turnover (x1) 47 | 3.0 | 3.0 | 3.2 | 2.9 | 3.0 | 2.9 | 3.0 | 3.0 | 2.9 |
| Total Liabilities/Net Worth (x1) 48 | 1.6 | 1.7 | 1.8 | 2.1 | 2.0 | 2.0 | 2.3 | 2.4 | 1.6 |
| Return on Assets (x1) 49 | 7.4 | 9.8 | 9.8 | 7.6 | 7.4 | 7.0 | 8.3 | 7.4 | 6.6 |
| Return on Equity (%) 50 | 6.7 | 14.3 | 14.6 | 8.2 | 8.2 | 8.7 | 13.0 | 8.2 | 6.1 |

## Table II

Corporations with Net Income

# PAPER AND PAPER PRODUCTS

**MONEY AMOUNTS AND SIZE OF ASSETS IN THOUSANDS OF DOLLARS**

| Item Description for Accounting Period 7/90 Through 6/91 | Total | Zero Assets | Under 100 | 100 to 250 | 251 to 500 | 501 to 1,000 | 1,001 to 5,000 | 5,001 to 10,000 | 10,001 to 25,000 | 25,001 to 50,000 | 50,001 to 100,000 | 100,001 to 250,000 | 250,001 and over |
|---|---|---|---|---|---|---|---|---|---|---|---|---|---|
| **Number of Enterprises 1** | 5670 | 76 | 2216 | 951 | 692 | 693 | 863 | 83 | 59 | • | • | 5 | 4 |
| **Revenues ($ in Thousands)** | | | | | | | | | | | | | |
| Net Sales 2 | 27194 | 223 | 715 | 826 | 603 | 1534 | 7444 | 2370 | 3091 | • | • | 1948 | 3362 |
| Portfolio Income 3 | 117 | 1 | 5 | 5 | 4 | 5 | 12 | 20 | 7 | • | • | 4 | 48 |
| Other Revenues 4 | 212 | 3 | 1 | 3 | 2 | 11 | 53 | 25 | 32 | • | • | 28 | 21 |
| Total Revenues 5 | 27522 | 226 | 720 | 834 | 608 | 1550 | 7508 | 2415 | 3131 | • | • | 1980 | 3431 |
| Average Total Revenues 6 | 4854 | 2974 | 325 | 877 | 879 | 2236 | 8700 | 29094 | 53069 | • | • | 395978 | 857806 |
| **Operating Costs/Operating Income (%)** | | | | | | | | | | | | | |
| Cost of Operations 7 | 80.0 | 78.2 | 81.5 | 69.9 | 69.7 | 68.4 | 78.6 | 82.1 | 82.5 | • | • | 77.3 | 84.0 |
| Rent 8 | 1.0 | 1.2 | 0.9 | 2.0 | 2.1 | 2.1 | 1.1 | 0.6 | 1.1 | • | • | 1.3 | 0.7 |
| Taxes Paid 9 | 1.1 | 1.0 | 1.3 | 1.3 | 1.2 | 2.0 | 1.3 | 1.0 | 1.5 | • | • | 0.9 | 0.9 |
| Interest Paid 10 | 1.1 | 0.8 | • | 0.8 | 0.8 | 0.7 | 0.8 | 0.8 | 0.6 | • | • | 1.4 | 2.9 |
| Depreciation, Depletion, Amortization 11 | 0.8 | 0.4 | 0.4 | 0.6 | 1.3 | 1.7 | 0.7 | 1.0 | 0.7 | • | • | 0.9 | 0.8 |
| Pensions and Other Benefits 12 | 0.8 | 0.8 | 2.0 | 0.3 | 0.6 | 0.7 | 0.7 | 0.8 | 0.7 | • | • | 1.0 | 1.1 |
| Other 13 | 12.3 | 13.7 | 10.1 | 15.6 | 12.0 | 17.5 | 13.0 | 11.1 | 10.6 | • | • | 16.2 | 10.7 |
| Officers Compensation 14 | 1.9 | 0.8 | | 6.1 | 6.7 | 5.4 | 2.6 | 2.0 | 1.0 | • | • | 0.7 | 0.3 |
| Operating Margin 15 | 1.1 | 3.9 | 3.1 | 3.6 | 5.7 | 1.5 | 1.2 | 0.6 | 1.0 | • | • | 0.3 | • |
| Oper. Margin Before Officers Compensation 16 | 3.0 | 3.9 | 3.9 | 9.7 | 12.5 | 7.0 | 3.8 | 2.6 | 2.5 | • | • | 1.0 | • |
| **Selected Average Balance Sheet ($ in Thousands)** | | | | | | | | | | | | | |
| Net Receivables 17 | 543 | • | 5 | 92 | 94 | 261 | 987 | 3250 | 6741 | • | • | 46403 | 100900 |
| Inventories 18 | 302 | • | 1 | 21 | 73 | 100 | 595 | 1271 | 3565 | • | • | 39270 | 56814 |
| Net Property, Plant and Equipment 19 | 209 | • | 7 | 22 | 47 | 118 | 294 | 1339 | 1866 | • | • | 16642 | 81721 |
| Total Assets 20 | 1695 | • | 33 | 174 | 372 | 716 | 2222 | 7201 | 15809 | • | • | 139012 | 771226 |

|  | | | | | | | | | | | | |
|---|---|---|---|---|---|---|---|---|---|---|---|---|
| Notes and Loans Payable 21 | 452 | • | 2 | 35 | 64 | 168 | 557 | 1755 | 3801 | • | 43611 | 213092 |
| All Other Liabilities 22 | 516 | • | 15 | 76 | 78 | 225 | 877 | 2894 | 4598 | • | 46358 | 143213 |
| Net Worth 23 | 727 | • | 16 | 64 | 231 | 323 | 788 | 2552 | 7409 | • | 49043 | 414921 |

**Selected Financial Ratios (Times to 1)**

|  | | | | | | | | | | | | |
|---|---|---|---|---|---|---|---|---|---|---|---|---|
| Current Ratio 24 | 1.5 | • | 1.7 | 1.6 | 2.7 | 1.9 | 1.7 | 1.7 | 1.8 | • | 2.0 | 1.0 |
| Quick Ratio 25 | 1.0 | • | 1.5 | 1.3 | 1.9 | 1.3 | 1.1 | 1.2 | 1.2 | • | 1.1 | 0.6 |
| Net Sales to Working Capital 26 | 13.7 | • | 30.7 | 18.7 | 5.6 | 9.5 | 11.9 | 13.5 | 10.0 | • | 8.4 | • |
| Coverage Ratio 27 | 3.1 | 7.5 | • | 6.7 | 9.0 | 4.4 | 3.6 | 4.0 | 5.3 | • | 2.4 | 1.3 |
| Total Asset Turnover 28 | 2.8 | 9.7 | 5.0 | 2.3 | 3.1 | 3.9 | 4.0 | 3.3 | • | • | 2.8 | 1.1 |
| Inventory Turnover 29 | • | • | • | • | • | • | • | • | • | • | • | • |
| Receivables Turnover 30 | 8.1 | • | • | • | • | 7.3 | 8.9 | 8.3 | 7.0 | • | 6.7 | • |
| Total Liabilities to Net Worth 31 | 1.3 | • | 1.1 | 1.7 | 0.6 | 1.2 | 1.8 | 1.8 | 1.1 | • | 1.8 | 0.9 |

**Selected Financial Factors (in Percentages)**

|  | | | | | | | | | | | | |
|---|---|---|---|---|---|---|---|---|---|---|---|---|
| Debt Ratio 32 | 57.1 | • | 51.5 | 63.5 | 38.0 | 54.9 | 64.5 | 64.6 | 53.1 | • | 64.7 | 46.2 |
| Return on Assets 33 | 9.5 | • | 37.9 | 26.3 | 17.3 | 10.0 | 11.1 | 13.0 | 10.8 | • | 9.5 | 4.1 |
| Return on Equity 34 | 12.4 | • | • | • | 23.1 | 14.1 | 18.1 | 22.3 | 15.8 | • | 10.4 | 1.5 |
| Return Before Interest on Equity 35 | 22.2 | • | • | • | 28.0 | 22.2 | 31.3 | • | 23.0 | • | 27.0 | 7.7 |
| Profit Margin, Before Income Tax 36 | 2.3 | 5.4 | 3.8 | 4.5 | 6.6 | 2.5 | 2.1 | 2.5 | 2.6 | • | 2.0 | 0.9 |
| Profit Margin, After Income Tax 37 | 1.9 | 3.6 | 3.8 | 4.2 | 6.1 | 2.1 | 1.7 | 2.0 | 2.2 | • | 1.3 | 0.7 |

**Trends in Selected Ratios and Factors, 1986-1994**

|  | 1986 | 1987 | 1988 | 1989 | 1990 | 1991 | 1992 | 1993 | 1994 |
|---|---|---|---|---|---|---|---|---|---|
| Cost of Operations (%) 38 | 77.0 | 78.3 | 79.6 | 77.8 | 78.1 | 79.1 | 82.6 | 81.5 | 80.0 |
| Operating Margin (%) 39 | 1.2 | 1.8 | 1.4 | 1.1 | 0.9 | 1.3 | 1.0 | 0.6 | 1.1 |
| Oper. Margin Before Officers Comp. (%) 40 | 4.1 | 4.5 | 3.9 | 3.3 | 3.7 | 3.3 | 2.9 | 2.5 | 3.0 |
| Average Net Receivables ($) 41 | 429 | 415 | 423 | 492 | 433 | 591 | 709 | 778 | 543 |
| Average Inventories ($) 42 | 249 | 218 | 207 | 273 | 211 | 303 | 344 | 410 | 302 |
| Average Net Worth ($) 43 | 569 | 471 | 388 | 540 | 452 | 550 | 581 | 695 | 727 |
| Current Ratio (x1) 44 | 1.9 | 1.8 | 1.8 | 1.7 | 1.6 | 1.6 | 1.5 | 1.6 | 1.5 |
| Quick Ratio (x1) 45 | 1.3 | 1.2 | 1.2 | 1.1 | 1.1 | 1.1 | 1.0 | 1.0 | 1.0 |
| Coverage Ratio (x1) 46 | 5.0 | 5.7 | 4.8 | 4.1 | 4.2 | 4.4 | 3.7 | 2.5 | 3.1 |
| Asset Turnover (x1) 47 | 3.1 | 3.1 | 3.3 | 3.0 | 3.0 | 3.0 | 3.1 | 3.0 | 2.8 |
| Operating Leverage 48 | • | 1.5 | 0.8 | 0.8 | 0.8 | 1.4 | 0.7 | 0.6 | 1.8 |
| Financial Leverage 49 | • | 1.0 | 1.0 | 0.9 | 1.1 | 1.1 | 1.0 | 0.8 | 1.1 |
| Total Leverage 50 | • | 1.5 | 0.8 | 0.7 | 0.9 | 1.6 | 0.7 | 0.5 | 2.0 |

## Table I

Corporations with and without Net Income

# DRUGS, DRUG PROPRIETARIES, AND DRUGGISTS' SUNDRIES

### MONEY AMOUNTS AND SIZE OF ASSETS IN THOUSANDS OF DOLLARS

| Item Description for Accounting Period 7/90 Through 6/91 | Total | Zero Assets | Under 100 | 100 to 250 | 251 to 500 | 501 to 1,000 | 1,001 to 5,000 | 5,001 to 10,000 | 10,001 to 25,000 | 25,001 to 50,000 | 50,001 to 100,000 | 100,001 to 250,000 | 250,001 and over |
|---|---|---|---|---|---|---|---|---|---|---|---|---|---|
| Number of Enterprises **1** | 4105 | 428 | 1620 | 676 | 572 | 174 | 377 | 127 | 62 | 35 | 15 | 8 | 11 |
| **Revenues ($ in Thousands)** | | | | | | | | | | | | | |
| Net Sales **2** | 50019 | 275 | 264 | 444 | 364 | 261 | 2083 | 2544 | 2882 | 4803 | 3594 | 3618 | 28887 |
| Portfolio Income **3** | 199 | 0 | 17 | 1 | 4 | 11 | 6 | 4 | 8 | 11 | 6 | 8 | 123 |
| Other Revenues **4** | 465 | 1 | 0 | 1 | 6 | 3 | 43 | 24 | 67 | 43 | 28 | 35 | 212 |
| Total Revenues **5** | 50683 | 276 | 281 | 446 | 374 | 275 | 2132 | 2572 | 2958 | 4857 | 3629 | 3662 | 29222 |
| Average Total Revenues **6** | 12347 | 646 | 173 | 659 | 654 | 1580 | 5654 | 20252 | 47711 | 138774 | 241925 | 457699 | 2656540 |
| **Operating Costs/Operating Income (%)** | | | | | | | | | | | | | |
| Cost of Operations **7** | 87.6 | 87.9 | 72.3 | 61.4 | 63.2 | 69.9 | 75.7 | 80.4 | 81.6 | 89.7 | 87.6 | 79.9 | 91.3 |
| Rent **8** | 0.6 | 0.4 | 5.3 | 2.2 | 3.6 | 1.5 | 1.5 | 1.0 | 0.7 | 0.4 | 0.5 | 0.6 | 0.5 |
| Taxes Paid **9** | 0.6 | 0.7 | 1.5 | 2.3 | 2.0 | 1.4 | 1.5 | 1.0 | 1.0 | 0.5 | 0.4 | 0.8 | 0.5 |
| Interest Paid **10** | 1.2 | 1.8 | 0.4 | 2.1 | 0.7 | 0.9 | 0.9 | 1.0 | 1.3 | 0.7 | 1.1 | 1.5 | 1.4 |
| Depreciation, Depletion, Amortization **11** | 0.6 | 0.6 | 1.3 | 1.2 | 1.9 | 0.8 | 0.8 | 0.5 | 0.8 | 0.4 | 0.6 | 0.8 | 0.5 |
| Pensions and Other Benefits **12** | 0.6 | 0.9 | 0.5 | 1.5 | 1.1 | 0.6 | 0.6 | 0.5 | 0.6 | 0.4 | 0.5 | 0.6 | 0.6 |
| Other **13** | 8.5 | 8.2 | 16.4 | 18.0 | 22.9 | 21.0 | 17.5 | 13.7 | 14.3 | 6.0 | 8.8 | 13.5 | 6.1 |
| Officers Compensation **14** | 0.7 | 0.2 | 5.2 | 8.1 | 13.8 | 5.3 | 2.1 | 1.7 | 1.1 | 0.5 | 0.6 | 0.7 | 0.1 |
| Operating Margin **15** | • | • | • | 3.2 | • | • | • | 0.3 | • | 1.5 | • | 1.7 | • |
| Oper. Margin Before Officers Compensation **16** | 0.3 | • | 2.3 | 11.3 | 4.8 | 1.5 | 2.0 | 2.0 | 1.3 | 2.0 | 0.4 | 2.3 | • |
| **Selected Average Balance Sheet ($ in Thousands)** | | | | | | | | | | | | | |
| Net Receivables **17** | 1153 | • | 1 | 27 | 79 | 292 | 865 | 2178 | 5496 | 13849 | 24813 | 50679 | 219012 |
| Inventories **18** | 1248 | • | 6 | 53 | 68 | 145 | 798 | 2350 | 5186 | 12376 | 22468 | 71498 | 249987 |
| Net Property, Plant and Equipment **19** | 391 | • | 5 | 18 | 38 | 44 | 168 | 728 | 1677 | 3114 | 10036 | 24842 | 75945 |
| Total Assets **20** | 4151 | • | 28 | 173 | 360 | 666 | 2361 | 6849 | 15999 | 36648 | 77194 | 204037 | 884657 |

| | | | | | | | | | | | | |
|---|---|---|---|---|---|---|---|---|---|---|---|---|
| Notes and Loans Payable 21 | 1186 | • | 22 | 115 | 114 | 114 | 579 | 2098 | 5236 | 6123 | 24158 | 78607 | 241389 |
| All Other Liabilities 22 | 1675 | • | 4 | 48 | 145 | 214 | 940 | 2499 | 6016 | 17953 | 29180 | 58826 | 376092 |
| Net Worth 23 | 1290 | • | 2 | 10 | 102 | 338 | 842 | 2252 | 4747 | 12572 | 23856 | 66904 | 267176 |

## Selected Financial Ratios (Times to 1)

| | | | | | | | | | | | | |
|---|---|---|---|---|---|---|---|---|---|---|---|---|
| Current Ratio 24 | 1.6 | • | 4.1 | 1.6 | 1.2 | 1.8 | 1.5 | 1.6 | 1.4 | 1.7 | 1.4 | 1.4 | 1.6 |
| Quick Ratio 25 | 0.8 | • | 2.2 | 0.9 | 0.7 | 1.3 | 0.8 | 0.8 | 0.8 | 0.9 | 0.7 | 0.6 | 0.8 |
| Net Sales to Working Capital 26 | 11.9 | • | 16.1 | 13.8 | 19.2 | 6.5 | 8.3 | 9.9 | 12.7 | 11.5 | 16.2 | 12.1 | 12.0 |
| Coverage Ratio 27 | 1.7 | 1.1 | 9.8 | 2.7 | • | 3.3 | 2.9 | 2.5 | 1.9 | 4.8 | 1.7 | 3.0 | 1.2 |
| Total Asset Turnover 28 | 2.9 | • | 5.8 | 3.8 | 1.8 | 2.3 | 2.4 | 2.9 | 2.9 | 3.8 | 3.1 | 2.2 | 3.0 |
| Inventory Turnover 29 | 9.4 | • | • | • | • | 5.7 | 4.7 | 8.9 | 7.6 | • | 8.3 | 6.7 | • |
| Receivables Turnover 30 | • | • | • | 7.7 | • | 5.0 | 7.0 | • | 8.7 | • | 8.7 | • | • |
| Total Liabilities to Net Worth 31 | 2.2 | • | 12.0 | 16.3 | 2.6 | 1.0 | 1.8 | 2.1 | 2.4 | 1.9 | 2.2 | 2.1 | 2.3 |

## Selected Financial Factors (in Percentages)

| | | | | | | | | | | | | |
|---|---|---|---|---|---|---|---|---|---|---|---|---|
| Debt Ratio 32 | 68.9 | • | 92.3 | 94.2 | 71.8 | 49.2 | 64.3 | 67.1 | 70.3 | 65.7 | 69.1 | 67.2 | 69.8 |
| Return on Assets 33 | 6.2 | • | 23.3 | 21.1 | • | 10.8 | 6.3 | 7.0 | 7.5 | 12.4 | 5.9 | 9.5 | 4.6 |
| Return on Equity 34 | 4.7 | • | • | • | • | 14.3 | 8.6 | 7.2 | 9.9 | 22.1 | 5.1 | 14.2 | • |
| Return Before Interest on Equity 35 | 19.9 | • | • | • | • | 21.3 | 17.6 | 21.2 | 25.2 | • | 19.2 | 29.0 | 15.2 |
| Profit Margin, Before Income Tax 36 | 0.9 | 0.1 | 3.6 | 3.5 | • | 3.3 | 1.8 | 1.4 | 1.2 | 2.6 | 0.8 | 2.8 | 0.2 |
| Profit Margin, After Income Tax 37 | 0.5 | 0.1 | 2.9 | 3.3 | • | 3.2 | 1.3 | 0.8 | 1.0 | 2.0 | 0.5 | 2.1 | • |

## Trends in Selected Ratios and Factors, 1986-1994

| | 1986 | 1987 | 1988 | 1989 | 1990 | 1991 | 1992 | 1993 | 1994 |
|---|---|---|---|---|---|---|---|---|---|
| Cost of Operations (%) 38 | 80.3 | 82.6 | 82.1 | 81.6 | 82.9 | 83.6 | 85.0 | 86.5 | 87.6 |
| Operating Margin (%) 39 | 0.8 | 1.1 | 1.2 | 0.3 | 0.5 | • | • | • | • |
| Oper. Margin Before Officers Comp. (%) 40 | 1.9 | 2.1 | 2.2 | 1.4 | 1.5 | 0.9 | 0.2 | 0.2 | 0.3 |
| Average Net Receivables ($) 41 | 500 | 727 | 632 | 690 | 868 | 909 | 1199 | 924 | 1153 |
| Average Inventories ($) 42 | 475 | 700 | 631 | 768 | 934 | 896 | 1364 | 975 | 1248 |
| Average Net Worth ($) 43 | 626 | 965 | 859 | 861 | 1078 | 974 | 1803 | 1189 | 1290 |
| Current Ratio (x1) 44 | 1.6 | 1.6 | 1.6 | 1.6 | 1.6 | 1.5 | 1.4 | 1.6 | 1.6 |
| Quick Ratio (x1) 45 | 0.9 | 0.9 | 0.9 | 0.8 | 0.8 | 0.8 | 0.7 | 0.8 | 0.8 |
| Coverage Ratio (x1) 46 | 3.3 | 4.2 | 5.1 | 3.2 | 3.5 | 2.4 | 2.1 | 1.8 | 1.7 |
| Asset Turnover (x1) 47 | 2.8 | 2.9 | 2.7 | 2.7 | 2.8 | 2.9 | 2.5 | 2.8 | 2.9 |
| Total Liabilities/Net Worth (x1) 48 | 1.6 | 1.5 | 1.5 | 1.8 | 1.8 | 2.1 | 1.8 | 1.9 | 2.2 |
| Return on Assets (x1) 49 | 9.4 | 9.1 | 9.6 | 6.7 | 7.8 | 5.9 | 5.9 | 6.3 | 6.2 |
| Return on Equity (%) 50 | 11.8 | 11.8 | 13.3 | 6.5 | 8.7 | 5.6 | 4.9 | 4.6 | 4.7 |

## Table II

Corporations with Net Income

# DRUGS, DRUG PROPRIETARIES, AND DRUGGISTS' SUNDRIES

MONEY AMOUNTS AND SIZE OF ASSETS IN THOUSANDS OF DOLLARS

| Item Description for Accounting Period 7/90 Through 6/91 | | Total | Zero Assets | Under 100 | 100 to 250 | 251 to 500 | 501 to 1,000 | 1,001 to 5,000 | 5,001 to 10,000 | 10,001 to 25,000 | 25,001 to 50,000 | 50,001 to 100,000 | 100,001 to 250,000 | 250,001 and over |
|---|---|---|---|---|---|---|---|---|---|---|---|---|---|---|
| Number of Enterprises | 1 | 2590 | 8 | 1271 | 487 | 234 | 154 | 258 | 85 | 43 | 26 | • | • | 6 |
| **Revenues ($ in Thousands)** | | | | | | | | | | | | | | |
| Net Sales | 2 | 36796 | 254 | 258 | 328 | 210 | 233 | 1588 | 1985 | 2209 | 4060 | • | • | 19281 |
| Portfolio Income | 3 | 147 | 0 | 17 | 0 | • | 10 | 5 | 3 | 3 | 10 | • | • | 90 |
| Other Revenues | 4 | 365 | 1 | 0 | 1 | 5 | 0 | 32 | 14 | 51 | 39 | • | • | 180 |
| Total Revenues | 5 | 37307 | 255 | 275 | 329 | 216 | 243 | 1625 | 2002 | 2262 | 4110 | • | • | 19551 |
| Average Total Revenues | 6 | 14404 | 31847 | 217 | 676 | 922 | 1579 | 6300 | 23555 | 52613 | 158063 | • | • | 3258492 |
| **Operating Costs/Operating Income (%)** | | | | | | | | | | | | | | |
| Cost of Operations | 7 | 87.4 | 91.3 | 66.7 | 58.8 | 70.3 | 67.2 | 77.1 | 84.6 | 82.2 | 89.4 | • | • | 90.6 |
| Rent | 8 | 0.5 | 0.4 | 4.1 | 1.4 | 2.4 | 1.5 | 1.2 | 0.5 | 0.5 | 0.3 | • | • | 0.4 |
| Taxes Paid | 9 | 0.7 | 0.5 | 1.5 | 2.6 | 1.6 | 1.5 | 1.3 | 0.8 | 0.7 | 0.6 | • | • | 0.5 |
| Interest Paid | 10 | 0.8 | 1.1 | 0.4 | 0.4 | 0.2 | 1.6 | 0.8 | 0.8 | 1.1 | 0.3 | • | • | 0.7 |
| Depreciation, Depletion, Amortization | 11 | 0.6 | 0.3 | 1.3 | 0.9 | 2.4 | 1.3 | 0.8 | 0.4 | 0.8 | 0.4 | • | • | 0.6 |
| Pensions and Other Benefits | 12 | 0.6 | 0.8 | 0.5 | 2.1 | • | • | 0.5 | 0.5 | 0.6 | 0.4 | • | • | 0.7 |
| Other | 13 | 8.1 | 5.6 | 16.3 | 15.7 | 15.1 | 21.9 | 15.3 | 9.1 | 12.3 | 5.8 | • | • | 6.5 |
| Officers Compensation | 14 | 0.6 | • | 5.3 | 10.0 | 8.5 | 5.3 | 2.0 | 1.3 | 1.1 | 0.4 | • | • | 0.1 |
| Operating Margin | 15 | 0.9 | • | 3.9 | 8.2 | • | • | 1.2 | 2.1 | 0.7 | 2.5 | • | • | • |
| Oper. Margin Before Officers Compensation | 16 | 1.5 | • | 9.2 | 18.2 | 8.1 | 5.0 | 3.2 | 3.4 | 1.8 | 2.9 | • | • | 0.1 |
| **Selected Average Balance Sheet ($ in Thousands)** | | | | | | | | | | | | | | |
| Net Receivables | 17 | 1330 | • | 1 | 32 | 99 | 259 | 1107 | 2455 | 6017 | 12425 | • | • | 280688 |
| Inventories | 18 | 1366 | • | 7 | 25 | 97 | 149 | 744 | 2627 | 5457 | 13007 | • | • | 283395 |
| Net Property, Plant and Equipment | 19 | 475 | • | 7 | 14 | 70 | 49 | 186 | 715 | 2108 | 3094 | • | • | 107375 |
| Total Assets | 20 | 4509 | • | 35 | 168 | 317 | 638 | 2345 | 6912 | 16215 | 36727 | • | • | 1065942 |

| | | | | | | | | | | |
|---|---|---|---|---|---|---|---|---|---|---|
| Notes and Loans Payable **21** | 1013 | 7 | 59 | 99 | 129 | 562 | 1900 | 4975 | 4744 | • | 204178 |
| All Other Liabilities **22** | 1804 | 5 | 58 | 97 | 149 | 993 | 2504 | 6811 | 16120 | • | 449169 |
| Net Worth **23** | 1691 | 22 | 50 | 121 | 361 | 790 | 2508 | 4429 | 15864 | • | 412594 |

## Selected Financial Ratios (Times to 1)

| | | | | | | | | | | |
|---|---|---|---|---|---|---|---|---|---|---|
| Current Ratio **24** | 1.5 | 4.0 | 1.3 | 2.3 | 2.1 | 1.5 | 1.4 | 1.5 | 1.7 | • | 1.5 |
| Quick Ratio **25** | 0.8 | 2.2 | 1.0 | 1.3 | 1.4 | 0.9 | 0.7 | 0.9 | 0.9 | • | 0.8 |
| Net Sales to Working Capital **26** | 13.1 | 16.2 | 26.7 | 7.1 | 6.1 | 8.5 | 13.5 | 11.6 | 12.7 | • | 13.9 |
| Coverage Ratio **27** | 4.0 | • | 1.3 | 14.3 | 3.6 | 5.6 | 4.6 | 3.9 | 11.8 | • | 2.9 |
| Total Asset Turnover **28** | 3.2 | 5.8 | 4.0 | 2.8 | 2.4 | 2.6 | 3.4 | 3.2 | 4.3 | • | 3.0 |
| Inventory Turnover **29** | 9.4 | • | • | 3.7 | 7.1 | 4.5 | • | 9.6 | • | • | • |
| Receivables Turnover **30** | • | • | • | 9.5 | 6.5 | 6.2 | • | 9.7 | • | • | • |
| Total Liabilities to Net Worth **31** | 1.7 | 0.6 | 2.3 | 1.6 | 0.8 | 2.0 | 1.8 | 2.7 | 1.3 | • | 1.6 |

## Selected Financial Factors (in Percentages)

| | | | | | | | | | | |
|---|---|---|---|---|---|---|---|---|---|---|
| Debt Ratio **32** | 62.5 | 35.9 | 70.0 | 62.0 | 43.5 | 66.3 | 63.7 | 72.7 | 56.8 | • | 61.3 |
| Return on Assets **33** | 9.4 | • | 36.1 | 6.9 | 13.7 | 11.3 | 12.5 | 13.3 | 16.8 | • | 6.2 |
| Return on Equity **34** | 14.5 | • | • | 15.3 | 17.0 | 23.1 | 19.6 | 32.5 | 28.7 | • | 7.0 |
| Return Before Interest on Equity **35** | 25.1 | • | • | • | 18.0 | 24.3 | 33.6 | 34.4 | • | • | 16.1 |
| Profit Margin, Before Income Tax **36** | 2.2 | 0.3 | 8.6 | 2.3 | 4.2 | 3.5 | 2.9 | 3.1 | 3.6 | • | 1.4 |
| Profit Margin, After Income Tax **37** | 1.7 | 0.3 | 8.3 | 2.1 | 4.1 | 3.0 | 2.1 | 2.8 | 2.9 | • | 0.9 |

## Trends in Selected Ratios and Factors, 1986-1994

| | 1986 | 1987 | 1988 | 1989 | 1990 | 1991 | 1992 | 1993 | 1994 |
|---|---|---|---|---|---|---|---|---|---|
| Cost of Operations (%) **38** | 80.5 | 83.0 | 82.2 | 82.0 | 82.9 | 85.0 | 85.4 | 86.6 | 87.4 |
| Operating Margin (%) **39** | 1.8 | 1.8 | 1.9 | 1.3 | 1.1 | 1.0 | 0.7 | 0.4 | 0.9 |
| Oper. Margin Before Officers Comp. (%) **40** | 2.8 | 2.7 | 2.8 | 2.3 | 2.0 | 1.8 | 1.4 | 1.0 | 1.5 |
| Average Net Receivables ($) **41** | 705 | 1058 | 879 | 1177 | 1242 | 1686 | 1590 | 1976 | 1330 |
| Average Inventories ($) **42** | 630 | 974 | 838 | 1255 | 1239 | 1617 | 1760 | 2074 | 1366 |
| Average Net Worth ($) **43** | 928 | 1464 | 1282 | 1623 | 1556 | 1987 | 2195 | 3047 | 1691 |
| Current Ratio (x1) **44** | 1.7 | 1.7 | 1.7 | 1.8 | 1.7 | 1.6 | 1.3 | 1.6 | 1.5 |
| Quick Ratio (x1) **45** | 0.9 | 0.9 | 0.9 | 0.9 | 0.9 | 0.8 | 0.7 | 0.8 | 0.8 |
| Coverage Ratio (x1) **46** | 4.9 | 5.9 | 6.9 | 5.1 | 4.6 | 3.9 | 4.1 | 3.1 | 4.0 |
| Asset Turnover (x1) **47** | 2.9 | 3.0 | 2.7 | 2.8 | 2.9 | 3.0 | 2.8 | 2.9 | 3.2 |
| Operating Leverage **48** | • | 1.0 | 1.0 | 0.7 | 0.9 | 0.9 | 0.7 | 0.5 | 2.5 |
| Financial Leverage **49** | • | 1.1 | 1.0 | 0.8 | 1.0 | 1.1 | 1.1 | 0.9 | 1.2 |
| Total Leverage **50** | • | 1.1 | 1.0 | 0.6 | 0.9 | 1.0 | 0.8 | 0.5 | 2.9 |

## Table I

Corporations with and without Net Income

# APPAREL, PIECE GOODS, AND NOTIONS

### MONEY AMOUNTS AND SIZE OF ASSETS IN THOUSANDS OF DOLLARS

| Item Description for Accounting Period 7/90 Through 6/91 | Total | Zero Assets | Under 100 | 100 to 250 | 251 to 500 | 501 to 1,000 | 1,001 to 5,000 | 5,001 to 10,000 | 10,001 to 25,000 | 25,001 to 50,000 | 50,001 to 100,000 | 100,001 to 250,000 | 250,001 and over |
|---|---|---|---|---|---|---|---|---|---|---|---|---|---|
| Number of Enterprises **1** | 17575 | 904 | 8617 | 2196 | 1612 | 1789 | 1833 | 337 | 183 | 72 | 18 | 7 | 7 |
| **Revenues ($ in Thousands)** | | | | | | | | | | | | | |
| Net Sales **2** | 57095 | 170 | 1221 | 1202 | 1608 | 3523 | 11409 | 6025 | 6512 | 4512 | 2680 | 1501 | 16733 |
| Portfolio Income **3** | 475 | 3 | 1 | 4 | 5 | 6 | 24 | 12 | 35 | 6 | 3 | 22 | 354 |
| Other Revenues **4** | 858 | 46 | 9 | 8 | 56 | 37 | 126 | 182 | 73 | 102 | 50 | 26 | 142 |
| Total Revenues **5** | 58427 | 219 | 1231 | 1214 | 1669 | 3566 | 11559 | 6218 | 6620 | 4620 | 2733 | 1549 | 17228 |
| Average Total Revenues **6** | 3324 | 242 | 143 | 553 | 1036 | 1993 | 6306 | 18452 | 36174 | 64161 | 151818 | 221290 | 2461209 |
| **Operating Costs/Operating Income (%)** | | | | | | | | | | | | | |
| Cost of Operations **7** | 78.7 | 99.9 | 45.7 | 72.6 | 74.7 | 78.0 | 76.2 | 78.7 | 78.1 | 76.1 | 74.1 | 64.9 | 86.4 |
| Rent **8** | 1.3 | 3.2 | 6.0 | 3.6 | 2.9 | 2.1 | 1.6 | 0.9 | 1.3 | 0.9 | 1.5 | 1.7 | 0.5 |
| Taxes Paid **9** | 1.5 | 1.1 | 2.7 | 1.2 | 1.9 | 1.1 | 1.4 | 1.4 | 2.2 | 2.6 | 2.1 | 1.5 | 0.9 |
| Interest Paid **10** | 2.0 | 0.5 | 0.6 | 0.4 | 1.0 | 1.1 | 1.9 | 1.8 | 2.6 | 2.1 | 2.4 | 2.0 | 2.2 |
| Depreciation, Depletion, Amortization **11** | 0.6 | 0.4 | 0.6 | 0.6 | 0.7 | 0.4 | 0.5 | 0.6 | 0.6 | 0.7 | 1.1 | 1.4 | 0.5 |
| Pensions and Other Benefits **12** | 0.5 | 0.2 | 1.3 | 1.0 | 0.4 | 0.8 | 0.5 | 0.6 | 0.5 | 0.5 | 0.6 | 1.3 | 0.4 |
| Other **13** | 13.5 | 26.1 | 34.4 | 15.7 | 17.3 | 15.6 | 15.9 | 13.6 | 12.9 | 12.7 | 14.9 | 23.1 | 8.5 |
| Officers Compensation **14** | 2.4 | 3.4 | 11.7 | 5.6 | 2.8 | 4.2 | 3.4 | 3.8 | 2.3 | 2.4 | 1.2 | 0.9 | 0.4 |
| Operating Margin **15** | • | • | • | • | • | • | • | • | • | 2.0 | 2.2 | 3.3 | 0.3 |
| Oper. Margin Before Officers Compensation **16** | 2.0 | • | 8.7 | 4.9 | 1.1 | 0.9 | 2.1 | 2.5 | 2.0 | 4.4 | 3.4 | 4.2 | 0.7 |
| **Selected Average Balance Sheet ($ in Thousands)** | | | | | | | | | | | | | |
| Net Receivables **17** | 421 | • | 5 | 41 | 101 | 256 | 703 | 2351 | 4661 | 6759 | 16804 | 26416 | 391335 |
| Inventories **18** | 443 | • | 6 | 40 | 94 | 299 | 931 | 2781 | 6155 | 13239 | 22657 | 34968 | 225296 |
| Net Property, Plant and Equipment **19** | 118 | • | 4 | 14 | 56 | 34 | 170 | 612 | 835 | 2818 | 9268 | 23355 | 94301 |
| Total Assets **20** | 1461 | • | 31 | 170 | 363 | 713 | 2267 | 7096 | 15230 | 33132 | 71290 | 146296 | 1306275 |

| | | | | | | | | | | | | |
|---|---|---|---|---|---|---|---|---|---|---|---|---|
| Notes and Loans Payable 21 | 629 | • | 24 | 86 | 123 | 332 | 729 | 2403 | 5670 | 15590 | 36519 | 39432 | 661775 |
| All Other Liabilities 22 | 453 | • | 14 | 55 | 140 | 331 | 977 | 2746 | 4980 | 9425 | 18317 | 40766 | 282517 |
| Net Worth 23 | 378 | • | -8 | 29 | 100 | 51 | 562 | 1948 | 4580 | 8116 | 16454 | 66098 | 361983 |

## Selected Financial Ratios (Times to 1)

| | | | | | | | | | | | | |
|---|---|---|---|---|---|---|---|---|---|---|---|---|
| Current Ratio 24 | 1.4 | • | 1.2 | 2.2 | 2.2 | 1.3 | 1.4 | 1.5 | 1.5 | 1.7 | 1.6 | 2.4 | 1.2 |
| Quick Ratio 25 | 0.6 | • | 0.7 | 1.4 | 1.3 | 0.7 | 0.7 | 0.7 | 0.6 | 0.6 | 0.6 | 1.0 | 0.5 |
| Net Sales to Working Capital 26 | 9.3 | • | 37.5 | 8.0 | 6.2 | 12.5 | 10.5 | 9.1 | 7.8 | 5.6 | 7.1 | 4.4 | 13.2 |
| Coverage Ratio 27 | 2.1 | • | • | 1.8 | 3.2 | • | 1.0 | 2.1 | 1.5 | 3.1 | 2.8 | 4.3 | 2.8 |
| Total Asset Turnover 28 | 2.2 | • | 4.6 | 3.2 | 2.8 | 2.8 | 2.8 | 2.5 | 2.3 | 1.9 | 2.1 | 1.5 | 1.8 |
| Inventory Turnover 29 | 5.9 | • | • | 7.1 | 7.2 | 6.1 | 5.0 | 5.2 | 4.4 | 3.7 | 4.5 | 3.8 | • |
| Receivables Turnover 30 | 8.1 | • | • | • | • | 9.1 | 9.3 | 8.3 | 8.1 | 8.9 | 8.9 | 9.0 | 6.3 |
| Total Liabilities to Net Worth 31 | 2.9 | • | • | 4.9 | 2.6 | 13.1 | 3.0 | 2.7 | 2.3 | 3.1 | 3.3 | 1.2 | 2.6 |

## Selected Financial Factors (in Percentages)

| | | | | | | | | | | | | |
|---|---|---|---|---|---|---|---|---|---|---|---|---|
| Debt Ratio 32 | 74.1 | • | • | 83.1 | 72.4 | 92.9 | 75.2 | 72.6 | 69.9 | 75.5 | 76.9 | 54.8 | 72.3 |
| Return on Assets 33 | 8.9 | • | • | 2.5 | 8.5 | • | 5.2 | 9.3 | 9.3 | 12.4 | 13.6 | 12.3 | 10.9 |
| Return on Equity 34 | 12.5 | • | • | 5.4 | 18.6 | • | • | 14.8 | 8.2 | 30.2 | 34.1 | 20.1 | 15.6 |
| Return Before Interest on Equity 35 | 34.4 | • | 26.3 | 15.0 | 30.7 | • | 20.9 | 34.0 | 30.8 | • | • | 27.3 | • |
| Profit Margin, Before Income Tax 36 | 2.1 | • | • | 0.4 | 2.1 | • | • | 1.9 | 1.4 | • | 4.2 | 6.5 | 3.8 |
| Profit Margin, After Income Tax 37 | 1.5 | • | • | 0.3 | 1.9 | • | • | 1.6 | 1.1 | 3.3 | 3.8 | 6.2 | 2.4 |

## Trends in Selected Ratios and Factors, 1986-1994

| | 1986 | 1987 | 1988 | 1989 | 1990 | 1991 | 1992 | 1993 | 1994 |
|---|---|---|---|---|---|---|---|---|---|
| Cost of Operations (%) 38 | 81.8 | 81.5 | 81.5 | 80.6 | 80.3 | 80.7 | 79.2 | 78.3 | 78.7 |
| Operating Margin (%) 39 | • | 0.3 | • | 0.5 | 0.3 | 0.1 | 0.4 | 0.5 | • |
| Oper. Margin Before Officers Comp. (%) 40 | 1.3 | 2.4 | 1.8 | 2.8 | 2.3 | 2.2 | 3.0 | 2.9 | 2.0 |
| Average Net Receivables ($) 41 | 257 | 288 | 283 | 298 | 334 | 376 | 353 | 383 | 421 |
| Average Inventories ($) 42 | 255 | 272 | 277 | 283 | 337 | 383 | 382 | 424 | 443 |
| Average Net Worth ($) 43 | 214 | 226 | 235 | 256 | 304 | 318 | 316 | 345 | 378 |
| Current Ratio (×1) 44 | 1.4 | 1.4 | 1.4 | 1.5 | 1.5 | 1.5 | 1.5 | 1.5 | 1.4 |
| Quick Ratio (×1) 45 | 0.7 | 0.7 | 0.7 | 0.7 | 0.7 | 0.7 | 0.7 | 0.7 | 0.6 |
| Coverage Ratio (×1) 46 | 1.7 | 2.3 | 1.8 | 2.3 | 2.4 | 2.4 | 2.5 | 2.3 | 2.1 |
| Asset Turnover (×1) 47 | 2.9 | 3.1 | 3.0 | 3.1 | 3.0 | 2.7 | 2.6 | 2.5 | 2.2 |
| Total Liabilities/Net Worth (×1) 48 | 2.6 | 2.6 | 2.5 | 2.4 | 2.3 | 2.6 | 2.6 | 2.7 | 2.9 |
| Return on Assets (×1) 49 | 9.9 | 10.3 | 9.1 | 10.6 | 9.9 | 8.9 | 10.8 | 11.1 | 8.9 |
| Return on Equity (%) 50 | 6.9 | 13.4 | 8.1 | 13.2 | 11.7 | 12.2 | 18.1 | 16.7 | 12.5 |

## Table II

Corporations with Net Income

# APPAREL, PIECE GOODS, AND NOTIONS

MONEY AMOUNTS AND SIZE OF ASSETS IN THOUSANDS OF DOLLARS

| Item Description for Accounting Period 7/90 Through 6/91 | Total | Zero Assets | Under 100 | 100 to 250 | 251 to 500 | 501 to 1,000 | 1,001 to 5,000 | 5,001 to 10,000 | 10,001 to 25,000 | 25,001 to 50,000 | 50,001 to 100,000 | 100,001 to 250,000 | 250,001 and over |
|---|---|---|---|---|---|---|---|---|---|---|---|---|---|
| Number of Enterprises **1** | 10098 | 479 | 3800 | 1894 | 1051 | 1179 | 1211 | 273 | 130 | 59 | • | • | 4 |
| **Revenues ($ in Thousands)** | | | | | | | | | | | | | |
| Net Sales **2** | 47023 | 84 | 737 | 985 | 1067 | 2751 | 8534 | 5016 | 5021 | 3907 | • | • | 15350 |
| Portfolio Income **3** | 390 | 0 | 0 | 4 | 5 | 3 | 19 | 12 | 30 | 4 | • | • | 295 |
| Other Revenues **4** | 585 | 45 | 0 | 8 | 13 | 5 | 99 | 170 | 55 | 48 | • | • | 103 |
| Total Revenues **5** | 47997 | 128 | 738 | 997 | 1085 | 2760 | 8651 | 5197 | 5107 | 3959 | • | • | 15748 |
| Average Total Revenues **6** | 4753 | 268 | 194 | 527 | 1032 | 2341 | 7144 | 19038 | 39282 | 67096 | • | • | 3937025 |
| **Operating Costs/Operating Income (%)** | | | | | | | | | | | | | |
| Cost of Operations **7** | 79.3 | 89.0 | 46.8 | 73.8 | 73.2 | 79.8 | 77.3 | 77.6 | 77.7 | 75.3 | • | • | 87.0 |
| Rent **8** | 1.0 | 0.3 | 5.7 | 2.1 | 2.5 | 1.9 | 1.3 | 0.9 | 1.0 | 0.7 | • | • | 0.4 |
| Taxes Paid **9** | 1.3 | 0.3 | 2.9 | 1.0 | 1.4 | 0.9 | 1.4 | 1.3 | 1.9 | 2.6 | • | • | 0.8 |
| Interest Paid **10** | 1.6 | • | 0.1 | 0.5 | 1.1 | 0.7 | 1.6 | 1.5 | 2.0 | 1.9 | • | • | 1.6 |
| Depreciation, Depletion, Amortization **11** | 0.5 | 0.2 | 0.6 | 0.3 | 0.8 | 0.3 | 0.4 | 0.6 | 0.4 | 0.6 | • | • | 0.4 |
| Pensions and Other Benefits **12** | 0.5 | • | 0.4 | 1.2 | 0.5 | 0.6 | 0.5 | 0.6 | 0.4 | 0.5 | • | • | 0.2 |
| Other **13** | 11.6 | 16.7 | 29.2 | 12.1 | 13.9 | 10.3 | 13.4 | 12.8 | 12.2 | 11.3 | • | • | 7.9 |
| Officers Compensation **14** | 2.2 | 1.6 | 6.8 | 6.1 | 3.0 | 3.7 | 3.1 | 4.0 | 2.2 | 2.5 | • | • | 0.4 |
| Operating Margin **15** | 2.1 | • | 7.6 | 2.9 | 3.8 | 2.0 | 1.1 | 0.7 | 2.2 | 4.6 | • | • | 1.4 |
| Oper. Margin Before Officers Compensation **16** | 4.2 | • | 14.3 | 9.0 | 6.8 | 5.6 | 4.2 | 4.6 | 4.4 | 7.1 | • | • | 1.7 |
| **Selected Average Balance Sheet ($ in Thousands)** | | | | | | | | | | | | | |
| Net Receivables **17** | 599 | • | 5 | 39 | 105 | 248 | 764 | 2537 | 5076 | 6788 | • | • | 621888 |
| Inventories **18** | 587 | • | 7 | 39 | 88 | 301 | 974 | 2732 | 5783 | 14125 | • | • | 329145 |
| Net Property, Plant and Equipment **19** | 143 | • | 3 | 13 | 60 | 41 | 126 | 490 | 645 | 2395 | • | • | 123067 |
| Total Assets **20** | 1915 | • | 34 | 169 | 381 | 721 | 2338 | 7088 | 14963 | 33131 | • | • | 1799321 |

| | | | | | | | | | | | | |
|---|---|---|---|---|---|---|---|---|---|---|---|---|
| Notes and Loans Payable **21** | 730 | • | 14 | 58 | 131 | 227 | 644 | 1823 | 4413 | 11725 | • | 908951 |
| All Other Liabilities **22** | 519 | • | 9 | 39 | 136 | 297 | 932 | 2422 | 5158 | 8982 | • | 290072 |
| Net Worth **23** | 667 | • | 11 | 71 | 113 | 197 | 763 | 2844 | 5391 | 12423 | • | 600297 |

## Selected Financial Ratios (Times to 1)

| | | | | | | | | | | | | |
|---|---|---|---|---|---|---|---|---|---|---|---|---|
| Current Ratio **24** | 1.6 | • | 2.3 | 2.9 | 2.3 | 1.7 | 1.6 | 1.7 | 1.6 | 2.0 | • | 1.4 |
| Quick Ratio **25** | 0.7 | • | 1.1 | 1.9 | 1.4 | 0.8 | 0.7 | 0.9 | 0.7 | 0.8 | • | 0.6 |
| Net Sales to Working Capital **26** | 8.0 | • | 13.8 | 6.2 | 5.8 | 9.2 | 8.9 | 7.2 | 7.6 | 4.5 | • | 10.7 |
| Coverage Ratio **27** | 3.7 | • | • | 9.6 | 6.0 | 4.2 | 2.5 | 3.9 | 3.0 | 4.1 | • | 3.8 |
| Total Asset Turnover **28** | 2.4 | • | 5.7 | 3.1 | 2.7 | 3.2 | 3.0 | 2.6 | 2.6 | 2.0 | • | 2.1 |
| Inventory Turnover **29** | 6.3 | • | • | • | 7.9 | 7.7 | 5.1 | 5.0 | 4.7 | 3.5 | • | • |
| Receivables Turnover **30** | 7.9 | • | • | • | • | • | 8.9 | 7.8 | 7.7 | 8.7 | • | • |
| Total Liabilities to Net Worth **31** | 1.9 | • | 2.1 | 1.4 | 2.4 | 2.7 | 2.1 | 1.5 | 1.8 | 1.7 | • | 2.0 |

## Selected Financial Factors (in Percentages)

| | | | | | | | | | | | | |
|---|---|---|---|---|---|---|---|---|---|---|---|---|
| Debt Ratio **32** | 65.2 | • | 68.1 | 57.9 | 70.3 | 72.7 | 67.4 | 59.9 | 64.0 | 62.5 | • | 66.6 |
| Return on Assets **33** | 14.3 | • | • | 14.4 | 17.3 | 9.6 | 12.2 | 15.0 | 15.5 | 15.5 | • | 13.1 |
| Return on Equity **34** | 25.0 | • | • | 30.2 | • | 25.7 | 20.1 | 25.4 | 25.4 | 28.1 | • | 19.0 |
| Return Before Interest on Equity **35** | • | • | • | 34.3 | • | • | • | • | • | • | • | • |
| Profit Margin, Before Income Tax **36** | 4.3 | • | 7.6 | 4.2 | 5.4 | 2.3 | 2.4 | 4.3 | 4.0 | 5.9 | • | 4.5 |
| Profit Margin, After Income Tax **37** | 3.6 | • | 7.3 | 4.1 | 5.0 | 2.2 | 2.2 | 3.9 | 3.6 | 5.3 | • | 3.0 |

## Trends in Selected Ratios and Factors, 1986-1994

| | 1986 | 1987 | 1988 | 1989 | 1990 | 1991 | 1992 | 1993 | 1994 |
|---|---|---|---|---|---|---|---|---|---|
| Cost of Operations (%) **38** | 73.4 | 74.3 | 74.2 | 73.3 | 73.2 | 81.3 | 79.2 | 79.0 | 79.3 |
| Operating Margin (%) **39** | 2.4 | 3.3 | 2.6 | 3.4 | 2.7 | 2.1 | 2.3 | 2.4 | 2.1 |
| Oper. Margin Before Officers Comp. (%) **40** | 5.3 | 6.2 | 5.3 | 6.6 | 5.6 | 4.2 | 4.9 | 4.8 | 4.2 |
| Average Net Receivables ($) **41** | 296 | 321 | 290 | 331 | 364 | 595 | 508 | 719 | 599 |
| Average Inventories ($) **42** | 303 | 312 | 289 | 346 | 405 | 552 | 543 | 740 | 587 |
| Average Net Worth ($) **43** | 372 | 359 | 332 | 382 | 451 | 572 | 568 | 792 | 667 |
| Current Ratio (x1) **44** | 1.7 | 1.7 | 1.7 | 1.7 | 1.7 | 1.5 | 1.6 | 1.6 | 1.6 |
| Quick Ratio (x1) **45** | 0.9 | 0.9 | 0.9 | 0.8 | 0.8 | 0.7 | 0.7 | 0.8 | 0.7 |
| Coverage Ratio (x1) **46** | 3.8 | 4.5 | 3.6 | 4.5 | 4.4 | 4.2 | 4.2 | 3.8 | 3.7 |
| Asset Turnover (x1) **47** | 2.4 | 2.7 | 2.7 | 2.8 | 2.6 | 2.9 | 2.8 | 2.5 | 2.4 |
| Operating Leverage **48** | • | 1.4 | 0.8 | 1.3 | 0.8 | 0.8 | 1.1 | 1.1 | 0.9 |
| Financial Leverage **49** | • | 1.1 | 1.0 | 1.1 | 1.0 | 1.1 | 1.1 | 0.9 | 1.0 |
| Total Leverage **50** | • | 1.5 | 0.8 | 1.4 | 0.8 | 0.8 | 1.2 | 1.0 | 0.9 |

## Table I

Corporations with and without Net Income

# FARM-PRODUCT RAW MATERIALS

### MONEY AMOUNTS AND SIZE OF ASSETS IN THOUSANDS OF DOLLARS

| Item Description for Accounting Period 7/90 Through 6/91 | Total | Zero Assets | Under 100 | 100 to 250 | 251 to 500 | 501 to 1,000 | 1,001 to 5,000 | 5,001 to 10,000 | 10,001 to 25,000 | 25,001 to 50,000 | 50,001 to 100,000 | 100,001 to 250,000 | 250,001 and over |
|---|---|---|---|---|---|---|---|---|---|---|---|---|---|
| Number of Enterprises **1** | 7537 | 357 | 2058 | 1110 | 1016 | 1353 | 1249 | 223 | 97 | 43 | 12 | 10 | 9 |
| **Revenues ($ in Thousands)** | | | | | | | | | | | | | |
| Net Sales **2** | 108959 | 141 | 1228 | 1223 | 2795 | 5126 | 14438 | 6894 | 6057 | 6525 | 2604 | 7267 | 54662 |
| Portfolio Income **3** | 1521 | 23 | 0 | 4 | 8 | 16 | 36 | 19 | 54 | 19 | 35 | 54 | 1253 |
| Other Revenues **4** | 1084 | 12 | 49 | 4 | 60 | 42 | 91 | 62 | 38 | 41 | 11 | 33 | 640 |
| Total Revenues **5** | 111564 | 176 | 1278 | 1231 | 2863 | 5184 | 14565 | 6975 | 6149 | 6586 | 2650 | 7354 | 56555 |
| Average Total Revenues **6** | 14802 | 492 | 621 | 1109 | 2818 | 3832 | 11661 | 31277 | 63388 | 153161 | 220811 | 735365 | 6283842 |
| **Operating Costs/Operating Income (%)** | | | | | | | | | | | | | |
| Cost of Operations **7** | 91.6 | 78.6 | 90.5 | 82.6 | 93.2 | 88.2 | 90.2 | 92.7 | 89.1 | 95.5 | 92.3 | 97.0 | 91.3 |
| Rent **8** | 0.4 | 0.4 | • | 1.1 | 0.8 | 0.5 | 0.3 | 0.5 | 0.2 | 0.2 | 0.2 | 0.4 | 0.4 |
| Taxes Paid **9** | 0.5 | 2.8 | 0.3 | 0.7 | 0.4 | 0.7 | 0.6 | 0.4 | 0.6 | 0.2 | 1.7 | 0.2 | 0.4 |
| Interest Paid **10** | 1.5 | 4.9 | 0.4 | 0.3 | 0.4 | 0.7 | 0.6 | 0.7 | 1.0 | 1.1 | 1.4 | 0.8 | 2.3 |
| Depreciation, Depletion, Amortization **11** | 0.8 | 1.9 | 0.2 | 1.2 | 0.5 | 1.0 | 0.7 | 0.7 | 0.7 | 0.5 | 1.1 | 0.5 | 0.8 |
| Pensions and Other Benefits **12** | 0.2 | 0.7 | • | 0.1 | 0.1 | 0.3 | 0.3 | 0.2 | 0.3 | 0.2 | 0.2 | 0.1 | 0.2 |
| Other **13** | 6.2 | 8.8 | 10.7 | 11.2 | 5.7 | 8.8 | 6.2 | 4.6 | 8.6 | 3.2 | 4.3 | 2.2 | 6.6 |
| Officers Compensation **14** | 0.7 | 1.5 | 4.6 | 2.7 | 1.2 | 1.1 | 1.6 | 0.9 | 0.8 | 0.2 | 0.3 | 0.1 | 0.3 |
| Operating Margin **15** | • | 0.5 | • | 0.2 | • | • | • | • | • | • | • | • | • |
| Oper. Margin Before Officers Compensation **16** | • | 2.0 | • | 2.9 | • | • | 1.3 | 0.3 | • | • | • | • | • |
| **Selected Average Balance Sheet ($ in Thousands)** | | | | | | | | | | | | | |
| Net Receivables **17** | 1438 | • | 1 | 56 | 114 | 189 | 696 | 2168 | 4077 | 9272 | 14760 | 30135 | 863738 |
| Inventories **18** | 885 | • | 3 | 5 | 40 | 68 | 468 | 1887 | 3549 | 11199 | 18806 | 14126 | 480904 |
| Net Property, Plant and Equipment **19** | 671 | • | 6 | 32 | 54 | 232 | 437 | 1413 | 3092 | 6346 | 13383 | 28599 | 306341 |
| Total Assets **20** | 5178 | | 24 | 163 | 344 | 723 | 2066 | 6728 | 15742 | 33737 | 68276 | 150225 | 3120697 |

| | | | | | | | | | | | | |
|---|---|---|---|---|---|---|---|---|---|---|---|---|
| Notes and Loans Payable 21 | 1847 | 19 | 67 | 92 | 297 | 556 | 2127 | 5646 | 20403 | 31750 | 66218 | 1074842 |
| All Other Liabilities 22 | 1923 | 10 | 64 | 135 | 249 | 786 | 2448 | 5846 | 7854 | 21021 | 34826 | 1210663 |
| Net Worth 23 | 1408 | -5 | 32 | 118 | 177 | 724 | 2153 | 4250 | 5479 | 15505 | 49181 | 835192 |

**Selected Financial Ratios (Times to 1)**

| | | | | | | | | | | | | |
|---|---|---|---|---|---|---|---|---|---|---|---|---|
| Current Ratio 24 | 1.1 | 0.6 | 1.3 | 1.5 | 1.2 | 1.4 | 1.4 | 1.3 | 1.2 | 1.0 | 1.2 | 1.1 |
| Quick Ratio 25 | 0.6 | 0.4 | 1.2 | 1.1 | 0.9 | 0.8 | 0.9 | 0.7 | 0.6 | 0.5 | 0.5 | 0.6 |
| Net Sales to Working Capital 26 | 45.3 | • | 48.2 | 37.0 | • | 24.1 | 28.1 | 30.4 | 38.8 | • | • | • |
| Coverage Ratio 27 | 1.6 | 6.2 | 4.0 | 1.5 | 0.9 | 1.9 | 2.0 | 1.3 | 0.7 | 1.3 | 0.9 | 1.7 |
| Total Asset Turnover 28 | 2.8 | • | 6.8 | 8.0 | 5.2 | 4.6 | 5.6 | 4.0 | 4.5 | 3.2 | 4.8 | 2.0 |
| Inventory Turnover 29 | • | • | • | • | • | • | • | • | • | 9.3 | • | 7.1 |
| Receivables Turnover 30 | • | • | • | • | • | • | • | • | • | • | • | • |
| Total Liabilities to Net Worth 31 | 2.7 | • | 4.1 | 1.9 | 3.1 | 1.9 | 2.1 | 2.7 | 5.2 | 3.4 | 2.1 | 2.7 |

**Selected Financial Factors (in Percentages)**

| | | | | | | | | | | | | |
|---|---|---|---|---|---|---|---|---|---|---|---|---|
| Debt Ratio 32 | 72.8 | • | 80.3 | 65.7 | 75.6 | 65.0 | 68.0 | 73.0 | 83.8 | 77.3 | 67.3 | 73.2 |
| Return on Assets 33 | 6.6 | • | 7.7 | 4.3 | 3.3 | 6.1 | 5.6 | 5.4 | 3.5 | 5.4 | 3.5 | 7.2 |
| Return on Equity 34 | 6.0 | • | 28.2 | 1.3 | • | 6.5 | 6.0 | 3.4 | 0.8 | • | • | 7.8 |
| Return Before Interest on Equity 35 | 24.1 | • | • | 12.4 | 13.4 | 17.3 | 17.5 | 19.8 | 21.3 | 23.7 | 10.7 | 26.7 |
| Profit Margin, Before Income Tax 36 | 0.9 | 25.1 | 0.9 | 0.2 | • | 0.5 | 0.6 | 0.3 | 0.4 | 0.4 | • | 1.4 |
| Profit Margin, After Income Tax 37 | 0.6 | 15.5 | 0.8 | • | • | 0.4 | 0.4 | 0.2 | • | • | • | 1.1 |

**Trends in Selected Ratios and Factors, 1986-1994**

| | 1986 | 1987 | 1988 | 1989 | 1990 | 1991 | 1992 | 1993 | 1994 |
|---|---|---|---|---|---|---|---|---|---|
| Cost of Operations (%) 38 | 93.4 | 93.1 | 92.5 | 91.5 | 89.4 | 90.5 | 91.6 | 92.0 | 91.6 |
| Operating Margin (%) 39 | • | • | • | • | • | • | • | • | • |
| Oper. Margin Before Officers Comp. (%) 40 | • | • | • | • | • | • | • | • | • |
| Average Net Receivables ($) 41 | 736 | 761 | 737 | 867 | 744 | 877 | 1329 | 1506 | 1438 |
| Average Inventories ($) 42 | 635 | 675 | 476 | 432 | 464 | 669 | 957 | 960 | 885 |
| Average Net Worth ($) 43 | 1033 | 1003 | 1002 | 926 | 953 | 1170 | 1297 | 1462 | 1408 |
| Current Ratio (x1) 44 | 1.3 | 1.2 | 1.2 | 1.2 | 1.3 | 1.3 | 1.2 | 1.2 | 1.1 |
| Quick Ratio (x1) 45 | 0.7 | 0.6 | 0.7 | 0.8 | 0.8 | 0.7 | 0.6 | 0.7 | 0.6 |
| Coverage Ratio (x1) 46 | 1.5 | 1.6 | 1.3 | 1.2 | 1.8 | 2.6 | 1.6 | 1.5 | 1.6 |
| Asset Turnover (x1) 47 | 4.3 | 4.1 | 4.0 | 3.2 | 2.9 | 2.9 | 3.0 | 3.1 | 2.8 |
| Total Liabilities/Net Worth (x1) 48 | 1.8 | 2.0 | 1.7 | 2.0 | 1.8 | 1.8 | 2.7 | 2.5 | 2.7 |
| Return on Assets (x1) 49 | 6.1 | 6.2 | 5.8 | 4.1 | 5.4 | 4.7 | 7.5 | 6.7 | 6.6 |
| Return on Equity (%) 50 | 4.2 | 5.2 | 2.5 | 0.6 | 4.5 | 6.1 | 6.8 | 5.0 | 6.0 |

## Table II

Corporations with Net Income

# FARM-PRODUCT RAW MATERIALS

### MONEY AMOUNTS AND SIZE OF ASSETS IN THOUSANDS OF DOLLARS

| Item Description for Accounting Period 7/90 Through 6/91 | Total | Zero Assets | Under 100 | 100 to 250 | 251 to 500 | 501 to 1,000 | 1,001 to 5,000 | 5,001 to 10,000 | 10,001 to 25,000 | 25,001 to 50,000 | 50,001 to 100,000 | 100,001 to 250,000 | 250,001 and over |
|---|---|---|---|---|---|---|---|---|---|---|---|---|---|
| Number of Enterprises **1** | 4758 | 342 | 611 | 958 | 790 | 810 | 960 | 183 | 68 | 20 | 6 | 5 | 6 |
| **Revenues ($ in Thousands)** | | | | | | | | | | | | | |
| Net Sales **2** | 89746 | 135 | 27 | 1191 | 2573 | 3526 | 11707 | 5729 | 3399 | 3853 | 1631 | 3428 | 52547 |
| Portfolio Income **3** | 1449 | 23 | • | 4 | 4 | 12 | 28 | 16 | 49 | 8 | 31 | 33 | 1240 |
| Other Revenues **4** | 945 | 12 | 49 | 3 | 51 | 29 | 63 | 52 | 28 | 9 | 3 | 13 | 634 |
| Total Revenues **5** | 92139 | 170 | 76 | 1198 | 2628 | 3567 | 11797 | 5798 | 3476 | 3871 | 1665 | 3474 | 54420 |
| Average Total Revenues **6** | 19365 | 496 | 124 | 1250 | 3326 | 4404 | 12289 | 31682 | 51113 | 193534 | 277449 | 694799 | 9070068 |
| **Operating Costs/Operating Income (%)** | | | | | | | | | | | | | |
| Cost of Operations **7** | 91.2 | 78.9 | 35.9 | 82.7 | 93.2 | 88.6 | 90.4 | 91.9 | 87.5 | 95.3 | 93.0 | 97.3 | 91.1 |
| Rent **8** | 0.4 | 0.3 | • | 1.0 | 0.4 | 0.4 | 0.3 | 0.5 | 0.2 | 0.1 | • | 0.2 | 0.4 |
| Taxes Paid **9** | 0.5 | 2.9 | 9.9 | 0.7 | 0.4 | 0.6 | 0.5 | 0.4 | 0.6 | 0.2 | 0.2 | 0.2 | 0.5 |
| Interest Paid **10** | 1.6 | 5.1 | 8.1 | 0.3 | 0.2 | 0.4 | 0.5 | 0.6 | 1.2 | 0.6 | 1.3 | 1.0 | 2.3 |
| Depreciation, Depletion, Amortization **11** | 0.8 | 1.9 | 1.3 | 1.0 | 0.4 | 0.9 | 0.6 | 0.6 | 0.7 | 0.4 | 0.9 | 0.5 | 0.8 |
| Pensions and Other Benefits **12** | 0.2 | 0.7 | • | 0.1 | 0.1 | 0.2 | 0.3 | 0.2 | 0.5 | 0.2 | 0.2 | • | 0.2 |
| Other **13** | 6.2 | 7.6 | • | 11.1 | 5.0 | 7.0 | 5.6 | 4.9 | 9.0 | 2.2 | 4.4 | 1.2 | 6.8 |
| Officers Compensation **14** | 0.6 | 1.4 | • | 2.8 | 1.2 | 1.1 | 1.7 | 1.0 | 0.7 | 0.3 | 0.3 | 0.2 | 0.3 |
| Operating Margin **15** | • | 1.3 | • | 0.4 | • | 0.9 | 0.3 | • | • | 0.7 | • | • | • |
| Oper. Margin Before Officers Compensation **16** | • | 2.7 | • | 3.2 | 0.2 | 2.0 | 1.9 | 0.8 | 0.3 | 1.0 | • | • | • |
| **Selected Average Balance Sheet ($ in Thousands)** | | | | | | | | | | | | | |
| Net Receivables **17** | 2014 | • | 3 | 51 | 119 | 194 | 710 | 2362 | 4035 | 10730 | 13413 | 19920 | 1249421 |
| Inventories **18** | 1199 | • | 9 | 3 | 43 | 52 | 508 | 2170 | 3175 | 10001 | 25351 | 8451 | 687599 |
| Net Property, Plant and Equipment **19** | 835 | • | 11 | 33 | 51 | 198 | 354 | 1147 | 3254 | 7003 | 11751 | 22296 | 440254 |
| Total Assets **20** | 7219 | • | 32 | 169 | 348 | 705 | 2034 | 6731 | 15296 | 37087 | 68768 | 142866 | 4538207 |

| | | | | | | | | | | | | |
|---|---|---|---|---|---|---|---|---|---|---|---|---|
| Notes and Loans Payable 21 | 2439 | • | 74 | 70 | 162 | 477 | 2012 | 5100 | 18397 | 39702 | 73651 | 1533331 |
| All Other Liabilities 22 | 2742 | • | 0 | 63 | 122 | 212 | 805 | 2611 | 5762 | 8130 | 10832 | 28811 | 1784171 |
| Net Worth 23 | 2038 | • | 32 | 33 | 155 | 332 | 753 | 2109 | 4434 | 10561 | 18234 | 40404 | 1220706 |

### Selected Financial Ratios (Times to 1)

| | | | | | | | | | | | | |
|---|---|---|---|---|---|---|---|---|---|---|---|---|
| Current Ratio 24 | 1.1 | • | 1.3 | 1.6 | 1.5 | 1.5 | 1.4 | 1.2 | 1.3 | 1.2 | 1.2 | 1.1 |
| Quick Ratio 25 | 0.6 | • | 1.2 | 1.2 | 1.2 | 1.0 | 0.7 | 0.7 | 0.7 | 0.4 | 0.4 | 0.6 |
| Net Sales to Working Capital 26 | 43.8 | 3.3 | • | 34.8 | 36.0 | 24.8 | 22.3 | 31.2 | 32.4 | 44.0 | 43.2 | • |
| Coverage Ratio 27 | 1.9 | 5.7 | 4.6 | 6.4 | 6.0 | 3.3 | 2.6 | 2.5 | 3.0 | 2.5 | 1.8 | 1.7 |
| Total Asset Turnover 28 | 2.6 | 1.4 | 7.4 | 9.4 | 6.2 | 6.0 | 4.7 | 3.3 | 5.2 | 4.0 | 4.8 | 1.9 |
| Inventory Turnover 29 | • | 3.7 | • | • | • | • | • | • | • | • | • | • |
| Receivables Turnover 30 | 10.0 | • | • | • | • | • | • | • | 9.9 | • | • | 7.4 |
| Total Liabilities to Net Worth 31 | 2.6 | 0.0 | 4.2 | 1.3 | 1.1 | 1.7 | 2.2 | 2.5 | 2.5 | 2.8 | 2.5 | 2.7 |

### Selected Financial Factors (in Percentages)

| | | | | | | | | | | | | |
|---|---|---|---|---|---|---|---|---|---|---|---|---|
| Debt Ratio 32 | 71.8 | • | 80.6 | 55.4 | 52.9 | 63.0 | 68.7 | 71.0 | 71.5 | 73.5 | 71.7 | 73.1 |
| Return on Assets 33 | 8.0 | • | 9.2 | 13.6 | 15.5 | 8.8 | 7.3 | 9.9 | 9.1 | 12.3 | 8.6 | 7.4 |
| Return on Equity 34 | 10.7 | • | 35.8 | 23.0 | 24.0 | 14.3 | 11.9 | 18.1 | 18.0 | 20.7 | 10.2 | 8.4 |
| Return Before Interest on Equity 35 | 28.2 | • | • | 30.5 | 32.8 | 23.8 | 23.4 | 34.1 | 31.8 | • | 30.5 | 27.3 |
| Profit Margin, Before Income Tax 36 | 1.5 | 27.1 | 1.0 | 1.2 | 2.1 | 1.0 | 1.0 | 1.8 | 1.2 | 1.9 | 0.8 | 1.6 |
| Profit Margin, After Income Tax 37 | 1.2 | 17.1 | 1.0 | 1.1 | 1.8 | 0.9 | 0.8 | 1.6 | 1.4 | 1.0 | 0.6 | 1.2 |

### Trends in Selected Ratios and Factors, 1986-1994

| | 1986 | 1987 | 1988 | 1989 | 1990 | 1991 | 1992 | 1993 | 1994 |
|---|---|---|---|---|---|---|---|---|---|
| Cost of Operations (%) 38 | 92.8 | 92.8 | 91.2 | 90.3 | 89.5 | 89.7 | 90.9 | 90.2 | 91.2 |
| Operating Margin (%) 39 | • | • | • | • | • | • | • | • | • |
| Oper. Margin Before Officers Comp. (%) 40 | 0.2 | 0.2 | 0.3 | • | • | • | • | • | • |
| Average Net Receivables ($) 41 | 496 | 1016 | 908 | 909 | 952 | 1163 | 1798 | 2305 | 2014 |
| Average Inventories ($) 42 | 400 | 758 | 483 | 525 | 606 | 919 | 1161 | 1194 | 1199 |
| Average Net Worth ($) 43 | 859 | 1521 | 1468 | 1451 | 1324 | 1938 | 1907 | 2399 | 2038 |
| Current Ratio (x1) 44 | 1.5 | 1.3 | 1.4 | 1.4 | 1.3 | 1.4 | 1.3 | 1.2 | 1.1 |
| Quick Ratio (x1) 45 | 0.9 | 0.8 | 1.0 | 0.9 | 0.8 | 0.8 | 0.7 | 0.7 | 0.6 |
| Coverage Ratio (x1) 46 | 3.2 | 2.7 | 2.6 | 2.1 | 2.3 | 4.5 | 1.9 | 2.1 | 1.9 |
| Asset Turnover (x1) 47 | 4.5 | 3.9 | 3.6 | 3.3 | 2.9 | 2.9 | 2.9 | 2.7 | 2.6 |
| Operating Leverage 48 | • | 0.9 | 1.5 | 2.5 | 0.9 | 1.0 | 1.3 | 1.0 | 0.9 |
| Financial Leverage 49 | • | 0.9 | 1.0 | 0.7 | 1.1 | 1.4 | 0.6 | 1.1 | 1.0 |
| Total Leverage 50 | • | 0.9 | 1.4 | 1.8 | 1.0 | 1.4 | 0.8 | 1.1 | 0.8 |

# Table I

Corporations with and without Net Income

# CHEMICALS AND ALLIED PRODUCTS

MONEY AMOUNTS AND SIZE OF ASSETS IN THOUSANDS OF DOLLARS

| Item Description for Accounting Period 7/90 Through 6/91 | Total | Zero Assets | Under 100 | 100 to 250 | 251 to 500 | 501 to 1,000 | 1,001 to 5,000 | 5,001 to 10,000 | 10,001 to 25,000 | 25,001 to 50,000 | 50,001 to 100,000 | 100,001 to 250,000 | 250,001 and over |
|---|---|---|---|---|---|---|---|---|---|---|---|---|---|
| Number of Enterprises **1** | 5938 | 29 | 2093 | 830 | 887 | 888 | 910 | 133 | 117 | 26 | 13 | 7 | 3 |
| **Revenues ($ in Thousands)** | | | | | | | | | | | | | |
| Net Sales **2** | 27376 | 18 | 1079 | 602 | 1399 | 2069 | 6410 | 2310 | 4716 | 2518 | 1622 | 2355 | 2278 |
| Portfolio Income **3** | 168 | • | 1 | 3 | 6 | 7 | 26 | 21 | 33 | 21 | 5 | 16 | 27 |
| Other Revenues **4** | 295 | 1 | 9 | 15 | 17 | 7 | 42 | 49 | 71 | 52 | 12 | 3 | 19 |
| Total Revenues **5** | 27839 | 18 | 1090 | 619 | 1422 | 2083 | 6479 | 2381 | 4820 | 2591 | 1639 | 2374 | 2324 |
| Average Total Revenues **6** | 4688 | 623 | 521 | 746 | 1603 | 2345 | 7120 | 17899 | 41197 | 99654 | 126053 | 339205 | 774678 |
| **Operating Costs/Operating Income (%)** | | | | | | | | | | | | | |
| Cost of Operations **7** | 82.7 | 86.1 | 86.0 | 84.4 | 77.8 | 76.2 | 80.7 | 78.4 | 84.7 | 90.9 | 81.8 | 87.1 | 82.2 |
| Rent **8** | 0.8 | 0.2 | 1.3 | 1.1 | 0.9 | 1.2 | 0.7 | 0.8 | 0.6 | 0.6 | 0.4 | 0.6 | 1.0 |
| Taxes Paid **9** | 1.0 | 0.5 | 0.5 | 1.0 | 1.0 | 1.2 | 1.2 | 1.5 | 0.9 | 0.4 | 1.1 | 0.6 | 1.0 |
| Interest Paid **10** | 1.0 | • | 0.1 | 0.4 | 0.4 | 0.8 | 0.8 | 0.9 | 0.6 | 1.2 | 1.6 | 1.4 | 2.4 |
| Depreciation, Depletion, Amortization **11** | 1.2 | • | 0.5 | 0.8 | 0.9 | 0.6 | 0.9 | 1.3 | 1.0 | 0.4 | 2.2 | 1.9 | 2.8 |
| Pensions and Other Benefits **12** | 0.8 | • | 1.5 | 1.0 | 0.7 | 0.7 | 0.8 | 0.9 | 0.8 | 0.6 | 0.5 | 0.9 | 0.8 |
| Other **13** | 10.8 | 24.8 | 7.4 | 10.5 | 12.4 | 13.7 | 11.6 | 14.3 | 9.9 | 7.6 | 12.9 | 6.4 | 11.4 |
| Officers Compensation **14** | 2.3 | • | 4.3 | 3.6 | 5.6 | 5.5 | 2.7 | 2.7 | 1.4 | 0.6 | 0.9 | 0.9 | 0.6 |
| Operating Margin **15** | • | • | • | • | 0.4 | • | 0.8 | • | 0.2 | • | • | 0.2 | • |
| Oper. Margin Before Officers Compensation **16** | 1.9 | • | 2.8 | 0.9 | 6.0 | 5.6 | 3.4 | 2.0 | 1.5 | • | • | 1.1 | • |
| **Selected Average Balance Sheet ($ in Thousands)** | | | | | | | | | | | | | |
| Net Receivables **17** | 564 | • | 11 | 50 | 147 | 263 | 971 | 1873 | 5004 | 13919 | 18694 | 47071 | 90208 |
| Inventories **18** | 352 | • | 5 | 16 | 58 | 167 | 462 | 1251 | 3981 | 8248 | 15487 | 23132 | 79092 |
| Net Property, Plant and Equipment **19** | 309 | • | 7 | 38 | 58 | 118 | 299 | 1362 | 1895 | 2788 | 18845 | 40865 | 118090 |
| Total Assets **20** | 1667 | | 32 | 174 | 388 | 684 | 2137 | 6899 | 15811 | 35755 | 73108 | 155984 | 349644 |

**Selected Financial Ratios (Times to 1)** and related figures

| | | | | | | | | | | | | | |
|---|---|---|---|---|---|---|---|---|---|---|---|---|---|
| Notes and Loans Payable **21** | 436 | • | 14 | 27 | 56 | 212 | 542 | 1694 | 3335 | 10522 | 17434 | 36294 | 144790 |
| All Other Liabilities **22** | 662 | • | 16 | 47 | 171 | 195 | 972 | 2279 | 5833 | 19864 | 33659 | 59250 | 99520 |
| Net Worth **23** | 569 | • | 2 | 101 | 161 | 277 | 624 | 2926 | 6642 | 5369 | 22014 | 60439 | 105334 |

**Selected Financial Ratios (Times to 1)**

| | | | | | | | | | | | | | |
|---|---|---|---|---|---|---|---|---|---|---|---|---|---|
| Current Ratio **24** | 1.4 | • | 1.6 | 1.6 | 1.7 | 1.8 | 1.3 | 1.5 | 1.6 | 1.1 | 1.3 | 1.5 | 1.6 |
| Quick Ratio **25** | 0.9 | • | 1.2 | 1.4 | 1.2 | 1.1 | 0.9 | 0.9 | 1.0 | 0.7 | 0.7 | 0.8 | 0.9 |
| Net Sales to Working Capital **26** | 13.3 | • | • | 20.0 | 13.8 | 10.3 | 16.9 | 13.1 | 8.8 | 30.0 | 13.5 | 11.8 | 11.1 |
| Coverage Ratio **27** | 2.4 | • | • | 1.4 | 6.4 | 1.8 | 3.3 | 3.6 | 4.8 | 1.4 | 0.9 | 2.2 | 1.0 |
| Total Asset Turnover **28** | 2.8 | • | • | 4.2 | 4.1 | 3.4 | 3.3 | 2.5 | 2.6 | 2.7 | 1.7 | 2.2 | 2.2 |
| Inventory Turnover **29** | 10.0 | • | • | • | • | • | • | 9.5 | 8.6 | • | 8.0 | 7.7 | 7.0 |
| Receivables Turnover **30** | 7.3 | • | • | • | • | 9.0 | 7.2 | 7.6 | 7.2 | 8.2 | 6.6 | 6.1 | 4.1 |
| Total Liabilities to Net Worth **31** | 1.9 | 12.6 | 0.7 | 1.4 | 1.5 | 2.4 | 1.4 | 5.7 | 2.3 | 1.6 | 2.3 | | |

**Selected Financial Factors (in Percentages)**

| | | | | | | | | | | | | |
|---|---|---|---|---|---|---|---|---|---|---|---|---|
| Debt Ratio **32** | 65.9 | 92.7 | 42.3 | 58.5 | 59.5 | 70.8 | 58.0 | 85.0 | 69.9 | 61.3 | 69.9 | |
| Return on Assets **33** | 6.4 | • | 2.4 | 10.0 | 4.7 | 8.7 | 7.6 | 4.8 | 2.4 | 6.5 | 5.1 | |
| Return on Equity **34** | 7.5 | • | 0.6 | 17.2 | 2.6 | 16.1 | 11.6 | 4.2 | 4.6 | • | | |
| Return Before Interest on Equity **35** | 18.9 | • | 4.2 | 24.0 | 11.6 | 29.8 | 18.1 | 32.1 | 7.8 | 16.7 | 16.9 | |
| Profit Margin, Before Income Tax **36** | 1.3 | • | 0.2 | 2.1 | 0.6 | 1.8 | 2.4 | 0.6 | • | 1.7 | • | |
| Profit Margin, After Income Tax **37** | 0.9 | • | • | 1.8 | 0.3 | 1.4 | 1.9 | 0.2 | • | 0.8 | • | |

**Trends in Selected Ratios and Factors, 1986–1994**

| | 1986 | 1987 | 1988 | 1989 | 1990 | 1991 | 1992 | 1993 | 1994 |
|---|---|---|---|---|---|---|---|---|---|
| Cost of Operations (%) **38** | 79.0 | 80.1 | 80.1 | 78.9 | 78.2 | 77.6 | 82.3 | 82.7 | 82.7 |
| Operating Margin (%) **39** | 3.6 | 4.4 | 4.1 | 0.2 | 0.4 | 0.9 | 0.4 | • | • |
| Oper. Margin Before Officers Comp. (%) **40** | 5.5 | 6.3 | 5.8 | 2.0 | 2.0 | 2.8 | 2.9 | 2.1 | 1.9 |
| Average Net Receivables ($) **41** | 630 | 758 | 815 | 348 | 417 | 588 | 504 | 713 | 564 |
| Average Inventories ($) **42** | 170 | 200 | 232 | 190 | 214 | 289 | 322 | 414 | 352 |
| Average Net Worth ($) **43** | 829 | 1021 | 1022 | 334 | 350 | 408 | 435 | 513 | 569 |
| Current Ratio (x1) **44** | 2.5 | 2.4 | 2.3 | 1.5 | 1.4 | 1.4 | 1.5 | 1.6 | 1.4 |
| Quick Ratio (x1) **45** | 2.0 | 1.9 | 1.8 | 1.0 | 1.0 | 0.9 | 0.9 | 1.0 | 0.9 |
| Coverage Ratio (x1) **46** | 9.2 | 11.7 | 9.2 | 3.5 | 3.5 | 5.1 | 3.1 | 2.5 | 2.4 |
| Asset Turnover (x1) **47** | 1.9 | 1.9 | 1.8 | 2.9 | 2.9 | 2.8 | 2.8 | 2.7 | 2.8 |
| Total Liabilities/Net Worth (x1) **48** | 0.6 | 0.6 | 0.7 | 1.9 | 2.1 | 2.4 | 2.3 | 2.9 | 1.9 |
| Return on Assets (x1) **49** | 15.5 | 16.3 | 15.4 | 8.9 | 9.1 | 9.2 | 8.6 | 6.9 | 6.4 |
| Return on Equity (%) **50** | 20.6 | 22.0 | 21.7 | 9.6 | 10.9 | 17.6 | 14.2 | 11.4 | 7.5 |

## Table II

Corporations with Net Income

# CHEMICALS AND ALLIED PRODUCTS

MONEY AMOUNTS AND SIZE OF ASSETS IN THOUSANDS OF DOLLARS

| Item Description for Accounting Period 7/90 Through 6/91 | Total | Zero Assets | Under 100 | 100 to 250 | 251 to 500 | 501 to 1,000 | 1,001 to 5,000 | 5,001 to 10,000 | 10,001 to 25,000 | 25,001 to 50,000 | 50,001 to 100,000 | 100,001 to 250,000 | 250,001 and over |
|---|---|---|---|---|---|---|---|---|---|---|---|---|---|
| Number of Enterprises **1** | 3262 | 14 | 418 | 560 | 712 | 598 | 731 | 111 | 94 | 16 | 6 | 3 | • |
| **Revenues ($ in Thousands)** | | | | | | | | | | | | | |
| Net Sales **2** | 19901 | 0 | 913 | 369 | 1238 | 1534 | 5304 | 2058 | 3991 | 1792 | 665 | 2037 | • |
| Portfolio Income **3** | 100 | • | 1 | 2 | 3 | 4 | 25 | 14 | 24 | 15 | 2 | 10 | • |
| Other Revenues **4** | 220 | 1 | 9 | 0 | 17 | 4 | 39 | 48 | 66 | 22 | 6 | 10 | • |
| Total Revenues **5** | 20221 | 1 | 923 | 371 | 1257 | 1542 | 5368 | 2120 | 4081 | 1829 | 673 | 2057 | • |
| Average Total Revenues **6** | 6199 | 51 | 2209 | 663 | 1765 | 2578 | 7343 | 19099 | 43412 | 114282 | 112191 | 685813 | • |
| **Operating Costs/Operating Income (%)** | | | | | | | | | | | | | |
| Cost of Operations **7** | 82.9 | • | 89.7 | 86.2 | 75.6 | 80.0 | 80.3 | 80.0 | 83.9 | 90.6 | 69.6 | 91.3 | • |
| Rent **8** | 0.6 | • | 0.3 | 0.4 | 0.9 | 0.7 | 0.6 | 0.8 | 0.6 | 0.5 | 0.5 | 0.5 | • |
| Taxes Paid **9** | 1.0 | 19.0 | 0.4 | 1.0 | 1.0 | 1.0 | 1.2 | 1.4 | 0.9 | 0.5 | 2.2 | 0.5 | • |
| Interest Paid **10** | 0.6 | • | • | 0.6 | 0.4 | 0.7 | 0.7 | 0.8 | 0.5 | 0.7 | 1.6 | 0.5 | • |
| Depreciation, Depletion, Amortization **11** | 0.9 | • | 0.3 | 0.5 | 1.0 | 0.6 | 0.9 | 1.3 | 1.0 | 0.5 | 3.2 | 0.3 | • |
| Pensions and Other Benefits **12** | 0.7 | • | 1.8 | 1.4 | 0.7 | 0.6 | 0.8 | 0.7 | 0.9 | 0.5 | 0.7 | 0.3 | • |
| Other **13** | 9.7 | • | 4.1 | 8.5 | 12.6 | 10.5 | 11.4 | 12.0 | 10.1 | 5.3 | 16.8 | 4.3 | • |
| Officers Compensation **14** | 2.4 | • | 4.4 | 1.0 | 5.9 | 3.9 | 2.8 | 2.7 | 1.2 | 0.8 | 1.1 | 1.0 | • |
| Operating Margin **15** | 1.2 | • | • | 0.6 | 2.0 | 2.0 | 1.5 | 0.4 | 0.9 | 0.7 | 4.4 | 1.5 | • |
| Oper. Margin Before Officers Compensation **16** | 3.6 | • | 3.5 | 1.5 | 7.9 | 5.9 | 4.3 | 3.0 | 2.2 | 1.4 | 5.5 | 2.5 | • |
| **Selected Average Balance Sheet ($ in Thousands)** | | | | | | | | | | | | | |
| Net Receivables **17** | 701 | • | 32 | 49 | 152 | 302 | 1006 | 2013 | 5104 | 14516 | 13570 | 67734 | • |
| Inventories **18** | 422 | • | 16 | 2 | 51 | 139 | 487 | 1347 | 3945 | 9835 | 14817 | 42197 | • |
| Net Property, Plant and Equipment **19** | 271 | • | 8 | 37 | 70 | 130 | 263 | 1348 | 1878 | 3997 | 18496 | 12590 | • |
| Total Assets **20** | 1904 | • | 79 | 170 | 394 | 675 | 2139 | 7020 | 15678 | 37384 | 67526 | 192740 | • |

| | | | | | | | | | | |
|---|---|---|---|---|---|---|---|---|---|---|
| Notes and Loans Payable 21 | 396 | 4 | 30 | 53 | 234 | 469 | 1411 | 2915 | 7041 | 19314 | 31096 |
| All Other Liabilities 22 | 786 | 60 | 47 | 148 | 226 | 943 | 2505 | 5552 | 21094 | 25777 | 97066 |
| Net Worth 23 | 722 | 15 | 92 | 193 | 215 | 727 | 3104 | 7211 | 9249 | 22435 | 64578 |

## Selected Financial Ratios (Times to 1)

| | | | | | | | | | | | |
|---|---|---|---|---|---|---|---|---|---|---|---|
| Current Ratio 24 | 1.5 | 1.2 | 1.3 | 1.9 | 1.6 | 1.5 | 1.6 | 1.8 | 1.1 | 1.5 | 1.4 |
| Quick Ratio 25 | 1.0 | 0.9 | 1.3 | 1.4 | 1.1 | 1.0 | 1.0 | 1.1 | 0.7 | 0.7 | 0.7 |
| Net Sales to Working Capital 26 | 12.6 | • | 35.1 | 12.0 | 13.8 | 12.7 | 10.9 | 8.4 | 32.6 | 8.8 | 15.4 |
| Coverage Ratio 27 | 5.6 | 8.8 | 3.1 | 9.3 | 4.3 | 5.0 | 5.3 | 7.1 | 4.8 | 4.5 | 7.2 |
| Total Asset Turnover 28 | 3.2 | • | 3.9 | 4.4 | 3.8 | 3.4 | 2.7 | 2.7 | 3.0 | 1.7 | 3.5 |
| Inventory Turnover 29 | • | • | • | • | • | • | • | 8.6 | • | 5.7 | • |
| Receivables Turnover 30 | 7.0 | • | • | • | 8.1 | 7.3 | 7.8 | 7.4 | 8.5 | 6.1 | 8.4 |
| Total Liabilities to Net Worth 31 | 1.6 | 4.4 | 0.8 | 1.1 | 2.2 | 2.0 | 1.3 | 1.2 | 3.1 | 2.0 | 2.0 |

## Selected Financial Factors (in Percentages)

| | | | | | | | | | | | |
|---|---|---|---|---|---|---|---|---|---|---|---|
| Debt Ratio 32 | 62.1 | 81.4 | 45.7 | 51.1 | 68.2 | 66.0 | 55.8 | 54.0 | 75.3 | 66.8 | 66.5 |
| Return on Assets 33 | 11.3 | 5.4 | 6.7 | 17.4 | 11.9 | 11.3 | 11.0 | 10.0 | 10.2 | 11.7 | 13.4 |
| Return on Equity 34 | 19.8 | 25.4 | 7.4 | 28.6 | 23.5 | 21.7 | 16.6 | 15.7 | 27.1 | 20.7 | 22.8 |
| Return Before Interest on Equity 35 | 29.8 | 29.0 | 12.4 | • | • | 33.2 | 24.8 | 21.8 | • | • | • |
| Profit Margin, Before Income Tax 36 | 2.9 | 0.2 | 1.2 | 3.5 | 2.4 | 2.7 | 3.4 | 3.2 | 2.7 | 5.6 | 3.3 |
| Profit Margin, After Income Tax 37 | 2.4 | 0.2 | 1.0 | 3.2 | 2.0 | 2.2 | 2.8 | 2.7 | 2.3 | 4.2 | 2.2 |

## Trends in Selected Ratios and Factors, 1986-1994

| | 1986 | 1987 | 1988 | 1989 | 1990 | 1991 | 1992 | 1993 | 1994 |
|---|---|---|---|---|---|---|---|---|---|
| Cost of Operations (%) 38 | 77.9 | 79.2 | 79.9 | 77.8 | 77.0 | 76.9 | 82.1 | 82.5 | 82.9 |
| Operating Margin (%) 39 | 6.2 | 6.3 | 5.7 | 1.6 | 1.6 | 1.9 | 1.3 | 0.6 | 1.2 |
| Oper. Margin Before Officers Comp. (%) 40 | 8.0 | 8.2 | 7.2 | 3.3 | 3.2 | 3.7 | 3.8 | 2.9 | 3.6 |
| Average Net Receivables ($) 41 | 841 | 969 | 1138 | 393 | 585 | 813 | 599 | 1012 | 701 |
| Average Inventories ($) 42 | 174 | 219 | 287 | 185 | 261 | 385 | 383 | 556 | 422 |
| Average Net Worth ($) 43 | 1148 | 1368 | 1515 | 399 | 507 | 605 | 562 | 717 | 722 |
| Current Ratio (x1) 44 | 3.2 | 2.8 | 2.7 | 1.6 | 1.5 | 1.4 | 1.5 | 1.7 | 1.5 |
| Quick Ratio (x1) 45 | 2.6 | 2.3 | 2.1 | 1.1 | 1.1 | 0.9 | 0.9 | 1.1 | 1.0 |
| Coverage Ratio (x1) 46 | 18.7 | 20.7 | 14.3 | 6.3 | 5.7 | 7.8 | 4.1 | 3.7 | 5.6 |
| Asset Turnover (x1) 47 | 1.8 | 1.8 | 1.8 | 3.2 | 3.2 | 2.9 | 3.0 | 2.7 | 3.2 |
| Operating Leverage 48 | • | 1.0 | 0.9 | 0.3 | 1.0 | 1.2 | 0.7 | 0.5 | 2.0 |
| Financial Leverage 49 | • | 1.0 | 1.0 | 0.6 | 1.0 | 1.2 | 0.9 | 0.9 | 1.2 |
| Total Leverage 50 | • | 1.0 | 0.9 | 0.2 | 1.0 | 1.5 | 0.7 | 0.5 | 2.3 |

## Table I

Corporations with and without Net Income

# PETROLEUM AND PETROLEUM PRODUCTS

### MONEY AMOUNTS AND SIZE OF ASSETS IN THOUSANDS OF DOLLARS

| Item Description for Accounting Period 7/90 Through 6/91 | Total | Zero Assets | Under 100 | 100 to 250 | 251 to 500 | 501 to 1,000 | 1,001 to 5,000 | 5,001 to 10,000 | 10,001 to 25,000 | 25,001 to 50,000 | 50,001 to 100,000 | 100,001 to 250,000 | 250,001 and over |
|---|---|---|---|---|---|---|---|---|---|---|---|---|---|
| Number of Enterprises **1** | 13195 | 167 | 2814 | 2784 | 1890 | 2021 | 2730 | 439 | 196 | 93 | 24 | 17 | 20 |
| **Revenues ($ in Thousands)** | | | | | | | | | | | | | |
| Net Sales **2** | 153213 | 10661 | 575 | 3882 | 3640 | 9169 | 32036 | 14634 | 15382 | 13314 | 13809 | 12037 | 24074 |
| Portfolio Income **3** | 1083 | 124 | 5 | 6 | 13 | 35 | 127 | 40 | 54 | 37 | 34 | 36 | 572 |
| Other Revenues **4** | 1246 | 16 | 6 | 11 | 16 | 34 | 265 | 106 | 82 | 69 | 51 | 56 | 533 |
| Total Revenues **5** | 155541 | 10802 | 586 | 3898 | 3669 | 9237 | 32427 | 14780 | 15519 | 13420 | 13895 | 12129 | 25178 |
| Average Total Revenues **6** | 11788 | 64682 | 208 | 1400 | 1941 | 4571 | 11878 | 33668 | 79178 | 144297 | 578973 | 713467 | 1258918 |
| **Operating Costs/Operating Income (%)** | | | | | | | | | | | | | |
| Cost of Operations **7** | 92.0 | 98.1 | 59.7 | 87.1 | 86.0 | 87.4 | 89.1 | 89.3 | 92.8 | 94.2 | 97.6 | 95.8 | 92.5 |
| Rent **8** | 0.4 | • | 0.6 | 0.6 | 0.5 | 0.8 | 0.5 | 0.5 | 0.4 | 0.3 | 0.1 | 0.2 | 0.4 |
| Taxes Paid **9** | 0.9 | 0.2 | 2.1 | 1.6 | 1.5 | 2.8 | 1.3 | 1.6 | 0.5 | 0.3 | 0.2 | 0.3 | 0.8 |
| Interest Paid **10** | 0.8 | 0.3 | 0.9 | 0.6 | 0.5 | 0.5 | 0.6 | 0.7 | 0.5 | 0.6 | 0.4 | 0.4 | 2.3 |
| Depreciation, Depletion, Amortization **11** | 0.8 | 0.3 | 1.6 | 0.9 | 1.0 | 1.0 | 1.0 | 1.1 | 0.8 | 0.6 | 0.5 | 0.6 | 1.0 |
| Pensions and Other Benefits **12** | 0.3 | 0.5 | 0.5 | 0.2 | 0.3 | 0.3 | 0.3 | 0.3 | 0.2 | 0.2 | • | 0.1 | 0.4 |
| Other **13** | 5.3 | 1.2 | 28.1 | 8.2 | 8.8 | 6.6 | 7.1 | 6.4 | 4.6 | 3.8 | 1.7 | 2.8 | 6.5 |
| Officers Compensation **14** | 0.7 | 0.1 | 5.8 | 1.4 | 1.9 | 1.6 | 1.0 | 1.0 | 0.4 | 0.5 | 0.3 | 0.2 | 0.2 |
| Operating Margin **15** | • | • | 0.8 | • | • | • | • | • | 0.2 | • | • | • | • |
| Oper. Margin Before Officers Compensation **16** | 6.6 | • | 6.6 | 0.7 | 1.6 | 0.7 | 0.3 | 0.3 | 0.2 | • | • | • | • |
| **Selected Average Balance Sheet ($ in Thousands)** | | | | | | | | | | | | | |
| Net Receivables **17** | 859 | • | 8 | 33 | 136 | 205 | 656 | 1980 | 5487 | 9156 | 28888 | 58829 | 213084 |
| Inventories **18** | 285 | • | 1 | 27 | 64 | 106 | 319 | 906 | 1458 | 3058 | 10951 | 17329 | 47530 |
| Net Property, Plant and Equipment **19** | 613 | • | 6 | 59 | 69 | 218 | 705 | 2398 | 4595 | 5821 | 16554 | 27505 | 102783 |
| Total Assets **20** | 2670 | | 29 | 168 | 345 | 752 | 2148 | 6815 | 15285 | 34129 | 75710 | 151113 | 654837 |

| Notes and Loans Payable 21 | 894 | • | 18 | 79 | 116 | 227 | 648 | 2399 | 4617 | 9557 | 31733 | 48538 | 232516 |
|---|---|---|---|---|---|---|---|---|---|---|---|---|---|
| All Other Liabilities 22 | 1012 | • | 14 | 45 | 110 | 220 | 676 | 2186 | 6287 | 27267 | 31336 | 58397 | 210915 |
| Net Worth 23 | 764 | • | -2 | 44 | 119 | 305 | 825 | 2231 | 4381 | -2696 | 12641 | 44178 | 211407 |

## Selected Financial Ratios (Times to 1)

| Current Ratio 24 | 1.2 | • | 1.1 | 1.4 | 1.7 | 1.7 | 1.6 | 1.3 | 1.1 | 1.3 | 1.1 | 1.1 | 1.0 |
|---|---|---|---|---|---|---|---|---|---|---|---|---|---|
| Quick Ratio 25 | 0.9 | • | 1.0 | 0.9 | 1.2 | 1.2 | 1.1 | 0.9 | 0.9 | 1.0 | 0.7 | 0.9 | 0.8 |
| Net Sales to Working Capital 26 | 49.0 | • | • | • | 18.2 | 25.2 | 25.3 | 43.4 | • | 29.8 | • | • | • |
| Coverage Ratio 27 | 1.7 | 3.1 | 4.1 | 0.6 | 1.9 | 0.7 | 1.7 | 1.5 | 2.2 | 1.7 | 0.5 | 2.3 | 1.9 |
| Total Asset Turnover 28 | 4.4 | • | 7.0 | 8.3 | 5.6 | 6.0 | 5.5 | 4.9 | 5.1 | 4.2 | 7.6 | 4.7 | 1.8 |
| Inventory Turnover 29 | • | • | • | • | • | • | • | • | • | • | • | • | • |
| Receivables Turnover 30 | • | • | • | • | • | • | • | • | • | • | • | • | 6.1 |
| Total Liabilities to Net Worth 31 | 2.5 | • | • | 2.8 | 1.9 | 1.5 | 1.6 | 2.1 | 2.5 | 2.1 | 5.0 | 2.4 | 2.1 |

## Selected Financial Factors (in Percentages)

| Debt Ratio 32 | 71.4 | • | • | 73.6 | 65.6 | 59.4 | 61.6 | 67.3 | 71.3 | • | 83.3 | 70.8 | 67.7 |
|---|---|---|---|---|---|---|---|---|---|---|---|---|---|
| Return on Assets 33 | 6.0 | • | 25.1 | 3.0 | 5.4 | 2.2 | 5.1 | 5.0 | 5.8 | 3.9 | 1.5 | 4.1 | 7.9 |
| Return on Equity 34 | 5.3 | • | • | • | 5.4 | • | 3.5 | 3.5 | 7.7 | • | 4.5 | 7.1 |
| Return Before Interest on Equity 35 | 20.9 | • | 11.4 | • | 15.7 | 5.3 | 13.2 | 15.3 | 20.2 | • | 9.1 | 13.9 | 24.4 |
| Profit Margin, Before Income Tax 36 | 0.6 | 0.6 | 2.7 | • | 0.5 | • | 0.4 | 0.4 | 0.6 | 0.4 | • | 0.5 | 2.0 |
| Profit Margin, After Income Tax 37 | 0.4 | 0.4 | 1.9 | • | 0.3 | • | 0.3 | 0.2 | 0.4 | 0.2 | • | 0.3 | 1.3 |

## Trends in Selected Ratios and Factors, 1986-1994

| | 1986 | 1987 | 1988 | 1989 | 1990 | 1991 | 1992 | 1993 | 1994 |
|---|---|---|---|---|---|---|---|---|---|
| Cost of Operations (%) 38 | 94.3 | 93.9 | 93.7 | 92.9 | 89.8 | 92.0 | 91.1 | 92.0 | 92.0 |
| Operating Margin (%) 39 | • | • | • | • | • | • | • | • | • |
| Oper. Margin Before Officers Comp. (%) 40 | • | • | • | • | • | • | • | • | • |
| Average Net Receivables ($) 41 | 665 | 717 | 583 | 818 | 766 | 878 | 610 | 810 | 859 |
| Average Inventories ($) 42 | 372 | 344 | 281 | 278 | 244 | 283 | 236 | 253 | 285 |
| Average Net Worth ($) 43 | 808 | 994 | 795 | 867 | 820 | 809 | 712 | 783 | 764 |
| Current Ratio (x1) 44 | 1.2 | 1.3 | 1.3 | 1.2 | 1.2 | 1.2 | 1.3 | 1.3 | 1.2 |
| Quick Ratio (x1) 45 | 0.7 | 0.9 | 0.9 | 0.9 | 0.9 | 0.9 | 0.9 | 0.9 | 0.9 |
| Coverage Ratio (x1) 46 | 1.1 | 1.0 | 1.6 | 2.1 | 2.3 | 2.1 | 2.4 | 2.2 | 1.7 |
| Asset Turnover (x1) 47 | 4.7 | 4.3 | 5.0 | 4.4 | 3.3 | 3.4 | 3.9 | 3.9 | 4.4 |
| Total Liabilities/Net Worth (x1) 48 | 2.2 | 1.9 | 1.9 | 2.2 | 2.2 | 2.7 | 2.3 | 2.5 | 2.5 |
| Return on Assets (%) 49 | 4.7 | 3.3 | 5.5 | 6.2 | 7.4 | 4.9 | 6.7 | 5.8 | 6.0 |
| Return on Equity (%) 50 | • | • | 1.2 | 4.4 | 6.8 | 4.8 | 8.7 | 7.0 | 5.3 |

## Table II

Corporations with Net Income

# PETROLEUM AND PETROLEUM PRODUCTS

### MONEY AMOUNTS AND SIZE OF ASSETS IN THOUSANDS OF DOLLARS

| Item Description for Accounting Period 7/90 Through 6/91 | Total | Zero Assets | Under 100 | 100 to 250 | 251 to 500 | 501 to 1,000 | 1,001 to 5,000 | 5,001 to 10,000 | 10,001 to 25,000 | 25,001 to 50,000 | 50,001 to 100,000 | 100,001 to 250,000 | 250,001 and over |
|---|---|---|---|---|---|---|---|---|---|---|---|---|---|
| Number of Enterprises 1 | 8374 | 52 | 1329 | 2060 | 1129 | 1160 | 2086 | 303 | 152 | 63 | 13 | 12 | 14 |
| **Revenues ($ in Thousands)** | | | | | | | | | | | | | |
| Net Sales 2 | 108996 | 10454 | 296 | 2724 | 2014 | 4976 | 23756 | 11169 | 12647 | 10997 | 6646 | 5789 | 17529 |
| Portfolio Income 3 | 920 | 123 | 1 | 2 | 5 | 17 | 97 | 34 | 50 | 15 | 24 | 21 | 532 |
| Other Revenues 4 | 894 | 14 | 6 | 7 | 14 | 18 | 191 | 82 | 63 | 47 | 29 | 24 | 399 |
| Total Revenues 5 | 110811 | 10591 | 302 | 2732 | 2033 | 5011 | 24045 | 11284 | 12760 | 11060 | 6699 | 5833 | 18460 |
| Average Total Revenues 6 | 13233 | 203674 | 227 | 1326 | 1801 | 4320 | 11527 | 37241 | 83948 | 175552 | 515322 | 486123 | 1318576 |
| **Operating Costs/Operating Income (%)** | | | | | | | | | | | | | |
| Cost of Operations 7 | 91.5 | 98.2 | 48.6 | 84.6 | 81.6 | 85.9 | 88.0 | 90.5 | 93.0 | 95.6 | 97.0 | 92.9 | 91.0 |
| Rent 8 | 0.4 | • | 0.7 | 0.6 | 0.4 | 0.8 | 0.5 | 0.4 | 0.3 | 0.2 | 0.1 | 0.3 | 0.4 |
| Taxes Paid 9 | 0.9 | 0.2 | 1.4 | 1.8 | 2.1 | 2.4 | 1.5 | 1.4 | 0.4 | 0.2 | 0.2 | 0.4 | 0.9 |
| Interest Paid 10 | 0.8 | 0.3 | 0.8 | 0.4 | 0.5 | 0.4 | 0.5 | 0.6 | 0.4 | 0.3 | 0.4 | 0.5 | 2.6 |
| Depreciation, Depletion, Amortization 11 | 0.8 | 0.2 | 1.1 | 0.9 | 1.2 | 1.0 | 1.1 | 0.9 | 0.8 | 0.3 | 0.4 | 0.8 | 1.0 |
| Pensions and Other Benefits 12 | 0.3 | 0.5 | • | 0.3 | 0.4 | 0.2 | 0.2 | 0.2 | 0.2 | • | • | 0.2 | 0.4 |
| Other 13 | 5.2 | 0.9 | 28.0 | 9.1 | 9.9 | 7.3 | 7.1 | 5.4 | 4.2 | 2.5 | 1.8 | 4.0 | 7.1 |
| Officers Compensation 14 | 0.7 | 0.1 | 6.8 | 1.8 | 2.5 | 1.3 | 1.0 | 0.7 | 0.5 | 0.5 | 0.2 | 0.3 | 0.3 |
| Operating Margin 15 | • | • | 12.6 | 0.6 | 1.4 | 0.6 | 0.3 | • | 0.3 | 0.4 | • | 0.7 | 0.3 |
| Oper. Margin Before Officers Compensation 16 | 0.3 | • | 19.4 | 2.4 | 3.9 | 1.9 | 1.3 | 0.7 | 0.8 | 0.9 | • | 1.0 | • |
| **Selected Average Balance Sheet ($ in Thousands)** | | | | | | | | | | | | | |
| Net Receivables 17 | 1050 | • | 10 | 39 | 126 | 246 | 630 | 2118 | 5591 | 9703 | 33073 | 54552 | 269396 |
| Inventories 18 | 335 | • | 1 | 28 | 47 | 112 | 338 | 820 | 1489 | 2938 | 13398 | 15274 | 60092 |
| Net Property, Plant and Equipment 19 | 646 | • | 5 | 40 | 66 | 198 | 690 | 2231 | 4705 | 4498 | 18367 | 26468 | 95795 |
| Total Assets 20 | 3139 | | 35 | 163 | 339 | 776 | 2095 | 6820 | 15247 | 34472 | 78218 | 149904 | 777331 |

| | | | | | | | | | | | | |
|---|---|---|---|---|---|---|---|---|---|---|---|---|
| Notes and Loans Payable 21 | 929 | • | 9 | 64 | 74 | 194 | 531 | 2069 | 3452 | 5360 | 30482 | 46126 | 270329 |
| All Other Liabilities 22 | 1074 | • | 11 | 45 | 100 | 218 | 605 | 2488 | 6064 | 21360 | 30430 | 49490 | 232304 |
| Net Worth 23 | 1136 | • | 15 | 55 | 165 | 363 | 959 | 2264 | 5731 | 7753 | 17306 | 54288 | 274698 |

## Selected Financial Ratios (Times to 1)

| | | | | | | | | | | | | |
|---|---|---|---|---|---|---|---|---|---|---|---|---|
| Current Ratio 24 | 1.2 | • | 10.0 | 1.4 | 2.1 | 1.9 | 1.7 | 1.3 | 1.3 | 1.2 | 1.2 | 1.2 | 1.0 |
| Quick Ratio 25 | 0.9 | • | 9.6 | 1.1 | 1.6 | 1.4 | 1.2 | 1.0 | 1.0 | 1.0 | 0.8 | 0.9 | 0.8 |
| Net Sales to Working Capital 26 | 39.6 | • | 10.9 | 39.4 | 13.8 | 18.1 | 21.6 | 47.7 | 42.3 | 41.1 | • | 32.4 | • |
| Coverage Ratio 27 | 3.1 | 4.0 | • | 3.2 | 5.5 | 4.0 | 4.2 | 2.9 | 4.0 | 4.3 | 2.1 | 4.5 | 2.4 |
| Total Asset Turnover 28 | 4.2 | • | 6.4 | 8.1 | 5.3 | 5.5 | 5.4 | 5.4 | 5.5 | 5.1 | 6.5 | 3.2 | 1.6 |
| Inventory Turnover 29 | • | • | • | • | • | • | • | • | • | • | • | • | • |
| Receivables Turnover 30 | • | • | • | • | • | • | • | • | • | • | • | 7.4 | 6.5 |
| Total Liabilities to Net Worth 31 | 1.8 | • | 1.3 | 2.0 | 1.1 | 1.1 | 1.2 | 2.0 | 1.7 | 3.5 | 3.5 | 1.8 | 1.8 |

## Selected Financial Factors (in Percentages)

| | | | | | | | | | | | | |
|---|---|---|---|---|---|---|---|---|---|---|---|---|
| Debt Ratio 32 | 63.8 | • | 57.2 | 66.4 | 51.2 | 53.2 | 54.2 | 66.8 | 62.4 | 77.5 | 77.9 | 63.8 | 64.7 |
| Return on Assets 33 | 9.8 | • | • | 11.1 | 15.1 | 9.7 | 10.6 | 8.6 | 8.5 | 6.6 | 6.1 | 6.4 | 9.9 |
| Return on Equity 34 | 14.5 | • | • | 21.1 | 22.7 | 12.9 | 15.4 | 14.3 | 13.5 | 18.3 | 12.8 | 9.8 | 11.7 |
| Return Before Interest on Equity 35 | 27.1 | • | • | 32.9 | 30.9 | 20.6 | 23.0 | 25.8 | 22.6 | 29.1 | 27.5 | 17.5 | 28.1 |
| Profit Margin, Before Income Tax 36 | 1.6 | 0.9 | 14.7 | 0.9 | 2.3 | 1.3 | 1.5 | 1.0 | 1.2 | 1.0 | 0.5 | 1.5 | 3.6 |
| Profit Margin, After Income Tax 37 | 1.3 | 0.6 | 13.2 | 0.9 | 2.1 | 1.1 | 1.3 | 0.9 | 0.9 | 0.9 | 0.4 | 1.1 | 2.6 |

## Trends in Selected Ratios and Factors, 1986-1994

| | 1986 | 1987 | 1988 | 1989 | 1990 | 1991 | 1992 | 1993 | 1994 |
|---|---|---|---|---|---|---|---|---|---|
| Cost of Operations (%) 38 | 93.9 | 92.9 | 92.8 | 92.1 | 89.2 | 90.1 | 89.6 | 92.0 | 91.5 |
| Operating Margin (%) 39 | • | • | • | 0.2 | 0.2 | • | • | 0.4 | • |
| Oper. Margin Before Officers Comp. (%) 40 | • | 0.2 | 0.2 | 0.8 | 1.0 | 0.6 | 0.8 | 1.0 | 0.3 |
| Average Net Receivables ($) 41 | 649 | 648 | 600 | 970 | 904 | 1144 | 661 | 881 | 1050 |
| Average Inventories ($) 42 | 388 | 323 | 281 | 291 | 248 | 314 | 245 | 318 | 335 |
| Average Net Worth ($) 43 | 1043 | 1028 | 945 | 1217 | 997 | 1306 | 951 | 1195 | 1136 |
| Current Ratio (x1) 44 | 1.3 | 1.5 | 1.5 | 1.3 | 1.3 | 1.3 | 1.4 | 1.3 | 1.2 |
| Quick Ratio (x1) 45 | 0.9 | 1.0 | 1.0 | 1.0 | 1.0 | 1.0 | 1.0 | 0.9 | 0.9 |
| Coverage Ratio (x1) 46 | 2.4 | 3.5 | 3.2 | 4.7 | 3.9 | 4.2 | 4.1 | 4.6 | 3.1 |
| Asset Turnover (x1) 47 | 4.7 | 4.5 | 4.8 | 4.5 | 3.4 | 3.1 | 3.5 | 4.7 | 4.2 |
| Operating Leverage 48 | • | 0.6 | 0.9 | • | 1.1 | • | 0.9 | • | • |
| Financial Leverage 49 | • | 1.3 | 0.9 | 1.1 | 1.0 | 1.1 | 1.1 | 1.1 | 0.9 |
| Total Leverage 50 | • | 0.8 | 0.8 | • | 1.1 | • | 1.0 | • | • |

## Table I

Corporations with and without Net Income

# ALCOHOLIC BEVERAGES

**MONEY AMOUNTS AND SIZE OF ASSETS IN THOUSANDS OF DOLLARS**

| Item Description for Accounting Period 7/90 Through 6/91 | Total | Zero Assets | Under 100 | 100 to 250 | 251 to 500 | 501 to 1,000 | 1,001 to 5,000 | 5,001 to 10,000 | 10,001 to 25,000 | 25,001 to 50,000 | 50,001 to 100,000 | 100,001 to 250,000 | 250,001 and over |
|---|---|---|---|---|---|---|---|---|---|---|---|---|---|
| Number of Enterprises **1** | 4170 | 56 | 1081 | 346 | 356 | 580 | 1200 | 296 | 174 | 52 | 16 | 8 | 4 |
| **Revenues ($ in Thousands)** | | | | | | | | | | | | | |
| Net Sales **2** | 44996 | 1338 | 53 | 229 | 527 | 1307 | 10009 | 7338 | 8968 | 4922 | 2885 | 3337 | 4081 |
| Portfolio Income **3** | 260 | 21 | • | 0 | 1 | 2 | 20 | 36 | 22 | 11 | 5 | 4 | 136 |
| Other Revenues **4** | 550 | 27 | 0 | • | 1 | 11 | 99 | 121 | 88 | 49 | 7 | 19 | 129 |
| Total Revenues **5** | 45806 | 1386 | 54 | 229 | 530 | 1320 | 10128 | 7495 | 9078 | 4982 | 2897 | 3360 | 4346 |
| Average Total Revenues **6** | 10985 | 24753 | 50 | 663 | 1488 | 2276 | 8440 | 25322 | 52172 | 95807 | 181072 | 420008 | 1086533 |
| **Operating Costs/Operating Income (%)** | | | | | | | | | | | | | |
| Cost of Operations **7** | 75.1 | 82.3 | 57.8 | 81.4 | 46.2 | 73.5 | 77.1 | 77.4 | 76.3 | 77.6 | 69.8 | 73.1 | 68.0 |
| Rent **8** | 0.8 | 1.1 | • | 2.8 | 3.9 | 1.1 | 0.8 | 0.8 | 0.6 | 0.4 | 0.4 | 0.6 | 2.1 |
| Taxes Paid **9** | 4.8 | 1.1 | 3.4 | 1.6 | 2.3 | 3.5 | 2.5 | 4.4 | 5.0 | 3.8 | 12.1 | 10.6 | 4.6 |
| Interest Paid **10** | 1.3 | 0.9 | 1.9 | 1.9 | 1.0 | 1.0 | 1.0 | 0.8 | 0.9 | 1.0 | 0.8 | 1.1 | 5.0 |
| Depreciation, Depletion, Amortization **11** | 1.2 | 0.6 | 1.6 | 2.5 | 1.1 | 1.2 | 1.4 | 1.1 | 1.2 | 1.1 | 0.8 | 0.6 | 1.8 |
| Pensions and Other Benefits **12** | 0.9 | 1.1 | • | • | 2.9 | 0.8 | 1.0 | 0.8 | 0.7 | 1.0 | 0.5 | 1.0 | 1.2 |
| Other **13** | 13.3 | 11.1 | 42.7 | 9.7 | 37.5 | 18.5 | 13.6 | 11.5 | 12.5 | 12.6 | 11.6 | 12.0 | 16.9 |
| Officers Compensation **14** | 1.4 | 0.6 | • | 2.1 | 5.7 | 2.3 | 2.0 | 1.8 | 1.2 | 1.1 | 0.7 | 0.5 | 0.8 |
| Operating Margin **15** | 1.1 | 1.3 | • | • | • | 0.8 | 0.8 | 1.4 | 1.7 | 1.5 | 3.6 | 0.8 | • |
| Oper. Margin Before Officers Compensation **16** | 2.5 | 1.9 | 1.9 | 0.1 | 5.2 | 0.6 | 2.9 | 3.2 | 2.9 | 2.6 | 4.2 | 1.3 | 0.4 |
| **Selected Average Balance Sheet ($ in Thousands)** | | | | | | | | | | | | | |
| Net Receivables **17** | 742 | • | 2 | • | 8 | 80 | 389 | 1275 | 3031 | 7938 | 17072 | 51249 | 143760 |
| Inventories **18** | 952 | • | 7 | 42 | 57 | 244 | 585 | 1527 | 3784 | 8264 | 20190 | 59818 | 185106 |
| Net Property, Plant and Equipment **19** | 711 | • | 9 | 29 | 108 | 123 | 540 | 1667 | 3186 | 6518 | 9167 | 14752 | 133982 |
| Total Assets **20** | 3763 | • | 28 | 117 | 392 | 743 | 2394 | 7080 | 15181 | 33258 | 66303 | 164533 | 834013 |

| | | | | | | | | | | | | |
|---|---|---|---|---|---|---|---|---|---|---|---|---|
| Notes and Loans Payable **21** | 1130 | 13 | 126 | 169 | 321 | 804 | 2081 | 4839 | 9761 | 13914 | 38534 | 236804 |
| All Other Liabilities **22** | 1093 | 9 | 21 | 64 | 152 | 576 | 1723 | 4034 | 10780 | 20036 | 65524 | 280064 |
| Net Worth **23** | 1541 | 6 | -30 | 159 | 270 | 1014 | 3276 | 6308 | 12717 | 32353 | 60476 | 317144 |

**Selected Financial Ratios (Times to 1)**

| | | | | | | | | | | | | | |
|---|---|---|---|---|---|---|---|---|---|---|---|---|---|
| Current Ratio **24** | 1.6 | • | 1.3 | 1.7 | 1.8 | 2.1 | 1.9 | 1.8 | 1.6 | 1.5 | 1.6 | 1.9 | 1.5 |
| Quick Ratio **25** | 0.8 | • | 0.5 | 0.3 | 0.8 | 0.7 | 1.0 | 0.9 | 0.8 | 0.8 | 0.8 | 1.0 | 0.7 |
| Net Sales to Working Capital **26** | 12.7 | • | 20.1 | 33.5 | 20.8 | 10.1 | 12.3 | 14.8 | 13.8 | 14.1 | 8.3 | 10.1 | 10.4 |
| Coverage Ratio **27** | 3.3 | 5.2 | • | 0.0 | 1.0 | 0.3 | 3.1 | 5.4 | 4.3 | 3.9 | 6.3 | 2.4 | 2.2 |
| Total Asset Turnover **28** | 2.9 | • | 1.8 | 5.7 | 3.8 | 3.0 | 3.5 | 3.5 | 3.4 | 2.9 | 2.7 | 2.5 | 1.2 |
| Inventory Turnover **29** | 9.1 | • | 3.3 | 7.2 | 6.9 | 8.3 | 10.0 | • | 8.4 | 7.5 | 4.8 | 6.2 | |
| Receivables Turnover **30** | • | • | • | • | • | • | • | • | 7.6 | 5.9 | | | |
| Total Liabilities to Net Worth **31** | 1.5 | 3.3 | • | 1.5 | 1.8 | 1.4 | 1.2 | 1.4 | 1.6 | 1.1 | 1.7 | 1.6 | |

**Selected Financial Factors (in Percentages)**

| | | | | | | | | | | | | | |
|---|---|---|---|---|---|---|---|---|---|---|---|---|---|
| Debt Ratio **32** | 59.1 | 76.9 | • | 59.4 | 63.6 | 57.7 | 53.7 | 58.5 | 61.8 | 51.2 | 63.3 | 62.0 | |
| Return on Assets **33** | 11.9 | • | • | 3.7 | • | 10.3 | 15.2 | 12.7 | 10.5 | 12.8 | 6.2 | 13.7 | |
| Return on Equity **34** | 17.5 | • | • | • | • | 14.8 | 24.8 | 20.8 | 18.9 | 19.2 | 7.1 | 15.3 | |
| Return Before Interest on Equity **35** | 29.1 | • | • | 9.0 | 2.5 | 24.2 | 32.8 | 30.5 | 27.4 | 26.1 | 17.0 | • | |
| Profit Margin, Before Income Tax **36** | 2.9 | 3.7 | • | • | 2.0 | 3.5 | 2.9 | 2.7 | 3.9 | 1.4 | 6.1 | | |
| Profit Margin, After Income Tax **37** | 2.5 | 3.2 | • | • | 1.8 | 3.3 | 2.5 | 2.5 | 3.5 | 1.0 | 4.8 | | |

**Trends in Selected Ratios and Factors, 1986–1994**

| | 1986 | 1987 | 1988 | 1989 | 1990 | 1991 | 1992 | 1993 | 1994 |
|---|---|---|---|---|---|---|---|---|---|
| Cost of Operations (%) **38** | 77.7 | 75.8 | 75.0 | 76.1 | 75.4 | 76.1 | 76.7 | 77.2 | 75.1 |
| Operating Margin (%) **39** | 0.8 | 1.0 | 0.9 | 0.7 | 0.6 | 0.9 | 0.2 | 0.9 | 1.1 |
| Oper. Margin Before Officers Comp. (%) **40** | 2.4 | 2.5 | 2.4 | 2.2 | 2.1 | 2.4 | 1.8 | 2.3 | 2.5 |
| Average Net Receivables ($) **41** | 457 | 453 | 558 | 526 | 494 | 515 | 706 | 777 | 742 |
| Average Inventories ($) **42** | 601 | 606 | 724 | 664 | 703 | 684 | 918 | 835 | 952 |
| Average Net Worth ($) **43** | 948 | 1038 | 1297 | 1080 | 872 | 1101 | 1513 | 1519 | 1541 |
| Current Ratio (×1) **44** | 1.6 | 1.6 | 1.6 | 1.5 | 1.5 | 1.6 | 1.6 | 1.6 | 1.6 |
| Quick Ratio (×1) **45** | 0.8 | 0.8 | 0.8 | 0.8 | 0.7 | 0.8 | 0.8 | 0.9 | 0.8 |
| Coverage Ratio (×1) **46** | 2.5 | 2.7 | 2.8 | 2.8 | 3.0 | 3.2 | 3.1 | 3.1 | 3.3 |
| Asset Turnover (×1) **47** | 2.9 | 2.8 | 2.6 | 2.7 | 3.3 | 2.9 | 2.8 | 2.7 | 2.9 |
| Total Liabilities/Net Worth (×1) **48** | 1.6 | 1.5 | 1.5 | 1.5 | 1.8 | 1.4 | 1.4 | 1.5 | 1.5 |
| Return on Assets (×1) **49** | 11.1 | 10.6 | 9.9 | 9.1 | 11.0 | 10.5 | 10.2 | 10.3 | 11.9 |
| Return on Equity (%) **50** | 10.0 | 10.4 | 11.0 | 10.3 | 14.7 | 14.7 | 14.1 | 15.2 | 17.5 |

## Table II

Corporations with Net Income

# ALCOHOLIC BEVERAGES

### MONEY AMOUNTS AND SIZE OF ASSETS IN THOUSANDS OF DOLLARS

| Item Description for Accounting Period 7/90 Through 6/91 | Total | Zero Assets | Under 100 | 100 to 250 | 251 to 500 | 501 to 1,000 | 1,001 to 5,000 | 5,001 to 10,000 | 10,001 to 25,000 | 25,001 to 50,000 | 50,001 to 100,000 | 100,001 to 250,000 | 250,001 and over |
|---|---|---|---|---|---|---|---|---|---|---|---|---|---|
| Number of Enterprises **1** | 1969 | 56 | · | 149 | 164 | 260 | 859 | 261 | 148 | 48 | · | 5 | · |
| **Revenues ($ in Thousands)** | | | | | | | | | | | | | |
| Net Sales **2** | 38699 | 1338 | · | 109 | 262 | 497 | 7862 | 6667 | 8086 | 4664 | · | 2462 | · |
| Portfolio Income **3** | 252 | 21 | · | 0 | 1 | 2 | 16 | 35 | 21 | 9 | · | 4 | · |
| Other Revenues **4** | 470 | 27 | · | 0 | 1 | 4 | 71 | 117 | 58 | 43 | · | 14 | · |
| Total Revenues **5** | 39420 | 1386 | · | 110 | 264 | 502 | 7949 | 6820 | 8165 | 4716 | · | 2480 | · |
| Average Total Revenues **6** | 20020 | 24753 | · | 735 | 1612 | 1933 | 9254 | 26129 | 55168 | 98249 | · | 495923 | · |
| **Operating Costs/Operating Income (%)** | | | | | | | | | | | | | |
| Cost of Operations **7** | 75.1 | 82.3 | · | 79.3 | 21.6 | 77.2 | 77.3 | 77.2 | 77.0 | 77.7 | · | 69.4 | · |
| Rent **8** | 0.8 | 1.1 | · | 2.6 | 2.7 | 0.6 | 0.7 | 0.7 | 0.6 | 0.4 | · | 0.6 | · |
| Taxes Paid **9** | 4.8 | 1.1 | · | 2.0 | 4.1 | 2.0 | 2.0 | 4.8 | 4.3 | 4.0 | · | 14.1 | · |
| Interest Paid **10** | 1.2 | 0.9 | · | 0.6 | 0.5 | 1.5 | 0.7 | 0.8 | 0.7 | 0.8 | · | 1.0 | · |
| Depreciation, Depletion, Amortization **11** | 1.1 | 0.6 | · | 0.4 | 1.5 | 1.5 | 1.2 | 1.1 | 1.1 | 1.0 | · | 0.4 | · |
| Pensions and Other Benefits **12** | 0.9 | 1.1 | · | · | 5.8 | 0.3 | 1.0 | 0.8 | 0.7 | 1.0 | · | 0.8 | · |
| Other **13** | 12.8 | 11.1 | · | 14.9 | 55.5 | 13.9 | 12.8 | 11.1 | 12.0 | 12.2 | · | 11.8 | · |
| Officers Compensation **14** | 1.4 | 0.6 | · | · | 8.2 | 2.3 | 2.1 | 1.9 | 1.3 | 1.0 | · | 0.6 | · |
| Operating Margin **15** | 1.8 | 1.3 | · | 0.3 | 0.2 | 0.8 | 2.1 | 1.7 | 2.5 | 1.9 | · | 1.6 | · |
| Oper. Margin Before Officers Compensation **16** | 3.2 | 1.9 | · | 0.3 | 8.4 | 3.0 | 4.3 | 3.5 | 3.7 | 2.9 | · | 2.1 | · |
| **Selected Average Balance Sheet ($ in Thousands)** | | | | | | | | | | | | | |
| Net Receivables **17** | 1377 | · | · | · | 11 | 92 | 431 | 1258 | 3146 | 8322 | · | 60584 | · |
| Inventories **18** | 1645 | · | · | 67 | 30 | 157 | 625 | 1540 | 3557 | 8652 | · | 53853 | · |
| Net Property, Plant and Equipment **19** | 1283 | · | · | 17 | 144 | 115 | 574 | 1786 | 3059 | 5974 | · | 18120 | · |
| Total Assets **20** | 6701 | · | · | 127 | 425 | 636 | 2502 | 7031 | 15204 | 32420 | · | 163712 | · |

| | | | | | | | | | |
|---|---|---|---|---|---|---|---|---|---|
| Notes and Loans Payable 21 | 1850 | • | 78 | 85 | 250 | 720 | 2135 | 4161 | 8251 | 40113 |
| All Other Liabilities 22 | 1926 | • | 39 | 100 | 110 | 598 | 1474 | 3938 | 10904 | 64952 |
| Net Worth 23 | 2925 | • | 9 | 241 | 276 | 1183 | 3421 | 7105 | 13265 | 58647 |

## Selected Financial Ratios (Times to 1)

| | | | | | | | | | | |
|---|---|---|---|---|---|---|---|---|---|---|
| Current Ratio 24 | 1.7 | • | 2.0 | 1.5 | 2.5 | 2.1 | 1.8 | 1.8 | 1.5 | 1.6 |
| Quick Ratio 25 | 0.9 | • | 0.4 | 1.1 | 1.0 | 1.2 | 1.0 | 1.0 | 0.8 | 0.9 |
| Net Sales to Working Capital 26 | 12.1 | • | 17.9 | 24.4 | 7.7 | 11.3 | 14.7 | 12.2 | 13.9 | 10.1 |
| Coverage Ratio 27 | 4.0 | 5.2 | 1.7 | 3.4 | 2.3 | 5.4 | 6.1 | 6.1 | 4.5 | 3.3 |
| Total Asset Turnover 28 | 2.9 | • | 5.8 | 3.8 | 3.0 | 3.7 | 3.6 | 3.6 | 3.0 | 3.0 |
| Inventory Turnover 29 | 9.3 | • | 4.6 | 3.9 | 9.1 | 9.7 | • | • | 8.4 | 4.6 |
| Receivables Turnover 30 | • | • | • | • | • | • | • | • | • | 6.9 |
| Total Liabilities to Net Worth 31 | 1.3 | • | 12.5 | 0.8 | 1.3 | 1.1 | 1.1 | 1.1 | 1.5 | 1.8 |

## Selected Financial Factors (in Percentages)

| | | | | | | | | | | |
|---|---|---|---|---|---|---|---|---|---|---|
| Debt Ratio 32 | 56.4 | • | 92.6 | 43.4 | 56.5 | 52.7 | 51.3 | 53.3 | 59.1 | 64.2 |
| Return on Assets 33 | 14.3 | • | 5.6 | 5.9 | 10.2 | 14.4 | 17.0 | 14.7 | 11.4 | 9.6 |
| Return on Equity 34 | 21.5 | • | 28.7 | 6.3 | 10.9 | 22.9 | 27.2 | 23.5 | 20.1 | 14.2 |
| Return Before Interest on Equity 35 | 32.7 | • | • | 10.5 | 23.5 | 30.5 | 35.0 | 31.5 | 27.7 | 26.7 |
| Profit Margin, Before Income Tax 36 | 3.7 | 3.7 | 0.4 | 1.1 | 1.9 | 3.2 | 3.9 | 3.4 | 3.0 | 2.2 |
| Profit Margin, After Income Tax 37 | 3.2 | 3.2 | 0.4 | 1.0 | 1.6 | 3.0 | 3.6 | 3.1 | 2.8 | 1.7 |

## Trends in Selected Ratios and Factors, 1986-1994

| | 1986 | 1987 | 1988 | 1989 | 1990 | 1991 | 1992 | 1993 | 1994 |
|---|---|---|---|---|---|---|---|---|---|
| Cost of Operations (%) 38 | 77.3 | 75.5 | 74.5 | 75.7 | 75.7 | 75.5 | 76.8 | 77.5 | 75.1 |
| Operating Margin (%) 39 | 2.5 | 2.4 | 2.2 | 1.5 | 1.7 | 1.9 | 1.4 | 1.6 | 1.8 |
| Oper. Margin Before Officers Comp. (%) 40 | 4.1 | 3.9 | 3.9 | 2.9 | 3.2 | 3.3 | 3.0 | 2.9 | 3.2 |
| Average Net Receivables ($) 41 | 484 | 563 | 611 | 657 | 654 | 754 | 1284 | 1054 | 1377 |
| Average Inventories ($) 42 | 692 | 760 | 775 | 795 | 906 | 1005 | 1623 | 1095 | 1645 |
| Average Net Worth ($) 43 | 1072 | 1253 | 1412 | 1413 | 1319 | 1622 | 2742 | 2129 | 2925 |
| Current Ratio (x1) 44 | 1.8 | 1.8 | 1.9 | 1.6 | 1.7 | 1.6 | 1.7 | 1.6 | 1.7 |
| Quick Ratio (x1) 45 | 0.9 | 0.9 | 1.1 | 0.8 | 0.8 | 0.8 | 0.9 | 0.9 | 0.9 |
| Coverage Ratio (x1) 46 | 5.6 | 5.6 | 5.8 | 3.6 | 5.7 | 4.0 | 4.1 | 3.9 | 4.0 |
| Asset Turnover (x1) 47 | 3.7 | 3.6 | 3.3 | 2.7 | 3.5 | 2.9 | 3.0 | 2.8 | 2.9 |
| Operating Leverage 48 | • | 0.9 | 0.9 | 0.7 | 1.1 | 1.1 | 0.8 | 1.1 | 1.2 |
| Financial Leverage 49 | • | 1.0 | 1.1 | 0.9 | 1.2 | 1.0 | 1.0 | 1.0 | 1.0 |
| Total Leverage 50 | • | 1.0 | 1.0 | 0.6 | 1.3 | 1.1 | 1.0 | 1.1 | 1.2 |

## Table I

Corporations with and without Net Income

# MISCELLANEOUS NONDURABLE GOODS; WHOLESALE TRADE NOT ALLOCABLE

### MONEY AMOUNTS AND SIZE OF ASSETS IN THOUSANDS OF DOLLARS

| Item Description for Accounting Period 7/90 Through 6/91 | Total | Zero Assets | Under 100 | 100 to 250 | 251 to 500 | 501 to 1,000 | 1,001 to 5,000 | 5,001 to 10,000 | 10,001 to 25,000 | 25,001 to 50,000 | 50,001 to 100,000 | 100,001 to 250,000 | 250,001 and over |
|---|---|---|---|---|---|---|---|---|---|---|---|---|---|
| Number of Enterprises **1** | 39230 | 1256 | 19196 | 6944 | 3955 | 3384 | 3589 | 468 | 298 | 76 | 39 | 13 | 12 |
| **Revenues ($ in Thousands)** | | | | | | | | | | | | | |
| Net Sales **2** | 97062 | 516 | 3252 | 4068 | 5061 | 7630 | 22461 | 10168 | 11562 | 5694 | 5317 | 5142 | 16190 |
| Portfolio Income **3** | 532 | 36 | 31 | 15 | 19 | 22 | 79 | 17 | 50 | 26 | 20 | 36 | 183 |
| Other Revenues **4** | 1020 | 19 | 29 | 7 | 59 | 85 | 248 | 125 | 106 | 48 | 45 | 59 | 190 |
| Total Revenues **5** | 98615 | 571 | 3312 | 4090 | 5140 | 7736 | 22788 | 10311 | 11718 | 5769 | 5382 | 5236 | 16563 |
| Average Total Revenues **6** | 2514 | 455 | 173 | 589 | 1300 | 2286 | 6349 | 22031 | 39323 | 75902 | 137992 | 402806 | 1380208 |
| **Operating Costs/Operating Income (%)** | | | | | | | | | | | | | |
| Cost of Operations **7** | 79.6 | 58.0 | 65.8 | 74.8 | 78.4 | 75.9 | 79.4 | 82.0 | 78.7 | 81.2 | 75.6 | 83.1 | 85.2 |
| Rent **8** | 1.1 | 1.6 | 2.9 | 3.1 | 1.3 | 1.4 | 1.1 | 0.8 | 1.0 | 0.7 | 0.9 | 0.9 | 0.5 |
| Taxes Paid **9** | 1.4 | 1.8 | 1.3 | 1.8 | 1.4 | 1.5 | 1.7 | 1.1 | 1.3 | 1.0 | 3.6 | 0.7 | 0.9 |
| Interest Paid **10** | 1.4 | 1.7 | 0.9 | 1.0 | 0.8 | 0.9 | 1.1 | 1.3 | 1.3 | 1.9 | 1.7 | 1.6 | 2.0 |
| Depreciation, Depletion, Amortization **11** | 1.1 | 0.5 | 1.4 | 0.9 | 0.9 | 1.1 | 0.9 | 0.9 | 0.9 | 1.2 | 1.2 | 1.7 | 1.6 |
| Pensions and Other Benefits **12** | 0.5 | 0.2 | 0.4 | 0.3 | 0.3 | 0.4 | 0.6 | 0.5 | 0.7 | 0.6 | 0.6 | 0.6 | 0.6 |
| Other **13** | 13.4 | 30.1 | 23.7 | 16.2 | 14.6 | 14.9 | 13.2 | 11.5 | 14.8 | 12.3 | 15.0 | 12.6 | 9.6 |
| Officers Compensation **14** | 2.1 | 13.6 | 6.6 | 3.8 | 3.5 | 4.2 | 2.5 | 1.7 | 1.2 | 1.1 | 0.9 | 0.4 | 0.4 |
| Operating Margin **15** | • | • | • | • | • | • | • | 0.4 | 0.3 | • | 0.5 | • | • |
| Oper. Margin Before Officers Compensation **16** | 1.5 | 6.1 | 3.7 | 1.9 | 2.2 | 4.0 | 2.0 | 2.1 | 1.5 | 1.2 | 1.4 | • | • |
| **Selected Average Balance Sheet ($ in Thousands)** | | | | | | | | | | | | | |
| Net Receivables **17** | 260 | • | 3 | 47 | 107 | 207 | 658 | 2384 | 4657 | 11531 | 19860 | 37373 | 139373 |
| Inventories **18** | 247 | • | 4 | 30 | 120 | 203 | 629 | 2250 | 4513 | 9369 | 22931 | 50928 | 108595 |
| Net Property, Plant and Equipment **19** | 173 | • | 9 | 26 | 51 | 135 | 320 | 1136 | 1750 | 5134 | 10582 | 24778 | 204666 |
| Total Assets **20** | 931 | • | 28 | 157 | 365 | 726 | 2086 | 7081 | 14762 | 34646 | 69714 | 165461 | 690629 |

| | | | | | | | | | | | | |
|---|---|---|---|---|---|---|---|---|---|---|---|---|
| **Notes and Loans Payable 21** | 360 | • | 25 | 63 | 108 | 248 | 711 | 2592 | 5134 | 13546 | 27872 | 66720 | 305115 |
| **All Other Liabilities 22** | 318 | • | 9 | 72 | 97 | 254 | 750 | 2866 | 5449 | 13235 | 24346 | 48887 | 192867 |
| **Net Worth 23** | 253 | • | -6 | 21 | 161 | 225 | 626 | 1623 | 4179 | 7865 | 17496 | 49853 | 192648 |

## Selected Financial Ratios (Times to 1)

| | | | | | | | | | | | | |
|---|---|---|---|---|---|---|---|---|---|---|---|---|
| **Current Ratio 24** | 1.4 | 1.2 | 1.4 | 1.9 | 1.6 | 1.6 | 1.3 | 1.4 | 1.3 | 1.3 | 1.4 | 1.1 |
| **Quick Ratio 25** | 0.7 | 0.8 | 1.0 | 1.0 | 0.9 | 0.9 | 0.7 | 0.7 | 0.7 | 0.7 | 0.6 | 0.6 |
| **Net Sales to Working Capital 26** | 14.8 | • | 20.3 | 9.7 | 12.1 | 10.8 | 17.8 | 12.6 | 15.9 | 10.5 | 11.6 | • |
| **Coverage Ratio 27** | 1.8 | 2.8 | • | 1.4 | 2.3 | 1.8 | 2.5 | 2.3 | 1.8 | 2.0 | 1.2 | 1.8 |
| **Total Asset Turnover 28** | 2.7 | • | 3.8 | 3.5 | 3.1 | 3.0 | 3.1 | 2.6 | 2.2 | 2.0 | 2.4 | 2.0 |
| **Inventory Turnover 29** | 7.7 | • | • | 8.1 | 9.0 | 7.6 | 7.3 | 6.7 | 6.1 | 4.9 | 7.3 | 8.9 |
| **Receivables Turnover 30** | 9.7 | • | • | • | • | 9.5 | 9.1 | 9.2 | 6.4 | 8.0 | 9.3 | 9.4 |
| **Total Liabilities to Net Worth 31** | 2.7 | 6.6 | 6.6 | 1.3 | 2.2 | 2.3 | 3.4 | 2.5 | 3.4 | 3.0 | 2.3 | 2.6 |

## Selected Financial Factors (in Percentages)

| | | | | | | | | | | | | |
|---|---|---|---|---|---|---|---|---|---|---|---|---|
| **Debt Ratio 32** | 72.9 | • | 86.8 | • | 56.0 | 69.0 | 70.0 | 77.1 | 71.7 | 77.3 | 74.9 | 69.9 | 72.1 |
| **Return on Assets 33** | 6.6 | • | • | • | 3.9 | 6.6 | 6.1 | 9.4 | 7.7 | 7.1 | 6.7 | 4.5 | 7.2 |
| **Return on Equity 34** | 7.0 | • | 33.9 | • | 1.5 | 8.9 | 7.0 | 19.6 | 11.4 | 8.6 | 10.8 | • | 6.0 |
| **Return Before Interest on Equity 35** | 24.1 | • | • | 5.3 | 8.9 | 21.4 | 20.4 | 21.4 | 27.2 | 31.4 | 26.7 | 15.0 | 25.7 |
| **Profit Margin, Before Income Tax 36** | 1.1 | 3.1 | • | • | 0.3 | 1.2 | 0.9 | 1.8 | 1.6 | 1.5 | 1.7 | 0.3 | 1.6 |
| **Profit Margin, After Income Tax 37** | 0.7 | 2.1 | • | • | 0.2 | 0.9 | 0.7 | 1.5 | 1.2 | 0.9 | 1.4 | • | 0.9 |

## Trends in Selected Ratios and Factors, 1986-1994

| | 1986 | 1987 | 1988 | 1989 | 1990 | 1991 | 1992 | 1993 | 1994 |
|---|---|---|---|---|---|---|---|---|---|
| **Cost of Operations (%) 38** | 82.4 | 82.7 | 80.7 | 80.2 | 78.8 | 79.7 | 79.2 | 79.8 | 79.6 |
| **Operating Margin (%) 39** | • | • | • | • | • | • | • | • | • |
| **Oper. Margin Before Officers Comp. (%) 40** | 0.4 | 0.9 | 1.3 | 0.8 | 0.9 | 1.5 | 1.7 | 1.2 | 1.5 |
| **Average Net Receivables ($) 41** | 224 | 218 | 221 | 180 | 212 | 210 | 262 | 251 | 260 |
| **Average Inventories ($) 42** | 196 | 179 | 184 | 176 | 196 | 205 | 253 | 262 | 247 |
| **Average Net Worth ($) 43** | 225 | 198 | 241 | 197 | 218 | 228 | 224 | 245 | 253 |
| **Current Ratio (x1) 44** | 1.3 | 1.4 | 1.5 | 1.4 | 1.4 | 1.4 | 1.3 | 1.3 | 1.4 |
| **Quick Ratio (x1) 45** | 0.7 | 0.8 | 0.8 | 0.8 | 0.8 | 0.7 | 0.7 | 0.7 | 0.7 |
| **Coverage Ratio (x1) 46** | 1.7 | 1.8 | 2.2 | 1.8 | 2.0 | 2.1 | 2.4 | 1.8 | 1.8 |
| **Asset Turnover (x1) 47** | 2.8 | 2.9 | 2.8 | 2.9 | 2.7 | 2.6 | 2.5 | 2.6 | 2.7 |
| **Total Liabilities/Net Worth (x1) 48** | 2.6 | 2.8 | 2.0 | 2.4 | 2.5 | 2.5 | 3.3 | 2.8 | 2.7 |
| **Return on Assets (x1) 49** | 7.1 | 6.1 | 8.0 | 6.3 | 6.7 | 6.4 | 7.4 | 6.5 | 6.6 |
| **Return on Equity (%) 50** | 5.9 | 4.8 | 8.3 | 3.6 | 5.9 | 6.9 | 12.9 | 6.3 | 7.0 |

## Table II

Corporations with Net Income

# MISCELLANEOUS NONDURABLE GOODS; WHOLESALE TRADE NOT ALLOCABLE

**MONEY AMOUNTS AND SIZE OF ASSETS IN THOUSANDS OF DOLLARS**

| Item Description for Accounting Period 7/90 Through 6/91 | Total | Zero Assets | Under 100 | 100 to 250 | 251 to 500 | 501 to 1,000 | 1,001 to 5,000 | 5,001 to 10,000 | 10,001 to 25,000 | 25,001 to 50,000 | 50,001 to 100,000 | 100,001 to 250,000 | 250,001 and over |
|---|---|---|---|---|---|---|---|---|---|---|---|---|---|
| Number of Enterprises 1 | 20449 | 129 | 9028 | 3251 | 2511 | 2219 | 2647 | 346 | 220 | 56 | 26 | 7 | 8 |
| **Revenues ($ in Thousands)** | | | | | | | | | | | | | |
| Net Sales 2 | 71884 | 156 | 2639 | 2328 | 3461 | 6246 | 17331 | 7997 | 9296 | 4257 | 3615 | 1870 | 12688 |
| Portfolio Income 3 | 385 | 17 | 23 | 9 | 18 | 10 | 48 | 14 | 45 | 10 | 13 | 20 | 159 |
| Other Revenues 4 | 767 | 15 | 18 | 3 | 27 | 41 | 159 | 111 | 93 | 41 | 37 | 48 | 174 |
| Total Revenues 5 | 73036 | 188 | 2680 | 2340 | 3506 | 6297 | 17537 | 8122 | 9433 | 4308 | 3666 | 1938 | 13021 |
| Average Total Revenues 6 | 3572 | 1458 | 297 | 720 | 1396 | 2838 | 6625 | 23473 | 42880 | 76927 | 141000 | 276928 | 1627638 |
| **Operating Costs/Operating Income (%)** | | | | | | | | | | | | | |
| Cost of Operations 7 | 78.6 | 43.5 | 66.1 | 75.9 | 74.3 | 77.5 | 78.8 | 82.0 | 79.4 | 79.6 | 73.1 | 70.1 | 83.1 |
| Rent 8 | 0.9 | 0.6 | 2.6 | 1.8 | 1.1 | 1.0 | 1.1 | 0.8 | 0.7 | 0.7 | 0.9 | 0.9 | 0.5 |
| Taxes Paid 9 | 1.4 | 1.2 | 1.2 | 1.7 | 1.6 | 1.3 | 1.9 | 1.1 | 1.3 | 1.2 | 1.3 | 1.1 | 1.0 |
| Interest Paid 10 | 1.1 | 0.4 | 0.6 | 0.5 | 0.7 | 0.6 | 1.0 | 1.0 | 0.9 | 1.3 | 1.6 | 1.8 | 1.8 |
| Depreciation, Depletion, Amortization 11 | 1.0 | 0.2 | 1.1 | 1.0 | 1.1 | 0.8 | 1.0 | 0.7 | 0.7 | 1.2 | 1.3 | 3.0 | 1.2 |
| Pensions and Other Benefits 12 | 0.6 | 0.5 | 0.4 | 0.4 | 0.3 | 0.3 | 0.6 | 0.5 | 0.6 | 0.6 | 0.7 | 0.7 | 0.7 |
| Other 13 | 12.9 | 36.6 | 18.7 | 11.5 | 16.0 | 12.3 | 12.1 | 10.5 | 13.4 | 12.2 | 16.3 | 22.5 | 11.0 |
| Officers Compensation 14 | 2.2 | 1.8 | 7.2 | 5.0 | 3.8 | 4.0 | 2.7 | 1.8 | 1.3 | 1.2 | 1.2 | 0.7 | 0.4 |
| Operating Margin 15 | 1.5 | 15.2 | 2.2 | 2.3 | 1.3 | 2.3 | 1.2 | 1.7 | 1.7 | 2.1 | 3.7 | • | 0.4 |
| Oper. Margin Before Officers Compensation 16 | 3.7 | 17.0 | 9.4 | 7.4 | 5.0 | 6.3 | 3.8 | 3.6 | 3.0 | 3.3 | 4.9 | • | 0.8 |
| **Selected Average Balance Sheet ($ in Thousands)** | | | | | | | | | | | | | |
| Net Receivables 17 | 363 | • | 6 | 44 | 104 | 226 | 699 | 2535 | 4780 | 12554 | 21789 | 34576 | 147138 |
| Inventories 18 | 336 | • | 6 | 24 | 122 | 227 | 634 | 2417 | 4494 | 9955 | 22297 | 42154 | 123643 |
| Net Property, Plant and Equipment 19 | 228 | • | 10 | 25 | 57 | 115 | 264 | 981 | 1634 | 5102 | 11820 | 21887 | 243574 |
| Total Assets 20 | 1270 | | 36 | 161 | 375 | 740 | 2002 | 7049 | 14631 | 34832 | 73397 | 159483 | 826476 |

|  | | | | | | | | | | | | |
|---|---|---|---|---|---|---|---|---|---|---|---|---|
| Notes and Loans Payable **21** | 412 | 21 | 24 | 118 | 182 | 635 | 1842 | 3967 | 9861 | 26337 | 53665 | 332038 |
| All Other Liabilities **22** | 419 | 12 | 62 | 98 | 238 | 675 | 2967 | 5341 | 13473 | 27012 | 32737 | 225339 |
| Net Worth **23** | 440 | 4 | 74 | 159 | 320 | 691 | 2241 | 5324 | 11498 | 20047 | 73081 | 269099 |

**Selected Financial Ratios (Times to 1)**

|  | | | | | | | | | | | | |
|---|---|---|---|---|---|---|---|---|---|---|---|---|
| Current Ratio **24** | 1.5 | • | 1.2 | 1.6 | 1.8 | 1.9 | 1.7 | 1.5 | 1.5 | 1.5 | 1.8 | 1.1 |
| Quick Ratio **25** | 0.8 | • | 0.8 | 1.3 | 0.9 | 1.1 | 1.0 | 0.8 | 0.8 | 0.8 | 0.9 | 0.6 |
| Net Sales to Working Capital **26** | 12.6 | • | 15.7 | 10.9 | 10.4 | 10.0 | 12.0 | 11.6 | 9.6 | 7.9 | 6.0 | • |
| Coverage Ratio **27** | 3.9 | 7.5 | 7.1 | 4.8 | 6.1 | 3.5 | 4.4 | 4.4 | 3.7 | 4.2 | 2.8 | 2.8 |
| Total Asset Turnover **28** | 2.8 | 8.1 | 4.5 | 3.7 | 3.8 | 3.3 | 3.3 | 2.9 | 2.2 | 1.9 | 1.7 | 1.9 |
| Inventory Turnover **29** | 7.8 | • | • | • | • | 7.8 | 7.1 | 7.1 | 6.5 | 4.5 | 4.2 | 9.0 |
| Receivables Turnover **30** | 9.9 | • | • | • | • | 9.6 | 8.9 | 9.6 | 6.5 | 7.3 | 7.3 | • |
| Total Liabilities to Net Worth **31** | 1.9 | 8.5 | 1.2 | 1.4 | 1.3 | 1.9 | 2.2 | 1.8 | 2.0 | 2.7 | 1.2 | 2.1 |

**Selected Financial Factors (in Percentages)**

|  | | | | | | | | | | | | |
|---|---|---|---|---|---|---|---|---|---|---|---|---|
| Debt Ratio **32** | 65.4 | 89.4 | 53.8 | 57.6 | 56.8 | 65.5 | 68.2 | 63.6 | 67.0 | 72.7 | 54.2 | 67.5 |
| Return on Assets **33** | 11.7 | 35.2 | 14.6 | 11.8 | 14.1 | 10.9 | 13.9 | 11.9 | 10.2 | 12.7 | 8.2 | 9.5 |
| Return on Equity **34** | 21.0 | • | 24.3 | 20.3 | 23.7 | 19.7 | 29.1 | 21.4 | 17.8 | 31.9 | 7.9 | 12.7 |
| Return Before Interest on Equity **35** | 33.9 | • | 31.6 | 27.9 | 32.6 | 31.5 | 32.6 | 31.0 | 31.9 | 31.6 | 17.9 | 29.2 |
| Profit Margin, Before Income Tax **36** | 3.2 | 32.7 | 3.8 | 2.8 | 2.6 | 3.1 | 2.4 | 3.3 | 3.2 | 3.4 | 5.1 | 3.2 |
| Profit Margin, After Income Tax **37** | 2.6 | 32.7 | 3.6 | 2.5 | 2.4 | 2.7 | 2.1 | 2.8 | 2.7 | 2.7 | 2.2 | 2.1 |

**Trends in Selected Ratios and Factors, 1986-1994**

|  | 1986 | 1987 | 1988 | 1989 | 1990 | 1991 | 1992 | 1993 | 1994 |
|---|---|---|---|---|---|---|---|---|---|
| Cost of Operations (%) **38** | 82.3 | 81.4 | 78.3 | 77.7 | 77.5 | 78.2 | 79.1 | 79.5 | 78.6 |
| Operating Margin (%) **39** | 0.8 | 1.8 | 1.6 | 1.2 | 0.8 | 1.4 | 1.5 | 1.2 | 1.5 |
| Oper. Margin Before Officers Comp. (%) **40** | 2.4 | 3.7 | 3.6 | 3.5 | 2.9 | 3.5 | 3.5 | 3.2 | 3.7 |
| Average Net Receivables ($) **41** | 274 | 287 | 309 | 261 | 277 | 324 | 326 | 357 | 363 |
| Average Inventories ($) **42** | 220 | 214 | 233 | 253 | 240 | 312 | 327 | 388 | 336 |
| Average Net Worth ($) **43** | 379 | 367 | 415 | 337 | 373 | 432 | 417 | 457 | 440 |
| Current Ratio (x1) **44** | 1.7 | 1.7 | 1.8 | 1.6 | 1.7 | 1.6 | 1.6 | 1.5 | 1.5 |
| Quick Ratio (x1) **45** | 1.0 | 1.0 | 1.1 | 0.9 | 1.0 | 0.9 | 0.9 | 0.8 | 0.8 |
| Coverage Ratio (x1) **46** | 3.9 | 5.4 | 4.7 | 4.4 | 4.6 | 4.6 | 4.8 | 3.8 | 3.9 |
| Asset Turnover (x1) **47** | 3.2 | 3.3 | 2.7 | 3.0 | 2.8 | 2.6 | 2.9 | 2.9 | 2.8 |
| Operating Leverage **48** | • | 2.3 | 0.9 | 0.8 | 0.7 | 1.8 | 1.0 | 0.8 | 1.3 |
| Financial Leverage **49** | • | 1.1 | 1.0 | 0.9 | 1.0 | 1.1 | 1.1 | 0.9 | 1.0 |
| Total Leverage **50** | • | 2.6 | 0.9 | 0.7 | 0.7 | 1.9 | 1.1 | 0.8 | 1.3 |

## Table I

Corporations with and without Net Income

# BUILDING MATERIALS DEALERS

### MONEY AMOUNTS AND SIZE OF ASSETS IN THOUSANDS OF DOLLARS

| Item Description for Accounting Period 7/90 Through 6/91 | Total | Zero Assets | Under 100 | 100 to 250 | 251 to 500 | 501 to 1,000 | 1,001 to 5,000 | 5,001 to 10,000 | 10,001 to 25,000 | 25,001 to 50,000 | 50,001 to 100,000 | 100,001 to 250,000 | 250,001 and over |
|---|---|---|---|---|---|---|---|---|---|---|---|---|---|
| Number of Enterprises **1** | 21382 | 1789 | 5502 | 4097 | 3121 | 3253 | 3190 | 220 | 155 | 23 | 13 | 8 | 10 |
| **Revenues ($ in Thousands)** | | | | | | | | | | | | | |
| Net Sales **2** | 59096 | 311 | 1483 | 2345 | 3121 | 6926 | 16308 | 3312 | 4969 | 1453 | 1832 | 3081 | 13956 |
| Portfolio Income **3** | 436 | 3 | 1 | 6 | 7 | 34 | 64 | 7 | 34 | 13 | 16 | 34 | 217 |
| Other Revenues **4** | 514 | 0 | 0 | 11 | 14 | 36 | 129 | 49 | 70 | 27 | 28 | 34 | 117 |
| Total Revenues **5** | 60046 | 315 | 1484 | 2362 | 3142 | 6996 | 16501 | 3367 | 5073 | 1493 | 1876 | 3148 | 14289 |
| Average Total Revenues **6** | 2808 | 176 | 270 | 576 | 1007 | 2151 | 5173 | 15307 | 32728 | 64898 | 144307 | 393499 | 1428944 |
| **Operating Costs/Operating Income (%)** | | | | | | | | | | | | | |
| Cost of Operations **7** | 72.1 | 73.1 | 65.6 | 63.4 | 64.5 | 72.8 | 74.8 | 75.5 | 73.3 | 75.0 | 75.4 | 72.2 | 70.3 |
| Rent **8** | 1.5 | 1.9 | 4.8 | 2.1 | 1.7 | 1.5 | 1.2 | 0.9 | 1.2 | 0.8 | 2.3 | 1.2 | 1.6 |
| Taxes Paid **9** | 1.9 | 1.3 | 3.4 | 3.1 | 2.5 | 2.0 | 1.7 | 1.6 | 1.8 | 1.6 | 1.6 | 1.8 | 1.6 |
| Interest Paid **10** | 2.0 | 0.8 | 0.6 | 1.2 | 0.8 | 1.2 | 1.2 | 1.4 | 2.1 | 2.8 | 2.2 | 3.7 | 3.6 |
| Depreciation, Depletion, Amortization **11** | 1.4 | 1.7 | 0.7 | 1.2 | 1.4 | 1.3 | 1.2 | 1.3 | 1.6 | 2.2 | 1.6 | 1.5 | 1.8 |
| Pensions and Other Benefits **12** | 0.9 | 0.9 | • | 1.4 | 0.5 | 0.9 | 0.8 | 1.2 | 0.9 | 1.0 | 0.7 | 1.0 | 0.9 |
| Other **13** | 18.5 | 15.3 | 21.2 | 22.6 | 23.3 | 16.8 | 16.4 | 16.6 | 18.3 | 18.0 | 19.6 | 19.2 | 19.9 |
| Officers Compensation **14** | 2.2 | 5.2 | 6.0 | 5.5 | 4.8 | 3.7 | 2.9 | 2.3 | 1.6 | 1.0 | 0.5 | 0.4 | 0.2 |
| Operating Margin **15** | • | • | • | • | 0.6 | • | • | • | • | • | • | • | 0.2 |
| Oper. Margin Before Officers Compensation **16** | 1.9 | 5.2 | 3.9 | 5.2 | 5.3 | 3.7 | 2.7 | 1.5 | 0.9 | • | • | • | 0.4 |
| **Selected Average Balance Sheet ($ in Thousands)** | | | | | | | | | | | | | |
| Net Receivables **17** | 223 | • | 10 | 38 | 91 | 211 | 540 | 1685 | 3296 | 9015 | 16142 | 25597 | 36767 |
| Inventories **18** | 369 | • | 13 | 60 | 137 | 267 | 637 | 2084 | 4109 | 8198 | 23578 | 56462 | 220924 |
| Net Property, Plant and Equipment **19** | 318 | • | 8 | 32 | 58 | 111 | 354 | 1478 | 4196 | 11944 | 18162 | 60462 | 297746 |
| Total Assets **20** | 1168 | • | 39 | 158 | 364 | 728 | 1883 | 6501 | 14568 | 36019 | 68842 | 195234 | 762715 |

## Selected Financial Data

| Row | | | | | | | | | | | | | |
|---|---|---|---|---|---|---|---|---|---|---|---|---|---|
| Notes and Loans Payable 21 | 436 | • | 22 | 94 | 113 | 252 | 519 | 1947 | 6005 | 16139 | 28241 | 106379 | 304250 |
| All Other Liabilities 22 | 282 | • | 22 | 55 | 74 | 172 | 493 | 1286 | 2647 | 6232 | 19266 | 44049 | 187949 |
| Net Worth 23 | 450 | • | -5 | 9 | 177 | 304 | 871 | 3268 | 5916 | 13648 | 21335 | 44806 | 270516 |

### Selected Financial Ratios (Times to 1)

| Row | | | | | | | | | | | | | |
|---|---|---|---|---|---|---|---|---|---|---|---|---|---|
| Current Ratio 24 | 1.9 | • | 1.1 | 1.7 | 2.8 | 2.3 | 2.0 | 1.8 | 1.7 | 2.3 | 1.6 | 2.3 | 1.6 |
| Quick Ratio 25 | 0.8 | • | 0.6 | 0.8 | 1.3 | 1.1 | 1.0 | 0.9 | 0.8 | 1.3 | 0.7 | 0.7 | 0.4 |
| Net Sales to Working Capital 26 | 8.5 | • | • | 12.2 | 5.7 | 6.9 | 7.4 | 7.3 | 9.7 | 5.8 | 8.5 | 6.7 | 12.8 |
| Coverage Ratio 27 | 1.6 | 2.3 | • | 1.3 | 2.5 | 1.8 | 1.8 | 1.7 | 1.7 | 1.2 | 0.4 | 1.4 | 1.7 |
| Total Asset Turnover 28 | 2.4 | • | 6.9 | 3.6 | 2.8 | 2.9 | 2.7 | 2.3 | 2.2 | 1.8 | 2.1 | 2.0 | 1.8 |
| Inventory Turnover 29 | 4.9 | • | 10.0 | 6.9 | 4.9 | 5.9 | 5.7 | 5.4 | 5.6 | 5.2 | 5.2 | 5.8 | 3.3 |
| Receivables Turnover 30 | • | • | • | • | • | • | 9.5 | 7.8 | • | 5.8 | 6.3 | • | • |
| Total Liabilities to Net Worth 31 | 1.6 | • | • | 15.6 | 1.1 | 1.4 | 1.2 | 1.0 | 1.5 | 1.6 | 2.2 | 3.4 | 1.8 |

### Selected Financial Factors (in Percentages)

| Row | | | | | | | | | | | | | |
|---|---|---|---|---|---|---|---|---|---|---|---|---|---|
| Debt Ratio 32 | 61.5 | • | • | 94.0 | 51.3 | 58.2 | 53.8 | 49.7 | 59.4 | 62.1 | 69.0 | 77.1 | 64.5 |
| Return on Assets 33 | 7.7 | • | • | 5.7 | 5.7 | 6.2 | 6.1 | 5.3 | 7.7 | 5.6 | 1.9 | 9.7 | 11.2 |
| Return on Equity 34 | 4.7 | • | • | 20.5 | 5.6 | 4.6 | 4.2 | 3.1 | 5.0 | • | • | 5.6 | 8.0 |
| Return Before Interest on Equity 35 | 19.9 | • | • | • | 11.7 | 14.9 | 13.1 | 10.6 | 18.9 | 14.9 | 6.0 | • | 31.5 |
| Profit Margin, Before Income Tax 36 | 1.2 | 1.1 | 0.4 | 1.2 | 1.0 | 1.0 | 1.0 | 0.9 | 1.4 | 0.5 | • | 1.3 | 2.6 |
| Profit Margin, After Income Tax 37 | 0.8 | 1.1 | 0.3 | 1.0 | 0.7 | 0.7 | 0.7 | 0.9 | • | • | • | 0.7 | 1.6 |

### Trends in Selected Ratios and Factors, 1986-1994

| | 1986 | 1987 | 1988 | 1989 | 1990 | 1991 | 1992 | 1993 | 1994 |
|---|---|---|---|---|---|---|---|---|---|
| Cost of Operations (%) 38 | 73.8 | 73.8 | 75.6 | 74.1 | 73.2 | 72.9 | 73.9 | 72.7 | 72.1 |
| Operating Margin (%) 39 | • | • | • | • | • | • | • | • | • |
| Oper. Margin Before Officers Comp. (%) 40 | 0.5 | 2.0 | 1.9 | 1.7 | 1.9 | 1.6 | 1.5 | 1.0 | 1.9 |
| Average Net Receivables ($) 41 | 162 | 206 | 219 | 232 | 254 | 294 | 289 | 312 | 223 |
| Average Inventories ($) 42 | 269 | 315 | 319 | 356 | 373 | 452 | 427 | 427 | 369 |
| Average Net Worth ($) 43 | 342 | 348 | 374 | 422 | 480 | 575 | 524 | 469 | 450 |
| Current Ratio (x1) 44 | 2.1 | 2.1 | 2.0 | 2.0 | 2.0 | 1.8 | 2.0 | 2.0 | 1.9 |
| Quick Ratio (x1) 45 | 0.9 | 1.0 | 0.9 | 0.9 | 0.9 | 0.8 | 0.9 | 0.9 | 0.8 |
| Coverage Ratio (x1) 46 | 1.5 | 2.4 | 2.3 | 2.2 | 2.2 | 2.0 | 1.8 | 1.8 | 1.6 |
| Asset Turnover (x1) 47 | 2.2 | 2.3 | 2.5 | 2.3 | 2.1 | 1.9 | 2.2 | 1.8 | 2.4 |
| Total Liabilities/Net Worth (x1) 48 | 1.3 | 1.5 | 1.4 | 1.5 | 1.6 | 1.7 | 1.8 | 2.3 | 1.6 |
| Return on Assets (x1) 49 | 6.9 | 8.6 | 8.6 | 7.8 | 7.3 | 7.4 | 7.1 | 7.7 | 7.7 |
| Return on Equity (%) 50 | 0.8 | 6.6 | 6.1 | 6.4 | 5.4 | 7.0 | 6.2 | 8.4 | 4.7 |

## Table II

Corporations with Net Income

# BUILDING MATERIALS DEALERS

### MONEY AMOUNTS AND SIZE OF ASSETS IN THOUSANDS OF DOLLARS

| Item Description for Accounting Period 7/90 Through 6/91 | Total | Zero Assets | Under 100 | 100 to 250 | 251 to 500 | 501 to 1,000 | 1,001 to 5,000 | 5,001 to 10,000 | 10,001 to 25,000 | 25,001 to 50,000 | 50,001 to 100,000 | 100,001 to 250,000 | 250,001 and over |
|---|---|---|---|---|---|---|---|---|---|---|---|---|---|
| Number of Enterprises **1** | 11684 | 186 | 2129 | 2157 | 2286 | 2378 | 2254 | 149 | 110 | 15 | 8 | 5 | 6 |
| **Revenues ($ in Thousands)** | | | | | | | | | | | | | |
| Net Sales **2** | 42146 | 134 | 891 | 1426 | 2501 | 5497 | 12015 | 2221 | 3621 | 967 | 1229 | 1577 | 10068 |
| Portfolio Income **3** | 368 | • | 1 | 2 | 7 | 27 | 49 | 5 | 25 | 12 | 5 | 25 | 212 |
| Other Revenues **4** | 372 | • | 0 | 8 | 10 | 27 | 95 | 39 | 43 | 19 | 12 | 19 | 100 |
| Total Revenues **5** | 42887 | 134 | 893 | 1436 | 2518 | 5551 | 12158 | 2265 | 3689 | 998 | 1247 | 1620 | 10379 |
| Average Total Revenues **6** | 3671 | 718 | 419 | 666 | 1101 | 2334 | 5394 | 15200 | 33533 | 66540 | 155871 | 324095 | 1729855 |
| **Operating Costs/Operating Income (%)** | | | | | | | | | | | | | |
| Cost of Operations **7** | 72.4 | 69.2 | 66.1 | 61.1 | 63.1 | 72.1 | 74.9 | 73.9 | 73.9 | 75.9 | 75.9 | 74.9 | 72.2 |
| Rent **8** | 1.3 | 1.5 | 3.6 | 1.7 | 1.8 | 1.3 | 1.1 | 0.8 | 0.8 | 0.8 | 1.4 | 1.0 | 1.4 |
| Taxes Paid **9** | 1.8 | 0.8 | 4.0 | 2.5 | 2.3 | 1.8 | 1.7 | 1.7 | 1.8 | 1.4 | 1.3 | 2.2 | 1.6 |
| Interest Paid **10** | 1.4 | 0.3 | 0.5 | 0.8 | 0.8 | 1.0 | 1.0 | 1.0 | 1.5 | 1.6 | 1.8 | 2.2 | 2.5 |
| Depreciation, Depletion, Amortization **11** | 1.3 | • | 0.5 | 1.0 | 1.2 | 1.3 | 1.1 | 1.3 | 1.3 | 2.0 | 1.4 | 1.7 | 1.6 |
| Pensions and Other Benefits **12** | 0.8 | • | • | 1.6 | 0.3 | 1.0 | 0.8 | 0.9 | 0.9 | 1.0 | 0.7 | 0.6 | 0.8 |
| Other **13** | 17.2 | 17.5 | 19.2 | 21.2 | 23.3 | 16.2 | 15.0 | 16.8 | 16.6 | 17.2 | 15.3 | 15.6 | 18.8 |
| Officers Compensation **14** | 2.3 | • | 4.9 | 5.1 | 4.5 | 3.7 | 3.0 | 2.8 | 1.7 | 0.8 | 0.5 | 0.3 | 0.2 |
| Operating Margin **15** | 1.6 | 10.8 | 1.3 | 5.3 | 2.8 | 1.7 | 1.5 | 1.0 | 1.5 | • | 1.6 | 1.5 | 1.0 |
| Oper. Margin Before Officers Compensation **16** | 3.8 | 10.8 | 6.2 | 10.3 | 7.3 | 5.3 | 4.6 | 3.7 | 3.3 | 0.2 | 2.1 | 1.8 | 1.2 |
| **Selected Average Balance Sheet ($ in Thousands)** | | | | | | | | | | | | | |
| Net Receivables **17** | 297 | • | 13 | 38 | 100 | 219 | 547 | 1368 | 3355 | 10435 | 20890 | 31189 | 53224 |
| Inventories **18** | 458 | • | 19 | 56 | 130 | 264 | 625 | 1931 | 4116 | 8167 | 21813 | 50976 | 260478 |
| Net Property, Plant and Equipment **19** | 373 | • | 10 | 32 | 51 | 107 | 326 | 1651 | 4126 | 9069 | 19011 | 38632 | 330889 |
| Total Assets **20** | 1406 | • | 53 | 157 | 361 | 746 | 1867 | 6429 | 14554 | 36348 | 68463 | 171805 | 776438 |

## Selected Financial Ratios (Times to 1)

| | | | | | | | | | | | | | |
|---|---|---|---|---|---|---|---|---|---|---|---|---|---|
| Notes and Loans Payable **21** | 391 | • | 22 | 79 | 61 | 224 | 461 | 1417 | 4558 | 13757 | 23654 | 67843 | 197943 |
| All Other Liabilities **22** | 309 | • | 27 | 74 | 48 | 162 | 405 | 1103 | 2472 | 5558 | 15542 | 36868 | 192202 |
| Net Worth **23** | 706 | • | 4 | 208 | 48 | 360 | 1000 | 3908 | 7524 | 17033 | 29266 | 67095 | 386292 |
| Current Ratio **24** | 2.3 | • | 1.2 | 3.3 | 2.3 | 2.5 | 2.4 | 2.3 | 2.0 | 3.2 | 1.9 | 2.9 | 1.9 |
| Quick Ratio **25** | 1.0 | • | 0.6 | 1.7 | 1.2 | 1.3 | 1.3 | 1.1 | 1.0 | 1.9 | 1.0 | 1.1 | 0.5 |
| Net Sales to Working Capital **26** | 7.2 | • | • | 5.6 | 9.7 | 6.7 | 6.5 | 6.3 | 8.0 | 4.5 | 6.7 | 4.4 | 9.6 |
| Coverage Ratio **27** | 3.3 | • | 3.6 | 5.3 | 8.9 | 3.7 | 3.9 | 3.9 | 3.3 | 2.7 | 2.8 | 2.9 | 2.6 |
| Total Asset Turnover **28** | 2.6 | • | 7.9 | 3.0 | 4.2 | 3.1 | 2.9 | 2.3 | 2.3 | 1.8 | 2.3 | 1.8 | 2.2 |
| Inventory Turnover **29** | 5.4 | • | • | 5.7 | 7.8 | 6.4 | 6.0 | 5.1 | 5.9 | • | 7.2 | 9.3 | 4.1 |
| Receivables Turnover **30** | • | • | • | • | • | • | 9.7 | 7.5 | • | • | 6.2 | • | • |
| Total Liabilities to Net Worth **31** | 1.0 | • | 12.9 | 0.7 | 2.3 | 1.1 | 0.9 | 0.7 | 0.9 | 1.1 | 1.3 | 1.6 | 1.0 |

## Selected Financial Factors (in Percentages)

| | | | | | | | | | | | | | |
|---|---|---|---|---|---|---|---|---|---|---|---|---|---|
| Debt Ratio **32** | 49.8 | • | 92.8 | 42.3 | 69.5 | 51.8 | 46.4 | 39.2 | 48.3 | 53.1 | 57.3 | 61.0 | 50.3 |
| Return on Assets **33** | 12.2 | • | 15.0 | 12.9 | 28.2 | 11.1 | 10.5 | 9.2 | 11.0 | 7.6 | 10.8 | 11.8 | 14.1 |
| Return on Equity **34** | 13.5 | • | • | 16.6 | • | 14.4 | 12.4 | 10.0 | 11.9 | 7.7 | 14.3 | 14.1 | 11.6 |
| Return Before Interest on Equity **35** | 24.2 | • | • | 22.4 | • | 23.1 | 19.6 | 15.1 | 21.4 | 16.1 | 25.2 | 28.3 | 28.3 |
| Profit Margin, Before Income Tax **36** | 3.3 | 10.8 | 1.4 | 3.5 | 6.0 | 2.6 | 2.7 | 3.0 | 3.4 | 2.7 | 3.1 | 4.2 | 4.1 |
| Profit Margin, After Income Tax **37** | 2.7 | 10.8 | 1.3 | 3.2 | 5.9 | 2.2 | 2.3 | 2.6 | 2.7 | 2.0 | 2.7 | 3.0 | 2.7 |

## Trends in Selected Ratios and Factors, 1986–1994

| | 1986 | 1987 | 1988 | 1989 | 1990 | 1991 | 1992 | 1993 | 1994 |
|---|---|---|---|---|---|---|---|---|---|
| Cost of Operations (%) **38** | 73.2 | 73.4 | 73.8 | 73.4 | 73.1 | 72.7 | 73.3 | 72.8 | 72.4 |
| Operating Margin (%) **39** | 1.7 | 2.5 | 2.2 | 1.6 | 2.2 | 1.4 | 1.8 | 0.8 | 1.6 |
| Oper. Margin Before Officers Comp. (%) **40** | 4.3 | 4.8 | 4.4 | 3.9 | 4.4 | 3.3 | 4.1 | 3.1 | 3.8 |
| Average Net Receivables  ($) **41** | 217 | 261 | 270 | 278 | 280 | 397 | 358 | 339 | 297 |
| Average Inventories  ($) **42** | 341 | 403 | 398 | 443 | 437 | 589 | 491 | 421 | 458 |
| Average Net Worth  ($) **43** | 526 | 564 | 541 | 582 | 628 | 809 | 739 | 563 | 706 |
| Current Ratio (x1) **44** | 2.5 | 2.2 | 2.2 | 2.2 | 2.1 | 2.0 | 2.2 | 2.2 | 2.3 |
| Quick Ratio (x1) **45** | 1.1 | 1.0 | 1.0 | 1.0 | 1.0 | 0.9 | 1.0 | 1.1 | 1.0 |
| Coverage Ratio (x1) **46** | 4.2 | 5.1 | 4.3 | 3.9 | 4.7 | 3.4 | 4.2 | 3.4 | 3.3 |
| Asset Turnover (x1) **47** | 2.3 | 2.4 | 2.5 | 2.5 | 2.5 | 2.1 | 2.4 | 2.2 | 2.6 |
| Operating Leverage **48** | • | 1.4 | 0.9 | 0.7 | 1.4 | 0.6 | 1.3 | 0.4 | 2.1 |
| Financial Leverage **49** | • | 1.1 | 1.0 | 1.0 | 1.0 | 1.0 | 1.1 | 1.0 | 1.0 |
| Total Leverage **50** | • | 1.5 | 0.9 | 0.7 | 1.4 | 0.7 | 1.4 | 0.4 | 2.0 |

## Table I

Corporations with and without Net Income

# HARDWARE STORES

### MONEY AMOUNTS AND SIZE OF ASSETS IN THOUSANDS OF DOLLARS

| Item Description for Accounting Period 7/90 Through 6/91 | Total | Zero Assets | Under 100 | 100 to 250 | 251 to 500 | 501 to 1,000 | 1,001 to 5,000 | 5,001 to 10,000 | 10,001 to 25,000 | 25,001 to 50,000 | 50,001 to 100,000 | 100,001 to 250,000 | 250,001 and over |
|---|---|---|---|---|---|---|---|---|---|---|---|---|---|
| Number of Enterprises **1** | 11956 | 175 | 3008 | 3697 | 2806 | 1292 | 878 | 59 | 29 | 8 | • | 3 | • |
| **Revenues ($ in Thousands)** | | | | | | | | | | | | | |
| Net Sales **2** | 14085 | 124 | 361 | 1924 | 2306 | 2350 | 3671 | 708 | 908 | 604 | • | 1129 | • |
| Portfolio Income **3** | 98 | 20 | 0 | 14 | 11 | 10 | 23 | 6 | 4 | 1 | • | 9 | • |
| Other Revenues **4** | 160 | 1 | 2 | 13 | 18 | 25 | 70 | 7 | 9 | 6 | • | 9 | • |
| Total Revenues **5** | 14344 | 145 | 363 | 1951 | 2336 | 2385 | 3765 | 721 | 921 | 610 | • | 1147 | • |
| Average Total Revenues **6** | 1200 | 830 | 121 | 528 | 832 | 1846 | 4288 | 12226 | 31757 | 76277 | • | 382322 | • |
| **Operating Costs/Operating Income (%)** | | | | | | | | | | | | | |
| Cost of Operations **7** | 67.3 | 74.0 | 66.1 | 67.7 | 66.3 | 67.0 | 66.3 | 67.4 | 66.9 | 68.5 | • | 72.0 | • |
| Rent **8** | 2.7 | 5.9 | 4.1 | 3.2 | 3.6 | 2.4 | 2.8 | 2.4 | 2.0 | 0.8 | • | 1.4 | • |
| Taxes Paid **9** | 2.2 | 1.7 | 4.3 | 2.3 | 2.4 | 2.5 | 2.2 | 1.8 | 2.0 | 1.7 | • | 1.3 | • |
| Interest Paid **10** | 1.6 | 4.0 | 0.6 | 1.4 | 1.1 | 1.2 | 1.4 | 2.3 | 1.7 | 0.7 | • | 4.1 | • |
| Depreciation, Depletion, Amortization **11** | 1.3 | 0.6 | 1.2 | 1.1 | 1.1 | 1.0 | 1.1 | 1.4 | 1.1 | 1.5 | • | 3.3 | • |
| Pensions and Other Benefits **12** | 1.0 | 1.3 | • | 0.5 | 0.6 | 0.9 | 1.2 | 1.5 | 0.9 | 1.1 | • | 2.0 | • |
| Other **13** | 20.8 | 26.2 | 21.8 | 19.0 | 19.0 | 20.6 | 23.1 | 22.4 | 20.4 | 22.2 | • | 18.3 | • |
| Officers Compensation **14** | 3.9 | 2.1 | 5.2 | 5.5 | 5.7 | 4.6 | 3.5 | 2.9 | 2.1 | 0.6 | • | 0.4 | • |
| Operating Margin **15** | • | • | • | • | 0.3 | • | • | • | 2.9 | 2.9 | • | • | • |
| Oper. Margin Before Officers Compensation **16** | 3.2 | 2.0 | 2.0 | 4.9 | 6.0 | 4.5 | 1.9 | 0.9 | 5.0 | 3.5 | • | • | • |
| **Selected Average Balance Sheet ($ in Thousands)** | | | | | | | | | | | | | |
| Net Receivables **17** | 71 | • | 2 | 21 | 45 | 105 | 311 | 579 | 1763 | 421 | • | 46080 | • |
| Inventories **18** | 241 | • | 34 | 98 | 178 | 371 | 780 | 2861 | 6839 | 15852 | • | 87448 | • |
| Net Property, Plant and Equipment **19** | 92 | • | 5 | 20 | 30 | 96 | 361 | 1164 | 3245 | 11970 | • | 74732 | • |
| Total Assets **20** | 516 | • | 45 | 164 | 343 | 766 | 1884 | 6212 | 15259 | 33877 | • | 246126 | • |

| | | | | | | | | | | | |
|---|---|---|---|---|---|---|---|---|---|---|---|
| Notes and Loans Payable 21 | 187 | 27 | 78 | 129 | 207 | 619 | 2626 | 5010 | 8175 | • | 109235 |
| All Other Liabilities 22 | 116 | 8 | 34 | 58 | 123 | 483 | 1837 | 3072 | 6945 | • | 79659 |
| Net Worth 23 | 212 | 10 | 51 | 156 | 436 | 782 | 1748 | 7177 | 18757 | • | 57231 |

**Selected Financial Ratios (Times to 1)**

| | | | | | | | | | | | |
|---|---|---|---|---|---|---|---|---|---|---|---|
| Current Ratio 24 | 2.4 | 4.9 | 2.3 | 3.5 | 3.1 | 2.0 | 1.6 | 2.0 | 2.1 | • | 2.1 |
| Quick Ratio 25 | 0.7 | 0.6 | 0.5 | 1.1 | 1.0 | 0.7 | 0.4 | 0.5 | 0.2 | • | 0.7 |
| Net Sales to Working Capital 26 | 5.8 | 3.8 | 7.6 | 4.4 | 4.9 | 6.8 | 8.0 | 6.7 | 7.7 | • | 5.1 |
| Coverage Ratio 27 | 1.8 | 1.3 | 1.6 | 2.5 | 2.1 | 1.7 | 1.0 | 3.5 | 6.4 | • | 0.8 |
| Total Asset Turnover 28 | 2.3 | 2.6 | 3.2 | 2.4 | 2.4 | 2.2 | 1.9 | 2.1 | 2.2 | • | 1.5 |
| Inventory Turnover 29 | 3.5 | 2.3 | 4.1 | 3.6 | 3.5 | 3.8 | 2.9 | 3.2 | 2.7 | • | 3.4 |
| Receivables Turnover 30 | • | • | • | • | • | • | • | • | • | • | • |
| Total Liabilities to Net Worth 31 | 1.4 | 3.4 | 2.2 | 1.2 | 0.8 | 1.4 | 2.6 | 1.1 | 0.8 | • | 3.3 |

**Selected Financial Factors (in Percentages)**

| | | | | | | | | | | | |
|---|---|---|---|---|---|---|---|---|---|---|---|
| Debt Ratio 32 | 58.8 | 77.3 | 68.8 | 54.6 | 43.1 | 58.5 | 71.9 | 53.0 | 44.6 | • | 76.8 |
| Return on Assets 33 | 6.2 | 6.9 | 6.9 | 6.4 | 6.0 | 5.4 | 4.2 | 12.4 | 10.5 | • | 4.6 |
| Return on Equity 34 | 5.0 | 6.2 | 6.9 | 4.8 | 3.7 | 16.2 | 14.6 | | | • | |
| Return Before Interest on Equity 35 | 15.1 | 22.0 | 14.1 | 10.6 | 12.9 | 14.9 | 26.4 | 18.9 | • | 19.9 | |
| Profit Margin, Before Income Tax 36 | 1.2 | 1.2 | 0.8 | 1.6 | 1.3 | 1.0 | 4.4 | 4.0 | • | | |
| Profit Margin, After Income Tax 37 | 0.9 | 1.2 | 0.6 | 1.3 | 1.2 | 0.7 | 3.7 | 3.6 | • | | |

**Trends in Selected Ratios and Factors, 1986-1994**

| | 1986 | 1987 | 1988 | 1989 | 1990 | 1991 | 1992 | 1993 | 1994 |
|---|---|---|---|---|---|---|---|---|---|
| Cost of Operations (%) 38 | 67.1 | 67.8 | 67.7 | 67.1 | 67.2 | 67.1 | 67.2 | 67.2 | 67.3 |
| Operating Margin (%) 39 | • | 0.2 | 0.2 | • | • | • | 0.1 | • | • |
| Oper. Margin Before Officers Comp. (%) 40 | 4.0 | 3.4 | 3.9 | 4.1 | 3.7 | 4.3 | 4.3 | 3.4 | 3.2 |
| Average Net Receivables ($) 41 | 49 | 49 | 59 | 55 | 55 | 63 | 67 | 71 | 71 |
| Average Inventories ($) 42 | 166 | 160 | 188 | 184 | 191 | 193 | 212 | 219 | 241 |
| Average Net Worth ($) 43 | 144 | 131 | 167 | 169 | 174 | 164 | 190 | 193 | 212 |
| Current Ratio (x1) 44 | 2.5 | 2.5 | 2.5 | 2.5 | 2.5 | 2.3 | 2.2 | 2.3 | 2.4 |
| Quick Ratio (x1) 45 | 0.8 | 0.8 | 0.8 | 0.8 | 0.8 | 0.7 | 0.7 | 0.7 | 0.7 |
| Coverage Ratio (x1) 46 | 2.0 | 2.1 | 2.5 | 2.5 | 2.6 | 2.5 | 2.3 | 1.4 | 1.8 |
| Asset Turnover (x1) 47 | 2.3 | 2.2 | 2.2 | 2.3 | 2.3 | 2.3 | 2.3 | 2.2 | 2.3 |
| Total Liabilities/Net Worth (x1) 48 | 1.3 | 1.5 | 1.3 | 1.3 | 1.3 | 1.5 | 1.4 | 1.5 | 1.4 |
| Return on Assets (x1) 49 | 6.9 | 6.5 | 7.7 | 7.1 | 7.0 | 6.5 | 6.8 | 5.1 | 6.2 |
| Return on Equity (%) 50 | 4.1 | 4.4 | 7.1 | 6.2 | 6.1 | 7.0 | 7.2 | 2.0 | 5.0 |

## Table II

Corporations with Net Income

# HARDWARE STORES

### MONEY AMOUNTS AND SIZE OF ASSETS IN THOUSANDS OF DOLLARS

| Item Description for Accounting Period 7/90 Through 6/91 | Total | Zero Assets | Under 100 | 100 to 250 | 251 to 500 | 501 to 1,000 | 1,001 to 5,000 | 5,001 to 10,000 | 10,001 to 25,000 | 25,001 to 50,000 | 50,001 to 100,000 | 100,001 to 250,000 | 250,001 and over |
|---|---|---|---|---|---|---|---|---|---|---|---|---|---|
| Number of Enterprises **1** | 6272 | 138 | 1279 | 1443 | 1811 | 874 | 651 | 42 | • | • | • | • | • |
| **Revenues ($ in Thousands)** | | | | | | | | | | | | | |
| Net Sales **2** | 10063 | 14 | 273 | 1198 | 1663 | 1586 | 2967 | 488 | • | • | • | • | • |
| Portfolio Income **3** | 73 | 20 | 0 | 14 | 7 | 6 | 18 | 3 | • | • | • | • | • |
| Other Revenues **4** | 126 | 1 | 2 | 4 | 14 | 17 | 65 | 5 | • | • | • | • | • |
| Total Revenues **5** | 10261 | 35 | 274 | 1216 | 1685 | 1608 | 3050 | 496 | • | • | • | • | • |
| Average Total Revenues **6** | 1636 | 253 | 215 | 843 | 930 | 1840 | 4685 | 11804 | • | • | • | • | • |
| **Operating Costs/Operating Income (%)** | | | | | | | | | | | | | |
| Cost of Operations **7** | 67.5 | • | 65.8 | 69.4 | 65.6 | 67.1 | 65.9 | 65.5 | • | • | • | • | • |
| Rent **8** | 2.5 | • | 4.2 | 2.5 | 3.1 | 2.1 | 2.8 | 2.7 | • | • | • | • | • |
| Taxes Paid **9** | 2.1 | 2.5 | 3.8 | 1.9 | 2.3 | 2.6 | 2.1 | 1.8 | • | • | • | • | • |
| Interest Paid **10** | 1.0 | 5.5 | 0.1 | 0.7 | 0.8 | 0.9 | 1.1 | 1.4 | • | • | • | • | • |
| Depreciation, Depletion, Amortization **11** | 1.0 | • | 0.6 | 0.7 | 1.2 | 1.0 | 1.1 | 1.2 | • | • | • | • | • |
| Pensions and Other Benefits **12** | 0.9 | • | • | 0.4 | 0.5 | 0.7 | 1.3 | 1.7 | • | • | • | • | • |
| Other **13** | 19.9 | 17.9 | 18.3 | 17.2 | 18.5 | 19.7 | 22.5 | 21.0 | • | • | • | • | • |
| Officers Compensation **14** | 3.7 | • | 4.7 | 4.2 | 5.8 | 3.9 | 3.7 | 3.5 | • | • | • | • | • |
| Operating Margin **15** | 1.5 | • | 2.5 | 3.1 | 2.2 | 2.2 | • | 1.3 | • | • | • | • | • |
| Oper. Margin Before Officers Compensation **16** | 5.1 | • | 7.2 | 7.3 | 8.0 | 6.1 | 3.3 | 4.8 | • | • | • | • | • |
| **Selected Average Balance Sheet ($ in Thousands)** | | | | | | | | | | | | | |
| Net Receivables **17** | 98 | • | 3 | 28 | 52 | 118 | 363 | 519 | • | • | • | • | • |
| Inventories **18** | 303 | • | 45 | 112 | 174 | 372 | 786 | 3003 | • | • | • | • | • |
| Net Property, Plant and Equipment **19** | 105 | • | 3 | 20 | 35 | 102 | 337 | 1090 | • | • | • | • | • |
| Total Assets **20** | 644 | • | 58 | 185 | 344 | 774 | 1909 | 5950 | • | • | • | • | • |

| | 21/24/... | | | | | | | |
|---|---|---|---|---|---|---|---|---|
| Notes and Loans Payable 21 | 191 | · | 30 | · | 64 | 114 | 200 | 513 | 1888 |
| All Other Liabilities 22 | 128 | · | 6 | · | 38 | 62 | 128 | 446 | 1148 |
| Net Worth 23 | 325 | · | 22 | · | 83 | 168 | 446 | 950 | 2914 |

## Selected Financial Ratios (Times to 1)

| | | | | | | | | | |
|---|---|---|---|---|---|---|---|---|---|
| Current Ratio 24 | 2.5 | · | 8.6 | 2.1 | 3.3 | 3.4 | 2.1 | 1.9 |
| Quick Ratio 25 | 0.8 | · | 1.2 | 0.5 | 1.1 | 1.2 | 0.8 | 0.5 |
| Net Sales to Working Capital 26 | 5.8 | · | 4.5 | 10.9 | 5.0 | 4.5 | 6.6 | 5.7 |
| Coverage Ratio 27 | 4.4 | · | · | 7.3 | 5.2 | 5.2 | 3.2 | 3.1 |
| Total Asset Turnover 28 | 2.5 | · | 3.7 | 4.5 | 2.7 | 2.4 | 2.4 | 2.0 |
| Inventory Turnover 29 | 3.8 | · | 3.6 | 4.8 | 4.3 | 3.2 | 4.0 | 2.7 |
| Receivables Turnover 30 | · | · | · | · | · | · | · | · |
| Total Liabilities to Net Worth 31 | 1.0 | · | 1.7 | 1.2 | 1.1 | 0.7 | 1.0 | 1.1 |

## Selected Financial Factors (in Percentages)

| | | | | | | | | | |
|---|---|---|---|---|---|---|---|---|---|
| Debt Ratio 32 | 49.5 | · | 62.4 | 55.3 | 51.2 | 42.4 | 50.3 | 51.0 |
| Return on Assets 33 | 11.0 | · | 11.9 | 23.8 | 11.3 | 10.5 | 8.4 | 8.3 |
| Return on Equity 34 | 15.0 | · | 29.6 | · | 16.5 | 13.7 | 9.6 | 9.5 |
| Return Before Interest on Equity 35 | 21.8 | · | 31.5 | · | 23.2 | 18.3 | 16.9 | 16.9 |
| Profit Margin, Before Income Tax 36 | 3.4 | · | 3.1 | 4.6 | 3.4 | 3.6 | 2.4 | 2.9 |
| Profit Margin, After Income Tax 37 | 3.1 | · | 3.0 | 4.3 | 3.0 | 3.4 | 2.0 | 2.4 |

## Trends in Selected Ratios and Factors, 1986-1994

| | 1986 | 1987 | 1988 | 1989 | 1990 | 1991 | 1992 | 1993 | 1994 |
|---|---|---|---|---|---|---|---|---|---|
| Cost of Operations (%) 38 | 65.6 | 67.2 | 67.1 | 66.1 | 66.3 | 67.2 | 67.1 | 65.9 | 67.5 |
| Operating Margin (%) 39 | 2.3 | 1.4 | 1.8 | 1.6 | 1.6 | 1.5 | 1.7 | 1.2 | 1.5 |
| Oper. Margin Before Officers Comp. (%) 40 | 6.6 | 5.6 | 5.7 | 5.8 | 5.8 | 5.8 | 6.0 | 5.8 | 5.1 |
| Average Net Receivables ($) 41 | 56 | 66 | 69 | 69 | 60 | 73 | 79 | 82 | 98 |
| Average Inventories ($) 42 | 188 | 187 | 205 | 219 | 215 | 213 | 239 | 261 | 303 |
| Average Net Worth ($) 43 | 209 | 205 | 221 | 231 | 229 | 206 | 251 | 300 | 325 |
| Current Ratio (x1) 44 | 2.8 | 2.6 | 2.8 | 2.5 | 2.7 | 2.4 | 2.4 | 2.7 | 2.5 |
| Quick Ratio (x1) 45 | 0.9 | 0.9 | 1.0 | 0.8 | 0.8 | 0.8 | 0.8 | 0.9 | 0.8 |
| Coverage Ratio (x1) 46 | 4.8 | 4.8 | 4.6 | 4.4 | 5.0 | 4.6 | 4.3 | 3.4 | 4.4 |
| Asset Turnover (x1) 47 | 2.3 | 2.4 | 2.3 | 2.3 | 2.4 | 2.5 | 2.4 | 2.3 | 2.5 |
| Operating Leverage (x1) 48 | · | 0.6 | 1.3 | 0.9 | 1.0 | 0.9 | 1.1 | 0.7 | 1.3 |
| Financial Leverage (x1) 49 | · | 1.0 | 1.0 | 1.0 | 1.1 | 1.1 | 1.0 | 0.9 | 1.2 |
| Total Leverage (x1) 50 | · | 0.6 | 1.3 | 0.8 | 1.1 | 1.0 | 1.1 | 0.6 | 1.5 |

## Table I

Corporations with and without Net Income

# GARDEN SUPPLIES AND MOBILE HOME DEALERS

MONEY AMOUNTS AND SIZE OF ASSETS IN THOUSANDS OF DOLLARS

| Item Description for Accounting Period 7/90 Through 6/91 | | Total | Zero Assets | Under 100 | 100 to 250 | 251 to 500 | 501 to 1,000 | 1,001 to 5,000 | 5,001 to 10,000 | 10,001 to 25,000 | 25,001 to 50,000 | 50,001 to 100,000 | 100,001 to 250,000 | 250,001 and over |
|---|---|---|---|---|---|---|---|---|---|---|---|---|---|---|
| Number of Enterprises | 1 | 9578 | 179 | 3715 | 1512 | 1904 | 1298 | 927 | 17 | 20 | • | 3 | • | 3 |
| **Revenues ($ in Thousands)** | | | | | | | | | | | | | | |
| Net Sales | 2 | 10008 | 159 | 410 | 625 | 1559 | 1979 | 3240 | 324 | 499 | • | 314 | • | 899 |
| Portfolio Income | 3 | 152 | • | 3 | 8 | 17 | 13 | 28 | 3 | 4 | • | 1 | • | 75 |
| Other Revenues | 4 | 255 | 0 | 3 | 10 | 10 | 30 | 105 | 37 | 31 | • | 3 | • | 26 |
| Total Revenues | 5 | 10414 | 160 | 416 | 644 | 1585 | 2021 | 3373 | 364 | 533 | • | 317 | • | 1001 |
| Average Total Revenues | 6 | 1087 | 892 | 112 | 426 | 832 | 1557 | 3638 | 21420 | 26671 | • | 105789 | • | 333543 |
| **Operating Costs/Operating Income (%)** | | | | | | | | | | | | | | |
| Cost of Operations | 7 | 69.7 | 59.6 | 55.9 | 68.3 | 62.7 | 72.5 | 78.9 | 81.0 | 55.2 | • | 58.3 | • | 59.2 |
| Rent | 8 | 1.7 | 5.1 | 1.9 | 1.3 | 2.2 | 1.3 | 1.4 | 0.6 | 1.3 | • | 1.7 | • | 3.0 |
| Taxes Paid | 9 | 2.3 | 2.2 | 3.3 | 3.3 | 2.6 | 2.6 | 1.7 | 1.6 | 2.3 | • | 2.4 | • | 2.8 |
| Interest Paid | 10 | 3.0 | 0.9 | 0.8 | 2.5 | 2.3 | 2.5 | 3.2 | 2.4 | 4.2 | • | 4.4 | • | 5.4 |
| Depreciation, Depletion, Amortization | 11 | 1.9 | 1.4 | 2.2 | 1.5 | 2.0 | 1.4 | 1.3 | 5.3 | 2.6 | • | 3.2 | • | 3.0 |
| Pensions and Other Benefits | 12 | 0.8 | 1.0 | 1.1 | 0.6 | 0.8 | 0.6 | 0.5 | 0.9 | 1.7 | • | 0.9 | • | 1.9 |
| Other | 13 | 19.9 | 13.8 | 25.0 | 17.9 | 22.4 | 16.8 | 15.7 | 16.6 | 37.1 | • | 21.6 | • | 29.3 |
| Officers Compensation | 14 | 3.4 | 5.6 | 8.1 | 5.2 | 5.5 | 3.4 | 2.1 | 2.2 | 5.4 | • | 1.5 | • | 0.3 |
| Operating Margin | 15 | • | 10.5 | 1.8 | • | • | • | • | • | • | • | 6.1 | • | • |
| Oper. Margin Before Officers Compensation | 16 | 0.7 | 16.1 | 9.9 | 4.6 | 5.0 | 2.4 | • | • | • | • | 7.6 | • | • |
| **Selected Average Balance Sheet ($ in Thousands)** | | | | | | | | | | | | | | |
| Net Receivables | 17 | 70 | • | 8 | 11 | 38 | 129 | 235 | 276 | 1183 | • | 8394 | • | 36428 |
| Inventories | 18 | 210 | • | 6 | 81 | 158 | 319 | 872 | 2396 | 3992 | • | 14700 | • | 58393 |
| Net Property, Plant and Equipment | 19 | 150 | • | 10 | 44 | 93 | 117 | 402 | 4084 | 7126 | • | 37711 | • | 102377 |
| Total Assets | 20 | 614 | • | 36 | 157 | 359 | 686 | 1825 | 7557 | 17343 | • | 72784 | • | 517674 |

| | | | | | | | | | | |
|---|---|---|---|---|---|---|---|---|---|---|
| Notes and Loans Payable 21 | 330 | 59 | 97 | 185 | 369 | 1095 | 3944 | 11166 | 36513 | 184636 |
| All Other Liabilities 22 | 156 | 11 | 52 | 60 | 155 | 341 | 1192 | 4167 | 13128 | 201533 |
| Net Worth 23 | 128 | -33 | 8 | 114 | 161 | 390 | 2421 | 2010 | 23142 | 131505 |

## Selected Financial Ratios (Times to 1)

| | | | | | | | | | | |
|---|---|---|---|---|---|---|---|---|---|---|
| Current Ratio 24 | 1.4 | • | 1.6 | 1.9 | 1.6 | 1.4 | 1.2 | 1.1 | 2.1 | 1.7 |
| Quick Ratio 25 | 0.4 | • | 0.4 | 0.6 | 0.6 | 0.4 | 0.2 | 0.4 | 0.9 | 0.4 |
| Net Sales to Working Capital 26 | 8.7 | • | 10.8 | 7.3 | 7.9 | 10.1 | 42.4 | 25.4 | 6.5 | 2.3 |
| Coverage Ratio 27 | 1.5 | 12.9 | 2.0 | 1.5 | 1.5 | 0.8 | 1.8 | 0.3 | 2.7 | 2.2 |
| Total Asset Turnover 28 | 1.7 | • | 2.6 | 2.3 | 2.2 | 1.9 | 2.5 | 1.4 | 1.4 | 0.6 |
| Inventory Turnover 29 | 3.4 | 5.4 | 3.3 | 3.1 | 3.3 | 3.3 | 3.5 | 4.3 | 8.3 | 3.2 |
| Receivables Turnover 30 | • | • | • | • | • | • | • | • | • | 8.1 |
| Total Liabilities to Net Worth 31 | 3.8 | • | 18.9 | 2.2 | 3.3 | 3.7 | 2.1 | 7.6 | 2.2 | 2.9 |

## Selected Financial Factors (in Percentages)

| | | | | | | | | | | |
|---|---|---|---|---|---|---|---|---|---|---|
| Debt Ratio 32 | 79.2 | • | 95.0 | 68.2 | 76.5 | 78.7 | 68.0 | 88.4 | 68.2 | 74.6 |
| Return on Assets 33 | 7.5 | 12.5 | 13.0 | 7.9 | 8.1 | 5.1 | 10.7 | 2.1 | 16.7 | 6.9 |
| Return on Equity 34 | 7.6 | • | • | 7.2 | 9.6 | • | 9.5 | • | 19.0 | 9.5 |
| Return Before Interest on Equity 35 | • | • | • | 24.8 | 34.6 | 23.7 | 33.4 | 17.6 | • | 27.0 |
| Profit Margin, Before Income Tax 36 | 1.4 | 10.7 | 2.4 | 1.2 | 1.2 | 1.9 | 1.9 | • | 7.2 | 6.4 |
| Profit Margin, After Income Tax 37 | 0.9 | 10.6 | 2.3 | 1.0 | 1.0 | 1.2 | • | • | 4.2 | 4.2 |

## Trends in Selected Ratios and Factors, 1986-1994

| | 1986 | 1987 | 1988 | 1989 | 1990 | 1991 | 1992 | 1993 | 1994 |
|---|---|---|---|---|---|---|---|---|---|
| Cost of Operations (%) 38 | 75.7 | 75.0 | 75.5 | 74.6 | 74.8 | 73.8 | 74.9 | 72.4 | 69.7 |
| Operating Margin (%) 39 | • | • | • | • | • | • | • | • | • |
| Oper. Margin Before Officers Comp. (%) 40 | • | • | • | • | • | • | • | • | 0.7 |
| Average Net Receivables ($) 41 | 59 | 61 | 62 | 74 | 60 | 66 | 73 | 61 | 70 |
| Average Inventories ($) 42 | 149 | 170 | 189 | 208 | 182 | 180 | 196 | 209 | 210 |
| Average Net Worth ($) 43 | 78 | 79 | 105 | 109 | 112 | 109 | 130 | 93 | 128 |
| Current Ratio (x1) 44 | 1.4 | 1.3 | 1.4 | 1.5 | 1.5 | 1.1 | 1.5 | 1.4 | 1.4 |
| Quick Ratio (x1) 45 | 0.5 | 0.5 | 0.5 | 0.5 | 0.5 | 0.4 | 0.5 | 0.4 | 0.4 |
| Coverage Ratio (x1) 46 | 1.1 | 1.2 | 1.2 | 1.4 | 1.6 | 1.6 | 1.4 | 1.0 | 1.5 |
| Asset Turnover (x1) 47 | 2.2 | 2.1 | 2.2 | 2.1 | 2.0 | 1.8 | 1.8 | 1.9 | 1.7 |
| Total Liabilities/Net Worth (x1) 48 | 3.8 | 4.0 | 3.3 | 3.6 | 3.2 | 3.9 | 3.2 | 5.0 | 3.8 |
| Return on Assets (x1) 49 | 7.0 | 6.9 | 7.1 | 8.0 | 8.1 | 8.5 | 6.0 | 5.4 | 7.5 |
| Return on Equity (%) 50 | • | 1.6 | 0.4 | 5.3 | 7.3 | 9.1 | 3.8 | • | 7.6 |

## Table II

Corporations with Net Income

# GARDEN SUPPLIES AND MOBILE HOME DEALERS

**Money Amounts and Size of Assets in Thousands of Dollars**

| Item Description for Accounting Period 7/90 Through 6/91 | Total | Zero Assets | Under 100 | 100 to 250 | 251 to 500 | 501 to 1,000 | 1,001 to 5,000 | 5,001 to 10,000 | 10,001 to 25,000 | 25,001 to 50,000 | 50,001 to 100,000 | 100,001 to 250,000 | 250,001 and over |
|---|---|---|---|---|---|---|---|---|---|---|---|---|---|
| Number of Enterprises **1** | 5883 | 179 | 2129 | 794 | 1322 | 886 | 541 | 17 | • | • | • | • | • |
| **Revenues ($ in Thousands)** | | | | | | | | | | | | | |
| Net Sales **2** | 6985 | 159 | 347 | 364 | 1287 | 1413 | 2131 | 324 | • | • | • | • | • |
| Portfolio Income **3** | 124 | • | 1 | 0 | 16 | 9 | 22 | 3 | • | • | • | • | • |
| Other Revenues **4** | 207 | 0 | 2 | 9 | 8 | 17 | 86 | 37 | • | • | • | • | • |
| Total Revenues **5** | 7317 | 160 | 350 | 373 | 1311 | 1440 | 2238 | 364 | • | • | • | • | • |
| Average Total Revenues **6** | 1244 | 892 | 164 | 470 | 991 | 1625 | 4137 | 21420 | | | | | |
| **Operating Costs/Operating Income (%)** | | | | | | | | | | | | | |
| Cost of Operations **7** | 69.8 | 59.6 | 57.6 | 71.1 | 60.1 | 72.3 | 79.1 | 81.0 | • | • | • | • | • |
| Rent **8** | 1.5 | 5.1 | 1.1 | 0.8 | 2.2 | 1.4 | 1.4 | 0.6 | • | • | • | • | • |
| Taxes Paid **9** | 2.1 | 2.2 | 2.3 | 2.8 | 2.7 | 2.5 | 1.6 | 1.6 | • | • | • | • | • |
| Interest Paid **10** | 2.4 | 0.9 | 0.8 | 2.2 | 2.0 | 2.1 | 2.4 | 2.4 | • | • | • | • | • |
| Depreciation, Depletion, Amortization **11** | 1.7 | 1.4 | 2.1 | 1.4 | 1.9 | 1.4 | 1.1 | 5.3 | • | • | • | • | • |
| Pensions and Other Benefits **12** | 0.7 | 1.0 | 1.2 | 0.3 | 0.7 | 0.4 | 0.5 | 0.9 | • | • | • | • | • |
| Other **13** | 18.8 | 13.8 | 20.4 | 11.4 | 23.7 | 15.4 | 15.2 | 16.6 | • | • | • | • | • |
| Officers Compensation **14** | 3.4 | 5.6 | 9.5 | 1.6 | 5.9 | 3.3 | 2.2 | 2.2 | • | • | • | • | • |
| Operating Margin **15** | • | 10.5 | 5.1 | 8.6 | 1.0 | 1.2 | • | • | • | • | • | • | • |
| Oper. Margin Before Officers Compensation **16** | 3.0 | 16.1 | 14.7 | 10.1 | 6.9 | 4.5 | • | • | • | • | • | • | • |
| **Selected Average Balance Sheet ($ in Thousands)** | | | | | | | | | | | | | |
| Net Receivables **17** | 87 | • | 5 | 7 | 49 | 143 | 303 | 276 | • | • | • | • | • |
| Inventories **18** | 208 | • | 10 | 76 | 154 | 282 | 875 | 2396 | • | • | • | • | • |
| Net Property, Plant and Equipment **19** | 126 | • | 8 | 62 | 82 | 129 | 312 | 4084 | • | • | • | • | • |
| Total Assets **20** | 657 | • | 31 | 151 | 370 | 672 | 1896 | 7557 | • | • | • | • | • |

| | | | | | | | | |
|---|---|---|---|---|---|---|---|---|
| Notes and Loans Payable 21 | 308 | • | 91 | 68 | 151 | 345 | 952 | 3944 |
| All Other Liabilities 22 | 180 | • | 3 | 59 | 67 | 133 | 387 | 1192 |
| Net Worth 23 | 169 | • | -64 | 24 | 153 | 194 | 558 | 2421 |

**Selected Financial Ratios (Times to 1)**

| | | | | | | | | |
|---|---|---|---|---|---|---|---|---|
| Current Ratio 24 | 1.5 | • | 0.2 | 1.3 | 2.0 | 1.8 | 1.4 | 1.2 |
| Quick Ratio 25 | 0.4 | • | 0.1 | 0.2 | 0.7 | 0.7 | 0.5 | 0.2 |
| Net Sales to Working Capital 26 | 8.1 | • | • | 23.8 | 7.6 | 7.3 | 9.7 | 42.4 |
| Coverage Ratio 27 | 2.8 | 12.9 | 8.5 | 6.1 | 2.4 | 2.5 | 1.7 | 1.8 |
| Total Asset Turnover 28 | 1.8 | • | 5.3 | 3.0 | 2.6 | 2.4 | 2.1 | 2.5 |
| Inventory Turnover 29 | 3.9 | • | 8.0 | 4.1 | 3.6 | 3.7 | 3.4 | 5.4 |
| Receivables Turnover 30 | • | • | • | • | • | • | • | • |
| Total Liabilities to Net Worth 31 | 2.9 | • | • | 5.2 | 1.4 | 2.5 | 2.4 | 2.1 |

**Selected Financial Factors (in Percentages)**

| | | | | | | | | |
|---|---|---|---|---|---|---|---|---|
| Debt Ratio 32 | 74.2 | • | • | 83.9 | 58.8 | 71.2 | 70.6 | 68.0 |
| Return on Assets 33 | 12.3 | • | 35.0 | 39.8 | 12.6 | 12.3 | 8.6 | 10.7 |
| Return on Equity 34 | 25.5 | • | • | • | 16.4 | 23.7 | 10.0 | 9.5 |
| Return Before Interest on Equity 35 | • | • | • | • | 30.6 | • | 29.1 | 33.4 |
| Profit Margin, Before Income Tax 36 | 4.4 | 10.7 | 5.8 | 11.0 | 2.8 | 3.1 | 1.7 | 1.9 |
| Profit Margin, After Income Tax 37 | 3.6 | 10.6 | 5.5 | 10.8 | 2.6 | 2.9 | 1.4 | 1.2 |

**Trends in Selected Ratios and Factors, 1986-1994**

| | 1986 | 1987 | 1988 | 1989 | 1990 | 1991 | 1992 | 1993 | 1994 |
|---|---|---|---|---|---|---|---|---|---|
| Cost of Operations (%) 38 | 74.8 | 75.5 | 73.8 | 73.5 | 74.4 | 73.4 | 75.1 | 72.8 | 69.8 |
| Operating Margin (%) 39 | • | 0.2 | • | • | • | • | • | • | • |
| Oper. Margin Before Officers Comp. (%) 40 | 2.7 | 2.9 | 3.0 | 2.1 | 0.6 | 1.2 | 1.2 | 3.0 | 3.0 |
| Average Net Receivables ($) 41 | 66 | 64 | 67 | 80 | 67 | 101 | 107 | 88 | 87 |
| Average Inventories ($) 42 | 164 | 183 | 202 | 237 | 198 | 260 | 210 | 239 | 208 |
| Average Net Worth ($) 43 | 134 | 119 | 176 | 170 | 146 | 208 | 189 | 168 | 169 |
| Current Ratio (×1) 44 | 1.5 | 1.5 | 1.6 | 1.6 | 1.6 | 1.5 | 1.6 | 1.8 | 1.5 |
| Quick Ratio (×1) 45 | 0.6 | 0.5 | 0.6 | 0.5 | 0.5 | 0.5 | 0.6 | 0.5 | 0.4 |
| Coverage Ratio (×1) 46 | 2.4 | 2.5 | 2.7 | 2.4 | 2.6 | 3.1 | 2.4 | 2.5 | 2.8 |
| Asset Turnover (×1) 47 | 2.3 | 2.4 | 2.4 | 2.2 | 2.1 | 2.1 | 2.0 | 1.9 | 1.8 |
| Operating Leverage 48 | • | • | • | 6.3 | 2.7 | 0.7 | 1.1 | 0.1 | 3.4 |
| Financial Leverage 49 | • | 1.1 | 1.0 | 1.0 | 1.1 | 1.1 | 0.9 | 1.1 | 1.1 |
| Total Leverage 50 | • | • | • | 6.0 | 2.9 | 0.8 | 1.0 | 0.1 | 3.6 |

# Table I

Corporations with and without Net Income

## GENERAL MERCHANDISE STORES

### MONEY AMOUNTS AND SIZE OF ASSETS IN THOUSANDS OF DOLLARS

| Item Description for Accounting Period 7/90 Through 6/91 | Total | Zero Assets | Under 100 | 100 to 250 | 251 to 500 | 501 to 1,000 | 1,001 to 5,000 | 5,001 to 10,000 | 10,001 to 25,000 | 25,001 to 50,000 | 50,001 to 100,000 | 100,001 to 250,000 | 250,001 and over |
|---|---|---|---|---|---|---|---|---|---|---|---|---|---|
| Number of Enterprises **1** | 8974 | 125 | 2453 | 2214 | 2308 | 841 | 709 | 118 | 81 | 22 | 34 | 25 | 45 |

**Revenues ($ in Thousands)**

| | Total | Zero Assets | Under 100 | 100 to 250 | 251 to 500 | 501 to 1,000 | 1,001 to 5,000 | 5,001 to 10,000 | 10,001 to 25,000 | 25,001 to 50,000 | 50,001 to 100,000 | 100,001 to 250,000 | 250,001 and over |
|---|---|---|---|---|---|---|---|---|---|---|---|---|---|
| Net Sales **2** | 261043 | 221 | 558 | 793 | 2707 | 1260 | 3340 | 1550 | 2597 | 1423 | 5325 | 7764 | 233505 |
| Portfolio Income **3** | 9271 | 7 | 0 | 4 | 7 | 14 | 26 | 11 | 27 | 71 | 51 | 84 | 8969 |
| Other Revenues **4** | 8303 | 2 | 5 | 15 | 21 | 16 | 68 | 26 | 60 | 35 | 89 | 164 | 7802 |
| Total Revenues **5** | 278617 | 230 | 563 | 812 | 2735 | 1291 | 3433 | 1587 | 2684 | 1529 | 5465 | 8012 | 250276 |
| Average Total Revenues **6** | 31047 | 1843 | 229 | 367 | 1185 | 1535 | 4843 | 13449 | 33139 | 69489 | 160722 | 320485 | 5561688 |

**Operating Costs/Operating Income (%)**

| | Total | Zero Assets | Under 100 | 100 to 250 | 251 to 500 | 501 to 1,000 | 1,001 to 5,000 | 5,001 to 10,000 | 10,001 to 25,000 | 25,001 to 50,000 | 50,001 to 100,000 | 100,001 to 250,000 | 250,001 and over |
|---|---|---|---|---|---|---|---|---|---|---|---|---|---|
| Cost of Operations **7** | 65.4 | 71.4 | 79.3 | 62.0 | 69.9 | 64.2 | 70.5 | 60.9 | 64.9 | 70.3 | 69.6 | 68.1 | 65.1 |
| Rent **8** | 3.0 | 9.6 | 6.1 | 5.0 | 4.5 | 4.4 | 2.5 | 5.3 | 4.9 | 3.9 | 2.8 | 3.1 | 2.9 |
| Taxes Paid **9** | 2.2 | 1.9 | 1.0 | 4.1 | 2.0 | 2.8 | 2.0 | 2.2 | 1.8 | 1.9 | 1.9 | 2.0 | 2.2 |
| Interest Paid **10** | 4.5 | 5.0 | 0.5 | 1.3 | 0.6 | 2.1 | 0.8 | 1.9 | 1.5 | 2.0 | 1.6 | 3.2 | 4.8 |
| Depreciation, Depletion, Amortization **11** | 2.0 | 1.7 | 0.9 | 0.9 | 0.9 | 1.6 | 1.0 | 1.8 | 1.9 | 1.5 | 1.7 | 2.4 | 2.0 |
| Pensions and Other Benefits **12** | 1.2 | 1.0 | 0.4 | 0.2 | 0.4 | 1.0 | 0.9 | 0.9 | 0.8 | 1.0 | 0.8 | 0.9 | 1.2 |
| Other **13** | 25.9 | 28.8 | 15.2 | 27.3 | 14.9 | 22.0 | 20.7 | 27.2 | 26.3 | 25.3 | 22.6 | 30.0 | 26.1 |
| Officers Compensation **14** | 0.3 | 4.7 | 2.8 | 4.8 | 4.7 | 5.1 | 2.4 | 1.8 | 1.1 | 0.9 | 0.6 | 0.4 | 0.2 |
| Operating Margin **15** | • | • | • | • | 2.1 | • | • | • | • | • | • | • | • |
| Oper. Margin Before Officers Compensation **16** | • | • | • | • | 6.7 | 2.2 | 1.7 | • | • | • | • | • | • |

**Selected Average Balance Sheet ($ in Thousands)**

| | Total | Zero Assets | Under 100 | 100 to 250 | 251 to 500 | 501 to 1,000 | 1,001 to 5,000 | 5,001 to 10,000 | 10,001 to 25,000 | 25,001 to 50,000 | 50,001 to 100,000 | 100,001 to 250,000 | 250,001 and over |
|---|---|---|---|---|---|---|---|---|---|---|---|---|---|
| Net Receivables **17** | 7894 | • | 2 | 7 | 34 | 73 | 331 | 916 | 2175 | 9509 | 8349 | 22157 | 1535892 |
| Inventories **18** | 4661 | • | 28 | 79 | 185 | 303 | 915 | 2733 | 5430 | 10290 | 28011 | 58584 | 818774 |
| Net Property, Plant and Equipment **19** | 5082 | • | 6 | 18 | 52 | 183 | 311 | 1791 | 3650 | 4716 | 19795 | 41133 | 949796 |
| Total Assets **20** | 27300 | • | 42 | 143 | 352 | 712 | 1948 | 6931 | 14549 | 34322 | 69022 | 154141 | 5174022 |

| | | | | | | | | | | | | |
|---|---|---|---|---|---|---|---|---|---|---|---|---|
| Notes and Loans Payable 21 | 9279 | • | 24 | 63 | 86 | 345 | 341 | 2604 | 4657 | 9479 | 23993 | 85652 | 1744168 |
| All Other Liabilities 22 | 11753 | • | 8 | 28 | 82 | 128 | 501 | 1393 | 4040 | 16067 | 21484 | 47932 | 2265864 |
| Net Worth 23 | 6269 | • | 9 | 52 | 184 | 239 | 1106 | 2933 | 5851 | 8776 | 23545 | 20557 | 1163990 |

## Selected Financial Ratios (Times to 1)

| | | | | | | | | | | | | | |
|---|---|---|---|---|---|---|---|---|---|---|---|---|---|
| Current Ratio 24 | 1.3 | • | 3.1 | 2.7 | 2.8 | 3.0 | 2.5 | 1.8 | 1.9 | 1.5 | 1.8 | 1.3 | 1.2 |
| Quick Ratio 25 | 0.7 | • | 0.5 | 0.5 | 0.8 | 0.8 | 1.0 | 0.6 | 0.7 | 0.8 | 0.5 | 0.4 | 0.7 |
| Net Sales to Working Capital 26 | 9.2 | • | 10.3 | 5.8 | 6.6 | 4.9 | 5.1 | 6.9 | 7.8 | 7.4 | 8.5 | 12.9 | 9.3 |
| Coverage Ratio 27 | 1.5 | • | • | • | 6.2 | 0.8 | 3.6 | 1.3 | 1.1 | 1.3 | 1.6 | • | 1.5 |
| Total Asset Turnover 28 | 1.1 | • | 5.5 | 2.5 | 3.3 | 2.1 | 2.4 | 1.9 | 2.2 | 1.9 | 2.3 | 2.0 | 1.0 |
| Inventory Turnover 29 | 4.2 | • | 4.9 | 2.5 | 4.8 | 3.3 | 3.4 | 2.9 | 3.5 | 4.1 | 4.0 | 3.9 | 4.2 |
| Receivables Turnover 30 | 3.9 | • | • | • | • | • | • | • | • | 7.7 | • | • | 3.6 |
| Total Liabilities to Net Worth 31 | 3.4 | • | 3.7 | 1.8 | 0.9 | 2.0 | 0.8 | 1.4 | 1.5 | 2.9 | 1.9 | 6.5 | 3.5 |

## Selected Financial Factors (in Percentages)

| | | | | | | | | | | | | | |
|---|---|---|---|---|---|---|---|---|---|---|---|---|---|
| Debt Ratio 32 | 77.0 | • | 78.7 | 63.9 | 47.7 | 66.5 | 43.2 | 57.7 | 59.8 | 74.4 | 65.9 | 86.7 | 77.5 |
| Return on Assets 33 | 6.9 | • | • | • | 12.2 | 3.4 | 7.0 | 4.5 | 3.6 | 5.1 | 6.0 | • | 7.2 |
| Return on Equity 34 | 4.3 | • | • | • | 17.5 | • | 6.0 | 1.6 | • | 0.2 | 3.8 | • | 5.6 |
| Return Before Interest on Equity 35 | 30.1 | • | • | • | 23.4 | 10.1 | 12.3 | 10.5 | 8.9 | 19.9 | 17.5 | • | 32.1 |
| Profit Margin, Before Income Tax 36 | 2.0 | • | • | • | 3.1 | • | 2.1 | 0.5 | 0.1 | 0.7 | 1.0 | • | 2.4 |
| Profit Margin, After Income Tax 37 | 0.9 | • | • | • | 2.8 | • | 1.4 | 0.4 | • | • | 0.6 | • | 1.3 |

## Trends in Selected Ratios and Factors, 1986-1994

| | 1986 | 1987 | 1988 | 1989 | 1990 | 1991 | 1992 | 1993 | 1994 |
|---|---|---|---|---|---|---|---|---|---|
| Cost of Operations (%) 38 | 64.9 | 64.1 | 64.9 | 64.1 | 63.9 | 64.7 | 65.0 | 64.5 | 65.4 |
| Operating Margin (%) 39 | • | • | • | • | • | • | • | • | • |
| Oper. Margin Before Officers Comp. (%) 40 | • | • | • | • | • | • | • | • | • |
| Average Net Receivables ($) 41 | 3595 | 3723 | 4720 | 3636 | 4467 | 5317 | 6877 | 5691 | 7894 |
| Average Inventories ($) 42 | 2250 | 2239 | 3186 | 2709 | 3071 | 3397 | 3899 | 3734 | 4661 |
| Average Net Worth ($) 43 | 3560 | 3236 | 4426 | 3720 | 4648 | 4790 | 5802 | 4785 | 6269 |
| Current Ratio (x1) 44 | 1.5 | 1.5 | 1.5 | 1.4 | 1.5 | 1.4 | 1.2 | 1.4 | 1.3 |
| Quick Ratio (x1) 45 | 0.9 | 1.0 | 0.9 | 0.8 | 0.8 | 0.8 | 0.7 | 0.8 | 0.7 |
| Coverage Ratio (x1) 46 | 1.5 | 1.8 | 1.8 | 1.7 | 1.8 | 1.9 | 1.6 | 1.6 | 1.5 |
| Asset Turnover (x1) 47 | 1.3 | 1.2 | 1.2 | 1.1 | 1.1 | 1.1 | 1.0 | 1.1 | 1.1 |
| Total Liabilities/Net Worth (x1) 48 | 2.1 | 2.3 | 2.2 | 2.5 | 2.5 | 2.9 | 3.2 | 3.3 | 3.4 |
| Return on Assets (x1) 49 | 7.9 | 7.5 | 7.5 | 7.1 | 7.2 | 8.0 | 7.9 | 7.8 | 6.9 |
| Return on Equity (%) 50 | 4.5 | 5.9 | 6.1 | 6.1 | 5.8 | 9.0 | 7.9 | 7.2 | 4.3 |

## Table II

Corporations with Net Income

# GENERAL MERCHANDISE STORES

### MONEY AMOUNTS AND SIZE OF ASSETS IN THOUSANDS OF DOLLARS

| Item Description for Accounting Period 7/90 Through 6/91 | Total | Zero Assets | Under 100 | 100 to 250 | 251 to 500 | 501 to 1,000 | 1,001 to 5,000 | 5,001 to 10,000 | 10,001 to 25,000 | 25,001 to 50,000 | 50,001 to 100,000 | 100,001 to 250,000 | 250,001 and over |
|---|---|---|---|---|---|---|---|---|---|---|---|---|---|
| Number of Enterprises **1** | 5227 | 116 | 910 | 1119 | 1726 | 561 | 589 | 63 | 55 | 18 | 23 | 16 | 30 |
| **Revenues ($ in Thousands)** | | | | | | | | | | | | | |
| Net Sales **2** | 217001 | 95 | 351 | 384 | 2343 | 982 | 2841 | 932 | 1773 | 1079 | 3309 | 4542 | 198369 |
| Portfolio Income **3** | 8173 | 0 | 0 | 4 | 6 | 14 | 23 | 5 | 17 | 71 | 44 | 67 | 7921 |
| Other Revenues **4** | 5831 | 0 | 1 | 12 | 21 | 13 | 43 | 12 | 36 | 26 | 62 | 120 | 5486 |
| Total Revenues **5** | 231005 | 95 | 352 | 400 | 2370 | 1010 | 2907 | 950 | 1826 | 1175 | 3415 | 4729 | 211776 |
| Average Total Revenues **6** | 44194 | 820 | 387 | 357 | 1373 | 1800 | 4935 | 15076 | 33200 | 65303 | 148480 | 295539 | 7059201 |
| **Operating Costs/Operating Income (%)** | | | | | | | | | | | | | |
| Cost of Operations **7** | 65.1 | 51.0 | 75.4 | 62.9 | 70.9 | 64.8 | 71.2 | 60.1 | 62.9 | 68.7 | 67.2 | 66.3 | 64.9 |
| Rent **8** | 2.9 | 9.3 | 1.7 | 4.9 | 4.8 | 3.2 | 2.1 | 4.5 | 4.7 | 3.2 | 2.6 | 3.1 | 2.9 |
| Taxes Paid **9** | 2.2 | 2.7 | 1.0 | 2.8 | 1.7 | 2.7 | 1.9 | 2.3 | 2.0 | 1.7 | 2.2 | 1.9 | 2.2 |
| Interest Paid **10** | 3.7 | 1.4 | 0.8 | 1.0 | 0.5 | 0.8 | 0.5 | 1.2 | 1.6 | 2.1 | 1.7 | 3.4 | 3.9 |
| Depreciation, Depletion, Amortization **11** | 1.9 | 0.5 | 0.2 | 1.0 | 0.9 | 1.1 | 0.8 | 1.2 | 1.9 | 1.4 | 1.9 | 1.8 | 1.9 |
| Pensions and Other Benefits **12** | 1.2 | • | 0.7 | 0.4 | 0.3 | 1.2 | 0.9 | 0.8 | 0.5 | 1.0 | 0.8 | 1.1 | 1.3 |
| Other **13** | 24.9 | 24.7 | 13.7 | 23.5 | 13.7 | 19.8 | 18.5 | 24.9 | 25.2 | 25.6 | 23.0 | 23.7 | 25.3 |
| Officers Compensation **14** | 0.3 | 7.1 | 3.8 | 5.6 | 4.3 | 5.8 | 2.3 | 1.9 | 1.1 | 0.8 | 0.7 | 0.4 | 0.2 |
| Operating Margin **15** | • | 3.5 | 2.9 | • | 3.0 | 0.7 | 1.9 | 3.1 | 0.1 | • | 0.1 | • | • |
| Oper. Margin Before Officers Compensation **16** | • | 10.6 | 6.6 | 3.6 | 7.3 | 6.5 | 4.2 | 5.0 | 1.2 | • | 0.8 | • | • |
| **Selected Average Balance Sheet ($ in Thousands)** | | | | | | | | | | | | | |
| Net Receivables **17** | 12598 | • | 3 | 3 | 38 | 86 | 339 | 675 | 2393 | 11498 | 10606 | 25253 | 2149936 |
| Inventories **18** | 6515 | • | 51 | 66 | 161 | 297 | 896 | 2785 | 5153 | 9480 | 28573 | 59296 | 1024192 |
| Net Property, Plant and Equipment **19** | 6594 | • | 3 | 15 | 54 | 90 | 308 | 1294 | 3981 | 3734 | 18713 | 40125 | 1089440 |
| Total Assets **20** | 39828 | • | 65 | 145 | 348 | 681 | 1949 | 6388 | 14786 | 35694 | 70959 | 142934 | 6668369 |

| | | | | | | | | | | | |
|---|---|---|---|---|---|---|---|---|---|---|---|
| Notes and Loans Payable 21 | 12264 | 26 | 35 | 71 | 149 | 199 | 1592 | 5442 | 10094 | 23350 | 54167 | 2057814 |
| All Other Liabilities 22 | 16326 | 5 | 21 | 95 | 107 | 451 | 1378 | 3364 | 13890 | 18286 | 31701 | 2778861 |
| Net Worth 23 | 11238 | 34 | 89 | 182 | 425 | 1298 | 3418 | 5980 | 11710 | 29324 | 57065 | 1831694 |

## Selected Financial Ratios (Times to 1)

| | | | | | | | | | | | | |
|---|---|---|---|---|---|---|---|---|---|---|---|---|
| Current Ratio 24 | 1.3 | 4.8 | 3.9 | 2.5 | 3.6 | 3.2 | 2.3 | 1.8 | 1.5 | 2.1 | 2.1 | 1.2 |
| Quick Ratio 25 | 0.7 | 0.8 | 0.9 | 0.8 | 1.2 | 1.2 | 0.8 | 0.6 | 0.9 | 0.7 | 0.6 | 0.7 |
| Net Sales to Working Capital 26 | 8.3 | 8.0 | 5.3 | 8.5 | 5.0 | 4.6 | 6.0 | 8.5 | 6.7 | 6.1 | 6.0 | 8.6 |
| Coverage Ratio 27 | 2.0 | 4.9 | 2.9 | 9.2 | 5.4 | 10.3 | 5.2 | 2.9 | 3.2 | 2.9 | 1.8 | 2.0 |
| Total Asset Turnover 28 | 1.1 | 6.0 | 2.4 | 3.9 | 2.6 | 2.5 | 2.3 | 2.2 | 1.7 | 2.0 | 2.0 | 1.0 |
| Inventory Turnover 29 | 4.1 | 4.3 | 2.6 | 6.1 | 3.8 | 3.8 | 2.9 | 3.2 | 4.4 | 3.6 | 3.1 | 4.2 |
| Receivables Turnover 30 | 3.5 | • | • | • | • | • | • | • | 6.2 | • | • | 3.3 |
| Total Liabilities to Net Worth 31 | 2.6 | 0.9 | 0.6 | 0.9 | 0.6 | 0.5 | 0.9 | 1.5 | 2.1 | 1.4 | 1.5 | 2.7 |

## Selected Financial Factors (in Percentages)

| | | | | | | | | | | | | |
|---|---|---|---|---|---|---|---|---|---|---|---|---|
| Debt Ratio 32 | 71.8 | 48.2 | 38.9 | 47.6 | 37.6 | 33.4 | 46.5 | 59.6 | 67.2 | 58.7 | 60.1 | 72.5 |
| Return on Assets 33 | 7.8 | 23.4 | 7.1 | 18.2 | 11.2 | 11.4 | 14.1 | 10.3 | 11.3 | 10.2 | 11.8 | 7.7 |
| Return on Equity 34 | 9.3 | 35.6 | 6.6 | 28.1 | 12.4 | 12.6 | 20.6 | 14.1 | 19.5 | 12.8 | 8.6 | 8.9 |
| Return Before Interest on Equity 35 | 27.7 | • | 11.5 | 34.7 | 17.9 | 17.1 | 26.4 | 25.5 | 34.3 | 24.6 | 29.4 | 27.9 |
| Profit Margin, Before Income Tax 36 | 3.8 | 4.1 | 2.0 | 4.2 | 3.5 | 4.2 | 4.9 | 3.1 | 4.6 | 3.3 | 2.5 | 3.8 |
| Profit Margin, After Income Tax 37 | 2.5 | 3.1 | 1.7 | 3.8 | 3.0 | 3.4 | 4.8 | 2.6 | 3.8 | 2.6 | 1.7 | 2.5 |

## Trends in Selected Ratios and Factors, 1986-1994

| | 1986 | 1987 | 1988 | 1989 | 1990 | 1991 | 1992 | 1993 | 1994 |
|---|---|---|---|---|---|---|---|---|---|
| Cost of Operations (%) 38 | 64.7 | 64.0 | 64.7 | 63.8 | 63.5 | 64.9 | 64.7 | 64.2 | 65.1 |
| Operating Margin (%) 39 | • | • | • | • | • | • | • | • | • |
| Oper. Margin Before Officers Comp. (%) 40 | | | | | | | | | |
| Average Net Receivables ($) 41 | 6431 | 6747 | 7024 | 6588 | 7454 | 7136 | 9458 | 9375 | 12598 |
| Average Inventories ($) 42 | 3757 | 3865 | 4564 | 4675 | 5159 | 4854 | 4770 | 5632 | 6515 |
| Average Net Worth ($) 43 | 6103 | 5725 | 6537 | 6677 | 8426 | 7142 | 8130 | 8689 | 11238 |
| Current Ratio (x1) 44 | 1.4 | 1.5 | 1.5 | 1.4 | 1.4 | 1.3 | 1.3 | 1.4 | 1.3 |
| Quick Ratio (x1) 45 | 0.9 | 1.0 | 0.9 | 0.8 | 0.8 | 0.8 | 0.8 | 0.9 | 0.7 |
| Coverage Ratio (x1) 46 | 1.7 | 1.9 | 2.0 | 1.8 | 2.2 | 2.2 | 2.0 | 2.0 | 2.0 |
| Asset Turnover (x1) 47 | 1.3 | 1.1 | 1.2 | 1.1 | 1.1 | 1.2 | 1.0 | 1.1 | 1.1 |
| Operating Leverage 48 | • | • | 0.7 | 1.8 | 0.7 | 0.5 | 1.5 | 1.2 | 1.2 |
| Financial Leverage 49 | • | 1.2 | 1.1 | 0.9 | 1.2 | 1.1 | 1.0 | 1.0 | 1.0 |
| Total Leverage 50 | • | 1.2 | 0.8 | 1.6 | 0.9 | 0.5 | 1.4 | 1.2 | 1.2 |

## Table I

Corporations with and without Net Income

# GROCERY STORES

**MONEY AMOUNTS AND SIZE OF ASSETS IN THOUSANDS OF DOLLARS**

| Item Description for Accounting Period 7/90 Through 6/91 | Total | Zero Assets | Under 100 | 100 to 250 | 251 to 500 | 501 to 1,000 | 1,001 to 5,000 | 5,001 to 10,000 | 10,001 to 25,000 | 25,001 to 50,000 | 50,001 to 100,000 | 100,001 to 250,000 | 250,001 and over |
|---|---|---|---|---|---|---|---|---|---|---|---|---|---|
| Number of Enterprises **1** | 35607 | 482 | 14538 | 10009 | 4008 | 3170 | 2819 | 201 | 162 | 93 | 40 | 38 | 48 |
| **Revenues ($ in Thousands)** | | | | | | | | | | | | | |
| Net Sales **2** | 311883 | 1869 | 5701 | 9855 | 9287 | 13895 | 31676 | 7059 | 14159 | 13981 | 12469 | 26190 | 165741 |
| Portfolio Income **3** | 2182 | 10 | 43 | 7 | 33 | 18 | 49 | 10 | 38 | 35 | 91 | 45 | 1802 |
| Other Revenues **4** | 4273 | 16 | 54 | 62 | 97 | 110 | 329 | 117 | 162 | 177 | 196 | 302 | 2652 |
| Total Revenues **5** | 318337 | 1895 | 5798 | 9923 | 9417 | 14023 | 32054 | 7186 | 14359 | 14192 | 12755 | 26538 | 170196 |
| Average Total Revenues **6** | 8940 | 3931 | 399 | 991 | 2350 | 4424 | 11371 | 35751 | 88635 | 152606 | 318881 | 698357 | 3545743 |
| **Operating Costs/Operating Income (%)** | | | | | | | | | | | | | |
| Cost of Operations **7** | 77.0 | 77.4 | 77.2 | 78.9 | 80.2 | 78.6 | 80.4 | 79.2 | 80.4 | 78.9 | 81.1 | 77.4 | 75.1 |
| Rent **8** | 1.7 | 1.3 | 3.4 | 2.3 | 1.4 | 1.4 | 1.6 | 1.9 | 1.6 | 1.5 | 1.4 | 1.6 | 1.7 |
| Taxes Paid **9** | 1.4 | 2.1 | 1.7 | 1.8 | 1.4 | 1.5 | 1.2 | 1.3 | 1.3 | 1.4 | 1.2 | 1.1 | 1.4 |
| Interest Paid **10** | 1.4 | 1.4 | 0.5 | 0.6 | 0.6 | 0.6 | 0.6 | 0.7 | 0.5 | 0.8 | 0.6 | 1.0 | 2.1 |
| Depreciation, Depletion, Amortization **11** | 1.5 | 1.0 | 0.8 | 0.8 | 0.8 | 1.1 | 1.1 | 1.2 | 1.1 | 1.5 | 1.4 | 1.5 | 1.7 |
| Pensions and Other Benefits **12** | 1.2 | 1.6 | 0.3 | 0.2 | 0.4 | 0.5 | 0.7 | 0.8 | 0.9 | 0.8 | 0.8 | 1.5 | 1.5 |
| Other **13** | 16.2 | 15.7 | 14.7 | 13.9 | 14.2 | 15.8 | 14.4 | 15.9 | 14.4 | 15.4 | 13.5 | 15.9 | 17.3 |
| Officers Compensation **14** | 0.5 | 0.4 | 2.7 | 2.2 | 2.1 | 1.3 | 1.6 | 0.8 | 0.5 | 0.4 | 0.3 | 0.2 | 0.1 |
| Operating Margin **15** | * | | | | | | | | | | | | |
| Oper. Margin Before Officers Compensation **16** | | | 1.5 | 1.6 | 1.1 | 0.8 | | | | | | | |
| **Selected Average Balance Sheet ($ in Thousands)** | | | | | | | | | | | | | |
| Net Receivables **17** | 160 | | 4 | 6 | 29 | 42 | 128 | 396 | 1465 | 2468 | 6207 | 9639 | 79646 |
| Inventories **18** | 557 | | 24 | 58 | 128 | 239 | 565 | 1815 | 3602 | 7277 | 15581 | 45582 | 251088 |
| Net Property, Plant and Equipment **19** | 962 | | 9 | 38 | 83 | 190 | 666 | 2634 | 6515 | 16194 | 31501 | 77866 | 492045 |
| Total Assets **20** | 2484 | | 48 | 158 | 349 | 664 | 1920 | 6672 | 15483 | 34475 | 69004 | 174264 | 1267182 |

| | | | | | | | | | | | | | |
|---|---|---|---|---|---|---|---|---|---|---|---|---|---|
| Notes and Loans Payable 21 | 1225 | • | 32 | 64 | 149 | 294 | 734 | 2988 | 4752 | 13634 | 19217 | 71239 | 683530 |
| All Other Liabilities 22 | 854 | • | 20 | 44 | 103 | 194 | 521 | 2326 | 5420 | 10037 | 22687 | 59537 | 453214 |
| Net Worth 23 | 405 | • | -3 | 50 | 97 | 177 | 665 | 1358 | 5311 | 10804 | 27101 | 43488 | 130438 |

## Selected Financial Ratios (Times to 1)

| | | | | | | | | | | | | | |
|---|---|---|---|---|---|---|---|---|---|---|---|---|---|
| Current Ratio 24 | 1.0 | • | 1.4 | 1.8 | 1.8 | 1.8 | 1.6 | 1.2 | 1.2 | 1.3 | 1.3 | 1.2 | 0.8 |
| Quick Ratio 25 | 0.3 | • | 0.4 | 0.6 | 0.6 | 0.6 | 0.6 | 0.4 | 0.5 | 0.5 | 0.6 | 0.3 | 0.2 |
| Net Sales to Working Capital 26 | • | • | 37.3 | 24.7 | 24.2 | 25.5 | 29.6 | • | • | • | 47.1 | • | • |
| Coverage Ratio 27 | 1.9 | 1.4 | 1.9 | 1.1 | 1.7 | 1.8 | 0.5 | 1.2 | 2.7 | 2.1 | 4.8 | 2.1 | 2.0 |
| Total Asset Turnover 28 | 3.5 | • | 8.2 | 6.3 | 6.7 | 6.6 | 5.9 | 5.3 | 5.7 | 4.4 | 4.5 | 4.0 | 2.7 |
| Inventory Turnover 29 | • | • | • | • | • | • | • | • | • | • | • | • | • |
| Receivables Turnover 30 | • | • | • | • | • | • | • | • | • | • | • | • | • |
| Total Liabilities to Net Worth 31 | 5.1 | • | 2.2 | 2.2 | 2.6 | 2.8 | 1.9 | 3.9 | 1.9 | 2.2 | 1.6 | 3.0 | 8.7 |

## Selected Financial Factors (in Percentages)

| | | | | | | | | | | | | | |
|---|---|---|---|---|---|---|---|---|---|---|---|---|---|
| Debt Ratio 32 | 83.7 | • | • | 68.6 | 72.3 | 73.4 | 65.4 | 79.7 | 65.7 | 68.7 | 60.7 | 75.1 | 89.7 |
| Return on Assets 33 | 9.7 | • | 7.7 | 4.2 | 6.2 | 6.6 | 1.9 | 4.2 | 7.9 | 6.8 | 11.8 | 8.4 | 11.1 |
| Return on Equity 34 | 17.7 | • | • | 7.8 | 7.8 | 9.5 | • | • | 10.9 | 8.3 | 16.9 | 11.5 | 32.7 |
| Return Before Interest on Equity 35 | • | • | • | 13.5 | 22.1 | 24.9 | 5.6 | 20.4 | 23.0 | 21.8 | 30.1 | 33.7 | • |
| Profit Margin, Before Income Tax 36 | 1.3 | 0.6 | 0.4 | 0.4 | 0.4 | 0.5 | • | 0.1 | 0.9 | 0.8 | 2.1 | 1.1 | 2.0 |
| Profit Margin, After Income Tax 37 | 0.8 | 0.3 | 0.4 | 0.4 | 0.3 | 0.4 | • | • | 0.7 | 0.6 | 1.5 | 0.7 | 1.2 |

## Trends in Selected Ratios and Factors, 1986-1994

| | 1986 | 1987 | 1988 | 1989 | 1990 | 1991 | 1992 | 1993 | 1994 |
|---|---|---|---|---|---|---|---|---|---|
| Cost of Operations (%) 38 | 78.3 | 77.8 | 78.1 | 77.7 | 77.4 | 77.2 | 77.5 | 77.5 | 77.0 |
| Operating Margin (%) 39 | • | • | • | • | • | • | • | • | • |
| Oper. Margin Before Officers Comp. (%) 40 | 0.4 | 0.2 | 0.3 | 0.2 | • | • | • | • | • |
| Average Net Receivables ($) 41 | 109 | 143 | 123 | 136 | 138 | 143 | 124 | 315 | 160 |
| Average Inventories ($) 42 | 417 | 481 | 444 | 524 | 459 | 521 | 495 | 563 | 557 |
| Average Net Worth ($) 43 | 507 | 594 | 566 | 685 | 596 | 616 | 397 | 624 | 405 |
| Current Ratio (x1) 44 | 1.3 | 1.3 | 1.3 | 1.4 | 1.3 | 1.3 | 1.2 | 1.3 | 1.0 |
| Quick Ratio (x1) 45 | 0.4 | 0.5 | 0.5 | 0.5 | 0.4 | 0.4 | 0.4 | 0.5 | 0.3 |
| Coverage Ratio (x1) 46 | 3.1 | 3.2 | 3.2 | 3.0 | 3.1 | 2.0 | 1.5 | 1.5 | 1.9 |
| Asset Turnover (x1) 47 | 5.1 | 4.7 | 4.6 | 4.3 | 4.4 | 3.8 | 3.6 | 3.2 | 3.5 |
| Total Liabilities/Net Worth (x1) 48 | 1.9 | 1.8 | 1.8 | 1.8 | 2.0 | 2.7 | 4.4 | 3.5 | 5.1 |
| Return on Assets (x1) 49 | 8.3 | 7.7 | 8.3 | 8.2 | 8.2 | 7.8 | 6.5 | 8.0 | 9.7 |
| Return on Equity (%) 50 | 8.5 | 8.2 | 9.5 | 8.4 | 9.2 | 8.3 | 5.8 | 6.6 | 17.7 |

## Table II

Corporations with Net Income

# GROCERY STORES

### MONEY AMOUNTS AND SIZE OF ASSETS IN THOUSANDS OF DOLLARS

| Item Description for Accounting Period 7/90 Through 6/91 | Total | Zero Assets | Under 100 | 100 to 250 | 251 to 500 | 501 to 1,000 | 1,001 to 5,000 | 5,001 to 10,000 | 10,001 to 25,000 | 25,001 to 50,000 | 50,001 to 100,000 | 100,001 to 250,000 | 250,001 and over |
|---|---|---|---|---|---|---|---|---|---|---|---|---|---|
| Number of Enterprises **1** | 19368 | 13 | 7341 | 5527 | 2215 | 1854 | 2005 | 127 | 122 | 66 | • | • | 35 |
| **Revenues ($ in Thousands)** | | | | | | | | | | | | | |
| Net Sales **2** | 248916 | 1154 | 2682 | 5652 | 5521 | 8522 | 23575 | 4655 | 11438 | 10464 | • | • | 143250 |
| Portfolio Income **3** | 2030 | 10 | 38 | 4 | 26 | 15 | 40 | 8 | 25 | 31 | • | • | 1709 |
| Other Revenues **4** | 3641 | 15 | 32 | 41 | 68 | 67 | 258 | 73 | 118 | 132 | • | • | 2436 |
| Total Revenues **5** | 254587 | 1180 | 2751 | 5697 | 5615 | 8604 | 23873 | 4736 | 11582 | 10627 | • | • | 147396 |
| Average Total Revenues **6** | 13145 | 90733 | 375 | 1031 | 2535 | 4641 | 11907 | 37291 | 94934 | 161019 | • | • | 4211304 |
| **Operating Costs/Operating Income (%)** | | | | | | | | | | | | | |
| Cost of Operations **7** | 76.7 | 73.8 | 75.9 | 78.5 | 78.7 | 77.8 | 80.2 | 81.0 | 80.7 | 79.2 | • | • | 74.7 |
| Rent **8** | 1.6 | 1.1 | 2.9 | 1.7 | 1.3 | 1.3 | 1.4 | 1.4 | 1.5 | 1.4 | • | • | 1.6 |
| Taxes Paid **9** | 1.4 | 1.6 | 1.3 | 2.2 | 1.6 | 1.5 | 1.2 | 1.3 | 1.3 | 1.4 | • | • | 1.5 |
| Interest Paid **10** | 1.4 | 2.1 | 0.7 | 0.4 | 0.5 | 0.4 | 0.5 | 0.6 | 0.4 | 0.6 | • | • | 2.0 |
| Depreciation, Depletion, Amortization **11** | 1.4 | 1.3 | 0.8 | 0.7 | 0.7 | 0.9 | 0.9 | 1.2 | 1.0 | 1.3 | • | • | 1.7 |
| Pensions and Other Benefits **12** | 1.3 | 2.5 | 0.3 | 0.1 | 0.4 | 0.6 | 0.7 | 0.7 | 0.9 | 0.8 | • | • | 1.6 |
| Other **13** | 16.0 | 17.3 | 14.4 | 12.9 | 14.3 | 15.6 | 13.7 | 13.6 | 13.6 | 14.9 | • | • | 17.3 |
| Officers Compensation **14** | 0.4 | 0.4 | 3.0 | 2.5 | 2.3 | 1.3 | 1.0 | 0.8 | 0.5 | 0.4 | • | • | 0.1 |
| Operating Margin **15** | • | • | 0.8 | 1.2 | 0.4 | 0.7 | 0.4 | • | 0.1 | • | • | • | • |
| Oper. Margin Before Officers Compensation **16** | 0.3 | 0.3 | 3.8 | 3.6 | 2.6 | 2.0 | 1.4 | 0.4 | 0.6 | 0.5 | • | • | • |
| **Selected Average Balance Sheet ($ in Thousands)** | | | | | | | | | | | | | |
| Net Receivables **17** | 247 | • | 6 | 5 | 34 | 48 | 127 | 483 | 1658 | 2791 | • | • | 95610 |
| Inventories **18** | 815 | • | 19 | 60 | 140 | 223 | 577 | 1795 | 3831 | 7804 | • | • | 300611 |
| Net Property, Plant and Equipment **19** | 1424 | • | 9 | 33 | 61 | 177 | 626 | 2402 | 6086 | 15570 | • | • | 579262 |
| Total Assets **20** | 3698 | • | 47 | 156 | 348 | 665 | 1917 | 6683 | 15778 | 35059 | • | • | 1495564 |

| | | | | | | | | | | | |
|---|---|---|---|---|---|---|---|---|---|---|---|
| Notes and Loans Payable 21 | 1765 | • | 36 | 49 | 111 | 182 | 619 | 2212 | 3936 | 12851 | • | 799443 |
| All Other Liabilities 22 | 1205 | • | 17 | 29 | 76 | 168 | 481 | 2161 | 5636 | 10213 | • | 503485 |
| Net Worth 23 | 727 | • | -6 | 79 | 161 | 314 | 818 | 2310 | 6207 | 11994 | • | 192636 |

## Selected Financial Ratios (Times to 1)

| | | | | | | | | | | | |
|---|---|---|---|---|---|---|---|---|---|---|---|
| Current Ratio 24 | 1.0 | • | 1.3 | 2.9 | 2.4 | 2.0 | 1.8 | 1.4 | 1.2 | 1.4 | • | 0.8 |
| Quick Ratio 25 | 0.3 | • | 0.5 | 1.0 | 0.9 | 0.9 | 0.7 | 0.6 | 0.6 | 0.6 | • | 0.2 |
| Net Sales to Working Capital 26 | • | • | 48.3 | 15.9 | 17.4 | 21.9 | 25.5 | 38.5 | • | 36.3 | • | • |
| Coverage Ratio 27 | 2.6 | 2.1 | 5.7 | 5.6 | 5.3 | 5.3 | 4.2 | 3.5 | 4.5 | 3.8 | • | 2.3 |
| Total Asset Turnover 28 | 3.5 | • | 7.7 | 6.5 | 7.2 | 6.9 | 6.1 | 5.5 | 6.0 | 4.5 | • | 2.7 |
| Inventory Turnover 29 | • | • | • | • | • | • | • | • | • | • | • | • |
| Receivables Turnover 30 | • | • | • | • | • | • | • | • | • | • | • | • |
| Total Liabilities to Net Worth 31 | 4.1 | • | 1.0 | 1.2 | 1.1 | 1.4 | 1.9 | 1.6 | 1.9 | • | 6.8 |

## Selected Financial Factors (in Percentages)

| | | | | | | | | | | | |
|---|---|---|---|---|---|---|---|---|---|---|---|
| Debt Ratio 32 | 80.3 | • | 49.5 | 53.8 | 52.7 | 57.4 | 65.5 | 60.7 | 65.8 | • | 87.1 |
| Return on Assets 33 | 12.7 | 31.9 | 15.6 | 18.1 | 13.6 | 13.1 | 10.5 | 10.6 | 9.9 | • | 12.7 |
| Return on Equity 34 | 29.0 | • | 24.0 | 30.4 | 21.9 | 20.0 | 16.5 | 16.9 | 17.5 | • | 37.3 |
| Return Before Interest on Equity 35 | • | • | 30.9 | • | 28.8 | 30.7 | 30.3 | 27.0 | 29.0 | • | • |
| Profit Margin, Before Income Tax 36 | 2.3 | 2.2 | 2.0 | 2.1 | 1.6 | 1.6 | 1.4 | 1.4 | 1.6 | • | 2.6 |
| Profit Margin, After Income Tax 37 | 1.6 | 1.8 | 1.9 | 2.0 | 1.5 | 1.4 | 1.1 | 1.1 | 1.3 | • | 1.8 |

## Trends in Selected Ratios and Factors, 1986-1994

| | 1986 | 1987 | 1988 | 1989 | 1990 | 1991 | 1992 | 1993 | 1994 |
|---|---|---|---|---|---|---|---|---|---|
| Cost of Operations (%) 38 | 77.9 | 77.5 | 77.7 | 77.5 | 77.1 | 77.6 | 78.4 | 77.6 | 76.7 |
| Operating Margin (%) 39 | 0.3 | • | 0.2 | 0.1 | • | 0.1 | 0.3 | • | • |
| Oper. Margin Before Officers Comp. (%) 40 | 0.8 | 0.6 | 0.7 | 0.6 | 0.3 | 0.6 | 1.0 | 0.4 | 0.3 |
| Average Net Receivables ($) 41 | 152 | 203 | 191 | 205 | 218 | 195 | 104 | 437 | 247 |
| Average Inventories ($) 42 | 565 | 643 | 685 | 788 | 668 | 678 | 478 | 698 | 815 |
| Average Net Worth ($) 43 | 762 | 875 | 963 | 1090 | 984 | 862 | 693 | 1268 | 727 |
| Current Ratio (x1) 44 | 1.4 | 1.4 | 1.4 | 1.3 | 1.3 | 1.3 | 1.4 | 1.5 | 1.0 |
| Quick Ratio (x1) 45 | 0.5 | 0.5 | 0.5 | 0.4 | 0.5 | 0.5 | 0.5 | 0.7 | 0.3 |
| Coverage Ratio (x1) 46 | 4.5 | 4.1 | 4.4 | 4.2 | 4.3 | 3.3 | 4.6 | 2.6 | 2.6 |
| Asset Turnover (x1) 47 | 5.1 | 4.6 | 4.5 | 4.3 | 4.3 | 4.3 | 4.3 | 3.3 | 3.5 |
| Operating Leverage 48 | • | 0.3 | 2.3 | 0.6 | • | • | 2.9 | • | 1.9 |
| Financial Leverage 49 | • | 1.0 | 1.1 | 0.9 | 1.1 | 1.0 | 1.2 | 0.8 | 1.0 |
| Total Leverage 50 | • | 0.3 | 2.5 | 0.6 | • | • | 3.5 | • | 1.8 |

## Table I

Corporations with and without Net Income

# OTHER FOOD STORES

### MONEY AMOUNTS AND SIZE OF ASSETS IN THOUSANDS OF DOLLARS

| Item Description for Accounting Period 7/90 Through 6/91 | Total | Zero Assets | Under 100 | 100 to 250 | 251 to 500 | 501 to 1,000 | 1,001 to 5,000 | 5,001 to 10,000 | 10,001 to 25,000 | 25,001 to 50,000 | 50,001 to 100,000 | 100,001 to 250,000 | 250,001 and over |
|---|---|---|---|---|---|---|---|---|---|---|---|---|---|
| Number of Enterprises **1** | 30406 | 2712 | 17182 | 6788 | 2242 | 685 | 687 | 68 | 21 | 9 | 5 | 6 | • |
| **Revenues ($ in Thousands)** | | | | | | | | | | | | | |
| Net Sales **2** | 24951 | 194 | 3617 | 3925 | 3355 | 2037 | 5656 | 1845 | 471 | 1134 | 720 | 1997 | • |
| Portfolio Income **3** | 81 | 1 | 14 | 1 | 5 | 6 | 6 | 12 | 5 | 3 | 6 | 23 | • |
| Other Revenues **4** | 209 | 7 | 21 | 7 | 13 | 7 | 65 | 16 | 3 | 10 | 1 | 61 | • |
| Total Revenues **5** | 25241 | 201 | 3652 | 3933 | 3372 | 2050 | 5728 | 1873 | 479 | 1147 | 727 | 2080 | • |
| Average Total Revenues **6** | 830 | 74 | 213 | 579 | 1504 | 2992 | 8337 | 27537 | 22811 | 127408 | 145426 | 346686 | • |
| **Operating Costs/Operating Income (%)** | | | | | | | | | | | | | |
| Cost of Operations **7** | 68.8 | 68.8 | 59.4 | 65.5 | 72.9 | 73.5 | 76.4 | 73.0 | 60.7 | 67.2 | 64.7 | 59.6 | • |
| Rent **8** | 3.8 | 10.3 | 7.7 | 3.7 | 2.7 | 3.2 | 2.3 | 2.5 | 2.4 | 3.0 | 3.3 | 5.5 | • |
| Taxes Paid **9** | 2.0 | 1.9 | 2.6 | 2.6 | 1.9 | 1.6 | 1.5 | 1.6 | 2.1 | 3.1 | 1.9 | 2.1 | • |
| Interest Paid **10** | 1.3 | 5.6 | 0.8 | 0.9 | 1.0 | 0.6 | 0.8 | 1.0 | 2.5 | 0.9 | 2.8 | 4.5 | • |
| Depreciation, Depletion, Amortization **11** | 2.2 | 2.9 | 3.0 | 2.2 | 2.1 | 1.5 | 1.5 | 1.4 | 4.4 | 1.8 | 3.4 | 3.0 | • |
| Pensions and Other Benefits **12** | 0.5 | • | 0.2 | 0.3 | 0.5 | 0.3 | 0.3 | 0.5 | 0.4 | 1.8 | 0.6 | 1.6 | • |
| Other **13** | 20.5 | 29.2 | 23.5 | 22.9 | 17.3 | 16.7 | 17.1 | 18.9 | 23.1 | 21.9 | 22.3 | 27.4 | • |
| Officers Compensation **14** | 2.3 | • | 5.1 | 4.0 | 2.2 | 2.7 | 1.0 | 0.9 | 2.1 | 0.7 | 0.4 | 0.6 | • |
| Operating Margin **15** | • | • | • | • | • | • | • | 0.4 | 2.3 | • | 0.7 | • | • |
| Oper. Margin Before Officers Compensation **16** | 1.0 | • | 2.8 | 2.0 | 1.8 | 2.6 | 0.1 | 1.3 | 4.4 | 0.4 | 1.1 | • | • |
| **Selected Average Balance Sheet ($ in Thousands)** | | | | | | | | | | | | | |
| Net Receivables **17** | 24 | • | 1 | 13 | 24 | 105 | 295 | 1723 | 862 | 2581 | 3991 | 17717 | • |
| Inventories **18** | 39 | • | 9 | 27 | 61 | 149 | 370 | 1216 | 1619 | 3675 | 10099 | 25624 | • |
| Net Property, Plant and Equipment **19** | 90 | • | 16 | 60 | 140 | 167 | 696 | 3179 | 7751 | 14274 | 32953 | 80920 | • |
| Total Assets **20** | 228 | • | 38 | 150 | 350 | 658 | 1783 | 7564 | 14935 | 29198 | 79593 | 218721 | • |

| | | | | | | | | | | | | |
|---|---|---|---|---|---|---|---|---|---|---|---|---|
| Notes and Loans Payable 21 | 128 | • | 42 | 79 | 204 | 263 | 747 | 3001 | 6848 | 8926 | 45555 | 136807 |
| All Other Liabilities 22 | 60 | • | 7 | 52 | 85 | 144 | 591 | 2731 | 1753 | 10474 | 13637 | 45261 |
| Net Worth 23 | 40 | • | -11 | 19 | 61 | 252 | 445 | 1832 | 6334 | 9798 | 20401 | 36653 |

**Selected Financial Ratios (Times to 1)**

| | | | | | | | | | | | | |
|---|---|---|---|---|---|---|---|---|---|---|---|---|
| Current Ratio 24 | 1.2 | • | 1.4 | 1.0 | 1.2 | 2.2 | 1.2 | 1.1 | 1.3 | 1.1 | 0.6 | 1.3 |
| Quick Ratio 25 | 0.6 | • | 0.6 | 0.5 | 0.5 | 1.2 | 0.7 | 0.7 | 0.7 | 0.6 | 0.2 | 0.6 |
| Net Sales to Working Capital 26 | • | • | 44.8 | • | • | 14.1 | 50.0 | 23.7 | • | • | • | 24.0 |
| Coverage Ratio 27 | 0.9 | • | • | 1.1 | 2.0 | 1.5 | 2.6 | 2.8 | 1.9 | 1.6 | 1.6 | 1.0 |
| Total Asset Turnover 28 | 3.6 | • | 5.5 | 3.9 | 4.3 | 4.5 | 4.6 | 1.5 | 3.6 | 4.3 | 1.8 | 1.5 |
| Inventory Turnover 29 | • | • | • | • | • | • | 6.8 | • | • | • | • | 7.2 |
| Receivables Turnover 30 | • | • | • | • | • | • | 9.7 | • | • | • | • | • |
| Total Liabilities to Net Worth 31 | 4.7 | • | 6.9 | 4.8 | 1.6 | 3.0 | 1.4 | 3.1 | 2.0 | 2.0 | 2.9 | 5.0 |

**Selected Financial Factors (in Percentages)**

| | | | | | | | | | | | | |
|---|---|---|---|---|---|---|---|---|---|---|---|---|
| Debt Ratio 32 | 82.4 | • | 87.3 | 82.7 | 61.8 | 75.1 | 75.8 | 57.6 | 66.5 | 74.4 | • | 83.3 |
| Return on Assets 33 | 4.0 | • | • | 4.8 | 5.3 | 5.4 | 9.8 | 10.3 | 7.5 | 8.0 | • | 6.8 |
| Return on Equity 34 | • | • | 25.8 | 0.2 | 3.8 | 5.8 | 12.2 | 23.1 | 4.9 | • | 8.5 | • |
| Return Before Interest on Equity 35 | 22.8 | • | 9.9 | 27.4 | 13.8 | 21.4 | 23.0 | • | 22.4 | • | 31.3 | • |
| Profit Margin, Before Income Tax 36 | • | • | • | • | 0.6 | 0.4 | 1.9 | 4.0 | • | • | 0.8 | 1.7 |
| Profit Margin, After Income Tax 37 | • | • | • | • | 0.3 | 0.3 | 1.6 | 3.4 | • | • | 0.4 | 1.2 |

**Trends in Selected Ratios and Factors, 1986–1994**

| | 1986 | 1987 | 1988 | 1989 | 1990 | 1991 | 1992 | 1993 | 1994 |
|---|---|---|---|---|---|---|---|---|---|
| Cost of Operations (%) 38 | 72.1 | 72.4 | 72.2 | 69.2 | 67.5 | 69.7 | 69.3 | 69.6 | 68.8 |
| Operating Margin (%) 39 | • | • | • | • | • | • | • | • | • |
| Oper. Margin Before Officers Comp. (%) 40 | 1.9 | 1.6 | 0.8 | 1.3 | 1.1 | 1.2 | 0.8 | 0.8 | 1.0 |
| Average Net Receivables ($) 41 | 21 | 19 | 22 | 20 | 23 | 20 | 27 | 21 | 24 |
| Average Inventories ($) 42 | 34 | 35 | 34 | 37 | 39 | 37 | 35 | 35 | 39 |
| Average Net Worth ($) 43 | 51 | 50 | 49 | 62 | 60 | 55 | 49 | 46 | 40 |
| Current Ratio (x1) 44 | 1.4 | 1.4 | 1.3 | 1.3 | 1.3 | 1.3 | 1.2 | 1.2 | 1.2 |
| Quick Ratio (x1) 45 | 0.7 | 0.7 | 0.7 | 0.6 | 0.7 | 0.6 | 0.6 | 0.6 | 0.6 |
| Coverage Ratio (x1) 46 | 1.8 | 2.0 | 0.7 | 1.3 | 1.0 | 1.4 | 1.1 | 1.0 | 0.9 |
| Asset Turnover (x1) 47 | 4.0 | 4.2 | 4.4 | 4.1 | 3.4 | 3.6 | 3.5 | 3.5 | 3.6 |
| Total Liabilities/Net Worth (x1) 48 | 2.6 | 2.5 | 3.0 | 2.4 | 2.9 | 2.8 | 3.7 | 4.2 | 4.7 |
| Return on Assets (x1) 49 | 6.1 | 5.5 | 2.6 | 4.9 | 3.7 | 5.0 | 3.9 | 4.4 | 4.0 |
| Return on Equity (%) 50 | 3.0 | 2.9 | • | • | • | 0.9 | • | • | • |

# Table II

Corporations with Net Income

# OTHER FOOD STORES

**MONEY AMOUNTS AND SIZE OF ASSETS IN THOUSANDS OF DOLLARS**

| Item Description for Accounting Period 7/90 Through 6/91 | Total | Zero Assets | Under 100 | 100 to 250 | 251 to 500 | 501 to 1,000 | 1,001 to 5,000 | 5,001 to 10,000 | 10,001 to 25,000 | 25,001 to 50,000 | 50,001 to 100,000 | 100,001 to 250,000 | 250,001 and over |
|---|---|---|---|---|---|---|---|---|---|---|---|---|---|
| Number of Enterprises **1** | 12849 | 401 | 7188 | 3030 | 1277 | 422 | 440 | 62 | 16 | • | • | • | • |
| **Revenues ($ in Thousands)** | | | | | | | | | | | | | |
| Net Sales **2** | 16609 | 88 | 1733 | 1713 | 2416 | 1460 | 4227 | 1784 | 367 | • | • | • | • |
| Portfolio Income **3** | 61 | 1 | 11 | 1 | 4 | 5 | 6 | 11 | 5 | • | • | • | • |
| Other Revenues **4** | 136 | 4 | 8 | 2 | 10 | 6 | 50 | 15 | 3 | | | | |
| Total Revenues **5** | 16806 | 93 | 1752 | 1716 | 2429 | 1471 | 4283 | 1811 | 374 | • | • | • | • |
| Average Total Revenues **6** | 1308 | 232 | 244 | 566 | 1902 | 3485 | 9733 | 29213 | 23366 | | | | |
| **Operating Costs/Operating Income (%)** | | | | | | | | | | | | | |
| Cost of Operations **7** | 70.3 | 73.0 | 60.4 | 58.3 | 73.5 | 74.6 | 78.7 | 74.4 | 53.9 | • | • | • | • |
| Rent **8** | 2.6 | 5.9 | 5.8 | 2.4 | 2.0 | 2.7 | 1.7 | 2.4 | 2.8 | • | • | • | • |
| Taxes Paid **9** | 1.9 | 0.3 | 2.1 | 2.8 | 1.7 | 1.6 | 1.3 | 1.4 | 2.5 | • | • | • | • |
| Interest Paid **10** | 0.8 | 1.4 | 0.6 | 0.8 | 0.8 | 0.3 | 0.4 | 0.7 | 2.8 | | | | |
| Depreciation, Depletion, Amortization **11** | 1.7 | 0.5 | 1.9 | 2.2 | 1.6 | 1.1 | 1.0 | 1.2 | 4.6 | • | • | • | • |
| Pensions and Other Benefits **12** | 0.6 | • | 0.1 | 0.3 | 0.5 | 0.4 | 0.3 | 0.4 | 0.4 | • | • | • | • |
| Other **13** | 18.9 | 19.6 | 21.1 | 26.8 | 15.7 | 15.0 | 15.0 | 17.8 | 26.8 | • | • | • | • |
| Officers Compensation **14** | 2.0 | • | 4.7 | 3.6 | 2.4 | 2.9 | 0.9 | 0.9 | 2.5 | • | • | • | • |
| Operating Margin **15** | 1.4 | • | 3.4 | 2.8 | 1.8 | 1.4 | 0.8 | 0.8 | 3.7 | • | • | • | • |
| Oper. Margin Before Officers Compensation **16** | 3.4 | • | 8.1 | 6.5 | 4.2 | 4.3 | 1.7 | 1.7 | 6.2 | • | • | • | • |
| **Selected Average Balance Sheet ($ in Thousands)** | | | | | | | | | | | | | |
| Net Receivables **17** | 41 | • | 0 | 9 | 25 | 130 | 374 | 1855 | 984 | • | • | • | • |
| Inventories **18** | 57 | • | 10 | 26 | 84 | 125 | 438 | 1323 | 1173 | • | • | • | • |
| Net Property, Plant and Equipment **19** | 121 | • | 9 | 62 | 124 | 129 | 454 | 2755 | 7873 | • | • | • | • |
| Total Assets **20** | 307 | • | 36 | 147 | 357 | 671 | 1647 | 7462 | 14232 | • | • | • | • |

| | | | | | | | | | |
|---|---|---|---|---|---|---|---|---|---|
| Notes and Loans Payable 21 | 113 | • | 20 | 53 | 163 | 152 | 457 | 2394 | 5501 |
| All Other Liabilities 22 | 82 | • | 6 | 35 | 72 | 137 | 632 | 2845 | 1623 |
| Net Worth 23 | 112 | • | 10 | 59 | 122 | 382 | 558 | 2224 | 7108 |

### Selected Financial Ratios (Times to 1)

| | | | | | | | | | |
|---|---|---|---|---|---|---|---|---|---|
| Current Ratio 24 | 1.5 | • | 2.1 | 2.1 | 1.7 | 2.4 | 1.5 | 1.2 | 1.4 |
| Quick Ratio 25 | 0.8 | • | 1.1 | 1.0 | 0.8 | 1.5 | 0.8 | 0.8 | 0.9 |
| Net Sales to Working Capital 26 | 25.7 | • | 22.9 | 17.9 | 29.7 | 13.1 | 27.2 | • | 17.4 |
| Coverage Ratio 27 | 4.2 | 4.6 | 8.9 | 4.7 | 3.9 | 8.4 | 5.9 | 4.2 | 3.0 |
| Total Asset Turnover 28 | 4.2 | • | 6.8 | 3.9 | 5.3 | 5.2 | 5.8 | 3.9 | 1.6 |
| Inventory Turnover 29 | • | • | • | • | • | • | • | • | • |
| Receivables Turnover 30 | • | • | • | • | • | • | • | • | • |
| Total Liabilities to Net Worth 31 | 1.7 | • | 2.8 | 1.5 | 1.9 | 0.8 | 2.0 | 2.4 | 1.0 |

### Selected Financial Factors (in Percentages)

| | | | | | | | | | |
|---|---|---|---|---|---|---|---|---|---|
| Debt Ratio 32 | 63.4 | • | 73.3 | 59.5 | 65.8 | 43.1 | 66.1 | 70.2 | 50.1 |
| Return on Assets 33 | 14.3 | • | 34.1 | 14.6 | 16.9 | 12.3 | 14.6 | 11.4 | 13.6 |
| Return on Equity 34 | 26.9 | • | • | 27.6 | 35.2 | 15.8 | 34.7 | 25.2 | 16.1 |
| Return Before Interest on Equity 35 | • | • | • | • | • | 21.6 | • | • | 27.3 |
| Profit Margin, Before Income Tax 36 | 2.6 | 4.9 | 4.5 | 3.0 | 2.4 | 2.1 | 2.1 | 2.3 | 5.7 |
| Profit Margin, After Income Tax 37 | 2.3 | 3.7 | 4.4 | 2.9 | 2.3 | 1.7 | 2.0 | 2.0 | 5.0 |

### Trends in Selected Ratios and Factors, 1986-1994

| | 1986 | 1987 | 1988 | 1989 | 1990 | 1991 | 1992 | 1993 | 1994 |
|---|---|---|---|---|---|---|---|---|---|
| Cost of Operations (%) 38 | 72.1 | 73.9 | 72.6 | 70.3 | 68.2 | 69.3 | 67.8 | 71.2 | 70.3 |
| Operating Margin (%) 39 | 1.4 | 1.1 | 1.2 | 0.9 | 1.0 | 0.4 | 1.1 | 0.6 | 1.4 |
| Oper. Margin Before Officers Comp. (%) 40 | 3.4 | 2.9 | 3.4 | 3.1 | 3.5 | 3.2 | 4.0 | 3.0 | 3.4 |
| Average Net Receivables ($) 41 | 33 | 36 | 38 | 31 | 44 | 32 | 35 | 32 | 41 |
| Average Inventories ($) 42 | 49 | 63 | 56 | 59 | 71 | 61 | 48 | 50 | 57 |
| Average Net Worth ($) 43 | 99 | 113 | 132 | 126 | 134 | 137 | 109 | 111 | 112 |
| Current Ratio (x1) 44 | 1.4 | 1.4 | 1.6 | 1.4 | 1.5 | 1.6 | 1.6 | 1.6 | 1.5 |
| Quick Ratio (x1) 45 | 0.7 | 0.7 | 0.8 | 0.7 | 0.8 | 0.8 | 0.9 | 0.9 | 0.8 |
| Coverage Ratio (x1) 46 | 5.2 | 5.7 | 5.3 | 4.6 | 4.3 | 5.0 | 5.6 | 4.3 | 4.2 |
| Asset Turnover (x1) 47 | 4.2 | 4.5 | 4.5 | 4.4 | 3.5 | 3.9 | 3.7 | 4.2 | 4.2 |
| Operating Leverage 48 | • | 0.8 | 1.2 | 0.8 | 1.1 | 0.4 | 2.7 | 0.5 | 2.5 |
| Financial Leverage 49 | • | 1.1 | 1.0 | 1.0 | 1.0 | 1.1 | 1.1 | 0.9 | 1.0 |
| Total Leverage 50 | • | 0.8 | 1.2 | 0.7 | 1.1 | 0.5 | 2.9 | 0.5 | 2.5 |

## Table I

Corporations with and without Net Income

# MOTOR VEHICLE DEALERS

### MONEY AMOUNTS AND SIZE OF ASSETS IN THOUSANDS OF DOLLARS

| Item Description for Accounting Period 7/90 Through 6/91 | Total | Zero Assets | Under 100 | 100 to 250 | 251 to 500 | 501 to 1,000 | 1,001 to 5,000 | 5,001 to 10,000 | 10,001 to 25,000 | 25,001 to 50,000 | 50,001 to 100,000 | 100,001 to 250,000 | 250,001 and over |
|---|---|---|---|---|---|---|---|---|---|---|---|---|---|
| Number of Enterprises **1** | 42667 | 1783 | 10299 | 5182 | 3084 | 4076 | 14499 | 2646 | 942 | 120 | 24 | 13 | • |
| **Revenues ($ in Thousands)** | | | | | | | | | | | | | |
| Net Sales **2** | 308998 | 1384 | 2546 | 3333 | 4905 | 10352 | 140728 | 75787 | 48292 | 12312 | 5840 | 3519 | • |
| Portfolio Income **3** | 1180 | 1 | 3 | 20 | 37 | 64 | 308 | 228 | 254 | 106 | 34 | 125 | • |
| Other Revenues **4** | 5226 | 63 | 19 | 46 | 38 | 131 | 1921 | 1237 | 935 | 270 | 139 | 426 | • |
| Total Revenues **5** | 315404 | 1447 | 2567 | 3400 | 4980 | 10547 | 142958 | 77252 | 49481 | 12688 | 6013 | 4070 | • |
| Average Total Revenues **6** | 7392 | 812 | 249 | 656 | 1615 | 2588 | 9860 | 29196 | 52528 | 105731 | 250554 | 313080 | • |
| **Operating Costs/Operating Income (%)** | | | | | | | | | | | | | |
| Cost of Operations **7** | 87.5 | 87.2 | 82.5 | 80.7 | 87.1 | 86.0 | 87.5 | 88.2 | 87.3 | 86.7 | 91.0 | 85.1 | • |
| Rent **8** | 1.0 | 2.0 | 2.4 | 2.5 | 0.9 | 1.0 | 1.0 | 0.8 | 0.8 | 0.8 | 0.8 | 0.9 | • |
| Taxes Paid **9** | 0.9 | 1.1 | 1.9 | 1.4 | 0.9 | 1.0 | 0.9 | 0.8 | 0.9 | 1.0 | 0.7 | 1.0 | • |
| Interest Paid **10** | 1.4 | 1.6 | 1.1 | 1.4 | 1.1 | 1.4 | 1.4 | 1.1 | 1.4 | 1.7 | 1.5 | 5.2 | • |
| Depreciation, Depletion, Amortization **11** | 0.8 | 1.0 | 0.9 | 0.6 | 0.4 | 0.7 | 0.5 | 0.6 | 1.2 | 1.7 | 1.3 | 9.1 | • |
| Pensions and Other Benefits **12** | 0.5 | 0.5 | 0.1 | 0.2 | 0.2 | 0.5 | 0.5 | 0.5 | 0.5 | 0.5 | 0.4 | 0.6 | • |
| Other **13** | 9.3 | 15.3 | 14.1 | 12.8 | 8.5 | 10.3 | 9.2 | 8.8 | 9.4 | 10.1 | 7.2 | 13.5 | • |
| Officers Compensation **14** | 0.9 | 0.2 | 2.0 | 2.2 | 2.0 | 1.8 | 1.0 | 0.8 | 0.8 | 0.6 | 0.4 | 0.6 | • |
| Operating Margin **15** | • | • | • | 0.5 | | • | • | • | • | • | • | • | • |
| Oper. Margin Before Officers Compensation **16** | • | • | • | | 0.9 | • | • | • | • | • | • | • | • |
| **Selected Average Balance Sheet ($ in Thousands)** | | | | | | | | | | | | | |
| Net Receivables **17** | 236 | • | 6 | 43 | 59 | 82 | 243 | 857 | 1939 | 6029 | 16390 | 38759 | • |
| Inventories **18** | 1073 | • | 16 | 75 | 190 | 425 | 1597 | 3993 | 7121 | 12739 | 21889 | 32184 | • |
| Net Property, Plant and Equipment **19** | 301 | • | 5 | 16 | 43 | 95 | 242 | 964 | 2942 | 9808 | 15256 | 141668 | • |
| Total Assets **20** | 1872 | • | 41 | 179 | 366 | 743 | 2354 | 6711 | 14408 | 33857 | 69279 | 245054 | • |

| | | | | | | | | | | |
|---|---|---|---|---|---|---|---|---|---|---|
| Notes and Loans Payable 21 | 1368 | 60 | 149 | 199 | 457 | 1755 | 4847 | 10490 | 23718 | 47642 | 182691 |
| All Other Liabilities 22 | 235 | 8 | 26 | 63 | 97 | 294 | 792 | 1677 | 5158 | 12027 | 29806 |
| Net Worth 23 | 269 | -26 | 4 | 104 | 189 | 306 | 1072 | 2240 | 4982 | 9609 | 32557 |

**Selected Financial Ratios (Times to 1)**

| | | | | | | | | | | |
|---|---|---|---|---|---|---|---|---|---|---|
| Current Ratio 24 | 1.2 | 2.0 | 2.3 | 2.0 | 1.5 | 1.2 | 1.2 | 1.1 | 1.1 | 1.1 | 0.7 |
| Quick Ratio 25 | 0.3 | 0.9 | 1.1 | 0.7 | 0.4 | 0.2 | 0.3 | 0.3 | 0.4 | 0.6 | 0.4 |
| Net Sales to Working Capital 26 | 32.7 | 16.1 | 7.6 | 10.8 | 12.6 | 28.7 | 36.0 | • | • | • | • |
| Coverage Ratio 27 | 0.9 | • | 1.1 | 1.4 | 0.5 | 0.8 | 1.2 | 1.2 | 1.0 | 0.9 | 1.0 |
| Total Asset Turnover 28 | 3.9 | 6.0 | 3.6 | 4.4 | 3.4 | 4.1 | 4.3 | 3.6 | 3.0 | 3.5 | 1.1 |
| Inventory Turnover 29 | 5.7 | • | 5.9 | 7.2 | 4.9 | 5.1 | 5.9 | 6.5 | 7.1 | 9.3 | 7.4 |
| Receivables Turnover 30 | • | • | • | • | • | • | • | • | • | • | 8.5 |
| Total Liabilities to Net Worth 31 | 6.0 | 42.0 | • | 2.5 | 2.9 | 6.7 | 5.3 | 5.4 | 5.8 | 6.2 | 6.5 |

**Selected Financial Factors (in Percentages)**

| | | | | | | | | | | |
|---|---|---|---|---|---|---|---|---|---|---|
| Debt Ratio 32 | 85.7 | • | 97.7 | 71.6 | 74.6 | 87.0 | 84.0 | 84.5 | 85.3 | 86.1 | 86.7 |
| Return on Assets 33 | 4.8 | • | 5.4 | 6.6 | 2.2 | 4.3 | 5.8 | 5.8 | 5.2 | 4.6 | 5.5 |
| Return on Equity 34 | • | 39.9 | 12.7 | 3.8 | • | • | 4.8 | 3.6 | • | • | • |
| Return Before Interest on Equity 35 | 33.2 | 29.2 | • | 23.4 | 8.5 | 33.0 | • | • | • | 32.9 | • |
| Profit Margin, Before Income Tax 36 | • | • | 0.2 | 0.4 | • | • | 0.3 | 0.3 | • | • | • |
| Profit Margin, After Income Tax 37 | • | • | • | 0.3 | • | • | 0.2 | 0.2 | • | • | • |

**Trends in Selected Ratios and Factors, 1986–1994**

| | 1986 | 1987 | 1988 | 1989 | 1990 | 1991 | 1992 | 1993 | 1994 |
|---|---|---|---|---|---|---|---|---|---|
| Cost of Operations (%) 38 | 87.0 | 87.1 | 87.4 | 87.5 | 87.5 | 87.3 | 87.5 | 87.6 | 87.5 |
| Operating Margin (%) 39 | • | • | • | • | • | • | • | • | • |
| Oper. Margin Before Officers Comp. (%) 40 | • | 0.4 | 0.1 | • | • | • | • | • | • |
| Average Net Receivables ($) 41 | 135 | 156 | 191 | 192 | 213 | 213 | 244 | 231 | 236 |
| Average Inventories ($) 42 | 583 | 648 | 826 | 889 | 917 | 1122 | 1169 | 1121 | 1073 |
| Average Net Worth ($) 43 | 228 | 247 | 303 | 298 | 313 | 336 | 323 | 280 | 269 |
| Current Ratio (×1) 44 | 1.3 | 1.3 | 1.2 | 1.2 | 1.2 | 1.2 | 1.2 | 1.2 | 1.2 |
| Quick Ratio (×1) 45 | 0.3 | 0.3 | 0.3 | 0.3 | 0.3 | 0.3 | 0.3 | 0.3 | 0.3 |
| Coverage Ratio (×1) 46 | 1.2 | 2.0 | 2.0 | 1.7 | 1.6 | 1.5 | 1.3 | 0.9 | 0.9 |
| Asset Turnover (×1) 47 | 4.2 | 4.4 | 4.4 | 4.2 | 4.3 | 3.8 | 4.0 | 3.9 | 3.9 |
| Total Liabilities/Net Worth (×1) 48 | 3.6 | 3.8 | 3.9 | 4.3 | 4.4 | 4.8 | 5.2 | 5.9 | 6.0 |
| Return on Assets (×1) 49 | 7.8 | 8.3 | 9.0 | 7.0 | 6.7 | 5.9 | 5.8 | 5.2 | 4.8 |
| Return on Equity (%) 50 | 2.4 | 13.5 | 15.0 | 9.9 | 7.8 | 7.9 | 5.3 | • | • |

## Table II

Corporations with Net Income

# MOTOR VEHICLE DEALERS

### MONEY AMOUNTS AND SIZE OF ASSETS IN THOUSANDS OF DOLLARS

| Item Description for Accounting Period 7/90 Through 6/91 | Total | Zero Assets | Under 100 | 100 to 250 | 251 to 500 | 501 to 1,000 | 1,001 to 5,000 | 5,001 to 10,000 | 10,001 to 25,000 | 25,001 to 50,000 | 50,001 to 100,000 | 100,001 to 250,000 | 250,001 and over |
|---|---|---|---|---|---|---|---|---|---|---|---|---|---|
| Number of Enterprises 1 | 20095 | 679 | 3587 | 2955 | 1946 | 1891 | 6920 | 1508 | 529 | 64 | 12 | 5 | • |
| **Revenues ($ in Thousands)** | | | | | | | | | | | | | |
| Net Sales 2 | 167696 | 282 | 956 | 1865 | 3377 | 5693 | 70042 | 46637 | 27377 | 6186 | 3574 | 1708 | • |
| Portfolio Income 3 | 717 | 1 | 1 | 8 | 24 | 33 | 185 | 154 | 156 | 68 | 20 | 67 | • |
| Other Revenues 4 | 2881 | 40 | 0 | 15 | 23 | 58 | 906 | 718 | 581 | 144 | 71 | 323 | • |
| Total Revenues 5 | 171294 | 323 | 957 | 1888 | 3424 | 5785 | 71133 | 47510 | 28114 | 6397 | 3665 | 2097 | • |
| Average Total Revenues 6 | 8524 | 476 | 267 | 639 | 1760 | 3059 | 10279 | 31505 | 53146 | 99957 | 305409 | 419435 | • |
| **Operating Costs/Operating Income (%)** | | | | | | | | | | | | | |
| Cost of Operations 7 | 87.1 | 83.3 | 73.2 | 78.3 | 85.1 | 84.7 | 87.0 | 88.4 | 86.9 | 85.4 | 91.4 | 88.1 | • |
| Rent 8 | 0.8 | 0.4 | 1.4 | 1.9 | 0.9 | 1.0 | 0.9 | 0.7 | 0.7 | 0.7 | 0.6 | 0.3 | • |
| Taxes Paid 9 | 0.9 | 1.2 | 3.2 | 1.2 | 0.9 | 1.1 | 0.9 | 0.8 | 0.9 | 1.0 | 0.6 | 0.9 | • |
| Interest Paid 10 | 1.1 | 0.7 | 0.4 | 0.9 | 1.0 | 0.9 | 1.1 | 0.9 | 1.2 | 1.6 | 1.1 | 5.6 | • |
| Depreciation, Depletion, Amortization 11 | 0.9 | 0.8 | 0.6 | 0.4 | 0.4 | 0.6 | 0.5 | 0.6 | 1.2 | 1.8 | 1.0 | 15.3 | • |
| Pensions and Other Benefits 12 | 0.5 | 0.4 | 0.1 | • | 0.2 | 0.4 | 0.5 | 0.5 | 0.5 | 0.5 | 0.4 | 0.9 | • |
| Other 13 | 8.7 | 11.5 | 14.4 | 13.0 | 7.8 | 9.5 | 8.5 | 8.1 | 9.3 | 10.8 | 6.6 | 9.2 | • |
| Officers Compensation 14 | 1.1 | 0.2 | 2.9 | 1.8 | 2.3 | 1.9 | 1.2 | 0.9 | 0.9 | 0.6 | 0.3 | 0.5 | • |
| Operating Margin 15 | • | 1.8 | 4.0 | 2.4 | 1.4 | • | • | • | • | • | • | • | • |
| Oper. Margin Before Officers Compensation 16 | 0.1 | 1.9 | 6.9 | 4.2 | 3.7 | 1.9 | 0.7 | • | • | • | • | • | • |
| **Selected Average Balance Sheet ($ in Thousands)** | | | | | | | | | | | | | |
| Net Receivables 17 | 272 | • | 6 | 48 | 70 | 104 | 261 | 853 | 1954 | 5613 | 19775 | 50355 | • |
| Inventories 18 | 1155 | • | 21 | 65 | 211 | 388 | 1548 | 3965 | 7257 | 12762 | 21918 | 39320 | • |
| Net Property, Plant and Equipment 19 | 330 | • | 7 | 15 | 25 | 54 | 232 | 979 | 2750 | 8805 | 12503 | 232805 | • |
| Total Assets 20 | 2073 | | 50 | 187 | 364 | 731 | 2338 | 6739 | 14579 | 32753 | 72661 | 362929 | • |

| | | | | | | | | | | | |
|---|---|---|---|---|---|---|---|---|---|---|---|
| Notes and Loans Payable 21 | 1357 | • | 69 | 80 | 173 | 320 | 1554 | 4462 | 9681 | 20461 | 49715 | 267160 |
| All Other Liabilities 22 | 246 | • | 5 | 17 | 70 | 115 | 258 | 763 | 1672 | 5927 | 9359 | 44404 |
| Net Worth 23 | 469 | • | -24 | 90 | 121 | 297 | 526 | 1514 | 3226 | 6365 | 13588 | 51365 |

**Selected Financial Ratios (Times to 1)**

| | | | | | | | | | | | |
|---|---|---|---|---|---|---|---|---|---|---|---|
| Current Ratio 24 | 1.3 | • | 3.4 | 4.7 | 2.2 | 1.8 | 1.3 | 1.3 | 1.2 | 1.1 | 1.2 | 0.6 |
| Quick Ratio 25 | 0.3 | • | 1.3 | 2.7 | 0.7 | 0.6 | 0.3 | 0.3 | 0.4 | 0.4 | 0.6 | 0.3 |
| Net Sales to Working Capital 26 | 24.1 | • | 9.9 | 5.1 | 9.9 | 10.7 | 21.0 | 28.4 | 28.5 | • | 46.1 | • |
| Coverage Ratio 27 | 2.1 | • | 10.4 | 4.9 | 3.8 | 2.8 | 1.9 | 2.2 | 2.1 | 1.6 | 1.6 | 1.4 |
| Total Asset Turnover 28 | 4.0 | • | 5.4 | 3.4 | 4.8 | 4.1 | 4.3 | 4.6 | 3.6 | 3.0 | 4.1 | 1.0 |
| Inventory Turnover 29 | 6.1 | • | 8.7 | 8.9 | 7.7 | 5.4 | 5.4 | 6.7 | 6.5 | 6.5 | • | 7.1 |
| Receivables Turnover 30 | • | • | • | • | • | • | • | • | • | • | • | 5.3 |
| Total Liabilities to Net Worth 31 | 3.4 | • | 1.1 | 1.1 | 2.0 | 1.5 | 3.5 | 3.5 | 3.5 | 4.2 | 4.4 | 6.1 |

**Selected Financial Factors (in Percentages)**

| | | | | | | | | | | | |
|---|---|---|---|---|---|---|---|---|---|---|---|
| Debt Ratio 32 | 77.4 | • | 51.8 | 66.8 | 59.4 | 77.5 | 77.5 | 77.9 | 80.6 | 81.3 | 85.9 |
| Return on Assets 33 | 9.4 | • | 24.4 | 15.4 | 18.2 | 10.2 | 9.5 | 8.7 | 7.7 | 7.0 | 7.2 |
| Return on Equity 34 | 19.4 | • | 24.6 | 37.1 | 14.5 | 18.7 | 19.3 | 17.5 | 13.1 | 9.2 | 7.0 |
| Return Before Interest on Equity 35 | • | • | • | 31.8 | 25.0 | • | • | • | • | • | • |
| Profit Margin, Before Income Tax 36 | 1.2 | 16.3 | 4.1 | 3.6 | 2.8 | 1.6 | 1.1 | 1.3 | 1.0 | 0.6 | 2.0 |
| Profit Margin, After Income Tax 37 | 1.1 | 16.1 | 4.0 | 3.5 | 2.6 | 1.4 | 1.0 | 1.1 | 0.9 | 0.4 | 1.1 |

**Trends in Selected Ratios and Factors, 1986-1994**

| | 1986 | 1987 | 1988 | 1989 | 1990 | 1991 | 1992 | 1993 | 1994 |
|---|---|---|---|---|---|---|---|---|---|
| Cost of Operations (%) 38 | 86.8 | 87.2 | 87.3 | 87.5 | 87.3 | 87.1 | 87.3 | 87.1 | 87.1 |
| Operating Margin (%) 39 | • | • | • | • | • | • | • | • | • |
| Oper. Margin Before Officers Comp. (%) 40 | 0.3 | 0.9 | 0.6 | 0.5 | 0.3 | • | • | • | 0.1 |
| Average Net Receivables ($) 41 | 170 | 189 | 221 | 217 | 243 | 245 | 283 | 272 | 272 |
| Average Inventories ($) 42 | 718 | 792 | 948 | 1021 | 1024 | 1247 | 1313 | 1205 | 1155 |
| Average Net Worth ($) 43 | 354 | 333 | 388 | 410 | 436 | 479 | 490 | 491 | 469 |
| Current Ratio (x1) 44 | 1.3 | 1.3 | 1.3 | 1.3 | 1.3 | 1.2 | 1.3 | 1.3 | 1.3 |
| Quick Ratio (x1) 45 | 0.3 | 0.3 | 0.3 | 0.3 | 0.3 | 0.3 | 0.3 | 0.3 | 0.3 |
| Coverage Ratio (x1) 46 | 1.9 | 2.7 | 2.6 | 2.7 | 2.6 | 2.5 | 2.4 | 2.0 | 2.1 |
| Asset Turnover (x1) 47 | 4.4 | 4.7 | 4.5 | 4.4 | 4.5 | 4.0 | 4.2 | 4.0 | 4.0 |
| Operating Leverage 48 | • | 0.3 | 2.0 | 1.2 | 1.3 | 1.2 | 1.0 | 1.0 | 0.9 |
| Financial Leverage 49 | • | 1.3 | 1.0 | 1.1 | 1.0 | 1.1 | 1.0 | 0.9 | 1.1 |
| Total Leverage 50 | • | 0.4 | 1.9 | 1.2 | 1.3 | 1.4 | 1.0 | 0.8 | 1.0 |

## Table I

Corporations with and without Net Income

# GASOLINE SERVICE STATIONS

### Money Amounts and Size of Assets in Thousands of Dollars

| Item Description for Accounting Period 7/90 Through 6/91 | Total | Zero Assets | Under 100 | 100 to 250 | 251 to 500 | 501 to 1,000 | 1,001 to 5,000 | 5,001 to 10,000 | 10,001 to 25,000 | 25,001 to 50,000 | 50,001 to 100,000 | 100,001 to 250,000 | 250,001 and over |
|---|---|---|---|---|---|---|---|---|---|---|---|---|---|
| Number of Enterprises 1 | 22612 | 691 | 9982 | 5435 | 3702 | 1540 | 1029 | 139 | 56 | 22 | 8 | 5 | • |
| **Revenues ($ in Thousands)** | | | | | | | | | | | | | |
| Net Sales 2 | 53811 | 751 | 6219 | 7976 | 7757 | 5374 | 10697 | 5023 | 3040 | 2085 | 2132 | 2756 | • |
| Portfolio Income 3 | 189 | 3 | 2 | 14 | 18 | 14 | 36 | 5 | 26 | 23 | 36 | 11 | • |
| Other Revenues 4 | 427 | 13 | 6 | 17 | 83 | 21 | 65 | 31 | 41 | 51 | 34 | 65 | • |
| Total Revenues 5 | 54427 | 767 | 6227 | 8007 | 7859 | 5410 | 10799 | 5060 | 3107 | 2160 | 2201 | 2831 | • |
| Average Total Revenues 6 | 2407 | 1110 | 624 | 1473 | 2123 | 3513 | 10494 | 36401 | 55490 | 98175 | 275176 | 566229 | • |
| **Operating Costs/Operating Income (%)** | | | | | | | | | | | | | |
| Cost of Operations 7 | 83.0 | 78.8 | 82.9 | 83.2 | 80.0 | 80.7 | 83.3 | 83.5 | 86.6 | 86.3 | 85.3 | 85.7 | • |
| Rent 8 | 1.7 | 2.2 | 2.9 | 2.2 | 2.3 | 1.7 | 1.5 | 0.9 | 0.6 | 0.5 | 0.8 | 1.2 | • |
| Taxes Paid 9 | 1.9 | 1.8 | 1.6 | 1.5 | 2.0 | 2.1 | 1.8 | 3.4 | 1.5 | 3.0 | 1.0 | 1.3 | • |
| Interest Paid 10 | 0.7 | 0.9 | 0.2 | 0.5 | 0.4 | 0.6 | 0.7 | 0.7 | 1.0 | 1.2 | 1.7 | 0.8 | • |
| Depreciation, Depletion, Amortization 11 | 1.2 | 1.6 | 0.7 | 0.9 | 1.0 | 1.1 | 1.2 | 1.4 | 1.5 | 1.7 | 2.0 | 1.6 | • |
| Pensions and Other Benefits 12 | 0.2 | 0.3 | • | • | • | 0.3 | 0.2 | 0.2 | 0.3 | 0.3 | 0.4 | 0.7 | • |
| Other 13 | 10.8 | 16.2 | 9.4 | 10.1 | 14.0 | 11.9 | 10.6 | 9.1 | 9.5 | 9.2 | 11.2 | 10.2 | • |
| Officers Compensation 14 | 1.5 | 0.7 | 3.2 | 2.0 | 2.4 | 1.4 | 1.0 | 0.8 | 0.7 | 0.6 | 0.3 | 0.4 | • |
| Operating Margin 15 | • | • | • | • | • | • | • | • | • | • | • | • | • |
| Oper. Margin Before Officers Compensation 16 | 0.6 | 2.2 | 2.2 | 1.5 | 0.2 | 1.5 | 0.7 | 0.9 | • | • | • | • | • |
| **Selected Average Balance Sheet ($ in Thousands)** | | | | | | | | | | | | | |
| Net Receivables 17 | 56 | • | 5 | 23 | 38 | 126 | 282 | 774 | 2358 | 2752 | 6169 | 23387 | • |
| Inventories 18 | 65 | • | 11 | 31 | 66 | 101 | 252 | 1028 | 1720 | 2522 | 9086 | 32235 | • |
| Net Property, Plant and Equipment 19 | 189 | • | 11 | 44 | 112 | 252 | 877 | 3961 | 7665 | 18629 | 46480 | 92278 | • |
| Total Assets 20 | 437 | • | 48 | 173 | 319 | 706 | 2006 | 7088 | 14966 | 34068 | 76846 | 186811 | • |

| | | | | | | | | | | | |
|---|---|---|---|---|---|---|---|---|---|---|---|
| Notes and Loans Payable 21 | 187 | • | 23 | 85 | 176 | 285 | 821 | 2242 | 5796 | 15351 | 39266 | 65296 |
| All Other Liabilities 22 | 108 | • | 11 | 34 | 61 | 152 | 559 | 2126 | 3953 | 8360 | 22383 | 48963 |
| Net Worth 23 | 141 | • | 14 | 55 | 82 | 269 | 627 | 2720 | 5217 | 10356 | 15197 | 72552 |

## Selected Financial Ratios (Times to 1)

| | | | | | | | | | | | |
|---|---|---|---|---|---|---|---|---|---|---|---|
| Current Ratio 24 | 1.3 | • | 1.8 | 1.9 | 2.3 | 2.0 | 1.3 | 1.0 | 1.2 | 0.8 | 0.6 | 1.3 |
| Quick Ratio 25 | 0.8 | • | 0.9 | 1.1 | 1.3 | 1.4 | 0.8 | 0.5 | 0.7 | 0.6 | 0.3 | 0.6 |
| Net Sales to Working Capital 26 | • | • | • | 36.6 | 23.4 | 19.1 | • | • | • | • | • | 32.7 |
| Coverage Ratio 27 | 1.3 | 0.7 | • | 0.8 | • | 2.1 | 2.1 | 2.1 | 1.8 | 1.7 | 1.5 | 2.1 |
| Total Asset Turnover 28 | 5.5 | • | 13.0 | 8.5 | 6.6 | 5.0 | 5.2 | 5.1 | 3.6 | 2.8 | 3.5 | 3.0 |
| Inventory Turnover 29 | • | • | • | • | • | • | • | • | • | • | • | • |
| Receivables Turnover 30 | • | • | • | • | • | • | • | • | • | • | • | • |
| Total Liabilities to Net Worth 31 | 2.1 | • | 2.5 | 2.2 | 2.9 | 1.6 | 2.2 | 1.6 | 1.9 | 2.3 | 4.1 | 1.6 |

## Selected Financial Factors (in Percentages)

| | | | | | | | | | | | |
|---|---|---|---|---|---|---|---|---|---|---|---|
| Debt Ratio 32 | 67.8 | • | 71.0 | 68.3 | 74.3 | 61.8 | 68.8 | 61.6 | 65.2 | 69.6 | 80.2 | 61.2 |
| Return on Assets 33 | 4.5 | • | • | 3.5 | • | 6.5 | 7.0 | 7.3 | 6.2 | 5.8 | 8.2 | 5.0 |
| Return on Equity 34 | 1.2 | • | • | • | 7.6 | 9.6 | 9.0 | 7.2 | 4.7 | 4.4 | 3.6 |
| Return Before Interest on Equity 35 | 14.0 | • | • | 11.0 | • | 17.0 | 22.4 | 19.1 | 17.9 | 18.9 | • | 12.8 |
| Profit Margin, Before Income Tax 36 | 0.2 | • | • | • | • | 0.7 | 0.7 | 0.8 | 0.8 | 0.8 | 0.7 | 0.9 |
| Profit Margin, After Income Tax 37 | • | • | • | • | • | 0.6 | 0.6 | 0.7 | 0.7 | 0.8 | 0.3 | 0.5 |

## Trends in Selected Ratios and Factors, 1986–1994

| | 1986 | 1987 | 1988 | 1989 | 1990 | 1991 | 1992 | 1993 | 1994 |
|---|---|---|---|---|---|---|---|---|---|
| Cost of Operations (%) 38 | 87.9 | 87.4 | 87.3 | 86.1 | 82.7 | 82.6 | 81.3 | 81.1 | 83.0 |
| Operating Margin (%) 39 | • | • | • | • | • | • | • | • | • |
| Oper. Margin Before Officers Comp. (%) 40 | 0.3 | 0.5 | 0.3 | 1.0 | 1.3 | 1.1 | 1.7 | 1.5 | 0.6 |
| Average Net Receivables ($) 41 | 52 | 61 | 58 | 55 | 45 | 45 | 42 | 49 | 56 |
| Average Inventories ($) 42 | 62 | 64 | 55 | 57 | 62 | 54 | 52 | 58 | 65 |
| Average Net Worth ($) 43 | 111 | 117 | 109 | 133 | 146 | 129 | 121 | 140 | 141 |
| Current Ratio (x1) 44 | 1.3 | 1.4 | 1.4 | 1.5 | 1.5 | 1.3 | 1.4 | 1.6 | 1.3 |
| Quick Ratio (x1) 45 | 0.7 | 0.8 | 0.9 | 0.9 | 0.8 | 0.8 | 0.8 | 0.9 | 0.8 |
| Coverage Ratio (x1) 46 | 1.5 | 1.8 | 1.7 | 2.6 | 2.9 | 1.8 | 2.5 | 2.3 | 1.3 |
| Asset Turnover (x1) 47 | 6.7 | 6.5 | 7.0 | 6.5 | 5.6 | 5.4 | 5.3 | 5.2 | 5.5 |
| Total Liabilities/Net Worth (x1) 48 | 2.0 | 2.0 | 2.1 | 1.8 | 1.7 | 1.9 | 1.8 | 1.8 | 2.1 |
| Return on Assets (x1) 49 | 5.4 | 6.3 | 6.6 | 8.5 | 9.3 | 5.9 | 8.4 | 8.3 | 4.5 |
| Return on Equity (%) 50 | 1.6 | 4.4 | 4.1 | 9.5 | 10.4 | 5.3 | 11.1 | 10.7 | 1.2 |

## Table II

Corporations with Net Income

# GASOLINE SERVICE STATIONS

### Money Amounts and Size of Assets in Thousands of Dollars

| Item Description for Accounting Period 7/90 Through 6/91 | Total | Zero Assets | Under 100 | 100 to 250 | 251 to 500 | 501 to 1,000 | 1,001 to 5,000 | 5,001 to 10,000 | 10,001 to 25,000 | 25,001 to 50,000 | 50,001 to 100,000 | 100,001 to 250,000 | 250,001 and over |
|---|---|---|---|---|---|---|---|---|---|---|---|---|---|
| Number of Enterprises **1** | 11152 | • | 4605 | 2696 | 2007 | 1077 | 622 | 85 | 35 | 14 | • | • | • |
| **Revenues ($ in Thousands)** | | | | | | | | | | | | | |
| Net Sales **2** | 31647 | • | 2925 | 3973 | 3725 | 4012 | 6019 | 3122 | 2138 | 1527 | • | • | • |
| Portfolio Income **3** | 109 | • | 1 | 7 | 12 | 12 | 17 | 4 | 23 | 21 | • | • | • |
| Other Revenues **4** | 281 | • | 3 | 5 | 64 | 6 | 33 | 20 | 29 | 26 | • | • | • |
| Total Revenues **5** | 32037 | • | 2928 | 3986 | 3801 | 4030 | 6069 | 3146 | 2189 | 1574 | • | • | • |
| Average Total Revenues **6** | 2873 | • | 636 | 1478 | 1894 | 3742 | 9758 | 37010 | 62553 | 112416 | • | • | • |
| **Operating Costs/Operating Income (%)** | | | | | | | | | | | | | |
| Cost of Operations **7** | 82.2 | • | 80.9 | 80.9 | 79.3 | 80.4 | 80.2 | 82.6 | 87.2 | 88.2 | • | • | • |
| Rent **8** | 1.6 | • | 3.7 | 2.2 | 2.1 | 1.8 | 1.2 | 0.5 | 0.5 | 0.4 | • | • | • |
| Taxes Paid **9** | 2.0 | • | 1.5 | 1.4 | 1.9 | 2.5 | 2.1 | 4.8 | 1.6 | 1.0 | • | • | • |
| Interest Paid **10** | 0.5 | • | 0.2 | 0.3 | 0.4 | 0.6 | 0.6 | 0.6 | 0.6 | 1.0 | • | • | • |
| Depreciation, Depletion, Amortization **11** | 1.1 | • | 0.7 | 0.6 | 1.0 | 0.9 | 1.3 | 1.3 | 1.4 | 1.5 | • | • | • |
| Pensions and Other Benefits **12** | 0.2 | • | • | • | • | 0.1 | 0.3 | 0.2 | 0.3 | 0.3 | • | • | • |
| Other **13** | 10.4 | • | 8.8 | 10.7 | 12.9 | 11.5 | 11.5 | 8.7 | 7.2 | 8.4 | • | • | • |
| Officers Compensation **14** | 1.5 | • | 3.3 | 2.5 | 3.0 | 1.4 | 1.2 | 0.7 | 0.5 | 0.7 | • | • | • |
| Operating Margin **15** | 0.5 | • | 1.1 | 1.3 | • | 0.9 | 1.6 | 0.7 | 0.7 | • | • | • | • |
| Oper. Margin Before Officers Compensation **16** | 2.1 | • | 4.4 | 3.7 | 2.5 | 2.2 | 2.8 | 1.4 | 1.2 | • | • | • | • |
| **Selected Average Balance Sheet ($ in Thousands)** | | | | | | | | | | | | | |
| Net Receivables **17** | 77 | • | 5 | 16 | 34 | 163 | 309 | 844 | 2402 | 3768 | • | • | • |
| Inventories **18** | 87 | • | 11 | 36 | 72 | 117 | 276 | 910 | 2216 | 3054 | • | • | • |
| Net Property, Plant and Equipment **19** | 222 | • | 9 | 34 | 103 | 198 | 790 | 3552 | 7501 | 15999 | • | • | • |
| Total Assets **20** | 551 | • | 49 | 175 | 331 | 707 | 1962 | 6914 | 13972 | 34373 | • | • | • |

| | | | | | | | | | |
|---|---|---|---|---|---|---|---|---|---|
| Notes and Loans Payable 21 | 182 | • | 16 | 53 | 117 | 251 | 682 | 1942 | 4409 | 11188 |
| All Other Liabilities 22 | 134 | • | 10 | 34 | 38 | 168 | 515 | 2048 | 3716 | 8358 |
| Net Worth 23 | 235 | • | 23 | 88 | 177 | 288 | 764 | 2924 | 5847 | 14827 |

## Selected Financial Ratios (Times to 1)

| | | | | | | | | | |
|---|---|---|---|---|---|---|---|---|---|
| Current Ratio 24 | 1.6 | 2.4 | 2.5 | 4.1 | 2.1 | 1.5 | 1.1 | 1.3 | 1.1 |
| Quick Ratio 25 | 1.0 | 1.4 | 1.2 | 2.4 | 1.5 | 1.0 | 0.6 | 0.7 | 0.8 |
| Net Sales to Working Capital 26 | 29.9 | 38.2 | 24.7 | 13.3 | 16.6 | 29.5 | • | 47.1 | • |
| Coverage Ratio 27 | 4.3 | 8.6 | 5.9 | 4.7 | 3.3 | 4.9 | 3.4 | 6.6 | 2.9 |
| Total Asset Turnover 28 | 5.2 | 13.0 | 8.4 | 5.6 | 5.3 | 4.9 | 5.3 | 4.4 | 3.2 |
| Inventory Turnover 29 | • | • | • | • | • | • | • | • | • |
| Receivables Turnover 30 | • | • | • | • | • | • | • | • | • |
| Total Liabilities to Net Worth 31 | 1.4 | 1.1 | 1.0 | 0.9 | 1.5 | 1.6 | 1.4 | 1.4 | 1.3 |

## Selected Financial Factors (in Percentages)

| | | | | | | | | | |
|---|---|---|---|---|---|---|---|---|---|
| Debt Ratio 32 | 57.4 | 53.1 | 49.8 | 46.7 | 59.3 | 61.1 | 57.7 | 58.2 | 56.9 |
| Return on Assets 33 | 11.8 | 17.4 | 16.0 | 10.3 | 9.8 | 15.3 | 11.1 | 16.0 | 8.8 |
| Return on Equity 34 | 18.8 | 30.9 | 25.1 | 13.6 | 15.4 | 28.6 | 16.8 | 31.6 | 10.1 |
| Return Before Interest on Equity 35 | 27.6 | • | 31.9 | 19.3 | 24.1 | • | 26.2 | • | 20.3 |
| Profit Margin, Before Income Tax 36 | 1.8 | 1.2 | 1.6 | 1.5 | 1.3 | 2.5 | 1.5 | 3.1 | 1.8 |
| Profit Margin, After Income Tax 37 | 1.6 | 1.1 | 1.5 | 1.3 | 1.2 | 2.3 | 1.3 | 3.0 | 1.4 |

## Trends in Selected Ratios and Factors, 1986-1994

| | 1986 | 1987 | 1988 | 1989 | 1990 | 1991 | 1992 | 1993 | 1994 |
|---|---|---|---|---|---|---|---|---|---|
| Cost of Operations (%) 38 | 87.1 | 86.6 | 86.3 | 85.7 | 82.2 | 81.5 | 81.2 | 81.2 | 82.2 |
| Operating Margin (%) 39 | • | 0.2 | 0.1 | 0.3 | 0.5 | 0.6 | 0.7 | 0.3 | 0.5 |
| Oper. Margin Before Officers Comp. (%) 40 | 1.3 | 1.4 | 1.3 | 1.5 | 2.2 | 2.2 | 2.5 | 2.2 | 2.1 |
| Average Net Receivables ($) 41 | 60 | 74 | 64 | 71 | 53 | 46 | 51 | 55 | 77 |
| Average Inventories ($) 42 | 62 | 76 | 64 | 76 | 72 | 66 | 66 | 67 | 87 |
| Average Net Worth ($) 43 | 163 | 172 | 165 | 205 | 204 | 191 | 186 | 181 | 235 |
| Current Ratio (x1) 44 | 1.6 | 1.5 | 1.6 | 1.6 | 1.6 | 1.5 | 1.7 | 1.7 | 1.6 |
| Quick Ratio (x1) 45 | 1.0 | 0.9 | 1.0 | 1.0 | 0.9 | 0.9 | 1.0 | 1.0 | 1.0 |
| Coverage Ratio (x1) 46 | 4.0 | 3.8 | 3.9 | 4.2 | 5.3 | 4.2 | 4.7 | 3.7 | 4.3 |
| Asset Turnover (x1) 47 | 6.8 | 6.7 | 7.3 | 6.6 | 5.8 | 5.7 | 5.3 | 5.4 | 5.2 |
| Operating Leverage 48 | • | 2.1 | 0.6 | 3.5 | 1.6 | 1.1 | 1.2 | 0.4 | 1.8 |
| Financial Leverage 49 | • | 1.0 | 1.0 | 1.0 | 1.1 | 1.1 | 1.0 | 1.0 | 1.1 |
| Total Leverage 50 | • | 2.1 | 0.6 | 3.5 | 1.7 | 1.2 | 1.3 | 0.4 | 1.9 |

## Table I

Corporations with and without Net Income

# OTHER AUTOMOTIVE DEALERS

### MONEY AMOUNTS AND SIZE OF ASSETS IN THOUSANDS OF DOLLARS

| Item Description for Accounting Period 7/90 Through 6/91 | Total | Zero Assets | Under 100 | 100 to 250 | 251 to 500 | 501 to 1,000 | 1,001 to 5,000 | 5,001 to 10,000 | 10,001 to 25,000 | 25,001 to 50,000 | 50,001 to 100,000 | 100,001 to 250,000 | 250,001 and over |
|---|---|---|---|---|---|---|---|---|---|---|---|---|---|
| Number of Enterprises **1** | 29796 | 897 | 9927 | 7838 | 5399 | 3053 | 2397 | 173 | 73 | 15 | 15 | 8 | 3 |
| **Revenues ($ in Thousands)** | | | | | | | | | | | | | |
| Net Sales **2** | 38489 | 85 | 1981 | 3718 | 5006 | 5849 | 10427 | 2200 | 2105 | 938 | 1827 | 2090 | 2263 |
| Portfolio Income **3** | 162 | 1 | 1 | 5 | 21 | 34 | 26 | 21 | 7 | 8 | 13 | 25 | 1 |
| Other Revenues **4** | 579 | 1 | 29 | 10 | 38 | 74 | 178 | 41 | 59 | 8 | 74 | 35 | 33 |
| Total Revenues **5** | 39230 | 88 | 2012 | 3732 | 5065 | 5956 | 10631 | 2262 | 2170 | 954 | 1914 | 2150 | 2297 |
| Average Total Revenues **6** | 1317 | 98 | 203 | 476 | 938 | 1951 | 4435 | 13077 | 29731 | 63598 | 127572 | 268720 | 765791 |
| **Operating Costs/Operating Income (%)** | | | | | | | | | | | | | |
| Cost of Operations **7** | 69.5 | 55.5 | 58.1 | 63.4 | 67.7 | 70.4 | 74.1 | 71.2 | 71.2 | 74.7 | 69.7 | 67.3 | 66.5 |
| Rent **8** | 2.6 | 3.8 | 5.2 | 3.4 | 2.4 | 2.4 | 2.1 | 2.4 | 2.2 | 2.0 | 2.4 | 4.0 | 1.8 |
| Taxes Paid **9** | 2.0 | 3.0 | 2.9 | 2.8 | 2.3 | 1.8 | 1.6 | 1.8 | 1.6 | 1.8 | 1.5 | 1.9 | 2.1 |
| Interest Paid **10** | 1.9 | 0.4 | 1.4 | 1.5 | 1.1 | 1.5 | 2.3 | 1.7 | 2.6 | 2.6 | 2.4 | 2.2 | 2.0 |
| Depreciation, Depletion, Amortization **11** | 1.8 | 3.6 | 1.5 | 1.7 | 1.2 | 1.0 | 1.5 | 1.6 | 2.9 | 3.1 | 4.7 | 3.1 | 2.3 |
| Pensions and Other Benefits **12** | 0.8 | 0.6 | 0.8 | 0.5 | 0.7 | 0.7 | 0.7 | 1.0 | 1.2 | 0.9 | 1.7 | 0.8 | 1.5 |
| Other **13** | 19.8 | 61.7 | 28.7 | 20.8 | 20.1 | 18.8 | 17.2 | 20.3 | 21.4 | 14.8 | 18.9 | 22.7 | 20.5 |
| Officers Compensation **14** | 2.9 | 0.6 | 5.2 | 6.3 | 4.7 | 3.9 | 2.2 | 1.6 | 1.1 | 0.6 | 0.9 | 0.4 | 0.5 |
| Operating Margin **15** | • | • | • | • | • | • | • | • | • | • | • | • | 2.9 |
| Oper. Margin Before Officers Compensation **16** | 1.8 | • | 1.5 | 5.9 | 4.6 | 3.4 | 0.7 | • | • | 0.2 | • | • | 3.4 |
| **Selected Average Balance Sheet ($ in Thousands)** | | | | | | | | | | | | | |
| Net Receivables **17** | 69 | • | 6 | 20 | 51 | 83 | 259 | 964 | 2028 | 5489 | 10678 | 12737 | 14023 |
| Inventories **18** | 270 | • | 24 | 82 | 173 | 425 | 969 | 3129 | 6381 | 10545 | 29452 | 68075 | 146850 |
| Net Property, Plant and Equipment **19** | 124 | • | 6 | 31 | 44 | 90 | 346 | 1308 | 4102 | 10509 | 21687 | 35402 | 246691 |
| Total Assets **20** | 552 | • | 44 | 161 | 346 | 707 | 1826 | 6551 | 14327 | 33233 | 70776 | 147598 | 474272 |

| | | | | | | | | | | | | |
|---|---|---|---|---|---|---|---|---|---|---|---|---|
| Notes and Loans Payable **21** | 255 | • | 50 | 97 | 90 | 289 | 860 | 3486 | 7622 | 14688 | 29874 | 64069 | 191925 |
| All Other Liabilities **22** | 149 | • | 14 | 73 | 33 | 189 | 514 | 1491 | 4401 | 11885 | 24165 | 49701 | 109521 |
| Net Worth **23** | 148 | • | -19 | 176 | 37 | 230 | 452 | 1574 | 2304 | 6660 | 16738 | 33828 | 172825 |

### Selected Financial Ratios (Times to 1)

| | | | | | | | | | | | | | |
|---|---|---|---|---|---|---|---|---|---|---|---|---|---|
| Current Ratio **24** | 1.6 | 1.8 | 2.7 | 2.7 | 1.9 | 1.4 | 1.6 | 1.6 | 1.3 | 1.6 | 1.2 | 1.4 | 1.2 |
| Quick Ratio **25** | 0.5 | 0.5 | 0.9 | 1.0 | 0.5 | 0.4 | 0.6 | 0.6 | 0.4 | 0.6 | 0.4 | 0.3 | 0.1 |
| Net Sales to Working Capital **26** | 8.6 | 13.2 | 6.2 | 5.4 | 7.1 | 10.6 | 6.8 | 13.5 | 10.4 | 14.7 | 9.4 | 30.6 | |
| Coverage Ratio **27** | 1.4 | • | 1.0 | 2.0 | 1.9 | 1.2 | 1.8 | 0.6 | 1.5 | 2.1 | 1.3 | 3.2 | |
| Total Asset Turnover **28** | 2.3 | 4.5 | 3.0 | 2.7 | 2.7 | 2.4 | 2.0 | 2.0 | 1.9 | 1.7 | 1.8 | 1.6 | |
| Inventory Turnover **29** | 3.3 | 5.6 | 3.7 | 3.6 | 3.4 | 3.3 | 2.8 | 2.4 | 4.0 | 3.3 | 2.7 | 3.5 | |
| Receivables Turnover **30** | • | • | • | • | • | • | • | • | 9.7 | • | • | • | |
| Total Liabilities to Net Worth **31** | 2.7 | • | 3.3 | 1.0 | 2.1 | 3.1 | 5.2 | 3.2 | 4.0 | 3.2 | 3.4 | 1.8 | |

### Selected Financial Factors (in Percentages)

| | | | | | | | | | | | | |
|---|---|---|---|---|---|---|---|---|---|---|---|---|
| Debt Ratio **32** | 73.1 | • | 76.8 | 49.1 | 67.5 | 75.3 | 83.9 | 80.0 | 76.4 | 77.1 | 63.6 | |
| Return on Assets **33** | 6.2 | • | 4.5 | 6.0 | 7.8 | 6.5 | 3.3 | 7.5 | 8.5 | 5.0 | 10.2 | |
| Return on Equity **34** | 4.0 | 23.5 | • | 4.6 | 8.8 | 2.6 | 6.9 | 9.0 | 15.7 | 2.1 | 12.7 | |
| Return Before Interest on Equity **35** | 23.0 | 8.1 | 19.5 | 11.9 | 24.0 | 26.1 | 23.9 | 20.6 | 21.9 | 28.1 | | |
| Profit Margin, Before Income Tax **36** | 0.8 | • | • | 1.1 | 1.4 | 0.5 | 1.3 | 1.4 | 2.6 | 0.7 | 4.4 | |
| Profit Margin, After Income Tax **37** | 0.5 | • | • | 0.9 | 1.1 | 0.3 | 0.9 | 1.0 | 2.2 | 0.3 | 2.9 | |

### Trends in Selected Ratios and Factors, 1986-1994

| | 1986 | 1987 | 1988 | 1989 | 1990 | 1991 | 1992 | 1993 | 1994 |
|---|---|---|---|---|---|---|---|---|---|
| Cost of Operations (%) **38** | 71.5 | 70.8 | 70.7 | 70.7 | 70.9 | 71.3 | 71.6 | 72.2 | 69.5 |
| Operating Margin (%) **39** | • | • | • | • | • | • | • | • | • |
| Oper. Margin Before Officers Comp. (%) **40** | 2.5 | 3.0 | 2.1 | 1.4 | 1.3 | 1.9 | 1.9 | 1.7 | 1.8 |
| Average Net Receivables ($) **41** | 58 | 61 | 68 | 67 | 68 | 69 | 62 | 71 | 69 |
| Average Inventories ($) **42** | 177 | 177 | 194 | 203 | 197 | 225 | 240 | 267 | 270 |
| Average Net Worth ($) **43** | 116 | 125 | 118 | 130 | 122 | 143 | 135 | 147 | 148 |
| Current Ratio (x1) **44** | 1.7 | 1.7 | 1.6 | 1.6 | 1.6 | 1.5 | 1.6 | 1.5 | 1.6 |
| Quick Ratio (x1) **45** | 0.5 | 0.6 | 0.5 | 0.5 | 0.5 | 0.5 | 0.4 | 0.4 | 0.5 |
| Coverage Ratio (x1) **46** | 1.7 | 2.1 | 1.7 | 1.4 | 1.5 | 1.6 | 1.8 | 1.4 | 1.4 |
| Asset Turnover (x1) **47** | 2.6 | 2.5 | 2.4 | 2.4 | 2.3 | 2.3 | 2.4 | 2.3 | 2.3 |
| Total Liabilities/Net Worth (x1) **48** | 2.2 | 2.1 | 2.6 | 2.4 | 2.7 | 2.5 | 2.7 | 2.8 | 2.7 |
| Return on Assets (x1) **49** | 7.2 | 7.6 | 7.2 | 5.7 | 5.7 | 5.4 | 6.9 | 6.3 | 6.2 |
| Return on Equity (%) **50** | 5.0 | 7.5 | 5.8 | 1.8 | 2.8 | 3.7 | 8.2 | 4.4 | 4.0 |

## Table II

Corporations with Net Income

# OTHER AUTOMOTIVE DEALERS

MONEY AMOUNTS AND SIZE OF ASSETS IN THOUSANDS OF DOLLARS

| Item Description for Accounting Period 7/90 Through 6/91 | Total | Zero Assets | Under 100 | 100 to 250 | 251 to 500 | 501 to 1,000 | 1,001 to 5,000 | 5,001 to 10,000 | 10,001 to 25,000 | 25,001 to 50,000 | 50,001 to 100,000 | 100,001 to 250,000 | 250,001 and over |
|---|---|---|---|---|---|---|---|---|---|---|---|---|---|
| Number of Enterprises **1** | 16936 | 3 | 4504 | 4542 | 3930 | 2180 | 1588 | 110 | 47 | 11 | • | • | 3 |
| **Revenues ($ in Thousands)** | | | | | | | | | | | | | |
| Net Sales **2** | 28095 | 26 | 1292 | 2416 | 3595 | 4294 | 7289 | 1653 | 1551 | 795 | • | • | 2263 |
| Portfolio Income **3** | 120 | 0 | 0 | 3 | 16 | 30 | 18 | 17 | 4 | 4 | • | • | 1 |
| Other Revenues **4** | 407 | 1 | 28 | 4 | 26 | 55 | 107 | 33 | 11 | 8 | • | • | 33 |
| Total Revenues **5** | 28623 | 27 | 1320 | 2424 | 3638 | 4378 | 7413 | 1704 | 1567 | 807 | • | • | 2297 |
| Average Total Revenues **6** | 1690 | 8969 | 293 | 534 | 926 | 2008 | 4668 | 15487 | 33335 | 73386 | • | • | 765791 |
| **Operating Costs/Operating Income (%)** | | | | | | | | | | | | | |
| Cost of Operations **7** | 68.3 | 56.2 | 55.5 | 61.7 | 65.9 | 69.7 | 71.6 | 69.4 | 68.1 | 75.1 | • | • | 66.5 |
| Rent **8** | 2.5 | • | 5.8 | 3.5 | 2.4 | 2.2 | 2.0 | 2.4 | 2.4 | 2.0 | • | • | 1.8 |
| Taxes Paid **9** | 2.0 | 2.3 | 3.1 | 2.9 | 2.3 | 1.8 | 1.7 | 2.0 | 1.6 | 1.9 | • | • | 2.1 |
| Interest Paid **10** | 1.4 | 0.5 | 0.6 | 1.3 | 1.0 | 1.3 | 1.5 | 1.1 | 1.5 | 1.6 | • | • | 2.0 |
| Depreciation, Depletion, Amortization **11** | 1.7 | 2.1 | 1.7 | 1.4 | 1.2 | 1.0 | 1.5 | 1.3 | 2.3 | 2.8 | • | • | 2.3 |
| Pensions and Other Benefits **12** | 0.9 | 1.1 | 0.9 | 0.3 | 0.9 | 0.8 | 0.7 | 1.1 | 1.4 | 0.9 | • | • | 1.5 |
| Other **13** | 19.2 | 30.6 | 25.3 | 19.4 | 19.4 | 18.2 | 17.9 | 21.1 | 20.5 | 14.6 | • | • | 20.5 |
| Officers Compensation **14** | 3.1 | • | 5.8 | 7.2 | 5.0 | 4.1 | 2.5 | 1.7 | 1.3 | 0.5 | • | • | 0.5 |
| Operating Margin **15** | 1.0 | 7.2 | 1.5 | 2.5 | 2.2 | 1.0 | 0.6 | • | 1.0 | 0.6 | • | • | 2.9 |
| Oper. Margin Before Officers Compensation **16** | 4.1 | 7.2 | 7.3 | 9.6 | 7.1 | 5.1 | 3.1 | 1.7 | 2.3 | 1.1 | • | • | 3.4 |
| **Selected Average Balance Sheet ($ in Thousands)** | | | | | | | | | | | | | |
| Net Receivables **17** | 92 | • | 7 | 20 | 52 | 77 | 293 | 1152 | 2591 | 6279 | • | • | 14023 |
| Inventories **18** | 317 | • | 23 | 84 | 171 | 412 | 902 | 3135 | 6098 | 10487 | • | • | 146850 |
| Net Property, Plant and Equipment **19** | 147 | • | 9 | 30 | 42 | 97 | 316 | 882 | 3580 | 9929 | • | • | 246691 |
| Total Assets **20** | 680 | • | 47 | 171 | 351 | 716 | 1779 | 6684 | 14644 | 32680 | • | • | 474272 |

| | | | | | | | | | | | |
|---|---|---|---|---|---|---|---|---|---|---|---|
| Notes and Loans Payable 21 | 243 | • | 17 | 79 | 82 | 242 | 620 | 2086 | 5990 | 8735 | • | 191925 |
| All Other Liabilities 22 | 182 | • | 11 | 30 | 65 | 178 | 512 | 1772 | 4505 | 14362 | • | 109521 |
| Net Worth 23 | 255 | • | 19 | 61 | 203 | 296 | 648 | 2826 | 4149 | 9583 | • | 172825 |

**Selected Financial Ratios (Times to 1)**

| | | | | | | | | | | | |
|---|---|---|---|---|---|---|---|---|---|---|---|
| Current Ratio 24 | 1.8 | • | 2.5 | 3.2 | 3.0 | 2.0 | 1.6 | 2.0 | 1.4 | 1.7 | • | 1.2 |
| Quick Ratio 25 | 0.5 | • | 0.8 | 1.2 | 1.1 | 0.5 | 0.5 | 0.8 | 0.5 | 0.7 | • | 0.1 |
| Net Sales to Working Capital 26 | 7.9 | • | 13.4 | 5.8 | 4.9 | 7.0 | 9.0 | 5.9 | 12.3 | 9.9 | • | 30.6 |
| Coverage Ratio 27 | 3.0 | • | 7.6 | 3.2 | 4.5 | 3.4 | 2.5 | 3.8 | 2.4 | 2.4 | • | 3.2 |
| Total Asset Turnover 28 | 2.4 | • | 6.1 | 3.1 | 2.6 | 2.8 | 2.6 | 2.3 | 2.3 | 2.2 | • | 1.6 |
| Inventory Turnover 29 | 3.5 | • | 7.4 | 4.1 | 3.5 | 3.2 | 3.4 | 3.1 | 3.4 | • | • | 6.8 |
| Receivables Turnover 30 | • | • | • | • | • | • | • | • | • | • | • | • |
| Total Liabilities to Net Worth 31 | 1.7 | • | 1.5 | 1.8 | 0.7 | 1.4 | 1.8 | 1.4 | 2.5 | 2.4 | • | 1.8 |

**Selected Financial Factors (in Percentages)**

| | | | | | | | | | | | |
|---|---|---|---|---|---|---|---|---|---|---|---|
| Debt Ratio 32 | 62.5 | • | 59.5 | 64.3 | 42.1 | 58.6 | 63.6 | 57.7 | 71.7 | 70.7 | • | 63.6 |
| Return on Assets 33 | 10.4 | • | 25.6 | 12.7 | 11.1 | 11.7 | 9.8 | 9.5 | 7.9 | 8.3 | • | 10.2 |
| Return on Equity 34 | 15.7 | • | • | 23.1 | 13.4 | 17.3 | 14.2 | 13.6 | 12.4 | 12.6 | • | 12.7 |
| Return Before Interest on Equity 35 | 27.7 | • | • | • | 19.2 | 28.3 | 26.9 | 22.5 | 27.9 | 28.2 | • | 28.1 |
| Profit Margin, Before Income Tax 36 | 2.9 | 10.4 | 3.7 | 2.8 | 3.3 | 3.0 | 2.3 | 3.1 | 2.0 | 2.2 | • | 4.4 |
| Profit Margin, After Income Tax 37 | 2.4 | 10.4 | 3.6 | 2.7 | 3.0 | 2.6 | 2.0 | 2.6 | 1.6 | 1.7 | • | 2.9 |

**Trends in Selected Ratios and Factors, 1986-1994**

| | 1986 | 1987 | 1988 | 1989 | 1990 | 1991 | 1992 | 1993 | 1994 |
|---|---|---|---|---|---|---|---|---|---|
| Cost of Operations (%) 38 | 70.0 | 69.3 | 70.3 | 69.1 | 69.4 | 70.7 | 71.2 | 71.2 | 68.3 |
| Operating Margin (%) 39 | 1.8 | 1.9 | 1.0 | 0.6 | 0.5 | 1.0 | 0.6 | 0.9 | 1.0 |
| Oper. Margin Before Officers Comp. (%) 40 | 5.0 | 5.2 | 4.0 | 3.9 | 3.6 | 4.0 | 3.5 | 3.6 | 4.1 |
| Average Net Receivables ($) 41 | 64 | 68 | 81 | 76 | 79 | 93 | 76 | 93 | 92 |
| Average Inventories ($) 42 | 206 | 194 | 220 | 220 | 224 | 274 | 285 | 330 | 317 |
| Average Net Worth ($) 43 | 166 | 162 | 176 | 178 | 173 | 216 | 193 | 237 | 255 |
| Current Ratio (x1) 44 | 1.9 | 1.8 | 1.7 | 1.8 | 1.7 | 1.6 | 1.6 | 1.6 | 1.8 |
| Quick Ratio (x1) 45 | 0.6 | 0.6 | 0.6 | 0.6 | 0.6 | 0.5 | 0.5 | 0.5 | 0.5 |
| Coverage Ratio (x1) 46 | 3.5 | 4.1 | 3.3 | 2.9 | 3.1 | 3.1 | 3.1 | 2.7 | 3.0 |
| Asset Turnover (x1) 47 | 2.7 | 2.7 | 2.6 | 2.4 | 2.4 | 2.4 | 2.5 | 2.4 | 2.4 |
| Operating Leverage 48 | • | 1.1 | 0.5 | 0.6 | 0.9 | 2.0 | 0.6 | 1.6 | 1.1 |
| Financial Leverage 49 | • | 1.0 | 0.9 | 1.0 | 1.0 | 1.1 | 1.1 | 0.9 | 1.1 |
| Total Leverage 50 | • | 1.1 | 0.5 | 0.6 | 0.9 | 2.2 | 0.6 | 1.5 | 1.1 |

## Table I

Corporations with and without Net Income

# APPAREL AND ACCESSORY STORES

### MONEY AMOUNTS AND SIZE OF ASSETS IN THOUSANDS OF DOLLARS

| Item Description for Accounting Period 7/90 Through 6/91 | | Total | Zero Assets | Under 100 | 100 to 250 | 251 to 500 | 501 to 1,000 | 1,001 to 5,000 | 5,001 to 10,000 | 10,001 to 25,000 | 25,001 to 50,000 | 50,001 to 100,000 | 100,001 to 250,000 | 250,001 and over |
|---|---|---|---|---|---|---|---|---|---|---|---|---|---|---|
| Number of Enterprises | 1 | 46226 | 4033 | 22121 | 11402 | 4580 | 2119 | 1544 | 181 | 137 | 42 | 26 | 19 | 22 |
| **Revenues ($ in Thousands)** | | | | | | | | | | | | | | |
| Net Sales | 2 | 77561 | 707 | 2964 | 4505 | 3290 | 3829 | 6358 | 2932 | 4549 | 3513 | 3919 | 5276 | 35720 |
| Portfolio Income | 3 | 873 | 4 | 5 | 15 | 12 | 14 | 35 | 16 | 47 | 18 | 37 | 83 | 588 |
| Other Revenues | 4 | 1710 | 11 | 59 | 82 | 40 | 66 | 66 | 58 | 120 | 35 | 80 | 117 | 976 |
| Total Revenues | 5 | 80144 | 722 | 3029 | 4603 | 3342 | 3909 | 6458 | 3006 | 4715 | 3566 | 4036 | 5476 | 37283 |
| Average Total Revenues | 6 | 1734 | 179 | 137 | 404 | 730 | 1845 | 4183 | 16606 | 34419 | 84906 | 155225 | 288199 | 1694674 |
| **Operating Costs/Operating Income (%)** | | | | | | | | | | | | | | |
| Cost of Operations | 7 | 60.4 | 74.8 | 62.1 | 58.9 | 62.0 | 61.5 | 63.1 | 62.1 | 58.8 | 58.0 | 60.5 | 58.9 | 59.9 |
| Rent | 8 | 6.6 | 7.7 | 10.8 | 10.2 | 5.6 | 5.8 | 5.9 | 6.3 | 7.0 | 8.8 | 6.4 | 5.2 | 6.0 |
| Taxes Paid | 9 | 2.3 | 2.6 | 2.7 | 2.6 | 2.4 | 2.3 | 2.5 | 1.9 | 2.1 | 2.3 | 2.2 | 3.0 | 2.2 |
| Interest Paid | 10 | 1.9 | 3.2 | 1.2 | 1.1 | 1.3 | 1.1 | 1.1 | 1.5 | 1.2 | 1.8 | 2.6 | 2.3 | 2.3 |
| Depreciation, Depletion, Amortization | 11 | 2.2 | 0.9 | 1.2 | 0.9 | 1.0 | 1.2 | 1.1 | 1.7 | 1.6 | 2.1 | 2.5 | 2.6 | 2.9 |
| Pensions and Other Benefits | 12 | 0.9 | 0.3 | 0.2 | 0.3 | 0.4 | 0.5 | 0.6 | 0.9 | 0.8 | 0.9 | 0.7 | 1.2 | 1.3 |
| Other | 13 | 25.5 | 22.3 | 22.0 | 22.8 | 22.3 | 25.0 | 23.4 | 27.8 | 29.9 | 29.3 | 28.1 | 26.7 | 25.4 |
| Officers Compensation | 14 | 1.9 | 5.1 | 5.4 | 5.7 | 5.1 | 5.1 | 3.2 | 3.2 | 1.9 | 0.7 | 0.7 | 1.1 | 0.4 |
| Operating Margin | 15 | • | • | • | • | • | • | • | • | • | • | • | • | • |
| Oper. Margin Before Officers Compensation | 16 | 0.3 | • | • | 3.2 | 5.1 | 2.7 | 2.3 | • | • | • | • | 0.2 | 0.2 |
| **Selected Average Balance Sheet ($ in Thousands)** | | | | | | | | | | | | | | |
| Net Receivables | 17 | 121 | • | 2 | 18 | 41 | 78 | 200 | 1125 | 1936 | 4370 | 9698 | 20413 | 153573 |
| Inventories | 18 | 302 | • | 26 | 90 | 173 | 361 | 907 | 3167 | 6702 | 16670 | 20113 | 44893 | 265283 |
| Net Property, Plant and Equipment | 19 | 235 | • | 7 | 19 | 46 | 98 | 279 | 1478 | 2964 | 9382 | 19716 | 55437 | 318822 |
| Total Assets | 20 | 970 | • | 43 | 161 | 350 | 701 | 1890 | 6885 | 14966 | 37351 | 70316 | 158200 | 1197659 |

| | | | | | | | | | | | | | |
|---|---|---|---|---|---|---|---|---|---|---|---|---|---|
| Notes and Loans Payable **21** | 320 | • | 46 | 69 | 109 | 255 | 570 | 2503 | 4734 | 15091 | 26630 | 51965 | 346923 |
| All Other Liabilities **22** | 273 | • | 12 | 42 | 89 | 194 | 596 | 2450 | 4622 | 13176 | 18366 | 39191 | 330943 |
| Net Worth **23** | 377 | • | -15 | 50 | 151 | 252 | 724 | 1932 | 5610 | 9084 | 25320 | 67044 | 519793 |

**Selected Financial Ratios (Times to 1)**

| | | | | | | | | | | | | | |
|---|---|---|---|---|---|---|---|---|---|---|---|---|---|
| Current Ratio **24** | 1.8 | 2.2 | 2.5 | 2.3 | 2.5 | 2.1 | 1.9 | 1.5 | 1.7 | 1.7 | 2.0 | 1.9 | 1.6 |
| Quick Ratio **25** | 0.6 | 0.5 | 0.8 | 0.7 | 0.8 | 0.7 | 0.6 | 0.5 | 0.5 | 0.4 | 0.8 | 0.6 | 0.6 |
| Net Sales to Working Capital **26** | 7.5 | 7.4 | • | 5.3 | 4.5 | 6.0 | 5.9 | 10.1 | 7.6 | 8.7 | 7.8 | 7.1 | 8.7 |
| Coverage Ratio **27** | 1.9 | • | • | 0.8 | 2.3 | 0.7 | 1.6 | • | 1.4 | • | 0.8 | 2.2 | 2.8 |
| Total Asset Turnover **28** | 1.7 | 3.1 | 2.5 | 2.5 | 2.1 | 2.6 | 2.2 | 2.4 | 2.2 | 2.2 | 2.2 | 1.8 | 1.4 |
| Inventory Turnover **29** | 3.3 | 3.3 | 2.4 | 2.5 | 2.9 | 2.7 | 2.5 | 2.7 | 3.3 | 2.9 | 4.1 | 3.1 | 3.9 |
| Receivables Turnover **30** | • | • | • | • | • | • | • | • | • | • | • | • | • |
| Total Liabilities to Net Worth **31** | 1.6 | • | 2.2 | 1.3 | 1.8 | 1.6 | 1.6 | 2.6 | 1.7 | 3.1 | 1.8 | 1.4 | 1.3 |

**Selected Financial Factors (in Percentages)**

| | | | | | | | | | | | | | |
|---|---|---|---|---|---|---|---|---|---|---|---|---|---|
| Debt Ratio **32** | 61.1 | • | 68.8 | 56.7 | 64.1 | 61.7 | 71.9 | 62.5 | 75.7 | 64.0 | 57.6 | 56.6 | |
| Return on Assets **33** | 6.2 | • | 2.0 | 6.1 | 1.9 | 3.8 | 3.8 | • | 4.3 | • | 8.8 | 8.7 | |
| Return on Equity **34** | 3.1 | 30.5 | 6.5 | 2.6 | 2.6 | 1.0 | • | • | 6.1 | 7.6 | | | |
| Return Before Interest on Equity **35** | 16.0 | 19.2 | 6.2 | 14.1 | 5.4 | 10.0 | 10.2 | 11.9 | 20.8 | 20.1 | | | |
| Profit Margin, Before Income Tax **36** | 1.7 | 1.7 | 1.7 | 0.7 | 0.7 | 0.5 | 0.5 | • | 2.8 | 4.2 | | | |
| Profit Margin, After Income Tax **37** | 0.7 | 1.4 | 1.4 | 0.5 | 0.2 | • | 1.5 | 2.4 | | | | | |

**Trends in Selected Ratios and Factors, 1986–1994**

| | 1986 | 1987 | 1988 | 1989 | 1990 | 1991 | 1992 | 1993 | 1994 |
|---|---|---|---|---|---|---|---|---|---|
| Cost of Operations (%) **38** | 60.2 | 59.5 | 59.4 | 59.2 | 59.3 | 59.7 | 59.5 | 59.9 | 60.4 |
| Operating Margin (%) **39** | • | 1.1 | • | • | • | • | • | • | • |
| Oper. Margin Before Officers Comp. (%) **40** | 2.5 | 3.7 | 2.4 | 2.1 | 2.1 | 2.1 | 1.9 | 1.5 | 0.3 |
| Average Net Receivables ($) **41** | 71 | 73 | 82 | 80 | 96 | 88 | 104 | 123 | 121 |
| Average Inventories ($) **42** | 175 | 210 | 208 | 216 | 239 | 237 | 279 | 303 | 302 |
| Average Net Worth ($) **43** | 185 | 248 | 233 | 260 | 291 | 273 | 317 | 353 | 377 |
| Current Ratio (x1) **44** | 1.9 | 2.0 | 2.0 | 1.9 | 2.1 | 2.0 | 1.9 | 1.9 | 1.8 |
| Quick Ratio (x1) **45** | 0.7 | 0.7 | 0.7 | 0.7 | 0.8 | 0.7 | 0.6 | 0.6 | 0.6 |
| Coverage Ratio (x1) **46** | 2.4 | 3.4 | 2.5 | 2.6 | 3.0 | 2.7 | 2.9 | 2.3 | 1.9 |
| Asset Turnover (x1) **47** | 2.2 | 2.1 | 2.0 | 2.0 | 2.0 | 2.0 | 2.0 | 1.9 | 1.7 |
| Total Liabilities/Net Worth (x1) **48** | 1.4 | 1.2 | 1.4 | 1.2 | 1.2 | 1.3 | 1.5 | 1.5 | 1.6 |
| Return on Assets (x1) **49** | 8.7 | 10.0 | 7.7 | 6.9 | 7.4 | 7.3 | 8.4 | 7.9 | 6.2 |
| Return on Equity (%) **50** | 6.0 | 8.4 | 4.9 | 3.9 | 4.8 | 5.4 | 8.2 | 6.3 | 3.1 |

# Table II

Corporations with Net Income

## APPAREL AND ACCESSORY STORES

### MONEY AMOUNTS AND SIZE OF ASSETS IN THOUSANDS OF DOLLARS

| Item Description for Accounting Period 7/90 Through 6/91 | Total | Zero Assets | Under 100 | 100 to 250 | 251 to 500 | 501 to 1,000 | 1,001 to 5,000 | 5,001 to 10,000 | 10,001 to 25,000 | 25,001 to 50,000 | 50,001 to 100,000 | 100,001 to 250,000 | 250,001 and over |
|---|---|---|---|---|---|---|---|---|---|---|---|---|---|
| Number of Enterprises **1** | 21822 | 433 | 8991 | 6395 | 3418 | 1287 | 1041 | 106 | 85 | 22 | 15 | 15 | 15 |
| **Revenues ($ in Thousands)** | | | | | | | | | | | | | |
| Net Sales **2** | 57661 | 212 | 1460 | 2791 | 2559 | 2312 | 4798 | 1796 | 2945 | 1888 | 2417 | 4037 | 30445 |
| Portfolio Income **3** | 696 | 0 | 2 | 14 | 7 | 5 | 24 | 5 | 33 | 5 | 22 | 66 | 514 |
| Other Revenues **4** | 1351 | 7 | 49 | 80 | 38 | 21 | 44 | 23 | 97 | 13 | 37 | 94 | 848 |
| Total Revenues **5** | 59707 | 219 | 1512 | 2885 | 2604 | 2338 | 4866 | 1824 | 3076 | 1905 | 2476 | 4197 | 31807 |
| Average Total Revenues **6** | 2736 | 505 | 168 | 451 | 762 | 1817 | 4674 | 17211 | 36186 | 86579 | 165049 | 279773 | 2120479 |
| **Operating Costs/Operating Income (%)** | | | | | | | | | | | | | |
| Cost of Operations **7** | 59.7 | 80.3 | 59.5 | 56.6 | 61.9 | 62.8 | 63.3 | 60.6 | 58.8 | 54.9 | 60.2 | 58.6 | 59.3 |
| Rent **8** | 6.2 | 3.0 | 8.0 | 9.5 | 5.2 | 4.5 | 5.6 | 5.6 | 5.6 | 8.2 | 5.7 | 4.5 | 6.3 |
| Taxes Paid **9** | 2.3 | 1.1 | 2.4 | 2.6 | 2.3 | 2.3 | 2.5 | 1.7 | 2.0 | 2.6 | 2.1 | 2.8 | 2.2 |
| Interest Paid **10** | 1.6 | 4.2 | 0.6 | 0.7 | 1.2 | 0.7 | 0.7 | 1.0 | 1.0 | 1.2 | 2.5 | 1.8 | 1.9 |
| Depreciation, Depletion, Amortization **11** | 2.1 | 0.5 | 1.0 | 0.7 | 1.1 | 1.0 | 0.9 | 1.5 | 1.3 | 1.7 | 2.7 | 2.3 | 2.7 |
| Pensions and Other Benefits **12** | 0.9 | 0.4 | • | 0.3 | 0.3 | 0.4 | 0.7 | 0.8 | 0.8 | 0.7 | 0.9 | 1.2 | 1.2 |
| Other **13** | 24.1 | 8.9 | 19.7 | 20.9 | 21.3 | 22.4 | 20.7 | 24.4 | 28.5 | 27.3 | 25.2 | 26.2 | 24.6 |
| Officers Compensation **14** | 1.6 | 2.9 | 5.9 | 6.2 | 4.6 | 4.8 | 3.4 | 3.3 | 2.3 | 0.7 | 0.7 | 1.0 | 0.3 |
| Operating Margin **15** | 1.6 | • | 2.9 | 2.5 | 2.2 | 1.2 | 2.3 | 1.1 | • | 2.6 | • | 1.8 | 1.6 |
| Oper. Margin Before Officers Compensation **16** | 3.2 | 1.6 | 8.8 | 8.7 | 6.7 | 6.0 | 5.6 | 4.4 | 2.0 | 3.4 | 0.7 | 2.7 | 1.9 |
| **Selected Average Balance Sheet ($ in Thousands)** | | | | | | | | | | | | | |
| Net Receivables **17** | 177 | • | 1 | 26 | 41 | 84 | 225 | 1094 | 1984 | 4192 | 7409 | 22217 | 158483 |
| Inventories **18** | 442 | • | 28 | 78 | 172 | 350 | 920 | 3097 | 7125 | 18482 | 18406 | 44489 | 308316 |
| Net Property, Plant and Equipment **19** | 346 | • | 6 | 14 | 48 | 73 | 255 | 1608 | 2404 | 8682 | 19484 | 54288 | 347809 |
| Total Assets **20** | 1421 | • | 45 | 161 | 348 | 693 | 1940 | 6517 | 14959 | 35070 | 68001 | 157057 | 1289844 |

| | | | | | | | | | | | | | |
|---|---|---|---|---|---|---|---|---|---|---|---|---|---|
| Notes and Loans Payable 21 | 342 | • | 40 | 32 | 81 | 215 | 431 | 1834 | 3823 | 9452 | 20834 | 40565 | 283273 |
| All Other Liabilities 22 | 416 | • | 10 | 37 | 96 | 214 | 562 | 2232 | 4141 | 10667 | 15752 | 37837 | 396022 |
| Net Worth 23 | 662 | • | -4 | 92 | 172 | 264 | 948 | 2450 | 6996 | 14951 | 31415 | 78655 | 610549 |

**Selected Financial Ratios (Times to 1)**

| | | | | | | | | | | | | | |
|---|---|---|---|---|---|---|---|---|---|---|---|---|---|
| Current Ratio 24 | 1.9 | • | 3.6 | 3.3 | 2.5 | 2.3 | 2.2 | 1.8 | 1.9 | 1.8 | 2.4 | 2.0 | 1.7 |
| Quick Ratio 25 | 0.6 | • | 0.7 | 1.3 | 0.9 | 0.8 | 0.8 | 0.6 | 0.6 | 0.4 | 1.0 | 0.6 | 0.6 |
| Net Sales to Working Capital 26 | 7.3 | • | 6.3 | 4.6 | 4.6 | 5.5 | 5.5 | 7.9 | 6.2 | 8.0 | 7.5 | 6.6 | 9.1 |
| Coverage Ratio 27 | 4.3 | 1.4 | 11.4 | 9.2 | 4.4 | 4.3 | 6.0 | 3.6 | 5.3 | 4.0 | 1.9 | 4.1 | 4.3 |
| Total Asset Turnover 28 | 1.9 | • | 3.6 | 2.7 | 2.2 | 2.6 | 2.4 | 2.6 | 2.3 | 2.5 | 2.4 | 1.7 | 1.6 |
| Inventory Turnover 29 | 3.4 | • | 3.0 | 2.6 | 2.9 | 2.5 | 2.8 | 2.4 | 3.1 | 2.4 | 4.2 | 3.3 | 3.9 |
| Receivables Turnover 30 | • | • | • | • | • | • | • | • | • | • | • | • | • |
| Total Liabilities to Net Worth 31 | 1.2 | • | • | 0.8 | 1.0 | 1.6 | 1.1 | 1.7 | 1.1 | 1.4 | 1.2 | 1.0 | 1.1 |

**Selected Financial Factors (in Percentages)**

| | | | | | | | | | | | | | |
|---|---|---|---|---|---|---|---|---|---|---|---|---|---|
| Debt Ratio 32 | 53.4 | • | • | 43.1 | 50.7 | 61.9 | 51.2 | 62.4 | 53.2 | 57.4 | 53.8 | 49.9 | 52.7 |
| Return on Assets 33 | 12.5 | • | 25.1 | 17.7 | 10.9 | 7.7 | 10.5 | 9.5 | 12.0 | 11.6 | 11.6 | 12.7 | 12.6 |
| Return on Equity 34 | 15.0 | • | • | 23.5 | 15.4 | 13.5 | 16.6 | 14.3 | 18.1 | 16.6 | 8.8 | 13.4 | 13.6 |
| Return Before Interest on Equity 35 | 26.8 | • | • | 31.1 | 22.1 | 20.3 | 21.5 | 25.2 | 25.7 | 27.2 | 25.0 | 25.4 | 26.6 |
| Profit Margin, Before Income Tax 36 | 5.2 | 1.8 | 6.4 | 5.8 | 3.9 | 2.3 | 3.7 | 2.6 | 4.2 | 3.6 | 2.4 | 5.6 | 6.1 |
| Profit Margin, After Income Tax 37 | 3.8 | 1.4 | 6.1 | 4.9 | 3.6 | 2.0 | 3.4 | 2.1 | 3.7 | 2.9 | 1.7 | 3.9 | 4.1 |

**Trends in Selected Ratios and Factors, 1986-1994**

| | 1986 | 1987 | 1988 | 1989 | 1990 | 1991 | 1992 | 1993 | 1994 |
|---|---|---|---|---|---|---|---|---|---|
| Cost of Operations (%) 38 | 59.6 | 59.2 | 58.7 | 59.1 | 58.9 | 59.4 | 59.3 | 59.5 | 59.7 |
| Operating Margin (%) 39 | 1.7 | 2.8 | 2.5 | 2.0 | 2.2 | 2.4 | 2.4 | 2.3 | 1.6 |
| Oper. Margin Before Officers Comp. (%) 40 | 4.3 | 5.2 | 4.8 | 4.3 | 4.2 | 4.6 | 4.3 | 4.0 | 3.2 |
| Average Net Receivables ($) 41 | 100 | 110 | 112 | 124 | 155 | 138 | 153 | 185 | 177 |
| Average Inventories ($) 42 | 236 | 297 | 280 | 313 | 348 | 325 | 389 | 417 | 442 |
| Average Net Worth ($) 43 | 290 | 406 | 394 | 450 | 500 | 436 | 539 | 608 | 662 |
| Current Ratio (x1) 44 | 2.0 | 2.1 | 2.2 | 2.1 | 2.2 | 2.1 | 2.0 | 2.0 | 1.9 |
| Quick Ratio (x1) 45 | 0.8 | 0.7 | 0.8 | 0.8 | 0.8 | 0.8 | 0.7 | 0.7 | 0.6 |
| Coverage Ratio (x1) 46 | 3.9 | 5.1 | 5.6 | 5.3 | 5.8 | 5.9 | 6.2 | 4.7 | 4.3 |
| Asset Turnover (x1) 47 | 2.1 | 2.1 | 2.1 | 2.0 | 2.0 | 2.1 | 2.1 | 1.9 | 1.9 |
| Operating Leverage 48 | • | 1.6 | 0.9 | 0.8 | 1.1 | 1.1 | 1.0 | 1.0 | 0.7 |
| Financial Leverage 49 | • | 1.1 | 1.1 | 1.0 | 1.0 | 1.1 | 1.1 | 0.9 | 1.0 |
| Total Leverage 50 | • | 1.7 | 0.9 | 0.8 | 1.1 | 1.2 | 1.1 | 0.9 | 0.7 |

## Table I

Corporations with and without Net Income

# FURNITURE AND HOME FURNISHINGS STORES

### MONEY AMOUNTS AND SIZE OF ASSETS IN THOUSANDS OF DOLLARS

| Item Description for Accounting Period 7/90 Through 6/91 | | Total | Zero Assets | Under 100 | 100 to 250 | 251 to 500 | 501 to 1,000 | 1,001 to 5,000 | 5,001 to 10,000 | 10,001 to 25,000 | 25,001 to 50,000 | 50,001 to 100,000 | 100,001 to 250,000 | 250,001 and over |
|---|---|---|---|---|---|---|---|---|---|---|---|---|---|---|
| Number of Enterprises | 1 | 37548 | 1172 | 15001 | 8634 | 5555 | 4080 | 2756 | 150 | 121 | 42 | 20 | 11 | 7 |
| **Revenues ($ in Thousands)** | | | | | | | | | | | | | | |
| Net Sales | 2 | 56561 | 320 | 2786 | 4943 | 5954 | 6312 | 12801 | 2829 | 3756 | 3340 | 2207 | 2363 | 8950 |
| Portfolio Income | 3 | 505 | 17 | 2 | 10 | 19 | 38 | 95 | 25 | 22 | 5 | 51 | 86 | 136 |
| Other Revenues | 4 | 1357 | 5 | 25 | 112 | 27 | 101 | 231 | 59 | 138 | 115 | 112 | 59 | 373 |
| Total Revenues | 5 | 58423 | 341 | 2813 | 5065 | 6000 | 6450 | 13127 | 2913 | 3916 | 3461 | 2370 | 2508 | 9459 |
| Average Total Revenues | 6 | 1556 | 291 | 188 | 587 | 1080 | 1581 | 4763 | 19420 | 32367 | 82393 | 118477 | 227988 | 1351270 |
| **Operating Costs/Operating Income (%)** | | | | | | | | | | | | | | |
| Cost of Operations | 7 | 63.9 | 54.9 | 60.2 | 66.3 | 64.7 | 63.6 | 63.4 | 64.8 | 69.3 | 70.2 | 61.2 | 60.6 | 61.1 |
| Rent | 8 | 3.9 | 5.1 | 5.1 | 5.4 | 4.3 | 4.1 | 3.8 | 2.9 | 2.6 | 3.2 | 4.5 | 3.7 | 3.6 |
| Taxes Paid | 9 | 2.2 | 3.1 | 2.8 | 2.3 | 1.9 | 3.0 | 2.0 | 1.8 | 1.9 | 1.9 | 2.6 | 2.4 | 2.1 |
| Interest Paid | 10 | 1.6 | 5.5 | 1.4 | 0.9 | 0.8 | 1.2 | 1.2 | 1.5 | 1.9 | 1.9 | 2.7 | 4.2 | 1.9 |
| Depreciation, Depletion, Amortization | 11 | 1.4 | 4.2 | 1.3 | 1.1 | 0.7 | 1.1 | 1.1 | 0.7 | 1.6 | 1.6 | 2.0 | 3.0 | 2.0 |
| Pensions and Other Benefits | 12 | 0.8 | 1.1 | 0.2 | 0.3 | 0.8 | 0.8 | 0.9 | 0.9 | 0.9 | 1.0 | 1.0 | 0.9 | 0.8 |
| Other | 13 | 25.5 | 39.3 | 27.6 | 22.0 | 22.3 | 23.4 | 24.9 | 24.7 | 23.6 | 21.6 | 30.3 | 29.4 | 30.9 |
| Officers Compensation | 14 | 3.0 | 3.6 | 5.0 | 5.8 | 5.0 | 4.1 | 3.4 | 2.6 | 1.6 | 1.7 | 1.0 | 0.8 | 0.3 |
| Operating Margin | 15 | • | • | • | • | • | • | • | 0.2 | • | • | • | • | • |
| Oper. Margin Before Officers Compensation | 16 | 0.8 | 1.5 | 1.5 | 1.8 | 4.6 | 2.8 | 2.7 | 2.8 | • | • | • | • | • |
| **Selected Average Balance Sheet ($ in Thousands)** | | | | | | | | | | | | | | |
| Net Receivables | 17 | 146 | • | 4 | 30 | 72 | 161 | 466 | 2365 | 4555 | 11368 | 19814 | 37539 | 87517 |
| Inventories | 18 | 259 | • | 18 | 70 | 166 | 299 | 832 | 2258 | 4908 | 13726 | 18599 | 46700 | 291524 |
| Net Property, Plant and Equipment | 19 | 123 | • | 7 | 15 | 36 | 90 | 291 | 809 | 2930 | 7219 | 15251 | 48176 | 202035 |
| Total Assets | 20 | 689 | • | 40 | 160 | 371 | 690 | 1975 | 7141 | 15120 | 38268 | 68046 | 183340 | 813906 |

**Selected Financial Ratios (Times to 1)**

| | | | | | | | | | | | | | |
|---|---|---|---|---|---|---|---|---|---|---|---|---|---|
| Notes and Loans Payable 21 | 231 | 29 | • | 67 | 100 | 175 | 613 | 2050 | 5099 | 13992 | 23421 | 97820 | 232781 |
| All Other Liabilities 22 | 220 | 16 | • | 57 | 113 | 186 | 677 | 3151 | 5411 | 15167 | 20481 | 43702 | 230578 |
| Net Worth 23 | 238 | -6 | • | 35 | 157 | 329 | 686 | 1940 | 4611 | 9109 | 24144 | 41818 | 350547 |
| Current Ratio 24 | 1.9 | • | 1.6 | 1.9 | 2.2 | 2.4 | 1.8 | 1.6 | 1.5 | 1.4 | 2.0 | 2.1 | 2.1 |
| Quick Ratio 25 | 0.8 | • | 0.6 | 0.8 | 0.9 | 1.1 | 0.8 | 0.8 | 0.7 | 0.6 | 1.1 | 1.0 | 0.5 |
| Net Sales to Working Capital 26 | 6.6 | • | 16.4 | 10.0 | 6.7 | 4.7 | 6.6 | 9.5 | 8.7 | 9.7 | 4.9 | 4.3 | 5.2 |
| Coverage Ratio 27 | 1.7 | • | • | • | 1.4 | 1.8 | 2.5 | 3.1 | 1.5 | 1.3 | 1.7 | 1.3 | 2.6 |
| Total Asset Turnover 28 | 2.2 | • | 4.7 | 3.6 | 2.9 | 2.3 | 2.4 | 2.7 | 2.1 | 2.1 | 1.6 | 1.2 | 1.6 |
| Inventory Turnover 29 | 3.7 | • | 7.1 | 5.6 | 4.8 | 3.1 | 3.5 | 5.0 | 4.9 | 4.4 | 3.6 | 3.1 | 2.6 |
| Receivables Turnover 30 | • | • | • | • | • | 9.0 | 9.6 | 8.2 | 7.5 | 7.0 | 6.9 | 5.6 | • |
| Total Liabilities to Net Worth 31 | 1.9 | • | 3.6 | 3.6 | 1.4 | 1.1 | 1.9 | 2.7 | 2.3 | 3.2 | 1.8 | 3.4 | 1.3 |

**Selected Financial Factors (in Percentages)**

| | | | | | | | | | | | | | |
|---|---|---|---|---|---|---|---|---|---|---|---|---|---|
| Debt Ratio 32 | 65.4 | • | 78.1 | 57.7 | 52.3 | 65.3 | 72.8 | 69.5 | 76.2 | 64.5 | 77.2 | 56.9 | |
| Return on Assets 33 | 5.9 | • | • | 3.3 | 4.8 | 7.3 | 12.2 | 5.8 | 5.1 | 7.6 | 6.2 | 7.8 | |
| Return on Equity 34 | 4.2 | • | • | 1.3 | 3.1 | 10.1 | 25.6 | 4.8 | 4.2 | 5.3 | • | 7.0 | |
| Return Before Interest on Equity 35 | 17.0 | • | • | 7.9 | 10.0 | 21.0 | 21.0 | 19.1 | 21.2 | 21.4 | 27.1 | 18.1 | |
| Profit Margin, Before Income Tax 36 | 1.1 | • | • | 0.9 | 0.3 | 0.9 | 1.9 | 3.1 | 1.0 | 0.5 | 2.0 | 1.1 | 3.1 |
| Profit Margin, After Income Tax 37 | 0.7 | • | • | 0.7 | 0.2 | 0.7 | 1.5 | 2.6 | 0.7 | 0.5 | 1.2 | • | 1.9 |

**Trends in Selected Ratios and Factors, 1986–1994**

| | 1986 | 1987 | 1988 | 1989 | 1990 | 1991 | 1992 | 1993 | 1994 |
|---|---|---|---|---|---|---|---|---|---|
| Cost of Operations (%) 38 | 63.2 | 63.7 | 63.4 | 63.2 | 63.6 | 63.3 | 63.6 | 63.8 | 63.9 |
| Operating Margin (%) 39 | • | • | • | • | • | • | • | • | • |
| Oper. Margin Before Officers Comp. (%) 40 | 2.9 | 3.7 | 3.5 | 2.7 | 2.2 | 3.3 | 2.5 | 1.5 | 0.8 |
| Average Net Receivables ($) 41 | 96 | 108 | 125 | 138 | 147 | 137 | 150 | 149 | 146 |
| Average Inventories ($) 42 | 165 | 184 | 216 | 212 | 232 | 249 | 256 | 264 | 259 |
| Average Net Worth ($) 43 | 165 | 167 | 192 | 210 | 232 | 245 | 245 | 236 | 238 |
| Current Ratio (x1) 44 | 2.0 | 2.0 | 2.0 | 2.0 | 1.9 | 2.0 | 1.8 | 1.8 | 1.9 |
| Quick Ratio (x1) 45 | 0.9 | 0.8 | 0.9 | 0.9 | 0.8 | 0.8 | 0.8 | 0.8 | 0.8 |
| Coverage Ratio (x1) 46 | 2.6 | 3.5 | 3.1 | 2.4 | 2.8 | 3.3 | 2.7 | 2.0 | 1.7 |
| Asset Turnover (x1) 47 | 2.0 | 2.0 | 2.1 | 2.0 | 2.0 | 2.2 | 2.1 | 2.2 | 2.2 |
| Total Liabilities/Net Worth (x1) 48 | 1.5 | 1.8 | 1.7 | 1.7 | 1.7 | 1.6 | 1.8 | 2.0 | 1.9 |
| Return on Assets (x1) 49 | 8.2 | 9.4 | 9.1 | 7.2 | 7.4 | 8.8 | 8.9 | 7.7 | 5.9 |
| Return on Equity (%) 50 | 6.3 | 11.5 | 10.3 | 6.6 | 7.4 | 11.0 | 10.8 | 7.4 | 4.2 |

## Table II

Corporations with Net Income

# FURNITURE AND HOME FURNISHINGS STORES

### MONEY AMOUNTS AND SIZE OF ASSETS IN THOUSANDS OF DOLLARS

| Item Description for Accounting Period 7/90 Through 6/91 | Total | Zero Assets | Under 100 | 100 to 250 | 251 to 500 | 501 to 1,000 | 1,001 to 5,000 | 5,001 to 10,000 | 10,001 to 25,000 | 25,001 to 50,000 | 50,001 to 100,000 | 100,001 to 250,000 | 250,001 and over |
|---|---|---|---|---|---|---|---|---|---|---|---|---|---|
| Number of Enterprises **1** | 19578 | 369 | 6537 | 4179 | 3518 | 2849 | 1895 | 104 | 85 | 17 | 15 | • | • |
| **Revenues ($ in Thousands)** | | | | | | | | | | | | | |
| Net Sales **2** | 39375 | 131 | 1520 | 2931 | 3731 | 4452 | 9398 | 2208 | 2962 | 1353 | 1503 | • | • |
| Portfolio Income **3** | 385 | 16 | 0 | 3 | 12 | 25 | 81 | 25 | 15 | 4 | 44 | • | • |
| Other Revenues **4** | 1070 | 1 | 20 | 78 | 14 | 65 | 166 | 41 | 123 | 89 | 65 | • | • |
| Total Revenues **5** | 40830 | 148 | 1541 | 3013 | 3757 | 4541 | 9645 | 2274 | 3100 | 1446 | 1612 | • | • |
| Average Total Revenues **6** | 2086 | 400 | 236 | 721 | 1068 | 1594 | 5090 | 21862 | 36472 | 85058 | 107479 | • | • |
| **Operating Costs/Operating Income (%)** | | | | | | | | | | | | | |
| Cost of Operations **7** | 63.5 | 40.5 | 57.8 | 65.3 | 64.1 | 63.9 | 63.4 | 65.5 | 70.3 | 69.5 | 59.0 | • | • |
| Rent **8** | 3.7 | 4.5 | 4.4 | 4.6 | 4.2 | 3.7 | 3.8 | 2.4 | 2.1 | 3.2 | 4.0 | • | • |
| Taxes Paid **9** | 2.1 | 4.1 | 2.9 | 2.1 | 1.9 | 2.3 | 1.9 | 1.7 | 1.9 | 2.3 | 2.5 | • | • |
| Interest Paid **10** | 1.3 | 2.4 | 0.5 | 0.7 | 0.6 | 1.0 | 1.1 | 1.2 | 1.4 | 1.9 | 2.5 | • | • |
| Depreciation, Depletion, Amortization **11** | 1.3 | 8.7 | 1.3 | 1.0 | 0.7 | 1.0 | 0.9 | 0.6 | 1.2 | 1.2 | 1.5 | • | • |
| Pensions and Other Benefits **12** | 0.8 | 2.0 | 0.3 | 0.3 | 0.7 | 0.8 | 0.9 | 0.9 | 0.9 | 0.9 | 1.1 | • | • |
| Other **13** | 24.6 | 38.7 | 23.7 | 20.7 | 20.8 | 22.3 | 23.6 | 23.4 | 22.2 | 21.1 | 29.0 | • | • |
| Officers Compensation **14** | 2.9 | 7.4 | 5.3 | 5.9 | 5.0 | 4.2 | 3.6 | 2.8 | 1.4 | 2.2 | 1.0 | • | • |
| Operating Margin **15** | • | • | 3.7 | • | 2.0 | 0.8 | 0.9 | 1.7 | • | • | • | | |
| Oper. Margin Before Officers Compensation **16** | 2.9 | • | 9.0 | 5.4 | 6.9 | 4.9 | 4.5 | 4.5 | • | • | 0.5 | | |
| **Selected Average Balance Sheet ($ in Thousands)** | | | | | | | | | | | | | |
| Net Receivables **17** | 216 | • | 6 | 36 | 70 | 193 | 516 | 2586 | 5981 | 20817 | 23433 | • | • |
| Inventories **18** | 334 | • | 14 | 66 | 163 | 297 | 776 | 2339 | 5189 | 10131 | 18048 | • | • |
| Net Property, Plant and Equipment **19** | 151 | • | 8 | 19 | 31 | 79 | 290 | 631 | 2253 | 4828 | 14281 | • | • |
| Total Assets **20** | 924 | • | 43 | 166 | 365 | 703 | 2010 | 7536 | 15946 | 40411 | 69502 | • | • |

| | | | | | | | | | | | |
|---|---|---|---|---|---|---|---|---|---|---|---|
| Notes and Loans Payable 21 | 235 | • | 14 | 51 | 76 | 141 | 539 | 1570 | 4379 | 13205 | 23592 |
| All Other Liabilities 22 | 282 | • | 16 | 54 | 104 | 179 | 621 | 3374 | 6418 | 14808 | 16423 |
| Net Worth 23 | 407 | • | 14 | 61 | 186 | 383 | 851 | 2592 | 5149 | 12398 | 29487 |

## Selected Financial Ratios (Times to 1)

| | | | | | | | | | | | |
|---|---|---|---|---|---|---|---|---|---|---|---|
| Current Ratio 24 | 2.2 | • | 1.7 | 2.3 | 2.5 | 2.8 | 2.1 | 1.7 | 1.5 | 1.6 | 2.6 |
| Quick Ratio 25 | 1.0 | • | 0.8 | 1.1 | 1.1 | 1.4 | 1.0 | 1.0 | 0.8 | 1.1 | 1.6 |
| Net Sales to Working Capital 26 | 5.6 | • | 20.5 | 9.2 | 6.1 | 4.1 | 6.1 | 8.5 | 8.1 | 6.2 | 3.3 |
| Coverage Ratio 27 | 3.9 | 2.9 | 11.0 | 4.3 | 5.2 | 3.7 | 4.3 | 5.1 | 3.3 | 3.4 | 3.6 |
| Total Asset Turnover 28 | 2.2 | • | 5.4 | 4.2 | 2.9 | 2.2 | 2.5 | 2.8 | 2.2 | 2.0 | 1.5 |
| Inventory Turnover 29 | 3.7 | • | 7.9 | 6.1 | 4.9 | 3.2 | 3.8 | • | 5.0 | 4.0 | 3.2 |
| Receivables Turnover 30 | 9.2 | • | • | • | • | 8.1 | 8.8 | • | 6.6 | 3.5 | 5.9 |
| Total Liabilities to Net Worth 31 | 1.3 | • | 2.1 | 1.7 | 1.0 | 0.8 | 1.4 | 1.9 | 2.1 | 2.3 | 1.4 |

## Selected Financial Factors (in Percentages)

| | | | | | | | | | | | |
|---|---|---|---|---|---|---|---|---|---|---|---|
| Debt Ratio 32 | 55.9 | • | 67.4 | 63.4 | 49.2 | 45.6 | 57.7 | 65.6 | 67.7 | 69.3 | 57.6 |
| Return on Assets 33 | 10.7 | • | 29.5 | 12.4 | 9.4 | 8.5 | 11.4 | 16.5 | 10.1 | 12.8 | 13.0 |
| Return on Equity 34 | 15.0 | • | • | 24.0 | 13.6 | 9.8 | 17.6 | 33.2 | 19.4 | 29.1 | 18.1 |
| Return Before Interest on Equity 35 | 24.3 | • | • | 33.7 | 18.5 | 15.6 | 26.9 | • | 31.2 | • | 30.6 |
| Profit Margin, Before Income Tax 36 | 3.7 | 4.6 | 5.0 | 2.2 | 2.6 | 2.8 | 3.5 | 4.7 | 3.2 | 4.6 | 6.5 |
| Profit Margin, After Income Tax 37 | 3.0 | 4.2 | 4.9 | 2.1 | 2.4 | 2.4 | 3.0 | 4.1 | 2.9 | 4.5 | 5.3 |

## Trends in Selected Ratios and Factors, 1986–1994

| | 1986 | 1987 | 1988 | 1989 | 1990 | 1991 | 1992 | 1993 | 1994 |
|---|---|---|---|---|---|---|---|---|---|
| Cost of Operations (%) 38 | 61.9 | 63.5 | 62.9 | 62.8 | 63.7 | 62.6 | 62.9 | 62.9 | 63.5 |
| Operating Margin (%) 39 | 1.8 | 1.9 | 2.2 | 1.6 | 1.2 | 1.8 | 1.6 | 1.5 | • |
| Oper. Margin Before Officers Comp. (%) 40 | 5.4 | 5.4 | 5.5 | 4.7 | 4.4 | 4.9 | 4.6 | 4.5 | 2.9 |
| Average Net Receivables ($) 41 | 116 | 130 | 142 | 177 | 177 | 180 | 207 | 201 | 216 |
| Average Inventories ($) 42 | 197 | 232 | 258 | 289 | 291 | 308 | 336 | 326 | 334 |
| Average Net Worth ($) 43 | 236 | 245 | 275 | 323 | 325 | 346 | 365 | 349 | 407 |
| Current Ratio (x1) 44 | 2.2 | 2.1 | 2.2 | 2.1 | 2.2 | 2.2 | 2.0 | 2.0 | 2.2 |
| Quick Ratio (x1) 45 | 1.0 | 0.9 | 0.9 | 0.9 | 1.0 | 0.9 | 0.9 | 0.9 | 1.0 |
| Coverage Ratio (x1) 46 | 5.3 | 5.5 | 5.4 | 4.4 | 5.4 | 5.1 | 4.7 | 4.2 | 3.9 |
| Asset Turnover (x1) 47 | 2.0 | 2.1 | 2.2 | 2.0 | 2.2 | 2.2 | 2.1 | 2.2 | 2.2 |
| Operating Leverage 48 | • | 1.1 | 1.1 | 0.7 | 0.8 | 1.5 | 0.9 | 0.9 | • |
| Financial Leverage 49 | • | 1.1 | 1.0 | 1.0 | 1.1 | 1.1 | 1.0 | 1.0 | 1.0 |
| Total Leverage 50 | • | 1.2 | 1.1 | 0.7 | 0.8 | 1.6 | 0.9 | 0.9 | • |

## Table I

Corporations with and without Net Income

# EATING AND DRINKING PLACES

### MONEY AMOUNTS AND SIZE OF ASSETS IN THOUSANDS OF DOLLARS

| Item Description for Accounting Period 7/90 Through 6/91 | Total | Zero Assets | Under 100 | 100 to 250 | 251 to 500 | 501 to 1,000 | 1,001 to 5,000 | 5,001 to 10,000 | 10,001 to 25,000 | 25,001 to 50,000 | 50,001 to 100,000 | 100,001 to 250,000 | 250,001 and over |
|---|---|---|---|---|---|---|---|---|---|---|---|---|---|
| Number of Enterprises **1** | 163166 | 8946 | 92726 | 31984 | 15163 | 8813 | 4832 | 353 | 183 | 63 | 43 | 28 | 32 |
| **Revenues ($ in Thousands)** | | | | | | | | | | | | | |
| Net Sales **2** | 143362 | 1084 | 19241 | 16031 | 15400 | 14564 | 18100 | 4256 | 4832 | 3577 | 3833 | 5781 | 36664 |
| Portfolio Income **3** | 2284 | 49 | 71 | 90 | 55 | 59 | 87 | 50 | 51 | 32 | 75 | 95 | 1569 |
| Other Revenues **4** | 6034 | 34 | 229 | 217 | 159 | 185 | 216 | 106 | 115 | 104 | 211 | 212 | 4246 |
| Total Revenues **5** | 151681 | 1167 | 19542 | 16338 | 15614 | 14809 | 18403 | 4413 | 4997 | 3712 | 4118 | 6088 | 42480 |
| Average Total Revenues **6** | 930 | 130 | 211 | 511 | 1030 | 1680 | 3809 | 12500 | 27305 | 58927 | 95774 | 217423 | 1327492 |
| **Operating Costs/Operating Income (%)** | | | | | | | | | | | | | |
| Cost of Operations **7** | 43.6 | 50.0 | 44.2 | 43.4 | 43.4 | 44.4 | 40.9 | 41.5 | 45.3 | 49.1 | 43.5 | 45.9 | 43.3 |
| Rent **8** | 6.1 | 8.6 | 8.0 | 7.5 | 5.9 | 5.6 | 6.3 | 6.1 | 4.1 | 4.0 | 5.0 | 4.5 | 5.3 |
| Taxes Paid **9** | 4.3 | 4.8 | 5.1 | 4.5 | 4.4 | 4.2 | 3.9 | 4.1 | 3.6 | 3.9 | 4.0 | 3.8 | 4.0 |
| Interest Paid **10** | 3.6 | 2.5 | 1.0 | 1.6 | 1.7 | 2.1 | 2.9 | 2.9 | 2.8 | 4.3 | 4.1 | 2.8 | 7.7 |
| Depreciation, Depletion, Amortization **11** | 4.0 | 3.8 | 2.3 | 3.1 | 3.5 | 3.7 | 4.0 | 4.1 | 3.9 | 4.5 | 5.3 | 4.8 | 5.4 |
| Pensions and Other Benefits **12** | 1.0 | 0.2 | 0.4 | 0.4 | 0.6 | 0.7 | 0.7 | 1.1 | 0.9 | 1.2 | 1.6 | 1.7 | 1.9 |
| Other **13** | 39.7 | 47.1 | 36.7 | 37.9 | 37.1 | 38.1 | 40.4 | 40.2 | 36.3 | 35.0 | 40.5 | 35.5 | 44.4 |
| Officers Compensation **14** | 2.9 | 2.8 | 5.2 | 4.6 | 4.2 | 3.6 | 2.6 | 2.6 | 5.0 | 1.1 | 1.3 | 1.0 | 0.4 |
| Operating Margin **15** | • | • | • | • | • | • | • | 0.1 | • | • | • | • | • |
| Oper. Margin Before Officers Compensation **16** | • | • | 2.3 | 1.7 | 3.4 | 1.3 | 0.9 | • | 3.2 | • | • | 1.1 | • |
| **Selected Average Balance Sheet ($ in Thousands)** | | | | | | | | | | | | | |
| Net Receivables **17** | 36 | • | 2 | 9 | 16 | 24 | 88 | 302 | 914 | 1321 | 3165 | 11613 | 119221 |
| Inventories **18** | 17 | • | 4 | 9 | 16 | 27 | 58 | 228 | 520 | 1308 | 1781 | 8119 | 25434 |
| Net Property, Plant and Equipment **19** | 270 | • | 17 | 80 | 201 | 385 | 1119 | 3999 | 8923 | 21197 | 43188 | 92154 | 599494 |
| Total Assets **20** | 557 | • | 38 | 158 | 355 | 693 | 1859 | 6768 | 14766 | 35268 | 71449 | 165035 | 1464465 |

| Line Item | | | | | | | | | | | | |
|---|---|---|---|---|---|---|---|---|---|---|---|---|
| Notes and Loans Payable 21 | 317 | 42 | 114 | 234 | 427 | 1204 | 3522 | 7881 | 21046 | 36895 | 61872 | 740352 |
| All Other Liabilities 22 | 125 | 11 | 36 | 73 | 139 | 399 | 1238 | 2984 | 6802 | 17019 | 33905 | 337299 |
| Net Worth 23 | 116 | -15 | 9 | 49 | 127 | 256 | 2008 | 3900 | 7419 | 17535 | 69258 | 386814 |

**Selected Financial Ratios (Times to 1)**

| Ratio | | | | | | | | | | | | |
|---|---|---|---|---|---|---|---|---|---|---|---|---|
| Current Ratio 24 | 0.8 | 0.9 | 1.1 | 0.9 | 0.8 | 0.7 | 0.7 | 0.7 | 0.6 | 0.7 | 1.0 | 0.8 |
| Quick Ratio 25 | 0.6 | 0.5 | 0.8 | 0.6 | 0.6 | 0.5 | 0.5 | 0.5 | 0.3 | 0.3 | 0.7 | 0.6 |
| Net Sales to Working Capital 26 | • | • | • | • | • | • | • | • | • | • | • | • |
| Coverage Ratio 27 | 1.3 | • | 0.3 | 1.3 | 0.7 | 1.0 | 1.4 | 1.6 | 1.2 | 1.5 | 2.9 | 1.5 |
| Total Asset Turnover 28 | 1.6 | 5.4 | 3.2 | 2.9 | 2.4 | 2.0 | 1.8 | 1.8 | 1.6 | 1.3 | 1.3 | 0.8 |
| Inventory Turnover 29 | • | • | • | • | • | • | • | • | • | • | • | • |
| Receivables Turnover 30 | • | • | • | • | • | • | • | • | • | • | • | • |
| Total Liabilities to Net Worth 31 | 3.8 | • | 16.6 | 6.3 | 4.5 | 6.3 | 2.4 | 2.8 | 3.8 | 3.1 | 1.4 | 2.8 |

**Selected Financial Factors (in Percentages)**

| Factor | | | | | | | | | | | | |
|---|---|---|---|---|---|---|---|---|---|---|---|---|
| Debt Ratio 32 | 79.2 | • | 94.3 | 86.3 | 81.7 | 86.3 | 70.3 | 73.6 | 79.0 | 75.5 | 58.0 | 73.6 |
| Return on Assets 33 | 7.2 | • | 1.7 | 6.3 | 3.6 | 5.7 | 7.2 | 7.7 | 8.2 | 7.7 | 10.1 | 9.2 |
| Return on Equity 34 | 2.9 | 19.9 | • | 8.3 | • | • | 5.9 | 8.4 | 1.1 | 5.9 | 9.4 | 7.1 |
| Return Before Interest on Equity 35 | 34.6 | 5.7 | 29.4 | • | 19.8 | • | 24.3 | 29.1 | • | 31.4 | 24.1 | 34.9 |
| Profit Margin, Before Income Tax 36 | 1.0 | • | • | 0.5 | • | • | 1.2 | 1.5 | 0.8 | • | 5.3 | 4.1 |
| Profit Margin, After Income Tax 37 | 0.4 | • | • | 0.4 | • | • | 1.0 | 1.3 | 0.1 | • | 3.1 | 2.4 |

**Trends in Selected Ratios and Factors, 1986-1994**

| | 1986 | 1987 | 1988 | 1989 | 1990 | 1991 | 1992 | 1993 | 1994 |
|---|---|---|---|---|---|---|---|---|---|
| Cost of Operations (%) 38 | 44.7 | 44.8 | 45.0 | 44.4 | 44.1 | 44.6 | 44.3 | 44.4 | 43.6 |
| Operating Margin (%) 39 | • | • | • | • | • | • | • | • | • |
| Oper. Margin Before Officers Comp. (%) 40 | 0.5 | 0.2 | • | • | • | • | • | • | • |
| Average Net Receivables ($) 41 | 17 | 21 | 22 | 32 | 33 | 34 | 38 | 29 | 36 |
| Average Inventories ($) 42 | 14 | 17 | 18 | 20 | 19 | 19 | 18 | 18 | 17 |
| Average Net Worth ($) 43 | 94 | 107 | 102 | 116 | 115 | 110 | 100 | 109 | 116 |
| Current Ratio (x1) 44 | 0.9 | 0.9 | 0.9 | 1.0 | 0.9 | 0.9 | 0.9 | 0.7 | 0.8 |
| Quick Ratio (x1) 45 | 0.5 | 0.5 | 0.5 | 0.6 | 0.6 | 0.5 | 0.6 | 0.5 | 0.6 |
| Coverage Ratio (x1) 46 | 1.7 | 1.7 | 1.6 | 1.4 | 1.4 | 1.3 | 1.3 | 1.2 | 1.3 |
| Asset Turnover (x1) 47 | 2.0 | 1.9 | 1.9 | 1.8 | 1.7 | 1.5 | 1.8 | 1.6 | 1.6 |
| Total Liabilities/Net Worth (x1) 48 | 2.4 | 2.3 | 2.6 | 2.6 | 3.1 | 3.7 | 3.9 | 3.7 | 3.8 |
| Return on Assets (x1) 49 | 7.3 | 6.8 | 6.9 | 6.0 | 5.5 | 4.6 | 6.1 | 6.1 | 7.2 |
| Return on Equity (%) 50 | 3.3 | 3.1 | 2.2 | • | • | • | 1.9 | 0.8 | 2.9 |

## Table II

Corporations with Net Income

# EATING AND DRINKING PLACES

### MONEY AMOUNTS AND SIZE OF ASSETS IN THOUSANDS OF DOLLARS

| Item Description for Accounting Period 7/90 Through 6/91 | Total | Zero Assets | Under 100 | 100 to 250 | 251 to 500 | 501 to 1,000 | 1,001 to 5,000 | 5,001 to 10,000 | 10,001 to 25,000 | 25,001 to 50,000 | 50,001 to 100,000 | 100,001 to 250,000 | 250,001 and over |
|---|---|---|---|---|---|---|---|---|---|---|---|---|---|
| Number of Enterprises **1** | 69416 | 2595 | 36709 | 14948 | 7992 | 4304 | 2469 | 183 | 112 | 38 | 28 | 20 | 18 |
| **Revenues ($ in Thousands)** | | | | | | | | | | | | | |
| Net Sales **2** | 82113 | 560 | 10254 | 9500 | 9515 | 8516 | 10948 | 2754 | 3229 | 2240 | 2703 | 4644 | 17250 |
| Portfolio Income **3** | 1294 | 37 | 61 | 60 | 51 | 43 | 54 | 42 | 31 | 19 | 66 | 62 | 768 |
| Other Revenues **4** | 3473 | 20 | 158 | 145 | 109 | 135 | 146 | 76 | 63 | 64 | 175 | 131 | 2252 |
| Total Revenues **5** | 86880 | 617 | 10473 | 9705 | 9674 | 8694 | 11147 | 2872 | 3323 | 2323 | 2944 | 4837 | 20270 |
| Average Total Revenues **6** | 1252 | 238 | 285 | 649 | 1211 | 2020 | 4515 | 15695 | 29673 | 61124 | 105144 | 241827 | 1126094 |
| **Operating Costs/Operating Income (%)** | | | | | | | | | | | | | |
| Cost of Operations **7** | 41.9 | 49.7 | 43.3 | 41.6 | 40.9 | 43.8 | 41.2 | 40.4 | 38.9 | 54.3 | 46.0 | 44.4 | 38.9 |
| Rent **8** | 5.6 | 7.2 | 6.6 | 6.6 | 5.2 | 5.2 | 5.8 | 6.2 | 4.1 | 3.6 | 4.3 | 3.7 | 5.9 |
| Taxes Paid **9** | 4.1 | 3.9 | 4.7 | 4.3 | 4.2 | 4.0 | 3.9 | 4.2 | 3.4 | 4.0 | 4.2 | 4.2 | 3.9 |
| Interest Paid **10** | 2.5 | 1.7 | 0.7 | 0.9 | 1.1 | 1.5 | 2.1 | 2.2 | 2.1 | 2.9 | 3.1 | 1.8 | 6.3 |
| Depreciation, Depletion, Amortization **11** | 3.8 | 1.3 | 1.6 | 2.3 | 2.7 | 2.9 | 3.4 | 3.1 | 3.5 | 3.9 | 5.2 | 4.7 | 6.8 |
| Pensions and Other Benefits **12** | 1.0 | 0.2 | 0.4 | 0.4 | 0.7 | 0.8 | 0.7 | 1.4 | 1.0 | 1.3 | 1.4 | 1.3 | 2.0 |
| Other **13** | 37.9 | 31.4 | 33.6 | 36.0 | 37.5 | 36.3 | 37.6 | 39.7 | 39.6 | 28.1 | 38.6 | 34.7 | 44.3 |
| Officers Compensation **14** | 3.3 | 3.7 | 5.2 | 5.3 | 4.5 | 4.4 | 2.8 | 3.0 | 6.5 | 1.3 | 1.3 | 1.0 | 0.6 |
| Operating Margin **15** | • | 1.0 | 3.9 | 2.6 | 3.4 | 1.3 | 2.6 | • | 0.9 | 0.6 | • | 4.3 | • |
| Oper. Margin Before Officers Compensation **16** | 3.3 | 4.7 | 9.1 | 7.9 | 7.9 | 5.7 | 5.4 | 2.9 | 7.4 | 1.9 | • | 5.3 | • |
| **Selected Average Balance Sheet ($ in Thousands)** | | | | | | | | | | | | | |
| Net Receivables **17** | 34 | • | 2 | 10 | 23 | 27 | 98 | 382 | 632 | 1498 | 3830 | 12966 | 57300 |
| Inventories **18** | 21 | • | 4 | 9 | 18 | 26 | 71 | 329 | 517 | 1440 | 2156 | 10594 | 17642 |
| Net Property, Plant and Equipment **19** | 344 | • | 15 | 65 | 169 | 375 | 1034 | 3581 | 9021 | 22084 | 44076 | 108878 | 606370 |
| Total Assets **20** | 668 | • | 42 | 160 | 355 | 695 | 1867 | 6808 | 14015 | 35202 | 68482 | 171656 | 1251169 |

| | | | | | | | | | | | | |
|---|---|---|---|---|---|---|---|---|---|---|---|---|
| Notes and Loans Payable **21** | 291 | • | 27 | 72 | 150 | 300 | 931 | 2942 | 6221 | 18064 | 29047 | 48248 | 538681 |
| All Other Liabilities **22** | 127 | • | 10 | 36 | 63 | 115 | 326 | 1389 | 2558 | 6502 | 16927 | 33674 | 232408 |
| Net Worth **23** | 250 | • | 5 | 52 | 143 | 281 | 610 | 2477 | 5236 | 10636 | 22508 | 89734 | 480079 |

**Selected Financial Ratios (Times to 1)**

| | | | | | | | | | | | | | |
|---|---|---|---|---|---|---|---|---|---|---|---|---|---|
| Current Ratio **24** | 1.0 | • | 1.6 | 1.5 | 1.5 | 1.3 | 1.0 | 0.9 | 0.8 | 0.8 | 0.8 | 1.2 | 0.7 |
| Quick Ratio **25** | 0.7 | • | 1.1 | 1.1 | 1.2 | 1.0 | 0.7 | 0.6 | 0.5 | 0.3 | 0.4 | 0.8 | 0.4 |
| Net Sales to Working Capital **26** | • | • | 44.4 | 31.9 | 27.7 | 48.9 | • | • | • | • | • | 41.6 | • |
| Coverage Ratio **27** | 3.4 | 7.6 | 9.5 | 6.1 | 5.7 | 3.3 | 3.1 | 2.9 | 2.9 | 2.5 | 2.7 | 5.7 | 2.6 |
| Total Asset Turnover **28** | 1.8 | • | 6.7 | 4.0 | 3.4 | 2.9 | 2.4 | 2.2 | 2.1 | 1.7 | 1.4 | 1.4 | 0.8 |
| Inventory Turnover **29** | • | • | • | • | • | • | • | • | • | • | • | • | • |
| Receivables Turnover **30** | • | • | • | • | • | • | • | • | • | • | • | • | • |
| Total Liabilities to Net Worth **31** | 1.7 | 7.0 | 2.1 | 2.1 | 1.5 | 1.5 | 2.1 | 1.8 | 1.7 | 2.3 | 2.1 | 0.9 | 1.6 |

**Selected Financial Factors (in Percentages)**

| | | | | | | | | | | | | | |
|---|---|---|---|---|---|---|---|---|---|---|---|---|---|
| Debt Ratio **32** | 62.6 | 87.5 | 67.2 | 67.3 | 59.9 | 59.6 | 67.3 | 63.6 | 62.6 | 69.8 | 67.1 | 47.7 | 61.6 |
| Return on Assets **33** | 15.2 | • | 22.5 | • | 20.1 | 13.8 | 15.6 | 13.8 | 12.2 | 12.0 | 11.5 | 13.8 | 12.6 |
| Return on Equity **34** | 23.6 | • | • | • | 40.0 | 22.6 | 30.8 | 22.8 | 18.8 | 17.9 | 16.4 | 14.7 | 13.4 |
| Return Before Interest on Equity **35** | • | • | • | • | • | 34.3 | • | • | 32.6 | • | 34.9 | 26.4 | 32.8 |
| Profit Margin, Before Income Tax **36** | 6.1 | 11.2 | 6.0 | 4.7 | 5.0 | 3.4 | 4.4 | 4.1 | 3.9 | 4.3 | 5.1 | 8.4 | 10.2 |
| Profit Margin, After Income Tax **37** | 5.0 | 11.0 | 5.9 | 4.6 | 4.8 | 3.2 | 4.2 | 3.8 | 3.4 | 3.2 | 3.8 | 5.7 | 6.7 |

**Trends in Selected Ratios and Factors, 1986–1994**

| | 1986 | 1987 | 1988 | 1989 | 1990 | 1991 | 1992 | 1993 | 1994 |
|---|---|---|---|---|---|---|---|---|---|
| Cost of Operations (%) **38** | 43.1 | 44.4 | 43.6 | 44.0 | 42.6 | 43.2 | 43.1 | 42.3 | 41.9 |
| Operating Margin (%) **39** | • | 0.7 | • | • | • | • | • | • | • |
| Oper. Margin Before Officers Comp. (%) **40** | 2.8 | 3.8 | 2.2 | 0.7 | • | 0.5 | 1.0 | 0.8 | 3.3 |
| Average Net Receivables ($) **41** | 26 | 25 | 30 | 47 | 54 | 59 | 66 | 45 | 34 |
| Average Inventories ($) **42** | 21 | 24 | 18 | 30 | 25 | 32 | 27 | 22 | 21 |
| Average Net Worth ($) **43** | 206 | 204 | 205 | 264 | 264 | 258 | 212 | 212 | 250 |
| Current Ratio (x1) **44** | 1.0 | 1.0 | 0.9 | 1.1 | 1.0 | 1.0 | 1.0 | 0.8 | 1.0 |
| Quick Ratio (x1) **45** | 0.6 | 0.6 | 0.6 | 0.7 | 0.7 | 0.6 | 0.7 | 0.5 | 0.7 |
| Coverage Ratio (x1) **46** | 3.6 | 4.1 | 3.8 | 3.8 | 3.4 | 3.1 | 2.8 | 3.0 | 3.4 |
| Asset Turnover (x1) **47** | 2.0 | 2.0 | 1.9 | 1.8 | 1.5 | 1.4 | 1.7 | 1.7 | 1.8 |
| Operating Leverage **48** | • | • | • | 2.2 | 1.5 | 0.7 | 0.8 | 1.1 | • |
| Financial Leverage **49** | • | 1.1 | 1.0 | 1.0 | 1.0 | 1.0 | 1.0 | 1.1 | 1.1 |
| Total Leverage **50** | • | • | • | 2.2 | 1.5 | 0.7 | 0.8 | 1.1 | • |

## Table I

Corporations with and without Net Income

# DRUG STORES AND PROPRIETARY STORES

MONEY AMOUNTS AND SIZE OF ASSETS IN THOUSANDS OF DOLLARS

| Item Description for Accounting Period 7/90 Through 6/91 | | Total | Zero Assets | Under 100 | 100 to 250 | 251 to 500 | 501 to 1,000 | 1,001 to 5,000 | 5,001 to 10,000 | 10,001 to 25,000 | 25,001 to 50,000 | 50,001 to 100,000 | 100,001 to 250,000 | 250,001 and over |
|---|---|---|---|---|---|---|---|---|---|---|---|---|---|---|
| Number of Enterprises | 1 | 24716 | 1437 | 7597 | 8681 | 4951 | 1418 | 542 | 30 | 26 | 6 | 12 | 8 | 8 |
| **Revenues ($ in Thousands)** | | | | | | | | | | | | | | |
| Net Sales | 2 | 52612 | 411 | 3147 | 5448 | 6719 | 2854 | 3355 | 690 | 1466 | 637 | 1642 | 3248 | 22993 |
| Portfolio Income | 3 | 279 | 14 | 1 | 10 | 17 | 14 | 3 | 5 | 0 | 1 | 8 | 6 | 199 |
| Other Revenues | 4 | 553 | 0 | 6 | 36 | 30 | 25 | 39 | 15 | 8 | 11 | 47 | 25 | 311 |
| Total Revenues | 5 | 53444 | 426 | 3155 | 5494 | 6765 | 2894 | 3397 | 710 | 1474 | 649 | 1697 | 3280 | 23503 |
| Average Total Revenues | 6 | 2162 | 296 | 415 | 633 | 1366 | 2041 | 6267 | 23668 | 56699 | 108214 | 141425 | 409945 | 2937928 |
| **Operating Costs/Operating Income (%)** | | | | | | | | | | | | | | |
| Cost of Operations | 7 | 72.1 | 74.3 | 75.5 | 72.1 | 71.6 | 70.5 | 69.4 | 78.5 | 77.2 | 69.7 | 74.6 | 75.0 | 71.4 |
| Rent | 8 | 2.8 | 0.5 | 3.1 | 2.9 | 2.7 | 2.1 | 2.1 | 2.0 | 2.8 | 3.4 | 3.4 | 3.2 | 3.0 |
| Taxes Paid | 9 | 1.5 | 4.9 | 1.4 | 1.9 | 1.6 | 1.5 | 1.8 | 1.2 | 1.4 | 1.9 | 1.9 | 1.6 | 1.3 |
| Interest Paid | 10 | 1.5 | 1.2 | 0.3 | 0.6 | 0.7 | 0.9 | 0.7 | 0.2 | 0.8 | 0.5 | 1.5 | 1.2 | 2.4 |
| Depreciation, Depletion, Amortization | 11 | 1.5 | 0.9 | 0.7 | 0.8 | 0.9 | 1.0 | 1.1 | 0.8 | 0.8 | 1.1 | 1.8 | 1.5 | 2.2 |
| Pensions and Other Benefits | 12 | 0.8 | 0.2 | 0.8 | 0.7 | 0.7 | 1.0 | 0.7 | • | 0.6 | 0.9 | 0.8 | 0.5 | 0.8 |
| Other | 13 | 17.7 | 15.0 | 12.7 | 16.0 | 15.2 | 17.7 | 20.9 | 15.9 | 15.8 | 21.8 | 16.2 | 17.3 | 19.4 |
| Officers Compensation | 14 | 2.2 | 2.6 | 5.5 | 5.4 | 5.4 | 4.8 | 3.8 | 0.5 | 0.5 | 0.6 | 0.6 | 0.4 | 0.1 |
| Operating Margin | 15 | • | 0.4 | 0.2 | • | 1.2 | 0.6 | • | 0.9 | 0.4 | 0.2 | • | • | • |
| Oper. Margin Before Officers Compensation | 16 | 2.1 | 3.0 | 5.7 | 5.1 | 6.6 | 5.4 | 3.5 | 1.3 | 0.8 | 0.7 | • | • | • |
| **Selected Average Balance Sheet ($ in Thousands)** | | | | | | | | | | | | | | |
| Net Receivables | 17 | 81 | • | 10 | 23 | 54 | 111 | 373 | 655 | 1029 | 2309 | 6818 | 10616 | 108378 |
| Inventories | 18 | 319 | • | 34 | 80 | 169 | 269 | 738 | 3338 | 9262 | 12059 | 25236 | 81883 | 492465 |
| Net Property, Plant and Equipment | 19 | 135 | • | 7 | 21 | 37 | 63 | 296 | 938 | 3257 | 6974 | 11750 | 40390 | 255750 |
| Total Assets | 20 | 719 | • | 64 | 161 | 367 | 675 | 1808 | 8062 | 14878 | 29021 | 63157 | 161332 | 1160710 |

| | | | | | | | | | | | | |
|---|---|---|---|---|---|---|---|---|---|---|---|---|
| Notes and Loans Payable **21** | 262 | 31 | 51 | 98 | 199 | 530 | 599 | 4767 | 7876 | 22633 | 75371 | 460218 |
| All Other Liabilities **22** | 258 | 15 | 52 | 92 | 204 | 510 | 5538 | 6775 | 8822 | 15188 | 52866 | 474734 |
| Net Worth **23** | 199 | 17 | 58 | 177 | 273 | 768 | 1925 | 3336 | 12323 | 25336 | 33094 | 225758 |

## Selected Financial Ratios (Times to 1)

| | | | | | | | | | | | | |
|---|---|---|---|---|---|---|---|---|---|---|---|---|
| Current Ratio **24** | • | 3.0 | 2.1 | 2.6 | 2.5 | 2.0 | 2.0 | 1.3 | 1.6 | 1.6 | 1.8 | 1.3 |
| Quick Ratio **25** | • | 1.0 | 0.7 | 1.0 | 1.2 | 0.8 | 0.9 | 0.2 | 0.2 | 0.5 | 0.3 | 0.3 |
| Net Sales to Working Capital **26** | 12.6 | 12.2 | 10.0 | 7.9 | 6.6 | 9.3 | 7.5 | 25.6 | 15.1 | 8.7 | 9.6 | 22.7 |
| Coverage Ratio **27** | 2.0 | 2.5 | 1.9 | 3.8 | 3.2 | 2.3 | • | 2.1 | 5.4 | 2.7 | 1.3 | 1.7 |
| Total Asset Turnover **28** | 3.0 | 6.5 | 3.9 | 3.7 | 3.0 | 3.4 | 2.9 | 3.8 | 3.7 | 2.2 | 2.5 | 2.5 |
| Inventory Turnover **29** | 4.9 | 8.7 | 5.3 | 6.2 | 5.2 | 6.0 | 5.0 | 4.5 | 7.8 | 4.4 | 3.7 | 4.2 |
| Receivables Turnover **30** | • | • | • | • | • | • | • | • | • | • | • | • |
| Total Liabilities to Net Worth **31** | 2.6 | 2.6 | 1.8 | 1.1 | 1.5 | 1.4 | 3.2 | 3.5 | • | 1.5 | 3.9 | 4.2 |

## Selected Financial Factors (in Percentages)

| | | | | | | | | | | | | |
|---|---|---|---|---|---|---|---|---|---|---|---|---|
| Debt Ratio **32** | 72.4 | 72.5 | 64.2 | 51.8 | 59.6 | 57.5 | 76.1 | 77.6 | 57.5 | 59.9 | 79.5 | 80.6 |
| Return on Assets **33** | 8.6 | 4.9 | 4.3 | 9.5 | 8.7 | 5.6 | 11.4 | 6.4 | 9.2 | 8.8 | 3.7 | 10.1 |
| Return on Equity **34** | 10.2 | 10.4 | 4.5 | 12.4 | 12.8 | 6.1 | • | 8.5 | 14.3 | 7.8 | • | 11.7 |
| Return Before Interest on Equity **35** | 31.2 | 17.9 | 11.9 | 19.7 | 21.6 | 13.2 | • | 28.6 | 21.6 | 21.9 | 18.2 | • |
| Profit Margin, Before Income Tax **36** | 1.4 | 0.5 | 0.5 | 1.9 | 2.0 | 0.9 | 3.8 | 0.9 | 2.1 | 2.6 | 0.3 | 1.7 |
| Profit Margin, After Income Tax **37** | 1.0 | 0.4 | 0.4 | 1.6 | 1.7 | 0.8 | 3.7 | 0.5 | 2.7 | 1.5 | 1.7 | 0.9 |

## Trends in Selected Ratios and Factors, 1986–1994

| | 1986 | 1987 | 1988 | 1989 | 1990 | 1991 | 1992 | 1993 | 1994 |
|---|---|---|---|---|---|---|---|---|---|
| Cost of Operations (%) **38** | 73.1 | 72.7 | 73.3 | 73.5 | 72.8 | 73.0 | 71.8 | 71.1 | 72.1 |
| Operating Margin (%) **39** | 1.0 | 1.5 | 0.9 | 0.2 | • | • | • | • | • |
| Oper. Margin Before Officers Comp. (%) **40** | 2.9 | 3.3 | 2.6 | 1.8 | 1.3 | 1.0 | 0.7 | 1.7 | 2.1 |
| Average Net Receivables ($) **41** | 45 | 45 | 66 | 48 | 62 | 82 | 198 | 75 | 81 |
| Average Inventories ($) **42** | 235 | 248 | 267 | 320 | 324 | 314 | 335 | 297 | 319 |
| Average Net Worth ($) **43** | 206 | 224 | 317 | 389 | 378 | 328 | 436 | 176 | 199 |
| Current Ratio (x1) **44** | 1.9 | 1.8 | 1.6 | 1.9 | 1.8 | 1.8 | 1.6 | 1.6 | 1.6 |
| Quick Ratio (x1) **45** | 0.5 | 0.5 | 0.5 | 0.5 | 0.5 | 0.5 | 0.7 | 0.4 | 0.4 |
| Coverage Ratio (x1) **46** | 4.5 | 6.3 | 4.6 | 3.5 | 2.2 | 1.8 | 1.9 | 2.0 | 2.0 |
| Asset Turnover (x1) **47** | 3.6 | 3.5 | 2.7 | 2.8 | 2.2 | 2.6 | 2.0 | 2.9 | 3.0 |
| Total Liabilities/Net Worth (x1) **48** | 1.5 | 1.4 | 1.4 | 1.4 | 1.6 | 1.7 | 1.9 | 2.8 | 2.6 |
| Return on Assets (x1) **49** | 11.0 | 12.0 | 9.9 | 8.3 | 6.0 | 6.9 | 7.0 | 8.5 | 8.6 |
| Return on Equity (%) **50** | 13.0 | 15.0 | 11.3 | 8.2 | 3.6 | 4.5 | 6.0 | 10.9 | 10.2 |

## Table II

Corporations with Net Income

# DRUG STORES AND PROPRIETARY STORES

### MONEY AMOUNTS AND SIZE OF ASSETS IN THOUSANDS OF DOLLARS

| Item Description for Accounting Period 7/90 Through 6/91 | | Total | Zero Assets | Under 100 | 100 to 250 | 251 to 500 | 501 to 1,000 | 1,001 to 5,000 | 5,001 to 10,000 | 10,001 to 25,000 | 25,001 to 50,000 | 50,001 to 100,000 | 100,001 to 250,000 | 250,001 and over |
|---|---|---|---|---|---|---|---|---|---|---|---|---|---|---|
| Number of Enterprises | 1 | 15791 | 617 | 3928 | 5441 | 4157 | 1195 | 387 | 24 | 17 | 6 | 7 | • | • |
| **Revenues ($ in Thousands)** | | | | | | | | | | | | | | |
| Net Sales | 2 | 39437 | 391 | 1698 | 3611 | 5546 | 2381 | 2356 | 396 | 985 | 637 | 1138 | • | • |
| Portfolio Income | 3 | 180 | 14 | • | 5 | 12 | 13 | 2 | 5 | 0 | 1 | 8 | • | • |
| Other Revenues | 4 | 440 | • | 1 | 27 | 26 | 19 | 31 | 15 | 7 | 11 | 40 | • | • |
| Total Revenues | 5 | 40057 | 405 | 1700 | 3643 | 5584 | 2413 | 2388 | 415 | 992 | 649 | 1185 | • | • |
| Average Total Revenues | 6 | 2537 | 656 | 433 | 669 | 1343 | 2019 | 6171 | 17296 | 58360 | 108214 | 169284 | • | • |
| **Operating Costs/Operating Income (%)** | | | | | | | | | | | | | | |
| Cost of Operations | 7 | 72.1 | 75.9 | 73.6 | 71.5 | 70.9 | 70.2 | 68.9 | 77.5 | 76.3 | 69.7 | 75.4 | • | • |
| Rent | 8 | 2.8 | 0.4 | 2.7 | 3.0 | 2.8 | 1.8 | 1.9 | 1.6 | 2.7 | 3.4 | 3.5 | • | • |
| Taxes Paid | 9 | 1.5 | 5.0 | 1.3 | 1.8 | 1.6 | 1.5 | 1.7 | 1.3 | 1.5 | 1.9 | 2.0 | • | • |
| Interest Paid | 10 | 1.1 | 1.2 | 0.2 | 0.5 | 0.7 | 0.6 | 0.6 | 0.4 | 0.6 | 0.5 | 1.2 | • | • |
| Depreciation, Depletion, Amortization | 11 | 1.4 | 0.9 | 0.5 | 0.8 | 0.9 | 0.8 | 1.1 | 0.8 | 0.7 | 1.1 | 1.2 | • | • |
| Pensions and Other Benefits | 12 | 0.8 | 0.2 | 0.8 | 0.5 | 0.8 | 1.1 | 0.5 | 0.1 | 0.8 | 0.9 | 1.0 | • | • |
| Other | 13 | 16.9 | 12.2 | 12.0 | 15.9 | 14.7 | 16.8 | 20.3 | 15.5 | 15.8 | 21.8 | 14.1 | • | • |
| Officers Compensation | 14 | 2.2 | 2.6 | 5.1 | 4.9 | 5.7 | 5.1 | 4.5 | 0.8 | 0.6 | 0.6 | 0.8 | • | • |
| Operating Margin | 15 | 1.3 | 1.7 | 3.8 | 1.3 | 1.9 | 2.1 | 0.7 | 2.0 | 1.1 | 0.2 | 1.0 | • | • |
| Oper. Margin Before Officers Compensation | 16 | 3.5 | 4.4 | 8.9 | 6.2 | 7.6 | 7.3 | 5.2 | 2.8 | 1.7 | 0.7 | 1.8 | • | • |
| **Selected Average Balance Sheet ($ in Thousands)** | | | | | | | | | | | | | | |
| Net Receivables | 17 | 104 | • | 13 | 26 | 55 | 109 | 416 | 787 | 984 | 2309 | 9545 | • | • |
| Inventories | 18 | 366 | • | 33 | 84 | 166 | 249 | 693 | 2290 | 9050 | 12059 | 25919 | • | • |
| Net Property, Plant and Equipment | 19 | 160 | • | 4 | 19 | 34 | 57 | 280 | 974 | 3717 | 6974 | 14343 | • | • |
| Total Assets | 20 | 790 | • | 63 | 167 | 368 | 656 | 1779 | 7632 | 15095 | 29021 | 65191 | • | • |

| | | | | | | | | | | | |
|---|---|---|---|---|---|---|---|---|---|---|---|
| Notes and Loans Payable 21 | 219 | • | 22 | 44 | 90 | 150 | 396 | 749 | 5288 | 7876 | 18087 |
| All Other Liabilities 22 | 254 | • | 18 | 52 | 94 | 169 | 477 | 4895 | 4950 | 8822 | 17786 |
| Net Worth 23 | 317 | • | 23 | 70 | 183 | 337 | 905 | 1988 | 4858 | 12323 | 29317 |

**Selected Financial Ratios (Times to 1)**

| | | | | | | | | | | | |
|---|---|---|---|---|---|---|---|---|---|---|---|
| Current Ratio 24 | 2.1 | • | 2.6 | 2.2 | 2.6 | 3.0 | 2.2 | 2.8 | 1.6 | 1.6 | 2.3 |
| Quick Ratio 25 | 0.6 | • | 1.0 | 0.7 | 1.0 | 1.5 | 1.0 | 1.6 | 0.2 | 0.2 | 0.9 |
| Net Sales to Working Capital 26 | 9.1 | • | 13.1 | 9.5 | 7.8 | 5.9 | 8.2 | 4.5 | 15.7 | 15.1 | 6.7 |
| Coverage Ratio 27 | 3.5 | 4.7 | • | 5.3 | 5.0 | 6.5 | 4.6 | • | 4.4 | 5.4 | 5.4 |
| Total Asset Turnover 28 | 3.2 | • | 6.9 | 4.0 | 3.6 | 3.0 | 3.4 | 2.2 | 3.8 | 3.7 | 2.5 |
| Inventory Turnover 29 | 5.3 | • | 8.6 | 5.8 | 5.9 | 6.4 | 6.0 | 5.4 | 4.6 | • | 5.1 |
| Receivables Turnover 30 | • | • | • | • | • | • | • | • | • | • | • |
| Total Liabilities to Net Worth 31 | 1.5 | • | 1.8 | 1.4 | 1.0 | 1.0 | 1.0 | 2.8 | 2.1 | 1.4 | 1.2 |

**Selected Financial Factors (in Percentages)**

| | | | | | | | | | | | |
|---|---|---|---|---|---|---|---|---|---|---|---|
| Debt Ratio 32 | 59.9 | • | 63.6 | 58.0 | 50.2 | 48.7 | 49.1 | 74.0 | 67.8 | 57.5 | 55.0 |
| Return on Assets 33 | 12.5 | • | 28.3 | 10.8 | 11.9 | 12.5 | 9.2 | 15.8 | 9.1 | 9.2 | 15.5 |
| Return on Equity 34 | 17.3 | • | • | 19.6 | 16.6 | 18.7 | 12.5 | • | 14.9 | 14.3 | 19.3 |
| Return Before Interest on Equity 35 | 31.2 | • | • | 25.7 | 23.8 | 24.4 | 18.1 | • | 28.4 | 21.6 | 34.5 |
| Profit Margin, Before Income Tax 36 | 2.8 | 4.4 | 3.9 | 2.2 | 2.6 | 3.5 | 2.1 | 6.9 | 1.8 | 2.1 | 5.1 |
| Profit Margin, After Income Tax 37 | 2.2 | 4.3 | 3.9 | 2.1 | 2.3 | 3.2 | 1.9 | 6.8 | 1.3 | 1.7 | 3.5 |

**Trends in Selected Ratios and Factors, 1986-1994**

| | 1986 | 1987 | 1988 | 1989 | 1990 | 1991 | 1992 | 1993 | 1994 |
|---|---|---|---|---|---|---|---|---|---|
| Cost of Operations (%) 38 | 73.2 | 72.9 | 73.5 | 73.7 | 71.6 | 72.0 | 71.6 | 70.5 | 72.1 |
| Operating Margin (%) 39 | 1.4 | 1.9 | 1.3 | 0.7 | 1.0 | 0.7 | • | 1.4 | 1.3 |
| Oper. Margin Before Officers Comp. (%) 40 | 3.2 | 3.6 | 2.8 | 2.1 | 2.9 | 2.5 | 1.7 | 3.9 | 3.5 |
| Average Net Receivables ($) 41 | 54 | 53 | 88 | 57 | 65 | 89 | 264 | 86 | 104 |
| Average Inventories ($) 42 | 276 | 294 | 347 | 389 | 304 | 321 | 332 | 303 | 366 |
| Average Net Worth ($) 43 | 258 | 283 | 438 | 487 | 448 | 456 | 616 | 277 | 317 |
| Current Ratio (×1) 44 | 1.9 | 1.8 | 1.6 | 1.8 | 1.8 | 1.8 | 1.9 | 2.2 | 2.1 |
| Quick Ratio (×1) 45 | 0.5 | 0.5 | 0.5 | 0.5 | 0.5 | 0.5 | 0.9 | 0.7 | 0.6 |
| Coverage Ratio (×1) 46 | 5.6 | 7.8 | 5.3 | 4.7 | 4.8 | 4.5 | 3.0 | 4.7 | 3.5 |
| Asset Turnover (×1) 47 | 3.6 | 3.6 | 2.7 | 2.9 | 2.5 | 2.8 | 1.9 | 3.1 | 3.2 |
| Operating Leverage 48 | • | 1.3 | 0.7 | 0.5 | 1.5 | 0.6 | • | • | 0.9 |
| Financial Leverage 49 | • | 1.1 | 1.0 | 1.0 | 1.0 | 1.1 | 0.9 | 1.3 | 0.9 |
| Total Leverage 50 | • | 1.4 | 0.7 | 0.5 | 1.5 | 0.7 | • | • | 0.8 |

## Table I

Corporations with and without Net Income

# LIQUOR STORES

### MONEY AMOUNTS AND SIZE OF ASSETS IN THOUSANDS OF DOLLARS

| Item Description for Accounting Period 7/90 Through 6/91 | Total | Zero Assets | Under 100 | 100 to 250 | 251 to 500 | 501 to 1,000 | 1,001 to 5,000 | 5,001 to 10,000 | 10,001 to 25,000 | 25,001 to 50,000 | 50,001 to 100,000 | 100,001 to 250,000 | 250,001 and over |
|---|---|---|---|---|---|---|---|---|---|---|---|---|---|
| Number of Enterprises **1** | 15041 | 555 | 6606 | 4139 | 2452 | 1009 | 253 | 15 | 3 | 8 | • | • | • |
| **Revenues ($ in Thousands)** | | | | | | | | | | | | | |
| Net Sales **2** | 12796 | 180 | 1585 | 2724 | 2752 | 2331 | 1859 | 492 | 80 | 791 | • | • | • |
| Portfolio Income **3** | 68 | 7 | 26 | 3 | 3 | 5 | 14 | • | 1 | 7 | • | • | • |
| Other Revenues **4** | 149 | 5 | 14 | 42 | 29 | 21 | 20 | 5 | 5 | 9 | • | • | • |
| Total Revenues **5** | 13012 | 193 | 1625 | 2769 | 2784 | 2357 | 1893 | 497 | 86 | 807 | • | • | • |
| Average Total Revenues **6** | 865 | 348 | 246 | 669 | 1135 | 2336 | 7483 | 33103 | 28611 | 100918 | • | • | • |
| **Operating Costs/Operating Income (%)** | | | | | | | | | | | | | |
| Cost of Operations **7** | 78.8 | 86.7 | 78.3 | 80.0 | 79.8 | 80.0 | 74.1 | 85.2 | 54.5 | 76.1 | • | • | • |
| Rent **8** | 3.1 | 8.0 | 5.9 | 3.1 | 2.7 | 2.2 | 2.7 | 1.6 | 7.0 | 2.1 | • | • | • |
| Taxes Paid **9** | 1.8 | 1.8 | 2.9 | 2.1 | 1.8 | 1.7 | 0.9 | 0.8 | 3.0 | 1.2 | • | • | • |
| Interest Paid **10** | 0.8 | 2.2 | 0.4 | 0.8 | 1.3 | 0.7 | 0.6 | 0.2 | 0.8 | 1.3 | • | • | • |
| Depreciation, Depletion, Amortization **11** | 1.0 | 0.2 | 1.2 | 1.2 | 1.3 | 0.7 | 0.6 | 0.7 | 3.2 | 1.2 | • | • | • |
| Pensions and Other Benefits **12** | 0.4 | • | 0.3 | 0.2 | 0.2 | 0.4 | 0.4 | • | 0.9 | 1.4 | • | • | • |
| Other **13** | 12.0 | 11.4 | 11.5 | 11.9 | 10.7 | 12.0 | 11.8 | 9.4 | 35.4 | 17.5 | • | • | • |
| Officers Compensation **14** | 2.3 | 1.0 | 2.3 | 2.4 | 3.3 | 2.4 | 1.5 | 1.0 | 1.8 | 1.0 | • | • | • |
| Operating Margin **15** | • | • | • | • | • | 0.2 | 7.4 | 1.0 | • | • | • | • | • |
| Oper. Margin Before Officers Compensation **16** | 2.3 | • | • | 0.9 | 2.3 | 2.5 | 8.9 | 2.1 | • | • | • | • | • |
| **Selected Average Balance Sheet ($ in Thousands)** | | | | | | | | | | | | | |
| Net Receivables **17** | 6 | • | 2 | 2 | 6 | 18 | 66 | 271 | 288 | 1956 | • | • | • |
| Inventories **18** | 93 | • | 22 | 74 | 137 | 273 | 892 | 2869 | 858 | 8567 | • | • | • |
| Net Property, Plant and Equipment **19** | 43 | • | 6 | 34 | 49 | 90 | 299 | 3140 | 4486 | 15013 | • | • | • |
| Total Assets **20** | 235 | • | 44 | 178 | 341 | 648 | 1957 | 7034 | 10434 | 48881 | • | • | • |

| | | | | | | | | | | |
|---|---|---|---|---|---|---|---|---|---|---|
| Notes and Loans Payable 21 | 91 | • | 21 | 86 | 175 | 209 | 539 | 854 | 6025 | 8482 |
| All Other Liabilities 22 | 61 | • | 12 | 40 | 67 | 195 | 656 | 1295 | 3535 | 13501 |
| Net Worth 23 | 83 | • | 10 | 52 | 99 | 244 | 762 | 4885 | 873 | 26898 |

**Selected Financial Ratios (Times to 1)**

| | | | | | | | | | | |
|---|---|---|---|---|---|---|---|---|---|---|
| Current Ratio 24 | 2.0 | • | 1.9 | 2.2 | 2.6 | 1.8 | 1.7 | 2.2 | 1.2 | 2.0 |
| Quick Ratio 25 | 0.5 | • | 0.4 | 0.5 | 0.9 | 0.5 | 0.4 | 0.4 | 0.5 | 0.5 |
| Net Sales to Working Capital 26 | 12.4 | • | 17.6 | 12.5 | 8.6 | 13.2 | 15.1 | 16.6 | • | 10.9 |
| Coverage Ratio 27 | 3.0 | • | 0.2 | 1.2 | 1.1 | 2.9 | • | 10.2 | 1.9 | 1.1 |
| Total Asset Turnover 28 | 3.6 | • | 5.5 | 3.7 | 3.3 | 3.6 | 3.8 | 4.7 | 2.6 | 2.0 |
| Inventory Turnover 29 | 7.3 | • | 9.9 | 6.4 | 6.3 | 7.7 | 6.7 | 8.4 | • | 7.9 |
| Receivables Turnover 30 | • | • | • | • | • | • | • | • | • | 11.0 |
| Total Liabilities to Net Worth 31 | 1.8 | • | 3.4 | 2.4 | 2.5 | 1.7 | 1.6 | 0.4 | 11.0 | 0.8 |

**Selected Financial Factors (in Percentages)**

| | | | | | | | | | | |
|---|---|---|---|---|---|---|---|---|---|---|
| Debt Ratio 32 | 64.6 | • | 77.2 | 70.9 | 71.1 | 62.3 | 61.1 | 30.6 | 91.6 | 45.0 |
| Return on Assets 33 | 8.8 | • | 0.4 | 3.4 | 4.8 | 6.8 | 36.5 | 10.3 | 3.8 | 3.0 |
| Return on Equity 34 | 13.8 | • | 1.0 | • | 9.4 | • | 13.4 | 21.8 | • | 5.4 |
| Return Before Interest on Equity 35 | 24.9 | • | 1.6 | 11.8 | 16.6 | 17.9 | 14.9 | • | • | |
| Profit Margin, Before Income Tax 36 | 1.6 | • | • | 0.2 | 0.2 | 1.3 | 2.0 | 2.0 | 0.7 | 0.2 |
| Profit Margin, After Income Tax 37 | 1.4 | • | • | • | • | 1.0 | 8.5 | 2.0 | 0.7 | 0.7 |

**Trends in Selected Ratios and Factors, 1986–1994**

| | 1986 | 1987 | 1988 | 1989 | 1990 | 1991 | 1992 | 1993 | 1994 |
|---|---|---|---|---|---|---|---|---|---|
| Cost of Operations (%) 38 | 80.0 | 79.6 | 79.4 | 81.6 | 80.9 | 76.8 | 78.3 | 78.0 | 78.8 |
| Operating Margin (%) 39 | • | • | • | • | • | • | • | • | • |
| Oper. Margin Before Officers Comp. (%) 40 | 2.0 | 1.9 | 1.5 | 1.5 | 1.5 | 1.5 | 1.0 | 0.3 | 2.3 |
| Average Net Receivables ($) 41 | 8 | 7 | 8 | 7 | 7 | 6 | 7 | 6 | 6 |
| Average Inventories ($) 42 | 69 | 61 | 67 | 70 | 80 | 76 | 92 | 91 | 93 |
| Average Net Worth ($) 43 | 54 | 51 | 62 | 69 | 67 | 69 | 86 | 68 | 83 |
| Current Ratio (x1) 44 | 1.7 | 1.8 | 1.8 | 1.8 | 1.9 | 1.9 | 2.1 | 2.0 | 2.0 |
| Quick Ratio (x1) 45 | 0.5 | 0.5 | 0.5 | 0.6 | 0.5 | 0.5 | 0.6 | 0.5 | 0.5 |
| Coverage Ratio (x1) 46 | 1.8 | 1.9 | 1.6 | 1.6 | 1.6 | 1.3 | 0.7 | 0.7 | 3.0 |
| Asset Turnover (x1) 47 | 3.8 | 3.7 | 3.8 | 3.9 | 3.8 | 3.5 | 3.3 | 3.4 | 3.6 |
| Total Liabilities/Net Worth (x1) 48 | 2.4 | 2.4 | 2.0 | 1.8 | 2.2 | 2.1 | 1.9 | 2.5 | 1.8 |
| Return on Assets (x1) 49 | 7.1 | 6.8 | 6.7 | 5.3 | 5.7 | 4.6 | 2.5 | 2.2 | 8.8 |
| Return on Equity (%) 50 | 7.0 | 7.3 | 4.3 | 2.5 | 4.1 | 0.8 | • | | 13.8 |

## Table II

Corporations with Net Income

# LIQUOR STORES

### MONEY AMOUNTS AND SIZE OF ASSETS IN THOUSANDS OF DOLLARS

| Item Description for Accounting Period 7/90 Through 6/91 | Total | Zero Assets | Under 100 | 100 to 250 | 251 to 500 | 501 to 1,000 | 1,001 to 5,000 | 5,001 to 10,000 | 10,001 to 25,000 | 25,001 to 50,000 | 50,001 to 100,000 | 100,001 to 250,000 | 250,001 and over |
|---|---|---|---|---|---|---|---|---|---|---|---|---|---|
| Number of Enterprises **1** | 7685 | 285 | 2596 | 2619 | 1158 | 810 | 194 | 15 | 3 | 5 | • | • | • |
| **Revenues ($ in Thousands)** | | | | | | | | | | | | | |
| Net Sales **2** | 9274 | 35 | 807 | 1945 | 1560 | 2137 | 1720 | 492 | 80 | 496 | • | • | • |
| Portfolio Income **3** | 60 | 5 | 26 | 2 | 1 | 4 | 14 | • | 1 | 6 | • | • | • |
| Other Revenues **4** | 121 | 5 | 11 | 29 | 21 | 18 | 20 | 5 | 5 | 7 | • | • | • |
| Total Revenues **5** | 9454 | 45 | 844 | 1977 | 1582 | 2159 | 1754 | 497 | 86 | 510 | • | • | • |
| Average Total Revenues **6** | 1230 | 159 | 325 | 755 | 1367 | 2666 | 9041 | 33103 | 28611 | 102060 | • | • | • |
| **Operating Costs/Operating Income (%)** | | | | | | | | | | | | | |
| Cost of Operations **7** | 78.4 | 84.3 | 77.2 | 79.2 | 80.7 | 80.2 | 74.1 | 85.2 | 54.5 | 74.6 | | | |
| Rent **8** | 2.5 | 4.9 | 5.5 | 2.4 | 1.9 | 2.1 | 2.6 | 1.6 | 7.0 | 1.4 | | | |
| Taxes Paid **9** | 1.7 | 4.8 | 2.1 | 2.3 | 1.7 | 1.7 | 0.9 | 0.8 | 3.0 | 1.7 | | | |
| Interest Paid **10** | 0.6 | 0.2 | 0.6 | 0.7 | 1.0 | 0.6 | 0.4 | 0.2 | 0.8 | 1.0 | | | |
| Depreciation, Depletion, Amortization **11** | 0.8 | 0.3 | 1.5 | 0.8 | 0.8 | 0.6 | 0.6 | 0.7 | 3.2 | 1.4 | | | |
| Pensions and Other Benefits **12** | 0.4 | 0.4 | 0.3 | 0.3 | 0.2 | 0.4 | 0.4 | • | 0.9 | 1.3 | | | |
| Other **13** | 11.7 | 25.1 | 10.3 | 12.3 | 10.7 | 11.8 | 10.4 | 9.4 | 35.4 | 16.0 | | | |
| Officers Compensation **14** | 1.7 | 4.9 | 1.3 | 1.4 | 1.8 | 2.1 | 1.7 | 1.0 | 1.8 | 1.4 | | | |
| Operating Margin **15** | 2.2 | • | 1.3 | 0.7 | 1.1 | 0.6 | 9.0 | 1.0 | • | 1.4 | | | |
| Oper. Margin Before Officers Compensation **16** | 3.9 | • | 2.7 | 2.1 | 2.9 | 2.7 | 10.7 | 2.1 | • | 2.8 | | | |
| **Selected Average Balance Sheet ($ in Thousands)** | | | | | | | | | | | | | |
| Net Receivables **17** | 5 | • | 0 | 1 | 1 | 15 | 85 | 271 | 288 | 1092 | | | |
| Inventories **18** | 127 | • | 32 | 86 | 148 | 283 | 917 | 2869 | 858 | 8139 | | | |
| Net Property, Plant and Equipment **19** | 62 | • | 6 | 33 | 49 | 94 | 364 | 3140 | 4486 | 21485 | | | |
| Total Assets **20** | 305 | • | 59 | 177 | 326 | 661 | 2098 | 7034 | 10434 | 54768 | | | |

| Notes and Loans Payable 21 | 92 | • | 31 | 63 | 133 | 199 | 375 | 854 | 6025 | 8147 |
|---|---|---|---|---|---|---|---|---|---|---|
| All Other Liabilities 22 | 73 | • | 10 | 33 | 48 | 220 | 654 | 1295 | 3535 | 11602 |
| Net Worth 23 | 140 | • | 18 | 81 | 144 | 242 | 1068 | 4885 | 873 | 35019 |

### Selected Financial Ratios (Times to 1)

| | | | | | | | | | | |
|---|---|---|---|---|---|---|---|---|---|---|
| Current Ratio 24 | 2.2 | • | 2.4 | 2.9 | 3.1 | 1.7 | 1.8 | 2.2 | 1.2 | 3.0 |
| Quick Ratio 25 | 0.6 | • | 0.4 | 0.6 | 1.1 | 0.5 | 0.5 | 0.4 | 0.5 | 0.5 |
| Net Sales to Working Capital 26 | 11.7 | • | 13.8 | 9.9 | 8.5 | 14.9 | 15.4 | 16.6 | • | 7.4 |
| Coverage Ratio 27 | 7.5 | • | 10.9 | 4.6 | 3.4 | 3.9 | • | 10.2 | 1.9 | 5.2 |
| Total Asset Turnover 28 | 4.0 | • | 5.3 | 4.2 | 4.1 | 4.0 | 4.2 | 4.7 | 2.6 | 1.8 |
| Inventory Turnover 29 | 7.8 | • | 8.5 | 6.1 | 7.6 | 8.8 | 8.5 | • | • | • |
| Receivables Turnover 30 | • | • | • | • | • | • | • | • | • | • |
| Total Liabilities to Net Worth 31 | 1.2 | • | 2.4 | 1.2 | 1.3 | 1.7 | 1.0 | 0.4 | 11.0 | 0.6 |

### Selected Financial Factors (in Percentages)

| | | | | | | | | | | |
|---|---|---|---|---|---|---|---|---|---|---|
| Debt Ratio 32 | 54.0 | • | 70.2 | 54.3 | 55.8 | 63.4 | 49.1 | 30.6 | 91.6 | 36.1 |
| Return on Assets 33 | 18.8 | • | 31.3 | 12.3 | 14.5 | 9.0 | • | 10.3 | 3.8 | 9.3 |
| Return on Equity 34 | 32.2 | • | • | 19.8 | 19.8 | 15.2 | • | 13.4 | 21.8 | 7.6 |
| Return Before Interest on Equity 35 | • | • | • | 26.9 | 32.8 | 24.5 | • | 14.9 | • | 14.6 |
| Profit Margin, Before Income Tax 36 | 4.1 | 3.6 | 5.4 | 2.3 | 2.5 | 1.7 | 10.9 | 2.0 | 0.7 | 4.1 |
| Profit Margin, After Income Tax 37 | 3.8 | 3.1 | 5.2 | 2.2 | 2.1 | 1.4 | 10.2 | 2.0 | 0.7 | 2.7 |

### Trends in Selected Ratios and Factors, 1986-1994

| | 1986 | 1987 | 1988 | 1989 | 1990 | 1991 | 1992 | 1993 | 1994 |
|---|---|---|---|---|---|---|---|---|---|
| Cost of Operations (%) 38 | 79.8 | 79.0 | 79.5 | 82.7 | 81.7 | 77.9 | 77.9 | 77.8 | 78.4 |
| Operating Margin (%) 39 | 1.6 | 1.4 | 0.8 | 0.9 | 0.1 | 0.8 | 0.7 | 0.5 | 2.2 |
| Oper. Margin Before Officers Comp. (%) 40 | 3.8 | 3.7 | 3.0 | 3.0 | 2.7 | 3.6 | 4.0 | 3.1 | 3.9 |
| Average Net Receivables ($) 41 | 7 | 7 | 10 | 12 | 10 | 7 | 11 | 8 | 5 |
| Average Inventories ($) 42 | 77 | 71 | 83 | 85 | 91 | 86 | 108 | 109 | 127 |
| Average Net Worth ($) 43 | 77 | 77 | 103 | 123 | 111 | 97 | 130 | 119 | 140 |
| Current Ratio (x1) 44 | 2.0 | 2.1 | 2.0 | 2.2 | 2.1 | 2.3 | 2.2 | 2.4 | 2.2 |
| Quick Ratio (x1) 45 | 0.6 | 0.7 | 0.6 | 0.8 | 0.7 | 0.7 | 0.7 | 0.6 | 0.6 |
| Coverage Ratio (x1) 46 | 4.8 | 4.8 | 4.2 | 4.9 | 3.6 | 4.0 | 4.1 | 5.0 | 7.5 |
| Asset Turnover (x1) 47 | 4.1 | 4.1 | 3.9 | 4.1 | 3.7 | 3.5 | 3.4 | 3.7 | 4.0 |
| Operating Leverage 48 | • | 0.9 | 0.6 | 1.1 | 0.1 | 6.9 | 0.9 | 0.7 | 4.8 |
| Financial Leverage 49 | • | 1.0 | 1.0 | 1.1 | 0.9 | 1.1 | 1.1 | 1.0 | 1.1 |
| Total Leverage 50 | • | 0.9 | 0.6 | 1.2 | 0.1 | 7.3 | 0.9 | 0.7 | 5.4 |

# Table I

Corporations with and without Net Income

## OTHER RETAIL STORES

### MONEY AMOUNTS AND SIZE OF ASSETS IN THOUSANDS OF DOLLARS

| Item Description for Accounting Period 7/90 Through 6/91 | Total | Zero Assets | Under 100 | 100 to 250 | 251 to 500 | 501 to 1,000 | 1,001 to 5,000 | 5,001 to 10,000 | 10,001 to 25,000 | 25,001 to 50,000 | 50,001 to 100,000 | 100,001 to 250,000 | 250,001 and over |
|---|---|---|---|---|---|---|---|---|---|---|---|---|---|
| Number of Enterprises **1** | 189898 | 10466 | 100868 | 38153 | 19634 | 11106 | 8411 | 639 | 355 | 119 | 59 | 58 | 30 |
| **Revenues ($ in Thousands)** | | | | | | | | | | | | | |
| Net Sales **2** | 196492 | 1941 | 17313 | 18349 | 18016 | 17593 | 39812 | 9476 | 12443 | 9042 | 7906 | 16307 | 28294 |
| Portfolio Income **3** | 1457 | 45 | 46 | 172 | 76 | 134 | 154 | 39 | 110 | 48 | 52 | 176 | 404 |
| Other Revenues **4** | 3213 | 78 | 179 | 138 | 163 | 441 | 588 | 211 | 325 | 150 | 162 | 256 | 521 |
| Total Revenues **5** | 201162 | 2064 | 17538 | 18659 | 18255 | 18169 | 40554 | 9726 | 12879 | 9240 | 8121 | 16739 | 29219 |
| Average Total Revenues **6** | 1059 | 197 | 174 | 489 | 930 | 1636 | 4822 | 15221 | 36278 | 77644 | 137637 | 288610 | 973962 |
| **Operating Costs/Operating Income (%)** | | | | | | | | | | | | | |
| Cost of Operations **7** | 64.7 | 60.9 | 60.1 | 61.1 | 61.9 | 63.0 | 68.1 | 67.8 | 69.0 | 66.2 | 60.8 | 66.6 | 64.9 |
| Rent **8** | 3.7 | 7.0 | 6.4 | 4.5 | 4.4 | 3.4 | 2.6 | 3.1 | 2.5 | 3.3 | 3.1 | 3.7 | 3.9 |
| Taxes Paid **9** | 2.0 | 4.2 | 2.8 | 2.4 | 2.4 | 2.5 | 1.8 | 1.6 | 1.6 | 1.6 | 1.6 | 1.7 | 1.9 |
| Interest Paid **10** | 1.9 | 3.8 | 0.9 | 1.2 | 1.4 | 1.2 | 1.3 | 1.5 | 1.8 | 1.9 | 2.6 | 2.1 | 4.2 |
| Depreciation, Depletion, Amortization **11** | 1.9 | 2.1 | 1.7 | 1.7 | 1.8 | 1.8 | 1.6 | 1.6 | 1.8 | 1.9 | 2.3 | 2.2 | 2.8 |
| Pensions and Other Benefits **12** | 0.8 | 1.0 | 0.4 | 0.6 | 0.7 | 1.4 | 0.8 | 0.8 | 0.7 | 0.9 | 1.0 | 0.8 | 0.9 |
| Other **13** | 23.3 | 35.3 | 24.3 | 23.3 | 23.7 | 22.7 | 21.4 | 23.1 | 23.0 | 24.4 | 28.7 | 22.7 | 23.3 |
| Officers Compensation **14** | 3.3 | 3.4 | 6.7 | 6.3 | 5.4 | 5.5 | 3.2 | 2.1 | 1.7 | 2.0 | 1.0 | 0.7 | 0.4 |
| Operating Margin **15** | • | • | • | • | • | • | • | • | • | • | • | • | • |
| Oper. Margin Before Officers Compensation **16** | 1.7 | • | 3.6 | 5.4 | 3.9 | 4.0 | 2.5 | 0.6 | • | • | • | 0.3 | • |
| **Selected Average Balance Sheet ($ in Thousands)** | | | | | | | | | | | | | |
| Net Receivables **17** | 71 | • | 4 | 22 | 57 | 121 | 390 | 1236 | 2961 | 6189 | 9115 | 19179 | 75695 |
| Inventories **18** | 170 | • | 16 | 69 | 152 | 273 | 772 | 2431 | 5410 | 14332 | 26711 | 53520 | 189306 |
| Net Property, Plant and Equipment **19** | 93 | • | 8 | 28 | 64 | 128 | 371 | 1326 | 3271 | 6687 | 13523 | 36047 | 142289 |
| Total Assets **20** | 464 | • | 40 | 162 | 355 | 696 | 1931 | 6543 | 15092 | 35650 | 68674 | 152991 | 674320 |

**Selected Financial Ratios and Factors (continued)**

| | | | | | | | | | | | |
|---|---|---|---|---|---|---|---|---|---|---|---|
| Notes and Loans Payable 21 | 184 | 26 | 84 | 150 | 217 | 643 | 2398 | 5953 | 13889 | 27212 | 51461 | 281706 |
| All Other Liabilities 22 | 148 | 13 | 43 | 110 | 176 | 646 | 2577 | 5701 | 13057 | 23029 | 52204 | 197805 |
| Net Worth 23 | 132 | 1 | 35 | 95 | 303 | 642 | 1568 | 3438 | 8704 | 18433 | 49326 | 194810 |

## Selected Financial Ratios (Times to 1)

| | | | | | | | | | | | |
|---|---|---|---|---|---|---|---|---|---|---|---|
| Current Ratio 24 | 1.6 | 1.8 | 2.0 | 1.9 | 2.4 | 1.6 | 1.4 | 1.3 | 1.3 | 1.7 | 1.4 | 1.5 |
| Quick Ratio 25 | 0.6 | 0.7 | 0.8 | 0.7 | 1.0 | 0.7 | 0.6 | 0.5 | 0.5 | 0.5 | 0.4 | 0.5 |
| Net Sales to Working Capital 26 | 9.2 | 14.4 | 8.2 | 7.5 | 5.4 | 8.8 | 11.8 | 15.7 | 14.0 | 7.2 | 12.3 | 9.4 |
| Coverage Ratio 27 | 1.4 | • | 1.7 | 0.9 | 2.5 | 1.9 | 1.8 | 1.9 | 1.2 | 1.7 | 2.0 | 1.3 |
| Total Asset Turnover 28 | 2.2 | 4.3 | 3.0 | 2.6 | 2.3 | 2.5 | 2.3 | 2.3 | 2.1 | 2.0 | 1.8 | 1.4 |
| Inventory Turnover 29 | 4.0 | 6.8 | 4.4 | 3.7 | 3.4 | 4.2 | 4.7 | 4.6 | 3.7 | 2.7 | 3.6 | 3.5 |
| Receivables Turnover 30 | • | • | • | • | • | • | • | • | • | 9.8 | • | |
| Total Liabilities to Net Worth 31 | 2.5 | 35.4 | 3.6 | 2.8 | 1.3 | 2.0 | 3.2 | 3.4 | 3.1 | 2.7 | 2.1 | 2.5 |

## Selected Financial Factors (in Percentages)

| | | | | | | | | | | | |
|---|---|---|---|---|---|---|---|---|---|---|---|
| Debt Ratio 32 | 71.5 | 97.3 | 78.3 | 73.3 | 56.5 | 66.8 | 76.0 | 77.2 | 75.6 | 73.2 | 67.8 | 71.1 |
| Return on Assets 33 | 5.8 | • | 5.8 | 3.0 | 6.7 | 6.0 | 5.9 | 7.6 | 4.6 | 8.4 | 7.8 | 7.3 |
| Return on Equity 34 | 2.2 | • | 8.2 | • | 7.4 | 6.5 | 11.5 | 11.5 | • | 9.0 | 7.0 | • |
| Return Before Interest on Equity 35 | 20.2 | • | 26.6 | • | 15.3 | 17.9 | 24.8 | 33.1 | 19.0 | 31.3 | 24.0 | 25.4 |
| Profit Margin, Before Income Tax 36 | 0.7 | • | 0.8 | • | 1.7 | 1.2 | 1.2 | 1.5 | 0.3 | 1.7 | 2.1 | 1.1 |
| Profit Margin, After Income Tax 37 | 0.3 | • | 0.6 | • | 1.4 | 0.9 | 0.7 | 1.1 | • | 1.2 | 1.2 | • |

## Trends in Selected Ratios and Factors, 1986–1994

| | 1986 | 1987 | 1988 | 1989 | 1990 | 1991 | 1992 | 1993 | 1994 |
|---|---|---|---|---|---|---|---|---|---|
| Cost of Operations (%) 38 | 67.2 | 68.1 | 66.1 | 65.1 | 64.5 | 64.4 | 64.4 | 65.3 | 64.7 |
| Operating Margin (%) 39 | • | • | • | • | • | • | • | • | • |
| Oper. Margin Before Officers Comp. (%) 40 | 2.0 | 2.0 | 2.0 | 1.9 | 2.0 | 2.5 | 1.7 | 2.1 | 1.7 |
| Average Net Receivables ($) 41 | 55 | 54 | 62 | 60 | 63 | 68 | 84 | 76 | 71 |
| Average Inventories ($) 42 | 116 | 120 | 128 | 128 | 133 | 143 | 163 | 164 | 170 |
| Average Net Worth ($) 43 | 107 | 100 | 106 | 110 | 107 | 125 | 149 | 126 | 132 |
| Current Ratio (x1) 44 | 1.7 | 1.7 | 1.6 | 1.7 | 1.7 | 1.8 | 1.6 | 1.6 | 1.6 |
| Quick Ratio (x1) 45 | 0.7 | 0.7 | 0.7 | 0.7 | 0.7 | 0.7 | 0.6 | 0.6 | 0.6 |
| Coverage Ratio (x1) 46 | 1.9 | 1.7 | 2.0 | 1.8 | 1.8 | 2.0 | 1.8 | 1.8 | 1.4 |
| Asset Turnover (x1) 47 | 2.3 | 2.4 | 2.2 | 2.2 | 2.2 | 2.1 | 1.9 | 2.2 | 2.2 |
| Total Liabilities/Net Worth (x1) 48 | 2.0 | 2.0 | 2.3 | 2.1 | 2.3 | 2.2 | 2.3 | 2.6 | 2.5 |
| Return on Assets (x1) 49 | 6.5 | 5.3 | 6.5 | 6.0 | 5.6 | 6.3 | 7.0 | 7.0 | 5.8 |
| Return on Equity (%) 50 | 3.9 | 1.7 | 5.0 | 3.4 | 3.1 | 5.9 | 6.8 | 6.8 | 2.2 |

## Table II

Corporations with Net Income

# OTHER RETAIL STORES

### MONEY AMOUNTS AND SIZE OF ASSETS IN THOUSANDS OF DOLLARS

| Item Description for Accounting Period 7/90 Through 6/91 | Total | Zero Assets | Under 100 | 100 to 250 | 251 to 500 | 501 to 1,000 | 1,001 to 5,000 | 5,001 to 10,000 | 10,001 to 25,000 | 25,001 to 50,000 | 50,001 to 100,000 | 100,001 to 250,000 | 250,001 and over |
|---|---|---|---|---|---|---|---|---|---|---|---|---|---|
| Number of Enterprises **1** | 94142 | 2257 | 43595 | 21566 | 12191 | 7617 | 6022 | 491 | 242 | 69 | 39 | 40 | 13 |
| **Revenues ($ in Thousands)** | | | | | | | | | | | | | |
| Net Sales **2** | 133510 | 737 | 9606 | 10987 | 11747 | 12903 | 30206 | 7743 | 9439 | 5927 | 5908 | 12138 | 16169 |
| Portfolio Income **3** | 879 | 7 | 30 | 145 | 60 | 112 | 121 | 30 | 59 | 42 | 31 | 130 | 110 |
| Other Revenues **4** | 2203 | 26 | 105 | 100 | 130 | 370 | 406 | 126 | 243 | 94 | 125 | 182 | 295 |
| Total Revenues **5** | 136592 | 770 | 9742 | 11233 | 11937 | 13385 | 30733 | 7900 | 9741 | 6062 | 6065 | 12450 | 16574 |
| Average Total Revenues **6** | 1451 | 341 | 223 | 521 | 979 | 1757 | 5103 | 16089 | 40250 | 87861 | 155506 | 311260 | 1274924 |
| **Operating Costs/Operating Income (%)** | | | | | | | | | | | | | |
| Cost of Operations **7** | 64.9 | 43.8 | 59.6 | 58.4 | 61.6 | 63.5 | 68.2 | 65.7 | 68.6 | 66.1 | 60.8 | 64.6 | 69.4 |
| Rent **8** | 3.1 | 6.4 | 4.8 | 4.2 | 4.1 | 3.0 | 2.4 | 2.7 | 2.1 | 2.8 | 2.5 | 3.7 | 2.5 |
| Taxes Paid **9** | 2.0 | 5.3 | 2.5 | 2.3 | 2.2 | 2.5 | 1.8 | 1.6 | 1.5 | 1.7 | 1.5 | 1.7 | 1.8 |
| Interest Paid **10** | 1.2 | 4.1 | 0.8 | 0.9 | 1.0 | 0.9 | 1.0 | 1.1 | 1.2 | 1.4 | 1.7 | 1.6 | 2.0 |
| Depreciation, Depletion, Amortization **11** | 1.6 | 1.8 | 1.3 | 1.8 | 1.5 | 1.7 | 1.4 | 1.3 | 1.6 | 2.0 | 1.5 | 2.0 | 1.9 |
| Pensions and Other Benefits **12** | 0.8 | 1.7 | 0.4 | 0.6 | 0.7 | 1.4 | 0.8 | 0.8 | 0.6 | 0.9 | 0.9 | 0.8 | 0.8 |
| Other **13** | 21.3 | 31.8 | 20.5 | 23.0 | 21.8 | 21.3 | 19.7 | 22.1 | 22.0 | 21.4 | 29.2 | 22.4 | 18.1 |
| Officers Compensation **14** | 3.2 | 4.0 | 6.1 | 6.1 | 5.3 | 5.5 | 3.2 | 2.2 | 1.8 | 1.6 | 0.9 | 0.7 | 0.3 |
| Operating Margin **15** | 2.0 | 1.3 | 4.1 | 2.7 | 1.9 | 0.3 | 1.5 | 2.6 | 0.6 | 2.3 | 1.0 | 2.6 | 3.3 |
| Oper. Margin Before Officers Compensation **16** | 5.2 | 5.2 | 10.2 | 8.8 | 7.2 | 5.8 | 4.7 | 4.8 | 2.4 | 3.8 | 2.0 | 3.3 | 3.5 |
| **Selected Average Balance Sheet ($ in Thousands)** | | | | | | | | | | | | | |
| Net Receivables **17** | 98 | • | 5 | 24 | 58 | 125 | 413 | 1341 | 3321 | 5395 | 9952 | 17616 | 108207 |
| Inventories **18** | 221 | • | 18 | 60 | 152 | 287 | 768 | 2506 | 5777 | 15153 | 26678 | 57563 | 233602 |
| Net Property, Plant and Equipment **19** | 116 | • | 8 | 27 | 57 | 122 | 343 | 1147 | 2945 | 7904 | 13633 | 34742 | 200603 |
| Total Assets **20** | 586 | • | 44 | 164 | 355 | 704 | 1926 | 6538 | 15352 | 36781 | 67920 | 154369 | 781250 |

## Selected Financial Ratios (Times to 1)

| | | | | | | | | | | | | |
|---|---|---|---|---|---|---|---|---|---|---|---|---|
| **Notes and Loans Payable 21** | 171 | • | 18 | 57 | 115 | 166 | 540 | 1688 | 4381 | 11619 | 20162 | 35733 | 248836 |
| **All Other Liabilities 22** | 180 | • | 10 | 35 | 97 | 171 | 628 | 2571 | 5887 | 11866 | 24305 | 52192 | 228580 |
| **Net Worth 23** | 235 | • | 16 | 72 | 143 | 367 | 759 | 2279 | 5084 | 13296 | 23453 | 66444 | 303834 |

| | | | | | | | | | | | | |
|---|---|---|---|---|---|---|---|---|---|---|---|---|
| **Current Ratio 24** | 1.8 | • | 2.5 | 2.5 | 2.3 | 2.5 | 1.8 | 1.5 | 1.5 | 1.6 | 1.8 | 1.6 | 1.7 |
| **Quick Ratio 25** | 0.7 | • | 1.0 | 1.1 | 0.9 | 1.0 | 0.8 | 0.7 | 0.6 | 0.5 | 0.6 | 0.5 | 0.6 |
| **Net Sales to Working Capital 26** | 7.9 | • | 11.2 | 7.3 | 6.6 | 5.4 | 8.0 | 9.9 | 11.5 | 9.6 | 7.3 | 8.6 | 7.8 |
| **Coverage Ratio 27** | 4.5 | 2.4 | 8.2 | 6.7 | 4.4 | 5.4 | 4.2 | 5.4 | 4.2 | 4.5 | 3.2 | 4.2 | 3.8 |
| **Total Asset Turnover 28** | 2.4 | • | 5.0 | 3.1 | 2.7 | 2.4 | 2.6 | 2.4 | 2.6 | 2.3 | 2.2 | 2.0 | 1.6 |
| **Inventory Turnover 29** | 4.1 | • | 7.9 | 4.7 | 3.8 | 3.6 | 4.4 | 8.3 | 5.1 | 3.9 | 2.8 | 6.8 | 3.5 |
| **Receivables Turnover 30** | • | • | • | • | • | • | • | • | • | • | • | • | • |
| **Total Liabilities to Net Worth 31** | 1.5 | • | 1.8 | 1.3 | 1.5 | 0.9 | 1.5 | 1.9 | 2.0 | 1.8 | 1.9 | 1.3 | 1.6 |

## Selected Financial Factors (in Percentages)

| | | | | | | | | | | | | |
|---|---|---|---|---|---|---|---|---|---|---|---|---|
| **Debt Ratio 32** | 59.9 | • | 63.6 | 55.8 | 59.8 | 47.8 | 60.6 | 65.1 | 66.9 | 63.9 | 65.5 | 57.0 | 61.1 |
| **Return on Assets 33** | 13.4 | • | 31.5 | • | 18.2 | 12.2 | 11.9 | 10.9 | 13.8 | 14.5 | 12.0 | 12.9 | 12.4 |
| **Return on Equity 34** | 22.1 | • | • | • | 32.6 | 21.1 | 16.6 | 18.6 | 28.5 | 26.4 | 19.4 | 17.4 | 16.0 |
| **Return Before Interest on Equity 35** | 33.4 | • | • | • | 30.4 | 22.9 | 27.6 | • | • | 34.8 | 30.0 | 31.9 | |
| **Profit Margin, Before Income Tax 36** | 4.3 | 5.8 | 5.0 | 3.5 | 4.0 | 3.2 | 4.7 | 3.8 | 4.8 | 3.7 | 5.0 | 5.8 | |
| **Profit Margin, After Income Tax 37** | 3.7 | 5.5 | 4.6 | 3.1 | 3.6 | 2.8 | 4.1 | 3.4 | 4.1 | 3.0 | 3.8 | 3.9 | |

## Trends in Selected Ratios and Factors, 1986–1994

| | 1986 | 1987 | 1988 | 1989 | 1990 | 1991 | 1992 | 1993 | 1994 |
|---|---|---|---|---|---|---|---|---|---|
| **Cost of Operations (%) 38** | 66.8 | 66.0 | 65.1 | 63.2 | 64.9 | 64.4 | 64.8 | 64.7 | 64.9 |
| **Operating Margin (%) 39** | 1.5 | 1.8 | 1.6 | 1.3 | 1.6 | 2.2 | 1.9 | 2.2 | 2.0 |
| **Oper. Margin Before Officers Comp. (%) 40** | 4.6 | 5.4 | 4.8 | 4.8 | 5.1 | 5.6 | 5.2 | 5.3 | 5.2 |
| **Average Net Receivables ($) 41** | 78 | 69 | 86 | 82 | 85 | 93 | 101 | 111 | 98 |
| **Average Inventories ($) 42** | 153 | 153 | 175 | 169 | 167 | 186 | 211 | 224 | 221 |
| **Average Net Worth ($) 43** | 186 | 163 | 187 | 193 | 180 | 203 | 211 | 222 | 235 |
| **Current Ratio (x1) 44** | 1.9 | 1.9 | 1.8 | 1.8 | 1.8 | 1.9 | 1.9 | 1.8 | 1.8 |
| **Quick Ratio (x1) 45** | 0.8 | 0.8 | 0.8 | 0.7 | 0.8 | 0.8 | 0.8 | 0.7 | 0.7 |
| **Coverage Ratio (x1) 46** | 4.4 | 4.8 | 4.7 | 4.2 | 4.6 | 5.0 | 4.3 | 4.0 | 4.5 |
| **Asset Turnover (x1) 47** | 2.5 | 2.5 | 2.2 | 2.2 | 2.4 | 2.3 | 2.3 | 2.3 | 2.4 |
| **Operating Leverage 48** | • | 1.2 | 0.9 | 0.8 | 1.2 | 1.4 | 0.9 | 1.2 | 0.9 |
| **Financial Leverage 49** | • | 1.1 | 1.0 | 1.0 | 1.0 | 1.1 | 1.0 | 1.0 | 1.1 |
| **Total Leverage 50** | • | 1.3 | 0.9 | 0.8 | 1.3 | 1.5 | 0.8 | 1.2 | 1.0 |

## Table I

Corporations with and without Net Income

# MUTUAL SAVINGS BANKS

### MONEY AMOUNTS AND SIZE OF ASSETS IN THOUSANDS OF DOLLARS

| Item Description for Accounting Period 7/90 Through 6/91 | Total | Zero Assets | Under 100 | 100 to 250 | 251 to 500 | 501 to 1,000 | 1,001 to 5,000 | 5,001 to 10,000 | 10,001 to 25,000 | 25,001 to 50,000 | 50,001 to 100,000 | 100,001 to 250,000 | 250,001 and over |
|---|---|---|---|---|---|---|---|---|---|---|---|---|---|
| Number of Enterprises **1** | 267 | 7 | • | • | • | • | 3 | • | • | 15 | 42 | 114 | 87 |
| **Revenues ($ in Thousands)** | | | | | | | | | | | | | |
| Net Sales **2** | 625 | 3 | • | • | • | • | 2 | • | • | 1 | 10 | 72 | 536 |
| Portfolio Income **3** | 10183 | 37 | • | • | • | • | 171 | • | • | 48 | 300 | 1735 | 7892 |
| Other Revenues **4** | 351 | 6 | • | • | • | • | 7 | • | • | 0 | 7 | 48 | 283 |
| Total Revenues **5** | 11159 | 46 | • | • | • | • | 180 | • | • | 50 | 316 | 1855 | 8711 |
| Average Total Revenues **6** | 41793 | 6607 | • | • | • | • | 59880 | • | • | 3349 | 7535 | 16270 | 100131 |
| **Operating Costs/Operating Income (%)** | | | | | | | | | | | | | |
| Cost of Operations **7** | 0.9 | 2.0 | • | • | • | • | • | • | • | • | • | 0.4 | 1.1 |
| Rent **8** | 1.0 | 0.3 | • | • | • | • | 1.2 | • | • | • | 0.3 | 0.3 | 1.2 |
| Taxes Paid **9** | 1.9 | 2.4 | • | • | • | • | 1.8 | • | • | 2.0 | 1.8 | 1.8 | 1.9 |
| Interest Paid **10** | 60.9 | 54.1 | • | • | • | • | 68.8 | • | • | 65.7 | 64.3 | 61.6 | 60.5 |
| Depreciation, Depletion, Amortization **11** | 1.5 | 3.6 | • | • | • | • | 0.7 | • | • | 1.6 | 1.6 | 1.4 | 1.6 |
| Pensions and Other Benefits **12** | 1.3 | 1.3 | • | • | • | • | 0.6 | • | • | 1.8 | 1.4 | 1.5 | 1.3 |
| Other **13** | 26.4 | • | • | • | • | • | 14.4 | • | • | 16.2 | 22.0 | 22.2 | 27.3 |
| Officers Compensation **14** | 2.0 | 1.5 | • | • | • | • | 2.8 | • | • | 4.6 | 3.4 | 3.0 | 1.7 |
| Operating Margin **15** | 4.2 | • | • | • | • | • | 9.8 | • | • | 8.2 | 5.2 | 7.8 | 3.7 |
| Oper. Margin Before Officers Compensation **16** | 6.2 | • | • | • | • | • | 12.6 | • | • | 12.8 | 8.5 | 10.9 | 5.4 |
| **Selected Average Balance Sheet ($ in Thousands)** | | | | | | | | | | | | | |
| Net Receivables **17** | 60262 | • | • | • | • | • | -43 | • | • | 4586 | 10614 | 27182 | 143411 |
| Inventories **18** | 444 | • | • | • | • | • | • | • | • | • | • | 27 | 1327 |
| Net Property, Plant and Equipment **19** | 5041 | • | • | • | • | • | 137 | • | • | 500 | 1253 | 2399 | 11631 |
| Total Assets **20** | 389126 | • | • | • | • | • | 14341 | • | • | 34499 | 75639 | 163048 | 937608 |

| | | | | | | | | | |
|---|---|---|---|---|---|---|---|---|---|
| Notes and Loans Payable 21 | 18722 | • | • | 3393 | • | 130 | 490 | 3086 | 53035 |
| All Other Liabilities 22 | 342735 | • | • | 13083 | • | 31649 | 69790 | 146662 | 820063 |
| Net Worth 23 | 27670 | • | • | -2135 | • | 2719 | 5358 | 13299 | 64509 |

**Selected Financial Ratios (Times to 1)**

| | | | | | | | | | |
|---|---|---|---|---|---|---|---|---|---|
| Current Ratio 24 | 0.3 | • | • | 0.1 | • | 0.3 | 0.3 | 0.4 | 0.3 |
| Quick Ratio 25 | 0.3 | • | • | 0.1 | • | 0.3 | 0.3 | 0.4 | 0.3 |
| Net Sales to Working Capital 26 | • | • | • | • | • | • | • | • | • |
| Coverage Ratio 27 | 1.1 | • | • | 1.1 | • | 1.1 | 1.1 | 1.1 | 1.1 |
| Total Asset Turnover 28 | 0.1 | • | • | 4.2 | • | 0.1 | 0.1 | 0.1 | 0.1 |
| Inventory Turnover 29 | • | • | • | • | • | • | • | • | • |
| Receivables Turnover 30 | • | • | • | • | • | • | • | • | • |
| Total Liabilities to Net Worth 31 | 13.1 | • | • | • | • | 11.7 | 13.1 | 11.3 | 13.5 |

**Selected Financial Factors (in Percentages)**

| | | | | | | | | | |
|---|---|---|---|---|---|---|---|---|---|
| Debt Ratio 32 | 92.9 | • | • | • | • | 92.1 | 92.9 | 91.9 | 93.1 |
| Return on Assets 33 | 7.0 | • | • | • | • | 7.1 | 6.9 | 6.9 | 6.8 |
| Return on Equity 34 | 2.5 | • | • | • | • | 6.8 | 3.7 | 5.9 | 2.0 |
| Return Before Interest on Equity 35 | • | • | • | • | • | • | • | • | • |
| Profit Margin, Before Income Tax 36 | • | • | • | • | • | • | • | • | • |
| Profit Margin, After Income Tax 37 | • | • | • | • | • | • | • | • | • |

**Trends in Selected Ratios and Factors, 1986-1994**

| | 1986 | 1987 | 1988 | 1989 | 1990 | 1991 | 1992 | 1993 | 1994 |
|---|---|---|---|---|---|---|---|---|---|
| Cost of Operations (%) 38 | 0.4 | 0.5 | 0.5 | 0.6 | 0.9 | 1.2 | 0.8 | 0.8 | 0.9 |
| Operating Margin (%) 39 | • | • | • | 8.4 | 10.5 | 10.6 | 10.2 | 6.7 | 4.2 |
| Oper. Margin Before Officers Comp. (%) 40 | • | • | • | 9.7 | 11.9 | 12.2 | 11.9 | 8.5 | 6.2 |
| Average Net Receivables ($) 41 | 21364 | 36052 | 35653 | 53238 | 49591 | 47157 | 41064 | 38441 | 60262 |
| Average Inventories ($) 42 | 41 | 43 | 72 | 959 | 985 | 60 | 122 | 287 | 444 |
| Average Net Worth ($) 43 | 16772 | 21861 | 24239 | 32017 | 51868 | 57215 | 30779 | 25892 | 27670 |
| Current Ratio (x1) 44 | 0.2 | 0.2 | 0.2 | 0.3 | 0.3 | 0.2 | 0.2 | 0.3 | 0.3 |
| Quick Ratio (x1) 45 | 0.2 | 0.2 | 0.2 | 0.2 | 0.2 | 0.2 | 0.2 | 0.2 | 0.3 |
| Coverage Ratio (x1) 46 | 0.8 | 1.0 | 0.9 | 1.1 | 1.2 | 1.2 | 1.2 | 1.1 | 1.1 |
| Asset Turnover (x1) 47 | 0.1 | 0.1 | 0.1 | 0.1 | 0.1 | 0.1 | 0.1 | 0.1 | 0.1 |
| Total Liabilities/Net Worth (x1) 48 | 23.3 | 21.2 | 20.4 | 15.9 | 11.9 | 10.5 | 12.4 | 12.8 | 13.1 |
| Return on Assets (x1) 49 | 7.4 | 7.1 | 7.2 | 8.0 | 7.1 | 6.7 | 7.0 | 7.5 | 7.0 |
| Return on Equity (%) 50 | • | • | • | 8.9 | 10.1 | 8.1 | 9.3 | 5.3 | 2.5 |

## Table II

Corporations with Net Income

# MUTUAL SAVINGS BANKS

**MONEY AMOUNTS AND SIZE OF ASSETS IN THOUSANDS OF DOLLARS**

| Item Description for Accounting Period 7/90 Through 6/91 | Total | Zero Assets | Under 100 | 100 to 250 | 251 to 500 | 501 to 1,000 | 1,001 to 5,000 | 5,001 to 10,000 | 10,001 to 25,000 | 25,001 to 50,000 | 50,001 to 100,000 | 100,001 to 250,000 | 250,001 and over |
|---|---|---|---|---|---|---|---|---|---|---|---|---|---|
| Number of Enterprises **1** | 214 | • | • | • | • | • | • | • | • | 15 | 34 | 96 | 62 |
| **Revenues ($ in Thousands)** | | | | | | | | | | | | | |
| Net Sales **2** | 491 | • | • | • | • | • | • | • | • | 1 | 8 | 61 | 418 |
| Portfolio Income **3** | 8346 | • | • | • | • | • | • | • | • | 48 | 242 | 1482 | 6376 |
| Other Revenues **4** | 225 | • | • | • | • | • | • | • | • | 0 | 5 | 40 | 172 |
| Total Revenues **5** | 9062 | • | • | • | • | • | • | • | • | 50 | 255 | 1583 | 6966 |
| Average Total Revenues **6** | 42346 | • | • | • | • | • | • | • | • | 3349 | 7499 | 16490 | 112350 |
| **Operating Costs/Operating Income (%)** | | | | | | | | | | | | | |
| Cost of Operations **7** | 0.8 | • | • | • | • | • | • | • | • | • | • | 0.3 | 0.9 |
| Rent **8** | 1.0 | • | • | • | • | • | • | • | • | • | 0.3 | 0.3 | 1.2 |
| Taxes Paid **9** | 2.0 | • | • | • | • | • | • | • | • | 2.0 | 2.0 | 1.9 | 2.0 |
| Interest Paid **10** | 60.6 | • | • | • | • | • | • | • | • | 65.7 | 64.1 | 60.8 | 60.2 |
| Depreciation, Depletion, Amortization **11** | 1.2 | • | • | • | • | • | • | • | • | 1.6 | 1.5 | 1.4 | 1.1 |
| Pensions and Other Benefits **12** | 1.2 | • | • | • | • | • | • | • | • | 1.8 | 1.2 | 1.5 | 1.1 |
| Other **13** | 21.6 | • | • | • | • | • | • | • | • | 16.2 | 17.8 | 19.9 | 22.4 |
| Officers Compensation **14** | 1.9 | • | • | • | • | • | • | • | • | 4.6 | 3.2 | 3.1 | 1.5 |
| Operating Margin **15** | 9.8 | • | • | • | • | • | • | • | • | 8.2 | 10.0 | 10.8 | 9.6 |
| Oper. Margin Before Officers Compensation **16** | 11.7 | • | • | • | • | • | • | • | • | 12.8 | 13.1 | 13.9 | 11.1 |
| **Selected Average Balance Sheet ($ in Thousands)** | | | | | | | | | | | | | |
| Net Receivables **17** | 58055 | • | • | • | • | • | • | • | • | 4586 | 11287 | 27370 | 150703 |
| Inventories **18** | 367 | • | • | • | • | • | • | • | • | • | • | 32 | 1217 |
| Net Property, Plant and Equipment **19** | 4052 | • | • | • | • | • | • | • | • | 500 | 1088 | 2342 | 9641 |
| Total Assets **20** | 394524 | • | • | • | • | • | • | • | • | 34499 | 75894 | 166468 | 1053981 |

| | | | | | | |
|---|---|---|---|---|---|---|
| Notes and Loans Payable **21** | 15652 | • | • | 130 | 585 | 3086 | 48892 |
| All Other Liabilities **22** | 348002 | • | • | 31649 | 69872 | 149314 | 923967 |
| Net Worth **23** | 30869 | • | • | 2719 | 5437 | 14068 | 81122 |

## Selected Financial Ratios (Times to 1)

| | | | | | | |
|---|---|---|---|---|---|---|
| Current Ratio **24** | 0.3 | • | • | 0.3 | 0.3 | 0.4 | 0.3 |
| Quick Ratio **25** | 0.3 | • | • | 0.3 | 0.3 | 0.4 | 0.3 |
| Net Sales to Working Capital **26** | • | • | • | • | • | • | • |
| Coverage Ratio **27** | 1.2 | • | • | 1.1 | 1.2 | 1.2 | 1.2 |
| Total Asset Turnover **28** | 0.1 | • | • | 0.1 | 0.1 | 0.1 | 0.1 |
| Inventory Turnover **29** | • | • | • | • | • | • | • |
| Receivables Turnover **30** | • | • | • | • | • | • | • |
| Total Liabilities to Net Worth **31** | 11.8 | • | • | 11.7 | 13.0 | 10.8 | 12.0 |

## Selected Financial Factors (in Percentages)

| | | | | | | |
|---|---|---|---|---|---|---|
| Debt Ratio **32** | 92.2 | • | • | 92.1 | 92.8 | 91.6 | 92.3 |
| Return on Assets **33** | 7.5 | • | • | 7.1 | 7.3 | 7.4 | 7.4 |
| Return on Equity **34** | 9.3 | • | • | 6.8 | 9.4 | 8.5 | 9.1 |
| Return Before Interest on Equity **35** | • | • | • | • | • | • | • |
| Profit Margin, Before Income Tax **36** | • | • | • | • | • | • | • |
| Profit Margin, After Income Tax **37** | • | • | • | • | • | • | • |

## Trends in Selected Ratios and Factors, 1986-1994

| | 1986 | 1987 | 1988 | 1989 | 1990 | 1991 | 1992 | 1993 | 1994 |
|---|---|---|---|---|---|---|---|---|---|
| Cost of Operations (%) **38** | 0.2 | 0.4 | 0.5 | 0.4 | 0.8 | 1.2 | 0.7 | 0.5 | 0.8 |
| Operating Margin (%) **39** | 3.9 | 4.9 | 5.5 | 9.2 | 11.9 | 12.8 | 11.0 | 11.5 | 9.8 |
| Oper. Margin Before Officers Comp. (%) **40** | 5.7 | 6.7 | 7.0 | 10.4 | 13.2 | 14.5 | 12.6 | 13.6 | 11.7 |
| Average Net Receivables ($) **41** | 9673 | 16748 | 16217 | 47753 | 51594 | 40878 | 53576 | 29022 | 58055 |
| Average Inventories ($) **42** | • | 6 | 7 | 1029 | 1029 | 66 | 162 | 1 | 367 |
| Average Net Worth ($) **43** | 11692 | 13434 | 14581 | 29317 | 52407 | 60725 | 40598 | 25302 | 30869 |
| Current Ratio (x1) **44** | 0.3 | 0.3 | 0.3 | 0.3 | 0.3 | 0.2 | 0.3 | 0.3 | 0.3 |
| Quick Ratio (x1) **45** | 0.2 | 0.3 | 0.3 | 0.2 | 0.2 | 0.2 | 0.2 | 0.2 | 0.3 |
| Coverage Ratio (x1) **46** | 1.1 | 1.1 | 1.1 | 1.1 | 1.2 | 1.2 | 1.2 | 1.2 | 1.2 |
| Asset Turnover (x1) **47** | 0.1 | 0.1 | 0.1 | 0.1 | 0.1 | 0.1 | 0.1 | 0.1 | 0.1 |
| Operating Leverage **48** | • | 1.3 | 1.1 | 1.7 | 1.3 | 1.1 | 0.9 | 1.1 | 0.9 |
| Financial Leverage **49** | • | 1.3 | 1.1 | 1.9 | 1.3 | 1.1 | 0.8 | 1.0 | 0.9 |
| Total Leverage **50** | • | 1.6 | 1.2 | 3.2 | 1.7 | 1.1 | 0.7 | 1.0 | 0.8 |

# Table I

Corporations with and without Net Income

## BANK HOLDING COMPANIES

### MONEY AMOUNTS AND SIZE OF ASSETS IN THOUSANDS OF DOLLARS

| Item Description for Accounting Period 7/90 Through 6/91 | | Total | Zero Assets | Under 100 | 100 to 250 | 251 to 500 | 501 to 1,000 | 1,001 to 5,000 | 5,001 to 10,000 | 10,001 to 25,000 | 25,001 to 50,000 | 50,001 to 100,000 | 100,001 to 250,000 | 250,001 and over |
|---|---|---|---|---|---|---|---|---|---|---|---|---|---|---|
| Number of Enterprises | 1 | 5408 | 65 | 17 | 4 | • | • | 101 | 208 | 925 | 1221 | 1261 | 914 | 691 |
| **Revenues ($ in Thousands)** | | | | | | | | | | | | | | |
| Net Sales | 2 | 44471 | 61 | 9 | 2 | • | • | 5 | 22 | 118 | 304 | 672 | 1177 | 42103 |
| Portfolio Income | 3 | 323449 | 537 | 41 | 55 | • | • | 34 | 168 | 1467 | 3910 | 7900 | 12396 | 296940 |
| Other Revenues | 4 | 33788 | 32 | 4 | 1 | • | • | 37 | 5 | 76 | 144 | 244 | 514 | 32732 |
| Total Revenues | 5 | 401708 | 630 | 54 | 58 | • | • | 76 | 194 | 1661 | 4358 | 8816 | 14087 | 371775 |
| Average Total Revenues | 6 | 74280 | 9685 | 3194 | 14498 | • | • | 748 | 933 | 1796 | 3569 | 6991 | 15412 | 538024 |
| **Operating Costs/Operating Income (%)** | | | | | | | | | | | | | | |
| Cost of Operations | 7 | 0.2 | • | • | • | • | • | 0.4 | • | • | • | • | 0.4 | 0.2 |
| Rent | 8 | 1.7 | 1.4 | 4.8 | • | • | • | 3.4 | 0.9 | 0.7 | 0.7 | 0.7 | 0.9 | 1.7 |
| Taxes Paid | 9 | 1.5 | 2.0 | 3.2 | 0.8 | • | • | 2.0 | 2.4 | 1.9 | 2.1 | 1.9 | 1.9 | 1.4 |
| Interest Paid | 10 | 55.3 | 49.8 | 54.5 | 59.6 | • | • | 19.8 | 50.4 | 52.4 | 53.1 | 53.6 | 52.0 | 55.5 |
| Depreciation, Depletion, Amortization | 11 | 4.0 | 3.2 | 0.2 | 1.6 | • | • | 1.2 | 2.9 | 2.9 | 2.3 | 2.3 | 2.5 | 4.1 |
| Pensions and Other Benefits | 12 | 1.6 | 2.5 | 1.4 | 1.6 | • | • | 0.8 | 2.6 | 1.8 | 1.8 | 1.8 | 1.7 | 1.6 |
| Other | 13 | 29.3 | 32.5 | 92.2 | 57.5 | • | • | 53.1 | 31.4 | 27.3 | 25.3 | 23.8 | 27.7 | 29.5 |
| Officers Compensation | 14 | 2.5 | 2.1 | • | 6.1 | • | • | 6.8 | 10.8 | 7.9 | 6.7 | 5.6 | 4.4 | 2.3 |
| Operating Margin | 15 | 4.1 | 6.5 | • | • | • | • | 12.7 | • | 5.2 | 8.1 | 10.4 | 8.5 | 3.7 |
| Oper. Margin Before Officers Compensation | 16 | 6.6 | 8.6 | • | • | • | • | 19.5 | 9.4 | 13.1 | 14.8 | 16.0 | 12.8 | 6.0 |
| **Selected Average Balance Sheet ($ in Thousands)** | | | | | | | | | | | | | | |
| Net Receivables | 17 | 309084 | • | • | 73 | • | • | 321 | 3754 | 9043 | 19158 | 36668 | 79807 | 2199379 |
| Inventories | 18 | 88 | • | • | • | • | • | • | • | • | 2 | 1 | 35 | 633 |
| Net Property, Plant and Equipment | 19 | 10173 | • | • | 0 | • | • | 38 | 148 | 277 | 655 | 1250 | 3097 | 71662 |
| Total Assets | 20 | 654804 | • | 16 | 190 | • | • | 1945 | 7459 | 17804 | 36624 | 71128 | 152184 | 4702545 |

| | | | | | | | | | | |
|---|---|---|---|---|---|---|---|---|---|---|
| Notes and Loans Payable **21** | 94842 | 1592 | 1 | • | 367 | 1087 | 515 | 1454 | 1608 | 6456 | 727115 |
| All Other Liabilities **22** | 503345 | 103 | 150 | • | 436 | 5924 | 15954 | 31953 | 63457 | 134860 | 3565497 |
| Net Worth **23** | 56617 | -1678 | 39 | • | 1142 | 449 | 1335 | 3217 | 6063 | 10868 | 409933 |

### Selected Financial Ratios (Times to 1)

| | | | | | | | | | | |
|---|---|---|---|---|---|---|---|---|---|---|
| Current Ratio **24** | 0.9 | 0.0 | • | • | 1.6 | 1.0 | 1.0 | 1.0 | 1.0 | 0.9 | 0.9 |
| Quick Ratio **25** | 0.8 | 0.0 | • | • | 1.5 | 1.0 | 1.0 | 0.9 | 0.9 | 0.9 | 0.8 |
| Net Sales to Working Capital **26** | • | • | • | • | 2.9 | 4.3 | • | • | • | • | • |
| Coverage Ratio **27** | 1.1 | • | • | 0.6 | 1.6 | 0.9 | 1.1 | 1.1 | 1.1 | 1.1 | 1.1 |
| Total Asset Turnover **28** | 0.1 | • | • | • | 0.4 | 0.1 | 0.1 | 0.1 | 0.1 | 0.1 | 0.1 |
| Inventory Turnover **29** | • | • | • | • | • | • | • | • | • | • | • |
| Receivables Turnover **30** | • | • | • | • | • | • | • | • | • | • | • |
| Total Liabilities to Net Worth **31** | 10.6 | 3.9 | • | • | 0.7 | 15.6 | 12.3 | 10.4 | 10.7 | 13.0 | 10.5 |

### Selected Financial Factors (in Percentages)

| | | | | | | | | | | |
|---|---|---|---|---|---|---|---|---|---|---|
| Debt Ratio **32** | 91.4 | • | • | • | 41.3 | 94.0 | 92.5 | 91.2 | 91.5 | 92.9 | 91.3 |
| Return on Assets **33** | 6.6 | • | • | • | 12.3 | 5.8 | 5.6 | 5.7 | 6.0 | 5.8 | 6.6 |
| Return on Equity **34** | 1.6 | • | • | • | 7.9 | • | 2.0 | 3.1 | 5.0 | 3.7 | 1.5 |
| Return Before Interest on Equity **35** | • | 4.9 | • | • | 20.9 | • | • | • | • | • | • |
| Profit Margin, Before Income Tax **36** | • | • | • | • | • | • | • | • | • | • | • |
| Profit Margin, After Income Tax **37** | • | • | • | • | • | • | • | • | • | • | • |

### Trends in Selected Ratios and Factors, 1986–1994

| | 1986 | 1987 | 1988 | 1989 | 1990 | 1991 | 1992 | 1993 | 1994 |
|---|---|---|---|---|---|---|---|---|---|
| Cost of Operations (%) **38** | 2.5 | 4.1 | 5.1 | 0.9 | 0.6 | 0.1 | 0.1 | 0.1 | 0.2 |
| Operating Margin (%) **39** | 3.6 | 4.2 | 4.2 | 4.9 | 5.1 | 5.8 | 5.3 | 5.6 | 4.1 |
| Oper. Margin Before Officers Comp. (%) **40** | 5.7 | 6.6 | 6.5 | 7.4 | 8.0 | 8.7 | 7.9 | 7.9 | 6.6 |
| Average Net Receivables ($) **41** | 340157 | 300225 | 306307 | 321643 | 323498 | 337707 | 376229 | 339995 | 309084 |
| Average Inventories ($) **42** | 141 | 12 | 39 | 1 | 3 | 64 | 15 | 30 | 88 |
| Average Net Worth ($) **43** | 43900 | 41465 | 41523 | 45605 | 47023 | 48598 | 55480 | 54943 | 56617 |
| Current Ratio (x1) **44** | 1.0 | 1.0 | 1.0 | 1.0 | 1.1 | 1.0 | 1.0 | 0.9 | 0.9 |
| Quick Ratio (x1) **45** | 1.0 | 1.0 | 1.0 | 1.0 | 1.0 | 0.9 | 0.9 | 0.9 | 0.8 |
| Coverage Ratio (x1) **46** | 1.0 | 1.0 | 1.0 | 1.1 | 1.1 | 1.1 | 1.1 | 1.1 | 1.1 |
| Asset Turnover (x1) **47** | 0.1 | 0.1 | 0.1 | 0.1 | 0.1 | 0.1 | 0.1 | 0.1 | 0.1 |
| Total Liabilities/Net Worth (x1) **48** | 12.5 | 11.8 | 11.5 | 11.1 | 10.8 | 11.5 | 11.2 | 10.9 | 10.6 |
| Return on Assets (x1) **49** | 8.3 | 6.9 | 6.9 | 6.1 | 5.2 | 5.2 | 5.7 | 7.0 | 6.6 |
| Return on Equity (%) **50** | 0.8 | 0.9 | 1.0 | 1.5 | 1.5 | 2.1 | 2.0 | 2.8 | 1.6 |

## Table II

Corporations with Net Income

# BANK HOLDING COMPANIES

### MONEY AMOUNTS AND SIZE OF ASSETS IN THOUSANDS OF DOLLARS

| Item Description for Accounting Period 7/90 Through 6/91 | Total | Zero Assets | Under 100 | 100 to 250 | 251 to 500 | 501 to 1,000 | 1,001 to 5,000 | 5,001 to 10,000 | 10,001 to 25,000 | 25,001 to 50,000 | 50,001 to 100,000 | 100,001 to 250,000 | 250,001 and over |
|---|---|---|---|---|---|---|---|---|---|---|---|---|---|
| Number of Enterprises **1** | 4451 | • | • | • | • | • | • | 118 | 715 | 1057 | 1106 | 797 | 564 |
| **Revenues ($ in Thousands)** | | | | | | | | | | | | | |
| Net Sales **2** | 32535 | • | • | • | • | • | • | 11 | 85 | 253 | 558 | 967 | 30604 |
| Portfolio Income **3** | 240300 | • | • | • | • | • | • | 129 | 1098 | 3393 | 6939 | 10709 | 217516 |
| Other Revenues **4** | 24435 | • | • | • | • | • | • | 3 | 27 | 119 | 204 | 348 | 23677 |
| Total Revenues **5** | 297271 | • | • | • | • | • | • | 142 | 1210 | 3765 | 7701 | 12024 | 271796 |
| Average Total Revenues **6** | 66787 | • | • | • | • | • | • | 1205 | 1692 | 3562 | 6963 | 15086 | 481908 |
| **Operating Costs/Operating Income (%)** | | | | | | | | | | | | | |
| Cost of Operations **7** | 0.1 | • | • | • | • | • | • | 0.3 | • | • | • | 0.1 | 0.2 |
| Rent **8** | 1.5 | • | • | • | • | • | • | • | 0.2 | 0.6 | 0.6 | 0.8 | 1.6 |
| Taxes Paid **9** | 1.5 | • | • | • | • | • | • | 2.2 | 1.9 | 2.1 | 1.9 | 1.9 | 1.4 |
| Interest Paid **10** | 55.2 | • | • | • | • | • | • | 50.4 | 53.7 | 53.0 | 53.3 | 52.0 | 55.5 |
| Depreciation, Depletion, Amortization **11** | 3.7 | • | • | • | • | • | • | 2.1 | 1.9 | 2.1 | 2.2 | 2.4 | 3.8 |
| Pensions and Other Benefits **12** | 1.6 | • | • | • | • | • | • | 2.2 | 1.9 | 1.8 | 1.8 | 1.8 | 1.6 |
| Other **13** | 26.6 | • | • | • | • | • | • | 21.7 | 20.9 | 21.5 | 21.6 | 24.2 | 26.9 |
| Officers Compensation **14** | 2.8 | • | • | • | • | • | • | 9.0 | 8.1 | 6.6 | 5.5 | 4.4 | 2.5 |
| Operating Margin **15** | 7.0 | • | • | • | • | • | • | 12.1 | 11.4 | 12.3 | 13.1 | 12.5 | 6.5 |
| Oper. Margin Before Officers Compensation **16** | 9.8 | • | • | • | • | • | • | 21.2 | 19.5 | 18.9 | 18.6 | 16.9 | 9.0 |
| **Selected Average Balance Sheet ($ in Thousands)** | | | | | | | | | | | | | |
| Net Receivables **17** | 276041 | • | • | • | • | • | • | 4058 | 9077 | 18950 | 36616 | 80378 | 1945207 |
| Inventories **18** | 45 | • | • | • | • | • | • | • | • | 0 | 1 | 20 | 328 |
| Net Property, Plant and Equipment **19** | 9209 | • | • | • | • | • | • | 115 | 241 | 584 | 1155 | 2805 | 65023 |
| Total Assets **20** | 599630 | • | • | • | • | • | • | 7767 | 17786 | 36723 | 71351 | 152111 | 4284201 |

| | | | | | | | | | |
|---|---|---|---|---|---|---|---|---|---|
| Notes and Loans Payable **21** | 94864 | • | • | • | 204 | 527 | 1292 | 1452 | 4401 | 736443 |
| All Other Liabilities **22** | 449286 | • | • | • | 6680 | 15607 | 32107 | 63553 | 134851 | 3149102 |
| Net Worth **23** | 55479 | • | • | • | 883 | 1653 | 3324 | 6346 | 12859 | 398656 |

**Selected Financial Ratios (Times to 1)**

| | | | | | | | | | | |
|---|---|---|---|---|---|---|---|---|---|---|
| Current Ratio **24** | 0.9 | • | • | • | 1.1 | 1.0 | 1.0 | 1.0 | 1.0 | 0.9 |
| Quick Ratio **25** | 0.8 | • | • | • | 1.0 | 1.0 | 1.0 | 1.0 | 0.9 | 0.8 |
| Net Sales to Working Capital **26** | • | • | • | • | 2.4 | 5.3 | • | • | • | • |
| Coverage Ratio **27** | 1.1 | • | • | • | 1.2 | 1.2 | 1.2 | 1.2 | 1.2 | 1.1 |
| Total Asset Turnover **28** | 0.1 | • | • | • | 0.2 | 0.1 | 0.1 | 0.1 | 0.1 | 0.1 |
| Inventory Turnover **29** | • | • | • | • | • | • | • | • | • | • |
| Receivables Turnover **30** | • | • | • | • | • | • | • | • | • | • |
| Total Liabilities to Net Worth **31** | 9.8 | • | • | • | 7.8 | 9.8 | 10.1 | 10.3 | 10.8 | 9.8 |

**Selected Financial Factors (in Percentages)**

| | | | | | | | | | | |
|---|---|---|---|---|---|---|---|---|---|---|
| Debt Ratio **32** | 90.8 | • | • | • | 88.6 | 90.7 | 91.0 | 91.1 | 91.6 | 90.7 |
| Return on Assets **33** | 6.8 | • | • | • | 9.2 | 6.0 | 6.0 | 6.1 | 6.0 | 6.8 |
| Return on Equity **34** | 4.5 | • | • | • | 8.6 | 7.0 | 6.9 | 7.1 | 7.0 | 4.2 |
| Return Before Interest on Equity **35** | • | • | • | • | • | • | • | • | • | • |
| Profit Margin, Before Income Tax **36** | • | • | • | • | • | • | • | • | • | • |
| Profit Margin, After Income Tax **37** | • | • | • | • | • | • | • | • | • | • |

**Trends in Selected Ratios and Factors, 1986–1994**

| | 1986 | 1987 | 1988 | 1989 | 1990 | 1991 | 1992 | 1993 | 1994 |
|---|---|---|---|---|---|---|---|---|---|
| Cost of Operations (%) **38** | 2.9 | 4.0 | 6.0 | 1.0 | 0.6 | 0.2 | 0.1 | 0.1 | 0.1 |
| Operating Margin (%) **39** | 4.5 | 5.3 | 5.7 | 6.6 | 6.4 | 7.9 | 7.9 | 7.9 | 7.0 |
| Oper. Margin Before Officers Comp. (%) **40** | 6.4 | 7.7 | 7.9 | 9.3 | 9.2 | 10.9 | 10.6 | 10.3 | 9.8 |
| Average Net Receivables ($) **41** | 434150 | 384752 | 392347 | 400119 | 426841 | 414430 | 417228 | 377094 | 276041 |
| Average Inventories ($) **42** | 219 | 1 | 59 | 2 | 4 | 85 | 19 | 32 | 45 |
| Average Net Worth ($) **43** | 54454 | 50217 | 53877 | 56212 | 62684 | 63829 | 64778 | 63952 | 55479 |
| Current Ratio (x1) **44** | 1.0 | 1.0 | 1.0 | 1.0 | 1.1 | 1.0 | 1.0 | 1.0 | 0.9 |
| Quick Ratio (x1) **45** | 1.0 | 1.0 | 1.0 | 1.0 | 1.0 | 0.9 | 0.9 | 0.9 | 0.8 |
| Coverage Ratio (x1) **46** | 1.0 | 1.1 | 1.1 | 1.1 | 1.1 | 1.1 | 1.1 | 1.1 | 1.1 |
| Asset Turnover (x1) **47** | 0.1 | 0.1 | 0.1 | 0.1 | 0.1 | 0.1 | 0.1 | 0.1 | 0.1 |
| Operating Leverage **48** | • | 1.2 | 1.1 | 1.2 | 1.0 | 1.2 | 1.0 | 1.0 | 0.9 |
| Financial Leverage **49** | • | 1.5 | 1.2 | 1.3 | 1.1 | 1.3 | 1.1 | 1.0 | 0.9 |
| Total Leverage **50** | • | 1.7 | 1.3 | 1.5 | 1.1 | 1.6 | 1.1 | 1.0 | 0.8 |

## Table I

Corporations with and without Net Income

# BANKS, EXCEPT MUTUAL SAVINGS BANKS AND BANK HOLDING COMPANIES

### MONEY AMOUNTS AND SIZE OF ASSETS IN THOUSANDS OF DOLLARS

| Item Description for Accounting Period 7/90 Through 6/91 | | Total | Zero Assets | Under 100 | 100 to 250 | 251 to 500 | 501 to 1,000 | 1,001 to 5,000 | 5,001 to 10,000 | 10,001 to 25,000 | 25,001 to 50,000 | 50,001 to 100,000 | 100,001 to 250,000 | 250,001 and over |
|---|---|---|---|---|---|---|---|---|---|---|---|---|---|---|
| Number of Enterprises | 1 | 5996 | 422 | 719 | • | • | 98 | 340 | 351 | 1301 | 1242 | 893 | 469 | 162 |
| **Revenues ($ in Thousands)** | | | | | | | | | | | | | | |
| Net Sales | 2 | 9821 | 5813 | 99 | • | • | 98 | 159 | 16 | 202 | 407 | 465 | 784 | 1779 |
| Portfolio Income | 3 | 94373 | 62229 | 7 | • | • | 12 | 149 | 248 | 1944 | 3848 | 5523 | 6145 | 14268 |
| Other Revenues | 4 | 4806 | 2957 | 0 | • | • | 2 | 18 | 21 | 140 | 110 | 272 | 214 | 1073 |
| Total Revenues | 5 | 109000 | 70999 | 107 | • | • | 112 | 326 | 285 | 2286 | 4365 | 6259 | 7142 | 17120 |
| Average Total Revenues | 6 | 18179 | 168244 | 148 | • | • | 1144 | 959 | 812 | 1757 | 3514 | 7009 | 15228 | 105676 |
| **Operating Costs/Operating Income (%)** | | | | | | | | | | | | | | |
| Cost of Operations | 7 | 0.1 | • | • | • | • | • | • | 0.2 | 0.1 | 0.2 | 0.2 | 0.3 | 0.5 |
| Rent | 8 | 1.0 | 0.7 | 10.5 | • | • | 4.7 | 3.7 | 0.6 | 1.1 | 1.1 | 1.0 | 1.1 | 2.0 |
| Taxes Paid | 9 | 1.1 | 0.6 | 0.2 | • | • | 3.0 | 3.2 | 2.0 | 2.1 | 1.9 | 2.1 | 2.0 | 1.8 |
| Interest Paid | 10 | 70.4 | 80.3 | 7.3 | • | • | 6.2 | 21.7 | 40.0 | 47.8 | 49.8 | 50.3 | 49.3 | 56.1 |
| Depreciation, Depletion, Amortization | 11 | 1.5 | 0.4 | 0.6 | • | • | 7.5 | 2.7 | 2.1 | 2.4 | 2.5 | 2.9 | 2.1 | 4.6 |
| Pensions and Other Benefits | 12 | 0.7 | 0.3 | 1.7 | • | • | 2.3 | 1.0 | 1.5 | 1.7 | 1.7 | 1.6 | 1.7 | 1.4 |
| Other | 13 | 21.4 | 17.8 | 76.0 | • | • | 57.0 | 80.8 | 62.2 | 32.8 | 29.1 | 27.1 | 29.2 | 25.3 |
| Officers Compensation | 14 | 1.7 | 0.4 | • | • | • | 14.5 | 9.6 | 8.6 | 8.2 | 6.5 | 5.2 | 4.2 | 2.1 |
| Operating Margin | 15 | 2.2 | • | 3.8 | • | • | 5.0 | • | • | 3.9 | 7.2 | 9.7 | 10.3 | 6.3 |
| Oper. Margin Before Officers Compensation | 16 | 3.9 | • | 3.8 | • | • | 19.4 | • | • | 12.1 | 13.8 | 14.9 | 14.5 | 8.4 |
| **Selected Average Balance Sheet ($ in Thousands)** | | | | | | | | | | | | | | |
| Net Receivables | 17 | 31612 | • | • | • | • | 21 | 594 | 3971 | 8463 | 18409 | 34640 | 78018 | 534244 |
| Inventories | 18 | 32 | • | • | • | • | • | • | • | • | 2 | 1 | 4 | 1162 |
| Net Property, Plant and Equipment | 19 | 1012 | • | 8 | • | • | 162 | 63 | 169 | 315 | 644 | 1191 | 2443 | 15726 |
| Total Assets | 20 | 62147 | • | 18 | • | • | 876 | 2531 | 7975 | 17239 | 35293 | 69251 | 147711 | 1058629 |

| | | | | | | | | | | |
|---|---|---|---|---|---|---|---|---|---|---|
| Notes and Loans Payable 21 | 5917 | 42 | • | 244 | 240 | 29 | 447 | 606 | 985 | 3549 | 194144 |
| All Other Liabilities 22 | 51122 | 7 | • | 45 | 2235 | 7493 | 15206 | 31515 | 62102 | 132045 | 782811 |
| Net Worth 23 | 5109 | -30 | • | 587 | 56 | 454 | 1586 | 3173 | 6163 | 12117 | 81674 |

## Selected Financial Ratios (Times to 1)

| | | | | | | | | | | |
|---|---|---|---|---|---|---|---|---|---|---|
| Current Ratio 24 | 1.0 | 1.4 | • | 10.2 | 1.2 | 1.0 | 1.0 | 1.0 | 1.0 | 1.0 | 0.9 |
| Quick Ratio 25 | 0.9 | 1.4 | • | 8.8 | 0.9 | 0.9 | 1.0 | 0.9 | 0.9 | 0.9 | 0.9 |
| Net Sales to Working Capital 26 | • | • | • | 2.0 | 3.3 | • | • | • | • | • | • |
| Coverage Ratio 27 | 1.0 | 1.5 | • | 1.8 | 0.6 | 1.0 | 1.0 | 1.1 | 1.1 | 1.2 | 1.1 |
| Total Asset Turnover 28 | 0.3 | 8.1 | • | 1.3 | 0.4 | • | 0.1 | 0.1 | 0.1 | 0.1 | 0.1 |
| Inventory Turnover 29 | • | • | • | • | • | • | • | • | • | • | • |
| Receivables Turnover 30 | • | • | • | • | • | • | • | • | • | • | • |
| Total Liabilities to Net Worth 31 | 11.2 | • | • | 0.5 | 44.1 | 16.6 | 9.9 | 10.1 | 10.2 | 11.2 | 12.0 |

## Selected Financial Factors (in Percentages)

| | | | | | | | | | | |
|---|---|---|---|---|---|---|---|---|---|---|
| Debt Ratio 32 | 91.8 | • | • | • | 33.0 | 97.8 | 94.3 | 90.8 | 91.0 | 91.1 | 92.3 |
| Return on Assets 33 | 21.0 | • | • | • | 14.5 | • | 2.2 | 5.0 | 5.4 | 5.7 | 6.1 |
| Return on Equity 34 | • | • | • | • | 6.8 | • | • | • | • | • | 3.3 |
| Return Before Interest on Equity 35 | • | • | • | 21.7 | • | • | • | • | • | • | • |
| Profit Margin, Before Income Tax 36 | • | • | • | • | • | • | • | • | • | • | • |
| Profit Margin, After Income Tax 37 | • | • | • | • | • | • | • | • | • | • | • |

## Trends in Selected Ratios and Factors, 1986–1994

| | 1986 | 1987 | 1988 | 1989 | 1990 | 1991 | 1992 | 1993 | 1994 |
|---|---|---|---|---|---|---|---|---|---|
| Cost of Operations (%) 38 | • | 0.2 | • | • | 0.4 | 0.1 | • | • | 0.1 |
| Operating Margin (%) 39 | 3.7 | 4.0 | 3.8 | 4.8 | 4.5 | 4.4 | 3.5 | 3.1 | 2.2 |
| Oper. Margin Before Officers Comp. (%) 40 | 6.6 | 7.4 | 6.5 | 7.6 | 7.6 | 6.9 | 5.6 | 4.7 | 3.9 |
| Average Net Receivables ($) 41 | 24089 | 25476 | 26152 | 30465 | 33398 | 33387 | 35743 | 32823 | 31612 |
| Average Inventories ($) 42 | 0 | 2 | 0 | 1 | 25 | 13 | 26 | 28 | 32 |
| Average Net Worth ($) 43 | 3539 | 3860 | 3887 | 4527 | 4960 | 4998 | 5266 | 4958 | 5109 |
| Current Ratio (x1) 44 | 1.0 | 1.0 | 1.0 | 1.0 | 1.0 | 1.0 | 1.0 | 1.0 | 1.0 |
| Quick Ratio (x1) 45 | 1.0 | 1.0 | 1.0 | 1.0 | 1.0 | 1.0 | 1.0 | 1.0 | 0.9 |
| Coverage Ratio (x1) 46 | 1.0 | 1.0 | 1.0 | 1.0 | 1.0 | 1.0 | 1.0 | 1.0 | 1.0 |
| Asset Turnover (x1) 47 | 0.2 | 0.1 | 0.2 | 0.2 | 0.2 | 0.2 | 0.2 | 0.3 | 0.3 |
| Total Liabilities/Net Worth (x1) 48 | 11.3 | 11.4 | 11.3 | 11.0 | 11.3 | 10.9 | 11.1 | 11.0 | 11.2 |
| Return on Assets (x1) 49 | 12.4 | 9.2 | 12.5 | 11.5 | 10.4 | 13.7 | 15.6 | 22.6 | 21.0 |
| Return on Equity (%) 50 | • | • | • | 0.2 | 0.2 | 1.4 | 1.0 | 1.9 | • |

## Table II

Corporations with Net Income

# BANKS, EXCEPT MUTUAL SAVINGS BANKS AND BANK HOLDING COMPANIES

### MONEY AMOUNTS AND SIZE OF ASSETS IN THOUSANDS OF DOLLARS

| Item Description for Accounting Period 7/90 Through 6/91 | | Total | Zero Assets | Under 100 | 100 to 250 | 251 to 500 | 501 to 1,000 | 1,001 to 5,000 | 5,001 to 10,000 | 10,001 to 25,000 | 25,001 to 50,000 | 50,001 to 100,000 | 100,001 to 250,000 | 250,001 and over |
|---|---|---|---|---|---|---|---|---|---|---|---|---|---|---|
| Number of Enterprises | 1 | 4641 | 189 | • | • | • | • | 172 | 228 | 967 | 961 | 774 | 402 | 135 |
| **Revenues ($ in Thousands)** | | | | | | | | | | | | | | |
| Net Sales | 2 | 7656 | 4033 | • | • | • | • | 155 | 11 | 153 | 334 | 397 | 707 | 1669 |
| Portfolio Income | 3 | 56513 | 29743 | • | • | • | • | 27 | 184 | 1472 | 3029 | 4818 | 5231 | 12007 |
| Other Revenues | 4 | 3090 | 1491 | • | • | • | • | 1 | 4 | 115 | 80 | 247 | 188 | 962 |
| Total Revenues | 5 | 67259 | 35267 | • | • | • | • | 184 | 199 | 1740 | 3443 | 5461 | 6125 | 14638 |
| Average Total Revenues | 6 | 14492 | 186598 | • | • | • | • | 1071 | 871 | 1799 | 3583 | 7056 | 15237 | 108428 |
| **Operating Costs/Operating Income (%)** | | | | | | | | | | | | | | |
| Cost of Operations | 7 | 0.2 | • | • | • | • | • | • | 0.3 | • | 0.2 | 0.1 | 0.3 | 0.5 |
| Rent | 8 | 1.1 | 0.8 | • | • | • | • | 6.2 | 0.2 | 0.6 | 0.7 | 0.9 | 0.9 | 2.1 |
| Taxes Paid | 9 | 1.4 | 0.8 | • | • | • | • | 4.7 | 2.1 | 2.1 | 1.9 | 2.2 | 2.0 | 1.9 |
| Interest Paid | 10 | 62.8 | 74.4 | • | • | • | • | 3.8 | 46.3 | 48.0 | 49.8 | 49.6 | 48.2 | 52.6 |
| Depreciation, Depletion, Amortization | 11 | 1.8 | 0.4 | • | • | • | • | 3.2 | 1.9 | 2.0 | 2.2 | 2.0 | 2.0 | 5.0 |
| Pensions and Other Benefits | 12 | 0.9 | 0.3 | • | • | • | • | 1.0 | 1.5 | 1.7 | 1.7 | 1.7 | 1.7 | 1.5 |
| Other | 13 | 21.0 | 17.2 | • | • | • | • | 58.8 | 22.1 | 23.2 | 23.4 | 23.1 | 26.5 | 25.1 |
| Officers Compensation | 14 | 2.1 | 0.5 | • | • | • | • | 10.7 | 9.1 | 7.9 | 6.2 | 5.2 | 4.0 | 2.2 |
| Operating Margin | 15 | 8.8 | 5.7 | • | • | • | • | 11.5 | 16.7 | 14.6 | 13.9 | 15.4 | 14.3 | 9.4 |
| Oper. Margin Before Officers Compensation | 16 | 10.9 | 6.2 | • | • | • | • | 22.2 | 25.8 | 22.5 | 20.1 | 20.6 | 18.3 | 11.6 |
| **Selected Average Balance Sheet ($ in Thousands)** | | | | | | | | | | | | | | |
| Net Receivables | 17 | 34752 | • | • | • | • | • | 409 | 3925 | 8471 | 18609 | 35001 | 76596 | 565638 |
| Inventories | 18 | 42 | • | • | • | • | • | • | • | • | 2 | 1 | 4 | 1394 |
| Net Property, Plant and Equipment | 19 | 1068 | • | • | • | • | • | 106 | 130 | 272 | 588 | 1137 | 2371 | 16501 |
| Total Assets | 20 | 66964 | • | • | • | • | • | 2568 | 8241 | 17355 | 35525 | 69348 | 146652 | 1072674 |

| | | | | | | | | |
|---|---|---|---|---|---|---|---|---|
| Notes and Loans Payable **21** | 5292 | • | 398 | 28 | 468 | 575 | 1067 | 2718 | 159325 |
| All Other Liabilities **22** | 55661 | • | 1548 | 7132 | 15097 | 31486 | 61521 | 131311 | 823401 |
| Net Worth **23** | 6011 | • | 622 | 1080 | 1790 | 3465 | 6760 | 12623 | 89948 |

## Selected Financial Ratios (Times to 1)

| | | | | | | | | |
|---|---|---|---|---|---|---|---|---|
| Current Ratio **24** | 1.0 | • | 1.3 | 1.1 | 1.0 | 1.0 | 1.0 | 1.0 | 1.0 |
| Quick Ratio **25** | 0.9 | • | 1.1 | 1.1 | 1.0 | 1.0 | 1.0 | 0.9 | 0.9 |
| Net Sales to Working Capital **26** | • | • | 1.8 | 1.0 | 5.4 | • | • | • | • |
| Coverage Ratio **27** | 1.1 | • | 3.8 | 1.3 | 1.3 | 1.2 | 1.2 | 1.2 | 1.2 |
| Total Asset Turnover **28** | 0.2 | • | 0.4 | 0.1 | 0.1 | 0.1 | 0.1 | 0.1 | 0.1 |
| Inventory Turnover **29** | • | • | • | • | • | • | • | • | • |
| Receivables Turnover **30** | • | • | • | • | • | • | • | • | • |
| Total Liabilities to Net Worth **31** | 10.1 | • | 3.1 | 6.6 | 8.7 | 9.3 | 9.3 | 10.6 | 10.9 |

## Selected Financial Factors (in Percentages)

| | | | | | | | | |
|---|---|---|---|---|---|---|---|---|
| Debt Ratio **32** | 91.0 | • | 75.8 | 86.9 | 89.7 | 90.3 | 90.3 | 91.4 | 91.6 |
| Return on Assets **33** | 15.2 | • | 6.1 | 6.5 | 6.2 | 6.1 | 6.3 | 6.1 | 6.1 |
| Return on Equity **34** | 12.5 | • | 14.7 | 9.4 | 9.1 | 8.1 | 8.4 | 8.6 | 6.2 |
| Return Before Interest on Equity **35** | • | • | 25.0 | • | • | • | • | • | • |
| Profit Margin, Before Income Tax **36** | • | • | • | • | • | • | • | • | • |
| Profit Margin, After Income Tax **37** | • | • | • | • | • | • | • | • | • |

## Trends in Selected Ratios and Factors, 1986-1994

| | 1986 | 1987 | 1988 | 1989 | 1990 | 1991 | 1992 | 1993 | 1994 |
|---|---|---|---|---|---|---|---|---|---|
| Cost of Operations (%) **38** | • | • | • | • | 0.4 | • | • | • | 0.2 |
| Operating Margin (%) **39** | 8.0 | 9.3 | 7.9 | 9.8 | 9.1 | 9.4 | 8.5 | 9.6 | 8.8 |
| Oper. Margin Before Officers Comp. (%) **40** | 11.0 | 12.8 | 10.7 | 12.8 | 12.1 | 11.9 | 10.5 | 11.6 | 10.9 |
| Average Net Receivables ($) **41** | 22834 | 24931 | 27995 | 33942 | 38327 | 40986 | 42949 | 43540 | 34752 |
| Average Inventories ($) **42** | 0 | 1 | 0 | 1 | 18 | 0 | 7 | 0 | 42 |
| Average Net Worth ($) **43** | 3463 | 3852 | 4308 | 5270 | 5949 | 6425 | 6778 | 6902 | 6011 |
| Current Ratio (x1) **44** | 1.0 | 1.0 | 1.0 | 1.0 | 1.0 | 1.0 | 1.0 | 1.0 | 1.0 |
| Quick Ratio (x1) **45** | 1.0 | 1.0 | 1.0 | 1.0 | 1.0 | 1.0 | 1.0 | 1.0 | 0.9 |
| Coverage Ratio (x1) **46** | 1.1 | 1.1 | 1.1 | 1.1 | 1.1 | 1.1 | 1.1 | 1.1 | 1.1 |
| Asset Turnover (x1) **47** | 0.2 | 0.1 | 0.2 | 0.2 | 0.2 | 0.2 | 0.2 | 0.2 | 0.2 |
| Operating Leverage **48** | • | 1.2 | 0.9 | 1.3 | 0.9 | 1.1 | 0.9 | 1.1 | 0.9 |
| Financial Leverage **49** | • | 1.2 | 0.9 | 1.3 | 1.0 | 1.2 | 1.0 | 1.2 | 1.0 |
| Total Leverage **50** | • | 1.4 | 0.8 | 1.6 | 0.9 | 1.2 | 0.9 | 1.4 | 0.9 |

## Table I

Corporations with and without Net Income

# SAVINGS AND LOAN ASSOCIATIONS

### MONEY AMOUNTS AND SIZE OF ASSETS IN THOUSANDS OF DOLLARS

| Item Description for Accounting Period 7/90 Through 6/91 | | Total | Zero Assets | Under 100 | 100 to 250 | 251 to 500 | 501 to 1,000 | 1,001 to 5,000 | 5,001 to 10,000 | 10,001 to 25,000 | 25,001 to 50,000 | 50,001 to 100,000 | 100,001 to 250,000 | 250,001 and over |
|---|---|---|---|---|---|---|---|---|---|---|---|---|---|---|
| Number of Enterprises | 1 | 2562 | 72 | • | • | 19 | 4 | 71 | 34 | 209 | 389 | 585 | 611 | 568 |
| **Revenues ($ in Thousands)** | | | | | | | | | | | | | | |
| Net Sales | 2 | 10713 | 367 | • | • | 0 | 0 | 0 | 0 | 27 | 70 | 164 | 562 | 9521 |
| Portfolio Income | 3 | 103818 | 2785 | • | • | 3 | 10 | 73 | 26 | 375 | 1442 | 3872 | 8863 | 86369 |
| Other Revenues | 4 | 24752 | 392 | • | • | 62 | 6 | 817 | 9 | 304 | 901 | 1380 | 1563 | 19319 |
| Total Revenues | 5 | 139283 | 3544 | • | • | 65 | 16 | 890 | 35 | 706 | 2413 | 5416 | 10988 | 115210 |
| Average Total Revenues | 6 | 54365 | 49228 | • | • | 3406 | 3893 | 12541 | 1038 | 3378 | 6204 | 9258 | 17984 | 202834 |
| **Operating Costs/Operating Income (%)** | | | | | | | | | | | | | | |
| Cost of Operations | 7 | 1.8 | 1.6 | • | • | • | • | • | • | 0.2 | 0.1 | 0.1 | 1.1 | 2.0 |
| Rent | 8 | 0.9 | 0.9 | • | • | • | • | • | 0.2 | 0.3 | 0.4 | 0.4 | 0.5 | 1.0 |
| Taxes Paid | 9 | 1.1 | 0.9 | • | • | 0.6 | 0.1 | • | 0.5 | 0.9 | 0.9 | 1.1 | 1.3 | 1.0 |
| Interest Paid | 10 | 59.7 | 62.3 | • | • | 29.0 | 51.6 | 4.9 | 38.8 | 35.8 | 41.6 | 51.4 | 59.9 | 61.0 |
| Depreciation, Depletion, Amortization | 11 | 1.5 | 1.5 | • | • | • | 0.9 | • | 0.4 | 1.2 | 1.2 | 1.0 | 1.3 | 1.6 |
| Pensions and Other Benefits | 12 | 0.7 | 0.8 | • | • | • | 0.4 | • | 0.3 | 0.6 | 0.7 | 0.8 | 1.0 | 0.7 |
| Other | 13 | 29.1 | 31.7 | • | • | 60.6 | 16.3 | 79.2 | 35.1 | 40.0 | 41.5 | 37.9 | 26.8 | 28.0 |
| Officers Compensation | 14 | 0.9 | 1.1 | • | • | 0.2 | • | • | 3.0 | 2.3 | 2.0 | 2.4 | 1.9 | 0.7 |
| Operating Margin | 15 | 4.4 | • | • | • | 10.2 | 30.3 | 15.6 | 21.9 | 18.9 | 11.8 | 5.0 | 6.2 | 4.0 |
| Oper. Margin Before Officers Compensation | 16 | 5.3 | 0.3 | • | • | 10.3 | 30.3 | 15.7 | 24.9 | 21.2 | 13.8 | 7.3 | 8.1 | 4.7 |
| **Selected Average Balance Sheet ($ in Thousands)** | | | | | | | | | | | | | | |
| Net Receivables | 17 | 44053 | • | • | • | -294 | • | 333 | 959 | 2744 | 5437 | 11819 | 25002 | 154811 |
| Inventories | 18 | 512 | • | • | • | • | • | • | • | 0 | 21 | 16 | 122 | 2147 |
| Net Property, Plant and Equipment | 19 | 6478 | • | • | • | 1 | 19 | 19 | 90 | 290 | 482 | 928 | 2262 | 25385 |
| Total Assets | 20 | 422305 | • | • | • | 279 | 810 | 2525 | 6985 | 18428 | 36803 | 71354 | 156626 | 1630124 |

| | | | | | | | | | | | | |
|---|---|---|---|---|---|---|---|---|---|---|---|---|
| Notes and Loans Payable 21 | 74097 | • | • | • | 604 | 14 | 99 | 567 | 2262 | 3536 | 9080 | 319041 |
| All Other Liabilities 22 | 341274 | • | • | 1080 | 9 | 16735 | 16456 | 18539 | 35158 | 67697 | 146695 | 1277803 |
| Net Worth 23 | 6933 | • | • | -802 | 196 | -14224 | -9570 | -677 | -617 | 120 | 852 | 33280 |

## Selected Financial Ratios (Times to 1)

| | | | | | | | | | | | | |
|---|---|---|---|---|---|---|---|---|---|---|---|---|
| Current Ratio 24 | 0.3 | • | • | • | 0.9 | 0.1 | 0.1 | 0.4 | 0.4 | 0.3 | 0.3 | 0.2 |
| Quick Ratio 25 | 0.2 | • | • | • | 0.2 | 0.1 | 0.1 | 0.3 | 0.3 | 0.3 | 0.3 | 0.2 |
| Net Sales to Working Capital 26 | • | • | • | • | • | • | • | • | • | • | • | • |
| Coverage Ratio 27 | 1.0 | • | 1.4 | • | 1.6 | 4.2 | 1.6 | 1.5 | 1.3 | 1.1 | 1.1 | 1.1 |
| Total Asset Turnover 28 | 0.1 | • | 12.2 | • | 4.8 | 5.0 | 0.2 | 0.2 | 0.2 | 0.1 | 0.1 | 0.1 |
| Inventory Turnover 29 | • | • | • | • | • | • | • | • | • | • | • | • |
| Receivables Turnover 30 | • | • | • | • | • | • | • | • | • | • | • | • |
| Total Liabilities to Net Worth 31 | • | • | • | • | 3.1 | • | • | • | • | • | • | 48.0 |

## Selected Financial Factors (in Percentages)

| | | | | | | | | | | | | |
|---|---|---|---|---|---|---|---|---|---|---|---|---|
| Debt Ratio 32 | 98.4 | • | • | • | 75.8 | • | • | • | 99.8 | 99.5 | 98.0 | |
| Return on Assets 33 | 8.2 | • | • | • | • | • | 9.0 | 10.0 | 9.0 | 7.3 | 7.6 | 8.1 |
| Return on Equity 34 | 17.1 | • | • | 2.4 | • | • | • | • | • | • | • | 11.8 |
| Return Before Interest on Equity 35 | • | • | • | • | • | • | • | • | • | • | • | • |
| Profit Margin, Before Income Tax 36 | • | • | • | • | • | • | • | • | • | • | • | • |
| Profit Margin, After Income Tax 37 | • | • | • | • | • | • | • | • | • | • | • | • |

## Trends in Selected Ratios and Factors, 1986-1994

| | 1986 | 1987 | 1988 | 1989 | 1990 | 1991 | 1992 | 1993 | 1994 |
|---|---|---|---|---|---|---|---|---|---|
| Cost of Operations (%) 38 | 0.7 | 1.3 | 1.0 | 1.1 | 1.4 | 1.7 | 2.1 | 1.9 | 1.8 |
| Operating Margin (%) 39 | • | • | • | 0.8 | 3.0 | • | • | • | 4.4 |
| Oper. Margin Before Officers Comp. (%) 40 | • | • | • | 1.9 | 4.1 | 0.7 | • | • | 5.3 |
| Average Net Receivables ($) 41 | 3842 | 17984 | 8192 | 11675 | 14672 | 19074 | 19893 | 25955 | 44053 |
| Average Inventories ($) 42 | 47 | 141 | 150 | 178 | 291 | 321 | 394 | 436 | 512 |
| Average Net Worth ($) 43 | 4117 | 6061 | 6314 | 9010 | 9159 | 7702 | 11779 | 10622 | 6933 |
| Current Ratio (x1) 44 | 0.2 | 0.2 | 0.2 | 0.2 | 0.2 | 0.2 | 0.2 | 0.2 | 0.3 |
| Quick Ratio (x1) 45 | 0.1 | 0.2 | 0.2 | 0.2 | 0.2 | 0.2 | 0.2 | 0.2 | 0.2 |
| Coverage Ratio (x1) 46 | 0.8 | 0.9 | 0.9 | 1.0 | 1.1 | 1.0 | 1.0 | 0.9 | 1.1 |
| Asset Turnover (x1) 47 | 0.1 | 0.1 | 0.1 | 0.1 | 0.1 | 0.1 | 0.1 | 0.1 | 0.1 |
| Total Liabilities/Net Worth (x1) 48 | 41.9 | 35.5 | 37.2 | 31.2 | 33.1 | 42.3 | 34.3 | 41.3 | 59.9 |
| Return on Assets (x1) 49 | 7.8 | 7.7 | 7.8 | 8.1 | 8.0 | 6.8 | 6.4 | 7.4 | 8.2 |
| Return on Equity (%) 50 | • | • | • | • | 4.8 | • | • | • | 17.1 |

## Table II
Corporations with Net Income

# SAVINGS AND LOAN ASSOCIATIONS

### MONEY AMOUNTS AND SIZE OF ASSETS IN THOUSANDS OF DOLLARS

| Item Description for Accounting Period 7/90 Through 6/91 | Total | Zero Assets | Under 100 | 100 to 250 | 251 to 500 | 501 to 1,000 | 1,001 to 5,000 | 5,001 to 10,000 | 10,001 to 25,000 | 25,001 to 50,000 | 50,001 to 100,000 | 100,001 to 250,000 | 250,001 and over |
|---|---|---|---|---|---|---|---|---|---|---|---|---|---|
| Number of Enterprises 1 | 1791 | • | • | • | • | 4 | 27 | 15 | 148 | 291 | 453 | 455 | 359 |
| **Revenues ($ in Thousands)** | | | | | | | | | | | | | |
| Net Sales 2 | 6194 | • | • | • | • | 0 | 0 | • | 20 | 38 | 124 | 387 | 5268 |
| Portfolio Income 3 | 67575 | • | • | • | • | 10 | 23 | 13 | 279 | 1068 | 3044 | 6835 | 53843 |
| Other Revenues 4 | 21199 | • | • | • | • | 6 | 763 | 9 | 296 | 873 | 1286 | 1274 | 16305 |
| Total Revenues 5 | 94968 | • | • | • | • | 16 | 786 | 22 | 595 | 1978 | 4455 | 8495 | 75416 |
| Average Total Revenues 6 | 53025 | • | • | • | • | 3893 | 29115 | 1477 | 4020 | 6799 | 9833 | 18670 | 210072 |
| **Operating Costs/Operating Income (%)** | | | | | | | | | | | | | |
| Cost of Operations 7 | 1.1 | • | • | • | • | • | • | • | • | • | • | 0.9 | 1.2 |
| Rent 8 | 0.7 | • | • | • | • | • | • | 0.2 | 0.2 | 0.2 | 0.3 | 0.4 | 0.8 |
| Taxes Paid 9 | 1.0 | • | • | • | • | 0.6 | • | 0.3 | 0.7 | 0.8 | 1.0 | 1.2 | 1.0 |
| Interest Paid 10 | 53.2 | • | • | • | • | 51.6 | 5.0 | 25.9 | 31.0 | 35.3 | 48.3 | 57.2 | 53.8 |
| Depreciation, Depletion, Amortization 11 | 1.2 | • | • | • | • | 0.9 | • | 0.3 | 1.0 | 0.7 | 0.9 | 1.2 | 1.3 |
| Pensions and Other Benefits 12 | 0.7 | • | • | • | • | 0.4 | • | 0.3 | 0.5 | 0.6 | 0.8 | 1.0 | 0.7 |
| Other 13 | 22.3 | • | • | • | • | 16.3 | 75.9 | 33.4 | 36.9 | 36.9 | 29.8 | 19.0 | 21.1 |
| Officers Compensation 14 | 0.9 | • | • | • | • | • | • | 2.9 | 2.1 | 1.8 | 2.2 | 1.9 | 0.7 |
| Operating Margin 15 | 19.0 | • | • | • | • | 30.3 | 19.0 | 36.9 | 27.7 | 23.8 | 16.8 | 17.3 | 19.6 |
| Oper. Margin Before Officers Compensation 16 | 19.9 | • | • | • | • | 30.3 | 19.0 | 39.7 | 29.8 | 25.6 | 18.9 | 19.2 | 20.2 |
| **Selected Average Balance Sheet ($ in Thousands)** | | | | | | | | | | | | | |
| Net Receivables 17 | 41632 | • | • | • | • | • | 147 | 211 | 1710 | 5140 | 12043 | 22444 | 159164 |
| Inventories 18 | 251 | • | • | • | • | • | • | • | 0 | • | 3 | 37 | 1203 |
| Net Property, Plant and Equipment 19 | 5511 | • | • | • | • | • | 50 | 111 | 225 | 437 | 887 | 2123 | 23230 |
| Total Assets 20 | 387740 | • | • | • | • | 810 | 3235 | 7534 | 18530 | 36468 | 71182 | 158358 | 1606089 |

| | | | | | | | | | | | |
|---|---|---|---|---|---|---|---|---|---|---|---|
| Notes and Loans Payable **21** | 66985 | | | | 604 | 36 | 14 | 619 | 1712 | 2810 | 7398 | 319603 |
| All Other Liabilities **22** | 299978 | | | | 9 | 37779 | 16781 | 18007 | 34601 | 65752 | 143422 | 1192786 |
| Net Worth **23** | 20777 | | | | 196 | -34580 | -9262 | -96 | 155 | 2619 | 7538 | 93700 |

**Selected Financial Ratios (Times to 1)**

| | | | | | | | | | | | |
|---|---|---|---|---|---|---|---|---|---|---|---|
| Current Ratio **24** | 0.2 | | | | 0.9 | 0.1 | 0.1 | 0.3 | 0.4 | 0.4 | 0.3 | 0.2 |
| Quick Ratio **25** | 0.2 | | | | 0.2 | 0.0 | 0.1 | 0.3 | 0.3 | 0.3 | 0.3 | 0.2 |
| Net Sales to Working Capital **26** | • | | | | • | • | • | • | • | • | • | • |
| Coverage Ratio **27** | 1.4 | | | | 1.6 | 4.8 | 2.4 | 1.9 | 1.7 | 1.4 | 1.3 | 1.4 |
| Total Asset Turnover **28** | 0.1 | | | | 4.8 | 9.0 | 0.2 | 0.2 | 0.2 | 0.1 | 0.1 | 0.1 |
| Inventory Turnover **29** | • | | | | • | • | • | • | • | • | • | • |
| Receivables Turnover **30** | • | | | | • | • | • | • | • | • | • | • |
| Total Liabilities to Net Worth **31** | 17.7 | | | | 3.1 | • | • | • | • | 26.2 | 20.0 | 16.2 |

**Selected Financial Factors (in Percentages)**

| | | | | | | | | | | | |
|---|---|---|---|---|---|---|---|---|---|---|---|
| Debt Ratio **32** | 94.7 | | | | 75.8 | • | • | • | 99.6 | 96.3 | 95.2 | 94.2 |
| Return on Assets **33** | 9.9 | | | | • | • | 12.3 | 12.7 | 11.0 | 9.0 | 8.8 | 9.6 |
| Return on Equity **34** | • | | | | • | • | • | • | • | • | 33.0 | 37.2 |
| Return Before Interest on Equity **35** | • | | | | • | • | • | • | • | • | • | • |
| Profit Margin, Before Income Tax **36** | • | | | | • | • | • | • | • | • | • | • |
| Profit Margin, After Income Tax **37** | • | | | | • | • | • | • | • | • | • | • |

**Trends in Selected Ratios and Factors, 1986-1994**

| | 1986 | 1987 | 1988 | 1989 | 1990 | 1991 | 1992 | 1993 | 1994 |
|---|---|---|---|---|---|---|---|---|---|
| Cost of Operations (%) **38** | 0.2 | 1.9 | 0.9 | 0.9 | 1.3 | 1.6 | 1.8 | 1.8 | 1.1 |
| Operating Margin (%) **39** | 3.8 | 4.1 | 4.3 | 6.4 | 9.1 | 8.9 | 8.4 | 7.1 | 19.0 |
| Oper. Margin Before Officers Comp. (%) **40** | 5.6 | 5.4 | 5.4 | 7.5 | 10.1 | 10.0 | 9.6 | 8.3 | 19.9 |
| Average Net Receivables ($) **41** | 2138 | 12895 | 5446 | 12197 | 13217 | 23964 | 19549 | 24586 | 41632 |
| Average Inventories ($) **42** | 20 | 127 | 80 | 145 | 297 | 255 | 379 | 371 | 251 |
| Average Net Worth ($) **43** | 3519 | 6535 | 7791 | 12181 | 14535 | 18138 | 22196 | 22110 | 20777 |
| Current Ratio (x1) **44** | 0.2 | 0.2 | 0.2 | 0.2 | 0.2 | 0.2 | 0.2 | 0.2 | 0.2 |
| Quick Ratio (x1) **45** | 0.2 | 0.2 | 0.2 | 0.2 | 0.2 | 0.2 | 0.2 | 0.2 | 0.2 |
| Coverage Ratio (x1) **46** | 1.1 | 1.1 | 1.1 | 1.1 | 1.1 | 1.1 | 1.1 | 1.1 | 1.4 |
| Asset Turnover (x1) **47** | 0.1 | 0.1 | 0.1 | 0.1 | 0.1 | 0.1 | 0.1 | 0.1 | 0.1 |
| Operating Leverage **48** | • | 1.1 | 1.1 | 1.5 | 1.4 | 1.0 | 1.0 | 0.9 | 2.7 |
| Financial Leverage **49** | • | 1.2 | 1.1 | 1.6 | 1.5 | 1.0 | 1.0 | 0.8 | 3.2 |
| Total Leverage **50** | • | 1.3 | 1.1 | 2.4 | 2.1 | 1.0 | 1.0 | 0.7 | 8.5 |

## Table I

Corporations with and without Net Income

# PERSONAL CREDIT INSTITUTIONS

**MONEY AMOUNTS AND SIZE OF ASSETS IN THOUSANDS OF DOLLARS**

| Item Description for Accounting Period 7/90 Through 6/91 | Total | Zero Assets | Under 100 | 100 to 250 | 251 to 500 | 501 to 1,000 | 1,001 to 5,000 | 5,001 to 10,000 | 10,001 to 25,000 | 25,001 to 50,000 | 50,001 to 100,000 | 100,001 to 250,000 | 250,001 and over |
|---|---|---|---|---|---|---|---|---|---|---|---|---|---|
| Number of Enterprises 1 | 2702 | 22 | 254 | 670 | 613 | 458 | 520 | 83 | 42 | 19 | 3 | 6 | 12 |
| **Revenues ($ in Thousands)** | | | | | | | | | | | | | |
| Net Sales 2 | 6338 | 148 | • | 75 | 110 | 52 | 162 | 88 | 77 | 170 | 32 | 40 | 5384 |
| Portfolio Income 3 | 11682 | 13 | • | • | 31 | 18 | 83 | 25 | 43 | 42 | 24 | 104 | 11300 |
| Other Revenues 4 | 2826 | 1 | • | • | 12 | 16 | 24 | 28 | 22 | 49 | 7 | 26 | 2642 |
| Total Revenues 5 | 20846 | 161 | • | 75 | 152 | 85 | 269 | 142 | 142 | 261 | 63 | 170 | 19326 |
| Average Total Revenues 6 | 7715 | 7327 | • | 111 | 249 | 187 | 518 | 1706 | 3371 | 13726 | 21131 | 28292 | 1610527 |
| **Operating Costs/Operating Income (%)** | | | | | | | | | | | | | |
| Cost of Operations 7 | 5.2 | • | • | • | • | • | 0.9 | • | 0.3 | • | 2.1 | 0.6 | 5.6 |
| Rent 8 | 1.9 | 0.3 | • | 1.6 | 3.3 | 3.5 | 2.4 | 1.6 | 2.8 | 7.0 | 1.5 | 2.2 | 1.8 |
| Taxes Paid 9 | 1.4 | 0.4 | • | 2.1 | 4.3 | 4.3 | 3.0 | 2.1 | 2.9 | 2.5 | 2.4 | 3.5 | 1.3 |
| Interest Paid 10 | 49.9 | 4.5 | • | 5.4 | 9.4 | 11.1 | 28.7 | 25.6 | 24.5 | 15.4 | 24.1 | 31.8 | 52.3 |
| Depreciation, Depletion, Amortization 11 | 5.4 | 1.1 | • | 2.6 | 3.1 | 2.0 | 1.6 | 1.9 | 4.0 | 3.9 | 1.3 | 5.2 | 5.6 |
| Pensions and Other Benefits 12 | 0.7 | 0.2 | • | • | 1.7 | 1.5 | 0.8 | 1.0 | 2.2 | 2.9 | 1.0 | 0.8 | 0.6 |
| Other 13 | 30.2 | 93.6 | • | 55.2 | 60.7 | 62.9 | 50.5 | 44.8 | 56.1 | 50.1 | 55.5 | 47.5 | 28.1 |
| Officers Compensation 14 | 0.8 | 0.8 | • | 0.8 | 10.3 | 3.0 | 7.7 | 18.2 | 9.1 | 7.3 | 3.6 | 2.1 | 0.3 |
| Operating Margin 15 | 4.7 | • | • | 32.2 | 7.4 | 11.8 | 4.6 | 5.0 | • | 11.0 | 8.6 | 6.4 | 4.5 |
| Oper. Margin Before Officers Compensation 16 | 5.4 | • | • | 33.0 | 17.7 | 14.7 | 12.3 | 23.1 | 7.2 | 18.2 | 12.2 | 8.5 | 4.8 |
| **Selected Average Balance Sheet ($ in Thousands)** | | | | | | | | | | | | | |
| Net Receivables 17 | 19368 | • | • | 109 | 231 | 431 | 1620 | 5355 | 11590 | 26776 | 41044 | 107782 | 4072279 |
| Inventories 18 | 868 | • | • | • | • | • | • | 1 | 56 | • | • | 62 | 195177 |
| Net Property, Plant and Equipment 19 | 1084 | • | • | 5 | 37 | 30 | 93 | 175 | 354 | 2920 | 862 | 1285 | 228755 |
| Total Assets 20 | 45171 | 1 | • | 148 | 385 | 737 | 2088 | 6583 | 15043 | 35185 | 71358 | 176149 | 9764542 |

| | | | | | | | | | | | | |
|---|---|---|---|---|---|---|---|---|---|---|---|---|
| Notes and Loans Payable **21** | 27596 | • | 0 | 64 | 154 | 255 | 1259 | 4468 | 9079 | 16293 | 57671 | 96295 | 5987028 |
| All Other Liabilities **22** | 9700 | • | • | 18 | 64 | 47 | 275 | 1191 | 2541 | 13511 | 3816 | 56426 | 2098462 |
| Net Worth **23** | 7874 | • | 0 | 67 | 167 | 435 | 554 | 924 | 3423 | 5381 | 9872 | 23428 | 1679051 |

**Selected Financial Ratios (Times to 1)**

| | | | | | | | | | | | | |
|---|---|---|---|---|---|---|---|---|---|---|---|---|
| Current Ratio **24** | 1.3 | • | 3.2 | 7.4 | 4.5 | 2.0 | 1.9 | 1.7 | 2.0 | 1.2 | 1.5 | 1.3 |
| Quick Ratio **25** | 1.1 | • | 2.7 | 7.3 | 4.5 | 2.0 | 1.8 | 1.6 | 2.0 | 1.2 | 1.4 | 1.1 |
| Net Sales to Working Capital **26** | 1.4 | • | 1.1 | 0.9 | 0.4 | 0.6 | 0.6 | 0.6 | 0.9 | 3.8 | 0.7 | 1.5 |
| Coverage Ratio **27** | 1.1 | 0.8 | 6.9 | 1.8 | 2.1 | 1.2 | 1.2 | 0.9 | 1.7 | 1.4 | 1.2 | 1.1 |
| Total Asset Turnover **28** | 0.2 | • | 0.8 | 0.7 | 0.3 | 0.3 | 0.3 | 0.2 | 0.4 | 0.3 | 0.2 | 0.2 |
| Inventory Turnover **29** | • | • | • | • | • | • | • | • | • | • | • | • |
| Receivables Turnover **30** | • | • | • | • | • | • | • | • | • | • | • | • |
| Total Liabilities to Net Worth **31** | 4.7 | • | 0.1 | 1.2 | 1.3 | 0.7 | 2.8 | 6.1 | 3.4 | 5.5 | 6.2 | 6.5 | 4.8 |

**Selected Financial Factors (in Percentages)**

| | | | | | | | | | | | | |
|---|---|---|---|---|---|---|---|---|---|---|---|---|
| Debt Ratio **32** | 82.6 | • | 7.1 | 55.0 | 56.7 | 41.0 | 73.5 | 86.0 | 77.3 | 84.7 | 86.2 | 86.7 | 82.8 |
| Return on Assets **33** | 9.3 | • | • | 28.2 | 10.8 | 5.8 | 8.3 | 7.9 | 5.1 | 10.3 | 9.7 | 6.1 | 9.4 |
| Return on Equity **34** | 3.2 | • | • | • | 8.3 | 4.4 | 3.1 | • | • | 24.6 | 13.8 | 5.1 | 3.0 |
| Return Before Interest on Equity **35** | • | • | • | 25.0 | • | 9.8 | 31.1 | • | 22.2 | • | • | • | • |
| Profit Margin, Before Income Tax **36** | • | • | • | • | • | • | • | • | • | • | • | • |
| Profit Margin, After Income Tax **37** | • | • | • | • | • | • | • | • | • | • | • | • |

**Trends in Selected Ratios and Factors, 1986-1994**

| | 1986 | 1987 | 1988 | 1989 | 1990 | 1991 | 1992 | 1993 | 1994 |
|---|---|---|---|---|---|---|---|---|---|
| Cost of Operations (%) **38** | 21.6 | 24.2 | 20.8 | 15.6 | 2.5 | 4.9 | 2.6 | 8.6 | 5.2 |
| Operating Margin (%) **39** | • | 4.5 | 4.5 | 3.3 | • | 9.3 | 5.7 | 3.6 | 4.7 |
| Oper. Margin Before Officers Comp. (%) **40** | 1.4 | 6.1 | 6.0 | 6.3 | 2.1 | 11.5 | 8.4 | 4.6 | 5.4 |
| Average Net Receivables ($) **41** | 3208 | 4824 | 7047 | 3327 | 3891 | 4456 | 5016 | 13623 | 19368 |
| Average Inventories ($) **42** | 132 | 132 | 201 | 49 | 13 | 3 | 3 | 42 | 868 |
| Average Net Worth ($) **43** | 919 | 1368 | 1826 | 676 | 851 | 1500 | 1569 | 6025 | 7874 |
| Current Ratio (x1) **44** | 1.6 | 2.5 | 2.0 | 1.7 | 1.6 | 2.3 | 2.0 | 1.2 | 1.3 |
| Quick Ratio (x1) **45** | 1.5 | 2.3 | 1.8 | 1.7 | 1.5 | 1.9 | 1.6 | 1.0 | 1.1 |
| Coverage Ratio (x1) **46** | 1.0 | 1.2 | 1.1 | 1.1 | 1.0 | 1.3 | 1.2 | 1.1 | 1.1 |
| Asset Turnover (x1) **47** | 0.3 | 0.3 | 0.3 | 0.3 | 0.2 | 0.2 | 0.2 | 0.1 | 0.2 |
| Total Liabilities/Net Worth (x1) **48** | 6.3 | 5.2 | 5.8 | 5.9 | 5.9 | 4.8 | 4.6 | 4.5 | 4.7 |
| Return on Assets (x1) **49** | 10.5 | 9.7 | 9.7 | 10.4 | 9.4 | 10.4 | 9.7 | 6.2 | 9.3 |
| Return on Equity (%) **50** | • | 5.4 | 4.8 | 3.7 | • | 10.5 | 5.3 | 1.7 | 3.2 |

# Table II

Corporations with Net Income

## PERSONAL CREDIT INSTITUTIONS

### MONEY AMOUNTS AND SIZE OF ASSETS IN THOUSANDS OF DOLLARS

| Item Description for Accounting Period 7/90 Through 6/91 | Total | Zero Assets | Under 100 | 100 to 250 | 251 to 500 | 501 to 1,000 | 1,001 to 5,000 | 5,001 to 10,000 | 10,001 to 25,000 | 25,001 to 50,000 | 50,001 to 100,000 | 100,001 to 250,000 | 250,001 and over |
|---|---|---|---|---|---|---|---|---|---|---|---|---|---|
| Number of Enterprises **1** | 1897 | • | • | 503 | • | 350 | 413 | 61 | 29 | 15 | • | • | • |
| **Revenues ($ in Thousands)** | | | | | | | | | | | | | |
| Net Sales **2** | 5957 | • | • | 73 | • | 46 | 119 | 60 | 64 | 63 | • | • | • |
| Portfolio Income **3** | 11566 | • | • | • | • | 10 | 77 | 18 | 34 | 52 | • | • | • |
| Other Revenues **4** | 2788 | • | • | • | • | 14 | 23 | 27 | 9 | 37 | • | • | • |
| Total Revenues **5** | 20311 | • | • | 73 | • | 70 | 219 | 105 | 107 | 152 | • | • | • |
| Average Total Revenues **6** | 10707 | • | • | 144 | • | 201 | 530 | 1724 | 3699 | 10103 | • | • | • |
| **Operating Costs/Operating Income (%)** | | | | | | | | | | | | | |
| Cost of Operations **7** | 5.4 | • | • | • | • | • | • | • | • | 0.9 | • | • | • |
| Rent **8** | 1.9 | • | • | 1.6 | • | 2.9 | 1.9 | 1.2 | 1.8 | 1.5 | • | • | • |
| Taxes Paid **9** | 1.4 | • | • | 1.9 | • | 4.5 | 3.0 | 2.2 | 2.9 | 2.7 | • | • | • |
| Interest Paid **10** | 50.5 | • | • | 5.3 | • | 7.9 | 23.8 | 18.1 | 25.4 | 24.9 | • | • | • |
| Depreciation, Depletion, Amortization **11** | 5.5 | • | • | 2.5 | • | 2.4 | 1.1 | 1.5 | 4.7 | 4.2 | • | • | • |
| Pensions and Other Benefits **12** | 0.6 | • | • | • | • | • | 0.9 | 1.0 | 1.9 | 0.7 | • | • | • |
| Other **13** | 29.2 | • | • | 54.4 | • | 59.8 | 47.1 | 37.9 | 38.5 | 36.4 | • | • | • |
| Officers Compensation **14** | 0.7 | • | • | • | • | 2.9 | 8.4 | 22.2 | 7.9 | 3.9 | • | • | • |
| Operating Margin **15** | 5.1 | • | • | 34.3 | • | 19.7 | 13.9 | 15.9 | 17.0 | 24.9 | • | • | • |
| Oper. Margin Before Officers Compensation **16** | 5.7 | • | • | 34.3 | • | 22.6 | 22.3 | 38.1 | 24.9 | 28.8 | • | • | • |
| **Selected Average Balance Sheet ($ in Thousands)** | | | | | | | | | | | | | |
| Net Receivables **17** | 26873 | • | • | 145 | • | 455 | 1702 | 5007 | 13109 | 28587 | • | • | • |
| Inventories **18** | 1235 | • | • | • | • | • | • | 1 | • | • | • | • | • |
| Net Property, Plant and Equipment **19** | 1494 | • | • | 1 | • | 38 | 41 | 219 | 199 | 1420 | • | • | • |
| Total Assets **20** | 63401 | • | • | 158 | • | 762 | 2089 | 6418 | 14385 | 38694 | • | • | • |

| | | | | | | | |
|---|---|---|---|---|---|---|---|
| Notes and Loans Payable 21 | 38636 | 49 | 244 | 1152 | 3867 | 8474 | 19927 |
| All Other Liabilities 22 | 13641 | 20 | 54 | 295 | 1364 | 2339 | 11825 |
| Net Worth 23 | 11124 | 89 | 464 | 642 | 1186 | 3572 | 6942 |

## Selected Financial Ratios (Times to 1)

| | | | | | | | |
|---|---|---|---|---|---|---|---|
| Current Ratio 24 | 1.3 | 7.9 | 3.9 | 2.0 | 2.1 | 1.7 | 1.8 |
| Quick Ratio 25 | 1.1 | 7.9 | 3.9 | 2.0 | 2.1 | 1.7 | 1.8 |
| Net Sales to Working Capital 26 | 1.4 | 1.1 | 0.5 | 0.6 | 0.6 | 0.7 | 0.8 |
| Coverage Ratio 27 | 1.1 | 7.5 | 3.5 | 1.6 | 1.9 | 1.7 | 2.0 |
| Total Asset Turnover 28 | 0.2 | 0.9 | 0.3 | 0.3 | 0.3 | 0.3 | 0.3 |
| Inventory Turnover 29 | • | • | • | • | • | • | • |
| Receivables Turnover 30 | • | • | • | • | • | • | • |
| Total Liabilities to Net Worth 31 | 4.7 | 0.8 | 0.7 | 2.3 | 4.4 | 3.0 | 4.6 |

## Selected Financial Factors (in Percentages)

| | | | | | | | |
|---|---|---|---|---|---|---|---|
| Debt Ratio 32 | 82.5 | 43.8 | 39.1 | 69.3 | 81.5 | 75.2 | 82.1 |
| Return on Assets 33 | 9.4 | 36.2 | 7.3 | 9.6 | 9.1 | 10.9 | 13.0 |
| Return on Equity 34 | 3.5 | | 7.7 | 10.1 | 16.6 | 13.2 | 31.9 |
| Return Before Interest on Equity 35 | • | • | 12.0 | 31.1 | • | • | • |
| Profit Margin, Before Income Tax 36 | • | • | • | • | • | • | • |
| Profit Margin, After Income Tax 37 | • | • | • | • | • | • | • |

## Trends in Selected Ratios and Factors, 1986-1994

| | 1986 | 1987 | 1988 | 1989 | 1990 | 1991 | 1992 | 1993 | 1994 |
|---|---|---|---|---|---|---|---|---|---|
| Cost of Operations (%) 38 | 6.5 | 23.9 | 21.1 | 16.6 | 5.7 | 5.2 | 2.7 | 8.8 | 5.4 |
| Operating Margin (%) 39 | 6.4 | 5.4 | 5.1 | 5.2 | 14.2 | 11.1 | 7.9 | 4.1 | 5.1 |
| Oper. Margin Before Officers Comp. (%) 40 | 8.6 | 6.7 | 6.4 | 8.0 | 20.2 | 13.3 | 10.5 | 5.2 | 5.7 |
| Average Net Receivables ($) 41 | 3393 | 7965 | 10454 | 3834 | 1640 | 4836 | 5711 | 23447 | 26873 |
| Average Inventories ($) 42 | 7 | 222 | 305 | 64 | 16 | 0 | 1 | 74 | 1235 |
| Average Net Worth ($) 43 | 942 | 2241 | 2720 | 852 | 466 | 1635 | 1801 | 10646 | 11124 |
| Current Ratio (x1) 44 | 1.3 | 2.7 | 2.1 | 1.8 | 1.6 | 2.4 | 2.0 | 1.2 | 1.3 |
| Quick Ratio (x1) 45 | 1.3 | 2.6 | 2.0 | 1.7 | 1.4 | 2.0 | 1.6 | 1.0 | 1.1 |
| Coverage Ratio (x1) 46 | 1.1 | 1.2 | 1.2 | 1.2 | 1.7 | 1.4 | 1.2 | 1.1 | 1.1 |
| Asset Turnover (x1) 47 | 0.1 | 0.3 | 0.3 | 0.3 | 0.3 | 0.2 | 0.2 | 0.1 | 0.2 |
| Operating Leverage 48 | • | 0.9 | 1.0 | 1.0 | 2.7 | 0.8 | 0.7 | 0.5 | 1.2 |
| Financial Leverage 49 | • | 1.5 | 0.8 | 1.1 | 3.3 | 0.7 | 0.7 | 0.5 | 1.1 |
| Total Leverage 50 | • | 1.3 | 0.8 | 1.1 | 8.8 | 0.5 | 0.5 | 0.2 | 1.3 |

## Table I

Corporations with and without Net Income

# BUSINESS CREDIT INSTITUTIONS

### MONEY AMOUNTS AND SIZE OF ASSETS IN THOUSANDS OF DOLLARS

| Item Description for Accounting Period 7/90 Through 6/91 | Total | Zero Assets | Under 100 | 100 to 250 | 251 to 500 | 501 to 1,000 | 1,001 to 5,000 | 5,001 to 10,000 | 10,001 to 25,000 | 25,001 to 50,000 | 50,001 to 100,000 | 100,001 to 250,000 | 250,001 and over |
|---|---|---|---|---|---|---|---|---|---|---|---|---|---|
| Number of Enterprises **1** | 1470 | 24 | 765 | 3 | 84 | 179 | 133 | 84 | 66 | 21 | 26 | 20 | 65 |

**Revenues ($ in Thousands)**

| | Total | Zero Assets | Under 100 | 100 to 250 | 251 to 500 | 501 to 1,000 | 1,001 to 5,000 | 5,001 to 10,000 | 10,001 to 25,000 | 25,001 to 50,000 | 50,001 to 100,000 | 100,001 to 250,000 | 250,001 and over |
|---|---|---|---|---|---|---|---|---|---|---|---|---|---|
| Net Sales **2** | 687 | 3 | 61 | • | 3 | 7 | 56 | 87 | 88 | 14 | 40 | 46 | 281 |
| Portfolio Income **3** | 7829 | 21 | 13 | 1 | 1 | 7 | 12 | 16 | 83 | 42 | 135 | 177 | 7320 |
| Other Revenues **4** | 1262 | 15 | 0 | • | 0 | 6 | 24 | 3 | 32 | 62 | 12 | 93 | 1016 |
| Total Revenues **5** | 9777 | 39 | 75 | 1 | 4 | 20 | 92 | 106 | 203 | 118 | 187 | 316 | 8617 |
| Average Total Revenues **6** | 6651 | 1628 | 98 | 361 | 49 | 112 | 691 | 1264 | 3070 | 5613 | 7186 | 15792 | 132571 |

**Operating Costs/Operating Income (%)**

| | Total | Zero Assets | Under 100 | 100 to 250 | 251 to 500 | 501 to 1,000 | 1,001 to 5,000 | 5,001 to 10,000 | 10,001 to 25,000 | 25,001 to 50,000 | 50,001 to 100,000 | 100,001 to 250,000 | 250,001 and over |
|---|---|---|---|---|---|---|---|---|---|---|---|---|---|
| Cost of Operations **7** | 0.6 | 1.2 | 23.5 | • | • | 7.3 | 1.5 | 1.2 | 3.6 | • | • | 0.1 | 0.3 |
| Rent **8** | 0.8 | 0.4 | 5.7 | 0.7 | • | • | 1.6 | 1.7 | 1.6 | 9.7 | 0.7 | 1.8 | 0.6 |
| Taxes Paid **9** | 1.1 | 2.0 | 4.8 | 0.1 | 7.1 | 1.2 | 1.8 | 1.6 | 1.3 | 0.5 | 1.0 | 1.0 | 1.0 |
| Interest Paid **10** | 70.2 | 55.5 | 17.8 | 95.4 | 0.8 | 13.0 | 21.3 | 36.6 | 47.7 | 55.2 | 62.9 | 54.5 | 73.3 |
| Depreciation, Depletion, Amortization **11** | 8.1 | 8.2 | 1.3 | • | 0.8 | 1.4 | 16.4 | 1.5 | 10.3 | 6.2 | 2.0 | 17.1 | 7.9 |
| Pensions and Other Benefits **12** | 0.4 | 2.8 | • | • | • | • | 1.9 | 0.7 | 0.9 | 0.3 | 1.1 | 0.6 | 0.4 |
| Other **13** | 14.6 | 27.9 | 41.1 | 10.3 | 19.5 | 44.8 | 38.3 | 52.6 | 32.3 | 51.2 | 23.8 | 13.5 | 12.5 |
| Officers Compensation **14** | 1.2 | 2.2 | • | • | • | 5.8 | 12.8 | 7.1 | 5.1 | 3.6 | 4.6 | 3.6 | 0.7 |
| Operating Margin **15** | 3.1 | • | 5.9 | • | 71.9 | 26.5 | 4.4 | • | • | • | 4.0 | 7.9 | 3.4 |
| Oper. Margin Before Officers Compensation **16** | 4.3 | 2.1 | 5.9 | • | 71.9 | 32.3 | 17.3 | 4.3 | 2.4 | • | 8.6 | 11.4 | 4.1 |

**Selected Average Balance Sheet ($ in Thousands)**

| | Total | Zero Assets | Under 100 | 100 to 250 | 251 to 500 | 501 to 1,000 | 1,001 to 5,000 | 5,001 to 10,000 | 10,001 to 25,000 | 25,001 to 50,000 | 50,001 to 100,000 | 100,001 to 250,000 | 250,001 and over |
|---|---|---|---|---|---|---|---|---|---|---|---|---|---|
| Net Receivables **17** | 38040 | • | 0 | 3 | 301 | 158 | 1406 | 5030 | 9368 | 17871 | 56760 | 108886 | 778592 |
| Inventories **18** | 0 | • | • | • | • | • | • | • | • | • | • | 2 | 2 |
| Net Property, Plant and Equipment **19** | 491 | • | 7 | 0 | 5 | 117 | 522 | 33 | 252 | 2527 | 443 | 2574 | 7550 |
| Total Assets **20** | 66011 | • | 10 | 209 | 458 | 624 | 2480 | 7328 | 17974 | 35393 | 73753 | 146073 | 1371737 |

| Notes and Loans Payable | 21 | 52275 | 2 | • | 4 | 122 | 1832 | 5040 | 9671 | 28357 | 46274 | 119822 | 1097231 |
|---|---|---|---|---|---|---|---|---|---|---|---|---|---|
| All Other Liabilities | 22 | 11282 | 1 | • | 57 | 143 | 99 | 506 | 4128 | 4487 | 20340 | 22248 | 233182 |
| Net Worth | 23 | 2454 | 7 | 209 | 397 | 549 | 1782 | 4175 | 2549 | 7139 | 4003 | 41324 | |

## Selected Financial Ratios (Times to 1)

| | | | | | | | | | | | | | |
|---|---|---|---|---|---|---|---|---|---|---|---|---|---|
| Current Ratio | 24 | 1.1 | • | 2.1 | • | 7.6 | 3.1 | 1.4 | 1.8 | 1.4 | 1.0 | 1.6 | 1.3 | 1.1 |
| Quick Ratio | 25 | 0.9 | • | 1.7 | • | 7.6 | 3.1 | 1.3 | 1.7 | 1.3 | 0.9 | 1.4 | 1.1 | 0.9 |
| Net Sales to Working Capital | 26 | 1.3 | • | • | 3.8 | 0.1 | 0.4 | 1.4 | 0.5 | 1.1 | 17.4 | 0.3 | 0.6 | 1.5 |
| Coverage Ratio | 27 | 1.1 | 1.0 | 1.3 | 0.9 | • | 3.0 | 1.2 | 0.9 | 0.9 | 0.5 | 1.1 | 1.2 | 1.1 |
| Total Asset Turnover | 28 | 0.1 | • | 9.6 | 1.7 | 0.1 | 0.2 | 0.3 | 0.2 | 0.2 | 0.2 | 0.1 | 0.1 | 0.1 |
| Inventory Turnover | 29 | • | • | • | • | • | • | • | • | • | • | • | • | • |
| Receivables Turnover | 30 | • | • | • | • | • | • | • | • | • | • | • | • | • |
| Total Liabilities to Net Worth | 31 | 25.9 | 0.6 | 0.7 | 3.5 | 3.1 | 3.3 | 12.9 | 9.3 | 35.5 | 32.2 | | | |

## Selected Financial Factors (in Percentages)

| | | | | | | | | | | | | | |
|---|---|---|---|---|---|---|---|---|---|---|---|---|---|---|
| Debt Ratio | 32 | 96.3 | • | 35.5 | • | 13.3 | 42.4 | 77.9 | 75.7 | 76.8 | 92.8 | 90.3 | 97.3 | 97.0 |
| Return on Assets | 33 | 7.4 | • | • | • | 7.8 | 7.1 | 7.2 | 5.8 | 7.6 | 4.6 | 6.5 | 6.8 | 7.4 |
| Return on Equity | 34 | 4.7 | • | • | • | 7.5 | 7.3 | 4.8 | • | • | • | 2.1 | 23.5 | 6.7 |
| Return Before Interest on Equity | 35 | • | • | • | • | 9.0 | 12.3 | 32.4 | 24.0 | 32.7 | • | • | • | |
| Profit Margin, Before Income Tax | 36 | • | • | • | • | • | • | • | • | • | • | • | • | |
| Profit Margin, After Income Tax | 37 | • | • | • | • | • | • | • | • | • | • | • | • | |

## Trends in Selected Ratios and Factors, 1986-1994

| | | 1986 | 1987 | 1988 | 1989 | 1990 | 1991 | 1992 | 1993 | 1994 |
|---|---|---|---|---|---|---|---|---|---|---|
| Cost of Operations (%) | 38 | 3.6 | 1.7 | 1.5 | 7.4 | 6.2 | 8.6 | 3.3 | 1.7 | 0.6 |
| Operating Margin (%) | 39 | 1.1 | • | • | • | • | 4.6 | 6.4 | 2.2 | 3.1 |
| Oper. Margin Before Officers Comp. (%) | 40 | 3.1 | 1.1 | • | • | • | 7.1 | 8.2 | 3.4 | 4.3 |
| Average Net Receivables  ($) | 41 | 11116 | 8468 | 9156 | 14796 | 9100 | 11881 | 13614 | 22285 | 38040 |
| Average Inventories  ($) | 42 | 8 | 7 | 8 | 41 | 8 | 28 | 14 | 5 | 0 |
| Average Net Worth  ($) | 43 | 1346 | 969 | 1026 | 1235 | 793 | 832 | 926 | 1489 | 2454 |
| Current Ratio (×1) | 44 | 1.3 | 1.2 | 1.3 | 1.1 | 1.2 | 1.0 | 1.1 | 1.1 | 1.1 |
| Quick Ratio (×1) | 45 | 1.2 | 1.0 | 1.0 | 1.1 | 1.2 | 0.9 | 1.1 | 1.0 | 0.9 |
| Coverage Ratio (×1) | 46 | 1.0 | 1.0 | 0.9 | 1.0 | 1.0 | 1.1 | 1.1 | 1.0 | 1.1 |
| Asset Turnover (×1) | 47 | 0.1 | 0.1 | 0.2 | 0.1 | 0.1 | 0.1 | 0.1 | 0.1 | 0.1 |
| Total Liabilities/Net Worth (×1) | 48 | 11.2 | 13.3 | 13.0 | 18.3 | 17.6 | 25.9 | 20.2 | 22.1 | 25.9 |
| Return on Assets (×1) | 49 | 8.9 | 7.3 | 8.4 | 6.9 | 7.2 | 6.6 | 6.3 | 7.7 | 7.4 |
| Return on Equity (%) | 50 | • | • | • | • | • | 9.5 | 9.9 | 3.1 | 4.7 |

## Table II

Corporations with Net Income

# BUSINESS CREDIT INSTITUTIONS

### MONEY AMOUNTS AND SIZE OF ASSETS IN THOUSANDS OF DOLLARS

| Item Description for Accounting Period 7/90 Through 6/91 | | Total | Zero Assets | Under 100 | 100 to 250 | 251 to 500 | 501 to 1,000 | 1,001 to 5,000 | 5,001 to 10,000 | 10,001 to 25,000 | 25,001 to 50,000 | 50,001 to 100,000 | 100,001 to 250,000 | 250,001 and over |
|---|---|---|---|---|---|---|---|---|---|---|---|---|---|---|
| Number of Enterprises | 1 | 765 | 10 | 254 | • | 84 | 134 | 99 | 53 | 40 | 6 | 18 | 14 | 52 |
| **Revenues ($ in Thousands)** | | | | | | | | | | | | | | |
| Net Sales | 2 | 543 | 3 | 13 | • | 3 | 7 | 50 | 62 | 45 | 9 | 30 | 44 | 275 |
| Portfolio Income | 3 | 6712 | 21 | • | • | 1 | 5 | 12 | 9 | 32 | 8 | 99 | 126 | 6400 |
| Other Revenues | 4 | 1182 | 15 | • | • | 0 | 6 | 23 | 3 | 15 | 6 | 10 | 93 | 1012 |
| Total Revenues | 5 | 8437 | 38 | 13 | • | 4 | 18 | 86 | 74 | 92 | 24 | 139 | 262 | 7686 |
| Average Total Revenues | 6 | 11029 | 3833 | 50 | • | 49 | 137 | 867 | 1398 | 2293 | 3976 | 7727 | 18750 | 147816 |
| **Operating Costs/Operating Income (%)** | | | | | | | | | | | | | | |
| Cost of Operations | 7 | 0.5 | 1.2 | • | • | • | 7.9 | 1.6 | 1.7 | 7.9 | • | • | 0.1 | 0.3 |
| Rent | 8 | 0.8 | 0.4 | 13.6 | • | • | • | 1.7 | 1.6 | 1.7 | 0.5 | 0.5 | 2.2 | 0.7 |
| Taxes Paid | 9 | 1.2 | 1.7 | 0.7 | • | 7.1 | 1.3 | 1.9 | 1.5 | 1.7 | 1.3 | 1.1 | 1.1 | 1.2 |
| Interest Paid | 10 | 68.5 | 54.4 | • | • | 0.8 | 14.2 | 18.7 | 32.7 | 34.8 | 60.1 | 62.2 | 46.0 | 71.1 |
| Depreciation, Depletion, Amortization | 11 | 9.0 | 7.6 | 0.6 | • | 0.8 | 1.6 | 17.3 | 1.4 | 1.5 | 0.2 | 0.5 | 20.6 | 8.9 |
| Pensions and Other Benefits | 12 | 0.5 | 2.9 | • | • | • | • | 2.0 | 0.6 | 0.7 | 0.4 | 1.4 | 0.8 | 0.4 |
| Other | 13 | 13.7 | 26.9 | 37.9 | • | 19.5 | 39.7 | 36.5 | 26.2 | 18.9 | 12.7 | 18.3 | 15.4 | 13.0 |
| Officers Compensation | 14 | 1.2 | 2.3 | • | • | • | 6.3 | 13.7 | 6.8 | 6.0 | 4.1 | 3.4 | 4.3 | 0.8 |
| Operating Margin | 15 | 4.8 | 2.8 | 47.4 | • | 71.9 | 29.0 | 6.7 | 27.6 | 27.0 | 20.6 | 12.9 | 9.7 | 3.8 |
| Oper. Margin Before Officers Compensation | 16 | 6.0 | 5.0 | 47.4 | • | 71.9 | 35.3 | 20.4 | 34.4 | 33.0 | 24.7 | 16.2 | 14.0 | 4.6 |
| **Selected Average Balance Sheet ($ in Thousands)** | | | | | | | | | | | | | | |
| Net Receivables | 17 | 66691 | • | • | • | 301 | 211 | 1328 | 6262 | 9526 | 29535 | 60388 | 116993 | 908050 |
| Inventories | 18 | 0 | • | • | • | • | • | • | • | • | • | • | 2 | 3 |
| Net Property, Plant and Equipment | 19 | 828 | • | 0 | • | 5 | 156 | 689 | 19 | 242 | 91 | 567 | 3647 | 9069 |
| Total Assets | 20 | 102271 | • | 3 | • | 458 | 654 | 2687 | 7393 | 17841 | 43913 | 74063 | 151591 | 1404227 |

| | | | | | | | | | | | | |
|---|---|---|---|---|---|---|---|---|---|---|---|---|
| Notes and Loans Payable 21 | 77327 | • | • | 4 | 154 | 1828 | 4831 | 31961 | 9232 | 44134 | 111638 | 1072674 |
| All Other Liabilities 22 | 20405 | • | • | 57 | 191 | 130 | 606 | 4424 | 3081 | 20522 | 30221 | 280614 |
| Net Worth 23 | 4539 | 3 | • | 397 | 308 | 730 | 1956 | 7528 | 5528 | 9407 | 9732 | 50940 |

**Selected Financial Ratios (Times to 1)**

| | | | | | | | | | | | | |
|---|---|---|---|---|---|---|---|---|---|---|---|---|
| Current Ratio 24 | 1.1 | • | • | 7.6 | 2.6 | 1.5 | 2.2 | 1.3 | 0.9 | 1.6 | 1.3 | 1.1 |
| Quick Ratio 25 | 1.0 | • | • | 7.6 | 2.6 | 1.4 | 2.2 | 1.1 | 0.9 | 1.5 | 1.2 | 1.0 |
| Net Sales to Working Capital 26 | 1.5 | • | 23.0 | 0.1 | 0.5 | 0.5 | 1.4 | 0.4 | • | 0.3 | 0.7 | 1.7 |
| Coverage Ratio 27 | 1.1 | 1.1 | • | • | 3.1 | 1.4 | 1.9 | 1.8 | 1.4 | 1.2 | 1.2 | 1.1 |
| Total Asset Turnover 28 | 0.1 | • | • | 0.1 | 0.2 | 0.3 | 0.2 | 0.1 | 0.1 | 0.1 | 0.1 | 0.1 |
| Inventory Turnover 29 | • | • | • | • | • | • | • | • | • | • | • | • |
| Receivables Turnover 30 | • | • | • | • | • | • | • | • | • | • | • | • |
| Total Liabilities to Net Worth 31 | 21.5 | • | • | 0.2 | 1.1 | 2.7 | 2.8 | 2.2 | 4.8 | 6.9 | 14.6 | 26.6 |

**Selected Financial Factors (in Percentages)**

| | | | | | | | | | | | | |
|---|---|---|---|---|---|---|---|---|---|---|---|---|
| Debt Ratio 32 | 95.6 | • | • | 13.3 | 52.9 | 72.9 | 73.5 | 69.0 | 82.9 | 87.3 | 93.6 | 96.4 |
| Return on Assets 33 | 7.9 | • | • | 7.8 | 9.1 | 8.2 | 11.4 | 7.8 | 7.3 | 7.8 | 6.9 | 7.9 |
| Return on Equity 34 | 8.0 | • | • | 7.5 | 11.4 | 7.1 | 19.2 | 7.9 | 10.9 | 8.9 | 14.2 | 6.8 |
| Return Before Interest on Equity 35 | • | • | • | 9.0 | 19.2 | 30.1 | 25.2 | • | • | • | • | • |
| Profit Margin, Before Income Tax 36 | • | • | • | • | • | • | • | • | • | • | • | • |
| Profit Margin, After Income Tax 37 | • | • | • | • | • | • | • | • | • | • | • | • |

**Trends in Selected Ratios and Factors, 1986-1994**

| | 1986 | 1987 | 1988 | 1989 | 1990 | 1991 | 1992 | 1993 | 1994 |
|---|---|---|---|---|---|---|---|---|---|
| Cost of Operations (%) 38 | 4.4 | 1.2 | 1.2 | 6.5 | 9.6 | 9.5 | 2.7 | 2.5 | 0.5 |
| Operating Margin (%) 39 | 7.0 | 8.0 | 9.8 | 6.2 | 5.6 | 7.4 | 11.5 | 7.7 | 4.8 |
| Oper. Margin Before Officers Comp. (%) 40 | 9.6 | 10.9 | 12.2 | 7.6 | 7.0 | 9.9 | 13.5 | 9.6 | 6.0 |
| Average Net Receivables ($) 41 | 6428 | 4596 | 13393 | 19593 | 13799 | 11270 | 14605 | 21853 | 66691 |
| Average Inventories ($) 42 | 2 | 3 | 5 | 52 | 14 | 20 | 9 | 8 | 0 |
| Average Net Worth ($) 43 | 1312 | 699 | 1448 | 2007 | 916 | 1067 | 1280 | 1386 | 4539 |
| Current Ratio (x1) 44 | 1.1 | 1.2 | 1.2 | 1.1 | 1.1 | 1.0 | 1.1 | 1.1 | 1.1 |
| Quick Ratio (x1) 45 | 1.1 | 0.9 | 0.9 | 1.1 | 1.1 | 0.9 | 1.1 | 1.0 | 1.0 |
| Coverage Ratio (x1) 46 | 1.1 | 1.1 | 1.2 | 1.1 | 1.1 | 1.1 | 1.2 | 1.1 | 1.1 |
| Asset Turnover (x1) 47 | 0.1 | 0.1 | 0.1 | 0.1 | 0.1 | 0.1 | 0.1 | 0.1 | 0.1 |
| Operating Leverage 48 | • | 1.1 | 1.2 | 0.6 | 0.9 | 1.3 | 1.6 | 0.7 | 0.6 |
| Financial Leverage 49 | • | 1.2 | 1.1 | 0.9 | 0.8 | 1.5 | 1.5 | 0.6 | 0.6 |
| Total Leverage 50 | • | 1.4 | 1.4 | 0.6 | 0.8 | 2.0 | 2.3 | 0.4 | 0.4 |

# Table I

Corporations with and without Net Income

## OTHER CREDIT AGENCIES

### MONEY AMOUNTS AND SIZE OF ASSETS IN THOUSANDS OF DOLLARS

| Item Description for Accounting Period 7/90 Through 6/91 | Total | Zero Assets | Under 100 | 100 to 250 | 251 to 500 | 501 to 1,000 | 1,001 to 5,000 | 5,001 to 10,000 | 10,001 to 25,000 | 25,001 to 50,000 | 50,001 to 100,000 | 100,001 to 250,000 | 250,001 and over |
|---|---|---|---|---|---|---|---|---|---|---|---|---|---|
| Number of Enterprises **1** | 14484 | 1291 | 7702 | 1602 | 1187 | 705 | 1119 | 311 | 182 | 123 | 112 | 73 | 78 |
| **Revenues ($ in Thousands)** | | | | | | | | | | | | | |
| Net Sales **2** | 59939 | 19 | 197 | 413 | 202 | 297 | 1025 | 412 | 383 | 999 | 314 | 357 | 55321 |
| Portfolio Income **3** | 34620 | 68 | 15 | 21 | 36 | 30 | 116 | 218 | 149 | 180 | 617 | 866 | 32306 |
| Other Revenues **4** | 3005 | 8 | 19 | 4 | 36 | 4 | 78 | 58 | 94 | 157 | 130 | 210 | 2209 |
| Total Revenues **5** | 97565 | 95 | 232 | 437 | 274 | 330 | 1218 | 688 | 626 | 1335 | 1061 | 1433 | 89835 |
| Average Total Revenues **6** | 6736 | 73 | 30 | 273 | 231 | 469 | 1089 | 2213 | 3438 | 10855 | 9473 | 19634 | 1151733 |
| **Operating Costs/Operating Income (%)** | | | | | | | | | | | | | |
| Cost of Operations **7** | 41.8 | 4.9 | 12.4 | 7.3 | • | 25.4 | 21.6 | 1.8 | 3.0 | 42.8 | 1.2 | 3.5 | 44.2 |
| Rent **8** | 0.8 | 3.0 | 6.2 | 2.2 | 8.0 | 2.0 | 3.7 | 3.2 | 2.9 | 1.9 | 1.6 | 1.0 | 0.6 |
| Taxes Paid **9** | 0.6 | 2.8 | 2.9 | 3.9 | 3.8 | 2.7 | 2.6 | 2.3 | 2.4 | 1.7 | 2.3 | 1.3 | 0.5 |
| Interest Paid **10** | 29.7 | 70.9 | 6.2 | 4.1 | 8.9 | 7.0 | 11.3 | 32.0 | 27.6 | 18.9 | 50.4 | 58.1 | 29.7 |
| Depreciation, Depletion, Amortization **11** | 1.0 | 7.1 | 3.1 | 2.1 | 0.9 | 1.9 | 2.7 | 4.5 | 4.5 | 4.7 | 2.9 | 3.7 | 0.7 |
| Pensions and Other Benefits **12** | 0.5 | 0.2 | 0.4 | 3.0 | 3.0 | 1.3 | 0.7 | 1.3 | 1.7 | 1.2 | 1.2 | 0.9 | 0.5 |
| Other **13** | 20.0 | 17.0 | 61.4 | 50.3 | 69.8 | 48.7 | 50.2 | 43.5 | 46.9 | 28.4 | 32.1 | 22.9 | 18.4 |
| Officers Compensation **14** | 0.9 | 1.5 | 12.6 | 30.7 | 8.3 | 17.3 | 6.0 | 7.6 | 6.6 | 2.5 | 3.8 | 1.7 | 0.4 |
| Operating Margin **15** | 4.8 | • | • | • | • | 1.4 | • | 3.9 | 4.5 | • | 4.5 | 7.1 | 5.1 |
| Oper. Margin Before Officers Compensation **16** | 5.7 | • | 7.6 | 27.2 | 5.5 | 11.2 | 7.4 | 11.5 | 11.1 | 0.5 | 8.3 | 8.7 | 5.4 |
| **Selected Average Balance Sheet ($ in Thousands)** | | | | | | | | | | | | | |
| Net Receivables **17** | 7526 | • | 3 | 7 | 44 | 119 | 804 | 2669 | 6553 | 15719 | 44810 | 69288 | 1203883 |
| Inventories **18** | 24 | • | • | • | • | 52 | 23 | 171 | 499 | 450 | 407 | 166 | 355 |
| Net Property, Plant and Equipment **19** | 362 | • | 6 | 22 | 22 | 41 | 148 | 439 | 750 | 1770 | 835 | 4905 | 51320 |
| Total Assets **20** | 33308 | • | 17 | 172 | 373 | 688 | 2131 | 7216 | 16232 | 35594 | 71129 | 154195 | 5768174 |

| | | | | | | | | | | | | |
|---|---|---|---|---|---|---|---|---|---|---|---|---|
| Notes and Loans Payable **21** | 20142 | 10 | 132 | 207 | 330 | 1543 | 4667 | 12325 | 25876 | 53079 | 112585 | 3438373 |
| All Other Liabilities **22** | 10364 | 0 | 115 | 101 | 120 | 1708 | 1338 | 1771 | 6198 | 10498 | 28970 | 1833491 |
| Net Worth **23** | 2803 | 6 | -75 | 65 | 239 | -1119 | 1211 | 2136 | 3521 | 7552 | 12639 | 496310 |

## Selected Financial Ratios (Times to 1)

| | | | | | | | | | | | | |
|---|---|---|---|---|---|---|---|---|---|---|---|---|
| Current Ratio **24** | 1.0 | 4.3 | 0.5 | 0.9 | 1.8 | 0.8 | 1.1 | 1.1 | 1.0 | 1.1 | 0.9 | 1.0 |
| Quick Ratio **25** | 0.8 | 4.3 | 0.4 | 0.8 | 1.2 | 0.7 | 0.9 | 0.9 | 0.8 | 1.0 | 0.8 | 0.8 |
| Net Sales to Working Capital **26** | • | 6.0 | • | • | 3.2 | • | 5.5 | 3.5 | 23.2 | 2.5 | • | • |
| Coverage Ratio **27** | 1.2 | 0.2 | 0.1 | 0.7 | 0.1 | 1.1 | 1.1 | 1.2 | 0.9 | 1.1 | 1.1 | 1.2 |
| Total Asset Turnover **28** | 0.2 | 1.8 | 1.6 | 0.6 | 0.7 | 0.5 | 0.3 | 0.2 | 0.3 | 0.1 | 0.1 | 0.2 |
| Inventory Turnover **29** | • | • | • | • | • | • | • | • | • | • | • | • |
| Receivables Turnover **30** | • | • | • | • | • | • | • | • | • | • | • | • |
| Total Liabilities to Net Worth **31** | 10.9 | 1.7 | • | 4.7 | 1.9 | • | 5.0 | 6.6 | 9.1 | 8.4 | 11.2 | 10.6 |

## Selected Financial Factors (in Percentages)

| | | | | | | | | | | | | |
|---|---|---|---|---|---|---|---|---|---|---|---|---|
| Debt Ratio **32** | 91.6 | 63.1 | • | 82.5 | 65.3 | • | 83.2 | 86.9 | 90.1 | 89.4 | 91.8 | 91.4 |
| Return on Assets **33** | 7.0 | 2.0 | 0.8 | 3.8 | 0.6 | 6.4 | 11.0 | 6.7 | 5.1 | 7.3 | 8.3 | 6.9 |
| Return on Equity **34** | 7.6 | • | 14.8 | • | • | • | 6.3 | 4.3 | • | 3.1 | 7.6 | 7.8 |
| Return Before Interest on Equity **35** | • | 5.5 | • | 21.7 | 1.6 | • | • | • | • | • | • | • |
| Profit Margin, Before Income Tax **36** | • | • | • | • | • | • | • | • | • | • | • | • |
| Profit Margin, After Income Tax **37** | • | • | • | • | • | • | • | • | • | • | • | • |

## Trends in Selected Ratios and Factors, 1986-1994

| | 1986 | 1987 | 1988 | 1989 | 1990 | 1991 | 1992 | 1993 | 1994 |
|---|---|---|---|---|---|---|---|---|---|
| Cost of Operations (%) **38** | 6.8 | 6.8 | 4.9 | 6.4 | 58.4 | 55.7 | 58.1 | 43.5 | 41.8 |
| Operating Margin (%) **39** | • | 1.9 | • | 0.6 | 0.3 | 2.4 | 2.6 | 5.0 | 4.8 |
| Oper. Margin Before Officers Comp. (%) **40** | 1.4 | 4.3 | 1.4 | 2.3 | 1.2 | 3.6 | 3.4 | 6.0 | 5.7 |
| Average Net Receivables ($) **41** | 1303 | 1592 | 3296 | 3388 | 3742 | 4168 | 3739 | 4129 | 7526 |
| Average Inventories ($) **42** | 15 | 10 | 24 | 31 | 35 | 33 | 45 | 13 | 24 |
| Average Net Worth ($) **43** | 480 | 527 | 1548 | 1326 | 1643 | 1761 | 1458 | 1649 | 2803 |
| Current Ratio (x1) **44** | 0.8 | 0.8 | 0.8 | 0.7 | 0.7 | 0.8 | 0.8 | 0.9 | 1.0 |
| Quick Ratio (x1) **45** | 0.7 | 0.7 | 0.7 | 0.7 | 0.6 | 0.6 | 0.7 | 0.7 | 0.8 |
| Coverage Ratio (x1) **46** | 1.0 | 1.0 | 1.0 | 1.0 | 1.0 | 1.1 | 1.1 | 1.2 | 1.2 |
| Asset Turnover (x1) **47** | 0.2 | 0.1 | 0.2 | 0.2 | 0.3 | 0.3 | 0.3 | 0.2 | 0.2 |
| Total Liabilities/Net Worth (x1) **48** | 9.7 | 10.7 | 7.7 | 9.6 | 9.5 | 9.9 | 11.0 | 10.8 | 10.9 |
| Return on Assets (x1) **49** | 10.5 | 9.3 | 7.0 | 6.8 | 6.8 | 5.9 | 7.3 | 8.4 | 7.0 |
| Return on Equity (%) **50** | • | 1.6 | • | • | • | 2.2 | 4.6 | 8.7 | 7.6 |

## Table II

Corporations with Net Income

## OTHER CREDIT AGENCIES

### MONEY AMOUNTS AND SIZE OF ASSETS IN THOUSANDS OF DOLLARS

| Item Description for Accounting Period 7/90 Through 6/91 | Total | Zero Assets | Under 100 | 100 to 250 | 251 to 500 | 501 to 1,000 | 1,001 to 5,000 | 5,001 to 10,000 | 10,001 to 25,000 | 25,001 to 50,000 | 50,001 to 100,000 | 100,001 to 250,000 | 250,001 and over |
|---|---|---|---|---|---|---|---|---|---|---|---|---|---|
| Number of Enterprises **1** | 5951 | 287 | 2485 | 975 | 552 | 354 | 740 | 173 | 114 | 76 | 85 | 53 | 57 |
| **Revenues ($ in Thousands)** | | | | | | | | | | | | | |
| Net Sales **2** | 58001 | 4 | 165 | 299 | 117 | 285 | 765 | 267 | 275 | 826 | 242 | 205 | 54551 |
| Portfolio Income **3** | 32654 | 68 | 12 | 12 | 30 | 13 | 83 | 75 | 96 | 122 | 486 | 642 | 31016 |
| Other Revenues **4** | 2621 | 7 | 2 | 2 | 31 | 3 | 33 | 35 | 63 | 88 | 92 | 177 | 2089 |
| Total Revenues **5** | 93276 | 79 | 179 | 313 | 178 | 301 | 881 | 377 | 433 | 1036 | 819 | 1024 | 87656 |
| Average Total Revenues **6** | 15674 | 275 | 72 | 321 | 322 | 849 | 1190 | 2179 | 3800 | 13635 | 9641 | 19321 | 1537829 |
| **Operating Costs/Operating Income (%)** | | | | | | | | | | | | | |
| Cost of Operations **7** | 43.2 | • | 14.8 | 10.2 | • | 27.9 | 29.5 | 0.4 | 3.8 | 53.7 | 1.4 | 4.9 | 44.8 |
| Rent **8** | 0.7 | 0.4 | 5.1 | 2.6 | 4.3 | 1.7 | 2.9 | 4.3 | 1.9 | 1.3 | 1.2 | 0.9 | 0.6 |
| Taxes Paid **9** | 0.6 | 1.4 | 1.7 | 2.3 | 3.8 | 2.7 | 2.1 | 2.4 | 2.3 | 1.1 | 2.3 | 1.4 | 0.5 |
| Interest Paid **10** | 28.9 | 79.0 | 6.5 | 0.3 | 10.9 | 3.1 | 9.7 | 17.5 | 23.2 | 14.8 | 50.0 | 54.5 | 29.1 |
| Depreciation, Depletion, Amortization **11** | 0.8 | 7.6 | 1.3 | 2.0 | 0.5 | 1.7 | 3.2 | 6.7 | 4.4 | 2.9 | 2.8 | 1.8 | 0.7 |
| Pensions and Other Benefits **12** | 0.5 | • | 0.3 | 4.1 | 2.4 | 1.2 | 0.8 | 1.5 | 1.4 | 0.9 | 1.2 | 1.2 | 0.5 |
| Other **13** | 19.1 | 7.5 | 48.8 | 30.7 | 54.0 | 39.4 | 34.7 | 44.2 | 41.7 | 17.5 | 25.3 | 22.6 | 18.4 |
| Officers Compensation **14** | 0.7 | 0.8 | 12.2 | 38.4 | 8.3 | 17.9 | 6.0 | 9.1 | 5.7 | 2.1 | 3.9 | 1.9 | 0.3 |
| Operating Margin **15** | 5.5 | 3.3 | 9.2 | 9.5 | 15.8 | 4.6 | 11.2 | 14.1 | 15.8 | 5.8 | 12.0 | 11.0 | 5.2 |
| Oper. Margin Before Officers Compensation **16** | 6.3 | 4.1 | 21.4 | 47.9 | 24.1 | 22.5 | 17.2 | 23.2 | 21.5 | 7.9 | 15.9 | 12.8 | 5.5 |
| **Selected Average Balance Sheet ($ in Thousands)** | | | | | | | | | | | | | |
| Net Receivables **17** | 16973 | • | 4 | 11 | 80 | 105 | 856 | 2589 | 7525 | 20474 | 51754 | 79798 | 1557606 |
| Inventories **18** | 13 | • | • | • | • | 103 | 25 | 1 | 76 | 0 | 1 | 228 | 0 |
| Net Property, Plant and Equipment **19** | 710 | • | 4 | 22 | 8 | 59 | 118 | 492 | 666 | 980 | 586 | 2418 | 64300 |
| Total Assets **20** | 76518 | | 20 | 182 | 362 | 725 | 2208 | 7096 | 16381 | 35234 | 70566 | 151321 | 7600914 |

|  |  |  |  |  |  |  |  |  |  |  |  |  |
|---|---|---|---|---|---|---|---|---|---|---|---|---|
| Notes and Loans Payable 21 | 45277 | 5 | 59 | 301 | 381 | 1417 | 3653 | 10900 | 23489 | 52033 | 103161 | 4464431 |
| All Other Liabilities 22 | 24304 | 1 | 77 | 115 | 80 | 298 | 1395 | 1551 | 6458 | 9846 | 32400 | 2469878 |
| Net Worth 23 | 6937 | 14 | 45 | -54 | 263 | 492 | 2048 | 3930 | 5287 | 8686 | 15760 | 666605 |

**Selected Financial Ratios (Times to 1)**

|  |  |  |  |  |  |  |  |  |  |  |  |  |
|---|---|---|---|---|---|---|---|---|---|---|---|---|
| Current Ratio 24 | 1.0 | • | 1.1 | 0.8 | 1.4 | 1.4 | 1.2 | 1.2 | 1.1 | 1.1 | 1.0 | 1.0 |
| Quick Ratio 25 | 0.8 | • | 1.0 | 0.7 | 0.8 | 1.2 | 1.0 | 1.0 | 0.9 | 1.1 | 0.9 | 0.8 |
| Net Sales to Working Capital 26 | • | 12.7 | • | • | 8.3 | 3.2 | 3.6 | 2.3 | 4.8 | 1.4 | • | • |
| Coverage Ratio 27 | 1.2 | 2.4 | • | 2.5 | 2.5 | 2.2 | 1.8 | 1.7 | 1.4 | 1.2 | 1.2 | 1.2 |
| Total Asset Turnover 28 | 0.2 | 3.7 | 1.8 | 0.9 | 1.2 | 0.5 | 0.3 | 0.2 | 0.4 | 0.1 | 0.1 | 0.2 |
| Inventory Turnover 29 | • | • | • | • | • | • | • | • | • | • | • | • |
| Receivables Turnover 30 | • | • | • | • | • | • | • | • | • | • | • | • |
| Total Liabilities to Net Worth 31 | 10.0 | 0.4 | 3.0 | • | 1.8 | 3.5 | 2.5 | 3.2 | 5.7 | 7.1 | 8.6 | 10.4 |

**Selected Financial Factors (in Percentages)**

|  |  |  |  |  |  |  |  |  |  |  |  |  |
|---|---|---|---|---|---|---|---|---|---|---|---|---|
| Debt Ratio 32 | 90.9 | 27.7 | 75.1 | • | 63.7 | 77.7 | 71.1 | 76.0 | 85.0 | 87.7 | 89.6 | 91.2 |
| Return on Assets 33 | 7.1 | • | 17.3 | 23.7 | 9.0 | 11.2 | 9.7 | 8.9 | 8.0 | 8.5 | 8.4 | 6.9 |
| Return on Equity 34 | 8.7 | • | • | • | 13.9 | 24.4 | 14.1 | 12.7 | 12.6 | 10.4 | 9.8 | 8.2 |
| Return Before Interest on Equity 35 | • | • | • | • | 24.8 | 33.6 | • | • | • | • | • | • |
| Profit Margin, Before Income Tax 36 | • | • | • | • | • | • | • | • | • | • | • | • |
| Profit Margin, After Income Tax 37 | • | • | • | • | • | • | • | • | • | • | • | • |

**Trends in Selected Ratios and Factors, 1986-1994**

|  | 1986 | 1987 | 1988 | 1989 | 1990 | 1991 | 1992 | 1993 | 1994 |
|---|---|---|---|---|---|---|---|---|---|
| Cost of Operations (%) 38 | 6.8 | 5.3 | 2.9 | 5.4 | 69.5 | 59.0 | 60.4 | 44.2 | 43.2 |
| Operating Margin (%) 39 | 8.8 | 6.0 | 4.8 | 6.4 | 1.9 | 4.3 | 4.0 | 6.2 | 5.5 |
| Oper. Margin Before Officers Comp. (%) 40 | 12.3 | 8.2 | 6.6 | 8.5 | 2.6 | 5.1 | 4.7 | 6.9 | 6.3 |
| Average Net Receivables ($) 41 | 1805 | 1974 | 4841 | 4885 | 5339 | 8047 | 7922 | 7058 | 16973 |
| Average Inventories ($) 42 | 26 | 10 | 25 | 40 | 47 | 12 | 39 | 15 | 13 |
| Average Net Worth ($) 43 | 664 | 723 | 2426 | 2166 | 2423 | 3549 | 3381 | 3110 | 6937 |
| Current Ratio (x1) 44 | 1.4 | 0.6 | 1.2 | 0.9 | 0.9 | 0.7 | 0.8 | 0.9 | 1.0 |
| Quick Ratio (x1) 45 | 1.3 | 0.6 | 1.1 | 0.8 | 0.7 | 0.6 | 0.6 | 0.7 | 0.8 |
| Coverage Ratio (x1) 46 | 1.2 | 1.1 | 1.2 | 1.2 | 1.2 | 1.2 | 1.2 | 1.2 | 1.2 |
| Asset Turnover (x1) 47 | 0.2 | 0.1 | 0.2 | 0.2 | 0.5 | 0.3 | 0.3 | 0.2 | 0.2 |
| Operating Leverage 48 | • | 0.7 | 0.8 | 1.3 | 0.3 | 2.3 | 1.0 | 1.5 | 0.9 |
| Financial Leverage 49 | • | 0.6 | 1.9 | 1.0 | 0.9 | 1.0 | 1.1 | 1.1 | 1.0 |
| Total Leverage 50 | • | 0.4 | 1.6 | 1.3 | 0.3 | 2.2 | 1.0 | 1.6 | 0.9 |

## Table I

Corporations with and without Net Income

# SECURITY BROKERS, DEALERS, AND FLOTATION COMPANIES

MONEY AMOUNTS AND SIZE OF ASSETS IN THOUSANDS OF DOLLARS

| Item Description for Accounting Period 7/90 Through 6/91 | Total | Zero Assets | Under 100 | 100 to 250 | 251 to 500 | 501 to 1,000 | 1,001 to 5,000 | 5,001 to 10,000 | 10,001 to 25,000 | 25,001 to 50,000 | 50,001 to 100,000 | 100,001 to 250,000 | 250,001 and over |
|---|---|---|---|---|---|---|---|---|---|---|---|---|---|
| Number of Enterprises **1** | 8735 | 655 | 5838 | 311 | 534 | 555 | 473 | 86 | 98 | 45 | 42 | 30 | 68 |
| **Revenues ($ in Thousands)** | | | | | | | | | | | | | |
| Net Sales **2** | 30004 | 2645 | 479 | 191 | 610 | 373 | 1482 | 680 | 454 | 828 | 2229 | 818 | 19216 |
| Portfolio Income **3** | 29254 | 3874 | 24 | 1 | 4 | 174 | 48 | 21 | 51 | 107 | 197 | 270 | 24482 |
| Other Revenues **4** | 3676 | 188 | 33 | 7 | 57 | 180 | 258 | 48 | 119 | 26 | 154 | 129 | 2477 |
| Total Revenues **5** | 62934 | 6707 | 536 | 198 | 672 | 727 | 1788 | 748 | 624 | 961 | 2580 | 1217 | 46175 |
| Average Total Revenues **6** | 7205 | 10240 | 92 | 638 | 1258 | 1309 | 3780 | 8701 | 6367 | 21365 | 61437 | 40573 | 679044 |
| **Operating Costs/Operating Income (%)** | | | | | | | | | | | | | |
| Cost of Operations **7** | 5.3 | 0.1 | 0.1 | 34.8 | 38.4 | 0.2 | 36.1 | 5.8 | 1.7 | 1.7 | 57.9 | 9.7 | 1.4 |
| Rent **8** | 2.8 | 3.3 | 4.0 | 1.8 | 5.2 | 4.0 | 2.2 | 4.1 | 4.4 | 2.2 | 1.8 | 3.0 | 2.6 |
| Taxes Paid **9** | 2.0 | 1.9 | 2.3 | 3.5 | 2.9 | 2.3 | 1.3 | 3.0 | 5.6 | 0.9 | 1.5 | 2.4 | 2.0 |
| Interest Paid **10** | 41.1 | 54.0 | 2.5 | 0.7 | 1.5 | 2.8 | 1.7 | 1.3 | 3.6 | 5.2 | 4.8 | 16.4 | 47.1 |
| Depreciation, Depletion, Amortization **11** | 1.5 | 1.5 | 0.4 | • | 1.3 | 0.9 | 0.7 | 1.0 | 2.8 | 0.7 | 1.3 | 3.4 | 1.5 |
| Pensions and Other Benefits **12** | 1.4 | 1.9 | 2.1 | 3.0 | 1.0 | 2.1 | 0.7 | 1.3 | 2.5 | 0.7 | 1.7 | 2.3 | 1.3 |
| Other **13** | 39.3 | 34.9 | 65.3 | 58.7 | 29.3 | 60.3 | 41.5 | 58.2 | 63.7 | 87.4 | 25.5 | 50.5 | 38.2 |
| Officers Compensation **14** | 3.8 | 2.8 | 22.1 | 7.7 | 15.9 | 33.9 | 17.4 | 20.1 | 13.3 | 5.0 | 5.1 | 9.1 | 1.9 |
| Operating Margin **15** | 3.0 | • | 1.2 | • | 4.6 | • | • | 5.4 | 2.4 | • | 0.4 | 3.2 | 4.0 |
| Oper. Margin Before Officers Compensation **16** | 6.7 | 2.5 | 23.3 | • | 20.4 | 27.7 | 15.9 | 25.4 | 15.7 | 1.1 | 5.6 | 12.3 | 5.9 |
| **Selected Average Balance Sheet ($ in Thousands)** | | | | | | | | | | | | | |
| Net Receivables **17** | 10356 | • | 3 | 20 | 75 | 60 | 520 | 1179 | 2806 | 8669 | 20770 | 61021 | 1274197 |
| Inventories **18** | 150 | • | • | • | 12 | 17 | • | • | 71 | 1330 | 1233 | 11674 | 12185 |
| Net Property, Plant and Equipment **19** | 356 | • | 1 | 1 | 38 | 56 | 186 | 226 | 593 | 457 | 2266 | 5180 | 38517 |
| Total Assets **20** | 42740 | • | 17 | 163 | 357 | 729 | 2522 | 7234 | 15428 | 36067 | 70135 | 165973 | 5289884 |

## Selected Financial Ratios (Times to 1)

| | | | | | | | | | | | | |
|---|---:|---:|---:|---:|---:|---:|---:|---:|---:|---:|---:|---:|
| Notes and Loans Payable 21 | 5314 | 19 | 38 | 54 | 241 | 758 | 1056 | 3679 | 8450 | 10390 | 42769 | 635618 |
| All Other Liabilities 22 | 35363 | 4 | 23 | 42 | 132 | 849 | 3399 | 7198 | 20223 | 35278 | 89862 | 4445261 |
| Net Worth 23 | 2063 | -7 | 102 | 262 | 355 | 915 | 2779 | 4551 | 7394 | 24466 | 33342 | 209005 |
| Current Ratio 24 | 0.9 | 1.2 | 1.2 | 4.8 | 2.4 | 1.8 | 1.8 | 1.2 | 1.0 | 1.1 | 1.1 | 0.9 |
| Quick Ratio 25 | 0.4 | 1.1 | 1.0 | 4.4 | 1.7 | 1.0 | 1.0 | 0.8 | 0.7 | 0.8 | 0.7 | 0.4 |
| Net Sales to Working Capital 26 | • | 37.9 | • | 5.9 | 5.3 | 5.6 | 4.1 | 4.7 | • | 22.6 | 7.8 | • |
| Coverage Ratio 27 | 1.1 | 1.5 | 1.0 | 4.1 | • | 1.5 | 4.6 | 1.2 | 0.2 | 1.1 | 1.2 | 1.1 |
| Total Asset Turnover 28 | 0.2 | 5.5 | 3.9 | 3.5 | 1.8 | 1.5 | 1.2 | 0.4 | 0.6 | 0.9 | 0.3 | 0.1 |
| Inventory Turnover 29 | • | • | • | • | • | • | • | • | • | • | • | • |
| Receivables Turnover 30 | • | • | • | • | • | • | • | • | • | • | • | • |
| Total Liabilities to Net Worth 31 | 19.7 | • | 0.6 | 0.4 | 1.1 | 1.8 | 1.6 | 2.4 | 3.9 | 1.9 | 4.0 | 24.3 |

## Selected Financial Factors (in Percentages)

| | | | | | | | | | | | | |
|---|---:|---:|---:|---:|---:|---:|---:|---:|---:|---:|---:|---:|
| Debt Ratio 32 | 95.2 | • | 37.6 | 26.7 | 51.3 | 63.7 | 61.6 | 70.5 | 79.5 | 65.1 | 79.9 | 96.1 |
| Return on Assets 33 | 7.4 | 20.5 | • | 21.2 | • | • | 7.3 | 1.8 | 0.5 | 4.4 | 4.6 | 6.6 |
| Return on Equity 34 | 6.5 | • | • | 21.5 | • | • | 10.2 | • | • | • | 1.1 | 9.3 |
| Return Before Interest on Equity 35 | • | • | • | 29.0 | • | • | 19.0 | 6.0 | 2.6 | 12.7 | • | 22.9 |
| Profit Margin, Before Income Tax 36 | • | • | • | • | • | • | • | • | • | • | • | • |
| Profit Margin, After Income Tax 37 | • | • | • | • | • | • | • | • | • | • | • | • |

## Trends in Selected Ratios and Factors, 1986–1994

| | 1986 | 1987 | 1988 | 1989 | 1990 | 1991 | 1992 | 1993 | 1994 |
|---|---:|---:|---:|---:|---:|---:|---:|---:|---:|
| Cost of Operations (%) 38 | 7.7 | 7.0 | 8.4 | 1.0 | 5.1 | 10.1 | 9.1 | 2.6 | 5.3 |
| Operating Margin (%) 39 | 6.2 | 5.2 | 0.3 | 4.6 | 7.6 | 1.7 | 1.5 | 0.8 | 3.0 |
| Oper. Margin Before Officers Comp. (%) 40 | 12.0 | 12.2 | 6.7 | 11.3 | 13.4 | 8.1 | 7.3 | 5.2 | 6.7 |
| Average Net Receivables ($) 41 | 9944 | 11540 | 10990 | 14296 | 14697 | 11711 | 14516 | 14438 | 10356 |
| Average Inventories ($) 42 | 254 | 23 | 108 | 207 | 48 | 3367 | 167 | 13 | 150 |
| Average Net Worth ($) 43 | 1586 | 1920 | 1826 | 2416 | 2860 | 2283 | 2268 | 2468 | 2063 |
| Current Ratio (×1) 44 | 0.9 | 0.8 | 0.8 | 0.9 | 0.9 | 0.9 | 0.9 | 0.8 | 0.9 |
| Quick Ratio (×1) 45 | 0.5 | 0.6 | 0.6 | 0.6 | 0.5 | 0.5 | 0.5 | 0.5 | 0.4 |
| Coverage Ratio (×1) 46 | 1.2 | 1.2 | 1.0 | 1.2 | 1.3 | 1.1 | 1.0 | 1.0 | 1.1 |
| Asset Turnover (×1) 47 | 0.2 | 0.2 | 0.2 | 0.1 | 0.1 | 0.1 | 0.1 | 0.1 | 0.2 |
| Total Liabilities/Net Worth (×1) 48 | 16.5 | 14.9 | 14.4 | 16.0 | 15.3 | 17.2 | 20.2 | 18.8 | 19.7 |
| Return on Assets (×1) 49 | 6.6 | 5.2 | 4.3 | 3.6 | 4.1 | 3.4 | 4.0 | 5.9 | 7.4 |
| Return on Equity (%) 50 | 9.5 | 6.6 | • | 4.2 | 9.0 | • | • | • | 6.5 |

## Table II

Corporations with Net Income

# SECURITY BROKERS, DEALERS, AND FLOTATION COMPANIES

### MONEY AMOUNTS AND SIZE OF ASSETS IN THOUSANDS OF DOLLARS

| Item Description for Accounting Period 7/90 Through 6/91 | | Total | Zero Assets | Under 100 | 100 to 250 | 251 to 500 | 501 to 1,000 | 1,001 to 5,000 | 5,001 to 10,000 | 10,001 to 25,000 | 25,001 to 50,000 | 50,001 to 100,000 | 100,001 to 250,000 | 250,001 and over |
|---|---|---|---|---|---|---|---|---|---|---|---|---|---|---|
| Number of Enterprises | 1 | 3748 | 418 | 2078 | 18 | 534 | 230 | 236 | 54 | 61 | 29 | 26 | 18 | 45 |
| **Revenues ($ in Thousands)** | | | | | | | | | | | | | | |
| Net Sales | 2 | 22393 | 18 | 164 | * | 610 | 289 | 1111 | 457 | 380 | 726 | 2032 | 572 | 16034 |
| Portfolio Income | 3 | 15326 | 5 | 23 | 0 | 4 | 64 | 42 | 16 | 40 | 90 | 80 | 156 | 14806 |
| Other Revenues | 4 | 2409 | 67 | 18 | 7 | 57 | 163 | 72 | 19 | 57 | 9 | 124 | 98 | 1718 |
| Total Revenues | 5 | 40128 | 90 | 205 | 7 | 672 | 516 | 1225 | 492 | 477 | 825 | 2235 | 826 | 32559 |
| Average Total Revenues | 6 | 10707 | 216 | 98 | 392 | 1258 | 2244 | 5190 | 9115 | 7819 | 28440 | 85973 | 45868 | 723528 |
| **Operating Costs/Operating Income (%)** | | | | | | | | | | | | | | |
| Cost of Operations | 7 | 7.9 | 7.0 | * | * | 38.4 | * | 52.7 | 8.8 | 2.3 | 0.5 | 65.0 | 13.3 | 2.0 |
| Rent | 8 | 2.7 | 3.4 | 1.7 | 1.0 | 5.2 | 3.8 | 1.2 | 2.9 | 4.1 | 1.2 | 1.4 | 2.6 | 2.8 |
| Taxes Paid | 9 | 1.6 | 3.6 | 3.5 | 0.6 | 2.9 | 2.7 | 1.0 | 3.4 | 3.3 | 0.7 | 1.3 | 2.5 | 1.6 |
| Interest Paid | 10 | 32.3 | 0.2 | 6.2 | 1.9 | 1.5 | 2.0 | 1.4 | 0.9 | 2.4 | 4.0 | 1.4 | 12.5 | 39.1 |
| Depreciation, Depletion, Amortization | 11 | 1.6 | 0.6 | 0.3 | 0.8 | 1.3 | 0.9 | 0.4 | 1.2 | 3.1 | 0.5 | 0.9 | 4.0 | 1.7 |
| Pensions and Other Benefits | 12 | 1.5 | 0.8 | 3.6 | 2.9 | 1.0 | 1.8 | 0.6 | 1.7 | 2.5 | 0.6 | 1.4 | 2.3 | 1.5 |
| Other | 13 | 42.1 | 51.1 | 27.8 | 73.9 | 29.3 | 59.0 | 32.1 | 42.8 | 53.6 | 86.1 | 20.4 | 45.3 | 42.6 |
| Officers Compensation | 14 | 3.3 | 9.1 | 28.5 | 11.2 | 15.9 | 25.5 | 5.4 | 25.7 | 14.0 | 3.5 | 3.1 | 8.0 | 1.9 |
| Operating Margin | 15 | 7.0 | 24.3 | 28.5 | 7.7 | 4.6 | 4.4 | 5.5 | 12.7 | 14.9 | 3.1 | 5.3 | 9.7 | 7.0 |
| Oper. Margin Before Officers Compensation | 16 | 10.4 | 33.4 | 56.9 | 18.9 | 20.4 | 29.9 | 10.9 | 38.4 | 28.9 | 6.6 | 8.3 | 17.7 | 8.8 |
| **Selected Average Balance Sheet ($ in Thousands)** | | | | | | | | | | | | | | |
| Net Receivables | 17 | 18220 | * | 5 | * | 75 | 118 | 495 | 1616 | 3430 | 9062 | 20206 | 52969 | 1467938 |
| Inventories | 18 | 283 | * | * | * | * | 30 | 34 | * | 115 | 1482 | 1074 | 11626 | 16883 |
| Net Property, Plant and Equipment | 19 | 629 | * | 0 | 19 | 38 | 75 | 106 | 299 | 837 | 402 | 2764 | 5229 | 45542 |
| Total Assets | 20 | 67291 | * | 18 | 215 | 357 | 754 | 2694 | 7325 | 14886 | 37096 | 68510 | 161275 | 5424513 |

| | | | | | | | | | | | | |
|---|---|---|---|---|---|---|---|---|---|---|---|---|
| Notes and Loans Payable 21 | 8831 | • | 12 | 49 | 54 | 98 | 356 | 595 | 2547 | 10045 | 8252 | 44465 | 698731 |
| All Other Liabilities 22 | 54819 | • | 9 | 21 | 42 | 185 | 1156 | 2945 | 6604 | 20406 | 35225 | 84603 | 478089 |
| Net Worth 23 | 3642 | • | -2 | 145 | 262 | 471 | 1182 | 3785 | 5735 | 6645 | 25033 | 32208 | 247693 |

**Selected Financial Ratios (Times to 1)**

| | | | | | | | | | | | | | |
|---|---|---|---|---|---|---|---|---|---|---|---|---|---|
| Current Ratio 24 | 1.0 | 18.4 | • | 5.1 | 4.8 | 2.2 | 1.6 | 2.0 | 1.1 | 0.9 | 1.1 | 0.8 | 1.0 |
| Quick Ratio 25 | 0.4 | 17.9 | • | • | 4.4 | 1.6 | 1.3 | 1.5 | 0.9 | 0.6 | 0.9 | 0.5 | 0.4 |
| Net Sales to Working Capital 26 | • | 6.0 | • | 4.6 | 5.9 | 8.0 | 9.2 | 4.6 | 7.5 | • | 17.9 | • | • |
| Coverage Ratio 27 | 1.2 | 5.6 | • | 5.1 | 4.1 | 3.2 | 4.8 | 14.3 | 6.5 | 1.7 | 4.7 | 1.7 | 1.2 |
| Total Asset Turnover 28 | 0.2 | 5.4 | • | 1.8 | 3.5 | 3.0 | 1.9 | 1.3 | 0.5 | 0.8 | 1.3 | 0.3 | 0.1 |
| Inventory Turnover 29 | • | • | • | • | • | • | • | • | • | • | • | • | • |
| Receivables Turnover 30 | • | • | • | • | • | • | • | • | • | • | • | • | • |
| Total Liabilities to Net Worth 31 | 17.5 | • | 0.5 | 0.4 | 0.6 | 1.3 | 0.9 | 1.6 | 4.6 | 1.7 | 1.7 | 4.0 | 20.9 |

**Selected Financial Factors (in Percentages)**

| | | | | | | | | | | | | | |
|---|---|---|---|---|---|---|---|---|---|---|---|---|---|
| Debt Ratio 32 | 94.6 | • | • | 32.4 | 26.7 | 37.5 | 56.1 | 48.3 | 61.5 | 82.1 | 63.5 | 80.0 | 95.4 |
| Return on Assets 33 | 6.3 | • | • | 17.6 | 21.2 | 18.7 | 12.6 | 16.6 | 8.3 | 5.0 | 8.2 | 6.1 | 6.2 |
| Return on Equity 34 | 15.8 | • | • | 20.8 | 21.5 | 18.3 | 21.0 | 24.5 | 12.5 | 8.9 | 12.0 | 9.4 | 15.5 |
| Return Before Interest on Equity 35 | • | • | • | 26.0 | 29.0 | 30.0 | 28.8 | 32.1 | 21.5 | 27.9 | 22.4 | 30.3 | • |
| Profit Margin, Before Income Tax 36 | • | • | • | • | • | • | • | • | • | • | • | • | • |
| Profit Margin, After Income Tax 37 | • | • | • | • | • | • | • | • | • | • | • | • | • |

**Trends in Selected Ratios and Factors, 1986-1994**

| | 1986 | 1987 | 1988 | 1989 | 1990 | 1991 | 1992 | 1993 | 1994 |
|---|---|---|---|---|---|---|---|---|---|
| Cost of Operations (%) 38 | 9.2 | 7.8 | 4.4 | 0.9 | 5.5 | 15.0 | 5.1 | 2.1 | 7.9 |
| Operating Margin (%) 39 | 8.9 | 7.8 | 8.3 | 8.8 | 10.1 | 9.3 | 8.2 | 5.2 | 7.0 |
| Oper. Margin Before Officers Comp. (%) 40 | 15.5 | 15.2 | 15.0 | 15.4 | 16.0 | 14.9 | 15.0 | 10.0 | 10.4 |
| Average Net Receivables ($) 41 | 15465 | 18174 | 12516 | 21474 | 26558 | 6297 | 18753 | 17249 | 18220 |
| Average Inventories ($) 42 | 417 | 37 | 194 | 563 | 92 | 23 | 0 | 10 | 283 |
| Average Net Worth ($) 43 | 2440 | 3031 | 1963 | 4040 | 5074 | 2613 | 3322 | 3070 | 3642 |
| Current Ratio (x1) 44 | 0.9 | 0.8 | 0.8 | 0.9 | 0.9 | 0.9 | 0.9 | 0.8 | 1.0 |
| Quick Ratio (x1) 45 | 0.6 | 0.6 | 0.5 | 0.5 | 0.5 | 0.4 | 0.6 | 0.5 | 0.4 |
| Coverage Ratio (x1) 46 | 1.4 | 1.4 | 1.3 | 1.3 | 1.4 | 1.4 | 1.4 | 1.1 | 1.2 |
| Asset Turnover (x1) 47 | 0.2 | 0.2 | 0.1 | 0.1 | 0.1 | 0.2 | 0.2 | 0.2 | 0.2 |
| Operating Leverage 48 | • | 0.9 | 1.1 | 1.1 | 1.2 | 0.9 | 0.9 | 0.6 | 1.4 |
| Financial Leverage 49 | • | 1.1 | 0.9 | 1.0 | 1.2 | 1.0 | 1.0 | 0.5 | 1.4 |
| Total Leverage 50 | • | 1.0 | 1.0 | 1.0 | 1.3 | 0.9 | 0.9 | 0.3 | 1.9 |

## Table I

Corporations with and without Net Income

# COMMODITY CONTRACTS BROKERS AND DEALERS

### MONEY AMOUNTS AND SIZE OF ASSETS IN THOUSANDS OF DOLLARS

| Item Description for Accounting Period 7/90 Through 6/91 | Total | Zero Assets | Under 100 | 100 to 250 | 251 to 500 | 501 to 1,000 | 1,001 to 5,000 | 5,001 to 10,000 | 10,001 to 25,000 | 25,001 to 50,000 | 50,001 to 100,000 | 100,001 to 250,000 | 250,001 and over |
|---|---|---|---|---|---|---|---|---|---|---|---|---|---|
| Number of Enterprises **1** | 7715 | 1125 | 3843 | 859 | 700 | 289 | 571 | 109 | 73 | 64 | 34 | 27 | 20 |
| **Revenues ($ in Thousands)** | | | | | | | | | | | | | |
| Net Sales **2** | 23472 | 220 | 439 | 115 | 165 | 149 | 1573 | 1128 | 940 | 9285 | 1456 | 4196 | 3807 |
| Portfolio Income **3** | 1405 | 71 | 6 | 1 | 33 | 9 | 221 | 16 | 36 | 78 | 91 | 154 | 689 |
| Other Revenues **4** | 1076 | 111 | 25 | 4 | 4 | 0 | 152 | 20 | 64 | 51 | 145 | 121 | 380 |
| Total Revenues **5** | 25953 | 402 | 470 | 120 | 201 | 159 | 1946 | 1164 | 1039 | 9414 | 1692 | 4470 | 4876 |
| Average Total Revenues **6** | 3364 | 357 | 122 | 139 | 288 | 549 | 3408 | 10683 | 14240 | 147097 | 49776 | 165555 | 243804 |
| **Operating Costs/Operating Income (%)** | | | | | | | | | | | | | |
| Cost of Operations **7** | 61.1 | 11.1 | 0.1 | 7.9 | 15.0 | • | 35.1 | 0.3 | 55.9 | 91.5 | 63.7 | 76.6 | 28.6 |
| Rent **8** | 1.3 | 2.7 | 5.3 | 3.9 | 2.2 | 2.3 | 1.3 | 1.5 | 1.8 | 0.2 | 2.0 | 1.0 | 2.8 |
| Taxes Paid **9** | 0.9 | 1.7 | 4.5 | 2.2 | 2.6 | 2.6 | 1.3 | 0.8 | 1.0 | 0.2 | 1.2 | 0.7 | 1.6 |
| Interest Paid **10** | 4.4 | 7.7 | 3.2 | • | 1.7 | 1.1 | 9.2 | 1.4 | 4.2 | 0.9 | 4.0 | 2.6 | 11.7 |
| Depreciation, Depletion, Amortization **11** | 1.6 | 1.8 | 1.2 | 3.5 | 1.5 | 0.7 | 1.2 | 1.1 | 1.7 | 0.8 | 2.6 | 1.3 | 3.2 |
| Pensions and Other Benefits **12** | 1.1 | 1.2 | 4.6 | 2.1 | 4.0 | 2.0 | 1.5 | 0.9 | 1.1 | 0.1 | 1.0 | 0.6 | 2.6 |
| Other **13** | 23.8 | 67.2 | 53.6 | 34.6 | 36.2 | 36.7 | 33.1 | 89.0 | 30.8 | 4.0 | 20.3 | 15.4 | 42.8 |
| Officers Compensation **14** | 4.1 | 8.6 | 27.4 | 32.3 | 23.7 | 30.1 | 9.4 | 5.3 | 4.6 | 1.6 | 2.6 | 1.9 | 3.9 |
| Operating Margin **15** | 1.8 | • | • | 13.6 | 13.2 | 24.5 | 8.0 | • | • | 0.6 | 2.6 | • | 2.9 |
| Oper. Margin Before Officers Compensation **16** | 5.9 | 6.7 | 27.5 | 46.0 | 36.9 | 54.6 | 17.4 | 5.1 | 3.7 | 2.2 | 5.3 | 1.9 | 6.8 |
| **Selected Average Balance Sheet ($ in Thousands)** | | | | | | | | | | | | | |
| Net Receivables **17** | 1059 | • | 5 | 0 | 17 | 67 | 478 | 1969 | 3489 | 4986 | 14459 | 20506 | 300820 |
| Inventories **18** | 50 | • | • | • | • | • | 1 | • | 954 | 47 | 660 | 3744 | 9619 |
| Net Property, Plant and Equipment **19** | 213 | • | 3 | 17 | 37 | 79 | 116 | 526 | 907 | 3430 | 5055 | 11129 | 34198 |
| Total Assets **20** | 4657 | • | 34 | 162 | 334 | 610 | 2125 | 7423 | 17196 | 33729 | 71072 | 156776 | 1158242 |

| | | | | | | | | | | | | |
|---|---|---|---|---|---|---|---|---|---|---|---|---|
| Notes and Loans Payable 21 | 973 | • | 72 | 15 | 107 | 32 | 539 | 2974 | 5519 | 10799 | 27036 | 36297 | 175316 |
| All Other Liabilities 22 | 3120 | • | 9 | 12 | 28 | 89 | 637 | 1867 | 8656 | 15399 | 31069 | 93528 | 910817 |
| Net Worth 23 | 564 | • | -47 | 136 | 200 | 489 | 949 | 2582 | 3021 | 7532 | 12967 | 26951 | 72108 |

**Selected Financial Ratios (Times to 1)**

| | | | | | | | | | | | | | |
|---|---|---|---|---|---|---|---|---|---|---|---|---|---|
| Current Ratio 24 | 1.1 | • | 2.4 | 3.7 | 5.5 | 3.4 | 1.5 | 1.4 | 1.1 | 1.3 | 1.2 | 1.1 | 1.0 |
| Quick Ratio 25 | 0.7 | • | 2.1 | 3.6 | 4.7 | 3.0 | 1.1 | 1.1 | 0.8 | 0.8 | 1.0 | 0.7 | 0.7 |
| Net Sales to Working Capital 26 | 13.0 | • | 8.1 | 4.4 | 2.0 | 2.1 | 8.6 | 8.1 | 32.3 | 38.8 | 6.0 | 19.2 | 8.6 |
| Coverage Ratio 27 | 1.4 | 0.8 | 1.0 | • | 8.6 | 0.9 | 1.9 | 0.9 | 0.8 | 1.7 | 1.6 | 1.0 | 1.3 |
| Total Asset Turnover 28 | 0.7 | • | 3.6 | 0.9 | 0.9 | 0.9 | 1.6 | 1.4 | 0.8 | 4.4 | 0.7 | 1.1 | 0.2 |
| Inventory Turnover 29 | • | • | • | • | • | • | • | • | • | • | • | • | • |
| Receivables Turnover 30 | • | • | • | • | • | • | • | • | • | • | • | • | • |
| Total Liabilities to Net Worth 31 | 7.3 | • | • | 0.2 | 0.7 | 0.3 | 1.2 | 1.9 | 4.7 | 3.5 | 4.5 | 4.8 | 15.1 |

**Selected Financial Factors (in Percentages)**

| | | | | | | | | | | | | | |
|---|---|---|---|---|---|---|---|---|---|---|---|---|---|
| Debt Ratio 32 | 87.9 | • | • | 16.3 | 40.2 | 19.8 | 55.3 | 65.2 | 82.4 | 77.7 | 81.8 | 82.8 | 93.8 |
| Return on Assets 33 | 4.4 | • | 11.7 | 11.7 | 12.8 | 23.1 | 27.4 | 1.8 | 2.6 | 6.9 | 4.5 | 2.7 | 3.1 |
| Return on Equity 34 | 7.3 | • | 0.4 | 13.6 | 17.6 | 26.9 | 27.2 | • | • | 9.1 | 3.8 | • | 6.0 |
| Return Before Interest on Equity 35 | • | • | • | 14.0 | 21.5 | 28.7 | • | 5.3 | 14.5 | 30.7 | 24.8 | 15.8 | • |
| Profit Margin, Before Income Tax 36 | • | • | • | • | • | • | • | • | • | • | • | • | • |
| Profit Margin, After Income Tax 37 | • | • | • | • | • | • | • | • | • | • | • | • | • |

## Trends in Selected Ratios and Factors, 1986-1994

| | 1986 | 1987 | 1988 | 1989 | 1990 | 1991 | 1992 | 1993 | 1994 |
|---|---|---|---|---|---|---|---|---|---|
| Cost of Operations (%) 38 | 42.3 | 27.9 | 19.9 | 5.0 | 34.7 | 47.6 | 45.0 | 32.8 | 61.1 |
| Operating Margin (%) 39 | 0.5 | 7.8 | 3.8 | 5.9 | 5.3 | 3.0 | 4.2 | 3.8 | 1.8 |
| Oper. Margin Before Officers Comp. (%) 40 | 7.4 | 16.4 | 13.6 | 16.7 | 12.2 | 8.6 | 10.3 | 12.4 | 5.9 |
| Average Net Receivables ($) 41 | 401 | 868 | 568 | 841 | 777 | 631 | 783 | 762 | 1059 |
| Average Inventories ($) 42 | 10 | 20 | 15 | 3 | 11 | 22 | 26 | 11 | 50 |
| Average Net Worth ($) 43 | 248 | 170 | 231 | 237 | 344 | 406 | 532 | 635 | 564 |
| Current Ratio (x1) 44 | 1.0 | 1.0 | 1.1 | 1.0 | 1.0 | 1.1 | 1.1 | 1.1 | 1.1 |
| Quick Ratio (x1) 45 | 0.6 | 0.8 | 0.8 | 0.8 | 0.7 | 0.6 | 0.7 | 0.6 | 0.7 |
| Coverage Ratio (x1) 46 | 1.1 | 2.1 | 1.3 | 1.4 | 1.8 | 1.6 | 1.6 | 1.5 | 1.4 |
| Asset Turnover (x1) 47 | 0.6 | 0.5 | 0.5 | 0.3 | 0.5 | 0.5 | 0.5 | 0.4 | 0.7 |
| Total Liabilities/Net Worth (x1) 48 | 5.4 | 10.6 | 5.7 | 8.2 | 6.2 | 6.1 | 5.5 | 5.0 | 7.3 |
| Return on Assets (x1) 49 | 3.7 | 7.0 | 8.0 | 6.2 | 5.3 | 4.1 | 6.0 | 4.8 | 4.4 |
| Return on Equity (%) 50 | • | 31.4 | 4.9 | 7.8 | 8.3 | 5.7 | 10.6 | 6.2 | 7.3 |

# Table II

Corporations with Net Income

# COMMODITY CONTRACTS BROKERS AND DEALERS

### MONEY AMOUNTS AND SIZE OF ASSETS IN THOUSANDS OF DOLLARS

| Item Description for Accounting Period 7/90 Through 6/91 | Total | Zero Assets | Under 100 | 100 to 250 | 251 to 500 | 501 to 1,000 | 1,001 to 5,000 | 5,001 to 10,000 | 10,001 to 25,000 | 25,001 to 50,000 | 50,001 to 100,000 | 100,001 to 250,000 | 250,001 and over |
|---|---|---|---|---|---|---|---|---|---|---|---|---|---|
| Number of Enterprises **1** | 4346 | 580 | 1949 | 570 | 448 | 218 | 406 | 74 | 26 | 31 | 17 | 14 | 13 |
| **Revenues ($ in Thousands)** | | | | | | | | | | | | | |
| Net Sales **2** | 17949 | 28 | 318 | 98 | 121 | 149 | 1232 | 1065 | 454 | 8387 | 1188 | 1740 | 3169 |
| Portfolio Income **3** | 707 | 17 | 5 | 1 | 5 | 9 | 54 | 10 | 18 | 42 | 73 | 104 | 368 |
| Other Revenues **4** | 609 | 4 | 24 | 4 | 4 | 0 | 63 | 16 | 31 | 40 | 80 | 44 | 299 |
| Total Revenues **5** | 19266 | 49 | 347 | 103 | 130 | 159 | 1349 | 1091 | 503 | 8469 | 1341 | 1889 | 3835 |
| Average Total Revenues **6** | 4433 | 85 | 178 | 180 | 289 | 727 | 3324 | 14749 | 19361 | 273186 | 78884 | 134936 | 295037 |
| **Operating Costs/Operating Income (%)** | | | | | | | | | | | | | |
| Cost of Operations **7** | 63.2 | • | 0.2 | • | • | • | 33.6 | • | 32.9 | 93.5 | 74.3 | 70.0 | 34.3 |
| Rent **8** | 1.2 | • | 3.9 | 4.5 | 3.1 | 2.2 | 1.7 | 1.0 | 2.6 | 0.2 | 1.0 | 1.1 | 3.0 |
| Taxes Paid **9** | 0.9 | 5.0 | 4.0 | 2.5 | 2.6 | 2.5 | 1.8 | 0.7 | 1.4 | 0.2 | 1.0 | 1.0 | 1.6 |
| Interest Paid **10** | 2.4 | 1.0 | 1.2 | • | 1.5 | 0.4 | 1.2 | 1.0 | 1.5 | 0.5 | 2.5 | 3.6 | 7.1 |
| Depreciation, Depletion, Amortization **11** | 1.0 | 0.1 | 1.3 | 3.6 | 1.7 | 0.7 | 1.6 | 0.5 | 1.9 | 0.4 | 1.0 | 0.9 | 2.3 |
| Pensions and Other Benefits **12** | 1.2 | 0.7 | 5.2 | 2.4 | 5.9 | 2.0 | 2.0 | 0.8 | 1.5 | 0.1 | 0.6 | 0.9 | 3.0 |
| Other **13** | 21.1 | 28.3 | 37.6 | 31.8 | 24.9 | 35.3 | 32.4 | 88.1 | 42.2 | 2.5 | 10.2 | 15.3 | 40.3 |
| Officers Compensation **14** | 4.0 | 0.9 | 26.8 | 37.7 | 35.5 | 20.2 | 12.2 | 4.0 | 5.5 | 1.4 | 1.7 | 2.7 | 3.5 |
| Operating Margin **15** | 5.1 | 64.0 | 19.9 | 17.5 | 24.8 | 36.8 | 13.6 | 3.8 | 10.5 | 1.3 | 7.7 | 4.5 | 4.9 |
| Oper. Margin Before Officers Compensation **16** | 9.1 | 64.9 | 46.6 | 55.2 | 60.3 | 57.0 | 25.8 | 7.9 | 16.0 | 2.7 | 9.3 | 7.2 | 8.4 |
| **Selected Average Balance Sheet ($ in Thousands)** | | | | | | | | | | | | | |
| Net Receivables **17** | 1306 | • | 1 | 1 | 24 | 85 | 517 | 1572 | 3232 | 4135 | 10150 | 18199 | 359825 |
| Inventories **18** | 41 | • | • | • | • | 1 | • | • | • | • | 952 | 1259 | 9709 |
| Net Property, Plant and Equipment **19** | 260 | • | 4 | 10 | 52 | 12 | 157 | 514 | 1114 | 6087 | 3821 | 13589 | 39781 |
| Total Assets **20** | 5158 | • | 44 | 156 | 335 | 624 | 2083 | 7792 | 17230 | 36516 | 73734 | 157626 | 1191676 |

| | | | | | | | | | | | | |
|---|---|---|---|---|---|---|---|---|---|---|---|---|
| Notes and Loans Payable 21 | 731 | 43 | • | 73 | 25 | 373 | 2695 | 2559 | 10038 | 17148 | 30227 | 123915 |
| All Other Liabilities 22 | 3549 | 4 | 2 | 32 | 91 | 629 | 2235 | 9256 | 11755 | 24585 | 91263 | 973811 |
| Net Worth 23 | 878 | -3 | 154 | 230 | 507 | 1081 | 2863 | 5416 | 14723 | 32001 | 36136 | 93950 |

**Selected Financial Ratios (Times to 1)**

| | | | | | | | | | | | | |
|---|---|---|---|---|---|---|---|---|---|---|---|---|
| Current Ratio 24 | 1.2 | • | 5.5 | 4.2 | 3.5 | 1.9 | 1.2 | 1.4 | 1.6 | 1.4 | 1.3 | 1.1 |
| Quick Ratio 25 | 0.8 | • | 4.7 | 4.0 | 3.4 | 1.5 | 0.8 | 1.1 | 1.0 | 1.1 | 0.7 | 0.7 |
| Net Sales to Working Capital 26 | 9.0 | • | 6.0 | 2.4 | 2.6 | 5.1 | 19.0 | 5.1 | 36.8 | 6.6 | 6.2 | 4.9 |
| Coverage Ratio 27 | 3.1 | • | • | • | • | 12.6 | 4.7 | 7.8 | 3.7 | 4.0 | 2.2 | 1.7 |
| Total Asset Turnover 28 | 0.9 | • | 4.0 | 0.9 | 1.2 | 1.6 | 1.9 | 1.1 | 7.5 | 1.1 | 0.9 | 0.3 |
| Inventory Turnover 29 | • | • | • | • | • | • | • | • | • | • | • | • |
| Receivables Turnover 30 | • | • | • | • | • | • | • | • | • | • | • | • |
| Total Liabilities to Net Worth 31 | 4.9 | • | 0.0 | 0.5 | 0.2 | 0.9 | 1.7 | 2.2 | 1.5 | 1.3 | 3.4 | 11.7 |

**Selected Financial Factors (in Percentages)**

| | | | | | | | | | | | | |
|---|---|---|---|---|---|---|---|---|---|---|---|---|
| Debt Ratio 32 | 83.0 | • | 1.3 | 31.3 | 18.7 | 48.1 | 63.3 | 68.6 | 59.7 | 56.6 | 77.1 | 92.1 |
| Return on Assets 33 | 6.4 | • | • | 20.2 | 22.7 | 23.4 | 9.2 | 13.2 | 13.4 | 10.7 | 6.9 | 3.0 |
| Return on Equity 34 | 21.7 | • | • | 19.9 | 29.3 | • | 18.4 | 29.2 | 20.7 | 13.9 | 12.8 | 11.0 |
| Return Before Interest on Equity 35 | • | • | • | • | 20.5 | • | 33.1 | 25.1 | 33.1 | 20.7 | 24.6 | 30.2 |
| Profit Margin, Before Income Tax 36 | • | • | • | • | • | • | • | • | • | • | • | • |
| Profit Margin, After Income Tax 37 | • | • | • | • | • | • | • | • | • | • | • | • |

**Trends in Selected Ratios and Factors, 1986–1994**

| | 1986 | 1987 | 1988 | 1989 | 1990 | 1991 | 1992 | 1993 | 1994 |
|---|---|---|---|---|---|---|---|---|---|
| Cost of Operations (%) 38 | 28.6 | 31.6 | 14.0 | 0.5 | 33.0 | 36.9 | 45.6 | 35.3 | 63.2 |
| Operating Margin (%) 39 | 9.4 | 12.8 | 9.8 | 14.5 | 11.2 | 8.9 | 8.2 | 8.4 | 5.1 |
| Oper. Margin Before Officers Comp. (%) 40 | 17.7 | 21.2 | 20.8 | 24.0 | 17.4 | 14.6 | 14.1 | 16.3 | 9.1 |
| Average Net Receivables ($) 41 | 493 | 737 | 959 | 1236 | 1045 | 996 | 993 | 887 | 1306 |
| Average Inventories ($) 42 | 11 | 28 | 6 | 2 | 15 | 33 | 13 | 16 | 41 |
| Average Net Worth ($) 43 | 274 | 327 | 364 | 379 | 600 | 816 | 708 | 928 | 878 |
| Current Ratio (x1) 44 | 1.0 | 1.1 | 1.1 | 1.0 | 1.1 | 1.1 | 1.1 | 1.1 | 1.2 |
| Quick Ratio (x1) 45 | 0.7 | 0.8 | 0.8 | 0.8 | 0.7 | 0.6 | 0.6 | 0.6 | 0.8 |
| Coverage Ratio (x1) 46 | 2.4 | 5.8 | 1.6 | 1.9 | 3.1 | 2.8 | 2.5 | 2.4 | 3.1 |
| Asset Turnover (x1) 47 | 0.6 | 0.7 | 0.5 | 0.3 | 0.5 | 0.5 | 0.5 | 0.5 | 0.9 |
| Operating Leverage 48 | • | 1.4 | 0.8 | 1.5 | 0.8 | 0.8 | 0.9 | 1.0 | 0.6 |
| Financial Leverage 49 | • | 1.6 | 0.4 | 1.3 | 1.4 | 1.0 | 1.0 | 0.9 | 1.3 |
| Total Leverage 50 | • | 2.2 | 0.3 | 1.9 | 1.1 | 0.8 | 1.0 | 1.0 | 0.8 |

## Table I

Corporations with and without Net Income

# LIFE INSURANCE, STOCK COMPANIES

### MONEY AMOUNTS AND SIZE OF ASSETS IN THOUSANDS OF DOLLARS

| Item Description for Accounting Period 7/90 Through 6/91 | Total | Zero Assets | Under 100 | 100 to 250 | 251 to 500 | 501 to 1,000 | 1,001 to 5,000 | 5,001 to 10,000 | 10,001 to 25,000 | 25,001 to 50,000 | 50,001 to 100,000 | 100,001 to 250,000 | 250,001 and over |
|---|---|---|---|---|---|---|---|---|---|---|---|---|---|
| Number of Enterprises **1** | 2091 | • | • | 179 | 227 | 217 | 512 | 145 | 178 | 97 | 83 | 72 | 146 |

**Revenues ($ in Thousands)**

| | Total | Zero Assets | Under 100 | 100 to 250 | 251 to 500 | 501 to 1,000 | 1,001 to 5,000 | 5,001 to 10,000 | 10,001 to 25,000 | 25,001 to 50,000 | 50,001 to 100,000 | 100,001 to 250,000 | 250,001 and over |
|---|---|---|---|---|---|---|---|---|---|---|---|---|---|
| Net Sales **2** | 124005 | • | • | 28 | 50 | 89 | 588 | 1349 | 1395 | 1603 | 2671 | 4569 | 111337 |
| Portfolio Income **3** | 45985 | • | • | 2 | 6 | 11 | 84 | 76 | 242 | 239 | 462 | 839 | 43897 |
| Other Revenues **4** | 35475 | • | • | 6 | 6 | 9 | 112 | 94 | 170 | 162 | 909 | 2445 | 31541 |
| Total Revenues **5** | 205464 | • | • | 36 | 61 | 110 | 784 | 1519 | 1807 | 2004 | 4043 | 7852 | 186775 |
| Average Total Revenues **6** | 98261 | • | • | 203 | 268 | 506 | 1532 | 10475 | 10152 | 20661 | 48707 | 109054 | 1279283 |

**Operating Costs/Operating Income (%)**

| | Total | Zero Assets | Under 100 | 100 to 250 | 251 to 500 | 501 to 1,000 | 1,001 to 5,000 | 5,001 to 10,000 | 10,001 to 25,000 | 25,001 to 50,000 | 50,001 to 100,000 | 100,001 to 250,000 | 250,001 and over |
|---|---|---|---|---|---|---|---|---|---|---|---|---|---|
| Cost of Operations **7** | 41.8 | • | • | 30.9 | 26.0 | 33.5 | 26.3 | 16.5 | 41.7 | 42.2 | 55.8 | 21.0 | 42.7 |
| Rent **8** | 0.6 | • | • | 0.3 | 0.2 | 0.1 | 0.4 | 0.1 | 0.5 | 0.4 | 0.4 | 0.5 | 0.6 |
| Taxes Paid **9** | 1.1 | • | • | 1.1 | 1.2 | 0.7 | 1.1 | 0.4 | 1.5 | 1.7 | 1.2 | 1.3 | 1.1 |
| Interest Paid **10** | 2.7 | • | • | 0.2 | 0.5 | 0.2 | 0.1 | • | 0.2 | 0.2 | 0.4 | 0.4 | 2.9 |
| Depreciation, Depletion, Amortization **11** | 0.9 | • | • | 0.1 | 0.2 | 0.1 | 0.3 | 0.9 | 0.9 | 0.6 | 0.9 | 0.7 | 0.9 |
| Pensions and Other Benefits **12** | 0.5 | • | • | 0.2 | • | 0.4 | 0.2 | • | 0.3 | 0.5 | 0.4 | 0.3 | 0.5 |
| Other **13** | 48.6 | • | • | 62.4 | 57.7 | 48.1 | 57.4 | 84.6 | 42.7 | 55.1 | 38.0 | 72.5 | 47.5 |
| Officers Compensation **14** | 0.2 | • | • | 0.1 | 0.3 | 0.5 | 0.6 | 0.2 | 0.7 | 0.5 | 0.4 | 0.4 | 0.1 |
| Operating Margin **15** | 3.7 | • | • | 4.8 | 14.0 | 16.4 | 13.6 | • | 11.7 | • | 2.7 | 3.0 | 3.7 |
| Oper. Margin Before Officers Compensation **16** | 3.9 | • | • | 4.9 | 14.3 | 17.0 | 14.2 | • | 12.4 | • | 3.1 | 3.4 | 3.9 |

**Selected Average Balance Sheet ($ in Thousands)**

| | Total | Zero Assets | Under 100 | 100 to 250 | 251 to 500 | 501 to 1,000 | 1,001 to 5,000 | 5,001 to 10,000 | 10,001 to 25,000 | 25,001 to 50,000 | 50,001 to 100,000 | 100,001 to 250,000 | 250,001 and over |
|---|---|---|---|---|---|---|---|---|---|---|---|---|---|
| Net Receivables **17** | 14373 | • | • | 14 | 16 | 19 | 55 | 205 | 122 | 724 | 623 | 1137 | 203837 |
| Inventories **18** | 511 | • | • | • | • | • | • | • | • | • | 1 | 3 | 7313 |
| Net Property, Plant and Equipment **19** | 3400 | • | • | 0 | 2 | 6 | 22 | 38 | 178 | 606 | 975 | 1617 | 46600 |
| Total Assets **20** | 306793 | • | • | 181 | 363 | 715 | 2399 | 6757 | 15865 | 35215 | 69509 | 164980 | 4213218 |

## Selected Financial Ratios (Times to 1) — and liability rows

| | | | | | | | | | | | | | |
|---|---|---|---|---|---|---|---|---|---|---|---|---|---|
| Notes and Loans Payable **21** | 16637 | • | • | • | • | • | 3 | • | 2 | 262 | 288 | 2348 | 236770 |
| All Other Liabilities **22** | 240906 | • | • | 141 | 216 | 368 | 1472 | 4941 | 9820 | 25780 | 54327 | 131619 | 314138 |
| Net Worth **23** | 49249 | • | • | 39 | 147 | 347 | 923 | 1816 | 6043 | 9173 | 14894 | 31013 | 662310 |

### Selected Financial Ratios (Times to 1)

| | | | | | | | | | | | | | |
|---|---|---|---|---|---|---|---|---|---|---|---|---|---|
| Current Ratio **24** | 3.1 | • | • | 8.2 | 10.8 | 8.4 | 8.2 | 8.3 | 5.9 | 5.2 | 3.7 | 5.2 | 3.0 |
| Quick Ratio **25** | 2.2 | • | • | 5.3 | 6.4 | 5.3 | 6.0 | 6.1 | 4.2 | 3.8 | 2.8 | 3.6 | 2.2 |
| Net Sales to Working Capital **26** | 1.9 | • | • | 1.5 | 1.0 | 1.0 | 1.1 | 2.8 | 1.4 | 1.8 | 2.6 | 2.0 | 1.8 |
| Coverage Ratio **27** | 2.2 | • | • | • | • | • | • | • | • | • | 8.5 | 8.3 | 2.1 |
| Total Asset Turnover **28** | 0.3 | • | • | 1.1 | 0.7 | 0.7 | 0.6 | 1.6 | 0.6 | 0.6 | 0.7 | 0.7 | 0.3 |
| Inventory Turnover **29** | • | • | • | • | • | • | • | • | • | • | • | • | • |
| Receivables Turnover **30** | • | • | • | • | • | • | • | • | • | • | • | • | • |
| Total Liabilities to Net Worth **31** | 5.2 | • | • | 3.6 | 1.5 | 1.1 | 1.6 | 2.7 | 1.6 | 2.8 | 3.7 | 4.3 | 5.4 |

### Selected Financial Factors (in Percentages)

| | | | | | | | | | | | | | |
|---|---|---|---|---|---|---|---|---|---|---|---|---|---|
| Debt Ratio **32** | 84.0 | • | • | 78.3 | 59.5 | 51.5 | 61.5 | 73.1 | 61.9 | 74.0 | 78.6 | 81.2 | 84.3 |
| Return on Assets **33** | 1.9 | • | • | 5.6 | 10.6 | 11.7 | 8.6 | • | 7.3 | • | • | 2.1 | 1.9 |
| Return on Equity **34** | 4.5 | • | • | 21.4 | 23.3 | 20.5 | 17.4 | • | 14.6 | • | • | 6.3 | 4.4 |
| Return Before Interest on Equity **35** | 11.8 | • | • | 25.5 | 26.3 | 24.1 | 22.3 | • | 19.0 | • | 9.6 | 11.3 | 11.9 |
| Profit Margin, Before Income Tax **36** | • | • | • | • | • | • | • | • | • | • | • | • | • |
| Profit Margin, After Income Tax **37** | • | • | • | • | • | • | • | • | • | • | • | • | • |

### Trends in Selected Ratios and Factors, 1986-1994

| | 1986 | 1987 | 1988 | 1989 | 1990 | 1991 | 1992 | 1993 | 1994 |
|---|---|---|---|---|---|---|---|---|---|
| Cost of Operations (%) **38** | 34.6 | 43.5 | 45.9 | 33.2 | 39.5 | 43.1 | 42.0 | 42.9 | 41.8 |
| Operating Margin (%) **39** | 1.7 | • | 2.1 | 4.0 | 4.5 | 2.7 | 3.0 | 3.6 | 3.7 |
| Oper. Margin Before Officers Comp. (%) **40** | 1.9 | 0.1 | 2.5 | 4.2 | 4.7 | 2.9 | 3.2 | 3.8 | 3.9 |
| Average Net Receivables ($) **41** | 1834 | 1113 | 3734 | 3905 | 4166 | 6427 | 11062 | 14430 | 14373 |
| Average Inventories ($) **42** | 229 | 279 | 224 | 123 | 387 | 467 | 556 | 639 | 511 |
| Average Net Worth ($) **43** | 13986 | 15983 | 19936 | 21696 | 26770 | 37053 | 41688 | 50265 | 49249 |
| Current Ratio (x1) **44** | 1.9 | 4.4 | 2.6 | 2.7 | 3.4 | 3.4 | 3.3 | 3.4 | 3.1 |
| Quick Ratio (x1) **45** | 1.6 | 3.3 | 1.6 | 1.8 | 2.5 | 2.4 | 2.3 | 2.4 | 2.2 |
| Coverage Ratio (x1) **46** | 1.9 | 0.8 | 1.8 | 3.3 | 3.6 | 2.4 | 2.0 | 2.2 | 2.2 |
| Asset Turnover (x1) **47** | 0.5 | 0.4 | 0.4 | 0.4 | 0.4 | 0.4 | 0.3 | 0.3 | 0.3 |
| Total Liabilities/Net Worth (x1) **48** | 6.3 | 6.7 | 5.1 | 6.1 | 5.7 | 5.2 | 5.5 | 5.2 | 5.2 |
| Return on Assets (x1) **49** | 1.4 | 0.8 | 1.3 | 2.0 | 2.0 | 1.3 | 1.5 | 1.9 | 1.9 |
| Return on Equity (%) **50** | 2.2 | • | 1.8 | 6.6 | 6.9 | 3.0 | 3.3 | 4.2 | 4.5 |

## Table II

Corporations with Net Income

# LIFE INSURANCE, STOCK COMPANIES

MONEY AMOUNTS AND SIZE OF ASSETS IN THOUSANDS OF DOLLARS

| Item Description for Accounting Period 7/90 Through 6/91 | Total | Zero Assets | Under 100 | 100 to 250 | 251 to 500 | 501 to 1,000 | 1,001 to 5,000 | 5,001 to 10,000 | 10,001 to 25,000 | 25,001 to 50,000 | 50,001 to 100,000 | 100,001 to 250,000 | 250,001 and over |
|---|---|---|---|---|---|---|---|---|---|---|---|---|---|
| Number of Enterprises **1** | 1599 | 40 | • | 115 | 189 | 182 | 439 | • | 147 | 79 | 58 | 49 | 112 |
| **Revenues ($ in Thousands)** | | | | | | | | | | | | | |
| Net Sales **2** | 105779 | 297 | • | 12 | 37 | 71 | 490 | • | 1131 | 1072 | 1469 | 3366 | 97521 |
| Portfolio Income **3** | 41791 | 121 | • | 1 | 5 | 9 | 71 | • | 206 | 203 | 298 | 624 | 40186 |
| Other Revenues **4** | 30775 | 18 | • | 5 | 4 | 8 | 88 | • | 107 | 131 | 563 | 202 | 29609 |
| Total Revenues **5** | 178345 | 436 | • | 19 | 46 | 88 | 648 | • | 1444 | 1406 | 2330 | 4192 | 167316 |
| Average Total Revenues **6** | 111535 | 10899 | • | 163 | 243 | 485 | 1477 | • | 9823 | 17799 | 40174 | 85558 | 1493888 |
| **Operating Costs/Operating Income (%)** | | | | | | | | | | | | | |
| Cost of Operations **7** | 43.2 | 36.5 | • | 28.2 | 21.1 | 32.1 | 26.3 | • | 36.6 | 38.3 | 44.2 | 26.4 | 43.9 |
| Rent **8** | 0.7 | 0.9 | • | 0.5 | • | • | 0.3 | • | 0.4 | 0.5 | 0.5 | 0.6 | 0.7 |
| Taxes Paid **9** | 1.2 | 3.9 | • | 1.1 | 1.0 | 0.7 | 1.0 | • | 1.5 | 1.7 | 1.6 | 1.7 | 1.1 |
| Interest Paid **10** | 2.9 | 0.2 | • | 0.2 | 0.4 | 0.2 | 0.1 | • | 0.1 | 0.2 | 0.4 | 0.5 | 3.0 |
| Depreciation, Depletion, Amortization **11** | 0.9 | 2.8 | • | 0.2 | 0.2 | • | 0.2 | • | 1.0 | 0.7 | 0.9 | 0.8 | 0.9 |
| Pensions and Other Benefits **12** | 0.5 | 1.5 | • | 0.2 | • | • | 0.2 | • | 0.4 | 0.6 | 0.6 | 0.4 | 0.5 |
| Other **13** | 45.8 | 42.1 | • | 45.2 | 53.7 | 42.9 | 51.3 | • | 43.0 | 48.2 | 44.6 | 61.7 | 45.4 |
| Officers Compensation **14** | 0.2 | 0.4 | • | 0.2 | • | 0.6 | 0.4 | • | 0.8 | 0.7 | 0.5 | 0.6 | 0.2 |
| Operating Margin **15** | 4.8 | 11.8 | • | 24.1 | 23.7 | 23.5 | 20.4 | • | 16.2 | 9.3 | 6.7 | 7.5 | 4.5 |
| Oper. Margin Before Officers Compensation **16** | 5.0 | 12.2 | • | 24.3 | 23.7 | 24.1 | 20.8 | • | 17.0 | 9.9 | 7.2 | 8.0 | 4.6 |
| **Selected Average Balance Sheet ($ in Thousands)** | | | | | | | | | | | | | |
| Net Receivables **17** | 18138 | • | • | 15 | 16 | 14 | 54 | • | 129 | 836 | 566 | 1057 | 256958 |
| Inventories **18** | 648 | • | • | • | • | • | • | • | • | • | 1 | 2 | 9253 |
| Net Property, Plant and Equipment **19** | 4206 | • | • | 0 | 0 | 0 | 16 | • | 167 | 603 | 1014 | 1622 | 58081 |
| Total Assets **20** | 361552 | • | • | 181 | 361 | 708 | 2321 | • | 16085 | 35448 | 68948 | 170901 | 4986928 |

| Line | Item | | | | | | | | | |
|---|---|---|---|---|---|---|---|---|---|---|
| 21 | Notes and Loans Payable | 20733 | · | · | · | 4 | 2 | 262 | 412 | 2814 | 294358 |
| 22 | All Other Liabilities | 282398 | 100 | 176 | 335 | 1323 | 9642 | 25644 | 52297 | 135383 | 3904818 |
| 23 | Net Worth | 58420 | 81 | 185 | 373 | 994 | 6441 | 9542 | 16239 | 32704 | 787752 |

**Selected Financial Ratios (Times to 1)**

| Line | Item | | | | | | | | | |
|---|---|---|---|---|---|---|---|---|---|---|
| 24 | Current Ratio | 3.1 | 11.2 | 12.3 | 9.7 | 8.8 | 6.7 | 5.4 | 3.8 | 5.1 | 3.0 |
| 25 | Quick Ratio | 2.2 | 7.0 | 7.5 | 5.8 | 6.6 | 4.7 | 4.0 | 3.0 | 3.5 | 2.2 |
| 26 | Net Sales to Working Capital | 1.8 | 1.2 | 0.9 | 0.9 | 1.0 | 1.3 | 1.6 | 2.0 | 1.5 | 1.8 |
| 27 | Coverage Ratio | 2.5 | · | · | · | 0.6 | · | · | · | · | 2.3 |
| 28 | Total Asset Turnover | 0.3 | 0.9 | 0.7 | 0.7 | 0.6 | 0.6 | 0.5 | 0.6 | 0.5 | 0.3 |
| 29 | Inventory Turnover | · | · | · | · | · | · | · | · | · | · |
| 30 | Receivables Turnover | · | · | · | · | · | · | · | · | · | · |
| 31 | Total Liabilities to Net Worth | 5.2 | 1.2 | 1.0 | 0.9 | 1.3 | 1.5 | 2.7 | 3.3 | 4.2 | 5.3 |

**Selected Financial Factors (in Percentages)**

| Line | Item | | | | | | | | | |
|---|---|---|---|---|---|---|---|---|---|---|
| 32 | Debt Ratio | 83.9 | 55.2 | 48.7 | 47.3 | 57.2 | 60.0 | 73.1 | 76.5 | 80.9 | 84.2 |
| 33 | Return on Assets | 2.2 | 21.9 | 16.1 | 16.1 | 12.9 | 9.6 | 4.5 | 4.0 | 3.9 | 2.1 |
| 34 | Return on Equity | 6.1 | 28.8 | 28.8 | 26.6 | 24.8 | 19.0 | 13.7 | 13.0 | 14.0 | 5.5 |
| 35 | Return Before Interest on Equity | 13.8 | 31.4 | 31.4 | 30.5 | 30.0 | 24.0 | 16.8 | 17.1 | 20.1 | 13.3 |
| 36 | Profit Margin, Before Income Tax | · | · | · | · | · | · | · | · | · | · |
| 37 | Profit Margin, After Income Tax | · | · | · | · | · | · | · | · | · | · |

**Trends in Selected Ratios and Factors, 1986–1994**

| Line | Item | 1986 | 1987 | 1988 | 1989 | 1990 | 1991 | 1992 | 1993 | 1994 |
|---|---|---|---|---|---|---|---|---|---|---|
| 38 | Cost of Operations (%) | 33.5 | 43.3 | 47.0 | 32.8 | 41.5 | 43.4 | 42.6 | 43.8 | 43.2 |
| 39 | Operating Margin (%) | 4.7 | 4.4 | 5.2 | 5.5 | 6.3 | 4.7 | 4.2 | 4.5 | 4.8 |
| 40 | Oper. Margin Before Officers Comp. (%) | 4.9 | 4.6 | 5.6 | 5.7 | 6.5 | 4.9 | 4.4 | 4.7 | 5.0 |
| 41 | Average Net Receivables ($) | 1819 | 1057 | 4309 | 5076 | 5739 | 8631 | 14570 | 18330 | 18138 |
| 42 | Average Inventories ($) | 5 | 7 | 123 | 159 | 538 | 602 | 732 | 808 | 648 |
| 43 | Average Net Worth ($) | 14080 | 13112 | 20268 | 25885 | 33155 | 42148 | 50450 | 60988 | 58420 |
| 44 | Current Ratio (x1) | 2.1 | 5.3 | 2.8 | 2.5 | 3.4 | 3.9 | 3.2 | 3.5 | 3.1 |
| 45 | Quick Ratio (x1) | 1.7 | 4.2 | 1.7 | 1.8 | 2.5 | 2.8 | 2.3 | 2.4 | 2.2 |
| 46 | Coverage Ratio (x1) | 4.6 | 2.7 | 3.6 | 4.3 | 4.8 | 3.6 | 2.5 | 2.4 | 2.5 |
| 47 | Asset Turnover (x1) | 0.5 | 0.4 | 0.5 | 0.4 | 0.4 | 0.4 | 0.3 | 0.3 | 0.3 |
| 48 | Operating Leverage | · | 1.0 | 1.2 | 1.1 | 1.2 | 0.8 | 0.9 | 1.1 | 1.1 |
| 49 | Financial Leverage | · | 0.7 | 1.5 | 1.0 | 1.1 | 0.9 | 0.8 | 1.0 | 1.1 |
| 50 | Total Leverage | · | 0.6 | 1.7 | 1.0 | 1.3 | 0.7 | 0.7 | 1.0 | 1.1 |

# Table I

Corporations with and without Net Income

# LIFE INSURANCE, MUTUAL COMPANIES

MONEY AMOUNTS AND SIZE OF ASSETS IN THOUSANDS OF DOLLARS

| Item Description for Accounting Period 7/90 Through 6/91 | Total | Zero Assets | Under 100 | 100 to 250 | 251 to 500 | 501 to 1,000 | 1,001 to 5,000 | 5,001 to 10,000 | 10,001 to 25,000 | 25,001 to 50,000 | 50,001 to 100,000 | 100,001 to 250,000 | 250,001 and over |
|---|---|---|---|---|---|---|---|---|---|---|---|---|---|
| Number of Enterprises **1** | 152 | • | • | 4 | 7 | 9 | 20 | 9 | 13 | • | 10 | 15 | 57 |
| **Revenues ($ in Thousands)** | | | | | | | | | | | | | |
| Net Sales **2** | 126569 | • | • | 1 | 0 | 3 | 6 | 14 | 38 | • | 211 | 804 | 125491 |
| Portfolio Income **3** | 52986 | • | • | 0 | 0 | 0 | 3 | 5 | 25 | • | 60 | 211 | 52680 |
| Other Revenues **4** | 20583 | • | • | • | 0 | 0 | 1 | 1 | 1 | • | 10 | 24 | 20546 |
| Total Revenues **5** | 200138 | • | • | 1 | 0 | 3 | 10 | 20 | 64 | • | 281 | 1040 | 198717 |
| Average Total Revenues **6** | 1316698 | • | • | 171 | 59 | 368 | 495 | 2252 | 4915 | • | 28095 | 69330 | 3486269 |
| **Operating Costs/Operating Income (%)** | | | | | | | | | | | | | |
| Cost of Operations **7** | 49.4 | • | • | 37.6 | 19.3 | 22.9 | 28.8 | 29.6 | 31.3 | • | 45.1 | 48.5 | 49.4 |
| Rent **8** | 0.7 | • | • | 0.3 | • | 4.2 | 2.1 | 0.7 | 2.5 | • | 1.1 | 0.9 | 0.7 |
| Taxes Paid **9** | 1.2 | • | • | 2.9 | 0.3 | 4.3 | 3.3 | 0.7 | 3.9 | • | 2.2 | 2.2 | 1.2 |
| Interest Paid **10** | 2.8 | • | • | • | • | 2.2 | • | 0.4 | 1.3 | • | 1.0 | 0.2 | 2.8 |
| Depreciation, Depletion, Amortization **11** | 0.8 | • | • | • | • | 1.2 | 0.5 | 0.3 | 1.3 | • | 0.6 | 0.7 | 0.8 |
| Pensions and Other Benefits **12** | 1.0 | • | • | • | • | 1.4 | 1.7 | • | 2.6 | • | 0.8 | 0.9 | 1.0 |
| Other **13** | 43.6 | • | • | 53.6 | 68.2 | 70.4 | 54.2 | 53.0 | 59.5 | • | 46.9 | 45.8 | 43.6 |
| Officers Compensation **14** | 0.4 | • | • | • | • | 10.6 | 5.0 | 2.2 | 2.8 | • | 1.3 | 0.7 | 0.4 |
| Operating Margin **15** | 0.3 | • | • | 5.7 | 12.5 | • | 4.4 | 13.2 | • | • | 1.1 | 0.2 | 0.3 |
| Oper. Margin Before Officers Compensation **16** | 0.6 | • | • | 5.7 | 12.5 | • | 9.4 | 15.4 | • | • | 2.4 | 0.9 | 0.6 |
| **Selected Average Balance Sheet ($ in Thousands)** | | | | | | | | | | | | | |
| Net Receivables **17** | 167848 | • | • | 2 | 1 | 1 | 39 | 9 | 12 | • | 76 | 104 | 447535 |
| Inventories **18** | 5389 | • | • | • | • | • | • | • | • | • | • | • | 14370 |
| Net Property, Plant and Equipment **19** | 30086 | • | • | • | • | 7 | 20 | 92 | 680 | • | 1859 | 2349 | 79108 |
| Total Assets **20** | 4563371 | • | • | 203 | 381 | 657 | 2207 | 6974 | 23880 | • | 68309 | 176760 | 12102999 |

| | | | | | | | | | | | | | |
|---|---|---|---|---|---|---|---|---|---|---|---|---|---|
| Notes and Loans Payable **21** | 201865 | • | 57 | • | 183 | 452 | 1501 | 5732 | 17653 | • | 2761 | 211 | 537766 |
| All Other Liabilities **22** | 4097326 | • | • | • | • | • | • | • | • | • | 56132 | 154402 | 10870161 |
| Net Worth **23** | 264180 | • | 146 | • | 198 | 205 | 706 | 1242 | 6227 | • | 9416 | 22147 | 695073 |

## Selected Financial Ratios (Times to 1)

| | | | | | | | | | | | | | |
|---|---|---|---|---|---|---|---|---|---|---|---|---|---|
| Current Ratio **24** | 2.0 | • | 12.9 | • | 3.8 | 1.8 | 5.8 | 6.4 | 11.1 | • | 5.5 | 3.5 | 2.0 |
| Quick Ratio **25** | 1.5 | • | 8.1 | • | 3.4 | 1.5 | 5.1 | 5.6 | 10.2 | • | 3.5 | 2.8 | 1.5 |
| Net Sales to Working Capital **26** | 2.9 | • | 0.9 | • | 0.7 | 4.7 | 0.5 | 1.0 | 0.7 | • | 2.2 | 2.5 | 2.9 |
| Coverage Ratio **27** | 1.1 | • | • | • | • | • | • | • | • | • | 1.9 | 1.5 | 1.1 |
| Total Asset Turnover **28** | 0.3 | • | 0.9 | • | 0.2 | 0.6 | 0.2 | 0.3 | 0.2 | • | 0.4 | 0.4 | 0.3 |
| Inventory Turnover **29** | • | • | • | • | • | • | • | • | • | • | • | • | • |
| Receivables Turnover **30** | • | • | • | • | • | • | • | • | • | • | • | • | • |
| Total Liabilities to Net Worth **31** | 16.3 | • | 0.4 | • | 0.9 | 2.2 | 2.1 | 4.6 | 2.8 | • | 6.3 | 7.0 | 16.4 |

## Selected Financial Factors (in Percentages)

| | | | | | | | | | | | | | |
|---|---|---|---|---|---|---|---|---|---|---|---|---|---|
| Debt Ratio **32** | 94.2 | • | 28.0 | • | 48.1 | 68.8 | 68.0 | 82.2 | 73.9 | • | 86.2 | 87.5 | 94.3 |
| Return on Assets **33** | 0.9 | • | 4.8 | • | 1.9 | • | 0.8 | 4.4 | • | • | 0.8 | • | 0.9 |
| Return on Equity **34** | 5.8 | • | 5.8 | • | 3.0 | • | 1.3 | 20.1 | • | • | 1.3 | • | • |
| Return Before Interest on Equity **35** | 14.9 | • | 6.7 | • | 3.7 | • | 2.4 | 24.5 | 15.1 | • | 5.6 | 0.7 | 15.1 |
| Profit Margin, Before Income Tax **36** | • | • | • | • | • | • | • | • | • | • | • | • | • |
| Profit Margin, After Income Tax **37** | • | • | • | • | • | • | • | • | • | • | • | • | • |

## Trends in Selected Ratios and Factors, 1986-1994

| | 1986 | 1987 | 1988 | 1989 | 1990 | 1991 | 1992 | 1993 | 1994 |
|---|---|---|---|---|---|---|---|---|---|
| Cost of Operations (%) **38** | 19.3 | 34.4 | 33.2 | 33.5 | 42.4 | 46.4 | 46.4 | 47.5 | 49.4 |
| Operating Margin (%) **39** | 1.1 | • | 3.1 | 3.8 | 5.1 | • | 2.2 | 3.3 | 0.3 |
| Oper. Margin Before Officers Comp. (%) **40** | 1.2 | 0.2 | 3.5 | 4.4 | 5.5 | • | 2.5 | 3.6 | 0.6 |
| Average Net Receivables ($) **41** | 7945 | 28010 | 74308 | 86009 | 92705 | 80261 | 117070 | 190970 | 167848 |
| Average Inventories ($) **42** | • | • | 1276 | 1546 | 2658 | 496 | 4932 | 5276 | 5389 |
| Average Net Worth ($) **43** | 151099 | 114102 | 146875 | 165222 | 198101 | 182511 | 256518 | 284569 | 264180 |
| Current Ratio (x1) **44** | 1.0 | 1.9 | 1.4 | 2.1 | 2.2 | 2.7 | 2.3 | 2.0 | 2.0 |
| Quick Ratio (x1) **45** | 0.7 | 1.1 | 0.9 | 1.5 | 1.6 | 1.9 | 1.6 | 1.4 | 1.5 |
| Coverage Ratio (x1) **46** | 1.8 | 0.7 | 2.5 | 1.6 | 2.3 | 0.3 | 1.6 | 2.2 | 1.1 |
| Asset Turnover (x1) **47** | 0.4 | 0.2 | 0.3 | 0.3 | 0.3 | 0.3 | 0.3 | 0.3 | 0.3 |
| Total Liabilities/Net Worth (x1) **48** | 10.3 | 15.2 | 15.3 | 15.3 | 12.7 | 14.1 | 15.0 | 14.0 | 16.3 |
| Return on Assets (x1) **49** | 0.8 | 0.2 | 1.2 | 2.7 | 2.4 | 0.3 | 1.5 | 1.6 | 0.9 |
| Return on Equity (%) **50** | 1.9 | • | 8.2 | 11.7 | 13.1 | • | 5.7 | 9.4 | • |

## Table II

Corporations with Net Income

# LIFE INSURANCE, MUTUAL COMPANIES

### MONEY AMOUNTS AND SIZE OF ASSETS IN THOUSANDS OF DOLLARS

| Item Description for Accounting Period 7/90 Through 6/91 | Total | Zero Assets | Under 100 | 100 to 250 | 251 to 500 | 501 to 1,000 | 1,001 to 5,000 | 5,001 to 10,000 | 10,001 to 25,000 | 25,001 to 50,000 | 50,001 to 100,000 | 100,001 to 250,000 | 250,001 and over |
|---|---|---|---|---|---|---|---|---|---|---|---|---|---|
| Number of Enterprises **1** | 91 | • | • | • | • | 7 | 11 | • | 4 | • | 7 | 12 | 37 |

**Revenues ($ in Thousands)**

| | | | | | | | | | | | | | |
|---|---|---|---|---|---|---|---|---|---|---|---|---|---|
| Net Sales **2** | 69393 | • | • | • | 1 | • | 3 | • | 13 | • | 125 | 634 | 68604 |
| Portfolio Income **3** | 26445 | • | • | • | 0 | • | 2 | • | 14 | • | 43 | 172 | 26210 |
| Other Revenues **4** | 7897 | • | • | • | 0 | • | 0 | • | 1 | • | 1 | 19 | 7875 |
| Total Revenues **5** | 103734 | • | • | • | 1 | • | 5 | • | 28 | • | 169 | 825 | 102689 |
| Average Total Revenues **6** | 1139938 | • | • | • | 189 | • | 442 | • | 7089 | • | 24184 | 68769 | 2775366 |

**Operating Costs/Operating Income (%)**

| | | | | | | | | | | | | | |
|---|---|---|---|---|---|---|---|---|---|---|---|---|---|
| Cost of Operations **7** | 52.8 | • | • | • | 16.1 | • | 34.8 | • | 32.5 | • | 36.2 | 47.5 | 52.9 |
| Rent **8** | 0.6 | • | • | • | 1.3 | • | 2.3 | • | 2.3 | • | 1.0 | 0.8 | 0.6 |
| Taxes Paid **9** | 1.2 | • | • | • | 1.9 | • | 2.1 | • | 3.7 | • | 1.9 | 2.1 | 1.1 |
| Interest Paid **10** | 1.2 | • | • | • | • | • | 0.1 | • | • | • | • | 0.2 | 1.2 |
| Depreciation, Depletion, Amortization **11** | 0.7 | • | • | • | 1.7 | • | • | • | 2.5 | • | 0.8 | 0.7 | 0.7 |
| Pensions and Other Benefits **12** | 0.5 | • | • | • | 2.5 | • | 3.2 | • | 0.7 | • | 0.8 | 0.9 | 0.5 |
| Other **13** | 40.9 | • | • | • | 52.7 | • | 31.9 | • | 49.3 | • | 53.0 | 44.3 | 40.8 |
| Officers Compensation **14** | 0.3 | • | • | • | 4.6 | • | 9.1 | • | 3.5 | • | 1.5 | 0.9 | 0.3 |
| Operating Margin **15** | 1.9 | • | • | • | 19.3 | • | 16.4 | • | 5.5 | • | 4.9 | 2.7 | 1.9 |
| Oper. Margin Before Officers Compensation **16** | 2.2 | • | • | • | 24.0 | • | 25.5 | • | 9.0 | • | 6.5 | 3.6 | 2.2 |

**Selected Average Balance Sheet ($ in Thousands)**

| | | | | | | | | | | | | | |
|---|---|---|---|---|---|---|---|---|---|---|---|---|---|
| Net Receivables **17** | 33184 | • | • | • | 1 | • | 70 | • | 38 | • | 108 | 101 | 81533 |
| Inventories **18** | 503 | • | • | • | • | • | • | • | • | • | • | • | 1236 |
| Net Property, Plant and Equipment **19** | 22615 | • | • | • | 5 | • | • | • | 1923 | • | 596 | 2088 | 54619 |
| Total Assets **20** | 3681367 | • | • | • | 390 | • | 2096 | • | 36442 | • | 67498 | 178803 | 8977449 |

| | | | | | | | |
|---|---|---|---|---|---|---|---|
| Notes and Loans Payable 21 | 64696 | • | • | • | 143 | 1092 | 25260 | 58336 | • | 264 | 159032 |
| All Other Liabilities 22 | 3357328 | • | • | • | • | • | • | • | • | 160669 | 8189925 |
| Net Worth 23 | 259343 | • | • | • | 247 | 1004 | 11181 | 9162 | • | 17871 | 628491 |

**Selected Financial Ratios (Times to 1)**

| | | | | | | | |
|---|---|---|---|---|---|---|---|
| Current Ratio 24 | 4.2 | • | 14.2 | • | 5.6 | 18.3 | 9.5 | • | 3.0 | 4.2 |
| Quick Ratio 25 | 2.9 | • | 13.3 | • | 4.8 | 16.4 | 5.8 | • | 2.4 | 2.9 |
| Net Sales to Working Capital 26 | 2.2 | • | 0.9 | • | 0.4 | 0.5 | 1.9 | • | 3.0 | 2.2 |
| Coverage Ratio 27 | 2.5 | • | • | • | • | • | • | • | 14.6 | 2.5 |
| Total Asset Turnover 28 | 0.3 | • | 0.5 | • | 0.2 | 0.2 | 0.4 | • | 0.4 | 0.3 |
| Inventory Turnover 29 | • | • | • | • | • | • | • | • | • | • |
| Receivables Turnover 30 | • | • | • | • | • | • | • | • | • | • |
| Total Liabilities to Net Worth 31 | 13.2 | • | 0.6 | • | 1.1 | 2.3 | 6.4 | • | 9.0 | 13.3 |

**Selected Financial Factors (in Percentages)**

| | | | | | | | |
|---|---|---|---|---|---|---|---|
| Debt Ratio 32 | 93.0 | • | 36.7 | • | 52.1 | 69.3 | 86.4 | • | 90.0 | 93.0 |
| Return on Assets 33 | 1.0 | • | 8.2 | • | 3.4 | 1.1 | 1.7 | • | 1.1 | 1.0 |
| Return on Equity 34 | 6.0 | • | 12.3 | • | 5.8 | 2.4 | 10.3 | • | 8.3 | 6.0 |
| Return Before Interest on Equity 35 | 13.6 | • | 13.0 | • | 7.2 | 3.5 | 12.2 | • | 10.8 | 13.6 |
| Profit Margin, Before Income Tax 36 | • | • | • | • | • | • | • | • | • | • |
| Profit Margin, After Income Tax 37 | • | • | • | • | • | • | • | • | • | • |

**Trends in Selected Ratios and Factors, 1986-1994**

| | 1986 | 1987 | 1988 | 1989 | 1990 | 1991 | 1992 | 1993 | 1994 |
|---|---|---|---|---|---|---|---|---|---|
| Cost of Operations (%) 38 | 18.7 | 33.6 | 32.6 | 33.2 | 41.6 | 43.0 | 44.2 | 47.5 | 52.8 |
| Operating Margin (%) 39 | 2.0 | 3.4 | 3.2 | 4.0 | 6.5 | 1.9 | 3.1 | 3.4 | 1.9 |
| Oper. Margin Before Officers Comp. (%) 40 | 2.1 | 3.9 | 3.6 | 4.5 | 7.0 | 2.3 | 3.4 | 3.8 | 2.2 |
| Average Net Receivables ($) 41 | 860 | 52588 | 90998 | 109502 | 118730 | 135341 | 186030 | 243834 | 33184 |
| Average Inventories ($) 42 | • | • | 1563 | 1981 | 3441 | 7 | 7823 | 6741 | 503 |
| Average Net Worth ($) 43 | 182623 | 122643 | 179388 | 206508 | 225278 | 102807 | 352068 | 355752 | 259343 |
| Current Ratio (x1) 44 | 0.8 | 1.5 | 1.4 | 2.1 | 2.1 | 1.7 | 2.2 | 2.0 | 4.2 |
| Quick Ratio (x1) 45 | 0.6 | 0.8 | 0.9 | 1.4 | 1.6 | 1.3 | 1.6 | 1.4 | 2.9 |
| Coverage Ratio (x1) 46 | 2.3 | 2.2 | 2.8 | 1.6 | 2.6 | 1.4 | 1.7 | 2.2 | 2.5 |
| Asset Turnover (x1) 47 | 0.4 | 0.2 | 0.3 | 0.3 | 0.3 | 0.3 | 0.3 | 0.3 | 0.3 |
| Operating Leverage 48 | • | 1.7 | 1.0 | 1.2 | 1.7 | 0.3 | 1.6 | 1.1 | 0.6 |
| Financial Leverage 49 | • | 1.1 | 1.2 | 0.6 | 1.7 | 0.4 | 1.7 | 1.3 | 1.1 |
| Total Leverage 50 | • | 1.8 | 1.1 | 0.8 | 2.8 | 0.1 | 2.7 | 1.5 | 0.6 |

## Table I

Corporations with and without Net Income

# MUTUAL PROPERTY AND CASUALTY INSURANCE COMPANIES

### MONEY AMOUNTS AND SIZE OF ASSETS IN THOUSANDS OF DOLLARS

| Item Description for Accounting Period 7/90 Through 6/91 | Total | Zero Assets | Under 100 | 100 to 250 | 251 to 500 | 501 to 1,000 | 1,001 to 5,000 | 5,001 to 10,000 | 10,001 to 25,000 | 25,001 to 50,000 | 50,001 to 100,000 | 100,001 to 250,000 | 250,001 and over |
|---|---|---|---|---|---|---|---|---|---|---|---|---|---|
| Number of Enterprises **1** | 1232 | 12 | 15 | 23 | 42 | 101 | 489 | 126 | 124 | 90 | 67 | 59 | 84 |
| **Revenues ($ in Thousands)** | | | | | | | | | | | | | |
| Net Sales **2** | 102243 | 55 | 26 | 1 | 10 | 45 | 407 | 388 | 916 | 1686 | 2359 | 5575 | 90775 |
| Portfolio Income **3** | 15108 | 4 | 0 | 0 | 1 | 4 | 68 | 50 | 133 | 238 | 319 | 650 | 13640 |
| Other Revenues **4** | 4124 | 1 | 32 | 0 | 1 | 5 | 22 | 30 | 91 | 18 | 59 | 228 | 3637 |
| Total Revenues **5** | 121476 | 60 | 58 | 2 | 13 | 54 | 498 | 469 | 1140 | 1941 | 2737 | 6453 | 108052 |
| Average Total Revenues **6** | 98601 | 4974 | 3885 | 80 | 300 | 533 | 1017 | 3720 | 9192 | 21566 | 40856 | 109381 | 1286331 |
| **Operating Costs/Operating Income (%)** | | | | | | | | | | | | | |
| Cost of Operations **7** | 64.3 | 59.4 | 93.6 | 27.6 | 32.5 | 59.8 | 55.4 | 50.3 | 52.3 | 57.9 | 63.6 | 63.6 | 64.7 |
| Rent **8** | 0.5 | 0.2 | • | 0.9 | 1.9 | 0.2 | 0.3 | 0.5 | 0.8 | 0.3 | 0.5 | 0.5 | 0.5 |
| Taxes Paid **9** | 2.3 | 0.6 | 1.4 | 3.5 | 1.9 | 0.5 | 2.9 | 3.5 | 2.5 | 2.8 | 2.3 | 2.2 | 2.3 |
| Interest Paid **10** | 0.5 | • | 0.9 | • | 0.8 | 0.5 | 0.2 | 0.2 | 0.5 | 0.3 | 0.3 | 0.2 | 0.6 |
| Depreciation, Depletion, Amortization **11** | 0.7 | 0.3 | • | 0.5 | 0.6 | 0.4 | 0.5 | 0.8 | 0.6 | 0.7 | 0.6 | 0.8 | 0.7 |
| Pensions and Other Benefits **12** | 1.0 | 0.5 | • | 0.2 | 0.3 | 0.3 | 0.8 | 0.8 | 0.9 | 0.9 | 0.9 | 1.0 | 1.0 |
| Other **13** | 25.5 | 39.7 | 4.0 | 89.0 | 57.5 | 30.3 | 32.9 | 35.7 | 33.4 | 25.4 | 24.5 | 24.4 | 25.4 |
| Officers Compensation **14** | 0.3 | 0.8 | • | • | 0.3 | 1.0 | 1.7 | 1.3 | 4.4 | 0.8 | 0.7 | 0.7 | 0.2 |
| Operating Margin **15** | 4.9 | • | 0.1 | • | 4.2 | 7.2 | 5.2 | 7.0 | 4.5 | 11.1 | 6.8 | 6.6 | 4.7 |
| Oper. Margin Before Officers Compensation **16** | 5.2 | • | 0.1 | • | 4.5 | 8.2 | 7.0 | 8.2 | 9.0 | 11.9 | 7.5 | 7.3 | 4.9 |
| **Selected Average Balance Sheet ($ in Thousands)** | | | | | | | | | | | | | |
| Net Receivables **17** | 10557 | • | • | 3 | 50 | 30 | 157 | 577 | 983 | 1714 | 4118 | 10856 | 138804 |
| Inventories **18** | 4 | • | • | • | • | • | • | • | • | • | • | 30 | 37 |
| Net Property, Plant and Equipment **19** | 4150 | • | • | 0 | 15 | 50 | 50 | 130 | 284 | 651 | 1873 | 5442 | 53887 |
| Total Assets **20** | 190693 | • | 63 | 187 | 408 | 761 | 2245 | 6716 | 16575 | 36654 | 71592 | 168895 | 2533035 |

| Notes and Loans Payable 21 | 3467 | 338 | • | 9 | 31 | 32 | 6 | 46 | 510 | 966 | 1803 | 47905 |
|---|---|---|---|---|---|---|---|---|---|---|---|---|
| All Other Liabilities 22 | 137385 | 1877 | 111 | 221 | 396 | 1098 | 5661 | 10588 | 26194 | 49177 | 112228 | 1837405 |
| Net Worth 23 | 49840 | -2152 | 76 | 178 | 334 | 1115 | 1049 | 5941 | 9949 | 21450 | 54864 | 647725 |

## Selected Financial Ratios (Times to 1)

| | | | | | | | | | | | | |
|---|---|---|---|---|---|---|---|---|---|---|---|---|
| Current Ratio 24 | 1.2 | 5.1 | 1.9 | 2.3 | 1.8 | 2.1 | 1.5 | 1.6 | 1.4 | 1.3 | 1.2 | 1.2 |
| Quick Ratio 25 | 0.9 | 0.2 | 0.9 | 1.7 | 1.5 | 1.6 | 1.1 | 1.2 | 1.0 | 0.9 | 0.8 | 0.9 |
| Net Sales to Working Capital 26 | 6.4 | • | 1.1 | 1.5 | 2.1 | 1.2 | 2.2 | 2.4 | 4.1 | 4.2 | 7.8 | 6.8 |
| Coverage Ratio 27 | 5.0 | 1.1 | • | 5.8 | • | • | • | 5.0 | • | • | • | 4.2 |
| Total Asset Turnover 28 | 0.5 | • | 0.4 | 0.7 | 0.7 | 0.5 | 0.6 | 0.6 | 0.6 | 0.6 | 0.7 | 0.5 |
| Inventory Turnover 29 | • | • | • | • | • | • | • | • | • | • | • | • |
| Receivables Turnover 30 | • | • | • | • | • | • | • | • | • | • | • | • |
| Total Liabilities to Net Worth 31 | 2.8 | • | 1.5 | 1.3 | 1.3 | 1.0 | 5.4 | 1.8 | 2.7 | 2.3 | 2.1 | 2.9 |

## Selected Financial Factors (in Percentages)

| | | | | | | | | | | | | |
|---|---|---|---|---|---|---|---|---|---|---|---|---|
| Debt Ratio 32 | 73.9 | • | 59.6 | 56.4 | 56.1 | 50.3 | 84.4 | 64.2 | 72.9 | 70.0 | 67.5 | 74.4 |
| Return on Assets 33 | 1.4 | • | • | 3.3 | 5.1 | 1.8 | 2.8 | 1.5 | 5.4 | 2.9 | 3.2 | 1.2 |
| Return on Equity 34 | 2.3 | • | • | 5.2 | 9.7 | 1.4 | 10.0 | 0.4 | 15.3 | 5.9 | 6.5 | 1.8 |
| Return Before Interest on Equity 35 | 5.4 | • | • | 7.6 | 11.5 | 3.5 | 18.1 | 4.1 | 20.0 | 9.6 | 9.7 | 4.7 |
| Profit Margin, Before Income Tax 36 | • | • | • | • | • | • | • | • | • | • | • | • |
| Profit Margin, After Income Tax 37 | • | • | • | • | • | • | • | • | • | • | • | • |

## Trends in Selected Ratios and Factors, 1986-1994

| | 1986 | 1987 | 1988 | 1989 | 1990 | 1991 | 1992 | 1993 | 1994 |
|---|---|---|---|---|---|---|---|---|---|
| Cost of Operations (%) 38 | 61.0 | 62.1 | 60.7 | 62.2 | 58.4 | 63.8 | 63.9 | 64.6 | 64.3 |
| Operating Margin (%) 39 | 3.6 | 2.8 | 2.1 | 1.2 | 4.2 | 8.3 | 6.1 | 5.5 | 4.9 |
| Oper. Margin Before Officers Comp. (%) 40 | 3.7 | 3.2 | 2.5 | 1.7 | 4.5 | 8.6 | 6.3 | 5.9 | 5.2 |
| Average Net Receivables ($) 41 | 299 | 603 | 587 | 539 | 1542 | 3571 | 6680 | 9118 | 10557 |
| Average Inventories ($) 42 | 17 | 0 | 2 | 1 | 4 | 10 | 13 | 16 | 4 |
| Average Net Worth ($) 43 | 15653 | 16711 | 19485 | 19520 | 26577 | 37311 | 50433 | 45576 | 49840 |
| Current Ratio (x1) 44 | 1.1 | 1.1 | 1.0 | 1.2 | 1.1 | 1.5 | 1.4 | 3.5 | 1.2 |
| Quick Ratio (x1) 45 | 0.9 | 0.9 | 0.8 | 1.0 | 0.8 | 1.2 | 1.2 | 2.9 | 0.9 |
| Coverage Ratio (x1) 46 | • | • | • | • | 3.6 | 13.7 | 7.3 | 4.9 | 5.0 |
| Asset Turnover (x1) 47 | 0.6 | 0.5 | 0.6 | 0.5 | 0.5 | 0.6 | 0.5 | 0.5 | 0.5 |
| Total Liabilities/Net Worth (x1) 48 | 1.9 | 2.0 | 2.1 | 3.0 | 2.6 | 2.4 | 2.7 | 3.2 | 2.8 |
| Return on Assets (%) 49 | • | • | • | • | 1.2 | 3.1 | 1.7 | 1.4 | 1.4 |
| Return on Equity (%) 50 | • | • | • | • | 1.8 | 6.7 | 2.8 | 3.0 | 2.3 |

## Table II

Corporations with Net Income

# MUTUAL PROPERTY AND CASUALTY INSURANCE COMPANIES

### MONEY AMOUNTS AND SIZE OF ASSETS IN THOUSANDS OF DOLLARS

| Item Description for Accounting Period 7/90 Through 6/91 | Total | Zero Assets | Under 100 | 100 to 250 | 251 to 500 | 501 to 1,000 | 1,001 to 5,000 | 5,001 to 10,000 | 10,001 to 25,000 | 25,001 to 50,000 | 50,001 to 100,000 | 100,001 to 250,000 | 250,001 and over |
|---|---|---|---|---|---|---|---|---|---|---|---|---|---|
| Number of Enterprises 1 | 933 | 5 | 15 | 7 | 35 | 84 | 371 | 79 | 92 | 80 | 48 | 48 | 70 |
| **Revenues ($ in Thousands)** | | | | | | | | | | | | | |
| Net Sales 2 | 84010 | 0 | 26 | 0 | 4 | 31 | 203 | 219 | 683 | 1458 | 1550 | 4378 | 75458 |
| Portfolio Income 3 | 13350 | • | 0 | 0 | 1 | 3 | 49 | 33 | 102 | 220 | 230 | 536 | 12176 |
| Other Revenues 4 | 1826 | 0 | 32 | 0 | 1 | 4 | 20 | 16 | 87 | 17 | 52 | 200 | 1397 |
| Total Revenues 5 | 99186 | 0 | 58 | 1 | 7 | 38 | 272 | 269 | 872 | 1695 | 1832 | 5113 | 89030 |
| Average Total Revenues 6 | 106309 | 9 | 3885 | 87 | 187 | 457 | 733 | 3402 | 9474 | 21185 | 38159 | 106530 | 1271861 |
| **Operating Costs/Operating Income (%)** | | | | | | | | | | | | | |
| Cost of Operations 7 | 63.6 | 9.1 | 93.6 | 16.6 | 47.7 | 48.5 | 38.9 | 49.5 | 45.8 | 55.6 | 59.4 | 61.2 | 64.3 |
| Rent 8 | 0.5 | • | • | 2.8 | • | 0.2 | 0.2 | 0.2 | 0.9 | 0.3 | 0.5 | 0.6 | 0.5 |
| Taxes Paid 9 | 2.5 | • | 1.4 | 10.2 | 0.5 | 0.5 | 3.6 | 1.8 | 2.2 | 3.0 | 2.3 | 2.3 | 2.6 |
| Interest Paid 10 | 0.6 | • | 0.9 | • | 1.5 | 0.6 | 0.1 | 0.2 | 0.5 | 0.1 | 0.4 | 0.2 | 0.7 |
| Depreciation, Depletion, Amortization 11 | 0.8 | • | • | • | 1.0 | 0.4 | 0.6 | 0.7 | 0.6 | 0.7 | 0.6 | 0.8 | 0.8 |
| Pensions and Other Benefits 12 | 1.1 | • | • | 0.7 | • | • | 0.9 | 0.8 | 0.9 | 0.9 | 0.9 | 1.0 | 1.1 |
| Other 13 | 24.0 | 45.5 | 4.0 | 47.2 | 39.9 | 32.6 | 35.4 | 30.2 | 32.2 | 25.5 | 23.7 | 24.5 | 23.9 |
| Officers Compensation 14 | 0.3 | 45.5 | • | • | • | 0.9 | 2.0 | 1.4 | 5.5 | 0.9 | 0.8 | 0.7 | 0.2 |
| Operating Margin 15 | 6.5 | 45.5 | 0.1 | 22.5 | 9.5 | 16.3 | 18.4 | 15.2 | 11.4 | 13.0 | 11.5 | 8.8 | 6.0 |
| Oper. Margin Before Officers Compensation 16 | 6.8 | 45.5 | 0.1 | 22.5 | 9.5 | 17.2 | 20.4 | 16.6 | 16.9 | 13.9 | 12.3 | 9.5 | 6.2 |
| **Selected Average Balance Sheet ($ in Thousands)** | | | | | | | | | | | | | |
| Net Receivables 17 | 10779 | • | • | 0 | 60 | 19 | 120 | 265 | 1157 | 1304 | 4553 | 8867 | 130465 |
| Inventories 18 | 5 | • | • | • | • | • | • | • | • | • | • | • | 44 |
| Net Property, Plant and Equipment 19 | 5164 | • | • | • | 17 | 60 | 52 | 149 | 234 | 626 | 2010 | 5203 | 62339 |
| Total Assets 20 | 218917 | • | 63 | 216 | 411 | 759 | 2078 | 6483 | 17238 | 36254 | 73531 | 167689 | 2668875 |

| | | | | | | | | | | | | |
|---|---|---|---|---|---|---|---|---|---|---|---|---|
| Notes and Loans Payable 21 | 4423 | 338 | • | • | 38 | 38 | 1 | 46 | 131 | 1021 | 1541 | 56661 |
| All Other Liabilities 22 | 150762 | 1877 | 24 | 191 | 322 | 817 | 6373 | 10418 | 25619 | 49260 | 107866 | 1846317 |
| Net Worth 23 | 63733 | -2152 | 193 | 220 | 400 | 1223 | 109 | 6774 | 10505 | 23249 | 58282 | 765897 |

## Selected Financial Ratios (Times to 1)

| | | | | | | | | | | | | |
|---|---|---|---|---|---|---|---|---|---|---|---|---|
| Current Ratio 24 | 1.2 | 5.1 | 10.8 | 2.0 | 1.8 | 2.6 | 1.5 | 1.7 | 1.3 | 1.2 | 1.2 | 1.2 |
| Quick Ratio 25 | 0.9 | 0.2 | 3.4 | 1.5 | 1.5 | 2.1 | 1.1 | 1.3 | 1.0 | 0.9 | 0.8 | 0.9 |
| Net Sales to Working Capital 26 | 4.5 | • | 0.5 | 1.0 | 1.9 | 0.8 | 2.3 | 2.1 | 4.5 | 4.9 | 5.8 | 4.6 |
| Coverage Ratio 27 | 6.8 | 1.1 | • | 7.2 | • | • | • | • | • | • | • | 5.6 |
| Total Asset Turnover 28 | 0.5 | • | 0.4 | 0.5 | 0.6 | 0.4 | 0.5 | 0.6 | 0.6 | 0.5 | 0.6 | 0.5 |
| Inventory Turnover 29 | • | • | • | • | • | • | • | • | • | • | • | • |
| Receivables Turnover 30 | • | • | • | • | • | • | • | • | • | • | • | • |
| Total Liabilities to Net Worth 31 | 2.4 | • | 0.1 | 0.9 | 0.9 | 0.7 | 1.6 | 1.6 | 2.5 | 2.2 | 1.9 | 2.5 |

## Selected Financial Factors (in Percentages)

| | | | | | | | | | | | | |
|---|---|---|---|---|---|---|---|---|---|---|---|---|
| Debt Ratio 32 | 70.9 | • | 11.0 | 46.5 | 47.4 | 41.2 | 98.3 | 60.7 | 71.0 | 68.4 | 65.3 | 71.3 |
| Return on Assets 33 | 2.0 | • | 9.1 | 4.8 | 9.8 | 5.7 | 6.6 | 5.0 | 6.4 | 5.0 | 4.4 | 1.8 |
| Return on Equity 34 | 4.0 | • | 8.6 | 6.6 | 16.8 | 7.4 | • | 8.5 | 17.1 | 11.1 | 9.0 | 3.2 |
| Return Before Interest on Equity 35 | 7.0 | • | 10.2 | 9.0 | 18.6 | 9.8 | • | 12.6 | 22.2 | 15.7 | 12.6 | 6.1 |
| Profit Margin, Before Income Tax 36 | • | • | • | • | • | • | • | • | • | • | • | • |
| Profit Margin, After Income Tax 37 | • | • | • | • | • | • | • | • | • | • | • | • |

## Trends in Selected Ratios and Factors, 1986-1994

| | 1986 | 1987 | 1988 | 1989 | 1990 | 1991 | 1992 | 1993 | 1994 |
|---|---|---|---|---|---|---|---|---|---|
| Cost of Operations (%) 38 | 59.2 | 59.2 | 57.1 | 55.2 | 57.5 | 57.6 | 58.2 | 59.1 | 63.6 |
| Operating Margin (%) 39 | 7.8 | 8.5 | 7.1 | 5.8 | 7.5 | 12.0 | 9.9 | 7.9 | 6.5 |
| Oper. Margin Before Officers Comp. (%) 40 | 7.9 | 8.8 | 7.4 | 6.5 | 7.8 | 12.3 | 10.2 | 8.5 | 6.8 |
| Average Net Receivables ($) 41 | 171 | 154 | 186 | 485 | 1365 | 3237 | 6675 | 10838 | 10779 |
| Average Inventories ($) 42 | 0 | • | 1 | 1 | 3 | 3 | 15 | 19 | 5 |
| Average Net Worth ($) 43 | 14995 | 14319 | 21210 | 9781 | 31986 | 43835 | 62555 | 35185 | 63733 |
| Current Ratio (x1) 44 | 1.2 | 1.2 | 1.2 | 1.2 | 1.1 | 1.6 | 1.7 | 2.7 | 1.2 |
| Quick Ratio (x1) 45 | 1.1 | 1.0 | 1.0 | 0.9 | 0.8 | 1.4 | 1.5 | 2.2 | 0.9 |
| Coverage Ratio (x1) 46 | 19.5 | 17.8 | 29.6 | 4.5 | 16.2 | 29.6 | 14.7 | 7.3 | 6.8 |
| Asset Turnover (x1) 47 | 0.6 | 0.5 | 0.5 | 0.5 | 0.5 | 0.5 | 0.5 | 0.5 | 0.5 |
| Operating Leverage 48 | • | 1.1 | 0.9 | 0.8 | 1.3 | 1.6 | 0.8 | 0.8 | 0.8 |
| Financial Leverage 49 | • | 1.0 | 1.1 | 0.9 | 1.2 | 1.0 | 0.9 | 1.0 | 0.9 |
| Total Leverage 50 | • | 1.1 | 0.9 | 0.7 | 1.5 | 1.5 | 0.8 | 0.8 | 0.7 |

## Table I

Corporations with and without Net Income

# STOCK PROPERTY AND CASUALTY INSURANCE COMPANIES

MONEY AMOUNTS AND SIZE OF ASSETS IN THOUSANDS OF DOLLARS

| Item Description for Accounting Period 7/90 Through 6/91 | Total | Zero Assets | Under 100 | 100 to 250 | 251 to 500 | 501 to 1,000 | 1,001 to 5,000 | 5,001 to 10,000 | 10,001 to 25,000 | 25,001 to 50,000 | 50,001 to 100,000 | 100,001 to 250,000 | 250,001 and over |
|---|---|---|---|---|---|---|---|---|---|---|---|---|---|
| Number of Enterprises **1** | 5354 | 69 | 2991 | 428 | 124 | 422 | 478 | 182 | 186 | 132 | 84 | 115 | 145 |
| **Revenues ($ in Thousands)** | | | | | | | | | | | | | |
| Net Sales **2** | 195816 | 120 | 52 | 79 | 23 | 558 | 1300 | 976 | 1908 | 3283 | 4384 | 11648 | 171484 |
| Portfolio Income **3** | 32595 | 28 | 1 | 2 | 1 | 25 | 50 | 69 | 171 | 241 | 368 | 1033 | 30605 |
| Other Revenues **4** | 8934 | 36 | 2 | 4 | 214 | 2 | 26 | 67 | 69 | 165 | 118 | 1217 | 7015 |
| Total Revenues **5** | 237344 | 183 | 55 | 85 | 239 | 585 | 1376 | 1112 | 2148 | 3689 | 4871 | 13898 | 209103 |
| Average Total Revenues **6** | 44330 | 2658 | 18 | 199 | 1923 | 1386 | 2879 | 6109 | 11548 | 27947 | 57983 | 120854 | 1442091 |
| **Operating Costs/Operating Income (%)** | | | | | | | | | | | | | |
| Cost of Operations **7** | 55.4 | 47.8 | 18.1 | 6.4 | 2.5 | 33.5 | 39.0 | 52.4 | 51.2 | 45.8 | 64.5 | 61.4 | 55.2 |
| Rent **8** | 1.0 | 1.9 | 1.9 | 6.7 | • | 5.7 | 1.0 | 0.7 | 1.1 | 1.0 | 0.7 | 0.9 | 1.0 |
| Taxes Paid **9** | 1.9 | 2.9 | 3.2 | 9.0 | 1.2 | 3.3 | 1.0 | 1.3 | 2.2 | 1.9 | 1.5 | 1.7 | 1.9 |
| Interest Paid **10** | 2.9 | 2.3 | 0.5 | 1.2 | • | 0.6 | 0.8 | 1.5 | 0.7 | 1.9 | 1.0 | 0.8 | 3.1 |
| Depreciation, Depletion, Amortization **11** | 0.9 | 1.6 | 4.5 | 1.1 | • | 2.1 | 1.0 | 0.7 | 0.6 | 1.0 | 0.5 | 0.7 | 0.9 |
| Pensions and Other Benefits **12** | 1.1 | 1.4 | • | 0.4 | • | 2.8 | 0.6 | 0.5 | 0.5 | 0.7 | 0.7 | 1.0 | 1.2 |
| Other **13** | 32.0 | 37.5 | 30.5 | 56.4 | 95.5 | 29.8 | 53.1 | 38.8 | 36.8 | 41.4 | 24.2 | 27.6 | 32.0 |
| Officers Compensation **14** | 0.6 | 2.1 | 23.0 | 9.2 | 0.1 | 15.9 | 1.8 | 1.6 | 2.0 | 1.4 | 0.8 | 0.9 | 0.5 |
| Operating Margin **15** | 4.4 | 2.7 | 18.4 | 9.6 | 0.7 | 6.2 | 1.9 | 2.7 | 5.0 | 4.9 | 6.1 | 5.0 | 4.3 |
| Oper. Margin Before Officers Compensation **16** | 5.0 | 4.8 | 41.4 | 18.9 | 0.8 | 22.1 | 3.7 | 4.3 | 7.0 | 6.3 | 7.0 | 5.9 | 4.8 |
| **Selected Average Balance Sheet ($ in Thousands)** | | | | | | | | | | | | | |
| Net Receivables **17** | 9674 | • | 0 | 23 | 30 | 112 | 152 | 622 | 1333 | 3580 | 6579 | 12982 | 336430 |
| Inventories **18** | 364 | • | • | • | • | • | • | 2 | • | 2 | 0 | 136 | 13344 |
| Net Property, Plant and Equipment **19** | 2743 | • | 3 | 22 | 0 | 75 | 109 | 259 | 293 | 1182 | 1615 | 4878 | 94024 |
| Total Assets **20** | 104411 | | 17 | 182 | 429 | 743 | 2160 | 6819 | 16440 | 35281 | 74083 | 159507 | 3613580 |

| | | | | | | | | | | | | | |
|---|---|---|---|---|---|---|---|---|---|---|---|---|---|
| Notes and Loans Payable 21 | 10323 | • | 3 | 35 | 1 | 81 | 327 | 760 | 732 | 3208 | 4681 | 11379 | 363155 |
| All Other Liabilities 22 | 67410 | • | 5 | 38 | 281 | 372 | 1204 | 3715 | 10125 | 27285 | 50021 | 107782 | 2326595 |
| Net Worth 23 | 26678 | • | 8 | 110 | 147 | 290 | 629 | 2345 | 5583 | 4788 | 19381 | 40346 | 923830 |

### Selected Financial Ratios (Times to 1)

| | | | | | | | | | | | | | |
|---|---|---|---|---|---|---|---|---|---|---|---|---|---|
| Current Ratio 24 | 1.1 | • | 2.8 | 3.7 | 2.0 | 2.4 | 1.5 | 1.5 | 1.8 | 1.1 | 1.2 | 1.3 | 1.1 |
| Quick Ratio 25 | 0.7 | • | 2.4 | 2.7 | 1.4 | 2.1 | 1.2 | 1.2 | 1.4 | 0.8 | 0.8 | 0.9 | 0.7 |
| Net Sales to Working Capital 26 | 9.4 | • | 2.6 | 2.6 | 24.4 | 4.5 | 6.1 | 4.5 | 2.3 | 20.3 | 7.4 | 5.3 | 10.3 |
| Coverage Ratio 27 | 2.1 | 2.2 | 9.3 | • | • | 11.3 | 3.3 | 2.6 | 7.1 | 3.2 | 6.1 | 5.8 | 1.9 |
| Total Asset Turnover 28 | 0.4 | • | 1.1 | 1.1 | 4.5 | 1.9 | 1.3 | 0.9 | 0.7 | 0.8 | 0.8 | 0.8 | 0.4 |
| Inventory Turnover 29 | • | • | • | • | • | • | • | • | • | • | • | • | • |
| Receivables Turnover 30 | • | • | • | • | • | • | • | • | • | • | • | • | • |
| Total Liabilities to Net Worth 31 | 2.9 | • | 1.0 | 0.7 | 1.9 | 1.6 | 2.4 | 1.9 | 2.0 | 6.4 | 2.8 | 3.0 | 2.9 |

### Selected Financial Factors (in Percentages)

| | | | | | | | | | | | | | |
|---|---|---|---|---|---|---|---|---|---|---|---|---|---|
| Debt Ratio 32 | 74.5 | • | 50.3 | 39.8 | 65.7 | 60.9 | 70.9 | 65.6 | 66.1 | 86.4 | 73.8 | 74.7 | 74.4 |
| Return on Assets 33 | 2.5 | • | 20.8 | 11.8 | 3.0 | 12.5 | 3.4 | 3.4 | 3.4 | 4.9 | 4.6 | 3.7 | 2.4 |
| Return on Equity 34 | 3.2 | • | 34.9 | 15.3 | 5.7 | 26.7 | 5.0 | 2.3 | 5.1 | 17.0 | 9.3 | 8.3 | 2.8 |
| Return Before Interest on Equity 35 | 9.8 | • | 19.6 | 8.8 | 32.1 | 11.6 | 10.0 | 10.1 | 17.7 | • | 14.6 | 9.4 |
| Profit Margin, Before Income Tax 36 | • | • | • | • | • | • | • | • | • | • | • | • | • |
| Profit Margin, After Income Tax 37 | • | • | • | • | • | • | • | • | • | • | • | • | • |

### Trends in Selected Ratios and Factors, 1986–1994

| | 1986 | 1987 | 1988 | 1989 | 1990 | 1991 | 1992 | 1993 | 1994 |
|---|---|---|---|---|---|---|---|---|---|
| Cost of Operations (%) 38 | 45.4 | 36.1 | 48.1 | 43.6 | 39.0 | 57.0 | 56.6 | 55.7 | 55.4 |
| Operating Margin (%) 39 | 1.7 | 1.8 | • | • | 5.2 | 5.4 | 5.2 | 5.6 | 4.4 |
| Oper. Margin Before Officers Comp. (%) 40 | 2.3 | 2.6 | 0.8 | 1.0 | 5.9 | 5.9 | 5.7 | 6.0 | 5.0 |
| Average Net Receivables ($) 41 | 6827 | 7023 | 2806 | 4534 | 4144 | 9014 | 7972 | 10533 | 9674 |
| Average Inventories ($) 42 | 281 | 306 | 168 | 90 | 313 | 520 | 415 | 539 | 364 |
| Average Net Worth ($) 43 | 18701 | 15361 | 9284 | 13138 | 18295 | 25572 | 25591 | 27541 | 26678 |
| Current Ratio (x1) 44 | 1.3 | 1.4 | 1.2 | 1.1 | 1.4 | 1.3 | 1.4 | 2.0 | 1.1 |
| Quick Ratio (x1) 45 | 1.1 | 1.1 | 0.9 | 0.8 | 1.1 | 1.0 | 1.0 | 1.4 | 0.7 |
| Coverage Ratio (x1) 46 | 0.9 | 0.9 | 0.4 | 0.4 | 2.5 | 2.6 | 2.6 | 2.4 | 2.1 |
| Asset Turnover (x1) 47 | 0.4 | 0.3 | 0.4 | 0.3 | 0.4 | 0.4 | 0.4 | 0.4 | 0.4 |
| Total Liabilities/Net Worth (x1) 48 | 2.3 | 2.5 | 3.2 | 2.3 | 2.2 | 2.6 | 2.7 | 2.8 | 2.9 |
| Return on Assets (x1) 49 | 1.2 | 1.4 | 0.4 | 0.4 | 2.1 | 2.6 | 2.5 | 2.9 | 2.5 |
| Return on Equity (%) 50 | • | • | • | • | 3.0 | 4.0 | 4.0 | 4.7 | 3.2 |

## Table II
Corporations with Net Income

# STOCK PROPERTY AND CASUALTY INSURANCE COMPANIES

MONEY AMOUNTS AND SIZE OF ASSETS IN THOUSANDS OF DOLLARS

| Item Description for Accounting Period 7/90 Through 6/91 | Total | Zero Assets | Under 100 | 100 to 250 | 251 to 500 | 501 to 1,000 | 1,001 to 5,000 | 5,001 to 10,000 | 10,001 to 25,000 | 25,001 to 50,000 | 50,001 to 100,000 | 100,001 to 250,000 | 250,001 and over |
|---|---|---|---|---|---|---|---|---|---|---|---|---|---|
| Number of Enterprises **1** | 3190 | 43 | 1351 | 387 | 100 | 378 | 316 | 109 | 137 | 94 | 67 | 95 | 115 |
| **Revenues ($ in Thousands)** | | | | | | | | | | | | | |
| Net Sales **2** | 160643 | 24 | 42 | 60 | 19 | 548 | 847 | 707 | 1427 | 2693 | 3297 | 10282 | 140696 |
| Portfolio Income **3** | 27563 | 11 | 1 | 2 | 1 | 24 | 33 | 41 | 145 | 165 | 293 | 854 | 25994 |
| Other Revenues **4** | 7694 | 33 | 0 | 4 | 214 | 2 | 16 | 44 | 49 | 138 | 97 | 1158 | 5941 |
| Total Revenues **5** | 195900 | 68 | 43 | 65 | 234 | 573 | 896 | 791 | 1621 | 2996 | 3688 | 12294 | 172630 |
| Average Total Revenues **6** | 61411 | 1574 | 32 | 169 | 2335 | 1517 | 2837 | 7259 | 11835 | 31869 | 55043 | 129410 | 1501134 |
| **Operating Costs/Operating Income (%)** | | | | | | | | | | | | | |
| Cost of Operations **7** | 55.0 | 17.8 | 14.2 | 3.8 | 1.6 | 33.7 | 24.5 | 49.7 | 45.9 | 43.9 | 59.4 | 60.0 | 55.2 |
| Rent **8** | 0.9 | 1.4 | 0.8 | 8.3 | • | 5.6 | 0.7 | 0.4 | 1.1 | 0.8 | 0.8 | 0.9 | 0.9 |
| Taxes Paid **9** | 1.8 | 2.8 | 2.9 | 11.1 | 1.2 | 3.3 | 0.8 | 1.1 | 2.4 | 1.6 | 1.6 | 1.6 | 1.8 |
| Interest Paid **10** | 2.8 | 3.7 | • | 1.3 | • | 0.6 | 0.8 | 0.9 | 0.7 | 1.5 | 0.7 | 0.7 | 3.0 |
| Depreciation, Depletion, Amortization **11** | 0.9 | 0.7 | 2.9 | 1.1 | • | 2.1 | 0.4 | 0.7 | 0.5 | 0.7 | 0.6 | 0.7 | 0.9 |
| Pensions and Other Benefits **12** | 1.2 | 1.5 | • | • | • | 2.9 | 0.5 | 0.6 | 0.4 | 0.6 | 0.8 | 0.9 | 1.2 |
| Other **13** | 30.9 | 62.5 | 15.5 | 49.0 | 96.1 | 29.2 | 65.0 | 39.2 | 38.9 | 41.7 | 25.5 | 26.9 | 30.8 |
| Officers Compensation **14** | 0.6 | 1.6 | • | 9.6 | • | 16.0 | 1.0 | 0.3 | 1.3 | 1.2 | 0.9 | 0.8 | 0.5 |
| Operating Margin **15** | 6.1 | 8.2 | 63.8 | 15.9 | 1.1 | 6.7 | 6.5 | 7.3 | 8.9 | 8.1 | 9.8 | 7.6 | 5.8 |
| Oper. Margin Before Officers Compensation **16** | 6.6 | 9.8 | 63.8 | 25.5 | 1.1 | 22.6 | 7.5 | 7.6 | 10.2 | 9.2 | 10.7 | 8.4 | 6.3 |
| **Selected Average Balance Sheet ($ in Thousands)** | | | | | | | | | | | | | |
| Net Receivables **17** | 13974 | • | 0 | 23 | 29 | 125 | 155 | 783 | 796 | 3922 | 6689 | 13020 | 367124 |
| Inventories **18** | 588 | • | • | • | • | • | • | • | • | 3 | 0 | 4 | 16297 |
| Net Property, Plant and Equipment **19** | 3960 | • | 1 | 23 | 1 | 78 | 95 | 317 | 258 | 764 | 1607 | 4383 | 103433 |
| Total Assets **20** | 147778 | • | 25 | 182 | 454 | 747 | 2192 | 6773 | 16390 | 34712 | 73840 | 160461 | 3859570 |

## Selected Financial Ratios and Factors

| | 21 | | | | | | | | | | | | |
|---|---|---|---|---|---|---|---|---|---|---|---|---|---|
| Notes and Loans Payable 21 | 14669 | • | 0 | 35 | 1 | 87 | 247 | 1115 | 733 | 2079 | 4359 | 10034 | 391359 |
| All Other Liabilities 22 | 93283 | • | 5 | 19 | 286 | 244 | 1052 | 2835 | 9424 | 26523 | 46986 | 103325 | 2435213 |
| Net Worth 23 | 39826 | • | 19 | 128 | 168 | 416 | 893 | 2824 | 6232 | 6110 | 22495 | 47102 | 1032998 |

### Selected Financial Ratios (Times to 1)

| | | | | | | | | | | | | | |
|---|---|---|---|---|---|---|---|---|---|---|---|---|---|
| Current Ratio 24 | 1.1 | • | 5.1 | 4.7 | 1.9 | 2.5 | 1.7 | 1.6 | 1.8 | 1.1 | 1.3 | 1.4 | 1.1 |
| Quick Ratio 25 | 0.7 | • | 4.7 | 3.6 | 1.4 | 2.4 | 1.4 | 1.3 | 1.4 | 0.8 | 0.9 | 0.9 | 0.7 |
| Net Sales to Working Capital 26 | 10.0 | • | 2.0 | 2.1 | 40.9 | 4.8 | 5.4 | 4.5 | 2.3 | 16.4 | 4.9 | 4.8 | 11.7 |
| Coverage Ratio 27 | 2.7 | 3.2 | • | 12.9 | 5.2 | 12.1 | 9.7 | 9.3 | 13.1 | 6.2 | 13.0 | 10.6 | 2.4 |
| Total Asset Turnover 28 | 0.4 | • | 1.3 | 0.9 | 5.2 | 2.0 | 1.3 | 1.1 | 0.7 | 0.9 | 0.8 | 0.8 | 0.4 |
| Inventory Turnover 29 | • | • | • | • | • | • | • | • | • | • | • | • | • |
| Receivables Turnover 30 | • | • | • | • | • | • | • | • | • | • | • | • | • |
| Total Liabilities to Net Worth 31 | 2.7 | • | 0.3 | 0.4 | 1.7 | 0.8 | 1.5 | 1.4 | 1.6 | 4.7 | 2.3 | 2.4 | 2.7 |

### Selected Financial Factors (in Percentages)

| | | | | | | | | | | | | | |
|---|---|---|---|---|---|---|---|---|---|---|---|---|---|
| Debt Ratio 32 | 73.1 | • | 21.0 | 29.9 | 63.1 | 44.3 | 59.3 | 58.3 | 62.0 | 82.4 | 69.5 | 70.7 | 73.2 |
| Return on Assets 33 | 3.0 | • | 16.0 | 5.3 | 14.5 | 9.3 | 8.4 | 6.3 | 8.3 | 6.7 | 5.9 | | 2.8 |
| Return on Equity 34 | 5.0 | • | 18.9 | 11.1 | 21.9 | 17.2 | 12.8 | 11.1 | 31.1 | 14.5 | 14.5 | | 4.2 |
| Return Before Interest on Equity 35 | 11.2 | | 22.8 | 14.4 | 26.0 | 22.9 | 20.2 | 16.7 | 22.1 | 20.2 | | 10.5 | |
| Profit Margin, Before Income Tax 36 | • | • | • | • | • | • | • | • | • | • | • | • | • |
| Profit Margin, After Income Tax 37 | • | • | • | • | • | • | • | • | • | • | • | • | • |

### Trends in Selected Ratios and Factors, 1986-1994

| | 1986 | 1987 | 1988 | 1989 | 1990 | 1991 | 1992 | 1993 | 1994 |
|---|---|---|---|---|---|---|---|---|---|
| Cost of Operations (%) 38 | 41.8 | 32.3 | 49.7 | 49.6 | 37.8 | 49.4 | 49.7 | 52.4 | 55.0 |
| Operating Margin (%) 39 | 3.9 | 4.8 | 4.1 | 8.1 | 8.2 | 9.8 | 8.1 | 7.2 | 6.1 |
| Oper. Margin Before Officers Comp. (%) 40 | 4.5 | 5.6 | 4.7 | 9.8 | 8.8 | 10.3 | 8.7 | 7.7 | 6.6 |
| Average Net Receivables ($) 41 | 6708 | 7322 | 1996 | 4392 | 5344 | 13748 | 13519 | 13274 | 13974 |
| Average Inventories ($) 42 | 288 | 485 | 230 | 95 | 473 | 904 | 812 | 593 | 588 |
| Average Net Worth ($) 43 | 19388 | 11470 | 6502 | 5399 | 25196 | 44021 | 48937 | 34875 | 39826 |
| Current Ratio (x1) 44 | 1.5 | 1.4 | 1.4 | 1.1 | 1.4 | 1.4 | 1.5 | 2.0 | 1.1 |
| Quick Ratio (x1) 45 | 1.2 | 1.2 | 1.0 | 0.9 | 1.1 | 1.1 | 1.0 | 1.5 | 0.7 |
| Coverage Ratio (x1) 46 | 1.6 | 1.6 | 2.8 | 2.6 | 3.6 | 3.8 | 3.4 | 2.8 | 2.7 |
| Asset Turnover (x1) 47 | 0.3 | 0.3 | 0.4 | 0.4 | 0.3 | 0.4 | 0.4 | 0.4 | 0.4 |
| Operating Leverage 48 | • | 1.3 | 0.9 | 2.0 | 1.0 | 1.2 | 0.8 | 0.9 | 0.9 |
| Financial Leverage 49 | • | 1.1 | 1.7 | 1.1 | 1.2 | 1.0 | 0.9 | 0.9 | 0.9 |
| Total Leverage 50 | • | 1.4 | 1.4 | 2.1 | 1.3 | 1.2 | 0.8 | 0.8 | 0.8 |

## Table I

Corporations with and without Net Income

# INSURANCE AGENTS, BROKERS, AND SERVICE

**MONEY AMOUNTS AND SIZE OF ASSETS IN THOUSANDS OF DOLLARS**

| Item Description for Accounting Period 7/90 Through 6/91 | Total | Zero Assets | Under 100 | 100 to 250 | 251 to 500 | 501 to 1,000 | 1,001 to 5,000 | 5,001 to 10,000 | 10,001 to 25,000 | 25,001 to 50,000 | 50,001 to 100,000 | 100,001 to 250,000 | 250,001 and over |
|---|---|---|---|---|---|---|---|---|---|---|---|---|---|
| Number of Enterprises **1** | 68645 | 3825 | 39618 | 10561 | 6677 | 4124 | 3252 | 346 | 139 | 60 | 20 | 8 | 15 |
| **Revenues ($ in Thousands)** | | | | | | | | | | | | | |
| Net Sales **2** | 37248 | 482 | 6299 | 4307 | 3751 | 4032 | 5652 | 2231 | 1350 | 1544 | 658 | 572 | 6370 |
| Portfolio Income **3** | 1225 | 17 | 32 | 37 | 60 | 93 | 171 | 53 | 53 | 55 | 48 | 48 | 555 |
| Other Revenues **4** | 1160 | 1 | 174 | 56 | 109 | 55 | 166 | 83 | 150 | 63 | 28 | 23 | 251 |
| Total Revenues **5** | 39633 | 500 | 6505 | 4400 | 3921 | 4180 | 5989 | 2368 | 1553 | 1662 | 735 | 643 | 7177 |
| Average Total Revenues **6** | 577 | 131 | 164 | 417 | 587 | 1014 | 1842 | 6843 | 11173 | 27701 | 36771 | 80329 | 478461 |
| **Operating Costs/Operating Income (%)** | | | | | | | | | | | | | |
| Cost of Operations **7** | 13.8 | 4.1 | 16.1 | 13.8 | 11.1 | 18.8 | 13.3 | 30.8 | 7.3 | 18.3 | 14.8 | 17.6 | 5.7 |
| Rent **8** | 4.1 | 2.9 | 3.7 | 4.1 | 4.5 | 3.5 | 3.6 | 3.7 | 2.7 | 3.6 | 3.5 | 1.5 | 6.0 |
| Taxes Paid **9** | 3.3 | 6.9 | 2.5 | 3.6 | 3.7 | 3.4 | 3.0 | 2.2 | 3.4 | 2.5 | 2.0 | 3.3 | 4.2 |
| Interest Paid **10** | 1.9 | 0.7 | 0.8 | 1.3 | 1.8 | 1.8 | 2.3 | 1.1 | 2.4 | 3.2 | 3.1 | 2.9 | 3.0 |
| Depreciation, Depletion, Amortization **11** | 2.8 | 1.1 | 1.3 | 2.7 | 3.7 | 2.6 | 3.6 | 1.9 | 3.2 | 2.6 | 4.2 | 3.1 | 3.2 |
| Pensions and Other Benefits **12** | 3.4 | 0.7 | 3.1 | 2.6 | 3.7 | 3.9 | 3.4 | 2.3 | 3.2 | 3.4 | 3.7 | 2.1 | 4.4 |
| Other **13** | 52.3 | 76.4 | 54.8 | 50.1 | 48.8 | 47.6 | 51.3 | 41.5 | 61.9 | 58.0 | 57.7 | 57.5 | 54.6 |
| Officers Compensation **14** | 12.9 | 9.4 | 11.9 | 19.5 | 22.0 | 17.1 | 15.5 | 11.0 | 10.0 | 5.4 | 6.0 | 4.4 | 4.9 |
| Operating Margin **15** | 5.5 | * | 5.9 | 2.3 | 0.9 | 1.5 | 4.0 | 5.4 | 6.1 | 3.0 | 5.2 | 7.7 | 14.1 |
| Oper. Margin Before Officers Compensation **16** | 18.4 | 7.3 | 17.7 | 21.8 | 22.9 | 18.6 | 19.5 | 16.4 | 16.1 | 8.3 | 11.1 | 12.2 | 19.0 |
| **Selected Average Balance Sheet ($ in Thousands)** | | | | | | | | | | | | | |
| Net Receivables **17** | 167 | * | 4 | 33 | 79 | 148 | 625 | 2274 | 5678 | 11486 | 21675 | 25623 | 325977 |
| Inventories **18** | 0 | * | 0 | * | 0 | * | 0 | 0 | 28 | 5 | 172 | 1258 | * |
| Net Property, Plant and Equipment **19** | 55 | * | 6 | 34 | 55 | 88 | 206 | 554 | 1290 | 2754 | 4561 | 6962 | 72795 |
| Total Assets **20** | 576 | * | 25 | 167 | 355 | 693 | 1890 | 6582 | 14368 | 34811 | 76444 | 149626 | 1086710 |

| | | | | | | | | | | | | |
|---|---|---|---|---|---|---|---|---|---|---|---|---|
| Notes and Loans Payable **21** | 109 | • | 13 | 71 | 96 | 170 | 474 | 925 | 2468 | 6572 | 9962 | 34582 | 117118 |
| All Other Liabilities **22** | 296 | • | 11 | 64 | 168 | 335 | 1155 | 4127 | 9272 | 19501 | 46653 | 77883 | 502297 |
| Net Worth **23** | 171 | • | 1 | 31 | 90 | 188 | 261 | 1529 | 2628 | 8738 | 19830 | 37163 | 467296 |

### Selected Financial Ratios (Times to 1)

| | | | | | | | | | | | | |
|---|---|---|---|---|---|---|---|---|---|---|---|---|
| Current Ratio **24** | 1.1 | • | 1.0 | 1.2 | 1.0 | 1.2 | 1.0 | 1.0 | 1.1 | 1.3 | 1.0 | 1.2 | 1.2 |
| Quick Ratio **25** | 1.0 | • | 0.9 | 1.1 | 0.9 | 1.1 | 0.9 | 0.9 | 1.0 | 1.1 | 0.9 | 0.8 | 1.1 |
| Net Sales to Working Capital **26** | 19.2 | • | • | 30.7 | • | 14.9 | • | • | 11.8 | 5.7 | • | 5.1 | 6.4 |
| Coverage Ratio **27** | 3.9 | • | 8.2 | 2.8 | 1.5 | 1.8 | 2.7 | 5.7 | 3.6 | 1.9 | 2.6 | 3.4 | 6.1 |
| Total Asset Turnover **28** | 1.0 | • | 6.6 | 2.5 | 1.7 | 1.5 | 1.0 | 1.0 | 0.8 | 0.8 | 0.5 | 0.5 | 0.5 |
| Inventory Turnover **29** | • | • | • | • | • | • | • | • | • | • | • | • | • |
| Receivables Turnover **30** | • | • | • | • | • | • | • | • | • | • | • | • | • |
| Total Liabilities to Net Worth **31** | 2.4 | • | 32.9 | 4.3 | 2.9 | 2.7 | 6.2 | 3.3 | 4.5 | 3.0 | 2.9 | 3.0 | 1.3 |

### Selected Financial Factors (in Percentages)

| | | | | | | | | | | | | |
|---|---|---|---|---|---|---|---|---|---|---|---|---|
| Debt Ratio **32** | 70.4 | 97.1 | 81.1 | 74.5 | 72.8 | 86.2 | 76.8 | 81.7 | 74.9 | 74.1 | 75.2 | 57.0 |
| Return on Assets **33** | 7.6 | • | 8.9 | 4.4 | 4.6 | 6.1 | 6.7 | 6.6 | 4.8 | 3.8 | 5.2 | 8.0 |
| Return on Equity **34** | 14.4 | • | 26.7 | 4.0 | 4.7 | 24.2 | 19.7 | 21.6 | 3.8 | 5.6 | 9.2 | 10.4 |
| Return Before Interest on Equity **35** | 25.6 | • | • | 17.2 | 17.1 | • | 28.9 | 18.9 | 18.9 | 14.7 | 20.8 | 18.6 |
| Profit Margin, Before Income Tax **36** | • | • | • | • | • | • | • | • | • | • | • | • |
| Profit Margin, After Income Tax **37** | • | • | • | • | • | • | • | • | • | • | • | • |

### Trends in Selected Ratios and Factors, 1986–1994

| | 1986 | 1987 | 1988 | 1989 | 1990 | 1991 | 1992 | 1993 | 1994 |
|---|---|---|---|---|---|---|---|---|---|
| Cost of Operations (%) **38** | 20.1 | 24.8 | 19.1 | 21.0 | 19.2 | 16.7 | 15.2 | 12.6 | 13.8 |
| Operating Margin (%) **39** | 3.4 | 1.9 | 1.6 | 3.4 | 4.0 | 6.9 | 6.7 | 5.7 | 5.5 |
| Oper. Margin Before Officers Comp. (%) **40** | 17.2 | 14.3 | 13.7 | 15.6 | 15.4 | 20.2 | 19.9 | 19.4 | 18.4 |
| Average Net Receivables ($) **41** | 114 | 112 | 134 | 168 | 183 | 167 | 151 | 156 | 167 |
| Average Inventories ($) **42** | 1 | 1 | 1 | 1 | 0 | 0 | 0 | 0 | 0 |
| Average Net Worth ($) **43** | 124 | 105 | 117 | 128 | 278 | 133 | 162 | 134 | 171 |
| Current Ratio (×1) **44** | 1.1 | 1.0 | 1.0 | 1.0 | 1.1 | 1.0 | 1.1 | 1.1 | 1.1 |
| Quick Ratio (×1) **45** | 1.0 | 0.9 | 0.8 | 0.9 | 0.9 | 0.9 | 1.0 | 1.0 | 1.0 |
| Coverage Ratio (×1) **46** | 2.3 | 1.7 | 1.6 | 2.6 | 2.3 | 4.5 | 4.4 | 3.9 | 3.9 |
| Asset Turnover (×1) **47** | 0.9 | 0.9 | 0.9 | 0.9 | 0.6 | 0.9 | 1.0 | 1.0 | 1.0 |
| Total Liabilities/Net Worth (×1) **48** | 2.3 | 3.3 | 3.2 | 3.3 | 2.6 | 3.4 | 2.4 | 2.9 | 2.4 |
| Return on Assets (×1) **49** | 5.4 | 3.7 | 3.7 | 4.8 | 3.3 | 8.0 | 8.4 | 7.5 | 7.6 |
| Return on Equity (%) **50** | 5.7 | 3.0 | 1.9 | 6.0 | 2.6 | 19.9 | 16.3 | 17.0 | 14.4 |

## Table II

Corporations with Net Income

# INSURANCE AGENTS, BROKERS, AND SERVICE

**MONEY AMOUNTS AND SIZE OF ASSETS IN THOUSANDS OF DOLLARS**

| Item Description for Accounting Period 7/90 Through 6/91 | | Total | Zero Assets | Under 100 | 100 to 250 | 251 to 500 | 501 to 1,000 | 1,001 to 5,000 | 5,001 to 10,000 | 10,001 to 25,000 | 25,001 to 50,000 | 50,001 to 100,000 | 100,001 to 250,000 | 250,001 and over |
|---|---|---|---|---|---|---|---|---|---|---|---|---|---|---|
| Number of Enterprises | 1 | 42425 | 1254 | • | • | 3971 | • | 2195 | 278 | 93 | 35 | 13 | • | • |

**Revenues ($ in Thousands)**

| | | | | | | | | | | | | | | |
|---|---|---|---|---|---|---|---|---|---|---|---|---|---|---|
| Net Sales | 2 | 27064 | 394 | • | • | 2221 | • | 3610 | 1812 | 961 | 996 | 522 | • | • |
| Portfolio Income | 3 | 982 | 14 | • | • | 32 | • | 130 | 46 | 35 | 38 | 36 | • | • |
| Other Revenues | 4 | 732 | 1 | • | • | 69 | • | 127 | 35 | 58 | 45 | 14 | • | • |
| Total Revenues | 5 | 28779 | 409 | • | • | 2322 | • | 3868 | 1894 | 1054 | 1079 | 572 | • | • |
| Average Total Revenues | 6 | 678 | 326 | • | • | 585 | • | 1762 | 6811 | 11333 | 30834 | 44011 | • | • |

**Operating Costs/Operating Income (%)**

| | | | | | | | | | | | | | | |
|---|---|---|---|---|---|---|---|---|---|---|---|---|---|---|
| Cost of Operations | 7 | 13.1 | 5.0 | • | • | 12.6 | • | 7.1 | 36.1 | 4.5 | 12.1 | 17.1 | • | • |
| Rent | 8 | 3.8 | 1.9 | • | • | 4.2 | • | 3.4 | 3.3 | 3.0 | 3.1 | 3.7 | • | • |
| Taxes Paid | 9 | 3.3 | 7.9 | • | • | 4.0 | • | 3.0 | 2.1 | 3.9 | 2.7 | 1.7 | • | • |
| Interest Paid | 10 | 1.8 | 0.5 | • | • | 1.4 | • | 2.1 | 1.3 | 1.8 | 2.2 | 3.7 | • | • |
| Depreciation, Depletion, Amortization | 11 | 2.5 | 0.7 | • | • | 3.3 | • | 3.1 | 2.0 | 2.6 | 2.5 | 3.6 | • | • |
| Pensions and Other Benefits | 12 | 3.2 | 0.5 | • | • | 4.4 | • | 3.8 | 2.0 | 3.6 | 3.2 | 4.4 | • | • |
| Other | 13 | 49.6 | 66.5 | • | • | 42.7 | • | 50.3 | 33.7 | 57.9 | 60.1 | 52.2 | • | • |
| Officers Compensation | 14 | 12.2 | 10.6 | • | • | 21.1 | • | 17.3 | 10.4 | 11.5 | 5.5 | 4.8 | • | • |
| Operating Margin | 15 | 10.5 | 6.5 | • | • | 6.4 | • | 9.9 | 9.2 | 11.3 | 8.7 | 9.0 | • | • |
| Oper. Margin Before Officers Compensation | 16 | 22.8 | 17.0 | • | • | 27.5 | • | 27.2 | 19.6 | 22.8 | 14.1 | 13.8 | • | • |

**Selected Average Balance Sheet ($ in Thousands)**

| | | | | | | | | | | | | | | |
|---|---|---|---|---|---|---|---|---|---|---|---|---|---|---|
| Net Receivables | 17 | 206 | • | • | • | 85 | • | 665 | 2210 | 4765 | 12050 | 22710 | • | • |
| Inventories | 18 | 0 | • | • | • | 0 | • | 0 | 0 | 24 | 9 | 264 | • | • |
| Net Property, Plant and Equipment | 19 | 67 | • | • | • | 53 | • | 211 | 625 | 925 | 2359 | 5648 | • | • |
| Total Assets | 20 | 708 | • | • | • | 361 | • | 1871 | 6720 | 14225 | 36313 | 73158 | • | • |

| | | | | | | | | | |
|---|---|---|---|---|---|---|---|---|---|
| Notes and Loans Payable 21 | 116 | • | • | 64 | 362 | 1021 | 1947 | 7210 | 14313 |
| All Other Liabilities 22 | 348 | • | • | 171 | 1118 | 3816 | 8824 | 19996 | 45028 |
| Net Worth 23 | 244 | • | • | 126 | 391 | 1882 | 3454 | 9107 | 13817 |

**Selected Financial Ratios (Times to 1)**

| | | | | | | | | |
|---|---|---|---|---|---|---|---|---|
| Current Ratio 24 | 1.2 | • | 1.1 | 1.1 | 1.1 | 1.1 | 1.2 | 1.0 |
| Quick Ratio 25 | 1.1 | • | 1.0 | 1.0 | 1.0 | 1.0 | 1.1 | 0.9 |
| Net Sales to Working Capital 26 | 12.4 | • | 23.5 | 26.2 | 24.7 | 9.9 | 7.6 | • |
| Coverage Ratio 27 | 7.0 | 14.0 | 5.6 | 5.8 | 8.3 | 7.2 | 4.8 | 3.3 |
| Total Asset Turnover 28 | 1.0 | • | 1.6 | 1.0 | 1.0 | 0.8 | 0.9 | 0.6 |
| Inventory Turnover 29 | • | • | • | • | • | • | • | • |
| Receivables Turnover 30 | • | • | • | • | • | • | • | • |
| Total Liabilities to Net Worth 31 | 1.9 | • | 1.9 | 3.8 | 2.6 | 3.1 | 3.0 | 4.3 |

**Selected Financial Factors (in Percentages)**

| | | | | | | | | |
|---|---|---|---|---|---|---|---|---|
| Debt Ratio 32 | 65.6 | • | 65.2 | 79.1 | 72.0 | 75.7 | 74.9 | 81.1 |
| Return on Assets 33 | 12.0 | • | 12.6 | 11.3 | 10.5 | 10.4 | 9.0 | 7.4 |
| Return on Equity 34 | 24.7 | • | 27.8 | 28.8 | 32.0 | 20.4 | 20.1 | |
| Return Before Interest on Equity 35 | 35.0 | • | • | • | • | • | | |
| Profit Margin, Before Income Tax 36 | | | • | | | | | |
| Profit Margin, After Income Tax 37 | | | • | | | | | |

**Trends in Selected Ratios and Factors, 1986-1994**

| | 1986 | 1987 | 1988 | 1989 | 1990 | 1991 | 1992 | 1993 | 1994 |
|---|---|---|---|---|---|---|---|---|---|
| Cost of Operations (%) 38 | 16.6 | 22.1 | 15.6 | 16.4 | 13.7 | 15.3 | 13.8 | 12.5 | 13.1 |
| Operating Margin (%) 39 | 8.5 | 7.6 | 7.7 | 10.4 | 10.9 | 10.9 | 12.0 | 10.0 | 10.5 |
| Oper. Margin Before Officers Comp. (%) 40 | 23.8 | 21.5 | 20.9 | 24.2 | 24.5 | 24.2 | 24.7 | 22.5 | 22.8 |
| Average Net Receivables ($) 41 | 121 | 112 | 123 | 193 | 183 | 197 | 197 | 176 | 206 |
| Average Inventories ($) 42 | 1 | 1 | 0 | 1 | 0 | 0 | 0 | 0 | 0 |
| Average Net Worth ($) 43 | 171 | 138 | 138 | 174 | 237 | 174 | 233 | 187 | 244 |
| Current Ratio (x1) 44 | 1.2 | 1.2 | 1.0 | 1.1 | 1.1 | 1.0 | 1.1 | 1.1 | 1.2 |
| Quick Ratio (x1) 45 | 1.1 | 1.1 | 1.0 | 1.0 | 1.0 | 0.9 | 1.0 | 1.0 | 1.1 |
| Coverage Ratio (x1) 46 | 5.0 | 5.4 | 4.4 | 7.5 | 6.9 | 7.4 | 7.3 | 6.8 | 7.0 |
| Asset Turnover (x1) 47 | 0.9 | 0.9 | 1.0 | 0.9 | 0.8 | 0.9 | 0.9 | 1.0 | 1.0 |
| Operating Leverage 48 | • | 0.9 | 1.0 | 1.4 | 1.1 | 1.0 | 1.1 | 0.8 | 1.1 |
| Financial Leverage 49 | • | 1.1 | 1.0 | 1.1 | 1.0 | 1.1 | 1.0 | 1.0 | 1.0 |
| Total Leverage 50 | • | 1.0 | 1.0 | 1.4 | 1.0 | 1.1 | 1.1 | 0.9 | 1.0 |

## Table I

Corporations with and without Net Income

# REAL ESTATE OPERATORS AND LESSORS OF BUILDINGS

### MONEY AMOUNTS AND SIZE OF ASSETS IN THOUSANDS OF DOLLARS

| Item Description for Accounting Period 7/90 Through 6/91 | Total | Zero Assets | Under 100 | 100 to 250 | 251 to 500 | 501 to 1,000 | 1,001 to 5,000 | 5,001 to 10,000 | 10,001 to 25,000 | 25,001 to 50,000 | 50,001 to 100,000 | 100,001 to 250,000 | 250,001 and over |
|---|---|---|---|---|---|---|---|---|---|---|---|---|---|
| Number of Enterprises **1** | 164639 | 13409 | 59776 | 30474 | 24671 | 17517 | 15771 | 1610 | 934 | 280 | 115 | 51 | 30 |
| **Revenues ($ in Thousands)** | | | | | | | | | | | | | |
| Net Sales **2** | 22175 | 1391 | 2500 | 1482 | 1818 | 1932 | 3836 | 1214 | 1833 | 1425 | 867 | 1552 | 2324 |
| Portfolio Income **3** | 3463 | 284 | 49 | 99 | 181 | 216 | 593 | 289 | 330 | 223 | 244 | 227 | 730 |
| Other Revenues **4** | 6182 | 609 | 229 | 288 | 415 | 439 | 1100 | 389 | 562 | 353 | 368 | 300 | 1130 |
| Total Revenues **5** | 31820 | 2283 | 2778 | 1869 | 2413 | 2588 | 5529 | 1892 | 2725 | 2001 | 1479 | 2080 | 4184 |
| Average Total Revenues **6** | 193 | 170 | 46 | 61 | 98 | 148 | 351 | 1175 | 2917 | 7145 | 12858 | 40775 | 139469 |
| **Operating Costs/Operating Income (%)** | | | | | | | | | | | | | |
| Cost of Operations **7** | 21.2 | 14.3 | 21.6 | 25.0 | 24.3 | 14.4 | 22.2 | 19.7 | 15.8 | 24.1 | 23.1 | 36.1 | 18.6 |
| Rent **8** | 3.7 | 7.0 | 5.0 | 4.1 | 3.0 | 3.8 | 1.9 | 3.1 | 5.5 | 3.0 | 2.8 | 4.5 | 2.6 |
| Taxes Paid **9** | 7.7 | 10.4 | 5.8 | 7.8 | 7.7 | 9.0 | 8.4 | 7.1 | 8.2 | 8.6 | 5.4 | 6.4 | 6.4 |
| Interest Paid **10** | 18.2 | 29.2 | 2.1 | 4.9 | 7.8 | 11.1 | 17.2 | 19.3 | 21.0 | 22.0 | 28.6 | 19.8 | 32.3 |
| Depreciation, Depletion, Amortization **11** | 9.9 | 15.8 | 3.2 | 6.5 | 7.0 | 9.0 | 10.4 | 10.9 | 12.1 | 10.4 | 12.1 | 8.7 | 11.8 |
| Pensions and Other Benefits **12** | 1.0 | 0.2 | 0.7 | 1.3 | 1.2 | 1.2 | 1.0 | 0.6 | 1.0 | 0.8 | 0.6 | 1.2 | 1.3 |
| Other **13** | 35.7 | 38.6 | 51.8 | 39.7 | 36.2 | 41.6 | 30.2 | 35.0 | 35.9 | 34.9 | 36.6 | 23.7 | 31.4 |
| Officers Compensation **14** | 4.9 | 0.5 | 10.0 | 10.6 | 6.8 | 5.3 | 5.6 | 3.6 | 3.5 | 1.9 | 2.4 | 1.8 | 4.5 |
| Operating Margin **15** | • | • | • | 0.2 | 6.1 | 4.6 | 3.2 | 0.8 | 0.7 | • | • | • | • |
| Oper. Margin Before Officers Compensation **16** | 2.8 | • | 9.8 | 10.8 | 12.9 | 9.9 | 8.8 | 4.3 | 0.7 | • | • | • | • |
| **Selected Average Balance Sheet ($ in Thousands)** | | | | | | | | | | | | | |
| Net Receivables **17** | 52 | • | 1 | 6 | 16 | 23 | 61 | 332 | 708 | 1577 | 2573 | 8804 | 139196 |
| Inventories **18** | 4 | • | • | • | 0 | 5 | 11 | 53 | 99 | 172 | 384 | 2795 | 623 |
| Net Property, Plant and Equipment **19** | 502 | • | 21 | 102 | 238 | 476 | 1451 | 4543 | 9814 | 20076 | 38800 | 79631 | 350676 |
| Total Assets **20** | 817 | • | 34 | 164 | 352 | 714 | 2013 | 6896 | 15396 | 34847 | 69016 | 155023 | 783452 |

|  | 557 | 25 | 90 | 223 | 451 | 1419 | 4851 | 11148 | 25072 | 48377 | 108791 | 508205 |
|---|---|---|---|---|---|---|---|---|---|---|---|---|
| Notes and Loans Payable 21 | 557 | 25 | 90 | 223 | 451 | 1419 | 4851 | 11148 | 25072 | 48377 | 108791 | 508205 |
| All Other Liabilities 22 | 93 | 9 | 15 | 27 | 54 | 165 | 777 | 1823 | 4960 | 8466 | 22986 | 124628 |
| Net Worth 23 | 167 | 0 | 59 | 102 | 209 | 430 | 1268 | 2425 | 4815 | 12173 | 23247 | 150619 |

**Selected Financial Ratios (Times to 1)**

|  | 557 | 25 | 90 | 223 | 451 | 1419 | 4851 | 11148 | 25072 | 48377 | 108791 | 508205 |
|---|---|---|---|---|---|---|---|---|---|---|---|---|
| Current Ratio 24 | 1.1 | 0.9 | 2.1 | 1.7 | 1.3 | 1.1 | 1.1 | 1.0 | 1.2 | 0.9 | 1.1 | 0.9 |
| Quick Ratio 25 | 0.8 | 0.7 | 1.7 | 1.2 | 0.9 | 0.7 | 0.8 | 0.7 | 0.8 | 0.5 | 0.8 | 0.8 |
| Net Sales to Working Capital 26 | 16.5 | • | 3.2 | 3.9 | 6.2 | 14.1 | 11.4 | • | 8.5 | • | 17.8 | • |
| Coverage Ratio 27 | 0.9 | 0.4 | 1.0 | 1.7 | 1.4 | 1.2 | 0.9 | 0.9 | 0.8 | 0.6 | 0.9 | 0.7 |
| Total Asset Turnover 28 | 0.2 | 1.4 | 0.4 | 0.3 | 0.2 | 0.2 | 0.2 | 0.2 | 0.2 | 0.2 | 0.3 | 0.2 |
| Inventory Turnover 29 | • | • | • | • | • | • | • | • | • | • | • | • |
| Receivables Turnover 30 | • | • | • | • | • | • | • | • | • | • | • | • |
| Total Liabilities to Net Worth 31 | 3.9 | • | 1.8 | 2.5 | 2.4 | 3.7 | 4.4 | 5.4 | 6.2 | 4.7 | 5.7 | 4.2 |

**Selected Financial Factors (in Percentages)**

|  | 557 | 25 | 90 | 223 | 451 | 1419 | 4851 | 11148 | 25072 | 48377 | 108791 | 508205 |
|---|---|---|---|---|---|---|---|---|---|---|---|---|
| Debt Ratio 32 | 79.6 | • | 63.9 | 71.1 | 70.7 | 78.7 | 81.6 | 84.3 | 86.2 | 82.4 | 85.0 | 80.8 |
| Return on Assets 33 | 3.7 | 2.6 | 1.9 | 3.6 | 3.2 | 3.5 | 2.9 | 3.4 | 3.3 | 3.2 | 4.6 | 4.2 |
| Return on Equity 34 | • | • | • | 3.5 | • | 1.5 | • | • | • | • | • | • |
| Return Before Interest on Equity 35 | 18.0 | • | 5.2 | 12.6 | 10.8 | 16.3 | 15.6 | 21.4 | 24.2 | 18.0 | 30.9 | 21.7 |
| Profit Margin, Before Income Tax 36 | • | • | • | • | • | • | • | • | • | • | • | • |
| Profit Margin, After Income Tax 37 | • | • | • | • | • | • | • | • | • | • | • | • |

**Trends in Selected Ratios and Factors, 1986-1994**

|  | 1986 | 1987 | 1988 | 1989 | 1990 | 1991 | 1992 | 1993 | 1994 |
|---|---|---|---|---|---|---|---|---|---|
| Cost of Operations (%) 38 | 12.2 | 16.5 | 20.2 | 18.4 | 21.5 | 19.8 | 20.0 | 19.1 | 21.2 |
| Operating Margin (%) 39 | 5.2 | 6.2 | 3.6 | 3.4 | 5.1 | 0.7 | 1.4 | • | • |
| Oper. Margin Before Officers Comp. (%) 40 | 8.9 | 10.3 | 7.6 | 7.8 | 8.8 | 5.1 | 6.5 | 4.7 | 2.8 |
| Average Net Receivables ($) 41 | 27 | 28 | 34 | 36 | 34 | 39 | 53 | 47 | 52 |
| Average Inventories ($) 42 | 3 | 3 | 5 | 4 | 5 | 7 | 4 | 4 | 4 |
| Average Net Worth ($) 43 | 138 | 154 | 153 | 178 | 168 | 185 | 162 | 161 | 167 |
| Current Ratio (x1) 44 | 1.1 | 1.2 | 1.2 | 1.4 | 1.0 | 1.1 | 1.0 | 1.1 | 1.1 |
| Quick Ratio (x1) 45 | 0.8 | 0.9 | 0.9 | 1.0 | 0.7 | 0.7 | 0.7 | 0.8 | 0.8 |
| Coverage Ratio (x1) 46 | 1.2 | 1.4 | 1.2 | 1.2 | 1.3 | 1.0 | 1.1 | 1.0 | 0.9 |
| Asset Turnover (x1) 47 | 0.3 | 0.3 | 0.3 | 0.4 | 0.4 | 0.3 | 0.3 | 0.3 | 0.2 |
| Total Liabilities/Net Worth (x1) 48 | 2.5 | 2.3 | 2.8 | 2.4 | 2.8 | 2.9 | 3.6 | 3.8 | 3.9 |
| Return on Assets (x1) 49 | 7.7 | 7.7 | 7.2 | 7.0 | 7.1 | 5.4 | 5.0 | 4.4 | 3.7 |
| Return on Equity (%) 50 | 1.2 | 3.1 | 0.4 | 0.6 | 2.2 | • | • | • | • |

## Table II

Corporations with Net Income

# REAL ESTATE OPERATORS AND LESSORS OF BUILDINGS

**MONEY AMOUNTS AND SIZE OF ASSETS IN THOUSANDS OF DOLLARS**

| Item Description for Accounting Period 7/90 Through 6/91 | Total | Zero Assets | Under 100 | 100 to 250 | 251 to 500 | 501 to 1,000 | 1,001 to 5,000 | 5,001 to 10,000 | 10,001 to 25,000 | 25,001 to 50,000 | 50,001 to 100,000 | 100,001 to 250,000 | 250,001 and over |
|---|---|---|---|---|---|---|---|---|---|---|---|---|---|
| Number of Enterprises **1** | 53747 | 3149 | 18579 | 11016 | 7698 | 6692 | 5626 | 560 | 285 | 85 | 34 | 14 | 9 |
| **Revenues ($ in Thousands)** | | | | | | | | | | | | | |
| Net Sales **2** | 11554 | 431 | 1682 | 862 | 983 | 1268 | 2325 | 685 | 736 | 734 | 389 | 720 | 737 |
| Portfolio Income **3** | 2073 | 155 | 40 | 90 | 125 | 183 | 445 | 187 | 203 | 110 | 98 | 110 | 328 |
| Other Revenues **4** | 3041 | 124 | 129 | 167 | 288 | 330 | 776 | 237 | 243 | 173 | 146 | 104 | 326 |
| Total Revenues **5** | 16668 | 709 | 1850 | 1119 | 1395 | 1782 | 3546 | 1110 | 1182 | 1017 | 633 | 933 | 1392 |
| Average Total Revenues **6** | 310 | 225 | 100 | 102 | 181 | 266 | 630 | 1981 | 4148 | 11965 | 18607 | 66676 | 154637 |
| **Operating Costs/Operating Income (%)** | | | | | | | | | | | | | |
| Cost of Operations **7** | 18.6 | 25.2 | 16.8 | 13.0 | 17.5 | 9.8 | 16.4 | 18.4 | 14.1 | 27.2 | 26.2 | 40.2 | 19.9 |
| Rent **8** | 3.0 | 2.9 | 3.6 | 3.7 | 3.3 | 4.1 | 1.7 | 2.4 | 1.2 | 2.6 | 2.3 | 7.4 | 2.4 |
| Taxes Paid **9** | 7.4 | 5.7 | 5.2 | 8.4 | 8.9 | 9.3 | 8.3 | 6.7 | 8.4 | 8.9 | 5.1 | 6.4 | 4.8 |
| Interest Paid **10** | 10.8 | 11.6 | 1.2 | 3.2 | 4.3 | 7.9 | 11.9 | 12.2 | 15.3 | 11.4 | 17.3 | 10.9 | 28.0 |
| Depreciation, Depletion, Amortization **11** | 7.2 | 7.0 | 2.3 | 5.2 | 5.8 | 7.8 | 8.4 | 8.4 | 12.4 | 8.1 | 9.4 | 5.9 | 6.8 |
| Pensions and Other Benefits **12** | 1.0 | 0.7 | 0.5 | 2.0 | 0.8 | 1.3 | 1.1 | 0.7 | 0.5 | 0.7 | 0.5 | 1.6 | 1.5 |
| Other **13** | 29.3 | 18.5 | 48.9 | 35.2 | 31.5 | 36.8 | 27.0 | 26.3 | 24.3 | 23.0 | 23.3 | 15.0 | 21.1 |
| Officers Compensation **14** | 5.8 | 1.5 | 9.5 | 12.4 | 5.6 | 5.7 | 5.8 | 4.0 | 3.4 | 1.4 | 3.4 | 1.8 | 8.7 |
| Operating Margin **15** | 17.1 | 27.0 | 12.1 | 17.0 | 22.5 | 17.3 | 19.6 | 21.0 | 20.5 | 16.7 | 12.6 | 10.7 | 6.9 |
| Oper. Margin Before Officers Compensation **16** | 22.8 | 28.5 | 21.5 | 29.4 | 28.0 | 23.0 | 25.4 | 25.0 | 23.9 | 18.1 | 16.0 | 12.5 | 15.5 |
| **Selected Average Balance Sheet ($ in Thousands)** | | | | | | | | | | | | | |
| Net Receivables **17** | 51 | • | 2 | 6 | 21 | 24 | 100 | 329 | 830 | 2267 | 1105 | 8303 | 109679 |
| Inventories **18** | 5 | • | • | 1 | • | 4 | 21 | 17 | 109 | 273 | 775 | 1242 | 29 |
| Net Property, Plant and Equipment **19** | 420 | • | 19 | 78 | 180 | 372 | 1147 | 3950 | 8792 | 19629 | 38926 | 80949 | 243067 |
| Total Assets **20** | 802 | • | 37 | 163 | 354 | 707 | 1990 | 6913 | 15578 | 34495 | 68713 | 171267 | 667352 |

## Selected Financial Ratios (Times to 1)

| | | | | | | | | | | | | |
|---|---|---|---|---|---|---|---|---|---|---|---|---|
| **Notes and Loans Payable 21** | 383 | • | 19 | 65 | 109 | 264 | 967 | 3610 | 8179 | 19151 | 35460 | 73202 | 359059 |
| **All Other Liabilities 22** | 102 | • | 3 | 8 | 30 | 52 | 195 | 784 | 1708 | 4877 | 9288 | 32025 | 172825 |
| **Net Worth 23** | 318 | • | 16 | 90 | 215 | 390 | 829 | 2519 | 5692 | 10466 | 23965 | 66039 | 135468 |
| **Current Ratio 24** | 1.6 | • | 2.2 | 4.0 | 2.7 | 1.9 | 1.9 | 1.5 | 1.7 | 1.3 | 1.3 | | 1.0 |
| **Quick Ratio 25** | 1.2 | • | 2.0 | 3.2 | 2.1 | 1.3 | 1.3 | 1.1 | 1.2 | 0.8 | 0.8 | | 0.8 |
| **Net Sales to Working Capital 26** | 4.2 | • | 16.3 | 2.7 | 2.7 | 2.9 | 2.9 | 4.1 | 4.2 | 10.0 | 9.5 | | • |
| **Coverage Ratio 27** | 2.6 | 3.3 | 11.1 | 6.3 | 6.2 | 2.6 | 2.6 | 2.3 | 2.5 | 1.7 | 2.0 | | 1.3 |
| **Total Asset Turnover 28** | 0.4 | • | 2.7 | 0.6 | 0.5 | 0.3 | 0.3 | 0.3 | 0.4 | 0.3 | 0.4 | | 0.2 |
| **Inventory Turnover 29** | • | • | • | • | • | • | • | • | • | • | • | | • |
| **Receivables Turnover 30** | • | • | • | • | • | • | • | • | • | • | • | | • |
| **Total Liabilities to Net Worth 31** | 1.5 | • | 1.4 | 0.8 | 0.7 | 1.4 | 1.8 | 1.7 | 2.3 | 1.9 | 1.6 | | 3.9 |

## Selected Financial Factors (in Percentages)

| | | | | | | | | | | | | |
|---|---|---|---|---|---|---|---|---|---|---|---|---|
| **Debt Ratio 32** | 60.4 | 58.0 | 44.9 | 39.1 | 44.8 | 58.4 | 63.6 | 63.5 | 69.7 | 65.1 | 61.5 | 79.7 |
| **Return on Assets 33** | 10.7 | 35.2 | 12.6 | 13.6 | 9.3 | 9.9 | 9.2 | 9.4 | 9.7 | 8.1 | 8.3 | 8.1 |
| **Return on Equity 34** | 13.2 | • | 17.0 | 16.3 | 9.5 | 11.5 | 11.8 | 10.9 | 14.2 | 6.6 | 8.1 | 5.1 |
| **Return Before Interest on Equity 35** | 26.9 | • | 22.8 | 22.3 | 16.9 | 23.7 | 25.2 | 25.8 | 31.9 | 23.1 | 21.5 | • |
| **Profit Margin, Before Income Tax 36** | • | • | • | • | • | • | • | • | • | • | • | • |
| **Profit Margin, After Income Tax 37** | • | • | • | • | • | • | • | • | • | • | • | • |

## Trends in Selected Ratios and Factors, 1986–1994

| | 1986 | 1987 | 1988 | 1989 | 1990 | 1991 | 1992 | 1993 | 1994 |
|---|---|---|---|---|---|---|---|---|---|
| Cost of Operations (%) 38 | 11.1 | 15.0 | 17.8 | 15.5 | 19.5 | 20.5 | 20.0 | 18.8 | 18.6 |
| Operating Margin (%) 39 | 22.0 | 20.5 | 20.9 | 19.3 | 20.8 | 17.3 | 18.5 | 17.4 | 17.1 |
| Oper. Margin Before Officers Comp. (%) 40 | 26.1 | 25.2 | 25.1 | 24.3 | 24.5 | 22.2 | 24.2 | 23.0 | 22.8 |
| Average Net Receivables ($) 41 | 28 | 28 | 32 | 39 | 32 | 36 | 42 | 54 | 51 |
| Average Inventories ($) 42 | 2 | 3 | 5 | 4 | 6 | 8 | 6 | 4 | 5 |
| Average Net Worth ($) 43 | 180 | 195 | 210 | 237 | 227 | 226 | 251 | 281 | 318 |
| Current Ratio (x1) 44 | 1.5 | 1.5 | 1.5 | 1.7 | 1.8 | 1.6 | 1.5 | 1.7 | 1.6 |
| Quick Ratio (x1) 45 | 1.1 | 1.1 | 1.2 | 1.3 | 1.2 | 1.0 | 1.0 | 1.3 | 1.2 |
| Coverage Ratio (x1) 46 | 2.7 | 2.8 | 2.9 | 2.8 | 3.0 | 2.8 | 2.9 | 2.7 | 2.6 |
| Asset Turnover (x1) 47 | 0.4 | 0.4 | 0.4 | 0.4 | 0.5 | 0.4 | 0.5 | 0.5 | 0.4 |
| Operating Leverage 48 | • | 0.9 | 1.0 | 0.9 | 1.1 | 0.8 | 1.1 | 0.9 | 1.0 |
| Financial Leverage 49 | • | 1.0 | 1.0 | 1.0 | 1.0 | 1.0 | 1.1 | 0.9 | 1.0 |
| Total Leverage 50 | • | 1.0 | 1.1 | 0.9 | 1.1 | 0.8 | 1.1 | 0.9 | 1.0 |

## Table I

Corporations with and without Net Income

# LESSORS OF MINING, OIL, AND SIMILAR PROPERTY

### MONEY AMOUNTS AND SIZE OF ASSETS IN THOUSANDS OF DOLLARS

| Item Description for Accounting Period 7/90 Through 6/91 | Total | Zero Assets | Under 100 | 100 to 250 | 251 to 500 | 501 to 1,000 | 1,001 to 5,000 | 5,001 to 10,000 | 10,001 to 25,000 | 25,001 to 50,000 | 50,001 to 100,000 | 100,001 to 250,000 | 250,001 and over |
|---|---|---|---|---|---|---|---|---|---|---|---|---|---|
| Number of Enterprises **1** | 1541 | 7 | 568 | 543 | 180 | 147 | 61 | 15 | 11 | • | 3 | 6 | • |
| **Revenues ($ in Thousands)** | | | | | | | | | | | | | |
| Net Sales **2** | 101 | • | 1 | 10 | 44 | 7 | • | 0 | 1 | • | • | 37 | • |
| Portfolio Income **3** | 229 | • | • | 10 | 15 | 9 | 24 | 10 | 17 | • | 21 | 123 | • |
| Other Revenues **4** | 234 | • | 15 | 56 | 7 | 33 | 37 | 22 | 17 | • | 33 | 13 | • |
| Total Revenues **5** | 564 | • | 17 | 77 | 66 | 49 | 62 | 32 | 35 | • | 53 | 173 | • |
| Average Total Revenues **6** | 366 | • | 30 | 141 | 367 | 336 | 1011 | 2145 | 3173 | • | 17821 | 28881 | • |
| **Operating Costs/Operating Income (%)** | | | | | | | | | | | | | |
| Cost of Operations **7** | 9.7 | • | • | • | 47.5 | • | • | • | 1.6 | • | • | 13.3 | • |
| Rent **8** | 1.4 | | • | 1.5 | 8.0 | 2.4 | • | 0.6 | 0.1 | • | • | 0.1 | • |
| Taxes Paid **9** | 4.3 | | 0.2 | 5.4 | 0.2 | 3.9 | 6.8 | 3.8 | 7.8 | • | 5.1 | 3.9 | • |
| Interest Paid **10** | 16.4 | | • | 1.9 | 1.3 | 7.3 | • | • | • | • | 18.0 | 44.3 | • |
| Depreciation, Depletion, Amortization **11** | 5.8 | | 0.4 | 10.6 | 0.2 | 7.6 | 7.1 | 10.0 | 5.3 | • | 4.8 | 4.8 | • |
| Pensions and Other Benefits **12** | 0.5 | | • | • | • | 0.5 | • | 1.4 | 0.5 | • | 0.1 | 1.1 | • |
| Other **13** | 24.0 | | 97.6 | 53.5 | 14.6 | 35.4 | 7.7 | 25.6 | 6.1 | • | 45.8 | 6.7 | • |
| Officers Compensation **14** | 3.7 | | • | 4.4 | • | 8.5 | 16.4 | 1.0 | 2.0 | • | 0.7 | 1.2 | • |
| Operating Margin **15** | 34.3 | | 1.9 | 22.7 | 28.2 | 34.4 | 62.0 | 57.6 | 76.7 | • | 25.5 | 24.7 | • |
| Oper. Margin Before Officers Compensation **16** | 38.0 | | 1.9 | 27.1 | 28.2 | 42.9 | 78.4 | 58.5 | 78.7 | • | 26.1 | 25.9 | • |
| **Selected Average Balance Sheet ($ in Thousands)** | | | | | | | | | | | | | |
| Net Receivables **17** | 55 | | 7 | • | 3 | 32 | 43 | 12 | 241 | • | 3271 | 9980 | • |
| Inventories **18** | 6 | | 6 | • | • | • | • | • | • | • | • | 1467 | • |
| Net Property, Plant and Equipment **19** | 413 | | 14 | 91 | 146 | 402 | 468 | 268 | 763 | • | 31985 | 59566 | • |
| Total Assets **20** | 1436 | | 22 | 135 | 363 | 836 | 2285 | 8588 | 13228 | • | 72083 | 218315 | • |

| | | | | | | | | | | |
|---|---|---|---|---|---|---|---|---|---|---|
| Notes and Loans Payable **21** | 834 | • | 47 | 26 | 390 | 9 | 253 | 7 | 57937 | 170026 |
| All Other Liabilities **22** | 140 | 15 | 16 | 185 | 306 | 220 | 3180 | 194 | 196 | 9450 |
| Net Worth **23** | 462 | 7 | 73 | 152 | 140 | 2056 | 5155 | 13027 | 13950 | 38839 |

## Selected Financial Ratios (Times to 1)

| | | | | | | | | | | |
|---|---|---|---|---|---|---|---|---|---|---|
| Current Ratio **24** | 2.4 | • | 0.8 | 0.2 | 1.0 | 5.2 | 10.4 | • | 17.0 | 4.2 |
| Quick Ratio **25** | 2.2 | • | 0.7 | 0.2 | 0.6 | 5.2 | 10.4 | • | 17.0 | 3.8 |
| Net Sales to Working Capital **26** | 2.7 | • | • | • | • | 1.1 | 2.0 | 0.8 | 5.7 | 1.5 |
| Coverage Ratio **27** | 3.1 | • | 13.2 | • | 5.7 | • | • | • | 2.4 | 1.6 |
| Total Asset Turnover **28** | 0.3 | • | 1.1 | 1.0 | 0.4 | 0.5 | 0.3 | 0.2 | 0.3 | 0.1 |
| Inventory Turnover **29** | • | • | • | • | • | • | • | • | • | • |
| Receivables Turnover **30** | • | • | • | • | • | • | • | • | • | • |
| Total Liabilities to Net Worth **31** | 2.1 | • | 0.9 | 1.4 | 5.0 | 0.1 | 0.7 | 0.0 | 4.2 | 4.6 |

## Selected Financial Factors (in Percentages)

| | | | | | | | | | | |
|---|---|---|---|---|---|---|---|---|---|---|
| Debt Ratio **32** | 67.8 | 67.9 | 46.2 | 58.1 | 83.2 | 10.0 | 40.0 | 1.5 | 80.7 | 82.2 |
| Return on Assets **33** | 12.8 | 2.6 | 25.7 | 29.9 | 16.8 | 27.1 | 14.4 | 17.3 | 10.7 | 9.1 |
| Return on Equity **34** | 18.8 | 8.1 | 36.6 | • | 20.2 | 15.6 | 12.1 | • | 20.5 | 12.4 |
| Return Before Interest on Equity **35** | • | 8.1 | • | • | 30.1 | 24.0 | 17.6 | • | • | • |
| Profit Margin, Before Income Tax **36** | • | • | • | • | • | • | • | • | • | • |
| Profit Margin, After Income Tax **37** | • | • | • | • | • | • | • | • | • | • |

## Trends in Selected Ratios and Factors, 1986–1994

| | 1986 | 1987 | 1988 | 1989 | 1990 | 1991 | 1992 | 1993 | 1994 |
|---|---|---|---|---|---|---|---|---|---|
| Cost of Operations (%) **38** | 25.1 | 26.2 | 21.3 | 17.6 | 16.8 | 20.3 | 14.8 | 8.8 | 9.7 |
| Operating Margin (%) **39** | 20.3 | 21.4 | 19.1 | 25.5 | 25.1 | 27.5 | 18.8 | 35.0 | 34.3 |
| Oper. Margin Before Officers Comp. (%) **40** | 28.7 | 23.5 | 23.0 | 29.5 | 30.3 | 31.4 | 22.6 | 37.5 | 38.0 |
| Average Net Receivables ($) **41** | 72 | 51 | 96 | 117 | 95 | 102 | 79 | 336 | 55 |
| Average Inventories ($) **42** | 37 | 25 | 16 | 14 | 17 | 12 | 13 | 20 | 6 |
| Average Net Worth ($) **43** | 725 | 493 | 492 | 624 | 509 | 722 | 413 | 1468 | 462 |
| Current Ratio (×1) **44** | 2.8 | 3.0 | 2.7 | 2.5 | 6.0 | 6.2 | 3.9 | 3.9 | 2.4 |
| Quick Ratio (×1) **45** | 1.9 | 2.2 | 2.2 | 2.2 | 5.0 | 5.4 | 3.0 | 3.2 | 2.2 |
| Coverage Ratio (×1) **46** | 3.1 | 3.0 | 3.1 | 3.3 | 3.5 | 3.6 | 2.4 | 3.4 | 3.1 |
| Asset Turnover (×1) **47** | 0.6 | 0.4 | 0.3 | 0.3 | 0.2 | 0.2 | 0.3 | 0.2 | 0.3 |
| Total Liabilities/Net Worth (×1) **48** | 0.9 | 1.2 | 1.6 | 1.5 | 1.6 | 1.2 | 1.6 | 2.2 | 2.1 |
| Return on Assets (×1) **49** | 16.3 | 13.9 | 8.5 | 10.8 | 8.0 | 8.9 | 9.6 | 8.3 | 12.8 |
| Return on Equity (%) **50** | 12.1 | 11.9 | 6.6 | 11.1 | 9.0 | 9.3 | 10.6 | 11.8 | 18.8 |

## Table II

Corporations with Net Income

# LESSORS OF MINING, OIL, AND SIMILAR PROPERTY

### MONEY AMOUNTS AND SIZE OF ASSETS IN THOUSANDS OF DOLLARS

| Item Description for Accounting Period 7/90 Through 6/91 | | Total | Zero Assets | Under 100 | 100 to 250 | 251 to 500 | 501 to 1,000 | 1,001 to 5,000 | 5,001 to 10,000 | 10,001 to 25,000 | 25,001 to 50,000 | 50,001 to 100,000 | 100,001 to 250,000 | 250,001 and over |
|---|---|---|---|---|---|---|---|---|---|---|---|---|---|---|
| Number of Enterprises | 1 | 1333 | • | 568 | 543 | 15 | 147 | 39 | 8 | 11 | • | 3 | • | • |
| **Revenues ($ in Thousands)** | | | | | | | | | | | | | | |
| Net Sales | 2 | 57 | • | 1 | 10 | • | 7 | • | 0 | 1 | • | 37 | • | • |
| Portfolio Income | 3 | 141 | • | • | 10 | 15 | 9 | 24 | 10 | 17 | • | 56 | • | • |
| Other Revenues | 4 | 221 | • | 15 | 56 | 7 | 33 | 24 | 22 | 17 | • | 46 | • | • |
| Total Revenues | 5 | 418 | • | 17 | 77 | 22 | 49 | 47 | 32 | 35 | • | 139 | • | • |
| Average Total Revenues | 6 | 314 | • | 30 | 141 | 1470 | 336 | 1207 | 4021 | 3173 | • | 46495 | • | • |
| **Operating Costs/Operating Income (%)** | | | | | | | | | | | | | | |
| Cost of Operations | 7 | 5.6 | • | • | • | • | • | • | • | 1.6 | • | 16.5 | • | • |
| Rent | 8 | 0.7 | • | • | 1.5 | • | 2.4 | • | 0.6 | 0.1 | • | 0.2 | • | • |
| Taxes Paid | 9 | 5.0 | • | 0.2 | 5.4 | 0.3 | 3.9 | 7.3 | 3.7 | 7.8 | • | 5.4 | • | • |
| Interest Paid | 10 | 1.9 | • | • | 1.9 | 2.1 | 7.3 | • | • | • | • | 1.8 | • | • |
| Depreciation, Depletion, Amortization | 11 | 7.6 | • | 0.4 | 10.6 | 0.5 | 7.6 | 8.1 | 10.0 | 5.3 | • | 7.7 | • | • |
| Pensions and Other Benefits | 12 | 0.7 | • | • | • | 0.5 | 0.5 | • | 1.4 | 0.5 | • | 1.4 | • | • |
| Other | 13 | 28.2 | • | 97.6 | 53.5 | 7.6 | 35.4 | 1.7 | 19.2 | 6.1 | • | 23.3 | • | • |
| Officers Compensation | 14 | 2.6 | • | • | 4.4 | • | 8.5 | 0.1 | 1.0 | 2.0 | • | 1.7 | • | • |
| Operating Margin | 15 | 47.7 | • | 1.9 | 22.7 | 89.6 | 34.4 | 82.9 | 64.2 | 76.7 | • | 42.0 | • | • |
| Oper. Margin Before Officers Compensation | 16 | 50.3 | • | 1.9 | 27.1 | 89.6 | 42.9 | 83.0 | 65.1 | 78.7 | • | 43.8 | • | • |
| **Selected Average Balance Sheet ($ in Thousands)** | | | | | | | | | | | | | | |
| Net Receivables | 17 | 21 | • | 7 | • | 12 | 32 | 53 | 23 | 241 | • | 4645 | • | • |
| Inventories | 18 | 7 | • | • | • | • | • | • | • | • | • | 2934 | • | • |
| Net Property, Plant and Equipment | 19 | 200 | • | 14 | 91 | • | 402 | 338 | 502 | 763 | • | 41626 | • | • |
| Total Assets | 20 | 677 | • | 22 | 135 | 396 | 836 | 2937 | 9218 | 13228 | • | 118191 | • | • |

| Notes and Loans Payable 21 | 90 | · | 47 | · | 390 | · | · | 7 | 12594 |
|---|---|---|---|---|---|---|---|---|---|
| All Other Liabilities 22 | 90 | 15 | 16 | 2 | 306 | 326 | 220 | 194 | 13970 |
| Net Worth 23 | 497 | 7 | 73 | 394 | 140 | 2611 | 8997 | 13027 | 91627 |

## Selected Financial Ratios (Times to 1)

| | | | | | | | | | |
|---|---|---|---|---|---|---|---|---|---|
| Current Ratio 24 | 2.7 | · | 0.8 | · | 1.0 | 5.2 | 10.3 | · | 3.7 |
| Quick Ratio 25 | 2.4 | · | 0.7 | · | 0.6 | 5.1 | 10.3 | · | 3.1 |
| Net Sales to Working Capital 26 | 2.5 | · | · | 3.7 | · | 0.9 | 2.0 | · | 2.4 |
| Coverage Ratio 27 | · | 13.2 | · | 5.7 | · | · | · | · | · |
| Total Asset Turnover 28 | 0.5 | 1.4 | 1.1 | 3.7 | 0.4 | 0.4 | 0.4 | · | 0.4 |
| Inventory Turnover 29 | · | · | · | · | · | · | · | · | · |
| Receivables Turnover 30 | · | · | · | · | · | · | · | · | · |
| Total Liabilities to Net Worth 31 | 0.4 | 2.1 | 0.9 | 0.0 | 5.0 | 0.1 | 0.0 | · | 0.3 |

## Selected Financial Factors (in Percentages)

| | | | | | | | | | |
|---|---|---|---|---|---|---|---|---|---|
| Debt Ratio 32 | 26.7 | 67.9 | 46.2 | 0.5 | 83.2 | 11.1 | 2.4 | 1.5 | 22.5 |
| Return on Assets 33 | 22.8 | 2.6 | 25.7 | · | 16.8 | 33.7 | 28.0 | 17.3 | 17.2 |
| Return on Equity 34 | 21.2 | 8.1 | 36.6 | · | · | 25.6 | 19.7 | 12.1 | 14.4 |
| Return Before Interest on Equity 35 | 31.0 | 8.1 | · | · | · | · | 28.7 | 17.6 | 22.2 |
| Profit Margin, Before Income Tax 36 | · | · | · | · | · | · | · | · | · |
| Profit Margin, After Income Tax 37 | · | · | · | · | · | · | · | · | · |

## Trends in Selected Ratios and Factors, 1986-1994

| | 1986 | 1987 | 1988 | 1989 | 1990 | 1991 | 1992 | 1993 | 1994 |
|---|---|---|---|---|---|---|---|---|---|
| Cost of Operations (%) 38 | 27.7 | 26.2 | 10.8 | 10.1 | 1.2 | 8.7 | 9.8 | 10.6 | 5.6 |
| Operating Margin (%) 39 | 28.0 | 37.2 | 47.0 | 44.5 | 62.7 | 47.8 | 27.3 | 55.5 | 47.7 |
| Oper. Margin Before Officers Comp. (%) 40 | 36.5 | 39.2 | 49.1 | 48.9 | 66.2 | 51.9 | 31.5 | 58.0 | 50.3 |
| Average Net Receivables ($) 41 | 68 | 55 | 80 | 59 | 76 | 77 | 32 | 116 | 21 |
| Average Inventories ($) 42 | 42 | 24 | 9 | · | · | 7 | 9 | 32 | 7 |
| Average Net Worth ($) 43 | 842 | 705 | 790 | 882 | 606 | 758 | 408 | 2367 | 497 |
| Current Ratio (x1) 44 | 3.3 | 5.3 | 5.7 | 5.4 | 18.4 | 8.0 | 6.1 | 3.4 | 2.7 |
| Quick Ratio (x1) 45 | 2.3 | 4.2 | 4.6 | 4.8 | 17.2 | 7.1 | 4.4 | 2.5 | 2.4 |
| Coverage Ratio (x1) 46 | 10.7 | 11.6 | 18.1 | 13.1 | 22.1 | 15.2 | 7.2 | 66.8 | 25.5 |
| Asset Turnover (x1) 47 | 0.7 | 0.5 | 0.4 | 0.4 | 0.4 | 0.3 | 0.5 | 0.4 | 0.5 |
| Operating Leverage 48 | · | 1.3 | 1.3 | 1.0 | 1.4 | 0.8 | 0.6 | 2.0 | 0.9 |
| Financial Leverage 49 | · | 1.0 | 1.0 | 1.0 | 1.1 | 1.0 | 1.0 | 1.1 | 1.0 |
| Total Leverage 50 | · | 1.4 | 1.3 | 1.0 | 1.6 | 0.7 | 0.6 | 2.2 | 0.9 |

## Table I

Corporations with and without Net Income

# LESSORS OF RAILROAD PROPERTY

### MONEY AMOUNTS AND SIZE OF ASSETS IN THOUSANDS OF DOLLARS

| Item Description for Accounting Period 7/90 Through 6/91 | Total | Zero Assets | Under 100 | 100 to 250 | 251 to 500 | 501 to 1,000 | 1,001 to 5,000 | 5,001 to 10,000 | 10,001 to 25,000 | 25,001 to 50,000 | 50,001 to 100,000 | 100,001 to 250,000 | 250,001 and over |
|---|---|---|---|---|---|---|---|---|---|---|---|---|---|
| Number of Enterprises **1** | 4920 | 83 | 2934 | 566 | 731 | 385 | 198 | 10 | 11 | • | 3 | • | • |
| **Revenues ($ in Thousands)** | | | | | | | | | | | | | |
| Net Sales **2** | 244 | 0 | 13 | 26 | 5 | 12 | 16 | • | 2 | • | 169 | • | • |
| Portfolio Income **3** | 50 | 0 | 0 | 0 | 3 | 8 | 5 | 1 | 2 | • | 31 | • | • |
| Other Revenues **4** | 158 | 2 | 4 | 11 | 22 | 15 | 44 | 15 | 20 | • | 25 | • | • |
| Total Revenues **5** | 452 | 3 | 18 | 37 | 30 | 35 | 64 | 15 | 24 | • | 225 | • | • |
| Average Total Revenues **6** | 92 | 30 | 6 | 66 | 42 | 92 | 325 | 1535 | 2184 | • | 75028 | • | • |
| **Operating Costs/Operating Income (%)** | | | | | | | | | | | | | |
| Cost of Operations **7** | 30.8 | • | • | • | • | 0.2 | • | • | • | • | 61.8 | • | • |
| Rent **8** | 0.6 | • | • | • | 4.4 | 0.4 | • | • | • | • | 0.4 | • | • |
| Taxes Paid **9** | 7.5 | 6.9 | 13.3 | 9.8 | 10.0 | 9.7 | 25.8 | 2.4 | 8.9 | • | 0.9 | • | • |
| Interest Paid **10** | 12.7 | 74.3 | 0.5 | 5.8 | 8.8 | 8.9 | 20.3 | 0.2 | 24.0 | • | 12.7 | • | • |
| Depreciation, Depletion, Amortization **11** | 9.1 | 6.8 | 6.7 | 2.8 | 13.9 | 9.8 | 12.6 | • | 40.0 | • | 5.9 | • | • |
| Pensions and Other Benefits **12** | 0.5 | • | • | 2.0 | 1.1 | • | • | • | • | • | 0.5 | • | • |
| Other **13** | 15.3 | 23.3 | 73.3 | 18.4 | 23.0 | 15.1 | 13.1 | • | 17.1 | • | 10.7 | • | • |
| Officers Compensation **14** | 2.8 | • | • | 5.3 | 8.7 | 8.6 | 0.7 | • | 0.4 | • | 2.0 | • | • |
| Operating Margin **15** | 20.9 | • | 6.2 | 56.1 | 30.2 | 47.4 | 27.4 | 97.5 | 9.7 | • | 5.1 | • | • |
| Oper. Margin Before Officers Compensation **16** | 23.7 | • | 6.2 | 61.3 | 38.9 | 56.1 | 28.1 | 97.5 | 10.1 | • | 7.1 | • | • |
| **Selected Average Balance Sheet ($ in Thousands)** | | | | | | | | | | | | | |
| Net Receivables **17** | 36 | • | • | 0 | 6 | 21 | 37 | • | 1029 | • | 52418 | • | • |
| Inventories **18** | 4 | • | • | • | • | • | • | • | • | • | 6544 | • | • |
| Net Property, Plant and Equipment **19** | 231 | • | 22 | 143 | 316 | 612 | 1303 | 6273 | 9962 | • | 31493 | • | • |
| Total Assets **20** | 351 | • | 34 | 150 | 351 | 737 | 1733 | 8291 | 15186 | • | 136303 | • | • |

## Selected Financial Ratios (Times to 1)

| | | | | | | | | | |
|---|---|---|---|---|---|---|---|---|---|
| Notes and Loans Payable **21** | 186 | 6 | 32 | 181 | 326 | 619 | 6392 | 9143 | 110894 |
| All Other Liabilities **22** | 23 | 0 | 4 | 21 | 14 | 204 | 117 | 661 | 13667 |
| Net Worth **23** | 142 | 27 | 114 | 148 | 396 | 910 | 1781 | 5382 | 11742 |
| Current Ratio **24** | 1.9 | 5.3 | 17.4 | 0.7 | 2.7 | 1.2 | 16.5 | 1.7 | 2.2 |
| Quick Ratio **25** | 1.7 | 5.3 | 11.7 | 0.6 | 2.7 | 1.2 | 16.4 | 0.5 | 1.9 |
| Net Sales to Working Capital **26** | 2.4 | 0.7 | 10.2 | • | 1.8 | 4.9 | 0.9 | 1.5 | 2.2 |
| Coverage Ratio **27** | 2.6 | 12.5 | 10.7 | 4.4 | 6.3 | 2.3 | • | 1.4 | 1.4 |
| Total Asset Turnover **28** | 0.3 | 0.2 | 0.5 | 0.1 | 0.1 | 0.2 | 0.2 | 0.2 | 0.6 |
| Inventory Turnover **29** | • | • | • | • | • | • | • | • | • |
| Receivables Turnover **30** | • | • | • | • | • | • | • | • | • |
| Total Liabilities to Net Worth **31** | 1.5 | 0.2 | 0.3 | 1.4 | 0.9 | 0.9 | 3.7 | 1.8 | 10.6 |

## Selected Financial Factors (in Percentages)

| | | | | | | | | | |
|---|---|---|---|---|---|---|---|---|---|
| Debt Ratio **32** | 59.6 | 19.1 | 24.0 | 57.7 | 46.2 | 47.5 | 78.5 | 64.6 | 91.4 |
| Return on Assets **33** | 8.8 | 1.2 | 27.4 | 4.6 | 7.0 | 8.8 | 18.1 | 4.9 | 9.8 |
| Return on Equity **34** | 10.2 | 1.3 | 31.8 | 6.5 | 8.3 | 5.9 | • | 2.9 | 23.3 |
| Return Before Interest on Equity **35** | 21.6 | 1.5 | • | 10.9 | 13.0 | 16.8 | • | • | 13.7 |
| Profit Margin, Before Income Tax **36** | • | • | • | • | • | • | • | • | • |
| Profit Margin, After Income Tax **37** | • | • | • | • | • | • | • | • | • |

## Trends in Selected Ratios and Factors, 1986–1994

| | 1986 | 1987 | 1988 | 1989 | 1990 | 1991 | 1992 | 1993 | 1994 |
|---|---|---|---|---|---|---|---|---|---|
| Cost of Operations (%) **38** | 43.1 | 48.8 | 21.4 | 14.9 | 22.8 | 22.3 | 34.6 | 36.1 | 30.8 |
| Operating Margin (%) **39** | 5.0 | 0.3 | 7.7 | 9.2 | 9.8 | 8.1 | 3.6 | 3.0 | 20.9 |
| Oper. Margin Before Officers Comp. (%) **40** | 7.6 | 2.7 | 11.5 | 14.0 | 13.6 | 13.6 | 6.7 | 6.1 | 23.7 |
| Average Net Receivables ($) **41** | 33 | 24 | 17 | 22 | 31 | 34 | 42 | 35 | 36 |
| Average Inventories ($) **42** | 4 | 2 | 2 | 3 | 2 | 3 | 9 | 6 | 4 |
| Average Net Worth ($) **43** | 151 | 160 | 138 | 211 | 135 | 217 | 172 | 149 | 142 |
| Current Ratio (x1) **44** | 1.1 | 1.4 | 1.8 | 1.7 | 1.4 | 1.3 | 1.2 | 1.3 | 1.9 |
| Quick Ratio (x1) **45** | 0.9 | 1.0 | 1.2 | 1.3 | 1.0 | 1.1 | 1.0 | 1.1 | 1.7 |
| Coverage Ratio (x1) **46** | 1.3 | 1.0 | 1.3 | 1.4 | 1.5 | 1.5 | 1.3 | 1.3 | 2.6 |
| Asset Turnover (x1) **47** | 0.4 | 0.4 | 0.3 | 0.2 | 0.3 | 0.2 | 0.3 | 0.2 | 0.3 |
| Total Liabilities/Net Worth (x1) **48** | 1.6 | 1.4 | 1.2 | 0.9 | 1.6 | 1.3 | 1.6 | 1.9 | 1.5 |
| Return on Assets (x1) **49** | 7.0 | 5.1 | 10.4 | 6.4 | 8.2 | 5.2 | 3.9 | 3.4 | 8.8 |
| Return on Equity (%) **50** | 1.5 | • | 2.3 | 0.9 | 3.9 | 2.4 | • | • | 10.2 |

## Table II

Corporations with Net Income

# LESSORS OF RAILROAD PROPERTY

### MONEY AMOUNTS AND SIZE OF ASSETS IN THOUSANDS OF DOLLARS

| Item Description for Accounting Period 7/90 Through 6/91 | Total | Zero Assets | Under 100 | 100 to 250 | 251 to 500 | 501 to 1,000 | 1,001 to 5,000 | 5,001 to 10,000 | 10,001 to 25,000 | 25,001 to 50,000 | 50,001 to 100,000 | 100,001 to 250,000 | 250,001 and over |
|---|---|---|---|---|---|---|---|---|---|---|---|---|---|
| Number of Enterprises **1** | 2753 | 22 | 1383 | 566 | 450 | 197 | 122 | 3 | 6 | 4 | • | • | • |
| **Revenues ($ in Thousands)** | | | | | | | | | | | | | |
| Net Sales **2** | 227 | • | • | 26 | 5 | 9 | 16 | • | 2 | 169 | • | • | • |
| Portfolio Income **3** | 48 | 0 | 0 | 0 | 3 | 8 | 3 | 1 | 1 | 31 | • | • | • |
| Other Revenues **4** | 139 | 2 | 4 | 11 | 22 | 15 | 32 | 15 | 8 | 31 | • | • | • |
| Total Revenues **5** | 413 | 2 | 4 | 37 | 30 | 31 | 51 | 15 | 11 | 231 | • | • | • |
| Average Total Revenues **6** | 150 | 74 | 3 | 66 | 68 | 159 | 419 | 5116 | 1845 | 57754 | • | • | • |
| **Operating Costs/Operating Income (%)** | | | | | | | | | | | | | |
| Cost of Operations **7** | 33.7 | • | • | • | • | • | • | • | • | 60.3 | • | • | • |
| Rent **8** | 0.6 | • | • | • | 4.4 | 0.4 | • | • | • | 0.4 | • | • | • |
| Taxes Paid **9** | 7.4 | 2.3 | 35.1 | 9.8 | 10.0 | 9.4 | 30.7 | 2.4 | 9.6 | 1.0 | • | • | • |
| Interest Paid **10** | 9.8 | 73.9 | • | 5.8 | 8.8 | 2.9 | 4.7 | 0.2 | 32.3 | 11.9 | • | • | • |
| Depreciation, Depletion, Amortization **11** | 8.0 | • | 5.3 | 2.8 | 13.9 | 9.1 | 12.7 | • | 26.8 | 6.6 | • | • | • |
| Pensions and Other Benefits **12** | 0.5 | • | • | 2.0 | 1.1 | • | • | • | • | 0.5 | • | • | • |
| Other **13** | 12.0 | 6.9 | 29.8 | 18.4 | 23.0 | 13.0 | 6.2 | • | 23.7 | 10.7 | • | • | • |
| Officers Compensation **14** | 3.0 | • | • | 5.3 | 8.7 | 9.8 | 0.8 | • | • | 1.9 | • | • | • |
| Operating Margin **15** | 25.1 | 16.9 | 29.7 | 56.1 | 30.2 | 55.6 | 44.9 | 97.5 | 7.6 | 6.9 | • | • | • |
| Oper. Margin Before Officers Compensation **16** | 28.1 | 16.9 | 29.7 | 61.3 | 38.9 | 65.4 | 45.7 | 97.5 | 7.6 | 8.8 | • | • | • |
| **Selected Average Balance Sheet ($ in Thousands)** | | | | | | | | | | | | | |
| Net Receivables **17** | 63 | • | • | 0 | 12 | 7 | 124 | • | 1458 | 39956 | • | • | • |
| Inventories **18** | 7 | • | • | • | • | • | • | • | • | 4908 | • | • | • |
| Net Property, Plant and Equipment **19** | 221 | • | 30 | 143 | 270 | 503 | 1107 | 429 | 6240 | 23108 | • | • | • |
| Total Assets **20** | 402 | • | 32 | 150 | 323 | 729 | 1494 | 6537 | 14081 | 100254 | • | • | • |

| | | | | | | | | | |
|---|---|---|---|---|---|---|---|---|---|
| Notes and Loans Payable 21 | 180 | • | 32 | 76 | 178 | 199 | • | 9167 | 82412 |
| All Other Liabilities 22 | 22 | • | 4 | 8 | 24 | 64 | 189 | 647 | 9144 |
| Net Worth 23 | 200 | • | 114 | 238 | 526 | 1231 | 6348 | 4267 | 8698 |

**Selected Financial Ratios (Times to 1)**

| | | | | | | | | | |
|---|---|---|---|---|---|---|---|---|---|
| Current Ratio 24 | 2.8 | • | 17.4 | 2.0 | 2.6 | • | • | 3.7 | 2.1 |
| Quick Ratio 25 | 2.3 | • | 11.7 | 1.9 | 2.6 | • | • | 0.9 | 1.8 |
| Net Sales to Working Capital 26 | 1.9 | • | 10.2 | 3.8 | 1.8 | 1.1 | 0.9 | 0.4 | 2.4 |
| Coverage Ratio 27 | 3.6 | 1.2 | 10.7 | 4.4 | • | 10.3 | • | 1.2 | 1.6 |
| Total Asset Turnover 28 | 0.4 | • | 0.5 | 0.2 | 0.2 | 0.3 | 0.8 | 0.1 | 0.6 |
| Inventory Turnover 29 | • | • | • | • | • | • | • | • | • |
| Receivables Turnover 30 | • | • | • | • | • | • | • | • | • |
| Total Liabilities to Net Worth 31 | 1.0 | • | 0.3 | 0.4 | 0.4 | 0.2 | 0.0 | 2.3 | 10.5 |

**Selected Financial Factors (in Percentages)**

| | | | | | | | | | |
|---|---|---|---|---|---|---|---|---|---|
| Debt Ratio 32 | 50.3 | • | 24.0 | 26.3 | 27.8 | 17.6 | 2.9 | 69.7 | 91.3 |
| Return on Assets 33 | 13.0 | 2.6 | 27.4 | 8.2 | 12.7 | 13.6 | • | 5.2 | 10.8 |
| Return on Equity 34 | 14.7 | 2.6 | 31.8 | 6.6 | 12.8 | 10.6 | • | 1.9 | 35.9 |
| Return Before Interest on Equity 35 | 26.1 | 2.6 | • | 11.1 | 17.6 | 16.5 | • | 17.2 | • |
| Profit Margin, Before Income Tax 36 | • | • | • | • | • | • | • | • | • |
| Profit Margin, After Income Tax 37 | • | • | • | • | • | • | • | • | • |

**Trends in Selected Ratios and Factors, 1986-1994**

| | 1986 | 1987 | 1988 | 1989 | 1990 | 1991 | 1992 | 1993 | 1994 |
|---|---|---|---|---|---|---|---|---|---|
| Cost of Operations (%) 38 | 11.0 | 9.5 | 4.5 | 4.8 | 17.8 | 3.3 | 31.9 | 5.2 | 33.7 |
| Operating Margin (%) 39 | 35.4 | 29.3 | 40.4 | 33.7 | 33.6 | 23.8 | 21.6 | 39.8 | 25.1 |
| Oper. Margin Before Officers Comp. (%) 40 | 39.9 | 34.8 | 45.2 | 39.3 | 38.4 | 31.1 | 25.8 | 45.4 | 28.1 |
| Average Net Receivables ($) 41 | 39 | 20 | 20 | 15 | 26 | 30 | 45 | 73 | 63 |
| Average Inventories ($) 42 | 0 | 1 | 0 | 1 | • | 0 | 10 | • | 7 |
| Average Net Worth ($) 43 | 250 | 207 | 168 | 295 | 138 | 260 | 233 | 257 | 200 |
| Current Ratio (x1) 44 | 2.6 | 1.7 | 3.2 | 1.9 | 1.9 | 1.3 | 3.6 | 2.5 | 2.8 |
| Quick Ratio (x1) 45 | 2.1 | 1.5 | 2.7 | 1.4 | 1.4 | 1.1 | 3.0 | 2.1 | 2.3 |
| Coverage Ratio (x1) 46 | 4.4 | 3.7 | 3.9 | 3.7 | 3.4 | 2.3 | 4.7 | 7.9 | 3.6 |
| Asset Turnover (x1) 47 | 0.3 | 0.3 | 0.2 | 0.3 | 0.3 | 0.2 | 0.4 | 0.2 | 0.4 |
| Operating Leverage 48 | • | 0.8 | 1.4 | 0.8 | 1.0 | 0.7 | 0.9 | 1.9 | 0.6 |
| Financial Leverage 49 | • | 1.0 | 1.0 | 0.9 | 1.1 | 0.8 | 1.3 | 1.1 | 0.9 |
| Total Leverage 50 | • | 0.8 | 1.4 | 0.7 | 1.1 | 0.6 | 1.2 | 2.0 | 0.6 |

## Table I

Corporations with and without Net Income

# CONDOMINIUM MANAGEMENT AND COOPERATIVE HOUSING ASSOCIATIONS

### MONEY AMOUNTS AND SIZE OF ASSETS IN THOUSANDS OF DOLLARS

| Item Description for Accounting Period 7/90 Through 6/91 | | Total | Zero Assets | Under 100 | 100 to 250 | 251 to 500 | 501 to 1,000 | 1,001 to 5,000 | 5,001 to 10,000 | 10,001 to 25,000 | 25,001 to 50,000 | 50,001 to 100,000 | 100,001 to 250,000 | 250,001 and over |
|---|---|---|---|---|---|---|---|---|---|---|---|---|---|---|
| Number of Enterprises | 1 | 38575 | 487 | 19683 | 6923 | 4267 | 2358 | 3533 | 793 | 372 | 125 | 32 | 4 | • |
| **Revenues ($ in Thousands)** | | | | | | | | | | | | | | |
| Net Sales | 2 | 7885 | 57 | 1266 | 1107 | 1027 | 640 | 1771 | 668 | 633 | 414 | 179 | 124 | • |
| Portfolio Income | 3 | 326 | 11 | 36 | 51 | 58 | 29 | 57 | 36 | 25 | 9 | 8 | 7 | • |
| Other Revenues | 4 | 1556 | 0 | 146 | 287 | 125 | 109 | 343 | 238 | 198 | 54 | 21 | 34 | • |
| Total Revenues | 5 | 9767 | 68 | 1448 | 1445 | 1210 | 778 | 2171 | 942 | 856 | 478 | 207 | 165 | • |
| Average Total Revenues | 6 | 253 | 140 | 74 | 209 | 284 | 330 | 614 | 1188 | 2300 | 3822 | 6478 | 41156 | • |
| **Operating Costs/Operating Income (%)** | | | | | | | | | | | | | | |
| Cost of Operations | 7 | 25.9 | 44.5 | 34.1 | 31.3 | 46.1 | 32.0 | 18.5 | 10.6 | 16.1 | 11.6 | 9.9 | 19.6 | • |
| Rent | 8 | 0.5 | • | 1.0 | • | 0.5 | 0.3 | 1.0 | 0.3 | 0.2 | 0.1 | 0.8 | • | • |
| Taxes Paid | 9 | 11.7 | 4.1 | 3.0 | 1.9 | 3.9 | 11.5 | 17.7 | 21.1 | 20.5 | 22.5 | 23.5 | 13.5 | • |
| Interest Paid | 10 | 11.3 | 7.6 | 0.3 | 0.7 | 2.6 | 5.8 | 16.4 | 22.4 | 23.6 | 30.5 | 25.7 | 22.1 | • |
| Depreciation, Depletion, Amortization | 11 | 8.5 | 3.4 | 0.3 | 1.7 | 2.5 | 6.2 | 12.1 | 15.7 | 17.5 | 20.4 | 19.4 | 13.6 | • |
| Pensions and Other Benefits | 12 | 0.9 | 0.2 | 0.8 | 0.4 | 0.7 | 0.8 | 0.8 | 1.6 | 1.0 | 0.8 | 0.9 | 4.0 | • |
| Other | 13 | 46.6 | 58.4 | 58.3 | 62.1 | 45.0 | 45.9 | 42.6 | 39.5 | 34.1 | 30.8 | 36.1 | 34.6 | • |
| Officers Compensation | 14 | 0.4 | 1.0 | 1.1 | 0.5 | 0.2 | 0.3 | • | 0.2 | 0.4 | • | • | • | • |
| Operating Margin | 15 | • | • | 1.1 | 1.4 | • | • | • | • | • | • | • | • | • |
| Oper. Margin Before Officers Compensation | 16 | • | 2.2 | 2.2 | 1.9 | • | • | • | • | • | • | • | • | • |
| **Selected Average Balance Sheet ($ in Thousands)** | | | | | | | | | | | | | | |
| Net Receivables | 17 | 11 | • | 1 | 4 | 11 | 19 | 25 | 94 | 236 | 151 | 170 | 2935 | • |
| Inventories | 18 | 0 | • | • | • | • | • | • | • | 0 | • | 2 | • | • |
| Net Property, Plant and Equipment | 19 | 655 | • | 2 | 38 | 143 | 446 | 2011 | 5995 | 13703 | 30112 | 60287 | 167199 | • |
| Total Assets | 20 | 808 | • | 27 | 164 | 360 | 726 | 2391 | 6747 | 15097 | 32105 | 63323 | 203260 | • |

| | | | | | | | | | | | |
|---|---|---|---|---|---|---|---|---|---|---|---|
| Notes and Loans Payable **21** | 338 | 1 | 16 | 90 | 259 | 1144 | 2978 | 6675 | 13222 | 21053 | 169351 |
| All Other Liabilities **22** | 51 | 9 | 35 | 84 | 90 | 105 | 284 | 678 | 580 | 883 | 12173 |
| Net Worth **23** | 419 | 17 | 112 | 186 | 377 | 1142 | 3484 | 7744 | 18303 | 41387 | 21736 |

**Selected Financial Ratios (Times to 1)**

| | | | | | | | | | | | |
|---|---|---|---|---|---|---|---|---|---|---|---|
| Current Ratio **24** | 2.5 | 4.4 | 5.6 | 3.0 | 1.7 | 2.7 | 1.9 | 1.2 | 2.1 | 3.5 | 1.5 |
| Quick Ratio **25** | 2.2 | 4.2 | 5.4 | 2.6 | 1.6 | 2.1 | 1.4 | 0.9 | 1.3 | 1.9 | 1.4 |
| Net Sales to Working Capital **26** | 3.4 | 3.9 | 2.1 | 2.3 | 3.6 | 3.2 | 5.5 | 15.4 | 5.5 | 4.5 | 6.8 |
| Coverage Ratio **27** | 0.5 | 2.6 | 3.0 | 0.5 | 0.5 | 0.5 | 0.5 | 0.4 | 0.5 | 0.4 | 0.7 |
| Total Asset Turnover **28** | 0.3 | 2.7 | 1.3 | 0.8 | 0.5 | 0.3 | 0.2 | 0.2 | 0.1 | 0.1 | 0.2 |
| Inventory Turnover **29** | • | • | • | • | • | • | • | • | • | • | • |
| Receivables Turnover **30** | • | • | • | • | • | • | • | • | • | • | • |
| Total Liabilities to Net Worth **31** | 0.9 | 0.6 | 0.5 | 0.9 | 0.9 | 1.1 | 0.9 | 1.0 | 0.8 | 0.5 | 8.4 |

**Selected Financial Factors (in Percentages)**

| | | | | | | | | | | | |
|---|---|---|---|---|---|---|---|---|---|---|---|
| Debt Ratio **32** | 48.2 | 37.9 | 31.4 | 48.4 | 48.1 | 52.2 | 48.4 | 48.7 | 43.0 | 34.7 | 89.3 |
| Return on Assets **33** | 1.7 | 1.9 | 2.7 | 1.0 | 1.3 | 1.9 | 1.9 | 1.6 | 1.7 | 1.0 | 2.9 |
| Return on Equity **34** | • | • | 1.1 | 1.9 | • | • | • | • | • | • | • |
| Return Before Interest on Equity **35** | 3.3 | 3.0 | 3.9 | 1.8 | 2.6 | 4.0 | 3.8 | 3.1 | 2.9 | 1.5 | 27.1 |
| Profit Margin, Before Income Tax **36** | • | • | • | • | • | • | • | • | • | • | • |
| Profit Margin, After Income Tax **37** | • | • | • | • | • | • | • | • | • | • | • |

**Trends in Selected Ratios and Factors, 1986–1994**

| | 1986 | 1987 | 1988 | 1989 | 1990 | 1991 | 1992 | 1993 | 1994 |
|---|---|---|---|---|---|---|---|---|---|
| Cost of Operations (%) **38** | 2.2 | 4.6 | 5.4 | 6.4 | 8.5 | 15.1 | 18.5 | 18.7 | 25.9 |
| Operating Margin (%) **39** | • | • | • | • | • | • | • | • | • |
| Oper. Margin Before Officers Comp. (%) **40** | • | • | • | • | • | • | • | • | • |
| Average Net Receivables ($) **41** | 19 | 15 | 13 | 13 | 11 | 12 | 12 | 10 | 11 |
| Average Inventories ($) **42** | 0 | 1 | 1 | 0 | 0 | 0 | 0 | 0 | 0 |
| Average Net Worth ($) **43** | 296 | 308 | 369 | 349 | 389 | 383 | 453 | 425 | 419 |
| Current Ratio (x1) **44** | 1.8 | 1.7 | 1.9 | 2.2 | 2.0 | 2.6 | 2.4 | 2.4 | 2.5 |
| Quick Ratio (x1) **45** | 1.3 | 1.4 | 1.4 | 1.8 | 1.6 | 2.3 | 2.1 | 2.0 | 2.2 |
| Coverage Ratio (x1) **46** | 0.7 | 0.7 | 0.5 | 0.5 | 0.4 | 0.4 | 0.5 | 0.5 | 0.5 |
| Asset Turnover (x1) **47** | 0.3 | 0.3 | 0.3 | 0.3 | 0.3 | 0.3 | 0.3 | 0.3 | 0.3 |
| Total Liabilities/Net Worth (x1) **48** | 1.4 | 1.4 | 1.2 | 1.1 | 1.0 | 1.0 | 0.9 | 1.0 | 0.9 |
| Return on Assets (x1) **49** | 2.2 | 2.3 | 1.7 | 1.8 | 1.4 | 1.5 | 1.5 | 1.6 | 1.7 |
| Return on Equity (%) **50** | • | • | • | • | • | • | • | • | • |

## Table II

Corporations with Net Income

# CONDOMINIUM MANAGEMENT AND COOPERATIVE HOUSING ASSOCIATIONS

MONEY AMOUNTS AND SIZE OF ASSETS IN THOUSANDS OF DOLLARS

| Item Description for Accounting Period 7/90 Through 6/91 | Total | Zero Assets | Under 100 | 100 to 250 | 251 to 500 | 501 to 1,000 | 1,001 to 5,000 | 5,001 to 10,000 | 10,001 to 25,000 | 25,001 to 50,000 | 50,001 to 100,000 | 100,001 to 250,000 | 250,001 and over |
|---|---|---|---|---|---|---|---|---|---|---|---|---|---|
| Number of Enterprises **1** | 24754 | 426 | 13788 | 5740 | 2427 | 1045 | 1050 | 184 | 74 | 17 | 3 | • | • |
| **Revenues ($ in Thousands)** | | | | | | | | | | | | | |
| Net Sales **2** | 3902 | 46 | 819 | 859 | 819 | 385 | 576 | 172 | 134 | 46 | 45 | • | • |
| Portfolio Income **3** | 213 | 11 | 30 | 45 | 51 | 25 | 28 | 14 | 7 | 1 | 2 | • | • |
| Other Revenues **4** | 765 | 0 | 119 | 174 | 73 | 87 | 171 | 89 | 43 | 7 | 2 | • | • |
| Total Revenues **5** | 4879 | 57 | 968 | 1077 | 943 | 497 | 775 | 275 | 184 | 54 | 49 | | |
| Average Total Revenues **6** | 197 | 134 | 70 | 188 | 388 | 476 | 738 | 1496 | 2482 | 3176 | 16191 | | |
| **Operating Costs/Operating Income (%)** | | | | | | | | | | | | | |
| Cost of Operations **7** | 33.7 | 50.3 | 38.1 | 29.8 | 50.8 | 38.2 | 22.6 | 9.5 | 20.6 | 17.7 | 16.3 | | |
| Rent **8** | 0.5 | • | 1.0 | • | 0.4 | 0.1 | 1.2 | 1.0 | • | • | • | | |
| Taxes Paid **9** | 6.5 | 2.4 | 3.8 | 1.5 | 2.3 | 8.3 | 12.3 | 17.1 | 19.2 | 21.3 | 16.9 | | |
| Interest Paid **10** | 3.4 | 0.7 | 0.1 | 0.6 | 0.4 | 1.6 | 7.6 | 14.2 | 14.5 | 21.6 | 21.9 | | |
| Depreciation, Depletion, Amortization **11** | 3.1 | 0.3 | 0.2 | 1.7 | 0.8 | 2.9 | 6.4 | 9.7 | 12.2 | 11.7 | 11.1 | | |
| Pensions and Other Benefits **12** | 0.6 | 0.2 | 1.1 | 0.2 | 0.4 | 0.4 | 0.6 | 1.1 | 0.8 | 1.2 | 0.1 | | |
| Other **13** | 47.3 | 28.1 | 49.9 | 62.1 | 40.5 | 42.0 | 45.1 | 43.6 | 28.9 | 23.6 | 29.9 | | |
| Officers Compensation **14** | 0.3 | 1.2 | 1.0 | • | 0.2 | • | • | 0.5 | 0.2 | • | • | | |
| Operating Margin **15** | 4.6 | 17.0 | 4.8 | 4.1 | 4.2 | 6.3 | 4.3 | 3.4 | 3.7 | 2.9 | 3.8 | | |
| Oper. Margin Before Officers Compensation **16** | 4.9 | 18.2 | 5.8 | 4.1 | 4.4 | 6.5 | 4.3 | 3.9 | 3.8 | 2.9 | 3.8 | | |
| **Selected Average Balance Sheet ($ in Thousands)** | | | | | | | | | | | | | |
| Net Receivables **17** | 7 | • | 1 | 4 | 8 | 18 | 23 | 145 | 423 | 295 | 350 | | |
| Inventories **18** | 0 | • | • | • | • | • | • | • | 1 | • | • | | |
| Net Property, Plant and Equipment **19** | 191 | • | 1 | 26 | 26 | 287 | 1522 | 5361 | 12700 | 28846 | 64684 | | |
| Total Assets **20** | 329 | • | 30 | 162 | 334 | 683 | 2107 | 6848 | 14467 | 30279 | 76449 | | |

| | | | | | | | | | | | | |
|---|---|---|---|---|---|---|---|---|---|---|---|---|
| Notes and Loans Payable **21** | 101 | · | 1 | 13 | 24 | 123 | 854 | 2919 | 5954 | 12676 | 46648 | · |
| All Other Liabilities **22** | 44 | · | 9 | 35 | 109 | 154 | 103 | 811 | 718 | 685 | 998 | · |
| Net Worth **23** | 185 | · | 20 | 114 | 201 | 406 | 1151 | 3119 | 7795 | 16918 | 28803 | · |

**Selected Financial Ratios (Times to 1)**

| | | | | | | | | | | | | |
|---|---|---|---|---|---|---|---|---|---|---|---|---|
| Current Ratio **24** | 3.8 | · | 4.5 | 6.4 | 4.2 | 2.6 | 5.0 | 1.6 | 1.4 | 1.5 | 4.4 | · |
| Quick Ratio **25** | 3.4 | · | 4.3 | 6.2 | 3.7 | 2.4 | 4.1 | 1.2 | 1.0 | 1.2 | 0.6 | · |
| Net Sales to Working Capital **26** | 2.2 | · | 3.2 | 1.7 | 1.8 | 2.1 | 1.8 | 5.2 | 7.0 | 8.7 | 3.2 | · |
| Coverage Ratio **27** | 2.3 | · | · | 8.2 | 10.9 | 4.9 | 1.6 | 1.2 | 1.3 | 1.1 | 1.2 | · |
| Total Asset Turnover **28** | 0.6 | · | 2.3 | 1.2 | 1.2 | 0.7 | 0.4 | 0.2 | 0.2 | 0.1 | 0.2 | · |
| Inventory Turnover **29** | · | · | · | · | · | · | · | · | · | · | · | · |
| Receivables Turnover **30** | · | · | · | · | · | · | · | · | · | · | · | · |
| Total Liabilities to Net Worth **31** | 0.8 | · | 0.5 | 0.4 | 0.7 | 0.7 | 0.8 | 1.2 | 0.9 | 0.8 | 1.7 | · |

**Selected Financial Factors (in Percentages)**

| | | | | | | | | | | | | |
|---|---|---|---|---|---|---|---|---|---|---|---|---|
| Debt Ratio **32** | 43.9 | · | 33.2 | 29.4 | 39.9 | 40.6 | 45.4 | 54.5 | 46.1 | 44.1 | 62.3 | · |
| Return on Assets **33** | 4.7 | · | 9.3 | 5.4 | 5.4 | 5.5 | 4.2 | 3.8 | 3.1 | 2.6 | 5.4 | · |
| Return on Equity **34** | 4.1 | · | 12.6 | 5.8 | 6.9 | 6.6 | 2.4 | 1.2 | 0.9 | 0.5 | 1.6 | · |
| Return Before Interest on Equity **35** | 8.3 | · | 14.0 | 7.6 | 9.0 | 9.2 | 7.6 | 8.4 | 5.8 | 4.6 | 14.4 | · |
| Profit Margin, Before Income Tax **36** | · | · | · | · | · | · | · | · | · | · | · | · |
| Profit Margin, After Income Tax **37** | · | · | · | · | · | · | · | · | · | · | · | · |

**Trends in Selected Ratios and Factors, 1986-1994**

| | 1986 | 1987 | 1988 | 1989 | 1990 | 1991 | 1992 | 1993 | 1994 |
|---|---|---|---|---|---|---|---|---|---|
| Cost of Operations (%) **38** | 3.7 | 3.2 | 2.4 | 4.3 | 9.0 | 17.2 | 26.1 | 28.4 | 33.7 |
| Operating Margin (%) **39** | 5.6 | 7.2 | 5.5 | 6.0 | 5.3 | 4.7 | 4.6 | 5.6 | 4.6 |
| Oper. Margin Before Officers Comp. (%) **40** | 5.8 | 10.2 | 6.2 | 7.4 | 7.0 | 7.3 | 6.4 | 6.8 | 4.9 |
| Average Net Receivables ($) **41** | 28 | 17 | 12 | 16 | 13 | 11 | 8 | 8 | 7 |
| Average Inventories ($) **42** | · | 0 | 0 | 0 | 0 | 0 | · | · | 0 |
| Average Net Worth ($) **43** | 169 | 142 | 155 | 166 | 181 | 138 | 162 | 164 | 185 |
| Current Ratio (x1) **44** | 3.7 | 2.1 | 2.6 | 3.2 | 3.1 | 4.2 | 4.1 | 4.1 | 3.8 |
| Quick Ratio (x1) **45** | 3.0 | 1.8 | 2.0 | 2.7 | 2.7 | 3.9 | 3.7 | 3.7 | 3.4 |
| Coverage Ratio (x1) **46** | 2.1 | 3.0 | 2.4 | 2.5 | 2.7 | 2.6 | 2.5 | 3.0 | 2.3 |
| Asset Turnover (x1) **47** | 0.6 | 0.6 | 0.6 | 0.6 | 0.6 | 0.7 | 0.6 | 0.7 | 0.6 |
| Operating Leverage **48** | · | 1.3 | 0.8 | 1.1 | 0.9 | 0.9 | 1.0 | 1.2 | 0.8 |
| Financial Leverage **49** | · | 1.2 | 0.9 | 1.0 | 1.0 | 1.0 | 1.0 | 1.1 | 0.9 |
| Total Leverage **50** | · | 1.6 | 0.7 | 1.1 | 0.9 | 0.9 | 0.9 | 1.3 | 0.7 |

## Table I

Corporations with and without Net Income

# SUBDIVIDERS AND DEVELOPERS

MONEY AMOUNTS AND SIZE OF ASSETS IN THOUSANDS OF DOLLARS

| Item Description for Accounting Period 7/90 Through 6/91 | Total | Zero Assets | Under 100 | 100 to 250 | 251 to 500 | 501 to 1,000 | 1,001 to 5,000 | 5,001 to 10,000 | 10,001 to 25,000 | 25,001 to 50,000 | 50,001 to 100,000 | 100,001 to 250,000 | 250,001 and over |
|---|---|---|---|---|---|---|---|---|---|---|---|---|---|
| Number of Enterprises **1** | 61431 | 4437 | 21001 | 8869 | 9158 | 6557 | 8897 | 1369 | 701 | 240 | 95 | 72 | 36 |
| **Revenues ($ in Thousands)** | | | | | | | | | | | | | |
| Net Sales **2** | 29980 | 401 | 2085 | 676 | 1591 | 2169 | 6602 | 3265 | 3602 | 1954 | 1378 | 2480 | 3778 |
| Portfolio Income **3** | 3121 | 84 | 17 | 34 | 53 | 66 | 312 | 110 | 138 | 220 | 143 | 393 | 1552 |
| Other Revenues **4** | 4049 | 61 | 53 | 49 | 93 | 163 | 689 | 313 | 345 | 427 | 297 | 417 | 1142 |
| Total Revenues **5** | 37150 | 546 | 2154 | 759 | 1738 | 2398 | 7602 | 3688 | 4085 | 2601 | 1818 | 3290 | 6472 |
| Average Total Revenues **6** | 605 | 123 | 103 | 86 | 190 | 366 | 854 | 2694 | 5828 | 10838 | 19135 | 45689 | 179783 |
| **Operating Costs/Operating Income (%)** | | | | | | | | | | | | | |
| Cost of Operations **7** | 59.7 | 38.8 | 75.1 | 62.2 | 68.7 | 70.1 | 67.3 | 69.0 | 67.7 | 52.5 | 53.9 | 52.1 | 38.9 |
| Rent **8** | 1.0 | 0.9 | 0.7 | 1.0 | 0.9 | 0.6 | 0.7 | 0.8 | 0.8 | 1.7 | 1.2 | 1.5 | 1.5 |
| Taxes Paid **9** | 2.1 | 2.4 | 1.3 | 2.7 | 2.2 | 2.1 | 2.0 | 1.8 | 1.7 | 2.6 | 2.4 | 2.5 | 2.3 |
| Interest Paid **10** | 12.5 | 5.6 | 3.8 | 7.9 | 6.7 | 7.1 | 8.5 | 8.7 | 8.4 | 11.6 | 15.6 | 15.1 | 27.8 |
| Depreciation, Depletion, Amortization **11** | 2.3 | 1.5 | 0.7 | 2.9 | 1.2 | 2.2 | 1.5 | 1.6 | 2.4 | 3.0 | 3.1 | 2.7 | 3.9 |
| Pensions and Other Benefits **12** | 0.5 | 0.2 | 0.4 | • | 0.6 | 0.4 | 0.5 | 0.5 | 0.4 | 0.6 | 0.4 | 0.9 | 0.4 |
| Other **13** | 24.9 | 81.7 | 25.8 | 23.4 | 21.3 | 16.6 | 21.2 | 15.5 | 19.1 | 26.7 | 26.6 | 29.1 | -34.2 |
| Officers Compensation **14** | 2.7 | 2.7 | 1.9 | 5.2 | 3.7 | 2.2 | 3.5 | 2.7 | 2.9 | 2.7 | 2.3 | 2.6 | 1.4 |
| Operating Margin **15** | • | • | • | • | • | • | • | • | • | • | • | • | • |
| Oper. Margin Before Officers Compensation **16** | • | • | • | • | • | 1.0 | • | 2.2 | 1.4 | • | • | • | • |
| **Selected Average Balance Sheet ($ in Thousands)** | | | | | | | | | | | | | |
| Net Receivables **17** | 147 | • | 4 | 28 | 22 | 63 | 144 | 601 | 936 | 3167 | 6186 | 11785 | 87547 |
| Inventories **18** | 317 | • | 4 | 28 | 77 | 207 | 569 | 1484 | 3085 | 6671 | 13538 | 31082 | 75566 |
| Net Property, Plant and Equipment **19** | 505 | • | 8 | 43 | 132 | 235 | 672 | 2253 | 5167 | 11096 | 20287 | 40885 | 209166 |
| Total Assets **20** | 1695 | | 35 | 169 | 367 | 727 | 2126 | 6813 | 14992 | 34560 | 69056 | 150874 | 813284 |

| | | | | | | | | | | | | |
|---|---|---|---|---|---|---|---|---|---|---|---|---|
| Notes and Loans Payable 21 | 1150 | • | 49 | 105 | 242 | 515 | 1614 | 5121 | 10801 | 22550 | 49029 | 98163 | 472962 |
| All Other Liabilities 22 | 341 | • | 29 | 21 | 50 | 99 | 310 | 1083 | 2354 | 6364 | 10695 | 32410 | 230826 |
| Net Worth 23 | 203 | • | -43 | 43 | 75 | 112 | 202 | 610 | 1837 | 5646 | 9332 | 20301 | 109496 |

**Selected Financial Ratios (Times to 1)**

| | | | | | | | | | | | | | |
|---|---|---|---|---|---|---|---|---|---|---|---|---|---|
| Current Ratio 24 | 1.3 | • | 1.4 | 3.0 | 1.5 | 1.9 | 1.5 | 1.2 | 1.3 | 1.7 | 1.9 | 1.7 | 0.8 |
| Quick Ratio 25 | 0.4 | • | 0.8 | 1.8 | 0.5 | 0.5 | 0.3 | 0.4 | 0.4 | 0.7 | 0.7 | 0.6 | 0.4 |
| Net Sales to Working Capital 26 | 4.2 | • | 24.5 | 1.4 | 3.6 | 2.2 | 2.9 | 5.1 | 4.3 | 5.1 | 1.5 | 1.9 | • |
| Coverage Ratio 27 | 0.6 | • | • | 0.3 | 0.2 | 0.8 | 0.4 | 0.9 | 0.6 | 0.9 | 0.7 | 0.6 | 0.6 |
| Total Asset Turnover 28 | 0.4 | • | 3.0 | 0.5 | 0.5 | 0.5 | 0.4 | 0.4 | 0.4 | 0.3 | 0.3 | 0.3 | 0.2 |
| Inventory Turnover 29 | • | • | • | • | • | • | • | • | • | • | • | • | • |
| Receivables Turnover 30 | • | • | • | • | • | • | • | • | • | • | • | • | • |
| Total Liabilities to Net Worth 31 | 7.4 | • | • | 2.9 | 3.9 | 5.5 | 9.5 | 10.2 | 7.2 | 5.1 | 6.4 | 6.4 | 6.4 |

**Selected Financial Factors (in Percentages)**

| | | | | | | | | | | | | | |
|---|---|---|---|---|---|---|---|---|---|---|---|---|---|
| Debt Ratio 32 | 88.0 | • | 74.5 | • | 79.6 | 84.5 | 90.5 | 91.1 | 87.8 | 83.7 | 86.5 | 86.6 | 86.5 |
| Return on Assets 33 | 2.4 | • | 1.3 | • | 0.8 | 2.9 | 1.3 | 3.2 | 2.0 | 3.2 | 2.8 | 2.6 | 3.8 |
| Return on Equity 34 | 20.2 | 23.0 | • | • | • | • | • | • | • | • | • | • | • |
| Return Before Interest on Equity 35 | 20.2 | 13.8 | 5.2 | • | 3.9 | 19.0 | 13.5 | 16.1 | 19.5 | 20.8 | 19.4 | 28.5 | |
| Profit Margin, Before Income Tax 36 | • | • | • | • | • | • | • | • | • | • | • | • | • |
| Profit Margin, After Income Tax 37 | • | • | • | • | • | • | • | • | • | • | • | • | • |

## Trends in Selected Ratios and Factors, 1986–1994

| | 1986 | 1987 | 1988 | 1989 | 1990 | 1991 | 1992 | 1993 | 1994 |
|---|---|---|---|---|---|---|---|---|---|
| Cost of Operations (%) 38 | 31.0 | 21.3 | 25.3 | 25.7 | 26.7 | 59.4 | 61.5 | 57.5 | 59.7 |
| Operating Margin (%) 39 | • | • | • | • | 0.8 | 2.1 | 1.6 | • | • |
| Oper. Margin Before Officers Comp. (%) 40 | • | 4.3 | 3.2 | 1.9 | 6.2 | 5.0 | 4.4 | 0.8 | • |
| Average Net Receivables ($) 41 | 159 | 191 | 185 | 194 | 158 | 152 | 153 | 161 | 147 |
| Average Inventories ($) 42 | 70 | 98 | 82 | 292 | 268 | 310 | 321 | 336 | 317 |
| Average Net Worth ($) 43 | 153 | 173 | 187 | 202 | 175 | 194 | 228 | 238 | 203 |
| Current Ratio (×1) 44 | 1.0 | 1.1 | 1.0 | 1.4 | 1.4 | 1.4 | 1.5 | 1.3 | 1.3 |
| Quick Ratio (×1) 45 | 0.6 | 0.6 | 0.6 | 0.6 | 0.5 | 0.5 | 0.5 | 0.5 | 0.4 |
| Coverage Ratio (×1) 46 | 0.6 | 1.0 | 0.9 | 0.9 | 1.0 | 1.2 | 1.2 | 0.8 | 0.6 |
| Asset Turnover (×1) 47 | 0.2 | 0.2 | 0.2 | 0.2 | 0.3 | 0.5 | 0.5 | 0.4 | 0.4 |
| Total Liabilities/Net Worth (×1) 48 | 6.4 | 6.9 | 6.8 | 7.0 | 7.6 | 6.9 | 6.0 | 6.6 | 7.4 |
| Return on Assets (×1) 49 | 3.7 | 5.0 | 5.0 | 4.3 | 4.8 | 5.0 | 5.1 | 3.3 | 2.4 |
| Return on Equity (%) 50 | • | • | • | • | • | 4.7 | 2.8 | • | • |

## Table II

Corporations with Net Income

# SUBDIVIDERS AND DEVELOPERS

**MONEY AMOUNTS AND SIZE OF ASSETS IN THOUSANDS OF DOLLARS**

| Item Description for Accounting Period 7/90 Through 6/91 | Total | Zero Assets | Under 100 | 100 to 250 | 251 to 500 | 501 to 1,000 | 1,001 to 5,000 | 5,001 to 10,000 | 10,001 to 25,000 | 25,001 to 50,000 | 50,001 to 100,000 | 100,001 to 250,000 | 250,001 and over |
|---|---|---|---|---|---|---|---|---|---|---|---|---|---|
| Number of Enterprises **1** | 22084 | 1006 | 7745 | 3113 | 3642 | 2601 | 3135 | 462 | 218 | 92 | 34 | 26 | 9 |
| **Revenues ($ in Thousands)** | | | | | | | | | | | | | |
| Net Sales **2** | 16650 | 247 | 1328 | 242 | 797 | 1318 | 3530 | 1977 | 2204 | 1112 | 910 | 1258 | 1726 |
| Portfolio Income **3** | 1129 | 64 | 10 | 25 | 36 | 53 | 180 | 64 | 47 | 89 | 63 | 166 | 332 |
| Other Revenues **4** | 2026 | 55 | 48 | 36 | 72 | 125 | 417 | 227 | 183 | 332 | 129 | 250 | 152 |
| Total Revenues **5** | 19805 | 366 | 1385 | 303 | 905 | 1496 | 4128 | 2268 | 2435 | 1532 | 1102 | 1674 | 2210 |
| Average Total Revenues **6** | 897 | 364 | 179 | 97 | 248 | 575 | 1317 | 4908 | 11169 | 16654 | 32408 | 64404 | 245579 |
| **Operating Costs/Operating Income (%)** | | | | | | | | | | | | | |
| Cost of Operations **7** | 57.6 | 18.2 | 69.6 | 25.0 | 55.1 | 64.0 | 61.0 | 64.8 | 66.1 | 46.7 | 58.5 | 46.0 | 50.1 |
| Rent **8** | 0.8 | • | 0.4 | 0.8 | 0.7 | 0.3 | 0.5 | 0.5 | 0.6 | 0.6 | 0.8 | 1.6 | 1.7 |
| Taxes Paid **9** | 1.9 | 1.8 | 1.0 | 3.4 | 1.8 | 1.6 | 1.6 | 1.5 | 1.3 | 2.7 | 2.0 | 2.4 | 3.1 |
| Interest Paid **10** | 6.3 | 0.6 | 1.1 | 4.4 | 3.2 | 4.0 | 4.9 | 4.3 | 3.7 | 7.4 | 7.5 | 9.1 | 17.9 |
| Depreciation, Depletion, Amortization **11** | 1.7 | 1.1 | 0.3 | 2.0 | 0.6 | 1.0 | 0.9 | 1.1 | 1.6 | 2.0 | 1.4 | 2.5 | 5.4 |
| Pensions and Other Benefits **12** | 0.5 | • | 0.4 | • | 0.6 | • | 0.7 | 0.4 | 0.5 | 0.5 | 0.4 | 1.1 | 0.3 |
| Other **13** | 15.2 | 34.0 | 16.4 | 31.2 | 15.9 | 11.2 | 13.4 | 11.3 | 12.4 | 20.3 | 19.2 | 21.9 | 11.5 |
| Officers Compensation **14** | 2.5 | 0.7 | 1.2 | 3.8 | 5.1 | 1.3 | 2.9 | 2.6 | 3.2 | 2.7 | 1.8 | 2.6 | 1.6 |
| Operating Margin **15** | 13.6 | 43.5 | 9.7 | 29.5 | 17.0 | 16.5 | 14.0 | 13.6 | 10.8 | 17.3 | 8.7 | 13.0 | 8.6 |
| Oper. Margin Before Officers Compensation **16** | 16.1 | 44.3 | 10.9 | 33.2 | 22.1 | 17.8 | 16.9 | 16.1 | 14.0 | 19.9 | 10.4 | 15.6 | 10.2 |
| **Selected Average Balance Sheet ($ in Thousands)** | | | | | | | | | | | | | |
| Net Receivables **17** | 133 | • | 5 | 29 | 26 | 90 | 186 | 862 | 1205 | 3143 | 6132 | 18219 | 29169 |
| Inventories **18** | 335 | • | 2 | 11 | 59 | 188 | 591 | 1429 | 3585 | 6269 | 17298 | 32303 | 148175 |
| Net Property, Plant and Equipment **19** | 475 | • | 8 | 48 | 113 | 173 | 568 | 1504 | 4132 | 10489 | 11294 | 39574 | 406431 |
| Total Assets **20** | 1504 | • | 31 | 180 | 367 | 710 | 2105 | 6948 | 14474 | 35709 | 71049 | 150052 | 739613 |

| | | | | | | | | | | | | |
|---|---|---|---|---|---|---|---|---|---|---|---|---|
| Notes and Loans Payable 21 | 867 | • | 62 | 48 | 181 | 327 | 1295 | 3585 | 7773 | 20438 | 36725 | 81746 | 482966 |
| All Other Liabilities 22 | 238 | • | 45 | 17 | 56 | 135 | 321 | 1321 | 2311 | 5863 | 13221 | 22043 | 67056 |
| Net Worth 23 | 399 | • | -76 | 115 | 130 | 248 | 489 | 2041 | 4389 | 9408 | 21104 | 46263 | 189591 |

## Selected Financial Ratios (Times to 1)

| | | | | | | | | | | | | |
|---|---|---|---|---|---|---|---|---|---|---|---|---|
| Current Ratio 24 | 1.5 | • | 1.0 | 8.5 | 1.6 | 2.0 | 1.8 | 1.7 | 1.5 | 2.0 | 2.9 | 1.9 | 0.6 |
| Quick Ratio 25 | 0.5 | • | 0.8 | 7.0 | 0.6 | 0.8 | 0.5 | 0.6 | 0.5 | 0.9 | 1.1 | 0.8 | 0.2 |
| Net Sales to Working Capital 26 | 4.3 | • | • | 1.3 | 4.1 | 3.2 | 2.7 | 3.5 | 5.3 | 2.2 | 1.5 | 2.0 | • |
| Coverage Ratio 27 | 3.1 | • | 9.8 | 7.8 | 6.2 | 5.2 | 3.8 | 4.2 | 3.9 | 3.3 | 2.2 | 2.4 | 1.5 |
| Total Asset Turnover 28 | 0.6 | • | 5.7 | 0.5 | 0.7 | 0.8 | 0.6 | 0.7 | 0.8 | 0.5 | 0.5 | 0.4 | 0.3 |
| Inventory Turnover 29 | • | | • | • | • | • | • | • | • | • | • | • | • |
| Receivables Turnover 30 | • | | • | • | • | • | • | • | • | • | • | • | • |
| Total Liabilities to Net Worth 31 | 2.8 | • | • | 0.6 | 1.8 | 1.9 | 3.3 | 2.4 | 2.3 | 2.8 | 2.4 | 2.3 | 2.9 |

## Selected Financial Factors (in Percentages)

| | | | | | | | | | | | | |
|---|---|---|---|---|---|---|---|---|---|---|---|---|
| Debt Ratio 32 | 73.5 | • | • | 36.1 | 64.6 | 65.1 | 76.8 | 70.6 | 69.7 | 73.7 | 70.3 | 69.2 | 74.4 |
| Return on Assets 33 | 11.8 | • | • | 18.3 | 13.7 | 16.6 | 11.6 | 12.5 | 11.0 | 11.5 | 7.4 | 9.5 | 8.7 |
| Return on Equity 34 | 28.8 | • | • | 23.5 | 31.3 | 37.0 | 35.5 | 31.0 | 24.7 | 27.4 | 12.8 | 17.2 | 10.5 |
| Return Before Interest on Equity 35 | • | | 28.6 | | | | | | | | 25.0 | 30.7 | 34.0 |
| Profit Margin, Before Income Tax 36 | • | | • | • | • | • | • | • | • | • | • | • | • |
| Profit Margin, After Income Tax 37 | • | | • | • | • | • | • | • | • | • | • | • | • |

## Trends in Selected Ratios and Factors, 1986-1994

| | 1986 | 1987 | 1988 | 1989 | 1990 | 1991 | 1992 | 1993 | 1994 |
|---|---|---|---|---|---|---|---|---|---|
| Cost of Operations (%) 38 | 25.9 | 17.8 | 17.2 | 20.5 | 22.2 | 59.2 | 58.2 | 56.2 | 57.6 |
| Operating Margin (%) 39 | 18.3 | 22.7 | 24.2 | 23.2 | 22.9 | 13.5 | 14.4 | 14.6 | 13.6 |
| Oper. Margin Before Officers Comp. (%) 40 | 24.6 | 28.4 | 29.7 | 28.6 | 28.2 | 16.2 | 17.3 | 18.1 | 16.1 |
| Average Net Receivables ($) 41 | 176 | 223 | 209 | 231 | 185 | 180 | 201 | 174 | 133 |
| Average Inventories ($) 42 | 42 | 103 | 105 | 287 | 274 | 336 | 420 | 380 | 335 |
| Average Net Worth ($) 43 | 245 | 299 | 328 | 331 | 335 | 336 | 493 | 434 | 399 |
| Current Ratio (x1) 44 | 1.3 | 1.2 | 1.3 | 1.9 | 1.5 | 1.6 | 1.8 | 1.4 | 1.5 |
| Quick Ratio (x1) 45 | 0.9 | 0.7 | 0.8 | 0.9 | 0.6 | 0.6 | 0.7 | 0.5 | 0.5 |
| Coverage Ratio (x1) 46 | 2.4 | 2.5 | 2.7 | 2.7 | 2.9 | 3.6 | 3.1 | 3.4 | 3.1 |
| Asset Turnover (x1) 47 | 0.4 | 0.3 | 0.3 | 0.3 | 0.4 | 0.7 | 0.6 | 0.6 | 0.6 |
| Operating Leverage 48 | • | 1.3 | 1.1 | 1.0 | 1.0 | 0.6 | 1.1 | 1.0 | 0.9 |
| Financial Leverage 49 | • | 1.1 | 1.1 | 1.0 | 1.1 | 1.2 | 1.0 | 1.1 | 1.0 |
| Total Leverage 50 | • | 1.3 | 1.1 | 1.0 | 1.0 | 0.7 | 1.0 | 1.1 | 0.9 |

## Table I

Corporations with and without Net Income

## OTHER REAL ESTATE

### MONEY AMOUNTS AND SIZE OF ASSETS IN THOUSANDS OF DOLLARS

| Item Description for Accounting Period 7/90 Through 6/91 | Total | Zero Assets | Under 100 | 100 to 250 | 251 to 500 | 501 to 1,000 | 1,001 to 5,000 | 5,001 to 10,000 | 10,001 to 25,000 | 25,001 to 50,000 | 50,001 to 100,000 | 100,001 to 250,000 | 250,001 and over |
|---|---|---|---|---|---|---|---|---|---|---|---|---|---|
| Number of Enterprises **1** | 150795 | 13233 | 83736 | 23378 | 12888 | 7962 | 7766 | 957 | 542 | 163 | 95 | 51 | 24 |
| **Revenues ($ in Thousands)** | | | | | | | | | | | | | |
| Net Sales **2** | 34662 | 495 | 8073 | 4478 | 3493 | 3282 | 4550 | 1808 | 1640 | 1255 | 725 | 1188 | 3676 |
| Portfolio Income **3** | 3417 | 284 | 171 | 82 | 147 | 174 | 358 | 138 | 332 | 223 | 337 | 390 | 780 |
| Other Revenues **4** | 4703 | 180 | 459 | 239 | 443 | 248 | 771 | 550 | 356 | 303 | 289 | 417 | 447 |
| Total Revenues **5** | 42782 | 960 | 8703 | 4799 | 4083 | 3704 | 5679 | 2495 | 2329 | 1781 | 1351 | 1995 | 4903 |
| Average Total Revenues **6** | 284 | 73 | 104 | 205 | 317 | 465 | 731 | 2607 | 4296 | 10924 | 14226 | 39125 | 204286 |
| **Operating Costs/Operating Income (%)** | | | | | | | | | | | | | |
| Cost of Operations **7** | 24.8 | 15.0 | 15.4 | 13.8 | 24.4 | 27.9 | 27.3 | 17.4 | 18.7 | 35.0 | 24.3 | 26.5 | 51.5 |
| Rent **8** | 4.0 | 2.5 | 5.6 | 4.3 | 4.5 | 3.7 | 4.2 | 3.8 | 4.0 | 5.4 | 2.3 | 2.5 | 1.2 |
| Taxes Paid **9** | 3.2 | 3.9 | 2.8 | 3.7 | 2.9 | 4.2 | 3.5 | 2.5 | 3.6 | 3.2 | 3.1 | 3.1 | 2.6 |
| Interest Paid **10** | 8.2 | 13.1 | 1.1 | 2.4 | 2.7 | 4.8 | 10.0 | 7.4 | 12.8 | 10.6 | 20.0 | 20.6 | 19.8 |
| Depreciation, Depletion, Amortization **11** | 3.1 | 3.8 | 2.2 | 2.7 | 2.6 | 2.7 | 3.7 | 3.1 | 4.0 | 3.6 | 4.7 | 4.5 | 3.2 |
| Pensions and Other Benefits **12** | 1.3 | 1.2 | 1.2 | 1.8 | 1.4 | 0.8 | 1.3 | 0.9 | 1.4 | 0.7 | 0.6 | 0.8 | 2.1 |
| Other **13** | 52.3 | 55.2 | 70.4 | 56.6 | 51.9 | 47.9 | 51.5 | 66.2 | 53.3 | 40.0 | 47.2 | 46.3 | 20.8 |
| Officers Compensation **14** | 6.8 | 9.6 | 8.2 | 15.1 | 9.1 | 5.7 | 5.7 | 3.9 | 7.5 | 3.2 | 2.5 | 1.7 | 1.9 |
| Operating Margin **15** | • | • | • | • | 0.5 | 2.3 | • | • | • | • | • | • | • |
| Oper. Margin Before Officers Compensation **16** | 3.3 | 5.4 | 1.5 | 14.9 | 9.6 | 7.9 | • | • | 2.2 | 1.6 | • | • | • |
| **Selected Average Balance Sheet ($ in Thousands)** | | | | | | | | | | | | | |
| Net Receivables **17** | 50 | • | 2 | 8 | 24 | 64 | 198 | 522 | 1623 | 4728 | 5364 | 8296 | 73742 |
| Inventories **18** | 19 | • | 0 | 1 | 2 | 13 | 43 | 48 | 345 | 1382 | 1608 | 6859 | 58663 |
| Net Property, Plant and Equipment **19** | 187 | • | 12 | 63 | 135 | 303 | 852 | 2526 | 4454 | 9618 | 23939 | 49646 | 159269 |
| Total Assets **20** | 561 | • | 30 | 153 | 347 | 711 | 2050 | 6878 | 15145 | 34689 | 69060 | 152040 | 733919 |

| | | | | | | | | | | | | | |
|---|---|---|---|---|---|---|---|---|---|---|---|---|
| Notes and Loans Payable 21 | 351 | • | 24 | 98 | 188 | 408 | 1367 | 4110 | 8807 | 20935 | 41879 | 103590 | 456329 |
| All Other Liabilities 22 | 116 | • | 15 | 55 | 58 | 130 | 347 | 1574 | 3492 | 6468 | 12707 | 22849 | 148017 |
| Net Worth 23 | 94 | • | -9 | -1 | 101 | 173 | 336 | 1193 | 2846 | 7286 | 14474 | 25602 | 129573 |

## Selected Financial Ratios (Times to 1)

| | | | | | | | | | | | | | |
|---|---|---|---|---|---|---|---|---|---|---|---|---|---|
| Current Ratio 24 | 1.2 | • | 1.5 | 1.5 | 1.2 | 1.1 | 1.4 | 1.2 | 1.1 | 1.4 | 1.2 | 1.2 | 0.9 |
| Quick Ratio 25 | 0.7 | • | 1.0 | 1.2 | 0.7 | 0.6 | 0.8 | 0.7 | 0.7 | 0.9 | 0.7 | 0.4 | 0.5 |
| Net Sales to Working Capital 26 | 11.9 | • | 12.3 | 28.8 | 14.1 | 14.1 | 4.5 | 9.2 | 10.6 | 3.3 | 5.8 | 7.4 | • |
| Coverage Ratio 27 | 0.6 | 0.7 | 0.9 | • | 1.4 | 0.3 | 0.3 | 1.2 | 0.6 | 0.8 | 0.8 | 0.7 | 0.9 |
| Total Asset Turnover 28 | 0.5 | • | 1.4 | 3.4 | 0.7 | 0.4 | 0.3 | 0.9 | 0.3 | 0.3 | 0.2 | 0.3 | 0.3 |
| Inventory Turnover 29 | • | • | • | • | • | • | • | • | • | • | • | • | • |
| Receivables Turnover 30 | • | • | • | • | • | • | • | • | • | • | • | • | • |
| Total Liabilities to Net Worth 31 | 5.0 | • | • | • | 3.1 | 4.8 | 5.1 | 2.4 | 4.3 | 3.8 | 3.8 | 4.9 | 4.7 |

## Selected Financial Factors (in Percentages)

| | | | | | | | | | | | | | |
|---|---|---|---|---|---|---|---|---|---|---|---|---|---|
| Debt Ratio 32 | 83.2 | • | • | • | 70.9 | 75.7 | 82.7 | 83.6 | 81.2 | 79.0 | 79.1 | 83.2 | 82.4 |
| Return on Assets 33 | 2.3 | • | • | 3.0 | 2.8 | 4.4 | 0.9 | 1.0 | 2.1 | 2.8 | 3.2 | 3.8 | 4.7 |
| Return on Equity 34 | • | • | • | • | • | 4.3 | • | • | • | • | • | • | • |
| Return Before Interest on Equity 35 | 13.8 | • | • | • | 9.7 | 18.0 | 5.3 | 6.0 | 10.9 | 13.1 | 15.0 | 22.7 | 26.8 |
| Profit Margin, Before Income Tax 36 | • | • | • | • | • | • | • | • | • | • | • | • | • |
| Profit Margin, After Income Tax 37 | • | • | • | • | • | • | • | • | • | • | • | • | • |

## Trends in Selected Ratios and Factors, 1986-1994

| | 1986 | 1987 | 1988 | 1989 | 1990 | 1991 | 1992 | 1993 | 1994 |
|---|---|---|---|---|---|---|---|---|---|
| Cost of Operations (%) 38 | 28.0 | 25.4 | 28.7 | 32.8 | 24.2 | 25.2 | 26.9 | 24.4 | 24.8 |
| Operating Margin (%) 39 | • | 1.3 | 1.0 | • | 1.1 | • | • | • | • |
| Oper. Margin Before Officers Comp. (%) 40 | 5.3 | 9.5 | 8.9 | 5.9 | 8.3 | 8.4 | 7.9 | 6.7 | 3.3 |
| Average Net Receivables ($) 41 | 44 | 59 | 54 | 67 | 66 | 54 | 57 | 56 | 50 |
| Average Inventories ($) 42 | 12 | 9 | 12 | 14 | 16 | 10 | 9 | 13 | 19 |
| Average Net Worth ($) 43 | 69 | 79 | 82 | 97 | 116 | 111 | 99 | 102 | 94 |
| Current Ratio (×1) 44 | 1.2 | 1.4 | 1.3 | 1.2 | 1.2 | 1.1 | 1.3 | 1.3 | 1.2 |
| Quick Ratio (×1) 45 | 0.7 | 0.9 | 0.8 | 0.8 | 0.7 | 0.7 | 0.8 | 0.8 | 0.7 |
| Coverage Ratio (×1) 46 | 0.7 | 1.2 | 1.1 | 0.9 | 1.1 | 1.0 | 1.0 | 0.9 | 0.6 |
| Asset Turnover (×1) 47 | 0.6 | 0.6 | 0.6 | 0.6 | 0.5 | 0.5 | 0.6 | 0.5 | 0.5 |
| Total Liabilities/Net Worth (×1) 48 | 4.0 | 3.8 | 4.3 | 4.3 | 3.9 | 3.9 | 4.1 | 4.6 | 5.0 |
| Return on Assets (×1) 49 | 4.2 | 5.5 | 6.0 | 4.7 | 5.5 | 4.2 | 4.2 | 3.9 | 2.3 |
| Return on Equity (%) 50 | • | 0.4 | • | • | • | • | • | • | • |

## Table II

Corporations with Net Income

# OTHER REAL ESTATE

**MONEY AMOUNTS AND SIZE OF ASSETS IN THOUSANDS OF DOLLARS**

| Item Description for Accounting Period 7/90 Through 6/91 | | Total | Zero Assets | Under 100 | 100 to 250 | 251 to 500 | 501 to 1,000 | 1,001 to 5,000 | 5,001 to 10,000 | 10,001 to 25,000 | 25,001 to 50,000 | 50,001 to 100,000 | 100,001 to 250,000 | 250,001 and over |
|---|---|---|---|---|---|---|---|---|---|---|---|---|---|---|
| Number of Enterprises | 1 | 57896 | 3530 | 32388 | 10098 | 5400 | 3248 | 2505 | 407 | 207 | 56 | 28 | 23 | 6 |
| **Revenues ($ in Thousands)** | | | | | | | | | | | | | | |
| Net Sales | 2 | 19984 | 169 | 3876 | 2572 | 1939 | 2499 | 2330 | 1306 | 839 | 614 | 247 | 626 | 2968 |
| Portfolio Income | 3 | 1995 | 246 | 130 | 65 | 91 | 133 | 208 | 66 | 219 | 120 | 206 | 183 | 329 |
| Other Revenues | 4 | 2570 | 89 | 164 | 124 | 201 | 178 | 493 | 440 | 213 | 170 | 151 | 206 | 142 |
| Total Revenues | 5 | 24549 | 504 | 4170 | 2761 | 2230 | 2810 | 3031 | 1812 | 1271 | 904 | 604 | 1014 | 3439 |
| Average Total Revenues | 6 | 424 | 143 | 129 | 273 | 413 | 865 | 1210 | 4452 | 6138 | 16137 | 21579 | 44098 | 573165 |
| **Operating Costs/Operating Income (%)** | | | | | | | | | | | | | | |
| Cost of Operations | 7 | 27.5 | 5.1 | 19.1 | 14.8 | 25.5 | 29.1 | 27.3 | 17.3 | 10.7 | 33.2 | 10.5 | 40.5 | 60.9 |
| Rent | 8 | 2.9 | 1.7 | 3.4 | 3.9 | 3.1 | 3.8 | 3.0 | 3.2 | 3.5 | 3.9 | 1.2 | 1.5 | 1.1 |
| Taxes Paid | 9 | 3.0 | 4.7 | 2.8 | 3.5 | 2.7 | 4.0 | 3.1 | 2.0 | 3.9 | 2.0 | 3.6 | 3.3 | 2.3 |
| Interest Paid | 10 | 5.1 | 10.4 | 0.8 | 1.6 | 2.5 | 2.6 | 6.2 | 4.0 | 7.8 | 5.3 | 13.1 | 12.7 | 10.6 |
| Depreciation, Depletion, Amortization | 11 | 2.4 | 2.9 | 1.8 | 1.9 | 2.7 | 2.3 | 2.9 | 2.1 | 3.2 | 3.2 | 3.5 | 3.8 | 2.2 |
| Pensions and Other Benefits | 12 | 1.3 | 1.0 | 1.1 | 1.9 | 1.0 | 0.8 | 1.2 | 0.8 | 1.6 | 0.5 | 0.6 | 0.6 | 2.3 |
| Other | 13 | 40.2 | 36.8 | 51.0 | 47.8 | 40.0 | 42.4 | 38.1 | 59.5 | 43.6 | 33.4 | 43.0 | 23.1 | 16.4 |
| Officers Compensation | 14 | 6.8 | 3.4 | 7.7 | 16.1 | 10.8 | 6.1 | 5.4 | 3.9 | 10.0 | 3.0 | 2.4 | 1.8 | 1.5 |
| Operating Margin | 15 | 10.9 | 34.1 | 12.5 | 8.6 | 11.8 | 8.9 | 12.8 | 7.5 | 15.8 | 15.7 | 22.3 | 12.8 | 2.8 |
| Oper. Margin Before Officers Compensation | 16 | 17.7 | 37.5 | 20.1 | 24.7 | 22.6 | 15.0 | 18.2 | 11.4 | 25.8 | 18.7 | 24.7 | 14.6 | 4.3 |
| **Selected Average Balance Sheet ($ in Thousands)** | | | | | | | | | | | | | | |
| Net Receivables | 17 | 63 | • | 3 | 10 | 38 | 87 | 221 | 507 | 2664 | 6351 | 7725 | 11574 | 132093 |
| Inventories | 18 | 24 | • | 1 | • | 4 | 16 | 60 | 100 | 394 | 3098 | 3008 | 3427 | 110420 |
| Net Property, Plant and Equipment | 19 | 143 | • | 11 | 45 | 117 | 225 | 704 | 2107 | 3730 | 5978 | 18136 | 53465 | 106876 |
| Total Assets | 20 | 507 | • | 33 | 153 | 349 | 716 | 2087 | 6997 | 15651 | 35554 | 70318 | 144443 | 656280 |

| | | | | | | | | | | | | |
|---|---|---|---|---|---|---|---|---|---|---|---|---|
| Notes and Loans Payable 21 | 229 | • | 15 | 67 | 121 | 286 | 1001 | 2831 | 6033 | 17182 | 32918 | 93524 | 261451 |
| All Other Liabilities 22 | 125 | • | 19 | 33 | 53 | 135 | 373 | 1880 | 4422 | 4672 | 14934 | 25444 | 274620 |
| Net Worth 23 | 154 | • | -1 | 52 | 175 | 294 | 714 | 2286 | 5196 | 13701 | 22467 | 25476 | 120208 |

**Selected Financial Ratios (Times to 1)**

| | | | | | | | | | | | | |
|---|---|---|---|---|---|---|---|---|---|---|---|---|
| Current Ratio 24 | 1.6 | • | 2.0 | 1.8 | 2.2 | 2.1 | 1.8 | 1.2 | 1.6 | 2.4 | 1.8 | 1.1 | 1.4 |
| Quick Ratio 25 | 1.1 | • | 1.7 | 1.4 | 1.6 | 1.3 | 1.1 | 0.7 | 1.3 | 1.4 | 1.3 | 0.6 | 0.7 |
| Net Sales to Working Capital 26 | 5.8 | • | 16.7 | 8.9 | 5.6 | 6.1 | 4.0 | 15.6 | 2.8 | 1.6 | 1.9 | 16.4 | 6.8 |
| Coverage Ratio 27 | 3.2 | 4.3 | • | 6.3 | 5.7 | 4.3 | 3.0 | 2.9 | 3.0 | 3.9 | 2.7 | 2.0 | 1.3 |
| Total Asset Turnover 28 | 0.8 | • | 3.9 | 1.8 | 1.2 | 1.2 | 0.6 | 0.6 | 0.4 | 0.5 | 0.3 | 0.3 | 0.9 |
| Inventory Turnover 29 | • | • | • | • | • | • | • | • | • | • | • | • | • |
| Receivables Turnover 30 | • | • | • | • | • | • | • | • | • | • | • | • | • |
| Total Liabilities to Net Worth 31 | 2.3 | • | 1.9 | 1.9 | 1.0 | 1.4 | 1.9 | 2.1 | 2.0 | 1.6 | 2.1 | 4.7 | 4.5 |

**Selected Financial Factors (in Percentages)**

| | | | | | | | | | | | | |
|---|---|---|---|---|---|---|---|---|---|---|---|---|
| Debt Ratio 32 | 69.7 | • | 65.8 | 65.8 | 50.0 | 58.9 | 65.8 | 67.3 | 66.8 | 61.5 | 68.1 | 82.4 | 81.7 |
| Return on Assets 33 | 13.3 | • | 18.3 | • | 16.8 | 13.7 | 10.9 | 7.3 | 9.1 | 9.3 | 10.8 | 7.9 | 11.9 |
| Return on Equity 34 | 26.7 | • | • | • | 25.6 | 24.8 | 19.4 | 12.9 | 14.1 | 14.1 | 16.9 | 18.5 | 12.0 |
| Return Before Interest on Equity 35 | • | • | • | • | 33.6 | 33.4 | 32.0 | 22.3 | 27.3 | 24.2 | 33.9 | • | • |
| Profit Margin, Before Income Tax 36 | • | • | • | • | • | • | • | • | • | • | • | • | • |
| Profit Margin, After Income Tax 37 | • | • | • | • | • | • | • | • | • | • | • | • | • |

**Trends in Selected Ratios and Factors, 1986-1994**

| | 1986 | 1987 | 1988 | 1989 | 1990 | 1991 | 1992 | 1993 | 1994 |
|---|---|---|---|---|---|---|---|---|---|
| Cost of Operations (%) 38 | 24.7 | 24.4 | 28.0 | 24.0 | 24.1 | 21.9 | 25.9 | 21.7 | 27.5 |
| Operating Margin (%) 39 | 10.5 | 11.3 | 11.0 | 11.7 | 12.7 | 12.1 | 12.3 | 12.0 | 10.9 |
| Oper. Margin Before Officers Comp. (%) 40 | 19.8 | 19.8 | 19.7 | 19.3 | 20.2 | 21.8 | 19.9 | 19.5 | 17.7 |
| Average Net Receivables ($) 41 | 42 | 66 | 60 | 70 | 46 | 59 | 52 | 54 | 63 |
| Average Inventories ($) 42 | 8 | 10 | 8 | 9 | 9 | 5 | 8 | 7 | 24 |
| Average Net Worth ($) 43 | 115 | 105 | 118 | 148 | 141 | 152 | 155 | 151 | 154 |
| Current Ratio (x1) 44 | 1.4 | 1.5 | 1.4 | 1.2 | 1.4 | 1.5 | 1.7 | 1.7 | 1.6 |
| Quick Ratio (x1) 45 | 0.9 | 1.1 | 1.0 | 0.8 | 1.0 | 1.0 | 1.1 | 1.1 | 1.1 |
| Coverage Ratio (x1) 46 | 3.0 | 3.3 | 3.2 | 2.8 | 3.7 | 4.1 | 4.3 | 3.4 | 3.2 |
| Asset Turnover (x1) 47 | 0.8 | 0.9 | 0.9 | 0.7 | 0.9 | 0.9 | 0.9 | 0.9 | 0.8 |
| Operating Leverage 48 | • | 1.1 | 1.0 | 1.1 | 1.1 | 1.0 | 1.0 | 1.0 | 0.9 |
| Financial Leverage 49 | • | 1.1 | 1.0 | 0.9 | 1.1 | 1.1 | 1.0 | 0.9 | 1.0 |
| Total Leverage 50 | • | 1.1 | 1.0 | 1.0 | 1.2 | 1.1 | 1.0 | 0.9 | 0.9 |

# Table I

Corporations with and without Net Income

## REGULATED INVESTMENT COMPANIES

MONEY AMOUNTS AND SIZE OF ASSETS IN THOUSANDS OF DOLLARS

| Item Description for Accounting Period 7/90 Through 6/91 | Total | Zero Assets | Under 100 | 100 to 250 | 251 to 500 | 501 to 1,000 | 1,001 to 5,000 | 5,001 to 10,000 | 10,001 to 25,000 | 25,001 to 50,000 | 50,001 to 100,000 | 100,001 to 250,000 | 250,001 and over |
|---|---|---|---|---|---|---|---|---|---|---|---|---|---|
| Number of Enterprises **1** | 5250 | • | • | 146 | • | 138 | 494 | 416 | 688 | 587 | 603 | 740 | 926 |
| **Revenues ($ in Thousands)** | | | | | | | | | | | | | |
| Net Sales **2** | | | | | | | | | | | | | |
| Portfolio Income **3** | 83126 | • | • | 16 | • | 18 | 88 | 248 | 673 | 1193 | 2573 | 7298 | 69894 |
| Other Revenues **4** | 11774 | • | • | 16 | • | 0 | 17 | 29 | 157 | 270 | 539 | 1281 | 9453 |
| Total Revenues **5** | 94900 | • | • | 33 | • | 19 | 104 | 277 | 830 | 1463 | 3111 | 8579 | 79347 |
| Average Total Revenues **6** | 18076 | • | • | 225 | • | 136 | 211 | 666 | 1206 | 2493 | 5160 | 11593 | 85688 |
| **Operating Costs/Operating Income (%)** | | | | | | | | | | | | | |
| Cost of Operations **7** | • | • | • | • | • | • | • | • | • | • | • | • | • |
| Rent **8** | • | • | • | • | • | • | • | • | • | • | • | • | • |
| Taxes Paid **9** | • | • | • | • | • | • | • | • | • | • | • | • | • |
| Interest Paid **10** | 0.2 | • | • | • | • | • | • | • | 0.1 | 0.1 | 0.2 | 0.1 | 0.1 |
| Depreciation, Depletion, Amortization **11** | • | • | • | • | • | • | • | 0.3 | 0.5 | 0.5 | 0.8 | 0.5 | • |
| Pensions and Other Benefits **12** | • | • | • | • | • | • | 0.4 | 0.3 | 0.3 | 0.2 | 0.1 | • | • |
| Other **13** | 8.1 | • | • | 11.8 | • | 6.0 | 14.7 | 11.2 | 13.4 | 12.9 | 13.1 | 9.9 | 7.6 |
| Officers Compensation **14** | • | • | • | • | • | • | • | • | 0.3 | • | • | • | • |
| Operating Margin **15** | 91.6 | • | • | 88.1 | • | 94.0 | 84.9 | 88.5 | 85.4 | 86.3 | 85.8 | 89.4 | 92.2 |
| Oper. Margin Before Officers Compensation **16** | 91.6 | • | • | 88.1 | • | 94.0 | 84.9 | 88.5 | 85.6 | 86.3 | 85.8 | 89.4 | 92.2 |
| **Selected Average Balance Sheet ($ in Thousands)** | | | | | | | | | | | | | |
| Net Receivables **17** | 22158 | • | • | • | • | 60 | 76 | 76 | 658 | 1303 | 2698 | 9105 | 115211 |
| Inventories **18** | • | • | • | • | • | • | • | • | • | • | • | • | • |
| Net Property, Plant and Equipment **19** | 4 | • | • | • | • | • | • | 0 | 1 | 21 | 3 | 4 | 1 |
| Total Assets **20** | 235022 | • | • | 126 | • | 685 | 2823 | 7036 | 16808 | 36522 | 72678 | 161830 | 1115390 |

| | | | | | | | | | | |
|---|---|---|---|---|---|---|---|---|---|---|
| Notes and Loans Payable **21** | 291 | • | • | 1 | 3 | 83 | 138 | 425 | 601 | 742 |
| All Other Liabilities **22** | 8192 | 119 | 0 | 112 | 85 | 468 | 982 | 2153 | 5499 | 39563 |
| Net Worth **23** | 226539 | 7 | 685 | 2709 | 6948 | 16256 | 35401 | 70101 | 155729 | 1075085 |

**Selected Financial Ratios (Times to 1)**

| | | | | | | | | | | |
|---|---|---|---|---|---|---|---|---|---|---|
| Current Ratio **24** | 11.9 | • | • | 9.5 | 13.2 | 11.9 | 11.7 | 10.9 | 13.9 | 11.7 |
| Quick Ratio **25** | 10.8 | • | • | 8.5 | 9.9 | 9.6 | 10.0 | 9.5 | 12.5 | 10.7 |
| Net Sales to Working Capital **26** | 0.2 | 1.8 | 0.5 | 0.2 | 0.7 | 0.3 | 0.3 | 0.3 | 0.2 | 0.2 |
| Coverage Ratio **27** | • | • | • | • | • | • | • | • | • | • |
| Total Asset Turnover **28** | 0.1 | 1.8 | 0.2 | 0.1 | 0.1 | 0.1 | 0.1 | 0.1 | 0.1 | 0.1 |
| Inventory Turnover **29** | • | • | • | • | • | • | • | • | • | • |
| Receivables Turnover **30** | • | • | • | • | • | • | • | • | • | • |
| Total Liabilities to Net Worth **31** | 0.0 | 17.0 | • | 0.1 | 0.0 | 0.0 | 0.0 | 0.0 | 0.0 | 0.0 |

**Selected Financial Factors (in Percentages)**

| | | | | | | | | | | |
|---|---|---|---|---|---|---|---|---|---|---|
| Debt Ratio **32** | 3.6 | 94.4 | • | 4.0 | 1.3 | 3.3 | 3.1 | 3.6 | 3.8 | 3.6 |
| Return on Assets **33** | 5.4 | • | 13.8 | 5.1 | 7.1 | 4.7 | 4.1 | 4.4 | 4.2 | 5.6 |
| Return on Equity **34** | 5.6 | • | 13.8 | 5.3 | 7.2 | 4.8 | 4.2 | 4.4 | 4.4 | 5.8 |
| Return Before Interest on Equity **35** | 5.6 | • | 13.8 | 5.3 | 7.2 | 4.8 | 4.3 | 4.5 | 4.4 | 5.8 |
| Profit Margin, Before Income Tax **36** | • | • | • | • | • | • | • | • | • | • |
| Profit Margin, After Income Tax **37** | • | • | • | • | • | • | • | • | • | • |

**Trends in Selected Ratios and Factors, 1986–1994**

| | 1986 | 1987 | 1988 | 1989 | 1990 | 1991 | 1992 | 1993 | 1994 |
|---|---|---|---|---|---|---|---|---|---|
| Cost of Operations (%) **38** | • | • | • | • | • | • | • | • | • |
| Operating Margin (%) **39** | 93.2 | 91.0 | 91.1 | 92.6 | 92.9 | 91.0 | 90.8 | 91.4 | 91.6 |
| Oper. Margin Before Officers Comp. (%) **40** | 93.2 | 91.1 | 91.1 | 92.6 | 93.0 | 91.0 | 90.8 | 91.4 | 91.6 |
| Average Net Receivables ($) **41** | 6878 | 4279 | 9965 | 15357 | 16160 | 17685 | 16242 | 20381 | 22158 |
| Average Inventories ($) **42** | • | • | • | • | • | • | • | • | • |
| Average Net Worth ($) **43** | 171726 | 142243 | 111521 | 187446 | 194057 | 231130 | 177173 | 205922 | 226539 |
| Current Ratio (x1) **44** | 10.5 | 9.4 | 10.7 | 10.8 | 10.1 | 10.3 | 11.1 | 13.0 | 11.9 |
| Quick Ratio (x1) **45** | 9.0 | 7.6 | 8.8 | 9.6 | 8.9 | 9.0 | 10.0 | 11.8 | 10.8 |
| Coverage Ratio (x1) **46** | 203.5 | 78.2 | 507.5 | 498.8 | 365.7 | 882.2 | 411.2 | 388.8 | 371.4 |
| Asset Turnover (x1) **47** | 0.1 | 0.1 | 0.1 | 0.1 | 0.1 | 0.1 | 0.1 | 0.1 | 0.1 |
| Total Liabilities/Net Worth (x1) **48** | 0.0 | 0.0 | 0.1 | 0.1 | 0.1 | 0.0 | 0.0 | 0.0 | 0.0 |
| Return on Assets (x1) **49** | 10.1 | 9.3 | 7.7 | 7.2 | 7.4 | 6.2 | 5.5 | 5.9 | 5.4 |
| Return on Equity (%) **50** | 10.4 | 9.5 | 8.0 | 7.5 | 7.7 | 6.4 | 5.7 | 6.1 | 5.6 |

## Table II

Corporations with Net Income

# REGULATED INVESTMENT COMPANIES

### MONEY AMOUNTS AND SIZE OF ASSETS IN THOUSANDS OF DOLLARS

| Item Description for Accounting Period 7/90 Through 6/91 | Total | Zero Assets | Under 100 | 100 to 250 | 251 to 500 | 501 to 1,000 | 1,001 to 5,000 | 5,001 to 10,000 | 10,001 to 25,000 | 25,001 to 50,000 | 50,001 to 100,000 | 100,001 to 250,000 | 250,001 and over |
|---|---|---|---|---|---|---|---|---|---|---|---|---|---|
| Number of Enterprises **1** | 4253 | 218 | • | 146 | • | 138 | 436 | 378 | 578 | • | 494 | 602 | 771 |
| **Revenues ($ in Thousands)** | | | | | | | | | | | | | |
| Net Sales **2** | • | • | • | • | • | • | • | • | • | • | • | • | • |
| Portfolio Income **3** | 72300 | 409 | • | 16 | • | 18 | 79 | 238 | 550 | • | 2159 | 6022 | 61782 |
| Other Revenues **4** | 11682 | 10 | • | 16 | • | 0 | 12 | 27 | 150 | • | 526 | 1270 | 9406 |
| Total Revenues **5** | 83981 | 420 | • | 33 | • | 19 | 90 | 265 | 700 | • | 2685 | 7292 | 71189 |
| Average Total Revenues **6** | 19746 | 1926 | • | 225 | • | 136 | 208 | 701 | 1212 | • | 5436 | 12113 | 92333 |
| **Operating Costs/Operating Income (%)** | | | | | | | | | | | | | |
| Cost of Operations **7** | • | • | • | • | • | • | • | • | • | • | • | • | • |
| Rent **8** | • | • | • | • | • | • | • | • | • | • | • | • | • |
| Taxes Paid **9** | • | • | • | • | • | • | • | • | • | • | • | • | • |
| Interest Paid **10** | 0.2 | • | • | • | • | • | • | • | 0.1 | • | 0.2 | 0.1 | 0.1 |
| Depreciation, Depletion, Amortization **11** | • | 0.1 | • | • | • | • | 0.4 | 0.3 | 0.3 | • | 0.9 | 0.5 | • |
| Pensions and Other Benefits **12** | • | • | • | • | • | • | • | 0.3 | 0.2 | • | 0.1 | • | • |
| Other **13** | 8.9 | 7.1 | • | 11.8 | • | 6.0 | 11.2 | 9.6 | 13.5 | • | 14.0 | 11.3 | 8.4 |
| Officers Compensation **14** | • | • | • | • | • | • | • | • | 0.2 | • | • | • | • |
| Operating Margin **15** | 90.8 | 92.8 | • | 88.1 | • | 94.0 | 88.4 | 90.1 | 85.6 | • | 84.8 | 88.0 | 91.5 |
| Oper. Margin Before Officers Compensation **16** | 90.8 | 92.8 | • | 88.1 | • | 94.0 | 88.4 | 90.1 | 85.8 | • | 84.8 | 88.1 | 91.5 |
| **Selected Average Balance Sheet ($ in Thousands)** | | | | | | | | | | | | | |
| Net Receivables **17** | 26962 | • | • | • | • | • | 68 | 82 | 735 | • | 3074 | 10824 | 136849 |
| Inventories **18** | • | • | • | • | • | • | • | • | • | • | • | • | • |
| Net Property, Plant and Equipment **19** | 4 | • | • | • | • | • | • | 0 | 1 | • | 4 | 5 | 1 |
| Total Assets **20** | 250887 | • | • | 126 | • | 685 | 2832 | 6932 | 16785 | • | 72758 | 161659 | 1170076 |

## Selected Financial Ratios (Times to 1)

| | | | | | | | | | | | |
|---|---|---|---|---|---|---|---|---|---|---|---|
| Notes and Loans Payable 21 | 245 | • | • | • | • | 2 | 3 | 58 | 518 | 509 | 510 |
| All Other Liabilities 22 | 9324 | 119 | • | • | 0 | 72 | 85 | 470 | 2214 | 5723 | 44500 |
| Net Worth 23 | 241319 | 7 | • | • | 685 | 2758 | 6844 | 16257 | 70026 | 155427 | 1125065 |
| Current Ratio 24 | 9.6 | • | • | • | • | 13.4 | 10.7 | 10.1 | 8.6 | 10.9 | 9.5 |
| Quick Ratio 25 | 8.5 | • | • | • | • | 11.8 | 7.2 | 7.9 | 7.1 | 9.4 | 8.5 |
| Net Sales to Working Capital 26 | 0.3 | • | 1.8 | • | 0.5 | 0.3 | 0.9 | 0.3 | 0.4 | 0.3 | 0.3 |
| Coverage Ratio 27 | • | • | • | • | • | • | • | • | • | • | • |
| Total Asset Turnover 28 | 0.1 | • | 1.8 | • | 0.2 | 0.1 | 0.1 | 0.1 | 0.1 | 0.1 | 0.1 |
| Inventory Turnover 29 | • | • | • | • | • | • | • | • | • | • | • |
| Receivables Turnover 30 | • | • | • | • | • | • | • | • | • | • | • |
| Total Liabilities to Net Worth 31 | 0.0 | • | 17.0 | • | • | 0.0 | 0.0 | 0.0 | 0.0 | 0.1 | 0.1 |

## Selected Financial Factors (in Percentages)

| | | | | | | | | | | | |
|---|---|---|---|---|---|---|---|---|---|---|---|
| Debt Ratio 32 | 3.8 | • | 94.4 | • | • | 2.6 | 1.3 | 3.2 | 3.8 | 3.9 | 3.9 |
| Return on Assets 33 | 6.3 | • | • | • | 13.8 | 5.8 | 8.0 | 5.6 | 5.4 | 5.2 | 6.4 |
| Return on Equity 34 | 6.5 | • | • | • | 13.8 | 5.9 | 8.1 | 5.8 | 5.4 | 5.4 | 6.6 |
| Return Before Interest on Equity 35 | 6.5 | • | • | • | 13.8 | 5.9 | 8.1 | 5.8 | 5.6 | 5.4 | 6.7 |
| Profit Margin, Before Income Tax 36 | • | • | • | • | • | • | • | • | • | • | • |
| Profit Margin, After Income Tax 37 | • | • | • | • | • | • | • | • | • | • | • |

## Trends in Selected Ratios and Factors, 1986-1994

| | 1986 | 1987 | 1988 | 1989 | 1990 | 1991 | 1992 | 1993 | 1994 |
|---|---|---|---|---|---|---|---|---|---|
| Cost of Operations (%) 38 | • | • | • | • | • | • | • | • | • |
| Operating Margin (%) 39 | 94.4 | 92.7 | 93.0 | 92.6 | 92.9 | 90.6 | 89.6 | 90.5 | 90.8 |
| Oper. Margin Before Officers Comp. (%) 40 | 94.4 | 92.7 | 93.0 | 92.6 | 92.9 | 90.6 | 89.6 | 90.5 | 90.8 |
| Average Net Receivables ($) 41 | 9522 | 5366 | 12917 | 17783 | 19829 | 23521 | 18319 | 22458 | 26962 |
| Average Inventories ($) 42 | • | • | • | • | • | • | • | • | • |
| Average Net Worth ($) 43 | 234161 | 173264 | 138361 | 203211 | 217440 | 275190 | 173030 | 199029 | 241319 |
| Current Ratio (x1) 44 | 10.5 | 8.5 | 10.7 | 9.7 | 8.9 | 8.7 | 9.0 | 11.0 | 9.6 |
| Quick Ratio (x1) 45 | 8.9 | 6.6 | 9.0 | 8.4 | 7.6 | 7.4 | 7.9 | 9.7 | 8.5 |
| Coverage Ratio (x1) 46 | 399.6 | 349.6 | 533.5 | 537.5 | 510.6 | 1030.4 | 456.9 | 487.5 | 441.0 |
| Asset Turnover (x1) 47 | 0.1 | 0.1 | 0.1 | 0.1 | 0.1 | 0.1 | 0.1 | 0.1 | 0.1 |
| Operating Leverage 48 | • | 1.0 | 1.0 | 1.0 | 1.0 | 1.0 | 1.0 | 1.0 | 1.0 |
| Financial Leverage 49 | • | 1.0 | 1.0 | 1.0 | 1.0 | 1.0 | 1.0 | 1.0 | 1.0 |
| Total Leverage 50 | • | 1.0 | 1.0 | 1.0 | 1.0 | 1.0 | 1.0 | 1.0 | 1.0 |

# Table I

Corporations with and without Net Income

## REAL ESTATE INVESTMENT TRUSTS

**MONEY AMOUNTS AND SIZE OF ASSETS IN THOUSANDS OF DOLLARS**

| Item Description for Accounting Period 7/90 Through 6/91 | | Total | Zero Assets | Under 100 | 100 to 250 | 251 to 500 | 501 to 1,000 | 1,001 to 5,000 | 5,001 to 10,000 | 10,001 to 25,000 | 25,001 to 50,000 | 50,001 to 100,000 | 100,001 to 250,000 | 250,001 and over |
|---|---|---|---|---|---|---|---|---|---|---|---|---|---|---|
| Number of Enterprises | **1** | 276 | 13 | • | • | • | • | 44 | 13 | 38 | 42 | 28 | 57 | 41 |
| **Revenues ($ in Thousands)** | | | | | | | | | | | | | | |
| Net Sales | **2** | • | • | • | • | • | • | • | • | • | • | • | • | • |
| Portfolio Income | **3** | 2592 | 50 | • | • | • | • | 238 | 6 | 76 | 79 | 84 | 437 | 1623 |
| Other Revenues | **4** | 2319 | 15 | • | • | • | • | 69 | 5 | 48 | 85 | 151 | 714 | 1232 |
| Total Revenues | **5** | 4911 | 65 | • | • | • | • | 307 | 11 | 123 | 164 | 235 | 1151 | 2855 |
| Average Total Revenues | **6** | 17792 | 5014 | • | • | • | • | 6966 | 849 | 3245 | 3910 | 8380 | 20195 | 69623 |
| **Operating Costs/Operating Income (%)** | | | | | | | | | | | | | | |
| Cost of Operations | **7** | • | • | • | • | • | • | • | • | • | • | • | • | • |
| Rent | **8** | 0.5 | 0.1 | • | • | • | • | 0.1 | • | • | 1.6 | 0.2 | 0.3 | 0.6 |
| Taxes Paid | **9** | 4.2 | 11.2 | • | • | • | • | 2.2 | 7.6 | 3.5 | 2.1 | 8.7 | 5.2 | 3.6 |
| Interest Paid | **10** | 40.6 | • | • | • | • | • | 3.1 | 37.0 | 14.1 | 22.2 | 26.2 | 26.4 | 52.0 |
| Depreciation, Depletion, Amortization | **11** | 8.9 | 5.2 | • | • | • | • | 3.5 | 15.0 | 9.0 | 11.3 | 15.6 | 12.6 | 7.3 |
| Pensions and Other Benefits | **12** | • | • | • | • | • | • | • | • | • | • | • | • | • |
| Other | **13** | 27.4 | 61.9 | • | • | • | • | 9.1 | 79.6 | 62.7 | 54.1 | 41.0 | 44.6 | 17.3 |
| Officers Compensation | **14** | 0.6 | • | • | • | • | • | • | • | • | 0.7 | 0.3 | 0.9 | 0.6 |
| Operating Margin | **15** | 17.9 | • | • | • | • | • | 82.0 | • | 10.8 | 8.1 | 8.1 | 10.1 | 18.7 |
| Oper. Margin Before Officers Compensation | **16** | 18.5 | • | • | • | • | • | 82.0 | • | 10.8 | 8.8 | 8.4 | 10.9 | 19.3 |
| **Selected Average Balance Sheet ($ in Thousands)** | | | | | | | | | | | | | | |
| Net Receivables | **17** | 6367 | • | • | • | • | • | 45 | 27 | 1231 | 2336 | 3205 | 3888 | 31677 |
| Inventories | **18** | • | • | • | • | • | • | • | • | • | • | • | • | • |
| Net Property, Plant and Equipment | **19** | 54061 | • | • | • | • | • | 2613 | 1707 | 5998 | 13558 | 39487 | 81056 | 201476 |
| Total Assets | **20** | 173004 | • | • | • | • | • | 3656 | 6983 | 16398 | 38020 | 71064 | 156785 | 837831 |

| | | | | | | | | | | |
|---|---|---|---|---|---|---|---|---|---|---|
| Notes and Loans Payable **21** | 99490 | • | • | • | 653 | 2247 | 4118 | 8029 | 20489 | 56433 | 563831 |
| All Other Liabilities **22** | 9954 | • | • | • | 287 | 336 | 2148 | 1260 | 2476 | 9181 | 48853 |
| Net Worth **23** | 63561 | • | • | • | 2716 | 4400 | 10132 | 28730 | 48099 | 91171 | 225146 |

## Selected Financial Ratios (Times to 1)

| | | | | | | | | | | | |
|---|---|---|---|---|---|---|---|---|---|---|---|
| Current Ratio **24** | 0.7 | • | • | • | 3.1 | 0.1 | 8.6 | 1.8 | 3.0 | 1.1 | 0.6 |
| Quick Ratio **25** | 0.6 | • | • | • | 2.9 | 0.1 | 8.3 | 1.6 | 2.7 | 0.9 | 0.5 |
| Net Sales to Working Capital **26** | • | • | • | • | 12.6 | • | 1.2 | 1.5 | 1.3 | 30.4 | • |
| Coverage Ratio **27** | 1.5 | 0.2 | • | • | 1.9 | • | 1.8 | 1.4 | 1.3 | 1.4 | 1.4 |
| Total Asset Turnover **28** | 0.1 | • | • | • | • | 0.1 | 0.2 | 0.1 | 0.1 | 0.1 | 0.1 |
| Inventory Turnover **29** | • | • | • | • | • | • | • | • | • | • | • |
| Receivables Turnover **30** | • | • | • | • | • | • | • | • | • | • | • |
| Total Liabilities to Net Worth **31** | 1.7 | • | • | • | 0.4 | 0.6 | 0.6 | 0.3 | 0.5 | 0.7 | 2.7 |

## Selected Financial Factors (in Percentages)

| | | | | | | | | | | | |
|---|---|---|---|---|---|---|---|---|---|---|---|
| Debt Ratio **32** | 63.3 | • | • | • | 25.7 | 37.0 | 38.2 | 24.4 | 32.3 | 41.9 | 73.1 |
| Return on Assets **33** | 6.0 | • | • | • | • | • | 4.9 | 3.1 | 4.0 | 4.7 | 5.9 |
| Return on Equity **34** | 5.0 | • | • | • | • | • | 3.4 | 1.1 | 1.4 | 2.2 | 5.8 |
| Return Before Interest on Equity **35** | 16.4 | • | • | • | • | • | 8.0 | 4.1 | 5.9 | 8.1 | 21.9 |
| Profit Margin, Before Income Tax **36** | • | • | • | • | • | • | • | • | • | • | • |
| Profit Margin, After Income Tax **37** | • | • | • | • | • | • | • | • | • | • | • |

## Trends in Selected Ratios and Factors, 1986-1994

| | 1986 | 1987 | 1988 | 1989 | 1990 | 1991 | 1992 | 1993 | 1994 |
|---|---|---|---|---|---|---|---|---|---|
| Cost of Operations (%) **38** | • | • | • | • | • | • | • | • | • |
| Operating Margin (%) **39** | 22.9 | 33.4 | 27.8 | 43.5 | 29.5 | 26.8 | 24.0 | 22.5 | 17.9 |
| Oper. Margin Before Officers Comp. (%) **40** | 23.6 | 34.1 | 28.5 | 43.9 | 29.9 | 27.3 | 24.4 | 23.0 | 18.5 |
| Average Net Receivables ($) **41** | 1069 | 1480 | 2233 | 3273 | 12475 | 11135 | 5144 | 4620 | 6367 |
| Average Inventories ($) **42** | • | • | • | • | • | • | • | • | • |
| Average Net Worth ($) **43** | 5502 | 8672 | 20180 | 12475 | 51974 | 48498 | 24549 | 30531 | 63561 |
| Current Ratio (x1) **44** | 1.4 | 2.1 | 4.0 | 2.4 | 1.3 | 0.9 | 1.1 | 1.1 | 0.7 |
| Quick Ratio (x1) **45** | 1.1 | 1.9 | 3.6 | 2.1 | 1.1 | 0.8 | 1.0 | 0.9 | 0.6 |
| Coverage Ratio (x1) **46** | 1.7 | 2.2 | 1.8 | 2.5 | 1.8 | 1.7 | 1.6 | 1.5 | 1.5 |
| Asset Turnover (x1) **47** | 0.2 | 0.2 | 0.1 | 0.2 | 0.1 | 0.1 | 0.1 | 0.1 | 0.1 |
| Total Liabilities/Net Worth (x1) **48** | 1.2 | 1.1 | 1.2 | 1.0 | 1.2 | 1.9 | 1.8 | 1.7 | 1.7 |
| Return on Assets (x1) **49** | 7.7 | 8.7 | 8.0 | 10.3 | 7.5 | 6.6 | 6.4 | 6.8 | 6.0 |
| Return on Equity (%) **50** | 6.9 | 10.0 | 7.7 | 12.3 | 7.5 | 7.4 | 6.4 | 6.4 | 5.0 |

## Table II

Corporations with Net Income

# REAL ESTATE INVESTMENT TRUSTS

### MONEY AMOUNTS AND SIZE OF ASSETS IN THOUSANDS OF DOLLARS

| Item Description for Accounting Period 7/90 Through 6/91 | Total | Zero Assets | Under 100 | 100 to 250 | 251 to 500 | 501 to 1,000 | 1,001 to 5,000 | 5,001 to 10,000 | 10,001 to 25,000 | 25,001 to 50,000 | 50,001 to 100,000 | 100,001 to 250,000 | 250,001 and over |
|---|---|---|---|---|---|---|---|---|---|---|---|---|---|
| Number of Enterprises **1** | 195 | • | • | • | • | • | 44 | 7 | 21 | 33 | 17 | 40 | 33 |
| **Revenues ($ in Thousands)** | | | | | | | | | | | | | |
| Net Sales **2** | • | • | • | • | • | • | • | • | • | • | • | • | • |
| Portfolio Income **3** | 2168 | • | • | • | • | • | 238 | 5 | 75 | 67 | 50 | 298 | 1436 |
| Other Revenues **4** | 1881 | • | • | • | • | • | 69 | 0 | 38 | 71 | 94 | 547 | 1062 |
| Total Revenues **5** | 4050 | • | • | • | • | • | 307 | 5 | 112 | 139 | 144 | 845 | 2498 |
| Average Total Revenues **6** | 20768 | • | • | • | • | • | 6966 | 697 | 5346 | 4199 | 8494 | 21124 | 75702 |
| **Operating Costs/Operating Income (%)** | | | | | | | | | | | | | |
| Cost of Operations **7** | • | • | • | • | • | • | • | • | • | • | • | • | • |
| Rent **8** | 0.5 | • | • | • | • | • | 0.1 | • | • | 1.8 | 0.1 | 0.4 | 0.6 |
| Taxes Paid **9** | 3.6 | • | • | • | • | • | 2.2 | 0.9 | 2.8 | 1.2 | 6.7 | 5.0 | 3.4 |
| Interest Paid **10** | 36.9 | • | • | • | • | • | 3.1 | 2.0 | 10.5 | 17.2 | 16.1 | 24.3 | 48.9 |
| Depreciation, Depletion, Amortization **11** | 7.8 | • | • | • | • | • | 3.5 | 0.3 | 6.5 | 10.7 | 12.2 | 11.6 | 6.8 |
| Pensions and Other Benefits **12** | • | • | • | • | • | • | • | • | • | • | • | • | • |
| Other **13** | 17.7 | • | • | • | • | • | 9.1 | 21.0 | 50.6 | 35.5 | 30.8 | 23.0 | 13.7 |
| Officers Compensation **14** | 0.6 | • | • | • | • | • | • | • | • | 0.2 | 0.3 | 1.1 | 0.6 |
| Operating Margin **15** | 32.9 | • | • | • | • | • | 82.0 | 75.8 | 29.6 | 33.4 | 33.8 | 34.7 | 26.2 |
| Oper. Margin Before Officers Compensation **16** | 33.5 | • | • | • | • | • | 82.0 | 75.8 | 29.6 | 33.6 | 34.0 | 35.8 | 26.8 |
| **Selected Average Balance Sheet ($ in Thousands)** | | | | | | | | | | | | | |
| Net Receivables **17** | 5748 | • | • | • | • | • | 45 | • | 2196 | 3462 | 1530 | 2770 | 24903 |
| Inventories **18** | • | • | • | • | • | • | • | • | • | • | • | • | • |
| Net Property, Plant and Equipment **19** | 57519 | • | • | • | • | • | 2613 | 104 | 5859 | 15359 | 39909 | 80087 | 199659 |
| Total Assets **20** | 205529 | • | • | • | • | • | 3656 | 7899 | 16553 | 37770 | 72013 | 158304 | 930656 |

| | | | | | | | | | | | |
|---|---|---|---|---|---|---|---|---|---|---|---|
| Notes and Loans Payable 21 | 120315 | • | • | • | 653 | • | 4471 | 6137 | 15930 | 53523 | 628015 |
| All Other Liabilities 22 | 12568 | • | • | • | 287 | 196 | 3667 | 1446 | 1613 | 10669 | 56298 |
| Net Worth 23 | 72646 | • | • | • | 2716 | 7703 | 8415 | 30187 | 54469 | 94111 | 246342 |

**Selected Financial Ratios (Times to 1)**

| | | | | | | | | | | | |
|---|---|---|---|---|---|---|---|---|---|---|---|
| Current Ratio 24 | 0.7 | • | • | • | 3.1 | 1.1 | 11.6 | 3.2 | 3.0 | 1.1 | 0.5 |
| Quick Ratio 25 | 0.6 | • | • | • | 2.9 | 1.1 | 11.5 | 2.9 | 2.8 | 0.9 | 0.5 |
| Net Sales to Working Capital 26 | • | • | • | • | 12.6 | • | 1.2 | 0.8 | 2.1 | 13.7 | • |
| Coverage Ratio 27 | 1.9 | • | • | • | • | • | 3.8 | 3.0 | 3.1 | 2.4 | 1.5 |
| Total Asset Turnover 28 | 0.1 | • | • | • | 1.9 | 0.1 | 0.3 | 0.1 | 0.1 | 0.1 | 0.1 |
| Inventory Turnover 29 | • | • | • | • | • | • | • | • | • | • | • |
| Receivables Turnover 30 | • | • | • | • | • | • | • | • | • | • | • |
| Total Liabilities to Net Worth 31 | 1.8 | • | • | • | 0.4 | 0.0 | 1.0 | 0.3 | 0.3 | 0.7 | 2.8 |

**Selected Financial Factors (in Percentages)**

| | | | | | | | | | | | |
|---|---|---|---|---|---|---|---|---|---|---|---|
| Debt Ratio 32 | 64.7 | • | • | • | 25.7 | 2.5 | 49.2 | 20.1 | 24.4 | 40.6 | 73.5 |
| Return on Assets 33 | 7.1 | • | • | • | • | 6.9 | 12.9 | 5.6 | 5.9 | 7.9 | 6.1 |
| Return on Equity 34 | 9.4 | • | • | • | • | 6.9 | 18.7 | 4.7 | 5.3 | 7.8 | 8.1 |
| Return Before Interest on Equity 35 | 20.0 | • | • | • | 7.1 | 7.1 | 25.4 | 7.0 | 7.8 | 13.2 | 23.1 |
| Profit Margin, Before Income Tax 36 | • | • | • | • | • | • | • | • | • | • | • |
| Profit Margin, After Income Tax 37 | • | • | • | • | • | • | • | • | • | • | • |

**Trends in Selected Ratios and Factors, 1986–1994**

| | 1986 | 1987 | 1988 | 1989 | 1990 | 1991 | 1992 | 1993 | 1994 |
|---|---|---|---|---|---|---|---|---|---|
| Cost of Operations (%) 38 | • | • | • | • | • | • | • | • | • |
| Operating Margin (%) 39 | 36.2 | 39.9 | 36.8 | 49.1 | 38.6 | 33.6 | 31.6 | 32.9 | 32.9 |
| Oper. Margin Before Officers Comp. (%) 40 | 36.9 | 40.5 | 37.4 | 49.5 | 39.1 | 34.2 | 32.1 | 33.4 | 33.5 |
| Average Net Receivables ($) 41 | 5050 | 6171 | 4186 | 15824 | 14261 | 13665 | 14534 | 7116 | 5748 |
| Average Inventories ($) 42 | • | • | • | • | • | • | • | • | • |
| Average Net Worth ($) 43 | 22789 | 33093 | 30599 | 55408 | 57656 | 57937 | 67263 | 68924 | 72646 |
| Current Ratio (x1) 44 | 1.4 | 2.1 | 5.1 | 2.3 | 1.2 | 0.8 | 0.9 | 1.0 | 0.7 |
| Quick Ratio (x1) 45 | 1.1 | 1.9 | 4.8 | 2.1 | 1.1 | 0.8 | 0.8 | 0.8 | 0.6 |
| Coverage Ratio (x1) 46 | 2.2 | 2.5 | 2.2 | 2.8 | 2.4 | 1.9 | 1.8 | 1.8 | 1.9 |
| Asset Turnover (x1) 47 | 0.2 | 0.2 | 0.1 | 0.2 | 0.1 | 0.1 | 0.1 | 0.1 | 0.1 |
| Operating Leverage 48 | • | 1.1 | 0.9 | 1.3 | 0.8 | 0.9 | 0.9 | 1.1 | 1.0 |
| Financial Leverage 49 | • | 1.1 | 0.9 | 1.2 | 0.9 | 0.8 | 0.9 | 1.1 | 1.1 |
| Total Leverage 50 | • | 1.2 | 0.9 | 1.6 | 0.7 | 0.7 | 0.9 | 1.1 | 1.1 |

## Table I

Corporations with and without Net Income

# SMALL BUSINESS INVESTMENT COMPANIES

### MONEY AMOUNTS AND SIZE OF ASSETS IN THOUSANDS OF DOLLARS

| Item Description for Accounting Period 7/90 Through 6/91 | Total | Zero Assets | Under 100 | 100 to 250 | 251 to 500 | 501 to 1,000 | 1,001 to 5,000 | 5,001 to 10,000 | 10,001 to 25,000 | 25,001 to 50,000 | 50,001 to 100,000 | 100,001 to 250,000 | 250,001 and over |
|---|---|---|---|---|---|---|---|---|---|---|---|---|---|
| Number of Enterprises **1** | 7291 | 623 | 4134 | 583 | 811 | 652 | 362 | 68 | 47 | 4 | 7 | • | • |

**Revenues ($ in Thousands)**

| | Total | Zero Assets | Under 100 | 100 to 250 | 251 to 500 | 501 to 1,000 | 1,001 to 5,000 | 5,001 to 10,000 | 10,001 to 25,000 | 25,001 to 50,000 | 50,001 to 100,000 | 100,001 to 250,000 | 250,001 and over |
|---|---|---|---|---|---|---|---|---|---|---|---|---|---|
| Net Sales **2** | 100 | • | 8 | 0 | 5 | 26 | 15 | 3 | 20 | • | 23 | • | • |
| Portfolio Income **3** | 110 | 0 | 6 | 1 | 8 | 7 | 18 | 9 | 37 | 2 | 23 | • | • |
| Other Revenues **4** | 198 | 42 | 19 | 11 | 18 | 13 | 19 | 7 | 44 | 16 | 10 | • | • |
| Total Revenues **5** | 408 | 42 | 33 | 11 | 31 | 46 | 52 | 19 | 101 | 18 | 55 | • | • |
| Average Total Revenues **6** | 56 | 67 | 8 | 20 | 38 | 71 | 143 | 286 | 2139 | 4403 | 7898 | • | • |

**Operating Costs/Operating Income (%)**

| | Total | Zero Assets | Under 100 | 100 to 250 | 251 to 500 | 501 to 1,000 | 1,001 to 5,000 | 5,001 to 10,000 | 10,001 to 25,000 | 25,001 to 50,000 | 50,001 to 100,000 | 100,001 to 250,000 | 250,001 and over |
|---|---|---|---|---|---|---|---|---|---|---|---|---|---|
| Cost of Operations **7** | 2.3 | • | • | • | • | 13.9 | 0.6 | 5.7 | 1.5 | • | • | • | • |
| Rent **8** | 2.3 | • | 1.1 | 8.4 | 0.9 | 3.4 | 2.9 | 6.0 | 1.6 | 8.3 | 0.8 | • | • |
| Taxes Paid **9** | 3.3 | 0.3 | 5.2 | 1.1 | 4.5 | 3.7 | 8.5 | 2.5 | 2.4 | • | 1.7 | • | • |
| Interest Paid **10** | 27.9 | 11.0 | 6.3 | 22.7 | 30.7 | 26.3 | 30.9 | 32.7 | 11.1 | • | 56.6 | • | • |
| Depreciation, Depletion, Amortization **11** | 6.0 | • | 1.5 | 0.2 | 29.3 | 7.0 | 5.5 | 10.1 | 5.4 | 0.6 | 2.1 | • | • |
| Pensions and Other Benefits **12** | 1.8 | • | • | 23.1 | • | 0.1 | 5.5 | 0.4 | 1.0 | 1.0 | 0.9 | • | • |
| Other **13** | 67.7 | 6.4 | 95.2 | • | 25.3 | • | • | • | 31.6 | 35.1 | • | • | • |
| Officers Compensation **14** | 5.1 | • | • | • | 1.1 | 7.7 | • | 4.1 | 7.1 | 15.8 | 10.1 | • | • |
| Operating Margin **15** | • | 82.4 | • | • | 8.4 | • | • | • | 38.3 | • | • | • | • |
| Oper. Margin Before Officers Compensation **16** | • | 82.4 | • | • | 9.5 | • | • | • | 45.4 | • | 2.9 | • | • |

**Selected Average Balance Sheet ($ in Thousands)**

| | Total | Zero Assets | Under 100 | 100 to 250 | 251 to 500 | 501 to 1,000 | 1,001 to 5,000 | 5,001 to 10,000 | 10,001 to 25,000 | 25,001 to 50,000 | 50,001 to 100,000 | 100,001 to 250,000 | 250,001 and over |
|---|---|---|---|---|---|---|---|---|---|---|---|---|---|
| Net Receivables **17** | 74 | • | 0 | 21 | 30 | 66 | 196 | 1115 | 1668 | 19320 | 21887 | • | • |
| Inventories **18** | • | • | • | • | • | • | • | • | • | • | • | • | • |
| Net Property, Plant and Equipment **19** | 56 | • | 4 | • | 161 | 105 | 128 | 760 | 1922 | 195 | 29 | • | • |
| Total Assets **20** | 485 | • | 30 | 140 | 341 | 706 | 1944 | 6486 | 14329 | 37947 | 89083 | • | • |

| | | | | | | | | | |
|---|---|---|---|---|---|---|---|---|---|
| Notes and Loans Payable 21 | 211 | 12 | 95 | 220 | 348 | 700 | 3365 | 4813 | 31392 | 27433 |
| All Other Liabilities 22 | 71 | 5 | 0 | 14 | 8 | 169 | 566 | 2014 | 11399 | 33946 |
| Net Worth 23 | 204 | 13 | 44 | 107 | 350 | 1075 | 2555 | 7501 | -4843 | 27704 |

**Selected Financial Ratios (Times to 1)**

| | | | | | | | | | |
|---|---|---|---|---|---|---|---|---|---|
| Current Ratio 24 | 2.7 | 1.7 | • | 2.5 | 8.2 | 3.5 | 4.1 | 3.2 | 2.7 | 1.8 |
| Quick Ratio 25 | 1.8 | 1.5 | • | 1.4 | 5.5 | 2.3 | 3.5 | 3.0 | 2.4 | 0.6 |
| Net Sales to Working Capital 26 | 0.4 | 2.4 | 0.3 | 0.7 | 0.4 | 0.3 | 0.1 | 0.8 | 0.2 | 0.3 |
| Coverage Ratio 27 | 0.4 | 8.5 | • | 1.3 | • | • | • | 4.5 | • | 0.9 |
| Total Asset Turnover 28 | 0.1 | 0.3 | 0.2 | 0.1 | 0.1 | 0.1 | 0.1 | 0.2 | 0.1 | 0.1 |
| Inventory Turnover 29 | • | • | • | • | • | • | • | • | • | • |
| Receivables Turnover 30 | • | • | • | • | • | • | • | • | • | • |
| Total Liabilities to Net Worth 31 | 1.4 | 1.4 | 2.1 | 2.2 | 1.0 | 0.8 | 1.5 | 0.9 | • | 2.2 |

**Selected Financial Factors (in Percentages)**

| | | | | | | | | | |
|---|---|---|---|---|---|---|---|---|---|
| Debt Ratio 32 | 58.0 | 57.5 | 68.2 | 68.5 | 50.4 | 44.7 | 60.6 | 47.7 | • | 68.9 |
| Return on Assets 33 | 1.3 | • | • | 4.4 | • | • | • | 7.4 | • | 4.4 |
| Return on Equity 34 | • | • | • | 2.6 | • | • | • | 10.8 | • | • |
| Return Before Interest on Equity 35 | 3.2 | • | • | 13.8 | • | • | • | 14.1 | • | 14.1 |
| Profit Margin, Before Income Tax 36 | • | • | • | • | • | • | • | • | • | • |
| Profit Margin, After Income Tax 37 | • | • | • | • | • | • | • | • | • | • |

**Trends in Selected Ratios and Factors, 1986-1994**

| | 1986 | 1987 | 1988 | 1989 | 1990 | 1991 | 1992 | 1993 | 1994 |
|---|---|---|---|---|---|---|---|---|---|
| Cost of Operations (%) 38 | • | • | 0.5 | • | • | • | • | • | 2.3 |
| Operating Margin (%) 39 | 11.2 | • | • | • | • | • | 6.6 | 3.3 | • |
| Oper. Margin Before Officers Comp. (%) 40 | 15.7 | 8.0 | • | • | 3.4 | • | 18.2 | 6.1 | • |
| Average Net Receivables ($) 41 | 99 | 79 | 76 | 64 | 69 | 117 | 61 | 62 | 74 |
| Average Inventories ($) 42 | • | • | • | • | • | • | • | • | • |
| Average Net Worth ($) 43 | 186 | 286 | 213 | 249 | 157 | 209 | 139 | 173 | 204 |
| Current Ratio (x1) 44 | 2.7 | 2.5 | 2.1 | 3.4 | 2.4 | 2.2 | 2.7 | 3.2 | 2.7 |
| Quick Ratio (x1) 45 | 2.4 | 2.0 | 1.9 | 2.8 | 1.9 | 1.9 | 2.3 | 2.5 | 1.8 |
| Coverage Ratio (x1) 46 | 1.6 | 0.9 | 0.8 | 0.3 | 0.7 | 0.3 | 1.2 | 1.2 | 0.4 |
| Asset Turnover (x1) 47 | 0.2 | 0.2 | 0.2 | 0.1 | 0.2 | 0.2 | 0.2 | 0.2 | 0.1 |
| Total Liabilities/Net Worth (x1) 48 | 1.6 | 1.2 | 1.6 | 1.0 | 1.5 | 1.6 | 1.6 | 1.3 | 1.4 |
| Return on Assets (x1) 49 | 6.0 | 3.0 | 2.9 | 0.7 | 2.4 | 1.0 | 4.1 | 3.5 | 1.3 |
| Return on Equity (%) 50 | 3.0 | • | • | • | • | • | 0.6 | 0.6 | • |

# Table II

Corporations with Net Income

# SMALL BUSINESS INVESTMENT COMPANIES

HOLDING AND OTHER INVESTMENT COMPANIES 6744

### MONEY AMOUNTS AND SIZE OF ASSETS IN THOUSANDS OF DOLLARS

| Item Description for Accounting Period 7/90 Through 6/91 | Total | Zero Assets | Under 100 | 100 to 250 | 251 to 500 | 501 to 1,000 | 1,001 to 5,000 | 5,001 to 10,000 | 10,001 to 25,000 | 25,001 to 50,000 | 50,001 to 100,000 | 100,001 to 250,000 | 250,001 and over |
|---|---|---|---|---|---|---|---|---|---|---|---|---|---|
| Number of Enterprises **1** | 2678 | 222 | • | 65 | 406 | 226 | 102 | 13 | 16 | • | • | • | • |
| **Revenues ($ in Thousands)** | | | | | | | | | | | | | |
| Net Sales **2** | 43 | • | • | • | 5 | 12 | 14 | 1 | 3 | • | • | • | • |
| Portfolio Income **3** | 62 | 0 | • | • | 7 | 3 | 6 | 3 | 30 | • | • | • | • |
| Other Revenues **4** | 152 | 37 | • | 9 | 18 | 7 | 11 | 1 | 42 | • | • | • | • |
| Total Revenues **5** | 257 | 37 | • | 9 | 30 | 23 | 31 | 5 | 75 | • | • | • | • |
| Average Total Revenues **6** | 96 | 168 | • | 140 | 74 | 100 | 307 | 400 | 4714 | • | • | • | • |
| **Operating Costs/Operating Income (%)** | | | | | | | | | | | | | |
| Cost of Operations **7** | 0.1 | • | • | • | • | • | 0.9 | • | • | | | | |
| Rent **8** | 1.1 | • | • | • | 0.7 | • | • | • | 0.9 | | | | |
| Taxes Paid **9** | 2.5 | 0.4 | • | • | 2.8 | 4.1 | 8.9 | 1.5 | 0.8 | | | | |
| Interest Paid **10** | 10.0 | • | • | • | 24.8 | 23.8 | 9.5 | 15.2 | 6.7 | | | | |
| Depreciation, Depletion, Amortization **11** | 6.1 | • | • | • | 29.3 | 9.2 | 6.0 | 0.7 | 2.9 | | | | |
| Pensions and Other Benefits **12** | 0.6 | • | • | • | • | • | 4.2 | 0.2 | • | | | | |
| Other **13** | 20.0 | 6.9 | • | • | 17.5 | 40.4 | 18.6 | 19.3 | 19.2 | | | | |
| Officers Compensation **14** | 3.6 | • | • | • | 1.1 | • | 4.4 | • | 6.3 | | | | |
| Operating Margin **15** | 56.1 | 92.8 | • | • | 23.9 | 22.5 | 47.5 | 63.0 | 63.1 | | | | |
| Oper. Margin Before Officers Compensation **16** | 59.7 | 92.8 | • | • | 25.0 | 22.5 | 51.9 | 63.0 | 69.4 | | | | |
| **Selected Average Balance Sheet ($ in Thousands)** | | | | | | | | | | | | | |
| Net Receivables **17** | 26 | • | • | • | 60 | 1 | 124 | 2 | 1922 | • | • | • | • |
| Inventories **18** | • | • | • | • | • | • | • | • | • | | | | |
| Net Property, Plant and Equipment **19** | 52 | • | • | • | 90 | 247 | 288 | 8 | 881 | • | • | • | • |
| Total Assets **20** | 381 | 232 | • | • | 345 | 678 | 1729 | 7074 | 15489 | • | • | • | • |

## Selected Financial Ratios (Times to 1)

| | | | | | | | | |
|---|---|---|---|---|---|---|---|---|
| Notes and Loans Payable **21** | 151 | • | • | 202 | 380 | 596 | 3834 | 4506 |
| All Other Liabilities **22** | 23 | • | • | 24 | 3 | 431 | 7 | 277 |
| Net Worth **23** | 208 | • | 232 | 119 | 294 | 702 | 3233 | 10706 |

| | | | | | | | | |
|---|---|---|---|---|---|---|---|---|
| Current Ratio **24** | 3.2 | • | • | 9.5 | 5.0 | 1.5 | 1.9 | 12.0 |
| Quick Ratio **25** | 2.1 | • | • | 5.1 | 1.3 | 1.2 | 1.3 | 11.7 |
| Net Sales to Working Capital **26** | 0.9 | • | • | 0.5 | 1.5 | 2.3 | 0.2 | 1.1 |
| Coverage Ratio **27** | 6.6 | • | • | 2.0 | 2.0 | 6.0 | 5.2 | 10.4 |
| Total Asset Turnover **28** | 0.3 | • | 0.6 | 0.2 | 0.2 | 0.2 | 0.1 | 0.3 |
| Inventory Turnover **29** | • | • | • | • | • | • | • | • |
| Receivables Turnover **30** | • | • | • | • | • | • | • | • |
| Total Liabilities to Net Worth **31** | 0.8 | • | 1.9 | 1.3 | 1.5 | 1.2 | 0.5 | |

## Selected Financial Factors (in Percentages)

| | | | | | | | |
|---|---|---|---|---|---|---|---|
| Debt Ratio **32** | 45.6 | • | 65.5 | 56.6 | 59.4 | 54.3 | 30.9 |
| Return on Assets **33** | 16.5 | • | 10.5 | 6.8 | 10.1 | 4.4 | 21.2 |
| Return on Equity **34** | 24.7 | • | 14.2 | 6.9 | 19.1 | 7.7 | 27.5 |
| Return Before Interest on Equity **35** | 30.4 | • | 30.5 | 15.7 | 24.9 | 9.7 | 30.7 |
| Profit Margin, Before Income Tax **36** | • | • | • | • | • | • | • |
| Profit Margin, After Income Tax **37** | • | • | • | • | • | • | • |

## Trends in Selected Ratios and Factors, 1986–1994

| | 1986 | 1987 | 1988 | 1989 | 1990 | 1991 | 1992 | 1993 | 1994 |
|---|---|---|---|---|---|---|---|---|---|
| Cost of Operations (%) **38** | • | • | 0.7 | • | • | • | • | • | 0.1 |
| Operating Margin (%) **39** | 44.6 | 30.9 | 24.4 | 33.0 | 24.8 | 32.6 | 30.6 | 39.7 | 56.1 |
| Oper. Margin Before Officers Comp. (%) **40** | 47.6 | 43.1 | 27.3 | 47.4 | 29.9 | 41.3 | 45.9 | 42.4 | 59.7 |
| Average Net Receivables ($) **41** | 101 | 127 | 135 | 49 | 63 | 195 | 36 | 112 | 26 |
| Average Inventories ($) **42** | • | • | • | • | • | • | • | • | • |
| Average Net Worth ($) **43** | 239 | 405 | 348 | 233 | 226 | 228 | 134 | 269 | 208 |
| Current Ratio (×1) **44** | 3.7 | 3.1 | 2.4 | 3.4 | 2.1 | 2.0 | 3.0 | 4.9 | 3.2 |
| Quick Ratio (×1) **45** | 3.4 | 2.7 | 2.2 | 2.7 | 1.7 | 1.9 | 2.6 | 4.2 | 2.1 |
| Coverage Ratio (×1) **46** | 3.9 | 2.9 | 2.9 | 3.3 | 2.9 | 3.4 | 5.5 | 4.8 | 6.6 |
| Asset Turnover (×1) **47** | 0.2 | 0.2 | 0.3 | 0.2 | 0.3 | 0.2 | 0.5 | 0.3 | 0.3 |
| Operating Leverage **48** | • | 0.7 | 0.8 | 1.4 | 0.8 | 1.3 | 0.9 | 1.3 | 1.4 |
| Financial Leverage **49** | • | 1.0 | 1.0 | 1.1 | 0.9 | 1.1 | 1.2 | 1.0 | 1.1 |
| Total Leverage **50** | • | 0.7 | 0.8 | 1.5 | 0.7 | 1.4 | 1.1 | 1.3 | 1.6 |

## Table I

Corporations with and without Net Income

# OTHER HOLDING AND INVESTMENT COMPANIES

MONEY AMOUNTS AND SIZE OF ASSETS IN THOUSANDS OF DOLLARS

| Item Description for Accounting Period 7/90 Through 6/91 | Total | Zero Assets | Under 100 | 100 to 250 | 251 to 500 | 501 to 1,000 | 1,001 to 5,000 | 5,001 to 10,000 | 10,001 to 25,000 | 25,001 to 50,000 | 50,001 to 100,000 | 100,001 to 250,000 | 250,001 and over |
|---|---|---|---|---|---|---|---|---|---|---|---|---|---|
| Number of Enterprises **1** | 47608 | • | • | 8869 | 5113 | 3588 | 4542 | 949 | 728 | 307 | 223 | 177 | 109 |
| **Revenues ($ in Thousands)** | | | | | | | | | | | | | |
| Net Sales **2** | 33811 | • | • | 992 | 440 | 338 | 1144 | 1090 | 2883 | 3251 | 6933 | 9007 | 7162 |
| Portfolio Income **3** | 11288 | • | • | 132 | 107 | 128 | 582 | 439 | 540 | 664 | 830 | 1271 | 5267 |
| Other Revenues **4** | 4577 | • | • | 99 | 17 | 147 | 272 | 304 | 305 | 453 | 519 | 458 | 1515 |
| Total Revenues **5** | 49677 | • | • | 1223 | 564 | 614 | 1998 | 1834 | 3729 | 4368 | 8283 | 10736 | 13943 |
| Average Total Revenues **6** | 1043 | • | • | 138 | 110 | 171 | 440 | 1933 | 5122 | 14229 | 37141 | 60656 | 127920 |
| **Operating Costs/Operating Income (%)** | | | | | | | | | | | | | |
| Cost of Operations **7** | 40.2 | • | • | 66.8 | 6.1 | 6.0 | 19.5 | 34.9 | 39.2 | 48.8 | 60.3 | 54.0 | 24.8 |
| Rent **8** | 1.7 | • | • | 0.9 | 4.5 | 4.5 | 2.2 | 1.3 | 1.7 | 1.6 | 1.7 | 1.4 | 1.7 |
| Taxes Paid **9** | 2.3 | • | • | 0.9 | 3.5 | 4.2 | 2.9 | 2.3 | 4.3 | 2.2 | 1.6 | 2.4 | 2.1 |
| Interest Paid **10** | 16.5 | • | • | 2.2 | 6.8 | 4.1 | 9.7 | 9.7 | 9.1 | 9.3 | 7.3 | 11.7 | 29.9 |
| Depreciation, Depletion, Amortization **11** | 3.5 | • | • | 2.2 | 2.9 | 4.1 | 2.8 | 3.2 | 3.6 | 4.3 | 2.9 | 4.2 | 3.5 |
| Pensions and Other Benefits **12** | 1.5 | • | • | 0.3 | 1.3 | 1.9 | 1.3 | 1.1 | 1.4 | 1.6 | 1.4 | 1.9 | 1.7 |
| Other **13** | 28.7 | • | • | 19.8 | 47.8 | 59.8 | 56.8 | 34.9 | 35.8 | 25.6 | 18.8 | 22.2 | 27.5 |
| Officers Compensation **14** | 2.8 | • | • | 5.5 | 21.6 | 15.7 | 10.8 | 3.9 | 4.4 | 3.2 | 1.4 | 1.4 | 1.8 |
| Operating Margin **15** | 2.9 | • | • | 1.7 | 5.4 | • | • | 8.7 | 0.6 | 3.4 | 4.8 | 0.9 | 6.9 |
| Oper. Margin Before Officers Compensation **16** | 5.7 | • | • | 7.1 | 27.0 | 15.4 | 4.8 | 12.7 | 5.0 | 6.7 | 6.2 | 2.2 | 8.8 |
| **Selected Average Balance Sheet ($ in Thousands)** | | | | | | | | | | | | | |
| Net Receivables **17** | 398 | • | • | 10 | 31 | 74 | 139 | 734 | 1060 | 3683 | 8533 | 19702 | 89643 |
| Inventories **18** | 65 | • | • | • | 0 | 0 | 8 | 51 | 290 | 1482 | 2260 | 5219 | 8521 |
| Net Property, Plant and Equipment **19** | 292 | • | • | 19 | 33 | 102 | 235 | 675 | 1720 | 5688 | 8662 | 18666 | 29162 |
| Total Assets **20** | 3588 | • | • | 153 | 363 | 700 | 2062 | 6822 | 15711 | 36272 | 70015 | 157067 | 758580 |

| | | | | | | | | | | | | |
|---|---|---|---|---|---|---|---|---|---|---|---|---|
| Notes and Loans Payable 21 | 1787 | • | • | 51 | 86 | 245 | 1053 | 2310 | 6452 | 15145 | 29954 | 78268 | 420972 |
| All Other Liabilities 22 | 687 | • | • | 20 | 110 | 122 | 538 | 970 | 4209 | 6452 | 13089 | 29573 | 133768 |
| Net Worth 23 | 1114 | • | • | 81 | 166 | 334 | 472 | 3543 | 5050 | 14676 | 26971 | 49225 | 203840 |

**Selected Financial Ratios (Times to 1)**

| | | | | | | | | | | | | | |
|---|---|---|---|---|---|---|---|---|---|---|---|---|---|
| Current Ratio 24 | 0.9 | • | • | 3.5 | 1.4 | 2.4 | 0.8 | 2.0 | 1.3 | 1.5 | 1.4 | 1.0 | 0.7 |
| Quick Ratio 25 | 0.6 | • | • | 2.3 | 1.1 | 2.0 | 0.6 | 1.4 | 0.9 | 1.0 | 0.9 | 0.6 | 0.4 |
| Net Sales to Working Capital 26 | • | • | • | 3.8 | 2.4 | 1.1 | • | 1.7 | 5.3 | 4.0 | 5.8 | • | • |
| Coverage Ratio 27 | 1.2 | • | • | 1.7 | 1.7 | 0.5 | 0.3 | 1.9 | 1.0 | 1.3 | 1.7 | 1.2 | 1.3 |
| Total Asset Turnover 28 | 0.3 | • | • | 0.9 | 0.3 | 0.3 | 0.2 | 0.3 | 0.3 | 0.4 | 0.5 | 0.4 | 0.2 |
| Inventory Turnover 29 | • | • | • | • | • | • | • | • | • | • | • | • | • |
| Receivables Turnover 30 | • | • | • | • | • | • | • | • | • | • | • | • | • |
| Total Liabilities to Net Worth 31 | 2.2 | • | • | 0.9 | 1.2 | 1.1 | 3.4 | 0.9 | 2.1 | 1.5 | 1.6 | 2.2 | 2.7 |

**Selected Financial Factors (in Percentages)**

| | | | | | | | | | | | | | |
|---|---|---|---|---|---|---|---|---|---|---|---|---|---|
| Debt Ratio 32 | 69.0 | • | • | 46.8 | 54.1 | 52.3 | 77.1 | 48.1 | 67.9 | 59.6 | 61.5 | 68.7 | 73.1 |
| Return on Assets 33 | 5.7 | • | • | 3.3 | 3.6 | 0.5 | 0.5 | 5.2 | 3.0 | 4.8 | 6.4 | 5.2 | 6.3 |
| Return on Equity 34 | 0.3 | • | • | 1.1 | 2.1 | • | • | 2.3 | • | 0.8 | 3.7 | 0.2 | 2.2 |
| Return Before Interest on Equity 35 | 18.2 | • | • | 6.3 | 7.7 | 1.1 | 2.2 | 10.1 | 9.3 | 11.9 | 16.5 | 16.6 | 23.5 |
| Profit Margin, Before Income Tax 36 | • | • | • | • | • | • | • | • | • | • | • | • | • |
| Profit Margin, After Income Tax 37 | • | • | • | • | • | • | • | • | • | • | • | • | • |

**Trends in Selected Ratios and Factors, 1986-1994**

| | 1986 | 1987 | 1988 | 1989 | 1990 | 1991 | 1992 | 1993 | 1994 |
|---|---|---|---|---|---|---|---|---|---|
| Cost of Operations (%) 38 | 54.5 | 50.8 | 54.9 | 62.5 | 51.4 | 54.5 | 55.9 | 48.7 | 40.2 |
| Operating Margin (%) 39 | 2.0 | 4.8 | 3.9 | 2.8 | 5.7 | 2.5 | 3.2 | 4.0 | 2.9 |
| Oper. Margin Before Officers Comp. (%) 40 | 4.1 | 7.1 | 5.8 | 4.6 | 7.7 | 5.3 | 5.3 | 6.3 | 5.7 |
| Average Net Receivables ($) 41 | 346 | 377 | 301 | 423 | 706 | 1270 | 587 | 519 | 398 |
| Average Inventories ($) 42 | 69 | 71 | 116 | 118 | 162 | 264 | 151 | 110 | 65 |
| Average Net Worth ($) 43 | 798 | 924 | 960 | 1099 | 1515 | 1819 | 1553 | 1799 | 1114 |
| Current Ratio (x1) 44 | 1.1 | 1.2 | 1.2 | 1.3 | 1.1 | 1.1 | 1.2 | 1.1 | 0.9 |
| Quick Ratio (x1) 45 | 0.9 | 0.9 | 0.7 | 0.9 | 0.8 | 0.8 | 0.8 | 0.7 | 0.6 |
| Coverage Ratio (x1) 46 | 1.2 | 1.4 | 1.4 | 1.3 | 1.7 | 1.3 | 1.4 | 1.4 | 1.2 |
| Asset Turnover (x1) 47 | 0.4 | 0.4 | 0.4 | 0.7 | 0.4 | 0.4 | 0.5 | 0.4 | 0.3 |
| Total Liabilities/Net Worth (x1) 48 | 1.6 | 1.5 | 1.7 | 1.6 | 1.9 | 2.5 | 1.8 | 1.4 | 2.2 |
| Return on Assets (x1) 49 | 5.3 | 5.7 | 5.6 | 9.1 | 5.3 | 4.8 | 5.6 | 6.1 | 5.7 |
| Return on Equity (%) 50 | • | 2.4 | 2.1 | 2.4 | 3.6 | 1.2 | 1.7 | 2.0 | 0.3 |

## Table II

Corporations with Net Income

# OTHER HOLDING AND INVESTMENT COMPANIES

### MONEY AMOUNTS AND SIZE OF ASSETS IN THOUSANDS OF DOLLARS

| Item Description for Accounting Period 7/90 Through 6/91 | Total | Zero Assets | Under 100 | 100 to 250 | 251 to 500 | 501 to 1,000 | 1,001 to 5,000 | 5,001 to 10,000 | 10,001 to 25,000 | 25,001 to 50,000 | 50,001 to 100,000 | 100,001 to 250,000 | 250,001 and over |
|---|---|---|---|---|---|---|---|---|---|---|---|---|---|
| Number of Enterprises **1** | 23932 | 1901 | 8916 | 4457 | 2977 | 1821 | 2568 | 543 | 357 | 141 | 110 | 83 | 57 |
| **Revenues ($ in Thousands)** | | | | | | | | | | | | | |
| Net Sales **2** | 18667 | 236 | 160 | 975 | 409 | 115 | 674 | 765 | 1585 | 1857 | 4889 | 4650 | 2351 |
| Portfolio Income **3** | 8113 | 1260 | 31 | 108 | 97 | 104 | 469 | 336 | 415 | 425 | 578 | 762 | 3528 |
| Other Revenues **4** | 3029 | 371 | 107 | 19 | 13 | 124 | 193 | 240 | 208 | 207 | 391 | 237 | 919 |
| Total Revenues **5** | 29809 | 1867 | 297 | 1102 | 520 | 343 | 1336 | 1341 | 2208 | 2489 | 5858 | 5649 | 6798 |
| Average Total Revenues **6** | 1246 | 982 | 33 | 247 | 175 | 188 | 520 | 2469 | 6185 | 17654 | 53252 | 68063 | 119260 |
| **Operating Costs/Operating Income (%)** | | | | | | | | | | | | | |
| Cost of Operations **7** | 36.7 | 7.4 | 2.6 | 69.8 | 5.4 | 0.3 | 11.0 | 33.3 | 31.7 | 48.3 | 61.0 | 53.7 | 13.2 |
| Rent **8** | 1.2 | 1.1 | 4.8 | 0.8 | 4.2 | 2.8 | 1.4 | 1.2 | 1.3 | 1.0 | 1.2 | 1.1 | 0.9 |
| Taxes Paid **9** | 2.1 | 1.2 | 3.0 | 0.7 | 3.2 | 3.6 | 2.4 | 2.0 | 2.4 | 2.5 | 1.5 | 2.9 | 1.9 |
| Interest Paid **10** | 13.9 | 45.4 | 2.8 | 1.2 | 3.5 | 3.1 | 5.5 | 3.9 | 4.3 | 4.2 | 4.5 | 8.4 | 32.1 |
| Depreciation, Depletion, Amortization **11** | 2.6 | 0.5 | 5.0 | 0.4 | 1.9 | 3.6 | 1.4 | 2.6 | 2.2 | 3.5 | 2.2 | 3.6 | 2.8 |
| Pensions and Other Benefits **12** | 1.2 | 0.6 | 0.3 | 0.2 | 1.3 | 0.6 | 0.8 | 0.8 | 1.5 | 1.7 | 1.2 | 1.3 | 1.2 |
| Other **13** | 20.9 | 30.0 | 36.5 | 12.8 | 36.0 | 29.0 | 32.8 | 26.8 | 32.3 | 17.2 | 14.0 | 18.8 | 19.4 |
| Officers Compensation **14** | 3.1 | 0.6 | 1.9 | 5.0 | 22.4 | 18.7 | 11.2 | 2.9 | 5.2 | 3.9 | 1.2 | 1.0 | 2.1 |
| Operating Margin **15** | 18.5 | 13.3 | 43.1 | 9.1 | 22.2 | 38.4 | 33.4 | 26.7 | 19.1 | 17.8 | 13.3 | 9.4 | 26.5 |
| Oper. Margin Before Officers Compensation **16** | 21.5 | 13.9 | 45.0 | 14.2 | 44.6 | 57.1 | 44.7 | 29.6 | 24.3 | 21.7 | 14.5 | 10.4 | 28.5 |
| **Selected Average Balance Sheet ($ in Thousands)** | | | | | | | | | | | | | |
| Net Receivables **17** | 413 | • | 2 | 19 | 20 | 71 | 141 | 506 | 1046 | 4844 | 9792 | 26105 | 81758 |
| Inventories **18** | 49 | • | • | • | 0 | • | 7 | 51 | 232 | 1031 | 2623 | 5266 | 2895 |
| Net Property, Plant and Equipment **19** | 246 | • | 3 | 7 | 26 | 61 | 151 | 636 | 1269 | 4841 | 8053 | 18008 | 24244 |
| Total Assets **20** | 3769 | • | 34 | 155 | 365 | 696 | 2007 | 6745 | 15194 | 35902 | 70845 | 156035 | 821031 |

## Selected Financial Ratios (Times to 1)

| | | | | | | | | | | | | | |
|---|---|---|---|---|---|---|---|---|---|---|---|---|---|
| Notes and Loans Payable 21 | 1618 | • | 19 | 19 | 38 | 101 | 1085 | 1183 | 3088 | 9068 | 25388 | 59258 | 432246 |
| All Other Liabilities 22 | 556 | • | 9 | 17 | 26 | 87 | 729 | 944 | 2013 | 6294 | 11370 | 26441 | 96188 |
| Net Worth 23 | 1595 | • | 6 | 119 | 301 | 508 | 193 | 4619 | 10093 | 20540 | 34086 | 70336 | 292596 |
| Current Ratio 24 | 0.9 | • | 2.7 | 7.5 | 7.9 | 3.0 | 0.7 | 2.6 | 2.5 | 1.8 | 1.8 | 1.1 | 0.6 |
| Quick Ratio 25 | 0.5 | • | 2.7 | 6.4 | 6.0 | 2.7 | 0.5 | 1.9 | 1.7 | 1.3 | 1.1 | 0.8 | 0.3 |
| Net Sales to Working Capital 26 | • | • | 3.1 | 4.4 | 1.3 | 1.0 | • | 1.6 | 2.3 | 3.3 | 5.0 | 10.5 | • |
| Coverage Ratio 27 | 2.4 | 1.3 | • | 8.8 | 7.4 | 13.3 | 6.9 | 7.9 | 5.3 | 5.2 | 4.0 | 2.3 | 1.9 |
| Total Asset Turnover 28 | 0.3 | • | 1.0 | 1.6 | 0.5 | 0.3 | 0.3 | 0.4 | 0.4 | 0.5 | 0.8 | 0.4 | 0.2 |
| Inventory Turnover 29 | • | • | • | • | • | • | • | • | • | • | • | • | • |
| Receivables Turnover 30 | • | • | • | • | • | • | • | • | • | • | • | • | • |
| Total Liabilities to Net Worth 31 | 1.4 | • | 4.4 | 0.3 | 0.2 | 0.4 | 9.4 | 0.5 | 0.5 | 0.8 | 1.1 | 1.2 | 1.8 |

## Selected Financial Factors (in Percentages)

| | | | | | | | | | | | | | |
|---|---|---|---|---|---|---|---|---|---|---|---|---|---|
| Debt Ratio 32 | 57.7 | • | 81.4 | 23.2 | 17.4 | 27.0 | 90.4 | 31.5 | 33.6 | 42.8 | 51.9 | 54.9 | 64.4 |
| Return on Assets 33 | 10.8 | • | • | 16.2 | 12.2 | 11.0 | 9.7 | 11.2 | 9.4 | 10.7 | 13.4 | 8.5 | 8.7 |
| Return on Equity 34 | 11.3 | • | • | 16.6 | 11.6 | 13.2 | 11.0 | 11.0 | 9.0 | 11.9 | 16.3 | 7.9 | 7.8 |
| Return Before Interest on Equity 35 | 25.6 | • | • | 21.1 | 14.7 | 15.1 | • | 16.4 | 14.1 | 18.7 | 27.9 | 18.9 | 24.3 |
| Profit Margin, Before Income Tax 36 | • | • | • | • | • | • | • | • | • | • | • | • | • |
| Profit Margin, After Income Tax 37 | • | • | • | • | • | • | • | • | • | • | • | • | • |

## Trends in Selected Ratios and Factors, 1986-1994

| | 1986 | 1987 | 1988 | 1989 | 1990 | 1991 | 1992 | 1993 | 1994 |
|---|---|---|---|---|---|---|---|---|---|
| Cost of Operations (%) 38 | 46.8 | 44.4 | 54.1 | 63.9 | 48.1 | 57.2 | 50.8 | 47.0 | 36.7 |
| Operating Margin (%) 39 | 17.8 | 17.8 | 13.8 | 8.0 | 15.5 | 9.4 | 13.5 | 14.5 | 18.5 |
| Oper. Margin Before Officers Comp. (%) 40 | 20.3 | 20.6 | 15.8 | 9.7 | 17.8 | 12.7 | 15.5 | 16.9 | 21.5 |
| Average Net Receivables ($) 41 | 205 | 224 | 327 | 389 | 814 | 1229 | 679 | 670 | 413 |
| Average Inventories ($) 42 | 37 | 39 | 102 | 119 | 139 | 347 | 157 | 117 | 49 |
| Average Net Worth ($) 43 | 895 | 946 | 1377 | 1285 | 1476 | 2326 | 2144 | 2473 | 1595 |
| Current Ratio (x1) 44 | 1.6 | 1.3 | 1.5 | 1.5 | 1.2 | 1.1 | 1.2 | 1.1 | 0.9 |
| Quick Ratio (x1) 45 | 1.2 | 0.9 | 1.0 | 1.0 | 0.9 | 0.7 | 0.9 | 0.8 | 0.5 |
| Coverage Ratio (x1) 46 | 3.8 | 3.7 | 3.2 | 1.9 | 3.8 | 2.6 | 3.0 | 2.8 | 2.4 |
| Asset Turnover (x1) 47 | 0.4 | 0.4 | 0.5 | 1.0 | 0.5 | 0.5 | 0.5 | 0.4 | 0.3 |
| Operating Leverage 48 | • | 1.0 | 0.8 | 0.6 | 1.9 | 0.6 | 1.4 | 1.1 | 1.3 |
| Financial Leverage 49 | • | 1.0 | 0.9 | 0.7 | 1.6 | 0.8 | 1.1 | 1.0 | 0.9 |
| Total Leverage 50 | • | 1.0 | 0.7 | 0.4 | 3.1 | 0.5 | 1.6 | 1.0 | 1.2 |

## Table I

Corporations with and without Net Income

# HOTELS AND OTHER LODGING PLACES

### MONEY AMOUNTS AND SIZE OF ASSETS IN THOUSANDS OF DOLLARS

| Item Description for Accounting Period 7/90 Through 6/91 | Total | Zero Assets | Under 100 | 100 to 250 | 251 to 500 | 501 to 1,000 | 1,001 to 5,000 | 5,001 to 10,000 | 10,001 to 25,000 | 25,001 to 50,000 | 50,001 to 100,000 | 100,001 to 250,000 | 250,001 and over |
|---|---|---|---|---|---|---|---|---|---|---|---|---|---|
| Number of Enterprises **1** | 25308 | 1942 | 7223 | 5763 | 2812 | 3208 | 3532 | 379 | 236 | 96 | 41 | 38 | 36 |
| **Revenues ($ in Thousands)** | | | | | | | | | | | | | |
| Net Sales **2** | 38754 | 580 | 2678 | 1090 | 982 | 1864 | 4182 | 1483 | 1513 | 1350 | 1380 | 1440 | 20212 |
| Portfolio Income **3** | 1574 | 3 | 13 | 47 | 25 | 45 | 85 | 19 | 48 | 95 | 118 | 165 | 911 |
| Other Revenues **4** | 2034 | 23 | 64 | 41 | 7 | 94 | 154 | 179 | 89 | 107 | 99 | 127 | 1051 |
| Total Revenues **5** | 42363 | 605 | 2755 | 1178 | 1014 | 2003 | 4421 | 1681 | 1650 | 1552 | 1597 | 1731 | 22175 |
| Average Total Revenues **6** | 1674 | 312 | 381 | 204 | 361 | 624 | 1252 | 4436 | 6992 | 16166 | 38939 | 45564 | 615981 |
| **Operating Costs/Operating Income (%)** | | | | | | | | | | | | | |
| Cost of Operations **7** | 45.0 | 27.3 | 24.8 | 19.1 | 28.7 | 27.6 | 19.6 | 28.5 | 24.7 | 28.4 | 31.2 | 26.0 | 63.4 |
| Rent **8** | 4.8 | 6.2 | 9.2 | 18.0 | 8.9 | 8.5 | 6.8 | 2.1 | 3.7 | 4.7 | 5.8 | 6.6 | 2.6 |
| Taxes Paid **9** | 5.1 | 7.3 | 5.5 | 7.2 | 7.0 | 6.8 | 6.4 | 7.6 | 6.3 | 6.6 | 6.1 | 6.9 | 3.8 |
| Interest Paid **10** | 8.7 | 14.8 | 0.5 | 3.5 | 3.8 | 7.3 | 12.2 | 13.5 | 15.8 | 13.1 | 13.1 | 23.4 | 7.1 |
| Depreciation, Depletion, Amortization **11** | 6.1 | 15.4 | 0.9 | 6.3 | 5.3 | 7.7 | 9.4 | 10.6 | 11.7 | 10.0 | 10.2 | 11.2 | 4.1 |
| Pensions and Other Benefits **12** | 1.7 | 1.0 | 0.1 | 1.1 | 0.9 | 0.9 | 1.0 | 1.8 | 1.4 | 2.5 | 1.5 | 2.5 | 2.1 |
| Other **13** | 40.3 | 58.4 | 62.9 | 48.2 | 42.4 | 44.1 | 52.3 | 58.1 | 59.9 | 55.5 | 48.9 | 66.6 | 27.1 |
| Officers Compensation **14** | 1.7 | 0.4 | 1.6 | 6.5 | 8.5 | 4.8 | 2.8 | 1.6 | 2.0 | 1.5 | 1.3 | 0.8 | 0.7 |
| Operating Margin **15** | • | • | • | • | • | • | • | • | • | • | • | • | • |
| Oper. Margin Before Officers Compensation **16** | • | • | • | • | 3.1 | • | • | • | • | • | • | • | • |
| **Selected Average Balance Sheet ($ in Thousands)** | | | | | | | | | | | | | |
| Net Receivables **17** | 199 | • | 1 | 18 | 7 | 18 | 91 | 305 | 905 | 1990 | 2718 | 8201 | 99192 |
| Inventories **18** | 22 | • | 0 | 3 | 3 | 4 | 11 | 57 | 324 | 684 | 1420 | 637 | 6190 |
| Net Property, Plant and Equipment **19** | 1320 | • | 15 | 106 | 201 | 500 | 1493 | 5279 | 10775 | 22728 | 49705 | 83077 | 370212 |
| Total Assets **20** | 2358 | • | 33 | 168 | 361 | 710 | 2064 | 6924 | 16041 | 36597 | 72518 | 156307 | 806635 |

## Selected Financial Ratios and Factors

| | | | | | | | | | | | | |
|---|---|---|---|---|---|---|---|---|---|---|---|---|
| Notes and Loans Payable 21 | 1496 | 30 | 124 | 225 | 473 | 1830 | 6212 | 12377 | 21635 | 50086 | 110442 | 408388 |
| All Other Liabilities 22 | 402 | 33 | 16 | 67 | 85 | 283 | 1048 | 2511 | 7163 | 11031 | 30008 | 141934 |
| Net Worth 23 | 460 | -30 | 28 | 68 | 152 | -49 | -335 | 1153 | 7799 | 11401 | 15857 | 256313 |

### Selected Financial Ratios (Times to 1)

| | | | | | | | | | | | | |
|---|---|---|---|---|---|---|---|---|---|---|---|---|
| Current Ratio 24 | 1.0 | 0.7 | 2.5 | 1.4 | 1.0 | 0.8 | 0.6 | 0.9 | 0.6 | 0.6 | 0.7 | 1.1 |
| Quick Ratio 25 | 0.7 | 0.6 | 1.9 | 1.0 | 0.8 | 0.7 | 0.5 | 0.6 | 0.4 | 0.4 | 0.4 | 0.9 |
| Net Sales to Working Capital 26 | • | • | 7.4 | 13.5 | • | • | • | • | • | • | • | 28.5 |
| Coverage Ratio 27 | 0.6 | • | 0.5 | 1.0 | 0.6 | 0.2 | • | 0.4 | 0.5 | 0.9 | • | 0.9 |
| Total Asset Turnover 28 | 0.7 | 11.3 | 1.1 | 1.0 | 0.8 | 0.6 | 0.6 | 0.4 | 0.4 | 0.5 | 0.3 | 0.7 |
| Inventory Turnover 29 | • | • | • | • | • | • | • | 6.7 | 7.2 | 9.1 | • | • |
| Receivables Turnover 30 | 8.6 | • | 9.9 | • | • | • | • | 7.2 | 7.7 | 8.3 | 6.1 | 6.7 |
| Total Liabilities to Net Worth 31 | 4.1 | • | 5.0 | 4.3 | 3.7 | • | • | 12.9 | 3.7 | 5.4 | 8.9 | 2.2 |

### Selected Financial Factors (in Percentages)

| | | | | | | | | | | | | |
|---|---|---|---|---|---|---|---|---|---|---|---|---|
| Debt Ratio 32 | 80.5 | • | 83.2 | 81.0 | 78.6 | • | 92.8 | • | 78.7 | 84.3 | 89.9 | 68.2 |
| Return on Assets 33 | 3.1 | • | 2.0 | 1.5 | 5.9 | • | 1.7 | • | 2.2 | 5.2 | • | 4.3 |
| Return on Equity 34 | • | 30.8 | • | • | • | • | • | • | • | • | • | • |
| Return Before Interest on Equity 35 | 16.0 | 24.7 | 11.8 | 8.1 | 27.3 | • | • | • | 10.5 | 32.9 | • | 13.5 |
| Profit Margin, Before Income Tax 36 | • | • | • | • | • | • | • | • | • | • | • | • |
| Profit Margin, After Income Tax 37 | • | • | • | • | • | • | • | • | • | • | • | • |

### Trends in Selected Ratios and Factors, 1986-1994

| | 1986 | 1987 | 1988 | 1989 | 1990 | 1991 | 1992 | 1993 | 1994 |
|---|---|---|---|---|---|---|---|---|---|
| Cost of Operations (%) 38 | 43.9 | 47.6 | 50.1 | 44.3 | 44.8 | 46.3 | 42.4 | 43.9 | 45.0 |
| Operating Margin (%) 39 | • | • | • | • | • | • | • | • | • |
| Oper. Margin Before Officers Comp. (%) 40 | • | • | • | • | • | • | • | • | • |
| Average Net Receivables ($) 41 | 88 | 102 | 103 | 101 | 115 | 88 | 128 | 148 | 199 |
| Average Inventories ($) 42 | 25 | 26 | 26 | 22 | 29 | 18 | 22 | 18 | 22 |
| Average Net Worth ($) 43 | 393 | 387 | 376 | 394 | 490 | 286 | 416 | 340 | 460 |
| Current Ratio (x1) 44 | 1.1 | 1.2 | 1.1 | 1.1 | 1.1 | 1.1 | 1.0 | 0.9 | 1.0 |
| Quick Ratio (x1) 45 | 0.7 | 0.9 | 0.9 | 0.8 | 0.7 | 0.8 | 0.7 | 0.7 | 0.7 |
| Coverage Ratio (x1) 46 | 1.2 | 1.3 | 1.1 | 1.1 | 1.1 | 1.0 | 0.9 | 0.7 | 0.6 |
| Asset Turnover (x1) 47 | 0.8 | 0.9 | 0.8 | 0.8 | 0.7 | 0.8 | 0.7 | 0.7 | 0.7 |
| Total Liabilities/Net Worth (x1) 48 | 2.5 | 2.8 | 3.1 | 3.3 | 2.8 | 4.9 | 3.9 | 4.8 | 4.1 |
| Return on Assets (x1) 49 | 6.9 | 7.3 | 6.3 | 6.4 | 6.2 | 6.0 | 4.7 | 4.4 | 3.1 |
| Return on Equity (%) 50 | 0.4 | 1.9 | • | • | • | • | • | • | • |

## Table II

Corporations with Net Income

# HOTELS AND OTHER LODGING PLACES

**MONEY AMOUNTS AND SIZE OF ASSETS IN THOUSANDS OF DOLLARS**

| Item Description for Accounting Period 7/90 Through 6/91 | Total | Zero Assets | Under 100 | 100 to 250 | 251 to 500 | 501 to 1,000 | 1,001 to 5,000 | 5,001 to 10,000 | 10,001 to 25,000 | 25,001 to 50,000 | 50,001 to 100,000 | 100,001 to 250,000 | 250,001 and over |
|---|---|---|---|---|---|---|---|---|---|---|---|---|---|
| Number of Enterprises **1** | 10552 | 56 | 3130 | 2497 | 1372 | 1954 | 1316 | 134 | 32 | 24 | 14 | 10 | 13 |
| **Revenues ($ in Thousands)** | | | | | | | | | | | | | |
| Net Sales **2** | 19162 | 43 | 285 | 727 | 533 | 1343 | 2158 | 670 | 228 | 532 | 683 | 456 | 11503 |
| Portfolio Income **3** | 980 | 0 | 13 | 38 | 9 | 42 | 73 | 7 | 7 | 54 | 107 | 88 | 543 |
| Other Revenues **4** | 1187 | 5 | 39 | 26 | 4 | 43 | 111 | 34 | 18 | 41 | 63 | 42 | 761 |
| Total Revenues **5** | 21328 | 48 | 337 | 791 | 547 | 1428 | 2342 | 710 | 254 | 626 | 853 | 586 | 12807 |
| Average Total Revenues **6** | 2021 | 859 | 108 | 317 | 399 | 731 | 1780 | 5299 | 7923 | 26101 | 60923 | 58637 | 985138 |
| **Operating Costs/Operating Income (%)** | | | | | | | | | | | | | |
| Cost of Operations **7** | 45.3 | 12.1 | 12.2 | 16.7 | 21.9 | 23.5 | 18.4 | 27.4 | 28.9 | 20.9 | 37.9 | 27.0 | 60.4 |
| Rent **8** | 4.7 | 0.2 | 15.6 | 22.8 | 9.3 | 6.9 | 6.8 | 2.9 | 1.2 | 3.2 | 2.4 | 12.3 | 2.5 |
| Taxes Paid **9** | 4.9 | 9.8 | 12.5 | 6.7 | 5.6 | 6.8 | 5.9 | 7.0 | 5.9 | 7.3 | 5.3 | 5.3 | 3.8 |
| Interest Paid **10** | 6.7 | 6.5 | 0.5 | 1.4 | 3.9 | 7.1 | 7.0 | 8.8 | 8.8 | 5.5 | 10.4 | 16.7 | 6.4 |
| Depreciation, Depletion, Amortization **11** | 5.0 | 8.0 | 2.9 | 3.7 | 6.3 | 6.9 | 6.6 | 7.7 | 8.7 | 5.5 | 7.3 | 7.6 | 4.1 |
| Pensions and Other Benefits **12** | 1.7 | 0.8 | • | 0.7 | 0.4 | 1.0 | 1.0 | 1.6 | 0.9 | 3.1 | 1.5 | 1.0 | 2.0 |
| Other **13** | 34.0 | 70.8 | 45.8 | 44.3 | 39.0 | 39.6 | 49.5 | 42.3 | 47.1 | 56.2 | 45.0 | 51.3 | 25.9 |
| Officers Compensation **14** | 1.7 | 0.3 | 10.5 | 4.8 | 6.1 | 5.1 | 3.6 | 2.3 | 2.1 | 1.7 | 1.0 | 0.9 | 0.4 |
| Operating Margin **15** | • | • | • | • | 7.6 | 3.2 | 1.4 | 0.1 | • | • | • | • | • |
| Oper. Margin Before Officers Compensation **16** | • | • | 10.6 | 3.7 | 13.7 | 8.3 | 4.9 | 2.4 | • | • | • | • | • |
| **Selected Average Balance Sheet ($ in Thousands)** | | | | | | | | | | | | | |
| Net Receivables **17** | 265 | • | 1 | 31 | 2 | 18 | 95 | 462 | 1859 | 3741 | 4796 | 4257 | 171806 |
| Inventories **18** | 26 | • | 1 | 0 | 4 | 4 | 14 | 42 | 831 | 396 | 2559 | 433 | 12285 |
| Net Property, Plant and Equipment **19** | 1166 | • | 12 | 70 | 235 | 544 | 1329 | 4525 | 9673 | 20335 | 39974 | 73440 | 481244 |
| Total Assets **20** | 2367 | • | 36 | 168 | 361 | 730 | 1992 | 6638 | 16156 | 36318 | 76625 | 153344 | 1154838 |

| | | | | | | | | | | | | |
|---|---|---|---|---|---|---|---|---|---|---|---|---|
| Notes and Loans Payable 21 | 1183 | • | 12 | 58 | 186 | 478 | 1323 | 4696 | 6706 | 15420 | 41865 | 95563 | 509031 |
| All Other Liabilities 22 | 367 | • | 5 | 10 | 26 | 58 | 242 | 639 | 746 | 4597 | 15837 | 26303 | 204358 |
| Net Worth 23 | 816 | • | 19 | 99 | 149 | 193 | 427 | 1303 | 8704 | 16301 | 18923 | 31478 | 441449 |

### Selected Financial Ratios (Times to 1)

| | | | | | | | | | | | | | |
|---|---|---|---|---|---|---|---|---|---|---|---|---|---|
| Current Ratio 24 | 1.5 | • | 4.0 | 6.0 | 2.3 | 1.0 | 1.3 | 0.9 | 5.2 | 1.7 | 1.5 | 0.9 | 1.6 |
| Quick Ratio 25 | 1.3 | • | 3.8 | 4.8 | 1.2 | 0.8 | 1.2 | 0.7 | 3.7 | 1.2 | 0.9 | 0.7 | 1.3 |
| Net Sales to Working Capital 26 | 10.5 | • | 6.2 | 5.2 | 9.9 | • | 20.5 | • | 2.2 | 6.0 | 8.9 | • | 9.4 |
| Coverage Ratio 27 | 2.2 | 1.5 | 6.3 | • | 3.6 | 2.3 | 2.4 | 1.7 | 1.9 | 3.6 | 2.4 | 1.4 | 1.9 |
| Total Asset Turnover 28 | 0.8 | • | 1.7 | 2.5 | 1.1 | 1.0 | 0.8 | 0.5 | 0.5 | 0.6 | 0.6 | 0.3 | 0.8 |
| Inventory Turnover 29 | • | • | • | • | • | • | • | 2.9 | • | • | • | • | • |
| Receivables Turnover 30 | 8.5 | • | 9.9 | • | • | • | 3.5 | 3.5 | • | • | • | • | 6.8 |
| Total Liabilities to Net Worth 31 | 1.9 | • | 0.9 | 0.7 | 1.4 | 2.8 | 3.7 | 4.1 | 0.9 | 1.2 | 3.1 | 3.9 | 1.6 |

### Selected Financial Factors (in Percentages)

| | | | | | | | | | | | | | |
|---|---|---|---|---|---|---|---|---|---|---|---|---|---|
| Debt Ratio 32 | 65.5 | • | 48.2 | 40.8 | 58.8 | 73.5 | 78.6 | 80.4 | 46.1 | 55.1 | 75.3 | 79.5 | 61.8 |
| Return on Assets 33 | 10.9 | • | 15.6 | 15.6 | 14.9 | 15.6 | 13.9 | 11.2 | 7.2 | 12.1 | 15.6 | 6.9 | 9.5 |
| Return on Equity 34 | 13.8 | • | 21.6 | 24.9 | 24.9 | 31.2 | 34.9 | 19.5 | 5.1 | 16.4 | 27.8 | 7.8 | 8.8 |
| Return Before Interest on Equity 35 | 31.7 | • | • | 26.4 | • | • | • | 13.3 | 27.0 | • | • | 33.5 | 24.9 |
| Profit Margin, Before Income Tax 36 | 7.6 | 3.4 | 18.1 | 7.6 | 10.0 | 9.5 | 9.9 | 6.1 | 7.5 | 14.3 | 14.2 | 6.5 | 6.0 |
| Profit Margin, After Income Tax 37 | 6.2 | 2.7 | 17.8 | 7.4 | 9.5 | 8.8 | 9.1 | 5.1 | 6.3 | 12.0 | 10.8 | 5.4 | 4.4 |

### Trends in Selected Ratios and Factors, 1986–1994

| | 1986 | 1987 | 1988 | 1989 | 1990 | 1991 | 1992 | 1993 | 1994 |
|---|---|---|---|---|---|---|---|---|---|
| Cost of Operations (%) 38 | 38.6 | 46.7 | 49.4 | 45.3 | 51.6 | 53.4 | 39.0 | 44.2 | 45.3 |
| Operating Margin (%) 39 | • | • | • | • | • | • | • | • | • |
| Oper. Margin Before Officers Comp. (%) 40 | • | 0.5 | • | • | • | • | • | • | • |
| Average Net Receivables ($) 41 | 73 | 120 | 114 | 113 | 126 | 140 | 185 | 167 | 265 |
| Average Inventories ($) 42 | 14 | 36 | 38 | 23 | 29 | 33 | 32 | 28 | 26 |
| Average Net Worth ($) 43 | 518 | 620 | 563 | 676 | 686 | 710 | 772 | 729 | 816 |
| Current Ratio (x1) 44 | 1.2 | 1.4 | 1.4 | 1.4 | 1.6 | 1.7 | 1.3 | 1.2 | 1.5 |
| Quick Ratio (x1) 45 | 0.9 | 1.0 | 1.1 | 1.1 | 1.1 | 1.3 | 1.0 | 0.9 | 1.3 |
| Coverage Ratio (x1) 46 | 2.6 | 2.6 | 2.3 | 2.5 | 2.5 | 2.5 | 2.5 | 2.4 | 2.2 |
| Asset Turnover (x1) 47 | 0.9 | 0.9 | 1.0 | 0.9 | 1.0 | 1.0 | 0.8 | 0.8 | 0.8 |
| Operating Leverage 48 | • | 0.3 | 2.7 | 1.0 | 1.7 | 0.9 | 0.8 | 0.9 | 0.8 |
| Financial Leverage 49 | • | 1.0 | 1.0 | 1.0 | 1.0 | 1.1 | 1.0 | 1.0 | 0.9 |
| Total Leverage 50 | • | 0.3 | 2.7 | 1.1 | 1.7 | 1.0 | 0.8 | 0.9 | 0.8 |

## Table I

Corporations with and without Net Income

# PERSONAL SERVICES

**MONEY AMOUNTS AND SIZE OF ASSETS IN THOUSANDS OF DOLLARS**

| Item Description for Accounting Period 7/90 Through 6/91 | | Total | Zero Assets | Under 100 | 100 to 250 | 251 to 500 | 501 to 1,000 | 1,001 to 5,000 | 5,001 to 10,000 | 10,001 to 25,000 | 25,001 to 50,000 | 50,001 to 100,000 | 100,001 to 250,000 | 250,001 and over |
|---|---|---|---|---|---|---|---|---|---|---|---|---|---|---|
| Number of Enterprises | 1 | 80827 | 5048 | 56097 | 11435 | 4255 | 2131 | 1582 | 157 | 70 | 21 | 11 | 11 | 7 |
| **Revenues ($ in Thousands)** | | | | | | | | | | | | | | |
| Net Sales | 2 | 33831 | 533 | 8257 | 3293 | 2320 | 2488 | 4367 | 2111 | 999 | 1306 | 830 | 2391 | 4935 |
| Portfolio Income | 3 | 657 | 7 | 27 | 26 | 23 | 17 | 50 | 12 | 50 | 26 | 19 | 36 | 363 |
| Other Revenues | 4 | 953 | 31 | 91 | 14 | 22 | 57 | 84 | 96 | 98 | 32 | 25 | 108 | 296 |
| Total Revenues | 5 | 35441 | 571 | 8375 | 3333 | 2364 | 2562 | 4501 | 2219 | 1147 | 1364 | 874 | 2535 | 5594 |
| Average Total Revenues | 6 | 438 | 113 | 149 | 292 | 556 | 1202 | 2845 | 14131 | 16387 | 64948 | 79453 | 230498 | 799211 |
| **Operating Costs/Operating Income (%)** | | | | | | | | | | | | | | |
| Cost of Operations | 7 | 38.9 | 30.4 | 31.5 | 31.9 | 37.1 | 29.2 | 45.7 | 50.5 | 54.6 | 51.4 | 32.3 | 30.6 | 50.4 |
| Rent | 8 | 5.7 | 11.6 | 8.5 | 7.8 | 5.4 | 5.1 | 2.8 | 3.5 | 3.6 | 8.0 | 10.5 | 5.8 | 2.1 |
| Taxes Paid | 9 | 4.3 | 4.4 | 4.5 | 4.4 | 4.8 | 4.8 | 4.3 | 4.3 | 3.9 | 4.7 | 3.4 | 3.7 | 3.6 |
| Interest Paid | 10 | 2.4 | 3.4 | 0.9 | 2.3 | 2.8 | 2.1 | 2.1 | 1.0 | 2.6 | 1.0 | 3.4 | 3.8 | 4.9 |
| Depreciation, Depletion, Amortization | 11 | 4.3 | 3.3 | 2.8 | 5.3 | 6.1 | 3.8 | 3.8 | 2.8 | 6.5 | 2.3 | 5.4 | 5.2 | 6.1 |
| Pensions and Other Benefits | 12 | 1.5 | 1.1 | 0.4 | 1.1 | 1.5 | 1.6 | 2.3 | 2.3 | 2.9 | 1.9 | 2.6 | 2.4 | 1.7 |
| Other | 13 | 37.9 | 48.3 | 42.0 | 36.8 | 35.6 | 45.1 | 32.0 | 35.0 | 36.0 | 28.3 | 41.7 | 45.9 | 33.0 |
| Officers Compensation | 14 | 6.2 | 7.3 | 10.8 | 10.1 | 7.9 | 7.5 | 6.5 | 2.7 | 3.1 | 1.3 | 1.6 | 0.9 | 1.0 |
| Operating Margin | 15 | • | • | • | 0.4 | • | 0.9 | 0.6 | • | • | 1.2 | • | 1.8 | • |
| Oper. Margin Before Officers Compensation | 16 | 5.1 | • | 9.5 | 10.4 | 6.8 | 8.4 | 7.1 | 0.7 | • | 2.5 | 0.8 | 2.7 | • |
| **Selected Average Balance Sheet ($ in Thousands)** | | | | | | | | | | | | | | |
| Net Receivables | 17 | 33 | • | 1 | 23 | 47 | 98 | 322 | 1655 | 2537 | 6912 | 9245 | 15846 | 80290 |
| Inventories | 18 | 15 | • | 1 | 10 | 14 | 42 | 66 | 397 | 770 | 1796 | 5914 | 12252 | 62588 |
| Net Property, Plant and Equipment | 19 | 88 | • | 12 | 82 | 176 | 282 | 648 | 2400 | 5014 | 10700 | 22212 | 58924 | 179663 |
| Total Assets | 20 | 242 | | 27 | 167 | 348 | 668 | 1630 | 6846 | 14418 | 35216 | 70709 | 165614 | 751917 |

| 21 Notes and Loans Payable | 217621 | 54865 | 21901 | 8028 | 3595 | 1894 | 602 | 268 | 203 | 97 | 20 | 96 |
|---|---|---|---|---|---|---|---|---|---|---|---|---|
| 22 All Other Liabilities | 243581 | 49681 | 17647 | 11315 | 6256 | 2145 | 377 | 124 | 64 | 21 | 5 | 63 |
| 23 Net Worth | 290715 | 61068 | 31162 | 15873 | 4566 | 2807 | 651 | 276 | 81 | 48 | 2 | 84 |

**Selected Financial Ratios (Times to 1)**

| 24 Current Ratio | 1.5 | 1.1 | 2.4 | 1.6 | 1.6 | 1.3 | 2.0 | 2.3 | 1.5 | 1.8 | 1.5 | 1.6 |
|---|---|---|---|---|---|---|---|---|---|---|---|---|
| 25 Quick Ratio | 0.8 | 0.6 | 1.0 | 1.2 | 1.0 | 1.0 | 1.6 | 1.8 | 1.1 | 1.4 | 1.1 | 1.1 |
| 26 Net Sales to Working Capital | 7.2 | • | 4.2 | 9.6 | 6.5 | 18.8 | 8.7 | 7.7 | 16.1 | 10.9 | 47.0 | 12.2 |
| 27 Coverage Ratio | 3.2 | 3.1 | 2.5 | 6.3 | 1.7 | 4.0 | 2.8 | 2.9 | 1.3 | 1.7 | 1.1 | 2.5 |
| 28 Total Asset Turnover | 0.9 | 1.3 | 1.1 | 1.8 | 1.0 | 2.0 | 1.7 | 1.8 | 1.6 | 1.7 | 5.4 | 1.7 |
| 29 Inventory Turnover | 5.7 | 6.1 | 4.3 | • | • | • | • | 9.9 | • | 9.3 | • | • |
| 30 Receivables Turnover | 9.2 | • | 7.2 | • | 6.5 | 8.6 | 9.6 | • | • | • | • | • |
| 31 Total Liabilities to Net Worth | 1.6 | 1.7 | 1.3 | 1.2 | 2.2 | 1.4 | 1.5 | 1.4 | 3.3 | 2.5 | 11.4 | 1.9 |

**Selected Financial Factors (in Percentages)**

| 32 Debt Ratio | 61.3 | 63.1 | 55.9 | 54.9 | 68.3 | 59.0 | 60.1 | 58.7 | 76.7 | 71.2 | 91.9 | 65.4 |
|---|---|---|---|---|---|---|---|---|---|---|---|---|
| 33 Return on Assets | 14.3 | 15.1 | 8.9 | 11.6 | 4.4 | 8.2 | 9.6 | 10.2 | 5.6 | 6.8 | 5.3 | 10.2 |
| 34 Return on Equity | 16.7 | 23.4 | 9.2 | 15.9 | 2.5 | 12.5 | 12.9 | 14.5 | 3.4 | 8.3 | • | 13.3 |
| 35 Return Before Interest on Equity | 20.2 | 25.7 | 13.9 | 20.0 | 24.0 | 24.7 | 23.9 | 23.5 | • | • | • | 29.5 |
| 36 Profit Margin, Before Income Tax | 10.4 | 7.7 | 4.9 | 5.5 | 1.9 | 3.2 | 3.6 | 3.8 | 0.8 | 1.6 | 1.6 | 3.6 |
| 37 Profit Margin, After Income Tax | 6.9 | 6.6 | 3.8 | 4.1 | 0.8 | 2.6 | 3.0 | 3.4 | 0.5 | 1.4 | • | 2.7 |

**Trends in Selected Ratios and Factors, 1986-1994**

| | 1986 | 1987 | 1988 | 1989 | 1990 | 1991 | 1992 | 1993 | 1994 |
|---|---|---|---|---|---|---|---|---|---|
| Cost of Operations (%) 38 | 39.0 | 36.9 | 39.2 | 38.5 | 39.1 | 36.9 | 36.5 | 37.9 | 38.9 |
| Operating Margin (%) 39 | • | • | • | • | • | • | • | • | • |
| Oper. Margin Before Officers Comp. (%) 40 | 7.1 | 6.8 | 5.8 | 5.6 | 4.4 | 6.5 | 5.2 | 5.9 | 5.1 |
| Average Net Receivables ($) 41 | 25 | 24 | 27 | 28 | 29 | 24 | 33 | 32 | 33 |
| Average Inventories ($) 42 | 12 | 12 | 13 | 13 | 14 | 10 | 15 | 14 | 15 |
| Average Net Worth ($) 43 | 72 | 78 | 73 | 75 | 73 | 69 | 73 | 76 | 84 |
| Current Ratio (x1) 44 | 1.6 | 1.7 | 1.5 | 1.7 | 1.7 | 1.8 | 1.5 | 1.6 | 1.6 |
| Quick Ratio (x1) 45 | 1.1 | 1.2 | 1.1 | 1.2 | 1.2 | 1.3 | 1.0 | 1.1 | 1.1 |
| Coverage Ratio (x1) 46 | 2.8 | 2.6 | 2.7 | 1.9 | 2.1 | 2.3 | 2.2 | 2.7 | 2.5 |
| Asset Turnover (x1) 47 | 1.8 | 1.7 | 1.8 | 1.8 | 1.7 | 1.7 | 1.6 | 1.9 | 1.7 |
| Total Liabilities/Net Worth (x1) 48 | 1.5 | 1.4 | 1.5 | 1.6 | 1.7 | 1.8 | 2.2 | 2.0 | 1.9 |
| Return on Assets (x1) 49 | 10.0 | 8.1 | 9.1 | 6.1 | 6.4 | 6.9 | 6.6 | 11.2 | 10.2 |
| Return on Equity (%) 50 | 10.0 | 6.9 | 8.6 | 2.8 | 4.0 | 6.5 | 7.4 | 16.0 | 13.3 |

## Table II

Corporations with Net Income

# PERSONAL SERVICES

### MONEY AMOUNTS AND SIZE OF ASSETS IN THOUSANDS OF DOLLARS

| Item Description for Accounting Period 7/90 Through 6/91 | Total | Zero Assets | Under 100 | 100 to 250 | 251 to 500 | 501 to 1,000 | 1,001 to 5,000 | 5,001 to 10,000 | 10,001 to 25,000 | 25,001 to 50,000 | 50,001 to 100,000 | 100,001 to 250,000 | 250,001 and over |
|---|---|---|---|---|---|---|---|---|---|---|---|---|---|
| Number of Enterprises **1** | 42820 | 1886 | 28600 | 6642 | 2585 | 1670 | 1239 | 116 | 41 | • | • | 8 | 7 |
| **Revenues ($ in Thousands)** | | | | | | | | | | | | | |
| Net Sales **2** | 24489 | 252 | 4315 | 1963 | 1242 | 2204 | 3394 | 1749 | 602 | • | • | 2157 | 4935 |
| Portfolio Income **3** | 583 | 4 | 8 | 22 | 16 | 16 | 43 | 7 | 43 | • | • | 30 | 363 |
| Other Revenues **4** | 788 | 22 | 25 | 9 | 16 | 38 | 73 | 80 | 89 | • | • | 99 | 296 |
| Total Revenues **5** | 25860 | 277 | 4348 | 1994 | 1274 | 2258 | 3509 | 1836 | 735 | • | • | 2287 | 5594 |
| Average Total Revenues **6** | 604 | 147 | 152 | 300 | 493 | 1352 | 2832 | 15829 | 17929 | • | • | 285817 | 799211 |
| **Operating Costs/Operating Income (%)** | | | | | | | | | | | | | |
| Cost of Operations **7** | 39.5 | 33.2 | 29.9 | 32.8 | 27.3 | 28.9 | 47.0 | 48.6 | 55.9 | • | • | 33.0 | 50.4 |
| Rent **8** | 5.0 | 11.9 | 9.0 | 6.4 | 4.3 | 5.4 | 2.6 | 3.1 | 2.3 | • | • | 6.2 | 2.1 |
| Taxes Paid **9** | 4.1 | 4.3 | 3.7 | 4.3 | 4.6 | 4.9 | 4.5 | 4.8 | 4.4 | • | • | 3.8 | 3.6 |
| Interest Paid **10** | 2.2 | 1.7 | 0.8 | 1.3 | 2.5 | 1.4 | 1.8 | 0.7 | 3.0 | • | • | 2.5 | 4.9 |
| Depreciation, Depletion, Amortization **11** | 4.1 | 2.6 | 2.2 | 4.6 | 5.4 | 3.8 | 3.5 | 2.4 | 5.9 | • | • | 4.5 | 6.1 |
| Pensions and Other Benefits **12** | 1.8 | 1.5 | 0.5 | 1.4 | 2.0 | 1.7 | 2.4 | 2.8 | 3.1 | • | • | 2.5 | 1.7 |
| Other **13** | 36.1 | 34.8 | 38.3 | 33.4 | 39.2 | 43.7 | 29.1 | 35.7 | 36.8 | • | • | 43.6 | 33.0 |
| Officers Compensation **14** | 5.5 | 5.4 | 10.6 | 9.6 | 10.8 | 7.5 | 6.7 | 3.0 | 3.2 | • | • | 0.9 | 1.0 |
| Operating Margin **15** | 1.8 | 4.6 | 5.1 | 6.4 | 4.0 | 2.9 | 2.5 | • | • | • | • | 3.1 | • |
| Oper. Margin Before Officers Compensation **16** | 7.3 | 10.0 | 15.7 | 16.0 | 14.8 | 10.3 | 9.2 | 2.0 | • | • | • | 4.0 | • |
| **Selected Average Balance Sheet ($ in Thousands)** | | | | | | | | | | | | | |
| Net Receivables **17** | 51 | • | 2 | 27 | 55 | 88 | 317 | 1876 | 3606 | • | • | 18827 | 80290 |
| Inventories **18** | 23 | • | 1 | 10 | 14 | 35 | 53 | 511 | 980 | • | • | 16186 | 62588 |
| Net Property, Plant and Equipment **19** | 115 | • | 12 | 72 | 159 | 259 | 611 | 1951 | 4867 | • | • | 59683 | 179663 |
| Total Assets **20** | 352 | • | 28 | 166 | 352 | 671 | 1551 | 6797 | 14722 | • | • | 167109 | 751917 |

| | | | | | | | | | | |
|---|---|---|---|---|---|---|---|---|---|---|
| Notes and Loans Payable **21** | 108 | • | 14 | 65 | 157 | 205 | 487 | 1539 | 4355 | 37576 | 217621 |
| All Other Liabilities **22** | 92 | • | 4 | 23 | 59 | 118 | 329 | 1904 | 4892 | 54502 | 243581 |
| Net Worth **23** | 152 | | 10 | 79 | 136 | 349 | 735 | 3354 | 5474 | 75031 | 290715 |

## Selected Financial Ratios (Times to 1)

| | | | | | | | | | | | |
|---|---|---|---|---|---|---|---|---|---|---|---|
| Current Ratio **24** | 1.8 | • | 1.7 | 2.5 | 2.4 | 2.9 | 1.9 | 1.8 | 1.6 | 1.1 | 1.5 |
| Quick Ratio **25** | 1.2 | • | 1.4 | 1.9 | 1.8 | 2.3 | 1.5 | 1.3 | 1.2 | 0.6 | 0.8 |
| Net Sales to Working Capital **26** | 9.5 | • | 31.3 | 7.0 | 6.7 | 7.3 | 9.1 | 10.4 | 5.6 | • | 7.2 |
| Coverage Ratio **27** | 4.4 | 8.6 | 8.7 | 7.2 | 3.6 | 4.9 | 4.3 | 6.8 | 3.5 | 4.7 | 3.2 |
| Total Asset Turnover **28** | 1.6 | 5.4 | 1.8 | 1.4 | 2.0 | 1.8 | 2.2 | 1.0 | 1.6 | • | 0.9 |
| Inventory Turnover **29** | • | • | 9.6 | 9.1 | • | • | • | • | • | • | • |
| Receivables Turnover **30** | • | • | • | • | • | 9.2 | • | 4.7 | • | • | • |
| Total Liabilities to Net Worth **31** | 1.3 | 1.8 | 1.1 | 1.6 | 0.9 | 1.1 | 1.0 | 1.7 | 1.2 | • | 1.6 |

## Selected Financial Factors (in Percentages)

| | | | | | | | | | | | |
|---|---|---|---|---|---|---|---|---|---|---|---|
| Debt Ratio **32** | 56.8 | • | 64.5 | 52.7 | 61.5 | 48.1 | 52.6 | 50.7 | 62.8 | 55.1 | 61.3 |
| Return on Assets **33** | 15.4 | • | 35.4 | 16.4 | 12.4 | 13.0 | 13.5 | 10.5 | 10.6 | 18.5 | 14.3 |
| Return on Equity **34** | 22.7 | • | • | 28.6 | 21.4 | 18.4 | 19.1 | 15.3 | 15.7 | 27.7 | 16.7 |
| Return Before Interest on Equity **35** | • | • | • | 34.7 | 32.1 | 25.0 | 28.6 | 21.4 | 28.4 | • | • |
| Profit Margin, Before Income Tax **36** | 7.3 | 13.2 | 5.8 | 8.0 | 6.6 | 5.3 | 5.9 | 4.1 | 7.6 | 9.0 | 10.4 |
| Profit Margin, After Income Tax **37** | 6.1 | 12.9 | 5.7 | 7.6 | 6.0 | 4.9 | 5.1 | 3.4 | 5.9 | 7.7 | 6.9 |

## Trends in Selected Ratios and Factors, 1986–1994

| | 1986 | 1987 | 1988 | 1989 | 1990 | 1991 | 1992 | 1993 | 1994 |
|---|---|---|---|---|---|---|---|---|---|
| Cost of Operations (%) **38** | 39.4 | 36.6 | 39.4 | 35.0 | 40.3 | 37.5 | 37.1 | 37.8 | 39.5 |
| Operating Margin (%) **39** | 3.1 | 2.8 | 2.4 | 2.0 | 0.2 | 2.3 | 2.8 | 2.5 | 1.8 |
| Oper. Margin Before Officers Comp. (%) **40** | 9.8 | 9.7 | 8.9 | 10.8 | 6.9 | 9.5 | 8.8 | 8.2 | 7.3 |
| Average Net Receivables ($) **41** | 39 | 38 | 37 | 41 | 47 | 40 | 54 | 46 | 51 |
| Average Inventories ($) **42** | 17 | 20 | 17 | 19 | 22 | 17 | 27 | 22 | 23 |
| Average Net Worth ($) **43** | 123 | 139 | 123 | 139 | 141 | 133 | 152 | 140 | 152 |
| Current Ratio (x1) **44** | 1.8 | 1.9 | 1.7 | 2.3 | 2.0 | 2.2 | 1.8 | 1.8 | 1.8 |
| Quick Ratio (x1) **45** | 1.2 | 1.4 | 1.3 | 1.7 | 1.4 | 1.6 | 1.1 | 1.3 | 1.2 |
| Coverage Ratio (x1) **46** | 4.8 | 5.1 | 5.2 | 5.8 | 4.8 | 5.2 | 5.3 | 4.9 | 4.4 |
| Asset Turnover (x1) **47** | 1.8 | 1.6 | 1.7 | 1.7 | 1.7 | 1.6 | 1.5 | 1.8 | 1.6 |
| Operating Leverage **48** | • | 0.9 | 0.9 | 0.9 | 0.1 | 14.1 | 1.2 | 0.9 | 0.7 |
| Financial Leverage **49** | • | 1.0 | 1.0 | 1.0 | 1.0 | 1.1 | 1.0 | 1.0 | 1.0 |
| Total Leverage **50** | • | 0.9 | 0.9 | 0.9 | 0.1 | 15.4 | 1.3 | 1.0 | 0.7 |

## Table I

Corporations with and without Net Income

# ADVERTISING

### MONEY AMOUNTS AND SIZE OF ASSETS IN THOUSANDS OF DOLLARS

| Item Description for Accounting Period 7/90 Through 6/91 | | Total | Zero Assets | Under 100 | 100 to 250 | 251 to 500 | 501 to 1,000 | 1,001 to 5,000 | 5,001 to 10,000 | 10,001 to 25,000 | 25,001 to 50,000 | 50,001 to 100,000 | 100,001 to 250,000 | 250,001 and over |
|---|---|---|---|---|---|---|---|---|---|---|---|---|---|---|
| Number of Enterprises | 1 | 32641 | 2377 | 19882 | 5160 | 2019 | 1425 | 1494 | 133 | 79 | 31 | 14 | 12 | 14 |
| **Revenues ($ in Thousands)** | | | | | | | | | | | | | | |
| Net Sales | 2 | 39856 | 916 | 5065 | 3443 | 2932 | 3403 | 7980 | 2315 | 1272 | 1275 | 1267 | 2592 | 7397 |
| Portfolio Income | 3 | 664 | 14 | 11 | 18 | 9 | 11 | 38 | 6 | 23 | 12 | 14 | 23 | 485 |
| Other Revenues | 4 | 710 | 29 | 49 | 117 | 72 | 15 | 81 | 20 | 54 | 32 | 10 | 14 | 219 |
| Total Revenues | 5 | 41230 | 959 | 5125 | 3578 | 3013 | 3429 | 8099 | 2341 | 1349 | 1320 | 1291 | 2628 | 8101 |
| Average Total Revenues | 6 | 1263 | 403 | 258 | 693 | 1492 | 2406 | 5421 | 17600 | 17070 | 42574 | 92198 | 218980 | 578642 |
| **Operating Costs/Operating Income (%)** | | | | | | | | | | | | | | |
| Cost of Operations | 7 | 56.2 | 63.3 | 46.1 | 59.1 | 62.1 | 59.0 | 65.9 | 77.0 | 57.2 | 48.4 | 57.7 | 53.9 | 41.8 |
| Rent | 8 | 3.3 | 4.7 | 4.0 | 2.9 | 2.9 | 2.8 | 2.1 | 1.5 | 3.4 | 4.2 | 3.7 | 3.4 | 5.0 |
| Taxes Paid | 9 | 1.9 | 1.7 | 1.6 | 2.1 | 2.1 | 2.4 | 1.6 | 1.0 | 2.2 | 1.8 | 1.8 | 1.7 | 2.4 |
| Interest Paid | 10 | 2.8 | 4.7 | 0.6 | 0.6 | 0.9 | 0.9 | 0.9 | 0.7 | 3.0 | 4.7 | 4.9 | 5.0 | 8.0 |
| Depreciation, Depletion, Amortization | 11 | 2.3 | 1.7 | 1.1 | 1.3 | 1.4 | 1.8 | 1.4 | 0.7 | 5.5 | 4.0 | 5.4 | 3.2 | 4.1 |
| Pensions and Other Benefits | 12 | 1.6 | 1.7 | 0.7 | 1.3 | 1.3 | 1.5 | 1.2 | 0.9 | 2.2 | 1.6 | 1.0 | 1.1 | 3.3 |
| Other | 13 | 29.9 | 30.9 | 37.4 | 27.5 | 25.7 | 22.6 | 23.2 | 14.3 | 29.1 | 36.1 | 29.2 | 33.0 | 41.2 |
| Officers Compensation | 14 | 5.6 | 2.7 | 7.4 | 8.2 | 7.6 | 10.2 | 4.8 | 3.9 | 7.1 | 3.8 | 2.1 | 3.5 | 3.5 |
| Operating Margin | 15 | • | • | 1.2 | 2.1 | • | • | • | • | • | • | • | • | • |
| Oper. Margin Before Officers Compensation | 16 | 2.0 | 8.6 | 8.6 | 5.5 | 3.8 | 9.1 | 3.7 | 4.0 | • | • | • | • | • |
| **Selected Average Balance Sheet ($ in Thousands)** | | | | | | | | | | | | | | |
| Net Receivables | 17 | 245 | • | 4 | 41 | 133 | 278 | 811 | 2782 | 6135 | 10248 | 19587 | 59674 | 260545 |
| Inventories | 18 | 12 | • | 0 | 2 | 7 | 47 | 80 | 221 | 293 | 666 | 1865 | 1274 | 4494 |
| Net Property, Plant and Equipment | 19 | 122 | • | 8 | 40 | 68 | 120 | 371 | 1395 | 3051 | 9374 | 19288 | 25837 | 103736 |
| Total Assets | 20 | 850 | • | 25 | 168 | 355 | 678 | 2075 | 6656 | 14856 | 34126 | 70995 | 179130 | 1095495 |

**Selected Financial Ratios (Times to 1)**

| | | | | | | | | | | | | | |
|---|---|---|---|---|---|---|---|---|---|---|---|---|---|
| Notes and Loans Payable **21** | 303 | • | 17 | 52 | 157 | 240 | 609 | 1901 | 5563 | 14931 | 47204 | 102586 | 334720 |
| All Other Liabilities **22** | 352 | • | 9 | 73 | 178 | 318 | 1207 | 4150 | 7680 | 19849 | 30214 | 73342 | 373812 |
| Net Worth **23** | 195 | • | 0 | 43 | 20 | 120 | 260 | 605 | 1614 | -653 | -6422 | 3202 | 386963 |
| Current Ratio **24** | 0.9 | • | 1.0 | 1.1 | 1.0 | 1.3 | 1.1 | 1.0 | 1.3 | 0.8 | 0.8 | 0.8 | 0.7 |
| Quick Ratio **25** | 0.7 | • | 0.9 | 1.0 | 0.8 | 1.0 | 0.9 | 0.9 | 1.1 | 0.7 | 0.6 | 0.8 | 0.6 |
| Net Sales to Working Capital **26** | • | • | • | • | • | 22.8 | • | • | 8.8 | • | • | • | • |
| Coverage Ratio **27** | 1.1 | • | 5.2 | 3.1 | • | 0.6 | 1.4 | 2.8 | • | 0.8 | 0.2 | 0.3 | 1.3 |
| Total Asset Turnover **28** | 1.4 | • | 10.1 | 4.0 | 4.1 | 3.5 | 2.6 | 2.6 | 1.1 | 1.2 | 1.3 | 1.2 | 0.5 |
| Inventory Turnover **29** | • | • | • | • | • | • | • | • | • | • | • | • | • |
| Receivables Turnover **30** | 5.1 | • | • | • | 9.2 | 9.3 | 7.0 | 5.2 | 2.8 | 4.9 | 4.6 | 3.5 | 2.2 |
| Total Liabilities to Net Worth **31** | 3.4 | • | • | 2.9 | 17.0 | 4.7 | 7.0 | 10.0 | 8.2 | • | • | • | 1.8 |

**Selected Financial Factors (in Percentages)**

| | | | | | | | | | | | | | |
|---|---|---|---|---|---|---|---|---|---|---|---|---|---|
| Debt Ratio **32** | 77.1 | • | • | 74.3 | 94.5 | 82.3 | 87.5 | 90.9 | 89.1 | • | • | 98.2 | 64.7 |
| Return on Assets **33** | 4.3 | • | 29.4 | 6.9 | 1.7 | 1.7 | 3.2 | 4.9 | • | 4.6 | 1.4 | 1.9 | 5.0 |
| Return on Equity **34** | • | • | 14.6 | • | • | 1.8 | 30.2 | • | • | • | • | • | • |
| Return Before Interest on Equity **35** | 18.8 | • | • | 27.0 | • | 9.5 | 25.6 | • | • | • | • | • | 14.0 |
| Profit Margin, Before Income Tax **36** | 0.2 | • | 2.4 | 1.2 | 1.2 | 0.3 | 1.2 | • | • | • | • | • | 2.2 |
| Profit Margin, After Income Tax **37** | • | • | 2.3 | 1.0 | • | • | • | • | 1.1 | • | • | • | • |

**Trends in Selected Ratios and Factors, 1986-1994**

| | 1986 | 1987 | 1988 | 1989 | 1990 | 1991 | 1992 | 1993 | 1994 |
|---|---|---|---|---|---|---|---|---|---|
| Cost of Operations (%) **38** | 61.8 | 59.2 | 59.8 | 56.7 | 57.0 | 56.5 | 56.8 | 53.6 | 56.2 |
| Operating Margin (%) **39** | • | • | • | • | • | • | • | • | • |
| Oper. Margin Before Officers Comp. (%) **40** | 4.7 | 4.5 | 4.1 | 2.4 | 4.5 | 3.7 | 2.9 | 1.4 | 2.0 |
| Average Net Receivables ($) **41** | 158 | 167 | 198 | 180 | 160 | 210 | 224 | 257 | 245 |
| Average Inventories ($) **42** | 9 | 10 | 12 | 14 | 10 | 10 | 9 | 14 | 12 |
| Average Net Worth ($) **43** | 105 | 109 | 113 | 125 | 150 | 199 | 224 | 193 | 195 |
| Current Ratio (x1) **44** | 1.2 | 1.1 | 1.2 | 1.1 | 1.0 | 0.9 | 0.9 | 0.8 | 0.9 |
| Quick Ratio (x1) **45** | 1.0 | 1.0 | 1.0 | 0.9 | 0.8 | 0.8 | 0.7 | 0.7 | 0.7 |
| Coverage Ratio (x1) **46** | 3.3 | 2.8 | 3.1 | 2.9 | 2.4 | 1.4 | 1.7 | 1.0 | 1.1 |
| Asset Turnover (x1) **47** | 2.4 | 2.2 | 2.3 | 2.1 | 1.7 | 1.5 | 1.5 | 1.5 | 1.4 |
| Total Liabilities/Net Worth (x1) **48** | 2.7 | 2.9 | 3.3 | 2.8 | 2.6 | 2.6 | 2.7 | 3.5 | 3.4 |
| Return on Assets (x1) **49** | 7.5 | 7.2 | 8.3 | 7.1 | 4.7 | 3.1 | 4.4 | 3.9 | 4.3 |
| Return on Equity (%) **50** | 10.0 | 9.8 | 13.7 | 9.0 | 4.4 | • | 2.8 | • | • |

## Table II

Corporations with Net Income

## ADVERTISING

### MONEY AMOUNTS AND SIZE OF ASSETS IN THOUSANDS OF DOLLARS

| Item Description for Accounting Period 7/90 Through 6/91 | Total | Zero Assets | Under 100 | 100 to 250 | 251 to 500 | 501 to 1,000 | 1,001 to 5,000 | 5,001 to 10,000 | 10,001 to 25,000 | 25,001 to 50,000 | 50,001 to 100,000 | 100,001 to 250,000 | 250,001 and over |
|---|---|---|---|---|---|---|---|---|---|---|---|---|---|
| Number of Enterprises **1** | 20379 | 1236 | 12720 | 3123 | 1267 | 961 | 926 | 87 | 24 | 14 | 5 | 6 | 9 |

**Revenues ($ in Thousands)**

| | Total | Zero Assets | Under 100 | 100 to 250 | 251 to 500 | 501 to 1,000 | 1,001 to 5,000 | 5,001 to 10,000 | 10,001 to 25,000 | 25,001 to 50,000 | 50,001 to 100,000 | 100,001 to 250,000 | 250,001 and over |
|---|---|---|---|---|---|---|---|---|---|---|---|---|---|
| Net Sales **2** | 24161 | 124 | 2599 | 2733 | 2048 | 2507 | 5657 | 1794 | 472 | 869 | 692 | 2022 | 2645 |
| Portfolio Income **3** | 417 | 4 | 6 | 11 | 7 | 9 | 28 | 5 | 12 | 6 | 5 | 14 | 309 |
| Other Revenues **4** | 357 | 0 | 45 | 7 | 61 | 11 | 62 | 4 | 4 | 20 | 5 | 6 | 131 |
| Total Revenues **5** | 24936 | 128 | 2650 | 2752 | 2117 | 2528 | 5746 | 1803 | 488 | 896 | 701 | 2042 | 3086 |
| Average Total Revenues **6** | 1224 | 103 | 208 | 881 | 1671 | 2630 | 6206 | 20724 | 20332 | 63982 | 140290 | 340321 | 342876 |

**Operating Costs/Operating Income (%)**

| | Total | Zero Assets | Under 100 | 100 to 250 | 251 to 500 | 501 to 1,000 | 1,001 to 5,000 | 5,001 to 10,000 | 10,001 to 25,000 | 25,001 to 50,000 | 50,001 to 100,000 | 100,001 to 250,000 | 250,001 and over |
|---|---|---|---|---|---|---|---|---|---|---|---|---|---|
| Cost of Operations **7** | 54.8 | 65.6 | 32.3 | 58.2 | 60.5 | 58.9 | 67.6 | 77.4 | 51.5 | 54.5 | 69.1 | 66.7 | 9.9 |
| Rent **8** | 3.1 | 1.4 | 5.3 | 2.6 | 2.9 | 2.6 | 1.8 | 1.5 | 2.0 | 3.0 | 2.4 | 2.3 | 6.7 |
| Taxes Paid **9** | 2.0 | 1.6 | 1.8 | 2.0 | 1.9 | 2.3 | 1.6 | 1.0 | 2.4 | 1.7 | 1.3 | 1.2 | 4.1 |
| Interest Paid **10** | 1.2 | 0.2 | 0.5 | 0.4 | 0.7 | 0.6 | 0.5 | 0.5 | 0.6 | 1.4 | 1.4 | 1.7 | 4.8 |
| Depreciation, Depletion, Amortization **11** | 1.4 | 0.8 | 1.6 | 1.0 | 0.9 | 1.5 | 1.2 | 0.7 | 2.0 | 1.0 | 1.1 | 1.5 | 3.0 |
| Pensions and Other Benefits **12** | 1.7 | • | 0.9 | 1.2 | 1.5 | 1.5 | 1.2 | 0.9 | 2.4 | 1.5 | 1.0 | 0.7 | 6.1 |
| Other **13** | 27.8 | 24.9 | 41.9 | 23.9 | 24.0 | 18.8 | 19.4 | 13.6 | 29.8 | 31.8 | 20.3 | 24.7 | 60.0 |
| Officers Compensation **14** | 6.2 | 3.2 | 7.6 | 7.7 | 8.6 | 12.0 | 4.7 | 2.8 | 7.0 | 3.4 | 1.7 | 1.2 | 7.1 |
| Operating Margin **15** | 2.0 | 2.3 | 8.1 | 3.1 | • | 1.9 | 2.1 | 1.8 | 2.5 | 1.7 | 1.8 | • | |
| Oper. Margin Before Officers Compensation **16** | 8.1 | 5.6 | 15.6 | 10.8 | 7.7 | 13.9 | 6.8 | 4.6 | 9.4 | 5.2 | 3.5 | 1.2 | 5.5 |

**Selected Average Balance Sheet ($ in Thousands)**

| | Total | Zero Assets | Under 100 | 100 to 250 | 251 to 500 | 501 to 1,000 | 1,001 to 5,000 | 5,001 to 10,000 | 10,001 to 25,000 | 25,001 to 50,000 | 50,001 to 100,000 | 100,001 to 250,000 | 250,001 and over |
|---|---|---|---|---|---|---|---|---|---|---|---|---|---|
| Net Receivables **17** | 254 | • | 4 | 31 | 134 | 233 | 789 | 3311 | 4770 | 13649 | 33091 | 76099 | 298361 |
| Inventories **18** | 13 | • | 0 | 1 | 7 | 54 | 97 | 271 | 776 | 1258 | 3584 | 2548 | 1913 |
| Net Property, Plant and Equipment **19** | 82 | • | 8 | 42 | 45 | 111 | 287 | 610 | 2259 | 1904 | 5599 | 31040 | 74336 |
| Total Assets **20** | 671 | • | 26 | 162 | 354 | 650 | 2039 | 6425 | 13648 | 32991 | 71774 | 171959 | 793632 |

| | | | | | | | | | | | | |
|---|---|---|---|---|---|---|---|---|---|---|---|---|
| Notes and Loans Payable **21** | 157 | • | 13 | 55 | 94 | 182 | 306 | 1104 | 990 | 4607 | 26064 | 62622 | 177451 |
| All Other Liabilities **22** | 342 | • | 7 | 49 | 155 | 270 | 1089 | 4676 | 6666 | 26822 | 45402 | 89320 | 396229 |
| Net Worth **23** | 172 | • | 6 | 57 | 106 | 198 | 644 | 644 | 5993 | 1562 | 308 | 20017 | 219952 |

## Selected Financial Ratios (Times to 1)

| | | | | | | | | | | | | | |
|---|---|---|---|---|---|---|---|---|---|---|---|---|---|
| Current Ratio **24** | 1.1 | • | 1.1 | 1.3 | 1.2 | 1.6 | 1.3 | 1.0 | 1.4 | 0.9 | 0.9 | 1.2 | 1.0 |
| Quick Ratio **25** | 0.9 | • | 1.0 | 1.1 | 1.1 | 1.2 | 1.1 | 0.9 | 1.2 | 0.8 | 0.7 | 1.0 | 0.8 |
| Net Sales to Working Capital **26** | 43.3 | • | • | 41.3 | 37.4 | 14.8 | 17.6 | • | 8.0 | • | • | 22.6 | • |
| Coverage Ratio **27** | 6.0 | • | • | 11.3 | 4.4 | 5.6 | 8.0 | 6.2 | 11.4 | 4.6 | 3.3 | 1.6 | 5.2 |
| Total Asset Turnover **28** | 1.8 | • | 7.9 | 5.4 | 4.6 | 4.0 | 3.0 | 3.2 | 1.4 | 1.9 | 1.9 | 2.0 | 0.4 |
| Inventory Turnover **29** | • | • | • | • | • | • | • | • | • | • | • | • | • |
| Receivables Turnover **30** | 4.9 | • | • | • | • | • | 8.2 | 5.2 | 2.2 | 6.8 | 4.0 | 5.1 | 1.1 |
| Total Liabilities to Net Worth **31** | 2.9 | 3.4 | 1.8 | 2.4 | 2.3 | 2.2 | 9.0 | 1.3 | 20.1 | • | 7.6 | 2.6 | |

## Selected Financial Factors (in Percentages)

| | | | | | | | | | | | | | |
|---|---|---|---|---|---|---|---|---|---|---|---|---|---|
| Debt Ratio **32** | 74.4 | • | 77.5 | 64.5 | 70.1 | 69.6 | 68.4 | 90.0 | 56.1 | 95.3 | 99.6 | 88.4 | 72.3 |
| Return on Assets **33** | 12.2 | • | • | 22.6 | 14.3 | 13.2 | 12.6 | 8.8 | 10.0 | 11.7 | 8.8 | 5.3 | 9.4 |
| Return on Equity **34** | 32.6 | • | • | • | 35.2 | 32.7 | 31.7 | • | 16.4 | • | • | 12.8 | 18.1 |
| Return Before Interest on Equity **35** | • | • | • | • | • | • | • | • | 22.6 | • | • | • | 33.7 |
| Profit Margin, Before Income Tax **36** | 5.8 | 5.5 | 10.0 | 3.8 | 2.4 | 2.7 | 3.7 | 2.3 | 6.3 | 4.9 | 3.2 | 1.0 | 20.4 |
| Profit Margin, After Income Tax **37** | 4.7 | 4.5 | 9.8 | 3.5 | 2.3 | 2.5 | 3.4 | 2.1 | 5.0 | 3.4 | 3.0 | 0.8 | 13.6 |

## Trends in Selected Ratios and Factors, 1986-1994

| | 1986 | 1987 | 1988 | 1989 | 1990 | 1991 | 1992 | 1993 | 1994 |
|---|---|---|---|---|---|---|---|---|---|
| Cost of Operations (%) **38** | 62.7 | 60.6 | 60.0 | 56.0 | 58.6 | 59.0 | 56.0 | 51.5 | 54.8 |
| Operating Margin (%) **39** | 1.1 | 1.4 | 1.1 | 0.3 | 0.8 | 1.1 | 1.2 | 1.0 | 2.0 |
| Oper. Margin Before Officers Comp. (%) **40** | 6.6 | 7.0 | 6.3 | 6.0 | 7.1 | 7.4 | 6.4 | 7.0 | 8.1 |
| Average Net Receivables ($) **41** | 193 | 240 | 251 | 255 | 208 | 235 | 269 | 259 | 254 |
| Average Inventories ($) **42** | 10 | 13 | 10 | 16 | 11 | 9 | 11 | 10 | 13 |
| Average Net Worth ($) **43** | 154 | 181 | 163 | 196 | 168 | 167 | 215 | 145 | 172 |
| Current Ratio (x1) **44** | 1.2 | 1.2 | 1.2 | 1.2 | 1.2 | 1.2 | 1.0 | 1.1 | 1.1 |
| Quick Ratio (x1) **45** | 1.0 | 1.1 | 1.0 | 1.0 | 1.0 | 1.0 | 0.8 | 0.9 | 0.9 |
| Coverage Ratio (x1) **46** | 6.9 | 6.0 | 6.0 | 6.9 | 6.1 | 7.9 | 6.9 | 5.8 | 6.0 |
| Asset Turnover (x1) **47** | 2.5 | 2.3 | 2.3 | 2.2 | 2.3 | 2.2 | 2.0 | 2.2 | 1.8 |
| Operating Leverage **48** | • | 1.3 | 0.7 | 0.3 | 2.8 | 1.4 | 1.1 | 0.9 | 1.9 |
| Financial Leverage **49** | • | 1.0 | 1.0 | 1.0 | 1.0 | 1.2 | 1.0 | 1.0 | 1.0 |
| Total Leverage **50** | • | 1.4 | 0.7 | 0.3 | 2.8 | 1.6 | 1.1 | 0.9 | 1.8 |

# Table I

Corporations with and without Net Income

# BUSINESS SERVICES, EXCEPT ADVERTISING

### MONEY AMOUNTS AND SIZE OF ASSETS IN THOUSANDS OF DOLLARS

| Item Description for Accounting Period 7/90 Through 6/91 | Total | Zero Assets | Under 100 | 100 to 250 | 251 to 500 | 501 to 1,000 | 1,001 to 5,000 | 5,001 to 10,000 | 10,001 to 25,000 | 25,001 to 50,000 | 50,001 to 100,000 | 100,001 to 250,000 | 250,001 and over |
|---|---|---|---|---|---|---|---|---|---|---|---|---|---|
| Number of Enterprises 1 | 291485 | 16834 | 195832 | 37677 | 18345 | 10001 | 10152 | 1198 | 826 | 285 | 154 | 107 | 75 |
| **Revenues ($ in Thousands)** | | | | | | | | | | | | | |
| Net Sales 2 | 228326 | 1855 | 29022 | 18810 | 18607 | 19330 | 40907 | 14554 | 15457 | 12418 | 9916 | 16877 | 30573 |
| Portfolio Income 3 | 5089 | 199 | 63 | 173 | 139 | 199 | 370 | 170 | 274 | 252 | 382 | 559 | 2309 |
| Other Revenues 4 | 14313 | 151 | 536 | 799 | 497 | 1855 | 1134 | 843 | 898 | 589 | 1078 | 1598 | 4336 |
| Total Revenues 5 | 247727 | 2205 | 29621 | 19783 | 19243 | 21383 | 42410 | 15567 | 16629 | 13259 | 11376 | 19034 | 37218 |
| Average Total Revenues 6 | 850 | 131 | 151 | 525 | 1049 | 2138 | 4178 | 12994 | 20132 | 46522 | 73870 | 177886 | 496234 |
| **Operating Costs/Operating Income (%)** | | | | | | | | | | | | | |
| Cost of Operations 7 | 44.3 | 45.7 | 32.4 | 38.5 | 43.7 | 43.1 | 49.7 | 52.3 | 49.9 | 52.1 | 53.8 | 45.5 | 39.8 |
| Rent 8 | 3.8 | 4.4 | 4.7 | 3.6 | 3.8 | 2.7 | 2.9 | 3.3 | 3.2 | 3.0 | 4.4 | 3.5 | 5.6 |
| Taxes Paid 9 | 3.9 | 4.3 | 3.7 | 3.6 | 4.2 | 4.5 | 5.2 | 3.2 | 3.1 | 3.3 | 3.0 | 3.7 | 3.1 |
| Interest Paid 10 | 3.1 | 9.5 | 0.7 | 1.2 | 1.2 | 1.3 | 1.7 | 2.1 | 3.3 | 3.9 | 5.2 | 3.7 | 9.7 |
| Depreciation, Depletion, Amortization 11 | 5.5 | 4.3 | 1.8 | 3.2 | 2.9 | 2.9 | 3.6 | 3.8 | 6.3 | 5.4 | 8.2 | 5.5 | 15.4 |
| Pensions and Other Benefits 12 | 1.9 | 1.5 | 1.4 | 1.7 | 1.9 | 2.1 | 1.6 | 1.9 | 2.0 | 1.6 | 2.3 | 3.0 | 2.4 |
| Other 13 | 37.8 | 48.8 | 41.5 | 39.9 | 34.4 | 44.2 | 31.9 | 35.4 | 34.8 | 31.2 | 34.2 | 42.6 | 41.9 |
| Officers Compensation 14 | 6.4 | 6.2 | 14.8 | 13.2 | 8.6 | 8.6 | 5.5 | 3.9 | 3.6 | 2.6 | 2.1 | 1.4 | 1.2 |
| Operating Margin 15 | • | • | • | • | • | • | • | • | • | • | • | • | • |
| Oper. Margin Before Officers Compensation 16 | • | • | 14.0 | 8.5 | 7.8 | 3.5 | • | • | • | • | • | • | • |
| **Selected Average Balance Sheet ($ in Thousands)** | | | | | | | | | | | | | |
| Net Receivables 17 | 120 | • | 3 | 24 | 66 | 135 | 570 | 2040 | 3886 | 10418 | 16471 | 39660 | 130881 |
| Inventories 18 | 20 | • | 1 | 7 | 17 | 31 | 120 | 457 | 892 | 1688 | 3808 | 5480 | 10241 |
| Net Property, Plant and Equipment 19 | 147 | • | 7 | 50 | 113 | 202 | 578 | 1875 | 4060 | 7895 | 18465 | 30080 | 210284 |
| Total Assets 20 | 578 | • | 24 | 162 | 343 | 711 | 2039 | 6924 | 15595 | 35703 | 69408 | 154484 | 868894 |

| | | | | | | | | | | | |
|---|---|---|---|---|---|---|---|---|---|---|---|
| Notes and Loans Payable 21 | 259 | 18 | 82 | 137 | 347 | 824 | 2675 | 6835 | 16081 | 33892 | 60763 | 392810 |
| All Other Liabilities 22 | 179 | 7 | 46 | 98 | 242 | 651 | 2331 | 4758 | 11396 | 20175 | 50005 | 266118 |
| Net Worth 23 | 140 | -1 | 34 | 108 | 122 | 564 | 1919 | 4001 | 8226 | 15341 | 43716 | 209966 |

**Selected Financial Ratios (Times to 1)**

| | | | | | | | | | | | | |
|---|---|---|---|---|---|---|---|---|---|---|---|---|
| Current Ratio 24 | 1.2 | • | 1.3 | 1.3 | 1.2 | 1.3 | 1.2 | 1.3 | 1.3 | 1.3 | 1.3 | 1.0 |
| Quick Ratio 25 | 0.9 | • | 1.0 | 1.0 | 0.9 | 1.0 | 0.9 | 1.0 | 1.0 | 1.0 | 1.0 | 0.7 |
| Net Sales to Working Capital 26 | 19.3 | • | 26.5 | 30.2 | 41.2 | 15.1 | 18.8 | 11.5 | 11.9 | 9.5 | 9.1 | 44.7 |
| Coverage Ratio 27 | 1.6 | 0.4 | 1.4 | 3.2 | 2.1 | 2.1 | 1.5 | 1.5 | 2.0 | 1.4 | 2.1 | 1.3 |
| Total Asset Turnover 28 | 1.4 | 2.8 | 3.1 | 3.0 | 2.7 | 2.0 | 1.8 | 1.2 | 1.2 | 0.9 | 1.0 | 0.5 |
| Inventory Turnover 29 | • | 6.3 | • | • | • | • | • | • | • | 8.9 | • | 9.4 |
| Receivables Turnover 30 | 6.4 | • | • | • | • | 7.0 | 5.9 | 4.8 | 4.4 | 4.2 | 4.0 | 3.1 |
| Total Liabilities to Net Worth 31 | 3.1 | • | 3.8 | 2.2 | 4.8 | 2.6 | 2.6 | 2.9 | 3.4 | 3.5 | 2.5 | 3.1 |

**Selected Financial Factors (in Percentages)**

| | | | | | | | | | | | | |
|---|---|---|---|---|---|---|---|---|---|---|---|---|
| Debt Ratio 32 | 75.8 | • | 78.9 | 68.6 | 82.9 | 72.3 | 72.3 | 74.4 | 77.0 | 77.9 | 71.7 | 75.8 |
| Return on Assets 33 | 6.8 | 11.9 | 5.1 | 11.3 | 7.5 | 6.7 | 5.5 | 5.7 | 9.4 | 6.5 | 7.8 | 5.8 |
| Return on Equity 34 | 6.2 | • | 3.4 | 21.4 | 17.5 | 8.8 | 2.1 | 3.2 | 14.5 | 2.3 | 8.3 | 1.3 |
| Return Before Interest on Equity 35 | 28.1 | • | 24.1 | • | • | 24.3 | 19.9 | 22.2 | • | 29.4 | 27.6 | 23.9 |
| Profit Margin, Before Income Tax 36 | 1.9 | 1.2 | 0.5 | 2.6 | 1.4 | 1.7 | 1.0 | 1.5 | 1.2 | 1.9 | 3.9 | 2.6 |
| Profit Margin, After Income Tax 37 | 1.1 | 1.2 | 0.2 | 2.3 | 1.1 | 1.2 | 0.3 | 0.7 | 2.8 | 0.6 | 2.3 | 0.7 |

**Trends in Selected Ratios and Factors, 1986–1994**

| | 1986 | 1987 | 1988 | 1989 | 1990 | 1991 | 1992 | 1993 | 1994 |
|---|---|---|---|---|---|---|---|---|---|
| Cost of Operations (%) 38 | 45.2 | 44.5 | 44.8 | 43.9 | 44.3 | 44.8 | 46.9 | 46.0 | 44.3 |
| Operating Margin (%) 39 | 0.2 | • | 0.2 | • | • | 0.9 | • | • | • |
| Oper. Margin Before Officers Comp. (%) 40 | • | • | • | • | • | • | 1.1 | • | • |
| Average Net Receivables ($) 41 | 72 | 71 | 86 | 85 | 77 | 80 | 97 | 114 | 120 |
| Average Inventories ($) 42 | 20 | 22 | 17 | 17 | 17 | 18 | 21 | 24 | 20 |
| Average Net Worth ($) 43 | 93 | 93 | 109 | 100 | 88 | 92 | 114 | 128 | 140 |
| Current Ratio (x1) 44 | 1.2 | 1.2 | 1.2 | 1.3 | 1.3 | 1.3 | 1.3 | 1.2 | 1.2 |
| Quick Ratio (x1) 45 | 0.8 | 0.8 | 0.9 | 0.9 | 0.9 | 0.9 | 0.9 | 0.9 | 0.9 |
| Coverage Ratio (x1) 46 | 1.6 | 1.3 | 1.3 | 1.1 | 1.3 | 1.4 | 1.5 | 1.5 | 1.6 |
| Asset Turnover (x1) 47 | 1.3 | 1.2 | 1.4 | 1.4 | 1.5 | 1.5 | 1.4 | 1.4 | 1.4 |
| Total Liabilities/Net Worth (x1) 48 | 2.9 | 3.0 | 2.6 | 2.9 | 3.2 | 3.1 | 3.1 | 3.2 | 3.1 |
| Return on Assets (%) 49 | 7.2 | 5.4 | 6.2 | 5.3 | 5.9 | 5.9 | 6.3 | 6.6 | 6.8 |
| Return on Equity (%) 50 | 3.5 | • | • | • | • | 1.7 | 3.6 | 4.2 | 6.2 |

## Table II
Corporations with Net Income

# BUSINESS SERVICES, EXCEPT ADVERTISING

MONEY AMOUNTS AND SIZE OF ASSETS IN THOUSANDS OF DOLLARS

| Item Description for Accounting Period 7/90 Through 6/91 | | Total | Zero Assets | Under 100 | 100 to 250 | 251 to 500 | 501 to 1,000 | 1,001 to 5,000 | 5,001 to 10,000 | 10,001 to 25,000 | 25,001 to 50,000 | 50,001 to 100,000 | 100,001 to 250,000 | 250,001 and over |
|---|---|---|---|---|---|---|---|---|---|---|---|---|---|---|
| Number of Enterprises | 1 | 155649 | 6091 | 99478 | 22979 | 12289 | 6574 | 6640 | 772 | 455 | 175 | 88 | 66 | 43 |
| **Revenues ($ in Thousands)** | | | | | | | | | | | | | | |
| Net Sales | 2 | 165122 | 1012 | 18075 | 12270 | 14490 | 15061 | 30339 | 11832 | 10587 | 9185 | 7248 | 13518 | 21505 |
| Portfolio Income | 3 | 3090 | 190 | 33 | 113 | 105 | 179 | 274 | 108 | 145 | 140 | 229 | 361 | 1212 |
| Other Revenues | 4 | 8780 | 77 | 349 | 583 | 357 | 348 | 785 | 588 | 678 | 385 | 668 | 1376 | 2585 |
| Total Revenues | 5 | 176992 | 1280 | 18456 | 12966 | 14952 | 15589 | 31399 | 12528 | 11410 | 9710 | 8146 | 15254 | 25302 |
| Average Total Revenues | 6 | 1137 | 210 | 186 | 564 | 1217 | 2371 | 4729 | 16228 | 25077 | 55486 | 92564 | 231121 | 588429 |
| **Operating Costs/Operating Income (%)** | | | | | | | | | | | | | | |
| Cost of Operations | 7 | 44.1 | 37.6 | 30.1 | 37.2 | 42.3 | 43.9 | 50.1 | 54.2 | 50.6 | 53.3 | 52.3 | 43.4 | 38.0 |
| Rent | 8 | 3.2 | 3.4 | 4.0 | 2.9 | 3.9 | 2.4 | 2.5 | 2.9 | 2.9 | 2.4 | 3.4 | 3.3 | 4.5 |
| Taxes Paid | 9 | 3.9 | 3.0 | 3.6 | 3.5 | 4.4 | 4.0 | 4.9 | 3.2 | 3.2 | 3.3 | 2.8 | 4.3 | 3.3 |
| Interest Paid | 10 | 2.0 | 11.1 | 0.5 | 0.8 | 1.1 | 0.9 | 1.2 | 1.3 | 1.9 | 2.3 | 3.2 | 2.6 | 5.3 |
| Depreciation, Depletion, Amortization | 11 | 3.9 | 2.9 | 1.4 | 2.8 | 2.6 | 2.3 | 3.0 | 2.8 | 4.3 | 3.7 | 6.4 | 4.1 | 9.8 |
| Pensions and Other Benefits | 12 | 2.0 | 1.8 | 1.3 | 1.5 | 2.0 | 1.7 | 1.6 | 2.0 | 2.1 | 1.7 | 2.6 | 3.2 | 2.7 |
| Other | 13 | 35.2 | 35.8 | 39.2 | 37.4 | 33.2 | 34.5 | 28.4 | 30.7 | 31.0 | 28.2 | 32.5 | 43.9 | 44.9 |
| Officers Compensation | 14 | 6.2 | 7.5 | 14.2 | 13.3 | 8.2 | 8.8 | 5.7 | 3.9 | 3.7 | 2.4 | 2.2 | 1.4 | 1.3 |
| Operating Margin | 15 | • | • | 5.9 | 0.8 | 2.5 | 1.6 | 2.7 | • | 0.3 | 2.9 | • | • | • |
| Oper. Margin Before Officers Compensation | 16 | 5.8 | 4.5 | 20.0 | 14.0 | 10.7 | 10.4 | 8.4 | 3.1 | 4.0 | 5.2 | • | • | • |
| **Selected Average Balance Sheet ($ in Thousands)** | | | | | | | | | | | | | | |
| Net Receivables | 17 | 153 | • | 4 | 24 | 69 | 210 | 631 | 2262 | 4530 | 11439 | 17984 | 48683 | 136507 |
| Inventories | 18 | 25 | • | 1 | 9 | 18 | 36 | 124 | 475 | 969 | 1585 | 4632 | 5240 | 12438 |
| Net Property, Plant and Equipment | 19 | 139 | • | 7 | 40 | 108 | 164 | 508 | 1596 | 3686 | 7462 | 18599 | 27238 | 151128 |
| Total Assets | 20 | 645 | • | 26 | 159 | 345 | 718 | 1986 | 7024 | 15610 | 34947 | 71201 | 156807 | 854071 |

| | | | | | | | | | | | | |
|---|---|---|---|---|---|---|---|---|---|---|---|---|
| Notes and Loans Payable 21 | 209 | • | 12 | 59 | 110 | 238 | 586 | 1805 | 5032 | 10564 | 27265 | 46274 | 285338 |
| All Other Liabilities 22 | 199 | • | 6 | 38 | 86 | 221 | 601 | 2429 | 4906 | 10966 | 21527 | 57545 | 260773 |
| Net Worth 23 | 237 | • | 8 | 61 | 149 | 260 | 799 | 2790 | 5672 | 13417 | 22409 | 52988 | 307960 |

**Selected Financial Ratios (Times to 1)**

| | | | | | | | | | | | | |
|---|---|---|---|---|---|---|---|---|---|---|---|---|
| Current Ratio 24 | 1.5 | • | 1.7 | 1.8 | 1.6 | 1.6 | 1.7 | 1.4 | 1.4 | 1.5 | 1.5 | 1.4 | 1.3 |
| Quick Ratio 25 | 1.1 | • | 1.5 | 1.5 | 1.3 | 1.3 | 1.3 | 1.1 | 1.1 | 1.2 | 1.1 | 1.1 | 0.7 |
| Net Sales to Working Capital 26 | 11.0 | • | 32.1 | 13.4 | 16.9 | 13.8 | 9.5 | 12.5 | 9.1 | 8.8 | 7.3 | 7.7 | 8.4 |
| Coverage Ratio 27 | 4.5 | 3.1 | • | 8.9 | 6.4 | 6.7 | 6.2 | 5.0 | 5.4 | 4.8 | 3.3 | 3.7 | 2.5 |
| Total Asset Turnover 28 | 1.7 | • | 6.9 | 3.4 | 3.4 | 3.2 | 2.3 | 2.2 | 1.5 | 1.5 | 1.2 | 1.3 | 0.6 |
| Inventory Turnover 29 | • | • | • | • | • | • | • | • | • | • | • | • | • |
| Receivables Turnover 30 | 6.9 | • | • | • | • | • | 7.3 | 6.6 | 5.0 | 5.0 | 4.9 | 4.4 | 3.6 |
| Total Liabilities to Net Worth 31 | 1.7 | • | 2.2 | 1.6 | 1.3 | 1.8 | 1.5 | 1.5 | 1.8 | 1.6 | 2.2 | 2.0 | 1.8 |

**Selected Financial Factors (in Percentages)**

| | | | | | | | | | | | | |
|---|---|---|---|---|---|---|---|---|---|---|---|---|
| Debt Ratio 32 | 63.3 | 68.5 | 68.5 | 61.5 | 56.9 | 63.8 | 59.8 | 60.3 | 63.7 | 61.6 | 68.5 | 66.2 | 64.0 |
| Return on Assets 33 | 14.5 | • | • | 24.4 | 23.1 | 19.0 | 17.0 | 13.9 | 14.9 | 16.1 | 12.0 | 12.5 | 7.8 |
| Return on Equity 34 | 26.1 | • | • | • | • | • | 31.4 | 23.2 | 28.8 | 28.0 | 19.9 | 19.1 | 8.7 |
| Return Before Interest on Equity 35 | • | • | • | • | • | • | • | 34.9 | • | • | • | • | 21.5 |
| Profit Margin, Before Income Tax 36 | 6.9 | 23.4 | 8.0 | 6.5 | 5.7 | 5.1 | 6.2 | 5.1 | 8.2 | 8.5 | 7.2 | 7.0 | 8.0 |
| Profit Margin, After Income Tax 37 | 5.8 | 20.8 | 7.9 | 6.0 | 5.2 | 4.7 | 5.5 | 4.2 | 7.0 | 7.2 | 5.4 | 5.0 | 5.3 |

**Trends in Selected Ratios and Factors, 1986-1994**

| | 1986 | 1987 | 1988 | 1989 | 1990 | 1991 | 1992 | 1993 | 1994 |
|---|---|---|---|---|---|---|---|---|---|
| Cost of Operations (%) 38 | 43.2 | 44.7 | 44.7 | 44.7 | 43.7 | 45.0 | 46.4 | 45.3 | 44.1 |
| Operating Margin (%) 39 | • | • | • | • | • | • | • | • | • |
| Oper. Margin Before Officers Comp. (%) 40 | 5.7 | 6.3 | 6.5 | 5.4 | 5.4 | 7.5 | 6.9 | 6.4 | 5.8 |
| Average Net Receivables ($) 41 | 86 | 79 | 102 | 101 | 100 | 105 | 124 | 140 | 153 |
| Average Inventories ($) 42 | 23 | 25 | 19 | 21 | 20 | 22 | 24 | 25 | 25 |
| Average Net Worth ($) 43 | 154 | 149 | 164 | 160 | 141 | 162 | 186 | 207 | 237 |
| Current Ratio (x1) 44 | 1.3 | 1.4 | 1.4 | 1.4 | 1.4 | 1.5 | 1.5 | 1.5 | 1.5 |
| Quick Ratio (x1) 45 | 0.8 | 0.9 | 1.0 | 1.0 | 1.0 | 1.1 | 1.1 | 1.1 | 1.1 |
| Coverage Ratio (x1) 46 | 3.5 | 3.7 | 3.6 | 3.9 | 3.7 | 4.6 | 4.8 | 4.3 | 4.5 |
| Asset Turnover (x1) 47 | 1.4 | 1.4 | 1.7 | 1.7 | 1.6 | 1.7 | 1.7 | 1.6 | 1.7 |
| Operating Leverage 48 | • | 0.8 | 0.9 | 1.8 | 1.7 | 0.2 | • | • | 1.0 |
| Financial Leverage 49 | • | 1.1 | 1.0 | 1.1 | 1.0 | 1.1 | 1.0 | 1.0 | 1.0 |
| Total Leverage 50 | • | 0.9 | 0.8 | 1.8 | 1.6 | 0.2 | • | • | 1.0 |

## Table I

Corporations with and without Net Income

# AUTO REPAIR AND SERVICES

### MONEY AMOUNTS AND SIZE OF ASSETS IN THOUSANDS OF DOLLARS

| Item Description for Accounting Period 7/90 Through 6/91 | Total | Zero Assets | Under 100 | 100 to 250 | 251 to 500 | 501 to 1,000 | 1,001 to 5,000 | 5,001 to 10,000 | 10,001 to 25,000 | 25,001 to 50,000 | 50,001 to 100,000 | 100,001 to 250,000 | 250,001 and over |
|---|---|---|---|---|---|---|---|---|---|---|---|---|---|
| Number of Enterprises **1** | 72404 | 3133 | 43715 | 14630 | 6458 | 2562 | 1465 | 233 | 116 | 40 | 20 | 17 | 14 |
| **Revenues ($ in Thousands)** | | | | | | | | | | | | | |
| Net Sales **2** | 50193 | 505 | 10111 | 6775 | 5021 | 2632 | 2913 | 1702 | 1338 | 1511 | 1241 | 1756 | 14689 |
| Portfolio Income **3** | 1915 | 8 | 18 | 45 | 30 | 32 | 155 | 97 | 60 | 25 | 107 | 107 | 1271 |
| Other Revenues **4** | 2749 | 23 | 45 | 480 | 30 | 30 | 207 | 68 | 66 | 89 | 100 | 218 | 1393 |
| Total Revenues **5** | 54857 | 537 | 10173 | 7299 | 5080 | 2694 | 3275 | 1867 | 1463 | 1625 | 1409 | 2080 | 17353 |
| Average Total Revenues **6** | 758 | 171 | 233 | 499 | 787 | 1051 | 2236 | 8015 | 12614 | 40634 | 70470 | 122361 | 1239499 |
| **Operating Costs/Operating Income (%)** | | | | | | | | | | | | | |
| Cost of Operations **7** | 44.7 | 39.5 | 51.3 | 57.4 | 57.5 | 53.0 | 44.5 | 58.2 | 35.7 | 58.0 | 53.7 | 43.8 | 26.0 |
| Rent **8** | 5.5 | 8.4 | 6.8 | 6.4 | 3.6 | 3.3 | 4.3 | 2.6 | 4.4 | 4.6 | 4.2 | 3.3 | 6.3 |
| Taxes Paid **9** | 5.1 | 4.1 | 4.5 | 4.1 | 4.3 | 3.3 | 3.8 | 2.3 | 3.2 | 3.2 | 3.9 | 3.4 | 7.7 |
| Interest Paid **10** | 6.5 | 2.2 | 0.7 | 1.7 | 2.0 | 3.1 | 4.8 | 5.8 | 8.0 | 5.6 | 9.7 | 10.2 | 14.7 |
| Depreciation, Depletion, Amortization **11** | 12.3 | 7.9 | 1.9 | 3.5 | 3.6 | 7.7 | 10.5 | 15.5 | 22.9 | 13.0 | 17.7 | 19.4 | 25.0 |
| Pensions and Other Benefits **12** | 1.7 | 1.6 | 0.4 | 1.1 | 1.1 | 1.1 | 1.2 | 1.0 | 1.4 | 1.1 | 1.0 | 2.4 | 3.4 |
| Other **13** | 28.7 | 47.1 | 27.7 | 26.2 | 22.4 | 25.0 | 35.6 | 18.5 | 28.1 | 21.5 | 21.7 | 36.3 | 33.0 |
| Officers Compensation **14** | 4.1 | 6.4 | 7.1 | 7.8 | 5.8 | 4.1 | 4.5 | 2.5 | 3.7 | 1.3 | 0.9 | • | 0.5 |
| Operating Margin **15** | • | • | • | • | • | • | • | • | • | • | • | • | • |
| Oper. Margin Before Officers Compensation **16** | • | • | 6.7 | • | 5.6 | 3.7 | • | • | • | • | • | • | • |
| **Selected Average Balance Sheet ($ in Thousands)** | | | | | | | | | | | | | |
| Net Receivables **17** | 59 | • | 6 | 17 | 37 | 72 | 200 | 859 | 2618 | 5328 | 11995 | 18740 | 127119 |
| Inventories **18** | 33 | • | 6 | 24 | 46 | 103 | 143 | 617 | 649 | 1885 | 3768 | 6755 | 36602 |
| Net Property, Plant and Equipment **19** | 318 | • | 14 | 64 | 150 | 368 | 947 | 4592 | 8560 | 19145 | 42878 | 80584 | 936038 |
| Total Assets **20** | 558 | • | 39 | 164 | 343 | 694 | 1673 | 7040 | 15538 | 35378 | 69948 | 156744 | 1496756 |

| | 21–... | | | | | | | | | | | |
|---|---|---|---|---|---|---|---|---|---|---|---|---|
| Notes and Loans Payable 21 | 342 | 22 | 107 | 168 | 384 | 1161 | 4523 | 10648 | 22037 | 53442 | 110324 | 882445 |
| All Other Liabilities 22 | 115 | 9 | 35 | 38 | 112 | 225 | 1095 | 2720 | 6131 | 9273 | 23170 | 369234 |
| Net Worth 23 | 101 | 8 | 23 | 138 | 198 | 288 | 1422 | 2171 | 7210 | 7233 | 23250 | 245077 |

**Selected Financial Ratios (Times to 1)**

| | | | | | | | | | | | | |
|---|---|---|---|---|---|---|---|---|---|---|---|---|
| Current Ratio 24 | 0.7 | • | 1.5 | 2.4 | 1.4 | 1.2 | 0.8 | 0.7 | 0.8 | 0.6 | 0.7 | 0.4 |
| Quick Ratio 25 | 0.4 | • | 0.8 | 1.4 | 0.7 | 0.7 | 0.5 | 0.5 | 0.5 | 0.4 | 0.5 | 0.3 |
| Net Sales to Working Capital 26 | • | • | 22.0 | 9.2 | 15.3 | 29.0 | • | • | • | • | • | • |
| Coverage Ratio 27 | 1.1 | 1.3 | 0.8 | 1.5 | 1.6 | 1.7 | 1.3 | 1.3 | 0.9 | 1.0 | 0.9 | 1.1 |
| Total Asset Turnover 28 | 1.3 | 5.9 | 2.8 | 2.3 | 1.5 | 1.2 | 1.0 | 0.8 | 1.1 | 0.9 | 0.7 | 0.7 |
| Inventory Turnover 29 | 9.4 | • | • | 9.7 | 6.2 | 4.2 | 7.5 | 6.7 | • | 9.3 | 6.4 | 7.7 |
| Receivables Turnover 30 | 9.5 | • | • | • | • | 9.2 | 7.6 | 4.6 | 7.1 | 5.5 | 4.8 | 5.3 |
| Total Liabilities to Net Worth 31 | 4.5 | 3.9 | 6.2 | 1.5 | 2.5 | 4.8 | 4.0 | 6.2 | 3.9 | 8.7 | 5.8 | 5.1 |

**Selected Financial Factors (in Percentages)**

| | | | | | | | | | | | | |
|---|---|---|---|---|---|---|---|---|---|---|---|---|
| Debt Ratio 32 | 81.9 | 79.7 | 86.2 | 59.9 | 71.5 | 82.8 | 79.8 | 86.0 | 79.6 | 89.7 | 85.2 | 83.6 |
| Return on Assets 33 | 9.2 | 5.6 | 4.0 | 6.7 | 7.3 | 9.7 | 9.7 | 7.4 | 5.3 | 8.7 | 6.0 | 11.5 |
| Return on Equity 34 | 2.7 | 3.8 | • | 4.5 | 8.2 | 16.5 | 15.2 | 8.3 | • | • | • | 3.7 |
| Return Before Interest on Equity 35 | • | 27.4 | 28.9 | 16.7 | 25.5 | • | • | • | 25.8 | • | • | • |
| Profit Margin, Before Income Tax 36 | 0.9 | 0.2 | • | 1.0 | 1.9 | 3.4 | 3.6 | 2.0 | • | 0.1 | • | 1.6 |
| Profit Margin, After Income Tax 37 | 0.4 | 0.1 | • | 0.8 | 1.6 | 2.4 | 3.0 | 1.6 | • | • | • | 0.9 |

**Trends in Selected Ratios and Factors, 1986–1994**

| | 1986 | 1987 | 1988 | 1989 | 1990 | 1991 | 1992 | 1993 | 1994 |
|---|---|---|---|---|---|---|---|---|---|
| Cost of Operations (%) 38 | 50.8 | 49.2 | 50.2 | 48.6 | 45.7 | 47.3 | 45.2 | 45.5 | 44.7 |
| Operating Margin (%) 39 | • | • | • | • | • | • | • | • | • |
| Oper. Margin Before Officers Comp. (%) 40 | • | • | • | • | • | • | • | • | • |
| Average Net Receivables ($) 41 | 50 | 54 | 39 | 57 | 76 | 77 | 95 | 87 | 59 |
| Average Inventories ($) 42 | 25 | 26 | 26 | 31 | 31 | 34 | 33 | 33 | 33 |
| Average Net Worth ($) 43 | 94 | 95 | 83 | 104 | 113 | 104 | 112 | 99 | 101 |
| Current Ratio (x1) 44 | 0.9 | 0.9 | 0.9 | 1.0 | 0.8 | 0.9 | 0.9 | 0.8 | 0.7 |
| Quick Ratio (x1) 45 | 0.6 | 0.6 | 0.5 | 0.6 | 0.6 | 0.6 | 0.7 | 0.5 | 0.4 |
| Coverage Ratio (x1) 46 | 1.1 | 1.1 | 1.2 | 1.1 | 1.3 | 1.2 | 1.4 | 1.2 | 1.1 |
| Asset Turnover (x1) 47 | 1.2 | 1.2 | 1.3 | 1.2 | 1.0 | 1.1 | 1.1 | 1.1 | 1.3 |
| Total Liabilities/Net Worth (x1) 48 | 3.3 | 3.4 | 3.5 | 3.3 | 3.6 | 4.3 | 4.2 | 4.9 | 4.5 |
| Return on Assets (x1) 49 | 9.7 | 8.7 | 7.7 | 6.8 | 6.1 | 6.4 | 7.7 | 6.9 | 9.2 |
| Return on Equity (%) 50 | 0.1 | • | 1.5 | • | 2.3 | 3.3 | 7.5 | 2.3 | 2.7 |

## Table II

Corporations with Net Income

# AUTO REPAIR AND SERVICES

**MONEY AMOUNTS AND SIZE OF ASSETS IN THOUSANDS OF DOLLARS**

| Item Description for Accounting Period 7/90 Through 6/91 | Total | Zero Assets | Under 100 | 100 to 250 | 251 to 500 | 501 to 1,000 | 1,001 to 5,000 | 5,001 to 10,000 | 10,001 to 25,000 | 25,001 to 50,000 | 50,001 to 100,000 | 100,001 to 250,000 | 250,001 and over |
|---|---|---|---|---|---|---|---|---|---|---|---|---|---|
| Number of Enterprises 1 | 39863 | 1072 | 23895 | 8137 | 4100 | 1575 | 840 | 129 | 70 | 18 | 11 | 8 | 9 |
| **Revenues ($ in Thousands)** | | | | | | | | | | | | | |
| Net Sales 2 | 32449 | 231 | 6078 | 3696 | 3694 | 1956 | 1751 | 1068 | 974 | 747 | 864 | 1160 | 10230 |
| Portfolio Income 3 | 1299 | 2 | 15 | 19 | 21 | 24 | 143 | 71 | 49 | 15 | 46 | 48 | 845 |
| Other Revenues 4 | 2077 | 0 | 32 | 458 | 23 | 20 | 145 | 53 | 38 | 30 | 56 | 72 | 1150 |
| Total Revenues 5 | 35825 | 233 | 6125 | 4173 | 3738 | 2000 | 2040 | 1192 | 1061 | 792 | 967 | 1280 | 12225 |
| Average Total Revenues 6 | 899 | 217 | 256 | 513 | 912 | 1270 | 2428 | 9242 | 15158 | 44024 | 87864 | 160022 | 1358285 |
| **Operating Costs/Operating Income (%)** | | | | | | | | | | | | | |
| Cost of Operations 7 | 44.4 | 30.8 | 51.3 | 62.9 | 58.0 | 53.0 | 44.1 | 59.3 | 40.1 | 71.1 | 60.0 | 51.1 | 22.2 |
| Rent 8 | 4.8 | 7.8 | 6.7 | 4.7 | 3.0 | 3.7 | 4.5 | 1.7 | 3.0 | 2.8 | 1.6 | 2.0 | 5.8 |
| Taxes Paid 9 | 5.6 | 3.0 | 4.2 | 3.6 | 4.4 | 3.1 | 4.2 | 2.4 | 2.7 | 2.5 | 2.8 | 4.0 | 9.6 |
| Interest Paid 10 | 6.4 | 1.5 | 0.6 | 1.2 | 1.2 | 2.0 | 3.8 | 4.7 | 7.2 | 4.2 | 7.7 | 4.9 | 15.3 |
| Depreciation, Depletion, Amortization 11 | 11.7 | 2.1 | 1.8 | 2.8 | 2.7 | 6.5 | 9.3 | 13.0 | 20.1 | 6.6 | 14.3 | 12.5 | 24.7 |
| Pensions and Other Benefits 12 | 1.9 | 1.6 | 0.4 | 1.2 | 1.1 | 0.9 | 1.4 | 0.8 | 1.7 | 1.3 | 0.8 | 2.0 | 3.9 |
| Other 13 | 27.2 | 42.2 | 25.5 | 23.5 | 21.0 | 23.7 | 32.4 | 18.8 | 25.2 | 12.5 | 18.6 | 26.5 | 34.2 |
| Officers Compensation 14 | 3.9 | 6.6 | 6.6 | 7.8 | 6.0 | 4.1 | 5.4 | 2.9 | 3.6 | 1.6 | 1.7 | 1.0 | 0.7 |
| Operating Margin 15 | • | 4.4 | 2.9 | • | 2.8 | 3.0 | • | • | • | • | • | • | • |
| Oper. Margin Before Officers Compensation 16 | • | 11.0 | 9.6 | 0.2 | 8.7 | 7.1 | 0.4 | • | • | • | • | • | • |
| **Selected Average Balance Sheet ($ in Thousands)** | | | | | | | | | | | | | |
| Net Receivables 17 | 67 | • | 7 | 16 | 41 | 86 | 223 | 1022 | 3125 | 3162 | 18587 | 25992 | 116644 |
| Inventories 18 | 42 | • | 6 | 25 | 43 | 120 | 172 | 561 | 1018 | 3175 | 5610 | 7444 | 54810 |
| Net Property, Plant and Equipment 19 | 339 | • | 14 | 56 | 133 | 299 | 850 | 4396 | 7574 | 20766 | 37339 | 81647 | 940573 |
| Total Assets 20 | 589 | • | 43 | 159 | 341 | 691 | 1611 | 7214 | 15632 | 33223 | 69563 | 150499 | 1412934 |

| Notes and Loans Payable 21 | 325 | • | 19 | 65 | 121 | 267 | 854 | 4221 | 9785 | 15204 | 49109 | 76695 | 854361 |
|---|---|---|---|---|---|---|---|---|---|---|---|---|---|
| All Other Liabilities 22 | 115 | • | 9 | 36 | 34 | 101 | 240 | 984 | 2492 | 6688 | 9230 | 25118 | 317725 |
| Net Worth 23 | 148 | • | 14 | 59 | 185 | 323 | 517 | 2010 | 3355 | 11332 | 11224 | 48686 | 240848 |

## Selected Financial Ratios (Times to 1)

| | | | | | | | | | | | | | |
|---|---|---|---|---|---|---|---|---|---|---|---|---|---|
| Current Ratio 24 | 0.9 | • | 2.1 | 1.5 | 3.0 | 1.5 | 1.2 | 0.8 | 0.8 | 0.7 | 0.8 | 0.9 | 0.6 |
| Quick Ratio 25 | 0.5 | • | 1.5 | 0.9 | 2.0 | 0.9 | 0.7 | 0.6 | 0.6 | 0.4 | 0.5 | 0.6 | 0.3 |
| Net Sales to Working Capital 26 | • | • | 20.8 | 20.0 | 8.1 | 11.9 | 21.0 | • | • | • | • | • | • |
| Coverage Ratio 27 | 1.7 | 4.4 | 6.8 | 5.6 | 4.4 | 3.6 | 4.0 | 2.8 | 1.7 | 1.8 | 1.6 | 2.3 | 1.2 |
| Total Asset Turnover 28 | 1.4 | • | 6.0 | 2.9 | 2.7 | 1.8 | 1.3 | 1.2 | 0.9 | 1.3 | 1.1 | 1.0 | 0.8 |
| Inventory Turnover 29 | 8.6 | • | • | • | • | 6.6 | 3.5 | 9.0 | 6.8 | 8.4 | 9.1 | 9.2 | 4.7 |
| Receivables Turnover 30 | 8.8 | • | • | • | • | • | 9.5 | 7.4 | 4.9 | 8.9 | 4.7 | 4.6 | 5.0 |
| Total Liabilities to Net Worth 31 | 3.0 | • | 2.0 | 1.7 | 0.9 | 1.2 | 2.1 | 2.6 | 3.7 | 1.9 | 5.2 | 2.1 | 4.9 |

## Selected Financial Factors (in Percentages)

| | | | | | | | | | | | | | |
|---|---|---|---|---|---|---|---|---|---|---|---|---|---|
| Debt Ratio 32 | 74.8 | • | 66.1 | 63.1 | 45.7 | 53.3 | 67.9 | 72.2 | 78.5 | 65.9 | 83.9 | 67.7 | 83.0 |
| Return on Assets 33 | 15.2 | • | 25.7 | 18.4 | 13.5 | 13.0 | 19.7 | 14.8 | 11.2 | 9.7 | 13.6 | 10.8 | 14.9 |
| Return on Equity 34 | 21.3 | • | 38.1 | 17.9 | 18.6 | 39.4 | 30.1 | 19.5 | 8.3 | 20.8 | 12.2 | 10.8 | • |
| Return Before Interest on Equity 35 | • | • | • | • | 24.9 | 27.8 | • | • | 28.4 | • | 33.2 | • | • |
| Profit Margin, Before Income Tax 36 | 4.6 | 5.2 | 3.7 | 5.3 | 4.0 | 5.2 | 11.4 | 8.3 | 5.3 | 3.5 | 4.3 | 6.2 | 3.3 |
| Profit Margin, After Income Tax 37 | 3.9 | 4.9 | 3.6 | 4.9 | 3.7 | 4.8 | 9.8 | 7.3 | 4.7 | 2.3 | 3.0 | 4.1 | 2.3 |

## Trends in Selected Ratios and Factors, 1986-1994

| | 1986 | 1987 | 1988 | 1989 | 1990 | 1991 | 1992 | 1993 | 1994 |
|---|---|---|---|---|---|---|---|---|---|
| Cost of Operations (%) 38 | 52.2 | 51.6 | 50.9 | 48.9 | 47.1 | 49.4 | 44.7 | 45.9 | 44.4 |
| Operating Margin (%) 39 | • | • | • | • | • | • | • | • | • |
| Oper. Margin Before Officers Comp. (%) 40 | • | 4.2 | 4.4 | 1.6 | • | • | 1.3 | • | • |
| Average Net Receivables ($) 41 | 49 | 47 | 43 | 54 | 78 | 101 | 97 | 119 | 67 |
| Average Inventories ($) 42 | 31 | 31 | 32 | 35 | 36 | 46 | 48 | 42 | 42 |
| Average Net Worth ($) 43 | 139 | 118 | 122 | 138 | 135 | 164 | 181 | 144 | 148 |
| Current Ratio (x1) 44 | 1.1 | 1.2 | 1.2 | 1.2 | 1.1 | 0.8 | 0.9 | 0.9 | 0.9 |
| Quick Ratio (x1) 45 | 0.7 | 0.8 | 0.7 | 0.8 | 0.8 | 0.6 | 0.6 | 0.7 | 0.5 |
| Coverage Ratio (x1) 46 | 1.9 | 2.4 | 2.7 | 2.3 | 2.5 | 2.2 | 2.7 | 2.1 | 1.7 |
| Asset Turnover (x1) 47 | 1.4 | 1.6 | 1.6 | 1.5 | 1.2 | 1.0 | 1.3 | 1.2 | 1.4 |
| Operating Leverage 48 | • | 0.1 | 2.2 | 2.4 | 1.9 | 1.3 | 0.4 | 2.0 | 1.0 |
| Financial Leverage 49 | • | 1.3 | 1.1 | 0.9 | 1.0 | 0.9 | 1.2 | 0.8 | 0.8 |
| Total Leverage 50 | • | 0.2 | 2.4 | 2.2 | 1.9 | 1.2 | 0.5 | 1.7 | 0.8 |

## Table I

Corporations with and without Net Income

# MISCELLANEOUS REPAIR SERVICES

### MONEY AMOUNTS AND SIZE OF ASSETS IN THOUSANDS OF DOLLARS

| Item Description for Accounting Period 7/90 Through 6/91 | | Total | Zero Assets | Under 100 | 100 to 250 | 251 to 500 | 501 to 1,000 | 1,001 to 5,000 | 5,001 to 10,000 | 10,001 to 25,000 | 25,001 to 50,000 | 50,001 to 100,000 | 100,001 to 250,000 | 250,001 and over |
|---|---|---|---|---|---|---|---|---|---|---|---|---|---|---|
| Number of Enterprises | **1** | 45575 | 1129 | 32603 | 6130 | 2899 | 1757 | 978 | 51 | 18 | 7 | • | 4 | • |
| **Revenues ($ in Thousands)** | | | | | | | | | | | | | | |
| Net Sales | **2** | 19372 | 9 | 5529 | 2935 | 2593 | 3127 | 3767 | 392 | 382 | 304 | • | 333 | • |
| Portfolio Income | **3** | 128 | • | 21 | 20 | 15 | 15 | 15 | 5 | 1 | 9 | • | 27 | • |
| Other Revenues | **4** | 246 | • | 23 | 12 | 6 | 125 | 32 | 16 | 5 | 19 | • | 7 | • |
| Total Revenues | **5** | 19746 | 9 | 5573 | 2967 | 2614 | 3268 | 3814 | 413 | 388 | 332 | • | 368 | • |
| Average Total Revenues | **6** | 433 | 8 | 171 | 484 | 902 | 1860 | 3900 | 8105 | 21536 | 47434 | • | 91973 | • |
| **Operating Costs/Operating Income (%)** | | | | | | | | | | | | | | |
| Cost of Operations | **7** | 55.3 | 88.1 | 47.2 | 46.3 | 56.6 | 59.2 | 65.5 | 67.9 | 73.9 | 57.2 | • | 70.9 | • |
| Rent | **8** | 2.8 | 12.5 | 4.2 | 2.7 | 2.8 | 3.1 | 1.3 | 2.1 | 0.7 | 0.5 | • | 0.8 | • |
| Taxes Paid | **9** | 3.6 | 3.4 | 3.5 | 4.4 | 3.7 | 3.5 | 3.1 | 2.5 | 2.1 | 4.4 | • | 3.5 | • |
| Interest Paid | **10** | 1.4 | • | 0.7 | 1.1 | 1.3 | 1.6 | 1.5 | 2.7 | 1.5 | 2.4 | • | 12.7 | • |
| Depreciation, Depletion, Amortization | **11** | 2.1 | • | 1.9 | 1.9 | 2.3 | 2.2 | 1.7 | 2.8 | 3.3 | 6.4 | • | 3.1 | • |
| Pensions and Other Benefits | **12** | 1.3 | • | 0.8 | 1.2 | 1.5 | 1.2 | 1.8 | 2.1 | 1.0 | 2.1 | • | 1.4 | • |
| Other | **13** | 25.6 | 11.3 | 31.2 | 32.4 | 22.8 | 23.2 | 18.4 | 22.6 | 11.3 | 23.2 | • | 21.8 | • |
| Officers Compensation | **14** | 7.3 | • | 9.1 | 8.6 | 6.5 | 8.6 | 5.0 | 3.6 | 1.5 | 1.9 | • | 2.1 | • |
| Operating Margin | **15** | 0.7 | • | 1.4 | 1.4 | 2.7 | • | 1.9 | • | 4.9 | 2.0 | • | • | • |
| Oper. Margin Before Officers Compensation | **16** | 8.0 | • | 10.5 | 10.0 | 9.3 | 6.1 | 6.9 | • | 6.3 | 3.9 | • | • | • |
| **Selected Average Balance Sheet ($ in Thousands)** | | | | | | | | | | | | | | |
| Net Receivables | **17** | 40 | • | 5 | 42 | 91 | 172 | 461 | 1639 | 3726 | 11176 | • | 42141 | • |
| Inventories | **18** | 30 | • | 6 | 28 | 45 | 136 | 380 | 1654 | 4465 | 2157 | • | 26498 | • |
| Net Property, Plant and Equipment | **19** | 48 | • | 10 | 45 | 93 | 257 | 496 | 1608 | 5891 | 13264 | • | 27533 | • |
| Total Assets | **20** | 177 | • | 31 | 161 | 343 | 767 | 1733 | 6983 | 16139 | 38610 | • | 275093 | • |

| | | | | | | | | | | |
|---|---|---|---|---|---|---|---|---|---|---|
| Notes and Loans Payable **21** | 68 | • | 14 | 65 | 132 | 311 | 657 | 2135 | 3820 | 5031 | 116568 |
| All Other Liabilities **22** | 41 | • | 7 | 36 | 72 | 163 | 444 | 3429 | 3845 | 9469 | 43193 |
| Net Worth **23** | 67 | • | 10 | 59 | 140 | 292 | 632 | 1420 | 8473 | 24109 | 115331 |

**Selected Financial Ratios (Times to 1)**

| | | | | | | | | | | | |
|---|---|---|---|---|---|---|---|---|---|---|---|
| Current Ratio **24** | 1.9 | • | 1.8 | 2.2 | 2.3 | 1.9 | 1.7 | 1.9 | 1.5 | 2.0 | 1.5 |
| Quick Ratio **25** | 1.2 | • | 1.1 | 1.5 | 1.7 | 1.2 | 1.0 | 1.0 | 0.7 | 1.5 | 0.8 |
| Net Sales to Working Capital **26** | 9.7 | • | 23.3 | 9.4 | 7.7 | 8.5 | 9.3 | 3.7 | 7.7 | 4.6 | 2.9 |
| Coverage Ratio **27** | 2.8 | • | 4.3 | 3.2 | 3.7 | 2.3 | 3.1 | 0.7 | 5.2 | 5.6 | 0.6 |
| Total Asset Turnover **28** | 2.4 | • | 5.4 | 3.0 | 2.6 | 2.3 | 2.2 | 1.1 | 1.3 | 1.1 | 0.3 |
| Inventory Turnover **29** | 7.8 | • | • | 7.4 | 8.7 | 8.3 | 6.5 | 3.1 | 2.9 | • | 4.5 |
| Receivables Turnover **30** | • | • | • | • | • | • | 7.6 | 5.0 | 6.0 | 4.3 | 4.0 |
| Total Liabilities to Net Worth **31** | 1.6 | • | 2.3 | 1.7 | 1.5 | 1.6 | 1.8 | 3.9 | 0.9 | 0.6 | 1.4 |

**Selected Financial Factors (in Percentages)**

| | | | | | | | | | | | |
|---|---|---|---|---|---|---|---|---|---|---|---|
| Debt Ratio **32** | 62.0 | • | 69.6 | 63.2 | 59.3 | 61.9 | 63.6 | 79.7 | 47.5 | 37.6 | 58.1 |
| Return on Assets **33** | 9.6 | • | 15.4 | 10.7 | 12.6 | 8.3 | 10.2 | 1.9 | 10.3 | 15.1 | 2.1 |
| Return on Equity **34** | 13.4 | • | 35.6 | 16.8 | 19.9 | 9.3 | 15.6 | • | 11.7 | 15.4 | • |
| Return Before Interest on Equity **35** | 25.2 | • | • | 29.1 | 31.0 | 21.9 | 27.8 | 9.3 | 19.7 | 24.2 | 5.0 |
| Profit Margin, Before Income Tax **36** | 2.6 | • | 2.2 | 2.5 | 3.6 | 2.0 | 3.1 | • | 6.4 | 11.0 | • |
| Profit Margin, After Income Tax **37** | 2.1 | • | 2.0 | 2.1 | 3.1 | 1.5 | 2.6 | • | 4.7 | 8.6 | • |

**Trends in Selected Ratios and Factors, 1986-1994**

| | 1986 | 1987 | 1988 | 1989 | 1990 | 1991 | 1992 | 1993 | 1994 |
|---|---|---|---|---|---|---|---|---|---|
| Cost of Operations (%) **38** | 55.7 | 55.0 | 55.5 | 56.5 | 55.1 | 56.5 | 53.7 | 54.2 | 55.3 |
| Operating Margin (%) **39** | • | • | • | • | 0.5 | 1.2 | 1.3 | 1.1 | 0.7 |
| Oper. Margin Before Officers Comp. (%) **40** | 6.5 | 6.5 | 7.6 | 5.8 | 7.5 | 8.2 | 9.3 | 9.4 | 8.0 |
| Average Net Receivables ($) **41** | 29 | 32 | 33 | 34 | 33 | 30 | 31 | 40 | 40 |
| Average Inventories ($) **42** | 28 | 26 | 31 | 30 | 30 | 28 | 27 | 33 | 30 |
| Average Net Worth ($) **43** | 50 | 51 | 54 | 53 | 50 | 44 | 55 | 59 | 67 |
| Current Ratio (x1) **44** | 1.8 | 1.6 | 1.8 | 1.8 | 1.8 | 1.8 | 2.0 | 1.8 | 1.9 |
| Quick Ratio (x1) **45** | 1.0 | 1.0 | 1.1 | 1.1 | 1.1 | 1.0 | 1.2 | 1.1 | 1.2 |
| Coverage Ratio (x1) **46** | 1.9 | 1.8 | 2.7 | 2.1 | 2.5 | 3.3 | 3.1 | 3.1 | 2.8 |
| Asset Turnover (x1) **47** | 2.4 | 2.4 | 2.6 | 2.6 | 2.6 | 2.7 | 2.7 | 2.8 | 2.4 |
| Total Liabilities/Net Worth (x1) **48** | 1.7 | 1.7 | 1.7 | 1.8 | 1.9 | 2.0 | 1.6 | 1.7 | 1.6 |
| Return on Assets (x1) **49** | 7.8 | 6.6 | 9.1 | 6.9 | 9.2 | 9.5 | 9.9 | 10.2 | 9.6 |
| Return on Equity (%) **50** | 5.2 | 4.1 | 10.2 | 5.2 | 10.9 | 16.6 | 14.3 | 15.5 | 13.4 |

## Table II

Corporations with Net Income

# MISCELLANEOUS REPAIR SERVICES

### MONEY AMOUNTS AND SIZE OF ASSETS IN THOUSANDS OF DOLLARS

| Item Description for Accounting Period 7/90 Through 6/91 | Total | Zero Assets | Under 100 | 100 to 250 | 251 to 500 | 501 to 1,000 | 1,001 to 5,000 | 5,001 to 10,000 | 10,001 to 25,000 | 25,001 to 50,000 | 50,001 to 100,000 | 100,001 to 250,000 | 250,001 and over |
|---|---|---|---|---|---|---|---|---|---|---|---|---|---|
| Number of Enterprises **1** | 29955 | • | 21614 | 4066 | 2369 | 1052 | 809 | 20 | 15 | • | • | • | • |
| **Revenues ($ in Thousands)** | | | | | | | | | | | | | |
| Net Sales **2** | 14747 | • | 3993 | 2122 | 2174 | 2174 | 3290 | 130 | 372 | • | • | • | • |
| Portfolio Income **3** | 77 | • | 12 | 16 | 11 | 10 | 13 | 3 | 1 | • | • | • | • |
| Other Revenues **4** | 199 | • | 22 | 5 | 6 | 103 | 31 | 6 | 4 | • | • | • | • |
| Total Revenues **5** | 15024 | • | 4027 | 2143 | 2192 | 2286 | 3334 | 140 | 377 | • | • | • | • |
| Average Total Revenues **6** | 502 | • | 186 | 527 | 925 | 2173 | 4121 | 6984 | 25134 | • | • | • | • |
| **Operating Costs/Operating Income (%)** | | | | | | | | | | | | | |
| Cost of Operations **7** | 54.3 | • | 45.3 | 47.7 | 55.1 | 60.1 | 63.2 | 36.9 | 73.9 | • | • | • | • |
| Rent **8** | 2.5 | • | 3.7 | 2.7 | 2.9 | 2.2 | 1.3 | 2.8 | 0.7 | • | • | • | • |
| Taxes Paid **9** | 3.6 | • | 3.7 | 4.3 | 3.5 | 3.2 | 3.3 | 2.5 | 2.0 | • | • | • | • |
| Interest Paid **10** | 1.0 | • | 0.6 | 0.9 | 1.0 | 1.0 | 1.2 | 0.5 | 1.5 | • | • | • | • |
| Depreciation, Depletion, Amortization **11** | 1.9 | • | 1.6 | 1.4 | 2.3 | 2.0 | 1.5 | 1.9 | 2.9 | • | • | • | • |
| Pensions and Other Benefits **12** | 1.4 | • | 0.9 | 1.4 | 1.6 | 1.4 | 2.0 | 2.9 | 1.0 | • | • | • | • |
| Other **13** | 24.8 | • | 30.5 | 30.3 | 23.1 | 21.5 | 18.9 | 38.0 | 10.7 | • | • | • | • |
| Officers Compensation **14** | 7.0 | • | 9.1 | 6.6 | 6.6 | 8.8 | 5.3 | 6.1 | 1.5 | • | • | • | • |
| Operating Margin **15** | 3.6 | • | 4.7 | 4.9 | 3.9 | • | 3.4 | 8.5 | 5.9 | • | • | • | • |
| Oper. Margin Before Officers Compensation **16** | 10.6 | • | 13.7 | 11.5 | 10.5 | 8.7 | 8.7 | 14.7 | 7.4 | • | • | • | • |
| **Selected Average Balance Sheet ($ in Thousands)** | | | | | | | | | | | | | |
| Net Receivables **17** | 45 | • | 5 | 51 | 93 | 190 | 489 | 1160 | 4391 | • | • | • | • |
| Inventories **18** | 29 | • | 5 | 24 | 39 | 136 | 358 | 443 | 5275 | • | • | • | • |
| Net Property, Plant and Equipment **19** | 47 | • | 9 | 27 | 93 | 227 | 491 | 526 | 4946 | • | • | • | • |
| Total Assets **20** | 174 | • | 31 | 154 | 348 | 774 | 1746 | 6222 | 16913 | • | • | • | • |

| | | | | | | | | | |
|---|---|---|---|---|---|---|---|---|---|
| Notes and Loans Payable 21 | 54 | • | 10 | 47 | 111 | 236 | 581 | 1102 | 4303 |
| All Other Liabilities 22 | 42 | • | 7 | 38 | 78 | 157 | 419 | 4960 | 4568 |
| Net Worth 23 | 79 | • | 14 | 70 | 160 | 381 | 746 | 160 | 8041 |

**Selected Financial Ratios (Times to 1)**

| | | | | | | | | | |
|---|---|---|---|---|---|---|---|---|---|
| Current Ratio 24 | 2.0 | • | 2.0 | 2.4 | 2.4 | 2.4 | 1.8 | 1.9 | 1.5 |
| Quick Ratio 25 | 1.4 | • | 1.3 | 1.7 | 1.8 | 1.7 | 1.1 | 1.4 | 0.7 |
| Net Sales to Working Capital 26 | 9.3 | • | 21.8 | 8.7 | 7.4 | 7.1 | 8.7 | 3.7 | 7.6 |
| Coverage Ratio 27 | 6.5 | • | 9.8 | 7.4 | 5.9 | 5.9 | 5.0 | • | 5.9 |
| Total Asset Turnover 28 | 2.8 | • | 5.9 | 3.4 | 2.6 | 2.7 | 2.3 | 1.1 | 1.5 |
| Inventory Turnover 29 | 8.5 | • | • | 7.8 | • | 8.9 | 7.3 | 1.5 | 2.9 |
| Receivables Turnover 30 | • | • | • | • | • | • | 8.4 | 3.7 | 5.9 |
| Total Liabilities to Net Worth 31 | 1.2 | • | 1.2 | 1.2 | 1.2 | 1.0 | 1.4 | 37.9 | 1.1 |

**Selected Financial Factors (in Percentages)**

| | | | | | | | | | |
|---|---|---|---|---|---|---|---|---|---|
| Debt Ratio 32 | 54.9 | • | 54.6 | 54.7 | 54.1 | 50.8 | 57.3 | 97.4 | 52.5 |
| Return on Assets 33 | 18.2 | • | 36.2 | 22.9 | 14.9 | 16.3 | 13.9 | 17.2 | 12.7 |
| Return on Equity 34 | 30.4 | • | • | 39.5 | 24.0 | 23.6 | 22.5 | • | 16.9 |
| Return Before Interest on Equity 35 | • | • | • | • | 32.5 | 33.1 | 32.5 | • | 26.8 |
| Profit Margin, Before Income Tax 36 | 5.5 | • | 5.5 | 5.9 | 4.7 | 5.1 | 4.8 | 15.9 | 7.2 |
| Profit Margin, After Income Tax 37 | 4.9 | • | 5.3 | 5.3 | 4.2 | 4.4 | 4.1 | 15.8 | 5.5 |

**Trends in Selected Ratios and Factors, 1986-1994**

| | 1986 | 1987 | 1988 | 1989 | 1990 | 1991 | 1992 | 1993 | 1994 |
|---|---|---|---|---|---|---|---|---|---|
| Cost of Operations (%) 38 | 54.3 | 54.0 | 54.6 | 54.7 | 53.5 | 56.2 | 53.6 | 53.9 | 54.3 |
| Operating Margin (%) 39 | 2.7 | 3.1 | 3.1 | 3.1 | 4.7 | 4.4 | 4.2 | 4.1 | 3.6 |
| Oper. Margin Before Officers Comp. (%) 40 | 10.1 | 10.1 | 10.7 | 10.5 | 11.7 | 11.1 | 12.1 | 12.1 | 10.6 |
| Average Net Receivables ($) 41 | 36 | 41 | 40 | 44 | 43 | 38 | 42 | 49 | 45 |
| Average Inventories ($) 42 | 30 | 34 | 37 | 37 | 38 | 31 | 33 | 39 | 29 |
| Average Net Worth ($) 43 | 73 | 81 | 81 | 87 | 77 | 74 | 80 | 83 | 79 |
| Current Ratio (x1) 44 | 1.9 | 1.9 | 2.2 | 2.2 | 2.1 | 2.2 | 2.2 | 2.1 | 2.0 |
| Quick Ratio (x1) 45 | 1.2 | 1.2 | 1.3 | 1.3 | 1.2 | 1.3 | 1.4 | 1.3 | 1.4 |
| Coverage Ratio (x1) 46 | 4.7 | 4.9 | 6.0 | 5.9 | 6.6 | 7.5 | 6.6 | 6.2 | 6.5 |
| Asset Turnover (x1) 47 | 2.4 | 2.5 | 2.6 | 2.6 | 2.7 | 2.7 | 2.8 | 2.8 | 2.8 |
| Operating Leverage 48 | • | 1.2 | 1.0 | 1.0 | 1.5 | 0.9 | 1.0 | 1.0 | 0.9 |
| Financial Leverage 49 | • | 1.1 | 1.0 | 1.0 | 1.1 | 1.1 | 1.0 | 1.0 | 1.0 |
| Total Leverage 50 | • | 1.3 | 1.0 | 1.0 | 1.6 | 1.0 | 1.0 | 1.0 | 0.9 |

## Table I

Corporations with and without Net Income

# MOTION PICTURE PRODUCTION, DISTRIBUTION, AND SERVICES

### MONEY AMOUNTS AND SIZE OF ASSETS IN THOUSANDS OF DOLLARS

| Item Description for Accounting Period 7/90 Through 6/91 | Total | Zero Assets | Under 100 | 100 to 250 | 251 to 500 | 501 to 1,000 | 1,001 to 5,000 | 5,001 to 10,000 | 10,001 to 25,000 | 25,001 to 50,000 | 50,001 to 100,000 | 100,001 to 250,000 | 250,001 and over |
|---|---|---|---|---|---|---|---|---|---|---|---|---|---|
| Number of Enterprises **1** | 15752 | 1891 | 9522 | 1881 | 1027 | 537 | 669 | 103 | 45 | 41 | 13 | 12 | 10 |
| **Revenues ($ in Thousands)** | | | | | | | | | | | | | |
| Net Sales **2** | 22449 | 965 | 1655 | 1457 | 1040 | 857 | 1880 | 869 | 663 | 1010 | 724 | 822 | 10506 |
| Portfolio Income **3** | 961 | 53 | 19 | 4 | 18 | 23 | 28 | 8 | 5 | 22 | 14 | 30 | 737 |
| Other Revenues **4** | 3042 | 41 | 17 | 1 | 1255 | 609 | 174 | 27 | 21 | 28 | 15 | 160 | 694 |
| Total Revenues **5** | 26452 | 1059 | 1692 | 1462 | 2312 | 1490 | 2082 | 904 | 689 | 1060 | 753 | 1012 | 11937 |
| Average Total Revenues **6** | 1679 | 560 | 178 | 777 | 2252 | 2774 | 3111 | 8780 | 15306 | 25862 | 57954 | 84314 | 1193676 |
| **Operating Costs/Operating Income (%)** | | | | | | | | | | | | | |
| Cost of Operations **7** | 45.9 | 43.1 | 24.8 | 14.4 | 28.4 | 27.9 | 48.2 | 28.0 | 48.6 | 51.6 | 58.0 | 75.7 | 54.2 |
| Rent **8** | 1.9 | 1.4 | 2.7 | 2.6 | 2.4 | 3.2 | 3.1 | 2.5 | 2.5 | 1.3 | 1.7 | 1.5 | 1.4 |
| Taxes Paid **9** | 1.5 | 0.6 | 2.3 | 1.9 | 1.9 | 2.3 | 2.4 | 2.1 | 2.1 | 1.1 | 1.0 | 0.9 | 1.1 |
| Interest Paid **10** | 6.8 | 12.1 | 0.6 | 1.1 | 1.2 | 1.8 | 2.7 | 1.9 | 2.3 | 6.1 | 6.2 | 9.7 | 10.3 |
| Depreciation, Depletion, Amortization **11** | 17.6 | 33.6 | 6.3 | 5.3 | 3.5 | 7.7 | 8.6 | 6.0 | 13.6 | 37.1 | 12.8 | 19.6 | 22.9 |
| Pensions and Other Benefits **12** | 0.8 | 0.3 | 2.6 | 0.3 | 2.1 | 1.9 | 1.4 | 0.9 | 0.9 | 0.3 | 0.3 | 1.1 | 0.5 |
| Other **13** | 33.1 | 27.6 | 41.5 | 23.4 | • | 24.4 | 42.6 | 56.2 | 29.8 | 8.6 | 26.9 | 39.3 | 22.3 |
| Officers Compensation **14** | 12.9 | 0.6 | 24.4 | 51.9 | 43.6 | • | 5.4 | 8.2 | 3.2 | 3.3 | 2.1 | 1.7 | 1.5 |
| Operating Margin **15** | • | • | • | • | • | • | • | • | 0.4 | • | • | • | • |
| Oper. Margin Before Officers Compensation **16** | • | 19.4 | 51.1 | • | • | 30.9 | • | 2.5 | • | • | • | • | • |
| **Selected Average Balance Sheet ($ in Thousands)** | | | | | | | | | | | | | |
| Net Receivables **17** | 410 | • | 3 | 11 | 48 | 163 | 455 | 1134 | 3231 | 6169 | 14199 | 35535 | 483991 |
| Inventories **18** | 287 | • | 0 | 4 | 10 | 41 | 106 | 624 | 733 | 5986 | 5733 | 13059 | 384102 |
| Net Property, Plant and Equipment **19** | 230 | • | 12 | 95 | 132 | 196 | 453 | 1392 | 2774 | 8404 | 13525 | 15422 | 181860 |
| Total Assets **20** | 2768 | • | 32 | 160 | 346 | 699 | 2169 | 6954 | 15538 | 34548 | 70955 | 139369 | 3537836 |

| | | | | | | | | | | | | |
|---|---|---|---|---|---|---|---|---|---|---|---|---|
| Notes and Loans Payable 21 | 628 | 20 | 141 | 267 | 226 | 811 | 1851 | 4923 | 18676 | 42352 | 101635 | 554645 |
| All Other Liabilities 22 | 1179 | 8 | 63 | 97 | 277 | 1034 | 2678 | 7287 | 11354 | 24632 | 58996 | 1533936 |
| Net Worth 23 | 961 | 4 | -44 | -17 | 195 | 324 | 2425 | 3327 | 4518 | 3971 | -21261 | 1449255 |

**Selected Financial Ratios (Times to 1)**

| | | | | | | | | | | | | |
|---|---|---|---|---|---|---|---|---|---|---|---|---|
| Current Ratio 24 | 1.6 | • | 1.1 | 1.4 | 1.6 | 1.0 | 1.4 | 1.6 | 1.6 | 1.1 | 1.1 | 1.8 |
| Quick Ratio 25 | 0.9 | • | 0.3 | 1.3 | 1.2 | 0.7 | 1.3 | 0.9 | 0.7 | 0.6 | 0.6 | 1.0 |
| Net Sales to Working Capital 26 | 4.2 | • | • | • | 28.3 | 10.0 | 8.9 | 4.8 | 3.0 | 17.0 | 19.0 | 2.3 |
| Coverage Ratio 27 | 0.8 | 0.7 | 0.6 | • | 3.6 | 1.0 | 1.3 | 1.4 | 0.3 | 0.2 | 0.5 | 0.3 |
| Total Asset Turnover 28 | 0.5 | 5.4 | 4.8 | 2.9 | 2.3 | 1.3 | 1.3 | 1.0 | 0.7 | 0.8 | 2.0 | 1.4 |
| Inventory Turnover 29 | 2.1 | • | • | • | • | • | 2.9 | 3.8 | 3.0 | 8.6 | • | 1.4 |
| Receivables Turnover 30 | 3.1 | • | • | • | • | 6.4 | 5.5 | 4.1 | 4.4 | 4.8 | 1.8 | 1.9 |
| Total Liabilities to Net Worth 31 | 1.9 | 7.2 | • | • | 2.6 | 5.7 | 1.9 | 3.7 | 6.7 | 16.9 | • | 1.5 |

**Selected Financial Factors (in Percentages)**

| | | | | | | | | | | | | |
|---|---|---|---|---|---|---|---|---|---|---|---|---|
| Debt Ratio 32 | 65.3 | 87.8 | • | • | 72.1 | 85.1 | 65.1 | 78.6 | 86.9 | 94.4 | • | 59.0 |
| Return on Assets 33 | 2.7 | • | • | 3.1 | 14.7 | • | 3.1 | • | 1.2 | • | 1.1 | 3.4 |
| Return on Equity 34 | • | • | • | 11.0 | • | 33.5 | • | 1.8 | • | • | • | • |
| Return Before Interest on Equity 35 | 7.7 | • | • | • | 4.6 | • | • | 14.4 | 9.3 | 18.9 | • | 8.3 |
| Profit Margin, Before Income Tax 36 | • | • | • | • | • | • | • | 1.0 | • | • | • | • |
| Profit Margin, After Income Tax 37 | • | • | • | 4.1 | • | • | • | 0.4 | • | • | • | 1.1 |

**Trends in Selected Ratios and Factors, 1986-1994**

| | 1986 | 1987 | 1988 | 1989 | 1990 | 1991 | 1992 | 1993 | 1994 |
|---|---|---|---|---|---|---|---|---|---|
| Cost of Operations (%) 38 | 56.8 | 55.4 | 55.1 | 55.0 | 47.5 | 54.9 | 52.8 | 52.6 | 45.9 |
| Operating Margin (%) 39 | • | • | • | • | 4.0 | • | • | • | • |
| Oper. Margin Before Officers Comp. (%) 40 | • | • | • | • | • | • | • | • | • |
| Average Net Receivables ($) 41 | 258 | 241 | 284 | 462 | 936 | 808 | 1428 | 531 | 410 |
| Average Inventories ($) 42 | 260 | 243 | 242 | 238 | 258 | 304 | 374 | 350 | 287 |
| Average Net Worth ($) 43 | 525 | 420 | 397 | 339 | 499 | 722 | 1177 | 1028 | 961 |
| Current Ratio (×1) 44 | 1.1 | 1.3 | 1.2 | 2.1 | 2.7 | 2.2 | 1.2 | 1.3 | 1.6 |
| Quick Ratio (×1) 45 | 0.4 | 0.4 | 0.5 | 1.3 | 1.9 | 1.5 | 0.8 | 0.6 | 0.9 |
| Coverage Ratio (×1) 46 | 2.0 | 1.1 | 0.1 | 1.3 | 1.6 | 1.0 | 1.2 | 1.8 | 0.8 |
| Asset Turnover (×1) 47 | 0.7 | 0.7 | 0.7 | 0.8 | 0.6 | 0.6 | 0.3 | 0.6 | 0.5 |
| Total Liabilities/Net Worth (×1) 48 | 2.6 | 3.0 | 3.5 | 3.4 | 3.7 | 2.6 | 3.6 | 2.2 | 1.9 |
| Return on Assets (×1) 49 | 7.4 | 3.8 | 0.3 | 4.0 | 3.0 | 7.6 | 5.8 | 10.8 | 2.7 |
| Return on Equity (%) 50 | 6.2 | • | • | 0.3 | 2.3 | • | 2.1 | 8.3 | • |

## Table II

Corporations with Net Income

# MOTION PICTURE PRODUCTION, DISTRIBUTION, AND SERVICES

MONEY AMOUNTS AND SIZE OF ASSETS IN THOUSANDS OF DOLLARS

| Item Description for Accounting Period 7/90 Through 6/91 | Total | Zero Assets | Under 100 | 100 to 250 | 251 to 500 | 501 to 1,000 | 1,001 to 5,000 | 5,001 to 10,000 | 10,001 to 25,000 | 25,001 to 50,000 | 50,001 to 100,000 | 100,001 to 250,000 | 250,001 and over |
|---|---|---|---|---|---|---|---|---|---|---|---|---|---|
| Number of Enterprises 1 | 7558 | 714 | 4673 | 724 | 583 | 407 | 313 | 84 | 23 | 23 | 4 | 4 | 5 |
| **Revenues ($ in Thousands)** | | | | | | | | | | | | | |
| Net Sales 2 | 12080 | 836 | 558 | 334 | 583 | 735 | 1165 | 790 | 480 | 667 | 280 | 375 | 5277 |
| Portfolio Income 3 | 831 | 50 | 14 | 4 | 14 | 23 | 15 | 7 | 3 | 15 | 8 | 15 | 663 |
| Other Revenues 4 | 1342 | 30 | 7 | 0 | 17 | 608 | 24 | 20 | 9 | 16 | 6 | 155 | 450 |
| Total Revenues 5 | 14253 | 916 | 579 | 338 | 614 | 1365 | 1204 | 817 | 492 | 697 | 294 | 545 | 6391 |
| Average Total Revenues 6 | 1886 | 1283 | 124 | 467 | 1053 | 3354 | 3847 | 9726 | 21378 | 30322 | 73386 | 136327 | 1278139 |
| **Operating Costs/Operating Income (%)** | | | | | | | | | | | | | |
| Cost of Operations 7 | 50.7 | 45.3 | 11.2 | 34.9 | 31.2 | 28.1 | 46.6 | 28.0 | 44.6 | 44.3 | 44.0 | 83.1 | 65.8 |
| Rent 8 | 1.7 | 1.2 | 2.9 | 4.4 | 1.9 | 2.5 | 2.5 | 2.2 | 1.7 | 0.8 | 1.8 | 0.8 | 1.4 |
| Taxes Paid 9 | 1.3 | 0.2 | 2.2 | 3.6 | 1.9 | 2.3 | 1.7 | 1.9 | 2.2 | 1.2 | 0.7 | 0.7 | 0.9 |
| Interest Paid 10 | 7.5 | 11.4 | 1.3 | 2.8 | 0.4 | 0.7 | 1.1 | 1.8 | 1.0 | 4.8 | 3.2 | 3.5 | 13.3 |
| Depreciation, Depletion, Amortization 11 | 10.2 | 37.5 | 3.9 | 6.0 | 3.4 | 4.9 | 5.2 | 5.0 | 7.5 | 28.5 | 20.2 | 12.6 | 7.4 |
| Pensions and Other Benefits 12 | 0.8 | • | 4.5 | 0.2 | 2.9 | 2.0 | 1.4 | 0.8 | 1.0 | 0.3 | 0.1 | 1.3 | 0.2 |
| Other 13 | 26.6 | 17.3 | 28.1 | 33.8 | 23.8 | 23.5 | 35.2 | 49.5 | 31.2 | 16.8 | 28.8 | 33.4 | 23.1 |
| Officers Compensation 14 | 12.5 | • | 40.0 | 6.6 | 35.9 | 3.6 | 3.6 | 8.2 | 3.6 | 2.5 | 3.0 | 1.5 | 0.8 |
| Operating Margin 15 | • | • | 6.0 | 7.8 | • | • | 2.7 | 2.8 | 7.3 | 0.9 | • | • | • |
| Oper. Margin Before Officers Compensation 16 | 1.2 | • | 46.0 | 14.4 | 34.5 | 36.2 | 6.4 | 10.9 | 10.9 | 3.4 | 1.3 | • | • |
| **Selected Average Balance Sheet ($ in Thousands)** | | | | | | | | | | | | | |
| Net Receivables 17 | 315 | • | 1 | 3 | 40 | 177 | 436 | 1246 | 4236 | 8351 | 15748 | 67631 | 282580 |
| Inventories 18 | 257 | • | 0 | 5 | 7 | 54 | 108 | 709 | 856 | 4237 | 16829 | 19518 | 311838 |
| Net Property, Plant and Equipment 19 | 204 | • | 11 | 75 | 94 | 81 | 432 | 1340 | 3020 | 7500 | 5283 | 17965 | 153715 |
| Total Assets 20 | 3893 | • | 37 | 153 | 350 | 696 | 1914 | 6748 | 16137 | 35484 | 58576 | 149077 | 5094325 |

| | | | | | | | | | | | | |
|---|---|---|---|---|---|---|---|---|---|---|---|---|
| Notes and Loans Payable **21** | 502 | 21 | 134 | 134 | 119 | 537 | 1341 | 5311 | 11980 | 22214 | 79577 | 478312 |
| All Other Liabilities **22** | 1633 | 9 | 70 | 71 | 337 | 803 | 2570 | 4814 | 11322 | 23618 | 33732 | 2200583 |
| Net Worth **23** | 1758 | 7 | -51 | 144 | 241 | 574 | 2838 | 6012 | 12183 | 12743 | 35768 | 2415431 |

### Selected Financial Ratios (Times to 1)

| | | | | | | | | | | | | |
|---|---|---|---|---|---|---|---|---|---|---|---|---|
| Current Ratio **24** | 1.8 | 0.9 | 0.3 | 2.3 | 1.8 | 1.4 | 1.7 | 3.4 | 2.6 | 1.4 | 1.3 | 1.9 |
| Quick Ratio **25** | 1.1 | 0.8 | 0.2 | 2.1 | 1.4 | 0.9 | 1.1 | 2.2 | 1.5 | 0.6 | 0.9 | 1.0 |
| Net Sales to Working Capital **26** | 3.9 | • | • | 13.2 | 7.8 | 13.4 | 5.9 | 2.6 | 2.0 | 7.3 | 3.6 | 2.5 |
| Coverage Ratio **27** | 2.0 | 8.9 | 4.2 | 9.8 | 10.3 | 6.4 | 4.4 | 11.2 | 2.1 | 2.0 | 3.4 | 1.8 |
| Total Asset Turnover **28** | 0.4 | 1.3 | 3.0 | 2.9 | 2.6 | 2.0 | 1.3 | 1.3 | 0.8 | 1.2 | 0.6 | 0.2 |
| Inventory Turnover **29** | 2.2 | 3.3 | • | • | • | • | 3.2 | 4.8 | 3.4 | 3.7 | 8.0 | 1.5 |
| Receivables Turnover **30** | 2.9 | • | • | • | • | 8.0 | 7.1 | 4.6 | 4.3 | 5.4 | 2.8 | 1.6 |
| Total Liabilities to Net Worth **31** | 1.2 | 4.5 | 1.4 | 1.4 | 1.9 | 2.3 | 1.4 | 1.7 | 1.9 | 3.6 | 3.2 | 1.1 |

### Selected Financial Factors (in Percentages)

| | | | | | | | | | | | | |
|---|---|---|---|---|---|---|---|---|---|---|---|---|
| Debt Ratio **32** | 54.9 | 81.7 | 58.7 | 65.4 | 70.0 | 58.0 | 62.8 | 65.7 | 78.3 | 76.0 | 52.6 |
| Return on Assets **33** | 6.3 | 35.9 | 35.8 | 17.2 | 14.0 | 10.8 | 13.7 | 8.4 | 7.6 | 7.5 | 4.8 |
| Return on Equity **34** | 5.9 | • | • | • | 35.7 | 17.9 | 30.9 | 9.4 | 13.3 | 15.0 | 3.4 |
| Return Before Interest on Equity **35** | 13.9 | • | 29.3 | • | • | 25.7 | • | 24.5 | 34.9 | 31.3 | 10.1 |
| Profit Margin, Before Income Tax **36** | 7.8 | 9.8 | 9.1 | 3.8 | 6.0 | 6.1 | 6.0 | 5.5 | 3.2 | 8.5 | 9.9 |
| Profit Margin, After Income Tax **37** | 6.5 | 9.4 | 8.2 | 3.4 | 5.5 | 5.5 | 5.4 | 4.0 | 2.4 | 5.7 | 7.8 |

### Trends in Selected Ratios and Factors, 1986-1994

| | 1986 | 1987 | 1988 | 1989 | 1990 | 1991 | 1992 | 1993 | 1994 |
|---|---|---|---|---|---|---|---|---|---|
| Cost of Operations (%) **38** | 57.5 | 45.1 | 43.5 | 51.9 | 48.1 | 48.3 | 57.4 | 53.2 | 50.7 |
| Operating Margin (%) **39** | • | • | • | • | • | • | • | • | • |
| Oper. Margin Before Officers Comp. (%) **40** | • | 4.5 | 5.9 | • | 7.3 | • | • | • | 1.2 |
| Average Net Receivables ($) **41** | 382 | 309 | 322 | 809 | 1785 | 429 | 2003 | 798 | 315 |
| Average Inventories ($) **42** | 394 | 332 | 316 | 319 | 464 | 315 | 408 | 483 | 257 |
| Average Net Worth ($) **43** | 993 | 598 | 553 | 553 | 959 | 848 | 1678 | 1928 | 1758 |
| Current Ratio (×1) **44** | 1.1 | 1.6 | 1.7 | 2.2 | 3.0 | 1.8 | 1.1 | 1.3 | 1.8 |
| Quick Ratio (×1) **45** | 0.4 | 0.7 | 0.8 | 1.5 | 2.2 | 0.9 | 0.8 | 0.6 | 1.1 |
| Coverage Ratio (×1) **46** | 3.1 | 2.7 | 3.6 | 2.7 | 2.7 | 1.4 | 1.6 | 2.5 | 2.0 |
| Asset Turnover (×1) **47** | 0.8 | 0.8 | 0.9 | 0.8 | 0.6 | 0.8 | 0.3 | 0.6 | 0.4 |
| Operating Leverage **48** | • | 0.4 | 2.2 | 1.4 | 0.9 | 2.9 | 1.2 | 0.8 | 0.6 |
| Financial Leverage **49** | • | 1.1 | 1.2 | 0.8 | 1.0 | 0.5 | 1.3 | 1.6 | 1.0 |
| Total Leverage **50** | • | 0.5 | 2.6 | 1.2 | 0.9 | 1.3 | 1.4 | 1.2 | 0.6 |

## Table I

Corporations with and without Net Income

# MOTION PICTURE THEATERS

MONEY AMOUNTS AND SIZE OF ASSETS IN THOUSANDS OF DOLLARS

| Item Description for Accounting Period 7/90 Through 6/91 | Total | Zero Assets | Under 100 | 100 to 250 | 251 to 500 | 501 to 1,000 | 1,001 to 5,000 | 5,001 to 10,000 | 10,001 to 25,000 | 25,001 to 50,000 | 50,001 to 100,000 | 100,001 to 250,000 | 250,001 and over |
|---|---|---|---|---|---|---|---|---|---|---|---|---|---|
| Number of Enterprises **1** | 2514 | • | 1260 | 667 | 221 | 206 | 87 | 35 | 18 | 10 | 5 | • | 5 |
| **Revenues ($ in Thousands)** | | | | | | | | | | | | | |
| Net Sales **2** | 4934 | • | 224 | 51 | 109 | 252 | 130 | 136 | 276 | 285 | 511 | • | 2961 |
| Portfolio Income **3** | 475 | • | 0 | 1 | 0 | 0 | 1 | 3 | 1 | 6 | 16 | • | 447 |
| Other Revenues **4** | 130 | • | 0 | • | 1 | 2 | 7 | 5 | 7 | 4 | 20 | • | 85 |
| Total Revenues **5** | 5538 | • | 224 | 52 | 110 | 254 | 138 | 144 | 284 | 295 | 546 | • | 3492 |
| Average Total Revenues **6** | 2203 | • | 178 | 78 | 496 | 1231 | 1591 | 4114 | 15763 | 29452 | 109255 | • | 698393 |
| **Operating Costs/Operating Income (%)** | | | | | | | | | | | | | |
| Cost of Operations **7** | 23.0 | • | 29.5 | 25.3 | 20.3 | 26.3 | 57.5 | 30.0 | 43.7 | 47.6 | 42.1 | • | 12.9 |
| Rent **8** | 9.9 | • | 13.5 | 2.4 | 7.4 | 10.4 | 0.1 | 9.2 | 5.3 | 11.7 | 12.3 | • | 10.1 |
| Taxes Paid **9** | 3.8 | • | 5.0 | 10.5 | 6.9 | 2.7 | 4.8 | 2.8 | 3.6 | 4.0 | 2.7 | • | 3.7 |
| Interest Paid **10** | 12.6 | • | 0.7 | 4.8 | 3.6 | 1.5 | 8.0 | 7.2 | 4.5 | 7.7 | 9.2 | • | 17.2 |
| Depreciation, Depletion, Amortization **11** | 8.7 | • | 1.3 | 13.2 | 5.6 | 5.1 | 8.0 | 4.4 | 7.3 | 8.0 | 8.7 | • | 10.0 |
| Pensions and Other Benefits **12** | 0.9 | • | 1.2 | 0.8 | 1.0 | 0.1 | 0.4 | 1.0 | 0.4 | 0.5 | 0.7 | • | 1.1 |
| Other **13** | 55.2 | • | 36.8 | 39.7 | 49.5 | 61.4 | 25.0 | 53.3 | 34.4 | 25.0 | 34.2 | • | 66.4 |
| Officers Compensation **14** | 1.0 | • | 1.6 | 9.6 | 2.6 | 1.4 | 2.6 | 3.7 | 2.1 | 0.4 | 0.7 | • | 0.5 |
| Operating Margin **15** | • | • | 10.5 | • | 3.1 | • | • | • | • | • | • | • | • |
| Oper. Margin Before Officers Compensation **16** | • | • | 12.1 | 3.5 | 5.7 | • | • | • | 0.9 | • | • | • | • |
| **Selected Average Balance Sheet ($ in Thousands)** | | | | | | | | | | | | | |
| Net Receivables **17** | 215 | • | 0 | • | • | 8 | 33 | 34 | 223 | 2368 | 1479 | • | 99999 |
| Inventories **18** | 15 | • | 0 | • | 1 | 2 | 6 | 24 | 84 | 48 | 1202 | • | 5399 |
| Net Property, Plant and Equipment **19** | 1684 | • | 10 | 98 | 231 | 429 | 1636 | 2316 | 11711 | 23552 | 71389 | • | 597997 |
| Total Assets **20** | 4127 | • | 13 | 161 | 359 | 638 | 2004 | 7381 | 15633 | 33074 | 120404 | • | 1678813 |

| | | | | | | | | | | | | |
|---|---|---|---|---|---|---|---|---|---|---|---|---|
| Notes and Loans Payable **21** | 2057 | 40 | 27 | 216 | 366 | 1857 | 3360 | 9292 | 20001 | 90765 | • | 776073 |
| All Other Liabilities **22** | 764 | 33 | 5 | 23 | 129 | 177 | 1217 | 1942 | 9478 | 15070 | • | 315938 |
| Net Worth **23** | 1307 | -59 | 128 | 120 | 143 | -30 | 2803 | 4398 | 3594 | 14569 | • | 586802 |

## Selected Financial Ratios (Times to 1)

| | | | | | | | | | | | | |
|---|---|---|---|---|---|---|---|---|---|---|---|---|
| Current Ratio **24** | 0.8 | 0.1 | 0.6 | 0.5 | 0.5 | 1.4 | 0.4 | 0.6 | 1.0 | 0.3 | • | 0.9 |
| Quick Ratio **25** | 0.6 | 0.0 | 0.5 | 0.2 | 0.3 | 1.2 | 0.3 | 0.5 | 0.9 | 0.3 | • | 0.7 |
| Net Sales to Working Capital **26** | • | • | • | • | • | 20.2 | • | • | • | • | • | 0.8 |
| Coverage Ratio **27** | 0.8 | • | 0.2 | 2.1 | 1.0 | 1.0 | 0.2 | 1.3 | 0.8 | 0.6 | • | 0.8 |
| Total Asset Turnover **28** | 0.5 | 13.2 | 0.5 | 1.4 | 1.9 | 0.8 | 0.5 | 1.0 | 0.9 | 0.9 | • | 0.4 |
| Inventory Turnover **29** | 7.9 | • | • | • | • | • | • | • | • | • | • | 2.9 |
| Receivables Turnover **30** | 9.6 | • | • | • | • | 4.4 | • | • | • | • | • | 7.3 |
| Total Liabilities to Net Worth **31** | 2.2 | 0.3 | 3.5 | 2.0 | 3.5 | • | 1.6 | 2.6 | 8.2 | 7.3 | • | 1.9 |

## Selected Financial Factors (in Percentages)

| | | | | | | | | | | | | |
|---|---|---|---|---|---|---|---|---|---|---|---|---|
| Debt Ratio **32** | 68.4 | • | 20.4 | 66.6 | 77.6 | • | 62.0 | 71.9 | 89.1 | 87.9 | • | 65.1 |
| Return on Assets **33** | 4.8 | • | 0.5 | 10.5 | • | 5.7 | 0.9 | 5.9 | 5.4 | 4.7 | • | 4.8 |
| Return on Equity **34** | 15.1 | • | • | 16.5 | • | 16.9 | • | 3.3 | • | • | • | 13.8 |
| Return Before Interest on Equity **35** | 15.1 | 0.6 | 0.6 | 31.3 | • | • | 2.2 | 21.0 | • | • | • | 13.8 |
| Profit Margin, Before Income Tax **36** | • | 10.6 | • | 4.0 | • | • | 1.5 | • | • | • | • | • |
| Profit Margin, After Income Tax **37** | • | 10.6 | • | 4.0 | • | • | 1.0 | • | • | • | • | • |

## Trends in Selected Ratios and Factors, 1986-1994

| | 1986 | 1987 | 1988 | 1989 | 1990 | 1991 | 1992 | 1993 | 1994 |
|---|---|---|---|---|---|---|---|---|---|
| Cost of Operations (%) **38** | 38.2 | 37.1 | 35.9 | 33.5 | 31.8 | 30.3 | 25.3 | 26.8 | 23.0 |
| Operating Margin (%) **39** | • | • | • | • | • | • | • | • | • |
| Oper. Margin Before Officers Comp. (%) **40** | • | • | • | • | • | • | • | • | • |
| Average Net Receivables ($) **41** | 70 | 67 | 77 | 62 | 36 | 44 | 125 | 302 | 215 |
| Average Inventories ($) **42** | 22 | 21 | 11 | 10 | 8 | 7 | 9 | 155 | 15 |
| Average Net Worth ($) **43** | 355 | 369 | 332 | 380 | 518 | 691 | 814 | 1689 | 1307 |
| Current Ratio (x1) **44** | 1.0 | 0.7 | 0.9 | 0.7 | 0.6 | 0.6 | 1.0 | 1.0 | 0.8 |
| Quick Ratio (x1) **45** | 0.8 | 0.5 | 0.7 | 0.5 | 0.4 | 0.4 | 0.6 | 0.6 | 0.6 |
| Coverage Ratio (x1) **46** | 2.3 | 2.7 | 2.2 | 1.3 | 1.6 | 1.0 | 1.1 | 0.7 | 0.8 |
| Asset Turnover (x1) **47** | 1.4 | 1.3 | 1.2 | 1.0 | 0.7 | 0.8 | 0.6 | 0.5 | 0.5 |
| Total Liabilities/Net Worth (x1) **48** | 1.8 | 1.9 | 2.0 | 2.2 | 1.8 | 1.9 | 2.1 | 2.2 | 2.2 |
| Return on Assets (x1) **49** | 11.5 | 11.4 | 10.5 | 5.6 | 7.5 | 5.6 | 5.6 | 4.1 | 4.8 |
| Return on Equity (%) **50** | 11.0 | 13.1 | 9.9 | 0.6 | 4.4 | • | • | • | • |

## Table II

Corporations with Net Income

# MOTION PICTURE THEATERS

### MONEY AMOUNTS AND SIZE OF ASSETS IN THOUSANDS OF DOLLARS

| Item Description for Accounting Period 7/90 Through 6/91 | Total | Zero Assets | Under 100 | 100 to 250 | 251 to 500 | 501 to 1,000 | 1,001 to 5,000 | 5,001 to 10,000 | 10,001 to 25,000 | 25,001 to 50,000 | 50,001 to 100,000 | 100,001 to 250,000 | 250,001 and over |
|---|---|---|---|---|---|---|---|---|---|---|---|---|---|
| Number of Enterprises **1** | 1394 | • | 863 | 284 | 91 | 88 | 32 | 13 | 15 | 6 | • | 3 | • |

**Revenues ($ in Thousands)**

| | Total | Zero Assets | Under 100 | 100 to 250 | 251 to 500 | 501 to 1,000 | 1,001 to 5,000 | 5,001 to 10,000 | 10,001 to 25,000 | 25,001 to 50,000 | 50,001 to 100,000 | 100,001 to 250,000 | 250,001 and over |
|---|---|---|---|---|---|---|---|---|---|---|---|---|---|
| Net Sales **2** | 1628 | • | 224 | 38 | 64 | 65 | 69 | 64 | 181 | 172 | • | 750 | • |
| Portfolio Income **3** | 359 | • | • | • | • | 0 | • | 3 | 1 | 3 | • | 352 | • |
| Other Revenues **4** | 58 | • | 0 | • | • | 1 | 1 | 3 | 7 | 3 | • | 43 | • |
| Total Revenues **5** | 2045 | • | 224 | 38 | 64 | 66 | 70 | 71 | 188 | 179 | • | 1145 | • |
| Average Total Revenues **6** | 1467 | • | 259 | 135 | 706 | 754 | 2178 | 5431 | 12546 | 29755 | • | 381605 | • |

**Operating Costs/Operating Income (%)**

| | Total | Zero Assets | Under 100 | 100 to 250 | 251 to 500 | 501 to 1,000 | 1,001 to 5,000 | 5,001 to 10,000 | 10,001 to 25,000 | 25,001 to 50,000 | 50,001 to 100,000 | 100,001 to 250,000 | 250,001 and over |
|---|---|---|---|---|---|---|---|---|---|---|---|---|---|
| Cost of Operations **7** | 30.4 | • | 29.5 | 28.9 | 28.7 | 45.4 | 35.3 | 20.3 | 27.1 | 47.8 | • | 26.9 | • |
| Rent **8** | 10.4 | • | 13.5 | 3.1 | 5.0 | 3.7 | 0.1 | 7.9 | 8.0 | 14.0 | • | 11.9 | • |
| Taxes Paid **9** | 4.7 | • | 5.0 | 6.9 | 5.1 | 3.3 | 5.0 | 3.1 | 4.6 | 3.6 | • | 4.9 | • |
| Interest Paid **10** | 7.2 | • | 0.4 | 2.2 | 3.1 | 3.8 | 8.6 | 0.8 | 3.4 | 5.9 | • | 11.8 | • |
| Depreciation, Depletion, Amortization **11** | 5.2 | • | 1.3 | 11.9 | 3.3 | 5.1 | 6.2 | 4.2 | 5.6 | 5.1 | • | 6.2 | • |
| Pensions and Other Benefits **12** | 0.9 | • | 1.2 | 1.0 | 1.7 | • | 0.4 | 1.3 | 0.3 | 0.2 | • | 1.1 | • |
| Other **13** | 51.0 | • | 36.7 | 32.5 | 35.6 | 34.4 | 29.8 | 53.3 | 47.9 | 22.7 | • | 67.9 | • |
| Officers Compensation **14** | 1.3 | • | 1.6 | 7.1 | • | 0.9 | 1.2 | 4.3 | 2.7 | 0.6 | • | 0.7 | • |
| Operating Margin **15** | • | • | 10.8 | 6.4 | 17.6 | 3.4 | 13.5 | 4.7 | 0.4 | 0.3 | • | • | • |
| Oper. Margin Before Officers Compensation **16** | • | • | 12.4 | 13.5 | 17.6 | 4.3 | 14.7 | 9.1 | 3.2 | 0.8 | • | • | • |

**Selected Average Balance Sheet ($ in Thousands)**

| | Total | Zero Assets | Under 100 | 100 to 250 | 251 to 500 | 501 to 1,000 | 1,001 to 5,000 | 5,001 to 10,000 | 10,001 to 25,000 | 25,001 to 50,000 | 50,001 to 100,000 | 100,001 to 250,000 | 250,001 and over |
|---|---|---|---|---|---|---|---|---|---|---|---|---|---|
| Net Receivables **17** | 276 | • | • | • | • | 1 | 70 | 13 | 189 | 1969 | • | 122679 | • |
| Inventories **18** | 5 | • | 1 | • | • | 4 | 12 | 39 | 68 | 21 | • | 1197 | • |
| Net Property, Plant and Equipment **19** | 702 | • | 12 | 83 | 260 | 406 | 1906 | 2161 | 10216 | 21193 | • | 172042 | • |
| Total Assets **20** | 2713 | • | 17 | 158 | 322 | 552 | 2279 | 6826 | 14055 | 31904 | • | 1026876 | • |

| | | | | | | | | | |
|---|---|---|---|---|---|---|---|---|---|
| Notes and Loans Payable 21 | 795 | 11 | 32 | 153 | 284 | 1621 | 354 | 6192 | 14172 | 272104 |
| All Other Liabilities 22 | 365 | 8 | 6 | 26 | 38 | 144 | 950 | 1420 | 11786 | 128449 |
| Net Worth 23 | 1553 | -2 | 120 | 143 | 231 | 514 | 5522 | 6443 | 5946 | 626323 |

## Selected Financial Ratios (Times to 1)

| | | | | | | | | | | |
|---|---|---|---|---|---|---|---|---|---|---|
| Current Ratio 24 | 3.0 | 0.4 | 0.6 | 2.2 | 1.3 | 3.6 | 0.8 | 1.2 | 3.8 | • |
| Quick Ratio 25 | 2.5 | 0.3 | 0.2 | 1.7 | 1.2 | 3.3 | 0.6 | 1.0 | 3.1 | • |
| Net Sales to Working Capital 26 | 2.4 | • | • | 12.3 | 31.1 | 3.7 | • | 29.2 | 1.1 | • |
| Coverage Ratio 27 | 3.1 | 3.9 | 6.7 | 2.3 | 2.8 | • | 2.3 | 1.7 | 3.0 | • |
| Total Asset Turnover 28 | 0.4 | 0.9 | 2.2 | 1.4 | 1.0 | 0.7 | 0.9 | 0.9 | 0.3 | • |
| Inventory Turnover 29 | • | • | • | • | • | • | • | • | • | • |
| Receivables Turnover 30 | 4.9 | • | • | • | 2.4 | • | • | • | 4.1 | • |
| Total Liabilities to Net Worth 31 | 0.8 | 0.3 | 1.3 | 1.4 | 3.4 | 0.2 | 1.2 | 4.4 | 0.6 | • |

## Selected Financial Factors (in Percentages)

| | | | | | | | | | | |
|---|---|---|---|---|---|---|---|---|---|---|
| Debt Ratio 32 | 42.8 | 24.2 | 55.4 | 58.3 | 77.5 | 19.1 | 54.2 | 81.4 | 39.0 | • |
| Return on Assets 33 | 9.6 | 7.4 | • | 11.4 | 22.2 | 11.0 | 6.7 | 8.9 | 8.4 | • |
| Return on Equity 34 | 8.8 | 6.8 | • | 15.2 | 15.2 | 8.6 | 6.7 | 15.2 | 6.5 | • |
| Return Before Interest on Equity 35 | 16.8 | 9.7 | • | 27.4 | • | 13.6 | 14.7 | 14.7 | 13.8 | • |
| Profit Margin, Before Income Tax 36 | 15.2 | 6.4 | 17.6 | 4.7 | 15.0 | 14.3 | 4.4 | 4.1 | 22.8 | • |
| Profit Margin, After Income Tax 37 | 11.8 | 6.0 | 17.6 | 4.7 | 15.0 | 9.6 | 3.6 | 3.2 | 16.3 | • |

## Trends in Selected Ratios and Factors, 1986–1994

| | 1986 | 1987 | 1988 | 1989 | 1990 | 1991 | 1992 | 1993 | 1994 |
|---|---|---|---|---|---|---|---|---|---|
| Cost of Operations (%) 38 | 39.0 | 35.2 | 33.8 | 30.0 | 39.8 | 31.4 | 29.1 | 42.3 | 30.4 |
| Operating Margin (%) 39 | • | • | • | • | • | 1.4 | • | • | • |
| Oper. Margin Before Officers Comp. (%) 40 | • | 0.3 | • | • | • | • | • | • | • |
| Average Net Receivables ($) 41 | 97 | 117 | 153 | 81 | 33 | 27 | 141 | 440 | 276 |
| Average Inventories ($) 42 | 27 | 41 | 23 | 11 | 9 | 6 | 12 | 7 | 5 |
| Average Net Worth ($) 43 | 474 | 791 | 743 | 585 | 497 | 1071 | 2065 | 1927 | 1553 |
| Current Ratio (x1) 44 | 1.1 | 0.8 | 0.9 | 0.8 | 0.7 | 0.9 | 1.1 | 2.2 | 3.0 |
| Quick Ratio (x1) 45 | 0.8 | 0.5 | 0.7 | 0.6 | 0.6 | 0.5 | 0.5 | 1.8 | 2.5 |
| Coverage Ratio (x1) 46 | 3.3 | 3.6 | 2.9 | 3.0 | 4.8 | 2.6 | 2.4 | 4.2 | 3.1 |
| Asset Turnover (x1) 47 | 1.4 | 1.3 | 1.1 | 1.1 | 0.9 | 0.6 | 0.6 | 0.6 | 0.4 |
| Operating Leverage 48 | • | 0.3 | 3.7 | 0.9 | 3.3 | 0.1 | 15.5 | 0.6 | 2.4 |
| Financial Leverage 49 | • | 1.1 | 0.9 | 1.1 | 1.3 | 0.8 | 0.9 | 1.4 | 0.9 |
| Total Leverage 50 | • | 0.3 | 3.2 | 1.0 | 4.1 | 0.0 | 14.5 | 0.8 | 2.2 |

## Table I

Corporations with and without Net Income

# AMUSEMENT AND RECREATION SERVICES, EXCEPT MOTION PICTURES

### MONEY AMOUNTS AND SIZE OF ASSETS IN THOUSANDS OF DOLLARS

| Item Description for Accounting Period 7/90 Through 6/91 | Total | Zero Assets | Under 100 | 100 to 250 | 251 to 500 | 501 to 1,000 | 1,001 to 5,000 | 5,001 to 10,000 | 10,001 to 25,000 | 25,001 to 50,000 | 50,001 to 100,000 | 100,001 to 250,000 | 250,001 and over |
|---|---|---|---|---|---|---|---|---|---|---|---|---|---|
| Number of Enterprises **1** | 70869 | 4253 | 45357 | 9093 | 5575 | 3285 | 2614 | 377 | 171 | 61 | 43 | 25 | 14 |
| **Revenues ($ in Thousands)** | | | | | | | | | | | | | |
| Net Sales **2** | 40990 | 279 | 4489 | 2656 | 2865 | 3059 | 5379 | 2829 | 1958 | 1840 | 2358 | 2064 | 11217 |
| Portfolio Income **3** | 1389 | 73 | 31 | 13 | 24 | 26 | 97 | 14 | 66 | 40 | 35 | 59 | 911 |
| Other Revenues **4** | 3455 | 52 | 58 | 25 | 88 | 167 | 448 | 241 | 198 | 73 | 162 | 243 | 1701 |
| Total Revenues **5** | 45834 | 404 | 4577 | 2694 | 2976 | 3252 | 5923 | 3084 | 2222 | 1953 | 2555 | 2366 | 13829 |
| Average Total Revenues **6** | 647 | 95 | 101 | 296 | 534 | 990 | 2266 | 8180 | 12992 | 32016 | 59412 | 94631 | 987786 |
| **Operating Costs/Operating Income (%)** | | | | | | | | | | | | | |
| Cost of Operations **7** | 29.8 | 28.7 | 33.8 | 37.4 | 43.5 | 25.9 | 38.6 | 38.0 | 39.8 | 21.4 | 26.1 | 32.5 | 17.7 |
| Rent **8** | 5.0 | 8.8 | 9.7 | 5.7 | 4.1 | 6.5 | 4.9 | 3.4 | 3.1 | 4.8 | 7.1 | 2.3 | 3.5 |
| Taxes Paid **9** | 4.6 | 4.0 | 3.6 | 3.6 | 3.7 | 5.0 | 4.5 | 5.3 | 4.1 | 5.0 | 4.6 | 6.4 | 4.8 |
| Interest Paid **10** | 5.9 | 6.0 | 1.3 | 2.4 | 2.3 | 3.9 | 4.0 | 5.4 | 4.0 | 4.2 | 6.0 | 9.4 | 11.0 |
| Depreciation, Depletion, Amortization **11** | 9.2 | 9.7 | 4.7 | 7.1 | 6.6 | 7.6 | 8.3 | 12.2 | 7.1 | 5.1 | 8.6 | 9.3 | 13.4 |
| Pensions and Other Benefits **12** | 1.2 | 0.4 | 0.4 | 0.7 | 0.7 | 0.9 | 1.2 | 1.0 | 1.3 | 2.0 | 1.6 | 3.2 | 1.4 |
| Other **13** | 50.2 | 86.3 | 42.1 | 36.2 | 36.1 | 50.9 | 42.0 | 41.0 | 49.8 | 51.7 | 53.8 | 50.2 | 64.6 |
| Officers Compensation **14** | 4.4 | 2.7 | 8.1 | 8.1 | 6.6 | 6.1 | 5.5 | 5.0 | 2.5 | 5.2 | 2.2 | 1.2 | 1.7 |
| Operating Margin **15** | • | • | • | • | • | • | • | • | • | 0.6 | • | • | • |
| Oper. Margin Before Officers Compensation **16** | • | 4.5 | 4.5 | 6.9 | 3.1 | • | • | • | • | 5.8 | • | • | • |
| **Selected Average Balance Sheet ($ in Thousands)** | | | | | | | | | | | | | |
| Net Receivables **17** | 60 | • | 1 | 9 | 18 | 36 | 157 | 818 | 1029 | 1812 | 6651 | 4717 | 181186 |
| Inventories **18** | 21 | • | 2 | 7 | 21 | 17 | 131 | 373 | 87 | 2440 | 1230 | 2081 | 30161 |
| Net Property, Plant and Equipment **19** | 339 | • | 16 | 87 | 200 | 452 | 1369 | 3989 | 8164 | 14894 | 31908 | 82855 | 646546 |
| Total Assets **20** | 762 | 28 | 28 | 159 | 361 | 715 | 2166 | 7122 | 14888 | 34653 | 69514 | 146657 | 1945914 |

| | | | | | | | | | | | |
|---|---|---|---|---|---|---|---|---|---|---|---|
| Notes and Loans Payable 21 | 402 | 44 | 107 | 251 | 472 | 1173 | 4489 | 6434 | 13457 | 37280 | 91791 | 853620 |
| All Other Liabilities 22 | 185 | 5 | 35 | 65 | 166 | 399 | 1980 | 3323 | 11643 | 18760 | 23422 | 514215 |
| Net Worth 23 | 175 | -22 | 18 | 45 | 77 | 593 | 653 | 5131 | 9553 | 13474 | 31445 | 578078 |

## Selected Financial Ratios (Times to 1)

| | | | | | | | | | | | | |
|---|---|---|---|---|---|---|---|---|---|---|---|---|
| Current Ratio 24 | 1.0 | • | 1.4 | 1.9 | 1.5 | 1.0 | 1.0 | 1.2 | 0.9 | 0.8 | 0.8 | 1.1 |
| Quick Ratio 25 | 0.6 | • | 0.8 | 1.4 | 0.9 | 0.7 | 0.6 | 0.9 | 0.4 | 0.6 | 0.4 | 0.6 |
| Net Sales to Working Capital 26 | • | • | 40.2 | 12.0 | 16.5 | • | • | 22.3 | • | • | • | 36.4 |
| Coverage Ratio 27 | 1.3 | 0.7 | • | 1.1 | 1.2 | 0.6 | 1.3 | 1.5 | 2.6 | 0.7 | 1.0 | 1.5 |
| Total Asset Turnover 28 | 0.8 | • | 3.6 | 1.8 | 1.4 | 1.1 | 1.0 | 0.8 | 0.9 | 0.8 | 0.6 | 0.4 |
| Inventory Turnover 29 | 8.8 | • | • | • | • | 7.1 | • | • | 3.1 | 10.0 | 9.7 | 5.2 |
| Receivables Turnover 30 | 9.1 | • | • | • | • | • | • | 7.5 | 9.0 | 8.6 | 8.5 | 4.4 |
| Total Liabilities to Net Worth 31 | 3.4 | • | 8.0 | 7.1 | 8.3 | 2.7 | 9.9 | 1.9 | 2.6 | 4.2 | 3.7 | 2.4 |

## Selected Financial Factors (in Percentages)

| | | | | | | | | | | | | |
|---|---|---|---|---|---|---|---|---|---|---|---|---|
| Debt Ratio 32 | 77.0 | • | 88.9 | 87.6 | 89.3 | 72.6 | 90.8 | 65.5 | 72.4 | 80.6 | 78.6 | 70.3 |
| Return on Assets 33 | 5.7 | • | 4.9 | 3.8 | 4.5 | 4.9 | 3.4 | 4.6 | 9.5 | 3.5 | 5.3 | 6.8 |
| Return on Equity 34 | 1.4 | 8.9 | 1.5 | 1.2 | • | 1.2 | • | 2.2 | 16.0 | • | • | 3.6 |
| Return Before Interest on Equity 35 | 24.7 | 2.1 | • | 30.1 | • | 17.8 | • | 13.3 | 34.3 | 17.9 | 24.6 | 22.8 |
| Profit Margin, Before Income Tax 36 | 1.6 | • | 0.3 | • | 0.3 | 1.1 | • | 2.0 | 6.6 | • | • | 5.5 |
| Profit Margin, After Income Tax 37 | 0.4 | • | 0.1 | 0.1 | • | 0.4 | • | 1.0 | 5.1 | • | • | 2.6 |

## Trends in Selected Ratios and Factors, 1986-1994

| | 1986 | 1987 | 1988 | 1989 | 1990 | 1991 | 1992 | 1993 | 1994 |
|---|---|---|---|---|---|---|---|---|---|
| Cost of Operations (%) 38 | 34.3 | 33.8 | 35.6 | 34.9 | 35.1 | 33.1 | 31.0 | 29.6 | 29.8 |
| Operating Margin (%) 39 | • | • | • | • | • | • | • | • | • |
| Oper. Margin Before Officers Comp. (%) 40 | • | • | • | • | • | • | • | • | • |
| Average Net Receivables ($) 41 | 31 | 33 | 35 | 34 | 33 | 45 | 51 | 70 | 60 |
| Average Inventories ($) 42 | 14 | 13 | 22 | 22 | 23 | 20 | 16 | 19 | 21 |
| Average Net Worth ($) 43 | 100 | 97 | 94 | 93 | 99 | 156 | 153 | 171 | 175 |
| Current Ratio (×1) 44 | 1.0 | 1.1 | 1.1 | 1.1 | 1.0 | 1.1 | 1.0 | 1.0 | 1.0 |
| Quick Ratio (×1) 45 | 0.7 | 0.7 | 0.7 | 0.7 | 0.6 | 0.6 | 0.6 | 0.7 | 0.6 |
| Coverage Ratio (×1) 46 | 1.1 | 0.8 | 0.2 | 0.6 | 1.2 | 1.1 | 1.3 | 1.4 | 1.3 |
| Asset Turnover (×1) 47 | 1.0 | 1.0 | 1.0 | 1.0 | 1.0 | 0.8 | 0.8 | 0.8 | 0.8 |
| Total Liabilities/Net Worth (×1) 48 | 3.1 | 3.4 | 3.7 | 4.2 | 3.6 | 2.9 | 3.1 | 3.3 | 3.4 |
| Return on Assets (×1) 49 | 5.1 | 3.4 | 0.9 | 2.8 | 5.1 | 4.9 | 5.6 | 6.5 | 5.7 |
| Return on Equity (%) 50 | • | • | • | • | • | • | 1.1 | 3.8 | 1.4 |

## Table II

Corporations with Net Income

# AMUSEMENT AND RECREATION SERVICES, EXCEPT MOTION PICTURES

### MONEY AMOUNTS AND SIZE OF ASSETS IN THOUSANDS OF DOLLARS

| Item Description for Accounting Period 7/90 Through 6/91 | Total | Zero Assets | Under 100 | 100 to 250 | 251 to 500 | 501 to 1,000 | 1,001 to 5,000 | 5,001 to 10,000 | 10,001 to 25,000 | 25,001 to 50,000 | 50,001 to 100,000 | 100,001 to 250,000 | 250,001 and over |
|---|---|---|---|---|---|---|---|---|---|---|---|---|---|
| Number of Enterprises 1 | 32445 | 473 | 20222 | 4907 | 3279 | 1880 | 1348 | 183 | 78 | 38 | 21 | 11 | 5 |
| **Revenues ($ in Thousands)** | | | | | | | | | | | | | |
| Net Sales 2 | 26145 | 69 | 2283 | 1757 | 1985 | 1930 | 3622 | 1987 | 1357 | 1520 | 1357 | 1380 | 6898 |
| Portfolio Income 3 | 1046 | 50 | 28 | 9 | 18 | 13 | 66 | 9 | 54 | 27 | 26 | 18 | 729 |
| Other Revenues 4 | 2225 | 21 | 47 | 14 | 72 | 154 | 318 | 121 | 149 | 48 | 87 | 92 | 1100 |
| Total Revenues 5 | 29417 | 140 | 2358 | 1779 | 2075 | 2098 | 4007 | 2117 | 1560 | 1595 | 1471 | 1490 | 8727 |
| Average Total Revenues 6 | 907 | 296 | 117 | 363 | 633 | 1116 | 2972 | 11568 | 20001 | 41983 | 70051 | 135451 | 1745350 |
| **Operating Costs/Operating Income (%)** | | | | | | | | | | | | | |
| Cost of Operations 7 | 28.5 | 13.6 | 29.2 | 32.3 | 43.4 | 20.6 | 36.5 | 34.8 | 44.2 | 16.3 | 26.5 | 35.8 | 17.9 |
| Rent 8 | 4.5 | 15.0 | 9.3 | 5.8 | 3.4 | 7.1 | 5.0 | 3.1 | 2.4 | 5.2 | 6.3 | 1.5 | 2.6 |
| Taxes Paid 9 | 4.0 | 6.4 | 3.3 | 3.7 | 3.7 | 4.8 | 4.4 | 4.4 | 3.7 | 4.3 | 5.2 | 7.2 | 3.1 |
| Interest Paid 10 | 3.9 | 6.9 | 1.2 | 1.7 | 1.1 | 3.1 | 2.7 | 2.6 | 2.2 | 2.7 | 4.3 | 2.5 | 8.2 |
| Depreciation, Depletion, Amortization 11 | 8.7 | 14.1 | 3.7 | 6.5 | 5.0 | 7.2 | 7.2 | 12.6 | 5.0 | 4.3 | 6.1 | 5.4 | 14.9 |
| Pensions and Other Benefits 12 | 1.1 | 0.4 | 0.4 | 1.0 | 0.7 | 1.2 | 1.1 | 0.8 | 1.4 | 2.0 | 1.3 | 4.0 | 0.8 |
| Other 13 | 45.6 | 38.5 | 34.0 | 33.4 | 32.5 | 49.1 | 38.5 | 36.4 | 43.5 | 53.1 | 44.2 | 43.0 | 61.4 |
| Officers Compensation 14 | 5.0 | 6.4 | 10.0 | 8.6 | 6.9 | 7.3 | 5.8 | 6.0 | 2.6 | 5.6 | 2.4 | 1.1 | 2.0 |
| Operating Margin 15 | • | • | 8.9 | 7.0 | 3.3 | • | • | • | • | 6.5 | 3.8 | • | • |
| Oper. Margin Before Officers Compensation 16 | 3.7 | 5.2 | 19.0 | 15.6 | 10.2 | 6.9 | 4.7 | 5.4 | • | 12.2 | 6.1 | 0.7 | • |
| **Selected Average Balance Sheet ($ in Thousands)** | | | | | | | | | | | | | |
| Net Receivables 17 | 56 | • | 1 | 4 | 22 | 34 | 153 | 1042 | 1475 | 1498 | 4759 | 3285 | 186446 |
| Inventories 18 | 28 | • | 1 | 5 | 22 | 12 | 135 | 562 | 127 | 2400 | 1384 | 2007 | 63321 |
| Net Property, Plant and Equipment 19 | 374 | • | 15 | 73 | 175 | 432 | 1176 | 3401 | 7571 | 16349 | 36014 | 71779 | 1023728 |
| Total Assets 20 | 806 | • | 29 | 153 | 347 | 713 | 2021 | 7131 | 15256 | 35447 | 67982 | 126261 | 2589981 |

| | 21 Notes and Loans Payable | 22 All Other Liabilities | 23 Net Worth |
|---|---|---|---|
| | 294 | 211 | 301 |
| | 23 | 3 | 3 |
| | 64 | 29 | 60 |
| | 136 | 64 | 147 |
| | 346 | 104 | 263 |
| | 824 | 364 | 834 |
| | 3019 | 2325 | 1788 |
| | 3574 | 4448 | 7233 |
| | 11101 | 10981 | 13364 |
| | 26525 | 14766 | 26692 |
| | 46403 | 30806 | 49052 |
| | 847582 | 777973 | 964427 |

## Selected Financial Ratios (Times to 1)

| Ratio | | | | | | | | | | | | |
|---|---|---|---|---|---|---|---|---|---|---|---|---|
| Current Ratio **24** | 1.2 | • | 2.0 | 2.1 | 1.3 | 1.1 | 1.2 | 1.5 | 1.0 | 1.3 | 1.3 | 1.1 |
| Quick Ratio **25** | 0.8 | • | 1.3 | 1.5 | 1.1 | 0.8 | 0.8 | 1.1 | 0.5 | 0.9 | 0.5 | 0.7 |
| Net Sales to Working Capital **26** | 19.2 | • | 20.7 | 9.8 | 24.6 | 44.1 | 21.7 | 12.8 | • | 22.6 | 13.2 | 18.2 |
| Coverage Ratio **27** | 3.9 | • | 11.3 | 8.0 | 3.7 | 4.6 | 3.3 | 5.7 | 5.3 | 3.8 | 4.0 | 3.0 |
| Total Asset Turnover **28** | 1.0 | • | 3.9 | 1.8 | 1.5 | 1.3 | 1.5 | 1.2 | 1.1 | 1.0 | 1.0 | 0.5 |
| Inventory Turnover **29** | 8.7 | • | • | • | • | 7.6 | 8.6 | 2.7 | 7.9 | • | • | 4.2 |
| Receivables Turnover **30** | • | • | • | • | • | • | • | • | • | • | • | 7.3 |
| Total Liabilities to Net Worth **31** | 1.7 | • | 9.0 | 1.4 | 1.7 | 1.4 | 3.0 | 1.1 | 1.6 | 1.6 | 1.6 | 1.7 |

## Selected Financial Factors (in Percentages)

| Factor | | | | | | | | | | | | |
|---|---|---|---|---|---|---|---|---|---|---|---|---|
| Debt Ratio **32** | 62.6 | • | 90.0 | 60.8 | 63.2 | 58.8 | 74.9 | 52.6 | 62.3 | 60.7 | 61.2 | 62.8 |
| Return on Assets **33** | 15.2 | • | • | 23.3 | 16.3 | 16.2 | 13.0 | 14.1 | 15.7 | 15.6 | 9.8 | 13.0 |
| Return on Equity **34** | 25.5 | • | • | 30.8 | 29.3 | 27.0 | 33.8 | 21.2 | 28.2 | 26.2 | 17.0 | 16.8 |
| Return Before Interest on Equity **35** | • | • | • | • | • | • | • | 29.8 | • | • | • | 34.8 |
| Profit Margin, Before Income Tax **36** | 11.3 | • | 12.2 | 8.3 | 8.2 | 9.5 | 6.0 | 10.2 | 11.3 | 12.1 | 7.4 | 16.1 |
| Profit Margin, After Income Tax **37** | 9.5 | • | 11.8 | 8.1 | 7.5 | 8.4 | 5.6 | 8.8 | 9.4 | 10.8 | 6.6 | 11.7 |

## Trends in Selected Ratios and Factors, 1986–1994

| | 1986 | 1987 | 1988 | 1989 | 1990 | 1991 | 1992 | 1993 | 1994 |
|---|---|---|---|---|---|---|---|---|---|
| Cost of Operations (%) **38** | 32.2 | 35.3 | 33.6 | 32.6 | 28.4 | 32.8 | 27.3 | 29.2 | 28.5 |
| Operating Margin (%) **39** | • | • | • | • | • | • | 1.0 | 2.1 | • |
| Oper. Margin Before Officers Comp. (%) **40** | 0.6 | 5.4 | • | 4.3 | 5.3 | 1.6 | 7.0 | 6.8 | 3.7 |
| Average Net Receivables ($) **41** | 35 | 35 | 37 | 56 | 49 | 81 | 55 | 65 | 56 |
| Average Inventories ($) **42** | 19 | 12 | 18 | 42 | 44 | 39 | 25 | 26 | 28 |
| Average Net Worth ($) **43** | 215 | 169 | 167 | 273 | 228 | 398 | 286 | 290 | 301 |
| Current Ratio (x1) **44** | 1.2 | 1.3 | 1.2 | 1.3 | 1.2 | 1.3 | 1.2 | 1.1 | 1.2 |
| Quick Ratio (x1) **45** | 0.8 | 0.8 | 0.8 | 0.8 | 0.7 | 0.7 | 0.8 | 0.8 | 0.8 |
| Coverage Ratio (x1) **46** | 3.7 | 3.9 | 3.9 | 3.6 | 4.2 | 3.2 | 4.8 | 5.1 | 3.9 |
| Asset Turnover (x1) **47** | 1.1 | 1.3 | 1.3 | 1.1 | 1.1 | 0.9 | 1.0 | 1.1 | 1.0 |
| Operating Leverage **48** | • | 0.1 | 24.1 | 0.3 | 0.6 | 4.5 | • | 2.2 | • |
| Financial Leverage **49** | • | 1.1 | 1.0 | 1.0 | 1.0 | 1.0 | 1.1 | 1.0 | 1.0 |
| Total Leverage **50** | • | 0.1 | 24.7 | 0.3 | 0.6 | 4.3 | • | 2.2 | • |

## Table I

Corporations with and without Net Income

# OFFICES OF PHYSICIANS, INCLUDING OSTEOPATHIC PHYSICIANS

**MONEY AMOUNTS AND SIZE OF ASSETS IN THOUSANDS OF DOLLARS**

| Item Description for Accounting Period 7/90 Through 6/91 | Total | Zero Assets | Under 100 | 100 to 250 | 251 to 500 | 501 to 1,000 | 1,001 to 5,000 | 5,001 to 10,000 | 10,001 to 25,000 | 25,001 to 50,000 | 50,001 to 100,000 | 100,001 to 250,000 | 250,001 and over |
|---|---|---|---|---|---|---|---|---|---|---|---|---|---|
| Number of Enterprises **1** | 42531 | 2673 | 27841 | 8727 | 1756 | 902 | 578 | 31 | 12 | 8 | 3 | • | • |
| **Revenues ($ in Thousands)** | | | | | | | | | | | | | |
| Net Sales **2** | 26643 | 909 | 12770 | 5116 | 1730 | 1542 | 2190 | 828 | 607 | 702 | 248 | • | • |
| Portfolio Income **3** | 82 | 3 | 24 | 20 | 14 | 9 | 5 | 4 | 3 | 1 | 1 | • | • |
| Other Revenues **4** | 1038 | 3 | 557 | 330 | 65 | 26 | 10 | 8 | 32 | 4 | 4 | • | • |
| Total Revenues **5** | 27763 | 915 | 13350 | 5466 | 1809 | 1577 | 2204 | 840 | 643 | 707 | 253 | • | • |
| Average Total Revenues **6** | 653 | 342 | 480 | 626 | 1030 | 1748 | 3813 | 27090 | 53548 | 88347 | 84391 | • | • |
| **Operating Costs/Operating Income (%)** | | | | | | | | | | | | | |
| Cost of Operations **7** | 22.2 | 44.6 | 31.6 | 7.7 | 12.7 | 6.2 | 22.0 | 7.0 | 25.8 | 3.5 | 16.3 | • | • |
| Rent **8** | 4.5 | 3.3 | 3.7 | 4.1 | 5.5 | 2.3 | 4.3 | 6.2 | 2.5 | 26.2 | 7.6 | • | • |
| Taxes Paid **9** | 2.5 | 2.0 | 2.0 | 3.0 | 5.3 | 2.4 | 2.3 | 3.1 | 1.5 | 3.8 | 2.0 | • | • |
| Interest Paid **10** | 0.8 | 0.1 | 0.4 | 0.7 | 1.7 | 1.0 | 1.6 | 1.6 | 1.0 | 2.4 | 2.2 | • | • |
| Depreciation, Depletion, Amortization **11** | 1.8 | 1.9 | 1.1 | 2.5 | 3.5 | 2.0 | 2.7 | 1.9 | 1.4 | 1.7 | 2.9 | • | • |
| Pensions and Other Benefits **12** | 3.6 | 1.9 | 3.2 | 3.7 | 5.2 | 4.7 | 2.0 | 5.7 | 4.5 | 5.1 | 5.6 | • | • |
| Other **13** | 37.4 | 27.6 | 28.2 | 39.5 | 37.8 | 42.9 | 54.5 | 70.1 | 67.3 | 58.8 | 71.3 | • | • |
| Officers Compensation **14** | 30.0 | 20.9 | 33.7 | 42.5 | 26.9 | 35.3 | 12.5 | 1.8 | 0.5 | 0.7 | 1.2 | • | • |
| Operating Margin **15** | • | • | • | • | 1.5 | 3.4 | • | 2.7 | • | • | • | • | • |
| Oper. Margin Before Officers Compensation **16** | 27.3 | 18.7 | 29.9 | 38.8 | 28.4 | 38.7 | 10.6 | 4.4 | • | • | • | • | • |
| **Selected Average Balance Sheet ($ in Thousands)** | | | | | | | | | | | | | |
| Net Receivables **17** | 19 | • | 1 | 5 | 65 | 110 | 421 | 1396 | 6437 | 11366 | 23468 | • | • |
| Inventories **18** | 1 | • | 0 | 0 | 8 | 3 | 3 | 242 | 300 | 253 | 1330 | • | • |
| Net Property, Plant and Equipment **19** | 43 | • | 13 | 54 | 100 | 217 | 587 | 2917 | 5117 | 14646 | 12943 | • | • |
| Total Assets **20** | 126 | • | 33 | 157 | 338 | 655 | 1639 | 7228 | 18382 | 34761 | 66734 | • | • |

## Selected Financial Ratios (Times to 1)

| | | | | | | | | | | | |
|---|---|---|---|---|---|---|---|---|---|---|---|
| Notes and Loans Payable **21** | 55 | • | 12 | 50 | 135 | 291 | 850 | 4376 | 5611 | 22455 | 70723 |
| All Other Liabilities **22** | 32 | • | 8 | 31 | 78 | 137 | 497 | 2060 | 10603 | 12152 | 8722 |
| Net Worth **23** | 38 | • | 13 | 77 | 125 | 227 | 292 | 792 | 2168 | 154 | -12711 |
| Current Ratio **24** | 1.2 | • | 1.4 | 1.2 | 1.3 | 1.4 | 0.9 | 1.4 | 0.9 | 1.0 | 3.7 |
| Quick Ratio **25** | 1.0 | • | 1.2 | 1.0 | 1.1 | 1.3 | 0.8 | 0.9 | 0.8 | 0.9 | 3.4 |
| Net Sales to Working Capital **26** | • | • | • | • | 28.1 | 21.8 | • | 26.9 | • | • | 3.4 |
| Coverage Ratio **27** | 3.1 | • | 3.0 | 5.8 | 4.6 | 6.9 | 0.2 | 3.5 | 2.6 | 0.4 | • |
| Total Asset Turnover **28** | 5.0 | • | 13.8 | 3.7 | 2.9 | 2.6 | 2.3 | 3.7 | 2.8 | 2.5 | 1.3 |
| Inventory Turnover **29** | • | • | • | • | • | • | • | • | • | 8.1 | • |
| Receivables Turnover **30** | • | • | • | • | • | • | 9.1 | • | 6.5 | 7.8 | 3.0 |
| Total Liabilities to Net Worth **31** | 2.3 | • | 1.6 | 1.1 | 1.7 | 1.9 | 4.6 | 8.1 | 7.5 | • | • |

## Selected Financial Factors (in Percentages)

| | | | | | | | | | | | |
|---|---|---|---|---|---|---|---|---|---|---|---|
| Debt Ratio **32** | 69.6 | • | 61.6 | 51.3 | 63.1 | 65.4 | 82.2 | 89.1 | 88.2 | 99.6 | • |
| Return on Assets **33** | 11.4 | • | 14.3 | 14.1 | 22.4 | 17.1 | 0.8 | 20.9 | 6.9 | 2.3 | • |
| Return on Equity **34** | 23.7 | • | 23.3 | 23.4 | • | • | • | 28.6 | • | • | • |
| Return Before Interest on Equity **35** | • | • | • | 29.0 | • | • | 4.6 | • | • | • | 33.3 |
| Profit Margin, Before Income Tax **36** | 1.6 | • | 0.7 | 3.2 | 6.0 | 5.6 | • | 4.0 | 1.6 | • | • |
| Profit Margin, After Income Tax **37** | 1.5 | • | 0.7 | 3.1 | 5.6 | 5.4 | • | 3.7 | 1.2 | • | • |

## Trends in Selected Ratios and Factors, 1986-1994

| | 1986 | 1987 | 1988 | 1989 | 1990 | 1991 | 1992 | 1993 | 1994 |
|---|---|---|---|---|---|---|---|---|---|
| Cost of Operations (%) **38** | 10.3 | 9.2 | 8.8 | 8.0 | 8.9 | 6.6 | 7.9 | 21.1 | 22.2 |
| Operating Margin (%) **39** | • | • | • | • | • | • | • | • | • |
| Oper. Margin Before Officers Comp. (%) **40** | 38.4 | 39.1 | 38.8 | 37.0 | 37.2 | 37.0 | 32.3 | 27.4 | 27.3 |
| Average Net Receivables ($) **41** | 5 | 6 | 7 | 7 | 7 | 8 | 11 | 18 | 19 |
| Average Inventories ($) **42** | 0 | 0 | 0 | 0 | 0 | 0 | 1 | 1 | 1 |
| Average Net Worth ($) **43** | 31 | 37 | 38 | 44 | 46 | 43 | 46 | 41 | 38 |
| Current Ratio (x1) **44** | 1.3 | 1.3 | 1.3 | 1.4 | 1.5 | 1.4 | 1.3 | 1.3 | 1.2 |
| Quick Ratio (x1) **45** | 1.1 | 1.1 | 1.2 | 1.3 | 1.3 | 1.2 | 1.1 | 1.1 | 1.0 |
| Coverage Ratio (x1) **46** | 5.2 | 5.0 | 3.8 | 4.7 | 5.3 | 5.9 | 2.0 | 2.5 | 3.1 |
| Asset Turnover (x1) **47** | 4.8 | 4.7 | 4.7 | 4.5 | 4.6 | 4.9 | 4.8 | 4.8 | 5.0 |
| Total Liabilities/Net Worth (x1) **48** | 1.3 | 1.2 | 1.3 | 1.2 | 1.3 | 1.2 | 1.6 | 2.0 | 2.3 |
| Return on Assets (x1) **49** | 12.4 | 11.7 | 10.9 | 11.7 | 12.8 | 14.4 | 5.9 | 7.9 | 11.4 |
| Return on Equity (%) **50** | 17.6 | 15.8 | 13.5 | 15.2 | 17.9 | 20.1 | 5.1 | 12.6 | 23.7 |

## Table II

Corporations with Net Income

# OFFICES OF PHYSICIANS, INCLUDING OSTEOPATHIC PHYSICIANS

### MONEY AMOUNTS AND SIZE OF ASSETS IN THOUSANDS OF DOLLARS

| Item Description for Accounting Period 7/90 Through 6/91 | Total | Zero Assets | Under 100 | 100 to 250 | 251 to 500 | 501 to 1,000 | 1,001 to 5,000 | 5,001 to 10,000 | 10,001 to 25,000 | 25,001 to 50,000 | 50,001 to 100,000 | 100,001 to 250,000 | 250,001 and over |
|---|---|---|---|---|---|---|---|---|---|---|---|---|---|
| Number of Enterprises **1** | 23196 | 1192 | 15649 | 4573 | 887 | 607 | 256 | 22 | 6 | 3 | • | • | • |
| **Revenues ($ in Thousands)** | | | | | | | | | | | | | |
| Net Sales **2** | 13250 | 516 | 5853 | 2607 | 1101 | 1105 | 934 | 775 | 276 | 82 | • | • | • |
| Portfolio Income **3** | 44 | 2 | 14 | 5 | 9 | 6 | 1 | 3 | 3 | 1 | • | • | • |
| Other Revenues **4** | 883 | 2 | 546 | 254 | 20 | 26 | 1 | 4 | 29 | 1 | • | • | • |
| Total Revenues **5** | 14177 | 520 | 6413 | 2867 | 1131 | 1136 | 936 | 782 | 308 | 84 | • | • | • |
| Average Total Revenues **6** | 611 | 436 | 410 | 627 | 1275 | 1872 | 3656 | 35549 | 51389 | 28065 | • | • | • |
| **Operating Costs/Operating Income (%)** | | | | | | | | | | | | | |
| Cost of Operations **7** | 12.5 | 75.6 | 9.8 | 6.5 | 13.2 | 5.6 | 15.6 | 7.0 | 35.9 | 29.7 | • | • | • |
| Rent **8** | 4.1 | 3.6 | 4.1 | 4.8 | 3.4 | 2.0 | 4.3 | 6.5 | 2.2 | 0.6 | • | • | • |
| Taxes Paid **9** | 2.8 | 1.3 | 2.8 | 2.9 | 2.4 | 2.4 | 3.2 | 3.3 | 2.8 | 3.4 | • | • | • |
| Interest Paid **10** | 0.8 | • | 0.5 | 0.7 | 0.8 | 1.0 | 1.9 | 1.5 | 1.7 | 7.5 | • | • | • |
| Depreciation, Depletion, Amortization **11** | 1.9 | • | 1.1 | 3.1 | 2.9 | 1.8 | 3.4 | 1.8 | 2.4 | 3.5 | • | • | • |
| Pensions and Other Benefits **12** | 4.1 | 0.7 | 4.1 | 3.9 | 4.5 | 5.3 | 2.3 | 5.7 | 6.5 | 3.4 | • | • | • |
| Other **13** | 42.2 | 18.7 | 39.3 | 44.6 | 35.1 | 43.9 | 47.8 | 67.6 | 55.8 | 41.9 | • | • | • |
| Officers Compensation **14** | 31.9 | 43.3 | 43.3 | 33.6 | 27.4 | 31.7 | 15.4 | 1.9 | 1.0 | 1.2 | • | • | • |
| Operating Margin **15** | • | 0.3 | • | • | 10.3 | 6.4 | 6.2 | 4.8 | • | 8.8 | • | • | • |
| Oper. Margin Before Officers Compensation **16** | 31.7 | 0.3 | 38.5 | 33.6 | 37.6 | 38.0 | 21.6 | 6.7 | • | 10.1 | • | • | • |
| **Selected Average Balance Sheet ($ in Thousands)** | | | | | | | | | | | | | |
| Net Receivables **17** | 15 | • | 2 | 5 | 86 | 120 | 267 | 1337 | 3635 | 5505 | • | • | • |
| Inventories **18** | 1 | • | 0 | 1 | 2 | • | • | 189 | 423 | 1427 | • | • | • |
| Net Property, Plant and Equipment **19** | 40 | • | 9 | 56 | 126 | 169 | 548 | 3210 | 7624 | 15347 | • | • | • |
| Total Assets **20** | 117 | • | 31 | 151 | 359 | 651 | 1635 | 7930 | 18656 | 42447 | • | • | • |

| | | | | | | | | | | |
|---|---|---|---|---|---|---|---|---|---|---|
| Notes and Loans Payable 21 | 40 | • | 8 | 43 | 92 | 201 | 752 | 5034 | 8674 | 18272 |
| All Other Liabilities 22 | 25 | • | 5 | 27 | 103 | 155 | 341 | 2417 | 5720 | 4034 |
| Net Worth 23 | 52 | • | 18 | 81 | 163 | 295 | 542 | 478 | 4262 | 20140 |

**Selected Financial Ratios (Times to 1)**

| | | | | | | | | | |
|---|---|---|---|---|---|---|---|---|---|
| Current Ratio 24 | 1.4 | 1.7 | 1.1 | 1.2 | 1.4 | 1.2 | 1.3 | 1.6 | 3.4 |
| Quick Ratio 25 | 1.2 | 1.5 | 1.0 | 1.0 | 1.3 | 1.2 | 0.8 | 1.3 | 3.0 |
| Net Sales to Working Capital 26 | 45.5 | • | • | 47.4 | 21.6 | 41.6 | 33.9 | 13.0 | 2.5 |
| Coverage Ratio 27 | 9.3 | 10.1 | 15.0 | • | 10.1 | 4.4 | 4.9 | 3.1 | 2.4 |
| Total Asset Turnover 28 | 4.9 | 12.1 | 3.8 | 3.5 | 2.8 | 2.2 | 4.5 | 2.5 | 0.7 |
| Inventory Turnover 29 | • | • | • | • | • | • | • | • | 10.0 |
| Receivables Turnover 30 | • | • | • | • | • | 9.2 | • | 8.6 | |
| Total Liabilities to Net Worth 31 | 1.3 | 0.8 | 0.9 | 1.2 | 1.2 | 2.0 | 15.6 | 3.4 | 1.1 |

**Selected Financial Factors (in Percentages)**

| | | | | | | | | | |
|---|---|---|---|---|---|---|---|---|---|
| Debt Ratio 32 | 55.7 | 43.5 | 46.1 | 54.5 | 54.7 | 66.8 | 94.0 | 77.2 | 52.6 |
| Return on Assets 33 | 37.4 | • | • | • | 28.5 | 18.7 | 31.8 | 12.8 | 11.5 |
| Return on Equity 34 | • | • | • | • | • | • | • | 29.8 | 13.6 |
| Return Before Interest on Equity 35 | • | • | • | • | • | • | • | • | 24.2 |
| Profit Margin, Before Income Tax 36 | 6.9 | 4.8 | 9.9 | 12.9 | 9.2 | 6.5 | 5.7 | 3.5 | 10.2 |
| Profit Margin, After Income Tax 37 | 6.7 | 4.7 | 9.8 | 12.3 | 8.9 | 6.4 | 5.3 | 2.8 | 10.0 |

**Trends in Selected Ratios and Factors, 1986-1994**

| | 1986 | 1987 | 1988 | 1989 | 1990 | 1991 | 1992 | 1993 | 1994 |
|---|---|---|---|---|---|---|---|---|---|
| Cost of Operations (%) 38 | 9.4 | 8.5 | 8.3 | 6.8 | 7.8 | 6.8 | 7.4 | 8.7 | 12.5 |
| Operating Margin (%) 39 | 0.7 | 0.8 | 1.4 | 0.6 | 1.8 | 1.8 | 1.5 | 1.8 | • |
| Oper. Margin Before Officers Comp. (%) 40 | 40.5 | 41.0 | 40.7 | 39.0 | 40.2 | 39.3 | 34.3 | 34.2 | 31.7 |
| Average Net Receivables ($) 41 | 5 | 7 | 7 | 7 | 7 | 7 | 10 | 13 | 15 |
| Average Inventories ($) 42 | 0 | 0 | 0 | 0 | 0 | 0 | 0 | 0 | 1 |
| Average Net Worth ($) 43 | 37 | 48 | 48 | 54 | 58 | 54 | 59 | 58 | 52 |
| Current Ratio (x1) 44 | 1.4 | 1.4 | 1.4 | 1.5 | 1.7 | 1.7 | 1.5 | 1.6 | 1.4 |
| Quick Ratio (x1) 45 | 1.2 | 1.2 | 1.2 | 1.4 | 1.5 | 1.5 | 1.3 | 1.4 | 1.2 |
| Coverage Ratio (x1) 46 | 9.2 | 8.9 | 8.6 | 9.0 | 10.3 | 12.9 | 9.5 | 9.6 | 9.3 |
| Asset Turnover (x1) 47 | 4.6 | 4.5 | 4.6 | 4.4 | 4.6 | 4.7 | 5.3 | 4.5 | 4.9 |
| Operating Leverage 48 | • | 1.1 | 1.7 | 0.4 | 3.1 | 1.0 | 0.8 | 1.2 | • |
| Financial Leverage 49 | • | 1.0 | 1.0 | 1.0 | 1.0 | 1.0 | 1.1 | 1.1 | 1.0 |
| Total Leverage 50 | • | 1.1 | 1.6 | 0.5 | 3.2 | 1.0 | 0.9 | 1.2 | • |

## Table I

Corporations with and without Net Income

# OFFICES OF DENTISTS

### MONEY AMOUNTS AND SIZE OF ASSETS IN THOUSANDS OF DOLLARS

| Item Description for Accounting Period 7/90 Through 6/91 | Total | Zero Assets | Under 100 | 100 to 250 | 251 to 500 | 501 to 1,000 | 1,001 to 5,000 | 5,001 to 10,000 | 10,001 to 25,000 | 25,001 to 50,000 | 50,001 to 100,000 | 100,001 to 250,000 | 250,001 and over |
|---|---|---|---|---|---|---|---|---|---|---|---|---|---|
| Number of Enterprises **1** | 19549 | 98 | 14447 | 4021 | 748 | 202 | 33 | • | • | • | • | • | • |

**Revenues ($ in Thousands)**

| | Total | Zero Assets | Under 100 | 100 to 250 | 251 to 500 | 501 to 1,000 | 1,001 to 5,000 | 5,001 to 10,000 | 10,001 to 25,000 | 25,001 to 50,000 | 50,001 to 100,000 | 100,001 to 250,000 | 250,001 and over |
|---|---|---|---|---|---|---|---|---|---|---|---|---|---|
| Net Sales **2** | 7310 | 2 | 4280 | 2192 | 386 | 203 | 246 | • | • | • | • | • | • |
| Portfolio Income **3** | 15 | • | 7 | 6 | 1 | 1 | 0 | | | | • | • | • |
| Other Revenues **4** | 36 | • | 3 | 31 | 1 | 1 | 0 | | | | • | • | • |
| Total Revenues **5** | 7361 | 2 | 4290 | 2229 | 388 | 206 | 246 | • | • | • | • | • | • |
| Average Total Revenues **6** | 377 | 25 | 297 | 554 | 519 | 1018 | 7466 | • | • | • | • | • | • |

**Operating Costs/Operating Income (%)**

| | Total | Zero Assets | Under 100 | 100 to 250 | 251 to 500 | 501 to 1,000 | 1,001 to 5,000 | 5,001 to 10,000 | 10,001 to 25,000 | 25,001 to 50,000 | 50,001 to 100,000 | 100,001 to 250,000 | 250,001 and over |
|---|---|---|---|---|---|---|---|---|---|---|---|---|---|
| Cost of Operations **7** | 17.7 | 14.6 | 17.3 | 17.2 | 8.8 | 9.6 | 50.2 | • | • | • | • | • | • |
| Rent **8** | 5.8 | 4.1 | 6.2 | 5.1 | 6.2 | 4.3 | 5.7 | | | | • | • | • |
| Taxes Paid **9** | 3.6 | 11.7 | 3.6 | 3.9 | 3.3 | 4.4 | 2.0 | | | | • | • | • |
| Interest Paid **10** | 1.0 | • | 0.7 | 1.1 | 2.4 | 3.8 | 1.3 | | | | • | • | • |
| Depreciation, Depletion, Amortization **11** | 2.6 | 0.6 | 2.1 | 3.6 | 3.3 | 2.4 | 2.9 | | | | • | • | • |
| Pensions and Other Benefits **12** | 2.7 | • | 2.5 | 3.3 | 2.6 | 3.8 | • | | | | • | • | • |
| Other **13** | 39.7 | 35.4 | 39.2 | 38.7 | 40.6 | 63.1 | 36.2 | • | • | • | • | • | • |
| Officers Compensation **14** | 24.7 | • | 26.0 | 26.6 | 25.2 | 5.7 | 0.3 | | | | • | • | • |
| Operating Margin **15** | 2.2 | 33.8 | 2.5 | 0.6 | 7.6 | 2.9 | 1.4 | | | | • | • | • |
| Oper. Margin Before Officers Compensation **16** | 26.9 | 33.8 | 28.5 | 27.3 | 32.8 | 8.6 | 1.8 | • | • | • | • | • | • |

**Selected Average Balance Sheet ($ in Thousands)**

| | Total | Zero Assets | Under 100 | 100 to 250 | 251 to 500 | 501 to 1,000 | 1,001 to 5,000 | 5,001 to 10,000 | 10,001 to 25,000 | 25,001 to 50,000 | 50,001 to 100,000 | 100,001 to 250,000 | 250,001 and over |
|---|---|---|---|---|---|---|---|---|---|---|---|---|---|
| Net Receivables **17** | 5 | • | 2 | 6 | 19 | 120 | 479 | | | | • | • | • |
| Inventories **18** | 0 | • | 0 | 0 | • | 22 | 53 | | | | • | • | • |
| Net Property, Plant and Equipment **19** | 39 | • | 20 | 68 | 147 | 246 | 1274 | | | | • | • | • |
| Total Assets **20** | 86 | • | 41 | 155 | 332 | 775 | 2124 | • | • | • | • | • | • |

| Notes and Loans Payable 21 | 39 | • | • | 25 | 48 | 150 | 384 | 751 |
|---|---|---|---|---|---|---|---|---|
| All Other Liabilities 22 | 9 | • | • | 6 | 17 | 6 | 88 | 182 |
| Net Worth 23 | 38 | • | • | 10 | 91 | 177 | 302 | 1191 |

## Selected Financial Ratios (Times to 1)

| | | | | | | | | |
|---|---|---|---|---|---|---|---|---|
| Current Ratio 24 | 1.9 | • | • | 1.3 | 1.9 | 9.0 | 2.0 | 5.6 |
| Quick Ratio 25 | 1.6 | • | • | 1.2 | 1.4 | 7.7 | 1.5 | 5.1 |
| Net Sales to Working Capital 26 | 28.5 | • | • | • | 21.3 | 5.3 | 9.3 | 15.7 |
| Coverage Ratio 27 | 3.9 | • | • | 4.8 | 3.1 | 4.4 | 2.1 | 2.1 |
| Total Asset Turnover 28 | 4.3 | • | • | 7.3 | 3.5 | 1.6 | 1.3 | 3.5 |
| Inventory Turnover 29 | • | • | • | • | • | 6.0 | 6.2 | • |
| Receivables Turnover 30 | • | • | • | • | • | • | 9.4 | • |
| Total Liabilities to Net Worth 31 | 1.3 | • | • | 2.9 | 0.7 | 0.9 | 1.6 | 0.8 |

## Selected Financial Factors (in Percentages)

| | | | | | | | | |
|---|---|---|---|---|---|---|---|---|
| Debt Ratio 32 | 55.6 | • | • | 74.3 | 41.5 | 46.8 | 61.0 | 43.9 |
| Return on Assets 33 | 16.9 | • | • | 25.1 | 11.8 | 16.2 | 10.2 | 9.7 |
| Return on Equity 34 | 27.5 | • | • | 13.1 | 13.1 | 21.7 | 13.4 | 8.6 |
| Return Before Interest on Equity 35 | • | • | • | • | 20.1 | 30.5 | 26.1 | 17.3 |
| Profit Margin, Before Income Tax 36 | 2.9 | 33.8 | • | 2.8 | 2.3 | 8.1 | 4.0 | 1.4 |
| Profit Margin, After Income Tax 37 | 2.8 | 33.8 | • | 2.7 | 2.2 | 7.4 | 4.0 | 1.4 |

## Trends in Selected Ratios and Factors, 1986-1994

| | 1986 | 1987 | 1988 | 1989 | 1990 | 1991 | 1992 | 1993 | 1994 |
|---|---|---|---|---|---|---|---|---|---|
| Cost of Operations (%) 38 | 18.3 | 16.4 | 16.6 | 13.1 | 12.0 | 11.8 | 14.7 | 16.8 | 17.7 |
| Operating Margin (%) 39 | 0.1 | 0.2 | 0.2 | 0.1 | 1.4 | 1.2 | • | 1.4 | 2.2 |
| Oper. Margin Before Officers Comp. (%) 40 | 30.1 | 30.2 | 29.5 | 27.8 | 28.9 | 27.0 | 25.8 | 26.3 | 26.9 |
| Average Net Receivables ($) 41 | 3 | 5 | 6 | 6 | 5 | 5 | 7 | 9 | 5 |
| Average Inventories ($) 42 | 0 | 0 | 0 | 0 | 0 | 0 | 0 | 2 | 0 |
| Average Net Worth ($) 43 | 27 | 30 | 31 | 35 | 41 | 41 | 35 | 37 | 38 |
| Current Ratio (x1) 44 | 1.2 | 1.4 | 1.5 | 1.7 | 1.8 | 2.0 | 1.7 | 2.1 | 1.9 |
| Quick Ratio (x1) 45 | 1.0 | 1.2 | 1.3 | 1.5 | 1.6 | 1.7 | 1.4 | 1.7 | 1.6 |
| Coverage Ratio (x1) 46 | 3.3 | 3.5 | 3.2 | 3.4 | 6.6 | 5.1 | 1.8 | 3.6 | 3.9 |
| Asset Turnover (x1) 47 | 4.7 | 4.5 | 4.5 | 4.6 | 4.6 | 4.7 | 4.8 | 4.1 | 4.3 |
| Total Liabilities/Net Worth (x1) 48 | 1.1 | 1.2 | 1.2 | 1.1 | 0.9 | 0.8 | 1.1 | 1.4 | 1.3 |
| Return on Assets (x1) 49 | 12.6 | 11.2 | 10.7 | 11.3 | 18.2 | 14.7 | 6.3 | 11.7 | 16.9 |
| Return on Equity (%) 50 | 14.8 | 13.9 | 13.1 | 13.1 | 24.7 | 17.1 | 4.7 | 19.6 | 27.5 |

| | | | | | | | |
|---|---|---|---|---|---|---|---|
| Notes and Loans Payable 21 | 38 | 22 | • | 39 | 103 | 384 | 751 |
| All Other Liabilities 22 | 10 | 6 | • | 14 | 6 | 88 | 182 |
| Net Worth 23 | 54 | 15 | • | 116 | 209 | 302 | 1191 |

## Selected Financial Ratios (Times to 1)

| | | | | | | | |
|---|---|---|---|---|---|---|---|
| Current Ratio 24 | 2.3 | 1.3 | • | 2.5 | 9.7 | 2.0 | 5.6 |
| Quick Ratio 25 | 1.8 | 1.1 | • | 1.8 | 8.1 | 1.5 | 5.1 |
| Net Sales to Working Capital 26 | 20.1 | • | • | 13.2 | 3.2 | 9.3 | 15.7 |
| Coverage Ratio 27 | 7.2 | 10.0 | • | 6.9 | 10.8 | 2.1 | 2.1 |
| Total Asset Turnover 28 | 4.2 | 7.7 | • | 3.5 | 1.4 | 1.3 | 3.5 |
| Inventory Turnover 29 | • | • | • | • | • | 6.2 | • |
| Receivables Turnover 30 | • | • | • | • | • | 9.4 | • |
| Total Liabilities to Net Worth 31 | 0.9 | 1.9 | • | 0.5 | 0.5 | 1.6 | 0.8 |

## Selected Financial Factors (in Percentages)

| | | | | | | | |
|---|---|---|---|---|---|---|---|
| Debt Ratio 32 | 47.0 | 65.3 | • | 31.1 | 34.3 | 61.0 | 43.9 |
| Return on Assets 33 | 30.0 | • | • | 23.3 | 24.3 | 10.2 | 9.7 |
| Return on Equity 34 | • | • | • | 27.9 | 31.1 | 13.4 | 8.6 |
| Return Before Interest on Equity 35 | • | • | • | 33.8 | • | 26.1 | 17.3 |
| Profit Margin, Before Income Tax 36 | 6.2 | 6.3 | 33.8 | 5.7 | 16.4 | 4.0 | 1.4 |
| Profit Margin, After Income Tax 37 | 6.1 | 6.3 | 33.8 | 5.5 | 15.2 | 4.0 | 1.4 |

## Trends in Selected Ratios and Factors, 1986-1994

| | 1986 | 1987 | 1988 | 1989 | 1990 | 1991 | 1992 | 1993 | 1994 |
|---|---|---|---|---|---|---|---|---|---|
| Cost of Operations (%) 38 | 18.0 | 15.7 | 16.6 | 12.4 | 12.2 | 13.1 | 15.4 | 15.5 | 18.5 |
| Operating Margin (%) 39 | 1.8 | 2.4 | 2.5 | 2.4 | 2.8 | 3.4 | 1.0 | 4.8 | 5.3 |
| Oper. Margin Before Officers Comp. (%) 40 | 30.9 | 31.5 | 31.2 | 29.5 | 29.0 | 27.3 | 26.1 | 29.3 | 27.9 |
| Average Net Receivables ($) 41 | 3 | 4 | 6 | 7 | 5 | 6 | 7 | 9 | 9 |
| Average Inventories ($) 42 | 0 | 0 | 0 | 0 | 0 | 0 | 0 | 0 | 1 |
| Average Net Worth ($) 43 | 33 | 39 | 43 | 45 | 46 | 47 | 45 | 58 | 54 |
| Current Ratio (x1) 44 | 1.3 | 1.6 | 1.7 | 2.0 | 2.1 | 2.1 | 1.7 | 2.6 | 2.3 |
| Quick Ratio (x1) 45 | 1.1 | 1.4 | 1.5 | 1.7 | 1.8 | 1.8 | 1.4 | 2.1 | 1.8 |
| Coverage Ratio (x1) 46 | 5.4 | 7.1 | 7.4 | 6.9 | 9.5 | 9.5 | 8.0 | 7.6 | 7.2 |
| Asset Turnover (x1) 47 | 4.6 | 4.4 | 4.4 | 4.4 | 4.5 | 4.4 | 5.1 | 4.3 | 4.2 |
| Operating Leverage 48 | • | 1.3 | 1.1 | 1.0 | 1.2 | 1.2 | 0.3 | 4.7 | 1.1 |
| Financial Leverage 49 | • | 1.1 | 1.1 | 1.0 | 1.1 | 1.0 | 1.1 | 1.0 | 1.0 |
| Total Leverage 50 | • | 1.4 | 1.1 | 1.0 | 1.2 | 1.2 | 0.3 | 4.9 | 1.1 |

# Table I

Corporations with and without Net Income

# OFFICES OF OTHER HEALTH PRACTITIONERS

**MONEY AMOUNTS AND SIZE OF ASSETS IN THOUSANDS OF DOLLARS**

| Item Description for Accounting Period 7/90 Through 6/91 | | Total | Zero Assets | Under 100 | 100 to 250 | 251 to 500 | 501 to 1,000 | 1,001 to 5,000 | 5,001 to 10,000 | 10,001 to 25,000 | 25,001 to 50,000 | 50,001 to 100,000 | 100,001 to 250,000 | 250,001 and over |
|---|---|---|---|---|---|---|---|---|---|---|---|---|---|---|
| Number of Enterprises | 1 | 17756 | 397 | 14315 | 2194 | 580 | 219 | 44 | 7 | · | · | · | · | · |
| **Revenues ($ in Thousands)** | | | | | | | | | | | | | | |
| Net Sales | 2 | 4387 | 3 | 2124 | 1091 | 554 | 311 | 214 | 90 | · | · | · | · | · |
| Portfolio Income | 3 | 35 | · | 2 | 31 | 2 | 0 | 0 | · | · | · | · | · | · |
| Other Revenues | 4 | 19 | · | 10 | 1 | 8 | 0 | 0 | 0 | · | · | · | · | · |
| Total Revenues | 5 | 4441 | 3 | 2136 | 1122 | 563 | 312 | 214 | 90 | · | · | · | · | · |
| Average Total Revenues | 6 | 250 | 8 | 149 | 511 | 972 | 1423 | 4868 | 12856 | · | · | · | · | · |
| **Operating Costs/Operating Income (%)** | | | | | | | | | | | | | | |
| Cost of Operations | 7 | 20.4 | 15.6 | 15.1 | 22.4 | 15.6 | 36.8 | 45.4 | 36.8 | · | · | · | · | · |
| Rent | 8 | 8.1 | 24.8 | 8.8 | 6.2 | 8.0 | 12.0 | 5.3 | 8.2 | · | · | · | · | · |
| Taxes Paid | 9 | 3.8 | 4.0 | 3.8 | 4.5 | 3.9 | 2.5 | 2.8 | 3.2 | · | · | · | · | · |
| Interest Paid | 10 | 1.1 | 0.8 | 0.7 | 1.0 | 2.0 | 1.8 | 1.3 | 3.0 | · | · | · | · | · |
| Depreciation, Depletion, Amortization | 11 | 2.7 | · | 2.5 | 3.0 | 2.7 | 2.8 | 2.6 | 2.0 | · | · | · | · | · |
| Pensions and Other Benefits | 12 | 2.0 | · | 1.4 | 3.2 | 1.8 | 2.0 | 2.0 | 2.8 | · | · | · | · | · |
| Other | 13 | 40.8 | 63.8 | 38.9 | 38.7 | 55.2 | 38.2 | 34.5 | 44.3 | · | · | · | · | · |
| Officers Compensation | 14 | 15.2 | · | 19.9 | 16.1 | 8.8 | 4.1 | 3.0 | 1.4 | · | · | · | · | · |
| Operating Margin | 15 | 6.0 | · | 9.1 | 5.0 | 2.1 | · | 3.3 | · | · | · | · | · | · |
| Oper. Margin Before Officers Compensation | 16 | 21.2 | · | 28.9 | 21.1 | 10.8 | 4.1 | 6.2 | · | · | · | · | · | · |
| **Selected Average Balance Sheet ($ in Thousands)** | | | | | | | | | | | | | | |
| Net Receivables | 17 | 8 | · | 1 | 30 | 60 | 20 | 372 | 309 | · | · | · | · | · |
| Inventories | 18 | 5 | · | 1 | 4 | 27 | 75 | 306 | 893 | · | · | · | · | · |
| Net Property, Plant and Equipment | 19 | 26 | · | 11 | 48 | 101 | 551 | 258 | 596 | · | · | · | · | · |
| Total Assets | 20 | 70 | · | 27 | 170 | 322 | 754 | 2164 | 5357 | · | · | · | · | · |

| | | | | | | | |
|---|---|---|---|---|---|---|---|
| Notes and Loans Payable **21** | 35 | 18 | 48 | 155 | 575 | 362 | 3477 |
| All Other Liabilities **22** | 14 | 5 | 32 | 53 | 179 | 464 | 1825 |
| Net Worth **23** | 22 | 5 | 90 | 114 | 0 | 1338 | 54 |

**Selected Financial Ratios (Times to 1)**

| | | | | | | | |
|---|---|---|---|---|---|---|---|
| Current Ratio **24** | 1.5 | 0.9 | 2.5 | 1.3 | 1.2 | 1.8 | 1.7 |
| Quick Ratio **25** | 1.1 | 0.7 | 2.3 | 1.0 | 0.5 | 1.1 | 1.0 |
| Net Sales to Working Capital **26** | 29.5 | • | 10.1 | 38.9 | 49.0 | 9.1 | 12.1 |
| Coverage Ratio **27** | 7.9 | • | 9.4 | 2.9 | 1.1 | 3.7 | 0.5 |
| Total Asset Turnover **28** | 3.5 | 5.5 | 2.9 | 3.0 | 1.9 | 2.3 | 2.4 |
| Inventory Turnover **29** | • | • | • | 6.5 | 5.2 | 9.1 | 4.9 |
| Receivables Turnover **30** | • | • | • | • | • | • | 8.6 |
| Total Liabilities to Net Worth **31** | 2.2 | 4.8 | 0.9 | 1.8 | 0.6 | • | • |

**Selected Financial Factors (in Percentages)**

| | | | | | | | |
|---|---|---|---|---|---|---|---|
| Debt Ratio **32** | 68.8 | 82.8 | 47.1 | 64.5 | • | 38.2 | 99.0 |
| Return on Assets **33** | 29.2 | • | 26.0 | 16.9 | 3.9 | 10.3 | 3.8 |
| Return on Equity **34** | • | • | • | 25.1 | • | 11.1 | • |
| Return Before Interest on Equity **35** | • | • | • | • | • | 16.7 | • |
| Profit Margin, Before Income Tax **36** | 7.3 | 9.7 | 7.9 | 3.7 | 0.2 | 3.3 | • |
| Profit Margin, After Income Tax **37** | 7.1 | 9.7 | 7.7 | 3.0 | 0.2 | 3.1 | • |

**Trends in Selected Ratios and Factors, 1986-1994**

| | 1986 | 1987 | 1988 | 1989 | 1990 | 1991 | 1992 | 1993 | 1994 |
|---|---|---|---|---|---|---|---|---|---|
| Cost of Operations (%) **38** | 16.3 | 21.3 | 20.4 | 20.3 | 16.1 | 18.0 | 18.0 | 22.1 | 20.4 |
| Operating Margin (%) **39** | 4.1 | 2.8 | 1.7 | 1.3 | • | • | 2.3 | 2.4 | 6.0 |
| Oper. Margin Before Officers Comp. (%) **40** | 34.1 | 23.6 | 25.1 | 25.0 | 19.5 | 18.8 | 23.8 | 16.6 | 21.2 |
| Average Net Receivables ($) **41** | 4 | 4 | 5 | 8 | 8 | 7 | 10 | 9 | 8 |
| Average Inventories ($) **42** | 1 | 2 | 3 | 3 | 4 | 4 | 6 | 5 | 5 |
| Average Net Worth ($) **43** | 24 | 23 | 25 | 24 | 18 | 22 | 25 | 14 | 22 |
| Current Ratio (×1) **44** | 1.3 | 1.3 | 1.5 | 1.4 | 1.1 | 1.5 | 1.4 | 1.5 | 1.5 |
| Quick Ratio (×1) **45** | 1.0 | 1.1 | 1.2 | 1.1 | 0.8 | 1.1 | 1.0 | 1.2 | 1.1 |
| Coverage Ratio (×1) **46** | 6.7 | 4.3 | 3.8 | 3.6 | 1.7 | 2.8 | 3.5 | 5.4 | 7.9 |
| Asset Turnover (×1) **47** | 3.7 | 3.0 | 3.0 | 2.9 | 3.0 | 3.3 | 3.3 | 3.6 | 3.5 |
| Total Liabilities/Net Worth (×1) **48** | 1.1 | 1.3 | 1.5 | 1.7 | 3.3 | 2.1 | 2.3 | 4.3 | 2.2 |
| Return on Assets (×1) **49** | 20.6 | 14.9 | 15.0 | 11.7 | 7.5 | 11.2 | 14.1 | 19.2 | 29.2 |
| Return on Equity (%) **50** | 28.8 | 21.2 | 23.1 | 17.9 | 7.9 | 18.4 | 30.9 | 79.1 | 79.8 |

## Table II

Corporations with Net Income

# OFFICES OF OTHER HEALTH PRACTITIONERS

MONEY AMOUNTS AND SIZE OF ASSETS IN THOUSANDS OF DOLLARS

| Item Description for Accounting Period 7/90 Through 6/91 | | Total | Zero Assets | Under 100 | 100 to 250 | 251 to 500 | 501 to 1,000 | 1,001 to 5,000 | 5,001 to 10,000 | 10,001 to 25,000 | 25,001 to 50,000 | 50,001 to 100,000 | 100,001 to 250,000 | 250,001 and over |
|---|---|---|---|---|---|---|---|---|---|---|---|---|---|---|
| Number of Enterprises | 1 | 11760 | • | 9435 | 1687 | 516 | 91 | 32 | • | • | • | • | • | • |
| **Revenues ($ in Thousands)** | | | | | | | | | | | | | | |
| Net Sales | 2 | 3233 | • | 1461 | 895 | 544 | 119 | 214 | • | • | • | • | • | • |
| Portfolio Income | 3 | 34 | • | 2 | 31 | 2 | • | • | | | | | | |
| Other Revenues | 4 | 16 | • | 8 | 1 | 8 | • | 0 | • | | | | | • |
| Total Revenues | 5 | 3284 | • | 1471 | 926 | 553 | 119 | 214 | • | • | • | • | • | • |
| Average Total Revenues | 6 | 279 | • | 156 | 549 | 1072 | 1308 | 6691 | • | • | • | • | • | • |
| **Operating Costs/Operating Income (%)** | | | | | | | | | | | | | | |
| Cost of Operations | 7 | 19.7 | • | 14.3 | 25.6 | 15.6 | 12.6 | 45.4 | • | • | • | • | • | • |
| Rent | 8 | 7.1 | • | 7.9 | 5.9 | 8.1 | 3.8 | 5.3 | • | • | • | • | • | • |
| Taxes Paid | 9 | 3.8 | • | 3.5 | 4.1 | 3.8 | 5.3 | 2.8 | • | • | • | • | • | • |
| Interest Paid | 10 | 0.8 | • | 0.4 | 0.9 | 1.2 | 3.5 | 0.7 | • | • | • | • | • | • |
| Depreciation, Depletion, Amortization | 11 | 2.5 | • | 1.9 | 3.3 | 2.3 | 6.6 | 2.5 | • | • | • | • | • | • |
| Pensions and Other Benefits | 12 | 2.1 | • | 1.4 | 3.1 | 1.9 | 3.3 | 2.0 | • | • | • | • | • | • |
| Other | 13 | 39.4 | • | 35.2 | 35.2 | 55.9 | 55.6 | 34.4 | • | • | • | • | • | • |
| Officers Compensation | 14 | 14.0 | • | 17.3 | 15.3 | 8.9 | 5.5 | 3.0 | • | • | • | • | • | • |
| Operating Margin | 15 | 10.8 | • | 18.0 | 6.8 | 2.3 | 3.7 | 4.1 | • | • | • | • | • | • |
| Oper. Margin Before Officers Compensation | 16 | 24.8 | • | 35.3 | 22.1 | 11.2 | 9.2 | 7.0 | • | • | • | • | • | • |
| **Selected Average Balance Sheet ($ in Thousands)** | | | | | | | | | | | | | | |
| Net Receivables | 17 | 9 | • | 1 | 23 | 67 | 33 | 511 | • | • | • | • | • | • |
| Inventories | 18 | 5 | • | 2 | 6 | 30 | • | 421 | • | • | • | • | • | • |
| Net Property, Plant and Equipment | 19 | 25 | • | 8 | 55 | 86 | 664 | 355 | • | • | • | • | • | • |
| Total Assets | 20 | 67 | • | 24 | 163 | 320 | 751 | 1623 | • | • | • | • | • | • |

| | | | | | | | |
|---|---|---|---|---|---|---|---|
| Notes and Loans Payable 21 | 28 | • | 10 | 43 | 143 | 744 | 498 |
| All Other Liabilities 22 | 11 | • | 3 | 25 | 59 | 137 | 437 |
| Net Worth 23 | 29 | • | 11 | 94 | 118 | -130 | 688 |

### Selected Financial Ratios (Times to 1)

| | | | | | | | |
|---|---|---|---|---|---|---|---|
| Current Ratio 24 | 1.9 | • | 1.7 | 3.9 | 1.3 | 0.5 | 1.7 |
| Quick Ratio 25 | 1.5 | • | 1.3 | 3.4 | 1.0 | 0.5 | 0.8 |
| Net Sales to Working Capital 26 | 18.9 | • | 40.9 | 8.1 | 32.1 | • | 14.1 |
| Coverage Ratio 27 | • | • | • | 12.3 | 4.3 | 2.1 | 7.1 |
| Total Asset Turnover 28 | 4.1 | • | 6.4 | 3.3 | 3.3 | 1.8 | 4.1 |
| Inventory Turnover 29 | • | • | • | • | • | 1.1 | 9.1 |
| Receivables Turnover 30 | • | • | • | • | • | • | • |
| Total Liabilities to Net Worth 31 | 1.4 | • | 1.2 | 0.7 | 1.7 | • | 1.4 |

### Selected Financial Factors (in Percentages)

| | | | | | | | |
|---|---|---|---|---|---|---|---|
| Debt Ratio 32 | 57.4 | • | 53.7 | 42.1 | 63.2 | • | 57.6 |
| Return on Assets 33 | • | • | • | 36.5 | 17.0 | 12.6 | 19.6 |
| Return on Equity 34 | • | • | • | • | 29.2 | • | 37.0 |
| Return Before Interest on Equity 35 | • | • | • | • | • | • | • |
| Profit Margin, Before Income Tax 36 | 12.4 | • | 18.7 | 10.3 | 4.0 | 3.7 | 4.1 |
| Profit Margin, After Income Tax 37 | 12.1 | • | 18.7 | 10.0 | 3.3 | 3.7 | 3.8 |

## Trends in Selected Ratios and Factors, 1986-1994

| | 1986 | 1987 | 1988 | 1989 | 1990 | 1991 | 1992 | 1993 | 1994 |
|---|---|---|---|---|---|---|---|---|---|
| Cost of Operations (%) 38 | 17.2 | 20.5 | 22.9 | 18.8 | 17.9 | 17.6 | 18.2 | 24.4 | 19.7 |
| Operating Margin (%) 39 | 6.9 | 7.9 | 5.7 | 5.4 | 4.8 | 4.4 | 7.4 | 6.8 | 10.8 |
| Oper. Margin Before Officers Comp. (%) 40 | 35.7 | 26.6 | 27.4 | 29.9 | 28.6 | 22.3 | 27.5 | 20.7 | 24.8 |
| Average Net Receivables ($) 41 | 4 | 5 | 6 | 7 | 11 | 6 | 8 | 10 | 9 |
| Average Inventories ($) 42 | 2 | 2 | 4 | 3 | 3 | 3 | 3 | 6 | 5 |
| Average Net Worth ($) 43 | 32 | 35 | 32 | 41 | 34 | 25 | 41 | 34 | 29 |
| Current Ratio (x1) 44 | 1.6 | 1.7 | 1.6 | 1.6 | 1.8 | 1.5 | 1.8 | 2.1 | 1.9 |
| Quick Ratio (x1) 45 | 1.3 | 1.4 | 1.3 | 1.3 | 1.5 | 1.1 | 1.4 | 1.6 | 1.5 |
| Coverage Ratio (x1) 46 | 11.2 | 8.8 | 7.8 | 9.1 | 6.7 | 6.9 | 7.8 | 13.5 | 16.1 |
| Asset Turnover (x1) 47 | 3.8 | 2.9 | 3.0 | 3.0 | 3.4 | 3.3 | 3.4 | 4.0 | 4.1 |
| Operating Leverage 48 | • | 1.2 | 0.7 | 1.0 | 0.9 | 0.9 | 1.7 | 0.9 | 1.6 |
| Financial Leverage 49 | • | 1.0 | 1.0 | 1.0 | 1.0 | 1.0 | 1.1 | 1.1 | 1.0 |
| Total Leverage 50 | • | 1.2 | 0.7 | 1.0 | 0.9 | 0.9 | 1.8 | 1.0 | 1.6 |

## Table I

Corporations with and without Net Income

# NURSING AND PERSONAL CARE FACILITIES

### MONEY AMOUNTS AND SIZE OF ASSETS IN THOUSANDS OF DOLLARS

| Item Description for Accounting Period 7/90 Through 6/91 | Total | Zero Assets | Under 100 | 100 to 250 | 251 to 500 | 501 to 1,000 | 1,001 to 5,000 | 5,001 to 10,000 | 10,001 to 25,000 | 25,001 to 50,000 | 50,001 to 100,000 | 100,001 to 250,000 | 250,001 and over |
|---|---|---|---|---|---|---|---|---|---|---|---|---|---|
| Number of Enterprises **1** | 13298 | 35 | 5012 | 3660 | 942 | 1232 | 1991 | 281 | 69 | 42 | 14 | 12 | 7 |
| **Revenues ($ in Thousands)** | | | | | | | | | | | | | |
| Net Sales **2** | 25608 | 299 | 1156 | 2488 | 652 | 2549 | 6506 | 2131 | 953 | 1018 | 927 | 1378 | 5552 |
| Portfolio Income **3** | 267 | 22 | 3 | 18 | 1 | 17 | 32 | 6 | 5 | 13 | 22 | 26 | 103 |
| Other Revenues **4** | 711 | 28 | 7 | 25 | 2 | 26 | 169 | 43 | 33 | 75 | 17 | 110 | 179 |
| Total Revenues **5** | 26586 | 348 | 1166 | 2531 | 655 | 2592 | 6707 | 2179 | 991 | 1106 | 965 | 1514 | 5833 |
| Average Total Revenues **6** | 1999 | 9941 | 233 | 691 | 695 | 2104 | 3368 | 7754 | 14364 | 26338 | 68956 | 126143 | 833319 |
| **Operating Costs/Operating Income (%)** | | | | | | | | | | | | | |
| Cost of Operations **7** | 20.2 | 13.5 | 36.6 | 29.6 | 23.7 | 21.7 | 25.4 | 23.9 | 15.7 | 23.3 | 25.0 | 12.7 | 5.5 |
| Rent **8** | 6.2 | 2.9 | 7.8 | 6.2 | 7.3 | 7.4 | 5.6 | 8.3 | 6.4 | 4.2 | 6.7 | 5.8 | 5.5 |
| Taxes Paid **9** | 5.8 | 8.2 | 6.9 | 5.8 | 6.6 | 6.4 | 5.9 | 5.3 | 5.7 | 5.2 | 4.9 | 5.2 | 5.7 |
| Interest Paid **10** | 4.5 | 4.8 | 0.8 | 1.5 | 2.3 | 1.8 | 4.1 | 5.9 | 8.1 | 10.6 | 7.7 | 6.4 | 5.2 |
| Depreciation, Depletion, Amortization **11** | 3.4 | 2.8 | 0.8 | 1.8 | 1.9 | 2.1 | 2.6 | 3.6 | 3.9 | 11.6 | 4.1 | 4.2 | 4.6 |
| Pensions and Other Benefits **12** | 2.8 | 2.7 | • | 2.5 | 1.6 | 2.7 | 2.7 | 3.3 | 4.6 | 2.9 | 3.4 | 5.4 | 2.6 |
| Other **13** | 59.2 | 65.8 | 46.3 | 50.4 | 57.4 | 55.1 | 53.7 | 50.2 | 60.8 | 52.7 | 52.0 | 74.1 | 75.9 |
| Officers Compensation **14** | 2.0 | 3.3 | 5.5 | 5.2 | 2.9 | 1.8 | 1.8 | 1.5 | 1.2 | 1.4 | 1.0 | 0.7 | 0.5 |
| Operating Margin **15** | • | • | 0.7 | 2.3 | • | • | 0.1 | • | • | • | • | • | • |
| Oper. Margin Before Officers Compensation **16** | • | • | • | • | • | 2.8 | • | • | • | • | • | • | • |
| **Selected Average Balance Sheet ($ in Thousands)** | | | | | | | | | | | | | |
| Net Receivables **17** | 224 | • | 7 | 39 | 57 | 171 | 403 | 864 | 1886 | 4977 | 13281 | 21695 | 101280 |
| Inventories **18** | 10 | • | 0 | 1 | 1 | 4 | 8 | 36 | 52 | 248 | 938 | 1649 | 6746 |
| Net Property, Plant and Equipment **19** | 713 | • | 11 | 63 | 190 | 317 | 1072 | 4344 | 9205 | 20755 | 37619 | 58845 | 362456 |
| Total Assets **20** | 1354 | • | 29 | 180 | 352 | 745 | 1983 | 6846 | 15070 | 36717 | 67643 | 145167 | 686658 |

| | | | | | | | | | | | | |
|---|---|---|---|---|---|---|---|---|---|---|---|---|
| Notes and Loans Payable 21 | 886 | 34 | 110 | 176 | 383 | 1466 | 5724 | 11675 | 29156 | 46709 | 80711 | 342054 |
| All Other Liabilities 22 | 311 | 10 | 69 | 153 | 258 | 437 | 1232 | 2608 | 5393 | 16472 | 39729 | 147915 |
| Net Worth 23 | 157 | -16 | 1 | 22 | 105 | 79 | -110 | 788 | 2168 | 4462 | 24727 | 196689 |

### Selected Financial Ratios (Times to 1)

| | | | | | | | | | | | | |
|---|---|---|---|---|---|---|---|---|---|---|---|---|
| Current Ratio 24 | 1.0 | 1.4 | 0.9 | 0.9 | 1.1 | 1.1 | 0.7 | 1.0 | 0.9 | 1.0 | 0.9 | 1.3 |
| Quick Ratio 25 | 0.8 | 1.3 | 0.7 | 0.6 | 0.9 | 0.9 | 0.6 | 0.7 | 0.8 | 0.7 | 0.6 | 1.0 |
| Net Sales to Working Capital 26 | • | 48.3 | • | • | • | • | • | • | • | • | • | 24.1 |
| Coverage Ratio 27 | 1.0 | 3.6 | 0.2 | 2.0 | 2.0 | 1.4 | 1.1 | 0.7 | 0.7 | 0.9 | 0.3 | 1.0 |
| Total Asset Turnover 28 | 1.4 | 8.1 | 3.8 | 2.0 | 2.8 | 1.7 | 1.1 | 0.9 | 0.7 | 1.0 | 0.8 | 1.2 |
| Inventory Turnover 29 | • | • | • | • | • | • | • | • | • | • | • | 7.0 |
| Receivables Turnover 30 | 9.3 | • | • | 8.7 | 9.7 | 9.0 | • | 7.1 | 5.0 | 6.0 | 7.3 | 8.7 |
| Total Liabilities to Net Worth 31 | 7.7 | • | • | 14.8 | 6.1 | 24.1 | • | 18.1 | 15.9 | 14.2 | 4.9 | 2.5 |

### Selected Financial Factors (in Percentages)

| | | | | | | | | | | | | |
|---|---|---|---|---|---|---|---|---|---|---|---|---|
| Debt Ratio 32 | 88.4 | • | 99.5 | 93.7 | 85.9 | 96.0 | • | 94.8 | 94.1 | 93.4 | 83.0 | 71.4 |
| Return on Assets 33 | 6.1 | • | 0.9 | • | 9.9 | 9.1 | 6.9 | 5.2 | 5.0 | 6.9 | 1.5 | 5.9 |
| Return on Equity 34 | • | • | • | • | 33.2 | • | • | • | • | • | • | • |
| Return Before Interest on Equity 35 | • | • | • | • | • | • | • | • | • | • | 8.7 | 20.4 |
| Profit Margin, Before Income Tax 36 | 12.7 | • | • | • | 1.8 | 1.4 | 0.4 | • | • | • | • | • |
| Profit Margin, After Income Tax 37 | 11.8 | • | • | • | 1.7 | 1.2 | 0.3 | • | • | • | • | • |

### Trends in Selected Ratios and Factors, 1986-1994

| | 1986 | 1987 | 1988 | 1989 | 1990 | 1991 | 1992 | 1993 | 1994 |
|---|---|---|---|---|---|---|---|---|---|
| Cost of Operations (%) 38 | 27.7 | 22.2 | 19.4 | 19.5 | 19.0 | 16.9 | 20.0 | 21.1 | 20.2 |
| Operating Margin (%) 39 | • | • | • | • | • | • | • | • | • |
| Oper. Margin Before Officers Comp. (%) 40 | 1.1 | 2.3 | 1.2 | 0.4 | • | • | • | • | • |
| Average Net Receivables ($) 41 | 120 | 150 | 196 | 174 | 167 | 152 | 170 | 185 | 224 |
| Average Inventories ($) 42 | 9 | 9 | 8 | 9 | 9 | 7 | 6 | 8 | 10 |
| Average Net Worth ($) 43 | 227 | 276 | 226 | 242 | 248 | 162 | 170 | 157 | 157 |
| Current Ratio (x1) 44 | 1.2 | 1.3 | 1.3 | 1.3 | 1.3 | 1.0 | 1.1 | 1.0 | 1.0 |
| Quick Ratio (x1) 45 | 1.0 | 1.1 | 1.0 | 1.0 | 1.0 | 0.8 | 0.9 | 0.8 | 0.8 |
| Coverage Ratio (x1) 46 | 1.8 | 1.7 | 1.6 | 1.5 | 1.2 | 1.0 | 1.0 | 1.0 | 1.0 |
| Asset Turnover (x1) 47 | 1.4 | 1.2 | 1.3 | 1.3 | 1.3 | 1.2 | 1.3 | 1.4 | 1.4 |
| Total Liabilities/Net Worth (x1) 48 | 3.6 | 3.6 | 4.7 | 4.4 | 4.3 | 6.2 | 6.2 | 6.7 | 7.7 |
| Return on Assets (x1) 49 | 10.2 | 9.5 | 9.6 | 9.3 | 6.9 | 5.8 | 6.1 | 5.6 | 6.1 |
| Return on Equity (%) 50 | 15.3 | 13.1 | 14.4 | 11.3 | 2.1 | • | 6.1 | • | • |

# Table II

Corporations with Net Income

# NURSING AND PERSONAL CARE FACILITIES

## MONEY AMOUNTS AND SIZE OF ASSETS IN THOUSANDS OF DOLLARS

| Item Description for Accounting Period 7/90 Through 6/91 | Total | Zero Assets | Under 100 | 100 to 250 | 251 to 500 | 501 to 1,000 | 1,001 to 5,000 | 5,001 to 10,000 | 10,001 to 25,000 | 25,001 to 50,000 | 50,001 to 100,000 | 100,001 to 250,000 | 250,001 and over |
|---|---|---|---|---|---|---|---|---|---|---|---|---|---|
| Number of Enterprises **1** | 6729 | • | 2179 | 1978 | 355 | 835 | 1165 | 123 | 32 | 12 | 9 | 4 | • |
| **Revenues ($ in Thousands)** | | | | | | | | | | | | | |
| Net Sales **2** | 14252 | • | 627 | 1491 | 338 | 1712 | 4269 | 1227 | 518 | 473 | 685 | 545 | • |
| Portfolio Income **3** | 165 | • | 3 | 12 | 0 | 16 | 29 | 4 | 3 | 6 | 21 | 17 | • |
| Other Revenues **4** | 439 | • | 6 | 15 | 0 | 25 | 100 | 30 | 30 | 60 | 14 | 33 | • |
| Total Revenues **5** | 14855 | • | 636 | 1517 | 339 | 1754 | 4398 | 1261 | 550 | 539 | 720 | 594 | • |
| Average Total Revenues **6** | 2208 | • | 292 | 767 | 954 | 2100 | 3775 | 10249 | 17195 | 44901 | 80027 | 148435 | • |
| **Operating Costs/Operating Income (%)** | | | | | | | | | | | | | |
| Cost of Operations **7** | 20.9 | • | 27.8 | 34.5 | 16.2 | 19.4 | 23.5 | 26.2 | 14.2 | 14.6 | 24.7 | 13.6 | • |
| Rent **8** | 5.2 | • | 8.2 | 3.8 | 7.3 | 8.1 | 4.3 | 7.5 | 4.6 | 4.6 | 8.4 | 6.1 | • |
| Taxes Paid **9** | 5.5 | • | 4.5 | 4.9 | 6.5 | 5.7 | 5.7 | 5.4 | 5.5 | 5.7 | 4.9 | 4.5 | • |
| Interest Paid **10** | 3.7 | • | 0.3 | 1.0 | 1.8 | 1.7 | 3.0 | 4.9 | 5.9 | 6.2 | 6.3 | 6.8 | • |
| Depreciation, Depletion, Amortization **11** | 3.3 | • | 1.0 | 1.8 | 1.8 | 2.1 | 2.2 | 3.3 | 3.3 | 16.5 | 3.4 | 2.9 | • |
| Pensions and Other Benefits **12** | 2.6 | • | • | 2.0 | 0.6 | 2.7 | 2.9 | 1.7 | 4.9 | 4.2 | 3.4 | 2.6 | • |
| Other **13** | 55.8 | • | 48.6 | 42.6 | 58.9 | 55.2 | 52.9 | 47.6 | 62.2 | 56.8 | 50.5 | 69.6 | • |
| Officers Compensation **14** | 2.3 | • | 5.3 | 6.7 | 0.5 | 1.9 | 2.1 | 1.7 | 1.6 | 1.1 | 1.1 | 0.8 | • |
| Operating Margin **15** | 0.7 | • | 4.3 | 2.9 | 6.4 | 3.2 | 3.4 | 1.6 | • | • | • | • | |
| Oper. Margin Before Officers Compensation **16** | 3.0 | • | 9.6 | 9.5 | 7.0 | 5.2 | 5.6 | 3.3 | • | • | • | | |
| **Selected Average Balance Sheet ($ in Thousands)** | | | | | | | | | | | | | |
| Net Receivables **17** | 229 | • | 4 | 33 | 51 | 176 | 392 | 878 | 2239 | 5404 | 15725 | 25373 | • |
| Inventories **18** | 8 | • | 0 | • | 3 | 3 | 9 | 46 | 86 | 104 | 1242 | 1135 | • |
| Net Property, Plant and Equipment **19** | 639 | • | 20 | 82 | 199 | 302 | 985 | 4467 | 7397 | 21801 | 35219 | 58296 | • |
| Total Assets **20** | 1273 | • | 40 | 178 | 339 | 757 | 1945 | 7134 | 14734 | 38084 | 70662 | 157331 | • |

| | | | | | | | | | | | |
|---|---|---|---|---|---|---|---|---|---|---|---|
| Notes and Loans Payable 21 | 697 | 15 | 48 | 149 | 302 | 1080 | 5731 | 9881 | 25139 | 46662 | 82263 |
| All Other Liabilities 22 | 283 | 17 | 67 | 69 | 245 | 406 | 1239 | 2551 | 6981 | 14271 | 44908 |
| Net Worth 23 | 293 | 7 | 63 | 121 | 209 | 459 | 163 | 2303 | 5964 | 9730 | 29761 |

## Selected Financial Ratios (Times to 1)

| | | | | | | | | | | | |
|---|---|---|---|---|---|---|---|---|---|---|---|
| Current Ratio 24 | 1.2 | • | 1.0 | 1.6 | 1.2 | 1.3 | 0.7 | 1.5 | 1.7 | 1.5 | 1.5 |
| Quick Ratio 25 | 1.0 | • | 1.0 | 1.2 | 1.1 | 1.0 | 0.5 | 1.1 | 1.4 | 1.1 | 1.0 |
| Net Sales to Working Capital 26 | 27.1 | • | • | 20.0 | 34.9 | 26.9 | • | 11.6 | 9.6 | 10.0 | 6.7 |
| Coverage Ratio 27 | 2.4 | • | 5.7 | 4.7 | 4.4 | 3.2 | 1.9 | 1.7 | 1.7 | 1.4 | 1.3 |
| Total Asset Turnover 28 | 1.7 | 7.2 | 4.2 | 2.8 | 2.7 | 1.9 | 1.4 | 1.1 | 1.0 | 1.1 | 0.9 |
| Inventory Turnover 29 | • | • | • | • | • | • | • | • | • | • | • |
| Receivables Turnover 30 | • | • | • | • | • | 9.9 | • | 8.5 | 6.5 | 7.2 | 6.7 |
| Total Liabilities to Net Worth 31 | 3.4 | 4.3 | 1.8 | 1.8 | 2.6 | 3.2 | 42.6 | 5.4 | 5.4 | 6.3 | 4.3 |

## Selected Financial Factors (in Percentages)

| | | | | | | | | | | | |
|---|---|---|---|---|---|---|---|---|---|---|---|
| Debt Ratio 32 | 77.0 | 81.3 | 64.6 | 64.3 | 72.3 | 76.4 | 97.7 | 84.4 | 84.4 | 86.2 | 81.1 |
| Return on Assets 33 | 14.5 | • | 23.8 | 23.4 | 19.8 | 17.7 | 12.9 | 11.1 | 11.0 | 9.4 | 7.7 |
| Return on Equity 34 | 33.5 | • | • | • | • | • | • | 27.1 | 20.4 | 16.6 | 8.0 |
| Return Before Interest on Equity 35 | • | • | • | • | • | • | • | • | • | • | • |
| Profit Margin, Before Income Tax 36 | 5.1 | 5.7 | 4.6 | 6.6 | 5.7 | 6.4 | 4.4 | 4.2 | 4.5 | 2.5 | 2.0 |
| Profit Margin, After Income Tax 37 | 4.6 | 5.7 | 4.5 | 6.3 | 5.6 | 6.1 | 4.3 | 3.9 | 3.1 | 2.1 | 1.8 |

## Trends in Selected Ratios and Factors, 1986-1994

| | 1986 | 1987 | 1988 | 1989 | 1990 | 1991 | 1992 | 1993 | 1994 |
|---|---|---|---|---|---|---|---|---|---|
| Cost of Operations (%) 38 | 26.5 | 22.4 | 21.5 | 19.0 | 19.6 | 19.7 | 19.5 | 22.7 | 20.9 |
| Operating Margin (%) 39 | 0.7 | 2.4 | 1.9 | 0.7 | • | 2.1 | 0.9 | 1.8 | 0.7 |
| Oper. Margin Before Officers Comp. (%) 40 | 3.0 | 5.2 | 4.6 | 3.0 | 1.7 | 4.4 | 2.8 | 4.1 | 3.0 |
| Average Net Receivables ($) 41 | 127 | 147 | 214 | 222 | 199 | 161 | 192 | 183 | 229 |
| Average Inventories ($) 42 | 10 | 8 | 6 | 11 | 11 | 7 | 6 | 9 | 8 |
| Average Net Worth ($) 43 | 282 | 263 | 301 | 410 | 463 | 273 | 240 | 215 | 293 |
| Current Ratio (x1) 44 | 1.3 | 1.3 | 1.5 | 1.4 | 1.5 | 1.2 | 1.5 | 1.4 | 1.2 |
| Quick Ratio (x1) 45 | 1.1 | 1.1 | 1.3 | 1.2 | 1.2 | 1.0 | 1.2 | 1.1 | 1.0 |
| Coverage Ratio (x1) 46 | 2.5 | 2.4 | 2.7 | 2.5 | 2.4 | 2.7 | 2.7 | 2.5 | 2.4 |
| Asset Turnover (x1) 47 | 1.4 | 1.4 | 1.5 | 1.4 | 1.3 | 1.4 | 1.7 | 1.7 | 1.7 |
| Operating Leverage 48 | • | 3.2 | 0.8 | 0.4 | • | • | 0.4 | 2.1 | 0.4 |
| Financial Leverage 49 | • | 1.0 | 1.1 | 0.9 | 1.0 | 1.1 | 1.1 | 1.0 | 1.0 |
| Total Leverage 50 | • | 3.4 | 0.9 | 0.3 | • | • | 0.5 | 2.0 | 0.4 |

## Table I

Corporations with and without Net Income

# HOSPITALS

### MONEY AMOUNTS AND SIZE OF ASSETS IN THOUSANDS OF DOLLARS

| Item Description for Accounting Period 7/90 Through 6/91 | Total | Zero Assets | Under 100 | 100 to 250 | 251 to 500 | 501 to 1,000 | 1,001 to 5,000 | 5,001 to 10,000 | 10,001 to 25,000 | 25,001 to 50,000 | 50,001 to 100,000 | 100,001 to 250,000 | 250,001 and over |
|---|---|---|---|---|---|---|---|---|---|---|---|---|---|
| Number of Enterprises **1** | 216 | 35 | • | • | • | • | 50 | 43 | 44 | 9 | 9 | 10 | 16 |

**Revenues ($ in Thousands)**

| | Total | Zero Assets | Under 100 | 100 to 250 | 251 to 500 | 501 to 1,000 | 1,001 to 5,000 | 5,001 to 10,000 | 10,001 to 25,000 | 25,001 to 50,000 | 50,001 to 100,000 | 100,001 to 250,000 | 250,001 and over |
|---|---|---|---|---|---|---|---|---|---|---|---|---|---|
| Net Sales **2** | 25603 | 547 | • | • | • | • | 388 | 362 | 1032 | 187 | 451 | 1208 | 21427 |
| Portfolio Income **3** | 1394 | 208 | • | • | • | • | 2 | 3 | 4 | 0 | 7 | 77 | 1094 |
| Other Revenues **4** | 1464 | 49 | • | • | • | • | 7 | 13 | 224 | 9 | 54 | 40 | 1068 |
| Total Revenues **5** | 28462 | 804 | • | • | • | • | 397 | 377 | 1260 | 197 | 513 | 1325 | 23589 |
| Average Total Revenues **6** | 131769 | 22985 | • | • | • | • | 7936 | 8777 | 28633 | 21876 | 56961 | 132495 | 1474315 |

**Operating Costs/Operating Income (%)**

| | Total | Zero Assets | Under 100 | 100 to 250 | 251 to 500 | 501 to 1,000 | 1,001 to 5,000 | 5,001 to 10,000 | 10,001 to 25,000 | 25,001 to 50,000 | 50,001 to 100,000 | 100,001 to 250,000 | 250,001 and over |
|---|---|---|---|---|---|---|---|---|---|---|---|---|---|
| Cost of Operations **7** | 20.9 | 27.7 | • | • | • | • | 28.2 | 21.8 | 31.6 | 15.7 | 16.0 | 20.4 | 20.2 |
| Rent **8** | 3.1 | 2.4 | • | • | • | • | 0.6 | 8.2 | 3.4 | 4.1 | 1.5 | 2.7 | 3.2 |
| Taxes Paid **9** | 3.2 | 3.8 | • | • | • | • | 3.0 | 3.0 | 3.6 | 3.0 | 3.4 | 2.9 | 3.2 |
| Interest Paid **10** | 9.1 | 7.3 | • | • | • | • | 1.7 | 4.5 | 3.8 | 5.8 | 9.8 | 13.5 | 9.4 |
| Depreciation, Depletion, Amortization **11** | 6.2 | 6.6 | • | • | • | • | 2.2 | 3.1 | 3.5 | 4.5 | 7.6 | 5.5 | 6.5 |
| Pensions and Other Benefits **12** | 5.7 | 14.0 | • | • | • | • | 2.7 | 4.9 | 5.7 | 4.8 | 4.8 | 6.3 | 5.5 |
| Other **13** | 56.6 | 52.8 | • | • | • | • | 60.8 | 56.5 | 66.2 | 66.4 | 65.5 | 54.4 | 56.0 |
| Officers Compensation **14** | 0.4 | 0.3 | • | • | • | • | 0.8 | 1.4 | 1.5 | 2.9 | 1.1 | 1.1 | 0.3 |
| Operating Margin **15** | | | • | • | • | • | 0.2 | | | | | | • |
| Oper. Margin Before Officers Compensation **16** | | | • | • | • | • | 1.0 | | | | | | • |

**Selected Average Balance Sheet ($ in Thousands)**

| | Total | Zero Assets | Under 100 | 100 to 250 | 251 to 500 | 501 to 1,000 | 1,001 to 5,000 | 5,001 to 10,000 | 10,001 to 25,000 | 25,001 to 50,000 | 50,001 to 100,000 | 100,001 to 250,000 | 250,001 and over |
|---|---|---|---|---|---|---|---|---|---|---|---|---|---|
| Net Receivables **17** | 19515 | • | • | • | • | • | 1171 | 1903 | 5996 | 6533 | 12912 | 26648 | 210591 |
| Inventories **18** | 1380 | • | • | • | • | • | 26 | 195 | 227 | 570 | 421 | 450 | 16567 |
| Net Property, Plant and Equipment **19** | 70736 | • | • | • | • | • | 1809 | 2792 | 7239 | 22561 | 29104 | 93203 | 834560 |
| Total Assets **20** | 165980 | • | • | • | • | • | 3433 | 7730 | 16139 | 31739 | 67661 | 177855 | 1997767 |

| | | | | | | | | | | | |
|---|---|---|---|---|---|---|---|---|---|---|---|
| Notes and Loans Payable 21 | 84507 | • | • | • | • | 1263 | 3991 | 7450 | 17068 | 52886 | 99321 | 1004263 |
| All Other Liabilities 22 | 34620 | • | • | • | • | 984 | 3270 | 7254 | 6209 | 7698 | 26058 | 411448 |
| Net Worth 23 | 46852 | • | • | • | • | 1186 | 470 | 1435 | 8462 | 7077 | 52476 | 582056 |

**Selected Financial Ratios (Times to 1)**

| | | | | | | | | | | | |
|---|---|---|---|---|---|---|---|---|---|---|---|
| Current Ratio 24 | 1.2 | • | • | • | • | 1.5 | 0.9 | 1.2 | 1.0 | 1.6 | 1.2 | 1.2 |
| Quick Ratio 25 | 1.0 | • | • | • | • | 1.3 | 0.7 | 1.0 | 0.9 | 1.1 | 1.0 | 1.0 |
| Net Sales to Working Capital 26 | 30.5 | • | • | • | • | 15.3 | • | 25.0 | • | 5.5 | 26.5 | 32.3 |
| Coverage Ratio 27 | 1.7 | 5.9 | • | • | • | 2.4 | 1.2 | 1.8 | 0.7 | 1.4 | 1.2 | 1.6 |
| Total Asset Turnover 28 | 0.7 | • | • | • | • | 2.3 | 1.1 | 1.5 | 0.7 | 0.8 | 0.7 | 0.7 |
| Inventory Turnover 29 | • | • | • | • | • | • | 9.8 | • | • | • | • | • |
| Receivables Turnover 30 | 6.1 | • | • | • | • | 7.9 | 6.2 | 3.8 | 6.4 | 4.3 | 5.3 | 6.3 |
| Total Liabilities to Net Worth 31 | 2.6 | • | • | • | • | 1.9 | 15.5 | 10.3 | 2.8 | 8.6 | 2.4 | 2.4 |

**Selected Financial Factors (in Percentages)**

| | | | | | | | | | | | |
|---|---|---|---|---|---|---|---|---|---|---|---|
| Debt Ratio 32 | 71.8 | • | • | • | • | 65.5 | 93.9 | 91.1 | 73.3 | 89.6 | 70.5 | 70.9 |
| Return on Assets 33 | 10.8 | • | • | • | • | 9.3 | 5.8 | 9.9 | 2.5 | 10.1 | 11.2 | 10.2 |
| Return on Equity 34 | 9.7 | • | • | • | • | 15.8 | 13.7 | 32.3 | • | 21.8 | 4.5 | 8.3 |
| Return Before Interest on Equity 35 | • | • | • | • | • | 26.9 | • | • | 9.4 | • | • | 34.9 |
| Profit Margin, Before Income Tax 36 | 6.0 | • | • | • | • | 2.4 | 0.8 | 3.0 | • | 3.8 | 2.9 | 5.8 |
| Profit Margin, After Income Tax 37 | 3.8 | 25.4 | • | • | • | 2.4 | 0.8 | 2.0 | • | 3.1 | 2.0 | 3.6 |

**Trends in Selected Ratios and Factors, 1986–1994**

| | 1986 | 1987 | 1988 | 1989 | 1990 | 1991 | 1992 | 1993 | 1994 |
|---|---|---|---|---|---|---|---|---|---|
| Cost of Operations (%) 38 | 23.1 | 17.2 | 17.4 | 17.5 | 18.4 | 14.8 | 15.4 | 15.1 | 20.9 |
| Operating Margin (%) 39 | • | • | • | • | • | • | • | • | • |
| Oper. Margin Before Officers Comp. (%) 40 | • | • | • | • | • | • | • | • | • |
| Average Net Receivables ($) 41 | 2920 | 4641 | 1387 | 2406 | 1832 | 4796 | 26408 | 8405 | 19515 |
| Average Inventories ($) 42 | 429 | 354 | 170 | 269 | 180 | 312 | 1808 | 495 | 1380 |
| Average Net Worth ($) 43 | 10661 | 9867 | 5295 | 10342 | 6749 | 12568 | 46753 | 19875 | 46852 |
| Current Ratio (x1) 44 | 1.3 | 1.2 | 1.3 | 0.8 | 0.9 | 1.0 | 1.1 | 1.0 | 1.2 |
| Quick Ratio (x1) 45 | 0.8 | 1.0 | 0.8 | 0.7 | 0.7 | 0.9 | 1.0 | 0.9 | 1.0 |
| Coverage Ratio (x1) 46 | 1.6 | 1.6 | 1.5 | 1.5 | 1.1 | 1.6 | 1.6 | 1.4 | 1.7 |
| Asset Turnover (x1) 47 | 0.9 | 0.7 | 0.7 | 0.7 | 0.7 | 0.7 | 0.7 | 0.6 | 0.7 |
| Total Liabilities/Net Worth (x1) 48 | 2.5 | 2.6 | 2.5 | 2.2 | 2.8 | 2.7 | 3.5 | 2.9 | 2.6 |
| Return on Assets (x1) 49 | 9.0 | 7.8 | 7.2 | 9.1 | 5.8 | 7.8 | 7.9 | 7.6 | 10.8 |
| Return on Equity (%) 50 | 6.0 | 4.8 | 3.9 | 5.3 | • | 6.1 | 7.8 | 4.7 | 9.7 |

## Table II

Corporations with Net Income

# HOSPITALS

### MONEY AMOUNTS AND SIZE OF ASSETS IN THOUSANDS OF DOLLARS

| Item Description for Accounting Period 7/90 Through 6/91 | Total | Zero Assets | Under 100 | 100 to 250 | 251 to 500 | 501 to 1,000 | 1,001 to 5,000 | 5,001 to 10,000 | 10,001 to 25,000 | 25,001 to 50,000 | 50,001 to 100,000 | 100,001 to 250,000 | 250,001 and over |
|---|---|---|---|---|---|---|---|---|---|---|---|---|---|
| Number of Enterprises **1** | 135 | 32 | · | · | · | · | 9 | · | 30 | · | 5 | · | · |
| **Revenues ($ in Thousands)** | | | | | | | | | | | | | |
| Net Sales **2** | 19823 | 525 | · | · | · | · | 140 | · | 700 | · | 296 | · | · |
| Portfolio Income **3** | 1100 | 207 | · | · | · | · | · | · | 2 | · | 3 | · | · |
| Other Revenues **4** | 1050 | 49 | · | · | · | · | 1 | · | 219 | · | 26 | · | · |
| Total Revenues **5** | 21973 | 782 | · | · | · | · | 141 | · | 921 | · | 324 | · | · |
| Average Total Revenues **6** | 162760 | 24422 | · | · | · | · | 15681 | · | 30710 | · | 64866 | · | · |
| **Operating Costs/Operating Income (%)** | | | | | | | | | | | | | |
| Cost of Operations **7** | 20.5 | 28.4 | · | · | · | · | 8.1 | · | 31.8 | · | 20.3 | · | · |
| Rent **8** | 2.6 | 2.4 | · | · | · | · | · | · | 2.8 | · | 2.0 | · | · |
| Taxes Paid **9** | 3.7 | 3.9 | · | · | · | · | 4.2 | · | 3.6 | · | 3.1 | · | · |
| Interest Paid **10** | 7.3 | 7.2 | · | · | · | · | · | · | 2.1 | · | 5.9 | · | · |
| Depreciation, Depletion, Amortization **11** | 6.0 | 6.6 | · | · | · | · | 2.6 | · | 2.9 | · | 3.9 | · | · |
| Pensions and Other Benefits **12** | 5.6 | 14.6 | · | · | · | · | 4.6 | · | 6.0 | · | 5.0 | · | · |
| Other **13** | 55.4 | 51.7 | · | · | · | · | 69.3 | · | 70.4 | · | 59.5 | · | · |
| Officers Compensation **14** | 0.4 | 0.2 | · | · | · | · | · | · | 2.5 | · | 0.4 | · | · |
| Operating Margin **15** | · | · | · | · | · | · | 11.3 | · | · | · | 0.2 | · | · |
| Oper. Margin Before Officers Compensation **16** | · | · | · | · | · | · | 11.3 | · | · | · | · | · | · |
| **Selected Average Balance Sheet ($ in Thousands)** | | | | | | | | | | | | | |
| Net Receivables **17** | 24610 | · | · | · | · | · | · | · | 6774 | · | 12859 | · | · |
| Inventories **18** | 1427 | · | · | · | · | · | · | · | 257 | · | 546 | · | · |
| Net Property, Plant and Equipment **19** | 82175 | · | · | · | · | · | 4158 | · | 6332 | · | 28481 | · | · |
| Total Assets **20** | 194167 | · | · | · | · | · | 4757 | · | 15976 | · | 68238 | · | · |

| | | | | | |
|---|---|---|---|---|---|
| Notes and Loans Payable 21 | 84405 | | | 5573 | 47324 |
| All Other Liabilities 22 | 41006 | 249 | | 6623 | 9354 |
| Net Worth 23 | 68757 | 4508 | | 3780 | 11560 |

## Selected Financial Ratios (Times to 1)

| | | | | | |
|---|---|---|---|---|---|
| Current Ratio 24 | 1.3 | | 2.0 | 1.2 | 1.2 |
| Quick Ratio 25 | 1.1 | | 1.8 | 1.1 | 0.8 |
| Net Sales to Working Capital 26 | 17.4 | | | 17.5 | 17.8 |
| Coverage Ratio 27 | 2.3 | 6.3 | | 5.5 | 2.6 |
| Total Asset Turnover 28 | 0.8 | | 3.3 | 1.5 | 0.9 |
| Inventory Turnover 29 | | | | | |
| Receivables Turnover 30 | 6.2 | | | 3.9 | 6.0 |
| Total Liabilities to Net Worth 31 | 1.8 | | 0.1 | 3.2 | 4.9 |

## Selected Financial Factors (in Percentages)

| | | | | | |
|---|---|---|---|---|---|
| Debt Ratio 32 | 64.6 | | 5.2 | 76.3 | 83.1 |
| Return on Assets 33 | 12.7 | | 39.6 | 17.2 | 13.3 |
| Return on Equity 34 | 14.2 | | | | |
| Return Before Interest on Equity 35 | | | | | |
| Profit Margin, Before Income Tax 36 | 9.4 | | 12.1 | 9.6 | 9.4 |
| Profit Margin, After Income Tax 37 | 6.6 | 26.9 | 12.1 | 8.1 | 8.3 |

## Trends in Selected Ratios and Factors, 1986–1994

| | 1986 | 1987 | 1988 | 1989 | 1990 | 1991 | 1992 | 1993 | 1994 |
|---|---|---|---|---|---|---|---|---|---|
| Cost of Operations (%) 38 | 23.1 | 17.4 | 15.7 | 17.8 | 16.2 | 14.6 | 15.3 | 15.0 | 20.5 |
| Operating Margin (%) 39 | | | | | | | | | |
| Oper. Margin Before Officers Comp. (%) 40 | | | 0.5 | | | | | | |
| Average Net Receivables ($) 41 | 4819 | 10134 | 1581 | 2769 | 1881 | 5611 | 43576 | 33031 | 24610 |
| Average Inventories ($) 42 | 741 | 792 | 196 | 343 | 183 | 366 | 3653 | 2368 | 1427 |
| Average Net Worth ($) 43 | 19631 | 23124 | 6060 | 12963 | 6628 | 17160 | 100386 | 97599 | 68757 |
| Current Ratio (x1) 44 | 1.3 | 1.2 | 1.9 | 0.8 | 1.1 | 1.4 | 1.3 | 1.2 | 1.3 |
| Quick Ratio (x1) 45 | 0.8 | 1.1 | 1.1 | 0.6 | 0.9 | 1.2 | 1.1 | 1.0 | 1.1 |
| Coverage Ratio (x1) 46 | 1.8 | 1.8 | 2.1 | 1.8 | 1.5 | 2.0 | 2.2 | 1.9 | 2.3 |
| Asset Turnover (x1) 47 | 0.8 | 0.7 | 0.8 | 0.7 | 0.8 | 0.7 | 0.7 | 0.6 | 0.8 |
| Operating Leverage 48 | | 1.0 | 0.2 | 7.3 | 1.5 | 0.9 | 0.7 | 1.3 | 0.4 |
| Financial Leverage 49 | | 1.1 | 1.2 | 0.9 | 0.8 | 1.5 | 1.1 | 0.9 | 1.2 |
| Total Leverage 50 | | 1.0 | 0.3 | 6.7 | 1.2 | 1.4 | 0.8 | 1.2 | 0.5 |

## Table I

Corporations with and without Net Income

# MEDICAL LABORATORIES

### MONEY AMOUNTS AND SIZE OF ASSETS IN THOUSANDS OF DOLLARS

| Item Description for Accounting Period 7/90 Through 6/91 | Total | Zero Assets | Under 100 | 100 to 250 | 251 to 500 | 501 to 1,000 | 1,001 to 5,000 | 5,001 to 10,000 | 10,001 to 25,000 | 25,001 to 50,000 | 50,001 to 100,000 | 100,001 to 250,000 | 250,001 and over |
|---|---|---|---|---|---|---|---|---|---|---|---|---|---|
| Number of Enterprises **1** | 5807 | 4 | 3805 | 887 | 441 | 222 | 351 | 49 | 27 | 12 | 5 | 5 | • |

**Revenues ($ in Thousands)**

| | | | | | | | | | | | | | |
|---|---|---|---|---|---|---|---|---|---|---|---|---|---|
| Net Sales **2** | 5170 | 3 | 642 | 290 | 410 | 178 | 1592 | 511 | 322 | 286 | 304 | 630 | • |
| Portfolio Income **3** | 137 | 0 | 5 | 23 | 0 | 13 | 9 | 10 | 7 | 14 | 10 | 47 | • |
| Other Revenues **4** | 143 | • | 12 | 1 | 0 | 1 | 49 | 13 | 17 | 11 | 2 | 37 | • |
| Total Revenues **5** | 5451 | 3 | 659 | 314 | 411 | 192 | 1650 | 534 | 346 | 311 | 316 | 714 | • |
| Average Total Revenues **6** | 939 | 753 | 173 | 354 | 931 | 866 | 4701 | 10907 | 12829 | 25909 | 63156 | 142771 | • |

**Operating Costs/Operating Income (%)**

| | | | | | | | | | | | | | |
|---|---|---|---|---|---|---|---|---|---|---|---|---|---|
| Cost of Operations **7** | 33.4 | 10.5 | 15.5 | 38.3 | 43.7 | 15.9 | 37.2 | 34.9 | 35.2 | 16.4 | 32.7 | 44.1 | • |
| Rent **8** | 4.4 | 3.2 | 5.8 | 9.6 | 5.9 | 3.2 | 3.9 | 2.6 | 6.5 | 3.8 | 2.8 | 2.2 | • |
| Taxes Paid **9** | 4.0 | 7.7 | 4.5 | 3.1 | 3.6 | 5.4 | 4.7 | 3.4 | 2.3 | 5.4 | 3.8 | 2.9 | • |
| Interest Paid **10** | 2.5 | 13.7 | 0.6 | 0.4 | 1.5 | 2.7 | 1.5 | 2.0 | 1.1 | 2.7 | 6.7 | 7.4 | • |
| Depreciation, Depletion, Amortization **11** | 4.4 | 6.8 | 3.0 | 3.1 | 2.0 | 4.9 | 3.4 | 6.2 | 5.5 | 5.0 | 7.7 | 6.2 | • |
| Pensions and Other Benefits **12** | 2.9 | 0.1 | 1.0 | 1.8 | 2.7 | 5.1 | 3.0 | 5.6 | 2.1 | 3.6 | 2.8 | 3.0 | • |
| Other **13** | 46.2 | 94.7 | 45.1 | 28.1 | 33.7 | 54.6 | 46.0 | 52.6 | 56.6 | 63.9 | 48.3 | 42.2 | • |
| Officers Compensation **14** | 7.2 | • | 24.8 | 16.6 | 5.0 | 13.7 | 4.8 | 2.4 | 3.2 | 3.0 | 1.1 | 1.7 | • |
| Operating Margin **15** | • | • | • | • | 2.0 | • | • | • | • | • | • | • | • |
| Oper. Margin Before Officers Compensation **16** | 2.3 | • | 24.5 | 15.6 | 6.9 | 8.3 | 0.4 | • | • | • | • | • | • |

**Selected Average Balance Sheet ($ in Thousands)**

| | | | | | | | | | | | | | |
|---|---|---|---|---|---|---|---|---|---|---|---|---|---|
| Net Receivables **17** | 126 | • | 3 | 12 | 117 | 115 | 594 | 1547 | 1732 | 4022 | 13456 | 37473 | • |
| Inventories **18** | 25 | • | 0 | 4 | 3 | 5 | 104 | 149 | 475 | 1072 | 1927 | 11580 | • |
| Net Property, Plant and Equipment **19** | 170 | • | 12 | 57 | 91 | 212 | 573 | 1511 | 5834 | 9497 | 19023 | 32449 | • |
| Total Assets **20** | 653 | • | 35 | 131 | 311 | 715 | 2336 | 7252 | 13958 | 33422 | 61225 | 197401 | • |

| Notes and Loans Payable 21 | 237 | 28 | 57 | 59 | 247 | 756 | 2241 | 1548 | 11270 | 31025 | 85454 |
|---|---|---|---|---|---|---|---|---|---|---|---|
| All Other Liabilities 22 | 120 | 3 | 23 | 90 | 26 | 588 | 1732 | 1756 | 5363 | 15176 | 27917 |
| Net Worth 23 | 296 | 3 | 51 | 162 | 442 | 992 | 3279 | 10655 | 16790 | 15024 | 84031 |

### Selected Financial Ratios (Times to 1)

| | | | | | | | | | | | |
|---|---|---|---|---|---|---|---|---|---|---|---|
| Current Ratio 24 | 1.9 | 1.4 | 0.8 | 2.5 | 4.0 | 1.6 | 2.1 | 2.8 | 1.8 | 2.2 | 1.8 |
| Quick Ratio 25 | 1.5 | 1.1 | 0.7 | 2.3 | 3.6 | 1.4 | 1.7 | 2.4 | 0.9 | 1.8 | 1.4 |
| Net Sales to Working Capital 26 | 6.9 | • | • | 7.7 | 5.1 | 9.3 | 5.1 | 3.6 | 4.2 | 4.0 | 4.2 |
| Coverage Ratio 27 | 1.2 | 4.6 | • | 2.4 | 1.9 | 0.5 | • | • | 2.6 | 0.7 | 1.5 |
| Total Asset Turnover 28 | 1.4 | 4.9 | 2.5 | 3.0 | 1.1 | 2.0 | 1.4 | 0.9 | 0.7 | 1.0 | 0.6 |
| Inventory Turnover 29 | 6.4 | • | • | • | • | • | • | 8.8 | 4.6 | 8.9 | 1.4 |
| Receivables Turnover 30 | 4.1 | • | • | • | 4.7 | 8.9 | 7.3 | 6.1 | 9.1 | 4.8 | 0.8 |
| Total Liabilities to Net Worth 31 | 1.2 | 10.9 | 1.6 | 0.9 | 0.6 | 1.4 | 1.2 | 0.3 | 1.0 | 3.1 | 1.4 |

### Selected Financial Factors (in Percentages)

| | | | | | | | | | | | |
|---|---|---|---|---|---|---|---|---|---|---|---|
| Debt Ratio 32 | 54.6 | 91.6 | 60.9 | 47.8 | 38.2 | 57.6 | 54.8 | 23.7 | 49.8 | 75.5 | 57.4 |
| Return on Assets 33 | 4.0 | 14.2 | 18.9 | 10.7 | 5.6 | 1.3 | • | • | 4.8 | 4.7 | 7.2 |
| Return on Equity 34 | • | • | 35.4 | 11.6 | • | • | • | • | 2.0 | • | 4.5 |
| Return Before Interest on Equity 35 | 8.8 | • | • | 20.5 | 9.0 | 3.1 | • | • | 9.6 | 19.3 | 16.9 |
| Profit Margin, Before Income Tax 36 | 0.4 | 2.3 | 7.1 | 2.1 | 2.3 | • | • | • | 4.1 | • | 3.9 |
| Profit Margin, After Income Tax 37 | • | 2.0 | 5.5 | 2.0 | • | • | • | • | 1.4 | • | 3.0 |

### Trends in Selected Ratios and Factors, 1986-1994

| | 1986 | 1987 | 1988 | 1989 | 1990 | 1991 | 1992 | 1993 | 1994 |
|---|---|---|---|---|---|---|---|---|---|
| Cost of Operations (%) 38 | 36.1 | 32.5 | 30.7 | 29.1 | 29.0 | 29.9 | 33.9 | 39.5 | 33.4 |
| Operating Margin (%) 39 | • | • | • | • | • | • | • | • | • |
| Oper. Margin Before Officers Comp. (%) 40 | 3.6 | 6.2 | 9.8 | 9.8 | 6.0 | 4.3 | 2.9 | • | 2.3 |
| Average Net Receivables ($) 41 | 44 | 26 | 31 | 35 | 56 | 68 | 76 | 307 | 126 |
| Average Inventories ($) 42 | 13 | 5 | 6 | 8 | 10 | 12 | 13 | 68 | 25 |
| Average Net Worth ($) 43 | 101 | 88 | 68 | 94 | 127 | 144 | 159 | 171 | 296 |
| Current Ratio (x1) 44 | 1.6 | 1.6 | 1.4 | 1.8 | 2.1 | 2.0 | 2.2 | 0.7 | 1.9 |
| Quick Ratio (x1) 45 | 1.0 | 1.3 | 1.2 | 1.3 | 1.6 | 1.6 | 1.7 | 0.5 | 1.5 |
| Coverage Ratio (x1) 46 | • | 0.7 | 1.1 | 1.8 | 0.7 | 2.1 | 1.4 | 0.0 | 1.2 |
| Asset Turnover (x1) 47 | 1.7 | 1.9 | 1.7 | 1.6 | 1.4 | 1.7 | 1.8 | 0.7 | 1.4 |
| Total Liabilities/Net Worth (x1) 48 | 1.7 | 1.2 | 1.9 | 1.7 | 1.5 | 1.4 | 1.1 | 7.9 | 1.2 |
| Return on Assets (x1) 49 | • | 2.5 | 4.5 | 7.0 | 2.6 | 6.4 | 3.6 | • | 4.0 |
| Return on Equity (%) 50 | • | • | • | 3.8 | • | 3.9 | • | • | • |

# Table II

Corporations with Net Income

## MEDICAL LABORATORIES

### MONEY AMOUNTS AND SIZE OF ASSETS IN THOUSANDS OF DOLLARS

| Item Description for Accounting Period 7/90 Through 6/91 | Total | Zero Assets | Under 100 | 100 to 250 | 251 to 500 | 501 to 1,000 | 1,001 to 5,000 | 5,001 to 10,000 | 10,001 to 25,000 | 25,001 to 50,000 | 50,001 to 100,000 | 100,001 to 250,000 | 250,001 and over |
|---|---|---|---|---|---|---|---|---|---|---|---|---|---|
| Number of Enterprises **1** | 3326 | • | 2283 | 404 | 244 | 169 | 171 | 33 | 10 | • | • | • | • |
| **Revenues ($ in Thousands)** | | | | | | | | | | | | | |
| Net Sales **2** | 3242 | • | 454 | 182 | 205 | 160 | 845 | 367 | 204 | • | • | • | • |
| Portfolio Income **3** | 102 | • | 3 | 22 | 0 | 13 | 3 | 5 | 1 | • | • | • | • |
| Other Revenues **4** | 84 | • | 12 | 0 | 0 | 1 | 15 | 9 | 5 | • | • | • | • |
| Total Revenues **5** | 3429 | • | 469 | 204 | 205 | 174 | 863 | 381 | 210 | • | • | • | • |
| Average Total Revenues **6** | 1031 | • | 205 | 506 | 840 | 1031 | 5048 | 11543 | 21024 | • | • | • | • |
| **Operating Costs/Operating Income (%)** | | | | | | | | | | | | | |
| Cost of Operations **7** | 34.6 | • | 19.9 | 43.6 | 35.2 | 17.5 | 32.5 | 41.0 | 38.9 | • | • | • | • |
| Rent **8** | 3.5 | • | 4.8 | 5.0 | 4.8 | 3.6 | 3.9 | 1.7 | 6.2 | • | • | • | • |
| Taxes Paid **9** | 3.7 | • | 3.9 | 3.9 | 3.9 | 5.3 | 3.4 | 3.1 | 2.4 | • | • | • | • |
| Interest Paid **10** | 2.2 | • | 0.7 | 0.7 | 0.4 | 2.0 | 1.1 | 1.9 | 0.9 | • | • | • | • |
| Depreciation, Depletion, Amortization **11** | 3.9 | • | 2.8 | 3.7 | 1.6 | 5.3 | 3.2 | 4.8 | 4.5 | • | • | • | • |
| Pensions and Other Benefits **12** | 2.9 | • | 1.2 | 2.4 | 1.2 | 5.3 | 2.9 | 5.6 | 0.9 | • | • | • | • |
| Other **13** | 38.8 | • | 43.6 | 19.1 | 37.2 | 47.1 | 41.8 | 35.9 | 37.9 | • | • | • | • |
| Officers Compensation **14** | 7.0 | • | 19.6 | 19.2 | 7.2 | 11.2 | 5.9 | 1.2 | 1.6 | • | • | • | • |
| Operating Margin **15** | 3.4 | • | 3.5 | 2.4 | 8.6 | 2.8 | 5.4 | 4.8 | 6.7 | • | • | • | • |
| Oper. Margin Before Officers Compensation **16** | 10.4 | • | 23.1 | 21.7 | 15.7 | 14.0 | 11.3 | 6.0 | 8.3 | • | • | • | • |
| **Selected Average Balance Sheet ($ in Thousands)** | | | | | | | | | | | | | |
| Net Receivables **17** | 136 | • | • | 13 | 113 | 151 | 674 | 1576 | 2804 | • | • | • | • |
| Inventories **18** | 24 | • | 0 | 8 | 4 | 7 | 99 | 167 | 464 | • | • | • | • |
| Net Property, Plant and Equipment **19** | 166 | • | 7 | 55 | 52 | 275 | 474 | 1497 | 10241 | • | • | • | • |
| Total Assets **20** | 615 | • | 24 | 129 | 310 | 733 | 1913 | 7300 | 15780 | • | • | • | • |

| | | | | | | | | |
|---|---|---|---|---|---|---|---|---|
| Notes and Loans Payable 21 | 196 | 13 | 60 | 34 | 261 | 542 | 2231 | 2004 |
| All Other Liabilities 22 | 109 | 1 | 44 | 75 | 34 | 478 | 1468 | 2095 |
| Net Worth 23 | 311 | 10 | 25 | 201 | 437 | 893 | 3600 | 11680 |

## Selected Financial Ratios (Times to 1)

| | | | | | | | | |
|---|---|---|---|---|---|---|---|---|
| Current Ratio 24 | 1.9 | 2.1 | 0.7 | 4.1 | 3.8 | 2.0 | 1.9 | 1.9 |
| Quick Ratio 25 | 1.5 | 1.3 | 0.6 | 3.8 | 3.6 | 1.7 | 1.6 | 1.5 |
| Net Sales to Working Capital 26 | 8.1 | 41.9 | | 4.4 | 5.0 | 8.5 | 6.7 | 10.3 |
| Coverage Ratio 27 | 5.3 | 10.7 | • | | 6.7 | 8.2 | 5.6 | 11.4 |
| Total Asset Turnover 28 | 1.6 | 8.4 | 3.5 | 2.7 | 1.3 | 2.6 | 1.5 | 1.3 |
| Inventory Turnover 29 | • | • | • | • | • | • | • | |
| Receivables Turnover 30 | 7.6 | • | • | • | 4.6 | 7.0 | 7.3 | 5.1 |
| Total Liabilities to Net Worth 31 | 1.0 | 1.3 | 4.2 | 0.6 | 0.7 | 1.2 | 1.0 | 0.4 |

## Selected Financial Factors (in Percentages)

| | | | | | | | | |
|---|---|---|---|---|---|---|---|---|
| Debt Ratio 32 | 49.5 | 57.3 | 80.7 | 35.3 | 40.4 | 53.3 | 50.7 | 26.0 |
| Return on Assets 33 | 18.0 | • | | 24.6 | 17.1 | 22.3 | 15.9 | 13.9 |
| Return on Equity 34 | 23.8 | | | 36.1 | 18.0 | 36.8 | 18.4 | 15.4 |
| Return Before Interest on Equity 35 | | • | • | | 28.7 | • | 32.1 | 18.7 |
| Profit Margin, Before Income Tax 36 | 9.2 | 6.8 | 14.6 | 8.7 | 11.3 | 7.6 | 8.5 | 9.8 |
| Profit Margin, After Income Tax 37 | 7.6 | 6.5 | 12.1 | 8.7 | 8.3 | 6.7 | 6.0 | 8.8 |

## Trends in Selected Ratios and Factors, 1986-1994

| | 1986 | 1987 | 1988 | 1989 | 1990 | 1991 | 1992 | 1993 | 1994 |
|---|---|---|---|---|---|---|---|---|---|
| Cost of Operations (%) 38 | 27.3 | 32.0 | 26.1 | 26.7 | 26.1 | 28.7 | 39.3 | 29.6 | 34.6 |
| Operating Margin (%) 39 | 1.7 | 4.2 | 2.8 | 5.3 | 4.7 | 3.6 | 6.2 | 5.0 | 3.4 |
| Oper. Margin Before Officers Comp. (%) 40 | 13.8 | 12.1 | 19.3 | 14.5 | 15.4 | 12.0 | 13.2 | 12.8 | 10.4 |
| Average Net Receivables ($) 41 | 45 | 34 | 35 | 35 | 47 | 54 | 90 | 105 | 136 |
| Average Inventories ($) 42 | 7 | 6 | 4 | 6 | 10 | 11 | 14 | 13 | 24 |
| Average Net Worth ($) 43 | 98 | 114 | 98 | 111 | 159 | 153 | 209 | 232 | 311 |
| Current Ratio (×1) 44 | 1.5 | 2.0 | 1.7 | 1.9 | 2.0 | 2.1 | 2.7 | 2.2 | 1.9 |
| Quick Ratio (×1) 45 | 1.3 | 1.7 | 1.5 | 1.6 | 1.5 | 1.6 | 2.0 | 1.6 | 1.5 |
| Coverage Ratio (×1) 46 | 4.3 | 4.9 | 6.4 | 5.2 | 5.2 | 7.4 | 13.9 | 8.1 | 5.3 |
| Asset Turnover (×1) 47 | 2.1 | 2.1 | 2.2 | 1.8 | 1.6 | 1.9 | 1.8 | 1.9 | 1.6 |
| Operating Leverage 48 | • | 2.5 | 0.7 | 1.9 | 0.9 | 0.8 | 1.7 | 0.8 | 0.7 |
| Financial Leverage 49 | • | 1.1 | 1.0 | 1.0 | 1.0 | 1.1 | 1.1 | 1.0 | 0.9 |
| Total Leverage 50 | • | 2.6 | 0.6 | 2.0 | 0.9 | 0.9 | 1.8 | 0.8 | 0.6 |

## Table I

Corporations with and without Net Income

# OTHER MEDICAL SERVICES

**MONEY AMOUNTS AND SIZE OF ASSETS IN THOUSANDS OF DOLLARS**

| Item Description for Accounting Period 7/90 Through 6/91 | | Total | Zero Assets | Under 100 | 100 to 250 | 251 to 500 | 501 to 1,000 | 1,001 to 5,000 | 5,001 to 10,000 | 10,001 to 25,000 | 25,001 to 50,000 | 50,001 to 100,000 | 100,001 to 250,000 | 250,001 and over |
|---|---|---|---|---|---|---|---|---|---|---|---|---|---|---|
| Number of Enterprises | 1 | 29169 | 1721 | 18351 | 4127 | 2119 | 1352 | 1161 | 116 | 128 | 49 | 30 | 10 | 6 |
| **Revenues ($ in Thousands)** | | | | | | | | | | | | | | |
| Net Sales | 2 | 34750 | 1655 | 4047 | 2685 | 3195 | 2751 | 4324 | 1071 | 3016 | 2638 | 2721 | 2801 | 3846 |
| Portfolio Income | 3 | 501 | 11 | 35 | 11 | 18 | 5 | 45 | 11 | 39 | 69 | 48 | 39 | 171 |
| Other Revenues | 4 | 1361 | 41 | 101 | 73 | 35 | 24 | 555 | 24 | 118 | 213 | 83 | 19 | 77 |
| Total Revenues | 5 | 36612 | 1707 | 4183 | 2769 | 3247 | 2779 | 4924 | 1106 | 3173 | 2919 | 2853 | 2859 | 4094 |
| Average Total Revenues | 6 | 1255 | 992 | 228 | 671 | 1533 | 2056 | 4241 | 9533 | 24791 | 59581 | 95089 | 285863 | 682308 |
| **Operating Costs/Operating Income (%)** | | | | | | | | | | | | | | |
| Cost of Operations | 7 | 34.5 | 7.9 | 18.4 | 32.8 | 21.5 | 34.5 | 32.1 | 56.0 | 35.9 | 49.0 | 37.5 | 67.1 | 34.6 |
| Rent | 8 | 2.9 | 0.4 | 4.3 | 3.9 | 3.2 | 4.3 | 3.7 | 2.5 | 3.1 | 1.8 | 2.2 | 2.2 | 1.5 |
| Taxes Paid | 9 | 2.5 | 0.7 | 4.2 | 3.8 | 2.4 | 2.1 | 3.7 | 2.4 | 2.6 | 2.0 | 1.8 | 1.0 | 1.9 |
| Interest Paid | 10 | 2.0 | 0.5 | 0.7 | 2.0 | 1.1 | 1.6 | 1.6 | 3.1 | 2.9 | 2.1 | 2.5 | 2.2 | 3.7 |
| Depreciation, Depletion, Amortization | 11 | 2.8 | 0.5 | 1.4 | 3.3 | 1.6 | 3.2 | 3.4 | 3.0 | 3.2 | 2.4 | 3.2 | 3.0 | 4.2 |
| Pensions and Other Benefits | 12 | 2.1 | 0.2 | 1.1 | 1.7 | 2.2 | 1.1 | 2.7 | 1.1 | 2.4 | 4.2 | 4.0 | 1.4 | 1.6 |
| Other | 13 | 51.5 | 90.8 | 58.1 | 43.1 | 61.0 | 45.2 | 61.5 | 37.3 | 52.9 | 43.8 | 49.2 | 20.5 | 51.4 |
| Officers Compensation | 14 | 4.6 | 0.4 | 12.3 | 9.0 | 8.0 | 7.5 | 4.1 | 2.3 | 1.8 | 1.3 | 1.2 | 0.7 | 0.9 |
| Operating Margin | 15 | • | • | • | 0.5 | • | 0.7 | • | • | • | • | • | 2.0 | 0.4 |
| Oper. Margin Before Officers Compensation | 16 | 1.9 | • | 11.9 | 9.5 | 7.2 | 8.1 | • | • | • | • | • | 2.7 | 1.2 |
| **Selected Average Balance Sheet ($ in Thousands)** | | | | | | | | | | | | | | |
| Net Receivables | 17 | 141 | • | 3 | 38 | 66 | 177 | 671 | 2039 | 3941 | 8516 | 17031 | 34844 | 122751 |
| Inventories | 18 | 16 | • | 1 | 7 | 19 | 56 | 89 | 93 | 486 | 565 | 2185 | 462 | 7326 |
| Net Property, Plant and Equipment | 19 | 143 | • | 6 | 54 | 72 | 224 | 498 | 2344 | 4617 | 9030 | 15640 | 40838 | 102184 |
| Total Assets | 20 | 560 | • | 26 | 167 | 326 | 663 | 1961 | 7439 | 16090 | 35449 | 68170 | 157714 | 500468 |

| | | | | | | | | | | | | | |
|---|---|---|---|---|---|---|---|---|---|---|---|---|---|
| Notes and Loans Payable **21** | 226 | • | 25 | 131 | 122 | 368 | 663 | 3628 | 6064 | 13491 | 20631 | 53508 | 176959 |
| All Other Liabilities **22** | 180 | • | 7 | 32 | 157 | 222 | 697 | 2224 | 5431 | 12659 | 19368 | 48622 | 150925 |
| Net Worth **23** | 153 | • | -6 | 4 | 48 | 73 | 600 | 1588 | 4595 | 9299 | 28171 | 55585 | 172584 |

**Selected Financial Ratios (Times to 1)**

| | | | | | | | | | | | | | |
|---|---|---|---|---|---|---|---|---|---|---|---|---|---|
| Current Ratio **24** | 1.4 | • | 1.0 | 1.4 | 1.1 | 1.4 | 1.4 | 1.1 | 1.4 | 1.2 | 1.6 | 1.6 | 1.5 |
| Quick Ratio **25** | 1.1 | • | 0.9 | 1.1 | 0.9 | 1.1 | 1.1 | 0.9 | 1.0 | 0.9 | 1.2 | 1.4 | 1.4 |
| Net Sales to Working Capital **26** | 15.5 | • | • | 33.1 | 18.8 | 11.2 | 27.4 | • | 10.9 | 19.2 | 7.5 | 9.4 | 7.8 |
| Coverage Ratio **27** | 2.3 | 4.5 | • | 2.8 | 1.8 | 2.1 | 1.8 | • | 1.2 | 3.0 | 2.3 | 2.8 | 2.8 |
| Total Asset Turnover **28** | 2.1 | 8.4 | • | 3.9 | 4.6 | 3.1 | 1.9 | 1.3 | 1.5 | 1.5 | 1.3 | 1.8 | 1.3 |
| Inventory Turnover **29** | • | • | • | • | • | • | • | • | • | • | • | • | • |
| Receivables Turnover **30** | 9.4 | • | • | • | • | 6.4 | • | 4.2 | 8.6 | 5.8 | 6.9 | 8.1 | 6.0 |
| Total Liabilities to Net Worth **31** | 2.7 | • | • | 41.5 | 5.9 | 8.1 | 2.3 | 3.7 | 2.5 | 2.8 | 1.4 | 1.8 | 1.9 |

**Selected Financial Factors (in Percentages)**

| | | | | | | | | | | | | | |
|---|---|---|---|---|---|---|---|---|---|---|---|---|---|
| Debt Ratio **32** | 72.6 | • | 97.7 | 85.4 | 89.0 | 69.4 | 78.7 | 71.5 | 73.8 | 58.7 | 64.8 | 65.5 | |
| Return on Assets **33** | 9.5 | 25.1 | 22.1 | 9.0 | 10.2 | 5.3 | • | 4.8 | 9.5 | 7.8 | 10.7 | 13.2 | |
| Return on Equity **34** | 12.7 | • | 21.8 | • | 1.1 | • | 11.8 | 6.3 | 13.1 | 15.8 | | | |
| Return Before Interest on Equity **35** | 34.8 | • | • | • | • | 17.2 | • | 16.9 | 18.7 | 30.4 | • | | |
| Profit Margin, Before Income Tax **36** | 2.5 | 1.8 | 3.6 | 1.7 | 1.2 | • | 0.4 | 4.2 | 3.3 | 3.9 | 6.6 | | |
| Profit Margin, After Income Tax **37** | 1.6 | 1.5 | 2.3 | 3.5 | 0.7 | 1.6 | 0.2 | • | 2.0 | 3.3 | 2.6 | 4.3 | |

**Trends in Selected Ratios and Factors, 1986-1994**

| | 1986 | 1987 | 1988 | 1989 | 1990 | 1991 | 1992 | 1993 | 1994 |
|---|---|---|---|---|---|---|---|---|---|
| Cost of Operations (%) **38** | 34.4 | 24.8 | 31.7 | 28.3 | 35.2 | 30.9 | 33.7 | 33.5 | 34.5 |
| Operating Margin (%) **39** | • | • | • | • | • | • | • | 0.6 | 1.9 |
| Oper. Margin Before Officers Comp. (%) **40** | 1.7 | 7.4 | 3.7 | • | • | • | • | • | • |
| Average Net Receivables ($) **41** | 38 | 50 | 60 | 59 | 70 | 62 | 94 | 97 | 141 |
| Average Inventories ($) **42** | 11 | 8 | 11 | 11 | 12 | 10 | 15 | 12 | 16 |
| Average Net Worth ($) **43** | 74 | 91 | 120 | 118 | 133 | 95 | 111 | 89 | 153 |
| Current Ratio (x1) **44** | 1.4 | 1.6 | 1.5 | 1.3 | 1.3 | 1.2 | 1.3 | 1.3 | 1.4 |
| Quick Ratio (x1) **45** | 1.0 | 1.2 | 1.1 | 0.9 | 0.9 | 0.9 | 1.0 | 1.0 | 1.1 |
| Coverage Ratio (x1) **46** | 1.8 | 1.5 | 1.5 | 1.4 | 1.0 | 0.8 | 1.4 | 1.6 | 2.3 |
| Asset Turnover (x1) **47** | 2.1 | 1.9 | 1.5 | 1.7 | 1.7 | 1.8 | 1.9 | 2.0 | 2.1 |
| Total Liabilities/Net Worth (x1) **48** | 1.7 | 1.9 | 1.8 | 2.2 | 2.2 | 2.7 | 3.0 | 3.7 | 2.7 |
| Return on Assets (x1) **49** | 6.5 | 5.2 | 5.2 | 4.9 | 3.4 | 3.3 | 5.4 | 8.1 | 9.5 |
| Return on Equity (%) **50** | 2.0 | • | • | • | • | • | 1.6 | 7.6 | 12.7 |

## Table II

Corporations with Net Income

# OTHER MEDICAL SERVICES

### MONEY AMOUNTS AND SIZE OF ASSETS IN THOUSANDS OF DOLLARS

| Item Description for Accounting Period 7/90 Through 6/91 | Total | Zero Assets | Under 100 | 100 to 250 | 251 to 500 | 501 to 1,000 | 1,001 to 5,000 | 5,001 to 10,000 | 10,001 to 25,000 | 25,001 to 50,000 | 50,001 to 100,000 | 100,001 to 250,000 | 250,001 and over |
|---|---|---|---|---|---|---|---|---|---|---|---|---|---|
| Number of Enterprises **1** | 15511 | 354 | 9520 | 2796 | 1231 | 738 | 676 | 57 | 76 | • | 19 | • | • |
| **Revenues ($ in Thousands)** | | | | | | | | | | | | | |
| Net Sales **2** | 24160 | 259 | 2649 | 1999 | 2007 | 1691 | 2827 | 599 | 1854 | • | 1944 | • | • |
| Portfolio Income **3** | 362 | 11 | 33 | 10 | 10 | 4 | 29 | 6 | 26 | • | 27 | • | • |
| Other Revenues **4** | 665 | 15 | 70 | 56 | 29 | 13 | 86 | 19 | 47 | • | 41 | • | • |
| Total Revenues **5** | 25187 | 285 | 2753 | 2066 | 2046 | 1708 | 2943 | 624 | 1927 | • | 2012 | • | • |
| Average Total Revenues **6** | 1624 | 806 | 289 | 739 | 1662 | 2315 | 4353 | 10955 | 25361 | • | 105898 | • | • |
| **Operating Costs/Operating Income (%)** | | | | | | | | | | | | | |
| Cost of Operations **7** | 38.9 | 33.6 | 17.9 | 29.9 | 20.5 | 42.0 | 34.1 | 50.6 | 48.6 | • | 31.2 | • | • |
| Rent **8** | 2.6 | 1.5 | 4.6 | 4.3 | 3.2 | 3.8 | 3.8 | 1.7 | 1.9 | • | 2.0 | • | • |
| Taxes Paid **9** | 2.3 | 3.6 | 2.9 | 3.8 | 2.3 | 2.3 | 3.1 | 1.7 | 2.6 | • | 1.8 | • | • |
| Interest Paid **10** | 1.3 | 1.1 | 0.3 | 1.7 | 1.2 | 1.2 | 1.3 | 1.8 | 1.6 | • | 1.3 | • | • |
| Depreciation, Depletion, Amortization **11** | 2.1 | 1.5 | 1.2 | 2.0 | 1.9 | 2.5 | 3.3 | 2.4 | 2.1 | • | 2.5 | • | • |
| Pensions and Other Benefits **12** | 1.8 | 0.6 | 1.3 | 1.9 | 2.4 | 1.1 | 2.0 | 1.1 | 1.8 | • | 3.7 | • | • |
| Other **13** | 43.1 | 44.7 | 52.1 | 39.4 | 56.9 | 34.0 | 44.2 | 38.8 | 37.5 | • | 53.3 | • | • |
| Officers Compensation **14** | 4.5 | 2.4 | 12.0 | 11.4 | 8.5 | 6.4 | 4.3 | 1.5 | 1.7 | • | 1.2 | • | • |
| Operating Margin **15** | 3.5 | 11.0 | 7.9 | 5.8 | 3.2 | 6.7 | 4.1 | 0.4 | 2.3 | • | 3.1 | • | • |
| Oper. Margin Before Officers Compensation **16** | 8.0 | 13.4 | 19.9 | 17.2 | 11.7 | 13.2 | 8.3 | 1.9 | 4.0 | • | 4.3 | • | • |
| **Selected Average Balance Sheet ($ in Thousands)** | | | | | | | | | | | | | |
| Net Receivables **17** | 147 | • | 3 | 29 | 43 | 189 | 712 | 1805 | 3105 | • | 17032 | • | • |
| Inventories **18** | 20 | • | 1 | 5 | 19 | 61 | 110 | 69 | 619 | • | 2324 | • | • |
| Net Property, Plant and Equipment **19** | 156 | • | 7 | 48 | 94 | 191 | 449 | 1942 | 4154 | • | 15605 | • | • |
| Total Assets **20** | 675 | 30 | 168 | 326 | 636 | 1949 | 7714 | 15960 | 69579 | | | | |

| | | | | | | | | | |
|---|---|---|---|---|---|---|---|---|---|
| Notes and Loans Payable 21 | 188 | 9 | 105 | 145 | 263 | 590 | 3863 | 4747 | 15290 |
| All Other Liabilities 22 | 226 | 6 | 27 | 86 | 228 | 587 | 2024 | 5047 | 22233 |
| Net Worth 23 | 261 | 15 | 36 | 95 | 145 | 772 | 1827 | 6166 | 32055 |

## Selected Financial Ratios (Times to 1)

| | | | | | | | | | |
|---|---|---|---|---|---|---|---|---|---|
| Current Ratio 24 | 1.5 | 2.3 | 1.7 | 1.6 | 1.5 | 1.7 | 1.2 | 1.6 | 1.8 |
| Quick Ratio 25 | 1.2 | 2.0 | 1.3 | 1.3 | 1.1 | 1.3 | 0.8 | 1.1 | 1.4 |
| Net Sales to Working Capital 26 | 13.0 | 32.2 | 24.8 | 25.0 | 17.9 | 8.1 | 17.2 | 7.6 | 6.2 |
| Coverage Ratio 27 | 6.8 | • | 6.4 | 5.5 | 7.3 | 7.2 | 3.3 | 4.8 | 6.0 |
| Total Asset Turnover 28 | 2.3 | 9.3 | 4.3 | 5.0 | 3.6 | 2.2 | 1.4 | 1.5 | 1.5 |
| Inventory Turnover 29 | • | • | • | • | • | • | • | • | |
| Receivables Turnover 30 | • | • | • | • | • | 6.6 | • | 9.6 | 7.5 |
| Total Liabilities to Net Worth 31 | 1.6 | 1.0 | 3.6 | 2.4 | 3.4 | 1.5 | 3.2 | 1.6 | 1.2 |

## Selected Financial Factors (in Percentages)

| | | | | | | | | | |
|---|---|---|---|---|---|---|---|---|---|
| Debt Ratio 32 | 61.4 | 50.9 | 78.4 | 70.8 | 77.2 | 60.4 | 76.3 | 61.4 | 53.9 |
| Return on Assets 33 | 20.5 | • | • | 31.6 | 32.4 | 20.3 | 8.3 | 11.7 | 11.6 |
| Return on Equity 34 | 37.8 | • | • | • | • | 35.5 | 20.5 | 19.6 | 15.0 |
| Return Before Interest on Equity 35 | • | • | • | • | • | • | • | • | 25.2 |
| Profit Margin, Before Income Tax 36 | 7.6 | 10.9 | 9.1 | 5.2 | 7.8 | 8.1 | 4.3 | 6.1 | 6.6 |
| Profit Margin, After Income Tax 37 | 6.3 | 10.9 | 8.9 | 4.8 | 7.6 | 6.6 | 3.6 | 5.0 | 4.7 |

## Trends in Selected Ratios and Factors, 1986-1994

| | 1986 | 1987 | 1988 | 1989 | 1990 | 1991 | 1992 | 1993 | 1994 |
|---|---|---|---|---|---|---|---|---|---|
| Cost of Operations (%) 38 | 34.9 | 28.9 | 34.3 | 29.7 | 33.5 | 32.1 | 37.9 | 37.0 | 38.9 |
| Operating Margin (%) 39 | 2.7 | • | • | • | 1.3 | 0.5 | • | 1.6 | 3.5 |
| Oper. Margin Before Officers Comp. (%) 40 | 15.8 | 12.0 | 10.6 | 1.3 | 8.5 | 9.5 | • | 5.8 | 8.0 |
| Average Net Receivables ($) 41 | 46 | 59 | 84 | 78 | 71 | 65 | 102 | 134 | 147 |
| Average Inventories ($) 42 | 12 | 9 | 16 | 12 | 13 | 12 | 18 | 17 | 20 |
| Average Net Worth ($) 43 | 105 | 124 | 207 | 184 | 175 | 151 | 197 | 170 | 261 |
| Current Ratio (x1) 44 | 1.6 | 1.9 | 1.7 | 1.4 | 1.8 | 1.5 | 1.4 | 1.4 | 1.5 |
| Quick Ratio (x1) 45 | 1.1 | 1.5 | 1.3 | 1.1 | 1.3 | 1.1 | 1.1 | 1.2 | 1.2 |
| Coverage Ratio (x1) 46 | 5.0 | 4.6 | 5.3 | 4.7 | 5.1 | 4.7 | 5.7 | 4.8 | 6.8 |
| Asset Turnover (x1) 47 | 2.2 | 1.6 | 1.7 | 1.7 | 2.0 | 2.0 | 2.0 | 2.3 | 2.3 |
| Operating Leverage 48 | • | • | 19.1 | 0.9 | • | 0.4 | • | • | 2.2 |
| Financial Leverage 49 | • | 1.0 | 1.0 | 1.0 | 1.1 | 1.1 | 1.1 | 1.0 | 1.1 |
| Total Leverage 50 | • | • | 18.4 | 0.9 | • | 0.4 | • | • | 2.4 |

## Table I

Corporations with and without Net Income

## LEGAL SERVICES

### MONEY AMOUNTS AND SIZE OF ASSETS IN THOUSANDS OF DOLLARS

| Item Description for Accounting Period 7/90 Through 6/91 | Total | Zero Assets | Under 100 | 100 to 250 | 251 to 500 | 501 to 1,000 | 1,001 to 5,000 | 5,001 to 10,000 | 10,001 to 25,000 | 25,001 to 50,000 | 50,001 to 100,000 | 100,001 to 250,000 | 250,001 and over |
|---|---|---|---|---|---|---|---|---|---|---|---|---|---|
| Number of Enterprises **1** | 28801 | 1247 | 20317 | 5174 | 1359 | 428 | 263 | 7 | 6 | • | • | • | • |
| **Revenues ($ in Thousands)** | | | | | | | | | | | | | |
| Net Sales **2** | 11254 | 76 | 3803 | 2970 | 1572 | 1080 | 1424 | 91 | 237 | • | • | • | • |
| Portfolio Income **3** | 28 | • | 5 | 5 | 15 | 2 | 2 | • | 0 | | | | |
| Other Revenues **4** | 741 | • | 317 | 223 | 128 | 3 | 65 | • | 5 | | | | |
| Total Revenues **5** | 12024 | 76 | 4125 | 3197 | 1715 | 1085 | 1492 | 91 | 242 | • | • | • | • |
| Average Total Revenues **6** | 417 | 61 | 203 | 618 | 1262 | 2535 | 5674 | 13022 | 40315 | | | | |
| **Operating Costs/Operating Income (%)** | | | | | | | | | | | | | |
| Cost of Operations **7** | 8.2 | 9.1 | 7.9 | 7.8 | 6.7 | 11.1 | 8.1 | 5.7 | 16.0 | • | • | • | • |
| Rent **8** | 5.5 | 1.8 | 5.8 | 5.1 | 6.1 | 4.1 | 5.4 | 3.5 | 12.9 | • | • | • | • |
| Taxes Paid **9** | 5.4 | 7.1 | 9.8 | 3.0 | 3.6 | 2.5 | 2.9 | 1.4 | 4.2 | • | • | • | • |
| Interest Paid **10** | 0.8 | 0.4 | 0.7 | 0.6 | 0.8 | 1.4 | 1.1 | 0.7 | 1.4 | • | • | • | • |
| Depreciation, Depletion, Amortization **11** | 1.5 | 0.3 | 1.5 | 1.4 | 1.6 | 1.4 | 1.8 | 0.5 | 2.4 | • | • | • | • |
| Pensions and Other Benefits **12** | 2.6 | 2.7 | 2.0 | 3.7 | 1.6 | 2.0 | 3.3 | • | 4.8 | • | • | • | • |
| Other **13** | 44.4 | 60.0 | 38.3 | 46.3 | 42.6 | 46.2 | 54.6 | 54.4 | 53.2 | • | • | • | • |
| Officers Compensation **14** | 34.5 | 2.5 | 37.6 | 37.9 | 39.0 | 30.3 | 24.4 | 22.4 | 4.7 | • | • | • | • |
| Operating Margin **15** | • | 16.2 | • | • | • | 1.1 | • | 11.5 | 0.5 | • | • | • | • |
| Oper. Margin Before Officers Compensation **16** | 31.6 | 18.7 | 34.0 | 32.2 | 37.2 | 31.4 | 22.9 | 33.9 | 5.2 | • | • | • | • |
| **Selected Average Balance Sheet ($ in Thousands)** | | | | | | | | | | | | | |
| Net Receivables **17** | 8 | • | 2 | 8 | 18 | 121 | 230 | • | 3089 | • | • | • | • |
| Inventories **18** | 0 | • | • | 0 | • | • | • | • | • | | | | |
| Net Property, Plant and Equipment **19** | 26 | • | 12 | 29 | 70 | 235 | 458 | 998 | 3391 | • | • | • | • |
| Total Assets **20** | 101 | • | 34 | 161 | 352 | 660 | 1865 | 7595 | 12376 | • | • | • | • |

|  | 21 |  |  |  |  |  |  |  |  |
|---|---|---|---|---|---|---|---|---|---|
| Notes and Loans Payable 21 | 35 | • | 16 | 36 | 106 | 266 | 766 | 2414 | 3307 |
| All Other Liabilities 22 | 27 | • | 11 | 45 | 38 | 150 | 721 | 1950 | 2503 |
| Net Worth 23 | 38 | • | 7 | 81 | 208 | 245 | 378 | 3230 | 6566 |

## Selected Financial Ratios (Times to 1)

|  |  |  |  |  |  |  |  |  |  |
|---|---|---|---|---|---|---|---|---|---|
| Current Ratio 24 | 1.6 | • | 1.0 | 1.6 | 2.3 | 2.4 | 1.8 | 0.9 | 3.4 |
| Quick Ratio 25 | 1.3 | • | 0.9 | 1.1 | 2.0 | 2.3 | 1.6 | 0.8 | 3.0 |
| Net Sales to Working Capital 26 | 22.8 | • | • | 21.9 | 13.5 | 15.6 | 10.6 | • | 8.1 |
| Coverage Ratio 27 | 6.0 | • | 7.7 | 4.5 | 10.3 | 2.1 | 3.9 | • | 2.9 |
| Total Asset Turnover 28 | 3.9 | • | 5.6 | 3.6 | 3.3 | 3.8 | 2.9 | 1.7 | 3.2 |
| Inventory Turnover 29 | • | • | • | • | • | • | • | • | • |
| Receivables Turnover 30 | • | • | • | • | • | • | • | • | • |
| Total Liabilities to Net Worth 31 | 1.6 | • | 3.9 | 1.0 | 0.7 | 1.7 | 3.9 | 1.4 | 0.9 |

## Selected Financial Factors (in Percentages)

|  |  |  |  |  |  |  |  |  |  |
|---|---|---|---|---|---|---|---|---|---|
| Debt Ratio 32 | 61.8 | • | 79.5 | 49.8 | 40.9 | 62.9 | 79.7 | 57.5 | 47.0 |
| Return on Assets 33 | 18.4 | • | 30.7 | 8.8 | 26.4 | 10.8 | 12.2 | 20.9 | 12.3 |
| Return on Equity 34 | 38.6 | • | • | 12.9 | • | 12.8 | 39.9 | • | 9.0 |
| Return Before Interest on Equity 35 | • | • | • | 17.4 | • | 29.0 | • | • | 23.1 |
| Profit Margin, Before Income Tax 36 | 3.9 | 16.2 | 4.8 | 1.9 | 7.3 | 1.5 | 3.1 | 11.5 | 2.5 |
| Profit Margin, After Income Tax 37 | 3.8 | 16.1 | 4.8 | 1.8 | 7.2 | 1.2 | 2.8 | 11.5 | 1.5 |

## Trends in Selected Ratios and Factors, 1986–1994

|  | 1986 | 1987 | 1988 | 1989 | 1990 | 1991 | 1992 | 1993 | 1994 |
|---|---|---|---|---|---|---|---|---|---|
| Cost of Operations (%) 38 | 6.9 | 7.9 | 8.4 | 5.6 | 7.8 | 6.5 | 7.2 | 8.4 | 8.2 |
| Operating Margin (%) 39 | • | • | • | • | • | • | • | • | • |
| Oper. Margin Before Officers Comp. (%) 40 | 32.8 | 30.0 | 29.9 | 30.4 | 28.9 | 27.1 | 27.0 | 29.6 | 31.6 |
| Average Net Receivables ($) 41 | 6 | 8 | 9 | 9 | 10 | 6 | 6 | 5 | 8 |
| Average Inventories ($) 42 | 0 | 0 | 0 | 0 | 0 | 0 | 0 | • | 0 |
| Average Net Worth ($) 43 | 33 | 39 | 35 | 49 | 46 | 40 | 48 | 34 | 38 |
| Current Ratio (x1) 44 | 1.0 | 1.1 | 1.1 | 1.3 | 1.3 | 1.2 | 1.5 | 1.3 | 1.6 |
| Quick Ratio (x1) 45 | 0.8 | 0.9 | 0.9 | 1.0 | 0.9 | 0.9 | 1.2 | 1.0 | 1.3 |
| Coverage Ratio (x1) 46 | 4.1 | 4.5 | 4.2 | 3.6 | 4.7 | 6.9 | 3.7 | 4.7 | 6.0 |
| Asset Turnover (x1) 47 | 3.8 | 3.5 | 4.0 | 3.6 | 3.7 | 3.4 | 3.7 | 3.8 | 3.9 |
| Total Liabilities/Net Worth (x1) 48 | 1.8 | 2.0 | 2.4 | 1.8 | 2.0 | 2.0 | 1.9 | 2.2 | 1.6 |
| Return on Assets (x1) 49 | 13.3 | 13.8 | 12.0 | 11.2 | 13.2 | 17.6 | 10.8 | 15.7 | 18.4 |
| Return on Equity (%) 50 | 21.0 | 25.4 | 24.3 | 17.3 | 24.7 | 38.7 | 20.1 | 37.2 | 38.6 |

# Table II

Corporations with Net Income

## LEGAL SERVICES

### MONEY AMOUNTS AND SIZE OF ASSETS IN THOUSANDS OF DOLLARS

| Item Description for Accounting Period 7/90 Through 6/91 | Total | Zero Assets | Under 100 | 100 to 250 | 251 to 500 | 501 to 1,000 | 1,001 to 5,000 | 5,001 to 10,000 | 10,001 to 25,000 | 25,001 to 50,000 | 50,001 to 100,000 | 100,001 to 250,000 | 250,001 and over |
|---|---|---|---|---|---|---|---|---|---|---|---|---|---|
| Number of Enterprises **1** | 15929 | 764 | 11361 | 2207 | 1098 | 294 | 195 | 7 | 3 | • | • | • | • |
| **Revenues ($ in Thousands)** | | | | | | | | | | | | | |
| Net Sales **2** | 7271 | 65 | 2782 | 1729 | 949 | 613 | 960 | 91 | 82 | | | | • |
| Portfolio Income **3** | 19 | • | 1 | 0 | 15 | 1 | 2 | • | 0 | | | | • |
| Other Revenues **4** | 470 | • | 223 | 86 | 94 | 1 | 65 | • | 1 | | | | • |
| Total Revenues **5** | 7761 | 65 | 3006 | 1816 | 1057 | 615 | 1027 | 91 | 83 | | | | • |
| Average Total Revenues **6** | 487 | 86 | 265 | 823 | 963 | 2092 | 5267 | 13022 | 27623 | | | | • |
| **Operating Costs/Operating Income (%)** | | | | | | | | | | | | | |
| Cost of Operations **7** | 8.4 | 9.4 | 7.1 | 7.7 | 9.1 | 8.5 | 9.7 | 5.7 | 46.0 | | | | • |
| Rent **8** | 4.9 | • | 5.7 | 3.9 | 4.7 | 3.4 | 6.1 | 3.5 | 8.6 | | | | • |
| Taxes Paid **9** | 6.3 | 7.2 | 11.9 | 2.2 | 3.5 | 2.5 | 3.3 | 1.4 | 5.6 | | | | • |
| Interest Paid **10** | 0.7 | 0.4 | 0.7 | 0.2 | 0.6 | 1.4 | 1.2 | 0.7 | 1.0 | | | | • |
| Depreciation, Depletion, Amortization **11** | 1.3 | 0.1 | 1.4 | 1.0 | 1.5 | 0.8 | 1.9 | 0.5 | 2.0 | | | | • |
| Pensions and Other Benefits **12** | 2.1 | 1.8 | 1.4 | 2.6 | 1.9 | 1.6 | 3.6 | • | 3.9 | | | | • |
| Other **13** | 40.7 | 52.0 | 37.2 | 38.8 | 33.7 | 51.0 | 54.5 | 54.4 | 19.6 | | | | • |
| Officers Compensation **14** | 32.3 | 2.9 | 31.6 | 39.5 | 42.2 | 25.7 | 21.1 | 22.4 | 7.1 | | | | • |
| Operating Margin **15** | 3.3 | 26.3 | 3.2 | 4.3 | 2.8 | 5.2 | • | 11.5 | 6.4 | | | | • |
| Oper. Margin Before Officers Compensation **16** | 35.6 | 29.1 | 34.8 | 43.8 | 45.1 | 30.9 | 19.7 | 33.9 | 13.5 | | | | • |
| **Selected Average Balance Sheet ($ in Thousands)** | | | | | | | | | | | | | |
| Net Receivables **17** | 9 | • | 2 | 3 | 23 | 74 | 240 | • | 6177 | | | | • |
| Inventories **18** | • | • | • | • | • | • | • | • | | | | | • |
| Net Property, Plant and Equipment **19** | 26 | • | 14 | 27 | 45 | 177 | 458 | 998 | 1401 | | | | • |
| Total Assets **20** | 111 | • | 31 | 162 | 346 | 615 | 2059 | 7595 | 12362 | | | | • |

| | | | | | | | | | |
|---|---|---|---|---|---|---|---|---|---|
| Notes and Loans Payable **21** | 31 | · | 12 | 16 | 85 | 225 | 726 | 2414 | 368 |
| All Other Liabilities **22** | 26 | · | 7 | 34 | 27 | 169 | 793 | 1950 | 2828 |
| Net Worth **23** | 54 | · | 12 | 112 | 235 | 222 | 541 | 3230 | 9167 |

## Selected Financial Ratios (Times to 1)

| | | | | | | | | | |
|---|---|---|---|---|---|---|---|---|---|
| Current Ratio **24** | 2.2 | · | 1.0 | 1.7 | 6.2 | 2.4 | 2.3 | 0.9 | 3.7 |
| Quick Ratio **25** | 1.9 | · | 0.9 | 1.5 | 5.3 | 2.2 | 2.1 | 0.8 | 3.6 |
| Net Sales to Working Capital **26** | 17.6 | · | · | 37.0 | 5.7 | 14.7 | 6.5 | · | 5.5 |
| Coverage Ratio **27** | · | · | · | · | · | 5.0 | 5.6 | · | 8.9 |
| Total Asset Turnover **28** | 4.1 | · | 7.8 | 4.8 | 2.5 | 3.4 | 2.4 | 1.7 | 2.2 |
| Inventory Turnover **29** | · | · | · | · | · | · | · | · | · |
| Receivables Turnover **30** | · | · | · | · | · | · | · | · | 4.7 |
| Total Liabilities to Net Worth **31** | 1.1 | · | 1.6 | 0.5 | 0.5 | 1.8 | 2.8 | 1.4 | 0.4 |

## Selected Financial Factors (in Percentages)

| | | | | | | | | | |
|---|---|---|---|---|---|---|---|---|---|
| Debt Ratio **32** | 51.0 | · | 60.8 | 31.0 | 32.2 | 64.0 | 73.7 | 57.5 | 25.9 |
| Return on Assets **33** | · | · | · | · | 37.0 | 23.3 | 16.2 | 20.9 | 18.8 |
| Return on Equity **34** | · | · | · | · | · | · | · | · | 14.8 |
| Return Before Interest on Equity **35** | · | · | · | · | · | · | · | · | 25.3 |
| Profit Margin, Before Income Tax **36** | 10.0 | 26.3 | 11.3 | 9.3 | 14.2 | 5.5 | 5.6 | 11.5 | 7.5 |
| Profit Margin, After Income Tax **37** | 9.9 | 26.1 | 11.2 | 9.3 | 14.2 | 5.1 | 5.1 | 11.5 | 5.0 |

## Trends in Selected Ratios and Factors, 1986–1994

| | 1986 | 1987 | 1988 | 1989 | 1990 | 1991 | 1992 | 1993 | 1994 |
|---|---|---|---|---|---|---|---|---|---|
| Cost of Operations (%) **38** | 6.8 | 7.7 | 8.4 | 5.2 | 7.6 | 6.4 | 8.2 | 10.0 | 8.4 |
| Operating Margin (%) **39** | 0.8 | · | · | 0.6 | 0.4 | · | 1.9 | 7.3 | 3.3 |
| Oper. Margin Before Officers Comp. (%) **40** | 34.3 | 33.4 | 33.9 | 32.3 | 31.5 | 30.4 | 29.3 | 31.4 | 35.6 |
| Average Net Receivables ($) **41** | 7 | 9 | 10 | 10 | 10 | 6 | 7 | 7 | 9 |
| Average Inventories ($) **42** | 0 | 0 | 0 | 0 | 0 | 0 | 0 | 0 | · |
| Average Net Worth ($) **43** | 46 | 54 | 56 | 68 | 60 | 51 | 67 | 48 | 54 |
| Current Ratio (x1) **44** | 1.3 | 1.3 | 1.2 | 1.4 | 1.4 | 1.4 | 1.7 | 2.1 | 2.2 |
| Quick Ratio (x1) **45** | 1.0 | 1.0 | 1.1 | 1.1 | 1.0 | 1.1 | 1.5 | 1.9 | 1.9 |
| Coverage Ratio (x1) **46** | 8.3 | 9.3 | 8.5 | 7.4 | 8.2 | 11.1 | 9.2 | 16.0 | 15.6 |
| Asset Turnover (x1) **47** | 3.9 | 3.6 | 4.1 | 3.8 | 3.7 | 3.3 | 3.8 | 3.4 | 4.1 |
| Operating Leverage **48** | · | · | 62.3 | · | 0.6 | · | · | 3.9 | 0.5 |
| Financial Leverage **49** | · | 1.0 | 1.0 | 1.0 | 1.0 | 1.1 | 1.1 | 1.1 | 1.0 |
| Total Leverage **50** | · | · | 61.4 | · | 0.6 | · | · | 4.2 | 0.5 |

## Table I

Corporations with and without Net Income

# EDUCATIONAL SSERVICES

**MONEY AMOUNTS AND SIZE OF ASSETS IN THOUSANDS OF DOLLARS**

| Item Description for Accounting Period 7/90 Through 6/91 | Total | Zero Assets | Under 100 | 100 to 250 | 251 to 500 | 501 to 1,000 | 1,001 to 5,000 | 5,001 to 10,000 | 10,001 to 25,000 | 25,001 to 50,000 | 50,001 to 100,000 | 100,001 to 250,000 | 250,001 and over |
|---|---|---|---|---|---|---|---|---|---|---|---|---|---|
| Number of Enterprises **1** | 22117 | 1077 | 17014 | 1522 | 1052 | 610 | 670 | 118 | 32 | 9 | 8 | • | 5 |
| **Revenues ($ in Thousands)** | | | | | | | | | | | | | |
| Net Sales **2** | 13336 | 437 | 2624 | 639 | 1173 | 1269 | 2259 | 1669 | 950 | 741 | 726 | • | 850 |
| Portfolio Income **3** | 169 | 0 | 6 | 1 | 8 | 10 | 9 | 7 | 30 | 5 | 16 | • | 77 |
| Other Revenues **4** | 289 | 0 | 30 | 0 | 3 | 11 | 36 | 55 | 52 | 2 | 24 | • | 74 |
| Total Revenues **5** | 13795 | 437 | 2661 | 640 | 1185 | 1290 | 2304 | 1731 | 1032 | 747 | 767 | • | 1001 |
| Average Total Revenues **6** | 624 | 406 | 156 | 421 | 1126 | 2114 | 3439 | 14669 | 32265 | 83045 | 95829 | • | 200131 |
| **Operating Costs/Operating Income (%)** | | | | | | | | | | | | | |
| Cost of Operations **7** | 30.2 | 55.6 | 30.8 | 20.1 | 41.2 | 20.5 | 15.4 | 29.3 | 40.7 | 73.9 | 26.9 | • | 15.6 |
| Rent **8** | 5.7 | 5.4 | 7.6 | 4.7 | 3.2 | 4.6 | 6.7 | 5.6 | 5.7 | 1.6 | 5.4 | • | 6.5 |
| Taxes Paid **9** | 3.3 | 3.4 | 3.7 | 3.6 | 3.1 | 3.4 | 3.8 | 2.7 | 2.3 | 1.4 | 4.1 | • | 3.7 |
| Interest Paid **10** | 1.8 | 0.3 | 0.8 | 0.6 | 1.2 | 0.7 | 2.0 | 1.3 | 2.1 | 0.9 | 6.4 | • | 6.5 |
| Depreciation, Depletion, Amortization **11** | 3.0 | 0.9 | 1.8 | 2.3 | 2.7 | 2.3 | 2.7 | 2.5 | 3.1 | 1.3 | 6.1 | • | 10.3 |
| Pensions and Other Benefits **12** | 1.9 | 4.7 | 2.4 | 2.1 | 0.5 | 1.4 | 1.1 | 1.4 | 3.7 | 0.7 | 2.6 | • | 3.3 |
| Other **13** | 50.1 | 23.2 | 44.8 | 56.4 | 37.9 | 62.2 | 63.9 | 54.7 | 49.2 | 17.7 | 53.4 | • | 55.6 |
| Officers Compensation **14** | 5.8 | 5.0 | 10.4 | 9.3 | 7.4 | 8.9 | 5.3 | 2.9 | 2.9 | 1.0 | 1.2 | • | 1.2 |
| Operating Margin **15** | • | 1.7 | • | 1.1 | 2.9 | • | • | • | • | 1.5 | • | • | • |
| Oper. Margin Before Officers Compensation **16** | 4.1 | 6.7 | 8.2 | 10.3 | 10.3 | 5.0 | 4.4 | 2.6 | • | 2.6 | • | • | • |
| **Selected Average Balance Sheet ($ in Thousands)** | | | | | | | | | | | | | |
| Net Receivables **17** | 100 | • | 1 | 29 | 43 | 239 | 785 | 2087 | 3196 | 19456 | 15389 | • | 159299 |
| Inventories **18** | 6 | • | 0 | 2 | 2 | 2 | 52 | 212 | 690 | 522 | 1690 | • | 5580 |
| Net Property, Plant and Equipment **19** | 99 | • | 10 | 50 | 163 | 175 | 776 | 1769 | 6608 | 5689 | 26819 | • | 94185 |
| Total Assets **20** | 365 | • | 27 | 149 | 342 | 690 | 2264 | 7367 | 17614 | 31688 | 87889 | • | 533921 |

Notes and Loans Payable 21 | 124 | • | 19 | 90 | 147 | 329 | 734 | 2185 | 5429 | 4504 | 48855 | • | 113818

| | | | | | | | | | | | | | |
|---|---|---|---|---|---|---|---|---|---|---|---|---|---|
| Notes and Loans Payable 21 | 124 | • | 19 | 90 | 147 | 329 | 734 | 2185 | 5429 | 4504 | 48855 | • | 113818 |
| All Other Liabilities 22 | 153 | • | 7 | 30 | 150 | 400 | 1117 | 3344 | 7896 | 18832 | 28440 | • | 205941 |
| Net Worth 23 | 88 | • | 2 | 28 | 45 | -39 | 413 | 1837 | 4289 | 8353 | 10593 | • | 214163 |

## Selected Financial Ratios (Times to 1)

| | | | | | | | | | | | |
|---|---|---|---|---|---|---|---|---|---|---|---|
| Current Ratio 24 | 1.3 | 1.2 | 1.5 | 1.4 | 0.9 | 1.1 | 1.4 | 1.0 | 1.8 | 1.2 | 2.0 |
| Quick Ratio 25 | 1.1 | 1.0 | 1.3 | 1.3 | 0.8 | 0.9 | 1.1 | 0.6 | 1.6 | 0.9 | 1.5 |
| Net Sales to Working Capital 26 | 14.6 | • | 18.2 | 32.0 | • | • | 12.5 | • | 8.3 | 22.6 | 1.5 |
| Coverage Ratio 27 | 2.0 | 7.8 | 3.2 | 4.1 | • | 1.6 | 3.7 | 0.6 | 3.6 | 0.9 | 3.7 |
| Total Asset Turnover 28 | 1.7 | • | 2.8 | 3.3 | 3.0 | 1.5 | 1.9 | 1.7 | 2.6 | 1.0 | 0.3 |
| Inventory Turnover 29 | • | • | • | • | • | 8.1 | • | • | • | • | 4.9 |
| Receivables Turnover 30 | 6.7 | • | • | • | • | 4.7 | 7.1 | 4.3 | 8.9 | 1.2 |
| Total Liabilities to Net Worth 31 | 3.1 | 14.9 | 4.3 | 6.7 | • | 4.5 | 3.0 | 3.1 | 2.8 | 7.3 | 1.5 |

## Selected Financial Factors (in Percentages)

| | | | | | | | | | | | |
|---|---|---|---|---|---|---|---|---|---|---|---|
| Debt Ratio 32 | 75.8 | 93.7 | 81.0 | 87.0 | • | 81.8 | 75.1 | 75.7 | 73.7 | 88.0 | 59.9 |
| Return on Assets 33 | 6.0 | • | 5.2 | 16.4 | • | 4.8 | 8.9 | 2.0 | 8.5 | 5.9 | 7.6 |
| Return on Equity 34 | 8.0 | • | 18.5 | • | • | 8.8 | 22.6 | • | 20.3 | • | 7.9 |
| Return Before Interest on Equity 35 | 24.9 | • | 27.3 | • | 27.3 | 26.0 | • | 8.1 | 32.2 | 18.9 |
| Profit Margin, Before Income Tax 36 | 1.8 | 1.7 | 1.3 | 3.8 | 1.3 | 1.2 | 3.4 | 2.4 | 17.4 |
| Profit Margin, After Income Tax 37 | 1.2 | 1.7 | 1.3 | 3.6 | 1.3 | 1.1 | 2.9 | 2.1 | 10.0 |

## Trends in Selected Ratios and Factors, 1986-1994

| | 1986 | 1987 | 1988 | 1989 | 1990 | 1991 | 1992 | 1993 | 1994 |
|---|---|---|---|---|---|---|---|---|---|
| Cost of Operations (%) 38 | 27.2 | 26.6 | 29.2 | 27.2 | 26.1 | 27.8 | 31.1 | 29.6 | 30.2 |
| Operating Margin (%) 39 | • | | | | | | | | • |
| Oper. Margin Before Officers Comp. (%) 40 | 3.2 | 6.1 | • | 2.6 | 2.3 | 5.3 | 4.5 | 2.8 | 4.1 |
| Average Net Receivables ($) 41 | 38 | 44 | 52 | 51 | 57 | 60 | 81 | 88 | 100 |
| Average Inventories ($) 42 | 5 | 5 | 7 | 5 | 6 | 6 | 7 | 9 | 6 |
| Average Net Worth ($) 43 | 51 | 56 | 66 | 54 | 68 | 62 | 91 | 99 | 88 |
| Current Ratio (x1) 44 | 1.4 | 1.2 | 1.3 | 1.3 | 1.3 | 1.4 | 1.4 | 1.4 | 1.3 |
| Quick Ratio (x1) 45 | 1.1 | 1.0 | 1.0 | 1.1 | 1.1 | 1.1 | 1.2 | 1.0 | 1.1 |
| Coverage Ratio (x1) 46 | 2.0 | 1.7 | 2.0 | 1.5 | 1.4 | 2.0 | 2.1 | 1.5 | 2.0 |
| Asset Turnover (x1) 47 | 1.5 | 1.7 | 1.6 | 1.7 | 1.5 | 1.6 | 1.7 | 1.5 | 1.7 |
| Total Liabilities/Net Worth (x1) 48 | 2.4 | 2.8 | 2.8 | 3.3 | 2.7 | 3.2 | 2.4 | 2.7 | 3.1 |
| Return on Assets (x1) 49 | 7.8 | 5.4 | 6.7 | 4.7 | 3.8 | 5.8 | 4.9 | 4.5 | 6.0 |
| Return on Equity (%) 50 | 5.8 | 0.8 | 5.6 | • | • | 7.3 | 5.7 | 3.0 | 8.0 |

## Table II

Corporations with Net Income

# EDUCATIONAL SSERVICES

### MONEY AMOUNTS AND SIZE OF ASSETS IN THOUSANDS OF DOLLARS

| Item Description for Accounting Period 7/90 Through 6/91 | Total | Zero Assets | Under 100 | 100 to 250 | 251 to 500 | 501 to 1,000 | 1,001 to 5,000 | 5,001 to 10,000 | 10,001 to 25,000 | 25,001 to 50,000 | 50,001 to 100,000 | 100,001 to 250,000 | 250,001 and over |
|---|---|---|---|---|---|---|---|---|---|---|---|---|---|
| Number of Enterprises **1** | 12812 | 672 | 9305 | 1105 | 829 | 304 | 464 | 95 | 23 | • | • | • | • |
| **Revenues ($ in Thousands)** | | | | | | | | | | | | | |
| Net Sales **2** | 9949 | 427 | 2008 | 571 | 1103 | 546 | 1719 | 1384 | 814 | • | • | • | • |
| Portfolio Income **3** | 141 | 0 | 3 | 1 | 7 | 3 | 7 | 6 | 28 | • | | • | |
| Other Revenues **4** | 203 | 0 | 12 | 0 | 3 | 10 | 24 | 44 | 50 | • | • | • | |
| Total Revenues **5** | 10293 | 427 | 2023 | 572 | 1114 | 560 | 1750 | 1434 | 892 | • | • | • | • |
| Average Total Revenues **6** | 803 | 635 | 217 | 518 | 1343 | 1841 | 3772 | 15095 | 38786 | • | • | • | • |
| **Operating Costs/Operating Income (%)** | | | | | | | | | | | | | |
| Cost of Operations **7** | 30.7 | 56.6 | 32.2 | 20.1 | 38.6 | 16.8 | 14.9 | 27.0 | 43.6 | • | • | • | • |
| Rent **8** | 5.3 | 4.9 | 6.7 | 3.7 | 3.2 | 6.0 | 6.0 | 6.3 | 5.2 | • | • | • | • |
| Taxes Paid **9** | 3.3 | 3.4 | 3.3 | 3.5 | 3.0 | 4.0 | 3.8 | 2.9 | 2.1 | • | • | • | • |
| Interest Paid **10** | 1.5 | 0.2 | 0.8 | 0.5 | 0.9 | 0.9 | 1.6 | 0.8 | 2.0 | • | • | • | • |
| Depreciation, Depletion, Amortization **11** | 2.8 | 0.8 | 1.7 | 1.9 | 2.5 | 2.4 | 2.4 | 2.6 | 2.7 | • | • | • | • |
| Pensions and Other Benefits **12** | 2.0 | 4.8 | 2.7 | 2.3 | 0.5 | 2.0 | 1.2 | 1.5 | 3.4 | • | • | • | • |
| Other **13** | 45.8 | 23.0 | 40.9 | 50.2 | 37.3 | 54.7 | 60.8 | 53.7 | 44.0 | • | • | • | • |
| Officers Compensation **14** | 5.7 | 4.5 | 8.5 | 9.9 | 7.5 | 11.0 | 5.5 | 3.0 | 2.9 | • | • | • | • |
| Operating Margin **15** | 3.1 | 1.9 | 3.1 | 8.0 | 6.5 | 2.4 | 3.9 | 2.3 | • | • | • | • | • |
| Oper. Margin Before Officers Compensation **16** | 8.8 | 6.3 | 11.6 | 17.8 | 14.0 | 13.4 | 9.4 | 5.3 | • | • | • | • | • |
| **Selected Average Balance Sheet ($ in Thousands)** | | | | | | | | | | | | | |
| Net Receivables **17** | 96 | • | 2 | 38 | 50 | 226 | 896 | 1995 | 2990 | • | • | • | • |
| Inventories **18** | 6 | • | 0 | 1 | 2 | 3 | 55 | 105 | 760 | • | • | • | • |
| Net Property, Plant and Equipment **19** | 124 | • | 14 | 54 | 170 | 165 | 664 | 1877 | 6428 | • | • | • | • |
| Total Assets **20** | 436 | • | 34 | 159 | 351 | 689 | 2207 | 7357 | 18532 | • | • | • | • |

| Notes and Loans Payable 21 | 112 | • | 15 | 54 | 111 | 360 | 502 | 1673 | 5893 |
| All Other Liabilities 22 | 174 | • | 7 | 33 | 174 | 213 | 1132 | 3568 | 8022 |
| Net Worth 23 | 150 | • | 12 | 73 | 66 | 116 | 573 | 2115 | 4618 |

## Selected Financial Ratios (Times to 1)

| | | | | | | | | |
|---|---|---|---|---|---|---|---|---|
| Current Ratio 24 | 1.4 | 1.6 | 2.0 | 1.5 | 1.6 | 1.2 | 1.4 | 1.1 |
| Quick Ratio 25 | 1.1 | 1.4 | 1.9 | 1.4 | 1.3 | 1.0 | 1.2 | 0.6 |
| Net Sales to Working Capital 26 | 16.2 | 49.7 | 12.8 | 30.2 | 12.0 | 22.3 | 11.9 | • |
| Coverage Ratio 27 | 5.4 | 5.6 | • | 9.2 | 6.3 | 4.6 | 8.0 | 2.9 |
| Total Asset Turnover 28 | 1.8 | 6.3 | 3.3 | 3.8 | 2.6 | 1.7 | 2.0 | 1.9 |
| Inventory Turnover 29 | • | • | • | • | • | 8.6 | • | • |
| Receivables Turnover 30 | 9.4 | • | • | • | • | 4.3 | 7.9 | • |
| Total Liabilities to Net Worth 31 | 1.9 | 1.9 | 1.2 | 4.4 | 4.9 | 2.9 | 2.5 | 3.0 |

## Selected Financial Factors (in Percentages)

| | | | | | | | | |
|---|---|---|---|---|---|---|---|---|
| Debt Ratio 32 | 65.6 | 65.2 | 54.5 | 81.3 | 83.1 | 74.0 | 71.3 | 75.1 |
| Return on Assets 33 | 14.7 | 29.4 | 28.0 | 31.8 | 14.9 | 12.3 | 13.3 | 10.9 |
| Return on Equity 34 | 30.2 | • | • | • | 36.2 | 36.8 | 26.3 | |
| Return Before Interest on Equity 35 | • | • | • | • | • | • | • | |
| Profit Margin, Before Income Tax 36 | 6.7 | 3.8 | 8.1 | 7.5 | 4.8 | 5.7 | 5.9 | 3.7 |
| Profit Margin, After Income Tax 37 | 5.8 | 1.9 | 3.7 | 8.1 | 7.2 | 4.6 | 5.6 | 5.4 | 3.4 |

## Trends in Selected Ratios and Factors, 1986–1994

| | 1986 | 1987 | 1988 | 1989 | 1990 | 1991 | 1992 | 1993 | 1994 |
|---|---|---|---|---|---|---|---|---|---|
| Cost of Operations (%) 38 | 28.7 | 26.7 | 29.9 | 25.5 | 27.6 | 29.7 | 27.0 | 32.6 | 30.7 |
| Operating Margin (%) 39 | 0.5 | 2.7 | • | • | 1.8 | 2.4 | 3.9 | 2.9 | 3.1 |
| Oper. Margin Before Officers Comp. (%) 40 | 6.6 | 11.5 | 2.7 | 6.4 | 8.7 | 9.4 | 11.5 | 8.5 | 8.8 |
| Average Net Receivables ($) 41 | 57 | 68 | 69 | 87 | 74 | 101 | 70 | 77 | 96 |
| Average Inventories ($) 42 | 6 | 5 | 11 | 7 | 5 | 9 | 8 | 10 | 6 |
| Average Net Worth ($) 43 | 94 | 114 | 126 | 126 | 140 | 110 | 118 | 149 | 150 |
| Current Ratio (×1) 44 | 1.6 | 1.4 | 1.4 | 1.5 | 1.5 | 1.5 | 1.4 | 1.6 | 1.4 |
| Quick Ratio (×1) 45 | 1.3 | 1.1 | 1.2 | 1.2 | 1.3 | 1.3 | 1.2 | 1.2 | 1.1 |
| Coverage Ratio (×1) 46 | 4.4 | 4.9 | 5.2 | 4.6 | 5.2 | 5.5 | 7.9 | 6.1 | 5.4 |
| Asset Turnover (×1) 47 | 1.5 | 1.8 | 1.5 | 1.7 | 1.7 | 1.7 | 2.0 | 1.8 | 1.8 |
| Operating Leverage 48 | • | 5.3 | • | 0.2 | • | 1.3 | 1.7 | 0.8 | 1.1 |
| Financial Leverage 49 | • | 1.1 | 1.1 | 1.0 | 1.1 | 1.1 | 1.1 | 1.0 | 1.0 |
| Total Leverage 50 | • | 5.5 | • | 0.2 | • | 1.4 | 1.9 | 0.7 | 1.0 |

# Table I

Corporations with and without Net Income

## SOCIAL SERVICES

### MONEY AMOUNTS AND SIZE OF ASSETS IN THOUSANDS OF DOLLARS

| Item Description for Accounting Period 7/90 Through 6/91 | Total | Zero Assets | Under 100 | 100 to 250 | 251 to 500 | 501 to 1,000 | 1,001 to 5,000 | 5,001 to 10,000 | 10,001 to 25,000 | 25,001 to 50,000 | 50,001 to 100,000 | 100,001 to 250,000 | 250,001 and over |
|---|---|---|---|---|---|---|---|---|---|---|---|---|---|
| Number of Enterprises **1** | 8656 | 397 | 6360 | 676 | 862 | 226 | 98 | 31 | 5 | • | • | • | • |
| **Revenues ($ in Thousands)** | | | | | | | | | | | | | |
| Net Sales **2** | 3135 | • | 1384 | 334 | 242 | 128 | 207 | 330 | 510 | • | • | • | • |
| Portfolio Income **3** | 32 | 0 | 2 | 2 | 2 | 1 | 4 | 4 | 16 | • | • | • | • |
| Other Revenues **4** | 40 | 1 | 2 | 6 | 23 | 0 | 1 | 7 | 1 | • | • | • | • |
| Total Revenues **5** | 3207 | 1 | 1387 | 341 | 267 | 129 | 212 | 342 | 527 | • | • | • | • |
| Average Total Revenues **6** | 370 | 3 | 218 | 504 | 309 | 572 | 2164 | 11025 | 105488 | • | • | • | • |
| **Operating Costs/Operating Income (%)** | | | | | | | | | | | | | |
| Cost of Operations **7** | 15.2 | • | 15.5 | 7.0 | 24.9 | 24.1 | 27.2 | 12.9 | 9.8 | • | • | • | • |
| Rent **8** | 8.8 | • | 9.1 | 15.5 | 5.8 | 6.0 | 2.1 | 4.7 | 10.8 | • | • | • | • |
| Taxes Paid **9** | 5.6 | • | 4.4 | 7.7 | 7.0 | 4.4 | 6.2 | 5.6 | 6.9 | • | • | • | • |
| Interest Paid **10** | 3.3 | • | 0.8 | 2.0 | 7.3 | 9.1 | 2.2 | 1.6 | 9.3 | • | • | • | • |
| Depreciation, Depletion, Amortization **11** | 3.5 | • | 2.4 | 2.3 | 5.4 | 6.8 | 3.6 | 1.6 | 6.6 | • | • | • | • |
| Pensions and Other Benefits **12** | 1.1 | • | 0.7 | 0.3 | 1.0 | 1.4 | 2.7 | 3.1 | 0.8 | • | • | • | • |
| Other **13** | 59.7 | • | 59.7 | 55.2 | 56.5 | 61.2 | 50.4 | 72.2 | 59.3 | • | • | • | • |
| Officers Compensation **14** | 6.6 | • | 10.2 | 6.8 | 5.5 | 7.9 | 3.8 | 3.0 | 0.7 | • | • | • | • |
| Operating Margin **15** | • | • | • | 3.3 | • | • | 1.9 | • | • | • | • | • | • |
| Oper. Margin Before Officers Compensation **16** | 2.9 | • | 7.5 | 10.1 | • | • | 5.6 | • | • | • | • | • | • |
| **Selected Average Balance Sheet ($ in Thousands)** | | | | | | | | | | | | | |
| Net Receivables **17** | 15 | • | 1 | 3 | 2 | 4 | 257 | 2531 | 3356 | • | • | • | • |
| Inventories **18** | 1 | • | 0 | • | • | • | • | 8 | 1780 | • | • | • | • |
| Net Property, Plant and Equipment **19** | 136 | • | 15 | 76 | 271 | 437 | 724 | 1297 | 118015 | • | • | • | • |
| Total Assets **20** | 219 | • | 31 | 127 | 342 | 694 | 1652 | 6786 | 156686 | • | • | • | • |

| | | | | | | | | | |
|---|---|---|---|---|---|---|---|---|---|
| Notes and Loans Payable 21 | 148 | • | 27 | 83 | 327 | 688 | 686 | 1324 | 101777 |
| All Other Liabilities 22 | 42 | • | 10 | 81 | 16 | 229 | 353 | 2691 | 12353 |
| Net Worth 23 | 28 | • | -6 | -37 | -2 | -224 | 613 | 2771 | 42555 |

**Selected Financial Ratios (Times to 1)**

| | | | | | | | | | |
|---|---|---|---|---|---|---|---|---|---|
| Current Ratio 24 | 1.0 | • | 0.7 | 0.3 | 0.4 | 0.7 | 2.9 | 1.7 | 0.7 |
| Quick Ratio 25 | 0.8 | • | 0.5 | 0.3 | 0.4 | 0.4 | 2.6 | 1.4 | 0.5 |
| Net Sales to Working Capital 26 | • | • | • | • | • | • | 4.3 | 5.3 | • |
| Coverage Ratio 27 | 0.6 | • | • | 3.7 | 0.6 | 3.0 | 3.0 | 0.2 | 0.9 |
| Total Asset Turnover 28 | 1.7 | • | 7.0 | 3.9 | 0.8 | 0.8 | 1.3 | 1.6 | 0.7 |
| Inventory Turnover 29 | • | • | • | • | • | • | • | • | • |
| Receivables Turnover 30 | • | • | • | • | • | 4.7 | 8.4 | • | |
| Total Liabilities to Net Worth 31 | 6.8 | • | • | • | • | 1.7 | 1.5 | 2.7 | |

**Selected Financial Factors (in Percentages)**

| | | | | | | | | | |
|---|---|---|---|---|---|---|---|---|---|
| Debt Ratio 32 | 87.2 | • | • | • | • | • | 62.9 | 59.2 | 72.9 |
| Return on Assets 33 | 3.1 | • | • | 29.4 | 3.4 | • | 8.5 | 0.6 | 5.6 |
| Return on Equity 34 | • | • | • | • | • | • | 4.2 | • | • |
| Return Before Interest on Equity 35 | 24.2 | • | • | • | 26.4 | 22.8 | • | 20.5 | |
| Profit Margin, Before Income Tax 36 | • | • | 5.5 | • | • | 4.4 | • | • | |
| Profit Margin, After Income Tax 37 | • | • | 5.5 | • | • | 1.2 | • | • | |

**Trends in Selected Ratios and Factors, 1986-1994**

| | 1986 | 1987 | 1988 | 1989 | 1990 | 1991 | 1992 | 1993 | 1994 |
|---|---|---|---|---|---|---|---|---|---|
| Cost of Operations (%) 38 | 11.0 | 21.1 | 21.0 | 16.6 | 12.2 | 13.5 | 13.6 | 11.6 | 15.2 |
| Operating Margin (%) 39 | • | • | • | • | • | • | • | • | • |
| Oper. Margin Before Officers Comp. (%) 40 | 7.9 | 8.1 | 5.6 | • | 2.8 | • | • | 3.6 | 2.9 |
| Average Net Receivables ($) 41 | 4 | 7 | 5 | 10 | 11 | 17 | 27 | 13 | 15 |
| Average Inventories ($) 42 | 0 | 3 | 0 | 0 | 1 | 2 | 5 | 1 | 1 |
| Average Net Worth ($) 43 | 12 | 23 | 34 | 43 | 39 | 43 | 59 | 24 | 28 |
| Current Ratio (x1) 44 | 0.8 | 1.2 | 0.9 | 1.1 | 1.5 | 0.5 | 0.2 | 1.1 | 1.0 |
| Quick Ratio (x1) 45 | 0.8 | 0.8 | 0.8 | 1.0 | 1.4 | 0.4 | 0.2 | 1.0 | 0.8 |
| Coverage Ratio (x1) 46 | 0.9 | 1.3 | 1.8 | 1.4 | 1.5 | 1.2 | 1.0 | 1.4 | 0.6 |
| Asset Turnover (x1) 47 | 2.3 | 1.3 | 1.4 | 1.4 | 1.1 | 0.7 | 0.3 | 1.9 | 1.7 |
| Total Liabilities/Net Worth (x1) 48 | 3.8 | 3.4 | 2.4 | 2.3 | 2.7 | 4.7 | 14.9 | 5.3 | 6.8 |
| Return on Assets (x1) 49 | 5.3 | 5.3 | 10.5 | 7.6 | 8.4 | 5.4 | 3.7 | 8.1 | 3.1 |
| Return on Equity (%) 50 | • | 3.3 | 12.4 | 4.0 | 7.0 | 2.8 | • | 7.5 | • |

## Table II
Corporations with Net Income

# SOCIAL SERVICES

### MONEY AMOUNTS AND SIZE OF ASSETS IN THOUSANDS OF DOLLARS

| Item Description for Accounting Period 7/90 Through 6/91 | Total | Zero Assets | Under 100 | 100 to 250 | 251 to 500 | 501 to 1,000 | 1,001 to 5,000 | 5,001 to 10,000 | 10,001 to 25,000 | 25,001 to 50,000 | 50,001 to 100,000 | 100,001 to 250,000 | 250,001 and over |
|---|---|---|---|---|---|---|---|---|---|---|---|---|---|
| Number of Enterprises **1** | 3169 | • | 2271 | 370 | 457 | • | 49 | 17 | • | • | • | • | • |
| **Revenues ($ in Thousands)** | | | | | | | | | | | | | |
| Net Sales **2** | 1554 | • | 696 | 92 | 196 | • | 131 | 233 | • | • | • | • | • |
| Portfolio Income **3** | 7 | • | 1 | 0 | 2 | • | 2 | 1 | • | • | • | • | • |
| Other Revenues **4** | 33 | • | 2 | 6 | 18 | • | 1 | 7 | • | • | • | • | • |
| Total Revenues **5** | 1595 | • | 698 | 98 | 215 | • | 133 | 241 | • | • | • | • | • |
| Average Total Revenues **6** | 503 | • | 308 | 264 | 471 | • | 2718 | 14184 | • | • | • | • | • |
| **Operating Costs/Operating Income (%)** | | | | | | | | | | | | | |
| Cost of Operations **7** | 11.9 | • | 6.8 | 8.4 | 28.7 | • | 7.5 | 16.7 | • | • | • | • | • |
| Rent **8** | 7.5 | • | 7.9 | 4.9 | 6.5 | • | 1.0 | 3.7 | • | • | • | • | • |
| Taxes Paid **9** | 4.3 | • | 2.6 | 5.9 | 4.7 | • | 5.8 | 5.0 | • | • | • | • | • |
| Interest Paid **10** | 1.7 | • | 0.5 | 2.8 | 6.6 | • | 1.3 | 1.8 | • | • | • | • | • |
| Depreciation, Depletion, Amortization **11** | 2.3 | • | 2.0 | 0.7 | 4.0 | • | 1.7 | 1.1 | • | • | • | • | • |
| Pensions and Other Benefits **12** | 1.2 | • | 0.2 | • | 1.2 | • | 3.5 | 4.3 | • | • | • | • | • |
| Other **13** | 57.5 | • | 60.9 | 50.0 | 47.2 | • | 55.4 | 64.3 | • | • | • | • | • |
| Officers Compensation **14** | 8.8 | • | 14.8 | 10.0 | 6.1 | • | 5.0 | 1.8 | • | • | • | • | • |
| Operating Margin **15** | 4.8 | • | 4.4 | 17.4 | • | • | 18.9 | 1.5 | • | • | • | • | • |
| Oper. Margin Before Officers Compensation **16** | 13.6 | • | 19.3 | 27.4 | 1.0 | • | 24.0 | 3.3 | • | • | • | • | • |
| **Selected Average Balance Sheet ($ in Thousands)** | | | | | | | | | | | | | |
| Net Receivables **17** | 25 | • | 0 | 4 | 1 | • | 84 | 4120 | • | • | • | • | • |
| Inventories **18** | 2 | • | 0 | • | • | • | • | • | • | • | • | • | • |
| Net Property, Plant and Equipment **19** | 130 | • | 22 | 46 | 293 | • | 601 | 1297 | • | • | • | • | • |
| Total Assets **20** | 216 | • | 36 | 109 | 382 | • | 1474 | 6951 | • | • | • | • | • |

| | | | | | | |
|---|---|---|---|---|---|---|
| Notes and Loans Payable 21 | 112 | 22 | 50 | 312 | 386 | 1965 |
| All Other Liabilities 22 | 38 | 3 | 57 | 7 | 232 | 3434 |
| Net Worth 23 | 65 | 11 | 1 | 63 | 855 | 1552 |

**Selected Financial Ratios (Times to 1)**

| | | | | | | |
|---|---|---|---|---|---|---|
| Current Ratio 24 | 1.5 | 2.8 | 0.2 | 0.7 | 3.3 | 1.2 |
| Quick Ratio 25 | 1.3 | 2.7 | 0.2 | 0.7 | 2.9 | 1.1 |
| Net Sales to Working Capital 26 | 24.3 | 34.0 | • | • | 4.4 | 13.5 |
| Coverage Ratio 27 | 5.3 | 11.8 | 9.4 | 1.8 | • | 3.8 |
| Total Asset Turnover 28 | 2.3 | 8.5 | 2.3 | 1.1 | 1.8 | 2.0 |
| Inventory Turnover 29 | • | • | • | • | • | • |
| Receivables Turnover 30 | • | • | • | • | 4.0 | 6.7 |
| Total Liabilities to Net Worth 31 | 2.3 | 2.2 | 5.1 | • | 0.7 | 3.5 |

**Selected Financial Factors (in Percentages)**

| | | | | | | |
|---|---|---|---|---|---|---|
| Debt Ratio 32 | 69.8 | 68.5 | 99.0 | 83.5 | 42.0 | 77.7 |
| Return on Assets 33 | 20.7 | • | 13.1 | 13.1 | 39.9 | 13.1 |
| Return on Equity 34 | • | • | 33.5 | • | 33.5 | 28.6 |
| Return Before Interest on Equity 35 | • | • | • | • | • | • |
| Profit Margin, Before Income Tax 36 | 7.4 | 4.8 | 23.7 | 5.1 | 20.7 | 4.9 |
| Profit Margin, After Income Tax 37 | 6.4 | 4.6 | 23.7 | 4.9 | 15.7 | 3.2 |

**Trends in Selected Ratios and Factors, 1986-1994**

| | 1986 | 1987 | 1988 | 1989 | 1990 | 1991 | 1992 | 1993 | 1994 |
|---|---|---|---|---|---|---|---|---|---|
| Cost of Operations (%) 38 | 8.8 | 21.8 | 15.2 | 10.9 | 12.3 | 13.6 | 10.3 | 12.9 | 11.9 |
| Operating Margin (%) 39 | 4.1 | 4.0 | 1.7 | • | • | • | • | 3.2 | 4.8 |
| Oper. Margin Before Officers Comp. (%) 40 | 13.7 | 19.7 | 10.1 | 5.0 | 7.7 | 1.4 | • | 8.7 | 13.6 |
| Average Net Receivables ($) 41 | 4 | 9 | 7 | 12 | 18 | 27 | 25 | 24 | 25 |
| Average Inventories ($) 42 | 0 | 6 | 1 | 1 | 1 | 4 | 3 | 2 | 2 |
| Average Net Worth ($) 43 | 21 | 53 | 49 | 83 | 92 | 76 | 48 | 89 | 65 |
| Current Ratio (x1) 44 | 1.2 | 2.2 | 1.0 | 1.5 | 2.2 | 0.5 | 0.9 | 1.6 | 1.5 |
| Quick Ratio (x1) 45 | 1.1 | 1.6 | 0.8 | 1.4 | 2.0 | 0.4 | 0.7 | 1.4 | 1.3 |
| Coverage Ratio (x1) 46 | 3.6 | 6.3 | 2.7 | 2.6 | 2.5 | 2.0 | 6.2 | 4.8 | 5.3 |
| Asset Turnover (x1) 47 | 2.9 | 1.1 | 1.3 | 1.3 | 1.1 | 0.6 | 2.2 | 2.0 | 2.3 |
| Operating Leverage 48 | • | 1.0 | 0.4 | • | 0.4 | 2.2 | 2.9 | • | 1.5 |
| Financial Leverage 49 | • | 1.2 | 0.7 | 1.0 | 1.0 | 0.8 | 1.7 | 0.9 | 1.1 |
| Total Leverage 50 | • | 1.2 | 0.3 | • | 0.4 | 1.8 | 4.8 | • | 1.6 |

## Table I

Corporations with and without Net Income

# MEMBERSHIP ORGANIZATIONS

### MONEY AMOUNTS AND SIZE OF ASSETS IN THOUSANDS OF DOLLARS

| Item Description for Accounting Period 7/90 Through 6/91 | Total | Zero Assets | Under 100 | 100 to 250 | 251 to 500 | 501 to 1,000 | 1,001 to 5,000 | 5,001 to 10,000 | 10,001 to 25,000 | 25,001 to 50,000 | 50,001 to 100,000 | 100,001 to 250,000 | 250,001 and over |
|---|---|---|---|---|---|---|---|---|---|---|---|---|---|
| **1** Number of Enterprises | 16151 | 1126 | 11791 | 1523 | 843 | 416 | 342 | 65 | 30 | 12 | • | 3 | • |
| **Revenues ($ in Thousands)** | | | | | | | | | | | | | |
| **2** Net Sales | 5329 | 32 | 816 | 405 | 395 | 277 | 641 | 1158 | 656 | 729 | • | 221 | • |
| **3** Portfolio Income | 105 | 0 | 8 | 7 | 6 | 4 | 13 | 11 | 14 | 4 | • | 39 | • |
| **4** Other Revenues | 805 | 5 | 54 | 89 | 43 | 20 | 114 | 34 | 87 | 78 | • | 282 | • |
| **5** Total Revenues | 6238 | 37 | 878 | 501 | 443 | 301 | 768 | 1202 | 756 | 810 | • | 542 | • |
| **6** Average Total Revenues | 386 | 33 | 74 | 329 | 526 | 722 | 2244 | 18495 | 25213 | 67486 | • | 180739 | • |
| **Operating Costs/Operating Income (%)** | | | | | | | | | | | | | |
| **7** Cost of Operations | 59.8 | 0.7 | 41.4 | 60.0 | 35.7 | 10.5 | 25.6 | 91.3 | 74.4 | 89.0 | • | 35.8 | • |
| **8** Rent | 2.6 | 0.6 | 6.8 | 1.5 | 5.5 | 4.9 | 3.2 | • | 1.4 | 0.9 | • | 3.1 | • |
| **9** Taxes Paid | 2.7 | 1.8 | 2.7 | 2.7 | 3.3 | 2.8 | 3.9 | 1.4 | 2.0 | 1.0 | • | 11.3 | • |
| **10** Interest Paid | 0.8 | • | 0.4 | 2.7 | 0.8 | 1.5 | 2.1 | 0.3 | 0.4 | 0.3 | • | 0.3 | • |
| **11** Depreciation, Depletion, Amortization | 2.5 | 5.6 | 1.1 | 4.2 | 3.3 | 4.4 | 5.8 | 0.6 | 2.2 | 1.5 | • | 4.9 | • |
| **12** Pensions and Other Benefits | 1.7 | • | 1.2 | 0.3 | 1.6 | 1.7 | 3.6 | 0.4 | 2.0 | 1.0 | • | 8.8 | • |
| **13** Other | 44.2 | 50.8 | 59.6 | 46.5 | 73.6 | 71.2 | 9.3 | 31.0 | 16.0 | • | • | 0.2 | • |
| **14** Officers Compensation | 2.7 | • | 4.0 | • | 15.5 | 1.9 | 4.2 | 0.3 | 1.5 | 0.3 | • | 0.2 | • |
| **15** Operating Margin | • | • | • | • | • | • | • | • | • | • | • | • | • |
| **16** Oper. Margin Before Officers Compensation | • | • | • | 3.3 | 3.3 | 0.8 | • | • | • | • | • | • | • |
| **Selected Average Balance Sheet ($ in Thousands)** | | | | | | | | | | | | | |
| **17** Net Receivables | 27 | • | 1 | 18 | 25 | 26 | 176 | 1597 | 1971 | 7611 | • | 17974 | • |
| **18** Inventories | 4 | • | 1 | 1 | 4 | 2 | 32 | 457 | 121 | 198 | • | 180 | • |
| **19** Net Property, Plant and Equipment | 84 | • | 3 | 38 | 181 | 315 | 1171 | 1397 | 6492 | 14825 | • | 37075 | • |
| **20** Total Assets | 216 | • | 16 | 144 | 342 | 653 | 2022 | 6517 | 15745 | 29239 | • | 196301 | • |

| Notes and Loans Payable 21 | 42 | • | 4 | 68 | 30 | 167 | 1032 | 638 | 981 | 1189 | 383 |
| --- | --- | --- | --- | --- | --- | --- | --- | --- | --- | --- | --- |
| All Other Liabilities 22 | 83 | • | 5 | 59 | 86 | 155 | 517 | 4577 | 8681 | 11808 | 62760 |
| Net Worth 23 | 91 | • | 8 | 16 | 226 | 331 | 473 | 1302 | 6083 | 16243 | 133158 |

## Selected Financial Ratios (Times to 1)

| | | | | | | | | | | | |
| --- | --- | --- | --- | --- | --- | --- | --- | --- | --- | --- | --- |
| Current Ratio 24 | 1.2 | • | 2.3 | 1.2 | 2.5 | 1.6 | 0.8 | 1.1 | 0.9 | 1.2 | 1.5 |
| Quick Ratio 25 | 1.0 | • | 2.0 | 1.1 | 2.3 | 0.7 | 0.7 | 0.8 | 0.8 | 1.1 | 1.3 |
| Net Sales to Working Capital 26 | 20.8 | • | 11.6 | 17.5 | 6.2 | 7.3 | • | • | • | 23.2 | 2.8 |
| Coverage Ratio 27 | 1.0 | • | • | • | 1.3 | 5.9 | 1.0 | 1.7 | 2.3 | 5.6 | • |
| Total Asset Turnover 28 | 1.5 | • | 4.3 | 1.9 | 1.4 | 1.0 | 0.9 | 2.7 | 1.4 | 2.1 | 0.4 |
| Inventory Turnover 29 | • | • | • | • | • | • | • | • | • | • | • |
| Receivables Turnover 30 | • | • | • | • | • | • | • | • | 8.1 | 8.8 | 3.7 |
| Total Liabilities to Net Worth 31 | 1.4 | • | 1.2 | 7.9 | 0.5 | 1.0 | 3.3 | 4.0 | 1.6 | 0.8 | 0.5 |

## Selected Financial Factors (in Percentages)

| | | | | | | | | | | | |
| --- | --- | --- | --- | --- | --- | --- | --- | --- | --- | --- | --- |
| Debt Ratio 32 | 58.1 | • | 53.4 | 88.8 | 33.8 | 49.3 | 76.6 | 80.0 | 61.4 | 44.5 | 32.2 |
| Return on Assets 33 | 1.2 | • | • | • | 1.5 | 8.9 | 2.0 | 1.3 | 1.3 | 2.8 | • |
| Return on Equity 34 | • | • | • | • | • | 14.3 | • | 1.9 | 0.5 | 1.2 | • |
| Return Before Interest on Equity 35 | 2.9 | • | • | • | 2.2 | 17.6 | 8.6 | 6.5 | 3.4 | 5.1 | • |
| Profit Margin, Before Income Tax 36 | • | • | • | • | 0.3 | 7.2 | • | 0.2 | 0.5 | 1.1 | • |
| Profit Margin, After Income Tax 37 | • | • | • | • | • | 7.1 | • | 0.1 | 0.1 | 0.3 | • |

## Trends in Selected Ratios and Factors, 1986-1994

| | 1986 | 1987 | 1988 | 1989 | 1990 | 1991 | 1992 | 1993 | 1994 |
| --- | --- | --- | --- | --- | --- | --- | --- | --- | --- |
| Cost of Operations (%) 38 | 55.8 | 39.1 | 52.1 | 44.6 | 44.7 | 41.8 | 46.6 | 48.8 | 59.8 |
| Operating Margin (%) 39 | • | • | • | • | • | • | • | • | • |
| Oper. Margin Before Officers Comp. (%) 40 | • | • | • | • | • | • | • | • | • |
| Average Net Receivables ($) 41 | 32 | 35 | 36 | 37 | 29 | 23 | 50 | 26 | 27 |
| Average Inventories ($) 42 | 3 | 7 | 8 | 4 | 6 | 4 | 7 | 2 | 4 |
| Average Net Worth ($) 43 | 64 | 72 | 71 | 74 | 83 | 68 | 85 | 79 | 91 |
| Current Ratio (x1) 44 | 1.3 | 1.4 | 1.2 | 1.1 | 1.3 | 1.3 | 1.2 | 1.1 | 1.2 |
| Quick Ratio (x1) 45 | 1.0 | 1.2 | 1.0 | 1.0 | 1.0 | 1.1 | 0.9 | 0.9 | 1.0 |
| Coverage Ratio (x1) 46 | 0.0 | 0.9 | 1.3 | • | 1.8 | 1.0 | 0.5 | 1.7 | 1.0 |
| Asset Turnover (x1) 47 | 1.4 | 1.5 | 1.4 | 1.2 | 1.2 | 1.4 | 1.5 | 1.7 | 1.5 |
| Total Liabilities/Net Worth (x1) 48 | 1.9 | 2.1 | 2.4 | 2.4 | 1.9 | 2.2 | 2.3 | 1.5 | 1.4 |
| Return on Assets (x1) 49 | 0.1 | 2.0 | 3.7 | • | 4.1 | 2.4 | 1.0 | 2.4 | 1.2 |
| Return on Equity (%) 50 | • | • | • | • | 2.0 | • | • | 0.7 | • |

## Table II

Corporations with Net Income

# MEMBERSHIP ORGANIZATIONS

### MONEY AMOUNTS AND SIZE OF ASSETS IN THOUSANDS OF DOLLARS

| Item Description for Accounting Period 7/90 Through 6/91 | Total | Zero Assets | Under 100 | 100 to 250 | 251 to 500 | 501 to 1,000 | 1,001 to 5,000 | 5,001 to 10,000 | 10,001 to 25,000 | 25,001 to 50,000 | 50,001 to 100,000 | 100,001 to 250,000 | 250,001 and over |
|---|---|---|---|---|---|---|---|---|---|---|---|---|---|
| Number of Enterprises **1** | 9331 | 413 | 7018 | 990 | 461 | 197 | 198 | 25 | 24 | 5 | • | • | • |
| **Revenues ($ in Thousands)** | | | | | | | | | | | | | |
| Net Sales **2** | 2883 | 32 | 494 | 132 | 146 | 235 | 356 | 90 | 579 | 820 | • | • | • |
| Portfolio Income **3** | 65 | 0 | 6 | 4 | 4 | 3 | 11 | 9 | 11 | 17 | • | • | • |
| Other Revenues **4** | 402 | 2 | 46 | 85 | 30 | 8 | 95 | 10 | 55 | 72 | • | • | • |
| Total Revenues **5** | 3350 | 34 | 547 | 220 | 180 | 246 | 462 | 108 | 645 | 908 | • | • | • |
| Average Total Revenues **6** | 359 | 83 | 78 | 223 | 391 | 1250 | 2331 | 4334 | 26859 | 181638 | • | • | • |
| **Operating Costs/Operating Income (%)** | | | | | | | | | | | | | |
| Cost of Operations **7** | 55.9 | 0.7 | 33.1 | 63.6 | 35.1 | 7.0 | 30.1 | 22.9 | 80.6 | 85.5 | • | • | • |
| Rent **8** | 3.3 | • | 9.9 | 0.5 | 2.4 | 4.9 | 4.3 | 0.2 | 1.0 | 1.2 | • | • | • |
| Taxes Paid **9** | 3.0 | 1.8 | 3.7 | 4.4 | 4.8 | 2.1 | 4.7 | 15.2 | 1.4 | 1.4 | • | • | • |
| Interest Paid **10** | 0.8 | • | 0.2 | 5.8 | 0.1 | 1.0 | 1.9 | 1.0 | 0.4 | 0.2 | • | • | • |
| Depreciation, Depletion, Amortization **11** | 2.2 | 5.6 | 1.0 | 5.8 | 2.9 | 2.9 | 4.9 | 3.6 | 1.8 | 1.0 | • | • | • |
| Pensions and Other Benefits **12** | 1.8 | • | 1.9 | 0.2 | 0.5 | 1.0 | 3.4 | 5.1 | 1.8 | 1.5 | • | • | • |
| Other **13** | 42.6 | 96.6 | 54.0 | 80.3 | 57.5 | 74.1 | 67.2 | 69.4 | 21.4 | 17.4 | • | • | • |
| Officers Compensation **14** | 1.4 | • | 0.7 | • | 3.3 | 0.7 | 6.0 | • | 1.4 | 0.3 | • | • | • |
| Operating Margin **15** | • | • | • | • | 3.3 | 6.5 | • | • | • | • | • | • | • |
| Oper. Margin Before Officers Compensation **16** | • | • | • | • | • | 7.1 | • | • | • | • | • | • | • |
| **Selected Average Balance Sheet ($ in Thousands)** | | | | | | | | | | | | | |
| Net Receivables **17** | 18 | • | 1 | 18 | 20 | 40 | 190 | 56 | 2140 | 7429 | • | • | • |
| Inventories **18** | 2 | • | 1 | 1 | 5 | 4 | 26 | 7 | 152 | 30 | • | • | • |
| Net Property, Plant and Equipment **19** | 69 | • | 4 | 43 | 145 | 269 | 943 | 1425 | 6872 | 13043 | • | • | • |
| Total Assets **20** | 204 | • | 20 | 148 | 358 | 656 | 1937 | 6496 | 16244 | 76627 | • | • | • |

## Table II

Corporations with Net Income

# OFFICES OF DENTISTS

### MONEY AMOUNTS AND SIZE OF ASSETS IN THOUSANDS OF DOLLARS

| Item Description for Accounting Period 7/90 Through 6/91 | Total | Zero Assets | Under 100 | 100 to 250 | 251 to 500 | 501 to 1,000 | 1,001 to 5,000 | 5,001 to 10,000 | 10,001 to 25,000 | 25,001 to 50,000 | 50,001 to 100,000 | 100,001 to 250,000 | 250,001 and over |
|---|---|---|---|---|---|---|---|---|---|---|---|---|---|
| Number of Enterprises **1** | 10546 | 98 | 7502 | 2224 | 487 | 202 | 33 | • | • | • | • | • | • |
| **Revenues ($ in Thousands)** | | | | | | | | | | | | | |
| Net Sales **2** | 4488 | 2 | 2509 | 1319 | 208 | 203 | 246 | • | • | • | • | • | • |
| Portfolio Income **3** | 7 | • | 2 | 3 | 1 | 1 | 0 | • | • | • | • | • | • |
| Other Revenues **4** | 32 | • | 3 | 29 | 0 | 1 | 0 | • | • | • | • | • | • |
| Total Revenues **5** | 4528 | 2 | 2514 | 1351 | 209 | 206 | 246 | • | • | • | • | • | • |
| Average Total Revenues **6** | 429 | 25 | 335 | 607 | 429 | 1018 | 7466 | • | • | • | • | • | • |
| **Operating Costs/Operating Income (%)** | | | | | | | | | | | | | |
| Cost of Operations **7** | 18.5 | 14.6 | 16.7 | 19.2 | 6.7 | 9.6 | 50.2 | • | • | • | • | • | • |
| Rent **8** | 5.4 | 4.1 | 6.1 | 4.2 | 6.1 | 4.3 | 5.7 | • | • | • | • | • | • |
| Taxes Paid **9** | 3.5 | 11.7 | 3.4 | 4.1 | 3.0 | 4.4 | 2.0 | • | • | • | • | • | • |
| Interest Paid **10** | 1.0 | • | 0.7 | 1.0 | 1.7 | 3.8 | 1.3 | • | • | • | • | • | • |
| Depreciation, Depletion, Amortization **11** | 2.3 | 0.6 | 1.8 | 3.1 | 1.8 | 2.4 | 2.9 | • | • | • | • | • | • |
| Pensions and Other Benefits **12** | 2.3 | • | 2.3 | 2.5 | 2.7 | 3.8 | • | • | • | • | • | • | • |
| Other **13** | 39.2 | 35.4 | 39.0 | 36.4 | 38.7 | 63.1 | 36.2 | • | • | • | • | • | • |
| Officers Compensation **14** | 22.5 | • | 24.0 | 26.5 | 23.3 | 5.7 | 0.3 | • | • | • | • | • | • |
| Operating Margin **15** | 5.3 | 33.8 | 6.1 | 3.2 | 16.1 | 2.9 | 1.4 | • | • | • | • | • | • |
| Oper. Margin Before Officers Compensation **16** | 27.9 | 33.8 | 30.1 | 29.7 | 39.4 | 8.6 | 1.8 | • | • | • | • | • | • |
| **Selected Average Balance Sheet ($ in Thousands)** | | | | | | | | | | | | | |
| Net Receivables **17** | 9 | • | 2 | 11 | 29 | 120 | 479 | • | • | • | • | • | • |
| Inventories **18** | 1 | • | • | • | • | 22 | 53 | • | • | • | • | • | • |
| Net Property, Plant and Equipment **19** | 39 | • | 23 | 52 | 66 | 246 | 1274 | • | • | • | • | • | • |
| Total Assets **20** | 103 | • | 43 | 169 | 318 | 775 | 2124 | • | • | • | • | • | • |

Selected Financial Ratios and Factors tables.

| | | | | | | | | | |
|---|---|---|---|---|---|---|---|---|---|
| Notes and Loans Payable 21 | 23 | • | 1 | 75 | 12 | 143 | 308 | 507 | 1068 |
| All Other Liabilities 22 | 70 | 4 | 34 | 51 | 176 | 370 | 3923 | 8449 | 32523 |
| Net Worth 23 | 110 | 15 | 38 | 295 | 337 | 1258 | 2066 | 6728 | 44104 |

**Selected Financial Ratios (Times to 1)**

| | | | | | | | | | |
|---|---|---|---|---|---|---|---|---|---|
| Current Ratio 24 | 1.3 | • | 2.2 | 3.5 | 1.4 | 1.6 | 0.9 | 0.9 | 0.9 |
| Quick Ratio 25 | 1.1 | • | 2.1 | 3.3 | 1.2 | 1.4 | 0.7 | 0.8 | 0.6 |
| Net Sales to Working Capital 26 | 14.3 | • | 6.4 | 2.4 | 2.7 | 20.9 | 7.3 | • | • |
| Coverage Ratio 27 | 7.6 | • | 2.2 | • | 12.6 | 4.8 | • | 4.1 | 4.7 |
| Total Asset Turnover 28 | 1.5 | 3.5 | 0.9 | 0.9 | 1.8 | 0.9 | 0.6 | 1.5 | 2.1 |
| Inventory Turnover 29 | • | • | • | • | 9.0 | 8.5 | • | • | • |
| Receivables Turnover 30 | • | • | • | • | • | • | • | • | • |
| Total Liabilities to Net Worth 31 | 0.9 | 0.4 | 2.9 | 0.2 | 1.0 | 0.5 | 2.2 | 1.4 | 0.7 |

**Selected Financial Factors (in Percentages)**

| | | | | | | | | | |
|---|---|---|---|---|---|---|---|---|---|
| Debt Ratio 32 | 45.9 | 25.6 | 74.1 | 17.6 | 48.6 | 35.0 | 68.2 | 58.6 | 42.5 |
| Return on Assets 33 | 8.9 | 22.0 | 11.4 | 14.7 | 22.3 | 8.5 | 2.2 | 2.9 | 5.1 |
| Return on Equity 34 | 12.2 | 27.1 | 20.6 | 16.4 | 39.2 | 8.0 | 4.0 | 3.9 | 5.4 |
| Return Before Interest on Equity 35 | 16.4 | 29.6 | • | 17.9 | • | 13.1 | 6.9 | 7.1 | 8.9 |
| Profit Margin, Before Income Tax 36 | 5.1 | 6.1 | 6.8 | 16.5 | 11.3 | 7.3 | 3.0 | 1.6 | 2.2 |
| Profit Margin, After Income Tax 37 | 4.4 | 5.8 | 5.9 | 15.3 | 11.1 | 5.6 | 2.3 | 1.1 | 1.5 |

**Trends in Selected Ratios and Factors, 1986–1994**

| | 1986 | 1987 | 1988 | 1989 | 1990 | 1991 | 1992 | 1993 | 1994 |
|---|---|---|---|---|---|---|---|---|---|
| Cost of Operations (%) 38 | 71.8 | 45.2 | 55.1 | 51.8 | 43.5 | 38.7 | 46.1 | 57.6 | 55.9 |
| Operating Margin (%) 39 | • | • | • | • | • | • | • | • | • |
| Oper. Margin Before Officers Comp. (%) 40 | • | • | • | • | • | • | • | • | • |
| Average Net Receivables ($) 41 | 29 | 60 | 45 | 54 | 39 | 38 | 44 | 24 | 18 |
| Average Inventories ($) 42 | 3 | 8 | 8 | 5 | 8 | 6 | 11 | 2 | 2 |
| Average Net Worth ($) 43 | 84 | 155 | 130 | 110 | 127 | 119 | 144 | 101 | 110 |
| Current Ratio (x1) 44 | 1.2 | 1.5 | 1.4 | 1.1 | 1.4 | 1.4 | 1.4 | 1.2 | 1.3 |
| Quick Ratio (x1) 45 | 1.0 | 1.3 | 1.2 | 1.0 | 1.1 | 1.2 | 1.0 | 1.0 | 1.1 |
| Coverage Ratio (x1) 46 | 3.5 | 6.6 | 6.2 | 6.7 | 4.5 | 5.5 | 7.6 | 6.4 | 7.6 |
| Asset Turnover (x1) 47 | 1.7 | 1.6 | 1.6 | 1.3 | 1.3 | 1.4 | 1.4 | 1.8 | 1.5 |
| Operating Leverage 48 | • | 0.4 | 1.6 | 1.4 | 1.4 | 1.3 | 0.6 | 0.7 | 1.4 |
| Financial Leverage 49 | • | 1.1 | 1.0 | 1.0 | 1.0 | 1.0 | 1.1 | 1.1 | 1.0 |
| Total Leverage 50 | • | 0.4 | 1.6 | 1.4 | 1.4 | 1.3 | 0.6 | 0.8 | 1.4 |

# Table I

Corporations with and without Net Income

## ARCHITECTURAL AND ENGINEERING SERVICES

MONEY AMOUNTS AND SIZE OF ASSETS IN THOUSANDS OF DOLLARS

| Item Description for Accounting Period 7/90 Through 6/91 | Total | Zero Assets | Under 100 | 100 to 250 | 251 to 500 | 501 to 1,000 | 1,001 to 5,000 | 5,001 to 10,000 | 10,001 to 25,000 | 25,001 to 50,000 | 50,001 to 100,000 | 100,001 to 250,000 | 250,001 and over |
|---|---|---|---|---|---|---|---|---|---|---|---|---|---|
| Number of Enterprises 1 | 45680 | 3523 | 32351 | 4298 | 2783 | 1198 | 1174 | 160 | 108 | 45 | 19 | 14 | 6 |
| **Revenues ($ in Thousands)** | | | | | | | | | | | | | |
| Net Sales 2 | 38540 | 151 | 4485 | 2477 | 3483 | 3024 | 6644 | 2436 | 3273 | 3595 | 1897 | 4039 | 3038 |
| Portfolio Income 3 | 462 | 0 | 17 | 12 | 22 | 78 | 31 | 10 | 21 | 34 | 28 | 34 | 176 |
| Other Revenues 4 | 722 | 25 | 69 | 63 | 35 | 26 | 101 | 33 | 88 | 45 | 77 | 111 | 50 |
| Total Revenues 5 | 39724 | 176 | 4571 | 2552 | 3539 | 3128 | 6776 | 2480 | 3381 | 3673 | 2002 | 4183 | 3263 |
| Average Total Revenues 6 | 870 | 50 | 141 | 594 | 1272 | 2611 | 5771 | 15497 | 31308 | 81625 | 105356 | 298817 | 543863 |
| **Operating Costs/Operating Income (%)** | | | | | | | | | | | | | |
| Cost of Operations 7 | 47.8 | 17.0 | 22.5 | 35.9 | 45.5 | 33.4 | 43.2 | 46.3 | 53.6 | 60.5 | 56.8 | 70.4 | 67.3 |
| Rent 8 | 3.0 | 2.8 | 3.9 | 4.9 | 2.9 | 2.4 | 3.1 | 2.4 | 3.0 | 2.4 | 3.6 | 2.4 | 2.5 |
| Taxes Paid 9 | 3.7 | 1.6 | 4.4 | 3.5 | 3.4 | 3.6 | 4.3 | 2.7 | 3.9 | 3.7 | 3.5 | 2.6 | 4.2 |
| Interest Paid 10 | 1.7 | 1.3 | 0.6 | 0.8 | 1.2 | 0.7 | 1.5 | 0.9 | 1.3 | 1.2 | 2.1 | 0.9 | 8.9 |
| Depreciation, Depletion, Amortization 11 | 2.0 | 2.5 | 1.8 | 2.6 | 2.0 | 1.7 | 2.0 | 2.5 | 2.0 | 1.5 | 2.1 | 1.5 | 3.5 |
| Pensions and Other Benefits 12 | 2.6 | 1.4 | 2.2 | 2.9 | 1.9 | 2.6 | 2.8 | 4.6 | 3.7 | 1.6 | 2.8 | 2.2 | 1.9 |
| Other 13 | 32.2 | 54.9 | 44.6 | 34.5 | 33.2 | 43.2 | 36.0 | 33.0 | 30.2 | 27.6 | 29.4 | 19.1 | 17.3 |
| Officers Compensation 14 | 7.5 | 34.7 | 18.4 | 17.0 | 11.4 | 8.9 | 6.3 | 6.0 | 3.6 | 1.9 | 2.6 | 1.8 | 1.4 |
| Operating Margin 15 | • | 1.5 | 1.5 | • | • | 3.7 | 0.9 | 1.7 | • | • | • | • | • |
| Oper. Margin Before Officers Compensation 16 | 7.0 | 18.5 | 20.0 | 15.1 | 10.0 | 12.6 | 7.3 | 7.7 | 2.3 | 1.6 | • | 1.0 | • |
| **Selected Average Balance Sheet ($ in Thousands)** | | | | | | | | | | | | | |
| Net Receivables 17 | 128 | • | 3 | 22 | 96 | 206 | 781 | 3306 | 5997 | 12421 | 26698 | 54133 | 206722 |
| Inventories 18 | 14 | • | 0 | 6 | 8 | 24 | 140 | 313 | 530 | 1229 | 1483 | 6238 | 17530 |
| Net Property, Plant and Equipment 19 | 72 | • | 7 | 53 | 98 | 144 | 497 | 1316 | 2567 | 8361 | 11948 | 25839 | 61650 |
| Total Assets 20 | 365 | • | 26 | 161 | 362 | 684 | 2097 | 7089 | 14729 | 32730 | 67978 | 155726 | 526096 |

| Notes and Loans Payable 21 | 152 | 14 | • | 90 | 181 | 224 | 779 | 1275 | 4606 | 11276 | 18813 | 36145 | 387887 |
|---|---|---|---|---|---|---|---|---|---|---|---|---|---|
| All Other Liabilities 22 | 120 | 13 | • | 33 | 81 | 171 | 730 | 3181 | 4741 | 9815 | 24825 | 67198 | 126822 |
| Net Worth 23 | 93 | -1 | • | 38 | 101 | 289 | 588 | 2632 | 5382 | 11640 | 24339 | 52383 | 11387 |

## Selected Financial Ratios (Times to 1)

| | | | | | | | | | | | | | |
|---|---|---|---|---|---|---|---|---|---|---|---|---|---|
| Current Ratio 24 | 1.3 | 0.9 | • | 2.2 | 1.5 | 1.9 | 1.5 | 1.7 | 1.4 | 1.7 | 1.5 | 1.3 | 0.8 |
| Quick Ratio 25 | 1.0 | 0.7 | • | 1.8 | 1.2 | 1.6 | 1.2 | 1.4 | 1.1 | 1.3 | 1.3 | 0.9 | 0.6 |
| Net Sales to Working Capital 26 | 18.7 | • | • | 13.3 | 19.0 | 12.4 | 12.7 | 7.1 | 12.1 | 10.2 | 7.0 | 14.4 | • |
| Coverage Ratio 27 | 2.5 | 6.9 | 1.7 | 2.4 | 1.3 | 7.8 | 3.0 | 4.8 | 2.6 | 2.6 | 2.2 | 4.5 | 1.1 |
| Total Asset Turnover 28 | 2.3 | 5.3 | • | 3.6 | 3.5 | 3.7 | 2.7 | 2.2 | 2.1 | 2.5 | 1.5 | 1.9 | 1.0 |
| Inventory Turnover 29 | • | • | • | • | • | • | • | • | • | • | • | • | • |
| Receivables Turnover 30 | 7.5 | • | • | • | • | • | 7.2 | 5.2 | 5.2 | 8.3 | 4.5 | 6.7 | 3.4 |
| Total Liabilities to Net Worth 31 | 2.9 | • | • | 3.3 | 2.6 | 1.4 | 2.6 | 1.7 | 1.7 | 1.8 | 1.8 | 2.0 | 45.2 |

## Selected Financial Factors (in Percentages)

| | | | | | | | | | | | | | |
|---|---|---|---|---|---|---|---|---|---|---|---|---|---|
| Debt Ratio 32 | 74.5 | • | • | 76.6 | 72.3 | 57.8 | 72.0 | 62.9 | 63.5 | 64.4 | 64.2 | 66.4 | 97.8 |
| Return on Assets 33 | 9.6 | 21.1 | • | 6.6 | 5.0 | 21.4 | 11.7 | 9.4 | 7.1 | 7.6 | 6.8 | 7.0 | 9.3 |
| Return on Equity 34 | 16.2 | • | • | 13.9 | • | • | 21.6 | 12.8 | 6.3 | 9.7 | 4.9 | 10.6 | • |
| Return Before Interest on Equity 35 | • | • | • | 27.9 | 17.9 | • | • | 25.2 | 19.4 | 21.4 | 19.1 | 20.8 | • |
| Profit Margin, Before Income Tax 36 | 2.5 | 3.4 | 0.9 | 1.1 | 0.3 | 5.1 | 2.9 | 3.5 | 2.1 | 1.9 | 2.6 | 2.9 | 0.8 |
| Profit Margin, After Income Tax 37 | 1.8 | 3.3 | 0.1 | 0.9 | • | 4.6 | 2.2 | 2.2 | 1.1 | 1.4 | 1.2 | 1.9 | • |

## Trends in Selected Ratios and Factors, 1986-1994

| | 1986 | 1987 | 1988 | 1989 | 1990 | 1991 | 1992 | 1993 | 1994 |
|---|---|---|---|---|---|---|---|---|---|
| Cost of Operations (%) 38 | 39.4 | 40.1 | 37.9 | 40.8 | 40.0 | 39.5 | 43.6 | 46.2 | 47.8 |
| Operating Margin (%) 39 | • | • | • | • | • | • | • | • | • |
| Oper. Margin Before Officers Comp. (%) 40 | 9.0 | 9.2 | 8.0 | 8.6 | 7.2 | 8.5 | 7.4 | 7.5 | 7.0 |
| Average Net Receivables ($) 41 | 46 | 62 | 66 | 62 | 62 | 72 | 95 | 99 | 128 |
| Average Inventories ($) 42 | 8 | 10 | 11 | 9 | 10 | 9 | 12 | 11 | 14 |
| Average Net Worth ($) 43 | 75 | 76 | 76 | 75 | 72 | 82 | 99 | 109 | 93 |
| Current Ratio (x1) 44 | 1.5 | 1.4 | 1.4 | 1.4 | 1.4 | 1.5 | 1.4 | 1.6 | 1.3 |
| Quick Ratio (x1) 45 | 1.2 | 1.1 | 1.1 | 1.1 | 1.1 | 1.1 | 1.1 | 1.2 | 1.0 |
| Coverage Ratio (x1) 46 | 3.2 | 2.2 | 2.2 | 2.7 | 1.8 | 2.9 | 2.9 | 3.0 | 2.5 |
| Asset Turnover (x1) 47 | 2.6 | 2.5 | 2.4 | 2.6 | 2.7 | 2.6 | 2.4 | 2.3 | 2.3 |
| Total Liabilities/Net Worth (x1) 48 | 1.5 | 1.9 | 2.1 | 2.1 | 2.3 | 2.0 | 2.1 | 1.7 | 2.9 |
| Return on Assets (x1) 49 | 11.3 | 7.1 | 7.7 | 10.0 | 6.1 | 8.3 | 7.7 | 9.2 | 9.6 |
| Return on Equity (%) 50 | 12.5 | 5.8 | 6.9 | 12.5 | 2.2 | 10.6 | 10.6 | 11.9 | 16.2 |

## Table II

Corporations with Net Income

# ARCHITECTURAL AND ENGINEERING SERVICES

### MONEY AMOUNTS AND SIZE OF ASSETS IN THOUSANDS OF DOLLARS

| Item Description for Accounting Period 7/90 Through 6/91 | | Total | Zero Assets | Under 100 | 100 to 250 | 251 to 500 | 501 to 1,000 | 1,001 to 5,000 | 5,001 to 10,000 | 10,001 to 25,000 | 25,001 to 50,000 | 50,001 to 100,000 | 100,001 to 250,000 | 250,001 and over |
|---|---|---|---|---|---|---|---|---|---|---|---|---|---|---|
| Number of Enterprises | 1 | 25963 | • | 18956 | 2185 | 1815 | 969 | 869 | • | • | 32 | 12 | 11 | • |
| **Revenues ($ in Thousands)** | | | | | | | | | | | | | | |
| Net Sales | 2 | 28664 | • | 3352 | 1455 | 2396 | 2678 | 4860 | • | • | 3063 | 1458 | 3126 | • |
| Portfolio Income | 3 | 301 | • | 12 | 9 | 15 | 77 | 25 | • | • | 27 | 17 | 23 | • |
| Other Revenues | 4 | 514 | • | 42 | 24 | 29 | 25 | 89 | • | • | 35 | 48 | 97 | • |
| Total Revenues | 5 | 29479 | • | 3405 | 1487 | 2441 | 2779 | 4974 | • | • | 3125 | 1522 | 3246 | • |
| Average Total Revenues | 6 | 1135 | • | 180 | 681 | 1345 | 2868 | 5724 | • | • | 97652 | 126848 | 295097 | • |
| **Operating Costs/Operating Income (%)** | | | | | | | | | | | | | | |
| Cost of Operations | 7 | 47.0 | • | 21.7 | 30.7 | 44.2 | 30.8 | 41.6 | • | • | 63.3 | 55.8 | 69.1 | • |
| Rent | 8 | 2.8 | • | 3.4 | 6.7 | 2.3 | 2.1 | 2.8 | • | • | 2.0 | 3.7 | 2.3 | • |
| Taxes Paid | 9 | 3.6 | • | 4.3 | 4.1 | 3.2 | 3.5 | 4.1 | • | • | 2.9 | 3.8 | 2.8 | • |
| Interest Paid | 10 | 1.2 | • | 0.6 | 0.8 | 0.9 | 0.5 | 1.2 | • | • | 1.0 | 1.0 | 0.9 | • |
| Depreciation, Depletion, Amortization | 11 | 1.9 | • | 1.8 | 2.4 | 1.9 | 1.7 | 1.8 | • | • | 1.3 | 1.9 | 1.6 | • |
| Pensions and Other Benefits | 12 | 2.5 | • | 2.0 | 3.7 | 1.7 | 2.1 | 3.0 | • | • | 1.5 | 3.1 | 1.8 | • |
| Other | 13 | 30.4 | • | 41.0 | 30.7 | 30.4 | 44.9 | 34.7 | • | • | 24.9 | 26.6 | 19.5 | • |
| Officers Compensation | 14 | 7.3 | • | 17.2 | 16.5 | 13.2 | 8.9 | 6.8 | • | • | 2.0 | 2.6 | 1.6 | • |
| Operating Margin | 15 | 3.3 | • | 8.1 | 4.6 | 2.3 | 5.6 | 4.0 | • | • | 1.2 | 1.7 | 0.4 | • |
| Oper. Margin Before Officers Compensation | 16 | 10.6 | • | 25.3 | 21.1 | 15.5 | 14.5 | 10.8 | • | • | 3.2 | 4.3 | 2.0 | • |
| **Selected Average Balance Sheet ($ in Thousands)** | | | | | | | | | | | | | | |
| Net Receivables | 17 | 147 | • | 4 | 32 | 99 | 162 | 800 | • | • | 13581 | 33496 | 48278 | • |
| Inventories | 18 | 16 | • | 0 | 11 | 10 | 18 | 152 | • | • | 1375 | 519 | 5947 | • |
| Net Property, Plant and Equipment | 19 | 84 | • | 9 | 45 | 87 | 157 | 474 | • | • | 7227 | 10139 | 27706 | • |
| Total Assets | 20 | 413 | • | 30 | 161 | 349 | 679 | 2102 | • | • | 32668 | 71407 | 136334 | • |

| | | | | | | | | | |
|---|---|---|---|---|---|---|---|---|---|
| Notes and Loans Payable 21 | 121 | 11 | 66 | 139 | 153 | 592 | 9233 | 9503 | 42698 |
| All Other Liabilities 22 | 128 | 8 | 43 | 56 | 159 | 769 | 10399 | 27898 | 45154 |
| Net Worth 23 | 163 | 11 | 52 | 154 | 368 | 742 | 13036 | 34005 | 48482 |

**Selected Financial Ratios (Times to 1)**

| | | | | | | | | | |
|---|---|---|---|---|---|---|---|---|---|
| Current Ratio 24 | 1.6 | 1.6 | 2.2 | 1.7 | 1.8 | 1.6 | 2.0 | 1.8 | 1.3 |
| Quick Ratio 25 | 1.3 | 1.5 | 1.8 | 1.5 | 1.4 | 1.3 | 1.6 | 1.6 | 1.0 |
| Net Sales to Working Capital 26 | 11.4 | 32.1 | 13.8 | 14.6 | 16.5 | 11.0 | 9.2 | 5.7 | 14.2 |
| Coverage Ratio 27 | 6.1 | • | 10.2 | 5.8 | • | 6.3 | 4.3 | 7.4 | 6.1 |
| Total Asset Turnover 28 | 2.7 | 5.9 | 4.2 | 3.8 | 4.1 | 2.7 | 2.9 | 1.7 | 2.1 |
| Inventory Turnover 29 | • | • | • | • | • | • | • | • | • |
| Receivables Turnover 30 | 8.2 | • | • | • | • | 7.2 | • | 4.3 | 7.9 |
| Total Liabilities to Net Worth 31 | 1.5 | 1.7 | 2.1 | 1.3 | 0.9 | 1.8 | 1.5 | 1.1 | 1.8 |

**Selected Financial Factors (in Percentages)**

| | | | | | | | | | |
|---|---|---|---|---|---|---|---|---|---|
| Debt Ratio 32 | 60.4 | 63.4 | 67.6 | 55.8 | 45.9 | 64.7 | 60.1 | 52.4 | 64.4 |
| Return on Assets 33 | 19.1 | 31.3 | 19.1 | 30.6 | 20.1 | 12.2 | 12.0 | 10.9 | |
| Return on Equity 34 | 34.1 | • | 32.0 | • | 19.2 | 15.4 | 18.0 | | |
| Return Before Interest on Equity 35 | • | • | • | • | • | • | 30.6 | 25.2 | 30.6 |
| Profit Margin, Before Income Tax 36 | 6.0 | 9.7 | 6.8 | 4.2 | 7.0 | 6.4 | 3.2 | 6.1 | 4.4 |
| Profit Margin, After Income Tax 37 | 5.1 | 9.5 | 6.6 | 3.8 | 6.6 | 5.5 | 2.6 | 4.3 | 3.1 |

**Trends in Selected Ratios and Factors, 1986–1994**

| | 1986 | 1987 | 1988 | 1989 | 1990 | 1991 | 1992 | 1993 | 1994 |
|---|---|---|---|---|---|---|---|---|---|
| Cost of Operations (%) 38 | 37.5 | 40.5 | 38.3 | 39.3 | 38.5 | 37.5 | 42.8 | 47.4 | 47.0 |
| Operating Margin (%) 39 | 3.5 | 3.5 | 2.4 | 3.3 | 2.2 | 2.6 | 3.1 | 3.6 | 3.3 |
| Oper. Margin Before Officers Comp. (%) 40 | 12.9 | 13.0 | 11.9 | 12.2 | 12.1 | 12.0 | 10.6 | 10.8 | 10.6 |
| Average Net Receivables ($) 41 | 56 | 76 | 81 | 81 | 73 | 85 | 122 | 131 | 147 |
| Average Inventories ($) 42 | 6 | 11 | 13 | 11 | 8 | 5 | 13 | 12 | 16 |
| Average Net Worth ($) 43 | 110 | 111 | 119 | 111 | 101 | 112 | 143 | 163 | 163 |
| Current Ratio (x1) 44 | 1.8 | 1.7 | 1.7 | 1.6 | 1.6 | 1.7 | 1.6 | 1.7 | 1.6 |
| Quick Ratio (x1) 45 | 1.4 | 1.3 | 1.3 | 1.3 | 1.3 | 1.4 | 1.2 | 1.3 | 1.3 |
| Coverage Ratio (x1) 46 | 7.9 | 7.4 | 6.4 | 5.7 | 6.0 | 7.6 | 6.8 | 7.6 | 6.1 |
| Asset Turnover (x1) 47 | 2.8 | 2.7 | 2.6 | 2.7 | 3.1 | 2.6 | 2.5 | 2.5 | 2.7 |
| Operating Leverage 48 | • | 1.0 | 0.7 | 1.4 | 0.7 | 1.2 | 1.2 | 1.2 | 0.9 |
| Financial Leverage 49 | • | 1.1 | 1.0 | 1.0 | 1.0 | 1.1 | 1.0 | 1.0 | 1.0 |
| Total Leverage 50 | • | 1.1 | 0.6 | 1.4 | 0.7 | 1.3 | 1.2 | 1.2 | 0.9 |

## Table I

Corporations with and without Net Income

# ACCOUNTING, AUDITING, AND BOOKKEEPING SERVICES

MONEY AMOUNTS AND SIZE OF ASSETS IN THOUSANDS OF DOLLARS

| Item Description for Accounting Period 7/90 Through 6/91 | Total | Zero Assets | Under 100 | 100 to 250 | 251 to 500 | 501 to 1,000 | 1,001 to 5,000 | 5,001 to 10,000 | 10,001 to 25,000 | 25,001 to 50,000 | 50,001 to 100,000 | 100,001 to 250,000 | 250,001 and over |
|---|---|---|---|---|---|---|---|---|---|---|---|---|---|
| Number of Enterprises 1 | 24294 | 923 | 19818 | 2913 | 307 | 204 | 123 | • | 3 | • | 3 | • | • |
| **Revenues ($ in Thousands)** | | | | | | | | | | | | | |
| Net Sales 2 | 5908 | 20 | 2482 | 1446 | 634 | 150 | 615 | • | 37 | • | 524 | • | • |
| Portfolio Income 3 | 62 | 21 | 13 | 14 | 0 | 0 | 1 | • | 1 | • | 11 | • | • |
| Other Revenues 4 | 113 | 3 | 26 | 10 | 1 | 4 | 63 | • | 6 | • | 1 | • | • |
| Total Revenues 5 | 6082 | 44 | 2520 | 1470 | 635 | 154 | 680 | • | 44 | • | 536 | • | • |
| Average Total Revenues 6 | 250 | 47 | 127 | 505 | 2068 | 755 | 5525 | • | 14576 | • | 178660 | • | • |
| **Operating Costs/Operating Income (%)** | | | | | | | | | | | | | |
| Cost of Operations 7 | 16.2 | 11.2 | 9.8 | 15.5 | 4.1 | 3.2 | 64.6 | • | 19.8 | • | 10.5 | • | • |
| Rent 8 | 6.1 | 1.8 | 7.1 | 5.5 | 5.5 | 6.9 | 3.2 | • | 2.9 | • | 7.3 | • | • |
| Taxes Paid 9 | 4.6 | 5.5 | 4.1 | 4.4 | 3.8 | 4.8 | 8.5 | • | 0.3 | • | 4.2 | • | • |
| Interest Paid 10 | 1.6 | 2.1 | 1.1 | 1.5 | 2.0 | 7.7 | 1.4 | • | 2.4 | • | 2.1 | • | • |
| Depreciation, Depletion, Amortization 11 | 2.5 | 2.2 | 2.3 | 3.1 | 1.9 | 1.9 | 1.4 | • | 7.1 | • | 3.8 | • | • |
| Pensions and Other Benefits 12 | 2.2 | • | 1.8 | 1.7 | 4.6 | 4.0 | 0.4 | • | • | • | 4.2 | • | • |
| Other 13 | 45.4 | • | 45.1 | 37.7 | 57.0 | 54.4 | 32.2 | • | 71.5 | • | 58.4 | • | • |
| Officers Compensation 14 | 19.1 | 5.3 | 19.8 | 30.1 | 21.9 | 19.6 | 3.5 | • | 8.5 | • | 2.0 | • | • |
| Operating Margin 15 | 2.4 | • | 9.1 | 0.6 | • | • | • | • | • | • | 7.6 | • | • |
| Oper. Margin Before Officers Compensation 16 | 21.5 | • | 28.9 | 30.6 | 21.2 | 17.1 | • | • | • | • | 9.6 | • | • |
| **Selected Average Balance Sheet ($ in Thousands)** | | | | | | | | | | | | | |
| Net Receivables 17 | 12 | • | 3 | 19 | 72 | 113 | 449 | • | 2056 | • | 23387 | • | • |
| Inventories 18 | 0 | • | 0 | 0 | 0 | • | • | • | • | • | 34 | • | • |
| Net Property, Plant and Equipment 19 | 21 | • | 8 | 48 | 163 | 175 | 215 | • | 6433 | • | 27630 | • | • |
| Total Assets 20 | 68 | • | 24 | 153 | 328 | 638 | 1943 | • | 12003 | • | 72787 | • | • |

|  |  |  |  |  |  |  |  |  |  |  |  |
|---|---|---|---|---|---|---|---|---|---|---|---|
| Notes and Loans Payable 21 | 41 | • | 14 | 103 | 385 | 505 | 776 | • | 3954 | • | 25368 |
| All Other Liabilities 22 | 13 | • | 4 | 19 | 80 | 6 | 1085 | • | 2519 | • | 6241 |
| Net Worth 23 | 14 | • | 5 | 31 | -136 | 128 | 82 | • | 5531 | • | 41179 |

**Selected Financial Ratios (Times to 1)**

|  |  |  |  |  |  |  |  |  |  |  |  |
|---|---|---|---|---|---|---|---|---|---|---|---|
| Current Ratio 24 | 1.0 | • | 1.1 | 1.1 | 0.6 | 1.3 | 0.9 | • | 0.9 | • | 1.2 |
| Quick Ratio 25 | 0.9 | • | 0.8 | 0.9 | 0.5 | 1.1 | 0.8 | • | 0.9 | • | 1.1 |
| Net Sales to Working Capital 26 | • | • | • | • | • | 19.7 | • | • | • | • | 41.6 |
| Coverage Ratio 27 | 4.3 | • | 10.8 | 2.5 | 0.8 | 1.0 | • | • | 3.3 | • | 5.5 |
| Total Asset Turnover 28 | 3.6 | • | 5.3 | 3.3 | 6.3 | 1.2 | 2.6 | • | 1.0 | • | 2.4 |
| Inventory Turnover 29 | • | • | • | • | • | • | • | • | 4.5 | • | • |
| Receivables Turnover 30 | • | • | • | • | • | 5.6 | • | • | 2.1 | • | 7.0 |
| Total Liabilities to Net Worth 31 | 4.0 | • | 3.4 | 4.0 | • | 4.0 | 22.6 | • | 1.2 | • | 0.8 |

**Selected Financial Factors (in Percentages)**

|  |  |  |  |  |  |  |  |  |  |  |  |
|---|---|---|---|---|---|---|---|---|---|---|---|
| Debt Ratio 32 | 79.8 | • | 77.3 | 79.8 | • | 80.0 | 95.8 | • | 53.9 | • | 43.4 |
| Return on Assets 33 | 24.6 | • | • | 12.1 | 9.2 | 9.1 | • | • | 8.3 | • | 27.1 |
| Return on Equity 34 | • | • | • | 34.8 | 7.6 | 1.1 | • | • | 9.0 | • | 25.8 |
| Return Before Interest on Equity 35 | • | • | • | • | • | • | • | • | 18.0 | • | • |
| Profit Margin, Before Income Tax 36 | 5.3 | • | 10.6 | 2.2 | • | 0.2 | • | • | 5.6 | • | 9.2 |
| Profit Margin, After Income Tax 37 | 4.9 | • | 10.5 | 2.2 | • | 0.2 | • | • | 4.1 | • | 6.1 |

**Trends in Selected Ratios and Factors, 1986–1994**

|  | 1986 | 1987 | 1988 | 1989 | 1990 | 1991 | 1992 | 1993 | 1994 |
|---|---|---|---|---|---|---|---|---|---|
| Cost of Operations (%) 38 | 20.7 | 14.5 | 12.5 | 11.0 | 11.6 | 12.3 | 9.1 | 15.2 | 16.2 |
| Operating Margin (%) 39 | • | 0.5 | • | • | 1.1 | 1.9 | • | 2.0 | 2.4 |
| Oper. Margin Before Officers Comp. (%) 40 | 17.3 | 23.2 | 20.2 | 18.5 | 18.5 | 21.6 | 23.5 | 18.2 | 21.5 |
| Average Net Receivables ($) 41 | 11 | 11 | 11 | 13 | 10 | 12 | 12 | 13 | 12 |
| Average Inventories ($) 42 | 1 | 2 | 0 | 1 | 2 | 1 | 1 | 1 | 0 |
| Average Net Worth ($) 43 | 15 | 28 | 23 | 27 | 28 | 29 | 23 | 10 | 14 |
| Current Ratio (x1) 44 | 1.0 | 1.0 | 1.1 | 1.1 | 1.2 | 1.2 | 1.2 | 0.9 | 1.0 |
| Quick Ratio (x1) 45 | 0.9 | 0.9 | 1.0 | 0.9 | 1.0 | 1.0 | 1.1 | 0.8 | 0.9 |
| Coverage Ratio (x1) 46 | 1.8 | 2.9 | 2.5 | 3.2 | 2.9 | 4.2 | 2.4 | 3.2 | 4.3 |
| Asset Turnover (x1) 47 | 2.4 | 2.3 | 2.4 | 2.6 | 3.1 | 2.8 | 3.2 | 2.9 | 3.6 |
| Total Liabilities/Net Worth (x1) 48 | 4.3 | 2.6 | 2.6 | 2.3 | 2.0 | 2.0 | 2.5 | 6.8 | 4.0 |
| Return on Assets (x1) 49 | 10.6 | 14.9 | 11.2 | 14.5 | 12.2 | 17.0 | 11.3 | 15.9 | 24.6 |
| Return on Equity (%) 50 | 18.2 | 29.3 | 19.3 | 27.5 | 19.3 | 33.1 | 20.5 | 78.0 | 87.3 |

## Table II

Corporations with Net Income

# ACCOUNTING, AUDITING, AND BOOKKEEPING SERVICES

### MONEY AMOUNTS AND SIZE OF ASSETS IN THOUSANDS OF DOLLARS

| Item Description for Accounting Period 7/90 Through 6/91 | Total | Zero Assets | Under 100 | 100 to 250 | 251 to 500 | 501 to 1,000 | 1,001 to 5,000 | 5,001 to 10,000 | 10,001 to 25,000 | 25,001 to 50,000 | 50,001 to 100,000 | 100,001 to 250,000 | 250,001 and over |
|---|---|---|---|---|---|---|---|---|---|---|---|---|---|
| Number of Enterprises 1 | 16702 | • | 13954 | 1863 | 162 | 113 | 61 | • | • | • | • | • | • |
| **Revenues ($ in Thousands)** | | | | | | | | | | | | | |
| Net Sales 2 | 4001 | • | 2035 | 991 | 279 | 100 | 22 | • | • | • | • | • | • |
| Portfolio Income 3 | 26 | • | 11 | 9 | • | 0 | 1 | • | • | • | • | • | • |
| Other Revenues 4 | 82 | • | 3 | 6 | 1 | 4 | 61 | • | • | • | • | • | • |
| Total Revenues 5 | 4109 | • | 2049 | 1006 | 280 | 104 | 84 | • | • | • | • | • | • |
| Average Total Revenues 6 | 246 | • | 147 | 540 | 1730 | 923 | 1371 | • | • | • | • | • | • |
| **Operating Costs/Operating Income (%)** | | | | | | | | | | | | | |
| Cost of Operations 7 | 12.2 | • | 9.5 | 18.8 | 5.9 | 1.7 | • | • | • | • | • | • | • |
| Rent 8 | 6.8 | • | 7.4 | 5.7 | 4.3 | 6.9 | 19.1 | • | • | • | • | • | • |
| Taxes Paid 9 | 4.1 | • | 3.9 | 4.8 | 3.7 | 4.7 | 1.5 | • | • | • | • | • | • |
| Interest Paid 10 | 1.5 | • | 1.2 | 1.2 | 3.4 | 3.6 | 19.7 | • | • | • | • | • | • |
| Depreciation, Depletion, Amortization 11 | 2.6 | • | 2.1 | 2.8 | 2.1 | 2.3 | 10.5 | • | • | • | • | • | • |
| Pensions and Other Benefits 12 | 2.1 | • | 1.8 | 1.3 | 3.6 | 2.5 | 2.8 | • | • | • | • | • | • |
| Other 13 | 45.5 | • | 42.3 | 37.4 | 55.5 | 60.0 | • | • | • | • | • | • | • |
| Officers Compensation 14 | 17.9 | • | 18.8 | 25.5 | 17.6 | 14.1 | 24.1 | • | • | • | • | • | • |
| Operating Margin 15 | 7.4 | • | 13.0 | 2.5 | 4.0 | 4.1 | • | • | • | • | • | • | • |
| Oper. Margin Before Officers Compensation 16 | 25.3 | • | 31.8 | 28.0 | 21.6 | 18.2 | • | • | • | • | • | • | • |
| **Selected Average Balance Sheet ($ in Thousands)** | | | | | | | | | | | | | |
| Net Receivables 17 | 12 | • | 4 | 27 | 136 | 40 | 501 | • | • | • | • | • | • |
| Inventories 18 | 0 | • | 0 | • | • | • | • | • | • | • | • | • | • |
| Net Property, Plant and Equipment 19 | 22 | • | 9 | 51 | 88 | 140 | 251 | • | • | • | • | • | • |
| Total Assets 20 | 68 | • | 28 | 151 | 311 | 555 | 2490 | • | • | • | • | • | • |

| | | | | | | | |
|---|---|---|---|---|---|---|---|
| Notes and Loans Payable 21 | 34 | • | 17 | 91 | 395 | 161 | 882 |
| All Other Liabilities 22 | 14 | • | 4 | 24 | 113 | 9 | 1357 |
| Net Worth 23 | 20 | • | 7 | 36 | -197 | 385 | 251 |

### Selected Financial Ratios (Times to 1)

| | | | | | | | |
|---|---|---|---|---|---|---|---|
| Current Ratio 24 | 1.0 | • | 1.0 | 1.1 | 0.7 | 0.5 | 1.2 |
| Quick Ratio 25 | 0.9 | • | 0.8 | 1.0 | 0.6 | 0.5 | 1.1 |
| Net Sales to Working Capital 26 | • | • | • | • | • | • | 1.8 |
| Coverage Ratio 27 | 7.9 | • | 12.7 | 4.3 | 2.2 | 3.3 | 1.6 |
| Total Asset Turnover 28 | 3.5 | • | 5.1 | 3.5 | 5.6 | 1.6 | 0.2 |
| Inventory Turnover 29 | • | • | • | • | • | • | • |
| Receivables Turnover 30 | • | • | • | • | • | 6.0 | 0.8 |
| Total Liabilities to Net Worth 31 | 2.4 | • | 2.9 | 3.2 | 0.5 | • | 8.9 |

### Selected Financial Factors (in Percentages)

| | | | | | | | |
|---|---|---|---|---|---|---|---|
| Debt Ratio 32 | 70.6 | • | 74.1 | 76.4 | • | 30.7 | 89.9 |
| Return on Assets 33 | • | • | 18.3 | • | 18.9 | 4.6 | |
| Return on Equity 34 | • | • | • | • | 18.8 | 14.8 | |
| Return Before Interest on Equity 35 | • | • | • | • | 27.2 | • | |
| Profit Margin, Before Income Tax 36 | 10.0 | • | 13.8 | 4.0 | 4.2 | 8.2 | 12.5 |
| Profit Margin, After Income Tax 37 | 9.5 | • | 13.6 | 4.0 | 4.2 | 8.2 | 10.5 |

### Trends in Selected Ratios and Factors, 1986–1994

| | 1986 | 1987 | 1988 | 1989 | 1990 | 1991 | 1992 | 1993 | 1994 |
|---|---|---|---|---|---|---|---|---|---|
| Cost of Operations (%) 38 | 20.4 | 15.2 | 10.3 | 12.9 | 12.0 | 10.9 | 12.6 | 10.6 | 12.2 |
| Operating Margin (%) 39 | • | 3.6 | 2.1 | 4.6 | 5.0 | 4.8 | 4.9 | 8.0 | 7.4 |
| Oper. Margin Before Officers Comp. (%) 40 | 21.2 | 25.9 | 26.6 | 25.3 | 23.7 | 23.4 | 25.3 | 24.2 | 25.3 |
| Average Net Receivables ($) 41 | 11 | 11 | 11 | 14 | 7 | 12 | 15 | 14 | 12 |
| Average Inventories ($) 42 | 2 | 2 | 0 | 1 | 2 | 1 | 1 | 1 | 0 |
| Average Net Worth ($) 43 | 24 | 39 | 39 | 37 | 39 | 32 | 35 | 25 | 20 |
| Current Ratio (x1) 44 | 1.2 | 1.3 | 1.5 | 1.3 | 1.5 | 1.4 | 1.6 | 1.2 | 1.0 |
| Quick Ratio (x1) 45 | 1.0 | 1.1 | 1.4 | 1.2 | 1.2 | 1.2 | 1.3 | 1.0 | 0.9 |
| Coverage Ratio (x1) 46 | 3.4 | 4.7 | 5.4 | 5.7 | 5.9 | 7.5 | 6.1 | 7.7 | 7.9 |
| Asset Turnover (x1) 47 | 2.4 | 2.4 | 3.0 | 2.6 | 3.2 | 3.1 | 3.0 | 3.1 | 3.5 |
| Operating Leverage 48 | • | • | 0.6 | 2.2 | 1.1 | 1.0 | 1.0 | 1.6 | 0.9 |
| Financial Leverage 49 | • | 1.1 | 1.1 | 1.0 | 1.0 | 1.1 | 1.0 | 1.1 | 1.0 |
| Total Leverage 50 | • | • | 0.6 | 2.2 | 1.1 | 1.0 | 1.1 | 1.7 | 0.9 |

## Table I

Corporations with and without Net Income

# MISCELLANEOUS SERVICES, NOT ELSEWHERE CLASSIFIED

### MONEY AMOUNTS AND SIZE OF ASSETS IN THOUSANDS OF DOLLARS

| Item Description for Accounting Period 7/90 Through 6/91 | Total | Zero Assets | Under 100 | 100 to 250 | 251 to 500 | 501 to 1,000 | 1,001 to 5,000 | 5,001 to 10,000 | 10,001 to 25,000 | 25,001 to 50,000 | 50,001 to 100,000 | 100,001 to 250,000 | 250,001 and over |
|---|---|---|---|---|---|---|---|---|---|---|---|---|---|
| Number of Enterprises **1** | 118047 | 7032 | 88409 | 11450 | 6324 | 2590 | 1851 | 160 | 134 | 48 | 25 | 15 | 8 |
| **Revenues ($ in Thousands)** | | | | | | | | | | | | | |
| Net Sales **2** | 40362 | 1044 | 9621 | 4603 | 5036 | 2974 | 5086 | 1739 | 2120 | 1122 | 1674 | 1911 | 3432 |
| Portfolio Income **3** | 755 | 20 | 27 | 25 | 27 | 54 | 74 | 20 | 28 | 41 | 140 | 41 | 257 |
| Other Revenues **4** | 1278 | 41 | 162 | 16 | 40 | 244 | 356 | 53 | 59 | 87 | 41 | 116 | 63 |
| Total Revenues **5** | 42396 | 1105 | 9811 | 4643 | 5103 | 3273 | 5516 | 1812 | 2207 | 1251 | 1856 | 2068 | 3752 |
| Average Total Revenues **6** | 359 | 157 | 111 | 406 | 807 | 1264 | 2980 | 11326 | 16471 | 26060 | 74228 | 137847 | 468967 |
| **Operating Costs/Operating Income (%)** | | | | | | | | | | | | | |
| Cost of Operations **7** | 48.7 | 74.5 | 33.2 | 38.4 | 39.9 | 49.4 | 51.7 | 44.1 | 58.9 | 50.2 | 63.3 | 77.2 | 78.5 |
| Rent **8** | 3.0 | 4.8 | 4.2 | 4.1 | 3.3 | 3.1 | 2.6 | 2.0 | 2.9 | 3.1 | 1.6 | 1.0 | 0.5 |
| Taxes Paid **9** | 2.8 | 1.9 | 2.8 | 3.4 | 3.3 | 3.0 | 3.3 | 3.9 | 2.2 | 3.5 | 2.1 | 1.1 | 1.6 |
| Interest Paid **10** | 2.0 | 1.5 | 0.8 | 1.7 | 1.6 | 2.6 | 2.2 | 1.9 | 2.7 | 3.1 | 4.0 | 3.6 | 3.7 |
| Depreciation, Depletion, Amortization **11** | 3.3 | 3.6 | 2.5 | 3.2 | 2.8 | 3.5 | 3.9 | 2.4 | 3.6 | 6.5 | 2.6 | 5.5 | 3.0 |
| Pensions and Other Benefits **12** | 1.7 | 0.4 | 1.0 | 1.6 | 1.4 | 1.7 | 1.8 | 4.3 | 1.9 | 4.3 | 2.8 | 0.7 | 2.0 |
| Other **13** | 34.0 | 22.6 | 41.1 | 39.1 | 36.7 | 34.9 | 36.2 | 39.0 | 30.4 | 40.8 | 33.6 | 16.7 | 10.6 |
| Officers Compensation **14** | 9.0 | 3.4 | 16.5 | 11.4 | 11.0 | 10.3 | 8.2 | 3.9 | 2.9 | 2.9 | 1.3 | 0.9 | 0.9 |
| Operating Margin **15** | • | • | • | • | 0.1 | • | • | • | • | • | • | • | 0.2 |
| Oper. Margin Before Officers Compensation **16** | 4.6 | 14.5 | • | 8.7 | 11.1 | 2.0 | • | 2.4 | • | • | • | • | • |
| **Selected Average Balance Sheet ($ in Thousands)** | | | | | | | | | | | | | |
| Net Receivables **17** | 39 | • | 3 | 12 | 69 | 103 | 474 | 1960 | 3196 | 6098 | 23251 | 32501 | 70082 |
| Inventories **18** | 9 | • | 1 | 15 | 15 | 23 | 102 | 123 | 833 | 583 | 2010 | 12567 | 17186 |
| Net Property, Plant and Equipment **19** | 52 | • | 8 | 61 | 124 | 178 | 610 | 1841 | 2628 | 7732 | 16502 | 29862 | 60082 |
| Total Assets **20** | 202 | • | 22 | 150 | 341 | 678 | 1968 | 6963 | 15585 | 34296 | 73492 | 156502 | 456868 |

## Selected Financial Ratios (Times to 1)

| | | | | | | | | | | | | |
|---|---|---|---|---|---|---|---|---|---|---|---|---|
| Notes and Loans Payable **21** | 98 | 16 | 108 | 186 | 380 | 905 | 2204 | 5095 | 10305 | 25827 | 83131 | 204817 |
| All Other Liabilities **22** | 54 | 8 | 33 | 80 | 103 | 743 | 2354 | 6092 | 7391 | 22057 | 21663 | 101688 |
| Net Worth **23** | 50 | -2 | 9 | 75 | 196 | 321 | 2404 | 4398 | 16601 | 25608 | 51708 | 150362 |

### Selected Financial Ratios (Times to 1)

| | | | | | | | | | | | | |
|---|---|---|---|---|---|---|---|---|---|---|---|---|
| Current Ratio **24** | 1.3 | • | 1.0 | 1.3 | 1.4 | 1.5 | 1.1 | 1.2 | 1.3 | 1.9 | 1.4 | 1.2 |
| Quick Ratio **25** | 0.9 | • | 0.8 | 0.8 | 1.1 | 1.2 | 0.8 | 0.9 | 0.9 | 1.6 | 1.1 | 0.5 |
| Net Sales to Working Capital **26** | 16.9 | • | • | 34.1 | 20.2 | 10.5 | 37.3 | 20.7 | 11.1 | 2.9 | 6.1 | 11.7 |
| Coverage Ratio **27** | 1.2 | • | 1.1 | • | 1.9 | 1.7 | 0.2 | 2.3 | 0.5 | 0.1 | 0.9 | 3.3 |
| Total Asset Turnover **28** | 1.7 | • | 5.0 | 2.7 | 2.3 | 1.7 | 1.4 | 1.6 | 1.0 | 0.7 | 0.8 | 0.9 |
| Inventory Turnover **29** | • | • | • | • | • | • | • | 9.8 | • | • | 7.6 | • |
| Receivables Turnover **30** | • | • | • | • | • | • | 8.1 | 5.3 | 4.2 | 3.6 | 4.7 | 8.3 |
| Total Liabilities to Net Worth **31** | 3.1 | • | 16.0 | 3.6 | 2.5 | 5.1 | 1.9 | 2.6 | 1.1 | 1.9 | 2.0 | 2.0 |

### Selected Financial Factors (in Percentages)

| | | | | | | | | | | | | |
|---|---|---|---|---|---|---|---|---|---|---|---|---|
| Debt Ratio **32** | 75.4 | • | • | 94.1 | 78.1 | 71.1 | 65.5 | 83.7 | 71.8 | 51.6 | 65.2 | 67.1 |
| Return on Assets **33** | 4.3 | • | • | 4.0 | 7.0 | 7.2 | 6.9 | 1.3 | 0.3 | 3.4 | 4.4 | 11.7 |
| Return on Equity **34** | • | • | • | 10.0 | 12.0 | 6.8 | 5.4 | • | • | • | 2.8 | 17.8 |
| Return Before Interest on Equity **35** | 17.2 | • | • | 31.9 | 24.8 | 4.1 | 20.0 | 4.7 | 0.6 | 9.7 | 13.2 | • |
| Profit Margin, Before Income Tax **36** | 0.5 | • | • | 1.4 | 1.7 | 1.7 | 2.5 | • | • | • | 1.7 | 8.7 |
| Profit Margin, After Income Tax **37** | • | • | • | 1.1 | 1.2 | 1.2 | 1.2 | • | • | • | 1.1 | 6.2 |

## Trends in Selected Ratios and Factors, 1986-1994

| | 1986 | 1987 | 1988 | 1989 | 1990 | 1991 | 1992 | 1993 | 1994 |
|---|---|---|---|---|---|---|---|---|---|
| Cost of Operations (%) **38** | 47.5 | 51.2 | 52.2 | 45.7 | 50.7 | 50.2 | 47.6 | 45.0 | 48.7 |
| Operating Margin (%) **39** | • | • | • | • | • | • | • | • | • |
| Oper. Margin Before Officers Comp. (%) **40** | 2.6 | 3.0 | 5.0 | 6.2 | 5.3 | 4.7 | 3.7 | 3.9 | 4.6 |
| Average Net Receivables ($) **41** | 24 | 28 | 28 | 25 | 28 | 45 | 52 | 40 | 39 |
| Average Inventories ($) **42** | 11 | 13 | 11 | 8 | 11 | 13 | 12 | 13 | 9 |
| Average Net Worth ($) **43** | 34 | 42 | 49 | 26 | 34 | 25 | 58 | 50 | 50 |
| Current Ratio (x1) **44** | 1.3 | 1.4 | 1.5 | 1.3 | 1.3 | 1.0 | 1.3 | 1.4 | 1.3 |
| Quick Ratio (x1) **45** | 0.8 | 1.0 | 1.1 | 0.9 | 0.9 | 0.8 | 0.9 | 1.0 | 0.9 |
| Coverage Ratio (x1) **46** | 0.9 | 1.3 | 1.4 | 0.9 | 1.5 | 1.5 | 1.1 | 1.2 | 1.2 |
| Asset Turnover (x1) **47** | 1.7 | 1.8 | 2.1 | 2.1 | 2.0 | 1.9 | 1.8 | 1.6 | 1.7 |
| Total Liabilities/Net Worth (x1) **48** | 3.1 | 2.8 | 2.2 | 4.1 | 3.4 | 7.3 | 3.3 | 3.3 | 3.1 |
| Return on Assets (x1) **49** | 3.9 | 4.4 | 5.3 | 3.2 | 4.5 | 6.6 | 4.0 | 4.4 | 4.3 |
| Return on Equity (%) **50** | • | • | • | • | 1.3 | 7.4 | • | 0.5 | • |

## Table II

Corporations with Net Income

# MISCELLANEOUS SERVICES, NOT ELSEWHERE CLASSIFIED

### MONEY AMOUNTS AND SIZE OF ASSETS IN THOUSANDS OF DOLLARS

| Item Description for Accounting Period 7/90 Through 6/91 | | Total | Zero Assets | Under 100 | 100 to 250 | 251 to 500 | 501 to 1,000 | 1,001 to 5,000 | 5,001 to 10,000 | 10,001 to 25,000 | 25,001 to 50,000 | 50,001 to 100,000 | 100,001 to 250,000 | 250,001 and over |
|---|---|---|---|---|---|---|---|---|---|---|---|---|---|---|
| Number of Enterprises | 1 | 50544 | 934 | 38087 | 4760 | 3991 | 1555 | 1015 | 100 | 53 | 16 | • | • | • |
| **Revenues ($ in Thousands)** | | | | | | | | | | | | | | |
| Net Sales | 2 | 26621 | 424 | 4902 | 2448 | 3770 | 1995 | 3229 | 1444 | 1291 | 676 | | | |
| Portfolio Income | 3 | 563 | 16 | 14 | 16 | 24 | 42 | 36 | 8 | 14 | 9 | | | |
| Other Revenues | 4 | 798 | 4 | 93 | 3 | 37 | 213 | 200 | 39 | 14 | 60 | | | |
| Total Revenues | 5 | 27982 | 445 | 5009 | 2467 | 3831 | 2251 | 3465 | 1491 | 1318 | 745 | | | |
| Average Total Revenues | 6 | 554 | 476 | 132 | 518 | 960 | 1447 | 3414 | 14912 | 24871 | 46543 | | | |
| **Operating Costs/Operating Income (%)** | | | | | | | | | | | | | | |
| Cost of Operations | 7 | 51.2 | 74.5 | 32.9 | 39.2 | 40.1 | 43.4 | 49.1 | 42.3 | 64.4 | 60.4 | | | |
| Rent | 8 | 2.4 | 4.3 | 3.2 | 3.5 | 3.3 | 3.3 | 1.9 | 1.7 | 1.8 | 3.1 | | | |
| Taxes Paid | 9 | 2.6 | 0.7 | 2.8 | 2.9 | 3.4 | 3.1 | 2.8 | 4.0 | 2.0 | 3.7 | | | |
| Interest Paid | 10 | 1.4 | 2.5 | 0.5 | 1.2 | 1.1 | 2.3 | 1.6 | 0.6 | 0.9 | 1.5 | | | |
| Depreciation, Depletion, Amortization | 11 | 2.4 | 4.5 | 2.3 | 2.8 | 2.2 | 2.4 | 3.0 | 1.4 | 1.8 | 3.8 | | | |
| Pensions and Other Benefits | 12 | 1.8 | 0.1 | 1.3 | 1.6 | 1.1 | 2.2 | 2.0 | 5.0 | 1.1 | 3.3 | | | |
| Other | 13 | 27.2 | 6.2 | 36.0 | 31.6 | 33.6 | 33.6 | 29.6 | 36.6 | 20.9 | 25.2 | | | |
| Officers Compensation | 14 | 7.2 | 3.2 | 12.0 | 10.9 | 10.5 | 11.3 | 8.0 | 4.0 | 2.3 | 2.3 | | | |
| Operating Margin | 15 | 3.8 | 4.0 | 9.1 | 6.5 | 5.0 | • | 2.2 | 4.4 | 4.9 | • | | | |
| Oper. Margin Before Officers Compensation | 16 | 11.0 | 7.3 | 21.0 | 17.4 | 15.5 | 9.7 | 10.2 | 8.4 | 7.2 | • | | | |
| **Selected Average Balance Sheet ($ in Thousands)** | | | | | | | | | | | | | | |
| Net Receivables | 17 | 59 | • | 2 | 17 | 74 | 125 | 582 | 2407 | 3812 | 12686 | | | |
| Inventories | 18 | 14 | • | 0 | 11 | 15 | 30 | 123 | 138 | 307 | 780 | | | |
| Net Property, Plant and Equipment | 19 | 65 | • | 8 | 59 | 121 | 176 | 503 | 1420 | 2808 | 8512 | | | |
| Total Assets | 20 | 276 | • | 24 | 148 | 341 | 673 | 1933 | 7058 | 15591 | 34205 | | | |

| Item | | | | | | | | | | |
|---|---|---|---|---|---|---|---|---|---|---|
| Notes and Loans Payable **21** | 92 | • | 8 | 68 | 112 | 212 | 647 | 1453 | 3066 | 6400 |
| All Other Liabilities **22** | 71 | • | 5 | 20 | 78 | 88 | 657 | 2182 | 6150 | 13353 |
| Net Worth **23** | 113 | • | 11 | 60 | 151 | 373 | 629 | 3423 | 6375 | 14452 |

## Selected Financial Ratios (Times to 1)

| Item | | | | | | | | | |
|---|---|---|---|---|---|---|---|---|---|
| Current Ratio **24** | 1.5 | • | 1.7 | 2.1 | 1.7 | 1.6 | 1.3 | 1.8 | 1.7 |
| Quick Ratio **25** | 1.0 | • | 1.3 | 1.4 | 1.4 | 1.2 | 1.1 | 1.4 | 1.4 |
| Net Sales to Working Capital **26** | 11.5 | • | 25.6 | 17.0 | 14.6 | 7.8 | 15.4 | 7.3 | 6.3 |
| Coverage Ratio **27** | 7.2 | 4.5 | • | 7.2 | 7.4 | 7.0 | 14.5 | 9.2 | 5.7 |
| Total Asset Turnover **28** | 1.9 | • | 5.4 | 3.5 | 2.8 | 1.9 | 1.7 | 2.1 | 1.6 | 1.2 |
| Inventory Turnover **29** | • | • | • | • | • | • | • | | |
| Receivables Turnover **30** | • | • | • | • | 7.3 | 6.7 | 5.8 | 4.0 | |
| Total Liabilities to Net Worth **31** | 1.5 | • | 1.1 | 1.5 | 1.3 | 0.8 | 2.1 | 1.1 | 1.5 | 1.4 |

## Selected Financial Factors (in Percentages)

| Item | | | | | | | | | |
|---|---|---|---|---|---|---|---|---|---|
| Debt Ratio **32** | 59.1 | • | 52.8 | 59.8 | 55.7 | 44.6 | 67.5 | 51.5 | 59.1 | 57.8 |
| Return on Assets **33** | 19.8 | • | • | 29.0 | 21.3 | 25.5 | 18.3 | 16.7 | 12.3 | 10.4 |
| Return on Equity **34** | 36.8 | • | • | 38.9 | 35.5 | 25.2 | 22.0 | 16.8 | |
| Return Before Interest on Equity **35** | • | • | • | • | • | 34.4 | 30.0 | 24.6 | |
| Profit Margin, Before Income Tax **36** | 8.9 | 8.9 | 11.2 | 7.2 | 6.6 | 11.1 | 9.5 | 7.6 | 7.0 | 7.0 |
| Profit Margin, After Income Tax **37** | 7.9 | 8.7 | 10.8 | 6.8 | 6.2 | 10.3 | 9.0 | 7.6 | 6.0 | 5.8 |

## Trends in Selected Ratios and Factors, 1986–1994

| | 1986 | 1987 | 1988 | 1989 | 1990 | 1991 | 1992 | 1993 | 1994 |
|---|---|---|---|---|---|---|---|---|---|
| Cost of Operations (%) **38** | • | • | • | • | • | • | • | • | • |
| Operating Margin (%) **39** | • | • | • | • | • | • | • | • | • |
| Oper. Margin Before Officers Comp. (%) **40** | • | • | • | • | • | • | • | • | • |
| Average Net Receivables ($) **41** | • | • | • | • | • | • | • | • | • |
| Average Inventories ($) **42** | • | • | • | • | • | • | • | • | • |
| Average Net Worth ($) **43** | • | • | • | • | • | • | • | • | • |
| Current Ratio (x1) **44** | • | • | • | • | • | • | • | • | • |
| Quick Ratio (x1) **45** | • | • | • | • | • | • | • | • | • |
| Coverage Ratio (x1) **46** | • | • | • | • | • | • | • | • | • |
| Asset Turnover (x1) **47** | • | • | • | • | • | • | • | • | • |
| Operating Leverage **48** | • | • | • | • | • | • | • | • | • |
| Financial Leverage **49** | • | • | • | • | • | • | • | • | • |
| Total Leverage **50** | • | • | • | • | • | • | • | • | • |

*Appendix*

# APPENDIX

## STANDARD INDUSTRIAL CLASSIFICATION

### Agriculture, Forestry, and Fishing

01 Agricultural production— crops
02 Agricultural production— livestock

07 Agricultural services
08 Forestry
09 Fishing, hunting, and trapping

### Mining

10 Metal mining
    101 Iron ores

    102 Copper ores
    103 Lead and zinc ores
    104 Gold and silver ores

    105 Bauxite & other aluminum ores
    106 Ferro ores, except vanadium
    108 Metal mining services
    109 Miscellaneous metal ores

11 Anthracite mining
12 Bituminous & lignite mining

13 Oil and gas extraction
    131 Crude petroleum & natural
        gas
    132 Natural gas liquids

    138 Oil and gas field services

14 Mining and quarrying of non-metallic
    minerals, except fuels
    141 Dimension stone
    142 Crushed and broken stone,
        including riprap
    144 Sand and gravel

    145 Clay, ceramic, and refractory

    147 Chemical and fertilizer mineral
        mining
    148 Non-metallic minerals (except fuels)
        services
    149 Misc. non-metallic minerals,
        except fuels

## INTERNAL SERVICE CLASSIFICATION

### 10 Agriculture, Forestry, and Fishing

0400 Agricultural production

0600 Agricultural services (except veterinarians), forestry, fishing, hunting, and trapping

### 20 Mining

02 Metal Mining
1010 Iron ores

1070 Copper, lead and zinc, gold and silver ores

1098 Other metal mining

03 Coal mining

04 Oil and gas extraction
1330 Crude petroleum, natural gas liquids (excludes extraction in integrated petroleum refining and extraction in 2910, below)

1380 Oil and gas field services

05 Non-metallic minerals (except fuels)

1430 Dimension, crushed, and broken stone; sand and gravel

1498 Other non-metallic minerals, except fuels

# APPENDIX

## STANDARD INDUSTRIAL CLASSIFICATION

*Construction*

15 Building construction—general contractors & operative builders

    152 General building contractors— residential buildings

    154 General building contractors— non-residential buildings

    153 Operative builders

16 Construction other than building construction—general contractors

17 Construction—special trade contractors

    171 Plumbing, heating (except electrical), and air conditioning

    173 Electrical work

    172 Painting, paper hanging, and decorating

    174 Masonry, stonework, tile setting, and plastering

    175 Carpentering and flooring

    176 Roofing and sheetwork

    177 Concrete work

    178 Water well drilling

    179 Misc. special trade contractors


*Manufacturing*

20 Food and kindred products

    201 Meat products

    202 Dairy products

    203 Canned and preserved fruits and vegetables

    204 Grain mill products

    205 Bakery products

    206 Sugar and confectionery products

    208 Beverages

        2082 Malt beverages

        2083 Malt

        2084 Wines, brandy, and brandy spirits

        2085 Distilled, rectified, and blended liquors

        2088 Bottled & canned soft drinks and carbonated waters

        2087 Flavoring extracts & flavoring sirups, nec.

## INTERNAL SERVICE CLASSIFICATION

*30 Construction*

06 General building contractors and operative builders

1510 General building contractors

1531 Operative builders

1600 Heavy construction contractors

08 Special trade contractors

1711 Plumbing, heating, and air conditioning

1731 Electrical work

1798 Other special trade contractors and contractors nec.


*40 Manufacturing*

09 Food and kindred products

2010 Meat products

2020 Dairy products

2030 Preserved fruits and vegetables

2040 Grain mill products

2050 Bakery products

2060 Sugar and confectionery products

[No corresponding identification]

2081 Malt liquors and malt

2088 Alcoholic beverages, except malt liquors and malt

2089 Bottled soft drinks and flavorings

# APPENDIX

## STANDARD INDUSTRIAL CLASSIFICATION

## INTERNAL SERVICE CLASSIFICATION

207 Fats and oils

209 Misc. food preparations

2096 Other food and kindred products

21 Tobacco manufactures

2100 Tobacco manufactures

22 Textile mill products

11 Textile mill products

    221 Broad woven fabric mills, cotton

    222 Broad woven fabric mills, man-made fibers and silk

    223 Broad woven fabric mills, wool (including dyeing and finishing)

    226 Dyeing and finishing, except wool fabric and knit goods

2228 Weaving mills and textile finishing

    225 Knitting mills

2250 Knitting mills

    227 Floor covering mills

    228 Yarn and thread mills

    224 Narrow fabric and other smallwear mills; cotton, wool, silk, and man-made fibers

    229 Miscellaneous textile goods

2298 Other textile mill products

23 Apparel and other finished products made from fabrics and similar materials

12 Apparel and other textile products

    231 Men's, youths', and boys' suits, coats, and overcoats

    232 Men's, youths', and boys' furnishings, work clothing, and allied garments

2315 Men's and boys' clothing

    233 Women's, misses', and juniors' outerwear

2345 Women's and children's clothing

    234 Women's, misses', and juniors' undergarments

    236 Girls', children's, and infants' outerwear

    235 Hats, caps, and millinery

    237 Fur goods

    238 Misc. apparel & accessories

2346 Other apparel and accessories

    239 Misc. fabricated textile products

2390 Misc. fabricated textile mill products, nec.

24 Lumber and wood products

13 Lumber and wood products

    241 Logging and logging contractors

2415 Logging, sawmills, and planning mills

    242 Sawmills and planing mills

    243 Millwork, veneer, plywood, and structural wood members

2430 Millwork, plywood, and related products

    245 Wood building and mobile homes

2498 Other wood products, including wood buildings and mobile homes

    244 Wood containers

    249 Misc. wood products

727

# APPENDIX

## STANDARD INDUSTRIAL CLASSIFICATION

## INTERNAL SERVICE CLASSIFICATION

25 Furniture and fixtures
    251 Household furniture
    252 Office furniture
    253 Public building and related furniture
    254 Partitions, shelving, and office store furniture
    259 Misc. furniture and fixtures

2500 Furniture and fixtures

[No corresponding identification]

26 Paper and allied products
    261 Pulp mills
    262 Paper mills, except building and paperboard mills
    263 Paperboard mills
    266 Building paper and building board mills

15 Paper and allied products

2625 Pulp, paper, and board mills

    264 Converted paper and paperboard products, except containers and boxes
    265 Paperboard containers and boxes

2699 Other paper products

27 Printing, publishing, and allied industries
    271 Newspapers: publishing, publishing and printing
    272 Periodicals: publishing and publishing and printing

16 Printing and publishing
2710 Newspapers

2720 Periodicals

    273 Books
    277 Greeting card publishing
    274 Miscellaneous publishing

2735 Books, greeting cards, and miscellaneous publishing

    275 Commercial printing
    276 Manifold business forms
    278 Blankbooks, looseleaf binders, and bookbinding and related work
    279 Service industries for the printing trades

2799 Commercial and other printing and printing trade services

28 Chemicals and allied products
    281 Industrial inorganic chemicals
    282 Plastics materials and synthetic resins, synthetic rubber, synthetic and other man-made fibers, except glass
    286 Industrial organic chemicals

17 Chemicals and allied products

2815 Industrial chemicals, plastic materials, and synthetics

    283 Drugs
    284 Soaps, detergents, and cleaning preparations, perfumes, cosmetics, and other toilet preparations
    285 Paints, varnishes, lacquers, enamels, and allied products

2830 Drugs
2840 Soap, cleaners, and toilet goods

2850 Paints and allied products

# APPENDIX

## STANDARD INDUSTRIAL CLASSIFICATION

## INTERNAL SERVICE CLASSIFICATION

287 Agricultural chemicals

289 Misc. chemical products

2898 Agricultural and other chemical products

29 Petroleum refining and related industries (includes integrated refining and extraction)

18 Petroleum (including integrated) and coal products

291 Petroleum refining

2910 Petroleum refining (including those integrated with extraction)

295 Paving and roofing materials

299 Misc. products of petroleum and coal

2998 Petroleum and coal products, nec.

30 Rubber and misc. plastics products

301 Tires and inner tubes

19 Rubber and misc. plastic products

302 Rubber and plastics footwear

303 Reclaimed rubber

3050 Rubber products; plastic foot-warm hose and belting

304 Rubber and plastics hose and belting

306 Fabricated rubber products, nec.

307 Misc. plastics products

3070 Miscellaneous plastic products

31 Leather and leather products

20 Leather and leather products

314 Footwear, except rubber

3140 Footwear, except rubber

311 Leather tanning and finishing

314 Boot and shoe cut stock and findings

315 Leather gloves and mittens

316 Luggage

3198 Leather and leather products, nec.

317 Handbags and other personal leather goods

319 Leather goods, nec.

32 Stone, clay, glass, and concrete products

21 Stone, clay, and glass products

321 Flat glass

322 Glass and glassware, pressed or blown

323 Glass products, except purchased glass

3225 Glass products

324 Cement, hydraulic

3240 Cement, hydraulic

327 Concrete, gypsum, and plaster products

3270 Concrete, gypsum, and plaster products

325 Structural clay products

326 Pottery and related products

3298 Other non-metallic mineral products

328 Cut stone and stone products

329 Abrasive, asbestos, and misc. non-metallic mineral products

33 Primary metal industries

22 Primary metal industries

331 Blast furnaces and steel works and rolling and finishing mills

3370 Ferrous metal industries; misc. primary metal products

332 Iron and steel foundries

729

# APPENDIX

# APPENDIX

## STANDARD INDUSTRIAL CLASSIFICATION

## INTERNAL SERVICE CLASSIFICATION

36 Electrical and electronic machinery, equipment and supplies

    363 Household appliances

    365 Radio and television receiving equipment, except communication types

    367 Electronic components and accessories

    364 Electric lighting and wiring equipment

    361 Electric transmission and distribution equipment

    362 Electrical industrial apparatus

    369 Misc. electrical machinery, equipment and supplies

37 Transportation equipment

    371 Motor vehicles and motor vehicle equipment

[No corresponding identification]

    372 Aircraft and parts

    376 Guided missiles and space vehicles and parts

    373 Ship and boat building and repairing

    374 Railroad equipment

    375 Motorcycles, bicycles, and parts

    379 Misc. transportation equipment

38 Measuring, analyzing, and controlling instruments; photographic, medical, and optical goods; watches and clocks

    381 Engineering, laboratory, scientific, and research instruments and associated equipment

    382 Measuring and controlling instruments

    387 Watches, clocks, clockwork-operated devices, and parts

    383 Optical instruments and lenses

    385 Ophthalmic goods

    384 Surgical, medical, and dental instruments and supplies

    386 Photographic equipment and supplies

39 Miscellaneous manufacturing industries

---

25 Electrical and electronic equipment

3630 Household appliances

3665 Radio, television, and communication equipment

3670 Electronic components and accessories

3698 Other electrical equipment

[No corresponding identification]

3710 Motor vehicles and equipment

Transportation equipment, except motor vehicles

3725 Aircraft, guided missiles, and parts

3730 Ship and boat building and repairing

3798 Other transportation equipment, except motor vehicles

3815 Scientific instruments and measuring devices; watches and clocks

3815 Optical, medical, and ophthalmic goods

3860 Photographic equipment and supplies

3998 Miscellaneous manufacturing and manufacturing not allocable

731

## APPENDIX

### STANDARD INDUSTRIAL CLASSIFICATION

Transportation, communication, electric, gas, and sanitary services
[No corresponding identification]
40 Railroad transportation
41 Local and suburban transit and interurban passenger transportation
42 Motor freight transportation and warehousing
44 Water transportation
45 Transportation by air
46 Pipelines, except natural gas
47 Transportation services
48 Communication
    481 Telephone communication (wire or radio)
    482 Telegraph communication (wire or radio)
    489 Communication services
    483 Radio and television broadcasting
49 Electric gas and sanitary services
    491 Electric services
    492 Gas production and distribution
    493 Combination electric gas, and other utility services
    494 Water supply
    495 Sanitary services
    496 Steam supply
    497 Irrigation systems

### INTERNAL SERVICE CLASSIFICATION

30 Transportation and public utilities

Transportation
4000 Railroad transportation
4100 Local and interurban passenger transit
4200 Trucking and warehousing

4400 Water transportation
4500 Transportation by air
4600 Pipelines, except natural gas
4700 Transportation services, nec.
31 Communication

4825 Telephone, telegraph, and other communication services

4830 Radio and television broadcasting
32 Electric, gas, and sanitary services
4910 Electric services
4920 Gas production and distribution
4930 Combination utility services

### *Wholesale Trade*

50 Wholesale trade—durable goods
    514 Groceries and related products
    508 Machinery, equipment, and supplies
[No corresponding identification]
    501 Motor vehicles and automotive parts and supplies
    503 Lumber and other construction materials
    505 Metals and minerals, except petroleum
    506 Electrical goods
    507 Hardware and plumbing and heating equipment and supplies
    502 Furniture and home furnishings

### *61 Wholesale Trade*

[No corresponding identification]
5140 Groceries and related products
5008 Machinery, equipment, and supplies
35 Miscellaneous wholesale trade
5010 Motor vehicles and automotive equipment
5030 Lumber and construction materials
5050 Metals and minerals, except petroleum and scrap
5060 Electrical goods
5070 Hardware plumbing and heating equipment and supplies
5020 Furniture and home furnishings

732

# APPENDIX

## STANDARD INDUSTRIAL CLASSIFICATION

504 Sporting, recreational, photographic, and hobby goods, toys and supplies
509 Misc. durable goods
51 Wholesale trade—nondurable goods
    511 Paper and paper products
    512 Drugs, drug proprietaries, and druggists' sundries
    516 Chemicals and allied products
    513 Apparel, piece goods, and notions
    515 Farm-product raw materials
    517 Petroleum and petroleum products
    518 Beer, wine, and distilled alcoholic beverages
    519 Misc. nondurable goods

## INTERNAL SERVICE CLASSIFICATION

5040 Sporting, recreational, photographic, and hobby goods, toys and supplies
5098 Other durable goods
[No corresponding identification]
5110 Paper and paper products
5129 Drugs, drug proprietaries, and druggists' supplies
5160 Chemical and allied products
5130 Apparel, piece goods, and notions
5150 Farm-product raw materials
5170 Petroleum and petroleum products
5180 Alcoholic beverages

5190 Misc. nondurable goods; wholesale trade not allocable

---

*Retail Trade*

52 Building materials, hardware, garden supply, and mobile home dealers
    521 Lumber and other building materials dealers
    523 Paint, glass, and wallpaper stores
    525 Hardware stores
    526 Retail nurseries, lawn and garden supply stores
    527 Mobile home dealers
53 General merchandise stores
54 Foodstores

55 Automotive dealers and gasoline service stations
    551 Motor vehicle dealers (new and used)
    552 Motor vehicle dealers (used only)
    554 Gasoline service stations
    553 Auto and home supply stores
    555 Boat dealers
    556 Recreational and utility trailer dealers
    557 Motorcycle dealers
    559 Automotive dealers, nec.
56 Apparel and accessory stores

*62 Retail Trade*

Building materials, garden supplies, and mobile home dealers

5220 Building materials dealers
5251 Hardware stores
5265 Garden supplies and mobile home dealers

5300 General merchandise stores
5410 Grocery stores
5490 Other foodstores
39 Automotive dealers and service stations

5515 Motor vehicle dealers

5541 Gasoline service stations

5598 Other automotive dealers

5600 Apparel and accessory stores

# APPENDIX

## STANDARD INDUSTRIAL CLASSIFICATION

57 Furniture and furnishings, and equipment stores
58 Eating and drinking places
59 Miscellaneous retail
    591 Drugstores and proprietary stores
    592 Liquor stores
    596 Non-store retailers
    594 Jewelry stores
    598 Fuel and ice dealers
    593 Used merchandise stores
    594 Misc. shopping goods stores
    599 Retail stores, nec.
[No corresponding identification]

### Finance, Insurance, and Real Estate

60 Banking
    603 Mutual savings banks
    601 Federal reserve banks
[No corresponding identification]
    602 Commercial and stock savings banks
    604 Trust companies not engaged in deposit banking
    605 Establishments performing functions closely related to banking
61 Credit agencies other than banks
    612 Savings and loan associations
    614 Personal credit institutions
    615 Business credit institutions
    616 Mortgage bankers and brokers
    611 Rediscount and financing institutions for credit agencies other than banks
    613 Agricultural credit institutions
62 Security and commodity brokers, dealers and exchanges, and services
    621 Security brokers, dealers, and flotation companies
    622 Commodity contract brokers and dealers
    623 Security and commodity exchanges
    626 Services allied with the exchange of securities or commodities

## INTERNAL SERVICE CLASSIFICATION

5700 Furniture and home furnishing stores
5800 Eating and drinking places
43 Miscellaneous retail stores
5912 Drugstores and proprietary stores
5921 Liquor stores
5995 Other retail stores

5997 Wholesale and retail trade not allocable

### 70 Finance, Insurance, and Real Estate

45 Banking
6030 Mutual savings banks
[No corresponding identification]
6060 Bank holding companies

6090 Banks, except mutual savings banks and bank holding companies

46 Credit agencies other than banks
6120 Savings and loan associations
6140 Personal credit institutions
6150 Business credit institutions

6190 Other credit agencies; finance not allocable

47 Security, commodity brokers, and services
6210 Security brokers, dealers, and flotation companies
6299 Commodity contract brokers and dealers; security and commodity exchanges; and allied services
48 Insurance
6355, 6352, 6353 Life insurance (as defined in IRS code § 801. Excludes predominantly cancellable accident and health companies.)

# APPENDIX

## STANDARD INDUSTRIAL CLASSIFICATION

63 Insurance
    631 Life insurance
    632 Accident and health insurance and medical service plans
    633 Fire, marine, and casualty insurance

    635 Surety insurance
    636 Title insurance

    637 Pension, health, and welfare funds

    639 Insurance carriers, nec.

    641 Insurance agents, brokers, and service

65 Real estate
    6512 Operators of non-residential building
    6513 Operators of apartment buildings
    6524 Operators of dwellings other than apartment buildings
    6515 Operators of residential mobile home sites
    6519 Lessors of real property, nec.

    6517 Lessors of railroad property

    655 Subdividers and developers

[No corresponding identification]
    653 Real estate agents and managers
    654 Title abstract offices
    661 Combination of real estate, insurance, loans, and law offices
67 Holding and other investment offices

    672 Investment offices

## INTERNAL SERVICE CLASSIFICATION

6356 Mutual insurance, except life or marine and certain fire or insurance companies (as defined in IRS code § 821. Includes predominantly cancellable mutual accident and health companies.)

6359 Other insurance companies (as defined in IRS code § 831. Consists of mutual fire or flood insurance companies operating on basis of perpetual policies or premium deposits, mutual marine, and other companies except life or mutual.)

6411 Insurance agents, brokers, and service

49 Real estate

65 Real estate operators (except developers) and lessors of buildings

6516 Lessors of mining, oil, and similar property

6518 Lessors of railroad property and of real estate property nec.

6550 Subdividers and developers (excludes operative builders in 1531)

6530 Condo. mgmt. and coop. asns.

6599 Other real estate

51 Holding and other investment companies

6742 Regulated investment companies (IRS code § 851)

6743 Real estate investment trusts (IRS code § 856)

6744 Small business investment companies (Small Bus. Inv. Act, 1958)

# APPENDIX

## STANDARD INDUSTRIAL CLASSIFICATION

## INTERNAL SERVICE CLASSIFICATION

671 Holding offices
673 Trusts
679 Miscellaneous offices

6749 Other holding and investment companies, except bank holding cos.

*Services*

*80 Services*

70 Hotels, rooming houses, camps, and other lodging places

7000 Hotels and other lodging places

72 Personal services
73 Business services

7200 Personal services
54 Business services

    731 Advertising

7310 Advertising

    732 Consumer credit reporting agencies, and adjustment and collection agencies

    733 Mailing, reproduction, commercial art and photography, and stenographic services

    734 Services to dwellings and other buildings

7389 Business services, except advertising

    737 Computer and data processing services

    735 News syndicates

    736 Personnel supply services

    739 Misc. business services

[No corresponding identification]

76 Miscellaneous repair services

[No corresponding identification]

55 Auto repair; misc. repair services

75 Automotive repair, services, and garages

7500 Auto repair and services

76 Miscellaneous repair services

7600 Miscellaneous repair services

[No corresponding identification]

56 Amusement and recreational services

    781 Motion picture production and allied services

7812 Motion picture production, distribution, and services

    782 Motion picture distribution and allied services

    783 Motion picture theaters

7830 Motion picture theaters

79 Amusement and recreation services, except motion pictures

7900 Amusement and recreation services, except motion pictures

80 Health services

57 Other services

    801 Offices of physicians

8015 Office of physicians, including osteopathic physicians

    803 Offices of osteopathetic physicians

    802 Offices of dentists

8021 Offices of dentists

    804 Offices of health practitioners

8040 Offices of other health practitioners

    805 Nursing and personal care facilities

8050 Nursing and personal care facilities

    806 Hospitals

8060 Hospitals

    807 Medical and dental laboratories

8071 Medical laboratories

    808 Outpatient care facilities

    809 Health and allied services, nec.

8090 Other medical services

# APPENDIX

## STANDARD INDUSTRIAL CLASSIFICATION

81 Legal services
82 Educational services
83 Social services
84 Museum, art galleries, botanical and zoological gardens
89 Miscellaneous services

[No corresponding identification]

## INTERNAL SERVICE CLASSIFICATION

8111 Legal services
8200 Educational services
8300 Social services
8600 Membership organizations
8911 Architectural and engineering
8930 Accounting, auditing, and bookkeeping
8980 Misc. services (including veterinarians)
9000 Nature of business not allocable

*Index*

# Index

*References to tables for corporations with net income are in italics*